Der Varta-Führer

VARTA

www.varta-guide.de

Hotels & Restaurants in Deutschland

Mehr als 4.500 Betriebe getestet und bewertet.
Mit Reisekarte und den wichtigsten Cityplänen.

2023

Impressum

Herausgeber
VARTA-Führer GmbH, Ostfildern

Redaktion
VARTA-Führer GmbH, Marco-Polo-Str. 1, 73760 Ostfildern
Tel.: 0711 4502-182, Fax: 0711 4502-185, info@varta-guide.de, www.varta-guide.de

Verlag, Vertrieb & Kartografie
MAIRDUMONT GmbH & Co. KG, Marco-Polo-Straße 1, 73760 Ostfildern

Redaktionsleitung
Holger Pirsch, Redaktionsschluss: 13.9.2022

Satz, Cover & Design
PPP Pre Print Partner GmbH & Co. KG, Mauritiuswall 35-39, 50676 Köln
Tel.: 0221 921 555-0, welcome@PPP.eu, www.PPP.eu

Anzeigenmarketing
VARTA-Führer GmbH, Media

Bildnachweis
S. 92: Düsseldorf © mapics – stock.adobe.com
S. 93: Hotel TheFritz © floorknaapen, Pink Pepper © Sascha Perrone
S. 170: Berlin © Noppasinw – stock.adobe.com
S. 246: Bremen © saiko3p – stock.adobe.com
S. 308: Dortmund © saiko3p – stock.adobe.com
S. 316: Dresden © santosha57 – stock.adobe.com
S. 330: Düsseldorf © Christian Schmidt – stock.adobe.com
S. 370: Essen © mitifoto – stock.adobe.com
S. 396: Frankfurt am Main © Nikolay N. Antonov – stock.adobe.com
S. 486: Hamburg © engel.ac – stock.adobe.com
S. 514: Hannover © Mapics / stock.adobe.com
S. 621: Köln © dudlajzov – stock.adobe.com
S. 678: Leipzig © Manuel Schönfeld – stock.adobe.com
S. 752: München © Animaflora PicsStock – stock.adobe.com
S. 781: Münster © FotoStuss – stock.adobe.com
S. 828: Nürnberg © refresh(PIX) – stock.adobe.com
S. 1027: Stuttgart © Manuel Schönfeld – stock.adobe.com

Druck
Parzeller print & media GmbH & Co. KG, Frankfurter Str. 8, 36043 Fulda
Gedruckt auf zertifiziertem Papier.

Die Redaktion des Varta-Führers empfiehlt in dieser Ausgabe eine Hotel- und Restaurantauswahl in Deutschland. Die Nichtnennung eines Hauses stellt dabei keine Aussage über dessen Qualität dar. Die Zusammenstellung der Daten erfolgte mit größtmöglicher Sorgfalt. Dennoch können Angaben falsch oder überholt sein, insbesondere bei den Öffnungszeiten und Preisen. Dies bedauern wir und bitten um Mitteilung, können aber keine Haftung übernehmen.

Der Varta-Führer

VARTA

Erläuterungen zur Reisekarte

Die Reisekarte des **Varta-Führers** zeigt alle Städte und Gemeinden in Deutschland, in denen die Redaktion empfehlenswerte Betriebe gefunden hat, mit roten und blauen Ortspunkten.

Darüber hinaus enthält sie wichtige Orte, die Ihnen die Orientierung erleichtern sollen. Alles Weitere erfahren Sie dann im Datenteil des Buches, in dem die Orte alphabetisch aufgelistet sind. Hinter jedem Ortsnamen finden Sie eine Zahl, gefolgt von einem Buchstaben:

BERLIN 26 B visitberlin.de

Seitenzahl, auf der Sie den Ort im Kartenteil finden zzgl. Buchstabe, der das **Planfeld** innerhalb der Karte bezeichnet.

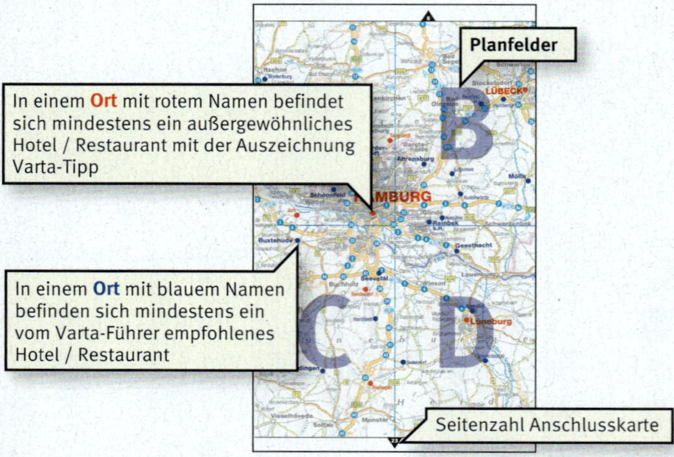

Autobahn mit Anschlussstelle | in Bau

3 Autobahnanschlussstelle

Vier- oder mehrspurige Autostraße, ein- oder zweibahnig | in Bau

Fernverkehrsstraße | in Bau

Wichtige Hauptstraße | Hauptstraße

Nebenstraße | Sonstige Straße

7 E 4 7 3 Straßennummerierungen

Eisenbahn | Eisenbahnfähre

Autofähre | Schifffahrtslinie

Internationaler Flughafen | Flughafen

Staatsgrenze mit Grenzübergang

Verwaltungsgrenze

Die Reisekarte im Überblick

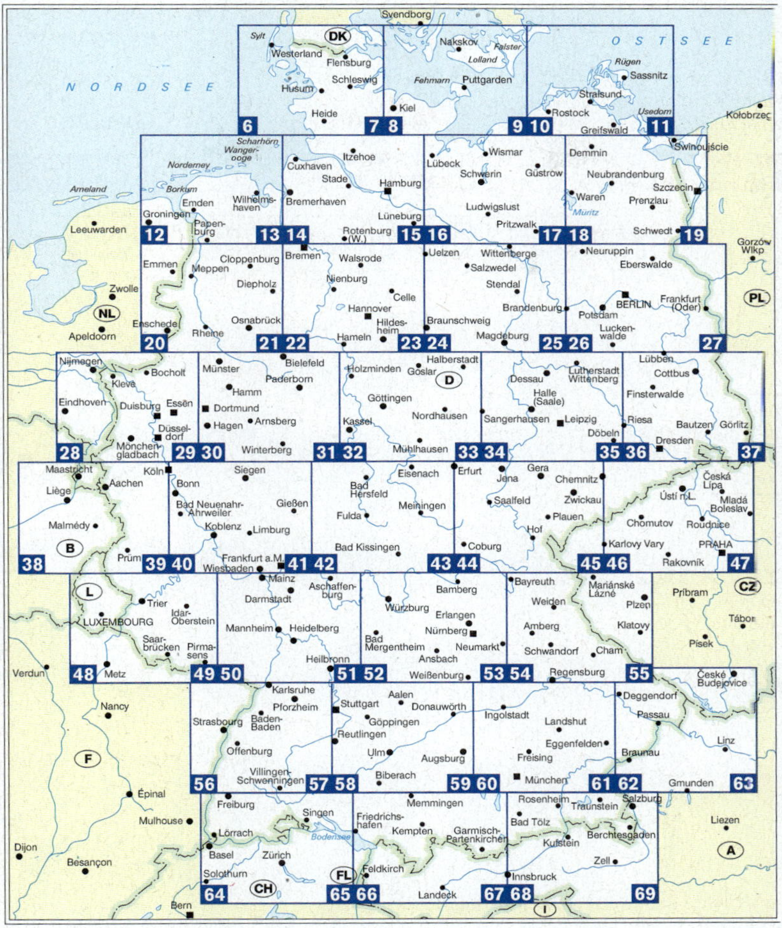

Der Varta-Führer digital

Der Varta-Führer ist auch als eBook erhältlich. Ganz einfach online laden und mobil auf Ihrem Smartphone oder Tablet nutzen.

Weitere Hotel- und Restaurantempfehlungen sowie zahlreiche Freizeittipps erhalten Sie unter: **www.varta-guide.de**

Jordsand
List auf Sylt
Kampen
Wenningstedt-Braderup
Lister Ley
Sylt-Munkmarsch
Westerland
Sylt-Keitum
Sylt-Tinnum
Sylt
Sylt-Morsum
Sylt-Archsum
Sylt-Rantum
Nordfriesische Inseln
Hörnumtief
Föhr
Hörnum
Nieblum
Wyk auf Föhr
Oland
Norddorf
Norderaue
Hunnenswarft
Kirchwarft
Gröde
Langeneß
Gröde-Appelland
Rixwarft
Nordmarsch-Langeneß
Amrum
Süderaue
Halligen
Hooge
Japsand
Habel
Nordstrandischmoor
Neuwarft
Norderoogsand
Pellworm
Alte Kirche
Tammensiel
Pellworm
Süden
Nordstrand
Süderoogsand
Süderoog
Südfall
Heverstrom
Simonsberg
Bredebro
Løgu
Højer
Møgeltønder
Tønder
Jejsir
Vidå
Neukirchen
Süderl
5
Klixbüll
Niebüll
199
Risum-Lindholm
Dagebüll
Enge-Sande
Schlüttsiel
Nordfriesland
Reußenköge
Bredstedt
Hatts
Eiderstedt
Oldenswort
Tetenbüll
202
Tating
Garding
Tönning
St. Peter-Ording
Eider
Dithmarschen
Wesselburen
Reinsbüttel
Wöhrden
203
Blauort
Büsum
Tertiussand
Meldorfer Bucht
Trischen
Friedrichskoog
Kronprinzenkoog
Helgoland
Helgoland
Helgoländer Bucht
13
0
10
20 km

Aabenraa
Nordborg
Havnbjerg
Lyø
Averna
Als
Hjordkær
Guderup
Sundeved
DANMARK
Vester Sottrup
Augustenborg
Kliplev
Gråsten
Tinglev
Hørup
Høruphav
Sønderå
Egernsund
Broager
Sønderborg
Kegnæs
Padborg
Glücksburg (O.)
Flensburger Förde
Harrislee
Langballig
Schafflund
Handewitt
Flensburg
Flensborg
Steinbergkirche
Gelting
Hürup
Jarplund-Weding
Stadum
Sterup
Großenwiehe
Lindewitt
Satrup
Sörup
Wanderup
Oeversee
Großsolt
Angeln
Kappeln
Tarp
Süderbrarup
Süderzollhaus
Boren
Jörl
Schlei
Böklund
Tolk
Nübel
Viöl
Jübek
Rieseby
Schwansen
Silberstedt
Schleswig
Waabs
Barkelsby
Treia
Eckernförder Bucht
Husum
Ostenfeld
Eckernförde
Dänischer Wohld
Strande
Dänischenhagen
Rantrum
Schwabstedt
Kropp
Gettorf
Altenholz
Kieler Förde
Laboe
Friedrichstadt
Owschlag
Witten-see
Krons-hagen
Heiken-dorf
Stapelholm
Alt Duvenstedt
Lunden
Lohe-Föhrden
Büdelsdorf
KIEL
Hennstedt
Erfde
Hohn
Fockbek
Rendsburg
Westensee
Pahlen
Molfsee
Weddingstedt
Dellstedt
Jevenstedt
Hamdorf
Flintbek
Tellingstedt
Heide
Wrohm
Breiholz
Nord-Ostsee-Kanal
Nordhastedt
Bordesholm
Albersdorf
Nortorf
Hanerau-Hademarschen
Hemmingstedt
Wankendorf
Neumünster
Hohenwestedt
Aukrug
Wasbek
Meldorf
Schafstedt
Trappenkamp
Schenefeld
Wacken
Boostedt
Hochdonn
Burg
Rickling
Hohenaspe
Brokstedt
Sankt Michaelisdonn
Neuendorf-Sachsenbande
Hohenlockstedt
Kellinghusen
Großenaspe
14
15

Havnbjerg
Als
Lyø
Avernakø
Skarø
Vindeby
Thurø By
Thurø
Guderup
8
Drejø
Tåsinge
9
Augustenborg
Sottrup
Hørup
Høruphav
Sønderborg
10
Hjortø
Birkholm
Rudkøbing
Strynø
68
Ærøskøbing
Langeland
Kegnæs
Ærø
Marstal
Bugt
Sydlangeland
Langelandsbælt
Nak
Steinbergkirche
Gelting
Sterup
Kappeln
Süderbrarup
Boren
Schlei
203
Schwansen
Kieler Bucht
Rieseby
Waabs
Barkelsby
Eckernförder Bucht
Eckernförde
Dänischer Wohld
Strande
Dänischenhagen
Kieler Förde
76
Laboe
Gettorf
Altenholz
Wittensee
Heikendorf
Schönberg
502
Hohwachter Bucht
Kronshagen
Mönkeberg
Passade
Schönkirchen
Heiligenhafen
4
210
5
6
KIEL
Selenter See
Panker
Hohwacht
Wangels-Weißenhaus
7
215
Klausdorf
Schwentinental
133
202
9
11
Westensee
Raisdorf
Selent
Lütjenburg
Oldenburg
Wagrien
Molfsee
E45
10
Flintbek
Lehmkuhlen
430
Preetz
Lensahn
12
404
Holsteinische Schweiz
168
Schönwalde
11
Bordesholm
Nortorf
Plön
Malente
1
6
Bösdorf
Eutin
Grömitz
13
Wankendorf
7
501
13
Aalbek
21
430
Bosau
76
E47
Wasbek
Neumünster
Bornhöved
14
Neustadt in Holstein
430
14
8
Süsel
15
Neustädter Bucht
Trappenkamp
Seedorf
9
Lübecker Bucht
15
205
Brokenlande
432
16
Scharbeutz
Boostedt
Rickling
Ahrensbök
17
Timmendorfer Strand
16
Schackendorf
Trave
Pronstorf
Pansdorf
76
Großenaspe
Ratekau
Travemünde
Wahlstedt
E45
18
Pöten

15

0 10 20 km

DANMARK
Vejrø
Rågø Sand
Rågø
Fejø
Femø
Lilleø
Askø
Ørsley
Vordingborg
Stege Bugt
Kalvehave
Stensved
Tærø
Dams
Nørre Alslev
Grøn-
sund
Stubbekøbing
Horslunde
Sandby
Nakskov
Stokkemarke
Bandholm
Guldborg Sund
Eskilstrup
Falkerslev
Tingsted
Horbelev
Søllested
Østofte
Radsted
Sundby
Nykøbing F
Falster
Kappel
Maribo
Søndersø
Toreby
Vaggerløse
Holeby
Kramnitse
Rødby
Øster Ulslev
Lolland
Nysted
Nykøbing Strandhuse
Rødbyhavn
Rødsand
Gedesby
Gedser
Femern Bælt
Fehmarnbelt
Fehmarn
Landkirchen
Burg a.F.
Staberdorf
Fehmarnsund
Großenbrode
Mecklenburger Bucht
Graal-Müritz
Kellenhusen (O.)
WARNEMÜNDE
Elmenhorst-
Lichtenhagen
Kühlungsborn
Admannshagen-
Bargeshagen
Rerik
Bastorf
Bad Doberan
ROSTOCK
Salzhaff
Kröpelin
Kritzmow
Papendorf
Poel
Insel Poel
Neubukow
Bölkow
Kavelstorf
Klützer Winkel
Ostseebad
Boltenhagen
Wismarbucht
Satow
Klütz
Kalkhorst
Blowatz
Neuburg-
Steinhausen
E47
E55
E22

18
17

22
Ørslev
E55
Vordingborg
41
59
Kalvehave
Stege Bugt
Stege
Stensved
Tærø
42
143
Damsholte
Hjelm Bugt
Nørre Alslev
Grøn-
sund
43
Stubbekøbing
Møn
DANMARK
44
Guldborg Sund
45
Eskilstrup
Falkerslev
Tingsted
Horbelev
Nykøbing F
Falster
Sundby
Toreby
Vaggerløse
Nysted
Nykøbing Strandhuse
E55
Gedesby
Gedser
Darßer Ort
Ostseebad
Prerow
Zingst
Zingst
Darß
Pramort
Wieck
a.Darß
Ahrenshoop
Born
Grabow
Barth
Wustrow
Fischland
Saaler Bodden
Saal
Niepar
Dierhagen
105
-Damgarten
Graal-Müritz
Ribnitz-
Trinwillershagen
Daskow
Gelbensande
WARNEMÜNDE
Elmenhorst-
Lichtenhagen
Rövershagen
Semlow
31
Blankenhagen
Marlow
Recknitz
4
Admannshagen-
Bad Doberan
103
E55
Bad Sülze
6
Bargeshagen
ROSTOCK
Dettmannsdorf
Tribsees
Broderstorf
Sanitz
7
21
E22
Kröpelin
Kritzmow
110
Papendorf
8
20
16
14
15
17
18
Tessin
Bölkow
13
10
Dummerstorf
19
Satow
20
Kavelstorf
Cammin
20
E22
12
19
Walkendorf
Gnoien
110
0
10
20 km

17

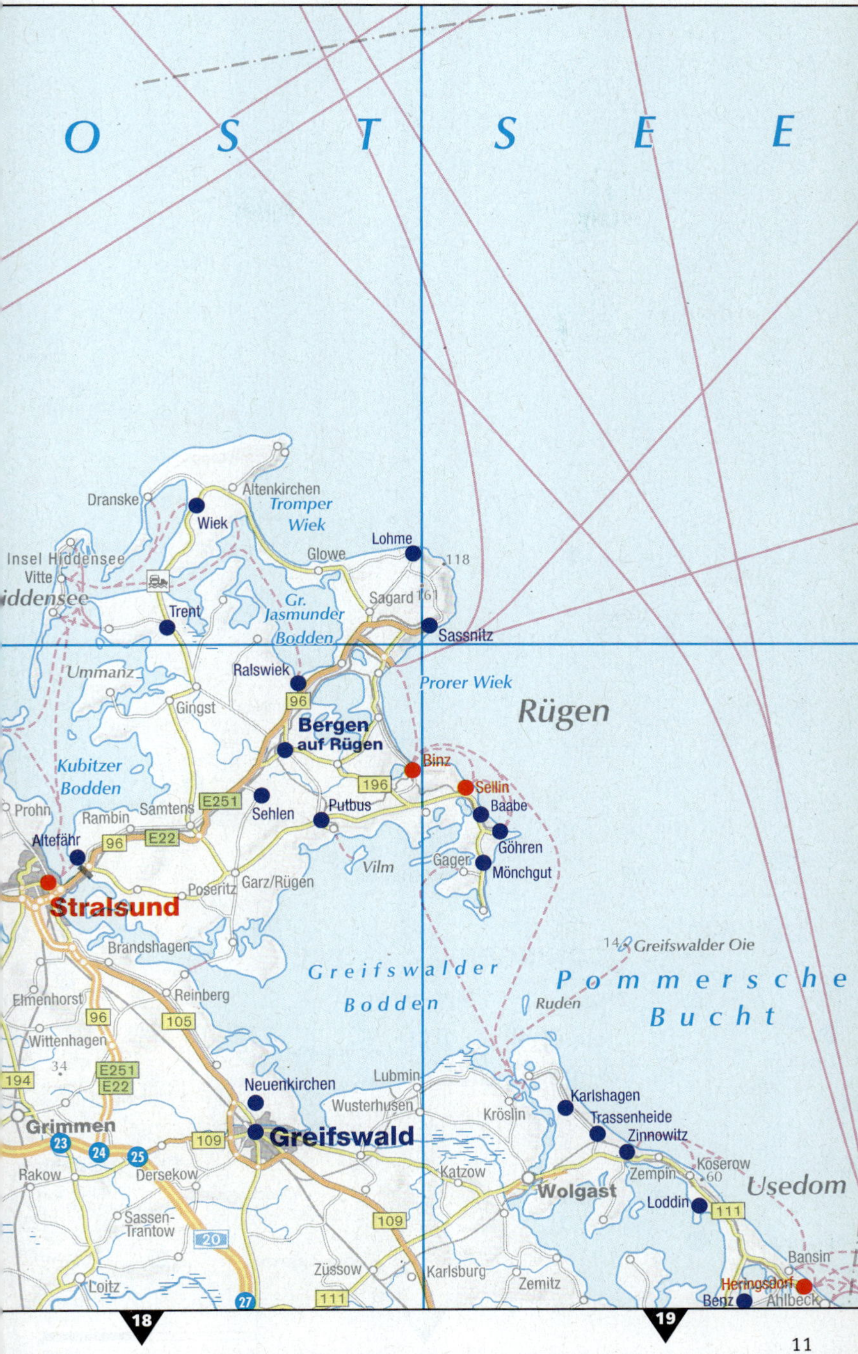
O S T S E E
Dranske
Altenkirchen
Tromper Wiek
Wiek
Lohme
Insel Hiddensee
Glowe
118
Vitte
iddensee
Gr. Jasmunder Bodden
Sagard
161
Trent
Sassnitz
Ummanz
Ralswiek
Prorer Wiek
Rügen
96
Gingst
Bergen auf Rügen
Kubitzer Bodden
Binz
196
Sellin
E251
Sehlen
Baabe
Prohn
Rambin
Samtens
Putbus
Altefähr
96
E22
Göhren
Vilm
Gager
Mönchgut
Poseritz
Garz/Rügen
Stralsund
Brandshagen
14
Greifswalder Oie
Greifswalder Bodden
Pommersche Bucht
Reinberg
Ruden
Elmenhorst
96
105
Wittenhagen
34
E251
E22
194
Lubmin
Neuenkirchen
Karlshagen
Wusterhusen
Kröslin
Trassenheide
Grimmen
Zinnowitz
Greifswald
109
23
24
25
Koserow
60
Rakow
Dersekow
Zempin
Usedom
Katzow
Wolgast
Loddin
111
Sassen-Trantow
109
20
Bansin
Züssow
Karlsburg
Zemitz
Loitz
Heringsdorf
27
111
Benz
Ahlbeck
18
19

N O R D S E E
Ostfriesische I
Langeoog
Baltrum
Norderney
Juist
Borkum
Memmert
Rottumerplaat
Rottumeroog
Simonszand
Norddeich
Norden
Dornum
Hage
Berumerfehn
Rechtsupweg
Marienhafe
Greetsiel
Wirdum
Aurich
Krummhörn
Südbrookmerland
Pewsum
Hinte
Großes-meer
Ihlo
Emden
Oldersum
Neermoor
Dollart
Dollard
Jemgum
Leer (Ostfr.)
Uithuizen
Warffum
Ulrum
Wehe-den Hoorn
't Zandt
Winsum
Middelstum
Loppersum
Delfzijl
Appingedam
Bedum
Reitdiep
NEDERLAND
Ten Boer
Eems
Ems
Eems-kanaal
Zuidhorn
Aduard
GRONINGEN
Siddeburen
Nieuwolda
Hoogkerk
Slochteren
Nieuweschans
Bunde
Beerta
Leek
Peize
Paterswolde
Haren
Hoogezand-Sappemeer
Scheemda
Winschoten
Bellingwolde
Wymeer
Weener
Ihrhove
Westoverledingen
Völlen
Roden
Zuidlaardermeer
Veendam
Oude Pekela
Bellingwedde
Wedde
Rhede
Papenburg
Norg
Vries
Zuidlaren
Nieuwe Pekela
Anloo
Vlagtwedde
Aschendorf (Ems)
Börger
Assen
Rolde
Gieten
Onstwedde
Lehe
Oosterwolde
Stellingwerf
Stadskanaal
Heede
Appelscha
Smilde
Gasselte
E22
E232
A7
A28
20
0
10
20 km

6
Helgoländer Bucht
Trischen
Scharhörn
Neuwerk
Großer Knechtsand
Cuxhaven
Inseln
Spiekeroog
Wangerooge
Mellum
Neuharlingersiel
Esens
Wangerland
Harlinger Land
Nordholz
Spieka
Midlum
Dorum
Wurster Nordseeküste
Wremen
Weser
Jade
Langwarden
Langen
Burhave
Butjadingen
Wittmund
Jever
Wilhelmshaven
BREMERHAVEN
Schortens
Rispel
Friesland
Stollhamm
Nordenham
Sande
Jadebusen
Seefeld
Dedesdorf
Lune
Lunestedt
Großefehn
Wiesmoor
Zetel
Bockhorn
Varel
Rodenkirchen
Strackholt
Neuenburg
Sandstedt
Hagen im Bremischen
Brake
Ovelgönne
Uplengen
Remels
Hesel
Wiefelstede
Rastede
Elsfleth
Neuenkirchen
Schwanewede
Westerstede
Zwischenahner Meer
Filsum
Stedingen
Blumenthal
Vegesack
Apen
Hunte
Berne
Lemwerder
Barßel
Bad Zwischenahn
Rhauderfehn
Ostrhauderfehn
Ammerland
OLDENBURG
Hude
Deichhausen
Saterland
Westerscheps
Edewecht
Bookholzberg
Delmenhorst
Scharrel
Kampe
Wardenburg
Hasbruch
Bockhorst
Friesoythe
Ganderkesee
Küstenkanal
Westerburg
Hatten
Esterwegen
Gehlenberg
Bösel
Neerstedt
Surwold
Garrel
Großenkneten
Markhausen
Dötlingen
21

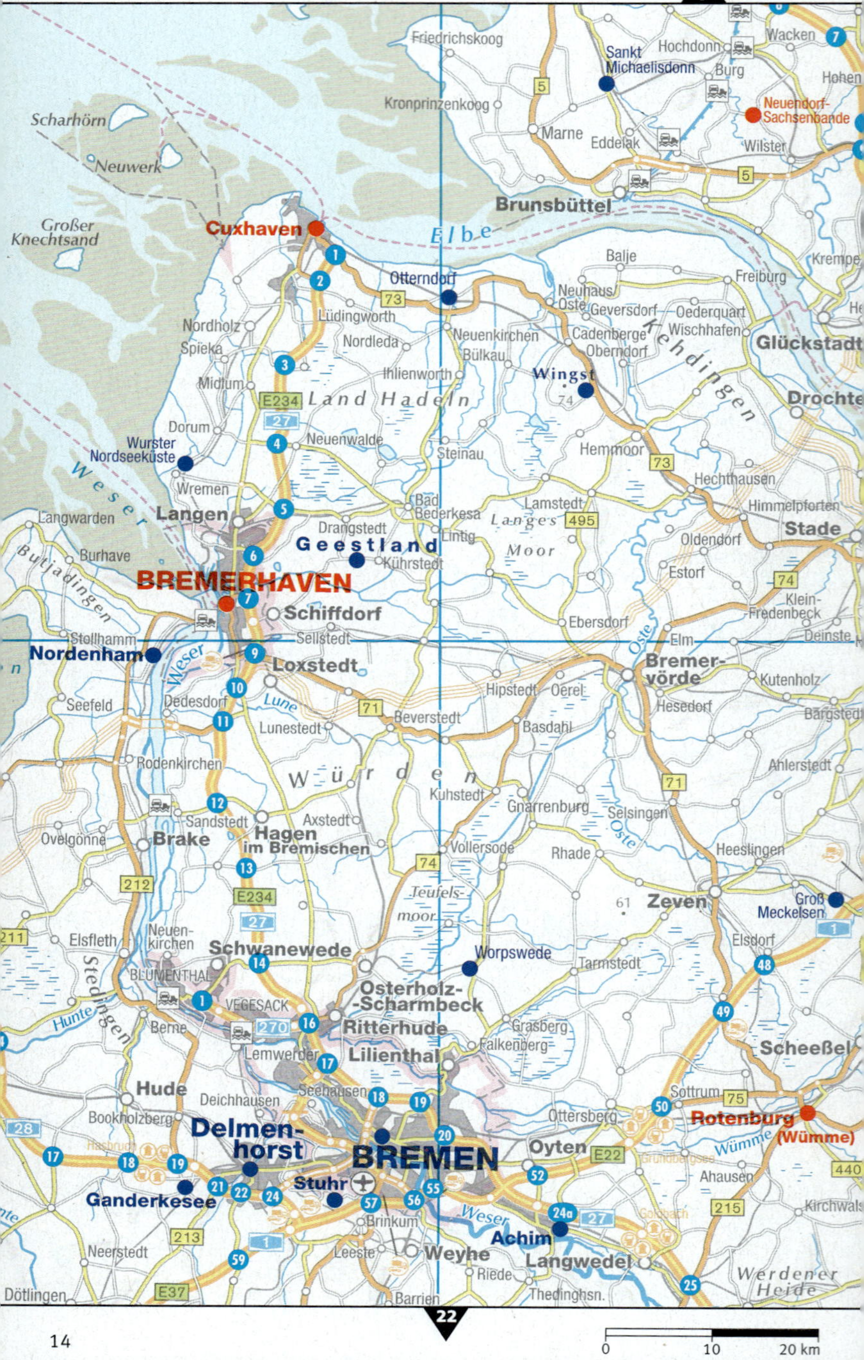
Scharhörn
Neuwerk
Großer Knechtsand
Cuxhaven
Elbe
Friedrichskoog
Kronprinzenkoog
Sankt Michaelisdonn
Hochdonn
Burg
Wacken
Hohen
Neuendorf-Sachsenbande
Marne
Eddelak
Wilster
Brunsbüttel
Balje
Freiburg
Krempe
Otterndorf
Neuhaus/Oste
Geversdorf
Oederquart
Wischhafen
Glückstadt
Lüdingworth
Nordholz
Spieka
Nordleda
Neuenkirchen
Bülkau
Cadenberge
Oberndorf
Kehdingen
Ihlienworth
Wingst
Midlum
Land Hadeln
Drochte
Dorum
Wurster Nordseeküste
Neuenwalde
Steinau
Hemmoor
Hechthausen
Weser
Wremen
Bad Bederkesa
Lamstedt
Himmelpforten
Langwarden
Langen
Langes Moor
Stade
Drangstedt
Lintig
Oldendorf
Burhave
Geestland
Kührstedt
Moor
Estorf
Butjadingen
BREMERHAVEN
Schiffdorf
Klein-Fredenbeck
Stollhamm
Sellstedt
Ebersdorf
Oste
Elm
Deinste
Nordenham
Loxstedt
Bremervörde
Hipstedt
Oerel
Kutenholz
Seefeld
Dedesdorf
Lune
Hesedorf
Beverstedt
Bargstedt
Lunestedt
Basdahl
Rodenkirchen
Würden
Ahlerstedt
Kuhstedt
Gnarrenburg
Selsingen
Sandstedt
Axstedt
Ovelgönne
Brake
Hagen im Bremischen
Vollersode
Rhade
Heeslingen
Teufelsmoor
Zeven
Groß Meckelsen
Elsfleth
Neuenkirchen
Elsdorf
Stedingen
Schwanewede
Worpswede
Tarmstedt
BLUMENTHAL
Osterholz-Scharmbeck
VEGESACK
Hunte
Berne
Ritterhude
Grasberg
Lemwerder
Lilienthal
Falkenberg
Scheeßel
Hude
Deichhausen
Seehausen
Sottrum
Bookholzberg
Ottersberg
Rotenburg (Wümme)
Delmenhorst
Oyten
Wümme
BREMEN
Ganderkesee
Stuhr
Ahausen
Brinkum
Weser
Achim
Kirchwalsede
Neerstedt
Leeste
Weyhe
Langwedel
Riede
Werdener Heide
Dötlingen
Barrien
Thedinghsn.
0
10
20 km

22

8
Trappenkamp
Boostedt
Itzehoe
Breitenburg
Lägerdorf
Westerhorn
Bokel
Brande-Hörnerkirchen
Hohenlockstedt
Brokstedt
Kellinghusen
Wrist
Bad Bramstedt
Lentföhrden
Großenaspe
Rickling
Wahlstedt
Bad Segeberg
Trave
Pronstorf
Ahrensbök
Pansdorf
Ratekau
Bad Schwartau
Eckhorst
Stockelsdorf
LÜBECK
Hamberge
Reinfeld (H.)
Bad Oldesloe
Hartenholm
Schmalfeld
Kaltenkirchen
Leezen
Kisdorf
Nahe
Sülfeld
Barmstedt
Alveslohe
Elmshorn
Horst
Henstedt-Ulzburg
Bargfeld-Stegen
Elmenhorst
Tremsbüttel
Hemdingen
Bilsen
Ellerau
Quickborn
Ellerhoop
Tangstedt
Norderstedt
Bargteheide
Uetersen
Tornesch
Appen
Borstel-Hohenraden
Hasloh
Ammersbek
Ahrensburg
Pinneberg
Rellingen
FUHLSBÜTTEL
Großhansdorf
Lütjensee
Großensee
Trittau
Berkenthin
Mölln
Breitenfelde
Holm
Halstenbek
Schenefeld
Alster
WANDSBEK
Barsbüttel
Hollern-Twielenfleth
Wedel
HAMBURG
Kuddewörde
BLANKENESE
ALTONA
ST. PAULI
Glinde
Jork
NEUENFELDE
HORN
Oststeinbek
Aumühle
Reinbek
BERGEDORF
Schwarzenbek
Dassendorf
Wentorf b.H.
Altes Land
Neukloster
FISCHBEK
HARBURG
Vierlande
Ochsenwerder
Neuengamme
Escheburg
Büchen
Buxtehude
Harsefeld
Neu Wulmstorf
Apensen
Geesthacht
Kirchwerder
Elbe
Marschacht
Beckdorf
Moisburg
Hollenstedt
Stelle
Lauenburg
Seevetal
Buchholz
Winsen
Bendestorf
Heidenau
Tostedt
Jesteburg
Brackel
Radbruch
Bardowick
Adendorf
Scharnebeck
Sittensen
Wistedt
Handeloh
Hanstedt
Toppenstedt
Vögelsen
Reppenstedt
Lüneburg
Neetze
Salzhausen
Stemmen
Kirchgellersen
Deutsch Evern
Lüneburger Heide
Fintel
Egestorf
Melbeck
Elbe-Seitenkanal
Schneverdingen
Soderstorf
Bienenbüttel
Brockel
Amelinghausen
Hemsfingen
Heber
Bispingen
Rehlingen
Bad Bevensen
Neuenkirchen
Wittorf
Breloh
Ebstorf
Visselhövede
Soltau
Munster
Lintzel
Uelzen
23

8
9
Lübecker Bucht
Klützer Winkel
Poel
Insel Poel
Wismarbucht
Scharbeutz
Timmendorfer Strand
Ahrensbök
Pansdorf
Elmenhorst
Ostseebad Boltenhagen
Kalkhorst
Klütz
Travemünde
Pötenitz
Trave
Pronstorf
Bad Segeberg
Ratekau
Bad Schwartau
Eckhorst
Stockelsdorf
Dassow
Selmsdorf
Gägelow
Wismar
Reinfeld (H.)
LÜBECK
Schönberg
Grevesmühlen
Bad Oldesloe
Hamberge
Lüdersdorf
Schönberger Land
Carlow
Rehna
Stepenitz
Bobitz
Ratzeburger See
Berkenthin
Tremsbüttel
Ratzeburg
Gadebusch
Schweriner See
Lütjensee
Lützow
Schwerin
Breitenfelde
Mölln
Schaalsee
Großensee
Trittau
Kuddewörde
Hollenbek
Dümmer
WÜSTMARK
Gudow
Wittendörp
Pampow
Zarrentin
Aumühle
Wittenburg
Schwarzenbek
Dassendorf
Büchen
Escheburg
Schaale
Geesthacht
Elbe
Marschacht
Hagenow
Vellahn
Lauenburg
Boizenburg/
Sude
Quassel
Groß Krams
Bardowick
Scharnebeck
Adendorf
Bleckede
Lübtheen
Neuhaus
Lüneburg
Neetze
Barskamp
Eldena
Kirchgellersen
Deutsch Evern
Neu Darchau
Malliß
Dahlenburg
Melbeck
Neu Kaliß
Alte Elde
Elbe-Seitenkanal
Bienenbüttel
Hitzacker/Elbe
Dömitz
Lenzen
Dannenberg
Gusborn
Bad Bevensen
Stoetze
Zernien
Jameln
Ebstorf
Trebel
Gartow
Waddeweitz
Küsten
Wendland
Rosche
Lüchow
Woltersdorf
Uelzen
24
0
10
20 km

10

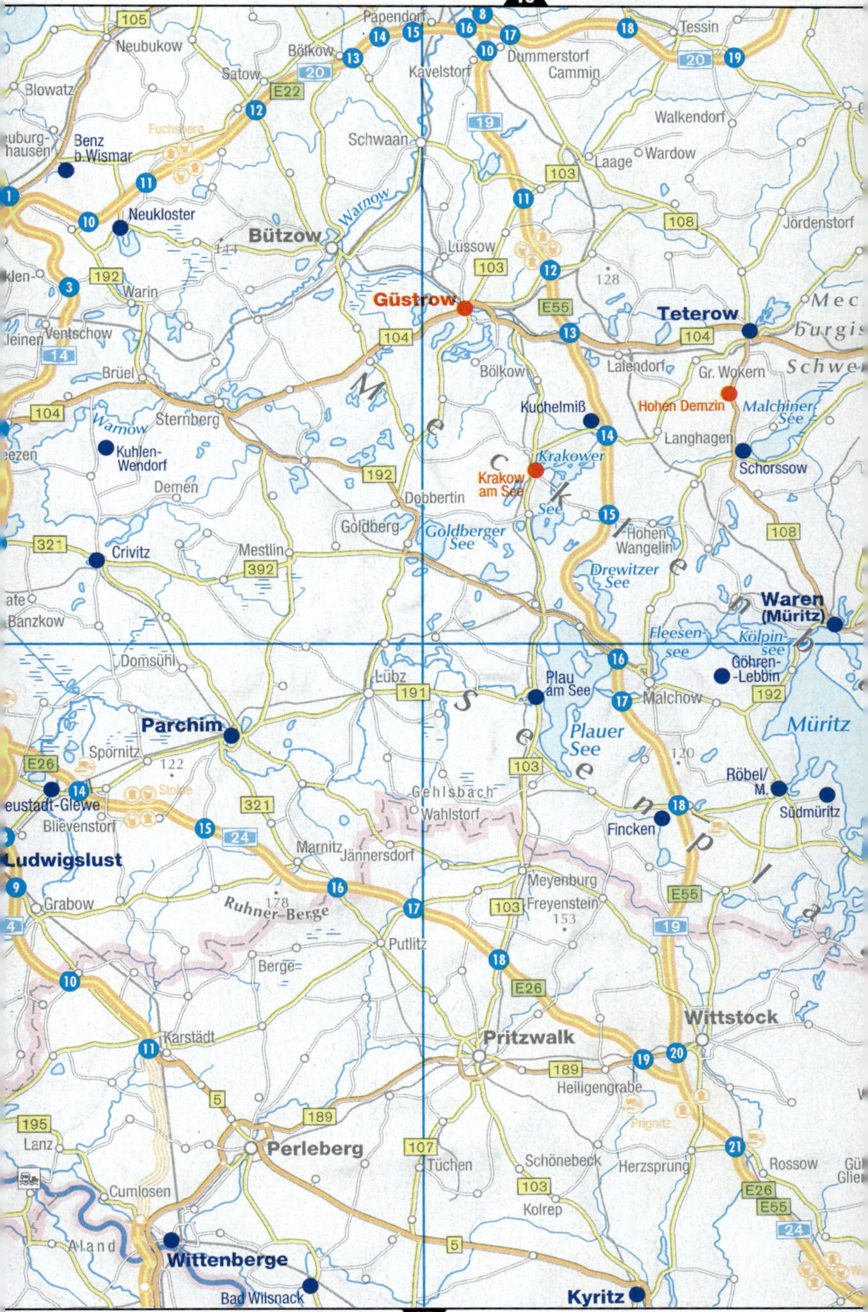
Güstrow
Teterow
Bützow
Parchim
Waren (Müritz)
Ludwigslust
Pritzwalk
Perleberg
Wittenberge
Wittstock
Kyritz
Hohen Demzin
Krakow am See
Müritz
Plauer See
Mecklenburgische Seenplatte
Ruhner Berge

25

10
26
Tessin
Cammin
Walkendorf
Gnoien
Laage
Wardow
Rakow
Sassen-Trantow
Dersekow
Loitz
Gützkow
Jarmen
Tutow
Demmin
Trebel
Dargun
Peene
Jördenstorf
Demminer Land
Mecklen-burgische Schweiz
Kummerower See
Kummerow
Teterow
Lalendorf
Gr. Wokern
Malchin
Hohen Demzin
Kuchelmiß
Malchiner See
Langhagen
Schorssow
Krakower See
Ivenack
Reuterstadt Stavenhagen
Altentreptow
Burow
Spante
Rosenow
Ostpeene
Neu-brandenburg
Hohen Wangelin
Drewitzer See
Waren (Müritz)
Fleesen-see
Kölpin-see
Göhren-Lebbin
Malchow
Plauer See
Müritz
Tollense-see
Burg Stargard
Penzlin
Groß Nemerow
Röbel/M.
Südmüritz
Fincken
Rechlin
Roggentin
Neustrelitz
Feldberg
Feldberger Seenlandscha
Mirow
Woblitz-see
Wesenberg
Mecklenburgische Kleinseenplatte
Strelitzer Seenplatte
Lychen
Wittstock
Fürstenberg
Großer Stechlinsee
Heiligengrabe
Prignitz
Wallitz
Rheinsberg
Menz
Dannenwalde
Templin
Herzsprung
Rossow
Gühlen-Glienicke
Ruppiner Schweiz
Schulzendorf
Alt-lüdersdf.
Dierberg
Gransee
Zehdenick
Wulsleben
Alt Ruppin
Lindow (Mark)
Kyritz
0
10
20 km

11
Wolgast
Koserow
Loddin
Usedom
Wolin
Bansin
Heringsdorf
Ahlbeck
Świnoujście
Mellenthin
Benz
Korswandt
Karlsburg
Zemitz
Lassan
Murchin
Usedom
Peene
Stolpe
an der Peene
Anklam
Stettiner Haff
Zalew Szczeciński
Świna
Wolin
Dziwna
Ducherow
Ueckermünde
Altwarp
Zarow
Ueckermünder Heide
POLSKA
Eggesin
Ahlbeck
Ferdinandshof
Friedland
Galenbecker See
Torgelow
Trzebież
Stepnica
Roztoka Odrzańska
Schönbeck
Ucker
Viereck
Police
Ina
Jez. Dąbie
Pasewalk
Helpter Berge
Strasburg (Uckermark)
Woldegk
Boock
SZCZECIN
(STETTIN)
Löcknitz
Mierzyn
Jagow
Göritz
Przecław
Fürstenwerder
Randow
Klucz
Radziszewo
Prenzlau
Gollmitz
Schmölln
Penkun
Unter-ucker-see
Uckermark
Gryfino
Tywa
Gramzow
Gartz (Oder)
Ober-ucker-see
Odra
Passow
Widuchowa
Milmersdorf
Banie
Schwedt /Oder
Angermünde
Joachimsthal
Trzcińsko Zdrój
Chojna
Werbellinsee
27

12
NEDERLAND
Assen
Anloo
Rolde
Gieten
Oosterwolde
Appelscha
Smilde
Gasselte
Hondsrug
Vlagtwedde
Onstwedde
Stadskanaal
Musselkanaal
Borger
Ter Apel
Bourtanger Moor
Aschendorf (Ems)
Börger
Lehe
Heede
Kluse
Walchum
Lathen
Ems
Haren (Ems)
Beilen
Westerbork
Orvelte
Dwingeloo
Diever
Odoorn
Emmen
Rütenbrock
Emmer-Compascuum
Eursinge
Ruinen
Zweeloo
Sleen
Hoogeveen
Oosterhesselen
Dalen
Nieuw-Amsterdam
Schoonebeek
Schöninghsdorf
Meppen
Haselünne
Zuidwolde
Coevorden
Twist
Slagharen
Balkbrug
Emlichheim
Ringe
Geeste
Dedemsvaart
Gramsbergen
Hardenberg
Vechte
Hoogstede
Georgsdorf
Avereest
Nieuwleusen
Oudleusen
Ommen
Wilsum
Esche
Wietmarschen
Lingen (Ems)
Itterbeck
Uelsen
Neuenhaus
Den Ham
Westerhaar-Vriezenveensewijk
Getelo
Lage
Nordhorn
Hellendoorn
Twenterand
Tubbergen
Ootmarsum
Emsbüren
Lünne
Wierden
Almelo
Denekamp
Weerselo
Nijverdal
Rijssen-Holten
Oldenzaal
Borne
Schüttorf
Salzbergen
Stad Delden
Losser
Bad Bentheim
Rheine
Hof van Twente
Hengelo
Neuenkirchen
Markelo
Goor
Twente Kan.
Beckum
Gronau
Ochtrup
Wettringen
Laren
Diepenheim
ENSCHEDE
Lochem
Haaksbergen
Metelen
Heek
Steinfurt
Borculo
Neede
Alstätte
Vorden
Eibergen
Ahaus
Schöppingen
Horstmar
Ruurlo
Zwillbrock
Ottenstein
Laer
Hengelo
Groenlo
Legden
Altenberge
Vreden
Zelhem
Stadtlohn
Rosendahl
Lichtenvoorde
Winterswijk
Billerbeck
Gescher
Coesfeld
Baumberge
Varsseveld
Südlohn
29
0
10
20 km

13
Bockhorst
Friesoythe
Küstenkanal
Esterwegen
Gehlenberg
Surwold
Bösel
Garrel
Westerburg
Hunte
Hatten
Neerstedt
Ganderkesee
Großenkneten
Dötlingen
Harpstedt
Dünsen
Markhausen
Lorup
Börger
Vrees
Ahlhorn
Wildeshausen
Hümmling
Werlte
Lindern (Old.)
Molbergen
Cloppenburg
Emstek
Visbek
Colnrade
Twistringen
Oldenburgisches
Münsterland
Lastrup
Cappeln (Oldenburg)
Goldenstedt
Lang-förden
Löningen
Lähden
Essen
Bakum
Vechta
Barnstorf
Ehrenburg
Herzlake
Menslage
Quaken-brück
Eydelstedt
Dinklage
Lohne
Drebber
Dohren
Badbergen
Rehden
Barver
Berge
Nortrup
Hase
Diepholz
Bippen
Ankumer Höhe
Eggermühlen
Holdorf
Steinfeld
Wagenfeld
Gehrde
Ankum
Bersen-brück
Dammer Berge
Lengerich
Fürstenau
Neuenkirchen-
Damme
Dümmer
Alf-hausen
Vörden
Freren
Rieste
Lemförde
Merzen
Alfsee
Brockum
Voltlage
Neuen-kirchen
Bramsche
Stemwede
Rahden
Espelkamp
Hopsten
Recke
Oster-cappeln
Wallenhorst
Bohmte
Preuß. Oldendorf
Lübbecke
Wester-kappeln
Mettingen
Hörstel
Ibbenbüren
Lotte
Belm
Wiehengebirge
Bad Essen
Hüllhorst
OSNABRÜCK
Hasbergen
Bissendorf
Rödinghausen
Kirch-lengern
Tecklenburg
Hagen
Georgs-marien-hütte
Melle
Bünde
Saerbeck
Teutoburger Wald
Grönegau
Hiddenhausen
Lengerich
Hilter a.T.W.
Herford
msdetten
Ladbergen
Lienen
Bad Iburg
Dissen
Spenge
Enger
Borgholzhausen
Greven
Glandorf
Bad Laer
Bad Rothenfelde
Werther
JÖLLEN-BECK
walde
Ostbevern
Versmold
Halle (W.)
BIELEFELD
BRAKE
Steinhagen
Sassenberg
Harse-winkel
BRACK-WEDE
Oerling-hsn.
Telgte
Warendorf
Ems
SENNE-STADT
MÜNSTER
Beelen
30

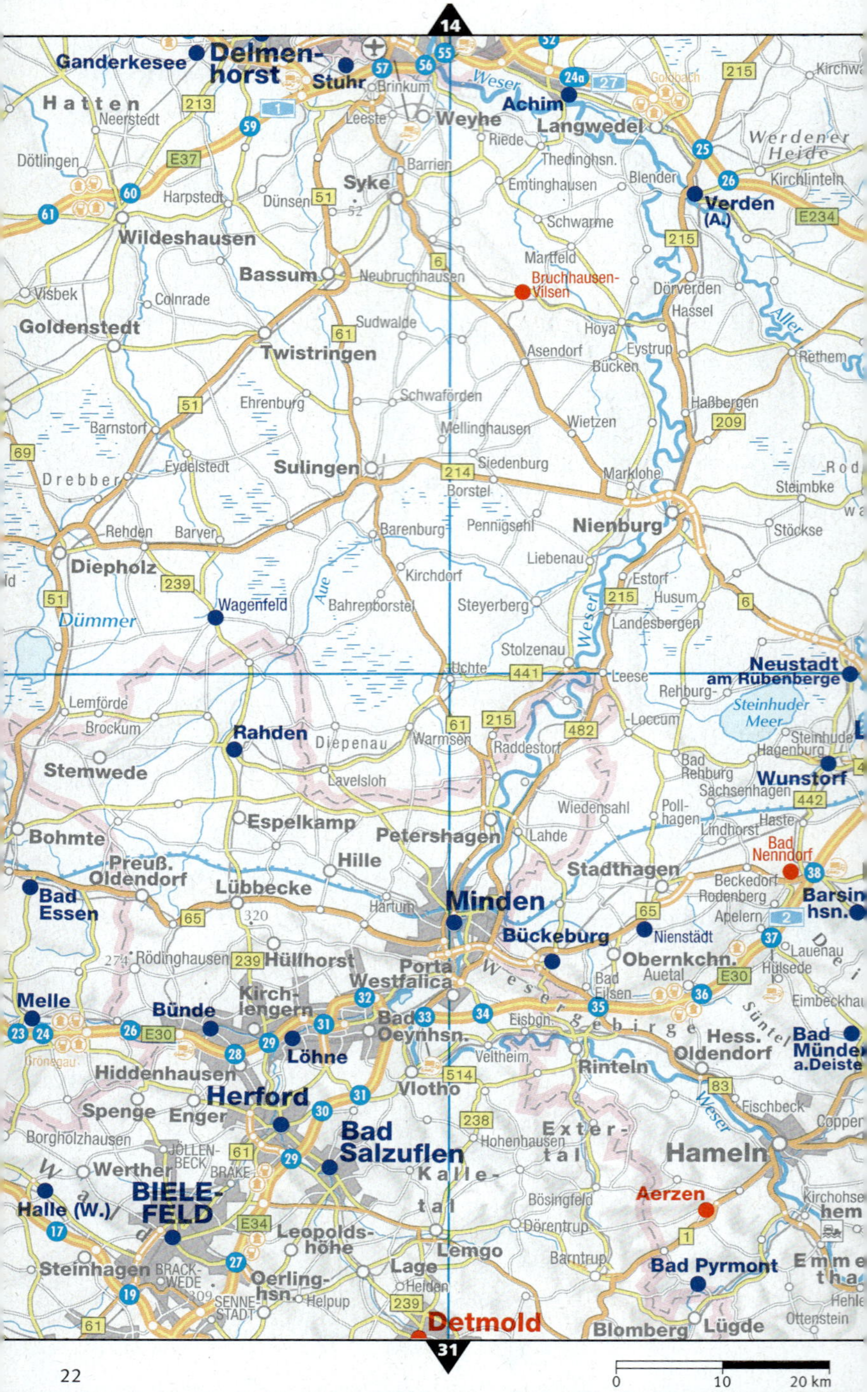

14
Ganderkesee
Delmenhorst
Stuhr
Brinkum
Hatten
Neerstedt
Leeste
Weyhe
Achim
Langwedel
Riede
Dötlingen
Barrien
Thedinghsn.
Emtinghausen
Blender
Werdener Heide
Kirchlinteln
Verden (A.)
Harpstedt
Dünsen
Syke
Schwarme
Wildeshausen
Bassum
Neubruchhausen
Martfeld
Bruchhausen-Vilsen
Dörverden
Hassel
Aller
Visbek
Colnrade
Sudwalde
Goldenstedt
Twistringen
Hoya
Asendorf
Eystrup
Bücken
Rethem
Schwaförden
Ehrenburg
Haßbergen
Barnstorf
Mellinghausen
Wietzen
Eydelstedt
Sulingen
Siedenburg
Marklohe
Drebber
Borstel
Steimbke
Rehden
Barver
Barenburg
Pennigsehl
Nienburg
Stöckse
Diepholz
Kirchdorf
Liebenau
Estorf
Husum
Wagenfeld
Aue
Bahrenborstel
Steyerberg
Dümmer
Landesbergen
Weser
Stolzenau
Neustadt am Rübenberge
Uchte
Leese
Rehburg-
Steinhuder Meer
Lemförde
Loccum
Brockum
Rahden
Diepenau
Warmsen
Raddestorf
Steinhude
Hagenburg
Stemwede
Bad Rehburg
Wunstorf
Lavelsloh
Sachsenhagen
Wiedensahl
Pollhagen
Bohmte
Espelkamp
Lindhorst
Haste
Petershagen
Lahde
Bad Nenndorf
Preuß. Oldendorf
Hille
Stadthagen
Beckedorf
Rodenberg
Barsinghsn.
Bad Essen
Lübbecke
Hartum
Minden
Apelern
Bückeburg
Nienstädt
Lauenau
Rödinghausen
Hüllhorst
Porta Westfalica
Obernkchn.
Auetal
Hülsede
Melle
Kirchlengern
Bad Eilsen
Eimbeckhausen
Bünde
Bad Oeynhsn.
Eisbgn.
Wesergebirge
Süntel
Löhne
Veltheim
Hess. Oldendorf
Bad Münder a.Deister
Grönegau
Hiddenhausen
Rinteln
Vlotho
Herford
Fischbeck
Spenge
Enger
Extertal
Coppenbrügge
Borgholzhausen
Jöllenbeck
Hohenhausen
Bad Salzuflen
Hameln
Werther
Brake
Kalletal
Halle (W.)
Bielefeld
Bösingfeld
Aerzen
Kirchohsen
Leopoldshöhe
Dörentrup
Steinhagen
Brackwede
Lemgo
Barntrup
Bad Pyrmont
Emmerthal
Oerlinghsn.
Lage
Helden
Helpup
Sennestadt
Detmold
Blomberg
Lügde
Ottenstein
31
0 10 20 km

15
Neuenkirchen
Wittorf
Visselhövede
Soltau
Munster
Breloh
H e i d e
Ebstorf
Lintzel
Uelzen
Bomlitz
Dorfmark
Wietzendorf
Faßberg
Müden
Suderburg
Wrestedt
Wieren
Walsrode
Bad Fallingbostel
Düshorn
Hermannsburg
Unterlüß
Bad Bodenteich
Bergen
Hodenhagen
Osterheide
Belsen
Örtze
Sülze
Sprakensehl
Hankensbüttel
Seitenkanal
Eschede
Essel
Allertal
Winsen
Eldingen
Schwarmstedt
Buchholz
Elbe-
Wietze
Groß Oesingen
Wahrenholz
Lindwedel
Hambühren
Celle
Lachendorf
Hohne
Wesendorf
Großes Moor
Wienhausen
Mellendorf
Burgwedel
Wedemark
Wettmar
Wathlingen
Ehlershausen
Müden
Sassenburg
Westerbeck
Bissendorf
Bröckel
Resse
Großburgwedel
Hänigsen
Meinersen
Gifhorn
Isernhagen
Kirchhorst
Uetze
Isenbüttel
Langenhagen
Burgdorf
Leiferde
Rötgesbüttel
Calberlah
Dollbergen
Hillerse
Garbsen
Lehrter See
Immensen
Edemissen
Meine
Mittellandkanal
Seelze
Sievershsn.
Schwülper
Zweidorfer Holz
Lehrte
HANNOVER
Lehre
Hemmingen
H.-Wöltjerode
Vöhrum
Gehrden
Ronnenberg
Peine
Wendeburg
Laatzen
Sehnde
BRAUNSCHWEIG
Wennigsen
Algermissen
Hohenhameln
Ilsede
Pattensen
Adenstedt
Bredenbeck
Lahstedt
Vechelde
Ober-sickte
Gestorf
Vallstedt
Cremlingen
Sarstedt
Hoheneggelsen
Groß Lafferde
Springe
Giesen
Harsum
Schellerten
Schulenburg
Nordstemmen
Söhlde
Lengede
Wolfenbüttel
LEBENSTEDT
WATENSTEDT
Eldagsen
Ottbergen
Dettum
Hildesheimer Börde
Denkte
SALZGITTER
Elze
HILDESHEIM
Flöthe
Kissenbrück
Gronau
Holle
Elbe
Diekholzen
Baddeckenstedt
Börßum
Eime
Bad Salzdetfurth
Salzhemmendorf
Brüggen
Sibbesse
Sehlde
SALZGITTER BAD
Hornburg
Innerste
Bodenburg
Schladen-Werla
Liebenburg
Duingen
Bockenem
Lutter
Halle
Alfeld
Wöltingerode
Vienenburg
Immenrode
Grünenplan
Leine
Jerstedt
Bodenwerder
Rhüden
Langelsheim
32

16
Ebstorf
Jameln
Trebel
Gartow
Waddeweitz
Küsten
Wendland
Lüchow
Rosche
Uelzen
Woltersdorf
Suhlendorf
Clenze
Schnega
Wustrow
Lemgow
Suderburg
Wrestedt
Wieren
Bergen
Bad Bodenteich
Salzwedel
Seitenkanal
Sprakensehl
Hankensbüttel
Wittingen
Diesdorf
Eldingen
Elbe-
Knesebeck
Beetzendorf
Kalbe
Kakerbeck
Groß Oesingen
Wahrenholz
Klötze
Hohne
Wesendorf
Großes Moor
Brome
Ehra-Lessien
Tülau
Müden
Sassenburg
Westerbeck
Parsau
Drömling
Gardelegen
Meinersen
Rühen
Wey-hausen
Mieste
Gifhorn
Isenbüttel
Vorsfelde
Grafhorst
Leiferde
Rötgesbüttel
Hillerse
Fallersleben
Calberlah
Ohre
Oebisfelde-
Wolfsburg
Velpke
Calvörde
Meine
Mittellandkanal
Mörse
Groß Twülpstedt
Schwülper
Lehre
Flechtingen
Wendeburg
-Weferlingen
Grasleben
Haldensleben
Vechelde
Braunschweig
Mariental
Königslutter
Cremlingen
Vallstedt
Obersickte
Helmstedt
Erxleben
Bebertal
Hohe
Thiede
Sickte
Harbke
Wefensleben
Watenstedt
Dettum
Elm
Buddenstedt
Ummendorf
Eichenbarleben
Wolfenbüttel
Dahlum
Schöningen
Eilsleben
Salzgitter
Denkte
Schöppenstedt
Barneberg
Magdeburger Börde
Flöthe
Kissenbrück
Jerxheim
Hötensleben
Seehausen
Ausleben
Ampfurth
Wanzleben-Börde
Börßum
Großes Bruch
Hamersleben
Salzgitter-Bad
Hornburg
Huy
Börde
Oschersleben
Liebenburg
Schladen-Werla
Hessen
Bode
Hadmersleben
Dingelstedt am Huy
Wöltingerode
Immenrode
Dardesheim
Osterwieck
Schwanebeck
Großalsleben
Wester-egeln
Jerstedt
Gröningen
Kroppenstedt
Langelsheim
Vienenburg
Zilly
Egeln
33

0 10 20 km

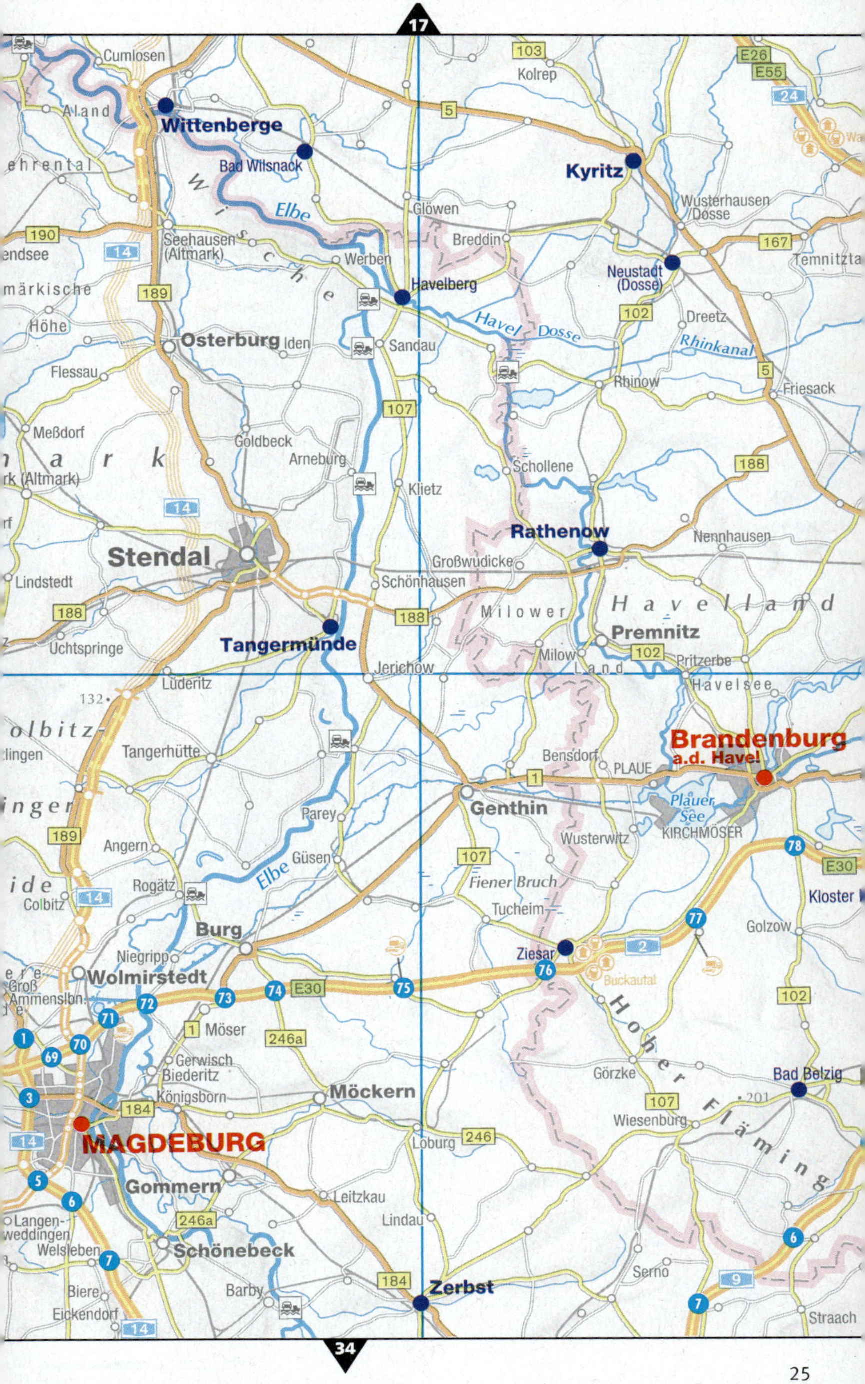
17
Cumlosen
Aland
Wittenberge
Bad Wilsnack
Elbe
Kolrep
Kyritz
Wusterhausen /Dosse
Glöwen
Breddin
Seehausen (Altmark)
Werben
Havelberg
Neustadt (Dosse)
Temnitztal
Osterburg
Iden
Sandau
Havel
Dosse
Dreetz
Rhinkanal
Rhinow
Friesack
Flessau
Meßdorf
Goldbeck
Arneburg
Klietz
Schollene
Rathenow
Nennhausen
Stendal
Lindstedt
Großwudicke
Schönhausen
Havelland
Milower
Premnitz
Tangermünde
Uchtspringe
Milow
Pritzerbe
Jerichow
Land
Havelsee
Lüderitz
Tangerhütte
Bensdorf
PLAUE
Brandenburg a.d. Havel
Genthin
Parey
Plauer See
KIRCHMÖSER
Wusterwitz
Angern
Güsen
Fiener Bruch
Kloster
Rogätz
Colbitz
Tucheim
Burg
Golzow
Niegripp
Ziesar
Wolmirstedt
Buckautal
Groß Ammensleben
Möser
Hoher Fläming
Gerwisch
Biederitz
Möckern
Görzke
Bad Belzig
Königsborn
Wiesenburg
MAGDEBURG
Loburg
Gommern
Leitzkau
Langenweddingen
Lindau
Welsleben
Schönebeck
Serno
Barby
Biere
Zerbst
Eickendorf
Straach
34

18
Gühlen-Glienicke
Ruppiner Schweiz
Dierberg
Schulzendorf
Alt-lüdersdf.
Gransee
Zehdenick
Kyritz
Alt Ruppin
Lindow (Mark)
Neuruppin
Wusterhausen /Dosse
Löwenberg
Löwenberger Land
Liebenwa
Neustadt (Dosse)
Temnitztal
Ruppiner See
Zerpenschleu
Wustrau-Altfriesack
Rhinluch
Dreetz
Fehrbellin
Nassenheide
Rhinkanal
Kloste
Kremmen
Oranienburg
Zehlendorf
Rhinow
Friesack
Schwante
Leegebruch
Wandlitz
Borgsdorf
Velten
Birkenwerder
Hohen Neuendf.
Paulinenaue
Bötzow
Rathenow
Nennhausen
Nauen
Hennigsdorf
Schildow
Brieselang
Havelland
BERLIN
Falkensee
SPANDAU
Premnitz
Wachow
Wustermark
Elstal
Pritzerbe
Ketzin
Groß Glienicke
Havelsee
Fahrland
Gr. Wannsee
Brandenburg a.d. Havel
ZEHLENDF.
Klein-machnow
PLAUE
POTSDAM
Havel
Jeserig
Groß Kreutz
BABELSBERG
Schönefel
Plauer See
Werder (Havel)
Teltow
KIRCHMÖSER
Stahnsdf.
Wusterwitz
Glindow
Caputh
Güterfelde
Schwielow-
Nuthetal
Großbeeren
-Mahlow
Dahlewit
Michendf.
Blankenfelde-
Kloster Lehnin
Golzow
Ludwigsfelde
Rangsdorf
Beelitz
Zosse
Blankensee
Plane
Trebbin
Mellensee
Brück
Görzke
Bad Belzig
Linthe
Nuthe-Urstromtal
Sperenberg
Wiesenburg
Hoher Fläming
Woltersdorf
Treuenbrietzen
Luckenwalde
Niemegk
Baruth/Ma
Kloster Zinna
Jüterbog
Serno
Niedergörsdf.
Kropstädt
Straach
Niederer Fl
35
0
10
20 km

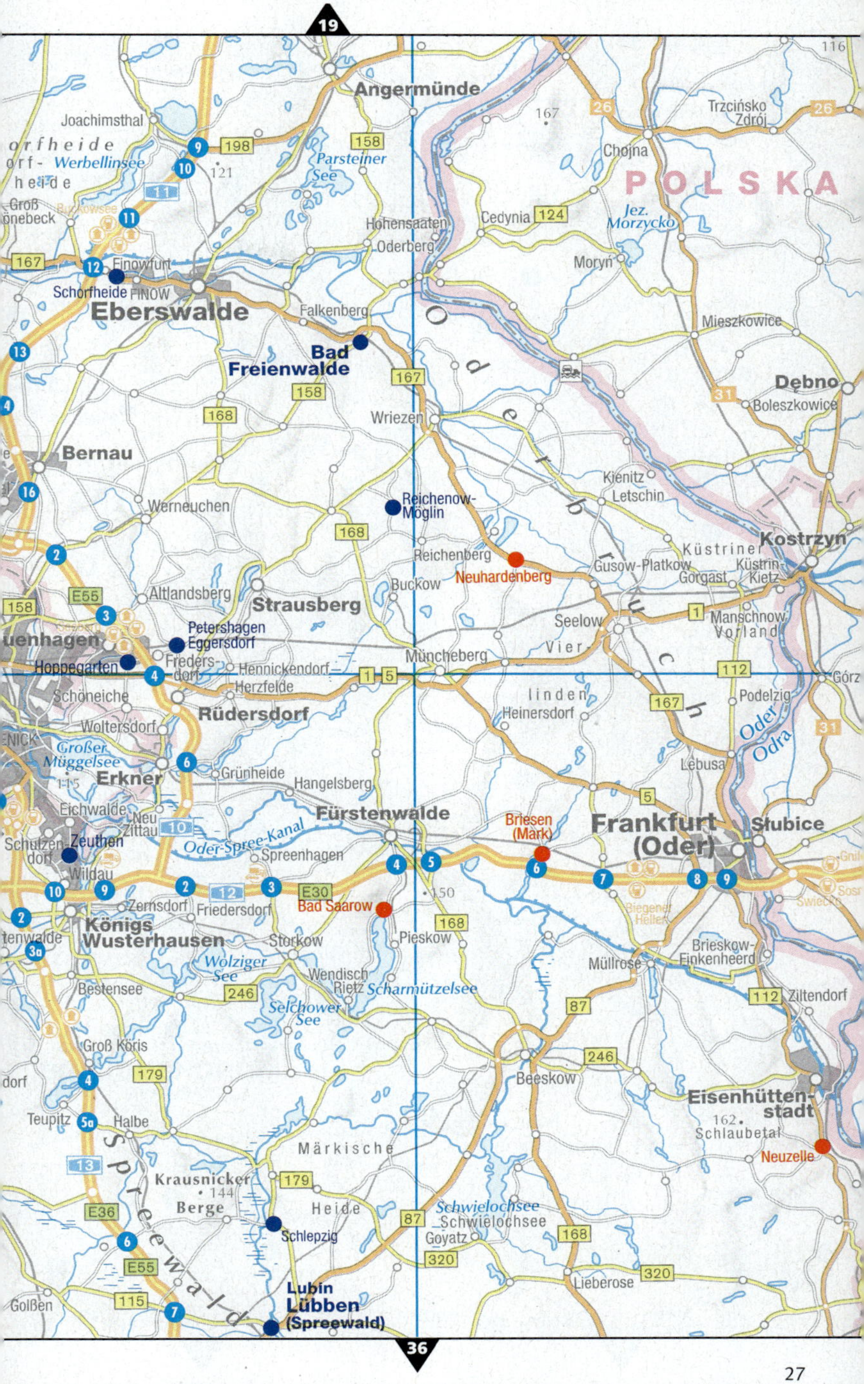
19
Angermünde
Joachimsthal
Werbellinsee
Parsteiner See
198
158
121
11
Buckowsee
Groß Schönebeck
Hohensaaten
Oderberg
Cedynia
124
Jez. Morzycko
Moryń
Chojna
POLSKA
Trzcińsko Zdrój
26
167
116
Finowfurt
Schorfheide
FINOW
Eberswalde
Falkenberg
Bad Freienwalde
Oderbruch
Mieszkowice
Dębno
Boleszkowice
31
Wriezen
168
Bernau
Werneuchen
Reichenow-Möglin
Kienitz
Letschin
Reichenberg
Neuhardenberg
Buckow
Gusow-Platkow
Gorgast
Küstriner Vorland
Kostrzyn
Küstrin-Kietz
Manschnow
Altlandsberg
Strausberg
E55
Petershagen Eggersdorf
Hoppegarten
Fredersdorf
Hennickendorf
Müncheberg
Seelow
Vierlinden
Heinersdorf
Podelzig
Górzyca
112
Schöneiche
Herzfelde
Rüdersdorf
Woltersdorf
Großer Müggelsee
Erkner
Grünheide
Hangelsberg
Lebus
Oder
Odra
Eichwalde
Neu Zittau
Fürstenwalde
Oder-Spree-Kanal
Spreenhagen
Briesen (Mark)
Frankfurt (Oder)
Słubice
Schulzendorf
Zeuthen
Wildau
Zernsdorf
Friedersdorf
E30
Bad Saarow
150
Biegener Hellen
Königs Wusterhausen
Storkow
Pieskow
Wolziger See
Wendisch Rietz
Scharmützelsee
Müllrose
Brieskow-Finkenheerd
Ziltendorf
Bestensee
246
Selchower See
87
Groß Köris
179
Beeskow
Eisenhüttenstadt
Teupitz
Halbe
162
Schlaubetal
Neuzelle
Märkische Heide
Spreewald
13
Krausnicker Berge
144
Schlepzig
Schwielochsee
Goyatz
320
E36
Lieberose
Golßen
115
Lubin
Lübben (Spreewald)
36

Doorn
Leersum
Amerongen
Wijk b. D.
Rijswijk
Veenendaal
Ede
Renkum
Wageningen
Rhenen
Kesteren
ARNHEM
Buren
Echteld
Tiel
Beneden-Leeuwen
Druten
Andelst
Elst
Beuningen
Huissen
Rheden
Dieren
Doesburg
Angerlo
Oude IJssel
Wehl
Doetinchem
Hengelo
Zelhem
Didam
Duiven
Zevenaar
Pannerden
Bergh
Zeddam
Gaanderen
's-Heerenberg
Ulft
Elten
Gendringen
Bemmel
Gendt
Millingen
Ubbergen
Rijnwaarden
Isselburg
Emmerich
Rhein
NIJMEGEN
Kranenburg
Kleve
Lith
Kerkdriel
Ravenstein
Wijchen
Heumen
Groesbeek
Oss
Geffen
Schaijk
Grave
Cuijk-St. Agatha
Rosmalen
Heesch
Nistelrode
Mill-St. Hubert
Maas
Oeffelt
Gennep
Bedburg-Hau
Kalkar
Rees
's-Hertogenbosch
Berlicum
Zeeland
Uden
Goch
Uedem
Xanten
St.-Michielsgestel
Heeswijk-Dinther
NEDERLAND
Boxmeer
Schijndel
Veghel
Boekel
St. Anthonis
Weeze
Niers
Sonsbeck
St.-Oedenrode
Erp
Vierlingsbeek
Kevelaer
Liempde
Zuid Willemsvaart
Gemert
Issum
Best
Son en Breugel
Beek en Donk
Bakel-Milheeze
Venray
Geldern
Lieshout
Meerlo-Wanssum
Nuenen
Helmond
Deurne
Horst
Lottum
Arcen
Rheurdt
EINDHOVEN
Mierlo
Straelen
Kerken
Veldhoven
Geldrop
Grubbenvorst
Sevenum
Wachtendonk
Heeze
Asten
Waalre
Someren
Maasbree
Venlo
Kempen
Grefrath
Leende
Tegelen
Valkenswaard
Meijel
Nettetal
Tönisvorst
Bergeyk
Maarheeze
Helden
Kaldenkirchen
Lobberich
Nederweert
Kessel
Süchteln
Budel
Beesel
Viersen
Achel
Hamont
Weert
Roggel
Neerpelt
Haelen
Schwalmtal
Zuid-Willemsvaart
Brüggen
Swalmen
Overpelt
Stramproy
Roermond
Niederkrüchten
Bocholt
Heel
MÖNCHENGLADB.
Eksel
Bree
Kinrooi
Thorn
Wegberg
Rheindahlen
Hechtel
Peer
Opitter
Maasbracht
Montfort
Meeuwen-Gruitrode
Maaseik
Posterholt
Wassenberg
Wickrath
BELGIË
Neeroeteren
Echt
Waldfeucht
Erkelenz
Houthalen-Helchteren
Opglabbeek
Dilsen
Susteren
Heinsberg
BELGIQUE
Born
Selfkant
Hückelhoven
Genk
As
Eisden
Sittard
Gangelt
Rur
Titz
Zonhoven
Maasmechelen
Stein
Geleen
Geilenkirchen
Linnich
38
39

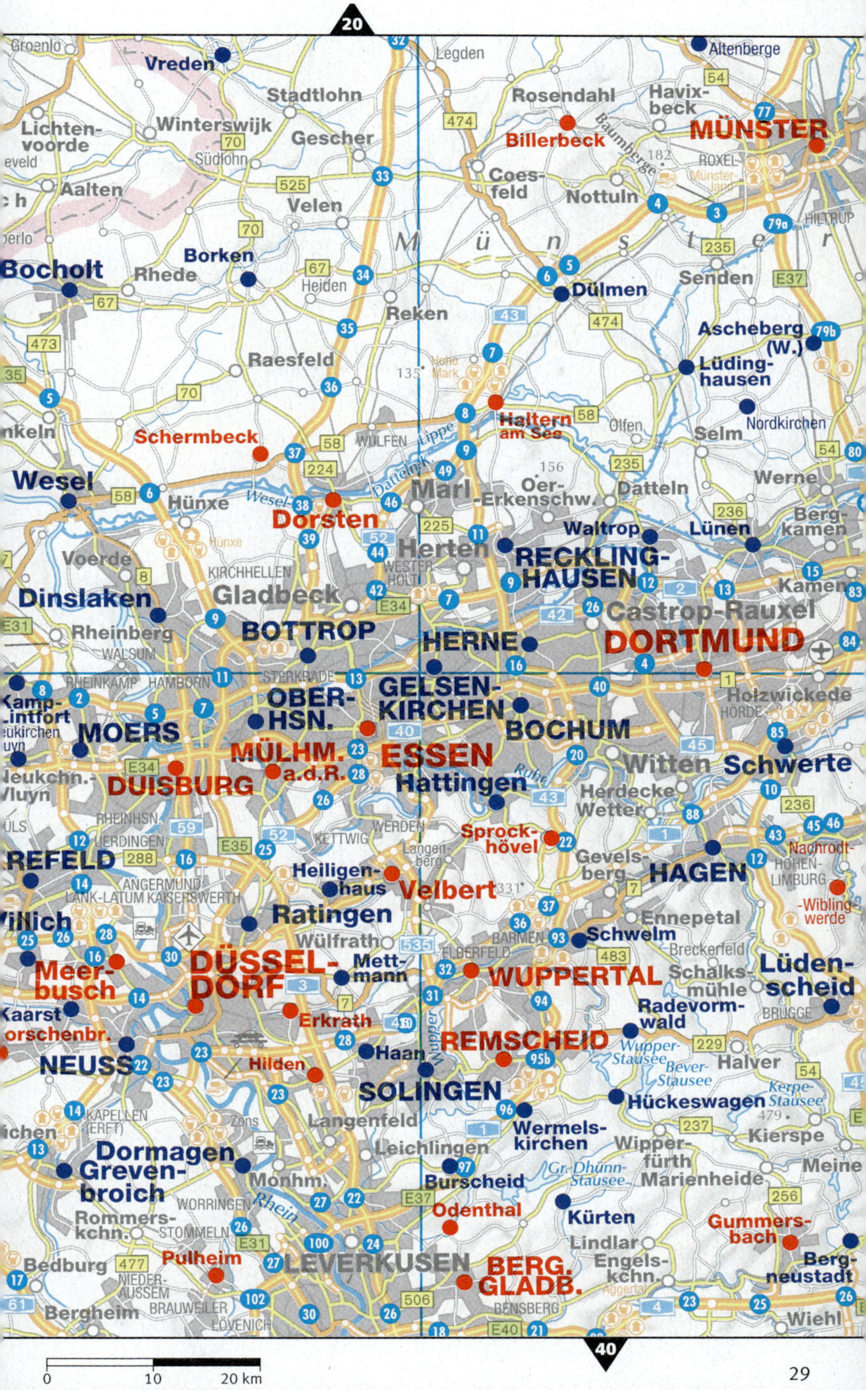

20
Groenlo
Vreden
Stadtlohn
Legden
Rosendahl
Billerbeck
Baumberge
Havix-
beck
Altenberge
MÜNSTER
Lichten-
voorde
Winterswijk
Gescher
Südlohn
Aalten
Velen
Coes-
feld
Nottuln
ROXEL
HILTRUP
Bocholt
Rhede
Borken
Heiden
Reken
Dülmen
Senden
Münster
Ascheberg
(W.)
Lüding-
hausen
Nordkirchen
Raesfeld
Hohe
Mark
Haltern
am See
Olfen
Selm
Schermbeck
WULFEN
Lippe
Datteln-K.
Marl
Oer-
Erkenschw.
Datteln
Werne
Wesel
Hünxe
Dorsten
Waltrop
Lünen
Berg-
kamen
Voerde
Herten
WESTER-
HOLT
RECKLING-
HAUSEN
Kamen
Dinslaken
KIRCHHELLEN
Gladbeck
Castrop-Rauxel
Rheinberg
WALSUM
BOTTROP
HERNE
DORTMUND
RHEINKAMP
HAMBORN
STERKRADE
Kamp-
Lintfort
OBER-
HSN.
GELSEN-
KIRCHEN
Holzwickede
HÖRDE
MOERS
BOCHUM
MÜLHM.
a.d.R.
ESSEN
Witten
Schwerte
DUISBURG
Hattingen
Ruhr
Herdecke
Wetter
RHEINHSN.
KETTWIG
WERDEN
Sprock-
hövel
UERDINGEN
Langen-
berg
Gevels-
berg
HAGEN
Nachrodt-
HOHEN-
LIMBURG
KREFELD
Heiligen-
haus
Velbert
ANGERMUND
LANK-LATUM
KAISERSWERTH
-Wibling
werde
Ratingen
Ennepetal
Willich
Wülfrath
BARMEN
Schwelm
Breckerfeld
ELBERFELD
Meer-
busch
DÜSSEL-
DORF
Mett-
mann
WUPPERTAL
Schalks-
mühle
Lüden-
scheid
Kaarst
Radevorm-
wald
BRÜGGE
Korschenbr.
Erkrath
Wupper
REMSCHEID
NEUSS
Hilden
Haan
Wupper-
Stausee
Bever-
Stausee
Halver
SOLINGEN
Kerpe-
Stausee
Hückeswagen
KAPELLEN
(ERFT)
Zons
Langenfeld
Wermels-
kirchen
Kierspe
Dormagen
Leichlingen
Wipper-
fürth
Meine
Greven-
broich
Monhm.
Gr. Dhünn-
Stausee
Marienheide
WORRINGEN
Rhein
Burscheid
Rommers-
kchn.
STOMMELN
Odenthal
Kürten
Gummers-
bach
Lindlar
Bedburg
NIEDER-
AUSSEM
Pulheim
LEVERKUSEN
BERG.
GLADB.
Engels-
kchn.
Berg-
neustadt
Bergheim
BRAUWEILER
LÖVENICH
BENSBERG
Aggertal
Wiehl
40
0
10
20 km

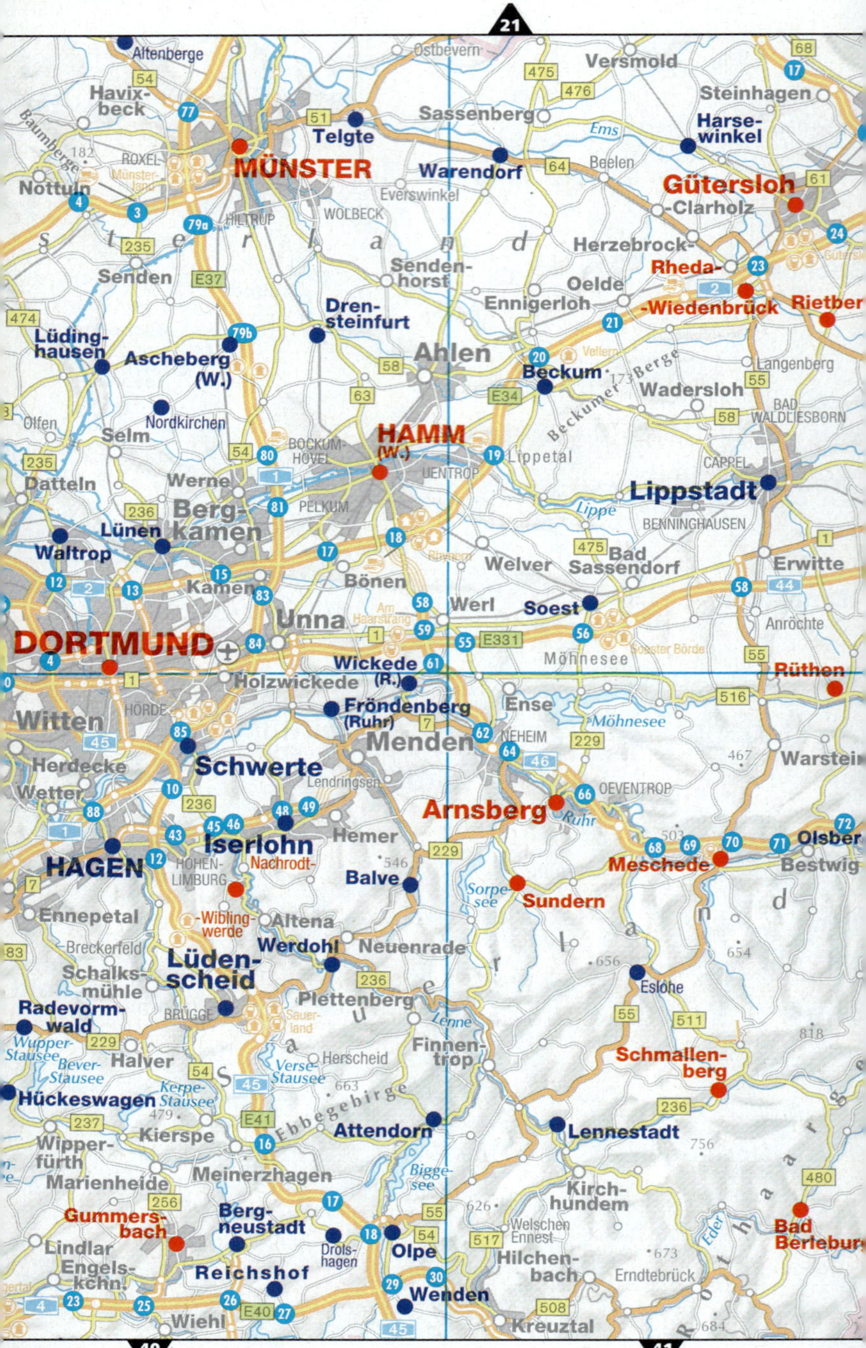

21
Altenberge
Ostbevern
Versmold
Havix-
beck
Telgte
Sassenberg
Steinhagen
Harse-
winkel
Baumberge
ROXEL
Münster-
land
MÜNSTER
Warendorf
Ems
Beelen
Gütersloh
Nottuln
Everswinkel
-Clarholz
HILTRUP
WOLBECK
Senden
Senden-
horst
Herzebrock-
Rheda-
-Wiedenbrück
Rietber
Oelde
Ennigerloh
Dren-
steinfurt
Lüding-
hausen
Ascheberg
(W.)
Ahlen
Vellern
Beckum
Beckumer Berge
Langenberg
Wadersloh
Nordkirchen
BAD
WALDLIESBORN
Olfen
Selm
HAMM
(W.)
BOCKUM-
HÖVEL
UENTROP
Lippetal
CAPPEL
Datteln
Werne
Lippstadt
Berg-
kamen
PELKUM
Lippe
BENNINGHAUSEN
Lünen
Waltrop
Rhynern
Welver
Bad
Sassendorf
Erwitte
Bönen
Kamen
Unna
Am
Haarstrang
Werl
Soest
Anröchte
DORTMUND
Wickede
(R.)
Möhnesee
Soester Börde
Holzwickede
Rüthen
HÖRDE
Fröndenberg
(Ruhr)
Ense
Witten
Menden
NEHEIM
Möhnesee
Warstei
Herdecke
Schwerte
Lendringsen
Wetter
OEVENTROP
Arnsberg
Ruhr
Hemer
Olsber
HAGEN
Iserlohn
Nachrodt-
HOHEN-
LIMBURG
Meschede
Bestwig
Balve
Sorpe-
see
Sundern
Ennepetal
-Wiblings-
werde
Altena
Breckerfeld
Werdohl
Neuenrade
Schalks-
mühle
Lüden-
scheid
Eslohe
Radevorm-
wald
BRÜGGE
Plettenberg
Sauer-
land
Lenne
Wupper-
Stausee
Bever-
Stausee
Halver
Herscheid
Finnen-
trop
Schmallen-
berg
Verse-
Stausee
Kerpe-
Stausee
Hückeswagen
Ebbegebirge
Attendorn
Lennestadt
Kierspe
Wipper-
fürth
Marienheide
Meinerzhagen
Bigge-
see
Kirch-
hundem
Gummers-
bach
Berg-
neustadt
Drols-
hagen
Olpe
Welschen
Ennest
Bad
Berlebur
Lindlar
Engels-
kchn.
Reichshof
Hilchen-
bach
Erndtebrück
Eder
Rothaargebirge
Wenden
Wiehl
Kreuztal
40
41

22
Bielefeld
Leopoldshöhe
Lage
Lemgo
Dörentrup
Barntrup
Aerzen
Bad Pyrmont
Emmerthal
Halle
Hehlen
Bodenwerder
Eschershsn.
Oerlinghsn.
Helpup
Heiden
Senne-Stadt
Blomberg
Lügde
Ottenstein
Augustdorf
Detmold
Schieder-Schwalenberg
Wöbbel
Bodenwerder-Polle
Stadtoldendorf
Schloß Holte-Stukenbrock
Bad Meinberg
Horn-
Steinheim (W.)
Rischenau
Marienmünster
Stahle
Bevern
Heinade
Hövelhof
Bergheim
Nieheim
Fürstenau
Holzminden
Schlangen
Bad Lippspringe
Langeland
Bredenborn
Delbrück
Schloss Neuhaus
Sande
Altenbeken
Höxter
Neuhaus
Paderborn
Bad Driburg
Boffzen
Godelheim
Solling
Brakel
Schwaney
Schönhagen
Salzkotten
Wewer
Kirchborchen
Borchen
Neuenheerse
Dringenberg
Beverungen
Uslar
Bodenfelde
Geseke
Lichtenau
Willebadessen
Dalhausen
Bad Karlshafen
Wahlsburg
Peckelsheim
Natzungen
Borgentreich
Trendelburg
Oberweser
Kleinenberg
Bühne
Weser
Büren
Bad Wünnenberg
Scherfede
Ossendorf
Hümme
Meerhof
Wrexen
Daseburg
Hofgeismar
Warburg
Liebenau
Reinhardswald
Reinhardshagen
Alme
Am Biggenkopf
Rhoden
Marsberg
Grebenstein
Immenhausen
Holzhsn.
Möhne
Diemelstadt
Breuna
Giershagen
Volkmarsen
Brilon
Diemel-Stausee
Zierenberg
Calden
Ahnatal
Hann. Münden
Vellmar
Bühleck
Bad Arolsen
Diemelsee
Landau
Wolfhagen
Habichtswald
Fuldatal
Staufenberg
Niestetal
Twistetal
Kassel
Willingen
Korbach
Freienhagen
Naumburg
Schauenburg
Baunatal
Kaufungen
Lohfelden
Sachsenhausen
Bad Emstal
Niedenstein
Fuldabrück
Besse
Edermünde
Guxhagen
Wattenbach
Medebach
Vöhl
Waldeck
Winterberg
Bergheim
Körle
Zuschen
Gudensberg
Lichtenfels
Edersee
Edertal
Fritzlar
Felsberg
Melsungen
Hallenberg
Gensungen
Bad Wildungen
Wabern
Malsfeld
Bromskirchen
Frankenau
Frankenberg
Allendorf
Löhlbach
Borken
Morschen
Fulda
Haina (Kloster)
Bad Zwesten
Hatzfeld
Battenberg
Burgwald
Sehlen
Dodenhsn.
Neuental
Homberg
Knüllwald
Kellerwald
Remsfeld
Jesberg
Gemünden
Münchhausen
Rosenthal
Gilserberg
Frielendorf
Kaufunger Wald
Alter Wald
Eggegebirge
Ith
0
10
20 km
42

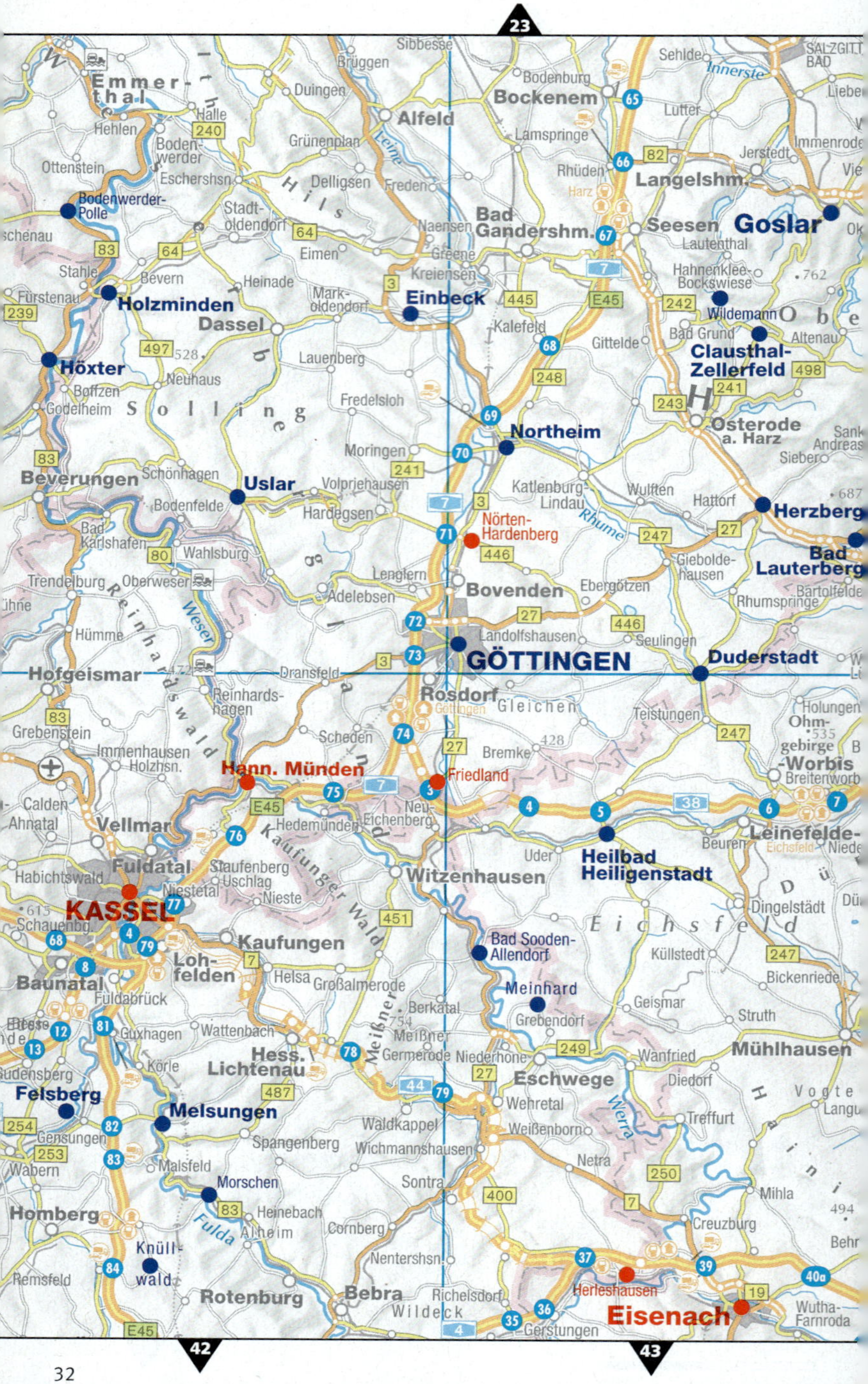

23
Emmerthal
Sibbesse
Brüggen
Bodenburg
Bockenem
Sehlde
Innerste
Salzgitter Bad
Duingen
Halle
Hehlen
Bodenwerder
Alfeld
Grünenplan
Leine
Lamspringe
Lutter
Jerstedt
Immenrode
Ottenstein
Eschershsn.
Hils
Delligsen
Freden
Rhüden
Harz
Langelshm.
Bodenwerder-Polle
Stadtoldendorf
Naensen
Bad Gandershm.
Seesen
Goslar
Lautenthal
Eimen
Greene
Kreiensen
Stahle
Bevern
Heinade
Markoldendorf
Hahnenklee-Bockswiese
Fürstenau
Holzminden
Dassel
Einbeck
Wildemann
Bad Grund
Altenau
Kalefeld
Gittelde
Clausthal-Zellerfeld
Höxter
Neuhaus
Lauenberg
Boffzen
Godelheim
Solling
Fredelsloh
Osterode a. Harz
Northeim
Moringen
Sieber
Beverungen
Schönhagen
Uslar
Volpriehausen
Katlenburg-Lindau
Wulften
Hattorf
Herzberg
Bodenfelde
Hardegsen
Nörten-Hardenberg
Rhume
Bad Karlshafen
Wahlsburg
Gieboldehausen
Bad Lauterberg
Trendelburg
Oberweser
Lenglern
Bovenden
Ebergötzen
Bartolfelde
Adelebsen
Rhumspringe
Weser
Reinhardswald
Hümme
Landolfshausen
Seulingen
Göttingen
Duderstadt
Hofgeismar
Dransfeld
Rosdorf
Reinhardshagen
Gleichen
Teistungen
Holungen
Ohmgebirge
Grebenstein
Scheden
Bremke
Worbis
Immenhausen
Holzhsn.
Friedland
Breitenworbis
Hann. Münden
Calden
Ahnatal
Neu-Eichenberg
Hedemünden
Vellmar
Leinefelde-
Eichsfeld
Beuren
Uder
Heilbad Heiligenstadt
Fuldatal
Staufenberg
Uschlag
Kaufunger Wald
Witzenhausen
Habichtswald
Niestetal
Nieste
Kassel
Dingelstädt
Schauenbg.
Eichsfeld
Kaufungen
Bad Sooden-Allendorf
Küllstedt
Lohfelden
Baunatal
Helsa
Großalmerode
Meinhard
Bickenriede
Fuldabrück
Berkatal
Grebendorf
Geismar
Struth
Guxhagen
Wattenbach
Meißner
Germerode
Niederhone
Wanfried
Mühlhausen
Hess. Lichtenau
Körle
Eschwege
Diedorf
Felsberg
Melsungen
Wehretal
Treffurt
Gensungen
Spangenberg
Waldkappel
Weißenborn
Werra
Wabern
Malsfeld
Wichmannshausen
Netra
Morschen
Sontra
Mihla
Homberg
Heinebach
Fulda
Alheim
Cornberg
Creuzburg
Knüllwald
Nentershsn.
Remsfeld
Rotenburg
Bebra
Richelsdorf
Wildeck
Herleshausen
Gerstungen
Eisenach
Wutha-Farnroda
42
43

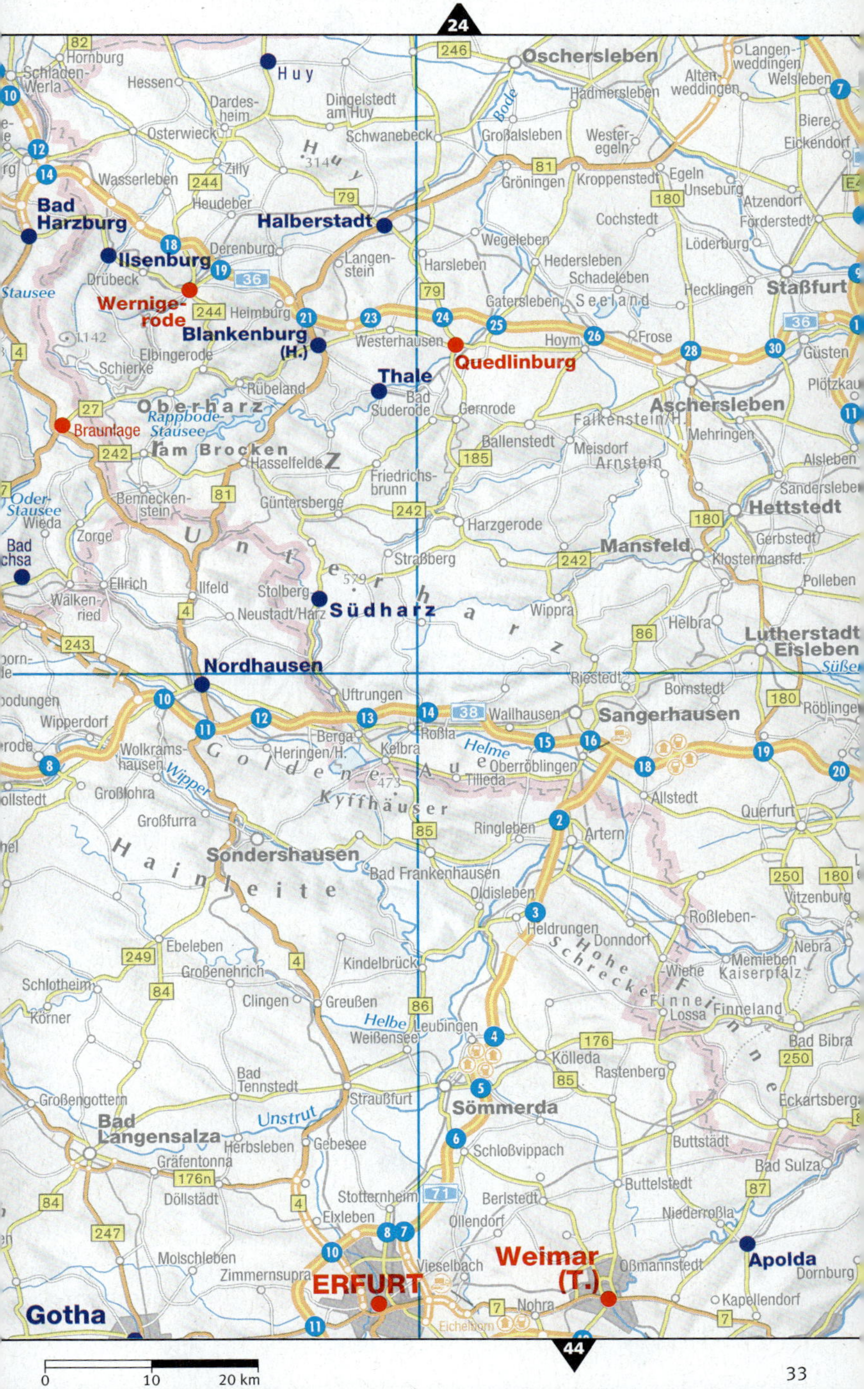
24
Oschersleben
Hornburg
Schladen-Werla
Huy
Hessen
Dardesheim
Dingelstedt am Huy
Langenweddingen
Altenweddingen
Welsleben
Hadmersleben
Bode
Osterwieck
Schwanebeck
Großalsleben
Westeregeln
Biere
Eickendorf
Huy
Zilly
Wasserleben
Gröningen
Kroppenstedt
Egeln
Unseburg
Atzendorf
Förderstedt
Bad Harzburg
Heudeber
Halberstadt
Cochstedt
Ilsenburg
Derenburg
Wegeleben
Löderburg
Langenstein
Harsleben
Hedersleben
Schadeleben
Drübeck
Stausee
Wernigerode
Heimburg
Gatersleben
Seeland
Hecklingen
Staßfurt
Blankenburg (H.)
Westerhausen
Quedlinburg
Hoym
Frose
Güsten
Elbingerode
Schierke
Thale
Rübeland
Bad Suderode
Gernrode
Aschersleben
Plötzkau
Oberharz
Rappbode-Stausee
Braunlage
am Brocken
Falkenstein/H.
Mehringen
Ballenstedt
Meisdorf
Arnstein
Hasselfelde
Alsleben
Friedrichsbrunn
Sandersleben
Oder-Stausee
Wieda
Benneckenstein
Güntersberge
Harzgerode
Hettstedt
Zorge
Bad Sachsa
Unterharz
Gerbstedt
Straßberg
Mansfeld
Klostermansfeld
Ellrich
Ilfeld
Stolberg
Walkenried
Neustadt/Harz
Südharz
Wippra
Polleben
Helbra
Lutherstadt Eisleben
Süße
Nordhausen
Riestedt
Bornstedt
Uftrungen
Röblingen
Wipperdorf
Wallhausen
Sangerhausen
Berga
Roßla
Wolkramshausen
Heringen/H.
Kelbra
Helme
Oberröblingen
Tilleda
Goldene Aue
Wipper
Großlohra
Allstedt
Kyffhäuser
Querfurt
Großfurra
Ringleben
Artern
Sondershausen
Hainleite
Bad Frankenhausen
Oldisleben
Vitzenburg
Roßleben
Heldrungen
Donndorf
Hohe Schrecke
Nebra
Ebeleben
Kindelbrück
Memleben
Kaiserpfalz
Großenehrich
Wiehe
Schlotheim
Körner
Clingen
Greußen
Finne
Lossa
Finneland
Helbe
Leubingen
Weißensee
Bad Bibra
Kölleda
Rastenberg
Bad Tennstedt
Großengottern
Straußfurt
Sömmerda
Eckartsberga
Unstrut
Bad Langensalza
Herbsleben
Gebesee
Schloßvippach
Buttstädt
Gräfentonna
Bad Sulza
Döllstädt
Stotternheim
Berlstedt
Buttelstedt
Elxleben
Ollendorf
Niederroßla
Molschleben
Zimmernsupra
Vieselbach
Weimar (T.)
Oßmannstedt
Apolda
Dornburg
ERFURT
Nohra
Kapellendorf
Gotha
Eichelborn
44
0
10
20 km

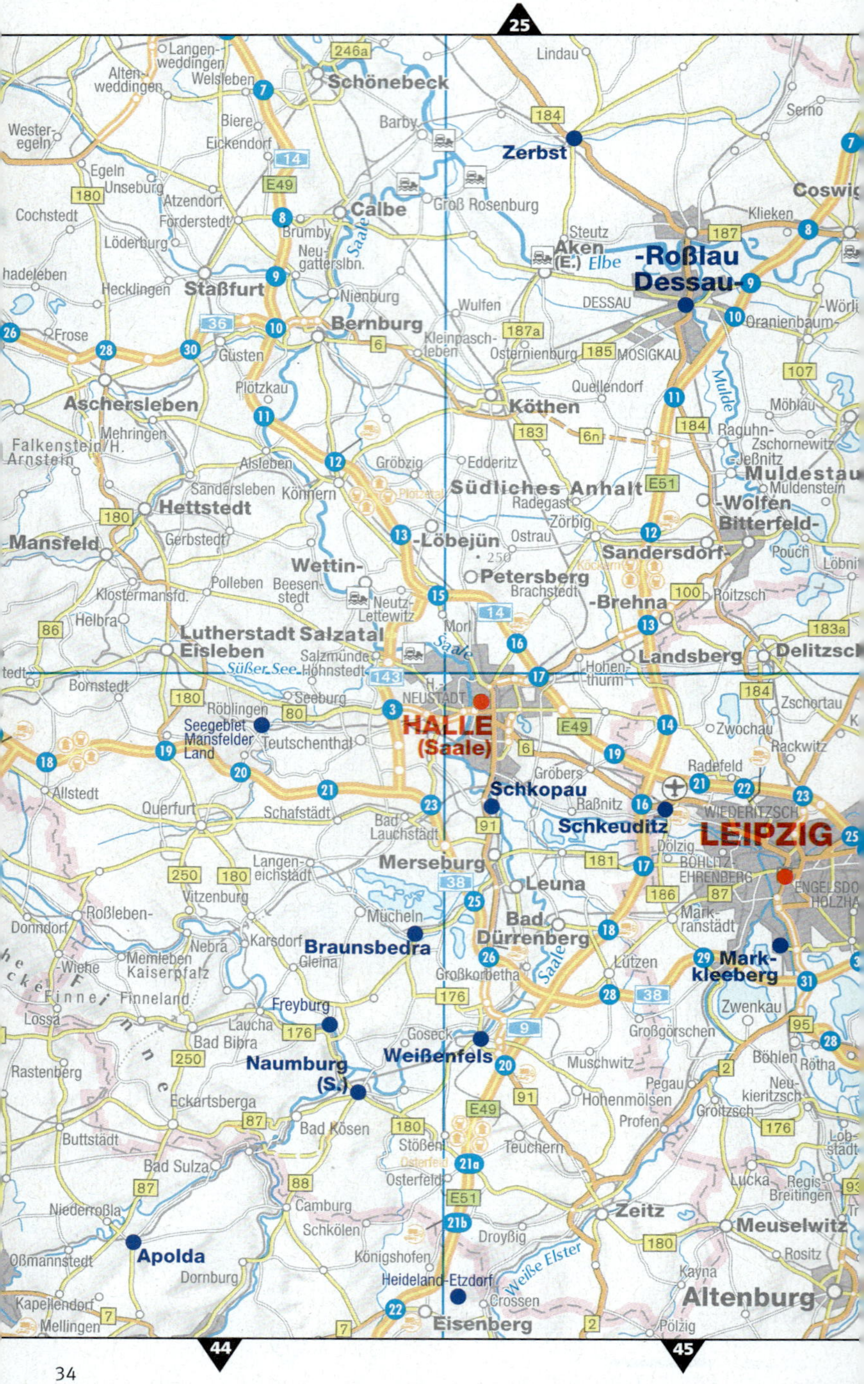
25
Langen-
weddingen
Alten-
weddingen
Welsleben
Schönebeck
Lindau
Wester-
egeln
Biere
Eickendorf
Barby
Zerbst
Serno
Egeln
Unseburg
Atzendorf
Calbe
Groß Rosenburg
Coswig
Cochstedt
Förderstedt
Brumby
Klieken
Löderburg
Neu-
gattersleben
Saale
Steutz
Aken
(E.)
Elbe
-Roßlau
Dessau-
hadeleben
Hecklingen
Staßfurt
Nienburg
Wulfen
DESSAU
-Wörlitz
Frose
Bernburg
Kleinpasch-
leben
Osternienburg
MOSIGKAU
Oranienbaum-
Güsten
Quellendorf
Mulde
Plötzkau
Köthen
Möhlau
Aschersleben
Mehringen
Raguhn-
Zschornewitz
Falkenstein/H.
Arnstein
Alsleben
Gröbzig
Edderitz
-Jeßnitz
Muldestau
Muldenstein
Sandersleben
Könnern
Plötzetal
Südliches Anhalt
Radegast
-Wolfen
Hettstedt
Zörbig
Bitterfeld-
Mansfeld
Gerbstedt
-Löbejün
Ostrau
Sandersdorf-
Pouch
Wettin-
Petersberg
Brachstedt
Polleben
Beesen-
stedt
Klostermansfeld
Neutz-
Lettewitz
-Brehna
Roitzsch
Helbra
Morl
Lutherstadt
Eisleben
Salzatal
Salzmünde
Landsberg
Delitzsch
Süßer See
Höhnstedt
Hohen-
thurm
Bornstedt
Seeburg
NEUSTADT
Röblingen
Zschortau
Seegebiet Mansfelder Land
HALLE
(Saale)
Zwochau
Teutschenthal
Rackwitz
Gröbers
Radefeld
Allstedt
Schkopau
Querfurt
Schafstädt
Bad
Lauchstädt
Raßnitz
Schkeuditz
WIEDERITZSCH
LEIPZIG
Merseburg
Dölzig
Langen-
eichstädt
Leuna
BÖHLITZ-
EHRENBERG
ENGELSDORF
HOLZHAUSEN
Vitzenburg
Roßleben-
Donndorf
Mücheln
Bad
Dürrenberg
Mark-
ranstädt
Nebra
Karsdorf
Braunsbedra
Wiehe
Memleben
Kaiserpfalz
Gleina
Großkorbetha
Lützen
Mark-
kleeberg
Hohe Schrecke
Finne
Finneland
Zwenkau
Lossa
Freyburg
Laucha
Goseck
Großgörschen
Bad Bibra
Weißenfels
Muschwitz
Böhlen
Rötha
Rastenberg
Naumburg
(S.)
Pegau
Neu-
kieritzsch
Eckartsberga
Hohenmölsen
Groitzsch
Profen
Bad Kösen
Stößen
Teuchern
Lob-
städt
Buttstädt
Osterfeld
Bad Sulza
Lucka
Regis-
Breitingen
Niederroßla
Camburg
Zeitz
Schkölen
Droyßig
Meuselwitz
Apolda
Oßmannstedt
Königshofen
Weiße Elster
Rositz
Dornburg
Kayna
Heideland-Etzdorf
Crossen
Altenburg
Kapellendorf
Mellingen
Eisenberg
Pölzig
44
45

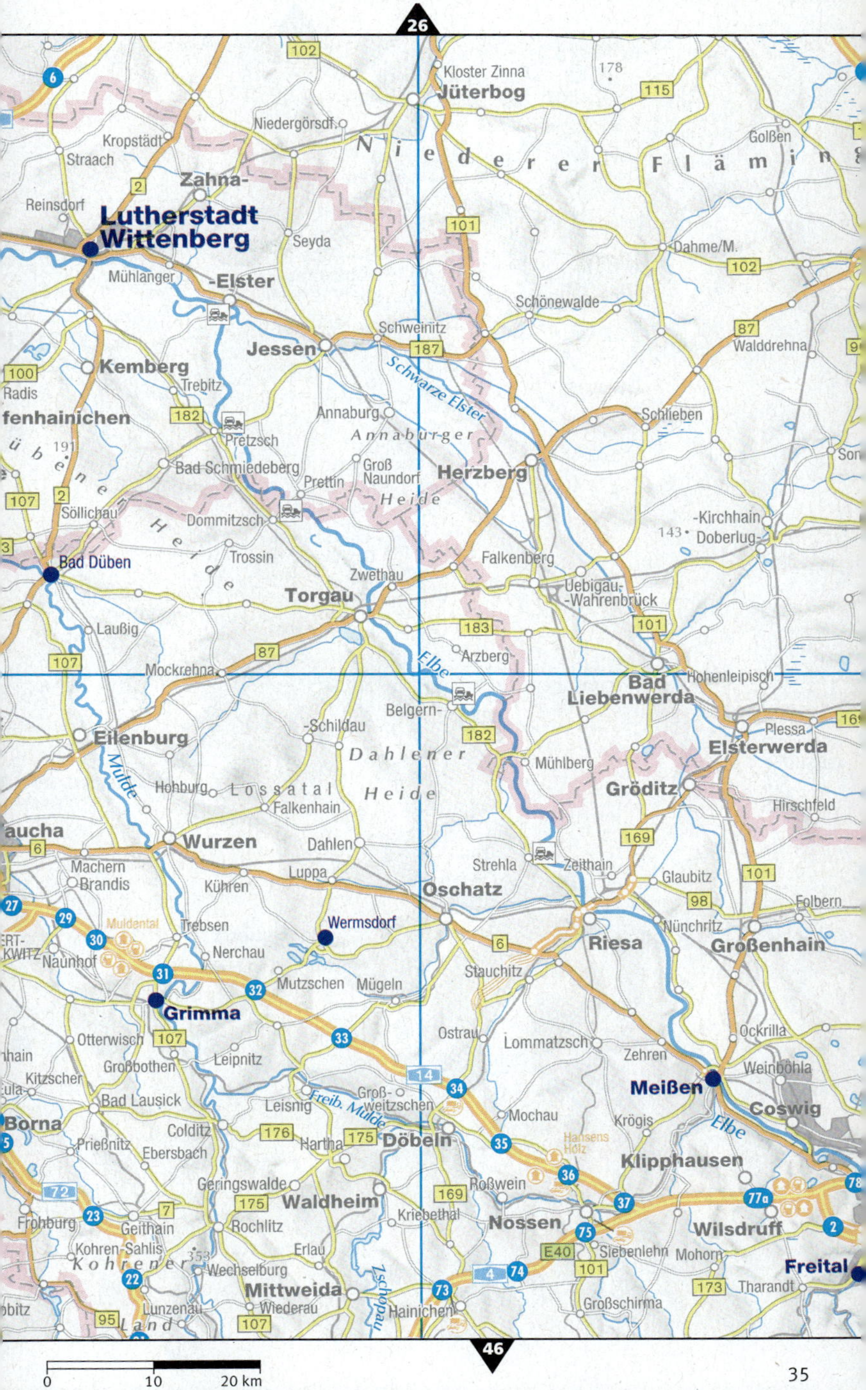
26
46
Kloster Zinna
Jüterbog
Niedergörsdf.
Kropstädt
Straach
Zahna-
Reinsdorf
Lutherstadt Wittenberg
Seyda
Mühlanger
-Elster
Niederer Fläming
Golßen
Dahme/M.
Schönewalde
Schweinitz
Jessen
Kemberg
Trebitz
Radis
fenhainichen
Annaburg
Annaburger Heide
Schwarze Elster
Walddrehna
Schlieben
Pretzsch
Bad Schmiedeberg
Prettin
Groß Naundorf
Herzberg
Söllichau
Dübener Heide
Dommitzsch
Trossin
-Kirchhain
Doberlug-
Bad Düben
Zwethau
Falkenberg
Torgau
Uebigau-
-Wahrenbrück
Laußig
Arzberg
Elbe
Mockrehna
Bad Liebenwerda
Hohenleipisch
Belgern-
-Schildau
Eilenburg
Mulde
Plessa
Elsterwerda
Dahlener Heide
Mühlberg
Gröditz
Hohburg
Lossatal
Falkenhain
Hirschfeld
aucha
Wurzen
Dahlen
Machern
Brandis
Luppa
Kühren
Strehla
Zeithain
Glaubitz
Oschatz
Folbern
Muldental
Trebsen
Wermsdorf
Riesa
Nünchritz
Großenhain
Naunhof
Nerchau
Stauchitz
Mutzschen
Mügeln
Grimma
Otterwisch
Ostrau
Lommatzsch
Zehren
Ockrilla
Großbothen
Leipnitz
Kitzscher
Weinböhla
Bad Lausick
Leisnig
Freib. Mulde
Groß-weitzschen
Meißen
Coswig
Borna
Colditz
Mochau
Krögis
Elbe
Prießnitz
Ebersbach
Hartha
Döbeln
Hansens Holz
Klipphausen
Geringswalde
Waldheim
Roßwein
Frohburg
Geithain
Kriebethal
Nossen
Wilsdruff
Kohren-Sahlis
Kohrener Land
Rochlitz
Erlau
Siebenlehn
Mohorn
Wechselburg
Freital
Mittweida
Zschopau
Tharandt
Lunzenau
Wiederau
Hainichen
Großschirma
0
10
20 km

27
Schwielochsee
Märkische Heide
Schlepzig
Spreewald
Fläming
Golßen
Lübben
Lubin
Straupitz
Drachhausen
Lieberose
Tauer
Peitz
Dahme/M.
Luckau
Lübbenau (Spreewald)
Burg (Spreewald)
Heiners
Sielow
COTTBUS
CHOŚEBUZ
Vetschau
Walddrehna
Calau
Kolkwitz
Schlieben
Crinitz
Sonnewalde
Niederlausitz
Drebkau
Altdöbern
Altdöberner See
Kirchhain
Doberlug-
Finsterwalde
Großräschen
Welzow
Spremberg
Grodk
Sallgast
Freienhufen
Sedlitz
Schipkau
Senftenberg
Senftenberger See
Schwarze Pumpe
Bad Liebenwerda
Hohenleipisch
Lauchhammer
Schwarzheide
Großkoschen
Lauta
Laubusch
Burghammer
Plessa
Elsterwerda
Hosena
Ruhland
Tettau
Gröditz
Hoyerswerda
Wojerecy
Hirschfeld
Groß-kmehlen
Ortrand
Wittichenau
Knappenrode
Bernsdorf
Zeithain
Glaubitz
Cosel-Zeisholz
Groß Särchen
Schwepnitz
Königswartha
Rakecy
Folbern
Nünchritz
Schönfeld
Thiendorf
Großenhain
Königsbrück
Kamenz
Kamjenc
Neschwitz
Panschwitz-Kuckau
Crostwitz
Radeburg
Ockrilla
Ottendorf-Okrilla
Großnaundorf
Elstra
Kleinwelka
Zehren
Weinböhla
Pulsnitz
Meißen
Moritzburg
Coswig
Göda
Bautzen
Elbe
Weixdf.
Rammenau
Groß-röhrsdorf
Gaußig
Krögis
Klotzsche
Bischofswerda
Neukirch
Schirgiswalde
Klipphausen
Radebeul
Radeberg
Großharthau
Wilthen
Steinigtwolmsdorf
Wilsdruff
Stolpen
DRESDEN
Sohland
Mohorn
Neustadt
Freital
Tharandt
Bannewitz
Possendorf
Heidenau
Lohmen
Hohnstein
Vel. Šenov
Sebnitz
Kreischa
Pirna
Dohna
Stadt Wehlen
Kurort
Naundorf
Mikulášovice
47

Odra
Krosno Odrzańskie
Nietków
Czerwieńsk
Zawada
Przylep
Guben
Gubin
Bobrowice
125
ZIELONA GÓRA (GRÜNBERG)
Stary Kisielin
Racula
Świdnica
Ochla
Bóbr
schwalde
E65
Krzystkowice
Nowogród Bobrzański
Brody
Lubsko
Jasień
Kożuchów
rst (L.)
A18
Olszyna
Stypułów
197
Tuplice
Trzebiel
P O L S K A
Żary
Bóbr
Żary Zach.
Żagań
Nysa
Neiße
Lipinki Łużyckie
Bożnów
öbern
227
Szprotawa
Tschernitz
Bad Muskau
Żary Płd.
E36
Łęknica
eißwasser
Iłowa
Krauschwitz
Weißkeißel
Wuskidź
Iłowa
Przewóz
Gozdnica
Luboszów
D O L N
Rietschen
Ręčicy
Boxberg/O.L.
Ruszów
B O R Y
Kreba-Neudorf
Chrjebja-Nowa Wjas
197
Hähnichen
Gołnice
Klitten
Rothenburg
Niesky
Neiße
Stary Węgliniec
Bolesławiec
Mücka
Horka
E40
Krasnik Do
Quitzdorf
Talsperre Quitzdorf
Pieńsk
Czerwona Woda
alschwitz
Malešecy
Kodersdorf
A4
Bolesławiec
Wa
E40
Weißenberg
Melaune
Nowogrodziec
Zgorzelec
Zarska Wieś
Godzieszów
Hochkirch
Bukecy
Lausitz
Görlitz
Zgorzelec
334
Pisarzowice
Gościszów
Kittlitz
Reichenbach/O.L.
Sohland
Lubań
Niwnice
Lwówek Śląski
Cunewalde
Löbau
Hagenwerder
Olszyna
pach
Kemnitz
Bernstadt
Sulików
IZERSKIE
Gryfów Śląski
POGÓRZE
469
rsbach-
Kottmar
Herrnhut
Ostritz
Zawidów
Leśna
Lubomierz
Złotniki Lubańskie
Černousy
Chmieleń
říkov
Jindřichovice
Neugersdorf
Oderwitz
Hirschfelde
Višňová
Bulovka
Mirsk
7
8
12
12
12
27
27
27
30
30
32
32
S3
97
99
96
94
112
115
115
115
156
178
6
6
13
4
91
92
93
94
297
297
297

0 10 20 km

28

Herselt
Heusden-Zolder
Opglabbeek
Dilsen
Born
Sittard
Scherpenheuvel
Diest
Zonhoven
Eisden
Maasmechelen
Lummen
Genk
Stein
Geleen
Bekkevoort
Halen
Herk-de-Stad
Beek
Tielt
Hasselt
Diepenbeek
Zutendaal
Meerssen
Nuth
Kortenaken
Lanaken
Bilzen
Nieuwerkerken
Valkenburg
Voerendaal
Butsel
Alken
Wellen
Hoeselt
Kortessem
Veldwezelt
Linter
Zoutleeuw
Tienen
St.-Truiden
MAASTRICHT
Margraten
Gulpen
Orsmaal-Gussenhoven
Borgloon
Eijsden
NEDERLAND
Mheer
Tongeren
Landen
Gingelom
Heers
Wonck
Visé
Plombières
Jodoigne
Oreye
Juprelle
Dalhem
Aubel
Orp-Jauche
Hannut
Waremme
Herstal
Herve
Ans
LIÈGE
(LUIK)
Dison
BELGIË
St-Nicolas
Engis
Braives
Fléron
Eghezée
St.-Georges
Seraing
Chaudfontaine
Lac de la Gileppe
BELGIQUE
Trooz
Amay
Neupré
Pepinster
Huy
Esneux
Theux
Fernelmont
Namèche
Meuse
Andenne
Tinlot
Comblain-au-Pont
Aywaille
Remouchamps
Spa
Francorchamps
NAMUR
(NAMEN)
Marchin
Ohey
Ouffet
Hamoir
Vallée de l'Amblève
Dave
Gesves
Stoumont
Havelange
Trois Ponts
Warbomont
Assesse
Durbuy
Yvoir
Hamois
Somme-Leuze
Ciney
Manhay
Dinant
Erezée
Lierneux
Hotton
Marche-en-Famenne
Houyet
La Roche-en-Ardenne
Gouvy
Rochefort
Vallée de Ourthe
Givet
Houffalize
Beauraing
Wellin
Bertogne
St-Hubert
Allerborn
Bastogne
LUXEMBOURG
Libin
Gedinne
Bièvre
Wiltz
Condroz
Famenne
Ardenne
E314
E313
E40
E42
E25
E46
E411
A2
A13
A3
A15
A4
A26
A76
A79

48

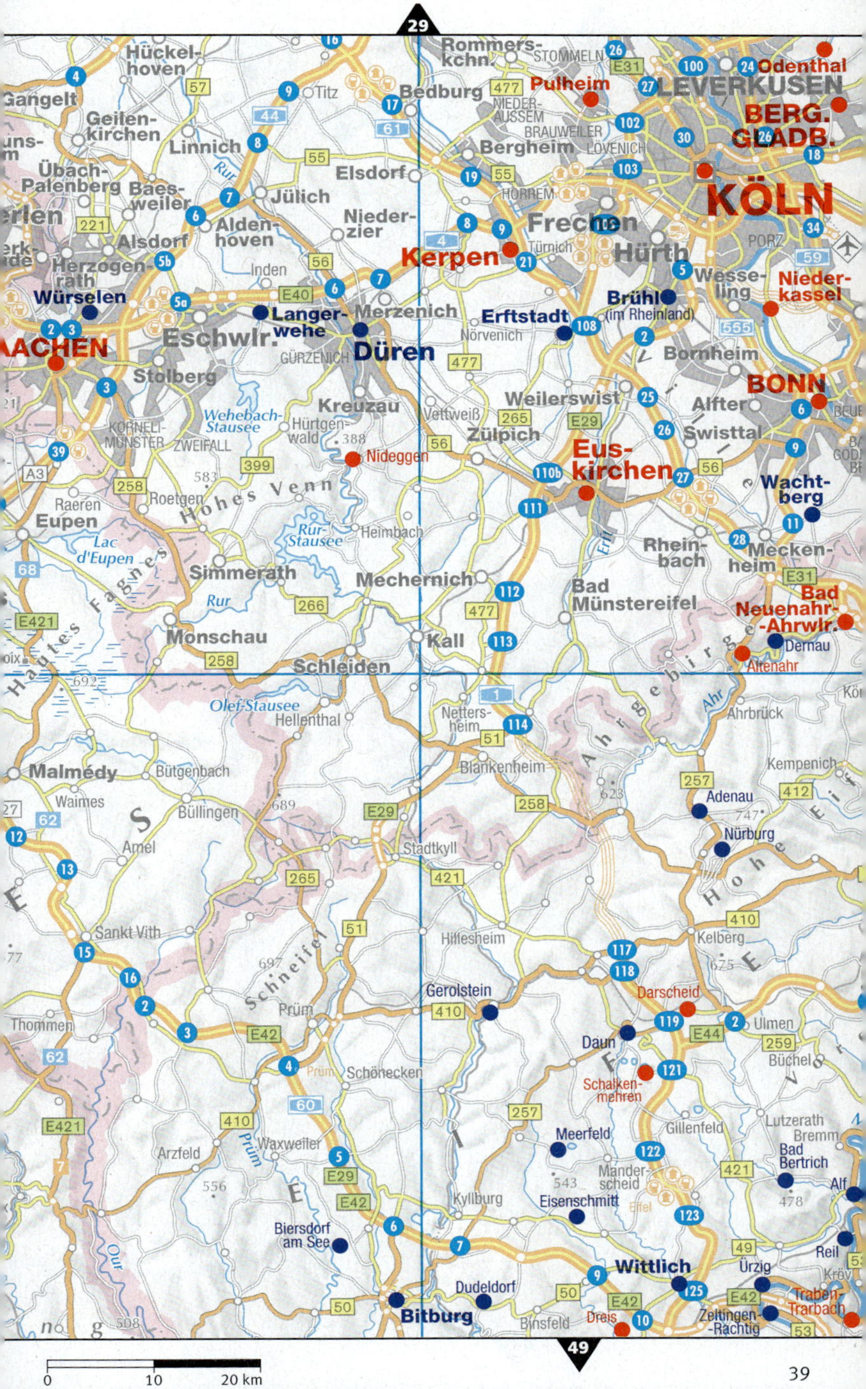
29
49
Hückelhoven
Gangelt
Geilenkirchen
Linnich
Titz
Bedburg
Rommerskchn.
STOMMELN
Pulheim
LEVERKUSEN
Odenthal
BERG. GLADB.
NIEDERAUSSEM
BRAUWEILER
Bergheim
LÖVENICH
Übach-Palenberg
Baesweiler
Elsdorf
Jülich
HORREM
KÖLN
Alsdorf
Aldenhoven
Niederzier
Frechen
Hürth
PORZ
Herzogenrath
Kerpen
Türnich
Wesseling
Niederkassel
Würselen
Inden
Langerwehe
Merzenich
Erftstadt
Brühl (im Rheinland)
AACHEN
Eschwlr.
Düren
GÜRZENICH
Nörvenich
Bornheim
Stolberg
Kreuzau
Weilerswist
Alfter
BONN
KORNELIMÜNSTER
ZWEIFALL
Wehebach-Stausee
Hürtgenwald
Vettweiß
Zülpich
Swisttal
Nideggen
Euskirchen
Wachtberg
Raeren
Roetgen
Hohes Venn
Eupen
Lac d'Eupen
Rur-Stausee
Heimbach
Rheinbach
Meckenheim
Simmerath
Mechernich
Bad Münstereifel
Bad Neuenahr-Ahrwlr.
Rur
Hautes Fagnes
Monschau
Kall
Dernau
Altenahr
Schleiden
Ahrgebirge
Olef-Stausee
Hellenthal
Nettersheim
Ahrbrück
Ahr
Malmédy
Bütgenbach
Blankenheim
Kempenich
Waimes
Büllingen
Adenau
Amel
Stadtkyll
Nürburg
Hohe Eifel
Sankt Vith
Hillesheim
Kelberg
Schneifel
Gerolstein
Darscheid
Thommen
Prüm
Ulmen
Daun
Büchel
Schönecken
Schalkenmehren
Lutzerath
Gillenfeld
Bremm
Meerfeld
Bad Bertrich
Arzfeld
Waxweiler
Manderscheid
Alf
Eisenschmitt
Kyllburg
Eifel
Biersdorf am See
Wittlich
Reil
Ürzig
Dudeldorf
Kröv
Bitburg
Binsfeld
Dreis
Zeltingen-Rachtig
Traben-Trarbach
Our
0
10
20 km

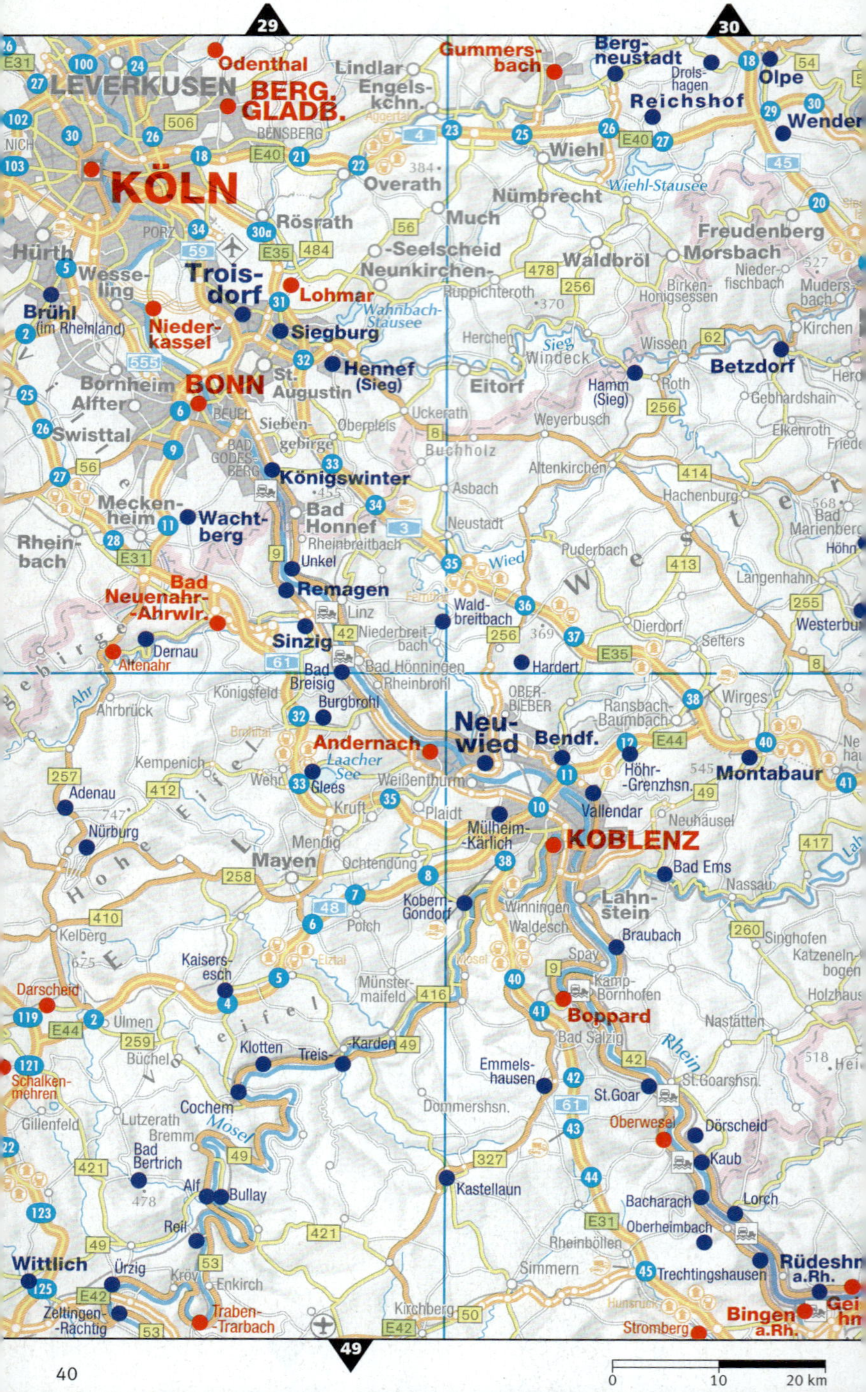
29
30
LEVERKUSEN
Odenthal
BERG. GLADB.
BENSBERG
Lindlar
Engelskchn.
Gummersbach
Bergneustadt
Droishagen
Olpe
Reichshof
Wenden
KÖLN
PORZ
Overath
Wiehl
Wiehl-Stausee
Nümbrecht
Rösrath
Much
Seelscheid
Neunkirchen-
Ruppichteroth
Waldbröl
Freudenberg
Morsbach
Niederfischbach
Birken-Honigsessen
Mudersbach
Hürth
Wesseling
Troisdorf
Lohmar
Wahnbach-Stausee
Brühl (im Rheinland)
Niederkassel
Siegburg
Herchen
Sieg
Windeck
Wissen
Kirchen
Betzdorf
Hennef (Sieg)
St. Augustin
Eitorf
Hamm (Sieg)
Roth
Gebhardshain
Bornheim
BONN
BEUEL
Alfter
Swisttal
Siebengebirge
Oberpleis
Uckerath
Buchholz
Weyerbusch
Elkenroth
BAD GODESBERG
Königswinter
Altenkirchen
Asbach
Hachenburg
Bad Marienberg
Meckenheim
Wachtberg
Bad Honnef
Rheinbreitbach
Neustadt
Rheinbach
Unkel
Wied
Puderbach
Westerwald
Langenhahn
Remagen
Linz
Waldbreitbach
Dierdorf
Selters
Westerburg
Bad Neuenahr-Ahrweiler
Sinzig
Niederbreitbach
Dernau
Altenahr
Eifel
Ahr
Bad Breisig
Bad Hönningen
Rheinbrohl
Hardert
Königsfeld
Ahrbrück
Burgbrohl
OBERBIEBER
Ransbach-Baumbach
Wirges
Neuwied
Bendf.
Andernach
Laacher See
Kempenich
Höhr-Grenzhsn.
Montabaur
Wehr
Glees
Weißenthurm
Vallendar
Adenau
Kruft
Plaidt
Mülheim-Kärlich
Neuhäusel
Nürburg
KOBLENZ
Hohe Eifel
Mendig
Mayen
Ochtendung
Bad Ems
Nassau
Kobern-Gondorf
Lahnstein
Winningen
Polch
Waldesch
Kelberg
Braubach
Singhofen
Katzenelnbogen
Spay
Kaisersesch
Münstermaifeld
Mosel
Kamp-Bornhofen
Holzhausen
Darscheid
Boppard
Ulmen
Nastätten
Bad Salzig
Vordereifel
Büchel
Klotten
Treis-Karden
Rhein
Emmelshausen
St. Goar
St. Goarshsn.
Schalkenmehren
Cochem
Dommershsn.
Gillenfeld
Lutzerath
Bremm
Oberwesel
Dörscheid
Bad Bertrich
Kaub
Alf
Bullay
Kastellaun
Bacharach
Lorch
Reil
Oberheimbach
Rheinböllen
Wittlich
Ürzig
Kröv
Enkirch
Simmern
Trechtingshausen
Rüdeshm. a.Rh.
Zeltingen-Rachtig
Traben-Trarbach
Kirchberg
Hunsrück
Stromberg
Bingen a.Rh.
49
0
10
20 km

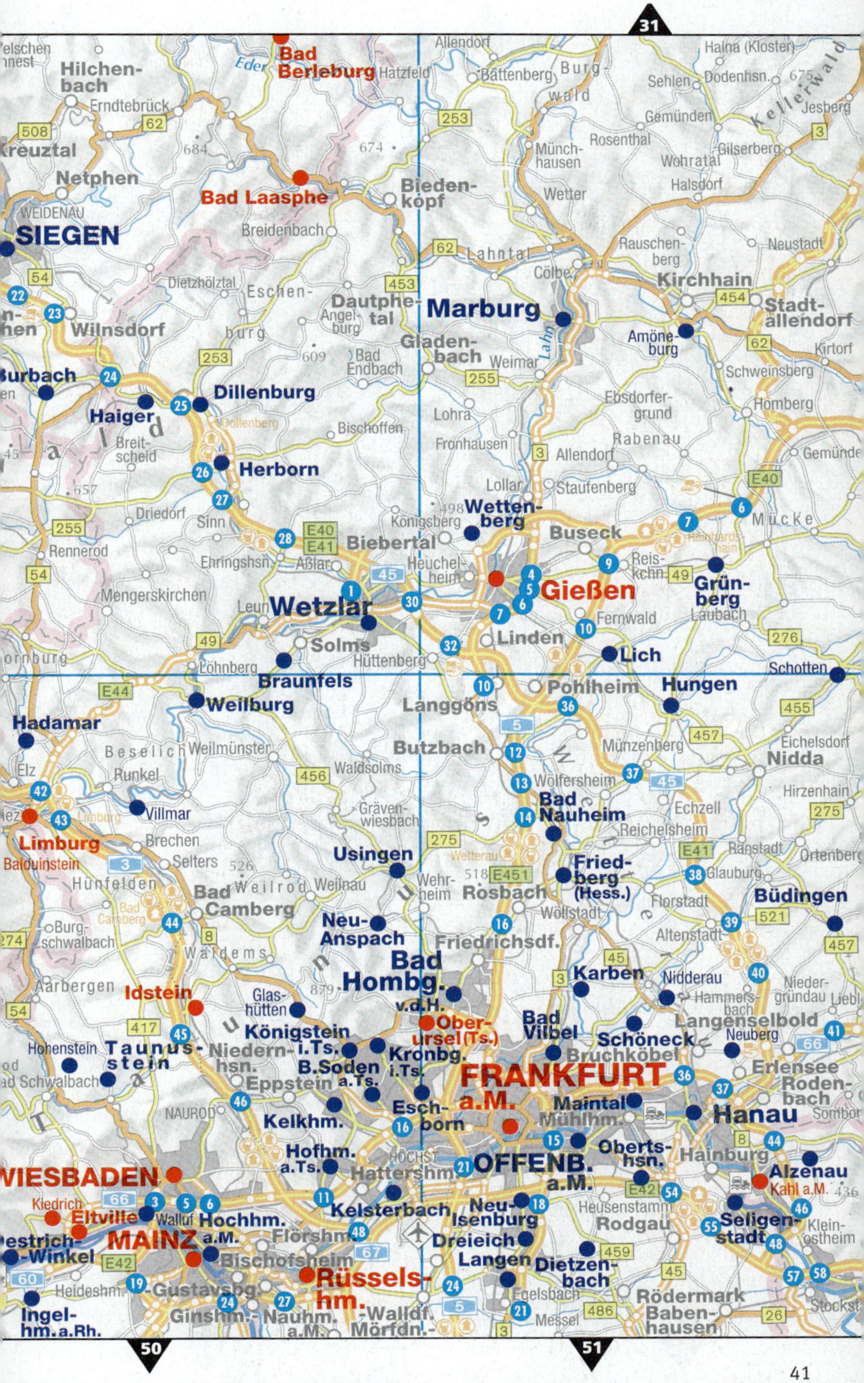
31
Bad Berleburg
Hilchenbach
Erndtebrück
Hatzfeld
Allendorf
Battenberg
Burgwald
Haina (Kloster)
Sehlen
Dodenhsn.
Kellerwald
Jesberg
Gemünden
Rosenthal
Münchhausen
Wohratal
Gilserberg
Kreuztal
Netphen
Bad Laasphe
Biedenkopf
Wetter
Halsdorf
WEIDENAU
SIEGEN
Breidenbach
Lahntal
Rauschenberg
Neustadt
Cölbe
Kirchhain
Stadtallendorf
Dietzhölztal
Eschenburg
Dautphetal
Angelburg
Marburg
Amöneburg
Wilnsdorf
Gladenbach
Bad Endbach
Weimar
Kirtorf
Schweinsberg
Burbach
Dillenburg
Homberg
Haiger
Ebsdorfergrund
Dillenberg
Bischoffen
Lohra
Breitscheid
Fronhausen
Rabenau
Herborn
Allendorf
Gemünden
Lollar
Staufenberg
Driedorf
Sinn
Königsberg
Wettenberg
Rennerod
Buseck
Mücke
Biebertal
Reinhardshain
Ehringshsn.
Aßlar
Heuchelheim
Reiskchn.
Grünberg
Mengerskirchen
Gießen
Laubach
Leun
Wetzlar
Fernwald
Linden
Solms
Lich
Hüttenberg
Löhnberg
Braunfels
Pohlheim
Hungen
Schotten
Weilburg
Langgöns
Hadamar
Beselich
Weilmünster
Butzbach
Münzenberg
Eichelsdorf
Nidda
Elz
Runkel
Waldsolms
Wölfersheim
Hirzenhain
Villmar
Grävenwiesbach
Bad Nauheim
Echzell
Limburg
Brechen
Reichelsheim
Balduinstein
Selters
Usingen
Wetterau
Friedberg (Hess.)
Glauburg
Ranstadt
Ortenberg
Hünfelden
Weilrod
Weilnau
Wehrheim
Rosbach
Bad Camberg
Wöllstadt
Florstadt
Büdingen
Burgschwalbach
Waldems
Neu-Anspach
Friedrichsdf.
Altenstadt
Bad Hombg. v.d.H.
Karben
Nidderau
Niedergründau
Aarbergen
Idstein
Glashütten
Hammersbach
Langenselbold
Oberursel (Ts.)
Bad Vilbel
Königstein i.Ts.
Schöneck
Neuberg
Hohenstein
Taunusstein
Niedernhsn.
Kronbg. i.Ts.
Bruchköbel
Erlensee
Bad Schwalbach
B.Soden a.Ts.
FRANKFURT a.M.
Rodenbach
Eppstein
Maintal
Hanau
Sombor
NAUROD
Kelkhm.
Eschborn
Mühlhm.
Hofhm. a.Ts.
Obertshsn.
Hainburg
Alzenau
HÖCHST
Hattershm.
OFFENB. a.M.
Kahl a.M.
WIESBADEN
Kiedrich
Eltville
Walluf
Hochhm. a.M.
Kelsterbach
Neu-Isenburg
Heusenstamm
Rodgau
Seligenstadt
Kleinostheim
Oestrich-Winkel
MAINZ
Flörshm.
Dreieich
Bischofsheim
Langen
Dietzenbach
Heidesheim
Gustavsbg.
Rüsselshm.
Egelsbach
Rödermark
Ingelhm. a.Rh.
Ginshm.
Nauhm. a.M.
Walldf. Mörfdn.
Messel
Babenhausen
Stockstadt
50
51

31
32

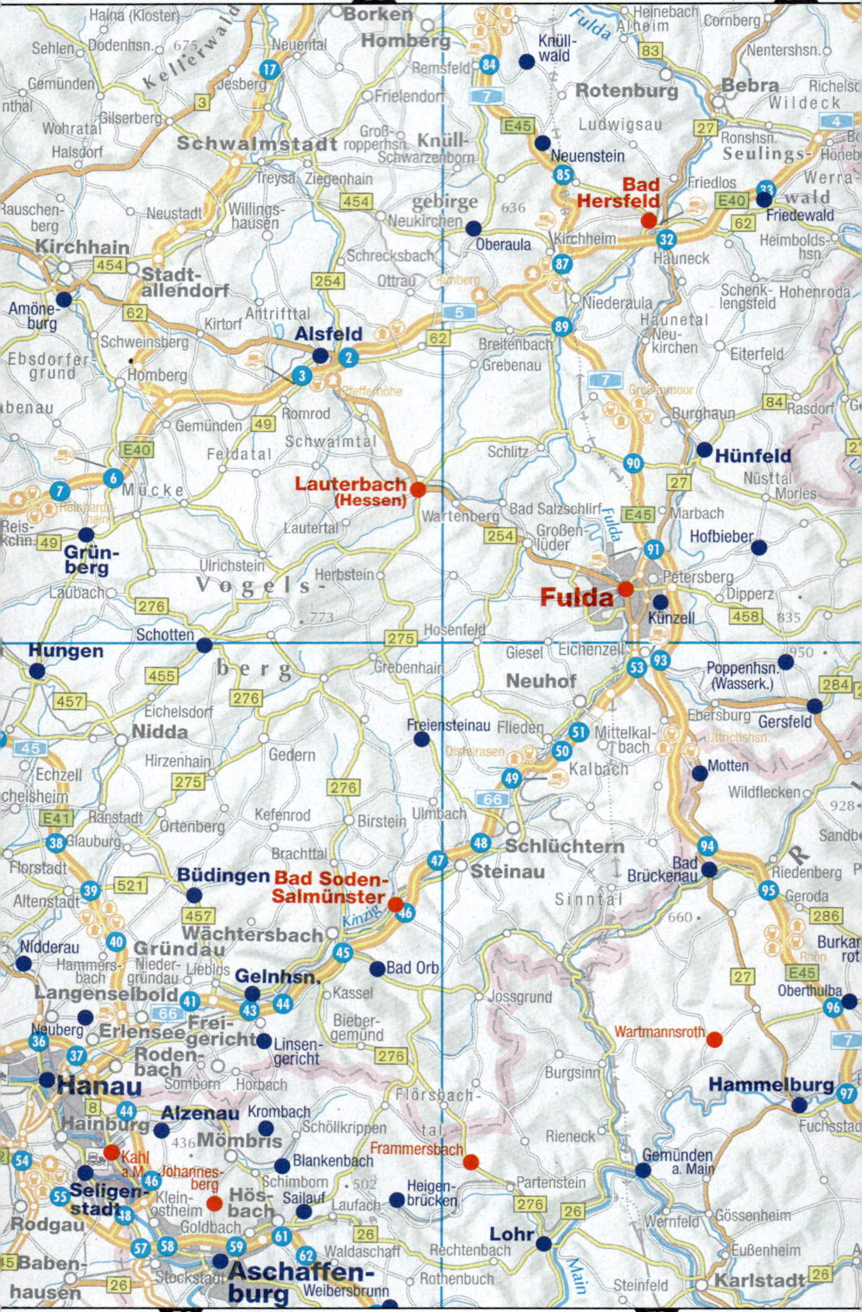
Haina (Kloster)
Borken
Homberg
Heinebach
Alheim
Cornberg
Fulda
Sehlen
Dodenhsn.
Kellerwald
Neuental
Knüll-wald
Nentershsn.
Gemünden
Jesberg
Remsfeld
Rotenburg
Bebra
Richelsd
Wildeck
Frielendorf
Gilserberg
Ludwigsau
Wohratal
Halsdorf
Schwalmstadt
Groß-ropperhsn.
Knüll-
Schwarzenborn
Ronshsn.
Seulings-
Neuenstein
Treysa
Ziegenhain
Werra-
Friedlos
Bad Hersfeld
wald
Friedewald
Rauschen-berg
Neustadt
Willings-hausen
gebirge
Neukirchen
Oberaula
Kirchheim
Heimbolds-hsn.
Kirchhain
Stadt-allendorf
Schrecksbach
Hauneck
Ottrau
Schenk-lengsfeld
Hohenroda
Amöne-burg
Niederaula
Kirtorf
Antrifttal
Haunetal
Neu-kirchen
Eiterfeld
Alsfeld
Breitenbach
Schweinsberg
Grebenau
Ebsdorfer-grund
Homberg
Großenmoor
Pfefferhöhe
Burghaun
Rasdorf
Romrod
Gemünden
Schwalmtal
Schlitz
Hünfeld
Feldatal
Nüsttal
Mücke
Lauterbach (Hessen)
Morles
Reinhards-hain
Bad Salzschlirf
Marbach
Reis-kchn.
Wartenberg
Großen-lüder
Lautertal
Hofbieber
Grün-berg
Ulrichstein
Herbstein
Petersberg
Vogels-
Dipperz
Laubach
Fulda
Künzell
Hosenfeld
Schotten
Giesel
Eichenzell
Hungen
berg
Grebenhain
Poppenhsn. (Wasserk.)
Neuhof
Eichelsdorf
Ebersburg
Gersfeld
Nidda
Freiensteinau
Flieden
Mittelkal-bach
Ulrichshsn.
Distelrasen
Hirzenhain
Gedern
Echzell
Kalbach
Motten
Wildflecken
chelsheim
Kefenrod
Birstein
Ulmbach
Ranstadt
Ortenberg
Glauburg
Brachttal
Schlüchtern
Sandb
Florstadt
Büdingen
Bad Soden-Salmünster
Steinau
Bad Brückenau
Riedenberg
Altenstadt
Sinntal
Geroda
Kinzig
Wächtersbach
Nidderau
Gründau
Burkar
Hammers-bach
Nieder-gründau
Lieblos
Bad Orb
Gelnhsn.
rot
Rhön
Langenselbold
Kassel
Jossgrund
Oberthulba
Neuberg
Erlensee
Frei-gericht
Linsen-gericht
Bieber-gemünd
Wartmannsroth
Roden-bach
Hanau
Somborn
Horbach
Burgsinn
Flörsbach-
Hammelburg
Alzenau
Krombach
Hainburg
Schöllkrippen
tal
Fuchsstad
Mömbris
Rieneck
Frammersbach
Kahl a.M.
Johannes-berg
Blankenbach
Gemünden a. Main
Seligen-stadt
Klein-ostheim
Hös-bach
Schimborn
Sailauf
Laufach
Heigen-brücken
Partenstein
Rodgau
Goldbach
Wernfeld
Gössenheim
Lohr
Waldaschaff
Rechtenbach
Eußenheim
Baben-hausen
Stockstadt
Aschaffen-burg
Weibersbrunn
Rothenbuch
Main
Steinfeld
Karlstadt

51
52

33

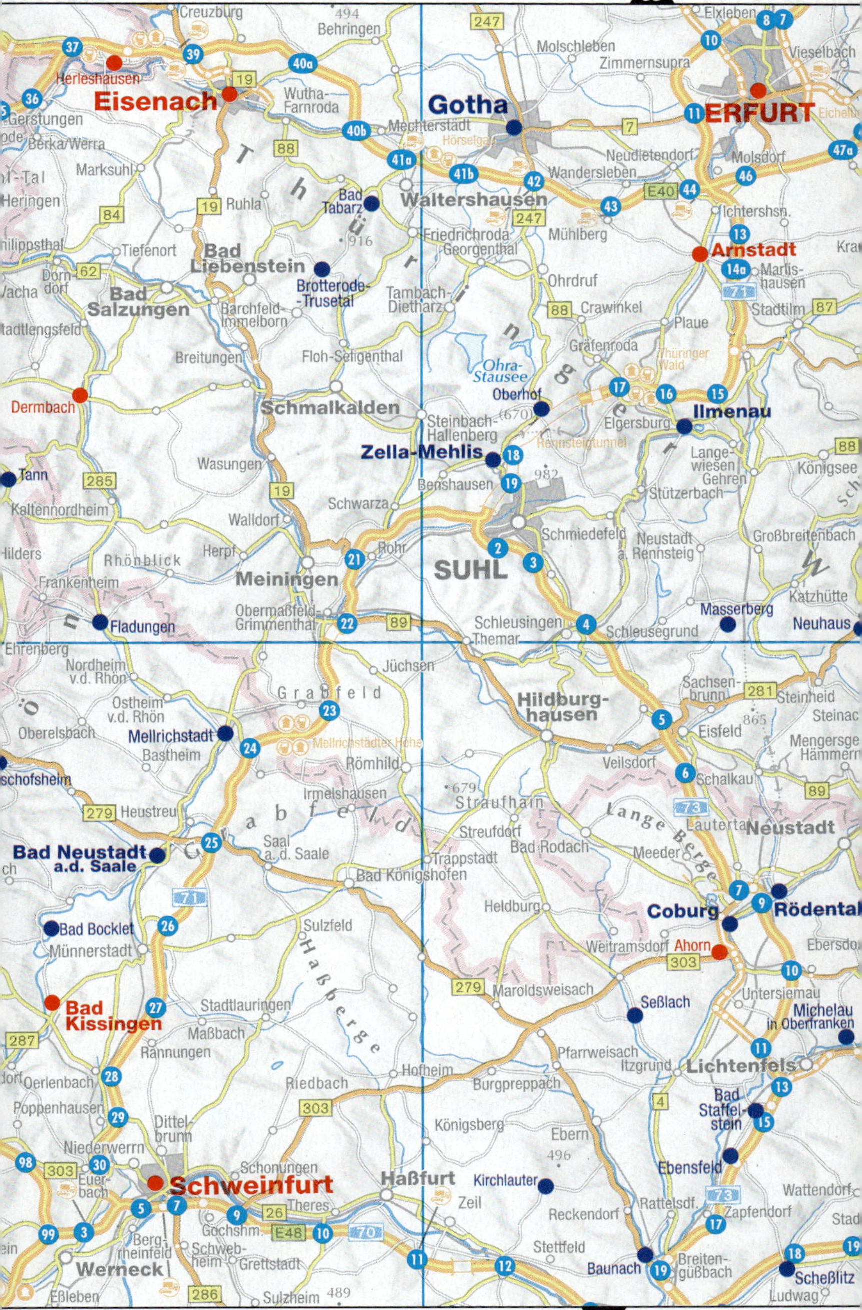

53

0 10 20 km

33
34
Elxleben
Ollendorf
Niederroßla
Schkölen
Königshofen
Heideland-Etzdorf
Weimar (T.)
Apolda
Dornburg
Vieselbach
Oßmannstedt
Kapellendorf
ERFURT
Nohra
Mellingen
JENA
Eisenberg
Bürgel
Bad Klosterlausnitz
Hermsdorf
Molsdorf
Bad Berka
Magdala
Ichtershsn.
Stadtroda
Arnstadt
Kranichfeld
Tannroda
Blankenhain
Marlishausen
Kahla
Stadtilm
Plaue
Thüringer Wald
-Teichel
Remda-
Orlamünde
Hummelshain
Uhlstädt-Kirchhasel
Saale
Neustadt a.d.O.
Triptis
Ilmenau
Rottenbach
Rudolstadt
Oppurg
Krölpa
Pößneck
Auma-W
Talsperre Zeulenroda
Langewiesen
Gehren
Königsee
Bad Blankenburg
Schwarzatal
Saalfeld /Saale
Ranis
Unterwellenborn
Zeulenroda-Triebes
Stützerbach
Hohenwarte-talsperre
Kaulsdorf
Ziegenrück
Neustadt Rennsteig
Großbreitenbach
Oberweißbach
Leutenberg
Schleiz
-Mühltroff
Katzhütte
Reichmannsdorf
Masserberg
Lichte
Probstzella
Remptendorf
Neuhaus
Gräfenthal
Saalburg-
Tanna
Ludwigsstadt
Ebersdorf
Bleiloch-talsperre
Sachsenbrunn
Steinheid
Lauscha
Tettau
Wurzbach
Bad Lobenstein
Eisfeld
Steinach
Steinbach
Gefell
Mengersgereuth-Hämmern
Tschirn
Frankenwald
Hirschberg
Schalkau
Teuschnitz
Lichtenbg.
Töpen
Neustadt
Sonneberg
Nordhalben
Bad Steben
Lautertal
Pressig
Köditz
Wilhelmsthal
Geroldsgrün
Naila
Rödental
Stockheim
Steinwiesen
Schwarzenbach
Selbitz
Hof
Coburg
Konradsreuth
Mitwitz
Schauenstein
Ahorn
Ebersdorf
Wallenfels
Oberkotzau
Sonnefeld
Kronach
Helmbrechts
Weißenbrunn
Presseck
Untersiemau
Rugendorf
Michelau in Oberfranken
Redwitz
Küps
Münchberg
Stadtsteinach
Marktleugast
Zell
Sparneck
Burgkunstadt
Untersteinach
Stammbach
Kupferbg.
Lichtenfels
Wirsberg
Mainleus
Marktleuthen
Bad Staffelstein
Main
Klosterlangheim
Marktschorgast
Weißenstadt
Ebensfeld
Weismain
Kulmbach
Neuenmarkt
Gefrees
Himmelkron
Fichtel-
Wattendorf
Arnstein
Thurnau
Bad Berneck i. F.
Bischofsgrün
Tröstau
Zapfendorf
Stadelhofen
Neudrossenfeld
Goldkronach
Breitengüßbach
Fichtelbg.
Bindlach
Warmensteinach
Nagel
Scheßlitz
Wonsees
Bayreuth
Ludwag
Königsfeld
Hollfeld
gebirge
53
54

35

55

0 10 20 km

35
36
55
DRESDEN
CHEMNITZ
Nossen
Wilsdruff
Freital
Bannewitz
Possendorf
Heidenau
Dohna
Kreischa
Pirna
Lohmen
Mittweida
Wiederau
Erlau
Kriebethal
Siebenlehn
Mohorn
Tharandt
Hainichen
Großschirma
Zschopau
Bräunsdorf
Claußnitz
Lichtenau
Frankenberg
Naundorf
Klingenberg
Talsp. Malter
Freiberg
Oberschöna
Dippoldiswalde
Niederwiesa
Flöha
Oederan
Reichstädt
Weißenborn
Brand-Erbisdorf
Glashütte
Bad Gottleuba
Schmiedeberg
Augustusburg
Mulda
Frauenstein
Kipsdorf
Bärenstein
Neukirchen (Erzgeb.)
Eppendorf
Groß-hartmannsdf.
Freib. Mulde
Altenberg
Waldkirchen
Einsiedel
Mittelsaida
Burkhardtsdorf
Zschopau -Lengefeld
Geising
Krásný Les
Rechenberg-Bienenmühle
Cínovec
Thalheim
Gelenau
Pockau-
Sayda
Krupka
Dubí
Thum
Ehrenfriedersdorf
Wolkenstein
Olbernhau
Neuhausen (Erzgeb.)
Chabařovice
Zöblitz
Seiffen
Marienberg
Deutscheinsiedel
Teplice (Teplitz)
Osek
Geyer
Rübenau
Deutschneudorf
Lom
Duchcov
Annaberg-Buchholz
Schlettau
Mildenau
Litvínov
Horní Jiřetín
Záluží
Scheibenberg
Steinbach
Most
Bílina
Komořany
Markersbach
Jöhstadt
Crottendorf
Bärenstein
Jirkov
Lovosice
Neudorf
Vejprty
Třebenice
Oberwiesenthal
Kovářská
Chomutov (Komotau)
Loučná
Libčeves
Březno
Klínovec
Jáchymov
Klášterec n.O.
Kadaň
vod.n. Nechranice
Louny
Postoloprty
Ohře
Ostrov
Citoliby
Žatec
Doupovské hory
Maštov
Karlovy Vary
Podbořany
Řevničov
Stochov
Bošov
Lubenec
Nové Strašecí
Kněževes
Kolešovice
vod.n. Žlutice
Žlutice
Lány
Střela
Toužim
Senomaty
Rakovník
Rakovnická pahorkatina
Tepelská vrchovina
Manetín
Teplá
Kralovice
Berounka
Erzgebirge
Krušné hory
Dolní Ohře
Dřevíčská?
0
10
20 km

37

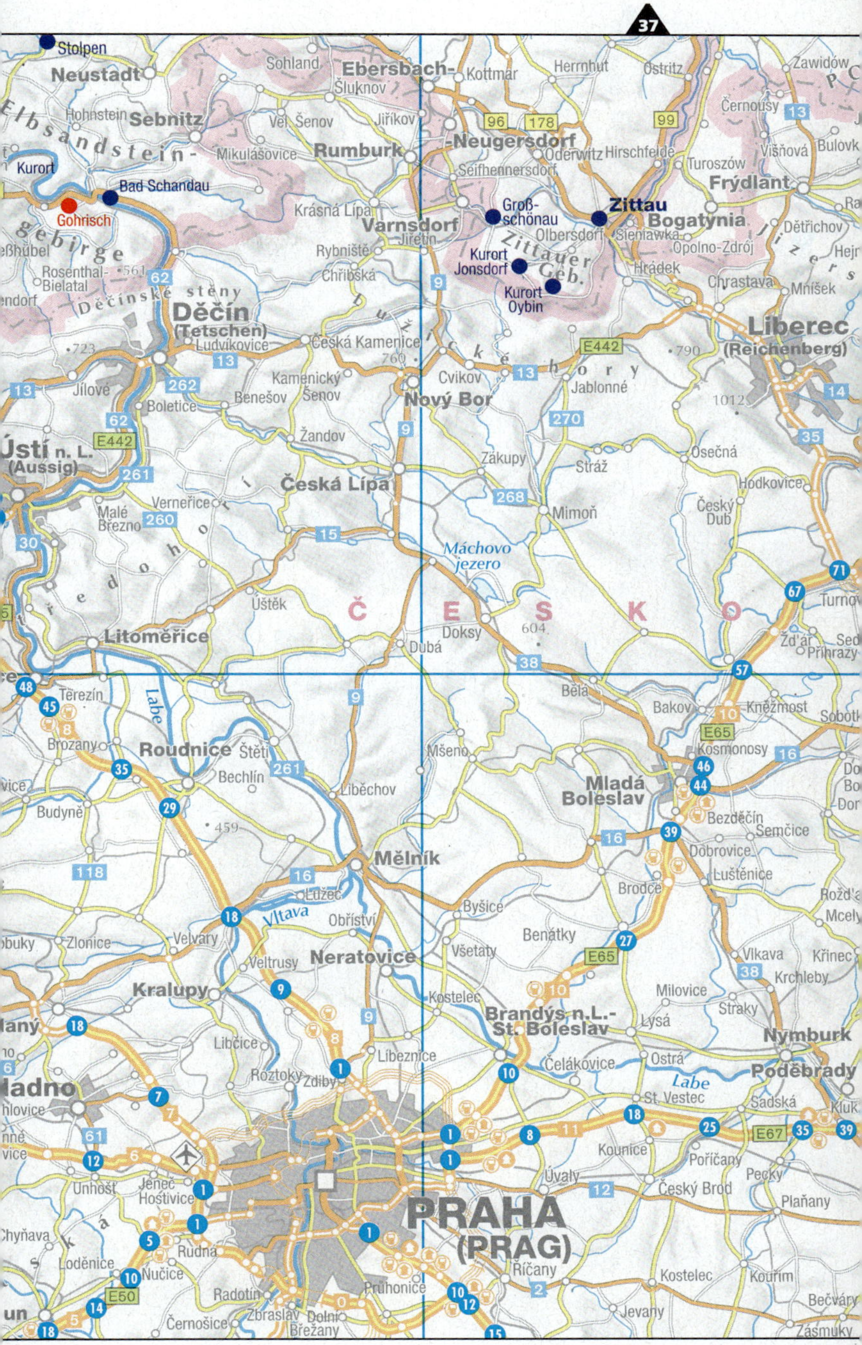
Stolpen
Neustadt
Sohland
Ebersbach-
Šluknov
Kottmar
Herrnhut
Ostritz
Zawidów
Hohnstein
Sebnitz
Vel. Šenov
Jiříkov
Neugersdorf
96
178
99
Černousy
13
Elbsandstein-
Mikulášovice
Rumburk
Oderwitz
Hirschfelde
Višňová
Bulovk
Kurort
Seifhennersdorf
Turoszów
Frýdlant
Bad Schandau
Gohrisch
Krásná Lípa
Groß-
schönau
Zittau
Bogatynia
gebirge
Varnsdorf
Jiřetín
Olbersdorf
Sieniawka
Dětřichov
Rybniště
Zittauer
Opolno-Zdrój
Rosenthal-
Bielatal
561
Chřibská
Kurort
Jonsdorf
Geb.
Hrádek
Hejn
62
9
Kurort
Oybin
Chrastava
Mníšek
Děčínské stěny
Děčín
(Tetschen)
Ludvíkovice
Česká Kamenice
760
E442
790
Liberec
(Reichenberg)
723
13
Lužické hory
Jablonné
Jílové
262
Kamenický
Šenov
Cvikov
Nový Bor
14
1012
Boletice
Benešov
62
E442
270
Ústí n. L.
(Aussig)
Žandov
35
Zákupy
Stráž
Osečná
261
Česká Lípa
Hodkovice
Verneřice
268
Malé
Březno
260
Mimoň
Český
Dub
15
Máchovo
jezero
30
71
67
Turnov
Úštěk
Č E S K O
604
Doksy
Žďár
Sed
Příhrazy
Litoměřice
Dubá
38
57
48
Terezín
Bělá
Bakov
Kněžmost
Sobotk
45
Labe
9
10
E65
Kosmonosy
16
8
Brozany
Roudnice
Štětí
Mšeno
46
Mladá
Boleslav
44
35
Bechlín
261
Liběchov
Budyně
29
Bezděčín
Semčice
39
459
16
Dobrovice
Mělník
Luštěnice
118
16
Lužec
Brodce
Rožďa
18
Vltava
Byšice
Mcely
Obříství
Benátky
Zlonice
Velvary
27
E65
Vlkava
Křinec
Veltrusy
Neratovice
Všetaty
38
Krchleby
Kralupy
9
10
Milovice
Kostelec
Brandýs n.L.-
St. Boleslav
Straky
18
Lysá
Nymburk
Libčice
8
9
Líbeznice
Ostrá
Poděbrady
Celákovice
1
10
Labe
Roztoky
Zdiby
St. Vestec
Sadská
Kluk
7
18
7
25
E67
35
39
61
1
11
8
Kounice
12
6
1
Pořičany
Pecky
Unhošť
Jeneč
Hostivice
Úvaly
1
12
Český Brod
PRAHA
(PRAG)
Plaňany
1
1
5
Rudná
Loděnice
Říčany
10
Nučice
Kostelec
Kouřim
E50
Radotín
Průhonice
10
12
2
14
Bečváry
Zbraslav
Dolní
Břežany
0
Jevany
5
Černošice
18
15
Zásmuky

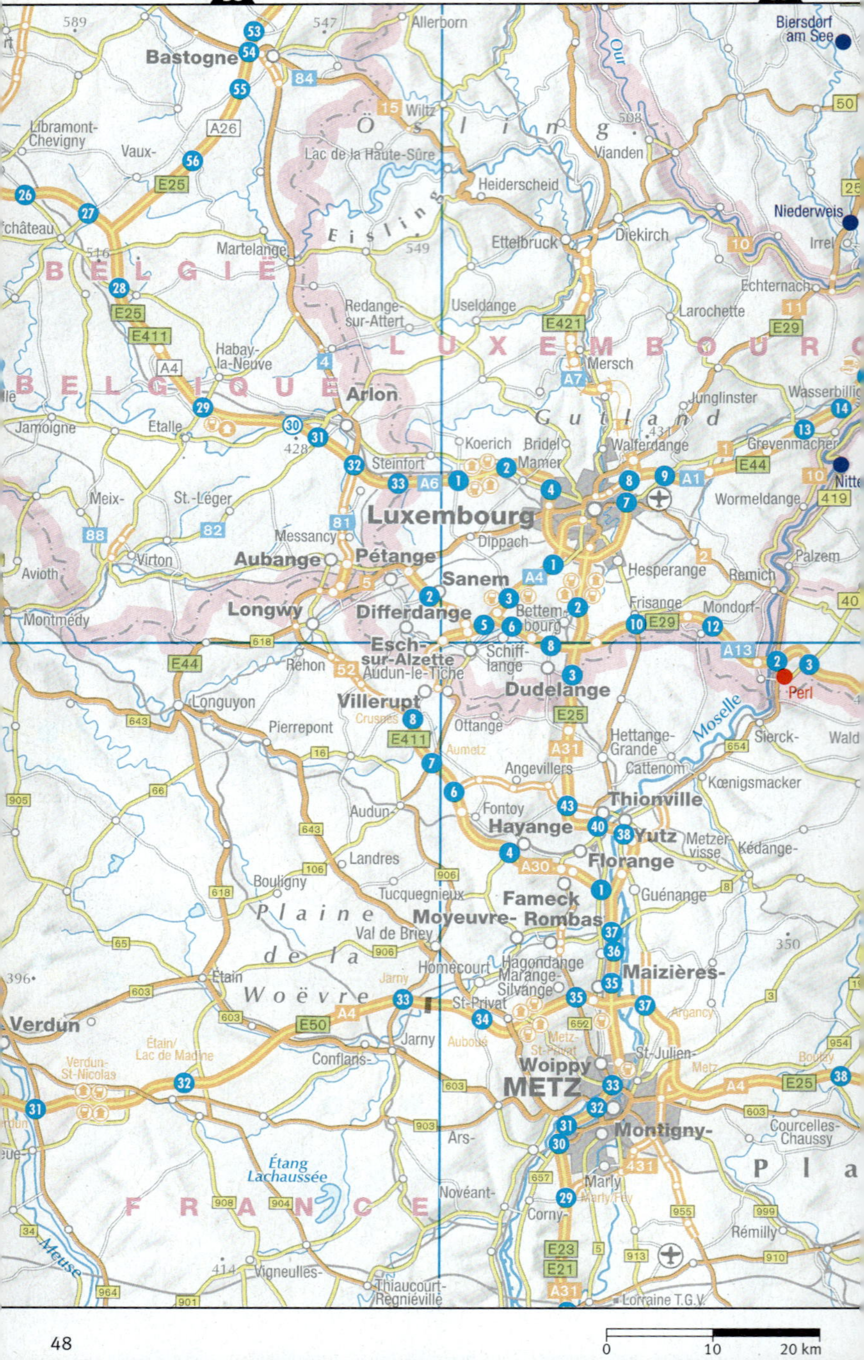
Bastogne
Allerborn
Biersdorf am See
Wiltz
Ö s l i n g
Lac de la Haute-Sûre
Vianden
Our
Libramont-Chevigny
Vaux-
Heiderscheid
Ettelbruck
Diekirch
Niederweis
Irrel
Echternach
Martelange
E i s l i n g
BELGIË
Redange-sur-Attert
Useldange
Larochette
L U X E M B O U R G
Mersch
Habay-la-Neuve
B E L G I Q U E
Arlon
Junglinster
Wasserbillig
G u t l a n d
Jamoigne
Etalle
Koerich
Bridel
Walferdange
Grevenmacher
Steinfort
Mamer
Meix-
St.-Léger
Luxembourg
Wormeldange
Messancy
Dippach
Virton
Aubange
Pétange
Palzem
Avioth
Hesperange
Remich
Sanem
Longwy
Differdange
Bettembourg
Frisange
Mondorf-
Montmédy
Esch-sur-Alzette
Schifflange
Rehon
Audun-le-Tiche
Perl
Dudelange
Villerupt
Crusnes
Longuyon
Pierrepont
Ottange
Aumetz
Hettange-Grande
Cattenom
Moselle
Sierck-
Wald
Angevillers
Kœnigsmacker
Thionville
Audun-
Fontoy
Hayange
Yutz
Metzervisse
Kédange-
Landres
Florange
Bouligny
Tucquegnieux
Fameck
Guénange
P l a i n e
Moyeuvre-
Rombas
Val de Briey
d e l a
Homécourt
Hagondange
Maizières-
Jarny
Marange-Silvange
W o ë v r e
St-Privat
Argancy
Etain
Verdun
Étain/Lac de Madine
Jarny
Auboué
Metz-St-Privat
St-Julien-
Verdun-St-Nicolas
Conflans-
Woippy
Metz
Boulay
METZ
Montigny-
Courcelles-Chaussy
Ars-
Étang Lachaussée
P l a
Marly
Novéant-
Corny-
F R A N C E
Rémilly
Meuse
Vigneulles-
Thiaucourt-Regniéville
Lorraine T.G.V.
0
10
20 km

40
Eisenschmitt
Wittlich
Ürzig
Kröv
Reil
Enkirch
Simmern
Dudeldorf
Bitburg
Binsfeld
Dreis
Zeltingen-Rachtig
Traben-Trarbach
Kirchberg
Speicher
Klausen
Mülheim a.d. Mosel
Lieser
Bernkastel-Kues
Gemünden
Soonwald
Kyll
Hetzerath
Piesport
Veldenz
Föhren
Wintrich
Welschbillig
Klüsserath
Neumagen-Dhron
Rhaunen
Kordel
Bundenbach
Hochstetten-Dhaun
Simmertal
EHRANG
Schweich
Trittenheim
Morbach
Longuich
Leiwen
Naurath
Nieder-wörresbach
Kirn
Sauer
Tiefenstein
TRIER
Mertesdorf
Bescheid
Thalfang
Fischbach
Idarwald
HUNSRÜCK
Malborn
Wasserliesch
Hochwald
Idar-Oberstein
Konz
Osburger Hochwald
Reinsfeld
Hermeskeil
Wiltingen
Prims-Stausee
Birkenfeld
Lauterecken
Ockfen
Kell am See
Neuhütten
Baumholder
Ayl
Zerf
Nonnweiler
Saarburg
Schwarzwälder Hochwald
Nohfelden
Serrig
Wadern
Bostalsee
Freisen
Altenglan
Weiskirchen
Namborn
Kusel
Losheim am See
Primstal
Oberkirchen
Mettlach
Nunkirchen
Oberthal
Glan-Münchweiler
Ramstein-Miesenbach
Brotdorf
Nordpfälzer Bergland
Tholey
Sankt Wendel
Merzig
Schmelz
Lebach
Marpingen
Schönenberg-Kübelberg
Miesau
Beckingen
Ottweiler
Waldmohr
Nalbach
Eppelborn
Illingen
Neunkirchen/Saar
Landstuhl
Rehlingen-Siersburg
Dillingen/Saar
Saarwellingen
Schiffweiler
Bexbach
Homburg-Saar
Bruchmühlbach-
Wallerfangen
Saarlouis
Heusweiler
Quierschied
Wallhalben
Homburg
Herschberg
Bouzonville
Schwalbach
Püttlingen
St. Ingbert
Thaleischweiler-Fröschen
Zweibrücken
Wadgassen
Völklingen
SAARBRÜCKEN
Kirkel
Contwig
Maßweiler
Überherrn
Stiring-Wendel
Blieskastel
Creutzwald
Großrosseln
Forbach
Mandelbachtal
Pirmasens
Freyming-Merlebach
Kleinblittersdorf
Hornbach
Gersheim
Behren-
Grosbliederstroff
Volmunster
Breidenbach
Hombourg
Diebling
Sarreguemines
Eppenbrunn
St-Avold
Farébersviller
Folschviller
Hambach
Bitche
Wittring
Falquemont
Puttelange-
Rohrbach-
Étang de Bischwald
Herbitzheim
Lemberg
Sarralbe
Étang de la Mutche
Keskastel
Diemeringen
56

40
Oberheimbach
Lorch
Oestrich-Winkel
Kiedrich
Eltville
Walluf
Hochhm.
Flörshm.
Rheinböllen
Simmern
Trechtingshausen
Rüdeshm. a.Rh.
MAINZ
Bischofshm.
Heidesheim
Gustavsbg.
Bingen a.Rh.
Geisenhm.
Ingelhm. a.Rh.
Ginshm.
Rüsselshm.
Kirchberg
Hunsrück
Stromberg
Gau-Algesheim
Bodenhm.
Schwabenheim
Nauhm.
Gr.-Gerau
Gemünden
Soonwald
657
621
Wallhausen
Langenlonsheim
Gensingen
St. Johann
Jugenheim
Nieder-Olm
Gau-Bischofsheim
Nierstein
Bretzenheim
Saulheim
Sprendlingen
Selzen
Bad Kreuznach
Wörrstadt
Köngernheim
Oppenheim
Rhein
Riedstadt
Bundenbach
Bockenau
Simmertal
Nieder-hausen
Hochstetten-Dhaun
Wald-böckelheim
Nahe
Wöllstein
Bad Münster a.St.-Ebernburg
Gau-Odernheim
Guntersblum
Biebesheim
Kirn
Bad Sobernheim
Flonheim
Odernheim
Alsheim
Gernsheim
Obermorschel
Alzey
Eich
Alsenz
Kriegsfeld
Osthofen
Gr.-Rohrhm.
Meisenheim
Westhofen
Biblis
Kirchheim-bolanden
Albisheim
Zellertal
Wonnegau
Bürst
Lauterecken
Rocken-hausen
Monsheim
Marnheim
Bockenheim
686
Worms
Lampe
Göllheim
Wolfstein
Eisenberg
Grünstadt
Kirchheim a.d. Weinstraße
Bobenhm.-Roxhm.
Winnweiler
Münchweiler a.d.Als.
Großkarlbach
Alten-glan
Hetten-leidelheim
Pfalz
Kreimbach-Kaulbach
Wartenberg-Rohrbach
Neuleiningen
Lambsheim
Frankenthal (Pf.)
562
Otterberg
Enkenbach-Alsenborn
Weisenheim am Berg
Freinsheim
Glan-Münchweiler
Weilerbach
Otterbach
Mehlingen
Altleiningen
Kallstadt
Ramstein-Miesenbach
Bad Dürkheim
LUDWIGSHAFEN a.Rh.
Hochspeyer
Frankenstein
Gönnheim
Miesau
Kaiserslautern
Wachenhm.a.d.W.
Mutterstadt
Forst a.d.W.
Landstuhl
Deideshm.
Mecken-hm.
Lambrecht
Schifferstadt
Bruchmühlbach-
Queidersbach
Tripstadt
555
Elmstein
Haßloch
Johanniskreuz
Neustadt a.d.W.
Wallhalben
Dudenhfn.
Herschberg
Waldfischbach-Burgalben
St. Martin
Speyer
Thaleischweiler-Fröschen
608
Maikammer
Geinsheim
Edenkoben
Maßweiler
Rhodt
Pfälzer Weinstr.
Lingenfeld
Contwig
Weyher
Philippsburg
Rodalben
607
Ramberg
Edesheim
Gleisweiler
Hochstadt
Merzalben
Dernbach
Burrweiler
Zeiskam
Pirmasens
Hinterweidenthal
Landau i.d.Pf.
Bellheim
Germersheim
Wilgartswiesen
Annweiler
Offenbach
Knittelsheim
Neudorf
Graben
Lemberg
Leinsweiler
Ilbesheim
Rülzheim
Dahn
Klingenmünster
Linkenheim
Breidenbach
Eppenbrunn
Pleisweiler-Oberhofen
Nieder-horbach
Billigheim-Ingenheim
Herxheim b.L.
Neupotz
Rheinzabern
Hochst
513
Fischbach
561
Jockgrim
Bad Bergzabern
Kandel
Wörth
Eggenstein-Leopoldshfn.
Bitche
Oberotterbach
Minfeld
Steinfeld
KARLSRUHE
Obersteinbach
Wissembourg
Hagenbach
Lembach
Rheinstetten
FRANCE
580
Niederbronn
Wœrth
Soultz
Hunspach
Schleithal
Lauterbourg
Ettlingen
56
0
10
20 km

41
42
Dreieich
Dietzenbach
Rodgau
Seligenstadt
Johannesberg
Hösbach
Heigenbrücken
Partenstein
Lohr
Main
Langen
Egelsbach
Walldf.-Mörfdn.
Messel
Rödermark
Babenhausen
Münster
Stockstadt
Aschaffenburg
Goldbach
Sailauf
Laufach
Waldaschaff
Rechtenbach
Bessenbach
Rothenbuch
Weibersbrunn
Spessart
Niedernberg
Mespelbrunn
Heimbuchenthal
Weiterstadt
Dieburg
Schaafheim
Groß-ostheim
Leidersbach
DARMSTADT
Groß-Zimmern
Groß-Umstadt
Großwallstadt
Obernburg
Kleinwallstadt
Elsenfeld
Marktheidenfeld
Griesheim
Roßdorf
Breuberg
Ober-Ramstadt
Rein-heim
Mühltal
Höchst i.Odenw.
Lützelbach
Wörth
Erlenbach
Mönchberg
Stadtprozelten
Hasloch
Triefenstein
Fechenbach
Klingenberg
Kreuzwertheim
Wertheim
Seehm.-Jugenhm.
Brensbach
Bad König
Laudenbach
Groß-heubach
Zwingenberg
Reichelsheim (Odenw.)
Rüdenau
Kleinheubach
Freudenberg
Bürgstadt
Neunkirchen
Tauber
Reichenbach
Bensheim
Lindenfels
Michelstadt
Miltenberg
Külsheim
Erbach
Amorbach
Fürth
Heppenheim (B.)
Grasellenbach
Kirchzell
Hardheim
Hems-bach
Mörlenbach
Wald-Michel-bach
Beerfelden
Walldürn
Birkenau
Weinheim
Oberzent
Mudau
Altheim
MANNHEIM
Hirschberg a.d. Bergstraße
Buchen
Ahorn
Ladenburg
Schriesheim
Heiligkreuzsteinach
Hirschhorn
Eberbach
Limbach
Dossenhm.
Waldbrunn
HEIDELBERG
Schönau
Neckar
Fahrenbach
Osterburken
Brühl
Eppelheim
Neckarsteinach
Neckar-gerach
Schefflenz
Adelsheim
Krautheim
Schwetzingen
Neckargemünd
Neunkirchen
Dallau
Roigheim
Ketsch
Aglasterhausen
Mosbach
Schöntal
Leimen
Meckesheim
Obrigheim
Billighm.
Möckmühl
Jagsttal
Jagsthausen
Walldorf
Wiesloch
Waibstadt
Haßmersheim
Neudenau
Hüffenhardt
Gundelsheim
Forchtenberg
Rauenberg
Sinsheim
Neuenstadt
Zweiflingen
Wag-häusel
Angelbachtal
Kraichgau
Bad Rappenau
Bad Friedrichshall
Öhringen
Bad Schönborn
Östringen
Weiler
Kirchardt
Bad Wimpfen
Neckarsulm
Ubstadt-Weiher
HEILBRONN
Bretzfeld
Gemmingen
Schwaigern
Leingtn.
Weinsberg
Forst (Baden)
Menzingen
Eppingen
Nordheim
Flein
Untergruppenbach
Mainhardt
Bruchsal
Kraichtal
Sulzfeld
Heuchelberg
Brackenhm.
Lauffen a.N.
Löwenstein
Gochshm.
Oberderdingen
Gondelshm.
Zaberfeld
Güglingen
Ilsfeld
Abstatt
Wunnenstein
Löwensteiner Berge
Weingarten (B.)
Bretten
Kirchhm.
Beilstein
Knittlingen
Stromberg
Bönnigheim
Oberstenfeld
Jöhlingen
Hessigheim
Sulzbach
Maulbronn
Hohenhaslach
Besigheim
Großbottwar
Pfinztal
Steinhm.
Oppenweiler
Königsbach-Stein
Mühlacker
Illingen
Sachsenhm.
Bietigheim-Biss.
Aspach
Murrhardt
Backnang
Marbach
Remchingen
Ötisheim
57
58

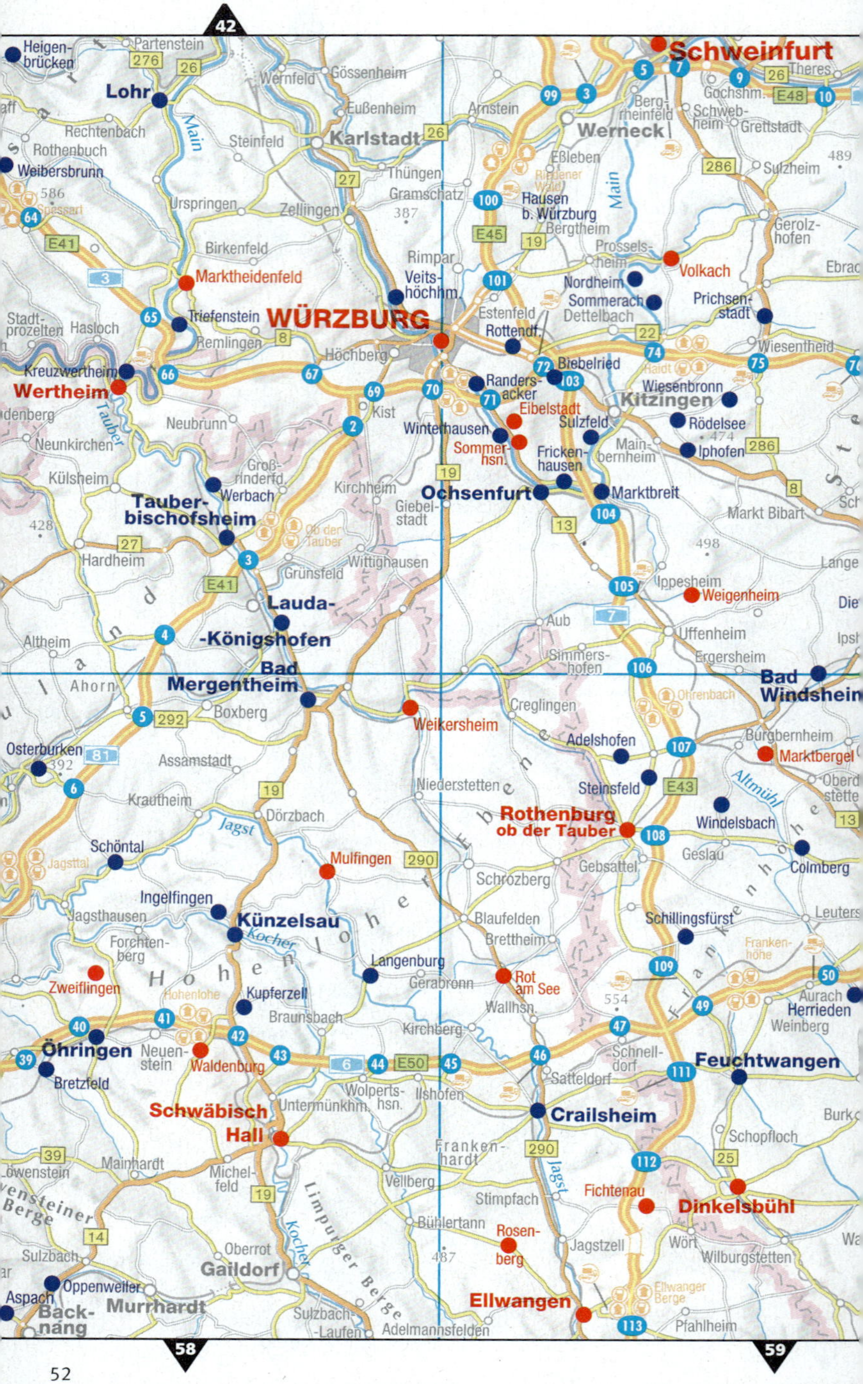
42
Heigenbrücken
Partenstein
Lohr
Main
Wernfeld
Gössenheim
Eußenheim
Arnstein
Schweinfurt
Theres
Gochshm.
Bergrheinfeld
Schwebheim
Grettstadt
Werneck
Karlstadt
Rechtenbach
Rothenbuch
Weibersbrunn
Steinfeld
Thüngen
Gramschatz
Eßleben
Sulzheim
Urspringen
Zellingen
Hausen b. Würzburg
Bergtheim
Gerolzhofen
Birkenfeld
Rimpar
Prosselsheim
Marktheidenfeld
Veitshöchhm.
Volkach
Nordheim
Sommerach
Dettelbach
Prichsenstadt
Triefenstein
WÜRZBURG
Estenfeld
Rottendf.
Stadtprozelten
Hasloch
Remlingen
Höchberg
Biebelried
Wiesentheid
Kreuzwertheim
Wertheim
Randersacker
Wiesenbronn
Kitzingen
Kist
Eibelstadt
Winterhausen
Sulzfeld
Rödelsee
Neubrunn
Sommerhsn.
Frickenhausen
Mainbernheim
Iphofen
Neunkirchen
Großrinderfd.
Kirchheim
Külsheim
Werbach
Ochsenfurt
Marktbreit
Tauberbischofsheim
Giebelstadt
Markt Bibart
Hardheim
Wittighausen
Grünsfeld
Ippesheim
Weigenheim
Lauda-Königshofen
Aub
Uffenheim
Altheim
Ergersheim
Simmershofen
Bad Mergentheim
Ahorn
Boxberg
Weikersheim
Creglingen
Bad Windsheim
Adelshofen
Burgbernheim
Marktbergel
Osterburken
Assamstadt
Niederstetten
Steinsfeld
Altmühl
Krautheim
Windelsbach
Rothenburg ob der Tauber
Dörzbach
Jagst
Geslau
Colmberg
Schöntal
Mulfingen
Gebsattel
Schrozberg
Ingelfingen
Künzelsau
Jagsthausen
Blaufelden
Schillingsfürst
Forchtenberg
Brettheim
Kocher
Langenburg
Gerabronn
Rot am See
Zweiflingen
Hohenlohe
Kupferzell
Wallhsn.
Aurach
Herrieden
Weinberg
Braunsbach
Kirchberg
Öhringen
Neuenstein
Waldenburg
Schnelldorf
Feuchtwangen
Bretzfeld
Satteldorf
Wolpertshsn.
Ilshofen
Schwäbisch Hall
Untermünkhm.
Crailsheim
Schopfloch
Frankenhardt
Mainhardt
Michelfeld
Vellberg
Fichtenau
Dinkelsbühl
Löwenstein
Löwensteiner Berge
Stimpfach
Limpurger Berge
Bühlertann
Rosenberg
Jagstzell
Wört
Wilburgstetten
Sulzbach
Oberrot
Gaildorf
Oppenweiler
Aspach
Backnang
Murrhardt
Ellwangen
Sulzbach-Laufen
Adelmannsfelden
Pfahlheim
58
59

43
44
60
Haßfurt
Kirchlauter
Zeil
Rattelsdf.
Reckendorf
Wattendorf
Zapfendorf
Stadelhofen
Arnstein
Thurnau
Neudrossenfeld
Bindlach
Bayreuth
Stettfeld
Baunach
Breitengüßbach
Scheßlitz
Wonsees
Oberaurach
Viereth-Trunstadt
Ludwag
Memmelsdorf
Königsfeld
Hollfeld
Eckersdorf
Mistelbach
Bamberg
Glashütten
Walsdorf
Stegaurach
Strullendorf
Teuchatz
Heiligenstadt
Aufseß
Plankenfels
Ahorntal
Creußen
Burgwindheim
Burgebrach
Hirschaid
Streitberg
Waischenfeld
Freiahorn
Muggendorf
Oberailsfeld
Trockau
Schlüsselfeld
Eggolsheim
Fränkische Schweiz
Ebermannstadt
Pretzfeld
Gößweinstein
Pottenstein
Wachenroth
Mühlhsn.
Hallerndorf
Pegnitz
Steigerwald
Kirchehrenbach
Regenthal
Bronn
Höchstadt
Adelsdorf
Forchheim
Egloffstein
Leupoldstein
Lonnerstadt
Heroldsbach
Kunreuth
Hiltpoltstein
Uehlfeld
Baiersdorf
Betzenstein
Münchsteinach
Dachsbach
Heßdorf
Effeltrich
Gräfenberg
Plech
Gutenstetten
Weisendorf
Bubenreuth
Neunkirchen a.Br.
Simmelsdorf
Neuhaus
Aurach
Eckental
Forth
Neustadt an der Aisch
ERLANGEN
Steinensittenbach
Dietersheim
Emskirchen
Herzogenaurach
Tennenlohe
Heroldsberg
Lauf a.d.P.
Schnaittach
Hersbruck
Pommelsbrunn
Markt Erlbach
Langenzenn
Veitsbronn
Vach
Rückersdorf
Neuhof a.d.Zenn
Wilhermsdorf
Röthenbach
Happurg
Engelthal
Hartmannshof
Cadolzburg
FÜRTH
NÜRNBERG
Alfeld
Zirndorf
Roßtal
Oberasbach
Stein
Großhabersdorf
Altdorf b. Nürnbg.
Feucht
Lehrberg
Bruckberg
Heilsbronn
Katzwang
Oberölsbach
Lauterhofen
Schwabach
Wendelstein
Burgthann
Berg
Pilsach
Ansbach
Schwanstetten
Postbauer-Heng
Pölling
Neuendettelsau
Rednitzhembach
Neumarkt i. d. Opf.
Windsbach
Main-Donau-Kanal
Allersberg
Berngau
Jura
Abenberg
Roth
Wolframs-Eschenbach
Burgoberbach
Merkendorf
Freystadt
Georgensgmünd
Hilpoltstein
Mühlhausen
Ornbau
Spalt
Fränkisches Seenland
Bechhofen
Röttenbach
Erasbach
Seubersdorf
Heideck
Pollanten
Großer Brombachsee
Alfershausen
Holnstein
Gunzenhausen
Pfofeld
Pleinfeld
Thalmässing
Berching
Laibstadt
Großhöbing
Breitenbrunn
Ellingen
Greding
Litterzhofen
Gnotzheim
Bergen
Beilngries
Weißenburg
Burgsalach
Hahnenkamm
Heidenheim
Raitenbuch
Kinding
Markt Berolzheim
Paulushofen
Titting
Wachenzell
Kipfenberg
Oettingen
Treuchtlingen
Pappenheim
Pollenfeld
Dörndorf
0
10
20 km

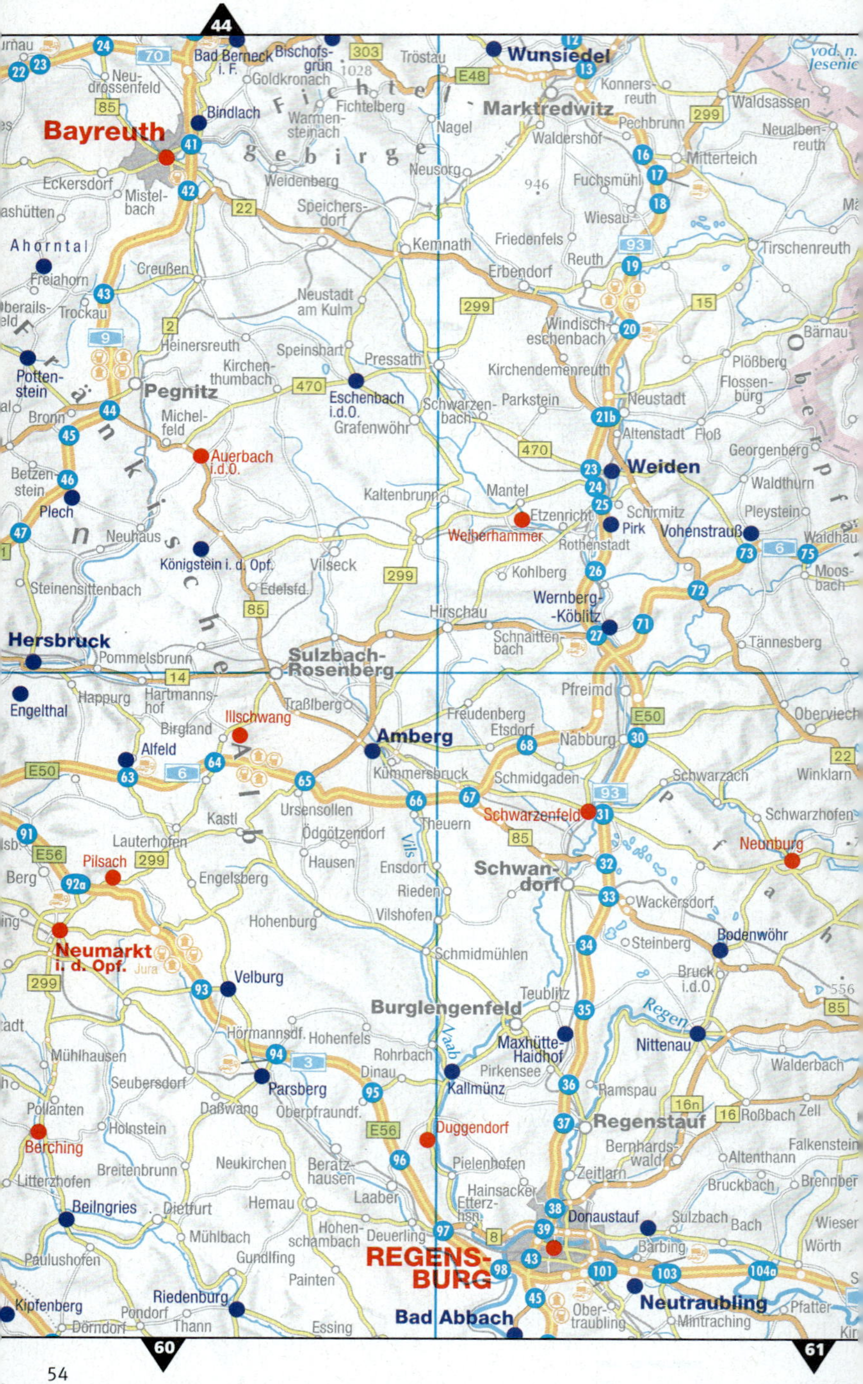

44
Bayreuth
Bad Berneck i. F.
Bischofsgrün
Goldkronach
Neudrossenfeld
Bindlach
Fichtelgebirge
Fichtelberg
Warmensteinach
Tröstau
Wunsiedel
Marktredwitz
Konnersreuth
Waldsassen
Neualbenreuth
Pechbrunn
Waldershof
Nagel
Neusorg
Mitterteich
Fuchsmühl
Wiesau
Eckersdorf
Mistelbach
Weidenberg
Speichersdorf
Kemnath
Friedenfels
Reuth
Tirschenreuth
Ahorntal
Freiahorn
Greußen
Erbendorf
Neustadt am Kulm
Trockau
Heinersreuth
Speinshart
Pressath
Windischeschenbach
Bärnau
Plößberg
Flossenbürg
Pottenstein
Pegnitz
Kirchenthumbach
Eschenbach i.d.O.
Grafenwöhr
Schwarzenbach
Parkstein
Kirchendemenreuth
Neustadt
Altenstadt
Floß
Georgenberg
Bronn
Michelfeld
Auerbach i.d.O.
Weiden
Waldthurn
Betzenstein
Plech
Kaltenbrunn
Mantel
Etzenricht
Schirmitz
Pleystein
Pirk
Vohenstrauß
Waidhaus
Neuhaus
Weiherhammer
Rothenstadt
Moosbach
Königstein i. d. Opf.
Vilseck
Kohlberg
Steinensittenbach
Edelsfd.
Wernberg-Köblitz
Hirschau
Hersbruck
Pommelsbrunn
Schnaittenbach
Tännesberg
Sulzbach-Rosenberg
Engelthal
Happurg
Hartmannshof
Traßlberg
Pfreimd
Freudenberg
Etsdorf
Oberviechtach
Illschwang
Birgland
Amberg
Nabburg
Alfeld
Kümmersbruck
Schmidgaden
Schwarzach
Winklarn
Ursensollen
Theuern
Schwarzenfeld
Schwarzhofen
Kastl
Ödgötzendorf
Lauterhofen
Neunburg
Pilsach
Hausen
Ensdorf
Schwandorf
Berg
Engelsberg
Rieden
Wackersdorf
Hohenburg
Vilshofen
Bodenwöhr
Neumarkt i. d. Opf.
Jura
Schmidmühlen
Steinberg
Bruck i.d.O.
Velburg
Teublitz
Burglengenfeld
Regen
Hörmannsdf.
Hohenfels
Maxhütte-Haidhof
Nittenau
Mühlhausen
Rohrbach
Naab
Walderbach
Seubersdorf
Dinau
Pirkensee
Parsberg
Kallmünz
Ramspau
Pollanten
Daßwang
Oberpfraundf.
Regenstauf
Roßbach
Zell
Holnstein
Duggendorf
Bernhardswald
Falkenstein
Berching
Neukirchen
Beratzhausen
Pielenhofen
Altenthann
Breitenbrunn
Zeitlarn
Litterzhofen
Laaber
Hainsacker
Bruckbach
Brennberg
Beilngries
Dietfurt
Hemau
Etterzhsn.
Donaustauf
Sulzbach
Bach
Wiesent
Mühlbach
Hohenschambach
Deuerling
Wörth
Paulushofen
Gundlfing
REGENSBURG
Barbing
Painten
Kipfenberg
Riedenburg
Neutraubling
Pfatter
Pondorf
Obertraubling
Dörndorf
Thann
Essing
Bad Abbach
Mintraching
60
61

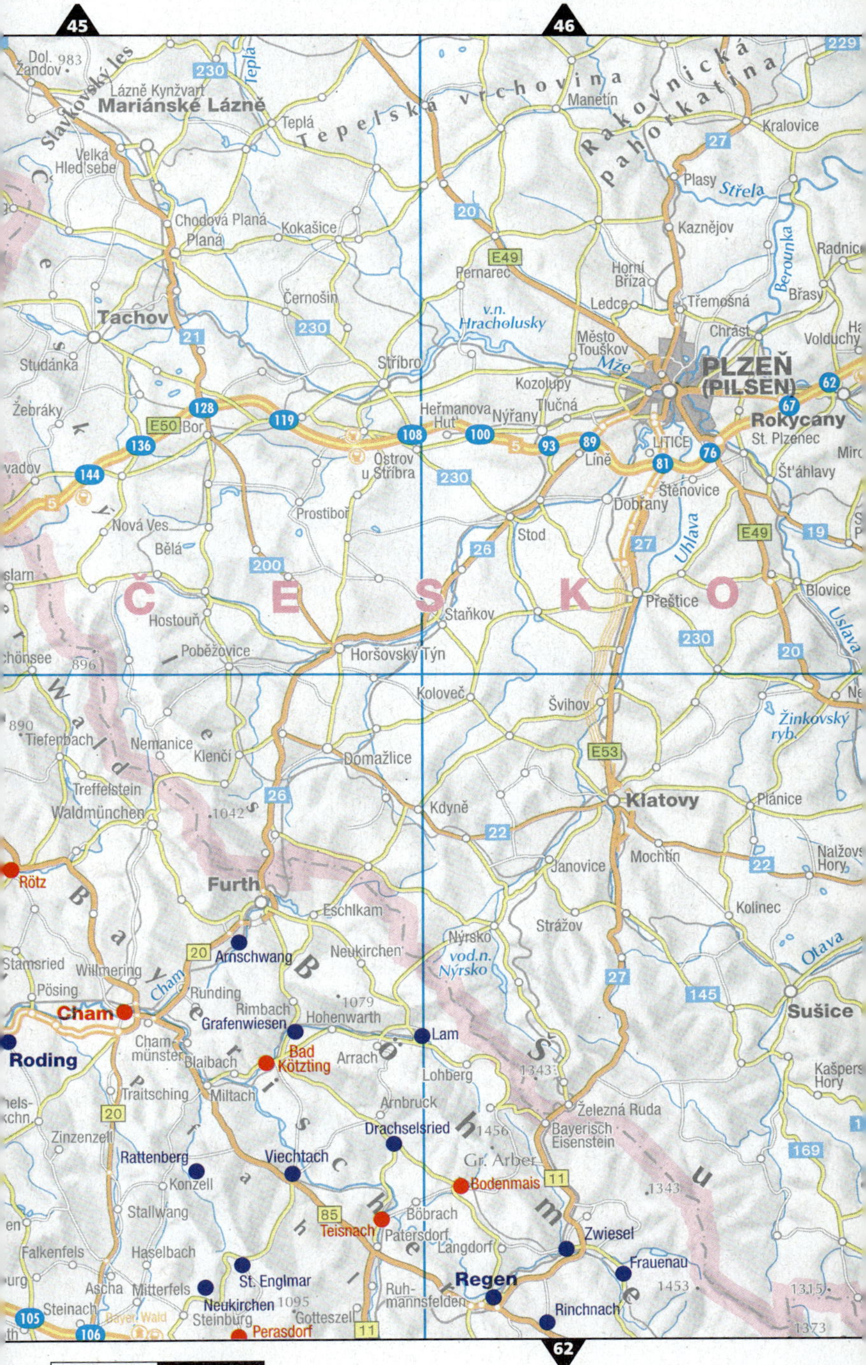
45
46
229
Dol. Žandov
983
Slavkovský les
230
Teplá
Lázně Kynžvart
Mariánské Lázně
Teplá
Tepelská vrchovina
Manetín
Rakovnická pahorkatina
Kralovice
27
Velká Hleďsebe
Plasy
Střela
20
Chodová Planá
Planá
Kokašice
Kaznějov
E49
Pernarec
Horní Bříza
Radnice
Berounka
Černošín
Ledce
Třemošná
Břasy
Tachov
230
v.n. Hracholusky
Chrást
Volduchy
21
Město Touškov
Studánka
Stříbro
Mže
PLZEŇ (PILSEN)
62
Kozolupy
Tlučná
67
Rokycany
Žebráky
128
119
Heřmanova Huť
Nýřany
E50
Bor
108
100
93
89
LITICE
76
St. Plzenec
136
Ostrov u Stříbra
Líně
81
144
230
Šťáhlavy
Štěnovice
Prostiboř
Dobřany
Nová Ves
Stod
Uhlava
E49
19
Bělá
26
27
200
Blovice
Č E S K O
Hostouň
Staňkov
Přeštice
Úslava
Poběžovice
230
20
896
Horšovský Týn
890
Koloveč
Švihov
Tiefenbach
Nemanice
Žinkovský ryb.
Klenčí
Domažlice
E53
Treffelstein
Waldmünchen
26
1042
Klatovy
Kdyně
Plánice
22
Rötz
Mochtín
Janovice
22
Nalžovské Hory
Furth
Eschlkam
Kolinec
Strážov
Nýrsko
vod.n. Nýrsko
Neukirchen
Stamsried
20
Arnschwang
Otava
Willmering
Pösing
Runding
27
145
Sušice
Cham
Rimbach
1079
Cham
Hohenwarth
Grafenwiesen
Lam
Roding
Chammünster
Blaibach
Bad Kötzting
Arrach
Lohberg
1343
Šumava
Kašperské Hory
Traitsching
Miltach
Arnbruck
Železná Ruda
20
Drachselsried
1456
Bayerisch Eisenstein
Zinzenzell
Gr. Arber
169
Rattenberg
Viechtach
Konzell
11
Bodenmais
1343
Stallwang
85
Böbrach
Teisnach
Patersdorf
Zwiesel
Falkenfels
Haselbach
Langdorf
Frauenau
Regen
1453
Ascha
Mitterfels
St. Englmar
1315
Steinach
Neukirchen
1095
Ruhmannsfelden
Rinchnach
Bayer. Wald
Steinburg
Gotteszell
105
106
Perasdorf
11
1373
62
Bayerischer Wald
Böhmerwald
Oberpfälzer Wald
0
10
20 km

49
50
64
Sarreguemines
Herbitzheim
Rohrbach-
Lemberg
Obersteinbach
Lembach
Sarralbe
Keskastel
Niederbronn-
Wœrth
Soultz-
Hunspach
Sarre-Union
Diemeringen
Wingen-
Reichs-hoffen
Merkwiller-Pechelbronn
Long Étang
Sarre
Fénétrange
Ingwiller
Val de Moder
Pfaffen-hoffen
Mertzwiller
Betschdorf
Neuwiller-
Bouxwiller
Schweighouse-
Haguenau
Soufflenheim
Autoroute de l'Est
Saverne
Hochfelden
Sarrebourg
Phalsbourg
Dettwiller
Bisch-willer
Drusen-heim
Lutzel-bourg
Brumath
Herrlisheim
Achern
Lorquin
Abreschviller
Dabo
Marmoutier
Wasselonne
Hoerdt
Gambsheim
Rhein
Mundols-heim
la Wantzenau
Rheinau
STRASBOURG
Bischheim
Schiltigheim
Wangenbourg
Marlenheim
Renchtal
Lingolsheim
Kehl
F R A N C E
Col du Donon (727)
1010
Mutzig
Molsheim
Willstätt
Oberkirch
Illkirch-Graffenst.
Geispols-heim
Neuried
Offenburg
Schirmeck
Celles-
936
Obernai
Eschau
Erstein
Ichenheim
Schutter-wald
Meißenheim
Senones
Le Hohwald
Andlau
Barr
Benfeld
Schwanau
Berghaupten
Friesenheim
Lahr/Schw.
Villé
Provenchères-et-Colroy
Rhinau
Kippenheim
St-Dié
Ebers-heim
Mutters-holtz
Wittis-heim
Sélestat
Rust
Ettenheim
Schuttertal
Ban-de-Laveline
Ste-Marie-
Rheinhsn.
Herbolzheim
Meurthe
Ribeauvillé
St-Hippolyte
Artols-heim
Weisweil
Kenzingen
Freiamt
Fraize
Riquewihr
Kaysersberg Vignoble
Ostheim
Marckolsheim
Endingen
Teningen
Orbey
Sasbach
Bahlingen
Kaiserstuhl
Gutach
Col de la Schlucht (1139)
Turckheim
Colmar
Vogtsburg im Kaiserstuhl
Emmen-dingen
Soultzeren
Wintzenheim
Andols-heim
Ihringen
March
Vörstetten
Gottenheim
Denzlingen
1362
Neuf-Brisach
Breisach
Umkirch
Gundel-fingen
Glottertal
Metzeral
Ste-Croix-
FREIBURG i.Breisgau
Breisgau
Soultzmatt
Lautenbach
Rouffach
Merzhausen
Horben
Kirchzarten
A4
A35
A352
A355
E25
E35
E52
A5

51
KARLSRUHE
Bretten
Pfinztal
Mühlacker
Vaihingen a.d.E.
Rhein-stetten
Durmers-heim
Ettlingen
Waldbronn
Karls-bad
Remchingen
Sachsen-hm.
Markgröningen
Malsch
Rastatt
Muggensturm
Marxzell
PFORZHEIM
Ditzingen
Leon-berg
Gaggenau
Bad Herrenalb
Tiefenbronn
Neuhausen
Renningen
Ger-lingen
Gernsbach
Bad Wildbad i.Schw.
Unterreichenbach
Bad Liebenzell
Weil der Stadt
Baden-Baden
Bühl
Bühlertal
Calw
Bad Teinach-Zavelstein
Sindelfingen
Böblingen
Ehningen
Gärtringen
Forbach
Enzklösterle
Wildberg
Achern
Sasbachwalden
Kappelrodeck
Altensteig
Herrenberg
Seebach
Nagold
Tübingen
Lautenbach
Ober-kirch
Baiers-bronn
Pfalzgrafen-weiler
Rottenburg
Durbach
Oppenau
Horb a.Neckar
Bad Peterstal-Griesbach
Freudenstadt
Bad Rippoldsau-Schapbach
Gengen-bach
Loßburg
Mössingen
Zell a.H.
Alpirsbach
Hechingen
Biberach (Baden)
Oberwolfach
Wolfach
Schenkenzell
Oberndorf
Fischerbach
Haslach
Schiltach
Balingen
Tailfingen
Alb-stadt
Schramberg
Ebingen
Elzach
Ratshausen
Meßstetten
St.Georgen i.Schw.
Rottweil
Waldkirch
Triberg i.Schw.
Schönwald i.Schw.
Schwen-ningen
Trossingen
Simonswald
Villingen-Bad Dürrheim
St.Peter
St. Märgen
Donau-eschingen
Tuttlingen
Breitnau
65
0
10
20 km

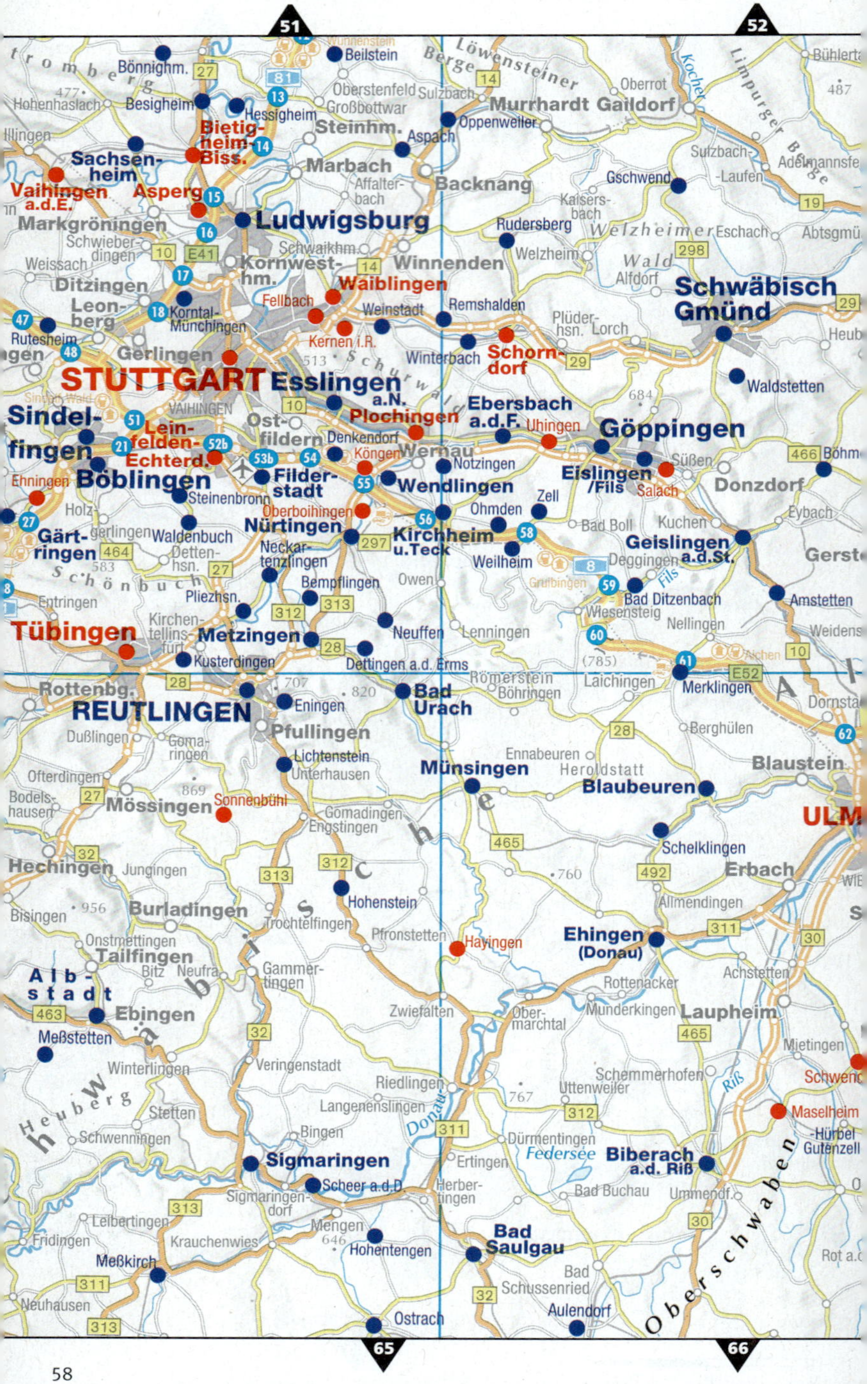
51
52
Bönnighm.
Beilstein
Wunnenstein
Löwensteiner Berge
Oberrot
Kocher
Limpurger Berge
Bühlerta
Hohenhaslach
Besigheim
Hessigheim
Oberstenfeld
Großbottwar
Sulzbach
Murrhardt
Gaildorf
Bietigheim-Biss.
Steinhm.
Aspach
Oppenweiler
Sachsenheim
Marbach
Backnang
Sulzbach-Laufen
Adelmannsfelden
Vaihingen a.d.E.
Asperg
Affalterbach
Gschwend
Markgröningen
Ludwigsburg
Kaisersbach
Schwieberdingen
Schwaikhm.
Rudersberg
Welzheimer Wald
Eschach
Abtsgmünd
Weissach
Kornwesthm.
Winnenden
Welzheim
Alfdorf
Ditzingen
Waiblingen
Schwäbisch Gmünd
Leonberg
Korntal-Münchingen
Fellbach
Weinstadt
Remshalden
Plüderhsn.
Lorch
Rutesheim
Kernen i.R.
Winterbach
Schorndorf
Gerlingen
Schurwald
STUTTGART
Esslingen a.N.
Waldstetten
Sindelfingen
Vaihingen
Ostfildern
Plochingen
Ebersbach a.d.F.
Uhingen
Göppingen
Leinfelden-Echterd.
Denkendorf
Köngen
Wernau
Notzingen
Süßen
Böhmenkirch
Ehningen
Böblingen
Filderstadt
Wendlingen
Eislingen/Fils
Salach
Donzdorf
Holzgerlingen
Steinenbronn
Oberboihingen
Ohmden
Zell
Bad Boll
Kuchen
Eybach
Gärtringen
Waldenbuch
Nürtingen
Kirchheim u.Teck
Weilheim
Geislingen a.d.St.
Detten-hsn.
Neckartenzlingen
Deggingen
Fils
Schönbuch
Bempflingen
Owen
Gruibingen
Bad Ditzenbach
Amstetten
Entringen
Pliezhsn.
Wiesensteig
Nellingen
Tübingen
Kirchentellinsfurt
Metzingen
Neuffen
Lenningen
Weidenstetten
Kusterdingen
Dettingen a.d. Erms
Aichen
Römerstein
Laichingen
Merklingen
Rottenbg.
Böhringen
REUTLINGEN
Eningen
Bad Urach
Dornstadt
Pfullingen
Berghülen
Dußlingen
Gomaringen
Lichtenstein
Ennabeuren
Heroldstatt
Blaustein
Ofterdingen
Unterhausen
Münsingen
Blaubeuren
Bodelshausen
Mössingen
Sonnenbühl
ULM
Gomadingen
Engstingen
Schelklingen
Hechingen
Jungingen
Erbach
Allmendingen
Bisingen
Burladingen
Hohenstein
Trochtelfingen
Pfronstetten
Ehingen (Donau)
Hayingen
Onstmettingen
Tailfingen
Bitz
Neufra
Gammertingen
Achstetten
Albstadt
Rottenacker
Ebingen
Zwiefalten
Obermarchtal
Munderkingen
Laupheim
Meßstetten
Mietingen
Winterlingen
Veringenstadt
Schemmerhofen
Riedlingen
Uttenweiler
Riß
Schwendi
Heuberg
Stetten
Langenenslingen
Maselheim
Schwenningen
Bingen
Donau
Dürmentingen
Hürbel
Gutenzell
Federsee
Biberach a.d. Riß
Sigmaringen
Ertingen
Scheer a.d.D.
Herbertingen
Bad Buchau
Ummendf.
Sigmaringendorf
Leibertingen
Mengen
Fridingen
Krauchenwies
Hohentengen
Bad Saulgau
Oberschwaben
Meßkirch
Bad Schussenried
Rot a.d.
Neuhausen
Aulendorf
Ostrach
65
66

53
Fichtenau
Rosenberg
Jagstzell
Wört
Wilburgstetten
Wassertrüdingen
Gnotzhm.
Hahnenkamm
Weißenburg in Bayern
Heidenhm.
Markt Berolzheim
Ellwangen (Jagst)
Ellwanger Berge
113
Pfahlheim
Oettingen
Treuchtlingen
Pappenheim
466
Rainau
Hüttlingen
Ries
Wallerstein
Wemding
Langen-altheim
Solnhofen
Westhsn.
668
Kirchheim
114
Lauchhm.
Aalen
Bopfingen
29
Nördlingen
Fünfstetten
Monheim
Mörnsheim
Wellheim
Essingen
115
Ebnat
25
Harburg
Buchdorf
Oberkochen
7
Hohenaltheim
Kaisheim
Marx-heim
Rennert
Königsbronn
Neresheim
Bertoldsh
Steinheim am Albuch
E43
466
651
Nattheim
19
Donauwörth
Genderkingen
16
Bissingen
Dischingen
116
Asbach-Bäumenhm.
Rain
Burgheim
Heidenheim
Oberndorf
Lutzingen
Mertingen
Ehekirc
Herbrechtingen
16
Allmanns-hofen
Lech
Münster
Giengen
Höchstädt a.d.Donau
117
Wittislingen
Lonetal
Nordendorf
Lauingen
2
Thierhaupten
118
Dillingen a.d.Donau
Sontheim
Wertingen
Gundelfingen
Brenz
Meitingen
Donauried
Nieder-stotzingen
Aindling
Rammingen
16
Holzheim
Biberbach
Peters-dorf
119
Langenau
Donau
Gundremmingen
Zusam
Langweid
Leiphm.
64
Günzburg
Welden
Elchingen
Affing
66
Burgau
Adelsried
Gersthofen
67
E52
Burgauer See
Leipheim
121
8
69
70
71a
72
73
Roth
Jettingen-Scheppach
Horgau
Neusäß
74b
16
Zusmarshausen
Neu-Ulm
531
AUGSBURG
Pfaffenhofen
Ichenhsn.
Friedberg (Bayern)
Diedorf
Dinkelscherben
Stadtbergen
Ellzee
Burtenbach
Eurasburg
122
Ustersbach
Neuburg
Gessertshausen
Haunstetten
E43
300
Weißenhorn
Kissing
Ziemetshsn.
123
Fischach
Bobingen
Mering
Ried
Vöhringen
Thannhsn.
Illenberg
Königs-brunn
Oberschw
Krumbach (Schwaben)
7
Merching
Iller
124
Mickhausen
Großaitingen
Buch
Illertissen
Mindel
Schwab-münchen
17
Egling
Günz
16
Lechfeld
Altenstadt
125
Babenhausen
Pfaffen-hausen
Hiltenfingen
Kloster-lechfeld
Lang-erringen
Weil
Schwabhsn.
300
Illertal
655
126
Tussen-hausen
Ettringen
Untermühlhausen
Kirchdorf a.d.Iller
Boos
Türkheim
Lechwiesen
25
26
Penzing
27
28
Schondorf
Erkheim
Mindelheim
Buchloe
24
Landsberg a.L.
Utting
312
E54
20
22
23
Pürgen
127
Heimertingen
16
18
19
Finning
15
Westerheim
Sontheim
96
Bad Wörishofen
Waal
Ummendorf
13
14
Memmingen
129
Ottobeuren
Dießen a.Am.
16
12
67
0
10
20 km

53
54
67
Weißenburg i.Bay.
Burgsalach
Raitenbuch
Titting
Greding
Kinding
Paulushofen
Beilngries
Dietfurt
Mühlbach
Hemau
Hohenschambach
Deuerling
Gundlfing
Painten
Treuchtlingen
Pappenheim
Wachenzell
Pollenfeld
Kipfenberg
Dörndorf
Riedenburg
Thann
Essing
Ihrlerstein
Kelheim
Eichstätt
Arnsberg
Denkendorf
Pondorf
Hexenagger
Solnhofen
Dollnstein
Mörnsheim
Altmühltal
Stammham
Altmannstein
Mendorf
Laimerstadt
Eining
Teuerting
Saal
Hofstetten
Köschinger Forst
Kösching
Biesenhard
Adelschlag
Eitensheim
Hepberg
Marching
Bad Gögging
Wellheim
Nassenfels
Gaimersheim
Buxheim
Pförring
Donau
Neustadt a.d.D.
Abensberg
Rennertshofen
Marxheim
Bergheim
Ried
Großmehring
Vohburg
Mühlhsn.
Rohr
INGOLSTADT
Bertoldsheim
Neuburg a.d.D.
Zell
Münchsmünster
Siegenburg
Wildenberg
Burgheim
Rain
Lichtenau
Ernsgaden
Manching
Aiglsbach
Elsendorf
Wagenhofen
Karlshuld
Karlskron
Geisenfeld
Lindkirchen
Unterlauterbach
Pfeffenhausen
Donaumoos
Pobenhausen
Reichertshofen
Ehekirchen
Mainburg
Münster
Freinhausen
Klingsmoos
Edelshausen
Pörnbach
Wolnzach
Großgundertshsn.
Pöttmes
Hohenwart
Volkenschwand
Thierhaupten
Uttenhofen
Obermünchen
Au i.d.H.
In der Hallertau
Schrobenhausen
Aindling
Pfaffenhofen a.d.I.
Aresing
Nandlstadt
Sünzhsn.
Mauern
Petersdorf
Gerolsbach
Schweitenkchn.
Attenkirchen
Wang
Moosburg
Hallertau
Ilmmünster
Reichertshausen
Aichach
Allenberg
Hilgertshausen
Jetzendorf
Aiterbach
Kirchdorf a.d.A.
Zolling
Haag a.d.Amper
Affing
Hohenkammer
Allershausen
Isar
Tandern
Freising
Sielenbach
Petershsn.
Kranzberg
Altomünster
Amper
Berglern
Friedberg (Bayern)
Markt Indersdorf
Kammerberg
Fürholzen
Eurasburg
Fahrenzhausen
Oberding
Haunstetten
Erdweg
Röhrmoos
Lange
Kissing
Schwabhausen
Hallbergmoos
Odelzhsn.
Unterschleißheim
Neufahrn
Notzing
Erding
Ried
Egenhfn.
Sulzemoos
Eching
Mering
Einsbach
Bergkirchen
Dachau
Garching
Oberschweinbach
Merching
Maisach
Karlsfeld
Oberschleißhm.
Ismaning
Markt Schwaben
Mammendorf
Egling
Olching
Gröbenzell
Unterföhring
Kirchheim
Fürstenfeldbruck
Puchheim
Feldkirchen
Poing
Forstinning
Grafrath
Germering
MÜNCHEN
Schwabhsn.
Türkenfeld
Gilching
Gräfelfing
Haar
Vaterstetten
Untermühlhausen
Planegg
Ottobrunn
Zorneding
Penzing
Schondorf
Inning
Weßling
Gauting
Unterhaching
Hohenbrunn
Kirchseeon
Utting
Ammersee
Seefeld
Pullach
Grünwald
Taufkirchen
Oberpframmern
Pürgen
Finning
Starnberg
Baierbrunn
Oberhaching
Höhenkirchen-Siegertsbrunn
Herrsching am A.
Starnberger See
Straßlach-Dingharting
Brunnthal
Glonn
Andechs
Berg
Schäftlarn
Sauerlach
Aying
Hohenthann
Dießen a.M.
Feldafing
Hohenrain
Großhelfendorf
0
10
20 km

55
Donaustauf
Sulzbach
Bach
Wiesenfelden
Wörth
Falkenfels
Stallwang
Haselbach
Teisnach
Patersdorf
Langd
REGENSBURG
Neutraubling
Pfatter
Mintraching
Obertraubling
Köfering
Poign
Bad Abbach
Alteglofsheim
Mötzing
Schönach
Aufhausen
Sünching
Saulburg
Steinach
Kirchroth
Ascha
Mitterfels
St. Englmar
Neukirchen
Steinburg
Bayer. Wald
Gotteszell
Ruhmannsfelden
Perasdorf
Schwarzach
Parkstetten
Untrezeitldorn
Bogen
Donau
Niederwinkling
Offenberg
Grafling
Metten
Mietraching
Straubing
Aiterhofen
Irlbach
Deggendorf
Alburg
Perkam
Schierling
Unterdeggenbach
Buchhsn.
Geiselhöring
Mitterharthausen
Straßkirchen
Natternberg
Paring
Langquaid
Mallersdf.-Pfaffenbg.
Laberweinting
Hainsbach
Oberschneiding
Leiblfing
Plattling
Hengersberg
Moos
Langenisarhfn.
Oberlindhart
Hofkirchen
Rottenburg
Neufahrn
Bayerbach
Mengkofen
Großköllnbach
Ganacker
Pilsting
Wallersdorf
Aholming
Oberpöring
Altenmarkt
Wallerfing
Oster
Ergoldsbach
Mühlhsn.
Moosthenning
Landau
Isar
Künzing
Pleinti
Hohenthann
Postau
Weng
Exing
Eichendf.
Kröhstorf
Essenbach
Weihmichl
Wörth
Niederviehbach
Oberviehbach
Dingolfing
Haunersdf.
Freundorf
Roßbach
Aldersbach
Aidenbach
Arth
Ergolding
Altdorf/Niederb.
Landshut
Münchnerau
Aham
Vils
Reisbach
Simbach
Arnstorf
Mariakchn.
Frontenhausen
Malgersdf.
Unterzeitlarn
Haar
Dietelskchn.
Haberskirchen
Baumgarten
Schalkham
Obertrennbach
Reicheneibach
Schönau
Falkenberg
Nöham
Hirschbach
Bad Birnbach
Geisenhausen
Vilsheim
Vilsbiburg
Altfraunhofen
Baierbach
Aich
Gangkofen
Pfarrkirchen
Altersham
Egglkofen
Eggenfelden
Walburgskirchen
Triftern
Massing
Unterdietfurt
Bodenkirchen
Velden
Neumarkt-St. Veit
Mitterskirchen
Wurmannsquick
Ulbering
Adlberg
Taufkirchen
Brodfurth
Pleiskirchen
Zeilarn
Tann
Schildthurn
Eggstetten
Reischach
Buchbach
Oberbergkirchen
Salmanskirchen
Winhöring
Neuötting
Simbach a.I.
Inn
Dorfen
Schwindkchn.
Obertaufkirchen
Ampfing
Stammham
Braunau a.I.
Heldenstein
Mühldorf
Teising
Altötting
Ranshofen
St. Wolfgang
Isen
Reichertsheim
Waldkraiburg
Kraiburg a.I.
Unterneukirchen
Burgkirchen a.d.A.
Burghausen
Neukchn.
Kirchdorf
Haag
Gars a.I.
Grünthal
Hochburg
Rechtmehring
Albaching
Unterreit
Garching
Raitenhaslach
Peterskirchen
Kirchweidach
ÖSTERREICH
Salzach
Werberg
Gundertshs
St. Georg
Wasserburg a.I.
Babensham
Schnaitsee
Tacherting
Tittmoning
Pfaffing
Emertsham
Trostberg
Kirchheim
Ostermiething
Moosdorf
Obing
Griesstätt
Altenmarkt
Palling
Fridolfing
St. Georgen
Schwerting
Rott a.I.
Vogtareuth
Amerang
Seeon-Seebruck
Traunreut
Traunwalchen
Waging a.S.
Oberndorf
Tuntenhausen
Halfing
68
69

55

Bayerischer Wald
Böhmerwald
Sumava
Sauwald
Hausruck
Rottal
Innviertel
Teisnach
Patersdorf
Langdorf
Zwiesel
Frauenau
Regen
Rinchnach
Ruhmannsfelden
Gotteszell
Hochdorf
Kirchdf.
Kirchberg
Spiegelau
St. Oswald-Riedlhütte
Mauth
Finsterau
Strážný
Lenora
Volary
Grafling
Metten
Mietraching
Deggendorf
Innernzell
Hohenau
Philippsreut
Grafenau
Schönberg
Hunding
Hinterschmiding
Stožec
Freyung
Grainet
Nová Pec
Hengersberg
Schöllnach
Moos
Langenisarhfn.
Aholming
Iggensbach
Fürstenstein
Röhrnbach
Waldkirchen
Jandelsbrunn
Schwarzenberg
Eging
Aicha
Tittling
Neukirchen
Osterhofen
Altenmarkt
Breitenberg
Ulrichsberg
Künzing
Pleinting
Hutthurm
Gr. Mühl
Kröhstorf
Vilshofen
Windorf
Hauzenberg
Salzweg
Peilstein
Freundorf
Aunkirchen
Heining
Thyrnau
Roßbach
Aldersbach
Donau
Donautal
Passau
Untergriesbach
Wegscheid
Kollerschlag
Rohrbach
Aidenbach
Ortenburg
Obernzell
Oberkappel
Beutelsbach
Reisbach
Fürstenzell
Unterzeitlarn
Haarbach
B.-Höhenstadt
Jochenstein
Baumgarten
Neuburg
Engelhartszell
Lembach
Bad Griesbach i.R.
Sulzb. a.I.
Münzkirchen
Hofkirchen
Pfarrkirchen
Bad Birnbach
Ruhstorf
Hirschbach
Altersham
Schwaim
Waldkchn.
Taufkirchen
Pocking
Triftern
Asbach
Kößlarn
Enzenkirchen
Neukchn.
St. Marienkirchen
Ulbering
Rotthalmünster
Bad Füssing
Andorf
St. Willibald
Peuerbach
Kirchham
Antiesenhofen
Raab
Waizenkirchen
Tann
Malching
Ering
Inn
Obernberg a. I.
Lambrechten
Zell a. d. Pr.
Eggstetten
Simbach a.I.
St. Martin i. I.
Prambachkirchen
Braunau a.I.
Neumarkt i.H.
Altheim
Taiskchn. i.I.
Grieskirchen
B. Schallerbach
Ranshofen
Burgkirchen
Weng i.I.
Ried
Weibern
Gallspach
Pichl b.W.
Neukchn.
Mauerkirchen
Kirchhm.
Haag a.H.
Sonnleiten
Aspach
Aistersheim
Helpfau-Uttendf.
Lohnsburg
Eberschwang
Gaspoltshofen
St. Georgen
St. Johann a. W.
Gunskirchen
Schalchen
Mattighofen
Waldzell
Gundertshsn.
Ottnang
Munderfing
Schwanenstadt
Lambach
Moosdorf
Frankenburg
Attnang-Puchheim
Lindach
Georgen
Palting
Schneegattern
Vöcklamarkt
Vöcklabruck
Frankenmkt.
Schwerting
Mattsee
Timelkam
Obemdorf
Straßwalchen
Neumarkt
Seewalchen a. A.
Pettenb.
Alm
0
10
20 km

69

Netolice
Prachatice
Lhenice
Holašovice
Lišov
Rudolfov
ČESKÉ BUDĚJOVICE
(BUDWEIS)
Třeboň
Rožmberk
Nová Bystřice
Gramatten
Litschau
Chlum
Ledenice
Borovany
Strážkovice
Suchdol
Zlatá Koruna
1084
Velešín
Trhové Sviny
Langegg
Schrems
Český Krumlov
Horní Planá
Besednice
N. Hrady
Pyhrabruck
České Velenice
Gmünd
Kirchberg
Černá
vod. nádrž Lipno
Vltava
Kaplice
Benešov
Horní Stropnice
Weitra
Frymburk
993
Rožmberk
Pohorská Ves
1017
Přední Výtoň
Lipno n. Vlt.
Dol. Dvořiště
Wullowitz
Groß-pertholz
Jagenbach
827
Haslach
Vyšší Brod
Windhaag
Karlstift
Langschlag
Groß Gerungs
1112
Sandl
Liebenau
841
Hinter-weißenbach
Helfenberg
Weigetschlag
St. Oswald
Harrachstal
Bad Leonfelden
950
999
Arbesbach
Neufelden
Weitersfelden
Purrath
Zwettl
St. Veit
848
Reichenau
Kefermarkt
Unterweißenbach
Hellmonsödt
Weinsberger Wald
ÖSTERREICH
Gutau
850
Königswiesen
Bärnkopf
1039
Gramastetten
Gallneukirchen
Pregarten
Bad Zell
Linden
Walding
538
Ottensheim
Eferding
Wilhering
LINZ
Tragwein
Pabneukirchen
Alkoven
St. Georgen
St. Thomas
Waldhausen
Yspertal
Leonding
Steyregg
Schwertberg
St. Nikola
Oberscharten
Traundorf
Perg
Sarmingstein
Traun
Mauthausen
Arbing
Grein
Enns
Donau
March-trenk
Ansfelden
St. Florian
Hörstorf
Ybbs
St. Valentin
Ardagger Stift
Kemmelbach
Wels
St. Marien
Strengberg
Kronstorf
Neuhofen
Haag
Amstetten
Blindenmarkt
Kematen
Wolfern
Haag
Mostviertel
Aschbach Markt
Kremsmünster
Rohr i.K.
Steyr
St. Peter
Ulmerfeld
Euratsfeld
Steinakirchen
Sierning
Seitenstetten Markt
Kematen
Randegg
Bad Hall
750
807
Kürnberg
Ybbstal
Gresten
Grünburg
Lausssa
Waidhofen
Ybbsitz

56

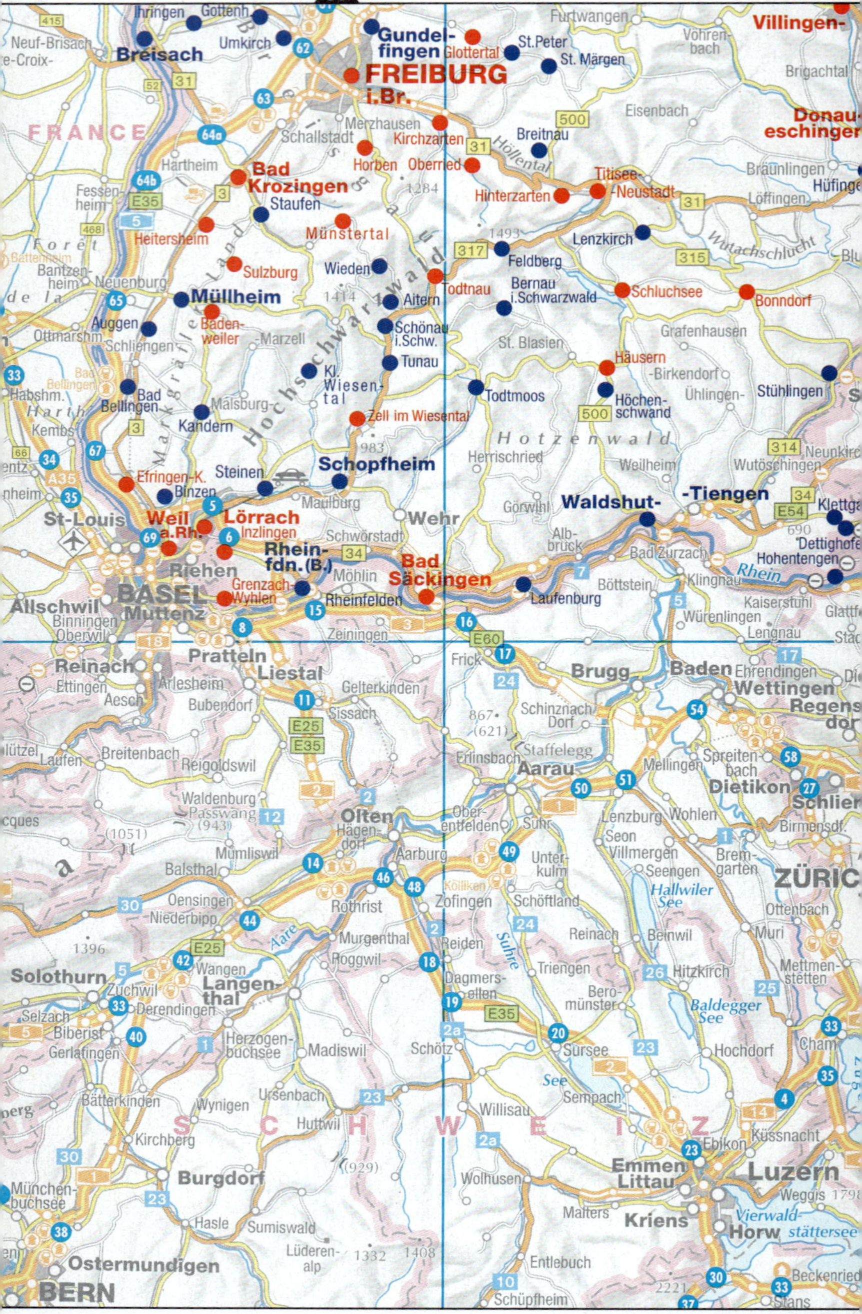
Breisach
Ihringen
Gottenh.
Umkirch
Gundelfingen
FREIBURG i.Br.
Glottertal
St.Peter
St. Märgen
Furtwangen
Vöhrenbach
Villingen-
Brigachtal
Donaueschingen
Neuf-Brisach
FRANCE
Merzhausen
Schallstadt
Kirchzarten
Horben
Oberried
Breitnau
Höllental
Eisenbach
Hartheim
Bad Krozingen
Staufen
Titisee-Neustadt
Hinterzarten
Bräunlingen
Löffingen
Hüfingen
Fessenheim
Heitersheim
Münstertal
Lenzkirch
Wutachschlucht
Feldberg
Sulzburg
Wieden
Todtnau
Bernau i.Schwarzwald
Schluchsee
Bonndorf
Bantzenheim
Neuenburg
Müllheim
Aitern
Auggen
Badenweiler
Schönau i.Schw.
St. Blasien
Grafenhausen
Ottmarsheim
Schliengen
Marzell
Tunau
Häusern
Birkendorf
Bad Bellingen
Kl. Wiesental
Todtmoos
Höchenschwand
Ühlingen-
Stühlingen
Habshm.
Kandern
Malsburg-
Hochschwarzwald
Markgräfler Land
Zell im Wiesental
Hotzenwald
Kembs
Herrischried
Weilheim
Wutöschingen
Neunkirch
Efringen-K.
Steinen
Schopfheim
Binzen
Waldshut-Tiengen
Klettgau
St-Louis
Weil a.Rh.
Lörrach
Maulburg
Wehr
Görwihl
Inzlingen
Schwörstadt
Albbruck
Dettighofen
Riehen
Rheinfelden (B.)
Möhlin
Bad Säckingen
Bad Zurzach
Hohentengen
BASEL
Grenzach-Wyhlen
Rheinfelden
Laufenburg
Böttstein
Klingnau
Rhein
Allschwil
Binningen
Oberwil
Muttenz
Zeiningen
Kaiserstuhl
Würenlingen
Lengnau
Reinach
Pratteln
Liestal
Frick
Brugg
Baden
Ehrendingen
Wettingen
Ettingen
Arlesheim
Aesch
Gelterkinden
Bubendorf
Sissach
Schinznach Dorf
Regensdorf
Laufen
Breitenbach
Reigoldswil
Erlinsbach
Staffelegg
Aarau
Mellingen
Spreitenbach
Dietikon
Schlieren
Waldenburg
Passwang
Olten
Hägendorf
Oberentfelden
Suhr
Lenzburg
Wohlen
Birmensdf.
Seon
Villmergen
Mümliswil
Aarburg
Unterkulm
Bremgarten
Balsthal
Seengen
ZÜRICH
Oensingen
Rothrist
Kölliken
Zofingen
Schöftland
Hallwiler See
Niederbipp
Ottenbach
Aare
Murgenthal
Reinach
Beinwil
Muri
Reiden
Suhre
Solothurn
Wangen
Roggwil
Triengen
Hitzkirch
Mettmenstetten
Langenthal
Dagmersellen
Zuchwil
Beromünster
Baldegger See
Derendingen
Selzach
Biberist
Herzogenbuchsee
Gerlafingen
Madiswil
Schötz
Sursee
Hochdorf
Cham
Sempach
See
Bätterkinden
Wynigen
Ursenbach
Willisau
Huttwil
SCHWEIZ
Kirchberg
Ebikon
Küssnacht
Emmen
Littau
Luzern
Burgdorf
Wolhusen
Weggis
Münchenbuchsee
Malters
Kriens
Vierwaldstättersee
Hasle
Horw
Sumiswald
Lüderenalp
Ostermundigen
Entlebuch
Beckenried
BERN
Schüpfheim
Stans

0 10 20 km

57
58
Bad Dürrheim
Mühlheim
Wurmlingen
Tuttlingen
Fridingen
Leibertingen
Krauchenwies
Mengen
Hohentengen
Bad Saulgau
Meßkirch
Neuhausen
Immendingen
Geisingen
Emmingen-Liptingen
Mühlingen
Sauldorf
Wald
Pfullendorf
Ostrach
Altshausen
Wilhelmsdorf
Herdwangen-Schönach
Heiligenbg.
Illmensee
Linzgau
Hegau
Engen
Aach
Stockach
Ludwigshafen
Tengen
Bodman-Ludwigshafen
Steißlingen
Frickingen
Überlingen
Horgenzell
Salem
Deggenhausertal
Hilzingen
Singen
Radolfzell a.B.
Überlinger See
Uhldingen-Mühlhofen
Markdorf
Thayngen
Allensbach
Meersburg
Meckenbeuren
Büsingen
Gailingen am Hochrhein
Gottmadingen
Rielasingen-Worblingen
Zeller See
Reichenau
Mittelzell
Mainau
Hagnau
Immenstaad
Tettnang
Diessenhofen
Gaienhofen
Ermatingen
Konstanz
Jestetten
Stein
Öhningen
Steckborn
Kreuzlingen
Friedrichshafen
Rheinau
Truttikon
Langenargen
Kleinandelfingen
Pfyn
Weinfelden
Kesswil
Flaach
Thur
Bodensee
Eglisau
Frauenfeld
Sulgen
Romanshorn
Neftenbach
Amriswil
Bülach
Arbon
Aadorf
Münchwilen
Wil
Bischofszell
Rorschach
Embrach
Elgg
Zuzwil
Waldkirch
Wittenbach
Kloten
Winterthur
Rheineck
Bassersdorf
Turbenthal
Weisslingen
St.Gallen
Uzwil
Heiden
Effretikon
Kirchberg
Flawil
Speicher
Volketswil
Fehraltdorf
Gossau
Teufen
Altstätten
Dübendorf
Bauma
Degersheim
Herisau
Gais
Zollikon
Bütschwil
Appenzell
Eichberg
Greifensee
Uster
Lichtensteig
Urnäsch
Ebenalp
Oberriet
Küsnacht
Wetzikon
Hemberg
Egg
Hinwil
Wattwil
Toggenburg
Rüti
Wald (ZH)
Meilen
Zürichsee
Ebnat-Kappel
Sennwald
Horgen
Stäfa
Eschenbach (SG)
Alpstein
Uznach
Wädenswil
Jona
Thur
Nesslau
Wildhaus-Gams
Rapperswil-Jona
Kaltbrunn
Richterswil
Lachen
Alt-St. Johann
Zug
Menzingen
Siebnen
Schänis
Churfirsten
Buchs
Unterägeri
Sattelegg
Quinten
Walenstadt
Niederurnen
Walensee
Einsiedeln
Sihlsee
Näfels
Sevelen
Glarus Nord
Flums
Sattel
Unteriberg
Sargans
Goldau
Mels
Vilters-Wangs
Glarus
Weglosen
Ibergeregg
Richisau
Schwyz
Gersau
Schwanden
Glarus Süd
Bad Ragaz
Urner See
Muotathal
Landquart

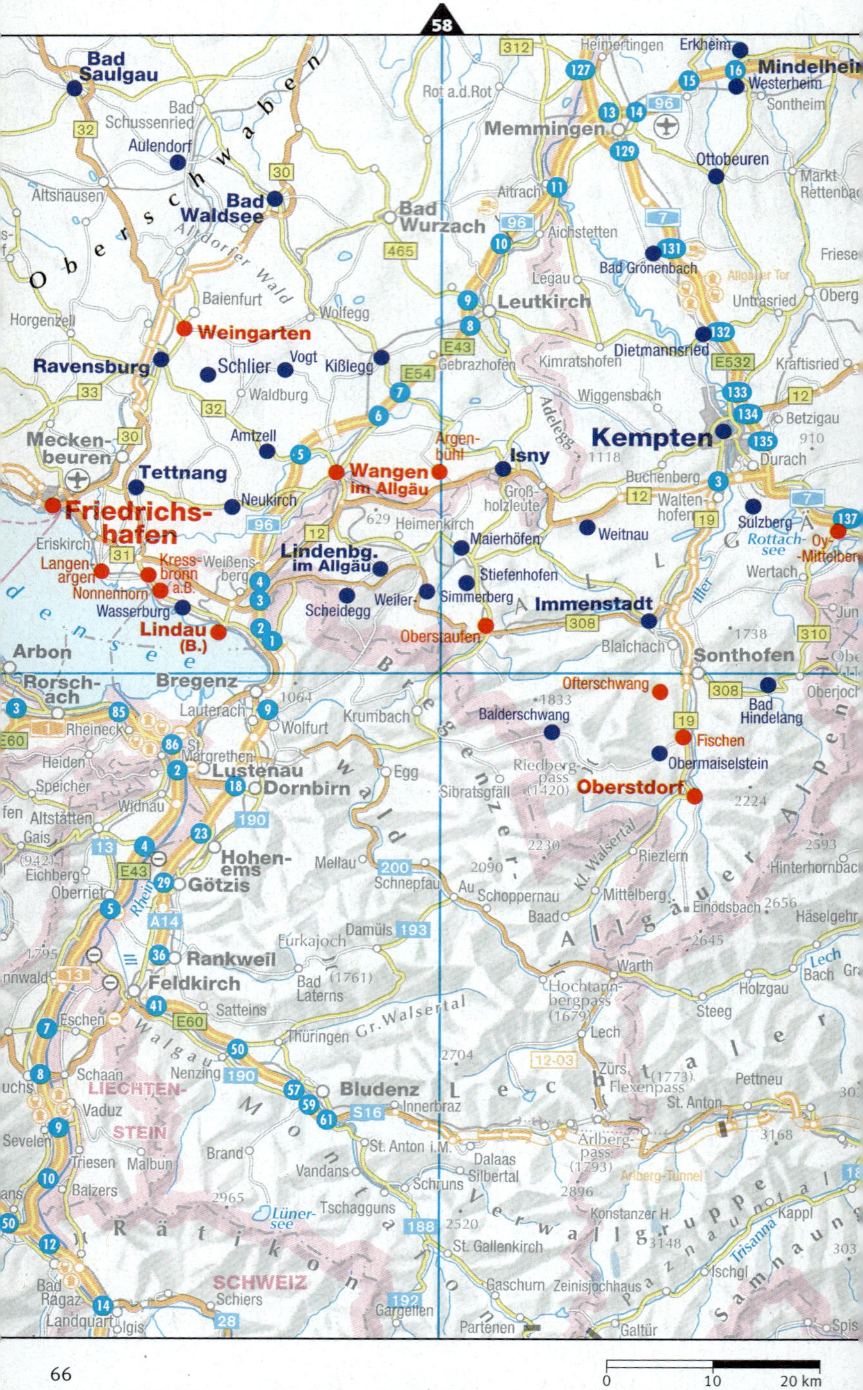
58
Bad Saulgau
Bad Schussenried
Aulendorf
Altshausen
Bad Waldsee
Oberschwaben
Altdorfer Wald
Baienfurt
Horgenzell
Weingarten
Ravensburg
Schlier
Vogt
Waldburg
Wolfegg
Kißlegg
Bad Wurzach
Rot a.d.Rot
Memmingen
Heimertingen
Erkheim
Mindelheim
Westerheim
Sontheim
Ottobeuren
Markt Rettenbach
Aitrach
Aichstetten
Legau
Bad Grönenbach
Allgäuer Tor
Untrasried
Obergünzburg
Leutkirch
Gebrazhofen
Kimratshofen
Dietmannsried
Kraftisried
Wiggensbach
Adelegg
Kempten
Betzigau
Durach
Buchenberg
Waltenhofen
Sulzberg
Rottachsee
Oy-Mittelberg
Wertach
Isny
Argenbühl
Wangen im Allgäu
Amtzell
Meckenbeuren
Tettnang
Neukirch
Friedrichshafen
Eriskirch
Langenargen
Kressbronn a.B.
Nonnenhorn
Wasserburg
Weißensberg
Lindau (B.)
Lindenbg. im Allgäu
Scheidegg
Weiler-Simmerberg
Heimenkirch
Großholzleute
Maierhöfen
Stiefenhofen
Weitnau
Oberstaufen
Immenstadt
Blaichach
Sonthofen
Iller
Bodensee
Arbon
Rorschach
Bregenz
Lauterach
Wolfurt
Rheineck
Heiden
Speicher
St. Margrethen
Lustenau
Dornbirn
Widnau
Altstätten
Gais
Eichberg
Oberriet
Hohenems
Götzis
Rhein
Krumbach
Egg
Bregenzerwald
Mellau
Schnepfau
Au
Schoppernau
Damüls
Furkajoch
Bad Laterns
Rankweil
Feldkirch
Satteins
Walgau
Eschen
Schaan
Nenzing
Thüringen
Gr. Walsertal
Bludenz
LIECHTENSTEIN
Vaduz
Sevelen
Triesen
Malbun
Balzers
Brand
Vandans
Lünersee
Tschagguns
Schruns
St. Anton i.M.
Innerbraz
Dalaas
Silbertal
Rätikon
Montafon
SCHWEIZ
Schiers
Bad Ragaz
Landquart
Igis
Gargellen
St. Gallenkirch
Gaschurn
Partenen
Verwallgruppe
Zeinisjochhaus
Galtür
Ischgl
Kappl
Paznauntal
Trisanna
Samnaun
Konstanzer H.
Arlbergpass (1793)
Arlberg-Tunnel
St. Anton
Pettneu
Flexenpass (1773)
Zürs
Lech
Lechtaler
Warth
Steeg
Holzgau
Bach
Hochtannbergpass (1679)
Baad
Mittelberg
Riezlern
Kl. Walsertal
Einödsbach
Allgäuer Alpen
Hinterhornbach
Häselgehr
Oberstdorf
Obermaiselstein
Fischen
Riedbergpass (1420)
Sibratsgfäll
Balderschwang
Ofterschwang
Bad Hindelang
Oberjoch
0
10
20 km

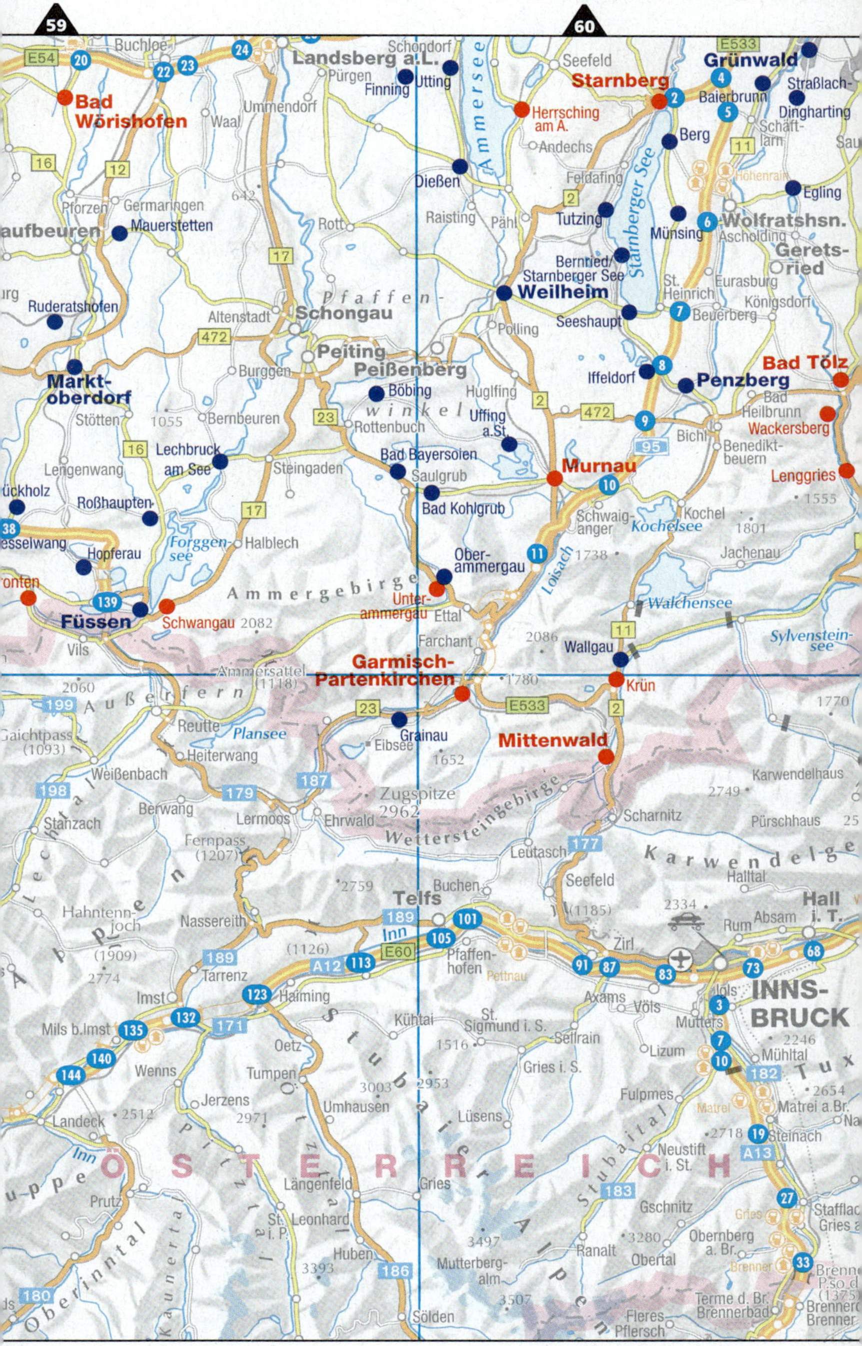

59
60
Buchloe
Landsberg a.L.
Schondorf
Pürgen
Finning
Utting
Ammersee
Seefeld
Starnberg
Grünwald
Baierbrunn
Straßlach-
Dingharting
Schäftlarn
Bad Wörishofen
Ummendorf
Waal
Herrsching am A.
Andechs
Berg
Dießen
Feldafing
Hohenrain
Egling
Pforzen
Germaringen
Kaufbeuren
Mauerstetten
642
Rott
Raisting
Pähl
Tutzing
Starnberger See
Münsing
Wolfratshsn.
Ascholding
Gerets-ried
Bernried/ Starnberger See
St. Heinrich
Eurasburg
Königsdorf
Ruderatshofen
Pfaffen-winkel
Altenstadt
Schongau
Weilheim
Polling
Seeshaupt
Beuerberg
Peiting
Peißenberg
Burggen
Böbing
Huglfing
Iffeldorf
Penzberg
Bad Tölz
Markt-oberdorf
Stötten
1055
Bernbeuren
Rottenbuch
Uffing a.St.
Bad Heilbrunn
Wackersberg
Bichl
Benedikt-beuern
Lechbruck am See
Lengenwang
Steingaden
Bad Bayersoien
Saulgrub
Murnau
Lenggries
Rückholz
Roßhaupten
Bad Kohlgrub
1555
Schwaig-anger
Kochel
Kochelsee
1801
Nesselwang
Forggen-see
Halblech
Hopferau
Ober-ammergau
Loisach
1738
Jachenau
Pfronten
Ammergebirge
Unter-ammergau
Ettal
Walchensee
Füssen
Schwangau
2082
Farchant
2086
Wallgau
Sylvenstein-see
Vils
Ammersattel (1118)
Garmisch-Partenkirchen
1780
Krün
2060
Außerfern
Reutte
Plansee
1770
Gaichtpass (1093)
Heiterwang
Grainau
Eibsee
1652
Mittenwald
Weißenbach
Karwendelhaus
Lechtal
Berwang
Zugspitze 2962
2749
Stanzach
Lermoos
Ehrwald
Wettersteingebirge
Scharnitz
Pürschhaus
Fernpass (1207)
Leutasch
Karwendelgebirge
Halltal
Seefeld
2759
Buchen
(1185)
Hahntenn-joch (1909)
Nassereith
Telfs
2334
Hall i.T.
Absam
Rum
Allgäuer Alpen
Inn
(1126)
Pfaffen-hofen
Pettnau
Zirl
2774
Tarrenz
Imst
Haiming
Axams
Völs
INNS-BRUCK
Mutters
Kühtai
St. Sigmund i. S.
Sellrain
Mils b.Imst
Oetz
1516
Lizum
2246
Mühltal
Wenns
Tumpen
Gries i. S.
Tux
3003
2953
Fulpmes
2654
Jerzens
Umhausen
Matrei
Matrei a.Br.
Landeck
2512
2971
Lüsens
2718
Steinach
Stubaital
Neustift i. St.
Stubaier Alpen
Pitztal
Ötztal
ÖSTERREICH
Samnaungruppe
Prutz
Längenfeld
Gries
Gschnitz
Stafflach
Gries a.
St. Leonhard i. P.
3280
Obernberg a. Br.
Oberinntal
Kaunertal
Huben
3497
Ranalt
Obertal
Brenner
Brenner P.so d. (1375)
3393
Mutterberg-alm
3507
Terme d. Br.
Brennerbad
Sölden
Fleres
Pflersch
Brennero
E54
E533
E60
A12
A13

Grünwald
Taufkirchen
Oberpframmern
Grafing
Pfaffing
Baierbrunn
Höhenkirchen-Siegertsbrunn
Oberhaching
Straßlach-Dingharting
Brunnthal
Glonn
Aying
Schäftlarn
Sauerlach
Großhelfendorf
Hohenthann
Aßling
Rott a.I.
Griesstätt
Amerang
Obing
Seebruck
Höhenrain
Egling
Valley
Feldkirchen-Westerham
Tuntenhausen
Vogtareuth
Halfing
Bad Endorf
Otterfing
Wolfratshsn.
Holzkirchen
Beyharting
Bruckmühl
Prutting
Gstadt
Chiemsee
Ascholding
Westerndf. St. Peter
Simssee
Rimsting
Prien a.Ch.
Geretsried
Bad Aibling
Eurasburg
Dietramszell
Groß-hartpenning
Götting
Kolbermoor
Stephanskirchen
Rosenheim
Pang
Irschenberg
Königsdorf
Sachsenkam
Miesbach
Au
Rohrdorf
Bernau a.Ch.
Raubling
Frasdorf
Aschau
Grassau
Bad Tölz
Waakirchen
Gmund a.T.
Hundham
Bad Feilnbach
Samerberg
Hausham
Neubeuern
Bad Heilbrunn
Schliersee
Brannenburg
Nußdorf
Wackersberg
Fischbachau
Schleching
Bad Wiessee
Tegernsee
Flintsbach
Achen
Sachrang
Lenggries
Rottach-Egern
Bayrischzell
Reit im Winkl
Niederaudorf
Niederndf.
Walchsee
Kreuth
Mangfallgebirge
Oberaudorf
Kössen
Jachenau
Wildbad Kreuth
Ursprungpass (849)
Kiefersfelden
Schwendt
Inntal
Griesener Alm
Achenpass (941)
Thiersee
Kufstein
Sylvenstein-see
Kaisergebirge
Achenkirch
Steinberg
Mariastein
St. Johann
Angath
Kirchbichl
Ellmau
Brandenberg
Rofangebirge
Inn
Wörgl
Brixen i. Th.
Kirchberg
Kitzbühel
Pertisau
Großer Ahornboden
Karwendelhaus
Maurach
Hopfgarten
Eng
Rattenberg
Brixlegg
Auffach
Westendorf
Pürschhaus
Jenbach
Alpbach
Strass
Kelchsau
Aschau
Jochberg
Karwendelgebirge
Fügen
Gamskogel-H.
Vomp
Schwaz
Hall i. T.
Weer
Pill
Erlahütte
Pass Thurn (1274)
Absam
Ried im Zillertal
Kitzbüheler Alpen
Bramberg a. W.
Mittersill
Volders
Wattens
Zillertal
Neukchn. a. Gr.
Wald i.P.
Gerlospass (1507)
Hollersbach i. P.
Hochfügen
Zell am Ziller
Gerlos
Krimml
Hippach
Walchen
Tuxer Alpen
Mühltal
Vorderlanersbach
Mayrhofen
Persal
Matrei a.Br.
Navis
Lanersbach
Steinach
Hintertux
Speicher Zillergründl
Schmirn
Dornauberg
Venediger-gruppe
Stafflach
Gries a.Br.
Zillertaler Alpen
Prägraten a.Gr.
Schlegeis-speicher
San Pietro St. Peter
Hinterbichl
Brennerpass P.so del Brennero (1375)
L. di Neves Neves-Stausee
ITALIA
Brennero Brenner
S. Giacomo St. Jakob
Costa Molini Mühleck
Riva d.T. Rain i.T.
Luttach

0 10 20 km

61
62

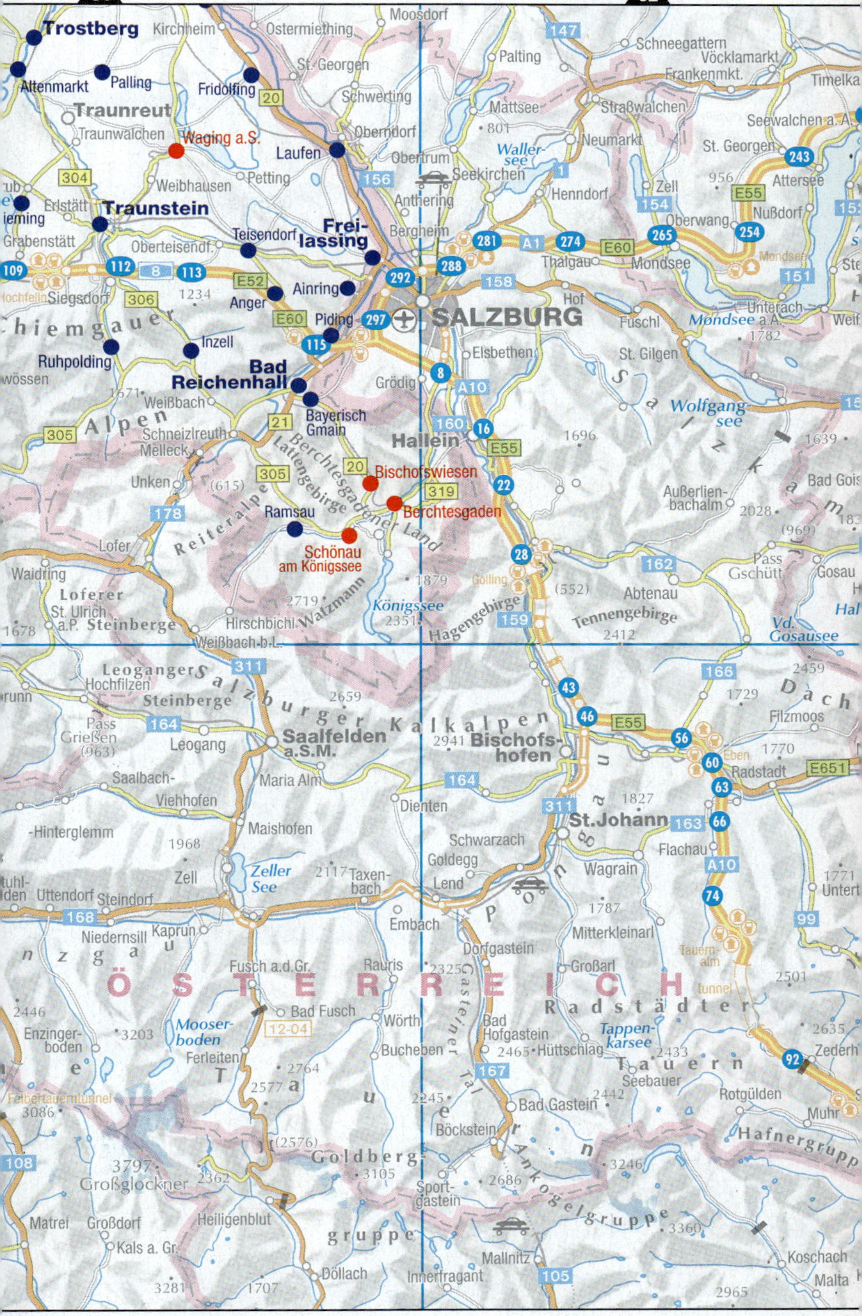
Trostberg
Kirchheim
Ostermiething
Moosdorf
Palting
Schneegattern
Vöcklamarkt
Frankenmkt.
Timelkam
Altenmarkt
Palling
Fridolfing
St. Georgen
Schwerting
Mattsee
Straßwalchen
Traunreut
Traunwalchen
Waging a.S.
Oberndorf
Laufen
Obertrum
Waller-see
Neumarkt
Seewalchen a.A.
St. Georgen
Weibhausen
Petting
Seekirchen
Henndorf
Zell
Attersee
Erlstätt
Traunstein
Anthering
Oberwang
Nußdorf
Grabenstätt
Teisendorf
Frei-lassing
Bergheim
Oberteisendf.
Thalgau
Mondsee
Siegsdorf
Ainring
Hof
Anger
Piding
SALZBURG
Fuschl
Mondsee a.A.
Unterach
Chiemgauer
Inzell
Elsbethen
St. Gilgen
Ruhpolding
Bad Reichenhall
Grödig
Wolfgang-see
Weißbach
Bayerisch Gmain
Alpen
Schneizlreuth
Melleck
Hallein
Salzkammergut
Berchtesgadener Land
Lattengebirge
Bischofswiesen
Unken
Berchtesgaden
Außerlien-bachalm
Bad Goisern
Ramsau
Reiteralpe
Schönau am Königssee
Lofer
Golling
Pass Gschütt
Gosau
Waidring
Loferer Steinberge
St. Ulrich a.P.
Watzmann
Königssee
Hagengebirge
Abtenau
Tennengebirge
Hirschbichl
Weißbach b.L.
Vd. Gosausee
Leoganger Steinberge
Hochfilzen
Salzburger Kalkalpen
Dachstein
Filzmoos
Pass Grießen
Leogang
Saalfelden a.S.M.
Bischofs-hofen
Eben
Radstadt
Saalbach-Hinterglemm
Viehhofen
Maria Alm
Dienten
St. Johann
Maishofen
Schwarzach
Flachau
Goldegg
Zeller See
Zell
Taxen-bach
Lend
Wagrain
Untertauern
Uttendorf
Steindorf
Embach
Mitterkleinarl
Niedernsill
Kaprun
Dorfgastein
Pinzgau
Pongau
Fusch a.d.Gr.
Rauris
Großarl
Tauernalm
ÖSTERREICH
Radstädter Tauern
Bad Fusch
Wörth
Bad Hofgastein
Hüttschlag
Tappen-karsee
Enzinger-boden
Mooser-boden
Bucheben
Gasteiner Tal
Zederhaus
Ferleiten
Seebauer
Felbertauerntunnel
Bad Gastein
Rotgülden
Muhr
Böckstein
Hafnergruppe
Glocknergruppe
Goldberg-gruppe
Ankogelgruppe
Großglockner
Sport-gastein
Heiligenblut
Matrei
Großdorf
Kals a. Gr.
Döllach
Mallnitz
Innerfragant
Koschach
Malta

Liebe Leserin, lieber Leser,

ich freue mich, Ihnen die 66. Ausgabe des **Varta-Führers** vorstellen zu dürfen. Die Auswahl der besten Hotels und Restaurants in Deutschland wurde wie in jedem Jahr von unserem Expert:innen-Team sorgfältig zusammengestellt. Sie prüfen auf ihren Recherchereisen die Qualität und Leistung der bereits empfohlenen und der neu hinzu kommenden Betriebe.

Es scheint so, als hätten wir in Deutschland die schwierigsten Phasen der Corona-Pandemie hinter uns. Aber die Hoffnung auf eine rasche Erholung in der Branche ist noch gedämpft. Denn die Herausforderungen für Hotellerie und Gastronomie lassen nicht nach: Zur andauernden Pandemie kommen der massive Fachkräftemangel, die derzeitig hohe Inflation und die Energiekrise.

Ungeachtet dessen schauen einige Hotelgesellschaften schon wieder positiv in die Zukunft und setzen weiter voll auf Wachstum, in dem sie mit neuen Häusern kräftig expandieren. Und auch die Spitzengastronomie in Deutschland hat sich als mutig, innovativ und krisenfest erwiesen. Weit über 500 Restaurants haben unsere Expert:innen in der aktuellen Buchausgabe mit dem begehrten Varta-Tipp für ihre hervorragende Küchenleistung ausgezeichnet, womit die unverändert hohe Qualität in der Branche nochmals untermauert wird.

Darüber hinaus finden Sie im **Varta-Führer** über 4.500 Hotels und Restaurants in allen Preiskategorien, darunter über 170 Neuzugänge und über 100 Betriebe im Low-Budget-Segment. Unsere Besten (alle Betriebe mit der Auszeichnung „Varta-Tipp") finden Sie übersichtlich aufgelistet auf den Seiten 76 bis 91.

Ihre Meinung interessiert uns! Auf der inneren hinteren Umschlagseite finden Sie verschiedene Kontaktmöglichkeiten. Auf die obligatorische Antwort-Postkarte haben wir in diesem Jahr bewusst verzichtet. Ein kleiner ökologischer Beitrag, um wichtige Ressourcen einzusparen. Teilen Sie uns gerne Ihre Wünsche, Ihre Kritik oder Ihre Hotel- und Restaurantempfehlungen mit! Ihre Mitarbeit ist für die Planung unserer Besuche und für die ständige Verbesserung des **Varta-Führers** von großer Bedeutung.

Gerne möchte ich Sie abschließend noch auf unseren diesjährigen Foto-Wettbewerb hinweisen, bei dem Sie u.a. eine Reise nach Düsseldorf gewinnen können. Alle Informationen dazu erhalten Sie auf den Seiten 92/93.

Ich danke Ihnen für Ihre Treue und wünsche Ihnen entspannte Aufenthalte und unvergessliche kulinarische Genüsse in den besten Hotels und Restaurants im Land! Lassen Sie sich im **Varta-Führer 2023** von der Vielfalt unseres Angebots inspirieren!

Herzlichst
Ihr

Holger Pirsch, Redaktionsleiter

Hinweise zur Benutzung

Alle empfohlenen Hotels, Restaurants, Gaststätten, Bars und Cafés werden in der Reihenfolge der Orte dargestellt.
Innerhalb der Orte finden Sie zuerst Hotels, dann Restaurants und anschließend weitere Empfehlungen, jeweils sortiert nach Varta-Diamanten und unserer Auszeichnung **„Varta-Tipp“.**

Auf den folgenden Seiten finden Sie eine Erläuterung der Einträge und Symbole.

Seitenzahl, auf der Sie den Ort im Kartenteil finden zzgl. Buchstabe, der das **Planfeld** innerhalb der Karte bezeichnet.

In unserer **digitalen Ausgabe für das iPad** können Sie die Internet-Adresse direkt im Browser öffnen.

BERLIN 26 B visitberlin.de

Berlin | EW 3.431.675 | 34 m | Potsdam 37 km, Frankfurt/Oder 90 km

Brandenburger Tor, Holocaust Mahnmal, Siegessäule, Akademie der Künste am Pariser P… …ter den Li… …al Frie… …taatsoper, Gendar-m… …otheenstäd… …Oranien… … Museumsinsel (… …ulturerbe) … …galerie … …um, Fernsehturm, Potsdamer Platz, Reichstag, Kurfürstendamm, Jüdisches Museum, Klosterruine Chorin, Schloss Charlottenburg, Checkpoint Charlie.
Einen Cityplan finden Sie auf Seite 214–219.

Anzahl der Einwohner

Höhe über dem Meeresspiegel

Entfernungen zu relevanten Orten

Erläuterungen zu den Einträgen von Hotels, Restaurants, Gaststätten, Bars und Cafés finden Sie auf den folgenden Seiten. ››

Pfeile am Ende einer Seite, signalisieren die Fortsetzung des Eintrags auf der folgenden Seite.

Der Varta-Führer digital

Der Varta-Führer ist auch als eBook erhältlich. Ganz einfach online laden und mobil auf Ihrem Smartphone oder Tablet nutzen.

Weitere Hotel- und Restaurantempfehlungen sowie zahlreiche Freizeittipps erhalten Sie unter: www.varta-guide.de

- Hotel
- Restaurant
- Bar
- Weinstube
- Brauereigaststätte
- Café oder Konditorei

	Varta-Bewertung Hotels	Varta-Bewertung Restaurants
5 Diamanten	Dieses Haus ist in jeder Hinsicht erstklassig und richtungsweisend für die Hotellerie.	Luxuriöses Flair, erstklassiger Service und außergewöhnliche Küchenleistung.
4 Diamanten	Hervorragend geführtes Hotel mit eleganter Ausstattung, in dem Sie sich rundum wohl fühlen.	Qualitativ anspruchsvolle und kreative Gerichte, erlesene Weinauswahl, aufwendige Restaurantausstattung.
3 Diamanten	Hier erwarten Sie ein großzügiger Komfort und ein äußerst aufmerksamer Hotelservice.	Stilvolle Tischkultur, hochwertiges Ambiente sowie hervorragendes Speise- und Getränkeangebot.
2 Diamanten	Empfehlenswertes Haus mit sehr guter Hotelleistung und wohnlichen Gästezimmern.	Sehr gute Küche, freundlicher Service, gepflegter Rahmen.
1 Diamant	Hotel oder Pension mit freundlicher Atmosphäre und ansprechender Gestaltung.	Überdurchschnittlich gutes Angebot, angenehme Atmosphäre.

€ Gut & Günstig Diese Auszeichnung erhalten Hotels und Restaurants mit guter Ausstattung und ausgewogenem Preis-Leistungs-Verhältnis. Meistens liegt der Einzelzimmerpreis unter 70 € und der Doppelzimmerpreis unter 100 €. Im Restaurant kosten die meisten Hauptgerichte weniger als 15 €.

Öffnungszeiten Hotels

24 h
Die Rezeption ist rund um die Uhr besetzt.

Öffnungszeiten Restaurants

- mittags geöffnet
- abends geöffnet
- Ruhetage, Ferienzeiten

Diese Angaben wurden uns von den Betrieben mitgeteilt. Kurzfristige Änderungen sind möglich. Es empfiehlt sich, Küchen- und Restaurantöffnungszeiten telefonisch zu erfragen. Öffnungszeiten an Feiertagen (z. B. Weihnachten, Fasching/Karneval, Ostern, Pfingsten) sind direkt im Hotel bzw. Restaurant zu erfragen.

BEDBURG 29 C

www.bedburg.de

EW 24.879 | 65 m | Jülich 25 km, Köln 30 km

www.guthohenholz.de

Außergewöhnliche Hotels und Restaurants, die sich über ihre Varta-Bewertung hinaus auszeichnen. Eine Liste aller Betriebe mit dieser Auszeichnung sowie eine Erläuterung finden Sie auf den nächsten Seiten.

VARTA-TIPP Küche

- mit dem Nachhaltigkeitszertifikat GreenSign ausgezeichnet
- Deutsche Hotelklassifizierung
- Nichtraucherzimmer vorhanden
- Wireless LAN
- Lift
- Parkplätze
- Garage oder Parkhaus
- ruhige Zimmer vorhanden
- garni: In diesem Betrieb wird nur Frühstück serviert.
- Konferenz- oder Gesellschaftsräume
- Restaurant vorhanden
- Hallenbad
- Freibad
- Sauna
- Fitnessraum mit mindestens 5 Geräten
- Golfplatz in der Nähe
- Kegelbahn und/oder Bowlingbahn
- Tennisplatz
- Haustiere erlaubt
- Barrierefrei
- Elektro-Ladestation

Danielshof

Hauptstr. 3, PLZ 50181 (OT: Kaster), T 02272 9800, F 980200

39 Zimmer | 1 Suite | Ez 69–98 €, Dz 111–122 €, exkl. Frühstück, 4,00 €

- separater Raum für Raucher vorhanden
- Parkplätze
- Terrasse, Gartenlokal oder Biergarten
- Gästezimmer vorhanden
- Kreditkarten werden nur teilweise oder gar nicht akzeptiert.
- Haustiere erlaubt
- Barrierefrei
- Elektro-Ladestation

Hotelpreise

Preis für Einzel- und Doppelzimmer

Frühstückspreis pro Person (In der Regel ist das Frühstück im Zimmerpreis enthalten, ansonsten erfolgt ein separater Hinweis.)

Bitte beachten Sie, dass alle genannten Preise nur Annäherungswerte sind. Insbesondere Zimmerpreise richten sich vor allem in Großstädten nach Angebot und Nachfrage. Bei Messen oder Großveranstaltungen können die Preise deutlich über den Angaben im Varta-Führer liegen. Bei Betrieben ohne Angabe von Preisen lagen uns leider keine Angaben vor.

Restaurantpreise

Preisspanne für Hauptgerichte und Menüs

Bösehof

80 | Hauptgericht 15–24 €, Menü 28–54 €

Anspruchsvolle saisonale Gerichte, empfehlensw… schöne Sommerterrasse mit Blick über den See.

Varta-Tipps – Unsere Besten

Auf den folgenden Seiten finden Sie, nach Orten alphabetisch sortiert, alle Hotels und Restaurants, die von uns mit einem „Varta-Tipp“ für ihre außergewöhnliche Leistung ausgezeichnet wurden. Hier spiegeln sich unsere Recherche-Ergebnisse wider. Hotels und Restaurants, die erstmals mit dem „Varta-Tipp“ empfohlen werden, haben wir für Sie mit dem Wort „Neu“ gekennzeichnet.
Detaillierte Informationen zu den einzelnen Betrieben geben wir Ihnen im Datenteil auf den jeweils angegebenen Seiten.

Ausgezeichnete Hotels 2023

VARTA★TIPP Service

Der Service dieser Häuser überzeugt über das normale Maß an Zuwendung und Dienstleistung in erstklassiger Weise.

VARTA-TIPP Service

Freundliche, professionelle und vorbildliche Gästebetreuung in allen Hotelbereichen.

Ausgezeichnete Hotels 2023

Pfronten: Das Burghotel Falkenstein 882
Pfronten: Schlossanger-Alp 883
Piesport: schanz.hotel 884
Radebeul: Villa Sorgenfrei 897
Rotenburg (Wümme): Landhaus Wachtelhof 928
Rothenburg ob der Tauber: Hotel herrnschlösschen 928
Rothenburg ob der Tauber: Markusturm 929
Rottach-Egern: Parkhotel Egerner Höfe 932
Rügen (Insel): Roewers Privathotel — The Spa Concept 943
Saarlouis: La Maison 952
Schalkenmehren: MICHELS Wellness- & Wohlfühlhotel 962
Schermbeck: Landhotel Voshövel 966
Schirgiswalde-Kirschau: Bei Schumann 968
Schmallenberg: Waldhaus Ohlenbach 974
Schönau a.Königssee: Alpenhotel Zechmeisterlehen 977
Schwangau: Das Rübezahl 990
Schwetzingen: Villa Benz 995
Soden-Salmünster, Bad: Spezerei & Hotel Fiori 1004
Sonnenbühl: Hirsch 1006
St. Peter-Ording: Landhaus an de Dün 1015
Stolpe an der Peene: Gutshaus Stolpe 1022
Sylt (Insel): Budersand Hotel 1042
Sylt (Insel): Hotel Village 1043
Sylt (Insel): Severin's Resort & Spa 1045
Sylt (Insel): Benen-Diken-Hof 1046
Sylt (Insel): Söl'ring Hof 1047
Sylt (Insel): Watthof 1048
Sylt (Insel): Landhaus Stricker 1049
Sylt (Insel): Stadt Hamburg 1051
Sylt (Insel): I Love Sylt Hotel Terminus **Neu!** 1051
Sylt (Insel): Villa Monika 1052
Trier: Becker's Hotel 1073
Tübingen: Hotel La Casa 1077
Villingen-Schwenningen: Rindenmühle 1102
Wackersberg: Benediktenhof 1110
Waging a.See: Landhaus Tanner **Neu!** 1111
Waldbronn: Schwitzer's am Park 1113
Waldenburg: Villa Blum 1115
Wangels: Weissenhaus 1119
Wartmannsroth: Neumühle Resort & Spa 1125
Weikersheim: Laurentius 1129
Wiesbaden: Nassauer Hof 1149
Wiessee, Bad: Landhaus Marinella 1155
Winterberg: Berghotel Astenkrone 1162
Wolnzach: Haimerlhof 1171
Würzburg: Rebstock 1177

VARTA★TIPP Ambiente

In seiner Architektur oder Innenausstattung außergewöhnliches Hotel mit exklusiver Wohlfühlatmosphäre und individuellem Flair.

Baden-Baden: Brenners Park-Hotel & Spa 137
Berchtesgaden: Kempinski 165
Bergisch Gladbach: Schloss Bensberg 167
Berlin: Adlon Kempinski 170
Berlin: Hotel de Rome 171
Berlin: Regent 171
Dresden: Bülow Palais 318
Hamburg: Fairmont Hotel Vier Jahreszeiten 487
Hohen Demzin: Schlosshotel Burg Schlitz 558
Krün: Schloss Elmau 651
Laasphe, Bad: Jagdhof Glashütte 660
München: Mandarin Oriental 753
Radolfzell am Bodensee: Art Villa am See 899

Rügen (Insel): Kurhaus Binz 938

Trier: Villa Hügel 1074

VARTA-TIPP Ambiente

Bemerkenswertes Hotel, das sich durch ein besonders ansprechendes Ambiente auszeichnet.

Amorbach: Der Schafhof 115

Andernach: PURS 116

Andernach: Monte Mare 117

Arnstadt: Stadthaus Arnstadt 121

Aschau: Residenz Heinz Winkler 123

Augsburg: Maison Viktoria 132

Aurich: Hochzeitshaus 135

Aying: Brauereigasthof Aying 135

Baden-Baden: Belle Epoque 139

Baden-Baden: Der Kleine Prinz 139

Bautzen: Moments 158

Bayreuth: Urban Art Hotel Liebesbier **Neu!** 159

Bayrischzell: DEVA Hotel Alpenhof 160

Bendestorf: Meinsbur Boutiquehotel 163

Berching: Post Berching 164

Berleburg, Bad: Alte Schule 169

Berleburg, Bad: Altes Museum 169

Berlin: The Ritz-Carlton 178

Berlin: Schloss Hotel Berlin by Patrick Hellmann 180

Berlin: Hotel am Steinplatz 183

Berlin: Louisa's Place 184

Berlin: Orania.Berlin 186

Berlin: Wilmina **Neu!** 188

Berlin: Provocateur 191

Berlin: The Dude by Charly 191

Birnbach, Bad: Hofgut Hafnerleiten 218

Birnbach, Bad: Sonnengut 218

Bodenmais: Mooshof 226

Boppard: Park Hotel 237

Braunlage: The Hearts Hotel 240

Briesen (Mark): Gut Klostermühle 256

Celle: Fürstenhof Celle 272

Cloppenburg: sevenoaks 278

Crimmitschau: Villa Vier Jahreszeiten 281

Detmold: Detmolder Hof 295

Dinkelsbühl: Meiser Altstadt Hotel **Neu!** 302

Dresden: Suitess 321

Düsseldorf: The Fritz 337

Erkrath: Wahnenmühle 367

Essen: Schlosshotel Hugenpoet 370

Flintsbach a.Inn: Dannerwirt 390

Frankfurt am Main: Sofitel Frankfurt Opera 400

Frankfurt am Main: AMERON Boutique Hotel Neckarvillen 400

Frankfurt am Main: Gekko House 402

Fürstenfeldbruck: Fürstenfelder 432

Füssing, Bad: Parkhotel 436

Garmisch-Partenkirchen: Werdenfelserei 441

Gießen: Heyligenstaedt 451

Görlitz: Emmerich Hotel 459

Groß-Umstadt: Farmerhaus-Lodge 473

Hagnau am Bodensee: Villa am See 482

Hamburg: The George 499

Hamm (Westfalen): Gut Kump 512

Heidelberg: Europäischer Hof 530

Heitersheim: Landhotel Krone 540

Herleshausen: Hotel Hohenhaus 542

Herrsching a. Ammersee: Romantik Boutique Hotel Chalet am Kiental 546

Hornbach: Kloster Hornbach 565

Kalkhorst: Schlossgut Gross Schwansee 588

Karlsruhe: Maison-Suisse 593

Kassel: Renthof 596

Kehl: Grieshaber's Rebstock 600

Kirchzarten: Schlegelhof 612

Wuppertal: Park Villa 1175
Wuppertal: Postboutique Hotel 1175
Zusmarshausen: Alte Posthalterei 1186

Ausgezeichnete Restaurants 2023

VARTA★TIPP Küche

Exzellente Küchenleistung, kreative Zubereitung, professionelle Präsentation.

Aschau: Residenz Heinz Winkler 123
Augsburg: August 132
Baiersbronn: Bareiss 147
Baiersbronn: Schwarzwaldstube 148
Baiersbronn: Schlossberg 150
Bergisch Gladbach: Vendôme 167
Berlin: Lorenz Adlon Esszimmer **Neu!** 171
Berlin: Facil 181
Berlin: Rutz 194
Berlin: Horváth 194
Berlin: Restaurant Tim Raue 194
Berlin: CODA **Neu!** 195
Bonn: Halbedel's Gasthaus 235
Cuxhaven: Sterneck 282
Deidesheim: Schwarzer Hahn 290
Deidesheim: L.A. Jordan 291
Doberan, Bad: Gourmet Restaurant Friedrich Franz 304
Dorsten: Rosin 307
Dorsten: Goldener Anker 308
Dreis: Restaurant Sonnora 315
Düsseldorf: 1876 Daniel Dal-Ben 339
Ehningen: Landhaus Feckl 348
Frankenberg (Eder): Philipp Soldan 395
Frankfurt am Main: Lafleur **Neu!** 404
Frankfurt am Main: Carmelo Greco 404
Frankfurt am Main: Gustav 404
Glücksburg: Meierei Dirk Luther 455
Grassau: ES:SENZ 467
Hamburg: Haerlin 487
Hamburg: bianc 500
Hamburg: The Table Kevin Fehling 500
Hamburg: 100/200 **Neu!** 500
Hannover: Jante 520
Herleshausen: La Vallée Verte **Neu!** 543
Köln: Le Moissonnier 630
Köln: Maître im Landhaus Kuckuck 630
Köln: Ox & Klee 631
Konstanz: Ophelia 641
Krün: Luce d'Oro 652
Leipzig: Falco 680
Leipzig: Stadtpfeiffer 683
Mannheim: Opus V **Neu!** 721
München: Atelier **Neu!** 753
München: EssZimmer 766
München: Tantris Restaurant 767
München: Tohru in der Schreiberei **Neu!** 767
München: Werneckhof Sigi Schelling 770
Naurath (Wald): RÜSSELs Landhaus 790
Neuenahr-Ahrweiler, Bad: Steinheuers Restaurant 795
Neunburg vorm Wald: Obendorfers Eisvogel 805
Nürnberg: Essigbrätlein 835
Nürnberg: Restaurant etz **Neu!** 835
Paderborn: Balthasar 872
Perl: Victor's Fine Dining by Christian Bau 878
Peterstal-Griesbach, Bad: Le Pavillon 879
Piesport: schanz.restaurant 884
Rostock: Der Butt 926
Rottach-Egern: Gourmetrestaurant Dichter 932
Rottach-Egern: Restaurant Überfahrt 933
Rötz: Gregor's 935
Rust: Ammolite 946

VARTA-TIPP Küche

Hier werden die Speisen in ausgezeichneter Qualität und Optik zubereitet.

VARTA★TIPP Service

Besonders aufmerksamer und fachlich hervorragender Service.

VARTA-TIPP Service

Gepflegter, freundlicher Service mit spürbar herzlicher Gastlichkeit.

Foto-Wettbewerb mit Gewinnspiel

Wir suchen die Lieblingsorte der **Varta-Führer**-Community. Zeigen Sie den Leserinnen und Lesern des **Varta-Führers,** wo Deutschland am schönsten ist!

Seit vielen Jahren präsentiert unsere Online-Redaktion zahlreiche Freizeit-Tipps auf unserer Website, darunter finden sich versteckte Plätze und Orte, blühende Parks, beeindruckende Denkmäler, historische Stätten oder ursprüngliche Naturparadiese.

Was ist Ihr persönlicher Lieblingsort in Deutschland?
Sie möchten mitmachen? Einfach das Foto Ihres Lieblingsorts unter www.varta-guide.de/gewinnspiel/lieblingsort hochladen! Der abgebildete Ort muss in Deutschland liegen, muss öffentlich und kostenfrei zugänglich sein.

Folgen Sie dem QR-Code und laden Sie jetzt Ihr Foto hoch!

Unsere Website ist auch für mobile Endgeräte optimiert. Somit können Sie Ihr Foto auch direkt von unterwegs hochladen.

Eine Auswahl der besten Lieblingsorte der **Varta-Führer**-Community veröffentlichen wir nach Ablauf des Gewinnspiels in unserem Freizeit-Guide auf **www.varta-guide.de.**

Der Gewinn

Städtereise nach Düsseldorf

Gewinnen Sie mit dem **Varta-Führer** eine Städtereise für 2 Personen in die bekannte Mode- und Kunststadt Düsseldorf. Der Preis umfasst zwei Übernachtungen im Doppelzimmer mit Frühstück im stylischen Boutiquehotel THE FRITZ, ein Abendessen im Restaurant Pink Pepper sowie ein Gutschein für die An- und Abreise mit der Deutschen Bahn in Höhe von 100 €.

Außerdem gibt es 10 **Varta-Führer** 2024 zu gewinnen.

Verlost werden die Preise unter allen Einsender:innen, die sich bis zum 31.12.2023 an der Aktion beteiligt haben.

Die Gewinner:innen werden per E-Mail von uns benachrichtigt. Der Rechtsweg und eine Barauszahlung sind ausgeschlossen. Hier finden Sie die Teilnahmebedingungen: www.varta-guide.de/teilnahmebedingungen-gewinnspiele

Der Varta-Führer

VARTA

1632 Orte
2665 Hotels
1778 Restaurants
10 Bars
11 Weinstuben
12 Brauereigaststätten
24 Cafés oder Konditoreien

36 Betriebe mit ◆◆◆◆◆
230 Betriebe mit ◆◆◆◆◇
1066 Betriebe mit ◆◆◆◇◇
2103 Betriebe mit ◆◆◇◇◇
893 Betriebe mit ◆◇◇◇◇

42 Hotels mit Auszeichnung VARTA★TIPP Service
15 Hotels mit Auszeichnung VARTA★TIPP Ambiente
120 Hotels mit Auszeichnung VARTA-TIPP Service
135 Hotels mit Auszeichnung VARTA-TIPP Ambiente

76 Restaurants mit Auszeichnung VARTA★TIPP Küche
17 Restaurants mit Auszeichnung VARTA★TIPP Service
458 Restaurants mit Auszeichnung VARTA-TIPP Küche
200 Restaurants mit Auszeichnung VARTA-TIPP Service

AACHEN 39 A www.aachen.de

Nordrhein-Westfalen | EW 241.683 | 173 m | Köln 70 km, Brüssel 145 km
Aachener Dom mit Domschatzkammer (UNESCO-Weltkulturerbe), Hist. Rathaus mit Krönungssaal und Karlsfresken, Drehturm Belvedere, Kornelimünster, Spielbank Aachen, Elisenbrunnen.

Parkhotel Quellenhof www.parkhotel-quellenhof.de

Monheimsallee 52 (C2), PLZ 52062, **T 0241 91320,** F 9132100
181 Zimmer | 2 Suiten | Ez 129–269 €, Dz 149–319 € | 24 h

Das klassisch-elegante Grandhotel mit seiner neoklassizistischen Fassade bietet exklusive, traditionelle Zimmer und Suiten sowie einen 900 qm großen SPA-Bereich, der im asiatischen ZEN-Stil gestaltet ist. Zum Haus gehören weiterhin eine großzügige Lobby mit einladendem Entree, eine Teehalle, ein Hotelrestaurant sowie zwei große Ballsäle.

Innside by Meliá www.innside.com

★★★★

Sandkaulstraße 20 (C2), PLZ 52062, **T 0241 510370,** F 51037999
158 Zimmer | 24 h

Stylishes Designhotel im Herzen der Stadt. Die Gästezimmer sind puristisch eingerichtet und bieten neben modernen Kommunikationsmitteln auch King-Size- und Doppelbetten mit erstklassigem Schlafkomfort. Elegante Bar im obersten Stockwerk mit Dachterrasse und atemberaubendem Ausblick auf die Stadt.

Art Hotel Superior www.art-hotel-superior.de

★★★★ S

Am Branderhof 101 (↘ C5), PLZ 52066, **T 0241 60970,** F 60972550
60 Zimmer | 5 Suiten | 24 h

Eine sehr sympathische Businessadresse mit individuell und gemütlich eingerichteten Gästezimmern - alle mit kostenfreiem WLAN. Für Entspannung sorgt ein gepflegter SPA-Bereich. Das hauseigene Restaurant „Il Mercato“ bietet eine abwechslungsreiche mediterrane und regionale Küche.

La Bécasse www.labecasse.de

VARTA-TIPP Küche

Hanbrucher Straße 1 (↙ A4), PLZ 52064, **T 0241 74444**
45 | Hauptgericht 26–35 €, Menü 95–125 € | Di-Sa Mo, So

Ein absolutes Aushängeschild für Spitzengastronomie! Seit 15 Jahren von uns mit einem „Varta-Tipp Küche“ ausgezeichnet, heißt es hier nach wie vor hohe Kontinuität und Passion. Die marktfrische Küche von Andreas Schaffrath ist innovativ und präsentiert sich mit einem herzhaften mediterranen Touch. Das Menü (3 bis 6 Gänge) kann sich der Gast selbst zusammenstellen. Dazu eine international ausgerichtete Weinkarte mit Schwerpunkt Frankreich. Tipp: wechselndes Mittagsmenü zum kleinen Preis.

St. Benedikt www.stbenedikt.de

VARTA-TIPP Küche **VARTA-TIPP** Service

Benediktusplatz 12, PLZ 52076 (OT: Kornelimünster), **T 02408 2888**
24 | Hauptgericht 44–52 €, Menü 107–172 € | Di-Sa Do-Sa Mo, So »

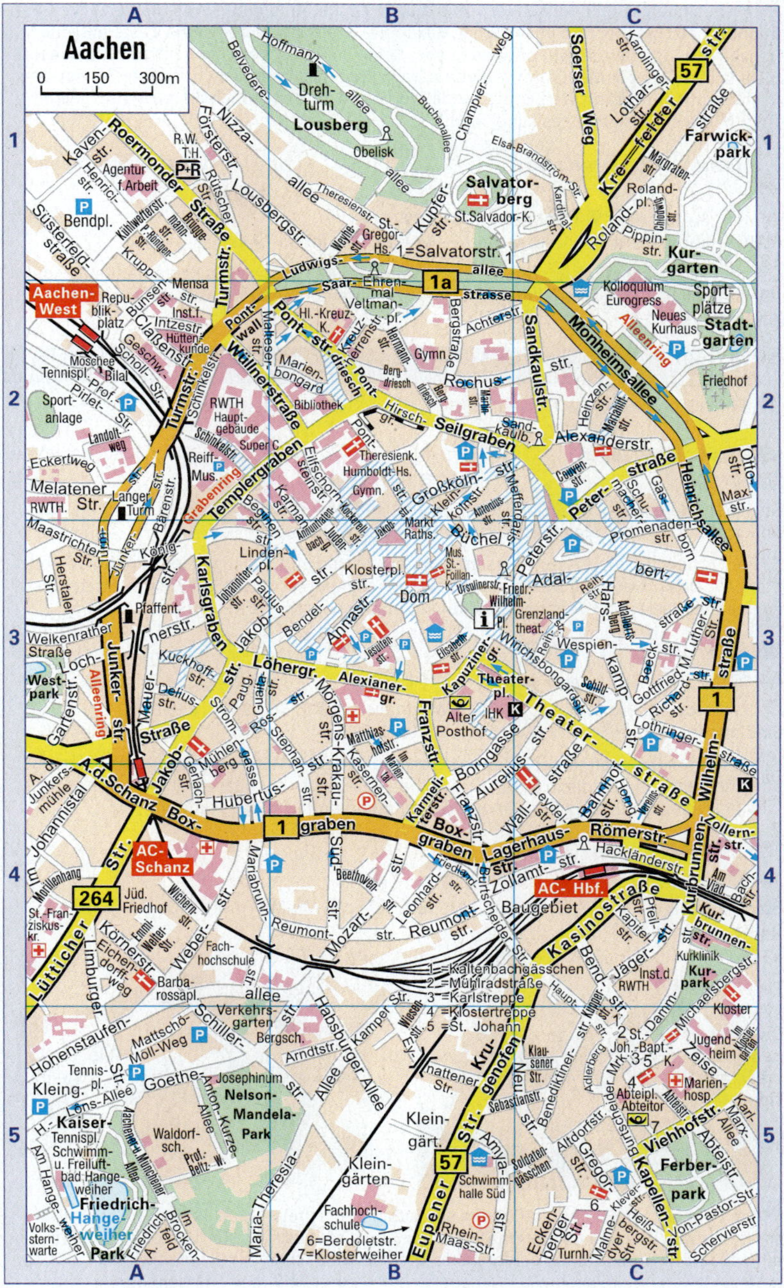
Aachen
0 150 300m
A
B
C
1
2
3
4
5
Lousberg
Dreh-turm
Obelisk
Salvator-berg
St.Salvador-K.
1=Salvatorstr.
Aachen-West
Roermonder Straße
Turmstr.
Ludwigsallee
Saarstrasse
Kreuzfelder Str.
Soerser Weg
Farwick-park
Kurgarten
Kolloquium Eurogress
Neues Kurhaus
Sport-plätze
Stadt-garten
Alleenring
Monheimsallee
Heinrichsallee
Sandkaulstr.
Seilgraben
Alexanderstr.
Peterstraße
Templergraben
Grabenring
Wüllnerstraße
Pontstr.
RWTH Hauptgebäude
Super C
Bibliothek
Melatener Str.
Karlsgraben
Löhergr.
Markt Raths.
Dom
Klosterpl.
Großkölnstr.
Theaterstraße
Theater-pl.
Alter Posthof
IHK
Grenzland-theat.
Wilhelmstraße
West-park
Junkerstr.
Jakobstraße
Boxgraben
AC-Schanz
Römerstr.
Lagerhausstr.
AC- Hbf.
Kasinostraße
Zollamtstr.
Baugebiet
Reumontstr.
Fach-hochschule
Lütticher Str.
Jüd. Friedhof
Hohenstaufenallee
Goetheallee
Josephinum
Nelson-Mandela-Park
Habsburger Allee
Kaiser-Tennispl.
Friedrich-Hangeweiher Park
Volks-sternwarte
Kleingärten
Fachhochschule
Eupener Str.
Krugenofen
Schwimmhalle Süd
Viehhofstr.
Ferberpark
Kurpark
Kurbrunnenstr.
Marienhosp.
Abteitor
Jugendheim
1=Kaltenbachgässchen
2=Mühlradstraße
3=Karlstreppe
4=Klostertreppe
5=St. Johann
6=Berdoletstr.
7=Klosterweiher
1a
57
264

Hinter denkmalgeschützten Mauern überzeugen Küche, Ambiente sowie die herzliche Gastfreundschaft. Inhaber und Küchenchef Maximilian Kreus begeistert seine Gäste mit einer französisch inspirierten, weltoffenen Küche. Seine kulinarischen Gaumenfreuden können Sie à la carte oder in Menüform genießen. Dazu kredenzt Ihnen der charmante Service um Restaurantleiterin Karin Weißer passende Weine von ausschließlich deutschen Winzern. Tipp: Mittags preisgünstiges Lunchmenü.

NOIMA by Reuters House — www.cusina-culinaria.de

Pontstraße 117 (B2), PLZ 52062, **T 0241 1897666**
60 | Hauptgericht 15–30 €, Menü 39–44 € | Mo, Mi-So Di

Einst Sitz von Paul Julius Reuters Telegrafenbüro, heute ein schickes Restaurant mit exquisitem Ambiente. Hier serviert man griechisch-mediterrane Spezialitäten mit saisonalen Frischeprodukten.

AALEN 59 A — www.aalen-tourismus.de

Baden-Württemberg | EW 66.813 | 430 m | Ulm 64 km, Stuttgart 70 km

Das Goldene Lamm — www.das-goldene-lamm.de

Kocherstraße 8, PLZ 73432 (OT: Unterkochen), **T 07361 98680,** F 986898
50 Zimmer | 7 Suiten | Ez ab 73 €, Dz ab 107 €, inkl. Frühstück

Ein gewachsenes Urlaubs- und Geschäftshotel - zentral und günstig gelegen nahe der Autobahn A7. Das privat geführte Haus bietet wohnliche und technisch gut ausgestattete Gästezimmer. Im Restaurant wird deutsche und internationale Küche aufgetischt.

Adler — www.adler-aalen.de

Deutschordenstraße 8, PLZ 73432 (OT: Waldhausen), **T 07367 9500,** F 950400
38 Zimmer | Ez 70–95 €, Dz 80–130 €, 10,00 €

Gut geführtes Geschäftshotel in ruhiger Ortsrandlage. Wohnlich mit hellen Naturholzmöbeln eingerichtete Zimmer, die in unterschiedlichen Kategorien buchbar sind. Ansprechender kleiner Freizeitbereich mit Schwimmbad, Dampfbad und Landhaussauna.

s'Michele

80 | Hauptgericht 11–32 €, Menü 39–98 € | So Mo-Mi, Fr-Sa Do 21.–24.11.22, 2.–8.1.23

In den behaglichen Restauranträumen serviert man frische schmackhafte Gerichte mit schwäbischen Wurzeln und internationalen Einflüssen. Lust auf „Rinderfilet mit Pfefferrahmsoße und Bratkartoffeln“ oder lieber „Kalbsmaultaschen mit Schmorzwiebeln und Kartoffelsalat“? Tipp: Preisgünstiger Mittagstisch! Regelmäßig finden Themenabende statt.

Wilder Mann
www.wildermann-aalen.de

Karlstraße 2-4, PLZ 73433 (OT: Wasseralfingen), **T 07361 71366,** F 971709
27 Zimmer | 3 Apartments | Ez 70–95 €, Dz 80–110 €, 9,00 €

Wirklich gut übernachten kann man in dem zentrumsnah gelegenen Hotel. Es bietet freundlich gestaltete Zimmer und Apartments mit zeitgemäßem Komfort. Einige Wohneinheiten sind mit einer Terrasse oder einem Balkon ausgestattet.

Wilder Mann

90 | Hauptgericht 12–28 €, Menü 33–60 € | So Mi-So Mo, Di

Lust auf „Schwäbischen Rostbraten mit Maultäschle und hausgemachten Spätzle" oder „Seeteufelscheibchen mit Garnele und Calamaretti auf Basmatireis an Thai-Curry-Sud"? Und danach eine leckere Mousse au Chocolat? Schmackhafte regional-internationale Gerichte wie diese bekommen Sie in modern-ländlicher Atmosphäre serviert - und zur warmen Jahreszeit auch im herrlichen Sommergarten.

Läuterhäusle
www.laeuterhaeusle.de

Waldhäuser Straße 109, PLZ 73432 (OT: Unterkochen), **T 07361 98890**
120 | Hauptgericht 12–29 €, Menü 28–45 € | So Fr Mo, Di, Mi, Do, Sa

In dem freundlich geführten Restaurant mit schönem Gartenlokal beglückt die Küchencrew ihre Gäste mit einer verfeinerten regionalen Küche. Tipp: Schwäbisches Probiermenü. Für Übernachtungsgäste stehen 12 Zimmer zur Verfügung.

Landgasthof Lamm
www.lamm-ebnat.de

Unterkochener Straße 16, PLZ 73432 (OT: Ebnat), **T 07367 2412**
70 | Hauptgericht 12–32 €, Menü 30–45 € | Mo, Do-So Di, Mi

Gemütliche Restaurantstuben mit behaglicher Atmosphäre, freundlichem Service und schönem Biergarten. Serviert wird eine zeitgemäße bürgerliche Küche mit mediterranen Akzenten. Für Übernachtungsgäste stehen gepflegte Zimmer zur Verfügung. Auch Kochkurse bietet man an.

ABBACH, BAD 61 A
www.bad-abbach.de

Bayern | EW 11.101 | 371 m | Regensburg 10 km, Kelheim 16 km

Schwögler
www.schwoegler.de

Stinkelbrunnstraße 18, PLZ 93077, **T 09405 962300**
100 | Hauptgericht 14–26 €, Menü 39–67 € | So Mi-Sa Mo, Di

Ein charmanter Landgasthof mit wohltuend modernem Ambiente. Hier können Sie sowohl regionale Spezialitäten als auch mediterran und asiatisch inspirierte Gerichte genießen. Dazu reicht man eine sehr gute Weinkarte, die so manche Rarität bereithält. Bei schönem Wetter kann man auch auf der Terrasse speisen.

ABENBERG 53 C
www.abenberg.de

Bayern | EW 5.445 | 414 m | Spalt 6 km, Nürnberg 40 km

Burg Abenberg
www.hotel-burg-abenberg.com

Burgstraße 16, PLZ 91183, **T 09178 982990,** F 9829910
22 Zimmer | 2 Suiten | Ez 72–108 €, Dz 128 €, inkl. Frühstück

Geschichtsträchtige Burg aus dem 11. Jhd. mit stilvollen Nichtraucherzimmern im Schottenturm sowie im nahegelegenen Gästehaus. Gute Tagungsmöglichkeiten.

Burg Abenberg

50 | Hauptgericht 16–35 €, Menü 44–75 € | Di-Sa Mo, So

Hell und freundlich gestaltetes Restaurant mit stilvoller, moderner Atmosphäre. Auf den Tisch kommen kreative internationale und regionale Gerichte.

ABSTATT 51 D
www.abstatt.de

Baden-Württemberg | EW 4.531 | 241 m | Heilbronn 11 km, Stuttgart 35 km

Das Wildeck
www.das-wildeck.de

Heilbronner Straße 16, PLZ 74232, **T 07062 9780,** F 978178
34 Zimmer | 2 Suiten | Ez 79–99 €, Dz 134–165 €, inkl. Frühstück

Hübsches Designhotel am Fuß der Löwensteiner Berge. Die Zimmer (einige mit Südbalkon) sind modern und komfortabel eingerichtet. Hier trifft puristisches Design auf klare Formen. Im Restaurant mit Terrasse erwartet Sie eine schmackhafte Küche, zubereitet aus besten Produkten der Region.

ACHERN 57 A
www.achern.de

Baden-Württemberg | EW 26.835 | 145 m | Offenburg 20 km, Baden-Baden 25 km

Schwarzwälder Hof
www.hotel-sha.de

Kirchstraße 38, PLZ 77855, **T 07841 69680,** F 29526
20 Zimmer | Ez 59–88 €, Dz 89–125 €, inkl. Frühstück

Gut geführtes, kinderfreundliches Urlaubshotel mit schönem Kräuter-Blumengarten. Geschmackvoll eingerichtete Gästezimmer mit moderner Ausstattung, teils mit Balkon. Sehr gutes Frühstück.

Chez Georges

50 | Hauptgericht 9–28 €, Menü 18–47 € | Di-Sa Mo, So

Elegant und stilvoll eingerichtetes Hotelrestaurant mit angenehmem Ambiente und herzlichem Service. Die Speisekarte bietet regionale Spezialitäten aus heimischen Produkten. Spezialität: Fisch und Meeresfrüchte. Gutes Weinsortiment, idyllischer Garten.

Sonne Eintracht
www.hotel-sonne-eintracht.com

★★★★

Hauptstraße 112, PLZ 77855, **T 07841 6450,** F 645645
65 Zimmer | Ez 66–96 €, Dz 105–129 €, inkl. Frühstück | 24 h

Behaglich eingerichtetes Tagungshotel in verkehrsgünstiger Lage mit schönem Panorama-Frühstücksraum. Gepflegte Gästezimmer mit stilvollem Ambiente. Im Restaurant wird traditionell, saisonal und mediterran gekocht.

Kininger's Hirsch
www.kiningers-hirsch.de

Oberacherner Straße 26, PLZ 77855 (OT: Oberachern), **T 07841 21579**
65 | Hauptgericht 21–33 €, Menü 30–40 € | Mi-So ⃠ Mo, Di ⃠ 20.2.–9.3.23

Kleiner Familienbetrieb am Fuße des Schwarzwaldes in herrlich ruhiger Lage inmitten von Obstgärten und Weinreben. Hier erwartet Sie eine marktfrische Küche unter Verwendung saisonaler Zutaten. Übernachten kann man auch. Die 5 Gästezimmer sind individuell und rustikal eingerichtet.

ACHIM 22 B
www.achim.de

Niedersachsen | EW 29.991 | 15 m | Verden 18 km, Bremen 21 km

Bootshaus
www.hotel-bootshaus.de

★★★★

Uesener Weserstr. 17, PLZ 28832 (OT: Uesen), **T 04202 51980,** F 519851
43 Zimmer | 2 Suiten | 1 Apartment | Ez 84–94 €, Dz 104–114 €, inkl. Frühstück

Exponierte Lage am alten Jachthafen im Stadtteil Uesen. Von den Zimmern, den Terrassen oder dem Restaurant hat man einen reizvollen Blick in die Wesermarsch. Der Weser-Radweg führt direkt am Haus vorbei.

Gieschen's Hotel
www.gieschens-hotel.de

★★★ S

Obernstraße 12, PLZ 28832, **T 04202 88480,** F 8848100
50 Zimmer | Ez 69–79 €, Dz 98–108 €, inkl. Frühstück

Hist. Stadthotel in zentraler Lage. Das Haus verfügt über gepflegte, solide eingerichtete Zimmer - fragen Sie nach den neuen Premiumzimmern! Im Restaurant wird eine klassische deutsche und internationale Küche serviert.

ADELSDORF 53 A
www.adelsdorf.de

Bayern | EW 7.744 | 264 m | Höchstadt 8 km, Nürnberg 41 km

Landhotel 3 Kronen
www.3kronen.de

garni

Hauptstraße 8, PLZ 91325, **T 09195 9200,** F 920480
36 Zimmer | Ez 70–100 €, Dz 80–150 €, inkl. Frühstück

Ein freundlich geführtes Landhotel mit 300-jähriger Familientradition. Die Gästezimmer sind geschmackvoll im modernen Landhausstil eingerichtet und tragen eine individuelle Handschrift. Das Restaurant verfügt über mehrere gemütliche Stuben, eine Hofterrasse und einen schönen Biergarten.

ADELSHOFEN 52 D
www.adelshofen.de

Bayern | EW 924 | 429 m | Rothenburg ob der Tauber 9 km, Bad Mergentheim 37 km

Landhaus zum Falken
www.landhaus-zum-falken.de

Tauberzell 41, PLZ 91587 (OT: Tauberzell), **T 09865 941940**
60 | Hauptgericht 9–24 €, Menü 15–35 € | Mi-So ⦸ Mo, Di ⦸ 6.–16.11.22, 29.1.–1.3.23, 12.–22.11.23

In diesem traditionellen Gasthaus werden überwiegend regionale Gerichte aufgetischt. Die Scheune mit ihrem urig-rustikalen Charme steht für Veranstaltungen zur Verfügung. Man verfügt auch über liebevoll eingerichtete Zimmer. Eigene Imkerei.

ADELSRIED 59 D
www.adelsried.de

Bayern | EW 2.270 | 485 m | Augsburg 17 km, Dillingen/Donau 29 km

Parkhotel Schmid
www.parkhotel-schmid.de

garni

Augsburger Straße 28, PLZ 86477, **T 08294 2910,** F 291291
94 Zimmer | Ez ab 69 €, Dz ab 119 €, inkl. Frühstück

Gewachsenes Business- und Freizeithotel mit sehr guter Autobahnanbindung an die A8. Komfortable Zimmer unterschiedlicher Kategorien mit persönlicher Note. Modern ausgestattete Veranstaltungsräume. In der karibischen Pool- und Saunalandschaft kann man zwischen Palmen und Felsen entspannen.

ADENAU 39 D
www.hocheifel-nuerburgring.de

Rheinland-Pfalz | EW 3.073 | 330 m | Cochem 46 km, Bonn 54 km

Landhaus Sonnenhof
www.sonnenhof-nuerburgring.de

garni

Sonnenberg 10 (Zufahrt über Hirzensteinstraße), PLZ 53518, **T 02691 92270,** F 8664
38 Zimmer | 6 Suiten

Familiär geführtes Haus in ruhiger Aussichtslage mit Blick auf die Hohe Acht. Behaglich-rustikal sowie stilvoll eingerichtete Gästezimmer, zum großen Teil mit Balkon oder Terrasse. Im gemütlichen Restaurant werden Spezialitäten aus der Region serviert.

ADENDORF 15 D
www.adendorf.de

Niedersachsen | EW 10.104 | 28 m | Lüneburg 5 km, Hamburg 53 km

Castanea Resort Hotel
www.castanea-resort.de

★★★★S

Scharnebecker Weg 25, PLZ 21365, **T 04131 22330**, F 22332233
164 Zimmer | 9 Suiten | 7 Apartments | 24 h

Hotel am Rande eines Golfplatzes mit großzügigem Empfangsbereich und Galerie. Moderne Zimmer unterschiedlicher Kategorien. SPA, Health & Wellness im 1.500 qm großen „Castanea SPA“. Zwei Restaurants mit regionaler und internationaler Küche.

AERZEN 22 D
www.aerzen.de

Niedersachsen | EW 10.617 | 99 m | Hameln 10 km, Barntrup 13 km

Schlosshotel Münchhausen
www.schlosshotel-muenchhausen.com

VARTA★TIPP Service

★★★★★S

Schwöbber 9, PLZ 31855, **T 05154 70600**, F 7060130
68 Zimmer | 8 Suiten | 1 Apartment | Ez ab 235 €, Dz ab 275 €, 29,00 € | 24 h

Ein imposanter Renaissancebau aus dem 16. Jhd. mit gediegen-eleganter Atmosphäre und einem wunderschönen Schlosspark. Hier sorgt man sich fantastisch motiviert und mit hoher Professionalität um das Wohl der Gäste. Die Zimmer und Suiten sind nobel mit antikem Mobiliar und vielen liebevollen Accessoires ausgestattet. Dazu der moderne SPA mit Pool- und Saunabereich sowie die hübsche Schlossbar mit Wintergartenambiente. Golffreunde finden direkt um das Schloss zwei Golfplätze sowie eine Driving Range.

Gourmet-Restaurant

VARTA-TIPP Küche VARTA-TIPP Service

20 | Menü 130–190 € | Di-Sa Mo, So

Nicht alltäglich - von der tollen Location (stilvoll ausgestattetes Restaurant mit Renaissance-Atmosphäre) bis zur exzellenten Küche von Achim Schwekendiek. Seine „Haute cuisine à la française“ ist mediterran beeinflusst, zeigt Kreativität und große Sorgfalt im Umgang mit den Produkten. Durchdacht und angenehm reduziert bringt er klare, reine Aromen fantastisch zur Geltung - zu erleben in einem wechselnden Menü (5 bis 8 Gänge). Im reichhaltigen Weinkeller lagern exzellente Weine, darunter einige Spitzengewächse. Last but not least: geschulter, niveauvoller Service.

1570 – Petit Gourmet

VARTA-TIPP Küche

18 | Hauptgericht 18 € | Di-Sa Mo, So

Hier muss keine Schwellenangst aufkommen! Eine wandlange Lederbank und kleine Tische sorgen für eine fröhlich-lockere Atmosphäre. Im Zweitrestaurant können Sie Gerichte (auch vegetarisch) in Zwischengang-Größe aus dem großen Gourmetmenü probieren. Kleiner Raum, kleine Portionen, kleiner Preis: Jeder Gang kostet 17,50 Euro.

Schlosskeller Restaurant

72 | Hauptgericht 26–45 €, Menü 50–69 € | Mo-So

»

Im stimmungsvollen Ambiente des liebevoll dekorierten Gewölbekellers werden Sie mit bodenständigen Klassikern aus deutschen Landen und der Welt verwöhnt. Wie wäre es z.B. mit „Zweierlei vom Weidehuhn | Rote Bete | Bulgur | Rotweinjus“? Im Sommer wird auch auf der Terrasse am Schlossweiher serviert.

AHORN 43 D www.ahorn.de

Bayern | EW 4.552 | 369 m | Coburg 5 km, Lichtenfels 22 km

Schloss Hohenstein www.schlosshotel-hohenstein.de

Hohenstein 1, PLZ 96482 (OT: Hohenstein), **T 09565 5429560,** F 5429561
15 Zimmer | 3 Suiten | Ez 75–105 €, Dz 111–141 €, inkl. Frühstück

Das liebevoll restaurierte Schlossanwesen, umgeben von einem romantischen Park mit eigener Kapelle, stammt aus dem 13. Jhd. und beheimatet heute ein kleines, individuelles Hotel mit stilvoll eingerichteten Gästezimmern. Für Events stehen diverse Veranstaltungsräume zur Verfügung.

Schlossrestaurant Hohenstein

VARTA-TIPP Küche

35 | Hauptgericht 26–41 €, Menü 59–71 € | So Mi-So Mo, Di

Dieses geschichtsträchtige Haus nebst atemberaubendem Spiegelsaal und gediegenem Gartensalon ist ein wirklich schöner Ort, um die produktorientierte klassische Küche von Andreas Rehberger zu genießen. Bei seinen kreativen, regional inspirierten Gerichten steht die nachhaltige Verbundenheit mit der Natur und ihren Erzeugnissen stets im Vordergrund. Auch ein Blick in die individuell zusammengestellte Weinkarte lohnt sich.

AHORNTAL 53 B www.ahorntal.de

Bayern | EW 2.200 | 400 m | Glashütten/Oberfranken 6 km, Bayreuth 20 km

Burg Rabenstein www.burg-rabenstein.de

Rabenstein 33, PLZ 95491, **T 09202 9700440,** F 970044520
22 Zimmer | 3 Suiten | Ez ab 117 €, Dz ab 158 €, inkl. Frühstück

Hoch über dem Ailsbachtal thront die geschichtsträchtige Burg. Sie wohnen in geräumigen Zimmern und Suiten mit warmer, eleganter Ausstattung. Die großzügige Außenanlage beherbergt eine Tropfsteinhöhle, eine Falknerei und einen Biergarten.

AHRENSBURG 15 B www.ahrensburg.de

Schleswig-Holstein | EW 31.945 | 46 m | Hamburg 21 km, Lübeck 38 km

Am Schloss www.hotel-am-schloss.de

★★★ S

Am Alten Markt 17, PLZ 22926, **T 04102 8055,** F 1801
77 Zimmer | 2 Suiten | 2 Apartments | Ez ab 75 €, Dz ab 85 €, 15,50 € | 24 h

Eine freundliche und gepflegte Adresse ist dieses familiengeführte Haus gegenüber der Schlosskirche. Die Zimmer und Suiten sind zeitgemäß und gemütlich ausgestattet. Innovative Regionalküche bietet das moderne Restaurant „Söbentein“.

AHRENSHOOP, OSTSEEBAD 10 D www.ostseebad-ahrenshoop.de

Mecklenburg-Vorpommern | EW 721 | 3 m | Ribnitz-Damgarten 16 km, Rostock 46 km

The Grand www.the-grand.de

Schifferberg 24, PLZ 18347 (OT: Ahrenshoop), **T 038220 6780,** F 678459
81 Zimmer | 20 Suiten | 1 Apartment | Ez 125–255 €, Dz 145–369 €, inkl. Frühstück | ⏲ 24 h

Direkt am Strand befindet sich diese exklusive Adresse. Das Hotel bietet hochwertig eingerichtete Zimmer und Suiten mit Balkon oder Terrasse. Umfangreiches Wellnessangebot auf 3.000 qm, u.a. Pool mit Gegenstromanlage, mehrere Saunen und Massageservice. Regionale und internationale Küche erwartet den Gast im Restaurant „Weitblick".

Namenlos & Fischerwiege www.hotel-namenlos.de

★★★★ S

Dorfstr. 44, PLZ 18347, **T 038220 6060,** F 606301
55 Zimmer | 33 Suiten | 5 Apartments

Idyllische Lage im Grünen inmitten der Sanddünen. Das Hotel besteht aus vier romantischen Häusern mit strohgedeckten Dächern und zeitgemäßem Interieur. Hier erwarten den Gast wohnlich eingerichtete Landhauszimmer unterschiedlicher Kategorien.

Namenlos & Fischerwiege

60 | Mo-So

In dem sympathischen Restaurant mit schöner Seeterrasse wird überwiegend regional gekocht. Auf der Speisekarte finden sich u.a. Gerichte vom Borner Weidelamm sowie frische Fisch- und Wildspezialitäten. Unbedingt probieren sollten Sie die Kuchen und Torten aus der hauseigenen Konditorei.

Landhaus Morgensünn www.hoteluntermreetdach.de

Bauernreihe 4b, PLZ 18347 (OT: Niehagen), **T 038220 6410,** F 64126
43 Zimmer | 5 Suiten | 8 Apartments | Ez 90–120 €, Dz 115–175 €, inkl. Frühstück

Direkt am Bodden liegt das 1993 im typischen Reetdachstil erbaute Hotel, zu dem auch die Gästehäuser „Susewind", „Am Kiel" und das Haus Strandgut gehören. Die Zimmer und Apartments sind im eleganten Landhausstil eingerichtet. Die Küche im Restaurant orientiert sich am Wechsel der Jahreszeiten.

Seezeichen www.seezeichen-hotel.de

Dorfstraße 22, PLZ 18347, **T 038220 678300,** F 679767
53 Zimmer | 3 Suiten | 30 Apartments

Schön wohnt man hier in diesem geschmackvoll eingerichteten Hotel in direkter Strandlage. Das Personal freundlich, tipptopp gepflegt die Zimmer, schmackhaft und frisch das Frühstück am Morgen. Es gibt auch einen Wellnessbereich mit drei Saunen und Massageangebot.

AIBLING, BAD 68 B www.bad-aibling.de

Bayern | EW 18.052 | 492 m | Rosenheim 12 km, Miesbach 25 km

Das Lindner
www.das-lindner.com

★★★★

Marienplatz 5, PLZ 83043, **T 08061 90630,** F 906399
56 Zimmer | 12 Suiten | Ez ab 109 €, Dz ab 139 €, Frühstück 18,90 €

Das ehem. Schloss Prantshausen mit seiner über 1400-jährigen Geschichte beherbergt heute individuell eingerichtete Stilzimmer mit romantischem Charme. Besonders attraktiv sind die modernen Businesszimmer im Neubau. Das Restaurant „Street Kitchen" im Innenhof des Hotels bietet eine gefällige Crossover-Küche mit saisonalen Zutaten und metropolitanen Einflüssen.

Schmelmer Hof
www.schmelmer-hof.de

★★★★

Schwimmbadstraße 15, PLZ 83043 (OT: Harthausen), **T 08061 4920,** F 492551
110 Zimmer | 15 Suiten | Ez ab 92 €, Dz ab 120 €, inkl. Frühstück

Familiengeführtes Wellness- und Tagungshotel am Ortsrand mit traditionellem Ambiente. Charmant eingerichtete Zimmer, teils mit Bergblick. Ansprechender Wellnessbereich mit Pool und verschiedenen Saunen. Restaurant mit regionaler Küche.

AICHACH 60 C
www.aichach.de

Bayern | EW 21.700 | 446 m | Schrobenhausen 16 km, Augsburg 26 km

Specht
www.hotel-specht.de

Stadtplatz 43, PLZ 86551, **T 08251 87520,** F 875252
37 Zimmer | 3 Suiten | Ez ab 65 €, Dz ab 95 €, inkl. Frühstück

Familiär geführter, traditionsreicher Gasthof im Stadtzentrum - 1618 erstmals erwähnt. Modern und wohnlich eingerichtete Zimmer. Rustikale Gemütlichkeit und deftige bayerische Küche erwarten Sie in den ländlichen Gaststuben.

AINRING 69 A
www.ainring.de

Bayern | EW 9.918 | 445 m | Freilassing 5 km, Anger 7 km

Rupertihof
www.rupertihof.de

★★★ S

Rupertiweg 17, PLZ 83404, **T 08654 48820,** F 4882116
80 Zimmer | Ez 45–80 €, Dz 79–136 €, inkl. Halbpension | 24 h

Sie möchten eine Auszeit vom Alltag? Dann sind Sie hier richtig! Das familiengeführte Ferienhotel im Berchtesgadener Land hat sich neu herausgeputzt. Nahezu alle Bereiche des Hauses wurden renoviert. Sowohl im Stammhaus als auch im 50 Meter entfernten Gästehaus stehen wohnliche Zimmer zur Verfügung, die mit viel Holz und warmen Farben ausgestattet sind. Für Entspannung sorgt der hauseigene Wellnessbereich. Im behaglichen Restaurant gibt es typisch bayerische Gerichte, aber auch Spezialitäten aus der internationalen Küche.

AITERN 64 A
www.aitern.de

Baden-Württemberg | EW 550 | 630 m | Feldberg 15 km, Lörrach 35 km

Belchenhotel Jägerstüble www.belchenhotel.de

★★★★ garni

Obermulten 3, PLZ 79677 (OT: Belchen), **T 07673 888180,** F 8881864
30 Zimmer | 2 Apartments | Ez ab 110 €, Dz ab 200 €, inkl. Frühstück

Das persönlich geführte Ferienhotel liegt unterhalb des Belchens im Naturschutzpark auf 1.100 m Höhe. Die Gästezimmer zeigen sich geradlinig, individuell und sehr gemütlich. Entspannung verspricht der hauseigene Wellnessbereich. Behagliches Restaurant mit rustikalem Flair und typisch Schwarzwälder Gastlichkeit.

ALBSTADT 58 C www.albstadt-tourismus.de

Baden-Württemberg | EW 45.970 | 731 m | Sigmaringen 24 km, Tübingen 37 km

In der Breite www.hotel-breite.com

★★★ garni

Flanderstraße 97, PLZ 72458 (OT: Ebingen), **T 07431 90070,** F 900777
14 Zimmer | 7 Apartments | Ez 68–85 €, Dz 120–135 €, inkl. Frühstück

Ein sehr gut geführtes Haus in ruhiger Lage am Stadtrand. Hier wohnen Sie in gepflegten Zimmern zu fairen Preisen. Einige der Zimmer haben einen separaten Eingang. In der näheren Umgebung gibt es schöne Wanderwege.

ALDERSBACH 62 A www.aldersbach.de

Bayern | EW 4.302 | 328 m | Vilshofen 10 km, Passau 32 km

Mayerhofer www.mayerhofer.org

€ Gut & Günstig

Ritter-Tuschl-Straße 2, PLZ 94501, **T 08543 96390,** F 963939
30 Zimmer | Ez 62–76 €, Dz 85–115 €, inkl. Frühstück

Gut geführter Traditionsgasthof mit ländlicher Gaststube und schönem Biergarten. Man verfügt sowohl über rustikal als auch modern eingerichtete Zimmer. Kleiner Saunabereich.

das asam www.das-asam.de

Freiherr-von-Aretin-Platz 2, PLZ 94501, **T 08543 6247624**
Hauptgericht 14–28 €, Menü 36–58 € | So Mo, Do-Sa

Hier speisen Sie im altehrwürdigen Ambiente der historischen Klosteranlage. Das Restaurant im 1. Stock mit seiner hohen Decke und den wunderschönen Stuckverzierungen serviert eine abwechslungsreiche Küche mit modern inspirierten Gerichten. Alternativ lädt die Klosterschänke zum Lunch, zu Kaffee und Kuchen oder zur Brotzeit ein. Im Hotel übernachtet man gepflegt und zeitgemäß.

ALDINGEN 57 D www.aldingen.de

Baden-Württemberg | EW 7.600 | 650 m | Spaichingen 5 km, Trossingen 6 km

Hotel Aurelia www.hotel-aurelia.de

★★★★ garni

Hauptstraße 11-13, PLZ 78554, **T 07424 980440,** F 9804444
45 Zimmer | Ez ab 104 €, Dz ab 124 €, 15,00 €

Das Hotel befindet sich mitten im Zentrum. Die wohnlichen Zimmer präsentieren sich als gelungenes Zusammenspiel aus zeitlos elegantem Interieur und moderner Technik. Im Restaurant erwartet Sie ein breites Speisenangebot.

ALF 40 C www.alf-mosel.de

Rheinland-Pfalz | EW 836 | 95 m | Cochem 29 km, Bernkastel-Kues 41 km

Bömers Mosellandhotel www.boemershotel.de

★★★ S garni

Ferdinand-Remy-Straße 27, PLZ 56859, **T 06542 2310,** F 1275
34 Zimmer | 3 Apartments | Ez ab 59 €, Dz ab 89 €, inkl. Frühstück

Das heimelige Wohlfühlhotel wird privat geführt und bietet behagliche Wohlfühlzimmer in unterschiedlichen Kategorien. Dazu ein schöner Hotelgarten nebst lauschiger Sonnenterrasse - exklusiv für Hotelgäste. Das Haus ist nur wenige Gehminuten vom idyllischen Moselufer entfernt.

Burg Arras www.arras.de

Burgweg 1, PLZ 56859, **T 06542 22275,** F 2595
10 Zimmer

Auf einer Bergkuppe mit herrlicher Aussicht auf das Moseltal liegt diese hist. Burganlage. Stilvoll und wohnlich, teils mit edlen Antiquitäten möblierte Zimmer. Zum familiär geführten Haus gehören auch ein behagliches Restaurant mit Burgterrasse und ein Museum. Reichhaltiges Frühstück.

ALFELD (MITTELFRANKEN) 54 C www.alfeld-mfr.de

Bayern | EW 1.086 | 485 m | Amberg 30 km, Nürnberg 45 km

Landgasthof Sörgel Neu! www.landgasthof-soergel.de

Lieritzhofen 25, PLZ 91236, **T 09157 256**
Hauptgericht 14–28 € | Di-Mi, Fr-So Mo, Do

Schmackhafte Küche, herzliche Gastfreundschaft und gemütliche Atmosphäre zeichnen diesen Landgasthof aus. In den lichtdurchfluteten Gasträumen und auf der sonnigen Außenterrasse werden regionale und internationale Gerichte aufgetischt. Natürlich stehen auch Klassiker wie „Fränkischer Sauerbraten mit Kartoffelkloß, Preiselbeeren und buntem Salatteller“ auf der Karte. Das Fleisch bezieht man größtenteils aus der hauseigenen Metzgerei. Für Veranstaltungen steht ein großer Festsaal zur Verfügung und im Gästehaus gegenüber gibt es preiswerte und zweckmäßige Übernachtungsmöglichkeiten.

ALLERSBERG 53 D www.allersberg.de

Bayern | EW 8.500 | 385 m | Ingolstadt 65 km, Regensburg 94 km

Kattenbeck www.hotel-allersberg.de

€ Gut & Günstig garni

Marktplatz 12-14, PLZ 90584, **T 09176 98300,** F 1702
19 Zimmer | 1 Apartment | Ez 60–80 €, Dz 72–105 €, 8,00 €

Persönlich geführtes Haus direkt hinter dem Allersberger Torturm. Komfortable Zimmer mit guter Ausstattung für Geschäftsreisende.

ALLMANNSHOFEN 59 B www.allmannshofen.de

Bayern | EW 819 | 440 m | Augsburg 33 km, Günzburg 51 km

Kloster Holzen

www.kloster-holzen.de

Klosterstraße 1, PLZ 86695 (OT: Holzen), **T 08273 99590,** F 99591504
63 Zimmer | 2 Suiten | Ez 96–104 €, Dz 139–149 €, inkl. Frühstück | ⃠ 24.12.22–8.1.23

Die imposante Klosteranlage befindet sich auf einer Anhöhe in Allmannshofen. Das Hotel bietet seinen Gästen neuzeitlich eingerichtete Zimmer mit klaren Linien und edlen Holzböden. Im Klostergasthof und dem dazugehörigen Biergarten wird Regionales serviert.

ALPIRSBACH 57 C

www.alpirsbach.de

Baden-Württemberg | EW 6.310 | 441 m | Freudenstadt 17 km, Schramberg 20 km

Rössle

www.roessle-alpirsbach.de

Aischbachstraße 5, PLZ 72275, **T 07444 956040**
70 | Hauptgericht 16–29 €, Menü 30–55 € | Fr-So Mo-Di, Fr-So ⃠ Mi, Do ⃠ 17.3.–6.4.23, 27.10.–17.11.23

Ein traditionsreiches Gasthaus mit Schwarzwälder Charme und familiärer Atmosphäre. Serviert wird eine bürgerlich-regionale Küche zu moderaten Preisen. Auf der Karte findet man Gerichte wie „Gebratene Dorade auf Alblinsen und Butternudeln“ oder „Lammrücken auf Ratatouille, gebratene Polenta“. Wirklich nett übernachtet man in einem der behaglich ausgestatteten Gästezimmer.

ALSFELD 42 A

www.alsfeld.de

Hessen | EW 15.993 | 268 m | Fulda 43 km, Gießen 50 km

hôtel villa raab Neu!

www.villa-raab.de

Altenburger Str. 60, PLZ 36304, **T 06631 911470**
40 Zimmer | 2 Suiten

Nicht nur als Eventlocation eine gefragte Adresse, auch Freizeitgäste finden hier hervorragende Bedingungen für eine entspannte Auszeit! Auf dem Gelände einer früheren Pfeifenfabrik ist hier ein weitläufiges Hotelensemble entstanden. Die Zimmer sind liebevoll gestaltet und bieten zeitgemäßen Komfort. Wer es besonders luxuriös mag, bucht eine der zwei Suiten „Ludwig & Marie“ mit freistehenden Badewannen, großen Kuschelsofas und kunstvollen Tapeten an Wänden und Decken. Das Restaurant „tante mathilde“ ist ebenso wie die Suiten in der Jugendstilvilla untergebracht und serviert frische Heimatküche.

Zum Schäferhof

www.hotel-zum-schaeferhof.de

Ziegenhainer Straße 30, PLZ 36304 (OT: Eudorf), **T 06631 96600,** F 966060
20 Zimmer | Ez 69–80 €, Dz 108–120 €, inkl. Frühstück ››

Familiär geführtes Haus in ruhiger, ländlicher Umgebung mit guter Verkehrsanbindung. Modern und individuell eingerichtete Gästezimmer. Kleiner Wellnessbereich mit Sauna und Fitnessraum. Im Restaurant wird regional gekocht.

ALT DUVENSTEDT 7 D www.alt-duvenstedt.de

Schleswig-Holstein | EW 1.877 | 8 m | Rendsburg 7 km, Schleswig 25 km

Töpferhaus www.toepferhaus.com

★★★★

Am See 1, PLZ 24791 (OT: Bistensee), **T 04338 99710,** F 997171
46 Zimmer | 3 Suiten | Ez 99–160 €, Dz 135–185 €, 19,80 € | 24 h

Hier kommt man immer wieder gerne her. Moderne Landhausatmosphäre in idyllischer Seelage, dazu wohnlich und individuell eingerichtete Hotelzimmer im nordischen Stil. Relaxen kann man im hauseigenen SPA-Bereich mit Sauna und Ofuro-Bad.

LammButtRind www.lammbuttrind.com

80 | Hauptgericht 24–38 €, Menü 55–88 € | Mo-So

Das hat Charme: außen der herrliche Bistensee, drinnen lässig-elegante Atmosphäre. Serviert wird eine frische nordische Küche mit mediterranem Akzent, bei der überwiegend regionale Erzeugnisse aus Schleswig-Holstein Verwendung finden. Im Sommer lockt die herrliche Seeterrasse.

ALTDORF B. NÜRNBERG 53 D www.altdorf.de

Bayern | EW 16.550 | 444 m | Neumarkt/Oberpfalz 17 km, Nürnberg 29 km

Alte Nagelschmiede www.alte-nagelschmiede.com

Oberer Markt 13, PLZ 90518, **T 09187 95270,** F 952727
25 Zimmer | 2 Suiten | Ez 67–71 €, Dz 100–110 €, inkl. Frühstück | 24.12.22–7.1.23

Stilvoll-rustikal gestaltetes Hotel im Stadtzentrum mit individuell eingerichteten Gästezimmern in hist. Gemäuern. Das hauseigene Restaurant serviert fränkische Küche und mediterrane Spezialitäten. Schöne Terrasse mit Blick auf den hist. Marktplatz.

Rotes Roß www.rotes-ross-altdorf.de

Oberer Markt 5, PLZ 90518, **T 09187 5272**
100 | Hauptgericht 12–25 € | Mi-So Mo, Di

Das familiengeführte Restaurant im Herzen von Altdorf empfängt Sie in urig-traditionellem Ambiente - es wirkt angenehm unkompliziert und einladend. Die Küche bietet sowohl fränkische als auch gehobene internationale Spezialitäten. Für Feierlichkeiten stehen behagliche Räumlichkeiten zur Verfügung.

Zur schönen Aussicht Neu! hegnenberg-kreuzeder.de

Hegnenberg 9, PLZ 90518 (OT: Hegnenberg), **T 09187 5232**
70 | Hauptgericht 11–34 € | Do-So Mo, Di, Mi

Eine Ausflugsgastronomie wie aus dem Bilderbuch! Der Name ist Programm im rustikal-schick gestylten Gastraum und auf der reizvollen Terrasse unter Bäumen. Herrlich der Blick auf das Nürnberger Land, freundlich der Service und überaus schmackhaft die kreativ-bodenständige Heimatküche. Auf der Speiskarte Schmackhaftes wie „Im Ganzen gegrillte Wachtel | eingelegte Zucchini | Paprikasalsa | Kartoffel | gebundenes Kräutersafterl“. Tipp: sonntags klassische Bratengerichte vom Strohschwein und Bio-Weiderind.

ALTENAHR 39 B www.altenahr-ahr.de

Rheinland-Pfalz | EW 1.871 | 170 m | Adenau 18 km, Bonn 31 km

Gasthaus Assenmacher www.gasthaus-assenmacher.de

VARTA-TIPP Küche

Brückenstraße 12 (B 257), PLZ 53505, **T 02643 1848**
60 | Hauptgericht 19–39 €, Menü 45–106 € | Mi-So ⊘ Mo, Di ⊘ 19.–25.12.22

Im Ortskern, am Fuß der historischen Burgruine Are, begrüßt Sie dieses schmucke Gasthaus - familiär geführt und behaglich eingerichtet. Egal ob im schicken Restaurant, in der gemütlich-rustikalen Gaststube oder auf der herrlichen Sommerterrasse, Küchenchef Christian Storch bietet frische regionale sowie traditionelle Gerichte, die er mit Geschmack und Raffinesse zubereitet. Zum Übernachten hat man wohnliche Gästezimmer und seit 2022 auch moderne Ferienwohnungen.

ALTENBERGE 20 D www.altenberge.de

Nordrhein-Westfalen | EW 10.054 | 79 m | Münster 15 km, Steinfurt 15 km

Penz Am Dom www.penz-am-dom.de

Kirchstraße 13, PLZ 48341, **T 02505 9399530**
58 | Hauptgericht 12–29 €, Menü 29–69 € | Mo-Di, Do-Fr Mo-Di, Do-Sa

Wo es so gemütlich und lebendig zugeht und man so herzlich umsorgt wird wie bei Familie Penz, kommt man gerne auch öfter zum Essen. In einem um 1840 erbauten Wohn- und Wirtschaftshaus vis-à-vis dem Dom befindet sich dieses reizende Restaurant. Der Patron kocht modern und regional mit mediterranen und französischen Akzenten. Mittags Business Lunch.

ALTENMARKT 69 A www.altenmarkt.de

Bayern | EW 4.289 | 499 m | Bad Reichenhall 52 km, München 82 km

Landgasthof Angermühle
www.angermuehle-landgasthof.de

Angermühle 1, PLZ 83352, **T 08621 98470**
50 | Hauptgericht 17–34 €, Menü 40–50 € | Di-Sa Mo, So

In diesem gepflegten oberbayerischen Landgasthof kann man nicht nur in freundlichen Hotelzimmern übernachten, sondern auch richtig gut essen. Das im modernen Landhausstil gehaltene Restaurant bietet eine feine bodenständige Küche mit regionalem und saisonalem Bezug. Lust auf „Saiblingfilet | Kräuterrisotto | Pfifferlinge"? Im Sommer lädt der lauschige Gastgarten zum Verweilen ein. Das Teichhaus mitten im Grünen eignet sich sehr gut für Feierlichkeiten und Events.

ALTENSTADT (ILLER) 59 C
www.altenstadt-iller.de

Bayern | EW 5.013 | 530 m | Illertissen 7 km, Memmingen 23 km

Zum Rössle
www.gasthof-roessle.de

★★★ S garni

Memminger Straße 62, PLZ 89281, **T 08337 7403330,** F 740333309
21 Zimmer | Ez 84–100 €, Dz 110–125 €, inkl. Frühstück

Familiengeführtes Haus in verkehrsgünstiger Lage mit entspannter Atmosphäre. Gepflegte, ansprechend eingerichtete Zimmer mit zeitgemäßer Ausstattung. In den gemütlichen Gaststuben wird schwäbische Küche serviert.

ALTENSTEIG 57 B
www.altensteig.de

Baden-Württemberg | EW 10.185 | 504 m | Nagold 14 km, Freudenstadt 25 km

Rössle Berneck
www.roessle-berneck.de

★★★ S garni

Marktplatz 8, PLZ 72213 (OT: Berneck), **T 07453 932000,** F 9320020
22 Zimmer | 2 Suiten | Ez ab 85 €, Dz ab 105 €

Ob Kurzurlaub oder auf der Durchreise - hier wohnen Sie bei freundlichen Gastgebern in modernen Zimmern und freuen sich am Morgen auf ein frisches Frühstück. Zudem locken die ruhige Lage sowie die attraktiven Hotelarrangements. Gutbürgerliches Restaurant mit saisonaler und regionaler Küche.

ALTÖTTING 61 D
www.altoetting.de

Bayern | EW 12.610 | 403 m | Landshut 61 km, Passau 84 km

Hotel Zur Post www.hotelzurpost-altoetting.de

Kapellplatz 2, PLZ 84503, **T 08671 973370**
93 Zimmer | 8 Suiten | Ez ab 75 €, Dz ab 139 €, inkl. Frühstück

Das denkmalgeschützte, mehr als 700 Jahre alte Traditionshaus am Altöttinger Kapellplatz hat man von 2019 bis 2021 umfangreich saniert. Die geschmackvollen Zimmer sind in unterschiedlichen Kategorien buchbar - vom liebevoll eingerichteten Pilgerzimmer bis hin zur großzügigen Deluxe-Juniorsuite. Frühstücken können Sie im lichtdurchfluteten Gewölberaum oder auf der toskanisch anmutenden Terrasse.

ALVESLOHE 15 A www.alveslohe.eu

Schleswig-Holstein | EW 2.626 | 28 m | Hamburg 32 km, Bad Segeberg 39 km

Gut Kaden www.gutkaden.de

Kadener Str. 9, PLZ 25486, **T 04193 99290**
40 Zimmer | 1 Suite | Ez ab 130 €, Dz ab 160 €, inkl. Frühstück

Ein zeitgemäß ausgestattetes Gästehaus auf dem Gelände des gleichnamigen Golf- und Land-Clubs. Neben wohnlichen Gästezimmern bietet das Hotel auch ein Restaurant, vier Tagungsräume, eine Sauna sowie einen Fitnessraum. Gute Verkehrsanbindung zur Autobahn A7.

ALZENAU 42 C www.alzenau.de

Bayern | EW 19.062 | 126 m | Hanau 12 km, Aschaffenburg 19 km

Krone www.krone-alzenau.de

Hahnenkammstraße 37, PLZ 63755 (OT: Wasserlos), **T 06023 94720,** F 31660
22 Zimmer | Ez 84–104 €, Dz 115–134 €, inkl. Frühstück

Ein gut geführtes Traditionshotel mit pittoresker Architektur und stilvoller Innenausstattung. Stetige Investitionen zeigen sich insbesondere in den wohnlich-eleganten Gästezimmern. Im benachbarten Hotel Krone am Park befinden sich ein kleiner Wohlfühlbereich sowie zwei Kegelbahnen.

Krone

65 | Hauptgericht 13–25 €, Menü 25–35 € | So Mo-Mi, Sa-Sa Do, Fr

Ob im ländlich-gediegenen Restaurant oder auf der schönen Sommerterrasse, man bekommt hier eine saisonale Slow-Food-Küche sowie feine regionale Gerichte von „Lachsforelle aus dem Hafenlohrtal“ bis „Über Nacht gegartes Ochsenbäckchen in kräftiger Spätburgundersoße“. Großer Beliebtheit erfreut sich das Sonntagsbuffet.

ALZEY 50 B www.alzey.de

Rheinland-Pfalz | EW 17.516 | 194 m | Bad Kreuznach 25 km, Worms 27 km

Weinhotel Kaisergarten www.weinhotel-kaisergarten.de

Hospitalstraße 17, PLZ 55232, **T 06731 997600,** F 991722
47 Zimmer | Ez ab 87 €, Dz ab 114 €, inkl. Frühstück | 24 h »

Für Tagungen und Privatgäste gleichermaßen ideal. Das Hotel liegt im Herzen von Alzey, ist schön in modernem Stil eingerichtet, hat eine Tiefgarage und bietet Konferenzmöglichkeiten sowie eine geschmackvolle Gemeinschaftslounge. Die Zimmer sind in drei Kategorien buchbar. Restaurant mit regionaler Küche.

AMBERG 54 C www.tourismus.amberg.de

Bayern | EW 41.592 | 374 m | Nürnberg 64 km, Regensburg 66 km

Drahthammer Schlößl www.drahthammerschloessl.de

★★★★ garni

Drahthammerstraße 30, PLZ 92224, **T 09621 7030,** F 88424
43 Zimmer | 1 Suite | Ez 100–150 €, Dz 125–170 €, inkl. Frühstück

Ehem. Hammerschlosswerk am Stadtrand mit Villencharakter und kleinem Park. Heute logieren Sie in individuell eingerichteten Zimmern. Liebevoll gestalteter Wellnessbereich mit Bio-Sauna, Salzgrotte und Heilkräuteroase.

Drahthammer Schlößl

200 | Hauptgericht 6–30 €, Menü 20–70 € | Fr-So Di-Sa Mo

Ob in der gediegen-rustikalen Jägerstube oder im mediterran gestalteten Wintergarten - überall umgibt Sie ein gemütliches Ambiente. Serviert werden pfiffig kombinierte leichte Gerichte, traditionell oberpfälzische Spezialitäten sowie feine internationale Speisen.

Allee Parkhotel Maximilian www.allee-parkhotel-maximilian.de

★★★★ garni

Pfalzgrafenring 1, PLZ 92224, **T 09621 3300,** F 330330
47 Zimmer | 10 Suiten | Ez 80–100 €, Dz 99–119 €, inkl. Frühstück | 24 h

Das Hotel mit seiner ungewöhnlichen, halbovalen Architektur ist die perfekte Adresse für Businessgäste. Es verfügt über gepflegte, praktisch eingerichtete Zimmer unterschiedlicher Größe sowie einen kleinen Wellnessbereich im Untergeschoss. Die Altstadt ist bequem zu Fuß erreichbar.

Brunner www.hotel-brunner.de

★★★ S garni

Batteriegasse 3, PLZ 92224, **T 09621 4970,** F 497155
39 Zimmer | 2 Suiten | Ez ab 77 €, Dz ab 111 €, inkl. Frühstück | 24 h

Zeitgemäßes Haus in ruhiger Altstadtlage unweit des Bahnhofs mit komfortabel ausgestatteten Zimmern und Suiten. Die individuellen Kunstzimmer wurden vorwiegend von Amberger Künstlern gestaltet. Reichhaltiges Frühstücksbuffet. Fahrrad- und E-Bike-Verleih.

Fronfeste www.hotel-fronfeste.de

€ Gut & Günstig

Fronfestgasse 8, PLZ 92224, **T 09621 179552,** F 63389
24 Zimmer | 3 Suiten | 1 Apartment | Ez ab 68 €, Dz ab 86 €, 13,00 €

Originelles Themenhotel in den Gemäuern eines alten Gefängnisses aus dem Jahre 1700. Aus den einstigen Zellen sind moderne Gästezimmer entstanden. Ruhige Lage im begrünten Stadtgraben und dem anliegenden Englischen Garten.

AMÖNEBURG 41 B www.amoeneburg.de

Hessen | EW 5.458 | 365 m | Stadtallendorf 12 km, Marburg 15 km

Dombäcker
www.dombaecker.de

Markt 18, PLZ 35287, **T 06422 94090**
30 | Hauptgericht 18–28 €, Menü 48 € | Do-Sa Mo, Di, Mi, So

Ausgesprochen einladend ist das hist. Fachwerkhaus von 1725 direkt am Markt. In der heimeligen Gaststube werden überwiegend regionale Gerichte nach klassischem Vorbild serviert. Auf der Karte z.B. „Geschmorte Kalbsbäckchen mit Kartoffel-Selleriestampf und Bohnengemüse" oder „Wiener Kalbsschnitzel mit Champignonrahmsoße und Petersilienkartoffeln". Für Übernachtungsgäste gibt es liebevoll ausgestattete Zimmer.

AMORBACH 51 B
www.amorbach.de

Bayern | EW 3.988 | 165 m | Miltenberg 10 km, Heidelberg 67 km

Der Schafhof
www.schafhof.de

VARTA-TIPP Ambiente

★★★★ garni

Schafhof 1, PLZ 63916, **T 09373 97330,** F 4120
24 Zimmer | 8 Suiten | Ez ab 95 €, Dz ab 110 €, inkl. Frühstück

Dieses exzellent geführte Hotel ist in ein ehem. Klostergut integriert. Elsässische Künstler schufen für die Gäste eine Oase der Besinnlichkeit. Sie logieren in Zimmern mit romantisch-historischem Charme, ohne auf modernen Komfort verzichten zu müssen. Im alten Kelterhaus befinden sich Tagungs- und Veranstaltungsräume. Hauseigenes Trauzimmer.

Abt- und Schäferstube

VARTA-TIPP Küche

62 | Hauptgericht 20–45 €, Menü 62–75 € | Sa-So Mo-So

Hist. Gaststuben mit Natursteinwänden und rustikaler Holzausstattung - kombiniert mit elegantem Interieur und gepflegter Tischkultur. Hier erwartet Sie eine klassisch fundierte Küche mit kreativen Elementen. Top-Produkte sind bei Achim Krutsch eine Selbstverständlichkeit, überaus geschmacksintensiv die daraus zubereiteten Gerichte. Ergänzt wird die gehobene Kulinarik durch das gut sortierte Weinsortiment.

AMRUM (INSEL) 6 A/B
www.amrum.de

Schleswig-Holstein | Sylt (Westerland) 22 km, Kiel 131 km

Nebel: Leuchtturm, Mühle mit Heimatmuseum, Heimatlosenfriedhof, reetgedeckte St.-Clemens-Kirche, Friesenhaus Öömraang Hüs. Norddorf: Amrumer Odde (nördlichste Spitze der Insel), Seevogelschutzgebiet, Wattweg zur Insel Föhr (nur mit Führer möglich). Wittdün: Naturkundliches Informationszentrum Schutzstation Wattenmeer.

NORDDORF

Seeblick
www.seeblicker.de

★★★★ S garni

Strandstraße 13, PLZ 25946, **T 04682 9210,** F 2574
41 Zimmer | 5 Suiten | Ez 90–120 €, Dz 145–235 €, inkl. Frühstück | 24 h

Genuss- und Wellness-Resort mit modernem Lifestyle-Konzept und leidenschaftlichen Gastgebern. Designorientierte Hotelzimmer in unterschiedlichen Stilrichtungen. Gepflegter SPA-Bereich mit Schwimmbad, Sauna und Ruhebereich. Im Restaurant serviert man heimische Küche mit Kräutern aus dem eigenen Garten.

Hüttmann www.sonnenhotels.de

Ual Saarepswai 4, PLZ 25946, **T 04682 9220,** F 922113
54 Zimmer | 9 Suiten | 11 Apartments | Ez ab 74 €, Dz ab 126 €, inkl. Frühstück

Aus mehreren Häusern bestehender Hotelkomplex mit speziell ausgestatteten Allergikerzimmern. Neue deutsche Küche sowie regionale Spezialitäten werden im Hauptrestaurant gereicht, im Café-Bistro „Dat Sünn Huus" leichte Gerichte sowie hausgemachte Kuchen.

Ual Öömrang Wiartshüs www.uoew.de

Bräätlun 4, PLZ 25946, **T 04682 836**
61 | Hauptgericht 14–26 €, Menü 22–45 € | Mo, Mi-So Di

Reetgedecktes Friesenhaus unmittelbar an der Norddorfer Marsch und dem Wattenmeer. Hübsche Gaststuben im ländlichen Stil mit viel Lokalkolorit. Geboten wird eine regionale Küche unter Verwendung einheimischer Produkte. Großer Cafégarten. Sie möchten übernachten? Kein Problem, es stehen geschmackvoll eingerichtete Zimmer zur Verfügung.

AMSTETTEN 58 B www.amstetten.de

Baden-Württemberg | EW 4.020 | 590 m | Geislingen 5 km, Ulm 26 km

Stubersheimer Hof www.stubersheimer-hof.de

Bräunisheimer Str. 1, PLZ 73340 (OT: Stubersheim), **T 07331 4429970**
35 | Hauptgericht 24–31 € | So Mi-So Mo, Di

Im schönen, liebevoll renovierten Bauernhof hat man auch innen ein Stück Historie erhalten - sowohl im gemütlich-stilvollen Restaurant als auch in den sieben Wohlfühlzimmern im Landhausstil. Gekocht wird regional-saisonal - und das zu fairen Preisen.

AMTZELL 66 A www.amtzell.de

Baden-Württemberg | EW 4.257 | 556 m | Wangen 9 km, Ravensburg 17 km

Schattbuch www.schattbuch.de

Schattbucher Str. 10 (im Gewerbegebiet), PLZ 88279 (OT: Geiselharz), **T 07520 953788**
35 | Hauptgericht 26–69 €, Menü 98–118 € | Di-Fr Di-Sa Mo, So

Das Restaurant eignet sich sowohl für den unkonventionellen Business Lunch am Mittag als auch für ein außergewöhnliches Dinner am Abend. In moderner Atmosphäre verwöhnt Sie das junge, versierte Team mit finessenreichen Gerichten aus marktfrischen Produkten.

ANDERNACH 40 C www.andernach-tourismus.de

Rheinland-Pfalz | EW 29.966 | 70 m | Koblenz 17 km, Bonn 46 km

PURS www.purs.com

VARTA-TIPP Ambiente VARTA-TIPP Service

Steinweg 30-32, PLZ 56626, **T 02632 9586750**
11 Zimmer | Ez 250–310 €, Dz 280–340 €, inkl. Frühstück | 24 h

Die Zimmer und Suiten dieses noblen kleinen Boutique-Hotels tragen die Handschrift des Star-Designers Axel Vervoordt. Das Farbspiel der Räume und die hochwertigen Einrichtungselemente untermalen den historisch bedeutungsvollen Charakter der Alten Kanzlei. Im Gewölbekeller finden regelmäßig Weinverkostungen mit renommierten Winzern aus der Umgebung statt. Hauseigene Bibliothek.

PURS

VARTA-TIPP Küche **VARTA-TIPP** Service

40 | Hauptgericht 48–58 €, Menü 195–245 € | Mi-Sa ⃠ Mo, Di, So

Minimalistisch, hochwertig und edel wie das Hotel kommt auch das Gourmetrestaurant daher. Hier steht mit Yannick Noack ein neuer verantwortlicher Chefkoch am Herd, der den hohen kulinarischen Standard halten konnte. Er begeistert mit einer handwerklich perfekten Küche mit herausfordernden, kreativen Speisefolgen. Dabei kommen vorwiegend regionale, stets hochwertige Zutaten zum Einsatz. Der Service ist gut organisiert und geschult, die Weinberatung top.

Hotel am Ochsentor

www.hotel-ochsentor.de

Schafbachstraße 20-24, PLZ 56626, **T 02632 9894060,** F 989406444
22 Zimmer | 2 Suiten | Ez ab 129 €, Dz ab 219 €

Das Hotel liegt inmitten der Altstadt und ist nur wenige Gehminuten vom Marktplatz entfernt. Hier wohnt man individuell: schicke Möbel, darauf abgestimmte Stoffe und stilvolles Design zeichnen die Gästezimmer aus. Dazu ein herzlicher Service und ein gutes Frühstück.

Ai Pero

aipero.de

40 | Hauptgericht ab 28 €, Menü 59–79 € | Mo, Do-So ⃠ Di, Mi

Sie suchen ein Restaurant mit authentischer italienischer Küche zu einem sehr guten Preis-Leistungs-Verhältnis? Dann probieren Sie hier doch die traditionelle Pizza aus dem Holzofen, herrliche Antipasti oder hausgemachte Pasta. Aber auch schmackhafte Fleischgerichte wie „Bistecca alla Florentina" oder „Dry Aged Tafelspitz" haben ihren Platz auf der Karte. Und gemütliches Ambiente ist Ihnen ebenso gewiss wie eine umfangreiche Weinauswahl.

Monte Mare

www.monte-mare.de/andernach

VARTA-TIPP Ambiente

★★★★

Klingelswiese 1, PLZ 56626, **T 02632 9872219**
20 Zimmer | 4 Suiten | Ez ab 89 €, Dz ab 119 €, 9,50 €

Ausschlafen, gut essen, Sport treiben, wandern oder einfach nach Herzenslust relaxen - all das können Sie in diesem modernen Wellness- und Businesshotel, das direkt mit der monte mare SAUNA SPA SPORTS-Anlage verbunden ist. Die Gästezimmer hat man liebevoll bis ins kleinste Detail gestaltet. Besonderen Komfort bieten die exklusiven Suiten, die thematisch an die vier Elemente Feuer, Wasser, Luft und Erde angelehnt sind.

YOSO

www.yoso-restaurant.de

Schafbachstraße 14, PLZ 56626, **T 02632 4998643**
38 | Hauptgericht 26–39 €, Menü 98–112 € | Sa Di-Sa ⃠ Mo, So ⃠ 1.–16.1.23, 6.–28.8.23

»

Bei Redaktionsschluss für diese Buchausgabe befand sich das Restaurant in Betriebsruhe. Diese Zeit wollte man nutzen, um anstehende Renovierungsarbeiten durchzuführen und das kulinarische Konzept kreativ zu überarbeiten. Bewertung vorerst ausgesetzt.

ANGELBACHTAL 51 C www.angelbachtal.de

Baden-Württemberg | EW 5.018 | 159 m | Heilbronn 40 km, Mannheim 45 km

Heckerstuben im Wasserschloss Eichtersheim www.heckerstuben.de

Schlosstraße 1, PLZ 74918 (OT: Eichtersheim), **T 07265 499907**
60 | Hauptgericht 25–33 € | So Do-So Mo, Di, Mi

Im einmaligen Ambiente des hist. Wasserschlosses erwartet Sie eine frisch zubereitete Regionalküche, bei der fast ausschließlich Bio-Produkte und Viktualien heimischer Erzeuger Verwendung finden. Hübsche Terrasse mit Rundumblick in den Schlossgarten.

ANGER 69 A www.anger.de

Bayern | EW 4.394 | 558 m | Bad Reichenhall 10 km, Traunstein 22 km

Wellness-und Landhotel Prinz www.landhotel-prinz.de

Dorfstr. 5, PLZ 83454 (OT: Aufham), **T 08656 1084,** F 983878
30 Zimmer | 7 Suiten | 8 Apartments | Ez 75–120 €, Dz 130–176 €, inkl. Frühstück | 24 h

Eine wirklich liebenswerte Adresse - ideal für Romantiker! Das schmucke Hotel liegt ruhig und sonnig in den Bergen im kleinen Luftkurort Aufham. Und drinnen sieht es ebenso ansprechend aus: Die Zimmer präsentieren sich im wohnlich-alpenländischen Stil. Für Entspannung sorgt ein kleiner, exklusiver Wellnessbereich.

ANNABERG-BUCHHOLZ 46 A www.annaberg-buchholz.de

Sachsen | EW 22.079 | 600 m | Chemnitz 31 km, Dresden 94 km

Wilder Mann www.hotel-wildermann.de

★★★★

Markt 13, PLZ 09456 (OT: Annaberg), **T 03733 1440,** F 144100
69 Zimmer | 3 Suiten | 4 Apartments | 24 h

Traditionshotel im hist. Stadtkern. Freundliche Gästezimmer mit zeitgemäßer Ausstattung. Das Restaurant „Silberbaum“ mit seiner spätgot. Holzbalkendecke offeriert internationale und regionale Gerichte. Im Gästehaus nebenan stehen noch sechs elegante Suiten zur Verfügung.

ANSBACH 53 C www.ansbach.de

Bayern | EW 41.910 | 405 m | Nürnberg 61 km, Würzburg 78 km

Das Hürner www.das-huerner.de

Schloßstraße 7, PLZ 91522, **T 0981 2086220,** F 208622100
97 Zimmer | 9 Suiten | 6 Apartments | Ez 94–110 €, Dz 129–139 €, inkl. Frühstück

Ein zeitgemäß ausgestattetes Stadthotel mit wohnlich-modernen Zimmern, kleinem Fitnessbereich, Sauna und schöner Sonnenterasse. Im hauseigenen Brauhaus-Restaurant gibt es das traditionsreiche Hürner-Bier, dazu werden fränkische Spezialitäten serviert.

Schwarzer Bock
www.schwarzerbock.com

★★★★ garni

Pfarrstraße 31, PLZ 91522, **T 0981 421240,** F 4212424
16 Zimmer | 3 Suiten | 3 Apartments | Ez ab 79 €, Dz ab 129 €, inkl. Frühstück

Hist. Rokokohaus im Herzen der Altstadt. Renovierte Gästezimmer mit moderner Ausstattung. WLAN und Minibargetränke sind im Zimmerpreis enthalten. In den gediegenen fränkischen Gaststuben wird eine bodenständige Regionalküche aufgetischt.

Zur Windmühle
www.hotel-windmuehle.de

★★★ S garni

Rummelsberger Straße 1 (an der B 14), PLZ 91522, **T 0981 972000,** F 97200199
75 Zimmer | 1 Apartment | Ez 70–150 €, Dz 98–200 €, inkl. Frühstück

Traditionsreicher Gasthof, dessen Geschichte bis ins Jahr 1735 zurückreicht. Modern eingerichtete Zimmer im Stammhaus sowie im Anbau. Ansprechender Saunabereich mit naturbelassener Felsengrotte. In der gemütlichen Gaststube wird fränkische und saisonale Küche serviert.

La Corona
www.lacorona.de

VARTA-TIPP Küche

Johann-Sebastian-Bach-Platz 20, PLZ 91522, **T 0981 9090130**
70 | Hauptgericht 16–38 €, Menü 29–55 € | Do-Sa ⦸ Mo, Di, Mi, So

Altstadt-Aushängeschild mit bestem Ruf. Sie werden sehen, ein Besuch lohnt sich! Gute, mediterran inspirierte Küche, sympathisch-ungezwungene Atmosphäre und ein top Preis-Leistungs-Verhältnis - das schätzen die Gäste. Dazu ein gut zusammengestelltes Weinsortiment.

APOLDA 34 C
www.apolda.de

Thüringen | EW 23.131 | 170 m | Weimar 15 km, Naumburg 28 km

Am Schloss
www.hotel-apolda.de

★★★★ garni

Jenaer Straße 2, PLZ 99510, **T 03644 5800,** F 580100
112 Zimmer | 13 Apartments | Ez ab 90 €, Dz ab 105 €, inkl. Frühstück | 24 h

Tagungshotel mit gepflegten, im mediterranen Stil eingerichteten Gästezimmern und Apartments. Modernes Bankettgebäude in den ehem. Stallungen des Apoldaer Stadtschlosses. Restaurant mit regionaler und internationaler Küche.

APPENWEIER 57 A
www.appenweier.de

Baden-Württemberg | EW 10.200 | 152 m | Offenburg 9 km, Straßburg 22 km

Gasthof Engel
www.gasthof-engel.de

Dorfstraße 43, PLZ 77767 (OT: Nesselried), **T 07805 919181**
90 | Hauptgericht 16–29 €, Menü 23–60 € | Mo-Di, Fr-So ⦸ Mi, Do

Die Zutaten für die bodenständig-badische Küche kommen weitestgehend von heimischen Produzenten. Daraus entstehen dann z.B. „Aufgeschlagene Bärlauchrahmsuppe“ oder „Ragout vom Nesselrieder Reh mit Rahmpilzen, Butterspätzle und Preiselbeeren“. In dem sympathischen Haus kann man auch übernachten: Die Zimmer sind einfach, aber gepflegt.

ARGENBÜHL 66 A www.argenbuehl.de

Baden-Württemberg | EW 6.550 | 681 m | Isny 7 km, Wangen 13 km

Ellgass Allgäu Hotel www.hotel-ellgass.de

VARTA-TIPP Service

Dorfplatz 10, PLZ 88260 (OT: Eglofs), **T 07566 1578,** F 941039
29 Zimmer | Ez ab 79 €, Dz ab 115 €, inkl. Frühstück

Schon von außen ein Blickfang, attraktiv die tolle Lage am idyllischen Dorfplatz. Beton, Holz und Glas dominieren den modernen Hotelneubau. Man wohnt in zeitgemäß und minimalistisch eingerichteten Wohlfühlzimmern. Von Familie Ellgass und ihren Mitarbeiter:innen werden Sie während des Aufenthaltes ausgesprochen herzlich betreut. Morgens erwartet Sie ein frisches, gut sortiertes Frühstücksbuffet.

Hofwirtschaft Ellgass www.dasellgass.de

Hauptgericht 15–32 € | Mo-So

Mit gemütlichen Gaststuben und einer charmanten Terrasse direkt am Dorfplatz ist hier für lauter hübsche Plätze gesorgt. Neben Feinem aus dem Allgäu und aus Oberschwaben stehen auch ein paar mediterrane Gerichte auf der Karte. Sehr zu empfehlen sind die Spezialitäten vom Ellgasser Weiderind. Tischreservierung empfehlenswert.

ARNSBERG 30 D www.arnsberg-info.de

Nordrhein-Westfalen | EW 75.288 | 200 m | Meschede 21 km, Soest 22 km

Menge www.hotel-menge.de

★★★ S garni

Ruhrstraße 60, PLZ 59821, **T 02931 52520,** F 525250
18 Zimmer | Ez 74–95 €, Dz 89–128 €, inkl. Frühstück

Der engagiert und sympathisch geführte Familienbetrieb zeigt sich mit modern eingerichteten Gästezimmern. Direkt am Ruhrtalradweg zwischen dem Wandergebiet „Naturpark Arnsberger Wald" und der historischen Arnsberger Altstadt ist das Haus der perfekte Ausgangspunkt für Radtouren.

Menge

VARTA-TIPP Küche

50 | Hauptgericht 21–43 €, Menü 42–84 € | Di-Sa Mo, So

Passend zum ländlich-eleganten Ambiente samt freundlich-unkompliziertem Service hält das Restaurant im gleichnamigen Hotel auch kulinarisch die Flagge hoch: Ob Fisch oder Fleisch - auf die mit Sorgfalt und Raffinesse zubereiteten Gerichte von Patron Christoph Menge kann man sich wirklich freuen. Dabei setzt er fast ausschließlich auf heimische und nachhaltige Produkte aus biologischem und ökologischem Anbau. Das lichtdurchflutete Gartenzimmer eignet sich bestens für Familienfeiern.

Rodelhaus www.rodelhaus.de

★★★ S

Zu den drei Bänken 1, PLZ 59757 (OT: Neheim), **T 02932 97040,** F 22437
21 Zimmer | Ez 89 €, Dz 129 €, inkl. Frühstück

Eine angenehme Adresse in ruhiger Waldrandlage. Das schicke Interieur der Gästezimmer kommt an: topmodern mit hellen Naturtönen, viel Holz und einzelnen Akzenten in frischem Grün. Dieser Stil setzt sich im Restaurant fort - hier wie auf der tollen Terrasse serviert man regionale Küche.

JU52 www.flugplatz-arnsberg-menden.de

Flugplatz 1, PLZ 59757 (OT: Voßwinkel), **T 02377 7877100,** F 7877150
10 Zimmer | Ez ab 89 €, Dz ab 120 €, inkl. Frühstück

Ein kleines, freundlich geführtes Hotel am Flughafen Arnsberg-Menden. Die Zimmer sind schick und funktional - überall apartes, klares Design. Auch die Führung ist beispielhaft. Im Restaurant frisch zubereitete Regionalgerichte mit internationalen Einflüssen.

Ratskeller www.ratskeller-arnsberg.de

Alter Markt 36, PLZ 59821, **T 02931 3672**
80 | Hauptgericht 8–25 €, Menü 25–50 € | So Mi-So Mo, Di

Ein sympathischer Gasthof inmitten der historischen Altstadt. Die Küche offeriert ein breites Angebot von knackig-frischen Salaten über leichte Wokvariationen bis hin zu regionalen Spezialitäten. Lauschiger Biergarten direkt am Maximilianbrunnen. Es gibt auch fünf liebevoll eingerichtete Zimmer zum Übernachten.

ARNSCHWANG 55 C www.arnschwang.de

Bayern | EW 1.960 | 480 m | Grafenwiesen 7 km, Gleißenberg 9 km

Brunner Hof www.brunner-hof.de

★★★★

Kirchgasse 13, PLZ 93473, **T 09977 257**
45 Zimmer | Ez 107–158 €, Dz 234–326 €, inkl. Halbpension

Sehr geschmackvoll und charmant ist das im typisch bayerischen Landhausstil erbaute Hotel - von den mit viel Liebe zum Detail ausgestatteten Natur- und Wohlfühlzimmern über die behaglichen Restauranträume bis zum großzügigen SPA-Bereich mit Sky-Infinitypool. Tipp: Man bietet schöne Arrangements für eine entspannte Auszeit zu zweit.

ARNSTADT 43 B www.arnstadt.de

Thüringen | EW 23.539 | 288 m | Erfurt 21 km, Suhl 43 km

Stadthaus Arnstadt www.stadthaus-arnstadt.de

VARTA-TIPP Ambiente

garni

Pfarrhof 1, PLZ 99310, **T 03628 5869991**
6 Zimmer | 2 Suiten | Ez ab 104 €, Dz ab 134 €, inkl. Frühstück

Kleines Boutique-Hotel in einem behutsam sanierten Fachwerkhaus im Stadtkern. Über 400-jährige Geschichte trifft hier auf Komfort von heute! Unter dem Motto „Übernachten im Denkmal“ empfängt Sie dieses Haus, das von 1870 bis 1990 Teil der Möller'schen Handschuhfabrik war, mit beeindruckenden Kellergewölben, bemalten Kassettendecken und edlen Antiquitäten. Sie wohnen in großzügigen, lichten Zimmern - größtenteils mit Blick auf den ruhigen Pfarrhof und die frühgotische Oberkirche oder in den idyllischen Garten.

ARNSTORF 61 B www.arnstorf.de

Bayern | EW 6.601 | 395 m | Plattling 32 km, Passau 58 km

Schlossparkhotel www.schloss-mariakirchen.de

Obere Hofmark 3, PLZ 94424 (OT: Mariakirchen), **T 08723 978710**, F 9787190
54 Zimmer | 1 Suite | Ez 57–99 €, Dz 112–150 €, 12,50–15,00 € | 22.12.22–8.1.23

Originell designter Hotelbau mit moderner, reflektierender Glasfassade. Geschmackvolle Zimmer mit freundlichen Farben und hochwertiger Einrichtung. Hoteleigenes Brauhaus. Einladender Wellnessbereich.

AROLSEN, BAD 31 C www.bad-arolsen.de

Hessen | EW 16.404 | 290 m | Korbach 18 km, Kassel 45 km

Schäfer's Restaurant www.schaefers-restaurant.de

Schlossstraße 15, PLZ 34454, **T 05691 7652**
50 | Hauptgericht 11–30 €, Menü 37–58 € | Sa-So Mi-So Mo, Di

Ein nettes Restaurant mit moderner, minimalistischer Einrichtung. Der Chef steht am Herd und bietet eine schmackhafte internationale Küche. Die wechselnde Speisekarte orientiert sich dabei am jahreszeitlichen Angebot. Drinks, kleine Snacks und Fingerfood werden in der Lounge-Bar serviert.

ASCHAFFENBURG 42 C www.info-aschaffenburg.de

Bayern | EW 67.844 | 138 m | Hanau 27 km, Darmstadt 41 km

Spessartstuben www.hotel-spessartstuben.de

Jahnstraße 7, PLZ 63808 (OT: Haibach), **T 06021 63660**
80 | Hauptgericht 13–30 €, Menü 20–60 € | So Mo-Fr, So Sa

Ein fränkisches Wirtshaus im besten Sinne, denn hier wird man herzlich bewirtet, und auch das Ambiente stimmt: ausgesprochen gemütlich die Gaststuben mit viel Holz, gemütlichen Eckbänken und Kachelofen. Im Sommer kann man auch auf der lauschigen Terrasse speisen. Der Hausherr bietet eine bodenständige Küche mit regionalen und internationalen Einflüssen. Zum Übernachten hat man hübsche, renovierte Zimmer.

ASCHAU 68 B www.aschau.de

Bayern | EW 5.686 | 615 m | Prien 13 km, Rosenheim 23 km

Residenz Heinz Winkler www.residenz-heinz-winkler.de

VARTA-TIPP Ambiente VARTA★TIPP Service

Kirchplatz 1, PLZ 83229, **T 08052 17990,** F 179966
32 Zimmer | 12 Suiten | Ez 225–305 €, Dz 250–330 €, inkl. Frühstück | 24 h

Inmitten einer atemberaubenden Bergkulisse erstreckt sich dieses beeindruckende Juwel. Die pompöse Eingangshalle sticht jedem Gast sofort ins Auge. Die individuellen Zimmer und Suiten haben ihren ganz eigenen Charme und sorgen mit ihrer geschmackvollen Ausstattung für Behaglichkeit sowie einen entspannenden Urlaubseffekt. Das opulente Gourmetfrühstück können Sie im Gartensalon und bei schönem Wetter auf der Terrasse genießen. Hausgäste profitieren von attraktiven Packages und jahreszeitlichen Arrangements.

Residenz Heinz Winkler

VARTA★TIPP Küche VARTA★TIPP Service

120 | Hauptgericht 34–68 €, Menü 175–205 € | Sa-So Mo-So

Diese Gourmetadresse gehört seit über drei Jahrzehnten zur gastronomischen Elite im Land. In seinem venezianisch angehauchten Restaurant verzaubert Heinz Winkler Gäste aus nah und fern mit den feinen Gerichten seiner „Cuisine Vitale". Sein minimalistischer Stil mit wenigen, aber dafür erstklassigen Zutaten endet in einer faszinierenden Sinnes- und Gaumenpracht. Für die passende Weinbegleitung zum Menü sorgen Maître Alexander Winkler und seine fachkundige Servicecrew. Ausgesprochen beliebt sind die Kochkurse des Patrons.

Edeltraud www.hotel-edeltraud.de

€ Gut & Günstig

Narzissenweg 15, PLZ 83229, **T 08052 90670,** F 906747
16 Zimmer | 1 Suite | Ez 48–60 €, Dz 77–98 €

Kleiner, liebevoll geführter Familienbetrieb. Die gepflegten, zweckmäßig ausgestatteten Zimmer verfügen teils über Bergblick. Kleiner Verwöhnbereich mit Sauna und Infrarotkabine. Frühstücken kann man auch auf der idyllischen Sonnenterrasse. Liebevoll gestalteter Garten.

ASCHEBERG (WESTFALEN) 30 A www.ascheberg-touristinfo.de

Nordrhein-Westfalen | EW 15.184 | 63 m | Lüdinghausen 14 km, Münster 23 km

Clemens-August www.hotel-clemens-august.de

€ Gut & Günstig S

Burgstraße 54, PLZ 59387 (OT: Davensberg), **T 02593 6040,** F 604178
86 Zimmer | 1 Suite | 1 Apartment | Ez ab 65 €, Dz ab 99 €, inkl. Frühstück

Freundlich und familiär wird dieses Haus geleitet. Die Zimmer sind unterschiedlich geschnitten und zeitgemäß eingerichtet. Zum Haus gehören mehrere Veranstaltungssäle, ein Fahrradverleih, eine Sauna und ein gemütliches Restaurant mit regionaler Küche.

ASPACH 51 D www.aspach.de

Baden-Württemberg | EW 8.000 | 295 m | Backnang 3 km, Ludwigsburg 19 km

Restaurant Lamm www.lamm-aspach.de

Hauptstraße 23, PLZ 71546 (OT: Großaspach), **T 07191 20271**
40 | Hauptgericht 13–26 €, Menü 36–59 € | So Mo-So

»

Mit Engagement betreiben die Wahls die historische Schank- und Speisewirtschaft mit den sympathisch-rustikalen Stuben. Gekocht wird international und mit regionalen Einflüssen - lecker z.B. die schmackhaften Wildgerichte! Oder lieber „Hausgemachte Kürbisravioli mit Salbeibutter und wildem Brokkoli und Parmesan“? Tipp: wechselndes Streetfood-Mittagsangebot.

ASPERG 58 A www.asperg.de

Baden-Württemberg | EW 13.100 | 270 m | Ludwigsburg 5 km, Stuttgart 19 km

Adler Asperg www.adler-asperg.de

★★★★ S garni

Stuttgarter Straße 2, PLZ 71679, **T 07141 26600,** F 266060
70 Zimmer | 3 Apartments | Ez 119–179 €, Dz 129–189 €, 21,00 € | 24 h

Ein gewachsener Familienbetrieb vor den Toren Ludwigsburgs. Christian und Dory Ottenbacher führen das Traditionshaus bereits in der vierten Generation. Hier erwarten Sie wohnliche Gästezimmer und geräumige Themenapartments mit sehr guter Ausstattung. Dazu ein moderner SPA- und Wellnessbereich mit Hallenbad und Saunalandschaft.

Schwabenstube

VARTA-TIPP Küche **VARTA-TIPP** Service

35 | Hauptgericht 42–49 €, Menü 100–130 € | Mi-Sa Mo, Di, So 24.12.22, 1.–10.1.23, 28.5.–11.6.23, 14.8.–3.9.23

Das gastronomische Herzstück des Hauses! Im Gourmetrestaurant dürfen Sie sich auf raffinierte Köstlichkeiten aus der regionalen und internationalen Küche freuen, die Sie wahlweise à la carte oder in Menüform genießen können. Ebenso geschätzt: die familiäre, gemütliche Atmosphäre sowie der bestens geschulte Service. Im hist. Gewölbekeller lagern viele regionale Tropfen aus Baden und Württemberg, aber auch europäische Spitzenweine.

Aguila

Schillerstraße 3, PLZ 71679
40 | Hauptgericht 20–30 €, Menü 40–60 € | Mi-Fr, So Mo, Di, Sa 24.12.22–17.1.23

Weinbar und Brasserie mit ungezwungen-legerer Atmosphäre. Aus der Küche kommt neben erlesenen Weinen, Whiskys und Cocktails ein Mix aus spanischen Tapas und schwäbischen Köstlichkeiten.

ATTENDORN 30 C www.urlaub-in-attendorn.de

Nordrhein-Westfalen | EW 24.336 | 255 m | Olpe 14 km, Siegen 40 km

Burghotel Schnellenberg www.burg-schnellenberg.de

★★★★ S garni

Schnellenberg 1, PLZ 57439, **T 02722 6940,** F 694169
42 Zimmer | 5 Suiten | 3 Apartments | Ez 95–145 €, Dz 140–240 €, inkl. Frühstück | 24 h

Burghotel in waldreicher Umgebung. Hinter hist. Mauern erwarten Sie geschmackvolle Zimmer, die teils mit Antiquitäten und Granitbädern ausgestattet sind. Stilvolles Burgrestaurant mit hist. Flair und gehobener Landhausküche. Es werden auch mittelalterliche kulinarische Veranstaltungen für Gesellschaften angeboten.

Hanse Hotel
www.hansehotel-attendorn.de

★★★★ garni

Finnentroper Straße 26, PLZ 57439, **T 02722 63800,** F 6380100
99 Zimmer | 24 h

Ein topmodernes Hotel direkt neben der Atta-Höhle, das gleichermaßen für Geschäfts- und Privatreisende geeignet ist. Trotz geradliniger Formen überzeugen die Zimmer mit Wohnlichkeit und Atmosphäre. Entspannen kann man in der hauseigenen Saunalandschaft. Im Restaurant wird internationale Küche serviert.

Haus Platte
www.platte.de

★★★★ garni

Repetalstraße 219, PLZ 57439 (OT: Niederhelden), **T 02721 1310,** F 131415
49 Zimmer | Ez ab 110 €, Dz ab 142 €, inkl. Frühstück

Traditionsreiches Hotel in idyllischer Lage nahe dem Biggesee. Modern und stillvoll eingerichtete Zimmer unterschiedlicher Kategorien. Regionale Landhausküche mit internationalen Einflüssen wird im Restaurant serviert.

Café Harnischmacher
www.harnischmacher.com

Niederste Straße 5, PLZ 57439, **T 02722 2370**
65 | Di–Fr 8:30 –18:30 Uhr, Sa 8:00–17:00 Uhr, So 08:00 – 18:00 Uhr

Traditionelles Konditorhandwerk seit den 1930er Jahren. Das gepflegte Café in der Ortsmitte bietet ein ansprechendes Sortiment an hausgemachten Kuchen und Torten, Gebäck sowie anderen süßen Köstlichkeiten. Spezialität: Attendorner Iserköppe (hausgemachte Pralinen).

AU I.D. HALLERTAU 60 B
www.markt-au.de

Bayern | EW 5.719 | 467 m | Wolnzach 12 km, Freising 24 km

Gasthaus Spitzer Neu!
www.gasthaus-spitzer.de

Lohweg 10, PLZ 84072 (OT: Seysdorf), **T 08752 7455**
170 | Hauptgericht 18–35 €, Menü 49–95 € | Do-So Mo, Di, Mi

Im bayerischen Dreiländereck erwartet Sie dieses moderne, lichtdurchflutete Restaurant nebst Bar und großzügiger Terrasse mit angrenzendem Biergarten. Frisch, saisonal und schmackhaft kommt die regionale Slowfoodküche daher. Probieren Sie z.B. „Goldforelle auf Acquerello-Risotto mit Chicorée, Staudensellerie und Saubohnen". Zum Haus gehören noch eine Kochschule und ein Vintagedekoladen.

AUE 45 B www.aue.de

Sachsen | EW 16.614 | 350 m | Klingenthal 30 km, Chemnitz 35 km

Blauer Engel www.hotel-blauerengel.de

★★★★

Altmarkt 1, PLZ 08280 (OT: Bad Schlema), **T 03771 5920,** F 23173
39 Zimmer | 5 Suiten | Ez 87–128 €, Dz 123–193 €, inkl. Frühstück | 24 h

Das erste Haus am Platz mit seiner hist. Gründerzeitfassade hat man liebevoll renoviert. Hier wird dem Gast einiges geboten: wohnliche und geräumige Zimmer mit zeitgemäßem Komfort, ansprechender Sauna- und Relaxbereich, sehr gutes Frühstück, herzliche Gastfreundschaft... Sehenswert: Biermuseum mit größter Bierkrugsammlung in Sachsen.

St. Andreas

VARTA-TIPP Küche **VARTA-TIPP** Service

16 | Hauptgericht bis 50 €Menü 86–145 € | Mi-Sa Mo, Di, So

In dem kleinen, intimen Gourmetbereich verbindet sich Historie mit stimmigem, stilvoll-modernem Interieur. Der zuvorkommende Service, die erstklassige Weinauswahl und nicht zuletzt die innovative und handwerklich akkurate Küche von Patron Benjamin Unger garantieren genussvolle Stunden. In der behaglichen „Tausendgüldenstube" mit ihrer prunkvollen Kassettendecke werden traditionelle regionale Gerichte aufgetischt.

AUERBACH I.D.OPF. 54 A www.auerbach.de

Bayern | EW 8.859 | 434 m | Pegnitz 16 km, Amberg 37 km

Soulfood www.restaurant-soulfood.com

VARTA-TIPP Küche

Unterer Markt 35, PLZ 91275, **T 09643 2052225**
42 | Hauptgericht 19–34 €, Menü 89 € | Do-So Mi-So Mo, Di 1.–31.1.23

Ein betont schlicht gestaltetes Restaurant mit großen Fenstern und feiner Tischkultur. Das Konzept, Spitzengastronomie zu einem bezahlbaren Preis anzubieten, geht auf. Die Karte offeriert zwei Menüs in vier Gängen. Die Gerichte von Küchenchef Michael Laus überzeugen in punkto Kreativität, Optik und Qualität. Dazu ein ansprechendes Weinangebot mit Schwerpunkt Deutschland. Christine Heß ist der „Sonnenschein" im Service.

AUERBACH/VOGTL. 45 A www.erholung-vogtland.de

Sachsen | EW 18.500 | 555 m | Plauen 26 km, Aue 29 km

Renoir www.restaurant-renoir.de

Schönheider Straße 235, PLZ 08209 (OT: Schnarrtanne), **T 03744 215119**
28 | Hauptgericht 21–35 €, Menü 55–75 € | So Mi-Sa Mo, Di 23.–25.12.22

Ein stilvoll gestaltetes Restaurant mit gemütlicher Atmosphäre. Kopien von Gemälden des namensgebenden Künstlers zieren die Wände. Serviert wird eine klassisch französische und internationale Frischeküche.

AUGGEN 64 A www.auggen.de

Baden-Württemberg | EW 2.800 | 264 m | Badenweiler 8 km, Freiburg 31 km

Bären www.auggen-baeren.de

Bahnhofstraße 1, PLZ 79424, **T 07631 936840**
47 Zimmer

Das komfortable Hotel besteht aus dem aufwendig sanierten Gasthof und dem 2017 fertiggestellten Neubau. Die wohnlichen Zimmer verfügen über einen Balkon oder eine Terrasse mit Aussicht auf den großzügig gestalteten Innenhof oder die Kirschplantagen. In die einstige Scheune hat man moderne Tagungs- und Veranstaltungsräume integriert.

Zur Krone www.hotelkroneauggen.de

garni

Hauptstraße 6, PLZ 79424, **T 07631 6075,** F 16913
31 Zimmer | 2 Suiten | Ez 80–86 €, Dz 95–135 €, inkl. Frühstück

Um einen idyllischen Bauerngarten mit kleinem Teich gruppieren sich Stammhaus und Gästehäuser. Sehr gediegen und liebevoll eingerichtete Zimmer. Kleiner Wellnessbereich mit Sauna, Solarium und Hallenbad.

AUGSBURG 59 D www.augsburg-tourismus.de

Bayern | EW 275.000 | 494 m | München 68 km, Ulm 80 km

Renaissance-Rathaus mit Goldenem Saal, Maximilianprachtstraße mit drei Prachtbrunnen, Schaezlerpalais mit Barockgalerie, Dom Unsere Liebe Frau, Basilika St. Ulrich und Afra, Marionettentheater Augsburger Puppenkiste, Mozarthaus, Brechthaus, Staatl. Textil- und Industriemuseum, Synagoge und jüdisches Kulturmuseum, Fuggerei, Fugger und Welser Erlebnismuseum, Maximilianmuseum, Augsburger Wassermanagement-System (UNESCO-Weltkulturerbe).

Einen Cityplan finden Sie auf Seite 128–129.

Dorint An der Kongresshalle hotel-augsburg.dorint.com

★★★★ S

Imhofstraße 12 (B5), PLZ 86159, **T 0821 59740,** F 5974100
184 Zimmer | 14 Suiten | 24 h

Prägnant runder Hotelturm am Wittelsbacher Park, angrenzend an das Kongresszentrum Augsburg. Dezent-elegante Zimmerausstattung mit modernen Formen und Farbtönen. Relaxbereich mit osmanischem Dampfbad und klassisch finnischer Sauna.

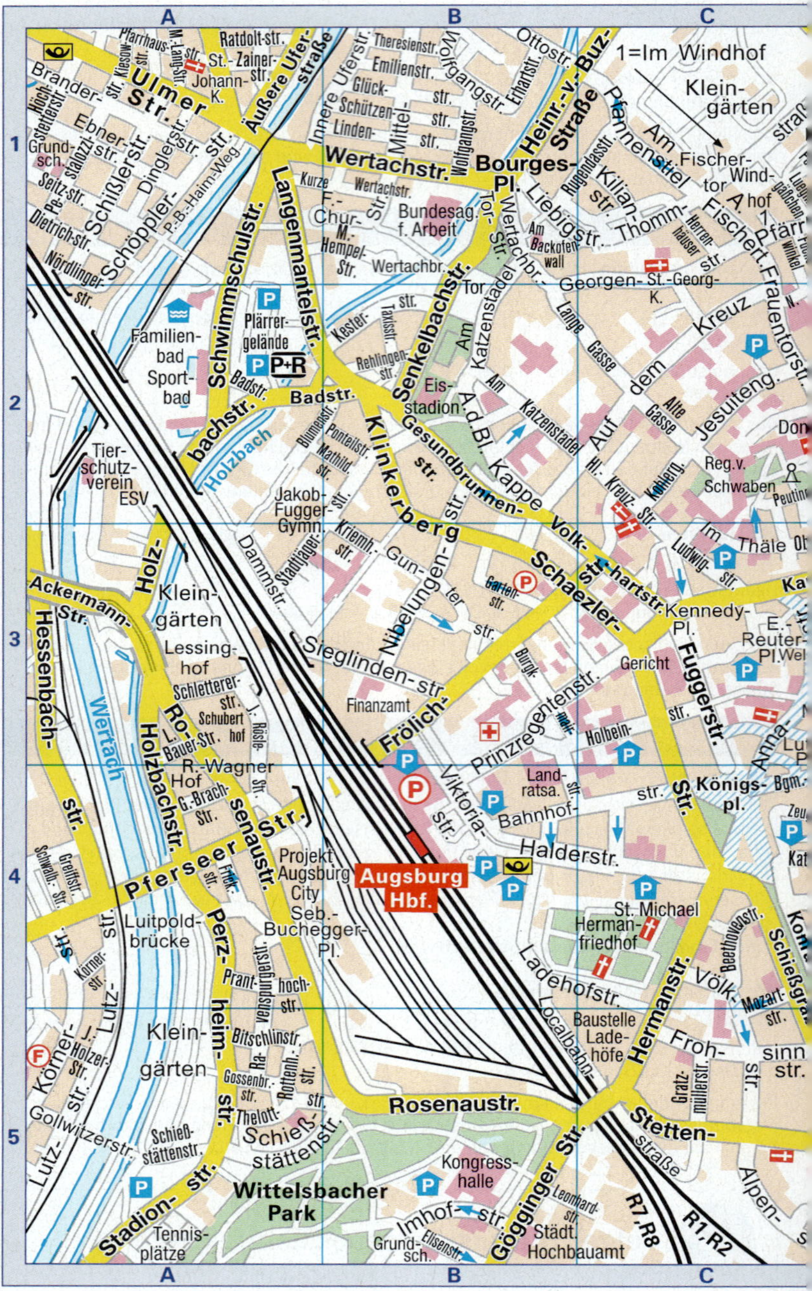
A
B
C
1
2
3
4
5
1=Im Windhof
Klein-
gärten
Pfarrhaus-str.
M.-Lang-Str.
Ratdolt-str.
St.-Zainer-str.
Johann-K.
Brander-str.
Ulmer Str.
Äußere Ufer-straße
Innere Uferstr.
Theresienstr.
Emilienstr.
Glück-str.
Schützen-str.
Linden-str.
Mittel-
Wolfgangstr.
Ottostr.
Erhartstr.
Heinr.-v.-Buz-Straße
Pfannenstiel
Am Fischer-tor
Wind-hof
Fischert.
Pfärr
Frauentorstr.
Hoch-stetterstr.
Ebner-str.
Grund-sch.
Pestalozzi-str.
Schißlerstr.
Dinglerstr.
Seitz-str.
Dietrich-str.
Schöppler-str.
P.-B.-Haim-Weg
Nördlinger-str.
Wertachstr.
Bourges-Pl.
Rugendasstr.
Kilian-str.
Thomm-
Herren-häuser-str.
Kurze Wertachstr.
F.-Chur-Str.
M.-Hempel-Str.
Bundesag. f. Arbeit
Wertachbr.-Tor
Tor-Str.
Wertachbr.
Liebigstr.
Am Backofen-wall
Georgen-
St.-Georg-K.
Schwimmschulstr.
Langenmantelstr.
Senkelbachstr.
Kester-str.
Taxisstr.
Am Katzenstadel
Lange Gasse
Am Kreuz
dem
Jesuiteng.
Familien-bad
Sport-bad
Plärrer-gelände
P+R
Badstr.
Rehlingen-str.
Eis-stadion
Am Katzenstadel
Alte Gasse
Dom
bachstr.
Holzbach
Blumenstr.
Ponteilstr.
Mathild.-str.
Klinkerberg
Gesundbrunnen-str.
A.d.Bl. Kappe
Auf
Hl.-Kreuz-Str.
Kohlerg.
Reg.v. Schwaben
Peutinger
Tier-schutz-verein
ESV
Jakob-Fugger-Gymn.
Im Thäle
Ludwig-Str.
Holz-
Dammstr.
Stadtjägerstr.
Kriemh.-str.
Gun-ter-str.
Nibelungen-str.
Garten-str.
Schaezler-str.
Volkhartstr.
Kennedy-Pl.
Ackermann-Str.
Klein-gärten
Lessing-hof
Sieglinden-str
E.-Reuter-Pl.
Hessenbach-str.
Schletterer-str.
Schubert hof
J.-Rösle-Str.
Finanzamt
Burgk-
Prinzregentenstr.
Gericht
Fuggerstr.
Wertach
Ro-
L.-Bauer-Str.
Holzbachstr.
R.-Wagner Hof
G.-Brach-Str.
Frölich-str.
Holbein-str.
Land-ratsa.
Bahnhof-str.
Viktoria-str.
Anna-
Königs-pl.
Halderstr.
Pferseer Str.
senaustr.
Frick-str.
Projekt Augsburg City
Seb.-Buchegger-Pl.
Augsburg Hbf.
St. Michael
Herman-friedhof
Schwalb.-Str.
Greifstr.
Luitpold-brücke
Perz-heim-str.
Prant-
Bensburgerstr.
hoch-str.
Ladehofstr.
Localbahn
Hermanstr.
Beethovenstr.
Völk-
Mozart-str.
Schießgrab.
Körner-str.
J.-Holzer-Str.
Lutz-str.
Klein-gärten
Bitschlinstr.
Ra-
Gossenbr.-str.
Rottenh.-str.
Baustelle Lade-höfe
Froh-sinn-str.
Gratz-müllerstr.
Gollwitzerstr.
Thelott-str.
Schieß-stättenstr.
Rosenaustr.
Stetten-straße
Alpen-
Lutz-str.
Schieß-stättenstr.
Wittelsbacher Park
Kongress-halle
Gögginger Str.
Leonhard-str.
Stadion-str.
Tennis-plätze
Imhof-str.
Grund-sch.
Elisenstr.
Städt. Hochbauamt
R7,R8
R1,R2

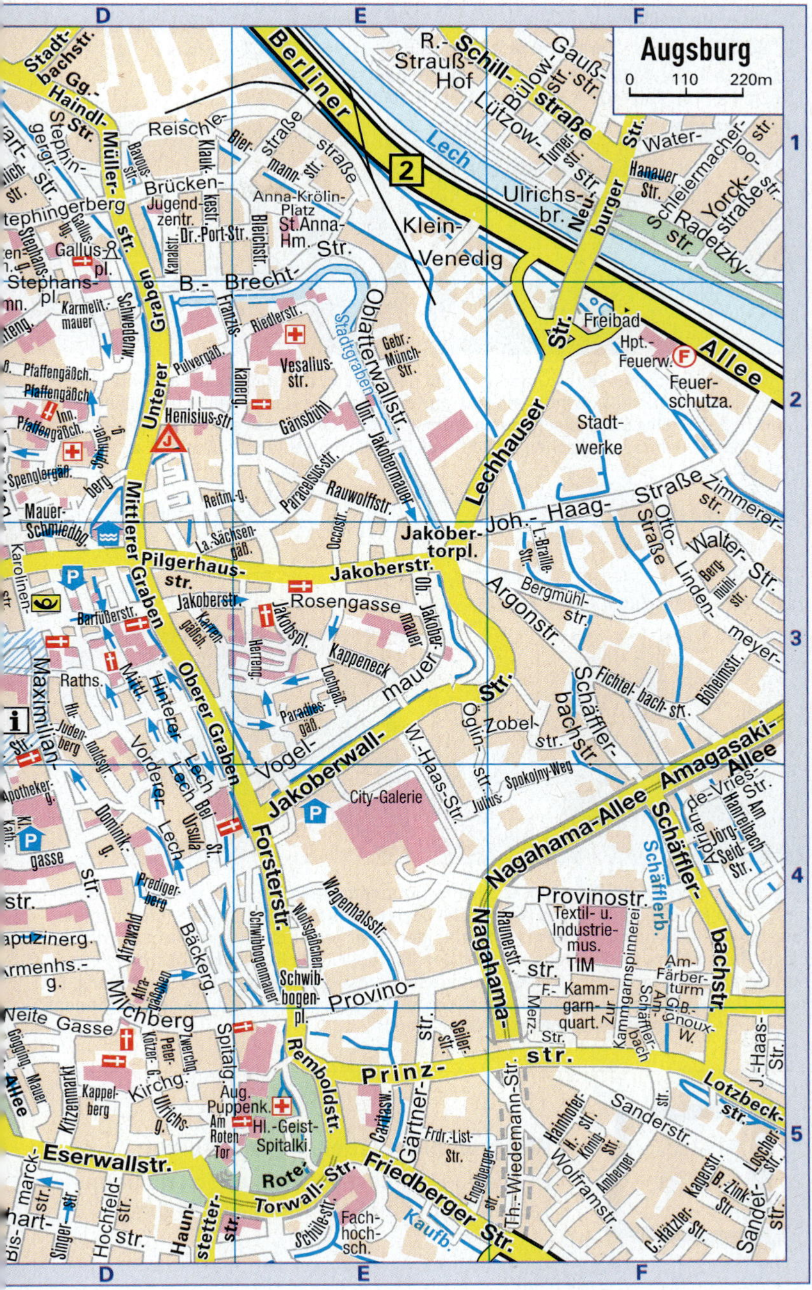
Augsburg
0 110 220m
D
E
F
1
2
3
4
5
Berliner Allee
Lech
R.-Strauß-Hof
Schill-straße
Bülow-str.
Gauß-str.
Lützow-str.
Turner-str.
Neuburger Str.
Water-loo-str.
Schleiermacher-str.
Hanauer Str.
Yorck-straße
Radetzky-str.
Ulrichs-br.
Klein-Venedig
Freibad
Hpt.-Feuerw.
Feuer-schutza.
Stadt-werke
Lechhauser Str.
Stadt-bachstr.
Gg.-Haindl-Str.
Müller-str.
Reischle-str.
Bier-mann-str.
straße
Brücken-
Jugend-zentr.
Anna-Krölin-Platz
St.Anna-Hm.
Dr.-Port-Str.
Stephingerberg
Gallus-pl.
Stephans-pl.
Karmelit.-mauer
B.-Brecht-Str.
Oblatterwallstr.
Stadtgraben
Gebr.-Münch-Str.
Riedlerstr.
Vesalius-str.
Pulvergäß.
Henisius-str.
Gänsbühl
Unt. Jakobermauer
Unterer Graben
Mittlerer Graben
Oberer Graben
Paracelsus-str.
Rauwolffstr.
Pfaffengäßch.
Spenglergäß.
Mauer-Schmiedbg.
Reitm.-g.
La.-Sachsen-gäß.
Occostr.
Jakober-torpl.
Joh.-Haag-Straße
Zimmerer-str.
Otto-Lindenmeyer-Straße
Walter-Str.
Berg-mühl-str.
Bergmühl-str.
L.-Braille-Str.
Argonstr.
Pilgerhaus-str.
Jakoberstr.
Rosengasse
Ob. Jakober mauer
Kappeneck
Jakobspl.
Herreng.
Karolinen-str.
Barfüßerstr.
Maximilian-str.
Raths.
Mittl.
Hinterer Lech
Vorderer Lech
Paradies-gäß.
Lochgäß.
Jakoberwall-str.
Vogel-mauer
Fichtel-bach-str.
Böheimstr.
Schäffler-bachstr.
Zobel-str.
Öglin-str.
W.-Haas-Str.
Spokojny-Weg
Julius-
Amagasaki-Allee
Nagahama-Allee
Adrian-de-Vries-Str.
Hans-Jörg-Seid-Str.
Am Hanreibach
City-Galerie
Forsterstr.
Apotheker-g.
Kl. Kath.-gasse
Dominik.-g.
Bei St. Ursula
Prediger-berg
Bäckerg.
Wagenhalsstr.
Wolfsgäßchen
Schwibbogenmauer
Schwib-bogen-pl.
Provino-str.
Provinostr.
Textil- u. Industrie-mus. TIM
Raunerstr.
Nagahama-str.
F.-Merz-Str.
Kamm-garn-quart.
Zur Kammgarnspinnerei
Am Schäffler-bach
Am Färber-turm
Schäfflerb.
Gg.-Gnoux-W.
J.-Haas-Str.
Kapuzinerg.
Armenhs.-g.
Afrawald
Milchberg
Weite Gasse
Spitalg.
Peter-Kötzer-G.
Zwerchg.
Kirchg.
Ulrichs-g.
Kappel-berg
Kitzenmarkt
Aug. Puppenk.
Am Roten Tor
Hl.-Geist-Spitalki.
Remboldstr.
Prinz-str.
Gärtner-str.
Seiler-str.
Frdr.-List-Str.
Th.-Wiedemann-Str.
Hainhofer-str.
H.-König-Str.
Amberger
Wolframstr.
Sanderstr.
Lotzbeck-str.
Loscher-str.
Kagerstr.
B.-Zink-Str.
Sander-str.
C.-Hätzler-Str.
Eserwallstr.
Rote Torwall-Str.
Friedberger Str.
Kaufb.
Fach-hoch-sch.
Schülestr.
Haunstetter-str.
Hochfeld-str.
Singer-str.
Bismarckstr.
Engelberger str.
Caritasw.

Hotel Maximilian's

www.hotelmaximilians.com

★★★★★S

Maximilianstraße 40 (D4), PLZ 86150, **T 0821 50360,** F 5036777
132 Zimmer | Ez 200–400 €, Dz 250–500 €, ab 29,00 € | 24 h

Kernsaniertes und erweitertes Grandhotel auf hist. Grund. Das Haus blickt auf eine eindrucksvolle Geschichte von mehr als 500 Jahren zurück. Die Gästezimmer bestechen durch zurückhaltende Eleganz und sehr guten Wohnkomfort. Der 360 qm große Wellnessbereich präsentiert sich im orientalischen Stil. Abends lädt die neugestaltete „Bar 3M" zu einem Drink ein.

Sartory Restaurant

www.sartory-augsburg.de

VARTA-TIPP Küche

24 | Menü 129–189 € | Do-Sa Mo, Di, Mi, So 1.–31.1.23

Elegant und herrschaftlich kommt das kleine Gourmetrestaurant daher, das Sie im Stile eines „Salon Privé" empfängt und benannt ist nach Johann Georg Sartory, dem berühmten Augsburger Küchenchef aus dem 19. Jahrhundert. Hier genießen Sie aber nicht nur die gediegen-intime Atmosphäre, sondern auch den überaus herzlichen und fachlich versierten Service sowie die aromenstarken Geschmackserlebnisse des Küchenchefs Simon Lang. Er kocht international inspiriert auf französischer Basis. Das ganze Spektrum seines Könnens erleben Sie in Form eines exquisiten 7-Gang-Menüs.

maximilian°s
www.maximilians-augsburg.de

100 | Hauptgericht 17–32 €, Menü 63–76 € | Mo-So Mo-Sa

Das Zweitrestaurant im modernen Bistro-Stil bietet saisonal wechselnde Spezialitäten aus der internationalen Küche. Aus der offenen Showküche kommen Gerichte wie „Gebratener Kabeljaurücken mit geschmorter Dillgurke und Pommery-Senfsauce". In den Sommermonaten lockt die Terrasse im Innenhof mit Blick auf das historische Schaezlerpalais. Tipp: Sonntags Brunch.

Alpenhof
www.alpenhof-hotel.de

★★★★ garni

Donauwörther Str. 233, PLZ 86154 (OT: Oberhausen), **T 0821 42040,** F 4204200
120 Zimmer | 4 Suiten | 2 Apartments | Ez 75–125 €, Dz 99–154 €, bis 20,00 €

Traditionsreiches, herzlich geführtes Familienhotel. Die in warmen Farben gestalteten Gästezimmer sind gemütlich und individuell eingerichtet. Entspannung findet man im 500 qm großen „Spa Palaestra". Tagungs- und Feiermöglichkeiten.

Wilde 13

33 | Mo, So

Das Restaurant im Ringhotel Alpenhof verdankt seinen Namen den berühmt-berüchtigten Piraten, die einst in der Augsburger Puppenkiste ihr Unwesen trieben. Serviert wird eine moderne und kreative Küche, bei der fast ausschließlich regionale Produkte verarbeitet werden. Sonntags Brunch. Hinweis: Bei Redaktionsschluss für diese Buchausgabe war das Restaurant aufgrund der Corona-Pandemie noch geschlossen.

Augsburger Hof
www.augsburger-hof.de

garni

Auf dem Kreuz 2 (C2), PLZ 86152, **T 0821 343050,** F 3430555
36 Zimmer | Ez 70–120 €, Dz 79–150 €, 10,00–15,00 €

»

Eines der ältesten Gasthäuser Augsburgs mit hist. Flair. Geschmackvoll eingerichtete Zimmer mit moderner Ausstattung. Ideal für Geschäftsreisende und Messebesucher.

Leonardo Hotel Augsburg
www.leonardo-hotels.de

garni

Langenmantelstraße 31 (A2), PLZ 86153, **T 0821 710420**, F 71042999
235 Zimmer | 6 Suiten | 24 h

Direkt an der Wertach im belebten Stadtjägerviertel liegt das 2021 eröffnete Businesshotel, das sich aus einem Haupt- und einem Turmgebäude zusammensetzt. Die klimatisierten Zimmer und Suiten zeigen sich in einem stilvollen und zeitgemäßen Design. Das Haus punktet mit seinem modernen Open-Lobby-Design, das Rezeption, Restaurant, Bar und Co-Working-Station fließend miteinander verbindet.

Maison Viktoria
www.hotels-maison.com/viktoria-augsburg

VARTA-TIPP Ambiente

garni

Viktoriastraße 4 (B4), PLZ 86150, **T 0821 9997220**
28 Zimmer

Das schmucke Boutique-Hotel gegenüber dem Augsburger Hauptbahnhof bringt ein Stück Frankreich ins bayerische Schwaben. Es verbindet französisch geprägtes Savoir-vivre, elegantes Interiordesign und zeitgemäße Annehmlichkeiten. Die wohnlichen Gästezimmer verteilen sich auf vier Stockwerke und zeigen sich in unterschiedlichen Farb- und Stilwelten. Morgens frühstücken Sie in stilvollem Bistro-Ambiente. Der Service: individuell, zuvorkommend und unaufdringlich.

Villa Arborea
www.hotel-villa-arborea.de

garni

Gögginger Straße 124 (↙ A5), PLZ 86199 (OT: Göggingen), **T 0821 907390**, F 90739199
20 Zimmer | Ez 95–105 €, Dz 130 €, inkl. Frühstück

Das engagiert geführte Hotel ist sowohl für Geschäftsreisende als auch für Touristen bestens geeignet. Hier stehen Ihnen geschmackvolle Landhauszimmer zur Verfügung. Für Entspannung sorgt ein kleiner Wellnessbereich. Schöner Garten mit mediterranem Flair.

Dom-Hotel
www.domhotel-augsburg.de

★★★ S garni

Frauentorstraße 8 (C2), PLZ 86152, **T 0821 343930**, F 34393200
49 Zimmer | 5 Suiten | 4 Apartments | Ez 85–150 €, Dz 105–170 €, inkl. Frühstück

Familiär geführtes Haus auf hist. Grund einer ehemaligen Dompropstei im Stadtzentrum. Die wohnlichen und geräumigen Zimmer verfügen teils über Loggien mit schöner Aussicht auf das Domviertel. Kleiner Wellnessbereich mit Sauna, Schwimmbad und Fitnessraum.

August
www.restaurantaugust.de

VARTA★TIPP Küche VARTA-TIPP Service

Johannes-Haag-Straße 14 (F2), PLZ 86152 (OT: Jakobervorstadt), **T 0821 35279**
12 | Menü 190–219 € | Do-Sa ⃠ Mo, Di, Mi, So

Die prachtvolle denkmalgeschützte Villa Haag mit ihren exklusiven Salons ist die Kreativwerkstatt von Christian Grünwald. Bei ihm begeben sich Gourmets auf eine kulinarische Bildungsreise. Das Markenzeichen seiner Küche ist sein unverwechselbarer Stil und das virtuose Zusammenspiel der Texturen und Aromen. Aus handverlesenen Lebensmitteln entstehen beeindruckende Gesamtkunstwerke, inklusive eigens konzipierter Tische mit eingelassenen Glasschaukästen. Dazu kredenzt die diskrete, zuverlässige Crew im Service erlesene Weine aus nah und fern. Im Sommer locken die beiden Terrassen mit Blick in den Park.

Alte Liebe Neu! www.alte-liebe-augsburg.de

VARTA-TIPP Küche

Alpenstr. 21, PLZ 86159, **T 0821 65057850**
58 | Menü 120–140 € | Mi-Sa ⃠ Mo, Di, So

Im charmanten Bismarckviertel befindet sich das stylishe Ecklokal. Hier bietet Inhaber und Chefkoch Benjamin Mitschele eine nachhaltige Küche auf Top-Niveau. Er kocht mit sehr viel Gefühl für Aromen und stimmige Kombinationen. Die Gerichte haben stets einen regionalen Bezug und sind getragen vom Lauf der Jahreszeiten. Dazu ein freundlich-versierter Service und eine fachmännisch zusammengestellte Weinkarte mit Schwerpunkt Deutschland, Frankreich und Österreich.

Die Ecke www.restaurant-die-ecke.de

Elias-Holl-Platz 2 (D3), PLZ 86150, **T 0821 510600**
70 | Hauptgericht 24–49 €, Menü 60–90 € | Mi-So ⃠ Mo, Di

Das gemütliche Restaurant ist eine kulinarische Institution und besteht seit 1577. Gepflegte Tischkultur, viel Holz und moderne Kunst prägen das Ambiente. Dazu eine saisonorientierte, klassisch gehaltene Küche mit mediterranen Einflüssen. Im Sommer lockt der lauschige Innenhof.

Feinkost Kahn www.feinkost-kahn.de

Annastraße 16 (D3), PLZ 86150, **T 0821 312031**
60 | Hauptgericht 16–30 €, Menü 40–90 € | Mo-Sa ⃠ So

In dem bekannten Feinkosthaus in der Augsburger Innenstadt kann man auch hervorragend speisen. Modern-gemütliches Ambiente, ein freundlicher, versierter Service und nicht zuletzt die frische, produktorientierte Küche machen dieses Restaurant aus.

Magnolia www.magnolia-restaurant.de

Beim Glaspalast 1 (↘ F3), PLZ 86153, **T 0821 3199999**
80 | Hauptgericht 13–35 €, Menü 57–89 € | Mo-Fr Mo-Sa ⃠ So »

Das Restaurant im Glaspalast bietet nicht nur Wohlfühlatmosphäre und einen herzlichen Service, sondern auch eine frische regionale Küche mit mediterranem Einschlag. Wie wär's z.B. mit „Filet vom Stör mit Dijonsenfsoße, Schupfnudeln und jungem Spinat"? Tipp: Preisgünstiger Mittagstisch.

Nose & Belly Neu! www.noseandbelly.de

VARTA-TIPP Küche

Heilig-Kreuz-Strasse 10 (C2), PLZ 86152, **T 0821 50895791**
45 | Hauptgericht 24–32 €, Menü 78–120 € | Do-Sa ⃠ Mo, Di, Mi, So

In dem kleinen, modernen Restaurant mit seiner schnörkellos-schlichten Einrichtung wird ambitioniert gekocht. Serviert wird eine frische, kompromisslose Produktküche, die Sie sowohl in Menüform als auch à la carte genießen können. Dazu eine europäisch ausgerichtete Weinkarte mit einer ausgewogenen Auswahl erlesener Tropfen sowie ein freundlich-kompetenter Service.

AULENDORF 66 A www.aulendorf.de

Baden-Württemberg | EW 9.758 | 576 m | Saulgau 15 km, Ravensburg 23 km

Arthus www.ritterkeller.de

★★★★ S garni

Radgasse 1, PLZ 88326, **T 07525 92210,** F 9221221
30 Zimmer | 2 Suiten | Ez 92–126 €, Dz 129–199 €, inkl. Frühstück | ⃠ 24.–27.12.22

Dieses Erlebnishotel bietet individuell gestaltete Themenzimmer, die an die Zeit des Mittelalters erinnern. Hier verbinden sich authentische Dekorationen mit modernen Annehmlichkeiten. Einige der Gästezimmer sind mit einer freistehenden Badewanne ausgestattet. Regelmäßig gibt es Rahmenprogramme im hist. Ritterkeller.

AUMÜHLE 15 B www.amt-hohe-elbgeest.de

Schleswig-Holstein | EW 3.024 | 30 m | Hamburg 33 km, Lauenburg 35 km

Waldesruh am See www.waldesruh-am-see.de

★★★★★ S garni

Am Mühlenteich 2, PLZ 21521, **T 04104 69530,** F 2073
12 Zimmer

Das ehem. Jagdschloss und heutige Hotel liegt in der Nähe des hübschen Mühlenteichs. Die wohnlich-eleganten Gästezimmer hat man mit erlesenen Antiquitäten ausgestattet. Im Restaurant mit offenem Kamin und auf der romantischen Seeterrasse wird eine authentische Regionalküche serviert.

AURICH 12 D www.aurich-tourismus.de

Niedersachsen | EW 40.447 | 6 m | Emden 26 km, Leer 35 km

Am Schloss Aurich www.hotel-am-schloss-aurich.de

Bahnhofstr. 1, PLZ 26603, **T 04941 95520,** F 955268
40 Zimmer | 2 Suiten | Ez 75–118 €, Dz 120–165 €, inkl. Frühstück

Das denkmalgeschützte Gebäude mit der prachtvollen weißen Fassade kombiniert historisches Flair mit modernem Komfort. Genauso stilvoll und individuell zeigen sich die Zimmer und Suiten. Im Restaurant „Pittoresk" serviert man regionale Speisen mit internationalen Einflüssen.

Hochzeitshaus www.hochzeitshaus-aurich.de

VARTA-TIPP Ambiente

Bahnhofstraße 4, PLZ 26603, **T 04941 604460,** F 6044628
14 Zimmer | Ez 99–139 €, Dz 135–189 €, inkl. Frühstück

Ein nettes kleines Hotel mit Charme und Atmosphäre! Die hist. Villa inmitten einer 3.000 qm großen Gartenanlage beherbergt stilvoll restaurierte Räumlichkeiten sowie anspruchsvolle, mit Liebe zum Detail eingerichtete Gästezimmer. Für Feste, Tagungen und kulturelle Veranstaltungen gibt es spezielle Arrangements.

Landgasthof Alte Post www.landgasthof-alte-post.de

Esenser Straße 299, PLZ 26607 (OT: Ogenbargen), **T 04947 509790,** F 50979100
164 Zimmer | 6 Suiten | 2 Apartments | Ez 50–67 €, Dz 75–110 €, inkl. Frühstück

Reetgedecktes Haus mit persönlicher Atmosphäre. Man bietet freundliche Gästezimmer mit zeitgemäßer Ausstattung sowie geschmackvoll eingerichtete Themensuiten. Zum Hotel gehört auch eine Traditionsgaststätte mit Saalbetrieb.

AYING 68 A www.aying.de

Bayern | EW 4.843 | 610 m | Bad Aibling 21 km, München 29 km

Brauereigasthof Aying www.brauereigasthof-aying.de

VARTA-TIPP Ambiente

Zornedinger Straße 2, PLZ 85653, **T 08095 90650,** F 906566
48 Zimmer | 4 Suiten | Ez 100–300 €, Dz 130–370 €, inkl. Frühstück

Dieser hervorragend geführte Gasthof im Dorfkern von Aying befindet sich seit mehr als 200 Jahren im Familienbesitz. Wohnliche, individuell im Landhausstil eingerichtete Zimmer stehen sowohl im Gasthof als auch im denkmalgeschützten Herrenhaus zur Verfügung. Überzeugend ist auch das Frühstück hinsichtlich Qualität, Originalität und Auswahl.

Brauereigasthof Aying www.august-und-maria.de

VARTA-TIPP Küche VARTA-TIPP Service

64 | Hauptgericht 26–36 €, Menü 72–95 € | Mi-So Mo, Di

Bei Küchenchef Tobias Franz heißt es richtig gut essen, und zwar gehobene bayerische Schmankerlküche zu moderaten Preisen. Lust auf „Rosa gegarte Hüfte mit Balsamicojus, Pistazienkruste, Brokkoli und Ricottagnocchi“? Tipp: Biermenü mit Ayinger Bierbegleitung! Die Gaststuben gemütlich und bestens gepflegt, der Service fachkundig, freundlich und charmant.

AYL 49 A www.saar-obermosel.de

Rheinland-Pfalz | EW 1.559 | 176 m | Saarburg 4 km, Konz 10 km

WEINhotel Ayler Kupp www.saarwein-hotel.de

★★★ garni

Trierer Straße 49a, PLZ 54441, **T 06581 988380,** F 988381
17 Zimmer | 1 Apartment | Ez ab 82 €, Dz ab 91 €, inkl. Frühstück | 8.–17.11.22

Die bekannte Spitzenlage „Ayler Kupp“ gibt diesem Haus seinen Namen. Hier wohnen Sie in einfachen, aber gepflegten Gästezimmern, teils mit Balkon und Aussicht ins Grüne. Ein Getränkekühlschrank mit einer Auswahl an Rieslingen steht im Hotelflur zur Verfügung. Idyllischer Garten.

WEINrestaurant Ayler Kupp

40 | Hauptgericht 28–38 €, Menü 60–82 € | Mo, Do-So Di, Mi

Ausflugsziele gibt es in dieser Weinregion einige, und als Abschluss kehren Sie hier ein und lassen sich eine zeitgemäß interpretierte regionale Küche schmecken. Dazu gibt es attraktive Rieslinge vom Weingut Peter Lauer und anderen Top-Winzern der Saar.

BACHARACH 40 D www.rhein-nahe-touristik.de

Rheinland-Pfalz | EW 2.034 | 70 m | Bingen 14 km, St. Goar 14 km

Altkölnischer Hof www.altkoelnischer-hof.de

★★★ S

Blücherstraße 2, PLZ 55422, **T 06743 947780,** F 94778106
29 Zimmer | 1 Suite | Ez 80–140 €, Dz 99–160 €, inkl. Frühstück

Denkmalgeschütztes Fachwerkhaus direkt am hist. Marktplatz. Die behaglichen Landhauszimmer sind mit traditionellen Holzmöbeln ausgestattet. Bürgerliches Restaurant mit Terrasse direkt am Marktplatz.

BAD ...

Alle Orte mit Zusatz Bad, wie Bad Wiessee, sind unter den Ortsnamen, also Wiessee zu finden.

BADEN-BADEN 57 A www.baden-baden.de

Baden-Württemberg | EW 54.777 | 181 m | Karlsruhe 41 km, Stuttgart 105 km
Casino, Kurhaus, Festspielhaus, Trinkhalle, Kloster Lichtenthal, Lichtentaler Allee, Gönneranlage, Römische Badruinen, Altes und Neues Schloss, Stiftskirche, Russische Kirche, Michaelsberg, Stourdza-Kapelle, staatl. Kunsthalle, römisch-irisches Friedrichsbad, Merkurberg, Rebland.
Einen Cityplan finden Sie auf Seite 138.

Brenners Park-Hotel & Spa www.brenners.com

VARTA-TIPP Ambiente VARTA-TIPP Service

★★★★★S

Schillerstraße 4/6 (B4), PLZ 76530, **T 07221 9000,** F 9008744
104 Zimmer | 33 Suiten | 1 Apartment | 24 h

Ein professionell geführtes Grandhotel der alten Schule - das spiegelt sich im eindrucksvollen Ambiente und der Verpflichtung gegenüber dem Gast wider! Die Stadtoase inmitten einer zauberhaften Parkanlage vereint Eleganz und Tradition mit innovativer Zukunftskonzeption. Ruhe und Privatsphäre bieten die erlesen eingerichteten Zimmer und Suiten. Beeindruckend die SPA-Vielfalt in der hist. Villa Stéphanie (direkt neben dem Hotel) .

Fritz & Felix

VARTA-TIPP Küche

60 | Hauptgericht 18–40 € | Mo-So

»

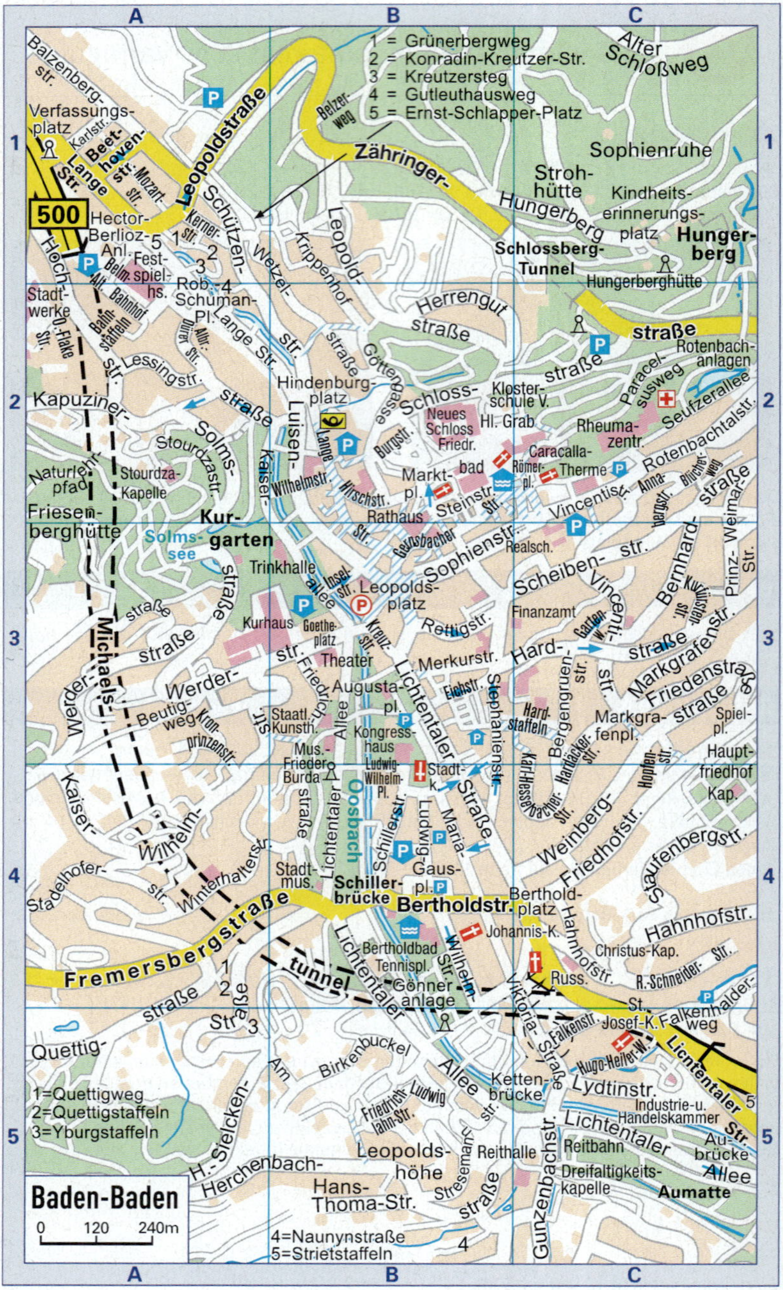

A
B
C
1
2
3
4
5
1 = Grünerbergweg
2 = Konradin-Kreutzer-Str.
3 = Kreutzersteg
4 = Gutleuthausweg
5 = Ernst-Schlapper-Platz
Alter Schloßweg
Balzenberg-str.
Verfassungs-platz
Karlstr.
Beet-hoven-str.
Mozart-str.
Lange Str.
Leopoldstraße
Belzer-weg
Zähringer-
Sophienruhe
Stroh-hütte
Kindheits-erinnerungs-platz
Hungerberg
Hunger-berg
Schlossberg-Tunnel
Hungerberghütte
500
Hector-Berlioz-Anl.
Kerner-str.
Schützen-
Wetzel-
Krippenhof
Leopold-
Fest-spiel-hs.
Rob.-Schuman-Pl.
Stadt-werke
Hoch-
Bahnhof
Lange Str.
Herrengut
straße
Rotenbach-anlagen
O.-Flake-Str.
Lessingstr.
Hindenburg-platz
Götten-gasse
Schloss-
Kloster-schule V. Hl. Grab
Paracel-susweg
Seufzerallee
Kapuziner-
Luisen-
Neues Schloss Friedr.
Rheuma-zentr.
Rotenbachtalstr.
Solms-
Stourdzastr.
Burgstr.
Caracalla-Therme
Römer-pl.
Markt-pl.
bad
Naturlehr-pfad
Stourdza-Kapelle
Kaiser-
Wilhelmstr.
Hirschstr.
Steinstr.
Vincentistr.
Anna-
Friesen-berghütte
Kur-garten
Rathaus
Solms-see
Realsch.
Sophienstr.
Scheiben-
str.
Bernhard-
Prinz-Weimar-Str.
Trinkhalle
Insel-str.
Leopolds-platz
Kurhaus
Goethe-platz
Rettigstr.
Finanzamt
Vincenti-
Markgrafenstr.
Michaels-
straße
Theater
Merkurstr.
Hard-
Friedenstraße
Werder-
Augusta-pl.
Lichtentaler
Stephanienstr.
Beutig-weg
Kron-prinzenstr.
Staatl. Kunsth.
Allee
Kongress-haus
Hard-staffeln
Markgra-fenpl.
Spiel-pl.
Haupt-friedhof
Kap.
Mus. Frieder Burda
Ludwig-Wilhelm-Pl.
Stadt-k.
Kaiser-
Wilhelm-
Oosbach
Schillerstr.
Maria-
Weinberg-
Friedhofstr.
Staufenbergstr.
Stadelhofer-
Winterhalterstr.
Stadt-mus.
Schiller-brücke
Bertholdstr.
Berthold-platz
Fremersbergstraße
Bertholdbad Tennispl.
Johannis-K.
Hahnhofstr.
Christus-Kap.
tunnel
Gönner-anlage
Russ.
R.-Schneider-Str.
Quettig-
Falkenhalder-weg
Birkenbuckel
Ketten-brücke
Lydtinstr.
1=Quettigweg
2=Quettigstaffeln
3=Ybgurgstaffeln
Industrie-u. Handelskammer
Leopolds-höhe
Reithalle
Reitbahn
Au-brücke
Dreifaltigkeits-kapelle
Aumatte
Herchenbach-
Hans-Thoma-Str.
Gunzenbachstr.
Baden-Baden
0 120 240m
4=Naunynstraße
5=Strietstaffeln

Das trendige Gastrokonzept vereint Esszimmer, Wohnraum, Arbeitsplatz und Relaxzone zu einem unkompliziert-lässigen und kommunikativen Treffpunkt. Der Gast hat die Wahl zwischen Restaurant, Terrasse, Bar und einem Bereich mit offener Showküche. Mittelpunkt und ein ganz besonderer Hotspot ist der große Designergrill als Blickfang. Kulinarisch bietet man eine ehrliche, aromenbetonte Jahreszeitenküche. Auch in punkto Wein ist man bestens aufgestellt.

Maison Messmer
www.hommage-hotels.com

★★★★★S garni

Werderstraße 1 (B3), PLZ 76530, **T 07221 30120,** F 3012100
152 Zimmer | 11 Suiten | 24 h

Das luxuriöse Nichtraucherhotel direkt neben dem Kasino hat man 2019 umfangreich renoviert. Der Charme des Art déco prägt die hochwertig ausgestatteten Zimmer. Im obersten Stockwerk steht eine Penthouse-Suite zur Verfügung. Ein Höchstmaß an Komfort und Wohlbefinden bietet der 800 qm große „Royal Spa" mit Indoorpool und Saunabereich.

Am Sophienpark
www.hotel-am-sophienpark.de

★★★★

Sophienstraße 14 (B3), PLZ 76530, **T 07221 3560,** F 356121
73 Zimmer | 3 Suiten | 5 Apartments | Ez ab 120 €, Dz ab 180 €, inkl. Frühstück | 24 h

Tradition und Moderne verbinden sich in diesem vorbildlich geführten Haus am Park. Ausgesprochen ansprechend die denkmalgeschützte Architektur, das sorgfältig restaurierte Treppenhaus sowie die charmanten Zimmer mit zeitgemäßem Wohnkomfort.

Belle Epoque
www.hotel-belle-epoque.de

VARTA-TIPP Ambiente **VARTA-TIPP** Service

★★★★ garni

Maria-Victoria-Straße 2 (B4), PLZ 76530, **T 07221 300660,** F 300666
20 Zimmer | 5 Suiten | Ez ab 159 €, Dz ab 219 €, inkl. Frühstück | 24 h

Ein malerischer Anblick, diese stilsicher und liebevoll eingerichtete Neorenaissance-Villa, die von einem wunderschönen Park umgeben ist. Wenn es ums Verwöhnen und Wohlfühlen geht, gehört das Boutique-Hotel zweifellos zu den Top-Adressen der Stadt. Die individuell gestalteten Zimmer und Suiten (20 bis 34 qm) haben eine ganz persönliche Note und sind mit hübschen Antiquitäten ausgestattet. Die Mitarbeiter:innen sind freundlich und top geschult.

Der Kleine Prinz
www.derkleineprinz.de

VARTA-TIPP Ambiente **VARTA★TIPP** Service

★★★★

Lichtentaler Straße 36 (B4), PLZ 76530, **T 07221 346600,** F 3466059
40 Zimmer | 8 Suiten | 2 Apartments | Ez ab 119 €, Dz ab 179 €, inkl. Frühstück | 24 h

Dieses charmante, inhabergeführte Hotel empfängt Sie in einer 1890 erbauten Stadtvilla mitten im Zentrum. Das Haus überzeugt durch erstklassige Servicekultur und individuelle Zimmer, die mit Stilmöbeln und Antiquitäten ausgestattet sind. Zum Entspannen und Verweilen laden die gemütliche Kaminlounge mit Bibliothek und der idyllische Innenhof ein. Im Gourmetrestaurant wird französisch-regionale Küche serviert.

Heliopark Bad Hotel zum Hirsch
www.heliopark-hirsch.de

★★★★ garni

Hirschstraße 1 (B2, Anfahrt über Wilhelmstraße), PLZ 76530, **T 07221 9390,** F 939111
71 Zimmer | 12 Suiten | Ez ab 97 €, Dz ab 139 €, inkl. Frühstück | 24 h »

Ein Hauch von Belle Époque begegnet Ihnen in diesem Boutique-Hotel, das sich direkt in der Fußgängerzone befindet. Das Haus bietet wohnliche Zimmer in unterschiedlichen Kategorien. Die meisten Zimmer verfügen über eine eigene Thermalwasserleitung. 200 qm großer SPA-Bereich mit Saunalandschaft. Restaurant mit Sommerterrasse. Cigar-Lounge.

Roomers www.roomers-badenbaden.com

Lange Straße 100 (A1), PLZ 76530, **T 07221 901930**
130 Zimmer | 33 Suiten | Ez 200–500 €, Dz 200–500 € | 24 h

Ein stylishes Luxus-Lifestyle-Hotel, gestaltet von Designer Piero Lissoni. Das Haus bietet großzügige Zimmer und Suiten, eine Loungebar mit Dachgarten und Panoramablick sowie einen hübschen SPA-Bereich mit Outdoorpool.

moriki www.moriki-badenbaden.de

Hauptgericht 18–38 € | Mo-So

Voll im Trend liegt dieses durchgestylte Restaurant. Serviert wird eine moderne pan-asiatische Küche. Dazu gibt es verschiedene Sushi-Variationen. Für Veranstaltungen und Feierlichkeiten steht ein geräumiger Private-Dining-Room zur Verfügung. Tipp: Lunch-Specials am Mittag.

Auerhahn www.gasthaus-auerhahn.de

Geroldsauer Straße 160 (an der B 500), PLZ 76534 (OT: Geroldsau), **T 07221 7435,** F 7432
28 Zimmer | Ez 64–74 €, Dz 89–118 €, inkl. Frühstück

Gut geführter Gasthof an der Schwarzwaldhochstraße. Behaglich eingerichtete Gästezimmer, teils mit bemalten Holzmöbeln. Gute Tagungsmöglichkeiten.

Auerhahn

80 | Hauptgericht 18–26 € | Mo-So

In der hübschen Gaststube serviert man Ihnen eine marktorientierte Saisonalküche zu einem guten Preis-Leistungs-Verhältnis. Gerichte wie „Schwarzwaldforelle 'Müllerin' mit Salzkartoffeln" oder „Badischer Sauerbraten im Spätburgundersößle mit Spätzle vom Brett, Preiselbeerbirne und buntem Salatteller" machen Appetit.

Magnetberg
www.hotel-magnetberg.de

★★★ S garni

Scheibenstr. 18 (C3), PLZ 76530, **T 07221 3640,** F 364400
76 Zimmer | 2 Suiten | Ez 85–135 €, Dz 155–200 €

Traditionsreiches Hotel mit romantischem Schlosscharakter in einem herrschaftlichen Park und in exponierter Halbhöhenlage. Hell und freundlich eingerichtete Gästezimmer, teils mit Balkon. Restaurant mit regionaler Küche.

Rebenhof
www.hotel-rebenhof.de

Weinstraße 58, PLZ 76534 (OT: Neuweier), **T 07223 96310,** F 963131
38 Zimmer | 7 Suiten | Ez 94–119 €, Dz 119–239 €, inkl. Frühstück

Familiär gut geführtes Haus inmitten der Weinberge. Ruhige, stilvoll eingerichtete Zimmer, teilweise zur Bergseite, teilweise zur Rheinebene gelegen. Schöner Wellnessbereich mit Sauna, Dampfbad und Liegewiese. Im Restaurant mit großer Fensterfront wird regionale Küche serviert.

Am Markt
www.hotel-am-markt-baden.de

garni

Marktplatz 18 (B2), PLZ 76530, **T 07221 27040,** F 270444
22 Zimmer | 2 Apartments | Ez 80–90 €, Dz 110–155 €, inkl. Frühstück

Persönlich geführtes Haus mitten in der Altstadt, etwas erhöht von der Fußgängerzone. Die Zimmer sind zweckmäßig und wohnlich eingerichtet. Im Sommer kann man auch auf der Terrasse am Marktplatz frühstücken.

Hotel Société
www.table-baden-baden.de/hotel

Jagdhausstraße 5 (↖ A1, über Lange Straße), PLZ 76530, **T 07221 7029898,** F 7029902
13 Zimmer | 1 Apartment | Ez ab 65 €, Dz ab 85 €, inkl. Frühstück

Hier lässt es sich gut wohnen, denn das kleine Boutique-Hotel ist sehr gepflegt und liegt nur wenige Gehminuten vom Festspielhaus entfernt. Die Zimmer sind freundlich gestaltet und mit zeitgemäßer Technik ausgestattet.

La Table
www.la-table-baden-baden.de

45 | Hauptgericht 18–26 € | Di-Sa ⊘ Mo, So

Das Lokal ist ein Ableger des „Le Jardin de France" in der Lichtentaler Straße und steht unter der gleichen Leitung. Frische Produkte aus der Region bilden die Grundlage für die kulinarischen Genüsse, die hier auf den Tisch kommen.

Hubers
www.hubers-hotel.de

★★★

Merkurstraße 9 (B3), PLZ 76530, **T 07221 2700,** F 270270
27 Zimmer

Familiär geführtes Haus in der Nähe des Augustaplatzes im Herzen der Stadt. Freundlich eingerichtete Nichtraucherzimmer mit zeitgemäßer Ausstattung und kostenlosem Sky-TV. Die Café-Bar „Bruder & Schwester" serviert mittags kleine Snacks und abends kühle Drinks zum Vorglühen oder Runterkommen.

Rathausglöckel - Historisches Hotel Garni www.rathausgloeckel.de

★★★★ garni

Steinstr. 7-9 (B2), PLZ 76530, **T 07221 90610,** F 906161
14 Zimmer | 4 Suiten | Ez 90–120 €, Dz 125–169 €, inkl. Frühstück

Traditionelles Altstadthotel aus dem 16. Jhd. mit vollständig modernisierten Gästezimmern, die mit warmen Farben und fließenden Stoffen individuell gestaltet sind. Stimmungsvolle Bar im hist. Weinkeller.

Schweizer Hof www.schweizerhof.de

★★★ S

Lange Straße 73 (A1), PLZ 76530, **T 07221 30460,** F 304646
34 Zimmer | 1 Suite | Ez ab 69 €, Dz ab 105 €, inkl. Frühstück

Kleines Hotel mit Jugendstilfassade direkt neben dem Festspielhaus mit familiärer Atmosphäre und persönlichem Service. Ruhige Zimmer in einer Kombination aus Tradition und Moderne mit kostenlosem WLAN. Schöne Sommerterrasse im Innenhof.

Le Jardin de France im Stahlbad www.lejardindefrance.de

VARTA-TIPP Küche **VARTA-TIPP** Service

Augustaplatz 2 (B3), PLZ 76530, **T 07221 3007860**
35 | Hauptgericht 39–49 €, Menü 85–115 € | Di-Sa Mo, So

Auch nach dem Umzug in die neue Location ist das „Le Jardin de France" ein Garant für exzellente Gastlichkeit und große Kochkunst. Das legendäre Stahlbad, ein repräsentativer Bau aus dem 19. Jhd., ist die neue Heimat von Sophie und Stéphan Bernhard. So exquisit und stilvoll wie der Rahmen zeigt sich auch die Küche des Patrons. Er bietet moderne, durchdachte Speisen, die mit kreativen Elementen verfeinert sind, aber dennoch ihre klassisch französischen Wurzeln bewahren. Der geschulte Service ist Teil des Genusserlebnisses: charmant und voller Hingabe ist Frau Bernhard die perfekte Mittlerin zwischen Gast und Küche.

Maltes hidden kitchen www.malteshiddenkitchen.com

VARTA-TIPP Küche **VARTA-TIPP** Service

Gernsbacher Straße 24 (B3 im Kaffeehaus Baden-Baden), PLZ 76530, **T 07221 7025020**
25 | Menü 105–135 € | Mi-Sa Mo, Di, So

Das gepflegte Kaffeehaus in der Fußgängerzone verwandelt sich am Abend in ein ambitioniertes Restaurant, das sich inzwischen zu einem angesagten Treffpunkt für Gourmets etabliert hat. Jungkoch Malte Kuhn kredenzt ein anspruchsvolles Fine-Dining-Menü mit abgestimmter Weinbegleitung. Seine Küche ist ausdrucksstark, produktorientiert und dennoch auf das Wesentliche reduziert. Der Service begeistert mit Freude, Professionalität und Leidenschaft.

Nigrum
www.restaurant-nigrum.com

Schlossstraße 20 (B3), PLZ 76530, **T 07221 3979008**
35 | Menü 99–149 € | Mi-Sa Mo, Di, So

Sie mögen es elegant, extravagant und trendy? Passend zur stimmungsvollen Atmosphäre wird in dem kleinen, aber feinen Restaurant kreativ, modern und ambitioniert gekocht. Das wechselnde Menü ist ein kulinarischer Streifzug rund um die Welt, in dem man Akzente zwischen Avantgarde und Klassik setzt. Die Weinkarte bietet sowohl regionale, als auch internationale Tropfen. Im Hotel „House One“ stehen 5 hübsche Gästezimmer zur Verfügung.

Heiligenstein
www.hotel-heiligenstein.de

Heiligensteinstraße 19a, PLZ 76534 (OT: Neuweier), **T 07223 96140**
70 | Hauptgericht 17–33 €, Menü 42–56 € | Fr-So Mo-Mi, Fr-So Do

Seit über 30 Jahren ist dieser Familienbetrieb bekannt für sein freundliches Ambiente, die herzliche Atmosphäre und eine sehr gute Küche. Serviert werden leckere Köstlichkeiten wie „Gebratene Jakobsmuscheln mit Speck-Estragonsauce“ oder „Hausgemachte Blutwurstmaultaschen“. Dazu eine große Weinkarte mit mehr als 400 regionalen und internationalen Weinen.

Heine's Wine & Dine
www.heine-wine-dine.com

Merkurstr. 3 (B3), PLZ 76530, **T 07221 3979466**
32 | Menü 59–99 € | Mo-Di, Fr-So Mi, Do

Eintreten, abschalten, wohlfühlen - das ist hier garantiert! Modernes Design, lässige Atmosphäre und ein überaus liebenswerter Service. In der Küche legt man Wert auf frische regionale Produkte. Die anspruchsvollen Gerichte können Sie wahlweise à la carte oder in Menüform genießen. Dazu kredenzt Inhaber und IHK-Sommelier Michael Heine überwiegend deutsche und europäische Weine.

Restaurant Goldenes Loch
www.schloss-neuweier.de/restaurant

Mauerbergstraße 21 (im Schloss Neuweier), PLZ 76534 (OT: Neuweier), **T 07223 800870**
70 | Hauptgericht 27–42 €, Menü 54–84 € | Mo, Do-So Di, Mi

Casual Fine Dining in gemütlicher Atmosphäre, umgeben von Weinbergen. Serviert wird eine kreative Küche mit regionaler Produktqualität und euro-asiatischen Aromen. Lust auf „Schwarzwälder Lammkarree mit Wasabi-Joghurt, gerösteter Gurkenjus, Bohnen, Bronzefenchel und Fregola Sarda“? Dazu serviert man edle Tropfen aus dem eigenen Weingut. Zum Haus gehören auch eine Straußenwirtschaft, ein Eventbereich, eine Vinothek sowie ein Boutique-Hotel mit gepflegten Gästezimmern.

Rizzi The Restaurant
www.rizzi-baden-baden.de

Augustaplatz 1 (B3, im Palais Gagarin), PLZ 76530, **T 07221 25838**
80 | Hauptgericht 12–58 € | Mo-So

Im Herzen der Kurstadt, direkt im Park der Lichtentaler Allee, befindet sich dieses Restaurant mit Lounge und großer Sonnenterrasse. Hier erwarten Sie mediterrane Speisen, ein umfangreiches Steakangebot sowie eine große internationale Weinauswahl. Wöchentlich wechselndes Businessmenü.

Klosterschänke
www.restaurant-klosterschaenke.de

Klosterschänke 1 (B3), PLZ 76530, **T 07221 25854**
45 | Hauptgericht 20–32 € | Sa-So Di-So Mo

Regional-mediterrane Küche mit Blick in die Rheinebene - das erwartet Sie hier. Dazu noch warmes, gemütliches Ambiente, ein herzlicher Service und im Sommer eine traumhafte Terrasse. Die Chefin kocht selbst, z.B. „Zanderfilet an Spargelragout mit Bärlauchrisotto".

BADENWEILER 64 A
www.badenweiler.de

Baden-Württemberg | EW 4.004 | 425 m | Lörrach 27 km, Freiburg 38 km

Schwarzmatt
www.schwarzmatt.de

VARTA TIPP Service

★★★★ S garni

Schwarzmattstraße 6a, PLZ 79410, **T 07632 82010,** F 820120
38 Zimmer | 4 Suiten | 14 Apartments | Ez 155–175 €, Dz 230–370 €, inkl. Frühstück

Ein Abstecher hierher lohnt sich immer. In diesem traditionsreichen Ferienhotel lebt die ehrliche Gastfreundschaft. Familie Mast-Bareiss und ihre Mitarbeiter:innen tun so ziemlich alles dafür, dass man sich hier ganz wie zu Hause fühlt. Wohnlich und gediegen zeigen sich die im eleganten Landhausstil eingerichteten Zimmer. Für Entspannung sorgt der Sauna- und Wellnessbereich. Morgens dürfen Sie sich auf ein tolles Frühstück freuen.

Schwarzmatt

80 | Hauptgericht 22–33 €, Menü 45–65 € | Mo-So

Klassisch eingerichtetes Restaurant mit gehobenem, marktorientiertem Speisenangebot. Die Küchencrew verwendet regionale Produkte von heimischen Erzeugern und Öko-Bauernhöfen. Der Service überzeugt mit authentischer Gastlichkeit.

Anna
www.hotel-anna.de

★★★★ S garni

Oberer Kirchweg 2, PLZ 79410, **T 07632 7970,** F 797150
36 Zimmer | Ez 65–90 €, Dz 124–166 €, inkl. Frühstück | 24 h

Traditionsreiches Haus in idyllischer ruhiger Lage, in der 4. Generation familiengeführt. Helle, freundlich eingerichtete Zimmer mit kostenlosem WLAN. Für Entspannung sorgen ein großzügiges Thermalhallenbad mit Panoramablick, eine einladende Gartenterasse mit Vogesenblick, eine gemütliche Golfbar und ein behagliches Restaurant.

Schlossberg
www.das-schlossberg.com

★★★ S garni

Schlossbergstraße 3, PLZ 79410, **T 07632 82850,** F 828519
19 Zimmer | 11 Suiten | Ez 80–150 €, Dz 130–160 €, inkl. Frühstück | 24 h

Engagiert geführtes Haus umgeben von einem liebevoll gepflegten Garten mit schönem Ausblick auf die Rheinebene und den Römerberg. Hier erwarten Sie ruhige, gemütliche Zimmer mit Balkon oder Terrasse. Hauseigene Sauna.

Wellnesshotel am Park
www.hotel-am-park-badenweiler.de

★★★★

Römerstraße 8, PLZ 79410, **T 07632 7580,** F 758299
35 Zimmer | 2 Suiten | Ez 90–110 €, Dz 156–186 €, inkl. Frühstück

Wellnesshotel mit mediterranem Flair in herrlicher Lage unweit des Kurparks und der Cassiopeia-Therme. Wohnliche Gästezimmer mit Blick auf den Kurpark oder ins Rheintal. Schöner Wellnessbereich mit Thermalhallenbad.

Zur Sonne
www.zur-sonne.de

★★★ S

Moltkestr. 4, PLZ 79410, **T 07632 75080,** F 750865
35 Zimmer | 1 Suite | 4 Apartments

Traditionshaus im Ortszentrum, das nur wenige Schritte vom Wald, dem Kurpark und der Cassiopeia-Therme entfernt ist. Hier erwarten Sie wohnliche Gästezimmer und ein reichhaltiges Frühstücksbuffet mit hausgemachten Spezialitäten aus dem Südschwarzwald. Rustikal-elegante Restaurantstuben mit gemütlichem Ambiente.

BAIERBRUNN 60 D
www.baierbrunn.de

Bayern | EW 3.123 | 626 m | Wolfratshausen 14 km, München 15 km

Waldgasthof Buchenhain
www.hotelbuchenhain.de

★★★

Am Klettergarten 7, PLZ 82065 (OT: Buchenhain), **T 089 7448840,** F 7938701
42 Zimmer | 1 Suite | Ez 89–189 €, Dz 129–199 €, inkl. Frühstück

Das traditionelle bayerische Hotel empfängt seine Besucher mit behaglichen Zimmern im Landhausstil. Einige Unterkünfte verfügen über einen Balkon. Frühstücken kann man im Sommer auch auf der Terrasse. Tipp: Oldtimer-Vermietung für Gäste.

Restaurant im Waldgasthof Buchenhain

200 | Hauptgericht 12–19 €, Menü 19–34 € | Mo-So

Urige Gaststuben mit viel Holz, Kachelöfen und gemütlichen Nischen. Aus der Küche kommen überwiegend heimische Gerichte wie beispielsweise „Hausgemachte Käsespätzle mit Sennkäse und Röstzwiebeln“ oder „Schweinebraten in Dunkelbiersauce mit Kartoffelknödeln und Speck-Krautsalat“. Lauschiger Biergarten mit altem Kastanienbestand.

BAIERSBRONN 57 A www.baiersbronn.de

Baden-Württemberg | EW 14.500 | 584 m | Freudenstadt 7 km, Baden-Baden 42 km

Bareiss www.bareiss.com

VARTA★TIPP Service

★★★★★S

Hermine-Bareiss-Weg, PLZ 72270 (OT: Mitteltal), **T 07442 470,** F 47320
99 Zimmer | 10 Suiten | 48 Apartments | Ez ab 340 €, Dz ab 640 €, inkl. Halbpension | 24 h

Das familiengeführte, luxuriöse Ferienresort liefert die perfekte Atmosphäre für stressfreien Urlaub. Schon die herrliche Lage am Rande des Oberen Murgtals ist einzigartig, hinzu kommen die im edlen Landhausstil eingerichteten Zimmer und Suiten sowie die exzellente Servicekultur. Der Facettenreichtum der Angebote im Hotel ist einzigartig: Kulinarik von der einfachen Wanderhütte bis zum Gourmetrestaurant, 6.000 qm SPA-Landschaft mit In- und Outdoorpools, Saunen und Beauty-Offerten, Kinderprogramm (7 Tage in der Woche) sowie ein umfassendes Sport-, Freizeit- und Kulturprogramm.

Bareiss

VARTA★TIPP Küche VARTA★TIPP Service

32 | Hauptgericht 120–140 €, Menü 210–265 € | Mi-So Mo, Di 13.2.–10.3.23, 24.7.–25.8.23

Seit Jahren ist Ihnen in dem elegant und luxuriös ausgestatteten Restaurant eines gewiss: eine erstklassige Küche, die mit Harmonie und Präzision überzeugt. Die Menüs von Claus Peter Lumpp sind spannend und kreativ - jeder Gang glänzt durch Produktqualität und exzellente Aromen! Auch der eloquente Service lässt es an nichts fehlen, und in punkto Wein können Sie sich auf die Empfehlungen von Sommelier Teoman Mezda verlassen.

Kaminstube

32 | Hauptgericht 32–36 €, Menü 65–89 € | Sa-So Mo-So

Eleganz und Wohlfühlatmosphäre vermittelt die behagliche Stube: viel Holz, alte Gemälde und ein schmucker Kaminofen. Serviert wird eine zeitgemäß-klassische Küche mit mediterranen Einflüssen. Während der warmen Jahreszeit lockt die Terrasse mit Blick ins Ellbachtal.

Dorfstuben

VARTA-TIPP Küche VARTA-TIPP Service

40 | Hauptgericht 17–29 € | Mo-So

Urig-heimeliges Ambiente herrscht in den beiden originalgetreu eingerichteten Bauernstuben aus dem 19. Jahrhundert. Dazu eine abwechslungsreiche Speisekarte mit einem guten Querschnitt traditioneller Gerichte aus dem Schwarzwald und aus Schwaben. Wie wäre es z.B. mit „Geschmorter Rinderroulade in Spätburgundersauce“ oder „Hausgemachte Maultaschen in der Brühe“? Dazu passt ein frisch gezapftes Pils oder ein badisches 'Viertele'. Charmanter, aufmerksamer Service.

Traube Tonbach

www.traube-tonbach.de

VARTA★TIPP Service

★★★★★S garni

Tonbachstraße 237, PLZ 72270 (OT: Tonbach), **T 07442 4920,** F 492692
140 Zimmer | 16 Suiten | 6 Apartments | Ez 209–489 €, Dz 289–729 €, inkl. Frühstück | 24 h ⃠ 15.1.–2.2.23

Eine echte „Perle“ der deutschen Hotellandschaft! Was dieses traditionsreiche Ferienhotel auszeichnet? Hier wird Servicekultur groß geschrieben. Gastfreundschaft als Verpflichtung - dies ist seit vielen Jahren das Motto von Familie Finkbeiner und all ihren Mitarbeiterinnen und Mitarbeitern. Das hervorragende SPA- und Wellnessangebot, das Freizeit- und Kinderprogramm, die überaus wohnlichen Zimmer und Suiten sowie die kulinarische Vielfalt werden höchsten Gästeansprüchen gerecht.

Schwarzwaldstube

VARTA★TIPP Küche VARTA★TIPP Service

42 | Hauptgericht 84–96 €, Menü 215–265 € | Sa-So Mi-So ⃠ Mo, Di ⃠ 9.1.–2.2.23, 31.7.–24.8.23

Die legendäre Schwarzwaldstube ist zurück! Nach dem Wiederaufbau des Stammhauses, das 2020 nach einem Brand völlig zerstört wurde, empfängt Sie das Fine-Dining-Restaurant in neuen Räumen an der alten Stelle. Der helle, moderne Gastraum mit einer bis in die Giebelspitze vollverglasten Stirnwand zum Tonbachtal gibt von allen Sitzplätzen das wunderschöne Panorama auf den gegenüberliegenden Wald frei. Offenbar beflügelt von dieser exklusiven Atmosphäre verwöhnt Küchenchef Torsten Michel seine Gäste einmal mehr mit kulinarischen Höchstleistungen. Unverwechselbar, stilprägend, kontrastreich, überraschend... was hier aus besten Zutaten kreiert wird, ist schlichtweg besonders und absolutes Spitzenniveau! Für die passende Weinbegleitung sorgt Sommelier Stéphane Gass.

1789

VARTA-TIPP Küche **VARTA-TIPP** Service

29 | Hauptgericht 28–48 €, Menü 125–160 € | Mo-Di, Fr-So Mi, Do

Die Gourmetküche von Florian Stolte und seiner Crew hat nicht nur ein neues Restaurant, sondern auch einen neuen Namen erhalten. In der einstigen Köhlerstube, wo die historische Urzelle der Traube Tonbach war, ist jetzt das „1789" (eine Hommage an das Gründungsjahr) beheimatet. Kleine Fenster, warme Lehmputzwände, Hirnholzparkett und umlaufende Sitzbänke aus Eichenholz sorgen für ein ausgesprochen gemütliches Ambiente. Einen tollen Kontrast dazu stellt die moderne, weltgewandte Küche mit asiatisch inspirierten Menüs dar. An der Gästefront wirkt eine sympathische und fürsorgliche Servicemannschaft.

Schatzhauser **Neu!**

60 | Hauptgericht 20–45 € | Di-So Di-Sa

Den Namen verdankt das Restaurant dem guten Waldgeist aus dem berühmten Märchen „Das Kalte Herz", der den Menschen Wünsche erfüllt. Auf der Speisekarte dominiert die schwäbisch-badische Küche, darunter Lieblingsgerichte wie „Hausgemachte Maultaschen", „Forelle Müllerin" oder „Schwarzwälder Linseneintopf". Oder lieber ein Steak-Cut vom Lavasteingrill? Der herrliche Ausblick auf das Tonbachtal, eine gut kuratierte Weinkarte und ein liebenswerter Service komplettieren das Angebot.

Sackmann www.hotel-sackmann.de

VARTA-TIPP Service

★★★★ S garni

Murgtalstraße 602, PLZ 72270 (OT: Schwarzenberg), **T 07447 2890,** F 289400
80 Zimmer | 16 Suiten | 7 Apartments | Ez 148–202 €, Dz 222–538 €, inkl. Vollpension

Die perfekte Adresse für ein Genusswochenende zu zweit. Seit der Generalsanierung präsentiert sich das familiengeführte Hotel im romantischen Murgtal stilvoll und extravagant. Klassik und Tradition sind Ihnen hier ebenso gewiss wie kompetenter, zuvorkommender Service und viele kleine Aufmerksamkeiten. Die Gästezimmer sind gemütlich und im typischen Landhausstil eingerichtet. Wer es etwas moderner mag, bucht ein Zimmer in der neuen Design-Kategorie (größtenteils mit Loggia). Toll die großzügige SPA-Landschaft auf zwei Ebenen mit Sky-Infinitypool.

Schlossberg

VARTA★TIPP Küche VARTA-TIPP Service

34 | Hauptgericht 38–84 €, Menü 145–195 € | Mi-So Mo, Di

Gelungen hat man im Fine Dining Restaurant hochwertiges, geradliniges Interieur mit klassisch-elegantem Charme verbunden. Es ist und bleibt ein großes kulinarisches Vergnügen, bei Jörg und Nico Sackmann zu dinieren. Wirklich bemerkenswert, mit welcher Leidenschaft für Kulinarik sich Vater und Sohn Abend für Abend in die Herzen der großen Gourmetgemeinde kochen. Ihre erlesenen Kreationen, die Sie in Form eines Acht-Gänge-Menüs genießen können, überzeugen mit Konstanz, Präzision und einer beeindruckenden Aromenvielfalt. Charmant und geschult der Service, kompetent die Weinberatung.

Murgstube / RheinHOLZ

36 | Hauptgericht 21–38 €, Menü 67–78 € | Mo-So

Gemütlich-schick und zeitgemäß zeigt sich auch das Zweitrestaurant. Hier trifft bodenständige Regionalküche auf weltoffene Kreativität. Wie wär's z.B. mit „Tomahawk vom Milchkalb | Bärlauchbutter | Kräutersalat | Kartoffelschnitze" oder „Murgforelle mit Aromaten | Gurken-Kiwi-Carpaccio | Zitronenvinaigrette | Koriander"? Gut sortierte Weinkarte mit Schwerpunkt Deutschland und Frankreich.

Ailwaldhof www.ailwaldhof.de

★★★★

Ailwald 3, PLZ 72270 (OT: Klosterreichenbach), **T 07442 8360,** F 836200
22 Zimmer | 6 Suiten | Ez 80–120 €, Dz 160–208 €, inkl. Frühstück

Exklusives Ferienhotel in ruhiger Lage inmitten einer über 14 ha großen Naturparklandschaft. Wohnliche Gästezimmer mit zeitgemäßem Komfort. 1.000 qm große Wellness- und SPA-Landschaft. Restaurant mit mediterraner Terrasse.

Engel Obertal www.engel-obertal.de

VARTA-TIPP Service

★★★★★S

Rechtmurgstr. 28, PLZ 72270 (OT: Obertal), **T 07449 850,** F 85200
79 Zimmer | 10 Suiten | 6 Apartments | Ez ab 147 €, Dz ab 322 €, inkl. Frühstück | 24 h

Dieses traditionsreiche Wohlfühl- und Wellnesshotel ist der perfekte Rückzugsort für Erholungssuchende. Ein ganz besonderes Highlight ist zweifelsfrei der außergewöhnlich großzügig angelegte SPA-Bereich. Hier bleiben keine Wünsche offen. Auch in punkto Service- und Dienstleistungsbereitschaft der Mitarbeiter:innen kann das Hotel punkten. In den eleganten Restauranträumen und der heimeligen „Engelwirt's Stube" werden regional-schwäbische und internationale Speisen serviert. Seit 2020 verfügt das Hotel zusätzlich über luxuriöse Chalets in moderner Holzbauweise.

Heselbacher Hof
www.heselbacher-hof.de

Heselbacher Weg 72, PLZ 72270 (OT: Heselbach), **T 07442 8380,** F 838100
40 Zimmer | 1 Apartment | Ez ab 138 €, Dz ab 226 €, inkl. Vollpension

Ruhig gelegenes Ferienhotel unter familiärer Führung mit geschmackvoll eingerichteten Zimmern. Großzügiger Wellnessbereich mit Innen- und Außenpool sowie Saunalandschaft. Behagliche Gaststuben mit zum Tal gelegener Terrasse. Gepflegte Gartenanlage.

Wellness- & Nationalpark Hotel Schliffkopf
www.schliffkopf.de

Schwarzwaldhochstraße 1, PLZ 72270, **T 07449 9200,** F 920199
49 Zimmer | 6 Suiten | Ez 170–180 €, Dz 300–340 €, inkl. Halbpension

Herrliche Einzellage in 1.025 m Höhe mit einzigartiger Aussicht auf die großartige Schwarzwaldlandschaft. Behagliche, rustikal eingerichtete Zimmer unterschiedlicher Kategorien. Für Erholung sorgt die große Wellnesslandschaft „BergSpa im Schwarzwald". Das Hotelrestaurant im Landhausstil bietet verfeinerte Regionalküche sowie saisonorientierte internationale Gerichte.

Forsthaus Auerhahn
www.forsthaus-auerhahn.de

Hinterlangenbach 108 (Zufahrt über Schönmünzach), PLZ 72270 (OT: Hinterlangenbach), **T 07447 9340,** F 934199
50 Zimmer | 6 Suiten | 10 Apartments | Ez ab 120 €, Dz ab 230 €, inkl. Vollpension

Ruhig und verborgen am Ende des Tals gelegenes Ferienhotel mit geschmackvollen Landhauszimmern unterschiedlicher Kategorien in mehreren Gebäuden. Sehr schöner Wellnessbereich mit Saunalandschaft, Innen- und Außenpool sowie Panoramaruheraum. Restaurant mit regionaler Küche.

Lamm
www.lamm-mitteltal.de

Ellbachstraße 4, PLZ 72270 (OT: Mitteltal), **T 07442 4980,** F 49878
46 Zimmer | Ez ab 61 €, Dz ab 143 €, inkl. Frühstück

Das familiär geführte, umweltzertifizierte Ferienhotel hat sich in den letzten Jahren zu einem ansprechenden Boutique-Hotel entwickelt. Es bietet seinen Gästen gepflegte Zimmer und einen hübschen Wellnessbereich mit freistehenden Blockhäusern. Behagliches Restaurant mit regionalen und internationalen Speisen.

Sackmanns Wanderhotel Löwen

www.sackmanns-wanderhotel-loewen.de

★★★ S

Murgtalstraße 604, PLZ 72270 (OT: Schwarzenberg), **T 07447 9320,** F 932111
23 Zimmer | 1 Suite | 14 Apartments | Ez 69–84 €, Dz 114–160 €, inkl. Frühstück

Nicht nur Wanderer und Aktivurlauber schätzen diese traditionsreiche, familiengeführte Adresse im romantischen Murgtal. Das freundliche Ambiente der im hellen Landhausstil eingerichteten Zimmer lädt zum Wohlfühlen ein. In der urigen, holzgetäfelten Gaststube „Tannenzäpfle" werden Sie mit bodenständiger und regionaler Küche verwöhnt. Zum Haus gehört auch noch eine Panoramahütte auf 620 Metern Höhe, die über mehrere Wanderwege fußläufig erreichbar ist.

Rosengarten

www.rosengarten-baiersbronn.de

★★★ S

Bildstöckleweg 35, PLZ 72270, **T 07442 84340,** F 843434
28 Zimmer | 1 Suite | Ez 70–76 €, Dz 122–156 €, inkl. Frühstück

Heimeliges Hotel mit liebevoll eingerichteten Zimmern unterschiedlicher Kategorien. Kleiner Wellnessbereich mit Hallenschwimmbad, Sauna und Dampfbad. Frische Kräuterküche wird im Restaurant serviert. Zwei Ferienwohnungen vorhanden.

Meierei im Waldknechtshof

www.waldknechtshof.de

Baiersbronner Straße 4, PLZ 72270 (OT: Klosterreichenbach), **T 07442 84840**
50 | Hauptgericht 18–26 €, Menü 33–86 € | Mo, Do–So ⊘ Di, Mi

Ländlich-rustikales Restaurant, das frisch zubereitete Regionalgerichte mit internationalen Akzenten in Menüform serviert. Geräumige Apartments für Übernachtungsgäste.

Forellenhof Buhlbach

www.bareiss.com/forellenhof-buhlbach

Schliffkopfstr. 64, PLZ 72270 (OT: Buhlbach), **T 07442 470**
80 | Hauptgericht 15–24 € |

Das stattliche Anwesen im Landschaftsschutzgebiet Buhlbachtal gehört zum Hotelunternehmen Bareiss und beherbergt eine schmucke Ausflugsgastronomie sowie eine qualitätsorientierte Fischzucht. Die Ausstattung der heimeligen Gaststuben ist regional inspiriert, auf der Karte locken neben Regional- und Vespergerichten auch frische Forellenspezialitäten. Lauschige Terrasse mit herrlichem Panoramablick.

BALDERSCHWANG 66 D www.balderschwang.de

Bayern | EW 246 | 1.044 m | Sonthofen 12 km, Kempten 33 km

Hubertus Mountain Refugio Allgäu www.hotel-hubertus.de

Dorf 5, PLZ 87538, **T 08328 9200,** F 920100
66 Zimmer | 17 Suiten

Inmitten einer wald- und wiesenreichen Landschaft befindet sich das gewachsene Wellnesshotel. Hier hat man kontinuierlich zum Wohle der Gäste investiert. Fragen Sie nach den detailverliebten „UNIKAT-Zimmern“ mit Bergblick! Attraktiv auch der großzügige SPA-Neubau mit Infinitypool im ersten Stock. Zum Ensemble gehören ein alpiner Zen-Garten mit japanischem Onsenbecken, verschiedene Saunen und ein Naturbadeteich.

Torghele's Wald & Fluh www.torgheles-hotelerei.com

Schlipfhalden 31, PLZ 87538 (OT: Schlipfhalden), **T 08328 1052,** F 381
35 Zimmer | Ez ab 123 €, Dz ab 246 €, inkl. Halbpension

Das regionaltypische Ferien- und Wellnesshotel ist ein gewachsener Familienbetrieb mit wohnlichen Zimmern und Studios, darunter schicke Bio-Zimmer, die mit Naturdesignmöbeln eingerichtet sind. Dazu SPA-Vielfalt mit Wasserwelt, Saunen und Wohlfühlanwendungen. In „Torghele's Grillerei“ kommen frische Wild- und andere Fleischspezialitäten auf den Tisch.

BALDUINSTEIN 41 C www.gemeinde-balduinstein.de

Rheinland-Pfalz | EW 601 | 160 m | Limburg 11 km, Nassau 32 km

Landhotel Zum Bären www.landhotel-zum-baeren.de

VARTA-TIPP Service

Bahnhofstraße 24, PLZ 65558, **T 06432 800780,** F 8007820
10 Zimmer | Ez 82–109 €, Dz 155 €, inkl. Frühstück

Bei Familie Buggle, in deren Besitz sich das Hotel seit Generationen befindet, genießen Sie wohnliche Atmosphäre und zuvorkommenden Service. Die Inhaber versprühen engagierte Freude und leidenschaftliche Gastfreundschaft. Die Zimmer sind individuell im Landhausstil eingerichtet. Am Morgen lockt die gute Frühstücksauswahl.

Restaurant im Landhotel zum Bären

40 | Hauptgericht 19–39 € | Mi-So ⦸ Mo, Di

Im gediegen-eleganten Ambiente legt man den Schwerpunkt auf eine frische regionale Küche mit mediterranem Akzent. Lust auf „Maishähnchenbrust mit Pfifferlingsrisotto und Lauchgemüse“ oder „Gegrillte Calamaretti mit Fregola Sarda, getrocknete Tomaten, Oliven und Fenchelsud“? Dazu eine gut sortierte Weinkarte und ein liebenswerter Service. Im Sommer wird auch auf der idyllischen Gartenterrasse serviert.

BALINGEN 57 D www.balingen.de

Baden-Württemberg | EW 34.712 | 517 m | Rottweil 23 km, Tübingen 38 km

Cosita www.cosita-balingen.de

Gratweg 2, PLZ 72336, **T 07433 902170,** F 9021740
21 Zimmer | 2 Suiten | Ez 87 €, Dz 129 €, inkl. Frühstück

Die verkehrsgünstige Lage, die zeitgemäßen Zimmer und ein gutes Frühstück machen dieses Hotel aus. Besonders komfortabel sind die geräumigen Suiten mit wunderschöner Dachterrasse. Im trendig-eleganten Restaurant serviert man schmackhafte Gerichte aus der spanischen Küche. Nette Terrasse mit Blick auf den Stadtgarten.

BALTRUM (INSEL) 12 B www.baltrum.de

Niedersachsen | EW 496 | 5 m | Norderney 10 km, Hagermarsch 11 km

Strandhof www.strandhof-baltrum.de

Westdorf 123, PLZ 26579, **T 04939 890,** F 8913
45 Zimmer | 8 Suiten | 12 Apartments | Ez 80–110 €, Dz 136–209 €, 9,00–22,00 €

Ein gepflegtes Feriendomizil direkt neben den Sanddünen. Das Haus verfügt über ruhige und funktionell ausgestattete Zimmer, teilweise mit großem Balkon. Restaurant mit großzügiger Sonnenterrasse und herrlichem Blick auf das Wattenmeer.

BALVE 30 C www.hoennetal.de

Nordrhein-Westfalen | EW 12.095 | 250 m | Menden 15 km, Werdohl 15 km

Antoniushütte www.hotel-antoniushuette.de

★★★★ S

Eisborner Dorfstraße 10, PLZ 58802 (OT: Eisborn), **T 02379 9150,** F 644
51 Zimmer | 6 Suiten | Ez 68–204 €, Dz 117–255 €, inkl. Frühstück

Sehr gut geführtes Ferien- und Tagungshotel am Ortsrand. Die geschmackvoll gestalteten Designersuiten mit eigenem Whirlpool vermitteln toskanisches Lebensgefühl. Etwas einfacher sind die rustikalen Zimmer in der 100 Meter entfernten Dependance. Gehobene mediterrane Küche wird im Restaurant „Hermann's" serviert.

Haus Recke www.haus-recke.de

★★★ S

Binolen 1, PLZ 58802 (OT: Binolen), **T 02379 209**
19 Zimmer | 1 Suite | 5 Apartments | Ez 70–80 €, Dz 125–152 €, inkl. Frühstück

Landhotel in geschmackvoll restauriertem, 200 Jahre altem Gehöft. Liebevoll und komfortabel eingerichtete Zimmer und Apartments. Gemütliche Gaststuben mit offenem Kamin, in denen regionale Küche mit Sauerländer Spezialitäten serviert wird.

BAMBERG 53 A www.bamberg.info

Bayern | EW 77.000 | 262 m | Coburg 46 km, Nürnberg 55 km
Altstadt (UNESCO-Weltkulturerbe), Fränkisches Brauereimuseum, Diözesanmuseum, E.T.A.-Hoffmann-Theater, Gärtnerstadt, Antiquitätenviertel, Domberg Dom, Alte Hofhaltung, Neue Residenz, Welterbe-Besucherzentrum.

Bamberger Hof Bellevue
www.bambergerhof.de

Schönleinsplatz 4, PLZ 96047, **T 0951 98550,** F 985562
50 Zimmer | 16 Suiten | 1 Apartment | Ez 125–135 €, Dz 155–185 € | 24 h

Dieses hübsche Gebäude aus der Jahrhundertwende liegt im Herzen der Altstadt und vereint historischen Charme und zeitgemäße Eleganz. Die Gästezimmer sind modern bis stilvoll eingerichtet. Für jeden Anspruch das passende Zimmer. Sehr herzlicher Gästeumgang.

Residenzschloss
www.welcome-hotels.com

Untere Sandstraße 32, PLZ 96049, **T 0951 60910,** F 6091701
184 Zimmer | 4 Suiten | Ez 104–254 €, Dz 134–284 €, inkl. Frühstück | 24 h

Der denkmalgeschützte Bau aus dem 18. Jhd. ist heute ein großzügiges Tagungshotel mit neuzeitlichem Anbau und hauseigener Barockkapelle. Entspannung bietet der „Residenz-Spa". Gediegene Eleganz und internationale Küche im Restaurant.

Villa Geyerswörth
www.villageyerswoerth.de

S

Geyerswörthstraße 15-21a, PLZ 96047, **T 0951 91740,** F 9174500
40 Zimmer | 3 Suiten | Ez 120–144 €, Dz 179–199 €, 18,00 € | 24 h

Das Hotel besteht aus zwei wunderschön restaurierten Villen, die durch die Lobby verbunden sind. Sie logieren in geschmackvoll eingerichteten Stilzimmern mit toskanischem Landhausflair und Marmorbädern. Bei schönem Wetter kann man auf der Terrasse mit Blick auf den Ludwig-Donau-Main-Kanal frühstücken.

Hotel Bamberg
www.bwhotel-bamberg.de

S garni

Luitpoldstraße 7, PLZ 96052, **T 0951 510900,** F 51090590
96 Zimmer | 2 Suiten | Ez 85–120 €, Dz 110–180 €, ab 10,00 € | 24 h

Zeitgemäßes Businesshotel - verkehrsgünstig zwischen Bahnhof und hist. Altstadt gelegen. Zur Verfügung stehen moderne, klimatisierte Gästezimmer in unterschiedlichen Kategorien. Getränke und Snacks gibt es in der kleinen Bistrobar „Luitpoldeck".

Hotel Europa
www.hotel-europa-bamberg.de

Untere Königstr. 6+8, PLZ 96052 (OT: Gärtnerstadt), **T 0951 3093020,** F 30930230
46 Zimmer | Ez ab 74 €, Dz ab 109 €, inkl. Frühstück | 24 h

Ein charmantes, denkmalgeschütztes Stadtdomizil mit stilvoll eingerichteten Zimmern, die sich auf Haupt- und Nebengebäude verteilen. Das Frühstück wird im Wintergarten und bei schönem Wetter im herrlichen Innenhof serviert. Das Restaurant bietet eine marktfrische Kreativküche. Die hauseigene Tiefgarage erreichen Sie über die Untere Königstraße 30.

Nepomuk
www.hotel-nepomuk.de

★★★★ garni

Obere Mühlbrücke 9, PLZ 96049, **T 0951 98420,** F 9842100
24 Zimmer | 1 Suite

Hist. alte Fachwerkanlage in romantischer Flusslage inmitten der historischen Altstadt. Hier erwarten Sie ein gelungener Mix aus Tradition und Moderne, freundlich gestaltete Gästezimmer und ein sehr gutes Frühstück.

Eckerts
www.das-eckerts.de

200 | Hauptgericht 8–23 € | Mo-So

Exponierte Lage mit herrlichem Blick auf Regnitz und Altstadt. Sie haben die Wahl zwischen regionalen und saisonalen Speisen in der behaglichen Gaststube sowie gehobener Küche im modern gestalteten „Esszimmer" im 1. Stock. Tipp: Preisgünstiger Mittagstisch.

Weinhaus Messerschmitt
www.hotel-messerschmitt.de

★★★★ garni

Lange Straße 41, PLZ 96047, **T 0951 297800,** F 2978029
67 Zimmer | 3 Suiten | 2 Apartments | 24 h

Das hist. Haus aus dem Jahre 1422 liegt in der Stadtmitte und bietet ausgesprochen wohnliche und mit Liebe zum Detail eingerichtete Gästezimmer. Im gediegenen Restaurant werden saisonorientierte Gerichte aus der regionalen und internationalen Küche aufgetischt.

Welcome Kongresshotel
www.welcome-hotels.com

★★★ S garni

Mußstraße 7, PLZ 96047, **T 0951 70000,** F 7000516
171 Zimmer | 4 Suiten | Ez ab 99 €, Dz ab 119 €, inkl. Frühstück | 24 h

Das großzügige Geschäftshotel neben der Kongresshalle hat die Form eines Schiffes. Das Haus verfügt über eine 2.000 qm große Konferenz- und Veranstaltungsfläche sowie klimatisierte Gästezimmer mit zeitgemäßem Komfort und moderner Technik. Die gemütlich-rustikale Gaststätte „Plückers" nebst Biergarten lockt mit fränkischer und internationaler Küche.

Kropf
www.kropf-restaurant.de

VARTA-TIPP Küche

Untere Königstraße 28, PLZ 96052, **T 0951 2083095**
70 | Hauptgericht 22–36 €, Menü 52–82 € | Mi-So Mo, Di

In diesem hübschen Altstadthaus mit seinem elegant-modern gestalteten Restaurant kann man hervorragend speisen. Die Crew in der Küche veredelt beste Zutaten aus Franken zu schmackhaften Gerichten, die in Menüform (3 bis 7 Gänge) serviert werden. Auch ein vegetarisches Köstlichkeitenmenü steht auf der Karte. Dazu gibt es heimische Weine von befreundeten Winzern. Das behagliche Kaminzimmer empfiehlt sich für kleinere Feierlichkeiten. Lauschiger Innenhof.

BANNEWITZ 36 C
www.bannewitz.de

Sachsen | EW 10.900 | 300 m | Dresden 5 km, Freital 9 km

Hotel Bannewitz
www.hotel-bannewitz.de

€ Gut & Günstig ★★★ garni

Kreischaer Str. 2 H, PLZ 01728 (OT: Possendorf), **T 035206 395090,** F 395092
21 Zimmer | 2 Apartments | Ez 45–59 €, Dz 60–90 €, 8,50–9,50 €

Vor den Toren Dresdens steht das wohnlich-zeitgemäße Hotel mit seinen geschmackvoll eingerichteten Gästezimmern. Für Langzeitgäste gibt es auch einige Apartments mit Kitchenette. Persönlich-familiär die Atmosphäre, frisch das Frühstücksbuffet.

BARSINGHAUSEN 22 D www.barsinghausen-info.de

Niedersachsen | EW 33.961 | 112 m | Stadthagen 17 km, Hannover 25 km

Gasthaus Müller www.gasthausmueller.de

Goltener Str. 2, PLZ 30890 (OT: Göxe), **T 05108 2163**
60 | Hauptgericht 18–32 €, Menü 40–79 € | So Mi-So Mo, Di

In diesem traditionsreichen Haus pflegt man die Liebe zur anspruchsvollen Küche. Das Angebot reicht von Rotbarsch über Lammhaxe bis Wiener Schnitzel vom Kalbsrücken, dazu wunderbare Weine der deutschen Winzerelite, herzlicher Service und ein gemütlich-elegantes Ambiente. Tischreservierung empfehlenswert.

Stiller's Restaurant www.stiller-geniessen.de

Egestorfer Straße 36a, PLZ 30890, **T 05105 61818**
50 | Hauptgericht 17–36 €, Menü 36–50 € | So Mi-So Mo, Di

Sympathisches Restaurant mit freundlich-elegantem Ambiente. Auf den Tisch kommen regionale und mediterrane Speisen zu vergleichsweise günstigen Preisen. Mögen Sie z.B. „Sommertrüffel | Tagliolini I Rahmsoße I Parmesan“ oder „Lammrücken | Bärlauchkruste I Lauch I Gnocchi“? Schöner Bier- und Weingarten.

BARTH 10 D www.stadt-barth.de

Mecklenburg-Vorpommern | EW 8.815 | 2 m | Ribnitz-Damgarten 29 km, Stralsund 34 km

Pommernhotel Barth www.pommernhotel.de

€ Gut & Günstig ★★★ garni

Divitzer Weg 2, PLZ 18356, **T 038231 45580,** F 4558222
31 Zimmer | 4 Suiten

Familiengeführtes Haus in ruhiger Stadtrandlage. Gepflegte Zimmer in unterschiedlichen Kategorien. Für Radfahrer sind kostenfreie Abstellplätze vorhanden. Bürgerliches Restaurant mit regionaler und mediterraner Küche sowie schöner Terrasse.

BAUNACH 53 A www.vg-baunach.de

Bayern | EW 4.192 | 238 m | Haßfurt 28 km, Coburg 39 km

Rocus www.restaurant-rocus.de

Bahnhofstraße 16, PLZ 96148, **T 09544 20640**
70 | Hauptgericht 21–45 €, Menü 69–93 € | So Mi-So Mo, Di

Helles, freundliches Restaurant in einem ehem. Bahnhof aus dem Jahr 1904. Klassisch gehaltene Karte mit spanisch beeinflusster Frischmarktküche. Im Sommer locken der idyllische Innenhof und die Terrasse.

BAUTZEN 36 D www.bautzen.de

Sachsen | EW 40.000 | 220 m | Görlitz 44 km, Dresden 53 km

Moments
www.moments-hotel.de

VARTA-TIPP Ambiente

★★★★ S garni

Goschwitzstr. 27, PLZ 02625, **T 03591 2038700,** F 2038716
14 Zimmer | 1 Suite | Ez ab 95 €, Dz ab 95 €, 18,00 €

Das geschichtsträchtige Gebäude hat sich nach umfangreicher Sanierung in ein individuelles Boutique-Hotel verwandelt. Die Zimmer sind nach verschiedenen Themen eingerichtet und tragen Namen wie „Romantica", „Harmonie", „Alpenblick" oder „Urgestein". Im Erdgeschoss befindet sich in den originalgetreu restaurierten Räumen der ehemaligen Goethe-Apotheke das Restaurant „Wolfgang's".

Bautzner Senfstube
www.senf-stube.de

€ Gut & Günstig

Schloßstr. 3, PLZ 02625, **T 03591 598015**
45 | Hauptgericht 9–17 € | Mo, Sa-So Mo-So

Das urige Lokal ist bei Touristen und Einheimischen gleichermaßen beliebt. Hier serviert man herzhafte Senfgerichte wie z.B. „Würziges Feuerfleisch, scharf abgeschmeckt mit Bautzener Rustikal-Senf, dazu Böhmische Hefeknödel". Hübsche Terrasse mit Blick auf die historische Schloßstraße.

BAYERISCH GMAIN 69 A
www.bayerisch.gmain.de

Bayern | EW 2.994 | 540 m | Bad Reichenhall 3 km, Berchtesgaden 15 km

Klosterhof
www.klosterhof.de

★★★★ S garni

Steilhofweg 19, PLZ 83457, **T 08651 98250,** F 66211
65 Zimmer | 4 Suiten | Ez 193–421 €, Dz 291–635 €, inkl. Halbpension | 24 h

Ein inhabergeführtes Haus in wunderschöner, absolut ruhiger Alleinlage. Das großzügig erweiterte Hotel & Health Resort bietet wohnliche, sehr individuell eingerichtete Panoramazimmer mit herrlicher Aussicht auf die Bergwelt und einen großzügigen Wellnessbereich. Halbpensionsgäste speisen im Restaurant „GenussArt".

BAYERSOIEN, BAD 67 A
www.bad-bayersoien.de

Bayern | EW 1.113 | 812 m | Bad Kohlgrub 6 km, Schongau 19 km

Parkhotel am Soier See
www.parkhotel-bayersoien.de

★★★★ S garni

Am Kurpark 1, PLZ 82435, **T 08845 120,** F 9695
108 Zimmer | 37 Suiten | 15 Apartments | Ez 94–188 €, Dz 168–336 €, inkl. Frühstück

Komfortables Ferien- und Tagungsdomizil. Unterschiedlich eingerichtete Zimmer, die sich auf drei miteinander verbundene Gebäude verteilen. 1.500 qm großer Wellnessbereich mit afrikanischer Saunalandschaft. Mehrere Restaurants, große Seeterrasse.

BAYREUTH 54 A
www.bayreuth-tourismus.de

Bayern | EW 72.935 | 340 m | Hof 54 km, Bamberg 62 km

Markgräfliches Opernhaus (UNESCO-Weltkulturerbe), Richard-Wagner-Festspielhaus, Neues Schloss mit Hofgarten, Eremitage mit Altem Schloss, Orangerie und Sonnentempel, Haus Wahnfried mit Richard-Wagner-Museum, Kunstmuseum, hist. Museum.

Goldener Anker

www.anker-bayreuth.de

VARTA★TIPP Service

★★★★

Opernstraße 6, PLZ 95444, **T 0921 7877740,** F 78777474
38 Zimmer | 2 Suiten | Ez ab 108 €, Dz ab 178 €, inkl. Frühstück | 24 h

Das vorbildlich geführte Traditionshaus liegt direkt neben dem Markgräflichen Opernhaus. Bereits seit über zwei Jahrhunderten dient dieses aus Sandstein erbaute Gebäude als Gasthaus und hat seither eine breite Anhängerschaft. Lassen Sie sich von den individuell und charmant gestalteten Zimmern und dem sehr persönlichen Service verzaubern! Zum Hotel gehört auch ein voll ausgestattetes Ferienhaus mit 2 Ferienwohnungen.

Restaurant im Hotel Goldener Anker

40 | Hauptgericht 29–48 €, Menü 45–78 € | Mi-So Mo, Di

Das Restaurant zeigt sich stilvoll und mit einem Hauch von Nostalgie. Die Speisekarte wechselt regelmäßig und bietet Schmackhaftes wie „Fränkisches Bachsaiblingsfilet auf Kohlrabigemüse und Risotto“ oder „Rosa Kalbskarree mit Babykarotten und Kartoffelschaum“.

Urban Art Hotel Liebesbier Neu!

www.liebesbier.de

VARTA-TIPP Ambiente

Andreas-Maisel-Weg 1, PLZ 95445, **T 0921 46008020**
67 Zimmer, Dz 120–175 €

2022 hat dieses trendige Designhaus auf dem Brauereigelände von Maisel & Friends eröffnet. Die zeitgemäß und sehr hochwertig ausgestatteten Zimmer und Apartments sowie die Innen- und Außenflächen des Hotels wurden von mehr als 50 internationalen Künstler:innen der Urban-Art-Szene individuell gestaltet. Zum Haus gehören ein Fitnessraum, eine Gästesauna, Veranstaltungsräume sowie ein Restaurant mit stylishem Gastrogarten. Zeitgemäße Check-In-Möglichkeit via Smartphone.

Bürgerreuth Ristorante Italiano

www.buergerreuth.de

An der Bürgerreuth 20, PLZ 95445, **T 0921 78400**
100 | Hauptgericht 9–38 € | Mo-So

Nettes Gasthaus in schöner Lage oberhalb des Festspielhauses. Serviert werden überwiegend klassische italienische Speisen. Täglich Business Lunch. Auch Gästezimmer vorhanden.

Zur Sudpfanne
www.sudpfanne.com

Oberkonnersreuther Straße 6, PLZ 95448 (OT: Oberkonnersreuth), **T 0921 52883**
60 | Hauptgericht 16–36 €, Menü 35–75 € | Mo-Di, Do-So Mo, Do-Sa Mi

Auf eine frische internationale Küche gepaart mit fränkischen Spezialitäten aus der Region darf man sich sowohl im stilvoll-gemütlichen Restaurant als auch in der legeren Brasserie freuen - von Klassikern wie „Wiener Schnitzel“ über Saisonales bis zum Menü. Für Veranstaltungen steht der großzügige, lichtdurchflutete König-Ludwig-Saal zur Verfügung. Schön sitzt man im Sommer auch draußen unter jahrzehntealten, schattenspendenden Linden.

BAYRISCHZELL 68 B
www.bayrischzell.de

Bayern | EW 1.592 | 800 m | Miesbach 24 km, Kufstein 26 km

DEVA Hotel Alpenhof
www.der-alpenhof.de

VARTA-TIPP Ambiente

★★★★ garni

Osterhofen 1, PLZ 83735 (OT: Osterhofen), **T 08023 90650,** F 906520
40 Zimmer | 8 Suiten

Am Fuße des Wendelsteins inmitten einer herrlichen Berglandschaft liegt dieses geschmackvolle Hotel. Das Haus verfügt über liebevoll ausgestattete Gästezimmer. Besonders attraktiv sind die individuellen und großzügigen Themensuiten. Für Entspannung sorgt ein hübscher SPA-Bereich. Gutes Frühstücksbuffet mit frischen Produkten aus der Region. E-Bike-Verleih.

Seeberg

180 | Hauptgericht 14–29 €, Menü 28–46 € | Mo-So

Hübsch gestaltete, gemütliche Gaststube mit rustikalem Ambiente. Aus der Küche kommen bayerisch-traditionelle Köstlichkeiten und internationale Gerichte. Auf den Sonnenterrassen speist man mit Blick auf die Berge.

BECKUM 30 B
www.beckum.de

Nordrhein-Westfalen | EW 36.864 | 105 m | Lippstadt 23 km, Münster 41 km

Zur Windmühle
www.zur-windmuehle.de

Unterberg II-33, PLZ 59269 (OT: Höxberg), **T 02521 86030**
42 | Hauptgericht 19–36 €, Menü 37–80 € | Di-Sa Mo, So

Familiär geführtes Anwesen neben einer denkmalgeschützten Windmühle von 1853. Geboten wird eine schmackhafte deutsche und internationale Küche. Tolle Terrasse. Auch einige Gästezimmer sind vorhanden.

BEILNGRIES 53 D
www.beilngries.de

Bayern | EW 8.652 | 368 m | Neumarkt/Oberpfalz 29 km, Ingolstadt 36 km

Die Gams
www.hotel-gams.de

★★★★ garni

Hauptstraße 16, PLZ 92339, **T 08461 6100,** F 610100
60 Zimmer | 2 Apartments | Ez ab 108 €, Dz 134–168 €, inkl. Frühstück | 22.–24.12.22

Wie schön sich Tradition und Moderne verbinden lassen, sieht man hier z.B. an den tollen modernen und gleichzeitig ländlich designten Gästezimmern. Doch keine Sorge, der geschätzte „Gams"-Charme ist in diesem familiär geführten Haus erhalten geblieben. Ein schöner Rückzugsort ist das SPA-Haus mit Saunen, beheiztem Dachpool und angrenzender Sonnenterrasse.

Fuchsbräu
www.fuchsbraeu.de

★★★★ S garni

Hauptstraße 23, PLZ 92339, **T 08461 6520,** F 652160
71 Zimmer | 2 Suiten | Ez 94–114 €, Dz 118–168 €, ab 8,00 € | 24 h

Familienbetrieb in der 5. Generation mit individuell und freundlich, im modernen Landhausstil eingerichteten Zimmern, teilweise mit Balkon und Holzboden. Kleiner Freizeitbereich mit finnischer Sauna und Fitnessraum, schöner Garten. Im Restaurant mit Biergarten wird regionale Slow-Food-Küche serviert.

Schattenhofer Neu!
www.schattenhofer-beilngries.de

Hauptstraße 44, PLZ 92339, **T 08461 64130,** F 641389
49 Zimmer

Eine traditionsreiche Adresse im Herzen der Beilngrieser Altstadt. Nach zweijähriger Komplettsanierung sind hinter den historischen Mauern helle, moderne Wohlfühlzimmer entstanden. Für Entspannung sorgt ein kleiner Saunabereich. Morgens erwartet den Gast ein gutes Frühstück mit heimischen Schmankerln, frischem Obst und Kaffeespezialitäten. Im denkmalgeschützten Bräustüberl werden hausgemachte Brotzeiten, regionale und saisonale Speisen sowie brauereieigenes, frisch gezapftes Bier serviert.

Der Millipp
www.millipp.de

★★★★ S

Hauptstraße 9, PLZ 92339, **T 08461 1203,** F 7870
34 Zimmer | 2 Suiten | Ez ab 94 €, Dz ab 120 €, inkl. Frühstück | 24 h

Aufwendig restaurierter Gasthof mit Landmetzgerei, dessen Geschichte bis ins 15. Jhd. zurückreicht. Geschmackvoll und gemütlich eingerichtete Zimmer, teils mit nostalgischem Fachwerk. Rustikales Restaurant mit regionaler Küche.

BEILSTEIN 51 D
www.beilstein.de

Baden-Württemberg | EW 6.178 | 258 m | Heilbronn 17 km, Ludwigsburg 27 km

Mayer's Burgrestaurant Hohenbeilstein
www.burg-beilstein.de

Langhansstraße 1, PLZ 71717 (OT: Hohenbeilstein), **T 07062 65077**
65 | Hauptgericht 9–24 € | Sa-So Mi-So Mo, Di

Hoch über Beilstein am Rande der Löwensteiner Berge liegt - umringt von Weinreben - diese historische Burganlage. Aber nicht nur wegen der tollen Aussicht lohnt sich ein Besuch, man kann hier auch wunderbar speisen. In der heimeligen Gaststube wird eine saisonale Küche mit regionalen Produkten serviert. Probieren Sie z.B. „Wildragout mit Waldpilzen und Spätzle vom Brett“ oder „Saltimbocca von der Poulardenbrust auf Tomaten-Risotto“! Für Feierlichkeiten empfiehlt sich das ausgebaute Kellergewölbe.

BELLHEIM 50 D www.suedpfalz-tourismus-vg-bellheim.de

Rheinland-Pfalz | EW 9.188 | 116 m | Germersheim 7 km, Landau 13 km

Lindner's www.lindner-hotel.de

€ Gut & Günstig garni

Postgrabenstraße 52-54, PLZ 76756, **T 07272 972060,** F 9720630
21 Zimmer | Ez 71–79 €, Dz 98–109 €, inkl. Frühstück | ⃠ 23.12.22–1.1.23

Gepflegtes Familienhotel mit wohnlichen Zimmern unterschiedlicher Kategorien. Ideale Adresse für Rad- und Wandertouristen. Gutes Frühstück.

BELLINGEN, BAD 64 A www.bad-bellingen.de

Baden-Württemberg | EW 4.480 | 257 m | Lörrach 20 km, Freiburg 40 km

Kurhotel Markushof www.hotel-markushof.de

★★★

Badstraße 6, PLZ 79415, **T 07635 31080,** F 310888
48 Zimmer | 2 Suiten | 1 Apartment | 24 h

Direkt am Kurpark liegt diese wohnliche Adresse. Das Haus bietet funktionell eingerichtete Gästezimmer. Im rustikalen Restaurant werden badische Gerichte und regionale Weine serviert. Im Nachbarhaus „Quellenhof“ steht den Gästen eine große Gartenanlage mit Liegewiese und Freischwimmbad zur Verfügung.

BELZIG, BAD 25 D www.bad.belzig.com

Brandenburg | EW 11.250 | 105 m | Treuenbrietzen 24 km, Brandenburg 37 km

Paulinen Hof www.paulinenhof.de

★★★★

Kuhlowitzer Dorfstraße 1, PLZ 14806 (OT: Kuhlowitz), **T 033841 44080,** F 440825
40 Zimmer

In landschaftlich reizvoller Lage empfängt Sie dieser 100 Jahre alte Vierseithof. Modernes Wohlfühlflair, historischer Charme und idyllische Ruhe – all das verspricht dieses liebevoll renovierte Hotel. Die hellen, zeitgemäßen Zimmer hat man mit hochwertigen Materialien und nach ökologischen Gesichtspunkten eingerichtet. Dazu ein schöner SPA mit 3 Saunen, Dampfbad und Schwimmbad. Im Restaurant wird regional-bodenständig gekocht.

BEMPFLINGEN 58 A www.bempflingen.de

Baden-Württemberg | EW 3.390 | 336 m | Metzingen 5 km, Nürtingen 11 km

Krone www.kronebempflingen.de

Brunnenweg 40, PLZ 72658, **T 07123 31083**
60 | Hauptgericht 27–40 €, Menü 65 € | Do-Sa Mi-Sa ⃠ Mo, Di, So

Traditionsreiches Restaurant mit liebevoll gestalteten, rustikalen Gasträumen. Die Speisekarte bietet klassische internationale Gerichte wie z.B. „Tranchen vom Angus-Rinderrücken mit Barbecuelack, Frühlingsgemüse und Waffelkartoffeln“. Freundlicher Service. Kleine Gartenterrasse.

BENDESTORF 15 C www.bendestorf.de

Niedersachsen | EW 2.275 | 36 m | Harburg 12 km, Hamburg 39 km

Meinsbur Boutiquehotel www.lieblingsplatz-hotels.de/meinsbur

VARTA-TIPP Ambiente

Gartenstraße 2, PLZ 21227, **T 04183 77990,** F 6087
14 Zimmer | 2 Suiten

Das hübsche Boutique-Hotel ist die ideale Adresse für einen Zwischenstopp auf dem Weg zur Nordsee! Das über 400 Jahre alte Fachwerkhaus mit Reetdach, eingerahmt von einem großzügigen Garten mit altem Baumbestand, gefällt wegen seiner individuellen Einrichtung. Über die historische Holztreppe gelangt man zu den stilvollen Zimmern, die 2019 komplett renoviert wurden. Morgens erwartet den Gast ein sehr gutes À-la-carte-Frühstück.

Buur.

45 | Hauptgericht 15–24 €, Menü 35–55 € | Do-Sa

Unter dem Motto „teilen, probieren & inspirieren lassen“ bietet man im schick designten Restaurant eine moderne regionale Küche in einer Fusion aus Tokio, Tel Aviv und New York. Von Donnerstag- bis Sonntagabend wird neben der Buur-Karte ein „Signature Dish“ angeboten. Schöne Sommerterrasse.

BENDORF 40 D www.bendorf.de

Rheinland-Pfalz | EW 17.173 | 80 m | Koblenz 11 km, Bonn 63 km

Romantik Hotel Villa Sayn www.villasayn.com

★★★★

Koblenz-Olper-Straße 111, PLZ 56170 (OT: Sayn), **T 02622 94490,** F 944944
16 Zimmer | 5 Suiten | Ez ab 105 €, Dz ab 130 €

Hier lässt sich der Alltag vergessen! Die unter Denkmalschutz stehende Villa aus dem Jahre 1862 präsentiert sich in mediterranem Ambiente. Die Gästezimmer sind freundlich und sehr stilvoll im toskanischen Stil eingerichtet. Das Gourmetrestaurant „La Toscana“ mit malerischer Balkonterrasse serviert internationale Küche mit mediterranen Einflüssen.

BENSHEIM 51 A www.bensheim.de

Hessen | EW 41.641 | 115 m | Worms 20 km, Darmstadt 25 km

Tobbaccon Hotel www.tobbaccon.de

Albert-Einstein-Allee 7, PLZ 64625, **T 06251 944970,** F 9449711
111 Zimmer | 24 h

Das Thema „Tabak“ ist hier allgegenwärtig, sowohl bei der Architektur des Gebäudes als auch beim Innenausbau und der Farbgebung. In den Zimmern braune Töne, bodentiefe ellipsenförmige Fenster und moderne Technik. Hübsche Lounge mit wohlig-warmer Atmosphäre, in der auch das Frühstück serviert wird.

BENTHEIM, BAD 20 D www.badbentheim.de

Niedersachsen | EW 15.682 | 50 m | holländische Grenze 9 km, Rheine 23 km

Waldseiter Hof www.waldseiterhof.de

An der Waldseite 7, PLZ 48455, **T 05924 78550,** F 785510
18 Zimmer | 1 Suite | Ez ab 72 €, Dz ab 118 €, inkl. Frühstück

In einer hübschen Parkanlage am Ortsrand liegt dieser ehem. Gutshof. Das Haus verfügt über ruhige und wohnlich eingerichtete Landhauszimmer, einen Saunabereich mit finnischer Sauna und römischem Dampfbad, ein rustikales Restaurant sowie einen eigenen 9-Loch-Golfplatz.

BENZ (BEI WISMAR) 17 A www.amt-neuburg.de

Mecklenburg-Vorpommern | EW 628 | 31 m | Wismar 11 km, Rostock 54 km

Schloss Gamehl www.schloss-gamehl.de

Gamehl 26, PLZ 23970 (OT: Gamehl), **T 038426 22000,** F 22693
19 Zimmer | 5 Suiten | 2 Apartments | Ez 140–210 €, Dz 170–240 €, inkl. Frühstück

Ein repräsentatives Anwesen in landschaftlich reizvoller Lage. Das Haus wurde 1860 im neugot. Stil erbaut. Es verfügt über liebevoll eingerichtete Zimmer und Suiten mit individueller Raumgestaltung und hochwertigem Interieur. Das Restaurant befindet sich im originalgetreu restaurierten Festsaal. Nette Sonnenterrasse mit Blick auf den Park.

BERCHING 53 D www.berching.de

Bayern | EW 8.617 | 385 m | Beilngries 8 km, Neumarkt 21 km

Post Berching www.post-berching.de

VARTA-TIPP Ambiente

Johannesbrücke 5, PLZ 92334, **T 08462 200420**
32 Zimmer | 3 Suiten | Ez 99–129 €, Dz 126–166 €, inkl. Frühstück

In den Mauern eines wunderschönen barocken Palais von 1736 befindet sich das liebevoll sanierte Hotel. Individuell und freundlich eingerichtete Zimmer, eine Wellnesslounge mit Sauna, Massagen und Beauty-Behandlungen sowie ein gemütliches Gewölberestaurant sorgen für reichlich Wohlfühlflair. Großzügige Tagungsräume machen das Haus auch für Geschäftsreisende zu einer interessanten Destination.

BERCHTESGADEN 69 A www.berchtesgaden.de

Bayern | EW 7.662 | 572 m | Bad Reichenhall 18 km, Salzburg 24 km

Kempinski

www.kempinski.com/berchtesgaden

VARTA★TIPP Ambiente

★★★★★S garni

Hintereck 1, PLZ 83471 (OT: Obersalzberg), **T 08652 97550,** F 97559999
138 Zimmer | 12 Suiten | Ez 300–415 €, Dz 340–615 €, 40,00 € | 24 h

Mit seiner exklusiven Lage auf 1.000 Metern Höhe sowie dem atemberaubenden Ausblick auf die Berchtesgadener Bergwelt ist das Luxushotel ein Rückzugsort der ganz besonderen Art. Auf drei Etagen erwarten Sie komfortable Zimmer und Suiten mit großen Panoramafenstern sowie edlen Granitbädern. Sehr gutes SPA-Angebot mit Innen- sowie beheiztem Außenpool. Darüber hinaus gibt es vielfältige Optionen für sportliche Aktivitäten und Kulinarik auf höchstem Niveau.

Gourmet Restaurant PUR

VARTA-TIPP Küche VARTA-TIPP Service

32 | Menü 115–195 € | Mi-Sa Mo, Di, So 7.11.–6.12.22

Ruhige Farben und puristisches Interieur sorgen in diesem Fine-Dining-Restaurant für atmosphärische Gelassenheit. Chefkoch Ulrich Heimann begeistert in seinem Menü mit klassisch europäischen Gourmetkompositionen, die sich durch unverfälschten Geschmack und beste regionale Zutaten auszeichnen. Das geschulte Serviceteam begleitet Sie mit Charme und Liebenswürdigkeit durch den Abend.

Alpinhotel

www.alpinhotel.de

★★★★★S garni

Rossfeldstr. 34, PLZ 83471, **T 08652 63015,** F 66469
18 Zimmer

1959 erbaut, viele Jahre unter familiärer Führung und nach einem Generationenwechsel liebevoll und aufwendig saniert. Die Mühe hat sich gelohnt: Das geschmackvolle Haus fügt sich bestens in die hiesige Bergwelt ein. Es bietet freundliche Zimmer im alpinen Stil. Einmalige Lage, hübsche Panoramaterrasse.

Neuhäusl www.neuhaeusl.de

Wildmoos 45, PLZ 83471 (OT: Oberau), **T 08652 9400,** F 940240
29 Zimmer | 9 Suiten

Persönlich geführtes Wohlfühlhotel mit gemütlichen Zimmern im alpinen Stil. Wellnessbereich auf 250 qm mit finnischer Sauna, Dampfbad und Solestollen. Charmante Gaststuben mit bayerischer Küche und sonnendurchflutetem Wintergarten.

Berchtesgadener Esszimmer www.esszimmer-berchtesgaden.com

Nonntal 7, PLZ 83471 (OT: Nonntal), **T 08652 6554301**
20 | Hauptgericht 29–45 € | Di-Sa ⦸ Mo, So

Ein innovatives junges Restaurant, das für Regionalität, Nachhaltigkeit und Qualität steht. Sie speisen in den liebevoll renovierten Gewölbezimmern des ehem. Gasthaus Nonntal. Der Patron kocht traditionell-bodenständig mit modernen Einflüssen. Dabei verwendet er überwiegend heimische Zutaten, u.a. Pilze und Wildkräuter aus dem Berchtesgadener und Salzburger Raum.

BERG (STARNBERGER SEE) 67 B www.gemeinde-berg.de

Bayern | EW 8.141 | 639 m | Starnberg 6 km, München 27 km

Schloss Berg Neu! www.hotelschlossberg.de

Ölschlag 9, PLZ 82335, **T 08151 9630,** F 96352
44 Zimmer, Dz 79–199 €, inkl. Frühstück

Ein familiengeführtes Hotel am idyllischen Ostufer des Starnberger Sees. Das Feriendomizil ist nicht nur mit einem wunderschönen Panoramablick gesegnet, es bietet auch wohnliche Zimmer in verschiedenen Kategorien - wahlweise zur Land- oder zur Seeseite. Für Entspannung sorgt eine Wohlfühloase mit Dampfbad, Sauna, Infrarotkabine und Ruhebereich. Gemütliche Kaminbar. Hauseigener E-Bike-Verleih.

Strandhotel Berg www.strandhotel-berg.de

Seestraße 17, PLZ 82335, **T 08151 4462910**
15 Zimmer | Ez ab 75 €, Dz ab 125 €, inkl. Frühstück

Nach umfangreicher Runderneuerung empfängt das traditionsreiche Haus nun wieder Gäste. Hier erwarten Sie geräumige und technisch gut ausgestattete Zimmer im klassischen Stil. Dazu ein behagliches Restaurant mit traumhafter Seeterrasse, ein Biergarten sowie ein hauseigener Bootsanlegesteg. Fantastisch der Blick auf den See und die Alpen.

BERGEN B. AUERBACH 45 C www.vogtlandtourist.de

Sachsen | EW 997 | 473 m | Plauen 20 km, Hof 45 km

Landhaus Marienstein www.landhaus-marienstein.de

Thomas-Müntzer-Straße 9, PLZ 08239, **T 037463 8510,** F 851
14 Zimmer | 1 Apartment | Ez 76–96 €, Dz 145–199 €, 9,00–18,00 €

Romantisches Ferienhotel mit Fachwerk und Granitmauern. Helle, im Landhausstil eingerichtete Zimmer. Wellnessetage mit finnischer Sauna und Dampfbad. Im Restaurant regionale Küche (nur auf Vorbestellung geöffnet).

BERGHAUPTEN 56 D www.berghaupten.de

Baden-Württemberg | EW 2.418 | 172 m | Gengenbach 2 km, Offenburg 7 km

Hirsch www.hirsch-berghaupten.de

Dorfstraße 9, PLZ 77791, **T 07803 93970**
80 | Hauptgericht 15–30 €, Menü 45–55 € | Sa-So Di-Sa Mo

Ein gepflegtes Gasthaus mit ländlicher Atmosphäre und herzlicher Gastfreundschaft. Große Auswahl an klassischen und traditionell badischen Gerichten, z.B. „Rindertafelspitz mit Meerrettichsauce, Preiselbeeren, Kartoffeln und Salatteller". Dazu serviert man gute regionale Weine. Bei schönem Wetter lädt die lauschige Gartenterrasse zum Verweilen ein. Helle, freundliche Hotelzimmer.

BERGISCH GLADBACH 40 A www.bergischgladbach.de

Nordrhein-Westfalen | EW 109.425 | 100 m | Köln 15 km, Bonn 36 km

Schloss Bensberg www.schlossbensberg.com

VARTA TIPP Ambiente VARTA TIPP Service

★★★★★S garni

Kadettenstraße, PLZ 51429 (OT: Bensberg), **T 02204 420**
120 Zimmer | 36 Suiten | Ez ab 155 €, Dz ab 175 €, ab 38,00 € | 24 h

In dieser wunderschönen Schlossanlage logieren Sie in fürstlich ausgestatteten Zimmern und Suiten. Elegante Stilmöbel, hochwertige Stoffe, edle Bäder... Luxus pur so weit das Auge reicht. Dazu eine bezaubernde SPA- und Saunalandschaft auf 1.000 Quadratmetern mit Pool und modernem Saunabereich. Wirklich toll das Frühstück! Und auch das Service- und Dienstleistungsniveau ist in allen Bereichen des Hotels vorbildlich.

Vendôme

VARTA TIPP Küche VARTA TIPP Service

38 | Menü 240–285 € | Mi-So Mo, Di

Wie man es in dem luxuriösen Grandhotel erwartet, ist auch im durchgestylten Gourmetrestaurant alles überaus hochwertig und stilvoll. Dem steht die Küche von Joachim Wissler in nichts nach. Er ist ein Ausnahmetalent und gehört zur absoluten Kochelite im Land. Seine fantasievollen Menüs sind eine gelungene Mischung aus klassischer Kochkunst, Kreativität und Moderne. Vorbildlich auch die eingespielte und top motivierte Servicecrew samt Sommelière.

Trattoria Enoteca

60 | Hauptgericht 22–46 €, Menü 53–74 € | Sa-So Mo-So

Trattoria mit mediterraner Einrichtung und warmen Farben. Serviert wird schmackhafte italienische Landküche. Mögen Sie z.B. „Filet vom großen Wolfsbarsch | Arancini | Safran-Kalbssud | Chicorée“? Mittags wechselndes Lunchmenü.

Malerwinkel
www.malerwinkel-hotel.de

garni

Fischbachstraße 3, PLZ 51429 (OT: Bensberg), **T 02204 95040,** F 9504100
40 Zimmer | 2 Suiten | 2 Apartments | Ez ab 98 €, Dz ab 169 €, inkl. Frühstück

Das persönlich geführte Privathotel besteht aus mehreren hist. Fachwerkhäusern. Hier erwarten den Gast gepflegte Zimmer unterschiedlichster Größen und Einrichtungsstile. Für Entspannung sorgt der begrünte Innenhof. Eine Übernachtungsadresse, die für Geschäftsleute wie Wochenendtouristen gleichermaßen attraktiv ist.

Hotel Boskamp
www.hotel-boskamp.com

garni

Am Eichenkamp 1, PLZ 51427, **T 02204 4091556,** F 92262531
13 Zimmer

Das familiär geführte Gästehaus liegt in einer ruhigen Seitenstraße, direkt am Naturschutzgebiet Königsforst. Die Gästezimmer (alle mit Balkon oder Terrasse) überzeugen durch unaufdringliches Design und zeitgemäßen Komfort. Gutes Frühstück mit regionalen Produkten.

BERGKIRCHEN 60 C
www.bergkirchen.de

Bayern | EW 7.391 | 521 m | Dachau 4 km, Fürstenfeldbruck 14 km

Amaro Budget Plus Hotel
www.amaro-hotel.de

garni

Gadastraße 2, PLZ 85232, **T 08142 6505890,** F 65058911
50 Zimmer

Ein zeitgemäßes Businesshotel in verkehrsgünstiger Lage. Das Haus verfügt über moderne, mit Zirbelholz ausgestattete Zimmer. Zu den Annehmlichkeiten gehören ein 40-Zoll-Flachbild-TV und ein schickes Bad mit Regendusche. 24h-Hotelomat für spontane Buchungen oder Spätanreisen.

Gasthaus Weißenbeck
www.weissenbeck.de

Ludwig-Thoma-Straße 56, PLZ 85232 (OT: Unterbachern), **T 08131 72546**
120 | Hauptgericht 15–32 €, Menü 55 € | Sa-So Mo, Di

Frische und wirklich gute Produkte kommen in diesem sympathischen Gasthaus auf den Tisch. Mutter und Tochter stehen am Herd und begeistern mit ihrer süddeutsch-mediterranen Landhausküche. Auf der Karte stehen Gerichte wie „Rosa gebratene Lammhüfte auf Couscous mit geschmorter Aubergine, Paprikacreme und Kardamomsauerrahm“. Reizvolles Gartenlokal.

BERGNEUSTADT 30 C
www.bergneustadt.de

Nordrhein-Westfalen | EW 20.000 | 240 m | Gummersbach 10 km, Olpe 19 km

Rengser Mühle www.rengser-muehle.de

Niederrengse 4, PLZ 51702 (OT: Niederrengse), **T 02763 91450**
95 | Hauptgericht 11–34 €, Menü 21–75 € | Mi-So Mo, Di

Idyllisch am Bachlauf gelegene ehem. Getreidemühle aus dem 16. Jhd. mit rustikalem Ambiente. Serviert werden markt- und saisonabhängige Spezialitäten aus der Region, z.B. „Bergischer Hirschpfeffer mit hausgemachtem Apfelkompott, Preiselbeeren und frischen Butterspätzle". Idyllischer Kaffeegarten.

BERGZABERN, BAD 50 D www.bad-bergzaberner-land.de

Rheinland-Pfalz | EW 7.763 | 170 m | Landau 14 km, Karlsruhe 35 km

Schlosshotel Bergzaberner Hof www.bergzaberner-hof.de

★★★★

Königstraße 55-57, PLZ 76887, **T 06343 9365860,** F 93658699
21 Zimmer | 2 Suiten | Ez 89–125 €, Dz 155–175 €, inkl. Frühstück

Das stilvolle Hotel befindet sich in der ehem. „Remise" des Bergzaberner Schlosses. Die mit Liebe zum Detail eingerichteten Zimmer und Suiten bestechen durch ihren besonderen Charme und den unverwechselbaren Charakter. Erholsame Stunden garantiert der Wellnessbereich im originalen Rohsteingewölbe. Im Restaurant „[becks]" werden regionale und internationale Gerichte serviert.

BERLEBURG, BAD 30 D www.blb-tourismus.de

Nordrhein-Westfalen | EW 20.083 | 420 m | Bad Laasphe 21 km, Winterberg 23 km

Alte Schule www.hotel-alteschule.de

VARTA-TIPP Ambiente

★★★ S

Goetheplatz 1, PLZ 57319, **T 02751 9204780,** F 9204781
40 Zimmer | 4 Suiten | Ez 79–115 €, Dz 139–219 €, inkl. Frühstück

Geschmackvoll ausgestattetes Themenhotel direkt am Schloss des Fürsten Sayn-Wittgenstein. Das Gebäude, in dem von 1923 bis 1954 die örtliche Schule untergebracht war, beherbergt heute wohnliche Gästezimmer mit individuellem Charme. Das Restaurant befindet sich im ehem. Schulraum und bietet sowohl regionale als auch internationale Küche.

Altes Museum www.hotel-altesmuseum.de

VARTA-TIPP Ambiente

★★★ S

Goetheplatz 3, PLZ 57319, **T 02751 9204780,** F 9204781
7 Zimmer | 2 Suiten | Ez 103–115 €, Dz 144–164 €, inkl. Frühstück

In diesem Gästehaus logieren Sie im ehem. Stadtmuseum, welches im Jahre 1825 nach einem großen Brand wieder aufgebaut und nun liebevoll zum Hotel umgebaut wurde. Die individuelle Zimmereinrichtung verbindet modernes Design mit romantisch-nostalgischem Charme. Ideale Adresse für einen Kurzurlaub zu zweit.

BERLIN 26 B visitberlin.de

Berlin | EW 3.431.675 | 34 m | Potsdam 37 km, Frankfurt/Oder 90 km

Brandenburger Tor, Holocaust-Mahnmal, Siegessäule, Akademie der Künste am Pariser Platz, Straße Unter den Linden, Reiterdenkmal Friedrichs II., Deutsche Staatsoper, Gendarmenmarkt, Dorotheenstädtischer Friedhof, Oranienburger Straße, Dom, Museumsinsel (UNESCO-Weltkulturerbe) mit Alter Nationalgalerie und Pergamonmuseum, Fernsehturm, Potsdamer Platz, Reichstag, Kurfürstendamm, Jüdisches Museum, Klosterruine Chorin, Schloss Charlottenburg, Checkpoint Charlie.

Einen Cityplan finden Sie auf Seite 172–177.

Adlon Kempinski www.kempinski.com/adlon

VARTA★TIPP Ambiente VARTA★TIPP Service

★★★★★S garni

Unter den Linden 77 (J4), PLZ 10117 (OT: Mitte), **T 030 22610,** F 22612222
387 Zimmer | 78 Suiten | Ez 270–720 €, Dz 270–720 €, 45,00 € | 24 h

Das Luxusdomizil mit seiner Lage am historischen Brandenburger Tor, der legendären Geschichte und den hohen Servicestandards setzt seit vielen Jahren Maßstäbe in der traditionsreichen Grand Hotellerie. Neben einer perfekten Gästebetreuung erwarten Sie dezent-elegant ausgestattete Zimmer und Suiten, mehrere Restaurants sowie ein großzügiger Day-Spa.

Lorenz Adlon Esszimmer
www.lorenzadlon-esszimmer.de

VARTA-TIPP Küche VARTA-TIPP Service

35 | Hauptgericht 65–85 €, Menü 170–250 € | Mi-Sa Mo, Di, So

Luxuriöses Ambiente, edle Tischkultur, dazu ein spektakulärer Blick auf den Pariser Platz... zweifellos eine der elegantesten Fine-Dining-Adressen der Stadt! Nach dem Ausscheiden von Hendrik Otto steht in dem ehrwürdigen Haus am Brandenburger Tor mit Reto Brändli seit 2022 ein hochbegabter Spitzenkoch am Herd. Auf Basis der klassischen französischen Haute Cuisine kreiert Brändli eine moderne und asiatisch beeinflusste Aromaküche, die nicht nur geschmacklich überzeugt, sondern auch mit überraschender Ästhetik und Liebe zum Detail. Die vielseitige Weinkarte umfasst über 1.000 Gewächse und bietet einige Raritäten. Fachkundig und aufmerksam agiert der Service.

Hotel de Rome
www.roccofortehotels.com

VARTA-TIPP Ambiente VARTA-TIPP Service

★★★★★S

Behrenstraße 37 (K4), PLZ 10117 (OT: Mitte), **T 030 4606090,** F 4606092000
145 Zimmer | 37 Suiten | Ez 280–750 €, Dz 280–750 €, 39,00 € | 24 h

Das prächtige Gebäude aus dem Jahr 1889 (einst Sitz der renommierten Dresdner Bank) beherbergt heute ein aufwendig und stilgetreu restauriertes Luxushotel. Uneingeschränktes Wohlfühlen garantieren die fabelhaften Zimmer und Suiten mit ihren schönen Stuckdecken sowie eigens angefertigten Möbeln. Entspannung bietet der SPA-Bereich mit 20 Meter langem Pool, Sauna und Fitnessraum. Tipp: Genießen Sie auf der Dachterrasse bei einem Drink die Berliner Skyline.

Chiaro

80 | Hauptgericht 18–44 € | Mo-So Mo-Sa

Das neu gestaltete Hotelrestaurant reflektiert mit seinem neuen, urbanen Look und dem kosmopolitischen Interieur perfekt den Zeitgeist Berlins. In elegantem Lifestyle-Ambiente treffen gedeckte, dunkle Wandfarben auf bedacht ausgewählte Farbakzente. Extravagante Kunstwerke, raffinierte Textilien sowie ein gut durchdachtes Lichtkonzept komplettieren das stylishe Raumdesign. Serviert werden authentische italienische Spezialitäten - verfeinert mit japanischen Geschmacksnoten. Sehr nett sitzt man zur warmen Jahreszeit auf der Terrasse im Innenhof.

Regent
www.regenthotels.com/regent-berlin

VARTA-TIPP Ambiente VARTA-TIPP Service

★★★★★S

Charlottenstraße 49 (K4), PLZ 10117 (OT: Mitte), **T 030 20338,** F 20336119
195 Zimmer | 39 Suiten | Ez 280–535 €, Dz 280–535 €, 35,00 € | 24 h

Seit mehr als 25 Jahren wird in diesem Haus Hotelgeschichte geschrieben. Das Luxushotel mit seiner schönen Travertinfassade ist eine Wohlfühloase inmitten der quirligen Großstadt! Individueller Service und klassische Eleganz prägen dieses Haus, das zweifellos zu den Top-Adressen in Berlin zählt. Die stilvoll eingerichteten Zimmer und Suiten verfügen über großzügige Marmorbäder. Der exklusive Health Club bietet SPA, Saunen und ein hochmodernes Fitnessstudio.

Charlotte & Fritz Neu!
www.charlotteundfritz.com

T 030 20336363
86 | Hauptgericht 14–28 €, Menü 70 € | Do-Sa Mo, Di, Mi, So

»

Berlin
0 180 360m
A
B
C
4
5
6
7
8
Schloss-
garten
Mausoleum
Charlotten-
burg
Schloss
Charlottenburg
Orangerie
Spree
Spandauer Damm
AS Spandauer Damm
DRK Kliniken Westend
Westend
Luisen-
friedhof
100
AS Kaiser-
damm
Knobelsdorffstr.
Bismarckstr.
Kaiserdamm
Th.-Heuss-Pl.
S.-Charlotte-Pl.
AS Kaiserd.-Süd
Messe Nord
ICC
Lietzen-
see
Kant-
Neue Kant-
Messe-
Sommer-
garten
gelände
Funkturm
AS Messe-
damm
Westkreuz
Charlottenbg.
RB10
Halensee
Tank- u.
Rastanl. Avus
Dr.
Funkturm
AS Messed.
(Süd)
CityCube
Messe Süd
AS Kurfürsten-
damm
AS Kurf.-
damm
Halensee
Werkstätten,
Rangier- und
Güterbahnhof
Grunewald
Kurfürstendamm
Westfälische Str.
Lehniner
Pl.
Hohenzollerndamm
AS Hohenzollern-
damm
Koenigs-
see
Hertha-
see
1=Dresselstr.
2=Spiegelweg
1=Sesselmannw.
2=Carionweg
3=Schwarzbacher Str.
4=Melli-Beese-Anlage
1
2
6
7
8
9
10
11
12
13

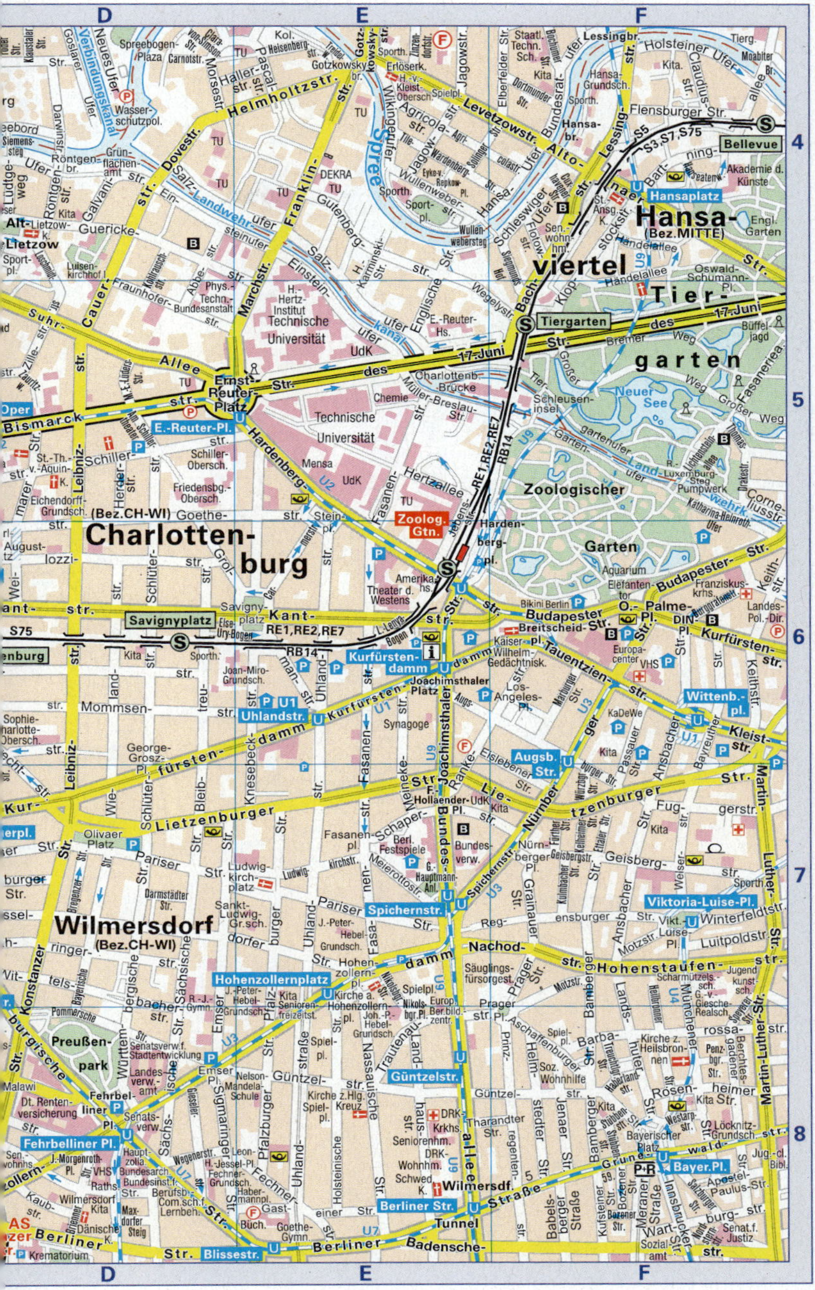
D
E
F
4
5
6
7
8
Hansa-
viertel
(Bez.MITTE)
Tier-
garten
Zoologischer
Garten
Charlotten-
burg
(Bez.CH-WI)
Wilmersdorf
(Bez.CH-WI)
Bellevue
Hansaplatz
Tiergarten
E.-Reuter-Pl.
Ernst-
Reuter-
Platz
Technische
Universität
Zoolog.
Gtn.
Savignyplatz
Kurfürsten-
damm
Uhlandstr.
Wittenb.-
pl.
Augsb.
Str.
Spichernstr.
Hohenzollernplatz
Güntzelstr.
Viktoria-Luise-Pl.
Fehrbelliner Pl.
Berliner Str.
Blissestr.
Bayer.Pl.
Preußen-
park
Neuer
See
Spree
Landwehr-
kanal
Helmholtzstr.
Franklinstr.
Levetzowstr.
Bismarck
Kantstr.
Budapester
Tauentzien-
str.
Kleist-
str.
Lietzenburger
Nürnberger Str.
Hardenbergstr.
Bundesallee
Joachimsthaler
Pariser
Nachod-
str.
Hohenstaufen-
str.
Martin-Luther-Str.
Konstanzer
Str.
Berliner Str.
Badensche-
Str.

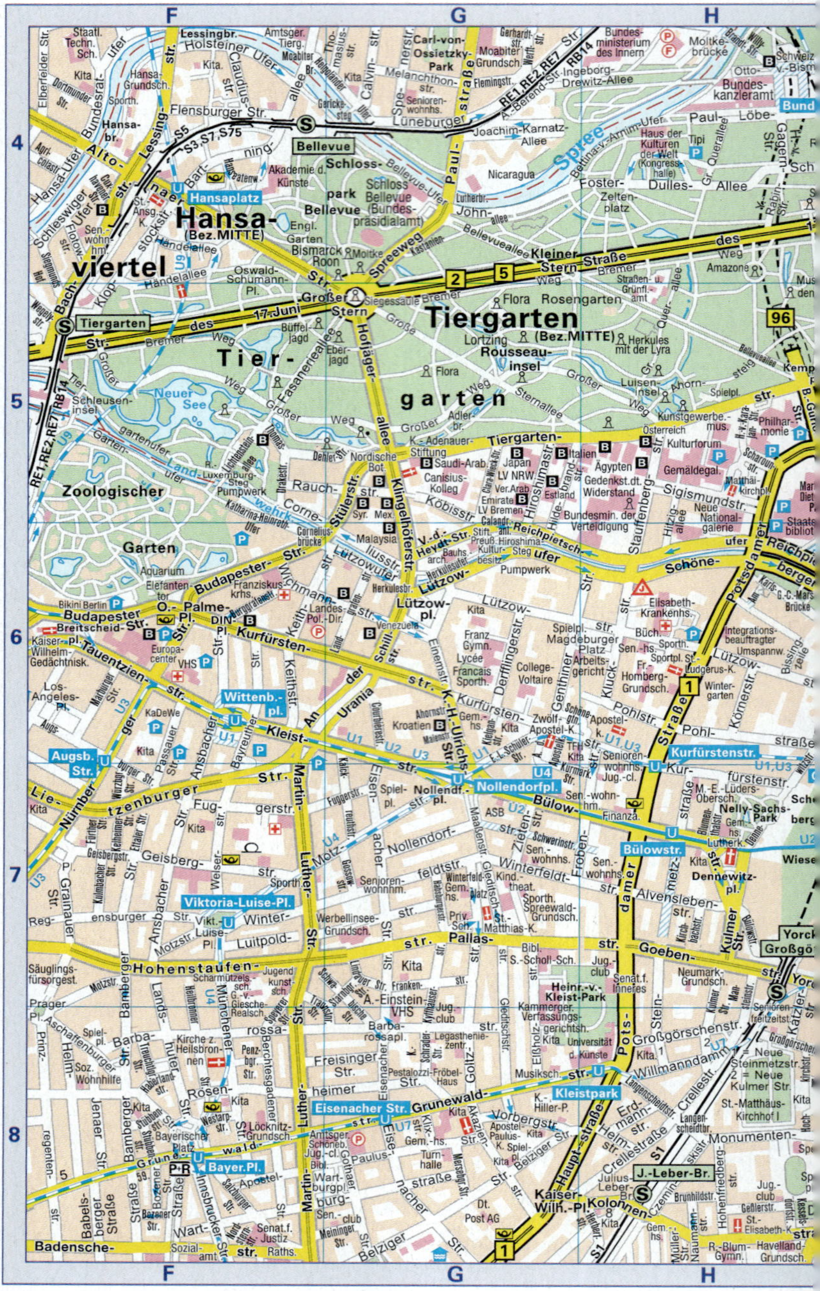
F
G
H
4
5
6
7
8
Hansa-viertel
(Bez.MITTE)
Tiergarten
(Bez.MITTE)
Tier-garten
Zoologischer Garten
Bellevue
Hansaplatz
Tiergarten
Schloss Bellevue (Bundespräsidialamt)
Großer Stern
Siegessäule
Straße des 17.Juni
Neuer See
Bundeskanzleramt
Spree
Tiergartenstr.
Reichpietschufer
Lützowufer
Landwehrkanal
Budapester Str.
Kurfürstenstr.
Wittenb.-pl.
Kleiststr.
Nollendorfpl.
Bülowstr.
Kurfürstenstr.
Viktoria-Luise-Pl.
Hohenstaufenstr.
Pallasstr.
Goebenstr.
Eisenacher Str.
Grunewaldstr.
Kleistpark
Bayer.Pl.
J.-Leber-Br.
Potsdamer Str.
Hauptstraße
Martin-Luther-Str.
Kaiser-Wilhelm-Gedächtnisk.
Kulturforum
Philharmonie
Heinr.-v.-Kleist-Park
Badensche Str.

Berlin
0 180 360m
J
K
L
4
5
6
7
8
Friedrichstr.
Potsdamer Pl.
Brandenb. Tor
Unter d. Linden
Mohrenstr.
Stadtmitte
Hausvogteipl.
Museumsinsel
Rotes Rathaus
Märk. Mus.
Spittelmarkt
Kochstr.
Moritzplatz
Mendelss. Barth.-Park
Anhalter Bhf.
Möckernbr.
Hallesches Tor
Prinzenstr.
Mehringdamm
Gneisenaustr.
Südstern
Pl.d.Luftbrücke
Yorckstr.
Kreuzberg
(Bez. FR-KR)
Kreuzberg
(Bez.FR-KR)
Leipziger Str.
Französische Str.
Rudi-Dutschke-Str.
Oranienstr.
Stresemannstr.
Wilhelmstr.
Friedrichstr.
Lindenstr.
Gitschiner Str.
Hallesches Ufer
Tempelhofer Ufer
Landwehrkanal
Yorckstr.
Gneisenaustr.
Bergmannstr.
Columbiadamm
Dudenstr.
Mehringdamm
Blücherstr.
Urbanstr.
Viktoriapark
Park am Gleisdreieck
Tempelhofer Berg
Deutscher Dom
Neue Wache
Staatsoper
Komische Oper
Jüdisches Museum
Topographie des Terrors
Dt. Technik-mus.
Spree
96

J
K
L
1
2
3
4
5
Gesund-
brunnen
(Bez.MITTE)
Mauer-
park
Friedrich-
Ludwig-
Jahn-
Sportpark
Voltastr.
Bernauer
Str.
Schwartz-
kopffstr.
Bundesnachrichtendienst
Nordbf.
Naturkunde-
museum
Rosenthaler Pl.
Volkspark a.
Weinberg
Humboldt-
Kliniken des
Campus
Charité
Mitte
Universität
Oranienburg.
Tor
Oranienburger
Str.
Mitte
(Bez.MITTE)
Weinmeister-
str.
Hackescher Markt
Friedrichstr.
RB22
RB21
FEX
Bundestag
Museums-
insel
Unter d. Linden
Brandenb.
Tor
Pariser
Pl.
Hausvogtei-
pl.
Stadt-
mitte
Spittel-
markt
Mohrenstr.
Potsdamer Pl.
Kochstr.
Leipziger
Str.
Friedrichstr.
Torstr.
Invaliden-
str.
Chausseestr.
Französische
Str.
Behren-
str.
Scheidemannstr.
Str. des
17.Juni
Bundesrat
Topographie
des
Terrors
Rudi-Dutschke-Str.
Kochstr.
Oranien-
str.
Bundes-
druckerei
Berlin
0
180
360m

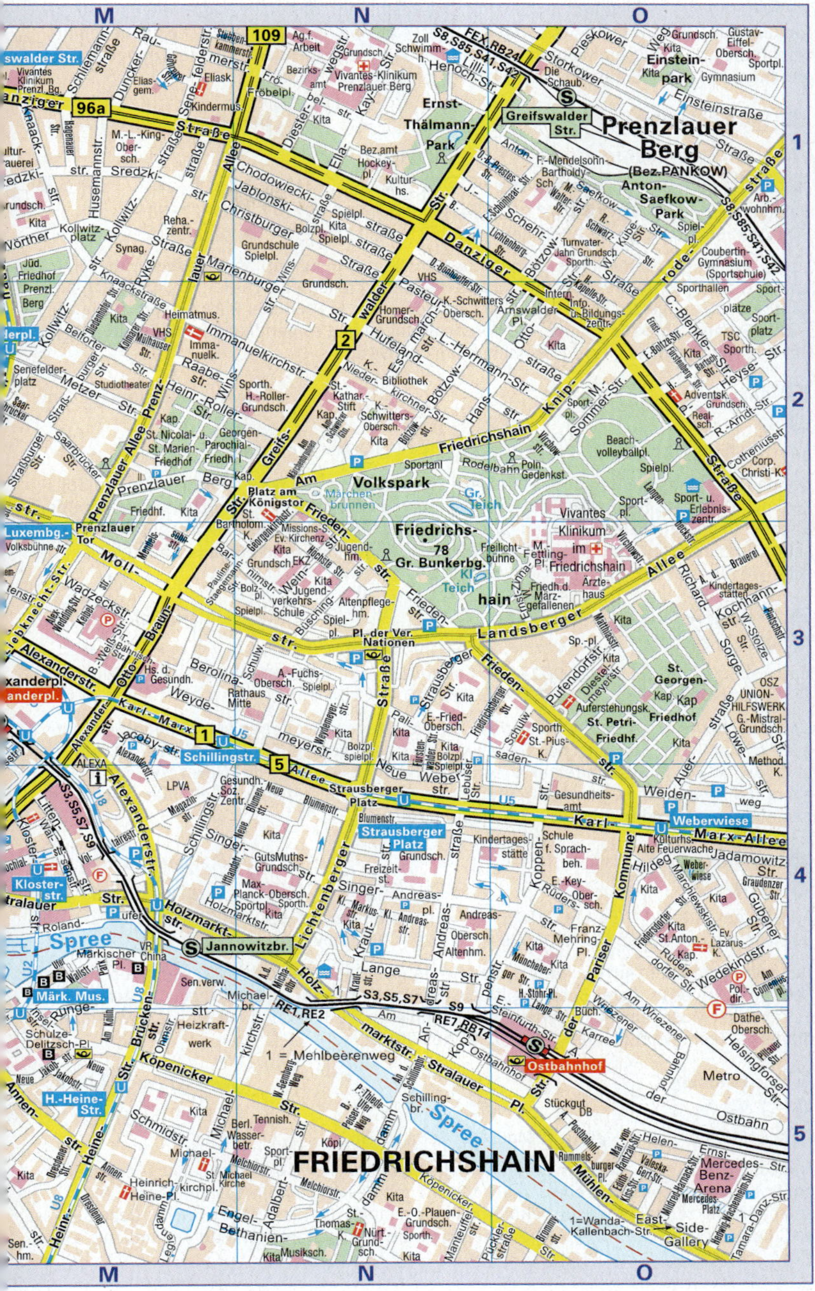
M
N
O
1
2
3
4
5
Prenzlauer Berg
(Bez.PANKOW)
FRIEDRICHSHAIN
Volkspark
Friedrichshain
Ernst-Thälmann-Park
Anton-Saefkow-Park
Einsteinpark
Greifswalder Str.
Danziger Straße
Prenzlauer Allee
Greifswalder Str.
Landsberger Allee
Karl-Marx-Allee
Strausberger Platz
Weberwiese
Jannowitzbr.
Ostbahnhof
Spree
Alexanderstr.
Holzmarktstr.
Köpenicker Str.
Mühlenstr.
Stralauer Pl.
Frankfurter Tor
Vivantes Klinikum im Friedrichshain
St. Georgen-Friedhof
Mercedes-Benz-Arena
East-Side-Gallery
1 = Mehlbeerenweg
1=Wanda-Kallenbach-Str.
109
96a
2
5
M
N
O

Im modern-elegant gestalteten Casual-Dining-Restaurant, das ein wenig an die Berliner Salonkultur des 19. Jahrhunderts erinnert, bietet man eine heimatliche, frische Küche mit internationalen Einflüssen. Während der warmen Jahreszeit lockt die Summer Lounge im ruhigen Innenhof. Tipp: Sonntags Family Lunch von 12.00 bis 15.00 Uhr.

The Ritz-Carlton

www.ritzcarlton.com/Berlin

VARTA-TIPP Ambiente VARTA-TIPP Service

★★★★★S garni

Potsdamer Platz 3 (J5), PLZ 10785 (OT: Tiergarten), **T 030 337777,** F 337775555
303 Zimmer | 40 Suiten | 1 Apartment | Ez ab 215 €, Dz ab 330 €, 38,00 € | 24 h

Luxus pur am Potsdamer Platz. Und der beginnt bereits in der repräsentativen Lobby mit opulenter Marmortreppe und endet nicht erst beim exzellenten SPA-Bereich. Klassisch-elegant und top ausgestattet sind die Zimmer und Suiten. Ein schöner Rückzugsort ist die asiatisch angehauchte Tea Lounge. Für Veranstaltungen gibt es perfekte Räumlichkeiten. In jeder Hinsicht erstklassig ist das Bemühen um den Gast.

Pots

www.potsrestaurant.com

54 | Hauptgericht 25–37 €, Menü 118–178 € | Mi-Sa Mo, Di, So

Der neue kulinarische Hotspot der Berliner Restaurantszene trägt die Handschrift von Spitzenkoch Dieter Müller. Gemütliche Sitznischen und eine offene Showküche sorgen für eine angenehm unkomplizierte Atmosphäre. Hier werden bekannte Klassiker der gesamtdeutschen Küche neu interpretiert. Auf der Weinkarte findet man rund 200 ausschließlich deutsche Weine.

Waldorf Astoria

www.waldorfastoriaberlin.de

★★★★★S garni

Hardenbergstr. 28 (E6), PLZ 10623 (OT: Charlottenburg), **T 030 8140000,** F 8140001
232 Zimmer | 80 Suiten | Ez ab 220 €, Dz ab 250 € | 24 h

Luxus-Herberge in der Berliner City West. Die Lage gegenüber der Kaiser-Wilhelm-Gedächtniskirche und dem Zoologischen Garten könnte kaum repräsentativer sein, ebenso Führung und Service! Die Innenarchitektur orientiert sich am Art-decó-Stil des New Yorks der zwanziger und dreißiger Jahre. Von den oberen Etagen des 118 Meter hohen Gebäudes hat man einen atemberaubenden Blick über die Hauptstadt.

Dorint Kurfürstendamm

hotel-berlin.dorint.com

★★★★★S garni

Augsburger Straße 41 (E6), PLZ 10789 (OT: Charlottenburg), **T 030 8009990**
311 Zimmer | 44 Suiten | Ez 120–490 €, Dz 129–490 €, inkl. Frühstück | 24 h

Das vom Architekten Jan Kleihues gestaltete Hotel verbindet elegantes Design mit zeitgemäßer Kunst. Ein besonderer Blickfang ist die imposante 17-stöckige Natursteinfassade aus Kirchheimer Muschelkalk. Die geräumigen Zimmer und Suiten sind mit dunklem Mobiliar, moderner Technik und hohen Fenstern ausgestattet.

Le Faubourg

www.lefaubourg.berlin

70 | Hauptgericht 23–29 € | Mo-Sa Mi-Sa So

Französische Cuisine mitten in Berlin. Mittags bietet man preisgünstige Lunchgerichte und am Abend eine gehobene Feinschmeckerküche mit besten Zutaten aus der Region. Man setzt auf eine zeitgemäße und weltoffene Interpretation der klassischen Küche. Dazu passen die hervorragenden Weine, die ungezwungene Atmosphäre sowie der freundliche Service.

Grand Hyatt

www.hyatt.com

★★★★★S

Marlene-Dietrich-Platz 2 (J5), PLZ 10785 (OT: Tiergarten), **T 030 25531234,** F 25531235
342 Zimmer | 20 Suiten | 24 h

Mehrstöckiger moderner Bau im Ensemble des Potsdamer Platzes. Komfortable Businesszimmer mit sehr gutem technischen Komfort. Wellness- und SPA-Bereich auf 800 qm über den Dächern der Stadt mit Innenpool, Außenterrasse, Whirlpool, Sauna und Dampfbad.

Vox

www.vox-restaurant.de

120 | Hauptgericht 23–29 €, Menü 68–125 € |

Modern-sachlich eingerichtetes Hotelrestaurant mit edlem Ambiente. Serviert werden asiatisch inspirierte moderne Gerichte wie „Gegrillter Hummerschwanz mit geräucherter Melone und Zitrus-Espuma“ oder „Gebeizte Makrele mit Gurke, Dill und Tobiko-Kaviar“. Oder mögen Sie lieber authentisches japanisches Sushi? Große Showküche, wöchentlich wechselnder Business Lunch.

Hotel Luc Neu!

hotel-luc.com

VARTA-TIPP Service

Charlottenstraße 50 (K5), PLZ 10117 (OT: Mitte), **T 030 587097710**
92 Zimmer | 22 Suiten | 24 h

In einem imposanten Eckgebäude am hist. Gendarmenmarkt befindet sich das 2022 eröffnete Boutique-Hotel. Die Zimmer hinter der denkmalgeschützten Plattenbaufassade im Stil des „DDR-Art-déco“ überzeugen durch Geradlinigkeit, edel anmutende Farbtöne, gemütliches Interieur und großzügige Marmorbadezimmer. Einige Zimmer haben einen tollen Ausblick auf den Französischen Dom und verfügen über einen kleinen Balkon. Langschläfer wird es freuen: Das vielfältige Frühstück wird bis 15 Uhr angeboten. Für sportbegeisterte Gäste hält das luxuriöse Haus einen eigenen Fitnessbereich bereit. Auch der beispielhafte Service macht dieses Hotel zu einer exklusiven Adresse.

Heritage Restaurant Neu!

heritage-restaurants.com/berlin

96 | Hauptgericht 26–74 € | Di-Sa Mo, So

Im eleganten Restaurant wird eine frische, moderne Fusionsküche serviert. Die Karte offeriert interessante Gerichte wie „Pochiertes Rinderfilet | Miso-Jus | Pak Choi | Edamame | Kantonesischer Sesam“ oder „Gerösteter Bio-Lachs | levantinischer Bulgursalat | Petersilie | Harissa Jus“. An lauen Sommerabenden empfiehlt sich die schöne Restaurantterrasse. Der angrenzende Clubroom mit geschichtsträchtigem Tresor kann für bis zu 20 Personen exklusiv gebucht werden.

InterContinental

www.berlin.intercontinental.com

Budapester Straße 2 (F6), PLZ 10787 (OT: Tiergarten), **T 030 26020,** F 26022600
558 Zimmer | 50 Suiten | 24 h

Hochhaus mit denkmalgeschützter Schachbrettfassade und tollen Ausblicken von den oberen Etagen. Umfangreicher Konferenz- und Veranstaltungsbereich. Exklusiver Wellnessbereich auf 1.000 qm.

Hugos Restaurant
www.hugos-restaurant.de

VARTA-TIPP Küche VARTA-TIPP Service

42 | Hauptgericht 45–48 €, Menü 155 € | Do-Sa Mo, Di, Mi, So

Für bekennende Feinschmecker ein Muss! Im 14. Stock des Hotels mit atemberaubendem Blick über Berlin verwöhnt Sie Eberhard Lange mit seinen exzellent zubereiteten, französisch-mediterran beeinflussten Speisen, die Ihnen in Menüform kredenzt werden. Zum Genusserlebnis passen die so begeisterte wie begeisternde, top geschulte Servicecrew und die fachkundig zusammengestellte Weinkarte mit mehr als 500 Positionen. Die „Hugos Weinbar“ empfiehlt sich für einen Aperitif.

Marriott
www.berlinmarriott.de

Inge-Beisheim-Platz 1 (J5), PLZ 10785 (OT: Tiergarten), **T 030 220000,** F 220001000
379 Zimmer | 9 Suiten | Ez ab 149 €, Dz ab 159 €, inkl. Frühstück | 24 h

Das Businesshotel in der Nähe des Potsdamer Platzes hat man 2020 umfangreich modernisiert. Das Haus besticht durch seine effektvolle zeitgenössische Architektur mit kathedralenartiger Atriumhalle. Das Design der Zimmer und Suiten auf den insgesamt neun Etagen ist gestalterisch an die Bauhaus-Bewegung angelehnt. Moderner Wellnessbereich mit Schwimmbad und rund um die Uhr geöffnetem Fitnessstudio.

Palace
www.palace.de

Budapester Straße 45 (F6, am Europa-Center), PLZ 10787, **T 030 25020,** F 25021119
278 Zimmer | 39 Suiten | Ez 225–800 €, Dz 225–800 €, 35,00 € | 24 h

Privat geführtes Business- und Konferenzhotel in der City West mit individuell ausgestatteten Zimmern unterschiedlicher Kategorien und exklusiver Club Lounge. Der „Palace Spa“ bietet neben Swimming- und Whirlpool auch eine großzügige Saunalandschaft und ein modernes Gym.

Pullman Berlin Schweizerhof
www.pullman-berlin-schweizerhof.com

Budapester Straße 25 (F6), PLZ 10787 (OT: Tiergarten), **T 030 26960,** F 26961000
377 Zimmer | 10 Suiten | Ez 125–455 €, Dz 125–455 €, 24,00 € | 24 h

Lässiger Schick und modernes Design prägen das elegante, im Bauhausstil gestaltete Hotel im Stadtteil Tiergarten. Die Gästezimmer vereinen avantgardistisches Interieur und schlichte Funktionalität. Für Entspannung sorgt die „Fit & Spa Lounge“.

Blend Kitchen & Bar
www.restaurant-blend.com

74 | Hauptgericht 18–32 €, Menü 25–60 € | Mo-So

Das modern designte Restaurant möchte als „Melting Pot“ der Foodszene verstanden werden und serviert eine frische, innovative Küche - basierend auf den verschiedenen kulinarischen Stilrichtungen der facettenreichen Hauptstadt. Dazu gibt’s ausgesuchte Weine, lokal produzierte Biere und Berliner Cocktails. Mittags: preisgünstiges Lunchmenü.

Schloss Hotel Berlin by Patrick Hellmann
www.schlosshotelberlin.com

VARTA-TIPP Ambiente

★★★★★S

Brahmsstraße 10 (A8), PLZ 14193 (OT: Grunewald), **T 030 8958430,** F 89584800
53 Zimmer | 10 Suiten | Ez 249–369 €, Dz 279–399 €, 35,00 € | 24 h

Das traditionsreiche Schlosshotel befindet sich mitten im Nobelbezirk Grunewald und wurde vom internationalen Modedesigner Patrick Hellmann eingerichtet. Das im Jahre 1911 im Renaissancestil der französischen Paläste erbaute Haus vereint wie kaum ein anderes Luxushotel den Glanz und Glamour des vergangenen Jahrhunderts. Fashion, Lifestyle und einzigartiges Design prägen die eleganten Zimmer und Suiten. Der Stilmix von klassischen Elementen und modernem Interieur ist hervorragend gelungen. Für Entspannung sorgt ein prachtvoller SPA-Bereich.

Sheraton Grand Hotel Esplanade
www.sheratonberlinesplanade.com

Lützowufer 15 (G6), PLZ 10785 (OT: Tiergarten), **T 030 254780,** F 254788222
394 Zimmer | 40 Suiten | 24 h

Das moderne Lifestyle-Hotel am Landwehrkanal verfügt über helle und wohnliche Gästezimmer mit großen Panoramafenstern. Der hauseigene SPA-Bereich bietet eine Auswahl an Saunen und einen modernen Fitnessraum. Im Restaurant „Ellipse Lounge" wird eine leichte Crossover-Küche serviert.

The Mandala Hotel
www.themandala.de

★★★★★S

Potsdamer Straße 3 (J5), PLZ 10785 (OT: Tiergarten), **T 030 590050000,** F 590050500
158 Zimmer | 96 Suiten | 24 h

Tolles Hotelkonzept, bei dem Design, Licht, Ästhetik und Wohlfühlatmosphäre perfekt miteinander harmonieren. Exklusive Komfortzimmer mit heller, geradliniger Einrichtung - vom geräumigen, 40 qm großen City Studio bis zur loftartigen, 130 qm großen Mandala Superior Suite. 600 qm großer ONO-SPA im 11. Stock mit tollem Blick über Berlin.

Facil
www.facil.de

VARTA★TIPP Küche VARTA★TIPP Service

48 | Hauptgericht 25–55 €, Menü 162–242 € | Mo-Fr Sa, So

Ein Treffpunkt für leidenschaftliche Genießer! Erstklassige Speisen und höchste Professionalität im Service gepaart mit puristisch-elegantem Lifestyle-Ambiente - diese Qualitäten machen das lichtdurchflutete Restaurant im 5. Stock des Hotels zu einer der besten Gourmetadressen in der Hauptstadt. Die modernen und hochkreativen Menüs von Michael Kempf und Joachim Gerner verdienen höchste Anerkennung. Dazu ein exzellentes Weinangebot mit edlen Gewächsen aus aller Welt. Im Sommer speisen Sie umgeben von Bambus auf der Dachterrasse unter freiem Himmel.

The Mandala Suites
www.themandalasuites.de

Friedrichstraße 185-190 (K5), PLZ 10117 (OT: Mitte), **T 030 202920,** F 20292920
81 Zimmer | 81 Suiten | 81 Apartments, Dz 210–880 € | 24 h

Sehr ansprechendes Boardinghouse mit großzügig geschnittenen Wohnungen, die alle mit Kitchenette ausgestattet sind. Frühstückslounge im 8. Stock mit Blick zum Potsdamer Platz. Sauna- und Fitnessbereich in der obersten Etage.

The Westin Grand Berlin
www.marriott.com

Friedrichstraße 158-164 (K4), PLZ 10117 (OT: Mitte), **T 030 20270,** F 20273362
400 Zimmer | 34 Suiten | Ez 120–499 €, Dz 120–499 € | 24 h

››

Das luxuriöse Hotel mit seiner imposanten Atrium-Lobby befindet sich in exponierter Lage am Boulevard Unter den Linden. Das Haus bietet elegante Gästezimmer in unterschiedlichen Kategorien. Besonders herrschaftlich logieren Sie in den historischen Themensuiten. Für Entspannung sorgt die großzügige Westin Spa & Fitnesslounge.

Abba Hotel

www.abbahoteles.com/de

★★★★ garni

Lietzenburger Straße 89 (E7), PLZ 10719 (OT: Wilmersdorf), **T 030 8871860,** F 88007851
214 Zimmer | 4 Suiten | Ez ab 69 €, Dz ab 69 € | 24 h

Komfortables Businesshotel mit stylish-moderner Inneneinrichtung. Hier wohnen Sie in schlicht und freundlich eingerichteten Zimmern unterschiedlicher Kategorien. Zum Haus gehören eine großzügige Lobby, ein Restaurant, eine Lounge-Bar sowie diverse Konferenzräume. Entspannung bietet ein kleiner SPA-Bereich mit Sauna und Whirlpool.

Arcotel John F

johnf.arcotel.com

★★★★ S garni

Werderscher Markt 11 (L4), PLZ 10117 (OT: Mitte), **T 030 4050461900,** F 405046100
190 Zimmer | 3 Suiten | 5 Apartments | Ez 88–325 €, Dz 88–325 € | 24 h

Zentral in Berlin-Mitte gelegenes Hotel neben dem Auswärtigen Amt. Klimatisierte Zimmer mit speziell für das Haus entworfenen Möbelstücken und raffinierten Designelementen. Wellness- und Fitnessbereich im sechsten Stock mit Blick über den Berliner Townhouse Park.

Centrovital

www.centrovital-berlin.de

★★★★ garni

Brauereihof 6, PLZ 13585 (OT: Spandau), **T 030 818750,** F 81875119
158 Zimmer | 24 h

Modernes Gesundheits- und Tagungshotel am Spandauer See mit umfangreichem Wellness- und Fitnessangebot. Das Haus verfügt über geschmackvolle Zimmer - alle modern in Stil und Technik. Regionale Küche erwartet den Gast im Restaurant.

Crowne Plaza Berlin - Potsdamer Platz

www.crowneplaza.com/potsdamerplatz

garni

Hallesche Straße 10 (J6), PLZ 10963 (OT: Kreuzberg), **T 030 8010660,** F 801066660
256 Zimmer | 19 Suiten | Ez 129–499 €, Dz 139–599 € | 24 h

Neuzeitliches Hotel im ehem. Postpalais. Hinter der historischen Fassade im Stil des Art déco erwarten den Gast moderne, designorientierte Zimmer in drei Kategorien. Großzügige Tagungs- und Eventfläche. Fitness- und Wellnessbereich mit Sauna und Dampfbad.

Layla

www.layla-restaurant.com

T 01512 8010660
140 | Hauptgericht 20–49 €, Menü 55–110 € | Mi-Sa

Ein modern gestaltetes Restaurant mit großzügigem Lounge- und Bar-Bereich. Hier trifft Fine Dining auf ungezwungene Atmosphäre. Die traditionelle Küche des Mittleren Ostens kombiniert mit internationalen Einflüssen bietet für jedermann etwas.

Estrel

www.estrel.com

★★★★ S garni

Sonnenallee 225, PLZ 12057 (OT: Neukölln), **T 030 68310,** F 68312345
1125 Zimmer | 70 Suiten | Ez 155–355 €, Dz 175–375 €, ab 25,00 € | 24 h

Deutschlands größter Veranstaltungs- und Hotelkomplex mit Gästezimmern in zeitlos modernem Stil. Das Haus verfügt über ein Congress Center mit 30.000 qm Fläche, einen 400 qm großen Wellnessbereich, vier Restaurants, drei Bars, die Open-Air-Location „Waterfront" mit Schiffsanleger sowie eine zeitgenössische Kunstsammlung.

Hilton www.hiltonberlinhotel.de

garni

Mohrenstraße 30 (K5), PLZ 10117 (OT: Mitte), **T 030 202300,** F 202301
601 Zimmer | 29 Suiten | Ez ab 139 €, Dz ab 139 € | 24 h

Elegantes Businesshotel am Gendarmenmarkt. In warmen Farben gehaltene, elegante Zimmer in unterschiedlichen Kategorien. Umfangreicher Tagungs- und Veranstaltungsbereich. Restaurant „Beletage" mit Panoramablick auf den Gendarmenmarkt.

Hotel am Steinplatz www.hotelsteinplatz.com

VARTA-TIPP Ambiente

garni

Steinplatz 4 (E6), PLZ 10623 (OT: Charlottenburg), **T 030 5544440,** F 554444550
87 Zimmer | 3 Suiten | Ez ab 245 €, Dz ab 255 €, ab 35,00 € | 24 h

Ein privates Boutique-Hotel der besonderen Art! Der Jugendstilbau aus dem Jahr 1907 wurde aufwendig und liebevoll saniert. Zu den Stammgästen zählten nach dem Zweiten Weltkrieg Persönlichkeiten wie Günter Grass, Romy Schneider oder Heinrich Böll. Nach bewegter Vergangenheit empfängt Sie das Haus heute mit stilvoll und luxuriös eingerichteten Gästezimmern sowie einem exklusiven Wellnessbereich.

Restaurant am Steinplatz www.restaurantsteinplatz.com

50 | Hauptgericht ab 25 €, Menü ab 68 € | Mo-Fr Di-Sa So

Durch die offene Küche des eleganten Restaurants können die Gäste der Küchenmannschaft bei der Vor- und Zubereitung der einfallsreichen Gerichte zuschauen. Die Weinkarte ist gut sortiert und bietet u.a. eine tolle Auswahl an Winzersekt. Bei schönem Wetter kann man auch im großen begrünten Innenhof speisen. Montag bis Freitag: preiswertes Lunchmenü (wahlweise 2 oder 3 Gänge).

Hotel Berlin, Berlin www.hotel-berlin.de

garni

Lützowplatz 17 (G6), PLZ 10785 (OT: Tiergarten), **T 030 26050,** F 2605392716
701 Zimmer | 29 Suiten | 24 h

Das stylishe Stadthotel am Lützowplatz bietet moderne Gästezimmer in unterschiedlichen Kategorien. Zum Haus gehören auch ein Sauna- und Fitnessbereich sowie eine stilvolle Lounge-Bar mit Sommergarten.

Hotel Zoo Berlin www.hotelzoo.de

garni

Kurfürstendamm 25 (E7), PLZ 10719 (OT: Charlottenburg), **T 030 884370**
141 Zimmer | 14 Suiten | 24 h

Das Traditionshotel, das erstmals 1911 seine Pforten öffnete, hat sich nach seiner umfangreichen Renovierung in ein verspieltes Themenhotel verwandelt. Das Interiorkonzept von US-Star-Designerin Dayna Lee sorgt für ein besonderes Townhouse-Gefühl. Die Zimmer und Suiten begeistern mit edlen Stoffen und exotischen Elementen aus aller Welt. Das hauseigene Restaurant „Grace" steht dem extravaganten Einrichtungsstil des Hotels in nichts nach.

Indigo - East Side Gallery
www.ihg.com/hotelindigo

★★★★ garni

Mühlenstraße 13-19 (O5), PLZ 10243 (OT: Friedrichshain), **T 030 29772060**
118 Zimmer | 24 h

An Individualität ist das hier kaum zu überbieten: industrielle Architektur und Retro-Gestaltungselemente aus DDR-Zeiten verschmelzen zu einem jungen, frischen Design. Die Zimmer des Boutique-Hotels sind modern und technisch gut ausgestattet. Spektakulär ist die Aussicht von der Rooftop-Bar. 24-Stunden-Fitnesscenter.

KPM Hotel & Residences
www.kpmhotel.de

GREENSIGN

Englische Straße 6 (E5), PLZ 10587 (OT: Charlottenburg), **T 030 3740990**
117 Zimmer | 58 Apartments | 24 h

Direkt am Gelände der gleichnamigen Porzellanmanufaktur befindet sich dieses Hotel. Die lichtdurchfluteten Zimmer, Suiten und Longstay-Apartments zeichnen sich durch Komfort, Individualität und eine klare Designhandschrift aus. Hochwertige Stoffe und edle Hölzer in warmen, natürlichen Tönen sorgen für einen harmonisch-behaglichen Raumeindruck. Das Restaurant „DONG A“ nebst Jazzbar befindet sich im EG und serviert südostasiatische Speisen.

Leonardo Berlin Mitte
www.leonardo-hotels.com

★★★★ garni

Bertolt-Brecht-Platz 4 (K3), PLZ 10117 (OT: Mitte), **T 030 374405000,** F 374405008
309 Zimmer

Das 2014 eröffnete Hotel befindet sich in einem zehnstöckigen Glasbau in bester Spreeuferlage. Das moderne Konzept kommt an: Die Zimmer sind geradlinig und klar designt, die großzügige Lobby, die mit der Bar eine Einheit bildet, ist das Herzstück des Hauses. Einige Zimmer verfügen über einen Balkon. Kleiner Wellnessbereich.

Leonardo Royal
www.leonardo-hotels.com

★★★★ S

Otto-Braun-Straße 90 (N2), PLZ 10249 (OT: Friedrichshain), **T 030 7554300,** F 755430810
346 Zimmer | 13 Suiten | 24 h

2021 hat man das denkmalgeschützte Hotel umfassend renoviert. Hier trifft hist. Bausubstanz auf zeitgemäßes Ambiente. Die elegante Hotellobby zeigt sich mit stilvollen Art-déco-Elementen, in den Zimmern sorgen geschmackvolle Designmöbel, hochwertige Textilien und eine harmonische Raumgestaltung für exzellenten Wohnkomfort. Kleiner Wellnessbereich in der 7. Etage.

Louisa's Place
www.louisas-place.de

VARTA-TIPP Ambiente

Kurfürstendamm 160 (C7), PLZ 10709 (OT: Wilmersdorf), **T 030 631030,** F 63103100
47 Zimmer | 47 Suiten | Ez ab 195 €, Dz ab 195 €, 26,00 € | 24 h

Das glanzvoll restaurierte Berliner Stadthaus direkt am berühmten Prachtboulevard beherbergt exklusive Suiten und Studios mit individuellem Charakter. Zu den umfassenden Dienstleistungen des Hauses gehören Roomservice, Private Dining sowie Concierge- und Limousinenservice. Netter Wellnessbereich mit beheiztem Innenpool (4x10 Meter).

Meliá Berlin www.melia.com

Friedrichstr. 103 (K6, Ecke Am Weidendamm), PLZ 10117 (OT: Mitte), **T 030 20607900,** F 2060790444
364 Zimmer | 16 Suiten | 24 h

Das am Spreeufer gelegene Hotel bietet eine großzügige Lobby mit Lounge & Bar sowie moderne, klimatisierte Gästezimmer. Diese sind mit geschmackvollem Interieur und zeitgemäßer Technik ausgestattet. Zum Haus gehören auch eine Tapas-Bar sowie eine Sauna mit Terrasse über den Dächern Berlins. Der Fitnessraum ist rund um die Uhr geöffnet.

Mövenpick www.moevenpick-hotels.com/berlin

Schöneberger Straße 3 (J6), PLZ 10963 (OT: Kreuzberg), **T 030 230060,** F 23006199
243 Zimmer | 14 Suiten | 24 h

Modernes Hotel in den ehem. Siemenshöfen im Zentrum. Denkmalgeschütztes Gesamtkunstwerk mit innovativer Innenausstattung. Designerelemente und Olivenholzmöbel in den hist. Gebäudeteilen. Restaurant im Stil einer mediterranen Piazza.

NH Collection Berlin Mitte www.nh-hotels.de

Leipziger Str. 106-111 (K5), PLZ 10117 (OT: Mitte), **T 030 22388599**
392 Zimmer | 1 Apartment | 24 h

Komplett renoviertes Hotel in zentraler Lage mit hervorragender Verkehrsanbindung. Modern ausgestattete Zimmer und Suiten unterschiedlicher Kategorien. Sehr gute Tagungsmöglichkeiten. Stilvolles Restaurant mit regionaler und mediterraner Küche.

NH Collection Friedrichstraße www.nh-hotels.de

Friedrichstr. 96 (K4), PLZ 10117 (OT: Mitte), **T 030 2062660,** F 206266999
222 Zimmer | 32 Suiten | 18 Apartments | 24 h

Hotel in bester Lage, nur wenige Gehminuten vom Brandenburger Tor entfernt. Modern ausgestattete Zimmer und Suiten mit Marmorbad, kostenlosem WLAN und schallisolierten Fenstern. Deutsche und internationale Küche im Restaurant.

nhow Berlin www.nhow-berlin.com

Stralauer Allee 3 (↘ O5), PLZ 10245 (OT: Friedrichshain), **T 030 2902990,** F 2902992000
304 Zimmer | 46 Suiten | 24 h

Modernes Lifestyle-Hotel am Spreeufer. Das außergewöhnliche Innendesign zeigt sich insbesondere in den Gästezimmern. Hier dominieren die Farben Pink, Blau, Gold und Grau. Zum Haus gehören eine multimedial ausgestattete Music Lounge sowie ein Fitnessbereich mit Precor-Sportgeräten. Im Restaurant „fabrics“ wird zeitgemäß interpretierte internationale Küche serviert.

Novotel Am Tiergarten www.all.accor.com

Straße des 17. Juni 106-108 (F5), PLZ 10623 (OT: Charlottenburg), **T 030 600350,** F 60035666
274 Zimmer | 11 Suiten | 24 h ››

Modernes Stadthotel in zentraler Lage, direkt gegenüber der S-Bahn-Haltestelle Tiergarten. Funktional und wohnlich eingerichtete Gästezimmer mit komfortabler Ausstattung und kostenloser Minibar. Das hoteleigene Restaurant bietet ein zeitgemäßes Foodkonzept mit europäischer Küche.

Orania.Berlin
www.orania.berlin

VARTA-TIPP Ambiente

Oranienplatz 17 (M5), PLZ 10999 (OT: Kreuzberg), **T 030 69539680**
41 Zimmer | 16 Suiten | 24 h

Das charmante Luxusdomizil in dem historischen Gebäude aus dem Jahre 1913 atmet Berliner Geschichte. In den 1920er Jahren beherbergte es das „Cabarett-Kaffee Oranienpalast". Die Zimmer und Suiten bestechen durch ihr originelles Design mit naturbelassenen Materialien, warmen Farben und dezenten orientalischen Einflüssen. Zum Haus gehören auch ein Literatursalon, eine Bar und ein stimmungsvolles Restaurant.

Radisson Collection Hotel **Neu!**
www.radissonhotels.com

★★★★★S

Karl-Liebknecht-Straße 3 (L3), PLZ 10178 (OT: Mitte), **T 030 238280,** F 2382810
427 Zimmer | 21 Suiten | 1 Apartment | Ez 169–600 €, Dz 205–640 € | 24 h

Hier im Herzen von Berlin darf man sich auf einen der interessantesten Hotelhotspots in der Hauptstadt freuen. Umfangreich modernisiert zeigen sich die geschmackvollen Zimmer und Suiten auf sechs Etagen. Das Innendesign kombiniert warme Holztöne mit dezenten Grau- und Pflaumentönen. Einige Zimmer bieten möblierte Balkone mit direktem Blick auf die Spree. Herzstück des Hauses ist der AquaDom in der Lobby, ein riesiges freistehendes Aquarium mit rund 1.600 tropischen Fischen. Das Restaurant „Balaustine" serviert die sogenannte Levante-Küche des Nahen Ostens.

Riu Plaza Berlin
www.riu.com

Martin-Luther-Straße 1 (F6), PLZ 10777, **T 030 2809000**
357 Zimmer

Das 17-stöckige Hotel befindet sich im Schöneberger Philipsturm. Die Zimmer sind modern, geradlinig und funktionell ausgestattet. Mehr Komfort bieten die Juniorsuiten und Suiten. WLAN ist gratis im gesamten Haus verfügbar. Gut ausgestattetes Fitnessstudio (Nutzung kostenlos).

Sana
www.berlin.sanahotels.com

★★★★S

Nürnberger Str. 33-34 (F7), PLZ 10777 (OT: Wilmersdorf), **T 030 20051510,** F 20051519
208 Zimmer | 13 Suiten | 42 Apartments | Ez 83–300 €, Dz 83–300 € | 24 h

Individuell gestaltetes Hotel mit schwarzer Granitfassade und markanter hoher Lobby. Technisch gut ausgestattete Zimmer mit Multimediaanschluss für Laptop und MP3-Player. Wellnessbereich im 7. Stock mit Swimmingpool, Fitnessraum, Sauna und türkischem Dampfbad.

Scandic
www.scandichotels.com/berlin

Gabriele-Tergit-Promenade 19 (J6), PLZ 10963 (OT: Tiergarten), **T 030 7007790,**
F 7007792211
561 Zimmer | 11 Suiten | 24 h

Modernes Stadthotel an der Promenade zwischen Potsdamer Platz und Landwehrkanal. Zimmereinrichtung im hellen, klaren Skandinaviendesign. Großzügiger Veranstaltungsbereich. Schönes Frühstücksrestaurant auf der dritten Etage.

SO | Berlin Das Stue
www.so-berlin-das-stue.com

★★★★★S

Drakestraße 1 (F5), PLZ 10787 (OT: Tiergarten), **T 030 3117220,** F 31172290
78 Zimmer | 19 Suiten, Dz 250–3100 €, 35,00 € | 24 h

Errichtet im markanten Gebäude der ehem. königlichen dänischen Gesandtschaft empfängt Sie dieses Boutique-Hotel mit individuell eingerichteten Zimmern und Suiten in sieben Kategorien. Hier trifft klassisches Interieur auf modernes Design. Luxuriöser SPA- und Fitnessbereich.

Steigenberger Hotel Am Kanzleramt
www.kanzleramt-berlin.steigenberger.com

Ella-Trebe-Straße 5 (H4), PLZ 10557, **T 030 7407430,** F 740743999
339 Zimmer | 24 Suiten | Ez 160–350 €, Dz 160–350 € | 24 h

Im neuen Geschäftsviertel südlich des Hauptbahnhofs steht das 2014 eröffnete Hotel, das für Geschäftsreisende und Städtetouristen gleichermaßen geeignet ist. Wohnlichkeit und modernes Design zeichnen die Zimmer und Suiten aus. Zeitgemäßes Konferenz- und Tagungscenter auf 2.000 qm.

Titanic Chaussee Berlin
www.titanic.com.tr

Chausseestr. 30 (J2), PLZ 10115 (OT: Mitte), **T 030 311685800**
389 Zimmer | 24 h

Sie planen einen City-Trip mit Wellness und Erholung? Dann sind Sie hier genau richtig! Das Boutique-Hotel empfängt Sie mit hellen, modernen Zimmern und einem 3.000 qm großen SPA-Bereich. Im Restaurant „Pascarella“ wird mediterran gekocht. Großzügige Lobby-Bar im 1960er-Jahre-Stil.

Titanic Gendarmenmarkt
www.titanic.com.tr

Französische Straße 30 (K4), PLZ 10117 (OT: Mitte), **T 030 20143700,** F 2014370890
208 Zimmer | 14 Suiten | 24 h

Für dieses Hotel hat man das ehem. Kostümmagazin der Staatsoper aufwendig saniert und restauriert. Das Haus bietet elegant und modern eingerichtete Zimmer, darunter fünf exklusive Duplexsuiten. 1.000 qm großer SPA-Bereich auf zwei Etagen mit türkischem Hamam. Herzstück des Hauses ist der Ballsaal im UG, der über eine weitläufige Marmortreppe zu erreichen ist. „Beef Grill Club by Hasir“ mit offener Showküche.

Vienna House Andel's
www.viennahouse.com

★★★★ S

Landsberger Allee 106 (O2), PLZ 10369 (OT: Lichtenberg), **T 030 4530530**
557 Zimmer | 23 Suiten | 24 h

Ein durchgestyltes Business- und Veranstaltungshotel mit modernen Gästezimmern nach einem Designkonzept von Jestico + Whiles. Zum Haus gehören ein 3.800 qm großer Veranstaltungsbereich sowie ein Wellnessbereich mit verschiedenen Saunen, Solarium und Whirlpool. Mehrere Restaurants sorgen für lukullische Genüsse.

Skykitchen
www.skykitchen.berlin

VARTA-TIPP Küche

55 | Menü 139 € | Di-Sa Mo, So

Das Restaurant in der 12. Etage des Hotels gehört unverändert zu den gastronomischen Hotspots der Hauptstadt. Hier erwarten Sie eine kosmopolitische Atmosphäre und ein toller Blick auf die Skyline Berlins. Chef de Cuisine Alexander Koppe ist ein Garant für aromenreiche Kompositionen und ausgezeichnete Produkte. Er kocht kreativ, frisch und unkompliziert. Dazu eine gut zusammengestellte Weinkarte mit einer elesenen Auswahl aus Europa und der Neuen Welt. Für einen reibungslosen Ablauf an der Gästefront sorgen die charmante Restaurantleiterin Barbara Merll und ihr Team.

Wilmina Neu!
wilmina.com

VARTA-TIPP Ambiente

Kantstraße 79 (B/C6), PLZ 10627 (OT: Charlottenburg), **T 030 2018050**
44 Zimmer

Ein hipper Rückzugsort inmitten der quirligen Hauptstadt! Das 2022 eröffnete Hotel im ehem. Charlottenburger Frauengefängnis ist Teil eines denkmalgeschützten Ensembles aus dem 19. Jahrhundert. Herzstück des Gebäudes ist das vierstöckige Atrium mit den ehemaligen Zellengängen. Blickfang ist eine Lichtinstallation mit gläsernen, von der Decke hängenden Pendelleuchten. Die Gästezimmer vereinen historische Authentizität mit zeitgemäßem Komfort. Helle Farben, weiche Texturen und warme, hochwertige Materialien sorgen für eine wohnliche Atmosphäre. Toll die großzügige, über der Penthouse-Etage gelegene Dachterrasse.

Lovis Neu!
lovisrestaurant.com

Hauptgericht 22–28 €, Menü 72–99 € | Di-Sa Mo, So

Das Restaurant befindet sich im ehem. Schleusenhof des Gefängnisses. Eyecatcher ist ein kleiner umschlossener Garten, der hinter einer großen Glaswand seltene Farne, Reben, Kletterpflanzen und eine alte, hochgewachsene Birke präsentiert. Küchenchefin Sophia Rudolph und ihr Team interpretieren traditionelle Gerichte neu und setzen dabei konsequent auf saisonale und regionale Produkte. Die Terrasse gehört zweifellos zu den schönsten Outdoor-Dinner-Locations der Hauptstadt.

25hours Hotel Bikini
www.25hours-hotels.com

Budapester Str. 40 (F6), PLZ 10787, **T 030 1202210**
149 Zimmer | 24 h

Das 2014 eröffnete Hotel passt bestens in das kosmopolitische Berlin! Es ist Teil von Bikini Berlin, eines denkmalgeschützten Architekturensembles aus den 1950er Jahren. Die Gästezimmer präsentieren sich im verspielt-urbanen Jungledesign. Im Dachrestaurant „Neni" wird orientalische Küche angeboten. Sauna mit Blick auf den Tiergarten.

Abacus Tierpark Hotel
www.abacus-hotel.de

★★★★

Franz-Mett-Straße 3-9, PLZ 10319 (OT: Friedrichsfelde), **T 030 51620,** F 5162400
278 Zimmer | 24 h

Modernes Stadt- und Tagungshotel gegenüber dem größten Freilandgehege-Tierpark Europas. Geschmackvoll eingerichtete Zimmer mit funktionaler Ausstattung. Ansprechender Wellnessbereich mit Saunalandschaft. Restaurant mit offener Küche und internationalem Speisenangebot.

AC Hotel Berlin Humboldthain Park
www.marriott.de

Hochstraße 3 (↗ J1), PLZ 13357 (OT: Wedding), **T 030 460030**
132 Zimmer | 24 h

Der attraktive, klare Stil zieht sich von der Fassade über die öffentlichen Bereiche bis in die Zimmer. Moderne Lifestyle-Ästhetik gepaart mit europäischem Flair zeichnet dieses Hotel aus. Die komfortabel ausgestatteten Zimmer sind in soften Farben und Naturtönen gehalten. Zum Haus gehören ein Fitnesscenter, ein Restaurant und eine Bar.

Ackselhaus
www.ackselhaus.de

garni

Belforter Straße 21 (M2), PLZ 10405 (OT: Prenzlauer Berg), **T 030 44337633,** F 443376500
35 Zimmer | 5 Suiten | 13 Apartments | Ez ab 120 €, Dz ab 120 €, inkl. Frühstück

In einem liebevoll restaurierten Gründerzeitbau mitten im Szeneviertel Prenzlauer Berg können Sie unterschiedliche Wohnwelten genießen. Hinter den Zimmertüren verbergen sich Themen wie „New York", „Ozean", „Afrika" oder „Picasso". Der mediterrane Garten im Innenhof ist ein ganz besonderes Highlight.

AMANO East Side
www.amanogroup.de/de

Stralauer Platz 30-31 (O5), PLZ 10243 (OT: Friedrichshain), **T 030 39779000**
174 Zimmer | 1 Suite, Dz 70–120 €, inkl. Frühstück | 24 h

Ein Haus für Designfans! Das zentral zwischen Ostbahnhof und East Side Gallery gelegene Hotel besticht durch sein minimalistisch-künstlerisches Interieur. Die modernen Zimmer wurden detailverliebt mit Gold, Marmor, dunklem Holz und avantgardistischen Komponenten ausgestattet. Sie sind in vier Kategorien (Standard, Comfort, Business, Suite) buchbar. Herzstück des Hauses ist die East Side Bar.

Aspria
www.aspria.com

Karlsruher Straße 19-22 (B7), PLZ 10711 (OT: Wilmersdorf), **T 030 890688868,**
F 890688899
42 Zimmer | 24 h

Einen Wellnesskurzurlaub verspricht dieses Boutique-Hotel am Kurfürstendamm. Eindrucksvoll die großzügig geschnittenen Designzimmer. Der angeschlossene Fitnessclub mit SPA-Bereich bietet auf sechs Etagen viel Platz zum Trainieren, Arbeiten und Entspannen. Auch Sportkurse sowie Massagen und Beauty-Anwendungen werden angeboten.

Casa Camper
www.casacamper.com

VARTA-TIPP Service

Weinmeisterstraße 1 (L3), PLZ 10178 (OT: Mitte), **T 030 20003410,** F 20003411
51 Zimmer | 3 Suiten | 24 h

Hier werden Funktionalität und individueller Service groß geschrieben. In den wohnlich eingerichteten Designerzimmern stecken Emotionalität und Geradlinigkeit. Die Tentempié-Lounge in der obersten Etage bietet neben einem schönen Ausblick 24 Stunden am Tag Getränke, Joghurt, frisches Obst und kleine Snacks. Auch Sauna und Fitnesscenter nutzen Hausgäste kostenfrei. Tolles Frühstück.

Cosmo
www.cosmo-hotel.de

Spittelmarkt 13 (L5), PLZ 10117 (OT: Mitte), **T 030 58582222,** F 58582229
84 Zimmer | 7 Suiten | 24 h

Designhotel direkt am Auswärtigen Amt gelegen. Moderne Zimmer in den Farben Weiß, Grau und Beige mit großen Panoramafenstern. Moderne Crossover-Küche aus nachhaltigen Zutaten im Restaurant „scent".

Grimm's Hotel
www.grimms-hotel.de

★★★ S

Flottwellstraße 45 (J6), PLZ 10785 (OT: Tiergarten), **T 030 2580080,** F 2580084111
104 Zimmer | 6 Suiten

Eine wirklich nette Adresse: Open Lobby mit gemütlicher Kamin-Atmosphäre, dazu die modernen Zimmer und ein kleiner Saunabereich in der 8. Etage mit hübscher Dachterrasse. Wenn Sie es etwas individueller mögen, buchen Sie am besten eine der Königssuiten mit Balkon sowie getrenntem Wohn- und Schlafbereich! Im Restaurant „Tischlein deck Dich" wird regional und international gekocht.

H10 Berlin Ku'damm
www.h10hotels.com

★★★★

Joachimsthaler Straße 31-32 (E6), PLZ 10719 (OT: Charlottenburg), **T 030 322922300,** F 322922301
199 Zimmer | 14 Suiten | 22 Apartments | 24 h

Zeitgemäßes Stadthotel in einem ehem. Schulgebäude aus dem 19. Jhd. mit neuzeitlichem Anbau. Komfortable Gästezimmer mit puristischem Innendesign und modernem Komfort. Exquisites Frühstücksbuffet aus natürlichen „Null-Kilometer"-Produkten, kombiniert mit typischen mediterranen Köstlichkeiten.

Hotel Vier Jahreszeiten Berlin-City
www.vj-hotels.com

★★★★

Skalitzer Straße 36 (↘ N5), PLZ 10999 (OT: Kreuzberg), **T 030 62735280,** F 627352810
49 Zimmer | 2 Suiten | 24 h

Das Businesshotel vereint Trend, Tradition und Moderne. In den Zimmern sorgen warme Erdtöne in unterschiedlichen Nuancen für eine wohnliche Atmosphäre. Fragen Sie nach den geräumigen Superior-Zimmern! WLAN ist für Hausgäste kostenfrei.

Lulu Guldsmeden
www.guldsmedenhotels.com/berlin

GREENSIGN

Potsdamer Straße 67 (↘ J5), PLZ 10785 (OT: Tiergarten), **T 030 25558723**
81 Zimmer | 24 h

Das trendige Domizil befindet sich in einem renovierten Berliner Altbau aus dem Jahr 1850. Die unterschiedlich eingerichteten Zimmer (teils im Loft-Stil) bieten zeitgemäßen Komfort. Für skandinavische Gemütlichkeit sorgen viel Holz und Himmelbetten. Im hoteleigenen Restaurant „Sæson" setzt man auf saisonale und unkomplizierte nordische Küche.

Oderberger
www.hotel-oderberger.berlin

GREENSIGN

Oderberger Straße 57 (L1), PLZ 10435 (OT: Prenzlauer Berg), **T 030 780089760**
70 Zimmer | 3 Suiten | 2 Apartments | 24 h

Das Hotel befindet sich auf dem Gelände eines prächtigen ehem. Schwimmbads aus dem Jahr 1902. Die Gästezimmer zeigen sich in elegantem puristischen Design. Sie sind mit Eichendielenparkett und Boxspringbetten ausgestattet. Herzstück des Hauses ist der 20 m lange und 1.35 m tiefe Pool. Das trendige Frühstücksrestaurant befindet sich im einstigen Heizkraftwerk des Stadtbades.

Provocateur
www.provocateur-hotel.com

VARTA-TIPP Ambiente

Brandenburgische Straße 21 (D7), PLZ 10707 (OT: Wilmersdorf), **T 030 22056060**
58 Zimmer | 2 Suiten | 24 h

Das extravagante Boutique-Hotel ist eine Hommage an das Paris der 1920er Jahre in burleskem Stil. Eine klassische Lobby sucht man hier vergebens, der Gast betritt direkt ein großes „Wohnzimmer" mit Ecken, Nischen, Gastronomie und Bar. Die edlen Zimmer sind mit dunklem Naturstein, verführerischen Samtstoffen und schönen Beleuchtungselementen ausgestattet. Das Interiordesign ist sinnlich und detailverliebt.

Scandic Berlin Kurfürstendamm
www.scandichotels.de

Augsburger Straße 5 (F7), PLZ 10789 (OT: Wilmersdorf), **T 030 212420**
217 Zimmer | Ez 81–219 €, Dz 89–300 € | 24 h

Nichtraucherhotel in zentraler Lage. Das Haus verfügt über moderne, designorientierte Zimmer, eine hübsche Bistro-Hotelbar sowie ein hauseigenes Restaurant mit skandinavisch inspirierter Küche. Tagungsräume auf der 7. Etage mit atemberaubendem Blick über die City West.

Sir Savigny
www.sirhotels.com/de/savigny

Kantstraße 144 (D6), PLZ 10623 (OT: Charlottenburg), **T 030 323015600**
44 Zimmer

Lifestyle-Hotel in einem hist. Gebäude von 1893 direkt neben dem Savignyplatz. Klimatisierte Zimmer in warmen Grautönen mit zeitgemäßer Technik und komfortablen Betten. Exzellente Burger und feine regionale Speisen serviert man im Restaurant „The Butcher".

The Circus Hotel
www.circus-berlin.de

Rosenthaler Straße 1 (L2), PLZ 10119 (OT: Mitte), **T 030 28391433**, F 28391484
60 Zimmer | 10 Suiten | 4 Apartments | Ez 100–150 €, Dz 130–210 €, 10,00–20,00 € | 24 h

Das designorientierte Boutique-Hotel am Rosenthaler Platz ist in einem wunderschön restaurierten, denkmalgeschützten Gebäude aus dem 19. Jhd. beheimatet. Die wohnlichen, individuellen und in Naturtönen ausgestatteten Zimmer sind in unterschiedlichen Kategorien buchbar. Bei schönem Wetter können Sie gemütlich im begrünten Innenhof frühstücken. Es gibt auch eine Dachterrasse mit Honesty Bar.

The Dude by Charly
www.charly-group.com

VARTA-TIPP Ambiente

Köpenicker Straße 92 (M5), PLZ 10179 (OT: Mitte), **T 030 22409338**
26 Zimmer | 1 Suite

»

Ein exklusives Privathotel für anspruchsvolle Gäste. Das klassizistische Herrenhaus gehört zu den ältesten Gebäuden im historischen Zentrum Berlins und beherbergt luxuriöse Zimmer und Suiten, die mit hochwertigen Holzböden, edlen gusseisernen Betten, Panoramafenstern und Nespresso-Kaffeemaschine ausgestattet sind. Das Fine-Dining-Restaurant „The Brooklyn“ serviert Burger, Steaks und Seafood.

The Yard
www.hotel-theyard.berlin

Alexandrinenstr. 125 (L6), PLZ 10969 (OT: Kreuzberg), **T 030 25923890,** F 2592389500
55 Zimmer | 24 h

Ruhig im angesagten Bezirk Friedrichshain-Kreuzberg liegt dieses zunächst unscheinbare Gebäude. Das Interieur: trendy, minimalistisch, modern. Die Zimmer sind zwar nicht allzu groß, aber funktional und hochwertig ausgestattet. Für Entspannung sorgen der gemütliche Lounge-Bereich, ein Gartenzimmer sowie der hübsch gestaltete Innenhof.

Titanic
www.titanic.com.tr

Elisabeth-Mara-Str. 4 (L5), PLZ 10117 (OT: Mitte), **T 030 76771870,** F 767718720
226 Zimmer | 24 h

Stadthotel in zentraler Lage zwischen Alexanderplatz und Potsdamer Platz, nur wenige Schritte vom U-Bahnhof Spittelmarkt entfernt. Helle, komfortable Zimmer mit kostenfreiem WLAN-Zugang. Durchgehend geöffnete Lobbybar.

Amo by Amano
www.amanogroup.de/de/hotels/amo

Friedrichstraße 113 (K3), PLZ 10117 (OT: Mitte), **T 030 347472690**
93 Zimmer | 24 h

Das erste unterirdische Hotel Deutschlands schlägt stilistisch einen Bogen von Art déco zu Industrial Design, während der Altbau-Charme des Hauses erhalten geblieben ist. Übernachtet wird oberirdisch, während sich Rezeption, Lobby, Frühstücksrestaurant und Bar im Untergeschoss befinden. Israelische Küche bietet das hauseigene Restaurant „Joseph“.

Grimm’s Hotel
www.grimms-hotel.de

Alte Jakobstr. 100 (L5), PLZ 10179 (OT: Mitte), **T 030 28444100,** F 28444101
39 Zimmer | 3 Suiten | 3 Apartments | 24 h

Das Designhotel ist nur wenige Gehminuten von der Berliner Fischerinsel und dem Nikolaiviertel entfernt. Die farbenfrohen Gästezimmer machen dem Hotelnamen alle Ehre und thematisieren die Märchenwelt der Gebrüder Grimm. Zum Haus gehört ein kleiner Wellnessbereich mit Sauna.

Hansablick
www.hansablick.de

★★★ garni

Flotowstraße 6 (F4), PLZ 10555 (OT: Hansaviertel), **T 030 3904800,** F 3926937
34 Zimmer | 1 Apartment | Ez 89–109 €, Dz 99–149 €, inkl. Frühstück | 24 h

Im Grünen direkt an der Spree erwartet Sie das typische Altberliner Jugendstilhaus. Empfang in der 1. Etage. Die freundlich eingerichteten Gästezimmer verfügen über kostenloses WLAN. Der Fitnessraum ist für Hotelgäste kostenfrei. Gutes Frühstück.

Hotel Zoe
www.amanogroup.de

Große Präsidentenstraße 6-7 (L3), PLZ 10178 (OT: Mitte), **T 030 21300150**
88 Zimmer | 12 Suiten | Ez ab 75 €, Dz ab 75 €, 15,00 € | 24 h

Individueller könnten die Zimmer in diesem modern-urbanen Hotel nicht sein: sie spielen mit dunklen Kontrasten, unbehandeltem Beton sowie warmen Lichtelementen und erzeugen somit eine außergewöhnliche Atmosphäre. Im Erdgeschoss gibt es eine Bar und einen hübschen Frühstücksbereich mit angrenzendem Wintergarten.

MANI
www.amanogroup.de/de/hotels/mani

Torstraße 136 (L2), PLZ 10119 (OT: Mitte), **T 030 53028080**
63 Zimmer | Ez ab 80 €, Dz ab 80 € | 24 h

Ein trendiges, intimes Boutique-Hotel. Klare Linien und wertige Materialien überall im Haus. Minimalistisch eingerichtete Zimmer mit Echtholzparkett, Lederwandbezügen und modernen Bädern. Laptops, iPads, XBoxen, DVDs sowie Fahrräder können an der Rezeption ausgeliehen werden.

MANI

48 | Hauptgericht 18–29 €, Menü 44–55 € | Mi-Sa Mo, Di, So

Klares, puristisches Interieur, dunkle Farbtöne und eine offene Küche prägen dieses äußerst geschmackvolle Hotelrestaurant. Geboten wird eine moderne israelische Küche mit arabischem und französischem Einschlag.

Monbijou
www.monbijouhotel.com

Monbijouplatz 1 (L3), PLZ 10178 (OT: Mitte), **T 030 61620300**
101 Zimmer | 12 Suiten | 1 Apartment | 24 h

Praktisch ist die Lage dieses Boutique-Hotels, nur wenige Schritte von der S-Bahn entfernt und ganz in der Nähe des belebten Hackeschen Marktes. Im zeitgenössischen britischen Stil eingerichtete Zimmer mit großen Fenstern, Holzböden und guter Technik.

Rutz www.rutz-restaurant.de

VARTA-TIPP Küche VARTA-TIPP Service

Chausseestraße 8 (J3), PLZ 10115 (OT: Mitte), **T 030 24628760**
30 | Menü 265–285 € | Di-Sa Mo, So

Geradezu beflügelt vom gelungenen Facelift, das man dem „Rutz" 2022 verpasst hat, glänzen Marco Müller und Dennis Quetsch mit ihrer kreativen Aromenküche. Ihre fantasievollen Gerichte sind mit so vielen Details gespickt, dass es hier unendlich viel zu entdecken gibt. Aber so vielschichtig die Kompositionen auch sind, so harmonisch fügen sie sich zusammen. Dazu ein überwältigendes Weinsortiment, das in punkto Umfang, Individualität und Vielseitigkeit seinesgleichen sucht. Der Service: so charmant und professionell, wie man ihn sich in einem Restaurant dieser Klasse wünscht.

Horváth www.restaurant-horvath.de

VARTA-TIPP Küche

Paul-Lincke-Ufer 44a (L7), PLZ 10999 (OT: Kreuzberg), **T 030 61289992**
40 | Hauptgericht 59 €, Menü 160–205 € | Mi-Sa Mo, Di, So 24.–27.12.22

Das legendäre Lokal mit seinem modernen Innendesign gehört zweifellos zur gastronomischen Spitzenklasse in der Hauptstadt. Eyecatcher ist ein markantes buntes Wandgemälde des Pop-Art-Künstlers Jim Avignon. Küchenchef Sebastian Frank kreiert wahre Geschmacksexplosionen. Seine reduzierte, schnörkellose Speisekarte offeriert eine regio-authentische Küche, die er mit neuen, innovativen Elementen verfeinert. Für die passende Weinbegleitung zum Menü sorgt Sommelière Janine Woltaire. Toll die Terrasse am Ufer des Landwehrkanals.

Restaurant Tim Raue www.tim-raue.com

VARTA-TIPP Küche VARTA-TIPP Service

Rudi-Dutschke-Straße 26 (K5), PLZ 10969 (OT: Kreuzberg), **T 030 25937930**
40 | Menü 208–248 € | Fr-Sa Di-Sa Mo, So

Kulinarisch spannende Entdeckungsreisen beim Kreativmeister. Kaum jemand interpretiert die asiatische Küche so zeitgemäß und einzigartig wie Tim Raue. Sein innovativer Kochstil passt in keine Schublade! Mit leidenschaftlicher Hingabe entstehen exquisite Kompositionen, die in Menüform serviert werden. Auch ein veganes Menü steht auf der Karte. Die passenden Weinempfehlungen kommen von Chef-Sommelier Raphael Reichardt. Das Ambiente: lässig-modern, geprägt von der urbanen Atmosphäre der Großstadt.

Aufwind www.aufwind.berlin

Windscheidstraße 31 (C6), PLZ 10627 (OT: Charlottenburg), **T 030 54710800**
36 | Hauptgericht 26–35 €, Menü 95 € | Di-Sa Mo, So

In dem geradlinig-eleganten Restaurant sorgen ruhige Grautöne, elegante Holztische aus französischem Nussbaum und schicke Designerleuchten für zwanglos-urbane Eleganz. Die Küche ist frisch, schmackhaft und vegetarisch inspiriert. Hier setzt man konsequent auf regionale Zutaten, verzichtet auf Fleisch (nicht aber auf Fisch) und jegliche Convenience-Produkte oder Zusatzstoffe. Dazu eine ansprechende Weinkarte mit Schwerpunkt Deutschland und Österreich.

CODA
www.coda-berlin.com

VARTA★TIPP Küche

Friedelstraße 47 (↘ L7), PLZ 12047 (OT: Neukölln), **T 030 91496396**
30 | Menü 136–238 € | Mi-Sa ⃠ Mo, Di, So ⃠ 16.–29.1.23

Überraschend, inspirierend, einzigartig: Im schicken, minimalistisch eingerichteten Restaurant widmet sich René Frank ausschließlich dem Dessert. Er orientiert sich zwar an den Regeln moderner Patisserie, experimentiert aber mit allerlei Techniken und ausgefallenen Aromen. Bei der Zubereitung der Gerichte verzichtet er weitgehend auf weißen Zucker, setzt stattdessen auf die Grundsüße der Produkte. Allabendlich kredenzt er seinen Gästen ein hochkarätiges Dessert-Tasting-Menü mit wahlweise 5 oder 7 Gängen.

Cordo
www.cordo.berlin

VARTA-TIPP Küche

Große Hamburger Str. 32 (L3), PLZ 10115 (OT: Mitte), **T 030 27581215**
45 | Menü 135–155 € | Di-Sa ⃠ Mo, So

Aus der einst angesagtesten Weinbar der Stadt wurde ein behagliches Fine-Dining-Restaurant. Die Kreativitätsmaschine von Yannic Stockhausen läuft unverändert auf Hochtouren. In ungezwungen-lässiger Atmosphäre offeriert er eine norddeutsch geprägte Produktküche in Form eines anspruchsvollen Menüs (auch als vegetarische Variante). Dazu gibt es ausgesuchte Weine, vornehmlich aus dem Bio-Bereich. Professioneller, charmanter Service.

einsunternull
www.restaurant-einsunternull.de

VARTA-TIPP Küche

Hannoversche Straße 1 (J3), PLZ 10115 (OT: Mitte), **T 030 27577810**
34 | Menü 155–185 € | Mo, Fr-So ⃠ Di, Mi, Do

Sachlich, schlicht und modern, aber dennoch stilvoll zeigt sich dieses kosmopolitische Restaurant, das für das bewusste Schmecken, ehrliche Gastfreundschaft sowie eine handwerkliche und nachhaltige Küche steht. Serviert wird wahlweise ein klassisches oder vegetarisches Menü (ab 6 Gänge). Dabei genießen Sie Berliner Kulturen und ihre Aromen unter der Handschrift von Küchenchef Silvio Pfeufer. Die fachkundig zusammengestellte Weinkarte umfasst mehr als 400 Positionen.

Golvet
www.golvet.de

VARTA-TIPP Küche

Potsdamer Str. 58 (H6), PLZ 10785 (OT: Tiergarten), **T 030 89064222**
60 | Menü 109–139 € | Mi-Sa ⃠ Mo, Di, So

Das Fine-Dining-Restaurant hoch oben im achten Stock über dem Potsdamer Platz begeistert nicht nur wegen des sensationellen Ausblicks, auch die exquisite Küche ist einen Besuch wert. Was die Region und Europa kulinarisch ausmacht, landet bei Jonas Zörner in ungewöhnlicher Begleitung und Kombination auf dem Teller. Dabei verwendet er ausschließlich regionale Lebensmittel aus kontrolliertem Anbau und artgerechter Haltung. Die Gerichte werden optisch eindrucksvoll präsentiert und auch die Weinberatung ist stimmig.

il punto
www.ilpunto.net

Neustädtische Kirchstraße 6 (J4), PLZ 10117 (OT: Mitte), **T 030 20605540**
60 | Hauptgericht 16–39 € | Mo-Fr Mo-Sa ⃠ So

»

Das aufwendig und elegant eingerichtete Restaurant im Herzen von Berlin darf sich über viele Stammgäste freuen. Geboten wird eine einfallsreiche und nicht alltägliche italienische Küche auf hohem Niveau. Geschulter Service. Gut sortierte Weinkarte.

Lode & Stijn — www.lode-stijn.de

Lausitzer Straße 25 (L7), PLZ 10999 (OT: Kreuzberg), **T 030 65214507**
32 | Menü 100–115 € | Mi-Sa ⃠ Mo, Di, So

In den letzten Jahren hat sich das Lokal zum beliebten Anlaufpunkt für Feinschmecker entwickelt. Im hell und schlicht gehaltenen Lokal geht es atmosphärisch wie kulinarisch einfach, familiär und ungekünstelt zu. Serviert wird allabendlich ein festes saisonales Menü - auf Wunsch auch vegetarisch und/oder mit passender Weinbegleitung. Tischreservierung empfehlenswert.

Nobelhart & Schmutzig — www.nobelhartundschmutzig.com

VARTA-TIPP Küche

Friedrichstraße 218 (K5), PLZ 10969 (OT: Kreuzberg), **T 030 25940610**
43 | Menü 135–155 € | Di-Sa ⃠ Mo, So

Das trendige Gastrokonzept des Berliner Hype-Restaurants hat längst seine Anhänger gefunden. Reduziert, ausdrucksstark, kreativ - unter dem Motto „brutal lokal" verarbeitet Micha Schäfer ausschließlich regionale Zutaten von Erzeugern aus Brandenburg und der unmittelbaren Umgebung. Eine Trennung von Gastraum und Küche gibt es hier nicht, man sitzt direkt an der Theke und kann den Protagonisten bei der Arbeit zuschauen. Serviert wird ein wechselndes Menü in 10 Gängen. Man beachte auch die fachkundig zusammengestellte Weinauswahl.

Oukan Dining **Neu!** — www.oukan.de

Ackerstraße 144 (J1), PLZ 10115, **T 030 54774716**
Hauptgericht 24–28 €, Menü 49–89 € | Di-Sa ⃠ Mo, So

Nicht ganz einfach zu finden ist dieses Lokal, dessen Eingang sich in einen Hinterhof befindet. Das Interior überzeugt mit konsequentem Minimalismus und viel Liebe zum Detail. Pechschwarzer Granit und geflämmtes Zedernholz setzen Akzente. In diesem Ambiente bietet man eine japanisch und buddhistisch inspirierte Küche an, die ausschließlich mit rein pflanzenbasierten Produkten zubereitet wird. Auf der Getränkekarte findet man neben ausgesuchten Weinen und Cocktails auch ganz besondere asiatische Tees.

Parc Fermé
www.classic-driver.eu

VARTA-TIPP Küche

Wiebestr. 36-37 (D4), PLZ 10553 (OT: Moabit), **T 030 20613050**
26 | Hauptgericht 10–26 €, Menü 45–65 € | Mo-Sa So

Haute Cuisine in der Classic Remise Berlin! Das Fine-Dining-Restaurant bietet einen gelungenen Mix aus denkmalgeschützter Industriearchitektur und modernen Designelementen. Die Küche von Alexander Goesmann hat eine klassisch französische Basis, bindet zeitgemäße Elemente mit ein und stellt gelungen die saisonalen Produkte in den Mittelpunkt. Dazu eine schöne Weinauswahl. Auf Anfrage kann man das Restaurant für besondere Anlässe auch außerhalb der regulären Öffnungszeiten exklusiv buchen.

Prism
www.prismberlin.de

VARTA-TIPP Küche

Fritschestraße 48 (C6), PLZ 10627 (OT: Charlottenburg), **T 030 54710861**
30 | Menü 179 € | Di-Sa Mo, So

Stylish, minimalistisch und urban das Interieur, freundlich und geschult der Service, dazu die moderne arabisch-metropolitane Küche von Gal Ben Moshe. Seine kontrastreichen und geschmacklich vielfältigen Gerichte aus besten Produkten können Sie in Form eines sechsgängigen Menüs genießen. In punkto Weinberatung haben Sie mit Gastgeberin und Sommelière Jaqueline Lorenz eine kompetente Ansprechpartnerin.

Restaurant Faelt
www.faelt.de

VARTA-TIPP Küche

Vorbergstraße 10a (G8), PLZ 10823 (OT: Schöneberg), **T 030 78959001**
24 | Menü 99–114 € | Mo-So

Gehoben und dennoch wunderbar unprätentiös! In diesem stilvoll-dezenten Front-Cooking-Lokal in einem schmucken Altbau von 1903 im Schöneberger Akazienkiez stimmen nicht nur Atmosphäre und Service, es wird auch ausgezeichnet gekocht. Björn Swanson und Matthias Schlönvoigt bieten hier sehr ausdrucksstarke, moderne und aromenintensive Gerichte, die in Menüform serviert werden. Dazu gibt es erlesene Weine, die auch glasweise ausgeschenkt werden. Übrigens: Der Restaurantname (schwedisch = „Feld") bezieht sich auf die nordischen Wurzeln des Küchenchefs und seinen produktorientierten Kochstil.

the Cord **Neu!**
thecord.de

EUREF-Campus 23-24 (G5), PLZ 10829 (OT: Schöneberg), **T 030 26476792**
100 | Hauptgericht 24–98 €, Menü 58–76 € | Mi-So Mo, Di

»

Auf dem EUREF-Campus am historischen Gasometer, wo sich zahlreiche Unternehmen der Mobilität und der Nachhaltigkeit verschrieben haben, befindet sich dieses Lifestyle-Restaurant. Gold, Messing, dunkles Holz und edles Art-déco-Interieur sorgen für einen mondänen Rahmen. Kulinarisch liegt der Fokus auf hochwertigen Grillspezialitäten (z.B. Rib Eye von der deutschen Färse, Porterhouse vom irischen Weiderind...), aber auch modern interpretierte Fisch- und Gemüsegerichte stehen auf der der Speisekarte.

Tulus Lotrek — www.tuluslotrek.de

VARTA-TIPP Küche

Fichtestraße 24 (L8), PLZ 10967 (OT: Kreuzberg), **T 030 41956687**
40 | Menü 189 € | Mo-Di, Do-So ⃠ Mi ⃠ 22.12.22–11.1.23

Nicht nur Kreuzberger mögen dieses sympathische Lokal mit seiner lässigen Wohnzimmeratmosphäre, das perfekt ins urbane, quirlige Berlin passt. Geboten wird eine moderne europäische Küche, die sich in keine Schublade stecken lässt. Was bei Maximilian Strohe in Menüform auf den Tisch kommt, ist topfrisch, ideenreich und ausgesprochen schmackhaft. Dazu ein charmanter Service sowie eine kleine, aber feine Weinauswahl mit Schwerpunkt Deutschland und Österreich. Tischreservierung unbedingt zu empfehlen.

12seasons — www.12seasons.berlin

VARTA-TIPP Küche

Griesebrechtstraße 3 (C6), PLZ 10629 (OT: Charlottenburg), **T 030 92258049**
50 | Menü 60–100 € | Mi-Sa ⃠ Mo, Di, So

Modern, kosmopolitisch und lebendig - so zeigt sich dieses Designrestaurant in Charlottenburg. Im Mittelpunkt steht ein breiter U-förmiger Tresen rund um die offene Küche (Reservierung ratsam!). Serviert werden wechselnde saisonale Menüs (4 bis 8 Gänge) mit Inspirationen aus der Natur und der modernen europäischen Küche. Jeden Monat gibt es eine neue Speise-, Wein- und Barkarte. Für private Kochkurse, kleine Feiern und ähnliche Anlässe steht ein kleiner Eventraum mit Küchenzeile zur Verfügung.

893 Ryōtei — www.893ryotei.de

Kantstr. 135 (D6), PLZ 10623 (OT: Charlottenburg), **T 030 91703121**
Hauptgericht 16–100 €, Menü 89–110 € | Di-Sa ⃠ Mo, So

Was von außen eher unscheinbar und verlassen ausschaut, entpuppt sich im Innern als szeniges Lokal mit urbaner Club-Atmosphäre. Im Mittelpunkt steht die offene Küche. Ansprechendes japanisches Speisenangebot mit südamerikanischen Einflüssen. Sehr gute Produktqualität bietet das umfangreiche Sashimi- und Sushi-Angebot. Zum Restaurant gehört auch eine Cocktailbar.

Balthazar Spreeufer 2 — www.balthazar-restaurant.de

Spreeufer 2 (L4), PLZ 10178 (OT: Mitte), **T 030 30882156**
120 | Hauptgericht 19–25 €, Menü 45–95 € | Fr-So Mi-So ⃠ Mo, Di

Im historischen Nikolaiviertel befindet sich dieses Restaurant. In vier luftig-hellen Räumen, die an den Stil des Art déco erinnern, serviert man eine metropolitane Küche. Wie wäre es z.B. mit „Lackierter Havelzander mit Tomaten-Misosalat und Gewürzjoghurt“? Große Spreeterrasse.

Bandol sur Mer
www.bandolsurmer.de

VARTA-TIPP Küche

Torstr. 167, PLZ 10115 (OT: Mitte), **T 030 67302051**
18 | Menü 120–159 € | Mo-Fr ⃠ Sa, So

Casual Fine Dining mitten in Berlin! Das kleine, ungezwungene Lokal mit seinem eher reduziert gehaltenen Ambiente bietet gehobene französische Küche, die von Andreas Saul und seiner Crew neu interpretiert wird. Dabei legt man auf die Qualität der Produkte und deren Verarbeitung besonderen Wert. Sommelière und Gastgeberin Lisa Karsten sorgt für die passende Weinbegleitung.

Bieberbau
www.bieberbau-berlin.de

VARTA-TIPP Küche

Durlacher Straße 15 (↘ F8), PLZ 10715 (OT: Wilmersdorf), **T 030 8532390**
45 | Hauptgericht 23 €, Menü 56–86 € | Mo-Fr ⃠ Sa, So

Ein Juwel in Berlins Gastronomielandschaft! Das hist. Ambiente mit Fachwerkbalken und alten Stuck-Meisterwerken an den Wänden sorgt fast schon für eine museale Atmosphäre. Stephan Garkisch beeindruckt mit einer frischen deutschen Küche mit mediterranem Touch. Bei seinen Gerichten stehen Kräuter und Gewürze stets im Mittelpunkt. In punkto Weinberatung ist man bei der sympathischen Gastgeberin Anne Garkisch in den besten Händen.

Bob & Thoms **Neu!**
bobthoms.berlin

Welserstraße 10-12 (F7), PLZ 10777 (OT: Schöneberg), **T 030 20929492**
15 | Menü ab 85 € | Di-Sa ⃠ Mo, So

Das kleine, intime Lokal in der Nähe des Viktoria-Luise-Platzes ist ein Zwei-Mann-Betrieb. Die Protagonisten: Gastgeber Oliver Körber und Chefkoch Felix Thoms. In recht puristisch-reduziertem Ambiente werden wechselnde Menüs serviert, aus denen auch à la carte bestellt werden kann. Die Küche ist modern, frisch und schmackhaft. Gut die offene Weinbegleitung. Während der warmen Jahreszeit kann man auch auf der schattigen Terrasse schlemmen. Tischreservierung ratsam.

Bricole
www.bricole.de

VARTA-TIPP Küche

Senefelderstr. 30 (M1), PLZ 10437 (OT: Prenzlauer Berg), **T 030 84421362**
20 | Menü 86–98 € | Mo-Fr ⃠ Sa, So

Eine moderne Bistronomie inmitten des Szeneviertels Prenzlauer Berg. Hier lässt man sich in angenehm ungezwungener Atmosphäre von Küchenchef Steven Zeidler richtig gut bekochen. Sein Credo: eine globale Küche mit Bodenhaftung, bei der frische Produkte sorgfältig ausgewählt und verarbeitet werden. Serviert wird ein attraktives Menü mit fünf oder sechs Gängen, das auch als vegetarische Variante bestellt werden kann. Dazu eine ambitionierte Weinkarte und ein freundlicher, entspannter Service.

Cookies Cream
www.cookiescream.com

VARTA-TIPP Küche

Behrenstraße 55 (K4), PLZ 10117 (OT: Mitte), **T 030 27492940**
80 | Menü 79–99 € | Di-Sa ⃠ Mo, So

»

Das Fine-Dining-Restaurant im trendigen „Industrial Style" ist längst zum international renommierten Hotspot der Hauptstadt avanciert. Weiß gestrichene Backsteinmauern, hohe Decken und schummriges Licht machen das besondere Flair des lebhaften Lokals aus. Aber auch das wechselnde vegetarische Menü (5 bis 7 Gänge) - von Stephan Hentschel schmackhaft und handwerklich perfekt zubereitet - lässt Feinschmeckerherzen höher schlagen. Die passenden Weinempfehlungen hat Chef-Sommelier Jan Wienecke.

eins44 www.eins44.com

VARTA-TIPP Küche

Elbestraße 28/29 (L8), PLZ 12045 (OT: Neukölln), **T 030 62981212**
55 | Hauptgericht 30–65 €, Menü 89–105 € | Di-Sa Mo, So

Im dritten Hinterhof der Otto-Reichel-Höfe versteckt sich dieses stylish-urbane Lokal. Hier sorgen Werkbänke, die zu Esstischen umfunktioniert wurden, handverlesene Lampen und ein schöner alter Fliesenspiegel für reichlich Industriecharme. Toll sitzt man auf der eingebauten Empore mit Loftcharakter. Angeboten werden schmackhafte, unkomplizierte Gerichte, die aus nur wenigen Komponenten bestehen. Das Weinrepertoire reicht von Individualisten der Naturweinszene bis zu klassischen alteingesessenen Winzern.

Gärtnerei www.gaertnerei-berlin.com

Torstr. 179 (K2), PLZ 10115 (OT: Mitte), **T 030 24631450**
65 | Hauptgericht 18–42 €, Menü 35 € | Di-So Mo

Graugrüne Sofas, lackierte Holztische und ästhetisch ansprechende Deko-Akzente - schlicht und unprätentiös zeigt sich dieses Restaurant an der beliebten Restaurantmeile „Torstraße". Auch wenn man hier kulinarisch nicht völlig auf Fleisch verzichtet, so liegt der Fokus jedoch eindeutig auf vegetarischer Kost. Dazu gibt es ausgewählte Weine aus Österreich und lokale (Craft-)Biere.

Grill Royal www.grillroyal.com

Friedrichstr. 105B (K3), PLZ 10117 (OT: Mitte), **T 030 28879288**
160 | Hauptgericht 14–55 € | Mo-So

Angesagtes Szene-Restaurant am Spreeufer. Edel-rustikales Ambiente mit großen Fensterfronten, dunklen Holzdielen und hübscher Lounge-Beleuchtung. Auf den Grill kommen Porterhaus-Steaks, Filets, mächtige Entrecotes sowie Meeresspezialitäten in fantastischer Qualität. Die 1850 Positionen umfassende Weinkarte sucht ihresgleichen.

heimlichTreu www.heimlichtreu.de

Anklamer Str. 38 (K2), PLZ 10115 (OT: Mitte), **T 030 48494599**
Hauptgericht 25–35 € | Mo-Fr Mo-So

In diesem originellen Hinterhofjuwel trifft entspannte Atmosphäre auf abwechslungsreiche Küche. Gemütliches Loft-Feeling, viel Holz und ein Hauch Industriecharme - so lässt sich das Ambiente am besten beschreiben. Dazu verwöhnt man neugierige Genießer mit handwerklich perfektem Soulfood. Ein Muss: die leckeren Cocktailkreationen auf der Barkarte.

India Club www.india-club-berlin.com

Behrenstraße 72 (J4), PLZ 10117 (OT: Mitte), **T 030 20628610**
86 | Hauptgericht 16–32 € | Mo-So

Hier ist allein schon das Interieur einen Besuch wert: elegant und farbenfroh zugleich mit schweren Mahagoni-Möbeln im britisch-kolonialen Stil, dazu dunkle Holzvertäfelungen und bunte Deckenleuchter. Aber auch das Essen kann überzeugen. Geboten wird eine authentische nordindische Küche. Die Besonderheit: Brot, Fleisch und Gemüse werden in speziellen Tandoori-Öfen gegart.

Irma la Douce — www.irmaladouce.de

VARTA-TIPP Küche

Potsdamer Str. 102 (H6), PLZ 10785 (OT: Tiergarten), **T 030 23000555**
60 | Hauptgericht 28–36 € | Di-Sa Mo, So

Französisch inspiriertes Fine Dining präsentiert man Ihnen in diesem eleganten, im Brasseriestil gestalteten Restaurant. Blickfang ist ein illuminierter gläserner Weinkühlschrank mit einer nostalgischen Bahnhofsuhr in der Mitte. Exzellente Produkte, perfektes Handwerk und intensive Aromen verschmelzen zu klassischen Gerichten mit modernen Einflüssen. In punkto Wein dürfen Sie sich auf die Empfehlungen von Gastgeber Sascha Hammer verlassen.

Kin Dee — www.kindeeberlin.com

VARTA-TIPP Küche **VARTA-TIPP** Service

Lützowstraße 81 (H6), PLZ 10785 (OT: Tiergarten), **T 030 2155294**
60 | Menü 79 € | Di-Sa Mo, So

Das ungezwungen-lässige Restaurant ist längst kein Geheimtipp mehr in der Berliner Gastro-Szene. Dalad Kambhu serviert ihren Gästen eine Menüfolge im „Family Style“ mit unterschiedlichen Gerichten zum Teilen, so wie man es in der thailändischen Kultur kennt. Auf Basis traditioneller Rezepte treffen saisonale und regionale Produkte auf originale Thai-Aromen. Angenehm natürlich und sehr aufmerksam werden Sie vom Service umsorgt.

Kitchen Library — www.kitchen-library.de

Bleibtreustr. 55 (D6), PLZ 10623 (OT: Charlottenburg), **T 030 3125449**
25 | Menü 56–103 € | Mi-Sa Mo, Di, So

Ein schönes, gemütliches Restaurant, in dem man sich auf eine spannende Crossover-Küche mit modernen internationalen Einflüssen freuen darf. Aus guten Produkten entstehen solch pfiffige Gerichte wie „Marensin-Maiswachtel | Petersilienwurzel | Heidelbeere | Pistazie“. In der Kitchen-Library-Bibliothek findet man ein umfangreiches Bücher-Repertoire. Hier können Restaurantbesucher, während sie auf das Essen warten, in den ausgestellten Büchern schmökern.

Kopps — www.kopps-berlin.de

Linienstraße 94 (K2), PLZ 10115 (OT: Mitte), **T 030 43209775**
75 | Menü 48–85 € | Fr-So Mo, Di, Mi, Do

Besonders ist hier sowohl das gemütliche und stilvolle Vintageflair als auch die raffinierte vegane Gourmetküche. Verwendet werden ausschließlich Erzeugnisse aus regionalem und saisonalem Anbau in Bio-Qualität. In regelmäßigen Workshops kann man die kreativen Geheimnisse der Kopps-Küche kennenlernen.

Le Petit Royal — www.lepetitroyal.de

Grolmanstr. 59 (D6), PLZ 10623, **T 030 330060750**
50 | Hauptgericht 24–52 € | Di-Sa Mo, So

»

In einem verwinkelten Gründerzeit-Altbau befindet sich die West-Dependance des Szene-Hotspots „Grill Royal" (Berlin-Mitte). Schwerpunkte auf der Karte sind hochwertige Steaks und frische Fischgerichte, aber auch beliebte Klassiker aus der französischen Küche wie Boeuf Tartare, Entrecote oder Moules Frites. Für Weinliebhaber hält man 500 erlesene Tropfen bereit.

Long March Canteen Neu! longmarchcanteen.de

VARTA-TIPP Küche

Wrangelstr. 20 (O5), PLZ 10997 (OT: Kreuzberg), **T 0178 8849599**
120 | Hauptgericht 10–22 € | Mo-So

Durch sein cooles urbanes Ambiente und die ausgezeichnete Küche hat das chinesische Lokal in Kreuzberg längst seine Fangemeinde gefunden. Die leicht dämmrige Atmosphäre mit Neonleuchten sowie die schwarz-roten Farbnuancen nebst schlichter Tischkultur heben sich deutlich vom plüschigen Interieur sonstiger Asia-Restaurants ab. Aus der offenen Küche kommen verschiedenste Dim Sum und Dumplings (kleine Gerichte, quasi „chinesische Tapas") - ideal zum Teilen. Auf der Weinkarte finden sich bemerkenswerte Weine renommierter Winzer. Reservierung unbedingt empfehlenswert.

Restaurant 136 136-berlin.com

VARTA-TIPP Küche

Linienstraße 136 (K3), PLZ 10115, **T 030 27909683**
35 | Menü 79–99 € | Di-Sa Mo, So

Ein sympathisches Lokal im Zentrum von Berlin. In entspannter Atmosphäre serviert man eine ambitionierte italienisch-peruanische Crossover-Küche. Im regelmäßig wechselnden Degustationsmenü bietet Chefkoch Vicente Matias Diaz Silva fünf bis sieben spannende Offerten dieser besonderen Fusionsküche, die stark auf Aromen beruht, sich aber gleichzeitig klassisch zeigt. Dazu gibt es eine kleine, aber feine Auswahl ausgewählter italienischer Weine.

Restaurant 1687 www.1687.berlin

Mittelstr. 30 (J4), PLZ 10117 (OT: Mitte), **T 030 20630611**
60 | Hauptgericht 20–36 € | Mo-Fr Sa, So

Moderne europäische Küche mit französischen Akzenten gibt es in diesem schicken Restaurant am Neustädtischen Kirchplatz - da liest man auf der Karte z.B. „Seeteufel + Langustine | grüner Spargel | Mais | Polenta | Sesam". Nicht zu vergessen der wöchentlich wechselnde Mittagstisch. In gläsernen, deckenhohen Weinkühlschränken lagern ausgesuchte Tropfen aus Deutschland und dem Mittelmeerraum.

Restaurant BRIKZ www.restaurantbrikz.com

VARTA-TIPP Küche VARTA-TIPP Service

Grolmanstraße 53/54 (D6), PLZ 10623 (OT: Charlottenburg), **T 030 31803780**
30 | Menü ab 80 € | Di-Sa Mo, So

Man schmeckt einfach sein Können und seine Leidenschaft! Patron Arne Anker versteht es, feinsinnige Gerichte mit perfekt kombinierten Komponenten und charakteristischem Säurespiel zu kreieren. Diese gibt es in Form eines wechselnden mehrgängigen Menüs oder à la carte. Tolle Küche aus tollen Produkten - da macht es richtig Spaß, zu essen! Auch die Atmosphäre stimmt, dafür sorgen das entspannte und ungezwungene Ambiente, aber auch der ausgesprochen freundliche Service nebst treffsicheren Weinempfehlungen.

Richard
www.restaurant-richard.de

VARTA-TIPP Küche

Köpenicker Straße 174 (O5), PLZ 10997 (OT: Kreuzberg), **T 030 49207242**
40 | Hauptgericht ab 20 €, Menü 98–120 € | Do-Sa ⦸ Mo, Di, Mi, So

Dass Hans Richard auch ein hervorragender Maler ist, erkennt man an den dekorativen Bildern in dem großzügig, einladend und sehr geschmackvoll eingerichteten Restaurant. Neben der Kunst setzt der Patron aber auch auf präzises Kochen. Aus erstklassigen Produkten kreiert Küchenchef Francesco Contiero ein themen- und saisonbezogenes Menü auf klassischer Basis, das es auch als vegetarische Variante gibt. Dazu ein fein abgestimmtes Weinangebot und ein eloquenter Service.

Rutz Zollhaus
www.rutz-zollhaus.de

Carl-Herz-Ufer 30 (L7), PLZ 10961 (OT: Kreuzberg), **T 030 233276670**
80 | Hauptgericht 18–52 € | Di-So ⦸ Mo

Das Berliner Traditionslokal am Landwehrkanal, in der sich auch die Weinbar des Gourmetrestaurants „Rutz" befindet, erstrahlt nach intensiver Sanierung in einem hellen und modernen Look. Geschmackvoll hat man Altes und Neues harmonisch miteinander verbunden. Serviert wird eine zeitgemäß interpretierte Landküche. Hübsch auch die Sommerterrasse mit mächtigen Kastanienbäumen.

Schmidt Z & KO **Neu!**
www.schmidt-z-ko.de

Rheinstraße 45-46, PLZ 12161 (OT: Friedenau), **T 030 200039570**
70 | Hauptgericht 10–24 €, Menü 65 € | Di-Sa ⦸ Mo, So

Hier speisen Sie – umgeben von zahlreichen Weinflaschen – in geradlinig-moderner Atmosphäre. Die aus Eiche gefertigten Tische und Stühle tragen die Handschrift eines Pfälzer Möbeldesigners und stammen von Barrique-Fässern lokaler Weingüter. Die Küche setzt auf eine Vielzahl regionaler Produkte, ist unprätentiös, authentisch und modern interpretiert. Dazu eine große Weinauswahl für vinophilen Genuss.

Tante Fichte Speiselokal
www.tantefichte.berlin

VARTA-TIPP Küche

Fichtestraße 31 (↘ L7), PLZ 10967 (OT: Kreuzberg), **T 030 69001522**
50 | Menü 82–118 € | Mi-Sa ⦸ Mo, Di, So

Ein wahres Wohnzimmer für Genießer ist dieses Speiselokal in Kreuzberg. Parkettboden, Designerleuchten und Tapeten mit Retromustern in warmen Erdtönen sorgen für eine heimelige Atmosphäre. Dominik Matokanovic begeistert mit einer mediterranen Aromenküche. In seinem stimmigen Menü (auch als vegetarische Variante erhältlich) gelingt ihm die Balance zwischen bodenständigen Klassikern und gehobener Fine-Dining-Küche. Schön die Sommerterrasse im Vorgarten.

The Grand
www.the-grand-berlin.com

Hirtenstraße 4 (M3), PLZ 10178 (OT: Mitte), **T 030 2789099555**
160 | Hauptgericht 19–109 € | Di-Sa ⦸ Mo, So

Die Location ist eine Mischung aus Restaurant, Bar, Klub und Eventflächen. Ganz schön stylish hat man es hier. Ein Hingucker ist der extra angefertigte Kronleuchter, der von der Decke des ersten Stocks bis ins Erdgeschoss hängt. Serviert werden deutsch-französische Köstlichkeiten sowie erstklassige Grillgerichte. Hübsche Terrasse im Innenhof.

theNOname - Restaurant

www.the-noname.de

VARTA-TIPP Küche

Oranienburger Straße 32 (K3, Heckmann-Höfe), PLZ 10117 (OT: Mitte), **T 030 279099027**
36 | Menü 85–109 € | Fr Di-Sa Mo, So

Zum originellen Ambiente mit opulent verschnörkeltem Stuck, Jugendstilleuchten, Bondage-Street-Art und großzügigen, fünf Meter hohen Decken beeindruckt das Szene-Restaurant mit Casual Fine Dining. Tim Tanneberger gibt mit seiner ideenreichen, produktorientierten Küche, die auf Nachhaltigkeit und Regionalität setzt, die kulinarische Richtung vor. Dazu gibt es überraschende Weine, selbstkreierte Drinks sowie gute alkoholfreie Alternativen.

Volt

www.restaurant-volt.de

VARTA-TIPP Küche

Paul-Lincke-Ufer 21 (↘ E7), PLZ 10999 (OT: Kreuzberg), **T 030 338402320**
80 | Hauptgericht 26–38 €, Menü 76–89 € | Di-Sa Mo, So

Das stimmungsvolle Restaurant befindet sich im 1928 erbauten Umspannwerk Kreuzberg. Hinter dem denkmalgeschützten Gemäuer verbirgt sich ein großzügiger Gastraum mit goldfarbenen Kugelleuchten. Hier pflegt man einen produktfokussierten Kochstil, der regionale Esskultur und zeitgenössische Küche perfekt miteinander verbindet. Im Compartment steht ein Private-Dining-Room für max. 16 Personen zur Verfügung.

Barra

www.barraberlin.com

Okerstraße 2 (↘ L8), PLZ 12049 (OT: Neukölln), **T 030 81860757**
Hauptgericht 10–28 € | Mo-Fr Sa, So

Mit seiner lässig-ungezwungenen Atmosphäre passt das minimalistisch eingerichtete Restaurant hervorragend in den Berliner Schillerkiez. Die schmackhafte und produktorientierte Szeneküche orientiert sich am aktuellen Marktangebot. Dazu gibt es leckere Craftbiere und interessante Naturweine (abseits des Mainstreams).

Bonvivant

www.bonvivant.berlin

Goltzstr. 32 (G7), PLZ 10781 (OT: Schöneberg), **T 0176 61722602**
90 | Hauptgericht 16 €, Menü 59–71 € | Sa-So Di-Sa Mo

Das Lokal des gekachelten Eckhauses im Schöneberger Akazienkiez ist kein gewöhnliches Restaurant, sondern eine sogenannte Bistronomie, bestehend aus Barbereich und Bistro. Neben vegetarischem Soulfood liegt der Fokus auf spannenden Cocktailkreationen. Die Preise sind fair und die Atmosphäre ausgesprochen gesellig.

Borchardt

www.borchardt-restaurant.de

Französische Straße 47 (K4), PLZ 10117 (OT: Mitte), **T 030 81886262**
180 | Hauptgericht 16–58 €, Menü 42–55 € | Mo-So

Klassiker der Berliner Gastroszene, der auf eine 150-jährige Geschichte zurückblicken kann. Serviert werden kulinarische Köstlichkeiten der modernen französischen und internationalen Küche. Lauschiger Hofgarten.

Brasserie Am Gendarmenmarkt
www.brasserieamgendarmenmarkt.de

VARTA-TIPP Service

Taubenstraße 30 (K5), PLZ 10117 (OT: Mitte), **T 030 20453501**
120 | Hauptgericht 20–42 €, Menü 38–65 € | Di-Fr Di-Sa Mo, So

Eine kulinarische Institution in Berlins Gastroszene! Der gelungene Designmix aus Art déco und Jugendstil sorgt hier für gediegen-elegantes Ambiente. Der freundliche und zuvorkommende Service kredenzt eine schmackhafte deutsch-französische Regionalküche. Lust auf „Rücken vom Weidelamm unter der Kräuterkruste mit eingelegtem Rettich, Portweinschalotten und getrüffeltem Kartoffelpüree"? Tipp: Mittags Quick Lunch zum kleinen Preis.

Colette Tim Raue
www.brasseriecolette.de/berlin

VARTA-TIPP Küche

Passauer Straße 5-7 (F6), PLZ 10789, **T 030 21992174**
80 | Hauptgericht 19–38 € | Mo-So

Wer angenehm locker, aber dennoch hochklassig genießen möchte, ist hier absolut richtig. Das Lokal befindet sich neben der Tertianum-Seniorenresidenz vis-à-vis dem KaDeWe. Serviert wird eine feine Brasserieküche, die in punkto Machart und Produktqualität deutlich edler als allgemein üblich daherkommt. Auf der Terrasse kann man das bunte Treiben der Großstadt beobachten. Kleine Mittagskarte.

Die Nußbaumerin
www.nussbaumerin.de

VARTA-TIPP Küche

Leibnizstraße 55 (D6), PLZ 10629 (OT: Charlottenburg), **T 030 50178033**
50 | Hauptgericht 19–36 € | Mo-Fr Sa, So

Wo Qualität und Preis stimmen, kehrt man gerne zum Essen ein! In dem behaglich-stilvollen Restaurant mit seinen grünen Wänden, formschönen Leuchten und großen güldenen Spiegeln kocht Johanna Nußbaumer nach traditionellen Rezepten, erweitert mit Neuinterpretationen von Klassikern der österreichischen Küche. Probieren Sie z.B. „Original Wiener Schnitzel mit lauwarmem Erdäpfel-Gurkensalat", „Salzburger Bierfleisch" oder „Kaiserschmarrn mit Rumrosinen und Zwetschkenröster"! Freundlicher Service.

Hauptstadtrestaurant Gendarmerie
www.restaurant-gendarmerie.de

Behrenstraße 42 (K4), PLZ 10117 (OT: Mitte), **T 030 76775270**
230 | Hauptgericht 21–90 €, Menü 69 € | Mo-So »

Das Restaurant beeindruckt mit einer einmaligen Raumkulisse. Das Ambiente ist eine Hommage an die Hauptstadt, die hier mit all ihren Facetten kunstvoll widergespiegelt wird. Blickfang ist das riesige Holzrelief von Jean-Yves Klein. Serviert wird moderne französische Brasserieküche. Täglich wechselnder Mittagstisch.

Jungbluth
www.jungbluth-restaurant.de

Lepsiusstr. 63 (D8), PLZ 12163 (OT: Steglitz), **T 030 79789605**
45 | Hauptgericht 27–30 €, Menü 42–64 € | Sa-So Di-So Mo

Im schlichten, aber gemütlichen Gastraum wird eine ambitionierte Frischeküche serviert. Die wechselnde Speisekarte orientiert sich am Marktangebot und bietet solch wohlschmeckende Gerichte wie „Atlantischer Steinbutt, Fenchel, Perlgraupenrisotto, Radieschen". Schön sitzt man im Sommer auf den beiden Terrassen.

Kochu Karu
www.kochukaru.de

Eberswalder Straße 35 (M1), PLZ 10437 (OT: Prenzlauer Berg), **T 030 80938191**
46 | Menü 59–89 € | Di-Sa Mo, So

Koreanisch-spanische Fusionküche erwartet Sie in diesem kleinen Restaurant. Das Angebot reicht von Tintenfischsalat mit Chorizo über Korea Tacos bis hin zu Gogi Dumplings (im Reisblatt gedämpftes Rindfleisch mit Tofu). Nicht nur das Essen ist typisch, auch das Interieur mit seinem schlichten Design.

Lamazere Brasserie
www.lamazere.de

Stuttgarter Platz 18 (C6), PLZ 10627 (OT: Charlottenburg), **T 030 31800712**
40 | Hauptgericht 28–35 €, Menü 48–60 € | Di-So Mo

Authentisch französisch speisen Sie in dieser charmanten Brasserie. Ob bestes Fleisch, feines Gemüse oder frischer Wildfang aus dem Mittelmeer, hier kann man eigentlich alles empfehlen. Dazu gibt es ausgewählte Tropfen aus Frankreichs berühmten Weingebieten. Herrliche Terrasse mit Blick auf den Stuttgarter Platz.

Lokal
www.lokal-berlin.blogspot.com

Linienstraße 160 (K3), PLZ 10115 (OT: Mitte), **T 030 28449500**
60 | Hauptgericht 18–31 € | Di-Sa Mo, So

In diesem Restaurant gefallen sowohl das helle Interieur mit den naturbelassenen, massiven Holztischen als auch die schmackhaften Speisen. Während am Mittag preiswerte Lunchgerichte aufgetischt werden, bietet man am Abend eine pfiffige deutsche Küche. Beispiel gefällig? „Rinderfilet | Rübe | Austernpilz | Basilikum | Walnuss".

Lucky Leek
www.lucky-leek.com

VARTA-TIPP Küche

Kollwitzstr. 54 (M2), PLZ 10405 (OT: Prenzlauer Berg), **T 030 66408710**
50 | Hauptgericht 18–25 €, Menü 41–69 € | Mi-So Mo, Di

In der Nähe des Kollwitzplatzes zelebriert die vielseitige Josita Hartanto veganes Fine Dining auf beachtlichem Niveau - und das klingt auf der Speisekarte z.B. so: „Gefüllte Champignons | Walnussricotta | Geschmorte Aubergine I Romana | Tomatencreme". Serviert wird ein Menü in 3 bis 5 Gängen (auf Wunsch mit Weinbegleitung). Die Einrichtung ist unaufdringlich elegant, der Service unkompliziert und freundlich.

Mine Restaurant
www.minerestaurant.de

Meinekestraße 10 (E6), PLZ 10719, **T 030 88926363**
Hauptgericht 15–29 € | Mo-So

Das stimmungsvolle Lokal mit seiner vintage-anmutenden Einrichtung aus Natursteinwänden, Fliesenboden, einfachen Tischen und Stühlen sowie der großen, hellen Fensterfront bietet eine italienisch fokussierte Produktküche. Machen Ihnen z.B. „Frische hausgemachte Tagliatelle mit zartem, zwölf Stunden gegartem Kaninchenragout“ Appetit? Dann sollten Sie das Restaurant besuchen.

Ottenthal
www.ottenthal.com

Kantstraße 153 (E6), PLZ 10623 (OT: Charlottenburg), **T 030 3133162**
40 | Hauptgericht 21–36 €, Menü 34–55 € | Mo-So

Ein freundliches Restaurant mit Bistro-Atmosphäre und angeschlossener Weinhandlung. Die klassische und neue österreichische Küche klingt u.a. so: „Vorarlberger Kässpätzle mit original Bergkäse, Röstzwiebeln und Gurkensalat“. Und wer dann noch Lust auf ein Dessert hat, sollte unbedingt den handgezogenen Apfelstrudel probieren.

Remi
www.remi-berlin.de

Torstraße 46 (M3), PLZ 10119, **T 030 27593090**
80 | Hauptgericht 14–34 € | Fr-Sa Di-Sa Mo, So

Die stylishe Brasserie im rundum verglasten Erdgeschoss des Suhrkamp-Verlags ist das Schwesterrestaurant von „Lode & Stijn“ in Kreuzberg. Sichtbeton, dezente hellgraue Tische und lackierte Holzstühle sorgen für eine unkomplizierte, legere Atmosphäre. Aus der offenen Küche kommt mittags eine kleine Auswahl wechselnder Tagesgerichte wie „Pappardelle mit Lammragout und Petersilie“. Am Abend setzt man auf eine saisonale À-la-Carte-Auswahl, die sich zu einem viergängigen Menü kombinieren lässt.

Renger-Patzsch
www.renger-patzsch.com

Wartburgstraße 54 (G8), PLZ 10823 (OT: Schöneberg), **T 030 7842059**
60 | Hauptgericht 18–27 €, Menü 30–37 € | Mo-Sa So

Gemütliches Ecklokal. An den Wänden großformatige Schwarz-Weiß-Fotos des Industrie- und Landschaftsfotografen Albert Renger-Patzsch, auf der Karte regionale und mediterrane Spezialitäten sowie Flammkuchen.

Restaurant Osterberger
www.osterberger.de

Elisabethkirchstraße 2 (K2), PLZ 10115 (OT: Mitte), **T 030 26565661**
70 | Hauptgericht 10–37 € | Di-Sa Mo, So

In diesem inhabergeführten Kiezlokal mit seinem unaufdringlichen, zeitlosen Ambiente kann man richtig gut speisen. Serviert wird eine kreative und aromenstarke Bistroküche mit leckeren Gerichten wie „Gebratener Kabeljau mit grünem Spargel, Erbsenpüree, gebackenem Brokkoli und Pernodsauce“ oder „Gerösteter Miso-Blumenkohl mit Hummus, Roter Bete und Schnittlauchöl“. Eine deutsch-französisch ausgerichtete Weinkarte und eine gute Cocktailauswahl komplettieren das Angebot.

Rotisserie WeinGrün
www.rotisserie-weingruen.de

Gertraudenstraße 10-12 (L4), PLZ 10178 (OT: Mitte), **T 030 20621900**
80 | Hauptgericht 20–50 €, Menü 42–59 € | Di-Sa Mo, So

»

Blanke Holztische, dezentes Licht und ein großes dekoratives Weinregal prägen das Ambiente in diesem sympathischen Ecklokal an der Friedrichsgracht. Beliebt ist das Restaurant wegen seiner Spezialitäten vom Flammenwandgrill. Zu den Klassikern zählen „Spare Ribs vom Havelländer Apfelschwein" oder „Finnischer Flammlachs". Dazu gibt es leckere Weine aus Deutschland und Österreich.

TISK Speisekneipe — www.tisk-speisekneipe.de

Neckarstraße 12 (L8), PLZ 12053 (OT: Neukölln), **T 030 398200000**
50 | Hauptgericht 16–28 €, Menü 36–62 € | Di-Sa Mo, So

Die Küche in diesem herrlich unprätentiösen Szenerestaurant konzentriert sich auf Berliner Klassiker in neuem Gewand und basiert auf frischen regionalen Produkten. So finden sich auf der Karte z.B. Jurkensalat, Kartoffelpü und Broiler. Das Ambiente: alte, aufgearbeitete Tische und Stühle, markante grüne Fliesen und ein großer s-förmiger Tresen als Blickfang.

Marlene Bar — www.berlin.intercontinental.com

Budapester Straße 2 (F6, im Hotel InterContinental), PLZ 10787 (OT: Tiergarten),
T 030 26023003
130 | Hauptgericht 8–14 € | Mo-So

Die Hotelbar ist ein beliebter Treffpunkt sowohl für Hotelgäste als auch Berliner. Geboten werden internationale Drinks, Cocktails nach Rezepten aus dem 18. Jahrhundert sowie gepflegte Live-Musik. Gemütliche Cigar-Lounge.

Vox Bar — www.vox-restaurant.de

Marlene-Dietrich-Platz 2 (J2, im Grand Hyatt Berlin), PLZ 10785 (OT: Tiergarten),
T 030 25531774
80 | Hauptgericht 11–34 € | Mo-So

Dunkler Parkettboden, elegante Loungesessel und Collagen aus Schwarz-Weiß-Fotos bekannter Jazzlegenden prägen das Ambiente dieser edlen Bar. Die Whiskyauswahl ist beeindruckend und kaum zu toppen. Separate Smoker-Lounge.

BERNAU A. CHIEMSEE 68 B — www.bernau-am-chiemsee.de

Bayern | EW 7.012 | 544 m | Prien 6 km, Rosenheim 25 km

Alter Wirt — www.alter-wirt-bernau.de

★★★ garni

Kirchplatz 9 (mit Hotel Bonnschlössl), PLZ 83233, **T 08051 9656990,** F 965699500
20 Zimmer | Ez 44–65 €, Dz 76–115 €, inkl. Frühstück

Denkmalgeschützter Gasthof mit familiärer Führung. Einfache, mit handbemalten bayerischen Bauernmöbeln eingerichtete Zimmer. Wellnessoase und mit neubarocken Stilmöbeln ausgestattete Zimmer im Gästehaus Bonnschlössl. Bayerische Schmankerl und internationale Gerichte werden in den rustikalen Gaststuben serviert.

BERNAU IM SCHWARZWALD 64 B — www.bernau-schwarzwald.de

Baden-Württemberg | EW 1.900 | 915 m | Waldshut 32 km, Freiburg 50 km

Das Rössle — www.roessle-bernau.de

★★★ S garni

Sankt-Johann-Weg 2, PLZ 79872, **T 07675 922050,** F 1716
36 Zimmer | Ez 103–116 €, Dz 198–274 €, inkl. Halbpension

So mancher Gast kommt gerne wieder, denn schon allein die idyllische, waldreiche Umgebung lockt. Aber auch schön wohnlich ist es hier, egal ob Sie nun im Stammhaus oder im neueren SPA-Haus übernachten. Vom Hallenbad hat man einen wunderschönen Ausblick ins Grüne.

BERNECK I.FICHTELGEBIRGE, BAD 44 D www.badberneck.de

Bayern | EW 4.579 | 393 m | Bayreuth 15 km, Münchberg 21 km

Merkel www.merkelhotel.de

S garni

Marktplatz 13, PLZ 95460, **T 09273 9930,** F 99343
20 Zimmer | 1 Apartment | Ez ab 58 €, Dz ab 98 €, inkl. Frühstück

Das familiengeführte Gästehaus auf Bad Bernecks altem Marktplatz bietet solide Gästezimmer und eine gemütliche Wirtsstube, in der regionale und saisonale Gerichte aufgetischt werden.

BERNKASTEL-KUES 49 B www.bernkastel.de

Rheinland-Pfalz | EW 6.907 | 110 m | Zell 45 km, Trier 50 km

Christiana's WeinArtHotel www.wein-arthotel.de

★★★ S garni

Lindenweg 18, PLZ 54470 (OT: Kues), **T 06531 6627,** F 7611
17 Zimmer | Ez 59–159 €, Dz 84–169 €, inkl. Frühstück

In diesem modernen, privat geführten Designhotel dreht sich alles rund um das Thema Wein. Es stehen geschmackvoll und geradlinig eingerichtete Nichtraucherzimmer in verschiedenen Kategorien zur Verfügung. Für jedes Zimmer steht ein Spitzenwinzer von der Mosel Pate. Die Küche im behaglichen Restaurant hat sich auf Steaks spezialisiert.

Zum Kurfürsten www.zum-kurfuersten.de

★★★★ S garni

Amselweg 1, PLZ 54470 (OT: Kueser Plateau), **T 06531 96770,** F 4625
73 Zimmer | 11 Suiten

Vital- und Wellnesshotel direkt am Kurpark auf dem Kueser Plateau oberhalb der Weinberge. Modern eingerichtete Zimmer und Suiten. Der 4.500 qm große SPA-Bereich verteilt sich auf mehrere Gebäude und bietet 10 Saunen und Dampfbäder, 3 ganzjährig beheizte Pools sowie einen Naturbadesee. Umfangreiches gastronomisches Angebot.

Burgblickhotel www.burgblickhotel.de

★★★ S garni

Goethestraße 29, PLZ 54470 (OT: Kues), **T 06531 9722770,** F 97227718
20 Zimmer | Ez ab 75 €, Dz ab 109 €, inkl. Frühstück

Ein gut geführtes Haus mit freundlichen Gastgebern. Die wohnlichen Zimmer sind mit Parkettböden und schlicht gehaltenem Mobiliar sowie modernen Bädern ausgestattet. Vor dem „Zubettgehen“ trifft man sich gerne noch auf einen edlen Tropfen in der hauseigenen Weinbar. Unterstellmöglichkeiten für Motorräder und Fahrräder vorhanden.

Rôtisserie Royale www.rotisserie-royale.de

Burgstraße 19, PLZ 54470 (OT: Bernkastel), **T 06531 6572**
30 | Hauptgericht 13–22 € | Mo-Di, Do-So Mi 2.–19.1.23

»

In diesem denkmalgeschützten Fachwerkhaus im historischen Ortskern erfreut man Sie mit einer leichten französischen Küche - z.B.: „Rosa gebratener Lammrücken mit provencalischen Kräutern auf Rotweinjus, Ratatouille und Kartoffelgratin“. Im Gästehaus stehen einfache, aber gepflegte Zimmer zur Verfügung.

BERNRIED AM STARNBERGER SEE 67 B www.bernried.de

Bayern | EW 2.158 | 600 m | Tutzing 7 km, Weilheim 13 km

Marina www.marina-bernried.de

Am Yachthafen 1-15, PLZ 82347, **T 08158 9320,** F 7117
87 Zimmer | 1 Suite | Ez 95–155 €, Dz 115–185 €, inkl. Frühstück

Hotelanlage mit Jachthafen am Starnberger See mit unterschiedlich eingerichteten Zimmern, teils mit Balkon oder Terrasse. Hübscher Wellnessbereich mit vielfältigen Massage- und Beautyangeboten. In verschiedene Räume unterteiltes Restaurant mit regionaler Küche.

Seeblick www.seeblick-bernried.de

Tutzinger Straße 9, PLZ 82347, **T 08158 2540,** F 3056
102 Zimmer | 8 Suiten | Ez ab 90 €, Dz ab 140 €, inkl. Frühstück

In 4. Generation familiär geführtes Ferien- und Tagungshotel am Westufer des Starnberger Sees, teils mit nostalgischem Charme. Die Zimmer und Suiten überzeugen durch frische Farben, ein klares Design und eine liebevoll ausgewählte, zeitgemäße Einrichtung. Für Entspannung sorgt der Wellnessbereich mit Schwimmbad und finnischer Sauna. Im Restaurant wird regional gekocht.

BERTRICH, BAD 40 C www.gesundland-vulkaneifel.de

Rheinland-Pfalz | EW 1.000 | 150 m | Zell 17 km, Wittlich 25 km

Häcker’s Fürstenhof www.haeckers-fuerstenhof.com/de

Kurfürstenstraße 36, PLZ 56864, **T 02674 9340,** F 737
65 Zimmer | 5 Suiten | 1 Apartment | Ez 130 €, Dz 240 €, inkl. Frühstück | 24 h

Am Kurpark gelegenes Wohlfühlhotel mit klassisch und elegant ausgestatteten Zimmern. Exklusiver Wellnessbereich mit Saunalandschaft und Glaubersalz-Thermalbad. In den stilvollen Restauranträumen wird internationale Küche serviert.

BESCHEID 49 A www.hermeskeil.de

Rheinland-Pfalz | EW 411 | 421 m | Hermeskeil 13 km, Trier 25 km

Zur Malerklause www.malerklause.de

Im Hofecken 2, PLZ 54413, **T 06509 558**
18 | Hauptgericht 29–44 €, Menü 79–119 € | So Do-Sa Mo, Di, Mi 22.12.22–6.1.23

Einen Hauch Nostalgie versprüht das üppig dekorierte Dorfgasthaus. Das heimelige Ambiente lädt zu einer gehobenen, klassischen Gourmetküche ein. Familiärer, herzlicher Service. Idealer Treffpunkt für gediegenes Tafeln.

BESIGHEIM 51 D www.besigheim.de

Baden-Württemberg | EW 12.500 | 185 m | Bietigheim 5 km, Heilbronn 20 km

Marktwirtschaft www.marktwirtschaft-besigheim.de

Marktplatz 2, PLZ 74354, **T 07143 9099091**
70 | Hauptgericht 21–28 €, Menü 39–55 € | Mo, Do-So Di, Mi

Hier trifft historisches Fachwerk auf modernes, zeitgenössisches Flair. In dem geselligen Restaurant am Marktplatz bilden Ambiente, Service und Küche eine stimmige Einheit. Die abwechslungsreiche Karte bietet schmackhafte Gerichte mit regionalen Akzenten. In der gegenüberliegenden Brasserie und Vinothek Marktkeller gibt es feine internationale Köstlichkeiten und die passenden Weine.

BETZDORF 40 B www.betzdorf.de

Rheinland-Pfalz | EW 9.951 | 211 m | Siegen 23 km, Olpe 38 km

Breidenbacher Hof www.hotel-breidenbacher-hof.de

★★★ S

Klosterhof 7, PLZ 57518, **T 02741 97790,** F 9779777
19 Zimmer | 3 Apartments | Ez 73–78 €, Dz 97–102 €, inkl. Frühstück

Traditionsbetrieb seit 1893. Helle, individuell eingerichtete Zimmer mit moderner Ausstattung und kostenlosem WLAN. Im Restaurant genießen Sie typische Westerwälder Spezialitäten und saisonale Gerichte aus hochwertigen Produkten.

BIBERACH (BADEN) 57 C www.biberach-baden.de

Baden-Württemberg | EW 3.679 | 193 m | Zell am Harmersbach 4 km, Lahr 14 km

Badischer Hof www.badischer-hof.de

★★★★

Dörfle 20, PLZ 77781 (OT: Prinzbach), **T 07835 6360,** F 636299
50 Zimmer | 8 Suiten | 2 Apartments

Geschmackvolles Ferienhotel mit geräumigen Zimmern und einem recht ansprechenden Freizeit- und Wellnessbereich. Das Restaurant ist bekannt für seine sehr guten Wildspezialitäten.

BIBERACH AN DER RISS 58 D www.biberach-tourismus.de

Baden-Württemberg | EW 32.334 | 533 m | Ulm 42 km, Bodensee 55 km

Parkhotel Jordanbad www.jordanbad-parkhotel.de

★★★★

Jordanbad 7, PLZ 88400 (OT: Jordanbad), **T 07351 343300,** F 343310
119 Zimmer | 3 Suiten | Ez ab 111 €, Dz ab 152 €, inkl. Frühstück

Hotel mit familiärer Gastlichkeit und modern eingerichteten Zimmern inmitten einer großzügigen Parkanlage. Kostenlose Nutzung der Jordanbad-Therme. Hauseigener ParkSPA mit vielseitigen Massage- und Anwendungsangeboten. Zwei Restaurants mit internationaler Küche und Spezialitäten vom Lavagrill.

BIEBELRIED 52 B www.kitzingen.info

Bayern | EW 1.275 | 277 m | Kitzingen 6 km, Würzburg 14 km

Leicht www.hotel-leicht.de

★★★★

Hauptstraße 2, PLZ 97318, **T 09302 9140,** F 3163
71 Zimmer | 2 Suiten | 2 Apartments | Ez 78–111 €, Dz 135–165 €, inkl. Frühstück | 24 h

Traditionsreicher, familiengeführter Gasthof mit persönlicher Atmosphäre. Wohnliche, zweckmäßig eingerichtete Zimmer im ländlichen Stil mit kostenfreiem WLAN. In den gemütlichen Gaststuben serviert man fränkische Gerichte mit modernen und internationalen Einflüssen.

BIELEFELD 22 C www.bielefeld.de

Nordrhein-Westfalen | EW 327.199 | 118 m | Paderborn 43 km, Osnabrück 53 km
Alter Markt mit hist. Patrizierhäusern, Crüwellhaus, Theater am Alten Markt, Leineweberdenkmal, Stadttheater, Sparrenburg mit unterirdischen Gängen, Ravensberger Spinnerei, Kunsthalle, hist. Museum, Bauernhausmuseum, Museumshof Senne.

Bielefelder Hof www.bielefelder-hof.de

★★★★

Am Bahnhof 3, PLZ 33602, **T 0521 52820,** F 5282100
161 Zimmer | 19 Suiten | 24 h

Eine gute Adresse für Geschäftsreisende ist das Traditionshotel am Hauptbahnhof. Auf den Gast warten neuzeitlich-funktional ausgestattete Zimmer. Umfangreicher Tagungsbereich mit großem Veranstaltungssaal. So gemütlich wie in der Bistro-Bar ist es auch im Restaurant und auf der Terrasse.

Hotel Légère www.legere-hotelgroup.com

★★★★

Neumarkt 2, PLZ 33602, **T 0521 489580,** F 48958466
120 Zimmer | 24 h

Am Neumarkt steht das Businesshotel in puristisch-modernem Stil - hier bestechen die geschmackvollen Fotografien des Fotodesigners Ullrich H. M. Wolf. Klimatisierte Gästezimmer in drei Kategorien (zwischen 20 und 28 qm). Die stimmungsvolle „faces Lounge & Bar“ steht sowohl Hotel- als auch externen Gästen zur Verfügung.

Brackweder Hof www.brackweder-hof.de

★★★

Gütersloher Straße 236, PLZ 33649 (OT: Brackwede), **T 0521 942660,** F 9426610
40 Zimmer | Ez ab 85 €, Dz ab 125 €, inkl. Frühstück

Gepflegtes Haus in verkehrsgünstiger Lage. Freundliche, komfortable Zimmer. Restaurant mit warmer, angenehmer Atmosphäre und schmackhafter, mediterran beeinflusster Küche.

Historisches Gasthaus Buschkamp
www.museumshof-senne.de

Buschkampstraße 75, PLZ 33659 (OT: Senne), **T 0521 492800**
100 | Hauptgericht 10–36 €, Menü 32–85 € | Sa-So Mi-So Mo, Di 2.–15.1.23

Traditionsgastronomie im Museumshof Senne. Mit seiner original historischen Einrichtung, dem liebenswerten Service und der frischen, bodenständigen Küche steht das Haus wie kein anderes für typisch westfälische Gastlichkeit. Tipp: Hausgemachte Spezialitäten wie Suppen, Soßen, Konfitüre oder Brot gibt's auch zum Mitnehmen für Zuhause.

Höptners Abendmahl
www.abendmahl-restaurant.de

Johannisstr. 11a, PLZ 33611 (OT: Schildesche), **T 0521 86105**
20 | Hauptgericht 29–55 €, Menü 90–119 € | Mi-Sa Mo, Di, So

Ausgesprochen charmant ist dieses kleine, stimmungsvolle Lokal mit angeschlossener Weinhandlung. Hier erwartet Sie eine gehobene deutsch-saisonale Küche, die in Form eines kleinen oder großen Abendmahls serviert wird. Dazu gibt es erlesene Tropfen aus nah und fern. Tischreservierung erwünscht.

Restaurant GUI
www.gui-restaurant.de

Gehrenberg 8, PLZ 33602, **T 0521 5222119**
36 | Hauptgericht 30–45 €, Menü 70–80 € | Di-Sa Mo, So

Das moderne, freundliche Restaurant gehört zweifellos zu den Top-Adressen der Stadt. In der offenen Küche werden beste saisonale Produkte kreativ und innovativ verarbeitet. Das Ergebnis: feine mediterrane Gerichte wie z.B. „Wagyu-Rinderhüfte | Kartoffelstampf | Schwarzwurzel | Taleggio | Geräucherte Paprika". Preiswertes Lunchmenü.

Tomatissimo
www.tomatissimo.de

Am Tie 15, PLZ 33619 (OT: Kirchdornberg), **T 0521 163333**
60 | Hauptgericht 18–54 €, Menü 45–89 € | So Mi-So

Nettes Restaurant mit zeitgemäßem Ambiente und freundlichem Service. Aus der Küche kommen schmackhaft zubereitete Mittelmeergerichte sowie hochwertige Steaks vom Holzkohlegrill. Neben erlesenen Weinen bietet man auch eine große Auswahl an exklusiven Ginsorten sowie außergewöhnliche Tonic Water an.

Klötzer's
www.kloetzer-delikatessen.de

Ritterstraße 33, PLZ 33602, **T 0521 9677520**
60 | Hauptgericht 18–32 €, Menü 45–59 € | Mi-Sa Mo-Sa So

»

Gut frequentiertes Restaurant in der Bielefelder Fußgängerzone. Geboten wird regionale Küche mit mediterranen und asiatischen Einflüssen. Angeschlossenes Feinkostgeschäft mit großer Frischetheke und internationalem Spitzengourmetsortiment.

BIENENBÜTTEL 15 D www.bienenbuettel.de

Niedersachsen | EW 6.849 | 30 m | Lüneburg 15 km, Bispingen 41 km

Gut Bardenhagen www.gut-bardenhagen.de

Bardenhagener Str. 3-9, PLZ 29553, **T 05823 9539960,** F 955917
31 Zimmer | 4 Suiten | Ez 125–170 €, Dz 155–210 €, inkl. Frühstück

Denkmalgeschütztes Gutshaus von 1908 mit idyllischer Park- und Gartenlandschaft. Geschmackvoll ausgestattete Zimmer und Suiten, die sich auf verschiedene Gebäude verteilen. Besonders bei Heiratswilligen ist diese Adresse sehr gefragt.

Gut Evening

40 | Menü 54–74 € | Di-Sa Mo, So

Modernes Restaurant mit direktem Zugang zum parkähnlichen Garten. Geboten wird eine frische, leichte Saisonküche zu fairen Preisen. Großer Festsaal für Veranstaltungen.

BIERSDORF AM SEE 39 C www.eifel-direkt.de

Rheinland-Pfalz | EW 580 | 340 m | Bitburg 10 km, Trier 37 km

Dorint Seehotel & Resort Bitburg Südeifel www.hotel-eifel-bitburg.dorint.com

Seeuferstr. 1, PLZ 54636 (OT: Biersdorf), **T 06569 990,** F 7909
165 Zimmer | 7 Suiten | 59 Apartments | 24 h

Modernes Ferienhotel in schöner grüner Lage mit hübscher Aussicht auf den Stausee. Helle, geschmackvoll eingerichtete Zimmer, teils mit Balkon und Seesicht. Ansprechend gestalteter Wellnessbereich mit Saunalandschaft und Hallenbad.

BIETIGHEIM-BISSINGEN 58 A www.bietigheim-bissingen.de

Baden-Württemberg | EW 44.000 | 238 m | Stuttgart 22 km, Heilbronn 25 km

Otterbach www.hotel-otterbach.de

Bahnhofstraße 153, PLZ 74321 (OT: Bissingen), **T 07142 5840,** F 64142
85 Zimmer | 2 Suiten | Ez ab 99 €, Dz ab 135 €, inkl. Frühstück

Das moderne Businesshotel mit seiner futuristischen Außenfassade ist nur wenige Gehminuten vom Bahnhof entfernt. Es bietet geschmackvolle Zimmer mit neuzeitlichem Ambiente, die sich auf das Haupthaus und den Neubau verteilen. Im gediegen-elegant eingerichteten À-la-carte-Restaurant serviert man klassische Gerichte aus der regionalen und internationalen Küche.

Rose — www.maerzundmaerz.de

★★★ S garni

Kronenbergstraße 14, PLZ 74321 (OT: Bietigheim), **T 07142 42004,** F 45928
31 Zimmer | 7 Suiten | 1 Apartment | Ez ab 69 €, Dz ab 89 €, 16,00 €

Angenehmes Wohnen, ein gutes Frühstück und herzliche Gastfreundschaft machen diesen traditionsreichen Familienbetrieb zur perfekten Übernachtungsadresse. Sie sind Businessgast? Dann fragen Sie nach den modernen, geräumigen Deluxe-Zimmern.

Maerz - Das Restaurant

VARTA-TIPP Küche **VARTA-TIPP** Service

35 | Hauptgericht 24–36 €, Menü 135 € | Mi-Sa Mo, Di, So

Mit Bodenständigkeit, Herzlichkeit und Kreativität haben die Brüder Maerz die Herzen der Feinschmecker erobert. Getreu seiner Philosophie „Heimweh | Fernweh“ stellt Benjamin Maerz sowohl regionale als auch internationale Top Produkte in den Mittelpunkt seiner wechselnden kulinarischen Kreationen. Für die passenden Weinempfehlungen sorgt Bruder Christian, unterstützt von einer professionell-herzlichen Crew im Service. Tipp für den Sommer: exquisites 4-Gänge-Champagnerdinner in der Chill-Lounge der Terrasse.

BILLERBECK 29 B — www.billerbeck.de

Nordrhein-Westfalen | EW 11.600 | 115 m | Coesfeld 6 km, Steinfurt 20 km

Domschenke — www.domschenke-groll.com

★★★★ garni

Markt 6, PLZ 48727, **T 02543 93200,** F 932030
31 Zimmer | 1 Suite | 24 h

Direkt gegenüber dem Ludgerusdom in der Ortsmitte befindet sich das familiengeführte Hotel. Die renovierten und recht geräumigen Zimmer zeigen sich im modernen, anspruchsvollen Design. Tipp: Lassen Sie sich auf keinen Fall das schmackhafte Frühstück entgehen.

Domschenke

VARTA-TIPP Küche

50 | Hauptgericht 11–30 €, Menü 54–66 € | Mo-So »

Westfälische Gastfreundschaft 'par excellence'. Engagiert und leidenschaftlich führen die Grolls dieses Restaurant. In den behaglichen, lichtdurchfluteten Gasträumen mit mediterraner Note versammelt sich eine bunt gemischte Gästeschar und freut sich auf die kulinarischen Gaumenfreuden des Patrons, z.B. „Rinderfilet mit Trüffelsauce und Schwarzwurzeln" oder „Filetspitzen vom Schwein mit Pommery-Senfsauce und gemischter Salat". Ein Muss im Sommer: die lauschige Terrasse.

Weissenburg

www.hotel-weissenburg.de

garni

Gantweg 18, PLZ 48727, **T 02543 750,** F 75275
95 Zimmer | 11 Suiten | Ez ab 85 €, Dz ab 130 €, inkl. Frühstück

Inmitten einer malerischen Parklandschaft mit Wildgehege liegt dieser gewachsene Familienbetrieb, der bei Tagungs- und Freizeitgästen gleichermaßen beliebt ist. Hier stehen Ihnen wohnliche Zimmer und ein 700 qm großer Wellnessbereich zur Verfügung. Behagliches Restaurant mit schöner Terrasse.

BILSEN 15 A

www.bilsen.de

Schleswig-Holstein | EW 760 | 28 m | Pinneberg 18 km, Norderstedt 18 km

Jagdhaus Waldfrieden

www.waldfrieden.com

garni

Kieler Str. 1 (an der B 4), PLZ 25485, **T 04106 61020,** F 69196
24 Zimmer | Ez 88–105 €, Dz 145–166 €, inkl. Frühstück

Das 1902 erbaute Traditionshaus präsentiert sich heute als stilvolles Refugium mit gepflegter Parkanlage, historischer Villa und reizvollen Nebengebäuden. In den Gästezimmern verbinden schicke Möbel und weiche Stoffe das Alte und das Neue zeitgemäß. Im behaglichen Kaminzimmer, im Wintergarten und auf der Terrasse wird eine marktfrische Regionalküche serviert.

BINDLACH 54 A

www.bindlach.de

Bayern | EW 7.297 | 362 m | Bayreuth 3 km, Bamberg 68 km

Landhaus Gräfenthal

www.landhaus-graefenthal.de

Obergräfenthal 7, PLZ 95463 (OT: Obergräfenthal), **T 09208 289**
90 | Hauptgericht 22–36 € | Sa-So Mo, Mi-So Di

Fränkische Gemütlichkeit in der Bauern- und Zirbelstube und elegantes Flair im Restaurant. Serviert werden verfeinerte Regionalgerichte sowie internationale Speisen. Netter Service. Schöne Sommerterrasse mit mediterranem Flair.

BINGEN AM RHEIN 50 A www.bingen.de

Rheinland-Pfalz | EW 25.000 | 100 m | Bad Kreuznach 15 km, Mainz 28 km

Papa Rhein Hotel www.paparheinhotel.de

Hafenstraße 47, PLZ 55411, **T 06721 35010**
113 Zimmer | 12 Suiten | Ez ab 129 €, Dz ab 209 €, inkl. Frühstück

Das hippe Lifestyle-Hotel mit seinem maritimen Vintage-Designlook befindet sich direkt am Bingener Fähranleger. Die unterschiedlich großen Zimmer und Suiten sind modern ausgestattet und bieten einen außergewöhnlichen Rundumblick auf Rhein, Weinberge und das gegenüberliegende Niederwalddenkmal. Für Entspannung sorgt der „Hafen Spa" mit Sauna, Dampfbad, Innenpool und Außen-Plungepool. Rooftoplounge auf der Dachterrasse.

Das Bootshaus

VARTA-TIPP Küche

140 | Menü 59 € | Mo-So

Richtig einladend ist das schmucke Vintage-Restaurant mit seinem urigen Boden, den Altholzmöbeln sowie den hellen Lederstühlen im Shabbylook. Das Team um Nils Henkel legt den Fokus auf eine regionale, authentische und gesunde Soulfoodküche mit Schwerpunkt auf Gemüse. Dabei haben Top-Produkte und bestes Handwerk oberste Priorität. Während man mittags eine kleine Auswahl an À-la-carte-Gerichten anbietet, wird am Abend ein Dinnermenü serviert. Großzügige Terrasse mit weitläufigem Blick über die Flussauen des Rheins.

BINZEN 64 A www.binzen.de

Baden-Württemberg | EW 3.076 | 284 m | Lörrach 5 km, Basel (Schweiz) 9 km

Mühle www.muehlebinzen.de

Mühlenstraße 26, PLZ 79589, **T 07621 6072,** F 65808
32 Zimmer | 3 Suiten | 24 h

Familiär geführtes Hotel in herrlich ruhiger Lage. Das Haus bietet stilvoll eingerichtete Zimmer und eignet sich sowohl für Feriengäste als auch für Geschäftsreisende. In den hübschen Gaststuben können Sie sich mit bodenständigen Markgräfler Spezialitäten und gehobenen internationalen Speisen verwöhnen lassen.

Ochsen www.ochsen-binzen.de

★★★

Hauptstraße 42, PLZ 79589, **T 07621 4220888,** F 4220889
24 Zimmer | 1 Suite | Ez ab 72 €, Dz ab 110 €, inkl. Frühstück

In diesem traditionsreichen Gasthof im Ortszentrum wohnen Sie in großzügigen, sehr behaglich eingerichteten Zimmern. Ganz besonderen Komfort bietet die 55 qm große Ochsen-Suite. Unverfälschte Gastlichkeit, gepflegtes Ambiente und eine klassisch-international ausgerichtete Küche erwarten Sie im Restaurant.

BIRKENAU 51 A www.birkenau.de

Hessen | EW 10.021 | 147 m | Weinheim/Bergstraße 4 km, Heidelberg 17 km

Lammershof
www.lammershof.de

★★★★

Abtsteinacher Str. 2, PLZ 69488 (OT: Löhrbach), **T 06201 845030,** F 845030
11 Zimmer | Ez ab 79 €, Dz ab 119 €, 14,00 €

Das denkmalgeschützte Fachwerkanwesen von 1709 hat man aufwendig saniert. Die individuell und mit Liebe zum Detail eingerichteten Zimmer verteilen sich auf das Stammhaus und den Anbau. Auf den Wiesen des 45 Hektar großen Hofguts weiden amerikanische Präriebisons und schottische Galloway-Rinder.

WILD X BERG

18 | Hauptgericht 19–69 €, Menü 79–105 € | Mi-Sa Mo, Di, So

Natürlichkeit, Saisonalität und einwandfreie Produktherkunft sind die Basis für die verfeinerte Regionalküche, die Ihnen in der hübschen kleinen Gourmetstube serviert wird. Das Menü umfasst zwischen vier und sieben Gänge und ist auch als vegetarische Variante erhältlich. Alternativ gibt es in den täglich geöffneten „Stuben" (nebst Terrasse) traditionelle Klassiker und heimische Spezialitäten.

BIRNBACH, BAD 62 C
www.badbirnbach.de

Bayern | EW 5.526 | 376 m | Passau 44 km, Regensburg 120 km

Hofgut Hafnerleiten
www.hofgut.info

VARTA-TIPP Ambiente

Brunndobl 16, PLZ 84364 (OT: Brunndobl), **T 08563 91511**
15 Zimmer | 2 Suiten | Ez 110–160 €, Dz 160–240 €, inkl. Frühstück

Die prachtvolle Hotelanlage bietet ihren Gästen verschiedene Themenhäuser und romantische Teichsuiten. Jedes der individuell und hochwertig ausgestatteten Häuschen hat seinen ganz eigenen Charme. Ein herrlicher Rückzugsort, umgeben von einem zauberhaften Landschaftsbild. Wenn Sie mögen, können Sie beim Hausherrn Erwin Rückerl einen Koch-, Grill- oder Baristakurs buchen.

Sonnengut
www.sonnengut.de

VARTA-TIPP Ambiente

★★★★ S

Am Aunhamer Berg 2, PLZ 84364, **T 08563 3050,** F 305100
88 Zimmer | 7 Suiten | Ez ab 139 €, Dz ab 135 €, inkl. Frühstück | 24 h

Ein familiär geführtes Wellnesshotel mit exklusivem, lichtdurchflutetem SPA-Bereich, eingebettet in die wunderschöne Natur des Rottals. Die liebevoll im Landhausstil eingerichteten Zimmer verfügen alle über einen Balkon oder eine Terrasse. Im Restaurant und auf der großzügigen Terrasse wird eine verfeinerte Regionalküche serviert. Das Haus ist die perfekte Adresse für einen Aktivurlaub oder ein romantisches Wochenende zu zweit.

BISCHOFSGRÜN 44 D
www.bischofsgruen.de

Bayern | EW 1.940 | 676 m | Wunsiedel 18 km, Bayreuth 27 km

Kaiseralm
www.kaiseralm.de

★★★★

Fröbershammer 31, PLZ 95493, **T 09276 800,** F 8145
95 Zimmer | 5 Suiten | Ez 79–109 €, Dz 140–170 €, inkl. Frühstück | 24 h

Familiär geführtes Ferien- und Tagungshotel mit Panoramablick auf Bischofsgrün und Ochsenkopf. Gemütliche, im Landhausstil eingerichtete Zimmer und Suiten. Einladender Wellnessbereich mit Schwimmbad, Sauna, Terrasse und Liegewiese. Restaurant mit fränkischer und internationaler Küche.

BISCHOFSHEIM A.D.RHÖN 43 C www.bischofsheim.info

Bayern | EW 4.755 | 448 m | Bad Neustadt a. d. Saale 19 km, Brückenau 24 km

Luisenhof www.luisenhof-rhoen.de

€ Gut & Günstig

Haselbachstraße 93, PLZ 97653 (OT: Haselbach), **T 09772 1880,** F 8654
12 Zimmer | Ez 46–52 €, Dz 68–79 €, inkl. Frühstück | ⃠ 15.11.–24.12.22

Kleines, gemütliches Hotel in ruhiger Lage am Fuße des Kreuzberges. Freundlich und behaglich eingerichtete Zimmer mit moderner Ausstattung. Das Haus verfügt auch über einen Fitnessraum, eine Sauna, ein Solarium und einen Konferenzraum. Schöner Biergarten mit Nuss- und Kirschbäumen.

BISCHOFSWIESEN 69 A www.bischofswiesen.de

Bayern | EW 7.500 | 615 m | Berchtesgaden 5 km, Bad Reichenhall 14 km

Kulturhof Stanngass Neu! kulturhof.bayern

Berchtesgadener Str. 111, PLZ 83483 (OT: Stanggaß), **T 08652 95850**
34 Zimmer

Dezenter Luxus und Eleganz prägen das Ambiente dieses hübschen Natur- und Designhotels, das aus mehreren Gebäuden besteht. Die Zimmer, Stadln und Suiten – fast alle mit Balkon oder Terrasse – verfügen über zeitgemäßen Komfort und sind individuell und sehr wertig mit Naturmaterialien wie Lehm und hellem Mondholz eingerichtet. Highlight ist fraglos der großzügige Naturschwimmteich nebst Liegefläche. Oder Sie relaxen im separaten Saunabereich. Wunderschöner Weitblick auf die schneebedeckten Gipfel von Watzmann und Hochkalter.

Solo Du Neu!

VARTA-TIPP Küche **VARTA-TIPP** Service

16 | Menü 106–146 € | Mi-Sa ⃠ Mo, Di, So

Ein neuer Treffpunkt für Feinschmecker! In der kleinen, holzverkleideten Gourmetstube mit unaufgeregter, entspannter Atmosphäre offeriert Norman Beitz an vier Abenden in der Woche je ein sieben- sowie ein fünfgängiges Menü aus hervorragenden, möglichst heimischen und fair gehandelten Produkten. Mit Feingefühl und innovativen Ideen kombiniert er die handverlesenen Zutaten zu schmackhaften Gerichten wie „Alm-Rind | Zwiebel | Lauch | Kartoffel | Praline“. Dazu serviert Sommelier Martin Bielik ausgesuchte Weine. Alternativ bietet das Gasthaus eine bodenständige Küche mit bezahlbaren regionalen Gerichten aus Bayern und Österreich.

BISPINGEN 15 C www.bispingen.de

Niedersachsen | EW 6.311 | 74 m | Soltau 16 km, Lüneburg 45 km

Stimbekhof
www.stimbekhof.de

VARTA-TIPP Service

Oberhaverbeck 2, PLZ 29646 (OT: Oberhaverbeck), **T 05198 981090**
32 Zimmer | Ez ab 125 €, Dz ab 155 €, inkl. Frühstück

Wer Ruhe und Natur sucht, ist hier genau richtig! Das von einem jungen Gastgeberteam engagiert und leidenschaftlich geführte Haus ist umgeben von naturbelassenen Wäldern, kleinen Flüssen und idyllischen Heideflächen. Die individuell gestalteten Gästezimmer wurden mit viel Detailtreue in die teils über 100 Jahre alten Gemäuer des Hofensembles eingefasst und zeigen sich im modern-charmanten Landhausstil. Im Hofcafé werden hausgemachte Kuchen und leckere Apfelwaffeln (unbedingt probieren!) angeboten.

Heidehotel Rieckmann
www.hotel-rieckmann.de

★★★ S garni

Kirchweg 1-2, PLZ 29646, **T 05194 9510,** F 95134
21 Zimmer | Ez 66–110 €, Dz 86–199 €, inkl. Frühstück | ⦸ 9.1.–28.2.23

Freundlich geführter Heidegasthof in zentraler Lage. Helle, in warmen Farben eingerichtete Gästezimmer mit zweckmäßiger Ausstattung. Das Haus bietet zudem einen idyllischen Sommergarten, einen Fahrradverleih sowie eine E-Bike-Ladestation.

Rieckmanns Tafelhuus

90 | Hauptgericht 11–30 €, Menü 20–42 € | So Mi-So ⦸ Mo, Di ⦸ 9.1.–28.2.23

Restaurant mit frischer regionaler Küche und traditionellen Heidespezialitäten aus heimischen Produkten. Im Sommer lädt die Terrasse unter alten Buchen zum Verweilen ein.

König-Stuben
www.koenig-stuben.de

garni

Luheweg 25, PLZ 29646, **T 05194 98100,** F 981019
25 Zimmer | Ez 68–82 €, Dz 99–119 €, inkl. Frühstück

Persönlich geführter Landgasthof mit stilvollem Ambiente am Rande des Naturschutzparks Lüneburger Heide. Unterschiedliche, von funktional bis geschmackvoll und teils mit Stilmöbeln eingerichtete Gästezimmer. Kleiner Wellnessbereich mit Schwimmbad und Sauna.

BITBURG 49 A
www.bitburg.de

Rheinland-Pfalz | EW 14.886 | 350 m | Trier 25 km, Prüm 33 km

Eifelbräu
www.eifelbraeu.de

★★★★

Römermauer 36, PLZ 54634, **T 06561 9100,** F 910100
30 Zimmer | 2 Suiten | Ez 85–115 €, Dz 125–130 €, inkl. Frühstück

Der historische Gasthof ist eine sehr gepflegte Adresse. Auf drei Etagen stehen liebevoll gestaltete Gästezimmer zur Verfügung. Im Restaurant „Eifelstube“ mit uriger Brauhausatmosphäre wird deftige bürgerliche Küche serviert.

BLANKENBACH 42 C
www.gemeinde-blankenbach.de

Bayern | EW 1.602 | 190 m | Aschaffenburg 15 km, Frankfurt am Main 48 km

Behl's Genusshotel im Brennhaus
www.behl.de

Krombacher Str. 2, PLZ 63825, **T 06024 4766,** F 5766
23 Zimmer | 3 Suiten | Ez ab 85 €, Dz ab 120 €, inkl. Frühstück

Familiär geführtes Haus mit Fachwerk, Sandstein und modernen Anbauten. Zeitgemäß ausgestattete Hotelzimmer stehen im ehem. Brennhaus zur Verfügung. Eine frische fränkische und internationale Küche bietet man in den behaglichen Restauranträumen.

BLANKENBURG (HARZ) 33 A
www.blankenburg-tourismus.de

Sachsen-Anhalt | EW 21.834 | 200 m | Quedlinburg 13 km, Wernigerode 16 km

Schlosshotel Blankenburg
www.schlosshotel-blankenburg.de

★★★★

Schnappelberg 5, PLZ 38889, **T 03944 36190,** F 3619199
67 Zimmer | 2 Suiten | Ez ab 85 €, Dz ab 124 €, inkl. Frühstück | 24 h

Das Hotel ist in das 100 ha große Ensemble der Blankenburger Schlossgärten eingebettet. Hier erwarten Sie geschmackvoll eingerichtete Zimmer mit dezenter Eleganz. Im „Wellness-Schlossgewölbe" sorgen zwei Saunen für Entspannung. Regionale und saisonale Küche wird im Restaurant serviert.

Villa Viktoria Luise
www.viktoria-luise.de

Hasselfelder Straße 8, PLZ 38889, **T 03944 91170,** F 911717
15 Zimmer | Ez 79–115 €, Dz 125–179 €, inkl. Frühstück

Diese liebevoll restaurierte Jugendstilvilla vereint historischen Charakter mit modernem Ambiente und persönlichem Service. Hier logieren Sie in stilvoll-behaglichen Gästezimmern mit herrlichem Blick auf das Schloss und den Barockgarten. Zum Haus gehören auch ein Kaminzimmer, ein Restaurant mit Sonnenterrasse sowie eine kleine Sauna.

BLANKENFELDE-MAHLOW 26 D
www.blankenfelde-mahlow.de

Brandenburg | EW 25.501 | 43 m | Schönefeld 8 km, Berlin 20 km

Van der Valk Hotel
berlin.vandervalk.de

★★★★ S

Eschenweg 18 (im Gewerbegebiet), PLZ 15827 (OT: Dahlewitz), **T 033708 580,** F 58888
270 Zimmer | 5 Suiten | Ez ab 95 €, Dz ab 117 €, inkl. Frühstück | 24 h

Neuzeitliches Businesshotel am südlichen Stadtrand von Berlin mit guter Verkehrsanbindung zur Autobahn. Das Haus bietet geräumige und farbenfroh eingerichtete Zimmer in unterschiedlichen Kategorien. Atrium-Restaurant mit regionaler und internationaler Küche.

BLANKENHAIN 44 A
www.blankenhain.de

Thüringen | EW 6.500 | 360 m | Weimar 17 km, Erfurt 25 km

Spa & GolfResort Weimarer Land
www.golfresort-weimarerland.de

★★★★★ S

Weimarer Straße 60, PLZ 99444, **T 036459 61640,** F 61644009
94 Zimmer | 18 Suiten | Ez ab 309 €, Dz ab 409 €, inkl. Frühstück | 24 h ››

Was dieses Hotel zu bieten hat, kann sich wirklich sehen lassen: idyllische Lage, geschmackvolle Landhauszimmer mit hochwertiger Ausstattung, resorteigene Golfanlage, Restaurant mit Showküche und Terrasse, Poolbar im 3.500 qm großen SPA-Bereich... Die perfekte Adresse für Familien, Golffans und Wellnessurlauber.

Restaurant Masters

12 | Menü 75–159 € | Mo-Di, Do-So Mi

Klasse und Niveau auf der ganzen Linie: gemütlich-elegant das Interieur, geschult und freundlich der Service, aromenreich und stimmig die frankophile Küche mit regionalen Produkten und mediterranen Akzenten. Tolle Weine aus der Region Saale/Unstrut und Franken, aber auch Gewächse aus den klassischen Anbaugebieten der „Alten Welt".

Zum güldenen Zopf www.zumzopf.de

Rudolf-Breitscheid-Straße 2, PLZ 99444, **T 036459 61644800**
60 | Hauptgericht 14–20 € | So Mo, Do-So Di, Mi

Die Geschichte des traditionsreichen Hauses reicht bis ins Jahr 1541. In dem schicken und äußerst geschmackvoll renovierten Gastraum erwartet Sie eine klassische Thüringer Küche mit besten Zutaten aus der Region. Auf der Karte z.B. „Sauerbraten vom Weiderind mit Rotkohl und Thüringer Klößen" oder „Geschmorte Haxe vom Lamm auf Röstgemüse und Backkartoffeln".

BLAUBEUREN 58 D www.blaubeuren.de

Baden-Württemberg | EW 12.495 | 516 m | Ulm 18 km, Ehingen 19 km

Ochsen www.ochsen-blaubeuren.de

★★★ S garni

Marktstraße 4, PLZ 89143, **T 07344 969890,** F 9698969
50 Zimmer | 2 Suiten | 1 Apartment | Ez 69–129 €, Dz 89–149 €, inkl. Frühstück | 24 h
23.12.22–9.1.23, 23.12.23–8.1.24

Hist. Fachwerkhaus mit schöner Fassade aus dem 18. Jahrhundert. Zweckmäßig und zeitgemäß eingerichtete Zimmer unterschiedlicher Kategorien. Gemütliche Gaststuben, in denen eine regionale und saisonorientierte Küche angeboten wird.

BLIESKASTEL 49 D www.blieskastel.de

Saarland | EW 23.182 | 213 m | Zweibrücken 12 km, Homburg 13 km

Hämmerle's Barrique www.haemmerles.de

VARTA-TIPP Küche VARTA-TIPP Service

Bliestalstraße 110a, PLZ 66440, **T 06842 52142**
20 | Menü 95–115 € | Di-Fr Mo, Sa, So

Eine Atmosphäre, die fasziniert. Im eleganten Gourmetrestaurant agiert ein toll motiviertes Team, das sich mit Freude und Leidenschaft um das Wohl der Gäste kümmert. Von ausgezeichneter Qualität ist die ambitionierte, zeitgemäße Küche auf französischer Basis, die Ihnen Cliff Hämmerle hier in Menüform kredenzt. Alternativ können Sie im Restaurant „Landgenuss" bodenständige Regionalgerichte genießen. Zum Übernachten steht eine wohnliche Suite zur Verfügung.

BÖBING 67 B www.boebing.de

Bayern | EW 1.880 | 752 m | Peißenberg 8 km, Murnau am Staffelsee 22 km

Bromberg Alm Neu! www.bromberg-alm.de

Bromberg 10, PLZ 82389, **T 08867 92045**
150 | Hauptgericht 12–26 €, Menü 22–60 € | Mo, Do-So ⃠ Di, Mi ⃠ 7.11.–2.12.22

Hier passt einfach alles zusammen: traumhafte Lage mit herrlicher Aussicht in den Pfaffenwinkel und ins Oberland, gemütliche Gaststuben, familiär-herzliche Atmosphäre und eine frische, bodenständige Regionalküche. Auf der Speisekarte machen z.B. Hirschgulasch, Zwiebelrostbraten vom Grill oder Wiener Schnitzel vom Kalb Appetit. Ein tolles Preis-Leistungs-Verhältnis bietet das 4-gängige Alm-Menü am Abend. Einladend die großzügige Panoramaterrasse.

BÖBLINGEN 57 B www.boeblingen.de

Baden-Württemberg | EW 46.714 | 464 m | Stuttgart 21 km, Reutlingen 36 km

V8 HOTEL Motorworld www.v8hotel.de

★★★★ S

Charles-Lindbergh-Platz 1, PLZ 71034, **T 07031 3069880,** F 306988888
153 Zimmer | 7 Suiten | 7 Apartments | 24 h

Mit seiner modernen, klaren Architektur gliedert sich das 2018 eröffnete Themen- und Designhotel ideal in das Tagungs- und Veranstaltungszentrum Motorworld ein. In den Zimmern und Apartments sowie in den öffentlichen Bereichen ist das Automobil das Leitmotiv. In der obersten Etage befindet sich ein Fitness- und Wellnessberich. Weitere Zimmer stehen im benachbarten V8 Hotel Classic zur Verfügung.

List www.hotel-list-bb.de

garni

Friedrich-List-Straße 57, PLZ 71032, **T 07031 21840,** F 218484
32 Zimmer | 3 Suiten | 6 Apartments | Ez ab 81 €, Dz ab 98 €, inkl. Frühstück

Modernes Hotel im Stadtzentrum. Elegant eingerichtete Zimmer mit freundlicher Atmosphäre. Vom exklusiven Wintergartenapartment haben Sie einen herrlichen Blick über Böblingen. Schöner, lichtdurchfluteter Frühstücksraum.

Reussenstein www.reussenstein.com

★★★ S

Kalkofenstr. 20, PLZ 71032, **T 07031 66000,** F 660055
45 Zimmer | Ez 80–125 €, Dz 99–165 €, 15,00 € ››

Am Stadtrand gelegenes Hotel mit heimeliger Atmosphäre. Unterschiedlich eingerichtete Zimmer mit zeitgemäßem Komfort. Als Gast genießen Sie besondere Extras wie kostenfreies WLAN, Kopfkissenbar oder den hoteleigenen Indoor-BarfußPark. Regionales Frühstücksbuffet im Landhauszimmer.

Zum Reussenstein

80 | Hauptgericht 25–34 € | Sa Di-Sa Mo, So

Dieser vorbildlich geführte Familienbetrieb ist Garant für niveauvolle Gastronomie. Hier ist ein klasse Küchenteam am Werk, das authentische schwäbische Gerichte wie Maultaschen, Rinderkutteln oder Zwiebelrostbraten zum Besten gibt. Auch Kochkurse werden angeboten.

Rieth
www.hotel-rieth.de

★★★ garni

Tübinger Straße 157, PLZ 71032, **T 07031 7230,** F 723160
48 Zimmer | 9 Apartments | Ez ab 94 €, Dz ab 120 €, inkl. Frühstück

Modernes, familiär geführtes Geschäftshotel am grünen Ortsrand mit praktisch eingerichteten Zimmern im Landhausstil. Für Langzeitgäste stehen auch Apartments zur Verfügung. Lichtdurchflutetes Restaurant mit regionaler und internationaler Küche.

Da Signora
www.dasignora.de

Graf-Zeppelin-Platz 1, PLZ 71034, **T 07031 3069509**
60 | Hauptgericht 20–39 €, Menü 44–69 € | Di-So Mo

Elegantes Ristorante im Meilenwerk. Serviert werden italienische und mediterrane Gerichte - frisch und schmackhaft zubereitet. Wie wär's z.B. mit einem „Rote-Bete-Carpaccio mit Wildkräutersalat“ und anschließend „Saltimbocca alla romana mit Rosmarinkartoffeln“? Es stehen auch Focaccia und verschiedene Sandwiches auf der Karte.

BOCHOLT 29 A
www.bocholt.de

Nordrhein-Westfalen | EW 73.403 | 25 m | Borken 18 km, Wesel 24 km

Am Erzengel
www.am-erzengel.de

★★★★ garni

Münsterstr. 252, PLZ 46397, **T 02871 247700,** F 24770247
60 Zimmer | Ez ab 88 €, Dz ab 119 €, inkl. Frühstück

Gut geführtes Privathotel für Urlaubs- und Geschäftsreisende. Individuell mit edlen Materialien und warmen Farben eingerichtete Zimmer und Suiten. Restaurant mit leichter, moderner Küche.

Residenz
www.hotelresidenz.de

★★★★ garni

Kaiser-Wilhelm-Str. 28-32, PLZ 46395, **T 02871 99750,** F 9975599
48 Zimmer | 4 Suiten | Ez 76–110 €, Dz 125–155 €, 12,90 €

Freundliches Stadthotel mit komfortabel ausgestatteten Zimmern, die stilvoll und mit Liebe zum Detail eingerichtet wurden. Mediterran anmutende Terrasse mit großzügigem Hotelgarten. Im Restaurant „Siebelts“ bietet man eine leichte, junge und frische Küche.

Mussumer Krug
www.mussumerkrug.de

Mussumer Kirchweg 143, PLZ 46395 (OT: Mussum), **T 02871 13678**
70 | Hauptgericht 19–29 € | Mi-Sa Mo, Di, So

Eine moderne, innovative und dennoch bodenständige Küche sowie ein sehr gutes Preis-Leistungs-Verhältnis zeichnen diesen historischen Gasthof aus. Auf der Speisekarte stehen z.B. Gerichte wie „Gebackener Nordsee-Kabeljau | Kartoffel-Gurkenstampf | Fenchelsalat | Buttersauce“ oder „Kartoffel-Spargel-Risotto | getrocknete Tomaten | Parmesan“.

BOCHUM 29 D www.bochum-tourismus.de

Nordrhein-Westfalen | EW 378.596 | 100 m | Herne 6 km, Essen 16 km

Rathaus mit Gussstahlglocke, Dt. Bergbau-Museum, Eisenbahnmuseum, Zeiss-Planetarium, Museum Bochum, Stadtpark mit Tierpark und Aussichtsturm, Propsteikirche St. Peter und Paul, Jahrhunderthalle, Schauspielhaus, Musical „Starlight Express“.

Wald & Golfhotel Lottental www.lottental.de

★★★ garni

Grimbergstraße 52a, PLZ 44797 (OT: Stiepel), **T 0234 97960,** F 9796293
79 Zimmer | 2 Suiten | Ez ab 56 €, Dz ab 66 €, 13,50 € | 24 h

Zeitgemäß ausgestattetes Hotel in ruhiger Lage im Ortsteil Stiepel. In modernem Design eingerichtete Zimmer unterschiedlicher Kategorien. Kleiner Fitnessbereich mit Pool, Sauna und Fitnessraum. Sehr gute Tagungsmöglichkeiten.

Livingroom www.livingroom-bochum.de

Luisenstraße 9-13, PLZ 44787, **T 0234 9535685**
250 | Hauptgericht 10–79 €, Menü 30–69 € | Mo-Sa So

Das Restaurant mit Bar und Lounge gehört zu den bevorzugten Locations der Innenstadt. Hier erwartet Sie ein breites Angebot moderner internationaler Speisen - von kleinen Snacks über Grillsteaks bis hin zu schmackhaften Fischgerichten. Umfangreiche Weinauswahl. Preiswerter Mittagstisch.

BOCKLET, BAD 43 C www.badbocklet.de

Bayern | EW 4.514 | 230 m | Bad Kissingen 10 km, Bad Neustadt 22 km

Kurhaus Hotel Bad Bocklet www.kurhaus-bad-bocklet.de

Kurhausstr. 2, PLZ 97708, **T 09708 770,** F 77199
92 Zimmer | Ez ab 72 €, Dz ab 99 €, 12,00 € | 4.–19.1.23

Das Hotel liegt traumhaft im wunderschönen Kurpark des Staatsbades. Nach der kompletten Renovierung der Gästezimmer und des Badehauses am Markt verfolgt man hier einen ganzheitlichen Ansatz zur Regeneration – getreu dem Motto: „Gesundheit, Wellness & Spiritualität“. Der charmante Mix aus historischem Bestand und modernem Komfort zeigt sich in allen Bereichen des Hauses. Stilvoll-zeitgemäß ausgestattete Zimmer, meist mit Blick auf den Kurpark.

BODENMAIS 55 D www.bodenmais.de

Bayern | EW 3.500 | 689 m | Regen 13 km, Deggendorf 35 km

Mooshof
www.hotel-mooshof.de

VARTA-TIPP Ambiente VARTA-TIPP Service

★★★★S garni

Mooshof 7, PLZ 94249 (OT: Mooshof), **T 09924 7750,** F 7238
80 Zimmer | 33 Suiten | Ez 152–192 €, Dz 296–320 €, inkl. Vollpension

Imposant, großzügig, geschmackvoll - ein privatgeführtes SPA-Hideaway par excellence! Das gewachsene Traditionshaus ist eingebettet in eine weitläufige Gartenanlage. Die komfortabel und wohnlich ausgestatteten Zimmer, Apartments und Suiten verfügen größtenteils über einen Balkon. Beeindruckend die Wellnesswelt auf 5.000 qm, top der Service. Mehrere Restaurantbereiche samt großzügiger Panoramaterrasse.

Bodenmaiser Hof
www.bodenmaiser-hof.de

★★★★S garni

Rißlochweg 4, PLZ 94249, **T 09924 9540,** F 95440
40 Zimmer | 8 Suiten | 2 Apartments | Ez ab 114 €, Dz ab 220 €, inkl. Halbpension

Familienhotel mit persönlicher Note und ungezwungener Atmosphäre. Hier erwarten Sie wohnlich ausgestattete Gästezimmer in verschiedenen Kategorien. Besonders luxuriös sind die Lofts im Anbau. Großzügige Sauna- und Wasserwelt. Gemütliches Wintergarten-Restaurant mit Schauküche und Terrasse.

Böhmhof
www.boehmhof.de

★★★★S garni

Böhmhof 1, PLZ 94249 (OT: Böhmhof), **T 09924 94300,** F 943013
35 Zimmer | 14 Suiten | 1 Apartment | Ez 111–132 €, Dz 206–250 €, inkl. Halbpension

Am Waldrand auf 730 m Höhe gelegenes Wellness- und Vitalhotel, das sich seit 1674 in Familienbesitz befindet. Unterschiedlich geschnittene Zimmer mit neuzeitlicher Ausstattung. Ansprechender Wellnessbereich mit Hallenbad, beheiztem Außenpool und Saunalandschaft. Gemütliches Restaurant mit regionaler Küche.

Neue Post
www.hotel-neue-post.de

★★★★S garni

Kötztinger Straße 25, PLZ 94249, **T 09924 9580,** F 958100
60 Zimmer | 4 Suiten | 24 h

Zentral gelegenes Ferienhotel mit großzügigem Hallenbereich und modernen Zimmern in Zirbel- oder Kirschholzmöblierung. Gepflegter Wellnessbereich mit Hallenbad, Außenwhirlpool und Saunalandschaft. Geschmackvoll eingerichtetes Restaurant.

Wellnesshotel Hofbräuhaus
www.hotel-hofbraeuhaus.de

★★★★S garni

Marktplatz 5, PLZ 94249, **T 09924 7770,** F 777200
68 Zimmer | 4 Suiten | Ez 97–125 €, Dz 184–252 €, inkl. Frühstück

Ehem. Brauereigasthof mit wohnlichen Zimmern und hellem Eichenmobiliar. Schöner Wellnessbereich mit Blick auf die Bayerwaldberge. Rustikales Restaurant mit bayerisch-internationaler Küche.

BODENWERDER-POLLE 31 B www.muenchhausenland.de

Niedersachsen | EW 15.600 | 75 m | Hameln 23 km, Höxter 33 km

Graf Everstein - Uwe Multhoff www.graf-everstein.de

Amtsstraße 6, PLZ 37647 (OT: Polle), **T 05535 999780**
50 | Hauptgericht 14–28 €, Menü 28–42 € | Fr-So Do-So Mo, Di, Mi

Unterhalb der Poller Burgruine liegt dieses Restaurant. Hier dürfen Sie sich auf eine feine regionale Frischeküche mit saisonal orientierten Gerichten freuen. Von den Fenstertischen hat man einen schönen Blick auf die umliegende Landschaft.

BODENWÖHR 54 D www.bodenwoehr.de

Bayern | EW 4.142 | 374 m | Schwandorf 17 km, Cham 36 km

Brauereigasthof Jacob www.brauerei-jacob.de

Ludwigsheide 2, PLZ 92439, **T 09434 941041,** F 941044
26 Zimmer | 2 Suiten | Ez 69–79 €, Dz 104–120 €, inkl. Frühstück

Landestypischer Gasthof direkt am Ufer des idyllischen Hammersees mit geräumigen Zimmern im Landhausstil. In den urig-rustikalen Restauranträumen werden regionale Schmankerl und hausgebraute Bierspezialitäten aufgetischt.

BODMAN-LUDWIGSHAFEN 65 A www.bodman-ludwigshafen.de

Baden-Württemberg | EW 4.427 | 397 m | Stockach 12 km, Konstanz 31 km

Seehotel Villa Linde www.seehotelvillalinde.de

Kaiserpfalzstraße 50, PLZ 78351, **T 07773 959930**
14 Zimmer | 2 Suiten | Ez 145–215 €, Dz 175–325 €, inkl. Frühstück

Das geschmackvoll renovierte Hotel liegt malerisch am Ufer des Bodensees. Die Fassade des Gebäudes hat man fast originalgetreu nach dem Vorbild des „alten“ Hotel Linde aus den 1920er Jahren wiederhergestellt. Architektonisch begeistert das Haus durch zeitlose Eleganz und mediterranes Flair. Die individuell gestalteten Zimmer haben alle Seeblick.

Gourmetrestaurant s'Äpfle

VARTA-TIPP Küche **VARTA-TIPP** Service

24 | Hauptgericht 32–58 €, Menü 129–169 € | Di-Sa Mo, So

Ist es nicht herrlich, hier bei schönem Wetter auf der Terrasse zu sitzen und auf den Bodensee zu schauen? Und wenn man dann auch noch eine frische, kreative Regionalküche genießen darf... Aljoscha Füting kocht modern, mit ausgesuchten Produkten und handwerklichem Können. Dem niveauvollen Essen wird auch das hochwertige und geschmackvolle Interieur gerecht, zu dem sich ein freundlicher und kompetenter Service gesellt.

Seehotel Adler
www.seehotel-adler.de

Hafenstraße 4, PLZ 78351 (OT: Ludwigshafen), **T 07773 93390,** F 933939
60 Zimmer | 3 Suiten | Ez 95–160 €, Dz 140–210 €, inkl. Frühstück

Geschmackvolles Wellness- und Ferienhotel direkt am Bodenseeufer. Bequem und wohnlich eingerichtete Zimmer mit komfortabler Ausstattung. Exklusive Wellnessoase „Adler Spa" mit verschiedenen Saunen, Dampfbad, beheiztem Außenpool und Sonnenterrasse. Zwei Restaurants mit Seeterrasse und badisch-mediterraner Küche sowie internationalen Kreationen.

BÖHMENKIRCH 58 B
www.boehmenkirch.de

Baden-Württemberg | EW 5.500 | 550 m | Heidenheim/Brenz 17 km, Göppingen 26 km

Landgasthof Rössle
www.roessle.steinenkirch.de

Albstr. 9, PLZ 89558 (OT: Steinenkirch), **T 07332 923900,** F 9239050
40 Zimmer | 1 Apartment | Ez 58–91 €, Dz 93–125 €, inkl. Frühstück

Ein gewachsenes Hotel, das sich für einen Kurzurlaub oder eine Geschäftsreise gleichermaßen eignet. Die komfortablen Zimmer sind mit Liebe zum Detail im wohnlichen Landhausstil eingerichtet. Gemütlicher Wellnessbereich mit Sauna und Fitnessraum. Das Restaurant serviert regionale und saisonale Spezialitäten.

BOKEL 15 A
www.amt-hoernerkirchen.de

Schleswig-Holstein | EW 637 | 16 m | Itzehoe 29 km, Hamburg 55 km

Bokel-Mühle am See
www.bokelmuehle.de

Neel-Greve-Str. 2, PLZ 25364, **T 04127 94200,** F 9420150
28 Zimmer | 1 Suite | Ez 99–134 €, Dz 118–190 €, Frühstück 10,00 €

Ehem. Wassermühle in traumhafter Seelage. Die wohnlichen Zimmer verfügen teilweise über einen Balkon oder eine Terrasse. Kaminzimmer mit typisch regionaler Küche. Uriger Frühstücksraum im ältesten Gebäudeteil.

BOLTENHAGEN, OSTSEEBAD 9 C www.boltenhagen.de

Mecklenburg-Vorpommern | EW 2.420 | 5 m | Wismar 26 km, Schwerin 47 km

Iberotel Boltenhagen www.iberotel.de

★★★★ S

Baltische Allee 1, PLZ 23946 (OT: Tarnewitz), **T 038825 3840,** F 3848701
191 Zimmer | 9 Suiten | 24 h

Das weitläufige Ferienhotel auf der Halbinsel Tarnewitz erwartet seine Gäste mit einem umfangreichen Sport- und Wellnessangebot. Alle Zimmer verfügen über Meerblick. Restaurant mit internationaler Küche. Eigener Jachthafen. Direkter Strandzugang.

Gutshaus Redewisch www.gutshaus-redewisch.de

Redewischer Straße 46, PLZ 23946 (OT: Redewisch), **T 038825 3760,** F 37637
21 Zimmer | 1 Suite | Ez ab 80 €, Dz ab 120 €, inkl. Frühstück | 24 h

Schönes Landhotel in ruhiger Lage mit hist. Ambiente und geräumigen, geschmackvoll eingerichteten Zimmern. Das Haus verfügt auch über ein gemütliches Kaminzimmer, eine finnische Sauna, einen Fitnessraum sowie ein Restaurant mit regionaler Küche und Sommerterrasse.

BONN 40 A www.bonn.de

Nordrhein-Westfalen | EW 319.841 | 45 m | Köln 30 km, Frankfurt/Main 175 km
Beethovenhaus, Beethovendenkmal, Beethon, Münster mit Kreuzgang, Kreuzbergkirche mit heiliger Stiege, Doppelkirche Schwarz-Rheindorf, Name-Jesu-Kirche, altes Rathaus, Universität - kurfürstliches Schloss mit Hofgarten, Sterntor, Alter Zoll, Rheinpromenade, Poppelsdorfer Schloss, Bad Godesberger Villenvorort, Kunst- und Ausstellungshalle, Landesmuseum, Frauenmuseum, Arithmeum, Ägyptisches Museum, Naturpark Siebengebirge, Gedenkstätte Adenauerhaus.
Einen Cityplan finden Sie auf Seite 230–232.

Bonn Marriott Hotel www.marriott.de

Platz der Vereinten Nationen 4 (E5), PLZ 53113, **T 0228 280500,** F 28050555
336 Zimmer | 34 Suiten | 24 h

Im ehem. Regierungsviertel und direkt am Rheinufer liegt dieses großzügige Lifestyle-Hotel. Das Haus bietet stilvoll eingerichtete Zimmer mit ergonomischen Arbeitsbereichen sowie tollen Ausblicken auf die Stadt, den Rhein und das Siebengebirge. Hohen Wohlfühlfaktor garantiert der hauseigene Wellnessbereich. Frühstück gibt es im Restaurant „Parlament“.

Konrads Restaurant & Bar www.konrads-bonn.de

VARTA-TIPP Küche

50 | Hauptgericht 22–42 €, Menü 69–99 € | Di-Sa Mo, So

In der 17. Etage des Hotels genießt man nicht nur einen spektakulären Panoramablick, man wird auch anspruchsvoll bekocht. Ein modernes, puristisches Ambiente mit bodentiefen Fenstern, dunklem Holz und petrolfarbenen Polstermöbeln bietet den Rahmen für das leger-französische Küchenkonzept von Felix Kaspar. Seine schmackhaften und filigran angerichteten Kompositionen können Sie à la carte oder in Menüform genießen. Dazu bietet man eine attraktive Weinauswahl. Für Veranstaltungen stehen zwei Private-Dining-Rooms zur Verfügung.

A
B
C
1
2
3
4
5
Ortsteil Nordstadt
(zu Bonn)
Ortst. Weststadt
(zu Bonn)
Ortst. Südstadt
(zu Bonn)
AS Bonn-Zentrum
AS Bonn-Endenich
AS Bonn-Poppelsdf.
Güterbf.
Bonn-West
Bonn Hbf
RB23
RB30
56
565
8
6
7
Kölnstraße
Kaiser-Karl-Ring
Augustusring
Römer-str.
Köln-str.
Bornheimer Str.
Oxford-str.
Rabinstraße
Endenicher Str.
Endenicher Allee
Baumschulallee
Meckenheimer Allee
Poppelsdorfer Allee
Reuter-str.
Bonner Talweg
Sebastian-str.
Kekuléstr.
LVR-Klinik Bonn
Kaufmännische Bildungsanstalten
Bücherei
Robert-Wetzlar-Schule
Chlodwig platz
Stadthaus
Berliner Platz
Alter Friedhof
Collegium Leoninum
Münsterplatz
Markt
Alt. Rathaus
Beethoven-platz
Landesmuseum
Universität Bonn
Mensa
Campus Poppelsdorf
Schloss Poppelsdorf
Botanischer Garten
Ernst-Moritz-Arndt-Gymnasium
Gewerbe- u. Gründerzentrum (Alter Schlachth.)
Stadtwerke Bonn Versorgungsbetriebe
Friedhof
Kapelle
St. Marien-Hospital
Bundesa. f. Wehrverw.
1 = Poppelsdorfer Pl.
2 = Pfarrer-Hürth-Straße
3 = Im jungen Wingert
6 = Am Alten Poststadion

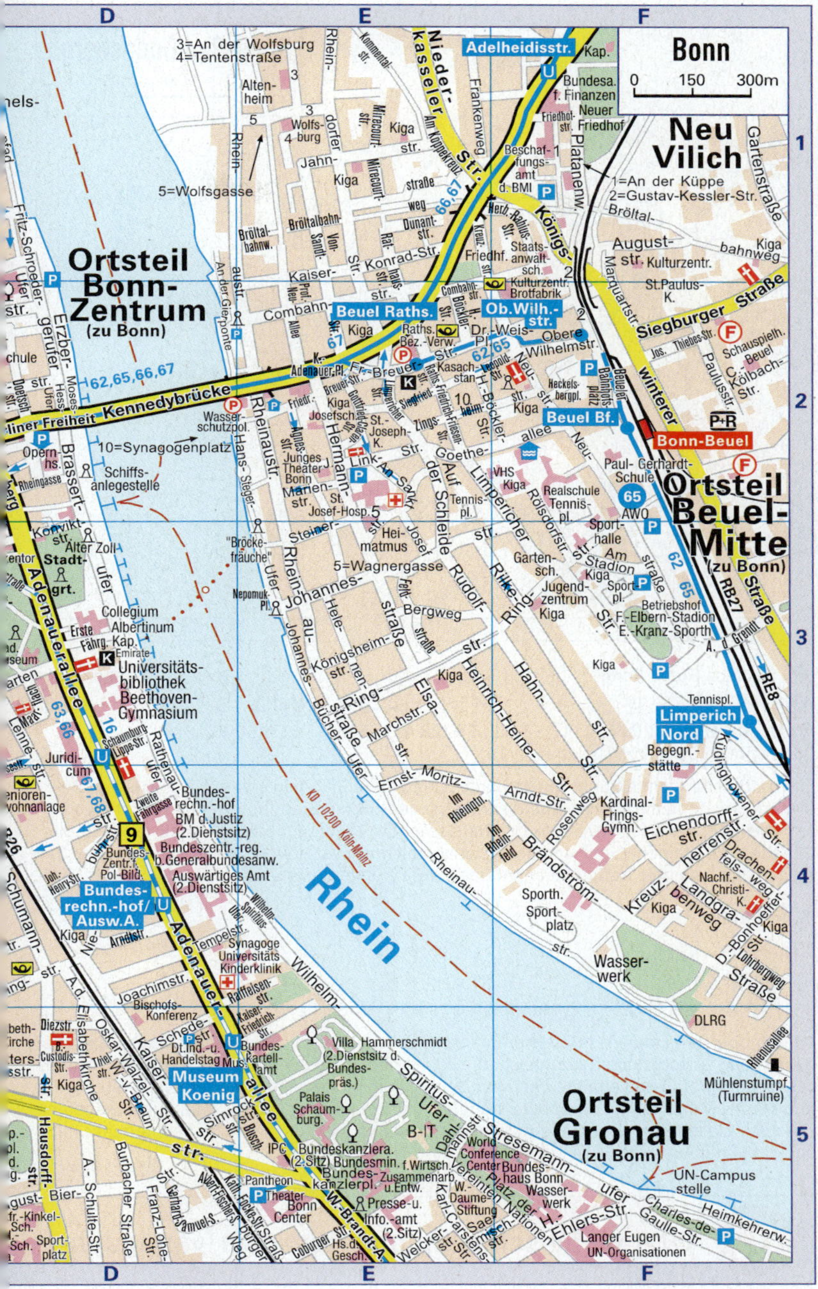
Bonn
0 150 300m
Neu Vilich
Ortsteil Bonn-Zentrum (zu Bonn)
Ortsteil Beuel-Mitte (zu Bonn)
Ortsteil Gronau (zu Bonn)
Rhein
Kennedybrücke
Adelheidisstr.
Beuel Raths.
Ob.Wilh.-str.
Beuel Bf.
Bonn-Beuel
Limperich Nord
Bundesrechn.-hof/ Ausw.A.
Museum Koenig
3=An der Wolfsburg
4=Tentenstraße
5=Wolfsgasse
1=An der Küppe
2=Gustav-Kessler-Str.
10=Synagogenplatz
5=Wagnergasse
Siegburger Straße
Königswinterer Straße
Adenauerallee
Collegium Albertinum
Universitäts-bibliothek
Beethoven-Gymnasium
Villa Hammerschmidt (2.Dienstsitz d. Bundes-präs.)
Palais Schaumburg
Bundeskanzlera. (2.Sitz)
Langer Eugen UN-Organisationen
UN-Campus
Mühlenstumpf (Turmruine)
Wasserwerk
Kardinal-Frings-Gymn.
Realschule
Kulturzentr. Brotfabrik
Schiffsanlegestelle
KD 10200 Köln-Mainz

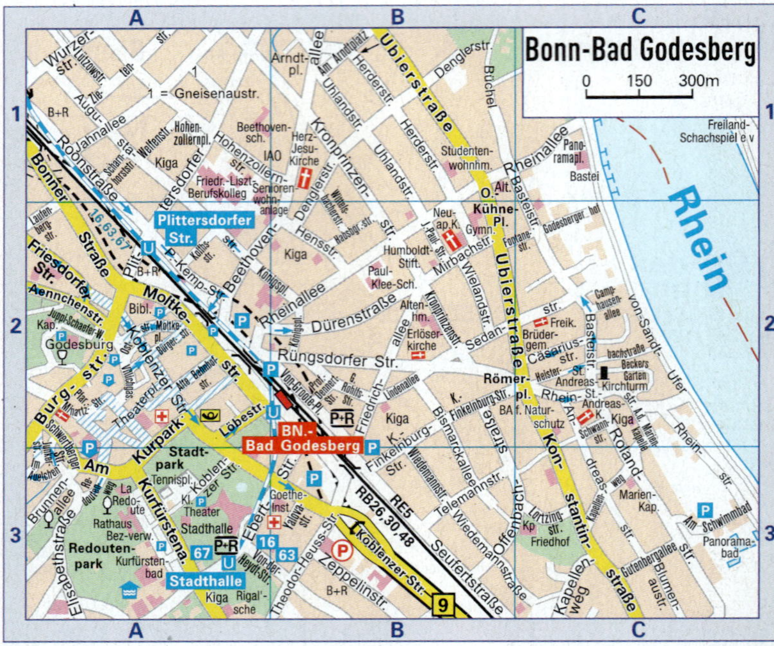

Kameha Grand Bonn

www.kamehabonn.de

Am Bonner Bogen 1 (↘ F5), PLZ 53227, **T 0228 43345000,** F 43345005
254 Zimmer | 36 Suiten | ⏲ 24 h

Eine raffinierte Architektur sowie opulente Zimmer und Suiten in einem Mix aus edlem Design und modernem Lifestyle sind die Vorzüge des noblen Grandhotels, das sich am rechten Rheinufer befindet. Herzstück des Hauses ist die 27 Meter hohe, komplett verglaste Hotelhalle. Das „Kameha Spa" und der Fitnessbereich „Power House" erstrecken sich über 2 Etagen. Ein beliebter Treffpunkt am Abend ist die „Stage Bar & Lounge".

YUNICO

VARTA-TIPP Küche

35 | Hauptgericht 48–58 €, Menü 109–149 € | Mi-Sa ⃠ Mo, Di, So

Auf der obersten Etage des Hotels empfängt Sie das japanische Fine-Dining-Restaurant. Die Einrichtung ist cool und edel zugleich, die Küche hervorragend. Christian Sturm-Willms und sein Team verbinden Elemente der japanischen Welt mit denen der modernen mediterranen Küche. Dabei kommen selbstverständlich auch Vegetarier und Veganer auf ihre Kosten. Toll auch die umfangreiche Sake-Auswahl! Im Sommer lockt die herrliche Dachterrasse mit spektakulärer Aussicht.

Ameron Hotel Königshof

www.hotel-koenigshof-bonn.de

★★★★ garni

Adenauerallee 9 (D3), PLZ 53111, **T 0228 26010,** F 2601529
129 Zimmer | 7 Suiten | Ez ab 99 €, Dz ab 139 €, ab 20,00 € | 24 h

Direkt am Rhein empfängt Sie das elegante Hotel. Es bietet geschmackvoll eingerichtete Zimmer unterschiedlicher Kategorien sowie gute Tagungsmöglichkeiten. Kleiner Vitality-SPA-Bereich nebst großzügigem Fitnessraum.

Oliveto

100 | Hauptgericht 16–36 €, Menü 19–129 € | Mo-So

Das elegante Fine-Dining-Restaurant mit seinem zeitlos-dezenten Interieur bietet alle Facetten einer leichten italienischen Küche – von rustikalen Klassikern bis hin zu feinen Neukreationen. Wie wäre es z.B. mit „Rosa gebratenem Rücken vom Salzwiesenlamm | Gnocchi | Taggiasca-Oliven | Pistazie | Aubergine“? Hotspot ist zweifellos die großzügige Terrasse direkt am Flussufer. Mittags Lunchangebot mit verschiedenen Tagesgerichten.

Collegium Leoninum

www.leoninum-bonn.de

★★★★ garni

Noeggerathstraße 34 (B3, in der Nova Vita Residenz), PLZ 53111, **T 0228 62980,** F 62984079
69 Zimmer | 24 h

Neugot. Gebäude, das historische Bausubstanz mit neuzeitlichen Elementen vereint. Funktional ausgestattete Hotelzimmer unterschiedlicher Kategorien, teilweise mit Balkon oder Terrasse. Internationale Küche in „Leo's Bistro“.

Dorint Venusberg

hotel-bonn.dorint.com

★★★★ S garni

An der Casselsruhe 1 (↘ B5), PLZ 53127 (OT: Kessenich), **T 0228 2880,** F 288288
85 Zimmer | 10 Suiten | 24 h

»

Im französischen Landhausstil erbautes, in einem Park hoch über dem Rhein gelegenes Refugium. Hier stehen elegante, anspruchsvolle Zimmer in unterschiedlichen Kategorien zur Verfügung. Im Restaurant „Basilico" und auf der Sommerterrasse werden leichte, mediterran beeinflusste Gerichte serviert.

Rheinhotel Dreesen
www.rheinhoteldreesen.de

★★★★ garni

Rheinstraße 45-49 (C2), PLZ 53179 (OT: Bad Godesberg), **T 0228 82020,** F 8202153
72 Zimmer | 2 Suiten | Ez 120–170 €, Dz 158–208 €, ab 18,00 € | 24 h

Das beeindruckt: toll die Lage direkt am Rheinufer in Bad Godesberg, dazu das historische Gebäude mit seiner beeindruckenden Jugendstilfassade. Richtig schick und wertig hat man die Zimmer im modernen Stil eingerichtet. Besonders zu empfehlen sind die Deluxe-Zimmer mit Balkon und Flussblick. Im eleganten Restaurant „Gobelin" erwartet Sie eine rheinisch-französische Kreativküche.

Boutiquehotel Dreesen
www.boutiquehoteldreesen.de

garni

Mirbachstraße 2A (B2), PLZ 53173 (OT: Rüngsdorf), **T 0228 830060,** F 8300690
24 Zimmer | 2 Suiten

Liebevoll renovierte Jugendstilvilla mit Gästehaus inmitten des ehem. Diplomaten- und Botschaftsviertels. Großzügig geschnittene Zimmer mit Stuck und stilvollem Mobiliar. Heller, lichtdurchfluteter Frühstücksraum mit Zugang zum Garten.

Insel Hotel
www.inselhotel.com

★★★★ garni

Theaterplatz 5-7 (A2), PLZ 53177 (OT: Bad Godesberg), **T 0228 35000,** F 3500333
67 Zimmer | 1 Suite | 1 Apartment | Ez ab 70 €, Dz ab 100 €, inkl. Frühstück | 24 h

Zentral zwischen Kurpark und Theaterplatz gelegenes Privathotel mit geschmackvollen Zimmern unterschiedlicher Größe und Einrichtung. Ansprechender Wellnessbereich mit Sauna und Ruheraum. Gemütliches Restaurant mit saisonaler Küche.

IntercityHotel
www.intercityhotel.com

★★★★ garni

Quantiusstraße 22 (C3), PLZ 53115, **T 0228 9261810,** F 926181200
161 Zimmer | Ez 99–185 €, Dz 109–195 € | 24 h

Direkt neben dem Bonner Hauptbahnhof befindet sich diese Businessadresse. Das Hotel bietet moderne, in warmen Braun- und Beigetönen gehaltene Gästezimmer auf vier Etagen. Hausgäste erhalten FreeCityTickets zur kostenfreien Nutzung der öffentlichen Verkehrsmittel.

Aigner
www.hotel-aigner.de

★★★ garni

Dorotheenstraße 12 (C2), PLZ 53111, **T 0228 604060,** F 6040670
42 Zimmer | 6 Apartments | Ez 76–139 €, Dz 109–159 €, inkl. Frühstück | 24 h

Komfortables, privat geführtes City-Hotel im Herzen der verkehrsberuhigten Altstadt. Zeitgemäß ausgestattete, freundlich eingerichtete Zimmer. Reichhaltiges Frühstück, das im Sommer auch im begrünten Innenhof eingenommen werden kann.

Venusberghotel
www.venusberghotel.de

garni

Haager Weg 83, PLZ 53127 (OT: Ippendorf), **T 0228 910230,** F 9102323
23 Zimmer | Ez 79–169 €, Dz 99–199 €, inkl. Frühstück

Das kleine, inhabergeführte Boutique-Hotel liegt am Naturschutzgebiet Kottenforst. Die Gästezimmer sind hochwertig und zeitlos eingerichtet. Sie verfügen über schallisolierte Fenster und Designerbäder aus Naturstein und Granit. Zusätzliche Leistungen wie Allergikerbettwäsche, Mineralwasser auf dem Zimmer, Tageszeitung oder WLAN gehören hier zum kostenlosen Serviceangebot.

Halbedel's Gasthaus
www.halbedels-gasthaus.de

VARTA★TIPP Küche

Rheinallee 47 (B1), PLZ 53173 (OT: Bad Godesberg), **T 0228 354253**
28 | Hauptgericht 45–55 €, Menü 98–140 € | Di-So Mo

Das elegant eingerichtete Restaurant befindet sich in einer schmucken Jugendstilvilla von 1914. Die aufmerksame Servicecrew verwöhnt Sie mit einer ausgezeichneten, klassisch französischen Küche. Chef de Cuisine Rainer-Maria Halbedel kocht seit Jahrzehnten auf Top-Niveau. Seine kreativen Gerichte sind immer wieder eine Überraschung für Auge und Geschmackssinn. Hochkarätige Weinkarte mit rund 800 Positionen.

Redüttchen
www.reduettchen.de

Kurfürstenallee 1 (A3), PLZ 53177 (OT: Bad Godesberg), **T 0228 68898840**
60 | Hauptgericht 26–48 €, Menü 63–105 € | Di-Sa Mo, So 1.–9.1.23

Das Lokal liegt im ehemaligen Gärtnerhaus der Redoute inmitten des wunderschönen Parks von Bad Godesberg. In der gemütlichen Gaststube und auf der lauschigen Terrasse serviert man schmackhafte Menüs (3-6 Gänge). Ob Fleischliebhaber oder Vegetarier - hier ist für jeden Geschmack etwas dabei! Persönlicher, kompetenter Service samt guter Weinberatung.

Sassella
www.ristorante-sassella.de

Karthäuserplatz 21, PLZ 53129 (OT: Kessenich), **T 0228 530815**
85 | Hauptgericht 9–40 €, Menü 29–75 € | So Di-Sa

Gemütlich und rustikal mit Holz und Bruchsteinmauerwerk eingerichtetes Lokal. Authentische italienische Küche, u.a. Spezialitäten aus dem Valtellinatal und hausgemachte Pasta. Ausgewogene Weinkarte mit edlen Tropfen aus allen Regionen Italiens.

Strandhaus
www.strandhaus-bonn.de

Georgstraße 28 (B1), PLZ 53111 (OT: Altstadt), **T 0228 3694949**
50 | Hauptgericht 26–39 €, Menü 58–82 € | Di-Sa

»

Fische hinter beleuchtetem Glas, eine mit Muscheln dekorierte Bar und allerlei Accessoires aus der Welt der Seefahrt sorgen hier für ein maritimes Flair. Dazu serviert man Ihnen eine frische, saisonale Küche. Überdachte Terrasse.

Savvy Nosh
www.savvynosh.de

Königswinterer Straße 626, PLZ 53227 (OT: Oberkassel), **T 0228 94494900**
25 | Hauptgericht 17–23 €, Menü ab 65 € | Di-Fr Fr-Sa Mo, So

Das sympathisch-relaxte Deli-Bistro wird nicht nur freundlich geführt, man bekommt auch eine gute, frische und gesunde Küche zum fairen Preis. Samstags wird ein einheitliches 4-Gänge-Menü angeboten. Im angeschlossenen Concept-Store können Sie Feinkost, Kochutensilien und Homeaccessoires sowie Beauty- und Lifestyle-Produkte erwerben.

BONNDORF 64 B
www.bonndorf.de

Baden-Württemberg | EW 6.895 | 845 m | Schluchsee 14 km, Titisee-Neustadt 26 km

Möhringers Schwarzwald Hotel
www.schwarzwaldhotel.com

★★★★

Rothausstraße 7, PLZ 79848, **T 07703 93210,** F 9321999
65 Zimmer | Ez 91–141 €, Dz 162–242 €, inkl. Frühstück

Stilvolles Ferienhotel, das bereits in der 4. Generation familiengeführt ist. Individuell eingerichtete, sonnendurchflutete Gästezimmer. Schöner Wellnessbereich auf 1.200 qm. Mehrere Restaurants mit regionaler Frischeküche.

Hotel Gasthof Sommerau
www.sommerau.de

VARTA-TIPP Service

Sommerau 1, PLZ 79848 (OT: Sommerau), **T 07703 670,** F 1541
16 Zimmer | 4 Suiten | Ez 95 €, Dz 145 €, inkl. Frühstück

Mit Hingabe und großem persönlichen Engagement kümmern sich Familie Hegar und ihre Mitarbeiter:innen um das Wohl ihrer Gäste. Das idyllisch gelegene Schwarzwaldhaus mit seiner traditionellen Holzarchitektur bietet wohnlich eingerichtete Zimmer, die alle über einen glasüberdachten Balkon verfügen. Toll das moderne Saunahaus mit Naturbadeteich.

Hotel Gasthof Sommerau

VARTA-TIPP Küche

50 | Hauptgericht 23–48 €, Menü 45–98 € | Mi-So Mo, Di

Im heimeligen Gastraum mit großem Kachelofen werden bodenständige, meist aus regionalen Produkten zubereitete Gerichte serviert. „Rahmgulasch vom Schwarzwälder Weiderind mit Marktgemüse und Butternudeln“ oder „Wildkräuterravioli mit Kartoffelbärwurzschaum, Spitzkraut und Pfifferlingen“ sind wunderbare Beispiele dafür. Die liebenswerte Crew im Service sorgt für unkomplizierte Gastlichkeit.

BÖNNIGHEIM 58 A
www.boennigheim.de

Baden-Württemberg | EW 7.579 | 221 m | Ludwigsburg 20 km, Stuttgart 38 km

Saltimbocca im Adler am Schloss
www.adler-saltimbocca.de

Schlossstraße 34, PLZ 74357, **T 07143 82020**
18 Zimmer | Ez 59–73 €, Dz 92 €, 9,50 €

Eine Oase zum Entspannen, Feiern und Genießen! Die liebevoll und individuell eingerichteten Zimmer befinden sich im Hauptgebäude sowie im ca. 100 m entfernten Gästehaus. Morgens erwartet Sie ein sehr gutes Frühstücksbuffet.

BOPPARD 40 D
www.boppard-tourismus.de

Rheinland-Pfalz | EW 15.181 | 67 m | Koblenz 21 km, Bingen 41 km

Bellevue Rheinhotel
www.bellevue-boppard.de

★★★★ S garni

Rheinallee 41, PLZ 56154, **T 06742 1020,** F 102602
95 Zimmer | 3 Suiten | 1 Apartment | Ez 75–120 €, Dz 79–160 €, 12,50 € | 24 h

Die Eleganz der Belle Epoque und die Fantasie des Jugendstils spiegeln sich im Flair dieses Hotels wider, das auf eine über 130-jährige Familientradition zurückblicken kann. Geschmackvolle, teils mit Antiquitäten eingerichtete Zimmer mit Stadtsicht oder Rheinblick. Netter SPA-Bereich mit Pool, Sauna und Dampfbad.

Le Chopin

38 | Hauptgericht 25–38 €, Menü 72–94 € | Do-Sa Mo, Di, Mi, So 13.–23.11.22, 18.–21.12.22, 3.–25.1.23, 30.7.–16.8.23, 12.–22.11.23, 17.–21.12.23

Stilvoll und elegant mit Jugendstilelementen eingerichtetes Abendrestaurant. Serviert wird gehobene internationale Küche mit französischem Einschlag. Gut sortierte Weinkarte mit Schwerpunkt MIttelrhein.

Park Hotel
www.park-villa.de

VARTA-TIPP Ambiente

★★★★ S garni

Römerstraße 38, PLZ 56154 (OT: Bad Salzig), **T 06742 93930,** F 939393
18 Zimmer | 5 Suiten | Ez ab 100 €, Dz ab 140 €, 15,00 €

Prächtige Rheinvilla mit individueller Note und interessanten Themenzimmern. Ob „New York", „Africa-Lodge", „Provence" oder „Laura Ashley" - alle Zimmer sind individuell und liebevoll ausgestattet. Für Entspannung und Wohlbefinden sorgt ein großzügiger SPA-Bereich. In der modernen „EssBAR" bietet man Hausgästen eine Karte mit Einzelgerichten und einem wechselnden Menü an. Morgens erwartet Sie ein frisches und ausgewogenes Vitalfrühstück.

Eiserner Ritter
www.eiserner-ritter.de

€ Gut & Günstig ★★★ S garni

Zur Peterskirche 10, PLZ 56154 (OT: Weiler), **T 06742 93000**
13 Zimmer | Ez 63–78 €, Dz 100–120 €, inkl. Frühstück

Traditionsreicher Landgasthof mit familiärer Führung. Hier stehen wohnliche und geräumige Gästezimmer zur Verfügung. Im stilvoll-behaglichen Restaurant serviert man eine verfeinerte Regionalküche.

BORKEN/WESTFALEN 29 A www.borken.de

Nordrhein-Westfalen | EW 41.323 | 50 m | Bocholt 18 km, Gladbeck 40 km

Stadthotel Borken www.stadthotel-borken.de

Raesfelder Str. 2, PLZ 46325, **T 02861 8252800**
56 Zimmer | 2 Suiten | Ez ab 75 €, Dz ab 90 €, inkl. Frühstück

Das renovierte Stadthotel ist für Geschäftsreisende und Urlauber gleichermaßen attraktiv. Die Gästezimmer, die in den drei Kategorien Basic, Classic und Premium buchbar sind, bieten modernen Wohnkomfort und zeitgemäße Technik. Den Sauna- und Fitnessbereich nutzen Hausgäste kostenfrei.

BORKUM (INSEL) 12 A www.borkum.de

Niedersachsen | EW 5.186 | 2 m | Leer 32 km, Emden 50 km

Arthotel Bakker Neu! www.arthotel-bakker.de

garni

Neue Str. 6b, PLZ 26757, **T 04922 9325749**
45 Zimmer | Ez 96–139 €, Dz 113–139 €, ab 16,50 €

Ein Inselhotel der besonderen Art! Hübsch anzuschauen ist das toprenovierte Feriendomizil mit seiner charakteristischen roten Backsteinfassade. In den unterschiedlich großen Gästezimmern sorgen puristisches Design mit klaren Linien und warmen Farben für jede Menge Wohlfühlatmosphäre. Toll der einladende Wellnessbereich mit Saunen und großzügiger Dachterrasse. Und eine gemütliche Kaffeebar mit angeschlossenem Spielzimmer gibt es auch.

Strandhotel Hohenzollern www.strandhotel-hohenzollern.com

★★★★

Jann-Berghaus-Straße 63, PLZ 26757, **T 04922 92330,** F 923344
27 Zimmer | 12 Suiten | Ez 115–225 €, Dz 135–275 €, inkl. Frühstück

Das familienfreundliche Hotel an der Strandpromenade verbindet traditionelles Flair mit modernem Ambiente. Hier wohnen Sie in hübsch eingerichteten Zimmern mit Blick aufs Meer oder Balkon zur Landseite. Kleiner Wellnessbereich mit finnischer Sauna und Dampfbad. Im stilvollen Restaurant „Palée“ wird überwiegend regional gekocht.

BOSAU 8 D www.gemeinde-bosau.de

Schleswig-Holstein | EW 3.443 | 25 m | Plön 8 km, Eutin 14 km

Strauers Hotel am See www.strauer.de

★★★★

Gerold Damm 2-4, PLZ 23715, **T 04527 9940,** F 994111
28 Zimmer | 8 Suiten | Ez ab 78 €, Dz ab 118 €, inkl. Frühstück

Ruhe und Entspannung verspricht diese Übernachtungsadresse. Die hell und freundlich eingerichteten Zimmer bieten einen herrlichen Blick auf den Plöner See. Klassisches Restaurant mit regionaler und internationaler Küche. Zahlreiche Freizeitmöglichkeiten (Wellness, Golf, Segeln) in unmittelbarer Umgebung.

BOTTROP 29 A www.bottrop.de

Nordrhein-Westfalen | EW 117.241 | 55 m | Oberhausen 7 km, Essen 8 km

Bahnhof Nord
www.bahnhofnord.de

Am Vorthbach 10, PLZ 46240 (OT: Eigen), **T 02041 988944**
120 | Hauptgericht 12–42 €, Menü 28–59 € | Mi-So

Zweifellos eine der außergewöhnlichsten Locations im Herzen der Stadt. Das Restaurant befindet sich in einem ehemaligen Bahnhofsgebäude. Geschmackvolle Einrichtung im modernen Landhausstil. Saisonal ausgerichtete Speisekarte mit internationalen Gerichten. Im Sommer lockt ein netter Biergarten.

BRACKENHEIM 51 D
www.neckar-zaber-tourismus.de

Baden-Württemberg | EW 15.279 | 192 m | Lauffen am Neckar 8 km, Heilbronn 15 km

Adler
www.adlerbotenheim.de

Hindenburgstraße 4, PLZ 74336 (OT: Botenheim), **T 07135 98110,** F 981161
17 Zimmer | Ez 78–90 €, Dz 115–125 €, inkl. Frühstück

Sehr persönlich führt Familie Rembold diesen Landgasthof im Ortskern. Hier wohnen Sie in geräumigen und hübsch eingerichteten Zimmern. Ein besonderes Lob verdient das sehr gute Frühstück.

Adler

60 | Hauptgericht 22–30 €, Menü 30–59 € | Mo, Mi-So Di

Gerne lässt man sich in den gemütlichen holzvertäfelten Gaststuben mit Gerichten aus der regionalen und neuen deutschen Küche verwöhnen. Wie wäre es z.B. mit „Schweinefilets unter einer Tomaten-Oliven-Kruste auf mediterranem Gemüse mit Rosmarinkartoffeln"? Hübsches Gartenlokal.

BRANDENBURG AN DER HAVEL 25 D
www.brandenburgferien.de

Brandenburg | EW 71.032 | 32 m | Genthin 30 km, Potsdam 32 km

Inspektorenhaus
www.inspektorenhaus.de

VARTA-TIPP Küche

Altstädtischer Markt 9, PLZ 14770 (OT: Altstadt), **T 03381 3282139**
35 | Hauptgericht 12–30 €, Menü 59–65 € | Mi-Sa Mo, Di, So

Sympathisch-gemütlich hat man es in diesem geschichtsträchtigen Gebäude inmitten der Altstadt. Die Atmosphäre entspannt-lässig mit geradlinigem, skandinavisch inspiriertem Ambiente. Inhaber und Chefkoch Benjamin Döbbel legt größten Wert auf topfrische Zutaten, die von heimischen Metzgern und Biohöfen kommen. Er kocht abwechslungsreich, kreativ und saisonbezogen. Im Sommer serviert man auch auf der ruhigen Hofterrasse. Regelmäßig Kochkurse.

BRAUBACH 40 D www.braubach.de

Rheinland-Pfalz | EW 3.048 | 65 m | Oberlahnstein 5 km, Koblenz 11 km

Zum Weißen Schwanen www.zum-weissen-schwanen.de

★★★★ garni

Brunnenstraße 4, PLZ 56338, **T 02627 9820,** F 8802
27 Zimmer | 1 Suite | 3 Apartments | Ez ab 43 €, Dz ab 85 €, inkl. Frühstück | 24 h

Stimmungsvolles Ambiente bietet dieses hübsche Fachwerkanwesen mit Mühle, Kelterhaus und Landgasthof. Hier übernachten Sie in individuellen Zimmern, die sich auf mehrere Gebäude verteilen. Für die gehobene regionale Küche im rustikal gehaltenen Restaurant werden ausschließlich hochwertige Produkte verwendet. Idyllische Hofterrasse.

BRAUNFELS 41 A www.braunfels.de

Hessen | EW 10.997 | 236 m | Wetzlar 10 km, Weilburg 13 km

Geranio www.ristorante-geranio.de

Am Kurpark 2, PLZ 35619, **T 06442 931990**
90 | Hauptgericht 15–36 € | Fr-So Mi-So Mo, Di

Ehrwürdiges Fachwerkhaus mit geschmackvoll-rustikal eingerichteten Gasträumen. Gekocht wird mediterran mit saisonalem Einfluss - z.B. „Spaghetti mit Hummer an Tomaten-Safransauce, Basilikum und Minze“. Auch ein preisgünstiges Mittagsmenü wird angeboten.

BRAUNLAGE 33 A www.braunlage.de

Niedersachsen | EW 6.314 | 560 m | Clausthal-Zellerfeld 23 km, Osterode 30 km

Design Hotel Viktoria www.designhotel-viktoria.de

garni

Herzog-Wilhelm-Str. 10, PLZ 38700, **T 05520 9999081,** F 9999082
29 Zimmer | 6 Suiten

In diesem neuzeitlichen Designhotel vereinen sich klassische Elemente und moderne Eleganz. Die stilvoll eingerichteten Nichtraucherzimmer verteilen sich auf das Haupthaus und das Nebengebäude „Bachhaus“. Unterstellmöglichkeiten für Fahrräder und Skiausrüstungen sind vorhanden. In knapp 10 Gehminuten erreichen Sie die Wurmberg-Seilbahn.

The Hearts Hotel www.theheartshotel.com

VARTA-TIPP Ambiente

garni

Am Jermerstein 15-19, PLZ 38700, **T 05520 9989997**
65 Zimmer

Auf über 620 Metern Höhe, inmitten der bezaubernden Harzlandschaft, hat man ein altes Schulungszentrum in ein hippes Lifestyle-Hotel verwandelt. Ob „Tiny“, „Cozy“ oder „Disco“ - alle Themenzimmer sind Unikate und verteilen sich auf verschiedene Gebäude. Sie wurden mit viel Leidenschaft und alten Materialien im Industrielook eingerichtet. Das Freizeitangebot ist vielfältig und reicht von Fitness- und Yoga-Kursen über geführte Wanderungen bis hin zu Wildkräuterpicknicks. Im Restaurant „Leo's“ erwartet den Gast eine finessenreiche Kreativküche.

Vitalhotel Sonneneck
www.vitalhotel-sonneneck.de

★★★★

Hindenburgstraße 24, PLZ 38700 (OT: Hohegeiß), **T 05583 94800,** F 939033
18 Zimmer | 9 Suiten | 3 Apartments | Ez 89–109 €, Dz 129–159 €, inkl. Frühstück | 24 h

Idyllisch gelegenes Haus inmitten grüner Bergwiesen. Das Hotel bietet liebevoll eingerichtete Zimmer, einen 300 qm großen Wellnessbereich sowie ein behagliches Restaurant. Einmalig ist der Panoramablick auf die Harzer Berge.

Landhotel Villa Foresta
www.landhotel-villa-foresta.de

€ Gut & Günstig

Am Jermerstein 1, PLZ 38700, **T 05520 93220,** F 932213
22 Zimmer | Ez 70–85 €, Dz 90–120 €, inkl. Frühstück | 24 h

Das ruhig am Waldrand gelegene Hotel bietet einfache, aber gepflegte Zimmer. Im Gästehaus stehen zudem vier Ferienwohnungen zur Verfügung. Rustikales Restaurant mit Terrasse. Ausgedehnte Wanderwege in unmittelbarer Umgebung.

BRAUNSBEDRA 34 C
www.braunsbedra.de

Sachsen-Anhalt | EW 11.280 | 110 m | Naumburg (Saale) 19 km, Halle (Saale) 28 km

Warias Hotel & Restaurant
www.warias-restaurant.de

Markt 13-14, PLZ 06242, **T 034633 9090**
Hauptgericht 14–24 € | Di-So Mo-So

Richtig gut isst man bei Steffen Warias, und zwar kreative deutsche Speisen mit frischen Zutaten aus der Region. Gut das Preis-Leistungs-Verhältnis, freundlich der Service. Zum Haus gehören auch zeitgemäße Veranstaltungsräume, drei Bowlingbahnen sowie gepflegte Gästezimmer.

BRAUNSCHWEIG 24 C
www.braunschweig.de

Niedersachsen | EW 250.310 | 74 m | Helmstedt 30 km, Hildesheim 46 km

Burgplatz mit Braunschweiger Löwe, Dom St. Blasii, Burg Dankwarderode und Vieweghaus, Residenzschloss, Altstadtmarkt, Magniviertel, Okerumflut mit Floßanlegern, Schloss Richmond mit Park, Riddagshausen mit Klosterkirche und Naturschutzgebiet.

Einen Cityplan finden Sie auf Seite 242.

Steigenberger Parkhotel
www.steigenberger.com

★★★★ S

Nîmes-Straße 2 (A4), PLZ 38100, **T 0531 482220,** F 48222888
180 Zimmer | 17 Suiten | Ez 89–499 €, Dz 99–499 €, ab 22,00 € | 24 h

Zeitgemäß-elegant gestaltetes Hotel im idyllischen Bürgerpark von Braunschweig und vis-à-vis der Volkswagenhalle. Modern in Design und Technik sind die Zimmer und Suiten, schick der Fitness- und Wellnessbereich mit diversen Saunen und Aussichtsterrasse. In der „Brasserie an der Oker“ werden französische und lokale Spezialitäten serviert.

Landhaus Seela
www.hotel-landhaus-seela.de

★★★★

Messeweg 41, PLZ 38104 (OT: Riddagshausen), **T 0531 3700110,** F 37001193
53 Zimmer | 2 Suiten | 24 h

Ein familiengeführtes Hotel am östlichen Stadtrand. Im zeitlos-klassischen Stil präsentieren sich die Gästezimmer, manche verfügen über einen Balkon. Regionale und internationale Speisen im Restaurant „Klosterstube“.

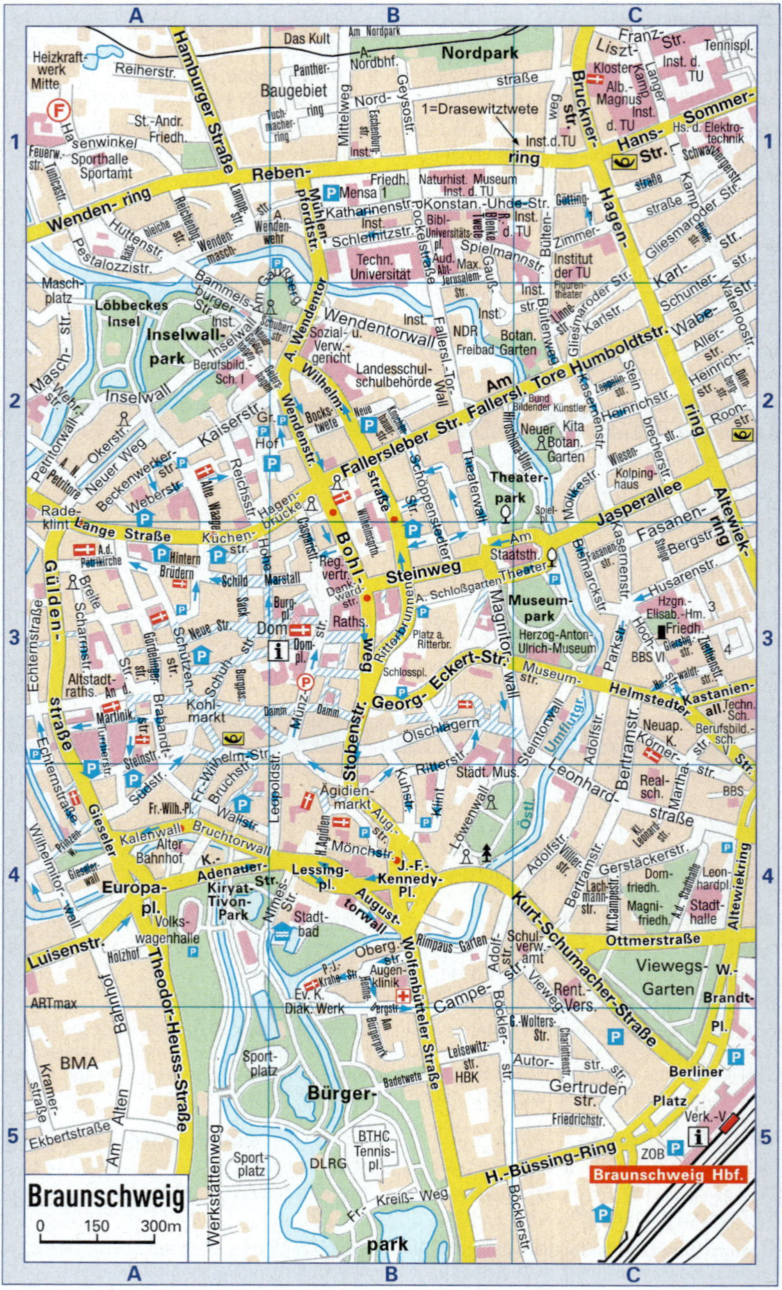
A
B
C
1
2
3
4
5
Nordpark
Das Kult
Am Nordpark
A.-Nordbhf.
Heizkraftwerk Mitte
Reiherstr.
Hamburger Straße
Baugebiet
Panther-ring
Tuchmacher-ring
Mittelweg
Nord-
Geysostr.
1=Drasewitztwete
Franz-Liszt-Str.
Tennispl.
Inst. d. TU
Kloster
Alb.-Magnus
Langer Kamp
Bruckner-str.
Hans-Sommer-Str.
Hs. d. Elektrotechnik
St.-Andr. Friedh.
Hasenwinkel
Sporthalle Sportamt
Feuerw.-str.
Reben-ring
Wenden-ring
Mensa 1
Friedh.
Naturhist. Museum Inst. d. TU
Konstan.-Uhde-Str.
Katharinenstr.
Schleinitzstr.
Techn. Universität
Spielmannstr.
Hagen-ring
Institut der TU
Mühlenpfordtstr.
Pestalozzistr.
Huttenstr.
Wendenmasch-
Masch-platz
Löbbeckes Insel
Inselwall-park
Inselwall
Berufsbild. Sch. I
A. Wendentor
Wendentorwall
Sozial- u. Verw.-gericht
Landesschul-schulbehörde
Fallersl.-Tor-Wall
NDR
Freibad
Botan. Garten
Humboldtstr.
Fallersleber Str.
Fallersl. Tore
Bund Bildender Künstler
Neuer Botan. Garten
Kita
Theater-park
Theaterwall
Wilhelmstr.
Wendenstr.
Kaiserstr.
Okerstr.
Neuer Weg
Beckenwerker-str.
Weberstr.
Alte Waage
Reichsstr.
Hagenbrücke
Gr. Hof
Radeklint
Lange Straße
Küchen-str.
Hintern Brüdern
Schild
Marstall
Bohlweg
Steinweg
Am Staatsth.
Jasperallee
Fasanen-str.
Altewiek-ring
Bismarckstr.
Museum-park
Herzog-Anton-Ulrich-Museum
Husarenstr.
Hzgn.-Elisab.-Hm.
Gülden-straße
Breite
Scharrnstr.
Neue Str.
Dom
Dom-pl.
Raths.
Burg-pl.
Ritterbrunnen
A. Schloßgarten
Platz a. Ritterbr.
Schlosspl.
Georg-Eckert-Str.
Magnitorwall
Museum-str.
Helmstedter Str.
Kastanien-all.
Techn. Sch.
Berufsbild.-sch.
Echternstraße
Altstadt-raths.
Martinik.
Kohl-markt
Schützen-str.
Damm
Münz-str.
Ölschlägern
Steintorwall
Umflutgr.
Adolfstr.
Bertramstr.
Neuap. K.
Körner-str.
Fr.-Wilhelm-Str.
Bruchstr.
Leopoldstr.
Stobenstr.
Kuhstr.
Ritterstr.
Städt. Mus.
Leonhard-straße
Real-sch.
Martha-str.
BBS
Südstr.
Fr.-Wilh.-Pl.
Wallstr.
Ägidien-markt
Aug.-str.
Klint
Löwenwall
Östl.
Kalenwall
Alter Bahnhof
Bruchtorwall
Mönchstr.
Gerstäckerstr.
Dom-friedh.
Magni-friedh.
Stadt-halle
Leon-hardpl.
Altewiekring
Giesseler
Europa-pl.
K.-Adenauer-Str.
Kiryat-Tivon-Park
Lessing-pl.
J.-F.-Kennedy-Pl.
Augusttorwall
Stadt-bad
Kurt-Schumacher-Straße
Ottmerstraße
Viewegs-Garten
W.-Brandt-Pl.
Luisenstr.
Volks-wagenhalle
Holzhof
Wilhelmitor-wall
Theodor-Heuss-Straße
Oberg.-str.
Augen-klinik
Rimpaus Garten
Schul-verw.-amt
Rent.-Vers.
Ev. K. Diak. Werk
Campe-str.
Wolfenbütteler Straße
Adolf-Böckler-str.
G.-Wolters-Str.
ARTmax
Bahnhof
BMA
Kramer-straße
Sport-platz
Bürger-park
Leisewitz-str.
HBK
Autor-str.
Gertruden str.
Berliner Platz
Friedrichstr.
Ekbertstraße
Am Alten Bahnhof
Werkstättenweg
BTHC Tennis-pl.
DLRG
Fr.-Kreiß-Weg
H.-Büssing-Ring
Verk.-V.
ZOB
Braunschweig Hbf.
Böcklerstr.
Braunschweig
0
150
300m

Premier Inn
www.premierinn.de

Jöddenstraße 3 (A3), PLZ 38100, **T 0531 707200,** F 70720898
203 Zimmer | 24 h

Das moderne Lifestyle-Hotel ist Teil des Welfenhof-Areals und befindet sich in der Braunschweiger Fußgängerzone. Es bietet seinen Gästen geschmackvoll renovierte Zimmer der Premium-Economy-Kategorie. Große interaktive Lobby mit bequemen Sitzgruppen und Lounge-Bar.

Frühlings-Hotel
www.fruehlingshotel.de

★★★

Bankplatz 7 (A3), PLZ 38100, **T 0531 243210,** F 24321599
55 Zimmer | 3 Suiten | Ez 89–199 €, Dz 99–199 €, inkl. Frühstück | 24 h

Das zentral gelegene Haus ist eine ideale Adresse für Städtereisende. Hier stehen funktionale Zimmer sowie Apartments mit Pantry-Küche zur Verfügung. Der historische Altstadtmarkt ist nur wenige Gehminuten vom Hotel entfernt. Im Haus befindet sich das beliebte À-la-carte-Restaurant „Vielharmonie“.

Das Alte Haus
www.altehaus.de

Alte Knochenhauerstraße 11 (A4), PLZ 38100, **T 0531 6180100**
20 | Hauptgericht 32–36 €, Menü 104–126 € | Di-Sa Mo, So

Das elegante, modern und schnörkellos eingerichtete Lokal in Braunschweigs Innenstadt punktet mit einem gelungenen Mix aus bodenständig-regionaler und klassisch-moderner Küche. Dazu werden gute deutsche Weine ausgeschenkt; es gibt aber auch internationale Alternativen. Freundlicher Service.

Überland
www.ueberland-bs.de

Willy-Brandt-Platz 18 (C4), PLZ 38102, **T 0531 18053410**
100 | Hauptgericht ab 18 € | Di-Sa Mo, So

Im höchsten Gebäude der Stadt, dem BusinessCenter II im BraWoPark am Bahnhof, befindet sich dieses exklusive Sky-Restaurant. Konzept und Speisekarte tragen die Handschrift von TV-Koch Tim Mälzer. Im Mittelpunkt des kulinarischen Angebots stehen Premiumfleisch, frische Fischgerichte sowie hausgemachte Pasta. Die Rooftop-Terrasse im 19. Obergeschoss bietet zweifellos den schönsten Blick über Stadt und Region.

Zucker
www.zucker-restaurant.de

Frankfurter Straße 2 (A4), PLZ 38122, **T 0531 281980**
65 | Hauptgericht 28–45 €, Menü 74–84 € | Mo-Sa So

Modernes Lokal in einer ehem. Zuckerraffinerie auf dem ARTmax-Gelände. Ungezwungene Atmosphäre mit Loftambiente und weiß gedeckten Tischen. Frische internationale Küche - wie wär’s z.B. mit „Bardiertem Seeteufelmedaillion mit Bohnenpüree, Zwiebeln und Speckagnolotti“? Auf Anfrage auch Kochkurse.

Ristorante Italiano
www.da-piero-bs.de

Salzdahlumer Straße 301, PLZ 38126 (OT: Südstadt-Rautheim-Mascherode), **T 0531 43598**
80 | Hauptgericht 18–34 €, Menü 37–80 € | Mi-So Mo, Di

Behagliches Restaurant mit rustikalem Charme. Schmackhafte Gerichte aus der mediterranen Küche. Gutes italienisches Weinsortiment.

BREDSTEDT 6 B www.nordseeurlaub.sh

Schleswig-Holstein | EW 5.100 | 7 m | Husum 16 km, Flensburg 39 km

Ulmenhof & Spa www.ulmenhof.de

★★★ S garni

Tondernsche Str. 4, PLZ 25821, **T 04671 91810,** F 918171
23 Zimmer | 2 Suiten | Ez ab 79 €, Dz ab 119 €, inkl. Frühstück

Jugendstilvilla von 1903 mit modernem Anbau. Die Gästezimmer sind teils mit antiken Einrichtungsgegenständen ausgestattet. Badehaus im Garten mit Pool und Sauna. Hotelgastronomie mit marktfrischen regionalen Gerichten.

BREISACH 56 D www.breisach.de

Baden-Württemberg | EW 14.364 | 225 m | Colmar 24 km, Freiburg im Breisgau 30 km

Kapuzinergarten www.kapuzinergarten.de

★★★ S garni

Kapuzinergasse 26, PLZ 79206, **T 07667 93000,** F 930093
43 Zimmer | 1 Suite | 2 Apartments | Ez 79–124 €, Dz 97–164 €, inkl. Frühstück

Zwischen Schwarzwald und Vogesen liegt das familiengeführte Hotel. Klosterzimmer, Landhauszimmer oder doch lieber ein Maisonette-Apartment? Alle Räume sind individuell und liebevoll mit Natur- und Massivholzmöbeln eingerichtet. Für Veranstaltungen aller Art empfiehlt sich das Eventrestaurant mit tollem Panoramablick.

Landgasthof Adler www.adler-breisach.de

€ Gut & Günstig ★★★ S garni

Hochstetter Straße 11, PLZ 79206 (OT: Hochstetten), **T 07667 93930,** F 939393
18 Zimmer | Ez 69–85 €, Dz 98–110 €, inkl. Frühstück

Traditionsreicher Landgasthof in ruhiger Lage mit ländlich eingerichteten Zimmern, die über eine moderne Ausstattung verfügen. Das rustikale Restaurant mit schöner Sonnenterrasse serviert regionale und internationale Küche.

BREISIG, BAD 40 A www.bad-breisig.de

Rheinland-Pfalz | EW 9.000 | 70 m | Koblenz 30 km, Bonn 33 km

Historisches Weinhaus Templerhof www.templerhof.de

Koblenzer Straße 45, PLZ 53498, **T 02633 9435**
40 | Hauptgericht 17–42 € | Sa-So Mo, Do-So Di, Mi

Traditionsreiches Lokal unter engagierter familiärer Leitung. „Geschmorte Ochsenbäckchen mit frischen Pilzen und Allgäuer Spätzle" ist nur ein Beispiel für die saisonale Frischeküche, die die Gäste in das Restaurant lockt - aber natürlich auch die behaglichen Stuben und der freundliche Service.

BREITENBRUNN/ERZGEB. 45 D www.breitenbrunn-erzgebirge.de

Sachsen | EW 5.776 | 660 m | Zwickau 54 km, Chemnitz 58 km

Landhotel Rittersgrün www.landhotel-rittersgruen.de

★★★★ garni

Karlsbader Straße 23, PLZ 08359 (OT: Rittersgrün), **T 037757 1880,** F 188199
28 Zimmer | 2 Suiten | Ez 88 €, Dz 166 €, inkl. Frühstück | 24 h

Barrierefreies Land- und Ferienhotel, umgeben von Wiesen und Wäldern des Naturparks Erzgebirge. Gemütliche Zimmer mit zeitgemäßer Ausstattung und kostenfreiem WLAN. Gastronomie mit regionaler und internationaler Küche.

BREITENBURG 15 A mein-itzehoe.de/region-itzehoe

Schleswig-Holstein | EW 1.210 | 6 m | Itzehoe 4 km, Glückstadt 17 km

Hotel Breitenburg www.hotel-breitenburg.de

garni

Gut Osterholz 1, PLZ 25524, **T 04828 8188**
80 Zimmer | 10 Suiten | Ez 115–251 €, Dz 140–276 €, inkl. Frühstück

Dieses 2021 eröffnete Haus hat so einige Vorzüge: ruhige, naturnahe Lage, umgeben von altem Baumbestand und einer 27-Loch-Golfanlage, SPA auf 2.500 qm mit Innenpool, Saunen und Fitnessraum und nicht zuletzt die schönen, lichtdurchfluteten Zimmer mit ihrer modernen, geschmackvollen Einrichtung. Im Restaurant „Johann" wird eine frische regionale Küche serviert.

BREITNAU 64 B www.hochschwarzwald.de/breitnau

Baden-Württemberg | EW 1.948 | 1.018 m | Hinterzarten 5 km, Freiburg 31 km

Hofgut Sternen
www.hofgut-sternen.de

★★★★ garni

Höllsteig 76, PLZ 79874, **T 07652 9010,** F 1031
68 Zimmer | 3 Suiten | Ez 74–124 €, Dz 89–194 €, inkl. Frühstück | 24 h

Schwarzwaldtypisches Haus am Eingang zur Ravennaschlucht. Gepflegte, sehr behaglich ausgestattete Zimmer, darunter auch Familienzimmer. Saisonales und regionales Speisenangebot wird im hauseigenen À-la-carte-Restaurant offeriert.

Kaisers Tanne
www.kaisers-tanne.de

★★★★ garni

Am Wirbstein 27 (an der B 500), PLZ 79874, **T 07652 12010,** F 120159
30 Zimmer | 4 Suiten | Ez 130–160 €, Dz 240–320 €, inkl. Vollpension

Familienfreundliches Ferienhotel im südlichen Schwarzwald in traumhaft ruhiger Lage. Behaglich ausgestattete Gästezimmer in unterschiedlichen Kategorien. Netter Wohlfühlbereich mit Hallenbad, finnischen Saunen, Solarium und Liegewiese. Im urigen Restaurant mit Gartenterrasse wird regional gekocht.

BREMEN 14 C
www.bremen-tourismus.de

Bremen | EW 548.547 | 11 m | Hannover 110 km, Hamburg 120 km

Roland-Statue und got. Rathaus mit Renaissancefassade (UNESCO-Weltkulturerbe), Bremer Stadtmusikanten, St.-Petri-Dom, Dommuseum, Böttcherstraße, Glockenspiel, Haus des Reichs, Schnoorviertel (Künstlerviertel), Weserpromenade Schlachte.

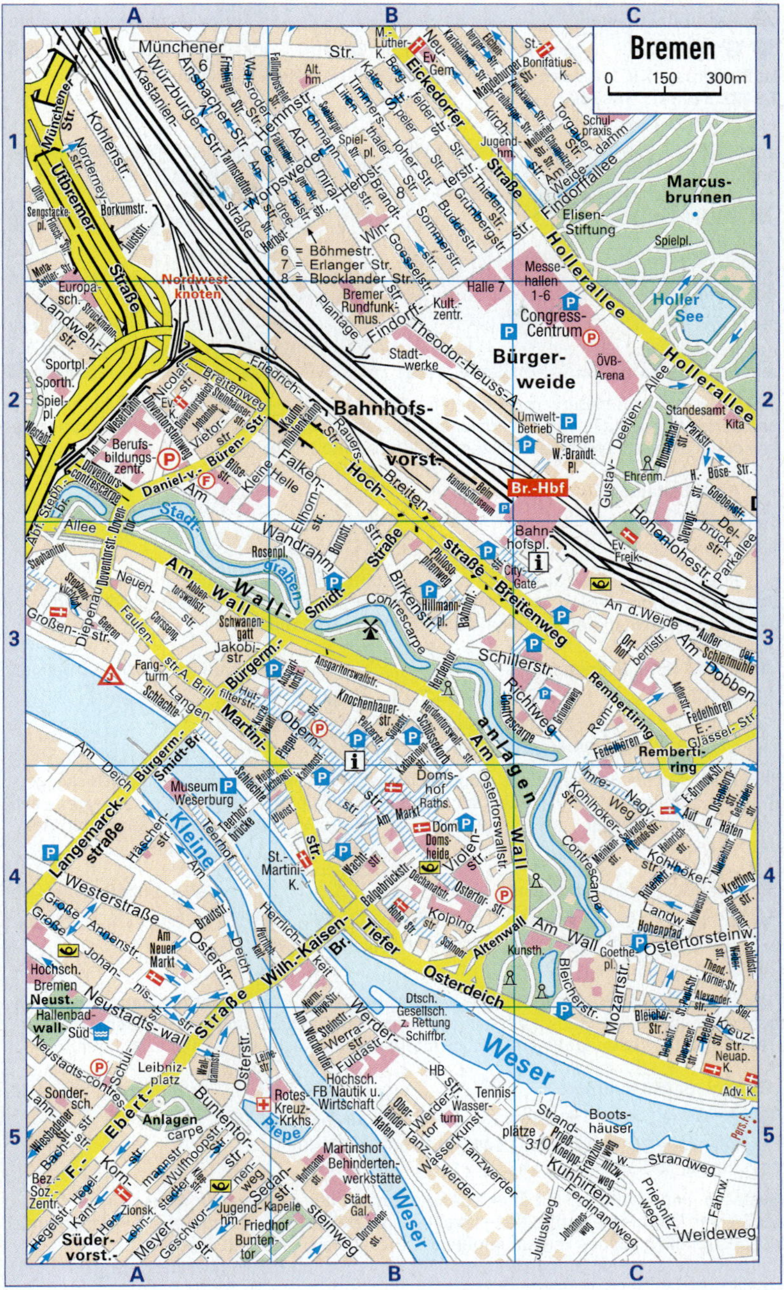

Bremen
0 150 300m
A
B
C
1
2
3
4
5
Münchener Str.
Utbremer Straße
Kohlenstr.
Nordwest knoten
Eickedorfer Straße
Hollerallee
Marcus-brunnen
Holler See
Elisen-Stiftung
Findorffallee
Messe-hallen 1-6
Halle 7
Congress-Centrum
ÖVB-Arena
Bürger-weide
Bahnhofs-vorst.
Br.-Hbf
Bahnhofspl.
Theodor-Heuss-A.
Bremer Rundfunk-mus.
Stadt-werke
Umwelt-betrieb
Bremen W.-Brandt-Pl.
Standesamt
Kita
6 = Böhmestr.
7 = Erlanger Str.
8 = Blocklander Str.
Hemmstr.
Worpsweder Str.
Hochstraße
Breitenweg
Am Wall
Stadtgraben
Contrescarpe
Schillerstr.
Rembertiring
Am Dobben
Hillmann-pl.
Herdentor
Obern-str.
Domshof
Am Markt
Dom
Schlachte
Martini-str.
Museum Weserburg
Teerhof
Kleine Weser
Weser
Langemarck-straße
Westerstraße
Neustadts-wall
Wilh.-Kaisen-Br.
Bürgerm.-Smidt-Br.
Tiefer
Osterdeich
Ostertorsteinw.
Am Neuen Markt
Hochsch. Bremen Neust.
Hallenbad Süd
Leibniz-platz
Rotes Kreuz-Krkhs.
Hochsch. FB Nautik u. Wirtschaft
Dtsch. Gesellsch. z. Rettung Schiffbr.
Martinshof Behinderten-werkstätte
Städt. Gal.
Friedhof Bunten-tor
Kapelle
Tanzwerder
Wasserkunst
Tennis-plätze
Boots-häuser
Strandweg
Weideweg
Ferdinandweg
Kuhhirten-weg
Juliusweg
Süder-vorst.
F.-Ebert-Str.
Buntentor
Sedan-str.
Goethe-pl.
Kunsth.
Mozartstr.
Bleicherstr.
Berufs-bildungs-zentr.
Sportpl.
Sporth.
Spiel-pl.
Europa-sch.
Landwehr-str.

Park Hotel Bremen

www.hommage-hotels.com

Im Bürgerpark 1 (C1, Anfahrt über Hollerallee), PLZ 28209 (OT: Schwachhausen), **T 0421 34080,** F 3408602
172 Zimmer | 20 Suiten | 24 h

Im 200 Hektar großen Bürgerpark empfängt Sie das Traditionshotel. Herzstück ist die beeindruckende Kuppelhalle mit Veranda und Blick auf den Hollersee. Die Gästezimmer überzeugen durch elegantes Mobiliar und zeitgemäßen Komfort. Großzügiger SPA-Bereich.

Park Restaurant

80 | Hauptgericht 19–33 €, Menü 59–81 € | Mo-So

Elegantes Restaurant mit anspruchsvoller Ausstattung und aufwendiger Raumgestaltung: Mobiliar im Empire-Stil, wertvolle Antiquitäten, warme Farben und edle Stoffe. Serviert werden französisch inspirierte regionale und saisonale Spezialitäten.

ACHAT Hotel Bremen City

www.achat-hotels.com/hotel/bremen

Birkenstraße 15 (B3), PLZ 28195, **T 0421 517250,** F 51725100
163 Zimmer | Ez 75–390 €, Dz 75–390 € | 24 h

Kein Hotel von der Stange ist das moderne Designhotel. Sehr gelungen ist die schicke, geradlinige Zimmereinrichtung. Alle Räume spielen mit Farben, Formen und einem eigens entworfenen Möbeldesign. Für Entspannung sorgt ein kleiner SPA-Bereich mit angeschlossener Terrasse.

Atlantic Grand Hotel Bremen

www.atlantic-hotels.de

Bredenstraße 2 (B4), PLZ 28195, **T 0421 620620,** F 62062500
234 Zimmer | 5 Suiten | 24 h

Das kürzlich erweiterte Businesshotel verfügt über sehr gut ausgestattete Zimmer mit gehobenem Wohnkomfort. Hübscher Wellnessbereich mit Sauna, Dampfbad und separatem Fitnessraum. Das Restaurant bietet frische internationale Küche und Grillspezialitäten.

Atlantic Hotel Airport

www.atlantic-hotels.de

Flughafenallee 26, PLZ 28199, **T 0421 55710,** F 5571100
112 Zimmer | 3 Suiten | 24 h

Business- und Stadthotel mit direkter Anbindung an den Flughafen und das „Airport Center Bremen“. Moderne und zeitlos-elegant gestaltete Zimmer. Restaurant mit internationaler Küche und Blick auf das Flughafenrollfeld. Fitnessbereich in der 2. Etage.

Atlantic Hotel Universum

www.atlantic-hotels.de

★★★★ S

Wiener Str. 4, PLZ 28359 (OT: Horn-Lehe), **T 0421 24670,** F 2467500
150 Zimmer | 4 Suiten | Ez ab 129 €, Dz ab 159 €, inkl. Frühstück | 24 h

Dieses Businesshotel empfängt Sie im innovativen Stadtteil Technologiepark, gegenüber dem Bremer Universum Science Center. Die Zimmer sind klar und modern designt und in verschiedenen Kategorien buchbar. Das hauseigene Restaurant CAMPUS bietet eine umfangreiche Speisenauswahl mit regionalen Einflüssen.

Courtyard by Marriott

www.courtyardbremen.de

★★★★ S

Theodor-Heuss-Allee 2 (C2), PLZ 28215 (OT: Findorff-Bürgerweide), **T 0421 696400,** F 69640555
155 Zimmer | 3 Suiten | 24 h

Ein zeitgemäßes Konferenz- und Tagungshotel im hist. Lloyd-Gebäude von 1913 direkt neben dem Bremer Hauptbahnhof. Das Haus bietet geräumige Zimmer mit gehobener Ausstattung und sehr gutem Schlafkomfort. In „Lloyd's Bar & Restaurant" werden Bremer Spezialitäten und amerikanische Gerichte serviert.

Dorint City-Hotel

hotel-bremen-city.dorint.com

★★★★ S

Hillmannplatz 20 (B3), PLZ 28195, **T 0421 620000,** F 62000222
230 Zimmer | 4 Suiten | Ez 99–179 €, Dz 99–179 € | 24 h

Neuzeitliches Haus in der Innenstadt, ideal für Geschäfts- und Individualreisende. Geschmackvoll ausgestattete Gästezimmer mit exklusiven Accessoires und sehr gutem Schlafkomfort. Großzügiger Tagungs- und Veranstaltungsbereich. Hausgäste genießen kostenfreien Zugang zum Pürovel Sport Fitnesscenter.

Munte am Stadtwald

www.hotel-munte.de

★★★★ S

Parkallee 299, PLZ 28213 (OT: Schwachhausen), **T 0421 22020,** F 2202609
120 Zimmer | 5 Suiten | Ez 99–161 €, Dz 111–184 €, inkl. Frühstück | 24 h

Das privatgeführte Hotel liegt angenehm ruhig gegenüber dem Stadtwald. Geschmackvolle, ländlich-moderne Zimmer, sehr gutes Frühstück, herzliches Personal - man spürt das Engagement der Gastgeber. Besonders viel Komfort und Freiraum bieten die großzügig, hell und freundlich eingerichteten Suiten. Ansprechender, 800 qm großer Wellness- und Fitnessbereich mit Schwimmbad und verschiedenen Saunen. Gute Tagungsmöglichkeiten bietet das Haus ebenfalls.

Restaurant Wels

60 | Hauptgericht 16–35 € | Fr-Sa Mo, Di, Mi, Do, So

Einladendes Hotelrestaurant mit freundlich-heller Einrichtung und einem eindrucksvollen Süßwasseraquarium im Eingangsbereich. Auf den Tisch kommen außergewöhnliche Fisch- und Wildkreationen. Probieren Sie z.B. „Welsfilet vom Grill mit Rote-Bete-Apfelgemüse und Schnittlauchkartoffeln" oder „Rehrücken in Tonkabohnensalz gebraten mit pikantem Süßkartoffelpüree".

del bosco

80 | Hauptgericht 10–29 € | Mo-So

»

In der hübschen Trattoria darf man sich auf italienische Küche in geschmackvoller, gemütlicher Atmosphäre mit mediterraner Note freuen. Nicht nur bei Hausgästen sehr beliebt ist der wöchentlich wechselnde Mittagstisch (Mo-Fr).

Radisson Blu
www.radissonhotels.com

★★★★ S garni

Böttcherstraße 2 (B4, Eingang Wachtstr.), PLZ 28195, **T 0421 36960,** F 3696960
235 Zimmer | 3 Suiten | 24 h

Internationales Geschäftshotel mitten in der Altstadt. Hier erwarten Sie renovierte Gästezimmer mit guter technischer Ausstattung. Das Restaurant „THE L.O.B.B.Y." im Atrium bietet köstliche Steak- und Burgerspezialitäten. Active Club mit Pool, Fitness und Sauna.

Steigenberger
www.bremen.steigenberger.com

★★★★ S garni

Am Weser-Terminal 6 (A3), PLZ 28217, **T 0421 478370,** F 47837699
137 Zimmer | 2 Suiten | Ez 100–350 €, Dz 100–350 €, ab 24,00 € | 24 h

Moderne Businessadresse im Weser-Quartier. Das Haus verfügt über helle, klassisch eingerichtete Zimmer, einen großzügigen SPA- und Fitnessbereich sowie ein Restaurant mit Panoramaglasfront und schöner Aussicht auf das Flussambiente.

ÜberFluss
www.designhotel-ueberfluss.de

★★★★★ S garni

Langenstraße 72 (A3), PLZ 28195, **T 0421 322860,** F 3228677
51 Zimmer | 1 Suite | 12 Apartments | 24 h

Aufwendig restauriertes Stadthotel direkt an der Weser mit schicker Designereinrichtung. Im UG wurden hist. Teile der Bremer Stadtmauer aus dem 13. Jhd. harmonisch in den modernen Wellnessbereich integriert. Sie übernachten in wohnlich-komfortablen Zimmern, teils mit Flussblick.

Atlantic Hotel an der Galopprennbahn
www.atlantic-hotels.de

★★★★ S garni

Ludwig-Roselius-Allee 2, PLZ 28329, **T 0421 333000,** F 33300500
120 Zimmer | 1 Suite | Ez ab 78 €, Dz ab 99 € | 24 h

Modernes Designhotel mit dezent farbig gestalteten Zimmern, teilweise mit Blick auf die Galopprennbahn und den Golfplatz. Sauna- und Fitnessbereich in der 4. Etage. Mediterrane Küche im Restaurant „DERBY".

Atlantic Hotel Vegesack
www.atlantic-hotels.de

★★★★★ S garni

Sagerstr. 20, PLZ 28757 (OT: Vegesack), **T 0421 66050,** F 664774
86 Zimmer | 4 Suiten | Ez ab 84 €, Dz ab 98 € | 24 h

Neuzeitliches Privathotel im Norden der Stadt mit ansprechendem Ambiente. Geräumige Zimmer mit klassischer Ausstattung. Reichhaltiges Frühstücksbuffet.

H+ Hotel Bremen
www.h-hotels.com

★★★★★ S garni

Wachtstr. 27-29 (B4, Am Markt), PLZ 28195, **T 0421 36010,** F 3601555
131 Zimmer | 24 h

Unweit vom hist. Marktplatz gelegenes Geschäfts- und Tagungshotel. Zeitgemäß und funktional eingerichtete Zimmer. Gutes Frühstück.

Robben Grollander Krug
www.hotel-robben.de

Emslandstraße 30, PLZ 28259 (OT: Grolland), **T 0421 514620,** F 5146299
41 Zimmer | Ez ab 99 €, Dz ab 119 €, inkl. Frühstück

Charmant geführter Familienbetrieb direkt am Naturpark „Links der Weser". Gepflegte Hotelzimmer mit guter technischer Ausstattung. Gemütliches Restaurant mit regionaler Küche und großem Biergarten.

7 Things - my basic hotel
www.7things.de

€ Gut & Günstig

Universitätsallee 4, PLZ 28359 (OT: Lehe), **T 0421 69677377,** F 69655166
89 Zimmer | Ez 67–90 €, Dz 78–112 €, 6,50 € | 24 h

Direkt am Campus Park der Universität begeistert dieses peppig-junge Hotel seine Gäste mit klaren Linien, modernen Materialien und frischen Farben. Die vollklimatisierten Nichtraucherzimmer verfügen über bequeme Betten mit Motiv-Wandbildern, zeitgemäße Technik und gemütliche Bäder. Für Langzeitgäste gibt es sogenannte Long-Stay-Zimmer.

Al Pappagallo
www.alpappagallo.de/wp

Außer der Schleifmühle 73 (C3), PLZ 28203 (OT: Ostertor), **T 0421 327963**
80 | Hauptgericht 24–40 €, Menü 45–69 € | Mo-Fr Mo-Sa So

Modern gehaltenes Restaurant mit Wintergarten und Terrasse im Innenhof. Klassische italienische Küche mit sehr guten Fischgerichten, z.B. „Wolfsbarsch in der Salzkruste" oder „Thunfischfilet in Rotwein-Sauce". Charmanter Service.

Chapeau La Vache
www.chapeau-la-vache.de

Hollerallee 77 (C2), PLZ 28209, **T 0421 33111777**
100 | Hauptgericht 20–46 €, Menü 59–69 € | Mo-Sa So

In einer historischen Villa direkt neben dem Bremer Standesamt empfängt Sie dieses charmante Restaurant. An den Wänden hängen Bilder des Starfotografen Jean-Baptiste Mondino. Dazu olivgrün gestrichene Wände, edles Parkett und geschmackvolle Kronleuchter. Hier liebt man den legeren Stil der typisch französischen Brasserie und kredenzt den Gästen eine frische, produktorientierte Küche, die Spaß macht.

Due Fratelli Ristorante
www.due-fratelli-bremen.de

Am Markt 13, PLZ 28205 (OT: Peterswerder), **T 0421 67352817**
60 | Hauptgericht 14–30 €, Menü 39–115 € | Mo, Mi-So Di »

Das beliebte Ristorante ist 2022 ins Haus „Schütting“ am Bremer Marktplatz gezogen. Hier ist man mit Herz und Engagement bei der Sache. Hübsch das Ambiente, schmackhaft die moderne italienische Küche. Die Pasta ist selbstverständlich hausgemacht und kann jeweils auch als vegetarische Variante bestellt werden. Schön zusammengestellte Weinauswahl.

Schröters Leib und Seele www.schroeters-schnoor.de

Schnoor 13 (B4), PLZ 28195, **T 0421 326677**
40 | Hauptgericht 14–38 €, Menü ab 40 € | Di-Sa Mo, So

Schöne, individuell gestaltete Räumlichkeiten samt Sommergarten und Weinkeller verbreiten hier Gemütlichkeit. Dazu eine moderne internationale Küche - es gibt z.B. „Gebratene Blutwurst auf Kartoffelmousseline“ oder „Gelbes Thai-Curry von Edelfischen“. Preiswertes Mittagsangebot.

Bremer Ratskeller www.ratskeller-bremen.de

Am Markt (B4), PLZ 28195, **T 0421 321676**
180 | Hauptgericht 14–35 €, Menü 19–80 € | Mo-So

Ältester Weinkeller Deutschlands mit zahlreichen Säulen und großen Zierfässern. Umgeben von nostalgischem Flair wird eine gutbürgerliche Küche zu fairen Preisen serviert. Eine echte Wohlfühloase, die von Einheimischen zurecht als „gute Stube“ der Stadt bezeichnet wird.

Das Kleine Lokal www.das-kleine-lokal.de

Besselstraße 40 (↘ C4), PLZ 28203, **T 0421 7949084**
30 | Hauptgericht 34–38 €, Menü 65–93 € | Di-Sa Mo, So

Nostalgisch und originell eingerichtetes Lokal im Souterrain mit entspannter, intimer Atmosphäre. Serviert wird eine kreative Frischeküche aus saisonalen Produkten der Region. Gute Weinempfehlungen, netter Service.

Küche 13 www.kueche13.de

Beim Steinernen Kreuz 13 (C4), PLZ 28203 (OT: Ostertor), **T 0421 20824721**
40 | Hauptgericht 15–30 €, Menü 35–55 € | Di-Sa Mo, So

Das kleine, lebhafte Lokal hat sich in der Hansestadt längst einen Namen gemacht. Die wechselnde Karte ist saisonal ausgerichtet und bietet pfiffige Gerichte wie z.B. „Blumenkohlrisotto mit Sommertrüffel, Zwiebellauch und Parmesan“. Die Preise sind fair und der Service freundlich.

Café Knigge www.knigge-shop.de

Sögestraße 42 (B3), PLZ 28195, **T 0421 13060**
300 | Hauptgericht 6–8 € | Mo–Sa 09.00–18:00 Uhr, So 11:00–18:00 Uhr

Für jeden Bremen-Besucher ein 'süßer' Pflichttermin! Das traditionsreiche Kaffeehaus ist noch immer in Familienbesitz. Drinnen herrscht modern-behagliche Atmosphäre auf mehreren Ebenen und auf der Terrasse können Sie das Geschehen in der Fußgängerzone beobachten. Die reich bestückte Theke bietet eine vorzügliche Auswahl an Kuchen, Torten, Teegebäck und feinen Pralinen. Bekannt ist man auch für den hausgemachten Bremer Klaben (eine hanseatische Spezialität) und die leckeren Baumkuchenspitzen.

BREMERHAVEN 14 A www.bremerhaven.de

Bremen | EW 114.031 | 2 m | Cuxhaven 43 km, Bremen 63 km

Dt. Schifffahrtsmuseum, dt. Auswandererhaus, Klimahaus, hist. Museum Bremerhaven (Morgenstern Museum), Zoo am Meer, Weserdeich, Museumshafen mit Freilichtmuseum, Hafen Bus, Schaufenster Fischereihafen mit Atlanticum, Museumsschiff FMS Gera, techn. Museum U-Boot Wilhelm Bauer, Besucherzentrum Lloyd-Werft, Radarturm mit Aussichtsplattform.

Haverkamp www.hotel-haverkamp.de

★★★★ S garni

Prager Str. 34, PLZ 27568, **T 0471 48330,** F 4833281
99 Zimmer | 10 Suiten | 2 Apartments | Ez 139–161 €, Dz 192–220 €, inkl. Frühstück | 24 h

Persönlich geführtes Hotel in einer ruhigen Seitenstraße der Fußgängerzone. Die lässigen Zimmer zeichnen sich durch warme Farben, weiche Materialien, handgepickte Wohnaccessoires und moderne Technik aus. Kleiner, aber feiner Wellnessbereich mit Schwimmbad und finnischer Sauna.

Restaurant Weinrot

70 | Hauptgericht 22–32 € | Mo-So

In diesem stimmungsvollen Restaurant dürfen Sie sich auf regionale und internationale Speisen freuen - da lässt man sich z.B. „Lachsfilettürmchen I Gorgonzola-Sauce I grüner Spargel I Gnocchi“ oder „Lammkeule I Thymian-Jus I Ratatouille I Rosmarinkartoffeln“ schmecken. Oder wie wäre es mit einer hausgemachten Pizza aus den Steinofen? Hübsch die begrünte Terrasse im Sommer.

The Liberty www.liberty-bremerhaven.com

GREENSIGN ★★★★ S garni

Columbusstraße 67, PLZ 27568, **T 0471 902240,** F 90224143
98 Zimmer | 5 Suiten | Ez 98–148 €, Dz 128–178 €, inkl. Frühstück | 24 h

Die Lage dieses Hotels ist so exklusiv wie praktisch: die Havenwelten und das Deutsche Auswandererhaus befinden sich in direkter Nachbarschaft. Dazu ein stylishes Design und moderne Technik in den Zimmern. Am Abend lockt die „New York Bar“ im Penthouse-Geschoss mit toller Aussicht.

MULBERRY ST by Phillip Probst www.mulberry-bremerhaven.de

Mo-Sa So 26.7.–19.8.23

››

Namensgeber für das stylishe Restaurant im Erdgeschoss des Hotels ist die gleichnamige Straße in New York City. Sie ist gleichzeitig Symbol für die kulinarische Vielfalt, die Sie hier erwartet. Phillip Probst und seine Crew kreieren anspruchsvolle Gerichte zwischen Tradition und Moderne. Im Fine-Dining-Restaurant wird zusätzlich an vier Abenden in der Woche ein anspruchsvolles Menü in 4 bis 7 Gängen serviert.

Amaris
www.hotel-amaris.de

★★★ garni

Elbestr. 18, PLZ 27570 (OT: Geestemünde), **T 0471 9020770,** F 902077100
48 Zimmer | 8 Suiten | 1 Apartment | Ez ab 91 €, Dz ab 106 €, inkl. Frühstück | 24 h

Neuzeitliches Hotel im Gebäude der ehem. Landeszentralbank mit modernem Design. Geräumige und stilvoll eingerichtete Gästezimmer mit kostenlosem WLAN. Gutes Frühstück.

Atlantic Hotel Sail City
www.atlantic-hotels.de

GREENSIGN ★★★★

Am Strom 1, PLZ 27568, **T 0471 309900,** F 30990500
120 Zimmer | 1 Suite | 24 h

Komplett barrierefreies Hotel in einem markanten Gebäude am Bremerhavener Weserdeich. Moderne Gästezimmer mit faszinierendem Ausblick auf die Weser. Kleine Wellnesscorner mit Panoramasauna. Das Restaurant „Strom“ serviert frische regionale und saisonale Gerichte.

Best Western Plus Hotel
www.bestwestern.de

★★★★ garni

Fischkai 2, PLZ 27572 (OT: Fischereihafen), **T 0471 80935300,** F 80935353
96 Zimmer | 2 Suiten | 24 h 21.–27.12.22

Der erste Eindruck: die bemerkenswerte, puristisch-elegante Architektur, teils schwebend über dem Kai mit großzügigen Glasfassaden! Lichtdurchflutete Zimmer in ruhigen, geschmackvollen Farben bieten dem Businessgast allen Komfort. Vom Frühstücksraum hat man einen schönen Blick über das Hafenareal.

Nordsee Hotel City
www.nordseehotels.com

★★★ garni

Theodor-Heuss-Platz 14-18, PLZ 27568, **T 0471 90083600,** F 900836666
102 Zimmer | 2 Suiten | 24 h

Die Fußgängerzone hat man direkt vor der Tür und die Havenwelten sind auch nicht weit. Daneben bietet das Haus mit seiner schlichten Fassade freundliche Gästezimmer mit modernem Design. Nettes Frühstücksrestaurant mit Blick auf den Theodor-Heuss-Platz und das Stadttheater.

Natusch Fischereihafen-Restaurant www.natusch.de

VARTA-TIPP Küche

Am Fischbahnhof 1, PLZ 27572, **T 0471 71021**
130 | Hauptgericht 22–36 €, Menü 48–58 € | Di-So Mo

Diese Adresse ist aus Bremerhavens Gastroszene nicht mehr wegzudenken. Urgemütliche Location mit viel Holz und maritimen Accessoires. Die Karte offeriert traditionelle norddeutsche Fischgerichte mit internationalen Einflüssen und variiert je nach Jahreszeit und Marktangebot. Macht Ihnen z.B. „Gebratenes Tiefsee-Rotbarschfilet aus isländischem Wildfang an Tomaten-Olivensauce, mediterranes Grillgemüse und Meersalzkartoffeln" Appetit? Herzlicher Service.

PIER 6 www.pier6.de

Barkhausenstr. 6, PLZ 27568, **T 0471 48364080**
90 | Hauptgericht 15–32 €, Menü 25–63 € | Mo-Sa So

Tolle Lage - direkt an der Weser. Ein weiterer Trumpf ist das Konzept: In großzügigem, hellem Ambiente werden Traditionsgerichte neu interpretiert. So heißt es z.B. „Karree vom Iberico-Schwein | Spitzkohl | Karotten | Kartoffel-Gratin | Schalotten-Rotwein-Jus"! Tipp für den eiligen Mittagsgast: preisgünstiger Lunch inkl. einem kleinen Soft-Getränk oder einem Glas Wein (0,1 l).

BRETTEN 51 C www.erlebe-bretten.de

Baden-Württemberg | EW 29.979 | 176 m | Bruchsal 15 km, Pforzheim 18 km

Lamm Werkstatt www.lammbretten.de

Pforzheimer Str. 15/17, PLZ 75015, **T 07252 85392**
140 | Hauptgericht 15–36 €, Menü 40–65 € | Mo-Mi, Fr-So

In diesem 300 Jahre alten Fachwerkgebäude wird ambitioniert gekocht. Die Speisekarte bietet eine Vielzahl an klassischen und modern interpretierten Gerichten. Die Pizza wird nach altem sizilianischen Rezept im Holzofen gebacken! Zum Restaurant gehören auch ein idyllischer Biergarten, ein gemütlicher Gewölbekeller und eine Vinothek.

Restaurant Maxime www.guy-graessel.de

Melanchthonstr. 35, PLZ 75015, **T 07252 7138**
25 | Hauptgericht 19–36 €, Menü 68 € | Do-So Do-Sa »

Im traditionsreichen Café Hesselbacher in der Fußgängerzone bietet Meisterkoch Guy Graessel ein zweigeteiltes Gastronomiekonzept: Vormittags und nachmittags herrscht Cafébetrieb, mittags und abends steht der moderne Gastraum den Restaurantbesuchern offen. Serviert wird eine klassische französische Küche mit badischen Einflüssen.

BRETZENHEIM 50 A www.bretzenheim.de

Rheinland-Pfalz | EW 2.437 | 105 m | Bad Kreuznach 6 km, Mainz 38 km

Hinterconti www.hinterconti.com

garni

Naheweinstraße 17, PLZ 55559, **T 0671 79670910**
14 Zimmer | Ez ab 69 €, Dz ab 95 €, inkl. Frühstück | 24 h

Das in einem hist. Bauerngehöft untergebrachte Hotel bietet großzügige, modern und komfortabel ausgestattete Zimmer - von puristisch-modern bis verspielt-verträumt. Das Frühstück wird in der ehemaligen Scheune serviert. Verkehrsgünstige Lage unweit der Autobahnen A60 und A61.

BRETZFELD 52 C www.bretzfeld.de

Baden-Württemberg | EW 12.128 | 210 m | Öhringen 7 km, Heilbronn 26 km

Landhaus Rössle www.roessle-brettach.de

Mainhardter Straße 26, PLZ 74626 (OT: Brettach), **T 07945 911111**
60 | Hauptgericht 30–35 €, Menü 55–78 € | Mi, So Mi-So Mo, Di

Die Küche im modern-elegant eingerichteten Restaurant ist frisch und produktbezogen. Serviert werden wohlschmeckende Gerichte nach klassisch französischem Vorbild. Im Sommer lädt der Garten am Rappenbächle zum Verweilen ein. Zum Übernachten hat man freundlich und liebevoll eingerichtete Nichtraucherzimmer.

BRIESEN (MARK) 27 D www.amt-odervorland.de

Brandenburg | EW 2.150 | 43 m | Bad Saarow 23 km, Frankfurt/Oder 25 km

Gut Klostermühle www.gut-klostermuehle.com

VARTA-TIPP Ambiente

GREENSIGN

Mühlenstraße 11, PLZ 15518 (OT: Alt Madlitz), **T 033607 59290,** F 5929150
66 Zimmer | 23 Suiten | Ez ab 99 €, Dz ab 169 €, inkl. Frühstück

Hier können Sie die Seele baumeln lassen! Ausgesprochen ruhig wohnen Sie in dem liebevoll restaurierten Fischerhaus aus dem 14. Jahrhundert mit seinen Dependancen und Ferienwohnungen. Auf 2.500 qm bietet Ihnen der hauseigene SPA-Bereich vielfältige Möglichkeiten zum Erfrischen und Entspannen. Umfangreiches Angebot an Ayurvedaanwendungen.

BRILON 31 C www.brilon.de

Nordrhein-Westfalen | EW 27.508 | 450 m | Korbach 37 km, Lippstadt 44 km

Buiterling Hotel www.buiterling.com

garni

Bahnhofstraße 1, PLZ 59929, **T 02961 9118660,** F 9118661
10 Zimmer | Ez 79–94 €, Dz 99–129 €

Das liebevoll renovierte Jugendstilhaus im Herzen von Brilon ist ein richtiges Schmuckstück und zudem voller Atmosphäre – überaus geschmackvoll eingerichtet, heimelig und persönlich geführt. Jedes der individuell designten Zimmer ist anders und einzigartig. Das Frühstück bietet viele regionale und selbstgemachte Produkte.

Rech — www.hotel-rech.de

Hoppecker Straße 1, PLZ 59929, **T 02961 97540,** F 975454
26 Zimmer | Ez ab 69 €, Dz ab 99 €, inkl. Frühstück

Das freundlich geführte Haus bietet wohnliche, mit viel Holz eingerichtete Gästezimmer. Kleiner Wellnessbereich mit finnischer Sauna, römischem Dampfbad und Solarium. Das Restaurant serviert heimische Spezialitäten und leichte Speisen. Auch Tagungsmöglichkeiten sind vorhanden.

Hotel Waldbahnhof Neu! — www.waldbahnhof-sauerland.de

Korbacher Str. 10, PLZ 59929 (OT: Wald), **T 02961 96050**
11 Zimmer | Ez ab 75 €, Dz ab 95 €, 8,00–12,00 €

Aus einem denkmalgeschützten Bahnhofsgebäude ist ein hübsches kleines Hotel entstanden. Das Baudenkmal von 1913 hat man mit viel Liebe renoviert. Schon von außen sorgen neobarocke Elemente und echtes Fachwerk unter den originalen Dachziegeln für jede Menge hist. Charme. Im OG stehen komfortable Zimmer unterschiedlicher Größen und Preiskategorien zur Verfügung. Das Restaurant befindet sich im historischen Wartesaal und bietet frische regionale Spezialitäten.

Almer Schlossmühle — www.almer-schlossmuehle.de

VARTA-TIPP Küche

Schlossstraße 13, PLZ 59929 (OT: Alme), **T 02964 9451430**
70 | Hauptgericht 14–43 €, Menü 37–56 € | Mi-So Mo, Di

Drinnen wie draußen richtig romantisch: der historische Rahmen des Mühlengebäudes, jede Menge rustikales Holz, die hübsche Terrasse vorm Haus. Freuen Sie sich auf eine regionale und österreichische Küche - von Martin Steiner in bester Tradition gekocht. Wie wär's z.B. mit „Original Wiener Schnitzel vom Kalbsrücken“ oder „Almer Bachforelle nach Müllerin Art“? Übernachten kann man in gepflegten Apartments.

BROTTERODE-TRUSETAL 43 A — www.brotterode-trusetal.de

Thüringen | EW 6.398 | 595 m | Bad Salzungen 24 km, Eisenach 31 km

Zur guten Quelle — www.hotel-quelle.de

★★★S

Schmalkalder Straße 27, PLZ 98599 (OT: Brotterode), **T 036840 340,** F 34111
44 Zimmer | 4 Suiten | Ez 48–60 €, Dz 76–112 €, inkl. Frühstück

Familiär geführter Landgasthof mit neuzeitlichem Anbau und freundlich eingerichteten Zimmern (teilweise mit Balkon). Zum Haus gehören auch eine Kegelbahn und ein Wellnessbereich mit Whirlpool und Fitnessraum. Idealer Ausgangspunkt für Wanderungen oder Radtouren.

BRUCHHAUSEN-VILSEN 22 B — www.bruchhausen-vilsen.de

Niedersachsen | EW 7.200 | 52 m | Syke 17 km, Verden/Aller 31 km

Forsthaus Heiligenberg
www.forsthaus-heiligenberg.de

VARTA-TIPP Service

Heiligenberg 3, PLZ 27305, **T 04252 93200,** F 932020
31 Zimmer | 4 Suiten | Ez ab 99 €, Dz ab 149 €, inkl. Frühstück

Hist. Fachwerkensemble, dessen Ursprung auf ein Kloster von 1218 zurückgeht. Hier logieren Sie in liebevoll und individuell eingerichteten Landhauszimmern. Frühstück und Service sind vorbildlich. Das Restaurant mit großem offenen Kamin bietet raffinierte Menüs und regionale Spezialitäten. Zum Hotel gehören auch eine Saunalandschaft, eine liebevoll angelegte Gartenterrasse sowie ein Spielplatz.

BRUCHSAL 51 C
www.bruchsal-erleben.de

Baden-Württemberg | EW 42.871 | 114 m | Karlsruhe 24 km, Heidelberg 37 km

Scheffelhöhe
www.scheffelhoehe.de

Adolf-Bieringer-Straße 20, PLZ 76646, **T 07251 8020,** F 802156
94 Zimmer | 2 Suiten | Ez 99–139 €, Dz 139–189 €, inkl. Frühstück | 24 h

Modernes Hotel in Hanglage mit schönem Blick über Bruchsal und die Rheinebene. Das Haus verfügt über komfortable Zimmer und Suiten, eine gemütliche Hotelbar, mehrere Tagungsräume, einen Wellnessbereich sowie einen modernen Fitnessraum. Regional-mediterrane Küche serviert das Restaurant „Belvedere".

das kleine feine
www.daskleinefeine.de

Langental-Siedlung 2a, PLZ 76646, **T 07251 3022722**
210 | Menü 69–89 € | Mi-So ⃠ Mo, Di

Mitten im Grünen, direkt am Golfclub Bruchsal, ist dieses Gourmetrestaurant zu finden. Modern, ideenreich und ausdrucksstark - so die Gourmetmenüs, die man Ihnen hier in zeitgemäß-elegantem Ambiente kredenzt. Auch die kleine, aber feine Weinkarte kann sich sehen lassen. Tipp: Restaurant „lago" im EG als einfach-unkomplizierte Alternative mit großer Flammkuchenauswahl und Business Lunch.

Zum Bären
www.baeren-bruchsal.de

Schönbornstraße 28, PLZ 76646, **T 07251 88627**
100 | Hauptgericht 21–37 €, Menü 62–65 € | Di-So ⃠ Mo

Gediegenes Restaurant in einem denkmalgeschützten Haus von 1780. Die Speisekarte bietet eine breitgefächterte Auswahl an badischen Spezialitäten. Das Wild stammt aus eigener Jagd. Schöne Gartenterrasse.

BRÜCKENAU, BAD 42 D
www.bad-brueckenau.de

Bayern | EW 6.756 | 332 m | Fulda 33 km, Schweinfurt 53 km

Dorint Resort & Spa
www.hotel-bad-brueckenau.dorint.com

Heinrich-von-Bibra-Straße 13, PLZ 97769, **T 09741 850,** F 85425
154 Zimmer | 16 Suiten | 24 h

Malerisch gelegenes Haus umgeben von einer großen barocken Parkanlage. Gepflegte, freundliche Gästezimmer mit zeitgemäßer Ausstattung. Großzügiger Wellnessbereich auf 2.800 qm mit Saunalandschaft und Außenpool. Feine regionale und internationale Küche wird in „Ludwig's Restaurant" serviert.

Badhotel
www.badhotel-badbrueckenau.de

Amand-von-Buseck-Str. 8-10, PLZ 97769, **T 09741 937600,** F 93760444
29 Zimmer | 4 Suiten | Ez 80–90 €, Dz 104–115 €, inkl. Frühstück

Stilvolles Kur- und Urlaubshotel in bevorzugter Lage im Herzen des Kurparks mit familiärer Atmosphäre. Zweckmäßig und behaglich eingerichtete Zimmer. Gemütliches Restaurant mit überwiegend fränkischer Küche.

BRÜHL (BADEN) 51 C
www.bruehl-baden.de

Baden-Württemberg | EW 14.209 | 100 m | Heidelberg 13 km, Mannheim 15 km

Krone Das Gasthaus
www.krone-dasgasthaus.de

VARTA-TIPP Küche

Ketscher Straße 17, PLZ 68782, **T 06202 6070252**
60 | Hauptgericht 16–35 €, Menü 59–72 € | So Mi-So Mo, Di

In dem hübschen Ecklokal mit behaglicher Einrichtung und lauschigem Hofgarten kocht man regional-international, so z.B. „Steak vom Black-Angus-Rind mit Schmorzwiebeln, Bratkartoffeln und buntem Salatteller". Was bei Patron Andreas Bretzel auf die Teller kommt, ist frisch und schmeckt richtig gut. Charmant-liebenswerter Service.

BRÜHL (RHEINLAND) 39 B
www.bruehl.de

Nordrhein-Westfalen | EW 44.029 | 62 m | Köln 14 km, Bonn 25 km

Hotel Ling Bao
www.phantasialand.de

Berggeiststraße 31-41, PLZ 50321, **T 02232 3690410,** F 3690601
175 Zimmer | 10 Suiten | Ez 172–205 €, Dz 224–305 €, inkl. Frühstück | 24 h

Im original chinesischen Stil erbautes Hotel mit direktem Zugang zum Freizeitpark Phantasialand. Sie wohnen in geschmackvoll eingerichteten Zimmern. Hotelgarten mit Innen- und Außenpool. Zwei Restaurants, in denen asiatische Speisen serviert werden.

Hotel Matamba
www.phantasialand.de

Berggeiststraße 31-41 (am Freizeitpark Phantasialand), PLZ 50321, **T 02232 3691510,** F 3690601
120 Zimmer | 3 Suiten | 24 h

Das Themenhotel im afrikanischen Stil bietet individuell geschnittene Zimmer mit leuchtenden Stoffen und dunklen Holzelementen. Einrichtung mit zahlreichen tropischen Pflanzen, originalen Masken und Skulpturen aus Kamerun.

Glaewe's Restaurant
www.glaewesrestaurant.de

Balthasar-Neumann-Platz 28-30, PLZ 50321, **T 02232 13591**
30 | Hauptgericht 24–32 € | So Mi-So Mo, Di

»

Etwas versteckt gelegenes Restaurant inmitten eines Geschäfts- und Einkaufszentrums. Das familiengeführte Lokal offeriert schmackhafte Crossover-Gerichte im Wandel der Jahreszeiten.

BRUNNTHAL 60 D www.brunnthal.de

Bayern | EW 5.059 | 592 m | München 22 km, Rosenheim 54 km

Hotel Stay2Munich www.stay2munich.de

★★★

Zusestr. 1, PLZ 85649, **T 089 689066066,** F 689066099
185 Zimmer | 11 Suiten | 183 Apartments | 24 h

Businesshotel mit geschmackvoll eingerichteten Zimmern und Apartments mit extragroßen Betten und variabler Möblierung. Ansprechender Wellnessbereich mit Saunalandschaft. Highspeed-Internetanschluss, Tiefgarage und Sky-TV sind für Hausgäste kostenlos.

BUCHBACH 61 C www.buchbach.de

Bayern | EW 3.051 | 449 m | Landshut 38 km, München 65 km

Hotel Renner www.hotel-renner.de

€ Gut & Günstig ★★★

Veldener Straße 1, PLZ 84428, **T 08086 949880,** F 9498829
9 Zimmer | Ez ab 58 €, Dz ab 89 €, inkl. Frühstück

Das gut geführte Haus überzeugt mit schönen Zimmern, die technisch zeitgemäß ausgestattet sind. Hübscher kleiner Wellnessbereich mit Sauna und Dampfbad. Restaurant mit regionalen Spezialitäten und Klassikern der deutschen Küche.

BÜCKEBURG 22 D www.bueckeburg.de

Niedersachsen | EW 18.930 | 61 m | Minden 10 km, Stadthagen 13 km

Ambiente www.ambiente-hotel.de

★★★★

Herminenstr. 11, PLZ 31675, **T 05722 9670,** F 967444
34 Zimmer | 2 Suiten | 24 h

Familiär geführter Betrieb in zentraler, aber ruhiger Innenstadtlage. Hell und freundlich eingerichtete Zimmer mit moderner Ausstattung. Gemütliches Restaurant im Glashaus mit schönem Sommergarten und internationaler Küche.

Grosse Klus
www.klus.de

★★★ S

Am Klusbrink 19, PLZ 31675 (OT: Röcke), **T 05722 95120,** F 951250
32 Zimmer | 2 Suiten | 1 Apartment

Inhabergeführtes Haus mit neuzeitlichem Hotelbau neben dem hist. Fachwerkgebäude, direkt an der Verbindungsstraße von Bückeburg nach Minden gelegen. Geschmackvoll eingerichtete Zimmer, schöner Hotelgarten, gemütliches Restaurant mit moderner Bar.

BÜDELSDORF 7 D
www.buedelsdorf.de

Schleswig-Holstein | EW 10.242 | 10 m | Rendsburg 2 km, Eckernförde 24 km

Heidehof
www.heidehof.de

★★★★ garni

Hollerstr. 130, PLZ 24782, **T 04331 3430,** F 343444
108 Zimmer | 6 Suiten | 4 Apartments | Ez 76–96 €, Dz 100–110 €, 12,00 € | 24 h

Das am Ortsrand gelegene Hotel bietet zeitgemäß ausgestattete Zimmer und einen schönen Wellnessbereich mit Saunalandschaft und Fitnessraum. Gute Verkehrsanbindung zur Autobahn A7.

BÜHL 57 A
www.buehl.de

Baden-Württemberg | EW 29.479 | 138 m | Baden-Baden 17 km, Offenburg 41 km

Burg Windeck
www.burg-windeck.de

★★★ S

Kappelwindeckstraße 104, PLZ 77815 (OT: Kappelwindeck), **T 07223 94920,** F 949290
21 Zimmer | Ez 91–99 €, Dz 143–165 €, inkl. Frühstück

Umgeben von Weinbergen liegt dieses charmante Hotel. Die im Landhausstil gehaltenen Gästezimmer wurden mit viel Liebe zum Detail umgebaut und renoviert. Umweltfreundliche Materialien, ausgewählte Stoffe und modernste Technik sorgen für eine romantische Burgatmosphäre.

Burg Windeck

80 | Hauptgericht 20–32 €, Menü 43–62 € | Mo, Mi-So Mo, Mi-Sa Di 1.–15.1.23

Das Panoramarestaurant bietet einen unvergleichlichen Ausblick auf das Rheintal. Kulinarisch werden Sie mit einer feinen badisch-mediterranen Küche verwöhnt. Im Sommer lockt die wunderschöne Burghofterrasse.

Rebstock Kappelwindeck
www.rebstock-kappelwindeck.de

★★★

Kappelwindeckstraße 85, PLZ 77815 (OT: Kappelwindeck), **T 07223 9127220,** F 40142
12 Zimmer | Ez 75–99 €, Dz 95–119 €, inkl. Frühstück

Gemütliches Hotel mit familiärer Atmosphäre am Fuße des Schwarzwalds mit Blick auf die Rheinebene. Komfortable Gästezimmer unterschiedlicher Kategorien mit kostenfreiem WLAN. Im bürgerlichen Restaurant wird badische Küche serviert.

Gude Stub Casa Antica
www.gudestub-casa-antica.de

Dreherstraße 9, PLZ 77815, **T 07223 30606**
48 | Hauptgericht 18–27 € | Mo, Mi-Fr, So Mo, Mi-So Di

In dieser zünftigen badischen Weinstube wird mit Leidenschaft gekocht und serviert. Padrone Andrea Alesi offeriert frische schmackhafte Gerichte aus unterschiedlichen Regionen Italiens. Wie wäre es z.B. mit „Gratinierten Buchweizennudeln mit Buschbohnen, Kartoffeln, Casera-Käse und Knoblauch"? Täglich wechselnder Mittagstisch.

BÜHLERTAL 57 A
www.buehlertal.de

Baden-Württemberg | EW 8.000 | 194 m | Bühl 4 km, Baden-Baden 20 km

Wein&Kimahotel Bergfriedel
www.bergfriedel.de

VARTA-TIPP Küche

Haabergstraße 23, PLZ 77830 (OT: Obertal), **T 07223 72270**
120 | Hauptgericht 28–45 €, Menü 49–89 € | Mi-So Mo, Di

Freundlich und versiert wird man in den behaglichen Restaurantstuben umsorgt. Die Küche von Andreas Schäuble ist geprägt von handwerklicher Präzision, regionalen Produkten und einem sehr guten Preis-Genuss-Verhältnis. Die Speisekarte ist vielfältig, das Angebot reicht von badischen Spezialitäten über vegetarische Köstlichkeiten bis hin zu verschiedenen Feinschmeckermenüs. Dazu ein breitgefächertes Weinangebot. Zum Übernachten: liebevoll eingerichtete Zimmer.

Rebstock
www.rebstock-buehlertal.de

Hauptstraße 110, PLZ 77830, **T 07223 99740**
60 | Hauptgericht 15–25 €, Menü 22–35 € | Fr-So Di-Mi, Fr-So Mo, Do

Charmant und aufmerksam wird man bei den Hörths umsorgt. Man kocht regional-international und mit Bezug zur Saison. Appetit machen z.B. „Achertäler Weidelammhäxle" oder „Zarte Lendchen vom Allgäuer Jungschweinfilet". Gepflegt übernachten kann man hier auch.

BULLAY 40 C
www.bullay.de

Rheinland-Pfalz | EW 1.640 | 114 m | Alf 2 km, Traben-Trarbach 19 km

Boutique Hotel Moselgarten Neu!
www.das-moselgarten.de

Alte Poststraße 10, PLZ 56859, **T 06542 9639880**
19 Zimmer | 2 Suiten | Ez 70–107 €, Dz 133–169 €, inkl. Frühstück

Sehr gepflegt, familiär geführt und dann noch an der Mosel gelegen - in dem neuzeitlichen Boutique-Hotel wohnt es sich schön. Wenn Sie sich etwas Besonderes gönnen möchten, dann buchen Sie die geschmackvoll-moderne „Junior Suite Comfort Plus“! Im Restaurant gibt es wechselnde Menüs mit frischen saisonalen Produkten aus der Region.

BÜNDE 22 C www.buende.de

Nordrhein-Westfalen | EW 45.000 | 100 m | Herford 13 km, Osnabrück 40 km

Zum Adler www.adler-restaurant.de

Moltkestr. 1, PLZ 32257, **T 05223 4926453**
50 | Hauptgericht 12–53 €, Menü 33–72 € | Mo-So

Das innovative Gastrokonzept am Marktplatz kommt bei den Gästen bestens an! Während man mittags leichte, herzhafte Speisen serviert, wird abends eine moderne internationale Küche aufgetischt. Für Fleischliebhaber gibt es feine Steakspezialitäten vom Grill. Ein sympathisches Restaurant, in dem Ambiente, Qualität, Service und Preise stimmen.

BUNDENBACH 49 B www.bundenbach.de

Rheinland-Pfalz | EW 981 | 400 m | Kirn 10 km, Kaiserslautern 70 km

Forellenhof www.hotel-forellenhof.de

Reinhardtsmühle 1, PLZ 55606 (OT: Rudolfshaus), **T 06544 373,** F 1080
28 Zimmer | 1 Suite | Ez 74–79 €, Dz 112–119 €, inkl. Frühstück

In traumhafter ruhiger Umgebung erwartet Sie dieses kleine, aber feine Hotel. Die renovierten Nichtraucherzimmer sind funktional ausgestattet und verfügen größtenteils über einen Balkon. Im Restaurant mit Wintergarten und Terrasse wird u.a. Wild aus eigener Jagd serviert. Das Haus ist bekannt für seine Whisky-Tasting-Programme.

BURBACH 41 A www.burbach-siegerland.de

Nordrhein-Westfalen | EW 14.486 | 380 m | Dillenburg 18 km, Siegen 21 km

Snorrenburg
www.snorrenburg.de

Römer 8, PLZ 57299, **T 02736 44930,** F 298445
16 Zimmer | Ez 95 €, Dz 115 €, inkl. Frühstück

In dem kleinen Hotel stehen individuell gestaltete Themenzimmer zur Verfügung. Wählen Sie z.B. zwischen dem asiatischen Luxus des Bambuszimmers, dem farbenfrohen Jugendstil des Pfauenzimmers oder dem romantischen Ambiente der Englischen Suite mit Himmelbett. Das Frühstück wird im Jugendstilwintergarten mit Panoramablick serviert.

BURG (SPREEWALD) 36 B
www.burgimspreewald.de

Brandenburg | EW 4.459 | 57 m | Lübbenau 14 km, Cottbus 19 km

Zur Bleiche
www.bleiche.de

VARTA-TIPP Service

Bleichestraße 16, PLZ 03096, **T 035603 620,** F 60292
90 Zimmer | 27 Suiten | Ez 315–550 €, Dz 530–710 €, inkl. Vollpension | 24 h

Ein vorbildlich geführtes Haus, das sich wunderbar in die reizvolle Spreewaldvegetation einfügt. Der 5.000 qm große SPA-Bereich lässt das Herz eines jeden Wellnessurlaubers höher schlagen. Sie wohnen in behaglich im Landhausstil eingerichteten Zimmern und Suiten. Wer Ruhe sucht, relaxt im großzügig angelegten Garten oder stöbert in der hauseigenen Bibliothek. In verschiedenen Hotelrestaurants nebst Terrassen bietet Alexander Müller eine niveauvolle, klassisch-moderne Küche in Form eines Gourmet-Abendmenüs.

Landhotel Burg
www.landhotel-burg.de

Ringchaussee 125, PLZ 03096 (OT: Kauper), **T 035603 646,** F 64800
94 Zimmer | 12 Suiten | 11 Apartments | 24 h

Schönes Ferienhotel mit liebevoll eingerichteten Zimmern und Suiten, die teilweise über einen Balkon verfügen. Es gibt auch familienfreundliche Apartments mit getrenntem Wohn- und Schlafbereich. Großzügige SPA-Landschaft mit verschiedenen Saunen sowie ganzjährig beheiztem Außenpool. Für kulinarische Vielfalt sorgen mehrere Restaurants. Für Kinder stehen ein Spielzimmer und ein Streichelzoo zur Verfügung.

Spree Balance
www.spreebalance.de

VARTA-TIPP Service

Ringchaussee 154, PLZ 03096, **T 035603 759490,** F 759499
38 Zimmer | 3 Suiten | Ez 95–115 €, Dz 119–165 €, inkl. Frühstück

Elegant-modernes Interieur sowie ein persönlicher und aufmerksamer Service geben diesem Kur- und Wellnesshotel seinen unverwechselbaren Charakter. Die geräumigen und ausgesprochen wohnlichen Zimmer hat man farblich den Elementen Feuer, Erde und Natur zugeordnet. Ansprechendes Massage- und Kosmetikangebot. Frische regionale Küche wird im Restaurant „Konrad's" serviert.

Spreewald Thermenhotel
www.spreewald-thermenhotel.de

★★★★

Ringchaussee 152, PLZ 03096, **T 035603 18850,** F 188599
83 Zimmer | Ez 142–158 €, Dz 196–228 €, inkl. Frühstück | 24 h

Das Hotel befindet sich in unmittelbarer Nachbarschaft zur Spreewald Therme (direkter Zugang). Warme Farben, stilvolles Interieur und eine ergonomisch günstige Raumaufteilung mit offen gestaltetem Hotelbad sind die Vorzüge der Gästezimmer. Helles, freundliches Restaurant mit großen Panoramafenstern.

Restaurant Speisenkammer
www.speisenkammer-burg.de

Waldschlösschenstraße 48, PLZ 03096, **T 035603 750087**
Menü 78 € | Mi-Sa Mo, Di, So

Auf dem 13.000 qm großen Ferienhof direkt am Wasser kann man nicht nur gut übernachten, sondern auch hervorragend speisen. Im unprätentiösen kleinen Restaurant serviert man eine weltoffene Spreewaldküche, die mit viel Liebe und ausgezeichneten Produkten zubereitet wird. Tischreservierung empfehlenswert.

BURGBROHL 40 C
www.burgbrohl.de

Rheinland-Pfalz | EW 3.400 | 170 m | Andernach 15 km, Bad Neuenahr-Ahrweiler 25 km

Schloss Burgbrohl
www.schloss-burgbrohl.de

★★★★

Auf der Burg 1, PLZ 56659, **T 02636 800140,** F 8001420
62 Zimmer | 3 Apartments | Ez ab 101 €, Dz ab 193 €, 11,90 € | 24 h

Ferien- und Tagungshotel auf einer Anhöhe in einem Seitental des Rheins. Geschmackvolle Gästezimmer in einem Mix aus Barock und Moderne. 200 qm großer Wellnessbereich „Castellum SPA" mit Saunalandschaft. Schöne Schlossterrasse mit Panoramablick.

BURGHAUSEN 61 D
www.burghausen.de

Bayern | EW 19.300 | 421 m | Altötting 16 km, Salzburg 59 km

Post
www.altstadthotels.net

★★★★

Stadtplatz 39, PLZ 84489, **T 08677 9650,** F 965666
23 Zimmer | Ez 79–109 €, Dz 139–149 €, inkl. Frühstück

Geschichtsträchtiges Haus im Herzen der Altstadt, das sich bereits seit 1959 in Familienbesitz befindet. Die Zimmereinrichtung verbindet modernen Komfort mit historischem Charme. Gastronomisch haben Sie die Wahl zwischen der Gewölbe-Gaststube, der Herzogstube oder dem idyllischen Postgarten mit Blick auf die Türme des Stadtsaales.

restaurant | 271 **Neu!** www.restaurant271.de

VARTA-TIPP Küche

Mautnerstraße 271, PLZ 84489, **T 08677 9179949**
45 | Hauptgericht 17–34 €, Menü 55–85 € | Sa Di-Sa Mo, So

Schon das edle Ambiente - clean, minimalistisch, mit viel Holz - macht das Restaurant in der Altstadt besonders. Aber auch die Küche weiß zu überzeugen. Inhaber und Chefkoch Dominik Lobentanzer kreiert originelle, zeitgemäße Gerichte mit regionalem Einschlag. Wie wäre es z.B. mit „Saibling | Safranrisotto | Beurre Blanc | Senfsalat" oder lieber „Rib-Eye-Steak | Rosmarinkartoffel | Schmorzwiebel | Jus"? Dazu kredenzt man erlesene Weine. Tipp: individuell und geschmackvoll eingerichtete Gästezimmer.

BÜRGSTADT 51 B www.gaeste-info-buergstadt.de

Bayern | EW 4.226 | 150 m | Miltenberg 2 km, Wertheim 28 km

Adler www.adler-buergstadt.de

Hauptstraße 30, PLZ 63927, **T 09371 97880,** F 978860
28 Zimmer | 1 Suite | Ez 75–90 €, Dz 120–135 €, inkl. Frühstück

Familienbetrieb mit charmanten Gastgebern. Die liebevoll eingerichteten Zimmer verteilen sich auf mehrere Gästehäuser. Das Haus bietet zudem eine idyllische Gartenanlage, einen Bio-Naturpool, eine finnische Sauna, einen Fahrradabstellraum mit Lademöglichkeit für E-Bikes sowie ein Restaurant mit regionaler Küche.

Weinhaus Stern www.hotel-weinhaus-stern.de

VARTA-TIPP Küche

Hauptstraße 23-25, PLZ 63927, **T 09371 40350**
40 | Hauptgericht 10–28 €, Menü 35–75 € | Mo, Do-So Di, Mi

In dem stilvoll eingerichteten hist. Gebäude aus dem Jahre 1638 werden Sie mit einer feinen bodenständigen Küche verwöhnt. Wie wäre es z.B. mit „Sauerbraten vom Schaufelbug mit Gewürzblaukraut und hausgemachtem Serviettenknödel"? Herrlich ist es, an warmen Tagen auf der lauschigen Gartenterrasse zu speisen. Tolles Weinangebot und hausgebrannte Edelobstbrände. Für Übernachtungsgäste gibt es einfache, aber gepflegte Zimmer.

BURGWEDEL 23 C www.burgwedel.de

Niedersachsen | EW 20.239 | 53 m | Celle 28 km, Hannover 30 km

Kokenhof
www.kokenhof.com

Isernhägener Str. 3, PLZ 30938 (OT: Großburgwedel), **T 05139 8030,** F 803555
54 Zimmer | 14 Apartments | Ez ab 119 €, Dz ab 156 €, inkl. Frühstück | 24 h

Geschichtsträchtiges Fachwerkhaus mit modernem Design, edlem Mobiliar und liebevollem Interieur. Geschmackvoll eingerichtete Landhauszimmer. Im Bistro wie auch im Restaurant wird eine abwechslungsreiche internationale Küche angeboten. Hübsche Terrasse.

Marktkieker
www.marktkieker.de

Am Markt 7, PLZ 30938 (OT: Großburgwedel), **T 05139 99940,** F 999429
12 Zimmer | Ez 86–105 €, Dz 120–149 €, inkl. Frühstück

Denkmalgeschütztes, über 350 Jahre altes Fachwerkbauernhaus mit neuerem Anbau. Moderne, mit viel Liebe zum Detail ausgestattete Zimmer. Nettes Frühstücksrestaurant. Für Entspannung sorgen die vielen Sitzmöglichkeiten im Außenbereich unter alten Eichen.

Gasthaus Lege
www.gasthaus-lege.de

Engenser Straße 2, PLZ 30938 (OT: Thönse), **T 05139 8233**
28 | Hauptgericht 27–36 €, Menü 49–95 € | So Mi-So Mo, Di

Gemütlich hat man es in diesem hübschen Fachwerkhaus. Zur gepflegten Atmosphäre passt die authentische Gastfreundschaft von Familie Schulze sowie das kreative, vielseitige Speisenangebot mit regionalen und internationalen Gerichten.

BURKARDROTH 42 D
www.burkardroth.de

Bayern | EW 7.420 | 304 m | Bad Kissingen 14 km, Bad Neustadt an der Saale 24 km

Zum Weißen Rössl
www.weisses-roessl-rhoen.de

Von-Henneberg-Straße 15, PLZ 97705 (OT: Stralsbach), **T 09734 201**
50 | Hauptgericht 14–30 €, Menü 75–105 € | Sa-So Mi-So Mo, Di

Die einstige Dorfwirtschaft (seit mehr als 100 Jahren im Familienbesitz) hat sich zu einem modernen Landgasthof entwickelt. Was hier auf den Tisch kommt ist regional, nachhaltig und ausgesprochen schmackhaft. Wie wäre es z.B. mit „Sauerbraten vom Rhöner Rind an Gewürzjus mit Schmorgemüse, Selleriepüree und Klöße“? Oder Sie lassen sich mit einem 5- oder 7-Gänge-Menü im kulinarischen Wohnzimmer „sechzehn15“ verwöhnen... Für Übernachtungsgäste hat man einfache, aber liebevoll eingerichtete Zimmer im Landhausstil.

BURRWEILER 50 D
www.urlaubsregion-edenkoben.de

Rheinland-Pfalz | EW 829 | 246 m | Weyher in der Pfalz 2 km, Rhodt unter Rietburg 3 km

Ritterhof zur Rose
www.ritterhofzurrose.de

Weinstraße 6A, PLZ 76835, **T 06345 407328**
60 | Hauptgericht 29–35 €, Menü 44–78 € | Mo, Sa-So Mo, Do-So Di, Mi

Das charmante Haus inmitten der Pfälzer Weinlandschaft hat seinen traditionellen Charakter bewahrt - gemütlich-elegante Räumlichkeiten und ein unvergleichlich schöner Sommergarten machen es zu einer echten Wohlfühladresse. Freundlich umsorgt speist man hier regional-saisonale Gerichte wie „Rosa gebratenes & Schmorstück vom Pfälzer Damhirsch mit Selleriepüree, Wurzelgemüse und kaltgerührte Preiselbeeren“.

BURSCHEID 29 D www.burscheid.de

Nordrhein-Westfalen | EW 18.771 | 195 m | Leverkusen 11 km, Solingen 13 km

Zum Schmuck-Kastl www.schmuck-kastl.de

Sträßchen 26, PLZ 51399 (OT: Sträßchen), **T 02174 894541**
100 | Hauptgericht 28–39 €, Menü 35–68 € | Mi-So Mo, Di

Ländliches Restaurant an der B51 mit stimmungsvollem Ambiente und liebevollem Dekor. Serviert wird internationale und österreichisch beeinflusste Küche. Idyllischer Biergarten.

BÜSINGEN AM HOCHRHEIN 65 A www.buesingen.de

Baden-Württemberg | EW 1.352 | 395 m | Schaffhausen (Schweiz) 5 km, Singen 19 km

Zur Alten Rheinmühle www.alte-rheinmuehle.ch

Junkerstraße 93, PLZ 78266, **T 07734 931990,** F 9319940
16 Zimmer | 2 Suiten | Ez 123–157 €, Dz 165–190 €, inkl. Frühstück

Die hübsche Lage am Ufer des Rheins ist wirklich eindrucksvoll! Das liebevoll restaurierte Fachwerkgebäude bietet geschmackvolle Gästezimmer, die mit stilvollen Möbelstücken aus dem 17. und 18. Jhd. eingerichtet sind. Dazu ein behagliches Restaurant mit offenem Kamin und freundlicher Atmosphäre. Serviert wird eine finessenreiche heimische Küche mit saisonalen Einflüssen. Im Sommer lockt der schöne Kastaniengarten.

BÜSUM 6 D www.buesum.de

Schleswig-Holstein | EW 4.781 | 2 m | Heide 20 km, Meldorf 22 km

Küstenperle www.hotel-kuestenperle.de

★★★★

Dithmarscher Straße 39, PLZ 25761, **T 04834 962110**
100 Zimmer | 7 Suiten | 7 Apartments | Ez ab 69 €, Dz ab 89 € | 24 h

Modern, maritim und mit frischem, nordisch-gemütlichem Flair zeigen sich die Hotelzimmer und Ferienwohnungen des familienfreundlichen Lifestylehotels. Zum Haus gehören auch ein Restaurant mit großer Sonnenterrasse, eine Bar, Veranstaltungsräume sowie ein SPA- und Wellnessbereich.

Lighthouse Hotel & Spa www.hotel-lighthouse.de

Am Museumshafen 11, PLZ 25761, **T 04834 98420,** F 98420499
111 Zimmer | 14 Suiten | 3 Apartments | Ez 139–269 €, Dz 139–269 €, inkl. Frühstück | 24 h

Eine wohnlich-moderne Ferienadresse. Die Themen Seefahrt und Wasser ziehen sich durch das gesamte Haus. Helle, sanfte Farben und skandinavisch-schlichte Einrichtungselemente prägen die Zimmer. Besonders schön wohnen Sie in den Deluxe-Zimmern mit Meerblick.

Schnüsch Neu!

schnuesch.de

20 | Menü 111–175 € | Do-Sa ⃠ Mo, Di, Mi, So

Bepflanzte Decken-Glaskugeln, Porträts regionaler Produzenten und dezente Beleuchtung prägen das Ambiente des stylishen, dunkel gehaltenen Fine-Dining-Restaurants. Die Küche ist nordisch, frisch und ideenreich und überzeugt mit solidem Handwerk, sehr guten Produkten sowie einzigartigen Geschmackskombinationen. Donnerstags bietet man ein 4-Gang-Kennenlernmenü an. Freitags und samstags wird dann ein großes Degustationsmenü serviert, auf Wunsch mit korrespondierender Weinbegleitung.

Windjammer

www.hotel-windjammer.de

Dithmarscher Straße 17, PLZ 25761, **T 04834 6661,** F 3040
14 Zimmer | Ez 69–79 €, Dz 98–138 €, inkl. Halbpension

Dieses familiengeführte Hotel hat man kürzlich umfassend renoviert. Hier erwarten Sie wohnlich-zeitgemäße Gästezimmer, gastorientierte Mitarbeiter:innen und am Morgen ein frisches, regionales Frühstücksbuffet. Zum Strand gelangen Sie in nur wenigen Schritten. Verschiedene Ferienwohnungen stehen in der Dependance „Sea Captain“ zur Verfügung.

Zur alten Post

www.zur-alten-post-buesum.de

★★★★

Hafenstraße 2, PLZ 25761, **T 04834 95100,** F 4944
34 Zimmer

Gegenüber der romantischen Büsumer Fischerkirche liegt dieses einladende Refugium. Die Zimmer sind gepflegt, zeitlos und farbenfroh. Vor einiger Zeit wurde das Haus um einen modernen Hotelneubau erweitert. Im Restaurant serviert man Fisch- und Krabbenspezialitäten, aber auch ausgesuchte Fleischgerichte.

Hotel Jess am Meer

www.jess-am-meer.de

VARTA-TIPP Service

garni

Dithmarscher Str. 28, PLZ 25761, **T 04834 7004210,** F 7004072
11 Zimmer | Ez ab 69 €, Dz ab 84 €, inkl. Frühstück

Ankommen und wohlfühlen. Das „Jess“ ist mehr als ein Hotel! Eine Oase für Naturliebhaber und Familien! In dem kleinen charmanten Haus wird Gastfreundschaft großgeschrieben. Hotelchef Marcus Jessen ist ausgesprochen freundlich und hat immer Zeit für ein kleines Pläuschchen. Neben hellem Holz und Naturmaterialien dominieren frische maritime Farben die Zimmereinrichtung. Toll auch das liebevoll arrangierte Frühstück! Und wer entspannen möchte: eine Sauna gibt es hier auch.

Das Frühstückshotel

www.fruehstueckshotel-buesum.de

€ Gut & Günstig garni

Blauort 16-18, PLZ 25761, **T 04834 6010,** F 60188
33 Zimmer | 3 Suiten | Ez 49–99 €, Dz 69–169 €, 12,50 € | ⃠ 11.–28.12.22, 10.–27.12.23

Familiengeführtes Haus - ruhig in einem Wohngebiet gelegen. Gepflegte Zimmer in frischen maritimen Farben zu moderaten Preisen. Das Frühstück wird in vier verschiedenen Variationen angeboten. Leihfahrräder stehen zur Verfügung.

Kolles Alter Muschelsaal

www.kolles-alter-muschelsaal.de

Hafenstraße 27, PLZ 25761, **T 04834 2440**
100 | Hauptgericht 17–36 € | Mi-So Di-So Mo

Nostalgisches, mit zahllosen Muscheln geschmücktes Traditionsrestaurant. Serviert werden überwiegend Fischspezialitäten. Zu den Hausklassikern gehören „Original Büsumer Krabbensuppe" oder „Matjesfilet auf verschiedenen kalten Soßen mit Schwarzbrotecken".

BÜTTELBORN 51 A

www.buettelborn.de

Hessen | EW 14.023 | 90 m | Groß-Gerau 3 km, Darmstadt 12 km

Monika

www.hotelmonika.de

★★★★

Im Mehlsee 1-5, PLZ 64572, **T 06152 1810,** F 18150
41 Zimmer | 3 Apartments | Ez 83–95 €, Dz 120–150 €, inkl. Frühstück

Das familiengeführte Businesshotel liegt perfekt zwischen Frankfurt und Darmstadt. Es wird persönlich geführt und bietet geradlinig-moderne, äußerst gepflegte Gästezimmer. Im neu gestalteten Restaurant wird niveauvolle saisonale Küche serviert. Günstig ist die Nähe zur Autobahn A67.

BUXTEHUDE 15 C

www.buxtehude.de

Niedersachsen | EW 39.837 | 2 m | Stade 22 km, Harburg 22 km

Navigare NSBhotel

www.hotel-navigare.com

★★★★

Harburger Str. 4, PLZ 21614, **T 04161 74900,** F 7490303
32 Zimmer | Ez 119–205 €, Dz 159–225 €, 25,00 € | 24 h

Hinter dem hist. Gemäuer dieses wunderschön renovierten Gebäudes erwarten Sie moderne, thematisch eingerichtete Räume, die das Ambiente verschiedener Regionen der Welt widerspiegeln. Gutes Frühstück. Nette Hotelbar im Gewölbekeller.

Hotel An der Linah
www.hotelanderlinah.de

garni

Harburger Straße 44, PLZ 21614, **T 04161 60090,** F 600910
30 Zimmer | 1 Apartment | Ez 69–90 €, Dz 105–115 €, 5,00 €

Das freundlich geführte Stadt- und Businesshotel im hanseatischen Baustil ist nur wenige Gehminuten von der Altstadt entfernt. Es bietet helle, hübsch eingerichtete Zimmer mit zweckmäßiger Ausstattung und einen gemütlichen Frühstücksraum.

Hoddow's Gastwerk
www.hoddows-gastwerk.de

Westfleth 35, PLZ 21614, **T 04161 503901**
50 | Hauptgericht 16–29 €, Menü 36–49 € | Mi-So Mo, Di

Modernes Restaurant mit stimmungsvoller Atmosphäre. Serviert wird moderne Küche mit traditionellen Elementen - kreativ oder klassisch zubereitet.

CALW 57 B
www.calw.de

Baden-Württemberg | EW 22.962 | 347 m | Pforzheim 28 km, Tübingen 40 km

Kloster Hirsau
www.hotel-kloster-hirsau.de

★★★★

Wildbader Straße 2, PLZ 75365 (OT: Hirsau), **T 07051 96740,** F 967469
42 Zimmer | 1 Suite | Ez ab 78 €, Dz ab 125 €, inkl. Frühstück

Umgebaute ehem. Klosterherberge von 1450. Das behaglich eingerichtete, historische Gebäude bietet freundliche Zimmer mit zeitgemäßem Komfort. Kleiner Wellness- und Beautybereich mit Hallenbad und Sauna. Im ländlich-eleganten Restaurant werden regionale und überregionale Spezialitäten serviert. Schöne Sommerterrasse.

CELLE 23 A
www.celle-tourismus.de

Niedersachsen | EW 69.980 | 40 m | Hannover 40 km, Soltau 48 km

Celler Tor
www.celler-tor.de

★★★★ S

Scheuener Straße 2, PLZ 29229 (OT: Groß Hehlen), **T 05141 5900,** F 590490
73 Zimmer | 4 Suiten | Ez ab 85 €, Dz ab 115 €, inkl. Frühstück | 24 h

Das gewachsene Land- und Tagungshotel befindet sich bereits seit 1438 in Familienbesitz. Wohnliche Zimmer in unterschiedlichen Kategorien. Ansprechender Wellness- und Beautybereich. Leichte internationale Küche im Restaurant.

Fürstenhof Celle

www.fuerstenhof-celle.com

VARTA-TIPP Ambiente VARTA-TIPP Service

★★★★★

Hannoversche Straße 55-56, PLZ 29221 (OT: Neuenhäusen), **T 05141 2010,** F 201120
62 Zimmer | 5 Suiten | Ez 110–265 €, Dz 140–360 €, inkl. Frühstück | 24 h

Als Barockpalais um 1680 erbaut, ist das Hotel heute ein Ort von Tradition und privater Gastfreundschaft mit einzigartigem Ambiente. Der exklusive Wohnkomfort in den elegant-luxuriös eingerichteten Zimmern, das gute Service- und Dienstleistungsniveau sowie der gepflegte SPA- und Wellnessbereich machen das Haus seit vielen Jahren zu einer echten Wohlfühladresse.

Taverna & Trattoria Palio

VARTA-TIPP Küche VARTA-TIPP Service

70 | Hauptgericht 14–34 €, Menü 59–72 € | Sa-So Mi-So Mo, Di

Einladende Trattoria mit toskanisch-rustikalem Ambiente. Neben der variationsreichen Küche der italienischen „Cucina casalinga“, stehen bei Chef de Cuisine Holger Lutz regelmäßig wechselnde Spezialitäten Italiens im Fokus. Aufmerksam, freundlich und geschult agiert der Service. Im Sommer erleben Sie auf der Terrasse unter den Kastanien die Leichtigkeit des Seins.

Caroline Mathilde

www.caroline-mathilde.de

★★★★

Alter Bremer Weg 37, PLZ 29223, **T 05141 980780,** F 98078555
53 Zimmer | 2 Suiten | 3 Apartments | Ez 98–115 €, Dz 141–158 €, inkl. Frühstück | 24 h

Das im klassischen Villenstil erbaute Haus liegt inmitten einer wunderschönen Grünanlage und ist nur wenige Gehminuten von der Celler Altstadt entfernt. Die Zimmer sind wohnlich und spiegeln durch ihre individuelle Ausstattung den Charakter des Hauses wider. Das Bistro „Kanapé“ bietet ausgesuchte kulinarische Köstlichkeiten und Weine.

der allerKrug
www.allerkrug.de

Alte Dorfstraße 14, PLZ 29227 (OT: Altencelle), **T 05141 84894**
65 | Hauptgericht 18–30 €, Menü 50–63 € | Sa-So Mi-So Mo, Di

Traditionelles Gasthaus an der Aller mit sehr guter Küche und authentischer Gastfreundschaft. Das Speisenangebot von Patron Sven Hütten ist saisonal wie regional ausgerichtet und wird mit französischen Einflüssen ergänzt. Probieren Sie z.B. „Kotelett vom Duroc-Schwein, mediterranes Gemüsetörtchen und Kartoffelgnocchi"! Dazu eine ausgewogene Weinauswahl und ein liebenswerter Service.

Köllner's Landhaus
www.koellners-landhaus.de

Im Dorfe 1, PLZ 29223 (OT: Boye), **T 05141 951950**
50 | Hauptgericht 18–36 €, Menü 36–76 € | So Mi-Sa Mo 1.–12.1.23

Inmitten einer 11.000 qm großen Parkanlage liegt das liebevoll renovierte Fachwerkhaus aus dem Jahre 1589. Hier erwarten Sie behagliche, lichtdurchflutete Räumlichkeiten mit elegantem Landhausflair. Die schmackhafte euro-asiatische Küche von Juniorchef Maximilian Köllner klingt z.B. so: „Geschmortes Kalbsbäckchen | Jalapeño-Sauce | Selleriepüree | Apfel-Sellerie-Salat". Zum Übernachten stehen sechs individuell eingerichtete Doppelzimmer bereit.

Schapers
www.hotel-schaper.de

Heese 6-7, PLZ 29225, **T 05141 94880**
30 | Hauptgericht 20–35 €, Menü 35–60 € | Di-Sa Mo, So

Im gemütlichen Restaurant serviert man schmackhafte regionale Spezialitäten sowie mediterrane Kreationen mit saisonalem Einfluss. Appetit auf „Filet von der arktischen Lachsforelle mit Cashewkern-Kruste, Rieslingrahm, frischer Blattspinat, Portweinreduktion, Kartoffelpüree"? Der Service ist freundlich und zuvorkommend.

Postmeister von Hinüber
www.weinkeller-celle.de

Zöllnerstraße 25, PLZ 29221, **T 05141 28444**
40 | Hauptgericht 17–27 €, Menü 35–39 € | Sa Di-Sa Mo, So 24.7.–6.8.23

Rustikales Weinlokal in hist. Fachwerkhaus. Wöchentlich wechselnde Speisekarte mit moderner Küche. Gemütliche Atmosphäre.

Café Müller
www.cafe-mueller-celle.de

Blumenstraße 14, PLZ 29227 (OT: Westercelle), **T 05141 85006**
100 | Hauptgericht 8–16 € | Di–So 11:00–18:00 Uhr

Beliebtes Café mit einem außergewöhnlichen Eingang in Tortenform. Große Auswahl an Gebäck, Pralinen, Kuchen, Torten und hausgemachten Eisspezialitäten. Herrlich ruhiger Kaffeegarten mit Fischteich.

CHAM 55 C
www.cham.de

Bayern | EW 16.433 | 370 m | Furth im Wald 19 km, Straubing 43 km

Randsberger Hof
www.randsbergerhof.de

Randsbergerhofstraße 15-19, PLZ 93413, **T 09971 85770,** F 20299
79 Zimmer | 7 Apartments | Ez 74 €, Dz 148 €, inkl. Frühstück

Einst Adelssitz, heute komfortables Hotel mit wohnlichen Gästezimmern und vielseitigen Wellness-, Sport- und Freizeitmöglichkeiten. Vom Sky-Pool im 6. Stock hat man einen fantastischen Blick auf die Bayerwaldberge. Restaurant mit regionaler Küche.

Am Ödenturm
www.oedenturm.de

VARTA-TIPP Küche

Am Ödenturm 11, PLZ 93413 (OT: Chammünster), **T 09971 89270**
120 | Hauptgericht 11–28 €, Menü 25–55 € | Mi, Fr-So Di-Sa Mo

Appetit auf „Tafelspitz vom Angus-Weiderind | Kartoffelragout | Bohnen | Meerrettichsoße" oder „Geschmortes Lammragout mit orientalischen Gewürzen | Quinoa | Gemüse"? Dann besuchen Sie diesen sympathischen Berggasthof in bayerischer Idylle. Patron Ernst Hunger kocht richtig gut und manchmal bewusst etwas bodenständiger - aber immer mit erlesenen Produkten und saisonalem Bezug. Reizvolle Terrasse mit Aussicht. Zum Übernachten hat man einfache, aber gepflegte Zimmer.

CHEMNITZ 45 B
www.chemnitz-tourismus.de

Sachsen | EW 243.089 | 296 m | Dresden 70 km, Leipzig 78 km

Altes und Neues Rathaus am mittelalterl. Markt, Stadtkirche St. Jakobi, Roter Turm, Karl-Marx-Monument, Theaterplatz mit Opernhaus, neugot. Kirche und König-Albert-Bau, Versteinerter Wald, Schlosskirche, Industriemuseum, Burg Rabenstein, Wasserschloss Klaffenbach, Henry-van-de-Velde-Museum in der Villa Esche.

An der Oper
www.hoteloper-chemnitz.de

Straße der Nationen 56 (B3), PLZ 09111, **T 0371 6810,** F 670606
91 Zimmer | 16 Suiten | 6 Apartments | 24 h

Das denkmalgeschützte Gebäude beherbergt tageslichtdurchflutete und komfortabel ausgestattete Zimmer mit zeitgemäßer Technik. Im Restaurant „SCALA" mit direktem Blick auf den Theaterplatz bietet man internationale Küche.

Chemnitzer Hof
www.chemnitzer-hof.de

Theaterplatz 4 (B3), PLZ 09111, **T 0371 6840,** F 6762587
92 Zimmer | 3 Suiten | 1 Apartment | Ez 69–299 €, Dz 69–299 €, ab 14,90 € | 24 h

Direkt neben dem Opernhaus, den Kunstsammlungen und der Petrikirche empfängt Sie dieses Hotel, das 1929/30 im Bauhausstil errichtet wurde. Klassisch-gediegene Inneneinrichtung mit reichlich Marmor, Sandstein, Holz und Messing. Wohnliche Gästezimmer in unterschiedlichen Kategorien. Im Restaurant wird internationale Küche serviert.

Alexxanders
www.alexxanders.de

Ludwig-Kirsch-Str. 9 (C3), PLZ 09130 (OT: Sonnenberg), **T 0371 4311111,** F 4311113
33 Zimmer | 5 Suiten | Ez ab 90 €, Dz 95–120 €, ab 12,00 € | 24.12.22–9.1.23 »

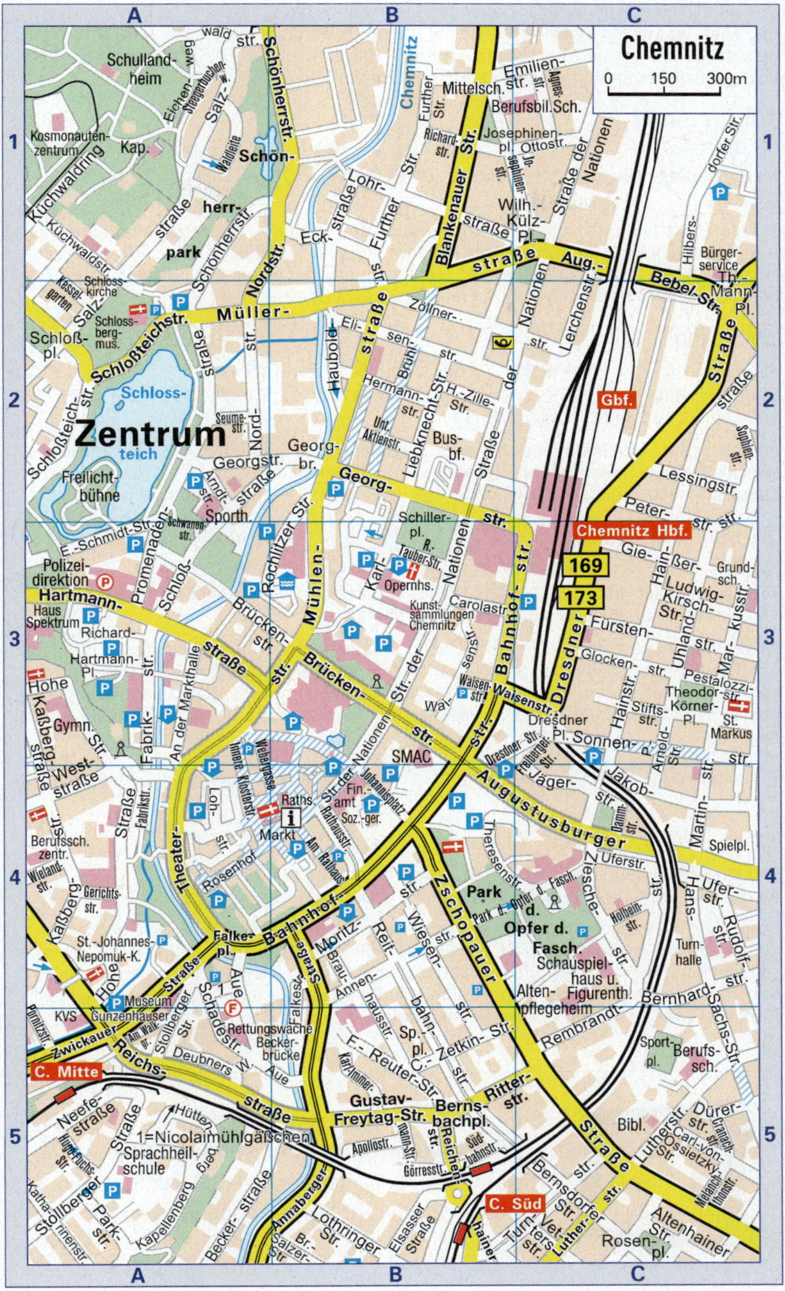
Chemnitz
0 150 300m
A
B
C
1
2
3
4
5
Zentrum
Schlossteich
Schlossteichstr.
Schloß-pl.
Schlosskirche
Schlossberg-mus.
Kesselgarten
Küchwaldring
Küchwaldstr.
Kosmonautenzentrum
Schullandheim
Kap.
Schönherrpark
Schönherrstr.
Nordstr.
Müllerstraße
Mühlenstr.
Brückenstr.
Hartmannstraße
Polizeidirektion
Haus Spektrum
Richard-Hartmann-Pl.
Freilichtbühne
Georgstr.
Georgbr.
Sporth.
Rochlitzer Str.
Straße der Nationen
Brühl
Hauboldstr.
Elisenstr.
Zöllnerstr.
Hermannstr.
Liebknecht-Str.
H.-Zille-Str.
Busbf.
Schillerpl.
Opernhs.
Kunstsammlungen Chemnitz
Carolastr.
Bahnhofstr.
Gbf.
Chemnitz Hbf.
169
173
Dresdner Str.
Fürstenstr.
Glockenstr.
Lessingstr.
Peterstr.
Augustusburger Str.
Blankenauer Str.
Further Str.
Mittelsch.
Berufsbil.Sch.
Josephinenpl.
Wilh.-Külz-Pl.
Bürgerservice
Th.-Mann-Pl.
Bebel-Str.
Aug.-Bebel-Straße
Lerchenstr.
SMAC
Markt
Raths.
Fin.-amt
Soz.-ger.
Rosenhof
Theaterstr.
Falkepl.
Bahnhofstraße
Zschopauer Straße
Park d. Opfer d. Fasch.
Schauspielhaus u. Figurenth.
Altenpflegeheim
Rembrandtstr.
Bernhard-Str.
Turnhalle
Sport-pl.
Berufssch.
Bibl.
Lutherstr.
C. Mitte
C. Süd
Reichsstraße
Zwickauer Straße
Museum Gunzenhauser
KVS
Rettungswache
Beckerbrücke
Gustav-Freytag-Str.
Bernsbachpl.
Ritterstr.
Reichenhainer Str.
Annaberger Str.
Lothringer Str.
Elsasser Straße
Stollberger Str.
Kapellenberg
Sprachheilschule
1=Nicolaimühlgäßchen
Neefestraße
Kaßberg
Hohe Str.
Gymn.
Westrstraße
Berufssch. zentr.
Gerichtsstr.
St.-Johannes-Nepomuk-K.
Wielandstr.
Moritzstr.
Reitbahnstr.
Wiesenstr.
Annenstr.
F.-Reuter-Str.
C.-Zetkin-Str.
Theodor-Körner-Pl.
St. Markus
Spielpl.
Altenhainer Str.
Rosenpl.
Bernsdorfer Str.
Düererstr.
Carl-von-Ossietzky-Str.

Das Hotel liegt in einer ruhigen Seitenstraße am Rande des Zentrums. Der Gast bekommt hier alles, was er von einem gepflegten Stadthotel erwartet: funktional ausgestattete Zimmer, solide Technik und am Morgen ein gutes Frühstücksbuffet. Für Langzeitgäste stehen auch großzügige Boardinghouse-Apartments zur Verfügung.

Alexxanders

60 | Hauptgericht 18–41 €, Menü 52–65 € | ◔ Mi-Fr ◑ Di-Sa ⊘ Mo, So ⊘ 24.12.22–8.1.23

Modernes Restaurant in einem denkmalgeschützten Gebäude mit persönlicher Atmosphäre. Geboten wird leichte deutsche Küche mit internationalen Einflüssen. Die pfiffigen Gerichte klingen z.B. so: „Gebratenes Schwertfischfilet mit im Ofen gerösteten jungen Möhren, Paella-Risotto und Tomaten-Olivenjus". Preisgünstiger Mittagstisch.

BIENDO

www.biendo-hotel.de

★★★ garni

Straße der Nationen 12 (B3, im Rawerma-Haus), PLZ 09111, **T 0371 4331920,** F 43319220
100 Zimmer | 6 Suiten | 3 Apartments

Im Herzen der Stadt befindet sich dieses zeitgenössische Stadthotel. Das Haus bietet zweckmäßige Zimmer in geradlinig-modernem Stil. Schön ist der Frühstücksraum in der 6. Etage mit tollem Panoramablick! Restaurant „Tillmann's" mit internationaler Küche.

Schloss Rabenstein

www.hotel-schloss-rabenstein.de

★★★★

Thomas-Müntzer-Höhe 14, PLZ 09117 (OT: Rabenstein), **T 0371 4446640,** F 44466422
15 Zimmer | Ez ab 80 €, Dz ab 110 €, inkl. Frühstück

Eingebettet in die romantische Landschaft des Rabensteiner Waldes liegt dieses Hotel mit herrlichem Ausblick über den Schlosspark zur Burg Rabenstein. Sie wohnen in stilvoll gestalteten Gästezimmern. Die Designbäder sind mit Rainshowerduschen und teils mit Whirlpool ausgestattet. In den behaglichen Restauranträumen wird eine frische, kreative Küche angeboten.

Villa Esche

www.restaurant-villaesche.de

VARTA-TIPP Küche

Parkstraße 58 (A5), PLZ 09120 (OT: Kapellenberg), **T 0371 2361363**
48 | Hauptgericht 9–39 €, Menü 35–75 € | ◔ Di-Sa ◑ Fr-Sa ⊘ Mo, So

Fraglos die kulinarische Top-Adresse der Stadt. In der ehem. Remise der vom belgischen Künstler Henry van de Velde erbauten Gründerzeitvilla vereinen sich kulinarische Ideen mit solidem Handwerk. Falk Heinrich verwöhnt Sie mit feinen regionalen und internationalen Gerichten wie „Iberico-Bellota-Kotellett mit mediterranem Kartoffelknödel und Pimentos". Dazu eine tolle Wein- und Champagnerauswahl.

Schalom
www.schalom-chemnitz.de

Heinrich-Zille-Straße 15 (B2), PLZ 09111, **T 0371 6957769**
30 | Hauptgericht 13–32 € | Di-Do, Sa-So Mo, Fr

In einem 1870 erbauten Eckhaus empfängt Sie dieses jüdische Restaurant. Schlicht-modernes Ambiente mit Eichendielen, Wandgemälde und einem in Szene gesetzten Klavier. Serviert werden ausschließlich koschere Gerichte und israelische Weine. Im Sommer können Sie auch im Freien speisen.

CHIEMING 69 A
www.chieming.de

Bayern | EW 4.743 | 537 m | Traunstein 11 km, Seeon 15 km

Gut Ising
www.gut-ising.de

★★★★ S garni

Kirchberg 3, PLZ 83339 (OT: Ising), **T 08667 790,** F 79432
105 Zimmer | 4 Suiten | 7 Apartments | Ez 115–215 €, Dz 175–340 €, inkl. Frühstück | 24 h

Die historisch gewachsene Hotelanlage befindet sich direkt am Chiemsee und wartet mit einem umfangreichen Sport- und Freizeitangebot sowie unterschiedlich eingerichteten Gästezimmern auf, die sich auf mehrere Häuser verteilen. Umfangreiches gastronomisches Angebot.

Zum Goldenen Pflug

250 | Hauptgericht 19–29 €, Menü 45–59 € | Mo-So

Traditionelle Gaststuben mit Gewölben und Holzfußböden. Auch wenn es hier etwas legerer als im Gourmetstüberl zugeht, so kocht man mit topfrischen Zutaten. Serviert werden Schmankerl aus dem Chiemgau sowie internationale Gerichte. Im Sommer locken sonnige Terrassen und ein uriger Innenhofbiergarten.

Ristorante Il Cavallo

Schloßstr. 5, PLZ 83339 (OT: Ising)
120 | Hauptgericht 9–24 € | Sa-So Di-So Mo

Wer Lust hat auf Pizza, Pasta oder andere italienische Köstlichkeiten, ist hier genau richtig! Das Restaurant befindet sich direkt in der großen Reithalle. Die edlen Kirschbaummöbel, die Stühle mit hochwertigem dunklen Leder und der raumprägende, originale Steinofen im Gastraum sorgen für ein Stück „la dolce vita" am Chiemsee.

CLAUSTHAL-ZELLERFELD 32 B www.clausthal-zellerfeld.de

Niedersachsen | EW 15.769 | 560 m | Osterode 13 km, Goslar 15 km

Harzhotel Zum Prinzen www.zum-prinzen.de

garni

Goslarsche Straße 20, PLZ 38678 (OT: Zellerfeld), **T 05323 96610,** F 966110
19 Zimmer | Ez 52–59 €, Dz 68–75 €, 10,00 €

Denkmalgeschütztes Haus, das um das Jahr 1800 herum erstmals als Gaststätte geführt wurde. Stammgäste schätzen die freundliche Atmosphäre und den sehr guten Service. Die Zimmer sind im klassischen Stil eingerichtet. Ansprechendes Frühstücksbuffet mit hausgemachten Spezialitäten.

CLOPPENBURG 21 A www.cloppenburg.de

Niedersachsen | EW 34.139 | 38 m | Vechta 26 km, Oldenburg 42 km

Münsterländer Hof www.muensterlaenderhof.de

★★★★

Bahnhofstraße 30, PLZ 49661, **T 04471 702070,** F 702077
18 Zimmer | 2 Suiten | 24 h

Liebevoll eingerichtetes Haus mit bayerisch-österreichischer Atmosphäre. Stilvoll ausgestattete Gästezimmer mit Wohlfühlcharakter. Behagliches Restaurant mit regionaler und internationaler Küche.

sevenoaks www.sevenoakshotel.de

VARTA-TIPP Ambiente

garni

Museumstr. 8, PLZ 49661, **T 04471 8505845,** F 8505846
11 Zimmer | Ez 98–115 €, Dz 125–143 €, 9,50 €

Dieses außergewöhnliche Designhotel befindet sich in einem ehem. Verwaltungsgebäude. Individueller könnten die Zimmer wohl kaum sein - alle mit unterschiedlichen Details in Farbe, Materialien, Muster, Accessoires... Sie können zwischen Themen wie „Orient", „Karibik", „New York" oder „Afrika" wählen. Seinen Namen verdankt das Haus den sieben Eichen (engl. seven oaks), die auf dem Grundstück stehen.

Margaux www.schaefers-hotel-cloppenburg.de

Lange Straße 66, PLZ 49661, **T 04471 2484**
32 | Hauptgericht 22–49 €, Menü 32–75 € | Do-Sa Mo, Di, Mi, So

Das sympathische Restaurant im „Schäfers Hotel" bietet nicht nur eine nette Terrasse, sondern auch ein gutes regionales und internationales Speisenangebot. Lust auf „Original Wiener Schnitzel vom Kalbsrücken mit Gurken-Schmand-Salat, Preiselbeeren und Trüffel-Pommes frites"? Im Bistro nebenan gibt es preiswerten Mittagstisch und Steakspezialitäten.

COBURG 43 D www.coburg-tourist.de

Bayern | EW 41.039 | 292 m | Bamberg 46 km, Hof 90 km

Stadt Coburg
www.hotel-stadt-coburg.de

★★★ S garni

Lossaustraße 12, PLZ 96450, **T 09561 8740,** F 874222
36 Zimmer | 2 Suiten | Ez 99–135 €, Dz 118–145 €, 12,00 € | 2.–8.1.23

Familiengeführtes Traditionshaus im Stadtzentrum. Wohnlich und funktional zeigen sich die klassisch eingerichteten Zimmer. Fränkische Gerichte im Restaurant „Backstüble“ (mit offenem Grill).

COCHEM 40 C
www.ferienland-cochem.de

Rheinland-Pfalz | EW 4.940 | 90 m | Mayen 32 km, Zell 37 km

Cochemer Jung
www.cochemer-jung.de

★★★ S

Moselpromenade 2, PLZ 56812, **T 02671 605220,** F 60522148
31 Zimmer | Ez 71–129 €, Dz 104–218 €, inkl. Frühstück

Das umweltbewusste Niedrigenergiehaus bietet moderne Zimmer in drei Kategorien - wahlweise mit Blick auf die Altstadt oder die Mosel. Im Restaurant „Das Meyers“ wird kreative internationale Küche serviert. Von der hübschen Terrasse schaut man direkt auf die Promenade.

Hotel Am Panoramabogen
www.panorama-hotel.de

Klostergartenstraße 44, PLZ 56812 (OT: Sehl), **T 02671 914140,** F 9141414
49 Zimmer | 3 Suiten

Das familiengeführte Landhotel besteht aus zwei miteinander verbundenen Gebäuden (Stammhaus und Haus Apollo). Die Zimmer sind individuell und wohnlich gestaltet. Am Morgen genießt man ein reichhaltiges Frühstücksbuffet. Hübscher Garten.

Villa Vinum
www.villa-vinum-cochem.de

garni

Moselpromenade 60, PLZ 56812, **T 02671 9165445,** F 9165446
12 Zimmer

Das schmucke kleine Boutique-Hotel in direkter Mosellage ist schon etwas Besonderes mit dem persönlichen Charme sowie den farbenfroh und individuell ausgestatteten Zimmern. Das Frühstücksbuffet ist toll, die Mitarbeiter:innen sind herzlich. Die Cochemer Weinberge liegen direkt vor der Haustür.

Weißmühle
www.hotel-weissmuehle.de

★★★ S

Im Enderttal 2, PLZ 56812, **T 02671 8955,** F 8207
35 Zimmer | Ez 59–69 €, Dz 108–128 €, inkl. Frühstück | 24 h

Einzeln und ruhig in einem Seitental gelegenes, familiär geführtes Hotel in einer ehem. Mühle, deren Geschichte bis ins 18. Jhd. zurückreicht. Stilvoll eingerichtete Komfort- und schlicht-rustikale Standardzimmer.

Müllerstube

70 | Hauptgericht 14–38 € | Mo-So

Rustikal mit wertvollen Antiquitäten eingerichtete Gaststuben. Auf den Tisch kommt regional und mediterran beeinflusste Küche. Spezialität: Frische Forelle aus den eigenen Teichen.

Haus Erholung www.haus-erholung.de

€ Gut & Günstig garni

Moselpromenade 64, PLZ 56812, **T 02671 7599,** F 4362
15 Zimmer | 1 Suite | Ez 75–140 €, Dz 90–150 €, inkl. Frühstück

Gepflegtes Haus am Flussufer mit schräg gegenüberliegendem Gästehaus. Hell und freundlich ausgestattete Zimmer mit Balkon und tollem Blick auf die Mosel. Einen kleinen Wellnessbereich gibt es auch.

COLMBERG 52 D www.colmberg.de

Bayern | EW 1.976 | 450 m | Rothenburg ob der Tauber 15 km, Ansbach 15 km

Burg Hotel Colmberg www.burg-colmberg.de

Burg 1-3, PLZ 91598, **T 09803 91920,** F 262
26 Zimmer | 2 Suiten | Ez ab 69 €, Dz ab 119 €, inkl. Frühstück

1000-jährige Burganlage mit unterschiedlichen, von nostalgisch bis modern eingerichteten Zimmern. Zum Hotel gehören außerdem ein idyllischer Innenhof, ein Rittersaal, eine hauseigene Burgkapelle sowie behagliche Restaurants.

COTTBUS 36 B www.cottbus-tourismus.de

Brandenburg | EW 100.000 | 75 m | Dresden 94 km, Berlin 130 km

Lindner Congress Hotel www.lindner.de

GREENSIGN ★★★★

Berliner Platz, PLZ 03046, **T 0355 3660,** F 366999
189 Zimmer | 11 Suiten | Ez ab 84 €, Dz ab 94 €, ab 15,00 € | 24 h

Klassisches Tagungshotel in zentraler Lage. Hell möblierte und funktional ausgestattete Gästezimmer. Kleiner Fitnessbereich mit Sportgeräten. Im Restaurant „Primo" werden regionale und internationale Spezialitäten serviert.

Lou im Cavalierhaus **Neu!** www.cavalierhaus-branitz.de

Zum Kavalierhaus 9, PLZ 03042 (OT: Branitz), **T 0355 49397030**
60 | Hauptgericht 33–42 €, Menü 76–125 € | Do-So Mo, Di, Mi

Moderne ambitionierte Küche im historischen Flair des Branitzer Parks. Das Cavalierhaus direkt neben dem Schloss verwandelt sich an vier Abenden in der Woche in ein stilvolles Fine-Dining-Restaurant. Gekocht wird frisch, regional und saisonal mit internationalen Einflüssen. Einen perfekten Eindruck von Tim Sillacks Kochkunst bekommen Sie, wenn Sie sich für das Fürstenmenü (4 bis 6 Gänge) entscheiden. Übernachten kann man in einem der drei liebevoll eingerichteten Pensionszimmer im Obergeschoss.

CRAILSHEIM 52 D www.crailsheim.de

Baden-Württemberg | EW 32.829 | 414 m | Schwäbisch Hall 32 km, Aalen 41 km

Post-Faber www.postfaber.de

★★★

Lange Straße 2-4, PLZ 74564, **T 07951 9650,** F 965555
57 Zimmer | 1 Suite | Ez 88–95 €, Dz 110–120 €, inkl. Frühstück

Familiär geführtes Stadt- und Tagungshotel in zentraler Lage am Beginn der Fußgängerzone. Geschmackvoll eingerichtete Zimmer für Geschäftsreisende mit kostenlosem WLAN. Im Restaurant wird schwäbisch-fränkische Küche serviert.

CRIMMITSCHAU 45 A www.crimmitschau.de

Sachsen | EW 19.396 | 300 m | Zwickau 15 km, Gera 31 km

Villa Vier Jahreszeiten www.villa-vierjahreszeiten.de

VARTA-TIPP Ambiente

★★★★

Gabelsberger Straße 12, PLZ 08451, **T 03762 7598110,** F 7598129
10 Zimmer | 3 Suiten | Ez ab 108 €, Dz ab 140 €, inkl. Frühstück

Liebevoll und aufwendig restaurierte Fabrikantenvilla von 1903 in hübscher Lage am Bismarckpark. Die stilvollen Zimmer haben Garten- oder Parkblick und sind mit historischen Betten und Originalmöbeln aus der Gründerzeit eingerichtet. Im Restaurant Fürst Bismarck wird marktfrisch gekocht. Hausgäste nutzen das Vital Center im Nebengebäude kostenfrei.

CRIVITZ 17 A www.amt-crivitz.de

Mecklenburg-Vorpommern | EW 4.942 | 40 m | Schwerin 23 km, Wismar 51 km

Schloss Basthorst www.schloss-basthorst.de

Schlossstraße 18, PLZ 19089 (OT: Basthorst), **T 03863 5250,** F 525555
101 Zimmer | 9 Apartments | Ez ab 124 €, Dz ab 146 €, inkl. Frühstück | 24 h

Geschichtsträchtiges Anwesen in idyllischer Lage. Die wohnlich und individuell eingerichteten Zimmer verteilen sich auf das 200-jährige Herrenhaus, das liebevoll restaurierte Turmhaus sowie die Waldresidenz. Für Entspannung sorgt ein 1.300 qm großer Wellnessbereich.

CUXHAVEN 14 A www.cuxhaven.de

Niedersachsen | EW 50.846 | 2 m | Bremerhaven 43 km, Bremen 111 km
Alte Liebe, Windsemaphor, Schloss Ritzebüttel, Kugelbake, Hamburger Leuchtturm, Alter Wasserturm, Ringelnatzmuseum, Hapag Hallen, Feuerschiff Elbe 1, Fort Kugelbake, Museum „Windstärke 10“, Leuchtturm, Wattenmeer, Küstenheide.

Badhotel Sternhagen www.badhotel-sternhagen.de

VARTA★TIPP Service

★★★★★S

Cuxhavener Str. 86, PLZ 27476 (OT: Duhnen), **T 04721 4340,** F 434444
47 Zimmer | 24 Suiten | Ez 194–250 €, Dz 260–330 €, inkl. Frühstück | 24 h ››

Das vorbildlich geführte Vital- und Thalasso-Hotel hat man in den vergangenen Jahren kontinuierlich erneuert und verschönert. Hier lebt die ehrliche Gastgebermentalität! Das spüren Sie in allen Bereichen des Hauses. Die geräumigen Zimmer, Apartments und Suiten (größtenteils mit herrlichem Meerblick) sind mit hochwertigen Möbeln und Kunstwerken im hanseatischen Stil eingerichtet. Dazu ein toller Wellnessbereich mit professionellen Anwendungen für Gesundheit, Beauty und Fitness. Morgens erwartet Sie ein reichhaltiges nordisches Frühstücksbuffet.

Sterneck

VARTA★TIPP Küche VARTA-TIPP Service

20 | Menü 125–205 € | So Do-So Mo, Di, Mi 21.11.–21.12.22, 24.4.–7.5.23

In klassisch-elegantem Ambiente mit typisch maritimem Interieur und herrlichem Panoramablick auf Wattenmeer und Elbmündung beeindrucken die kulinarischen Genüsse ebenso wie der geschulte und fürsorgliche Service. Beste Zutaten, subtile Aromen und perfektes Handwerk zeichnen die Küche von Spitzenkoch Marc Rennhack aus. In seinem Menü „Sterneck" erwarten Sie moderne und ausgefallene Speisen in 7 Gängen. Auf die Weinempfehlungen von Sommelière Anika Nührenberg dürfen Sie sich verlassen.

Schaarhörn

80 | Hauptgericht 16–36 €, Menü 44–62 € | Mo-So 27.11.–19.12.22

Die große Fensterfront ermöglicht den uneingeschränkten Blick auf das niedersächsische Wattenmeer. Die Karte offeriert Fischspezialitäten, hausgemachte Pasta und Gerichte aus der modernen deutschen Küche. Nachmittags gibt es Kaffee, Kuchen und Torten aus der hauseigenen Konditorei.

Strandperle www.strandperle-hotels.de

★★★★★ S garni

Duhner Strandstraße 15, PLZ 27476 (OT: Duhnen), **T 04721 40060,** F 4006196
82 Zimmer | 19 Suiten | 16 Apartments | Ez 159–190 €, Dz 179–240 €, inkl. Frühstück | 24 h

Ein privat geführtes Ferienhotel, das gerade um einen Neubau („Bellevue" - Fertigstellung voraussichtlich im Oktober 2023) erweitert wird. Das Haus bietet seinen Gästen komfortabel eingerichtete Zimmer und Apartments unterschiedlichster Kategorien. Einzigartige Wellnessoase in der obersten Etage des Hotels mit eindrucksvollem Blick auf das Wattenmeer und den Weltschifffahrtsweg.

Strandhotel Duhnen und Aparthotel Kamp
www.kamp-hotels.de

★★★★ S

Duhner Strandstr. 5-9, PLZ 27476 (OT: Duhnen), **T 04721 4030,** F 403333
94 Zimmer | 9 Suiten | 19 Apartments | Ez ab 79 €, Dz ab 135 €, inkl. Frühstück | 24 h

Das familiär geführte Haus kann auf eine 125-jährige Hotelgeschichte zurückblicken. Einfach toll die bezaubernde Lage am Sandstrand, äußerst engagiert und aufmerksam die Gastgeber, geschmackvoll die geräumigen Gästezimmer. Ein exklusives Penthouse-Erlebnis bieten die beiden Sky-Suiten. Dazu ein schöner Wellness- und SPA-Bereich auf 600 qm mit großzügiger Saunalandschaft.

Vier Jahreszeiten

100 | Hauptgericht 19–39 €, Menü 49–59 € | Mo-So

Helle, lichtdurchflutete Restauranträume mit gemütlichem Ambiente. Serviert wird eine saisonale Frischeküche mit internationalen Einflüssen. Zu den Spezialitäten des Hauses gehören frischer Nordseefisch, Cuxländer Rind und Deichlamm.

Das Donners
www.donners.bestwestern.de

★★★★

Am Seedeich 2, PLZ 27472, **T 04721 5090,** F 509134
70 Zimmer | Ez 103–117 €, Dz 157–232 €, inkl. Frühstück | 24 h

Hier überzeugen wohnlich eingerichtete Zimmer mit großen Fenstern und teilweise mit Balkon. Die Komfortzimmer bieten zudem Seeblick. Zum Haus gehören auch ein SPA-Bereich mit Schwimmbad und verschiedenen Saunen sowie ein Panoramarestaurant in der 6. Etage mit traumhaftem Blick auf den Weltschifffahrtsweg.

Moin Hotel
www.moin.info

★★★★

Steinmarner Str. 83-89, PLZ 27476 (OT: Döse), **T 04721 664822,** F 664824
56 Zimmer | 8 Suiten | Ez ab 89 €, Dz ab 109 €, inkl. Frühstück

Im Villenstil erbautes, strandnahes Ferienhotel mit modernem Komfort und Wohlfühlatmosphäre. Sie logieren in geschmackvoll eingerichteten Zimmern. Kleiner Wellnessbereich mit Indoorpool, finnischer Sauna und Dampfbad. Maritimes Lifestyle-Restaurant „inspirio" mit moderner internationaler und regionaler Küche.

Muschelgrund
www.muschelgrund.de

★★★★ garni

Muschelgrund 1, PLZ 27476 (OT: Sahlenburg), **T 04721 2090,** F 209209
20 Zimmer | Ez ab 68 €, Dz ab 90 €, inkl. Frühstück

Familienbetrieb mit persönlicher Note am Sahlenburger Strand. Die individuell eingerichteten Gästezimmer verfügen teils über eine Loggia. Reichhaltiges Frühstücksbuffet. Kleiner Wellnessbereich mit zwei Saunen. Kaffeespezialitäten, Tee, ein breites Zeitschriftenangebot sowie eine Tauschbücherei bietet die gemütliche Muschellounge.

Seeschwalbe
www.hotel-seeschwalbe.de

★★★ S garni

Cuxhavener Str. 87-89, PLZ 27476 (OT: Duhnen), **T 04721 420100,** F 420144
54 Zimmer | 2 Suiten | Ez 65–129 €, Dz 89–205 €, inkl. Frühstück

Familiär und persönlich geführtes Hotel, das nur zwei Gehminuten vom Strand entfernt ist. Die komfortablen Gästezimmer verfügen teils über Seeblick. Ein Highlight des Hauses ist die maritime Hotelbar „Alexander von Humboldt".

Wattenkieker
www.wattenkieker.de

★★★ S

Am Sahlenburger Strand 27, PLZ 27476 (OT: Sahlenburg), **T 04721 2000,** F 200200
22 Zimmer | Ez 89–139 €, Dz 99–209 €, inkl. Frühstück

Modernes Ferienhotel in direkter Lage am Sahlenburger Strand. Geschmackvoll eingerichtete Zimmer mit Balkon und Seeblick. Enstpannen kann man in der kleinen Saunalandschaft. Das Restaurant serviert regionale Gerichte und Fischspezialitäten.

Beckröge
www.hotel-cuxhaven.org

★★★ garni

Dohrmannstr. 9, PLZ 27472 (OT: Döse - Grimmershörn), **T 04721 56910,** F 111111
10 Zimmer | 1 Suite | Ez 99–129 €, Dz 139–169 €, inkl. Frühstück

Kleines, in 3. Generation familiengeführtes Hotel in einer denkmalgeschützten Villa von 1898 mit individuell eingerichteten Zimmern. Frühstück mit Aussicht auf den Weltschifffahrtsweg.

Strandhus
www.hotel-strandhus.de

★★★ S garni

Am Sahlenburger Strand 25, PLZ 27476 (OT: Sahlenburg), **T 04721 399930,** F 3999341
20 Zimmer | 2 Apartments | Ez 90 €, Dz 105–185 €, inkl. Frühstück

Gepflegte Übernachtungsadresse hinterm Deich am Sahlenburger Strand in direkter Nachbarschaft zum Campingplatzgelände. Komfortable Zimmer in unterschiedlichen Größen. Kleiner Wellnessbereich mit Hallenbad und finnischer Sauna.

DACHAU 60 C
www.dachau.de

Bayern | EW 49.503 | 505 m | München 17 km, Augsburg 54 km

DAH-Inn
www.dah-inn-hotel.de

★★★ garni

Karlsberg 18, PLZ 85221, **T 08131 3383730,** F 33837324
19 Zimmer | Ez 91–139 €, Dz 112–159 €, inkl. Frühstück

Sympathisch leitet Familie Hörmann das kleine Hotel mit gutem Preis-Leistungs-Verhältnis. Tipptopp gepflegte Zimmer stehen im Hauptgebäude sowie im 150 m entfernten Gästehaus zur Verfügung. Zum Haus gehört ein kleines Café.

Schwarzberghof — www.schwarzberghof.eu

Augsburger Str. 105, PLZ 85221, **T 08131 338060**
Hauptgericht 17–25 € | Mi-So ⃠ Mo, Di

Rustikal und stilvoll zugleich! In gemütlicher Atmosphäre werden Sie in dem mit hellem Naturholz ausgestatteten Restaurant bekocht, z.B. mit Zwiebelrostbraten, Lammkarree, Zanderfilet... Bei schönem Wetter ist die lauschige Gartenterrasse ein richtig charmanter Ort.

DAHN 50 C — www.dahner-felsenland.de

Rheinland-Pfalz | EW 4.552 | 210 m | Bad Bergzabern 19 km, Pirmasens 20 km

Pfalzblick Wald SPA Resort — www.pfalzblick.de

★★★★ S

Goethestraße 1, PLZ 66994, **T 06391 4040,** F 404540
80 Zimmer | Ez ab 167 €, Dz ab 300 €, inkl. Vollpension

Ferien- und Wellnesshotel in schöner Aussichtslage nahe der Grenze zum Elsass. Das Haus bietet geschmackvolle Gästezimmer in verschiedenen Kategorien - von einfachen Standardzimmern bis hin zu modern-eleganten Deluxe-Zimmern. Dazu ein großzügiger SPA- und Freizeitbereich, u.a. mit Sauna-Insel, Beauty-Center, beheiztem Infinitypool und Naturbadeteich.

Altes Bahnhöf'l — www.altes-bahnhoefl.de

An der Reichenbach 6 (an der B 427), PLZ 66994 (OT: Reichenbach), **T 06391 3755**
150 | Hauptgericht 9–23 €, Menü 15–45 € | Di-So

Urig-rustikale Gaststuben in einem ehemaligen Bahnhofsgebäude mit altem Fachwerk und handbemaltem Kachelofen. Serviert werden gutbürgerliche und saisonale Spezialitäten. Gemütliche mediterrane Hofterrasse und Biergarten.

DAMME 21 B — www.dammer-berge.de

Niedersachsen | EW 16.424 | 63 m | Holdorf 9 km, Diepholz 20 km

Lindenhof Hotel Tepe — www.hotel-tepe.de

★★★★

Osterdammer Str. 51, PLZ 49401, **T 05491 97170,** F 971747
37 Zimmer | 2 Suiten | Ez 85–89 €, Dz 130–140 €, inkl. Frühstück

Ein gewachsener Familienbetrieb mit zeitgenössischer Architektur. Das Haus bietet moderne Zimmer mit individueller Möblierung, Dekoration und Farbgestaltung. Im Restaurant und auf der lauschigen Sommerterrasse werden saisonal inspirierte Gerichte aus deutschen Landen serviert. Zahlreiche Wanderwege in direkter Umgebung.

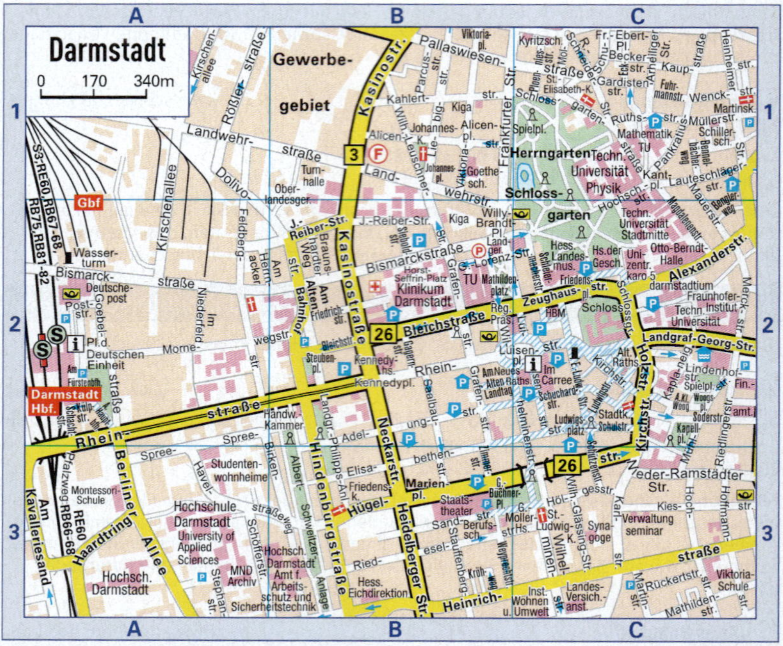

DARMSTADT 51 A

www.darmstadt-tourismus.de

Hessen | EW 162.428 | 144 m | Frankfurt/Main 28 km, Wiesbaden 44 km

Ludwigssäule auf dem Luisenplatz, Schlossmuseum, Stadtkirche mit Fürstengruft, Weißer Turm, Hessisches Landesmuseum Darmstadt, Herrngarten, Prinz-Georg-Palais mit Porzellansammlung, Ludwigskirche (Nachbildung des römischen Pantheons), Künstlerkolonie auf der Mathildenhöhe mit Hochzeitsturm und Russischer Kapelle, Museum Künstlerkolonie im Ernst-Ludwig-Haus, Grube Messel (UNESCO-Weltnaturerbe).

Jagdschloss Kranichstein

www.hotel-jagdschloss-kranichstein.de

★★★★ S

Kranichsteiner Straße 261, PLZ 64289 (OT: Kranichstein), **T 06151 130670,** F 1306799
48 Zimmer | 3 Suiten | Ez ab 84 €, Dz ab 94 €, 17,00 € | 24 h

Eingebettet in eine bezaubernde Wald- und Seenlandschaft empfängt Sie dieses außergewöhnliche Schlosshotel. Hier überzeugen die ruhige Lage, der freundliche Service sowie die wohnlich und individuell ausgestatteten Gästezimmer, die in fünf Kategorien buchbar sind.

Regionale und internationale Spezialitäten serviert man im Restaurant „Kavaliersbau" mit großer Sommerterrasse.

Hotel Darmstadt
www.hotel-darmstadt.bestwestern.de

★★★ S garni

Grafenstraße 31 (B2), PLZ 64283, **T 06151 28100,** F 2810400
77 Zimmer | Ez 85–160 €, Dz 90–165 €, 12,00 € | 24 h

Modernes Stadt- und Businesshotel in der Stadtmitte mit sehr freundlichem Gästeumgang. Die ruhigen Zimmer unterschiedlicher Kategorien verfügen über kostenfreies WLAN. Schönes Frühstücksrestaurant mit gemütlichem Dachgarten.

InterCityHotel
www.intercityhotel.com

Poststraße 12 (A2), PLZ 64293, **T 06151 906910,** F 90691300
140 Zimmer | Ez 59–249 €, Dz 69–259 €, 9,00–15,00 € | 24 h

Mit funktionellen Gästezimmern und der Nähe zu Bahnhof, Innenstadt und Autobahn ist das Hotel eine ideale Adresse für Businessreisende. Internationale Küche im Restaurant. Hausgäste nutzen den öffentlichen Nahverkehr in Darmstadt kostenfrei.

Jungstil
www.hotel-jungstil.org

★★★★ garni

Frankfurter Str. 77 (↗ B1), PLZ 64293, **T 06151 971000,** F 97100179
32 Zimmer

In diesem zentral gelegenen Themenhotel wohnen Sie in designorientierten Zimmern mit zeitgemäßer Technik. Den Hotelgast erwarten Annehmlichkeiten wie komfortable Queensize-Betten, Kühlschrank oder kostenfreies WLAN. Man kümmert sich sehr freundlich um seine Gäste.

L'Orangerie
www.orangerie-darmstadt.de

Bessunger Straße 44 (↘ B3), PLZ 64285 (OT: Bessungen), **T 06151 3966446**
130 | Hauptgericht 29–59 €, Menü 65–98 € | Di-So Mo

Elegantes Restaurant mit lauschiger Gartenterrasse im hist. Orangeriegebäude einer barocken Gartenanlage aus dem 17. Jhd. In stilvoller Atmosphäre werden frisch zubereitete Gerichte aus der traditionellen italienischen Küche mit internationalen Einflüssen serviert.

Das Krü
www.daskrue.de

Ludwigstr. 8 (C2), PLZ 64283, **T 06151 272441**
40 | Hauptgericht 15–30 €, Menü 49 € | Mo-Fr

»

Die lässig-moderne Location ist ein Mix aus Restaurant, Café und Weinbar. Ob zum unkomplizierten Lunch in der Mittagspause oder zum Dinner am Abend - hier serviert man eine schmackhafte Crossover-Küche mit Gerichten wie „Kalbsbäckchen mit Erbsenpüree und Gemüse" oder „Coq au vin mit Champignons und Bandnudeln". Die Weinkarte bietet sowohl Bekanntes als auch spannende Weine von jungen, innovativen Winzern.

Glasschrank Mediterraneo
www.restaurant-glasschrank.de

Pützerstr. 6 (C2), PLZ 64287, **T 06151 41471**
110 | Hauptgericht 11–45 €, Menü 45–99 € | So Mo, Mi-So Di

Mittags wie abends eine gute Adresse! Der Renner sind ausgewählte Steaks, die auf einem original Montague-Steakhousegrill zubereitet werden. Aber auch Tatarvarianten, Burger und Seafoodspezialitäten stehen auf der Speisekarte. Täglich Lunchspecials zu moderaten Preisen.

Olbrick Neu!
olbrick-darmstadt.de

Frankfurter Straße 67 (B1), PLZ 64293, **T 06151 6290160**
65 | Hauptgericht 24–33 € | Di-Sa Mo, So

Hier trifft moderne gehobene Küche auf geschmackvoll-exzentrisches Innendesign. Die ehemalige Schlachthofgaststätte hat sich in ein avantgardistisches Restaurant mit Art-déco-Flair inklusive eleganter Bar verwandelt. Sie speisen unter einer Decke von zahlreichen Glühbirnen und lassen sich solch pfiffige Gerichte wie „Kabeljau-Rückenfilet | Verjus-Nussbutter | Brokkoli | Süßkartoffel | Pinienkerne | gedörrte Muskat-Traube" schmecken. Dazu gibt es eine große Cocktailauswahl und ausgesuchte Weine.

OX casual fine dining
www.ox-restaurant.de

VARTA-TIPP Küche

Mauerstr. 6 (C2), PLZ 64289 (OT: Martinsviertel), **T 06151 9615333**
22 | Menü 115–190 € | Mi-Sa Mo, Di, So 1.–24.1.23

Casual Fine Dining im Darmstädter Martinsviertel. Hier genießt man in angenehm locker-legerer Atmosphäre die gehobene Küche von David Rink, die modern und kreativ sowie frankophil-iberisch und international geprägt ist. In seinem Degustationsmenü kommen exzellente Produkte zum Einsatz und werden Aromen gelungen kombiniert. Dazu serviert man ausgesuchte Weine aus nah und fern. Im angeschlossenen Feinkostladen gibt es mediterrane Spezialitäten wie Seafood, Pasta, Snacks, Chutneys, Saucen und Gewürze sowie exklusive Produkte aus eigener Herstellung für Zuhause.

DARSCHEID 39 D
www.gesundland-vulkaneifel.de

Rheinland-Pfalz | EW 846 | 490 m | Daun 6 km, Cochem 29 km

Kucher's Genuss- und Businesshotel
www.kucherslandhotel.de

★★★★ S garni

Karl-Kaufmann-Straße 2, PLZ 54552, **T 06592 629,** F 3677
28 Zimmer | Ez 65–89 €, Dz 109–139 €, inkl. Frühstück | 19.–25.12.22

Das familiär geführte Landhotel liegt wirklich klasse - hier, inmitten der Vulkaneifel, genießt man Ruhe und einen schönen Blick ins Grüne. Zum Wohlbefinden tragen aber auch die ansprechenden, unterschiedlich eingerichteten Themenzimmer, die gastfreundlichen Mitarbeiter:innen und das gute Frühstück bei.

Kucher's Gourmet-Restaurant

VARTA-TIPP Küche

25 | Hauptgericht 38–52 €, Menü 92–122 € | Mi-Sa ⦸ Mo, Di, So ⦸ 19.–26.12.22

Dass man bei den Kuchers sehr gut speisen kann, ist längst kein Geheimnis mehr. Junior Florian, der seit einigen Jahren die Küchenleitung übernommen hat, versteht sein Handwerk. Seine modernen, raffinierten Kreationen versprechen Genuss für alle Sinne. Der Rahmen dazu: zeitgemäßes Lifestyle-Ambiente und freundlich-professioneller Service. Im 1990 gebauten Weinkeller lagern mehr als 20.000 Flaschen, darunter einige Raritäten.

Kucher's Weinwirtschaft

VARTA-TIPP Küche

28 | Hauptgericht 18–38 € | Sa-So Di-So ⦸ Mo ⦸ 19.–25.12.22

Eine schöne Alternative zum Gourmetrestaurant ist die gemütliche Weinwirtschaft. Hier serviert man Ihnen eine pfiffige Landhausküche mit frischen regionalen Produkten. Auf der wechselnden Speisekarte findet man auch Klassiker wie „Saure Nierle nach schwäbischer Art“ sowie Wildgerichte aus Eifler Jagd.

DAUN 39 D www.gesundland-vulkaneifel.de

Rheinland-Pfalz | EW 8.217 | 410 m | Cochem 34 km, Mayen 40 km

Panorama www.hotelpanorama.de

★★★★

Rosenbergstraße 26, PLZ 54550, **T 06592 9340,** F 934230
26 Zimmer | Ez 88–101 €, Dz 154–180 €, inkl. Frühstück

Kur- und Wellnesshotel in ruhiger Hanglage oberhalb der Stadt. Unterschiedlich gestaltete Gästezimmer - u.a. stehen spezielle Allergikerzimmer in der 1. Etage zur Verfügung. Neuzeitlicher SPA-Bereich mit attraktivem Indoorpool und schöner Saunalandschaft. Köstliches aus der Regionalküche wird im Restaurant aufgetischt.

DEGGENDORF 61 B www.deggendorf.de

Bayern | EW 31.111 | 314 m | Straubing 36 km, Passau 69 km

Burgwirt www.hotel-burgwirt.de

Deggendorfer Straße 7, PLZ 94469 (OT: Natternberg), **T 0991 30045,** F 31287
30 Zimmer | 4 Suiten | Ez 63–75 €, Dz 95–98 €, inkl. Frühstück

Gemütliches Hotel unter familiärer Führung direkt am Donau-Radweg. Wohnliche Gästezimmer mit mediterranem Flair. Saunalandschaft „Venezia“ mit Bio-Sauna, Dampfsauna und finnischer Sauna. Gehobene bayerische Küche wird im Restaurant serviert.

DEGGENHAUSERTAL 65 B www.deggenhausertal.de

Baden-Württemberg | EW 4.061 | 544 m | Ravensburg 22 km, Überlingen 25 km

Biohotel Mohren www.mohren.bio

Kirchgasse 1, PLZ 88693 (OT: Limpach), **T 07555 9300,** F 930100
42 Zimmer | 2 Suiten | 1 Apartment | Ez 99–150 €, Dz 160–180 €, inkl. Frühstück »

Herrlich ruhig liegt dieses moderne Bio-Hotel mit seinen gemütlichen Landhauszimmern. Für Entspannung sorgt der NaturSPA mit Saunalandschaft, Ruhegarten, Anwendungsbereich und großem Kneippbecken. Täglich Langschläfer-Bio-Frühstück vom Buffet bis 11:30 Uhr.

Biohotel Mohren

150 | Hauptgericht 18–39 €, Menü 30–55 € | Sa-So Mi-So Mo, Di

In den gemütlichen Restaurantstuben, auf der Panoramaterrasse und im Sommergarten mit Blick auf den Bodensee werden Regionalgerichte mit Produkten aus der eigenen Land- und Viehwirtschaft serviert.

Landhotel Adler
www.landhotel-adler.de

Roggenbeurer Straße 2, PLZ 88693 (OT: Wittenhofen), **T 07555 202,** F 5273
22 Zimmer | Ez 80 €, Dz 120 €, inkl. Frühstück

Über 100 Jahre alter Landgasthof mit herzlicher Atmosphäre sowie geschmackvoll und individuell eingerichteten Zimmern. Für Entspannung sorgt ein romantischer Lavendelgarten. Im Restaurant serviert man regionale Küche und frische Wildspezialitäten.

DEIDESHEIM 50 D
www.deidesheim.de

Rheinland-Pfalz | EW 3.746 | 117 m | Bad Dürkheim 7 km, Mannheim 31 km

Deidesheimer Hof
www.deidesheimerhof.de

VARTA-TIPP Service

★★★★★

Marktplatz 1, PLZ 67146, **T 06326 96870,** F 7685
28 Zimmer | 4 Suiten | Ez 135–235 €, Dz 199–275 €, 26,00 € | 24 h

Das schmucke Domizil am Deidesheimer Marktplatz ist ein renommierter Ort, der schon viele Staatsgäste und Prominente in seinen Bann gezogen hat! Die komfortablen Stilmöbelzimmer, das sehr gute Frühstück und der außerordentlich gastfreundliche Service sind Garanten für einen erholsamen Aufenthalt.

Schwarzer Hahn

VARTA-TIPP Küche VARTA-TIPP Service

46 | Hauptgericht 39–62 €, Menü 120–170 € | Mi-Sa Mo, Di, So 1.1.–1.2.23

Hochwertig geht es hier zu. Das gilt sowohl für das Restaurant selbst (prachtvolles Kreuzgewölbe mit moderner, loungeartiger Atmosphäre) als auch für die Küche von Stefan Neugebauer und Felix Jarzina. Das Duo am Herd kocht sehr aufwendig, kreativ und mit ausgezeichneten Produkten. Geboten wird ein Menü in 4 bis 7 Gängen, sie können aber auch à la carte speisen. Dazu ein freundlicher und umsichtiger Service nebst professioneller Weinberatung durch Maître und Sommelier Andreas Weber. Regelmäßig Kochkurse.

St. Urban

120 | Hauptgericht 20–33 €, Menü 35–75 € | Mo-So

Mehrere gemütliche, rustikale Gaststuben und eine hübsche Terrasse mit historischem Flair bieten einen entspannten, unkomplizierten Rahmen für die feine Pfälzer Landhausküche, die Ihnen hier serviert wird.

Kaisergarten www.kaisergarten-deidesheim.com

garni

Weinstr. 12, PLZ 67146, **T 06326 700077,** F 700099
85 Zimmer | 8 Suiten | Ez ab 115 €, Dz ab 155 €, 24,00 € | 24 h

Die perfekte Adresse für eine Auszeit in der Pfalz! Das Wellness- und Tagungshotel befindet sich direkt gegenüber dem bekannten Weingut „Reichsrat von Buhl". Die geräumigen Gästezimmer in drei Kategorien überzeugen durch ihre zeitgemäße Ausstattung und ihr geschmackvolles Interiordesign. Entspannung bietet ein 450 qm großer Fitness- und SPA-Bereich mit Saunen, Innenpool, revitalisierenden Erlebnisduschen und Sonnenterrasse.

Riva Neu!

80 | Hauptgericht 13–55 € | Mo-Sa So

Ein sympathisches Restaurant mit modernem, geradlinigem Interieur. Das Angebot reicht von Pizza aus dem Steinbackofen über saisonal variierende Pastagerichte bis zu internationalen Spezialitäten. Aber auch Steakliebhaber kommen hier voll auf ihre Kosten. Die Weinkarte bietet eine Vielzahl an offenen Weinen von renommierten Pfälzer Winzern. Der Service ist freundlich und angenehm unkompliziert.

Ketschauer Hof www.ketschauer-hof.com

VARTA-TIPP Service

garni

Ketschauerhofstr. 1, PLZ 67146, **T 06326 70000,** F 700099
18 Zimmer | 13 Suiten | Ez ab 205 €, Dz ab 240 €, inkl. Frühstück | 24 h

Behutsam renoviertes Herrenhaus auf dem ehem. Winzeranwesen des Weingutes „Bassermann-Jordan". Die Zimmer und Suiten sind mit ausgesuchten Designmöbeln, edlen Eichenholzdielen und hochwertiger Technik ausgestattet. Hier bietet man so einige Annehmlichkeiten, damit sich der Gast rundum wohlfühlt - angefangen beim Willkommensdrink über kostenfreie Minibargetränke (im Übernachtungspreis enthalten) bis hin zu einem exklusiven À-la-carte-Frühstück am Morgen.

L.A. Jordan

VARTA★TIPP Küche VARTA-TIPP Service

46 | Menü 95–205 € | Di-Sa Mo, So

Modern-lässiges Ambiente mit perfekt in Szene gesetzten Designerelementen, dazu eine ambitionierte Küche und ein ausgesprochen freundlicher Service - was will man mehr? Die Gerichte von Küchenchef Daniel Schimkowitsch sind durchdacht, anspruchsvoll und außerordentlich kreativ. Er verbindet hervorragende Produkte mit Aromen aus aller Welt. Die passenden Weinempfehlungen kommen von Chef-Sommelier Stephan Nitzsche. Das angeschlossene „Restaurant 1718" eignet sich perfekt für den unkomplizierten, schnellen Mittagslunch.

Restaurant fumi www.josef-biffar.de

Im Kathrinenbild 1 (im Weingut Biffar), PLZ 67146, **T 06326 7001210**
60 | Hauptgericht 30 €, Menü 77–89 € | Sa-So Mi-So Mo, Di

Ein japanisches Restaurant in einem deutschen Weingut? Zweifellos eine ungewöhnliche Kombination, aber es funktioniert! Zur modernen fernöstlichen Küche, die weit mehr als Sushi und Tempura bietet, serviert man hauseigene Weine. Viel Holz, warme Farben und asiatische Kunst machen es hier zudem angenehm gemütlich.

Leopold Restaurant www.von-winning.de

Weinstr. 10 (im Weingut von Winning), PLZ 67146, **T 06326 9668888**
80 | Hauptgericht 19–45 € | Mo-So

Puristisch-modernes Lokal mit warmen Farbtönen, Holzfußboden und Weinstubenflair. Serviert wird schmackhafte bodenständige Küche mit kreativem Touch. Kleine Lounge-Ecke mit Kamin.

DELBRÜCK 31 A www.stadt-delbrueck.de

Nordrhein-Westfalen | EW 30.828 | 100 m | Paderborn 16 km, Rheda-Wiedenbrück 22 km

Waldkrug www.waldkrug.de

★★★★ S garni

Graf-Sporck-Straße 34, PLZ 33129, **T 05250 98880,** F 988877
49 Zimmer | Ez ab 90 €, Dz ab 143 €, inkl. Frühstück

Westfälische Gastlichkeit und behagliches Ambiente erwarten Sie in diesem familiengeführten Hotel. Wohnliche Gästezimmer in verschiedenen Preis- und Ausstattungskategorien. Helles, freundliches Restaurant mit saisonaler Küche.

DELMENHORST 14 C www.delmenhorst.de

Niedersachsen | EW 77.000 | 7 m | Bremen 17 km, Oldenburg 37 km

Goldenstedt www.hotel-goldenstedt.de

★★★ S garni

Urselstraße 18, PLZ 27751 (OT: Stickgras/Annenriede), **T 04221 998960,** F 9989610
35 Zimmer | Ez ab 63 €, Dz ab 90 €, 9,00 €

Das privat geführte Hotel bietet gut ausgestattete Zimmer, einen Fitnessraum sowie eine hauseigene Kegelbahn. Einige Gästezimmer sind mit extralangen Betten (2,20 m) ausgestattet. Im Restaurant wird regionale und deutsche Küche serviert.

DENKENDORF (WÜRTTEMBERG) 58 A www.denkendorf.de

Baden-Württemberg | EW 10.500 | 291 m | Esslingen 6 km, Nürtingen 11 km

Ristorante La Visione www.lavisione.de

Marie-Curie-Straße 3, PLZ 73770, **T 0711 88283820**
72 | Hauptgericht 14–29 € | Mo-Fr Mo-Sa So

Hier verbinden sich italienische Kochkunst, schwäbische Finesse und ein außergewöhnlich stylishes Ambiente zu einem stimmigen Gastrokonzept. Aus der einsehbaren Küche kommen authentische saisonale Gerichte wie „Risotto - in Heubrühe gekocht - mit Safran und Rinder-Salsiccia" oder „Short Ribs (Sous Vide) mit Polenta, süß-saure rote Zwiebeln und Jack-Daniels-Sauce". Natürlich gibt es auch eine Pizza-Auswahl und verschiedene hausgemachte Pastagerichte. Die Vinothek im hinteren Bereich eignet sich perfekt als privater Diningroom.

DENZLINGEN 56 D www.denzlingen.de

Baden-Württemberg | EW 13.363 | 234 m | Emmendingen 7 km, Freiburg 19 km

Rebstock-Stube www.rebstock-stube.de

Hauptstraße 74, PLZ 79211, **T 07666 2071**
60 | Hauptgericht 24–46 €, Menü 45–78 € | Di-Sa Mo, So

Gemütliches Traditionshaus mit heimeligen, holzgetäfelten Räumen. Hier werden ambitionierte französisch-badische Kreationen aufgetischt. Dazu ein ansprechendes Weinangebot sowie ein umsichtiger, liebenswerter Service.

DERMBACH 43 A www.dermbach.de

Thüringen | EW 3.500 | 360 m | Bad Salzungen 19 km, Schmalkalden 20 km

Rhöner Botschaft | Saxenhof www.rhoener-botschaft.de

★★★★

Bahnhofstr. 2, PLZ 36466, **T 036964 869230**
32 Zimmer | 5 Apartments | Ez 95–180 €, Dz 110–180 €, inkl. Frühstück

Ein schmuckes, denkmalgeschütztes Fachwerkhaus. Modern, schön und wohnlich sind die Zimmer (20 - 60 qm) eingerichtet. Als Hommage an den großen Dichter, Genießer und Gast des Sächsischen Hofs sind die Zimmerkategorien nach Ernest Hemingway, seinen vier Ehefrauen und seiner Yacht Pilar benannt. Im ruhigen Nebengebäude stehen noch fünf große Apartments zur Verfügung.

Rhöner Botschaft | BjoernsOx

VARTA-TIPP Küche

16 | Menü ab 129 € | Mi-Sa Mo, Di, So

Das kleine Fine-Dining-Restaurant ist die kulinarische „Spielwiese" für Bjoern Leist. Seine Küche ist wie eine Geschmacksreise durch die Rhön. In einem Mix aus Tradition und Innovation kreiert der Spitzenkoch an vier Abenden in der Woche ein achtgängiges Überraschungsmenü - auf Wunsch mit korrespondierender Getränkebegleitung. Tischreservierung notwendig.

Rhöner Botschaft | Wohnzimmer

50 | Hauptgericht 15–42 €, Menü 35–59 € | So Mi-Sa Mo, Di

Eine schöne Alternative zum Gourmetrestaurant: sympathisch-ungezwungene Atmosphäre, gutes Essen, faire Preise... Neben regionalen Klassikern wie „Roulade vom Rhönland-Rind" bietet man auch exzellente Forellengerichte sowie diverse Steaks. Sonntags ist „Bratentag".

DERNAU 40 A www.dernau.de

Rheinland-Pfalz | EW 1.786 | 125 m | Ahrweiler 6 km, Bonn 30 km

Hofgarten www.hofgarten-dernau.de

Bachstraße 26, PLZ 53507, **T 02643 1540**
100 | Hauptgericht 9–32 €, Menü 32–42 € | Mo, Mi-So Di

Das ganzjährig geöffnete Wein- und Speiselokal liegt oberhalb der Pfarrkirche im pittoresken Dorfkern. Serviert wird eine feine, bodenständige Küche zu fairen Preisen. Zauberhaft sitzt man im Sommer im begrünten Hofgarten. Wer den Restaurantbesuch mit einem Kurzurlaub verbinden möchte: gepflegte Gästezimmer gibt es hier ebenfalls.

DERNBACH (PFALZ) 50 D www.dernbach-pfalz.de

Rheinland-Pfalz | EW 486 | 219 m | Landau i.d. Pfalz 14 km, Mannheim 53 km

Haus Dernbachtal www.dernbachtal.de

garni

Am Berg 3a, PLZ 76857, **T 06345 9597743,** F 954444
12 Zimmer | Ez ab 89 €, Dz ab 136 €, inkl. Frühstück

Gepflegter Familienbetrieb in ruhiger Lage. Ländlich eingerichtete Zimmer mit Blick auf das Dernbachtal und den Pfälzerwald. Sehr gutes Frühstück mit frischen Spezialitäten aus der Region. Kleiner Wellnessbereich mit Saunalandschaft.

Schneider www.schneider-dernbachtal.de

VARTA-TIPP Küche

Hauptstraße 88, PLZ 76857, **T 06345 8348**
86 | Hauptgericht 18–38 €, Menü 75 € | Fr-So Mi-So Mo, Di

Seit vielen Jahren pflegt man in diesem hist. Landgasthof eine lebendige Gastronomie. Für Genusserlebnisse sorgt die verfeinerte regionale und internationale Küche. Macht Ihnen z.B. „Rosa gebratener Hirschrücken | Sellerie | Pfifferlinge | Gnocchi | Cassis | Jus“ Appetit? Darüber hinaus bietet man eine tolle Weinauswahl. Familie Püngeler glänzt durch Herzlichkeit und großes gastgeberisches Potential.

DESSAU-ROSSLAU 34 B www.dessau-rosslau-tourismus.de

Sachsen-Anhalt | EW 83.396 | 61 m | Köthen 20 km, Leipzig 60 km
Bauhausmuseum, Bauhaus und Meisterhäuser (UNESCO-Weltkulturerbe), Gartenreich Dessau-Wörlitz mit Park- und Schlossanlagen (UNESCO-Weltkulturerbe), Technikmuseum Hugo Junkers, Naturkunde- und Vorgeschichtemuseum, Kurt-Weill-Zentrum, Moses-Mendelssohn-Zentrum, anhaltische Gemäldegalerie, anhaltisches Theater Dessau, Wasserburg Roßlau, Bauhausmuseum.

Radisson Blu Fürst Leopold www.radissonhotels.com

Friedensplatz, PLZ 06844, **T 0340 25150,** F 2515177
204 Zimmer | 6 Suiten | 24 h

Großzügiges Businesshotel vis-à-vis dem Anhaltischen Theater. Klare Formen und funktionelles Interieur prägen die Architektur des Hauses. Geräumige Gästezimmer in zeitgenössischem Design. Gepflegtes Restaurant mit Sonnenterrasse.

Alte Schäferei - Pächterhaus
www.paechterhaus-dessau.de

Kirchstraße 1, PLZ 06846 (OT: Ziebigk), **T 0340 21727809**
65 | Hauptgericht 13–27 €, Menü 35–42 € | Mi-So Di-Sa Mo

Freundlich umsorgt sitzt man im behaglichen Ambiente des liebevoll restaurierten Fachwerkhauses und lässt sich gehobene deutsch-international beeinflusste Küche schmecken. Im Sommer sitzt es sich schön auf der mit Weinreben überdachten Gartenterrasse.

ToBi ornot ToBe
www.heilmanns-restaurant.de

Johannisstr. 14, PLZ 06844, **T 0340 26163330**
70 | Hauptgericht 15–30 €, Menü 25–50 € | Mo-So

Gemütliches Restaurant mit gläsern-luftigem Bauhausambiente. Die Küche von Tobias Felger ist geprägt von Frische und Regionalität. Mittags serviert man preiswerte Brasseriegerichte, am Abend wird etwas anspruchsvoller gekocht. Dazu gibt es erlesene Weine befreundeter Winzer.

DETMOLD 31 A
www.detmold.de

Nordrhein-Westfalen | EW 73.003 | 130 m | Lemgo 12 km, Paderborn 32 km

Detmolder Hof
www.hotel-detmolderhof.de

VARTA-TIPP Ambiente

★★★★

Lange Straße 19, PLZ 32756, **T 05231 980990,** F 98099220
13 Zimmer | 1 Suite | Ez 104–114 €, Dz 154–164 €, inkl. Frühstück

Ein charmantes kleines Stadthotel mit persönlicher Note. Neben der exponierten Innenstadtlage überzeugen die hervorragende Gästebetreuung sowie die farbenfrohen Stilzimmer, welche mit erlesenem Echtholzparkett und geräumigen Natursteinbädern ausgestattet sind. Das morgendliche Frühstück wird auf Wunsch auch auf dem Zimmer serviert.

Jan's Restaurant
www.jandiekjobst.de

VARTA-TIPP Küche

45 | Hauptgericht 19–35 €, Menü 85–125 € | Do, Sa-Sa Di-Sa Mo

Gemütlichkeit, herzlicher Service, feine Küche... Mit Jan Diekjobst steht hier ein junger, ambitionierter Mann am Herd. Er kreiert schmackhafte saisonale und modern-klassische Gerichte wie z.B. „Steinbutt | Blumenkohl | Morchel | Vin Jaune“ oder „Rehrücken | Sellerie | Haselnuss | Kirsche“. An den Detmolder Markttagen (Donnerstag und Samstag) wird eine kleine Lunchkarte angeboten.

DETTIGHOFEN 64 B www.dettighofen.de

Baden-Württemberg | EW 1.090 | 488 m | Zürich (Schweiz) 35 km, Löffingen 46 km

Hofgut Albführen www.albfuehren.de

★★★★

Albführen 20, PLZ 79802 (OT: Albführen), **T 07742 92960,** F 9296149
25 Zimmer | 9 Suiten | 2 Apartments | Ez ab 115 €, Dz ab 210 €, inkl. Frühstück

Großzügiges Hofgut mit Pferdezentrum in idyllischer Naturlandschaft. Die individuellen Unterkünfte sind geschmackvoll mit allerlei Antiquitäten eingerichtet. Im behaglichen Restaurant stehen regionale und saisonale Angebote im Mittelpunkt.

DETTINGEN AN DER ERMS 58 A www.dettingen-erms.de

Baden-Württemberg | EW 9.336 | 398 m | Metzingen 5 km, Stuttgart 39 km

Rößle www.hotel-metzgerei-roessle.de

★★★

Uracherstraße 30/32, PLZ 72581, **T 07123 97800,** F 978010
24 Zimmer | 2 Suiten | 1 Apartment | Ez 74–105 €, Dz 118–158 €, inkl. Frühstück | ⊘ 24.–28.12.22

In dem familiär geführten Hotel stehen freundliche und gut gepflegte Zimmer bereit - am schönsten sind die großen neuen Doppelzimmer mit Holzfußboden und begehbarer Dusche. Behagliches Restaurant mit großzügiger Gartenterrasse.

DETTMANNSDORF 10 D www.badsuelze.de

Mecklenburg-Vorpommern | EW 985 | 37 m | Bad Sülze 10 km, Rostock 33 km

Landhaus Schloss Kölzow www.schloss-koelzow.de

Am Park 5, PLZ 18334 (OT: Kölzow), **T 038228 6190,** F 61988
15 Zimmer | 2 Suiten | 1 Apartment | Ez ab 85 €, Dz ab 92 €

Saniertes Kleinod mit langer Familientradition inmitten eines denkmalgeschützten Parks. Stilvoll mit antiken Möbeln eingerichtete Zimmer und Suiten mit schöner Aussicht in den gepflegten Park. Das ländliche Frühstück kann im lichtdurchfluteten „Blauen Salon“ oder im Kaminzimmer eingenommen werden. Gute Tagungsmöglichkeiten.

DIERHAGEN 10 C www.ostseebad-dierhagen.de

Mecklenburg-Vorpommern | EW 1.503 | 1 m | Ribnitz-Damgarten 14 km, Rostock 35 km

Strandhotel Fischland www.strandhotel-ostsee.de

★★★★S

Ernst-Moritz-Arndt-Str. 6, PLZ 18347, **T 038226 520,** F 52999
156 Zimmer | 8 Suiten | 82 Apartments | Ez 185–331 €, Dz 185–331 €, inkl. Frühstück | ⏲ 24 h

Direkt hinter dem feinsandigen Strand von Dierhagen, inmitten des wild-romantischen Küstenwaldes liegt dieses wunderschöne Feriendomizil. Beispielhafter Service, herrliche Meerblickzimmer sowie der großzügige SPA & SPORT-Bereich MEERzeit sind nur einige Vorzüge. Im weitläufigen Hotelpark gibt es auch Ferienhäuser und kleine Landhausvillen. Facettenreiches Sport- & Freizeitprogramm für Freizeitsportler und Familien.

Ostseelounge

www.gourmetrestaurant-ostseelounge.de

VARTA-TIPP Küche **VARTA-TIPP** Service

24 | Menü ab 148 € | Di-Sa ⦸ Mo, So

Unverändert zählt dieser Gourmethotspot zu den Top-Adressen in Mecklenburg-Vorpommern! Durch den atemberaubenden Blick auf die Ostsee hat das Fine-Dining-Restaurant einen echten Trumpf. Aber auch das, was André Beiersdorff und Matthias Stolze in der Küche vollbringen, ist genial und bildet ein harmonisches Zusammenspiel mit dem erlesenen Weinangebot und der sympathischen Servicecrew. Tischreservierung empfehlenswert.

Marktplatzrestaurant

160 | Hauptgericht 15–32 €, Menü 38–54 € | Mo-So

Hell und modern zeigt sich das lichtdurchflutete Restaurant mit Wintergarten. Im À-la-carte-Bereich werden frische saisonale Gerichte mit mediterranen Einflüssen aufgetischt. Im Sommer ist die großzügige Restaurantterrasse eine gute Alternative für lauschige Abende im Freien.

Strandhotel Dünenmeer

www.duenenmeer.com

★★★★★

Birkenallee 20, PLZ 18347, **T 038226 5010,** F 501555
119 Zimmer | 16 Suiten | 38 Apartments | Ez 206–368 €, Dz 206–368 €, inkl. Frühstück | 24 h

Komfortables Ferienhotel hinter schilfbedeckten Dünen. Hier stehen Ihnen attraktive Zimmer und Suiten sowie Dünenapartments zur Verfügung. Exklusiver Indoor-SPA-Bereich auf zwei Etagen mit Blick auf die Ostsee und uriger Dünensauna mit offenem Kamin und Zugang zum Meer. Mehrere Restaurants.

Ostseehotel

www.ostseehotel-dierhagen.de

★★★ S

Wiesenweg 1, PLZ 18347, **T 038226 510,** F 51871
162 Zimmer | Ez ab 69 €, Dz ab 104 €, inkl. Frühstück | 24 h

Das Ferienhotel bietet geschmackvolle Gästezimmer mit zeitgemäßem Ambiente. Natürlich geöltes Holz, warme Farben und ein gelungenes Lichtdesign sorgen für Wohlfühlatmosphäre. Zum Haus gehören auch eine Sporthalle, eine Cafébar mit Terrasse und ein Wellnessbereich. Fahrrad- und Strandkorbvermietung.

DIESSEN A. AMMERSEE 67 B

www.tourist-info-diessen.de

Bayern | EW 10.141 | 544 m | Weilheim 17 km, Landsberg 21 km

Seefelder Hof

www.seefelder-hof.de

★★★

Alexander-Koester-Weg 6, PLZ 86911, **T 08807 1022,** F 1024
25 Zimmer | Ez 87–129 €, Dz 108–192 €, inkl. Frühstück | 24 h

Im ältesten Ortsteil Dießens liegt dieses seit drei Generationen familiär geführte Haus. Die Zimmereinrichtung reicht von bayerisch-rustikal bis zeitgemäß-modern.

Seefelder Hof

140 | Hauptgericht 9–25 €, Menü 19–48 € | Mo-Mi, Fr-So Do

In den behaglichen Gaststuben serviert man heimische Küche mit mediterranem Einfluss. Eine Spezialität sind u.a. die meisterlich zubereiteten Fischgerichte.

Strandhotel SüdSee

www.strandhotel-diessen.de

Jahnstraße 10, PLZ 86911, **T 08807 92220**
17 Zimmer | Ez ab 80 €, Dz ab 130 €, inkl. Frühstück

Kleines Urlaubshotel direkt am Südufer des Ammersees mit eigenem Strandbad. Gemütlich im Landhausstil eingerichtete Zimmer unterschiedlicher Kategorien. Kleiner Garten mit Terrasse, Gartenmöbeln und bequemen Liegen. Im Café-Restaurant kann man saisonale Gerichte, fangfrischen Fisch aus dem Ammersee und an den Wochenenden selbstgebackenen Kuchen genießen.

Seehaus

www.seehaus.de

Seeweg Süd 22, PLZ 86911 (OT: Riederau), **T 08807 7300**
108 | Hauptgericht 19–34 €, Menü 50–89 € | Fr-So Do-So Mo, Di, Mi

Restaurant mit rustikalem Charme und lauschiger Terrasse in idyllischer Seeuferlage. Die wechselnde Speisekarte bietet kreative deutsche und internationale Küche. Das saisonale Angebot reicht von frischem Ammerseefisch bis hin zu schmackhaften Lammgerichten.

DIETERSHEIM 53 A

www.dietersheim.de

Bayern | EW 2.141 | 301 m | Neustadt a. d. Aisch 5 km, Bad Windsheim 12 km

Landgasthof Fiedler

www.landgasthof-fiedler.de

Oberrossbach 3, PLZ 91463 (OT: Oberroßbach), **T 09161 2425**, F 61259
21 Zimmer | 3 Suiten | 7 Apartments | Ez 75–95 €, Dz 105–125 €, inkl. Frühstück

Gut geführter Gasthof mit Gästehaus in ruhiger Lage am Ortsrand. Geräumige Zimmer mit ansprechender Einrichtung, teils mit Terrasse oder Balkon. Reichhaltiges Frühstücksbuffet.

Landgasthof Fiedler

100 | Hauptgericht 16–27 € | Sa-So Mo-Mi, Fr-Sa Do

Gemütliches Restaurant mit behaglichen Stuben und schönem Wintergarten. Auf der Speisekarte stehen Spezialitäten rund um den Aischgrunder Karpfen sowie Gerichte aus der internationalen Küche. Im Sommer lockt der nette Biergarten nach draußen.

DIETMANNSRIED 66 B www.dietmannsried.de

Bayern | EW 7.463 | 682 m | Kempten (Allgäu) 14 km, Memmingen 23 km

das flax allgäu www.dasflaxhotels.com

€ Gut & Günstig

Schlosserstraße 4, PLZ 87463, **T 08374**
107 Zimmer | 24 h

Zeitgenössisch geprägtes Design mit reduzierten Formen und natürlichen, warmen Farben, Sichtbeton und kontrastierenden Texturen – so präsentiert sich dieses 2020 eröffnete Hotel. Die Zimmer (19 bis 22 qm) sind in vier Kategorien buchbar. Zum Haus gehören eine gemütliche Loungebar, ein moderner Coworking Space sowie ein kleiner Sauna- und Fitnessbereich.

DIETRAMSZELL 68 A www.dietramszell.de

Bayern | EW 5.546 | 784 m | Geretsried 10 km, Greiling 11 km

Moarwirt www.moarwirt.de

Sonnenlängstr. 26, PLZ 83623 (OT: Hechenberg), **T 08027 1008**
150 | Hauptgericht 18–28 €, Menü 49–64 € | Fr-So Do-So Mo, Di, Mi

In diesem Bio-Landhotel kann man nicht nur gut übernachten, sondern auch vorzüglich speisen. In der Küche legt man größten Wert auf die Regionalität und Herkunft der Produkte. Die Speisekarte bietet Leckeres wie „Angemachtes Rindertatar mit geröstetem Schwarzbrot“ oder „Lauwarme Wildpflanzerl mit Kartoffelsalat, Radieserl, Gurken und Mayonnaise“. Ausgefallene Weinkarte mit tollen Alpenweinen.

DIETZENBACH 41 D www.dietzenbach.de

Hessen | EW 32.750 | 135 m | Offenbach 9 km, Frankfurt am Main 17 km

Sonnenhof www.sonnenhof-dtz.de

★★★★

Otto-Hahn-Straße 7, PLZ 63128 (OT: Steinberg), **T 06074 4890,** F 489333
110 Zimmer

Gut geführter Hotelbetrieb mit neuerem Anbau und sehr guten Tagungsmöglichkeiten. Funktionale und wohnlich eingerichtete Zimmer, teils mit Balkon. Restaurant mit internationaler Küche und schöner Gartenterrasse.

Tafelrunde www.tafelrunde-dietzenbach.de

Bensheimer Straße 2-10, PLZ 63128 (OT: Hexenberg), **T 06074 6901450**
60 | Hauptgericht 12–33 €, Menü 28–43 € | Mi-So Mo, Di

In stilvollem, altertümlichem Ambiente erwartet Sie eine köstliche deutsche Küche mit Gerichten wie „Sanft geschmorte Ochsenbäckchen“ oder „Hausgemachte Seezungenroulade“. Auch ein veganes Menü steht auf der Speisekarte. Beliebte Events sind Comedy-Abenteuer-Dinner oder Ritterabende.

DILLENBURG 41 A www.dillenburg.de

Hessen | EW 23.602 | 232 m | Siegen 29 km, Wetzlar 31 km

Bartmanns Haus www.hotelbartmannshaus.de

Untertor 1, PLZ 35683, **T 02771 265610,** F 26561200
27 Zimmer | 3 Suiten | 1 Apartment | Ez 88–135 €, Dz 130–165 €, inkl. Frühstück

Neuzeitlicher Hotelkomplex mit modernen Wohlfühlzimmern in verschiedenen Kategorien. Hell und freundlich gestalteter Frühstücksraum. WLAN im gesamten Haus kostenfrei.

DILLINGEN A.D. DONAU 59 A www.dillingen-donau.de

Bayern | EW 18.200 | 433 m | Donauwörth 27 km, Augsburg 44 km

Storchennest www.storchen-nest.de

Demleitnerstraße 6, PLZ 89407 (OT: Fristingen), **T 09071 4569**
50 | Hauptgericht 22–29 € | Mi-So Mo, Di

Gasthaus mit 400-jähriger Geschichte. Serviert wird überwiegend regionale Küche mit mediterranen und internationalen Einflüssen unter Verwendung heimischer Produkte, die teilweise auch aus dem eigenen Gemüsegarten stammen. Schöne Gartenwirtschaft.

DILLINGEN/SAAR 49 C www.dillingen-saar.de

Saarland | EW 20.954 | 182 m | Saarlouis 5 km, Merzig 14 km

La Bécasse www.la-becasse.de

Berckheimstr. 1, PLZ 66763, **T 06831 60147**
30 | Hauptgericht 21–36 € | Di-Fr, So Di-Sa Mo

Ansprechendes Gastrokonzept in der Dillinger Stadthalle: Während im Restaurant anspruchsvolle französische Menükreationen serviert werden, bietet das Bistro „Chez Fabrice“ frische kreative Gerichte zu fairen Preisen. Von der Terrasse hat man einen herrlichen Blick in die Parkanlage.

DINGOLFING 61 A www.dingolfing.de

Bayern | EW 18.506 | 365 m | Landau an der Isar 16 km, Landshut 30 km

Ambient Hotel Tassilo www.hotel-tassilo.de

★★★ S

Mühlbachgasse 2, PLZ 84130, **T 08731 319890,** F 379999
14 Zimmer | 9 Apartments | Ez ab 65 €, Dz ab 80 €, 6,50 €

Eine solide Businessadresse mit wohnlich und funktional eingerichteten Zimmern. Hübsche, im venezianischen Stil gestaltete Frühstückslounge. Moderne Apartments mit Küchenzeile stehen in der Dependance, dem „Apart Hotel Othello“ (Fischerei 19), zur Verfügung.

DINKELSBÜHL 52 D www.dinkelsbuehl.de

Bayern | EW 11.500 | 442 m | Feuchtwangen 11 km, Rothenburg o.d.Tauber 49 km

Meiser Design Hotel
www.meiser-hotels.de/design

VARTA-TIPP Service

★★★★ S garni

Neue Allee 4, PLZ 91550, **T 09851 5291700,** F 5291706888
150 Zimmer | 6 Suiten | Ez 79–179 €, Dz 109–199 €, inkl. Frühstück | 24 h

Vor den Toren der historischen Altstadt liegt dieses 2019 eröffnete Designhotel. Die klimatisierten Zimmer haben Wohlfühlcharakter. Geschmackvolles, zeitgemäßes Interieur aus schönem Holz, wertigen Stoffen und warmen Farben sowie zurückhaltende Elemente versprühen ein besonderes Flair. Der freundliche Service tut ein Übriges. Das hauseigene Restaurant bietet ein modernes „Open Kitchen"-Konzept.

Deutsches Haus
www.deutsches-haus-dkb.de

★★★★ S garni

Weinmarkt 3, PLZ 91550, **T 09851 6058,** F 7911
16 Zimmer | 2 Suiten | Ez 89–149 €, Dz 139–199 €, inkl. Frühstück, ab 12,00 € | 23.–25.12.22

Ein familiengeführtes Hotel mit wunderschöner Fachwerkfassade und romantischem Flair. In diesem Patrizierhaus von 1440 erwarten Sie unterschiedlich und sehr individuell eingerichtete Gästezimmer mit stilvollem Interieur und zeitgemäßem Komfort.

Altdeutsches Restaurant

VARTA-TIPP Küche

50 | Hauptgericht 11–35 €, Menü 38–64 € | Mo-So 23.–25.12.22

Das Restaurant mit seinem elegant-rustikalen Charme passt sich ganz dem Stil des historischen Hauses an. Serviert werden sowohl heimatbezogene Gerichte als auch eine zeitgemäß interpretierte klassische Küche. Schmackhaft und preislich fair sind z.B. die „Rehnüsschen aus heimischer Jagd | Sauerkirschen | Pfifferlinge | Brezenknödelterrine". Die verwendeten Produkte stammen fast ausschließlich von lokalen und regionalen Erzeugern. Nett sitzt man auf der Terrasse am Weinmarkt.

Hezelhof Hotel
www.hezelhof.com

★★★★ S garni

Segringer Str. 7, PLZ 91550, **T 09851 555420,** F 5554260
53 Zimmer | 2 Suiten

Boarding- und Tagungshotel in einem behutsam restaurierten Patrizierhaus aus dem 16. Jhd. mit modernen, teils puristisch ausgestatteten Apartments in unterschiedlicher Größe. Das Restaurant bietet hochwertige Steakspezialitäten aus Südamerika. Weitere Gästezimmer stehen im gegenüberliegenden Hotel Luise & Luisenhof zur Verfügung.

Meiser Altstadt Hotel
www.meiser-hotels.de/altstadt

VARTA-TIPP Ambiente

★★★★ S garni

Weinmarkt 10, PLZ 91550, **T 09851 582900,** F 582901
11 Zimmer | Ez 69–179 €, Dz 99–209 €, inkl. Frühstück

Eine charmante Adresse inmitten der Altstadt, direkt am bekannten Weinmarkt. Anspruchsvolles Ambiente und entspannte Atmosphäre zum Wohlfühlen sind hier garantiert! Die komfortablen Gästezimmer in unterschiedlichen Kategorien verbinden exklusive Moderne mit historischer Tradition. Das Restaurant präsentiert sich im eleganten „Dolce Vita"-Flair und bietet regionale sowie leichte, zeitgemäße Crossover-Küche.

DINKLAGE 21 B www.dinklage.de

Niedersachsen | EW 12.673 | 27 m | Lohne 8 km, Vechta 14 km

Vila Vita Burghotel www.vilavitaburghotel.de

★★★★ S garni

Burgallee 1, PLZ 49413, **T 04443 8970,** F 897444
55 Zimmer | Ez 99–130 €, Dz 118–195 €, inkl. Frühstück | 24 h

Stattliches Fachwerkanwesen im norddeutschen Stil in einem 54 ha großen Park. Ländlich-traditionell mit viel Holz eingerichtete Zimmer. Beachtenswerter Wellnessbereich auf 680 qm mit großzügiger Badelandschaft, Solarium, Tepidarium und Meditationsraum. Elegant-rustikales Restaurant mit regionaler und internationaler Küche.

Hotel Wiesengrund www.wiesengrund-hotel.de

★★★★★ S garni

Lohner Straße 17, PLZ 49413, **T 04443 2050,** F 3798
20 Zimmer | Ez 77–89 €, Dz 98–120 €, 7,50–20,00 € | 24 h

Nordisch, individuell, unkompliziert - so präsentiert sich das inhabergeführte Business- und Boutique-Hotel vor den Toren der Stadt. Hier wohnen Sie in modernen Zimmern, die mit hochwertigen Boxspringbetten ausgestattet sind. Zu den Inklusivleistungen zählen u.a. Kaffee- und Teespezialitäten an der Koffje-Bar, kostenfreies WLAN sowie ein 24-Stunden-Check-In.

DINSLAKEN 29 A www.dinslaken.de

Nordrhein-Westfalen | EW 67.190 | 30 m | Wesel 14 km, Duisburg 16 km
Trabrennbahn, Mühlenmuseum.

Am Park www.niederrhein-hotels.com

★★★★★ S garni

Althoffstr. 16, PLZ 46535, **T 02064 601070,** F 6010755
24 Zimmer | 2 Suiten | Ez ab 93 €, Dz ab 126 €, inkl. Frühstück

Familiär geführtes Hotel in ruhiger Lage direkt am Altmarkt. Helle, modern eingerichtete Gästezimmer. In unmittelbarer Nähe befindet sich der Naturpark Hohe Mark mit zahlreichen Wanderwegen.

Landhotel Galland Im kühlen Grunde www.landhotel-galland.de

★★★★★ S garni

Dickerstraße 346, PLZ 46539 (OT: Hiesfeld), **T 02064 49590,** F 495935
26 Zimmer | Ez 57–74 €, Dz 84–101 €, inkl. Frühstück

Rustikales Landhotel in idyllischer grüner Lage. Geschmackvoll, modern oder rustikal eingerichtete Zimmer mit zeitgemäßem Komfort. Bodenständiges Restaurant mit großzügiger Terrasse.

DITZENBACH, BAD 58 B www.badditzenbach.de

Baden-Württemberg | EW 3.560 | 509 m | Bad Boll 12 km, Göppingen 19 km

Vitalhotel Sanct Bernhard www.vitalhotel-sanct-bernhard.de

★★★★★ S garni

Sonnenbühl 1, PLZ 73342, **T 07334 96410,** F 964141
31 Zimmer | 5 Suiten | Ez ab 98 €, Dz ab 158 €, inkl. Frühstück »

Das Haus bietet beste Voraussetzungen für einen gesundheitsorientierten Urlaub. Komfortabel und behaglich in freundlichen Farben ausgestattete Zimmer und Suiten. Vielfältige Kuranwendungen wie z.B. Wirbelsäulentherapie nach Dorn, Breuß-Massage, Ohrakupunktur oder Bio-Resonanz-Therapie. Energie-Solebad mit Badelandschaft.

DOBERAN, BAD 9 D www.bad-doberan-heiligendamm.de

Mecklenburg-Vorpommern | EW 11.617 | 15 m | Rostock 17 km, Wismar 48 km

Grand Hotel Heiligendamm www.grandhotel-heiligendamm.de

Prof.-Dr.-Vogel-Str. 6, PLZ 18209 (OT: Heiligendamm), **T 038203 7400,** F 7407699
198 Zimmer | 100 Suiten | Ez ab 253 €, Dz ab 313 €, inkl. Frühstück | 24 h

Luxuriöse Hotelanlage bestehend aus mehreren Gebäuden im klassizistischen Stil. Nobel eingerichtete Gästezimmer mit Blick auf den Park oder die Ostsee. 3.000 qm großer SPA- und Wellnessbereich mit Innen- und Außenpool, Ostsee-Hamam und Meeresandwendungen. Kinderclub und Spielplatz für kleine Gäste. Umfangreiches gastronomisches Angebot.

Gourmet Restaurant Friedrich Franz

VARTA TIPP Küche VARTA-TIPP Service

26 | Hauptgericht 45–95 €, Menü 169–245 € | Mi-Sa Mo, So

Handbemalte Seidentapeten, edle Stilmöbel, gehobene Tischkultur und ein atemberaubender Ostseeblick - das klassisch-moderne Gourmetrestaurant bietet beste Voraussetzungen für die kulinarischen Glanzleistungen von Küchenchef Ronny Siewert. Er verwöhnt Sie mit spannungsreichen Kreationen aus Topprodukten, oftmals mit Fisch oder Krustentieren. Die raffiniert zubereiteten Speisen können Sie in Form eines Feinschmeckermenüs (4 bis 6 Gänge) genießen. Restaurantleiter und Sommelier Norman Rex sorgt für einen reibungslosen Ablauf im Service. Tischreservierung empfehlenswert.

Kurhaus Restaurant

80 | Hauptgericht 29–57 €, Menü 69–99 € | Mo-So

Helles, elegant eingerichtetes Restaurant. Serviert wird leichte, regional inspirierte Küche mit frischen Produkten aus der Region. Großzügige Sonnenterrasse.

Villa Sommer www.hotel-villa-sommer.de

€ Gut & Günstig garni

Friedrich-Franz-Str. 23, PLZ 18209, **T 038203 73430,** F 734329
12 Zimmer | 2 Suiten | Ez ab 69 €, Dz ab 75 €, inkl. Frühstück

Kleines Jugendstilhotel am Ende des Villenviertels mit familiärem Ambiente. Reizvolle, individuell eingerichtete Zimmer unterschiedlicher Größe. Ein Highlight des Hauses ist die unmittelbare Nähe zur nostalgischen Traditionsbahn Molli.

Jagdhaus Heiligendamm
www.jagdhaus-heiligendamm.de

Seedeichstraße 18 b, PLZ 18209, **T 038203 735775**
80 | Hauptgericht 21–36 €, Menü 55–75 € | Mo, Do-So Di, Mi

Gemütlich die liebenswert dekorierten Räume, schmackhaft die frische Kräuterküche. Appetit auf „Wolfsbarschfilet | Rosmarin | Blattspinat | Sojabohnen | Zitrusrisotto" oder „Rehrücken | Trüffelkruste | Spitzkohl | Lauch | Kartoffelgratin"? Freundlicher, flinker Service.

DONAUESCHINGEN 64 B
www.donaueschingen.de

Baden-Württemberg | EW 21.475 | 686 m | Tuttlingen 28 km, Schramberg 41 km

Der Öschberghof
www.oeschberghof.com

★★★★★S garni

Golfplatz 1, PLZ 78166, **T 0771 840,** F 84600
127 Zimmer | 10 Suiten | Ez 352 €, Dz 532–627 €, inkl. Halbpension | 24 h

Das Golf-, Wellness- und Tagungsresort bietet exklusiv eingerichtete Zimmer, kulinarische Vielfalt, einen 5.000 qm großen SPA-Bereich sowie drei hauseigene Golfplätze. Die Zimmer zeichnen sich durch modernes Design und ihre innovative Raumgestaltung aus. Das Haus profitiert von seiner ruhigen und dennoch gut erreichbaren Lage zwischen Schwarzwald, Bodensee und der Schweiz.

ÖSCH NOIR

VARTA-TIPP Küche **VARTA-TIPP** Service

35 | Hauptgericht 35–45 €, Menü 165–210 € | Mi-So Mo, Di 30.1.–28.2.23

Das Ambiente des Gourmetrestaurants besticht durch klare Linien, stilvolle Lichteffekte und glanzvolles Design. Glänzen kann auch die Crew hinterm Herd: Chefkoch Manuel Ulrich und sein Team kreieren eine moderne französische Küche, die auf besten Produkten und handwerklich präziser Zubereitung basiert. Vorzügliche Weine und ein professioneller Service runden das harmonische Fine-Dining-Erlebnis ab.

Die Burg
www.burg-aasen.de

VARTA-TIPP Küche

Burgring 6, PLZ 78166 (OT: Aasen), **T 0771 17510050**
60 | Hauptgericht 20–36 €, Menü 85–130 € | Do-So Mi-So Mo, Di

Bei den Brüdern Jason und Niklas Grom darf man sich auf Schmackhaftes wie „Maultäschle von heimischen Süßwasserfischen in Velouté vom Schwazwälder Schinken, junger Spinat und Buchweizen" freuen. Oder darf es vielleicht das „Burg"-Menü (bis 7 Gänge) sein? In punkto Wein setzt man auf badische Winzer, ergänzt durch Gewächse aus aller Welt. Zum Übernachten hat man wohnliche Zimmer mit hochwertiger Einrichtung.

Baaders Schützen
www.schuetzen-donaueschingen.de

VARTA-TIPP Küche

Josefstraße 2, PLZ 78166, **T 0771 89795820**
50 | Hauptgericht 13–25 € | Mo, Do-So Di, Mi »

Wildschweinbratwürste mit Kartoffelsalat, Lendchen vom Staufenschwein in Champignonrahm oder vielleicht doch lieber ein Cordon Bleu? Clemens Baader kocht traditionell-regional mit marktfrischen Produkten. Und das Restaurant selbst? Gemütliche Wirtshausatmosphäre mit geschmackvollem Dekor. Die Chefin brilliert im Service.

DONAUSTAUF 54 D www.vg-donaustauf.de

Bayern | EW 4.100 | 358 m | Regensburg 10 km, Straubing 40 km

Forsters Posthotel www.forsters-posthotel.de

★★★★

Maxstr. 43, PLZ 93093, **T 09403 9100,** F 910910
73 Zimmer | 2 Suiten | Ez 96–118 €, Dz 130–150 €, inkl. Frühstück

In dem geschichtsträchtigen Hotel stehen geschmackvoll eingerichtete Gästezimmer bereit. Auch der neuzeitlich ausgestattete Tagungsbereich sowie der moderne Wellnesskomfort sprechen für dieses familiär geführte Haus.

Zum Postillion

80 | Hauptgericht 12–26 €, Menü 32–55 € | Mo-Sa So

Restaurant im eleganten Landhausstil. Serviert werden sowohl bayerische Schmankerl als auch internationale Köstlichkeiten. Sonnige Gartenterrasse.

DONAUWÖRTH 59 B www.donauwoerth.de

Bayern | EW 20.300 | 410 m | Nördlingen 28 km, Augsburg 42 km

Parkhotel www.parkhotel-donauwoerth.de

★★★★

Sternschanzenstraße 1, PLZ 86609 (OT: Parkstadt), **T 0906 706510,** F 7065180
51 Zimmer | 7 Suiten | Ez 81–105 €, Dz 115–120 €, inkl. Frühstück

Oberhalb der alten Reichsstadt liegt dieses gut geführte Hotel. Sie wohnen in hübsch eingerichteten Zimmern mit italienischem Landhausflair. Zum Haus gehören auch ein netter Wellnessbereich mit Sauna sowie ein neuzeitliches Restaurant mit tollem Panoramablick.

DORMAGEN 29 C www.dormagen.de

Nordrhein-Westfalen | EW 62.498 | 45 m | Neuss 17 km, Köln 20 km

Schloss Friedestrom www.friedestrom.de

★★★★

Parkstraße 2, PLZ 41541 (OT: Zons), **T 02133 5030,** F 503290
44 Zimmer | Ez 75–199 €, Dz 95–219 € | 24 h

Direkt am linken Rheinufer liegt dieses komfortable Haus. Ansprechende Zimmerausstattung im französischen Landhausstil. Besonders nett sind die Studios, teilweise mit Klimaanlage und Rheinblick. Im Restaurant „Zum Volksgarten" wird eine frische internationale Küche aufgetischt.

DORNUM 12 B www.dornum.de

Niedersachsen | EW 4.752 | 5 m | Esens 14 km, Norden 21 km

Fährhaus

www.faehrhaus-nessmersiel.de

Dorfstraße 42, PLZ 26553 (OT: Neßmersiel), **T 04933 303,** F 2390
19 Zimmer | Ez 68–80 €, Dz 110–150 €, inkl. Frühstück

Kleines, familiär geführtes Ferienhotel am Fähranleger nach Baltrum. Hier wohnen Sie in gepflegten Nichtraucherzimmern mit zeitloser Einrichtung. Fragen Sie nach den besonderen Frühjahrs-, Sommer- und Weihnachtsarrangements.

Fährhaus

VARTA-TIPP Küche

65 | Hauptgericht 17–35 € | Mo-Di, Do-So Mi

Gemütlich, ländlich und bodenständig. Maximilian Eberleh und Gerold Janssen verwöhnen Sie mit einer feinen regionalen Küche und schmackhaften Fischspezialitäten, z. B. „Weißes Nordsee-Heilbuttfilet | Gründeicher Bio-Mangold | kross gebratene Austernpilze | Pommerysenfsaatsauce | friesische Kleikartoffeln“. Dazu gibt es täglich wechselnde Tagesgerichte und leckere Desserts.

DÖRSCHEID 40 D

www.loreley-touristik.de

Rheinland-Pfalz | EW 405 | 340 m | Boppard 27 km, Koblenz 47 km

FETZ - Das Loreleyhotel

www.fetz-hotel.de

★★★ S

Oberstraße 19, PLZ 56348, **T 06774 267,** F 919087
30 Zimmer | Ez 75–140 €, Dz 120–165 €, inkl. Frühstück

Vorzeige-Landgasthaus, das vor allem bei Wanderern und Ausflüglern sehr beliebt ist. Wohnlich und farbenfroh gestaltete Nichtraucherzimmer, teils mit offenen Bädern und herrlichem Fernblick über das Rheintal. Sehr gutes Frühstück.

FETZ - Das Loreleyhotel

100 | Hauptgericht 15–29 €, Menü 32–49 € | Sa-So Mo-So

Wenn Sie eine frische regionale Küche mögen, sind Sie hier genau richtig. Wie wäre es z.B. mit „Gebratener Brust vom Prachthahn auf Pasta mit Artischocken, Oliven und getrockneten Tomaten“? Dazu gibt es edle Tropfen vom familieneigenen Weingut. Großzügige Terrasse.

DORSTEN 29 A

www.dorsten.de

Nordrhein-Westfalen | EW 75.547 | 31 m | Recklinghausen 16 km, Oberhausen 23 km

Rosin

www.frankrosin.de

VARTA★TIPP Küche VARTA-TIPP Service

Hervester Straße 18, PLZ 46286 (OT: Wulfen), **T 02369 4322**
40 | Menü 104–170 € | Di-Sa Mo, So

Frank Rosin kennt man als exzellenten Gastronom, sympathischen Fernsehkoch und Kochbuchautor. Auch nach über 30 Jahren ist sein Gourmetrestaurant Garant für eine innovative, prägnante Produktküche auf konstant hohem Niveau. Das ist aber noch nicht alles: Für jede Menge Charme sorgen das modern-elegante Ambiente sowie der liebenswerte Service. Und auch auf die Weinempfehlungen von Chef-Sommelière Susanne Spies können Sie sich verlassen.

Goldener Anker www.bjoern-freitag.de

VARTA★TIPP Küche

Lippetor 4, PLZ 46282, **T 02362 22553**
40 | Menü 120–165 € | Mo-Fr Sa, So

Äußerlich wirkt das hist. Gebäude in der Innenstadt zwar recht einfach, doch drinnen empfängt Sie das Haus mit sachlich-modern und hochwertig eingerichteten Räumlichkeiten. Hier beglückt Sie Patron Björn Freitag zusammen mit seinem Küchenchef Mick Verheijen mit einer fantasievollen, leichten Gourmetküche nach klassisch französischem Vorbild. Geboten wird ein Menü in 4 bis 7 Gängen. Dazu gibt es fachkundig ausgewählte Weine. Hauseigene Kochschule.

DORTMUND 29 B www.dortmund-tourismus.de

Nordrhein-Westfalen | EW 575.944 | 86 m | Castrop-Rauxel 13 km, Bochum 17 km
Reinoldikirche, St.-Petri-Kirche mit Antwerpener Schnitzaltar, Museum Ostwall, Konzerthaus, Brauereimuseum, Westfalenpark mit Deutschem Rosarium und Florianturm (Fernsehturm), Westfälisches Industriemuseum Zeche Zollern II/IV, Arbeitsschutzausstellung (DASA), Westfalenhallen, Spielbank Hohensyburg, Schloss Cappenberg.

Dorint An den Westfalenhallen hotel-dortmund.dorint.com

Lindemannstr. 88 (A4), PLZ 44137, **T 0231 91130,** F 9113999
219 Zimmer | 5 Suiten | Ez 95–205 €, Dz 95–218 € | 24 h »

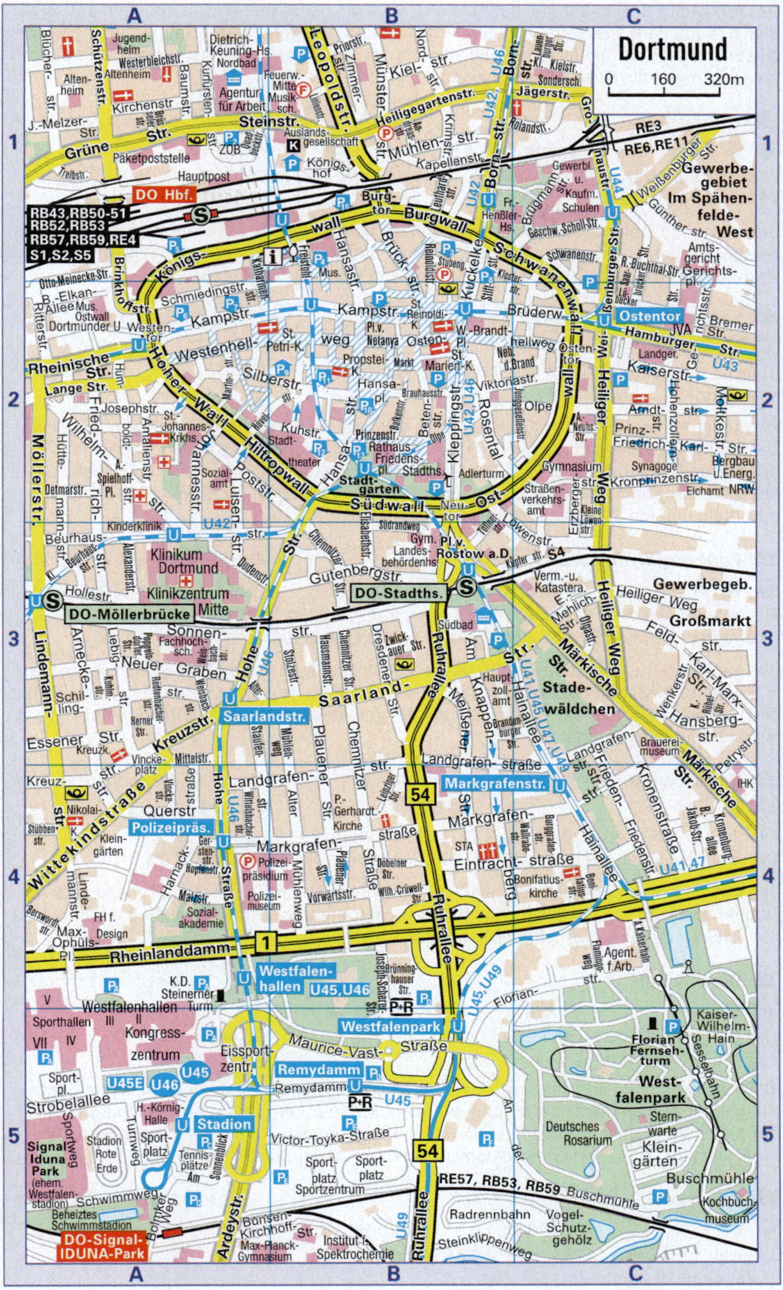
Dortmund
0 160 320m
A
B
C
1
2
3
4
5
DO Hbf.
RB43,RB50-51
RB52,RB53
RB57,RB59,RE4
S1,S2,S5
RE3
RE6,RE11
Burgwall
Königswall
Schwanenwall
Ostwall
Südwall
Hiltropwall
Hoher Wall
Westenhellweg
Ostenhellweg
Kampstr.
Brückstr.
Hansastr.
Ostentor
Hamburger Str.
Kaiserstr.
Heiliger Weg
Märkische Str.
Rheinische Str.
Lange Str.
Möllerstr.
Lindemannstr.
Wittekindstraße
Hohe Str.
Saarlandstr.
Ruhrallee
Markgrafenstr.
Polizeipräs.
DO-Stadths.
DO-Möllerbrücke
Klinikum Dortmund
Klinikzentrum Mitte
Stadewäldchen
Gewerbegeb. Großmarkt
Gewerbegebiet Im Spähenfelde-West
Rheinlanddamm
Westfalenhallen
U45,U46
Westfalenpark
Remydamm
Stadion
Kongresszentrum
Eissportzentr.
Signal Iduna Park
DO-Signal-IDUNA-Park
Strobelallee
Florian Fernsehturm
Westfalenpark
Deutsches Rosarium
Kleingärten
Buschmühle
Radrennbahn
Vogel-Schutzgehölz
Sportzentrum
RE57, RB53, RB59
Victor-Toyka-Straße
Maurice-Vast-Straße
Institut f. Spektrochemie
Max-Planck-Gymnasium
Ardeystr.
54
1
A
B
C

Das renovierte Geschäftshotel befindet sich vis-à-vis der Messe Westfalenhallen und dem Signal Iduna Park. Sie wohnen in geräumigen, stilvoll eingerichteten Zimmern und genießen alle Business- und Tagungsannehmlichkeiten. Im Restaurant „Davidis" werden internationale und regionale Spezialitäten serviert.

L'Arrivée

www.larrivee.de

Wittbräucker Straße 565, PLZ 44267 (OT: Höchsten), **T 0231 880500,** F 88050100
70 Zimmer | 3 Suiten | 24 h

Business- und Freizeithotel am südlichen Stadtrand, umgeben von einer großzügigen Parkanlage. Modern eingerichtete Zimmer, teils mit Balkon oder Terrasse. Hauseigener SPA- und Wellnessbereich auf 1.000 qm, schicker Pool mit Gegenstromanlage.

Leonardo

www.leonardo-hotels.de

Burgwall 11-13 (B1), PLZ 44135, **T 0211 7771977**
190 Zimmer | 24 h

Ein moderner Hotelneubau mitten in der Dortmunder City in unmittelbarer Nähe zum Hauptbahnhof. Zeitgemäße, klimatisierte Gästezimmer, die in drei Kategorien buchbar sind. Überall moderner Industrial-Chic-Style, so auch im Restaurant und in der Open Lobby mit Rezeption, Bar und kostenfrei nutzbarer Co-Working-Area. Zum Haus gehören auch ein Fitnessraum und ein Veranstaltungsbereich.

Parkhotel Wittekindshof

www.parkhotel-wittekindshof.de

Westfalendamm 270, PLZ 44141 (OT: Gartenstadt), **T 0231 51930,** F 5193100
62 Zimmer | 3 Suiten | Ez 89–150 €, Dz 123–180 €, 17,00 € | 24 h

Das gepflegte Traditionshaus liegt verkehrsgünstig an der B1 und bietet seinen Gästen helle, komfortable Zimmer mit zeitgemäßer Ausstattung. Im geschmackvoll renovierten Restaurant „Widu" mit großer Gartenterrasse und der gemütlich-rustikalen „Wittekindstube" wird regional und international gekocht.

Radisson Blu

www.radissonhotels.com

An der Buschmühle 1 (C5), PLZ 44139, **T 0231 10860,** F 1086777
190 Zimmer | 5 Suiten | Ez 99–254 €, Dz 124–269 €, inkl. Frühstück | 24 h

Das Businessdomizil liegt verkehrsgünstig am Westfalenpark. Komfortabel ausgestattete Zimmer und gute Tagungsmöglichkeiten. Wer Entspannung sucht: Active Club mit beheizbarem Pool, Dampfbad, Sauna und Fitnessraum.

Der Lennhof

www.der-lennhof.de

Menglinghauser Straße 20, PLZ 44227 (OT: Barop), **T 0231 758190,** F 7581960
34 Zimmer | 4 Suiten | 24 h

Altes Fachwerkhaus aus dem 14. Jhd. mit modernem Interieur. Individuell designte Gästezimmer mit zeitgemäßer Ausstattung und Gemälden zur Vereinsgeschichte von Borussia Dortmund. Empfehlenswertes Restaurant mit kreativer regional-mediterraner Küche. Das Hotel war einst das zentrale Hoteldomizil der Dortmunder Spieler und Trainer.

Esplanade

www.esplanade-dortmund.de

Burgwall 3 (B1), PLZ 44135, **T 0231 58530,** F 5853270
97 Zimmer | 18 Apartments | 24 h

Das inhabergeführte Hotel am Stadtwall von Dortmund wurde erst kürzlich umfangreich renoviert und erweitert. Panoramablick auf die Reinoldikirche oder Blick in den grünen Innenhof? Für welche Aussicht Sie sich auch immer entscheiden, die Zimmer überzeugen mit durchdachtem Design, geschmackvollem Wohnkomfort und zeitgemäßer Technik. Für Ihr Wohlbefinden sorgt ein kleiner Saunabereich.

Hampton by Hilton
www.hiltonhotels.de/deutschland

★★★ S

Faßstraße 3, PLZ 44263 (OT: Hörde), **T 0231 9479900,** F 947990100
130 Zimmer

Das moderne Geschäftshotel liegt direkt am See und ist trotzdem nur 4 Kilometer von Stadtzentrum und Hauptbahnhof entfernt. Das Haus bietet freundliche, funktionale Zimmer, darunter zwei barrierefreie und acht Familienzimmer. Zum Freizeitangebot gehört ein rund um die Uhr geöffnetes Fitnesscenter.

Steigenberger
www.dortmund.steigenberger.de

Berswordtstr. 2 (A4), PLZ 44139, **T 0231 90210,** F 9021999
166 Zimmer | 4 Suiten | Ez 90–299 €, Dz 95–313 € | 24 h

Nur wenige Gehminuten von den Westfalenhallen, dem Stadion und dem berühmten Kreuzviertel entfernt liegt dieses Hotel mit zweckmäßig eingerichteten Zimmern. Kleiner Wellness- und Fitnessbereich mit Sauna und Dampfbad. Restaurant mit regionaler Küche und Sommerterrasse.

Coffee Fellows Hotel
www.coffee-fellows.com/hotel/dortmund

Schwarze-Brüder-Str. 1 (B2), PLZ 44137, **T 0231 54509870,** F 55749471
65 Zimmer

2018 eröffnetes Boutique-Hotel im Herzen von Dortmund. Die Gästezimmer sind hell, im modernen Industrial-Style gehalten und mit viel Liebe zum Detail eingerichtet. Im angeschlossenen Coffeeshop werden frisch zubereitete Bagels, süße Naschereien und hochwertige Kaffeevariationen angeboten.

Der Schneider
www.derschneider-restaurant.de

VARTA-TIPP Küche

Am Gottesacker 70, PLZ 44143 (OT: Wambel), **T 0231 4773770**
30 | Hauptgericht 18–38 €, Menü 95–135 € | Di-Sa Mo, So

Phillip Schneider steckt viel Engagement in sein Restaurant. Er pflegt seinen ganz eigenen Küchenstil, den er „tailored food“ nennt. Er arbeitet sehr produktbezogen und mit modernen Garmethoden. Das Ergebnis: gesunde, hochwertige Gerichte aus frischen regionalen Erzeugnissen und interessanten Gewürzen. Auch ein komplett vegetarisches Menü steht auf der Karte. Dazu ein europäisches Weinangebot. Die Atmosphäre ist trendig und ungezwungen, und draußen wartet noch eine schöne Terrasse. Zum Übernachten: gemütliche Zimmer.

Grammons Restaurant
www.grammons.de

VARTA-TIPP Küche

Wieckesweg 29, PLZ 44309, **T 0231 93144465**
32 | Menü 105–129 € | Do Mi-Sa Mo, Di, So

Mit diesem modernen, sehr stimmungsvoll gestalteten Gourmetlokal hat sich Spitzenkoch Dirk Grammon den Traum vom eigenen Restaurant erfüllt. Seine Küche unterliegt unverkennbar den französischen Wurzeln, ist aber stets weltoffen und verfolgt eine klare klassische Linie mit dem Fokus auf die Qualität der Produkte. Das Ergebnis: ein aufwendig kreiertes Degustationsmenü (5 bis 7 Gänge), das keine Wünsche offen lässt. Für eine stimmige Weinbegleitung sorgt Sommelier Peter Jakob.

La Cuisine Mario Kalweit
www.mariokalweit.de

VARTA-TIPP Service

Lübkestraße 21, PLZ 44141 (OT: Gartenstadt), **T 0231 5316198**
25 | Hauptgericht 30–44 €, Menü 72–76 € | Di-Sa Mo, So

Unprätentiös und charmant zeigt sich das Restaurant in der ehem. Tennisclubvilla. Hier kommt keine Schwellenangst auf, stattdessen genießen Sie die einfallsreichen Tafelfreuden von Mario Kalweit - wie etwa „Bachsaibling mit Mandeln, dazu Aubergine und Velouté von Zitronenverbene“. Mit Engagement, Können und ihrer charmant-herzlichen Art ist Susanne Thoenes der „Sonnenschein“ im Service.

The Stage
www.thestage-dortmund.com

VARTA-TIPP Küche

Karlsbader Straße 1a, PLZ 44225 (OT: Hombruch), **T 0231 7100111**
40 | Menü 94–139 € | Di-Sa Mo, So

In der 7. Etage des Dula-Centers geht es kulinarisch exklusiv zu! Hier verwöhnt Sie Michael Dyllong mit seiner modernen, innovativen Gourmetküche. Was im geradlinig-schick designten Restaurant an Aromenvielfalt, feinen Kontrasten und Tiefgang geboten wird, ist ebenso bemerkenswert wie die fantastische Aussicht auf die Skyline von Dortmund. Der Service ist aufmerksam und geschult. Das attraktive Weinangebot umfasst ausgesuchte Tropfen sowie einige Raritäten.

Overkamp
www.overkamp-dortmund.de

Am Ellberg 1, PLZ 44265 (OT: Höchsten), **T 0231 462736**
60 | Hauptgericht 11–29 €, Menü 29–85 € | Mi-So Mo, Di

Mit Herzblut betreiben die Overkamps das traditionsreiche Restaurant im Süden von Dortmund. Das Haus ist bekannt für seine schmackhafte westfälische Küche. Es gibt z.B. „Rumpsteak „RUHRTAL" mit Ruhrtaler Käse überbacken, Preiselbeeren und Kartoffelnudeln".

Restaurant VIDA
www.vida-dortmund.com

Hagener Str. 231, PLZ 44229 (OT: Kirchhörde), **T 0231 95009940**
45 | Hauptgericht 20–66 €, Menü 57–76 € | Di-Sa Mo, So

Jung, lässig und urban zeigt sich dieses stylishe Restaurant am grünen Stadtrand von Dortmund. Originelles Interieur: Die Tapeten kommen aus Paris, die Fliesen aus New York, dazu Stühle aus Belgien und Lampen aus Dänemark. Serviert wird ein Mix aus mediterraner, asiatischer und gutbürgerlicher Küche.

Toni's Gusto Italiano
www.tonis-dortmund.de

Hermannstr. 164, PLZ 44263 (OT: Hörde), **T 0231 95001050**
30 | Hauptgericht 30–38 € | Mo-So

Strahlendes Weiß, Designerleuchten und Bruchsteinelemente prägen das dezent-elegante Interieur. Hier wird italienisch gekocht, da kommen u.a. „Scaloppine alla Pizzaiola" ebenso gut an wie „Tagliolini al tartufo". Daneben schätzen die (Stamm-)Gäste auch die südländische Freundlichkeit und die sehr gute Weinauswahl.

Café Strickmann
www.cafe-strickmann.de

Wißstraße 26-28 (B2), PLZ 44137, **T 0231 140015**
30 | Hauptgericht 10–17 € | Di–Fr 09:00–17:00 Uhr, Sa 08:30–16:00 Uhr

Die Dortmunder mögen dieses traditionsreiche Kaffeehaus in der Nähe des Stadtgartens, das 2021 sein hundertjähriges Bestehen feiern konnte. Die Kuchen und Torten sind von exzellenter Qualität. Die hausgemachte Apfeltarte sollten Sie unbedingt probieren! Im Sommer sitzt man wunderbar im windgeschützten Terrassengärtchen oder vor dem Café.

DOSSENHEIM 51 C
www.dossenheim.de

Baden-Württemberg | EW 12.185 | 153 m | Schriesheim 3 km, Heidelberg 5 km

midori - the green guesthouse
www.midori-guesthouse.com

garni

Friedrich-Ebert-Str. 4, PLZ 69221, **T 06221 872980,** F 87298142
70 Zimmer | 4 Suiten | Ez 65–130 €, Dz 78–147 €

Das umweltfreundliche Nichtraucherhotel verfügt über geräumige, minimalistisch eingerichtete Zimmer, die in den Kategorien Blue (Standard), Yellow (Comfort) und Green (Suite) buchbar sind. Sehr gutes Frühstücksbuffet. Skylounge mit Dachterrasse, die einen spektakulären Blick auf Heidelberg und die Rheinebene bietet.

DRACHSELSRIED 55 C
www.drachselsried.de

Bayern | EW 2.362 | 535 m | Bodenmais 8 km, Viechtach 14 km

Riedlberg
www.riedlberg.de

GREENSIGN ★★★★S

Riedlberg 1, PLZ 94256, **T 09924 94260,** F 7273
58 Zimmer | 15 Suiten | Ez ab 136 €, Dz ab 252 €, inkl. Vollpension

»

Direkt am Großen Arber, in toller Alleinlage auf 730 Meter Höhe, liegt dieses familiengeführte Sport- und Ferienhotel. Hier erwarten Sie neuzeitliche Zimmer mit ansprechender Farbgestaltung und gutem Platzangebot. Besonders exklusiv logieren Sie in den luxuriösen Chalet-Suiten. Für Entspannung sorgt der 5.000 qm große Wellnessbereich.

Hotel der Bäume
www.hotelderbaeume.de

garni

Asbach 10, PLZ 94256 (OT: Asbach), **T 09923 2212,** F 3767
28 Zimmer | 3 Suiten | Ez 60–69 €, Dz 96–185 €, 14,00 €

Ein echtes Paradies für Naturliebhaber! Sie wohnen in Baumzimmern, die mit modernen Holzmöbeln und passenden Bildern mit Naturmotiven eingerichtet sind. Hübsch auch die finnische Sauna mit Waldfeeling. Besonders wohltuend: die Aufgüsse aus Baumextrakten.

DREIEICH 41 D
www.dreieich.de

Hessen | EW 45.984 | 170 m | Offenbach 13 km, Frankfurt/Main 14 km

Alte Bergmühle
www.alte-bergmuehle.de

Geißberg 25, PLZ 63303 (OT: Dreieichenhain), **T 06103 81858,** F 88999
14 Zimmer | 1 Suite | Ez 85 €, Dz 110–135 €, inkl. Frühstück

In diesem familiär geführten Haus erwarten Sie liebevoll gestaltete Landhauszimmer mit englischem und französischem Interieur. In den holzgetäfelten Gaststuben und auf der schönen Innenhofterrasse werden regionale und internationale Speisen serviert.

DREIS 49 A
www.vg-wittlich-land.de

Rheinland-Pfalz | EW 1.400 | 170 m | Wittlich 8 km, Trier 32 km

Waldhotel Sonnora
www.hotel-sonnora.de

VARTA TIPP Service

Auf'm Eichelfeld 1, PLZ 54518, **T 06578 98220,** F 1402
15 Zimmer | Ez 195–325 €, Dz 245–345 €, inkl. Frühstück

Eine echte Institution in der Eifel. Bereits seit 1978 existiert dieser vorbildlich geführte Familienbetrieb in einzigartiger Lage, umgeben von Wald und einem 20.000 qm großen Park. Höchster Wohnkomfort? Dezenter Luxus? Exzellenter Service? Ein klares „Ja"! Das außergewöhnliche Hotel mit seinen hochwertig eingerichteten Zimmern verspricht Entspannung, Erholung und Genuss in wunderschönem Ambiente. Auf keinen Fall verpassen sollten Sie das exzellente Gourmetfrühstück.

Restaurant Sonnora

VARTA-TIPP Küche VARTA-TIPP Service

40 | Hauptgericht 75–125 €, Menü 258 € | Fr-So Do-So Mo, Di, Mi 19.12.22–13.1.23, 3.–13.4.23, 17.7.–4.8.23

Ein absolutes Aushängeschild für Spitzengastronomie! Harmonisch, ausdrucksstark, kreativ: Die zeitgemäße Hochküche kombiniert sowohl klassische als auch regionale Elemente, setzt auf präzises Handwerk und höchste Produktqualität. Noch immer ist auf den Tellern von Clemens Rambichler die Handschrift seines Lehrmeisters Helmut Thieltges zu erkennen, der dieser Gourmetadresse über vier Jahrzehnte zu internationalem Ruhm verholfen hat. Zweifellos wird dieser Klasse auch das erlesene Interieur gerecht, alles vom Feinsten! Das i-Tüpfelchen: die aufmerksame und zuvorkommende Servicecrew nebst fachkundiger Weinberatung.

DRENSTEINFURT 30 A www.drensteinfurt.de

Nordrhein-Westfalen | EW 15.239 | 64 m | Hamm 19 km, Münster 22 km

Lohmann www.hotel-restaurant-lohmann.de

★★★ garni

Albersloher Straße 25, PLZ 48317 (OT: Rinkerode), **T 02538 203,** F 952444
8 Zimmer | Ez ab 53 €, Dz ab 98 €, inkl. Frühstück

Das älteste Gasthaus im Ortsteil Rinkerode befindet sich bereits seit dem 18. Jhd. in Familienbesitz. Komfortabel und individuell eingerichtete Gästezimmer. Das Restaurant mit Café und Biergarten unter alten Linden serviert westfälische und mediterrane Küche.

DRESDEN 36 C www.dresden.de/tourismus

Sachsen | EW 530.745 | 113 m | Görlitz 98 km, Leipzig 111 km

Altstadt mit Frauenkirche und Albertinum, barocker Zwinger mit Gemäldegalerie, Mathematisch-Physikalischer Salon und Porzellansammlung, Theater- und Schlossplatz, Taschenbergpalais, Residenzschloss mit Grünem Gewölbe (Juwelensammlung), Semperoper, Hofkirche (Kathedrale) mit 78 Heiligenstatuen, Brühlsche Terrasse, Schloss Pillnitz in chinesischem Stil, Dresdner Elbtal.

Bilderberg Bellevue Hotel

www.bilderberg-bellevue-dresden.de

Große Meißner Straße 15 (B1), PLZ 01097, **T 0351 8050,** F 8051609
340 Zimmer | 21 Suiten | Ez 89–399 €, Dz 99–409 €, 25,00 € | 24 h

Das komfortable Hotel ist eingebettet in die malerischen Bellevuegärten und bietet geschmackvoll renovierte Zimmer in unterschiedlichen Kategorien. Zum gastronomischen Angebot zählen das „Pöppelmanns – Bar & Dine“ und ein schöner Biergarten am Ufer der Elbe mit direktem Blick auf die Dresdner Altstadt. Das Frühstück wird im stilvollen Palaisrestaurant angeboten.

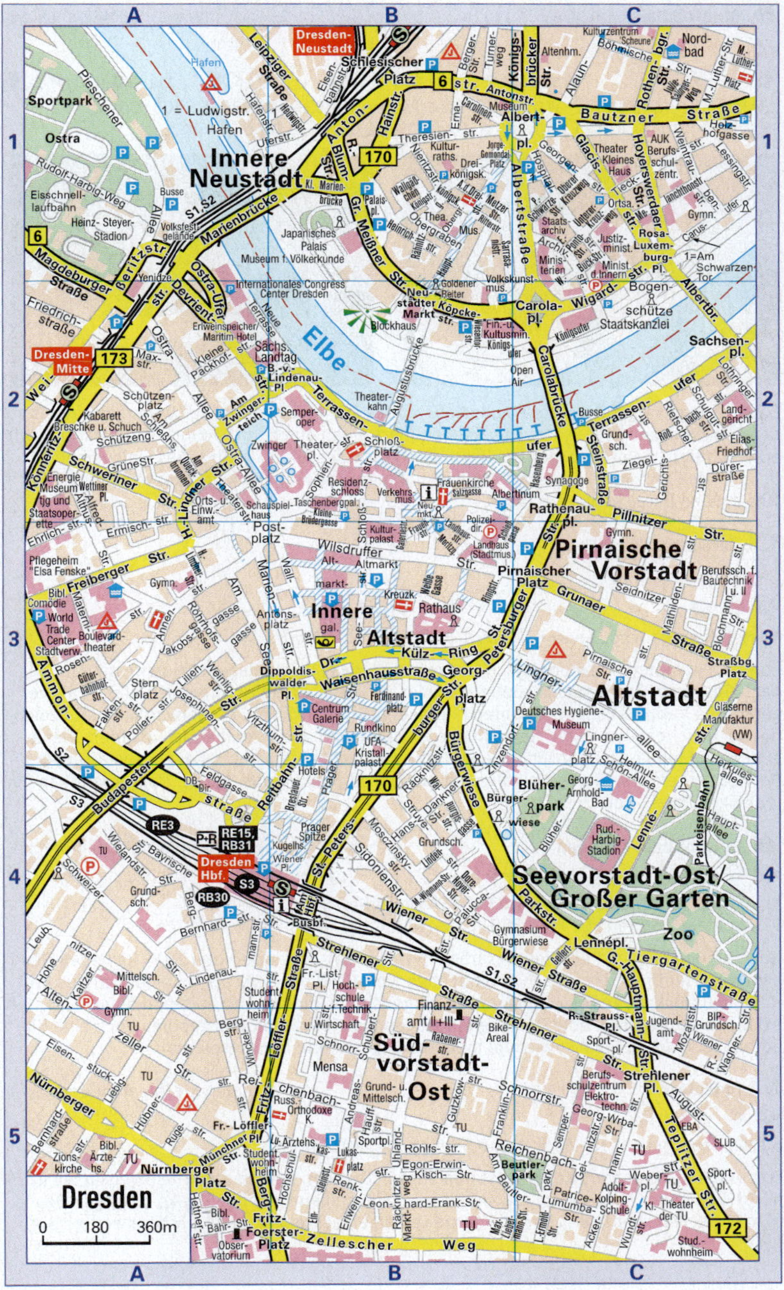
Dresden
0 180 360m
Innere Neustadt
Innere Altstadt
Pirnaische Vorstadt
Altstadt
Seevorstadt-Ost/ Großer Garten
Süd-vorstadt-Ost
Elbe
Dresden-Neustadt
Dresden-Mitte
Dresden Hbf.
Sportpark
Ostra
Heinz-Steyer-Stadion
Japanisches Palais
Museum f. Völkerkunde
Internationales Congress Center Dresden
Sächs. Landtag
Semperoper
Zwinger
Theaterpl.
Schloßplatz
Residenzschloss
Frauenkirche
Albertinum
Synagoge
Kulturpalast
Altmarkt
Rathaus
Kreuzk.
Deutsches Hygiene-Museum
Blüher-park
Rud.-Harbig-Stadion
Zoo
Gläserne Manufaktur (VW)
Centrum Galerie
UFA-Kristallpalast
Neustädter Markt
Goldener Reiter
Blockhaus
Carolapl.
Albertpl.
Staatskanzlei
Sachsenpl.
Pirnaischer Platz
Georgplatz
Postplatz
Wiener Pl.
Nürnberger Platz
Fritz-Foerster-Platz
Marienbrücke
Augustusbrücke
Carolabrücke
Bautzner Straße
Königsbrücker Str.
Antonstr.
Leipziger Straße
Magdeburger Straße
Könneritzstr.
Ammonstr.
Budapester Straße
Wilsdruffer Str.
Grunaer Straße
Pillnitzer Str.
Wiener Straße
Strehlener Straße
Zellescher Weg
Teplitzer Str.
Tiergartenstraße
Parkstr.
Lennépl.
Bürgerwiese
Terrassenufer
Freiberger Str.
Schweriner Str.
Fritz-Löffler-Straße
St. Petersburger Str.
Waisenhausstraße
Dr.-Külz-Ring
A B C
1 2 3 4 5
170 173 172 6
RE3 RE15, RB31 RB30 S3 S1,S2

Bülow Palais

www.buelow-palais.de

VARTA★TIPP Ambiente VARTA-TIPP Service

★★★★★S garni

Königstraße 14 (B1), PLZ 01097 (OT: Barockviertel), **T 0351 80030,** F 8003100
58 Zimmer | 11 Suiten | Ez ab 145 €, Dz ab 145 €, ab 30,00 € | 24 h

Das noble, privatgeführte Hotel mit seiner barock anmutenden Fassade gehört zweifellos zu den Top-Adressen in Dresden. Die Zimmer überzeugen durch ihre exklusive Ausstattung mit edlen Stoffen, warmen Farben und hochwertigen Accessoires. Karibisches Flair versprüht der „Palais SPA". Nicht zu vergessen das umfangreiche Frühstück und der vorbildliche Service in allen Bereichen des Hauses.

Caroussel Nouvelle

VARTA-TIPP Küche

45 | Hauptgericht 26–40 €, Menü 120–150 € | Mo-So

Ehrlich, entspannt, kosmopolitisch - so zeigt sich das stilvoll-elegante Hotelrestaurant. Je nach Geschmack und Anlass können Sie hier zwischen einem Gourmetmenü (auch als vegetarische Variante) oder bekannten Klassikergerichten wählen. Verantwortlich dafür zeichnet Küchenchef Sven Vogel. Seine Küche ist zeitgemäß und international inspiriert, wenngleich der Einfluss der französischen Haute Cuisine erkennbar ist. Dazu ein niveauvoller Service und ein stimmiges Weinangebot mit Schwerpunkt Deutschland. Tipp: Aperitif an der loungigen Palais-Bar.

Gewandhaus Dresden

www.gewandhaus-hotel.de

GREENSIGN ★★★★★S garni

Ringstraße 1 (B3), PLZ 01067, **T 0351 49490,** F 4949490
97 Zimmer | 3 Suiten | Ez 150–330 €, Dz 160–340 €, ab 28,00 € | 24 h

Nach umfangreichen Renovierungsarbeiten wurde das Boutique-Hotel 2015 im neuen Design wiedereröffnet. Das geschichtsträchtige, von 1768 bis 1770 als Tuchmacherhaus errichtete Barockgebäude bietet wohnlich eingerichtete Zimmer und Suiten, die durch exklusive Stoffe sowie edle Designermöbel geprägt sind. Zum Haus gehören auch eine Bibliothek, ein SPA-Bereich sowie fünf modern ausgestattete Tagungsräume.

[m]eatery

www.meatery.de/meatery-dresden/

60 | Hauptgericht 16–66 €, Menü 49 € | Di-Sa Mo, So

Das etablierte [m]eatery-Konzept ist nun auch in Dresden beheimatet. Hier speisen Sie in einer stylish-edlen Atmosphäre. Serviert werden hauseigene gereifte Steaks (Dry Aged Beef), frische Fischspezialitäten vom Grill sowie selbstgemachte und qualitativ hochwertige Burger.

Hyperion Hotel www.h-hotels.com

Schlossstr. 16 (B2), PLZ 01067 (OT: Altstadt), **T 0351 501200**, F 50120555
235 Zimmer | 5 Suiten | 24 h

Dieses Hotel befindet sich vis-à-vis dem Residenzschloss und verfügt über geschmackvoll eingerichtete Zimmer und Suiten mit unterschiedlichen Raumschnitten. Hübscher SPA-Bereich im hist. Felsenkeller mit Saunalandschaft und Fitnessraum.

Maritim www.maritim.de

Devrientstraße 10-12 (A2), PLZ 01067, **T 0351 2160**
328 Zimmer | 31 Suiten | 24 h

Komfortables Geschäftshotel am Elbufer mit unterirdischer Verbindung zum Kongresszentrum. Hier erwarten Sie großzügige und moderne Gästezimmer. Exklusiver Wellnessbereich mit Pool und Saunalandschaft. Im hoteleigenen Restaurant mit Wintergarten und Terrasse wird international gekocht.

Steigenberger Hotel de Saxe www.desaxe-dresden.steigenberger.de

Neumarkt 9 (B3), PLZ 01067, **T 0351 43860**, F 4386888
185 Zimmer | 7 Suiten | Ez 109–352 €, Dz 129–372 €, 28,00 € | 24 h

Im hist. Zentrum - vis-à-vis der Frauenkirche - liegt dieses Hotel, das 2019 umfangreich renoviert wurde. Hier übernachten Sie in modernen und komfortabel eingerichteten Zimmern mit Ausblick auf die barocke Pracht Dresdens. Das Restaurant im 1. Stock bietet regionale und internationale Spezialitäten.

Arcotel HafenCity hafencity.arcotel.com

Leipziger Str. 29 (↖ A1), PLZ 01097 (OT: Neustadt), **T 0351 4481110**
183 Zimmer | 10 Suiten, Dz 74–286 €, bis 21,00 € | 24 h

Ebenso jung, hipp und modern wie die umliegende Hafencity präsentiert sich das 2021 eröffnete Lifestyle-Hotel. Die hellen, freundlichen Zimmer überzeugen mit schnörkellosem Design und moderner Technik. Besonders attraktiv sind die Themenzimmer mit Namen wie „Welten Blick“, „Bunte Bude“ oder „Käptn’s Kajüte“. Dazu ein offenes Gestaltungskonzept aus Rezeption, Gastronomiebereich und Lounge-Areal.

ElbUferei **Neu!** www.elbuferei.de

Hauptgericht 14–36 € | Mo-So

Modern-maritimes Ambiente, unkonventioneller Service und frische ambitionierte Küche ziehen nicht nur Hotelgäste an. Hier ist Wohlfühlen, Abschalten und Genießen angesagt. Das abwechslungsreiche Speisenangebot reicht von mediterranen Gerichten wie „Maishähnchenbrust | Vadouvan | Wilder Brokkoli | Schwarzer Knoblauch" über Tapas bis hin zu Steakcuts aus dem hauseigenen Dry-Aged-Reifeschrank. Jeden ersten Sonntag im Monat Brunch. Tolle Sommerterrasse mit Altstadtblick.

Elbflorenz
www.hotel-elbflorenz.de

Rosenstr. 36 (A3), PLZ 01067, **T 0351 86400,** F 8640100
214 Zimmer | 21 Suiten | Ez ab 71 €, Dz ab 71 €, 15,00 € | 24 h

Im toskanischen Stil präsentiert sich dieses privat geführte Business- und Familienhotel. Es bietet seinen Gästen verschiedene Zimmerkategorien, ein italienisches Restaurant, eine großzügige Lobbybar sowie eine separate Tagungsetage.

Hilton
www.hiltonhotels.de

An der Frauenkirche 5 (B2), PLZ 01067, **T 0351 86420,** F 8642725
333 Zimmer | 12 Suiten | Ez 102–265 €, Dz 114–281 €, inkl. Frühstück | 24 h

Das Hotel liegt direkt an der Frauenkirche. Es bietet moderne Gästezimmer mit großem Schreibtisch und guter technischer Ausstattung. Zum Haus gehören ein 1.100 qm großer Wellnessbereich sowie mehrere Restaurants und Bars.

Innside by Meliá
www.ven-dresden.de

★★★★ S

Salzgasse 4 (B2), PLZ 01067, **T 0351 795150,** F 795154099
180 Zimmer | 17 Suiten | 24 h

Schlichter Hotelbau mit moderner Atriumlobby. Helle, stylishe Gästezimmer mit bequemen Kingsizebetten und innovativ gestalteten Bädern. Ansprechender Wellnessbereich mit Sauna und Dampfbad. Bei schönem Wetter kann man auch auf der Terrasse frühstücken.

VEN Restaurant

Rampische Straße 9 (B2), PLZ 01067
120 | Hauptgericht 20–24 €, Menü 39–48 € | Mo-So

Schauen Sie sich das Restaurant am besten selbst an, denn die urbane Atmosphäre, die bemerkenswerte Raumhöhe und das stylishe Interieur sind wirklich beeindruckend! In diesem stimmungsvollen Rahmen serviert man Ihnen eine international beeinflusste Fusionsküche. Nette Innenhofterrasse.

NH Dresden Altmarkt
www.nh-hotels.de

★★★★ S

An der Kreuzkirche 2 (B3), PLZ 01067, **T 0351 501550,** F 50155100
240 Zimmer | 11 Suiten

Die Lage ist ideal: direkt am Altmarkt! Und man wohnt richtig schön, dafür sorgen die modern und schnörkellos eingerichteten Zimmer sowie der zuvorkommende Service. Nett sind das Restaurant in der ersten Etage sowie der Wellnessbereich mit Dampfbad und Regenduschen. Gute Tagungsmöglichkeiten.

Schloss Eckberg
www.schloss-eckberg.de

★★★★ S

Bautzner Straße 134, PLZ 01099, **T 0351 80990,** F 8099199
84 Zimmer | 5 Suiten | Ez 70–165 €, Dz 90–230 €, 18,00 € | 24 h

Traditionsreicher Herrensitz mit großem Parkgelände. Im neugot. Schloss sowie im Kavaliershaus stehen Zimmer unterschiedlicher Kategorien zur Verfügung. Stilvolles Restaurant mit hohen Decken und Kristallleuchtern. Elbterrasse mit Blick auf die Dresdner Altstadt.

Suitess
www.suitess-hotel.com

VARTA-TIPP Ambiente **VARTA-TIPP** Service

★★★★★S garni

An der Frauenkirche 13 (B2), PLZ 01067 (OT: Altstadt), **T 0351 417270,** F 41727160
25 Zimmer | 14 Suiten | 4 Apartments | Ez 109–260 €, Dz 129–260 €, 28,00 € | 24 h

Dieses exklusive Hotel mit originaler Barockfassade befindet sich inmitten der wiedererrichteten Altstadt. Hier logieren Sie in komfortablen Zimmern oder extravaganten Suiten, die im Biedermeierstil und mit erlesenen Accessoires eingerichtet sind. Dazu schöne Badezimmer aus italienischem Marmor. Mit einem sehr guten Frühstück über den Dächern Dresdens starten Sie in den Tag. Auch Service, Wellnessbereich und das gastronomische Angebot überzeugen.

Moritz an der Frauenkirche
www.moritz-dresden.de

24 | Hauptgericht 18–37 €, Menü 59–79 € | Mo-So

Das moderne, lichtdurchflutete Restaurant eignet sich sowohl für einen schnellen Business Lunch als auch für ein abendliches Dinner zu zweit oder mit Freunden. Serviert wird regionale und saisonale Küche mit internationalem Einfluss. Vom Wintergarten hat man einen herrlichen Blick auf die Kuppel der Frauenkirche.

Townhouse
www.vagabondclub.com/dresden

★★★★

Neumarkt 1 (B2), PLZ 01067, **T 0351 5633090,** F 563309911
95 Zimmer | 3 Suiten

Das neuzeitliche Boutique-Hotel in unmittelbarer Nähe der Frauenkirche wurde vom italienischen Designer Lorenzo Bellini eingerichtet. Geräumige Zimmer mit schönen Natursteinbädern. Abends lockt die gemütliche Dachbar.

Amedia Plaza
www.amediahotels.com

★★★★ garni

Jüdenhof 9 (B2), PLZ 01067, **T 0351 213120,** F 21312999
105 Zimmer | 2 Suiten | 24 h

Das Hotel hat man wunderbar in das rekonstruierte Barockensemble Dinglingerhaus-Jüdenhof am Dresdner Neumarkt integriert. Blickfang in der Lobby ist eine 1,80 Meter hohe und 2,30 Meter lange Tierskulptur der Künstlerin Simone Gutsche-Sikora. Die modernen, farbenfrohen Zimmer schmücken unterschiedliche großformatige Schwarz-Weiß-Aufnahmen von Dresdner Sehenswürdigkeiten.

Hotel Indigo Dresden
www.hotelindigo.com/dresden

Wettiner Platz 1 (A2), PLZ 01067, **T 0351 3155290,** F 315529100
132 Zimmer

Direkt am Wettiner Platz liegt dieses zunächst unscheinbar wirkende Gebäude. Das Interieur: Ein Mix aus modernem Industriedesign und historischer Barockarchitektur – stylish, trendy und hochwertig. Die Zimmer sind zwar nicht allzu groß, dafür aber bestens ausgestattet. Hauseigener Fitnessbereich.

Leonardo Dresden Altstadt
www.leonardo-hotels.com

★★★S

Magdeburger Straße 1a (A2), PLZ 01067 (OT: Altstadt), **T 0351 486700,** F 48670100
162 Zimmer | Ez 59–249 €, Dz 69–259 €, 14,00 € | 24 h ››

Modernes siebenstöckiges Geschäfts- und Stadthotel in Altstadtnähe. Komfortabel eingerichtete Zimmer mit zeitgemäßer Ausstattung, teils Blick auf das Jenidzengebäude und die Elbe. Restaurant mit Terrasse und internationaler Küche.

Schloss Hotel

www.schlosshotel-pillnitz.de

★★★★ S garni

August-Böckstiegel-Straße 10, PLZ 01326 (OT: Hosterwitz/Pillnitz), **T 0351 26140,**
F 2614400
45 Zimmer | 3 Suiten | Ez ab 103 €, Dz ab 103 €, inkl. Frühstück | 24 h

Das privat geführte Schlosshotel befindet sich auf dem Gelände der Sommerresidenz, welche einst dem König von Sachsen gehörte. Hier wohnen Sie in romantischen Zimmern mit dezentem, mediterranem Touch. Das gastronomische Angebot reicht vom behaglichen Kaminrestaurant über das lichtdurchflutete Wintergartencafé bis zur sonnigen Terrasse.

elements DELI LOUNGE RESTAURANT

www.restaurant-elements.de

VARTA-TIPP Küche **VARTA-TIPP** Service

Königsbrücker Str. 96, PLZ 01099 (OT: Neustadt), **T 0351 2721696**
34 | Hauptgericht 35–45 €, Menü ab 95 € | Do-Sa Mo, Di, Mi, So

Stylishes Restaurant mit Loftambiente und reichlich Industriecharme auf dem Areal einer ehem. Maschinenfabrik. Stephan Mießner bietet eine gehobene internationale Küche - wahlweise à la carte oder in Menüform. Seine modernen Gerichte sind pfiffig, aufwendig und aromenintensiv. Dazu gibt es eine attraktive Weinauswahl. Nach dem Essen kann man es sich in der hübschen Zigarrenlounge noch gemütlich machen.

Elements Deli

Königsbrücker Str. 96, PLZ 01099 (OT: Neustadt), **T 0351 2721696**
Hauptgericht 18–26 € | Di-Sa Mo, So

Rustikale Holzmöbel, liebevoll arrangierte Deko, pfiffiges Geschirr... Im Deli ist das Ambiente legerer und die Küche überwiegend regional. Serviert wird Schmackhaftes wie z.B. „Maishähnchenbrust, Pfifferlinge, Sauce Béarnaise und Ravioli". Im Sommer sitzt man sehr schön auf der angeschlossenen Terrasse.

Genuss-Atelier

www.genuss-atelier.net

VARTA-TIPP Küche

Bautzner Straße 149, PLZ 01099 (OT: Radberger Vorstadt), **T 0351 25028337**
40 | Hauptgericht 17–34 €, Menü 57–97 € | Sa Di-Sa Mo, So 1.–23.1.23

Mit dem Mix aus Restaurant, Bar, Separé und Lounge trifft man den Nerv der Zeit. Warmes Licht, Sandstein und viele liebevoll in Szene gesetzte Details sorgen im Gewölbekeller der historischen Villa für eine stimmungsvolle Atmosphäre. Marcus Blonkowski und seine Crew bieten hier eine regionale Küche mit europäischen Einflüssen. Die servierten Gerichte sind ausdrucksstark, unkompliziert und aufs Wesentliche konzentriert. Tipp: Überraschungsmenü (4 bis 8 Gänge)! Freundlich-charmanter Service.

Alte Meister

www.altemeister.net

Theaterplatz 1a (B2), PLZ 01067 (OT: Altstadt), **T 0351 4810426**
65 | Hauptgericht 22–32 €, Menü 42–59 € | Fr-So Di-So Mo

Das gepflegte Restaurant-Café der weltberühmten gleichnamigen Galerie befindet sich in den Räumen des ehemaligen Braun'schen Ateliers. Hier serviert man Ihnen eine kreative Jahreszeitenküche. Bezaubernder Blick auf Theaterplatz und Semperoper.

e-Vitrum by Mario Pattis — www.vitrum-dresden.de

Lennéstraße 1 (C3), PLZ 01069 (OT: Seevorstadt-Ost/Großer Garten), **T 0351 4204250**
80 | Hauptgericht 13–30 € | Mo-So

Das über zwei Ebenen großzügig angelegte Restaurant in der Gläsernen Manufaktur von Volkswagen bietet ein ansprechendes Gastronomiekonzept für Manufakturbesucher und Genießer. Die jahreszeitlich wechselnde Karte offeriert sowohl heimische als auch internationale Spezialitäten. An Sommerabenden ist die Terrasse vor dem futuristischen Gebäude besonders zu empfehlen.

Heiderand — www.heiderand.restaurant

Ullersdorfer Platz 4, PLZ 01324 (OT: Bühlau/Weißer Hirsch), **T 0351 2683166**
55 | Hauptgericht 19–36 € | Mi-So Mo, Di

Zeitgemäß, authentisch und in neuem Design zeigt sich dieses Restaurant, das viele Dresdner noch als Erlebnisgaststätte mit eigenem Tanzsaal kennen. Nicht nur optisch, auch personell gab es 2020 eine Veränderung: Martin Walther führt nun das traditionsreiche „Heiderand“ in vierter Generation. Er ist Inhaber und Küchenchef in Personalunion und bietet eine modern interpretierte deutsch-polnische Hausmannskost. Dazu gibt es tolle Weine aus Sachsen und anderen nationalen und internationalen Anbaugebieten.

Schmidt's Restaurant — www.schmidts-dresden.de

Moritzburger Weg 67, PLZ 01109 (OT: Hellerau), **T 0351 8044883**
48 | Hauptgericht 17–30 €, Menü 48–58 € | Di-Sa Mo, So

Modernes, mediterran angehauchtes Restaurant mit großer Fensterfront und schönem Innenhof auf dem Gelände der Hellerauer Werkstätten. Die wöchentlich wechselnde Speisekarte bietet jahreszeitlich inspirierte, marktfrische Gerichte.

Twist Bar — www.melia.com

Salzgasse 4 (B2, im Innside by Meliá), PLZ 01067, **T 0351 795150**
50 | Mo-So

Die Bar befindet sich in der sechsten Etage des Innside by Meliá. Von hier hat man eine spektakuläre Aussicht auf die Frauenkirche. Übliche Standards findet man auf der Karte kaum, stattdessen ausgefallene Cocktailkreationen, beispielsweise den hauseigenen „Twist Gin“.

Coselpalais Grand Café & Restaurant — www.coselpalais-dresden.de

An der Frauenkirche 12 (B2), PLZ 01067, **T 0351 4962444**
Hauptgericht 13–20 € | Mo–Do, So 11:00–23:00 Uhr, Fr, Sa 11:00 – 24:00 Uhr

Das barocke Palais mit seinem historischen Ambiente ist sowohl bei Einheimischen als auch bei Dresden-Touristen sehr beliebt. Die großzügige gläserne Theke bietet viele süße Leckereien aus der hauseigenen Patisserie, darunter die legendäre Lübecker Nuss-Sahne-Torte oder die beliebte Pistazien-Rahm-Torte. Im angeschlossenen Souvenirshop gibt es köstliche Pralinen, edle Präsente und historische Andenken für Zuhause.

DRIBURG, BAD 31 A www.bad-driburg.com

Nordrhein-Westfalen | EW 19.100 | 220 m | Paderborn 20 km, Detmold 28 km

Gräflicher Park Hotel & Spa
www.graeflicher-park.de

★★★★ S garni

Brunnenallee 1, PLZ 33014, **T 05253 95230,** F 9523205
135 Zimmer | 14 Suiten | Ez ab 124 €, Dz ab 169 €, inkl. Frühstück | 24 h

Das hübsche Domizil mit seiner hist. Fassade liegt eingebettet in eine 64 Hektar große Parkanlage. Repräsentative Empfangs- und Aufenthaltsräume, ein SPA-Bereich mit historischen Badehäusern sowie die mit italienischen Stilmöbeln eingerichteten Gästezimmer sorgen für Wohlbefinden.

Caspar's Restaurant

140 | Hauptgericht 17–33 € | Mo-So

Behagliches Restaurant mit hellen Möbeln und raumhohen Bücherregalen. Hier wird eine innovative Frischeküche serviert. Alternativ gibt es im „Pferdestall" regional-bodenständige Küche und im „Café im Park" frische Kuchen aus der hauseigenen Konditorei.

Landhotel Schwallenhof
www.schwallenhof.de

★★★ S garni

Brunnenstraße 34, PLZ 33014, **T 05253 981300,** F 981388
39 Zimmer | 4 Suiten | Ez 72–108 €, Dz 118–172 €, inkl. Frühstück

Ruhig und idyllisch gelegener ehem. Bauernhof mit Zimmern im Landhausstil. Hist. Kaminrestaurant mit kreativer Frischeküche und Sommerterrasse.

DROLSHAGEN 30 C www.drolshagen.de

Nordrhein-Westfalen | EW 11.848 | 340 m | Olpe 8 km, Bergneustadt 12 km

Zur Brücke
www.hotelzurbruecke.de

S garni

Hagener Straße 12, PLZ 57489, **T 02761 7548,** F 7540
18 Zimmer | Ez 68–79 €, Dz 105–115 €, inkl. Frühstück

Ein traditionsreicher Familienbetrieb am Rande des Südsauerlandes, der über zweckmäßige Gästezimmer mit funktionaler Ausstattung verfügt. Rustikal-gemütliches Restaurant mit internationaler Küche und Sonnenterrasse.

DÜBEN, BAD 35 A www.bad-dueben.de

Sachsen | EW 7.999 | 98 m | Bitterfeld 15 km, Halle 30 km

Heide Spa
www.heidespa.de

★★★★ S garni

Bitterfelder Str. 42, PLZ 04849, **T 034243 33660,** F 33666
98 Zimmer | Ez 88–130 €, Dz 152–254 €, inkl. Frühstück | 24 h 23.–26.12.22

Das kürzlich erweiterte Wellnesshotel steht für Erholung und Lifestyle. Hier erwarten Sie helle, freundliche Wohlfühlzimmer und -suiten sowie eine großzügige Bade- und Saunalandschaft, die Hausgäste kostenfrei nutzen können. Im Restaurant wird regional gekocht.

DUDELDORF 49 A www.eifel-direkt.de

Rheinland-Pfalz | EW 1.190 | 290 m | Bitburg 11 km, Wittlich 25 km

Torschänke www.torschaenke-dudeldorf.de

Philippsheimer Straße 1, PLZ 54647, **T 06565 2024**
70 | Hauptgericht 12–23 €, Menü 26–30 € | Di-Sa Mo, So

Das Angebot an frischen schmackhaften Speisen reicht hier von regionalen Klassikern wie „Entrecote vom Weiderind" oder „Filet vom Saibling" bis hin zu saisonalen Wildgerichten. Dazu ein ländliches Ambiente sowie ausgesprochen freundliche Gastgeber.

DUDERSTADT 32 B-D www.duderstadt.de

Niedersachsen | EW 21.129 | 180 m | Göttingen 29 km, Osterode 33 km

Der Kronprinz www.der-kronprinz.de

Fuhrbacher Str. 31-33, PLZ 37115 (OT: Fuhrbach), **T 05527 9100,** F 910250
50 Zimmer | 2 Suiten | Ez 75–95 €, Dz 109–119 €, inkl. Frühstück

In dem ländlichen Hotel kümmert man sich engagiert und persönlich um die Gäste. Sie übernachten in stilvollem Ambiente. Die Zimmer unterscheiden sich durch Größe und Lage. Gute, ehrliche Speisen serviert man im gemütlichen Dorfgasthaus.

DUGGENDORF 54 C www.vg-kallmuenz.de

Bayern | EW 1.630 | 338 m | Regensburg 24 km, Neumarkt i.d.Oberpfalz 52 km

Gasthaus Hummel - Gourmetstube www.gasthaushummel.de

VARTA-TIPP Küche **VARTA-TIPP** Service

Heitzenhofener Straße 16, PLZ 93182 (OT: Wischenhofen), **T 09473 324**
16 | Menü 85–95 € | Do-Sa Mo, Di, Mi, So

Eine wirklich nette Adresse! Gemütliches Kaminfeuer, helles Holz und feine Tischkultur sorgen hier für ein ländlich-modernes Ambiente. Patron Stefan Hummel begeistert mit einer jungen, gehobenen Küche, erstklassigen Zutaten, verschiedensten Aromen und Texturen sowie einer Menge kulinarischer Ideen. Das angebotene Menü ist innovativ und gut durchdacht. Der Service ist zuvorkommend, angenehm natürlich und sehr freundlich.

Gasthaus Hummel - Alter Saal Neu!

Heitzenhofener Straße 16, PLZ 93182 (OT: Wischenhofen), **T 09473 324**
180 | Hauptgericht 13–26 € | So Mi-So Mo, Di

Mit viel Liebe hat man die ehem. Stallungen ausgebaut und den heutigen Fenstersaal mit schönem Blick ins Naabtal zum Gastraum umgestaltet. Serviert wird eine bodenständige Wirtshausküche zu fairen Preisen, z.B. „Schweinefilet in Steinpilzrahmsoße mit hausgemachten Spätzle und frischem Gemüse". Sonntags gibt es ofenfrische Bratengerichte. Im Obergeschoss des Gasthauses stehen vier schlicht-rustikale Zimmer zur Verfügung.

DUISBURG 29 C www.duisburg.de/tourismus

Nordrhein-Westfalen | EW 486.855 | 33 m | Essen 24 km, Krefeld 25 km

Duisburg-Ruhrorter Häfen (größter Binnenhafen Europas), Museum der Deutschen Binnenschifffahrt, Landschaftspark Duisburg-Nord, Wilhelm-Lehmbruck-Museum, Zoo mit Deutschlands größtem Delfinarium, Stadttheater, spätgot. Salvatorkirche.

Landhaus Milser www.landhausmilser.de

★★★★ garni

Zur Sandmühle, PLZ 47259 (OT: Huckingen), **T 0203 75800,** F 7580199
56 Zimmer | 2 Suiten | 24 h

Eine ansprechende Übernachtungsadresse mit mediterraner Note. Die wohnlichen Zimmer und Suiten sind in hellen, dezenten Tönen gehalten. Im behaglichen „Ristorante Da Vinci" mit Gewölbedecke und Blick auf den See reicht man traditionelle italienische Speisen.

Mod by Sven Nöthel Neu! www.mod-dining.com

VARTA-TIPP Küche

Grafschafter Str. 197a, PLZ 47199 (OT: Baerl), **T 0176 23557864**
50 | Hauptgericht 37–38 €, Menü 85–125 € | So Di-Sa Mo

Hier hat man aus einem ehem. Kuhstall eine zeitgemäße Location mit schicker, aber lässiger Atmosphäre geschaffen. In der offenen Küche zelebrieren Sven Nöthel und seine Crew ein gehobenes, nordisch inspiriertes Fine-Dining-Konzept, bei dem regionale Zutaten klar im Mittelpunkt stehen. Der Gast hat die Wahl zwischen einem vegetarischem Menü (»Acker & Saat«) und einem Menü mit Fisch und Fleisch (»Beete & Bauer«). Wer möchte kann auch à la carte bestellen. Das Weinangebot reicht von spannenden Weinen aufstrebender Jungwinzer bis hin zu europäischen Spitzengewächsen.

Küppersmühle www.kueppersmuehle-restaurant.de

Philosophenweg 49, PLZ 47051 (OT: Innenhafen), **T 0203 5188880**
65 | Menü 49–69 € | Mi-So Mo, Di

Das Restaurant befindet sich in einem ehem. Mühlenspeicher am Innenhafen, der zu einem modernen Büro-, Gastronomie- und Museumsgebäude umgebaut wurde. Hier erwartet Sie eine frische saisonale Küche - ehrlich und leidenschaftlich zubereitet. Das Ambiente: klare Linien, dezente Stahltöne, elegante Möbel und ein grandioser Blick auf das Hafenbecken.

Villa Patrizia www.villa-patrizia.de

Mülheimer Str. 213, PLZ 47058 (OT: Duissern), **T 0203 330480**
34 | Hauptgericht 14–39 €, Menü 85–120 € | Mo-Fr Mo-Sa

Freunde gepflegter Gastlichkeit werden sich in diesem einladenden und stimmungsvollen Ristorante wohlfühlen. Lieblingsplatz der Gäste ist der lichtdurchflutete Wintergarten. An fein gedeckten Tischen werden schmackhafte Gerichte aus der gehobenen italienischen Küche serviert.

DÜLMEN 29 B www.duelmen-marketing.de

Nordrhein-Westfalen | EW 47.000 | 67 m | Haltern 12 km, Coesfeld 15 km

Weberei Bendix
www.hotel-bendix.de

garni

Lüdinghauser Straße 70-74, PLZ 48249, **T 02363 377377**
43 Zimmer | Ez ab 79 €, Dz ab 109 €, inkl. Frühstück

Ein echtes Schmuckstück! Hinter der eindrucksvollen Fassade des einstigen Webereigebäudes ist eine zeitgemäße Übernachtungsadresse entstanden. Die Kombination aus historischem Gebäude und modernen Einrichtungselementen zieht sich durch das gesamte Hotel. Lifestyle pur herrscht in den überaus wohnlich eingerichteten Zimmern und Apartments. Das Haus ist für Freizeitgäste und Geschäftsreisende gleichermaßen geeignet.

DURBACH 57 C
www.durbach.de

Baden-Württemberg | EW 3.824 | 208 m | Offenburg 9 km, Baden-Baden 54 km

Ritter
www.ritter-durbach.de

VARTA-TIPP Service

★★★★ S

Tal 1, PLZ 77770, **T 0781 93230,** F 9323100
87 Zimmer | 7 Suiten | Ez ab 71 €, Dz ab 142 €, inkl. Frühstück | 24 h

Gewachsenes Hotel mit modern gestylten Zimmern und gelebtem Gastgebertum inmitten einer reizvollen Weinlandschaft. Ein besonderes Highlight sind die exklusiven SPA-Suiten. Der 1.200 qm große Wellnessbereich umfasst verschiedene Saunen, Ruheräume, einen Innenpool und einen Whirlpool. Die geschmackvoll gestaltete „Ritter Lounge“ bildet den geselligen Mittelpunkt des Hauses. Ein vorbildlicher Betrieb, in dem Herzlichkeit und Persönlichkeit groß geschrieben werden.

[maki:'dan] im Ritter

VARTA-TIPP Küche

60 | Hauptgericht 7–19 €, Menü 28–76 € | Di-Sa Mo, So

Bei diesem innovativen Foodkonzept wird die Spitzenküche legerer, greifbarer und erlebbarer. Für die bunte kulinarische Mischung an Köstlichkeiten, die Chefkoch André Tienelt und seine Crew hier für Sie zubereiten, gibt es keine vorgegebene Reihenfolge. Der Gast entscheidet, mischt und probiert nach Lust und Laune. Für den perfekten Weingenuss sorgt Sommelier Marco Feger. Tischreservierung empfehlenswert.

Rebstock
www.rebstock-durbach.de

VARTA-TIPP Service

★★★★

Halbgütle 30, PLZ 77770 (OT: Halbgütle), **T 0781 4820,** F 482160
43 Zimmer | 8 Suiten | 16 Apartments | Ez 91–150 €, Dz 170–230 €, inkl. Frühstück | 9.–29.1.23

Ein herrliches Feriendomizil in reizvoller Landschaft! Der Gast merkt, dass hier sehr gut harmonierende und erfahrene Gastgeber wirken, die sich liebevoll um seine Wünsche kümmern. Sie wohnen in geschmackvoll ausgestatteten Zimmern und Suiten. Dazu ein hübscher Wellnessbereich mit Sauna, Dampfbad und Ruheinseln. Zu den Rebstock-Inklusivleistungen gehören Mountainbike-Verleih, freie Fitness-Center-Nutzung sowie Shuttle-Service innerhalb Durbachs.

Rebstock

VARTA-TIPP Küche

60 | Hauptgericht 21–38 €, Menü 57–96 € | Di-So Mo 9.–29.1.23, 31.7.–6.8.23

Hier vereinen sich traditionelle Küche und regionaltypisches Schwarzwaldambiente in hervorragender Weise. Die abwechslungsreiche Speisekarte bietet Regionales mit internationalen Einflüssen, z.B. „Rehedelgulasch in Spätburgunder geschmort, hausgemachte Spätzle und Preiselbeeren". Regelmäßig finden saisonale Themenwochen statt. Wunderschöne Terrasse im Grünen.

DÜREN 39 A www.dueren.de

Nordrhein-Westfalen | EW 88.953 | 125 m | Aachen 32 km, Köln 37 km

Dorint Hotel Düren hotel-dueren.dorint.com

★★★★ garni

Moltkestr. 35, PLZ 52351, **T 02421 44020,** F 4402100
120 Zimmer | Ez 89–169 €, Dz 99–179 €, ab 22,00 € | 24 h

Der schlichte, neuzeitliche Hotelneubau neben dem Theodor-Heuss-Park beherbergt zeitgemäß und wohnlich ausgestattete Zimmer mit offenem Badezimmerkonzept. Im Restaurant „DURON Bar | Grill" gibt es u.a. Steaks, Burger und Flammkuchen.

DÜRKHEIM, BAD 50 D www.bad-duerkheim.com

Rheinland-Pfalz | EW 20.209 | 132 m | Grünstadt 11 km, Mannheim 24 km

Kurpark-Hotel www.kurpark-hotel.de

★★★★ S garni

Schlossplatz 1-4, PLZ 67098, **T 06322 7970,** F 797158
113 Zimmer | Ez ab 99 €, Dz ab 164 €, 15,00 € | 24 h

Modernes Business- und Urlaubshotel direkt am mediterranen Kurpark. Gemütlich eingerichtete Zimmer mit sehr gutem Wohnkomfort. Direkter Zugang zur Spielbank (Eintritt für Hotelgäste gratis) und zum Wellnesszentrum Vitalis.

Wellness- und Gartenhotel Heusser www.hotel-heusser.de

★★★★ S garni

Seebacher Straße 50-52, PLZ 67098 (OT: Seebach), **T 06322 9300,** F 930499
93 Zimmer | 5 Suiten | Ez 98–145 €, Dz 155–205 €, inkl. Halbpension | 24 h

Der florierende Hotelbetrieb inmitten einer asiatisch anmutenden Gartenanlage besteht aus verschiedenen Gebäuden, die alle miteinander verbunden sind. Die Zimmer sind individuell, unterschiedlich groß und teils modern gestaltet. Nationale und internationale Küche serviert man im Restaurant „Gartenblick". Toll: über 2.000 qm großer SPA-Bereich mit Panorama-Außensauna und Outdoorpool auf der Wellnessterrasse. Ein Highlight ist zweifellos das japanische Teehaus.

Annaberg www.halbersbacher-hotel-annaberg.de

garni

Annabergstraße 1, PLZ 67098, **T 06322 94000,** F 940090
35 Zimmer | 8 Suiten | Ez ab 79 €, Dz ab 89 €

Kernsaniertes historisches Weingut in exklusiver Lage zwischen Wald und Reben. Individuell eingerichtete Zimmer und Suiten. Restaurant mit angrenzendem Wintergarten und Terrasse. Hübsche Veranstaltungsräume im Erd- und Untergeschoss.

An den Salinen www.hotel-an-den-salinen.com

★★★ S garni

Salinenstraße 40, PLZ 67098, **T 06322 94040,** F 940434
16 Zimmer | Ez 74–87 €, Dz 89–107 €, inkl. Frühstück

Ein kleines, gepflegtes Privathotel mit behaglicher Atmosphäre. Sie wohnen in zweckmäßig-funktionellen Zimmern, die teils mit französischen Balkonen ausgestattet sind. Morgens erwartet Sie ein gutes Frühstück in Buffetform.

Restaurant und Weinstube Käsbüro www.kaesbuero.de

Dorfplatz 1, PLZ 67098 (OT: Seebach), **T 06322 680963**
120 | Hauptgericht 18–28 € | So Mo, Do-So Di, Mi

Das historische Haus wird bereits seit dem 17. Jhd. als Gaststätte genutzt. In mehreren gemütlichen Stuben wird eine regional-mediterrane Küche aufgetischt. Im Sommer wird auch im hübsch begrünten Innenhof serviert.

Weinstube Bach-Mayer www.bach-mayer.de

Gerberstraße 13, PLZ 67098, **T 06322 92120**
50 | Hauptgericht 8–24 €, Menü 37–63 € | Sa-So Mo, Do-Fr Di, Mi

Traditionsreiche und gepflegte Weinstube im Alten Fürstlichen Jagdhaus mit gemütlichen Gaststuben. Geboten wird eine feine saisonale Landküche mit Pfälzer Spezialitäten wie Saumagen, Leberknödel oder Bratwurst. Bei schönem Wetter lockt der idyllische Garten.

DÜRRHEIM, BAD 65 A badduerrheim.de

Baden-Württemberg | EW 12.634 | 703 m | Schwenningen 5 km, Villingen 8 km

Parkhotel Waldeck Schrenk www.hotel-waldeck.com

Waldstraße 18, PLZ 78073, **T 07726 663100,** F 8001
36 Zimmer | 2 Suiten | 2 Apartments | 24 h

Kur- und Wellnesshotel mit guten Tagungsmöglichkeiten in ruhiger Lage. Schöner SPA-Bereich auf 500 qm mit mehreren Saunen, Kneipp-Tretbecken und Wellnessgarten. Mehrere Restaurants mit regionaler und internationaler Küche.

Salinensee www.hotel-salinensee.de

Am Salinensee 1, PLZ 78073, **T 07726 37050,** F 3705255
27 Zimmer | Ez 82–109 €, Dz 134–176 €, inkl. Frühstück

Inmitten einer bezaubernden Naturkulisse direkt am Salinensee empfängt Sie dieses gepflegte Haus. Es bietet seinen Gästen moderne Zimmer und Suiten, einen SPA mit Indoorpool und Saunen sowie ein behagliches Restaurant nebst großzügig angelegter Terrasse.

DÜSSELDORF 29 C www.duesseldorf-tourismus.de

Nordrhein-Westfalen | EW 640.000 | 36 m | Krefeld 31 km, Wuppertal 35 km

Altstadt mit Geburtshaus Heinrich Heines und Reiterstandbild Jan Wellems, Königsallee mit Tritonengruppe, Rheinuferpromenade, Kunstsammlung NRW, Heinrich-Heine-Institut, MedienHafen und Rheinpark Bilk mit Rheinturm, Gehry-Bauten und Landtag, Deutsche Oper am Rhein im Hofgarten, NRW Forum im Ehrenhof, Schloss und Park Benrath, Kaiserswerth mit Kaiserpfalz, Carlstadt mit Carlsplatz.

Einen Cityplan finden Sie auf Seite 332–333.

Breidenbacher Hof www.breidenbacherhof.com

VARTA TIPP Service

★★★★★S

Königsallee 11 (C4), PLZ 40212, **T 0211 16090500,** F 16090111

106 Zimmer | 21 Suiten | Ez 485–925 €, Dz 485–925 €, 24,00–48,00 € | 24 h

Das im klassischen Stil eingerichtete Grandhotel gehört zweifelsohne zu den Top-Adressen im Land. Hier fühlt man sich rundum wohl - angefangen bei der persönlichen Atmosphäre und dem diskreten Service über die hochwertigen und gleichermaßen geschmackvollen Zimmer sowie den attraktiven Wellnessbereich bis hin zum exklusiven Frühstück. Ein besonderer Blickfang ist die geschwungene Marmortreppe in der Lobby.

The Duchy www.theduchy-restaurant.com

87 | Hauptgericht 22–79 € | Di-Sa Mo, So

Inspiriert von klassischen Pariser Brasserien begeistert das elegante Hotelrestaurant seine Gäste mit einer schmackhaften französischen Cuisine mit regionalem Bezug. Eine stilvolle Komposition aus Holzelementen, Spiegeln und Kunst, warmen Farben und feinen Stoffen definiert das Interieur.

Derag Livinghotel De Medici — www.living-hotels.com

Mühlenstraße 31 (C4), PLZ 40213, **T 0211 160920**
170 Zimmer | 58 Apartments | 24 h

In einem historischen, denkmalgeschützten Gebäude empfängt Sie dieses luxuriöse Hotel. In den Durchgängen und Fluren gilt es eine schöne Sammlung von Kunstwerken zu entdecken. Ein einmaliges Wohnerlebnis versprechen die edel ausgestatteten Zimmer und Serviced Apartments. Wer es ganz besonders exklusiv mag, sollte die eindrucksvolle Fürstensuite im ehem. Wappensaal buchen.

Brasserie Stadthaus — www.brasserie-stadthaus.de

120 | Hauptgericht 26–54 € | Mi-Sa Di-Sa Mo, So

Eine gefragte Adresse! Das großzügige, lebhafte Restaurant mit seiner markanten Kassettendecke und dem hübschen Innenhof bietet eine frische französische Küche. Von Foie gras und Austern über Steak Tartare sowie gegrilltem Hummer bis hin zu Bœuf bourguignon bleibt fast kein Wunsch unerfüllt. Dazu werden natürlich erlesene Weine aus Frankreich serviert.

Hyatt Regency — www.hyatt.com

Speditionstraße 19 (A5), PLZ 40221 (OT: Hafen), **T 0211 91341234,** F 91341235
303 Zimmer | 13 Suiten | 24 h

19-stöckiges Gebäude auf einer Landzunge direkt am Rheinufer. Moderne Zimmer in zeitgenössischem Design mit teils spektakulärem Blick auf den Medienhafen und die Düsseldorfer Altstadt. Klassische europäische Gerichte in moderner Interpretation serviert das Restaurant „DOX".

Kö59 — hommage-hotels.com

GREENSIGN

Königsallee 59 (C5), PLZ 40215, **T 0211 82850**
287 Zimmer | 34 Suiten | Ez 259–599 €, Dz 279–629 €, 31,00 € | 24 h

Internationales Business- und Lifestyle-Hotel in bester Citylage. Die Zimmer und Suiten zeigen sich in frischen Farben, modernem Design und zeitgemäßem Komfort. Die Lobby Lounge, die sich im atemberaubenden Stein- und Glasatrium des Hotels befindet, ist der ideale Ort für einen Afternoon Tea oder einen Aperitif am Abend. Zum Haus gehört auch ein großer Veranstaltungsbereich.

Kö59 — koe59.com

180 | Hauptgericht 20–45 €, Menü 59–79 € | Di-Sa Mo, So

Das Hotelrestaurant zeigt sich offen, modern und kosmopolitisch. Dazu passt auch das Foodkonzept: Die innovative Speisekarte - masterminded by Björn Freitag - legt den Fokus auf lokal-saisonale Produkte und offeriert eine frische rheinische Küche mit internationalen Einflüssen.

Stadtteil Niederkassel
(zu Düsseldorf)
Stadtteil Pempelfort
(zu Düsseldorf)
Altstadt
Carlstadt
Städt. Häfen
Rhein
Theodor-Heuss-Brücke
Oberkasseler Brücke
Rheinkniebrücke
Luegallee
Rheinallee
Golzheimer Pl.
Kennedydamm
Victoriaplatz/Klever Str.
Tonhalle/Ehrenhof
Barbarossapl.
Belsenpl.
Luegpl.
U70,U74,U75,U76,U77
U76,U77
U78,U79
Festwiese
Rheinpark
Rheinpark Bilk
Landtag NRW
Medienhafen
Hafenbecken A
Hafenbecken B
1 = Friesenstraße
2 = Dechant-König-Weg
3 = Adalbertstraße
4 = Werner-Pfingst-Platz
Düsseldorf
0 170 340m
A
B
C
1
2
3
4
5

D
E
F
1
2
3
4
5
Stadtmitte
D-Derendf.
Hochschule Düsseldorf
Münsterstraße
Jülicher Straße
Gruner-straße
Gruner-str.
Brehmstraße
Zoopark
Eisstadion
Brehmpl.
Brehm-platz
Lindemann-straße
Lindemannstr.
Schiller-pl.
D-Zoo
Toulouser Allee
Grafenberger Allee
Uhlandstr.
D-Wehrhahn
D-Flingern
Birken-straße
Dorotheenstr.
Kölner Straße
Worringer Platz
Immermannstraße
Oststr.
Steinstraße
Königsallee
Hbf.
U70
U76,U78
Handelszentr./Moskauer Str.
IHZ-Park
Kettwiger Str.
Oberbilker Markt/Warschauer Str.
Werdener Str.
Berliner Allee
Graf-Adolf-Str.
Hofgarten
Jägerhof-str.
Theatermuseum
Schauspielhaus
Am Wehrhahn
Adlerstraße
Pempelforter Str.
Jacobi-str.
Marien-hospital
Stockkampstr.
Franklinstraße
Albrecht-Berty-Park
Münster-Therme
Prinz-Georg-Str.
Capitol Tanzhaus
Stadtbad
Düsselstrand
Stadtwerke Düsseldorf
Josefplatz
Ellerstraße
Industrie-str.
Hütten-str.
Cornelius-str.
Börse
Japan-viertel
Konrad-Adenauer-Platz
Stresemann-platz
Ackerstraße
Heinrichstraße
Ostendorfstr.
Münsterpl.
St.-Vinzenz-Krkhs.
Bezirks-sportanlage
Künstler-verein Malkasten
Hauptamt Stadtverw.

Maritim www.maritim.de

Maritim-Platz 1, PLZ 40474 (OT: Lohausen), **T 0211 52090,** F 52091000
533 Zimmer | 38 Suiten | 24 h

Großzügiges Konferenzhotel in der Nähe des Messegeländes mit elegant eingerichteten Zimmern und Suiten. Exklusiver Wellnessbereich mit Pool, Sauna, Dampfbad, Fitness und Massage. Mehrere Restaurants mit internationalen und regionalen Spezialitäten.

Radisson Blu Media Harbour Hotel www.radissonhotels.com

★★★★ S

Hammer Straße 23 (A5), PLZ 40219 (OT: Hafen), **T 0211 3111910,** F 31119110
135 Zimmer | 3 Suiten | 24 h

Das moderne, internationale Geschäftshotel mit seiner originellen v-förmigen Fassade aus brasilianischem Schiefer ist der Blickfang im Düsseldorfer Medienhafen. Sämtliche Gästezimmer wurden von dem namhaften italienischen Gastrodesigner Matteo Thun entworfen. Italienisches Restaurant mit mediterraner Küche und verglastem, begehbarem Weinkeller.

Steigenberger Parkhotel www.duesseldorf.steigenberger.de

★★★★★S

Königsallee 1a (C4), PLZ 40212, **T 0211 13810,** F 1381592
130 Zimmer | 11 Suiten | Ez 175–835 €, Dz 215–875 €, ab 34,00 € | 24 h

Ein klassisch-elegantes Haus mit prunkvoller Fassade in exponierter Lage am Anfang der Shopping- und Ausgehmeile Königsallee. Hier erwarten Sie luxuriös eingerichtete Zimmer und Suiten mit hohen Decken und zeitgemäßem Wohnkomfort. Hausgäste haben kostenfreien Zugang zur hoteleigenen Sauna- und Fitnessarea.

Pink Pepper **Neu!** www.pinkpepper-restaurant.com

VARTA-TIPP Küche **VARTA-TIPP** Service

30 | Menü 139–174 € | Di-Sa Mo, So

Im gehobenen Fine-Dining-Restaurant sorgt Benjamin Kriegel für kulinarische Highlights. Viel Samt, florale Accessoires sowie sanfte, warme Farbakzente bestimmen das opulente Interiordesign. Der Chef am Herd ist in Düsseldorf kein Unbekannter. Dass Kriegel auf Spitzenniveau kocht, hat er bereits im „Fritz‘s Frau Franzi“ bewiesen und zeigt es auch hier: Seine Küche ist international inspiriert, dennoch setzt er auf saisonale und regionale Ingredienzen, die sich auf dem Teller zu einem Gesamtkunstwerk zusammenfügen. In punkto Wein setzt man ausschließlich auf europäische Gewächse. Dazu ein lockerer und gleichermaßen kompetenter Service.

Indigo www.indigoduesseldorf.com

★★★★

Kaiserswerther Straße 20 (C2), PLZ 40477 (OT: Pempelfort), **T 0211 49990,** F 4999100
126 Zimmer | 2 Suiten | 24 h

Dieses Boutique-Hotel steht für einen sichtbaren Design- und Modeschwerpunkt. Jede Etage ist eine Hommage an ein Modejahrzehnt – von den 1950ern bis zu den 2000er-Jahren. Die Gästezimmer sind individuell mit Stoffen und Mustern in leuchtenden Farben gestaltet. Darüber hinaus verfügt das Haus über eine Gartenterrasse, eine Cocktail-Lounge und ein stylishes Restaurant.

Innside Düsseldorf Hafen
www.melia.com

★★★★

Speditionstr. 9 (A5), PLZ 40221, **T 0211 447170,** F 447178009
134 Zimmer | 9 Suiten | Ez 99–600 €, Dz 134–600 €, inkl. Frühstück | 24 h

Modernes Designhotel im Düsseldorfer Medienhafen. Zurückhaltende Farben, edle Materialien und ein puristisches Ambiente prägen die Gästezimmer. Schmuckstück des Hauses ist die ringsum verglaste Skylounge mit Bar und Restaurant im 16. Stock mit atemberaubendem 360-Grad-Blick auf den Hafen. Zum Haus gehört auch ein kleiner Wellfitbereich mit finnischer Sauna und Ruhebereich.

Leonardo
www.leonardo-hotels.com

Ludwig-Erhard-Allee 3 (E5), PLZ 40227, **T 0211 77710,** F 7771777
134 Zimmer | 5 Suiten | 3 Apartments | 24 h

Das komfortable Hotel am Düsseldorfer Hauptbahnhof bietet modern-funktionelles Ambiente, komfortbale Zimmer mit zeitgemäßer Technik, einen zeitgemäßen Wellnessbereich und gute Tagungsmöglichkeiten. Im Restaurant „Ludwig's" wird regional gekocht.

Lindner Congress Hotel
www.lindner.de

GREENSIGN ★★★★

Lütticher Straße 130 (↖ A1), PLZ 40547 (OT: Lörick), **T 0211 59970,** F 5997339
286 Zimmer | Ez 89–499 €, Dz 99–519 €, 23,00 € | 24 h

Komfortables Hotel in verkehrsgünstiger Lage gegenüber den Rheinauen. Elegante, teils im Bootsstil designte Zimmer unterschiedlicher Kategorien. Modernes „Wellfit-Center" mit Sauna und Fitnessraum. Restaurant mit internationaler Küche.

Meliá
www.melia.com

★★★★ S

Inselstraße 2 (C3), PLZ 40479 (OT: Pempelfort), **T 0211 522840,** F 522842299
201 Zimmer | 11 Suiten | 24 h

Gegenüber dem Hofgarten gelegenes Stadt- und Businesshotel mit guter Verkehrsanbindung. Klimatisierte, modern und komfortabel ausgestattete Zimmer und Suiten. Restaurant mit modern-mediterraner Küche.

Nikko Neu!
www.hotelnikkodusseldorf.de

Immermannstraße 41 (D4), PLZ 40210, **T 0211 8340,** F 161216
393 Zimmer | 24 h

Das 1974 erbaute Hotel befindet sich im japanischen Viertel. Hier wohnen Sie in hellen, geschmackvoll renovierten Zimmern, die in unterschiedlichen Kategorien buchbar sind. Entsprechend der fernöstlichen Prägung sind das Teppanyaki-Restaurant und die Sushi-Bar in der Lobby in japanischer Hand. Hübscher SPA-Bereich in der 11. Etage.

Sheraton Düsseldorf Airport Hotel
www.marriott.de

★★★★ S

Terminal-Ring 4, PLZ 40474 (OT: Lohausen), **T 0211 41730,** F 4173707
198 Zimmer | 2 Suiten | Ez 110–510 €, Dz 110–510 € | 24 h

Modern renoviertes, direkt auf dem Dach des Parkhauses P3 gelegenes Hotel im Penthouse-Stil. Die schalldichten und komfortabel ausgestatteten Zimmer bieten behagliche Atmosphäre in warmen Farben. International speist man im Restaurant „Otto".

The Wellem
www.thewellem.com

Mühlenstraße 34 (C4), PLZ 40213, **T 0211 547650622,** F 547650666
102 Zimmer | 102 Suiten | 24 h

Das imposante Luxus-Boutique-Hotel - benannt nach Kurfürst Jan Wellem - ist definitiv kein Hotel „von der Stange"! Herzstück des denkmalgeschützten Gebäudes ist die großzügige Eingangshalle mit dem prächtigen Treppenaufgang. Die majestätisch anmutenden Räume des ehemaligen Gerichtsgebäudes aus dem frühen 20. Jahrhundert verschmelzen mit einer modernen und stilvollen Innenarchitektur. Die Studios und Suiten verfügen über Originalkunstwerke von renommierten Künstlern. Jede Wohneinheit hat einen separaten Schlaf- und Wohnbereich. Für kulinarische Vielfalt sorgen mehrere Restaurants.

Van der Valk Airporthotel Düsseldorf
www.airporthotelduesseldorf.com

★★★★ S

Am Hülserhof 57, PLZ 40472 (OT: Rath), **T 0211 200630,** F 20063200
194 Zimmer | 22 Suiten | Ez ab 89 €, Dz ab 89 €, inkl. Frühstück

Geradlinig-modern gestaltetes Hotel in verkehrsgünstiger Lage. Hier erwarten den Gast großzügig geschnittene Zimmer und Themensuiten mit Panoramafenstern. Darüber hinaus gibt es ein Business Center, eine Sauna sowie zwei Restaurants.

25hours Hotel Düsseldorf Das Tour
www.25hours-hotels.com

Louis-Pasteur-Platz 1 (E3), PLZ 40210, **T 0211 900910**
198 Zimmer

Leitthema des 2018 eröffneten Hotels sind die Gegensätze zwischen deutscher Ingenieurskunst und französischem Künstlerflair. Die Zimmer gibt es in verschiedenen Kategorien - teils mit verträumt-künstlerischem Charme und warmen Tönen, teils mit geradlinigem Design und klaren Farben. Restaurant mit Rooftop-Bar auf der 16. und 17. Etage.

HENRI Hotel
www.henri-hotels.com/duesseldorf

Am Wehrhahn 86 (E3), PLZ 40211, **T 0211 44767700,** F 44767776
79 Zimmer | 79 Apartments | 24 h

Die Studios und öffentlichen Bereiche dieses 2018 eröffneten Themenhotels sind im Stil der 1960er- und 1970er Jahre eingerichtet. Darüber hinaus bietet das Haus einen großzügigen Empfangsbereich mit Wohnlounge sowie einen kleinen Wellness- und Fitnessbereich im ersten Stock.

Innside Düsseldorf Derendorf
www.melia.com

★★★★

Derendorfer Allee 8 (↗ D1), PLZ 40476 (OT: Derendorf), **T 0211 175460,** F 17546175
160 Zimmer | 40 Suiten | Ez 99–519 €, Dz 118–568 € | 24 h

Modernes Lifestyle-Hotel im Gewerbepark nahe der Königsallee. Großzügige Designerstudios und -suiten mit futuristisch gestalteten Badezimmern. Kleiner Wellnessbereich mit Sauna, Dampfbad und Fitnessraum. Stylishes Restaurant mit internationaler Küche und schöner Terrasse.

me and all hotel
duesseldorf.meandallhotels.com

★★★★

Immermannstraße 23 (D4), PLZ 40210, **T 0211 542590**
177 Zimmer | 24 h

Das lifestyle-orientierte Boutique-Hotel empfängt Sie im berühmten japanischen Viertel im Zentrum der Stadt. Die Zimmer punkten mit funktionaler Eleganz und geradlinig-hochwertigem Design. Herzstück des Hauses ist die „working area" in der Lobby. Hübsch die Lounge mit Aussicht in der 11. Etage.

Muze Hotel
www.muzehotel.de

garni

Prinz-Georg-Straße 126 (D3), PLZ 40479 (OT: Pempelfort), **T 0211 3611560**
60 Zimmer

Das 2021 eröffnete Boutique-Hotel setzt auf eine Symbiose aus Kunst und Design. Die Zimmer und öffentlichen Bereiche hat man bis ins kleinste Detail durchgestylt: Poliertes Holz, heller Travertinstein und abgerundete Linien in den Möbeln sorgen für ein warmes, behagliches Ambiente. Dazu findet man im gesamten Haus zeitgenössische Arbeiten internationaler Künstler.

Ruby Coco Hotel
www.ruby-hotels.com

Steinstraße 13 (D4), PLZ 40212, **T 0211 54766260**
92 Zimmer

Das schicke Themenhotel befindet sich im Gebäude der Kö-Galerie und ist eine Hommage an die französische Modelegende Coco Chanel. Ausgesprochen hochwertig zeigen sich die Gästezimmer: Echtholzdielenboden, Kirschbaumwandvertäfelung, edle Textilien, luxuriöse Betten mit überlangen Taschenfederkernmatratzen. In jedem Zimmer stehen kostenfrei ein Tablet sowie ein Smartphone mit unbegrenztem Datenvolumen bereit.

Ruby Luna Hotel
www.ruby-hotels.com

Kasernenstraße 39 (D4), PLZ 40213, **T 0211 26006370**
198 Zimmer | 24 h

Das denkmalgeschützte ehem. Commerzbankgebäude ist ein Paradebeispiel für die Aufbruchstimmung der Wirtschaftswunderzeit. Die Innengestaltung greift diese Zeitepoche der 1950er und 1960er Jahre auf. Das „schwebende" offene Erdgeschoss wurde rundum verglast und lässt durch die überdimensionale Betonstruktur ein außergewöhnliches Raumgefühl in den öffentlichen Bereichen entstehen. Die Zimmer zeigen sich im gewohnten Lean-Luxury-Style: viel Weiß, hohe Decken, großes, bequemes Bett sowie ins Zimmer integrierte Glasregendusche.

The Fritz
www.the-fritz-hotel.de

VARTA-TIPP Ambiente

Adersstr. 8 (C5), PLZ 40215 (OT: Friedrichstadt), **T 0211 370750**
31 Zimmer | 2 Suiten | Ez 141–472 €, Dz 141–472 €, ab 8,50 € | 24 h »

Ein Haus für Designliebhaber und Genießer! Das Interieur des stylishen Boutique-Hotels ist die raffinierte Antwort auf einen modernen, unabhängigen Lifestyle und besticht durch spannende Gegensätze: Wertvoller Marmor und luxuriöse Farben wie Gold und Schwarz treffen auf zurückhaltendes, warmes Holz. Die Zimmer überzeugen durch urbane Modernität und zeitgemäße Technik. WLAN und Minibar sind im Zimmerpreis inkludiert.

Fritz's Frau Franzi Neu! www.fritzs-frau-franzi.de

VARTA-TIPP Küche

45 | Hauptgericht 39–49 €, Menü 136–152 € | Mi-Sa Mo, So

Hier trifft lässige Extravaganz auf gehobene Gourmetküche. Edle dunkelblaue Sofabänke, schwere, plüschige Sessel, kühler Marmorboden, anthrazitfarbene Tische und warmes Holz sorgen in dem Fine-Dining-Restaurant für ein wohlig-stylishes Ambiente. Chefkoch Tobias Rocholl bietet eine weltoffene, finessenreiche Küche, die in Menüform serviert wird. Seine experimentelle Ader, die Detailverliebtheit und die Begeisterung für das Handwerk spürt man bei all seinen Gerichten. Der liebenswerte Service versorgt Sie mit den passenden Weinen.

Auszeit Hotel www.auszeit-hotel.de

★★★★ garni

Auf'm Hennekamp 71, PLZ 40225 (OT: Bilk), **T 0211 3020590,** F 30205999
54 Zimmer | 24 h

Nur wenige Gehminuten vom Volksgarten entfernt ist dieses freundlich geführte Stadthotel. Die Zimmer sind zeitgemäß und in edler Holzoptik (allergiefreundlich) ausgestattet. Bekannt ist das Haus für sein großes und ausgewogenes Frühstücksbuffet.

me and all Hotel Düsseldorf-Oberkassel Neu! www.meandallhotels.com/hotels

GREENSIGN

Hansaallee 1a (A3), PLZ 40549 (OT: Oberkassel), **T 0211 54014300**
249 Zimmer | 16 Suiten, ab 19,00 € | 24 h

Bunt, glitzernd und pompös - so könnte man das 2022 eröffnete Boutique-Hotel kurz und knapp beschreiben. Blickfang am Empfang ist ein großformatiges Kunstwerk im Pop-Art-Stil, das die englische Königsfamilie als Schafsherde zeigt. Wohnlich und zeitgemäß zeigen sich die Gästezimmer mit ihren offen konzipierten Bädern. Edle Materialien wie Samt, Mohair, Kristall oder Gold schaffen eine warme, gemütliche Atmosphäre. Das Haus bietet auch einen Fitnessbereich, Coworking Spaces und zwei Boardrooms.

Nagaya nagaya.de

VARTA-TIPP Küche VARTA-TIPP Service

Klosterstr. 42 (D4), PLZ 40211, **T 0211 8639636**
35 | Menü 179–218 € | Di-Sa Mo, So

Auch 2023 gehört das „Nagaya“ für uns zu den japanischen Top-Adressen in Deutschland. Wer das Besondere liebt, kommt an diesem Restaurant nicht vorbei! Die modern-puristische Einrichtung überzeugt ebenso wie die kunstvollen, aromenreichen Kreationen von Yoshizumi Nagaya, die auch Elemente der klassischen Haute Cuisine aufgreifen. Im Weinkeller lagern mehr als 150 hochwertige Weine. Ein großes Lob verdient der zuvorkommende und äußerst eloquente Service.

1876 Daniel Dal-Ben
www.1876.restaurant

VARTA★TIPP Küche **VARTA-TIPP** Service

Grunerstraße 42a (E1), PLZ 40239 (OT: Mörsenbroich), **T 0211 1717361**
12 | Menü 135–198 € | Mi-Sa Mo, Di, So

Man betritt dieses kleine, gemütliche Gourmetrestaurant im Düsseldorfer Zooviertel stets mit Wiedersehensfreude. Nicht allein des herzlichen Service wegen, auch die frisch und kreativ zubereitete Küche erfreut das Feinschmeckerherz jedes Mal aufs Neue. Chefkoch Daniel Dal-Ben verwöhnt Sie in entspannter Wohnzimmeratmosphäre mit erlesenen Tafelspitzen, dabei bilden Fisch und Meeresfrüchte einen großen Bestandteil seines Menüs. Dazu empfiehlt man erstklassige Weine. Tischreservierung notwendig.

Berens am Kai
www.berensamkai.de

VARTA-TIPP Küche

Kaistraße 16 (A5), PLZ 40221 (OT: Hafen), **T 0211 3006750**
60 | Hauptgericht 34–45 €, Menü 105–120 € | Fr Mo, Mi-Sa Di, So

Das puristisch-elegante Restaurant mit gläserner Architektur und schöner Aussicht auf die Industrieromantik des Medienhafens ist eine beeindruckende Konstante in der Düsseldorfer Gourmetszene. Die französisch-mediterrane Küche von Holger Berens überzeugt auf ganzer Linie: Kreativität gepaart mit hohem Eigenanspruch und klarem Fokus auf Produkte aus der Region. Um sein gesamtes Spektrum kennenzulernen, sollten Sie sich für ein Menü entscheiden! Die Terrasse ist im Sommer sehr beliebt.

DR.KOSCH
www.dr-kosch.de

VARTA-TIPP Küche

Roßstraße 39 (E4, Ecke Römerstraße), PLZ 40476, **T 0176 80487779**
28 | Hauptgericht 11–22 €, Menü 82–116 € | Do-Sa Mo, Di, Mi, So

Diese angenehm unprätentiöse Gastrobar mit ihrer lebendigen Atmosphäre steht nach wie vor auf der Beliebtheitsskala der Düsseldorfer ganz weit oben. Die Gäste bestellen hier am liebsten das Menü in 6 Gängen - die beste Art, die modernen, finessenreichen Kreationen von Volker Drkosch kennenzulernen. Bei seinen Gerichten setzt er konsequent auf nachhaltig erzeugte Zutaten. Die Weinkarte ist alles andere als langweilig und bietet einige Raritäten. Tipp: Unbedingt reservieren.

Im Schiffchen
www.im-schiffchen.de

VARTA-TIPP Küche **VARTA-TIPP** Service

Kaiserswerther Markt 9, PLZ 40489 (OT: Kaiserswerth), **T 0211 401050**
45 | Hauptgericht 18–36 €, Menü ab 136 € | Di-Sa Mo, So

Noch immer ist diese traditionsreiche Adresse am Kaiserswerther Markt ein absoluter Gästemagnet. Serviert werden beliebte Klassiker der französischen Küche sowie italienisch inspirierte saisonale Gerichte - natürlich stets unter der Leitung des Patrons Jean-Claude Bourgueil. Freundlich und unaufgeregt agiert der Service unter der Leitung der charmanten Raquel Plum.

Phoenix

www.phoenix-restaurant.de

VARTA-TIPP Küche

Dreischeibenhaus (D4), PLZ 40211, **T 0211 30206030**
50 ⑁ | Hauptgericht 37–46 €, Menü 93–117 € | ◔ Mo-Fr ◐ Di-Sa ⊘ So

Im Erdgeschoss des Dreischeibenhauses - der einstigen Telefonzentrale der Thyssen-Hauptverwaltung - setzt man auf zeitgenössische Kunst, edles Design und zeitgemäßes Fine Dining. Maßgeschneiderte Sitzmöbel, ein dunkelgrüner Natursteinboden und polierter Edelstahl an den Wänden sorgen für Eleganz. Unter der kulinarischen Leitung von Philipp Wolter serviert man eine weltoffene moderne Küche mit starkem regionalen Bezug. Gelungen bringt man die tollen Aromen der frischen Produkte zum Ausdruck. Tipp: Dienstag bis Freitag Quicklunch (3-Gang-Menü). Die Bel Étage im ersten OG eignet sich für private Festivitäten und geschäftliche Veranstaltungen.

Restaurant Setzkasten

www.setzkasten-duesseldorf.de

VARTA-TIPP Küche **VARTA-TIPP** Service

Berliner Allee 52 (D5, Zugang über Einkaufsmarkt im UG), PLZ 40212, **T 0211 2005716**
58 ⑁ | Menü 129 € | ◔◐ Mo-Mi, Fr-Sa ⊘ Do, So

Spitzenküche im Supermarkt. Geht nicht? Sehr wohl: Im „Zurheide Center im Crown" befindet sich das zeitgemäß-elegant gestylte Restaurant. Egal ob Sie die modernen, kreativen Gerichte à la carte oder in Menüform mit kulinarischen Kleinigkeiten im sogenannten Setzkasten wählen - ein Besuch hier wird zum genussreichen Vergnügen. Die Weinkarte offeriert eine umfangreiche Auswahl erlesener Tropfen, darunter auch seltene Champagner. Der liebenswerte Service setzt den Gast in den Mittelpunkt - das absolute Wohlfühlerlebnis.

YOSHI by Nagaya

nagaya.de

VARTA-TIPP Küche

Kreuzstr. 17 (D4), PLZ 40211, **T 0211 86043060**
20 ⑁ | Menü 138–158 € | ◐ Di-Sa ⊘ Mo, So

Ein Ableger von Yoshizumi Nagayas Stammhaus in der Klosterstraße. Außen eher unscheinbar, im Innern zeigt sich das schlauchförmige Restaurant schlicht-elegant mit dunklen Wänden und geradlinigem Mobiliar. Aus der offenen Showküche kommen klassische japanische Gerichte, die durch ein ausgeklügeltes Zusammenspiel von Aromen, Klarheit und Innovation brillieren. Auch der Service „glänzt" mit asiatischer Freundlichkeit. Mittags auch für Businessgäste interessant.

20° Restobar

www.20grad.com

Mutter-Ey-Platz 3 (C3), PLZ 40213, **T 0211 86392030**
Hauptgericht 14–38 € | ◔ Di-Sa ◐ Mo-Sa ⊘ So

Im geschmackvollen Ambiente des Düsseldorfer Andreasquartiers vereint man Bar und Restaurant zu einem gelungenen Gastronomiekonzept. Zum Dinner dürfen Sie sich auf moderne Gerichte der mallorquinischen Bistroküche freuen. Im mediterran anmutenden Bistro kann man unkompliziert zu Mittag essen. Zusätzlich lädt die große Terrasse im Amphitheater-Stil in der warmen Jahreszeit zum Genuss im Freien ein.

Agata's

www.agatas.de

VARTA-TIPP Küche

Kirchfeldstr. 59 (D2), PLZ 40477 (OT: Unterbilk), **T 0211 20030616**
40 | Hauptgericht 32–42 €, Menü 129–159 € | Di-Sa Mo, So

In unaufdringlich-zeitlosem, aber dennoch modernem Ambiente überrascht Philipp Lange mit einer raffinierten Crossover-Küche, die Spaß macht und bei der ausschließlich frische Produkte Verwendung finden. Dazu eine schöne Weinauswahl. Vom Service werden Sie freundlich und kompetent betreut. Auch Kochkurse werden angeboten.

Le Flair

www.restaurant-leflair.de

VARTA-TIPP Küche

Marc-Chagall-Straße 108 (E2), PLZ 40477 (OT: Pempelfort), **T 0211 51455688**
25 | Menü 96–144 € | Mi-So Mo, Di

Flair, Charme und erlesene Gaumenfreuden erwarten Sie in diesem puristisch-gemütlichen Restaurant im Düsseldorfer „Le Quartier Central". Ganz im Stil der Pariser Bistronomie offeriert Küchenchef Dany Cerf elegante Kompositionen der französischen Haute Cuisine in Form eines festen Menüs (4 bis 6 Gänge) - auf Wunsch mit Weinbegleitung. Um das Wohl der Gäste kümmert sich Lebensgefährtin Nicole Bänder. Tischreservierung empfehlenswert.

Mbassy by Frank's

www.franks-duesseldorf.de

Ratinger Str. 9 (C3), PLZ 40213, **T 0211 15858794**
Menü 55–75 € | Mi-Do, So Mi-So Mo, Di

Hinter der 300 Jahre alten Fassade des ehem. Palais Spinrath hat man ein attraktives Gastrokonzept aus Bistro, Club und Restaurant vereint. Im Fine-Dining-Restaurant erwartet Sie geschmackvolles Interieur gepaart mit einer ambitionierten Küche, bei der überwiegend saisonale und regionale Produkte Verwendung finden. Alternativ bietet das frankophil anmutende Bistro eine unkomplizierte Küche zu moderaten Preisen.

Rossini

www.rossini-gruppe.de

Kaiserstraße 5 (C3), PLZ 40479 (OT: Pempelfort), **T 0211 494994**
45 | Hauptgericht 27–33 €, Menü 47–68 € | Di-Sa Mo, So

Elegantes Restaurant mit klassischem Ambiente und aufmerksamem Service. Serviert wird eine gehobene italienische Küche nach Rezepten der „Alta Cucina". Preiswerte Gerichte bietet die „Osteria La Piazzetta".

Stappen in Oberkassel

www.gasthaus-stappen.de/duesseldorf

Luegallee 50 (A3), PLZ 40545 (OT: Oberkassel), **T 0211 93077600**
70 | Hauptgericht 21–36 €, Menü ab 59 € | So Mi-So Mo, Di

Ein gemütlich-modernes Restaurant mit ungezwungener Atmosphäre. Gekocht wird regional und saisonal mit frischen Produkten. Auf der Karte locken u.a. der traditionelle Düsseldorfer Senfrostbraten, aber auch spannende Gerichte wie „Rosa Entenbrust und rotes Gemüse-Thai-Curry mit Koriander, Chili und Duftreis".

Zweierlei
www.zweierlei-restaurant.de

Schwerinstraße 40 (C2), PLZ 40477 (OT: Pempelfort), **T 0211 9894587**
28 | Hauptgericht 22–28 €, Menü 59–99 € | Di-Sa Mo, So

Schick das modern-elegante Restaurant mit seinen bequemen Lederbänken und -stühlen, den braunen Holztischen und edlen Vorhängen. Neben Klassikern wie Forelle „Müllerin" oder Wiener Backhendl finden Sie auf der Karte auch vegetarische Gerichte. Dazu gibt es tolle Weine, vorwiegend aus Deutschland und Österreich.

Bistro Fatal
www.bistro-fatal.com

Hermannstraße 29 (F3), PLZ 40233 (OT: Flingern), **T 0211 36183023**
45 | Hauptgericht 12–37 €, Menü 46–52 € | Mi-Sa Mo, Di, So

Das Lokal von Alexandre und Sarah Bourgeuil ist immer gut besucht. In hellem Ambiente und lockerer Atmosphäre lässt man sich feine regional und südeuropäisch beeinflusste Gerichte schmecken. Es gibt auch ein paar Sitzplätze im Freien.

Brasserie Hülsmann
www.brasserie-huelsmann.de

Belsenplatz 1 (A3), PLZ 40545 (OT: Oberkassel), **T 0211 86399330**
130 | Hauptgericht 8–28 € | Di-Sa Mo, So

Wer es gerne gesellig mag und dabei gut speisen möchte, ist hier genau richtig. Toll die unkomplizierte, aber überaus leckere Brasserieküche! Genussgarantie versprechen „Geschmorte Kalbsbäckchen", „Kabeljau in Dijon-Senfsauce" oder „Hirschwurst mit Apfel und Püree". Dazu leckere Weine und ein freundlich-sympathischer Service.

EssBar
www.hm-essbar.de

Kaiserstraße 27 (C3), PLZ 40479 (OT: Pempelfort), **T 0211 91193905**
40 | Hauptgericht 15–45 €, Menü 39–45 € | Di-Mi Di-Sa Mo, So

Ein großer, gemütlicher Gastraum, in dem dunkle Farben dominieren, dazu ein freundlich-herzlicher Service sowie eine schmackhafte französisch-deutsche Küche mit asiatischen Einflüssen. Letztere gibt es z.B. als „Marinierte Lachstranche mit gebratener Riesengarnele, Misoschaum, Chinakohl & Rettich".

Fleher Hof
www.fleherhof.de

Fleher Straße 254, PLZ 40223 (OT: Flehe), **T 0211 31195711**
50 | Hauptgericht 19–35 €, Menü 49–69 € | So Mi-So Mo, Di

Was hinter der schönen Backsteinfassade auf den Teller kommt, ist deftige, rheinisch-westfälische Küche - modern interpretiert. Schmackhaft z.B. „Coq au Riesling (Französisches Maishähnchen | sanft gegarte Brust | Ragout von der Keule | Pfifferlinge | Kartoffelstampf)". Das Ambiente ist urig und der Service ausgesprochen nett.

L'arte in Cucina
www.arteincucina.de

Gerricusplatz 6, PLZ 40625 (OT: Gerresheim), **T 0211 52039590**
35 | Hauptgericht 26–75 €, Menü 56–84 € | Di-Sa Mo, So

In dem gemütlich-sympathischen Ristorante gegenüber der Basilika St. Margareta gibt es Typisches aus der Toskana. Neben Antipasti und Pasta zählen auch die schmackhaften Fleischgerichte (z.B. „Il Filetto di Maiale - Schweinefilet | rote Zwiebeln ‚Tropea' | Taggiasca-Oliven | grüner Apfel | Balsamico") zu den Spezialitäten.

Münstermanns Kontor
www.muenstermann-kontor.de

Hohe Straße 11 (C4), PLZ 40213 (OT: Carlstadt), **T 0211 1300416**
45 | Hauptgericht 8–37 € | 24.12.22–9.1.23

In unkomplizierter, entspannter Atmosphäre genießt man bei Familie Münstermann täglich wechselnde Gerichte und ausgewählte Weine - von klassisch und altbewährt bis fein und raffiniert.

Parlin
www.parlin-weinbar.de

Altestadt 12-14 (C3), PLZ 40213, **T 0211 87744595**
Hauptgericht 19–34 € | Mi-So Mo, Di

Längst kein Geheimtipp mehr! In der lebendigen Brasserie mit schöner Stuckdecke wird die deutsch-französische Küche gepflegt. Auf der Karte steht Leckeres wie „Zander | Kichererbsen | Salzzitrone | Paprikapüree" oder „Lammhaxe | Garam masala | Kichererbsen | Paprika | Gratin". Tischreservierung empfehlenswert.

Qomo
www.qomo-restaurant.com

Stromstraße 20 (B5), PLZ 40221, **T 0211 86320018**
180 | Hauptgericht 24–68 € | Mo-So

In diesem Restaurant sollte man schwindelfrei sein! In 172,50 Metern Höhe begeistert nicht nur die geniale Aussicht auf das Rheinland, das Ruhrgebiet und das Bergische Land, sondern auch die japanische Fusionsküche, die hier serviert wird. Die Weinkarte bietet eine schöne Auswahl sowohl an europäischen Weinen als auch an Sakes.

Rob's Kitchen
www.robs-kitchen.de

Lorettostr. 23 (↘ B5), PLZ 40219 (OT: Unterbilk), **T 0211 54357428**
50 | Hauptgericht 16–29 € | Mo-Sa So

In diesem trendig-modernen und lebendigen Restaurant in Unterbilk hat man sich eine saisonale Frischeküche mit besten Zutaten aus der Region auf die Fahnen geschrieben. So liest man auf der Karte z.B. „Thunfisch mit Grillgemüse und Kichererbsen" oder „Geschmorter Nacken vom Iberico-Schwein mit Süßkartoffelpüree und Pflaumen".

Rocaille
www.rocaille.de

Weißenburgstr. 19 (D1), PLZ 40476 (OT: Pempelfort), **T 0211 97711737**
Hauptgericht 14–36 € | Mo-Sa So

Das Ecklokal ist Café, Bistro und Weinbar in einem. Morgens gibt es leckere Frühstücksvariationen, ab mittags serviert man marktfrische internationale Gerichte, die durch regionale Klassiker ergänzt werden. Grandios die Weinkarte mit weit über 1.000 ausgewählten Weinen aus aller Welt. Sehr zu empfehlen ist die original französische Patisserie aus der hauseigenen Backstube.

Rubens
www.rubens-restaurant.de

Kaiserstr 5 (C3), PLZ 40479 (OT: Pempelfort), **T 0211 15859800**
80 | Hauptgericht 20–34 €, Menü 55–82 € | Di-Sa Mo, So

»

Hier kommt all das, was die österreichische Küche kulinarisch zu bieten hat, auf den Teller. Da dürfen Klassiker wie Wiener Schnitzel vom Kalb, Tafelspitz, Kaiserschmarren oder Apfelstrudel natürlich nicht fehlen. Die Heimat der beiden Gastgeber zeigt sich aber nicht nur beim Essen: auch das Mineralwasser, das Bier und selbstverständlich die Weine kommen aus der Alpenrepublik.

Die Bar im Breidenbacher Hof — www.breidenbacherhof.com

Königsallee 11 (C4, im Hotel Breidenbacher Hof), PLZ 40212, **T 0211 160900**
40 | Mo, Do-So ⃠ Di, Mi

Elegante Bar und Cigar-Lounge, extravagant designt mit edlem Holz und illuminiertem schwarzen Marmor. Umfangreiche Auswahl an exquisiten Spirituosen und Cocktails. 124 verschiedene Zigarrensorten. Angenehm legerer Service.

Zum Schiffchen — www.brauerei-zum-schiffchen.de

Hafenstraße 5 (C4), PLZ 40213, **T 0211 132421**
420 | Hauptgericht 9–29 €, Menü 14–40 € | Mo-So

Im Herzen der Altstadt gelegenes Restaurant mit gemütlichen Räumlichkeiten, das erstmals 1628 erwähnt wurde. Auf der Speisekarte stehen überwiegend Düsseldorfer und rheinische Gerichte.

Café Heinemann — www.konditorei-heinemann.de

Martin-Luther-Platz 32 (D4), PLZ 40212, **T 0211 132535**
150 | Hauptgericht 7–14 € | Mo–Fr 9:00–18:30 Uhr, Sa 9:00–18:00 Uhr, So 10:00–18:00 Uhr

Zweifellos der Klassiker unter den Cafés! Hier haben bereits viele Promis, Stars und Sternchen ihren Kaffee getrunken. Eine Spezialität sind die hausgemachten Champagnertrüffel, aber nicht nur die sind eine Sünde wert, auch die schokoladige Herrentorte und die üppig belegten Obstkuchen. Neben den feinen Konditoreikreationen wird auch Frühstück angeboten, und eine kleine Mittagskarte gibt es ebenfalls.

EBENSFELD 43 D — www.ebensfeld.de

Bayern | EW 5.682 | 255 m | Lichtenfels 11 km, Bamberg 20 km

Veitsberg — www.pension-veitsberg.de

€ Gut & Günstig garni

Prächtinger Straße 14-16, PLZ 96250, **T 09573 6400,** F 31430
18 Zimmer | 6 Apartments | Ez 40–50 €, Dz 80–90 €, inkl. Frühstück

Das persönlich geführte Haus mit Pensionscharakter liegt am Fuße des Veitsbergs. Hier übernachten Sie in hell und freundlich eingerichteten Zimmern. Entspannen kann man im gemütlichen Kaminzimmer. Die große Sonnenterrasse lädt zum Verweilen ein.

EBERSBACH AN DER FILS 58 B — www.ebersbach.de

Baden-Württemberg | EW 15.300 | 350 m | Göppingen 10 km, Esslingen 20 km

Zum Bäckerhaus — www.zumbaeckerhaus.de

Dorfstraße 13, PLZ 73061 (OT: Roßwälden), **T 07163 8757**
64 | Hauptgericht 15–30 €, Menü 59–69 € | Do-So ⃠ Mo, Di, Mi

Bei Priska Speißer und Markus Eberhardinger heißt es richtig gut essen, und zwar bodenständige schwäbische Gerichte wie „Rostbraten mit Bratkartoffeln". Oder Sie lassen sich einfach vom Menü „Bäckerhaus" überraschen. Für sämtliche Speisen verwendet man fast ausschließlich nachhaltige Produkte aus der Region. Nachmittags gibt es frische Kuchen und Torten aus der hauseigenen Backstube.

ECHING (LANDKREIS FREISING) 60 D www.eching.de

Bayern | EW 13.415 | 469 m | Freising 17 km, München 21 km

Olymp www.olympmunich.com

Wielandstraße 3, PLZ 85386, **T 089 327100,** F 32710112
136 Zimmer | 1 Suite | 27 Apartments | Ez ab 87 €, Dz ab 106 €, inkl. Frühstück | 24 h

Modernes Businesshotel in einem über 160 Jahre alten Gebäude. Komfortable Zimmer im mediterranen Landhausstil. Auch Apartments für Langzeitgäste sind vorhanden. Elegantes Restaurant mit regionaler und internationaler Küche. Zeitgemäßer Wellnessbereich.

Akram's www.akrams-eching.de

Obere Hauptstr. 10d, PLZ 85386, **T 089 36006464**
Hauptgericht 13–25 € | Di-So Mo

Würden Sie in einem Boardinghouse solch ein niveauvolles Restaurant vermuten? Freuen Sie sich auf eine inspirierende Mischung aus ständig wechselnden Gerichten der europäischen, indischen und ayurvedischen Küche. Appetit machen Nudelgerichte, Fisch- und Fleischspezialitäten, aber auch feine vegetarische Speisen wie „Blumenkohl-Kichererbsen-Marsala mit ayurvedischen Gewürzen und Safranreis". Zum Übernachten stehen zeitgemäße Apartments unterschiedlicher Größe, Ausstattung und Preisklasse zur Verfügung.

EDENKOBEN 50 D www.edenkoben.de

Rheinland-Pfalz | EW 6.613 | 149 m | Landau 10 km, Speyer 23 km

Das Prinzregent www.dasprinzregent.de

Unter dem Kloster 1, PLZ 67480, **T 06323 9520,** F 952222
60 Zimmer | Ez 90–120 €, Dz 140–200 €, inkl. Frühstück

Umrahmt vom üppigen Grün der Weinberge empfängt Sie das familiengeführte Urlaubs- und Tagungshotel als Oase der Ruhe. Die Gästezimmer sind wohnlich und individuell designt. Im Restaurant erwartet Sie eine zeitgemäße Trendküche mit mediterranen Einflüssen.

Pfälzer Hof www.pfaelzerhof-edenkoben.de

Weinstraße 85, PLZ 67480, **T 06323 938910,** F 9389111
30 Zimmer | 7 Suiten | Ez 76–115 €, Dz 118–182 €, inkl. Frühstück | 2.–27.1.23

Familienbetrieb mit wohnlichen, klassisch oder modern eingerichteten Gästezimmern. Behagliches Restaurant mit regionaler und mediterraner Küche. Im romantischen Gewölbekeller finden Weinproben statt.

EDESHEIM 50 D www.edesheim.de

Rheinland-Pfalz | EW 2.231 | 151 m | Landau 6 km, Karlsruhe 46 km

Schloss Edesheim www.schloss-edesheim.de

★★★★ garni

Luitpoldstraße 9, PLZ 67483, **T 06323 94240,** F 942411
41 Zimmer | 14 Suiten | Ez 94–129 €, Dz 148–176 €, inkl. Frühstück | 24 h

Das hist. Haus ist eingebettet in einen über 5 Hektar großen Park mit Weinbergen und Wasseranlagen. Sie logieren in individuell eingerichteten Zimmern, die mit modernen Annehmlichkeiten ausgestattet sind.

Gourmetrestaurant

32 | Hauptgericht 26–32 €, Menü 41–69 € | Mo-So

Ausgestattet mit ausgefallenen Wandmalereien, Empire-Kronleuchtern und einem offenen Kamin eröffnet sich dem Gast ein herrschaftliches Ambiente. Serviert wird eine marktfrische Küche mit mediterranen Einflüssen. Schöne Parkterrasse im Schlosshof.

EFRINGEN-KIRCHEN 64 A www.efringen-kirchen.de

Baden-Württemberg | EW 8.682 | 258 m | Lörrach 9 km, Müllheim 23 km

Traube www.traube-blansingen.de

VARTA-TIPP Küche **VARTA-TIPP** Service

Alemannenstraße 19, PLZ 79588 (OT: Blansingen), **T 07628 9423780**
15 Menü bis 130 € | Mi-So Mo, Di 19.12.22–9.1.23

Das historische Landhaus hat man sorgfältig und liebevoll renoviert. Brian Wawryk sorgt für Spitzenkulinarik auf den Tellern. Bei seinen Gerichten verbindet sich Tradition mit innovativer und provokanter Küche. Daniela Hasse kredenzt dazu erlesene Tropfen aus dem Weinkeller. In der ersten und zweiten Etage stehen auch einige Hotelzimmer zur Verfügung.

Walsers www.walsers-hotel.de

Bahnhofstraße 34, PLZ 79588, **T 07628 8055244**
80 | Hauptgericht 17–35 € | Mo-Di, Fr-So Mo-Di, Do-So Mi

Ob im gemütlichen Restaurant, im lichtdurchfluteten Wintergarten oder im schattigen Kastaniengarten - hier lässt es sich wunderbar speisen. Serviert werden abwechslungsreiche, marktfrische Speisen aus heimischen Produkten, so z.B. „Kalbsrücken | Waldpilze à la crème | Blattspinat | Spätzle".

EGGENSTEIN-LEOPOLDSHAFEN 50 D www.egg-leo.de

Baden-Württemberg | EW 16.000 | 112 m | Karlsruhe 12 km, Mannheim 63 km

Das garbo im Löwen
www.garbo-loewen.de

VARTA-TIPP Küche

Hauptstraße 51, PLZ 76344 (OT: Eggenstein), **T 0721 780070**
40 | Hauptgericht 26–39 €, Menü 79–109 € | Di Di-Sa Mo, So

Reduziert, ausdrucksstark, kreativ. Küchenchef Marcel Kazda kombiniert in seinen wechselnden Menüs (4 bis 6 Gänge) badische und mediterrane Elemente und setzt auf beste Produktqualität. Dazu ländlich-elegantes Ambiente und ein überaus charmanter Service. Übrigens: Eine spezielle „Take-Away-Karte" gibt es auch! Im Hotel zum Löwen stehen liebenswerte Gästezimmer zur Verfügung.

Zum Goldenen Anker
www.hotel-anker-eggenstein.de

Hauptstr. 16-20, PLZ 76344 (OT: Eggenstein), **T 0721 706029**
55 | Hauptgericht 15–22 € | Mo-Fr, So Sa

In diesem familiär geführten Landgasthof kann man nicht nur angenehm übernachten, sondern auch vorzüglich speisen. Ob im modernen Restaurant oder im lauschigen Innenhof - Armin Radtke und seine Crew überraschen mit einer jungen badischen Kreativküche. Appetit macht z.B. „Filet vom Rheinzander auf der Haut gebraten | Speck | Zwiebeln | Salbei | Schmandkraut | Petersilienkartoffeln".

EGLING 68 A
www.egling.de

Bayern | EW 5.400 | 609 m | Wolfratshausen 7 km, Bad Tölz 21 km

Hanfstingl
www.hotel-hanfstingl.de

€ Gut & Günstig ★★★ garni

Kirchstraße 7, PLZ 82544 (OT: Neufahrn), **T 08171 34670,** F 346729
27 Zimmer | 4 Apartments | Ez 59–64 €, Dz 93–103 €, inkl. Frühstück

Familiär geführtes Haus mit bayerischer Gastlichkeit und hellen, zweckmäßig ausgestatteten Zimmern. Kleiner Wellnessbereich mit Sauna. Nachmittags werden auf der hübschen Sonnenterrasse Kaffeespezialitäten und hausgemachte Kuchen serviert.

Zum Bruckenfischer
www.bruckenfischer.com

€ Gut & Günstig

Dürnstein 1 (direkt an der Schäftlarner Brücke), PLZ 82544, **T 08178 3635**
Hauptgericht 11–29 € | Mo-Mi, Fr-So Do

Dass das idyllisch zwischen Isar und Isarkanal gelegene Ausflugslokal eine gefragte Adresse ist, liegt an den heimelig-ländlichen Stuben nebst gemütlichem Biergarten, am freundlichen Service und nicht zuletzt an der bodenständigen und preislich moderat kalkulierten Küche, die es z.B. in Form von hausgemachter Bratensülze, Forellencremesuppe oder Schweinebraten gibt.

EHINGEN 58 D www.ehingen.de

Baden-Württemberg | EW 24.786 | 515 m | Ulm 28 km, Ravensburg 70 km

Adler www.adlerehingen.de

★★★★

Hauptstraße 116, PLZ 89584, **T 07391 500460,** F 50046500
57 Zimmer | 1 Suite | Ez ab 69 €, Dz ab 79 €, inkl. Frühstück

Freundlich geführtes Haus, ruhig und doch zentral in der Ehinger Altstadt gelegen. Warme Farben und moderne Wohnaccessoires bestimmen die Einrichtung der behaglichen Gästezimmer. Das hauseigene Restaurant bietet regionale und internationale Küche.

BierKulturHotel Schwanen www.bierkulturhotel.de

★★★★

Schwanengasse 18-20, PLZ 89584, **T 07391 770850,** F 7708577
50 Zimmer | 9 Suiten | Ez 75–115 €, Dz 90–140 €, 10,00 € | ⃠ 24.12.22–1.1.23

In diesem geschmackvollen Themenhotel logieren Sie in zeitgemäß ausgestatteten Gästezimmern mit unterschiedlichen Designkonzepten. Besonders originell sind die sogenannten Bierkistenzimmer mit einer Möbelkombination aus Bett, Schrank und Sitzgruppe. Bierspezialitäten und moderne schwäbische Küche bietet man im neu designten Brauhaus.

EHNINGEN 57 B www.ehningen.de

Baden-Württemberg | EW 8.451 | 444 m | Stuttgart 25 km, Freudenstadt 65 km

Landhaus Feckl www.landhausfeckl.de

★★★★

Keltenweg 1, PLZ 71139 (OT: Herdstelle), **T 07034 23770,** F 2377277
21 Zimmer | Ez 94–119 €, Dz 104–119 €, inkl. Frühstück | ⃠ 1.–8.1.23

Das engagiert geführte Haus punktet mit angenehm vertrauter Gastfreundschaft, einladend-behaglichem Ambiente sowie wohnlichen Zimmern im Landhausstil (zum Teil mit Balkon). Morgens erwartet Sie ein frisches, gutes Frühstück. Zahlreiche Freizeitmöglichkeiten in der unmittelbaren Umgebung.

Landhaus Feckl

VARTA★TIPP Küche VARTA-TIPP Service

90 | Hauptgericht 32–48 €, Menü 96–120 € | Di-Sa ⃠ Mo, So

Ob im Restaurant, in der Gewölbestube oder im Wintergarten - hier erwartet Sie liebevoll inszeniertes Landhausambiente gepaart mit genussvollen Momenten voller Spannung und Kreativität. In der Küche sorgt Patron Franz Feckl für einen interessanten Mix aus Moderne und Klassik, geschmacklich intensiv und handwerklich perfekt. Dazu kommen die sehr gute Qualität der Produkte und ein stimmiges Preis-Leistungs-Verhältnis! Auch die charmante und gut eingespielte Servicecrew trägt dazu bei, dass man dieses Restaurant immer wieder gerne besucht.

EIBELSTADT 52 B www.eibelstadt.de

Bayern | EW 2.808 | 180 m | Würzburg 10 km, Wertheim 45 km

Kapellenberg
www.hotel-kapellenberg.de

★★★ S garni

Am Kapellenberg 2, PLZ 97246, **T 09303 980070**
83 Zimmer | 3 Suiten | Ez 102–112 €, Dz 135–155 €, inkl. Frühstück

Moderner Hotelbau am Ortsrand. Wohnliche Zimmereinrichtung mit warmen Farbtönen und schlichten Formen. Für Entspannung sorgt ein kleiner Saunabereich. Im Restaurant werden sowohl fränkische als auch internationale Gerichte serviert.

Weinforum Franken
www.weinforum-franken.de

garni

Hauptstraße 37, PLZ 97246, **T 09303 9845090,** F 98450911
15 Zimmer | 3 Suiten | Ez ab 90 €, Dz ab 109 €, inkl. Frühstück | 24 h

Kleines Designhotel im Herzen von Eibelstadt mit außergewöhnlichem Ambiente. Geschmackvoll möblierte Nichtraucherzimmer unterschiedlicher Größe. Hauseigene Vinothek.

Gambero Rosso Da Domenico
www.gambero-rosso.eu

VARTA-TIPP Küche

Mühle 2, PLZ 97246, **T 09303 9843782**
40 | Hauptgericht 20–27 €, Menü 48–60 € | So Mi-Sa Mo, Di

Unaufdringliches Ambiente, entspannte Atmosphäre und italienische Küche auf höchstem Niveau bietet das Lokal im Jachthafen Eibelstadt. Bei Familie Cannizzaro erwarten Sie herzliche Gastfreundschaft und eine ausgewogene Speisekarte mit Pasta-, Fisch- und Fleischgerichten. Auch die Weine hat der Patron mit großer Sorgfalt ausgewählt. Hin und wieder finden Themenabende statt.

EICHSTÄTT 60 A
www.eichstaett.de

Bayern | EW 13.070 | 391 m | Weißenburg 24 km, Ingolstadt 27 km

Hotel Schönblick
www.schoenblick-hotel.net

★★★★

Hohes Kreuz 11, PLZ 85072, **T 08421 936080,** F 936086
22 Zimmer | 1 Suite | Ez 100–135 €, Dz 170–215 €, inkl. Frühstück | 24 h

Ein zeitlos-elegantes Hideaway mit atemberaubender Aussicht auf die Altstadt von Eichstätt. Die wohnlichen Zimmer sind mit Balkon oder Terrasse ausgestattet. Moderner Wellnessbereich mit Innenpool und Saunalandschaft. Im eleganten Restaurant mit Terrasse werden regionale und internationale Spezialitäten serviert.

Hotel garni Fuchs
www.hotel-fuchs.de

€ Gut & Günstig garni

Ostenstraße 8, PLZ 85072, **T 08421 6789,** F 80117
19 Zimmer | Ez 48–85 €, Dz 85–110 €, inkl. Frühstück | 3.–15.1.23

Familiengeführtes Garnihotel mit zweckmäßigen Gästezimmern in zentraler Lage. Behagliches Konditorei-Café mit großer Auswahl hausgebackener Kuchen und Torten.

EINBECK 32 A
www.einbeck-marketing.de

Niedersachsen | EW 33.385 | 112 m | Northeim 17 km, Alfeld 24 km

Freigeist
www.freigeist-einbeck.de

★★★★

Tiedexer Tor 5, PLZ 37574, **T 05561 3199970,** F 319997999
63 Zimmer | Ez ab 109 €, Dz ab 119 €, 25,00 € | 24 h

Das Hotel befindet sich in unmittelbarer Nachbarschaft zum Automobil- und Motorradmuseum PS.SPEICHER. Hier sorgen Designelemente wie roter Klinker, Sichtbeton, geölte Eichenböden, Stahl und Glas, Industrielampen und Fatboy-Sitzsäcke für eine extravagante Atmosphäre. Die 24 und 40 qm großen Zimmer sind zurückhaltend und mit moderner Technik eingerichtet.

Genusswerkstatt
www.genusswerkstatt-einbeck.de

Tiedexer Tor 3b (im PS. Speicher), PLZ 37574
Hauptgericht 20–32 € | Di-So Di-Sa Mo

Das moderne Restaurant mit offener Showküche ist nicht nur für die Besucher des PS.SPEICHERS interessant. Auf der Speisekarte, dem sogenannten „Werkstattbuch", findet man überwiegend Gegrilltes wie Dry-Aged-Steaks oder norwegisches Fjordlachsfilet. Dazu gibt es frische Salate, die nach Jahreszeit wechseln. Die Mittagskarte ist etwas kleiner gehalten.

Der Schwan
www.schwan-einbeck.de

Tiedexer Straße 1, PLZ 37574, **T 05561 4609**
25 | Menü 49–95 € | Fr-Sa Mo, Di, Mi, Do, So

Um 1900 erbautes Gebäude im hist. Stadtkern. Nostalgischer Gastraum mit Antiksammlungen. Serviert werden anspruchsvolle Gerichte der internationalen Küche. Schöne Terrasse im grünen Innenhof.

EISENACH 43 A
www.eisenach.info

Thüringen | EW 42.847 | 220 m | Erfurt 58 km, Kassel 76 km

Auf der Wartburg
www.wartburghotel.de

VARTA-TIPP Service

★★★★★

Auf der Wartburg 2, PLZ 99817 (OT: Wartburg), **T 03691 7970,** F 797100
37 Zimmer | 1 Suite | Ez 129–209 €, Dz 179–399 €, 19,50–23,50 € | 24 h

Das stilvoll renovierte Gebäude wartet mit angenehmem Landhausambiente, geschmackvoll und individuell eingerichteten Zimmern sowie einer tollen Aussicht auf den Thüringer Wald auf. Die persönliche Atmosphäre, das tolle Burgfrühstück und der zuvorkommende Service motivieren zum Besuch dieses traditionsreichen Hauses.

Landgrafenstube

80 | Hauptgericht 10–35 €, Menü 38–65 € | Mo-So

Originelles nostalgisches Ambiente und atemberaubender Ausblick über den Thüringer Wald. Serviert wird eine aromenreiche Landküche unter Verwendung saisonaler und regionaler Produkte. Einfachere Mittagskarte für Businessgäste.

Vienna House Thüringer Hof
www.viennahouse.com

★★★★

Karlsplatz 11, PLZ 99817, **T 03691 280,** F 28190
127 Zimmer | 1 Suite | Ez 109–169 €, Dz 129–189 €, inkl. Frühstück | 24 h

Ein traditionsreiches Hotel mit hist. Fassade vis-à-vis dem mittelalterlichen Stadttor. Geräumig und mit schlichter Eleganz zeigen sich die Gästezimmer. Internationale Speisen erwarten Sie im Restaurant „Leander".

Boutiquehotel Villa Anna
www.hotel-villa-anna.de

★★★★ garni

Fritz-Koch-Straße 12, PLZ 99817, **T 03691 23950,** F 239530
15 Zimmer | Ez 89–109 €, Dz 129–159 €, inkl. Frühstück

Hist. Villenbau mit dem Charme der Gründerzeit, der im Jahr 2021 renoviert wurde. Ansprechend eingerichtete Zimmer in verschiedenen Kategorien. Frühstück im lichtdurchfluteten Frühstücksraum - im Sommer auch im Garten.

Göbel's Sophien Hotel
www.sophienhotel.de

★★★★

Sophienstraße 41, PLZ 99817, **T 03691 2510,** F 25111
73 Zimmer | 4 Apartments | Ez ab 85 €, Dz ab 130 €, inkl. Frühstück | 24 h

Ein gepflegtes Stadthotel in Altstadtnähe. Neuzeitliche Gästezimmer in vier Kategorien. Beauty- und Wellnesslounge mit Sauna und Fitnessraum. Restaurant mit klaren Linien und warmen Farbtönen, in dem Thüringer Küche angeboten wird.

Berghotel Eisenach
www.berghotel-eisenach.de

★★★★

An der Göpelskuppe 1, PLZ 99817, **T 03691 22660,** F 226644
16 Zimmer | 2 Suiten | Ez 74–91 €, Dz 123 €, inkl. Frühstück | 24 h

Neben dem Burschenschaftsdenkmal errichtetes Natursteinhaus mit hochwertig eingerichteten Zimmern. Restaurant mit regionaler und internationaler Küche. Terrasse mit schöner Aussicht auf die Wartburg.

Weinrestaurant Turmschänke
www.turmschaenke-eisenach.de

VARTA-TIPP Küche

Karlsplatz 28, PLZ 99817, **T 03691 213533**
80 | Hauptgericht 21–32 €, Menü 39–47 € | Di-Sa 22.1.–16.2.23

Im mittelalterlichen Turmverlies empfängt Sie dieses Restaurant. Schöne Details wie Bleiglasfenster, alte Gobelins und historisches Gestühl sorgen für ein originelles Ambiente. Patron Ulrich Rösch kredenzt eine schmackhafte, klassisch gehaltene Küche mit regionalen und euro-asiatischen Einflüssen. Lust auf „Magere Schweinshaxe in asiatischen Aromen geschmort mit Pak Choi und Kartoffelgratin"? Sehr beliebt sind die mehrmals im Jahr stattfindenden Weinabende.

EISENSCHMITT 39 D
www.gesundland-vulkaneifel.de

Rheinland-Pfalz | EW 291 | 350 m | Wittlich 18 km, Bitburg 21 km

Molitors Mühle
www.molitors-muehle.de

★★★★ S

Eichelhütte 15, PLZ 54533 (OT: Eichelhütte), **T 06567 9660,** F 966100
40 Zimmer | 2 Suiten | 2 Apartments | Ez 95–115 €, Dz 160–210 €, inkl. Frühstück

Ein Geheimtipp für Individualisten! Die ehem. Kornmühle von 1870 liegt idyllisch im Salmtal. Hier erwarten Sie ruhige Aussichtszimmer, die mit Antiquitäten und Stilmöbeln eingerichtet sind. Für Entspannung sorgt die hübsche Wellnessoase mit ihren vielfältigen Möglichkeiten.

EISLINGEN/FILS 58 B www.eislingen.de

Baden-Württemberg | EW 19.840 | 336 m | Göppingen 5 km, Schwäbisch Gmünd 11 km

Eislinger Tor
www.hotel-eislinger-tor.de

Gutenbergstraße 1, PLZ 73054, **T 07161 945000**
31 Zimmer | Ez ab 88 €, Dz ab 168 €, inkl. Frühstück

Gefragt ist dieses Hotel wegen seiner gepflegten, funktionalen und modernen Einrichtung. Das Haus bietet wohnliche Zimmer in unterschiedlichen Kategorien und ist sowohl für Individualreisende als auch für Businessgäste bestens geeignet. Im Restaurant „Opera" werden schwäbische und mediterrane Speisen serviert.

LOOM Hotel
www.salvia-hotels.de/loom-hotel

Seewiesenstraße 18, PLZ 73054, **T 07161 945000**
72 Zimmer | Ez ab 68 €, Dz ab 88 €

Das 2021 eröffnete Lifestyle-Hotel ist Teil des neugestalteten Buntweberei-Areals. Hier lässt es sich gut tagen, aber auch für Freizeit- und Individualreisende bietet das Haus einiges: individuelle Note mit einem Stilmix aus Tradition und Moderne, wertig-moderne Zimmer im Industrialdesign sowie eine Rooftop-Bar mit großzügiger Sonnenterrasse im 6. Stock.

ELLWANGEN (JAGST) 59 A www.ellwangen.de

Baden-Württemberg | EW 24.749 | 440 m | Aalen 18 km, Dinkelsbühl 22 km

Hirsch
www.hirsch-ellwangen.de

Maierstr. 2, PLZ 73479 (OT: Neunheim), **T 07961 91980,** F 919870
38 Zimmer | 1 Suite | Ez 62–96 €, Dz 88–133 €, inkl. Frühstück

Das familiär geführte Traditionshaus hat man um einen modernen Hotelneubau erweitert. Hier erwarten Sie zeitgemäß und komfortabel ausgestattete Zimmer in unterschiedlichen Kategorien. Für Veranstaltungen und Events gibt es variable Veranstaltungsräume.

Hirsch

170 | Hauptgericht 15–35 € | So Di-So Mo

Charmant die unterschiedlichen, gemütlichen Gaststuben, die hübsche Deko und die fast familiäre Atmosphäre. Hier gibt es eine bodenständige, aber dennoch moderne Wirtshausküche. Die Preise sind fair. Während der warmen Jahreszeit lockt die überdachte Sonnenterrasse.

Klozbücher www.klozbuecher.com

Rosenberger Str. 47, PLZ 73479 (OT: Eggenrot), **T 07961 9249190,** F 924919100
13 Zimmer | Ez ab 77 €, Dz ab 102 €, inkl. Frühstück

Ein charmantes Landhotel mit angeschlossener Feinkostmetzgerei und Cateringservice. Die zeitlos-modern eingerichteten Zimmer bestechen durch helle Farben, kleine Akzente und dekorative Holzelemente. Neue Hirschhütte mit Biergarten für Feiern und Events. Gemütliches Restaurant für Hausgäste mit regionaler und mediterraner Küche.

SuRiu www.suriu-ellwangen.de

VARTA-TIPP Küche

Marktplatz 21, PLZ 73479, **T 07961 9869079**
50 | Hauptgericht 17–32 €, Menü 80–120 € | Sa-So Di-So Mo

„La dolce vita" im mediterranen Restaurant im alten Polizeigebäude. Das edle Design und die gehobene Tafelkultur spiegeln sich auch im Niveau der Küche wider. Serviert werden leichte, zeitgemäße Gerichte sowie leckere Pizza aus dem Steinofen. Auf der Weinkarte finden sich italienische und internationale Gewächse. In „Pasquale's Fine Dining" (nur 10 Sitzplätze, geöffnet Do-So) zeigt Chefkoch Pasquale Farina seine ganze Leidenschaft für die gehobene sardische Küche und kredenzt ein ambitioniertes Signature-Menü.

ELSTER, BAD 45 C www.badelster.de

Sachsen | EW 3.690 | 546 m | Schönberg 33 km, Plauen 35 km

Hotel König Albert www.hotelkoenigalbert.de

GREENSIGN S garni

Carl-August-Klingner-Straße 1, PLZ 08645, **T 037437 5400**
108 Zimmer | 12 Suiten | Ez 118–176 €, Dz 168–278 €, inkl. Frühstück | 24 h

Dieses Hotel überzeugt mit großzügig geschnittenen Zimmern, die in warmen Farbtönen gestaltet sind. Hoteleigener Bademantelgang zur Soletherme mit Saunawelt und zum historischen Albert Bad.

Parkhotel Helene
www.parkhotel-helene.de

★★★ S

Parkstraße 33, PLZ 08645, **T 037437 500,** F 5099
25 Zimmer | Ez 55–82 €, Dz 90–144 €, inkl. Frühstück | 24 h

Wellnesshotel in einer Villa von 1889 unmittelbar am Albert-Park. Funktionale Komfortzimmer unterschiedlicher Größe. Entspannung bietet ein kleiner Saunabereich. Regionale und internationale Spezialitäten erwarten Sie in „Albert's Parkrestaurant".

ELTVILLE 41 C
www.eltville.de

Hessen | EW 17.667 | 90 m | Wiesbaden 14 km, Rüdesheim 15 km

Kronenschlösschen
www.kronenschloesschen.de

★★★★

Rheinallee, PLZ 65347 (OT: Hattenheim), **T 06723 640,** F 7663
18 Zimmer | 10 Suiten | Ez 130–150 €, Dz 150–180 €, 18,00 €

Ein „Landhotel par exellence"! Das schmucke, familiengeführte Haus ist eine Mischung aus liebevoll restaurierter historischer Bausubstanz und modernem Komfort. Die Zimmer und Suiten im Haupthaus sind individuell gestaltet und verfügen alle über ein Marmorbad. Weitere Zimmer stehen im gegenüberliegenden Gästehaus zur Verfügung. Hübsch der angrenzende Privatpark mit seinem alten Baumbestand.

Kronenschlösschen

VARTA-TIPP Küche

40 | Hauptgericht 38–45 €, Menü 105–138 € | Mi-Sa Mo, Di, So

Die warmen Farben und die verspielte Eleganz dieses exklusiven Gourmetrestaurants lassen den Gast sofort in einen Zustand der Entspannung eintauchen. Saisonal, handwerklich perfekt und mit viel Finesse zeigt sich die leichte, moderne Küche, die Sie in Form eines Menüs (4 bis 6 Gänge) genießen können. Ein aufmerksamer Service, die sehr gute Weinberatung und eine romantische Terrasse runden das Genusserlebnis ab.

Bistro **Neu!**

30 | Hauptgericht 38–49 €, Menü 38 € | Mo-So

Auch das Zweitrestaurant ist gefragt! Kein Wunder, denn auch hier kann man richtig gut essen. In lockerer und entspannter Atmosphäre werden raffiniert interpretierte traditionelle Gerichte aufgetischt, z.B. „Loup de Mer mit Safran-Muschel-Gurkenragout und Campanelle". Nachmittags werden Kuchen, Torten und kleine Köstlichkeiten aus der hauseigenen Patisserie angeboten.

Eltvinum
www.eltvinum.de

Schmittstraße 2, PLZ 65343, **T 06123 601780**
7 Zimmer | Ez ab 100 €, Dz ab 155 €, 10,00–15,00 €

Charmantes kleines Hotel in einem schmucken Fachwerkhaus aus dem Jahre 1513. Hochwertige Zimmerausstattung mit Eichenholzparkett, modernen Designmöbeln und Antiquitäten. Für Veranstaltungen und individuelle Weinproben steht der renovierte Gewölbekeller zur Verfügung.

Eltvinum

60 | Hauptgericht 19–62 € | Di-Sa Mo, So

Ein geschmackvolles Restaurant mit minimalistisch eingerichtetem Gastraum und ungezwungener Atmosphäre. Serviert wird eine frische regionale Landhausküche zu fairen Preisen. Neben À-la-carte-Gerichten wie „Geschmortes Ochsenbäckchen mit Brokkoli, Kartoffelpüree und Burgundersauce" wird auch ein Menü angeboten. Dazu gibt es gute Rheingauer Weine. Schöner Innenhof.

Frankenbach www.hotel-frankenbach.de

★★★ S garni

Wilhelmstraße 13, PLZ 65343, **T 06123 9040,** F 63602
35 Zimmer | Ez 90–120 €, Dz 115–160 €, inkl. Frühstück

Solide führt Familie Frankenbach dieses Haus im hist. Zentrum der Stadt. Gut ausgestattete Gästezimmer, teilweise mit Balkon und direktem Zugang zur mediterranen Dachterrasse. Weitere Unterkünfte stehen im Gästehaus „Gutenberg Hof" zur Verfügung.

Jean

VARTA-TIPP Küche

25 | Hauptgericht 27–45 €, Menü 69–149 € | So Do-So Mo, Di, Mi

Einen Hauch von Nostalgie vermittelt das behagliche Restaurant. Johannes „Jean" Frankenbach erfreut mit einer modernen deutschen Küche auf klassisch französischer Basis, bei der ausschließlich heimische Produkte Verwendung finden. Gut sortierte Weinkarte mit Gewächsen aus dem Rheingau, aus Deutschland sowie aus internationalen Anbaugebieten. Bei schönem Wetter wird auch im Platanenhof serviert.

Die Adler Wirtschaft www.franzkeller.de

Hauptstraße 31, PLZ 65347 (OT: Hattenheim), **T 06723 7982**
60 | Menü 54–86 € | Mi-Sa Mo, Di, So

In der reizenden Gaststube sorgen runde Eichenholztische und liebevoll arrangierte Accessoires für ein behagliches Ambiente. Die kleine, aber feine Speisenauswahl mit einem Mix aus klassischer Küche mit deftiger Hausmannskost wird regelmäßig neu zusammengestellt. Dazu gibt es edle Tropfen aus dem Rheingau, aus Baden und Rheinhessen. Im Sommer empfiehlt sich die großzügige Weinterrasse.

Gutsausschank im Baiken www.baiken.de

Wiesweg 86, PLZ 65343, **T 06123 900345**
80 | Hauptgericht 18–25 € | Sa-So Do-So Mo, Di, Mi

Auf einer Anhöhe hoch über Eltville liegt dieser idyllische Gutshof. Unter Verwendung hochwertiger Zutaten bietet man hier eine frische, unprätentiöse Regionalküche. Dazu werden leckere Weine aus dem Rheingau serviert. Hübsche Terrasse.

Zum Krug www.zum-krug-rheingau.de

Hauptstraße 34, PLZ 65347 (OT: Hattenheim), **T 06723 99680**
60 | Hauptgericht 28–35 €, Menü 60–90 € | Do-Sa Di-Sa Mo, So 22.12.22–18.1.23

»

In einem alten Fachwerkhaus im Hattenheimer Ortskern befindet sich das behagliche Restaurant. Für die gefällige saisonale Frischeküche (z.B. „Rumpsteak vom Bio-Weiderind mit knusprig gerösteten Zwiebeln, Bratkartoffeln und Salat“) verwendet man überwiegend heimische Produkte. Es gibt auch liebevoll eingerichtete Gästezimmer.

ELZACH 57 C www.zweitaelerland.de

Baden-Württemberg | EW 7.002 | 361 m | Waldkirch 14 km, Haslach 15 km

Elzland Hotel 9 Linden www.elzland-hotel-neunlinden.de

Neunlindenstraße 5, PLZ 79215, **T 07682 947930**
33 Zimmer | 6 Apartments | Ez ab 90 €, Dz ab 170 €, inkl. Frühstück

Das Partnerhotel des ElzLand Hotel Pfauen beeindruckt bereits von außen mit seiner geradlinigen Holzfassade. Auch im Innern sorgen klare Linien, natürliche Materialien, sanfte Beige- und Mokkatöne sowie ein ausgeklügeltes Lichtkonzept für echte Wohlfühlatmosphäre. Sie wohnen in großzügigen, lichtdurchfluteten Zimmern und Apartments mit gläsernen Bädern. Für Langzeitgäste hat man auch Ferienwohnungen.

ElzLand Hotel Pfauen www.elzland-hotel-pfauen.de

★★★★

Pfauenstraße 6, PLZ 79215 (OT: Oberprechtal), **T 07682 947910,** F 9479213
63 Zimmer | 9 Suiten | Ez 163–213 €, Dz 275–355 €, inkl. Vollpension

Das umfassend erneuerte Haus richtet seinen Fokus auf Wellness und Gesundheit. Hier begeistert nicht nur die wunderbare Aussicht auf das Elztal, sondern auch die freundlich-modernen Zimmer sowie das vielfältige Angebot im „Vital Spa“. Schöne Adresse für Erholungssuchende, Genussliebhaber und Aktivurlauber.

Gasthaus Rössle www.roessleelzach.de

Hauptstr. 19, PLZ 79215, **T 07682 212**
11 Zimmer | Ez ab 60 €, Dz ab 120 €

Bereits in der 4. Generation führen Kristin und Manuel Häringer dieses charmante Gasthaus im Ortszentrum. Die gemütlichen und sehr geschmackvoll eingerichteten Zimmer zeigen einen gelungenen Mix aus ländlichem Flair und Moderne. Morgens wartet ein tolles Frühstück auf Sie.

Gasthaus Rössle

VARTA-TIPP Küche

120 | Hauptgericht 7–25 €, Menü 45–55 € | Mo-Di, Do-So ⃠ Mi

Behagliches Ambiente, herzliche Gastfreundschaft und zwangloser Genuss erwarten Sie im Restaurant. Serviert wird schmackhafte badische Küche zu gastfreundlichen Preisen. Der Chef kocht bevorzugt Gerichte mit Produkten regionaler Herkunft aus dem Elztal und dem Breisgau. Beliebt sind „Rössle“-Klassiker wie „Gekochte Rinderzunge - Großmutter-Art“ oder „Geschnetzelte Rinderleber mit kräftiger Balsamicosauce und Bratkartoffeln“. Hübsch die kleine Terrasse vor dem Haus.

Schäck's Adler www.schaecks-adler.de

Waldkircher Straße 2, PLZ 79215 (OT: Oberprechtal), **T 07682 1291**
65 | Hauptgericht 22–39 €, Menü 35–48 € | Do-So Mi-So ⃠ Mo, Di ⃠ 13.2.–16.3.23

Viel altes Holz, ein heimeliger Kachelofen, liebevolle Deko - da kommt Gemütlichkeit auf. Dazu eine sehr gute Küche, bei der man auf Frische, Qualität und regionale Produkte großen Wert legt. Für Übernachtungsgäste gibt es behagliche Gästezimmer.

EMDEN 12 D www.emden-touristik.de

Niedersachsen | EW 51.292 | 1 m | Aurich 23 km, Leer 29 km

Hotel am Delft www.hotel-am-delft.de

★★★★ S garni

Am Delft 27, PLZ 26721, **T 04921 39190,** F 3919190
120 Zimmer | Ez 65–175 €, Dz 149–203 €, inkl. Frühstück | 24 h

Eine schöne Adresse am alten Binnenhafen: geradliniges Design, wertige Materialien, warme Töne, gutes Platzangebot und moderne Technik. Die Zimmer sind in den Kategorien Classic, Superior und Deluxe buchbar. Zum Haus gehören auch ein Restaurant mit Außenterrasse sowie ein Fitness- und Saunabereich.

EMMELSHAUSEN 40 D www.emmelshausen.de

Rheinland-Pfalz | EW 4.737 | 450 m | Boppard 13 km, St. Goar 16 km

Münster www.hotel-muenster.de

€ Gut & Günstig ★★★ S garni

Waldstraße 3a, PLZ 56281, **T 06747 93940,** F 939413
18 Zimmer | Ez 63–69 €, Dz 93 €, inkl. Frühstück | 24 h

Gepflegter Familienbetrieb in einer ruhigen Seitenstraße. Es erwarten Sie zweckmäßig und funktional eingerichtete Zimmer. Das Frühstück ist frisch und die Preise sind fair. Die Inhaberin kümmert sich wirklich um ihre Gäste.

EMMENDINGEN 56 D www.emmendingen.de

Baden-Württemberg | EW 26.287 | 201 m | Waldkirch 12 km, Freiburg 15 km

Taome Feng Shui Stadthotel www.taome.de

★★★ S garni

Karl-Friedrich-Str. 63/1, PLZ 79312, **T 07641 9686288,** F 9686299
40 Zimmer | 3 Suiten | 2 Apartments | Ez 70–99 €, Dz 95–115 €

In attraktiver Citylage finden Sie dieses moderne Nichtraucherhotel, das nach den Prinzipien des Feng Shui ausgestattet wurde. Wohnliche Zimmer mit Balkon. Internetzugang (LAN) und Getränke aus der Minibar sind im Zimmerpreis inklusive. Panorama-Frühstücksrestaurant mit kleiner Dachterrasse.

EMMERICH AM RHEIN 28 B www.emmerich.de

Nordrhein-Westfalen | EW 29.652 | 18 m | Arnheim 34 km, Wesel 40 km

Landhaus Zu den 3 Linden www.zu-den-3-linden.de

Reeser Straße 545, PLZ 46446 (OT: Praest), **T 02822 8800**
25 | Hauptgericht 20–31 €, Menü 39–48 € | So Do-So Mo, Di, Mi

Der ländlich gelegene Familienbetrieb bietet seit Jahren eine wohlschmeckende, zeitgemäße Küche mit französischer Ausrichtung - z.B. „Rosa gebratene Entenbrust mit Spitzkohl und Thymiankrapfen". Vom liebenswerten Service wird man bestens betreut.

EMMINGEN-LIPTINGEN 65 A www.emmingen-liptingen.de

Baden-Württemberg | EW 4.480 | 750 m | Tuttlingen 8 km, Stockach 20 km

Schenkenberger Hof www.schenkenberger-hof.com

Schenkenbergerhof 22, PLZ 78576, **T 07465 9202950**
45 | Hauptgericht 14–24 € | Fr-So Mi-So ⃠ Mo, Di

Ein Landgasthaus wie im Bilderbuch: herzliche Gastgeber, urgemütliche Räumlichkeiten und dazu eine frische, ehrliche Regionalküche. Auf der Speisekarte Schmackhaftes wie „Gebratene Lachsforelle im Safran-Kräutersud an Gemüsespaghetti mit geröstetem Sesam und Kräuter-Kartoffelpüree". Sehr einladende Terrasse. Schmankerl für Zuhause kann man im angeschlossenen Hofladen erwerben.

EMS, BAD 40 D www.bad-ems.info

Rheinland-Pfalz | EW 9.179 | 85 m | Koblenz 18 km, Montabaur 20 km

Emser ThermenHotel Neu! www.emser-thermenhotel.de

Viktoriaallee 24, PLZ 56130, **T 02603 97900**
84 Zimmer

Wer einen entspannten Wellnessurlaub erleben möchte, sollte dieses Hotel auf der Bucket List stehen haben! Direkt am Ufer der Lahn empfängt Sie dieses 2021 eröffnete Haus. Die stilvoll und modern ausgestatteten Zimmer sind alle in Richtung Süden ausgerichtet. Durch die großen Panoramafenster hat man eine schöne Aussicht auf den Fluss. Ein besonderes Highlight ist die SkyLounge auf dem Dach des Hotels. Therme und Sauna können Übernachtungsgäste ganz bequem über einen Bademantelgang erreichen.

Häcker's Grand Hotel www.haeckers-grandhotel.com

★★★★ S

Römerstraße 1-3, PLZ 56130, **T 02603 7990,** F 799252
106 Zimmer | 7 Suiten | Ez 127–149 €, Dz 236–284 €, inkl. Frühstück | 24 h

Direkt an der Lahn liegt dieser historische Barockbau von 1711. Das traditionsreiche Haus wartet mit einer repräsentativen Empfangshalle, eleganten Balkonzimmern und einem schönen Wellnessbereich auf. In der exklusiven „Chrystal Horse Bar" kann man sich ausgewählte Kaffeesorten, hausgemachte Kuchenspezialitäten und hochwertige Drinks schmecken lassen.

EMSDETTEN 21 C www.emsdetten.de

Nordrhein-Westfalen | EW 35.447 | 45 m | Rheine 14 km, Münster 30 km

Lindenhof www.lindenhof-emsdetten.de

GREENSIGN ★★★★

Alte Emsstraße 7, PLZ 48282, **T 02572 9260,** F 926200
51 Zimmer | 2 Suiten | 5 Apartments | Ez 85–105 €, Dz 109–129 €, inkl. Frühstück | ⃠ 20.12.22–8.1.23

Aus verschiedenen Gebäuden bestehendes, privat geführtes Hotel mit gemütlich, individuell und neuzeitlich eingerichteten Gästezimmern. Das Haus verfügt zudem über einen hauseigenen Saunabereich, einen idyllischen Garten mit Seerosenteich sowie kostenfreie Fahrradgaragen.

Lindenhof

80 | Hauptgericht 15–35 €, Menü 30–65 € | Di-Sa ⃠ Mo, So ⃠ 20.12.22–8.1.23

Altdeutsch eingerichtetes Restaurant, das mit zahlreichen Antiquitäten versehen ist. Im Angebot: klassisch-regionale Speisen mit mediterranem Einfluss. Herzlicher Service, ansprechende Weinauswahl.

ENDINGEN 56 D www.endingen.de

Baden-Württemberg | EW 10.000 | 186 m | Freiburg im Breisgau 28 km, Offenburg 47 km

Zollhaus www.zollhaus-endingen.de

Hauptstr. 3, PLZ 79346, **T 07642 9202343,** F 9202348
4 Zimmer | 1 Suite | Ez ab 115 €, Dz ab 125 €, inkl. Frühstück

Das kleine, individuelle Hotel befindet sich in einem denkmalgeschützen, von Grund auf restaurierten Gebäude aus der Barockzeit. Klares Design, schlichte Formen, sinnliche Farben und hochwertige, natürliche Materialien bestimmen die Zimmereinrichtung. Hübsche Weinlounge.

Merkles Restaurant www.merkles-restaurant.de

VARTA-TIPP Küche **VARTA-TIPP** Service

Hauptstraße 2, PLZ 79346, **T 07642 7900**
20 | Menü 85–149 € | Do-Sa ⃠ Mo, Di, Mi, So

Ein besonders wertvolles Mosaiksteinchen unter den Kaiserstühler Feinschmeckerrestaurants. Wunderschön, hier zu tafeln, es stimmt einfach alles: Ambiente, Küchenleistung und auch der professionelle Service! Thomas Merkle begeistert uns immer wieder mit spannenden Gerichten - fantasievoll, kreativ und fein gewürzt. Sein ganzes Spektrum lernen Sie am besten im Rahmen einer Genussreise in 6 oder 7 Gängen (wahlweise mit begleitenden Weinen) kennen. Tischreservierung ratsam.

Pfarrwirtschaft und Garten www.pfarrwirtschaft.de

Hauptstraße 2, PLZ 79346, **T 07642 924311**
66 | Do-So ⃠ Mo, Di, Mi

Das Zweitrestaurant, das sich im gleichen Gebäude wie das Gourmetrestaurant befindet, ist modern, aber zugleich gemütlich eingerichtet. Serviert werden leckere Gerichte für jeden Tag, so z.B. „Geschmorte Bäckle vom Schuttertäler Rind mit heimischem Gemüse und Kartoffelkräuterstampf". Dazu gibt es gute Kaiserstühler Tropfen und frisch gezapftes Bier vom Fass.

Dutters Stube www.dutters-stube.de

VARTA-TIPP Küche

Winterstraße 28, PLZ 79346 (OT: Kiechlinsbergen), **T 07642 1786**
45 | Hauptgericht 19–32 €, Menü 69 € | Do-Sa ⃠ Mo, Di, Mi, So »

Ambientiger Tafelgenuss in einem gut geführten, authentischen Traditionsgasthaus. Hier offeriert Arthur Dutter eine feine saisonale Frischmarktküche auf stabilem Niveau mit überwiegend badischer Ausrichtung. Dazu serviert man heimische Weine. Rustikal und bodenständig präsentiert sich die „Dorfwirtschaft" (auch mittwochs und sonntags geöffnet) im historischen Gewölbekeller. Hier werden z.B. ofenfrische Flammkuchen, kleine Gerichte und deftige Vesper serviert.

ENGE-SANDE 6 B www.enge-sande.de

Schleswig-Holstein | EW 1.127 | 7 m | Niebüll 10 km, Flensburg 30 km

Berger's Landgasthof www.bergers-landgasthof.de

Dorfstraße 28, PLZ 25917 (OT: Enge), **T 04662 3190**
35 | Hauptgericht 14–36 € | Mo-So

Ein netter Landgasthof mit familiärer Atmosphäre. In verschiedenen Gasträumen und auf der Terrasse werden regionaltypische Speisen serviert. Mit den Wildkräutern aus dem eigenen Garten werden Limonade und Liköre hergestellt. Übernachten können Sie in einem der behaglich eingerichteten Gästezimmer.

ENGELTHAL 53 D www.engelthal.de

Bayern | EW 1.140 | 371 m | Hersbruck 6 km, Nürnberg 30 km

Weißes Lamm www.hotel-weisseslamm.de

€ Gut & Günstig ★★★ S

Hauptstraße 24, PLZ 91238, **T 09158 929990,** F 9299992
35 Zimmer | 5 Suiten | Ez ab 58 €, Dz ab 80 €

Liebevoll renovierter Landgasthof mit herzlich-familiärer Atmosphäre und behaglichen Gästezimmern. Im urig-rustikalen Restaurant wird eine schmackhafte fränkische Küche aus regionalen Zutaten angeboten. Reizvoller Biergarten.

Grüner Baum www.gruener-baum-engelthal.de

Hauptstraße 9, PLZ 91238, **T 09158 262**
100 | Hauptgericht 10–22 € | Mi, Fr-So Mi-So Mo, Di

Stattlicher fränkischer Gasthof in ländlichem Ambiente mit saisonorientierter Regionalküche, in der überwiegend Produkte aus dem Umland Verwendung finden. Für Übernachtungsgäste stehen einfache, aber gepflegte Doppelzimmer bereit. Hübscher Biergarten.

ENINGEN UNTER ACHALM 58 C www.eningen.de

Baden-Württemberg | EW 10.000 | 457 m | Reutlingen 5 km, Bad Urach 18 km

Loftstyle Hotel Neu! www.loftstyle-hotels.de/hotels/eningen

€ Gut & Günstig

Mühleweg 5, PLZ 72800, **T 07121 304590**
103 Zimmer

Hier lässt es sich richtig schön wohnen: Die Hotelzimmer sind im liebevollen Vintagedesign gestaltet und bieten auch in punkto Technik und Komfort beste Voraussetzungen für einen angenehmen Aufenthalt. Zum Haus gehören eine Bar, ein Frühstücksrestaurant mit Buffet und ein Fitnessstudio. Bis zur Outletcity Metzingen sind es nur 15 Autominuten.

ENKENBACH-ALSENBORN 50 C www.enkenbach-alsenborn.de

Rheinland-Pfalz | EW 7.124 | 399 m | Kaiserslautern 10 km, Grünstadt 26 km

Kölbl www.hotel-restaurant-koelbl.de

Hauptstraße 3, PLZ 67677 (OT: Enkenbach), **T 06303 3071**
60 | Hauptgericht 16–36 €, Menü 34–65 € | So Mi-So Mo, Di

In diesem sympathischen Restaurant mit modernem Pfälzer Gaststubenambiente erwartet Sie eine saisonal ausgerichtete regionale Küche auf klassischer Basis. Sehr beliebt ist das wöchentlich wechselnde Business-Lunchmenü. Zum Übernachten stehen zweckmäßige Gästezimmer bereit.

ENZKLÖSTERLE 57 A www.enzkloesterle.de

Baden-Württemberg | EW 1.204 | 538 m | Wildbad 12 km, Freudenstadt 29 km

Enztalhotel www.enztalhotel.de

★★★★

Freudenstädter Str. 67, PLZ 75337, **T 07085 180,** F 1818
47 Zimmer | 2 Suiten | 5 Apartments | Ez ab 135 €, Dz 270–304 €, inkl. Halbpension | 24 h

Gediegenes und charmant geführtes Traditionshotel mit gemütlichen Gästezimmern und großzügigem Wellnessbereich. Elegantes Restaurant im traditionellen Schwarzwälder Stil mit marktfrischen Spezialitäten aus der Region. Schöne Gartenterrasse.

EPPELBORN 49 C www.eppelborn.de

Saarland | EW 17.894 | 240 m | St. Wendel 9 km, Saarlouis 22 km

Eppelborner Hof www.eppelborner-hof.de

★★★ S

Rathausstraße 1-3, PLZ 66571, **T 06881 8950,** F 895200
33 Zimmer | 3 Suiten | Ez 74 €, Dz 104 €, inkl. Frühstück

Familiengeführtes Haus mit gepflegten Zimmern und freundlicher Atmosphäre im Ortszentrum. Kleiner Wellnessbereich mit Sauna, Solarium und Fitnessraum. Im Restaurant mit großem Wintergarten und Terrasse wird schmackhafte deutsche Küche mit internationalen Einflüssen serviert.

EPPENBRUNN 50 C www.pirmasens-land.de

Rheinland-Pfalz | EW 1.427 | 285 m | Pirmasens 13 km, Saarbrücken 76 km

Kupper www.hotelkupper.de

€ Gut & Günstig ★★★

Himbaumstraße 22, PLZ 66957, **T 06335 9130,** F 913113
22 Zimmer | Ez 63–80 €, Dz 96–130 €, inkl. Frühstück

Familiär geführter Feriengasthof nahe der deutsch-französischen Grenze mit Wanderwegen vor der Haustür. Zweckmäßig eingerichtete Zimmer unterschiedlicher Kategorien. Kleiner Wellnessbereich mit Erlebnisbad und Sauna. Rustikales Restaurant mit Biergarten und gutbürgerlicher Küche.

EPPINGEN 51 C www.eppingen.de

Baden-Württemberg | EW 20.919 | 199 m | Bretten 20 km, Heilbronn 26 km

Villa Waldeck www.villa-waldeck.de

★★★★ garni

Waldstraße 80, PLZ 75031, **T 07262 61800,** F 3366
45 Zimmer | 1 Suite

Familiär geführtes Haus in ruhiger Waldrandlage. Komfortabel ausgestattete Gästezimmer unterschiedlicher Kategorien. Garten mit Angel- und Schwimmteich. Im lichtdurchfluteten Restaurant wird regionale und saisonale Küche serviert.

Altstadthotel Wilde Rose www.altstadthotel-wirtskeller-eppingen.de

★★★ garni

Kirchgasse 29-31, PLZ 75031, **T 07262 91400,** F 914090
10 Zimmer | Ez 89–99 €, Dz 130–145 €, inkl. Frühstück

Hübsches Fachwerkhaus inmitten der Eppinger Altstadt mit herrlichem Innenhof. Einfache, aber gepflegte Gästezimmer mit zweckmäßiger Ausstattung. Im urig-rustikalen Kellerrestaurant mit offener Schauküche im historischen Baumannschen Haus aus dem Jahre 1582 wird saisonale und italienische Küche serviert.

ERDING 60 D www.erding.de

Bayern | EW 36.000 | 463 m | Freising 17 km, München 37 km

Hotel Victory Therme Erding www.therme-erding.de/uebernachtungen

garni

Thermenallee 1a, PLZ 85435, **T 08122 5503550,** F 5503559
135 Zimmer | Ez ab 145 €, Dz ab 255 €, inkl. Frühstück | 24 h

Das „etwas andere“ Hotel ist eine Rekonstruktion der HMS Victory und eines venezianischen Palastes. Das Thema Wasser zieht sich durch alle Bereiche des Hauses. Die individuell thematisierten Zimmer überzeugen durch geschmackvolles Interieur, moderne Kommunikationstechnik und raffinierte Lichtsysteme. Das Wellenparadies bietet Badespaß für die ganze Familie.

Restaurant Empire

64 | Hauptgericht 19–34 €, Menü 38–97 € | Mo-So

Ein freundliches Restaurant mit hohen Decken, Palmen und hellem, cremefarbenem Ambiente. Es gibt Internationales wie „Norwegische Fjordforelle mit Kartoffelmousseline, Blattspinat und Trüffelschaum“ oder „Französische Maispoulardenbrust in Aromaten gebraten“.

Henry www.hotel-henry.de

★★★★ garni

Dachauer Straße 1, PLZ 85435, **T 08122 909930,** F 90993500
50 Zimmer | 1 Suite | Ez ab 97 €, Dz ab 117 €, 9,00 €

Gut geführtes Cityhotel mit stilvoll und wohnlich eingerichteten Zimmern, die nach Städten aus aller Welt benannt sind. Kostenfreies WLAN im gesamten Haus. Feinschmeckerbistro mit internationalen und regionalen Spezialitäten.

ERFTSTADT 39 B www.erftstadt.de

Nordrhein-Westfalen | EW 51.576 | 100 m | Euskirchen 17 km, Düren 20 km

Haus Bosen
www.hausbosen.de

Herriger Str. 2, PLZ 50374 (OT: Lechenich), **T 02235 691618**
50 | Hauptgericht 15–25 €, Menü 37–44 € | Di-So ⃠ Mo ⃠ 1.–9.1.23

Direkt in Sichtweite des Rathauses liegt dieses hübsche Fachwerkhaus. In den ländlichen Gaststuben und auf der lauschigen Sommerterrasse wird deutsche und internationale Küche aufgetischt. Die Preise sind maßvoll kalkuliert. Der Service ist freundlich und aufmerksam.

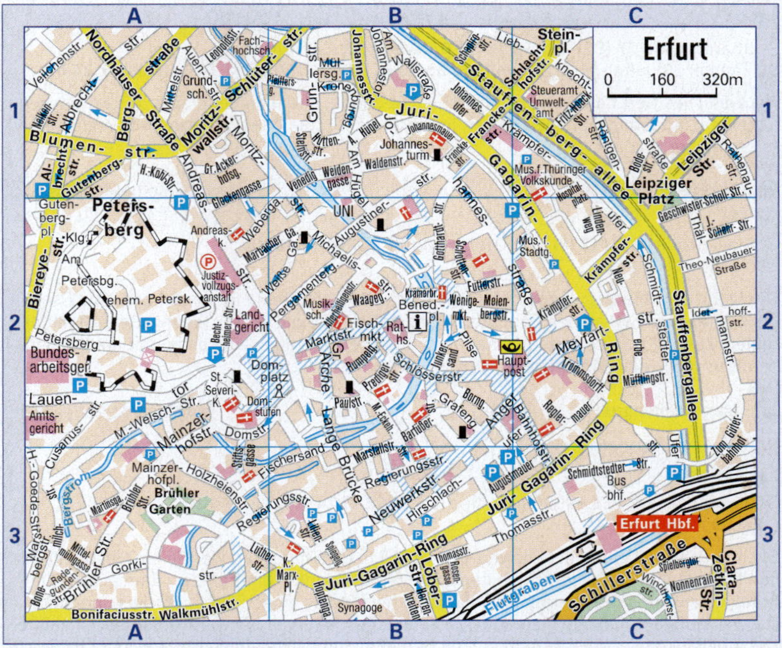

ERFURT 44 A
www.erfurt-tourismus.de

Thüringen | EW 214.000 | 200 m | Erfurt-Bindersleben (Flughafen) 7 km, Eisenach 58 km
Mariendom und Severikirche auf dem Domberg, Zitadelle auf dem Petersberg, Fischmarkt mit neugot. Rathaus, Kunsthalle im Haus zum Roten Ochsen, Krämerbrücke, Prachtstraße Anger mit Ursulinenkloster und Angermuseum, Augustinerkloster und -kirche, Alte Synagoge, Predigerkirche und-kloster, egapark mit Gartenbaumuseum, Staatskanzlei, Schloss Molsdorf, Museum für Thüringer Volkskunde, Kaisersaal, Michaeliskirche.

Victor's Residenz-Hotel
www.victors.de

garni

Häßlerstraße 17, PLZ 99096 (OT: Daberstedt), **T 0361 65330,** F 6533599
68 Zimmer | 9 Suiten | 24 h

Komfortables Tagungs- und Stadthotel im südlichen Zentrum von Erfurt gelegen. Großzügig geschnittene Zimmer im Laura-Ashley-Stil. Begrünter Innenhof, gediegenes Restaurant.

Excelsior
www.excelsior.bestwestern.de

★★★★ garni

Bahnhofstraße 35 (C3), PLZ 99084, **T 0361 56700,** F 5670100
92 Zimmer | Ez 100–160 €, Dz 125–180 €, inkl. Frühstück | 24 h

Zentral gelegenes Hotel in einem eleganten Jugendstilgebäude - ideal für Städte- und Geschäftsreisende. Sie logieren in individuellen und wohnlich eingerichteten Zimmern. Erst 2018 wurde das Haus um einen Neubau erweitert.

Hotel Krämerbrücke
www.hotel-kraemerbruecke.de

★★★★

Gotthardtstraße 27 (B2), PLZ 99084, **T 0361 67400,** F 6740444
91 Zimmer | 9 Suiten | 1 Apartment | Ez ab 86 €, Dz ab 116 €, inkl. Frühstück | 24 h

Neuzeitliches Geschäftshotel in einem hist. Gebäude, direkt an der Krämerbrücke gelegen. Schlichte, modern gehaltene Zimmer. Im Restaurant „Zum Alten Schwan" wird regional und international gekocht.

Légère Hotel **Neu!**
www.legere-hotelgroup.com

GREENSIGN

Gothaer Straße 33, PLZ 99094 (OT: Molsdorf), **T 0361 6660300**
150 Zimmer | 24 h

Direkt auf dem Messegelände befindet sich das 2022 eröffnete Businesshotel. Das Design der Gästezimmer ist an den Bauhausstil angelehnt. 600 qm großer Tagungsbereich mit direktem Zugang zum Congress Center. Zum Haus gehören auch ein Restaurant mit Bar und Terrasse sowie ein gemütlicher Wellness- und Fitnessbereich.

Magdalenengut
www.magdalenengut.de

VARTA-TIPP Service

Brauhausgasse 3, PLZ 99090 (OT: Alach), **T 036208 243891,** F 243891
5 Zimmer

Sie mögen es ruhig und liebenswert-behaglich? In dem barocken Vier-Seiten-Hof am Rande von Erfurt steht das Bemühen um den Gast im Mittelpunkt. Inmitten der charmanten Gutshofidylle erwarten Sie überaus wohnlich und hochwertig eingerichtete Studios und Suiten. Die weitläufige Hofanlage bietet den Gästen insbesondere in der warmen Jahreszeit zahlreiche Möglichkeiten zum Entspannen und Genießen. Im hauseigenen Hofladen gibt es Spezialitäten aus der Region.

Restaurant Magda
www.restaurant-magda.de

20 | Menü ab 75 € | Sa-So Mi-Sa Mo, Di

Ein wirklich bezauberndes Ambiente: Außen saniertes Fachwerk mit einladender Terrasse und Kräutergarten, innen heimelige Gaststuben mit kleinen romantischen Fenstern, wunderschönen originalen Klosterplatten und Kaminofen. Serviert wird ein international inspiriertes 4-Gang-Menü (nur mit Vorreservierung), das regelmäßig wechselt.

Zumnorde
www.hotel-zumnorde.de

★★★★ S

Anger 50-51 (B2, Eingang Weitergasse 26), PLZ 99084, **T 0361 56800,** F 5680400
58 Zimmer | 7 Suiten | 1 Apartment | Ez ab 99 €, Dz ab 129 €, inkl. Frühstück | 24 h

Persönlich geführtes Hotel mitten in der Altstadt mit geräumigen und geschmackvoll eingerichteten Zimmern. Im rustikalen Restaurant und im Biergarten unter Weinranken wird moderne Thüringer Küche serviert. Zufahrt über Barfüßerstraße.

Domizil
www.hotel-domizil-erfurt.de

VARTA-TIPP Service

★★★★ garni

Andreasstr. 36 (B2), PLZ 99084, **T 0361 38033100,** F 38033101
8 Zimmer | Ez 135–195 €, Dz 145–229 €, inkl. Frühstück

Schon ein bemerkenswertes Haus: bemerkenswert klein, bemerkenswert individuell und dazu noch bemerkenswert herzlich geführt! In dem sorgsam sanierten Hotel verbinden sich historisches Ambiente und die Annehmlichkeiten der Moderne. Egal ob mit Garten- oder Stadtblick, in den sehr geschmackvoll eingerichteten Zimmern muss man sich einfach wohlfühlen. Das leckere Frühstück am Morgen sollten Sie nicht versäumen.

Bachstelze
www.bachstelze-erfurt.de

Hamburger Berg 5, PLZ 99094 (OT: Bischleben), **T 0361 7968386**
24 | Menü 95–145 € | Sa-So Mi-So Mo, Di

Hier wird Gastronomie liebevoll inszeniert! Die verwinkelte alte Backsteinvilla nebst kleinem Biergarten versprüht jede Menge nostalgischen Charme. Spitzenköchin Maria Groß hat sich hier ein kleines Paradies geschaffen. Ihre Küche: bodenständig, naturverbunden und leidenschaftlich. Bei all ihren Gerichten legt sie den Schwerpunkt auf frische, saisonale Lebensmittel und regionale Produzenten. Breites Repertoire an kulinarischen Events (Küchenpartys, Kochkurse...).

Clara - Restaurant im Kaisersaal
www.restaurant-clara.de

Futterstraße 15-16 (B2), PLZ 99084, **T 0361 5688207**
22 | Menü 109–155 € | Mi-Sa

Elegantes Design, klare Raumaufteilung, durchdachtes Lichtkonzept - wirklich einladend zeigt sich dieses Gourmetrestaurant. Für einen unbeschwerten, genussvollen Abend sorgt aber nicht nur das exklusive Ambiente, sondern auch der freundliche, zuvorkommende Service und die hervorragende Kulinarik! Serviert wird eine produktorientierte Aromenküche mit saisonalen, regionalen und internationalen Einflüssen. Dazu ein umfangreiches Weinangebot mit rund 250 Positionen.

ESTIMA by Catalana **Neu!**
www.estima-erfurt.de

Allerheiligenstrasse 3 (B2), PLZ 99084 (OT: Altstadt), **T 0361 5506335**
20 | Menü 70–121 € | Mi-Sa Mo, Di, So »

In diesem kleinen behaglichen Lokal in der Erfurter Altstadt begibt man sich auf eine kulinarische Reise in den spanisch-französischen Mittelmeerraum. Was die Crew um Chef de Cuisine Sebastian Ernst auf die Teller zaubert, ist klar strukturiert und zeugt von richtig gutem Handwerk. Für das moderne, sehr durchdachte Degustationsmenü (4 bis 7 Gänge) werden stets frische und authentische Zutaten verwendet, die man zum Teil direkt von den Erzeugern vor Ort bezieht. Ein vegetarisches Menü wird ebenfalls angeboten. Am Chef's Table können Sie den Köchen bei der Arbeit zuschauen.

Das Ballenberger — www.das-ballenberger.de

Gotthardtstraße 25/26 (B2), PLZ 99084, **T 0361 64456088**
45 | Hauptgericht 26–30 €, Menü 64–109 € | Mo-Sa So

Beliebtes Restaurant mit Feinkosttheke im Herzen der Altstadt. Die kreativen, mediterran angehauchten Gerichte klingen z.B. so: „Maishähnchenbrust | Weiße Bohne | Salbei | Seitlinge" oder „Seesaibling | Bunte Linse | Fenchel | Wermut". Auch Frühstück wird angeboten.

ERKELENZ 28 D — www.erkelenz.de

Nordrhein-Westfalen | EW 45.942 | 92 m | Mönchengladbach 15 km, Aachen 38 km

Lindenhof — www.erkelenz-hotel.de

★★★★ garni

Konrad-Adenauer-Platz 1, PLZ 41812, **T 02431 99911000,** F 9991190
21 Zimmer | 1 Suite

Eine persönlich geführte Adresse mit modernen, klimatisierten Zimmern, die in warmen Brauntönen gehalten sind. Regionale Gerichte und saisonale Spezialitäten werden im Restaurant „Anton's" serviert. WLAN und Parken sind kostenfrei. Kleine hoteleigene Fitnessoase.

TROYKA — www.troyka.de

VARTA-TIPP Küche **VARTA-TIPP** Service

Rurstr. 19, PLZ 41812 (OT: Neu-Immerath), **T 02431 9550060**
40 | Menü 149 € | So Mi-So Mo, Di

„TROYKA", das ist das russische Wort für „Dreigespann", in persona die beiden Küchenchefs Alexander Wulf und Marcel Kokot sowie Sommelier Ronny Schreiber, die man alle noch aus der „Burgstuben-Residenz" in Heinsberg in bester Erinnerung hat. In ihrem Gourmetrestaurant mit offener Küche, Bistro, Weinkeller und Chef's Table geht das kreative Gastrotrio den nächsten großen Schritt. In zwanglosem Rahmen wird ein gehobenes Feinschmeckermenü in 6 Gängen serviert. Dabei interpretiert das kreative Team die russische Küche komplett neu, und das mit Top-Produkten aus der Region. Für die passende Begleitung sorgt eine sorgfältig zusammengestellte Auswahl an erstklassigen Weinen. Auch das Champagner- und Schaumweinangebot kann sich sehen lassen.

ERKHEIM 59 C www.erkheim.de

Bayern | EW 2.951 | 595 m | Memmingen 14 km, Mindelheim 14 km

Erkheimer Landhaus www.erkheimer-landhaus.de

€ Gut & Günstig garni

Färberstr. 37, PLZ 87746, **T 08336 813970,** F 8139720
10 Zimmer | 2 Suiten | Ez 68–88 €, Dz 88–105 €, inkl. Frühstück

Ruhig gelegene Unterkunft mit einfachen, aber gepflegten Gästezimmern - teilweise mit Balkon. Für Entspannung sorgt ein kleiner Saunabereich. Im Restaurant und auf der Terrasse zum Garten werden bayerisch-regionale Gerichte serviert.

ERKRATH 29 C www.erkrath.de

Nordrhein-Westfalen | EW 43.639 | 60 m | Düsseldorf 10 km, Wuppertal 26 km

Wahnenmühle www.wahnenmuehle.de

VARTA-TIPP Ambiente

garni

Wahnenmühle 1, PLZ 40699 (OT: Hochdahl), **T 02104 1399332,** F 1418727
4 Zimmer | Ez 95–110 €, Dz 145–155 €, inkl. Frühstück

Die idyllisch gelegene Leinölmühle aus dem 18. Jhd. beherbergt heute ein reizendes kleines Gästehaus. Die individuell eingerichteten Zimmer, die nach Städten und Regionen benannt sind, bieten einen Mix aus Tradition und Moderne. Hübscher Hotelgarten. Herzliche, familiäre Atmosphäre mit hoher Aufenthaltsqualität.

Hopmanns Olive www.hopmannsolive.de

Ziegeleiweg 1-3, PLZ 40699 (OT: Hochdahl), **T 02104 803632**
40 | Hauptgericht 20–46 €, Menü 68 € | So Mo, Do-So Di, Mi

Ein helles, modernes Restaurant mit ansprechendem Ambiente und gepflegter Tischkultur. Serviert wird leichte mediterrane und regional beeinflusste Küche. An warmen Tagen lässt es sich hervorragend im grünen Sommergarten speisen. In unmittelbarer Nähe liegt der hist. Lokschuppen, der sich ideal als Eventlocation eignet.

ERLANGEN 53 A www.erlangen.info

Bayern | EW 113.796 | 280 m | Nürnberg 18 km, Bamberg 40 km
Schloss und Schlossgarten mit Orangerie, Hugenottenbrunnen und Reiterstandbild des Markgrafen Christian Ernst, Neustädter Universitätskirche, Altstädter Dreifaltigkeitskirche, Hugenottenkirche am Hugenottenplatz, Kunstpalais im Palais Stutterheim, Markgrafentheater, Martin-Luther-Platz, Botanischer Garten, Heinrich-Kirchner-Skulpturengarten.

Bayerischer Hof www.bayerischer-hof-erlangen.de

★★★★

Schuhstraße 31, PLZ 91052, **T 09131 7850,** F 25800
159 Zimmer | 5 Suiten | 1 Apartment | 24 h

In der hist. Altstadt gelegenes Business- und Urlaubshotel mit persönlichem Charme und ansprechendem Ambiente. Sie wohnen in stil- und geschmackvoll eingerichteten Zimmern mit moderner technischer Ausstattung.

Altmann's Stube www.altmanns-stube.com

★★★ garni

Theaterplatz 9, PLZ 91054, **T 09131 89160,** F 891666
23 Zimmer | Ez ab 80 €, Dz ab 124 €, inkl. Frühstück

In der Nähe des Schlossgartens liegt dieses freundlich und engagiert geführte Haus. Es bietet helle, funktionale Nichtraucherzimmer in unterschiedlicher Größe. Morgens erwartet Sie ein sehr gutes Frühstück. Zum Hotel gehört auch ein Eventrestaurant.

Creativhotel Luise www.hotel-luise.de

★★★ S garni

Sophienstraße 10, PLZ 91052, **T 09131 1220,** F 122100
94 Zimmer | 2 Suiten | Ez ab 90 €, Dz ab 100 €, inkl. Frühstück | 24 h

Umweltbewusstes Hotel in ruhiger Innenstadtlage mit hellen, freundlichen Zimmern, die teils nach Feng-Shui-Grundsätzen eingerichtet sind. Hübsche Wellnessoase mit Sauna, Dampfbad und Eisgrotte.

Polster | Landhotel www.gasthaus-polster.de

Am Deckersweiher 26, PLZ 91056 (OT: Kosbach), **T 09131 75540,** F 755445
13 Zimmer | Ez 90 €, Dz 120–130 €, inkl. Frühstück

Ein echtes Kleinod typisch fränkischer Gastlichkeit. Hinter der schönen Fachwerkfassade erwarten Sie ein behagliches Ambiente und wohnliche Zimmer, die im dezent-eleganten Landhausstil eingerichtet sind. Dazu ein hübscher Hotelgarten.

Polster | Gasthaus

80 | Menü 52–62 € | Di-So Mo 24.12.22, 1.–2.1.23

Ob im klassisch-eleganten Gourmetrestaurant oder etwas bodenständiger in der gemütlichen Fränkischen Stube, in der Küche haben Qualität und Frische der Produkte oberste Priorität – das sieht und schmeckt man. Im Sommer können Sie auch im hübschen Polstergarten speisen.

Art Hotel www.art-hotel-erlangen.de

Äußere Brucker Straße 90, PLZ 91052, **T 09131 71400,** F 714013
36 Zimmer | 5 Suiten | Ez 60–131 €, Dz 80–153 €, inkl. Frühstück

Verkehrsgünstig gelegenes Haus für Businessgäste und Städtereisende. Gemütlich ausgestattete Nichtraucherzimmer, teils mit Balkon. Kleiner Fitnessbereich mit Sauna und Dampfbad. Hauseigener Fahrradverleih.

Rotes Ross www.hotelrotesross.de

garni

Eltersdorfer Straße 15a, PLZ 91058 (OT: Eltersdorf), **T 09131 690810,** F 6908157
20 Zimmer | Ez 76 €, Dz 99 €, inkl. Frühstück | 24 h

Familiär geführtes Businesshotel in ruhig-ländlicher Lage mit hellen, funktional eingerichteten Zimmern. Für Entspannung sorgen eine Sauna, ein Dampfbad sowie ein kleiner Poolbereich hinter dem Haus. Gutes Frühstück mit selbstgebackenen Brötchen.

ESCHBORN 41 D www.eschborn.de

Hessen | EW 20.486 | 126 m | Bad Soden am Taunus 5 km, Frankfurt am Main 7 km

Leonardo Hotel Neu!
www.leonardo-hotels.de

Kölner Straße 6, PLZ 65760, **T 06196 20720**
234 Zimmer | 24 h

Moderner Stil und warme Farben begleiten Sie vom Empfang bis in die technisch sehr gut ausgestatteten Zimmer dieses 2022 eröffneten Geschäftshotels. Großzügig gestalteter Open-Lobby-Bereich, in dem Rezeption, Bar, Restaurant, Working Spaces und Lounge ineinander übergehen.

ESCHENBACH I.D.OPF. 54 A
www.eschenbach-opf.de

Bayern | EW 3.877 | 440 m | Bayreuth 24 km, Weiden 25 km

Glutschaufel
www.glutschaufel.de

Obersee 1, PLZ 92676, **T 09645 602900,** F 60290295
14 Zimmer | 1 Suite | 1 Apartment | Ez 86–99 €, Dz 125–175 €, inkl. Frühstück

Liebevoll saniertes Haus in idyllischer Lage im Landschaftsschutzgebiet „Großer Rußweiher". Modern und individuell eingerichtete Zimmer und Apartments, teils mit Terrasse oder Balkon.

ESLOHE 30 D
www.eslohe.de

Nordrhein-Westfalen | EW 8.892 | 310 m | Meschede 19 km, Schmallenberg 20 km

Hennemann
www.hotel-hennemann.de

Olper Straße 28, PLZ 59889 (OT: Cobbenrode), **T 02973 97510,** F 975149
22 Zimmer | 3 Suiten | 2 Apartments | Ez ab 85 €, Dz ab 140 €, inkl. Frühstück

Familiengeführtes Wohlfühlhotel mit zeitgemäß ausgestatteten Zimmern im ländlichen Stil. Kleiner Wellness- und Beautybereich. Hauseigenes Tenniscenter mit 3 Hallenplätzen und 2 Außenplätzen. Restaurant mit bürgerlicher Küche.

Haus Hochstein
www.haus-hochstein.de

Südstraße 6, PLZ 59889 (OT: Wenholthausen), **T 02973 97110,** F 971111
14 Zimmer | 2 Suiten | Ez 85–105 €, Dz 132–195 €, inkl. Frühstück

Seit 140 Jahren familiär geführtes Landhotel mitten im Sauerland. Die wohnlich eingerichteten Gästezimmer sind mit Echtholzmöbeln und hochwertigen Stoffen ausgestattet. Kleine Wellnesslounge mit Sauna und Tiefenwärmekabine. Im modern gestalteten Restaurant wird regionale Küche aufgetischt.

ESSEL 23 A
www.schwarmstedt.de

Niedersachsen | EW 1.080 | 26 m | Walsrode 25 km, Celle 33 km

Heide Kröpke
www.hotel-heide-kroepke.de

Esseler Damm 1, PLZ 29690 (OT: Ostenholzer Moor), **T 05167 9790,** F 979291
60 Zimmer | 4 Suiten | 4 Apartments | 24 h

»

Ein familiär geführtes Hotel in attraktiver Einzellage. Hier erwarten Sie wohnliche und großzügig geschnittene Zimmer, ein geschmackvoller Wellness- und Beautybereich sowie gute Tagungsmöglichkeiten. Direkt neben dem Hotelgrundstück befinden sich auch zwei romantische Ferienhäuser.

Heide Kröpke

125 | Hauptgericht 16–45 €, Menü 34–60 € | Mo-So

Hell und freundlich gestaltetes Restaurant mit regionaler und internationaler Küche (Spezialität: Heidschnuckengerichte, z.B. „Geschmorter Heidschnuckenbraten an Wacholderjus mit Wirsingsäckchen, Möhrenbündchen und Buchweizen-Dauphine-Kartoffeln"). Im Sommer lockt die behagliche Gartenterrasse.

ESSEN 29 C www.visitessen.de

Nordrhein-Westfalen | EW 569.884 | 116 m | Duisburg 24 km, Wuppertal 36 km
Zeche Zollverein (UNESCO-Weltkulturerbe), Museum Folkwang, Ruhr Museum, Aalto-Musiktheater, Hist. Stadtteil Kettwig, Baldeneysee, Villa Hügel, Grugapark, Abteikirche St. Ludgerus in Werden.

Schlosshotel Hugenpoet www.hugenpoet.de

VARTA-TIPP Ambiente **VARTA-TIPP** Service

★★★★★S garni

August-Thyssen-Str. 51, PLZ 45219 (OT: Kettwig), **T 02054 12040**, F 120450
36 Zimmer | 8 Suiten | 1 Apartment | Ez ab 160 €, Dz ab 180 €, 30,00 € | 24 h 1.–22.1.23

»

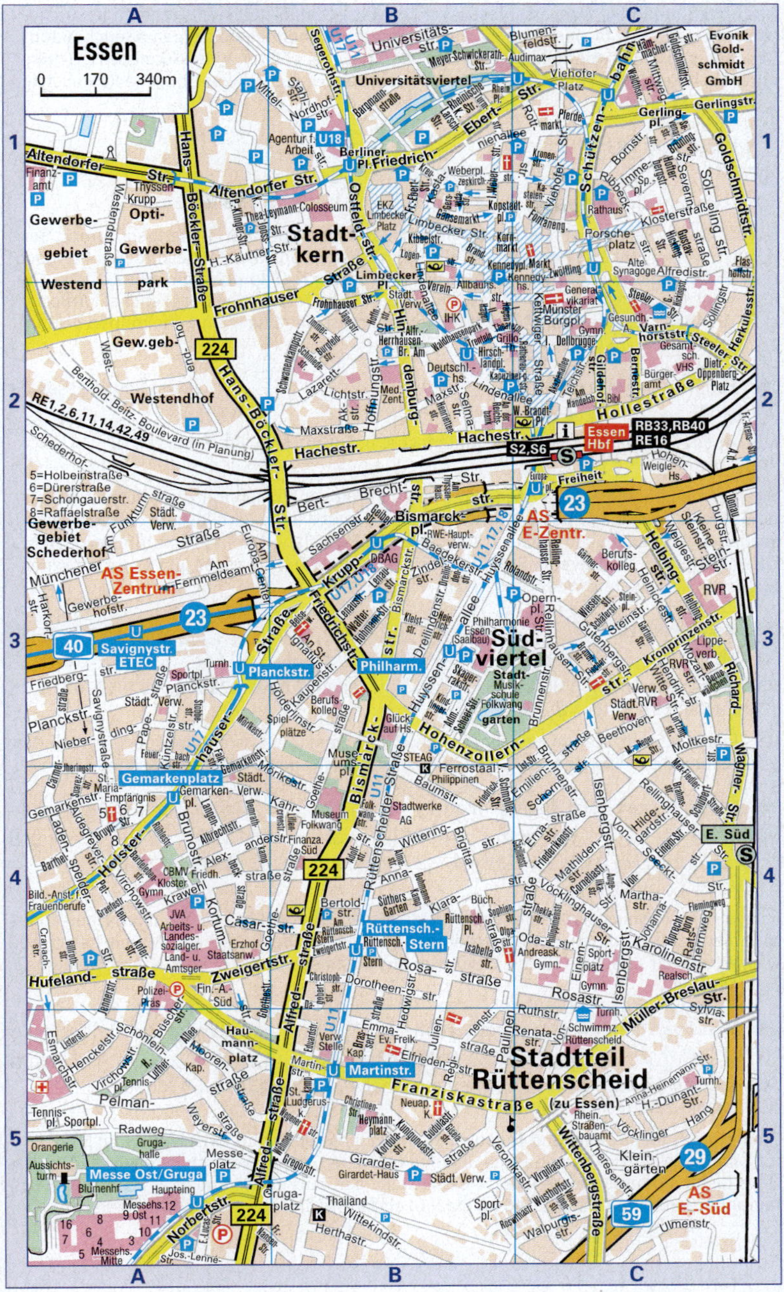
Essen
0 170 340m
A
B
C
1
2
3
4
5
Universitätsviertel
Stadtkern
Südviertel
Stadtteil Rüttenscheid
(zu Essen)
Gewerbegebiet Westend
Gewerbepark
Gew.geb.
Westendhof
Gewerbegebiet Schederhof
AS Essen-Zentrum
AS E-Zentr.
AS E.-Süd
Essen Hbf
RB33,RB40
RE16
S2,S6
RE1,2,6,11,14,42,49
5=Holbeinstraße
6=Dürerstraße
7=Schongauerstr.
8=Raffaelstraße
Altendorfer Str.
Hans-Böckler-Straße
Frohnhauser Str.
Hachestr.
Hollestraße
Friedrich-Ebert-Str.
Limbecker Pl.
Kennedypl.
Burgpl.
Berliner Pl.
Viehofer Platz
Porscheplatz
Rathaus
Bismarckstr.
Huyssenallee
Kronprinzenstr.
Hohenzollernstr.
Zweigertstr.
Hufelandstraße
Alfredstraße
Rüttenscheider Straße
Franziskastraße
Wittenbergstraße
Müller-Breslau-Str.
Savignystr.
Gemarkenplatz
Planckstr.
Philharm.
Rüttensch.-Stern
Martinstr.
Messe Ost/Gruga
E. Süd
Philharmonie Essen (Saalbau)
Stadtgarten
Museum Folkwang
Evonik Goldschmidt GmbH
Gerlingstr.
Goldschmidtstr.
Grugahalle
Messeplatz
Grugaplatz
Orangerie
Aussichtsturm
Thailand
224
23
29
40
59

Das über 300-jährige Wasserschloss ist ein echtes Schmuckstück. Die geräumigen Gästezimmer zeigen sich in einem Stilmix aus historischem Charme und zeitgemäßem Komfort. Besonders exklusiv wohnt man in der hochwertig eingerichteten Villa „Türmchen". Schön auch der hoteleigene Park. Für kleinere Veranstaltungen stehen verschiedene Räumlichkeiten zur Verfügung.

Restaurant 1831 Neu!

40 | Hauptgericht 26–44 €, Menü 65–86 € | Mo-So 1.–22.1.23

Der Name des Restaurants geht auf Freiherr Friedrich Leopold von Fürstenberg zurück, der das Schloss im Jahr 1831 erwarb und ein Schmuckstück aus diesem besonderen Ort machte. Hier erwartet Sie ungezwungen-legeres, aber dennoch anspruchsvolles Fine Dining. Die Küche setzt auf regionale und internationale Gerichte wie „Steinbeißer | Fenchel l Artischocke l Brandade l Beurre blanc". Das Weinrepertoire ist vielfältig - von Geheimtipps bis hin zu Altbewährtem.

Atlantic Congress Hotel

www.atlantic-essen.de

★★★★ S

Messeplatz 3 (A5), PLZ 45131 (OT: Rüttenscheid), **T 0201 946280,** F 94628818
248 Zimmer

Direkt neben der Messe, der Grugahalle und dem Grugapark befindet sich dieses moderne Businesshotel. Das Haus bietet seinen Gästen zeitgemäße und designorientierte Deluxezimmer und Suiten sowie eine 1.200 qm große Eventfläche mit neun multifunktionalen Tagungsräumen. Im obersten Stockwerk mit Zugang zur Dachterrasse gibt es zudem einen hübschen Fitness- und Wellnessbereich.

Mercure Plaza

www.all.accor.com

★★★★ garni

Bismarckstraße 48-50 (B3), PLZ 45128 (OT: Südviertel), **T 0201 878580,** F 87858700
132 Zimmer | 11 Suiten | 24 h

Im südlichen Stadtzentrum gelegenes Haus mit zeitgemäßer Einrichtung und klimatisierten Gästezimmern. Bei schönem Wetter wird das Frühstück auch auf der Terrasse serviert.

Mintrops Land Hotel Burgaltendorf

www.mintrops-landhotel.de

★★★★

Schwarzensteinweg 81, PLZ 45289 (OT: Burgaltendorf), **T 0201 571710,** F 5717147
53 Zimmer | 3 Suiten

Freizeit- und Businesshotel am Stadtrand von Essen. Der Gast hat die Wahl zwischen komfortablen Galeriezimmern und Designer-Cottagezimmern. Im Restaurant „Mumm" setzt man vorwiegend auf saisonale Küche, bevorzugt aus organisch-biologischem Anbau. Moderne Tagungsetage.

Mintrops Stadt Hotel Margarethenhöhe

www.mintrops-stadthotel.de

★★★★

Steile Straße 46, PLZ 45149 (OT: Margarethenhöhe), **T 0201 43860,** F 4386100
41 Zimmer | 1 Suite | 2 Apartments

Dieses individuelle Land- und Tagungshotel liegt inmitten der historischen Krupp-Siedlung mit ihren verwinkelten Gassen und den hübschen, denkmalgeschützten Fassaden. Das Haus bietet moderne Themen- und Landhauszimmer, teils mit Balkon oder Terrasse. Im Restaurant M wird eine saisonal und regional beeinflusste Crossover-Cuisine aufgetischt.

Essener Hof
www.essener-hof.com

★★★★

Am Handelshof 5 (C2), PLZ 45127, **T 0201 24250,** F 2425751
114 Zimmer | 1 Suite | 3 Apartments | ⏲ 24 h

Mit nahezu 140 Jahren Tradition gehört dieses Haus zweifellos zu den Klassikern der Stadt. Erst kürzlich hat man einige Gästezimmer sowie die Lobby renoviert. Das Hotel bietet wohnliche Zimmer in unterschiedlichen Kategorien sowie geräumige Apartments für Familien und Longstay-Gäste. Im Abendrestaurant „GUSTO“ wird regional und international gekocht.

Hotel an der Gruga
www.hotelgruga.de

★★★ S garni

Eduard-Lucas-Straße 17 (A5), PLZ 45131 (OT: Rüttenscheid), **T 0201 841180,** F 8411869
39 Zimmer | Ez 86–116 €, Dz 101–141 €, ☕ ab 14,00 € | ⏲ 24 h ⦸ 23.12.22–1.1.23

Privat geführtes Boutique-Hotel in ruhiger Seitenstraße in unmittelbarer Nähe zum Grugapark. Moderne und stilvolle Gästezimmer in vier verschiedenen Kategorien. Das Haus verfügt zudem über einen Fitnessraum und einen kostenlosen Fahrradverleih. Gutes Frühstück.

Maximilians
www.wbw-hotels.de

★★★ S garni

Manfredstraße 10 (↘ B5), PLZ 45131 (OT: Rüttenscheid), **T 0201 450170,** F 4501799
31 Zimmer | ⏲ 24 h

Moderne Businessadresse in der Nähe der Messe. Helle, geradlinig eingerichtete Zimmer unterschiedlicher Kategorien. Gutes Frühstück.

NH Essen
www.nh-hotels.com

★★★★

Am Porscheplatz 9 (C1), PLZ 45127, **T 0201 37921140,** F 37921600
182 Zimmer | ⏲ 24 h

Direkt am Porscheplatz erwartet Sie schönes modernes Design in warmen Farben und klaren Formen, von der Lobby bis in die hell und freundlich gestalteten Zimmer (ab 22,5 qm). Am Sonntag besteht die Option, spät zu frühstücken und auszuchecken.

Webers Hotel im Ruhrturm
www.webershotel.de

★★★ S

Huttropstraße 60 (↘ C3), PLZ 45138 (OT: Huttrop), **T 0201 17003300,** F 17003333
137 Zimmer | 8 Apartments | ⏲ 24 h

Ein markantes Hochhaus, in dem einst die Zentrale der Firma EON-Ruhrgas beheimatet war. Modern und zweckmäßig ist die Ausstattung dieses auf Geschäftsleute zugeschnittenen Hotels. Großer Konferenzbereich. Restaurant mit regionaler und internationaler Küche.

Sengelmannshof
www.sengelmannshof.de

★★★ S

Sengelmannsweg 35, PLZ 45219 (OT: Kettwig), **T 02054 95970,** F 83200
27 Zimmer | Ez 79–150 €, Dz 103–205 €, inkl. Frühstück | ⦸ 23.12.22–3.1.23, 23.12.23–3.1.24

Gut geführtes kleines Hotel mit individuell gestalteten Gästezimmern, das sich seit 1817 in Familienbesitz befindet. Rustikales Restaurant mit regionaler und internationaler Küche. Schöne Sommerterrasse.

Hannappel
www.restaurant-hannappel.de

VARTA-TIPP Küche **VARTA-TIPP** Service

Dahlhauser Straße 173, PLZ 45279 (OT: Horst), **T 0201 534506**
50 | Hauptgericht 35–44 €, Menü 89–128 € | ◔ So ◑ Mi-So ⊘ Mo, Di

Seit vielen Jahren ein beliebter Anlaufpunkt für Feinschmecker aus nah und fern. Bereits in der vierten Generation führt Patron Kurt Hannappel dieses Lokal mit sehr viel Leidenschaft und Engagement. Nur zu gerne genießt man in schlicht-eleganter Atmosphäre die modern interpretierte klassische Küche von Chefkoch Tobias Weyers. Seine facettenreichen Speisen überzeugen durch Können, Finesse und topfrische Produkte. Kompetent und ausgesprochen freundlich agiert der Service. Die vorgeschlagenen Weine ergänzen eindrucksvoll die Menüfolge.

Müllers auf der Rü & Schote Gourmet
www.das-muellers.de

VARTA-TIPP Küche

Rüttenscheider Str. 62 (B4), PLZ 45130 (OT: Rüttenscheid), **T 0201 79937701**
50 | Hauptgericht 7–39 €, Menü 136–179 € | ◔◑ Mo-Sa ⊘ So

Modern, gemütlich und hochwertig zeigt sich diese Location, in der Nelson Müller zwei Restaurants und seine Kochschule unter einem Dach vereint hat. Während in der Brasserie eine bodenständige Hausmannskost zu bezahlbaren Preisen aufgetischt wird, offeriert der Spitzenkoch im „Schote Gourmet" (Di-Sa nur abends geöffnet) ein innovatives Feinschmeckermenü (5 bis 8 Gänge - auf Wunsch mit Weinbegleitung). In der offenen Küche können Sie der Crew auf die Finger schauen. Die kompetente Servicebrigade lebt die familiäre Gastfreundschaft.

Restaurant Pierburg **Neu!**
www.pierburg-essen.com

VARTA-TIPP Küche

Schmachtenbergstraße 184, PLZ 45219 (OT: Kettwig), **T 02054 5907**
80 | Hauptgericht 22–38 €, Menü 90–108 € | ◔ Sa-So ◑ Mi-So ⊘ Mo, Di

Erika Bergheim, die fast zwei Jahrzehnte als Chefköchin im Essener Schlosshotel Hugenpoet fungierte, hat hier ein neues Kapitel aufgeschlagen. Das Traditionslokal von 1901 wurde kernsaniert und hat einen kompletten Relaunch erfahren. Ruhige warme Töne, klare Linien, geschmackvolle Materialien, Kunst an den Wänden - der schicke moderne Look kommt an! Dazu eine bewährt frische saisonale Küche, die offen für gutbürgerliche Klassiker ist und bei der auch das Verhältnis von Preis und Leistung stimmt. Überwiegend europäisch ausgerichtete Weinkarte. Fürsorglicher Service.

La Grappa
www.la-grappa.de

Rellinghauser Straße 4 (C3), PLZ 45128, **T 0201 231766**
60 | Hauptgericht 13–48 €, Menü 49–255 € | ◔ Mo-Fr ◑ Mo-Sa ⊘ So

Stimmungsvolles Restaurant hinter dem Hauptbahnhof mit südländischer Gastlichkeit und italienischen Tafelfreuden. Sehr gute Grappa-Auswahl.

Oase Due

www.oase-due.de

Rüttenscheider Straße 189 (B5), PLZ 45131 (OT: Rüttenscheid), **T 0201 790640**
42 | Hauptgericht 8–39 €, Menü 22–56 € | Di-Sa Mo, So

Beliebtes Ristorante an Essens bekannter Flaniermeile mit sympathischen Gastgebern. Hier wird die leichte italienische Küche aus frischen, hochwertigen Produkten gepflegt. Zur Spezialität des Hauses gehören Fisch- und Wildgerichte in verschiedenen Variationen sowie hausgemachte Pasta.

Parkhaus Hügel

www.parkhaus-huegel.de

Freiherr-vom-Stein-Straße 209, PLZ 45133 (OT: Bredeney), **T 0201 471091**
30 | Hauptgericht 21–30 € | So Mi-Sa Mo, Di

Traditionsadresse in sehr schöner Seelage mit großer Gartenterrasse. Geboten wird eine moderne Küche auf klassischer Basis mit mediterranen und euro-asiatischen Einflüssen. Internationale Weinkarte. Zahlreiche Veranstaltungsmöglichkeiten. Neuzeitlich-funktionelle Gästezimmer.

Anneliese

www.restaurant-anneliese.de

Petzelsberg 10, PLZ 45259 (OT: Heisingen), **T 0201 61795081**
20 | Menü 58–86 € | Do-Sa Mo, Di, Mi, So

In diesem intimen, wirklich liebenswerten kleinen Restaurant wird eine moderne und kreative Küche mit regionalen Einflüssen aufgetischt. Auf der Karte locken kulinarische Leckereien wie „Steinbutt | Fenchel | Tomate | Safranvelouté | Rosa Beeren". Dazu eine erlesene Auswahl an Weinen und ein ungezwungener, persönlicher Service.

Casino Zollverein

www.casino-zollverein.de

Gelsenkirchener Straße 181, PLZ 45309 (OT: Katernberg), **T 0201 830240**
150 | Hauptgericht 23–43 €, Menü 38–69 € | Sa-So Di-So Mo

Ein nicht alltägliches Restaurant mit reichlich Industriecharme. Die einstige Kompressorenhalle der Zeche Zollverein mit ihren 6 Meter hohen Betonsäulen und den zahlreichen Stahlträgern zeigt sich heute als moderne Gastronomie mit Restaurant und Lounge auf zwei Ebenen. Gekocht wird regional und saisonal.

Chefs & Butchers

www.chefsandbutchers.de

Im Löwental 64, PLZ 45239 (OT: Werden), **T 0201 40870000**
80 | Hauptgericht 15–39 €, Menü 65–85 € | Mi-So Mo, Di »

Dunkle Grautöne und dezente Industrie-Ästhetik bestimmen das Interiordesign in diesem À-la-carte-Restaurant. Die Küche ist bodenständig-regional und saisonal ausgerichtet – sie bietet Leckeres wie „Kalbsschnitzel mit Petersilien-Kartoffelstampf, Kopfsalat und Zitronen-Dill-Vinaigrette“. Im Sommer kann man hier auch im Freien speisen.

Jagdhaus Schellenberg www.jagdhaus-schellenberg.de

Heisinger Straße 170a, PLZ 45134 (OT: Heisingen), **T 0201 437870**
260 | Hauptgericht 19–49 € | So Mi-So Mo, Di

Was man hier auf der Karte liest, sind moderne Crossover-Gerichte wie „Perlhuhnbrust | Bärlauchkruste | gegrillte Paprika | Kartoffelcreme“ oder „Wolfsbarsch | Herzmuscheln | Maispolenta | Rucola“. Genießen können Sie das entweder im historischen Fachwerkbereich, im lichtdurchfluteten Wintergarten oder auf der traumhaften Terrasse mit einzigartigem Weitblick auf den Baldeneysee und das Ruhrtal.

Paul's Brasserie www.pauls-brasserie.de

Huyssenallee 7 (B3), PLZ 45128 (OT: Südviertel), **T 0201 26675976**
60 | Hauptgericht 19–56 € | Di-Fr Di-Sa Mo, So 24.12.22–2.1.23

Ein Hauch von französischem Lebensgefühl im Herzen von Essen! Die frische und schmackhafte Küche gibt es hier z.B. als „Bouillabaisse mit Croûtons & Sauce Rouille“ oder als „Geschmorte Milchferkelschulter mit Senfkohl, Aprikosen und confierten Kartoffeln“. Freundlich und liebenswert der Service. Dienstag bis Freitag: preisgünstiger Plat du jour.

Rotisserie du Sommelier www.rotisserie-ruettenscheid.de

Wegenerstraße 3 (B5), PLZ 45131 (OT: Rüttenscheid), **T 0201 9596930**
25 | Hauptgericht 22–42 €, Menü 46–68 € | Di-Sa Mo, So 31.12.22–9.1.23

Kleines Restaurant im klassischen Bistro-Stil. Mix aus moderner Ruhrgebietsküche und raffinierter Cuisine du marché. Gute deutsche und französische Weine.

Schick Essen Neu! schick-essen.net

Friederikenstr. 49-51 (C4), PLZ 45130 (OT: Rüttenscheid), **T 0201 43988406**
40 | Hauptgericht 25–35 €, Menü 49–89 € | Sa Di-Sa Mo, So

Die einstige Szenekneipe ist heute ein unkompliziertes Casual-Dining-Restaurant. Die Einrichtung ist minimalistisch, aber nicht ungemütlich. Auf der Karte stehen zeitgemäße und marktfrische Bistrogerichte. Gutes Preis-Leistungs-Verhältnis. Netter Service.

ESSEN, BAD 21 D www.badessen.info

Niedersachsen | EW 15.648 | 62 m | Osnabrück 25 km, Diepholz 40 km

Höger's www.hoegers.de

★★★★ garni

Kirchplatz 25, PLZ 49152, **T 05472 94640,** F 946434
35 Zimmer | 1 Suite | Ez ab 61 €, Dz ab 96 €, inkl. Frühstück

Ein gewachsenes Stadthotel mit überzeugender familiärer Leitung. Hier erwarten Sie wohnliche Zimmer und Suiten. Sie zeugen von Stil und Geschmack, sind technisch gut ausgestattet und in unterschiedlichen Kategorien buchbar. Für Entspannung sorgt ein kleiner Saunabereich.

ESSLINGEN AM NECKAR 58 A www.esslingen-marketing.de

Baden-Württemberg | EW 89.242 | 241 m | Stuttgart 14 km, Göppingen 28 km
Stadtkirche St. Dionys (Glasmalereien), Frauenkirche, Münster St. Paul, Altes Rathaus, Burg, Tore und Türme der ehem. Stadtbefestigung, mittelalterl. Stadtkern, Stadtmuseum, Archäolog. Museum, Mittelalter- und Weihnachtsmarkt.

Hotel am Berg www.hotel-am-berg-esslingen.de

★★★ garni

Im Gehren 6, PLZ 73732 (OT: Liebersbronn), **T 0711 31059960,** F 310599643
57 Zimmer | Ez 80–110 €, Dz 120–140 €, inkl. Frühstück

In diesem freundlich geführten Hotel lässt es sich sehr gut wohnen. Alles ist durchdacht, modern und überaus wertig. Die Gästezimmer sind wohnlich und technisch gut ausgestattet. Morgens erwartet den Gast ein reichhaltiges, mit viel Liebe zubereitetes Frühstücksangebot.

Posthörnle www.posthoernle.de

Pliensaustraße 56, PLZ 73728, **T 0711 50629131**
45 | Hauptgericht 17–35 €, Menü 42–60 € | Mi-So ⦸ Mo, Di

Inmitten der Esslinger Fußgängerzone liegt dieses modern und schlicht eingerichtete Restaurant. Die wechselnde Speisekarte bietet Gerichte der gehobenen deutschen und regionalen Küche, die in Menüform serviert werden.

ETTLINGEN 57 A www.ettlingen.de

Baden-Württemberg | EW 38.819 | 133 m | Karlsruhe 7 km, Pforzheim 30 km

Erbprinz www.erbprinz.de

VARTA-TIPP Service

★★★★★S

Rheinstraße 1, PLZ 76275, **T 07243 3220,** F 322322
122 Zimmer | 7 Suiten | 5 Apartments | Ez ab 175 €, Dz ab 215 €, inkl. Frühstück | 24 h

Das kontinuierlich gewachsene Traditionshaus bietet seinen Gästen wohnliche Zimmer, die mal mit italienischen Stil- und mal mit Designermöbeln ausgestattet sind. Ein tolles Sekt-Frühstücksbuffet, Highspeed-Internet, Shuttleservice sowie die kostenfreie Nutzung des SPA sind nur einige der Annehmlichkeiten, die Sie hier erwarten. Dass dieses Haus engagiert geführt wird, spürt man nicht zuletzt am freundlichen Gästeumgang.

Gourmetrestaurant

VARTA-TIPP Küche VARTA-TIPP Service

60 | Hauptgericht 44–49 €, Menü 149–180 € | Mi-Sa ⦸ Mo, Di, So

Die exklusive Einrichtung samt feiner Tafelkultur und effektvoller Beleuchtung sowie die französisch-mediterran geprägte Gourmetküche von Ralph Knebel und Peter Kubach verwöhnen Augen und Gaumen. Dazu kredenzt der aufmerksame und zugewandte Service hochkarätige Weine. Vor oder nach dem Essen empfiehlt sich die gemütliche Aperitif- und Digestiflounge und an warmen Sommertagen die lauschige Terrasse.

Sibylla Weinstuben

65 | Hauptgericht 15–23 €, Menü 33–35 € | Mo-So »

Elegant-rustikal eingerichtetes Restaurant. Regional geprägte Küche mit sehr gutem Preis-Leistungs-Verhältnis - auf der Karte stehen badische Leibgerichte ebenso wie internationale Klassiker und liebevoll zubereitete Gourmetgerichte. Bei schönem Wetter kann man auch auf der lauschigen Sommerterrasse speisen.

Radisson Blu
www.radissonhotels.com

★★★★

Am Hardtwald 10, PLZ 76275, **T 07243 3800,** F 380666
199 Zimmer | 4 Suiten | Ez 99–250 €, Dz 99–250 € | 24 h

Tagungs- und Businesshotel am Industriegebiet. Komfortable und technisch gut ausgestattete Zimmer im skandinavischen Stil. Umfangreiches Tagungsangebot. Sehr gute Anbindung zu den Autobahnen A5 und A8. Restaurant „Rhapsody" mit internationaler und regionaler Küche.

Watthalden
www.hotel-watthalden.de

Pforzheimer Straße 67a (am Watthaldenpark), PLZ 76275, **T 07243 7140,** F 7143333
83 Zimmer | 4 Apartments | Ez 90–135 €, Dz 115–170 €, inkl. Frühstück | 24 h

Am Stadtrand gelegenes Nichtraucherhotel, ideal für Tagungs- und Geschäftsreisende. Sachlich eingerichtete, moderne Gästezimmer. Restaurant mit regionaler und mediterraner Küche.

Hartmaier's Villa
www.hartmaiers.de

Pforzheimer Straße 67, PLZ 76275, **T 07243 761720**
64 | Hauptgericht 22–39 €, Menü 150 € | Mo, Mi-So Di

In einer klassizistischen Villa von 1818 befindet sich dieses schlicht-elegante Restaurant. Hier bietet man eine feine saisonale Küche, z.B. „Mignon vom Rinderfilet mit Ochsenbackenravioli und Rahmwirsing". Dazu kredenzt Ihnen der nette Service Spitzengewächse namhafter Winzer.

EUSKIRCHEN 39 B
www.euskirchen.de

Nordrhein-Westfalen | EW 58.938 | 160 m | Bonn 26 km, Düren 30 km

Welcome Parkhotel Euskirchen
www.welcome-hotels.com

Alleestraße 1, PLZ 53879, **T 02251 7750**
92 Zimmer | 26 Suiten | Ez ab 139 €, Dz ab 159 €, inkl. Frühstück | 24 h

Stilvolles Businesshotel mit bequemen und edel eingerichteten Gästezimmern sowie luxuriösen Bädern in braunem Marmor. Im Restaurant „cantinetta" wird moderne italienische Küche serviert. Entspannung bietet der Vitality SPA mit drei verschiedenen Saunen und Fitnesscenter.

Design Hotel
www.design-hotel-euskirchen.de

★★★★

Frauenberger Straße 181, PLZ 53879, **T 02251 3311,** F 73847
26 Zimmer | 3 Suiten | Ez ab 90 €, Dz ab 100 €, inkl. Frühstück | 24 h

Extravagantes Haus unweit vom Stadtzentrum. Interessante Zimmergestaltung mit Hilfe von Farben, Bildern, Wandmalereien und Dekomaterial. Opulent eingerichtetes Frühstücksrestaurant, gemütlicher Wintergarten, kostenlose Wasser- und Obstbar in der Lobby.

Bembergs Häuschen
www.burgflamersheim.de

VARTA-TIPP Küche

Burg Flamersheim , PLZ 53881 (OT: Flamersheim), **T 02255 945752**
30 | Menü 139–205 € | Mi-Sa Mo, Di, So

Zweigeteiltes Konzept auf Burg Flamersheim: Im edel-gediegenen Restaurant verwöhnt Sie Oliver Röder mit spannenden Gourmetkreationen aus besten regionalen Produkten und im rustikal-gemütlichen Gasthaus „Eiflers Zeiten“ werden bodenständige Gerichte aufgetischt. Die Gastronomie ist in den ehem. Wirtschaftsgebäuden der geschmackvoll restaurierten Burganlage untergebracht. Im ehem. Gutshof, dem sogenannten „Nachtquartier“, gibt es auch ein paar Gästezimmer.

Stadtwaldvinum
www.stadtwaldvinum.de

Münstereifeler Straße 148, PLZ 53879, **T 02251 63313**
75 | Hauptgericht 26–39 €, Menü 55–57 € | Mi-Fr, So Mi-So Mo, Di

Restaurant mit stilvoll-ländlichem Charme. Serviert wird eine marktorientierte und abwechslungsreiche Frischeküche mit mediterraner Note. Umfangreiche Auswahl an italienischen und deutschen Spitzenweinen. Mediterrane Gartenterrasse unter Palmen und Zitronen.

EUTIN 8 D
www.eutin.de

Schleswig-Holstein | EW 16.769 | 33 m | Lübeck 37 km, Kiel 52 km

Eut-in-Hotel
www.eut-in-hotel.de

★★★ S garni

Lübecker Landstraße 53-55, PLZ 23701, **T 04521 778810,** F 778820
16 Zimmer | 2 Suiten | Ez 79–169 €, Dz 99–169 €, 16,00 €

Ein geeignetes Domizil für einen Zwischenstopp oder einen Urlaub in der Holsteinischen Schweiz. Im historischen Rahmen einer alten Straßenmeisterei erwarten Sie klassisch-elegante Zimmer mit zeitgemäßem Komfort. Hübsche Gartenanlage mit mediterraner Teichlandschaft. Im Restaurant wird regional und saisonal gekocht.

Schlossküche
www.schlosskueche-eutin.de

Schlossplatz 5, PLZ 23701, **T 04521 8308790**
100 | Hauptgericht 15–36 €, Menü 35–54 € | Mi-So Mo

Noch reizvoller werden die drei ohnehin schon attraktiven und repräsentativen Räume aus dem 18. Jhd. durch den Ausblick auf den Großen Eutiner See. Und es gibt auch etwas für den Gaumen: Die gehobene Regionalküche überzeugt in punkto Frische, Qualität und Optik.

FALKENSEE 26 B
www.falkensee.de

Brandenburg | EW 40.846 | 32 m | Potsdam 23 km, Berlin 30 km

Sawito **Neu!**
restaurant-sawito.com

Spandauer Straße 14, PLZ 14612, **T 03322 1218566**
40 | Hauptgericht 18–30 €, Menü 79–89 € | Di-Sa Mo, So »

Edel-modernes Ambiente, sympathische Gastgeber und eine ehrlich gekochte Küche auf mediterraner Basis. Letztere gibt es z.B. als „Tagliatelle mit Steinpilzen, Parmesan, Haselnüssen und geschmolzenem Pancetta". Dazu eine schöne deutsch-europäische Weinauswahl. In den Sommermonaten empfiehlt sich die hübsche Terrasse.

FASSBERG 23 B www.fassberg.de

Niedersachsen | EW 6.149 | 71 m | Hermannsburg 11 km, Munster 13 km

Niemeyer's Posthotel www.niemeyers-posthotel.de

★★★★

Hauptstraße 7, PLZ 29328 (OT: Müden), **T 05053 98900,** F 989064
30 Zimmer | 2 Suiten | 1 Apartment | Ez 100–135 €, Dz 155–195 €, inkl. Frühstück

Dieses alteingesessene Hotel ist seit über 140 Jahren in Familienbesitz. Hinter seiner schönen Fachwerkfassade verbindet das Haus ländliche Tradition mit zeitgemäßem Komfort. Sie wohnen in individuell und stilvoll eingerichteten Zimmern. Schöner Wellnessbereich.

Schäferstuben

34 | Hauptgericht 18–49 €, Menü 42–54 € | Sa-So Di-So Mo 1.–31.1.23

„Carpaccio vom Heidschnuckenrücken", „Pastinakensüppchen mit Flusskrebsschwänzen", „Medaillon vom weißen Heilbutt mit Paprika-Fenchelgemüse"... Bekommen Sie Appetit? Leckere Gerichte wie diese gibt es in dem ländlichen Restaurant mit seinen gemütlichen Nischen. An lauen Sommerabenden lockt die nette Gartenterrasse.

FEHMARN (INSEL) 9 C www.fehmarn.de

Schleswig-Holstein | Großenbrode 11 km, Heiligenhafen 16 km
Nikolaikirche, Hafen Burgstaaken, Burgruine Glambeck, Meereszentrum, U-Boot-Museum, Heimatmuseum, Mühlenmuseum Lemkenhafen, Wasservogelreservat.

FEHMARN

Strandhotel Bene www.bene-fehmarn.de

★★★★

Am Südstrand 17, PLZ 23769 (OT: Burgtiefe), **T 04371 8653,** F 3765
43 Zimmer | Ez 140–235 €, Dz 160–255 €, inkl. Frühstück | 24 h 3.1.–16.2.23

Das moderne Ferienhotel liegt direkt am langen, feinsandigen Südstrand. Es bietet geschmackvoll und wohnlich eingerichtete Zimmer - wahlweise mit Blick auf Meer oder Dünen. In der kalten Jahreszeit empfehlen sich die sogenannten Wellnesszimmer mit eigener Sauna. Das der Ostsee zugewandte Restaurant bietet eine Auswahl an deutschen und mediterranen Gerichten.

Burg-Klause www.burg-klause.de

★★★★

Blieschendorfer Weg 1, PLZ 23769 (OT: Burg), **T 04371 50020,** F 1735
39 Zimmer | 1 Suite | 24 h

Ein modernes, familiengeführtes Hotel in der Nähe des historischen Marktplatzes. Die charmant und individuell eingerichteten Zimmer verteilen sich auf das Stammhaus und den Neubau. Im behaglichen Restaurant wird regionale und überregionale Saisonküche serviert. Gepflegter SPA-Bereich mit drei verschiedenen Saunen.

Schützenhof www.hafen-hotel.de

★★★

Menzelweg 2 (Burgstaaken), PLZ 23769 (OT: Burgstaaken), **T 04371 50080,** F 500814
30 Zimmer | 1 Suite

Ruhig in einem Wäldchen gelegenes Haus in unmittelbarer Nähe zum Fischereihafen Burgstaaken. Modern und stilvoll eingerichtete Zimmer mit zeitgemäßer Ausstattung. Kreative gutbürgerliche Küche sowie frischer Fisch wird im Restaurant „waidwerk" serviert.

Margaretenhof www.restaurant-margaretenhof.com

Dorfstraße 7, PLZ 23769 (OT: Neujellingsdorf), **T 04371 87670**
49 | Hauptgericht 11–42 € | So Mi-So Mo, Di

Behagliches Landhausrestaurant in einem ehem. Bauernhaus aus dem Jahre 1810. Die frische regionale Küche mit asiatischen Einflüssen klingt beispielsweise so: „Lachs Label Rouge | Zitronengras | Koriander | Ingwer-Wokgemüse | Rotes Thaicurry | Shrimpsnudeln".

FEHRBELLIN 26 A www.amt-fehrbellin.de

Brandenburg | EW 8.670 | 40 m | Neuruppin 13 km, Berlin 66 km

Theodors www.theodors.de

Am Bollwerk 1, PLZ 16818 (OT: Wustrau-Altfriesack), **T 033925 8803,** F 88055
11 Zimmer | Ez ab 85 €, Dz ab 95 €, inkl. Frühstück

Stilvoll restaurierte Villa am Ufer des Ruppiner Sees. Die Zimmer mit mediterranem Flair sind hell und freundlich eingerichtet. Regionale Landküche wird in den behaglichen Gasträumen und auf der Seeterrasse serviert.

FELDBERG 64 B www.feldberg-schwarzwald.de

Baden-Württemberg | EW 1.854 | 1.277 m | Todtnau 11 km, Freiburg 37 km

Burg Hotel www.burg-feldberg.de

Grafenmattweg 2, PLZ 79868, **T 07676 9399280,** F 939928828
33 Zimmer

Hier ist erholsamer Schwarzwaldurlaub garantiert! In sonniger und ruhiger Lage empfängt Sie dieses Hotel. Weitere Vorzüge: persönliche Atmosphäre, wohnliche Zimmer und ein gutes Frühstück. Für Entspannung sorgt ein kleiner, aber exklusiver Saunabereich. Das Haus verfügt über einen direkten Zugang zur Skipiste.

Schlehdorn www.schlehdorn.de

★★★★

Am Sommerberg 1 (an der B 500), PLZ 79868 (OT: Altglashütten), **T 07655 91050,** F 910543
35 Zimmer | 6 Suiten | 1 Apartment

Ein familiär geführtes Haus mit komfortablen Zimmern und hellen Landhauswohnungen. Viel Holz, wohnliche Stoffe und liebevoll arrangierte Einrichtungsdetails sorgen für eine behagliche Atmosphäre. Hübsch gestalteter Wellnessbereich.

Adler Bärental

www.adler-feldberg.de

★★★

Feldbergstraße 4, PLZ 79868 (OT: Bärental), **T 07655 933933,** F 930521
16 Zimmer | 7 Apartments | Ez ab 80 €, Dz ab 115 €, inkl. Frühstück | 24 h

Ein hübscher hist. Gasthof im regionaltypischen Stil. Die Apartments und Zimmer im Landhausstil sind hell und wohnlich eingerichtet. Idealer Ausgangspunkt für Wanderungen und sportliche Aktivitäten.

Adler Bärental

110 | Hauptgericht 10–26 €, Menü 21–40 € | Mo, Do-So Di, Mi

In den liebevoll eingerichteten Schwarzwaldstuben wird eine badisch-regionale Küche angeboten. Appetit macht z.B. „Hausgemachte Rehbratwurst mit Rahmkohlrabi und Kartoffelstampf" oder „Lauchringer Saiblingsfilet mit geräucherter Paprikabutter, knackigem Spitzkohl und Kartoffel-Chiliplätzchen". Gut zusammengestellte Weinkarte mit heimischen und ausländischen Gewächsen.

Köhlerei am See

www.koehlerei-am-see.de

Raitenbucherstr. 36, PLZ 79868 (OT: Altglashütten), **T 07655 91050,** F 910543
12 Zimmer | Ez 58–65 €, Dz 100–115 €, inkl. Frühstück

Inmitten der wundervollen Kulisse des Schwarzwaldes, am Ufer des urigen Windgfällweihers, liegt dieses charmante Hotel. Die liebevoll renovierten Gästezimmer (teils mit eigenem Balkon) zeichnen sich durch ihr ansprechendes Designkonzept mit viel Holz, wertigem Interieur und gedeckten Farben aus. Ein besonderes Highlight ist die Faßsauna im ersten Stock mit Panoramablick auf den See. Im ländlich-modernen Restaurant und auf der Sonnenterrasse werden badische und Schwarzwälder Spezialitäten aufgetischt.

Tannhof

www.tannhof-feldberg.de

Im Dobel 1, PLZ 79868 (OT: Bärental), **T 07655 93320,** F 933222
20 Zimmer, Dz ab 232 €, inkl. Frühstück

Kleines, sehr persönlich geführtes Wellnesshotel in ruhiger Lage am Fuße des Feldbergs speziell für Paare. Gemütliche, helle Gästezimmer mit individueller Einrichtung. Ansprechender Wellnessbereich mit Schwimmbad, mehreren Saunen und Beauty-Anwendungen.

Peterle

www.hotel-peterle.de

€ Gut & Günstig ★★★

Schuppenhörnlestraße 18, PLZ 79868 (OT: Falkau), **T 07655 677,** F 1771
14 Zimmer | Ez 57–77 €, Dz 108–129 €, inkl. Frühstück

Familiär geführtes Landgasthaus mit individuell eingerichteten Zimmern, teilweise mit Balkon oder Terrasse. Im Restaurant wird bodenständige Küche aufgetischt. Freundliche Gastgeber.

Florian'S

www.hotelwaldeck.com

Windgfällstraße 19, PLZ 79868 (OT: Altglashütten), **T 07655 91030**
70 | Hauptgericht 16–39 €, Menü 36–71 € | Mo-Di, Do-So Mi

Gehobene Kulinarik am Fuße des Feldbergs. Hier hat Gastfreundschaft einen ebenso hohen Stellenwert wie die schmackhafte, mediterran geprägte Küche des Patrons. Auf der Karte liest man z.B. „Gebratenes Filet vom Loup de mer auf geschmortem Ofengemüse mit Basilikumpesto und kleinen Rosmarinkartoffeln". Im angeschlossenen Hotel hat man freundliche, moderne Zimmer.

FELDBERGER SEENLANDSCHAFT 18 D feldberger-seenlandschaft.de

Mecklenburg-Vorpommern | EW 4.651 | 100 m | Neubrandenburg 34 km, Schwerin 171 km

Alte Schule

www.hotelalteschule.de

Zur Alten Schule 5, PLZ 17258 (OT: Fürstenhagen), **T 039831 22023,** F 22031
18 Zimmer | Ez 90–100 €, Dz 110–145 €, inkl. Frühstück

Ruhe, ländliche Idylle und erstklassige Kulinarik erwarten Sie in diesem schmucken Domizil. Die einstige Schule bildet das heutige Haupthaus des kleinen Landhotels. Schöne Zimmer, die wertig, stimmig und wohnlich gestaltet sind. Im neu erbauten Gästehaus gibt es großzügige Maisonettewohnungen.

Klassenzimmer

VARTA-TIPP Küche **VARTA-TIPP** Service

25 | Menü 75–150 € | Mi-So Mo, Di

Im geschmackvoll eingerichteten Gourmetrestaurant und auf der eleganten Sommerterrasse erwarten Sie nicht nur ein herzlicher, professioneller Service, sondern auch exquisite Speisen. Daniel Schmidthaler setzt konsequent und mit Respekt vor der Natur auf eine moderne, regionale Landküche, die in Menüform (4 bis 7 Gänge) serviert wird. Alternativ werden in der Gaststube „Pausenraum" unkomplizierte, aber durchaus ideenreiche Gerichte zum kleinen Preis angeboten. Großer Beliebtheit erfreuen sich die Kochkurse des Patrons.

FELDKIRCHEN 60 D www.feldkirchen.de

Bayern | EW 7.435 | 523 m | München 13 km, Markt Schwaben 13 km

Bauer

www.bauerhotel.de

Münchner Straße 6, PLZ 85622, **T 089 90980,** F 9098414
102 Zimmer | 1 Suite | 2 Apartments | Ez ab 86 €, Dz ab 106 €, inkl. Frühstück | 24 h

Ein persönlich geführtes Haus - seit Jahren in Familienbesitz. Wohnlich und individuell gestaltete Zimmer. In den elegant-modern eingerichteten Gasträumen wird eine verfeinerte Regionalküche aus sorgfältig ausgewählten Produkten serviert.

FELDKIRCHEN-WESTERHAM 68 A www.feldkirchen-westerham.de

Bayern | EW 10.468 | 551 m | Glonn 10 km, Bad Aibling 13 km

Aschbacher Hof www.aschbacher-hof.de

garni

Aschbach 3, PLZ 83620 (OT: Aschbach), **T 08063 80660,** F 806620
20 Zimmer | Ez 105–125 €, Dz 140–160 €, inkl. Frühstück

In diesem familiengeführten Haus wohnen Sie in komfortablen Balkonzimmern, die liebevoll mit geschreinerten Naturholzmöbeln eingerichtet sind. Bei guter Sicht hat man einen tollen Ausblick auf die bayerischen und österreichischen Alpen.

Restaurant im Aschbacher Hof

VARTA-TIPP Küche VARTA-TIPP Service

120 | Hauptgericht 18–31 €, Menü 24–46 € | Mo-So

Mit Engagement und sichtbarer Freude kümmert man sich hier um das Wohl der Gäste. In den behaglichen Gaststuben wird eine modern-regionale Saisonküche aufgetischt. Macht Ihnen z.B. „Rosa gebratenes bayerisches Entrecote mit Coleslaw, Rosmarinkartoffeln und Barbecuesauce" Appetit? Nachmittags gibt's Kuchen und Torten aus der eigenen Konditorei. Herrliche Panoramaterrasse.

FELLBACH 58 A

www.stadtmarketing-fellbach.de

Baden-Württemberg | EW 44.354 | 287 m | Waiblingen 3 km, Stuttgart 8 km

Hirsch Neu! www.hirsch-fellbach.de

garni

Fellbacher Straße 2-6, PLZ 70736 (OT: Schmiden), **T 0711 95130,** F 5181065
100 Zimmer | 2 Suiten | 2 Apartments | Ez 78–97 €, Dz 112–126 €, inkl. Frühstück

Ein vorbildlich geführter Familienbetrieb mit über 100-jähriger Tradition. Wirklich schön, wie man hier historisches Ambiente mit moderner Geradlinigkeit kombiniert hat. Die Zimmer im Haupt- und Gästehaus sind etwas einfacher, aber gepflegt und wohnlich, die Zimmer im Lehenhof sind top modern und klar im Stil. Morgens darf man sich auf ein gutes Frühstück freuen. In der Weinstube „Im Schnitzbiegel" werden schmackhafte schwäbische Gerichte serviert.

Oettinger's Restaurant

VARTA-TIPP Küche **VARTA-TIPP** Service

30 | Hauptgericht 28–39 €, Menü 55–94 € | Mi-Sa ⃠ Mo, Di, So

Das elegante Gourmetrestaurant ist das kulinarische Herzstück des Hotels. Es bildet die perfekte Kulisse für die erstklassigen Genüsse von Michael Oettinger. Er ist bekannt für seine wunderbaren französisch inspirierten Kreationen gepaart mit regionaler Verbundenheit. Dabei setzt er auf sehr gute, frische Produkte, und auch die Optik kommt nicht zu kurz. Der persönliche und angenehm lockere Service trägt maßgeblich dazu bei, dass man sich hier rundum wohlfühlt - ganz zu schweigen von der exzellenten Weinauswahl mit vielen heimischen Gewächsen. Tischreservierung notwendig.

Aldingers Restaurant www.aldingers-restaurant.de

Schmerstraße 6, PLZ 70734, **T 0711 582037**
45 | Hauptgericht 16–32 €, Menü 49–63 € | Di-Sa ⃠ Mo, So

Hier werden Sie seit Jahren mit einer bodenständigen saisonalen Küche verwöhnt. Auf der Speisekarte finden Sie neben schwäbischen Klassikern auch mediterrane und asiatische Gerichte. Ein Kachelofen und Holzvertäfelungen sorgen für ein gemütliches Ambiente.

Weinstube Moiakäfer Neu! www.weinstube-moiakaefer.de

Rommelshauser Straße 9, PLZ 70734, **T 0711 5781515**
80 | Hauptgericht 13–28 € | Mo-Fr ⃠ Sa, So ⃠ 24.12.22–8.1.23

Wer frische regional-saisonale Küche mag, ist bei Stephanie Hofmeister richtig. Die hübschen Gasträume befinden sich in einem ehem. Wohnhaus einer schwäbischen Weingärtnerfamilie. Die Speisekarte bietet Schmackhaftes wie z.B. „Schweinenackensteak aus der Whiskymarinade mit knusprigen Röstkartoffeln". Im Sommer kann man auch auf der begrünten Hofterrasse speisen. Für kleine Veranstaltungen steht ein stimmungsvoller Gewölbekeller zur Verfügung. Hier finden auch themengeführte Wein- und Destillatproben statt.

FELSBERG 31 D www.felsberg.de

Hessen | EW 11.283 | 160 m | Kassel 25 km, Bad Hersfeld 45 km

Zum Rosenhof www.zumrosenhof.de

Rockshäuser Straße 9, PLZ 34587 (OT: Hesserode), **T 05662 2774,** F 6422
9 Zimmer

Kleines, privat geführtes Landhotel. Das hübsche Gebäude mit seiner charakteristischen Fassade zählt zu den ältesten Fachwerkhäusern im Ort. Individuell und stilvoll gestaltete Zimmer mit zeitgemäßem Komfort. Behagliches Restaurant mit mediterran beeinflusster Küche.

FEUCHTWANGEN 52 D www.feuchtwangen.de

Bayern | EW 12.200 | 452 m | Dinkelsbühl 12 km, Crailsheim 21 km

Greifen-Post www.hotel-greifen.de

Marktplatz 8, PLZ 91555, **T 09852 6800,** F 68068
35 Zimmer | 3 Apartments | Ez 74–105 €, Dz 119–154 €, inkl. Frühstück

Ob Landhaus-, Romantik- oder Biedermeierzimmer - in diesem über 600 Jahre alten Haus stehen Ihnen Zimmer verschiedenster Epochen zur Verfügung. Es gibt auch ein Badehaus im romanischen Stil mit Hallenbad, Sauna, Dampfbad und Tepidarium.

Greifen-Post

100 | Hauptgericht 10–36 €, Menü 31–85 € | Di-So Di-Sa Mo

Restaurant mit verschiedenen gemütlichen Stuben. Serviert wird eine leichte, regional beeinflusste Aromaküche aus heimischen Produkten. Regelmäßig Kochkurse.

FICHTENAU 52 D www.fichtenau.de

Baden-Württemberg | EW 4.530 | 517 m | Dinkelsbühl 5 km, Feuchtwangen 16 km

Meiser Vital Hotel www.vitalhotel-meiser.de

VARTA-TIPP Service

Grenzstraße 43, PLZ 74579 (OT: Neustädtlein), **T 07962 711940,** F 71194888
67 Zimmer | 5 Suiten | Ez 119–199 €, Dz 169–279 €, inkl. Frühstück

Das perfekte Domizil für Erholung und Entspannung. Familiärer Charakter, gastorientierte Mitarbeiter:innen sowie liebevoll und hochwertig eingerichtete Romantikzimmer machen das Haus zu einer Oase der Harmonie. Im Restaurant wird regional und mediterran gekocht. Toll die 1.500 qm große Wellnessoase.

FILDERSTADT 58 A www.filderstadt.de

Baden-Württemberg | EW 44.326 | 371 m | Nürtingen 12 km, Stuttgart 16 km

Schwanen Stuttgart-Airport/Messe www.hotelschwanen.de

Obere Bachstraße 1, PLZ 70794 (OT: Bernhausen), **T 0711 7878250,** F 787825411
109 Zimmer | 9 Suiten | 22 Apartments | Ez 127–157 €, Dz 182–212 €, inkl. Frühstück

Ein praktisches Geschäftshotel mit modernen, wohnlichen Zimmern im Neubau und funktional-sachlichen Zimmern im Altbau. Kulinarisch hat man die Wahl zwischen dem Ristorante „La Fortuna" (Pizza, Pasta...) oder dem rustikalen Wirtshaus Schwanenbräu (bürgerlich-regionale Speisen) mit Biergarten.

FINCKEN 18 C www.amt-roebel-mueritz.de

Mecklenburg-Vorpommern | EW 540 | 84 m | Röbel 12 km, Malchow 15 km

Kavaliershaus Suitehotel am Finckener See www.kavaliershaus-finckenersee.de

Hofstraße 12, PLZ 17209, **T 039922 82700,** F 827029
12 Zimmer | 11 Suiten | Ez ab 108 €, Dz ab 120 €, inkl. Frühstück

Denkmalgeschützes, klassizistisches Kavaliershaus aus dem 18. Jhd. Es bietet individuell gestaltete Suiten zwischen 50 und 120 qm. Zum Haus gehören auch eine Veranstaltungsscheune, ein Saunagarten, ein Kinderspielhaus sowie ein kleiner Badestrand.

FINNING 60 C www.ammersee-region.de/finning

Bayern | EW 1.570 | 560 m | Landsberg am Lech 10 km, Dießen 12 km

Zum Staudenwirt www.staudenwirt.de

Staudenweg 6, PLZ 86923 (OT: Oberfinning), **T 08806 92000**
300 | Hauptgericht 7–28 €, Menü 65–110 € | Mo, Do-So ⃠ Di, Mi

Bereits in der dritten Generation steht man hier für gepflegte Gastlichkeit und eine frische bodenständige Heimatküche. Im modern gehaltenen Fine-Dining-Restaurant „Kaminzimmer" wird freitags und samstags ein international inspiriertes Feinschmeckermenü serviert. Wer länger bleiben möchte: Man verfügt auch über wohnliche Gästezimmer im gepflegten Landhausstil.

FINSTERWALDE 36 A www.finsterwalde-touristinfo.de

Brandenburg | EW 16.561 | 107 m | Lübbenau 55 km, Cottbus 55 km

Goldener Hahn www.goldenerhahn.com

VARTA-TIPP Küche

Bahnhofstraße 3, PLZ 03238, **T 03531 2214**
30 | Hauptgericht 25–45 €, Menü 45–150 € | Mi-Sa ⃠ Mo, Di, So

In diesem gemütlichen Gasthof isst und wohnt man gut. Das Haus wird von Iris und Frank Schreiber engagiert und mit Sinn für Tradition geführt. In der Küche entstehen aus marktfrischen, erstklassigen Produkten leckere Gerichte wie „Brandenburger Rehrücken | zweierlei Sellerie | Pfifferlinge | Lausitzer Essigkirschen". Dazu ein liebenswerter Service und eine fair kalkulierte Weinauswahl. Zum Übernachten hat man gepflegte Gästezimmer. Tipp: Regelmäßig finden kulinarische Lesungen statt.

FISCHBACHAU 68 A www.fischbachau.de

Bayern | EW 6.000 | 800 m | Miesbach 18 km, München 72 km

Alter Wirt www.rubins-alterwirt.de

Leitzachtalstr. 209, PLZ 83730 (OT: Hundham), **T 08028 9053610**
50 | Menü 110–140 € | Do-Sa ⃠ Mo, Di, Mi

Ein traditionsreiches Wirtshaus mit urigen Gaststuben und lauschigem Biergarten. In der Küche setzt man auf Regionalität und Nachhaltigkeit. Auf der Karte stehen schmackhafte Gerichte wie „Gegrilltes Filet vom Seesaibling auf feinem Zitronenpüree und mediterranem Gemüse". Man hat auch wohnlich eingerichtete Zimmer.

FISCHEN 66 D www.fischen.de

Bayern | EW 2.994 | 761 m | Oberstdorf 6 km, Sonthofen 7 km

Parkhotel Burgmühle www.parkhotel-burgmuehle.de

VARTA-TIPP Service

★★★★ S

Auf der Insel 2-4, PLZ 87538, **T 08326 9950,** F 7352
68 Zimmer | 24 Suiten | Ez 171–201 €, Dz 294–388 €, inkl. Vollpension
⃠ 27.11.–18.12.22

Seit vielen Jahren genießt das familiär geführte Ferienhotel im Ortszentrum einen erstklassigen Ruf. Das liegt einerseits an der vorzüglichen Gästebetreuung, aber auch an geräumigen und wohnlich eingerichteten Zimmern. Für Entspannung sorgt ein 2.000 qm großer Wellness- und Vitalbereich. Im Restaurant wird ein Feinschmeckerabendmenü mit regionaler, Allgäuer Note serviert.

Tanneck www.hotel-tanneck.de

★★★★ S

Maderhalm 20, PLZ 87538 (OT: Maderhalm), **T 08326 9990,** F 999133
62 Zimmer | 6 Suiten | 3 Apartments | Ez ab 155 €, Dz ab 290 €, inkl. Vollpension

Geschmackvoll gestaltetes Ferienhotel mit unterschiedlich geschnittenen und eingerichteten Zimmern, teils mit schöner Aussicht auf die Berge. Im Restaurant erwarten Sie gediegenelegantes Ambiente sowie alpin-mediterrane Küche.

FISCHERBACH 57 C www.fischerbach.de

Baden-Württemberg | EW 1.680 | 276 m | Haslach 5 km, Offenburg 32 km

Wirtschaft Hotel Fuxxbau www.fuxxbau-fischerbach.de

€ Gut & Günstig

Vordertalstraße 17, PLZ 77716 (OT: Vordertal), **T 07832 2997,** F 5575
19 Zimmer | Ez ab 60 €, Dz ab 93 €, inkl. Frühstück

Idyllisch gelegener Schwarzwaldgasthof mit wohnlichen Gästezimmern, teils mit Balkon und Blick auf das Fischerbachtal. Schöner Hotelgarten mit kleiner Kneipp-Anlage. Im Restaurant werden regionale und saisonale Spezialitäten serviert.

FLADUNGEN 43 A www.fladungen-rhoen.de

Bayern | EW 2.185 | 414 m | Mellrichstadt 18 km, Kaltennordheim 20 km

Sonnentau
www.sonnentau.com

★★★★

Wurmbergstraße 1-3, PLZ 97650, **T 09778 91220,** F 912255
49 Zimmer | 2 Suiten | 2 Apartments | Ez 72–77 €, Dz 132–153 €, inkl. Frühstück | 24 h

Gewachsenes Wohlfühlhotel mit mehreren Gästehäusern und ansprechendem Freizeitbereich an einem Südhang oberhalb Fladungens. Helle, großzügig geschnittene Zimmer. Umfangreicher Wellnessbereich mit Saunalandschaft, Schwimmbad und Salzstollen. Panoramarestaurant mit regionaler Küche.

FLENSBURG 7 A
www.taff.sh

Schleswig-Holstein | EW 88.502 | 12 m | Schleswig 36 km, Husum 44 km
Nordertor, hist. Altstadt, Kirchen, Marineschule Mürwik, hist. Kaufmannshöfe, Museumsberg, Schifffahrtsmuseum, Science Center Phänomenta, hist. Hafen.

Das James
www.dasjames.com

Fördepromenade 30, PLZ 24944 (OT: Sonwik), **T 0461 1672360**
81 Zimmer | 24 h

Ein urbanes Stadt- und Ferienhotel mit lässig-britischem Charme im Hafenviertel Sonwik. Aus den schmuck designten Zimmern, Lofts und Family Suites genießt man einen wunderbaren Ausblick auf den Jachthafen und die vorgelagerten Wasserhäuser. Zum Haus gehört ein großzügiger SPA-Bereich mit Saunawelt und einem 21 Meter langen Rooftop-Pool. Tolles Frühstücksbuffet mit regionalen und marktfrischen Produkten.

Das Grace **Neu!**

VARTA-TIPP Küche

58 | Menü 125–155 € | Do-So Mo, Di, Mi

Neben dem Ausblick auf den Jachthafen genießen Sie hier ein außergewöhnliches Ambiente mit einer sieben Meter hohen Decke und glamourösen, in Seide gehüllten Kronleuchtern. Dazu eine weltoffene, modern-saisonale Küche. Diese gibt es in Form zweier Menüs ("Farm" und „Förde") mit bis zu sechs Gängen. Verantwortlich dafür ist Quirin Brundobler, der die Küchenleitung inne hat. Bei der Zubereitung seiner exzellenten Gerichte verwendet er hochwertige Produkte von der eigenen „James Farm" oder von heimischen Erzeugern. Die passenden Weinempfehlungen hat Sommelière Morlin Jochimsen.

Hafen Flensburg
www.hotel-hafen-flensburg.de

★★★★

Schiffbrücke 33, PLZ 24939, **T 0461 160680,** F 16068480
69 Zimmer | 1 Suite | 6 Apartments | Ez 115–209 €, Dz 155–249 €, 16,00–19,00 € | 24 h

In geschichtsträchtiger Kulisse direkt an der Förde und nur wenige Kilometer von der dänischen Grenze liegt dieses Designhotel. Das Hotelensemble besteht aus mehreren, zum Teil denkmalgeschützten Gebäuden. Einladend, stilvoll und maritim - so zeigen sich die geräumigen Gästezimmer, die in unterschiedlichen Kategorien buchbar sind.

Boutiquehotel Petuh
www.petuh.de

Wilhelmstraße 4, PLZ 24937, **T 0461 80707280**
20 Zimmer

››

Aus der 100 Jahre alten denkmalgeschützten Ziegelei ist nach umfassender Renovierung ein charmantes Boutique-Hotel entstanden. Richtig schick hat man in den Zimmern Klassisches mit Modernem verbunden - hochwertig, wohnlich und mit viel Liebe zum Detail eingerichtet. Morgens erwartet Sie ein sehr gutes Frühstück.

Hotel Alte Post — www.ap-hotel.de

Rathausstr. 2, PLZ 24937, **T 0461 8070810**
77 Zimmer | Ez ab 92 €, Dz ab 122 €, 14,00 € | 24 h

Das Hotel am Rande der Flensburger Innenstadt ist im hist. Gebäude der früheren Zentralpost beheimatet. Das Einrichtungskonzept des Hauses ist geprägt vom skandinavischen Lebensstil. Hier erwarten Sie künstlerisch gestaltete Design- und Themenzimmer. Moderne Küche und geschmackvolles Ambiente bietet das Restaurant „1871 – Grill & Buns".

Piet Henningsen — www.restaurant-piet-henningsen.de

Schiffbrücke 20, PLZ 24939, **T 0461 24576**
45 | Hauptgericht 15–42 € | Di-So Mo

Traditionsreiches, seit 1886 bestehendes Restaurant am Flensburger Hafen. Serviert werden Fischspezialitäten, regionale Klassiker sowie eine gute Auswahl an Steak- und Fleischgerichten.

FLINTSBACH A.INN 68 B — www.flintsbach.de

Bayern | EW 3.076 | 479 m | Rosenheim 18 km, Kufstein 19 km

Dannerwirt — www.dannerwirt.de

VARTA-TIPP Ambiente

★★★ garni

Kirchplatz 4, PLZ 83126, **T 08034 90600,** F 906050
27 Zimmer | 1 Suite | Ez ab 65 €, Dz 90–120 €, inkl. Frühstück

Am Fuße des Wendelsteins liegt dieser traditionsreiche Gasthof. Familie Schweinsteiger ist mit viel Herzblut bei der Sache. Die behaglich mit viel Holz eingerichteten Zimmer versprühen ländlichen Charme. In den typisch bayerischen Stuben wird regionale Wirtshausküche aufgetischt.

FLONHEIM 50 B www.alzey-land.de

Rheinland-Pfalz | EW 2.696 | 145 m | Alzey 11 km, Bad Kreuznach 21 km

Espenhof www.espenhof.de

garni

Poststr. 1, PLZ 55237 (OT: Uffhofen), **T 06734 94040,** F 940450
20 Zimmer | 2 Suiten | 3 Apartments | Ez ab 79 €, Dz ab 115 €, inkl. Frühstück

Rheinhessische Gemütlichkeit gepaart mit mediterranem Flair - das trifft den Charakter dieses kleinen, familiär geführten Landhotels mit angeschlossenem Weingut und Gästehaus. Hier stehen Ihnen beschaulich eingerichtete Nichtraucherzimmer zur Verfügung.

Espenhof

55 | Hauptgericht 13–25 €, Menü 34–69 € | Mi-Sa

Das angeschlossene Weinrestaurant bietet eine frische, mediterran angehauchte Landhausküche und gutseigene Weine. Hübsche, südländisch anmutende Hofterrasse.

FOCKBEK 7 C www.fockbek.de

Schleswig-Holstein | EW 6.280 | 16 m | Rendsburg 3 km, Schleswig 25 km

Weinbek www.weinbek.de

garni

Rendsburger Str. 34, PLZ 24787, **T 04331 61230**
24 Zimmer | Ez ab 74 €, Dz ab 99 €, inkl. Frühstück

Das Traditionshotel, das sich selbst als nördlichstes Weinhotel Deutschlands bezeichnet, empfängt Sie hinter seinen historischen Mauern mit renovierten, individuell gestalteten Zimmern. Zum Haus gehören auch ein gemütliches Restaurant, ein kleiner Saunabereich sowie ein Weinkaufsladen.

FÖHR (INSEL) 6 B www.foehr.de

Schleswig-Holstein | Niebüll 15 km, Flensburg 57 km

Nationalpark Wattenmeer (UNESCO-Weltnaturerbe), Ringwall Lembecksburg bei Borgsum, Kirche St. Johannis mit denkmalgeschütztem Friedhof in Nieblum, Kirche St. Laurentii in Süderende, Kirche St. Nicolai in Wyk-Boldixum, Friesenmuseum mit Bockwindmühle, Nationalparkzentrum und Seepromenade in Wyk.

NIEBLUM

NAMINE WITT www.naminewitt.de

Alkersumer Stieg 4, PLZ 25938, **T 04681 9643523**
50 | Hauptgericht 29–36 €, Menü 49–65 € | Di-So Mo

In freundlich-lockerer Atmosphäre mit Blick auf den wunderschön angelegten Garten erwartet Sie im Fine-Dining-Restaurant eine traditionsbewusste Fusionsküche mit regionalen, aber auch internationalen Einflüssen. Im angeschlossenen Bistro mit Terrasse und Feinkostladen gibt es frische Tagesgerichte sowie leckere Produkte aus der hauseigenen Manufaktur.

WYK AUF FÖHR

Upstalsboom
www.resort-suedstrand-foehr.de

garni

Gmelinstraße 11, PLZ 25938, **T 04681 9920**
167 Zimmer | 10 Suiten, Dz 190–500 €, 14,50–29,00 € | 24 h

Das 2018 eröffnete Ferienresort liegt direkt am weißen Sandstrand der Insel. Es bietet moderne Zimmer im skandinavischen Stil - größtenteils mit Blick auf das Wattenmeer. Großzügige Wellnessanlage mit Innen- und Außenpool, Dampfbad und mehreren Saunen. Zum Haus gehören auch 23 exklusive Residenzen für Langzeitgäste.

Duus-Hotel
www.duus-hotel.de

garni

Hafenstraße 40, PLZ 25938, **T 04681 59810,** F 598140
20 Zimmer | Ez 80–95 €, Dz 130–160 €, inkl. Frühstück

In der Altstadt am Hafen gelegenes Haus mit modernem Design, das durch skandinavischen Lifestyle und nordische Leichtigkeit geprägt ist. Die freundlichen und hellen Zimmer bieten teilweise Blick auf den Hafen. Für Entspannung sorgt die hauseigene Sauna. Reichhaltiges Frühstücksbuffet.

Alt Wyk
www.alt-wyk.de

VARTA-TIPP Küche **VARTA-TIPP** Service

Große Straße 4, PLZ 25938, **T 04681 3212**
35 | Menü 89–120 € | Fr-Sa Di-Sa Mo, So 8.1.–28.2.23

Beliebte Feinschmeckeradresse direkt in der Fußgängerzone. Wohltuend sind nicht nur das friesische Landhausambiente und der überaus herzliche Service, sondern auch die hervorragende Kulinarik. Die Küche von Patron René Dittrich ist authentisch, weltoffen und schnörkellos, die Produkte immer saisonal und frisch. Übrigens: Für Übernachtungsgäste hat man schöne Ferienwohnungen.

FORCHHEIM 53 B
www.forchheim.de

Bayern | EW 31.000 | 265 m | Bamberg 25 km, Nürnberg 38 km

Am Kronengarten
www.hotel-am-kronengarten.de

garni

Bamberger Straße 6a, PLZ 91301, **T 09191 72500,** F 66331
24 Zimmer | Ez 79–85 €, Dz 96–105 €, inkl. Frühstück

Zentral gelegenes Altstadthotel mit angeschlossenem öffentlichen Parkhaus. Hell und funktional eingerichtete Zimmer. Das privat geführte Haus ist vor allem bei Geschäftsreisenden sehr beliebt.

Zöllner's Weinstube
www.zoellners-weinstube.de

VARTA-TIPP Küche

Sigritzau 1, PLZ 91301 (OT: Sigritzau), **T 09191 13886**
60 | Hauptgericht 20–35 €, Menü 50–75 € | Mi-So Mo, Di

Das hübsche Kreuzgewölbe sorgt für eine ganz besondere Atmosphäre, ebenso die gemütliche Einrichtung und die elegante Tafelkultur. Johannes Zöllner steht selbst am Herd und bietet eine moderne Küche mit saisonalen Produkten. Lust auf „Steak vom argentinischen Angusrind | Pestojus | Pilze | mediterranes Gemüse“? Dazu gibt es edle Weine von renommierten Winzern. Die Preise sind fair, der Service sympathisch. Die urige „Stube“ eignet sich bestens für kleine Feierlichkeiten.

Zum Alten Zollhaus
www.zollhaus-forchheim.de

Hauptstraße 4, PLZ 91301, **T 09191 970990**
70 | Hauptgericht 19–27 €, Menü 47–63 € | So Mi-So Mo, Di

Hist. Haus in der Innenstadt mit modernem Bistroambiente und nettem Biergarten. Marktfrisch, saisonal und schmackhaft ist die traditionelle fränkische Küche mit Einflüssen aus der ganzen Welt.

FORST (BADEN) 51 C
www.forst-baden.de

Baden-Württemberg | EW 7.830 | 113 m | Bruchsal 5 km, Karlsruhe 21 km

Gasthaus zum Löwen
www.loewen-forst.de

Kirchstraße 8, PLZ 76694, **T 07251 300896**
30 | Hauptgericht 16–32 € | So Do-Sa Mo, Di, Mi

Ein persönlich geführtes Restaurant mit mehr als 100-jähriger Wirtshaustradition. Die gemütlichen Gaststuben sind mit Altholz aus dem Schwarzwald gestaltet. Die wechselnde Speisekarte offeriert frische bürgerliche Gerichte und einige Schweizer Spezialitäten. Gemütlicher Biergarten.

FORST AN DER WEINSTRASSE 50 D
www.vg-deidesheim.rlp.de

Rheinland-Pfalz | EW 838 | 120 m | Deidesheim 2 km, Bad Dürkheim 5 km

Lucashof
www.lucashof.de

garni

Wiesenweg 1a, PLZ 67147, **T 06326 336,** F 5794
7 Zimmer | Ez 65–90 €, Dz 100–140 €, inkl. Frühstück

Das kleine Landhotel befindet sich auf einem Weingut inmitten der umliegenden Weinberge. Hier erwarten Sie gemütliche Zimmer mit mediterraner Note und gehobener Ausstattung - teils mit Terrasse oder Balkon. Hübsch das helle Frühstückszimmer mit Blick auf das Haardtgebirge.

Gutsausschank Spindler
www.gutsausschank-spindler.de

Weinstraße 44, PLZ 67147, **T 06326 5850**
120 | Hauptgericht 11–28 € | Di-Sa Mo, So

Bei Familie Spindler gibt es eine authentische Pfälzer Küche und Weine aus dem eigenen Weingut. Die Preise sind fair, das Ambiente gemütlich und der Service freundlich. Romantische Terrasse unter Reblauben und altem Baumbestand.

FORSTINNING 60 D
www.forstinning.de

Bayern | EW 3.646 | 512 m | München 26 km, Wasserburg am Inn 36 km

Zum Vaas
www.zum-vaas.de

Münchener Str. 88, PLZ 85661, **T 08121 43091**
Hauptgericht 14–25 € | Mi-So Mo, Di

Am Nordrand des Ebersberger Forstes erwartet Sie dieser gemütliche Landgasthof. Lebensfreude und Spaß am Beruf - das ist es, was Küche und Service ihren Gästen hier vermitteln. Man kocht frisch, unkompliziert und saisonal. Natürlich stehen auch regionale Klassiker wie Tafelspitz oder Schweinebraten auf der Karte.

FRAMMERSBACH 42 D
www.frammersbach.de

Bayern | EW 4.507 | 246 m | Lohr 12 km, Bad Orb 30 km

Schwarzkopf
www.schwarzkopf-spessart.de

VARTA-TIPP Küche

Lohrer Straße 80, PLZ 97833, **T 09355 307**
60 | Hauptgericht 10–25 €, Menü 38–67 € | So Do-So Mo, Di

Im gemütlich-ländlichen Restaurant verwendet Stefan Pumm für seine feine klassische Küche fast ausschließlich saisonale Lebensmittel aus der Region. Macht Ihnen z.B. „Rosa gebratenes Filetsteak vom Spessart-Rind mit ‚Café de Paris'-Sauce und hausgemachten Krusteln" Appetit? Im Sommer können Sie auch auf der begrünten Gartenterrasse speisen. Für Übernachtungsgäste hat man gepflegte Zimmer. Regelmäßig Kochkurse.

FRANKENAU 31 C
www.frankenau.de

Hessen | EW 2.988 | 430 m | Korbach 26 km, Marburg 47 km

Landhaus Bärenmühle
www.baerenmuehle.de

gami

Bärenmühle, PLZ 35110 (OT: Ellershausen), **T 06455 759040,** F 7590422
15 Zimmer | 3 Suiten | 6 Apartments | Ez 139–182 €, Dz 164–296 €, 14,50–24,50 €

Stilvolles Refugium in idyllischer, naturnaher Lage. Hier erwarten Sie liebevoll eingerichtete Zimmer, Suiten und Wohnungen, die sich auf drei Gebäude verteilen. Für Entspannung sorgt ein Saunahaus mit gemütlichem Ruheraum. Kleines, aber feines Restaurant mit heimeligem Wohlfühlambiente.

FRANKENBERG (EDER) 31 C
www.frankenberg.de

Hessen | EW 18.894 | 296 m | Korbach 31 km, Marburg 39 km

Die Sonne Frankenberg
www.sonne-frankenberg.de

VARTA-TIPP Service

gami

Marktplatz 2-4, PLZ 35066, **T 06451 7500,** F 750500
62 Zimmer | 6 Suiten | Ez 139–189 €, Dz 199–269 €, inkl. Frühstück | 24 h

Mehrere behutsam restaurierte Gebäude vereinen sich zu diesem schmucken Altstadthotel. Das Interieur der Zimmer und Suiten besticht durch seine hellen, freundlichen Farben und die ausgesprochen wohnliche Atmosphäre. In allen Bereichen des Hauses wirken engagierte Mitarbeiter:innen. Für Entspannung sorgt ein mediterran-orientalisch anmutender SPA-Bereich.

Philipp Soldan

VARTA★TIPP Küche VARTA★TIPP Service

40 | Hauptgericht 32–48 €, Menü 75–129 € | So Do-Sa Mo, Di, Mi

Leichtigkeit, Offenheit und Transparenz versprechen nicht nur das Raumkonzept, sondern auch die exzellente Kulinarik von Erik Arnecke, dessen Küchenleistung sich gefühlt von Jahr zu Jahr steigert. Er verbindet moderne Kreationen mit klassischen Elementen. Das Ergebnis: eine leichte Gourmetküche, bei der die Natur und ihre Produkte in den Mittelpunkt rücken. In den beiden begehbaren Weinklimaräumen, die in das Restaurant integriert sind, lagern exquisite Tropfen ausgewählter Winzer. Umsorgt werden Sie von einer gut motivierten Servicecrew.

Sonne Stuben

VARTA-TIPP Küche

68 | Hauptgericht 17–32 €, Menü 42–59 € | Mo-So

Im Zweitrestaurant werden Sie mit einer anspruchsvollen regionalen Küche verwöhnt. Timo Schröder und Markus Willich verwenden für ihre Gerichte erstklassige Zutaten aus saisonalem und regionalem Anbau. Appetit machen z.B. „Wildbratwurst aus heimischer Jagd mit Champagnerkraut, cremigem Kartoffelpüree und Adorfer Senf“ oder „Kross gebratenes Filet vom Zander auf geschmorten Karotten, gebackene Kartoffelwürfel und Kerbelschaum“.

FRANKENTHAL (PFALZ) 50 B www.frankenthal.de

Rheinland-Pfalz | EW 47.793 | 96 m | Ludwigshafen 10 km, Worms 12 km

Victor's Residenz-Hotel www.victors.de

★★★★ garni

Mina-Karcher-Platz 9, PLZ 67227, **T 06233 3430,** F 343434
104 Zimmer | 8 Suiten | Ez ab 82 €, Dz ab 112 €, inkl. Frühstück | 24 h »

Architektonisch reizvoller Rundbau mit gläserner Turmspitze. Das Haus bietet auf acht Stockwerken helle, im klassischen Stil eingerichtete Zimmer. Frühstück gibt es im Panoramacafé mit tollem Blick über die Dächer der Stadt und das Pfälzer Umland.

FRANKFURT AM MAIN 41 D www.frankfurt-tourismus.de

Hessen | EW 746.878 | 98 m | Wiesbaden 38 km, Heidelberg 90 km

Maintower, Rathaus Römer mit Kaisersaal, Europäische Zentralbank, Römerberg mit Gerechtigkeitsbrunnen, Hist. Museum, Schirn Kunsthalle, got. Dom, Museum für Moderne Kunst, Senckenberg-Museum, Paulskirche, Jüdisches Museum, Alte Oper, Goethehaus, Museumsufer mit dem Städelschen Kunstinstitut und dem Museum für Angewandte Kunst, Palmengarten, Zoo, Neue Altstadt.

Einen Cityplan finden Sie auf Seite 398–399.

Steigenberger Frankfurter Hof www.frankfurter-hof.steigenberger.de

★★★★★S

Am Kaiserplatz (C3), PLZ 60311, **T 069 21502,** F 215900
303 Zimmer | 42 Suiten | 1 Apartment | Ez 249–699 €, Dz 249–699 €, 38,00 € | 24 h

Traditionsreiches, stilvoll renoviertes Grandhotel inmitten des historischen Bankenviertels. Elegant und luxuriös zugleich präsentieren sich die Zimmer und Suiten. Für Entspannung sorgt ein 1.000 qm großer SPA- und Wellnessbereich mit orientalischem Touch. Umfangreiches gastronomisches Angebot.

Hilton www.hiltonhotels.de

Hochstraße 4 (D3), PLZ 60313, **T 069 133800,** F 133820
342 Zimmer | 14 Suiten | 24 h

Internationales Businesshotel nur wenige Meter von der Frankfurter Börse entfernt. Das Haus beeindruckt mit seiner markanten, transparenten Architektur und dem imposanten Atrium. Sie wohnen in hellen und geräumigen Gästezimmern mit Panoramablick. Zum Hotel gehören auch eine Executive Lounge, ein Health & Fitness Club, ein 25 x 15 Meter großes Schwimmbad sowie ein Restaurant mit schöner Parkterrasse.

Hilton Frankfurt Airport
www.frankfurtairport.hilton.com

THE SQUAIRE, Am Flughafen, PLZ 60549, **T 069 26012000,** F 26012006020
249 Zimmer | 17 Suiten | 24 h

Das internationale Geschäftshotel befindet sich im futuristischen Gebäude „The Squaire" am Frankfurter Flughafen mit direkter Anbindung an das Terminal 1. Modern und anspruchsvoll gestaltete Zimmer und Suiten. Trendige Lounge & Bar im Atrium des Hotels. 24-Stunden-Fitness-Center. Im Restaurant „RISE" reicht das Angebot von internationalen Spezialitäten bis zu regionalen Klassikern.

JW Marriott Hotel
www.marriott.de

Thurn-und-Taxis-Platz 2 (D3), PLZ 60313, **T 069 2972370,** F 297237317
218 Zimmer | 49 Suiten | Ez 299–899 €, Dz 299–899 €, 42,00 € | 24 h

Luxushotel mit innovativer Architektur und klassisch-modernem Interieur. Die großzügigen Zimmer und Suiten des 99 Meter hohen Hotelturms im „Palais Quartier" verteilen sich auf 25 Stockwerke und ermöglichen einen weiten Blick auf die Skyline der Stadt. Bei Redaktionsschluss für diese Buchausgabe wurde das Haus bei laufendem Betrieb umfangreich modernisiert.

Lindner Main Plaza
www.lindner.de

★★★★ S

Walther-von-Cronberg-Platz 1 (E4), PLZ 60594 (OT: Sachsenhausen), **T 069 664010,** F 664014004
118 Zimmer | 7 Suiten | 70 Apartments | 24 h

Spektakulärer Turmbau in fantastischer Lage am Sachsenhausener Mainufer. Stilvoll-elegante Zimmer - teils klassisch-edel, teils modern-elegant. Imposanter Ausblick auf die Stadt. 450 qm großer Wellnessbereich. Amerikanische Küche im „New Brick Restaurant".

Marriott
www.frankfurt-marriott.de

Hamburger Allee 2 (A3), PLZ 60486 (OT: Westend-Süd), **T 069 79550,** F 79552432
593 Zimmer | 23 Suiten | 24 h

Das internationale Businesshotel befindet sich direkt gegenüber der Frankfurter Messe. Es bietet ab der 26. Etage moderne, schallisolierte Zimmer mit Panoramablick. Das Haus verfügt zudem über den größten Ballsaal in Frankfurt mit einer Meetingfläche von 774 qm. Mehrere Restaurants.

Radisson Blu
www.radissonhotels.com

★★★★ S

Franklinstraße 65 (A2), PLZ 60486, **T 069 7701550,** F 77015510
434 Zimmer | 14 Suiten | Ez 99–550 €, Dz 99–550 €, 28,00 € | 24 h

Das dominante, exklusive Hotel mit seiner besonderen kreisförmigen Architektur bietet frisch renovierte Zimmer im zurückgenommenen skandinavischen Schick. Von hier genießen Sie entweder den Blick auf die belebte Stadt oder den nahegelegenen Taunus. Pool- und Fitnessbereich in der 18. Etage.

Frankfurt a. M.
0 180 360m
A
B
C
1
2
3
4
5
Anschlussstelle Ffm.-Miquelallee
Vogelschutzgehölz
Weinbg.-Siedl.
Miquelallee
Adickesall.
Westend-Nord
Botanischer Garten
Grüneburgpark
Palmengarten
Holzhausen
Bremer Platz
Leipziger Str.
Bockenhmr. Warte
Kurfürstenpl.
Adalbertstr.
Westend
Bockenheimer Landstraße
Rothschildpark
Alte Oper
Westend-Süd
Festh. Messe
Messe
Ffm. Messe
Forum Agora
Europa-viertel
Europa-Allee
Platz d.Einheit
Pl. der Republik
Taunusanlage
Gallusviertel
Galluswarte
Frankf.(M) Hbf
Düsseldorfer Str.
Baseler Str.
Gutleutviertel
Westhafen
Main
Sommerhoffpark
Klinikum der J.-W.-Goethe-Universität
Theodor-Stern-Kai
Kennedyallee
Stresemannallee
Untermainkai
1=Westhafenbrücke
2=Zanderstraße
3=Stichlingstraße
4=Flußkrebssteg
5=Am Druckwasserwerk
1=Kopenhagener Str.
2=Stockholmer Str.
3=Lissabonner Str.
4=Madrider Str.
5=Dubliner Str.
6=Londoner Str.
7=Warschauer Str.
8=Athener Str.
1=Wilhelm-Schickard-Str.
2=Adam-Riese-Platz
1=Kl. Wiesenau
2=Erich-Fromm-Platz

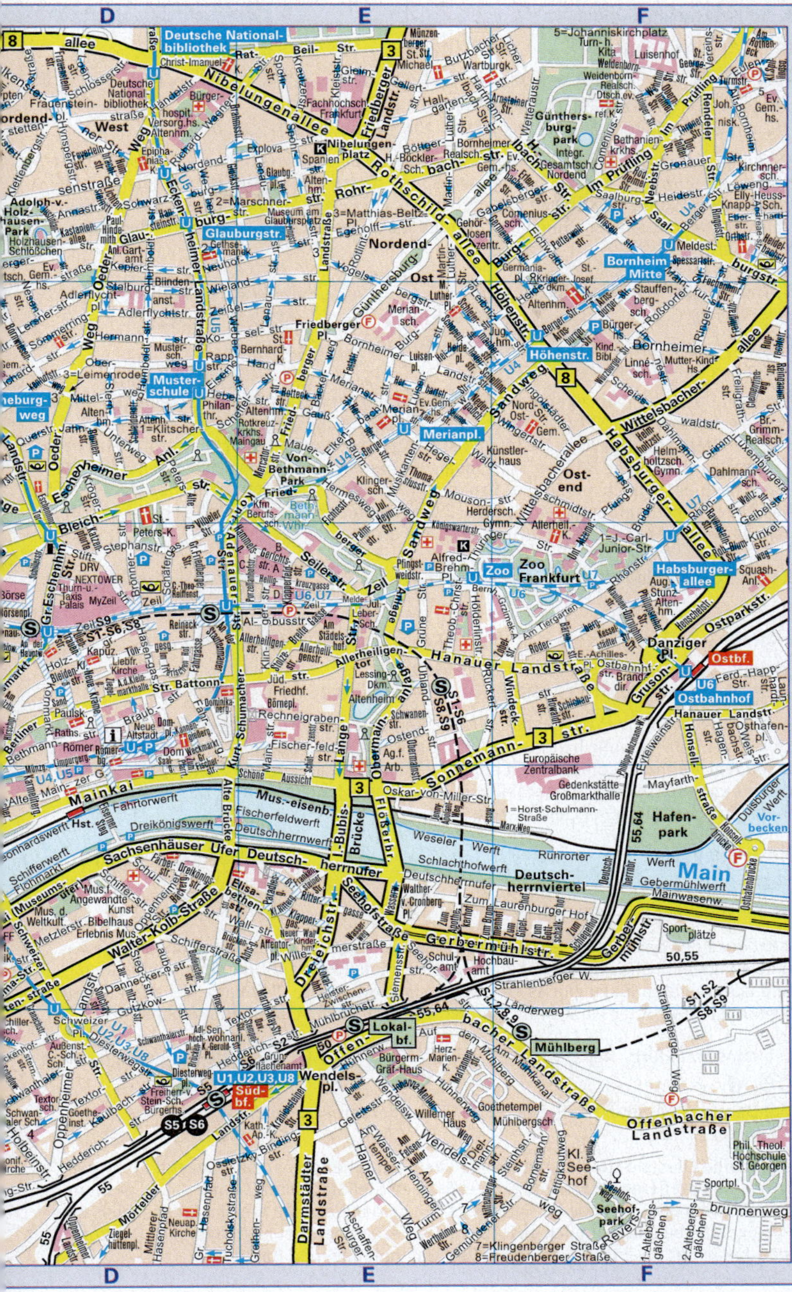
D
E
F
1
2
3
4
5
Deutsche National-bibliothek
Nibelungenallee
Rothschild-allee
Nordend-Ost
Friedberger Landstr.
Günthers-burg-park
Glauburgstr.
Musterschule
Merianpl.
Höhenstr.
Bornheim Mitte
Habsburgerallee
Wittelsbacherallee
Ost-end
Zoo Frankfurt
Zoo
Ostbf.
Ostbahnhof
Hanauer Landstraße
Sonnemannstr.
Europäische Zentralbank
Hafen-park
Main
Mainkai
Sachsenhäuser Ufer
Deutschherrnufer
Deutsch-herrnviertel
Walter-Kolb-Straße
Gerbermühlstr.
Offenbacher Landstraße
Darmstädter Landstraße
Süd-bf.
Lokal-bf.
Mühlberg
Wendels-pl.
Alte Brücke
Kurt-Schumacher-Str.
Konrad-Adenauer-Str.
Zeil
Seilerstr.
Bethmann-Park
Danziger Pl.
Ostparkstr.
Seehof-park
Phil.-Theol. Hochschule St. Georgen
7=Klingenberger Straße
8=Freudenberger Straße

Sofitel Frankfurt Opera
www.sofitel-frankfurt.com

VARTA-TIPP Ambiente

★★★★★S

Opernplatz 16 (C3), PLZ 60313, **T 069 2566950,** F 256695802
150 Zimmer | 31 Suiten | Ez ab 204 €, Dz ab 204 €, 37,00 € | 24 h

Im Stil eines französischen Stadtpalais empfängt Sie diese Luxusherberge an der Frankfurter Oper. Die 30-45 qm großen Zimmer und Suiten bieten exklusives Design, edlen Schlafkomfort sowie Wohlfühlbäder mit Regenduschen. Für Entspannung sorgt ein kleiner SPA-Bereich. Im Restaurant „Schönemann" werden Klassiker der französischen Küche neu interpretiert.

The Westin Grand Frankfurt **Neu!**
westingrandfrankfurt.com

Konrad-Adenauer-Str. 7 (D3), PLZ 60313, **T 069 29810,** F 2981810
372 Zimmer | 17 Suiten | 24 h

Mit neuem Design und einzigartigem Well-Being-Konzept ist das Hotel nach einer Komplettsanierung seit Sommer 2022 wieder am Start. In den neu gestalteten Zimmern und Suiten sorgen bequeme Heavenly-Betten, hochwertige Textilien, gemütliche Naturfarben, helle Holzmöbel und moderne Bäder für das ideale Wohlbefinden während des Aufenthalts. Gepflegter Wellnessbereich mit Sauna, Sanarium und Indoorpool. Umfangreiches gastronomisches Angebot mit mehreren Restaurants. Zudem bietet der „Grab 'n Go"-Shop in der Lobby durchgängig frische lokale Snacks und Getränke an.

AMERON Boutique Hotel Neckarvillen
www.ameronhotels.com

VARTA-TIPP Ambiente

Neckarstr. 7-13 (C4), PLZ 60329, **T 069 756660**
133 Zimmer | 4 Suiten | Ez 119–699 €, Dz 139–719 €, 26,00 € | 24 h

Das moderne Boutique-Hotel besteht aus mehreren denkmalgeschützten Gründerzeitvillen. Außen eine eindrucksvolle historische Fassade, innen Luxus pur: repräsentative Lobby mit glänzendem Marmor, gediegenes Eichenparkett im Salon und in den Zimmern, ausladende Lüster und großflächige Glasarbeiten in den öffentlichen Bereichen. Das Interior stammt vom italienischen Designer Luigi Fragola.

Le Petit Royal
www.lepetitroyal-frankfurt.de

80 | Hauptgericht 20–60 € | Di-Sa Mo, So

Dependance des bekannten Berliner Szenerestaurants „Grill Royal". Das kulinarische Augenmerk in dem hochwertig gestalteten Souterrainlokal liegt auf Grill- und fangfrischen Meeresspezialitäten. Dazu gibt es eine französisch orientierte Weinkarte. Für den kleinen Hunger oder einen After-Work-Drink empfiehlt sich die French Bento Bar nebenan.

b'mine Frankfurt **Neu!**
www.bmine.de/de/hotel-frankfurt

Georg-Baumgarten-Straße 1, PLZ 60549 (OT: Flughafen), **T 069 6952370**
241 Zimmer | 24 h

Das moderne Lifestyle-Hotel punktet mit seinem patentierten CarLoft-Konzept: Innovative Aufzüge transportieren Ihr Fahrzeug direkt auf den Stellplatz Ihres Zimmers. Das gesamte Hotel zeigt sich als „Zuhause für unterwegs" – von der Welcome Area im Erdgeschoss über die designstarken und wohnlich gestalteten Gästezimmer bis zum großzügigen Rooftop-Restaurant in der 12. Etage mit zeitgemäßer Gastronomie- und Barkultur.

Innside Frankfurt Eurotheum

www.melia.com

garni

Neue Mainzer Straße 66-68 (C3), PLZ 60311, **T 069 210880,** F 21088222
74 Zimmer | 74 Apartments | 24 h

Lichtdurchflutete, klimatisierte Wohnweltsuiten zwischen der 22. und 29. Etage des Eurotheum-Hochhauses. Wellnessbereich mit Fitnessgeräten, Ruhebereich und Sauna. „22nd Lounge & Bar" mit atemberaubendem Blick über die Frankfurter Skyline.

Meliá Frankfurt City

www.melia.com

Senckenberganlage 13 (A2), PLZ 60325, **T 069 6681980**
431 Zimmer

Das moderne Lifestyle-Designhotel hat man in den 140 Meter hohen Hybridturm „One Forty West" integriert. In den Etagen 1 bis 23 des Gebäudes befinden sich geräumige, klimatisierte Zimmer und Suiten. Sie sind in einem eleganten, minimalistischen Design gehalten und teilweise mit einem privaten Balkon ausgestattet. Von der exklusiven THE LEVEL Lounge im 15. Stock des Hotels hat man einen atemberaubenden Stadtblick.

Mövenpick Hotel Frankfurt City

www.movenpick.com

★★★★

Den Haager Straße 5 (A4), PLZ 60327 (OT: Europaviertel), **T 069 7880750,** F 788075888
288 Zimmer | 5 Suiten | 24 h

Urlaubs- und Geschäftshotel im Stadtzentrum mit guten Tagungsmöglichkeiten. Schallisolierte Zimmer mit moderner Ausstattung. Zum Haus gehören auch mehrere Restaurants mit internationaler Küche, eine Dachterrasse mit Panoramablick sowie ein Fitnessbereich in der obersten Etage.

Roomers

www.roomers-hotels.com/frankfurt-legend

Gutleutstraße 85 (C4), PLZ 60329 (OT: Gutleutviertel), **T 069 2713420,** F 27134299
116 Zimmer | 11 Suiten | 24 h

Was von außen eher nüchtern daherkommt, entpuppt sich im Innern als luxuriöses Designhotel. Das Haus liegt nur wenige Minuten vom Main entfernt und überzeugt durch seine minimalistisch und sinnlich gestylten Zimmer. Sehr elegant sind die verglasten Natursteinbäder; in den Deluxe-Suiten stehen Rundbadewannen frei im Raum. Exklusive SPA-Landschaft mit angrenzender Skylounge.

Burbank Restaurant

120 | Hauptgericht 14–48 € | Mo-So

Knallige Designakzente und gemütliche Sitznischen aus goldenem Samt prägen das Ambiente. Kulinarisch trifft kalifornische auf panasiatische Küche. Ob Business Lunch oder geselliges Dinner am Abend - ein Besuch lohnt sich.

25hours Hotel The Goldman

www.25hours-hotels.com

Hanauer Landstr. 127 (F3), PLZ 60314 (OT: Ostend), **T 069 40586890,** F 4058689890
97 Zimmer | 24 h

Designgags und verspielte Accessoires prägen die Ausstattung des Hotels im Frankfurter Ostend. Außergewöhnlich gestaltete Themenzimmer, die teils von Frankfurter Persönlichkeiten, teils vom UN-Hauptquartier in New York inspiriert wurden.

25hours Hotel The Trip
www.25hours-hotels.com

Niddastraße 56-58 (B4), PLZ 60329, **T 069 2566770**, F 256677288
152 Zimmer | 2 Suiten | 24 h

Inspiriert von der schillernden und oft rauen Wirklichkeit des Frankfurter Bahnhofsviertels präsentiert sich dieses Designhotel. Jede Etage widmet sich einer anderen Themenwelt. In der Zimmereinrichtung spiegeln sich Afrika und Asien, Ozeanien und die Arktis, die Tropen und die Berge als Leitmotive wider. Das Restaurant im Erdgeschoss bietet internationale und orientalische Küche.

Cult
www.hotelcult.de

★★★★ garni

Offenbacher Landstraße 56 (E5), PLZ 60599 (OT: Sachsenhausen), **T 069 9624460**, F 962446666
69 Zimmer | 24 h

Neuzeitliches Businesshotel mit komfortablen Zimmern. Zahlreiche Inklusivleistungen wie Frühstück, Sky-TV, Tagespresse oder kostenfreier WLAN-Zugang. Kleiner Wellnessbereich mit Sauna. Stylishe Bar im Erdgeschoss.

Gekko House
www.gekko-house.com

VARTA-TIPP Ambiente

Mainzer Landstraße 167 (A4), PLZ 60327 (OT: Gallus), **T 069 2991430**
128 Zimmer | 24 h

Richtig stylish wohnt man in diesem Lifestylehotel mitten im Gallusviertel. Die Kombination aus Industrial Design mit französischem Schick macht den besonderen Charme des Hauses aus. Das Ambiente der Zimmer: ausgefallen und trendig mit erlesenen Materialien, lasiertem Beton und ausgefallenem Lichtkonzept. Im Erdgeschoss gibt es ein American-BBQ-Restaurant. Im Sommer lockt die Rooftop-Bar auf der achten Etage - Skyline-Blick inklusive.

Gerbermühle
www.gerbermuehle.de

Gerbermühlstraße 105 (E4), PLZ 60594 (OT: Sachsenhausen), **T 069 68977790**, F 689777966
19 Zimmer | 6 Suiten | 24 h

Ehem. Mühle, die zum Designhotel umgebaut wurde. Moderne Gästezimmer mit extravaganter Ausstattung und luxuriösen Bädern. Im Restaurant internationale Gerichte und Frankfurter Spezialitäten zu gastfreundlichen Preisen. Tolle Sommerterrasse.

Libertine Lindenberg
www.thelindenberg.com

Frankensteiner Straße 20 (E4), PLZ 60594 (OT: Sachsenhausen), **T 069 66161550**, F 66161552
27 Zimmer | 1 Suite | 10 Apartments | Ez ab 89 €, Dz ab 109 €, inkl. Frühstück

Hübsch sanierte Gründerzeitvilla mitten im Apfelweinviertel. Den Gästen stehen individuell gestaltete Suiten zur Verfügung. Zum Hotel gehören auch ein hauseigenes Tonstudio, eine Kochlandschaft für Selbstversorger, ein Tante-Emma-Lädchen sowie ein öffentliches Wohnzimmercafé. Außerdem werden Fahrräder verliehen.

SAKS Urban Design Hotel Frankfurt

www.saksfrankfurt.com

★★★★ S

Mendelssohnstraße 79 (B2), PLZ 60325, **T 069 78988490,** F 7898849199
39 Zimmer | Ez 85–599 €, Dz 95–619 €

Mit seiner sehr guten, zeitgemäß-funktionalen Ausstattung ist dieses Designhotel die ideale Adresse für Geschäftsreisende. Die Zimmer bieten u.a. ein komfortables Boxspringbett mit hochwertiger Matratze, High-Speed-WLAN sowie ein transparentes, zum Zimmer komplett verglastes Bad mit Regendusche. Kleiner SPA-Bereich in der 6. Etage.

Villa Orange

www.villa-orange.de

garni

Hebelstraße 1 (E2), PLZ 60318, **T 069 405840,** F 40584100
38 Zimmer | Ez 110–140 €, Dz 135–170 €, inkl. Frühstück | 24 h

Privat geführtes Haus mit Wohlfühlatmosphäre. Individuell mit viel Holz eingerichtete, helle Zimmer, teils mit Himmelbetten und freistehenden Nostalgiebadewannen. Entspannung bietet eine kleine Bibliothek. In der warmen Jahreszeit kann man auf der Terrasse frühstücken.

Manhattan

www.manhattan-hotel.com

garni

Düsseldorfer Straße 10 (B4), PLZ 60329, **T 069 2695970,** F 269597777
55 Zimmer | Ez 55–700 €, Dz 65–900 €, inkl. Frühstück | 24 h

Modernes Business- und Lifestyle-Hotel in unmittelbarer Nähe zum Hauptbahnhof. Die zeitgemäß und ansprechend gestalteten Zimmer verfügen teilweise über Holzparkettfußboden. Regelmäßig finden Ausstellungen und Vernissagen sowie Abende mit Lesungen oder Musikveranstaltungen im Haus statt.

Lafleur

www.restaurant-lafleur.de

VARTA★TIPP Küche

Palmengartenstraße 11 (B2), PLZ 60325 (OT: Westend-Süd), **T 069 90029100**
40 | Menü 205–225 € | Mi-Sa ⦸ Mo, Di, So ⦸ 18.12.22–10.1.23

Das lichtdurchflutete Gourmetrestaurant im „Gesellschaftshaus Palmengarten" erinnert mit seinem Namen an das berühmte Weingut Château Lafleur im Pomerol. Chef de Cuisine Andreas Krolik hat nie besser gekocht und offeriert eine zeitgemäß-klassische Küche, die sich durch Harmonie, Finesse und eine beeindruckende Vielschichtigkeit auszeichnet. Mit Können und handwerklichem Geschick kombiniert er regionale Produkte mit mediterranen Elementen. Seine besondere Affinität zu Fisch und Meeresfrüchten spiegelt sich in seinen kreativen, klaren und geschmacksintensiven Gerichten wider. Der gut sortierte Weinkeller bietet eine herausragende Auswahl erlesener Weine, darunter auch einige Raritäten.

Carmelo Greco

carmelo-greco.de

VARTA★TIPP Küche

Ziegelhüttenweg 1-3 (D5), PLZ 60598 (OT: Sachsenhausen), **T 069 60608967**
50 | Hauptgericht 42–44 €, Menü 115–135 € | Mo-Fr Mo-Sa ⦸ So

Eine elegant-modern gestylte Genießeroase. Carmelo Greco steht für kreative und unverfälschte italienische Spitzenküche. Seine schnörkellosen, aromenreichen Gerichte sind von Top-Qualität. Beste Produkte werden mit spannenden Kontrasten präsentiert, exakt bis ins kleinste Detail. All das können Sie als Degustationsmenü (auch als vegetarische Variante) in 5 bis 7 Gängen genießen. Ungezwungen und gleichermaßen professionell der Service nebst Weinberatung.

Gustav

www.restaurant-gustav.de

VARTA★TIPP Küche VARTA-TIPP Service

Reuterweg 57 (C2), PLZ 60323 (OT: Westend-Süd), **T 069 74745252**
45 | Menü 135–185 € | Di-Sa ⦸ Mo, So

Eine Bereicherung für die deutsche Gourmetlandschaft! In dem kunstvoll und schnörkellos gestalteten Lokal mit seinen vom Bauhaus inspirierten Farben und Formen darf sich der Genießer auf eine einfallsreiche und handwerklich perfekte Küche von Jochim Busch freuen. Insbesondere seine vegetarischen Speisen zeigen Kombinationsfreude in Perfektion. Aus den Gerichten der Abendkarte stellt sich der Gast sein Menü zusammen. Die Weinkarte umfasst erlesene Gewächse aus nah und fern, darunter viele naturnah ausgebaute Erzeugnisse. Freundlicher, akkurater Service.

Main Tower www.maintower-restaurant.de

VARTA-TIPP Küche

Neue Mainzer Straße 52-58 (C3), PLZ 60311, **T 069 36504777**
80 | Menü 138–179 € | Di-Sa

Eine gefragte Adresse ist das Panoramarestaurant mit seinem zeitlos-eleganten Interieur in der 53. Etage des Main Towers. Bei einem atemberaubenden Ausblick auf die Frankfurter Skyline genießen Sie die erstklassigen, saisonal wechselnden Kreationen von Küchenchef Martin Weghofer, die in Menüform (5 bis 7 Gänge) serviert werden. Dazu kredenzt man deutsche und internationale Weine. Tischreservierung empfehlenswert! Hinweis: Bei bestätigter Tischreservierung entfällt die Liftgebühr und auch der Besuch der Aussichtsplattform ist kostenfrei.

Restaurant Villa Merton www.restaurant-villa-merton.de

VARTA-TIPP Küche VARTA-TIPP Service

Am Leonhardsbrunn 12 (A1), PLZ 60487 (OT: Bockenheim), **T 069 703033**
70 | Hauptgericht 26–46 €, Menü 120–165 € | Mo-Sa So

Ein kulinarisches Juwel ist die aus der Gründerzeit stammende Villa im „Diplomatenviertel“. Im stilvoll-eleganten Fine-Dining-Restaurant zelebrieren André Großfeld und Philippe Giar eine gehobene Kreativküche auf Top-Niveau. Ihre Speisen basieren auf klassisch französischen Wurzeln und überzeugen durch Frische, Aromenvielfalt und Komplexität. Während am Abend ein gehobenes Sieben-Gänge-Gourmetmenü kredenzt wird, dürfen Sie sich mittags auf Regionales und Bodenständiges zu moderaten Preisen freuen. Vorbildlicher Service unter der Leitung von Maître Markus Klug.

Seven Swans www.sevenswans.de

VARTA-TIPP Küche

Mainkai 4 (D4), PLZ 60311 (OT: Altstadt), **T 069 21996226**
24 | Menü ab 129 € | Di-Sa Mo, So »

Ein Kleinod mitten in Frankfurt und zugleich ein tolles Beispiel dafür, dass sich cooles, minimalistisches Ambiente und erstklassige Kulinarik keineswegs ausschließen! In unaufgeregter Atmosphäre erwartet Sie eine progressive vegane Küche mit Bio-Produkten aus der hauseigenen Permakultur - präsentiert in Form eines innovativen und ungewöhnlichen Degustationsmenüs. Küchenchef Ricky Saward steht für Spontanität, Experimentierfreude und Produktverliebtheit. Der unkomplizierte Service und die ausgesuchten Weine machen den niveauvollen Abend perfekt.

Tiger-Gourmetgastronomie
www.tigerpalast.de/de/gastronomie

VARTA-TIPP Küche **VARTA-TIPP** Service

Heiligkreuzgasse 16-20 (E3), PLZ 60313, **T 069 9200220**
48 | Hauptgericht 34–57 €, Menü 98–150 € | Do-So ⦸ Mo, Di, Mi

Im gediegen-eleganten Gourmetrestaurant erinnern historische Plakate an die große Zeit des Varietés. In dieser stimmungsvollen Atmosphäre können Sie sich so richtig verwöhnen lassen! Coskun Yurdakuls Küchenstil ist abwechslungsreich, kreativ und weltoffen. Ganz klar, dass bei seinen fein abgestimmten Speisen auch die Aromen und Zutaten aus seinem Heimatland, der Türkei, Verwendung finden. Dazu eine großartige Weinauswahl mit Schwerpunkt Deutschland und Frankreich sowie ein freundlicher und versierter Service.

Weinsinn
www.weinsinn.de

VARTA-TIPP Küche **VARTA-TIPP** Service

Weserstr. 4 (C4), PLZ 60329, **T 069 56998080**
40 | Menü 105–135 € | Di-Sa ⦸ Mo, So

Anspruchsvolle Kulinarik, puristisch-urbanes Design und eine entspannte Atmosphäre erwarten Sie in diesem vinophilen Restaurant im Hochparterre eines eleganten Gründerzeitgebäudes. Regional, weltgewandt und offen zeigt sich die Küche des talentierten Daniel Pietsch. Das wechselnde Menü (bis zu sechs Gänge) wird aus tagesfrischen Zutaten zusammengestellt. Dazu ein sehr guter Service sowie eine ansprechende Weinauswahl mit mehr als 280 Positionen.

Carte blanche
www.carteblanche-ffm.de

Egenolffstraße 39 (E1), PLZ 60316 (OT: Nordend), **T 069 27245883**
38 | Menü 82–98 € | Mi-So ⦸ Mo, Di

Im Gründerzeitviertel Nordend liegt dieses Lokal mit seiner gemütlichen, nostalgisch anmutenden Wohnzimmeratmosphäre. Hier pflegt man legere Gastlichkeit und die „freie Hand". So gibt es keine Speisekarte im üblichen Sinne, dafür berichtet Patron und Küchenchef Sebastian Ziese den Gästen am Tisch von seinem aktuellen Tageseinkauf und zaubert anschließend ein raffiniertes Überraschungsmenü in 5 bis 7 Gängen (wahlweise mit Weinbegleitung). Dazu ein angenehm ungezwungener Service.

🍽 Cron am Hafen
www.cron-am-hafen.de

Speicherstraße 39-45 (B5), PLZ 60327 (OT: Gutleutviertel), **T 069 24009933**
100 | Hauptgericht 14–36 €, Menü 39–79 € | Mo-So

In direkter Nähe zum Westhafen sitzt man hier wahlweise im modern-eleganten Restaurant oder auf der großen Sommerterrasse am Main und lässt sich kreative mediterrane Küche schmecken. Am Wochenende und an ausgewählten Feiertagen Brunch.

🍽 Erno's Bistro
www.ernosbistro.de

VARTA-TIPP Küche

Liebigstraße 15 (C2), PLZ 60323, **T 069 721997**
30 | Hauptgericht 55–69 €, Menü 125–159 € | Mo-Fr ⊘ Sa, So ⊘ 22.12.22–9.1.23

Seit über vier Jahrzehnten ein beständiger Klassiker in Frankfurts Gastroszene! Charmantes Bistroambiente, dazu eine klassische „Cuisine Française" auf erstklassigem Niveau. Wie wäre es z.B. mit „Hummer mit Lauchfondue, Beurre Blanc und Osietra-Kaviar" oder „Entrecote mit Sauce Béarnaise, Spinat und Pommes Pont-Neuf"? Die Weinkarte umfasst mehr als 600 Positionen. Locker-souveräner Service. Tischreservierung empfehlenswert.

🍽 Estragon
www.estragon-frankfurt.de

Jahnstraße 49 (D2), PLZ 60318, **T 069 5978038**
30 | Hauptgericht 22–32 €, Menü 34–50 € | Di-Sa ⊘ Mo, So

Gemütlich eingerichtetes Lokal mit Wohnzimmeratmosphäre. Geboten wird klassisch und mediterran orientierte Küche, die überwiegend in Menüform serviert wird. Schöner Sommergarten, gutes Preis-Leistungs-Verhältnis.

🍽 Frankfurter Botschaft
www.frankfurterbotschaft.de

Westhafenplatz 6-8 (B5), PLZ 60327, **T 069 15342522**
80 | Hauptgericht 19–38 €, Menü 39–74 € | Mi-Sa ⊘ Mo, Di, So

Fine Dining am Frankfurter Westhafen. Wie das Deck eines großen Kreuzfahrtschiffes liegt das Restaurant über der Mainpromenade. Puristisch-modernes Interieur mit großer Glasfront und Blick auf den Main. Serviert wird eine internationale Küche mit traditionellen Gerichten wie „Bouillabaise" oder „Wiener Schnitzel mit Kartoffel-Gurken-Salat und Wildpreiselbeeren". Im Sommer sind die Plätze auf der einladenden Terrasse entlang des Westhafens absolute Logenplätze.

🍽 Franziska
www.mook-group.de/franziska

Hainer Weg 72 (39. Etage im Henninger Turm), PLZ 60599 (OT: Sachsenhausen),
T 069 66377640
100 | Hauptgericht 27–40 €, Menü 90–120 € | So Mo-So

Das Rooftop-Restaurant hat sich zum Hotspot in Frankfurts Gastroszene entwickelt. Bodentief verglaste Panoramafenster ermöglichen einen herrlichen 360-Grad-Ausblick auf die Frankfurter Skyline und das Umland. Aus der offenen Showküche kommen moderne Gerichte wie „Knuspriges Tonkatsu vom Borgmeier Kikok-Hähnchen | Jasmin-Früchte-Reis | Curryschaum". Terrasse eine Etage tiefer.

Heimat
www.heimat-restaurant.de

Berliner Straße 70 (D3), PLZ 60311, **T 069 29725994**
40 | Hauptgericht 21–35 € | Mo-Sa

Kleines, sympathisches Restaurant in einem restaurierten 1950er-Jahre-Oval. Zeitgemäß, mit saisonalen Einflüssen und produktbezogen - so zeigt sich die Küche. Dazu eine sehr gute, europäisch ausgerichtete Weinauswahl und ein angenehm unkomplizierter Service.

Holbein's
www.meyer-frankfurt.de

Holbeinstraße 1 (C4), PLZ 60596, **T 069 66056666**
100 | Hauptgericht 20–37 €, Menü 44–72 € | Di-So Mo

Gut frequentiertes Szenelokal im Städel Museum. Stimmungsvolles Bistroambiente mit großer Glasfront und elegantem Interieur. Aus der kleinen Showküche kommen leichte, euro-asiatische Gerichte. Mittags preisgünstiges Lunchmenü.

L'Écume
www.restaurant-lecume.de

Friedberger Landstraße 62 (E2), PLZ 60316 (OT: Nordend-Ost), **T 069 90437307**
25 | Menü 78–108 € | Mi-So Mo, Di

Moderne französische Küche im Frankfurter Nordend. Die kleine Karte von Chefkoch Alexander Sadowczyk bietet raffinierte, produktbezogene Speisen wie „Kabeljau | Macadamia | Spitzkohl | Mandarine“ oder „Hirsch | Pastinake | Pequillos | Rapssamen“. Das Ambiente ist bistro-like, der Service nett und unkompliziert. Tolle Champagnerauswahl.

Lohninger
www.lohninger.de

Schweizer Straße 1 (D4), PLZ 60594 (OT: Sachsenhausen), **T 069 247557860**
48 | Hauptgericht 24–86 €, Menü bis 115 € | Di-Sa Mo, So

Elegantes Restaurant in einem schönen Altbau mit hohen Stuckdecken und Jugendstilelementen. Serviert wird moderne und leichte österreichische Küche mit mediterranen, asiatischen und amerikanischen Elementen. Mittags kleines Lunchangebot.

Medici
www.restaurantmedici.de

Weißadlergasse 2 (D3), PLZ 60311, **T 069 21990794**
70 | Hauptgericht 18–43 €, Menü 65 € | Di-Sa Mo, So

Feinschmecker- und Fischrestaurant in der Innenstadt. Frische moderne Küche zu angemessenen Preisen. Schöne Außenterrasse.

Mon Amie Maxi Neu!
www.mook-group.de

Bockenheimer Landstraße 31 (C3), PLZ 60311, **T 069 71402121**
100 | Hauptgericht 10–50 € | Mo-Fr, So Mo-So

Pompöse Kronleuchter, üppige Blumenarrangements, anheimelnde Aubussonteppiche - optisch und kulinarisch feiert man hier die französische Lebensart. Die Karte bietet bekannte Brasserieklassiker wie Bœuf Bourguignon, Schnecken, Hummer oder Foie Gras. Eine separate Austernkarte gibt es ebenfalls. Große internationale Weinauswahl. Für kleine Veranstaltungen steht ein exklusiver Private-Dining-Room zur Verfügung.

SOHO Neu! www.sohofrankfurt.de

Neue Mainzer Str. 6-10 (C4), PLZ 60311, **T 069 21990822**
Hauptgericht ab 25 € | Di-Sa Mo, So

Ein Hauch Big-Apple-Feeling in der Mainmetropole! Modernes Restaurant-Lounge-Bar-Konzept im Erdgeschoss des Winx-Towers, einem Hochhaus auf dem Maintor-Areal. Der Name, der an den New Yorker Szenestadtteil SoHo in Manhattan erinnert, ist durchaus gewollt. In stylish-urbanem Rahmen werden internationale Trendgerichte serviert. Probieren Sie z.B. „Gebratene Hähnchenbrust | Bulgur | Pastinake | Jus | Berberitzen“ oder „Gerösteter Blumenkohl | Tomatenpesto | Gewürzgranola | Pink Tahina“. Dazu gibt es Weine aus aller Welt.

SVEA Frankfurt www.svea-frankfurt.com

Brückenstraße 42 (D4), PLZ 60594 (OT: Sachsenhausen), **T 069 20025857**
45 | Hauptgericht 19–33 € | Mi-Sa

Wer authentische nordische Küche mag, ist hier goldrichtig! Gekocht wird nach schwedischen Originalrezepten, naturbelassen und modern interpretiert. Auf der Karte findet man Fisch- und Fleischgerichte, aber auch vegetarische und vegane Speisen. Das Ambiente: skandinavisch minimalistisch mit schlichten Holztischen und teils freiem Ziegel-Mauerwerk.

Tempaccio www.tempaccio.de

Liebigstraße 47 (B/C2), PLZ 60323 (OT: Westend), **T 069 20733079**
40 | Hauptgericht 18–24 € | Mo-Fr Mo-Sa So

Norditalienische Küche in bester Westendlage. In dem zeitgemäß-gemütlichen Ecklokal kredenzt der vom Comer See stammende Chefkoch typische Klassiker aus seiner Heimat, aber auch anspruchsvollere Gerichte wie „Seeteufel mit Blaubeeren und Karotten-Vario“. Hübsch die schattige Sommerterrasse vor dem Haus.

Zenzakan www.mook-group.de/zenzakan

Taunusanlage 15 (C3), PLZ 60325 (OT: Westend-Süd), **T 069 97086908**
250 | Hauptgericht 30–90 € | Mo-Sa So

Ganz in schwarz gehaltenes Restaurant in Frankfurts exklusivem Pan-Asian-Supperclub. Außergewöhnliches Ambiente mit raffiniertem Lichtkonzept und fernöstlicher Atmosphäre. Serviert werden authentische Gerichte aus China, Thailand, Vietnam und Japan in moderner Interpretation.

Coq au Vin www.coq-au-vin.de

Wallstraße 19 (D/E4), PLZ 60594 (OT: Sachsenhausen), **T 069 96200338**
35 | Hauptgericht 18–33 €, Menü 32–45 € | Di-So Mo

Französische Küche, typisches Pariser Bistro-Flair und ein reizender Service - dieses Lokal muss man mögen! Die aufgetischten Gerichte sind nicht überambitioniert, aber frisch und schmackhaft zubereitet. Nette Sommerterrasse.

Emma Metzler www.emmametzler.de

Schaumainkai 17 (im Museum Angewandte Kunst), PLZ 60594 (OT: Sachsenhausen),
T 069 83040094
60 | Hauptgericht 15–34 €, Menü 27–39 € | Di-So Mo »

Einladende Museumsgastronomie im markanten weißen Bau des amerikanischen Stararchitekten Richard Meyer. Hier dürfen Sie sich auf eine frische, alltagstaugliche Bistroküche aus saisonalen und regionalen Zutaten freuen. Großzügige Terrasse im Grünen mit Blick auf den Museumspark. Preiswerter Mittagstisch.

Fichtekränzi — www.fichtekraenzi.de

Wallstr. 5 (E4), PLZ 60594 (OT: Sachsenhausen), **T 069 612778**
100 | Hauptgericht 6–19 € | Mo-So

Insbesondere bei Einheimischen genießt diese 1849 gegründete Apfelweinwirtschaft Kultstatus. Blickfang im dunkel getäfelten Gastraum sind die original Pariser Art-déco-Lampen. Die Speisekarte bietet schmackhafte Klassiker wie „Handkäse mit Musik" oder „Frankfurter Würstchen mit Kartoffelsalat". Im Sommer kann man auch unter der großen schattenspendenden Platane im Garten sitzen.

Zum Eichkatzerl — www.eichkatzerl.de

Dreieichstraße 29 (E4), PLZ 60594 (OT: Sachsenhausen), **T 069 617480**
140 | Hauptgericht 9–20 €, Menü 15–30 € | Mo-So

Eines der ältesten Apfelweinlokale in Sachsenhausen - erste Erwähnung im Jahr 1880. Serviert wird gutbürgerliche Küche, z.B. „Frankfurter Schnitzel mit Grüner Soße und Bratkartoffeln", „Strammer Max" oder „Gegrilltes Halsrippchen mit Sauerkraut". Den Apfelwein gibt es auch zum Mitnehmen. Netter Sommergarten.

Zum Gemalten Haus — www.zumgemaltenhaus.de

Schweizer Straße 67 (D5), PLZ 60594 (OT: Sachsenhausen), **T 069 614559**
240 | Hauptgericht 3–17 € | Mi-So ⃠ Mo, Di

Das traditionsreiche Lokal im Apfelweinviertel Sachsenhausen ist sowohl für Alteingesessene als auch für nationale und internationale Frankfurt-Besucher ein „Muss": Im holzgetäfelten Gastraum aus den 1930er Jahren mit seinen hübschen Wandbildern kommen Äppelwoi und schmackhafte Hausmannskost auf den Tisch.

Zur Buchscheer — www.buchscheer.de

Schwarzsteinkautweg 17 (↘ D5), PLZ 60598 (OT: Sachsenhausen), **T 069 635121**
90 | Hauptgericht 9–26 €, Menü 15–34 € | Sa-So Mi-So ⃠ Mo, Di

Eine der ältesten Apfelweinwirtschaften Frankfurts - seit 1876 familiengeführt. Auf der Speisekarte stehen Frankfurter Spezialitäten und traditionelle Gerichte mit saisonalem Bezug. Zur warmen Jahreszeit empfiehlt sich der Sommergarten.

FRASDORF 68 B — www.frasdorf.de

Bayern | EW 2.995 | 598 m | Aschau 5 km, Prien am Chiemsee 12 km

Karner — www.landgasthof-karner.com

Nussbaumstraße 6, PLZ 83112, **T 08052 17970,** F 179754
35 Zimmer | 4 Suiten

Ein Mix aus stilvollem Ambiente und bayerischer Gemütlichkeit erwartet Sie in diesem traditionsreichen Landgasthof. Wohnlich und komfortabel hat man die Zimmer und Suiten gestaltet. Dazu ein netter Wellnessbereich mit verschiedenen Saunen und orientalischem Dampfbad. In der behaglichen „Westerndorfer Stube" und im lauschigen Gartenrestaurant werden regionale und saisonale Spezialitäten aufgetischt.

Gourmet Restaurant im Karner Neu!

VARTA-TIPP Küche

25 | Menü 100–145 € | Sa Do-Sa Mo, Di, Mi, So

Ein stimmiges Genusserlebnis mit Anspruch und Spaß in zwanglosem Rahmen. Viel altes Holz und wertiges, farbenfrohes Interieur sorgen für modernes Landhausflair. Dazu die zeitgemäße Kreativküche von Manuel Wimmer. Auf klassisch französischer Basis kocht der junge Chef de Cuisine unverkrampft und aromenreich mit weltoffenen Akzenten. Seine Leidenschaft für frische regionale Produkte von heimischen Anbietern kann man sehen und schmecken. Serviert wird ein wechselndes Menü in 5 bis 8 Gängen. Tischreservierung erforderlich.

Michael's Leitenberg

www.michaels-leitenberg.de

Weiherweg 3, PLZ 83112, **T 08052 2224**
60 | Menü 110–158 € | So Mo-Di, Fr-So Mi, Do

Hier ist man gerne zu Gast! Der junge Patron sorgt mit seinen modernen und raffinierten Gerichten für außergewöhnliche Geschmackserlebnisse. Das schicke Ambiente und der zuvorkommende Service schaffen einen angenehm ungezwungenen Rahmen. Schöne Weinauswahl mit Schwerpunkt Deutschland, Österreich und Italien.

STUBN in der Frasdorfer Hütte Neu!

www.stubn.co

Am Zellboden , PLZ 83112, **T 0**
Hauptgericht 5–30 € | Fr-So Do-So Mo, Di, Mi

Wer das Restaurant auf einem Hochplateau in den Chiemgauer Alpen besucht, sollte gut zu Fuß sein! Vom öffentlichen Parkplatz sind es ca. 45 Gehminuten bis zur urigen Berghütte auf 950 m über NN. In der Gaststube und auf der Terrasse serviert man frische Gerichte aus dem Alpenland, modern interpretiert. Mittags wird eine klassische Brotzeit-Cuisine angeboten. Übernachten kann man hier auch: Im OG stehen gemütliche Landhauszimmer zur Verfügung.

FRAUENAU 55 D

www.frauenau.de

Bayern | EW 2.683 | 616 m | Zwiesel 8 km, Grafenau 21 km

Eibl-Brunner www.eibl-brunner.de

★★★★ garni

Hauptstraße 18, PLZ 94258, **T 09926 9510,** F 951160
59 Zimmer | 3 Suiten | 1 Apartment | Ez 109–127 €, Dz 112–130 €, inkl. Halbpension

Ein gewachsenes Wellnesshotel mit hell und behaglich ausgestatteten Zimmern in verschiedenen Größen. Dazu ein gepflegter Wellnessbereich auf 2.500 qm mit Saunalandschaft und großzügiger Wasserwelt. In den gemütlichen Restaurantstuben wird eine verfeinerte Regionalküche serviert.

St. Florian www.st-florian.de

★★★★ S garni

Althüttenstraße 22, PLZ 94258, **T 09926 9520,** F 8266
39 Zimmer | Ez 92–122 €, Dz 248–288 €, inkl. Frühstück | 24 h

Behaglich eingerichtetes Ferienhotel mit familiärer Atmosphäre. Komfortabel ausgestattete Zimmer, Apartments und Suiten. Gutes Wellnessangebot mit Schwimmbad, Saunen und Beauty-Anwendungen. Restaurant mit regionaler Küche.

FREIAMT 56 D www.freiamt.de

Baden-Württemberg | EW 4.219 | 305 m | Emmendingen 10 km, Freiburg 21 km

Ludinmühle

www.ludinmuehle.de

VARTA★TIPP Service

★★★★ S garni

Brettental 31, PLZ 79348 (OT: Brettental), **T 07645 91190,** F 911999
62 Zimmer | 5 Suiten | Ez 132–194 €, Dz 282–356 €, inkl. Frühstück

Natur pur - so weit das Auge reicht! Das persönlich und engagiert geführte Ferienhotel bietet seinen Gästen ein umfangreiches Freizeit- und Wellnessangebot. Der SPA-Bereich erstreckt sich über 2.000 qm. Die Zimmer sind gemütlich, bequem und komfortabel eingerichtet. Nicht zu vergessen das vorbildliche Service- und Dienstleistungsniveau sowie das ausgezeichnete Frühstück.

Ludinmühle

140 | Hauptgericht 19–34 €, Menü 56–84 € | Mo-So

Im stilvollen Restaurant mit seinen verschiedenen gemütlichen Gasträumen herrscht authentische Schwarzwälder Gastlichkeit. Bodenständig und zugleich weltoffen präsentiert sich die Küche. Auf der Karte locken Gerichte wie „Gebratenes Zanderfilet mit Speckschaum, Bohnen und Birnenrisotto".

Zur Krone

www.krone-freiamt.de

Mussbach 6, PLZ 79348 (OT: Mussbach), **T 07645 227**
40 | Hauptgericht 15–35 €, Menü 24–42 € | Sa-So Mo-Di, Fr-So Mi, Do

Ein sympathisches Gasthaus mit ländlicher Atmosphäre. Aus der Küche kommt ein breit gefächertes Angebot an regionalen und internationalen Gerichten. Es stehen auch acht Gästezimmer zum Übernachten zur Verfügung.

FREIBERG/SACHSEN 46 A

www.freiberg-service.de

Sachsen | EW 41.701 | 410 m | Chemnitz 35 km, Dresden 49 km

Genussbar by Ronny Löser

www.genussbar-freiberg.de

Mönchsstr. 1, PLZ 09599, **T 03731 2188290**
60 | Hauptgericht 17–30 €, Menü 35–60 € | Di-Sa Mo, So

Im stimmungsvollen Gewölberestaurant des Freiberger Kunsthandwerkerhofs wird europäisch-saisonal gekocht. Auf der Karte locken Gerichte wie „Irisches Roastbeef mit tomatisiertem Wokgemüse und Ofenkartoffel" oder „Zanderfilet mit sautierten Gemüsestreifen, Kokosschaum und Orangenpolenta". Dazu empfiehlt Gastgeber Ronny Löser fachkundig die passenden Weine.

Vinothek und Weinbar Herder Zehn
herder10.com

Untergasse 4, PLZ 09599, **T 03731 23013**
25 | Sa Mi-Sa Mo, Di, So

Ein Eldorado für Weinliebhaber: Die umfangreiche Weinkarte umfasst mehr als 1.500 Positionen. Dazu gibt es leckere Foodklassiker, so z.B. „Steinbutt | Blumenkohl | Haselnuss" oder „Libanesisches Handbrot | Minzedip | Karotte". Regelmäßig finden interessante Weinverkostungen statt.

FREIBURG IM BREISGAU 56 D
www.freiburg.de

Baden-Württemberg | EW 244.994 | 278 m | Titisee 30 km, Basel (Schweiz) 65 km
Got. Münster und hist. Kaufhaus am Münsterplatz, Museum für Stadtgeschichte, Martinstor, Schwabentor, Augustinermuseum, Altes und Neues Rathaus, Haus zum Walfisch, Colombischlössle mit Museum für Ur- und Frühgeschichte, Schlossberg, Fasnetmuseum, Alte Wache.

Colombi Hotel
www.colombi.de

VARTA★TIPP Service

★★★★★S gami

Rotteckring 16 (B2), PLZ 79098, **T 0761 21060,** F 2106620
112 Zimmer | Ez 189–265 €, Dz 275–299 €, ab 24,00 € | 24 h

Die „Grande Dame" der Südschwarzwälder Spitzenhotellerie. Ein geschichtsträchtiges Haus, das für exklusiven Wohnkomfort und großzügige Gastlichkeit steht. Man wahrt die Tradition und verbindet sie geschickt mit Moderne, dazu ein eindrucksvolles Serviceniveau. Sie logieren in individuellen Zimmern, die partiell mit edlen Antiquitäten ausgestattet sind. Für Entspannung sorgt ein Wellnessbereich mit Pool, Sauna und Dampfbad.

Zirbelstube

VARTA-TIPP Küche VARTA★TIPP Service

117 | Hauptgericht 45–59 €, Menü 98–139 € | Di-Sa Mo, So

Fast schon legendär ist diese seit über drei Jahrzehnten unter Gourmets hoch geschätzte Fine-Dining-Adresse. Hier erwarten Sie kulinarische Höchstleistungen, gehobene Tafelkultur und ein bestens geschulter Service. Die hohe Kunst der feinen, klassisch französischen Küche zeigt sich in den überaus gelungenen Gerichten von Harald Derfuß, die in Form zweier Menüs ("Menu de la Saison" und „Menu du Chef") angeboten werden. Dazu passen gute französische und badische Weine.

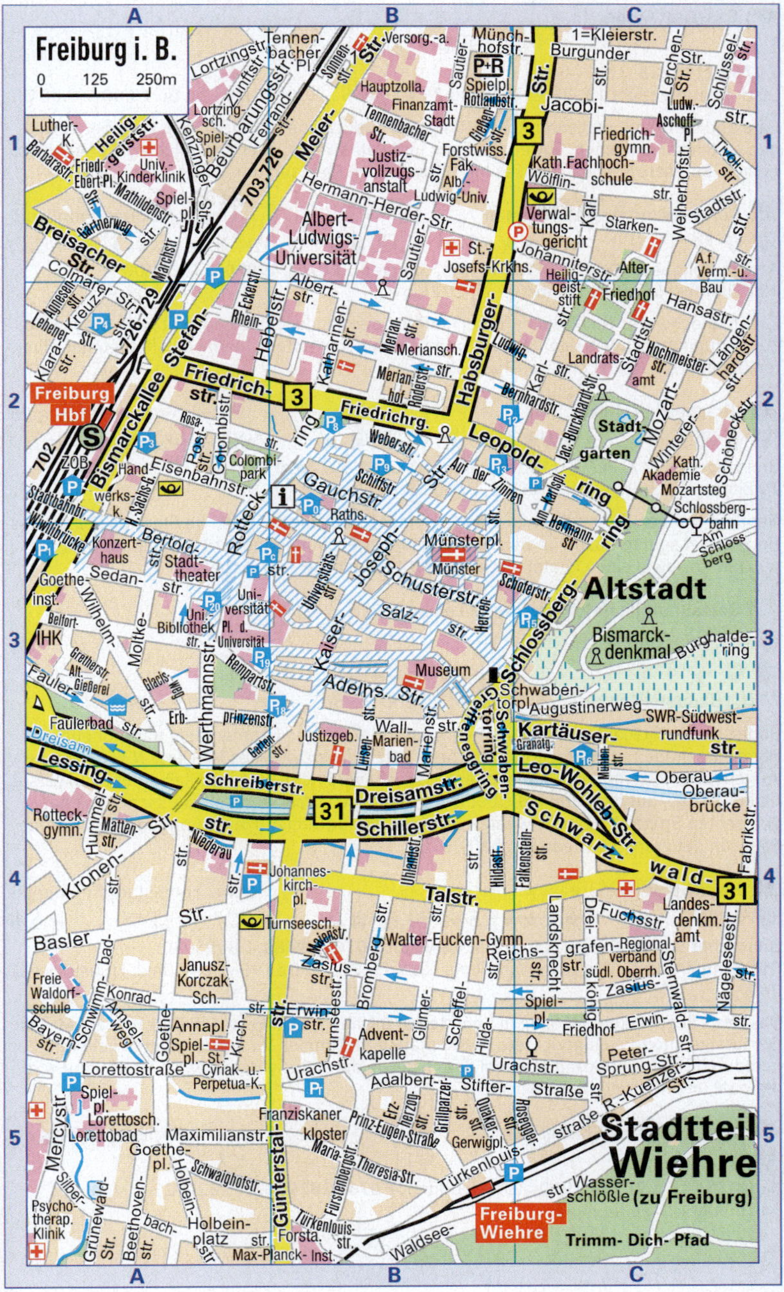
Freiburg i. B.
0 125 250m
A
B
C
1
2
3
4
5
Freiburg Hbf
ZOB
Albert-Ludwigs-Universität
Altstadt
Stadtteil Wiehre
Freiburg-Wiehre
Münster
Münsterpl.
Stadtgarten
Colombipark
Stadttheater
Konzerthaus
Bismarckdenkmal
Schlossbergbahn
Schwabentor
Museum
Justizgeb.
Justizvollzugsanstalt
Hauptzolla.
Finanzamt-Stadt
Kath. Fachhochschule
Verwaltungsgericht
Friedrichgymn.
St.-Josefs-Krkhs.
Univ.-Kinderklinik
Alter Friedhof
Landratsamt
SWR-Südwestrundfunk
Oberaubrücke
Walter-Eucken-Gymn.
Rotteck-gymn.
Freie Waldorfschule
Annapl.
St. Cyriak-u.-Perpetua-K.
Lorettobad
Franziskanerkloster
Adventkapelle
Gerwigpl.
Psychotherap. Klinik
Regionalverband südl. Oberrh.
Landesdenkm.amt
Trimm-Dich-Pfad
Wasserschlößle (zu Freiburg)
Bismarckallee
Stefan-Meier-Str.
Friedrichstr.
Friedrichring
Leopoldring
Schlossbergring
Habsburgerstr.
Rotteckring
Werthmannstr.
Kaiser-Joseph-Str.
Schusterstr.
Salzstr.
Bertoldstr.
Dreisamstr.
Schillerstr.
Schreiberstr.
Lessingstr.
Leo-Wohleb-Str.
Schwarzwaldstr.
Kartäuserstr.
Talstr.
Günterstalstr.
Basler Str.
Urachstr.
Erwinstr.
Türkenlouisstr.
Breisacher Str.
Hermann-Herder-Str.
Johanniterstr.
Dreisam
31
3

Café Graf Anton

T 0761 2106213
50 | Hauptgericht 13–28 €, Menü ab 25 € | Mo–Sa 9:00–18:00 Uhr, So 10:00–18:00 Uhr

Café und Bistro mit eleganter Ausstattung und südlich anmutendem Flair. Angeboten werden erstklassige Kuchen, Torten, Pralinen und Petits Fours, aber auch kleine pikante und regionale Speisen. Schöne Terrasse mit Blick auf den Park und das Colombischlössle.

Dorint Resort An den Thermen

hotel-freiburg.dorint.com

★★★★ S garni

An den Heilquellen 8, PLZ 79111 (OT: St. Georgen), **T 0761 49080,** F 4908100
121 Zimmer | 5 Suiten, Dz ab 109 € | 24 h

Ein ansprechendes Nichtraucherhotel inmitten des Landschaftsschutzgebietes Mooswald. Zur Verfügung stehen elegante, komfortable Zimmer in unterschiedlichen Kategorien. Direkter Zugang zum Keidel Mineral-Thermalbad.

Hirschen in Lehen

www.hirschen-freiburg.de

★★★★ S garni

Breisgauer Str. 47, PLZ 79110 (OT: Lehen), **T 0761 8977690,** F 87994
70 Zimmer | 3 Suiten | Ez ab 118 €, Dz ab 188 € | 24 h

Gepflegt wohnen lässt es sich in diesem persönlich geführten Hotel im Stadtteil Lehen. Das Haus bietet seinen Gästen individuell eingerichtete Zimmer, modern ausgestattete Konferenzräume sowie einen charmanten Wellnessbereich mit Außenpool.

Restaurant im Hotel Hirschen in Lehen

VARTA-TIPP Küche

70 | Hauptgericht 29–45 €, Menü 94 € | Mo-So

Badische Gastlichkeit wie man sie sich wünscht! Gelungen hat man dem traditionellen Haus eine modern-elegante Note gegeben. Tiefe Decken, dunkles Holz und Nischentische sorgen für eine gemütliche Atmosphäre. Gekocht wird richtig gut mit regionalem und saisonalem Bezug - auf der Karte z.B. „Badisches Rahmschnitzel vom Kalbsnüsschen mit hausgemachten Spätzle“ oder Sie wählen das Feinschmeckermenü mit 5 Gängen. Tipp: schöne Plätze in der grünen Gartenwirtschaft.

Hotel Stadt Freiburg

www.hotel-stadt-freiburg.de

★★★★ S garni

Breisacher Str. 84, PLZ 79110 (OT: Mooswald), **T 0761 89680,** F 8095030
204 Zimmer | 10 Suiten | 36 Apartments | Ez 165–225 €, Dz 195–255 €, inkl. Frühstück | 24 h

Das Haus liegt verkehrsgünstig in unmittelbarer Nähe zur Universitätsklinik und zur Messe. Geräumige, modern eingerichtete und klimatisierte Zimmer. Zu den Highlights gehören die lichtdurchflutete Lobby mit offenem Kamin sowie die schicke Hotelbar. Im Restaurant wird regional und international gekocht.

Designhotel am Stadtgarten

www.hotel-freiburg.de

★★★★★ S garni

Karlstraße 12 (C2), PLZ 79104 (OT: Neuburg), **T 0761 2829002,** F 2829022
34 Zimmer | 24 h

Modernes Designhotel in zentraler Lage mit elegantem Ambiente. Großzügige und zeitgemäß ausgestattete Zimmer mit hochwertigen Betten und gläsernen Duschen. In der gemütlichen Café-Bar-Lounge werden neben dem Frühstück auch kleine Speisen und Kuchen serviert.

FourSide Hotel Freiburg Neu! www.fourside-hotels.com

garni

Elisabeth-Geissler-Ruckmich-Straße 10, PLZ 79106 (OT: Herdern), **T 0761 45626000**
128 Zimmer | 24 h

Ein funktionell eingerichtetes Low-Budget-Hotel im neuen Stadtviertel „Quartier Güterbahnhof Nord". Das Haus ist für Businessgäste und Individualreisende gleichermaßen geeignet. Die Zimmer sind solide und zeitgemäß mit erstklassigem Designmobiliar, bequemen Betten und einem modernen Duschbad ausgestattet. Sportbegeisterte Gäste können im Partnerstudio „Fitnessloft" (gegenüber dem Hotel) trainieren.

Green City Hotel Vauban www.green-city-hotel-vauban.de

★★★ S garni

Paula-Modersohn-Platz 3 (↙ A5), PLZ 79100, **T 0761 8885740,** F 88857444
49 Zimmer | 24 h

In diesem Hotel arbeiten Menschen mit und ohne Handicap gleichberechtigt und engagiert Hand in Hand. Die Gästezimmer sind allesamt mit regionalen, umweltfreundlichen Materialien ausgestattet. Die großzügige Lobby ist der zentrale Mittelpunkt des Hauses. Auch ein moderner Konferenzraum ist vorhanden.

Hampton by Hilton www.hiltonhotels.de

Zita-Kaiser-Straße 32 (↗ B1), PLZ 79106 (OT: Herdern), **T 0761 2168977,** F 2168971
175 Zimmer | 24 h

Modernes Businesshotel auf dem Gelände des ehemaligen Güterbahnhofs Nord. Die Zimmer sind schön hell und geradlinig-modern. Zum Haus gehören eine Bar mit 24-Stunden-Snack-Angeboten sowie ein Fitnesscenter.

Park Hotel Post www.park-hotel-post.de

★★★★ garni

Eisenbahnstraße 35 (A2), PLZ 79098, **T 0761 385480,** F 31680
45 Zimmer | 1 Apartment | Ez 114–179 €, Dz 155–229 €, inkl. Frühstück | 24 h

Inspiriert von der Literatur empfängt Sie dieses Themenhotel in zentraler Lage am Colombipark. Die individuell gestalteten Zimmer sind nach bekannten Künstlern, Schriftstellern oder Literaturkritikern benannt. Auch Bücher und E-Books können im Hotel gekauft oder ausgeliehen werden.

The Alex www.the-alex-hotel.de

garni

Rheinstraße 29 (A2), PLZ 79104, **T 0761 296970,** F 2969779
39 Zimmer | Ez 90–167 €, Dz 99–179 €, 12,00 € | 24 h ⃠ 23.12.22–15.1.23

Schön wohnlich hat man es in dem kleinen, privat geführten Hotel in der Freiburger Innenstadt mit seinen zeitgemäßen Zimmern und dem freundlichen, modernen Frühstücksraum. Zum Haus gehören auch eine Weinbar mit Außenterrasse und eine gemütliche Kaminlounge.

Victoria
www.hotel-victoria.de

garni

Eisenbahnstraße 54 (A2), PLZ 79098, **T 0761 207340,** F 20734444
64 Zimmer | 3 Suiten | Ez 90–165 €, Dz 117–210 € | 24 h

Das familiengeführte Traditionshotel präsentiert sich heute als zeitgemäßes und umweltfreundliches Haus, das mit regenerativen Energien betrieben wird. Es bietet seinen Gästen geschmackvolle Zimmer von klassisch bis modern, teils stuckverziert und mit Ausblick zum Colombipark. Besonders originell und komfortabel wohnen Sie in der Havanna Suite, die im kubanischen Stil eingerichtet ist. Unbedingt besuchen sollten Sie die Hemingway Bar im hist. Gewölbekeller! Morgens erwartet Sie ein liebevoll angerichtetes Frühstücksbuffet.

Zum Roten Bären
www.roter-baeren.de

Oberlinden 12 (B3), PLZ 79098, **T 0761 387870,** F 3878717
25 Zimmer | 3 Suiten | 24 h

Traditionsreiches Hotel mit 700-jähriger Geschichte im Quartier Oberlinden in der oberen Altstadt. Unterschiedlich ausgestattete Gästezimmer, die teilweise am ruhigen Innengarten gelegen sind. Gute Tagungsmöglichkeiten. Im Restaurant wird kreative badische Küche serviert.

Zum Schiff
www.hotel-zumschiff.de

Basler Landstraße 35-37, PLZ 79111 (OT: St. Georgen), **T 0761 400750,** F 40075555
80 Zimmer | 2 Suiten | Ez 98–130 €, Dz 120–150 € | 24 h

Gepflegtes Hotel mit langer Familientradition. Freundlich eingerichtete Zimmer, teils mit herrlicher Aussicht auf die nahegelegenen Weinberge. Gediegenes Restaurant, in dem internationale und badische Küche serviert wird.

Oberkirchs Weinstuben
www.hotel-oberkirch.de

Münsterplatz 22 (B3, Hotelzugang über Schusterstrasse 11), PLZ 79098, **T 0761 2026868,** F 2026869
26 Zimmer | 3 Suiten | 1 Apartment | Ez 90–199 €, Dz 159–259 €, inkl. Frühstück

Hist. Haus in zentraler Altstadtlage. Individuell mit viel Holz eingerichtete Gästezimmer, teils mit einzigartigem Ausblick auf die Fassade des Freiburger Münsters. Regionale Spezialitäten werden in den behaglichen Stuben oder auf der Münsterplatzterrasse serviert.

Wolfshöhle **Neu!**
www.wolfshoehle-freiburg.de

VARTA-TIPP Küche

Konviktstraße 8 (B3), PLZ 79098, **T 0761 30303**
80 | Hauptgericht 39–49 €, Menü 120–135 € | Fr-Sa Di-Sa Mo, So

Warme Farben, viel Holz und eine geradlinig-moderne Einrichtung prägen das Ambiente des netten Traditionslokals, das sich an einer der schönsten Straßen der Freiburger Altstadt befindet. Patron und Küchenchef Martin Fauster ist gebürtiger Österreicher, entsprechende Einflüsse sind auf der Speisekarte zu erkennen. Seine Küche ist von ehrlichen und guten Produkten geprägt, die er mit Respekt zubereitet. Seine kreativen, aromenreichen Gerichte können Sie à la carte oder in Menüform genießen. Der Service ist aufmerksam und freundlich, gelungen sind die Weinempfehlungen.

Eichhalde
www.eichhalde-freiburg.de

Stadtstraße 91 (↗ C1), PLZ 79104 (OT: Herdern), **T 0761 58992920**
45 | Hauptgericht 30–43 €, Menü 110–120 € | Mo-Di, Fr-Fr, So Mo-Di, Fr-So ⃠ Mi, Do

Dem traditionsreichen Lokal hat man neues Leben eingehaucht! Ansprechend ist hier nicht nur die modern-puristische Einrichtung, sondern auch die produktbezogene italienische Hochküche. Auf der Karte locken Klassiker wie „Risotto alla Milanese" oder „Rinderfilet al Barolo mit Feigen und Tropea-Zwiebeln". Tolle Weine aus den verschiedenen Anbaugebieten Italiens.

Gasthaus zur Linde Neu!
www.zur-linde-freiburg.de

Basler Landstraße 79, PLZ 79111 (OT: St. Georgen), **T 0761 45345235**
60 | Hauptgericht 26–36 €, Menü 42–89 € | So Mi-So ⃠ Mo, Di

Gemütlich-moderne Gaststuben mit schönem Kachelofen - das ist Wohlfühlambiente für jedermann! Gekocht wird feinbürgerlich und raffiniert, manchmal auch mit asiatischen, französischen und Schweizer Einflüssen. Appetit macht z.B. „Crépinette vom Rehrücken mit Pfifferlingen, Balsamicokirschen, Mini-Servietten-Knödel, Speck und Liebstöckel".

Kühler Krug
www.kuehlerkrug.de

Torplatz 1, PLZ 79100 (OT: Günterstal), **T 0761 29103**
80 | Hauptgericht 15–32 € | Mo-Di, Fr-So ⃠ Mi, Do

Hier steht frische saisonale Küche im Mittelpunkt. In gemütlichem Ambiente isst man z.B. Zucchinischnitzel, Wildwürste oder Lammrücken. Hübsch die Terrasse. Die Gästezimmer sind geschmackvoll, wohnlich und mit persönlicher Note gestaltet.

Kuro.Mori
www.kuro-mori.de

VARTA-TIPP Küche

Grünwälder Straße 2 (B3), PLZ 79098, **T 0761 38848226**
60 | Hauptgericht 12–19 €, Menü 68–88 € | Di-Sa ⃠ Mo, So

„Schwarzwald trifft Asien" in diesem gastronomischen Hotspot in der Freiburger Altstadt. Die Location ist eine Mischung aus Restaurant, Lounge und Bar. Bei Küchenchef Hannes Eberhard werden raffinierte, aber einfache asiatische Speisen durch regionale Zutaten neu interpretiert. Lust auf „Spanferkel | Miso | Artischocken | Johannisbeeren"? Das Ambiente: ein denkmalgeschützter Altbau mit hohen Decken und großer Lichtkuppel, dazu schlichtes Design und eine offene Küche. Tipp: Business Lunch am Mittag.

Löwengrube Neu!
loewengrube-freiburg.de

Konviktstr. 12 (B3), PLZ 79098, **T 0761 76991188**
Hauptgericht 24–38 € | Mo-So

In diesem charmanten hist. Gebäude im Herzen der Altstadt trifft rustikales Ambiente auf moderne Küche. Serviert werden international und asiatisch inspirierte Gerichte aus überwiegend regionalen Produkten, darunter solch überraschende Kombinationen wie „Geschmortes Rind-Short-Rib | Gelbe Bete | Brunnenkresse" oder „Artischocke | Falafel | Schwarzer Sesam".

Drexlers
www.drexlers-restaurant.de

Rosastraße 9 (A2), PLZ 79098, **T 0761 5957203**
50 | Menü 75–102 € | Mo-Mi Mo-Sa So

Modern eingerichtetes Lokal mit ungezwungener Atmosphäre. Gekocht wird zeitgemäß und saisonal. Auf der wöchentlich wechselnden Mittagskarte kann der Gast zwischen mehreren preiswerten Gerichten wählen. Erlesene Weinauswahl mit rund 350 Positionen.

Kreuzblume
www.kreuzblume-freiburg.de

Konviktstraße 31 (C3), PLZ 79098, **T 0761 31194**
40 | Hauptgericht 30–34 €, Menü 45–49 € | Mi-So Mo, Di

In diesem sympathischen Restaurant in der Altstadt wird richtig gut gekocht - frisch, zeitgemäß und international. Lust auf „Gebratenes Wolfsbarschfilet mit Orangen-Fenchel-Salat und Chorizo-Risotto"? Der Service ist freundlich und unkompliziert. Für Übernachtungsgäste stehen gepflegte Gästezimmer zur Verfügung.

Das Blümchen
www.bluemchen.restaurant

€ Gut & Günstig
Unterdorf 2, PLZ 79112 (OT: Opfingen), **T 07664 6123889**
140 | Hauptgericht 5–8 €, Menü 29–42 € | Sa-So Di-So Mo

Klassische Gasthausküche war gestern! Stattdessen verfolgt man hier ein einzigartiges Schwarzwald-Tapas-Prinzip: Jeder Gast kann aus einer Vielzahl kleiner Gerichte sein individuelles, buntes Menü aus der Speisekarte zusammenstellen. Gekocht wird regional, frisch und modern. Dazu eine gemütliche Atmosphäre und ein herzlicher Service. Zum Übernachten hat man geschmackvoll renovierte Nichtraucherzimmer.

FREIENSTEINAU 42 C
www.freiensteinau.de

Hessen | EW 3.303 | 447 m | Bad Soden-Salmünster 23 km, Fulda 31 km

Landgasthof Zur Post
www.gasthofzurpost-nieder-moos.de

Zum See 10, PLZ 36399 (OT: Nieder-Moos), **T 06644 295**
Hauptgericht 14–32 € | Fr-So Mi-So Mo, Di

Der gemütliche Landgasthof wird bereits in der 6. Generation betrieben. Die Herzlichkeit der Gastgeber kommt ebenso an wie die schmackhafte Küche, bei der überwiegend nachhaltige, regionale Produkte Verwendung finden. Im Sommer lockt der lauschige Biergarten. Zum Übernachten stehen 5 einfache, aber gepflegte Gästezimmer sowie eine Ferienwohnung zur Verfügung.

FREIENWALDE, BAD 27 A
www.bad-freienwalde.de

Brandenburg | EW 12.403 | 10 m | Eberswalde 28 km, Frankfurt (Oder) 65 km

Zur Fährbuhne
www.hotel-faehrbuhne.de

€ Gut & Günstig
Fährweg 17, PLZ 16259 (OT: Hohenwutzen), **T 033368 5050,** F 50511
18 Zimmer | Ez 65 €, Dz 105 €, inkl. Frühstück

Das Haus besticht mit seiner einmaligen Lage direkt an der Oder in idyllischer Natur. Komfortabel und freundlich eingerichtete Zimmer mit Blick auf den Fluss. Im Restaurant und im Biergarten mit Blick über die Oder werden heimische Fisch- und Wildgerichte serviert.

FREILASSING 69 A www.freilassing.de

Bayern | EW 16.074 | 422 m | Salzburg (Österreich) 7 km, Bad Reichenhall 19 km

Moosleitner www.moosleitner.com

Wasserburger Straße 52, PLZ 83395 (OT: Brodhausen), **T 08654 63060**
60 Zimmer | 2 Apartments | Ez 79–109 €, Dz 130–160 €, inkl. Frühstück | 24 h

Hist. Gasthof mit Gästehaus in zeitgemäßer Landhausausstattung. Die Zimmer sind wohnlich und funktionell. Hübscher Wellnessbereich mit finnischer Sauna und Sanarium. Behagliches Restaurant mit bayerischer Gastlichkeit und einer marktorientierten Küche.

FREINSHEIM 50 B www.freinsheim.de

Rheinland-Pfalz | EW 4.994 | 100 m | Bad Dürkheim 7 km, Ludwigshafen am Rhein 22 km

Altstadthof www.altstadthof-freinsheim.de

garni

Hauptstr. 27, PLZ 67251, **T 06353 932250,** F 9322550
15 Zimmer | 1 Apartment | Ez ab 70 €, Dz ab 95 €, 12,00 €

Ein restauriertes Weingut in der Ortsmitte. Geradlinig eingerichtete Hotelzimmer mit individuell gefertigten Möbeln und modernen Bädern. Hübscher Innenhof, in dem auch gefrühstückt werden kann. Nette Weinbar.

Hotel Amtshaus www.amtshaus-freinsheim.de

Hauptstraße 29, PLZ 67251, **T 06353 5019355**
20 Zimmer | 6 Suiten | Ez 60–90 €, Dz 70–99 €, 12,00 €

Das kleine, feine Boutique-Hotel im Herzen der hist. Altstadt ist das perfekte Quartier für einen Kurzurlaub in der Pfalz! Alles ist tipptopp gepflegt und die Mitarbeiter:innen sind freundlich. Die charmanten Zimmer befinden sich in barockzeitlichen Gebäuden. Der hoteleigene, parkähnliche Garten entlang der Stadtmauer ist ein echtes Kleinod.

Restaurant Atable

40 | Menü 56–90 € | Mi-Sa Di-Sa Mo, So

Richtig gut isst man in diesem modern gehaltenen Restaurant. Für ein angenehmes Rundum-Wohlgefühl sorgt aber nicht nur die frische, französisch inspirierte Küche, sondern auch das beachtenswerte Weinangebot und der liebenswerte Service. In der warmen Jahreszeit kann man auch im Innenhof des historischen Anwesens speisen.

Landhotel Altes Wasserwerk www.landhotel-altes-wasserwerk.de

★★★★ garni

Burgstraße 9, PLZ 67251, **T 06353 932520,** F 9325252
35 Zimmer | 2 Apartments | Ez 82–94 €, Dz 114–155 €, inkl. Frühstück

Das stilvoll renovierte Fachwerkhaus mit zwei neuen Gebäudekomplexen und einem mittelalterlichen Turm aus dem 15. Jahrhundert liegt direkt neben der historischen Stadtmauer. Hier stehen moderne, ansprechend eingerichtete Zimmer und Tagungsräume zur Verfügung. Zum Haus gehört auch das Traditionsweingut Kassner-Simon.

Von-Busch-Hof
www.von-busch-hof.de

Von-Busch-Hof 5, PLZ 67251, **T 06353 7705**
24 | Hauptgericht 23–32 € | So Mi-So Mo, Di

Liebevoll mit Antiquitäten eingerichtetes Restaurant auf einem ehem. Klostergrund. Serviert werden regionale und mediterrane Speisen. Hist. Weinkeller. Schöne Innenhofterrasse.

WEINreich
www.weinstube-weinreich.de

Hauptstraße 25, PLZ 67251, **T 06353 9598640**
80 | Hauptgericht 18–30 €, Menü 30–52 € | Do, Sa-Sa Di-Sa Mo, So

Ein charmantes Restaurant mit geradlinigem Interieur. Hier bietet man eine schmackhafte Regionalküche zu fairen Preisen. Dazu gibt es exzellente Weine renommierter Winzer aus der Pfalz. Mediterran anmutender Innenhof umgeben von Weinreben und Zypressen. Fünf individuell geschnittene Gästezimmer.

FREISING 60 D
www.freising.de

Bayern | EW 45.900 | 448 m | München 34 km, Landshut 35 km

Hilton Munich Airport
www.hiltonhotels.de

garni

Terminalstraße Mitte 20, PLZ 85356 (OT: Flughafen), **T 089 97820,** F 97822610
551 Zimmer | Ez 179–559 €, Dz 179–559 €, 22,00–34,00 € | 24 h

Das markante Gebäude mit seiner auffälligen Glasfassade und der großen Indoorlobby gehört zweifellos zu den beeindruckendsten Flughafenhotels. Das Haus verfügt über erstklassig ausgestattete Gästezimmer mit zeitgemäßer Technik. Für Kurzaufenthalte lassen sich auch Tageszimmer buchen. Hausgäste erreichen das Terminalgebäude über einen direkten Zugang.

Mountain Hub Gourmet
www.mountainhub.de/gourmet

VARTA-TIPP Küche

30 | Menü 195 € | Mi-Fr Di-Fr Mo, Sa, So

Würden Sie in einem riesigen Hotel, in dem vornehmlich Businessgäste und Flugpassagiere logieren, ein schickes, zeitloses Restaurant erwarten, das auch noch anspruchsvolle Gourmetküche kredenzt? Nach problemlosem Parken oder Einchecken heißt es hier einfach nur genießen! Das Fine-Dining-Restaurant zeigt sich im alpinen Architekturdesign und erinnert ein wenig an ein luxuriöses Bergchalet. Chefkoch Stefan Barnhusen ist bekannt für seine emotional starke Aromenküche, die er mit viel Liebe zum Detail auf die Teller bringt. Als Alternative bietet das lässig-urbane „Mountain Hub Social Dining" eine frische, moderne Alpenküche.

Marriott
www.muenchen-airport-marriott.de

garni

Alois-Steinecker-Straße 20, PLZ 85354, **T 08161 9660,** F 9666281
252 Zimmer | 2 Suiten | 24 h

Modernes Hotel in Flughafennähe mit sehr guten Tagungsmöglichkeiten. Einladende Zimmer mit hochwertiger Ausstattung. Entspannung bietet die LAVIDA Fitness & Vital Lounge mit Pool und mehreren Saunen. Im Restaurant „Stub'n" wird zeitgemäße bayerische Küche serviert.

FREITAL 36 C www.freital.de

Sachsen | EW 39.276 | 171 m | Dresden 14 km, Freiberg 22 km

Brasserie Ehrlich Neu! brasserie-ehrlich.de

Wiesenweg 1, PLZ 01705 (OT: Wurgwitz), **T 0351 30934232**
32 | Hauptgericht 30–35 €, Menü 45–79 € | So Do-Sa Mo, Di, Mi

Ungezwungen, gemütlich und familiär geht es zu in diesem kleinen, inhabergeführten Restaurant vor den Toren von Dresden. In punkto Interieur und Angebot hat man sich von den traditionellen französischen Brasserien inspirieren lassen. Serviert wird eine frische saisonale Slow-Food-Küche zu fairen Preisen. Die Produkte stammen von heimischen Erzeugern. Lust auf „Rosa gebratenes Lammkarree, Oliven-Jus, Zucchinigemüse und Parmesangnocchi"? Schöne Weinauswahl, auch mit sächsischen Tropfen. Zum Übernachten hat man zwei gepflegte Landhauszimmer.

FREUDENSTADT 57 C www.freudenstadt.de

Baden-Württemberg | EW 22.282 | 732 m | Baden-Baden 60 km, Stuttgart 86 km

Fritz Lauterbad www.fritz-lauterbad.de

★★★★ garni

Am Zollernblick 1, PLZ 72250 (OT: Lauterbad), **T 07441 950990,** F 9509910
68 Zimmer | 6 Suiten | Ez 77 €, Dz 140–180 €, 9,00–12,00 €

Nach Erweiterung und Renovierung zeigt sich dieses familiär geführte Haus als modernes Designhotel mit regionalem Schwarzwaldflair. Die geräumigen Gästezimmer, die sich auf das Stammhaus und den Neubau verteilen, sind in unterschiedlichen Kategorien buchbar. Für Wellnessvergnügen sorgt ein 1.000 qm großer SPA-Bereich mit Infinitypool.

Grüner Wald www.gruener-wald.de

★★★★ S garni

Kinzigtalstraße 23, PLZ 72250 (OT: Lauterbad), **T 07441 860540,** F 8605425
42 Zimmer | 2 Suiten | Ez 105–115 €, Dz 200–236 €, inkl. Frühstück | 9.–27.1.23

Familiengeführtes Wellnesshotel am südlichen Stadtrand von Freudenstadt mit eleganten Zimmern im modernen Landhausstil. Schöner SPA- und Beautybereich mit Schwimmbad, Sauna und Dampfbad.

Grüner Wald

160 | Hauptgericht 25–38 €, Menü 38–63 € | Sa-So Mo-So 9.–27.1.23

Gepflegtes Hotelrestaurant mit Terrasse und Wintergarten. Man speist in elegant-behaglichem Wohnzimmerambiente mit einem imposanten Kachelofen. Auf der Karte stehen feine Schwarzwaldspezialitäten ebenso wie internationale Kreationen.

Lauterbad www.lauterbad-wellnesshotel.de

★★★★ S garni

Amselweg 5, PLZ 72250 (OT: Lauterbad), **T 07441 860170,** F 8601710
43 Zimmer | 4 Suiten | Ez ab 105 €, Dz ab 210 €, inkl. Frühstück

Auffällig designtes Wellnesshotel mit viel Stein, Glas und Holz in ruhiger Lage im Herzen des Schwarzwalds. Geschmackvoll eingerichtete Zimmer mit moderner Ausstattung. Der ansprechende Wellnessbereich „Lauterbad Therme" bietet auf 1.800 qm einen Innenpool, einen Infinity-Außenpool, verschiedene Saunen, einen Fitnesspark sowie eine Liegewiese.

Stüble im Lauterbad

80 | Hauptgericht 16–28 €, Menü 33–46 € | Mo-So

Freundliches, mit viel Holz ausgestattetes Restaurant mit urigem Wirtshausflair und aufmerksamem Service. Serviert wird feine deutsche und internationale Küche. Gut sortierte Weinkarte.

Waldblick www.waldblick-kniebis.de

★★★★ garni

Eichelbachstraße 47, PLZ 72250 (OT: Kniebis), **T 07442 8340,** F 83415
31 Zimmer | 11 Suiten | Ez 120–181 €, Dz 240–324 €, inkl. Vollpension

Kleines Wellnesshotel in idyllischer ruhiger Lage auf dem Kniebis. Individuell mit Liebe zum Detail eingerichtete Gästezimmer. 1.500 qm großer Wellnessbereich mit Indoorpool und vier Saunen. Das Restaurant serviert kreative Regionalküche.

Adler www.adler-fds.de

★★★ S garni

Forststraße 15-17, PLZ 72250, **T 07441 91520,** F 915252
21 Zimmer | 2 Suiten | Ez ab 89 €, Dz ab 124 €, inkl. Frühstück

Angenehm persönlich wird das traditionsreiche Haus geführt. Hier erwarten Sie wohnlich eingerichtete Zimmer, freundlicher Service und ein gutes Frühstück. Im Restaurant können Sie regionale Spezialitäten genießen.

Warteck hotelwarteck.de

★★★ S garni

Stuttgarter Straße 14, PLZ 72250, **T 07441 91920,** F 919293
13 Zimmer | Ez 68–80 €, Dz 98–110 €, inkl. Frühstück

Hier fühlen sich Business- und Feriengäste gleichermaßen wohl! Das kleine, familiengeführte Hotel ist nur wenige Schritte vom Marktplatz entfernt. Die klassisch eingerichteten Zimmer sind modern und wohnlich. Morgens erwartet Sie ein vielseitiges Frühstücksbuffet.

Warteck

VARTA-TIPP Küche

30 | Hauptgericht 18–35 €, Menü 36–69 € | Mo, Do-So Di, Mi

Im behaglich-eleganten Restaurant serviert Ihnen Chefkoch Oliver Gläßel schmackhafte regionale Speisen sowie ambitionierte Feinschmeckergerichte. Aber auch Liebhaber mediterraner und vegetarischer Gerichte kommen voll auf ihre Kosten. Dazu ein liebenswerter Service und eine schöne Auswahl erlesener Weine aus nah und fern.

FREYBURG (UNSTRUT) 34 C www.freyburg-info.de

Sachsen-Anhalt | EW 4.832 | 110 m | Naumburg 8 km, Leipzig 66 km

Weinhotel Freylich Zahn Neu! www.freylich-zahn.de

Schützenstr. 9, PLZ 06632, **T 034464 359390**
26 Zimmer | Ez ab 89 €, Dz ab 99 €, inkl. Frühstück

Ein wahres Schmuckstück ist dieses persönlich geführte Weinhotel in einem umgebauten alten Speicher im Ortskern. Alles ist überaus geschmackvoll, stimmig und wertig gehalten - toll die wohnlichen Zimmer, die mit warmen Farben, bequemen Boxspringbetten und Designermöbeln ausgestattet sind. Ebenso attraktiv das Bistro mit 24-Stunden-Weinbar und Innenhof. Nicht zu vergessen der gastorientierte Service der Mitarbeiter:innen.

Unstruttal www.unstruttal.info

Markt 11, PLZ 06632, **T 034464 7070,** F 70741
17 Zimmer | Ez ab 70 €, Dz ab 95 €, inkl. Frühstück

Eine ehem. Posthalterei mit urigem Gewölbekeller von 1653. Man bietet behagliche Landhauszimmer mit individuellem Touch sowie ein bürgerliches Restaurant mit idyllischem Gartenlokal.

FREYUNG 62 B www.freyungurlaub.de

Bayern | EW 6.955 | 655 m | Grafenau 15 km, Passau 36 km

Zur Post www.posthotel-freyung.de

Stadtplatz 2, PLZ 94078, **T 08551 57960,** F 579620
30 Zimmer | 4 Suiten | Ez 65–95 €, Dz 115–130 €, inkl. Frühstück

In 5. Generation familiär geführter Gasthof in der Ortsmitte mit gemütlicher Atmosphäre. Komfortabel eingerichtete Zimmer unterschiedlicher Kategorien mit Blick zum großen Garten. Kleiner Wellnessbereich mit Whirlpool und Sauna. In der rustikalen Gaststube wird bayerisch gekocht.

Landgasthaus Schuster www.landgasthaus-schuster.de

VARTA-TIPP Service

Ort 19, PLZ 94078 (OT: Ort), **T 08551 7184**
30 | Hauptgericht 26–42 €, Menü 44–94 € | Do-So Do-Sa Mo, Di, Mi ››

In diesem behaglichen, im eleganten Landhausstil eingerichteten Restaurant lebt ein schönes Stück bayerische Gastfreundschaft. Die traditionelle Küche ist saisonfrisch und bietet Leckeres wie „Sauté vom Höhenrind | Heidelbeeren | Pommerysenf | junge Karotten | Petersilie". Chefin Bärbel Schuster ist die gute Seele im Service und sorgt für einen reibungslosen Ablauf an der Gästefront. Hauseigene Kochschule.

FRICKENHAUSEN A.MAIN 52 B www.frickenhausen-main.de

Bayern | EW 1.325 | 180 m | Ochsenfurt 3 km, Kitzingen 13 km

Meintzinger www.hotel-meintzinger.de

garni

Babenbergplatz 2-4, PLZ 97252, **T 09331 87110,** F 7578
29 Zimmer | 3 Suiten | 1 Apartment | Ez 99–175 €, Dz 145–155 €, inkl. Frühstück

Freundlich geführtes Hotel und Weingut mit mittelalterlicher Anmutung. Hübsche Gästezimmer mit modernem Wohnkomfort und individueller Einrichtung. Ansprechender Wellnessbereich mit Sauna, Dampfbad und Sebastian-Kneipp-Fußbecken.

Ehrbar Fränkische Weinstube www.ehrbar-weinstube.de

Hauptstraße 17, PLZ 97252, **T 09331 651**
110 | Hauptgericht 9–25 €, Menü 25–39 € | Sa-So Mi-So Mo, Di

In dem gemütlichen Restaurant sitzt man in rustikalen Gaststuben mit historischem Flair oder im idyllischen Weingarten. Es gibt regionale Küche und fränkische Weine.

FRICKINGEN 65 B www.frickingen.de

Baden-Württemberg | EW 2.990 | 500 m | Überlingen 11 km, Pfullendorf 23 km

Löwen www.loewen-altheim.de

Hauptstraße 41, PLZ 88699 (OT: Altheim), **T 07554 8631**
60 | Hauptgericht 15–30 €, Menü 35–43 € | So Di-Sa Mo

Am Fuße der Dorfkirche im kleinen Örtchen Altheim liegt diese traditionsreiche Adresse. Im Sommer lockt die lauschige Terrasse unter Kastanienbäumen, im Winter der gemütliche Gastraum mit viel Holz und Kachelofen. Die Küche, die sich durch Frische und Natürlichkeit auszeichnet, bietet Regionales und Saisonales wie z.B. „Lammfilet in Portweinsauce mit Blattspinat und Kartoffelgratin".

FRIDOLFING 69 A www.wagingersee.de

Bayern | EW 4.060 | 384 m | Tittmoning 7 km, Waging a. See 12 km

Gasthaus Unterwirt www.gasthaus-unterwirt.de

Hadrianstraße 26, PLZ 83413, **T 08684 9697609**
Hauptgericht 20–29 € | So Mi-So Mo, Di

Ein richtiges „Schmuckkästchen" ist dieses liebevoll renovierte Gasthaus im Ortszentrum. Für die frische schmackhafte Küche werden biologische und regionale Lebensmittel verwendet. Typisch bayerisches Flair bietet der gemütliche Biergarten. Zum Übernachten hat man fünf gepflegte Hotelzimmer.

FRIEDBERG (BAYERN) 59 D www.friedberg.de

Bayern | EW 28.894 | 514 m | Augsburg 7 km, München 75 km

Goldener Stern www.gasthaus-goldenerstern.de

Dorfstraße 1, PLZ 86316 (OT: Rohrbach), **T 08208 407**
80 | Hauptgericht 14–29 € | Mi-So Mi-Sa Mo, Di

In diesem schmucken, lebendigen Gasthaus sorgt ein leidenschaftliches Team für eine äußerst schmackhafte Küche - von bayerisch-bodenständig bis modern-innovativ. Auf der Speisekarte steht Leckeres wie „Ofenfrischer Schweinebraten vom Steinacher Stroh-Wellness-Schwein“ oder „Gegrilltes Bachsaiblingsfilet“. Sehr begehrt sind die Kochkurse von Patron Stefan Fuß.

FRIEDBERG (HESSEN) 41 D www.friedberg-hessen.de

Hessen | EW 27.758 | 140 m | Frankfurt am Main 29 km, Gießen 33 km

Bastian's Restaurant www.bastians-restaurant.de

Erbsengasse 16, PLZ 61169 (OT: Dorheim), **T 06031 6726551**
50 | Hauptgericht 19–33 €, Menü 49–89 € | Di-Sa Mo, So

Hell, modern und gemütlich - so präsentiert sich dieses sympathische Restaurant. Serviert wird eine modern interpretierte französisch-deutsche Küche. Aus dem Wasser gibt es z.B. „Steinbutt | Risotto | Grüner Spargel“ und von der Weide „Maispoularde | Spinat | Kartoffel | Portwein“. Die Preise sind fair, die Weinauswahl gelungen.

FRIEDEWALD 42 B www.gemeinde-friedewald.de

Hessen | EW 2.424 | 387 m | Bad Hersfeld 13 km, Kassel 87 km

Göbel's Schlosshotel Prinz von Hessen www.goebels-schlosshotel.de

★★★★★

Schlossplatz 1, PLZ 36289, **T 06674 92240,** F 9224250
92 Zimmer | 14 Suiten | Ez ab 144 €, Dz ab 258 €, inkl. Halbpension | 24 h

Elegantes Haus mit Blick auf das Wasserschloss. Großzügige Zimmer und Themensuiten. Luxuriöser Wellnessbereich „Kristall SPA“ auf 2.000 qm. Lichtdurchflutetes Restaurant im verglasten Pavillon (internationale und regionale Küche).

FRIEDLAND 32 C www.friedland.de

Niedersachsen | EW 8.008 | 181 m | Göttingen 15 km, Kassel 45 km

Landhaus Biewald www.biewald-friedland.de

★★★★

Weghausstraße 20, PLZ 37133, **T 05504 93500,** F 935040
20 Zimmer | Ez 89–120 €, Dz 109–150 €, ab 19,00 €

Ein engagiert geführter Familienbetrieb im alten Ortskern, idyllisch zwischen Leine und Mühlgraben gelegen. Die Ursprünge des hübschen Landhauses reichen bis in das 17. Jahrhundert zurück. Hier haben Sie die Wahl zwischen liebevoll im Landhausstil eingerichteten Zimmern im historischen Fachwerkhaus oder den modernen Zimmern im Hotelneubau.

Genießer Stube

VARTA-TIPP Küche

24 | Hauptgericht 49–62 €, Menü 59–175 € | Di-Sa Mo, So

Das elegant eingerichtete Gourmetrestaurant vermittelt Wohlbefinden in punkto Ambiente, Küche und Service. Chef de Cuisine Daniel Raub verwöhnt Sie am Abend mit einem wechselnden, saisonal ausgerichteten Feinschmeckermenü (6 oder 8 Gänge). Dazu bietet man sehr gute Weine. Im Restaurant „Zur Tränke" werden frische regionale und mediterrane Spezialitäten angeboten. Einen großen Festsaal für Veranstaltungen gibt es auch.

Schillingshof

www.schillingshof.de

VARTA-TIPP Küche **VARTA-TIPP** Service

Lappstraße 14, PLZ 37133 (OT: Groß Schneen), **T 05504 228**
45 | Hauptgericht 25–45 €, Menü 57–160 € | So Mi-Sa Mo, Di

Elegant-rustikal sind die Gaststuben in diesem hübschen Fachwerkhaus von 1648. Ein reizvoller Kontrast dazu ist die moderne Küche von Stephan Schilling, der für seine kreativen Gerichte neben regionalen Produkten auch Zutaten aus aller Welt verwendet. Das gute Miteinander des vorbildlich geführten Familienbetriebes zeigt sich auch beim zuverlässigen und aufmerksamen Service. Und schön übernachten können Sie im Schillingshof ebenfalls.

FRIEDRICHSHAFEN 65 B

www.friedrichshafen.de

Baden-Württemberg | EW 59.000 | 400 m | Ravensburg 20 km, Konstanz 31 km

Zeppelin Museum, Schulmuseum, Schlosskirche, Aussichtsturm an der Hafenmole (22m), Zeppelin-Rundflüge, Dornier Museum.

Krone

www.ringhotel-krone.de

★★★★ S garni

Untere Mühlbachstraße 1, PLZ 88045 (OT: Schnetzenhausen), **T 07541 4080,** F 43601
140 Zimmer | 10 Suiten | 24 h

Traditionsreiches Wellness- und Tagungshotel inmitten von Obstbaumwiesen im ländlichen Ortsteil Schnetzenhausen. Die gemütlichen Zimmer sind mit heimischen Hölzern und warmen Farben eingerichtet. Ansprechender Wellnessbereich mit beheiztem Freibad und verschiedenen Saunen.

Maier **Neu!**

www.hotel-maier.de

★★★★

Poststraße 1-3, PLZ 88048 (OT: Fischbach), **T 07541 4040,** F 404100
75 Zimmer | 24 h

Der familiengeführte Betrieb ist in den vergangenen Jahren stetig gewachsen und immer moderner geworden. Erst kürzlich hat man das bestehende, geschichtsträchtige Stammhaus um einen neuzeitlichen Erweiterungsbau ergänzt. Das umfangreiche Zimmerangebot reicht von klassisch-traditionell eingerichteten Gästezimmern bis zu hochmodernen Designzimmern. Im Restaurant und auf der lauschigen Terrasse werden regionale und saisonale Spezialitäten serviert. Das Ufer des Bodensees ist nur wenige Gehminuten vom Hotel entfernt.

Traube am See
www.traubeamsee.de

VARTA-TIPP Service

★★★★

Meersburger Straße 11, PLZ 88048 (OT: Fischbach), **T 07541 9580,** F 958888
91 Zimmer | 2 Suiten | Ez ab 102 €, Dz ab 149 €, inkl. Frühstück | 24 h

Ein gut geführtes Ferienhotel unweit des Bodenseeufers. Die individuell und hochwertig eingerichteten Zimmer, die sich auf zwei unterirdisch verbundene Gebäude verteilen, verfügen teils über Seeblick. Für Wohlbefinden sorgt ein großzügiger Wellnessbereich mit Hallenbad, Saunen und Dampfbad. Morgens erwartet Sie ein exzellentes Frühstück. Dazu freundliches, gastorientiertes Personal in allen Bereichen des Hauses.

Traube am See

240 | Hauptgericht 12–30 €, Menü 19–50 € | Mo-Do, So Mo-So

Gemütliches Restaurant mit drei verschiedenen Gasträumen, die rustikal, mediterran und ländlich gestaltet sind. Serviert werden schmackhafte, liebevoll zubereitete regionale Gerichte. Schöne Außenterrasse.

City Krone
www.hotel-city-krone.de

★★★★

Schanzstraße 7, PLZ 88045, **T 07541 7050,** F 705100
111 Zimmer | 8 Suiten | 2 Apartments | Ez ab 86 €, Dz ab 99 €, inkl. Frühstück | 24 h

Stadthotel in zentraler Lage - nur wenige Meter vom Bodensee und der Uferpromenade entfernt. Helle, individuell gestaltete Gästezimmer. Kleiner Wellnessbereich mit Dachterrasse, finnischer Sauna und Hallenbad.

Comfort Hotel
www.comfort-hotel-friedrichshafen.de

★★★ S

Ailinger Straße 128, PLZ 88046, **T 07541 36000,** F 3600175
142 Zimmer | Ez ab 95 €, Dz ab 115 €, 14,00 € | 24 h

Das moderne Nichtraucherhotel eignet sich sowohl für Touristen als auch für Businessgäste. Es bietet komfortable Zimmer, flexible Tagungsräume sowie einen lichtdurchfluteten Frühstücksbereich. Im Restaurant „Blue Cloud“ wird regionale und internationale Küche serviert.

Buffalo Steakhouse
www.buffalo-steakhouse-fn.de

Allmannsweiler Str. 134, PLZ 88046, **T 07541 7005868**
Hauptgericht 15–69 € | Mi-Sa Mo, Di, So

Lust auf Steak? Hier gibt es richtig gutes Dry Aged Beef, das auf dem Holzkohle-Showgrill zubereitet wird. Das Steakhouse verfügt über eigene Fleischreifeschränke, in denen das Färsenfleisch einheimischer Rinder auf den idealen Reifegrad wartet. Wer lieber Fisch mag, entscheidet sich z.B. für „Yellow-Fin-Thunfischsteak mit Wakame-Algensalat und Spinatrisotto“.

FRIEDRICHSHALL, BAD 51 D www.friedrichshall.de

Baden-Württemberg | EW 18.305 | 178 m | Heilbronn 10 km, Mosbach 24 km

Schloss Lehen www.welcome-hotels.com

garni

Hauptstraße 2, PLZ 74177 (OT: Kochendorf), **T 07136 98970,** F 989720
21 Zimmer | 2 Suiten | 1 Apartment | Ez 69–169 €, Dz 89–179 €, inkl. Frühstück

In diesem umgebauten, von einem kleinen Park umgebenen Wasserschloss erwarten Sie individuell eingerichtete Zimmer in verschiedenen Kategorien. Authentische Landhausküche wird im Restaurant serviert. Sonnige Terrasse.

Zur Sonne www.sonne-badfriedrichshall.de

★★★ garni

Deutschordenstraße 16, PLZ 74177 (OT: Jagstfeld), **T 07136 95610,** F 956111
19 Zimmer | 1 Suite | Ez 70–80 €, Dz 95–110 €, inkl. Frühstück

Kleines, familiär geführtes Haus mit zweckmäßigen Gästezimmern, teilweise mit Neckarblick. Fahrradfahrer sind willkommen (überdachter Fahrradparkplatz). Ländliches Restaurant mit saisonorientierter, fränkisch-schwäbischer Küche.

FRIESENHEIM 56 D www.friesenheim.de

Baden-Württemberg | EW 13.218 | 161 m | Lahr 5 km, Offenburg 14 km

Mühlenhof www.landhotel-muehlenhof.de

€ Gut & Günstig garni

Hauptstraße 33, PLZ 77948 (OT: Oberweier), **T 07821 6320,** F 632153
32 Zimmer | Ez 49–70 €, Dz 75–98 €, inkl. Frühstück

Ideales Domizil für Kurzurlauber oder Geschäftsreisende. In dem familiär geführten Haus finden Sie gemütliche, teils im gehobenen Landhausstil eingerichtete Zimmer zu vergleichsweise günstigen Preisen.

Mühlenhof

VARTA-TIPP Service

120 | Hauptgericht 8–25 €, Menü 42 € | Mo, Mi-So Di

Ein wirklich attraktives Restaurant - schön gemütlich, offen gehalten und dank bodentiefer Fenster angenehm hell. Man bietet eine frische schmackhafte Küche mit regionalen und saisonalen Einflüssen. Dazu eine schöne Weinauswahl mit überwiegend heimischen Gewächsen. Toll auch der preiswerte Mittagstisch und der überaus liebenswerte und stets präsente Service.

FRÖNDENBERG/RUHR 30 C www.froendenberg.de

Nordrhein-Westfalen | EW 23.000 | 120 m | Wickede 10 km, Dortmund 29 km

Golf Hotel Gut Neuenhof www.golfhotel-gut-neuenhof.de

garni

Eulenstraße 58, PLZ 58730, **T 02373 917770,** F 70046
16 Zimmer | Ez 120 €, Dz 140 €, 14,90 €

Das 2012 eröffnete Hotel liegt direkt neben dem Clubhaus des Golfclubs Gut Neuenhof. Zeitlos eingerichtete, modern ausgestattete Nichtraucherzimmer mit Balkon oder Gartenterrasse. Im Restaurant „Il Campo" mit Sonnenterrasse wird regional und international gekocht.

FULDA 42 B www.tourismus-fulda.de

Hessen | EW 64.854 | 257 m | Kassel 110 km, Würzburg 110 km

Hotel Esperanto www.hotel-esperanto.de

★★★★ S garni

Esperantoplatz, PLZ 36037, **T 0661 242910,** F 24291151
326 Zimmer | 14 Suiten | Ez 124–144 €, Dz 144–239 €, inkl. Frühstück | 24 h

Großzügiges Hotel im Kongress- und Kulturzentrum Fulda. Die komfortablen und technisch gut ausgestatteten Zimmer sind in warmen Rottönen gehalten. Das Haus bietet einen attraktiven Wellness- und Beautybereich auf 4.000 qm sowie umfangreiche Tagungsmöglichkeiten. Zum gastronomischen Angebot gehört u.a. das Grillrestaurant „Toro Negro" im 6. Stock, in dem Liebhaber der brasilianischen Küche auf ihre Kosten kommen.

Goldener Karpfen www.hotel-goldener-karpfen.de

Simpliziusbrunnen 1, PLZ 36037, **T 0661 86800,** F 8680100
50 Zimmer | 4 Suiten | Ez 125–195 €, Dz 165–295 €, inkl. Frühstück | 24 h

Komfortables Stadthotel mit über 300-jähriger Fassade für Geschäfts- und Städtereisende, das seit über 100 Jahren familiengeführt ist. Reizvolle Zimmereinrichtung von traditionell-gediegen bis schick-modern. Gute Tagungsmöglichkeiten.

Goldener Karpfen

VARTA-TIPP Küche

80 | Hauptgericht 20–50 €, Menü 65–99 € | Mo-Sa So

Das nostalgisch-elegant eingerichtete Restaurant ist bekannt für sein feines saisonales Speisenangebot. Heimische Erzeugnisse und ausgewählte internationale Gewürze und Produkte werden zu exzellenten Gerichten kombiniert. Kostprobe gefällig? „Geschmorte Kalbsbäckchen mit Rotweinschalottensauce, Süßkartoffelpüree und Gemüsebündchen". Tipp: wöchentlich wechselndes Tasting-Lunchmenü.

Maritim www.maritim.de

Pauluspromenade 2, PLZ 36037, **T 0661 2820,** F 282499
112 Zimmer | 1 Suite | 24 h

Gepflegte Businessadresse am Schlossgarten mit großer Atriumlobby. Modern eingerichtete Zimmer mit guter technischer Ausstattung. Das Frühstück wird im barocken Restaurant „Apollo Saal" mit imposantem Deckenfresko serviert. Internationale und regionale Küche serviert das rustikale Restaurant „Dianakeller" im historischen Gewölbe.

Hotel Platzhirsch www.platzhirsch-fulda.de

★★★★

Unterm Heilig Kreuz 3-5, PLZ 36037, **T 0661 9015000,** F 90150099
105 Zimmer | 7 Suiten | Ez ab 92 €, Dz ab 105 €, 6,00–17,00 € | 24 h »

Das geschmackvolle Hotel befindet sich inmitten der Fuldaer Innenstadt. Dank zeitgemäßer Technik sowie farblich aufeinander abgestimmten Wohnaccessoires werden die Zimmer und Suiten zu gemütlichen Bleiben. Zum Haus gehören auch ein Fitnessraum, eine gemütliche Bar & Lounge sowie drei Veranstaltungsräume.

Christian&Friends Tastekitchen — www.christianandfriends.de

VARTA-TIPP Küche

Nonnengasse 5, PLZ 36037, **T 0162 4139588**
17 | Menü 89 € | Mi-Sa ⦸ Mo, Di, So

Ein Hauch von Wohnzimmeratmosphäre umgibt Sie in dem kleinen Restaurant, zu dem inzwischen auch die benachbarte Weinbar „Bordeaux & Friends" gehört. Chefkoch Christian Steska offeriert hier ein wechselndes Dinnermenü in acht Gängen. Er ist bekannt für seine raffinierten, teils gewagten Kreationen aus besten Zutaten. Die gut sortierte Weinkarte bietet auch Nicht-Alltägliches.

Dachsbau

Pfandhausstraße 8, PLZ 36037, **T 0661 74112**
30 | Hauptgericht 18–34 €, Menü 52–62 € | Mi-Sa ⦸ Mo, Di, So

Nicht ohne Grund kehren immer wieder viele Gäste gerne bei Familie Stubert ein! Das kleine, aber feine Gasthaus befindet sich mitten in der Altstadt. Serviert werden schmackhafte Gerichte der klassischen und neuen Küche - und das bei einem sehr guten Preis-Leistungs-Verhältnis und herzlichem Service. Schön die Terrasse im Sommer.

Café Thiele — www.cafe-thiele.de

Mittelstraße 2, PLZ 36037, **T 0661 72774**
150 | Mo–Sa 9:00–18:00 Uhr, So 10:00–18:00 Uhr

Ältestes Café Fuldas (gegründet 1892). Täglich bis zu 50 verschiedene Torten- und Kuchensorten. Hausspezialität: Crème Giovanni. Schöne Sonnenterrasse unterhalb der Stadtpfarrkirche.

FÜRSTENFELDBRUCK 60 C — www.fuerstenfeldbruck.de

Bayern | EW 38.000 | 517 m | München 26 km, Landsberg 38 km

Fürstenfelder — www.fuerstenfelder.com

VARTA-TIPP Ambiente

★★★★ garni

Mühlanger 5, PLZ 82256, **T 08141 88875500**
98 Zimmer | 1 Suite | Ez ab 105 €, Dz ab 160 €, inkl. Frühstück | 24 h

Das bio-zertifizierte Hotel mit seiner schlicht-modernen Architektur befindet sich gegenüber dem Zisterzienserkloster Fürstenfeld. Hier wohnen Sie in wertig-schicken Zimmern, die sich durch natürliche Farben, schlichte Eleganz und Naturmaterialien auszeichnen. Lassen Sie sich mit einem ausgezeichneten Frühstück verwöhnen und verweilen Sie in der gemütlichen Lobbybar oder im ruhigen Hotelgarten mit Teich. Einen kleinen Saunabereich gibt es auch.

Fürstenfelder

VARTA-TIPP Küche

150 | Hauptgericht 14–31 €, Menü 26–55 € | Mo-So Di-Sa

Im ehem. Stall des Klosters Fürstenfeld mit seinem böhmischen Kappengewölbe wird ambitioniert gekocht! In zeitlos-elegantem Ambiente bietet man ein naturnahes Küchenkonzept mit bodenständigen Biozutaten direkt vom Erzeuger. Das Repertoire der Crossover-Karte reicht von alpenländisch bis orientalisch, von vegan bis zum klassischen Sauerbraten. Es gibt auch eine Terrasse sowie einen wunderschönen Selbstbedienungsbiergarten mit Blick auf die Barockkirche. Tipp: Mittags Lunchbuffet.

Zur Post
www.hotelpost-ffb.de

★★★★ garni

Hauptstraße 7, PLZ 82256, **T 08141 31420,** F 16755
40 Zimmer | Ez 95–110 €, Dz 105–135 €, inkl. Frühstück | ⃠ 21.12.22–9.1.23

Traditionsreiches Haus mit persönlichem Service, dessen Geschichte bis ins Jahr 1620 zurückreicht. Individuelle Zimmer, die teils im englischen Landhausstil und teils im Biedermeierstil eingerichtet sind. Gemütliches Restaurant mit regionaler und internationaler Küche.

FÜRTH 53 C
www.fuerth.de

Bayern | EW 119.808 | 295 m | Nürnberg 7 km, München 172 km

Ambient Hotel am Europakanal
www.ambienthotel.de

★★★ garni

Unterfarrnbacher Straße 222, PLZ 90766 (OT: Unterfarrnbach), **T 0911 973720,** F 9737215
40 Zimmer | 3 Suiten | 3 Apartments | Ez ab 75 €, Dz ab 95 €, inkl. Frühstück

Persönlich geführtes Hotel in verkehrsgünstiger, ruhiger Lage. Hell und funktional eingerichtete Zimmer sowie individuell gestaltete Themenzimmer im Gästehaus. Fahrradverleih, E-Auto-Ladestation.

Kupferpfanne
www.ew-kupferpfanne.de

Königstraße 85, PLZ 90762, **T 0911 771277**
40 | Hauptgericht 28–42 €, Menü 76 € | Mo-Sa ⃠ So

Heimeliges Restaurant mit Fachwerk und holzvertäfelten Wänden auf zwei Ebenen inmitten der Fürther Altstadt. Handgeschriebene Karte mit saisonorientierten klassischen Gerichten, z.B. „Wachtelbrüstchen auf Rahmspinat mit Spargelspitzen und Butterkartoffeln“.

Tim‘s Kitchen
www.timskitchenfuerth.com

VARTA-TIPP Küche

Friedrichstraße 22, PLZ 90762, **T 0911 740560**
30 | Menü 85–120 € | Do-Sa ⃠ Mo, Di, Mi, So ⃠ 24.–26.12.22, 1.–8.1.23

Gleichermaßen angenehm sind hier das wohnlich-elegante Interieur und die gemütliche Gartenterrasse im begrünten Innenhof. Bei Tim Reinwald begibt man sich auf eine spannende kulinarische Reise durch verschiedene Länder der Erde. Er kocht geschmackvoll, frisch und produktorientiert. Neben „Tim's Menü“ (4 bis 6 Gänge, mit Fisch und Fleisch) gibt es alternativ auch ein vegetarisches Menü. In punkto Wein setzt man auf viele Bio-Gewächse sowie die Anbauländer Frankreich, Deutschland und USA.

FÜSSEN 67 A
www.fuessen.de

Bayern | EW 14.500 | 808 m | Hohenschwangau 4 km, Kempten (Allgäu) 44 km

Biohotel Eggensberger
www.eggensberger.de

Enzensbergstr. 5, PLZ 87629 (OT: Hopfen am See), **T 08362 91030,** F 9103478
42 Zimmer | 3 Suiten | 3 Apartments | Ez 133–156 €, Dz 216–352 €, inkl. Halbpension

Bio- und Wellnesshotel in einzigartiger Panoramalage mit freiem Blick über den See. Helle, großzügige und mit vielen Naturmaterialien ausgestattete Zimmer mit reizvollen Ausblicken. Ansprechender Wellnessbereich inklusive Therapiezentrum auf 1.600 qm mit Hallenbad un schönem Garten-SPA. Biorestaurant mit regionaler Küche.

Hirsch
www.hotelfuessen.de

Kaiser-Maximilian-Platz 7, PLZ 87629, **T 08362 93980,** F 939877
71 Zimmer | Ez 80–98 €, Dz 120–165 €, inkl. Frühstück

Das familiengeführte Hotel ist ein im Jugendstil erbautes Gebäude mit wunderhübscher Fassade. Hier erwarten Sie wohnliche Zimmer mit individueller Note. Fragen Sie nach den Motivzimmern, die einem Thema aus der Umgebung oder Geschichte gewidmet sind! Das hauseigene Restaurant bietet gehobene bayerische Küche.

Luitpoldpark-Hotel
www.luitpoldpark-hotel.de

Bahnhofstr. 1-3, PLZ 87629, **T 08362 9040,** F 904678
131 Zimmer | 7 Suiten | Ez 92–132 €, Dz 134–214 €, inkl. Frühstück | 24 h

Neuzeitliches Hotel mit großzügiger Lobby und hellen, geräumigen Zimmern. Ansprechende Sauna- und Wellnesslandschaft auf drei Ebenen. Im Restaurant „Kurfürst von Bayern" wird saisonale und moderne regionale Küche serviert.

Am Hopfensee
www.hotel-am-hopfensee.de

Uferstraße 10, PLZ 87629 (OT: Hopfen am See), **T 08362 50570,** F 505773
45 Zimmer | 4 Suiten | 1 Apartment | Ez 143–165 €, Dz 160–248 €, inkl. Frühstück

Ferienanlage mit Aparthotel am Ufer des Hopfensees. Schöner Blick auf die Allgäuer und Tiroler Alpen. Gediegen und zeitgemäß eingerichtete Zimmer. Ansprechender Wellnessbereich mit Saunalandschaft, Infinitypool und orientalischem Hamam. Restaurant mit Wintergarten und internationalem Speisenangebot.

Schlosskrone
www.schlosskrone.de

Prinzregentenplatz 2-4, PLZ 87629, **T 08362 930180,** F 9301850
62 Zimmer | 4 Suiten | 5 Apartments | Ez ab 79 €, Dz ab 99 €, inkl. Frühstück

Gepflegtes Haus in zentraler Lage neben der Fußgängerzone. Geschmackvoll eingerichtete Landhauszimmer, ansprechender Wellnessbereich. Mehrere Restaurants und hauseigene Konditorei mit täglich frischen Kuchen und Torten.

Wellness-Hotel Sommer
www.hotel-sommer.de

Weidachstraße 74, PLZ 87629, **T 08362 91470,** F 914714
70 Zimmer | 10 Suiten | 24 h

Familiengeführtes Wellnesshotel, ruhig gelegen mit Blick auf Schloss Neuschwanstein und die Alpen. Liebevoll eingerichtete Zimmer und Suiten mit Balkon oder Terrasse. Großzügiger SPA-Bereich mit Panoramasauna und Außenpool. Restaurant mit regionaler und internationaler Küche.

Hotel Filser
www.hotel-filser-fuessen.de

★★★ S

Säulingstraße 3, PLZ 87629, **T 08362 91250,** F 912573
34 Zimmer | 1 Apartment | Ez ab 65 €, Dz ab 119 €, inkl. Frühstück

Privat geführtes Kurhotel in ruhiger, zentraler Lage - nur 5 Gehminuten vom Forggensee entfernt. Nett eingerichtete Landhauszimmer mit zeitgemäßer Ausstattung, überwiegend mit Balkon. Netter Wellnessbereich mit Sauna, Massagen und Anwendungen.

FÜSSING, BAD 62 C
www.badfuessing.de

Bayern | EW 6.869 | 324 m | Passau 31 km, Salzburg (Österreich) 110 km

Ortner's Resort Neu!
www.ortners-resort.com

★★★★ S

Pockinger Str. 1-7, PLZ 94072, **T 08531 2790,** F 279298
96 Zimmer | Ez 157–167 €, Dz 268–510 €, inkl. Halbpension

Das gewachsene, im Chaletstil erbaute Wellnessresort eignet sich hervorragend für eine Auszeit. Es sind das sehr wohnliche und geschmackvolle Ambiente und die persönliche Atmosphäre, die dieses Haus auszeichnen. Die individuellen Zimmer und Suiten, die sich auf mehrere Gebäude verteilen, sind in unterschiedlichen Kategorien und inkl. Genusshalbpension buchbar. Stammgäste schätzen das umfangreiche Freizeitangebot. Die „Ortner's Thermenwelt" ist die größte und schönste hoteleigene Therme in Bayern.

Das Mühlbach
www.muehlbach.de

★★★★ S

Bachstr. 15, PLZ 94072 (OT: Safferstetten), **T 08531 2780,** F 278427
61 Zimmer | 5 Suiten | Ez ab 170 €, Dz ab 282 €, inkl. Vollpension | 24 h

In diesem Thermenhotel verbinden sich Tradition und moderner Komfort harmonisch miteinander. Wohnliche Zimmer, eine hübsche Lounge sowie der attraktive Beauty- und Wellnessbereich sorgen für einen entspannten und erholsamen Aufenthalt.

Holzapfel
www.hotel-holzapfel.de

VARTA-TIPP Service

★★★★ S

Thermalbadstraße 4+5, PLZ 94072, **T 08531 9570,** F 957280
105 Zimmer | 12 Suiten | Ez 114–128 €, Dz 208–230 €, inkl. Frühstück | 24 h

Liebenswert, heimelig und ausgesprochen familiär präsentiert sich dieses gut geführte Kur- und Ferienhotel. Das Stammhaus verfügt über bequeme Zimmer mit traditionellem Flair, im Neubau stehen besonders exklusive Zimmer und Suiten zur Verfügung. Toll auch das umfangreiche Beauty- und SPA-Angebot.

Glockenturm

21 | Hauptgericht 17–30 €, Menü 60–90 € | So Mi-Sa Mo, Di

In dem vom Hausgastbereich separierten À-la-carte-Restaurant sorgen feine Tischkultur, hochwertige Materialien und gemütliche Sessel für perfektes Wohlfühlambiente. Hier kredenzt man Ihnen ein regional und international beeinflusstes Feinschmeckermenü. Der Service versteht es ebenso zu begeistern wie die gut sortierte Weinkarte.

Parkhotel
www.parkhotel.stopp.de

VARTA-TIPP Ambiente

★★★★

Waldstraße 16, PLZ 94072, **T 08531 9280,** F 2061
99 Zimmer | 3 Suiten | Ez 101–116 €, Dz 198–236 €, inkl. Frühstück

Eine Oase der Ruhe mitten im Grünen! Ausgesprochen schön wohnt man in diesem familiengeführten Hotel in der Nähe des Kurparks. Das Haus verfügt über geräumige, mit Liebe zum Detail ausgestattete Komfortzimmer und überzeugt mit einer sehr gepflegten Sauna- und Wellnesslandschaft sowie einem serviceorientiertem Hotelteam.

Toskana

60 | Hauptgericht 10–22 €, Menü 18–35 € | Mo-So

Mediterranes Ambiente und eine frische internationale Küche erwarten Sie in diesem Hotelrestaurant. Auf der Speisekarte finden sich Gerichte wie „Rosa gebratene Entenbrust in Feigen-Senfsauce mit Speck-Rosenkohl und Stampfkartoffeln" oder „Frikassee vom Welsfilet mit sautierten Marktgemüsen, Steinchampignons und Kräuterreis".

Bio-Thermalhotel Falkenhof
www.hotel-falkenhof.de

★★★★

Paracelsusstraße 4, PLZ 94072, **T 08531 9743,** F 974400
40 Zimmer | 6 Suiten | Ez ab 133 €, Dz ab 222 €, inkl. Halbpension

Das Biohotel mit hauseigenem Thermalbad empfängt Sie mit wohnlichen Gästezimmern, die baubiologisch und hochwertig ausgestattet sind. Für Erholung und Regeneration sorgen u.a. ein Panoramapool, ein Saunabereich sowie Physio- und Massageanwendungen. Im Restaurant werden feine Bio-Köstlichkeiten serviert.

Kurhotel Sonnenhof
www.kurhotelsonnenhof.de

★★★★

Schillerstraße 4, PLZ 94072, **T 08531 22640,** F 2264207
80 Zimmer | 18 Suiten | Ez 106–115 €, Dz 204–216 €, inkl. Halbpension

Kur- und Wellnesshotel im Herzen von Bad Füssing. Großzügige Gästezimmer mit Balkon oder Terrasse. Umfangreicher Wellnessbereich mit Thermalbadelandschaft, Sauna und Fitnessraum. Sonnige Gartenterrasse im Innenhof.

Wunsch Hotel Mürz
www.muerz.de

Birkenallee 7-9, PLZ 94072, **T 08531 9580,** F 29876
47 Zimmer | 4 Suiten | Ez 77–112 €, Dz 134–264 €, inkl. Frühstück

Behagliches Wellness- und Kurhotel im regionalen Baustil. Gepflegte, wohnlich eingerichtete Zimmer und Suiten. Schöner Wellnessbereich mit hauseigener Therme und Saunalandschaft. Regionale Spezialitäten und internationale Küche serviert das Restaurant.

GAIENHOFEN 65 A
www.gaienhofen.de

Baden-Württemberg | EW 3.207 | 425 m | Öhningen 8 km, Radolfzell 12 km

Hotel Hirschen mit Haus Seeblick
www.hotelhirschen-bodensee.de

Kirchgasse 3, PLZ 78343 (OT: Horn), **T 07735 93380,** F 933859
75 Zimmer | Ez ab 84 €, Dz ab 168 €, inkl. Frühstück

Ein traditionsreiches Haus in malerischer Lage, direkt im Anschluss an das Bodenseeufer-Naturschutzgebiet. Hohen Wohnkomfort, zeitgemäße Technik und gemütliche Atmosphäre bieten die Zimmer und Suiten. Zum Hotel gehören auch ein behagliches Restaurant, eine große Gartenanlage mit Liegewiese und beheiztem Außenpool sowie eine neue Dependance, in der weitere Gästezimmer zur Verfügung stehen.

Hoeri am Bodensee
www.hoeri-am-bodensee.de

★★★★

Uferstraße 20-23, PLZ 78343 (OT: Hemmenhofen), **T 07735 8110,** F 811222
80 Zimmer | 3 Suiten | Ez 89–215 €, Dz 140–230 €, inkl. Frühstück | 24 h

In relativ ruhiger Lage am Bodenseeufer empfängt Sie dieses charmante Wellnesshotel. Das Haus bietet individuell eingerichtete Zimmer in unterschiedlichen Kategorien, teilweise mit Seeblick und Balkon. Pure Entspannung bietet das SEE SPA. Von der hauseigenen Liegewiese gelangen Sie direkt ans Wasser.

Seensucht

70 | Hauptgericht 15–28 €, Menü 31–58 € | Sa-So Mo-So

So speist man gerne: helles, freundliches Ambiente, schönes Interieur, tolle Terrasse, Blick zum See. Gekocht wird regional mit internationalen Einflüssen, so z.B. „Rumpsteak mit Pfeffersauce und Bratkartoffeln“ oder „Lachsmedaillon mit Rieslingsauce und Nudeln“.

GAILINGEN AM HOCHRHEIN 65 A
www.gailingen.de

Baden-Württemberg | EW 2.850 | 469 m | Singen 20 km, Konstanz 46 km

Rheingold
www.hotelrheingold.de

Hauptstr. 21-23, PLZ 78262, **T 07734 306010,** F 3060199
36 Zimmer | Ez 72–90 €, Dz 115–130 €, inkl. Frühstück

»

Der moderne Hotelneubau, bei dem man die ehemals denkmalgeschützte Fassade erhalten konnte, bietet ansprechende, wohnlich gestaltete Zimmer. Das gesamte Haus ist barrierefrei. Das Restaurant mit schöner Sommerterrasse serviert saisonale Küche und gutbürgerliche Köstlichkeiten.

GANDERKESEE 14 C www.ganderkesee.de

Niedersachsen | EW 31.988 | 27 m | Delmenhorst 6 km, Wildeshausen 19 km

Backenköhler's Hotel und Akademie www.hotel-backenkoehler.de

★★★ S

Dorfring 40, PLZ 27777 (OT: Stenum), **T 04223 730,** F 73399
50 Zimmer | 3 Suiten | 1 Apartment | Ez 74–84 €, Dz 118–131 €, inkl. Frühstück

Gewachsenes Land- und Tagungshotel in idyllischer Umgebung direkt am Wald. Die Vorteile dieses Hauses? Wohnliche Landhauszimmer, ein ansprechender Wellnessbereich und last but not least gepflegte Restauranträume.

GARBSEN 23 C www.garbsen.de

Niedersachsen | EW 61.818 | 54 m | Hannover 12 km, Wunstorf 14 km

Bullerdieck www.hotel-bullerdieck.de

★★★★

Bürgermeister-Wehrmann-Straße 21, PLZ 30826 (OT: Frielingen), **T 05131 4580,** F 458222
48 Zimmer | 4 Apartments | Ez ab 79 €, Dz ab 99 €, inkl. Frühstück

Toll die Lage, herzlich die Gastgeber, richtig geschmackvoll und wohnlich die Zimmer (auch geräumige Familienzimmer und Apartments), dazu ein idyllischer, saisonal geöffneter Biergarten sowie ein großzügiger Tagungs- und Veranstaltungsbereich.

Landhaus am See www.landhausamsee.de

★★★★

Seeweg 27-29, PLZ 30827 (OT: Berenbostel), **T 05131 46860,** F 468666
49 Zimmer | 2 Suiten | Ez 80–110 €, Dz 140–210 €, inkl. Frühstück

Direkte Lage am Ufer des Berenbosteler Sees. Moderne, hell gestaltete Hotelzimmer, teils mit Blick auf den See und den Garten. Entspannung pur bietet der Saunabereich mit Panoramasauna und Ruheraum. Sehr gutes Frühstücksbuffet.

Landhaus am See

60 | Hauptgericht 29–46 €, Menü 69–110 € | Mo-Sa ⃠ So

In elegantem Landhausambiente bietet man eine frische saisonale Küche mit wechselnden Tagesangeboten. Dazu gibt es erlesene Weine jenseits des Mainstreams. Hübsche Seeterrasse.

Globotel Business
www.globotel.de

★★★ S garni

Porschestr. 8, PLZ 30827 (OT: Berenbostel), **T 05131 4920,** F 492233
45 Zimmer | 6 Apartments

Verkehrsgünstig im Gewerbegebiet gelegenes Hotel für Geschäftsreisende mit unterschiedlich eingerichteten Zimmern und Apartments. Gutes Frühstück, freundlicher Service.

GARCHING B. MÜNCHEN 60 D
www.garching.de

Bayern | EW 16.575 | 482 m | München 14 km, Freising 18 km

Courtyard by Marriott
www.marriott.de

Walther-von-Dyck-Straße 12, PLZ 85748, **T 089 61425044**
256 Zimmer | 2 Suiten | 24 h

Das neuzeitliche Businesshotel hat man in das Gebäude des Garchinger Forschungs- und Kongresszentrums integriert. Die Zimmer bieten attraktives, helles Design und darüber hinaus die bewährten Marriott-Standards wie kostenloses Highspeed-WLAN und luxuriöse Komfortbetten. Regional und international speisen kann man im hauseigenen Restaurant „THE FACULTY". Ein Fitnessraum steht Gästen rund um die Uhr zur Verfügung.

GARMISCH-PARTENKIRCHEN 67 D
www.gapa.de

Bayern | EW 27.752 | 708 m | Oberammergau 20 km, Mittenwald 25 km
Einen Cityplan finden Sie auf Seite 440.

HYPERION Hotel
www.h-hotels.com

Alpspitzstraße 12 (B4), PLZ 82467 (OT: Garmisch), **T 08821 7830,** F 71374
65 Zimmer | 24 h

Inmitten der malerischen Altstadt vor einer wunderschönen Naturkulisse empfängt Sie dieses Hotel, das kürzlich umfangreich modernisiert wurde. Die Zimmer sind großzügig geschnitten, die Einrichtung ist eine Mischung aus Modernem und Regionalem - hochwertig und wohnlich. Hübsch auch der Schwimmpavillon mit hoteleigenem Hallenbad.

Obermühle
www.hotel-obermuehle.de

★★★★ S

Mühlstraße 22 (B4), PLZ 82467 (OT: Garmisch), **T 08821 7040,** F 704112
88 Zimmer | 5 Suiten | 24 h

Das familiengeführte Haus am Fuß der Zugspitze wurde erst kürzlich umfangreich renoviert. Die individuell gestalteten Zimmer und Suiten bestechen durch modernen Komfort und alpinen Lifestyle. Sie sind mit Balkon oder Terrasse ausgestattet. Ein ansprechendes gastronomisches Angebot, sehr gute SPA-Anwendungen und die herzliche Atmosphäre machen das Hotel zu einer hervorragenden Ferienadresse.

Reindl's Partenkirchner Hof
www.reindls.de

★★★★ S

Bahnhofstraße 15 (B2), PLZ 82467 (OT: Partenkirchen), **T 08821 943870,** F 94387250
61 Zimmer | 11 Suiten | Ez 115–200 €, Dz 170–380 €, inkl. Frühstück | 24 h

Traditionsreicher Familienbetrieb im Ortszentrum mit geschmackvoll im Landhausstil eingerichteten Zimmern. Moderner Wellnessbereich mit Schwimmbad, Saunalandschaft, Firnessraum und Hot-Whirlpool im Wintergarten mit Aussicht auf die Alpspitze.

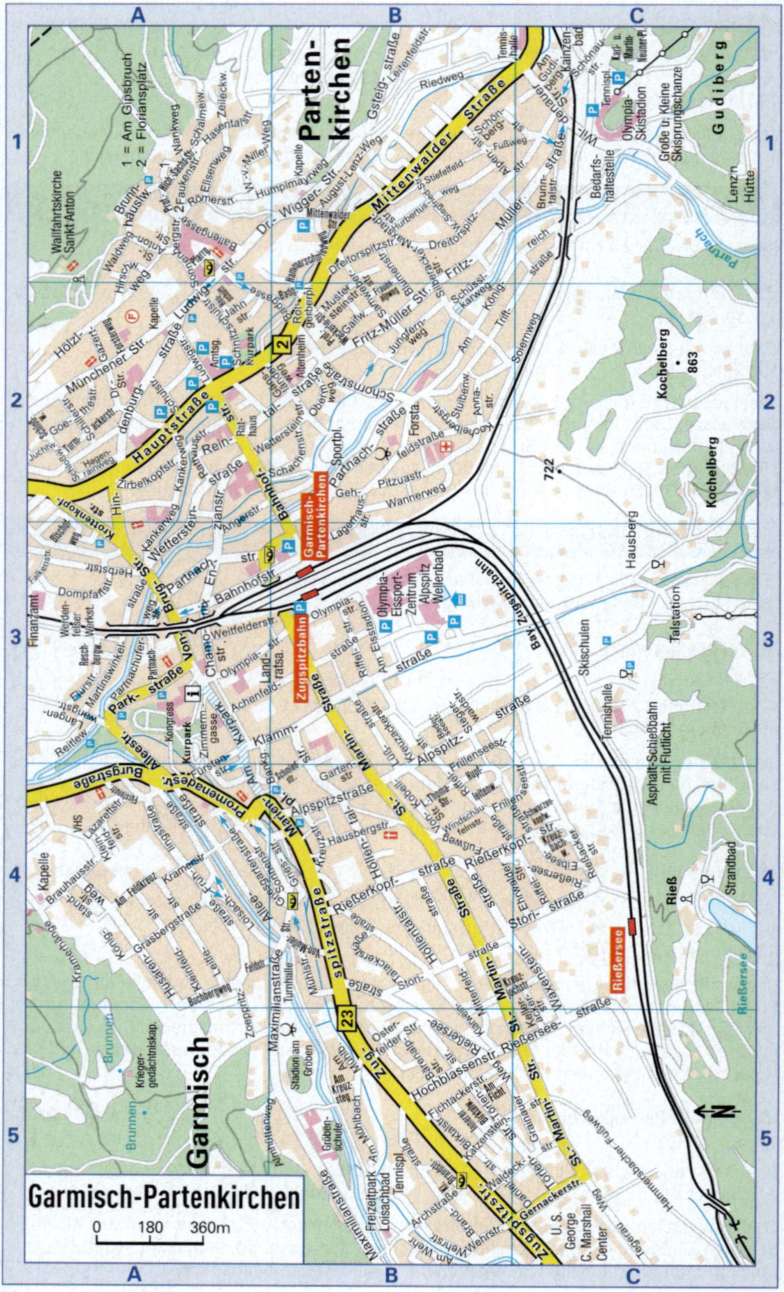
Garmisch-Partenkirchen
0 180 360m
A
B
C
1
2
3
4
5
Partenkirchen
Garmisch
Gudiberg
Kochelberg
Hausberg
Rießersee
Zugspitzbahn
Garmisch-Partenkirchen
Hauptstraße
Mittenwalder Straße
Bahnhofstr.
Olympia-Eissport-Zentrum
Alpspitz Wellenbad
Olympia-Skistadion
Große u. Kleine Skisprungschanze
Wallfahrtskirche Sankt Anton
Kurpark
Kongress
Skischulen
Tennishalle
Asphalt-Schießbahn mit Flutlicht
Strandbad
Stadion am Gröben
Freizeitpark Loisachbad
U. S. George C. Marshall Center
Krieger-gedächtniskap.
Finanzamt
1 = Am Gipsbruch
2 = Floriansplatz
Partnach
Rieß
Lenz'n Hütte
Talstation
Bedarfs-haltestelle
722
863

Reindl's Partenkirchner Hof

100 | Hauptgericht 18–36 €, Menü 35–90 € | Sa-So Mo-So

Gediegen-elegante Räumlichkeiten von alpenländisch bis mediterran. Serviert wird moderne, regional und international geprägte Küche. Schau-Vinothek.

Riessersee Hotel

www.riessersee-hotel.de

Rieß 5 (C4), PLZ 82467 (OT: Rieß), **T 08821 7580,** F 758123
166 Zimmer | 62 Suiten | 24 h

Wellnesshotel in malerischer Lage mit herrlichem Blick zur Zugspitze. Geräumige und komfortabel ausgestattete Zimmer. Kleiner Wohlfühlbereich mit zwei Saunen, Dampfbad und Indoorpool. Restaurant mit typisch bayerischer Küche und schöner Sonnenterrasse.

Werdenfelserei

www.werdenfelserei.de

VARTA-TIPP Ambiente

Alleestraße 28 (A3), PLZ 82467, **T 08821 57558,** F 81603
51 Zimmer | 8 Suiten | Ez ab 227 €, Dz ab 284 €, inkl. Frühstück

Das Interiordesign des familiär geführten Boutique- und Naturhotels ist eine liebenswerte Hommage an die Heimat. Die Zimmer, Studios und Suiten sind unterschiedlich groß, flexibel und wandelbar. Sie wurden in Vollholzbauweise errichtet und bestechen durch ihre exzellente Ausstattung. Highlight ist ein beheizter Infinitypool auf dem Dach des Hauses. Im Restaurant „Wurzelwerk“ werden am Abend raffinierte Menüs und heimische Klassiker serviert.

Zugspitze

www.hotel-zugspitze.de

★★★★ S

Klammstraße 19 (B3), PLZ 82467 (OT: Garmisch), **T 08821 9010,** F 901333
48 Zimmer | 7 Suiten | Ez 87–282 €, Dz 302–342 €, inkl. Frühstück | 24 h

Urlaubshotel im alpenländischen Stil mit behaglichen Zimmern und großzügigen Apartments. Ansprechender Wellnessbereich mit Schwimmbad, Sauna und Liegewiese. Im Restaurant werden regionale und saisonale Spezialitäten serviert.

Leiners Familienhotel

www.leiners.de

Wildenauer Straße 20 (C1), PLZ 82467 (OT: Partenkirchen), **T 08821 95280,** F 9528100
47 Zimmer | 2 Apartments

»

Ein freundlich geführtes Haus in direkter Lage am Olympia-Skistadion. Wunderschöne, wertige Zimmer im modernen Landhausstil mit tollem Blick auf die umliegende Bergwelt. Das Hotel ist auf Familien mit Kindern spezialisiert. Für die kleinen Gäste bietet man Kinderbetreuung an. Im Restaurant gibt es ofenfrischen Kuchen und typisch bayerische Küche.

Quartier
www.quartier-gapa.de

Sankt-Martin-Straße 26 (B3), PLZ 82467 (OT: Garmisch), **T 08821 9646482**
19 Zimmer | 19 Suiten | Ez 135–160 €, Dz 180–250 €, inkl. Frühstück

Das moderne Bio-Hotel besticht durch seinen schnörkellosen, klaren und schlichten Stil. In den schicken Naturholzlodges trifft unaufdringlicher Luxus auf skandinavisches Design. Das Restaurant bietet hausgemachte Kuchen und delikate Gerichte aus regionalen Zutaten. Von der großzügigen Dachterrasse hat man einen tollen Blick auf die Berge.

Rheinischer Hof
www.rheinischerhof-garmisch.de

★★★★

Zugspitzstraße 76 (B5), PLZ 82467 (OT: Garmisch), **T 08821 9120**
39 Zimmer | 6 Suiten | 4 Apartments

Traditionsreiches, familiengeführtes Hotel im Ortsteil Garmisch. Die hellen, rustikal eingerichteten Zimmer verteilen sich auf das Haupthaus und das Apartmentgebäude und sind in vier Katergorien buchbar. Kleiner Wellnessbereich mit Saunen und Außenpool. Rustikales Restaurant mit regionaler und internationaler Küche.

Staudacherhof
www.staudacherhof.de

★★★★ S

Höllentalstraße 48 (B4), PLZ 82467 (OT: Garmisch), **T 08821 9290,** F 929333
51 Zimmer | 3 Suiten | 3 Apartments | Ez ab 120 €, Dz ab 250 €, inkl. Frühstück

Das privat geführte Haus bietet Gästezimmer unterschiedlicher Größe, teilweise mit schönem Ausblick auf die Berge. Mediterran anmutender Wellnessbereich. Für Entspannung sorgen auch eine Lounge mit offenem Kamin, ein Pavillon und die Terrasse des Hauses.

4Eck - Restaurant & Bar
www.4-eck.com

Klammstraße 8 (B3), PLZ 82467 (OT: Garmisch), **T 08821 7984240**
40 | Hauptgericht 25–48 €, Menü 63–89 € | Di-Sa Di-So Mo 7.–21.11.22

Tagsüber ist das Lokal ein Bistro und Café für den schnellen Business Lunch oder einen Nachmittagskaffee. Am Abend verwandelt sich das 4Eck in ein lässiges Lifestyle-Restaurant mit Wohnzimmeratmosphäre. Gekocht wird ambitioniert und weltoffen mit überwiegend regionalen Produkten. Schöne Terrasse mit Bergblick.

Husar
www.restauranthusar.de

VARTA-TIPP Service

Fürstenstraße 25 (A4), PLZ 82467, **T 08821 9677922**
80 | Hauptgericht 20–45 € | Di-Sa Mo, So

Das Lokal empfängt Sie in einem geschichtsträchtigen Gebäude mit hist. Fassadenmalerei. Sehr freundlicher Service, nette Atmosphäre und eine frische deutsch-alpenländische Küche mit internationalem Einfluss machen dieses Restaurant aus. Die lauschige Terrasse mit schöner Aussicht auf die Werdenfelser Bergwelt ist im Sommer der absolute Renner.

GARREL 21 A www.garrel.de

Niedersachsen | EW 14.658 | 20 m | Cloppenburg 13 km, Bremen 73 km

Auehof www.der-auehof.de

Nikolausdorfer Straße 21, PLZ 49681 (OT: Hinter dem Forde), **T 04474 94840,** F 948430
20 Zimmer | 1 Suite | Ez 65–80 €, Dz 99–110 €, inkl. Frühstück

Gute Adresse für Urlauber und Geschäftsreisende in ruhiger Lage am Ortsrand. Moderne, geräumige Balkonzimmer, teils mit Kirschholzmöbeln. Gemütliches Restaurant mit regionaler und saisonaler Küche und hübscher Gartenterrasse.

Heidegrund www.hotel-heidegrund.de

★★★★

Drei-Brücken-Weg 10, PLZ 49681 (OT: Petersfeld), **T 04495 890,** F 89100
58 Zimmer | 24 h

In herrlich ruhiger Lage unmittelbar an der Thülsfelder Talsperre befindet sich diese gepflegte Übernachtungsadresse. Komfortabel ausgestattete Gästezimmer. Hübsch gestalteter Wellnessbereich „WaldSPA" mit Naturbadeteich, Saunahäusern und Panoramawintergarten. Restaurant mit saisonaler Küche.

Zur Post www.hotelzurpost-garrel.de

★★★★

Hauptstraße 34, PLZ 49681, **T 04474 8000,** F 7847
35 Zimmer | Ez ab 74 €, Dz ab 95 €, inkl. Frühstück

Hotel im Herzen des Oldenburger Münsterlandes. Neu eingerichtete Gästezimmer mit modernen Bädern und komfortabler Ausstattung. Im Restaurant werden internationale Küche und Steaks serviert.

Bürgerklause Tapken www.buergerklause-tapken.de

€ Gut & Günstig ★★★★

Hauptstraße 8, PLZ 49681, **T 04474 8092,** F 919403
21 Zimmer | Ez ab 65 €, Dz ab 89 €, inkl. Frühstück

Familienbetrieb mit gemütlicher Atmosphäre. Wohnliche, im Landhausstil eingerichtete Zimmer im Haupt- und Nebenhaus, teilweise mit Balkon. Restaurant mit regionaler und internationaler Küche.

GÄRTRINGEN 57 B www.gaertringen.de

Baden-Württemberg | EW 11.758 | 476 m | Böblingen 8 km, Stuttgart 31 km

Kerzenstüble www.kerzenstueble.de

Böblinger Straße 2-4, PLZ 71116, **T 07034 92400,** F 924040
28 Zimmer | 1 Apartment | Ez 74–86 €, Dz 96–108 €, 10,00–12,00 €

In dem familiengeführten Hotel hält man komfortabel eingerichtete Zimmer für Sie bereit. Im Restaurant bietet man regionale und überregionale Küche. Im Sommer lädt die Terrasse zum Verweilen ein.

GAU-BISCHOFSHEIM 50 B www.gau-bischofsheim.de

Rheinland-Pfalz | EW 1.823 | 123 m | Mainz 13 km, Pirmasens 93 km

Das Nack www.das-nack.de

Pfarrstraße 13, PLZ 55296, **T 06135 3043**
110 | Hauptgericht 12–29 €, Menü 35–68 € | So Mi-So Mo, Di

Hist. Weingut mit gemütlicher Gaststube, Gewölbekeller und verschiedenen Salons. Serviert werden gehobene Gerichte der regionalen, internationalen und mediterranen Küche sowie heimische Weine.

GEESTHACHT 15 D www.geesthacht.de

Schleswig-Holstein | EW 29.338 | 27 m | Lauenburg 15 km, Hamburg 29 km

Elbblick www.hotel-geesthacht.com

Elbuferstr. 102, PLZ 21502 (OT: Tesperhude), **T 04152 2835,** F 848883
23 Zimmer | Ez 75–86 €, Dz 94–117 €, inkl. Frühstück

Ein kleines, inhabergeführtes Hotel in wunderschöner Lage - direkt an der Elbe. Modern und wohnlich eingerichtete Zimmer, die teils über einen kleinen Balkon oder eine Terrasse verfügen. Den Gästen steht ein 40 qm großer Fahrradkeller zur Verfügung.

GEESTLAND 14 A www.geestland.eu

Niedersachsen | EW 30.411 | 10 m | Bremerhaven 29 km, Cuxhaven 40 km

Bösehof www.boesehof.de

★★★★ S

Hauptmann-Böse-Straße 19, PLZ 27624 (OT: Bad Bederkesa), **T 04745 9480,** F 948200
47 Zimmer | 14 Suiten | Ez ab 62 €, Dz ab 119 €, inkl. Frühstück

Exklusives Hotel mit Gästehäusern in parkähnlicher Anlage. Stilvoll gestaltete Zimmer und Suiten unterschiedlicher Kategorien. Im Restaurant werden anspruchsvolle saisonale Gerichte angeboten. Schöne Sommerterrasse mit Blick über den See.

GEHRDEN 23 C www.gehrden.de

Niedersachsen | EW 14.418 | 76 m | Hannover 12 km, Bad Nenndorf 16 km

Berggasthaus Niedersachsen www.berggasthaus-niedersachsen.de

VARTA-TIPP Küche

Köthnerberg 4, PLZ 30989, **T 05108 3101**
45 | Hauptgericht 17–32 €, Menü 37–89 € | Sa-So Do-So Mo, Di, Mi

Ausgesprochen herzlich umsorgt man Sie in diesem behaglichen Gasthaus am Gehrdener Berg. Serviert wird eine schmackhafte saisonale Küche mit mediterranen Einflüssen. Probieren Sie z.B. „Wildfang-Steinbutt ‚Finkenwerder' mit Gartengurke und Kartoffelpüree" oder „Maispoularde mit Tomaten, Oliven und Polenta". Im Sommer ein Muss: die großzügige Terrasse.

GEISENHEIM 50 B www.geisenheim.de

Hessen | EW 11.704 | 88 m | Rüdesheim 3 km, Wiesbaden 23 km

Burg Schwarzenstein www.burg-schwarzenstein.de

VARTA-TIPP Service

Rosengasse 32, PLZ 65366 (OT: Johannisberg), **T 06722 99500,** F 995099
51 Zimmer | 11 Suiten | Ez 195–225 €, Dz 290–320 €, 28,00 € | 24 h

Inmitten der Weinberge liegt dieses hübsche Refugium. Dass man Historie und Moderne durchaus stimmig miteinander vereinen kann, zeigt das gelungene Ensemble aus historischem Burggebäude, moderner Parkresidenz, lichtdurchflutetem Pavillon und charmantem Gästehaus. Unter Leitung der engagierten Gastgeber Michael und Stephanie Teigelkamp wird das Hotel kontinuierlich verschönert und erweitert. Eine Oase der Ruhe mit tollem Panoramablick weit hinein in den Rheingau.

Müllers auf der Burg by Nelson Müller

VARTA-TIPP Küche

40 | Hauptgericht 18–58 € | Mi-So Mo, Di

Als erste Dependance des MÜLLERS auf der Rü wurde das erfolgreiche Essener Brasseriekonzept von Spitzenkoch Nelson Müller in den Rheingau adaptiert. Eine Meeresfrüchtebar aus poliertem Marmor mit edlen Schalentieren und Austern bildet den Blickfang des modernen Pavillons mit seinen weitläufigen Terrassen. In ungezwungener Atmosphäre können Sie sich deutsche und französische Hausmannskost schmecken lassen. Das Angebot reicht von „Kalbs-Currywurst" und „Wagyu-Burger" bis zu „Steinbutt mit Tintenfischbolognese und Tomatentagliatelle".

Waldhotel Rheingau www.waldhotel-rheingau.de

★★★★

Marienthaler Straße 20, PLZ 65366, **T 06722 99600,** F 9960106
55 Zimmer | 1 Suite | Ez 90–128 €, Dz 128–158 €, 12,50–16,00 €

Stilvolles Wellnesshotel in idyllischer Lage. Die modernen Wine-Style-Zimmer sind von der Tradition des jahrundertealten Weinanbaus inspiriert. Kleiner Wellnessbereich mit Schwimmbad, Sole-Caldarium und Panorama-Gartensauna. Regionale und tradionelle Gerichte werden im Restaurant serviert.

Zwei und Zwanzig www.zwei-und-zwanzig.de

Lindenplatz 1, PLZ 65366, **T 06722 7108312**
50 | Hauptgericht 7–11 €, Menü 49–69 € | Di-So Mo

Das sympathisch geführte Lokal zeigt sich im puristisch-geradlinigen Bistrostil. Hier kocht man mit guten, ökologisch erzeugten Produkten und sehr viel Herzblut. Das regional ausgerichtete Speisenangebot wird durch eine aktuelle Wochenkarte ergänzt. Täglich frische Kuchenauswahl. Separate Gin- und Cocktailkarte.

GEISINGEN 65 A www.geisingen.de

Baden-Württemberg | EW 6.300 | 667 m | Donaueschingen 13 km, Tuttlingen 16 km

Zum Hecht www.zumhecht.de

VARTA-TIPP Küche

Hauptstraße 41, PLZ 78187, **T 07704 281**
45 | Hauptgericht 21–36 €, Menü 52–68 € | So Mi-So Mo, Di »

Individualität in punkto Küche, Ambiente und Service - das zeichnet diesen Gasthof aus. Es erwarten Sie geschmackvolle Räumlichkeiten in eleganter und sehr warmer Atmosphäre. Auf der Karte stehen aromenreiche internationale Gerichte zu fairen Preisen. Probieren Sie doch mal das Überraschungsmenü in 3, 4 oder 5 Gängen! Gepflegt übernachten kann man hier ebenfalls.

GEISLINGEN 58 B www.geislingen.de

Baden-Württemberg | EW 28.397 | 464 m | Göppingen 18 km, Ulm 31 km

Burghotel www.burghotel-schiehle.de

garni

Schalkstetter Str. 1, PLZ 73312, **T 07331 93260,** F 932636
23 Zimmer | 1 Suite | Ez 69–89 €, Dz 109–119 €, 7,00–9,00 €

Freundliches, familiengeführtes Haus in ruhiger Lage. Gepflegte Gästezimmer mit klassischer Einrichtung, teils mit eigenem Balkon. Beheiztes Hallenbad. Große Liegewiese. Bei schönem Wetter kann auch auf der Terrasse gefrühstückt werden.

GELDERN 28 B www.geldern.de

Nordrhein-Westfalen | EW 33.725 | 25 m | Wesel 28 km, Krefeld 30 km

See Park Janssen www.seepark.de

★★★★ S

Danziger Str. 5, PLZ 47608, **T 02831 9290,** F 929299
88 Zimmer | Ez 103–181 €, Dz 158–223 €, inkl. Frühstück | 24 h

Modernes, familiengeführtes Geschäfts- und Tagungshotel mit schöner Pool- und Saunalandschaft auf 8.000 qm. Wohnliche Gästezimmer. Einen schönen Ausblick auf den See bieten die Panoramazimmer im Neubau. Restaurant mit neuzeitlichem Ambiente und schöner Terrasse mit Seeblick.

GELNHAUSEN 42 C www.gelnhausen.de

Hessen | EW 22.104 | 159 m | Wächtersbach 11 km, Hanau 21 km

Bergschlösschen www.restaurant-bergschloesschen.de

Am Schlösschen 4, PLZ 63571, **T 06051 472647**
75 | Hauptgericht 22–32 €, Menü 39–48 € | Mo, Mi-Fr, So Mo, Mi-So Di

Elegantes Ambiente, gepflegte Tischkultur und eine schmackhafte italienische Küche erwarten Sie in diesem sympathischen Restaurant. Im Sommer lockt die großzügige Terrasse mit tollem Ausblick über die Stadt.

GELSENKIRCHEN 29 B www.gelsenkirchen.de

Nordrhein-Westfalen | EW 265.000 | 52 m | Essen 9 km, Bochum 11 km
Altstadt, Hans-Sachs-Haus, Bleckkirche, Schloss Berge, Schloss Horst, Wissenschaftspark Rheinelbe, Musiktheater im Revier, Veltins-Arena mit Schalkemuseum, Halde Rungenberg, Hafen Graf Bismarck.

Heiner's Parkhotel www.heiners.info

★★★★ S

Am Bugapark 1d, PLZ 45899 (OT: Horst), **T 0209 1772222**
36 Zimmer | 4 Suiten | Ez ab 95 €, Dz ab 135 €, 16,50 € | 24 h

Das Hotel ist im ehem. Magazin der Zeche Nordstern beheimatet – vis-à-vis zum Förderturm mit der Herkules-Skulptur des Künstlers Markus Lüpertz. Es bietet seinen Gästen freundliche und gut ausgestattete Zimmer mit kostenlosem WLAN. Auf Wandbildern wird die Bergbaugeschichte des Ruhrgebietes erzählt. Im Restaurant setzt man auf traditionelle, regionsbezogene Küche.

Restaurant UNVERHOFFT www.unverhofft.de

Middelicher Str. 72, PLZ 45891 (OT: Erle), **T 0209 77390**
80 | Hauptgericht 18–38 € | Mo-So

Passend zum ruhigen und sehr gepflegten Golfclub Haus Leythe hat man die Gastronomie geschickt in den Komplex eingebunden. Die Küche im geschmackvoll eingerichteten Restaurant ist unkompliziert, modern und abwechslungsreich. Clubraum mit Kamin und Panoramablick, herrliche Sommerterrasse.

GEMÜNDEN A. MAIN 42 D www.stadt-gemuenden.info

Bayern | EW 10.290 | 160 m | Lohr 13 km, Karlstadt 16 km

Imhof www.hotel-imhof.de

€ Gut & Günstig ★★★ S garni

Frankenstraße 1, PLZ 97737 (OT: Langenprozelten), **T 09351 97110,** F 971133
32 Zimmer | Ez 61–79 €, Dz 92–118 €, inkl. Frühstück

Familiär geführtes Haus mit Liegewiese, Kegelbahn und Biergarten. Neben funktionalen Zimmern im Stammhaus stehen moderne Landhauszimmer im Anbau zur Verfügung. Das Restaurant serviert fränkische Gerichte mit steirisch-bayerischem und internationalem Einfluss.

GENGENBACH 57 C www.gengenbach.info

Baden-Württemberg | EW 11.130 | 175 m | Offenburg 10 km, Lahr 25 km

Die Reichsstadt www.die-reichsstadt.de

VARTA-TIPP Service

★★★★ S garni

Engelgasse 33, PLZ 77723 (OT: Kinzigtal), **T 07803 96630,** F 966310
22 Zimmer | 8 Suiten | Ez ab 135 €, Dz ab 210 €, inkl. Frühstück

Ein aufwendig restauriertes Gebäude aus dem 18. Jhd. mitten in der Altstadt. In diesem reizenden Boutique-Hotel hat man Design und Tradition perfekt miteinander vereint. Die unterschiedlich großen Zimmer zeichnen sich durch klare Linien, warme Erdtöne, Altholzböden und bequeme Boxspringbetten aus. Für Entspannung sorgt der kleine, aber stilvolle „Reichsstadt SPA". Aufmerksam der Service, ausgezeichnet das Frühstück, gemütlich der Loungebereich mit Kamin.

Die Reichsstadt

VARTA-TIPP Küche

75 | Hauptgericht 25–36 €, Menü 79–98 € | Di-Sa So

Neben einem ambitionierten Gourmetmenü (3 bis 5 Gänge) werden auch saisonal-badische Gerichte (z.B. „Duett vom Ortenauer Kalb mit Sellerie und Steinpilzen") offeriert. Gerhard Hummel kocht mit Geschick, Raffinesse und gutem Gespür für beste Produkte. Dazu freundlicher Service und ein stilvoll-elegantes Ambiente. Mediterranes Flair versprüht das gemütliche Gartenrestaurant.

Pfeffer & Salz
www.pfefferundsalz-gengenbach.de

★★★ garni

Mattenhofweg 3, PLZ 77723, **T 07803 93480,** F 934840
24 Zimmer | Ez 60–86 €, Dz 90–124 €, inkl. Frühstück

Genuss, Entspannung und Natur verspricht dieses familienfreundliche Weinhotel am Rande der Stadt. Die komfortabel eingerichteten Zimmer sind in natürlichen Farben gehalten und mit Naturmaterialien ausgestattet. Im Restaurant wird regional und international gekocht. Für kleine Gäste hat man einen attraktiven Spielplatz.

Schwarzwaldhotel Gengenbach
www.schwarzwaldhotel-gengenbach.de

★★★★ garni

In der Börsiglache 4, PLZ 77723, **T 07803 93900,** F 939099
59 Zimmer | 3 Suiten | 4 Apartments | Ez 100–123 €, Dz 132–155 €, 13,00–20,00 €

Zeitgemäßes Hotel in unmittelbarer Nähe zum Flussufer der Kinzig. Funktional ausgestattete Gästezimmer. Wellnessbereich mit Hallenbad, Sauna, Dampfbad und Fitnessraum. Gute Verkehrsanbindung zur Messe Offenburg. Im Restaurant „Zur Kirsche" wird traditionelle badische Küche mit europäischen Einflüssen serviert.

Pfeffermühle
www.pfeffermuehle-gengenbach.de

€ Gut & Günstig ★★★ garni

Oberdorfstraße 24, PLZ 77723, **T 07803 93350,** F 6628
25 Zimmer | 1 Suite | Ez ab 62 €, Dz ab 92 €, inkl. Frühstück

Familiär geführtes Haus unweit der hist. Altstadt. Zweckmäßig eingerichtete Zimmer zu vergleichsweise günstigen Preisen. Im gemütlichen Restaurant regionale Küche mit mediterranem Einfluss sowie hausgemachte Kuchen.

Ponyhof
www.ponyhof.co

VARTA-TIPP Küche

Mattenhofweg 6, PLZ 77723 (OT: Schwaibach), **T 07803 1469**
100 | Hauptgericht 26–59 € | Sa-So Mi-So Mo, Di

Ein Familienbetrieb wie er im Buche steht! Mit dem Vater und seinen Söhnen Tobias und Marco stehen zwei Generationen am Herd, die Sie mit einer neu interpretierten badischen Wirtshausküche verwöhnen. Auch hochwertige Steakcuts vom Holzkohlegrill stehen auf der Speisekarte. Bei den Zutaten legt man großen Wert auf regionale Produkte, schonende Verarbeitung und einen vernünftigen Umgang mit der Natur. In den Gasträumen liebenswertes, historisch-rustikales Flair. Versiert, flink und gut gelaunt agiert der Service.

GEORGSMARIENHÜTTE 21 C
www.georgsmarienhuette.de

Niedersachsen | EW 34.000 | 100 m | Osnabrück 10 km, Münster 51 km

Rittergut Osthoff
www.hotel-rittergut-osthoff.de

Rittergut Osthoff 3a, PLZ 49124 (OT: Kloster Oesede), **T 05401 880890**
30 Zimmer | Ez 97–125 €, Dz 130–150 €

Südlich von Osnabrück, in den Wäldern um Georgsmarienhütte, empfängt Sie dieses charmante Landhotel mit herrschaftlichem Herrenhaus, Gestüt und Reitanlage. Das Anwesen bietet behagliche, mit Liebe zum Detail eingerichtete Zimmer in unterschiedlichen Kategorien. Im Restaurant kocht man international mit regionalen Einflüssen.

GERA 45 A tourismus.gera.de

Thüringen | EW 99.987 | 203 m | Zwickau 45 km, Jena 45 km

Gewürzmühle www.hotelgewuerzmuehle.de

★★★ S garni

Clara-Viebig-Str. 4, PLZ 07545, **T 0365 824330,** F 8243344
28 Zimmer | Ez ab 62 €, Dz ab 79 €, 13,50 €

Gepflegtes Hotel in einer ehemaligen Gewürzfabrik von 1922 in einer ruhigen Seitenstraße in der Innenstadt, nur wenige Gehminuten vom Einkaufszentrum Gera Arcaden entfernt. Solide möblierte Gästezimmer.

GERNSBACH 57 A www.gernsbach.de

Baden-Württemberg | EW 14.000 | 174 m | Gaggenau 5 km, Baden-Baden 11 km

Schloss Eberstein www.schlosseberstein.com

VARTA TIPP Service

★★★★ S garni

Schloss Eberstein 1 (über Schloßstraße), PLZ 76593, **T 07224 995950,** F 9959550
16 Zimmer | 5 Suiten | Ez 115–195 €, Dz 158–248 €, inkl. Frühstück

Ein Hideaway für Kulinariker und Individualisten. Die hist. Burg mit königlichem Flair verfügt über luxuriöse Zimmer und Suiten, die individuell mit edlen Naturmaterialien und stilvollen Details gestaltet sind. Entspannung bieten die hauseigene Bibliothek und der ruhige Garten. Dazu ein toller Service mit persönlicher Note. Insbesondere für Firmenfeiern oder private Veranstaltungen bietet dieses Hotel ein außergewöhnliches Ambiente.

Werners Restaurant

VARTA-TIPP Küche VARTA-TIPP Service

40 | Hauptgericht 29–55 €, Menü 98–120 € | So Mi-So Mo, Di

Stilvoll-elegant und modern präsentiert sich das frisch renovierte Gourmetrestaurant. Neu ist nicht nur das Ambiente, sondern auch der Küchenchef! Mit Edmund Schmidt hat sich Patron Bernd Werner einen erfahrenen und ambitionierten Mann ins Team geholt. Serviert wird eine weltoffene und zeitgemäße Gourmetküche. Aus handverlesenen, frischen Zutaten entstehen außergewöhnliche Gerichte, die Sie in Form eines fünfgängigen Menüs genießen können. Zusammen mit dem sympathischen Service sowie der exzellenten Weinauswahl wird der Besuch zum genussreichen Vergnügen. Von der herrlichen Panoramaterrasse hat man einen überwältigenden Blick auf Murg- und Rheintal.

Hazienda Apartmenthotel www.romantiklandhaus.de

Pflasteräcker 26, PLZ 76593, **T 07224 989304,** F 651359
10 Zimmer | 10 Apartments | 24 h

Kleines, charmantes Landhaus mit südländischer Atmosphäre, eingebettet in einen 1.400 qm großen mediterranen Garten. Sie wohnen in individuell und liebevoll eingerichteten Juniorsuiten. Zum Haus gehören auch eine Tapasbar und eine gemütliche Frühstücksterrasse.

GEROLSTEIN 39 D www.gerolsteiner-land.de

Rheinland-Pfalz | EW 7.492 | 358 m | Prüm 20 km, Daun 21 km

Löwenstein www.loewenstein-hotel.de

★★★ S

Zur Büschkapelle 5, PLZ 54568, **T 06591 819390,** F 81939777
35 Zimmer | 1 Suite | Ez 70–85 €, Dz 130–170 €, inkl. Frühstück

Helle, tipptopp gepflegte Zimmer (teils mit tollem Weitblick in die Eifeler Natur), freundliche Gästebetreuung, schöner Saunabereich… ein Hotel zum Wohlfühlen! Im Restaurant und auf der herrlichen Gartenterrasse serviert man regionale und saisonale Speisen.

GERSFELD (RHÖN) 42 D www.gersfeld.de

Hessen | EW 5.968 | 486 m | Bad Brückenau 25 km, Fulda 27 km

Gersfelder Hof www.gersfelder-hof.de

★★★★

Auf der Wacht 14, PLZ 36129, **T 06654 1890,** F 189888
80 Zimmer | 19 Apartments | Ez 80–105 €, Dz 129–139 €, inkl. Frühstück | 24 h

Weitläufiges Seminar- und Ferienhotel unweit der Wasserkuppe. Individuelle Gästezimmer mit Balkon, geräumige Apartments im Gästehaus. Kleiner Wellnessbereich mit Hallenbad und Panoramasauna. Rustikal gestaltetes Restaurant „WEBER'S" mit moderner deutscher Küche.

Sonne www.sonniges.de

€ Gut & Günstig

Amelungstraße 1, PLZ 36129, **T 06654 96270,** F 7649
30 Zimmer | 12 Apartments | Ez 53–59 €, Dz 80–90 €, inkl. Frühstück

Kleines, in der 3. Generation famliengeführtes Haus. Komfortabel und individuell eingerichtete Zimmer mit kostenlosem WLAN. Zum Relaxen steht eine Sauna mit Infrarotkabine bereit. Leichte Küche und Rhöner Hausmannskost werden im behaglichen Restaurant serviert.

GESEKE 31 A www.geseke.de

Nordrhein-Westfalen | EW 21.447 | 104 m | Paderborn 18 km, Soest 30 km

Feldschlösschen www.hotel-feldschloesschen.net

Salzkottener Straße 42 (an der B 1), PLZ 59590, **T 02942 9890,** F 989399
62 Zimmer | 2 Suiten | Ez 75 €, Dz 110 €, inkl. Frühstück

In vierter Generation familiengeführtes Urlaubs- und Tagungshotel in einem markanten Jugendstilgebäude aus dem Jahre 1909. Lichtdurchflutete, gemütlich mit warmen Farben eingerichtete Gästezimmer. Das Restaurant serviert regionale und internationale Küche.

GIENGEN 59 A www.giengen.de

Baden-Württemberg | EW 19.828 | 464 m | Heidenheim 12 km, Ulm 33 km

Lobinger Parkhotel www.lobinger-hotels.de

★★★★

Steigstraße 110, PLZ 89537, **T 07322 9530,** F 953111
72 Zimmer | 9 Suiten | Ez ab 89 €, Dz ab 99 €, inkl. Frühstück | 24 h

Persönlich geführtes Urlaubshotel mit freundlicher Atmosphäre. Liebevoll eingerichtete, mit verschiedenen Designelementen ausgestattete Zimmer mit moderner Ausstattung. Das Haus bietet zudem eine Sauna- und Fitnessoase, ein Restaurant mit regionaler Küche, eine E-Tankstelle sowie einen Porscheverleih.

GIESEN 23 C www.giesen.de

Niedersachsen | EW 10.020 | 90 m | Hildesheim 8 km, Hannover 23 km

Park Hotel Ahrbergen www.parkhotel-ahrbergen.de

★★★★

Liebigstr. 35, PLZ 31180 (OT: Ahrbergen), **T 05066 70550,** F 705579
90 Zimmer | Ez ab 81 €, Dz ab 101 €, inkl. Frühstück

Was dieses Hotel ausmacht? Es liegt relativ ruhig und dennoch nur etwa 12 Autominuten vom Messegelände in Hannover entfernt, die Preise sind fair und die Zimmer zweckmäßig eingerichtet. Das Restaurant serviert regionale und internationale Küche.

GIESSEN 41 B www.giessen-entdecken.de

Hessen | EW 88.507 | 159 m | Wetzlar 15 km, Marburg 30 km

Tandreas www.tandreas.de

★★★★

Licher Str. 55, PLZ 35394, **T 0641 94070,** F 9407499
34 Zimmer | 1 Suite | 1 Apartment | Ez 109–134 €, Dz 139–154 €, inkl. Frühstück | 24 h

Stilvolles Ambiente, wohnliche Zimmer im eleganten Landhausstil und eine fürsorgliche Gästebetreuung erwarten Sie in diesem familiengeführten Haus.

Tandreas

60 | Hauptgericht 16–39 €, Menü 64–79 € | Mo-Mi, Fr-Sa Do, So

Im Hotelrestaurant vereinen sich das moderne Ambiente, der freundliche Service und die gefällige Frischmarktküche zu einer angenehmen Symbiose. Mittags werden variable Lunchmenüs angeboten, am Abend locken regionale und mediterrane Gerichte sowie ausgewählte Tapasspezialitäten.

Heyligenstaedt www.restaurant-heyligenstaedt.de

VARTA-TIPP Ambiente

Aulweg 41, PLZ 35392, **T 0641 4609650,** F 46096599
20 Zimmer | 1 Suite | Ez ab 100 €, Dz ab 200 €, 16,00 € | 24 h ››

Bereits äußerlich beeindruckt dieses Boutique-Hotel mit seiner denkmalgeschützten Industriefassade aus dem Jahre 1876. Im Inneren trifft Fachwerk auf modernes Interieur. Die Gästezimmer sind in unterschiedlichen Farbstilen möbliert und mit allem technischen Komfort ausgestattet. Kein Zimmer gleicht dem anderen. Hausgästen steht eine Sauna mit Dachterrasse zur Verfügung.

Heyligenstaedt

100 | Hauptgericht 23–56 €, Menü 69–85 € | Do-Fr Di-Sa ⃠ Mo, So ⃠ 1.–9.1.23

Äußerst geschmackvoll hat man das hist. Fabrikgebäude aus dem 18. Jhd. eingerichtet. Hier verbinden sich neue und alte Architektur harmonisch miteinander. Serviert wird eine kreative internationale Küche. Mittags kommt man gerne zum preisgünstigen Quick Lunch.

Altes Eishaus
www.hotel-giessen.de

Wißmarer Weg 45, PLZ 35396, **T 0641 389080,** F 3013528
35 Zimmer | Ez 60–83 €, Dz 95–106 €, 8,00 € | ⃠ 21.12.22–8.1.23

Ein familiär geführtes Haus unmittelbar an der Lahn. Geschmackvoll eingerichtete Zimmer, überwiegend mit Balkon oder Terrasse. Im historischen Restaurant mit Biergarten setzt man auf eine gutbürgerliche regionale Küche.

Residenz
www.residenz-hotel-giessen.de

garni

Wiesecker Weg 12, PLZ 35396, **T 0641 39980,** F 399888
33 Zimmer | 2 Suiten | 31 Apartments | Ez 80 €, Dz 99 €, inkl. Frühstück

Ob Urlaub, Kurztrip oder Geschäftsreise - das inhabergeführte Stadthotel punktet mit seiner persönlichen Atmosphäre und der guten Verkehrsanbindung. Hier erwarten Sie helle, freundlich eingerichtete Zimmer, überwiegend mit Balkon oder Terrasse. Gutes Frühstück.

GILCHING 60 C
www.gilching.de

Bayern | EW 20.000 | 553 m | München 20 km, Augsburg 49 km

Courtyard by Marriott
www.marriott.de/mucms

Friedrichshafener Str. 3a, PLZ 82205, **T 089 614260,** F 61426099
174 Zimmer | 20 Suiten | Ez 79–299 €, Dz 89–309 €, inkl. Frühstück | 24 h

Der Hotelneubau befindet sich im Technologie-Park der Stadt. Das Leitmotiv „Fliegen" als Hommage an die legendären Dornier-Flugzeuge zieht sich gestalterisch bis in den Zimmerbereich. Moderne Konferenzeinrichtungen. Restaurant mit offener Showküche.

GLASHÜTTEN 41 C
www.gemeinde-glashuetten.de

Hessen | EW 5.304 | 510 m | Königstein im Taunus 7 km, Idstein 16 km

Glashüttener Hof
www.glashuettenerhof.com

Limburger Straße 86, PLZ 61479, **T 06174 6922**
120 | Hauptgericht 22–44 € | Mi-So ⃠ Mo, Di

Hübsch eingerichtetes Restaurant mit schmackhafter internationaler Frischeküche und jahreszeitlich orientierten Spezialitäten. Preiswerter Mittagstisch. Neun Gästezimmer vorhanden.

GLEES 40 C www.brohltal-tourismus.de

Rheinland-Pfalz | EW 604 | 284 m | Mendig 7 km, Andernach 15 km

Seehotel Maria Laach www.seehotel-maria-laach.de

★★★★ S garni

Am Laacher See 1, PLZ 56653 (OT: Maria Laach), **T 02652 5840,** F 584522
69 Zimmer | 1 Apartment | 24 h

Gut geführtes Hotel direkt neben dem Laacher See und dem über 900-jährigen Benediktinerkloster Maria Laach. Funktionale Zimmer mit kostenfreiem WLAN. Neuzeitliches Restaurant mit nationalen und internationalen Speisen.

GLEISWEILER 50 D www.gleisweiler.de

Rheinland-Pfalz | EW 609 | 285 m | Landau (Pfalz) 8 km, Haßloch (Holiday Park) 29 km

Herrenhaus Barthelemy www.herrenhaus-barthelemy.de

Bergstraße 4, PLZ 76835, **T 06345 953022,** F 953023
6 Zimmer | 1 Suite, Dz 144–154 €, ab 15,00 €

Unter Denkmalschutz stehendes, hübsch restauriertes Anwesen mit individuell gestalteten Zimmern und Suiten. Einrichtung mit edlen Stoffen, geschmackvollen Accessoires und teils antiken Möbelstücken. Romantischer Garten. In der Remise gibt es zusätzlich noch drei hübsche Ferienwohnungen.

GLONN 68 A www.markt-glonn.de

Bayern | EW 4.890 | 536 m | Feldkirchen-Westerham 11 km, München 28 km

Steirer Eck www.biorestaurant-steirereck.de

Herrmannsdorf 7, PLZ 85625 (OT: Herrmannsdorf), **T 08093 909445**
Menü 69–99 € | Mi-So

Frisch, saisonal und mit natürlichen Produkten aus der Region kocht man in diesem sympathischen Bio-Restaurant. Auf der handgeschriebenen Speisekarte stehen zeitgemäße österreichische Gerichte. Lust auf „Steirisches Backhendl“ oder lieber „Kärntner Kasnudeln“? Lauschiger Biergarten.

GLOTTERTAL 56 D www.glottertal.de

Baden-Württemberg | EW 3.038 | 320 m | Waldkirch 12 km, Freiburg 14 km

Hirschen www.hirschen-glottertal.de

★★★★ S garni

Rathausweg 2, PLZ 79286, **T 07684 810,** F 1713
49 Zimmer | Ez 86–105 €, Dz 162–196 €, inkl. Frühstück

Das traditionsreiche Haus ist seit Generationen im Familienbesitz. Es verfügt über wohnliche Gästezimmer in unterschiedlichen Kategorien. Zum Hotel gehören eine Saunalandschaft, ein Panoramapool mit Gegenstromanlage sowie ein weitläufiger Park.

Hirschen

45 | Hauptgericht 15–32 €, Menü 35–72 € | Di-So ⃠ Mo

»

Verschiedene geschmackvoll eingerichtete Gaststuben. Aus der Küche kommen schmackhafte regional und saisonal beeinflusste Gerichte. Probieren Sie z.B. „Medaillon vom Seeteufel an Safransauce mit Orangenspargel, Morchelrisotto und Bärlauchöl" oder „Kalbsrücken an Rahmsauce mit Frühlingsmorchel, grünem Spargel, Schupfnudel und Parmesancrumble".

Zum Kreuz

www.zum-kreuz.de

Landstraße 14, PLZ 79286, **T 07684 206,** F 800839
36 Zimmer | 1 Suite | Ez ab 59 €, Dz ab 150 €, inkl. Frühstück

Ein Haus mit langer Familientradition - seit 11 Generationen werden hier Gäste begrüßt. Helle, im Landhausstil gestaltete Zimmer in unterschiedlichen Kategorien. Hübscher Wellnessbereich auf zwei Etagen. Gemütliches Hotelrestaurant im ländlichen Stil, in dem badische Küche unter Verwendung frischer saisonaler Produkte serviert wird.

Zum goldenen Engel

www.goldener-engel-glottertal.de

€ Gut & Günstig

Friedhofweg 2, PLZ 79286, **T 07684 250,** F 267
14 Zimmer | 3 Suiten | Ez 63–75 €, Dz 95–120 €, inkl. Frühstück

Hier pflegt man seit mehr als 500 Jahren echte Gasthoftradition. Gemütliche Zimmer (im Schwarzwaldstil mit bemalten Bauernmöbeln oder als romantische Wohlfühlzimmer), ein ausgesprochen freundlicher Service und das tolle Frühstück am Morgen zeichnen dieses Haus aus.

Zum goldenen Engel

VARTA-TIPP Küche

120 | Hauptgericht 19–38 €, Menü 52–67 € | Mo-Di, Do-So ⃠ Mi

Hier speisen Sie in gemütlichen Gaststuben mit regionaltypischem Ambiente. Michael Mannel steht für eine leichte, ideenreiche und ehrliche Küche, bei der er überwiegend heimische Produkte verwendet. Was halten Sie z.B. von „Glottertäler Rinderrücken mit Dijonsenf und Kräutern auf Bohnengemüse und Kartoffelgratin"? Tipp: Preisgünstiger Mittagstisch.

GLÜCKSBURG 7 A

www.gluecksburg-urlaub.de

Schleswig-Holstein | EW 5.834 | 17 m | Flensburg 11 km, Kappeln/Schlei 43 km

Alter Meierhof Vitalhotel

www.alter-meierhof.de

VARTA★TIPP Service

Uferstraße 1, PLZ 24960, **T 04631 61990,** F 619999
54 Zimmer | 2 Suiten | Ez 210–470 €, Dz 260–520 €, inkl. Frühstück | 24 h

Das privat geführte Hotel überzeugt seit vielen Jahren mit einem vorbildlichen Service- und Dienstleistungsniveau. Die Zimmer und Suiten bestechen durch hohen Wohnkomfort und zeitlose Eleganz. Sie sind mit ausgesuchten Antiquitäten, Eichenparkett und stilvollen Accessoires ausgestattet. Toll der orientalisch anmutende SPA-Bereich mit Hamam, Saunalandschaft sowie beheiztem Innen- und Außenpool. Den herrlichen Blick bis zur dänischen Küste gibt's gratis dazu.

Meierei Dirk Luther

VARTA-TIPP Küche VARTA-TIPP Service

26 | Menü 215–240 € | Mi-Sa Mo, Di, So 21.12.22–14.1.23

Das Gourmetrestaurant besticht nicht nur durch den tollen Ausblick auf die Förde, sondern auch durch sein elegantes Innendesign. Stilvolle Tischkultur sowie warme Grau- und Schlammtöne bilden den Rahmen für die kulinarischen Feuerwerke von Dirk Luther. Dieser setzt auf erstklassige Produkte, handwerkliche Perfektion und klassisch französische Kochkunst mit modernen Akzenten. Dazu kredenzt der herzlich zuvorkommende Service edle Tropfen aus dem gut bestückten Weinkeller.

Brasserie

70 | Hauptgericht 24–43 €, Menü 60–75 € | Mo-So

Ob Genießerfrühstück, Lunch oder Dinner - das stimmungsvolle Restaurant mit seiner offenen Showküche ist eine gute Alternative zum Gourmetrestaurant. Leckeres aus der hauseigenen Patisserie kann man im Sommer auf der lauschigen Strandterrasse genießen.

Strandhotel

www.strandhotel-gluecksburg.de

★★★★ S garni

Kirstenstr. 6, PLZ 24960 (OT: Sandwig), **T 04631 61410,** F 614111
45 Zimmer | 3 Suiten | 9 Apartments | Ez ab 129 €, Dz ab 189 €, inkl. Frühstück | 24 h

Direkt am Strand der Flensburger Förde liegt dieses Ferienhotel. Das Haus bietet seinen Gästen individuell geschnittene, liebevoll dekorierte Zimmer und einen kleinen, aber feinen Wellnessbereich. Wer länger bleiben möchte: im Nebengebäude (nur 2 Gehminuten vom Haupthaus entfernt) gibt es auch Ferienwohnungen.

Felix

100 | Hauptgericht 20–37 €, Menü 54–89 € | Mo-So

Liebevoll eingerichtetes Restaurant im modernen skandinavischen Stil. Kombination aus leichter Bistroküche und gehobenen Feinschmeckermenüs, dazu tagesaktuelle Empfehlungen. Motivierte Servicecrew.

Ostsee-Strandhaus

www.ostsee-strandhaus-holnis.de

★★★ S garni

An der Promenade 1, PLZ 24960, **T 04631 622071,** F 622072
29 Zimmer | Ez 99–209 €, Dz 109–219 €, 16,50 € »

Modern, jung und mit nordischem Flair zeigt sich dieses Designhotel in einzigartiger Strandlage. Die Zimmer und Suiten (alle mit Balkon oder Terrasse) sind lichtdurchflutet und sehr geschmackvoll eingerichtet. Toll der Blick über die Flensburger Förde. Das hauseigene Strandcafé und die Rezeption sind 100 m vom Hotelgebäude entfernt.

Smucke Steed
www.smucke-steed.de

Paulinenallee 5, PLZ 24960, **T 04631 4445161**
16 Zimmer

Wenn Sie eine Auszeit brauchen, empfiehlt sich dieses kleine feine Landhotel. Hinter historischen Mauern erwarten Sie moderne, licht gestaltete Zimmer. Im Sommer können Sie das hausgemachte Frühstück (mit vielen Bio-Produkten) auf der Terrasse mit Blick auf das Schwennautal und die Flensburger Förde genießen. Hübsch die finnische Gartensauna.

GMUND A.TEGERNSEE 68 A
www.gmund.de

Bayern | EW 5.890 | 740 m | Miesbach 11 km, Bad Tölz 14 km

Gasthaus Jennerwein
www.jennerwein-gasthaus.de

Münchner Straße 127, PLZ 83703 (OT: Dürnbach), **T 08022 706050**
65 | Hauptgericht 18–32 € | Fr-So Mo, Do-So Di, Mi

Traditionsreiches Gasthaus mit familiärem Charme. Alte Wandvertäfelungen, knarrende Holzdielen, blank gescheuerte Tische und ein prächtiger alter Kachelofen sorgen für eine heimelige Atmosphäre. Das Speisenrepertoire reicht von zünftigen bayerischen Gerichten bis hin zu feinen Schmankerln aus Österreich und Südtirol. Hübscher Biergarten.

Ostiner Stub'n
www.ostiner-stubn.de

Schlierseer Str. 60, PLZ 83703 (OT: Ostin), **T 08022 7059810**
40 | Hauptgericht 18–38 €, Menü 50–68 € | Do-So Mo, Mi-So Di

In erster Linie kommt man natürlich wegen des guten Essens hierher, aber auch die Atmosphäre stimmt: behaglich-moderne Gaststuben mit zeitgemäßem Landhausambiente. Serviert werden Gerichte wie „Heimischer Saibling, junger Blattspinat, Safranrisotto, Noilly-Prat-Sauce" oder „Geschnetzeltes von der Poulardenbrust, Champignons, Basmatireis".

GNOTZHEIM 53 C
www.gnotzheim.de

Bayern | EW 813 | 473 m | Gunzenhausen 10 km, Dinkelsbühl 34 km

Gasthof Gentner
www.gasthof-gentner.de

Spielberg 1, PLZ 91728 (OT: Spielberg), **T 09833 988930**
60 | Hauptgericht 18–35 €, Menü 35–48 € | Do-Sa Mo, Di, Mi, So

Fränkischer Gasthof mit drei unterschiedlich gestalteten gemütlichen Gaststuben. Moderne Küche unter Verwendung frischer regionaler Produkte. Sieben individuell eingerichtete Gästezimmer vorhanden.

GÖHREN-LEBBIN 18 C
www.goehren-lebbin.de

Mecklenburg-Vorpommern | EW 577 | 74 m | Malchow 7 km, Röbel 15 km

Hotel Schloss Fleesensee www.schlosshotel-fleesensee.com

Schlossstraße 1, PLZ 17213, **T 039932 80100,** F 80103590
175 Zimmer | 20 Suiten | Ez 175–235 €, Dz 195–255 €, inkl. Frühstück | 24 h

Großzügiges Urlaubsresort, das vor allem bei Golfern sehr beliebt ist. Die klassisch-elegant eingerichteten Zimmer verteilen sich auf das Schloss und die Dependancen. Geschmackvolle Hotelbar mit Smokers Lounge. Für Entspannung sorgt das SCHLOSS Spa mit Saunalandschaft, beheiztem Außenpool und Fitness Area. Shuttleservice zum See.

TUI BLUE Fleesensee www.tui-blue.com

★★★★ S

Seeblick 30, PLZ 17213, **T 039932 4700,** F 470910
156 Zimmer | 12 Suiten | 24 h

Das Haus glänzt nicht nur durch seine idyllische Lage am Fleesensee, sondern auch durch seine modern ausgestatteten Gästezimmer und den 950 qm großen Wellnessbereich. Auch ein kleiner Bootsanlegeplatz sowie eine hoteleigene Badeplattform am See sind vorhanden.

GOHRISCH 47 A www.gohrisch.de

Sachsen | EW 2.240 | 250 m | Bad Schandau 3 km, Pirna 13 km

QUARTIER 5 www.quartier-5.de

VARTA-TIPP Service

★★★★

Neue Hauptstraße 118, PLZ 01824, **T 035021 599880,** F 599881
11 Zimmer | 2 Apartments

Schon die Anfahrt durch den Nationalpark Sächsische Schweiz stimmt Sie ein auf die Idylle dieses hübsch gelegenen Landgasthofs, fernab vom Trubel der bekannten Kurorte Bad Schandau und Rathen. Seit 2020 erstrahlt das Haus in neuem Glanz. Hier verbinden sich traditioneller Charme und zeitgemäße Elemente. Sie wohnen modern und stilvoll, genießen den guten, aufmerksamen Service und können sich wahlweise im Restaurant „CUCINA“ oder im Fine-Dining-Restaurant „ESSZIMMER“ kulinarisch verwöhnen lassen.

GÖNNHEIM 50 D www.goennheim.de

Rheinland-Pfalz | EW 1.488 | 109 m | Haßloch 13 km, Mannheim 21 km

Grenningloh www.grenningloh.de

VARTA-TIPP Service

Ludwigstraße 52, PLZ 67161, **T 06322 9886720**
80 | Hauptgericht 15–70 €, Menü 30–75 € | So Mo, Do-So Di, Mi »

Restaurant mit angeschlossenem Weingut im Hofgut Gönnheim. Der Einkauf für die modern interpretierte Küche basiert vorwiegend auf tagesfrischen Produkten aus dem Umland. Auch hochwertiges Dry-Aged-Beef aus der Metzgerei Jürgen David in Worms ist Bestandteil der Speisekarte. Das Genuss- und Wohlfühlerlebnis optimiert der zuvorkommende, herzliche Service. Im reizenden Gästehaus können Sie stilvoll übernachten.

GÖPPINGEN 58 B www.goeppingen.de

Baden-Württemberg | EW 57.422 | 323 m | Geislingen 20 km, Schwäbisch Gmünd 22 km

Arthotel ANA Momentum www.ana-hotels.com/momentum-goeppingen

Pfarrstr. 2, PLZ 73033, **T 07161 965000,** F 96500999
84 Zimmer | Ez ab 59 €, Dz ab 69 € | 24 h

Das außergewöhnliche Stadthotel am Kornhausplatz folgt den Stiltrends der 1950er und 1960er Jahre. In den hellen, freundlichen Zimmern treffen Tradition auf moderne Technik und Design auf Wohlfühlatmosphäre. Gratis-WLAN im gesamten Hotelbereich sowie auf der Terrasse. Leihfahrräder.

GÖRLITZ 37 C www.goerlitz.de

Sachsen | EW 56.878 | 208 m | Bautzen 43 km, Cottbus 90 km

Insel der Sinne www.inseldersinne.de

★★★★

Am See 33, PLZ 02827, **T 035822 5540**
46 Zimmer

Direkt am Ufer des Berzdorfer Sees liegt dieses 2018 eröffnete Wohlfühlhotel. Zeitgemäß, naturnah und maritim präsentieren sich die Zimmer. Großzügige Glasfronten ermöglichen einen uneingeschränkten Blick ins Grüne oder auf den See. Hübscher Wellness- und Anwendungsbereich. Hauseigener Strandzugang.

Tuchmacher www.tuchmacher.de

★★★★

Peterstraße 8, PLZ 02826, **T 03581 47310,** F 4731111
60 Zimmer | 7 Suiten | Ez 93–106 €, Dz 113–176 €, 15,00 €

Die liebevoll restaurierten Renaissance-Bürgerhäuser im hist. Stadtzentrum beherbergen individuell und stilgetreu eingerichtete Zimmer unterschiedlicher Größe. Barocke Holzbalkendecken und klassisches Design machen das Wohnen zum Erlebnis. Zum Hotel gehört auch eine kleine Wellnessoase mit Fitnessbereich.

Börse www.boerse-goerlitz.de

garni

Untermarkt 16 (in der Alten Börse), PLZ 02826, **T 03581 76420,** F 764279
27 Zimmer | Ez 89–99 €, Dz 125–145 €, inkl. Frühstück

Wunderschönes Barockhaus im Herzen der Altstadt. Die stilvoll und komfortabel eingerichteten Zimmer tragen die Namen von großen europäischen Städten. Weitere Übernachtungsmöglichkeiten bieten das „Gästehaus im Flüsterbogen“ sowie die „Herberge zum sechsten Gebot“ (fußläufig erreichbar).

Emmerich Hotel www.emmerich-hotel.net

VARTA-TIPP Ambiente

Untermarkt 1, PLZ 02826, **T 03581 766600,** F 7666029
15 Zimmer | 3 Suiten | Ez 100–150 €, Dz 115–165 €, ab 16,50 €

Ein charmantes, inhabergeführtes Boutique-Hotel im Herzen der Altstadt. Wer das Besondere mag, ist hier genau richtig! Hinter der schmucken Fassade verbergen sich wohnliche Zimmer und Suiten. Edler Naturstein, warmes Eichenholz und liebevoll ausgesuchtes Interieur verleihen den Gästezimmern ihren individuellen Charme. Benannt ist das Haus nach Bürgermeister Georg Emmerich, einem einflussreichen Görlitzer, der die Stadt in ihrer Blüte mitgestaltete.

Via Regia www.bestwestern.de

★★★★

Jauernicker Str. 15/16, PLZ 02826, **T 03581 7644330,** F 76443322
40 Zimmer | 3 Apartments | Ez 84–118 €, Dz 110–144 €

Baudenkmal inmitten des hübschen Gründerzeitviertels. Bei der Gestaltung der Gästezimmer hat man auf die Verbindung von zeitgenössischem Design und hist. Architektur großen Wert gelegt. Das Restaurant „Via Regia“ bietet schlesisch-polnische und internationale Küche. Fahrradverleih möglich.

GOSLAR 32 B www.goslar.de

Niedersachsen | EW 50.125 | 255 m | Hildesheim 50 km, Braunschweig 50 km
Hist. Altstadt mit Kaiserpfalz und Rathaus mit Huldigungssaal sowie Erzbergwerk Rammelsberg mit Museum und Besucherbergwerk (UNESCO-Weltkulturerbe).

Njord Hotel www.hotelnjord.com

★★★★

Parkstraße 2, PLZ 38644 (OT: Hahnenklee), **T 05325 5289370,** F 52893799
25 Zimmer | 2 Suiten | 1 Apartment | Ez ab 75 €, Dz ab 110 €, inkl. Frühstück

Charmantes Hotel mit modernen, hellen Zimmern direkt am idyllischen Kranichsee gelegen. Bibliothek mit Blick über den See. Hübscher kleiner Wellnessbereich. Sehr gutes Frühstück mit Bio-Produkten und Viktualien aus dem Umland. Nordische Küche wird im Restaurant „Madhus“ serviert.

Alte Münze www.hotel-muenze.de

★★★★

Münzstraße 10-11, PLZ 38640, **T 05321 22546,** F 18416
18 Zimmer | Ez ab 75 €, Dz ab 99 €, inkl. Frühstück

Das ansprechende Hotel empfängt Sie in zwei historischen Gebäuden in der Altstadt. Die Gästezimmer verbinden moderne Elemente mit nostalgischem Charme. Zum Haus gehören noch eine gemütliche Lounge, eine Bibliothek und ein reizvoller Innenhof.

Haus am Hochwald www.hausamhochwald.de

€ Gut & Günstig ★★★ S garni

Langeliethstraße 14c, PLZ 38644 (OT: Hahnenklee), **T 05325 51620**
16 Zimmer | 1 Suite | 2 Apartments | Ez 60–85 €, Dz 90–112 €, inkl. Frühstück

Familiär geführtes Hotel in ruhiger Lage mit gemütlichen Zimmern. Attraktives Wellness- und Freizeitangebot mit Sauna, Schwimmbad und Whirlwanne. Sehr gutes Preis-Leistungs-Verhältnis.

GÖSSWEINSTEIN 53 B www.goessweinstein.de

Bayern | EW 4.059 | 457 m | Ebermannstadt 16 km, Pegnitz 22 km

Zur Post www.zur-post-goessweinstein.de

€ Gut & Günstig

Balthasar-Neumann-Straße 10, PLZ 91327, **T 09242 278,** F 578
12 Zimmer | 2 Apartments | Ez 42–46 €, Dz 78–86 €, inkl. Frühstück

Sympathisch geführter Gasthof mit Familientradition und persönlicher Atmosphäre. Wohnlich eingerichtete Nichtraucherzimmer mit moderner Ausstattung. In den behaglichen Restaurantstuben und auf der Gartenterrasse serviert man eine feine fränkische Küche, bei der überwiegend heimische Produkte Verwendung finden.

GOTHA 43 B www.gotha-adelt.de

Thüringen | EW 46.653 | 310 m | Erfurt 24 km, Eisenach 32 km

Am Schlosspark www.hotel-am-schlosspark.de

★★★★ S

Lindenauallee 20-24, PLZ 99867, **T 03621 4420,** F 442452
94 Zimmer | 16 Suiten | Ez ab 88 €, Dz ab 125 €, inkl. Frühstück | 24 h

Das Hotel liegt nur wenige Schritte von Park und Schloss Friedenstein entfernt. Es erwarten Sie geräumige Zimmer im klassischen Stil. Ansprechender Wellnessbereich mit Saunalandschaft. Lichtdurchflutetes Restaurant mit Wintergartencharakter.

Der Lindenhof www.der-lindenhof-gotha.de

★★★★ S

Schöne Aussicht 5, PLZ 99867, **T 03621 7720,** F 772410
90 Zimmer | 1 Suite | 5 Apartments | 24 h

Stadthotel in einem ehem. Kasernengebäude. Elegante, mit italienischen Designermöbeln eingerichtete Lobby. Helle, gemütliche Gästezimmer. Großzügiger Wellnessbereich mit Sauna, Sanarium und Dampfbad. Restaurant mit Sommerterrasse.

Landhaus & Burg Hotel Romantik www.landhaus-hotel-romantik.de

★★★★

Salzgitterstraße 76, PLZ 99867 (OT: Siebleben), **T 03621 36490,** F 364949
23 Zimmer | 10 Suiten | Ez 83–109 €, Dz 103–166 €, inkl. Frühstück | 24 h

Das familiengeführte Haus liegt ein wenig versteckt im Ortsteil Siebleben. Hier haben Sie die Wahl zwischen behaglichen, individuell eingerichteten Landhauszimmern und verspielt-romantischen Burgzimmern mit Blick ins Grüne. Der parkähnliche Garten sowie die kleine Saunaoase im 2. OG laden zum Entspannen ein.

GOTTENHEIM 56 D www.gottenheim.de

Baden-Württemberg | EW 2.580 | 194 m | Freiburg 15 km, Lahr/Schwarzwald 55 km

Zur Krone www.krone-gottenheim.de

Hauptstr. 57, PLZ 79288, **T 07665 6712**
30 | Hauptgericht 20–35 €, Menü 37–65 € | Di-Sa Mo, So

Nicht nur übernachten kann man in dem traditionsreichen, familiengeführten Haus, das mit viel Herzblut und Leidenschaft geführt wird. Im Restaurant kocht man saisonal und regional, dabei stehen frische heimische Produkte im Fokus.

GÖTTINGEN 32 B www.goettingen-tourismus.de

Niedersachsen | EW 135.299 | 150 m | Northeim 22 km, Duderstadt 31 km

Altes Rathaus und Gänselieselbrunnen am Markt, Fachwerkhaus Junkernschänke, Johanniskirche, Marienkirche, Alte Universitätsbibliothek, Bismarckhäuschen, Renaissance-Adelspalais Hardenberger Hof, Theaterplatz, Auditorium Maximum mit Kunstsammlung.

Eden www.eden-hotel.de

★★★★

Reinhäuser Landstr. 22a, PLZ 37083, **T 0551 507200,** F 5072111
100 Zimmer | Ez 89–169 €, Dz 109–205 €, inkl. Frühstück | 24 h

Ein modernes, traditionsreiches Hotel in absolut ruhiger Zentrumslage. Das Haus bietet seinen Gästen komfortable Zimmer, zwei Partnerrestaurants und einen neuzeitlichen Veranstaltungsbereich. Für weiteren Komfort sorgt ein großzügiger Wellnessbereich mit Saunenvielfalt, beheiztem Hallenbad und Fitnessraum.

Freigeist www.freigeist-goettingen.de

★★★★

Berliner Str. 30, PLZ 37073, **T 0551 999530**
118 Zimmer | 2 Suiten | Ez ab 109 €, Dz ab 119 € | 24 h

Hinter der Klinkerfassade des modernen Hotelneubaus verbergen sich schicke Zimmer, die mit zeitgemäßer Technik, bodentiefen Fenstern und ausgesuchten Designmöbeln ausgestattet sind. Das hauseigene Restaurant „INTUU“ präsentiert eine moderne Nikkeiküche - also das Beste aus Japan und Südamerika. Komplettiert wird das Angebot durch eine Bar, einen SPA- und Fitnessbereich sowie diverse Veranstaltungsräume.

Freizeit In www.freizeit-in.de

★★★★ S

Dransfelder Straße 3, PLZ 37079 (OT: Groß Ellershausen), **T 0551 90010,** F 9001100
212 Zimmer | 2 Suiten | Ez ab 69 €, Dz ab 79 €, inkl. Frühstück | 24 h

Beliebtes Tagungs- und Eventhotel mit zeitgemäß ausgestatteten Zimmern. Das VITAL SPA auf 9.500 qm mit Sauna und Fitnessbereich sorgt für Entspannung. Abwechslungsreiches Gastronomieangebot mit Schlemmerfrühstück, Sonntagsbrunch und kulinarischen Veranstaltungen.

Gebhards www.gebhardshotel.de

★★★★ S

Goetheallee 22-23, PLZ 37073, **T 0551 49680,** F 4968110
50 Zimmer | 5 Suiten | Ez 110–165 €, Dz 168–198 €, inkl. Frühstück | 24 h »

1854 erbautes Traditionshotel am alten Stadtwall. Die Zimmer sind zweckmäßig, behaglich und mit dem nötigen Gespür für Individualität eingerichtet. Zum Haus gehören auch ein kleiner Wellnessbereich mit Sauna und Whirlpool sowie Tagungs- und Veranstaltungsräume.

Georgia-Augusta Stuben

68 | Hauptgericht 21–49 €, Menü 24–73 € | Sa-So Mo-So

Das im Jugendstil gehaltene Restaurant mit seiner dunklen Holztäfelung, den schönen Art-déco-Lampen und dem alten Dielenboden offeriert deutsche und regionale Küche. Die Speisekarte wechselt regelmäßig und orientiert sich am Marktangebot.

Park Inn by Radisson — www.parkinn-hotel-goettingen.de

★★★★

Kasseler Landstraße 25c, PLZ 37081 (OT: Grone), **T 0551 2707070,** F 2707070555
114 Zimmer | 23 Suiten | 24 h

Ein modernes Geschäftshotel, das nur 2 km vom Bahnhof und 3 km von der Autobahn entfernt ist. Das Haus verfügt über neuzeitliche und freundliche Zimmer. Die Family- und Business-Suiten bieten kleine Extras. Fitness- und Saunabereich mit Dachterrasse.

Stadt Hannover — www.hotelstadthannover.de

★★★ garni

Goetheallee 21, PLZ 37073, **T 0551 547960,** F 45470
32 Zimmer | Ez 87–112 €, Dz 124–138 €, inkl. Frühstück | 24 h

Geschichtsträchtiges, in 4. Generation familiengeführtes Haus direkt am Beginn der Fußgängerzone der hist. Altstadt, das einst als Professorenvilla diente. Stilvoll eingerichtete Zimmer mit zeitgemäßer Ausstattung. Das reichhaltige Frühstücksbuffet wird in den historischen Salons serviert.

Café Cron und Lanz — www.cronundlanz.de

Weender Straße 25, PLZ 37073, **T 0551 50088710**
250 | Mo–Sa 8:30–18:30 Uhr

Traditionsreiches Haus im Herzen Göttingens mit elegantem Kaffeehausambiente. Außerordentlich reiches Angebot an erlesener Confiserie. Tipp: Konditor-Frühstück.

GRAAL-MÜRITZ 10 C — www.graal-mueritz.de

Mecklenburg-Vorpommern | EW 4.262 | 5 m | Ribnitz-Damgarten 14 km, Rostock 28 km

IFA Hotel — www.ifa-graal-mueritz-hotel.com

★★★★ S

Waldstr. 1, PLZ 18181, **T 038206 730,** F 734444
150 Zimmer | 8 Suiten | 7 Apartments | 24 h

Am Strand gelegenes Ferienhotel im Landhausstil umgeben von einer weitläufigen Parkanlage. Man übernachtet in modern eingerichteten Zimmern und Suiten oder etwas unabhängiger in einem Bungalow auf dem Hotelgelände. Zum Haus gehören auch ein schöner Wellnessbereich mit Schwimmbad und Saunalandschaft, ein Restaurant mit regionaler und internationaler Küche sowie eine Kaminbar.

Haus am Meer
www.ham-ostsee.de

★★★ garni

Zur Seebrücke 36, PLZ 18181, **T 038206 7390,** F 73939
34 Zimmer | 7 Apartments | Ez 60–100 €, Dz 89–180 €, inkl. Frühstück | ⦸ 19.–24.12.22

Das persönlich geführte Haus befindet sich auf einem großzügigen Grundstück mit altem Baumbestand, gleich hinter der Düne und in direkter Nachbarschaft zur Seebrücke. Das Hotel bietet unterschiedlich möblierte Zimmer mit Garten-, Park- oder Meerblick sowie großzügig geschnittene Apartments. Fragen Sie nach den Massage- und Wellnessanwendungen.

Restaurant Buhne 36 Neu!

80 | Hauptgericht 18–24 €, Menü 24–39 € | Mo-So

Im hell und freundlich eingerichteten Restaurant und auf der herrlichen Terrasse wird eine frische und anspruchsvolle Regionalküche serviert. Probieren Sie z.B. „Gebratenes Heilbuttsteak mit Spitzkohl-Pumpernickel-Gemüse und Kartoffelpüree"! Nachmittags wechselnde Kuchenauswahl und leckere Eisspezialitäten.

GRAFENAU 62 A
www.grafenau.de

Bayern | EW 8.607 | 609 m | Freyung 16 km, Regen 31 km

Das Reiners
www.dasreiners.de

garni

Grüb 20, PLZ 94481 (OT: Grüb), **T 08552 96490,** F 964944
33 Zimmer | 3 Suiten

Sympathisches Urlaubsdomizil im Bayerischen Wald mit familiärem Charakter. Sie wohnen in ruhigen, rustikal ausgestatteten Zimmern mit Balkon und inspirierender Aussicht. Kleiner Wellnessbereich mit Hallenbad und finnischer Sauna.

GRÄFENTHAL 44 A
www.graefenthal.de

Thüringen | EW 2.102 | 400 m | Saalfeld 30 km, Erfurt 50 km

Steiger
www.hotel-steiger.de

€ Gut & Günstig ★★★

Gebersdorf 70, PLZ 98743 (OT: Gebersdorf), **T 036703 82890,** F 82892
20 Zimmer | 1 Suite | 2 Apartments | Ez 45–55 €, Dz 66–76 €, inkl. Frühstück

Einfacher Dorfgasthof mit Gästehaus, der sich seit 1881 in Familienbesitz befindet. Behagliche Zimmer unterschiedlicher Größe mit Kiefermöbeln im Tiroler Landhausstil. Restaurant mit traditioneller Küche.

GRAFENWIESEN 55 C
www.grafenwiesen.de

Bayern | EW 1.519 | 439 m | Kötzting 4 km, Lam 13 km

Spirit & Spa Birkenhof am Elfenhain
www.hotel-birkenhof.de

★★★★

Auf der Rast 7, PLZ 93479, **T 09941 40040,** F 4004250
83 Zimmer | 5 Suiten | Ez ab 137 €, Dz ab 294 €, inkl. Vollpension

Ferien- und Wellnesshotel in ruhiger Ortsrandlage mit gutem Freizeitangebot und geschmackvoll eingerichteten Zimmern. Ansprechende, mehrstöckige Bade- und Saunalandschaft auf 3.500 qm mit Dachpool.

GRAINAU 67 C www.grainau.de

Bayern | EW 3.700 | 758 m | Garmisch-Partenkirchen 7 km, Mittenwald 25 km

Alpenhof Grainau www.alpenhof-grainau.de

★★★★ garni

Alpspitzstraße 34, PLZ 82491, **T 08821 9870,** F 98777
39 Zimmer | 1 Apartment | Ez 69–169 €, Dz 159–260 €, inkl. Frühstück

Wohnliche, im modernen Landhausstil eingerichtete Zimmer mit Balkon oder Terrasse und schöner Aussicht auf die Bergwelt bietet dieses Ferien- und Wellnesshotel am Fuß der Zugspitze. Toller parkähnlicher Garten auf 7.000 qm. Bayerische Spezialitäten und internationale Gerichte werden im Restaurant serviert.

Alpenhotel Waxenstein www.waxenstein.de

★★★★★ garni

Höhenrainweg 3, PLZ 82491 (OT: Untergrainau), **T 08821 9840,** F 8401
41 Zimmer | 3 Suiten | 1 Apartment | Ez 95–245 €, Dz 140–380 €, inkl. Halbpension

In einer malerischen Bilderbuchlandschaft direkt am Fuße der Zugspitze ist das Hotel zu jeder Jahreszeit ein alpines Urlaubserlebnis. Die Atmosphäre der individuell gestalteten Zimmer und Suiten ist geprägt von französischer Wohnkultur. Stimmungsvoller Wellnessbereich.

Henri-Philippe

80 | Hauptgericht 16–42 €, Menü 37–89 € | Mo-So

Das stimmige und behagliche Ambiente des attraktiven Ferienhotels zieht sich bis ins Restaurant. Da passt die frische, abwechslungsreiche Küche schön ins Bild. Beliebt sind die wechselnden Gourmetmenüs an den Wochenenden. Toll die Panoramaterrasse mit herrlicher Aussicht auf eine grandiose Bergkulisse.

Am Badersee www.hotelambadersee.de

Am Badersee 1-5, PLZ 82491, **T 08821 8210,** F 821292
135 Zimmer | 1 Suite | Ez ab 140 €, Dz ab 180 €, inkl. Frühstück | 24 h

Malerisch gelegen am türkisblauen Badersee vor der Kulisse des Zugspitzmassivs, schafft das Hotel eine Verbindung aus Tradition und Moderne. Ruhig träumt man in den Seehaus- und Landhauszimmern und atmet im kleinen, aber feinen Landhaus-SPA wieder durch.

Eibsee-Hotel www.eibsee-hotel.de

Am Eibsee 1-3, PLZ 82491 (OT: Eibsee), **T 08821 98810,** F 82585
119 Zimmer | 12 Suiten | 24 h

Am Fuße der Zugspitze in exklusiver Alleinlage am wunderschönen Eibsee begrüßt Sie dieses komfortable Ferien- und Wellnesshotel. Stilvoll-gemütlich zeigen sich die Wohlfühlzimmer und -suiten, wahlweise mit See- oder Bergblick. Für Entschleunigung sorgt der großzügige „seeSPA“ mit Indoorpool, Sauna- und Ruhebereichen. Verschiedene Restaurantstuben mit malerischer Seeterrasse.

Bergland www.hotel-bergland.de

Alpspitzstraße 14, PLZ 82491, **T 08821 98890,** F 988999
13 Zimmer | 5 Suiten | Ez 99 €, Dz 119–135 €, inkl. Frühstück | 24 h

Ein charmantes Privathotel mit persönlicher Atmosphäre. Hier erwarten Sie gepflegte Zimmer mit modernem Komfort, handbemalten Bauernmöbeln und heimeligem Ambiente. Hausgemachter Kuchen am Nachmittag in der gebuchten Halbpension inklusive. Kleines Wellnessangebot.

Gasthaus am Zierwald www.zierwald.de

Zierwaldweg 2, PLZ 82491, **T 08821 98280**
50 | Hauptgericht 14–24 €, Menü 21–32 € | Mo-Di, Do-So Mi

In dem herzlichen und urgemütlichen Restaurant wird frisch, schmackhaft und regional gekocht - auf der Karte locken z.B. „Duett vom Wolfsbarsch und Garnele“ oder „Medaillons vom Kalbsrücken mit Steinpilzkruste“. Von der Caféterrasse hat man einen herrlichen Panoramablick auf Waxenstein und Zugspitze.

GRAINET 62 B www.grainet.de

Bayern | EW 2.433 | 679 m | Freyung 10 km, Passau 40 km

Hüttenhof www.hotel-huettenhof.de

Hobelsberg 23, PLZ 94143 (OT: Hobelsberg), **T 08585 96050,** F 960550
54 Zimmer | 24 Suiten | 1 Apartment, Dz ab 246 €, inkl. Halbpension

Das familiär geführte Ferienhotel an den südlichen Ausläufern des Nationalparks Bayerischer Wald hat man in den letzten Jahren umfangreich erweitert. Es bietet behaglich mit warmen Farben und viel Holz eingerichtete Zimmer und Suiten, einen 3.000 qm großen Wellnessbereich mit In- und Outdoor-Infinitypool sowie gemütliche Gaststuben.

GRASELLENBACH 51 A www.gemeinde-grasellenbach.de

Hessen | EW 3.954 | 389 m | Wald-Michelbach 6 km, Fürth/Odw. 12 km

Siegfriedbrunnen www.siegfriedbrunnen.com

Hammelbacher Straße 7, PLZ 64689 (OT: Gras-Ellenbach), **T 06207 6080,** F 1577
61 Zimmer | 2 Suiten | 5 Apartments | Ez 81–159 €, Dz 162 €, inkl. Frühstück

Ruhig gelegenes Ferien- und Kurhotel mit rustikalem Charme und unterschiedlichen Zimmerkategorien. Kleine Wellness- und Beautywelt mit Pool, Caldarium, Dampfbad und Saunalandschaft. Restaurant mit regionaler und internationaler Küche.

GRASSAU 68 B www.grassau.de

Bayern | EW 6.943 | 538 m | Prien 14 km, Reit im Winkl 18 km

Das Achental www.das-achental.com

Mietenkamer Straße 65, PLZ 83224, **T 08641 4010**
179 Zimmer | 36 Suiten | ⏲ 24 h

Das komfortable Hotelresort ist eingebettet in die beeindruckende Naturkulisse zwischen Chiemsee und Kampenwand. Es bietet seinen Gästen wohnlich-luxuriöse Zimmer im alpenländischen Schick, einen exzellent gepflegten 18-Loch-Golfplatz sowie einen 2.000 qm großen Wellnessbereich mit Saunalandschaft, Indoor-Infinitypool und umfangreichem SPA-Angebot. Den Gästen bietet man zahlreiche Annehmlichkeiten, so sind z.B. Parken, WLAN, Sky-TV und Minibar-Verzehr (aller alkoholfreien Getränke) für Hausgäste gratis.

ES:SENZ

VARTA★TIPP Küche VARTA-TIPP Service

45 | Menü 185–245 € | Mi-Sa Mo, Di, So

Absolut stimmig fügt sich das lässig-moderne Fine-Dining-Restaurant mit seiner breiten Glasfront, dem exquisiten Interieur und hochstehender Kulinarik in den edlen Rahmen des Hauses. Spitzenkoch Edip Sigl setzt zweifelsohne neue kulinarische Maßstäbe in der Region. Mit seiner regional und saisonal ausgerichteten Gourmetküche brennt er hier regelrecht ein kulinarisches Feuerwerk ab. Mit vollmundigen und ausdrucksstarken Gerichten verbindet er in seinen beiden Menü-Offerten (6 und 8 Gänge) die klassische Basis mit reichlich Kreativität. Dazu erwartet Sie ein ausgezeichnetes Serviceteam unter der Leitung von Simon Adam.

GREIFSWALD 11 C www.greifswald.info

Mecklenburg-Vorpommern | EW 57.899 | 7 m | Stralsund 31 km, Anklam 37 km

Universitätsgebäude (Barock), Dom St. Nikolai, St.-Jacobi-Kirche, St.-Marienkirche, Fischer- und Kapitänshäuser, Museumshafen, Pommersches Landesmuseum, Klosterruine Eldena, Hist. Holzklappbrücke, Caspar-David-Friedrich-Zentrum (Geburtshaus).

Galerie www.hotelgalerie.de

garni

Mühlenstr. 10, PLZ 17489, **T 03834 7737830,** F 7737831
14 Zimmer | 3 Apartments | Ez 85–90 €, Dz 120 €, inkl. Frühstück

Ansprechendes Haus in der Altstadt von Greifswald. Liebevoll gestaltete, teils recht geräumige Zimmer. Ausstellungen von moderner und zeitgenössischer Kunst in den Zimmern und in den öffentlichen Bereichen.

Natürlich Büttners www.naturlich-buettners.de

Rakower Str. 9, PLZ 17489, **T 03834 8870737**
50 | Hauptgericht 16–37 €, Menü 33–85 € | Di-So Mo

Direkt am Pommerschen Landesmuseum pflegt man in diesem hübschen Restaurant einen naturverbundenen, zeitgemäßen Küchenstil. Dazu ein sehr gutes Preis-Leistungs-Verhältnis und ein liebenswerter Service. Im angeschlossenen Laden gibt es selbst hergestellte Produkte aus der eigenen Manufaktur.

Tischlerei www.facebook.com/restaurant.tischlerei

Salinenstr. 22, PLZ 17489, **T 03834 884848**
80 | Hauptgericht 20–35 €, Menü 40–50 € | Di-Sa Mo, So

Ein ansprechendes Restaurant mit ungezwungener Atmosphäre direkt am Hafen. Gekocht wird teils regional, teils international - aber immer topfrisch. Kleines, aber feines Weinangebot. Schöne Terrasse.

GRENZACH-WYHLEN 64 A www.grenzach-wyhlen.de

Baden-Württemberg | EW 15.000 | 280 m | Basel (Schweiz) 6 km, Lörrach 12 km

Eckert www.eckert-grenzach.de

Basler Straße 20, PLZ 79639 (OT: Grenzach), **T 07624 91720,** F 2414
46 Zimmer | 2 Suiten

»

Das familiär geführte Lifestylehotel ist nur 2 Kilometer von der Schweizer Grenze entfernt. Großen Wert hat man hier auf die Qualität der Einrichtung gelegt. Moderne Designmöbel - stylish, trendig und wirklich toll - zeichnen das Haus von den farbenfroh eingerichteten Zimmern (Tipp: Suite mit kleinem Wohnzimmer und freistehender Badewanne) bis zur loungigen Lobby aus.

Eckert

VARTA-TIPP Küche **VARTA-TIPP** Service

60 | Hauptgericht 28–42 €, Menü 115–140 € | Mi-Fr, So Mi-So Mo, Di

Noch reizvoller wird das ohnehin schon attraktive, modern-elegante Restaurant durch den freundlichen und fachkundigen Service. Und es gibt noch etwas für Augen und Gaumen: die junge, innovative Küche, die Sie sowohl à la carte als auch in Menüform genießen können. Chefkoch Nicolai Wiedmer verarbeitet sehr gute regionale Produkte zu ausdrucksstarken, stimmigen Gerichten mit schönen Kontrasten. Erlesene Tropfen bietet die rund 450 Positionen umfassende Weinkarte.

Rührberger Hof

www.ruehrbergerhof.com

Inzlinger Straße 1, PLZ 79639 (OT: Rührberg), **T 07624 91610**
180 | Hauptgericht 20–42 € | Mi-So Mo, Di

Unweit der Schweizer Grenze erwartet Sie dieser familiär geführte Betrieb. Hier sitzen Sie in ländlich-modern gestalteten Gaststuben und lassen sich klassische, saisonale Spezialitäten (z.B. „Kross gebratener Adlerfisch an Basilikumvelouté mit Tomaten-Fregola-Sarda und gerösteten Sonnenblumenkernen") schmecken. Dazu gibt es ausgesuchte Weine aus nah und fern. Für Übernachtungsgäste bietet man große, helle Zimmer mit zurückhaltend-eleganter Einrichtung.

GREVEN 21 C

www.greven-tourismus.de

Nordrhein-Westfalen | EW 35.887 | 45 m | Münster 15 km, Rheine 31 km

Altdeutsche Schänke

www.altdeutsche-schaenke.de

Dorfstraße 18, PLZ 48268 (OT: Gimbte), **T 02571 2261**
80 | Hauptgericht 17–49 € | Mi-So Mo, Di

Hist. Haus mit urgemütlichem Ambiente und altem, offenem Kamin. Abwechslungsreiche Speisekarte mit regionalbetonten Gerichten wie „Rindfleisch in Zwiebelsauce" oder „Geschnetzeltes Salbeihähnchen". Hübsch sitzt man während der warmen Jahreszeit auf der Gartenterrasse im Grünen.

Ristorante Etna
www.ristorante-etna.de

Grevener Landstr. 4, PLZ 48268 (OT: Reckenfeld), **T 02575 1791**
105 | Hauptgericht 8–18 €, Menü 25–35 € | Do-So Mo, Di, Mi

Genussvoll und entspannt geht es in diesem freundlich geführten Familienbetrieb zu. In modernem Ambiente können Sie sich auf die ganze Vielfalt der italienisch-mediterranen Küche freuen. Von klassischen Antipasti über leckere Pastaspezialitäten bis zu feinen Fleischgerichten und Pizza ist für jeden etwas dabei.

GREVENBROICH 29 C
www.grevenbroich.de

Nordrhein-Westfalen | EW 61.891 | 50 m | Neuss 16 km, Düsseldorf 28 km

Drei Könige
www.drei-koenige.net

Neusser Straße 49, PLZ 41516 (OT: Kapellen), **T 02182 812153**
45 | Hauptgericht 25–33 €, Menü ab 46 € | Sa-So Di-So Mo

Ehem. Postrelaisstation aus dem 18. Jhd. Gepflegte Gaststuben mit eleganter Einrichtung, schöner Sommergarten. Saisonal und international geprägte Speisen. Auch Gästezimmer vorhanden.

GRIESBACH I.ROTTAL, BAD 62 C
www.badgriesbach.de

Bayern | EW 8.448 | 453 m | Pfarrkirchen 19 km, Passau 38 km

Maximilian Quellness- und Golfhotel
www.quellness-golf.com/maximilian

★★★★★

Kurallee 1, PLZ 94086 (OT: Bad Griesbach-Therme), **T 08532 7950**, F 795151
205 Zimmer | 20 Suiten | Ez ab 163 €, Dz ab 276 €, inkl. Frühstück | 24 h

Aufwendig gestaltetes Hotel mit einem 2.500 qm großen Wellnessbereich. Die noblen Landhauszimmer wurden mit hellen, freundlichen Farben eingerichtet. Mehrere Restaurants. Beliebtes Haus bei Golfern mit direkter Verbindung zu allen 18-Loch-Meisterschaftsplätzen und zur Golfschule.

Das Aunhamer
www.das-aunhamer.de

★★★★

Aunhamer Weg 48, PLZ 94086, **T 08532 9279000**
83 Zimmer | 24 h

„Adults only" heißt es in diesem schmucken Themenhotel, das sich exklusiv an erwachsene Gäste ab 14 Jahre richtet. Das Haus empfängt Sie mit individuell eingerichteten Zimmern und Suiten sowie zahlreichen SPA-Möglichkeiten. Am Abend lockt die gemütliche Lobbybar am offenen Kamin.

DAS LUDWIG www.quellness-golf.com

★★★★ S garni

Am Kurwald 2, PLZ 94086 (OT: Bad Griesbach-Therme), **T 08532 7990,** F 799799
168 Zimmer | 13 Suiten | Ez 136–149 €, Dz 232–278 €, inkl. Vollpension | 24 h

Ein auf Familien, Wellnessgäste und Golfer zugeschnittenes Ferienhotel in idyllischer Lage hoch über dem Rottal. Das Haus bietet großzügige und gemütliche Zimmer und Suiten in verschiedensten Kategorien, teilweise mit Balkon oder Loggia. Beeindruckend ist die 3.000 qm große Thermen- und Saunalandschaft. Umfangreiches Angebot für kleine Gäste nebst professioneller Kinderbetreuung.

Fürstenhof www.quellness-golf.com

★★★★ S garni

Thermalbadstraße 28, PLZ 94086 (OT: Bad Griesbach-Therme), **T 08532 9810,** F 981135
148 Zimmer | 8 Suiten | Ez ab 138 €, Dz ab 254 €, inkl. Frühstück | 24 h

Die hervorragende Lage mit Panoramablick auf das Rottal ist längst nicht alles: Geschmackvolle Zimmer in harmonischen Beerentönen, ein 4.400 qm großer Health- und Quellnessbereich sowie eine großzügige Thermenoase machen das Hotel aus. Dazu ein umfangreiches gastronomisches Angebot mit mehreren Restaurants.

Hartls Parkhotel www.parkhotel-badgriesbach.de

★★★★ S garni

Am Kurwald 10, PLZ 94086 (OT: Bad Griesbach-Therme), **T 08532 280,** F 28204
150 Zimmer | 5 Suiten | 24 h

Auf einer Anhöhe über dem Rottal liegt dieses Thermal-Wellnesshotel. Erst kürzlich hat man das Haus umfangreich renoviert. Sie haben die Wahl zwischen traditionellen oder modern eingerichteten Zimmern. Ein besonderes Highlight ist zweifellos die 3.600 qm große SPA-Landschaft nebst Beautybereich.

Gutshof Sagmühle www.gutshof-sagmuehle.de

S garni

Golfplatz Sagmühle 1, PLZ 94086, **T 08532 96140**
24 Zimmer | 2 Suiten

Das familiengeführte Hotel empfängt Sie in ruhiger Lage direkt am Golfplatz Sagmühle. Die unterschiedlich geschnittenen Zimmer überzeugen durch hochwertige Ausstattung und farbenfrohes Design. Im Restaurant und auf der Sonnenterrasse serviert man moderne europäische Küche.

GRIESHEIM 51 A www.griesheim.de

Hessen | EW 27.275 | 96 m | Darmstadt 6 km, Groß-Gerau 8 km

Nothnagel www.hotel-nothnagel.de

★★★ S garni

Wilhelm-Leuschner-Straße 67, PLZ 64347, **T 06155 83700,** F 837077
31 Zimmer | Ez 85–105 €, Dz 105–135 €, inkl. Frühstück | 24 h

Angenehmes Urlaubshotel mit Bäckerei und Café in der Stadtmitte unter familiärer Leitung. Komfortabel ausgestattete Gästezimmer von unterschiedlicher Größe und Ausstattung. Kleiner Wellnessbereich mit Schwimmbad und Sauna.

GRIMMA 35 C www.grimma.de

Sachsen | EW 30.000 | 128 m | Leipzig 36 km, Dresden 84 km

Kloster Nimbschen www.kloster-nimbschen.de

★★★★

Nimbschener Landstraße 1, PLZ 04668, **T 03437 9950,** F 995299
86 Zimmer | 6 Suiten | 3 Apartments | Ez 74–104 €, Dz 94–124 €, inkl. Frühstück

Aufwendig restaurierte Klosteranlage mit hist. Flair in schöner grüner Lage. Stilvoll eingerichtete Zimmer im Haupthaus und einfachere Zimmer im Nebenhaus. Im Restaurant werden feine Gerichte der deutschen und internationalen Küche serviert.

GRÖMITZ, OSTSEEBAD 8 D www.groemitz.de

Schleswig-Holstein | EW 6.913 | 14 m | Lübeck 54 km, Kiel 74 km

aja Grömitz www.ajaresorts.de

Am Strande 35, PLZ 23743, **T 0800 252737678,** F 696352589
222 Zimmer | 24 h

Direkt in der ersten Strandreihe liegt dieses Haus. Trendig-moderne Gästezimmer mit Komfort-Kingsizebetten und großzügiger Regendusche. Nach dem Baukastensystem kann der Gast verschiedene Leistungen hinzubuchen. Restaurant mit norddeutscher Küche.

Strandidyll www.strandidyll.de

★★★★

Uferstraße 26, PLZ 23743, **T 04562 1890,** F 18989
29 Zimmer | 16 Suiten | Ez 85–160 €, Dz 120–185 €, inkl. Frühstück

Gepflegtes und gut geführtes Haus direkt an der Ostsee. Individuell eingerichtete, lichtdurchflutete Zimmer und Suiten in zeitgenössischem Design. Cafébetrieb mit Sonnenterrasse. Auch Ferienwohnungen vorhanden.

Villa am Meer www.villa-am-meer.de

Seeweg 6, PLZ 23743, **T 04562 2550,** F 255299
30 Zimmer | Ez 69–139 €, Dz 128–178 €, inkl. Frühstück

Familiär geführtes Haus mit persönlicher Note, nur 100 Meter vom Strand entfernt. Traditionelle, behagliche Zimmereinrichtung. In den gemütlichen Restaurationsräumen werden norddeutsche und internationale Gerichte serviert.

GRONAU 20 D www.gronau.de

Nordrhein-Westfalen | EW 46.549 | 38 m | holländische Grenze 3 km, Ahaus 10 km

Schepers www.hotel-schepers.de

★★★★

Ahauser Straße 1, PLZ 48599 (OT: Epe), **T 02565 93320,** F 93325
42 Zimmer | 2 Suiten | Ez 80–115 €, Dz 125–151 €, inkl. Frühstück

Inmitten einer schönen Parkanlage mit historischer Mühle empfängt Sie dieser Familienbetrieb. Sie haben die Wahl zwischen modernen Designzimmern und klassisch-eleganten Landhauszimmern. Im Penthouse steht den Gästen ein Wellnessbereich mit verschiedenen Saunen kostenfrei zur Verfügung. Restaurant mit Frühstücksterrasse direkt am Fluss.

GRÖNENBACH, BAD 66 B www.bad-groenenbach.de

Bayern | EW 5.281 | 718 m | Memmingen 15 km, Kempten (Allgäu) 25 km

allgäu resort www.allgaeu-resort.de

★★★★ S garni

Sebastian-Kneipp-Allee 7, PLZ 87730, **T 08334 5346500,** F 53468555
121 Zimmer | 5 Suiten | Ez ab 99 €, Dz ab 149 €, inkl. Frühstück | 24 h

Ruhig gelegenes Medical- und Wellnesshotel im Herzen der Allgäuer Voralpen. Wohnliche und geräumige Gästezimmer, größtenteils mit Balkon oder Terrasse. Umfassendes SPA-Angebot. Ambitionierte Küche im Restaurant „Weitblick".

Landhotel Grönenbach www.landhotel-groenenbach.de

★★★ S garni

Ziegelbergerstr. 3, PLZ 87730, **T 08334 98480,** F 984858
23 Zimmer | 2 Suiten | 1 Apartment | Ez 87–100 €, Dz 130–140 €, inkl. Frühstück

Freundliches Landhotel in ruhiger Ortsrandlage. Geschmackvoll eingerichtete Zimmer mit zeitgemäßer Ausstattung. Kleiner Saunabereich mit Saunalandschaft. Im Restaurant mit Sommerterrasse wird regional gekocht.

GROSS MECKELSEN 14 D www.gross-meckelsen.de

Niedersachsen | EW 511 | 35 m | Hamburg 64 km, Bremen 71 km

Zur Kloster-Mühle www.hotel-kloster-muehle.de

GREENSIGN S garni

Kuhmühler Weg 7, PLZ 27419 (OT: Kuhmühlen), **T 04282 594190,** F 5941919
14 Zimmer | 1 Suite | Ez 76–210 €, Dz 110–290 €, 14,50 € | 23.12.22–6.1.23

Romantisches Mühlenanwesen mit mediterranem Flair in traumhafter Lage. Geschmackvoll und komfortabel eingerichtete Landhauszimmer. Ein ganz besonderes Highlight ist das Wellnesszimmer mit eigener Sauna, Whirlwanne und Massagedusche.

Zur Kloster-Mühle

65 | Hauptgericht 20–41 € | Di-So Mo 23.12.22–5.1.23

Landgasthaus mit südländischem Ambiente. Auf der saisonal wechselnden Speisekarte finden sich kreative internationale Gerichte mit mediterranen Akzenten. Bei schönem Wetter kann man auf der Gartenterrasse unter Kastanien mit Blick auf den Mühlenteich speisen. Regelmäßig Kochkurse.

Schröder www.hotel-schroeder.de

★★★ S garni

Am Kuhbach 1, PLZ 27419, **T 04282 50880,** F 3535
38 Zimmer | Ez 67–87 €, Dz 90–110 €, inkl. Frühstück

Einladender Familienbetrieb in ruhiger Lage. Großzügige, individuell eingerichtete Gästezimmer. Für Entspannung sorgt ein kleiner Saunabereich. In den modernen Restauranträumen wird eine frische saisonale Küche serviert.

GROSS NEMEROW 18 D www.burg-stargard.de

Mecklenburg-Vorpommern | EW 1.147 | 75 m | Neubrandenburg 12 km, Berlin 130 km

Bornmühle www.bornmuehle.de

★★★★ S garni

Bornmühle 35, PLZ 17094, **T 039605 600,** F 60399
97 Zimmer | 8 Suiten | 4 Apartments | Ez 90–109 €, Dz 130–150 €, inkl. Frühstück

Dieses familiär geführte Hotel ist für Businessgäste und Freizeitreisende gleichermaßen interessant. Die kontinuierlichen Investitionen zeigen sich im kürzlich eröffneten Neubau, in den wohnlich-eleganten Zimmern, tollen Veranstaltungsräumlichkeiten sowie in der großzügigen SPA-Landschaft mit Saunen und Indoor-Salzwasserschwimmbad.

The View Neu!

120 | Hauptgericht 18–27 €, Menü ab 39 € | Mo-So

Das Panoramarestaurant besteht aus mehreren Räumlichkeiten und bietet neben der zauberhaften Aussicht auf die Seelandschaft einen abwechslungsreichen Mix aus regionaler und internationaler Küche. Hier lässt man sich z.B. „Hullerbuscher Lammbraten | Rosmarinjus | Ratatouille | Bärlauch-Kartoffelpüree“ schmecken.

GROSS-GERAU 50 B www.gross-gerau.de

Hessen | EW 24.076 | 88 m | Rüsselsheim 11 km, Darmstadt 15 km

Weinbar Pizarro Neu! weinbar-pizarro.de

Frankfurter Straße 13, PLZ 64521, **T 0177 7447204**
25 | Menü 49–69 € | Di-Sa Mo

Was ursprünglich als charmante kleine Weinbar begann, hat sich inzwischen zur gefragten Fine-Dining-Adresse gemausert. Neben kleinen Snacks und einer internationalen Weinauswahl gibt es täglich ein wechselndes Überraschungsmenü mit 3, 4 oder 5 Gängen. Die Atmosphäre dazu ist chic-modern, der Service freundlich und aufmerksam.

GROSS-UMSTADT 51 A www.gross-umstadt.de

Hessen | EW 21.823 | 160 m | Dieburg 7 km, Darmstadt 22 km

Farmerhaus-Lodge www.farmerhaus-lodge.de

VARTA-TIPP Ambiente

garni

Carlo-Mierendorff-Str. 5, PLZ 64823, **T 06078 9307570,** F 9407579
8 Zimmer | 2 Suiten | Ez 95–200 €, Dz 110–215 €, 10,00–18,00 € | 1.–8.1.23 »

Kleines Boutique-Hotel in einer ehem. Hofreite. Das gesamte Haus präsentiert sich in afrikanischem Lodge-Ambiente. Die sechs Doppelzimmer und zwei Suiten sind allesamt Unikate. Kostenfreies WLAN, Minibar, Nespresso-Kaffeemaschine sowie gratis Mineralwasser sind Annehmlichkeiten, auf die sich die Gäste hier freuen dürfen. Hübscher Innenhof.

Farmerhaus www.farmerhaus.de

Am Farmerhaus 1, PLZ 64823, **T 06078 911191**
85 | Hauptgericht 28–38 €, Menü 65–115 € | Di-Sa

Hier erwartet Sie eine Erlebnisgastronomie der besonderen Art. Das exotische Lokal im authentischen Afrikalook bietet eine aromenreiche Würzküche mit afrikanischen Spezialitäten wie z.B. Zebra, Namibia-Rind oder Springbock. Tipp: Im Sommer lohnt es sich, einen exotischen Drink auf der lauschigen Terrasse zu genießen.

GROSSEFEHN 13 C www.grossefehn.de

Niedersachsen | EW 13.646 | 5 m | Aurich 13 km, Emden 35 km

Holtroper Krug www.holtroper-krug.de

Mühlenweg 6, PLZ 26629, **T 04943 1525**
230 | Hauptgericht 14–32 €, Menü 18–26 € | Mi-So Mo, Di

Der traditionsbewusst geführte Familienbetrieb von Rainer Preuß gehört zweifelsohne zu den Top-Adressen der Region, denn hier gibt es in gemütlicher Atmosphäre schmackhafte regionale Gerichte wie „Waldpilzrisotto mit Rehleber und Rote Bete“. Tipp: Regelmäßig finden Steakabende statt.

GROSSHEUBACH 51 B www.info-grossheubach.de

Bayern | EW 5.046 | 132 m | Wertheim 29 km, Aschaffenburg 40 km

Rosenbusch www.hotel-rosenbusch.de

€ Gut & Günstig ★★★

Engelbergweg 6, PLZ 63920, **T 09371 650400,** F 6504029
20 Zimmer | Ez 63 €, Dz 80–108 €, inkl. Frühstück | 24 h

Familiär geführtes Hotel in schöner ruhiger Lage. Die zeitgemäß ausgestatteten Nichtraucherzimmer verfügen größtenteils über einen Balkon. Für Entspannung sorgt ein kleiner Wellnessbereich mit Sauna und Whirlwanne. Im Restaurant werden regionale und gutbürgerliche Gerichte serviert.

Zur Krone
www.gasthauskrone.de

Miltenberger Straße 1, PLZ 63920, **T 09371 2663**
80 | Hauptgericht 16–35 €, Menü 45–55 € | Mi-So Mo, Di

Besonders angenehm sitzt man hier im tollen Biergarten, aber auch drinnen hat man es sehr schön dank dekorativer Elemente und zugleich gemütlichem Interieur. Die ambitionierte regionale Küche bietet z.B. „Ochsenbacke geschmort in Rotweinsoße auf Nudeln und buntem Gemüse“.

GROSSKARLBACH 50 B
www.grosskarlbach.de

Rheinland-Pfalz | EW 1.126 | 118 m | Bad Dürkheim 14 km, Ludwigshafen am Rhein 22 km

Karlbacher Restaurant
www.karlbacher.info

Hauptstraße 57, PLZ 67229, **T 06238 3737**
100 | Menü 42–106 € | Mi-So Mo, Di

Ein hübsch restauriertes Winzerhaus aus dem 17. Jhd. mit liebevoll gestalteten Gasträumen auf zwei Ebenen. Hier kredenzt man Ihnen eine schmackhafte Frischeküche mit erlesenen saisonalen Zutaten. Wöchentlich wechselnde Mittagskarte.

GROSSOSTHEIM 51 B
www.grossostheim.de

Bayern | EW 16.560 | 137 m | Aschaffenburg 9 km, Darmstadt 33 km

Das Weinhaus Becker
www.das-weinhaus-becker.de

Breite Straße 5, PLZ 63762, **T 06026 4954**
100 | Hauptgericht 15–27 € | Mo-Mi, Fr-So Do

Im zauberhaften historischen Ortskern befindet sich das traditionelle, rustikale Gasthaus. Drinnen gemütliche Atmosphäre, draußen ein lauschiger Sommergarten. Gekocht wird gutbürgerlich und fränkisch unter Verwendung regionaler Zutaten. Dazu gibt es ausgewählte Weine heimischer Winzer.

GROSSRÄSCHEN 36 B
www.grossraeschen.de

Brandenburg | EW 8.863 | 115 m | Senftenberg 15 km, Finsterwalde 23 km

Seehotel Großräschen
www.seehotel-grossraeschen.de

★★★★ garni

Seestraße 88, PLZ 01983, **T 035753 690660,** F 690669
60 Zimmer | 4 Suiten | 24 h

Ruhig gelegenes Hotel direkt am entstehenden Großräschener See. Hier erwarten Sie großzügig gestaltete Gästezimmer in verschiedenen Stilrichtungen. Weltberühmte Gemälde - meisterhaft reproduziert - kann man im hauseigenen Fälschermuseum besichtigen.

GROSSSCHÖNAU 47 B
www.grossschoenau.de

Sachsen | EW 5.767 | 350 m | Görlitz 57 km, Dresden 124 km

Landhotel Quirle-Häusl
www.quirle.de

★★★★

Hauptstraße 51/52, PLZ 02799 (OT: Waltersdorf), **T 035841 606060,** F 606066
24 Zimmer | 1 Suite | Ez 70–90 €, Dz 109–149 €, 9,50–12,00 €

Freundlich geführter Hotelbetrieb in einem Oberlausitzer Fachwerkhaus von 1839. Hier erwarten Sie wohnliche Landhauszimmer, ein kleiner Wellnessbereich mit Sauna und Salzoase sowie ein behagliches Restaurant mit Biergarten.

GRÜNBERG 41 B
www.gruenberg.de

Hessen | EW 14.320 | 273 m | Gießen 22 km, Alsfeld 30 km

Sporthotel
www.sporthotel-gruenberg.de

★★★★

Am Tannenkopf 1, PLZ 35305, **T 06401 8020,** F 802166
44 Zimmer | Ez 83–95 €, Dz 116–121 €, inkl. Frühstück | 24 h

In schöner Lage am Fuße des Vogelsbergs empfängt Sie dieses Hotel mit angeschlossener Sportschule. Das Haus bietet zeitgemäße Gästezimmer, gut ausgestattete Tagungsräume sowie einen Sauna- und Fitnessbereich. Sehr gut essen kann man im hauseigenen Restaurant nebst Sonnenterrasse.

GRÜNHAIN-BEIERFELD 45 B
www.gruenhain-beierfeld.de

Sachsen | EW 6.022 | 550 m | Zwickau 40 km, Chemnitz 45 km

Köhlerhütte
www.koehlerhuette.com

Am Fürstenberg 7, PLZ 08344 (OT: Waschleithe), **T 03774 15980,** F 1598100
18 Zimmer | 3 Suiten | 2 Apartments | Ez 63–80 €, Dz 109–144 €, inkl. Frühstück

Familiengeführtes Haus mit über 150-jähriger Tradition in ruhiger Waldrandlage. Geschmackvoll im Landhausstil eingerichtete Gästezimmer. Kleine Entspannungsoase mit finnischer Sauna und Infrarot-Thermium. Im Restaurant wird regional und international gekocht.

GRÜNWALD 60 D
www.gemeinde-gruenwald.de

Bayern | EW 11.139 | 581 m | München 14 km, Wolfratshausen 18 km

Schlosshotel Grünwald
www.schlosshotelgruenwald.de

Zeillerstraße 1, PLZ 82031, **T 089 6496260,** F 64962635
19 Zimmer | 4 Suiten | Ez 90–130 €, Dz 110–160 €, inkl. Frühstück | 24 h

Geschichtsträchtiges Haus auf dem Isar-Hochufer. Zimmer und Suiten im eleganten Landhausstil mit toller Aussicht auf das Isartal. Das Restaurant bietet delikate Gerichte aus der italienischen Küche. Schöne Terrasse.

Alter Wirt
www.alterwirt.de

★★★ S garni

Marktplatz 1, PLZ 82031, **T 089 6419340,** F 64193499
50 Zimmer

Umweltbewusst renoviertes Traditionshotel. Zimmer mit Böden aus geölter Kastanie, Möbeln aus heimischen Hölzern und metallfreien Naturbetten. Restaurant mit moderner und traditionell bayerischer Küche.

GSCHWEND 58 B
www.gschwend.de

Baden-Württemberg | EW 5.000 | 500 m | Schwäbisch Gmünd 19 km, Stuttgart 59 km

Herrengass
www.herrengass-gschwend.de

Welzheimer Straße 11, PLZ 74417, **T 07972 912520**
40 | Hauptgericht 22–34 €, Menü 43–94 € | Sa-So Do-So Mo, Di, Mi

Eine schöne Adresse ist dieses Restaurant hinter denkmalgeschützten Mauern: modern-kunstvolles Ambiente, freundliche Gastgeber und eine zeitgemäß zubereitete, klassische Küche aus regionalen Produkten. Im Bistro „Schublad“, dem ehem. Kolonialwarenladen, werden regionale Leckereien (Maultaschen, Wurstsalat, Rostbraten...) serviert.

GUMMERSBACH 30 C
www.gummersbach.de

Nordrhein-Westfalen | EW 49.665 | 250 m | Olpe 29 km, Remscheid 39 km

Stremme
www.hotel-stremme.de

★★★ S garni

Beckestraße 55, PLZ 51647 (OT: Becke), **T 02261 92640,** F 29521
17 Zimmer | Ez ab 68 €, Dz ab 88 €, inkl. Frühstück

Familiengeführter bergischer Landgasthof in ruhiger Lage. Großzügige, gemütlich eingerichtete Gästezimmer mit kostenlosem WLAN. Gutes Frühstück mit oberbergischen Spezialiäten. Im Restaurant wird gutbürgerliche Küche serviert.

Die Mühlenhelle
www.muehlenhelle.de

VARTA-TIPP Küche

Hohler Straße 1, PLZ 51645 (OT: Dieringhausen), **T 02261 290000**
40 | Hauptgericht 26–56 €, Menü 52–159 € | So Do-So Mo, Di, Mi

In dieser denkmalgeschützten Villa bietet Michael Quendler eine moderne europäische Küche, die erfrischend unkompliziert und geradlinig daherkommt. Seine schmackhaften innovativen Gerichte können Sie sowohl à la carte als auch in Menüform genießen. Gastgeberin und Sommelière Birgitta Quendler hat dazu die passenden Weinempfehlungen. Saisonale und regionale Speisen stehen im mediterran gehaltenen Bistro auf der Karte. Zum Übernachten hat man 16 wohnlich eingerichtete Hotelzimmer, die auch als attraktives Arrangement buchbar sind.

GUNDELFINGEN 64 A
www.gundelfingen.de

Baden-Württemberg | EW 11.160 | 266 m | Freiburg i. Br. 6 km, Titisee-Neustadt 39 km

Sonne Wildtal
www.sonnewildtal.com

Talstraße 80, PLZ 79194 (OT: Wildtal), **T 0761 61257060**
150 | Hauptgericht 16–47 €, Menü 49–75 € | Sa-So Mi-So Mo, Di

Hinter der hübschen Fachwerkfassade sitzt man in zeitgemäßem Ambiente bei regionaler Küche mit Bezug zur Saison. Auch Klassiker wie Wiener Schnitzel oder Zwiebelrostbraten finden sich auf der Karte. Dazu gibt es schöne badische Weine. Lauschige Terrasse am Wildtaler Dorfplatz.

GUNDELFINGEN A. D. DONAU 59 A
www.gundelfingen-donau.de

Bayern | EW 7.715 | 438 m | Dillingen a. d. Donau 10 km, Giengen a. d. Brenz 15 km

Neuhof am See
www.neuhof.de

VARTA-TIPP Küche

Äußere Günzburger Str. 1 (Zufahrt über Haldenweg), PLZ 89423, **T 09073 958690**
40 | Hauptgericht 19–38 €, Menü 54–101 € | So Do-So Mo, Di, Mi

Das liebevoll renovierte Wirtshaus präsentiert sich in stilvollem Landhausambiente. Küchenchef Hendrik Ketter verwendet überwiegend regionale Erzeugnisse und kredenzt frische bodenständige Gerichte wie „Knuspriger Bauch vom Hällischen Landschwein mit Mandarinen-Chili-Sauce, Kerbelknolle und Krautstrudel". Im Sommer lockt der urige Biergarten direkt am See unter herrlich gewachsenen Kastanien. Der Seehaus-Eventpavillon bietet zudem den perfekten Rahmen für Veranstaltungen jeder Art.

GÜNZBURG 59 C
www.guenzburg.de

Bayern | EW 19.676 | 490 m | Ulm 25 km, Krumbach 26 km

Römer
www.hotel-roemer.de

garni

Ulmer Straße 26, PLZ 89312, **T 08221 367380,** F 3673877
24 Zimmer | 1 Suite | Ez 75–95 €, Dz 99–132 €, inkl. Frühstück | 22.12.22–8.1.23

Hotelneubau auf einem römischen Gussfundament aus dem 3. Jahrhundert. Das familienfreundliche Haus liegt nur wenige Minuten vom hist. Marktplatz entfernt. Modern eingerichtete Zimmer mit kostenlosem WLAN.

GUNZENHAUSEN 53 C
www.gunzenhausen.de

Bayern | EW 16.176 | 416 m | Weißenburg 22 km, Ansbach 28 km

Parkhotel Altmühltal
www.aktiv-parkhotel.de

★★★★ S

Zum Schießwasen 15, PLZ 91710, **T 09831 5040,** F 89422
67 Zimmer | 17 Suiten | 2 Apartments | Ez 99–109 €, Dz 160–176 €, inkl. Frühstück | 24 h

Neuzeitliches Stadt- und Tagungshotel mit komfortabel eingerichteten Zimmern im Landhausstil, die auch für Allergiker geeignet sind. Den Gästen steht eine 400 qm große Bade- und Saunalandschaft zur Verfügung. Im Restaurant und auf der Terrasse werden jahreszeitlich abgestimmte fränkische Spezialitäten serviert.

Adlerbräu
www.hotel-adlerbraeu.de

★★★ S garni

Marktplatz 10-12, PLZ 91710, **T 09831 88670,** F 886750
57 Zimmer | 2 Suiten | Ez 52–69 €, Dz 89–113 €, inkl. Frühstück

Richtig individuell und charmant wohnt man in diesem traditionsreichen Gasthof, der seit 1868 in Familienbesitz ist und bereits 1564 erstmals urkundlich erwähnt wurde. Die gepflegten Gästezimmer verteilen sich auf das Stammhaus und die Dependance „Haus Altmühlaue". Für Entspannung sorgt ein kleiner Saunabereich. Regionale und internationale Küche gibt es im gemütlichen Restaurant oder auf der ruhigen Gartenterrasse.

GÜSTROW 17 B
www.guestrow-tourismus.de

Mecklenburg-Vorpommern | EW 28.540 | 28 m | Teterow 25 km, Schwerin 63 km

Kurhaus am Inselsee
www.kurhaus-guestrow.de

VARTA-TIPP Service

★★★★ S garni

Heidberg 1, PLZ 18273, **T 03843 8500,** F 850100
48 Zimmer | 3 Suiten | 1 Apartment | Ez 89–119 €, Dz 139–169 €, inkl. Frühstück | ⏲ 24 h

Ein gut geführtes, traditionsreiches Haus mit familiärer Atmosphäre, wohnlichen Zimmern und sehr gutem Frühstück. Die Gästezimmer zur Seeseite verfügen über einen Balkon. Für Entspannung und Wohlbefinden sorgt ein kleiner Wellnessbereich. Im gediegen-elegant eingerichteten Restaurant und auf der Gartenterrasse wird deutsche und regionale Küche serviert.

GUTENZELL-HÜRBEL 58 D
www.gutenzell-huerbel.de

Baden-Württemberg | EW 1.837 | 549 m | Biberach 20 km, Ulm 40 km

Klosterhof
www.klosterhof-gutenzell.de

★★★ S garni

Schlossbezirk 2, PLZ 88484 (OT: Gutenzell), **T 07352 92330,** F 923346
18 Zimmer | Ez 81–98 €, Dz 110–125 €, inkl. Frühstück

In diesem Haus - eine ehemalige Torwache - spürt man das Engagement und die Liebe zum Detail. Hier übernachten Sie in schlichten, aber gepflegten Zimmern im ländlichen Stil. Stammgäste schätzen die familiäre Atmosphäre. Gemütliche Restauranträume, in denen regionale Spezialitäten serviert werden.

GÜTERSLOH 30 B
www.guetersloh-marketing.de

Nordrhein-Westfalen | EW 97.700 | 75 m | Rheda-Wiedenbrück 9 km, Bielefeld 17 km

Parkhotel
www.parkhotel-gt.de

VARTA-TIPP Service

★★★★ S garni

Kirchstr. 27, PLZ 33330, **T 05241 8770,** F 877400
103 Zimmer | 4 Suiten | Ez 99–214 €, Dz 99–214 €, 21,00 € | 24 h

Eine hervorragende Adresse für anspruchsvolle Geschäfts- und Privatreisende. Das freundlich und engagiert geführte Haus ist umgeben von einem hoteleigenen Garten mit altem Baumbestand. Sie logieren in geräumigen und wohnlichen Zimmern in unterschiedlichen Kategorien. Zum Hotel gehören auch ein kleiner Wellnessbereich mit Sauna und Dampfbad sowie zwei Restaurants mit regionaler und italienischer Küche. Nicht zu vergessen: das frische Frühstück am Morgen.

Appelbaum
www.hotel-appelbaum.de

★★★★

Neuenkirchener Str. 59, PLZ 33332, **T 05241 95510,** F 955123
65 Zimmer | 6 Apartments | Ez ab 85 €, Dz ab 105 €, inkl. Frühstück

Ein privat geführtes Stadthotel in direkter Nähe zum Stadtpark mit aufmerksamer und persönlicher Gästebetreuung. Die unterschiedlich eingerichteten Zimmer sind solide ausgestattet. Wellnessbereich mit Sauna, Dampfbad und kleiner Dachterrasse.

Isselhorster Landhaus
www.isselhorster-landhaus.com

★★★ S

Haller Straße 139, PLZ 33334 (OT: Isselhorst), **T 05241 96680,** F 966849
14 Zimmer | Ez 76–99 €, Dz 101–129 €, inkl. Frühstück

Idyllisches Landhausflair umgibt Sie in diesem familiengeführten Hotel. Neben unterschiedlich geschnittenen Zimmern gibt es einen kleinen Tagungsbereich sowie ein behagliches Restaurant mit regionaler und internationaler Küche.

HAAN 29 C
www.haan.de

Nordrhein-Westfalen | EW 29.156 | 160 m | Wuppertal 14 km, Düsseldorf 19 km

Hotel Stadtquartier
www.stadtquartier.nrw

★★★★ garni

Neuer Markt 23, PLZ 42781, **T 02129 9220,** F 922100
88 Zimmer | 2 Apartments | 24 h

Zeitgemäßes Geschäfts- und Tagungshotel am Rande der Fußgängerzone. Funktionell ausgestattete Gästezimmer, teilweise mit großen Terrassen, Balkonen oder exklusiven Infrarotkabinen. Großzügiger Wellnessbereich mit Schwimmbad und Saunabereich.

HADAMAR 41 C
www.hadamar.de

Hessen | EW 12.729 | 130 m | Limburg 10 km, Westerburg 18 km

Nassau-Oranien
www.nassau-oranien.de

★★★★

Am Elbbachufer 12, PLZ 65589, **T 06433 9190,** F 919100
60 Zimmer | 5 Suiten | 1 Apartment | Ez 94 €, Dz 99–124 €, inkl. Frühstück | 24 h

Familiär geführtes Hotel in einem denkmalgeschützten Fachwerkhaus von 1690, das man um einen neueren Anbau erweitert hat. Die Zimmer sind im gemütlichen Landhausstil eingerichtet. Der behagliche Stil setzt sich auch in den beiden Restaurants „Grand Mère“ und „Gud Stubb“ fort. Netter SPA-Bereich mit Schwimmbad, Dampfbad und Sauna.

HAGEN 30 C www.hagenagentur.de

Nordrhein-Westfalen | EW 185.996 | 106 m | Dortmund 17 km, Wuppertal 23 km
Schloss Hohenlimburg, Jugendstilarchitektur, Alte Synagoge, Stadtmuseum Hagen, Hohenhof, Museum für Ur- und Frühgeschichte, Wasserschloss Werdringen, Planetenmodell, Volkssternwarte, Westfälisches Freilichtmuseum für Handwerk und Technik.

Arcadeon www.arcadeon.de

★★★★

Lennestraße 91, PLZ 58093 (OT: Halden), **T 02331 35750,** F 3575200
78 Zimmer | 2 Suiten | Ez ab 149 €, Dz ab 159 €, inkl. Frühstück | 24 h

Modernes Seminar- und Tagungshotel, dessen Bauweise an ein mittelalterliches Kloster erinnert. 20.000 qm großer Park mit altem Baumbestand und Naturteich. Helle, freundliche Gästezimmer mit Eichenholzparkett. Regionale Küche wird im Restaurant serviert.

SAXX Hotel www.saxx-hotelgroup.com

Bahnhofstr. 7, PLZ 58095, **T 02331 9768800**
39 Zimmer | 6 Suiten | Ez 149–219 €, Dz 149–219 €, ab 18,00 €

Das 2021 eröffnete Businesshotel empfängt Sie in bester Citylage zwischen Hauptbahnhof und Stadtkern. Die Zimmer sind in unterschiedlichen Kategorien buchbar. Das Interieur zeigt sich in einem Mix aus urbanem Flair und modernem Lifestyle. Für Longstay-Aufenthalte hat man unweit des Hotels in der Goldbergstraße auch noch großzügige Apartments.

HAGNAU AM BODENSEE 65 B www.hagnau.de

Baden-Württemberg | EW 1.447 | 393 m | Meersburg 4 km, Friedrichshafen 14 km

Burgunderhof www.burgunderhof.de

garni

Am Sonnenbühl 70, PLZ 88709, **T 07532 807680,** F 8076855
8 Zimmer | 2 Suiten

Kleines Wohlfühlhotel in wunderschöner Lage umgeben von Weinbergen und Obstwiesen. Liebevoll eingerichtete Zimmer mit Balkon oder Terrasse. Sehr gutes Frühstück. Angeschlossenes Weingut und Destillerie.

Der Löwen www.loewen-hagnau.de

Hansjakobstraße 2, PLZ 88709, **T 07532 433980,** F 43398300
23 Zimmer | 2 Suiten | 1 Apartment | Ez 90–145 €, Dz 120–205 €, inkl. Frühstück | 24 h
24.–26.12.22 ››

Hist. Gasthaus mit neuerem Anbau und modernen Zimmern unterschiedlicher Größe, das sich seit 1906 in Familienbesitz befindet. Hauseigener Privatstrand. Hübsch angelegter japanischer Teichgarten. Im Restaurant mit Kreuzgewölbe und im Garten wird frische Bodenseeküche serviert.

Villa am See — www.villa-am-see.de

VARTA-TIPP Ambiente

★★★★ garni

Meersburger Straße 4, PLZ 88709, **T 07532 43130,** F 431310
7 Zimmer | 1 Apartment | Ez 110–220 €, Dz 160–360 €, inkl. Frühstück | 24 h

Die geschmackvoll rekonstruierte Jugendstilvilla ist eingebettet in einen zauberhaften Garten und bietet wohnliche, mit italienischen Landhausmöbeln eingerichtete Zimmer. Stammgäste schätzen die persönliche Note des Hauses ebenso wie das abwechslungsreiche Frühstück und die exponierte Lage direkt an der Hagnauer Strandpromenade.

Zur Winzerstube — www.zur-winzerstube.de

★★★★

Seestr. 1, PLZ 88709, **T 07532 494860,** F 2999
18 Zimmer | 2 Suiten

Was dieses Haus so interessant macht? Es liegt schön ruhig am kleinen Fischerhafen direkt am Bodensee, hat gepflegte und zeitgemäß eingerichtete Gästezimmer überwiegend mit Balkon und einen schönen Garten mit Badezugang zum See. Fragen Sie nach den neugestalteten Zimmern der Kategorien „Belle Etage“ und „Superior“! Im Restaurant werden saisonale Gerichte und frische Fischspezialitäten serviert.

Rebstöckle — www.hotel-rebstoeckle.de

Seestraße 10, PLZ 88709, **T 07532 43190**
45 | Hauptgericht 15–35 €, Menü 29–65 € | So Mo-Mi, Fr-Sa Do

Das Restaurant hat nicht nur eine nette Atmosphäre, man isst auch gut, nämlich regionale Gerichte wie „Gegrillter Rinderrücken vom Allgäuer Rind“ oder „Schnitzel vom regionalen Landschwein“. Und gepflegt übernachten kann man hier ebenfalls.

HAIGER 41 A — www.haiger.de

Hessen | EW 18.813 | 289 m | Dillenburg 7 km, Siegen 23 km

Villa Busch — www.villabusch.com

Westerwaldstr. 4, PLZ 35708, **T 02773 9189031**
150 | Hauptgericht 22–40 € | Mi-Fr, So Mi-So Mo, Di

In der schmucken Villa wird kreativ und weltoffen gekocht. Das Angebot reicht von gutbürgerlichen Speisen bis hin zur gehobenen Gourmetküche. Mögen Sie z.B. „Spieß von Jumbo-Gambas und Oktopus mit mediterranem Gemüse und Rosmarinkartoffeln“? Mittags preiswerter Business Lunch. Hauseigene Kochschule.

HALBERSTADT 33 A — www.halberstadt-tourismus.de

Sachsen-Anhalt | EW 40.256 | 122 m | Magdeburg 53 km, Braunschweig 62 km

Villa Heine www.hotel-heine.de

★★★★ S garni

Kehrstraße 1, PLZ 38820, **T 03941 31400,** F 31500
61 Zimmer | 1 Suite | Ez ab 85 €, Dz ab 145 €, inkl. Frühstück | 24 h

In der ehem. Fabrikantenvilla sowie im neueren Parkflügel stehen großzügige, klassisch eingerichtete Zimmer zur Verfügung. Schöner SPA-Bereich mit Pool, Sauna und Beauty-Angebot. Mit dem Restaurant „Wintergarten“ und dem „Brauhaus Heine“ steht ein umfangreiches kulinarisches Angebot zur Verfügung.

Am Grudenberg www.hotel-grudenberg.de

garni

Grudenberg 10, PLZ 38820, **T 03941 69120,** F 691269
18 Zimmer | Ez ab 60 €, Dz ab 95 €, 10,00 €

Das hübsche Fachwerkhaus beherbergt charmante Gästezimmer mit individueller Note. Sehr ansprechend sind die sogenannten Wellnesszimmer im Seitenflügel mit eigener Sauna. Im Sommer kann man auch im ruhigen Innenhof frühstücken.

HALLBERGMOOS 60 D www.hallbergmoos.de

Bayern | EW 10.084 | 460 m | Freising 9 km, München 18 km

Daniel's www.hotel-daniels.de

garni

Hauptstraße 11, PLZ 85399 (OT: Goldach), **T 0811 55120,** F 551213
38 Zimmer | 13 Apartments | Ez 79–199 €, Dz 99–229 €, 5,00–20,00 €

Neuzeitliche Hotelanlage mit niveauvollem Ambiente und persönlichem Service. Das Haus bietet wohnliche Zimmer, die mit italienischen Stilmöbeln eingerichtet sind. Für Langzeitgäste stehen 1- und 2-Zimmer-Apartments zur Verfügung.

HALLE (SAALE) 34 D www.stadtmarketing-halle.de

Sachsen-Anhalt | EW 231.565 | 88 m | Leipzig 42 km, Gera 74 km
Marktplatz mit Händeldenkmal, Roter Turm mit dem größten Glockenspiel Deutschlands, Dom, Alter Markt mit Eselsbrunnen, Hallmarkt, Franckesche Stiftungen, Stiftung Moritzburg, Stadtgottesacker, Burg Giebichenstein, Leipziger Turm.

Dorint Charlottenhof www.hotel-halle-saale.dorint.com

★★★★ S

Dorotheenstraße 12, PLZ 06108, **T 0345 29230,** F 2923100
166 Zimmer | 4 Suiten | Ez 61–120 €, Dz 71–130 € | 24 h

Modernes Stadthotel mit verspielter Architektur und Jugendstil-Interieur. Klassisch ausgestattete Zimmer in zarten Pastelltönen. Vital Club in der obersten Etage mit Fitnessraum, Sauna und Sonnenterrasse. Großzügiger Tagungsbereich. Im hauseigenen À-la-carte-Restaurant „Charlott“ regionale und internationale Küche.

Speiseberg Neu! www.speiseberg.com

VARTA-TIPP Küche

Kröllwitzer Str. 45, PLZ 06120, **T 0151 56519090**
18 | Menü 100 € | Mi-Sa Mo, Di, So »

Inmitten der hist. Gemäuer der traditionsreichen Bergschenke befindet sich das kleine, aber feine Fine-Dining-Restaurant. Das wechselnde Menü steckt mit seinen 9 Gängen voller saisonaler, moderner und kreativer Einflüsse. Bei Chef de Cuisine Konstantin Kuntzsch ist Produktqualität das A und O, und die merkt man bei all seinen Gerichten. Schön dazu das angenehm klare, fast schon puristisch anmutende Ambiente sowie der freundliche und aufmerksame Service. Pro Abend werden max. 15 Personen angenommen. Tischreservierung notwendig.

HALLE (WESTF.) 21 D www.hallewestfalen.de

Nordrhein-Westfalen | EW 22.400 | 125 m | Bielefeld 16 km, Gütersloh 18 km

Court Hotel www.courthotel.de

★★★★ garni

Roger-Federer-Allee 6, PLZ 33790, **T 05201 8990,** F 899440
106 Zimmer | 5 Suiten | 24 h

Sport- und Tagungshotel mit ansprechender Wohnkultur. Die recht geräumigen Zimmer wurden mit hochwertigen Materialien (z.B. Tempur-Matratzen) ausgestattet. Zum Haus gehören auch ein großzügiger Wellnessbereich auf 1.000 qm sowie ein Restaurant mit internationaler Küche und Seeterrasse.

HALLENBERG 31 C www.stadt-hallenberg.de

Nordrhein-Westfalen | EW 4.380 | 420 m | Winterberg 15 km, Frankenberg/Eder 23 km

Diedrich Wellnesshotel & SPA
www.hotel-diedrich.de

Nuhnestraße 2, PLZ 59969, **T 02984 9330**
65 Zimmer | 2 Suiten | Ez 168–236 €, Dz 292–580 €, inkl. Halbpension | ⃠ 18.–26.12.22

Familie Diedrich hat hier ein echtes Schmuckstück: wertig und geschmackvoll die wohnlich-eleganten Zimmer, schön der großzügige SPA- und Wellnessbereich mit zwei Schwimmbädern und Saunalandschaft. Weiterer Wohlfühlfaktor: die angenehm persönliche Atmosphäre.

Sauerländer Hof
www.sauerlaender-hof.de

Merklinghauser Straße 27 (B 236), PLZ 59969, **T 02984 92370,** F 923720
31 Zimmer | Ez 50–110 €, Dz 100–220 €, inkl. Frühstück | 24 h

Freundlich geführtes Hotel mit Zimmern unterschiedlicher Größe und Ausstattung. Einrichtung mit mediterranen Farben und alpinem Charme. Kleiner Wellnessbereich mit finnischer Sauna und Dampfbad. Ländliches Restaurant mit Terrasse.

HALTERN AM SEE 29 B
www.haltern-am-see.de

Nordrhein-Westfalen | EW 37.651 | 40 m | Dülmen 12 km, Recklinghausen 13 km

Am Turm
www.hotel-amturm.de

Turmstraße 4, PLZ 45721, **T 02364 96010,** F 960122
14 Zimmer | 1 Suite | Ez ab 79 €, Dz ab 109 €, inkl. Frühstück

Familiengeführtes kleines Hotel, das für Geschäftsreisende und Urlauber gleichermaßen geeignet ist. Geräumige Zimmer mit hochwertigen Möbeln aus Kirschholz und Buche. Das Restaurant bietet internationale Küche.

Ratsstuben
www.hotel-haltern.de

VARTA-TIPP Küche

Mühlenstr. 3, PLZ 45721 (OT: Haltern), **T 02364 3465**
70 | Hauptgericht 29–49 €, Menü 79–158 € | Di-Sa ⃠ Mo, So

Dezent-reduziert, stylish und modern zeigt sich dieses Restaurant. Hier verwöhnt Sie Daniel Georgiev mit einer schmackhaften, international inspirierten Haute Cuisine in Form eines monatlich wechselnden Gourmetmenüs (bis zu 9 Gänge). Dazu ein gastorientierter, sehr angenehmer Service und ein abwechslungsreiches Weinsortiment mit rund 300 ausgesuchten Gewächsen. Im angeschlossenen Ratshotel hat man 12 individuelle, gemütliche Zimmer.

HAMBERGE 16 A amt-nordstormarn.de

Schleswig-Holstein | EW 1.490 | 13 m | Lübeck 10 km, Bad Oldesloe 15 km

Restaurant Hauck www.restaurant-hauck.de

Stormarnstraße 14, PLZ 23619, **T 0451 8997100**
40 | Hauptgericht 18–37 € | Do-Sa Mo, Di, Mi, So

Im hell und freundlich gestalteten Restaurant werden marktorientierte und saisonale Gerichte aufgetischt. Lust auf „Wiener Kalbsschnitzel | Erdapfelsalat mit Gurke“ oder „Maischolle | Salzkartoffeln | Butter | Gurkensalat in Rahm“? Erlesene Auswahl internationaler Weine.

HAMBURG 15 A www.hamburg-tourism.de

Hamburg | EW 1.746.342 | 6 m | Lübeck 65 km, Kiel 93 km
Alster, Hafen, Hafenpromenade, Museumsschiff Cap San Diego, Fischmarkt, Speicherstadt und Kontorhausviertel mit Chilehaus (UNESCO-Weltkulturerbe), Dt. Zollmuseum, Köhlbrandbrücke, Barockkirche St. Michaelis, Rathaus, Kunsthalle, Park Planten un Blomen, Stadtteil St. Pauli mit Vergnügungsstraße Reeperbahn, Wattenmeer (UNESCO-Weltnaturerbe).
Einen Cityplan finden Sie auf Seite 488–489.

Fairmont Hotel Vier Jahreszeiten
www.hvj.de

VARTA★TIPP Ambiente VARTA★TIPP Service

★★★★★S

Neuer Jungfernstieg 9-14 (C3), PLZ 20354 (OT: Neustadt), **T 040 34940**, F 34942600
156 Zimmer | 33 Suiten, 49,00 € | 24 h

Das luxuriöse Hotel mit seiner prachtvollen Gründerzeitfassade und seiner einmaligen Lage an der Binnenalster ist eine Institution in der Hansestadt und darüber hinaus Inbegriff der europäischen Grandhotellerie. Das Haus vereint exklusiven Wohnkomfort sowie erstklassiges Service- und Dienstleistungsniveau. Die Zimmer zeichnen sich durch stilvolles Mobiliar, zeitlose Eleganz und hanseatische Zurückhaltung aus. Zum Entspannen empfiehlt sich der großzügig konzipierte SPA-Bereich.

Haerlin
www.restaurant-haerlin.de

VARTA★TIPP Küche VARTA-TIPP Service

50 | Menü 215 € | Di-Sa Mo, So

Das Gourmetrestaurant trägt den Namen des Vier-Jahreszeiten-Gründers. Hier entfalten ein opulenter Kristallleuchter sowie handbemalte chinesische Seidentapeten und Goldprägungen ihre volle Wirkung. Mit optischen Reizen präsentieren sich aber auch die hervorragenden, überwiegend französisch-mediterranen Kreationen von Kochvirtuose Christoph Rüffer. Seine Küche zeichnet sich durch top Produkte, geschickt kombinierte Aromen und mitunter überraschende Texturen aus. Ein besonderes Highlight ist der maßgefertigte Weinschrank aus Glas und poliertem Messing mit edlen Tropfen und echten Raritäten. Fachlich versierter Service.

Jahreszeiten Grill

80 | Hauptgericht 26–98 € | Mo-So

Das auf zwei Ebenen angelegte Hotelrestaurant empfängt Sie im originalen Art-déco-Stil und serviert regionale Klassiker der hanseatischen Küche mit internationalen Akzenten. Sehr beliebt ist das wechselnde Mittagsmenü. Beachtenswertes Weinangebot.

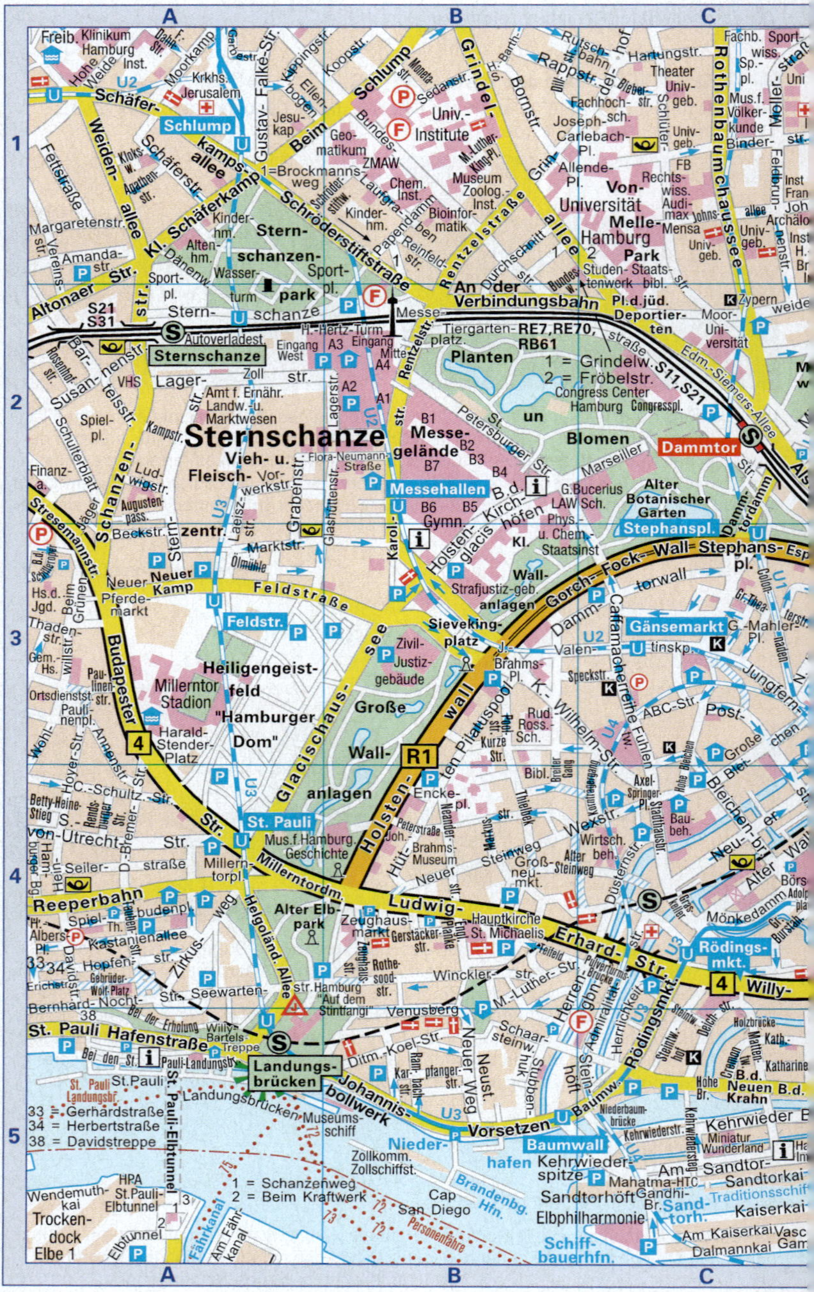
A
B
C
1
2
3
4
5
Schlump
Sternschanze
Sternschanzenpark
Messehallen
Messegelände
Planten un Blomen
Dammtor
Stephanspl.
Gänsemarkt
Feldstr.
Heiligengeistfeld
"Hamburger Dom"
Millerntor Stadion
Große Wallanlagen
St. Pauli
Landungsbrücken
Baumwall
Rödingsmkt.
Universität Hamburg
Von-Melle-Park
Alter Botanischer Garten
Congress Center Hamburg
Hauptkirche St. Michaelis
Reeperbahn
St. Pauli Hafenstraße
Holstenwall
Ludwig-Erhard-Str.
Budapester Str.
Stresemannstr.
Schanzenstr.
Grindelallee
Rothenbaumchaussee
Schröderstiftstraße
Feldstraße
Glacischaussee
Millerntordamm
Kaiserkai
Elbphilharmonie
Sandtorhöft
Kehrwiederspitze
Niederhafen
Cap San Diego
Museumsschiff
Zollkomm. Zollschiffst.
Trockendock Elbe 1
Alter Elbtunnel
Miniatur Wunderland
Mus.f.Hamburg. Geschichte
Vieh- u. Fleisch-zentr.
Strafjustiz-geb.
Zivil-Justiz-gebäude
Sievekingplatz
Gorch-Fock-Wall
Caffamacherreihe
Bei den St. Pauli Landungsbr.
1 = Brockmannsweg
1 = Grindelw.
2 = Fröbelstr.
33 = Gerhardstraße
34 = Herbertstraße
38 = Davidstreppe
1 = Schanzenweg
2 = Beim Kraftwerk
R1
U2
U3
S11,S21
S21
S31
RE7,RE70, RB61

Hamburg
0 150 300m
D
E
F
1
2
3
4
5
therbaum
Außen-
alster
Binnen-
alster
St.
Georg
Hafen City
Theater Hamburg
Hochsch. f. Musik u.
Wasserschutzpol. Anlege-stelle
Personenfähre
1=Eduard-Rhein-Ufer
Schwanenwik-brücke
Schöne Aussicht
Literatur-haus
Schwanenwik
Mundsburger Damm
Hohen-felder Br.
2=Zimmerpforte
3=Stralsunder Str.
4=Robert-Nhil-Straße
Sechslingspforte
Allgemeines Krankenhs. St. Georg
Alster-schwimm-halle
Gurlitt-Insel
R10-R40
R50 R70
Kennedybrücke
Lombards-br.
S11,S21,S31
R1
An der Alster
Kunst-halle
Glockengießerwall
Ernst-Merck-Str.
Hbf. Nord
Hauptbhf.
Haupt-bhf.-Süd
Stein-str.
Steindamm
Lohmühlen-str.
Berliner Tor
Adenauerallee
Beim Strohhause
Jürgen-W.-Scheutzow-Park
Berl. Tor
1=Wismarer Str.
Carl-Legien-Pl.
Kurt-Schumacher-Allee
Nordkanalstraße
Spaldingstraße
Hammer-brook
Möncke-bergstr.
Rathaus
Jungfernstieg
Steinstraße
Kontorhausv.
Meßberg
Domstraße
Brandstw.
Deichtorpl.
Nordkanalbrücke
5=Woltmanstr.
Amsinckstraße
Bahn-betriebs-bhf.
Högerdamm
Ericus-spitze
Ericusgr.
Brooktorkai
Shanghaiallee
Hammerbr. Schl.
Erste Banksbr.
Großmarkthalle Obst, Gemüse u. Blumen
Zoll
Oberhafen
Lohse-park
1=Dar-es-Salaam-Platz
1=New-Orleans-Straße
6=Kobestraße
10=Elbarkaden
11=Störtebeker Ufer
RE3,RE4,RE5,
RB31,RB41
Überseeallee
Magdeburger
Dovenfleet
Zippelhs.
Sand-tor-park
Infopavillon Übersee-quartier

Nikkei Nine

104 | Hauptgericht 5–129 €, Menü 79–111 € | Mo-So

Restaurant im Souterrain des Hotels mit Bar und offener Küche. Behagliche Einrichtung im fernöstlichen Stil mit einem Hauch Exotik. Serviert werden frische peruanisch-japanische Speisen, die auf einem traditionellen japanischen Holzkohlegrill erhitzt werden.

Hotel Atlantic
www.brhhh.com/atlantic-hamburg

★★★★★S

An der Alster 72-79 (E3), PLZ 20099 (OT: St. Georg), **T 040 28880,** F 247129
221 Zimmer | 33 Suiten | Ez ab 229 €, Dz 259–459 € | 24 h

Das schmucke Hotel mit seiner prunkvollen weißen Außenfassade liegt malerisch an Hamburgs Außenalster. In den letzten Jahren hat man das Haus aufwendig saniert. Dabei ist der unverwechselbare Grandhotel-Charme erhalten geblieben. Hier wohnen Sie in erlesen und hochwertig ausgestatteten Zimmern und Suiten. Im Sommer lädt der schöne säulenumrahmte Innenhof zum Verweilen ein.

Atlantic Grill & Health

60 | Hauptgericht 24–37 € | Do-Sa Mo, Di, Mi, So

Casual Dining mit Alsterblick. Großzügige Fensterfronten, moderner, maritimer Landhausstil und eine offene Showküche sorgen für eine entspannte Atmosphäre. Serviert werden zeitgemäße Grillspezialitäten sowie spannende vegetarische und vegane Gerichte.

The Fontenay
www.thefontenay.com

VARTA★TIPP Service

★★★★★S

Fontenay 10 (D2), PLZ 20354, **T 040 60566050,** F 6056605888
130 Zimmer | 17 Suiten | Ez ab 320 €, Dz 355–550 €, ab 35,00 € | 24 h

Offen, kosmopolitisch und ausgesprochen gastfreundlich: Das Luxushotel mit seiner skulpturalen Architektur nebst 27 Meter hohem Atrium überzeugt durch außergewöhnliches Ambiente und top Service. In den Zimmern sorgen warme Farben, edles Echtholzparkett, hohe Decken und große Fenster für exklusiven Wohnkomfort. Schön entspannen kann man im „Fontenay SPA“. Tipp: Hotelbar im sechsten Stock mit spektakulärer Aussicht auf die Alster und die Elbphilharmonie.

Lakeside

VARTA-TIPP Küche VARTA-TIPP Service

40 | Menü 169–189 € | Di-Sa Mo, So

Äußerst elegant und modern, dazu lichtdurchflutet und mit spektakulärem Panoramablick über Hamburg zeigt sich das kulinarische „Herzstück" des Hauses. Auch die Küche ist modern und zeitgemäß, hat aber eine klassische Basis. Julian Strowasser stellt in seinem Menü (6 bis 8 Gänge) ausgesuchte Produkte geschmacklich überaus intensiv in den Mittelpunkt. Dazu ein reibungsloser Service nebst vortrefflicher Weinempfehlungen von Chef-Sommelière Stefanie Hehn.

Fraser Suites Hamburg — www.frasershospitality.com

Rödingsmarkt 2 (C4), PLZ 20459 (OT: Altstadt), **T 040 3808636888**
154 Zimmer | 44 Suiten | 86 Apartments | Ez 210–270 €, Dz 210–270 €, 20,00–30,00 € | 24 h

Die 2019 eröffnete Luxusherberge befindet sich im denkmalgeschützten Gebäude der ehem. Oberfinanzdirektion direkt am Alsterfleet. Die Zimmer und Suiten (in verschiedenen Kategorien) zeichnen sich durch moderne Technik, wohnliche Eleganz und ein gutes Platzangebot aus. Einige Räume sind für Langzeitgäste konzipiert. Zum Haus gehören auch eine Bibliothek, eine Bar, eine Sauna sowie ein Fitnessraum.

The Dining Room — www.thediningroom.de

T 040 3808636401
72 | Hauptgericht 18–44 € | Mo-So

Ein Stück New York in Hamburg! In der Bibliothek der ehem. Oberfinanzdirektion residiert dieses elegante Restaurant. Es ist eingerichtet im Stil der 1920er „The Great Gatsby"-Jahre und eine Hommage an diese Zeit. Serviert werden internationale Spezialitäten sowie neu interpretierte Klassiker wie zum Beispiel Lobster Thermidor oder Filet Wellington. In der „O.V.A.L. Bar" gibt es passende Cocktails.

Grand Elysée — www.grand-elysee.com

★★★★★S

Rothenbaumchaussee 10 (C2), PLZ 20148 (OT: Rotherbaum), **T 040 414120,** F 41412733
510 Zimmer | 15 Suiten | Ez 180–250 €, Dz 200–270 € | 24 h

In unmittelbarer Nähe zur City liegt das größte Privathotel Deutschlands mit seiner weitläufigen, eleganten Halle sowie den geräumigen und komfortabel ausgestatteten Zimmern. Für Entspannung sorgt ein Wellness- und SPA-Bereich mit Pool, Saunalandschaft und Fitnessraum. Toll die Rooftop-Bar in der 7. Etage.

THEO's Prime Beef Restaurant — www.theos-hamburg.de

78 | Hauptgericht 29–49 € | Mo-Sa So

»

Hier kommt echtes New Yorker Steakhouse-Gefühl auf. Dafür sorgen bequeme beigefarbene Ledersessel und -bänke sowie alte Schwarz-Weiß-Fotografien an den Wänden. Aus der Küche kommt allerbestes Prime Beef aus den USA, Irland und Deutschland. In der Oyster Bar können Sie vorweg einen klassischen Aperitif genießen.

Le Méridien Hamburg
www.lemeridienhamburg.com

An der Alster 52-56 (E3), PLZ 20099 (OT: St. Georg), **T 040 21000,** F 21001111
275 Zimmer | 14 Suiten | 24 h

Zentraler Mittelpunkt des Hotels ist der Eingangsbereich. Hier verschmelzen Rezeption und Lobby in den sogenannten Le Méridien Hub, einen interaktiven Aufenthaltsort. Die hell möblierten Gästezimmer präsentieren sich im Art-Tech-Design. Die Deluxe-Zimmer bieten einen schönen Alsterblick. Umfangreiches Tagungsangebot.

Heritage
www.heritage-restaurants.com/hamburg

90 | Hauptgericht 24–54 €, Menü 89 € | Di-Sa Mo, So

Das elegante, in Braun- und Goldtönen gehaltene Restaurant befindet sich auf der 9. Etage des Hotels. In frischem, modernem Ambiente mit einmaligem Blick über die Außenalster serviert man eine mediterran inspirierte Küche mit asiatischem Touch. Der verglaste Wine-Tasting-Raum ist die perfekte Location für Weinliebhaber.

Louis C. Jacob
www.hotel-jacob.de

VARTA-TIPP Service

★★★★★S

Elbchaussee 401-403, PLZ 22609 (OT: Nienstedten), **T 040 822550,** F 82255444
85 Zimmer | 19 Suiten | Ez 174–364 €, Dz 214–404 €, 35,00 € | 24 h

Wenn Sie ein besonderes Haus mit Charme suchen, dann sind Sie hier genau richtig! Das prächtige Gebäude an der Elbe ist eine hanseatische Institution. Die Zimmer und Suiten sind stilvoll und individuell eingerichtet, in den Bädern dominieren Marmor und Granit. Nachmittags können Sie in der Wohnhalle oder auf der Lindenterrasse einen typisch britischen Afternoon Tea genießen. Für einen rundum perfekten Aufenthalt sorgt auch der zuvorkommende Service.

Jacobs Restaurant
www.jacobs-restaurant.de

VARTA-TIPP Küche **VARTA-TIPP** Service

45 | Hauptgericht 29–58 €, Menü 92–138 € | Di-Sa Mo, So

In diesem geschmackvollen Gourmetrestaurant stimmen nicht nur Atmosphäre und Service, es wird auch ausgezeichnet gekocht! Küchenchef Thomas Martin bleibt seiner Linie treu: Unter dem Motto „Einfachheit auf höchstem Niveau" glänzt er seit Jahren mit seiner ursprünglichen französischen Hochküche. Das Ergebnis: unverfälschte, selbsterklärende Gerichte mit absolutem Fokus auf den Geschmack. Wunderschöne Terrasse mit Elbblick.

Marriott
www.marriott.com/hamdt

ABC-Straße 52 (C3), PLZ 20354 (OT: Neustadt), **T 040 35050,** F 35051777
278 Zimmer | 9 Suiten | 24 h

Neuzeitlicher Hotelkomplex mit großzügigen Zimmern in unterschiedlichen Kategorien. Ansprechender Wellness- und Beautybereich. Saisonale Gerichte und beliebte Steakhousespezialitäten serviert das Restaurant „Cast Iron Grill".

Side
www.side-hamburg.de

★★★★★S

Drehbahn 49 (C3), PLZ 20354 (OT: Neustadt), **T 040 309990,** F 30999399
178 Zimmer | 10 Suiten | Ez 190–350 €, Dz 190–350 €, 24,00–32,00 € | 24 h

Hochwertig eingerichtetes Designhotel, das 2018 umfangreich renoviert wurde. Highlight ist die 30 Meter hohe Lobby mit einem Lichtkonzept von Robert Wilson. Das Interieur der Zimmer und der öffentlichen Bereiche trägt die Handschrift des italienischen Architekten Matteo Thun. Geschmackvoll gestalteter SPA-Bereich mit großzügigem Pool, Sauna, Dampfbad und Cardiobereich.

[m]eatery
www.meatery.de

110 | Hauptgericht 18–75 € | Mo-So

Trendiges Restaurant mit modernem Steakhousecharakter und einsehbarem Fleischreifeschrank. Im Angebot: Steaks aus Argentinien, den USA und Europa, frische Fische vom Grill sowie schmackhafte Tatar- und Burgerspezialitäten.

Steigenberger
www.hamburg.steigenberger.de

Heiligengeistbrücke 4 (C4), PLZ 20459 (OT: Neustadt), **T 040 368060,** F 36806777
233 Zimmer | 12 Suiten | 24 h

Das internationale Geschäftshotel empfängt Sie mit seiner typisch hanseatischen Architektur und direktem Blick auf das Alsterfleet. Das Haus bietet zeitgemäß-elegante Zimmer sowie einen großen Tagungs- und Eventbereich. Hinweis: Bei Redaktionsschluss für diese Buchausgabe wurde das Hotel bei laufendem Betrieb umfangreich renoviert.

The Westin
www.westinhamburg.com

Platz der Deutschen Einheit 2 (C5), PLZ 20457 (OT: Hafencity), **T 040 8000101010**
244 Zimmer | 39 Suiten | Ez 220–500 €, Dz 220–500 €, inkl. Frühstück | 24 h

Das Luxushotel hat man in das Gebäude der Elbphilharmonie integriert. Von den eleganten Zimmern und Suiten genießen Sie eine fantastische Aussicht auf die Dächer der Hafencity, auf die Elbe und auf die Alster. Für Entspannung sorgt eine 1.300 qm große Wellness- und Fitnesslandschaft mit 20 Meter langem Innenpool. Im Restaurant „Fang & Feld“ serviert man Regionales und frischen Fisch aus der Nordsee. Toll auch die Bar in der 8. Etage.

Arcotel Onyx
onyx.arcotel.com

★★★★S

Reeperbahn 1A (A4), PLZ 20359 (OT: St. Pauli), **T 040 2094090,** F 2094092550
215 Zimmer | 2 Suiten | 2 Apartments | 24 h

Stylishes Business- und Stadthotel direkt an der Reeperbahn. Hochwertige Materialien und funktionales Design prägen die pfiffig eingerichteten Zimmer. Zum Relaxen steht im Erdgeschoss ein kleiner Wellness- und Fitnessbereich zur Verfügung. Gefrühstückt wird in der Lobbybar.

Arcotel Rubin
rubin.arcotel.com

★★★★S

Steindamm 63 (F3), PLZ 20099 (OT: St. Georg), **T 040 2419290**
217 Zimmer | 6 Suiten | 24 h

Schickes Designhotel im Kulturviertel St. Georg mit rotgrauer Schachbrettfassade. Außergewöhnliche Innenausstattung mit Glaselementen, hellen Hölzern und rubinrot leuchtenden Details. Zwei Themenzimmer vorhanden.

Barceló www.barcelo.com/de-de/barcelo-hamburg

Ferdinandstraße 15 (D3), PLZ 20095, **T 040 2263620,** F 226362999
193 Zimmer | 14 Suiten | Ez 150–250 €, Dz 150–250 €, ab 22,00 € | 24 h

Neuzeitliches Businesshotel, das sich durch ein innovatives, avantgardistisches Design auszeichnet. Sie wohnen in puristisch eingerichteten Gästezimmern mit deckenhohen Fenstern sowie Soundsystem mit USB und Bluetooth. Elegantes Restaurant, stylishe Lobbybar.

Böttcherhof www.boettcherhof.com

Wöhlerstr. 2, PLZ 22113 (OT: Billbrook), **T 040 731870,** F 73187899
164 Zimmer | 7 Suiten | 8 Apartments | Ez 115–255 €, Dz 149–289 € | 24 h

Modernes Geschäftshotel mit komfortabel und wohnlich eingerichteten Zimmern. Schöner Wellnessbereich auf 520 qm mit mehreren Saunen, Dampfbad und Kneippbecken. Im Restaurant wird regional und international gekocht. Trendige Smokers Bar.

Courtyard by Marriott www.courtyardhamburgairport.de

Flughafenstraße 47, PLZ 22415 (OT: Fuhlsbüttel/Flughafen), **T 040 531020,** F 53102222
159 Zimmer | 12 Suiten | Ez 99–289 €, Dz 99–289 €, 21,00 € | 24 h

Unweit der Innenstadt am Flughafen gelegenes Domizil für Geschäfts- und Privatgäste, das im charmanten Landhausstil erbaut wurde. Geschmackvoll eingerichtete Zimmer mit moderner Ausstattung. Fischgerichte und Steakspezialitäten serviert das Restaurant „Horizon".

Courtyard by Marriott Hamburg City www.marriott.com/hamhc

Adenauerallee 52 (F3), PLZ 20097 (OT: St. Georg), **T 040 29842040**
277 Zimmer | 5 Suiten | 24 h

Das 2019 eröffnete Businesshotel bietet seinen Gästen modern ausgestattete Zimmer, eine multifunktionale Lounge sowie großzügige Seminar- und Veranstaltungsflächen. Blick über die Dächer der Stadt ermöglicht der Wellnessbereich mit finnischer Sauna, Ruheraum und Außenterrasse im fünften Stock. Das Gastronomiekonzept im Restaurant „Böckmann's Daily Food Market" im EG ist angelehnt an eine Markthalle.

east www.east-hamburg.de

Simon-von-Utrecht-Straße 31 (A4), PLZ 20359 (OT: St. Pauli), **T 040 309930,** F 30993200
128 Zimmer | 8 Suiten | 2 Apartments | 24 h

Das zeitgemäße Designhotel in direkter Nachbarschaft zur Hamburger Reeperbahn ist ein Haus für Individualisten. Lebendig, kreativ und in einer reizvollen Mischung aus Alt und Neu erzählt es die Geschichte der ehem. Eisengießerei. Einige der Zimmer verfügen über bequeme Wasserbetten. Einladend der Innenhof mit Loungebereich. Das Restaurant mit seinen hohen Decken, der bodentiefen Fensterfront und dem gemütlichem Gewölbe gehört zu den angesagtesten Ausgehadressen Hamburgs.

Empire Riverside Hotel www.empire-riverside.de

Bernhard-Nocht-Str. 97 (A4), PLZ 20359 (OT: St. Pauli), **T 040 311190,** F 3111970601
327 Zimmer | 12 Suiten | Ez 119–399 €, Dz 119–399 €, 24,00 € | 24 h

Imposanter, bronzeverkleideter Hotelturm auf dem Gelände der ehemaligen Bavaria-Brauerei. Gästezimmer mit zeitloser Eleganz und atemberaubendem Blick über Hafen, Elbe oder Stadt. Kleiner Fitness- & SPA-Bereich mit finnischer Sauna und Dampfbad. Cocktailbar im 20. Stock. Das Restaurant „waterkant" mit offener Showküche serviert fangfrische Fischgerichte.

Henri

www.henri-hotels.com/de/hamburg

Bugenhagenstr. 21 (D4), PLZ 20095, **T 040 5543570**
65 Zimmer | 7 Suiten | 24 h

Ein neuzeitliches Hotel mit betont lässiger Atmosphäre in einem ehem. Handelshaus im Hamburger Kontorhausviertel. Auf sieben Stockwerken stehen funktionale und sehr wohnlich eingerichtete Zimmer in drei Kategorien zur Verfügung. Das Frühstück wird in der behaglichen Kontorlounge serviert. Im kleinen SPA-Bereich relaxen Sie mit Blick über die Dächer der Altstadt.

Lindner Hotel Am Michel

www.lindner.de

Neanderstr. 20 (B4), PLZ 20459 (OT: Neustadt), **T 040 3070670,** F 307067777
259 Zimmer | 8 Suiten | Ez 129–509 €, Dz 149–529 € | 24 h

Nur einen Steinwurf von Michel und Reeperbahn wohnt man in diesem Geschäftshotel in großzügigen, multimedial ausgestatteten Gästezimmern. Wellfit-Center auf der 7. Etage. Im Restaurant „Hamburger Stube" wird regional gekocht.

Lindner Park-Hotel Hagenbeck

www.lindner.de

Hagenbeckstraße 150, PLZ 22527 (OT: Stellingen), **T 040 800808100,** F 800808188
134 Zimmer | 7 Suiten | 24 h

Dieses familienfreundliche Hotel liegt direkt an Hamburgs berühmtem Tierpark und Tropenaquarium Hagenbeck. Die themenorientierten Zimmer spiegeln den afrikanischen und asiatischen Stil des 19. Jahrhunderts eindrucksvoll wider. Das Restaurant „Augila" bietet internationale Küche mit regionalen Akzenten.

Mövenpick Neu!

www.movenpick.com/hamburg

Sternschanze 6 (A2), PLZ 20357 (OT: Eimsbüttel), **T 040 3344110,** F 3344113333
226 Zimmer | 10 Suiten | 24 h

Im umgebauten Wasserturm im angesagten Sternschanzenpark empfängt Sie dieses Hotel, das für Individualtouristen und Businessgäste gleichermaßen geeignet ist. Auf 16 Etagen stehen wohnliche Gästezimmer in unterschiedlichen Kategorien zur Verfügung. Aus den oberen Stockwerken hat man einen traumhaften Ausblick über die Stadt. Zum Haus gehören eine Hotelbar, ein Restaurant, ein Fitnessraum und ein Saunabereich.

Radisson Blu

www.radissonblu.de

Flughafenstraße 1-3, PLZ 22335 (OT: Fuhlsbüttel/Flughafen), **T 040 3003000,** F 30030010
266 Zimmer | 5 Suiten | 24 h

Das zeitgemäße Businesshotel befindet sich direkt gegenüber dem Flughafenterminal. Die klimatisierten Gästezimmer sind in den Stilrichtungen „Ocean" oder „Urban" gestaltet und bestechen durch modernes Design sowie hochwertige Ausstattung. Im hauseigenen Restaurant „Circle" wird kreative Küche mit norddeutschen Einflüssen serviert.

Reichshof Hamburg
www.reichshof-hotel-hamburg.de

Kirchenallee 34-36 (E3), PLZ 20099 (OT: St. Georg), **T 040 3702590**
278 Zimmer | 9 Suiten | 24 h

Das frühere Grandhotel zeigt sich heute als einzigartige Verbindung von Historie und Moderne. Die im Art-déco-Stil gestalteten Zimmer und Suiten sind mit ausgesuchten Möbeln und zeitgemäßen Annehmlichkeiten wie Kaffeemaschine, SuitePads oder Regendusche ausgestattet. Zum Haus gehört auch ein 250 qm großer Entspannungs- und Fitnessbereich. Im „Stadt Restaurant" setzt man auf Bio und Regionalität.

Renaissance
www.renaissance-hamburg.com

Grosse Bleichen (C4), PLZ 20354 (OT: Neustadt), **T 040 349180,** F 34918969
205 Zimmer | 21 Suiten | 24 h

Beliebtes Hotel mit Klinkerfassade in zentraler Innenstadtlage. Großzügig geschnittene Zimmer mit nordisch inspiriertem Dekor und moderner Ausstattung. Im Restaurant „Broschecks Sea to Table" werden Fisch und Meeresfrüchte direkt aus dem Meer serviert. Für Veranstaltungen stehen acht renovierte Meetingräume mit modernem Street-Art-Design bereit.

Sir Nikolai Hotel
www.sirhotels.com/de/nikolai

Katharinenstr. 29 (C5), PLZ 20457, **T 040 29996660**
94 Zimmer

Luxusherberge am Nikolaifleet. Die Räume im Erdgeschoss gehen fließend ineinander über und reichen von der Bibliothek über den glasüberdachten Innenhof mit offenem Kamin bis hinaus auf zwei Sonnenterrassen. Die Zimmer und Suiten sind elegante, persönliche Refugien, ausgestattet mit Queen- und Kingsizebetten sowie antikem Mobiliar.

Steigenberger Hotel Treudelberg
www.treudelberg.com

Lemsahler Landstraße 45, PLZ 22397 (OT: Lemsahl-Mellingstedt), **T 040 608220,**
F 608228888
225 Zimmer | Ez 129–299 €, Dz 129–299 €, ab 25,00 € | 24 h

Nach umfangreicher Renovierung präsentiert sich das Hamburger Traditionshaus in neuem Look. Das Hotel befindet sich inmitten des Alstertaler Naturschutzgebietes. In den unterschiedlich ausgestatteten Gästezimmern trifft eleganter Landhausstil auf modernes Ambiente. Zum Haus gehören auch ein SPA-Bereich, ein Aparthotel für Longstay-Aufenthalte, ein SPA-Bereich, eine hoteleigene 27-Loch-Golfanlage sowie ein großzügiger Veranstaltungsbereich.

Lemsahler

54 | Hauptgericht ab 29 €, Menü 29–50 € | Di-Sa Mo, So

Stimmungsvoll und mit elegantem Interieur zeigt sich das Fine-Dining-Restaurant. Es teilt sich in einen hell gestalteten Bereich mit einladendem Wintergarten und einen in dunklen Tönen gehaltenen Bereich mit einer eindrucksvollen Holzdecke. Serviert werden moderne internationale Gerichte sowie norddeutsche Spezialitäten in überraschenden Variationen.

The Rilano Hotel
www.rilano-hotel-hamburg.de

Hein-Saß-Weg 40, PLZ 21129 (OT: Finkenwerder), **T 040 3008490,** F 300849900
170 Zimmer | 5 Suiten | 24 h

Unmittelbar am Elbufer liegt dieses Businesshotel. Das Haus bietet technisch sehr gut ausgestattete Zimmer und Suiten. Modern-eleganter Einrichtungsstil mit warmen Farbtönen und edlen Stoffen. Die Panoramafenster ermöglichen einen tollen Blick auf die Elbe. Im Restaurant „River View" serviert man einen Mix aus nationaler und internationaler Küche.

Tortue Hamburg www.tortue.de

garni

Stadthausbrücke 10 (C4), PLZ 20355, **T 040 33441400**
126 Zimmer | 8 Suiten | 4 Apartments, Dz ab 167 € | 24 h

Das Designhotel befindet sich im neuen Hamburger Stadthof-Quartier. Der Interiorstil im denkmalgeschützten Gebäude vermittelt französisches Flair. Die vorwiegend in dunklen Farben eingerichteten Zimmer bestechen durch exklusiv angefertigte Tapeten, XXL-Boxspringbetten und edle Accessoires aus verschiedenen Designepochen. Kulinarisch hat man die Wahl zwischen der französischen Brasserie „chez l'ami TORTUE" und dem Asiafood-Restaurant „Jin Gui".

Zollenspieker Fährhaus www.zollenspieker-faehrhaus.de

★★★★ S garni

Zollenspieker Hauptdeich 143, PLZ 21037 (OT: Kirchwerder), **T 040 7931330,** F 79313388
62 Zimmer | 4 Suiten | Ez 100–200 €, Dz 120–230 €, 19,50 € | 24 h

Traditionshaus am Elbestrom. Rustikal-behagliche Zimmer im hist. Stammhaus sowie großzügige, moderne Zimmer im neuen Hotelkomplex. Restaurant mit regionaler und internationaler Küche, Sonnenterrasse, Kaminbar, Wellnessbereich.

25hours Altes Hafenamt www.25hours-hotels.com

garni

Osakaallee 12 (D5), PLZ 20457, **T 040 5555750**
49 Zimmer | 24 h

Das 2016 eröffnete Designhotel befindet sich im ältesten Haus der Hafencity. Keines der 49 Zimmer gleicht dem anderen. Überall sind Elemente aus der Welt des alten Hafenmeisters und Bezüge zum denkmalgeschützten Haus platziert. Das Restaurant bietet orientalisch-mediterrane Küche.

25hours Hafencity www.25hours-hotels.com

garni

Überseeallee 5 (E5), PLZ 20457 (OT: HafenCity), **T 040 2577770,** F 257777888
170 Zimmer | 9 Suiten | 24 h

Außergewöhnliches Lifestyle-Hotel in der Hafencity, das im Stil eines Seemannsheimes eingerichtet wurde. Die Gästezimmer (Kojen) sind in verschiedenen Kategorien buchbar. Für Entspannung sorgt die Hafensauna auf der obersten Etage. Deutsche Küche serviert das Restaurant „Die neue Heimat".

Ameron Hamburg Speicherstadt www.hotel-speicherstadt.de

garni

Am Sandtorkai 4 (D5), PLZ 20457 (OT: HafenCity), **T 040 6385890**
192 Zimmer | 8 Suiten | 24 h

Der Charme der 50er und 60er Jahre ist in diesem Haus allgegenwärtig: von der Lobby über das Restaurant bis hin zu liebenswert arrangierten Farben, Mustern und klassischen Möbeln in den Gästezimmern. Besonders großzügig geschnitten sind die Juniorsuiten der 7. Etage mit einzigartigem Blick auf die Hafencity oder auf die Speicherstadt.

Boston
www.boston-hamburg.de

Missundestraße 2 (A2), PLZ 22769 (OT: Altona), **T 040 589666700,** F 589666777
46 Zimmer | 13 Suiten | 10 Apartments | 24 h

Designhotel am Rande des trendigen Schanzenviertels. Unterschiedlich geschnittene Zimmer in den Kategorien „Classic" und „Design". Kleiner Wellnessbereich mit finnischer Sauna und Fitnessraum. Restaurant mit offener Showküche und saisonalen Grillspezialitäten.

Europäischer Hof
www.europaeischer-hof.de

Kirchenallee 45 (E3), PLZ 20099 (OT: St. Georg), **T 040 248248,** F 24824799
275 Zimmer | 24 h

Privat geführtes Traditionshotel nahe dem Hauptbahnhof mit sehr gut ausgestatteten Zimmern. Einzigartiger, 2.100 qm großer Wellnessbereich „EURO-Therme" über 6 Etagen mit Schwimmbad, Spaßbad und Saunaetage. Rustikal-legeres Restaurant mit bayerischer und regionaler Küche.

Hotel du Nord
www.hotel-dunord.de

Im Alten Dorfe 40, PLZ 22359 (OT: Volksdorf), **T 040 33466290,** F 334662999
25 Zimmer | 4 Suiten

Kleines Designhotel für Businessgäste und Individualreisende. Geräumige Gästezimmer mit schlicht-moderner Ausstattung. Gemütliche Frühstückslounge mit schöner Sonnenterrasse. Im modernen Restaurant „Villaggio" wird italienische und internationale Küche serviert.

INNSIDE Hamburg Hafen
www.melia.com

Högerdamm 30 (F5), PLZ 20097, **T 040 6119900,** F 6119902905
207 Zimmer | 24 h

Avantgardistisch, stylish und urban präsentiert sich das 2017 eröffnete Businesshotel am Mittelkanal. Die Zimmer bestechen durch ihr modernes Design mit monochromer Schwarz-Weiß-Optik und indirekten Lichteffekten. Zum Haus gehören auch ein Restaurant mit Außenterrasse und Waterfrontdeck sowie ein eigener Bootsanleger.

Landhaus Flottbek
www.landhaus-flottbek.de

Baron-Voght-Straße 179, PLZ 22607 (OT: Groß-Flottbek), **T 040 8227410**
25 Zimmer | 2 Suiten | Ez 109–130 €, Dz 130–180 €, 25,00 € | 24 h

Sie suchen Ruhe und einen Ort, der die Seele beflügelt? Der wunderschöne Bauernhof ist ein wahres Kleinod. Sie logieren in liebevoll eingerichteten Landhauszimmern, dazu ein großzügig angelegter Garten mit altem Baumbestand.

Hygge-Brasserie & Bar

www.hygge-hamburg.de

VARTA-TIPP Küche

84 | Hauptgericht 13–39 €, Menü 39–80 € | Mo-So

Das hist. Stallgebäude mit seinen 200 Jahre alten Deckenbalken zeigt sich gemütlich und heimelig, aber dennoch trendig in skandinavischem Design. Von sehr guter Qualität ist die moderne, leichte Landhausküche, die man Ihnen hier serviert- z.B. „Filet vom Boddenzander | Holunder-Apfelvinaigrette | Kohlrabi | Spinat“. Schön auch der Loungebereich mit Bar.

Premier Inn Hamburg City

www.premierinn.de

Willy-Brandt-Str. 20 (D4), PLZ 20457, **T 040 30393790**
182 Zimmer | 24 h

Das 2019 eröffnete Hotel auf dem ehemaligen Spiegel-Gelände hat eine gute Anbindung an Altstadt, Hauptbahnhof und Messe. Schön und angenehm komfortabel wohnen Sie in den modernen Gästezimmern. Für beste Schlafqualität sorgen spezielle Hochqualitätsfederkernbetten.

Raphael Hotel Wälderhaus

www.raphaelhotelwaelderhaus.de

★★★ S garni

Am Inselpark 19, PLZ 21129 (OT: Finkenwerder), **T 040 302156100,** F 302156103
82 Zimmer, Dz ab 84 €, 15,00 € | 24 h

Ein ökologisch ausgerichtetes Nichtraucherhotel in einem einzigartigen Multifunktionsgebäude, das im Rahmen der Internationalen Bauausstellung und der Internationalen Gartenschau entstanden ist. Hier wohnen Sie in geräumigen Zimmern mit heller Holzausstattung und neuzeitlichen Bädern. Tipp: Im Haus gibt es eine Dauerausstellung zum Thema Wald und Nachhaltigkeit.

The George

www.thegeorge-hotel.de

VARTA-TIPP Ambiente

Barcastraße 3 (F2), PLZ 22087 (OT: Uhlenhorst), **T 040 2800300,** F 28003030
125 Zimmer | 7 Suiten | 24 h

Hier können Sie zurückhaltenden Luxus mit Niveau genießen. Das Haus erinnert an die britische Tradition und ist geprägt von klassischen Stilelementen mit multikulturellen Einflüssen aus Kolonialtagen. Die Dachterrasse im 7. Stock bietet einen wunderbaren Blick auf die Alster. Hübscher SPA-Bereich im Marrakesch-Style. Im durchgestylten Restaurant „DaCaio“ trifft mediterrane Sonnenküche auf italienische Spitzenweine.

Fritz im Pyjama

www.fritz-im-pyjama.de

Schanzenstr. 101-103 (A2), PLZ 20357 (OT: Eimsbüttel), **T 040 82222830,** F 822228322
17 Zimmer

Ein kleines Boutique-Hotel für Business-Traveller, Designfreaks und Individualisten. Die Zimmer wurden sehr geschmackvoll im Vintagestil der 1950er bis 1970er Jahre eingerichtet. Gratis-WLAN, Flatscreens, Sky-TV sowie Kaffee- und Teeecke sind einige der Annehmlichkeiten, die den Gast hier erwarten. Das Hamburger Messeviertel ist fußläufig zu erreichen.

bianc
www.bianc.de

VARTA-TIPP Küche VARTA-TIPP Service

Am Sandtorkai 50 (D5), PLZ 20457 (OT: HafenCity), **T 040 18119797**
36 | Menü 230 € | Mi-Sa Mo, Di, So

Ein wunderbarer Platz zum Genießen ist dieses durchgestylte Restaurant, das sich zwischen den Bürogebäuden in der Hamburger Hafencity befindet. Das Ambiente: ein Mix aus italienischer Leichtigkeit und moderner Eleganz - dafür sorgt das wertige Interieur mit apulischem Naturstein, Olivenparkett und Holzlamellen. In diesem exklusiven Rahmen verwöhnt Sie Matteo Ferrantino mit seinen modern-mediterranen und ausgesprochen fantasievollen Gourmetkreationen, die nachhaltig in Erinnerung bleiben. Dazu eine professionelle Servicecrew und vortreffliche Weinempfehlungen.

The Table Kevin Fehling
www.thetable-hamburg.de

VARTA-TIPP Küche VARTA-TIPP Service

Shanghaiallee 15 (E5), PLZ 20457, **T 040 22867422**
22 | Menü 250 € | Di-Sa Mo, So 3.–12.12.22, 24.12.22–3.1.23

Ein Restaurant, ein Tisch, ein Menü! Diese reizvolle Location mit ihrer urban-kosmopolitischen Atmosphäre besteht nur aus einer großen offenen Küche und einem langen, geschwungenen Kirschholztisch, an dem bis zu 20 Gäste Platz finden. Spitzenkoch Kevin Fehling bietet hier eine weltoffene, raffinierte Küche, die er optisch reizvoll in Szene setzt. Ein kulinarisches Feuerwerk für Augen und Gaumen! Für Gäste gibt es zwei mögliche Reservierungszeiten: 19 Uhr und 20 Uhr. Tipp: Rechtzeitig reservieren.

100/200
www.100200.kitchen

VARTA-TIPP Küche

Brandshofer Deich 68 (↘ F5), PLZ 20539 (OT: Rothenburgsort), **T 040 328901450**
35 | Menü 200 € | Mo-Fr Sa, So

Industriecharme direkt an den Elbbrücken in einem ehem. Speicher am Brandshofer Deich. Ein Raum, ein Herd, ein Gedanke: Die Küche als Ort der Begegnung - das ist das ganzheitliche Konzept dieses außergewöhnlichen Restaurants. Eine Speisekarte gibt es nicht. Stattdessen kreiert Thomas Imbusch ein exzellentes Soulfood-Überraschungsmenü, das er auf Wunsch auch vegetarisch zubereitet. Dabei orientiert sich Imbusch am saisonalen Marktangebot. Partnerin Sophie Lehmann sorgt für die passende Weinbegleitung. Die Platzreservierung erfolgt vorab über ein Online-Ticketsystem.

Fischereihafen Restaurant www.fischereihafenrestaurant.de

Große Elbstraße 143, PLZ 22767 (OT: Altona), **T 040 381816**
180 | Hauptgericht 15–65 €, Menü ab 58 € | Mo-So

Eine der Topadressen für Krustentier- und Fischgerichte in Hamburg. Mix aus klassisch gehobenem Ambiente und hanseatischer Gemütlichkeit. Toller Blick auf die Hafenkulisse. Kowalkes Mittagstisch mit wechselndem Angebot von 11.30 bis 15.00 Uhr.

Jellyfish www.jellyfish-restaurant.de

VARTA-TIPP Küche

Weidenallee 12 (A1), PLZ 20357 (OT: Eimsbüttel), **T 040 4105414**
36 | Menü 109–189 € | Sa-So Mi-So Mo, Di

Im Mittelpunkt steht hier ganz klar die aromenreiche, kreative Fisch- und Seafoodküche von Stefan Fäth, die am Abend in Form eines Menüs (4, 6 oder 8 Gänge) serviert wird. Mittags können Sie aus der kleinen Bistrokarte wählen. Und auch das Drumherum stimmt: Das moderne, stimmungsvolle Ambiente sorgt ebenso wie der charmante Service für eine Atmosphäre zum Wohlfühlen. Tischreservierung empfehlenswert.

Landhaus Scherrer www.landhausscherrer.de

VARTA-TIPP Küche **VARTA-TIPP** Service

Elbchaussee 130, PLZ 22763 (OT: Ottensen), **T 040 883070030**
48 | Hauptgericht 30–54 €, Menü 117–147 € | Mo-Sa

Was wäre Hamburg ohne dieses Kultlokal? Seit fast vier Jahrzehnten mischt Heinz O. Wehmann in der gehobenen Gastroszene der Hansestadt mit. Seine norddeutsche Hochküche verbindet traditionelle Rezepte kreativ mit klassisch französischen Elementen. Im Service beobachtet man die Wünsche der Gäste mit vorbildlicher Aufmerksamkeit. Gut bestückte Weinkarte mit namhaften nationalen und internationalen Gewächsen.

Morellino Neu! www.morellino.hamburg

Falkenried 54, PLZ 20251 (OT: Eppendorf), **T 040 4206295**
12 | Menü 145–178 € | Di-Sa Mo, So

Hier wird mit Liebe und Leidenschaft gekocht. In minimalistisch-stilvoller Atmosphäre serviert man eine ambitionierte, mediterran inspirierte Küche mit modernen Einflüssen der Nordic Cuisine. Dazu ein charmanter Service nebst professioneller Weinbegleitung.

Piment www.restaurant-piment.de

VARTA-TIPP Küche VARTA-TIPP Service

Lehmweg 29, PLZ 20251 (OT: Hoheluft-Ost), **T 040 42937788**
28 | Hauptgericht 28–38 €, Menü 170 € | Mo-Di, Do-Sa Mi, So

Das kleine, intime Lokal mit seinen stuckverzierten Decken ist seit über 20 Jahren ein beliebter Treffpunkt für Gourmets. Wahabi Nouri kocht mit großer Sorgfalt und Kreativität. Seine klassische französische Küche verfeinert er mit den heimatlichen marokkanischen Einflüssen. Sie können zwischen zwei sechsgängigen Abendmenüs wählen, aber auch à la carte bestellen. Vom fachkundigen und freundlichen Service gibt es die passenden Weinempfehlungen. Tischreservierung empfehlenswert.

Zeik www.zeik.de

VARTA-TIPP Küche

Sierichstraße 112, PLZ 22299 (OT: Winterhude), **T 040 46653531**
30 | Menü 99–116 € | Di-Sa Mo, So

Das intime, gemütliche Lokal hat zahlreiche Stammgäste! Der Grund: Hier wird ehrlich, schmackhaft und frisch gekocht. Inspiriert von der Vielfalt der norddeutschen Küche kreiert Chefkoch Maurizio Oster seine produktorientierten, aromatischen Speisen. Neben dem regelmäßig wechselnden Menü „ZEIK MAHL" hat er auch ein anspruchsvolles vegetarisches Menü im Repertoire. Dazu ein geschulter, aber angenehm ungezwungener Service und eine schöne Weinauswahl.

Am Kai www.amkai.hamburg

Große Elbstraße 145b-d, PLZ 22767 (OT: Altona), **T 040 38037730**
200 | Hauptgericht 22–70 €, Menü 89 € | Di-Sa Mo, So

Beliebtes Seafoodrestaurant mit modern designter Einrichtung und lichtdurchflutetem Wintergarten. Große Fensterfronten ermöglichen einen herrlichen Blick auf den Hamburger Hafen. Im Sommer lockt die wind- und regengeschützte Terrasse.

Anna Sgroi

www.annasgroi.de

VARTA-TIPP Küche

Milchstr. 7 (D1), PLZ 20148 (OT: Pöseldorf), **T 040 28003930**
50 | Hauptgericht 25–34 € | Mo, So

Im modernen Ambiente des behutsam renovierten Fachwerkhauses beglückt Anna Sgroi ihre Gäste seit vielen Jahren mit ambitionierten und schnörkellos zubereiteten Speisen aus der italienischen Küche, die man im Sommer auch auf der herrlichen Terrasse genießen kann. Wie wäre es z.B. mit „Filet vom weißen lombardischen Stör mit wildem grünen Spargel, Kräuterseitlingen und jungem Spinat" oder lieber „Römisches Zicklein mit violetten Artischocken"? Die Weinkarte konzentriert sich auf die Vielfalt der italienischen Gewächse. Preisgünstiger Mittagstisch.

Bootshaus Grill & Bar

www.bootshaus-hafencity.de

VARTA-TIPP Service

Am Kaiserkai 19 (C5), PLZ 20457 (OT: Hafencity), **T 040 33473744**
Hauptgericht 26–54 € | Di-Sa Mo, So

Puristisch im Design, aber dennoch einladend ist dieses lebhafte Grill- & Barrestaurant oberhalb des Grasbrookhafens. Herzstück der offenen Küche ist der 300 Grad heiße Jospergrill, der mit Holzkohle befeuert wird. Neben exzellenten Steaks (Rib Eye, New York Strip, Ladies Cut Filet...) liegt der Fokus vor allem auf spannenden Drinks und erlesenen Weinen. Toll der Service: freundlich, ungezwungen und kompetent.

Brook

www.restaurant-brook.de

Bei den Mühren 91 (D5), PLZ 20457 (OT: Hafencity), **T 040 37503128**
80 | Hauptgericht 17–32 €, Menü 17–44 € | Di-Sa Mo, So

Gegenüber der hist. Speicherstadt erwartet Sie dieses moderne, mit klaren Linien gestaltete Lokal. Hier genießen Sie den schönen Blick auf die alte Hafen- und Lagerhauskulisse. Die mediterrane Küche mit euro-asiatischen Einflüssen klingt z.B. so: „Doradenfilet auf Erbsen-Zitronengraspüree mit Ingwer-Yuzuschaum". Auch „Business Luncher" kommen auf ihre Kosten.

Carls

www.carls-brasserie.de

Am Kaiserkai 69 (C5), PLZ 20457 (OT: Hafencity), **T 040 300322400**
200 | Hauptgericht 17–42 €, Menü 65 € | Mo-So

Ensemble aus Brasserie, Bistro und Bar. Das zeitgemäße Konzept („by Thomas Martin") kommt an: Französische Kochkunst trifft auf saisonale Produkte aus Norddeutschland. Im Sommer lockt die Terrasse mit Blick auf die Elbphilharmonie. Für besondere Anlässe: der schöne Salon Privé mit direktem Zugang zur Promenade.

Cox

www.restaurant-cox.de

Lange Reihe 68 (E3), PLZ 20099 (OT: St. Georg), **T 040 249422**
110 | Hauptgericht 15–23 € | Di-Fr Di-Sa Mo, So

Neuzeitliches Restaurant in bester Innenstadtlage. Serviert werden regionale Speisen modern interpretiert. Täglich wechselnder Mittagstisch, charmanter Service.

Finkenwerder Elbblick
www.finkenwerder-elbblick.de

Focksweg 42, PLZ 21129 (OT: Finkenwerder), **T 040 7425191**
130 | Hauptgericht 13–25 €, Menü 23–48 € | Mo-So

Fischspezialitätenrestaurant mit Aussicht auf den Schiffsverkehr von der Elbterrasse. Auf der Karte stehen klassische Fischgerichte wie Matjes, Maischolle oder Rotbarschfilet, aber auch Spezialitäten wie Hamburger Pannfisch oder Labskaus.

Gallo Nero
www.gallo-nero.net

Sierichstraße 46, PLZ 22301 (OT: Winterhude), **T 040 27092229**
100 | Hauptgericht 14–29 €, Menü 29–59 € | Mo-Sa ⃠ So

Behaglich eingerichtetes Ristorante. Serviert wird klassische sizilianische Küche mit wöchentlich wechselnder Mittagskarte. Ansprechendes Weinangebot mit mehr als 150 Positionen edler Tropfen aus verschiedenen Regionen Italiens. Geschulter Service.

Heimatjuwel
www.heimatjuwel.de

Stellinger Weg 47, PLZ 20255 (OT: Eimsbüttel), **T 040 42106989**
25 | Menü 75–89 € | Di-Sa ⃠ Mo, So

Getreu dem Motto „Wer Heimat heißt, muss Heimat kochen!" bietet Marcel Görke in seinem geradlinig-rustikalen Restaurant Casual Fine Dining mit frischen regionalen Produkten. Das Menü (auf Wunsch mit Weinbegleitung) folgt dem Wechsel der Jahreszeiten. Kleine Terrasse.

Heldenplatz
www.heldenplatz-restaurant.de

Brandstwiete 46 (D4), PLZ 20457 (OT: Altstadt), **T 040 30372250**
55 | Hauptgericht 28–35 €, Menü 65–79 € | Mi-So ⃠ Mo, Di

Genussfreudige Nachtschwärmer können hier bis Mitternacht dinieren und sich an den frischen, saisonalen und kreativen Speisen erfreuen. Wie wäre es es z.B. mit „Rotbarsch | grüner Spargel | Teriyaki | Karotte | Zitronengras"? Lust macht auch die Weinkarte. Sie ist nach Stimmungslagen strukturiert.

Lenz
restaurant-lenz.de

Poppenbütteler Chaussee 3, PLZ 22397 (OT: Duvenstedt), **T 040 60558887**
120 | Hauptgericht 12–33 €, Menü 28–52 € | Mo, Do-So ⃠ Di, Mi

Das moderne Landhaus wird gerne als „Duvenstedts Wohnzimmer" bezeichnet. Kein Wunder, denn die Atmosphäre ist ausgesprochen gemütlich. Dazu eine gelungene Kombination aus feiner Regionalküche und leichter Nouvelle Cuisine. Dabei legt man auf die Verwendung frischer Produkte ganz besonderen Wert. Tipp: preiswerter Mittagstisch.

Mash
www.mashsteak.de

Große Elbstraße 148-150, PLZ 22767, **T 040 809008111**
150 | Hauptgericht 14–138 € | Mo-Fr Mo-So

Stylishes Premiumsteakhouse mit gehobenem, stilvollem Ambiente und höchsten Ansprüchen an Qualität und Service. Vom Uruguay-Rib-Eye bis hin zum Kobe Prime Cut - hier kommen Fleischliebhaber voll und ganz auf ihre Kosten. Dazu gibt es exquisite Weine aus Deutschland, Europa und Übersee.

Memory
www.memory.metro.bar

Sülldorfer Landstraße 222, PLZ 22589 (OT: Blankenese), **T 040 86626938**
40 | Hauptgericht 28–49 €, Menü 39–79 € | Di-Sa Mo, So

Kleines Restaurant mit eleganter Tischkultur und ambitionierter Feinschmeckerküche, bei der überwiegend Produkte aus der Region Verwendung finden. Gute Weinauswahl. Hübsche Terrasse.

Nil
www.restaurant-nil.de

Neuer Pferdemarkt 5 (A3), PLZ 20359 (OT: St. Pauli), **T 040 4397823**
90 | Hauptgericht 23–30 €, Menü 49–52 € | Mo-So

Ein sympathisches Lokal auf drei Ebenen (Parterre, Souterrain und Galerie). Originelle Mischung aus Industrieromantik und 50er-Jahre-Nostalgie. Die Atmosphäre ist ungezwungen, die niveauvolle Küche vereint deutsche Esskultur mit mediterraner Leichtigkeit. Kompetenter, individueller Service. Regelmäßig Kochkurse.

Oechsle Neu!
www.oechsle-restaurant.de

Bundesstraße 15 (B1), PLZ 20146 (OT: Rotherbaum), **T 040 4107585**
40 | Hauptgericht 17–25 € | Mi-Sa Mo, Di, So

In dem liebevoll sanierten Eckhaus aus der Gründerzeit hat sich eine zeitgemäße Bistronomie etabliert. Der Service zuvorkommend und freundlich, das Ambiente zeitlos, klar und klassisch. Dazu passen die frischen traditionellen Gerichte wie „Geschmorte Kalbsbäckchen“ oder „Züricher Geschnetzeltes“. Sehr gutes Weinsortiment mit den Schwerpunkten Deutschland und Frankreich.

Petit Bonheur Neu!
www.petitbonheur-restaurant.de

Hütten 85-86 (B4), PLZ 20355 (OT: Neustadt), **T 040 33441526**
100 | Hauptgericht 29–58 €, Menü 60–90 € | Mo-Fr Mo-Sa So

Lust auf „Loup de Mer vom Grill“ und danach „Crème brûlée“? Hier bekommen Sie eine authentische französische Küche serviert. Dazu sorgen Lederbänke vor dunkelrot gehaltenen Wänden, große Spiegel, Messing und elegante Kronleuchter für reichlich frankophilen Charme. Ansprechende Weinkarte mit deutsch-französischem Schwerpunkt.

Philipps Restaurant
www.philipps-restaurant.de

VARTA-TIPP Küche

Turnerstraße 9 (A3), PLZ 20357 (OT: St. Pauli), **T 040 63735108**
70 | Hauptgericht 12–34 €, Menü 50–82 € | Di-Sa Mo, So

»

Egal ob geschäftlich oder privat: das freundliche Lokal mitten im Karoviertel eignet sich für jeden Anlass. Die Atmosphäre ist angenehm unprätentiös, ebenso der freundlich-legere Service. Da passt auch das kulinarische Konzept gut in das moderne Bild: international beeinflusste, leicht zugängliche Kreativküche, z.B. „Gegrilltes australisches Flap-Meat-Steak | Süßkartoffelpüree | Grüner Spargel | Wilder Brokkoli". Nett sitzt man im Sommer auf der kleinen Terrasse.

Portomarin
www.portomarin.de

Dorotheenstraße 180, PLZ 22299 (OT: Winterhude), **T 040 46961547**
40 | Hauptgericht 24–35 €, Menü 50–57 € | Di-Sa

Elegantes, in Rottönen gemütlich eingerichtetes Lokal. Serviert wird eine klassisch-innovative spanische Küche mit regionalen Akzenten. Hervorragendes spanisches Weinsortiment.

Restaurant CORNELIA POLETTO
www.cornelia-poletto.de

Eppendorfer Landstr. 80, PLZ 20249 (OT: Eppendorf), **T 040 4802159**
35 | Hauptgericht 20–49 €, Menü 59–98 € | Di-Sa Mo, So

Im mediterranen Restaurant beeindrucken sowohl die ungezwungene Atmosphäre als auch die feinen Speisen der sympathischen TV-Köchin. Die Antipasti à la Poletto sind ein „Muss"! Tolle Weinauswahl. Regelmäßig werden Kochkurse zu den unterschiedlichsten kulinarischen Themengebieten veranstaltet.

RIVE Fisch & Faible
www.rive.de

Van-der-Smissen-Straße 1, PLZ 22767 (OT: Altona), **T 040 3805919**
150 | Hauptgericht 29–39 €, Menü 53–75 € | Di-So Mo

Stimmungsvolles Designerbistro unmittelbar am Hafen mit tollem Elbblick und ungezwungener, lockerer Atmosphäre. Die Küche verbindet gekonnt beste Produkte mit Aromen und Einflüssen von der Südspitze Südamerikas bis zum Nordkap. Die attraktive Karte offeriert überwiegend Fisch- und Seafood-Gerichte, aber auch Vegetarier und Fleischliebhaber kommen auf ihre Kosten. Immer wieder faszinierend: die herrliche Sommerterrasse.

Seven Oceans
www.se7en-oceans.de

VARTA-TIPP Küche

Ballindamm 40 (D4), PLZ 20095 (OT: Altstadt), **T 040 32507944**
70 | Hauptgericht 14–44 €, Menü 69–129 € | Di-Sa Mo, So

Im 2. OG der Europapassage sorgen Stefan Beiter und seine Crew für genussvolle Stunden. Die moderne internationale Küche wird in einem angenehm großzügigen Raum mit bodentiefen Fenstern und tollem Blick auf die Binnenalster serviert. Dazu eine exklusive Weinkarte mit einigen Raritäten. Hinweis: Bei Redaktionsschluss für diese Buchausgabe war das Restaurant wegen Umbau- und Renovierungsarbeiten noch geschlossen.

Stock's Restaurant
www.stocks.de

VARTA-TIPP Küche

An der Alsterschleife 3, PLZ 22399 (OT: Poppenbüttel), **T 040 6113620**
130 | Hauptgericht 10–39 €, Menü 36–52 € | Di-So Mo

In einem hübschen Fachwerkhaus mit Reetdach direkt an der Alsterschleife begeistert das Restaurant seine Gäste mit einer feinen norddeutschen und internationalen Küche. Fisch- und Seafoodfans dürfen sich auf schmackhafte Gerichte wie „Hamburger Pannfisch mit Bratkartoffeln und Pommerysenfsauce" oder „Krosser Angeldorsch mit Blattspinat und Senfkörnersauce" freuen. Auch Sushi und Sashimi findet man auf der Karte. Das preisgünstige Mittagsangebot ist für Businessgäste interessant. Nette Terrasse mit viel Grün und herrlichem Blick über das Alstertal.

Strauchs Falco — www.falco-hamburg.de

Koreastraße 2 (D5, in den Elbarkaden), PLZ 20457, **T 040 226161511**
115 | Hauptgericht 21–57 € | Mo-So

Das im Loungestil gestaltete Restaurant in den Elbarkaden bietet eine mediterran-hanseatische Küche, die kompromisslos auf frische Produkte setzt. Dazu ein sehr gutes Business-Lunch-Konzept mit täglich wechselnden Gerichten. Großzügige Sonnenterrasse.

Stüffel — www.restaurantstueffel.de

Isekai 1, PLZ 22395 (OT: Eppendorf), **T 040 60902050**
65 | Hauptgericht 15–44 € | Mi-So ⃠ Mo, Di

Direkt am Alsterkanal gelegen mit modernen Räumlichkeiten, offener Küche und herrlicher Außenterrasse empfängt man Sie mit bodenständigen, leckeren Gerichten und ausgesuchten Weinen. In der Küche legt man höchsten Wert auf gute Produkte, die mit Leidenschaft verarbeitet werden. Über den zum Restaurant gehörenden Bootsverleih kann man Kanus, Tretboote und Stand-Up-Paddles ausleihen.

Tarantella — www.tarantella.hamburg

Stephansplatz 10 (C3), PLZ 20354 (OT: Neustadt), **T 040 65067790**
120 | Hauptgericht 19–110 € | Mo-Fr Mo-Sa

Schickes Bistro-Restaurant im Erdgeschoss des Spielbankgebäudes am Stephansplatz. Moderne internationale Gerichte prägen die Speisekarte. Nette Terrasse mit Blick auf den Park.

Tschebull — www.tschebull.de

VARTA-TIPP Küche

Mönckebergstraße 7 (E4), PLZ 20095 (OT: Altstadt), **T 040 32964796**
160 | Hauptgericht 26–37 €, Menü 69 € | Di-Sa ⃠ Mo, So

Ein Hauch von Alpenrepublik im hohen Norden. Im 1. Stock des Levantehauses haben Sie die Wahl zwischen dem gemütlich-unkomplizierten Beisl, dem schlicht-eleganten Glockenraum oder dem klassischen Gourmetbereich im Edelweißraum. Hier bietet Alexander Tschebull eine kreative österreichische Küche mit internationalen Einflüssen. Auf der abwechslungsreichen Speisekarte findet man innovative neue Kreationen, die geschmacklich den Bogen zwischen mediterranen Gefilden und seiner Heimat schlagen.

WITTHÜS — www.witthues.com

Elbchaussee 499a, PLZ 22587 (OT: Nienstedten), **T 040 860173**
60 | Hauptgericht 17–35 €, Menü 28–45 € | Sa-So Mo, Do-So

Ausgesprochen charmant hat man es in dem kleinen hist. Reetdachhaus mit regionaltypischer Einrichtung. Familiäre Atmosphäre und eine gute internationale Küche zeichnen dieses Restaurant aus. Nachmittags Kaffee und Kuchen (aus der hauseigenen Bäckerei). Reizende Terrasse.

Wolfs Junge www.wolfs-junge.de

Zimmerstraße 30 (↗ F1), PLZ 22085 (OT: Uhlenhorst), **T 040 20965157**
35 | Menü 99 € | Mi-Sa Mo, Di, So

Ob preiswerter Mittagstisch oder feines Menü am Abend - hier kehrt man gerne ein! Ungezwungen-modern die Atmosphäre, in der Küche fokussiert man sich auf regionale, nachhaltige Bioprodukte. Zahlreiche Gemüsesorten baut der Inhaber selbst an, und auch die Kräuter kommen größtenteils aus dem eigenen kleinen Garten direkt neben dem Restaurant. Unbedingt probieren: hausgemachte Würste.

YOSHI im Alsterhaus www.yoshi-hamburg.de

Jungfernstieg 16-20 (C3), PLZ 20354 (OT: Neustadt), **T 040 36099999**
60 | Hauptgericht 21–95 €, Menü 30–120 € | Mo-Sa So

Großzügig, hell und puristisch zeigt sich das japanische Restaurant in der vierten Etage des Alsterhauses. Im Angebot Sushi und Sashimi, aber auch diverse Fisch- und Fleischgerichte stehen auf der Karte. Im Sommer empfiehlt sich ein Platz auf der 70 qm großen, umlaufenden Terrasse.

Alt Helgoländer Fischerstube www.althelgolaenderfischerstube.de

Fischmarkt 4a-c (↙ A5), PLZ 22767 (OT: Altona), **T 040 3194696**
120 | Hauptgericht 13–27 €, Menü 25–40 € | Mo-So

Traditionelles Fischrestaurant im Herzen St. Paulis mit maritimem Flair und persönlicher Atmosphäre. Zu den Spezialitäten des Hauses gehören Hamburger Pannfisch, Helgoländer Matjesteller und Seemannslabskaus.

Brechtmanns Bistro www.brechtmann-bistro.de

VARTA-TIPP Küche

Erikastraße 43, PLZ 20251 (OT: Eppendorf), **T 040 41305888**
Hauptgericht 15–33 €, Menü 59 € | Mi-Sa Mo, Di, So

Locker-rustikal und angenehm entspannt zeigt sich das Restaurant von Ann-Kathrin und Sven Brechtmann. Die engagierten Gastgeber legen sehr viel Wert auf exzellenten Service in einer gemütlich-familiären Umgebung. Dazu eine modern inspirierte Regionalküche mit asiatischen Einflüssen. Tipp: Knusprige Oldenburger Gans (im November/Dezember - auch für Zuhause).

Cantine Papa Lisbeth www.cantinepapalisbeth.de

Deichstraße 32 (D5), PLZ 20459 (OT: Altstadt), **T 040 36096767**
44 | Hauptgericht 17–35 € | Mo-Sa Di-Sa So

Ein neuer Lieblingsort für Einheimische und Hamburg-Besucher. In der historischen Deichstraße hat André Stolle 2021 sein erstes eigenes Restaurant eröffnet. Die moderne „Kneipenküche" in den aufwendig renovierten Räumen des alten Kaufmannshauses reicht von klassischen Traditionsgerichten wie Kalbsfrikadellen oder Rinderroulade bis zur experimentelleren Fusionsküche. Dazu gibt es wahlweise Bier vom Fass oder südafrikanische Weine.

Coast by east www.coast-hamburg.de

Großer Grasbrook 14 (D5), PLZ 20459 (OT: HafenCity), **T 040 30993230**
160 | Hauptgericht 13–45 € | Do-Sa Mo-So

Hippes Gourmetbistro an den Marco-Polo-Terrassen in der Hamburger HafenCity. Bunter Küchenmix - das Spektrum reicht von Sushikreationen über asiatische und landestypische Gerichte bis hin zu Gegrilltem vom Robatagrill.

Das Dorf
www.restaurant-dorf.de

Lange Reihe 39 (E3), PLZ 20099 (OT: St. Georg), **T 040 245614**
65 | Hauptgericht 15–22 €, Menü 27–33 € | Mo-So

Etwas versteckt in einem gewölbeartigen und denkmalgeschützten Souterrain befindet sich dieses urige Lokal. Sie sitzen auf bequem gepolsterten Kirchenbänken und sind umgeben von Kachelöfen, Antiquitäten, Fotos, Skizzen und Aquarellen. Serviert wird eine gehobene deutsche Küche zu fairen Preisen. Dazu eine kleine, aber feine Weinauswahl mit Schwerpunkt Deutschland und Österreich.

HACO
www.restaurant-haco.com

Clemens-Schultz-Straße 18 (A4), PLZ 20359 (OT: St. Pauli), **T 040 74203939**
38 | Hauptgericht ab 20 €, Menü 56–96 € | Di-Sa ⃠ Mo, So

Hier orientiert sich nicht nur die Karte, sondern auch das Ambiente an den nordischen Geschmackswelten. Kühle Wände, cleane Holztische auf Dielenparkett und unverkleidete Designerglühbirnen sorgen für ein lässig-legeres Ambiente. Das wechselnde Speisenangebot richtet sich nach der Marktlage. Da gibt es natürlich viel Fisch, saisonales Gemüse und regionale Spezialitäten von Hamburg bis Island.

haebel
www.haebel.hamburg/#restaurant

Paul-Roosen-Straße 31 (A4), PLZ 22767 (OT: St. Pauli), **T 0151 72423046**
20 | Menü 89–109 € | Do-So ⃠ Mo, Di, Mi

Charmant und ungezwungen präsentiert sich das kleine Restaurant mit seinen Vintagemöbeln und der einsehbaren Küche. Wild aus nachhaltiger Jagd, leinengeangelter Fisch und schmackhafte vegetarische Gerichte vereint der aus Südbaden stammende Patron auf seiner Speisekarte. Dazu gibt es eine Auswahl an Bio- und Naturweinen.

Henssler & Henssler
www.hensslerhenssler.de

Große Elbstraße 160 (A5), PLZ 22767 (OT: Altona), **T 040 38699000**
120 | Hauptgericht 19–36 €, Menü 25–65 € | Di-Sa ⃠ Mo, So

Lebhaftes, puristisch eingerichtetes Lokal in einer alten Lagerhalle am Hafen. Aus der offenen Küche von TV-Koch und Kochbuchautor Steffen Henssler kommen interessante japanische Speisen wie „Gegrilltes Lachskotelett mit Teriyakilack und Tomaten-Bohnen-Salsa". Aber auch Sushi- und Grillspezialitäten findet man auf der Karte.

Kinfelts Kitchen & Wine
www.kinfelts.de

Am Kaiserkai 56 (C5), PLZ 20457 (OT: HafenCity), **T 040 30068369**
70 | Hauptgericht 25–49 €, Menü 69–99 € | So Mo, Mi-So ⃠ Di

Ausgesprochen einladend der hohe Gastraum mit großer Fensterfront und Blick auf den Museumshafen. Serviert wird eine gehobene Bistroküche zu fairen Preisen. Sehr gutes Weinangebot. Wöchentlich wechselnde Lunchgerichte.

Matsumi
www.matsumi.de

Colonnaden 96 (C3), PLZ 20354 (OT: Neustadt), **T 040 343125**
30 | Hauptgericht 24–89 €, Menü 59–124 € | Di-Sa

Original japanisches Restaurant mit authentischer Küche: Sushi, Sashimi, Gegrilltes oder am Tisch zubereitete Spezialitäten wie Sukiyaki oder Shabu Shabu.

Restaurant Wattkorn
www.wattkorn.de

Tangstedter Landstraße 230 (↗ F1), PLZ 22417 (OT: Langenhorn), **T 040 5203797**
80 | Hauptgericht 9–26 €, Menü ab 25 € | Mo-So

Regionaltypisches Reetdachhaus mit gemütlich-nostalgischen Gaststuben und herrlichem Sommergarten. Das kulinarische Spektrum reicht von norddeutschen Klassikern über Fisch- und Wildspezialitäten bis hin zu Sushi. Es gibt auch ein paar Hotelzimmer.

VLET in der Speicherstadt
www.vlet-speicherstadt.de

Am Sandtorkai 23/24 (D5), PLZ 20457 (OT: HafenCity), **T 040 334753750**
90 | Hauptgericht 16–39 €, Menü 54–89 € | Di-So ⃠ Mo

In einem restaurierten Speicher vis-à-vis der HafenCity empfängt Sie dieses trendige Restaurant. Hier werden norddeutsche Traditionsgerichte neu interpretiert. Probieren Sie beispielsweise „Seezungenröllchen mit Bärlauch, cremiger Maisgrieß, gebratener grüner Spargel und Bouillabaisse-Espuma".

VLET Kitchen & Bar
www.vlet-jungfernstieg.de

Jungfernstieg 7 (D3), PLZ 20354, **T 040 35018990**
130 | Hauptgericht 18–28 €, Menü 48–56 € | Di-So ⃠ Mo

Ableger des gleichnamigen Restaurants in der Hamburger Speicherstadt, direkt am Wasser gelegen. In maritim-modernem Ambiente mit Blick auf die Alster und das Hamburger Rathaus bietet die kreative Speisekarte schmackhafte international-hanseatische Gerichte. Mit

130 Sitzplätzen im Innenraum sowie 45 weiteren auf dem Schwimmponton direkt auf der Alster ist das VLET Kitchen & Bar ein Treffpunkt für Frühstück, Brunch, Lunch, Kaffee und Kuchen oder Dinner.

Witwenball — www.witwenball.com

Weidenallee 20 (A1), PLZ 20357 (OT: Eimbüttel), **T 040 53630085**
Hauptgericht 21–31 € | Di-So ⃠ Mo

Das junge Weinlokal mit massivem Marmortresen und opulenten Deckenleuchten zeigt sich im schicken Art-déco-Stil und offeriert schmackhafte Gerichte mit frischen und saisonalen Zutaten aus der Region. Das Weinangebot kann sich ebenfalls sehen lassen - rund 30 Weine gibt es auch glasweise! Übrigens: Der Name erinnert an das einstige Tanzlokal, das hier einmal beheimatet war.

Zipang — www.zipang.de

Eppendorfer Weg 171, PLZ 20253 (OT: Hoheluft), **T 040 43280032**
Hauptgericht 17–24 €, Menü ab 72 € | Di-Sa ⃠ Mo, So

In diesem schmucken Jugendstilhaus treffen klassische japanische Speisen auf kreative, innovative Kochkunst. Neben klassischen Gerichten wie Sushi, Misosuppe und Tempura gibt es wechselnde Eigenkreationen im Fusionstyle. Das Interieur ist stilvoll, puristisch und edel.

Atlantic Bar — www.brhhh.com/atlantic-hamburg

An der Alster 72-79 (E3, im Kempinski Hotel Atlantic), PLZ 20099 (OT: St. Georg), **T 040 2888862**
75 | Hauptgericht 14–35 € | Mo-So

Gepflegte Pianomusik, schickes Ambiente, ausgezeichnete Drinks. Exklusive Smokers' Lounge. Klassiker des Hauses: Atlantic Dream (Bacardi, Peachtree, Blue Curaçao, Limettensaft, Champagner).

HAMM (SIEG) 40 B — www.hamm-sieg.de

Rheinland-Pfalz | EW 3.500 | 220 m | Siegen 48 km, Siegburg 55 km

Alte Vogtei — www.altevogtei.de

Lindenallee 3, PLZ 57577, **T 02682 259,** F 8956
15 Zimmer | 2 Suiten | Ez 68–95 €, Dz 97–127 €, 11,50 €

Hübsches Fachwerkhaus aus dem Jahr 1753. Die gemütlichen, komfortabel ausgestatteten Zimmer lassen dank antiquarischen Accessoires Tradition und Moderne miteinander verschmelzen. In mehreren gemütlichen Gasträumen wird frische regionale Küche aufgetischt.

HAMM (WESTFALEN) 30 A www.hamm.de

Nordrhein-Westfalen | EW 176.048 | 63 m | Soest 32 km, Münster 37 km
Schloss Heessen, Wasserschloss Oberwerries, Glaselefant im Maximilianpark, Hindu-Tempel, Haus Reck, Haus Vorschulze, Hauptbahnhof, Marktplatz, Pfarrkirche St. Pankratius, Pauluskirche, Alfred-Fischer-Halle, Wassertürme Bergen, Zeche Radbod.

Gut Kump www.gut-kump.de

VARTA-TIPP Ambiente

Kumper Landstr. 5, PLZ 59069 (OT: Kump), **T 02385 921260,** F 9212699
35 Zimmer | 4 Suiten | 1 Apartment | Ez ab 109 €, Dz ab 139 €, inkl. Frühstück

Inmitten einer 40.000 qm großen Parkanlage befindet sich dieses hübsche Kleinod. Die Zimmer, die sich auf das gemütliche Fachwerkwohnhaus und das repräsentative Herrenhaus verteilen, sind mit einem leicht englischen Touch gestaltet und strahlen eine angenehme, warme Atmosphäre aus. Im dezent-elegant eingerichteten Restaurant und auf der großzügigen Terrasse wird eine frische Regionalküche serviert. Es gibt auch repräsentative Fest- und Tagungsräume.

Gut Sternholz www.gut-sternholz.de

Im Giesendahl, PLZ 59071 (OT: Bad Hamm), **T 02388 3010990**
8 Zimmer | 4 Suiten

Kleines SPA-Hotel mit umfassendem Sauna- und Wellnessangebot. Im Nordflügel des ehem. Gutshofes stehen hochwertige Zimmer und Suiten zur Verfügung. Diese sind mit gemütlichen Betten, edlen Eichenholzböden sowie Balkon oder Terrasse ausgestattet. Die Anlage ist umgeben von einem 50.000 qm großen Park.

WielandStuben www.wielandstuben.de

Wielandstraße 84, PLZ 59077 (OT: Wiescherhöfen), **T 02381 401217**
60 | Hauptgericht 24–46 €, Menü 54–119 € | So Mi-So Mo, Di

Die elegant-rustikalen Gasträume sind geschmackvoll mit vielen Antiquitäten und Kunstwerken ausgestattet. Die Küche ist klassisch-französisch geprägt auf Basis frischer, hochwertiger Produkte. Schöne Hofterrasse.

HAMMELBURG 42 D www.hammelburg.de

Bayern | EW 11.520 | 182 m | Gemünden am Main 20 km, Schweinfurt 30 km

Zum Stern
www.landgasthof-stern.com

€ Gut & Günstig

Obererthaler Straße 23, PLZ 97762 (OT: Obererthal), **T 09732 4707,** F 5400
19 Zimmer | 2 Apartments | Ez 48 €, Dz 85–90 €, inkl. Frühstück

Fränkisches Flair und eine familiäre Atmosphäre erwarten Sie hier. Die modern eingerichteten Zimmer verfügen teilweise über einen Balkon. In der gemütlichen Gaststube werden gutbürgerliche regionale Küche sowie hauseigene Weine und Schnäpse serviert.

HANAU 41 D
www.hanau.de

Hessen | EW 93.613 | 104 m | Frankfurt am Main 20 km, Aschaffenburg 28 km

Villa Stokkum
www.villastokkum.de

Steinheimer Vorstadt 70, PLZ 63456 (OT: Steinheim), **T 06181 6640,** F 661580
135 Zimmer | 2 Suiten | 24 h

Das klassische Businesshotel liegt fußläufig zur schönen Altstadt von Steinheim und ist bei Geschäftsreisenden und Tagungsgästen gleichermaßen beliebt. Das Design der Zimmer lehnt sich an die Geschichte des traditionsreichen Hauses an. Von 1870 bis 1926 wurde der hist. Gebäudeteil als Zigarrenfabrik genutzt. Im Restaurant wird regionale und internationale Küche serviert.

Ristorante Mediterraneo
www.golfo-mediterraneo.de

Willy-Brandt-Straße 24, PLZ 63454, **T 06181 99550**
90 | Hauptgericht 22–36 €, Menü 30–50 € | Di-Fr, So Di-So Mo

In dem traditionsreichen Ristorante im Herzen der Stadt mit seinem stilvollen und modern-gemütlichen Ambiente wird kreativ, authentisch und marktfrisch gekocht. Die Speisekarte bietet mediterrane Gerichte wie z.B. „Lammkaree | Thymianjus | Rosmarinkartoffeln | Sizilianische Caponata". Im Sommer lockt die hübsche Terrasse am Teich.

HANN. MÜNDEN 32 C
www.hann.muenden-tourismus.de

Niedersachsen | EW 24.505 | 127 m | Kassel 23 km, Göttingen 34 km

Alter Packhof
www.packhof.com

Bremer Schlagd 10-14, PLZ 34346, **T 05541 98890,** F 988999
25 Zimmer | 5 Suiten | Ez ab 85 €, Dz ab 105 €, inkl. Frühstück | 24 h

Freundlich geführtes Hotel mit traditionellem Charakter in hist. Altstadtlage. Ländliche, mit massiven Holzmöbeln und schönen Bädern ausgestattete Zimmer, die alle einen schönen Blick über die Insel Tanzwerder bis ins Wesertal bieten. Reichhaltiges Frühstücksbuffet.

Flux - Biohotel im Werratal
www.flux-biohotel.de

Buschweg 40, PLZ 34346 (OT: Laubach), **T 05541 9980,** F 998140
40 Zimmer | Ez ab 84 €, Dz ab 110 €, inkl. Frühstück

Aus drei Häusern bestehende Hotelanlage mit hellen, neuzeitlichen Gästezimmern und guten Tagungsmöglichkeiten. Den natürlichen „Wohlfühlfaktor" des familiengeführten Domizils schätzen aber nicht nur Geschäftsreisende, sondern auch Individualreisende wie Radfahrer und Wanderer.

Biorestaurant

VARTA-TIPP Küche

60 | Hauptgericht 10–29 €, Menü 28–49 € | Di-Sa ⊘ Mo, So

Modern eingerichtetes Restaurant mit tollem Blick auf das Werratal. Für die ambitionierte Küche mit mediterranem Einschlag werden ausschließlich frische Bio-Produkte aus kontrolliertem Anbau verarbeitet. Das Preis-Leistungs-Verhältnis begeistert ebenso wie die gut zusammengestellte Weinauswahl und der nette, zuvorkommende Service.

HANNOVER 23 C www.hannover.de

Niedersachsen | EW 518.386 | 55 m | Bremen 110 km, Hamburg 170 km

Herrenhäuser Gärten, Erlebnis-Zoo, Neues Rathaus, Maschsee, Marktkirche und Altes Rathaus in norddeutscher Backsteingotik, Steinhuder Meer, Schloss Marienburg, Sprengel-Museum, August-Kästner-Museum, Niedersächsisches Landesmuseum, Opernhaus.

Einen Cityplan finden Sie auf Seite 516–517.

Kastens Hotel Luisenhof

www.kastens-luisenhof.de

★★★★★S garni

Luisenstraße 1-3 (D3), PLZ 30159, **T 0511 30440,** F 3044807
149 Zimmer | 11 Suiten | 7 Apartments | 24 h

Dieses familiengeführte Traditionshotel gehört zweifellos zu den Top-Häusern der Stadt. Die individuellen, elegant ausgestatteten Zimmer sind in unterschiedlichen Kategorien buchbar. Schöner Fitness- und Wellnessbereich über den Dächern der Stadt. Sehr gutes Frühstück.

Mary's Restaurant

www.marys-hannover.de

40 | Hauptgericht 24–48 €, Menü 38–99 € | Mo-So

Das Restaurant trägt den Namen der Tochter des Hotelgründers. Sie sitzen in klassisch-elegantem Ambiente an schön gedeckten Tischen und können zwischen kreativen, saisonal wechselnden Gerichten wählen, die in Menüform serviert werden - z.B. als Mary's Menü, Menü des Monats oder als 6-gängiges Gourmetmenü.

Courtyard by Marriott

www.courtyardhannover.com

★★★★S garni

Arthur-Menge-Ufer 3 (D4), PLZ 30169, **T 0511 366000,** F 36600555
149 Zimmer | 5 Suiten | Ez 99–514 €, Dz 99–514 €, 22,00 € | 24 h

Geschäftshotel in unmittelbarer Nachbarschaft zur HDI-Arena. Hier stehen komfortable Zimmer in unterschiedlicher Größe zur Verfügung. Zum Haus gehören ein 24-Stunden-Shop, eine kleine Bibliothek, ein Fitnessraum sowie ein Businesscenter mit komplett ausgestatteten Arbeitsplätzen. Gastronomie: „Julian's Bar" mit schöner Terrasse.

Doubletree by Hilton Schweizerhof

www.schweizerhof-hannover.de

★★★★S garni

Hinüberstraße 6 (E2), PLZ 30175, **T 0511 34950,** F 3495123
200 Zimmer | 4 Suiten | Ez 135–600 €, Dz 160–650 €, 25,00 € | 24 h

Das zeitgemäße Atriumhotel wird überwiegend von Tagungs- und Geschäftsreisenden bevorzugt. Stilvoll, geräumig und modern präsentieren sich die Zimmer. Wellnessbereich mit Sauna und Fitnessraum sowie großem Massage- und Beautyangebot.

ALBERTZ – The German Eatery

75 | Hauptgericht 15–32 €, Menü 29–55 € | Mo-Fr Mo-Sa So

Das gepflegte Restaurant bietet den perfekten Rahmen für genussvolle Momente. Aus der offenen Küche kommen frische internationale Gerichte, bei denen überwiegend erstklassige Zutaten aus der Region Verwendung finden. Im Sommer lockt die wunderschöne Terrasse unter Bäumen.

Grand Hotel Mussmann

www.grandhotel.de

★★★★★S garni

Ernst-August-Platz 7 (D3), PLZ 30159, **T 0511 36560,** F 3656145
104 Zimmer | 10 Suiten | 1 Apartment | Ez 129–349 €, Dz 159–399 €, inkl. Frühstück | 24 h

Gegenüber dem Bahnhof liegt dieses traditionsreiche Familienhotel. Komfortable Gästezimmer mit Eichenparkett, Naturstein und geschmackvollen Einrichtungsdetails. Das Haus verfügt über eine Ladestation für Elektrofahrzeuge, eine Sauna und eine Garage.

A
B
C
1
2
3
4
5
Stadtteil Nordstadt
(zu Hannover)
Stadtteil Linden-Nord
Stadtteil Calenberger Neustadt
Stadtteil Linden-Mitte
(zu Hannover)
Stadtteil Linden-Süd
(zu Hannover)
Großer Garten
Georgengarten
Welfengarten
Prinzengarten
Universität (Welfenschloss)
Herrenhäuser Str.
Nienburger Straße
Bremer Damm
Schwanenburgkreuzung
Schwanenburgbrücke
Leine
Ihme
Limmerstraße
Fössestraße
Spinnereistraße
Königsworther Pl.
Königsworther Straße
Schloßwender Str.
Brühlstraße
Blumenauer Str.
Gustav-Bratke-Allee
Göttinger Str.
Bornumer Straße
Deisterplatz
Lindener Berg
Von-Alten-Garten
Schützenplatz
Fußballstadion HDI-Arena
Waterlooplatz
Klinikum Siloah
Stadionbrücke
Container Terminal
Gbf.
Weidendamm
1=Zur Bettfedernfabrik
2=Emma-Frede-Weg
3=August-Baumgarte-Gang
1=Wilma-Conradi-Weg
2=Elisabeth-Hoffmeier-W.
1=Lindener Schmuckplatz
1=Ilse-ter-Meer-Weg
2=Plaza de Rosalia
3=Martha-Wissmann-Platz
4=Baumhaselweg
1 = Am Kläperberg

Hannover
0 180 360m
D
E
F
1
2
3
4
5
Stadtteil Mitte
Stadtteil Oststadt
Stadtteil
Zoo
Stadtpark
Stadtteil Südstadt
Zoolog. Garten
Hann. Hbf.
H-Bismarckstr.
Lister Pl.
Sedanstr./ Lister Meile
Geibelstr.
Altenbekener Damm
Braunschw. Pl.
Maschpark
Maschteich
Maschsee
Bernadotte-allee
Adenauer-allee
Hans-Böckler-A.
Friedrichswall
Willy-Brandt-Allee
Rudolf-von-Bennigsen-Ufer
Hildesheimer Straße
Marienstraße
Kleefelder Str.
Hamburger Allee
Celler Straße
Raschplatzhochstr.
Berliner Allee
Hohenzollernstraße
Bödekerstraße
Podbielskistr.
Wedekindstr.
Emmichpl.
Schiffgraben
Seelhorststraße
Hindenburgstraße
Zeppelinstraße
Theod.-Heuss-Platz
Clausewitzstr.
Jordanstr.
Sallstr.
Stephansplatz
Geibelstraße
Tiergärtliche Hochsch.
RE30,RE60,RE70,S3,S6,S7
RE2,RE10
S1,S2,S4,S5,S21,S51
Rodelbahn
Am Franzosenhau
Wilh.-Busch-Wiese
Schiffgraben
Aegidientorpl.
Kröpcke
Rathaus
Trammpl.
Kurt-Schwitters-Platz
Sprengel-mus.
NDR Landesfunkhs. Nds.
Bootshäuser HRC
1 = Derfflinger-str.
4 = An der Markuskirche
1=G.-Bäumer-Weg
2=A.-Siemsen-Weg
3=K.-Kollwitz-Weg
4=Modersohnweg
5 = Dietrich-Kittner-Platz
Straße zw. gesperrt

Grand Palace
www.grand-palace-hannover.de

★★★★ garni

Lavesstraße 77 (E3), PLZ 30159, **T 0511 543600,** F 54360777
94 Zimmer | 3 Suiten | Ez 69–129 €, Dz 99–159 €, ab 4,80 € | 24 h

Modernes Stadthotel in einem ehem. Reichsbahnverwaltungsgebäude. Stilvoll-elegante Zimmer in vier unterschiedlichen Kategorien. LAN-Internetzugang und Minibarinhalt sind für Hausgäste kostenfrei. Gute Tagungsmöglichkeiten.

Leonardo
www.leonardo-hotels.com

Tiergartenstraße 117, PLZ 30559 (OT: Kirchrode), **T 0511 51030,** F 5103510
178 Zimmer | 3 Suiten | 24 h

Tagungshotel neben dem Tiergarten mit optimaler Verkehrsanbindung. Das Haus bietet modern eingerichtete Gästezimmer mit eigenem Balkon sowie ein Restaurant mit wechselnden Buffets und internationaler Küche.

Novotel
www.all.accor.com

★★★★

Podbielskistraße 21-23 (E1), PLZ 30163 (OT: List), **T 0511 39040,** F 3904100
205 Zimmer | 4 Suiten | Ez 79–152 €, Dz 91–185 € | 24 h

Das zeitgemäße Businesshotel ist eingebettet in die hist. Fabrikkulisse der Firma Bahlsen und verfügt über helle, geräumige Gästezimmer mit moderner Technik. Betten mit gepolstertem Kopfteil und integriertem Licht sorgen für sehr guten Schlafkomfort. Großzügiges Restaurant mit Sommerterrasse.

Parkhotel Kronsberg
www.parkhotel-kronsberg.de

★★★★ S

Gut Kronsberg 1, PLZ 30539 (OT: Bemerode), **T 0511 87400,** F 867112
200 Zimmer | 2 Suiten | 24 h

Das Businesshotel am Rande des Stadtzentrums verfügt über neuzeitlich ausgestattete Gästezimmer mit Wohlfühlatmosphäre, einen Wellnessbereich mit Schwimmbad, Sauna und römischem Dampfbad sowie einen großzügigen Tagungsbereich. Regionale und internationale Speisen im Restaurant „BOCK's".

Radisson Blu
www.radissonhotels.com

★★★★ S

Expo Plaza 5, PLZ 30539 (OT: Mittelfeld), **T 0511 383830,** F 383838000
250 Zimmer | 13 Suiten | 24 h

Verkehrsgünstig und dennoch ruhig liegt dieses neuzeitliche Business- und Tagungshotel, das direkt mit dem internationalen Messegelände verbunden ist. Die urban und hell gehaltenen Zimmer sind mit modernen Möbeln, bequemen Betten und stilvollen Accessoires ausgestattet. Es gibt auch barrierefreie und allergikerfreundliche Gästezimmer.

Sheraton Pelikan Hotel
www.sheratonpelikanhannover.com

★★★★

Pelikanplatz 31, PLZ 30177 (OT: List), **T 0511 90930,** F 9093555
147 Zimmer | 16 Suiten | 24 h

Das einstige Fabrikgebäude am Stadtwald Eilenriede beherbergt heute schlicht designte Zimmer mit hohen Decken und geschmackvollen Einrichtungsdetails. Sportbegeisterte werden über das 3.000 qm große Fitnesscenter erfreut sein. Internationale Küche serviert das Restaurant „5th Avenue".

Central-Hotel Kaiserhof
www.centralhotel.de

★★★★

Ernst-August-Platz 4 (D2), PLZ 30159, **T 0511 36830,** F 3683114
78 Zimmer | 3 Suiten | ⏲ 24 h

Familiär geführtes Traditionshaus mit elegantem Flair im Herzen von Hannover. Schallisolierte Zimmer im klassischen Stil mit kostenfreier Minibar. Gehobene deutsche Küche im Restaurant „Brunnenhof" mit großer Terrasse.

Der Föhrenhof
www.hotel-foehrenhof-hannover.de

★★★ S

Kirchhorster Straße 22, PLZ 30659 (OT: Lahe), **T 0511 61540,** F 619719
78 Zimmer | 1 Suite | Ez 107–370 €, Dz 136–412 €, inkl. Frühstück | ⏲ 24 h

Im niedersächsischen Landhausstil erbautes Tagungshotel mit familiärer Atmosphäre. Die Zimmer sind in warmen Farben gehalten und gemütlich eingerichtet. Internationale Küche wird im Restaurant „Estragon" aufgetischt.

IntercityHotel Hannover Hauptbahnhof Ost
www.intercityhotel.com

★★★★

Andreas-Hermes-Platz 1 (D2), PLZ 30161, **T 0511 20022000,** F 20022001
220 Zimmer | ⏲ 24 h

Der neuzeitliche Hotelturm bietet hell und modern eingerichtete Gästezimmer auf 14 Etagen sowie gut ausgestattete Veranstaltungsräume. Hausgäste können mit dem inklusiven FreeCityTicket den öffentlichen Personennahverkehr in Hannover während ihres gesamten Aufenthalts kostenfrei nutzen.

Loftstyle Hotel
www.loftstylehotels.de

Gradestraße 22, PLZ 30163, **T 0511 2002960**
351 Zimmer

Aus dem alten Postgebäude am Mittellandkanal ist ein schickes Designhotel entstanden. Die Zimmer sind modern sowie thematisch verschieden gestaltet und verbinden zweckmäßige Ausstattung mit aufregendem „Loftstyle"-Design. Zum Haus gehören Tagungsräume, ein Businesscenter und ein Fitnessbereich.

me and all hotel hannover **Neu!**
hannover.meandallhotels.com

Aegidientorplatz 3 (D3), PLZ 30159, **T 0511 9368730**
165 Zimmer

Stylish, poppig und bunt zeigt sich das gemütliche Cityhotel in einem ehem. Bankgebäude am zentralen „Aegi". Rohe Backsteinwände und große Rundbogenfenster in der Lobby sowie puristische Regalkonstruktionen und extravagante Leuchten in den Zimmern bestimmen das Interiordesign, das unter dem Leitmotiv „Urban Industrial Look" steht. Zum Haus gehören auch eine Lounge mit Bar, ein Sauna- und Fitnessbereich, ein Boardroom sowie ein Pop-Up-Restaurant.

Viva Creativo
www.viva-creativo.de

Im Heidkampe 80, PLZ 30659 (OT: Bothfeld), **T 0511 647550,** F 6475515
61 Zimmer | Ez 89–109 €, Dz 119–139 €, inkl. Frühstück

Angenehmes Hotel im ruhigen Stadtviertel Bothfeld. Geschmackvoll und originell eingerichtete Themenzimmer, die sich z.B. „Paris", „Comic" oder „Kräuterkammer" nennen. Gutes Frühstück, sehr gute Tagungsmöglichkeiten.

Savoy
www.hotel-savoy.de

★★★★

Schlosswender Straße 10 (C2), PLZ 30159, **T 0511 1674870,** F 16748710
22 Zimmer | 4 Suiten | 4 Apartments | Ez 129–299 €, Dz 159–359 €, ab 16,50 €

Kleines, freundlich geführtes Hotel im Stadtzentrum. Die Gästezimmer sind von zurückhaltender Eleganz geprägt und in warmen Farben eingerichtet. Ein kleiner Welllnessbereich mit finnischer Sauna, Sanarium und Dampfbad sorgt für Entspannung. Sehr gutes Frühstück.

Jante
www.jante-restaurant.de

VARTA★TIPP Küche **VARTA-TIPP** Service

Marienstraße 116 (F3), PLZ 30171 (OT: Südstadt), **T 0511 54555606**
30 | Menü 190 € | Mi-Sa Mo, Di, So

Ein echtes Highlight, kulinarisch und atmosphärisch! In dem modernen, nordisch angehauchten Restaurant am Braunschweiger Platz dominieren ein rauchiges Blau und helle Holztöne. Auf gepolsterten Sesseln und an massiven blanken Holztischen kann man sich ein exklusives Sieben-Gang-Menü schmecken lassen. Tony Hohlfelds Küche ist innovativ, ausdrucksstark und von einer wunderbaren Aromenvielfalt geprägt. Chef-Sommelière Mona Schrader komplettiert die anspruchsvollen Gerichte mit perfekt abgestimmten Weinen, auch jenseits des Mainstreams.

VOTUM
www.vo-tum.de

VARTA-TIPP Küche

Hinrich-Wilhelm-Kopf-Platz 1 (D3), PLZ 30159, **T 0511 30302412**
30 | Menü 140–155 € | Di-Sa Mo, So

Fine Dining im Leineschloss, in dem auch der niedersächsische Landtag seinen Sitz hat. Am Herd Benjamin Gallein - ein kreativer junger Mann, der durchaus eine eigene Handschrift erkennen lässt. Erstklassige Produkte und klare Aromen verbinden sich in seiner Küche zu komplexen und aussagekräftigen Gerichten, bei denen der Fokus immer auf den Geschmack gerichtet ist. Serviert wird ein Sechs-Gänge-Menü, das beliebig erweitert werden kann. Auch das Drumherum ist klasse: Das Restaurant ist ein echtes Schmuckstück. Hier hat man einen schönen Mix aus warmen Materialien und eleganter Geradlinigkeit geschaffen. Tischreservierung empfehlenswert.

Gallo Nero
www.gallo-nero-hannover.com

Groß Buchholzer Kirchweg 72b, PLZ 30655 (OT: Groß Buchholz), **T 0511 5463434**
100 | Hauptgericht 15–44 € | Mo, Mi-Fr, So Mo, Mi-So Di

Freundlich und familiär geht es hier zu. Schmackhaft und frisch die italienische Küche, ansprechend das Ambiente mit Kamin, Holzbalken und wechselnden Ausstellungen anerkannter Künstler. Und zum Essen gibt es tolle Weine aus den unterschiedlichen Regionen Italiens. Mediterran anmutende Sommerterrasse.

Handwerk
www.handwerk-hannover.com

VARTA-TIPP Küche

Altenbekener Damm 17 (F5), PLZ 30173 (OT: Südstadt), **T 0511 26267588**
40 | Menü 89–99 € | Mi-So Mo, Di

Hier ist der Name Programm! In dem modernen Lokal bietet man ein unaufgeregt-frisches Konzept. Serviert wird ein festes Menü (5 bis 6 Gänge), das regelmäßig wechselt. Die Küche von Thomas Wohlfeld ist nachhaltig, weltoffen und saisonal geprägt. Seine Gerichte zeichnen sich durch Aromenvielfalt und Komplexität aus. In der offenen Küche kann man den Protagonisten am Herd bei der Arbeit zusehen. Dazu ein freundlicher, lebendiger Service.

Titus im Röhrbein — www.restaurant-titus.com

VARTA-TIPP Küche

Joachimstraße 6 (C2), PLZ 30159 (OT: Mittelfeld), **T 0511 835524**
18 | Hauptgericht 26 €, Menü 78–108 € | Di-Sa ⃠ Mo, So

Entspannter Genuss mit Anspruch in zwanglosem Rahmen. 2021 ist das traditionsreiche Restaurant in die Galerie Luise ins Ex-„Röhrbein" umgezogen. Dieter Grubert bietet hier eine modern-klassische Küche aus hochwertigen saisonalen Produkten. Das wechselnde Speisenangebot ist aufgeteilt in ein kleines und ein großes Menü, deren Gänge untereinander ausgetauscht werden können. Die passenden Weinempfehlungen hat Sommelier Pascale Pietruschka. Das Ambiente: trendig und zeitgemäß.

Tropeano Di-Vino — www.restaurant-tropeano.de

Kleiner Hillen 4, PLZ 30559 (OT: Kirchrode), **T 0511 3533138**
90 | Hauptgericht 16–38 € | Di-So ⃠ Mo

Restaurant und Weinbar in einem denkmalgeschützten Fachwerkhaus. Auf der Karte finden sich moderne und traditionelle italienische Gerichte wie „Saiblingsfilet mit Lauchherzen und gebratenen Gnocchi" oder „Dry-Aged-Roastbeef mit Püree aus gegrillten Karotten, Kastanienhonig, rote Zwiebeln". Weinkarte mit mehr als 300 Positionen. Sehr fachkundiger Service.

HANSTEDT 15 C — www.hanstedt-nordheide.de

Niedersachsen | EW 5.055 | 40 m | Harburg 32 km, Lüneburg 32 km

Sellhorn — www.hotel-sellhorn.de

★★★★

Winsener Straße 23, PLZ 21271, **T 04184 8010,** F 801333
50 Zimmer | 6 Suiten | Ez ab 97 €, Dz ab 146 €, inkl. Frühstück

Traditionsreiches Familien- und Wellnesshotel mit attraktiven Landhaus- und Classic-Zimmern. Großzügige Bade- und Saunalandschaft. In den behaglichen Restauranträumen wird eine ansprechende regionale Küche serviert. Idyllische Gartenterrasse.

HARDERT 40 B — www.hardert.de

Rheinland-Pfalz | EW 870 | 330 m | Neuwied 13 km, Koblenz 28 km

Corona — www.restaurantcorona.de

Mittelstraße 13 (im Hotel zur Post), PLZ 56579, **T 02634 2727**
60 | Hauptgericht 18–33 €, Menü 39–55 € | Mi-So ⃠ Mo, Di

In diesem hist. Gebäude wirkt ein engagiertes Team. Kerstin und Sergio Corona führen das Haus bereits in der vierten Generation. Aus marktfrischen, sehr guten Produkten wird eine schmackhafte mediterrane Küche zubereitet. Dazu gibt es erlesene Weine. Einfache, aber gepflegte Gästezimmer.

HAREN (EMS) 20 B

www.haren.de

Niedersachsen | EW 23.090 | 9 m | Meppen 14 km, Papenburg 50 km

Golfpark Gut Düneburg

www.golf-emsland.de

Düneburg 1, PLZ 49733, **T 05932 72740,** F 6686
31 Zimmer | Ez 79–89 €, Dz 113–153 €, inkl. Frühstück

Ehem. Herrensitz inmitten eines landschaftlich reizvollen Golfplatzes. Gepflegte Gästezimmer mit zeitgemäßem Komfort. Netter Saunabereich im Dachgeschoss. Stimmungsvolle Gastronomie in der hist. Torfscheune (internationales Speisenangebot).

Greive

www.hotel-greive.de

€ Gut & Günstig ★★★ garni

Mittelstrasse 9, PLZ 49733, **T 05932 72770,** F 7277100
44 Zimmer | 3 Apartments | Ez 67–72 €, Dz 99–104 €, inkl. Frühstück

Ein gepflegtes Stadthotel mit optimaler Verkehrsanbindung. Wohnliche Gästezimmer zu moderaten Preisen. Zum Haus gehören auch ein Restaurant mit moderner regionaler Küche, zwei Kegelbahnen sowie eine Sauna mit Ruheraum.

Zur Ems

www.zur-ems.com

Emmelnerstraße 2, PLZ 49733, **T 05932 6403**
50 | Hauptgericht 15–39 € | So Mi-Sa Mo, Di

Direkt am Ufer der Ems befindet sich das freundlich geführte Haus, in dem regional-saisonal gekocht wird. Im Keller des Chefs lagern mehr als 1.000 verschiedene Weine. Nette Sonnenterrasse mit Blick auf die Flusslandschaft.

HARRISLEE 7 A

www.harrislee.de

Schleswig-Holstein | EW 11.830 | 43 m | Dänische Grenze 2 km, Flensburg 4 km

Boutique Hotel Wassersleben

www.hotel-wassersleben.de

★★★★ garni

Wassersleben 4, PLZ 24955 (OT: Wassersleben), **T 0461 77420,** F 7742133
25 Zimmer

In exponierter Lage direkt an der Förde finden Sie dieses charmante Boutique-Hotel. Das markante zweistöckige Gebäude mit seinem ausgebauten roten Ziegeldach bietet niveauvoll eingerichtete Balkonzimmer in maritimem Landhausambiente. Die beiden Restaurants mit Panoramablick werden unterschiedlichen Ansprüchen gerecht.

Der Steinort

VARTA-TIPP Küche

12 | Menü 158 € | Mi-Sa Mo, Di, So

Schon das exklusive Ambiente samt traumhaftem Ostseeblick ist einen Besuch wert, doch das Fine-Dining-Restaurant mit seinen edel gedeckten Tischen und den schicken skandinavischen Lederstühlen hat noch mehr zu bieten: spannende Menüs, die Patron und Küchenchef Eicke Steinort mit großer Hingabe für Sie kreiert. Sein französisch motivierter Kochstil, geprägt durch zahlreiche Stationen in der Top-Gastronomie, zeigt die gekonnte Inszenierung von erstklassigen Produkten durch unterschiedliche Techniken, Garmethoden und Konsistenzen. Toll auch die fein abgestimmte Weinkarte und der geschulte Service.

Wassersleben Vier

60 | Hauptgericht 16–25 €, Menü 19–52 € | Mi-So Mo-So

Auch im All-Day-Dining-Restaurant, das nach der Adresse des Boutique-Hotels benannt ist, isst man ausgesprochen gut. Ansprechend die beiden hellen Räume mit gepflegter Tafelkultur und schöner Aussicht. Serviert werden überwiegend norddeutsche und saisonale Klassiker wie z.B. „Husumer Krabbensuppe" oder „Scheiben vom Husumer Rinderfilet mit gebratenen Pfifferlingen, dicken Bohnen und Kartoffelkissen". Im Sommer kann man auch auf der Terrasse speisen.

HARSEWINKEL 30 B www.harsewinkel.de

Nordrhein-Westfalen | EW 24.101 | 65 m | Gütersloh 13 km, Warendorf 19 km

Klosterpforte www.klosterpforte.de

★★★★ S

Klosterhof 2-3, PLZ 33428 (OT: Marienfeld), **T 05247 7080,** F 80484
152 Zimmer | 6 Suiten | 24 h

Weitläufige Hotelanlage mit mehreren Gästehäusern direkt neben einem 800 Jahre alten Kloster gelegen. Breites Zimmerrepertoire von klassisch-elegant bis modern. Wellness mit Sauna- und Poolbereich. Im Restaurant „Klosterstübchen" wird regionale und nationale Küche aufgetischt.

Poppenborg www.hotel-poppenborg.de

Brockhäger Straße 9, PLZ 33428, **T 05247 2241**
26 | Hauptgericht 29–42 €, Menü 64–99 € | So Mo-Di, Do-So Mi

Heinz Poppenborg und sein Traditionsbetrieb... Was ihn zu einer gastronomischen Institution in Harsewinkel macht, ist schnell erklärt: höchste Kontinuität. Zusammen mit seiner Crew setzt der Patron auf eine unverfälschte, klassisch französische Küche. Das Ambiente: sehr gediegen, mit zahlreichen Art-déco-Elementen. Alternativ wird im gemütlichen Bistro sowie im romantischen „Farn"-Garten eine zeitgemäße Regionalküche serviert. Hotelzimmer vorhanden.

HARTENSTEIN 45 B www.stadt-hartenstein.de

Sachsen | EW 4.721 | 360 m | Chemnitz 32 km, Gera 66 km

Jagdhaus Waldidyll www.romantikhotel-waldidyll.de

★★★★

Talstraße 1, PLZ 08118, **T 037605 840,** F 84444
28 Zimmer | 4 Suiten | Ez ab 94 €, Dz ab 123 €, inkl. Frühstück

Das hübsche Erzgebirgshaus, ruhig in einem Waldpark gelegen, ist geprägt von romantischem Flair, rustikaler Eleganz und liebenswerten Details. Die Zimmer sind geschmackvoll und wohnlich im edlen Landhausstil eingerichtet. Im holzgetäfelten Restaurant und auf der idyllischen Sommerterrasse wird regionale und internationale Küche serviert.

HARZBURG, BAD 33 A www.bad-harzburg.de

Niedersachsen | EW 22.000 | 261 m | Goslar 10 km, Braunschweig 46 km

Braunschweiger Hof

www.hotel-braunschweiger-hof.de

★★★★

Herzog-Wilhelm-Straße 54, PLZ 38667, **T 05322 7880**, F 788499
80 Zimmer | 12 Suiten | Ez ab 75 €, Dz ab 150 €, inkl. Frühstück | 24 h

Seit 1894 in Familienbesitz. Komfortabel im Landhausstil eingerichtete Zimmer und Suiten. Großzügiger Wellnessbereich mit Saunalandschaft, Schwimmbad und Beautyfarm.

Behnecke

120 | Hauptgericht 11–39 €, Menü 24–39 € | Mo-So

Gemütlich-rustikale Restaurantstuben mit gediegen-elegantem Ambiente. Auf den Tisch kommen frische saisonale Gerichte, z.B. „Medaillons vom Schweinefilet | Rotweinglace | Lauchzwiebel-Tomatenragout | Allgäuer Krautkrapfen". Gut sortierter Weinkeller. Schöne Parkterrasse.

Sonnenresort Ettershaus

www.sonnenhotels.de

★★★★

Nordhäuser Straße 1, PLZ 38667, **T 05321 6855440**
67 Zimmer

Inmitten eines liebevoll angelegten, parkähnlichen Geländes empfängt Sie dieses schmucke Resort. Übernachten können Sie wahlweise im modernen Apartmentgebäude, in den faszinierenden Baumhäusern oder in der historischen Villa. Schöner Wellnessbereich mit Schwimmbad und Saunalandschaft. Im Restaurant „Hexenwerk" serviert man typische Harzklassiker.

Solehotel Tannenhof

www.solehotels.de

★★★

Nordhäuser Straße 6 (an der B 4), PLZ 38667, **T 05322 96880**, F 968899
27 Zimmer | 3 Suiten | Ez 89–115 €, Dz 154–180 €, inkl. Frühstück

Ein inhabergeführtes Hotel mit familiärer Atmosphäre. Das Haus bietet wohnliche Zimmer, ein Panoramacafé mit Terrasse und einen hoteleigenen Zugang zur Soletherme.

Vitalhotel am Stadtpark www.vitalhotel-am-stadtpark.de

★★★ S garni

Am Stadtpark 2, PLZ 38667, **T 05322 78090,** F 780989
30 Zimmer | 2 Suiten | Ez 74–85 €, Dz 98–118 €, inkl. Frühstück | ⃠ 12.–21.12.22

Liebevoll renovierte Jugendstilvilla mit historisch-stilvollem Ambiente in zentraler Lage direkt am Stadtpark. Helle, freundlich eingerichtete Zimmer mit kostenlosem WLAN. Diverse Wellness- und Gesundheitsangebote.

HASELÜNNE 20 B www.haseluenne.de

Niedersachsen | EW 12.448 | 21 m | Meppen 14 km, Cloppenburg 47 km

Burghotel Haselünne www.burghotel-haseluenne.de

garni

Steintorstraße 7, PLZ 49740, **T 05961 94330,** F 943340
42 Zimmer | 3 Apartments | Ez 79–109 €, Dz 99–129 €, ab 15,00 €

Sorgsam restaurierte Adelshäuser, die zweckmäßige Businesszimmer mit einem romantischen Boutique-Hotel im Jugendstil unter einem Dach verbinden. Kleiner SPA-Bereich mit Sauna und Massageraum. Das „Burgmannsfrühstück" wird im einmaligen Ambiente des Kuppelsaals serviert.

HASLACH IM KINZIGTAL 57 C www.haslach.de

Baden-Württemberg | EW 6.992 | 220 m | Offenburg 27 km, Freiburg 44 km

Mosers Blume www.mosers-blume.de

Schnellinger Str. 56, PLZ 77716 (OT: Schnellingen), **T 07832 91250,** F 912599
25 Zimmer | 2 Suiten | Ez ab 75 €, Dz ab 84 €, inkl. Frühstück

Familiär geführtes Haus mit großzügigem Wellnessbereich. Die Zimmer im Stammhaus sind elegant im geschmackvollen Landhausstil eingerichtet. Die hellen, modernen Zimmer im Neubau beeindrucken durch ihre großflächige Gestaltung und ihre zeitgemäße Ausstattung. In den behaglichen Gaststuben wird regional gekocht.

HATTINGEN 29 D www.hattingen-marketing.de

Nordrhein-Westfalen | EW 55.817 | 90 m | Bochum 10 km, Essen 21 km

Diergardts Kühler Grund www.diergardt.com

Am Büchsenschütz 15, PLZ 45527 (OT: Welper), **T 02324 96030**
120 | Hauptgericht 12–35 €, Menü 25–45 € | Sa-So Mi-So ⃠ Mo, Di

In den stimmungsvoll gestalteten Gasträumen werden anspruchsvolle bürgerliche Gerichte aufgetischt. Wie wär's z.B. mit „Klassische Rinderroulade | Rahmwirsing | Mangalitza-Speck | Kartoffelpüree"? Internationales Weinangebot. Im Sommer lockt die hübsche Gartenterrasse.

Wegermann's BIO-Landhaus www.wegermanns-bio-landhaus.de

Wodantal 62, PLZ 45529 (OT: Bredenscheid-Stüter), **T 02324 395010**
60 | Mo-Di, Fr-So ⃠ Mi, Do

»

Behaglich speist man in den hellen, freundlichen Gasträumen. Serviert wird eine ideenreiche und schmackhaft zubereitete Bioküche. Lauschiger Biergarten direkt vor dem Haus. Individuelle, im italienischen Landhausstil eingerichtete Hotelzimmer.

HAUSEN OB VERENA 57 D www.hausen-ob-verena.de

Baden-Württemberg | EW 780 | 807 m | Spaichingen 5 km, Trossingen 15 km

Hofgut Hohenkarpfen www.hohenkarpfen.de

Hohenkarpfen 1, PLZ 78595, **T 07424 9450,** F 945245
21 Zimmer | Ez 98–118 €, Dz 128–165 €, inkl. Frühstück

Denkmalgeschütztes Anwesen in landschaftlich reizvoller Lage. In der ehem. Scheune des Hofguts stehen geschmackvoll ausgestattete Gästezimmer zur Verfügung. Ein Museum im Hause zeigt Kunst aus dem 19. Jahrhundert. Attraktiver Veranstaltungsort für Tagungen und Hochzeiten.

Hofgut Hohenkarpfen

60 | Hauptgericht 18–42 €, Menü 48–89 € | Mo-Fr, So Mo-So

Elegant-modern eingerichtetes Hotelrestaurant mit großzügiger Aussichtsterrasse. Hier serviert man Ihnen schmackhafte regionale und internationale Gerichte wie z.B. „Rinderbäckle | Schwarzwurzel | Rosenkohl | Crème-Fraîche-Püree | Portweinsauce“. Großer Beliebtheit erfreuen sich die saisonalen Überraschungsmenüs des Küchenchefs.

HÄUSERN 64 B www.haeusern.de

Baden-Württemberg | EW 1.265 | 889 m | Höchenschwand 4 km, Freiburg 58 km

Adler www.adler-schwarzwald.de

VARTA-TIPP Service

★★★★ S

Sankt-Fridolin-Straße 15, PLZ 79837, **T 07672 4170,** F 417150
43 Zimmer | 8 Suiten | Ez ab 87 €, Dz ab 156 €, inkl. Halbpension

Eine tolle Urlaubsadresse! Das prächtige, traditionsreiche Schwarzwaldhaus - seit über 150 Jahren in Familienbesitz - wird mit persönlicher Note geführt und vereint Wellness, Genuss und Romantik auf höchstem Niveau. Hier erwarten Sie edle, im Landhausstil eingerichtete Nichtraucherzimmer, ein gepflegter SPA-Bereich mit Wasser- und Saunawelt sowie ein aufmerksamer Service in einem wunderschönen Ambiente.

Gourmet Restaurant

VARTA-TIPP Küche

80 | Menü 179–199 € | Sa-So Mo, Di, Mi, Do, Fr

An zwei Tagen in der Woche wird im stilvoll-eleganten Gourmetrestaurant ein wechselndes Feinschmeckermenü angeboten. Küchenchef Daniel Liebl beweist mit seinen kreativen Gerichten, dass höchste kulinarische Genüsse weder Fisch und Fleisch, noch Ausbeutung von Mensch und Natur bedürfen. Ganz bewusst stellt er beste regionale und nachhaltig erzeugte Produkte in den Fokus. Er kocht leidenschaftlich und handwerklich perfekt. Toll die Weinauswahl, ebenso die professionelle Beratung von Restaurantleiter Jonathan Hashem Zehi.

Kamino
www.restaurant-kamino.de

St.-Fridolin-Straße 1, PLZ 79837, **T 07672 4819970**
100 | Hauptgericht 17–32 € | Mo, Do-So Di

Im rustikal-behaglichen Schwarzwaldambiente erwarten Sie eine badisch-mediterrane Genussküche sowie leckere Tapasspezialitäten. Dazu ein gutes Weinangebot mit Schwerpunkt Baden und Spanien. In der warmen Jahreszeit lockt die lauschige Sonnenterrasse. Man hat auch wohnliche Gästezimmer.

HAUZENBERG 62 B
www.hauzenberg.de

Bayern | EW 11.608 | 546 m | Thyrnau 10 km, Passau 18 km

Gidibauer Hof
www.gidibauer.de

Grub 7, PLZ 94051, **T 08586 96440,** F 964444
19 Zimmer | 3 Suiten | 3 Apartments | Ez 55–75 €, Dz 90–106 €, inkl. Frühstück

Unter Denkmalschutz stehender Vierseithof in herrlicher Einzellage. Die gelungene Verbindung von Alt und Neu wird vor allem in den Gästezimmern spürbar. Sie haben die Auswahl zwischen hellen Hotelzimmern mit naturbelassener Einrichtung oder modern gestalteten Businesszimmern.

Landgasthof Anetseder
anetseder-wirtshauskultur.de

VARTA-TIPP Küche

Lindenstr. 15, PLZ 94051 (OT: Haag), **T 08586 1314**
80 | Hauptgericht 12–35 €, Menü 30–52 € | So Mi-So Mo, Di

Hier wird traditionelle Wirtshauskultur modern gelebt. Gemütlich sitzt man im geschmackvoll renovierten Restaurant oder auf der lauschigen Terrasse. Gekocht wird ambitioniert mit regionalen und internationalen Einflüssen. So finden sich „Gekochter Tafelspitz vom bayerischen Rind“ ebenso auf der Karte wie „Garnelen und Oktopus vom Grill“. Oder wie wäre es mit einem dreigängigen Überraschungsmenü? Das Preis-Leistungs-Verhältnis ist kaum zu toppen! Kleine, aber feine Weinauswahl.

HAVELBERG 25 A
www.havelberg.de

Sachsen-Anhalt | EW 6.729 | 29 m | Wittenberge 37 km, Rathenow 43 km

Arthotel Kiebitzberg
www.arthotel-kiebitzberg.de

Schönberger Weg 6, PLZ 39539, **T 039387 595151,** F 595152
31 Zimmer | 8 Suiten

Stilvolles Design und künstlerische Akzente stehen bei diesem Hotel im Vordergrund. Es befindet sich inmitten einer reizvollen Parkanlage. Helle, wohnliche Zimmer sorgen für einen entspannten Aufenthalt. Einen kleinen Saunabereich gibt es auch. Ideale Adresse für Freizeitaktivitäten wie Wandern, Radfahren oder Bootsfahrten auf der Havel.

HAYINGEN 58 D
www.hayingen.de

Baden-Württemberg | EW 2.150 | 661 m | Riedlingen 18 km, Münsingen 21 km

Rose

www.tress-gastronomie.de

Aichelauerstraße 6, PLZ 72534 (OT: Ehestetten), **T 07383 94980,** F 949822
12 Zimmer | 2 Apartments | Ez ab 89 €, Dz ab 125 €, inkl. Frühstück

Gönnen Sie sich eine Auszeit mitten im Biosphärengebiet der Schwäbischen Alb, es lohnt sich! Hier übernachten Sie im ersten zertifizierten Biohotel Baden-Württembergs. Es wurde nach baubiologischen Kriterien erbaut und eingerichtet. Das Mobiliar der hübschen Themenzimmer hat man sorgfältig ausgewählt und zusammengestellt. Morgens erwartet Sie ein vitales, biologisches Vollwertfrühstück.

Bio-Fine-Dining-Restaurant 1950

VARTA-TIPP Küche

16 | Menü ab 89 € | So Fr-So Mo, Di, Mi, Do

Im kleinen, unprätentiös und modern eingerichteten Bio-Fine-Dining-Restaurant mit offener Showküche und verglaster Speisekammer kredenzt Ihnen Chefkoch Simon Tress ein vegetarisches CO2-Menü in 5 vegetarischen Gängen, ganz unter dem Motto „Exzellentes Essen im Einklang mit nachhaltiger Unternehmensphilosophie". Dazu gibt es tolle Weine von Demeter- und Bio-Weingütern. Achtung: Die Tischreservierung erfolgt online.

Rose

60 | Hauptgericht 19–36 €, Menü 20–30 € | Sa-So Mi-So Mo, Di

Bereits seit 1950 werden hier biologische Lebensmittel verarbeitet. Im Laufe der Jahre hat sich der kleine Gasthof mit Bauernhof zu einem renommierten Bio-Restaurant entwickelt. Das Konzept: Alle Hauptgänge sind vegetarisch oder vegan, wer mag, kann sich eine „Fleischbeilage" dazubestellen.

HEIDELAND 34 D

www.heideland-elstertal.de

Thüringen | EW 1.942 | 302 m | Zeitz 20 km, Leipzig 70 km

Naturhotel Etzdorfer Hof

www.etzdorferhof.de

Crossener Straße 16, PLZ 07613 (OT: Etzdorf), **T 036691 5748113,** F 574826
14 Zimmer | 2 Apartments | Ez 50–60 €, Dz 80–85 €, inkl. Frühstück

Das nette Haus im ländlichen Stil ist in einem 1860 erbauten Vierseithof untergebracht. Hier stehen behagliche, mit hellen Fichtenmöbeln eingerichtete Gästezimmer zur Verfügung. In der Hofschenke werden typische Speisen der Thüringer Küche angeboten. Hauseigene Kegelbahn. Angeschlossene Reitanlage.

HEIDELBERG 51 C

www.heidelberg.de

Baden-Württemberg | EW 152.113 | 114 m | Schwetzingen 11 km, Mannheim 20 km

Heidelberger Schloss, Karl-Theodor-Brücke mit zweitürmigem Brückentor, Zoo, Bergbahnen, Königsstuhl (568 m), Philosophenweg, Tiefburg, Jesuitenkirche, Peterskirche, Heiliggeistkirche am Marktplatz, Klosterruinen, Thingstätte auf dem Heiligenberg, Universitätsmuseum, Dt. Apothekenmuseum, Kurpfälzisches Museum, Völkerkundemuseum.

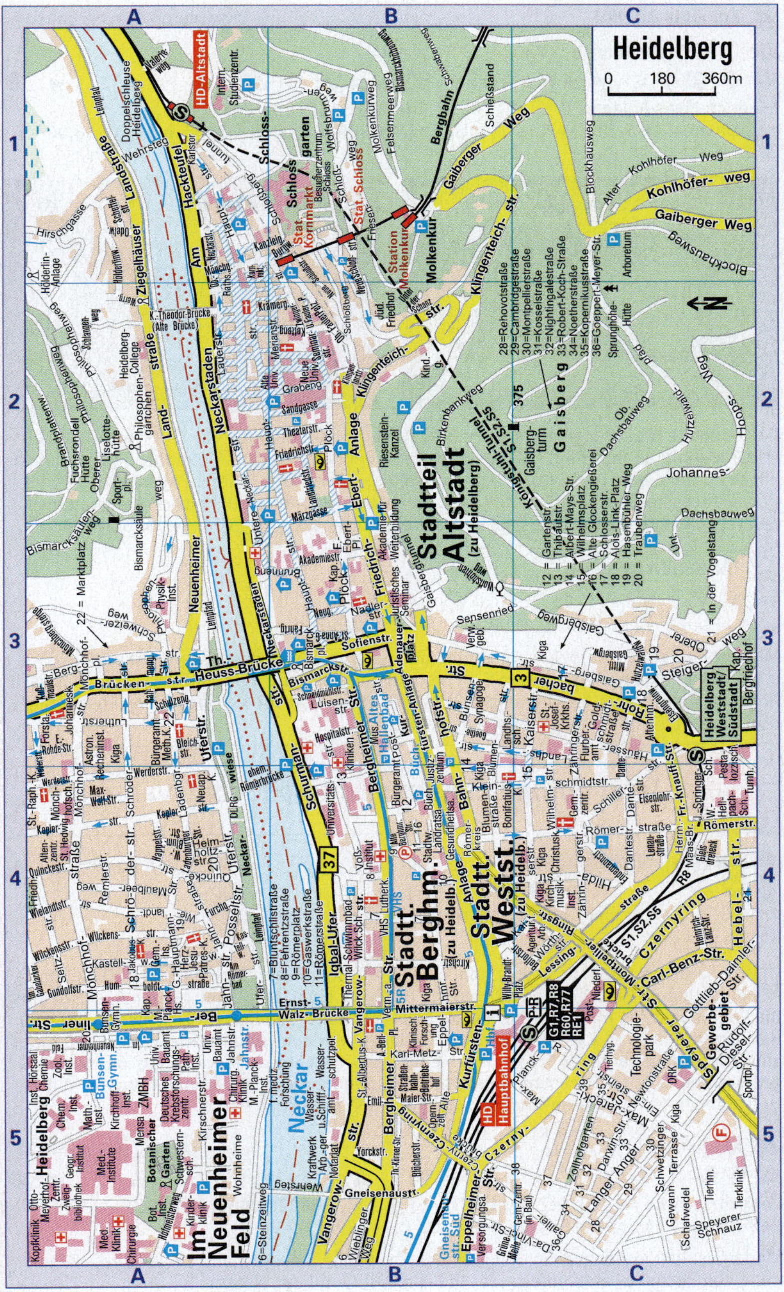
Heidelberg
0 180 360m
A
B
C
Stadtteil Altstadt (zu Heidelberg)
Stadtt. Berghm. (zu Heidelb.)
Stadtt. Weststt. (zu Heidelb.)
Im Neuenheimer Feld
Neckar
Gaisberg
Heidelberg Weststadt/Südstadt
HD Hauptbahnhof
HD-Altstadt
28=Rehovotstraße
29=Cambridgestraße
30=Montpellierstraße
31=Kosselstraße
32=Nightingalestraße
33=Robert-Koch-Straße
34=Noetherstraße
35=Kopernikusstraße
36=Goeppert-Meyer-Str.
7=Bluntschlistraße
8=Fehrentzstraße
9=Römerplatz
10=Gaswerkstraße
11=Römerstraße
12 = Gartenstr.
13 = Thibautstr.
14 = Albert-Mays-Str.
15 = Wilhelmsplatz
16 = Alte Glockengießerei
17 = Schlossstr.
18 = Alois-Link-Platz
19 = Hasenbühler Weg
20 = Traubenweg
21 = In der Vogelstang
22 = Marktplatz Weg

Europäischer Hof
www.europaeischerhof.com

VARTA-TIPP Ambiente **VARTA-TIPP** Service

★★★★★S

Friedrich-Ebert-Anlage 1 (B3), PLZ 69117, **T 06221 5150,** F 515506
118 Zimmer | 14 Suiten | 4 Apartments | Ez 189–309 €, Dz 228–384 €, 13,50–38,00 € | 24 h

Das opulente Grandhotel im Herzen der Altstadt - von Dr. Caroline von Kretschmann bereits in der 4. Generation geführt - ist das Flaggschiff der Rhein-Neckar-Metropole und vereint so einiges unter einem Dach: luxuriös ausgestattete Zimmer und Suiten, PANORAMA SPA mit Pool, Fitnessstudio und Sonnenterrasse, mehrere Restaurants, zahlreiche Veranstaltungsräume, eine eigene Ladenpassage und last but not least eine hervorragende Servicekultur.

Die Kurfürstenstube

60 | Hauptgericht ab 30 €, Menü ab 70 € | Mo-So

Mit aufwendigen Holzarbeiten und Wandmalereien zeigt sich das elegante Fine-Dining-Restaurant. Kulinarisch erwarten den Gast moderne europäische Interpretationen mit klassisch französischen Einflüssen. Umfangreiche Weinkarte mit ca. 300 verschiedenen Positionen überwiegend aus Deutschland und Frankreich.

Berggasthof Königstuhl
www.gasthof-koenigstuhl.de

★★★★

Königstuhl 2 (↗ C1), PLZ 69117, **T 06221 4160300**
62 Zimmer

Gelegen auf dem Gipfel des Königstuhls, dem Hausberg von Heidelberg (auf 570 Metern Höhe), empfängt Sie dieses privat geführte Hotel mit einer atemberaubenden Aussicht über die Rheinebene bis hin zum Pfälzerwald. Das Haus bietet zudem sehr geschmackvolle und wohnliche Zimmer, die mit edlen Naturmaterialien wie Stein- und Holzbelägen ausgestattet sind. Aus den bodentiefen Fenstern genießt man einen entspannenden Berg- oder beeindruckenden Talblick. Für Entspannung sorgt ein Saunabereich mit Sonnenterrasse. In der Bergstube nebst Biergarten wird rustikale Regionalküche aufgetischt.

Marriott
www.heidelberg-marriott.de

Vangerowstraße 16 (B5), PLZ 69115 (OT: Bergheim), **T 06221 9080,** F 908660
248 Zimmer | 14 Suiten | Ez 109–269 €, Dz 109–269 € | 24 h

Modernes Businessdomizil in unmittelbarer Flussnähe. Ansprechend eingerichtete Zimmer mit gutem technischen Komfort. Steakhaus mit Blick auf den Neckar.

Arthotel
www.arthotel.de

Grabengasse 7 (B2), PLZ 69117, **T 06221 650060,** F 65006100
24 Zimmer | 1 Suite | Ez 119–199 €, Dz 134–227 €, 15,90 €

Ein architektonisch einzigartiges Tagungs- und Cityhotel in zentraler Lage unterhalb des Schlosses. Hinter der historischen Fassade verbergen sich individuell eingerichtete Designerzimmer mit sehr guter technischer Ausstattung. Einladendes Restaurant mit schöner Innenhofterrasse.

Bergheim41
www.bergheim41.de

Bergheimer Str. 41 (B3), PLZ 69115 (OT: Bergheim), **T 06221 750040,** F 75004100
32 Zimmer | 1 Suite | Ez 109–198 €, Dz 119–218 €

Eine gute Adresse für Geschäftsreisende und Heidelbergbesucher. Das Hotel ist eingebunden in den historischen Gebäudekomplex des Alten Hallenbades und bietet seinen Gästen designorientierte und gut ausgestattete Zimmer. Vom begrünten Dachgarten hat man einen schönen Ausblick auf die Stadt und das Schloss.

Heidelberg Astoria
www.heidelberg-astoria.de

Rahmengasse 30 (A3), PLZ 69120 (OT: Neuenheim), **T 06221 7290350,** F 7290359
6 Zimmer

Exklusive Stadtvilla von 1907 mit privater Atmosphäre. Die individuellen Gästezimmer wurden liebevoll und modern eingerichtet. Stilvoller Frühstücksbereich. Das Haus kann auf Anfrage auch komplett gemietet werden.

Qube Bahnstadt
www.qube-hotel-heidelberg.de

Grüne Meile 21 (↘ B5), PLZ 69115, **T 06221 639000**
84 Zimmer

Das 2020 eröffnete Passivhaushotel fügt sich ästhetisch in ein Gebäudeensemble aus Wohnungen, Geschäften und Büros ein. Das Haus vermittelt das Gefühl von Großstadt und urbanem Schick. Dazu ein nachhaltiges Design, das auf langlebige und edle Materialien setzt. Großzügiger Bar- und Restaurantbereich mit Blick in den begrünten Innenhof.

Qube Bergheim
www.qube-hotel-heidelberg.de

★★★★

Bergheimer Str. 74 (B4), PLZ 69115 (OT: Bergheim), **T 06221 187990,** F 187999
70 Zimmer | 2 Suiten | 6 Apartments

Ein modernes Boutique-Hotel im Zentrum von Heidelberg. Hier erwarten Sie elegante, allergikergeeignete Nichtraucherzimmer mit Eichenvollholzparkett und schicken Bädern aus Naturstein. Die Gästezimmer verteilen sich auf das Haupthaus sowie die 60 Meter entfernte Qube-Villa. Darüber hinaus bietet das Hotel eine nette Dachterrasse mit schönem Ausblick sowie ein Restaurant im modernen Brasseriestil.

The Heidelberg Exzellenz Hotel
www.the-heidelberg.de

★★★ S garni

Rohrbacher Straße 29 (B3), PLZ 69115, **T 06221 9150,** F 164272
47 Zimmer | Ez ab 79 €, Dz ab 89 €, 15,00 € | 24 h

Das charmante, individuell eingerichtete Nichtraucherhotel befindet sich in einem renovierten Jugendstilgebäude. Die Zimmer zeigen sich in modernem, geradlinigem Design. Die Studios verfügen über eine Kitchenette.

Zur alten Brücke

www.hotel-zur-alten-bruecke.de

Oberer Neckarstraße 2 (A1), PLZ 69117, **T 06221 739130,** F 7391320
16 Zimmer | 4 Suiten

Kleines, familiäres Stadthotel in einem ehem. Bürgerhaus aus dem 18. Jahrhundert. Modern ausgestattete Zimmer, darunter großzügige Dach- und Maisonettesuiten. Restaurant mit regionaler Wirtshausküche.

Le Gourmet

www.hirschgasse.de

VARTA-TIPP Küche **VARTA-TIPP** Service

Hirschgasse 3 (A1, im Hotel Die Hirschgasse), PLZ 69120 (OT: Neuenheim), **T 06221 4540**
25 | Hauptgericht 30–32 €, Menü 125–200 € | Di-Sa ⦸ Mo, So

Eindrückliches Ambiente mit jahrhundertealten Sandsteinwänden, hist. Fachwerkdecke, urigem Kachelofen und edlen Accessoires. Das Speisenangebot von Mario Sauer ist vielseitig und zeigt eine gelungene Harmonie zwischen französischen Klassikern und moderner Haute Cuisine. Seine exzellenten Gerichte werden in Menüform (4 bis 7 Gänge) serviert, auf Wunsch mit Weinbegleitung. Von der Crew an der Gästefront werden Sie charmant und kompetent umsorgt.

959

www.959heidelberg.com

Friedrich-Ebert-Anlage 2 (B3), PLZ 69117, **T 06221 6742959**
130 | Hauptgericht 12–48 €, Menü 98–163 € | Di-Sa ⦸ Mo, So

Trendig, edel und mit einem Hauch von Glamour kommt das Restaurant am Heidelberger Stadtgarten daher. Während Sie am Mittag wechselnde, frisch zubereitete Lunchgerichte genießen können, verwöhnt Sie die Crew am Abend mit modernen Interpretationen einer klassischen Produktküche. Außergewöhnliche Auswahl an französischen Weinen und Champagner.

Restaurant Oben

www.restaurant-oben.de

VARTA-TIPP Küche **VARTA-TIPP** Service

Kohlhof 5, PLZ 69117, **T 0172 9171744**
90 | Menü ab 150 € | Mi-Sa ⦸ Mo, Di, So

Ein frisches, zeitgemäßes Konzept, das ankommt. Im historischen „Kohlhof" mit seinem ländlichen Charme sitzt man in einem intimen, behaglichen Gastraum an wertig eingedeckten Tischen. Hier erwartet Sie an vier Abenden in der Woche eine kreative Naturküche. Das saisonal wechselnde Feinschmeckermenü setzt auf 13 unverwechselbare Kombinationen - alle präzise aufeinander abgestimmt. Robert Rädel kocht ideenreich, handwerklich anspruchsvoll und angenehm reduziert. Chefin des charmant-professionellen Serviceteams ist Lynn Saßmannshausen, die Sie auch in punkto Weinauswahl kompetent berät.

Scharffs Schlossweinstube

www.heidelberger-schloss-gastronomie.de

VARTA-TIPP Küche **VARTA-TIPP** Service

Schlosshof 1 (B1), PLZ 69117, **T 06221 8727010**
70 | Hauptgericht 40–45 €, Menü 69–110 € | Do-Sa ⦸ Mo, Di, Mi

Hoch oben über den Dächern der Stadt bietet Spitzenkoch Martin Scharff 'Casual Fine Dining' in historischer Kulisse. In den ehrwürdigen Räumen des Heidelberger Schlosses wird eine unkomplizierte, aber dennoch finessenreiche und ausdrucksstarke Geschmacksküche serviert. Das Ambiente: modern-elegant mit pastellfarbenen Wänden und edel eingedeckten Tischen. Der Service: freundlich und ausgesprochen charmant. Bei schönem Wetter können Sie auch auf der Sonnenterrasse im Innenhof speisen.

Zur Herrenmühle — www.herrenmuehle.net

Hauptstraße 239 (A1), PLZ 69117, **T 06221 602909**
65 | Hauptgericht 30–40 €, Menü 70–98 € | So Mi-So Mo, Di

Sehr gute Küche, angenehme Atmosphäre, ein Hauch von Nostalgie und ein hervorragender Service erwarten Sie in diesem hist. Haus. Die frisch zubereiteten Kreationen nach klassischem Vorbild klingen z.B. so: „Zanderfilet auf süßsaurem schwarzen Reis, Ananas-Mango-Butter und Gemüse".

Adriatic Seven — www.adriatic-seven.de

VARTA-TIPP Küche

Karlsruher Str. 82, PLZ 69126 (OT: Rohrbach), **T 06221 4303782**
14 | Hauptgericht 20–44 €, Menü 77–117 € | Mi-Sa Mo, Di

Ein tolles Beispiel dafür, dass sich eher schlichtes Ambiente und Spitzenküche keineswegs ausschließen! In dem mediterran angehauchten Restaurant sitzt man an blanken Holztischen, angenehm entspannt die locker-legere Atmosphäre, sehr freundlich und gut organisiert der Service. Gekocht wird modern und kreativ mit erlesenen Zutaten aus der ganzen Welt. Freitags und samstags wird ein großes Gourmetmenü serviert (Reservierung erforderlich). In der „A7 taste manufactory" gibt es Weine, Öle, Gewürze, Hausgemachtes und mehr...

Backmulde — www.gasthaus-backmulde.de

Schiffgasse 11 (A2), PLZ 69117 (OT: Altstadt), **T 06221 53660**
50 | Hauptgericht 23–34 €, Menü 36–46 € | Di-Sa Mo, So

Renoviertes hist. Haus aus dem Jahre 1689 in einer ruhigen Seitenstraße von Heidelberg gelegen. Man kocht regional, marktorientiert und zeitgemäß auf klassischer Basis - ganz konkret könnte das „Rinderrückensteak mit Rotweinschalotten, rahmigen Schwarzwurzeln und Risoléekartoffeln" heißen.

Chambao — www.chambao-heidelberg.com

Dreikönigstraße 1-3 (A2), PLZ 69117, **T 06221 7258271**
59 | Menü 50–70 € | Di-Sa Mo, So

Rustikal und doch modern zeigt sich das sympathische Restaurant direkt an der Neckarpromenade. Serviert wird eine hochwertige mediterrane Küche im Tapasstil. Dabei liegt der Fokus auf frischen und qualitativ hochwertigen Produkten. Gute Weinauswahl mit Schwerpunkt Deutschland und Europa.

Mensurstube — www.hirschgasse.de

Hirschgasse 3 (A1), PLZ 69120 (OT: Neuenheim), **T 06221 4540**
25 | Hauptgericht 19–42 € | Di-Sa Mo, So »

Hier herrschen authentische Atmosphäre und urige Gastlichkeit. Es gibt leckere Regionalküche mit traditionellen Wurzeln und besten Produkten. Wie wäre es z.B. mit „Sautierten Kalbsfiletwürfeln mit rahmigem Lauch-Pilzgemüse und Spätzle“? Beliebt ist das CHEF'S CHOICE MENÜ, ein vom Küchenchef speziell zusammengestelltes Menü.

Traube Rohrbach Neu! www.traube-heidelberg.de

VARTA-TIPP Küche

Rathausstr. 75, PLZ 69126 (OT: Rohrbach), **T 06221 6737222**
50 | Menü 79–99 € | Mo, Do-So Di, Mi

Das traditionsreiche Gasthaus im alten Ortskern von Rohrbach wird von Inhaber und Küchenchef Ole Hake freundlich und engagiert geführt. Geschmackvolles Ambiente in einer gelungenen Symbiose aus Tradition und Moderne. Unter saisonalen und regionalen Einflüssen entstehen aus Klassikern spannende Kreationen wie z.B. „Rehrücken | Mini-Navette | Pfifferling | Brombeere“ oder „Gefüllte Zucchiniblüte | Nusslocher Ziegenkäse | Knoblauch“. Dazu eine schöne Weinauswahl mit vielen heimischen Gewächsen.

HEIDENHEIM 53 C www.markt-heidenheim.de

Bayern | EW 2.560 | 540 m | Gunzenhausen 15 km, Dinkelsbühl 37 km

Klostergasthof Heidenheim www.klostergasthof-heidenheim.de

★★★ garni

Marktplatz 1, PLZ 91719, **T 09833 7709967**
18 Zimmer | Ez 78 €, Dz 138 €, inkl. Frühstück

Der schmucke Gasthof mit seinen denkmalgeschützten Mauern schaut schon von außen einladend aus. Im Innern erwartet Sie ein Mix aus historischen und modernen Elementen. Gepflegt und wohnlich sind die modernen und allergikergerechten Gästezimmer. Auch ein Besuch im Restaurant lohnt sich: Man kocht frisch und schmackhaft, es gibt fränkische Klassiker und Saisonales. Der behagliche Biergarten ist insbesondere bei Radfahrern und Wanderern ausgesprochen beliebt.

HEIGENBRÜCKEN 51 B www.heigenbruecken.de

Bayern | EW 2.300 | 274 m | Lohr 21 km, Aschaffenburg 26 km

Villa Marburg www.villa-marburg.de

★★★★ garni

Werner-Wenzel-Straße 1, PLZ 63869, **T 06020 979990,** F 97999999
38 Zimmer | 23 Suiten | Ez 79–85 €, Dz 95–99 €, inkl. Frühstück

Gepflegte Kaufmannsvilla aus dem 19. Jhd. mit modernem Anbau in schöner grüner Lage. Große, wohnlich eingerichtete Zimmer mit hervorragender Ausstattung. Ansprechender Wellnessbereich mit Whirpool, Saunalandschaft und Fitnessraum. Gutes Frühstück mit Bioprodukten aus der Region.

Villa Marburg im Park

60 | Hauptgericht 18–27 €, Menü 39–79 € | Di-Sa Mo

Wie alles im Hause ist auch das Restaurant stimmig mit hübschen Stoffen, eleganter Tischkultur und dekorativen Accessoires ausstaffiert, dazu der tolle Blick auf den Garten und die umliegenden Wälder. Serviert werden internationale, klassisch-gehobene Speisen. An warmen Sommertagen ist auch die lauschige Parkterrasse geöffnet.

HEIKENDORF 8 C www.heikendorf.de

Schleswig-Holstein | EW 8.300 | 19 m | Laboe 6 km, Kiel 15 km

StrandHotel Seeblick www.strandhotel-seeblick.de

Uferweg 2, PLZ 24226, **T 0431 5332180,** F 53321820
13 Zimmer | Ez 150–235 €, Dz 225–330 €, inkl. Frühstück

Richtig nett übernachtet man in diesem kleinen, aber feinen Boutique-Hotel am Ostufer der Kieler Förde. Die Zimmer sind stilvoll mit edlen Eichenholzböden und Möbeln von Rivièra Maison ausgestattet. Im gemütlichen Restaurant wird regionale Küche aufgetischt.

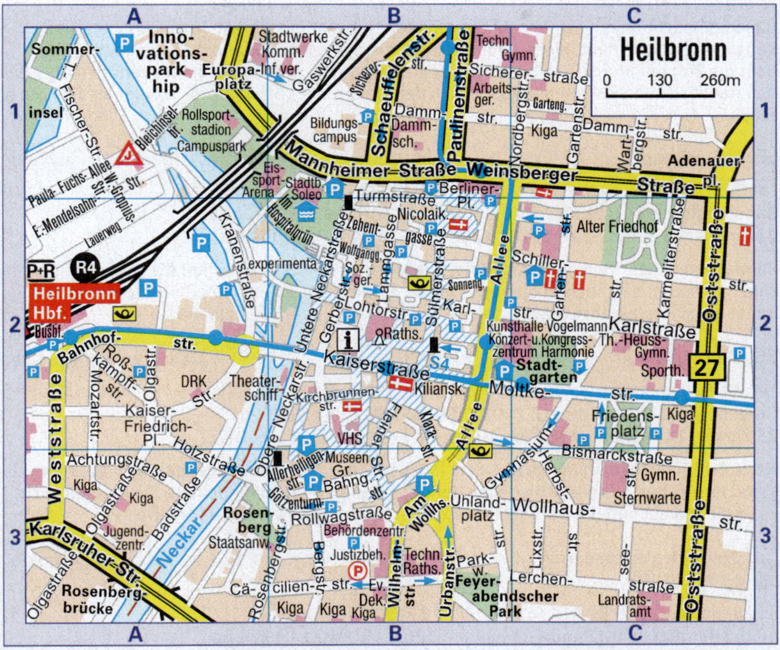

HEILBRONN 51 D www.heilbronn.de/tourismus

Baden-Württemberg | EW 125.000 | 157 m | Neckarsulm 7 km, Stuttgart 50 km

Insel-Hotel www.insel-hotel.de

Willy-Mayer-Brücke (B2, Anfahrt über Kranenstr.), PLZ 74072, **T 07131 6300,** F 626060
125 Zimmer | 4 Suiten | Ez ab 119 €, Dz ab 159 €, 19,50 € | 24 h

Komfortables Stadt- und Tagungshotel, umgeben von Parkanlagen auf einer kleinen Flussinsel in zentraler Citylage. Freundlich gestaltete Gästezimmer zur Neckar- oder Parkseite gelegen. Schwäbisches Restaurant mit regionaler und internationaler Küche.

Mercure Hotel Heilbronn
www.all.accor.com

Platz Am Bollwerksturm 2 (B1), PLZ 74072, **T 07131 749950,** F 74995166
136 Zimmer | 24 h

Ein zeitgemäß-funktionales Nichtraucherhotel in der Innenstadt. Lobby, Zimmer, Restaurant - alles ist trendig und modern! Hausgästen bietet man 24h kostenloses Wi-Fi. Praktisch: Zentrum und Neckar sind nur einen Spaziergang vom Haus entfernt.

Parkhotel Heilbronn
www.parkhotel-heilbronn.de

Gartenstr. 1 (C2), PLZ 74072, **T 07131 382200**
170 Zimmer | 24 h

Das Businesshotel mit seiner schlicht-modernen Fassade ist direkt an das Konzert- und Kongresszentrum Harmonie angebunden. Wertig-zeitgemäße Einrichtung von der Lobby über die Zimmer und Suiten bis zu den Tagungsräumen. Alle Gästezimmer verfügen über einen französischen Balkon mit Ausblick in den Heilbronner Stadtgarten. Skybar im zehnten Stock.

TraumRaum
www.hotel-traumraum.de

Bahnhofstraße 31 (A2), PLZ 74072, **T 07131 5919240,** F 59192411
21 Zimmer | 4 Suiten | Ez 95–169 €, Dz 125–199 €, inkl. Frühstück

Zentral gelegenes Themen-Designhotel gegenüber dem Hauptbahnhof. Die Gästezimmer sind individuell eingerichtet und erinnern an große Metropolen und berühmte Inseln. Das hauseigene Restaurant bietet regionale und internationale Spezialitäten.

Park-Villa
www.hotel-parkvilla.de

garni

Gutenbergstraße 30 (C3), PLZ 74074, **T 07131 95700,** F 957020
25 Zimmer | 1 Apartment | Ez 98–108 €, Dz 119–145 €, 10,00 €

Herrschaftliche Jugendstilvilla aus dem Jahr 1912 in einer Parkanlage mit altem Baumbestand und Koiteich. Unterschiedliche, teils mit Antiquitäten eingerichtete Zimmer, die sich auf die Parkvilla und die Gartenvilla verteilen. Reichhaltiges Frühstücksbuffet.

Magnifico da Umberto
www.wtz-magnifico.de

Im Zukunftspark 10 (A1), PLZ 74072, **T 07131 74564140**
40 | Hauptgericht 18–48 €, Menü 85–120 € | Mi-Sa Mo, So

Das italienische Restaurant befindet sich im 60 Meter hohen WTZ-Turm im Heilbronner Zukunftspark Wohlgelegen. Hier genießen Sie einen fantastischen Ausblick auf die Neckarstadt. Auf der Karte: saisonal wechselnde Speisen wie z.B. „Rinderfilet | Grüner Pfeffer | Kartoffel | Weißer Spargel“.

Bachmaier
www.restaurant-bachmaier.de

Untere Neckarstraße 40 (B2), PLZ 74072, **T 07131 6420560**
16 | Menü 55–77 € | Di-Sa Mo, So 24.12.22–5.1.23, 28.5.–22.6.23, 10.9.–5.10.23

Modern in olivgrün gehaltenes kleines Restaurant mit offen einsehbarer Küche. Serviert wird klassische und italienische Küche in Menüform. Mediterran anmutende Holzterrasse mit Blick auf den Neckar.

Beichtstuhl
www.beichtstuhl-hn.de

Fischergasse 9 (B2), PLZ 74072, **T 07131 2758985**
40 | Hauptgericht 18–27 €, Menü 64–87 € | Do-Fr Di-Sa Mo, So

Das moderne Restaurant befindet sich in einer ruhigen Seitenstraße in der Innenstadt. Serviert wird eine moderne Crossover-Küche, die Sie sowohl à la carte als auch in Menüform genießen können. Eine Besonderheit sind Fabian Lidaks Sharing-Gerichte für zwei oder mehr Personen. Kleine, aber feine Weinauswahl. Tipp: Donnerstag und Freitag günstiger Business Lunch.

Rebstock la petite provence
www.rebstock-provence.de

Eppinger Straße 43, PLZ 74080 (OT: Böckingen), **T 07131 4054351**
20 | Hauptgericht 26–32 €, Menü 47–75 € | Do-Sa Mo, Di, Mi, So

In dem kleinen, südländisch angehauchten Restaurant erwartet Sie eine authentische provenzialische Küche. Dass die Gastgeber früher an der Côte d'Azur gearbeitet haben, erkennt man bei Gerichten wie „Lamm | Aubergine | Thymian | Polenta | Sommertrüffel". Beliebt sind die Kochkurse des Patrons.

HEILIGENBERG 65 B
www.heiligenberg.de

Baden-Württemberg | EW 2.959 | 726 m | Pfullendorf 15 km, Überlingen 20 km

Bayerischer Hof
www.bayerischerhof-heiligenberg.de

Röhrenbacher Straße 1, PLZ 88633, **T 07554 217**
70 | Hauptgericht 12–23 € | Mo, Do-So Di, Mi

Ein regionaltypischer Gasthof mit freundlich-familiärer Atmosphäre. Man isst richtig gut hier, es gibt schmackhafte regionale und saisonale Küche, dazu gehört z.B. „Zanderfilet auf Rieslingsoße mit frischen Pfifferlingen und feinen Nudeln" oder „Zwiebelrostbraten mit Schmelzzwiebeln, hausgemachte Spätzle und Salat". Zum Übernachten hat man zeitgemäß eingerichtete Gästezimmer.

HEILIGENHAFEN 8 D
www.heiligenhafen-touristik.de

Schleswig-Holstein | EW 9.300 | 7 m | Burg a. Fehmarn 21 km, Kiel 67 km

Hafenhotel Meereszeiten
www.hafenhotel-meereszeiten.de

GREENSIGN ★★★★ garni

Am Yachthafen 2-4, PLZ 23774, **T 04362 500500,** F 50050555
86 Zimmer | 4 Suiten | 5 Apartments | Ez ab 89 €, Dz ab 94 €, inkl. Frühstück | 24 h »

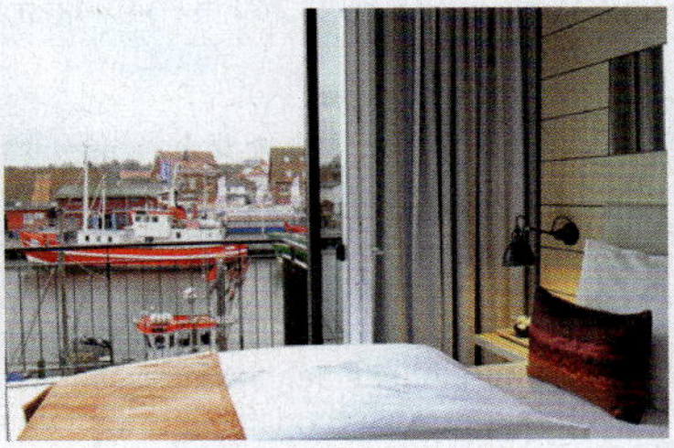

Mit moderner Innenarchitektur, hochwertiger Ausstattung und durchdachten Details präsentiert sich das schicke Hafenhotel. Die hellen, luftigen Zimmer und Suiten lassen dem Gast die Wahl zwischen unterschiedlichen Größen und Einrichtungslinien. Schöner Wellness- und Fitnessbereich.

HEILIGENHAUS 29 C www.heiligenhaus.de

Nordrhein-Westfalen | EW 25.419 | 190 m | Düsseldorf 18 km, Mülheim 19 km

Waldhotel Heiligenhaus

www.wald-hotel.de

★★★★

Parkstraße 38, PLZ 42579, **T 02056 5970,** F 597260
86 Zimmer | 3 Suiten | 6 Apartments | Ez 145 €, Dz 192 €, inkl. Frühstück | 24 h

Stattliches Herrenhaus mit außergewöhnlicher Architektur. Ruhige, geschmackvoll eingerichtete Zimmer. Moderne Tagungsräume. Lichtdurchflutetes Restaurant mit Blick auf den Gartenbereich und hübsch integriertem Wintergarten.

Neues Pastorat

www.hotel-neues-pastorat.de

Am Alten Pastorat 2, PLZ 42579, **T 02051 607512**
13 Zimmer | Ez ab 80 €, Dz ab 80 €, 11,50 €

2021 eröffnetes Integrations- und Inklusionshotel, das sich speziell auf die Bedürfnisse behinderter Menschen eingestellt hat. Das Haus zeigt sich in einer gelungenen Symbiose aus Alt und Neu und bietet moderne, barrierefrei ausgestattete Zimmer in drei Kategorien (Standard, Komfort, Family). Morgens gibt es ein frisches, gutes Frühstück.

HEILIGENSTADT I.OFR. 53 B www.markt-heiligenstadt.de

Bayern | EW 3.688 | 304 m | Forchheim 23 km, Bamberg 26 km

Landhaus Sponsel-Regus

www.sponsel-regus.de

★★★★

Veilbronn 9, PLZ 91332 (OT: Veilbronn), **T 09198 222,** F 1483
73 Zimmer | 23 Suiten | Ez 83–148 €, Dz 200–300 €, inkl. Halbpension | 8.–19.1.23, 28.7.–10.8.23

Erweitertes, familiär geführtes Landhotel mit großzügigen und liebevoll eingerichteten Gästezimmern. Großzügige Wellnessanlage auf 2.500 qm mit Infinitypool, Saunalandschaft, Panoramadachterrasse und Sonnenwiese. Im gemütlichen Restaurant wird fränkische Küche serviert.

HEILIGENSTADT, HEILBAD 32 D www.heilbad-heiligenstadt.de

Thüringen | EW 16.522 | 260 m | Göttingen 38 km, Bad Hersfeld 93 km

Am Vitalpark

www.hotel-am-vitalpark.de

★★★★ S

In der Leineaue 2, PLZ 37308, **T 03606 66370,** F 6637999
130 Zimmer | 4 Suiten | Ez ab 99 €, Dz ab 130 €, inkl. Frühstück | 24 h

Das neuzeitliche Hotel ist die perfekte Adresse für einen entspannten Wellness-, Kur- oder Gesundheitsurlaub. Die hell und freundlich eingerichteten Zimmer verfügen alle über eine kleine Terrasse oder einen französischen Balkon. Schöne Bade- und Saunalandschaft. Der Hotelgarten mit Wasserspielen lädt zum Verweilen ein.

HEIMBUCHENTHAL 51 B www.heimbuchenthal.de

Bayern | EW 2.154 | 234 m | Aschaffenburg 20 km, Wertheim 35 km

Heimathenhof www.heimathenhof.com

Heimathenhof 2, PLZ 63872 (OT: Heimathen), **T 06092 97150,** F 5683
45 Zimmer | Ez 95–110 €, Dz 145–170 €, inkl. Frühstück

Nettes Domizil in ruhiger Lage, ideal für Wellnessurlauber und Wanderfreunde. Hier erwarten Sie angenehme, teils großräumige Zimmer. Gute Landhausgastronomie mit rustikalem Charme und schöner Terrasse. Ein beliebter Anziehungspunkt ist das moderne Schwimmbad.

Lamm www.hotel-lamm.de

Sankt-Martinus-Straße 1, PLZ 63872, **T 06092 9440,** F 944100
75 Zimmer | 3 Suiten | Ez 100–135 €, Dz 140–200 €, inkl. Frühstück | ⏲ 24 h

Gut geführtes Landdomizil unter familiärer Leitung mit mehreren Gästehäusern. Verschieden ausgestattete Zimmer von rustikal bis modern. Großzügiger Wellnessbereich mit Sauna- und Badelandschaft. Das Restaurant serviert regionale und internationale Küche.

Panorama Hotel Heimbuchenthal www.panoramahotel.de

Am Eichenberg 1, PLZ 63872, **T 06092 6070,** F 6802
43 Zimmer | 8 Apartments | Ez 89–109 €, Dz 149–169 €, inkl. Frühstück

Familiengeführtes Tagungs- und Urlaubshotel in reizvoller Berglage. Unterschiedlich geschnittene, teils ruhige Aussichtszimmer mit moderner Ausstattung. Kleiner Wellnessbereich mit Hallenbad und Saunalandschaft.

Zum Wiesengrund www.hotel-zum-wiesengrund.eu

Elsavastraße 9, PLZ 63872, **T 06092 1564,** F 6977
25 Zimmer | Ez 65–70 €, Dz 130–140 €, inkl. Frühstück

Der vorbildlich geführte und ruhig gelegene Landgasthof bietet seinen Übernachtungsgästen freundliche Zimmer zu moderaten Preisen. Rustikale Gaststube mit bürgerlicher Küche. Zum Haus gehören auch eine Sauna, eine Terrasse und eine Liegewiese.

HEIMSHEIM 57 B www.heimsheim.de

Baden-Württemberg | EW 5.160 | 415 m | Weil der Stadt 11 km, Pforzheim 21 km

Hirsch www.hirsch-heimsheim.de

Hirschgasse 1, PLZ 71296, **T 07033 53990,** F 539929
43 Zimmer | 3 Apartments | Ez 65–98 €, Dz 85–135 €, inkl. Frühstück

In den letzten Jahren wurde das familiengeführte Hotel deutlich vergrößert und komfortabler gestaltet - schön z.B. die großzügigen und geschmackvoll ausgestatteten Business-Wohlfühlzimmer. Nicht zu vergessen das gemütliche Restaurant, in dem traditionelle schwäbische Köstlichkeiten und internationale Speisen serviert werden.

HEINSBERG 28 D www.heinsberger-land.de

Nordrhein-Westfalen | EW 40.908 | 76 m | Geilenkirchen 11 km, Erkelenz 20 km

Hensens Residenz
www.rainerhensen.de

Feldstraße 48-50, PLZ 52525 (OT: Randerath), **T 02453 802**
6 Zimmer | 1 Suite | Ez 125–145 €, Dz 140–160 €, 21,00–35,00 €

Exquisit nächtigen Sie in diesem charmanten Domizil. Das kleine, aber feine Hotel verfügt nur über fünf Doppelzimmer und eine Suite. Die großzügig geschnittenen Räume sind komfortabel eingerichtet und barrierefrei über einen Aufzug erreichbar. Wöchentlich wechselnde 4-Gänge-Menüs serviert das gemütliche Restaurant.

Altes Brauhaus
www.altesbrauhaus-heinsberg.de

Wurmstraße 4, PLZ 52525 (OT: Unterbruch), **T 02452 61035**
120 | Hauptgericht 29–37 € | Mi-Sa

Hier schaffen schöne historische Details wie originale Gemälde und aufwendige Wandvertäfelungen eine rustikal-elegante Atmosphäre zur mediterranen Küche mit italienischen und französischen Einflüssen. Ausgewogene Weinkarte mit Schwerpunkt Deutschland.

HEITERSHEIM 64 A
www.heitersheim.de

Baden-Württemberg | EW 5.968 | 254 m | Müllheim 9 km, Freiburg 20 km

Landhotel Krone
www.landhotel-krone.de

VARTA-TIPP Ambiente

★★★★

Hauptstraße 12, PLZ 79423, **T 07634 51070,** F 510766
36 Zimmer | 3 Suiten | Ez 99–124 €, Dz 145–175 €, inkl. Frühstück | 24 h

Das gewachsene und familiär geführte Landhotel mit seinem unverwechselbaren Charakter ist eine Oase der Harmonie, Ruhe und Entspannung. Das Haus bietet seinen Gästen gepflegte und liebevoll eingerichtete Zimmer und Apartments, die sich im Stamm- und im Turmhaus befinden. Toll das Wellnesshaus mit Außenschwimmbad, Saunen, Granitkräuterbad, Erlebniswassergrotte und Ruhegarten.

Restaurant im Landhotel Krone

65 | Hauptgericht 13–32 €, Menü 20–52 € | So Mo-So

Das Restaurant befindet sich im ältesten Teil des Hauses. Alte, orignale Mauern und massive, tragende Holzbalken hat man hier mit modernen Elementen geschmackvoll in Szene gesetzt. Serviert wird eine klassisch französische Küche mit mediterranen und asiatischen Einflüssen. Alles, was hier auf den Tisch kommt, ist schmackhaft und topfrisch! Eine lauschige Terrasse sowie einen schönen Gewölbekeller für Festlichkeiten gibt es auch.

OX Hotel
www.oxhotel.de

Im Stühlinger 10, PLZ 79423, **T 07634 695580**
16 Zimmer | Ez ab 83 €, Dz ab 114 €, inkl. Frühstück

Traditionshaus am Ochsenplatz. Moderne Nichtraucherzimmer in schnörkellosem Design - als Twin- oder Doppelzimmer buchbar. Saisonale Küche im bistroartigen Restaurant.

HELGOLAND (INSEL) 6 C
www.helgoland.de

Schleswig-Holstein | EW 1.400 | 40 m | Wangerooge 43 km, Borkum 95 km

Rickmers Insulaner
www.insulaner.de

★★★★ garni

Am Südstrand 2, PLZ 27498 (OT: Unterland), **T 04725 81410,** F 814181
49 Zimmer | 7 Suiten | Ez 99–144 €, Dz 119–259 €, inkl. Frühstück | 24 h

Ansprechendes Haus an der Südstrandpromenade mit modern eingerichteten Zimmern und Suiten und einem hübschen Hotelgarten. Ansprechender Freizeit- und Wohlfühlbereich mit Saunalandschaft und Fitnessraum. Restaurant mit internationaler Hafenküche und einer Ausstellung originaler Helgoland-Gemälde.

Strandhotel Helgoland
www.strandhotel-helgoland.de

★★★★ garni

Am Südstrand 16-17, PLZ 27498 (OT: Unterland), **T 04725 81530,** F 815355
34 Zimmer | 5 Suiten | 5 Apartments | Ez 85–120 €, Dz 135–185 €, inkl. Frühstück

Familiengeführtes Haus in bester Lage - direkt an der Promenade. Zimmer mit geschmackvoll zusammengestellten Designermöbeln, überwiegend mit Balkon mit Blick zur Nordsee. Große seeseitige Sonnenterrasse, auf der am Nachmittag hausgebackener Kuchen serviert wird.

HENNEF (SIEG) 40 A
www.hennef.de

Nordrhein-Westfalen | EW 45.806 | 67 m | Bonn 18 km, Altenkirchen 32 km

Sängerheim - Das Restaurant
www.das-saengerheim.de

Teichstr. 9, PLZ 53773 (OT: Heisterschoß), **T 02242 3480**
120 | Hauptgericht 8–30 €, Menü 28–55 € | So Do-So Mo, Di, Mi

Helles, freundliches Restaurant mit moderner Einrichtung und großer, einladender Sonnenterrasse. Die Küche überrascht mit bodenständig-kreativen Gerichten wie etwa „Mediterrane Rinderroulade | Roter Spitzkohl | Pekannuss | Pecorino | Kartoffel“ oder „Steak vom Schwarzen Heilbutt | Radicchio di Treviso | Navetten | Belugalinsen“.

HEPPENHEIM 51 A
www.heppenheim.de

Hessen | EW 25.876 | 106 m | Lorsch 8 km, Worms 27 km

Michel Hotel Heppenheim
www.michel-hotels.de

★★★★

Siegfriedstraße 1, PLZ 64646, **T 06252 9390,** F 939555
111 Zimmer | 24 h

Modernes Businesshotel in zentraler und verkehrsgünstiger Lage am Rande der Heppenheimer Altstadt. Klimatisierte und zeitgemäß eingerichtete Gästezimmer in drei Kategorien. Das Frühstück wird im gemütlichen Frühstücksrestaurant „Fürstenlager“ oder im Sommer auf der Terrasse serviert.

HERBORN 41 A
www.herborn-erleben.de

Hessen | EW 20.813 | 223 m | Dillenburg 7 km, Wetzlar 24 km

Gutshof
www.gutshof-herborn.de

★★★★

Im Gutshof 1, PLZ 35745, **T 02772 5755740,** F 5755741
72 Zimmer

››

In dem einstigen Bauernhof übernachten Sie heute in wohnlichen Gästezimmern, die im modernen Landhausstil gestaltet sind. Zum Entspannen steht ein kleiner Well-Fit-Bereich mit klassischer Sauna, Dampfsauna, Whirlpool und Fitnessraum zur Verfügung. Dieser ist 7 Tage in der Woche 24 Stunden für Hotelgäste geöffnet.

HERFORD 22 C www.herford.de

Nordrhein-Westfalen | EW 65.938 | 65 m | Bielefeld 15 km, Detmold 25 km

Am Osterfeuer www.am-osterfeuer.de

Hellerweg 35, PLZ 32052, **T 05221 70210**
55 | Hauptgericht 19–47 €, Menü 50–75 € | So Mi-So Mo, Di

Das traditionsreiche Restaurant hat man 2021 umfangreich renoviert. Das kulinarische Niveau ist unverändert gut: Gutbürgerliche Gerichte, westfälische Klassiker, aber auch mediterrane Köstlichkeiten stehen auf der Speisekarte, so z.B. „Zarter Tafelspitz mit Schlosskartoffeln, frischem Gemüse und Meerrettichschaum" oder „Rotbarsch - auf der Haut gebraten - mit Spargelragout und Kartoffelperlen". Der hauseigene Saal empfiehlt sich für kleine und große Veranstaltungen.

Die Alte Schule www.dialteschule.com

Holland 39, PLZ 32052, **T 05221 51558**
75 | Hauptgericht 26–42 €, Menü 35–79 € | Di-Sa Mo, So

In dem über mehrere Ebenen verteilten Restaurant speisen Sie in einem gemütlich-warmen Fachwerkambiente. Serviert wird eine frische saisonale Küche zu fairen Preisen.

HERLESHAUSEN 32 D www.herleshausen.de

Hessen | EW 2.828 | 263 m | Bad Hersfeld 45 km, Kassel 74 km

Hotel Hohenhaus www.hohenhaus.de

VARTA-TIPP Ambiente **VARTA-TIPP** Service

★★★★★ garni

Hohenhaus 1, PLZ 37293 (OT: Holzhausen), **T 05654 9870**, F 1303
28 Zimmer | Ez 105–190 €, Dz 195–460 €, 30,00 €

Das exklusive Hideaway fügt sich ausgesprochen harmonisch in das landschaftlich reizvolle Werratal ein. Hier erwarten Sie exklusiver Wohnkomfort und ein nahezu perfekter Service. Individuell mit edlen Stoffen und ausgesuchten Antiquitäten eingerichtet sind die Zimmer dieses einst als Rittergut gegründeten Hauses. Entspannung bietet ein SPA mit Innenpool und Sauna. Die herrliche Lage nebst großzügig angelegtem Park zwischen prächtigen Bäumen ist ideal für Naturliebhaber, Romantiker und Ruhesuchende.

La Vallée Verte

VARTA★TIPP Küche VARTA-TIPP Service

15 | Hauptgericht 38–64 €, Menü 124–230 € | Mi-Sa ⃠ Mo, Di, So ⃠ 19.12.22–5.2.23

Im intimen, elegant-gediegenen Fine-Dining-Restaurant werden Sie ausgezeichnet bekocht und freundlich umsorgt! Es erwartet Sie eine deutsch-bretonische Gourmetküche unter Verwendung von nachhaltig selbst erzeugten Zutaten. Kreativ und akkurat setzen Peter Niemann und Denis Jahn die raffinierten Gaumenfreuden in Szene. Eindrucksvoll, wie viel Finesse und geschmackliche Wucht in ihren Gerichten stecken. Dazu gibt es sorgfältig ausgesuchte Weine, darunter beliebte Spitzenweine, aber auch spannende Newcomer - von Chef-Sommelière Vanessa Lieser fachkundig präsentiert. Tischreservierung ratsam.

Hohenhaus Grill

45 | Hauptgericht 30–200 €, Menü 40–200 € | Di-Sa ⃠ Mo, So ⃠ 4.1.–5.2.23

Das Zweitrestaurant zeigt sich in behaglich-elegantem Ambiente. Auf der Karte stehen traditionelle, von der Region geprägte Gerichte, die zeitgemäß interpretiert werden, z.B. „Perldinkelrisotto mit Demeter-Beten und Gemüse“ oder „Club-Steak vom deutschen Angus-Biolandrind (vom Holzkohlegrill)“. Herrliche Sonnenterrasse mit Blick ins Tal.

HERNE 29 B www.herne-tourismus.de

Nordrhein-Westfalen | EW 158.240 | 61 m | Bochum 7 km, Recklinghausen 8 km

Schlosskapelle, Wasserschloss Strünkede, Zechensiedlung Teutoburgia, Westfälisches Museum für Archäologie, Akademie Mont-Cenis, Rhein-Herne-Kanal, Mondpalast von Wanne-Eickel.

Parkhotel Herne

www.parkhotel-herne.de

★★★★

Schaeferstraße 109, PLZ 44623, **T 02323 9550,** F 955222

71 Zimmer | 3 Suiten | 2 Apartments | 24 h

»

Ruhige Lage im Stadtgarten mit Blick ins Grüne. Den Gast erwarten modern gestaltete Gästezimmer in unterschiedlichen Kategorien sowie gute Tagungsmöglichkeiten. Für Entspannung sorgt eine kleine Saunalandschaft. Leihfahrräder gegen Gebühr.

Gute Stube

65 | Hauptgericht 24–38 €, Menü 39–208 € | Fr-So Mo, Di, Mi, Do

Nicht nur zum Übernachten eine schöne Adresse, auch zum Essen kommt man gerne, denn in dem licht-eleganten Restaurant serviert man eine moderne und raffinierte Küche. Dazu ein hervorragend sortierter Weinkeller und eine kompetente Crew an der Gästefront.

HEROLDSBERG 53 B www.heroldsberg.de

Bayern | EW 8.365 | 362 m | Nürnberg 12 km, Erlangen 15 km

Freihardt www.freihardt.com

VARTA-TIPP Küche

Hauptstraße 81, PLZ 90562, **T 0911 5180805**
70 | Hauptgericht 17–40 €, Menü 30–70 € | Sa-So Mi-So Mo, Di

Sie sitzen im gemütlichen, modern gestylten Restaurant oder im hellen Wintergartenanbau. Die frische saisonale Heimatküche gibt's hier wie dort, so z.B. „Knusprige Maispoularde | geschmorter Chicorée I Polenta I Pfifferlinge „. Die Produkte stammen überwiegend von regionalen Erzeugern. Das Fleisch von bayerischen Färsen reift in der hauseigenen Metzgerei nach „Dry aged"-Verfahren. Schönes Weinangebot mit erlesenen Tropfen aus Deutschland und Österreich.

HERRENALB, BAD 57 A www.badherrenalb.de

Baden-Württemberg | EW 7.389 | 365 m | Baden-Baden 22 km, Karlsruhe 26 km

Lamm www.lamm-rotensol.de

★★★ S

Mönchstraße 31, PLZ 76332 (OT: Rotensol), **T 07083 92440,** F 924444
30 Zimmer | 5 Suiten | Ez 58–98 €, Dz 120–148 €, 8,00 €

Landhotel mit langer Familientradition und herzlicher Atmosphäre. Gemütliche, mit Stil- oder Landhausmöbeln eingerichtete Gästezimmer. Gute Tagungsmöglichkeiten.

Lamm

65 | Hauptgericht 15–30 €, Menü 24–65 € | Di-So Mo

Gemütliche Stuben mit für den Schwarzwald typischen Holzelementen und heimeligem Ambiente. Auf der Speisekarte stehen badisch-schwäbische und saisonale Spezialitäten wie „Feinster Rinderrücken vom Albtäler Weiderind in Pfeffersauce mit gratinierten Ofenkartoffeln und buntem Marktgemüse" oder „Rehkrautwickel in würziger Sauce mit Kartoffelpüree".

Parkhotel Luise www.parkhotel-luise.de

Dobler Straße 26, PLZ 76332, **T 07083 7420,** F 4071
136 Zimmer | Ez ab 99 €, Dz ab 119 €, inkl. Frühstück | 24 h

Das im typischen Schwarzwaldstil erbaute Haus bietet renovierte Gästezimmer mit modernen Designelementen. Für den regionalen Bezug sorgen die Materialien ebenso wie die guten Produkte zum Frühstück! Schön der Wellnessbereich mit Innenpool, Sauna und Dampfbad.

HERRENBERG 57 B — www.herrenberg.de

Baden-Württemberg | EW 31.324 | 460 m | Calw 20 km, Tübingen 20 km

Gasthof Hasen — www.hasen.de

Hasenplatz 6, PLZ 71083, **T 07032 2040,** F 204100
66 Zimmer | 4 Suiten | 8 Apartments | Ez 69–127 €, Dz 93–154 €, 10,50 €

Wirklich beeindruckend, wie sich das über 400 Jahre alte Traditionshaus in den letzten Jahren weiterentwickelt hat! Durch einen Neubau wurde das familiengeführte Hotel großzügig erweitert und bietet größtenteils renovierte Gästezimmer mit zeitgemäßem Komfort. Für Individualreisende hat man verschiedene Genuss-, Urlaubs- und Freizeitarrangements im Angebot. Der hauseigene Weinkeller eignet sich für Themenabende, Weinproben sowie private und geschäftliche Events.

Gasthof Hasen Neu!

85 | Hauptgericht 14–30 €, Menü 38–60 € | Mo-So

Das liebevoll renovierte Restaurant ist das Herzstück des Hauses. Schön, dass trotz der modernen Einrichtung der traditionelle Charme erhalten geblieben ist. Die Speisekarte bietet Klassiker wie Rostbraten, Züricher Kalbsgeschnetzeltes oder Wiener Kalbsschnitzel, aber auch ambitionierte Gerichte aus der internationalen Küche. Im Sommer wird auch auf der schattigen Gartenterrasse serviert. Tipp: preiswerter Mittagstisch.

HERRIEDEN 52 D — www.herrieden.de

Bayern | EW 7.550 | 423 m | Ansbach 11 km, Feuchtwangen 20 km

Bergwirt — www.hotel-bergwirt.de

Schernberg 1, PLZ 91567 (OT: Schernberg), **T 09825 20390,** F 2039299
65 Zimmer | 2 Suiten | Ez ab 66 €, Dz ab 88 €, inkl. Frühstück

Fränkischer Traditionslandgasthof, der sich seit 1880 in Familienbesitz befindet. Funktionelle Zimmer in unterschiedlichen Kategorien. Schöne Saunalandschaft in asiatischem Stil. Restaurant mit regionaler und gutbürgerlicher Küche.

HERRSCHING A. AMMERSEE 60 C — www.herrsching.de

Bayern | EW 10.213 | 568 m | Starnberg 18 km, Weilheim 18 km

Romantik Boutique Hotel Chalet am Kiental www.gourmetchalet.de

VARTA-TIPP Ambiente

★★★★

Andechsstr. 4, PLZ 82211, **T 08152 982570,** F 9825725
9 Zimmer | Ez 110–215 €, Dz 185–265 €, 16,50–36,00 €

Das ist kein Hotel von der Stange! Ein liebevoll renoviertes Refugium am Kienbach und direkt am alten Pilgerweg zum heiligen Berg von Andechs. Hinter der denkmalgeschützten Fassade erwarten Sie mit natürlichen Materialien und warmen Farben eingerichtete Designzimmer. Vor allem aber glänzt man hier mit zuvorkommender, authentischer Gastlichkeit. Ein wunderbarer Ort zum Genießen und Wohlfühlen.

Chalet am Kiental

VARTA-TIPP Küche **VARTA-TIPP** Service

24 | Hauptgericht 25–54 €, Menü 69–132 € | So Mo-Di, Do-So Mi

Hier trifft ländlich-moderne Atmosphäre auf ambitionierte Kulinarik und herzlichen Service. In den schlicht, aber sehr liebevoll dekorierten Räumlichkeiten wird eine regional und international beeinflusste Landhausküche serviert. Tipp: das kreative „Chaletmenü“ in drei bis sieben Gängen. Oder lieber à la carte? Es gibt z.B. „Bio-Schweinefilet im Wirsingmantel | Kartoffelbuchteln | Pfifferlinge | Dunkelbiersauce“.

HERSBRUCK 53 B www.hersbruck.de

Bayern | EW 12.500 | 336 m | Sulzbach-Rosenberg 23 km, Nürnberg 35 km

Grüner Baum www.gruener-baum-kuehnhofen.de

★★★ S

Kühnhofen 3, PLZ 91217 (OT: Kühnhofen), **T 09151 609560,** F 60956151
28 Zimmer | 1 Suite | Ez 78–92 €, Dz 108–118 €, inkl. Frühstück

Familiär geführtes Haus im Herzen der fränkischen Alb. Behaglich eingerichtete Gästezimmer mit moderner Ausstattung. Panoramarestaurant mit fränkisch-kreativer Kräuterküche.

HERSCHBERG 49 D — www.vgtw.de

Rheinland-Pfalz | EW 814 | 367 m | Primasens 19 km, Zweibrücken 20 km

Landhotel Weihermühle — www.landhotel-weihermuehle.de

Weihermühle 1, PLZ 66919 (OT: Weihermühle), **T 06334 449080**
34 Zimmer | 1 Suite | Ez 80–125 €, Dz 115–150 €, inkl. Frühstück

Ein tipptopp gepflegtes Hotel - ruhig und idyllisch im Grünen gelegen. Die Gästezimmer sind komfortabel im modernen Landhausstil eingerichtet und verteilen sich auf das alte Mühlengebäude und das Gästehaus „Kornkammer“. Im Restaurant serviert man regionale und internationale Spezialitäten. Sehr gute Anbindung an das umliegende Wanderwegenetz und den Mountainbikepark Pfälzerwald.

HERSFELD, BAD 42 B — www.bad-hersfeld.de

Hessen | EW 28.867 | 212 m | Alsfeld 37 km, Fulda 45 km

Zum Stern — www.zumsternhersfeld.de

★★★★ S

Linggplatz 11, PLZ 36251, **T 06621 1890,** F 189260
54 Zimmer | 2 Suiten | Ez 69–199 €, Dz 132–225 €, inkl. Frühstück | 24 h

Gut geführtes Altstadthotel mit hist. Ambiente, das auf eine 400-jährige Geschichte zurückblicken kann. Unterschiedlich im Landhausstil eingerichtete Zimmer, wahlweise modern-elegant oder romantisch-verspielt. 300 qm großer Wellnessbereich „STERN*S SPA“ mit Saunalandschaft.

L'étable

VARTA-TIPP Küche **VARTA-TIPP** Service

28 | Hauptgericht 38–42 €, Menü 89–139 € | So Do-So Mo, Di, Mi

Die zurückhaltend elegante Gourmetstube ist in den ehem. Stallbereichen der früheren Postkutschenstation untergebracht. Komplex, aufwendig und zudem noch richtig schön anzuschauen - so präsentiert Küchenchef Constantin Kaiser seine Gerichte. Seine hervorragenden Kompositionen genießen Sie am besten in Form eines Menüs (bis zu 7 Gänge). Alternativ empfiehlt sich das gemütlich-rustikale „Stern*s Restaurant“ mit Holzvertäfelung, Kaminofen und bequemen Sitzbänken. Hier kredenzt man sowohl saisonale Gerichte mit regionalem Akzent als auch internationale Köstlichkeiten. Nette Terrasse am idyllischen Linggplatz.

HERXHEIM 50 D — www.herxheim.de

Rheinland-Pfalz | EW 10.519 | 129 m | Landau 12 km, Speyer 31 km

Krone

www.hotelkrone.de

VARTA★TIPP Service

★★★★ S

Hauptstraße 62-64, PLZ 76863 (OT: Hayna), **T 07276 5080,** F 50814
66 Zimmer | 13 Suiten | Ez ab 110 €, Dz ab 220 €, inkl. Frühstück

Der gewachsene Familienbetrieb im romantischen Ortskern steht für Ruhe, genussreiche Stunden und eine vorbildliche Gästebetreuung. In den individuell und harmonisch eingerichteten Zimmern und Suiten, die sich auf das Stammhaus und die Gästehäuser „Erika" und „Katharina" verteilen, sorgen edle Materialien, ausgesuchte Stoffe und Naturmaterialien für exklusiven Wohnkomfort. Auch ein kleiner SPA-Bereich, ein hauseigener Fitnessraum sowie ein Outdoor-Tennisplatz stehen den Gästen hier zur Verfügung.

Pfälzer Stuben

VARTA-TIPP Küche

40 | Hauptgericht 17–36 €, Menü 69–79 € | So Mo-So

Kein Wunder, dass die „Krone" so viele Stammgäste hat! Richtig reizend und urig-heimelig ist es hier, jede Menge rustikales Holz und liebenswerte Deko! Serviert wird eine wohlschmeckende regionale Frischeküche, die auf Produktqualität und Nachhaltigkeit setzt. Bei Küchenchef Fabio Daneluzzi werden auch beliebte Klassiker wie die Rinderroulade oder der Pfälzer Saumagen gerne mal neu interpretiert. Der Service agiert aufmerksam und angenehm locker. Im Sommer lockt die begrünte Gartenterrasse, die sich auch für einen Nachmittagskaffee mit selbstgebackenem Kuchen anbietet.

Duwakschopp

www.hotel-duwakschopp.de

Hauptstraße 103, PLZ 76863 (OT: Hayna), **T 07276 9872220,** F 98722226
12 Zimmer | Ez 64–89 €, Dz 79–99 €, inkl. Frühstück

Ein charmantes Bild gibt die hübsch sanierte Fachwerkfassade dieses gepflegten kleinen Hotels ab - da passen die Zimmer in ihrem ländlich-modernen Stil schön dazu, von denen eines rollstuhlgerecht eingerichtet ist. Auch eine Ferienwohnung ist vorhanden.

HERZBERG AM HARZ 32 B www.herzberg.de

Niedersachsen | EW 13.140 | 240 m | Osterode 11 km, Duderstadt 20 km

Landhaus Schulze www.landhaus-schulze.de

★★★ S garni

Osteroder Straße 7, PLZ 37412, **T 05521 89940,** F 899438
20 Zimmer | Ez ab 53 €, Dz ab 105 €, inkl. Frühstück

Hotel mit gemütlicher Landhausatmosphäre. Heimelige Zimmer mit handbemalten Bauernmöbeln. Regionales wird im Restaurant serviert. Netter Biergarten im Innenhof.

HERZLAKE 21 A www.herzlake.de

Niedersachsen | EW 4.057 | 22 m | Lingen (Ems) 34 km, Cloppenburg 38 km

Aselager Mühle aselager-muehle.de

★★★★ S garni

Zur alten Mühle 12, PLZ 49770 (OT: Aselage), **T 05962 93480,** F 9348160
50 Zimmer | 5 Suiten | 1 Apartment | Ez 94–136 €, Dz 146–188 €, inkl. Frühstück | 24 h

Mitten im grünen Emsland empfängt Sie dieses herzlich und individuell geführte Privathotel. Hier erwarten Sie geräumige, zeitgemäß ausgestattete Zimmer sowie eine schöne Wellness- und Saunalandschaft. Mit einer Tennisanlage, Fahrradverleih, einem FIFA-genormten Fußballplatz sowie nahegelegenen Golfplätzen bieten sich für sportbegeisterte Gäste zahlreiche Möglichkeiten.

HERZOGENAURACH 53 A www.herzogenaurach.de

Bayern | EW 23.050 | 296 m | Erlangen 12 km, Nürnberg 23 km

HerzogsPark www.herzogspark.de

★★★★ S garni

Beethovenstraße 6, PLZ 91074, **T 09132 7780,** F 778778
120 Zimmer | 3 Suiten | 22 Apartments | Ez ab 150 €, Dz ab 175 €, ab 18,00 € | 24 h

Großzügiges Tagungs- und Sporthotel am Rande von Herzogenaurach mit unterschiedlich eingerichteten Zimmern und Apartments. Schöner SPA-Bereich mit individuell abgestimmten Wellness-, Beauty- und Gesundheitsprogrammen. Im Restaurant „Stüberl" wird eine moderne regionale Küche serviert.

HESSDORF 53 A www.hessdorf.de

Bayern | EW 3.615 | 290 m | Erlangen 8 km, Höchstadt a. d. Aisch 15 km

Wirtschaft von Johann Gerner www.wirtschaft-von-johann-gerner.de

Dannberg 3, PLZ 91093 (OT: Dannberg), **T 09135 8182**
78 | Hauptgericht 23–35 €, Menü 65–69 € | So Mi-So Mo, Di

Hübsch restaurierter Gasthof in ländlicher Umgebung. Behagliche Räume und ein liebevoll gestalteter Außenbereich bieten beste Voraussetzungen für eine frische und unkomplizierte Küche, die sowohl regional als auch international geprägt ist.

HESSIGHEIM 51 D www.hessigheim.de

Baden-Württemberg | EW 2.384 | 189 m | Ludwigsburg 17 km, Heilbronn 23 km

exNicrum
www.hotel-hessigheim.de

garni

Rathausstraße 2, PLZ 74394, **T 07143 9626850**
5 Zimmer | 1 Apartment | Ez 95 €, Dz 120 €, inkl. Frühstück

Eine charmante Adresse. Überall bestimmt wertiges, geradlinig-modernes Design das Bild. In den Zimmern ruhige Farben, hübsche Stoffe und warmer Holzboden. Ebenso schick und gemütlich sind der Frühstücksraum und die Vinothek im Erdgeschoss.

HILDEN 29 C
www.stadtmarketing-hilden.de

Nordrhein-Westfalen | EW 54.737 | 50 m | Solingen 12 km, Düsseldorf 14 km

intensiu Neu!
monopol-intensiu.de/restaurant-intensiu

VARTA-TIPP Küche

Poststraße 42, PLZ 40721, **T 02103 54745**
42 | Menü 87–107 € | Mi-Sa Mo, Di, So

Die Stadt Hilden ist um ein ambitioniertes Restaurant reicher. Hier erwartet Sie ein modernes, erfrischendes Konzept mit individueller Kreativküche und urban-stylischem Interieur. Am Herd steht der talentierte Lukas Jakobi. Seine pfiffige, weltoffene Aromenküche ist geprägt durch regionale Zutaten und südostasiatische Einflüsse. Das Menü (4 bis 6 Gänge) gibt es auch als vegane Variante. Die kleine, europäisch ausgerichtete Weinkarte bietet Bewährtes, aber auch einige interessante Newcomer. Im angeschlossenen Budget-Designhotel stehen frisch renovierte Gästezimmer zur Verfügung.

HILDESHEIM 23 C
www.hildesheim.de/tourismus

Niedersachsen | EW 102.903 | 93 m | Hannover 35 km, Braunschweig 45 km

Van der Valk
www.hildesheim.vandervalk.de

★★★★

Markt 4 (GPS: Jakobistraße), PLZ 31134, **T 05121 3000,** F 300444
125 Zimmer | 4 Suiten | 1 Apartment | Ez 89–339 €, Dz 109–359 € | 24 h

Nach hist. Vorbild wiederaufgebautes Gebäudeensemble am Hildesheimer Marktplatz. Die geschmackvoll eingerichteten Gästezimmer verfügen über Klimaanlage, Kaffee- und Teezubehör sowie kostenfreies WLAN. Restaurant mit Terrasse und internationaler Küche. Navi/ GPS: Jakobistraße.

Parkhotel Berghölzchen
www.berghoelzchen.de

★★★★

Am Berghölzchen 1, PLZ 31139 (OT: Moritzberg), **T 05121 9790,** F 979400
78 Zimmer | 1 Suite | Ez ab 79 €, Dz ab 79 €, inkl. Frühstück | 24 h

Privat geführtes, ruhig gelegenes Haus mit einzigartigem Blick über die Stadt, dessen Geschichte bis ins Jahr 1790 zurückreicht. Großzügige Gästezimmer in zwei Kategorien. Zum Haus gehören auch moderne Tagungsräume, eine Sauna im mediterranen Stil, ein gemütlicher Loungebereich sowie ein Restaurant mit Sonnenterrasse und internationaler Küche.

Stadtresidenz
www.stadtresidenz-hotel.de

★★★★ garni

Steingrube 4, PLZ 31141, **T 05121 6979892,** F 6972140
20 Zimmer | 5 Suiten | Ez ab 80 €, Dz ab 90 €, 10,00 €

Das kleine, inhabergeführte Apartment- und Suitehotel empfängt Sie mit individuell und liebevoll eingerichteten Zimmern sowie eleganten Bädern. Mediterran gestalteter Innenhof.

HINDELANG, BAD 66 D www.badhindelang.de

Bayern | EW 4.837 | 825 m | Sonthofen 8 km, Oberstdorf 21 km

Panoramahotel Oberjoch www.panoramahotel-oberjoch.de

★★★★S garni

Passstraße 41, PLZ 87541 (OT: Oberjoch), **T 08324 93330,** F 9333499
114 Zimmer | 22 Suiten | Ez 190–293 €, Dz 380–586 €, inkl. Frühstück | 24 h

Großzügig, modern und hochwertig ausgestattet ist das Hotel inmitten einer atemberaubenden Kulisse für Urlauber und Geschäftsreisende gleichermaßen ideal! Nach einem langen Tag ruft das 3.000 qm große „Alpin Spa“ mit beheiztem Außenpool und weitläufiger Saunalandschaft. Mehrere Restaurants bieten eine große Auswahl an internationalen und regionalen Gerichten.

Lanig www.lanig.de

Ornachstraße 11, PLZ 87541 (OT: Oberjoch), **T 08324 7080,** F 708200
40 Zimmer | 6 Suiten | Ez ab 160 €, Dz ab 210 €, inkl. Halbpension

Hüttenromantik pur verspricht das erweiterte und modernisierte Ferienhotel, dessen Geschichte bis in die 1930er Jahre zurückgeht. Die charmanten Zimmer im alpenländischen Stil bieten eine herrliche Aussicht auf die Bergwelt. Vielfältiges Wellnessangebot.

Alpengasthof Löwen www.loewen-oberjoch.de

★★★S

Paßstraße 17, PLZ 87541 (OT: Oberjoch), **T 08324 9730,** F 7515
37 Zimmer | 2 Suiten | Ez 70–85 €, Dz 120–190 €, inkl. Frühstück

Der seit fünf Generationen gut geführte Familienbetrieb verfügt über besonders wohnlich eingerichtete Zimmer in unterschiedlichen Kategorien, einen kleinen Saunabereich und ein behagliches Restaurant mit Sommerterrasse. Heimelige Atmosphäre versprüht die Hotelhalle.

Heckelmiller www.heckelmiller.de

★★★

Ornachstraße 8, PLZ 87541 (OT: Oberjoch), **T 08324 982030,** F 9820330
18 Zimmer | 2 Suiten | Ez 66–94 €, Dz 114–204 €, inkl. Frühstück

Gepflegtes kleines Ferienhotel im alpenländischen Stil mit geräumigen, komfortabel eingerichteten Zimmern und Apartments. Hübscher Wellnessbereich mit Whirlpool, Sauna und Panoramablick. Restaurant mit regionaler Küche und Panoramaterrasse.

HINTERZARTEN 64 B www.hochschwarzwald.de

Baden-Württemberg | EW 2.619 | 893 m | Löffingen 24 km, Freiburg 25 km

Parkhotel Adler www.parkhoteladler.de

Adlerplatz 3, PLZ 79856, **T 07652 1270,** F 127717
56 Zimmer | 22 Suiten | Ez ab 209 €, Dz ab 418 €, inkl. Vollpension | 24 h

»

Ein großzügiges Hotelareal am Ortsrand mit verschiedenen Gebäuden aus unterschiedlichen Epochen. Erst kürzlich hat man das Traditionshaus aufwendig umgebaut und renoviert. Über ein halbes Jahrhundert Geschichte ist hier verwurzelt. Zimmer gibt es von gemütlich-rustikal über modern bis elegant-gediegen, dazu SPA-Vielfalt samt Wellnessanwendungen und Pool im schönen großen Garten. Tipp: Freizeitaktivitäten wie Wandern, Nordic Walking und Mountainbiken sind direkt ab Hotel möglich.

Adler Stuben

110 | Hauptgericht 17–59 € | Mo-So

Das stimmige und einladende Ambiente des historischen Schwarzwaldhauses zieht sich bis ins Restaurant. In den behaglichen Gaststuben serviert man eine feine Regionalküche mit internationalen Einflüssen. Im Sommer können Sie auch auf der modern gestalteten Restaurantterrasse direkt unter dem historischen Holzbalkon speisen.

Erfurths Bergfried — www.bergfried.de

VARTA-TIPP Service

★★★★ S

Sickingerstraße 28, PLZ 79856, **T 07652 1280,** F 12888
42 Zimmer | 6 Suiten | 2 Apartments | Ez 145–174 €, Dz 310–358 €, inkl. Halbpension

Eine ausgesprochen wohnliche Adresse in herrlich ruhiger Waldrandlage mit aufmerksamem Service und farbenfrohen, im regionaltypischen Stil eingerichteten Nichtraucherzimmern. Entspannung bietet der großzügige Bergfried SPA mit Schwimmbad und Saunalandschaft. Gemütliche Lobby mit offenem Kamin.

Kesslermühle — www.kesslermuehle.de

VARTA-TIPP Service

★★★★ S

Erlenbrucker Straße 45, PLZ 79856, **T 07652 1290,** F 129159
48 Zimmer | 6 Suiten | Ez 124–166 €, Dz 240–356 €, inkl. Halbpension | 24 h

So wünscht man sich sein Ferienhotel: angenehm ruhig, schöne Lage, wohnliche Zimmer und reichlich Wellnessmöglichkeiten. Wenn man dann noch von der charmanten Besitzerfamilie und dem freundlichen Personal so liebevoll verwöhnt wird, ist die Urlaubsidylle perfekt. Auch kulinarisch fehlt es den Hausgästen an nichts angesichts des üppigen Frühstücks und der schmackhaften 6-Gang-Wahlmenüs am Abend.

Reppert — www.reppert.de

VARTA-TIPP Service

★★★★ S

Adlerweg 21-23, PLZ 79856, **T 07652 12080,** F 120811
42 Zimmer | 8 Suiten | Ez 117–170 €, Dz 264–304 €, inkl. Halbpension | 24 h

Das vorbildlich geführte Ferienhotel verfügt über teils traditionell, teils modern eingerichtete Zimmer sowie einen 1.000 qm großen SPA-Bereich auf 3 Etagen. Mit freundlichem Charme sorgen gastorientierte Mitarbeiter:innen für ein individuelles Urlaubserlebnis.

Thomahof — www.thomahof.de

★★★★ S

Erlenbrucker Straße 16, PLZ 79856, **T 07652 1230,** F 123239
49 Zimmer | 5 Suiten | 10 Apartments | Ez ab 126 €, Dz ab 260 €, inkl. Vollpension

Gemütliches, traditionsreiches Ferienhotel mit eleganter Note und gediegenen Landhauszimmern. Großzügiger Bade- und Wellnessbereich mit verschiedenen Pools und Soletherme sowie Saunen und Ruhebereich. Gemütliches Restaurant mit kreativer regionaler Küche.

Alemannenhof

www.hotel-alemannenhof.de

Bruderhalde 21, PLZ 79856 (OT: Bruderhalde), **T 07652 91180,** F 705
32 Zimmer | 1 Suite | 11 Apartments

Regionaltypisches Haus oberhalb des Titisees gelegen. Gemütliche Landhauszimmer überwiegend mit Balkon und Seeblick. Großzügiger Wellnessbereich mit Naturbadestrand, Schwimmbad und Fasssauna mit Seeblick. Im Restaurant wird authentische Schwarzwälder Küche aufgetischt.

Sonnenberg

www.hotel-sonnenberg.com

Am Kesslerberg 9, PLZ 79856, **T 07652 12070,** F 120791
19 Zimmer | 1 Suite | Ez 95–100 €, Dz 160–180 €, inkl. Frühstück | 24 h

Privat geführtes Ferienhotel am Ortsrand mit schönem Ausblick. Individuell gestaltete, geräumige Zimmer mit moderner Ausstattung. Ansprechender Wellnessbereich auf 375 qm mit Pool, Sauna und Sanarium. Sehr gutes Vital-Frühstücksbuffet.

Waldhotel Fehrenbach

www.waldhotel-fehrenbach.de

Alpersbach 9, PLZ 79856 (OT: Alpersbach), **T 07652 91940,** F 919410
14 Zimmer | Ez ab 128 €, Dz ab 168 €, inkl. Halbpension | 24 h

Sehr idyllisch auf 1.000 m Höhe liegt dieses privat geführte Haus. Sie wohnen in geräumigen, liebevoll eingerichteten Zimmern mit tollem Ausblick. Von der herrlichen Lage im Grünen profitieren Naturliebhaber.

Zur Goldenen Esche

70 | Hauptgericht 23–32 €, Menü 58–98 € | So Mi-So Mo, Di

Traditionelles, heimelig eingerichtetes Restaurant. Hier brillieren kulinarische wie gastgeberische Leistungen. Die feine Schwarzwälder Kräuterküche des Patrons klingt z.B. so: „Schwarzwälder Kalb im Heu gegart mit Morchelrahmsauce, Zuckerschoten und Petersilienwurzelpüree". Spezialität: Geräucherte Forellen aus eigener Aufzucht. Regelmäßig Kochseminare.

Schwarzwaldhof

www.schwarzwaldhof.com

Freiburger Straße 2, PLZ 79856, **T 07652 12030,** F 120322
28 Zimmer | Ez 70–80 €, Dz 106–138 €, inkl. Frühstück

Ein traditionelles Familienhotel im regionaltypischen Schwarzwaldstil. Etwas unterschiedlich in Größe und Ausstattung sind die Gästezimmer. Kleiner Wellnessbereich mit Sauna und Dampfbad. Modernes Restaurant mit Cocktaillounge.

HIRSCHBERG A. D. BERGSTR. 51 C www.hirschberg-bergstrasse.de

Baden-Württemberg | EW 9.900 | 120 m | Weinheim 5 km, Heidelberg 12 km

Krone www.krone-grosssachsen.de

Landstraße 9, PLZ 69493 (OT: Großsachsen), **T 06201 5050**
250 | Hauptgericht 17–37 €, Menü 17–39 € | Fr-So Di-So Mo

Hier speisen Sie in der charmanten Bauernstube, im Jägerzimmer, im modern gestalteten Restaurant oder auf der lauschigen Terrasse. Die saisonal wechselnde Karte bietet raffiniert interpretierte Spezialitäten aus der Region und dem Rest der Welt. Für Übernachtungsgäste hat man behagliche Gästezimmer.

HITZACKER/ELBE 16 D www.hitzacker.de

Niedersachsen | EW 4.904 | 12 m | Dannenberg/Elbe 8 km, Uelzen 45 km

Hafen Hitzacker www.hotel-hafen-hitzacker-elbe.de

★★★★

Am Weinberg 2, PLZ 29456, **T 05862 98780,** F 987818
35 Zimmer | 6 Suiten | 24 h

Neuzeitliches Hotel am Fuße des Weinbergs. Großzügig geschnittene Komfortzimmer mit hochwertiger Ausstattung und teilverglasten Balkonen. Im Café-Restaurant „Dierks" am gegenüberliegenden Ufer wird Frühstück sowie regionale Küche serviert.

HÖCHENSCHWAND 64 B www.hoechenschwand.de

Baden-Württemberg | EW 2.566 | 1.008 m | St. Blasien 7 km, Waldshut 18 km

Alpenblick www.alpenblick-hotel.de

★★★★

Sankt-Georg-Straße 9, PLZ 79862, **T 07672 4180,** F 418444
37 Zimmer | 13 Suiten | Ez 125–170 €, Dz 250–350 €, inkl. Frühstück

Zertifiziertes Biohotel mit sehr schöner Fitness- und Wellnesslandschaft. Die wohnlichen Zimmer sind in warmen Farben mit viel hellem Holz gestaltet. Für Hausgäste bietet das Restaurant im Rahmen der Verwöhnpension eine glutenfreie Bioküche.

Nägele www.hotel-naegele.de

★★★★

Bürgermeister-Huber-Straße 11, PLZ 79862, **T 07672 93030,** F 9303154
41 Zimmer | 3 Suiten | Ez 93–97 €, Dz 198–218 €, ab 16,50 €

Ein gepflegtes Ferienhotel mit Haupt- und Gästehaus in ruhiger Lage. Die Zimmer sind im Landhausstil eingerichtet und in unterschiedlichen Größen und Komfortstufen buchbar. Behaglich speist man im freundlichen Restaurant sowie auf der schönen Sonnenterrasse. Hübsche Wellnessoase mit großer Liegewiese.

Portens Hotel Fernblick
www.porten.de

★★★ S garni

Im Grün 15, PLZ 79862, **T 07672 93020,** F 4382
36 Zimmer | 2 Suiten | Ez 57–60 €, Dz 110–116 €, inkl. Frühstück

Das Hotel ist ruhig am südlichen Ortsrand gelegen. Die gepflegten und funktionellen Zimmer sind größtenteils mit einem Balkon ausgestattet. Entspannung bietet die Vital- und Saunalandschaft „Bergland“ mit Biosauna, Dampfhüsli und Schwarzwälder Sprudelwanne.

HOCHHEIM 41 C
www.hochheim-tourismus.de

Hessen | EW 17.702 | 129 m | Mainz 6 km, Wiesbaden 11 km

Zielonka
www.zielonka-privathotel.de

garni

Hajo-Rüter-Straße 15, PLZ 65239, **T 06146 90670,** F 906713
24 Zimmer | Ez 95–150 €, Dz 105–180 €, inkl. Frühstück

Dieses gut geführte Privathotel eignet sich zum Wohnen, Arbeiten und sportiven Entspannen. Hier erwarten Sie wohnlich eingerichtete Komfort- und Businesszimmer. Zu den weiteren Annehmlichkeiten zählen eine Kaminlounge und eine hübsche Terrasse mit Garten. Sehr gutes Frühstück.

Les Deux Dienstbach Neu!
www.les-deux-dienstbach.de

Geheimrat-Hummel-Platz 1a, PLZ 65239, **T 06146 5259228**
Menü 60–120 € | Do-So ⦸ Mo, Di, Mi

Im wunderschönen Ambiente des renommierten Weinguts Künstler ist dieses stimmungsvolle frankophile Restaurant entstanden. Bei den sympathischen Zwillingsschwestern Jennifer und Nathalie Dienstbach kommt eine frische französische Landküche mit asiatischen Einflüssen auf den Tisch. Zur Auswahl stehen drei Menüs (bis zu 5 Gänge), davon eine vegetarische Variante. Dazu exzellente Weine, vorrangig die ausgezeichneten Tropfen des eigenen Weinguts, die Sie auch in der benachbarten Vinothek sowie im saisonal geöffneten Gutsausschank probieren können.

HÖCHST I. ODW. 51 A
www.hoechst-i-odw.de

Hessen | EW 10.000 | 157 m | Aschaffenburg 31 km, Darmstadt 34 km

Krone
www.krone-hetschbach.de

Rondellstraße 20, PLZ 64739 (OT: Hetschbach), **T 06163 931000,** F 81572
19 Zimmer | Ez 75 €, Dz 140–160 €, inkl. Frühstück

Eine gepflegte Adresse für einen Kurzurlaub. Das vorbildlich geführte Hotel bietet wohnliche, mit warmem Naturholz ausgestattete Zimmer. Für Entspannung sorgen die hauseigene Sauna sowie der idyllische Garten.

Krone

VARTA-TIPP Küche

35 | Hauptgericht 35–40 €, Menü 56–140 € | Fr-So Di-Mi, Fr-Sa ⦸ Mo, Do ››

Ein sehr freundlich aufgestelltes Team verwöhnt Sie in modern-elegantem Landhausambiente mit der kreativen, französisch und mediterran inspirierten Küche des Hausherrn. Das kulinarische Angebot basiert auf heimischem Einkauf und zeigt eine erfreuliche saisonale Abwechslung. Auch das Weinangebot kann sich in punkto Umfang und Qualität sehen lassen. Bürgerlich bodenständig speist man in der gemütlichen Gaststube.

HÖCHSTÄDT A. D. DONAU 59 B www.hoechstaedt.de

Bayern | EW 6.565 | 416 m | Dillingen a.d. Donau 6 km, Augsburg 44 km

Glocke Restaurant www.glocke.one

VARTA-TIPP Küche

Friedrich-von-Teck-Str. 12, PLZ 89420, **T 09074 957885**
40 | Hauptgericht 19–32 €, Menü 45–60 € | Sa Di-Sa Mo, So

Der modern-geradlinige Stil samt schöner Einrichtungsdetails mit natürlichen Materialien wie Holz, Sichtbeton, Glas oder Filz steht dem historischen Gebäude gut zu Gesicht. Aber nicht nur hier speist es sich überaus angenehm, sondern auch im gemütlichen Hofgarten. Daniel Stoiber kocht saisonal, zeitgemäß und topfrisch. Für Übernachtungsgäste hat man im Hotelanbau schöne Gästezimmer.

HOF 44 D www.hof.de

Bayern | EW 44.522 | 500 m | Plauen 27 km, Bayreuth 55 km

Central www.hotel-central-hof.de

★★★★

Kulmbacher Straße 2, PLZ 95030 (OT: Neuhof), **T 09281 6050,** F 62440
100 Zimmer | 2 Suiten | Ez 99–145 €, Dz 129–165 €, inkl. Frühstück | 24 h

Modernes Wellness- und Tagungshotel mit entspannter Atmosphäre. Individuell mit warmen Farben eingerichtete Zimmer. Großzügiger Saunabereich mit finnischer Panoramasauna und Dachterrasse. Golffans kommen beim Indoorgolf mit Golfsimulator auf ihre Kosten. Im Restaurant „Kastaniengarten" wird regional und international gekocht.

HOFBIEBER 42 B www.hofbieber-tourismus.de

Hessen | EW 6.054 | 390 m | Fulda 14 km, Bad Hersfeld 40 km

Fohlenweide www.seminarhotel-fohlenweide.de

Fohlenweide 1, PLZ 36145, **T 06657 9880,** F 988100
27 Zimmer | Ez ab 75 €, Dz ab 122 €, inkl. Frühstück

Tagungshotel inmitten der idyllischen Rhönlandschaft auf einem 3 Hektar großen, parkähnlichen Gelände mit altem Baumbestand. Hier stehen geschmackvoll eingerichtete Landhauszimmer und Maisonettes mit Blick zum hofeigenen idyllischen Teich zur Verfügung.

Lothar-Mai-Haus www.lothar-mai-haus.de

★★★★

Lothar-Mai-Straße 1, PLZ 36145 (OT: Steens), **T 06657 2309700,** F 9608300
30 Zimmer | 1 Suite | Ez 79–89 €, Dz 152–194 €, inkl. Frühstück

Umgeben von einer herrlichen Landschaft auf fast 700 Metern Höhe empfängt Sie das privat geführte Familienhotel. Neben der ruhigen Lage und der ländlichen Atmosphäre schätzen die Gäste die liebevoll mit echten Holzmöbeln und farbenfrohen Stoffen eingerichteten Zimmer (teilweise mit Balkon).

HOFHEIM AM TAUNUS 41 C www.hofheim.de

Hessen | EW 38.556 | 136 m | Frankfurt am Main 18 km, Wiesbaden 20 km

Vital Hotel Frankfurt www.vital-hotel-frankfurt.de

★★★★ S garni

Niederhofheimer Straße 67, PLZ 65719, **T 06192 97779800,** F 97779899
97 Zimmer | 4 Suiten | Ez 99–319 €, Dz 149–369 €, inkl. Frühstück | 24 h

Die direkte Lage an der Rhein-Main-Therme und die gute Anbindung an die Frankfurter City machen das Hotel zu einem perfekten Mix aus Business- und Wellnessdomizil. Neben freundlich und zeitgemäß eingerichteten Gästezimmern verfügt das Haus auch über ein Restaurant sowie eine sich drehende Panoramabar.

Dreispitz www.hotel-dreispitz.de

garni

In der Dreispitz 6, PLZ 65719, **T 06192 96520,** F 26910
24 Zimmer | Ez ab 79 €, Dz ab 99 €, 5,00–9,50 €

Dieser gepflegte Familienbetrieb, der in den letzten Jahren umfangreich modernisiert und renoviert wurde, liegt verkehrsgünstig nahe der Autobahn A66. Das Haus bietet funktionelle und ansprechend eingerichtete Zimmer. Schöner Frühstücksraum. Lademöglichkeiten für Elektrofahrzeuge vorhanden.

Die Scheuer www.die-scheuer.de

Burgstraße 12, PLZ 65719, **T 06192 27774**
70 | Hauptgericht 21–36 €, Menü 76–120 € | Mi-So Mi-Sa Mo, Di

Ein charmantes, geschmackvoll eingerichtetes Restaurant im historischen Stadtkern. Geboten wird eine frische saisonale Landhausküche unter Verwendung regionaler Zutaten. Im Sommer lockt das behagliche Gartenlokal.

L'Opera www.opera-hofheim.de

Langgasse 3, PLZ 65719, **T 06192 5580**
35 | Hauptgericht 17–32 €, Menü 65–85 € | Mi-So Mo, Di

Modernes, geschmackvolles Ambiente und dazu feine sardische Spezialitäten und Weine - hier muss man sich einfach wohlfühlen! Die Speisekarte ist saisonal geprägt und lockt mit einer kreativen und unverfälschten Mittelmeerküche. Die Preise sind fair, der Service freundlich.

Romano www.restaurant-romano.de

Casteller Straße 68, PLZ 65719 (OT: Diedenbergen), **T 06192 37108**
48 | Hauptgericht 10–35 €, Menü 30–70 € | Di-Fr, So Di-So

Kleines, gemütlich eingerichtetes Lokal - familiär und fürsorglich geführt. Auf der handgeschriebenen Schiefertafel locken Gerichte wie „Kalbsleber alla veneziana" oder „Seeteufel auf Spinatbett mit Hummersauce". Gute italienische Weine.

HOHEN DEMZIN 18 A www.teterow.m-vp.de

Mecklenburg-Vorpommern | EW 453 | 70 m | Waren (Müritz) 27 km, Güstrow 36 km

Schlosshotel Burg Schlitz www.burg-schlitz.de

VARTA★TIPP Ambiente VARTA-TIPP Service

Burg Schlitz 2, PLZ 17166 (OT: Burg Schlitz), **T 03996 12700,** F 127070
21 Zimmer | 9 Suiten | Ez 200–250 €, Dz 220–325 €, 30,00 € | 24 h 16.1.–21.2.23

Das klassizistische Anwesen von 1823 ist ummantelt von einem über 100 Hektar großen Landschaftspark und wird von den Gastgebern Manuela und Armin Hoeck mit viel Engagement und Herzblut geführt. Individuell und mit feinem Gespür fürs Detail hat man die Zimmer und Suiten eingerichtet. Biedermeier-Antiquitäten und maßgefertigtes Mobiliar sorgen für exzellenten Wohnkomfort und dezenten Luxus. Auch die verschiedenen Salons und die Davidoff-Cigarrenlounge in der Hotelbar sind exklusiv ausgestattet. Für Entspannung sorgt der kleine, aber feine „LIVINGROOM SPA".

Gourmetrestaurant im Wappen-Saal

26 | Menü 85–140 € | Di-Sa Mo, So 6.–14.11.22, 16.1.–20.2.23

Edles Restaurant mit ehrwürdig-eleganter Atmosphäre im imposanten neoklassizistischen Wappensaal. Serviert werden saisonale Menüs - inspiriert von der klassischen französischen Küche. Etwas einfacher und preisgünstiger speist man übrigens in der Café-Brasserie „Louise". Romantische Gartenterrasse.

HOHENKAMMER 60 D www.hohenkammer.de

Bayern | EW 2.375 | 471 m | Pfaffenhofen 13 km, München 34 km

Schloss Hohenkammer www.schlosshohenkammer.de

Schlossstraße 18-25, PLZ 85411, **T 08137 9340,** F 934390
168 Zimmer | Ez 66–250 €, Dz 86–290 €, inkl. Frühstück | 24 h 22.12.22–7.1.23

Die Komposition von hist. Schlossteilen und moderner Architektur inmitten der Natur macht dieses Haus zu einer einzigartigen Übernachtungsadresse. Ausgesprochen einladend zeigen sich die modern und funktional ausgestatteten Zimmer. Geschmackvoller Wellnessbereich.

Camers Schlossrestaurant www.camers.de

VARTA-TIPP Küche VARTA-TIPP Service

30 | Hauptgericht 50 €, Menü 140–160 € | Mi-Sa Mo, Di, So 27.12.22–18.1.23, 3.–18.4.23, 21.8.–12.9.23

Der wunderschöne Gewölberaum bietet beste Voraussetzungen für ein genussreiches Vergnügen. Chefkoch Florian Vogel strotzt nur so vor Ideen. Er kocht modern mit saisonalem Bezug und verwendet exzellente Produkte, am liebsten von heimischen Erzeugern. Bei seinem sechsgängigen Schlossmenü lässt Vogel seiner Kreativität freien Lauf und sorgt für eindrückliche Geschmackserlebnisse. Dazu eine schöne Weinauswahl mit feinen Tropfen aus nah und fern. Der Service ist souverän, charmant und kompetent.

HOHENSTEIN 41 C www.hohenstein-hessen.de

Hessen | EW 5.961 | 334 m | Bad Schwalbach 10 km, Wiesbaden 15 km

Hofgut Georgenthal www.hofgut-georgenthal.de

Georgenthal 1 (Richtung Strinz - Margarethä), PLZ 65329 (OT: Steckenroth), **T 06128 9430,** F 943333
40 Zimmer | 1 Suite | Ez ab 141 €, Dz ab 187 €, inkl. Frühstück | 24 h »

In ruhiger Einzellage umgeben von Wald und Wiesen empfängt dieses ansprechende Landhotel seine Gäste. Hier erwarten Sie komfortable Wohlfühlzimmer mit zeitgemäßer technischer Ausstattung sowie ein beachtenswertes Wellnessangebot. Mediterrane und regionale Küche im Restaurant „Giorgios".

HOHENSTEIN 58 C www.gemeinde-hohenstein.de

Baden-Württemberg | EW 3.660 | 737 m | Trochtelfingen 8 km, Reutlingen 27 km

Speidels BrauManufaktur www.speidels-braumanufaktur.de

★★★★

Im Dorf 5, PLZ 72531 (OT: Ödenwaldstetten), **T 07387 98900,** F 989099
40 Zimmer

Das jüngste Gebäude im traditionsreichen Häuserensemble beherbergt wohnlich gestaltete Zimmer mit viel Holz und moderner Formensprache. Etwas einfacher sind die Zimmer im Gasthof Lamm. Im Restaurant wird traditionell schwäbisch gekocht, dazu gibt es frisch gebraute Speidel-Bierspezialitäten.

HOHENTENGEN 65 B www.hohentengen.de

Baden-Württemberg | EW 3.680 | 378 m | Baden (Schweiz) 33 km, Zürich (Schweiz) 37 km

Landgasthof Hirschen www.hirschen-lienheim.de

Rheintalstr. 13, PLZ 79801 (OT: Lienheim), **T 07742 7635**
60 | Hauptgericht 18–30 € | Mo-Fr Sa, So

Ländlich und richtig schön gemütlich sind die mehr als 400 Jahre alten Gasträume. Ein perfekter Rahmen für die bodenständige, marktfrische Regionalküche, die Ihnen hier aufgetischt wird. Für Übernachtungsgäste hat man im Haupt- und Gästehaus gut ausgestattete Zimmer und Apartments.

HÖHN 40 B www.westerburger-land.de

Rheinland-Pfalz | EW 3.400 | 500 m | Bad Marienberg 6 km, Montabaur 27 km

Millé www.restaurant-mille.de

Rheinstraße 2, PLZ 56462, **T 02661 8448**
50 | Hauptgericht 15–40 €, Menü 40–60 € | So Mi-So Mo, Di

Ein bürgerlich-ländliches Gasthaus mit herzlicher Atmosphäre. Die Speisekarte wechselt regelmäßig und bietet sowohl regionale als auch internationale Spezialitäten. Wie wäre es z.B. mit „Poulardenbrust mit Sesam auf Curry-Karotten"? Mediterran anmutende Sommerterrasse.

HÖHR-GRENZHAUSEN 40 D www.kannenbaeckerland.de

Rheinland-Pfalz | EW 10.000 | 250 m | Montabaur 17 km, Neuwied 18 km

Silicium www.hotel-silicium.de

★★★ S

Schillerstraße 2-4, PLZ 56203, **T 02624 941680,** F 9416812
54 Zimmer | Ez ab 70 €, Dz ab 96 €, inkl. Frühstück | 24 h

In diesem Hotel verbinden sich klare, moderne Architektur und industrieller Charme. Die ehem. Glasfabrik beherbergt heute stylishe Gästezimmer mit zeitgemäßer Technik, lichtdurchflutete Tagungsräume, ein großzügiges Front-Cooking-Restaurant sowie eine hauseigene Kochschule.

Zugbrücke Grenzau
www.zugbruecke.de

★★★★ S

Brexbachstraße 11-17, PLZ 56203 (OT: Grenzau), **T 02624 1050,** F 105462
137 Zimmer | 1 Suite | Ez 114–144 €, Dz 179–239 €, inkl. Frühstück | ⏲ 24 h

Stattliches Sport- und Tagungshotel unter familiärer Führung mit großer Wellness-, Fitness- und Freizeitanlage. Zeitlos-elegant bis trendig präsentieren sich die Gästezimmer. Mehrere Restaurants, Sky-Sportsbar-Lounge, Bowlingbahnen.

HOLZKIRCHEN 68 A
www.holzkirchen.de

Bayern | EW 15.804 | 691 m | Bad Tölz 19 km, München 35 km

Alte Post
www.alte-post-holzkirchen.de

Marktplatz 10a, PLZ 83607, **T 08024 30050,** F 3005555
43 Zimmer | 2 Apartments | Ez 95–135 €, Dz 135–155 €, inkl. Frühstück

Ehem. königlich-bayerische Posthalterei mit Lüftlmalerei - seit 1867 in Familienbesitz. Behagliche Gästezimmer in einer stimmigen Symbiose aus Alt und Neu, die in den Kategorien „Design“, „Landstil“ und „Rustik“ buchbar sind. Bayerische Schmankerl und internationale Gerichte werden im urigen Gasthof serviert.

HOLZMINDEN 31 B
www.stadtmarketing-holzminden.de

Niedersachsen | EW 20.210 | 89 m | Höxter 10 km, Einbeck 36 km

Weserhotel Schwager
www.weserhotel-schwager.de

★★★ S

Steinhof 2, PLZ 37603, **T 05531 701700**
35 Zimmer | Ez ab 63 €, Dz ab 94 €, inkl. Frühstück | ⏲ 24 h

Das Hotel, das aus einer ehem. Jugendherberge entstanden ist, liegt unmittelbar am Weser-Radweg und am hist. Hafen von Holzminden. Es bietet zeitgemäße Nichtraucherzimmer und familiengerechte Apartments. Im Restaurant mit Flussblick genießen Sie regionale Gerichte. E-Bike- und Fahrradverleih.

HOMBURG 49 D
www.homburg.de

Saarland | EW 43.569 | 233 m | Zweibrücken 10 km, Saarbrücken 33 km

Peters Hotel & Spa
www.peters-jaegersburg.de

Kleinottweilerstraße 112, PLZ 66424 (OT: Jägersburg), **T 06841 189330,** F 1893399
31 Zimmer | 3 Suiten | ⏲ 24 h

Das sympathische Hotel befindet sich am Ufer des Brückweihers im Naherholungsgebiet Jägersburg. Die Zimmer und Suiten - wahlweise mit See-, Garten- oder Waldblick - sind hell und modern eingerichtet. Im Restaurant werden Gerichte und Spezialitäten aus der Region serviert. Hübsch die Panoramabar mit gemütlicher Kaminlounge.

Schlossberg Hotel
www.schlossberghotelhomburg.de

Schlossberg-Höhen-Str. 1, PLZ 66424, **T 06841 6660,** F 666700
77 Zimmer | 4 Suiten | 10 Apartments | Ez 85–105 €, Dz 100–165 €, inkl. Frühstück | 24 h

Hoch über der Stadt auf dem Gipfel des Schlossbergs befindet sich das traditionsreiche Hotel, das von 2019 bis 2021 eine umfassende Renovierung erfahren hat. Neben der attraktiven Lage begeistern die modern und zeitlos eingerichteten Gästezimmer, die in unterschiedlichen Kategorien buchbar sind. Tipp: Vor der Haustür startet der beliebte Premiumwanderweg „Schlossbergtour".

Restaurant im Schlossberg Hotel

60 | Hauptgericht 20–49 € | Sa-So Mo, Mi-So Di

Hell, freundlich und zeitgemäß kommt das Restaurant daher. Großzügig platzierte Designholztische und bequeme graue Sessel sorgen für eine einladende Atmosphäre. Dazu eine schöne Auswahl an neu interpretierten traditionellen Gerichten mit französischen Einflüssen sowie internationalen Aromen und Gewürzen, wie z.B. „Maishähnchenbrust | Bulgur | Hummus | Safranfenchel | Garam-Masala-Sauce". Eine tolle Aussicht genießt man von der Panoramaterrasse.

La Petite Maison
www.lapetitemaison.saarland

Simonstraße 1, PLZ 66424 (OT: Erbach), **T 06841 15211**
20 | Menü 70–84 € | Di-Sa Mo, So

Die beiden freundlichen Gastgeber haben hier ein gemütliches kleines Restaurant mit Wohnzimmeratmosphäre nebst hübscher Gartenterrasse. Aus der Küche kommen überwiegend klassische, französisch beeinflusste Speisen.

HOMBURG V. D. HÖHE, BAD 41 D
www.bad-homburg.de

Hessen | EW 52.000 | 197 m | Frankfurt am Main 18 km, Wiesbaden 35 km

Steigenberger
www.bad-homburg.steigenberger.de

Kaiser-Friedrich-Promenade 69-75, PLZ 61348, **T 06172 1810,** F 181630
169 Zimmer | 21 Suiten | 24 h

Das Traditionshaus am Kurpark ist eine hervorragende Übernachtungsadresse für Privat- und Geschäftsreisende. Edle Materialien, fein abgestimmte Farben und moderne Technik prägen die Zimmereinrichtung. Das „All-day-dining"-Konzept im Restaurant offeriert internationale Speisen sowie eine große Steak- und Weinauswahl.

Parkhotel
www.parkhotel-bad-homburg.de

Kaiser-Friedrich-Promenade 53-55, PLZ 61348, **T 06172 8010,** F 801400
122 Zimmer | 10 Suiten | 2 Apartments | 24 h

Privat geführtes Haus mit eleganter Atmosphäre in bester Kurparklage. Komfortabel eingerichtete Zimmer mit moderner Ausstattung, überwiegend mit Balkon oder Loggia. Schöner Frühstücksraum mit Wintergarten. Kleine Wellnessoase mit Sauna und Fitnessraum. Vietnamesische Fusionsküche wird im Restaurant serviert.

Lindenallee
www.restaurant-lindenallee.de

Lindenallee 2, PLZ 61350 (OT: Dornholzhausen), **T 06172 8506601**
30 | Hauptgericht 17–32 €, Menü 42–52 € | Di-Sa Mo, So

Was diese Adresse im Stadtteil Dornholzhausen so angenehm macht? Die gepflegte Atmosphäre, die stimmige Einrichtung mit Sinn fürs Detail, die raffinierte deutsche Küche und nicht zuletzt der liebenswerte Service. Schön auch die erlesene Auswahl nationaler und internationaler Weine.

LOUIS
www.louis-dining.de

Louisenstraße 80-82, PLZ 61348, **T 06172 29795**
190 | Hauptgericht 9–34 € | Mo-Sa So

Unter dem Motto „casual italian dining“ empfängt Sie dieses Restaurant in den Louisen-Arkaden. In coolem Lifestyle-Ambiente wird eine gehobene mediterrane Küche serviert. Gut sortierte Bar mit Wein, Champagner und kreativen Cocktails.

HOPFERAU 67 A
www.hopferau.de

Bayern | EW 1.112 | 811 m | Füssen 8 km, Markt Oberdorf 25 km

Schloss zu Hopferau
www.schloss-hopferau.com

Schloßstraße 9-11, PLZ 87659, **T 08364 984890,** F 9848944
17 Zimmer | 1 Suite | Ez 89–99 €, Dz 128–198 €, inkl. Frühstück

Hist. Schloss im spätgot. Stil. Erbaut wurde es von Ritter Siegmund-Friedrich von Freyberg-Eisenberg im Jahre 1468. Das Refugium verfügt über gemütlich eingerichtete Nichtraucherzimmer in unterschiedlichen Kategorien. Das Restaurant im Seitenflügel des Schlosses serviert saisonale Küche sowie internationale Spezialitäten.

HOPPEGARTEN 27 A
www.gemeinde-hoppegarten.de

Brandenburg | EW 16.920 | 54 m | Berlin 18 km, Zossen 46 km

Landhaus Hönow www.hoenow.de

€ Gut & Günstig

Dorfstr. 23, PLZ 15366 (OT: Hönow), **T 03342 83216,** F 300938
19 Zimmer | Ez ab 61 €, Dz ab 76 €, ab 6,50 €

Gemütliches Hotel in einem alten märkischen Bauernhof am Berliner Stadtrand. Harmonisch und individuell eingerichtete Zimmer mit Jugendstilelementen. Das stilvolle Restaurant im ehemaligen Wohnhaus des Bauernhofs ist mit Gründerzeitmöbeln eingerichtet und serviert traditionelle regionale Speisen.

Clinton's Restaurant www.clintons.de

Neuer Hönower Weg 7, PLZ 15366, **T 03342 3066102**
50 | Hauptgericht 22–45 €, Menü 45–65 € | Di-Sa Mo, So

Das durchgestylte Fine-Dining-Restaurant mit seinen großen Panoramafenstern hat man in die Europazentrale des Modekonzerns CLINTON integriert. Hier werden Sie nicht nur freundlich umsorgt, Sie können auch zuschauen, wie man in der offenen Showküche Ihr Essen zubereitet. Ob vegetarisch, vegan, Fisch oder Fleisch - das Angebot ist kreativ und vielfältig. Wie wäre es z.B. mit „In Butter gegartem, lackiertem lauwarmem Lachs | Spitzkohl | Mandarine | Kokos"? Zum Frühstück und Lunch empfiehlt sich das Bistro im EG.

HORB AM NECKAR 57 D www.horb.de

Baden-Württemberg | EW 25.721 | 437 m | Nagold 19 km, Freudenstadt 24 km

Quartier 77 www.quartier77.de

Am Garnisonsplatz 4, PLZ 72160, **T 07451 6230977**
60 | Hauptgericht 14–31 €, Menü 31–49 € | Mo-Fr Mi-Fr

Diese Adresse auf dem Gelände der ehem. Hohenbergkaserne ist À-la-carte-Restaurant und Eventlocation in einem. Gemütliches, unkonventionelles Ambiente im trendigen Industrieschick. Gekocht wird deutsch und regional mit mediterranen Einflüssen. Zur Mittagszeit werden preisgünstige Tagesgerichte angeboten. Für Feiern, Tagungen und Veranstaltungen aller Art hat man großzügig geschnittene Räumlichkeiten.

HORBEN 64 A www.horben.de

Baden-Württemberg | EW 1.168 | 607 m | Freiburg im Breisgau 10 km, Todtnau 25 km

Gasthaus zum Raben www.raben-horben.de

VARTA-TIPP Küche

Dorfstraße 8, PLZ 79289, **T 0761 556520**
50 | Hauptgericht 17–42 €, Menü 98–168 € | So Mi-So Mo, Di

Stilvoll und gemütlich geht es zu in diesem traditionsreichen Schwarzwaldhaus aus dem Jahr 1805. Steffen Disch offeriert seinen Gästen eine regional inspirierte Gourmetküche mit internationalen Akzenten. Er kocht geradlinig, produktbezogen und ohne Chichi. Das 8-gängige RABEN MENÜ zeigt in beeindruckender Weise das ganze Spektrum seines Könnens. Toll die Weinkarte mit ausgesuchten Gewächsen renommierter badischer Winzer. Großer Beliebtheit erfreuen sich die Kochkurse des Patrons. Zum Übernachten stehen sechs behagliche Gästezimmer zur Verfügung.

HORGAU 59 D www.horgau.de

Bayern | EW 2.539 | 465 m | Zusmarshausen 7 km, Ausgburg 18 km

Zum Schwarzen Reiter www.flairhotel-platzer.de

★★★ S garni

Hauptstraße 1, PLZ 86497, **T 08294 86080,** F 860877
48 Zimmer | 3 Suiten | 1 Apartment | Ez 79–120 €, Dz 99–135 €, inkl. Frühstück

Land- und Tagungshotel mit über 250-jähriger Tradition und freundlichen Zimmern, die sich auf das Stammhaus, den Hotelanbau und das Gästehaus verteilen. Zum Haus gehören auch ein hübscher Saunabereich und ein gemütliches Restaurant mit internationaler Küche.

HORN-BAD MEINBERG 31 A www.hornbadmeinberg.de

Nordrhein-Westfalen | EW 17.795 | 207 m | Detmold 10 km, Bielefeld 37 km

Waldhotel Bärenstein www.hotel-baerenstein.de

★★★★ S garni

Am Bärenstein 44, PLZ 32805 (OT: Holzhausen-Externsteine), **T 05234 2090,** F 209269
73 Zimmer | 5 Apartments | Ez 69–99 €, Dz 84–119 €, 12,00 €

Das Hotel liegt mitten im Grünen und bietet helle, stilvoll eingerichtete Gästezimmer mit zeitgemäßer Ausstattung. Schöner Wellnessbereich mit medizinischer Badeabteilung. Das Restaurant mit Wintergarten verwöhnt Sie mit regionaler und internationaler Küche.

Die Windmühle www.diewindmuehle.de

Windmühlenweg 10, PLZ 32805 (OT: Fissenknick), **T 05234 919602**
80 | Hauptgericht 17–29 €, Menü 37–54 € | Fr-So Mi-So Mo, Di

Das stilvolle Restaurant befindet sich in einer historischen Mühle aus dem 14. Jahrhundert. In der runden Mühlenstube, im Kaminzimmer und auf der Terrasse wird eine frische deutsche Küche mit internationalen Einflüssen serviert. Auch einige vegetarische Gerichte stehen auf der Karte.

HORNBACH 49 D www.klosterstadt-hornbach.de

Rheinland-Pfalz | EW 1.465 | 233 m | Zweibrücken 11 km, Saarbrücken 48 km

Kloster Hornbach www.kloster-hornbach.de

VARTA-TIPP Ambiente

★★★★ S garni

Im Klosterbezirk, PLZ 66500, **T 06338 910100,** F 9101099
48 Zimmer | 15 Suiten | Ez ab 119 €, Dz ab 179 €, inkl. Frühstück | 24 h

Die geschichtsträchtigen Mauern des ehem. Benediktinerklosters aus dem 8. Jhd. beherbergen heute ein komfortables Wohlfühlhotel mit Gästehaus und einem hübsch begrünten Klosterhof. Erst kürzlich hat man die öffentlichen Bereiche und einige der Zimmer umfangreich modernisiert. Hochwertig und individuell zeigt sich die Einrichtung: zeitgenössische Akzente, unaufdringliche Eleganz und moderner Komfort. Dazu genießen Sie einen aufmerksamem Service - dank Gastgeberin Christiane Lösch und ihrem sympathischen Team.

Lösch für Freunde
www.loesch-fuer-freunde.de

garni

Hauptstr. 19-21, PLZ 66500, **T 06338 91010200,** F 9101099
15 Zimmer | 10 Suiten | 1 Apartment | Ez ab 154 €, Dz 235–250 €, inkl. Frühstück | 24 h

Das hübsche Landhaus grenzt unmittelbar an das Gelände des Klosters Hornbach. Alles ist überaus geschmackvoll, wertig und stimmig, toll die unterschiedlich und liebevoll eingerichteten Themenzimmer. Der Empfangsbereich gleicht einem großen Wohnzimmer. Hier können die Gäste in lockerer und offener Atmosphäre gemeinsam kochen, essen und plaudern. Moderner, kuscheliger Wellnessbereich.

HÖRSTEL 21 C
www.hoerstel.de

Nordrhein-Westfalen | EW 19.491 | 45 m | Rheine 10 km, Ibbenbüren 12 km

Parkhotel Surenburg
www.parkhotel-surenburg.net

★★★★ garni

Surenburg 13, PLZ 48477 (OT: Riesenbeck), **T 05454 93380,** F 933845
30 Zimmer | 4 Suiten | Ez ab 109 €, Dz ab 186 €, inkl. Frühstück | 24 h

Das komfortable Hotel liegt ruhig inmitten einer gepflegten Parkanlage und ist beliebt bei Individual-, Wellness- und Businessgästen. Die Zimmer sind wohnlich-modern, entspannen kann man bei Massage, Beautypflege und Health-Spa-Programmen. Im Restaurant wird regionale und internationale Küche serviert.

HORSTMAR 20 D
www.horstmar.de

Nordrhein-Westfalen | EW 6.711 | 100 m | Steinfurt 7 km, Emsdetten 21 km

Holskenbänd
www.holskenbaend.de

garni

Schulstraße 12-14, PLZ 48612, **T 02558 997970,** F 1430
12 Zimmer | 1 Apartment | Ez 64–89 €, Dz 89–105 €, inkl. Frühstück

Charmantes, familiengeführtes Landhaus mit wohnlichen Gästezimmern und behaglichem Ambiente. Im hauseigenen Restaurant erwartet Sie eine leichte und abwechslungsreiche Küche mit regionalen und typisch münsterländischen Gerichten.

HÖVELHOF 31 A
www.hoevelhof.de

Nordrhein-Westfalen | EW 16.092 | 107 m | Paderborn 14 km, Gütersloh 23 km

Hotel Hegemann
www.hotel-hegemann-hoevelhof.de

garni

Schmiedeteich 3, PLZ 33161, **T 05257 9367387,** F 9367388
13 Zimmer | Ez 60–70 €, Dz 90 €, inkl. Frühstück

Das zentral gelegene, familiengeführte Hotel überzeugt mit geschmackvoll eingerichteten Nichtraucherzimmern. Man verfügt zudem über eine Gemeinschaftsküche, eine Außenterrasse, einen Konferenzraum und einen Abstellraum für Fahrräder. Empfehlenswert ist das reichhaltige Frühstücksbuffet.

Gasthaus Spieker
www.gasthaus-spieker.de

Detmolder Str. 86, PLZ 33161 (OT: Riege), **T 05257 2222**
100 | Hauptgericht 12–29 €, Menü 20–45 € | So Mi-So Mo, Di

Familiengeführtes Restaurant mit Wintergarten, Terrasse und Festsaal. Serviert wird eine verfeinerte Regionalküche mit mediterranen Einflüssen. Ausgezeichnet schlafen können Sie in einem der wohnlich eingerichteten Nichtraucherzimmer.

Gasthof Brink

Allee 38, PLZ 33161, **T 05257 3223**
30 | Hauptgericht 23–33 € | Mi-So Mo, Di

Ein traditionsreiches Gasthaus mit gediegener Atmosphäre. Hier serviert man Ihnen eine gehobene deutsch-französische Küche - und das zu einem sehr guten Preis-Leistungs-Verhältnis. Charmant-freundlicher Service. Es gibt auch neun Gästezimmer.

HÖXTER 31 B www.hoexter-tourismus.de

Nordrhein-Westfalen | EW 29.523 | 95 m | Detmold 53 km, Hameln 55 km

Niedersachsen www.hotelniedersachsen.de

★★★★

Grubestraße 3-7, PLZ 37671, **T 05271 6880,** F 688444
80 Zimmer | 1 Suite | 24 h

Ein gepflegtes Haus mit schöner Fachwerkfassade, das vor allem bei Businessgästen sehr beliebt ist. Die Zimmer sind mit Holzmöbeln und modernen Bädern ausgestattet. Zeitgemäßer Tagungsbereich. Hauseigene, täglich geöffnete Badelandschaft.

Konditorei & Café Pammel www.cafepammel.de

Marktstraße 10, PLZ 37671, **T 05271 7930**
140 | Hauptgericht 4–10 € | Di 10:00–18:00 Uhr, Mi–So 10:00–17:00 Uhr

Alteingesessenes Café in der Fußgängerzone mit gutem Angebot an Schokoladen- und Confiserieprodukten. Spezialität: Topfenstrudel mit Vanillesauce. Größte Kaffeemühlensammlung der Region.

HOYERSWERDA 36 D www.lausitzerseenland.de

Sachsen | EW 37.000 | 116 m | Bautzen 44 km, Dresden 65 km

Westphalenhof www.westphalenhof.de

Dorfaue 43, PLZ 02977 (OT: Zeißig), **T 03571 913944**
28 | Hauptgericht 38–48 €, Menü 46–95 € | Sa-So Mi-So Mo, Di 2.–17.1.23

In diesem sehr stilvoll ausgestatteten Restaurant serviert man sorgfältig zubereitete regionale und internationale Gerichte. Auch ein vegetarisches Menü steht auf der Karte. Draußen wartet eine schöne Terrasse. Großer Beliebtheit erfreuen sich die kulinarischen Events.

HÜCKESWAGEN 29 D www.hueckeswagen.de

Nordrhein-Westfalen | EW 16.000 | 260 m | Remscheid 15 km, Lüdenscheid 23 km

Haus Kleineichen www.haus-kleineichen.de

Bevertalstraße 44, PLZ 42499 (OT: Kleineichen), **T 02192 4375**
80 | Hauptgericht 17–29 € | Mi-So Mo, Di

»

Behagliches Restaurant im regionaltypischen Landhausstil mit familiärer Atmosphäre. Serviert wird klassische und alpenländische Küche. Sehr gutes Preis-Leistungs-Verhältnis.

HÜFINGEN 64 B www.huefingen.de

Baden-Württemberg | EW 7.530 | 684 m | Donaueschingen 4 km, Villingen-Schwenningen 22 km

Hirschen www.hirschen-mundelfingen.de

Wutachstraße 19, PLZ 78183 (OT: Mundelfingen), **T 07707 99050**
130 | Hauptgericht 23–35 €, Menü 29–81 € | Mo-Di, Fr-So Mi, Do

Badischer Landgasthof mit familiärer Atmosphäre und lauschiger Gartenterrasse. Freuen Sie sich auf eine saisonal ausgerichtete Regionalküche mit mediterranen Akzenten. Man arbeitet mit vielen lokalen Erzeugern zusammen - so kommt das Getreide für das selbstgebackene Brot aus der heimischen Blattert-Mühle.

HÜNFELD 42 B www.hessischeskegelspiel.de

Hessen | EW 16.047 | 261 m | Fulda 20 km, Bad Hersfeld 27 km

Best Western Plus Konrad Zuse Hotel www.konrad-zuse-hotel.de

★★★★

Josefstraße 1, PLZ 36088, **T 06652 74750,** F 7475255
100 Zimmer | 1 Suite | 24 h

Modernes Tagungs- und Seminarhotel mit komfortablen und technisch gut ausgestatteten Zimmern. 350 qm großer Sauna- und Fitnessbereich mit Blick über die Dächer von Hünfeld. Ansprechendes Restaurant mit internationalen Gerichten.

HUNGEN 41 D www.hungen.de

Hessen | EW 12.864 | 144 m | Gießen 21 km, Wetzlar 37 km

Hungener Käsescheune www.kaesescheune.de

Brauhofstr. 3-5, PLZ 35410, **T 06402 5188572**
Hauptgericht 12–30 € | Mi-So Mi-Sa Mo, Di

Bistro mit Vinothek, Käseladen und Schaukäserei. Hier trifft historisches Fachwerkambiente auf modernes Interieur. In entspannter Atmosphäre können Sie sich mit saisonal inspirierten Speisen und Menüs aus der regionalen Küche verwöhnen lassen. Regelmäßig Themenevents, Seminare und Käseschulungen. Im liebevoll dekorierten Genussladen kann man Delikatessen und Spezialiäten aus der Region erwerben.

HUSUM 7 C www.husum-tourismus.de

Schleswig-Holstein | EW 23.405 | 14 m | Schleswig 35 km, Flensburg 42 km

Altes Gymnasium www.geniesserhotel-altes-gymnasium.de

Süderstr. 2-10, PLZ 25813, **T 04841 8330,** F 83312
53 Zimmer | 5 Suiten | Ez 89–149 €, Dz 179–239 €, inkl. Frühstück | 24 h

Hier übernachten Sie in einem denkmalgeschützten, neugot. Schulgebäude von 1867. Die Gästezimmer sind mit italienischen Möbeln und englischen Stoffen ausgestattet. Einige Zimmer verfügen über einen Balkon. Für Entspannung sorgt ein 1.400 qm großer Bade- und Fitnessbereich in der ehemaligen Turnhalle.

Am Schlosspark
www.hotel-am-schlosspark-husum.de

★★★★ garni

Hinter der Neustadt 76-86, PLZ 25813, **T 04841 66110,** F 62062
64 Zimmer | 6 Suiten | 2 Apartments | Ez 87–107 €, Dz 110–140 €, inkl. Frühstück | 24 h
23.12.22–15.1.23

Stilvolles Haus im Herzen der Innenstadt mit nordisch-traditioneller Atmosphäre. Modern eingerichtete Zimmer unterschiedlicher Kategorien. Vielfältiges Frühstücksbuffet mit internationalen Kaffee- und Teespezialitäten.

Thomas Hotel
www.thomas-hotel.de

★★★★ garni

Zingel 7-9, PLZ 25813, **T 04841 66200,** F 6620439
56 Zimmer | 4 Suiten | Ez 85–169 €, Dz 109–189 €, inkl. Frühstück | 24 h

Familiengeführtes Lifestyle-Hotel am malerischen Hafen von Husum. Individuell, stylish und modern akzentuiert zeigen sich die unterschiedlich eingerichteten Zimmer. Entspannung bietet der hauseigene SPA-Bereich mit Fitnessraum und mehreren Saunen.

Altes Zollamt
www.hotel-altes-zollamt.de

Kleikuhle 1-2, PLZ 25813 (OT: Hockensbüll), **T 04841 2033**
26 Zimmer | Ez 89–150 €, Dz 89–150 €

Keine alltägliche Adresse! Ein architektonisches Schmuckstück, denkmalgeschützt und voller lebendiger Erinnerungen: alte Tresore, Tafeln und Schilder erzählen spannende Geschichten von früher. Hier wohnen Sie in gemütlichen und individuellen Zimmern, die in unterschiedlichen Kategorien buchbar sind. Tolles Frühstück mit saisonalen Produkten.

HUY 33 A
www.gemeindehuy.de

Sachsen-Anhalt | EW 7.500 | 122 m | Goslar 45 km, Nordhausen 75 km

Wasserschloss Westerburg
www.hotel-westerburg.de

★★★★ S

Westerburg 34, PLZ 38836 (OT: Dedeleben), **T 039422 9550,** F 95566
57 Zimmer | 2 Suiten

Liebevoll saniertes Anwesen umgeben von einem 5 ha großen Park mit altem Baumbestand. Behagliche Zimmer (darunter Themenzimmer) im gehobenen Landhausstil. Attraktiver Galerie-SPA-Bereich. Romantisches Gewölberestaurant mit breit gefächertem Speisenangebot. Großzügiger Bankettbereich. Beliebte Adresse bei Hochzeiten.

IBBENBÜREN 21 C www.tourismus-ibbenbueren.de

Nordrhein-Westfalen | EW 50.438 | 70 m | Tecklenburg 8 km, Greven 22 km

Hotel Hubertushof www.hotelhubertushof.de

★★★★ garni

Münsterstraße 222, PLZ 49479 (OT: Lehen), **T 05451 94100,** F 941090
25 Zimmer | 3 Suiten | Ez 63–84 €, Dz 106–114 €, inkl. Frühstück

Gewachsenes Landhotel am Rande des Teutoburger Waldes umgeben von einer westfälischen Parklandschaft. Die zeitgemäßen und wohnlichen Gästezimmer sind mit Natursteinbädern ausgestattet.

Leugermann www.hotel-leugermann.de

★★★★

Osnabrücker Straße 33, PLZ 49477, **T 05451 9350,** F 935935
57 Zimmer | 2 Suiten | 7 Apartments | Ez 90–115 €, Dz 125–150 €, inkl. Frühstück

Angenehm wohnlich hat man es in diesem gut geführten Familienbetrieb. Zur Verfügung stehen freundlich gestaltete Nichtraucherzimmer in verschiedenen Kategorien. Fragen Sie nach den Premium-Zimmern im neuen Gebäude „Waldfrieden"! Entspannung bietet die Freizeit- und Beautyoase „Sonnenblick".

IBURG, BAD 21 C www.badiburg.de

Niedersachsen | EW 11.519 | 119 m | Osnabrück 16 km, Warendorf 26 km

Zum Freden www.hotel-freden.de

★★★★

Zum Freden 41, PLZ 49186, **T 05403 4050,** F 1706
39 Zimmer | 2 Suiten | Ez ab 85 €, Dz ab 125 €, inkl. Frühstück

Traditionsreiches Ferien- und Tagungshotel am Rand eines ruhigen Wohngebietes. Unterschiedlich eingerichtete Gästezimmer, kleiner Saunabereich. Im Restaurant Spezialitäten aus frischen Produkten der Region. Schöne Gartenterrasse.

Gasthaus zum Dörenberg www.hotel-doerenberg.de

Osnabrücker Straße 145, PLZ 49186, **T 05403 73240**
80 | Hauptgericht 8–40 €, Menü 35–71 € | So Mo-So

Das Restaurant ist das Herzstück des vorbildlich geführten Gasthauses. Hier verwöhnt Sie Patron Holger Bäumker sowohl mit ländlich-rustikalen Gerichten als auch mit feinen französisch-mediterranen Kreationen. Probieren Sie z.B. „Geschmorte Schulter vom Teutoburger Rehbock mit Kräutersaitlingen, Rahmkohlrabi, gebratener grüner Spargel und Kartoffelgnocchi"! In den Sommermonaten können Sie auch auf der hübschen Terrasse speisen. Zum Übernachten stehen zeitgemäß ausgestattete Nichtraucherzimmer zur Verfügung.

ICHENHAUSEN 59 C www.ichenhausen.de

Bayern | EW 9.560 | 470 m | Günzburg 10 km, Krumbach 15 km

Brauereigasthof Autenried www.brauereigasthof-autenried.de

★★★★

Hopfengartenweg 2, PLZ 89335 (OT: Autenried), **T 08223 968440,** F 968480
36 Zimmer | 2 Suiten | 2 Apartments | Ez 89–120 €, Dz 148–192 €, inkl. Frühstück

Familienfreundliches kleines Hotel mit behaglich und komfortabel eingerichteten Gästezimmern. Netter Wellnessbereich mit Hallenschwimmbad, finnischer Sauna, Dampfbad und Tecaldarium. Restaurant mit Terrasse und Biergarten. Weitere Zimmer und Ferienwohnungen in der Dependance.

IDAR-OBERSTEIN 49 B www.edelsteinland.de

Rheinland-Pfalz | EW 30.759 | 300 m | Kirn 17 km, Birkenfeld 20 km

Parkhotel www.parkhotel-idaroberstein.de

★★★★ garni

Hauptstraße 185, PLZ 55743 (OT: Idar), **T 06781 50900,** F 5090500
37 Zimmer | 3 Suiten | Ez 95–150 €, Dz 135–190 €, inkl. Frühstück

Das schmucke Domizil, das nur 500 Meter vom Wanderweg Saar-Hunsrück-Steig entfernt ist, erwartet Sie mit klassisch-eleganten Gästezimmern, einem gediegenen Restaurant und dem legeren Bistro „Classico".

IDSTEIN 41 C www.idstein.de

Hessen | EW 23.076 | 266 m | Wiesbaden 18 km, Limburg an der Lahn 28 km

Höerhof www.hoerhof.de

★★★★ garni

Obergasse 26, PLZ 65510, **T 06126 50026,** F 500226
14 Zimmer | 7 Suiten | Ez 103–136 €, Dz 136–156 €, 9,50 € | 24 h 1.–8.1.23

Ein aufwendig restauriertes Anwesen mit 400-jähriger Vergangenheit. Hinter der liebevoll gepflegten Fachwerkfassade mit kunstvollen Schnitzereien erwarten den Gast unterschiedlich große und sehr individuell gestaltete Hotelzimmer.

Henrich Höer's Speisezimmer

VARTA-TIPP Küche

45 | Hauptgericht 25–38 €, Menü 35–98 € | Mo-Sa So 1.–8.1.23

Hier erobert man die Gunst der Gäste sofort beim Betreten der gemütlich und edel eingerichteten Gaststuben, denn wie überall im Haus sind die Mitarbeiter:innen auch im Restaurant sehr zuvorkommend. Da lässt man sich gerne in traditioneller Atmosphäre mit Kaminofen, Fachwerk und Gewölbe mit zeitgemäßer Küche umsorgen. Dabei stellt Sebastian Straub überwiegend heimische Produkte in den Mittelpunkt des Geschehens. Schön auch die Weinauswahl mit Schwerpunkt Deutschland. Im Sommer sitzt man wunderschön auf der idyllischen Innenhofterrasse.

IFFELDORF 67 B www.iffeldorf.de

Bayern | EW 2.704 | 603 m | Penzberg 4 km, Weilheim 22 km

Landgasthof Osterseen www.landgasthof-osterseen.de

★★★ S garni

Hofmark 9, PLZ 82393, **T 08856 92860,** F 928645
24 Zimmer | Ez 89–115 €, Dz 122–169 €, inkl. Frühstück | 24 h

Im alpenländischen Stil erbauter Gasthof inmitten des Naturschutzgebietes Osterseen. Wohnlich eingerichtete Zimmer, teilweise mit Seeblick und Balkon. Ländliches Restaurant mit schöner Sonnenterrasse.

IHRINGEN 56 D www.ihringen.de

Baden-Württemberg | EW 5.884 | 204 m | Breisach 6 km, Freiburg im Breisgau 28 km

Winzerstube Ihringen www.winzerstube-ihringen.de

★★★★ S garni

Wasenweiler Straße 36, PLZ 79241, **T 07668 970910,** F 9709199
32 Zimmer | 4 Suiten | Ez 70–140 €, Dz 90–160 €, 16,90 €

Sie mögen es persönlich und familiär? Dann sind Sie in diesem Traditionshaus genau richtig! Es bietet wohnlich eingerichtete Zimmer und Suiten mit exklusiven Stoffen, Klimaanlage und großzügigen Balkonen. Im Restaurant wird eine leichte Winzerküche mit französischem Einfluss angeboten.

ILBESHEIM 50 D www.ilbesheim.de

Rheinland-Pfalz | EW 1.188 | 202 m | Landau 7 km, Bad Bergzabern 13 km

Hubertushof www.restaurant-hubertushof-ilbesheim.de

Arzheimer Straße 5, PLZ 76831, **T 06341 930239**
60 | Hauptgericht 19–35 €, Menü 25–60 € | Mi-Sa Mo, Di, So

Wer in diesen denkmalgeschützten Gasthof einkehrt, sitzt in gemütlich-rustikalen Gasträumen oder auf der Hofterrasse im stimmungsvollen Innenhof. Der freundliche Service kredenzt schmackhaft zubereitete Pfälzer Spezialitäten sowie pfiffige Gerichte aus der neuen deutschen Küche.

ILLERTISSEN 59 C www.illertissen.de

Bayern | EW 16.775 | 513 m | Ulm 22 km, Memmingen 30 km

Dornweiler Hof www.dornweilerhof.de

★★★ S garni

Dietenheimer Straße 93, PLZ 89257 (OT: Dornweiler), **T 07303 959140,** F 9591459
18 Zimmer

Kleines Landhotel am westlichen Stadtrand mitten im Grünen. Helle, im Landhausstil eingerichtete Zimmer, die teils über einen Balkon verfügen. Gute Tagungsmöglichkeiten.

Dornweiler Hof

75 | Hauptgericht 10–28 €, Menü 22–42 € | Mo-Mi, Sa-So Mo-Mi, Fr-So Do

Teils rustikal, teils elegant eingerichtete Räumlichkeiten. Serviert wird eine leichte, marktfrische Regionalküche. Schöne Terrasse hinter dem Haus.

Vier Jahreszeiten www.vier-jahreszeiten-illertissen.de

VARTA-TIPP Küche

Dietenheimer Straße 63, PLZ 89257, **T 07303 9059600**
50 | Hauptgericht 14–36 €, Menü 55 € | Mo-Di, Do-Fr, So Mo-Di, Do-So Mi

In stilvoll-modernem Ambiente genießen Sie eine saisonal ausgerichtete Küche, in der sowohl internationale als auch regionale Produkte aus nachhaltigem Anbau Verwendung finden. Probieren Sie z.B. „Lechtaler Lachsforellenfilet mit Rahmkohlrabi und Spinat-Ricotta-Maultäschle“! Preisgünstiges Mittagsangebot mit wechselnden Tagesgerichten. Im Sommer lockt der herrliche Biergarten unter einer großen Linde.

ILLSCHWANG 54 C www.illschwang.de

Bayern | EW 2.025 | 540 m | Sulzbach-Rosenberg 9 km, Amberg 16 km

Weißes Roß www.weisses-ross.de

★★★★ garni

Am Kirchberg 1, PLZ 92278, **T 09666 188050,** F 18805285
37 Zimmer | Ez ab 94 €, Dz ab 174 €, inkl. Frühstück

Familiär geführtes Landhotel in einem hist. Gebäude aus dem 15. Jahrhundert. Behaglich eingerichtete Gästezimmer von romantisch bis klassisch-modern. Entspannung bietet der hauseigene Wellness- und Beautybereich.

Cheval Blanc

VARTA-TIPP Küche

19 | Hauptgericht 36–42 €, Menü 148–158 € | Mi-Sa Mo, Di, So

Das kleine, schlicht gehaltene Gourmetrestaurant ist das charmante Schmuckstück des Hauses. Hier kann der hochbegabte Christian Fleischmann an vier Abenden in der Woche seine Kreativität und Leidenschaft voll und ganz ausleben. Seine exzellenten Gaumenfreuden können Sie als Menü oder à la carte bestellen. Dazu gibt es edle Weine ausgesuchter Winzer. An der Gästefront brilliert seine Frau Katharina mit charmant-perfektem und zugewandtem Service. Und wenn Ihnen mal nicht nach einem Gourmetmenü ist, dann finden Sie in der gemütlichen Gaststube eine legere Alternative.

ILMENAU 43 B www.ilmenau.de

Thüringen | EW 40.000 | 480 m | Erfurt 40 km, Eisenach 65 km

Berg & Spa Hotel Gabelbach www.hotel-gabelbach.de

★★★★ garni

Am Gabelbach 1, PLZ 98693, **T 03677 8600,** F 860222
76 Zimmer | 16 Suiten | Ez ab 89 €, Dz ab 129 €, inkl. Frühstück | 24 h

Ein ruhig gelegenes Traditionshaus umgeben von einem 7 ha großen Park. Romantisch gestaltete Zimmer mit schönem Panoramablick auf Ilmenau und den Thüringer Wald. Hübsch gestalteter Wellnessbereich mit Schwimmbad und Saunalandschaft. Die Restaurants bieten einen kreativen Mix aus internationaler und gutbürgerlicher Küche.

ILSENBURG 33 A www.ilsenburg.de

Sachsen-Anhalt | EW 9.785 | 250 m | Wernigerode 8 km, Bad Harzburg 14 km

Landhaus Zu den Rothen Forellen www.rotheforelle.de

★★★★★

Marktplatz 2, PLZ 38871, **T 039452 9393,** F 9399
76 Zimmer | 5 Suiten | Ez 120–150 €, Dz 220–260 €, inkl. Frühstück | 24 h

Erholung pur! Das am Forellensee gelegene Landhaushotel wurde mit viel Liebe zum Detail eingerichtet. Das wohlige Ambiente beginnt in der einladenden Lobby mit Kaminfeuer und setzt sich in den individuellen Zimmern und Suiten fort. Für Entspannung sorgt eine gepflegte Wellness- und Badelandschaft. Lichtdurchflutetes Restaurant mit großer Terrasse. Nachmittags gibt es hausgemachte Kuchen aus der hauseigenen Patisserie.

Berghotel Ilsenburg www.regiohotel.de/hotel

★★★★

Suental 5, PLZ 38871, **T 05322 950210,** F 950139
36 Zimmer | 3 Suiten | 24 h

Tagungs- und Wellnesshotel ruhig am Waldrand gelegen mit komfortablen Nichtraucherzimmern. Wellnessbereich mit Schwimmbad, Sauna und Sanarium. Restaurant mit regionaler und saisonaler Küche.

ILSFELD 51 D www.ilsfeld.de

Baden-Württemberg | EW 8.862 | 240 m | Heilbronn 13 km, Ludwigsburg 25 km

Häußermann's Ochsen www.ochsen-ilsfeld.de

König-Wilhelm-Straße 31, PLZ 74360, **T 07062 67900**
130 | Hauptgericht 9–26 €, Menü 20–39 € | Mo-Mi, Sa-So Mo-Mi, Fr-So Do

Hist. Fachwerkhaus mit neuerem Anbau - seit Generationen in Familienbesitz. In der gemütlichen Gaststube tischt der liebenswürdige Service neben Klassikern der schwäbischen Küche auch schmackhafte internationale Gerichte auf. Hotelangebot mit relativ einfachen, aber gepflegten Gästezimmern.

IMMENSTAAD 65 B www.immenstaad.de

Baden-Württemberg | EW 6.200 | 407 m | Friedrichshafen 9 km, Meersburg 9 km

Heinzler am See www.heinzleramsee.de

Strandbadstr. 3, PLZ 88090, **T 07545 93190,** F 3261
32 Zimmer | 9 Suiten | 2 Apartments | Ez 89–130 €, Dz 158–268 €, inkl. Frühstück

Gut geführtes Hotel an der Seepromenade mit eigenem Bootsverleih. Gemütlich eingerichtete Gästezimmer, überwiegend mit Blick auf den See und die Schweizer Alpen. Netter Wellnessbereich mit Sauna und Massageangebot.

Heinzler am See

250 | Hauptgericht 13–28 €, Menü 24–46 € | Mo-So

Im lichtdurchfluteten Panoramarestaurant mit uriger Stube und schöner Seeterrasse darf man sich auf ein vielfältiges Speisenangebot freuen. Auf der Karte locken u.a. frischer Bodenseefisch, regionale Spezialitäten und Wild aus den umliegenden Wäldern.

Seehof www.seehof-hotel.de

★★★

Bachstraße 15, PLZ 88090 (OT: Am Yachthafen), **T 07545 9360,** F 936133
45 Zimmer | 9 Apartments | Ez 80–140 €, Dz 140–290 €, inkl. Frühstück

Familie Hallerbach hat das Hotel am Jachthafen in den letzten Jahren zu einem sehr komfortablen und modernen Haus gemacht: angenehm persönlich die Atmosphäre, schön wohnlich die Zimmer, überwiegend mit Balkon und toller Aussicht auf See und Alpen. Hoteleigene Liegewiese.

Seehof

VARTA-TIPP Küche

90 | Hauptgericht 16–40 €, Menü 50–70 € | Mi-So ⃠ Mo, Di ⃠ 24.–27.12.22

Hier können Sie in unterschiedlichen Räumlichkeiten hervorragend speisen. Die originelle Speisekarte von Jürgen Hallerbach offeriert heimische Gerichte in verschiedenen Variationen. Wie wäre es z.B. mit „Bodensee-Eglifilets mit Immenstaader Zitronengrassauce, Gemüse und Sesam-Kartoffelpüree"? Das Mittagsangebot wechselt täglich. An lauen Sommerabenden empfiehlt sich die malerische Seeterrasse.

IMMENSTADT I. ALLGÄU 66 B www.immenstadt.de

Bayern | EW 14.040 | 729 m | Sonthofen 7 km, Oberstaufen 16 km

Krone www.hotel-krone-stein.de

Rottachbergstraße 1, PLZ 87509 (OT: Stein), **T 08323 96610,** F 966150
53 Zimmer | 1 Suite | Ez ab 61 €, Dz ab 118 €, inkl. Frühstück

Wenn Sie im Urlaub auf eine tolle Aussicht, eine persönliche Atmosphäre und ein behagliches Ambiente Wert legen, sind Sie bei Familie Schafroth genau richtig! Das in 4. Generation geführte und kontinuierlich erweiterte Hotel bietet wohnliche Gästezimmer in unterschiedlichen Kategorien. Im traditionellen Restaurant wird gutbürgerlich und international gekocht.

INGELFINGEN 52 C www.ingelfingen.de

Baden-Württemberg | EW 5.575 | 217 m | Künzelsau 4 km, Bad Mergentheim 32 km

Schlosshotel www.schloss-hotel-ingelfingen.de

★★★ S

Schlossstraße 14, PLZ 74653, **T 07940 91650,** F 916550
34 Zimmer | 2 Suiten

Das Hotel ist Teil des Hohenlohe-Schlosses aus dem 18. Jahrhundert. Sie wohnen in modernen Zimmern, die mit hellen Farben und edlen Stoffen ausgestattet sind. Restaurant mit idyllischer Gartenterrasse.

Weinstüble Haus Nicklass www.haus-nicklass.de

Mariannenstraße 47, PLZ 74653, **T 07940 91010**
80 | Hauptgericht 7–21 €, Menü 15–33 € | Sa-So Mo-Do, Sa-Sa

Kleine Gaststuben mit gemütlich-rustikaler Atmosphäre. Auf den Teller kommen akkurat zubereitete regionale Speisen wie z.B. Schollenfilet, Rehbraten oder Wiener Schnitzel. Es gibt auch einige vegetarische Gerichte. Gutes Preis-Leistungs-Verhältnis.

INGELHEIM AM RHEIN 50 B www.ingelheim.de

Rheinland-Pfalz | EW 24.050 | 110 m | Bingen 14 km, Mainz 18 km

IBB Hotel Ingelheim www.ibbhotelingelheim.de

★★★★

Binger Str. 76, PLZ 55218 (OT: Neue Mitte), **T 06132 44130**
109 Zimmer | 24 h

Das Freizeit- und Businesshotel bietet einen modernen Eingangsbereich, farbenfroh und technisch gut ausgestattete Zimmer und Studios sowie zwei Tagungsräume. Restaurant und Hotelbar im vierten Stock mit schönem Blick über die Stadt.

Landhotel Fetzer www.landhotel-fetzer.de

★★★★

Gaulsheimer Str. 19, PLZ 55218 (OT: Sporkenheim), **T 06725 30130,** F 301326
14 Zimmer

Inhabergeführtes Haus mit gepflegten Zimmern im Landhausstil. Im angeschlossenen Restaurant „Lindenhof" werden Sie mit Gerichten aus der regionalen und internationalen Küche verwöhnt.

Sandhof Dirk Maus - Landgasthaus www.dirk-maus.de

Sandhof 7, PLZ 55262 (OT: Heidesheim am Rhein), **T 06132 4368333**
45 | Hauptgericht 25–31 €, Menü 48–61 € | Sa-So Mi-So Mo, Di

Die frische und schmackhafte Regionalküche von Dirk Maus passt zur unkomplizierten Atmosphäre des charmanten Landgasthauses. Probieren Sie z.B. „Filet vom Kalb, geschmorte Gewürzkarotte und getrüffelte Kartoffelgnocchi" oder „Zander mit Blutwurst auf Linsen und Jus". Dazu eine gute Weinauswahl und ein freundlicher Service. Für Veranstaltungen steht mit der „Scheune" eine schöne Räumlichkeit zur Verfügung.

INGOLSTADT 60 A www.ingolstadt-tourismus.de

Bayern | EW 131.740 | 374 m | Donauwörth 57 km, Regensburg 73 km

Hotel am Campus www.hotel-am-campus.de

★★★★ garni

Kälberschüttstraße 1, PLZ 85053, **T 0841 1380270,** F 13802727
79 Zimmer | Ez 80–125 €, Dz 95–150 €, inkl. Frühstück | 24 h

Im Süden der Stadt empfängt Sie dieses neuzeitliche Businesshotel. Außen hübsche, farbenfrohe Fassade, drinnen top ausgestattete Zimmer mit modernem Wohnkomfort. Das Haus kann aber auch durch sein frisches Frühstück und die gute Verkehrsanbindung zur Autobahn A9 punkten.

Avus www.moevenpick-restaurants.com

Auto-Union-Straße 1, PLZ 85057, **T 0841 8941071**
80 | Hauptgericht 18–45 €, Menü 35–59 € | Mo-Sa So

Gehobenes À-la-carte-Restaurant in der ersten Etage des Audi Forums. In dezent-elegantem Ambiente wird eine moderne deutsche und internationale Küche angeboten. Angenehm leger und professionell agiert der Service. Für kleine Gesellschaften und Geschäftsessen gibt es Clubräume und exklusive Lounges.

INZELL 69 A www.inzell.de

Bayern | EW 4.483 | 693 m | Traunstein 18 km, Bad Reichenhall 19 km

Alpenliebe Design Hotel www.inzell-hotels.bayern

Fritz-Gastager-Str. 12, PLZ 83334, **T 08665 6720,** F 67225
21 Zimmer

Erst Operationsgebäude eines Krankenhauses, dann Sportakademie und nun ein zeitgemäßes Designhotel! Das geschmackvoll renovierte Haus bietet Erholungssuchenden und Geschäftsreisenden wohnliche, durchgestylte Zimmer mit hohem Wohlfühlfaktor. Durch die tolle Lage inmitten der bayerischen Alpen gibt es zahlreiche Freizeitmöglichkeiten.

Heißenhof www.heissenhof.de

Windgrat 10, PLZ 83334 (OT: Windgrat), **T 08665 6730,** F 67379
40 Zimmer | 2 Suiten | Ez 90–98 €, Dz 146–170 €, inkl. Frühstück | ⃠ 23.12.22–2.1.23

Sympathisches Tagungs- und Seminarhotel in ruhiger Lage. Komfortable Gästezimmer mit rustikalen Möbeln, dekorativen Teppichen und ausgesuchten Wohnaccessoires. Kleiner Wellnessbereich mit Hallenbad und Saunalandschaft. Gemütliches Restaurant mit verzierter Gewölbedecke, Lüftlmalereien und Sonnenterrasse.

INZLINGEN 64 A www.inzlingen.de

Baden-Württemberg | EW 2.403 | 377 m | Lörrach 4 km, Breisach 65 km

Inzlinger Wasserschloss www.inzlinger-wasserschloss.de

Riehenstr. 5, PLZ 79594, **T 07621 47057**
50 Plätze | Hauptgericht 24–42 €, Menü 37–98 € | Mi-So ⃠ Mo, Di

In dem von Wasser umgebenen Schlösschen aus dem 14. Jhd. begeistern die klassische Küche und das hist. Ambiente der behaglichen Räume gleichermaßen. Im rund 100 Meter entfernten Gästehaus stehen zeitgemäß eingerichtete Zimmer zur Verfügung.

Krone www.krone-inzlingen.de

VARTA-TIPP Küche

Riehenstraße 92, PLZ 79594, **T 07621 2226**
100 Plätze | Hauptgericht 19–34 €, Menü 49–85 € | Mo-Mi, Sa-So Mo-Mi, Fr-So ⃠ Do »

Man sitzt hier in gemütlichen, sehr gepflegten Gaststuben oder auf der schönen Gartenterrasse und lässt sich die kreative Küche von Marco Wagner schmecken. Der Spagat zwischen bodenständigen badischen Gerichten und neu interpretierten Klassikern gelingt dem jungen Küchenchef hervorragend. Auch ein vegetarisches Menü steht auf der Karte. Dazu ein stimmiges Weinangebot mit Schwerpunkt Deutschland und Frankreich. Im gleichnamigen Hotel hat man zeitlos-moderne und sehr wohnlich eingerichtete Zimmer.

IPHOFEN 52 B www.iphofen.de

Bayern | EW 4.500 | 250 m | Kitzingen 8 km, Würzburg 28 km

Zehntkeller www.zehntkeller.de

Bahnhofstraße 12, PLZ 97346, **T 09323 8440,** F 844123
59 Zimmer | 5 Suiten | Ez 105–126 €, Dz 146–189 €, inkl. Frühstück | ⃠ 23.–25.12.22

Gewachsener Hotel- und Weinbaubetrieb mit mehreren Gebäuden. Die Gästezimmer und Suiten wurden geschmackvoll, teils mit Antiquitäten und hochwertigen Möbeln ausgestattet. Attraktive Kurzurlauber-Arrangements.

Zehntkeller

140 | Hauptgericht 22–55 €, Menü 39–90 € | Di-So ⃠ Mo ⃠ 23.–25.12.22

Behagliche Gaststuben mit ländlichem Charme. Hier finden Sie typische regionale Spezialitäten, aber auch raffinierte internationale Gerichte - alles frisch und schmackhaft zubereitet. Probieren Sie z.B. „Saltimbocca vom Truthahn mit confierten Tomaten und Salbeinudeln".

Bausewein www.biobausewein.de

Breite Gasse 1, PLZ 97346, **T 09323 5210,** F 804090
10 Zimmer | Ez ab 85 €, Dz ab 115 €, inkl. Frühstück

Kleines Hotel mit gepflegten, hell und freundlich ausgestatteten Nichtraucherzimmern. Für Hausgäste steht ein Aufenthaltsraum mit gemütlicher Sitzecke zur Verfügung. In der Weinstube wird fränkisch-regionale Küche serviert. Auch Weinproben sind möglich.

Goldene Krone www.gasthof-krone-iphofen.de

€ Gut & Günstig

Marktplatz 2, PLZ 97346, **T 09323 87240,** F 872424
20 Zimmer | Ez 40–99 €, Dz 85–115 €, inkl. Frühstück

Traditionsreicher Gasthof am Marktplatz. Hier erwarten Sie gepflegte, unterschiedlich möblierte Zimmer. Das Restaurant verwöhnt Sie mit regionalen und saisonalen Speisen sowie schmackhaften Wildgerichten.

Zur Iphöfer Kammer www.kammer-iphofen.de

Marktplatz 24, PLZ 97346, **T 09323 8772677**
26 | Hauptgericht 22–27 €, Menü 35–60 € | So Mi-Sa ⃠ Mo, Di

Authentisch, schmackhaft und frisch ist die saisonbezogene Regionalküche in diesem hübschen kleinen Restaurant am Marktplatz. Dazu gibt es feine Weine aus dem Weingut Hans Wirsching. Schön auch die lauschige Terrasse.

99er Kulinarium
www.99er-kulinarium.de

Pfarrgasse 18, PLZ 97346, **T 09323 804488**
80 | Hauptgericht 14–23 €, Menü 36–50 € | Di-Mi, Fr-So Mo, Do

Das hist. Gebäude mitten in der Altstadt verfügt über drei kleine gemütliche Gaststuben und eine Sonnenterrasse. Die Karte bietet regionale und internationale Küche mit frischen Produkten aus dem Umland und dem eigenen Biogarten. Schöne Auswahl an Weinen von heimischen Winzern.

Augustiner am See
www.augustiner-am-see.de

Klostergasse 8, PLZ 97346 (OT: Birklingen), **T 09326 978950**
120 | Hauptgericht 13–28 €, Menü 25–50 € | Mo, Fr-So Di, Mi, Do

Liebevoll restauriertes Kleinod neben der hist. Klosterkapelle aus dem 15. Jahrhundert. Geboten wird eine saisonal ausgerichtete regionale und deutsche Küche zu gastfreundlichen Preisen. Sonnige Gartenterrasse.

ISERLOHN 30 C
www.iserlohn.de

Nordrhein-Westfalen | EW 93.119 | 247 m | Menden 12 km, Hagen 19 km

VierJahreszeiten am Seilersee
www.vierjahreszeiten-iserlohn.de

★★★★ S garni

Seilerwaldstraße 10, PLZ 58636, **T 02371 9720,** F 972111
130 Zimmer | Ez 89–125 €, Dz 169–199 €, inkl. Frühstück | 24 h

Naturnah und ruhig in idyllischer Waldlage empfängt Sie dieses stilvolle Hotel mit neu eröffnetem Anbau. Die Gästezimmer sind mit warmen Farben, edlen Materialien und moderner Technik ausgestattet. Gäste können zwischen vier Zimmerkategorien wählen, zu denen auch acht „ReTREET"-Suiten mit Regenwalddusche und privater Sauna zählen. Zum Haus gehören auch eine neue Hotelbar, ein Wellnessbereich sowie eine Kaffeerösterei. Zum Seilersee sind es nur wenige Schritte.

Neuhaus
www.hotel-neuhaus.de

★★★★ S garni

Lösseler Straße 149, PLZ 58644 (OT: Lössel), **T 02374 97800,** F 7664
33 Zimmer | 3 Suiten | Ez ab 84 €, Dz ab 140 €, inkl. Frühstück

In diesem von einem Skulpturengarten umgebenen Haus verbinden sich Kunst, Kultur und Kreativität mit gehobener Lebensart und anspruchsvoller Gastlichkeit. Die Hotelzimmer und Suiten hat man liebevoll und komfortabel eingerichtet. Entspannung bietet der hauseigene Day Spa in einem Fachwerkhaus aus dem Jahr 1753.

Neuhaus

60 | Hauptgericht 18–40 €, Menü 24–50 € | Sa-So Mo-So

Behaglich eingerichtete Restaurantstuben. Serviert wird eine kreativ-vielseitige Küche mit saisonalen Spezialitäten, klassischen Sauerländer Gerichten sowie internationalen Kreationen. Umfangreiches Weinangebot.

ISERNHAGEN 23 C www.isernhagen.de

Niedersachsen | EW 22.882 | 58 m | Langenhagen 6 km, Hannover 12 km

Heinrichs www.restaurant-heinrichs.de

Hauptstr. 1, PLZ 30916, **T 05139 87310**
160 | Hauptgericht 9–25 €, Menü ab 29 € | Mi-So

Deutsche Küche mit Pfiff erwartet Sie in diesem regionaltypischen Backsteinhaus aus dem Jahre 1868. Auf der Speisekarte locken Gerichte wie „Kross gebratenes Zanderfilet | Bärlauch-Gemüserisotto" oder „Ragout vom Weideochsen | gebratene Pilze | hausgemachte Spätzle".

ISMANING 60 D www.ismaning.de

Bayern | EW 17.591 | 490 m | München 14 km, Erding 20 km

Zur Mühle www.hotel-muehle.de

★★★ S garni

Kirchplatz 5, PLZ 85737, **T 089 960930,** F 96093110
99 Zimmer | Ez ab 89 €, Dz ab 100 €, inkl. Frühstück | 24 h

Seit 1857 von der Familie geführtes Hotel mit gediegen rustikalen Zimmern in unterschiedlichen Kategorien. Heimelige Gaststuben, in denen regionale und internationale Küche serviert wird. Hübscher Biergarten unter alten Kastanien.

ISNY IM ALLGÄU 66 B www.isny.de

Baden-Württemberg | EW 14.443 | 704 m | Leutkirch 18 km, Wangen 24 km

Berghotel Jägerhof www.berghotel-jaegerhof.de

★★★★ S garni

Jägerhof 1, PLZ 88316, **T 07562 770,** F 77202
88 Zimmer | 9 Suiten

Großzügige Hotelanlage mit drei miteinander verbundenen Gebäuden im Landhausstil, umgeben von gepflegten Grünanlagen. Man wohnt in eleganten Komfortzimmern, großzügigen Studios oder gemütlichen Suiten. Netter Wellnessbereich mit Schwimmbad, Saunalandschaft und Fitnessraum. Restaurant mit regionaler Küche und Panoramablick.

Hohe Linde www.hotel-hohe-linde.de

★★★ S garni

Lindauer Straße 75, PLZ 88316, **T 07562 97597,** F 975969
29 Zimmer | 3 Suiten | 2 Apartments | Ez 90–95 €, Dz 140–150 €, inkl. Frühstück | 24 h

Familiär geführtes Haus am Stadtrand von Isny. Solide und gepflegt zeigen sich die geschmackvoll eingerichteten Gästezimmer. Fragen Sie nach den renovierten Superior-Zimmern! Schöner Hotelgarten. Hauseigene Kochschule Susanne Rimmele.

Allgäuer Stuben

50 | Hauptgericht 13–28 €, Menü 35–65 € | Mo-Sa

Eleganter Stil gepaart mit einer ländlichen Note. Das schmucke Abendrestaurant bietet eine frische saisonale Küche unter Verwendung heimischer Produkte. An den sogenannten „Kaminabenden" grillt man Fleisch- und Fischspezialitäten über der Glut am offenen Kamin.

Schloss Neutrauchburg
www.schloss-neutrauchburg.de

Schlossstraße 11, PLZ 88316 (OT: Neutrauchburg), **T 07562 9756460,** F 9756466
13 Zimmer | 1 Suite | Ez 109 €, Dz 159 €, inkl. Frühstück

Das hübsche Anwesen aus dem 18. Jhd. fungiert heute als modernes Seminar- und Tagungszentrum. Sie wohnen in liebevoll und individuell ausgestatteten Gästezimmern. Im Restaurant wird eine leichte, zeitgemäße Küche mit regionalem Einfluss serviert. Schöne Terrasse mit Blick auf den weitläufigen Garten.

ISSELBURG 28 B
www.isselburg.de

Nordrhein-Westfalen | EW 11.236 | 17 m | Rees 10 km, Bocholt 15 km

Parkhotel Wasserburg Anholt
www.schloss-anholt.de

VARTA-TIPP Service

Schloss 1, PLZ 46419 (OT: Anholt), **T 02874 4590,** F 45999
31 Zimmer | 3 Suiten | Ez ab 102 €, Dz ab 150 €, inkl. Frühstück | 24 h

Reizvolle Hotelanlage inmitten einer großzügigen Park- und Gartenlandschaft. Neben individuell und stilvoll eingerichteten Zimmern besticht das Haus auch durch sein vorbildliches Service- und Dienstleistungsniveau. Im Restaurant „Wasserpavillon", das sich mitten im Schlossteich befindet, wird eine feine regionale Küche mit mediterranem Einfluss serviert. Richtig nett für einen Apero: die romantische Schlossterrasse oder die große hölzerne Schanktheke im Burgkeller.

Landhaus zur Issel
www.hotel-restaurant-isselburg.de

€ Gut & Günstig

Minervastraße 26-28, PLZ 46419, **T 02874 770,** F 45673
12 Zimmer | Ez 55–71 €, Dz 81–85 €, 7,00 €

Unweit der niederländischen Grenze und der Autobahn A3 liegt dieses familiengeführte Hotel. Hier erwarten Sie großzügige, helle und gemütliche Gästezimmer. Im Restaurant mit urigem Weinkeller und mediterranem Garten wird gutbürgerliche Küche serviert.

JENA 44 B
www.visit-jena.de

Thüringen | EW 107.679 | 148 m | Gera 39 km, Erfurt 45 km

Steigenberger Esplanade
www.jena.steigenberger.de

Carl-Zeiß-Platz 4, PLZ 07743, **T 03641 8000,** F 800150
140 Zimmer | 13 Suiten | 5 Apartments | Ez 99–149 €, Dz 99–149 €, 17,00–20,00 € | 24 h

Eine lichtdurchflutete, sechsstöckige Atriumhalle mit Glaskuppel, gläserne Aufzüge und die originelle Architektur prägen das Ambiente des Hotels, das sich neben der Friedrich-Schiller-Universität befindet. Feine Hölzer und warme Farben verleihen den Zimmern eine edle, zurückhaltende Eleganz.

SCALA Turm Hotel
www.scala-jena.de

Leutragraben 1, PLZ 07743, **T 03641 3113888,** F 3113889
17 Zimmer | 1 Suite

»

In der 27. Etage des JenTowers, etwa 120 m hoch über der Stadt, erwartet Sie hier ein atemberaubender Panoramablick auf die Saalestadt. Die designorientierten Aussichtszimmer überzeugen mit sehr gutem Schlafkomfort, gläsernen Bädern und einer ausgefeilten Lichtgestaltung.

SCALA Turm Restaurant

VARTA-TIPP Küche

64 | Hauptgericht 34–35 €, Menü 69–113 € | Mo-So Mo-Sa

Das Panoramarestaurant mit seinen raumhohen Fenstern ist zweifelsfrei die beste kulinarische Adresse der Stadt - und das nicht nur wegen der fantastischen Aussicht. Hier erwarten Sie ein freundlicher Service und eine schmackhafte internationale Küche, die Ihnen Form eines Sharing-Menüs kredenzt wird. Wer mittags hier speisen möchte, wählt von einer kleinen wechselnden Lunchkarte. Auch das Weinangebot kann sich sehen lassen! Tischreservierung empfehlenswert.

Landgrafen www.landgrafen.com

Landgrafenstieg 25, PLZ 07743, **T 03641 507071**
80 | Hauptgericht 14–32 €, Menü 29–55 € | Sa-So Do-So Mo, Di, Mi

Panoramarestaurant in reizvoller Lage, auch „Balkon Jenas“ genannt. Im Angebot: internationale Küche und selbstgebackene Thüringer Kuchen. Nette Sonnenterrasse am Fuße des Aussichtsturms. Es stehen auch drei Gästezimmer zur Verfügung.

JEVER 13 A www.stadt-jever.de

Niedersachsen | EW 13.904 | 9 m | Wilhelmshaven 18 km, Oldenburg 59 km

Greenline Hotel im Schützenhof www.schuetzenhof-jever.de

★★★ S

Schützenhofstr. 47, PLZ 26441, **T 04461 9370,** F 937299
103 Zimmer | 2 Suiten | Ez 63–77 €, Dz 93–108 €, inkl. Frühstück

Etwas außerhalb liegt dieses gepflegte Hotel mit seinen liebevoll ausgestatteten Zimmern, die wahlweise in den Kategorien „friesisch-landart“ oder „friesisch-premium“ buchbar sind. Für Entspannung sorgt ein kleiner Wellnessbereich.

Friesen Hotel www.jever-hotel.net

★★★ garni

Harlinger Weg 1, PLZ 26441, **T 04461 9340,** F 934111
32 Zimmer | Ez 65–75 €, Dz 98–108 €, inkl. Frühstück

Freundlich geführter Familienbetrieb mit persönlicher Note in Innenstadtnähe. Helle, funktional ausgestattete Gästezimmer mit gehobenem Komfort und kostenlosem WLAN. Gutes Frühstück, idyllischer Garten.

JOHANNESBERG 42 C www.johannesberg.de

Bayern | EW 3.894 | 372 m | Mömbris 6 km, Aschaffenburg 8 km

Auberge de Temple - Helbigs Gasthaus
www.auberge-de-temple.de

VARTA-TIPP Küche

Hauptstraße 2, PLZ 63867, **T 06021 4548300**
40 | Hauptgericht 15–25 €, Menü 91–127 € | Di-Sa Mo, So

Mitten in der herrlichen Natur des Vorspessarts liegt diese hervorragende Adresse. Im freundlich-modernen Landhausambiente kredenzt Chef de Cuisine Ludger Helbig eine kreative Gewürzküche. Seine Kreationen zeichnen sich durch wohlkomponierte Aromen und eine kompromisslose Qualität bei den Produkten aus. Das Angebot reicht vom exklusiven Genussmenü (4 bis 6 Gänge, auf Wunsch mit passender Weinbegleitung) bis hin zu frischen bodenständigen Gerichten, die Sie auch à la carte genießen können. Für Übernachtungsgäste stehen großzügig geschnittene und individuell eingerichtete Suiten zur Verfügung. Hauseigene Kochschule.

JONSDORF, KURORT 47 B
www.jonsdorf-kurort.de

Sachsen | EW 1.627 | 440 m | Zittau 12 km, Löbau 33 km

Gondelfahrt
www.hotel-gondelfahrt.de

★★★ S

Großschönauer Straße 38, PLZ 02796, **T 035844 7360,** F 73659
35 Zimmer | 3 Apartments | Ez 54–64 €, Dz 82–106 €, inkl. Frühstück

Familiengeführtes Haus in ruhiger Lage am Ortsrand. Zweckmäßig und funktional eingerichtete Gästezimmer. In der behaglichen Bauernstube mit hist. Kachelofen werden regionale und saisonale Spezialitäten serviert. Idyllisches Gartenlokal.

JORK 15 A
www.tourismus-altesland.de

Niedersachsen | EW 11.691 | 1 m | Buxtehude 9 km, Stade 21 km

Die Mühle Jork
www.diemuehlejork.de

VARTA-TIPP Küche

Am Elbdeich 1, PLZ 21635 (OT: Borstel), **T 04162 6395**
28 | Hauptgericht 26–40 €, Menü 74–124 € | Sa-So Mi-So Mo, Di 1.1.–9.2.23

In dieser beeindruckenden denkmalgeschützten Holländermühle (aus dem Jahr 1856) nebst großer Sommerterrasse sorgen Kerstin und Danny Riewoldt mit mediterran orientierter Küche und freundlichem Service für Ihr Wohl. Die schmackhaften Speisen des Patrons basieren überwiegend auf frischen Saisonprodukten aus der Umgebung. An den Wochenenden gibt es hausgebackene Kuchen nach traditionellen Rezepten. Handgemachte Essige, besondere Delikatessen und ausgesuchte Weine bietet die „ZeiT Genusswerkstatt".

JUGENHEIM 50 B
www.jugenheim-rheinhessen.de

Rheinland-Pfalz | EW 1.670 | 155 m | Mainz 19 km, Hockenheim 98 km

Weedenhof
www.weedenhof.de

Mainzer Straße 6, PLZ 55270, **T 06130 941337**
45 | Hauptgericht 21–29 €, Menü 32–74 € | So Mi-So Mo, Di

»

Ländliche Gaststuben mit gemütlicher Atmosphäre. Auf der Karte stehen regionale und internationale Gerichte wie z.B. „Lammhüfte mit Mittelmeergemüse und cremiger Rosmarin-Polenta“. Zum Übernachten hat man zeitgemäße Gästezimmer.

JUIST (INSEL) 12 B www.juist.de

Niedersachsen | EW 1.540 | 3 m | Aurich (Ostfriesland) 31 km, Emden 37 km

Achterdiek www.hotel-achterdiek.de

VARTA TIPP Service

★★★★ S

Wilhelmstraße 36, PLZ 26571, **T 04935 8040,** F 1754
49 Zimmer | 14 Suiten | Ez 150–270 €, Dz 280–410 €, inkl. Halbpension

Ein Ferienhotel wie aus dem Bilderbuch! Hier erwarten Sie ostfriesisches Flair und familiäre Gastlichkeit, die von Herzen kommt. Sie logieren in wohnlichen, klassisch-modern eingerichteten Zimmern, teilweise mit Blick auf das Wattenmeer. Im hauseigenen SPA mit großzügiger Bade- und Saunalandschaft lässt es sich wunderbar entspannen. Feine, kreative Slow-Food-Küche bietet man im Restaurant. Für einen Aperitif oder Digestif empfiehlt sich die loungige Hotelbar.

Hotel Pabst www.hotelpabst.de

★★★★ S

Strandstraße 15-16, PLZ 26571, **T 04935 8050,** F 805155
56 Zimmer | 14 Suiten | 6 Apartments | Ez ab 125 €, Dz ab 240 €, inkl. Frühstück

Traditonsreiches, familiär geführtes Ferien- und Wellnesshotel. Die hellen, freundlichen Gästezimmer verfügen über eine zeitgemäße Ausstattung. Schöner Wellnessbereich mit Schwimmbad, Sauna und Tecaldarium. Netter Hotelgarten.

Westfalenhof www.hotel-westfalenhof.de

garni

Friesenstraße 24, PLZ 26571, **T 04935 91220,** F 912250
20 Zimmer | 3 Apartments | Ez ab 96 €, Dz 142–172 €, inkl. Frühstück

Top gepflegte Adresse, seit mehr als 100 Jahren im Familienbesitz. Traditionell eingerichtete Zimmer, teils mit Balkon. Hübsche Lounge mit Kamin.

KAARST 29 C www.kaarst.de

Nordrhein-Westfalen | EW 41.841 | 40 m | Neuss 6 km, Mönchengladbach 15 km

Landhaus Michels
www.landhaus-michels.de

garni

Kaiser-Karl-Straße 10, PLZ 41564, **T 02131 76780,** F 767819
13 Zimmer | Ez ab 85 €, Dz ab 110 €, inkl. Frühstück

Der ehem. Landgasthof im alten Ortskern, der sich seit 1723 in Familienbesitz befindet, ist inzwischen zu einem komfortablen Hotel garni gewachsen. Die zweckmäßig und zeitgemäß eingerichteten Gästezimmer befinden sich in teils denkmalgeschützten Gebäuden.

KAHL A. MAIN 42 C
www.kahl-main.de

Bayern | EW 7.285 | 110 m | Hanau 10 km, Aschaffenburg 16 km

Zeller
www.hotel-zeller.de

★★★★

Aschaffenburger Straße 2, PLZ 63796, **T 06188 9180,** F 918100
82 Zimmer | 1 Suite | Ez ab 106 €, Dz ab 206 €, inkl. Frühstück | 24 h

Sehr gut geführtes Traditionshaus im Ortszentrum. Individuelle Zimmer mit geschmackvoller, harmonischer Einrichtung. Im Nebengebäude gibt es einige Apartments für Langzeitgäste. Entspannen kann man im hauseigenen Garten sowie im neuen Zeller GardenSPA.

Zeller
VARTA-TIPP Küche

80 | Hauptgericht 17–40 €, Menü 54–64 € | Mo-So

Bodenständig und ehrlich - aber auch so richtig trendig. Sowohl im schicken Hotelrestaurant an apart-modern eingedeckten Tischen als auch auf der eleganten Loungeterrasse unter alten, hochgewachsenen Bäumen wird eine verfeinerte Regionalküche aufgetischt. Probieren Sie z.B. „Filet vom Weiderind, Artischockengemüse, Kartoffel-Olivenstampf". Dazu ein gastorientierter, sehr angenehmer Service. Mittags Business Lunch.

Am Leinritt
www.hotel-amleinritt.de

garni

Am Leinritt 2, PLZ 63796 (OT: Mainfeld), **T 06188 911880,** F 9118888
32 Zimmer

Das ruhig gelegene, familiär geführte Hotel verfügt über zweckmäßig eingerichtete Zimmer im Haupthaus und moderne Zimmer im Neubau. Gute Verkehrsanbindung an die umliegenden Autobahnen. Netter Frühstücksraum.

KAISERSESCH 40 C
www.vg.kaisersesch.de

Rheinland-Pfalz | EW 3.034 | 410 m | Mayen 15 km, Cochem 17 km

Waldhotel-Kurfürst
www.waldhotel-kurfuerst.de

★★★

Auf der Wacht 21, PLZ 56759, **T 02653 98910,** F 989119
23 Zimmer | Ez 67–140 €, Dz 97–140 €, 7,50–15,00 €

Das Haus ist bei Bikern beliebt und der ideale Ausgangspunkt für Ausflüge in die Eifel. Die gemütlichen Zimmer verfügen über Balkon oder Terrasse. Der exklusive Wellnessbereich auf 250 qm verfügt über eine finnische Sauna, eine Nebelstube und ein Tepidarium. Im Restaurant wird regional gekocht.

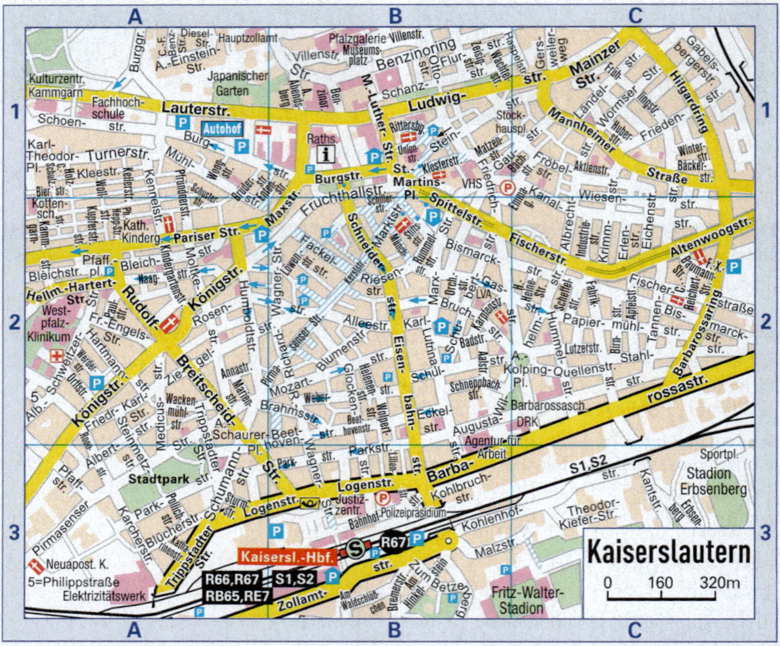

KAISERSLAUTERN 50 C
www.kaiserslautern.de

Rheinland-Pfalz | EW 102.542 | 251 m | Ludwigshafen 58 km, Saarbrücken 70 km

SAKS Urban Design Hotel
www.sakskaiserslautern.com

★★★★

Stiftsplatz 11 (B2), PLZ 67655, **T 0631 361250,** F 36125222
92 Zimmer | 24 h

Das stilvolle Business- und Tagungshotel verfügt nicht nur über geschmackvoll gestylte und hochwertig ausgestattete Zimmer und Suiten mit modernster Multimedia-Ausstattung, sondern auch über ein Rooftop-SPA mit Gym und eine stylishe Bar.

Zollamt
www.hotel-zollamt.de

★★★★ garni

Buchenlochstraße 1 (↙ A3), PLZ 67663, **T 0631 3166600,** F 3166666
33 Zimmer | Ez 87–108 €, Dz 108–128 €

Ungestörte Businessatmosphäre und klares, schnörkelloses Design erwarten Sie in diesem familiär geführten Stadthotel. Hier wohnen Sie in hellen Gästezimmern mit puristischer Einrichtung und ästhetischem Farbkonzept. Auffallend das freundliche und serviceorientierte Personal. Mediterran gestaltete Außenanlage, auf der bei schönem Wetter auch gefrühstückt werden kann.

Art Hotel Lauterbach

www.art-hotel-kl.de

★★★ S garni

Fruchthallstraße 15 (B1), PLZ 67655, **T 0631 362400,** F 3624012
23 Zimmer | 1 Suite | Ez 84–93 €, Dz 119 €, inkl. Frühstück

Modernes, gut geführtes Privathotel hinter historischer Fassade im Stadtzentrum. Sachlich eingerichtete Gästezimmer mit edlem Nussbaumparkett. E-Bike- und E-Smart-Verleih.

KAISHEIM 59 B

www.kaisheim.de

Bayern | EW 3.817 | 470 m | Donauwörth 7 km, Nördlingen 29 km

Schloss Leitheim

www.schloss-leitheim.de

GREENSIGN ★★★★ S

Schlossstraße 1, PLZ 86687 (OT: Leitheim), **T 09097 485980,** F 48598999
49 Zimmer | 2 Suiten | Ez ab 135 €, Dz ab 220 €, inkl. Frühstück

Ausgesprochen schön hat man das Hotel in das Rokoko-Ensemble von Schloss Leitheim integriert. In den stilvollen Gästezimmern sorgen polierte Holzböden, ausgesuchte Stoffe, edles Mobiliar und harmonische Farben für Wohlfühlambiente par excellence! Und die Weitsicht über die Ebene der Donauauen gibt es gratis dazu. Schön auch der Wellnessbereich mit klassischer Sauna und Outdoorpool.

Weingärtnerhaus

70 | Hauptgericht 27–35 €, Menü 40–65 € | Mo-So

Das Restaurant verdankt seinen Namen den Weinbergen, die direkt unterhalb des Schlosses liegen. In den geschmackvoll renovierten Räumlichkeiten mit Kachelofen und Kamin wird Ihnen eine mediterran inspirierte, bodenständige Küche serviert. An sonnigen Tagen lockt das wunderschöne Terrassencafé.

KALKAR 28 B

www.kalkar.de

Nordrhein-Westfalen | EW 13.670 | 15 m | Rees 9 km, Goch 12 km

Meier's Restaurant

www.meiers-restaurant.de

Markt 14, PLZ 47546, **T 02824 3277**
45 | Hauptgericht 17–25 €, Menü 32–49 € | Mo-So

Ob im mediterran angehauchten Restaurant, im hellen Wintergarten oder auf der idyllischen Innenhofterrasse - die kreative und marktorientierte Küche wird Sie begeistern! Köstliche Torten und ausgewählte Spezialitäten der gehobenen Küche werden im Bistro „Mango“ serviert.

KALKHORST 16 B

www.kluetzer-winkel.de

Mecklenburg-Vorpommern | EW 1.760 | 30 m | Wismar 31 km, Lübeck 53 km

Schlossgut Gross Schwansee www.schwansee.de

VARTA-TIPP Ambiente

Am Park 1, PLZ 23942 (OT: Gross Schwansee), **T 038827 88480,** F 884848
63 Zimmer | 13 Suiten | Ez 99–239 €, Dz 99–239 €, inkl. Frühstück

Prächtiges Schlossgut von 1745 mit See und großzügigem Park. Das Angebot reicht von klassischen Zimmern im Schloss und modern ausgestatteten Zimmern in den stylishen Parkgebäuden. Unterschiedliche Wellnessangebote bietet der Sauna- und Erholungsbereich. Kulinarisch hat man die Wahl zwischen dem Schlossrestaurant 1745 und der Brasserie nebst Sonnenterrasse. Auch als Tagungs- und Veranstaltungshotel hat sich das Haus längst einen Namen gemacht.

KALLMÜNZ 54 D www.kallmuenz.de

Bayern | EW 2.787 | 344 m | Regensburg 29 km, Amberg 37 km

Zum Goldenen Löwen www.zum-goldenenloewen.de

Alte Regensburger Straße 18, PLZ 93183, **T 09473 380**
45 | Hauptgericht 12–29 €, Menü 39–79 € | So Do-Sa Mo, Di, Mi

Hist. Gasthaus mit kleiner Brauerei. Serviert werden schmackhaft zubereitete regionale Gerichte zu angemessenen Preisen. Aus der Hausbrauerei kommen nicht nur Bierspezialitäten, sondern auch Whisky.

KALLSTADT 50 D www.freinsheim.de

Rheinland-Pfalz | EW 1.205 | 152 m | Bad Dürkheim 4 km, Grünstadt 9 km

Kallstadter Hof www.kallstadterhof.de

★★★ S

Weinstraße 102, PLZ 67169, **T 06322 6001090,** F 66040
13 Zimmer | Ez 75–115 €, Dz 80–115 €, 12,50 €

Denkmalgeschützter ehem. Winzerhof mit liebevoll gestalteten Zimmern und sehr gutem Frühstück. Behagliches Restaurant und hist. Weinkeller aus dem 17. Jahrhundert. Serviert wird regionale Küche mit mediterranen Einflüssen.

Weinhaus Henninger www.weinhaus-henninger.de

★★★★

Weinstraße 93, PLZ 67169, **T 06322 2277,** F 62861
13 Zimmer | 6 Suiten | Ez 100–180 €, Dz 155–210 €, 18,50 €

Die Zimmer und Suiten überzeugen mit ihrer durch und durch wohnlich-geschmackvollen Einrichtung. Modernes Landhausdesign, natürlich-warme Farben und eine klare, reduzierte Formensprache sorgen für Wohlfühlatmosphäre - der Ausblick in die Weinberge ist inklusive.

Weinhaus Henninger

117 | Hauptgericht 21–38 €, Menü 39–60 € | Sa-So Di-So Mo 22.–24.12.23

Auch nach der Renovierung des 1688 erbauten Fachwerkgehöfts haben die hist. Räume nichts von ihrem Charme eingebüßt. In der rustikalen Weinstube und im behaglichen Kaminzimmer wird eine authentische Pfälzer Küche serviert. Für Veranstaltungen empfiehlt sich der hist. Barriquekeller.

Vinothek im Weingut am Nil

www.seieinlilaloewe.de

Neugasse 21, PLZ 67169, **T 06322 9563160**
90 | Hauptgericht 14–36 € |

Die geschmackvoll eingerichtete Vinothek mit ihren historischen Felsmauerwänden, den hohen Decken und der hübschen Innenhofterrasse ist wirklich sehenswert! Die Karte bietet neben kleinen mediterranen Köstlichkeiten auch Steakspezialitäten. Im Gästehaus stehen fünfzehn individuell und komfortabel eingerichtete Zimmer zur Verfügung.

KAMENZ 36 D

www.kamenz.de

Sachsen | EW 15.301 | 170 m | Bautzen 24 km, Hoyerswerda 25 km

Goldner Hirsch

www.hotel-kamenz.de

★★★★ garni

Markt 10, PLZ 01917, **T 03578 78350,** F 7835599
30 Zimmer | 2 Suiten | Ez 87–97 €, Dz 107–117 €, 17,50 €

Ein modern und komfortabel eingerichtetes Haus am Kamenzer Marktplatz mit einer über 450 Jahre alten Geschichte. Zum Übernachten stehen individuell und geschmackvoll eingerichtete Zimmer in zwei Kategorien zur Verfügung. Im Restaurant Ratskeller wird regionale und internationale Küche aufgetischt. Am Abend lockt die Hotelbar „The Little Irish Pub“.

Villa Weiße

www.villa-weisse.de

garni

Poststraße 17, PLZ 01917, **T 03578 378470,** F 3784730
14 Zimmer | Ez ab 76 €, Dz ab 99 €, inkl. Frühstück

In ruhiger Lage direkt am Volkspark befindet sich dieses charmante kleine Hotel. Hier erwarten Sie gepflegte Zimmer zu gastfreundlichen Preisen. Im angeschlossenen Restaurant mit Gartenlokal wird regional und international gekocht.

KAMP-LINTFORT 29 C

www.kamp-lintfort.de

Nordrhein-Westfalen | EW 36.973 | 33 m | Duisburg 24 km, Wesel 27 km

Wellings Parkhotel

www.wellings-parkhotel.de

★★★★ garni

Neuendickstr. 96, PLZ 47475, **T 02842 21040,** F 2109
144 Zimmer | 9 Suiten

››

Privat geführtes Hotel in einem Klinkergebäude mit neuerem Anbau und großem Tagungsbereich. Individuell eingerichtete Zimmer unterschiedlicher Kategorien. Netter Wellnessbereich mit Schwimmbad und Saunalandschaft. Gediegenes Restaurant mit moderner internationaler Küche. Schöne Terrasse am See.

KANDEL 50 D www.suedpfalz-tourismus-kandel.de

Rheinland-Pfalz | EW 9.103 | 123 m | Karlsruhe 16 km, Landau in der Pfalz 17 km

Zum Riesen www.hotelzumriesen.de

Rheinstraße 54, PLZ 76870, **T 07275 3437,** F 61395
20 Zimmer | 2 Apartments | Ez 40–70 €, Dz 50–90 €, ab 8,00 €

Ein traditionsreicher Familienbetrieb - 1696 erstmals als Gasthaus erwähnt. In den geschmackvoll sanierten Fachwerkhäusern stehen unterschiedlich geschnittene Gästezimmer zur Verfügung. Die Einrichtung reicht von rustikal und preiswert bis zu individuell gestalteten Themenzimmern.

Zum Riesen

40 | Hauptgericht 20–38 €, Menü 37–65 € | Di-Sa Mo, So

Schick, trendig, gemütlich - so lässt sich dieses Restaurant recht treffend beschreiben! Neben Pfälzer Spezialitäten verwöhnt man Sie hier auch mit zeitgemäß interpretierten Gerichten aus der klassischen Küche. Die Weinkarte listet viele Tropfen von regionalen Winzern. Das Kaminzimmer und die Weinstube können für kleine Feierlichkeiten gebucht werden. Hübsches Gartenlokal.

Zur Pfalz www.hotelzurpfalz.de

★★★ S

Marktstraße 57, PLZ 76870, **T 07275 98550,** F 9855496
48 Zimmer | Ez ab 63 €, Dz ab 91 €, 4,50 €

Freundliches Haus unter familiärer Leitung. Gepflegte Zimmer unterschiedlicher Kategorien. Kleiner Wellnessbereich mit Aromadampfbad, Sauna, Whirlpool, Sonnenwiese und Solarium. Gemütliches Restaurant mit Pfälzer Spezialitäten. Hübsche Innenhofterrasse.

KANDERN 64 A www.kandern.de

Baden-Württemberg | EW 8.130 | 352 m | Lörrach 11 km, Müllheim 15 km

Jägerhaus www.restaurant-jaegerhaus.de

Wollbacherstraße 28, PLZ 79400 (OT: Egerten), **T 07626 8715**
20 | Hauptgericht 27–45 €, Menü 44–65 € | So Fr-So Mo, Di, Mi, Do

Sympathische Gastronomie am Waldrand mit schmackhafter australischer und internationaler Küche. Gute Weine aus dem Markgräflerland. Hübsche Terrasse. Kunstfreunde sollten einen Besuch im angeschlossenen Max-Böhlen-Museum einplanen.

KAPPELRODECK 57 A www.kappelrodeck.de

Baden-Württemberg | EW 5.944 | 220 m | Achern 6 km, Offenburg 21 km

Rebstock

www.rebstock-waldulm.de

VARTA-TIPP Küche **VARTA-TIPP** Service

Kutzendorf 1, PLZ 77876 (OT: Waldulm), **T 07842 9480**
40 | Hauptgericht 26–34 €, Menü 42–78 € |

Direkt an der badischen Weinstraße und an der deutschen Fachwerkstraße liegt dieser geschichtsträchtige Landgasthof. In den behaglichen holzvertäfelten Stuben und auf der teils überdachten Terrasse kredenzt Ihnen das überaus freundliche Serviceteam eine frische, modern interpretierte Regionalküche. Lust auf „Entrecote vom Weiderind mit Pfeffer-Thymiankruste, rotes Zwiebelkompott und Kartoffel-Münstergratin“? Dazu eine interessante Weinauswahl mit Schwerpunkt Baden. Tipp: Probieren Sie das Schwarzwälder Kirschwasser aus der hauseigenen Brennerei! Wohnliche Gästezimmer.

KARBEN 41 D

www.karben.de

Hessen | EW 21.756 | 125 m | Friedberg 14 km, Frankfurt am Main 18 km

Neidharts Küche

www.neidharts-kueche.de

Robert-Bosch-Straße 48, PLZ 61184, **T 06039 934443**
60 | Hauptgericht 20–30 €, Menü 37–50 € | Mi-So Mo, Di

Geschmackvoll eingerichtetes Restaurant in einem Gewerbegebiet. Schmackhafte bodenständige Küche. Wie wäre es z.B. mit „Gebratenem Edelfisch auf Babyspinatgemüse und Perlgraupenrisotto“? Das Lokal zeichnet sich auch durch das sehr gute Preis-Leistungs-Verhältnis und den überaus herzlichen Service aus.

KARLSRUHE 57 A

www.karlsruhe-tourismus.de

Baden-Württemberg | EW 309.000 | 115 m | Stuttgart 80 km, Frankfurt/Main 140 km

Pyramide am Marktplatz, Schloss mit Badischem Landesmuseum, Botanischer Garten, Staatliche Kunsthalle und Orangerie, Museum beim Markt, Kaiserstraße, Naturkundemuseum und Stephanskirche am Friedrichsplatz, Festplatz und Stadtgarten, Zentrum für Kunst und Medientechnologie, Sitz von Bundesverfassungsgericht und Bundesgerichtshof.

Einen Cityplan finden Sie auf Seite 592.

Der Blaue Reiter

www.hotelderblauereiter.de

★★★★ S garni

Amalienbadstraße 16, PLZ 76227 (OT: Durlach), **T 0721 942660,** F 9426642
88 Zimmer | 3 Suiten | Ez 140–150 €, Dz 190–210 €, inkl. Frühstück | 24 h

Dieses geschmackvolle Stadthotel überzeugt durch seine freundlich-familiäre Führung, sein originelles Design und seine wohnlichen Gästezimmer. Es ist nach der berühmten deutschen Kunstbewegung benannt. Fantastische Farbkompositionen begleiten den Gast durch alle Zimmer und Hotelbereiche. Für Tagungen stehen multifunktionale Konferenzräume zur Verfügung.

Novotel

www.all.accor.com

★★★★ S garni

Festplatz 2 (B4), PLZ 76137, **T 0721 35260,** F 3526100
246 Zimmer | 2 Suiten | 24 h

Neuzeitliches Business- und Tagungshotel mit direktem Anschluss zum Kongresszentrum. Modern eingerichtete, klimatisierte Zimmer mit gutem technischen Komfort. Im Restaurant und auf der Terrasse wird regionale Küche serviert.

Karlsruhe
0 180 360m
Stadtteil Nordstadt (zu Karlsruhe)
1 = Klara-Siebert-Straße
2 = Hedwig-Kettler-Straße
3 = Rotteckstraße
4 = Anna-Lauter-Straße
5 = Clara-Immerwahr-Haber-Platz
6 = Rahel-Strauß-Straße
7 = Marie-Baum-Str.
Adenauerring
Willy-Brandt-Allee
Schlossgarten
Schloss
Botanischer Garten
Fasanengarten
Wildparkstadion
KIT Campus Süd Universität
Europaplatz
Marktplatz
Mühlburger Tor
Durlacher Tor
Kaiserstr.
Kriegsstraße
Karlstor
Ettlinger Tor-Platz
Mendelssohnplatz
Ludwig-Erhard-Allee
Südweststadt
Südstadt
Stadtgarten
Zoo
Tivoli-pl.
Güterbahnhof
Karlsruhe Hbf.
Bahnhofpl.
Schwarzwaldstraße
Südtangente
Rüppurrer Straße
Ebertstr.
Albtalbf.
R2,R4,R5,R51,R92
S3,S4,S31,S32,S51
2022

Schlosshotel
www.schlosshotelkarlsruhe.de

★★★★

Bahnhofplatz 2 (B5), PLZ 76137, **T 0721 38320,** F 3832333
96 Zimmer | 3 Suiten | 24 h

Traditionsreiches Konferenz- und Businesshotel direkt am Hauptbahnhof. Beeindruckend ist der hist. Fahrstuhl von 1914. Zur Verfügung stehen komfortable Zimmer und großzügige Suiten. Zum Haus gehören auch ein Sauna- und Fitnessbereich, ein badisches Restaurant sowie eine Cocktailbar.

Kaiserhof
www.hotelkaiserhof-ka.de

★★★★

Karl-Friedrich-Straße 12 (B3), PLZ 76133, **T 0721 91700,** F 9170150
57 Zimmer | 8 Suiten | 5 Apartments | Ez ab 94 €, Dz ab 128 €, inkl. Frühstück | 24 h

Zentral am Karlsruher Marktplatz gelegen. Helle Zimmer mit neuzeitlicher Ausstattung. Kleiner Wellnessbereich mit Sauna, Dampfbad und Tee-Bar. Kostenlose Leihfahrräder.

Maison-Suisse
www.maison-suisse.de

VARTA-TIPP Ambiente **VARTA-TIPP** Service

★★★ S garni

Hildebrandstraße 24, PLZ 76227 (OT: Durlach), **T 0721 406048,** F 495996
14 Zimmer | 1 Suite | Ez 118–186 €, Dz 135–218 €, inkl. Frühstück

Ein Kleinod gepflegter Hotelleriekultur. Hier wohnt man bei engagierten Gastgebern in einem klassisch geprägten und liebevoll dekorierten Hotel. Die Zimmer sind wohnlich und mit geschmackvollem Interieur ausgestattet. Ein toller Service und ein Komfort, der keine Wünsche offen lässt, sind hier selbstverständlich – vom appetitlichen Obstkorb bis hin zum großen Zeitschriftenangebot wird an jedes kleine Detail gedacht, um dem Gast den Aufenthalt zu versüßen.

Oberländer Weinstube
www.oberlaender-weinstube.de

Akademiestraße 7 (B3), PLZ 76133, **T 0721 25066**
50 | Hauptgericht 24–36 €, Menü 49–109 € | Di-Sa Mo, So 24.12.22–4.1.23

Das Restaurant hat Charme - das liegt an der gemütlichen Einrichtung und an den liebevoll eingedeckten Tischen. Der uralte Kachelofen und die restaurierte Holzdecke von 1918 unterstreichen die romantische Atmosphäre des historisch erhaltenen Lokals. Aus der Küche kommen bodenständige Gerichte mit modernen Einflüssen wie z.B. „Getrüffelte Brust vom Schwarzfederhuhn mit Kerbelwurzel".

restaurant sein
www.restaurant-sein.de

VARTA-TIPP Küche **VARTA-TIPP** Service

Scheffelstr. 57 (A3), PLZ 76135, **T 0721 40244776**
16 | Menü 140–155 € | Mi-Fr Mi-So Mo, Di

Hier ist alles wunderbar unkompliziert! Etwas unscheinbar ist die Location inmitten der quirligen Weststadt. Das Lokal kommt recht schlicht und minimalistisch daher. Der Service ist angenehm locker, aber gleichzeitig sehr kompetent. Die Küche von Thorsten Bender zeigt sich modern und weltoffen. Er kocht mit ausgezeichneten Produkten und mit eigener Idee. Am Abend können Sie seine kulinarischen Kreationen in Form eines großen Menüs genießen. Mittags wird ein preisgünstiges Lunchmenü (wahlweise 3 oder 4 Gänge) angeboten.

Anders auf dem Turmberg
www.anders-turmberg.de

Reichardtstraße 22, PLZ 76227 (OT: Durlach), **T 0721 41459**
55 | Hauptgericht 20–40 €, Menü 52–120 € | So Mo, Do-So Di, Mi

In schönster Lage mit fantastischem Blick über Karlsruhe und auf das badische Land empfängt Sie dieses schlichte, modern-puristisch gestaltete Restaurant. Serviert wird eine variantenreiche, weltoffene Küche. Im Sommer empfiehlt sich die tolle Aussichtsterrasse, im Winter ein Käse- oder Fleischfondue im romantischen Schäferwagen.

BRICK + BONE Steakhouse
www.brickandbone.de

Waldstraße 79 (A3), PLZ 76133, **T 0721 205000**
60 | Hauptgericht 16–78 € | Di-Fr, So Di-So Mo

In diesem Steakhouse mit seinem lässig-eleganten Ambiente kommen Fleischliebhaber auf ihre Kosten. Ob T-Bone, Rib-Eye, Porterhouse oder Filet Mignon – die Auswahl ist vielfältig und hochwertig. Dazu gibt es eine große Auswahl an nationalen und internationalen Weinen.

DOM - Grill Kitchen Bar
www.dom-grill.com

Hirschhof 5 (A3), PLZ 76133, **T 0721 90990090**
70 | Hauptgericht 15–42 € | Mo-Fr Mo-Sa

Junges, hippes Steakhaus in einer ehem. Kirche im Hirschhof. In lässiger Atmosphäre werden verschiedene Steak-Cuts, aber auch leichte und vegetarische Alternativen serviert. Große und gut sortierte Weinkarte. Eine echte Oase ist die Terrasse im Sommer.

Erasmus
www.erasmus-karlsruhe.de

Nürnberger Straße 1, PLZ 76199 (OT: Rüppurr), **T 0721 40242391**
25 | Hauptgericht 28–48 €, Menü 95–129 € | Di-Sa Mo, So

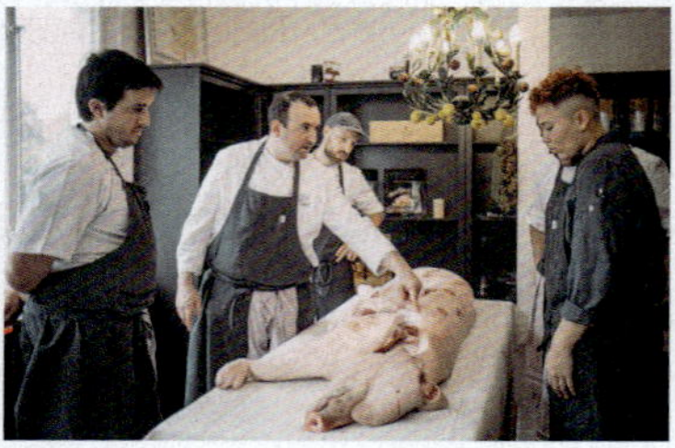

Das Restaurant befindet sich im einstigen „Waschhaus“ der Wohnsiedlung Dammerstock, welche nach den Plänen von Walter Gropius entworfen wurde. Hier erwartet Sie eine frische, hausgemachte Slow-Food-Küche, bei der fast ausschließlich Bio-Zutaten regionalen Ursprungs Verwendung finden. Die italienisch beeinflussten Gerichte klingen z.B. so: „Wilde Bernsteinmakrele mit sizilianischem Auberginengemüse“ oder „Keulenbraten vom Malscher Wildschwein, Rotweinsauce, Kartoffelpüree, Frühlingsgemüse“.

Il Teatro² — www.ilteatro.de

Ettlinger Str. 2c (B4), PLZ 76137, **T 0721 356566**
Hauptgericht 27–39 €, Menü 54–69 € | Mo, Mi-So ⃠ Di

In diesem etablierten Ristorante in der Stadtmitte sorgen Daniele Di Sario und sein Team mit einer kreativen Küche und freundlichem Service für Ihr Wohl. Die Speisekarte offeriert traditionelle italienische Spezialitäten mit internationalen Einflüssen. Probieren Sie z.B. „Filet vom Steinbutt an Champagnersoße mit Babyspinat und Kartoffelcreme“! Mittags preisgünstige Lunchgerichte.

Nagel's Kranz — www.nagels-kranz.de

Neureuter Hauptstraße 210, PLZ 76149 (OT: Neureut), **T 0721 705742**
32 | Hauptgericht 22–39 € | Mi-Do Di-Sa ⃠ Mo, So

Ein gemütliches kleines Restaurant im nördlichen Teil von Karlsruhe. Serviert wird eine feine französische Landküche mit badischen Akzenten. Dazu werden erlesene lokale und internationale Weine kredenzt. Nette Gartenterrasse. Liebenswerter Service.

EigenArt — www.eigenart-karlsruhe.de

Hebelstraße 17 (B3), PLZ 76133, **T 0721 5703443**
Menü 75–105 € | Di, Do-Do Mo-Di, Do-Fr ⃠ Mi, Sa, So

Sympathisches Restaurant in der Innenstadt. Die angebotenen saisonalen Speisen werden frisch und originell zubereitet. Auch vegane und vegetarische Gerichte findet man auf der Speisekarte. Dazu gibt es eine schöne Auswahl an regionalen Weinen.

Kesselhaus — www.kesselhaus-ka.de

Griesbachstr. 10c, PLZ 76185 , **T 0721 6699269**
120 | Hauptgericht 25–56 €, Menü 68–92 € | Di-Fr Di-Sa ⃠ Mo, So »

Das denkmalgeschützte Gebäude aus dem Jahr 1910 hat man behutsam und aufwendig restauriert. Stilgerechte Industriearchitektur und modernes Interieur verleihen dieser Location ihre einzigartige Atmosphäre. Die Karte bietet neben preiswerten Lunchgerichten eine moderat gehobene internationale Küche.

Tawa Yama FINE www.tawayama.de

Amalienbadstraße 41b, PLZ 76227 (OT: Durlach), **T 0721 9098950**
30 | Menü 109–149 € | Di-Sa Mo, So

Auf dem Gelände einer stillgelegten Nähmaschinenfabrik befindet sich dieses Restaurant mit exklusivem Fine-Dining-Bereich. Bei Redaktionsschluss für diese Buchausgabe befand sich das Restaurant in einer Kreativpause. Zudem wurde bekannt, dass Igor Yakushchenko (ehemals Le Corange, Mannheim) Peter Fridén als Küchenchef ablösen wird. Man darf gespannt sein ... Varta-Bewertung ausgesetzt.

KASSEL 31 D kassel-marketing.de

Hessen | EW 194.087 | 167 m | Erfurt 150 km, Hannover 164 km
Bergpark Wilhelmshöhe mit Wasserspielen und Herkules (UNESCO-Weltkulturerbe), Treppenstraße (erste Fußgängerzone der BRD), Ottoneum, Barocke Parkanlage Karlsaue, Gegenwartskunst im Museum Fridericianum, Gemäldegalerie Alte Meister im Museum Schloss Wilhelmshöhe.

Gude www.hotel-gude.de

GREENSIGN ★★★★ S garni

Frankfurter Str. 299, PLZ 34134 (OT: Niederzwehren), **T 0561 48050,** F 4805101
89 Zimmer | 1 Suite | 24 h

Ansprechende Tagungsadresse in einem Gebäude aus dem Jahr 1876. Das familiengeführte Hotel beherbergt helle, geräumige Zimmer, die teilweise über einen Balkon verfügen. Regionale und internationale Gerichte im Restaurant „Pfeffermühle".

Schlosshotel Bad Wilhelmshöhe www.schlosshotel-kassel.de

★★★★ S garni

Schloßpark 8, PLZ 34131 (OT: Bad Wilhelmshöhe), **T 0561 30880,** F 3088428
130 Zimmer | 10 Suiten | Ez ab 100 €, Dz ab 125 €, inkl. Frühstück | 24 h

Ein elegantes Zuhause auf Zeit mit traumhaftem Blick über Kassel. Das Schlosshotel bietet exquisit ausgestattete Zimmer und Suiten sowie einen wunderschönen Wellnessbereich. Das Haus ist der perfekte Ort für Hochzeiten, Events und Tagungen.

Renthof www.renthof-kassel.de

VARTA-TIPP Ambiente

GREENSIGN ★★★★★ S garni

Renthof 3 (C3), PLZ 34117, **T 0561 506680**
55 Zimmer | 2 Suiten | 24 h

Das denkmalgeschützte, sanierte Boutique-Hotel befindet sich in einem ehem. Kloster aus dem 13. Jahrhundert. Die Zimmer des ehrwürdigen Baus verteilen sich auf drei Flügel und sind stilvoll und individuell eingerichtet. Jedes der Gästezimmer ist für sich ein Unikat in Zuschnitt und Gestaltung. Im Restaurant werden regionale und internationale Speisen aufgetischt. Die angrenzende einstige Brüderkirche dient als Eventlocation.

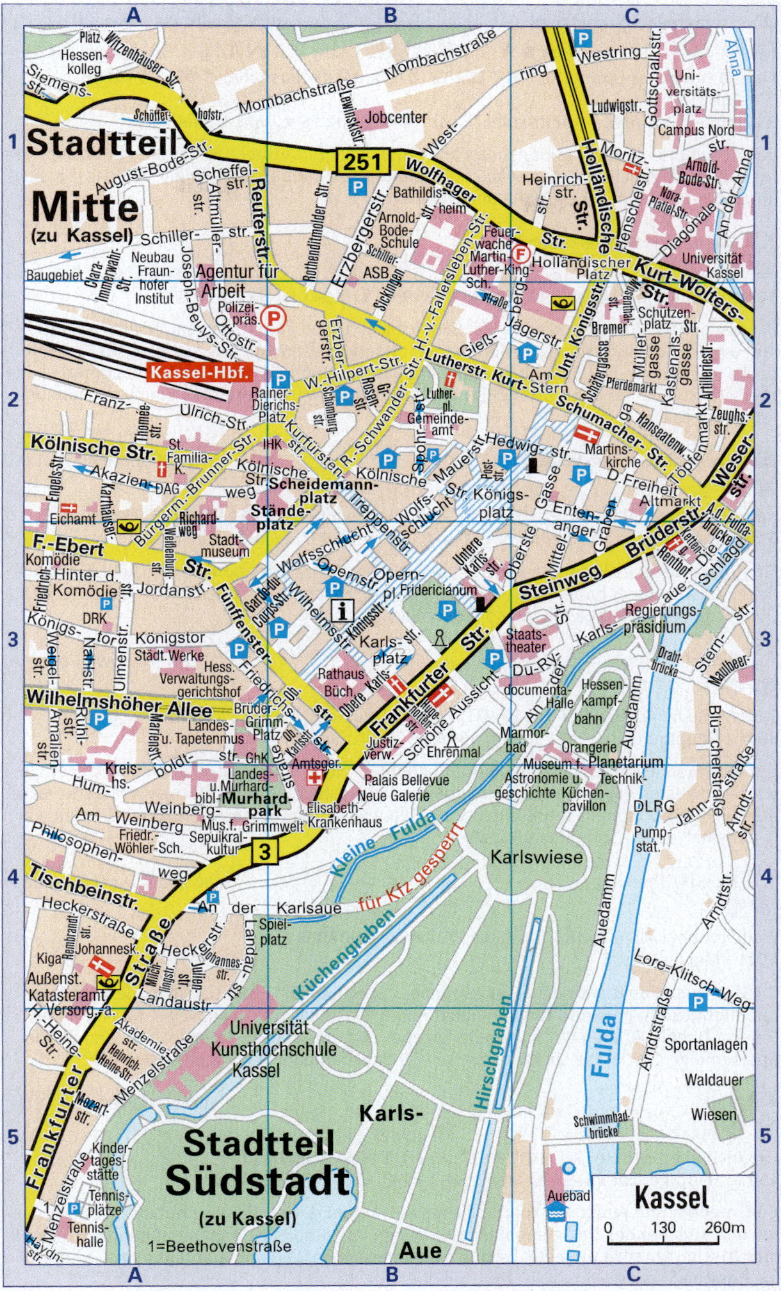
A
B
C
1
2
3
4
5
Stadtteil Mitte (zu Kassel)
Stadtteil Südstadt (zu Kassel)
1=Beethovenstraße
Kassel
0 130 260m
Kassel-Hbf.
Platz
Hessen-kolleg
Siemens-str.
Witzenhäuser Str.
Schöffer-
Hofstr.
Mombachstraße
Lewinskistr.
Jobcenter
West-ring
Westring
251
Wolfhager Str.
August-Bode-Str.
Scheffel-str.
Altmüller-str.
Reuterstr.
Rothenditmolder Str.
Erzbergerstr.
Bathildis-heim
Arnold-Bode-Schule
Schiller-str.
ASB
Sickingen
Feuer-wache
Martin-Luther-King-Str.
Heinrich-str.
Holländische Str.
Holländischer Platz
Ludwigstr.
Gottschalkstr.
Uni-versitäts-platz
Campus Nord
Moritz-str.
Henschelstr.
Arnold-Bode-Str.
Nora-Platiel-Str.
Diagonale
An der Ahna
Ahna
Universität Kassel
Kurt-Wolters-Str.
Neubau Fraun-hofer Institut
Baugebiet
Clara-Immerwahr-Str.
Joseph-Beuys-Str.
Agentur für Arbeit
Polizei-präs.
Ottostr.
Erzberger-str.
H.-v.-Fallersleben-Str.
Gieß-berg
Jägerstr.
Unt. Königsstr.
Bremer Str.
Schützen-platz
Müllergasse
Kastenalsgasse
Artilleriestr.
Zeughs.-str.
Am Stern
Kurt-Schumacher-Str.
Lutherstr.
Luther-pl.
Gemeinde-amt
W.-Hilpert-Str.
Rainer-Dierichs-Platz
Schomburgstr.
Gr. Rosenstr.
R.-Schwander-Str.
Spohrstr.
Franz-Ulrich-Str.
Thomae-str.
Kölnische Str.
St. Familia-K.
IHK
Kurfürsten-str.
Akazien-weg
DAG
Engels-Str.
Karthäuser-str.
Kölnische Str.
Scheidemann-platz
Ständeplatz
Treppenstr.
Mauerstr.
Hedwig-str.
Post-str.
Königs-platz
Wolfs-schlucht
Martins-kirche
Hanseatenw.
Pferdemarkt
Töpfenmarkt
Weserstr.
D.Freiheit
Altmarkt
Eichamt
Burgerm.-Brunner-Str.
Richard-weg
F.-Ebert Str.
Weißenburg-str.
Stadt-museum
Wolfsschlucht
Opernstr.
Opern-pl.
Fridericianum
Untere Karls-str.
Oberste Gasse
Mittel-gasse
Enten-anger
Graben
Steinweg
Brüderstr.
A.d. Fulda-brücke
Die Schlagd
Renthof
Komödie
Hinter d. Komödie
Jordanstr.
Fünffenster-str.
Garde-du-Corps-Str.
Wilhelmsstr.
Königsstr.
Friedrich-str.
DRK
Königs-tor
Königstor
Städt.Werke
Hess. Verwaltungs-gerichtshof
Weigelstr.
Nahlstr.
Ulmenstr.
Karls-platz
Rathaus
Büch.
Obere Karlsstr.
Frankfurter Str.
Staats-theater
Du-Ry-Str.
Karls-aue
Regierungs-präsidium
Drahtbrücke
Sternstr.
Maulbeer-str.
Wilhelmshöher Allee
Friedrichs-str.
Brüder-Grimm-Platz
Landes-u. Tapetenmus.
Marienstr.
Amalien-str.
Rühlstr.
Schöne Aussicht
Hessen-kampf-bahn
documenta-Halle
An der Karlsaue
Auedamm
Blücherstraße
Kreis-hs.
Humboldtstr.
GhK
Landes-u. Murhard-bibl.
Murhard-park
Amtsger.
Justiz-verw.
Ehrenmal
Marmor-bad
Orangerie
Planetarium
Museum f. Astronomie u. Technik-geschichte
Küchen-pavillon
Palais Bellevue Neue Galerie
Elisabeth-Krankenhaus
Weinberg
Am Weinberg
Mus.f. Sepuikral-kultur
Grimmwelt
Friedr.-Wöhler-Sch.
Philosophen-weg
3
Kleine Fulda
für Kfz gesperrt
Karlswiese
DLRG
Pump-stat.
Jahnstr.
Arndtstr.
Tischbeinstr.
Heckerstraße
Frankfurter Straße
Spiel-platz
Küchengraben
Rembrandtstr.
Johannesk.
Kiga
Außenst. Katasteramt
H.-Versorg.-a.
Heckerstr.
Johannes-str.
Landaustr.
Lore-Klitsch-Weg
Sportanlagen
Waldauer Wiesen
Fulda
Hirschgraben
Arndtstraße
Akademiestr.
Heinrich-Heine-Str.
H.-Heine-Str.
Menzelstraße
Universität Kunsthochschule Kassel
Mozartstr.
Karls-
Aue
Kinder-tages-stätte
Tennis-plätze
Tennis-halle
Haydnstr.
Schwimmbad-brücke
Auebad

Steinernes Schweinchen

www.steinernes-schweinchen.de

★★★★ garni

Konrad-Adenauer-Straße 117, PLZ 34132 (OT: Bad Wilhelmshöhe), **T 0561 940480,** F 94048555
83 Zimmer | 1 Suite | 9 Apartments | Ez ab 94 €, Dz ab 99 €, inkl. Frühstück

Das designorientierte Traditionshotel mit einmaligem Blick über das Kasseler Becken bietet freundlich eingerichtete, moderne Gästezimmer (teils mit Balkon). Kleiner Wellnessbereich auf 200 qm mit finnischer Sauna und Dampfbad.

Steinernes Schweinchen

130 | Hauptgericht 19–33 €, Menü 45–59 € | Mo-Fr ⊘ Sa, So

Mit frischen Produkten und ohne viel Schnickschnack sorgt man im gemütlichen Restaurant und im lichtdurchfluteten Wintergarten für leckere Gerichte wie „Geschmorte Ochsenbacke | Fingermöhren | Selleriepüree | Thai-Spargel | Orangen-Honig-Jus" oder „Dorade | Zuckerschote | Rosmarinkartoffel | Zitronenbutter". Dazu werden erlesene Weine aus nah und fern kredenzt.

Biohotel Wilhelmshöher Tor

www.biohotel-kassel.de

garni

Heinrich-Schütz-Allee 24, PLZ 34131 (OT: Wilhelmshöhe), **T 0561 93890,** F 9389111
33 Zimmer | 1 Suite | 1 Apartment | Ez ab 81 €, Dz ab 110 €, inkl. Frühstück

Ein ruhig gelegenes Hotel direkt neben dem Naturschutzgebiet Dönche. Die hellen, freundlichen Gästezimmer haben eine individuelle Note. Frisches Frühstück in 100% Bio-Qualität. Gute Tagungsmöglichkeiten, persönlicher Service.

El Erni

www.el-erni.de

Parkstraße 42 (A2), PLZ 34119 (OT: Vorderer Westen), **T 0561 710018**
80 | Hauptgericht 6–39 €, Menü 45–49 € | Mo-So

Der aus Andalusien stammende Patron betreibt im Herzen des Kultur- und Künstlerviertels Vorderer Westen ein modernes, stimmungsvolles Restaurant mit hübscher Sommerterrasse. Aus der Küche kommen spanische Spezialitäten wie „Boquerones en vinagre", „Salmon al la plancha" oder „Chuletitas de cordero".

Mondi Neu!

www.mondi-restaurant.de

Wilhelmhöher Allee 34 (B3), PLZ 34117, **T 0561 83079318**
50 | Menü ab 59 €

Diese zeitgemäße Bistronomie hat zweifellos „Stammlokal"-Potential! In modernem und unprätentiösem Ambiente serviert man Ihnen ein festes Menü - wahlweise mit oder ohne Fleisch. Dabei diktieren das saisonale Angebot und Produkte aus dem lokalen Umfeld die Speisenfolge. Die Preise sind fair, der Service angenehm locker und ungezwungen.

Voit

www.voit-restaurant.de

Friedrich-Ebert-Str. 86, PLZ 34119 (OT: West), **T 0561 50376612**
45 | Hauptgericht 26–34 €, Menü 38–110 € | Di-Sa ⊘ Mo, So

Hell, modern und puristisch kommt dieses Restaurant daher. Massive Holztische, Stahl, Beton und einladendes Designmobiliar bestimmen das Ambiente. Aus der offenen Küche kommen frische, kreative Gerichte. Dazu ein angemessenes Weinangebot und eine aufmerksame Crew im Service.

Gutshof www.restaurant-gutshof.de

Wilhelmshöher Allee 347a, PLZ 34131 (OT: Bad Wilhelmshöhe), **T 0561 32525**
84 | Hauptgericht 14–34 €, Menü 28–53 € | Mo-So

Rustikal im Landhausstil eingerichtete Räumlichkeiten hinter hist. Mauern. Die Küche ist bodenständig und serviert deutsche und internationale Spezialitäten, z.B. „Medaillons von der Truthahnbrust mit Sauce Hollandaise, Rahmpilzen und Quinoa". Großer Biergarten.

Café Nenninger www.cafe-nenninger.de

Friedrichsplatz 8 (B3), PLZ 34117, **T 0561 7661690**
100 | Hauptgericht 5–12 € | Mo–Fr 9:00–19:00 Uhr, Sa 9:00 – 20:00, So 9:00–19:00 Uhr

Traditionsreicher Familienbetrieb in der Nähe des Karlsplatzes. Große Kuchentheke mit traditionellen und frisch-fruchtigen Torten sowie feinsten Confiserie-Produkten. Spezialität: Nenninger Baumkuchenpräsente.

KASTELLAUN 40 D www.kastellaun.de

Rheinland-Pfalz | EW 5.114 | 430 m | Simmern 13 km, Zell 28 km

Burgstadt-Hotel www.burgstadt.de

★★★★

Südstraße 34, PLZ 56288, **T 06762 40800,** F 4080100
59 Zimmer | 4 Suiten | 24 h

Am südlichen Ortsrand inmitten einer parkähnlichen Anlage liegt dieses Hotel. Es verfügt über hell und freundlich eingerichtete Zimmer sowie moderne Seminarräume. Sehenswert: Erlebniswelt „iTAKEOFF" rund um die Themen Fliegerei und Flugsimulation.

KAUB 40 D www.loreley-touristik.de

Rheinland-Pfalz | EW 836 | 74 m | St. Goarshausen 10 km, Rüdesheim 19 km

Zum Turm www.rhein-hotel-turm.de

Zollstraße 50, PLZ 56349, **T 06774 92200**
35 | Hauptgericht 10–33 €, Menü 39–80 € | So Mo, Mi-So Di 1.11.–1.12.22

In diesem über 300 Jahre alten Gebäude erwartet Sie ein gemütlich-rustikal eingerichtetes Restaurant. Gekocht wird mit marktfrischen Produkten - das Ergebnis: eine schmachafte Regionalküche. Probieren Sie z.B. „Frisch geräuchertes Salmfilet auf Rieslingkraut" oder „Medaillon vom Milchkalb im Walnussmantel". Schöne Terrasse mit Rheinblick.

KEHL 56 B www.marketing.kehl.de

Baden-Württemberg | EW 34.657 | 139 m | Straßburg 6 km, Offenburg 19 km

Calamus www.hotel-calamus.de

★★★★

Boschstraße 6, PLZ 77694 (OT: Sundheim), **T 07851 6430100**
99 Zimmer | 6 Suiten | 24 h

Eingebettet in das CALAMUS-AREAL bietet dieses neuzeitliche Konferenz- und Familienhotel modern und wohnlich eingerichtete Gästezimmer in drei verschiedenen Kategorien. Im Restaurant „Chattanooga" mit schönem Blick in den angrenzenden Biergarten kommen leckere Grillspezialitäten auf den Tisch.

Grieshaber's Rebstock
www.rebstock-kehl.de

VARTA-TIPP Ambiente

Hauptstraße 183, PLZ 77694, **T 07851 91040,** F 78568
49 Zimmer | 3 Suiten | Ez ab 105 €, Dz ab 133 €, inkl. Frühstück | 24 h

Neben klassischen Gästezimmern verfügt das zu einem reizenden Boutique-Hotel gewachsene Haus auch über liebevoll gestaltete Designerzimmer, in denen sich Künstler wie Friedrich Geiler, Sylvie Lander oder Otmar Alt wiederfinden. Morgens frühstücken Sie mit Blick in den hübschen Kastaniengarten.

Grieshaber's Rebstock

90 | Hauptgericht 20–35 €, Menü 27–55 € | Di-Sa Mo, So

Sorgfältig ausgewählte Stoffe und Eichenholz sorgen in diesem Wirtshaus für eine behagliche, traditionelle Atmosphäre. Der Patron steht selbst am Herd und bietet eine authentische badische und mediterrane Küche, z.B. „Medaillons vom Kalbsfilet, rahmige Pfifferlinge, Kräuterknöpfle und Sommergemüse" oder „Gebratenes Doradenfilet, hausgemachte Knoblauchspaghetti und Ofengemüse".

Landgasthof Schwanen
www.schwanen-kork.de

Landstraße 3, PLZ 77694 (OT: Kork), **T 07851 7960,** F 796222
41 Zimmer | Ez ab 58 €, Dz ab 72 €

Traditionsgasthof in hist. Gebäude von 1750 unter familiärer Führung. Geschmackvoll eingerichtete Nichtraucherzimmer mit kostenlosem WLAN. In den gemütlich-rustikalen Gaststuben wird badisch-elsässische Küche serviert.

Hirsch
www.hirsch-kork.de

Gerbereistraße 20, PLZ 77694 (OT: Kork), **T 07851 99160**
70 | Hauptgericht 11–38 €, Menü 69–89 € | Di-Fr Mo-Sa So

Viele Stammgäste mögen dieses Gasthaus, und das liegt nicht nur an der liebenswerten Gastfreundschaft, sondern auch an der schmackhaften Küche, die hier serviert wird. Das Angebot reicht von Käsespätzle über Wiener Schnitzel bis Variation von Edelfischen. An Sommerabenden sitzt man wunderschön auf der begrünten Terrasse. Für Übernachtungsgäste hat man modern und individuell eingerichtete Hotelzimmer.

KELHEIM 60 B
www.kelheim.de

Bayern | EW 15.580 | 343 m | Regensburg 31 km, Ingolstadt 56 km

Weißes Brauhaus zu Kelheim
www.weisses-brauhaus-kelheim.de

Emil-Ott-Straße 3, PLZ 93309, **T 09441 3480**
200 | Hauptgericht 11–18 € | Mi-So Mo, Di

Älteste Weißbierbrauerei Bayerns (seit 1607). Originell-rustikaler Gasthof mit urigem Flair und schönem Biergarten. Serviert werden bayerische Schmankerl und regionale Klassiker.

KELKHEIM (TAUNUS) 41 C
www.kelkheim.de

Hessen | EW 29.000 | 193 m | Höchst/Main 7 km, Frankfurt am Main 18 km

Schloss Rettershof
www.schlosshotel-rettershof.de

Rettershof 5, PLZ 65779, **T 06174 29090,** F 25352
35 Zimmer

Dieses wunderschöne, familiengeführte Hotel befindet sich auf dem Gelände eines Klosters aus dem 12. Jahrhundert. Hier verbinden sich Tradition und Moderne. Die klassisch gestalteten Zimmer, die sich auf das Schloss und den Anbau verteilen, sind wohnlich und mit zeitgemäßer Technik ausgestattet.

Retter's

50 | Hauptgericht 18–34 €, Menü 65–126 € | Mi-Fr, So Mi-So Mo, Di

Lust auf „Geschmorte Ochsenbacke an Schwarzwurzelcreme mit frittierter Vitelotte, Petersiliensalsa und Traubenchutney"? Hier kocht man frisch und regional mit internationalen Einflüssen. Der Service ist freundlich, das Ambiente gemütlich und dennoch elegant. In den Sommermonaten kann man lauschige Abende auf der Schlossterrasse genießen.

KELL AM SEE 49 A
www.hochwald-ferienland.de

Rheinland-Pfalz | EW 1.918 | 441 m | Hermeskeil 11 km, Saarburg 27 km

Fronhof
www.hotel-fronhof.de

Fronhof 1, PLZ 54427, **T 06589 1641,** F 2162
12 Zimmer | Ez 75–80 €, Dz 110–120 €, inkl. Frühstück | 7.11.–2.12.22

Ein familienfreundliches Haus direkt am Stausee. Die Zimmer sind im modernen Landhausstil eingerichtet. Es gibt auch eine Ferienwohnung. Ein schönes Plätzchen ist die malerische Terrasse, auf der Sie nachmittags hausgebackenen Kuchen probieren können. Direkt neben dem Hotel befindet sich ein Pferdegestüt.

KELLENHUSEN 9 C
www.kellenhusen.de

Schleswig-Holstein | EW 1.172 | 4 m | Grömitz 11 km, Oldenburg in Holstein 17 km

Erholung
www.hotel-erholung.de

Strandstraße 1, PLZ 23746, **T 04364 470960,** F 4709670
33 Zimmer | 5 Suiten | 3 Apartments | Ez ab 65 €, Dz ab 102 €, inkl. Frühstück

Familiär geführtes Ferienhotel, nur wenige Gehminuten vom Strand entfernt. Das Haus verfügt über solide und zeitgemäß eingerichtete Zimmer. Ansprechende Saunalandschaft mit Strandlounge und Terrasse. Auch Ferienwohnungen vorhanden.

KELSTERBACH 41 C
www.kelsterbach.de

Hessen | EW 17.576 | 107 m | Rüsselsheim 11 km, Frankfurt am Main 12 km

Ambiente Italiano
www.ambienteitaliano.de

Staufenstraße 16, PLZ 65451, **T 06107 9896840**
50 | Hauptgericht 19–39 €, Menü 55–105 € | Mo-Fr Mo-Sa So 1.–7.1.23, 24.–29.10.23

»

Im hellen, elegant eingerichteten Wintergarten wird eine gehobene italienische Küche serviert, während die angeschlossene Trattoria auch verschiedene Pizza- und Pastagerichte bietet. Hübsche Sommerterrasse. Im Sommer auch sonntags geöffnet.

KEMPTEN 66 B www.kempten.de

Bayern | EW 66.037 | 674 m | Marktoberdorf 25 km, Isny 28 km

Bayerischer Hof www.bayerischerhof-kempten.de

★★★★

Füssener Straße 96, PLZ 87437, **T 0831 57180,** F 5718100
50 Zimmer | 1 Suite | 2 Apartments

Die lange Tradition und Geschichte des historischen Hauses ist bis heute sichtbar. Das hübsch restaurierte Boutique-Hotel bietet elegante, individuell eingerichtete Zimmer in verschiedenen Kategorien. Mediterraner Fit- und Relax-Bereich. Behagliches Restaurant mit romantischer Gartenwirtschaft.

Allgäu Art Hotel www.allgaeuarthotel.de

Alpenstraße 9, PLZ 87435, **T 0831 5408600,** F 54086099
56 Zimmer | 24 h

Barrierefreies Hotel für Menschen mit und ohne Handicap. Das Design in den öffentlichen Bereichen, im Restaurant und in den Zimmern greift die Themen Entschleunigung und Allgäuer Natur auf. Zum Haus gehören auch eine großzügige Saunawelt sowie ein Restaurant mit Wintergarten und regionaler Küche.

bigBOX ALLGÄU Hotel www.bigboxallgaeu.de/hotel

★★★★

Kotterner Straße 62-64, PLZ 87435, **T 0831 570552000,** F 512882001
124 Zimmer | 1 Suite | Ez ab 99 €, Dz ab 109 €, inkl. Frühstück | 24 h

Moderne Übernachtungsadresse für Urlaubs- und Geschäftsreisende. Das Hotel hat einen direkten Anschluss an die Veranstaltungshalle „bigBOX Allgäu". Umfangreiches Tagungsangebot. Im Restaurant „musics" wird international gekocht.

Peterhof www.hotelpeterhof.de

Salzstraße 1, PLZ 87435, **T 0831 52440,** F 5244200
44 Zimmer | 2 Apartments | Ez 69–109 €, Dz 99–159 €, inkl. Frühstück | 24 h

Urlaubs- und Geschäftshotel in ruhiger Lage unweit des Ortszentrums. Schlicht und elegant oder im „Allgäu-Style" eingerichtete Zimmer mit komfortabler Ausstattung. Reichhaltiges Frühstücksbuffet mit vielen selbstgemachten Produkten. In der Snacklounge wartet jeden Abend ein Buffet mit selbstgekochten kleinen Gerichten.

Waldhorn www.waldhorn-kempten.de

Steufzgen 80, PLZ 87435, **T 0831 580580,** F 5805899
70 Zimmer | 1 Apartment | Ez 74–108 €, Dz 98–150 €, inkl. Frühstück | 24 h

Neuzeitliches Hotel in ruhiger, verkehrsgünstiger Lage am Stadtrand mit familiärer Atmosphäre. Stilvoll mit warmen Farben eingerichtete Zimmer. Für Entspannung sorgt eine kleine Saunalandschaft. Im Restaurant wird regional und saisonal gekocht. Süße Leckereien werden in der hauseigenen Meisterkonditorei gefertigt.

KENZINGEN 56 D www.kenzingen.de

Baden-Württemberg | EW 9.196 | 174 m | Lahr 23 km, Freiburg im Breisgau 29 km

Schieble www.hotel-schieble.de

★★★ S

Offenburger Straße 6, PLZ 79341, **T 07644 9269990,** F 92699955
27 Zimmer | 1 Suite | Ez 73–109 €, Dz 109–140 €, inkl. Frühstück

Der traditionsreiche Familienbetrieb verfügt über wohnliche, im Landhausstil eingerichtete Zimmer. Im hauseigenen Restaurant werden frische, bürgerliche Speisen mit französischen Einflüssen serviert. Durch die Nähe zum Kaiserstuhl, dem Schwarzwald und den Vogesen bieten sich zahlreiche Ausflugs- und Freizeitmöglichkeiten.

Scheidels Restaurant zum Kranz www.scheidels-kranz.de

Offenburger Straße 18 (an der B 3), PLZ 79341, **T 07644 6855**
50 | Hauptgericht 19–32 €, Menü 38–62 € | Mi-So Mo, Di

Ein familiär geführtes Landgasthaus mit gepflegten, einladenden Räumlichkeiten. Serviert werden schmackhafte, frisch zubereitete Speisen regionaler und internationaler Art. Hübsch der lauschige Biergarten mit altem Baumbestand.

KERNEN IM REMSTAL 58 A www.kernen.de

Baden-Württemberg | EW 14.936 | 292 m | Fellbach 4 km, Waiblingen 6 km

Malathounis www.malathounis.de

VARTA-TIPP Küche

Gartenstraße 5, PLZ 71394 (OT: Stetten), **T 07151 45252**
26 | Hauptgericht 19–44 €, Menü 39–99 € | Di-Sa Mo, So

Inmitten der schwäbischen Remstalidylle, etwas versteckt in einem Wohngebiet, liegt dieses Restaurant von Joannis Malathounis. Hier dürfen Sie sich auf eine exzellente „modern greek cuisine" freuen. Die feinsinnigen, raffinierten und teils außergewöhnlichen Gerichte des Patrons bleiben in Erinnerung. Ein Facettenreichtum, das von Können, Neugierde und Fantasie zeugt. Der Weinkeller besticht mit einer fulminanten Auswahl an deutschen und internationalen Gewächsen.

Gasthof Zum Ochsen www.ochsen-kernen.de

Kirchstraße 15, PLZ 71394 (OT: Stetten), **T 07151 94360**
180 | Hauptgericht 15–32 €, Menü 35–76 € | Sa-So Mi-So

Traditionsgasthof mit angeschlossener Landmetzgerei. In den gemütlichen Stuben, im Wintergarten und auf der angrenzenden überdachten Terrasse werden schwäbische Spezialitäten sowie schmackhafte Gerichte aus der internationalen Küche aufgetischt. Dazu gibt es Weine von lokalen Winzern.

KERPEN 39 B www.stadt-kerpen.de

Nordrhein-Westfalen | EW 64.669 | 95 m | Düren 17 km, Köln 26 km

Wilkens 1835 www.wilkens1835.de

Zum Breitmaar 1, PLZ 50170 (OT: Sindorf), **T 02273 60660,** F 54011
22 Zimmer | Ez 80–90 €, Dz 120–135 €, inkl. Frühstück

Das Hotel ist sowohl für den Businessgast als auch für den privat reisenden Urlauber interessant. Die Zimmer sind modern, funktional und wohnlich. Gastronomisch hat man die Qual der Wahl zwischen dem exklusiven Restaurant, dem stylishen Gastroraum namens „Gastwerk“ und der traditionell-urigen Schänke.

Schloss Loersfeld www.schlossloersfeld.de

VARTA-TIPP Küche **VARTA-TIPP** Service

Schloss Loersfeld 1, PLZ 50171, **T 02273 57755**
60 | Hauptgericht 52–54 €, Menü 105–150 € | Mi-Sa Mo, Di, So 22.12.22–6.1.23, 15.–21.2.23

Geschichtsträchtiges Anwesen mit großzügig angelegtem Landschaftspark und stilvoll mit antiken Möbeln ausgestatteten, hohen Räumen. In diesem herrschaftlichen Rahmen verwöhnen Sie Küchenchef Benjamin Schöneich und sein kreatives Team mit einer modernen, französisch inspirierten Küche. Dazu werden Sie vom aufmerksamen und liebenswürdigen Service bestens betreut. Für Übernachtungsgäste stehen drei hübsche Apartments im Nebenhaus zur Verfügung.

KETSCH 51 C www.ketsch.de

Baden-Württemberg | EW 12.576 | 101 m | Schwetzingen 4 km, Speyer 10 km

Seehotel www.seehotel.de

Kreuzwiesenweg 5, PLZ 68775, **T 06202 6970,** F 697199
70 Zimmer | 1 Suite | Ez ab 99 €, Dz ab 109 €, inkl. Frühstück

Barrierefreies Haus in ruhiger Einzellage am See - modern und geschmackvoll eingerichtet. Die stilvoll mit Naturmaterialien und Designermöbeln gestalteten Zimmer verfügen über zeitgemäße Technik und teilweise über begehbare Kleiderschränke.

Die Ente

50 | Hauptgericht 24–34 €, Menü 45–59 € | Mo-Sa

Stilvoll eingerichtetes Restaurant mit Wintergarten, Bar und lauschiger Terrasse. Serviert wird klassische Küche - modern interpretiert. Anspruchsvolle Weinkarte mit guten deutschen und französischen Gewächsen.

Adler www.adler-ketsch.de

Schwetzinger Straße 21, PLZ 68775, **T 06202 609004**
75 | Hauptgericht 10–32 €, Menü 25–85 € | Di-So Di-Sa Mo

Engagiert und familiär geführtes Restaurant in modernem Landhausambiente. Schmackhafte regionale und französisch inspirierte Küche.

KEVELAER 28 B www.kevelaer.de

Nordrhein-Westfalen | EW 29.000 | 22 m | Holländ. Grenze 8 km, Geldern 10 km

Klostergarten www.hotel-klostergarten.eu

★★★ S garni

Klostergarten 1, PLZ 47623, **T 02832 9250100,** F 9250167
29 Zimmer

Ein Integrationsbetrieb, in dem Menschen mit Behinderung gemeinsam mit nicht beeinträchtigten Kollegen arbeiten. Die Gästezimmer sind modern, wohnlich und farbenfroh gestaltet. Sämtliche Räume im Hotel sind komplett barrierefrei. Zum Haus gehören auch ein Kaminzimmer, eine private Kapelle und ein schöner Klostergarten.

Zur Brücke www.hotel-restaurant-zur-bruecke.de

Bahnstraße 44, PLZ 47623, **T 02832 2389**
25 | Hauptgericht 15–42 €, Menü 30–75 € | Mo-Mi, Fr-So Do

Die ehem. Ölmühle beherbergt ein gemütliches Restaurant mit altdeutscher Einrichtung. Serviert wird eine deutsch-französische Küche mit regionalen Spezialitäten. Hübsche Gartenterrasse, gepflegte Gästezimmer.

KIEDRICH 41 C www.kiedrich.de

Hessen | EW 3.905 | 165 m | Eltville 3 km, Wiesbaden 15 km

Nassauer Hof www.hotel-nassauerhof.de

★★★ S garni

Bingerpfortenstraße 17, PLZ 65399, **T 06123 999360,** F 99936100
21 Zimmer | 2 Suiten | Ez 91–100 €, Dz 160–165 €, inkl. Frühstück

Saniertes Traditionshaus mit moderner Innenausstattung. Für Übernachtungsgäste stehen wohnliche, mit Teakholzmöbeln eingerichtete Zimmer zur Verfügung. Kleiner Wellnessbereich mit Sauna und Ruheraum. Ideale Adresse für Geschäftsreisende und Individualtouristen.

Weinschänke Schloss Groenesteyn www.groenesteyn.net

VARTA-TIPP Küche **VARTA-TIPP** Service

Oberstraße 36/37, PLZ 65399, **T 06123 1533**
70 | Hauptgericht 42–48 €, Menü 125–175 € | So Mo, Do-So Di, Mi

Mit ganz viel Herzblut setzen Dirk Schröer und seine Frau Amila Begic in der renommierten Gutsschänke ihr ambitioniertes Konzept um. Charmant das Interieur im alpenländischen Stil, der Service herzlich und professionell, die Küche klassisch, modern und kreativ. Dazu gibt es tolle Weine und Sekte aus dem Rheingau. HerrlicheTerrasse mit wunderschönem Blick auf die Weinberge und das Schloss.

KIEL 8 C www.kiel.de

Schleswig-Holstein | EW 241.533 | 5 m | Lübeck 75 km, Flensburg 83 km

Schönberger Strand, Museumsbahn Schönberger Strand, Aquarium Geomar, Alter Botanischer Garten, Schifffahrtsmuseum mit Museumshafen, Altes Schloss mit Schlossgarten, Leuchtturm, Zoologisches Museum, Marineehrenmal Laboe, Freilichtmuseum Schleswig-Holstein in Molfsee, Kiel-Hörn, Institut für Meereskunde, Nikolaikirche am Alten Markt, Rathaus und Opernhaus am Kleinen Kiel.

Kieler Kaufmann www.kieler-kaufmann.de

Niemannsweg 102 (C1), PLZ 24105, **T 0431 88110,** F 8811222
58 Zimmer | 1 Suite | Ez 139–215 €, Dz 185–300 €, 18,00–29,50 € | 24 h

Die ehem. Bankiersvilla von 1911 beherbergt heute ein stilvolles Hotel. Die Gästezimmer sind geräumig, komfortabel und mit hochwertigen Accessoires ausgestattet. Wohnlich, modern und klar präsentieren sich die neueren Zimmer im Parkflügel.

Ahlmanns

VARTA-TIPP Küche

24 | Menü 125–159 € | Mi-Sa Mo, Di, So 21.12.22–25.1.23

Dass stilvoll-historischer Rahmen und entspannt-legere Atmosphäre zusammenpassen, beweist dieses Fine-Dining-Restaurant. Hier verwöhnt Sie Arne Linke mit einer modernen Produktküche, die sich auf das Wesentliche konzentriert und dabei weltoffen, saisonal und kreativ daherkommt. Seine kulinarischen Kreationen lernen Sie in Form eines Feinschmeckermenüs (4 bis 6 Gänge) kennen. Der freundliche Service und die trefflichen Weinempfehlungen von Sommelier Björn Urbach komplettieren das Genusserlebnis. Tischreservierung ratsam.

Steigenberger Conti Hansa www.kiel.steigenberger.de

Schlossgarten 7 (B3), PLZ 24103, **T 0431 51150,** F 5115444
164 Zimmer | 1 Suite | 24 h

Gegenüber den beiden Terminals vom Ostseekai liegt dieses renovierte Tagungs- und Geschäftshotel. Die wohnlichen Gästezimmer überzeugen durch schlichte Eleganz, nordisches Design und eine sehr gute technische Ausstattung. Regionale und internationale Spezialitäten werden im Restaurant und auf der geschützten Innenhofterrasse serviert.

Hotel Birke www.hotel-birke.de

Martenshofweg 2-8, PLZ 24109 (OT: Hasseldieksdamm), **T 0431 53310,** F 5331333
94 Zimmer | 12 Suiten | 4 Apartments | Ez 113–363 €, Dz 158–370 €, inkl. Frühstück | 24 h

Beliebtes Wellness- und Businesshotel. Die recht wohnlichen Zimmer sind in dezenten Farben gehalten und mit schönen Holzmöbeln ausgestattet. Im Restaurant „Fischers Fritz“ wird regional, saisonal und frisch gekocht. Netter Innenhofgarten mit Strandkörben zum Entspannen.

Sporthotel Avantage www.avantagesporthotel.de

Braunstraße 40, PLZ 24145 (OT: Wellsee), **T 0431 717980,** F 7179820
35 Zimmer | Ez ab 79 €, Dz ab 99 €, 12,50 €

››

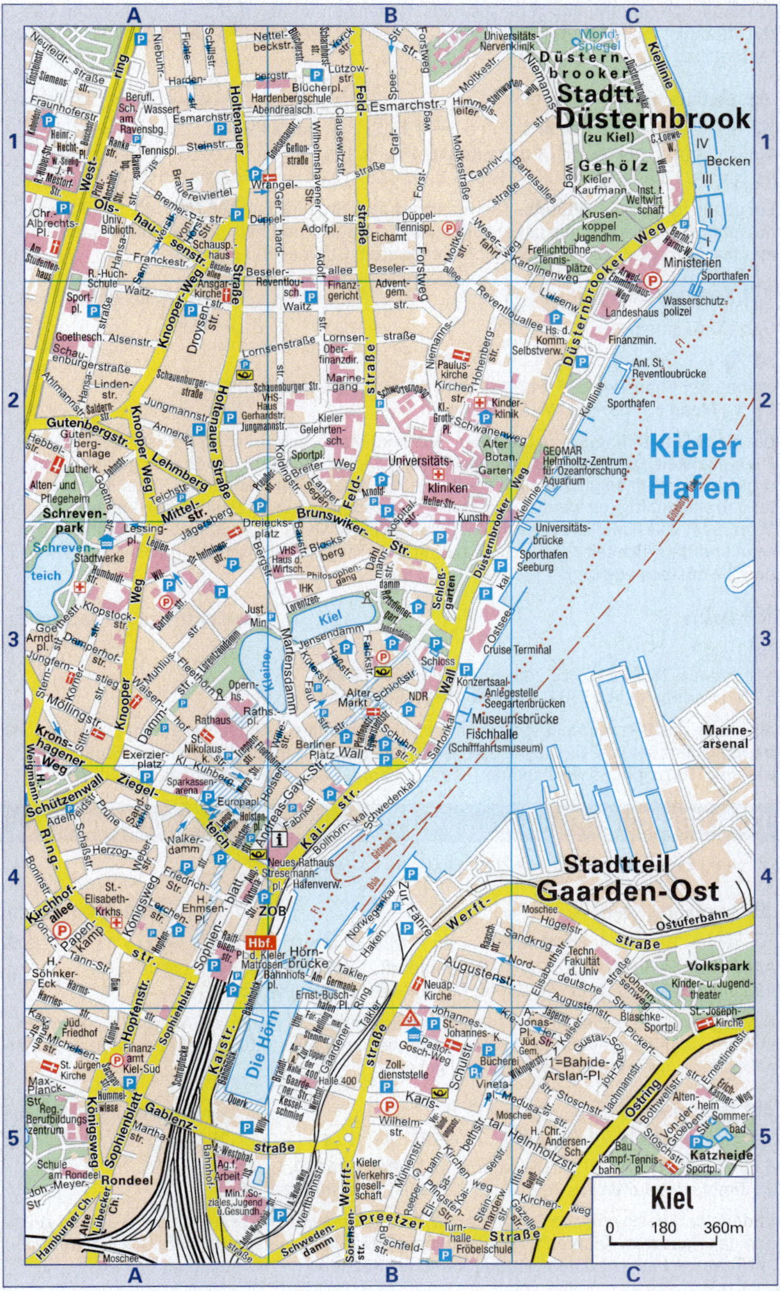
A
B
C
1
2
3
4
5
Stadtt. Düsternbrook
(zu Kiel)
Düsternbrooker Gehölz
Kieler Hafen
Stadtteil Gaarden-Ost
Universitäts-Nervenklinik
Mondspiegel
Kiellinie
Becken
Ministerien
Sporthafen
Wasserschutzpolizei
Landeshaus
Finanzmin.
Anl. St. Reventloubrücke
GEOMAR Helmholtz-Zentrum für Ozeanforschung Aquarium
Universitätsbrücke
Sporthafen Seeburg
Cruise Terminal
Konzertsaal
Anlegestelle Seegartenbrücken
Museumsbrücke
Fischhalle
(Schifffahrtsmuseum)
Marinearsenal
Universitätskliniken
Kinderklinik
Pauluskirche
Alter Botan. Garten
Schreventeich
Schrevenpark
Stadtwerke
Kleiner Kiel
Rathaus
Opernhaus
Alter Markt
Berliner Platz
Schloss
NDR
Europapl.
Neues Rathaus
ZOB
Hbf.
Hörnbrücke
Die Hörn
Halle 400
Zolldienststelle
Volkspark
Katzheide
Rondeel
Ostring
Werftstraße
Preetzer Straße
Gablenzstraße
Kaistr.
Holtenauer Straße
Feldstraße
Düsternbrooker Weg
Knooper Weg
Westring
Brunswiker Str.
Kiel
0 180 360m

Am südlichen Stadtrand liegt dieses Haus. Neben komfortablen Zimmern stehen den Gästen attraktive Indoor- und Outdoor-Sportanlagen zur Verfügung. Restaurant mit schöner Gartenterrasse.

Berliner Hof
www.berlinerhof-kiel.de

★★★ S garni

Ringstr. 6 (A4), PLZ 24103, **T 0431 66340,** F 6634345
95 Zimmer | 3 Apartments | Ez 75–105 €, Dz 115–135 €, inkl. Frühstück | 24 h

Ein gepflegtes, privat geführtes Nichtraucherhotel. Stammgäste schätzen die familiäre Atmosphäre und die zentrale Lage. Aber auch die modern und hell eingerichteten Gästezimmer machen das Haus zu einer empfehlenswerten Übernachtungsadresse.

KOS Fine dining Neu!
www.kos-finedining.de

VARTA-TIPP Küche

Hamburger Chaussee 183, PLZ 24113 (OT: Hassee), **T 0431 640920**
28 | Menü 55–85 € | Mi-So Mo, Di

Die Kieler Fine-Dining-Szene hat einen neuen kulinarischen Hotspot! KOS steht für Wärme, Freundlichkeit, Fürsorge, Zusammengehörigkeit und Genießen. Neben dem geradlinigen, urbanen Interieur zeigt sich auch die Küche von einer klaren, modernen Seite. Regionalität und Nachhaltigkeit werden hier groß geschrieben. Die Zutaten stammen konsequent aus Meer, See, Wald und Feld der Region. Julian Richerts Menü ist geprägt von Ehrlichkeit, Frische und Natürlichkeit - seine Liebe zum Kochen ist ganz offensichtlich! Vom Service werden Sie bestens umsorgt.

Pastis
www.pastis-grill-restaurant.de

Knorrstraße 28 (↖ A1), PLZ 24106, **T 0431 26097000**
55 | Hauptgericht 25–37 €, Menü 49–80 € | Mo-Sa So

Mischung aus Bistro und Restaurant mit modern-trendigem Ambiente, gutem Essen und freundlichem Service. Die kleine Speisekarte lockt mit Tatarspezialitäten und Steaks vom Lavagrill. Dazu gibt es wechselnde Tagesangebote. Gutes Preis-Leistungs-Verhältnis.

KIPFENBERG 60 A
www.kipfenberg.de

Bayern | EW 5.855 | 378 m | Beilngries 16 km, Eichstätt 25 km

Landhotel Geyer
www.landhotel-geyer.de

★★★★

Alte Hauptstraße 10, PLZ 85110 (OT: Pfahldorf), **T 08465 1730630,** F 17306364
48 Zimmer | 3 Suiten | Ez 99–150 €, Dz 144–200 €, inkl. Frühstück

Familiär geführter Feriengasthof in schöner Lage mitten im Naturpark Altmühltal. Wohnlich und individuell eingerichtete Zimmer mit zeitgemäßer Ausstattung. Schöner Bade- und Saunabereich. Im Restaurant wird regional gekocht.

Zur Linde
www.linde-altmuehltal.de

★★★

Bachweg 2, PLZ 85110 (OT: Schambach), **T 08465 94150,** F 941540
25 Zimmer | 2 Suiten | Ez 70–105 €, Dz 120–134 €, inkl. Frühstück

Bodenständige bayerische Gastfreundschaft und die herrliche Lage mitten im Grünen zeichnen das Haus aus. Ansprechender Wellnessbereich mit Saunalandschaft. Das Restaurant mit Terrasse besticht durch echte Altmühltaler Küche.

KIRCHDORF 61 C www.kirchdorf-online.de

Bayern | EW 1.339 | 551 m | Mühldorf a. Inn 31 km, München 50 km

Christians Restaurant www.christians-restaurant.de

VARTA-TIPP Küche **VARTA-TIPP** Service

Dorfstraße 1, PLZ 83527, **T 08072 8510**
28 Plätze | Hauptgericht 27–48 €, Menü 79–135 € | ◔ Sa-So ◑ Do-So

Seit über 30 Jahren führt Christian F. Grainer den elterlichen Traditionsgasthof, dessen Geschichte bis ins 16. Jahrhundert zurückreicht. Die einzigartige Mischung aus persönlicher Atmosphäre, exzellenter Küche und behaglichem Ambiente begeistert uns jedes Mal aufs Neue. Anstatt einer klassischen Speisekarte offeriert der Patron ein kreatives Überraschungsmenü (wahlweise in 3-6 Gängen). Zuvorkommend und fachkundig der Service samt der herzlichen Christiane Grainer - fundierte Weinberatung inklusive.

KIRCHDORF A.D.AMPER 60 D www.kirchdorf-amper.de

Bayern | EW 3.082 | 440 m | Freising 11 km, Dachau 33 km

Gasthof Zum Cafewirt www.cafewirt.de

€ Gut & Günstig

Hirschbachstr. 9, PLZ 85414, **T 08166 9987222**
80 Plätze | Hauptgericht 9–23 €, Menü 28–35 € | ◔ So ◑ Di, Do-So ⦸ Mo, Mi

Im musikantenfreundlichen Gasthaus speist man regional-saisonal. Auf der Karte lockt Bodenständiges wie Kalbsrahmgulasch, Schnitzel „Wiener Art" oder ofenfrischer Schweinebraten. Bei schönem Wetter wird auch im Garten serviert.

KIRCHDORF AN DER ILLER 59 C www.kirchdorf-iller.de

Baden-Württemberg | EW 3.477 | 551 m | Memmingen 14 km, Biberach an der Riß 30 km

Landgasthof Löwen

www.loewen-oberopfingen.de

VARTA-TIPP Küche

Kirchdorfer Str. 8, PLZ 88457 (OT: Oberopfingen), **T 08395 667**
30 | Hauptgericht 14–39 €, Menü 77–116 € | So Do-So Mo, Di, Mi

Dieser gepflegte, traditionsreiche Landgasthof steht seit mehreren Generationen für familiäre Atmosphäre, ausgezeichnete Küche und herzlichen Service. Ob im liebevoll eingerichteten Gourmetrestaurant mit Stüble oder auf der hübschen Terrasse - Küchenchef Alexander Ruhland offeriert eine feine regionale Küche, die er gekonnt mit internationalen und klassisch französischen Einflüssen kombiniert. Auch ein vegetarisches Menü steht auf der Speisekarte. Für Übernachtungsgäste hat man renovierte Gästezimmer.

KIRCHHEIM A. D. WEINSTR. 50 B

www.kirchheim-weinstrasse.de

Rheinland-Pfalz | EW 1.905 | 145 m | Bad Dürkheim 12 km, Mannheim 30 km

Schwarz Gourmet

www.schwarz-restaurant.de

VARTA-TIPP Küche VARTA-TIPP Service

Weinstraße Süd 1, PLZ 67281, **T 06359 9241702**
12 | Hauptgericht 24–50 €, Menü 149–169 € | Fr-So Mo, Di, Mi, Do

Nicht nur Manfred Schwarz ist mit der Region verwurzelt, auch seine trendbewusste, gehobene Küche, die aber nie abgehoben ist. In punkto Top-Kulinarik hält er nach wie vor die Fahne hoch! Im eleganten kleinen Gourmetbereich des aufwendig renovierten Sandsteinhauses offeriert er an drei Abenden in der Woche ein kreatives Menü (4 oder 6 Gänge) mit Ausdruck und Tiefgang. Dazu freundlich-professioneller Service und sehr gute Weinberatung. Tischreservierung gewünscht.

Schwarz Restaurant

Weinstraße Süd 1, PLZ 67281, **T 06359 9241702**
28 | Hauptgericht 25–40 € | So Mo, Do-So Di, Mi

Schick, stylish und entspannt ist es in dem edel in grau und weiß gehaltenen Restaurant. Serviert wird eine verfeinerte Pfälzer Küche mit Gerichten wie „Gebratener Lammrücken mit Thymianjus“ oder „Zart gegartes Ochsenbäckchen (Sous Vide) mit Kartoffel-Trüffelstampf“. Dazu gibt es leckere Weine aus der Region.

KIRCHHEIM B. MÜNCHEN 60 D

www.kirchheim-heimstetten.de

Bayern | EW 13.788 | 511 m | Vaterstetten 4 km, München 19 km

Beim Schrey www.beim-schrey.de

★★★★ garni

Dorfstraße 14, PLZ 85551, **T 089 9077480,** F 907748222
34 Zimmer | 8 Apartments | Ez 88–190 €, Dz 118–230 €, inkl. Frühstück

Ruhig gelegenes, privat geführtes Business- und Messehotel mit Boardinghaus für Langzeitgäste. Helle, freundlich eingerichtete Zimmer mit zeitgemäßer Ausstattung. Schöner Garten mit Swimmingpool.

KIRCHHEIM UNTER TECK 58 B www.kirchheim-teck.de

Baden-Württemberg | EW 39.786 | 311 m | Göppingen 18 km, Reutlingen 30 km

Weisser Ochse www.weisser-ochse.de

Alleenstraße 102, PLZ 73230, **T 07021 8046616**
75 | Hauptgericht 20–59 €, Menü 69–220 € | Do-So ⃠ Mo, Di, Mi

Ausgesprochen niveauvoll kommt das Restaurant in dem schmucken alten Fachwerkhaus am Alleenring daher - sowohl in punkto Ambiente (heimelig-elegante Atmosphäre) als auch kulinarisch. Finessenreich mischen sich hier Klassik und Moderne. Dazu ein professionell zusammengestelltes Weinangebot und ein freundlicher Service.

KIRCHHEIMBOLANDEN 50 B www.kirchheimbolanden.de

Rheinland-Pfalz | EW 7.726 | 340 m | Alzey 13 km, Worms 32 km

Parkhotel Schillerhain Neu! www.schillerhain.de

★★★★

Schillerhain 1, PLZ 67292 (OT: Schillerhain), **T 06352 7120,** F 712100
61 Zimmer | Ez 84–160 €, Dz 119–190 €, inkl. Frühstück

Hier kann man entspannen und die Seele baumeln lassen. Das inhabergeführte Hotel liegt ruhig an einem bewaldeten Park und bietet zeitgemäß und wohnlich ausgestattete Gästezimmer, die sich auf das Stammhaus und den Neubau verteilen. Es gibt auch einen kleinen Saunabereich. Im freundlichen Restaurant und auf der großzügigen Sonnenterrasse wird deutsche Küche serviert.

ART-Hotel Braun www.hotelbraun.de

★★★★ garni

Uhlandstr. 1, PLZ 67292, **T 06352 40060,** F 400699
40 Zimmer | 1 Apartment | Ez 79–99 €, Dz 114–171 €, 8,00–14,50 €

Modernes Stadthotel in zentraler, verkehrsgünstiger Lage unweit des hist. Stadtkerns. Das Haus zeichnet sich durch zeitgenössische Kunstausstellungen, erstklassigen Service und eine familiäre Atmosphäre aus. Individuell eingerichtete Zimmer mit verschiedenen Designs und Farbkonzepten. Gemütliche Cocktail-Lounge.

KIRCHLAUTER 53 A www.kirchlauter.de

Bayern | EW 1.347 | 344 m | Bamberg 28 km, Nürnberg 87 km

Gutshof Andres www.gutshof-andres.de

Pettstadt 1, PLZ 96166 (OT: Pettstadt), **T 09536 221**
80 | Hauptgericht 15–33 €, Menü 35–65 € | Sa-So Mi-So ⃠ Mo, Di

››

Bilderbuch-Gasthof mit Familientradition. Auf den Tisch kommt fränkische Küche, teils mit Produkten aus eigenem Anbau. Nachmittags hausgemachte Kuchen. Zum Haus gehören auch eine Gutshofbrennerei sowie zwei Ferienwohnungen.

KIRCHZARTEN 64 A www.kirchzarten.de

Baden-Württemberg | EW 9.691 | 392 m | Freiburg 9 km, Titisee-Neustadt 23 km

Schlegelhof www.schlegelhof.de

VARTA-TIPP Ambiente

Höfener Straße 92, PLZ 79199 (OT: Burg-Höfen), **T 07661 5051,** F 62312
11 Zimmer | Ez ab 105 €, Dz ab 150 €, inkl. Frühstück

Mit Freude und Engagement führt Familie Schlegel das charmante kleine Anwesen im Dreisamtal. Das Hotel verfügt über hochwertig eingerichtete Gästezimmer mit modern-ländlichem Flair. Für Entspannung und Wohlbefinden sorgen der gut ausgestattete SPA-Bereich sowie die mediterran anmutende Terrasse. Auch das Frühstück kann in punkto Angebot und Qualität überzeugen.

Schlegelhof

75 | Hauptgericht 27–42 €, Menü 52–88 € | So Mo-Di, Do-So Mi

In diesem hell, modern und luftig eingerichteten Restaurant kommen überwiegend bodenständige Traditionsgerichte auf den Tisch. Lust auf „Sauté von der Rehkeule mit Pfifferlingen, Pfefferbirnen und Wirsingknöpfle“? Im Sommer empfiehlt sich die hübsche Terrasse im Grünen.

Sonne www.sonne-kirchzarten.de

S garni

Hauptstraße 28, PLZ 79199, **T 07661 901990,** F 7535
24 Zimmer | 3 Suiten | 1 Apartment | Ez ab 89 €, Dz 99–149 €, inkl. Frühstück

Heimeliges Schwarzwaldhotel mit familiärer Atmosphäre. Hier stehen Ihnen gepflegte Zimmer im Landhausstil zur Verfügung. Kleiner, aber feiner Wellnessbereich mit Sauna und Beautyangeboten. E-Bike-Verleih.

Sonne

120 | Hauptgericht 16–34 €, Menü 34–48 € | Mi-Do, So Di-So Mo

Hier speisen Sie in gemütlichen holzvertäfelten Gaststuben. Die freundliche Crew serviert feine regionale Spezialitäten wie „Elsässer Perlhuhnbrust an Parmesanschaum auf Spargelrisotto“ oder „Filets von der Schwarzwaldforelle an weißem Tomatenschaum mit Safranblumenkohl und cremigen Buchholzer Nudeln“.

rainhof scheune www.rainhof-hotel.de

VARTA-TIPP Ambiente

Höllentalstraße 96, PLZ 79199, **T 07661 9886110,** F 9886146
16 Zimmer | 2 Suiten | Ez 79–129 €, Dz 99–144 €, 14,00 €

Das Hotel befindet sich in einem denkmalgeschützten Haus aus dem Jahr 1790, das komplett restauriert und modernisiert wurde. Die geräumigen, im Landhausstil dekorierten Themenzimmer überzeugen mit einem gelungenen Mix aus Tradition und Innovation. Es gibt auch einen kleinen Wellnessbereich mit Dampfbad und Sauna sowie ein Naturparkrestaurant mit Terrasse und Gartenwirtschaft.

KIRN 50 A — www.kirn.de

Rheinland-Pfalz | EW 8.770 | 250 m | Idar-Oberstein 16 km, Bad Kreuznach 27 km

Kyrburg — www.kyrburg.de

Auf der Kyrburg 1, PLZ 55606, **T 06752 91190**
70 | Hauptgericht 18–28 € | Mi-So ⃠ Mo, Di

Die fast 900 Jahre alte Burgruine Kyrburg beherbergt ein urig-rustikales Restaurant, in dem frisch zubereitete Gerichte mit internationalem Einfluss serviert werden. Im Sommer sitzt man besonders schön auf der Terrasse mit herrlichem Blick auf das Nahetal. Vor oder nach dem Essen lohnt sich ein Besuch im Whiskymuseum, das sich 15 m unter dem Wachhaus in zwei parallelen Kellergewölben befindet.

KISSING 59 D — www.kissing.de

Bayern | EW 11.640 | 523 m | Augsburg 12 km, Fürstenfeldbruck 32 km

Kühners Landhaus — www.kuehners-landhaus.de

Gewerbering 3, PLZ 86438, **T 08233 20005**
120 | Hauptgericht 12–49 € | Sa-So Mi-Sa ⃠ Mo, Di

Neuzeitlicher Gasthof mit verschiedenen rustikalen Stuben und überdachter Terrasse. Viel warmes Holz und behagliche Nischen sorgen für Wohlfühlambiente. Auf der Speisekarte stehen überwiegend bayerische und saisonale Spezialitäten. Die Preise sind fair, der Service charmant.

KISSINGEN, BAD 43 C — www.badkissingen.de

Bayern | EW 20.791 | 220 m | Hammelburg 18 km, Schweinfurt 25 km

Kaiserhof Victoria — www.kaiserhof-victoria.de

★★★★S garni

Am Kurgarten 5, PLZ 97688, **T 0971 7010,** F 701197
165 Zimmer | 2 Suiten | 24 h

Das direkt am Kurgarten gelegene Traditionshaus bietet einen Mix aus historischen Jugendstilelementen und zeitgemäßem Komfort. Klassik und Moderne vermitteln auch die geräumigen und wohnlichen Gästezimmer. Für Erholung sorgt der vitalisierende Kaiserhof-SPA. Im denkmalgeschützten Restaurant „Kaisersaal" in der Belle Etage wird regionale Küche serviert.

Laudensacks Parkhotel
www.laudensacks.de

VARTA-TIPP Service

Kurhausstraße 28, PLZ 97688, **T 0971 72240,** F 722444
21 Zimmer | 1 Suite | Ez 115–125 €, Dz 220–250 €, inkl. Frühstück | 24 h

Seine Tradition und der top Service machen das Haus zu einem großen Klassiker in Franken. Hier verbinden sich Romantik, ländlicher Charme und gepflegte Gastlichkeit. Die hübsche Gründerzeitvilla liegt in einem verträumten Park mit Seerosenteich. Die Zimmer zeichnen sich durch ihre stilvolle Inneneinrichtung mit ausgesuchten Stoffen und angenehmen Farben aus. Sehr zu empfehlen ist der exklusiv ausgestattete Wellnessbereich.

Laudensacks Gourmet-Restaurant

VARTA-TIPP Küche VARTA-TIPP Service

25 | Hauptgericht 29–41 €, Menü 86–108 € | Di-Sa Mo, So

Feinste Gaumenfreude für Kenner und Genießer! Ankommen, Platz nehmen, glücklich sein! Die moderne klassische Küche von Frederik Desch glänzt durch Exklusivität und Beständigkeit. Seine Kompositionen sind kreativ und abwechslungsreich, bei aller Raffinesse bleiben sie aber stets verständlich und sind von hohem Erinnerungswert. Thomas Hüttl kümmert sich mit Leidenschaft und Engagement um das Wohl der Gäste. Bei schönem Wetter sitzt man idyllisch auf der herrlichen Gourmetterrasse. Hier zu tafeln ist immer ein ganz besonderes Erlebnis...

Residence von Dapper
www.residence-dapper.de

★★★★

Menzelstraße 21, PLZ 97688, **T 0971 785480,** F 78548150
27 Zimmer | 7 Suiten | Ez ab 69 €, Dz ab 138 €, inkl. Frühstück

Das historische Jugendstilhotel mit familiärem Charakter ist von Parks umgeben und bietet Ihnen wohnlich eingerichtete 1- und 2-Raumzimmer sowie einen schönen Wellness- und Beautybereich. Im behaglichen Restaurant wird saisonal gekocht.

Schuberts Wein & Wirtschaft www.weinstube-schubert.de

Kirchgasse 2, PLZ 97688, **T 0971 2624**
80 | Hauptgericht 16–36 €, Menü 35–59 € | Sa-So Mo, Di, Mi

Von der bayerisch-modernen Wirtsstube bis zur denkmalgeschützten Weinstube - richtig gemütlich ist es hier. Dazu eine schmackhafte bodenständige Küche unter Verwendung frischer, regionaler Produkte, gute Frankenweine und ein sympathischer Service.

KISSLEGG 66 A www.kisslegg.de

Baden-Württemberg | EW 8.530 | 648 m | Leutkirch 13 km, Wangen 14 km

Hofgut Farny www.hofgut-farny.de

★★★★

Dürren 1, PLZ 88353, **T 07522 972880,** F 97288610
32 Zimmer

Diese Adresse ist ein idyllischer Rückzugsort mitten im Grünen. Die individuell gestalteten Gästezimmer verteilen sich auf den eindrucksvollen denkmalgeschützten Altbau und das neu errichtete Hotel. In der angeschlossenen Brauereiwirtschaft mit Biergarten serviert man Allgäuer Spezialitäten.

KLEINES WIESENTAL 64 A www.kleines-wiesental.eu

Baden-Württemberg | EW 2.843 | 440 m | Lörrach 20 km, Freiburg im Breisgau 67 km

Sennhütte www.sennhuette.com

Schwand 14, PLZ 79692 (OT: Schwand), **T 07629 91020**
120 | Hauptgericht 16–38 € | Mi-So Mo, Di 7.–23.11.22

Genuss und Gastlichkeit verspricht dieser engagiert geführte Familienbetrieb. Im ländlichen, lichtdurchfluteten Restaurant werden bürgerlich-regionale Spezialitäten serviert. Für Familienfeiern und geschäftliche Anlässe hat man passende Räumlichkeiten. Schön übernachten kann man ebenfalls.

KLEINWALLSTADT 51 B www.kleinwallstadt.de

Bayern | EW 5.700 | 120 m | Aschaffenburg 15 km, Miltenberg 26 km

Landgasthof zum Hasen www.kleinwallstadt-zumhasen.de

Marktstraße 3, PLZ 63839, **T 06022 7106590**
270 | Hauptgericht 11–22 € | Mi-So Mo, Di

Ein liebevoll restauriertes Haus in der Altstadt, in dem moderne Elemente und historische Bausubstanz ausgewogen miteinander harmonieren. Die Karte bietet eine saisonal orientierte Regionalküche zu fairen Preisen. Man hat auch ein paar Gästezimmer zum Übernachten.

KLETTGAU 64 B www.klettgau.de

Baden-Württemberg | EW 7.600 | 424 m | Schluchsee 50 km, Freiburg 83 km

Landgasthof Mange
www.mange-griessen.de

Kirchstraße 2, PLZ 79771 (OT: Grießen), **T 07742 5417**
38 | Hauptgericht 18–38 €, Menü 28–58 € | Sa Mi-Sa Mo, Di, So

Hier erwarten Sie hübsche, mit hellem Zirbelholz eingerichtete Gaststuben. Serviert werden typische Spezialitäten der badischen Küche, die sich am Marktangebot orientieren. Gutes Preis-Leistungs-Verhältnis. Charmanter Service.

KLEVE 28 B
www.kleve.de

Nordrhein-Westfalen | EW 49.392 | 40 m | Emmerich 9 km, Kalkar 12 km

The Rilano Hotel
www.rilano-hotel-kleve.de

★★★★

Bensdorpstr. 3, PLZ 47533, **T 02821 71180,** F 7118100
110 Zimmer | 24 h

Direkt am Spoykanal in Kleve empfängt Sie dieses neuzeitliche Businesshotel. Mit minimalistischer Einrichtung und extravaganter Raumaufteilung präsentieren sich die modernen Gästezimmer. Die exklusive Wellness-Suite bietet einen privaten Whirlpool und eine Sauna. Im Restaurant „Vitello Land & Meer" (mit Showküche) werden frische Grill- und Seafoodspezialitäten serviert.

KLOSTER LEHNIN 26 C
www.kloster-lehnin.net

Brandenburg | EW 11.200 | 70 m | Beelitz/Mark 18 km, Brandenburg/Havel 21 km

Markgraf
www.hotel-markgraf.de

★★★ S

Friedensstraße 13, PLZ 14797 (OT: Lehnin), **T 03382 7650,** F 765430
56 Zimmer | 1 Suite | Ez 79–89 €, Dz 102–115 €, inkl. Frühstück

Familiär geführtes Haus für Urlaubsgäste und Geschäftsreisende. Zeitgemäße Zimmer mit zweckmäßiger Ausstattung. Kleine Vitaloase. Restaurant mit regionaler und österreichischer Küche.

KLOTTEN 40 C
www.klotten.de

Rheinland-Pfalz | EW 1.245 | 110 m | Cochem 3 km, Boppard 34 km

Zur Post
www.hotelzurpost-klotten.de

€ Gut & Günstig ★★★

Bahnhofstraße 24, PLZ 56818, **T 02671 7116,** F 1311
10 Zimmer | 4 Apartments | Ez 65–85 €, Dz 95–115 €, inkl. Frühstück | 1.12.22–15.3.23

Beliebtes Motorradhotel im Moseltal mit großer Sonnenterrasse. Helle, modern eingerichtete Zimmer mit guter Ausstattung. Seit 2021 verfügt man auch über neue Apartments im 2. Stock mit Blick auf die Mosel.

Zur Post

35 | Hauptgericht 10–35 €, Menü 30–65 € | Mi-So Mo, Di 1.12.22–15.3.23

In den stilvollen Restauranträumen wird regionale Frischeküche mit saisonalen Spezialitäten und mediterranen Einflüssen serviert. Vinothek mit zahlreichen Spitzengewächsen der Mosel sowie internationalen Spezialitäten. Degustationen und wechselnde Events finden im urigen Gewölbekeller statt.

KNITTELSHEIM 50 D www.suedpfalz-tourismus-vg-bellheim.de

Rheinland-Pfalz | EW 1.124 | 121 m | Landau 12 km, Karlsruhe 24 km

Steverding's Isenhof www.isenhof.de

Hauptstraße 15a, PLZ 76879, **T 06348 5700**
30 | Menü 110 € | So Fr-So Mo, Di, Mi, Do

Fast ein halbes Jahrtausend hat das schmucke Fachwerkhaus bereits hinter sich. Patron Peter Steverding offeriert Ihnen hier ein wechselndes Menü. Die Produkte kommen vorzugsweise von lokalen Erzeugern und geben den saisonal-klassischen Gerichten Frische und Geschmack. Das Ambiente urig-rustikal, der Service ausgesprochen herzlich.

KNÜLLWALD 32 C www.knuelltouristik.de

Hessen | EW 4.661 | 260 m | Bad Hersfeld 27 km, Kassel 49 km

Sonneck www.hotel-sonneck.com

GREENSIGN ★★★ S

Zu den einzelnen Bäumen 13, PLZ 34593 (OT: Rengshausen), **T 05685 99957,** F 9995601
60 Zimmer | 1 Suite | Ez 86–119 €, Dz 119–175 €, inkl. Frühstück

In herrlich ruhiger Lage stehen Ihnen hier neuzeitliche Zimmer und ein hübscher Vitalbereich mit Schwimmbad, finnischer Sauna, Sanarium und Fitnessraum zur Verfügung. Deftige Kost und ausgefallene Menüs werden im Restaurant „Sonnenblatt" serviert.

KOBERN-GONDORF 40 D www.kobern-gondorf.de

Rheinland-Pfalz | EW 3.156 | 82 m | Koblenz 16 km, Mayen 22 km

Alte Mühle www.thomashoereth.de

Mühlental 17, PLZ 56330, **T 02607 6474**
160 | Hauptgericht 15–34 € | Sa-So Mo-So

Privat geführtes Haus in einer hist. Mühle aus dem 11. Jhd. mit schönem Innenhof. Serviert werden saisonale und regionale Gerichte, z.B. „Saftig gegrillter Lachs mit Rieslingsoße, Rahmlauchkartoffeln und jungem Blattspinat" oder „Wildschweinbratwürstle mit Mühlenrahmsauerkraut und Bratkartoffeln". Liebevoll eingerichtete Gästezimmer mit behaglichem Ambiente.

KOBLENZ 40 D www.koblenz-touristik.de

Rheinland-Pfalz | EW 110.643 | 73 m | Montabaur 25 km, Nürburgring 53 km

Deutsches Eck mit Kaiser-Wilhelm-Denkmal, Kurfürstliches Schloss, Uferpromenade, Schloss Stolzenfels, Festung Ehrenbreitstein, Seilbahn Koblenz, Mittelrhein-Museum, Ludwig-Museum im Deutschherrenhaus, DB Museum Koblenz, Basilika St. Kastor, Liebfrauenkirche, Haus Metternich am Münzplatz, Schängelbrunnen und Rathaus am Jesuitenplatz, Balduinbrücke.

Einen Cityplan finden Sie auf Seite 618.

Fährhaus www.faehr.haus

An der Fähre 3, PLZ 56072 (OT: Metternich), **T 0261 201710,** F 20171111
47 Zimmer | Ez 195–415 €, Dz 195–415 €, ab 28,00 € | 24 h ››

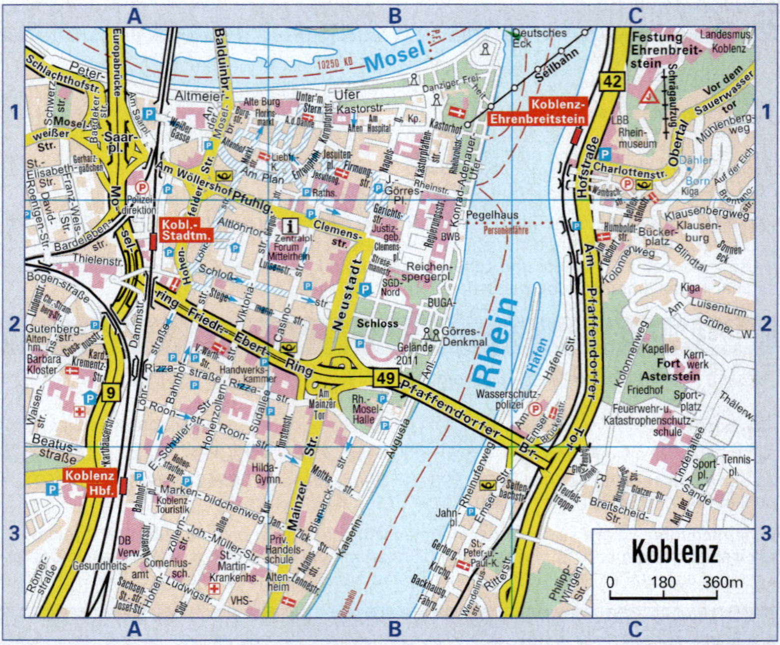

Direkt am Moselstausee liegt dieses Schmuckstück. Wertiges, modernes Design von den öffentlichen Bereichen über die Zimmer bis zum Restaurant! Besonders exklusiv logieren Sie im Penthouse mit 180-Grad-Aussicht und weitläufiger Dachterrasse. Für Entspannung sorgt ein großzügiger Fitness-, SPA- und Wellnessbereich auf zwei Etagen.

GOTTHARDT'S

VARTA-TIPP Küche

18 | Hauptgericht 34–49 €, Menü 102–149 € | Mi-Sa Mo, Di, So

Im kleinen, stilvollen Winter-Gourmetrestaurant speist man in angenehm freundlich-lockerer Atmosphäre mit Blick auf die Mosel. Mit Küchenchef Frank Seyfried und seinem Team hat man eine engagierte Brigade am Herd. Gekocht wird ideenreich und mit sehr guten Produkten. Die mediterran-deutschen Speisen können Sie einzeln oder als Menü (bis zu 6 Gänge) bestellen. Toll die Weinkarte, ebenso die Beratung durch den eloquenten Sommelier Steffen Mainz.

Restaurant Landgang

70 | Hauptgericht 26–36 €, Menü 55–89 € | Mo-So

Auch im Zweitrestaurant wird ambitioniert gekocht. Die Speisekarte bietet einen Mix aus französischer, mediterraner und regionaler Küche und reicht von „Kabeljau an lauwarmem Endivien-Linsen-Salat“ bis „Safranrisotto mit Wildkräutern und mariniertem Fenchel“. Tipp: Preisgünstiger Mittagslunch.

GHOTEL Hotel & Living
www.ghotel.de/hotels/koblenz

★★★ garni

Neversstraße 15 (A3), PLZ 56068, **T 0261 2002450,** F 200245555
120 Zimmer | 24 h

Ideale Businessadresse - direkt am Bahnhofsvorplatz gelegen. Das Ambiente des Hauses überzeugt mit schlichtem, geradlinigem Design. Hell und freundlich eingerichtete Gästezimmer. Sky-TV und WLAN für Hausgäste gratis.

Da Vinci
www.davinci-koblenz.de

VARTA-TIPP Küche

Deinhardplatz 3 (B1), PLZ 56068, **T 0261 9215444**
35 | Hauptgericht 24–40 €, Menü 129–158 € | Do-Sa Mo, Di, Mi, So

Die modern-puristische Inneneinrichtung bildet einen gelungenen Kontrast zum alten Stammhaus der Sektkellerei Deinhard. Daniel Pape pflegt einen zeitgemäßen, modernen Küchenstil mit französischem Ursprung. Der Gast kann zwischen zwei Menüvarianten (6 oder 8 Gänge) wählen. Zu den köstlichen Gaumenfreuden kredenzt man erlesene Weine aus nah und fern.

Gerhards Genussgesellschaft
www.gerhards-genussgesellschaft.de

VARTA-TIPP Küche

Danziger Freiheit 3 (B1, im Blumenhof), PLZ 56068, **T 0261 91499133**
120 | Hauptgericht 26–29 €, Menü 36–68 € | Fr-So Mi-So Mo, Di

Schmuckes Gewölberestaurant mit modernem Interieur direkt neben dem Ludwig-Museum. Hier dürfen Sie sich auf eine frische, ideenreiche Landhausküche freuen, bei der fast ausschließlich regionale Produkte Verwendung finden. Die Speisekarte wechselt regelmäßig und offeriert solch leckere Gerichte wie „Rosa gebratene Rehkeule mit Pfifferlingen, Spinat, glasierten Aprikosen und Gnocchi". Im Sommer wird auch auf der idyllischen Terrasse serviert.

Schiller's Manufaktur
www.hotel-stein.de

VARTA-TIPP Küche

Mayener Straße 126, PLZ 56070 (OT: Lützel), **T 0261 963530**
70 | Hauptgericht 24–60 €, Menü 136–185 € | Do-Fr Mi-Sa Mo, Di, So

Helles, freundliches Restaurant mit ansprechender Innengestaltung und feiner Tischkultur. Hier kredenzt man Ihnen in ungezwungener Atmosphäre eine anspruchsvolle Gourmetküche mit saisonalen Spezialitäten, die Sie sowohl à la carte als auch in Menüform genießen können. Donnerstags und freitags wird mittags ein dreigängiges Lunchmenü angeboten. Tipp: Viele hausgemachte Leckereien aus der „Kreativwerkstatt" von Mike Schiller gibt es auch zum Mitnehmen für Zuhause.

Verbene
www.restaurant-verbene.de

Florinspfaffengasse 7 (B2), PLZ 56068, **T 0261 10046221**
22 | Menü 84–144 € | Mi-Sa Mo, Di, So

Das kleine Restaurant im Herzen der Koblenzer Altstadt kommt an mit seiner persönlichen Note, der schlicht-modernen Atmosphäre und dem unkomplizierten Service. Und dann ist da noch die schmackhafte deutsche Küche mit internationalem Einschlag.

Café Baumann
www.cafe-baumann.de

Obere Löhr 93 (A2), PLZ 56068, **T 0261 31433**
140 | Hauptgericht 4–12 € | Mo–So 9:00–18:00 Uhr

Einladendes Café mit erlesener Auswahl an Trüffel- und Pralinenspezialitäten sowie sehr guten Blechkuchen. Frühstücks- und Mittagskarte. Herzlicher Service.

KOHLGRUB, BAD 67 B
www.bad-kohlgrub.de

Bayern | EW 2.556 | 828 m | Oberammergau 12 km, Murnau am Staffelsee 13 km

Das Johannesbad
www.das-johannesbad.de

★★★★ S

Saulgruber Str. 6, PLZ 82433, **T 08845 840,** F 84187
43 Zimmer | 3 Suiten | 1 Apartment | Ez ab 119 €, Dz ab 238 €, inkl. Frühstück | ⦸ 13.11.–27.12.22

In diesem Medical SPA- und Vitalrefugium übernachten Sie in farbenfroh eingerichteten Zimmern mit alpinem Landhauscharme. Schöne Rückzugsorte zum Entspannen sind die Kaminbibliothek oder der Wellnessbereich mit Pool und Beauty Lounge. Im behaglichen Restaurant wird eine leichte, abwechslungsreiche Regionalküche aufgetischt.

Schillingshof
www.hotel-schillingshof.com

★★★★

Fallerstraße 11, PLZ 82433, **T 08845 7010,** F 8349
131 Zimmer | Ez ab 85 €, Dz ab 106 €, inkl. Frühstück | ◷ 24 h

Das Ferienhotel auf 900 m Höhe bietet neben seinen gemütlichen Zimmern mit Balkon oder Terrasse auch einen ansprechenden Beauty- und Freizeitbereich. Ruhige Lage, herrlicher Ausblick über das Tal und den Staffelsee.

Moor & Mehr Bio-Kurhotel
www.bio-kurhotel.de

★★★ S

Spengelstraße 6, PLZ 82433, **T 08845 7020,** F 702190
28 Zimmer | 2 Suiten | Ez ab 74 €, Dz ab 150 €, inkl. Frühstück

Gepflegtes, familiengeführtes Biohotel mit liebevoll eingerichteten Zimmern. Umfangreiches Wellness- und Gesundheitsangebot mit Bad Kohlgruber Bergkiefernhochmoor, Schwimmbad, Sauna, Tepidarium, römischem Kräuterdampfbad und Feng-Shui-Ruhebereich.

KÖLN 39 B www.koelntourismus.de

Nordrhein-Westfalen | EW 1.027.500 | 53 m | Bonn 30 km, Düsseldorf 50 km

Dom (UNESCO-Weltkulturerbe), Domschatzkammer, Altstadt, Rathaus, Rheinpromenade, Rheinseilbahn, Gürzenich, Opernhaus am Offenbachplatz, rom. Groß-St.-Martin-Kirche, Duftmuseum im Farina-Haus, Römisch-Germanisches Museum, Museum Ludwig, Wallraf-Richartz-Museum, Museum für Angewandte Kunst, Schnütgen-Museum, Schokoladenmuseum, Zoo, Römerturm, Eigelsteintorburg, Archäolog. Zone, Kolumba, NS-Dokumentationszentrum, Rautenstrauch-Joest-Museum.

Einen Cityplan finden Sie auf Seite 622–623.

Excelsior Hotel Ernst www.excelsiorhotelernst.com

VARTA-TIPP Ambiente **VARTA★TIPP** Service

★★★★★S

Trankgasse 1-5 (C2), PLZ 50667, **T 0221 2701**, F 2703333

137 Zimmer | 26 Suiten | Ez ab 230 €, Dz ab 250 €, 36,00 € | 24 h

Ein Grandhotel par excellence, in dem schon viele weltberühmte Persönlichkeiten gastierten. Gediegene Eleganz, gelebte Tradition und eine erstklassige Servicekultur zeichnen dieses Haus aus. Sie logieren in individuellen, mit edlen Materialien und Antiquitäten eingerichteten Zimmern und Suiten. Auf der sechsten Etage hat man einen Sauna- und Fitnessbereich. Toll auch die zentrale Lage gegenüber dem Kölner Dom.

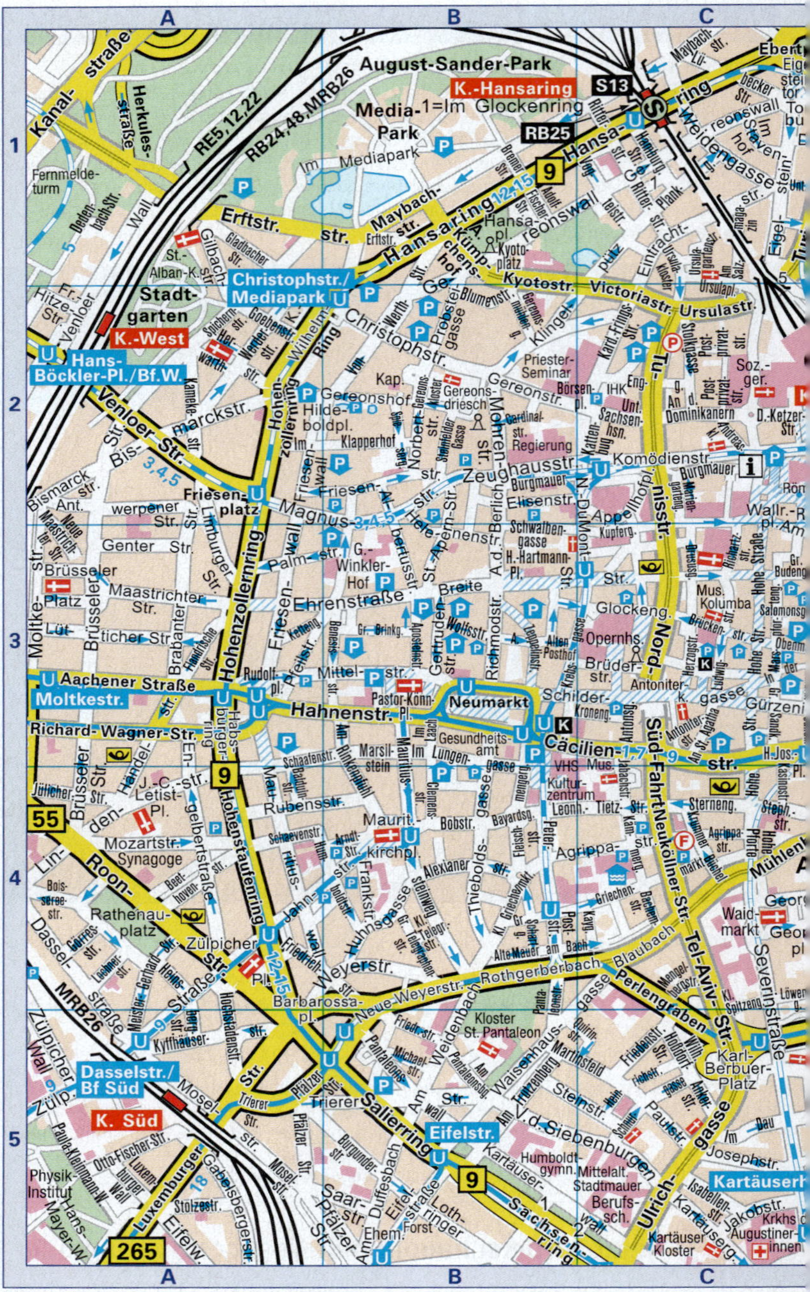
A
B
C
1
2
3
4
5
August-Sander-Park
K.-Hansaring
S13
Media-Park
1=Im Glockenring
RB25
Mediapark
Fernmeldeturm
Herkulesstraße
Kanalstraße
RE5,12,22
RB24,48,MRB26
Erftstr.
Maybachstr.
Hansaring
Hansa-pl.
Kyotoplatz
Kyotostr.
Victoriastr.
Ursulastr.
Weidengasse
Eigelstein
Christophstr./Mediapark
Stadtgarten
K.-West
Hans-Böckler-Pl./Bf.W.
Venloer Str.
Christophstr.
Gereonshof
Gereonstr.
Gereonsdriesch
Priester-Seminar
Börsen-pl.
Regierung
Komödienstr.
Burgmauer
Zeughausstr.
Bismarckstr.
Friesenplatz
Magnusstr.
Friesenstr.
Hohenzollernring
Brüsseler Platz
Maastrichter Str.
Genter Str.
Ehrenstraße
Breite Str.
Glockeng.
Opernhs.
Tunisstr.
Nord-Süd-Fahrt
Mus. Kolumba
Aachener Straße
Moltkestr.
Hahnenstr.
Neumarkt
Schilderg.
Cäcilienstr.
Richard-Wagner-Str.
Rudolfpl.
Mittelstr.
Gesundheitsamt
Lungengasse
VHS
Kulturzentrum
Antoniterk.
Gürzenich
55
9
Mozartstr.
Synagoge
Rubensstr.
Maurit.-kirchpl.
Agrippastr.
Roonstr.
Rathenauplatz
Zülpicher Pl.
Zülpicher Str.
Hohenstaufenring
Waidmarkt
Weyerstr.
Rothgerberbach
Perlengraben
Blaubach
Barbarossapl.
Neue-Weyerstr.
Kloster St. Pantaleon
Karl-Berbuer-Platz
Severinstraße
Tel-Aviv-Str.
Dasselstr./Bf Süd
K. Süd
MRB26
Salierring
Eifelstr.
Sachsenring
Luxemburger Str.
Physik-Institut
265
Humboldt-gymn.
Mittelalt. Stadtmauer
Berufssch.
Kartäuser Kloster
Ulrichgasse
Kartäuserhof
Augustiner-innen

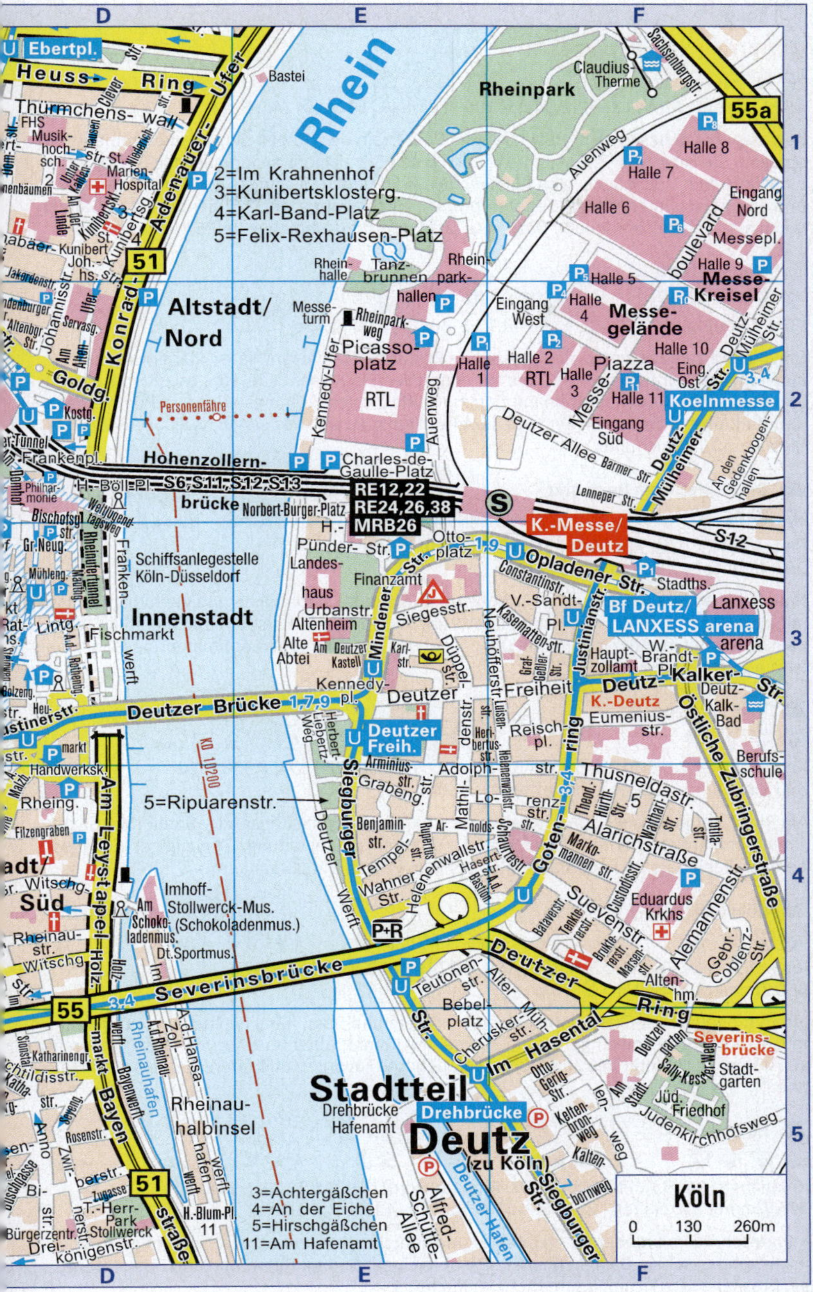
D
E
F
1
2
3
4
5
Rhein
Rheinpark
Claudius-Therme
Sachsenbergstr.
55a
Halle 8
Halle 7
Halle 6
Eingang Nord
Messepl.
Halle 9
Messe-Kreisel
Halle 5
Halle 4
Messe-gelände
Halle 10
Eing. Ost
Halle 2
Halle 1
RTL
Halle 3
Piazza
Halle 11
Koelnmesse
Eingang West
Eingang Süd
Auenweg
Deutzer Allee
Barmer Str.
Lenneper Str.
Deutz-Mülheimer-Str.
An den Gedenkbogen-hallen
2=Im Krahnenhof
3=Kunibertsklosterg.
4=Karl-Band-Platz
5=Felix-Rexhausen-Platz
Bastei
Rhein-halle
Tanz-brunnen
Rhein-park-hallen
Messe-turm
Rheinpark-weg
Picasso-platz
Kennedy-Ufer
Personenfähre
Charles-de-Gaulle-Platz
Hohenzollern-brücke
S6,S11,S12,S13
RE12,22
RE24,26,38
MRB26
Norbert-Burger-Platz
K.-Messe/Deutz
S12
Ebertpl.
Heuss-Ring
Thürmchens-wall
Konrad-Adenauer-Ufer
51
Altstadt/Nord
Goldg.
Kostg.
Frankenpl.
H.-Böll-Pl.
Bischofsg.
Innenstadt
Schiffsanlegestelle Köln-Düsseldorf
Fischmarkt
Frankenwerft
Rheinufertunnel
Ottoplatz
Opladener Str.
Constantinstr.
Stadths.
Lanxess arena
Bf Deutz/LANXESS arena
Pünder-Str.
Landeshaus
Finanzamt
Siegesstr.
Urbanstr.
Altenheim
Alte Abtei
Deutzer Kastell
Mindener Str.
Kennedy-pl.
Deutzer Freiheit
Justinianstr.
Hauptzollamt
W.-Brandt-Pl.
Kalker-Str.
Deutz-Kalk-Bad
K.-Deutz
Eumeniusstr.
Reischpl.
Deutzer Brücke
Deutzer Freih.
Siegburger Str.
Arminiusstr.
Graben-str.
Adolphstr.
Thusneldastr.
Alarichstraße
Östliche Zubringerstraße
Berufsschule
5=Ripuarenstr.
Deutzer Werft
Benjaminstr.
Tempelstr.
Wahner Str.
Helenenwallstr.
Gotenring
Markomannenstr.
Suevenstr.
Eduardus Krkhs
Alemannenstr.
Gebr.-Coblenz-Str.
Am Leystapel
Holzmarkt
Rheing.
Filzengraben
Altstadt/Süd
Imhoff-Stollwerck-Mus. (Schokoladenmus.)
Dt.Sportmus.
Severinsbrücke
55
P+R
Teutonenstr.
Bebelplatz
Alter Mühlenweg
Cheruskerstr.
Deutzer Ring
Hasental
Severins-brücke
Stadtgarten
Jüd. Friedhof
Judenkirchhofsweg
Rheinauhafen
Rheinauhalbinsel
Bayenwerft
Bayenstraße
Stadtteil Deutz (zu Köln)
Drehbrücke
Hafenamt
Deutzer Hafen
Alfred-Schütte-Allee
Siegburger Str.
3=Achtergäßchen
4=An der Eiche
5=Hirschgäßchen
11=Am Hafenamt
H.-Blum-Pl.
T.-Herr-Park
Bürgerzentr. Stollwerck
Dreikönigenstr.
Köln
0 130 260m

Taku

VARTA-TIPP Küche VARTA-TIPP Service

45 | Hauptgericht 18–32 €, Menü 100–155 € | Di-Sa Mo, So

Zeitlos-puristisches Gourmetrestaurant im Souterrain des Hotels. Service und Ambiente spiegeln die Feng-Shui-Philosophie wider. Freuen Sie sich auf anspruchsvolle Gerichte der ostasiatischen Hochküche - von Küchenchef Mirko Gaul und seiner Crew modern, kreativ und europäisch interpretiert. Geboten wird ein wechselndes Menü in vier bis sechs Gängen (auch als „Veggie“ erhältlich). Dazu eine fachkundig zusammengestellte Weinauswahl.

Hanse Stube

90 | Hauptgericht 29–56 €, Menü 112–209 € | Mo-So

Stilvoll und gediegen zeigt sich das zweite Restaurant in diesem Haus. Hier erwartet Sie eine innovative französische Küche mit regionalen Einflüssen. Wie wäre es z.B. mit „Filet und Bauch vom Duroc-Schwein mit Sommertrüffel, Apfel, Frühlingslauch und Pommerysenf-Kartoffelpüree“? Dazu eine bemerkenswerte Weinauswahl. Tipp: täglich wechselndes Mittagsmenü zur Lunchtime.

Dorint Hotel am Heumarkt

www.hotel-koeln-city.dorint.com

Pipinstraße 1 (C3), PLZ 50667, **T 0221 28060,** F 28061111
262 Zimmer | 17 Suiten | 24 h

Neuzeitliches Businesshotel in der Nähe des Heumarkts. Wohnliche und geräumige Zimmer mit klaren Linien. Gläserner Panorama-Aufzug mit Domblick. Entspannung bietet ein Wellnesscenter mit großem Innenpool. Die passende Location für den optimalen Tagesausklang ist die „Harry’s New-York Bar“.

Hyatt Regency

www.hyatt.com

Kennedy-Ufer 2a (E2), PLZ 50679 (OT: Deutz), **T 0221 8281234,** F 8281370
306 Zimmer | 17 Suiten | 1 Apartment | 24 h

Am Rheinufer gelegenes Luxushotel für Geschäfts- und Freizeitreisende. Geräumige Gästezimmer mit ansprechendem Komfort und moderner Farbgestaltung. Großzügiger Wellnessbereich. Regionale und internationale Küche im Restaurant „Glashaus“.

Köln Marriott

www.koelnmarriott.de

Johannisstraße 76-80 (D2), PLZ 50668, **T 0221 942220,** F 94222777
365 Zimmer | 20 Suiten | 24 h

Internationales First-Class-Hotel unweit von Rhein und Dom, ideal für Tagungen und Konferenzen. Anspruchsvoll eingerichtete Zimmer mit komfortabler Ausstattung. Das Restaurant „Cast Iron Grill“ bietet bewährte Klassiker, beliebte Favoriten und interessante neue Kreationen.

Pullman

www.all.accor.com

★★★★S

Helenenstr. 14 (B3), PLZ 50667 (OT: Altstadt-Nord), **T 0221 2750,** F 2751301
275 Zimmer | 10 Suiten | Ez 138–408 €, Dz 138–428 € | 24 h

Kongresshotel mit moderner Architektur und zurückhaltender Eleganz. Geräumige Zimmer in zeitgenössischem Design. Kleiner SPA-Bereich mit Sauna, Dampfbad und Sonnenterrasse. Brasserie „E.L.F.“ mit internationaler Küche.

Radisson Blu
www.radissonhotels.com

★★★★ S

Messe-Kreisel 3 (F2), PLZ 50679 (OT: Deutz), **T 0221 277200,** F 2772010
393 Zimmer | 8 Suiten | 24 h

Das Businesshotel liegt gleich neben dem Gelände der Koelnmesse und unweit der LANXESS arena. Die Zimmer und Suiten zeigen sich im urbanen Look mit sehr gutem Wohn- und Arbeitskomfort. Im „Ellipse Restaurant" inmitten des imposanten, 15m hohen gläsernen Atriums wird regionale und internationale Küche angeboten. Großzügige Meeting- und Eventflächen.

Wasserturm Hotel
www.wasserturm-hotel-cologne.com

VARTA-TIPP Ambiente

Kaygasse 2 (C4), PLZ 50676, **T 0221 20080,** F 2008888
88 Zimmer | 24 h

Eine Perle der Kölner Hotellandschaft! Nach der umfangreichen Renovierung hat man das elf Etagen umfassende Hotel, das sich in einem ehemaligen Wasserspeicher befindet, zu einer „State of the Art"-Adresse gemacht. Eleganz und Luxus vermitteln die exklusiv eingerichteten Zimmer und Suiten. Dazu der edle SPA und ein weitläufiger Eventbereich. Die außergewöhnliche Innenarchitektur gipfelt in der stylishen Hotelbar, von der aus man eine traumhafte Rundumsicht über ganz Köln genießen kann.

Courtyard by Marriott
koelncourtyard.de

Dagobertstr. 23 (D1), PLZ 50668, **T 0221 846330,** F 846337777
236 Zimmer | 24 h

Funktionelles Geschäftshotel in einem anthrazitfarbenen, fünfstöckigen Klinkerbau. Die Zimmer sind in wohnlich-zeitgemäßen Tönen gehalten und mit klassischen Kingsizebetten ausgestattet. Im Erdgeschoss des Hauses befinden sich ein rund um die Uhr geöffneter Shop sowie das Bistro „Eat.Drink.Connect".

Dorint An der Messe
hotel-koeln-messe.dorint.com

Deutz-Mülheimer-Straße 22-24 (F2), PLZ 50679 (OT: Deutz), **T 0221 801900,** F 80190800
313 Zimmer | 47 Suiten | 24 h

In hellem Holz, Glas und Metall gestylter Atriumbau. Freundliche Zimmer in verschiedenen Kategorien. Hübscher „Vital-Spa" mit Pool, finnischer Sauna, Dampfbad und Solegrotte. Restaurant mit regionaler und internationaler Küche.

Hilton
www.hiltonhotels.de

Marzellenstraße 13-17 (C2), PLZ 50668, **T 0221 130710,** F 130720
296 Zimmer | 19 Suiten | 24 h

Businesshotel im ehem. Postscheckamt. Freundliche Zimmer mit Parkettböden und hellen Holzmöbeln. Exklusiver SPA mit 24-Stunden-Fitnessstudio. Im Restaurant „Konrad" werden regionale und internationale Speisen serviert.

Hotel Mondial am Dom - MGallery
www.accorhotels.com/1306

★★★★ S

Kurt-Hackenberg-Platz 1 (D3), PLZ 50667, **T 0221 20630,** F 2063527
203 Zimmer | 6 Suiten | Ez 119–599 €, Dz 129–619 €, 27,00 € | 24 h ››

In der Innenstadt nicht weit vom Dom liegt das auf Geschäftsreisende ausgerichtete Hotel. Die Zimmer sind klassisch-modern im Stil und neuzeitlich in der Ausstattung. Gastronomie: regionale Küche im Restaurant „Reissdorf im Mondial".

Regent www.hotelregent.de

★★★★ garni

Melatengürtel 15, PLZ 50933 (OT: Braunsfeld), **T 0221 54990,** F 5499998
178 Zimmer | 24 h

Das moderne Design und die funktionelle Ausstattung des Hotels erfüllen höchste Businessansprüche. Geschmackvolle und technisch anspruchsvolle Zimmergestaltung. Hauseigener Fitness- und Saunabereich. Im Restaurant „Cantinetta" wird italienisch gekocht.

Savoy www.savoy.de

Turiner Straße 9 (C1), PLZ 50668, **T 0221 16230,** F 1623200
102 Zimmer | 28 Suiten | 24 h

Das Designhotel gehört zweifellos zu den populärsten Adressen der Stadt. Kein Zimmer gleicht dem anderen. Hier trifft stylisher Luxus auf Opulenz. Wellnessvergnügen bietet der 650 qm große SPA-Bereich. Eine traditionelle englische Tea Time können Gäste in der Kaminlounge genießen.

Steigenberger www.steigenberger.com

Habsburgerring 9-13 (A3), PLZ 50674, **T 0221 2280,** F 251206
305 Zimmer | 24 h

Bei Geschäfts- und Städtereisenden gleichermaßen beliebt: die zentrale Lage am Rudolfplatz, stylishe Zimmer mit großem Doppelbett, kostenfreiem WLAN und Nespresso-Kaffeemaschine sowie ein moderner Fitnessraum. Das helle Frühstücksrestaurant „Sands" bietet ein reichhaltiges Buffet mit regionalen und saisonalen Produkten.

V8 Hotel www.v8hotel.koeln

Butzweilerstraße 35-39, PLZ 50829 (OT: Ossendorf), **T 0221 572760**
112 Zimmer | 1 Suite | Ez 99–299 €, Dz 129–329 € | 24 h

Das originelle Themenhotel befindet sich auf dem Gelände des historischen Flughafens Köln-Butzweilerhof, der zu seiner Zeit als ehemaliges „Luftkreuz des Westens" fungierte.

25hours Hotel The Circle Cologne www.25hours-hotels.com

Im Klapperhof 22-24 (B2), PLZ 50670, **T 0221 162530**
207 Zimmer | 24 h

Das originelle Themenhotel hat man in einen denkmalgeschützten Rundbau des Kölner Gerling Quartiers integriert. Hier erwarten den Gast schicke Zimmer im futuristischen Stil mit offener Raumaufteilung und unverkleideten Betondecken. Kommunikativer Treffpunkt ist die Monkey Bar sowie das Restaurant „NENI" in der 8. Etage mit tollem Blick auf die Stadt. In den öffentlichen Bereichen des Hotels kann man die Werke diverser Künstler bewundern.

Astor & Aparthotel www.hotelastor.de

★★★★ garni

Friesenwall 68-72 (A3), PLZ 50672, **T 0221 207120,** F 253106
50 Zimmer | 7 Apartments | Ez 90–350 €, Dz 135–450 €, inkl. Frühstück | 24 h

Ankommen und Wohlfühlen heißt es in dieser freundlich geführten Stadtresidenz in der Innenstadt. Das Hotel bietet zeitlos eingerichtete Zimmer in unterschiedlichen Kategorien. Heller Frühstücksraum im mediterranen Stil.

Eden Hotel Früh am Dom

www.hotel-eden.de

Sporergasse 1 (C3), PLZ 50667 (OT: Altstadt-Nord), **T 0221 272920,** F 2580495
78 Zimmer | Ez ab 100 €, Dz 125–135 €, inkl. Frühstück | 24 h

Zentraler kann man in Köln kaum wohnen - das Haus liegt direkt gegenüber dem Kölner Dom. Designorientierte Zimmer mit modernen Möbeln und Echtholzparkett, teils mit Domblick. Gute Veranstaltungs- und Tagungsmöglichkeiten.

Brauhaus Früh am Dom

www.frueh-am-dom.de/brauhaus.html

Am Hof 12-18 (C3), PLZ 50667 (OT: Altstadt-Nord), **T 0221 2613215**
600 | Hauptgericht 8–23 € | Mo-So

Das Brauhaus am Heinzelmännchenbrunnen ist bei Einheimischen und Touristen gleichermaßen beliebt. Typisch kölsche Gastlichkeit auf drei Etagen. Zum frisch gezapften Kölsch werden bodenständige deutsche Gerichte serviert.

Falderhof

www.falderhof.info

Falderstraße 29, PLZ 50999 (OT: Sürth), **T 02236 966990,** F 966998
33 Zimmer | Ez ab 95 €, Dz ab 125 €, inkl. Frühstück | 24 h 23.12.22–8.1.23

Der unter Denkmalschutz stehende historische Gutshof beherbergt individuell ausgestattete Zimmer. Sämtliche Räume wurden mit hochwertigen Möbeln und vielen Antiquitäten ausgestattet. Restaurant mit stilvoll-gemütlichem Ambiente und schöner Hofterrasse.

Koncept Hotel Josefine Neu!

www.koncepthotels.com

Niehler Straße 104, PLZ 50733 (OT: Nippes), **T 0221 16530395**
40 Zimmer

Der Name der hippen Herberge soll an die Firmenchefin der ehemaligen Clouth Gummiwerke erinnern, auf dessen Gelände sich das Haus befindet. Die Zimmer - buchbar in den Kategorien „Medium", „Large" und „Extra Large" - zeigen sich in einem spannenden Mix aus cooler Ästhetik, inspirierender Innenarchitektur und viel Komfort. Zum Socializing empfiehlt sich der Salon - eine Melange aus Bibliothek, Lounge und Co-Working-Space.

Legend Hotel Neu!

www.legendhotel.de

Bürgerstr. 2 (D3), PLZ 50667, **T 0221 22288777**
20 Zimmer

Das Neubau-Boutique-Hotel mit seiner auffällig roten Fassade liegt zentral im Herzen der Altstadt, gleich neben dem historischen Rathausturm. Das Haus überzeugt mit modernen, hochwertig und technisch gut ausgestatteten Zimmern in unterschiedlichen Größen und Preiskategorien. Durchdachte Accessoires, natürliche Farbelemente, warme Lichtquellen und Eichenparkett sorgen für exklusiven Wohnkomfort. Die Dachterrasse gewährt einen der schönsten Ausblicke über die Kölner Altstadt. In das Gebäude ist ein Aufzug integriert, über den die U-Bahn-Haltestelle „Rathaus" erreicht werden kann.

PULS Neu!

www.pulsrestobar.com

VARTA-TIPP Küche

30 | Hauptgericht 23–36 € | Di-Sa Mo, So

Nach dem „Ox & Klee“ hat Daniel Gottschlich auch mit seinem zweiten Lokal einen echten Volltreffer gelandet. Das durchdachte Design und die ambitionierte Kulinarik machen diese Location zu einem neuen Hotspot. Serviert werden kreative À-la-carte-Speisen und pfiffige Gerichte zum Teilen. Dabei kommen auch vegane und vegetarische Speisen nicht zu kurz. Das Restaurant transformiert sich am späteren Abend in eine coole Bar, in der außergewöhnliche Cocktail- und Snackkreationen angeboten werden.

Santo

www.hotelsanto.de

★★★★ garni

Dagobertstraße 22-26 (D1), PLZ 50668, **T 0221 9139770,** F 913977777
69 Zimmer | 24 h

Neuzeitliches Designhotel in der Altstadt. Die geradlinig-stylishen Zimmer sind mit Parkettboden ausgestattet und verfügen über Hochglanzmöbel und Natursteinböden in den Bädern. An den Wochenenden Langschläferfrühstück bis 12:00 Uhr.

Stadtpalais

www.hotelstadtpalais.de

★★★★

Deutz-Kalker Straße 52 (F3), PLZ 50679 (OT: Deutz), **T 0221 880420,** F 880424444
115 Zimmer | 2 Suiten | Ez ab 119 €, Dz ab 149 €, inkl. Frühstück | 24 h

Komfortables Stadthotel gegenüber der Kölner LANXESS arena. Das Ensemble der verschiedenen traditionellen Einzelgebäude hat man aufwendig saniert und durch einen Hotelneubau ergänzt. Hier stehen den Gästen geräumige, elegant eingerichtete Zimmer und eine kleine Saunalandschaft zur Verfügung. Im denkmalgeschützten Kaiser-Wilhelm-Bad befindet sich das KWB-Restaurant. Hier wird frische, regionale Küche aufgetischt.

The Qvest

www.qvest-hotel.com

Gereonskloster 12 (B2), PLZ 50670, **T 0221 2785780,** F 27857899
34 Zimmer | 24 h

Das hist. Gebäude aus dem Jahre 1897 birgt unterschiedlich große Zimmer mit Designklassikern aus der Mitte des Jahrhunderts und bis zu vier Meter hohen Decken. Herzstück des Hotels ist die hauseigene Bar. Diese ist auch für Nicht-Hotelgäste geöffnet.

Hotel Stern am Rathaus

www.stern-am-rathaus.de

★★★ S

Bürgerstraße 6 (D3), PLZ 50667 (OT: Altstadt-Nord), **T 0221 22251750**
10 Zimmer | Ez ab 90 €, Dz ab 135 €, inkl. Frühstück

In einer ruhigen Seitenstraße in der Altstadt befindet sich dieses kleine Boutique-Hotel. Das Haus bietet renovierte, moderne und technisch gut ausgestattete Zimmer. Morgens erwartet Sie ein sehr gutes Frühstück mit teils selbstgemachten und regionalen Produkten.

Hotel zur Malzmühle

www.hotelzurmalzmuehle.de

★★★ S

Heumarkt 6 (D4), PLZ 50667, **T 0221 92160611,** F 247701
37 Zimmer | 1 Suite | Ez ab 79 €, Dz ab 114 €, 15,00 € | 24 h

Am Traditionsstandort der Hausbrauerei im Herzen der Altstadt empfängt Sie dieses individuelle Hotel. Zur Heumarktseite haben alle Zimmer einen direkten Blick auf den Dom. Als besonderes Extra erwartet die Gäste in einigen Zimmern ein traditioneller Biersiphon mit hausgebrautem Mühlen Kölsch. Zum Haus gehören auch die Mühlen-Bar und die Event-Gastronomie Höhner-Stall.

Uhu — www.hotel-uhu.de

★★★ S garni

Dellbrücker Hauptstraße 201, PLZ 51069 (OT: Dellbrück), **T 0221 9681960,** F 96819681
35 Zimmer | 1 Suite | Ez 60–145 €, Dz 85–195 €, inkl. Frühstück

Freundlich geführtes Haus am Stadtrand mit gepflegten und ansprechend ausgestatteten Zimmern, die sich auf Stammhaus und Gästehaus verteilen. Gutes Frühstück, moderate Preise, optimale Verkehrsanbindung.

Alfredo — www.ristorante-alfredo.com

VARTA-TIPP Küche

Tunisstraße 3 (C3), PLZ 50667, **T 0221 2577380**
38 | Hauptgericht 36–45 €, Menü 60–90 € | Mo-Fr Sa, So

Ein Königreich für Gourmets: Das Kultlokal unweit der Kölner Oper gibt es schon seit 50 Jahren! Roberto Carturan hat die Kochtradition seines Vaters Alfredo gleichermaßen fortgeführt und weiterentwickelt. Der Padrone kocht geschmackssicher und abwechslungsreich auf gehobenem Niveau. Bei seiner edel-italienischen Produktküche achtet er auf beste Qualität und produziert fast alles selbst. Den Service leitet seine charmante Frau Susanne. Tischreservierung ratsam.

astrein – essen und trinken — www.astrein-restaurant.de

VARTA-TIPP Küche

Krefelder Straße 37 (↗ C1), PLZ 50670, **T 0221 95623990**
45 | Hauptgericht 24–39 €, Menü 109–119 € | Di-Sa Mo, So

In unkompliziert-zwangloser Atmosphäre setzt Chefkoch Eric Werner auf eine klassische, aber dennoch weltoffene Produktküche, in der er die bevorzugt saisonalen Zutaten leicht, innovativ und vielseitig in Szene setzt. Seine Gerichte glänzen durch Finesse, präzises Handwerk und Kreativität. Der Gast hat die Wahl zwischen einem Menü mit Fisch und Fleisch oder einem vegetarischen Menü. Dazu gibt es erlesene Weine, vornehmlich aus Deutschland.

La Cuisine Rademacher — www.la-cuisine-koeln.de

VARTA-TIPP Küche

Dellbrücker Hauptstraße 176, PLZ 51069, **T 0221 96898898**
35 | Hauptgericht 35–55 €, Menü 115–130 € | Mi-So Mo, Di

Modern, schick und gemütlich kommt das Restaurant daher. Freundlich der Service, locker die Atmosphäre. Der hochtalentierte Marlon Rademacher verbindet moderne Crossover-Elemente und französische Raffinesse zu spannenden Geschmackserlebnissen, die Sie in Form eines kleinen oder großen Menüs genießen können. Dazu eine schöne Weinauswahl mit deutschen, französischen und spanischen Gewächsen. Tischreservierung ratsam.

La Société www.restaurant-lasociete.de

VARTA-TIPP Küche

Kyffhäuser Straße 53 (A5), PLZ 50674, **T 0221 232464**
30 | Hauptgericht 58–69 €, Menü 139–189 € | Mo, Do-So Di, Mi

Die kultige Traditionsadresse im Kölner Südviertel hat nach ihrer Renovierung nochmals hinzugewonnen. Leon Hofmockel hat hier eine moderne europäische Haute Cuisine entwickelt, die den Gast in eine spezielle und überraschende Geschmackswelt entführt. Wie beschreibt man Hofmockels Küche am besten? Absolut einzigartig, konsequent und aromenintensiv. Der langjährige Restaurantchef Stefan Helfrich sorgt in gewohnt persönlich-lockerer Art für gute Stimmung und einen reibungslosen Ablauf im Service.

Le Moissonnier www.lemoissonnier.de

VARTA★TIPP Küche **VARTA-TIPP** Service

Krefelder Straße 25 (C1), PLZ 50670, **T 0221 729479**
45 | Hauptgericht 44–54 €, Menü 125–185 € | Di-Sa Mo, So

Der lebendige Gourmettempel mit seinem unvergleichlichen Brasseriecharme hat sich längst zur Institution in der Domstadt gemausert. Die französische Hochküche von Eric Menchon ist zeitgenössisch, innovativ und spannend. Sie wählen zwischen einem Vier- oder (Freitag und Samstag Abend) Sechs-Gang-Menü. Auch die authentische Herzlichkeit des Gastgeberehepaars Moissonnier sowie das perfekt abgestimmte Weinangebot sorgen für maximalen Wohlfühlfaktor.

Maître im Landhaus Kuckuck www.landhaus-kuckuck.de

VARTA★TIPP Küche

Olympiaweg 2, PLZ 50933 (OT: Müngersdorf), **T 0221 485360**
24 | Hauptgericht 42–46 €, Menü 129–159 € | Mi-So Mo, Di

Mitten im Kölner Stadtwald empfängt Sie dieses exklusive kleine Gourmetrestaurant. Bodentiefe Fenster, cremefarbene Vorhänge und edel gedeckte Tische bilden die Kulisse für die extravagante, klassisch französische Küche von Erhard Schäfer. Dazu ein geschultes, kompetentes Serviceteam sowie eine repräsentative Weinkarte. Tischreservierung empfehlenswert.

Landhaus Kuckuck

Olympiaweg 2, PLZ 50933 (OT: Müngersdorf), **T 0221 485360**
60 | Hauptgericht 25–34 €, Menü 52 € | Di-So Mo

Im behaglich eingerichteten Restaurant sowie auf der lauschigen Gartenterrasse wird eine frische saison- und marktorientierte Landhausküche aufgetischt. Wir wär's z.B. mit „Geschmorter Kaninchenkeule in Kräuterjus mit Spitzkohl à la crème und Kartoffelgratin“? Tipp: Nachmittags gibt es leckere Kuchen aus der Hauskonditorei.

Ox & Klee
www.oxundklee.de

VARTA★TIPP Küche

Im Zollhafen 18 (D5), PLZ 50678, **T 0221 16956603**
36 | Menü 230 € | Mi-Sa

Das trendig-moderne Restaurant im ersten Stock des mittleren Kranhauses bietet eine tolle Aussicht auf Rhein und Kölner Dom. „Experience Taste“ lautet das kulinarische Motto von Inhaber und Spitzenkoch Daniel Gottschlich. Für seine Menüfolgen lässt er sich von marktfrischen Zutaten ebenso inspirieren wie von den wechselnden Jahreszeiten, wenn er seine aromentiefen, ausbalancierten Speisen in verführerischer Optik präsentiert. Für die passende Weinbegleitung sorgt Sommelier Lucas Wenzl.

Restaurant Maximilian Lorenz
www.maximilianlorenz.de

VARTA-TIPP Küche

Johannisstraße 64 (D2), PLZ 50668, **T 0221 37999192**
44 | Menü 139–169 € | Di-Sa ⦸ Mo, So

Im Kölner Kunibertsviertel bietet der junge Maximilian Lorenz exklusives Fine Dining. Was in diesem modern-puristisch und wertig-schick designten Restaurant an Aromenvielfalt, feinen Kontrasten und Tiefgang geboten wird, ist wirklich bemerkenswert! Lorenz setzt voll und ganz auf heimische Gerichte und entwickelt diese zu kulinarischen Hochgenüssen, die Ihnen der sympathische Service in Form eines Menüs (6-8 Gänge) kredenzt. Ein ganz besonderes Highlight ist das Dinieren am Chef's Table mit Blick in die Küche. Spektakuläre Weinkarte mit mehr als 1.200 Positionen.

Weinlokal heinzhermann
www.weinlokal-heinzhermann.de

Johannisstraße 64 (D2), PLZ 50668, **T 0221 37999193**
56 | Hauptgericht 27–40 € | Di-Fr Di-Sa ⦸ Mo, So »

Eine schöne Alternative zum Gourmetrestaurant ist die angeschlossene Weinbar, die der Inhaber nach seinen beiden Großvätern benannt hat. Ein stimmiges, modernes Bild: trendig und hochwertig das Interieur, freundlich-locker und zugleich professionell der Service, kreativ die Küche. Auf der Karte locken Gerichte wie „Kalbsbäckchen | Barolo-Schalotten | Mais | Kerbelöl" oder „Gebratene Tranche von der Eismeerlachsforelle | Petersilienrisotto | Orangen-Champagner-Butter".

Sahila **Neu!** www.sahila-restaurant.de

VARTA-TIPP Küche

Kämmergasse 18 (C4), PLZ 50676, **T 0221 247238**
22 | Hauptgericht 24–35 €, Menü 130–160 € | So Di-Sa Mo

In den ehemaligen Räumlichkeiten des L'Accento hat Spitzenköchin Julia Komp 2022 ihr eigenes Fine-Dining-Restaurant eröffnet. In intimer Atmosphäre mit orientalisch anmutendem Interieur dürfen sich Gäste auf eine gehobene Fusionsküche mit internationalen Klassikern freuen. Ihre höchst kreativen Menüs sind inspiriert von Rezepten, die Komp in Europa, Asien und dem Orient gesammelt hat. In der angeschlossenen Mezzebar „Yu*lia", die mit dem Sahila über einen begrünten Innenhof verbunden ist, werden mediterrane und orientalische Vorspeisenklassiker zum Teilen und Genießen aufgetischt.

Zur Tant zurtant.de

VARTA-TIPP Küche **VARTA-TIPP** Service

Rheinbergstraße 49, PLZ 51143 (OT: Porz-Langel), **T 02203 81883**
30 | Hauptgericht 39–40 €, Menü 89–109 € | Mo-Di, Fr-So Mi, Do

Nicht ohne Grund findet diese Adresse schon lange regen Zuspruch bei den Gästen: In dem direkt am Rheinufer gelegenen Fachwerkhaus erwartet Sie eine junge und kreative deutsche Küche mit mediterranen Einflüssen. Die Speisekarte von Thomas Lösche und seinem Team wechselt saisonal. Dazu gibt es eine spannende Weinauswahl mit Schwerpunkt Deutschland und Österreich. Die guten „Geister" im Service sind freundlich und ausgesprochen kompetent. Tischreservierung empfehlenswert.

Zur Tant - Piccolo

Rheinbergstraße 49, PLZ 51143 (OT: Porz-Langel), **T 02203 81883**
34 | Hauptgericht 24–28 €, Menü bis 39 € | Mo-Di, Fr-So Mi, Do 13.–28.2.23

Wer es lieber etwas einfacher mag, reserviert einen Tisch im angeschlossenen Bistro. Man schmeckt, dass hier mit Freude gekocht wird. Es gibt Bodenständiges mit Bezug zur Region - probieren Sie z.B. „Scholle | Weißweinsauce | Blattspinat | Kartoffeln". Im Sommer serviert man auch auf der Rheinterrasse.

Christoph Paul's Restaurant **Neu!** www.christoph-paul.koeln

Brüsseler Straße 26 (A3), PLZ 50674 (OT: Belgisches Viertel), **T 0221 34663545**
60 | Menü 51–62 € | Di-Sa Mo, So

Bei Christoph Paul speisen Sie in einer ehem. Kapelle. Ein deckenhohes Ölgemälde, das die alte Apsis von St. Maria Regina zum Rosenkranz zeigt, zeugt davon. Der Patron beherrscht sein Handwerk souverän. Die servierten Gerichte sind kreativ, schmackhaft und konsequent regional (manchmal mit mediterranen Akzenten). Dazu eine kleine, aber feine Weinkarte. Die idyllische Terrasse im Hinterhof ist im Sommer ein Muss.

Der vierte König
www.derviertekoenig.com

Gottesweg 165 (↙ A5), PLZ 50939 (OT: Klettenberg), **T 0221 48481288**
40 | Hauptgericht 20–25 €, Menü 35–52 € | Mi-So ⃠ Mo, Di

Einen Hauch Jugendstilcharme versprüht dieses Restaurant im Stadtteil Klettenberg. Der indische Chefkoch vereint die gehobene französische Küche mit den aromatischen Gewürzen seiner Heimat. Auf der Speisekarte klingt das dann z.B. so: „Marmoriertes Kalbsfilet und geschmorte Bäckchen mit Curry-Mandel-Möhren und weicher Polenta".

Gruber's
www.grubersrestaurant.de

Clever Straße 32 (↗ E1), PLZ 50668 (OT: Neustadt-Nord), **T 0221 7202670**
75 | Menü 58–110 € | Mo-Fr Mo-Sa ⃠ So

Das verspielt-rustikale Restaurant mit seiner großen Veranda gehört zweifellos zu den gastronomischen Institutionen der Stadt. Serviert wird schmackhafte österreichische Küche mit mediterranen Akzenten. Beliebte Hausklassiker sind u.a. Backhenderl, Tafelspitz und Kaiserschmarrn. Schöne Weinauswahl.

NeoBiota
www.restaurant-neobiota.de

VARTA-TIPP Küche

Ehrenstr. 43c (B3), PLZ 50672 (OT: Altstadt-Nord), **T 0221 27088908**
30 | Menü 105–165 € | Di-Sa ⃠ Mo, So

Tagsüber leckere Frühstücksvariationen, abends gehobene Gourmetmenüs - mit diesem innovativen Restaurantkonzept treffen Sonja Baumann und Erik Scheffler durchaus den Nerv der Zeit! Bei ihrer modernen Wohlfühlküche stehen Kreativität und erstklassige Produkte im Fokus. Dazu ein cooles Ambiente, entspannte Atmosphäre und ein freundlicher, ungezwungener Service.

Poisson
www.poisson-restaurant.de

Wolfstraße 6-14 (B3), PLZ 50667, **T 0221 27736883**
48 | Hauptgericht 28–48 €, Menü 55–125 € | Di-Sa ⃠ Mo, So

Trendiges Ladenlokal in der Innenstadt mit offener Küche. Kreative, leichte Fischgerichte, die auf beständig hohem Niveau zubereitet werden. Tischreservierung empfehlenswert.

Pottkind
www.pottkind-restaurant.de

VARTA-TIPP Küche

Darmstädter Str. 9, PLZ 50678 (OT: Neustadt-Süd), **T 0221 42318030**
26 | Menü ab 95 € | Di-Sa ⃠ Mo, So

In einer ruhigen Nebenstraße in der Kölner Südstadt trifft geradliniger Bistronomiestil auf kreative Küche. Der Name des Lokals ist der Herkunft der beiden Inhaber geschuldet. Dass hier mit Leidenschaft gekocht wird, spürt man sofort. Serviert werden frische saisonale und regionale Gerichte mit Anspruch, aber ohne Attitüde. Wer den Köchen bei der Arbeit zuschauen möchte, reserviert am besten einen der Thekenplätze an der offenen Küche. Der Service ist freundlich und ungezwungen.

Prunier Cologne Neu! www.prunier-cologne.de

VARTA-TIPP Küche

Am Hof 48 (D3), PLZ 50667, **T 0221 71595520**
20 | Hauptgericht 19–49 €, Menü 69–92 € | Di-Sa Mo, So

Angelehnt an das Pariser Original steht das kleine, intime Restaurant am Fuße des Kölner Doms für französisch inspirierte Bistronomie. Hier trifft professionelle Gastlichkeit auf stilvolle Eleganz mit modern interpretierten Art-déco-Akzenten. In diesem edlen, aber dennoch zwanglosen Rahmen kredenzt Enrico Hirschfeld anspruchsvolle Gerichte wie „Gegrilltes Filet vom Steinbutt auf Erbsenrisotto mit marinierten Zuckerschoten, Champagner-Beurre-Blanc und Prunier-Kaviar". Tipp: Wöchentlich wechselndes „Plat du Jour"-Menü (bis 14:00 Uhr)! Im Vorraum des Restaurants gibt es eine Feinkostboutique, in der man u.a. den aus Frankreich stammenden Prunier-Kaviar und den aus der Schweiz kommenden Balik-Lachs erwerben kann.

rays restaurant Neu! www.raysrestaurant.de

VARTA-TIPP Küche

Gottesweg 135, PLZ 50939 (OT: Sülz), **T 0221 446975**
50 | Menü 96–115 € | Di-Sa Mo, So

Ein stimmiges Bar- und Fine-Dining-Konzept auf Top-Niveau erwartet Sie in diesem Ecklokal. Der urban-stylishe Gastraum versprüht zeitgemäßes Großstadtflair. Dazu passt die moderne, unkomplizierte Küche mit saisonalen Zutaten und intensiven Aromen. Wie wäre es z.B. mit „Büffelfilet | Szechuan | Puntarella | Marzipan | Rhabarber"? Wer anstatt Wein lieber einen Cocktail zum Essen möchte: Barmeister Michael Elter serviert bewährte Klassiker und spannende Eigenkreationen.

Carls Restaurant www.carlsrestaurant.de

Eichendorffstraße 25, PLZ 50823 (OT: Neu-Ehrenfeld), **T 0221 58986656**
25 | Hauptgericht 13–24 € | Mi-So Mo, Di

Schwarz, grau und bordeauxrot sind die dominierenden Farben in diesem geräumigen Restaurant. Dazu ein schöner Holzboden, blanke Tische und Fotokunst an den Wänden. Ein geschmackvoller Rahmen für die heimische Regionalküche mit französischen Einflüssen. Probieren sollte man z.B. die „hausgemachten Spinat-Ricottaravioli auf Blattspinat mit Kräuterschaum".

HENNE. Weinbar www.henne-weinbar.de

Pfeilstraße 31-35 (A3), PLZ 50672, **T 0221 34662647**
80 | Hauptgericht 4–13 € | Mo-Sa

Restaurant & Weinbar in bester Altstadtlage. Unter dem Motto „sharing is caring" werden hier pfiffige Tapasgerichte zum Teilen angeboten. Aber nicht nur das Essen, sondern auch die schöne Weinkarte und der lauschige Innenhof sind äußerst verlockend.

ITO Neu! ito-restaurant.de

Antwerpener Str. 15 (A2), PLZ 50672, **T 0221 3557327**
50 | Hauptgericht 29–69 €, Menü 89–129 € | Mi-Fr Di-Sa Mo, So

Holzmobiliar, patinierter Terrazzoboden und japanische Wandmotive sorgen hier für fernöstliches Ambiente. Kengo Nishimi offeriert einen von ihm individuell und modern interpretierten Stil traditioneller japanischer Küche, ergänzt durch europäische Einflüsse. Bei all seinen Gerichten setzt er auf klare Linien, top Produkte sowie ausgefallene Texturen und Aromen. Hinter der einsehbaren Bartheke entstehen Sushi und Sashimi. Sehr gefragt sind die Lunchmenüs am Mittag.

Maibeck — www.feinkost-maibeck.de

Am Frankenturm 5 (D3), PLZ 50667, **T 0221 96267300**
120 | Hauptgericht 28–32 €, Menü ab 55 € | Di-So ⃠ Mo

Leger und unkompliziert geht es zu in diesem stylishen Restaurant am Rheinufer. Serviert wird eine frische, moderne Bistroküche zu bezahlbaren Preisen. Dazu passt das urbane Ambiente: blanke Tische, weiße Wände, unverkleidete Lüftungsrohre und ein geschmackvolles Beleuchtungskonzept.

Pure White Restaurant — www.pure-white-food.de

Weisser Straße 71 (A2), PLZ 50672, **T 0221 82821660**
55 | Hauptgericht 28–77 € | Di-Sa ⃠ Mo, So

In dem kleinen, schlichten Lokal sitzt man völlig ungezwungen auf Bistrostühlen mit Blick auf und in die offene Küche. Serviert werden feinste Fleisch-, Fisch- und Seafoodgerichte, die alle auf einem speziellen Jospergrill zubereitet werden. Nur wenige Meter vom Restaurant entfernt gibt es mit dem 'Pure White Foodclub' eine Dependance.

Scherz — www.scherzrestaurant.de

Luxemburgerstr. 256 (↙ A5), PLZ 50937 (OT: Sülz), **T 0221 16929440**
28 | Hauptgericht 18–25 €, Menü 37–59 € | Sa-So Di-So ⃠ Mo

Der gebürtige Österreicher Michael Scherz hat ein Stück Alpenromantik nach Köln gebracht: Während in dem gemütlichen Ecklokal in Sülz mittags frische Gerichte aus regionalen Produkten serviert werden, stehen abends österreichische Klassiker und internationale Schmankerl auf der Speisekarte. Freundlicher, unkomplizierter Service.

Zen — www.restaurant-zen.de

Bachemer Str. 236, PLZ 50935 (OT: Lindenthal), **T 0221 28285755**
36 | Hauptgericht 8–32 € | Di-So ⃠ Mo

In exotischer Loungeatmosphäre erleben Sie traditionelle japanische Kochkunst - modern interpretiert. Neben Sashimi, Sushi und Ura-Maki gibt es auch leckere À-la-carte-Gerichte wie gegrilltes Lachsfilet mit Teriyakisauce oder gegrillte Rindfleischscheiben mit Yakinikusauce. Charmant-liebenswerter Service.

Piano Bar — www.excelsior-hotel-ernst.de

Trankgasse 1-5 (C2, im Excelsior Hotel Ernst), PLZ 50667, **T 0221 2701**
30 | Hauptgericht 18–42 € | Mo-So

In der mahagonigetäfelten Bar, von Graf Pilati entworfen, genießen Sie tagsüber feine Kaffee- und Teespezialitäten sowie hausgemachte Patisserie und Kuchen, abends werden bei Pianomusik klassische Cocktails kreiert. Zudem gibt es Snacks und kleine Gerichte auch bis nach Mitternacht.

Peters Brauhaus
www.peters-brauhaus.de

Mühlengasse 1 (D3), PLZ 50667, **T 0221 2573950**
200 | Hauptgericht 10–28 €, Menü 25–50 € | Mo-So

Urige Brauereigaststätte hinter klassizistischer Fassade, beliebt bei Touristen wie Einheimischen. Im Inneren rustikale Holzvertäfelungen sowie Wand- und Deckenmalereien. Serviert werden bürgerliche Gerichte und kölsche Spezialitäten zu moderaten Preisen. Legerer, freundlicher Service.

Café Eigel
www.cafe-eigel.de

Brückenstraße 1-3 (C3), PLZ 50667, **T 0221 2575858**
270 | Mo–Fr 09:30–18:30 Uhr, Sa 09:30–18:00 Uhr

Großzügiges Café auf 400 qm mit moderner Kaffeehauskultur. Üppige Kuchentheke mit rund 40 verschiedenen Creme-, Sahne-, Käse- und Obsttorten (täglich frisch). Auch kleine Snacks im Angebot.

Café Fassbender
www.fassbender.de

Mittelstraße 12 (B3), PLZ 50672, **T 0221 9259990**
120 | Hauptgericht 5–9 €, Menü 9–20 € | Mo–Sa 9:00–18:00 Uhr, So 10:00–18:00 Uhr

In exzellenter Lage - zwischen Neumarkt und Rudolfplatz - befindet sich diese Traditionsadresse. Im großzügigen Ladenlokal mit Café sowie auf der hübschen Terrasse serviert man erlesene Tee- und Kaffeespezialitäten. Unbedingt probieren sollten Sie die berühmten Fassbender-Pralinen. Torten und Gebäck gibt es selbstverständlich auch zum Mitnehmen.

KÖNGEN 58 A
www.koengen.de

Baden-Württemberg | EW 9.648 | 281 m | Plochingen 6 km, Nürtingen 7 km

Schwanen
www.schwanen-koengen.de

★★★ S garni

Schwanenstraße 1, PLZ 73257, **T 07024 97250,** F 97256
62 Zimmer | 1 Suite | Ez 84–128 €, Dz 115–169 €, inkl. Frühstück | ⃠ 23.12.22–8.1.23

Tradition wird bei Familie Benz groß geschrieben, und das seit 1937. Das alteingesessene Hotel in der Ortsmitte bietet zeitgemäß und funktional ausgestattete Businesszimmer in unterschiedlichen Kategorien. Die Gästezimmer verteilen sich auf das Stammhaus und den modernen Erweiterungsbau.

Schwanen

VARTA-TIPP Service

85 | Hauptgericht 17–30 €, Menü ab 43 € | Di-Sa ⃠ Mo, So ⃠ 23.12.22–8.1.23

Schön das helle, freundliche und geradlinige Ambiente, aufmerksam und geschult der Service. Gekocht wird ehrlich, frisch und regional mit internationalen Einflüssen. Zum Haus gehören ein gemütliches Bistro und eine einladende Gartenterrasse.

Tafelhaus
www.hotel-neckartal.com

Bahnhofstraße 19, PLZ 73257, **T 07024 97220**
110 | Hauptgericht 14–29 €, Menü 42–89 € | Di-Sa ⃠ Mo, So

Sympathisch geführtes Haus mit modernen Gaststuben. Auf der Speisekarte stehen sowohl bodenständige Klassiker als auch gehobene internationale Speisen. Ein Muss für Liebhaber der regionalen Küche: Nödingers Rostbraten! Charmanter Service. Gästezimmer bietet das Hotel Neckartal.

Alte Vogtei
www.vogtei-koengen.de

Oberdorfstr. 15, PLZ 73257, **T 07024 5027474**
35 | Hauptgericht 10–26 € | So Mi-So Mo, Di

In dem historischen Fachwerkgebäude von 1540 erwartet Sie nicht nur eine charmante Atmosphäre, man kocht hier auch sehr gut. Auf der Speisekarte finden sich klassische schwäbische Gerichte wie Rostbraten, Maultaschen, Käsespätzle oder Ochsenbäckle in Trollingersoße. Tipp: Do und Fr preisgünstiger Mittagstisch.

KÖNGERNHEIM 50 B
www.vg-rhein-selz.de

Rheinland-Pfalz | EW 1.310 | 138 m | Oppenheim 8 km, Alzey 18 km

Jordan's Untermühle
www.jordans-untermuehle.de

★★★★ S garni

Außerhalb 1, PLZ 55278, **T 06737 71000,** F 710099
48 Zimmer | 5 Suiten | Ez ab 176 €, Dz ab 288 €, inkl. Halbpension

Idyllisch gelegenes historisches Mühlenanwesen mit guten Tagungsmöglichkeiten. Wohnliche Zimmer, mal heimelig-traditionell, mal modern-reduziert eingerichtet. Für Entspannung sorgt die großzügige Saunalandschaft.

Brot & Bouquet

60 | Hauptgericht 26–35 €, Menü 45–65 € | So Mo-Do, So Fr, Sa

Im gemütlichen À-la-carte-Restaurant werden Sie mit einer frischen regionalen Landküche verwöhnt. Probieren Sie z.B. „Fasanenbratwürstchen (hauseigene Herstellung) mit Rieslingkraut, Trüffelpüree und violettem Senf"! Dazu gibt es erlesene Weine aus nah und fern. Netter Innenhof.

KÖNIG, BAD 51 A
www.badkoenig-tourismus.de

Hessen | EW 9.434 | 183 m | Höchst i. Odw. 7 km, Darmstadt 39 km

Büchner
www.hotel-buechner.de

★★★ S garni

Frankfurter Straße 6, PLZ 64732, **T 06063 50050,** F 57101
25 Zimmer | 1 Suite | Ez 65–85 €, Dz 95–120 €, inkl. Frühstück »

Freundlich geführtes Hotel mit ländlich eingerichteten Zimmern. Gemütliche Lobby mit offenem Kamin. Kleiner Wellnessbereich mit Hallenbad und Sauna. Hübscher Parkgarten mit altem Baumbestand.

Zur Post
www.zurpost-momart.de

€ Gut & Günstig

Hauswiesenweg 16, PLZ 64732 (OT: Momart), **T 06063 1510,** F 3785
9 Zimmer | Ez 59–69 €, Dz 79–99 €, inkl. Frühstück

Gepflegtes, ruhig gelegenes Haus im idyllischen Bauerndorf Momart mitten im Odenwald. Geschmackvoll im Landhausstil mit mediterranen Elementen eingerichtete Zimmer, die über eine moderne Ausstattung verfügen. Das Restaurant mit großer Sommerterrasse unter Olivenbäumen serviert kreative regionale Küche.

KÖNIGSBRONN 59 A
www.koenigsbronn.de

Baden-Württemberg | EW 7.017 | 499 m | Heidenheim an der Brenz 9 km, Aalen 14 km

Widmann's Alb.Leben
www.widmanns-albleben.de

★★★ S garni

Struthstraße 17, PLZ 89551 (OT: Zang), **T 07328 96270,** F 962710
21 Zimmer | Ez ab 59 €, Dz ab 116 €, inkl. Frühstück | 24 h

Ein zeitgemäßer Hotelbetrieb mit gelebter schwäbischer Gastfreundschaft. Das Haus bietet neben freundlich und individuell eingerichteten Zimmern - wahlweise im modernen Alb-Lifestyle oder ganz heimelig im Landhausstil - auch großzügig geschnittene Chalets. Und wer das ganz Besondere sucht, kann auch in einem der gemütlichen und aufwendig restaurierten Bauwägen logieren.

ursprung - das Restaurant

VARTA-TIPP Küche

25 | Menü 105–145 € | Do-So Mo, Di, Mi

Schick und modern zeigt sich das Fine-Dining-Restaurant im ältesten Teil des Landgasthofs, in dem sich einst die Dorfmetzgerei und die erste Gaststube der Widmanns befanden. Beim Patron sprechen Produktqualität und Know-how eine deutliche Sprache. Mit Techniken aus Skandinavien und Fernost und inspiriert von den spannenden Produkten der Ostalb lässt er seiner Kreativität freien Lauf. Toll abgestimmt die Weinbegleitung zur Menüfolge. Tischreservierung erwünscht.

Gasthaus Widmann's Löwen

VARTA-TIPP Küche

175 | Hauptgericht 7–26 €, Menü 75 € | Do-So Mo, Mi-So Di

Freundlich geht es im gemütlich-ländlichen Gasthaus zu, und dazu lässt man sich die frische und geschmackvolle, traditionell geprägte Küche schmecken - die gibt es z.B. in Form von „Geschmorten Ochsenbäckle in Rotweinsoße, dazu Schalottenconfit, Selleriepüree und Serviettenknödel". In den warmen Sommermonaten kann man auch im lauschigen Löwen-Biergarten speisen.

KÖNIGSFELD 57 C
www.koenigsfeld.de

Baden-Württemberg | EW 6.000 | 761 m | Schramberg 12 km, Triberg 19 km

Rapp www.cafe-rapp.de

Dörfle 22, PLZ 78126 (OT: Buchenberg), **T 07725 91510**
80 | Hauptgericht 18–35 €, Menü 34–50 € | Mi-So Mo, Di

Bei der Einrichtung des Hauses hat man den alten Charme der Räumlichkeiten bewahrt. Serviert werden marktfrische Regionalgerichte im Restaurant und hausgebackene Kuchen im Café. Es stehen auch sechs individuell eingerichtete Zimmer für Übernachtungsgäste zur Verfügung.

KÖNIGSTEIN (OBERPFALZ) 54 A www.markt-koenigstein.de

Bayern | EW 1.790 | 490 m | Sulzbach-Rosenberg 20 km, Pegnitz 24 km

Wilder Mann www.wilder-mann.de

★★★S garni

Oberer Markt 1, PLZ 92281, **T 09665 91590,** F 9159100
31 Zimmer | 5 Suiten | Ez ab 52 €, Dz ab 90 €, inkl. Frühstück

Persönlich geführter Gasthof von 1572 mit Standard- sowie hübschen Landhauszimmern mit südeuropäischem Flair. Kleiner Wellnessbereich mit Sauna. Im ländlich-eleganten Restaurant wird bürgerlich-regionale Küche serviert.

KÖNIGSTEIN IM TAUNUS 41 C www.koenigstein.de

Hessen | EW 16.000 | 362 m | Frankfurt am Main 24 km, Wiesbaden 27 km

Falkenstein Grand www.brhhh.com/falkenstein-grand

★★★★★S garni

Debusweg 6-18, PLZ 61462 (OT: Falkenstein), **T 06174 900,** F 909090
108 Zimmer | 22 Suiten | 24 Apartments | 24 h

Neoklassizistischer Zentralbau mit repräsentativem Gebäude-Ensemble in einem 6 ha großen Park. Hier logieren Sie in stilvoll gestalteten Zimmern und Suiten. Für Entspannung sorgt der SPA-Bereich auf 1.200 qm. Klassische und regional inspirierte Küche erwartet Sie im Restaurant „Landgut Falkenstein".

Miro's Ristorante www.miros-ristorante.de

Falkensteiner Straße 28, PLZ 61462, **T 06174 998342**
170 | Hauptgericht 10–35 € | Mo-So

Modernes Gastrokonzept mit Ristorante, Skylineterrasse, Trattoria, Vinothek und Smoker's Lounge. In den verschiedenen Genusszonen werden Klassiker aus der italienischen Küche sowie schmackhafte Fisch- und Fleischspezialitäten serviert. Der Betrieb wurde bereits mehrfach mit dem hessischen Gastronomiepreis ausgezeichnet.

KÖNIGSWINTER 40 A www.siebengebirge.de

Nordrhein-Westfalen | EW 39.976 | 80 m | Bad Honnef 9 km, Bonn 10 km

Steigenberger Grandhotel & Spa Petersberg www.steigenberger.com/hotels

★★★★★S garni

Auf dem Petersberg, PLZ 53639, **T 02223 740,** F 74443
111 Zimmer | 8 Suiten | 1 Apartment | Ez 179–279 €, Dz 199–299 €, inkl. Frühstück | 24 h

»

Gelebte Geschichte: Einst repräsentatives Gästehaus der Bundesregierung, heute ein renommiertes Grandhotel mit klassisch-elegant eingerichteten Zimmern und Suiten. 2019 wurde das noble Domizil, in dem schon zahlreiche hochrangige Politiker zu Gast waren, nach umfangreicher Renovierung wiedereröffnet. Zum Hotel gehören mehrere Restaurants, eine moderne Fitness- und Badelandschaft sowie ein umfangreiches Tagungsangebot.

Bill's Restaurant & Grill

138 | Hauptgericht 25–32 €, Menü 42–89 € | Di-Sa

Im elegant eingerichteten Grillrestaurant werden schmackhafte Steak-, Fisch- und Krustentierspezialitäten serviert - wie wäre es z.B. mit „Lamm-Rillette | Farro | Silberzwiebeln | Sellerie" oder „Adlerfisch | Zucchini | Bulgur | Joghurt"? Von der Terrasse genießt man einen wunderbaren Blick auf das Rheintal und das umliegende Siebengebirge.

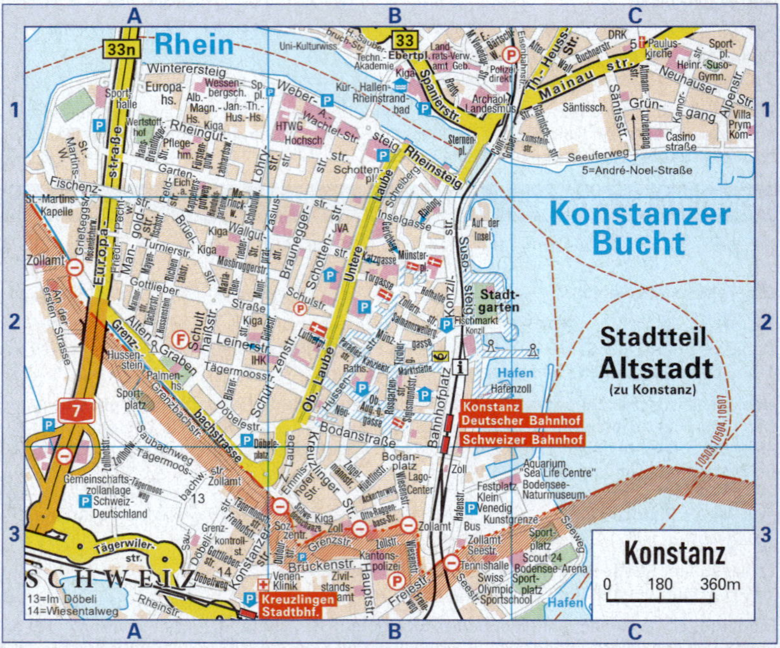

KONSTANZ 65 B www.konstanz-info.com

Baden-Württemberg | EW 86.190 | 405 m | Singen 31 km, Schaffhausen 48 km

RIVA www.hotel-riva.de

VARTA-TIPP Service

★★★★★S

Seestr. 25 (C1, Zufahrt über Kamorstr.), PLZ 78464 (OT: Petershausen), **T 07531 363090**, F 3630999

46 Zimmer | 5 Suiten | Ez 140–308 €, Dz 220–516 €, inkl. Frühstück | 24 h

Das exklusive Boutique-Hotel liegt direkt an der von Platanen gesäumten Uferpromenade. Eine elegante Jugendstilvilla und ein lichtdurchfluteter Neubau bilden eine spannende Symbiose aus Tradition und Moderne. Sie wohnen in hochwertig ausgestatteten Zimmern, teilweise mit Balkon und Seeblick. Ein ganz besonderes Highlight ist die Dachterrasse mit Pooldeck. Auch das hervorragende Service- und Dienstleistungsniveau sorgt für einen hohen Wohlfühlfaktor.

Ophelia
www.restaurant-ophelia.de

VARTA★TIPP Küche VARTA-TIPP Service

30 | Menü 210–225 € | Mo, Do-So Di, Mi

Das noble Abendrestaurant in der wunderschönen Jugendstilvilla des Hotels empfängt Sie mit raffiniert-elegantem Ambiente und gehobener Tischkultur. Dirk Hoberg glänzt mit einer modern interpretierten, klassisch französischen Küche. Insbesondere seine vielseitigen Gemüsegerichte sind ein Wunder an Kreativität, Frische und Geschmackstiefe. Auch die Weinkarte mit mehr als 400 verschiedenen Positionen - darunter Raritäten aus der ganzen Welt - kann sich sehen lassen. Nicht zu vergessen der Service unter Jerom Nicke, der sich herzlich, professionell und aufmerksam um die Gäste kümmert.

Hotel Halm
www.hotel-halm.de

★★★★

Bahnhofplatz 6 (B2), PLZ 78462, **T 07531 1210,** F 21803
101 Zimmer | 5 Suiten | 24 h

Denkmalgeschütztes Haus mit Gründerzeitcharme und zeitgemäßem Komfort. Modern-elegante Zimmer, teilweise mit Seeblick. In einem Maurischen Saal aus dem Jahr 1887, dem Herzstück des Hotels, befindet sich das Restaurant Le Marrakech.

Steigenberger Inselhotel
www.konstanz.steigenberger.de

Auf der Insel 1 (B2), PLZ 78462, **T 07531 1250,** F 26402
100 Zimmer | 2 Suiten | Ez 115–295 €, Dz 195–325 €, 32,00 € | 24 h

Stilvolles Hotel im einem ehem. Dominikanerkloster. Edel mit hist. Einrichtungsgegenständen ausgestattete Zimmer und Suiten, teils mit Balkon. Für Tagungen und Veranstaltungen stehen verschiedene Räume und Salons zur Verfügung. Im Seerestaurant wird international gekocht, in der Dominikanerstube regional.

47 Grad
www.47grad.de

Reichenaustrasse 17 (A1), PLZ 78467, **T 07531 127490**
99 Zimmer | 10 Suiten | 24 h

Ideal für Freizeit, Business und Wellness liegt das Hotel direkt am Seerhein. Doch nicht nur die Lage kommt an, sondern auch das Interieur: topmodern, schnörkelloses Design, warme Erdtöne mit Farbakzenten. Dieser Stil setzt sich im Restaurant fort. Auf der 6. Etage gibt es einen 300 qm großen SPA-Bereich.

San Martino Gourmet
www.san-martino.net

VARTA-TIPP Küche

Bruderturmgasse 3 (B2), PLZ 78462, **T 07531 2845678**
16 | Hauptgericht 48–68 €, Menü 146–195 € | Sa Do-Sa Mo, Di, Mi, So »

Im historischen Kellergewölbe an der alten Konstanzer Stadtmauer befindet sich das kleine Gourmetseparé mit nur wenigen Tischen. Jochen Fecht steht für einen modernen, raffinierten Kochstil mit regionalem Twist - vollendet in einem anspruchsvollen „Menü Signature". Eine Tischreservierung ist unbedingt zu empfehlen! Im Restaurant (Mi bis Sa: 11:30 bis 14:00 Uhr, 17:30 bis 23:00 Uhr) wird in lockerer Atmosphäre eine schmackhafte Crossover-Küche aufgetischt. Mittags kleine Lunchkarte.

Ristorante Pinocchio
www.pinocchio-konstanz.de

Untere Laube 47 (B2), PLZ 78462, **T 07531 15777**
70 | Hauptgericht 17–35 €, Menü 37–72 € | Di-Sa Mo-Sa So

Traditioneller Familienbetrieb mit stilvoll-gemütlicher Atmosphäre. Die verwinkelten Gasträume mit Naturstein im mittelalterlichen Kellergewölbe vermitteln ein besonderes Flair. Die Speisekarte liest sich wie eine Reise durch die Regionen Italiens - mit Schwerpunkt Toskana und Piemont.

Colette Tim Raue
www.brasseriecolette.de/konstanz

Brotlaube 2A (B2), PLZ 78462, **T 07531 1285100**
100 | Hauptgericht 16–36 € | Mi-So Mo, Di

In den ehem. Räumlichkeiten des „Gasthaus Krone" sorgen klassische Elemente wie Mosaikböden, Vintagestühle und Marmortische für eine ungezwungene, lockere Atmosphäre. Auf der Speisekarte stehen schmackhafte Brasseriegerichte. Tipp: Nachmittags gibt es leckere Kuchen und Törtchen aus der hauseigenen Patisserie.

KORBACH 31 C
www.korbach.de

Hessen | EW 23.900 | 379 m | Waldeck 26 km, Kassel 59 km

Goldflair am Rathaus
www.hotel-goldflair.de

★★★ S garni

Stechbahn 8, PLZ 34497, **T 05631 50090,** F 500959
28 Zimmer | 2 Suiten | 2 Apartments | Ez 65–77 €, Dz 91–101 €, 12,90 €

Ein modernes Hotel gepaart mit traditionellem Flair. Hier erwarten Sie originelle Gold-Themenzimmer, ein gemütliches Restaurant und ein schöner Biergarten.

KORNTAL-MÜNCHINGEN 58 A
www.korntal-muenchingen.de

Baden-Württemberg | EW 18.578 | 304 m | Stuttgart 11 km, Heilbronn 46 km

The Rilano Hotel
www.rilano.com

★★★ S garni

Stuttgarter Str. 121 (im Gewerbegebiet), PLZ 70825 (OT: Münchingen), **T 07150 130,** F 13266
213 Zimmer | 10 Suiten | 24 h

Ein neuzeitliches Businesshotel vor den Toren von Stuttgart mit guter Autobahnanbindung zur A81. Das Haus bietet modern ausgestattete Zimmer und Suiten, einen großzügigen Konferenzbereich sowie ein SPA mit Pool, Sauna, Dampfbad und Fitnessraum. Im angeschlossenen Steak-Restaurant gibt es US-Beef und Grilled Specials.

Landschloss Korntal
www.landschloss-korntal.de

★★★ S garni

Saalplatz 5, PLZ 70825 (OT: Korntal), **T 0711 8388800,** F 83888088
26 Zimmer | 3 Apartments

Das ehem. Hofgut im Ortszentrum bietet heute freundliche Gästezimmer mit zeitgemäßem Komfort. Besonderes Highlight ist der 6 Meter hohe historische Festsaal. Nicht nur bei Hochzeiten, sondern auch bei Tagungen ist diese Adresse sehr beliebt.

KORSCHENBROICH 29 C
www.korschenbroich.de

Nordrhein-Westfalen | EW 33.116 | 46 m | Mönchengladbach 6 km, Neuss 13 km

Gasthaus Stappen
www.gasthaus-stappen.de

VARTA-TIPP Service

Steinhausen 39, PLZ 41352 (OT: Liedberg-Steinhausen), **T 02166 88226**
70 | Hauptgericht 20–40 €, Menü 42–69 € | So Mi-So Mo, Di

Bereits in der 5. Generation führen Carmen und Franz-Josef Stappen den elterlichen Betrieb. In gemütlich-modernem Ambiente und auf der Terrasse dürfen Sie sich auf eine kreative und saisonal ausgerichtete Küche freuen. Der Service ist aufmerksam und charmant, die Weinkarte gut zusammengestellt. Man verfügt auch über fünf Gästezimmer, die mit Liebe zum Detail eingerichtet wurden.

KÖTZTING, BAD 55 C
www.bad-koetzting.de

Bayern | EW 7.143 | 409 m | Cham 18 km, Regensburg 82 km

Bayerwaldhof
www.bayerwaldhof.de

S garni

Liebenstein 25, PLZ 93444 (OT: Liebenstein), **T 09941 94800,** F 9480800
94 Zimmer | 8 Suiten | Ez 167 €, Dz 153–306 €, inkl. Vollpension

Auf einem Wiesehügel über Bad Kötzting befindet sich dieses gewachsene Ferienhotel. Neben eleganten Zimmern und Suiten mit Balkon oder Terrasse verfügt das Haus über eine 10.500 qm große Wellnessoase mit großer Wasser- und Saunawelt, Beautybereich, Fitnessstudio sowie mehreren Ruheräumen.

Leo's by Stephan Brandl

VARTA-TIPP Küche **VARTA-TIPP** Service

20 | Hauptgericht 30–42 €, Menü 105–135 € | Mi-Sa Mo, Di, So »

Das elegante Fine-Dining-Restaurant steckt voller Charme und Wärme - der besonderen Mischung aus Holz, Leder und Kupfer sei Dank! So gemütlich der Rahmen, so geschmackvoll und aromenintensiv die französische „Nouvelle Cuisine", die Küchenchef Stephan Brandl hier für Sie kreiert. Sie können zwischen zwei Menüs (5 und 8 Gänge) wählen. Dazu ein kompetenter Service nebst sehr guter Weinberatung. Tischreservierung empfehlenswert.

Amberger Hof www.amberger-hof.de

€ Gut & Günstig ★★★ S

Zeltendorfer Weg 4 (Anfahrt über Zeltendorfer Weg), PLZ 93444, **T 09941 9500,** F 950110
30 Zimmer | Ez ab 69 €, Dz ab 105 €, inkl. Frühstück | ⃠ 24.12.22–17.1.23

Ein gewachsenes, traditionsreiches Haus mit familiärer Führung. Wohnlich eingerichtete Zimmer mit kostenlosem WLAN. Zum Haus gehört ein kleiner, moderner Saunabereich. Im Restaurant wird regionale Frischeküche aufgetischt.

KRAIBURG A. INN 61 C www.lra-mue.de

Bayern | EW 3.985 | 462 m | Mühldorf am Inn 14 km, Erding 50 km

Hardthaus www.hardthaus.de

Marktplatz 31, PLZ 84559, **T 08638 73067**
45 | Hauptgericht 18–29 €, Menü 39–89 € | So Do-So ⃠ Mo, Di, Mi

Im Entrée des denkmalgeschützten Hardthauses befindet sich dieses Restaurant. Raumhohe Holzregale eines ehem. Kolonialwarenhandels, die bis zur malereiverzierten Decke reichen, sorgen für ein originelles Ambiente. Serviert wird eine frische internationale Küche. Im gegenüberliegenden Boutique-Hotel gibt es moderne Gästezimmer.

KRAKOW AM SEE 17 B www.krakow-am-see.de

Mecklenburg-Vorpommern | EW 3.754 | 50 m | Güstrow 12 km, Plau 22 km

Ich weiß ein Haus am See www.hausamsee.de

VARTA-TIPP Küche

Paradiesweg 3, PLZ 18292 (OT: Kuchelmis), **T 038457 23273**
24 | Hauptgericht 28–34 €, Menü 110 € | Di-Sa ⃠ Mo, So

Ein ländliches Idyll mit Park, kleinem Badestrand und Bootssteg am Nordufer des Krakower Sees. Im lichten Restaurantrundbau offeriert Raik Zeigner eine hervorragende Frischmarkt- und Saisonküche, die in Form eines täglich wechselnden 4-Gang-Menüs serviert wird. Der gebürtige Mecklenburger verbindet dabei gekonnt heimische Zutaten mit internationalen Top-Produkten. Tischreservierung empfehlenswert! Himmlisch schläft man in den individuell eingerichteten Landhauszimmern (zur Seeseite mit Loggia).

KRANZBERG 60 D www.kranzberg.de

Bayern | EW 4.131 | 483 m | Freising 4 km, Hallbergmoos 12 km

Hörger Biohotel www.hoerger-biohotel.de

Hohenbercha 38, PLZ 85402 (OT: Hohenbercha), **T 08166 990980,** F 9909868
25 Zimmer | Ez ab 85 €, Dz ab 139 €, inkl. Frühstück

Vollholzbau aus Zirbelholz - malerisch gelegen inmitten von Apfelgärten. Es stehen ausschließlich Nichtraucherzimmer zur Verfügung. Nette Tafernwirtschaft mit landestypischen Gerichten unter Verwendung biologisch erzeugter Lebensmittel.

KREFELD 29 C www.krefeld.de

Nordrhein-Westfalen | EW 235.414 | 38 m | Duisburg 25 km, Düsseldorf 31 km
Stadttheater, Haus Lange und Haus Esters (Museen), Burg Linn mit Jagdschlösschen, Deutsches Textilmuseum, Mennonitenkirche, Haus Sollbrüggen, Zoologischer und Botanischer Garten, Weinbrennerei Dujardin.

KRasserie Neu! verve-kr.de/krasserie.html

Zur Feuerwache 5, PLZ 47805 (OT: Dießem/Lehmheide), **T 02151 9360800**
Hauptgericht 16–46 €, Menü 45–99 € | Di-Sa Mo, So

In einem Industriegebiet gegenüber der Hauptfeuer- und Rettungswache finden Sie diese ansprechende Fine-Dining-Adresse. In zeitgemäß-freundlichem Ambiente wird eine moderne, frankophil geprägte Küche mit regionalen Einflüssen serviert. Probieren Sie z.B. „Geschmorte Bäckchen vom Jungschwein mit Polentaschnitte, Speckbohnen und Himbeeressigjus“! Sehr gutes Preis-Genuss-Verhältnis. Freundlicher Service.

PUR Essen und Trinken www.pur-krefeld.de

Roonstr. 1, PLZ 47799 (OT: Cracau), **T 02151 6223415**
39 | Hauptgericht 14–26 €, Menü 36–42 € | Fr-Sa Mo-So

Ein schickes, puristisches Restaurant gegenüber dem Sprödentalplatz, in dem Ihnen ein sympathisches Team exquisite Speisen und edle Weine serviert. Probieren Sie z.B. „Geschmorte Kalbsbacke mit hausgemachten Serviettenknödeln, Pilzen und Rotweinsoße“.

Villa Medici www.villa-medici-krefeld.de

Schönwasserstraße 73, PLZ 47800, **T 02151 50660**
50 | Hauptgericht 19–39 €, Menü 36–95 € | Di-Fr Di-Sa Mo, So

Restaurierte Villa mit schönem Garten und Terrasse. Kultivierte italienische Küche. Einige Gästezimmer, die mit Antiquitäten ausgestattet sind.

Elfrather Mühle www.elfrather-muehle.de

An der Elfrather Mühle 145, PLZ 47802 (OT: Traar), **T 02151 7899722**
50 | Hauptgericht 10–35 € | Mo-So

Das aparte Restaurant mit Terrasse und angeschlossenem Golfclub befindet sich in einer historischen Mühle. Moderne Stoffe, gediegene Farben und rustikale Holztische sorgen hier für eine charmante Atmosphäre. Auf der Karte stehen saisonale deutsche Gerichte mit mediterraner Note. Sehr beliebt ist die Location bei Hochzeiten.

KREISCHA 46 B www.kreischa.de

Sachsen | EW 4.542 | 220 m | Dippoldiswalde 10 km, Dresden 15 km

Landhotel Rosenschänke landhotel-rosenschaenke.de

VARTA-TIPP Service

Baumschulenstraße 17, PLZ 01731 (OT: Gombsen), **T 035206 21870,** F 21858
10 Zimmer | Ez ab 79 €, Dz ab 109 €, ab 8,00 €

Sie haben Lust auf eine Auszeit im grünen Süden von Dresden? Das seit drei Generationen familiär geführte Landhotel ist ein echter Geheimtipp. Die Zimmer im modernen Cottagestil sind wohnlich und mit zeitgemäßer Technik ausgestattet. Von Familie Walther und ihrem Team werden Sie herzlich umsorgt. Im Restaurant sowie im ruhigen Rosengarten hinter dem Haus wird eine bodenständig-saisonale Landküche serviert.

KREMMEN 26 B www.kremmen.de

Brandenburg | EW 7.110 | 39 m | Oranienburg 16 km, Berlin 30 km

Sommerfeld www.hotel-sommerfeld.de

Beetzer Straße 1a, PLZ 16766 (OT: Sommerfeld), **T 033055 970,** F 97445
85 Zimmer | 2 Suiten | 2 Apartments | Ez 109–129 €, Dz 180–205 €, inkl. Frühstück | 24 h

Modernes Tagungs- und Ferienhotel unmittelbar am Beetzer See gelegen. Sie übernachten in wohnlich eingerichteten Zimmern und Suiten. Ansprechender Wellnessbereich „ANIMA SPA“ mit Innen- und Außenpool sowie Saunalandschaft.

Schloss Ziethen www.schlossziethen.de

VARTA-TIPP Ambiente

Alte Dorfstraße 33, PLZ 16766 (OT: Groß Ziethen), **T 033055 950,** F 9559
44 Zimmer | 1 Suite | Ez ab 115 €, Dz ab 148 €, inkl. Frühstück

Ein prachtvolles, liebevoll restauriertes Herrenhaus vor den Toren Berlins. Es bietet seinen Gästen geschmackvoll und ansprechend eingerichtete Zimmer mit historischem Flair. Ein Teil der Gästezimmer befindet sich im Schloss selbst, die restlichen im ehemaligen Kornspeicher. In der lichtdurchfluteten Orangerie wird regional und mediterran beeinflusste Küche serviert. Diverse Salons, eine kleine Bibliothek sowie ein großer Park mit Teich runden das Angebot ab.

KRESSBRONN 66 A www.kressbronn.de

Baden-Württemberg | EW 8.305 | 407 m | Lindau 10 km, Friedrichshafen 12 km

Bodensee-Hotel Sonnenhof www.sonnenhof-bodensee.de

Sonnenhof 8, PLZ 88079 (OT: Retterschen), **T 07543 500220,** F 50022500
31 Zimmer | 8 Suiten | Ez 89–149 €, Dz 149–299 €, inkl. Frühstück

Ansprechendes Feriendomizil in einer 100 Jahre alten Villa, eingebettet in eine ruhige Wohn- und Parkanlage. Stilvolle Zimmer mit wohnlich-eleganter Note. Großzügiger Fitness-, Gesundheits- und SPA-Bereich mit Panoramaschwimmbad.

Restaurant im Bodensee-Hotel Sonnenhof

100 | Hauptgericht 13–32 € |

Großzügiges Restaurant mit angeschlossener Hotelbar. Serviert wird heimische Küche mit mediterranem Einschlag. Kostprobe gefällig? „Saibling | Limonentagliatelle | Krustentier-Basilikum-Fumée". Große Sonnenterrasse mit Blick über den Bodensee.

Boutique Hotel Friesinger
www.boutique-hotel-friesinger.de

VARTA-TIPP Ambiente

★★★★

Bahnhofstraße 5, PLZ 88079, **T 07543 9398787,** F 9398780
7 Zimmer | 4 Suiten | Ez 138–198 €, Dz 138–204 €, inkl. Frühstück

Klein, aber fein! Individuell und mit viel Charme präsentieren sich die Räume dieser liebevoll sanierten Stadtvilla. Marmor, Naturstein und Stuck gepaart mit warmen Farben und modernem Interieur sorgen für den einzigartigen Charakter der Zimmer und Suiten. Der sehr gute Service und ein freundliches Lächeln in den Gesichtern der Gastgeber tragen erheblich zum Wohlbefinden bei.

Meersalz

40 | Hauptgericht 34–38 €, Menü 68–98 € | Fr-Sa Mo, Di, Mi, Do, So

Kleines, modern gestaltetes Restaurant im Erdgeschoss. Serviert wird eine wohlschmeckende mediterrane Aromenküche. Auf der Karte stehen Gerichte wie „Mezzalune mit Spinat und Käse gefüllt an gebratenen Pilzen und Trüffelschaum" oder „Doradenfilets kross auf der Haut gebraten an Limetten-Chili-Butter mit Kräuterkartoffeln und Ofengemüse".

KREUZNACH, BAD 50 A
www.bad-kreuznach-tourist.de

Rheinland-Pfalz | EW 48.229 | 104 m | Bingen 15 km, Alzey 27 km

Fürstenhof
www.sympathie-hotel.de

★★★★

Kurhausstr. 20, PLZ 55543, **T 0671 2984670,** F 9203022
76 Zimmer | 1 Suite | 24 h

Dieses Tagungshotel im Herzen des Kurgebietes bietet zeitgemäßen Komfort. Viele der recht geräumigen Zimmer verfügen über einen Balkon mit Blick auf den Fürstenplatz. Modernes Restaurant „nobelle" mit Sonnenterrasse.

Leonardo Hotel Bad Kreuznach
www.leonardo-hotels.com

★★★★

Otto-Meffert-Straße 1, PLZ 55543, **T 0671 970030,** F 97003222
91 Zimmer | 24 h

Das 2018 eröffnete Haus ist auf die Bedürfnisse von Businesskunden ausgerichtet. Der fünfgeschossige Neubau bietet moderne, freundliche Zimmer und Suiten sowie einen großzügigen Tagungs- und Seminarbereich. Im Restaurant „Thielemanns" werden regionale und saisonale Gerichte serviert.

Im Gütchen
www.im-guetchen.com

Hüffelsheimer Straße 1, PLZ 55545, **T 0671 42626**
44 | Hauptgericht 22–36 €, Menü 60–90 € | So Mo, Do-So Di, Mi

Aufwendig saniertes Restaurant in einer ehem. Gutsanlage aus dem 18. Jahrhundert. In stilvollem und originellem Ambiente wird eine heimatverbundene Gourmetküche mit internationalen Einflüssen serviert.

KREUZWERTHEIM 52 A www.kreuzwertheim.de

Bayern | EW 3.783 | 144 m | Wertheim 1 km, Marktheidenfeld 12 km

Herrnwiesen www.hotel-herrnwiesen.de

★★★ S garni

In den Herrnwiesen 4, PLZ 97892, **T 09342 93130**
23 Zimmer | 2 Apartments

Bei Radfahrern und Geschäftsreisenden beliebtes Hotel mit familiärer Atmosphäre direkt am Main-Radweg. Die gemütlichen Gästezimmer verfügen teils über Balkon mit Blick auf die Wertheimer Burg. Das Haus bietet zudem Ladestationen für E-Bikes und E-Autos sowie eine kostenfreie Fahrradgarage.

Lindenhof www.weinhaus-lindenhof.de

Lindenstraße 41, PLZ 97892 (OT: Gemeindedinger), **T 09342 915940,** F 9159444
10 Zimmer | Ez 90–105 €, Dz 115–185 €, bis 15,00 €

Gepflegtes Familienhotel, das fränkische Gemütlichkeit ausstrahlt. Individuell eingerichtete Gästezimmer mit zweckmäßiger Ausstattung. Für Entspannung sorgt die hauseigene Salzgrotte.

KROMBACH 42 C www.gemeinde-krombach.de

Bayern | EW 2.200 | 240 m | Aschaffenburg 20 km, Hanau 26 km

Landhotel Windlicht www.landhotel-windlicht.de

★★★ S

Tannenstraße 1, PLZ 63829, **T 06024 690300,** F 6903036
16 Zimmer | 1 Suite | Ez 68–73 €, Dz 96–115 €, inkl. Frühstück

Das familiengeführte Hotel ist landschaftlich reizvoll gelegen. Umgeben von Wiesen und Wäldern sorgen helle, wohnliche Landhauszimmer für pure Entspannung. Die Zimmer zur Südseite sind mit Balkon oder Terrasse ausgestattet. Im hauseigenen Restaurant wird eine frische saisonale Küche aufgetischt.

KRONACH 44 C www.kronach.de

Bayern | EW 16.882 | 320 m | Kulmbach 22 km, Coburg 33 km

Die Kronacher Stadthotels www.stadthotel-pfarrhof.de

VARTA-TIPP Ambiente

Amtsgerichtsstraße 12, PLZ 96317, **T 09261 5045990,** F 5045999
40 Zimmer | 4 Suiten | Ez 99–129 €, Dz 132–189 €, inkl. Frühstück

Ein liebevoll restauriertes Haus von 1520 im Herzen der charmanten Altstadt. Die individuell eingerichteten Nostalgiezimmer verteilen sich auf die Dependancen „Pfarrhof", „Zum Floßherrn" und „Am Pförtchen". Für Entspannung sorgt die freundlich gestaltete Wellness-Oase im Haupthaus. Im Restaurant, auf der Sonnenterrasse sowie im lauschigen Wirtshauswintergarten werden heimische Gerichte und fränkische Biere aufgetischt.

KRONBERG IM TAUNUS 41 C www.kronberg.de

Hessen | EW 18.069 | 257 m | Königstein 3 km, Frankfurt am Main 17 km

Schlosshotel Kronberg www.schlosshotel-kronberg.de

★★★★★S garni

Hainstraße 25, PLZ 61476, **T 06173 70101,** F 701267
61 Zimmer | 16 Suiten, Dz 225–365 €, 35,00 € | 24 h

Herrschaftlich logieren Sie in dem für Kaiserin Victoria erbauten Schloss vor den Toren Frankfurts. Kunstwerke und stilvolles Mobiliar verleihen den Zimmern ihren ganz besonderen Charakter. Für Tagungen stehen elegante Veranstaltungsräume zur Verfügung. Informativ sind die öffentlichen historischen Führungen (am 2. und 4. Sonntag eines Monats).

Schlossrestaurant Victoria

40 | Hauptgericht ab 26 €, Menü 70–155 € | Do-So Mo, Di, Mi

Hier speisen Sie in einem prunkvollen Saal mit gediegen-eleganter Atmosphäre. Die Karte bietet eine saisonal ausgerichtete, klassische Küche. Dazu ein gut sortiertes Weinangebot mit hauseigenen Weinen des Weinguts Prinz von Hessen sowie erlesenen Rebsorten aus aller Welt. Großzügige Terrasse - vis-à-vis dem Golfplatz - mit Blick in den prächtigen Schlosspark. Im Zweitrestaurant „Enrico d'Assia" werden Klassiker der deutschen und italienischen Küche serviert.

Vienna House MQ www.viennahouse.com

Bahnhofstr. 38, PLZ 61476, **T 06173 969940**
92 Zimmer | Ez 119–399 €, Dz 139–419 €

Jung, gemütlich, stylish - so könnte man dieses moderne Businesshotel kurz und trefflich beschreiben. Schön der offen gestaltete Lobbybereich auf 2 Ebenen mit lässiger Kreativtreppe und Wohnzimmeratmosphäre. Viel warmes Holz, Leder, Messing und Samt sind die tonangebenden Materialien in den hübschen Gästezimmern. Den Frühstücksraum hat man als große offene Küche gestaltet.

KROZINGEN, BAD 64 A www.bad-krozingen.info

Baden-Württemberg | EW 16.728 | 234 m | Freiburg 15 km, Müllheim 15 km

Hofmann Zur Mühle www.hotel-hofmann.de

garni

Litschgistraße 6, PLZ 79189, **T 07633 9088590,** F 9088599
26 Zimmer | 4 Apartments

Ideales Domizil für Golfer, Radfahrer und Wanderer. Die freundlich eingerichteten Zimmer verfügen alle über einen Balkon oder eine Terrasse. Entspannung bietet ein hübscher Blumengarten mit Springbrunnenanlage und Liegewiese.

Storchen www.storchen-schmidhofen.de

VARTA-TIPP Küche

Felix-Nabor-Straße 2, PLZ 79189 (OT: Schmidhofen), **T 07633 5329**
45 | Hauptgericht 28–52 €, Menü 80–145 € | Di-Do, Sa-Sa Di-Sa Mo, So ››

Auf äußerst schmackhafte Weise werden in diesem heimeligen Landgasthof bevorzugt regionale Produkte zu wohlschmeckenden Speisen verarbeitet. Küchenchef Jochen Helfesrieder pflegt nicht nur die Tradition der Haute Cuisine, sondern begeistert auch mit niveauvollen bodenständigen Gerichten wie „Frische Kalbskutteln in Rieslingsauce". Dazu eine ansprechende Weinkarte mit rund 300 Positionen. Tipp: Mittagsmenü (3 Gänge) zum kleinen Preis! Hübsche Gartenterrasse am Teich. Zum Übernachten hat man modern und komfortabel ausgestattete Gästezimmer.

KRUMBACH (SCHWABEN) 59 C www.krumbach.de

Bayern | EW 12.851 | 512 m | Ulm 38 km, Memmingen 39 km

Drexels Parkhotel am Schloss Neu! parkhotel-krumbach.de

Karl-Mantel-Straße 53, PLZ 86381, **T 08282 995420**
53 Zimmer | 3 Suiten | Ez 67–77 €, Dz 99–129 €, ab 8,50 € | 24 h

Richtig gut wohnen lässt es sich in dem familiengeführten Freizeit- und Businesshotel: geschmackvolles Ambiente, moderne Technik, tolles Frühstück... und all das im Herzen des schwäbischen Städtchens Krumbach. Klares Design, freundliche Farben und hochwertige Materialien machen die Zimmer und Suiten ausgesprochen wohnlich. Einige verfügen über eine Terrasse mit Blick auf das Hürbener Wasserschloss und den Park.

Genuss Reich by drexel Neu!

60 | Hauptgericht 12–30 €, Menü 30–50 € | So Mi-So Mo, Di

Ausgesprochen nett sitzt man in den luftdurchfluteten Räumen mit Loftcharakter oder auf der lauschigen Außenterrasse. Beim jungen Küchenteam ist der Name Programm! Die wechselnde Speisekarte ist angepasst an das saisonale Marktangebot, die Gerichte sind frisch, schmackhaft und vielfältig, so z.B. „Spitzen vom Allgäuer Rind | Estragon-Senfsauce | Spätzle | junges Gemüse". Es gibt auch eine Karte mit Spezialitäten vom Grill.

KRUMMHÖRN 12 D www.greetsiel.de

Niedersachsen | EW 13.357 | 1 m | Emden 14 km, Norden 16 km

Der Romantik-Hof www.romantik-hof.de

★★★★ garni

Ankerstr. 4, PLZ 26736 (OT: Greetsiel), **T 04926 912151,** F 912153
32 Zimmer | Ez ab 115 €, Dz ab 160 €, inkl. Frühstück

Familiengeführtes Hotel mit wohnlichen Zimmern, wahlweise im romantischen Landhausstil oder mit modernem Flair. Hübsche Saunalandschaft mit finnischer Sauna, Aroma-Dampf- und Bio-Soft-Sauna. Schönes Frühstücksrestaurant mit rustikal-moderner Atmosphäre.

Landhaus Steinfeld www.landhaus-steinfeld.de

★★★★

Kleinbahnstraße 16, PLZ 26736 (OT: Greetsiel), **T 04926 91810,** F 918146
25 Zimmer | 1 Apartment | Ez 129–199 €, Dz 155–250 €, inkl. Frühstück

Über 160 Jahre alter Gutshof in idyllischer Parkanlage mit entspanntem Ambiente. Gepflegte, wohnlich eingerichtete Gästezimmer unterschiedlicher Kategorien. Stilvoller Wellnessbereich mit Sauna und beheiztem, mediterran anmutendem Schwimmbad. Urig und gemütlich eingerichtetes Restaurant mit ostfriesischer Küche.

Landhaus Uttum
www.landhaus-uttum.de

★★★ garni

Cirkwehrumer Str. 1, PLZ 26736 (OT: Uttum), **T 04923 911090**
10 Zimmer | 4 Suiten | Ez ab 73 €, Dz ab 108 €, inkl. Frühstück

Auffallend persönlich und familiär ist die Führung in diesem charmanten Domizil - man kümmert sich herzlich um die Gäste und sorgt dafür, dass alles gepflegt ist. Neben individuell eingerichteten Zimmern und Suiten gibt es ein liebevoll arrangiertes Frühstück, das man bei schönem Wetter auch auf der Caféterrasse einnehmen kann.

Witthus
www.witthus.de

★★★

Katrepel 5-9, PLZ 26736 (OT: Greetsiel), **T 04926 92000,** F 920092
19 Zimmer | 4 Suiten | Ez 81–125 €, Dz 103–173 €, inkl. Frühstück

Freundlich geführtes Haus mit Teestube, Kunstgalerie und Gartencafé. Einfache, aber gepflegte Zimmer mit Ausblick auf das Siel, den Hafen, den Marktplatz oder die Kirche. Restaurant mit regionaler Küche.

Fischerhus
www.fischerhus-greetsiel.de

Sielstraße 5, PLZ 26736 (OT: Greetsiel), **T 04926 319**
36 | Hauptgericht 11–28 €, Menü 17–30 € | Mi-So

Beliebtes Fischrestaurant am Kutterhafen mit gemütlicher Atmosphäre. Die Speisekarte bietet eine große Auswahl an friesischen Küstenspezialitäten wie Greetsieler Krabben oder Matjes. Durchgehend warme Küche.

KRÜN 67 D
www.kruen.de

Bayern | EW 1.937 | 875 m | Mittenwald 8 km, Garmisch-Partenkirchen 17 km

Schloss Elmau
www.schloss-elmau.de

VARTA★TIPP Ambiente VARTA★TIPP Service

★★★★★S

In Elmau 2, PLZ 82493 (OT: Elmau), **T 08823 180,** F 18177
162 Zimmer | 127 Suiten | Ez ab 370 €, Dz ab 650 €, inkl. Frühstück | 24 h

Ein Hideaway der Extraklasse auf über 1.000 Metern Höhe in einem Hochtal im Wettersteingebirge! Wellness, Kunst und Kultur - all das vereint das hervorragend geführte Hotelresort. Nicht nur die beispielhafte Gästebetreuung ist sehr angenehm, die Zimmer und Suiten ebenso. Sie verfügen über allerhöchsten Wohnkomfort und bieten zudem eine atemberaubende Aussicht auf die Berge. Das exklusive SPA-Konzept sucht seinesgleichen. Weitere Zimmer stehen im 'Luxury Spa Retreat' zur Verfügung. Regelmäßig finden Klassik- und Jazzkonzerte statt.

Luce d'Oro

VARTA★TIPP Küche VARTA-TIPP Service

24 | Menü 189–229 € | Mi-Sa Mo, Di, So 15.1.–6.2.23, 16.4.–7.5.23, 10.–24.9.23, 3.–10.12.23

Stimmungsvolles Gourmetrestaurant mit Kamin und direktem Zugang zum exquisiten Weinkeller. An minimalistisch eingedeckten Holztischen kredenzt der geschulte Service eine klassisch französische Küche - von Spitzenkoch Christoph Rainer durch fernöstliche Aromen leicht und zeitgemäß interpretiert. Die tiefgründigen Speisen werden optisch eindrucksvoll in Szene gesetzt. Auf die kompetenten Weinempfehlungen von Chef-Sommelière Marie-Helen Krebs können Sie sich verlassen.

Das Kranzbach www.daskranzbach.de

VARTA-TIPP Ambiente VARTA-TIPP Service

★★★★★S

Kranzbach 1, PLZ 82493 (OT: Klais), **T 08823 928000,** F 92800900
136 Zimmer | 8 Suiten | Ez 250–300 €, Dz 420–600 €, inkl. Halbpension | 24 h

Das märchenhafte Hideaway in herrlicher Alleinlage besteht aus dem im Stil eines schottischen Landsitzes erbauten „Mary Portman House" und dem Gartenflügel. Hier genießen Sie Ruhe, SPA-Vielfalt und klassische Bergromantik. Individuelle Einrichtungsdetails sowie warme, natürliche Materialien prägen das Ambiente der exquisiten Zimmer und Suiten. Es gibt kein öffentliches Restaurant. Ein besonderer Rückzugsort ist das Baumhaus (100 m vom Hotel entfernt – mitten im Wald).

Alpenhof www.alpenhof-kruen.de

★★★★

Edelweissstraße 11, PLZ 82494, **T 08825 1014,** F 1016
24 Zimmer | 3 Suiten | 2 Apartments | Ez 73–83 €, Dz 138–178 €, inkl. Frühstück

Schmuckes Ferienhotel mit regional-alpenländischem Charme. Hier wohnen Sie in gemütlichen Landhauszimmern. Entspannung bieten das „Alpin Spa" und der hoteleigene Garten mit Liegewiese. Herrlicher Blick auf die Zugspitze.

Das Alpenglühn Restaurant www.das-alpengluehn.de

Kranzbachstr. 10, PLZ 82494, **T 08825 2374**
28 | Hauptgericht 22–42 €, Menü 87 € | Sa-So Mi-So Mo, Di

Tradition und Moderne vereinen sich in den gepflegten Gaststuben des engagiert geführten Familienbetriebes. Die Küche ist ambitioniert und bekannt für ihre schmackhaften, gutbürgerlichen Gerichte, die zudem äußerst gastfreundlich kalkuliert sind. Man hat auch einige Gästezimmer.

KUCHELMISS 17 B www.krakow-am-see.de

Mecklenburg-Vorpommern | EW 940 | 42 m | Rostock 50 km, Neubrandenburg 84 km

Martinus www.serrahn.vandervalk.de

Dobbiner Weg 24 (im Golfhotel Serrahn), PLZ 18292 (OT: Serrahn), **T 038456 6692255**
80 | Hauptgericht 13–25 €, Menü 30–50 € | Mo-So

Feine Kulinarik direkt am Serrahner See. Hier wird frisch, schmackhaft und saisonal gekocht. Im modernen Restaurant mit Wintergarten oder auf der großzügigen Sonnenterrasse serviert man Ihnen eine international beeinflusste Crossover-Küche. Reservierung erforderlich.

KUDDEWÖRDE 15 B www.kuddewoerde.de

Schleswig-Holstein | EW 1.339 | 28 m | Hamburg 30 km, Lübeck 52 km

Grander Mühle www.grandermuehle.de

Lauenburger Straße 1, PLZ 22958, **T 04154 81021,** F 842049
13 Zimmer

Die bezaubernde Landherberge für Individualisten bietet geschmackvolle Romantikzimmer, die mit antiken Möbeln und netten Accessoires ausgestattet sind. Morgens erwartet Sie ein schmackhaftes Frühstücksbuffet nach Gutsherrenart. Restaurant mit frischer, mediterraner Küche.

KUHLEN-WENDORF 17 A www.stadt-brueel.de

Mecklenburg-Vorpommern | EW 821 | 50 m | Schwerin 29 km, Parchim 34 km

Grand Hotel Schloss Wendorf www.grand-hotel-wendorf.com

Schlossallee 1, PLZ 19412 (OT: Wendorf), **T 038486 33660,** F 336610
21 Zimmer | 15 Suiten | ⏲ 24 h

Dieses hübsche Herrenhaus inmitten eines weitläufigen Parks wurde zu einem exklusiven Luxusdomizil umgebaut. Sowohl im Schlosshotel als auch in der Residenz erwarten Sie individuell, teils mit antiken Möbeln eingerichtete Zimmer und Suiten. Im Fine-Dining-Restaurant „Cheval Blanc" wird regionale und internationale Küche serviert.

KÜHLUNGSBORN 9 D www.kuehlungsborn.de

Mecklenburg-Vorpommern | EW 7.489 | 16 m | Rostock 31 km, Wismar 39 km

Upstalsboom Kühlungsborn www.hotelresidenz-kuehlungsborn.de

Ostseeallee 21, PLZ 18225, **T 038293 42990,** F 4299999
169 Zimmer | 19 Suiten | Ez 108–248 €, Dz 138–338 €, inkl. Frühstück | ⏲ 24 h

Großzügiges Ferienhotel in exponierter Lage mit freier Sicht auf das Meer. Komfortable, im maritimen Stil ausgestattete Zimmer und Suiten. Highlight des Hauses ist der 1.300 qm große SPA-Bereich, zu dem verschiedene Saunen und ein Innenpool gehören. Im Restaurant werden überwiegend Fischgerichte serviert.

Morada Strandhotel www.strandhotel-kuehlungsborn.de

Rudolf-Breitscheid-Straße 19, PLZ 18225, **T 038293 4310,** F 4312222
151 Zimmer | 30 Suiten, Dz ab 178 €, inkl. Frühstück | ⏲ 24 h

Bäderarchitektonisch geprägtes Hotel in exquisiter Strandlage. Unterschiedliche Zimmertypen, die sich in Ausstattung, Lage und Größe unterscheiden. Ansprechender Wellnessbereich mit Meerwasserwelt und Saunalandschaft. Restaurant mit Ostseeblick. Gemütliche Raucherlounge.

Ostseehotel
www.travelcharme.com/ostseehotel

★★★★ S garni

Zur Seebrücke 1, PLZ 18225, **T 038293 43882,** F 415555
110 Zimmer | 7 Suiten | 24 h

Beliebtes Urlaubshotel mit südländischem Ambiente direkt an der Strandpromenade. Komfortabel eingerichtete Zimmer und Suiten, alle mit Balkon oder Terrasse. Großzügiger Wellnessbereich. Stilvolles Restaurant mit regionaler Küche.

Strandblick
www.ringhotel-strandblick.de

★★★★ S garni

Ostseeallee 6, PLZ 18225, **T 038293 633,** F 63500
52 Zimmer | 5 Suiten | Ez 130–195 €, Dz 150–210 €, inkl. Frühstück

Denkmalgeschütztes, liebevoll restauriertes Jugendstilgebäude. Die tolle Lage, gediegener Komfort und persönlicher Service zeichnen das Hotel aus. Die freundlichen, individuell geschnittenen Zimmer sind teils mit Balkon oder Terrasse ausgestattet. Moderner Wellnessbereich.

Strandauster

70 | Hauptgericht 18–29 €, Menü 32–49 € | Mo-So

Das Restaurant gehört zweifelsohne zu den Top-Adressen des Ostseebads, denn hier gibt es in gediegen-eleganter Atmosphäre schmackhafte regionale und saisonale Gerichte wie „Gebratene Welsfilets | Möhren | Fenchel | Kartoffelflan". Während der warmen Jahreszeit empfiehlt sich die zur sonnigen Südseite gelegene Gartenterrasse.

Aquamarin

www.hotel-aquamarin.de

★★★★

Hermannstr. 33, PLZ 18225 (OT: West), **T 038293 4020,** F 40277
99 Zimmer | Ez 77–200 €, Dz 110–250 €, inkl. Frühstück | 24 h

Das Ferienhotel liegt nur einen Steinwurf von der Ostsee entfernt. Geschmackvoll eingerichtete Zimmer und Apartments, die auch für Langzeitgäste vermietet werden. Im lichtdurchfluteten Restaurant können Sie aus einem internationalen Speisenangebot wählen - oder Sie gönnen sich ein Guinness im stilechten Irish Pub.

Edison

www.hotel-edison.de

★★★★

Dünenstraße 15, PLZ 18225, **T 038293 420,** F 42111
60 Zimmer | 1 Suite | 4 Apartments, Dz ab 128 €, inkl. Frühstück | 24 h

Ein moderner Hotelbau, nur 300 m vom Strand entfernt. Wohnliche Zimmer mit hellem Mobiliar. Einige Zimmer verfügen über einen Balkon oder eine Terrasse. Schönes Wintergartenrestaurant mit gehobener regionaler Küche.

Max am Meer

www.hotel-max.de

★★★★

Dünenstraße 13, PLZ 18225, **T 038293 820,** F 82222
31 Zimmer | Ez ab 88 €, Dz ab 111 €, inkl. Frühstück

Das Boutique-Hotel ist nur wenige Gehminuten vom Strand entfernt. Hier stehen ruhige Gästezimmer zur Verfügung, teilweise mit Balkon und Parkblick. Kleiner Wohlfühlbereich mit finnischer Sauna. Im Restaurant „Wings & Drums" werden verschiedene Geflügelspezialitäten angeboten.

Neptun

www.neptun-hotel.de

★★★★

Strandstraße 37, PLZ 18225, **T 038293 630,** F 63299
40 Zimmer | 1 Suite | Ez ab 80 €, Dz ab 100 €, inkl. Frühstück | 24 h

Freundlich geführtes Urlaubs- und Geschäftshotel mit hellen, zeitgemäß und praktisch ausgestatteten Gästezimmern - 300 m vom Strand entfernt. Einige Zimmer bieten einen Balkon. Das Haus verfügt auch über ein behagliches Kaminzimmer, einen modernen Saunabereich sowie ein gemütliches Bistro.

Strandhotel Sonnenburg
www.strandhotelsonnenburg.de

★★★★ garni

Ostseeallee 15, PLZ 18225, **T 038293 8390,** F 83913
28 Zimmer | 1 Suite | 11 Apartments | Ez 68–100 €, Dz 95–170 €, inkl. Frühstück | 24 h

Gemütliche Urlaubsadresse im maritimen Landhausstil, nur wenige Schritte vom Strand entfernt. Helle, mit Naturholzmöbeln und mediterranen Farben eingerichtete Zimmer. Schönes Café-Restaurant.

Vier Jahreszeiten
www.4jahreszeiten-kuehlungsborn.de

★★★★ S garni

Ostseeallee 10-12, PLZ 18225, **T 038293 81000,** F 81081
130 Zimmer | 79 Apartments | 24 h

Moderner Hotel- und SPA-Komfort im klassischen Ambiente der Bäderarchitektur. Das gepflegte Haus bietet hochwertig und individuell eingerichtete Gästezimmer, einen schönen Wellnessbereich sowie mehrere Restaurants.

Villa Astoria
www.villa-astoria.de

★★★★★ S garni

Ostseeallee 2, PLZ 18225, **T 038293 410210,** F 410220
19 Zimmer | 19 Suiten, Dz 129–209 €, inkl. Frühstück

Was könnte man aus einer solch schönen Villa in strandnaher Lage Schöneres machen als ein niveauvolles Hotel? Vom Gartengeschoss bis zum exklusiven Mansardengeschoss wohnen Sie hier in komfortabel ausgestatteten Suiten. Ausgewählte Stoffe, warme Farben und hochwertige Materialien sorgen für Wohlfühlatmosphäre.

Tillmann Hahns GASTHAUS

80 | Hauptgericht 12–39 €, Menü 49–65 € |

Einladendes Restaurant im ländlich-skandinavischen Stil mit angeschlossenem Feinkostbistro. Die servierten Speisen sind schmackhaft und haben Slowfood-Charakter. Dazu gibt es tolle Weine renommierter deutscher Winzer. Terrasse mit Ostseeblick.

Westfalia
www.westfalia-kuehlungsborn.de

★★★★★ S garni

Ostseeallee 17-17a, PLZ 18225 (OT: Ost), **T 038293 43490,** F 434949
21 Zimmer | 4 Suiten | Ez 85–135 €, Dz 110–180 €, inkl. Frühstück | 24 h

Wunderschöne Jugendstilvilla, unmittelbar zwischen der Strandpromenade und dem Kühlungsborner Stadtwald gelegen. Geräumige und liebevoll eingerichtete Zimmer und Apartments. Parkähnlich gestalteter Garten mit Terrasse und Liegewiese.

KULMBACH 44 D www.kulmbach.de

Bayern | EW 26.842 | 325 m | Bayreuth 22 km, Münchberg 28 km

Dobrachtal www.hotel-dobrachtal.de

Höferänger 10, PLZ 95326 (OT: Höferänger), **T 09221 9420,** F 942355
52 Zimmer | Ez 48–84 €, Dz 78–122 €, inkl. Frühstück

Der gut geführte Gasthof bietet helle, freundliche Zimmer, teilweise mit Balkon oder Terrasse. Im gemütlichen Restaurant werden marktorientierte und saisonale Speisen sowie fränkische Spezialitäten angeboten.

KUNREUTH 53 B www.walberla.de

Bayern | EW 1.385 | 313 m | Erlangen 18 km, Nürnberg 36 km

Berg-Gasthof Hötzelein www.berg-gasthof.de

Regensberg 10, PLZ 91358 (OT: Regensberg), **T 09199 8090,** F 80999
31 Zimmer | Ez ab 88 €, Dz ab 120 €, inkl. Frühstück

Modernes, idyllisch gelegenes Berghotel unter familiärer Führung. Zweckmäßige Gästezimmer mit Standardausstattung zu gastfreundlichen Preisen. Panoramarestaurant mit fränkischer Küche.

KÜNZELL 42 B www.kuenzell.de

Hessen | EW 15.953 | 336 m | Fulda 2 km, Bad Brückenau 37 km

Bäder-Park-Hotel www.baeder-park-hotel.de

Harbacher Weg 1, PLZ 36093, **T 0661 3970,** F 397151
142 Zimmer | 1 Suite | Ez ab 119 €, Dz ab 159 €, inkl. Frühstück | 24 h

Elegantes Hotel im „Sieben Welten Therme & Spa Resort" am Fuldaer Stadtrand. Komfortabel eingerichtete Zimmer, teilweise mit Balkon oder Terrasse. Umfangreiches gastronomisches Angebot mit regionaler und internationaler Küche sowie einer Sommerterrasse im afrikanischen Stil.

Der Florenberg www.derflorenberg.de

Am Florenberg 2, PLZ 36093, **T 0661 9339565,** F 9339565
18 Zimmer | Ez 79–86 €, Dz 99–136 €, inkl. Frühstück

Angenehm sind hier nicht nur die tolle Lage auf 385 m Höhe sowie die familiäre Atmosphäre, sondern auch die modernen, wohnlichen Zimmer, die in dem neu errichteten Hoteltrakt entstanden sind. Einige der Gästezimmer verfügen über einen Balkon oder eine Terrasse. Stilvoll speisen können Sie im hauseigenen Restaurant. Im Sommer lockt der großzügige Biergarten.

KÜNZELSAU 52 C www.kuenzelsau.de

Baden-Württemberg | EW 14.877 | 218 m | Schwäbisch Hall 23 km, Heilbronn 52 km

Anne-Sophie

www.hotel-anne-sophie.de

Hauptstraße 22-28, PLZ 74653, **T 07940 93460,** F 934677
49 Zimmer | Ez 89–140 €, Dz 130–170 €, inkl. Frühstück | 24 h

In diesem Hotel verfolgt man ein besonderes Integrationskonzept: Menschen mit und ohne Handicap arbeiten Hand in Hand zusammen. Sowohl im denkmalgeschützten Stammhaus am Schlossplatz als auch im neu errichteten Haupthaus, in dem sich auch die Rezeption und der Frühstücksraum befinden, stehen wohnliche Gästezimmer unterschiedlicher Größen und Stilrichtungen zur Verfügung. Hübscher Fitness- und Wohlfühlbereich.

Handicap

28 | Hauptgericht 15–24 €, Menü 75–95 € | Sa-So Mi-Sa Mo, Di

Auch im Feinschmeckerrestaurant, das fraglos zu den Schmuckstücken des Hauses zählt, ist der Name Programm: im Service arbeiten Menschen mit und ohne Handicap. Die Decke des eleganten Restaurants ziert ein Himmelsgemälde des Künstlers Markus Schmidgall. Auf der Speisekarte stehen anspruchsvolle Gerichte, die auf Basis hochwertiger Zutaten zubereitet werden. Dazu kredenzt man ausgewählte Weine aus nah und fern.

Anne-Sophie

Schlossplatz 9, PLZ 74653
120 | Hauptgericht 10–27 €, Menü 25–50 € | Mo-So

Hier speisen Sie wahlweise im gemütlichen Restaurantbereich, im futuristischen Wintergarten (mit Schlossblick!) oder auf der netten Sommerterrasse. Serviert wird eine frische Hohenloher Küche mit internationalen Einflüssen. Ergänzt wird das gastronomische Ensemble des Hauses durch eine Vinothek in der Ortsmitte (nur wenige Meter vom Hotel entfernt).

KUPFERZELL 52 C

www.kupferzell.de

Baden-Württemberg | EW 5.749 | 340 m | Künzelsau 9 km, Schwäbisch Hall 16 km

Gasthof Krone www.krone-eschental.de

★★★ S garni

Hauptstraße 40, PLZ 74635 (OT: Eschental), **T 07944 670,** F 6767
58 Zimmer | 2 Suiten | 2 Apartments | Ez ab 86 €, Dz ab 128 €, inkl. Frühstück

Familiär geführtes Hotel mit sachlich und zweckmäßig eingerichteten Gästezimmern. Zum Haus gehört ein Erlebnisbad mit Saunabereich. Im Restaurant wird bodenständig gekocht.

Hotel Kupferzell **Neu!** www.hotel-kupferzell.de

garni

Marktplatz 10-12, PLZ 74635, **T 07944 4779900**
37 Zimmer | 3 Suiten | Ez 71–140 €, Dz 112–300 €, inkl. Frühstück

Das 2022 eröffnete Hotel am Kupferzeller Marktplatz bietet so ziemlich alle Annehmlichkeiten, die sich Businessgäste und Touristen auf Reisen wünschen: moderne, klimatisierte Zimmer mit funktioneller Ausstattung, schnelles und kostenfreies WLAN, Ladestationen für E-Autos und E-Bikes sowie ein Restaurant mit Snackbar und Gartenterrasse.

KÜRTEN 29 D www.kuerten.de

Nordrhein-Westfalen | EW 20.000 | 245 m | Köln 35 km, Lüdenscheid 47 km

Zur Mühle www.restaurant-zur-muehle.com

Wipperfürther Str. 391, PLZ 51515, **T 02268 6629**
60 | Hauptgericht 19–28 €, Menü 44–54 € | So Mo, Do-So

Rustikales Restaurant in einem gelungenen Stilmix aus Tradition und Moderne. Regional, mediterran und euro-asiatisch beeinflusste Küche mit regelmäßig wechselnder Speisekarte. Sehr gutes Weinangebot. Kleiner Biergarten.

KUSTERDINGEN 58 A www.kusterdingen.de

Baden-Württemberg | EW 8.200 | 410 m | Tübingen 6 km, Reutlingen 8 km

Mayer's Waldhorn www.mayers-waldhorn.de

★★★ S garni

Neckar-Alb-Straße 47, PLZ 72127 (OT: Mähringen), **T 07071 13330,** F 133399
19 Zimmer | 1 Suite | Ez ab 70 €, Dz ab 100 €, inkl. Frühstück

Familiengeführter Landgasthof in ruhiger, aber verkehrsgünstiger Lage. Das Haus bietet gemütliche Gästezimmer mit zeitgemäßem Komfort. Im Restaurant serviert man überwiegend schwäbische Spezialitäten.

KYRITZ 25 B www.kyritz.de

Brandenburg | EW 9.152 | 42 m | Pritzwalk 30 km, Potsdam 85 km

Waldschlösschen www.waldschloesschen-kyritz.de

€ Gut & Günstig ★★★ S garni

Seestraße 110, PLZ 16866, **T 033971 30780,** F 307839
18 Zimmer | Ez ab 65 €, Dz ab 85 €, inkl. Frühstück

Nettes kleines Hotel in ruhiger Ortsrandlage mit über 100-jähriger Tradition. Gemütliche, individuell eingerichtete Zimmer. Helles Restaurant mit schmackhaften regionalen Speisen. Schöner Biergarten mit altem Baumbestand.

LAASPHE, BAD 41 A www.tourismus-badlaasphe.de

Nordrhein-Westfalen | EW 15.000 | 330 m | Marburg 38 km, Siegen 41 km

Jagdhof Glashütte www.jagdhof-glashuette.de

VARTA★TIPP Ambiente VARTA-TIPP Service

★★★★★ S garni

Glashütter Straße 20, PLZ 57334 (OT: Glashütte), **T 02754 3990,** F 399222
29 Zimmer | 9 Suiten | 1 Apartment | Ez 148–248 €, Dz 316–376 €, inkl. Frühstück | 24 h

Das charmante Domizil ist seit vielen Jahren ein Garant für authentische Gastfreundschaft und hohes Dienstleistungsniveau. Familie Dornhöfer ist omnipräsent und sorgt mit spürbarer Herzlichkeit für das Wohlbefinden ihrer Gäste. Die Zimmer zeigen sich in unterschiedlichen Stilrichtungen: von ländlich-rustikal bis verspielt-romantisch. Dazu die idyllische Ruhe mitten im Grünen sowie ein erstklassiges Frühstück, das Sie auf keinen Fall verpassen sollten.

Ars Vivendi

25 | Hauptgericht 38–69 €, Menü 98–138 € | Do-Sa Mo, Di, So

Auch wenn das Gourmetrestaurant nur an sogenannten „Gastkochtagen“ geöffnet hat, hier legt man großen Wert auf Kulinarik - das verraten eleganter Stil und gehobene Tischkultur, vor allem aber die genussvollen Speisen, die Ihnen das junge „Soul Kitchen“-Team hier offeriert. Für einen rundum genussvollen Abend sorgen aber auch der freundliche, zuvorkommende Service und das hervorragende Weinangebot.

Jagdhof Stuben - die Braterei

110 | Hauptgericht 17–49 €, Menü 59–79 € | Sa-So Mi-So Mo, Di 16.–31.1.23

Das liebevoll dekorierte Themen- und Grillrestaurant zeigt sich ausgesprochen einladend im gemütlich-ländlichen Rotisseriestil. Das abwechslungsreiche Speisenangebot reicht von Jagdhofklassikern wie Wiener Kalbsschnitzel über Wildgerichte bis zu Spezialitäten vom spanischen Josper-Holzkohlengrill. Die Weinkarte listet bewährte Spitzenweine, aber auch Newcomer.

Landhotel Doerr

www.landhotel-doerr.de

Sieg-Lahn-Straße 8, PLZ 57334 (OT: Feudingen), **T 02754 3700,** F 370100
49 Zimmer | 1 Suite | Ez 81–115 €, Dz 166–196 €, inkl. Frühstück

Traditionsreiches Haus im Ortskern von Feudingen mit wohnlichen Gästezimmern im ländlich-eleganten Stil. Entspannung bietet ein schöner Wellnessbereich. Behagliches Restaurant mit vielen rustikalen Holzelementen, in dem eine marktfrische, mediterran beeinflusste Küche serviert wird.

Im Auerbachtal

www.auerbachtal.de

Wiesenweg 5, PLZ 57334 (OT: Feudingen), **T 02754 375880,** F 3758888
16 Zimmer | 2 Apartments | Ez 69–79 €, Dz 108–128 €, inkl. Frühstück | 23.12.22–15.1.23, 23.12.23–15.1.24

Ruhig am Ortsrand gelegenes Hotel mit hell und freundlich eingerichteten Gästezimmern. Spezielle Themenzimmer sind verschiedenen Künstlern aus der Region gewidmet. Zum Haus gehören auch ein hübscher Wintergarten mit Bibliothek und offenem Kamin sowie ein kleines Hallenbad, eine finnische Sauna und ein Dampfbad.

LABOE 8 C

www.laboe.de

Schleswig-Holstein | EW 5.252 | 21 m | Schönberg 13 km, Kiel 18 km

Seeterrassen

www.seeterrassen-laboe.de

Strandstraße 84-88, PLZ 24235, **T 04343 6070,** F 60770
47 Zimmer | 7 Apartments | Ez 48–86 €, Dz 93–134 €, inkl. Frühstück | 12.12.22–27.1.23

Zeitgemäßes Urlaubshotel in Strandnähe mit herrlichem Blick auf die Kieler Förde. Modern ausgestattete Zimmer, teils mit Meerblick. Im Restaurant mit maritimem Ambiente wird regionale Küche serviert. Nachmittags kann man Spezialitäten aus der eigenen Konditorei genießen.

LADENBURG 51 C

www.ladenburg.de

Baden-Württemberg | EW 11.506 | 106 m | Mannheim 7 km, Heidelberg 7 km

Backmulde
www.back-mul.de

Hauptstr. 61, PLZ 68526, **T 06203 404080**
45 | Hauptgericht 17–44 €, Menü 74–109 € | So Do-So Mo, Di, Mi

In den gemütlich-rustikalen Räumen des denkmalgeschützten Fachwerkhauses bietet man eine schmackhafte regional-mediterrane Slow-Food-Küche. Im angeschlossenen Weinladen kann man ein umfangreiches Sortiment an nationalen und internationalen Gewächsen erwerben. Liebenswerter Service.

Zum güldenen Stern
www.sternladenburg.de

Hauptstraße 65, PLZ 68526, **T 06203 15566**
40 | Hauptgericht 15–27 €, Menü 34–47 € | So Mo, Do-So Di, Mi

Hier kocht man schmackhaft, frisch und regional-modern. Da kommen in dem ausgesprochen netten, hübsch dekorierten Gasthaus z.B. Filet vom Wolfsbarsch, Veggie-Burger oder Steinpilzrisotto auf den Tisch. Im Sommer kann man auch im lauschigen Hofgarten speisen.

LAER, BAD 21 C-D
www.bad-laer.de

Niedersachsen | EW 9.509 | 79 m | Osnabrück 25 km, Bielefeld 44 km

Becker
www.hotel-becker.de

★★★ S garni

Thieplatz 13, PLZ 49196, **T 05424 22110,** F 9195
33 Zimmer | 3 Suiten

Kur- und Ferienhotel mit angenehmer Atmosphäre und großem Park. Wohnliche Zimmer mit moderner Ausstattung. Großzügiger Wellnessbereich mit Badelandschaft, Sauna und Tecaldarium.

Haus Große Kettler
www.haus-grosse-kettler.de

★★★ S garni

Bahnhofstraße 11, PLZ 49196, **T 05424 8070,** F 80777
34 Zimmer | Ez 62–76 €, Dz 98–104 €, inkl. Frühstück

Familiär geführter Gasthof in einem ehem. Bauernhaus nahe dem Kurpark. Praktische Zimmer mit zeitloser Einrichtung, viele mit Balkon. Das Haus verfügt auch über eine Bibliothek und einen ansprechenden Wellnessbereich mit Schwimmbad, Sauna und Sonnenterrasse. Rustikal eingerichtetes Restaurant mit regionaler Küche.

LAHR 56 D
www.lahr.de

Baden-Württemberg | EW 43.728 | 170 m | Offenburg 18 km, Freiburg 53 km

Adler
www.adler-lahr.de

★★★★★ S garni

Reichenbacher Hauptstraße 18, PLZ 77933 (OT: Reichenbach), **T 07821 906390,** F 9063933
22 Zimmer | 1 Suite | Ez 90–115 €, Dz 140–160 €, inkl. Frühstück

Ein familiär geführter Traditionsbetrieb mit ländlichem Erscheinungsbild und badischem Charme. Die ruhigen, überwiegend zum Garten gelegenen Zimmer sind ausgesprochen wohnlich. Warme Hölzer, moderne Farbakzente und eine hochwertige Ausstattung laden zum Wohlfühlen ein. Zahlreiche Wanderwege in unmittelbarer Nähe.

Adler

VARTA-TIPP Küche

60 | Hauptgericht ab 48 €, Menü 87–148 € | So Mi-So

Im Restaurant begeistert nicht nur die charmante Optik, sondern auch die schnörkellose, schmackhafte Gourmetküche von Daniel Fehrenbacher - ehrlich, handwerklich solide und ohne Eskapaden. Seine kulinarischen Kompositionen sind modern und weltoffen mit klassisch französischen Wurzeln. Mit dem tollen regionalen Weinangebot sowie dem charmant-familiären Service kann das Restaurant ebenfalls punkten. Hauseigene Kochschule.

Gasthaus Neu!

Hauptgericht 16–39 €, Menü 33–42 € | Mi-So ⃠ Mo, Di

Der Einrichtungsstil des „Gasthauses“ vereint Tradition und Moderne: Klare Linien, warmes Holz, frische Farben, moderne Lampen und großformatige Schwarz-Weiß-Fotografien von Tieren sorgen für eine wohlige Atmosphäre. Auf der Karte finden sich schmackhafte Küchenklassiker, saisonale Spezialitäten sowie Grill- und Wildgerichte. Ihr Menü können Sie sich aus mehreren Komponenten selbst zusammenstellen.

Fegers Grüner Baum
www.fegersgrunerbaum-lahr.de

Burgheimerstraße 105, PLZ 77933, **T 07821 22282**
60 | Hauptgericht 21–39 €, Menü 49–59 € | Di-Sa ⃠ Mo, So

Gemütlich-ländliche Gaststube mit schöner Gartenwirtschaft. Die Speisekarte bietet Gerichte einer frischen, marktorientierten Küche mit mediterranen Akzenten. Dazu serviert man gute badische Weine.

LAM 55 C
www.lamer-winkel.bayern

Bayern | EW 2.700 | 550 m | Kötzting 18 km, Furth i. W. 23 km

Sonnenhof
www.sonnenhof-lam.de

★★★★ S

Himmelreich 13, PLZ 93462, **T 09943 370,** F 8191
174 Zimmer | 4 Suiten | 5 Apartments | Ez 180–225 €, Dz 270–360 €, inkl. Halbpension | 24 h

Ein weitläufiges Anwesen, bestehend aus drei miteinander verbundenen Häusern. Die Zimmer und Suiten sind wohnlich eingerichtet und in diversen Kategorien buchbar. Toll die ruhige Hanglage mit reizvollem Landschaftsblick. Für Erholung sorgt ein wunderschön angelegter „Asia SPA“. Das Hotel eignet sich aber auch für einen Wander- oder Skiurlaub.

Das Bayerwald
www.das-bayerwald.de

★★★

Arberstraße 73, PLZ 93462, **T 09943 9530,** F 8366
50 Zimmer | 5 Suiten | Ez ab 70 €, Dz ab 112 €, inkl. Frühstück

Regionaltypisches Kur- und Ferienhotel in hübscher Lage. Ländlich eingerichtete Zimmer in unterschiedlichen Kategorien. Großzügiger Wellnessbereich mit Hallenschwimmbad und Saunalandschaft. Gemütliches Restaurant mit international geprägter Küche.

LANDAU IN DER PFALZ 50 D
www.landau-tourismus.de

Rheinland-Pfalz | EW 48.353 | 144 m | Speyer 28 km, Karlsruhe 35 km

Parkhotel Landau mit Villa am Park
www.parkhotel-landau.de

★★★★

Mahlastraße 1, PLZ 76829, **T 06341 1450,** F 145444
110 Zimmer | Ez ab 112 €, Dz ab 152 €, inkl. Frühstück | 24 h

Eine gute Adresse, sowohl für Businessgäste als auch für Privatreisende. Erst 2021 hat man das Bestandshaus um die Villa am Park erweitert. Hier stehen komfortable Zimmer im Art-déco-Stil zur Verfügung. Schöner Wellnessbereich mit großem Schwimmbad und drei Saunen. Im 1. OG des Haupthauses befindet sich die Brasserie „Wein & Dein" mit schöner Sonnenterrasse.

Hotel Soho
www.soho-landau.de

Marie-Curie-Str. 9, PLZ 76829 (OT: Queichheim), **T 06341 141960,** F 1419655
69 Zimmer | Ez ab 84 €, Dz ab 125 €

Ein funktionales Business- und Tagungshotel in verkehrsgünstiger Lage nahe der Autobahnausfahrt. Die Gästezimmer sind modern und freundlich eingerichtet. Eine schöne Aussicht hat man von der Dachterrasse des Restaurants. Hauseigene Kochschule.

Maximilians
www.maximilians-landau.de

Maximilianstraße 28, PLZ 76829, **T 06341 2692921,** F 2694193
50 Zimmer | 2 Suiten | Ez 85–104 €, Dz 115–134 €, 14,50 €

Das inhabergeführte Boutique-Hotel ist für Businessgäste und Freizeittouristen gleichermaßen geeignet. Fünf Zimmerkategorien stehen zur Auswahl. In allen Zimmern designorientierte Einrichtung, bequeme Boxspringbetten, moderne Bäder mit Komfortdusche und Eichenparkett. Am Abend bietet die Weinbar „Max28" Drinks und kleine Snacks.

LANDSHUT 61 A
www.landshut.de

Bayern | EW 67.000 | 393 m | Regensburg 62 km, München 69 km

Fürstenhof
www.hotel-fuerstenhof-landshut.de

★★★ S

Stethaimer Straße 3, PLZ 84034 (OT: Nikola), **T 0871 92550,** F 925544
22 Zimmer | 1 Suite | Ez 100–120 €, Dz 130–150 €, inkl. Frühstück

Gut geführtes Haus unweit der hist. Altstadt in einem Gebäude von 1906. Elegante, individuell und komfortabel ausgestattete Zimmer und Suiten mit nostalgischem Charme. Gute Tagungsmöglichkeiten.

Fürstenhof

50 | Hauptgericht 31–47 €, Menü 65–95 € | Di-Sa Mo, So

Im eleganten Fürstenzimmer, im bayerischen Herzogstüberl, im Wintergartenpavillon oder auf der idyllischen Gartenterrasse werden sowohl internationale als auch bayerisch-regionale Gerichte serviert.

Lifestyle
www.hotel-lifestyle.com

★★★

Flurstraße 2, PLZ 84032 (OT: Landshut), **T 0871 97270,** F 972727
45 Zimmer | 8 Suiten | Ez ab 69 €, Dz ab 89 €, inkl. Frühstück

Modernes Business- und Tagungshotel am Stadtrand mit schöner Sommergartenterrasse. Funktional eingerichtete Designerzimmer mit französischen Betten. Reichhaltiges Frühstücksbuffet mit Schokoladenecke. Originelles Restaurant mit bayerischer und mediterraner Küche.

Ristorante Bellini
www.bellini-landshut.de

Papiererstr. 12, PLZ 84034, **T 0871 630303**
70 | Hauptgericht 9–20 €, Menü 50–60 € | Mo-Fr, So Mo-So

Hier fühlt man sich sofort wohl: Ein hell und freundlich gestaltetes Restaurant mit kleiner Hofterrasse. Neben Pizza und Pasta kommen auch gehobene italienische Speisen auf den Tisch. Die aktuelle Menüempfehlung wechselt regelmäßig.

Café Belstner
www.cafe-belstner.de

Altstadt 295, PLZ 84028, **T 0871 22190**
200 | Hauptgericht 6–9 € | Mo–Sa 9:00–18:00 Uhr, So 11:00–18:00 Uhr

Ein alteingesessenes Café im Herzen der Altstadt. Reizvolle Einrichtung mit dominanten Farben, elegantem Mobiliar und stilvollen Accessoires. Umfangreiches Angebot an Kuchen, Torten und Gebäck aus eigener Herstellung. Spezialität des Hauses: Baumkuchen.

LANGEN 51 A
www.langen.de

Hessen | EW 39.316 | 144 m | Darmstadt 14 km, Frankfurt/Main 22 km

Merzenmühle
www.merzenmuehle.de

Koberstädterstraße 204, PLZ 63225, **T 06103 53533**
60 | Hauptgericht 17–43 € | Di-Fr, So Di-Sa Mo

Hist. Wassermühle mit hübschem Fachwerk und rustikalem Charme. Geboten wird eine moderne leichte Küche. Eine Alternative zum Restaurant ist die sogenannte „Scheuer" - eine Mischung aus Wiener Heurigen und Sachsenhäuser Apfelweinkneipe.

LANGENARGEN 66 A
www.langenargen.de

Baden-Württemberg | EW 7.728 | 398 m | Friedrichshafen 10 km, Lindau 15 km

Löwen
www.loewen-langenargen.de

Obere Seestraße 4, PLZ 88085, **T 07543 3010,** F 30151
27 Zimmer | 1 Apartment | Ez 79–169 €, Dz 119–229 €, inkl. Frühstück | 24 h 24.–26.12.22, 3.1.–3.3.23

Direkt am Gondelhafen liegt dieses geschmackvolle Haus. Die Gästezimmer sind mit edlem Mahagoniholz eingerichtet. Restaurant mit großer Fensterfront und erhöhter Seeterrasse.

Schwedi
www.hotel-schwedi.de

Schwedi 1, PLZ 88085 (OT: Schwedi), **T 07543 934950,** F 93495100
30 Zimmer | 3 Suiten | 1 Apartment | Ez 74–122 €, Dz 119–216 €, inkl. Frühstück

Nur wenige Schritte vom Bodensee entfernt in herrlich ruhiger Lage befindet sich dieses familiär geführte Haus. Hier erwarten Sie helle, freundliche Gästezimmer, die teilweise mit Balkon oder Loggia ausgestattet sind. Hübscher See-SPA mit glasüberdachtem Panoramaschwimmbad.

Schwedi

240 | Hauptgericht 14–41 €, Menü 30–99 € | Mi-So Mo, Di

Sie mögen es regional-saisonal? Auf der Speisekarte des gemütlichen Hotelrestaurants finden sich „Geschnetzeltes von der Putenbrust“, „Käsespätzle“ oder „Wiener Schnitzel“. Aber auch Spezialitäten aus dem eigenen Fischereibetrieb werden angeboten. Schön die Gartenterrasse mit herrlichem Blick auf den Bodensee.

Seehotel Litz

www.hotel-litz.de

★★★★

Obere Seestraße 11-13, PLZ 88085, **T 07543 93110,** F 9311200
39 Zimmer | 6 Suiten | Ez 85–190 €, Dz 110–300 €, inkl. Frühstück

Urban, modern und stylish zeigt sich dieses Lifestyle-Hotel mit tollem Ausblick auf die Promenade, den Gondelhafen sowie die Orte am gegenüberliegenden Bodenseeufer. Das Haus bietet wohnliche Design- und Landhauszimmer, teils mit offen integrierten Bädern. Der kleine Wellnessbereich bietet eine finnische Sauna mit Seeblick und eine Aromasauna.

Seevital Hotel

www.seevital.de

★★★★

Marktplatz 1, PLZ 88085, **T 07543 93380,** F 9338111
47 Zimmer | 5 Suiten | Ez ab 150 €, Dz ab 250 €, inkl. Frühstück | 24 h

Exponierte Lage direkt am Ufer des Bodensees. Hier bietet man moderne, mit frischem Farbkonzept gestaltete Zimmer - teils mit Seeblick. Dazu ein ansprechender SPA-Bereich mit schönem Blick auf den Bodensee.

SEO Küchenhandwerk

www.restaurant-seo.de

VARTA-TIPP Küche **VARTA-TIPP** Service

12 | Menü ab 169 € | Mi-Sa Mo, Di, So

Im kleinen, eleganten Fine-Dining-Bereich serviert man eine kreative, kunstvoll inszenierte Küche in Form eines mehrgängigen Gourmetmenüs. Küchenchef Roland Pieber legt größten Wert auf besondere Geschmackserlebnisse, perfekte handwerkliche Zubereitung und das Zusammenspiel von Aromen aus regionalen Produkten. Dazu kredenzt man hervorragende Weine von Top-Winzern aus aller Welt.

Malereck

www.restaurantmalereck.de

Argenweg 60, PLZ 88085, **T 07543 912491**
80 | Hauptgericht 18–42 €, Menü 45–89 € | Mo-Di, Fr-So Mi, Do

Im BMK-Jachthafen liegt dieses charmante, sehr liebevoll eingerichtete Restaurant. Neben frisch zubereiteten regionalen Gerichten werden hier auch Steakspezialitäten aufgetischt. Sehr idyllisch sitzt man in den Sommermonaten auf der malerischen Gartenterrasse. Täglich wechselnder Lunch an den Wochentagen.

Schuppen 13

www.schuppen13.de

Argenweg 60, PLZ 88085, **T 07543 1577**
180 | Hauptgericht 18–36 €, Menü 45–68 € | Mi-So

Im BMK-Jachthafen lockt das charmante Restaurant mit mediterranem Flair und einer schmackhaften Küche. Auf der Karte finden Sie u.a. hausgemachte Pasta, sehr gute Fischgerichte und erlesene Weine.

LANGENAU 59 C www.langenau.de

Baden-Württemberg | EW 14.358 | 461 m | Ulm 19 km, Günzburg 20 km

Gasthof Zum Bad www.gasthof-zum-bad.de

VARTA-TIPP Service

★★★ S garni

Burghof 11, PLZ 89129, **T 07345 96000,** F 960050
36 Zimmer | 1 Suite | Ez 72–90 €, Dz 105–130 €, inkl. Frühstück | ⦸ 23.12.22–10.1.23

Freundlich und engagiert führt Familie Hägele das gewachsene Traditionshaus in der Ortsmitte. Hier gibt es behaglich eingerichtete Zimmer im Haupthaus und moderne Businesszimmer im Gästehaus „Badgarten". Morgens erwartet Sie ein sehr gutes Frühstück. Fragen Sie nach den Wochenend-Genießer-Arrangements.

Gasthof Zum Bad

VARTA-TIPP Küche

45 | Hauptgericht 26–46 €, Menü 65–142 € | Do-So Di-Sa ⦸ Mo ⦸ 27.12.22–10.1.23

Schön sitzt man in dem gepflegten Gasthof - drinnen ebenso wie auf der hübschen Terrasse. Dass man sich hier wirklich willkommen fühlt, liegt nicht nur am liebenswerten Service, sondern auch an der exzellenten Küche. Vater und Sohn stehen gemeinsam am Herd und verwöhnen Sie mit einer anspruchsvollen Haute Cuisine, die sich durch präzise Zubereitung und hervorragende Produkte auszeichnet. Sie können zwischen verschiedenen Menüs wählen. Dazu werden regionale und internationale Weine von namhaften Winzern serviert.

LANGENBURG 52 C www.langenburg.de

Baden-Württemberg | EW 1.800 | 439 m | Schwäbisch Hall 25 km, Heilbronn 65 km

Mawell Resort www.mawell-resort.de

★★★★★S garni

Roseneck 5, PLZ 74595, **T 07905 94140,** F 9414100
104 Zimmer | Ez ab 190 €, Dz ab 280 €, inkl. Frühstück | 24 h

Das ruhig gelegene Hotelresort setzt ganz auf eine unvergleichliche Atmosphäre, die durch natürliche Baumaterialien und den allgegenwärtigen Panoramablick auf die weitläufige Hohenloher Ebene erzeugt wird. Die großzügig geschnittenen Zimmer mit feinen Holzböden und Terrassen wählt man aus drei Kategorien. Erstklassiger SPA-Bereich.

Zur Post
www.gasthofpostlangenburg.de

Hauptstraße 55, PLZ 74595, **T 07905 5432,** F 5547
13 Zimmer | Ez 60–75 €, Dz 90–105 €, inkl. Frühstück

In der Ortsmitte liegt dieser familiär geführte Gasthof. Man bietet moderne, geschmackvoll eingerichtete Zimmer sowie behagliche Gaststuben im ländlichen Stil, in denen frische Regionalküche zu fairen Preisen serviert wird.

LANGENHAGEN 23 C
www.langenhagen.de

Niedersachsen | EW 51.847 | 52 m | Hannover 9 km, Celle 39 km

Maritim Airport Hotel Hannover
www.maritim.de

Maritimstraße 1, PLZ 30669 (OT: Flughafen), **T 0511 97370,** F 9737590
527 Zimmer | 40 Suiten | 24 h

Ein imposantes Businesshotel mit großer Atriumlobby und komfortablen Gästezimmern in unterschiedlichen Kategorien. Von großem Vorteil sind die direkte Anbindung an den Airport sowie die Nähe zur S-Bahn-Station Hannover-Flughafen. Große Kapazität an Konferenzräumen.

LANGENLONSHEIM 50 A
www.langenlonsheim.de

Rheinland-Pfalz | EW 3.800 | 160 m | Alzey 30 km, Mainz 34 km

Jugendstil-Hof
www.jugendstil-hof.de

VARTA-TIPP Ambiente

Naheweinstr. 172, PLZ 55450, **T 06704 9638682,** F 9638684
3 Zimmer | Ez 199–219 €, Dz 219–259 €, inkl. Frühstück

Dieses kleine, aber feine Boutique-Hotel verfügt nur über drei Zimmer. Diese sind geräumig und individuell mit extravaganten Möbeln und Accessoires eingerichtet. Stammgäste schätzen die persönliche Atmosphäre und die ehrliche Herzlichkeit der Gastgeber. Sehr gutes Frühstück - teils mit frischen Produkten aus dem eigenen Obst- und Gemüsegarten.

LANGENZENN 53 C
www.langenzenn.de

Bayern | EW 10.371 | 313 m | Fürth 17 km, Nürnberg 26 km

Seerose
www.hotel-seerose.de

Gräfenweg 13, PLZ 90579 (OT: Horbach), **T 09101 90940,** F 909497
35 Zimmer | 1 Suite | Ez 72–92 €, Dz 92–124 €, inkl. Frühstück | 24 h

Neuzeitliches Landhotel in ruhiger Ortsrandlage mit schick eingerichteten Zimmern und freundlich-familiärer Führung. Ansprechend gestalteter Sauna- und Wellnessbereich. Rustikales Restaurant mit regionaler Küche.

Keidenzeller Hof
www.keidenzeller-hof.de

VARTA-TIPP Küche VARTA-TIPP Service

Fürther Straße 11, PLZ 90579 (OT: Keidenzell), **T 09101 901226**
20 | Menü 150 € | Sa Do-Sa Mo, Di, Mi, So

Das schmucke alte Sandstein-Bauernhaus präsentiert sich als gelungene Melange aus Tradition und Moderne. Authentisch, kreativ und abwechslungsreich sind die regionalen und internationalen Gerichte von Chefkoch Martin Grimmer. Für ihn gibt es keine Grenzen, wenn er neue Geschmackserlebnisse kreiert und in einem saisonal wechselnden Menü in Szene setzt. Der Service ist freundlich und zuvorkommend. Wunderschöne Terrasse unter zwei gigantischen alten Linden. Die „Scheune" eignet sich für Veranstaltungen.

LANGEOOG (INSEL) 12 B www.langeoog.de

Niedersachsen | EW 1.741 | 5 m | Aurich 28 km, Leer 63 km

Logierhus www.logierhus-langeoog.de

★★★★ S garni

Mittelstraße 10, PLZ 26465, **T 04972 91190,** F 911933
36 Zimmer | Ez 154–242 €, Dz 171–269 €, inkl. Frühstück | 24 h

Klimaschonendes Hotel, das sich durch seine umweltschonende Bauweise auszeichnet. Hochwertige und elegante Zimmerausstattung mit Zirbenholzmöbeln und Eichendielenböden aus nachhaltiger Forstwirtschaft. Zum Haus gehören auch ein schöner Wellnessbereich sowie das Restaurant „Anno 1828" (regionale und internationale Küche).

Flörke www.hotel-florke.de

★★★★ S garni

Hauptstraße 17-19, PLZ 26465, **T 04972 92200,** F 1690
50 Zimmer | 3 Suiten | Ez 85–125 €, Dz 125–200 €, inkl. Frühstück | 24 h

Ruhig gelegenes Ferienhotel unter familiärer Leitung. In harmonischen Farbtönen gestaltete und mit nordisch interpretierten Möbeln eingerichtete Gästezimmer. Weitere Zimmer und Apartments im benachbarten Hotel „Langeooger Inselzeiten". 300 qm großer Wellnessbereich mit beheiztem Pool und Saunalandschaft.

Kolb www.hotel-kolb.de

★★★★ S garni

Barkhausenstraße 32, PLZ 26465, **T 04972 91040,** F 910490
37 Zimmer | 1 Suite | 4 Apartments | Ez ab 89 €, Dz ab 156 €, inkl. Frühstück

Ansprechendes Ferienhotel, das aus den Häusern „Classic", „Lifestyle" und „Inselchalets" besteht. Man bietet geschmackvoll und individuell eingerichtete Zimmer. Dazu ein schickes Wellnessareal im römischen Stil. Gemütliches Gourmetrestaurant mit dezent maritimem Ambiente.

Norderriff www.hotel-norderriff.de

★★★★ S garni

Willrath-Dreesen-Str. 25, PLZ 26465, **T 04972 96980,** F 969850
14 Zimmer | 3 Suiten | 4 Apartments | Ez 100–110 €, Dz 170–200 €, inkl. Frühstück

Das schmucke Boutique-Hotel ist nur wenige Gehminuten vom Strand der Nordküste Langeoogs entfernt. Die freundlichen Gästezimmer bestechen durch ihre gelungene Mischung aus modernem Interieur und Möbeln im Antikstil. Das Frühstück können Sie bei schönem Wetter auch auf der Terrasse genießen.

Retro Design Hotel www.hotel-kolb.de

★★★ S garni

Abke-Jansen-Weg 6, PLZ 26465, **T 04972 6829990,** F 68299200
21 Zimmer | 5 Suiten | Ez ab 85 €, Dz ab 128 €, inkl. Frühstück

»

Der Ableger des „Hotel Kolb" kombiniert den Retrolook der 70er Jahre mit den Annehmlichkeiten von heute. Möbel in Cebranoholz und weißem Schleiflack sowie die kultigen Farben Pink, Türkis und Braun sorgen für ein Wohlfühlambiente der ganz besonderen Art. Hausgäste können das Wellnessangebot im Schwesterhotel (10 Gehminuten) kostenfrei nutzen.

LANGERWEHE 39 A www.langerwehe.de

Nordrhein-Westfalen | EW 13.544 | 158 m | Eschweiler 10 km, Düren 10 km

Wettsteins Restaurant www.wettsteins-restaurant.de

Schlossstraße 66, PLZ 52379 (OT: Merode), **T 02423 2298**
Hauptgericht 20–28 € | Mi-So Mi-Sa Mo, Di

Wirklich hübsch, das ländliche Restaurant, lauschig die Terrasse mit Blick in den Meroder Wald - beides ein idealer Rahmen für die frische regionale Küche, die z.B. in Form von „Krosser Schweinebauch auf Süßkartoffelpüree mit Aprikose, Blumenkohl und Blutwurstkrokette" daherkommt.

LAUCHHEIM 59 A www.lauchheim.de

Baden-Württemberg | EW 4.716 | 492 m | Aalen 15 km, Nördlingen 21 km

Roter Ochsen www.roter-ochsen-lauchheim.de

Hauptstraße 24, PLZ 73466, **T 07363 5329**
50 | Hauptgericht 8–20 € | Di-So Mo

In diesem kleinen, familiengeführten Hotel kann man nicht nur gut und günstig übernachten, sondern auch hervorragend speisen. Die breitgefächerte Speisekarte bietet frische saisonale und regionale Gerichte. Dienstag bis Freitag: preisgünstiger Mittagstisch.

LAUDA-KÖNIGSHOFEN 52 A www.lauda-koenigshofen.de

Baden-Württemberg | EW 14.684 | 192 m | Boxberg 14 km, Würzburg 40 km

Becksteiner Rebenhof www.rebenhof.net

★★★★

Am Hummelacker 34-52, PLZ 97922 (OT: Beckstein), **T 09343 9809000,** F 9809999
25 Zimmer | 6 Suiten | 6 Apartments | Ez ab 155 €, Dz ab 210 €, ab 18,00 €

Hübsches Domizil in ruhiger Lage umringt von Weinbergen und Streuobstwiesen. Sie wohnen in liebevoll eingerichteten Zimmern und Apartments im mediterranen Stil. Freundlich gestalteter SPA-Wellnessbereich. Restaurant mit regionaler und mediterraner Küche.

Weinhotel Benz www.weinhotel-benz.de

garni

Am Nonnenberg 12, PLZ 97922 (OT: Beckstein), **T 09343 998,** F 58388
15 Zimmer | 1 Suite

Im kleinen Hotel des Weinguts Benz wohnt man nicht nur geschmackvoll und modern, sondern auch mit Panoramablick! Und es gibt noch mehr Annehmlichkeiten: WLAN, teils Betten in Überlänge, Lounge mit (Wein-)Bücherecke, kleine Vinothek mit Shop, auf Wunsch Leihfahrräder und E-Bikes.

Gastronomie Rebgut Lauda
www.rebgut.de

Rebgutstraße 80, PLZ 97922 (OT: Lauda), **T 09343 614700**
55 | Hauptgericht 22–45 €, Menü 39–65 € | Mo-Sa ⃠ So

Wirklich schön, wie man das geschmackvoll-moderne Interieur in den historischen Rahmen des denkmalgeschützten ehemaligen Weinguts eingebunden hat. Das ist ebenso einladend wie die Küche - Region und Jahreszeit definieren hier das aktuelle Speisenangebot. Lust auf „Geschmorte Ochsenbacke | Jus | Serviettenknödel | Rüben"? Im historischen Gutshaus sowie in den neu erbauten Gästehäusern „Wengert" und „Remise" stehen gepflegte Wohlfühlzimmer zur Verfügung.

LAUDENBACH 51 B
www.laudenbach-am-main.de

Bayern | EW 1.417 | 127 m | Miltenberg 6 km, Amorbach 14 km

Zur Krone
www.krone-laudenbach.de

Obernburger Straße 4, PLZ 63925, **T 09372 2482,** F 10112
12 Zimmer | 3 Suiten | 2 Apartments | Ez 58–95 €, Dz 98–125 €, inkl. Frühstück

Schmuckes Traditionshaus mit charmanten Gastgebern. Hier wohnen Sie in ländlich-gediegenen Zimmern, Suiten und Apartments. Schöne Gartenterrasse am Laudenbach. Restaurant in der nahen Umgebung.

Goldner Engel
www.goldner-engel.de

Miltenberger Straße 5, PLZ 63925, **T 09372 99930**
40 | Hauptgericht 15–35 €, Menü 42–63 € | Mo-Di, Do-So Mo, Do-So ⃠ Mi ⃠ 23.–28.12.22, 1.–4.1.23, 20.–24.2.23

Fränkischer Fachwerkbau von 1596 mit rustikalen Gaststuben und angeschlossener Landmetzgerei. Serviert werden schmackhafte regionale und internationale Speisen. Bemerkenswerte Weinkarte. Es gibt auch neun Gästezimmer.

LAUF A.D.PEGNITZ 53 B
www.lauf.de

Bayern | EW 26.090 | 327 m | Nürnberg 16 km, Amberg 47 km

Waldgasthof Am Letten
www.waldgasthof-am-letten.de

garni

Am Letten 13, PLZ 91207 (OT: Letten), **T 09123 9530,** F 2064
52 Zimmer | Ez 115–125 €, Dz 145 €, inkl. Frühstück | 24 h

››

Das familiär geführte Geschäfts- und Tagungshotel liegt angenehm ruhig am Waldrand und bietet seinen Gästen helle, funktional eingerichtete Zimmer. Hübsch dekorierte Gaststuben mit gemütlichen Nischen und rustikalen Holzbalken. Serviert wird eine schmackhafte fränkische Frischeküche unter Verwendung regionaler Produkte.

Zur Post www.hotelzurpost-lauf.de

★★★ garni

Friedensplatz 8, PLZ 91207, **T 09123 9590,** F 959400
40 Zimmer | 1 Suite | Ez 80–120 €, Dz 102–150 €, inkl. Frühstück

Gepflegter Familienbetrieb unweit des Marktplatzes mit zeitgemäß ausgestatteten Nichtraucherzimmern und guten Tagungsmöglichkeiten. Im rustikalen Restaurant werden regionale und saisonale Spezialitäten serviert.

LAUFEN A.D. SALZACH 69 A www.stadtlaufen.de

Bayern | EW 6.839 | 412 m | Waging am See 20 km, Salzburg (Österreich) 21 km

zum OXN www.zumoxn.de

garni

Tittmoninger Straße 19 (an der B20), PLZ 83410, **T 08682 6649100**
37 Zimmer | 1 Apartment | Ez ab 85 €, Dz ab 170 €, inkl. Frühstück

Auf dem Gelände des ehem. Traunsteiner Hofs ist ein moderner Hotelneubau entstanden. Geschmackvoll der klassisch-verrückte Stil der Gästezimmer, alles sehr wohnlich - fragen Sie nach dem Rooftopzimmer mit Dachterrasse! Zum Haus gehören weiterhin ein schöner Wellnessbereich mit Naturbadeteich und Saunen sowie ein Grillrestaurant.

LAUFENBURG 64 B www.laufenburg.de

Baden-Württemberg | EW 8.875 | 337 m | Waldshut-Tiengen 15 km, Basel (Schweiz) 39 km

Brutsches Rebstock www.hotel-rebstock-laufenburg.de

€ Gut & Günstig garni

Hauptstraße 28, PLZ 79725, **T 07763 92170,** F 921792
27 Zimmer | 1 Apartment | Ez 55–78 €, Dz 98–120 €, inkl. Frühstück

Im Zentrum der Altstadt oberhalb des Rheins gelegenes Haus mit unterschiedlichen, von schlicht bis stilvoll und wohnlich elegant eingerichteten Zimmern. Traditionsreiche Gaststube mit regionalem Speisenangebot.

LAUFFEN AM NECKAR 51 D www.lauffen.de

Baden-Württemberg | EW 11.800 | 175 m | Heilbronn 10 km, Stuttgart 49 km

Elefanten www.hotel-elefanten.de

VARTA-TIPP Küche

Bahnhofstraße 12, PLZ 74348, **T 07133 95080**
32 | Hauptgericht 14–29 €, Menü 23–65 € | So Mo-Do, Sa-So Fr

In dem gediegenen Fachwerkhaus sorgt sich die Gastgeberfamilie rührig um das Wohl der Gäste. Mike Glässing zeigt, dass er die heimische Küche ebenso schätzt und beherrscht wie die internationale. Seine Gerichte sind frisch, schmackhaft und preislich fair kalkuliert. Appetit auf „Sautierte Kaninchenleber im Granatapfel-Portweinsößle, Sahnebandnudeln und frische Salate“? Gutes Weinangebot - überwiegend von regionalen Winzern. Es gibt auch gepflegte Hotelzimmer.

Landturm Uwe Straub www.uwe-straub.de

Landturm 1, PLZ 74348, **T 07133 2044464**
35 | Hauptgericht 24–35 € | Mi-So Mo, Di

Auch in Uwe Straubs neuem Domizil, dem ehem. Lauffener Wartturm, erwarten den Gast eine entspannte, herzliche Atmosphäre und die bekannt kreative Küche des Patrons. Fast schon legendär ist sein Gänsebraten - frisch aus dem Rohr - jährlich ab dem 11. November (Reservierung ratsam)! Regelmäßig finden Feinschmeckerabende statt.

LAUINGEN (DONAU) 59 A www.lauingen.de

Bayern | EW 10.598 | 439 m | Dillingen 5 km, Günzburg 20 km

Kannenkeller www.kannenkeller.de

garni

Dillinger Straße 26, PLZ 89415, **T 09072 7070,** F 707707
28 Zimmer | 1 Suite | Ez ab 82 €, Dz ab 104 €, inkl. Frühstück

Traditionsreiches Haus unter familiärer Führung am östlichen Ortsrand von Lauingen. Die Gäste wohnen in zeitgemäß ausgestatteten Zimmern in unterschiedlichen Kategorien. Im Restaurant „Krazy Kitchen" serviert man Burger, Fleischgerichte und vegane Speisen.

Lodner Genusswerkstatt www.hotel-lodner.de

VARTA-TIPP Küche

Imhofstr. 6+7, PLZ 89415, **T 09072 95890**
90 | Hauptgericht 9–19 €, Menü 69–115 € | Mi-So Mi-Sa Mo, Di

Den Charme des geschichtsträchtigen Gebäudes spürt man auch im Restaurant: gemütlich die alte Holzvertäfelung und die Gewölbedecke, lebendig die Atmosphäre - und dazu gibt es eine schmackhafte kreative Küche aus der Genusswerkstatt von Tobias Eisele, bei der er auch Produkte aus der hauseigenen Gewürzmanufaktur verwendet. Mittags ist das Angebot etwas kleiner, am Abend dürfen Sie sich neben verschiedenen À-la-carte-Gerichten auf ein gehobenes Feinschmeckermenü (bis 6 Gänge) freuen. Verschiedene „Delikatessen to go" gibt es im angeschlossenen Feinkostladen. Und zum Übernachten bietet man tipptopp gepflegte Hotelzimmer.

LAUTENBACH 57 A www.renchtal-tourismus.de

Baden-Württemberg | EW 1.850 | 215 m | Offenburg 20 km, Freudenstadt 32 km

Sonnenhof www.sonnenhof-lautenbach.de

★★★★

Hauptstr. 51, PLZ 77794, **T 07802 704090,** F 7040929
48 Zimmer | Ez 119–149 €, Dz 169–199 €, inkl. Frühstück

Ein gewachsenes Hotel in landschaftlich reizvoller Lage. Harmonische Verbindung zwischen Tradition und Moderne. Individuell eingerichtete Gästezimmer, die sich auf das Stammhaus und den Neubau verteilen. Für Entspannung sorgt ein zeitgemäßer SPA- und Fitnessbereich.

Restaurant Sonne

VARTA-TIPP Küche

70 | Hauptgericht 17–29 €, Menü 32–63 € | Mo-So

Im gemütlichen holzvertäfelten Restaurant darf man sich auf eine gehobene badische und internationale Küche freuen. Auf der Speisekarte von Chefkoch Sven Kürschner stehen Gerichte wie „Apfel-Limettenbratwürste | Kartoffel-Pastinakenpüree | karamellisierter Apfel | Jus". Sehr gutes Weinangebot mit Spitzengewächsen aus dem Bordeaux. Für eine Zigarre nach dem Essen oder einen Digestif empfiehlt sich die gemütliche Lounge.

LAUTERBACH (HESSEN) 42 A www.lauterbach-hessen.de

Hessen | EW 13.228 | 296 m | Alsfeld 17 km, Fulda 25 km

Schubert www.hotel-schubert.de

★★★★

Kanalstraße 12, PLZ 36341, **T 06641 96070,** F 960739
36 Zimmer | 3 Suiten | Ez 95–115 €, Dz 165–195 €, inkl. Frühstück

Familiär geführtes Hotel in der Stadtmitte. Die Zimmer sind mit viel Liebe zum Detail eingerichtet. Besonders nett sind die extravaganten Themenzimmer „Toskana", „Rosen" und „Zen". Gute Tagungsmöglichkeiten.

schuberts

VARTA-TIPP Küche

50 | Hauptgericht 18–41 €, Menü 25–65 € | Mo-Sa So

Hier sorgen warme Brauntöne, stilvolle Einrichtungsdetails, edle Hölzer und eine weite Fensterfront für ein modernes und dennoch legeres Ambiente. Der herzliche Service verwöhnt Sie mit einer gehobenen, saisonal ausgerichteten Küche zu fairen Preisen. Auf der Speisekarte von Chefkoch Stefan Schubert locken Gerichte wie „Saiblingsfilet | Bio-Bete | Blumenkohl | Haselnusskrokant | Kerbelöl". Wer es etwas uriger mag, reserviert einen Tisch im rustikal-gemütlichen „Entennest" im alten Fachwerkhäuschen direkt gegenüber.

LAUTERBERG, BAD 32 B www.badlauterberg.de

Niedersachsen | EW 11.257 | 296 m | Braunlage 18 km, Osterode 23 km

Mühl Vital Resort www.muehlvitalresort.de

garni

Ritscherstraße 1-3, PLZ 37431, **T 05524 85080,** F 850834
87 Zimmer | 24 Suiten | Ez ab 75 €, Dz ab 150 €, inkl. Frühstück | 24 h

In dieser ruhigen Umgebung können Sie entspannt Ferien machen: bei Massage- und Beautyanwendungen, beim Essen im Restaurant „Die Genussschmiede“, in einem der ländlich-elegant eingerichteten Zimmer... Das familiengeführte Wellnesshotel besticht durch seine harmonische Atmosphäre und das vorbildliche Dienstleistungsniveau.

revita- Wellness Hotel & Resort
www.revita-hotel.de

★★★★★ garni

Sebastian-Kneipp-Promenade 56, PLZ 37431, **T 05524 831,** F 80412
260 Zimmer | 12 Suiten | Ez 162–170 €, Dz 274–290 €, inkl. Halbpension | 24 h

Familiär geführtes Ferienhotel in weitläufiger Parkanlage. Im Landhausstil eingerichtete Gästezimmer. Großzügiger Wellnessbereich auf 3.000 qm mit mediterraner Schwimmbadwelt, Saunalandschaft und Fitnessclub. Mehrere Restaurants.

LECHBRUCK A. SEE 67 A
www.auerbergland.de

Bayern | EW 2.672 | 737 m | Füssen 20 km, Kempten 51 km

Auf der Gsteig
www.aufdergsteig.de

★★★★ garni

Gsteig 1, PLZ 86983 (OT: Gsteig), **T 08862 98770,** F 98777
42 Zimmer | 6 Suiten | Ez 100–210 €, Dz 150–270 €, inkl. Frühstück | 24 h

Das idyllisch auf einer Anhöhe gelegene Hotel, zu dem auch ein 18-Loch-Golfplatz gehört, verfügt über wohnliche Gästezimmer im Landhausstil. Schöner Wellnessbereich. Rustikal gestaltetes Restaurant mit bayerisch-mediterraner Küche, Panoramawintergarten und Sonnenterrasse.

LEER 12 D
www.touristik-leer.de

Niedersachsen | EW 35.572 | 3 m | Holländische Grenze 20 km, Papenburg 21 km

Hotel Hafenspeicher
www.hotel-hafenspeicher.de

★★★★ garni

Ledastraße 23, PLZ 26789, **T 0491 9975300,** F 99753030
100 Zimmer | Ez 96–200 €, Dz 149–208 €, inkl. Frühstück | 24 h

Das architektonisch sehr gelungene Stadthotel verbindet ein denkmalgeschütztes Hafenspeichergebäude mit einem modernen Anbau. Die schallisolierten Gästezimmer sind hell, freundlich und zeitgemäß eingerichtet. Das Haus bietet zudem einen Sauna- und Fitnessbereich sowie drei Tagungsräume.

Frisia
www.hotel-frisia.de

★★★★ garni

Bahnhofsring 16-20, PLZ 26789, **T 0491 92840,** F 9284400
82 Zimmer | Ez 89–119 €, Dz 119–149 €, inkl. Frühstück | 24 h

Das moderne Stadthotel im Zentrum präsentiert sich mit einer Kombination aus ostfriesischer Tradition und zeitgemäßem Komfort. Das reichhaltige Frühstücksbuffet wird im Wintergarten serviert. Zum Haus gehören auch ein Kaminzimmer und eine urige Hotelbar mit Sky-Live-Sport.

Zur Waage
www.restaurant-zur-waage.de

Neue Straße 1, PLZ 26789, **T 0491 62244**
50 | Hauptgericht 26–38 €, Menü 39–100 € | Mi-So Mo, Di

»

Eine gastronomische Institution in wunderschöner Altstadtlage. Norddeutsch, nachhaltig und schmackhaft ist die regionale Produktküche, die Ihnen in den gemütlichen Gaststuben serviert wird. Lust auf „Schollenfilets mit Bratkartoffeln, Champignons, Speck und Salat“ oder lieber „Brust vom Freilandhuhn mit Maispüree, Mirabelle und Möhre“? Ein Muss im Sommer: die schöne Terrasse am Museumshafen.

LEHMKUHLEN 8 C www.amtpreetzland.de

Schleswig-Holstein | EW 1.461 | 36 m | Kiel 23 km, Neumünster 47 km

Neeth www.neeth.de

★★★ S garni

Preetzer Str. 1-3, PLZ 24211 (OT: Dammdorf), **T 04342 82374,** F 84749
21 Zimmer | 2 Suiten | Ez 64–113 €, Dz 118–138 €, inkl. Frühstück | ⃠ 27.12.22–2.1.23

Persönlich geführtes Haus in verkehrsgünstiger Lage. Im Stammhaus sowie in den Gästehäusern stehen behagliche Zimmer im ländlichen Stil zur Verfügung. Restaurant mit regionaler und deutscher Küche.

LEHRTE 23 C www.lehrte.de

Niedersachsen | EW 43.419 | 60 m | Burgdorf 9 km, Hannover 16 km

Median www.median-hotel.de

★★★★

Zum Blauen See 3, PLZ 31275, **T 05132 82900,** F 8290555
177 Zimmer | ⏲ 24 h

Freundlich geführtes Geschäfts- und Tagungshotel in verkehrsgünstiger Lage zur A2 und A7. Modern eingerichtete Zimmer, teils in Designermanier. Das Haus verfügt nach einem umfangreichen Umbau über neue moderne Tagungsräume, einen Wintergarten, Ladesäulen für E-Fahrzeuge und eine 200 qm große Meeting Area im Außenbereich.

LEIMEN 51 C www.leimen.de

Baden-Württemberg | EW 25.812 | 118 m | Heidelberg 7 km, Mannheim 25 km

Villa Toskana www.hotel-villa-toskana.de

★★★★

Hamburger Str. 4-10, PLZ 69181, **T 06224 82920,** F 829211
317 Zimmer | 12 Suiten | 10 Apartments | Ez 96–156 €, Dz 106–166 €, Frühstück 23,00–25,00 € | ⏲ 24 h

Modernes Hotel mit mediterranem Flair. Die hellen, freundlichen Zimmer und Apartments sind im toskanischen Stil eingerichtet. Zum Haus gehören auch ein Restaurant mit Terrasse, ein Kaminraum, ein Wintergarten sowie ein Wellnessbereich mit Sauna und hauseigenem Kosmetikinstitut.

Seipel www.hotelseipel.de

garni

Bürgermeister-Weidemaier-Straße 26, PLZ 69181, **T 06224 9820,** F 982222
23 Zimmer | 1 Suite | Ez 81–85 €, Dz 119–129 €, inkl. Frühstück

Das privat geführte Hotel mit mediterranem Ambiente unweit von Heidelberg bietet farbenfrohe Gästezimmer mit klassischer Einrichtung. Morgens erwartet den Gast ein reichhaltiges Frühstücksbuffet. Der Leimener Bäderpark ist nur 200 m vom Haus entfernt.

LEINFELDEN-ECHTERDINGEN 58 A www.leinfelden-echterdingen.de

Baden-Württemberg | EW 38.500 | 432 m | Stuttgart 12 km, Tübingen 28 km

Parkhotel Stuttgart Messe-Airport www.parkhotel-stuttgart.de

★★★★ S garni

Filderbahnstraße 2, PLZ 70771 (OT: Echterdingen), **T 0711 633440,** F 63344100
220 Zimmer | 10 Suiten | 16 Apartments | Ez ab 79 €, Dz ab 89 €, inkl. Frühstück | 24 h

Dieses Businesshotel ist für Tagungs-, Freizeit- und Messegäste bestens geeignet. Es verfügt über helle, designorientierte Gästezimmer in unterschiedlichen Kategorien und einen großzügigen Veranstaltungsbereich. Internationale Küche wird im Parkrestaurant serviert, frisch gebrautes Bier und lokale Spezialitäten gibt es im Echterdinger Brauhaus mit Biergarten.

Essential by Dorint Stuttgart-Airport www.hotel-stuttgart-airport.dorint.com

Heilbronner Straße 15, PLZ 70771, **T 0711 320640,** F 32064100
155 Zimmer | 15 Suiten | Ez 89–299 €, Dz 89–299 € | 24 h

Neuzeitliches Themenhotel mit ausgezeichneter Anbindung zum Flughafen und zur Messe Stuttgart. Moderne und klimatisierte Zimmer in drei Kategorien. Das Motto „Fliegerei & Flugverkehr" zieht sich gestalterisch durch alle Räume. Das Restaurant „Cabin" mit außergewöhnlichem Flughafendesign bietet regionale und internationale Küche.

Restaurant im Hotel Am Park www.hotelampark-leinfelden.de

VARTA-TIPP Küche

Lessingstraße 4-6, PLZ 70771 (OT: Leinfelden), **T 0711 903100**
80 | Hauptgericht 11–26 €, Menü 24–56 € | Mo-Fr Sa, So

Das klassisch gehaltene Hotelrestaurant bietet eine marktorientierte Küche mit regionalen und internationalen Gerichten. Auch schwäbische Spezialitäten findet man auf der Speisekarte. Hier kehrt man zum schnellen Business Lunch genauso gern ein wie zum romantischen Abendessen zu zweit. Im Sommer lockt die großzügige Gartenterrasse. Neben dem Restaurant verfügt man auch über gepflegte, zeitlos eingerichtete Gästezimmer.

LEINSWEILER 50 D www.landauland.de

Rheinland-Pfalz | EW 440 | 263 m | Annweiler 10 km, Landau 10 km

Leinsweiler Hof www.leinsweilerhof.de

★★★★

Leinsweiler Hof 1, PLZ 76829, **T 06345 4090,** F 3614
61 Zimmer | 5 Suiten | 16 Apartments | Ez 139 €, Dz 249–269 €, inkl. Frühstück

Inmitten der Weinberge liegt dieses vorbildlich geführte Haus. Hier erwarten Sie wohnliche Zimmer und Suiten. Für Entspannung sorgt ein schöner Wellnessbereich mit großem Außenbecken (28°C) und traumhafter Liegewiese. Vielfältige Erholungs- und Freizeitmöglichkeiten in direkter Umgebung.

Leinsweiler Hof

100 | Hauptgericht 15–29 €, Menü 30–75 € | Mo-So »

So richtig zum Wohlfühlen ist dieses helle, freundliche Restaurant mit tollem Blick über die Rheinebene und einer toskanisch anmutenden Gartenterrasse. Geboten wird eine leichte mediterrane Küche gepaart mit wechselnden regionalen Spezialitäten. Zuvorkommend und freundlich ist der Service.

Castell
www.hotel-castell-leinsweiler.de

★★★ S garni

Hauptstraße 32, PLZ 76829, **T 06345 94210,** F 9421200
16 Zimmer | Ez 98–115 €, Dz 120–145 €, inkl. Frühstück

Das gepflegte kleine Landhotel bietet funktionell ausgestattete Unterkünfte und ein neuzeitliches Restaurant. Gefrühstückt wird in der sonnendurchfluteten „guten Stubb" oder auf der herrlichen Sommerterrasse. Wunderschöne Rundwanderwege in direkter Umgebung.

LEIPZIG 34 D
www.leipzig.travel

Sachsen | EW 531.582 | 112 m | Schkeuditz 15 km, Dresden 111 km

Gewandhaus, Opernhaus, Auerbachs Keller (aus Goethes Faust), Zoologischer Garten, Völkerschlachtdenkmal, Grassi Museum für Kunst und Musikinstrumente, Ägyptisches Museum, Mädler-Passage, Altes Rathaus mit Stadtgeschichtlichem Museum, Spätgot. Thomaskirche, Alte Börse, Nikolaikirche, Hauptbahnhof, Gohliser Schlösschen.

Marriott
www.leipzigmarriott.de

★★★★★ S garni

Am Hallischen Tor 1 (B2), PLZ 04109, **T 0341 96530,** F 9653998
231 Zimmer | Ez ab 109 €, Dz ab 109 €, ab 22,00 € | 24 h »

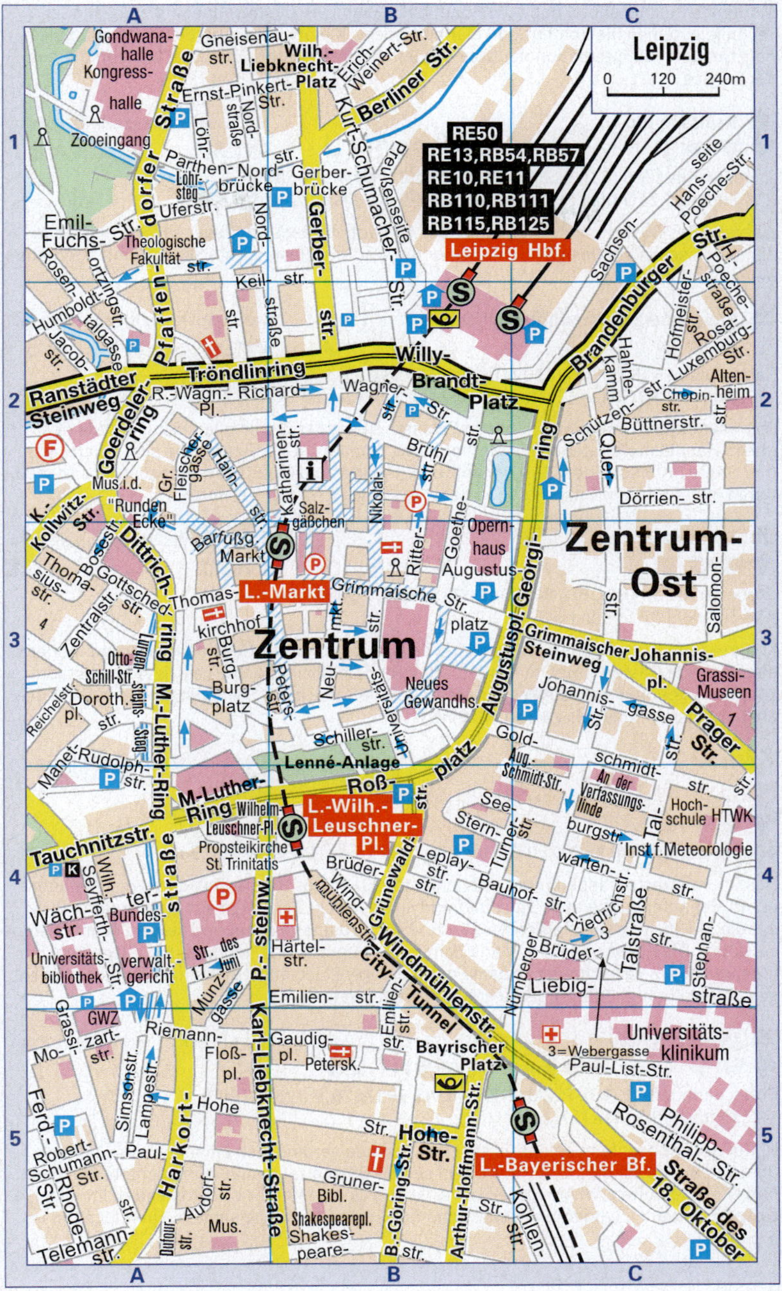
Leipzig
0 120 240m
A
B
C
1
2
3
4
5
RE50
RE13,RB54,RB57
RE10,RE11
RB110,RB111
RB115,RB125
Leipzig Hbf.
L.-Markt
L.-Wilh.-Leuschner-Pl.
L.-Bayerischer Bf.
Zentrum
Zentrum-Ost
Gondwana-halle
Kongress-halle
Zooeingang
Gneisenau-str.
Wilh.-Liebknecht-Platz
Ernst-Pinkert-Str.
Erich-Weinert-Str.
Berliner Str.
Kurt-Schumacher-Str.
Preußenseite
Löhr-str.
Nord-straße
Pfaffendorfer Straße
Parthen-Löhr-steg
Nord-brücke
Gerber-brücke
Uferstr.
Gerber-str.
Emil-Fuchs-Str.
Theologische Fakultät
Keil-str.
Rosen-talgasse
Lortzingstr.
Humboldt-str.
Jacob-str.
Tröndlinring
Willy-Brandt-Platz
Ranstädter Steinweg
Goerdeler-ring
R.-Wagn.-Pl.
Richard-Wagner-Str.
Brühl
Sachsen-seite
Hans-Poeche-Str.
Brandenburger Str.
Hofmeister-str.
H.-Poeche-straße
Rosa-Luxemburg-Str.
Alten-heim
Hahne-kamm
Chopin-str.
Schützen-str.
Büttnerstr.
Quer-str.
Dörrien-str.
Georgi-ring
Mus.i.d. "Runden Ecke"
Gr. Fleischer-gasse
Hain-str.
Katharinen-str.
Salz-gäßchen
Nikolai-str.
Ritter-str.
Goethe-str.
Opern-haus
Augustus-platz
K.-Kollwitz-Str.
Dittrich-ring
Barfußg.
Markt
Thomas-kirchhof
Bosestr.
Thoma-sius-str.
Gottsched-str.
Zentralstr.
Grimmaische Str.
Grimmaischer Steinweg
Johannis-pl.
Grassi-Museen
Prager Str.
Salomon-str.
Burg-str.
Otto-Schill-Str.
Lurgen-steins-Steig
M.-Luther-Ring
Reichelstr.
Doroth.-pl.
Burg-platz
Peters-str.
Neu-markt
Universitäts-str.
Neues Gewandhs.
Augustuspl.
Johannis-gasse
Schiller-str.
Lenné-Anlage
Manet-str.
Rudolph-str.
M.-Luther-Ring
Wilhelm-Leuschner-Pl.
Roß-platz
Gold-schmidt-str.
Aug.-Schmidt-Str.
An der Verfassungs-linde
Tal-str.
Hoch-schule HTWK
See-burgstr.
Stern-warten-str.
Turner-str.
Inst.f.Meteorologie
Tauchnitzstr.
Harkort-straße
Propsteikirche St. Trinitatis
Brüder-str.
Wind-mühlenstr.
Grünewald-str.
Leplay-str.
Bauhof-str.
Friedrichstr.
Talstraße
Stephan-straße
Wilh.-Seyfferth-Str.
Wäch-ter-str.
Bundes-verwalt.-gericht
Universitäts-bibliothek
Str. des 17. Juni
Härtel-str.
Windmühlenstr.
City-Tunnel
Nürnberger Str.
Liebig-str.
Emilien-str.
Münz-gasse
Karl-Liebknecht-Straße
P.-steinw.
GWZ
Grassi-str.
Mo-zart-str.
Riemann-str.
Floß-pl.
Gaudig-pl.
Petersk.
Emilien-str.
Bayrischer Platz
3=Webergasse
Universitäts-klinikum
Paul-List-Str.
Simsonstr.
Lampestr.
Hohe Str.
Arthur-Hoffmann-Str.
Philipp-Rosenthal-Str.
Ferd.-Rhode-Str.
Robert-Schumann-Str.
Paul-Gruner-Str.
Bibl.
Kohlen-str.
Straße des 18. Oktober
Telemann-str.
Dufour-str.
Audorf-str.
Mus.
Shakespearepl.
Shakes-peare-str.
B.-Göring-Str.

Modernes Businesshotel nahe dem Bahnhof. Wohnliche Gästezimmer mit zeitgemäßer Technik, gutem Schlafkomfort und Marmorbädern. Kleiner Fitnessbereich mit Pool. Saisonale Gerichte mit internationaler Note serviert das Restaurant „The Local“. Zuvorkommender Service.

Radisson Blu

www.radisson-leipzig.com

Augustusplatz 5-6 (C3), PLZ 04109, **T 0341 21460,** F 2146815
214 Zimmer | 24 Suiten | Ez 99–220 €, Dz 99–220 € | 24 h

Zeitgemäßes Businesshotel am Rande der Altstadt, vis-à-vis von Gewandhaus und Oper. Zimmer in schickem Design mit moderner Ausstattung. Restaurant „Spagos“ mit internationaler Küche.

Steigenberger Grandhotel Handelshof

www.leipzig.steigenberger.com

Salzgäßchen 6 (B3), PLZ 04109, **T 0341 3505810,** F 350581888
177 Zimmer | 14 Suiten | Ez ab 179 €, Dz ab 179 €, 29,00 € | 24 h

Repräsentatives Grandhotel in bester Citylage. Hinter der prunkvollen hist. Fassade des ehem. Handelshofes stehen elegant-moderne Zimmer zur Verfügung, die sich durch Lage und Größe unterscheiden. 350 qm große SPA-World auf zwei Etagen. Französisch und mediterran inspirierte Speisen werden in der „Brasserie Le Grand“ serviert.

The Westin

www.westinleipzig.com

Gerberstraße 15 (B2), PLZ 04105, **T 0341 9880,** F 9881229
436 Zimmer | 32 Suiten | 24 h

Kongress- und Tagungshotel in der Nähe des Hauptbahnhofs. Geschmackvoll und modern eingerichtete Gästezimmer, teils mit faszinierendem Blick über die Leipziger Innenstadt. Zum Haus gehören mehrere Restaurants, ein SPA-Bereich mit Swimmingpool sowie 50 Veranstaltungsräume für bis zu 700 Personen.

Falco

www.falco-leipzig.de

VARTA-TIPP Küche VARTA-TIPP Service

40 | Hauptgericht 180–250 €, Menü 262–295 € | Di-Sa Mo, So

Das Gourmetrestaurant befindet sich in der 27. Etage des Hotels. Das durchgestylte Interieur in eleganter gold-grauer Optik ist trendy und schick. Bei einem ausgezeichneten Blick auf die Skyline von Leipzig werden Sie von Maître Hannes Fischer und seinem Team bestens verwöhnt. Die Küche von Peter Maria Schnurr ist unprätentiös, modern und ausgesprochen ideenreich. Die Bezeichnung „cuisine passion légère“ ist längst zu seinem Markenzeichen geworden! Ein Highlight ist der begehbare Weincaveau.

Innside by Meliá

www.melia.com

★★★★S garni

Gottschedstraße 1 (A3), PLZ 04109, **T 0341 3937670,** F 393767999
177 Zimmer | 9 Suiten | 24 h

Hinter der imposanten neoklassizistischen Fassade verbirgt sich ein modernes und funktionelles Businesshotel. Das Haus bietet seinen Gästen zeitgemäß eingerichtete Zimmer und Lifestyle-Suiten. WLAN sowie Softgetränke aus der Minibar sind kostenfrei. Im À-la-carte-Restaurant „Syndeo“ wird internationale Crossover-Küche serviert. Eventlocation im 5. Stock.

Pentahotel
www.pentahotels.com

Großer Brockhaus 3 (C3), PLZ 04103, **T 0341 12920,** F 1292800
356 Zimmer | 61 Suiten | 24 h

Elegantes Lifestyle-Hotel in zentraler Lage mit geräumigen, modernen Zimmern im Matteo-Thun-Design. Zum Wellnessbereich gehören eine Sauna, ein Whirlpool und ein Fitnessraum. Im Restaurant wird international gekocht.

Seaside Park Hotel
www.parkhotelleipzig.de

★★★★

Richard-Wagner-Straße 7 (B2), PLZ 04109, **T 0341 98520,** F 9852750
288 Zimmer | 10 Suiten | Ez ab 95 €, Dz ab 115 €, ab 16,00 € | 24 h

Die Einrichtung des traditionsreichen Hotels ist eine gelungene Symbiose aus zeitgemäßen, klassischen Elementen und modernem Art-déco-Stil. Das Restaurant „STEAKTRAIN" bietet hochwertige Steaks vom Lavagrill.

Victor's Residenz-Hotel
www.victors.de/de/hotels/leipzig

GREENSIGN ★★★★

Georgiring 13 (C2), PLZ 04103, **T 0341 68660,** F 6866899
101 Zimmer | 10 Suiten | Ez 93–300 €, Dz 93–300 €, inkl. Frühstück | 24 h

Elegantes Businesshotel mit Jugendstilfassade in der Leipziger Innenstadt. Individuell eingerichtete Zimmer und Suiten unterschiedlicher Kategorien. Restaurant mit Sommerterrasse im grünen Innenhof und internationaler Küche.

Hiemann
www.hotel-hiemann.de

★★★ S

Delitzscher Landstraße 75, PLZ 04158 (OT: Wiederitzsch), **T 0341 52530,** F 5253154
37 Zimmer | 1 Suite | Ez ab 69 €, Dz ab 89 €, inkl. Frühstück

Familiär geführtes Hotel mit freundlicher Atmosphäre. Individuell und wohnlich gestaltete Zimmer mit zeitgemäßer Ausstattung. Zum Haus gehören auch ein modernes Restaurant mit traditioneller Küche, eine funktionale Lounge mit angrenzender Sonnenterrasse und ein gemütlicher Biergarten.

Michaelis
www.michaelis-leipzig.de

GREENSIGN ★★★ S

Paul-Gruner-Straße 44 (B5), PLZ 04107 (OT: Südvorstadt), **T 0341 26780,** F 2678100
91 Zimmer | 2 Suiten | 28 Apartments | Ez ab 89 €, Dz ab 109 €, inkl. Frühstück | 24 h

Das privat geführte Hotel mit seiner liebevoll restaurierten Gründerzeitfassade beherbergt individuell gestaltete Zimmer, die über zeitgemäße Annehmlichkeiten verfügen. Die moderne, sachliche Inneneinrichtung spielt mit Lichteffekten und sanften Farbtönen. Für Longstay-Gäste eignen sich die großzügig geschnittenen „Miaboda Appartements" im Neubau nebenan.

Michaelis Restaurant

VARTA-TIPP Küche **VARTA-TIPP** Service

34 | Hauptgericht 15–31 €, Menü 43–56 € | Mo-Sa So

»

Ob im puristisch-urbanen Fine-Dining-Restaurant oder auf der wunderschönen Sommerterrasse - hier begeben Sie sich auf eine wunderbare Genussreise mit engagierten Gastgebern in elegant-zwanglosem Ambiente. Mirko Brückner und Patrick Schellenberger kochen betont saisonal und regional mit moderat weltoffenen Ausflügen. Sie können à la carte oder aus verschiedenen Menü-Offerten wählen. In punkto Wein berät der Service ausgesprochen kompetent.

Townhouse

www.vagabondclub.com/leipzig

garni

Thomaskirchhof 13/14 (A3), PLZ 04109, **T 0341 496140,** F 49614100
52 Zimmer | 1 Suite

Ein charmantes Hotel und Boardinghaus im denkmalgeschützten Thomaskirchhof. Unterschiedlich geschnittene Apartments mit moderner Innengestaltung in einer Kombination aus Musik und Design. Zum Haus gehören auch ein Fitness- und Saunabereich sowie das Restaurant „Bull & Bonito" mit mediterraner Küche.

Arthotel Ana Symphonie

www.ana-hotels.com/symphonie-leipzig

garni

Hainstraße 21 (A2), PLZ 04109, **T 0341 21203100,** F 21203199
97 Zimmer | 24 h

Modernes Designhotel in bester Citylage, das mit seiner prägnanten Außenfassade an ein modernes Stadtpalais erinnert. In den sehr geschmackvoll gestalteten Räumen verbinden sich klassische Stilelemente mit lebendigen, zeitlosen Farben. Business-Lounge für Tagungen und Veranstaltungen im vierten Stock.

Fregehaus

www.hotel-fregehaus.de

garni

Katharinenstraße 11 (B2), PLZ 04109, **T 0341 26393157,** F 26394184
20 Zimmer | 2 Apartments | Ez 90–110 €, Dz 100–130 €, ab 14,00 €

Ein charmantes, gut geführtes Boutique-Hotel gegenüber dem Museum der bildenden Künste. Die Zimmer unterschiedlicher Größe sind wohnlich und individuell eingerichtet. In der 2. Etage befinden sich die Rezeption und ein historischer Salon, der sowohl als Frühstücks- als auch als Gesellschaftsraum dient.

C'est la vie

www.cest-la-vie.restaurant

Zentralstr. 7 (A3), PLZ 04109, **T 0341 97501210**
50 | Menü 80–125 € | Di-Sa Mo, So

Hier isst man richtig gut! Opulente Einrichtung und fein gedeckte Tische mit rubinroten Accessoires geben dem Restaurant einen attraktiven, eleganten Rahmen. Serviert wird eine klassisch französische Küche mit modernen Einflüssen und besten Produkten aus der Region. Das freundliche Team an der Gästefront serviert z.B. „Rosa Rinder-Bavette mit Senfsauce, schwarzer Knoblauch und gerösteter Blumenkohl". Dazu gibt es ausgesuchte Weine aus Frankreich.

Stadtpfeiffer — www.stadtpfeiffer.de

VARTA★TIPP Küche **VARTA-TIPP** Service

Augustusplatz 8 (B3, im Gewandhaus), PLZ 04109, **T 0341 2178920**
44 | Hauptgericht 38–44 €, Menü 120–150 € | Di-Sa ⃠ Mo, So

Was schon das elegante und rundum verglaste Restaurant des Leipziger Gewandhauses ankündigt, setzt sich sowohl im geradlinigen Interieur als auch auf dem Teller fort: Hier präsentiert Detlef Schlegel eine geschmacklich und handwerklich exzellente Menüfolge (3 bis 6 Gänge), wobei die erstklassige Qualität der Produkte natürlich völlig außer Frage steht! Nicht zu vergessen: der charmante und geschulte Service unter der Leitung von Gastgeberin Petra Schlegel.

Campus — www.michaelis-leipzig.de

Schösschenweg 2, PLZ 04155 (OT: Gohlis-Süd), **T 0341 56296750**
34 | Hauptgericht 10–25 € | Mo-Fr Do-Fr ⃠ Sa, So

Nettes Bistrorant auf dem Mediencampus Villa Ida mit ungezwungener Atmosphäre. Überwiegend junges Publikum. Serviert wird ambitionierte Frischeküche zu recht zivilen Preisen.

Frieda Restaurant — www.frieda-restaurant.de

VARTA-TIPP Küche

Menckestraße 48-50, PLZ 04155 (OT: Gohlis), **T 0341 56108648**
24 | Menü 109–119 € | Di-Sa ⃠ Mo, So

Sie mögen moderne Bistro-Atmosphäre und eine ehrliche, authentische Küche? Dann sollten Sie das „Frieda" unbedingt kennenlernen! Mit sehr viel Herzblut und Engagement führen Lisa Angermann und Andreas Reinke dieses Restaurant im Stadtteil Gohlis, und das spiegelt sich auch bei der Zubereitung der produktorientierten Gerichte wider. Das Menü wechselt regelmäßig und basiert auf saisonalen und regionalen Zutaten. Das Ambiente: elegant, clean, aber dennoch gemütlich.

Max Enk — www.max-enk.de

Neumarkt 9-19 (B3), PLZ 04109, **T 0341 99997638**
64 | Hauptgericht 26–55 €, Menü 58–75 € | Mo-Sa ⃠ So »

Das schlicht und kunstvoll gestaltete Lichthofrestaurant im historischen Speisesaal des Städtischen Kaufhauses serviert schmackhafte internationale Speisen, z.B. „Kross gebratenes Kabeljaufilet mit gerösteter Blutwurst auf Koriander-Rahmsauerkraut und Petersilienkartoffeln“. Mittags interessanter Lunch zu günstigem Preis.

Drogerie www.drogerie-leipzig.net

Schillerweg 36 (Eingang Menckestraße), PLZ 04155 (OT: Gohlis), **T 0341 22286466**
50 | Hauptgericht 25–30 €, Menü 45–55 € | Mo-Sa So

Sympathisches kleines Lokal in einem hübsch sanierten Gebäude aus dem frühen 19. Jahrhundert. Gekocht wird klassisch mit internationalen Einflüssen. Wie wäre es z.B. mit „Kabeljau und Blutwurst | Kartoffel-Sauerkrautpüree | Pfefferschaum“? Dazu gibt es regionale und internationale Weine.

Felix Restaurant Neu! www.dein-felix.de

Augustusplatz 1-3 (C3), PLZ 04109, **T 0341 218299198**
80 | Hauptgericht 15–32 € | Fr-So Mo-So

Casual Fine Dining im 7. OG der alten Leipziger Hauptpost. Hier oben, hoch über dem Augustusplatz, hat man wirklich einen atemberaubenden Ausblick über die Dächer Leipzigs. Aus der offenen Küche kommen feine bodenständige Gerichte. Das Ambiente: lässig, schlicht und urban. Toll auch die Dachterrasse. Für kurze oder längere Aufenthalte stehen mit den sogenannten „Felix Suiten“ im gleichen Gebäude moderne Übernachtungsdomizile in unterschiedlichen Größen zur Verfügung.

Planerts Restaurant www.planerts.com

Ritterstraße 23 (B2), PLZ 04109, **T 0341 99999975**
35 | Hauptgericht 19–29 €, Menü 59–79 € | Do-Sa Di-Sa Mo, So

Das Restaurant im angesagten Industrie-Schick hat man in den historischen Gebäudekomplex „Oelßner's Hof“ integriert. Es dominieren Holz und Grautöne, die Tische und Stühle kommen im stylishen Retrolook daher. Serviert wird eine leichte, frische Küche mit exotischem Touch.

Schaarschmidts www.schaarschmidts.de

Coppistraße 32, PLZ 04157 (OT: Gohlis), **T 0341 9120517**
60 | Hauptgericht 18–45 €, Menü 30–75 € | Mo-Sa

Leipzigs „Gute Stube“ ist schon längst kein Geheimtipp mehr. Hier fühlt man sich ein wenig wie in einem heimeligen Wohnzimmer. Auf der Karte finden sich sächsische Klassiker, aber auch Gerichte aus der internationalen Küche. Gutes Weinangebot.

FALCO Bar & Lounge
www.falco-leipzig.de

Gerberstr. 15 (B2, im Hotel The Westin), PLZ 04105, **T 0341 9882727**
45 | Hauptgericht 45–88 €, Menü 166–199 € | Di-Sa ⃠ Mo, So

In fast schwindelerregender Höhe werden Sie mit einem grandiosen Blick auf die Leipziger City belohnt. Ob vor oder nach dem Besuch des mehrfach ausgezeichneten Gourmetrestaurants - ein Besuch lohnt sich auf jeden Fall. Die charmanten Barkeeper kredenzen hochwertige Spirituosen, edle Weine und leckere Cocktails.

LEIWEN 49 A
www.leiwen.de

Rheinland-Pfalz | EW 1.560 | 129 m | Bernkastel-Kues 29 km, Trier 40 km

vierzehn85
www.vierzehn85.de

Euchariusstraße 10-12, PLZ 54340, **T 06507 9393901**
40 | Hauptgericht 30–35 €, Menü 47–56 € | Mo, Do-So ⃠ Di, Mi

Hier speisen Sie in einem der schönsten und ältesten Häuser an der Mittelmosel, das mit viel Liebe zum Detail renoviert wurde. Die Atmosphäre: sympathisch, freundlich, ungezwungen. Die Karte ist überschaubar. Gekocht wird frisch, schmackhaft und im Rhythmus der Natur. Lust auf „Roastbeef aus der Eifel | Jus | Gemüseallerlei | geräuchertes Kartoffelpüree"? Wer länger bleiben möchte: Es gibt auch zwei hübsche Gästezimmer.

LENGERICH 21 C
www.lengerich.de

Nordrhein-Westfalen | EW 23.227 | 80 m | Osnabrück 17 km, Münster (Westfalen) 39 km

Hinterding
www.hinterding-lengerich.de

Bahnhofstraße 72, PLZ 49525, **T 05481 94240**
45 | Hauptgericht 26–49 €, Menü 69–79 € | So Mi-So ⃠ Mo, Di ⃠ 10.–25.7.23, 11.–26.9.23

Großzügig ausgestattete, restaurierte Stadtvilla aus dem Jahre 1904. Man bietet eine klassisch französische Küche sowie ausgesuchte Weine mit Schwerpunkt Deutschland, Italien und Spanien. Fünf wohnlich eingerichtete Gästezimmer vorhanden.

LENGGRIES 68 A
www.lenggries.de

Bayern | EW 9.771 | 679 m | Bad Tölz 9 km, München 60 km

Schweizer Wirt(in)
www.schweizer-wirt.de

VARTA-TIPP Küche

Schlegldorf 83, PLZ 83661 (OT: Schlegldorf), **T 08042 8902**
80 | Hauptgericht 15–35 €, Menü 35–80 € | Mi-So ⃠ Mo, Di

Was als einfaches Ausflugslokal begann, ist heute eine beliebte Genussadresse. Ein wenig oberhalb der Straße, direkt am Höhenweg von Bad Tölz nach Lenggries, liegt das alte, hübsch renovierte Gasthaus. Hier erwarten Sie eine urgemütliche Gaststube, eine hübsch begrünte Sonnenterrasse sowie ein schattiger Biergarten. Die Chefin kocht selbst! Serviert werden überwiegend traditionell-bayerische Gerichte unter Verwendung regionaler Produkte.

LENNESTADT 30 D www.lennestadt.de

Nordrhein-Westfalen | EW 25.908 | 280 m | Olpe 23 km, Werdohl 34 km

Haus Hilmeke www.haus-hilmeke.de

Haus Hilmeke 1, PLZ 57368 (OT: Saalhausen), **T 02723 91410,** F 80016
30 Zimmer | 6 Apartments | Ez 97 €, Dz 146–188 €, inkl. Frühstück | 24 h

Traditionsreiches Haus - seit drei Generationen familiengeführt. Behaglich eingerichtete Zimmer, hübsch gestaltete Badelandschaft. Helles, freundliches Restaurant mit bürgerlichem Speisenangebot.

LENZKIRCH 64 B www.hochschwarzwald.de

Baden-Württemberg | EW 5.074 | 808 m | Titisee-Neustadt 11 km, Bonndorf 16 km

Saigerhöh www.saigerhoeh.de

Saigerhöh 8-10, PLZ 79853 (OT: Saig), **T 07653 6850,** F 741
95 Zimmer | 15 Suiten | Ez 90–180 €, Dz 150–310 €, inkl. Frühstück

Idyllisch auf einem 1.055 m hohen Plateau gelegen. Gemütliche Lobby mit Bar und Kamin. Nette Landhauszimmer (fast ausschließlich mit Balkon). Einladender Wellnessbereich mit Infinitypool, zwei Saunen und Dampfbad. Panoramarestaurant im reizvollen Schwarzwaldstil mit jahreszeitlich orientierter internationaler Küche.

Ochsen www.ochsen-saig.de

Dorfplatz 1, PLZ 79853 (OT: Saig), **T 07653 90010,** F 900170
35 Zimmer | Ez 84–99 €, Dz 148–188 €, inkl. Frühstück

Familiengeführtes Haus mit urig-gediegenem Ambiente und typisch Schwarzwälder Gastlichkeit. Fragen Sie nach den großzügigen Zimmern mit Südbalkon. Kleiner Wellnessbereich mit Hallenbad, finnischer Sauna und Dampfbad. Traditionelles Restaurant mit badischer Frischeküche.

LICH 41 B www.lich.de

Hessen | EW 13.356 | 171 m | Gießen 14 km, Bad Nauheim 28 km

Zum Heiligen Stein www.zum-heiligen-stein.de

Kirchberg 1A, PLZ 35423 (OT: Muschenheim), **T 06404 6680908**
45 | Hauptgericht 25–32 €, Menü 49–79 € | So Do-So Mo, Di, Mi

Liebhaber einer ländlichen, naturbelassenen Küche werden diese Adresse mögen. Frisch, saisonal und ohne Schnörkel - so kocht man in diesem sympathischen Restaurant. Dabei werden fast ausschließlich heimische Produkte verarbeitet. Spezialität: Lamm aus eigener Zucht. An Wochenenden gibt es eine reichhaltige Auswahl selbstgebackener Kuchen. Die Atmosphäre ist gemütlich, der Service freundlich.

LICHTENAU 45 B www.gemeinde-lichtenau.de

Sachsen | EW 8.020 | 349 m | Chemnitz 12 km, Freiberg (Sachsen) 29 km

Hotel am Sonnenlandpark **Neu!** www.hotel-am-sonnenlandpark.de

Zum Sonnenlandpark 3, PLZ 09244, **T 037208 28790**
54 Zimmer | Ez 70–110 €, Dz 100–140 €, inkl. Frühstück | ⃠ 19.12.22–8.1.23

Eine gute Übernachtungsmöglichkeit für Familien, die den gleichnamigen Freizeit- und Erlebnispark besuchen möchten, ist dieses 2022 eröffnete Hotel. Das inhabergeführte Haus bietet moderne, komfortable Zimmer, die mit natürlichen Materialien ausgestattet sind. Großzügiger Lobby- und Frühstücksbereich nebst Terrasse mit direktem Blick auf das Rothirschgehege des Sonnenlandparks. Gute Verkehrsanbindung an die A4.

LICHTENBERG 44 D www.stadt-lichtenberg.de

Bayern | EW 1.120 | 564 m | Naila 7 km, Lobenstein 10 km

Harmonie www.harmonie-lichtenberg.de

VARTA-TIPP Küche

Schlossberg 2, PLZ 95192, **T 09288 246**
60 | Hauptgericht 16–36 €, Menü 48–55 € | So Mi-Sa ⃠ Mo, Di

Die Geschichte dieses hist. Gasthofs geht bis in das Jahr 1823 zurück. In gemütlichen, holzvertäfelten Gaststuben verwöhnt Sie Iris Mayer mit einer frischen, regional und mediterran beeinflussten Küche. Dabei verwendet sie fast ausschließlich biologisch angebaute, hochwertige Produkte. Die Preise sind fair, die Atmosphäre angenehm familiär.

LICHTENSTEIN 58 C www.gemeinde-lichtenstein.de

Baden-Württemberg | EW 9.200 | 507 m | Reutlingen 10 km, Tübingen 20 km

Forellenhof Rössle www.forellenhof-roessle.de

GREENSIGN ★★★★

Heerstraße 20, PLZ 72805 (OT: Honau), **T 07129 92970,** F 929750
32 Zimmer | 3 Suiten | 1 Apartment | Ez 83–116 €, Dz 120–162 €, inkl. Frühstück

Traditionshotel - seit über 200 Jahren in Familienbesitz. Wohnliche Gästezimmer in unterschiedlichen Kategorien. Die Wellnessburg auf dem Dach bietet entspannende Bäder, vitalisierende Anwendungen und schweißtreibende Saunagänge. Das Restaurant ist bekannt für seine Forellen aus eigener Zucht.

LICHTENSTEIN 45 B www.lichtenstein-sachsen.de

Sachsen | EW 12.817 | 305 m | Glauchau 13 km, Zwickau 14 km

Schönburger Palais
www.schoenburger-palais.de

Schlossberg 19, PLZ 09350, **T 037204 601010**
Hauptgericht 17–29 €, Menü 34–45 € | Sa-So Mi-So Mo, Di

Ein wirklich charmantes Anwesen ist dieses 1706/07 erbaute Palais unterhalb der Schlossanlage. Im historischen Kreuzgewölbe, dem Salon und der Rauchfangküche können Sie Schmackhaftes aus der deutschen und internationalen Küche genießen. Erlesene Weinauswahl, u.a. sächsische Weine aus der Region Meißen. Hübsche Terrasse im historischen Innenhof.

LIEBENZELL, BAD 57 B
www.bad-liebenzell.de

Baden-Württemberg | EW 8.779 | 320 m | Calw 7 km, Pforzheim 19 km

Hirsch
www.hirsch-genusshandwerk.de

Monbachstraße 47, PLZ 75378 (OT: Monakam), **T 07052 2367**
35 | Hauptgericht 15–30 €, Menü 73–95 € | Sa-So Mo, Fr-So Di, Mi

Das Gasthaus blickt auf eine jahrzehntelange Familientradition zurück. Junior Andreas Sondej kocht frisch und ambitioniert. Auf der Karte stehen solch raffinierte Gerichte wie „Adlerfisch | Grünkern | Salatherz | Rauchaal | Schnittlauchsoße“. Spezialität: Hausgemachte Obstbrände und Liköre.

LIESER 49 A
www.lieser-mosel.de

Rheinland-Pfalz | EW 1.221 | 140 m | Bernkastel-Kues 6 km, Wittlich 15 km

Schloss Lieser
www.schlosslieser.de

VARTA-TIPP Ambiente

garni

Moselstraße 33, PLZ 54470, **T 06531 986990**
50 Zimmer | Ez 149–329 €, Dz 149–329 €

Das historische Schloss aus dem 19. Jahrhundert - einst private Residenz des erfolgreichen Unternehmers Eduard Puricelli - hat man wunderschön restauriert und in ein Luxushotel umgewandelt. Die eleganten und exquisit gestalteten Gästezimmer bieten wahlweise Blick auf die Mosel oder auf die umliegenden Weinberge. Der SPA- und Wellnessbereich umfasst einen Fitnessraum, Innenpool, Saunen und Massageräume. Ihren Nachmittagstee können Sie in der hauseigenen Bibliothek genießen.

Weinhaus Stettler
www.weinhaus-stettler.de

€ Gut & Günstig

Moselstraße 41, PLZ 54470, **T 06531 7550,** F 7325
15 Zimmer | 24 h

Das gepflegte kleine Hotel und Weinhaus am Moselufer steht unter familiärer Führung und beherbergt behagliche Gästezimmer zu maßvollen Preisen. Natürlich können Sie auch feine Tropfen vom hauseigenen Weingut kaufen.

LIMBACH-OBERFROHNA 45 B
www.limbach-oberfrohna.de

Sachsen | EW 24.257 | 349 m | Chemnitz 15 km, Gera 64 km

Lay-Haus
www.lay-hotel.de

★★★

Markt 3, PLZ 09212, **T 03722 73760,** F 737699
47 Zimmer | 2 Suiten | Ez 68 €, Dz 92 €, inkl. Frühstück | 24 h

Familiär geführtes, 450 Jahre altes Geschäftshotel in der Stadtmitte mit einladendem Ambiente. Hell und freundlich im Landhausstil eingerichtete Gästezimmer. Regionale und internationale Spezialitäten können Sie im Restaurant „Braumeisterstube", im gemütlichen Felsenkeller oder auf der Terrasse genießen.

LIMBURG 41 C
www.limburg.de

Hessen | EW 35.492 | 122 m | Weilburg 23 km, Wiesbaden 40 km

Dom Hotel
www.domhotellimburg.de

★★★★

Grabenstraße 57, PLZ 65549, **T 06431 9010,** F 6856
48 Zimmer | Ez ab 80 €, Dz ab 109 €, 18,00 € | 24 h

Das traditionsreiche Hotel mit seiner klassizistischen Fassade liegt schön verkehrsberuhigt am Rande der malerischen Altstadt. Die Zimmer sind wohnlich und individuell eingerichtet. Man verfügt auch über Seminarräume für Tagungen und Firmenevents.

Restaurant 360°
www.restaurant360grad.de

VARTA-TIPP Küche

Bahnhofsplatz 1a, PLZ 65549, **T 06431 2113360**
35 | Menü 110–160 € | Mi-Sa Mo, Di, So

Helles, durchgängig verglastes Restaurant mit minimalistisch-modernem Ambiente und herrlichem Rundumblick auf die Stadt. Hier verwöhnt Sie Alexander Hohlwein mit einer geschmacksintensiven Aromenküche, die sich nach allen Richtungen offen zeigt - von regional bis international. Gastgeberin und Sommelière Rebekka Weickert hat die passenden Weinempfehlungen für Sie. Die Lunchkarte ist für Businessgäste interessant.

Black Cow
www.black-cow.de

VARTA-TIPP Küche

Bahnhofsplatz 2c (Zugang über Haupteingänge der WERKStadt), PLZ 65549,
T 06431 2113374
80 | Hauptgericht 20–70 €, Menü 50–90 € | Di-Sa Mo, So »

Ein Mix aus Weinhaus und Steakmanufaktur - integriert in das Einkaufs- und Erlebniscenter WERKStadt Limburg. Nach ihren Wanderjahren durch einige der besten Küchen in Europa, den USA und Australien haben die Gastgeber Ben und Melanie hier ihren Traum vom eigenen Restaurant verwirklicht. Die Speisekarte bietet erstklassige Steak-Cuts sowie frische Fischspezialitäten. Dazu kredenzt der freundliche, ungezwungene Service erlesene Weine aus aller Welt. Mittags kann man im Lunchrestaurant & Bistro „Little Cow" speisen (Di-Sa 12:00-17:30 Uhr).

LINDAU (BODENSEE) 66 A www.lindau.de

Bayern | EW 24.681 | 401 m | Bregenz 8 km, Friedrichshafen 21 km

Bad Schachen www.badschachen.de

VARTA-TIPP Service

Bad Schachen 1, PLZ 88131 (OT: Bad Schachen), **T 08382 2980,** F 25390
129 Zimmer | 20 Suiten | Ez 132–189 €, Dz 208–294 €, inkl. Frühstück | 24 h

Das altehrwürdige und nostalgisch anmutende Grandhotel ist bereits seit 1752 in Familienbesitz. Neben den wohnlich eingerichteten Zimmern, dem schönen SPA-Bereich und der wunderbaren Lage am Ufer des Bodensees liegt es nicht zuletzt an der herzlich-engagierten Führung, dass man sich hier so richtig wohlfühlt. Im Restaurant und auf der Seeterrasse werden regionale und internationale Köstlichkeiten aufgetischt.

Bayerischer Hof www.bayerischerhof-lindau.de

★★★★★

Bahnhofplatz 2, PLZ 88131 (OT: Auf der Insel / Seepromenade), **T 08382 9150,** F 915591
101 Zimmer | 3 Suiten | Ez 153–278 €, Dz 215–396 €, inkl. Frühstück | 24 h

Familiengeführtes Haus mit 150-jähriger Tradition, direkt an der Lindauer Seepromenade gelegen. Großzügig und individuell gestaltete Nichtraucherzimmer, teilweise mit Balkon und tollem Blick über den Bodensee. Elegant und stilvoll eingerichtetes Restaurant mit Gartenterrasse.

Lindauer Hof www.lindauerhof.de

★★★★

An der Seepromenade/ Dammgasse 2, PLZ 88131 (OT: Auf der Insel), **T 08382 4064,** F 24203
36 Zimmer | 4 Suiten, Dz ab 149 €, inkl. Frühstück

Ein persönlich geführtes Nichtraucherhotel mit Tradition und familiärer Atmosphäre. Schöne Lage direkt an der Lindauer Hafeneinfahrt. Hier erwarten Sie wohnlich und ansprechend eingerichtete Deluxe-Zimmer, teils mit Seeblick.

Lindauer Hof

90 | Hauptgericht 13–30 € | Mo-So

Lichtdurchflutetes Wintergartenrestaurant mit Panoramaterrasse und herrlicher Aussicht auf den Lindauer Hafen. Die Karte bietet regionale und internationale Spezialitäten. Besonders beliebt sind Gerichte mit frischen Bodenseefischen.

Alte Schule Lindau
www.hotelalteschule-lindau.de

VARTA-TIPP Service

Alter Schulplatz 2, PLZ 88131, **T 08382 9114444**
15 Zimmer | 2 Suiten | Ez 88–108 €, Dz 134–235 €, 15,00 €

Wirklich beeindruckend, was man aus dem denkmalgeschützten Gebäude in der Altstadt gemacht hat! Viele historische Elemente, z.B. die steinernen Säulen aus dem 16. Jhd. oder die „Lindauer Decke“ - eine leichte gewölbte Holzbalkendecke, die in vielen Räumen erhalten und frisch restauriert wurde. Für den regionalen Bezug sorgen die Materialien der farbenfroh eingerichteten Themenzimmer ebenso wie die frischen heimischen Produkte zum Frühstück.

Boutique-Hotel Adara
www.adara-lindau.de

VARTA-TIPP Ambiente

Alter Schulplatz 1, PLZ 88131, **T 08382 943500,** F 9435050
16 Zimmer | 2 Suiten | Ez ab 130 €, Dz ab 160 €, inkl. Frühstück

Als individuelles Schmuckkästchen präsentiert sich dieses kleine elegante Boutique-Hotel am Alten Schulplatz. Sehr geschmackvoll und mit viel Liebe zum Detail hat man das verwinkelte mittelalterliche Gebäude renoviert. Die Zimmer und Suiten überzeugen durch das besondere Flair eines sehr alten Hauses in Verbindung mit modernem Wohnkomfort. Das Zentrum und die Lindauer Hafeneinfahrt sind übrigens nur wenige Gehminuten entfernt.

KARRisma

Menü 68–88 € | Di-Sa Mo, So

Wie das Hotel erfreut sich auch das Restaurant großer Beliebtheit. Zahlreiche Wandspiegel, Kupferlampen und moderne Einrichtungselemente prägen das Ambiente. Geboten wird ein wechselndes Menü, das wahlweise in vier oder sechs Gängen zu haben ist. Im Sommer wird auch auf der hübschen Terrasse serviert.

Seereich
www.seereich.de

Bregenzer Straße 16/18, PLZ 88131, **T 08382 3736,** F 26213
32 Zimmer | 1 Suite | Ez 89–129 €, Dz 130–205 €, inkl. Frühstück

Die Verwandlung der einstigen Pension Sommerland in ein zeitgemäßes Boutique-Hotel ist gelungen. Alles ist wertig und schick. Die Zimmer sind wohnlich und liebevoll eingerichtet und verfügen größtenteils über einen Balkon oder eine Terrasse. Morgens erwartet den Gast ein reichhaltiges Frühstücksbuffet.

VILLINO
www.villino.de

VARTA★TIPP Service

Mittenbuch 6, PLZ 88131, **T 08382 93450,** F 934512
21 Zimmer | 6 Suiten | 8 Apartments | Ez 110–300 €, Dz 170–320 €, inkl. Frühstück

Eingebettet in eine märchenhaft schöne Gartenanlage empfängt Sie das vorbildlich geführte Hotel hoch oben auf dem Hoyerberg. Die wohnlichen und mit viel Liebe zum Detail eingerichteten Landhauszimmer versprühen südländischen Charme. Für Entspannung sorgt eine 400 qm große Wellness- und Beauty-Oase. Last but not least: Morgens werden Sie mit einem tollen Frühstück verwöhnt.

VILLINO

VARTA-TIPP Küche **VARTA-TIPP** Service

50 | Hauptgericht 48–58 €, Menü 126–174 € | Mo-So

Erlesenes Porzellan, edle Stoffe, liebevoll dekorierte Tische... in diesem stilvollen Rahmen können Sie die exzellenten Speisen von Toni Neumann genießen. Was er auf die Teller zaubert, ist nicht „von der Stange": Das Geschick und die Leichtigkeit, mit der aus besten Produkten, klassischer Zubereitung und mit mediterranen sowie euro-asiatischen Einflüssen raffinierte Speisen entstehen, sind wahrhaft beeindruckend. Der gut bestückte Weinkeller hält Überraschendes und Exquisites bereit. Freundlich und kompetent der Service.

YachtHotel Helvetia

www.hotel-helvetia.com

Seepromenade, PLZ 88131 (OT: Auf der Insel), **T 08382 9130,** F 4004
43 Zimmer | 7 Suiten

Das Wellness- und Tagungsdomizil liegt am Lindauer Hafen und verfügt über wohnliche Zimmer mit alpenländischem Charme sowie exklusiv ausgestattete Themensuiten, teils mit eigener Sonnenterrasse. Im stylishen „Swiss Lifestyle Restaurant" werden frische Fischgerichte und ausgesuchte Bodenseeweine angeboten.

Restaurant Valentin

www.valentin-lindau.de

VARTA-TIPP Küche

In der Grub 28a, PLZ 88131, **T 08382 5043740**
28 | Hauptgericht 27–35 €, Menü 90–140 € | Di-Sa Mo, So

Ausgesprochen gut speisen Sie in dem mit viel Weiß aufgehellten Gewölbekeller im Herzen der Altstadt. Die Küche ist frisch, innovativ und modern. Die aus guten Bioprodukten zubereiteten Gerichte gibt es à la carte oder als Menü (bis 7 Gänge). Toll die individuell zusammengestellte Weinkarte. Dazu ein freundlicher, geschulter Service.

Alte Post

www.alte-post-lindau.de

Fischergasse 3, PLZ 88131 (OT: Auf der Insel), **T 08382 93460**
80 | Hauptgericht 9–21 €, Menü 18–57 € | Mo, Mi-So Di

Liebenswürdige Adresse mit herzlicher Gastfreundschaft. Hier isst man regional, saisonal und biologisch. Ob Steirischer Backhendl-Salat, Wiener Schnitzel vom Kalbsrücken oder fangfrisches Felchenfilet – wir können so ziemlich alles empfehlen! Übernachten können Sie in einem der zeitgemäß ausgestatteten Zimmer.

Eil.Gut.Halle

www.eilguthalle.li

Schützingerweg 2, PLZ 88131, **T 08382 9111229**
Hauptgericht 16–29 € | Mo, Do-So Di, Mi

Tages- und Eventgastronomie in direkter Seelage am Lindauer Hafen. Frische Zutaten von heimischen Produzenten und Lieferanten sind die Grundlage der regionalen und internationalen Gerichte, die hier serviert werden. Sehr zu empfehlen sind die Fleisch- und Fischspezialitäten vom Jospergrill. Tipp: Preisgünstiges Mittagsmenü.

LINDENBERG I. ALLGÄU 66 A

www.lindenberg.de

Bayern | EW 11.148 | 764 m | Wangen 14 km, Lindau (Bodensee) 24 km

Waldsee
www.hotel-waldsee.de

Austraße 41, PLZ 88161, **T 08381 92610,** F 926144
17 Zimmer | 1 Suite | Ez ab 85 €, Dz ab 110 €, inkl. Frühstück

Ausgesprochen idyllisch liegt dieses charmante kleine Hotel inmitten einer herrlichen Naturkulisse. Die Zimmer sind individuell im romantischen Stil eingerichtet. Wohlfühlatmosphäre bietet das Restaurant „Bacalau“ mit Seeblick. Hier gibt es fangfrischen Fisch und saisonale Spezialitäten.

LINGEN (EMS) 20 B
www.lingen.de

Niedersachsen | EW 55.000 | 23 m | Meppen 20 km, Nordhorn 20 km

Looken Inn
www.looken-inn.de

Bernd-Rosemeyer-Straße 21, PLZ 49808, **T 0591 807300,** F 80730499
99 Zimmer | 24 h

Historisch angehaucht und stylish zugleich präsentiert sich dieses zeitgemäße Businesshotel im Herzen der Stadt. Die Zimmer überzeugen durch ihren gelungenen Mix aus moderner Linienführung, hellen Farben und freundlichen Details. Südamerikanische Esskultur bietet das Steakhaus „Vaquero“.

Zum Märchenwald
www.hotel-zum-maerchenwald.de

€ Gut & Günstig

Vennestraße 25, PLZ 49809, **T 0591 912840,** F 9128450
48 Zimmer | Ez ab 62 €, Dz ab 89 €, inkl. Frühstück

Ein traditioneller Familienbetrieb mit gepflegten Gästezimmern. Zum Hotel gehören ein Wintergarten (Restaurant mit regionaler Küche), eine Lounge, eine Sonnenterrasse, eine urige Kneipe sowie ein gemütliches Kaminzimmer.

LINSENGERICHT 42 C
www.linsengericht.de

Hessen | EW 9.891 | 145 m | Gelnhausen 2 km, Hanau 22 km

Der Löwe
www.derloewe.com

Dorfstr. 20, PLZ 63589 (OT: Eidengesäß), **T 06051 71343**
70 | Hauptgericht 19–30 €, Menü 36–62 € | Sa-So Mi-So Mo, Di

Inhabergeführtes Haus mit gemütlichen Gaststuben im rustikalen Stil, das auf eine über 120-jährige bewegte Vergangenheit zurückblicken kann. Der freundliche Service offeriert regionale Gerichte von sehr guter Qualität. Bei Gästen sehr beliebt ist das sonntägliche Brunchbuffet.

LINTHE 26 C
www.amt-brueck.de

Brandenburg | EW 873 | 50 m | Luckenwalde 38 km, Potsdam 41 km

Linther Hof
www.linther-hof.de

Chausseestraße 20, PLZ 14822, **T 033844 7670,** F 76722
35 Zimmer | 1 Suite | Ez 95–125 €, Dz 140–185 €, inkl. Frühstück | 24 h

››

Einstiger Vierseithof am Rande des Naturparks Hoher Fläming mit individuellem Design. Warme Farben, komfortable Boxspringbetten und exklusive Einrichtung zeichnen die wohnlichen Zimmer aus. Für Entspannung sorgt eine finnische Sauna mit Panoramafenster. Moderne deutsche und saisonale Küche wird im Restaurant mit begrüntem Hofgarten serviert.

LIPPSPRINGE, BAD 31 A www.bad-lippspringe.de

Nordrhein-Westfalen | EW 15.203 | 140 m | Paderborn 9 km, Detmold 18 km

Park Hotel & Spa www.parkhotel-lippspringe.de

★★★★ S garni

Peter-Hartmann-Allee 4, PLZ 33175, **T 05252 9630,** F 963111
135 Zimmer | 4 Suiten | 24 h

Wellness- und Urlaubshotel mit modernen Zimmern und Juniorsuiten. Idyllische Gartenanlage mit Naturschwimmteich und Liegewiese. Im eleganten Restaurant „karl“ direkt am Kaiser-Karls-Park wird regionale Küche mit mediterranen Einflüssen serviert.

LIPPSTADT 30 B www.lippstadt.de

Nordrhein-Westfalen | EW 70.885 | 75 m | Rheda-Wiedenbrück 19 km, Paderborn 33 km

Fellini www.fellini-lippstadt.de

Cappelstraße 44a, PLZ 59555, **T 02941 924150**
38 | Hauptgericht 14–37 € | Di-Sa Mo, So

In einem schmucken Fachwerkhaus direkt im Altstadtkern befindet sich dieses italienische Ristorante. Hier trifft historisches Fachwerk auf helles, modernes Design. Die wechselnde Speisekarte offeriert schmackhafte Gerichte unter Verwendung frischer, saisonaler Produkte. Idyllische Terrasse im Hinterhof.

LÖBAU 37 C www.loebau.de

Sachsen | EW 15.531 | 263 m | Bautzen 19 km, Görlitz 21 km

Berg-Gasthof Honigbrunnen www.honigbrunnen.de

★★★★★ S garni

Löbauer Berg 4, PLZ 02708, **T 03585 4139130,** F 4139139
23 Zimmer | 2 Apartments | Ez 65–75 €, Dz 105–120 €, 10,00 € | 24.12.22

Das im schweizerischen Baustil sanierte Haus ist ein architektonisches Glanzstück in herrlicher Panoramalage. Das Hotel beherbergt geschmackvolle Gästezimmer und ein behagliches Restaurant mit großzügig angelegter Terrasse.

LOHMAR 40 A www.lohmar.de

Nordrhein-Westfalen | EW 29.679 | 64 m | Siegburg 4 km, Bonn 16 km

Schloss Auel www.schlossauel.de

VARTA-TIPP Ambiente

★★★★★ S garni

Haus Auel 1, PLZ 53797 (OT: Wahlscheid), **T 02206 60030,** F 6003222
30 Zimmer | 8 Suiten | 1 Apartment | Ez 80–125 €, Dz 140–210 €, 15,00 €

Die romantische Wasserburg von 1391 fungiert heute als komfortables Boutique-Hotel mit angeschlossenem 27-Loch-Golfplatz. Sie logieren in individuell und stilgerecht gestalteten Zimmern, die mit wertvollen Antiquitäten und erlesenen Stoffen ausgestattet sind. Modern und minimalistisch sind die Zimmer in der neuen Golflodge. Historische Restauranträume mit schöner Schlossterrasse.

Gasthaus Scheiderhöhe www.gasthaus-scheiderhoehe.de

Scheiderhöher Straße 49, PLZ 53797, **T 02246 18892**
Menü 47–89 € | So Do-So Mo, Di, Mi

Im behaglichen Fachwerkhaus mit Wintergarten und lauschigem Biergarten offeriert der Patron eine moderne Gasthausküche unter Verwendung nachhaltiger, regionaler Produkte. Auf der Speisekarte klingt das z.B. so: „Isländischer Heilbutt | eingelegte Wachsbohnen | Jalapeno-Beurre-Blanc | geräucherte Kartoffeln“. Dazu gibt es frisch gezapftes Bier vom Fass oder einen heimischen Ahr-Wein.

LOHMEN 36 D www.lohmen-sachsen.de

Sachsen | EW 3.200 | 204 m | Pirna 7 km, Sebnitz 10 km

Berghotel Bastei www.berghotel-bastei.de

★★★★ garni

PLZ 01847, **T 035024 7790,** F 779481
64 Zimmer | 1 Suite | Ez ab 90 €, Dz ab 126 €, inkl. Frühstück | 24 h

Haus in Einzellage mit herrlichem Blick auf Bastei und Elbtal. Zeitgemäße Zimmer unterschiedlicher Größe mit Naturholzmöbeln. Großzügiger Wellnessbereich mit Panorama-Saunalandschaft. Panoramarestaurant mit regionaler und internationaler Küche.

LÖHNE 22 C www.loehne.de

Nordrhein-Westfalen | EW 40.000 | 65 m | Vlotho 10 km, Bielefeld 20 km

Wim's Bistro-Restaurant www.hotel-schewe.de

Dickendorner Weg 48, PLZ 32584 (OT: Ort), **T 05732 98030**
50 | Hauptgericht 15–29 €, Menü 28–45 € | Mo-Sa So

Unkompliziert und familiär geht es zu in diesem liebevoll dekorierten Bistro-Restaurant. Geboten wird marktfrische deutsche und mediterrane Küche. Die schmeckt übrigens auch an schönen Sommertagen auf der kleinen Terrasse.

LOHR 52 A www.lohr.de

Bayern | EW 16.000 | 161 m | Hammelburg 31 km, Aschaffenburg 38 km

Bundschuh www.hotelbundschuh.de

★★★ S garni

Am Kaibach 7, PLZ 97816, **T 09352 87610,** F 876139
38 Zimmer | Ez ab 59 €, Dz ab 91 €

Ruhiges, persönlich geführtes Haus mit familiärer Atmosphäre. Individuell eingerichtete Zimmer mit moderner Ausstattung und kostenlosem WLAN. Große Gartenanlage mit Liegewiese und Sonnenterrasse.

Spessarttor www.hotel-spessarttor.de

Wombacher Straße 140, PLZ 97816 (OT: Wombach), **T 09352 87330,** F 873344
30 Zimmer | 3 Suiten | Ez 48–80 €, Dz 65–105 €, inkl. Frühstück

Persönlich geführtes Haus in ruhiger, grüner Lage am Rande des Spessarts. Komfortabel ausgestattete Zimmer im Haupt- und Nebenhaus mit kostenlosem WLAN und teils mit Balkon.

Spessarttor

80 | Hauptgericht 10–28 €, Menü 18–46 € | So Mi-So Mo, Di

Ländlich-gemütlich eingerichtete Gaststuben mit behaglichem Ambiente. Auf der Speisekarte stehen bodenständige fränkische Gerichte mit internationalen Akzenten. Gute Weinauswahl.

LONGUICH 49 A www.longuich-kirsch.de

Rheinland-Pfalz | EW 1.300 | 125 m | Trier 10 km, Wittlich 25 km

WeinKulturgut Longen-Schlöder www.longen-schloeder.de

Kirchenweg 9, PLZ 54340 (OT: Kirsch), **T 06502 8345,** F 95166
20 Zimmer | Ez 80–115 €, Dz 110–170 €, inkl. Frühstück

Das nahe am Ufer der Mosel gelegene, familiengeführte Hotel bietet helle, funktional eingerichtete Zimmer in Form von kleinen Winzerhäuschen und eine stimmungsvolle Vinothek. Hauseigener Weinberg, dessen Erzeugnisse vor Ort probiert und gekauft werden können.

LÖNINGEN 21 A www.loeningen.de

Niedersachsen | EW 12.932 | 22 m | Haselünne 23 km, Cloppenburg 25 km

Rüwe www.hotel-ruewe.de

★★★ S

Parkstraße 15, PLZ 49624, **T 05432 94200,** F 942011
11 Zimmer | Ez ab 75 €, Dz ab 98 €, inkl. Frühstück | 24 h

Kleines, privat geführtes Hotel in der Stadtmitte von Löningen. Wohnliche, sehr gepflegte Gästezimmer mit Balkon oder Terrasse. Restaurant mit regionaler Küche und Sommerterrasse.

LORCH 40 D www.lorch-rhein.de

Hessen | EW 3.800 | 80 m | Rüdesheim 13 km, St. Goarshausen 16 km

Hotel im Schulhaus www.hotel-im-schulhaus.com

★★★ S garni

Schwalbacher Str. 41, PLZ 65391, **T 06726 807160,** F 807162222
44 Zimmer | 1 Suite | Ez 80–150 €, Dz 105–170 €, inkl. Frühstück | 19.–26.12.22

Wie der Name bereits verrät, wohnen Sie hier in einer ehemaligen Schule, die zu einem Hotel umgebaut wurde. Neuzeitlich eingerichtete Gästezimmer - wahlweise mit Blick auf den Rhein, die Burgruine Nollig oder ins wildromantische Wispertal. Auch Wanderer und Radfahrer sind willkommen.

LÖRRACH 64 A www.loerrach.de

Baden-Württemberg | EW 48.307 | 294 m | Basel (Schweiz) 10 km, Zürich (Schweiz) 83 km

Hotel Stadt Lörrach www.hotel-stadt-loerrach.com

Belchenstraße 19a, PLZ 79539, **T 07621 592040,** F 5924111
223 Zimmer | 32 Suiten | 45 Apartments

In dem imposanten Hotelturm nahe dem Hauptbahnhof erwarten Sie modern eingerichtete Zimmer mit klaren Linien und dezenten Farben. Netter Sauna- und Fitnessbereich in der 20. Etage mit tollem Panoramablick über die Dächer der Stadt. Im Restaurant Hebel serviert man eine frische Crossover-Küche sowie regionale Spezialitäten.

Drei König www.wio-group.de/drei-koenig

Basler Straße 169, PLZ 79539, **T 07621 5504790**
17 Zimmer

In der Lörracher Fußgängerzone direkt am Marktplatz erwartet Sie dieses Hotel mit seinen neuzeitlich eingerichteten Zimmern. Rezeption und Frühstücksbereich im 2. Obergeschoss. Gutes Frühstück.

Villa Elben www.villa-elben.de

★★★ S garni

Hünerbergweg 26, PLZ 79539, **T 07621 577080,** F 5770877
34 Zimmer | Ez ab 86 €, Dz ab 120 €, 9,00 €

Seit über 60 Jahren familiengeführte Jugendstilvilla mit modernem Anbau inmitten eines ruhigen Parks mit Sicht auf Lörrach und Basel. Elegante Zimmer mit eigenem Balkon und kostenfreiem WLAN. Herrliche Dachterrasse mit großer Chill-Out-Lounge und eigener Bar.

Villa Feer www.villa-feer.com

Beim Haagensteg 1, PLZ 79541 (OT: Brombach), **T 07621 5791077**
Hauptgericht 28–39 €, Menü 65–89 € | Do-So Do-Sa Mo, Di, Mi

Lust auf sorgfältig gekochte, leichte internationale Küche? Dann wird es Ihnen in diesem sympathischen Restaurant schmecken. Ein kleiner erster Eindruck: „Gefüllte Zucchini mit Fetacrumble, Thymiandonuts und Auberginencreme" oder „Gerösteter Seeteufel mit Limettencouscous, Baby-Paprika, Mangold und Blumenkohl-Kurkumacreme".

Wirtshaus Mättle www.wio-group.de/maettle

VARTA-TIPP Küche

Freiburger Straße 314, PLZ 79539 (OT: Tumringen), **T 07621 5884300**
70 | Hauptgericht 16–32 € | Di-Fr Di-Sa Mo, So

Sie mögen es modern? Im geradlinig-schlichten Wirtshausambiente gibt es eine frische bodenständige Küche mit Bezug zur Saison, z.B. „Geschmorte Ochenbacke mit Mangold, Zwiebeln und cremiger Polenta" oder „Hotzenwälder Schweinekotelett mit Senfsauce, grünen Bohnen und eingelegter Gurke". Mittags gibt es ein wöchentlich wechselndes Lunchmenü. Im UG befindet sich das „THEODOR", eine Mischung aus Restaurant und Bar (ideal für kleine Events).

LOSHEIM AM SEE 49 A www.losheim-saarschleifenland.de

Saarland | EW 15.821 | 300 m | Merzig 11 km, Wadern 14 km

Hochwälder Wohlfühlhotel www.hochwaelder-wohlfuehlhotel.de

★★★★ garni

Zum Stausee 192, PLZ 66679, **T 06872 96920,** F 9692200
62 Zimmer | 6 Suiten | Ez 88–97 €, Dz 135–145 €, inkl. Frühstück | 24 h

Dieses gepflegte Hotel bietet moderne, lichtdurchflutete Zimmer mit herrlicher Aussicht auf den See oder Blick zum Hochwald. Kleiner Wellnessbereich mit Saunawelt und verschiedenen Kosmetikangeboten. Hübsches Restaurant. Kaminbar.

LOTTSTETTEN 65 A www.lottstetten.de

Baden-Württemberg | EW 2.278 | 442 m | Schaffhausen (Schweiz) 11 km, Waldshut 36 km

Gasthof Zum Kranz www.gasthof-zum-kranz.de

Dorfstraße 23, PLZ 79807 (OT: Nack), **T 07745 7302**
50 | Hauptgericht 29–49 €, Menü 45–90 € | Mo, Do-So Di, Mi

Behagliches Ambiente, gepflegte Tischkultur und gute Küche, die einen schmackhaften Mix aus Regionalem und Internationalem bietet. Dazu ein ansprechendes Weinangebot sowie eine gute Digestifauswahl mit feinen Destillaten aus der eigenen Brennerei.

LÜBBEN (SPREEWALD) 27 C www.luebben.de

Brandenburg | EW 14.144 | 50 m | Cottbus 53 km, Frankfurt/Oder 68 km

Strandhaus www.strandhaus-spreewald.de

★★★★ S garni

Ernst-von-Houwald-Damm 16, PLZ 15907, **T 03546 7364,** F 226399
20 Zimmer | 4 Suiten | Ez 118–308 €, Dz 158–358 €, inkl. Frühstück

Das Haus ist ansprechend in behaglich-modernem Stil gehalten: klare Linien kombiniert mit warmen Farbtönen und viel Holz. Die geräumigen Nichtraucherzimmer verfügen entweder über einen Balkon oder eine Terrasse. Für Entspannung sorgt ein kleiner SPA-Bereich. Regionale und deutsche Küche wird im Restaurant serviert.

LÜBBENAU/SPREEWALD 36 B www.luebbenau-spreewald.com

Brandenburg | EW 16.086 | 52 m | Lübben 13 km, Cottbus 35 km

Schloss Lübbenau www.schloss-luebbenau.de

★★★★ garni

Schlossbezirk 6, PLZ 03222, **T 03542 8730,** F 873666
62 Zimmer | 16 Suiten | 3 Apartments | Ez 100–140 €, Dz 120–180 €, inkl. Frühstück | 24 h

Ruhige Lage im Landschaftspark. Stilvolle, individuell gestaltete Gästezimmer, die sich auf das Schloss und den Marstall verteilen. Im Schlossrestaurant „Linari" mit schöner Schlossterrasse werden regionale und internationale Spezialitäten serviert.

Hotel Spreewelten
www.spreewelten.de

★★★★ S

Alte Huttung 13, PLZ 03222, **T 03542 894160,** F 894166
60 Zimmer

Das Familien- und Themenhotel wurde im Stil eines Dreiseitenhofs mit Gutshaus und Speicher errichtet. Es bietet geräumige Zimmer und Apartments mit zeitgemäßem Komfort. Typische Blaudruckmotive des Spreewaldes ziehen sich durchs ganze Haus. Der Eintritt in das benachbarte Freizeitbad Spreewelten (über einen Bademantelgang erreichbar) ist für Hotelgäste kostenfrei.

Ebusch
www.hotel-ebusch.de

★★★★ garni

Topfmarkt 4, PLZ 03222, **T 03542 3670,** F 2706
9 Zimmer

In dem denkmalgeschützten Gebäude direkt am Topfmarkt verbindet sich barockes Retro-Ambiente mit modernem technischen Komfort. Die extravaganten Zimmer sind unterschiedlich geschnitten und individuell eingerichtet. Morgens erwartet Sie ein sehr gutes Frühstück mit frischen, heimischen Produkten. E-Bike-Verleih.

LÜBECK 16 A
www.luebecker-verkehrsverein.de

Schleswig-Holstein | EW 209.818 | 13 m | Hamburg 65 km, Kiel 75 km

UNESCO-Weltkulturerbe: Mittelalterlicher Stadtkern mit Rathaus, Holstentor, Burgkloster, Jakobikirche, St.-Petri-Kirche (Aussichtsturm) und Heiligen-Geist-Hospital, Marienkirche, Buddenbrookhaus mit Barockfassade, Dom, St.-Annen-Museum und Kunsthalle, Günter-Grass-Haus, Museum für Puppentheater, Stadtteil Travemünde.

Einen Cityplan finden Sie auf Seite 700.

A-ROSA Travemünde
www.a-rosa-resorts.de

Außenallee 10, PLZ 23570 (OT: Travemünde), **T 04502 30700,** F 3070700
191 Zimmer | 39 Suiten | Ez 158–278 €, Dz 235–358 €, inkl. Frühstück | 24 h

Das denkmalgeschützte ehem. Kurhaus und heutige Grandhotel gehört zweifellos zu den schönsten Wellnessdomizilen an der Ostsee. Die komfortabel ausgestatteten Gästezimmer (mit Blick auf das Meer oder die Dünen), das umfangreiche gastronomische Angebot sowie der 4.500 qm große SPA-Bereich lassen die Herzen von anspruchsvollen Feriengästen höher schlagen.

Atlantic Grand Hotel Travemünde
www.atlantic-hotels.de

Kaiserallee 2, PLZ 23570 (OT: Travemünde), **T 04502 3080,** F 308500
73 Zimmer | 15 Suiten | Ez 159–269 €, Dz 199–469 €, inkl. Frühstück | 24 h

Direkt an der Strandpromenade empfängt Sie dieses modernisierte Traditionshaus. Es bietet stilvoll ausgestattete Zimmer und Suiten mit modernen Annehmlichkeiten. Das Schwimmbecken in der Wellnesswelt begeistert mit einer illuminierten Ostseepanoramaprojektion. Kulinarisch hat man die Wahl zwischen dem Restaurant „Holstein's" (norddeutsche und internationale Küche) oder dem Restaurant „Das Köstlich" (modern-regionale Küche).

Atlantic
www.atlantic-hotels.de/hotel-luebeck

★★★★ S

Schmiedestraße 9-15 (B2), PLZ 23552 (OT: Altstadt), **T 0451 384790,** F 38479500
135 Zimmer | Ez 139–209 €, Dz 149–219 €, inkl. Frühstück | 24 h

»

Business- und Stadthotel im Herzen der hist. Altstadt. Moderne Gästezimmer mit geschmackvollem Interieurdesign. Umfangreiches Tagungs- und Veranstaltungsangebot. Das Restaurant „SALIS“ serviert Fischgerichte und Steakspezialitäten vom Lavasteingrill.

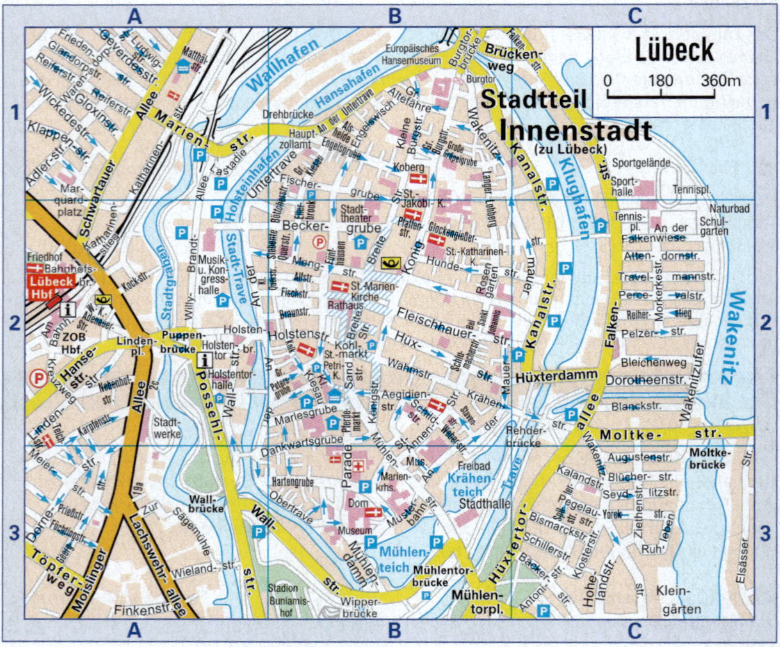

Park Inn

www.parkinn.de/hotel-luebeck

★★★★

Willy-Brandt-Allee 1-5 (A2), PLZ 23554, **T 0451 15040,** F 1504111
156 Zimmer | 3 Suiten | Ez 98–170 €, Dz 98–170 € | 24 h

Modernes Businesshotel gegenüber der Musik- und Kongresshalle mit geräumigen und neuzeitlich ausgestatteten Zimmern. Im Restaurant „La Baracca“ mit außergewöhnlichem sechseckigen Grundriss wird italienische Küche serviert.

Radisson Blu Senator

www.senatorhotel.de

★★★★★

Willy-Brandt-Allee 6 (A2), PLZ 23554, **T 0451 1420,** F 1422222
224 Zimmer | 3 Suiten | Ez 166–300 €, Dz 166–300 €, 24,00 € | 24 h

Zeitgemäßes Geschäftshotel in zentraler, aber ruhiger Lage. 2020 wurde das Haus umfangreich modernisiert. Sie wohnen in stilvoll eingerichteten, vollklimatisierten Zimmern. Toll das beheizte Hallenschwimmbad mit Blick auf die Altstadt. Bei gutem Wetter locken die direkt an der Trave gelegenen Restaurantterrassen.

a-ja Travemünde. Das Resort.

www.ajaresorts.de

Am Leuchtenfeld 7, PLZ 23570 (OT: Travemünde), **T 040 300322220,** F 3070662220
242 Zimmer

Das 2018 eröffnete Ferienresort befindet sich genau an der Mündung von Ostsee und Trave. Zeitgemäß, funktional und schlicht im Design sind die Gästezimmer, die fast alle einen Ausblick aufs Wasser bieten. 2.000 qm großer SPA-Bereich mit Innen- und Außenpool. Restaurant mit Außenbereich und extra Familienbereich mit Spielmöglichkeiten für die Kinder.

Die Reederin www.diereederin.de

VARTA-TIPP Ambiente **VARTA-TIPP** Service

garni

Große Altefähre 23 (A2), PLZ 23552, **T 0451 39739966,** F 70744737
7 Zimmer | 2 Suiten | Ez ab 179 €, Dz ab 199 €, inkl. Frühstück

Einfach genial die zentrale Lage im Herzen der Lübecker Altstadt, äußerst engagiert und aufmerksam die Gastgeberin, wohnlich das Ambiente. Das kleine Hotel befindet sich in einem liebevoll sanierten Altstadthaus, das noch bis 2016 zum Besitz der Reederei F.H. Bertling gehörte. Die Zimmer sind alle nach dem Vorbild der skandinavischen Wohnkultur eingerichtet und tragen die Namen von Schiffen, die einst für die Reederei fuhren. Das sogenannte Cognaczimmer zwischen dem zweiten Obergeschoss und dem Dachgeschoss lädt zum Verweilen ein.

Friederikenhof www.friederikenhof.de

Langjohrd 15-19, PLZ 23560 (OT: Oberbüssau), **T 0451 800880,** F 80088100
30 Zimmer | 3 Suiten | Ez ab 100 €, Dz ab 120 €, inkl. Frühstück

Hotel auf ehem. Gutshof direkt am Elbe-Lübeck-Kanal. Wohnliche Zimmer mit liebevoll ausgewählter Dekoration. Für Entspannung sorgt eine geschmackvolle Saunalandschaft. Im gemütlichen Restaurant und im großen Garten mit altem Baumbestand wird regionale und internationale Küche serviert.

Jensen www.hotel-jensen-luebeck.de

★★★

An der Obertrave 4-5 (B2), PLZ 23552 (OT: Altstadt), **T 0451 702490,** F 73386
41 Zimmer | 1 Suite | Ez 83–98 €, Dz 125–143 €, inkl. Frühstück | ⏲ 24 h ⃠ 23.–27.12.22

Im hist. Dreieck Lübecks zwischen Trave, Holstentor und den alten Salzspeichern gelegen. Angenehme, wohnliche Atmosphäre in zwei hist. Patrizierhäusern. Maritim gestaltetes Restaurant mit regionaler und internationaler Küche.

Strandschlösschen www.hotel-strandschloesschen.de

★★★ S

Strandpromenade 7, PLZ 23570 (OT: Travemünde), **T 04502 75035,** F 75822
31 Zimmer

Eine wohnlich-charmante Ferienadresse direkt an der Strandpromenade. Die maritim angehauchten Zimmer sind individuell und geschmackvoll eingerichtet. Teilweise bieten sie einen unvergleichlichen Blick auf Strand und Meer.

Wullenwever
www.wullenwever.de

VARTA-TIPP Küche

Beckergrube 71 (B2), PLZ 23552, **T 0451 704333**
60 | Hauptgericht 18–35 €, Menü 85–150 € | Mi-Sa ⃠ Mo, Di, So

Mitten in der Altstadt in einem Patrizierhaus von 1585 pflegen Roy und Manuela Petermann seit vielen Jahren eine authentische Gastgeberkultur. In edel angehauchter, aber trotzdem unkomplizierter Atmosphäre offeriert der Patron nur das Beste aus der heimischen Küche, kombiniert mit mediterranen und maritimen Einflüssen - kreativ, harmonisch und geschmacklich schön abgestimmt. Das 5-gängige Menü wechselt regelmäßig. Toll der idyllische Innenhof.

VAI
www.restaurant-vai.de

Hüxstraße 42 (B2), PLZ 23552, **T 0451 4008083**
42 | Hauptgericht 15–42 €, Menü 53–79 € | Mo-Di, Fr-Sa Mo-Di, Fr-So ⃠ Mi, Do

Gehobene internationale Küche in stylish-modernem Ambiente. „Bäckchen und Bauch vom Duroc-Schwein | Birne | Spitzkohl | Meerrettich-Kartoffelpüree" mundet ebenso wie „Tagliatelle | Scampi | Tomate | Knoblauch". Unkomplizierter Service. Gutes Weinangebot. Schön sitzt man auch im idyllischen Innenhof.

Café Niederegger
www.niederegger.de

Breite Straße 89 (B2), PLZ 23552, **T 0451 5301126**
380 | Hauptgericht 5–13 € | Mo–Fr 9:00–19:00 Uhr, Sa 9:00–18:00 Uhr, So 10:00–18:00 Uhr

Lübecker Institution - bekannt für höchste Konditorenkunst. Außergewöhnliches Torten- und Kuchenbuffet. Klassiker des Hauses: Niederegger Nusstorte sowie feinste Nougat- und Marzipanspezialitäten. Marzipanmuseum im zweiten Obergeschoss.

LÜCHOW 24 B
www.luechow-wendland.de

Niedersachsen | EW 9.337 | 16 m | Dannenberg 19 km, Schnackenburg 33 km

Katerberg
www.hotel-katerberg.de

★★★★ garni

Bergstr. 6, PLZ 29439, **T 05841 97760,** F 977660
39 Zimmer | Ez 56–99 €, Dz 89–99 €, 11,00 €

Ein modernes, sympathisch geführtes Hotel, das sich sowohl für Businessgäste als auch für Freizeitreisende eignet. Das Haus liegt verkehrsgünstig an der B493/248. Sie wohnen in geschmackvoll und komfortabel eingerichteten Zimmern in unterschiedlichen Kategorien. Dazu ein gutes Frühstück am Morgen. Wander- und Radwege in unmittelbarer Umgebung.

Field

VARTA-TIPP Service

25 | Menü 110–155 € | Mi-Sa ⃠ Mo, Di, So ⃠ 23.12.22–3.1.23

Freundlich, geradlinig und unkompliziert das Ambiente, frisch und mediterran die Küche. Dabei legt Patron Salvatore Fontanazza größten Wert auf die Verwendung hochwertiger Produkte. Das Degustationsmenü zeigt das ganze Spektrum seines Könnens. Lassen Sie sich vom charmanten Service ruhig auch die passende Weinreise dazu empfehlen! Im Restaurant „Lume" gibt es bodenständige À-la-carte-Gerichte für jeden Tag. Reizvolle Sommerterrasse.

Landgasthof Rieger
www.landgasthof-rieger.de

€ Gut & Günstig ★★★

Dörpstroat 33, PLZ 29488 (OT: Dangenstorf), **T 05883 638,** F 1330
11 Zimmer | 1 Suite | 1 Apartment | Ez ab 53 €, Dz ab 75 €, inkl. Frühstück

Familiär geführter, gemütlicher Gasthof in einem denkmalgeschützten Fachwerkhaus. Geräumige, preiswerte Zimmer im Landhausstil mit zweckmäßiger Ausstattung. Kleiner Wellnessbereich mit Sauna, Solarium, Fitnessraum und Liegewiese. Restaurant mit Biergarten und regionaler Küche.

LÜDENSCHEID 30 C
www.luedenscheid.de

Nordrhein-Westfalen | EW 75.000 | 420 m | Hagen 27 km, Iserlohn 29 km

vif das kleine Restaurant
www.vif-luedenscheid.de

Südstraße 70a, PLZ 58509, **T 02351 8947585**
26 | Hauptgericht 29–36 €, Menü 56–95 € | Sa Do-Sa ⃠ Mo, Di, Mi, So

In angenehmer Atmosphäre werden traditionelle, regionaltypische Gerichte früherer Zeiten neu und leicht interpretiert. Mögen Sie z.B. „Gebratene Schulter vom Black Angus | Rosmarin-Jus | wilder Brokkoli | konfierte Kartoffel"? Beachtenswertes Weinangebot. Tischreservierung ratsam.

Kaffeehaus Weßling
www.kaffeehaus-wessling.de

Hochstraße 1A, PLZ 58511, **T 02351 4320898**
34 | Hauptgericht 3–7 € | Mi–Sa 9:00–18:00 Uhr, So 10:00–17:30 Uhr

Zeitgemäß ausgestattetes Kaffeehaus mit gepflegter Atmosphäre. Ansprechende Frühstücksauswahl, kleine Mittagsgerichte sowie ausgezeichnete Kuchen und Torten. Unkomplizierter Service in den historischen Räumen und im stilechten „Kaffeegarten". Unbedingt probieren sollte man die hausgemachten Schokoladenspezialitäten.

LÜDINGHAUSEN 29 B www.lhmarketing.de

Nordrhein-Westfalen | EW 24.196 | 50 m | Münster 28 km, Dortmund 36 km

Steverbett Hotel www.steverbett.de

Borg 26, PLZ 59348, **T 02591 9490300,** F 9490307
47 Zimmer

Das 4-stöckige Hotelgebäude liegt am Rand der Fußgängerzone und verfügt über wohnliche Zimmer in fünf verschiedenen Kategorien. Sämtliche Gästezimmer zeichnen sich durch hochwertige Materialien und ein harmonisches Lichtkonzept aus. Mit dem Eventpavillon B26 steht auch eine großzügige Veranstaltungsfläche zur Verfügung.

Hotel No. 11 www.no11hotel.de

Hermannstr. 11, PLZ 59348, **T 02591 7949176,** F 7949178
17 Zimmer | Ez 78–111 €, Dz 113–133 €, inkl. Frühstück

Im Herzen der Altstadt, inmitten der Fußgängerzone, liegt das charmante kleine Hotel. Die individuellen Zimmer sind sehr liebevoll mit vielen originellen Kleinigkeiten ausgestattet. Das Frühstück wird im französisch angehauchten Bistro serviert.

LUDWIGSBURG 58 A www.ludwigsburg.de

Baden-Württemberg | EW 88.085 | 293 m | Stuttgart 15 km, Heilbronn 36 km
Barocker Marktplatz, Residenzschloss, Gartenschau Blühendes Barock mit Märchengarten, Favoriteschloss und Wildpark, Seeschloss Monrepos, Barockweihnachtsmarkt, Kürbisausstellung, Schlossfestspiele.

Nestor www.ghotel-group.de/hotels/ludwigsburg

★★★★

Stuttgarter Straße 35/2, PLZ 71638, **T 07141 9670,** F 967113
179 Zimmer | 14 Suiten | Ez 99–199 €, Dz 119–219 €, 21,00 € | 24 h

Der denkmalgeschützte Backsteinbau der ehem. Garnisonsbäckerei aus dem Jahre 1874 zeigt sich heute als großzügiges Businesshotel. Das Haus besticht durch seine lichtdurchflutete Architektur, die modernen und geräumigen Gästezimmer sowie das sehr gut ausgestattete Konferenzzentrum.

Schlosshotel Monrepos www.schlosshotel-monrepos.de

★★★★

Domäne Monrepos 22, PLZ 71634 (OT: Eglosheim), **T 07141 3020,** F 302200
77 Zimmer | 2 Suiten | 24 h

Modernes Freizeit- und Tagungshotel inmitten einer 250 Hektar großen Parkanlage mit Schloss, See, Golf- und Reitplatz. Hier erwarten Sie attraktive, großzügig geschnittene Zimmer mit zeitgemäßem Komfort. Für Tagungen und private Feierlichkeiten stehen maßgeschneiderte Räumlichkeiten zur Verfügung.

Restaurant Gutsschenke

70 | Hauptgericht 26–29 €, Menü 65–75 € | Di-Sa Mo, So

Gemütlich sitzt man sowohl im Innern als auch auf der großzügigen Sommerterrasse unter alten Kastanien. Zum netten Ambiente gibt es schmackhafte, regional inspirierte Speisen, z.B. in Form von „Kalbsleber vom Grill mit Kartoffel-Sahne-Püree, Rotweinschalotten und Apfel-Balsamico-Jus“.

Bergamo Hotel www.hotel-bergamo.de

€ Gut & Günstig garni

Bauhofstr. 4, PLZ 71634, **T 07141 6892399**
55 Zimmer | Ez ab 69 €, Dz 69–149 €, 9,50 €

Auffällig ist das CO2-neutrale Hotelgebäude durch seine reduzierte Formensprache. Die topmodernen Zimmer hat man in nachhaltiger Holzbauweise gefertigt. Bei schönem Wetter lädt die Gartenterrasse zum Frühstück im Freien ein. Ihre Zimmerkarte erhalten Gäste außerhalb der Rezeptionsöffnungszeiten bequem über einen Check-In-Automat.

Danza **Neu!** www.danza-restaurant.de

Stuttgarter Str. 33 (B2, im Forum am Schlosspark), PLZ 71638, **T 07141 977970**
85 | Hauptgericht 28–38 €, Menü 85–129 € | So Mi-Sa Mo, Di

Im Forum Ludwigsburg befindet sich das zu einem Catering-Unternehmen gehörende Restaurant mit Weinbar. In wertig-schickem Ambiente bietet man eine spannende Küche - kreativ, modern, produktorientiert und weltoffen. Liebhaber regionaler Weine kommen ebenfalls auf ihre Kosten. Wunderschöne Terrasse mit Blick ins Grüne. Hinweis: An Vorstellungstagen hat das Restaurant für Besucher des Gastspielhauses auch außerhalb der regulären Öffnungszeiten geöffnet.

Post-Cantz www.post-cantz.de

Eberhardstraße 6, PLZ 71634, **T 07141 923563**
90 | Hauptgericht 13–36 €, Menü 35–75 € | Mo-Di, Fr-So Mi, Do

Ein urig-gemütliches Traditionsgasthaus mit fast 300-jähriger Geschichte. In familiärer Atmosphäre wird moderne regionale und internationale Küche serviert. Auch schwäbische Klassiker wie Rostbraten, Käsespätzle oder Maultaschen stehen auf der Karte.

LUDWIGSHAFEN 50 D www.ludwigshafen.de

Rheinland-Pfalz | EW 167.510 | 96 m | Mannheim 6 km, Heidelberg 22 km
Rathaus, Theater im Pfalzbau und Pfalzsäule, Prinzregenten-Theater im Hemshof, Theater Hemshof-Schachtel, Wilhelm-Hack-Museum, Hauptbahnhof, Lutherbrunnen, Ebertpark, Friedenspark, Wallfahrtskirche Mariä Himmelfahrt und Schillerhaus in Oggersheim, Maudacher Bruch.

René Bohn www.renebohn.basf.de

★★★★ S

René-Bohn-Straße 4, PLZ 67063 (OT: Friesenheim), **T 0621 6099100,** F 6099200
91 Zimmer | 8 Suiten | 11 Apartments | Ez 99–140 €, Dz 99–140 €, inkl. Frühstück | 24 h

Das moderne Tagungs- und Businesshotel ist nur wenige Gehminuten vom BASF-Headquarter entfernt. Es bietet seinen Gästen wohnlich und zeitgemäß eingerichtete Zimmer in unterschiedlichen Kategorien. Morgens frühstücken Sie im lichtdurchfluteten Glaspavillon mit Blick ins Grüne. Gegenüber dem Hotel stehen auch großzügige Living Apartments für Langzeitgäste zur Verfügung.

LUDWIGSLUST 17 C www.ludwigslust.de

Mecklenburg-Vorpommern | EW 12.233 | 35 m | Perleberg 35 km, Schwerin 36 km

Hotel de Weimar
www.hotel-de-weimar.de

Schlossstraße 15, PLZ 19288, **T 03874 4180,** F 418190
46 Zimmer | 3 Suiten | Ez 84–105 €, Dz 88–160 €, 16,00 € | 16.–28.12.22

Ehem. Gästehaus des benachbarten Barockschlosses mit geschmackvoll und individuell eingerichteten Stilzimmern. Zum Hotel gehören auch ein kleiner Saunabereich, ein Bankettsaal sowie moderne Konferenz- und Tagungsräume.

Landküche

24 | Hauptgericht 13–45 €, Menü 45–99 € | Di-Sa Mo, So 16.–28.12.22

Das 2020 umgestaltete Restaurant befindet sich im glasüberdachten Innenhof und bietet eine ehrliche, bodenständige Küche mit Produkten aus der Region zu einem fairen Preis. Wie wäre es z.B. mit „Königsberger Klopsen von Wiesenkalb mit Rote Bete und Kapern"? Umfangreiche Weinauswahl mit Schwerpunkt Deutschland und Italien.

LUNDEN 7 C
www.amt-lunden.de

Schleswig-Holstein | EW 1.730 | 2 m | Husum 27 km, St. Peter-Ording 30 km

Lindenhof 1887
www.lindenhof1887.de

Friedrichstraße 39, PLZ 25774, **T 04882 407**
155 | Hauptgericht 10–39 € | Sa-So Mo, Mi-So Di

Einen sehr schönen Rahmen zum Speisen bietet dieser familiär geführte Landgasthof. Gastgeber und Küchenchef Tjark Peter Maaß offeriert eine gehobene, regional inspirierte Küche zu fairen Preisen. Wie wäre es z.B. mit „Kalbskarree | Thymian | Bete | Minikürbis | Kartoffelstampf"? Dazu gibt es eine kleine, erlesene Auswahl überwiegend deutscher Weine. Für Übernachtungsgäste hat man attraktive Gästezimmer.

LÜNEBURG 15 D www.lueneburg.info

Niedersachsen | EW 71.668 | 17 m | Uelzen 36 km, Soltau 50 km
Mittelalterl. Rathaus, ev. Johanniskirche, ev. Michaeliskirche, ev. Nicolaikirche, Kloster Lüne, Backsteinbauten, Wasserturm, Dt. Salzmuseum, Brauereimuseum.

ANNO 1433 www.anno-1433.de

VARTA-TIPP Ambiente

Neue Sülze 24, PLZ 21335, **T 04131 6036400,** F 6036402
12 Zimmer | 4 Suiten | Ez 100–115 €, Dz 100–120 €, 9,50 €

Kleines charmantes Hotel in einem ehemaligen Patrizierhaus aus dem Jahre 1433. Nach liebevoller Sanierung verbinden sich hier historisches Ambiente und modernster Komfort. Die Zimmer: trendy, zeitgemäß, hochwertig. Besonders exklusiv logieren Sie in den großzügigen, luxuriös ausgestatteten Suiten. Morgens werden Sie mit einem liebevoll arrangierten Frühstücksbuffet verwöhnt.

Bremer Hof www.bremer-hof.de

Lüner Str. 12-13, PLZ 21335, **T 04131 2240,** F 224224
54 Zimmer | Ez 74–130 €, Dz 102–154 €, 15,00 € | 24 h

Mittelalterliches Kaufmannshaus in zentraler Altstadtlage im hist. Wasserviertel. Unterschiedlich ausgestattete Zimmer in verschiedenen Kategorien, die sich auf Stammhaus und Gästehäuser verteilen. Restaurant mit regionaler Küche.

Einzigartig www.hoteleinzigartig.de

Lünertorstr. 3, PLZ 21335, **T 04131 4006000,** F 40060020
17 Zimmer | 4 Suiten | Ez 115–135 €, Dz 159–189 €, inkl. Frühstück

Das kleine, persönlich geführte Hotel im Wasserviertel macht seinem Namen alle Ehre! Modernes Design, ausgewählte Kunst und jede Menge hist. Details sorgen für ein einzigartiges Ambiente. Die Zimmer überzeugen durch ihren reduzierten und funktionalen Einrichtungsstil. Im Restaurant werden frische, mediterrane Speisen aufgetischt.

LÜNEN 30 A www.luenen.de

Nordrhein-Westfalen | EW 87.783 | 55 m | Dortmund 14 km, Münster 45 km

Am Stadtpark www.riepe.com/luenen/willkommen

★★★★

Kurt-Schumacher-Straße 43, PLZ 44532, **T 02306 20100,** F 201055
125 Zimmer | 5 Suiten | Ez ab 102 €, Dz ab 120 €, inkl. Frühstück | 24 h

Familiengeführtes Businesshotel in der Nähe des Konferenzzentrums mit persönlicher Atmosphäre. Geräumige, funktionale Zimmer in verschiedenen Kategorien. 600 qm großer Wellnessbereich mit Schwimmbad und Saunalandschaft. Regional bis international ausgerichtetes Speisenangebot im Restaurant.

LÜTJENBURG 8 D www.hohwachterbucht.de

Schleswig-Holstein | EW 5.397 | 33 m | Hohwacht 7 km, Plön 20 km

PUR
www.einfachpurgeniessen.de

Neuwerkstr. 9, PLZ 24321, **T 04381 404147**
24 | Hauptgericht 16–25 € | Fr-Sa Mi-Sa Mo, Di, So

Das einladende Bistro mit angeschlossenem Feinkostladen bietet eine saisonale Speisekarte mit Produkten aus der Region sowie ausgesuchte Weine. Im Sommer lädt das Gartenbistro zum Verweilen ein.

LÜTJENSEE 15 B
www.luetjensee.de

Schleswig-Holstein | EW 3.244 | 53 m | Trittau 11 km, Ahrensburg 14 km

Fischerklause
www.fischerklause-luetjensee.de

garni

Am See 1, PLZ 22952, **T 04154 792200,** F 792234
12 Zimmer | 1 Suite | Ez ab 77 €, Dz ab 102 €, 18,00 €

Mit ländlichem Charme eingerichtete Gästezimmer in herrlicher Lage - direkt am Ufer des Lütjensees. Sehr gutes Frühstück. Einladende Terrasse direkt am Seeufer. Bootsverleih.

Fischerklause

100 | Hauptgericht 18–34 € | Do-So Mi-So Mo, Di

Modern gestaltetes Restaurant mit Panoramablick auf den malerischen Lütjensee. Regionale norddeutsche Küche in jugendlichem Gewand. Schmackhafte Fischgerichte (Hecht, Aal, Forelle). Tolles Weinsortiment mit mehr als 750 Positionen.

LYCHEN 18 D
www.lychen.de

Brandenburg | EW 3.970 | 60 m | Barsdorf 11 km, Neustrelitz 35 km

mein.lychen
www.meinlychen.de

VARTA-TIPP Service

garni

Berliner Str. 43, PLZ 17279, **T 039888 522188**
6 Zimmer | 2 Suiten | Ez 95–105 €, Dz 105–125 €, inkl. Frühstück

Mit ihrem Bed & Breakfast-Haus haben Friedrich und Konrad Niemann ein echtes Kleinod geschaffen. Die Themenzimmer sind entsprechend der Länder und Regionen gestaltet, mit denen die Brüder Erinnerungen verknüpfen. In der kommunikativen Bibliothek, deren Mittelpunkt ein großer, langer Tisch bildet, finden sich die Gäste zum Frühstück zusammen. Im Nebengebäude gibt es eine Sauna mit Schwalldusche und Ruheliegen. Toll: 2.000 qm großer Garten mit eigenem Bootsanleger.

MAGDEBURG 25 C
www.magdeburg-tourist.de

Sachsen-Anhalt | EW 230.456 | 50 m | Haldensleben 25 km, Dessau 63 km

Got. Dom St. Mauritius und St. Katharina, Domplatz mit Barockhäusern und Teilen der Stadtmauer, Kunstmuseum Kloster Unser Lieben Frauen, Alter Markt mit Reiterstandbild und barockem Rathaus, Otto-von-Guericke-, Doktor-Eisenbart- und Martin-Luther-Denkmal, spätgot. Johanniskirche, Hundertwassers Grüne Zitadelle, Jahrtausendturm im Elbauenpark.

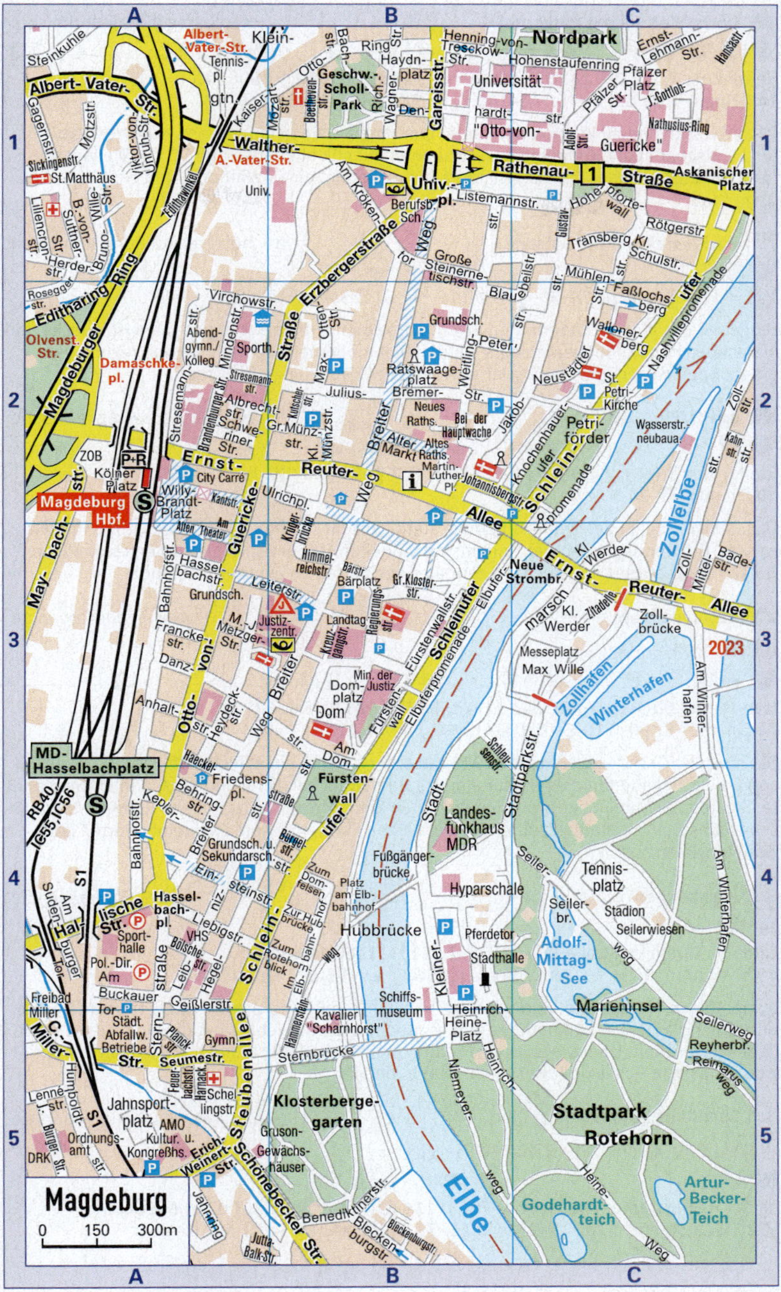
A
B
C
1
2
3
4
5
Nordpark
Universität "Otto-von-Guericke"
Albert-Vater-Str.
Walther-Rathenau-Straße
Askanischer Platz
Univ.-pl.
Geschw.-Scholl-Park
Hohenstaufenring
Pfälzer Platz
Nathusius-Ring
St. Matthäus
Editharing
Magdeburger Ring
Erzbergerstraße
Große Steinernetischstr.
Virchowstr.
Otto-von-Guericke-Str.
Ernst-Reuter-Allee
Breiter Weg
Alter Markt
Altes Raths.
Neues Raths.
Bei der Hauptwache
Johannisbergstr.
Schleinufer
Petriförder
St. Petri-Kirche
Wallonerberg
Nashvillepromenade
Wasserstr.-neubaua.
Zollelbe
Magdeburg Hbf.
ZOB
P+R
Kölner Platz
City Carré
Willy-Brandt-Platz
Ulrichpl.
Krügerbrücke
Himmelreichstr.
Bärplatz
Gr.Kloster-str.
Regierungsstr.
Landtag
Kreuzgangstr.
Justizzentr.
Min. der Justiz
Dom
Domplatz
Am Dom
Fürstenwall
Fürstenwallstr.
Elbuferpromenade
Neue Strombr.
Kl. Werder
Zitadelle
Zollbrücke
2023
Messeplatz Max Wille
Zollhafen
Winterhafen
Am Winterhafen
Hasselbachplatz
MD-Hasselbachplatz
Friedenspl.
Landesfunkhaus MDR
Fußgängerbrücke
Hubbrücke
Hyparschale
Pferdetor
Stadthalle
Tennisplatz
Stadion Seilerwiesen
Adolf-Mittag-See
Marieninsel
Schiffsmuseum
Kavalier I "Scharnhorst"
Heinrich-Heine-Platz
Sternbrücke
Klosterbergegarten
Gruson-Gewächshäuser
Stadtpark Rotehorn
Elbe
Godehardtteich
Artur-Becker-Teich
Halberstädter Str.
Sporthalle
Pol.-Dir.
Buckauer Tor
Städt. Abfallw. Betriebe
Seumestr.
Steubenallee
Jahnsportplatz
AMO Kultur. u. Kongreßhs.
Ordnungsamt
DRK
Schönebecker Str.
Erich-Weinert-Str.
Benediktinerstr.
Bleckenburgstr.
Magdeburg
0 150 300m

Dorint Herrenkrug Parkhotel
hotel-magdeburg.dorint.com

★★★★ S garni

Herrenkrug 3, PLZ 39114 (OT: Herrenkrug), **T 0391 85080,** F 8508501
147 Zimmer | 21 Suiten | Ez 77–140 €, Dz 97–160 € | 24 h

Ein nobles Jugendstil-Kleinod mit modernem Hotelanbau in einem von Lenné gestalteten Landschaftspark. Geräumige Gästezimmer mit stilvoller Ausstattung. Der Wellnessbereich umfasst ein Panoramaschwimmbad, eine Sauna, einen Whirlpool und ein türkisches Dampfbad.

Parkrestaurant Die Saison
www.hotel-magdeburg.dorint.com

126 | Hauptgericht 17–30 €, Menü 19–94 € | Sa-So Mo-So

Umgeben von einem zauberhaften Jugendstilambiente mit einer imposanten Holzdecke und majestätischen Korbbogenfenstern werden hier moderne, international und regional geprägte Speisen serviert. Gut sortierter Weinkeller. Großzügige Terrasse.

artHOTEL
www.arthotel-magdeburg.de

★★★ S garni

Breiter Weg 9 (B3), PLZ 39104 (OT: Altstadt), **T 0391 620780,** F 62078199
40 Zimmer | 24 h

Das Designhotel in der Grünen Zitadelle steht ganz im Zeichen von Friedensreich Hundertwasser. Die trendigen Zimmer sind mit individuellen Möbeln und teils außergewöhnlichen Fliesen ausgestattet. Toll auch die zentrale Lage mitten im Zentrum der Stadt.

Residenz Joop
www.residenzjoop.de

VARTA-TIPP Service

garni

Jean-Burger-Straße 16 (A5), PLZ 39112, **T 0391 62620,** F 6262100
24 Zimmer | Ez 90–110 €, Dz 106–134 €, inkl. Frühstück

Die hübsche Gründerzeitvilla von 1903 beherbergt heute ein stilvolles Privathotel. Hier sorgt die Gastgeberfamilie Joop für eine inspirierende, herzliche und entspannte Atmosphäre. Sie übernachten in liebevoll eingerichteten Zimmern mit zeitgemäßem Komfort. Das frische Frühstück am Morgen sollten Sie auf keinen Fall verpassen! Ein kleiner Garten lädt zum Verweilen ein.

Highkitchen
www.highkitchen.de

Otto-von-Guericke-Straße 86a (A3), PLZ 39104, **T 0391 5639395**
40 | Hauptgericht 23–28 €, Menü 39–56 € | Mi-Sa Mo, Di, So

Sympathisch, erfrischend, unprätentiös. Im höchsten Restaurant der Stadt mit grandiosem Blick über die Dächer Magdeburgs gibt es moderne Crossover-Küche, die sich aufs Wesentliche konzentriert. Überzeugend die Produktqualität, freundlich und aufmerksam der Service. Eine nette Aussichtsterrasse hat man ebenfalls.

Landhaus Hadrys
www.landhaus-hadrys.de

VARTA-TIPP Küche **VARTA-TIPP** Service

An der Halberstädter Chaussee 1, PLZ 39116 (OT: Ottersleben), **T 0391 6626680**
52 | Hauptgericht 20–30 €, Menü 45–75 € | Sa Mi-Sa Mo, Di, So

In den stilvoll gestalteten Räumen der schmucken Gründerzeitvilla lässt es sich hervorragend tafeln. Ein aufmerksames Serviceteam sorgt sich um ein schönes Wohlgefühl rund um den Genuss einer ausgesprochen guten, französisch orientierten Küche von Gastgeber und Küchenchef Sebastian Hadrys. Beachtung findet auch die gut zusammengestellte Weinkarte mit ausgesuchten Tropfen aus nah und fern. Hauseigene Kochschule.

MAIERHÖFEN 66 B www.maierhoefen.de

Bayern | EW 1.613 | 741 m | Isny 5 km, Kempten 28 km

Natur-Landhaus Krone www.naturlandhaus-krone.de

Kirchweg 2, PLZ 88167, **T 08383 254,** F 1267
28 Zimmer | 8 Suiten | 2 Apartments | Ez ab 110 €, Dz ab 219 €, inkl. Halbpension | ⃠ 27.11.–25.12.22

Traditionsbewusstes kleines Wohlfühlhotel im Westallgäu. Hier wohnen Sie in hellen, großzügigen Landhauszimmern. Im Stammhaus sind die Zimmer etwas kleiner. Schöner Wellnessbereich mit Schwimmbad und Entspannungsgarten. Für Hausgäste gibt es attraktive Gesundheitspauschalen, Yogaretreats und SPA-Angebote.

MAIKAMMER 50 D www.maikammer-erlebnisland.de

Rheinland-Pfalz | EW 4.283 | 151 m | Landau 15 km, Mannheim 42 km

Immenhof www.hotel-immenhof.de

★★★★

Immengartenstraße 26, PLZ 67487, **T 06321 9550,** F 955200
58 Zimmer | Ez 82–87 €, Dz 140–196 €, inkl. Frühstück

Das familiengeführte Haus liegt ruhig am Ortsrand und ist umgeben von einer mediterran anmutenden Gartenlandschaft. Attraktiven Wohnkomfort bieten die klassisch eingerichteten Gästezimmer. Für Entspannung sorgt ein kleiner, aber feiner Wellnessbereich. Gemütliches Restaurant mit Wintergarten.

Waldhaus Wilhelm www.waldhaus-wilhelm.de

Kalmithöhenstraße 6, PLZ 67487, **T 06321 58044,** F 58564
22 Zimmer | Ez 55–58 €, Dz 106–126 €, inkl. Frühstück | ◷ 24 h

Traditionsreiches Haus am Waldrand inmitten einer großzügigen Parklandschaft mit mediterranem Flair. Gemütliche, helle Zimmer mit moderner Ausstattung, teils mit Balkon. Ansprechend eingerichtete Gasträume, in denen überwiegend regionale Spezialitäten aufgetischt werden.

Dorf-Chronik www.restaurant-dorfchronik.de

VARTA-TIPP Küche

Marktstraße 7, PLZ 67487, **T 06321 58240**
60 | Hauptgericht 14–30 €, Menü 30–50 € | ◔ So ◑ Mo-Di, Fr-So ⃠ Mi, Do

In der heimeligen Gaststube sowie im lauschigen Sommergarten erwarten Sie erlesene Speisen, authentische Gastfreundschaft und perfektes Wohlfühlambiente. Serviert werden klassisch basierte deutsche und internationale Gerichte mit saisonalem Bezug. Wie wäre es z.B. mit „Zanderfilet | Dijonsenfpüree | Nektarine | Chorizo | Pfifferlinge | Wermutschaum"? Dazu können Sie Qualitätsweine aus dem hauseigenen Weingut probieren.

MAINTAL 41 D www.stadt-maintal.de

Hessen | EW 36.846 | 103 m | Frankfurt am Main 10 km, Hanau 10 km

Irmchen www.hotel-irmchen.de

garni

Berliner Straße 4, PLZ 63477 (OT: Dörnigheim), **T 06181 43000,** F 430043
22 Zimmer | Ez 85 €, Dz 110 €, inkl. Frühstück | 24 h

Das sehr gepflegte Haus zeichnet sich insbesondere durch seine persönliche Führung und den freundlichen Gästeumgang aus. Sie wohnen in individuell eingerichteten Zimmern mit nostalgischem Touch. Gutes Frühstück.

Fleur de Sel www.restaurant-fleurdesel.de

Florscheidstr. 19, PLZ 63477 (OT: Dörnigheim), **T 06181 9683385**
60 | Hauptgericht 21–36 €, Menü 43–56 € | Sa Di-Sa Mo, So

Warum nicht den Weg nach Frankfurt unterbrechen und sich von Familie Theumer in Maintal kulinarisch verwöhnen lassen? Im südländisch geprägten Ambiente bietet man eine französisch-mediterrane Küche unter Verwendung von marktfrischen Produkten. Die wechselnde Speisekarte offeriert schmackhafte Gerichte wie „Kabeljau auf Petersilien-Kartoffelpüree an Karotten-Zucchini-Fenchelgemüse und Safransauce“ oder „Coq au vin in Rotweincreme mit Karotten-Champignons, Zwiebeln und Speck an Kartoffelmousseline“.

MAINZ 41 C mainz-tourismus.com

Rheinland-Pfalz | EW 221.603 | 110 m | Wiesbaden 11 km, Bingen 28 km
Dom St. Martin und St. Stephan, Renaissance-Marktbrunnen am Domplatz, Gutenbergmuseum (Weltmuseum der Druckkunst), Römisch-Germanisches Zentralmuseum im Kurfürstlichen Schloss, got. St.-Stephan-Kirche mit Chagall-Fenstern, Museum für antike Schifffahrt, Römersteine (Reste eines 2000 Jahre alten Aquädukts).

Hyatt Regency www.hyatt.com

Templerstraße 6 (C4), PLZ 55116, **T 06131 731234,** F 731235
268 Zimmer | 3 Suiten | 24 h

Großzügiges Geschäfts- und Konferenzhotel mit modernem Design und hist. Charme. Direkt am Rhein unweit der hist. Innenstadt gelegen. Komfortable Zimmer mit zeitgemäßer Kommunikationstechnik. Umfangreicher Wellness- und Beautybereich.

Bellpepper www.bellpepper.de

144 | Hauptgericht 16–49 €, Menü 53–64 € | Mo-So »

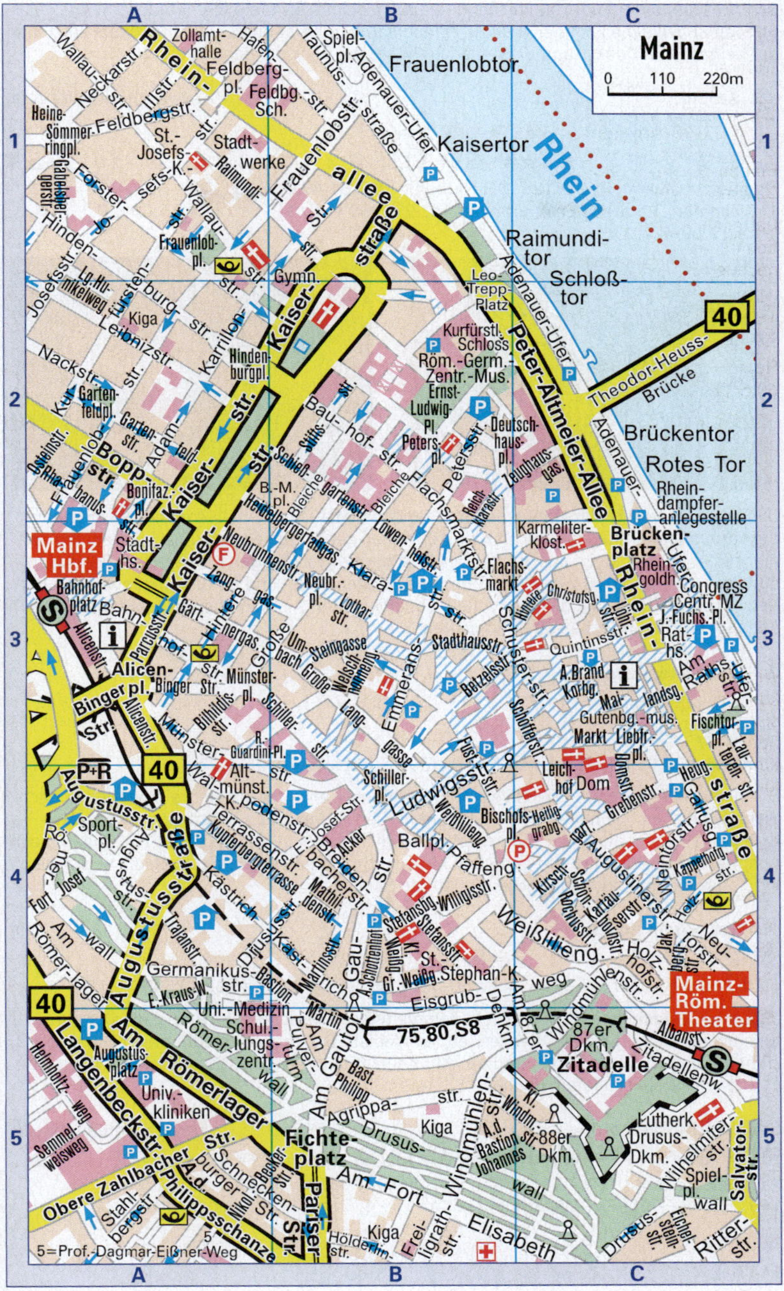
Mainz
0 110 220m
A
B
C
1
2
3
4
5
Rhein
Frauenlobtor
Kaisertor
Raimunditor
Schloßtor
Theodor-Heuss-Brücke
40
Brückentor
Rotes Tor
Rheindampferanlegestelle
Zollamthalle
Feldbergpl.
Feldbg.-Sch.
Stadtwerke
Heine-Sömmerringpl.
Feldbergstr.
Neckarstr.
Wallaustr.
Rheinallee
Frauenlobstr.
Kaiserstraße
Adenauer-Ufer
Spielpl.
Taunusstr.
Leo-Trepp-Platz
Kurfürstl. Schloss
Röm.-Germ. Zentr.-Mus.
Ernst-Ludwig-Pl.
Peter-Altmeier-Allee
Deutschhauspl.
Peterspl.
Petersstr.
Zeughausgas.
Frauenlobpl.
Hindenburgpl.
Hindenburgstr.
Leibnizstr.
Nackstr.
Gartenfeldpl.
Gartenstr.
Boppstr.
Bonifazpl.
Kaiserstr.
Mainz Hbf.
Bahnhofplatz
Stadths.
Alicenpl.
Alicenstr.
Binger Str.
Parcusstr.
Große Bleiche
Flachsmarktstr.
Karmeliterklost.
Brückenplatz
Rheinstraße
Rheingoldh.
Congress Centr. MZ
J.-Fuchs.-Pl.
Rathaus
Flachsmarkt
Christofsg.
Quintinsstr.
Schusterstr.
Stadthausstr.
A.Brand Korbg.
Gutenbg.-mus.
Markt
Liebfr.-pl.
Fischtorpl.
Leichhof
Dom
Domstr.
Grebenstr.
Heugasse
Ludwigsstr.
Schillerpl.
Schillerstr.
Münsterpl.
Münsterstr.
Steingasse
Emmeransstr.
Lotharstr.
Neubrunnenstr.
Neubr.-pl.
Klarastr.
Löwenhofstr.
Betzelsstr.
Schöfferstr.
Fuststr.
Weißliliengasse
Bischofspl.
Ballpl.
Pfaffeng.
Augustinerstr.
Kirschgart.
Kartäuserstr.
Weintorstr.
Kappelhofg.
Holzstr.
Holzhofstr.
Neutorstr.
Mainz-Röm. Theater
Albanstr.
Zitadellenw.
Zitadelle
87er Dkm.
88er Dkm.
Windmühlenstr.
Eisgrub-weg
Stefansberg
Stefanstr.
St. Stephan-K.
Gr. Weißg.
Willigisstr.
Gaustr.
Gautor
Am Gautor
Drususstr.
Kästrich
Terrassenstr.
Kupferbergterrasse
Breidenbacherstr.
Wallstr.
Augustusstr.
Augustusstraße
Sportpl.
Am Römerlager
Römerwall
Germanikusstr.
Uni.-Medizin
Schul.-lungs-zentr.
Augustuspl.
Univ.-kliniken
Langenbeckstr.
Obere Zahlbacher Str.
Philippsschanze
Fichteplatz
Pariser Str.
Agrippastr.
Drusus-wall
Am Fort Elisabeth
Kiga
Lutherk.
Drusus-Dkm.
Wilhelmiterstr.
Salvatorstr.
Ritterstr.
Hölderlinstr.
Freiligrathstr.
75,80,S8
P+R
5=Prof.-Dagmar-Eißner-Weg

Schickes Restaurant mit Loungecharakter und geschmackvollem Interieurdesign. Aus der offenen Showküche kommen frische regionale und internationale Gerichte, dabei setzt man auf heimische Produkte und Hersteller. Erstklassiger Blick auf den Rhein.

Atrium

www.atrium-mainz.de

VARTA-TIPP Ambiente **VARTA-TIPP** Service

Flugplatzstraße 44, PLZ 55126 (OT: Finthen), **T 06131 4910,** F 491128
148 Zimmer | 3 Suiten | 29 Apartments | Ez 99–280 €, Dz 99–310 €, 15,00 € | 24 h
18.12.22–8.1.23

Das inhabergeführte Privathotel am Stadtrand von Mainz besteht aus mehreren miteinander verbundenen Häusern, die im Halbkreis einen gepflegten Garten umschließen. Die Zimmer zeichnen sich durch ansprechendes Design und großzügigen Komfort aus. Besonders attraktiv: die „Wellness World" mit ihrem vielfältigen Bade- und Beauty-Angebot. Auch der herzliche Gästeumgang, das sehr gute Frühstück und das ansprechende gastronomische Angebot sind Gründe, hier zu übernachten.

GenussWerkstatt

VARTA-TIPP Küche

20 | Menü 105 € | Do-Sa Mo, Di, Mi, So 18.12.22–15.1.23

Der Name ist Programm: exklusives Genussambiente erwartet Sie an drei Abenden in der Woche in diesem kleinen, intimen Restaurant. Carl Grünewald offeriert eine ambitionierte Regionalküche, die Sie in Form eines einheitlichen Menü-Erlebnisses in 10 Gängen (nach Absprache auch vegetarisch) genießen können. Beachtung verdienen auch die sehr gute Weinauswahl und der freundlich-kompetente Service.

Restaurant Adagio

60 | Hauptgericht 22–38 €, Menü 50–75 € | Mo-Sa So 18.12.22–15.1.23

Moderne Designelemente und dezent-verspielte Akzente sorgen im À-la-carte-Restaurant für elegante Gemütlichkeit. Hier serviert man feinste Gerichte mit mediterraner Note, so z.B. „Rinderfilet aus Bayern | Erbsenpüree | Kräutersaitlinge | Zwiebelschmelze | Jus". Dazu gibt es erlesene Weine zu fairen Preisen.

Favorite Parkhotel

www.favorite-mainz.de

Karl-Weiser-Straße 1, PLZ 55131 (OT: Weisenau), **T 06131 80150,** F 8015420
145 Zimmer | 7 Suiten | 1 Apartment | Ez ab 149 €, Dz ab 179 €, inkl. Frühstück | 24 h

Das inhabergeführte Haus wurde 2020 redesigned, um neben Business- und Tagungsgästen nun auch Urlaubsreisende als Zielgruppe ins Visier zu nehmen. Toll die ruhige Lage mitten im Grünen mit einzigartigem Blick auf den Rhein. Fragen Sie nach den neueren Zimmern im Rheinflügel! Der Rooftop-SPA auf dem Dach mit verglasten Saunen, Fitnessraum, Whirlpool und Liegebereich ergänzt den bereits vorhandenen Indoorpool.

Favorite Restaurant

VARTA-TIPP Küche **VARTA-TIPP** Service

45 | Hauptgericht 38–65 €, Menü 115–190 € | Mi-Sa Mo, Di, So

Eine gefragte Adresse, nicht nur bei Hotelgästen! Sehr gute Produkte und handwerkliches Können - auf dieser Grundlage verwöhnt Sie Tobias Schmitt in diesem eleganten Gourmetrestaurant mit einer leichten, feinsinnigen und modernen Küche. Auch ein vegetarisches Menü steht auf der Speisekarte. Schöne Weinauswahl unterschiedlichster Kreszenzen. Der Service: fachkundig und sehr aufmerksam! Herrlich die Panoramaterrasse mit Blick auf Rhein und Dom. Regelmäßig Kochkurse und Küchenpartys.

Hilton Mainz
www.hiltonhotels.de

Rheinstraße 68 (C3), PLZ 55116, **T 06131 2450,** F 2453299
431 Zimmer | 16 Suiten | 24 h

Das besonders auf Tagungen und Businessgäste zugeschnittene Hotel neben der Rheingoldhalle bietet einen komfortablen Rahmen, geschmackvoll eingerichtete Zimmer in urbanem Design und einen modernen Meetingbereich. Internationale Küche im Restaurant „Weinstube".

AC Hotel
www.marriott.de

Bahnhofsplatz 8 (A3), PLZ 55116, **T 06131 26790**
58 Zimmer | Ez 89–150 €, Dz 99–165 €, inkl. Frühstück

Das zeitgemäße Boutique-Hotel liegt zentral am Hauptbahnhof. Es bietet hochwertig ausgestattete, moderne Zimmer mit Wohlfühlcharme. Zum Haus gehören auch ein Fitnessbereich sowie ein Wintergartenrestaurant mit Bar.

me and all hotel mainz
mainz.meandallhotels.com

GREENSIGN

Binger Str. 23 (A3), PLZ 55131 (OT: Oberstadt), **T 06131 894460**
162 Zimmer | 24 h

Jung, locker und ungezwungen präsentiert sich das 2018 eröffnete Boutique-Designhotel in guter Citylage. Das Konzept spricht junge und junggebliebene Gäste an: trendige Zimmer mit urbaner Designarchitektur, hippe Welcome- und Eventlounge mit Coworking-Spaces, Bar und Terrasse, komplett verglaster Fitness- und SPA-Bereich mit tollem Blick über die Stadt...

Gebert's Weinstuben
www.geberts-weinstuben.de

VARTA-TIPP Küche

Frauenlobstraße 94 (B1), PLZ 55118, **T 06131 611619**
50 | Hauptgericht 19–31 €, Menü ab 37 € | Mi-So Mo, Di

Wie kein anderes steht dieses Restaurant von Familie Gebert für Qualität und Tradition. Schlichte Eleganz und antikes Mobiliar sorgen für eine rundum gemütliche Atmosphäre. Der Patron erfreut seine Gäste mit einer schmackhaften, regional geprägten Produktküche zu fairen Preisen. Lust auf „Knusprige Brust vom Schwarzfederhuhn mit Wirsing à la crème, Thymianjus und Mandelkrusteln"? Schöne Weinauswahl mit vielen heimischen Gewächsen.

Incontro
www.incontro-ristorante.de

Augustinerstr. 57 (C4), PLZ 55116, **T 06131 238221**
55 | Hauptgericht 9–40 €, Menü 49–61 € | Di-So Mo

Viel italienisches Herzblut steckt in diesem klar und sachlich eingerichteten Ristorante. Die mediterran angehauchte Speisekarte offeriert eine variantenreiche Antipasti-Auswahl, feine Meeresspezialitäten, schmackhafte Fleischgerichte sowie hausgemachte Pasta von sehr guter Qualität.

La Gallerie
www.lagallerie-mainz.de

Gaustraße 29 (B4), PLZ 55116 (OT: Altstadt), **T 06131 6969414**
55 | Hauptgericht 18–34 €, Menü 37–69 € | Di-Sa Mo, So

Das kommt an: modern-elegantes Ambiente, anspruchsvolle saisonale Küche mit mediterranen und asiatischen Einflüssen, freundlicher Service - und dazu noch ein ansprechendes Preis-Leistungs-Verhältnis. Tipp: wechselnder Mittagstisch in drei Gängen.

Steins Traube
www.steins-traube.de

VARTA-TIPP Küche

Poststraße 4, PLZ 55126 (OT: Finthen), **T 06131 40249**
60 | Hauptgericht 24–32 €, Menü 54–120 € | Mi-So Di-So Mo

Ein Familienbetrieb par excellence! Der Weg hierher lohnt sich allemal, denn die Küche von Philipp Stein ist schmackhaft, das Ambiente stimmungsvoll und der Service überaus herzlich. Kredenzt werden innovative Gerichte wie „Rosa gebratener Lammrücken mit Kräuterkruste | Gewürz-Griesschnitte | gratinierte Aubergine | Ziegenkäse". Dazu ein kleines, ausgewähltes Weinsortiment mit Schwerpunkt Rheinhessen und Mosel. Idyllische Hofterrasse mit Garten. Ausgesprochen beliebt sind die Kochkurse des Patrons.

Willems
www.gasthaus-willems.de

Kapuzinerstr. 29 (C4), PLZ 55116, **T 06131 2109170**
60 | Hauptgericht 13–38 €, Menü 49–74 € | Mi-So Mo, Di

In einem der ältesten Häuser der Stadt befindet sich dieses geschmackvoll renovierte Gasthaus. Gekocht wird frisch, modern und regional. Aus allen Gerichten kann man Menüs zum Festpreis kombinieren oder auch à la carte bestellen, z.B. „Bio-Kalbsfilet in Zitronenthymianbutter mit gebratenem Kräuterseitling, Schmorgemüse und Kartoffelstroh". Die Weine kommen vorzugsweise aus der Region und sind preislich fair kalkuliert.

Dom-Café
www.domcafe-mainz.de

Markt 12-16 (C3), PLZ 55116, **T 06131 222365**
135 | Hauptgericht 3–9 €, Menü 3–9 € | Mo–Sa 8:30–18:00 Uhr

Traditionsreiches Café im Schatten des Mainzer Domes. Hervorragende Auswahl an Torten (Tipp: Dom-Café-Spezialtorte), kleine Speisekarte am Mittag. Hübsche Terrasse mit Blick zum Marktplatz.

MAISACH 60 C
www.maisach.de

Bayern | EW 13.164 | 514 m | Fürstenfeldbruck 6 km, Landsberg am Lech 44 km

Gasthof Heinzinger
www.gasthof-heinzinger.de

VARTA-TIPP Küche

Weiherhauser Str. 1, PLZ 82216 (OT: Rottbach), **T 08135 9942763**
42 | Hauptgericht 15–42 €, Menü 49–119 € | Do, So Mi-So

Richtig nett und urig ist es hier - typisch bayerische Wirtshausatmosphäre eben! Am Herd von Denis Michael Kleinknecht spielen Regionalität und Nachhaltigkeit eine übergeordnete Rolle. Das Repertoire des leidenschaftlichen Küchenchefs reicht von bodenständigen Schmankerln wie Krautwickerl oder Kasspatzen über hochwertige Steakspezialitäten (Tomahawk, Entrecote, Bone-in-Ribeye...) bis hin zum anspruchsvollen Gourmetmenü (bis 5 Gänge). Tipp: Unbedingt probieren sollten Sie die hausgemachten Dampfnudeln (immer donnerstags, außer feiertags)! Im Sommer lockt der kleine, aber feine Wirtsgarten.

Gasthof Widmann

Bergstraße 4, PLZ 82216 (OT: Überacker), **T 08135 485**
20 | Menü 72 € | Mi-Sa Mo, So

In diesem gut geführten Familienbetrieb mit seinen zwei ländlich-behaglichen Gaststuben werden schmackhafte regionale und internationale Speisen in Menüform serviert. Die Preise sind fair, der Service liebenswert und unkompliziert.

MALENTE 8 D www.bad-malente.de

Schleswig-Holstein | EW 10.410 | 32 m | Eutin 6 km, Plön 13 km

Gut Immenhof Neu! www.gut-immenhof.de

VARTA-TIPP Ambiente

★★★★★ S garni

Rothensande 1, PLZ 23714 (OT: Gremsmühlen), **T 04523 88280**
56 Zimmer

Ein schönes Domizil für Familien sowie Natur- und Genussliebhaber! Die weitläufige Gutsanlage am Kellersee war in den 1950er Jahren Schauplatz für zahlreiche Heimatfilme. Heute stehen hier - verteilt auf mehrere Gebäude - unterschiedlich große Hotelzimmer und Suiten im lässig-authentischen Landhausstil zur Verfügung. Für Erholung und Entspannung sorgt ein kleiner, aber feiner Wellnessbereich. Zum Haus gehört auch eine Reitanlage mit diversen Angeboten für Kinder und Erwachsene.

Rodesand Neu!

Hauptgericht 38–58 €, Menü 89–119 € | Do-Sa Mo, Di, Mi, So

Das elegante Fine-Dining-Restaurant befindet sich im hist. Herrenhaus und bietet eine modern inspirierte Küche mit regionalen Einflüssen und den besten Produkten aus der ganzen Welt. Lust auf „Rinderfilet 'Rossini' | Bio-Entenleber | Perigord-Trüffel | Ofensellerie"? Wer es etwas einfacher mag: Im Zweitrestaurant „Melkhus" und auf der Seeterrasse wird eine saisonal-bodenständige Hofküche aufgetischt.

See-Villa www.hotel-see-villa.de

★★★★★ S garni

Frahmsallee 11, PLZ 23714 (OT: Bad Malente-Gremsmühlen), **T 04523 1871,** F 997814
13 Zimmer | 2 Suiten | 1 Apartment | Ez 53–73 €, Dz 67–97 €, inkl. Frühstück

Über 100 Jahre altes, im Villenstil erbautes Privathotel mit schöner Gartenanlage, 170 m vom Dieksee entfernt. Geschmackvoll eingerichtete Zimmer und Suiten unterschiedlicher Kategorien. Neu angelegte Gartenanlage mit Strandkorb. Sehr gutes Frühstücksbuffet.

MANDELBACHTAL 49 D www.mandelbachtal.de

Saarland | EW 10.907 | 313 m | Zweibrücken 24 km, Saarbrücken 24 km

Gräfinthaler Hof www.graefinthaler-hof.de

Gräfinthal 6, PLZ 66399 (OT: Gräfinthal), **T 06804 91100**
90 | Hauptgericht 23–38 €, Menü 42–45 € | Mi-So Mi-Sa Mo, Di

Jörg Künzer kocht regional mit saisonalen und mediterranen Einflüssen. Lust auf „Zweierlei vom Bliesgau-Lamm mit Rahmbohnen und Couscous"? Hell, offen und freundlich hat man das Gasthaus gestaltet. Draußen gibt es eine schöne Terrasse.

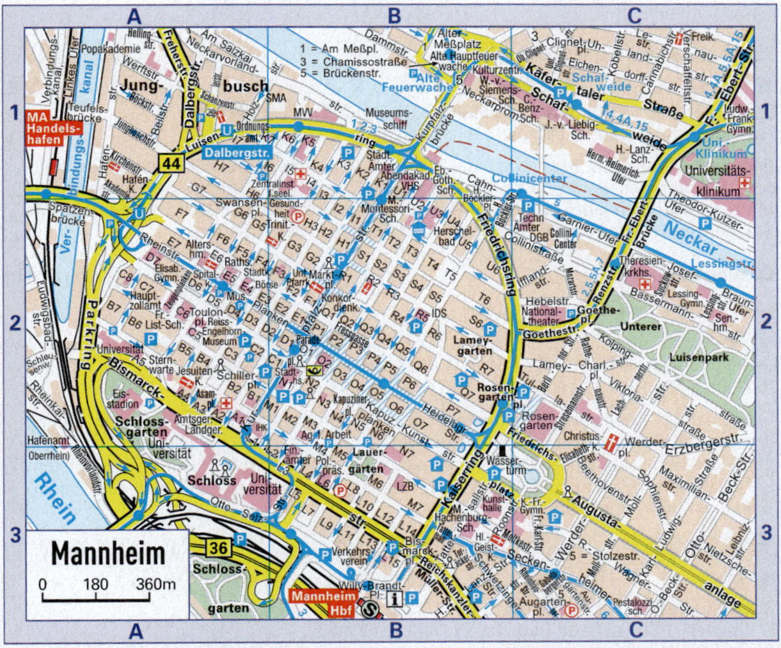

MANNHEIM 50 D

www.mannheim.de

Baden-Württemberg | EW 296.690 | 97 m | Ludwigshafen 1 km, Heidelberg 20 km

Altes Rathaus und Untere Pfarrkirche am Marktplatz, ehem. kurfürstliches Schloss, barocke Jesuitenkirche, Reiss-Engelhorn-Museum und Zeughaus, Wasserturm am Friedrichsplatz, Kunsthalle, Herzogenriedpark, Planetarium.

Dorint Kongresshotel

hotel-mannheim.dorint.com

★★★★

Friedrichsring 6 (C2), PLZ 68161, **T 0621 12510,** F 1251100
287 Zimmer | 2 Suiten | 24 h

Neuzeitliches Stadthotel - direkt angebunden an das Congress Center Rosengarten. Komfortable Zimmer in freundlichem Design. Hausgästen steht ein 350 qm großer Fitnessbereich zur Verfügung. Regionale und internationale Küche im Restaurant „Symphonie".

Hilton Garden Inn

www.hgimannheim.hgi.com

Willy-Brandt-Platz 13 (B3), PLZ 68161, **T 0621 178960**
197 Zimmer | 2 Suiten | Ez 99–177 €, Dz 99–177 €, ab 20,00 € | 24 h »

Im Kepler-Quartier direkt am Mannheimer Hauptbahnhof befindet sich das 2019 eröffnete Hotel. Die denkmalgeschützten Portale des ehem. Postgebäudes bilden die historische Komponente des dominanten Neubaus. Geschmackvoll die urban-moderne Zimmereinrichtung. Von den oberen Etagen hat man einen einzigartigen Panoramablick über die Stadt. Begrünter Innenhof.

Radisson Blu Hotel Mannheim — www.radissonhotels.com

★★★★ S

Q7 27 (B2), PLZ 68161, **T 0621 336500,** F 336504499
229 Zimmer | 10 Suiten | 13 Apartments | 24 h

Eine ideale Adresse für Businessgäste. Das Hotel liegt sehr zentral mit intelligenter Anbindung zum Hbf, den umliegenden Autobahnen und zum Kongresszentrum Rosengarten. In den Zimmern dominieren Blau- und Cremetöne. Das Restaurant „SQUARE" serviert leichte regionale und internationale Gerichte. Aufladestation für Elektroautos.

Hotel Speicher 7 — www.speicher7.com

VARTA-TIPP Ambiente

Rheinvorlandstr. 7 (↖ A1), PLZ 68159, **T 0621 1226680,** F 12266899
20 Zimmer | Ez 165–390 €, Dz 165–390 €, Frühstück 25,00 €

Aus dem prägnanten alten Speichergebäude am Hafen ist ein trendiges Designhotel entstanden. Bei der Ausstattung hat man großen Wert auf die Erhaltung der originalen Stilelemente des Gebäudes gelegt. Die Zimmer und Lounges sind stylish-individuell und bieten einen besonderen Blick auf die Hafenkulisse. Zum Hotelangebot gehören auch eine Bar im Foyer und eine Terrasse direkt am Rhein.

Mack — www.hotel-mack.de

★★★

Mozartstraße 14 (C2), PLZ 68161, **T 0621 12420**
47 Zimmer | 1 Suite | Ez ab 64 €, Dz ab 74 €, Frühstück 12,00 €

Das familiengeführte Hotel befindet sich in einem denkmalgeschützten Jugendstilgebäude im Herzen der Stadt. Die größtenteils renovierten Zimmer verfügen über eine wohnliche Einrichtung und zeitgemäßen Komfort. Zum Neckarufer und zur Mannheimer Fußgängerzone sind es nur wenige Gehminuten.

Staytion Hotel — www.staytion.de

Heinrich-Lanz-Str. 5 (B3), PLZ 68165, **T 0621 49076780,** F 49076770
43 Zimmer | Ez 69–169 €, Dz 89–189 €, Frühstück ab 21,50 €

2016 eröffnetes Hotel in zentraler Lage direkt am Hauptbahnhof. „Music meets Industry" ist das Motto für das einzigartige Designkonzept des Hauses. Jede Etage ist einem Künstler, einer Band oder einer Stilrichtung gewidmet. Die Zimmer sind in unterschiedlichen Kategorien buchbar. Zum Haus gehört auch eine Bar-Lounge.

SYTE Hotel — www.sytehotel.de

Tattersallstraße 2 (B3), PLZ 68165, **T 0621 4907670,** F 49076770
39 Zimmer | 1 Suite | Ez ab 109 €, Dz ab 129 €, Frühstück ab 21,50 € | 24 h

Das 2015 eröffnete Designhotel liegt verkehrsgünstig direkt am Hauptbahnhof. Hinter der denkmalgeschützten Fassade in dunkelrotem Sandstein erwarten Sie klimatisierte Gästezimmer mit zeitgemäßem Komfort. Erlesene, schwere Stoffe, kostbares Leder und edles dunkles Holz prägen die Einrichtung. Zum Haus gehören auch ein Fitnessraum und ein hoteleigenes Restaurant.

Opus V
www.restaurant-opus-v.de

VARTA★TIPP Küche **VARTA-TIPP** Service

O 5 9-12 (B2), PLZ 68161 (OT: Quadrate), **T 0621 1671199**
30 | Menü 209 € | Sa Mi-Sa Mo, Di, So

Casual Fine Dining im sechsten Stock des Modehauses „Engelhorn". Hinter raumhohen Fenstern entfalten naturbelassene Materialien, edles Holz, stimmungsvolles Licht und schlichte, dekorative Accessoires ihre äußerst wohnliche Wirkung. „Urban Nature Cuisine" nennt Chefkoch Dominik Paul seine innovative Küche. Das anspruchsvolle Sechs-Gänge-Menü ist das Ergebnis handwerklich niveauvoller, aufwendiger und kreativer Zubereitung exzellenter Produkte. Äußerst aufmerksam, herzlich und versiert der Service samt trefflicher Weinberatung.

Doblers
www.doblers.de

VARTA-TIPP Küche

Seckenheimer Straße 20 (C3), PLZ 68165, **T 0621 14397**
50 | Hauptgericht 42–48 €, Menü 83–119 € | Di-Sa Mo, So

Mit viel Engagement und Hingabe führen die Doblers ihr gleichnamiges Restaurant am Rande der Oststadt. Die feine, französisch geprägte Küche des Patrons begeistert Stammgäste seit mehr als drei Jahrzehnten. Dabei setzt Norbert Dobler auf regionale und saisonale Produkte von ausgesuchter Qualität, die er mit unverkennbarer Finesse und präzisem Handwerk zu niveauvollen Gerichten verwandelt. Im gut bestückten Weinkeller lagern erlesene Weine, darunter Bewährtes, aber auch einige Raritäten.

Marly
www.restaurant-marly.com

VARTA-TIPP Küche

Rheinvorlandstr. 7 (A3, am Hafen), PLZ 68159, **T 0621 86242121**
40 | Hauptgericht 28–34 €, Menü 89–125 € | Di-Fr Di-Sa Mo, So »

Ein modernes Restaurant mit zeitgemäßem Industrieambiente in einem ehem. Getreidespeicher am Mannheimer Hafen. Hier verwöhnt Gregor Ruppenthal seine Gäste mit einer kreativ und französisch-mediterran inspirierten Gourmetküche, die in Menüform serviert wird. Auch die Auswahl des riesigen Weinklimaschranks kann sich sehen lassen. Preisgünstiger Mittagslunch. Schöne Terrasse direkt am Rhein.

Le Corange — www.corange-restaurant.de

VARTA-TIPP Küche

O 5 9-12 (B2), PLZ 68161, **T 0621 1671199**
65 | Hauptgericht 32–63 €, Menü 139 € | Fr-Sa Di-Sa

Das Restaurant befindet sich in der 6. Etage des Modehauses „Engelhorn“. Die Atmosphäre ist locker und unkompliziert, dazu ein unvergleichlicher Blick über die Dächer Mannheims. Aus der großen offenen Küche kommen moderne Seafoodvariationen auf klassisch französischer Basis. Geboten wird ein anspruchsvolles Gourmetmenü in 5 Gängen. Die Weinkarte bietet jede Menge Spannendes. Von der freundlichen Servicecrew werden Sie bestens umsorgt.

Le Comptoir 17 — www.comptoir17.com

Lameystraße 17 (C2), PLZ 68165, **T 0621 73617000**
Hauptgericht 16–35 € | Di-Sa Mo, So

Hinter den Mauern dieses Gründerzeithauses verbirgt sich ein stimmungsvolles Restaurant mit typisch Pariser Bistro-Atmosphäre. Es gibt schmackhafte französische Küche mit saisonalem Bezug. Probieren Sie z.B. „Geschmortes Bäckchen vom Iberico-Schwein mit Petersilienwurzelpüree und Kartoffelgratin“! Mittags: Plat du jour inkl. Glas Wein, Wasser und Espresso.

MARBURG 41 B — www.marburg-tourismus.de

Hessen | EW 73.125 | 186 m | Gießen 30 km, Kassel 93 km

Vila Vita Rosenpark — www.rosenpark.com

Anneliese-Pohl-Allee 7-17, PLZ 35037, **T 06421 60050,** F 6005100
194 Zimmer | 27 Suiten | 24 h

Dieses wunderschöne Refugium bietet Ihnen komfortabel und stilvoll ausgestattete Zimmer und Suiten sowie eine moderne Wellnesslandschaft auf 1.000 Quadratmetern. Im Restaurant „Oliva“ und auf der großzügigen Sommerterrasse wird mediterrane Küche serviert.

Blé Noir
www.ble-noir.de

Lingelgasse 10, PLZ 35037, **T 0177 1660166**
28 | Hauptgericht 6–20 € | Mo-So

Blé Noir steht für bretonische und französische Esskultur - und genau die wird hier zelebriert. In dem kleinen, intimen Restaurant kocht man frisch und ohne viel Schnickschnack. Wie wäre es z.B. mit „Bretonischen Moules im Sud von Cidre, Äpfeln, Zwiebeln und Creme“? Tischreservierung ratsam.

MARCH 56 D
www.march.de

Baden-Württemberg | EW 8.752 | 201 m | Emmendingen 8 km, Freiburg 10 km

Jauch's Löwen
www.jauch-loewen.de

Eichstetter Straße 4, PLZ 79232 (OT: Neuershausen), **T 07665 92090**
90 | Hauptgericht 16–35 €, Menü 37–68 € | Mo-Di, So Mo-Di, Fr-So Mi, Do

Bei den Jauchs kann man nicht nur angenehm übernachten, sondern auch fantastisch speisen. Das gemütliche Restaurant hat viele Stammgäste, die den freundlichen Service sowie die typisch badische Küche schätzen - einschließlich der saisonalen Köstlichkeiten mit Spargel, Pilzen oder Wild.

MARIENBERG 46 A
www.marienberg.de

Sachsen | EW 17.505 | 620 m | Chemnitz 30 km, Zwickau 62 km

Drei Brüder Höhe
www.drei-brueder-hoehe.de

★★★★

Drei Brüder Höhe 1, PLZ 09496 (OT: Wolfsberg), **T 03735 6000,** F 60050
38 Zimmer | 1 Suite | 1 Apartment | Ez ab 70 €, Dz ab 105 €, inkl. Frühstück

Auf einer Anhöhe am Waldrand gelegenes Landhaus mit Bowlingbahn und Biergarten. Helle, freundlich eingerichtete Zimmer mit funktionaler Ausstattung. Zum Haus gehören auch eine Sauna, ein Fitnessraum, ein Relaxgarten und ein Restaurant mit traditionell-moderner Erzgebirgsküche.

Schwarzbeerschänke
www.schwarzbeerschaenke.de

★★★ S

Amtsseite-Hinterer Grund 2, PLZ 09496, **T 03735 91910,** F 919199
30 Zimmer | Ez 65 €, Dz 99–115 €, inkl. Frühstück

Im romantischen Schwarzwassertal gelegenes Ferienhotel mit langer Tradition und familiärer Atmosphäre. Modern ausgestattete Zimmer, teils mit Balkon oder Terrasse. Typisch erzgebirgisch eingerichtetes Restaurant mit regionaler Küche.

MARKKLEEBERG 34 D
www.markkleeberg.de

Sachsen | EW 24.254 | 116 m | Zwenkau 4 km, Leipzig 9 km

Markkleeberger Hof
www.markkleeberger-hof.com

Städtelner Straße 122-124, PLZ 04416, **T 034299 70580,** F 7058222
59 Zimmer | Ez 83–98 €, Dz 111–126 €, inkl. Frühstück | 24 h

»

Neuzeitliches, privat geführtes Urlaubs- und Tagungshotel am grünen Rand von Leipzig. Komfortabel eingerichtete Gästezimmer mit moderner Ausstattung. Kleiner Wellnessbereich mit Sauna und Fitnessraum.

MARKT WEISENDORF 53 A www.weisendorf.de

Bayern | EW 6.700 | 308 m | Herzogenaurach 7 km, Höchstadt 9 km

Acantus Hotel www.acantus-hotel.de

★★★★

Ringstr. 13, PLZ 91085 (OT: Oberlindach), **T 09135 211660,** F 21166200
59 Zimmer | 2 Suiten | 12 Apartments | Ez ab 72 €, Dz ab 93 €, inkl. Frühstück

Hier lässt es sich schön wohnen: ein freundlich geführtes Hotel in landschaftlich reizvoller Lage mit gepflegten, schallisolierten Zimmern, einem Sauna- und Fitnessbereich sowie verschiedenen Tagungs- und Eventmöglichkeiten. Beim Bau des Hotels wurde großer Wert auf ökologische Baustoffe gelegt.

MARKTBERGEL 52 D www.marktbergel.de

Bayern | EW 1.581 | 363 m | Rothenburg ob der Tauber 20 km, Crailsheim 58 km

Rotes Ross www.rotes-ross-marktbergel.de

VARTA-TIPP Küche

Würzburger Straße 1, PLZ 91613, **T 09843 936600**
50 | Hauptgericht 8–23 €, Menü 22–50 € | So Di-Sa Mo

Hinter der markant roten Fassade des stilvoll renovierten Gasthauses aus dem 16. Jahrhundert verbergen sich nicht nur geschmackvoll eingerichtete Wohlfühlzimmer, sondern auch zwei ländliche Gaststuben. Hier verwöhnt Sie Chefkoch Thomas Bogner mit einer regionalen Frischeküche, die er mit pfiffigen Ideen und hochwertigen einheimischen Produkten verfeinert. Dazu serviert man gute fränkische und ausländische Weine. Der grüne Salon im Obergeschoss eignet sich bestens für Veranstaltungen.

MARKTBREIT 52 B www.marktbreit.de

Bayern | EW 3.673 | 191 m | Ochsenfurt 6 km, Kitzingen 11 km

Löwen www.loewen-marktbreit.de

★★★

Marktstraße 8, PLZ 97340, **T 09332 50540,** F 9438
29 Zimmer | 1 Apartment | Ez ab 86 €, Dz ab 106 €, inkl. Frühstück

Traditionsreicher Familienbetrieb, der zu den ältesten Gasthöfen Süddeutschlands gehört. Individuell eingerichtete Gästezimmer mit zeitgemäßer Ausstattung. Rustikale Gaststuben mit fränkischer und internationaler Küche.

Alter Esel www.alteresel-marktbreit.de

Marktstraße 10, PLZ 97340, **T 09332 5949477**
30 | Hauptgericht 20–23 €, Menü 49–75 € | So Mi-Sa Mo, Di

Schön liegt das Gasthaus - direkt im historisch geprägten Ortskern. Das Gebäude stammt aus dem 18. Jahrhundert und steht unter Denkmalschutz. Gekocht wird regional und international, aber stets mit saisonalen Produkten. Die Weinkarte bietet eine gute Auswahl an fränkischen Gewächsen, aber auch Weine aus anderen bedeutenden Anbaugebieten.

Drachenburg
www.drachenburg.eu

Enheimer Straße 1, PLZ 97340, **T 09332 1430**
80 | Hauptgericht 10–35 €, Menü 22–35 € | So Mo, Do-So Di, Mi

Gemütliches Ambiente mit dekorativen Möbelstücken und Antiquitäten in einem Bruchsteinhaus aus dem Jahr 1926. Das freundliche Serviceteam serviert raffinierte fränkisch-internationale Gerichte. Netter Garten mit altem Baumbestand.

Michels Stern
www.michelsstern.de

Bahnhofstraße 9, PLZ 97340, **T 09332 1316**
30 | Hauptgericht 13–29 €, Menü 28–45 € | Mo-Di, Fr-So Mi, Do

Fränkisches Wohlfühlgasthaus mit ländlichem Flair. Abwechslungsreiche Speisekarte mit regionalen und internationalen Spezialitäten. Die Weinkarte listet über 200 fränkische Weine. Auch Gästezimmer vorhanden.

MARKTHEIDENFELD 52 A
www.marktheidenfeld.de

Bayern | EW 10.854 | 154 m | Wertheim 13 km, Lohr 18 km

Anker
www.hotel-anker.de

★★★★

Kolpingstraße 7, PLZ 97828, **T 09391 60040,** F 600477
40 Zimmer | 4 Suiten | 1 Apartment | Ez 98–117 €, Dz 137–149 €, inkl. Frühstück | 24 h

Hotel und Weingut mit engagierter familiärer Führung seit 1872. Es erwarten Sie unterschiedliche, teils mit Antiquitäten eingerichtete Zimmer. Das Frühstück wird im lichtdurchfluteten Gartensaal oder bei schönem Wetter im romantischen Innenhof serviert.

Weinhaus Anker

VARTA-TIPP Küche

Obertorstr. 13, PLZ 97828
65 | Hauptgericht 13–39 €, Menü 42–109 € | Di-So Mo-So

Das hist. Weinhaus bietet gemütliche Räumlichkeiten mit nostalgischem Flair. Ein besonderer Hingucker ist die freigelegte und fachmännisch ergänzte Deckenbemalung in der alten Stube. In der „Anker"-Küche bilden Traditionelles und Zeitgeistiges eine kreative Einheit. Auf der saisonal wechselnden Speisekarte finden sich solch schmackhafte Gerichte wie „Knurrhahnfilet aus der Normandie mit Kräuterkruste, Ratatouille, Kartoffel-Zwiebelstampf und Beurre Blanc". Tipp: Weinprobe im historischen Holzfasskeller.

Zum Löwen
www.loewen-marktheidenfeld.de

Marktplatz 3, PLZ 97828, **T 09391 1571,** F 1721
27 Zimmer | 1 Suite | Ez 68–88 €, Dz 85–100 €

Liebevoll restauriertes Anwesen direkt neben dem Fischerbrunnen in der Altstadt. Harmonisch eingerichtete Zimmer in vier verschiedenden Kategorien. Kleiner Saunabereich. Das vielseitige Frühstücksbuffet kann im Sommer auch auf der Terrasse genossen werden.

Mainblick
www.hotel-mainblick.de

€ Gut & Günstig garni

Mainkai 11, PLZ 97828, **T 09391 98650,** F 986544
24 Zimmer | Ez 67–79 €, Dz 94–101 €, inkl. Frühstück

Hübsch gestalteter Gasthof in zentraler und sehr ruhiger Lage direkt an der Mainuferpromenade, der sich seit 1954 in Familienbesitz befindet. Geschmackvoll und komfortabel eingerichtete Gästezimmer mit moderner Ausstattung.

MARKTOBERDORF 67 A
www.touristik-marktoberdorf.de

Bayern | EW 18.160 | 758 m | Kaufbeuren 13 km, Schongau 25 km

Das Weitblick Allgäu
www.weitblick-allgaeu.com

★★★★

Schongauer Straße 48, PLZ 87616, **T 08341 41010**
98 Zimmer | Ez 94–223 €, Dz 188–446 €, inkl. Halbpension

2018 eröffnetes Ferienhotel in herrlicher Alleinlage mit unbebautem Blick bis zu den Allgäuer Alpen. Die modernen, mit warmen Farben und viel Holz eingerichteten Zimmer versprühen alpine Gemütlichkeit. Ein besonderer Vorzug des Hauses ist der 2.000 qm große Hot-SPA-Wellnessbereich, der keine Wünsche offen lässt. Sky Bar im 3. OG mit schöner Dachterrasse.

MARLOW 10 D
www.stadtmarlow.de

Mecklenburg-Vorpommern | EW 4.629 | 30 m | Ribnitz-Damgarten 16 km, Rostock 36 km

Recknitztal-Hotel
www.recknitztal-hotel.de

★★★★

Carl-Kossow-Str. 35-37, PLZ 18337, **T 038221 42240,** F 4224100
48 Zimmer | 3 Suiten | 5 Apartments | ⏲ 24 h

Komfortable Suiten in der hist. Villa und moderne Gästezimmer im Bettenhaus. Netter Wellnessbereich mit finnischer Sauna und Dampfbad. Deftig und rustikal geht es im Brauhaus „Zur alten Fassfabrik“ zu.

MARXZELL 57 A
www.marxzell.de

Baden-Württemberg | EW 5.388 | 387 m | Gaggenau 19 km, Pforzheim 21 km

Landgasthof König von Preussen
www.koenig-von-preussen.eu

Klosterstr. 8, PLZ 76359 (OT: Frauenalb), **T 07248 1617,** F 4130
11 Zimmer | Ez 80–90 €

Die freundlichen Gastgeber haben inmitten des wunderschönen Albtals einen netten Landgasthof, in dem man sehr gepflegt wohnt. In den hübsch ausgestatteten Zimmern verbinden sich traditioneller Charme und moderner Komfort. Gutbürgerliche bis gehobene Küche serviert man im Restaurant.

MASELHEIM 58 D www.maselheim.de

Baden-Württemberg | EW 4.399 | 542 m | Biberach an der Riß 10 km, Laupheim 15 km

Lamm www.sulminger-lamm.de

VARTA-TIPP Küche

Baltringer Straße 14, PLZ 88437 (OT: Sulmingen), **T 07356 937078**
40 | Hauptgericht 24–33 €, Menü 54–74 € | Di-Sa Mo, So 1.–10.1.23

In diesem geschmackvoll restaurierten Landgasthof im Ortskern von Sulmingen verwöhnen Sie Constanze und Mike Becker mit einer exquisiten Küche. Neben gehobenen internationalen Gerichten stehen auch bodenständige Klassiker auf der Speisekarte. Wie wäre es z.B. mit „Wiener Schnitzel | Kartoffel-Gurkensalat | steirisches Kürbiskernöl"? Toll die liebevoll angelegte Gartenterrasse.

MASSERBERG 43 B www.masserberg.de

Thüringen | EW 2.352 | 780 m | Neuhaus am Rennweg 25 km, Suhl 37 km

Rennsteig www.hotel-rennsteig.com

Am Badehaus 1, PLZ 98666, **T 036870 800,** F 88888
92 Zimmer | 5 Suiten | Ez ab 78 €, Dz ab 99 €, inkl. Frühstück

Am Ortsrand gelegenes Hotel, das architektonisch vom Bauhausstil inspiriert wurde. Neuzeitliche Zimmer mit zweckmäßiger Ausstattung. Fitnessraum, Saunabereich, Kegelbahn, Kaminzimmer und Bogenschießkeller. Restaurant mit feiner regionaler Küche.

Werrapark Frankenblick www.werrapark.de/hotel-frankenblick

Am Kirchberg 15, PLZ 98666 (OT: Schnett), **T 036874 95000,** F 95777
81 Zimmer | 4 Suiten | 21 Apartments | 24 h

Ideal für Familien und Erholungssuchende. Zweckmäßige Zimmer mit zeitgemäßem Komfort. Umfangreiches Beauty- und Wellnessangebot. Exponierte Lage mit toller Aussicht. Panoramarestaurant mit regionaler Küche.

MASSWEILER 50 C www.vg-thaleischweiler-froeschen.de

Rheinland-Pfalz | EW 1.059 | 435 m | Zweibrücken 16 km, Kaiserslautern 34 km

Borst www.restaurant-borst.de

Luitpoldstraße 4, PLZ 66506, **T 06334 1431**
30 | Hauptgericht 33–40 €, Menü 55–92 € | Mi-So Mo, Di ››

Das Restaurant von Monika und Harry Borst ist seit vielen Jahren eine verlässliche Genussadresse. Erst kürzlich hat man die Gasträume frisch renoviert. Nach seinen Lehr- und Wanderjahren ist inzwischen auch Sohn Maximilian an den heimischen Herd zurückgekehrt. Er verwöhnt seine Gäste mit einer feinen, klassischen Gourmetküche mit mediterranen Einflüssen. Die Weinkarte ist gekonnt zusammengestellt und fair kalkuliert. Fünf behagliche Gästezimmer gibt es auch.

MAUERSTETTEN 67 A www.mauerstetten.de

Bayern | EW 3.019 | 716 m | Kaufbeuren 4 km, Bad Wörishofen 18 km

Landgasthof Zum goldenen Schwanen www.hotelgasthof-schwanen.de

€ Gut & Günstig

Paul-Gaupp-Straße 1, PLZ 87665 (OT: Frankenried), **T 08341 93960,** F 939630
12 Zimmer | 1 Apartment | Ez 64–79 €, Dz 99–109 €, inkl. Frühstück

Familiär geführter Dorfgasthof mit guten Tagungsmöglichkeiten. Gemütlich im ländlichen Stil eingerichtete Zimmer mit kostenlosem WLAN. Das Restaurant serviert abwechslungsreiche bayerische Küche.

MAXHÜTTE-HAIDHOF 54 D www.maxhuette-haidhof.de

Bayern | EW 10.554 | 416 m | Regensburg 27 km, Amberg 45 km

Kandlbinder Küche www.kandlbinderkueche.de

Postplatz 1, PLZ 93142 (OT: Ponholz), **T 09471 6050646**
100 | Hauptgericht 15–65 €, Menü 55–95 € | Do-So ⃠ Mo, Di, Mi

Richtig charmant ist die ehem. Poststation aus dem 18. Jhd. mit ihren geschmackvollen Räumen und dem lauschigen Biergarten. Martin Kandlbinder verwendet für seine Speisen ausschließlich frische und hochwertige Lebensmittel - mal traditionell, mal crossover zubereitet. Lust auf „Schnitzel vom Strohschwein - natur gebraten - mit Rauchpaprikarahmsauce und Spätzle“? Tipp: täglich wechselnder Mittagstisch.

MEDEBACH 31 C www.medebach-touristik.de

Nordrhein-Westfalen | EW 7.961 | 405 m | Marburg 61 km, Kassel 76 km

Kaiserhof www.hotel-kaiserhof-medelon.de

★★★S

Orkestr. 42, PLZ 59964 (OT: Medelon), **T 02982 8547,** F 908610
11 Zimmer | Ez 75–120 €, Dz 120–180 €, inkl. Frühstück

Ein charmantes, familiär geführtes Hotel im Ortskern. Sie wohnen in liebevoll ausgestatteten Zimmern. Besonders wohnlich sind die Suiten im neuen Hotelanbau. Naturliebhaber schätzen die schöne ländliche Umgebung. Sehr gutes Frühstück.

Kaiserhof

40 | Hauptgericht 16–36 €, Menü 30–90 € | Mo-So

Die geschmackvoll eingerichteten Restauranträume vereinen modernen Stil mit historischem Rahmen. Serviert werden gehobene Gerichte der internationalen Küche. In regelmäßigen Abständen finden kulinarische Themenabende statt. Im Sommer lockt die elegante Terrasse.

MEERANE 45 A www.meerane.de

Sachsen | EW 16.287 | 250 m | Zwickau 13 km, Altenburg 20 km

Schwanefeld www.schwanefeld.de

Schwanefelder Straße 22 (an der B 93), PLZ 08393, **T 03764 4050,** F 405606
53 Zimmer | 2 Suiten | 1 Apartment | Ez ab 99 €, Dz ab 149 €, inkl. Frühstück

Gewachsenes Landhotel mit Gästehaus in idyllischer Parkanlage. Individuelle Zimmer in unterschiedlichen Kategorien. Im behaglichen Restaurant wird regional und saisonal gekocht. Hauseigene Konditorei und Schokoladenmanufaktur.

Parkhotel Meerane www.parkhotel-meerane.de

Martinstraße 54, PLZ 08393, **T 03764 779580,** F 7795818
40 Zimmer | Ez 89–99 €, Dz 130–165 €, inkl. Frühstück | 24 h

Hist. Villa mit Jugendstilfassade in ruhiger Lage direkt am Stadtpark. Hell und freundlich eingerichtete Zimmer - Sie haben die Wahl zwischen den traditionellen Räumen im Altbau oder den modern eingerichteten Zimmern im Neubau. Im behaglichen Restaurant wird deutsche Küche mit mediterranen Einflüssen serviert.

MEERBUSCH 29 C www.meerbusch.de

Nordrhein-Westfalen | EW 58.000 | 36 m | Neuss 8 km, Düsseldorf 9 km

Anthony's Kitchen www.anthonys.kitchen

VARTA-TIPP Küche

Moerser Straße 81, PLZ 40667 (OT: Büderich), **T 02132 9851425**
15 | Hauptgericht 28–34 €, Menü 120–185 € | Do-So Mo, Di, Mi

Mit Freude, Leidenschaft und Herzblut führt Gründer und Namensgeber Anthony Sarpong das kleine Fine-Dining-Restaurant mit angeschlossener Kochschule. In stylishem Ambiente offeriert der in Ghana geborene Koch kreative Gerichte aus der gehobenen internationalen Küche mit französischen, arabischen und afrikanischen Einflüssen. Auch bei den Weinempfehlungen zum Menü liegt der charismatische Gastgeber goldrichtig. Tischreservierung notwendig! Tipp: Beliebt sind Anthony's Kochboxen, die man sich über den Online-Shop bequem nach Hause bestellen kann.

Landhaus Mönchenwerth www.moenchenwerth.de

Niederlöricker Straße 56, PLZ 40667 (OT: Büderich), **T 02132 757650**
100 | Hauptgericht 26–43 €, Menü 59–85 € | So Di-So Mo

In diesem hübschen, denkmalgeschützten Landhaus serviert man klassisch französische Küche mit internationalen Einflüssen. Probieren Sie z.B. „Filet vom Steinbutt mit Safranrisotto und Basilikumschaum"! Im Sommer der beste Platz weit und breit: das idyllische Gartenrestaurant direkt am Rhein.

MEERFELD 39 D www.gesundland-vulkaneifel.de

Rheinland-Pfalz | EW 362 | 295 m | Bitburg 34 km, Koblenz 86 km

Die Post
www.die-post-meerfeld.de

★★★ S garni

Meerbachstr. 24-26, PLZ 54531, **T 06572 931900**
33 Zimmer | Ez 75 €, Dz 130 €, inkl. Frühstück

Das sympathische Haus befindet sich in ruhiger, reizvoller Lage im Herzen der Vulkaneifel am Meerfelder Maar. Die Zimmer (mit Balkon) sind wohnlich und zeitgemäß eingerichtet. Ob Fahrradfahren, Mountainbike-Touren, Wandern oder Angeln – die Umgebung bietet hierfür zahlreiche Möglichkeiten.

Poststuben

Hauptgericht 14–30 € | So Mi-So Mo, Di

Nach Lehr- und Wanderjahren in gastronomischen Spitzenhäusern ist Küchenmeister Sven Molitor in den elterlichen Betrieb zurückgekehrt. Im ländlich gehaltenen Restaurant serviert er raffiniert zubereitete Klassiker der regionalen Küche. Sehr gutes Preis-Leistungs-Verhältnis.

MEERSBURG 65 B
www.meersburg.de

Baden-Württemberg | EW 5.627 | 444 m | Überlingen 14 km, Friedrichshafen 18 km

3 Stuben
www.3stuben.de

Kirchstraße 7, PLZ 88709, **T 07532 80090,** F 800940
28 Zimmer | Ez 80–100 €, Dz 128–175 €, inkl. Frühstück | 20.12.22–12.3.23

Zentral gelegenes Haus in einem Fachwerkgebäude aus dem 16. Jhd., das mit zahlreichen Kunstwerken geschmückt ist. Stilvoll und individuell gestaltete Zimmer mit komfortabler Ausstattung. Im Restaurant „Steak & Wine" wird eine Auswahl an Steakklassikern serviert.

Residenz am See
www.hotel-residenz-meersburg.com

VARTA★TIPP Service

Uferpromenade 11, PLZ 88709, **T 07532 80040,** F 800470
25 Zimmer | 2 Suiten | 1 Apartment | Ez ab 113 €, Dz ab 218 €, inkl. Frühstück

Erholen leicht gemacht: toller Service, charmantes Ambiente und dazu noch die herrliche Lage - eingebettet zwischen Weinberge und Bodensee. Bequem und individuell eingerichtete Zimmer im mediterranen Stil sorgen ebenfalls für einen angenehmen Aufenthalt. Morgens erwartet Sie ein sehr gutes Frühstück. In der gegenüberliegenden Meersburg-Therme genießen Hausgäste die Wellnessanwendungen zu Sonderkonditionen.

Casala

VARTA-TIPP Küche VARTA-TIPP Service

12 | Menü 140–195 € | Do-So Mo, Di, Mi

Eine kulinarische wie ambientige Trouvaille! Küchenchef Markus Philippi gehört zweifellos zu den kreativsten und experimentierfreudigsten Köchen im Süden der Republik. Seine klassisch französische Küche ist angereichert mit mediterranen Einflüssen und verblüffenden Ideen. Mit großer Hingabe kreiert er ein wechselndes Degustationsmenü in 4 bis 7 Gängen. Die gut sortierte Weinkarte kann sowohl mit renommierten als auch mit ausgefallenen Gewächsen aufwarten. Auch auf richtig guten Service braucht man hier nicht zu verzichten. Überaus kompetent und aufmerksam werden die Gäste umsorgt.

Residenz-Restaurant Neu!

20 | Menü 48–92 € | So Mo, Do-So Di, Mi 8.–23.11.22, 19.–28.12.22, 16.1.–15.3.23

Als Alternative bietet das Zweitrestaurant eine frische, neuzeitliche Bodenseeküche. Aus der wechselnden Abendkarte können Sie sich dabei Ihr Menü selbst zusammenstellen. Im Sommer empfiehlt sich die schöne Terrasse mit Blick über den Bodensee und auf die Schweizer Alpen.

Seehotel Off www.seehotel-off.de

★★★★ garni

Uferpromenade 51, PLZ 88709, **T 07532 44740,** F 447444
21 Zimmer | 7 Suiten | Ez 80–142 €, Dz 128–276 €, inkl. Frühstück

Herrlich wohnt man hier - im Hintergrund die Weinberge und in der Ferne eine grandiose Alpensicht. Die Zimmer sind gemütlich und teils mit Balkon ausgestattet. Für Entspannung sorgt ein kleiner Wohlfühlbereich.

Villa Seeschau www.hotel-seeschau.de

VARTA-TIPP Ambiente

garni

Von-Laßberg-Straße 12, PLZ 88709, **T 07532 434490,** F 434499
18 Zimmer | 2 Suiten | Ez 95–255 €, Dz 180–350 €, inkl. Frühstück

Das im mediterranen, villenhaften Stil erbaute Hotel empfängt Sie mit unterschiedlich eingerichteten Gästezimmern, die alle über einen Balkon oder eine Terrasse verfügen. Den See hat man hier praktisch immer im Blick. Schön auch die großzügige Gartenanlage mit Sonnenterrassen und Whirlpool. Hier genießen Sie die eindrucksvolle Aussicht sowie die wohltuende Ruhe dieses persönlich geführten Domizils.

MEINHARD 32 D www.meinhard.de

Hessen | EW 5.540 | 250 m | Bad Sooden-Allendorf 18 km, Eisenach 44 km

Schloss Wolfsbrunnen www.wolfsbrunnen.de

Am Berg 1, PLZ 37276 (OT: Schwebda), **T 05651 335790,** F 3357912
53 Zimmer | 7 Suiten | Ez 119–149 €, Dz 159–189 €, inkl. Frühstück

Das 1904 im Stil der Renaissance erbaute Schloss liegt inmitten des Werratals am Werratalsee. Die Zimmer sind individuell, allesamt schön, stilvoll und wohnlich. Zum Haus gehören auch Veranstaltungssäle, ein Restaurant, ein SPA-Bereich und eine Bibliothek. In den Sommermonaten lockt die großzügige Schlossterrasse.

MEISENHEIM 50 A www.meisenheim.de

Rheinland-Pfalz | EW 2.795 | 160 m | Bad Kreuznach 31 km, Kaiserslautern 43 km

Meisenheimer Hof www.meisenheimer-hof.de

Obergasse 33, PLZ 55590, **T 06753 1237780**
23 Zimmer | 5 Suiten | Ez 98–109 €, Dz 149–199 €, inkl. Frühstück | 1.–11.1.23

Ein schön restauriertes Weinhotel in der hist. Altstadt. Die meisten der Suiten und Themenzimmer sind nach berühmten Weinbergen an der Nahe benannt. Hausgästen stehen eine Dachterrasse und eine Bibliothek zur Verfügung. Im Keller lagern beste Weine.

Meisenheimer Hof

VARTA-TIPP Küche

44 | Hauptgericht 22–44 €, Menü 89–129 € | So Di-So Mo 1.–11.1.23

Originale Holzdielen, Täfelung aus dem 18. Jhd., Biedermeierstühle, Kirschholztische... Das Restaurant mit seinen drei miteinander verbundenen Gaststuben hat schon seinen ganz eigenen Stil - und dazu passt die zeitgemäß interpretierte, innovative Küche von Gastgeber und Küchenchef Markus Pape. Der gebürtige Sauerländer ist ein echtes Talent! Die Bandbreite seines Könnens zeigt er in einem kreativen Degustationsmenü (4 bis 8 Gänge). Dazu können Sie einen passenden Tropfen von der sehr guten Weinkarte wählen. Bei schönem Wetter empfiehlt sich der schattige Innenhof.

MEISSEN 35 D www.stadt-meissen.de

Sachsen | EW 28.198 | 106 m | Dresden 25 km, Riesa 26 km

Burgkeller & Residenz Kerstinghaus www.hotel-burgkeller-meissen.de

★★★★ S garni

Domplatz 11, PLZ 01662, **T 03521 41400,** F 414070
25 Zimmer | 3 Suiten | 1 Apartment | Ez ab 80 €, Dz ab 90 €, inkl. Frühstück

In exponierter Lage auf dem Meißner Burgberg bietet dieses Haus eine tolle Aussicht auf Altstadt und Elbe. Die Gästezimmer wurden gemütlich und mit viel Liebe zum Detail eingerichtet. Hübscher Wellnessbereich mit Wintergarten und Außenterrasse. Panoramarestaurant mit regionaler und internationaler Küche.

Dorint Parkhotel hotel-meissen.dorint.com

★★★★ S garni

Hafenstraße 27-31, PLZ 01662, **T 03521 72250,** F 722904
118 Zimmer | 6 Suiten | Ez 80–130 €, Dz 120–190 €, 18,00 € | 24 h

Mittelpunkt der kürzlich renovierten Hotelanlage bildet die Jugendstilvilla von 1870 mit hübschem Elbblick. In mehreren Gebäuden stehen angenehme, wohnlich eingerichtete Zimmer in vier verschiedenen Kategorien zur Verfügung. Im eleganten Restaurant mit Wintergarten werden saisonal wechselnde regionale und internationale Speisen serviert.

Vincenz Richter
www.vincenz-richter.de

An der Frauenkirche 12, PLZ 01662, **T 03521 453285**
80 | Hauptgericht 10–24 €, Menü 20–39 € | Fr-Sa Mi-Sa Mo, Di, So

Restaurantkultur in historischer Atmosphäre verbunden mit sächsischer Gastlichkeit und schmackhafter saisonal geprägter Küche - das gemütliche Weinrestaurant mit Terrasse und Innenhof sollte man sich als Meißen-Besucher nicht entgehen lassen. Edle Tropfen vom eigenen Weinberg.

Zum Goldenen Fass
www.goldenes-fass-meissen.de

Vorbrücker Str. 1, PLZ 01662, **T 03521 719200**
50 | Hauptgericht 16–26 €, Menü 30–49 € | Mo-So

Unter dem Motto „Einfach lecker!" bietet man in diesem ehem. Weinbauernhof eine schmackhafte saisonale Küche unter Verwendung regionaler Produkte. Dazu gibt es gute Weine aus dem Elbtal. Romantischer Hofgarten, hübsche Gästezimmer.

MELLE 21 D
www.stadt-melle.de

Niedersachsen | EW 49.000 | 76 m | Osnabrück 22 km, Herford 26 km

Van der Valk
www.melle.vandervalk.de

★★★★ S garni

Wellingholzhausener Straße 7, PLZ 49324 (OT: Drantum), **T 05422 96240,** F 9624444
118 Zimmer | 10 Suiten | 24 h

Modernes Freizeit- und Tagungshotel, verkehrsgünstig an der A30 gelegen. Geräumige Zimmer und Themensuiten in unterschiedlichen Kategorien. Restaurant mit regionaler und internationaler Küche. Schöne Gartenterrasse.

Akzenthotel Hubertus
www.hubertus-melle.de

★★★ S garni

Westerhausener Straße 50, PLZ 49324 (OT: Westerhausen), **T 05422 98290,** F 982929
35 Zimmer | 2 Apartments | Ez ab 59 €, Dz ab 85 €, inkl. Frühstück

Traditionsreiches, familiengeführtes Haus mit guter Verkehrsanbindung (nur 2 km zur A3/ Autobahnabfahrt Gesmold). Geschmackvoll eingerichtete Zimmer mit komfortabler und zeitgemäßer Ausstattung. Das Restaurant serviert überwiegend regionale Spezialitäten.

Lüers im Heimathof
www.heimathof-melle.de

Friedrich-Ludwig-Jahn-Straße 10, PLZ 49324, **T 05422 925091**
65 | Hauptgericht 12–35 € | So Do-So Mo, Di, Mi

»

Die Gastronomie im wunderschönen historischen Heimathof bietet eine frische saisonale Küche. Es gibt z.B. „Steak vom Rind unter Kräuterkruste und Knoblauchgarnelen an Erbsenpüree und Kartoffelstäbchen“. In den Sommermonaten lockt die charmante Terrasse.

MELLRICHSTADT 43 C www.mellrichstadt-rhoen.de

Bayern | EW 5.500 | 270 m | Meiningen 21 km, Suhl 51 km

Biohotel Sturm www.hotel-sturm.com

Ignaz-Reder-Straße 3, PLZ 97638, **T 09776 81800,** F 818040
45 Zimmer | Ez 103–118 €, Dz 176–346 €, inkl. Frühstück

Das erste Biohotel im Biosphärenreservat Rhön ist ein Wohlfühlort für Individualisten. Die schnörkellosen Zimmer bestechen mit Klarheit, modernem Design und Eleganz der verwendeten Naturmaterialien. Fragen Sie nach den neuen Gartenblickzimmern! Zum Haus gehören auch ein schöner Wellnessbereich mit Kräutersauna, Schwimmteich und parkähnlichem Garten, das Biorestaurant „Otto's“ sowie ein Naschgarten.

MELSUNGEN 32 C www.melsungen.de

Hessen | EW 13.309 | 179 m | Kassel 20 km, Fritzlar 24 km

Centrinum www.centrinum.de

Rosenstraße 1, PLZ 34212, **T 05661 926060,** F 9260666
22 Zimmer | 1 Apartment | Ez 90 €, Dz 140 €, inkl. Frühstück

Privat geführtes Hotel inmitten der Melsunger Altstadt. Individuell eingerichtete Gästezimmer mit stilvoller Möblierung und historischer Raumcharakteristik. Schöner Saunabereich im Souterrain. Angeschlossenes Bistro und Weinlokal.

MEMMELSDORF 53 A www.memmelsdorf.de

Bayern | EW 8.854 | 262 m | Bamberg 8 km, Scheßlitz 13 km

Drei Kronen www.drei-kronen.de

★★★ S

Hauptstraße 19, PLZ 96117, **T 0951 944330,** F 9443366
36 Zimmer | Ez 73–95 €, Dz 100–140 €, inkl. Frühstück | ⃠ 21.–25.12.22

Hist. Haus mit familiärer Atmosphäre und wohnlichen Gästezimmern in verschiedenen Kategorien - von fränkisch-gemütlich bis modern-luxuriös. In den behaglichen Gaststuben werden bodenständige Gerichte und hausgebraute Biere serviert.

Höhn www.hotel-gasthof-hoehn.de

★★★

Hauptstraße 11, PLZ 96117, **T 0951 406140,** F 4061444
40 Zimmer | Ez 59–84 €, Dz 84–149 €, inkl. Frühstück

Der fränkische Brauereigasthof befindet sich bereits seit vielen Jahren in Familienbesitz. Hier erwarten Sie eine gemütliche Gaststube, ein idyllischer Hofgarten und gepflegte Landhauszimmer. Es werden auch Brauereiführungen angeboten.

MEPPEN 20 B www.meppen.de

Niedersachsen | EW 36.076 | 14 m | Holländische Grenze 16 km, Lingen 20 km

von Euch **Neu!** www.hotelvoneuch.de

VARTA-TIPP Küche

Kuhstr. 21-25, PLZ 49716, **T 05931 4950100**
50 | Hauptgericht 15–24 €, Menü 23–38 € | Mi-So Mo-So

Ein Paradebeispiel für herzlichen Service, gepflegtes Ambiente und schmackhafte saisonale Küche ist das einladende Restaurant in dem gleichnamigen Hotel. Lust auf „Kabeljau | Shiitake | Ponzu | Blumenkohl“ oder „Hausgemachte Ravioli | Ricotta | Walnuss | Salbei“? Ergänzt wird das kulinarische Angebot durch eine gute Auswahl an Weinen und regionalem Craft-Bier aus einer emsländischen Braumanufaktur. Zum Übernachten bietet man gepflegte, neuzeitlich eingerichtete Nichtraucherzimmer.

MERCHING 59 D www.merching.de

Bayern | EW 3.251 | 529 m | Augsburg 18 km, Aichach 30 km

Aumiller Landgasthof www.landgasthof-aumiller.de

garni

Kirchfeldstraße 13, PLZ 86504, **T 08233 74370,** F 743755
30 Zimmer | Ez 70–85 €, Dz 105–135 €, inkl. Frühstück

Dieser Gasthof hat jede Menge Charme - dafür sorgen die herzlich-familiäre Atmosphäre ebenso wie die geräumigen und sehr wohnlich eingerichteten Zimmer. Dazu behagliche Gaststuben, in denen eine frische bodenständige Küche aufgetischt wird. Schöner Biergarten unter Kastanienbäumen. Für Kinder gibt es einen Spielplatz zum Austoben.

MERGENTHEIM, BAD 52 C www.bad-mergentheim.de

Baden-Württemberg | EW 22.511 | 206 m | Tauberbischofsheim 16 km, Künzelsau 30 km

Best Western Premier Parkhotel www.parkhotel-mergentheim.de

★★★★ S garni

Lothar-Daiker-Straße 6, PLZ 97980, **T 07931 5390,** F 539100
116 Zimmer | 2 Suiten | Ez 104–130 €, Dz 137–178 €, inkl. Frühstück | 24 h

Neuzeitliches, im Kurpark gelegenes Business- und Urlaubshotel. Geschmackvoll eingerichtete Zimmer und Suiten mit Balkon oder Loggia. Hauseigene Badelandschaft mit Hallenschwimmbad, Saunen, Dampfbad, Whirlpool, Naturschwimmteich und Liegewiese. Mehrere Restaurants.

Bundschu www.hotel-bundschu.de

★★★★ S garni

Milchlingstraße 24, PLZ 97980, **T 07931 9330,** F 933633
60 Zimmer | Ez ab 79 €, Dz ab 116 €, inkl. Frühstück ››

Zeitgemäßer Wohnkomfort und fränkische Gastlichkeit erwarten Sie in diesem inhabergeführten Haus im Taubertal. Das Hotel bietet lichtdurchflutete Gästezimmer in unterschiedlichen Kategorien. Es gibt auch einen schönen Saunabereich und Massageangebote.

Bundschu

80 | Hauptgericht 14–30 €, Menü 25–48 € | Sa-So Di-So Mo

Ein gemütliches Hotelrestaurant mit mediterranem Flair. Was hier serviert wird, sind schmackhafte, ambitionierte Gerichte, für die man sehr gute Produkte verwendet. Darf es vielleicht „Gegrilltes Hohenloher Rinderfilet mit Portweinjus, grünen Bohnen und Kartoffelrösti" sein? Oder lieber „Zarte Maishähnchenbrust mit Tessiner Rucolarisotto, getrockneten Tomaten und Oliven"? Im Sommer hat man eine nette Gartenterrasse.

Edelfinger Hof

www.edelfinger-hof.de

★★★★

Landstraße 14, PLZ 97980 (OT: Edelfingen), **T 07931 9580,** F 958222
65 Zimmer | 3 Suiten | Ez 82–99 €, Dz 109–149 €, inkl. Frühstück

Freundlich geführtes Landhotel mit komfortabel und wohnlich eingerichteten Zimmern. Zum Haus gehören auch verschiedene Tagungsräume, ein gemütliches Restaurant, die Eventlocation „L'Osteria" und eine große Sonnenterrasse.

MERKLINGEN 58 B

www.merklingen.de

Baden-Württemberg | EW 1.933 | 699 m | Laichingen 7 km, Ulm 26 km

Ochsen

www.hotel-ochsen-merklingen.de

★★★ S

Hauptstraße 12, PLZ 89188, **T 07337 96180,** F 9618200
31 Zimmer | Ez 69–99 €, Dz 89–119 €, inkl. Frühstück | 1.–8.1.23

Traditionsreicher Gasthof mit familiärer Führung. Das Haus bietet einfache, aber gepflegte Gästezimmer, die in unterschiedlichen Kategorien buchbar sind. Modernes Restaurant mit regionalen und internationalen Spezialitäten.

MERTESDORF 49 A

www.mertesdorf.de

Rheinland-Pfalz | EW 1.673 | 220 m | Trier 9 km, Koblenz 89 km

Weis

www.hotel-weis.de

★★★★

Eitelsbacher Weg 4, PLZ 54318, **T 0651 95610,** F 9561150
48 Zimmer | 1 Suite

Hotel mit angeschlossenem Weingut - idyllisch in den Weinbergen des Ruwertals gelegen. Geschmackvolle Zimmer, die mit Naturholzmöbeln eingerichtet sind. 350 qm großer „Riesling Spa" mit Sauna und Dampfbad. Behagliches Restaurant, Vinothek und Gutsweinstube.

MERZIG 49 C

www.merzig.de

Saarland | EW 30.518 | 174 m | Saarlouis 21 km, Luxembourg 56 km

Roemer

www.roemer-merzig.de

★★★

Schankstraße 2, PLZ 66663, **T 06861 93390,** F 933930
41 Zimmer | Ez 69–99 €, Dz 95–120 €, inkl. Frühstück

Gewachsenes Stadthotel von 1871 mit zeitgemäßen und funktional eingerichteten Zimmern. Eine besondere Atmosphäre bieten die verschiedenen Themenzimmer. Modern gestaltetes Restaurant mit regionalen und internationalen Spezialitäten.

MESCHEDE 30 D www.hennesee-tourismus.de

Nordrhein-Westfalen | EW 32.475 | 260 m | Brilon 22 km, Lippstadt 43 km

Landhotel Donner www.landhotel-donner.de

Zur alten Schmiede 4, PLZ 59872 (OT: Remblinghausen), **T 0291 952700,** F 9527010
14 Zimmer | Ez 84–96 €, Dz 118–146 €, inkl. Frühstück

Angenehm persönlich ist die Atmosphäre in diesem familiär geführten Landhotel. Hier stehen gemütliche, komfortable Zimmer im Cottagestil zur Verfügung. Zahlreiche Wanderwege befinden sich in direkter Umgebung.

Landhotel Donner

VARTA-TIPP Küche

90 | Hauptgericht 25–43 €, Menü 28–58 € | Sa Mo-Di, Do-Sa Mi, So

Drei Generationen Familientradition, dazu behagliche Atmosphäre mit viel Holz und gute Küche - wer kommt da nicht gerne zum Essen? Dass es hier schmeckt, beweisen solide gekochte, bürgerlich-regionale Gerichte wie z.B. „Gebratene Maispoulardenbrust auf geschmortem Spitzkohl mit Jus, Pfifferlingen und Kartoffel-Schnittlauchpüree". Auch der herzliche Service und das ausgewogene Preis-Leistungs-Verhältnis können überzeugen.

Von Korff www.hotelvonkorff.de

Le-Puy-Straße 19, PLZ 59872, **T 0291 99140**
100 | Hauptgericht 15–38 €, Menü bis 39 € | Mo-Sa So

Modern eingerichtetes Restaurant in einem Patrizierhaus aus dem Jahr 1902. Serviert werden Spezialitäten aus der mediterranen und regionalen Küche. Aufmerksamer und freundlicher Service.

MESPELBRUNN 51 B www.spessartraeuberland.de

Bayern | EW 2.192 | 269 m | Aschaffenburg 20 km, Marktheidenfeld 24 km

Müller's Landhotel www.muellers-landhotel.info

Am Dürrenberg 1, PLZ 63875 (OT: Hessenthal), **T 06092 824820,** F 82482299
29 Zimmer | 2 Suiten

››

Das neuzeitliche Hotel am Ortsrand von Mespelbrunn verfügt über sehr gepflegte, modern ausgestattete Zimmer mit gutem Platzangebot. Von den Balkonen blickt man ins Grüne. Gute Tagungsmöglichkeiten. Wanderwege in unmittelbarer Nähe.

Müller's Frischeküche

80 | Hauptgericht 11–26 €, Menü 25–37 € | So Mo-Sa

Hell und zeitgemäß präsentiert sich dieses Restaurant mit Sonnenterrasse und Wintergarten. Die regionalen und internationalen Speisen werden aus frischen Produkten schmackhaft zubereitet und freundlich serviert. Regelmäßig Spezialitäten- und Themenwochen.

Rügers Forstgut

www.ruegers-forstgut.de

★★★★

Schlossallee 25, PLZ 63875, **T 06092 6080,** F 608100
40 Zimmer | 2 Suiten | Ez ab 95 €, Dz ab 135 €, inkl. Frühstück

Restaurierter Fachwerkbau von 1910 in ruhiger Lage. Meist zeitgemäß gestaltete Zimmer mit hochwertiger Ausstattung. Wellnesslounge mit Sauna, Dampfbad und Sonnenwiese. Restaurant mit fränkischem Wirtshausflair und idyllischer Gartenterrasse.

Zum Engel

www.mespelbrunn-hotel-engel.de

Hauptstraße 268, PLZ 63875, **T 06092 97380,** F 973839
23 Zimmer

Familiengeführter Gasthof mit über 400-jähriger Tradition. Wohnlich eingerichtete Zimmer mit zeitgemäßer Ausstattung und kostenlosem WLAN. Regionale Spezialitäten bietet das Restaurant.

MESSKIRCH 58 C

www.messkirch.de

Baden-Württemberg | EW 8.100 | 616 m | Sigmaringen 21 km, Stockach 23 km

Adler Leitishofen

www.adler-leitishofen.de

Leitishofen 35, PLZ 88605 (OT: Menningen), **T 07575 925080**
150 | Hauptgericht 10–29 €, Menü 30–45 € | Mo, Do-So Mo, Mi-So Di

Möchten Sie in den traditionell-modernen Stuben des Gasthofs speisen oder lieber auf der herrlichen Terrasse im Grünen? Es gibt regionale Spezialitäten aus den heimischen Wäldern und dem nahegelegenen Bodensee sowie saisonale und internationale Gerichte. Zum Übernachten hat man gepflegte, freundliche Zimmer.

MESSSTETTEN 57 D

www.messstetten.de

Baden-Württemberg | EW 9.996 | 907 m | Pfullingen 25 km, Sigmaringen 35 km

Lammstuben

www.lammstuben.de

Römerstraße 2, PLZ 72469 (OT: Hartheim), **T 07579 621**
60 | Hauptgericht 10–26 €, Menü 23–43 € | Do, Sa-So Mo, Mi-So Di

Aus dem ehem. Gasthof mit Landwirtschaft ist ein geschmackvolles Restaurant entstanden. Wandvertäfelungen, historische Bilder, bemalte Holzdecken und opulente Stoffe sorgen für eine behagliche Atmosphäre. Gekocht wird überwiegend regional.

METTLACH 49 C www.tourist-info.mettlach.de

Saarland | EW 12.300 | 175 m | Merzig 8 km, Saarlouis 29 km

Buchna's Landhotel Saarschleife www.hotel-saarschleife.de

Cloefstraße 44, PLZ 66693 (OT: Orscholz), **T 06865 1790,** F 17930
41 Zimmer | 3 Suiten | 1 Apartment | Ez 85–144 €, Dz 139–210 €, inkl. Frühstück

Ein gepflegtes, familiengeführtes Hotel direkt an der imposanten Saarschleife. Das Haus verfügt über renovierte Gästezimmer, einen schönen Wellnessbereich sowie einen gepflegten Hotelpark mit Sonnenwiese. Reichhaltiges Landfrühstück mit frischen regionalen Produkten.

Buchna's Landküche & Dorfküche

80 | Hauptgericht 20–28 € | Mo-So

Das Gastronomiekonzept teilt sich in zwei Bereiche: Während im einladend-rustikalen Restaurant „Dorfküche" frische, bodenständige Gerichte aufgetischt werden, bietet das Restaurant „Landküche" im Kaminzimmer eine feine, ambitionierte Produktküche, die sich an den Jahreszeiten orientiert. Dazu gibt es ausgesuchte Weine aus nah und fern. Tipp: An „Christians Küchentisch" schauen die Gäste den Köchen direkt in die Töpfe.

METTMANN 29 C www.mettmann.de

Nordrhein-Westfalen | EW 37.867 | 140 m | Düsseldorf 15 km, Wuppertal 16 km

Land Gut Höhne www.guthoehne.de

Düsseldorfer Straße 253, PLZ 40822, **T 02104 7780,** F 778778
130 Zimmer | 4 Suiten | Ez ab 99 €, Dz ab 195 €, inkl. Frühstück | 24 h ››

Stilvoll-rustikales Hotel, das in eine schöne alte Gutsanlage eingebettet ist. Wohnliche Zimmer mit zeitgemäßer Technik. Sehr gutes SPA- und Tagungsangebot. Behagliches Gutshofrestaurant mit zahlreichen Nischen und verwinkelten Sitzecken.

METZINGEN 58 A www.metzingen.de

Baden-Württemberg | EW 21.172 | 350 m | Reutlingen 8 km, Stuttgart 34 km

Schwanen www.hotel-schwanen-metzingen.de

★★★★

Bei der Martinskirche 10, PLZ 72555, **T 07123 9460,** F 946100
72 Zimmer | 4 Suiten | Ez 98–147 €, Dz 123–172 €, 18,90 €

Der gewachsene Familienbetrieb ist äußerst gepflegt und seit Jahren eine gute Adresse - nicht nur für Besucher der Mode-Outlets, die sich in unmittelbarer Nähe befinden. Besonders nett wohnen Sie übrigens in den neueren Zimmern im Gartenhaus. Im liebevoll gestalteten Restaurant wird gehobene, schwäbisch-saisonale Küche serviert.

Stausee-Hotel www.stausee-hotel.de

GREENSIGN ★★★ S

Unterer Hof 3, PLZ 72555 (OT: Glems), **T 07123 92360,** F 923663
22 Zimmer | 2 Apartments | Ez 90–130 €, Dz 120–150 €, inkl. Frühstück

Das familiengeführte Haus besticht durch seine schöne Lage oberhalb des Glemser Stausees. Hier wohnen Sie in hellen, neuzeitlich ausgestatteten Gästezimmern. Im Restaurant wird saisonal gekocht. Sonnige Terrasse mit Seeblick.

MICHELAU I.OFR 44 C www.gemeinde-michelau.de

Bayern | EW 6.407 | 266 m | Kronach 22 km, Coburg 24 km

Goldene Krone www.krone-michelau.de

€ Gut & Günstig ★★★

Kirchplatz 14, PLZ 96247, **T 09571 97050,** F 970598
11 Zimmer | Ez ab 50 €, Dz ab 90 €, inkl. Frühstück

Traditionsreicher fränkischer Gasthof in einem um 1740 erbauten Haus, in der 3. Generation familiengeführt. Gemütlich eingerichtete Zimmer mit zeitgemäßer Ausstattung. In den gepflegten Gaststuben werden fränkische Schmankerl und überregionale Küche serviert.

MICHELSTADT 51 A www.michelstadt.de

Hessen | EW 16.108 | 206 m | Eberbach 25 km, Miltenberg 31 km

Landgasthof Geiersmühle www.geiersmuehle.de

Aussenliegend-Ohrnbach 1, PLZ 64720 (OT: Vielbrunn), **T 06066 721**
40 | Hauptgericht 16–35 €, Menü 40–68 € | So Fr-So

Ehem. Mühlenanwesen in idyllischer Waldrandlage mit familiär-freundlichem Service. Serviert werden schmackhafte mediterrane und deutsche Gerichte. Geräumige Gästezimmer.

MIESBACH 68 A www.miesbach.de

Bayern | EW 11.268 | 688 m | Bad Tölz 22 km, Rosenheim 32 km

Bayerischer Hof www.bayerischerhof-online.de

★★★★ garni

Oskar-von-Miller-Straße 2-4, PLZ 83714, **T 08025 2880,** F 288288
134 Zimmer | 19 Suiten | Ez ab 119 €, Dz ab 159 €, inkl. Frühstück | 24 h

Das Ferienhotel liegt vor einem herrlichen Bergpanorama. Die geräumigen Zimmer sind im klassischen Stil eingerichtet und verfügen über einen Balkon oder eine Terrasse. Großzügige Saunalandschaft auf 500 qm. Restaurant mit regionaler und saisonaler Küche.

Manuelis www.manuelis.de

VARTA-TIPP Küche

Kolpingstraße 2, PLZ 83714, **T 01515 4694237**
30 | Menü 59–129 € | Do-So Mo, Di, Mi

Was von außen eher unscheinbar daherkommt, entpuppt sich im Innern als echtes Juwel! Hier wird mit Liebe und Leidenschaft gekocht. Die Küche von Manuel Greindl ist modern-kreativ, angenehm klar und verwendet fast ausschließlich frische regionale Lebensmittel. Sie haben die Wahl zwischen einem Drei-, Fünf-, Sieben- oder Neun-Gänge-Menü. An jedem 1. Wochenende im Monat findet ein sogenannter Themenmenüabend statt. Zum Restaurant gehört auch eine Ferienwohnung.

MILTENBERG 51 B www.miltenberg.info

Bayern | EW 9.412 | 127 m | Michelstadt 29 km, Wertheim 30 km

Hopfengarten www.flairhotel-hopfengarten.de

★★★ garni

Ankergasse 16-20, PLZ 63897, **T 09371 97370,** F 69758
19 Zimmer | 1 Suite | Ez 62–118 €, Dz 98–164 €, inkl. Frühstück | 20.–31.1.23

Familiär geführtes Haus in zentraler Lage. Wohnliche Gästezimmer mit neuzeitlicher Ausstattung in vier verschiedenen Kategorien. Das Haus bietet auch Stellplätze für Fahr- und Motorräder. Das reichhaltige Frühstücksbuffet wird bei schönem Wetter auch auf der Terrasse serviert.

MINDELHEIM 59 C www.mindelheim.de

Bayern | EW 14.377 | 604 m | Memmingen 28 km, Landsberg 28 km

Kunstmühle www.kunstmuehle-mn.de

Hermelestraße 19, PLZ 87719, **T 08261 7595823,** F 7595821
18 Zimmer | Ez ab 63 €, Dz ab 74 €, 8,50 €

Aus der ehem. Kunstscheune ist ein hübsches kleines Hotel mit modernen und wohnlichen Nichtraucherzimmern entstanden. Zum Haus gehören auch ein italienisches Restaurant im Landhausstil sowie eine Terrasse mit Flussblick.

MINDEN 22 D www.mindenmarketing.de

Nordrhein-Westfalen | EW 82.400 | 48 m | Hameln 41 km, Bielefeld 46 km

Viktoria Hotel www.victoriahotel-minden.de

Markt 11, PLZ 32423, **T 0571 973100,** F 9731090
32 Zimmer | Ez ab 95 €, Dz ab 135 €, inkl. Frühstück

In einem hist. Gebäude von 1840 befindet sich dieses komfortable Hotel. Behaglich ausgestattete Gästezimmer und Apartments. Klassisch gehaltenes Restaurant mit mediterran inspirierter Küche. Tolle Lage direkt am Mindener Markt.

MITTENWALD 67 D www.mittenwald.de

Bayern | EW 7.100 | 913 m | Garmisch-Partenkirchen 18 km, Innsbruck (Österreich) 38 km

Posthotel www.posthotel-mittenwald.de

Karwendelstraße 14, PLZ 82481, **T 08823 9382333,** F 9382999
73 Zimmer | 7 Suiten | Ez ab 65 €, Dz ab 130 €, inkl. Frühstück | 24 h

Hist. Gasthof im Ortszentrum mit unterschiedlichen Gästezimmern, die von einfach-rustikal bis wohnlich-elegant eingerichtet sind. Kleiner Wellnessbereich mit Pool und finnischer Sauna. Behagliches Restaurant mit Sonnenterrasse, die den Blick auf den Karwendel freigibt.

Landhaus Sonnenbichl www.sonnenbichl-mittenwald.de

★★★ S garni

Klausnerweg 32, PLZ 82481, **T 08823 92230,** F 5814
18 Zimmer | 4 Apartments | Ez ab 66 €, Dz ab 119 €, inkl. Frühstück

Gepflegter Familienbetrieb in sonnenverwöhnter ruhiger Lage mit einem traumhaften Ausblick auf das Karwendelgebirge. Gemütliche, im Landhausstil eingerichtete Zimmer mit zeitgemäßer Ausstattung. Das reichhaltige Frühstück wird im behaglichen Frühstücksraum mit Kachelofen oder bei schönem Wetter auf der großen Sonnenterrasse serviert.

Das Marktrestaurant www.das-marktrestaurant.de

VARTA-TIPP Küche

Dekan-Karl-Platz 21, PLZ 82481, **T 08823 9269595**
40 | Hauptgericht 22–45 €, Menü 90–120 € | Fr-Sa Di-Sa Mo, So

Ein echtes Schmuckstück ist dieses leger-gemütliche Restaurant. Andreas Hillejans Leidenschaft gilt der neuen deutschen Küche - bodenständig und ehrlich, aber gleichzeitig mit jeder Menge Raum für Kreativität. Für seine spannenden Gerichte verwendet er vor allem frische und saisonale Spitzenprodukte aus der direkten Umgebung. Nette Terrasse im Innenhof mit einmaligem Blick auf das Karwendelgebirge. Der hist. Gewölbekeller eignet sich bestens für Veranstaltungen. Regelmäßig Kochkurse.

MOERS 29 C www.moers.de

Nordrhein-Westfalen | EW 103.108 | 30 m | Duisburg 13 km, Krefeld 20 km

Wellings Hotel zur Linde www.hotel-zur-linde.de

★★★★

An der Linde 2, PLZ 47445 (OT: Repelen), **T 02841 9760,** F 97666
60 Zimmer | 5 Suiten | 5 Apartments

Persönlich geführtes Haus mit individuell eingerichteten Zimmern und guten Tagungsmöglichkeiten. Schöne Wellnesslandschaft mit Sauna, Fitnessraum und Ruhebereich. Große Parklandschaft hinter dem Hotel.

Wellings Hotel zur Linde

180 | Hauptgericht 14–38 €, Menü 38–72 € | Mo-So

Hübsch dekorierte Gaststuben im hist. Teil des Hauses. Aus der Küche kommen regionale und internationale Speisen wie z.B. „Lammkeule in Rosmarinrahm mit Tomaten-Bohnen-Gemüse und Rahmkartoffeln“ oder „Perlhuhnbrust aus dem Ofen auf gerahmtem Sauerkraut, dazu Kartoffelstampf“.

Kurlbaum

www.restaurant-kurlbaum.de

Burgstraße 7, PLZ 47441, **T 02841 27200**
40 | Hauptgericht 28–38 €, Menü 49–85 € | Mi-Fr Mi-So Mo, Di

Zeitlos-elegantes Restaurant in der Fußgängerzone. Seit Jahren bietet man hier eine gehobene internationale Küche in beständiger Qualität. Im Bistrobereich im Erdgeschoss wird mittags ein preisgünstiges 2-Gang-Menü (inkl. Mineralwasser) serviert.

MOLFSEE 8 C

www.molfsee.de

Schleswig-Holstein | EW 5.407 | 24 m | Kiel 7 km, Neumünster 23 km

Bärenkrug

www.baerenkrug.de

★★★ S garni

Hamburger Chaussee 10, PLZ 24113, **T 04347 71200,** F 712013
36 Zimmer | Ez ab 75 €, Dz ab 125 €, inkl. Frühstück

Traditionsbetrieb aus dem 17. Jhd., der seit 1919 familiengeführt ist. Individuell eingerichtete, großzügige Zimmer im Landhausstil für Wochenend- und Geschäftsreisende. Für Entspannung sorgt eine finnische Naturstammsauna nahe dem hauseigenen Kräutergarten.

Bärenkrug

130 | Hauptgericht 13–32 €, Menü 25–58 € | Mi-So Mo, Di

Stilvolles Restaurant im friesisch-nordischen oder mediterranen Landhausstil mit saisonal orientierter, regionaler Küche. Idyllischer Hofgarten mit alten Kastanienbäumen.

MÖLLN 16 A

www.moelln-tourismus.de

Schleswig-Holstein | EW 18.492 | 19 m | Ratzeburg 10 km, Lauenburg 38 km

Seehotel Schwanenhof

www.seehotel-schwanenhof.de

Am Schulsee, PLZ 23879, **T 04542 84830,** F 848383
29 Zimmer | 1 Suite | Ez 95 €, Dz 140 €, inkl. Frühstück

Schlichter Hotelbau am Schulsee im Naturpark Lauenburgische Seen. Hier erwarten den Gast hell und freundlich eingerichtete Zimmer und Suiten. Das Restaurant bietet regionale und internationale Gerichte sowie hausgemachte Kuchen.

MÖNCHENGLADBACH 28 D

www.moenchengladbach.de

Nordrhein-Westfalen | EW 255.430 | 70 m | Krefeld 22 km, Düsseldorf 30 km
Pfarrkirche St. Mariä Himmelfahrt am Alten Markt, Spätrom. Münster, Karnevalsmuseum Altes Zeughaus, Wasserturm mit 16 Aussichtskanzeln, Schloss Rheydt, Schloss Dyck.

H4 Hotel im BORUSSIA-PARK

www.h-hotels.com

Hennes-Weisweiler-Allee 1, PLZ 41179 (OT: Rheindahlen-Genhülsen), **T 02161 56700,** F 5670100
131 Zimmer | 24 h

Fußballfreunde werden sich hier wohlfühlen! Das 2019 eröffnete Themenhotel liegt im Borussia-Park, unmittelbar am gleichnamigen Stadion des Fußball-Bundesligisten. In den Etagen erinnern verschiedene gestalterische Elemente an große Momente der Vereinsgeschichte. Die bestens ausgestatteten Zimmer lassen einen Blick auf das Trainingsgelände der „Fohlen" zu. Attraktive Fitness- und Tagungsmöglichkeiten.

Palace St. George

www.palace-st-george.de

Konrad-Zuse-Ring 10, PLZ 41179 (OT: Rheindahlen), **T 02161 549880,** F 5498854
12 Zimmer | 5 Suiten | Ez ab 90 €, Dz ab 110 €, 15,00 €

Nettes kleines Designhotel in einem denkmalgeschützten Gebäude von 1904. Nach seiner gelungenen Modernisierung im Jahr 2020 zeigt sich das Haus frischer und jugendlicher. Hochwertiges Interieur, moderne Bildtapeten und unterschiedliche Stilrichtungen prägen die Gästezimmer. Im Hotelrestaurant wird eine pfiffige Crossover-Küche aufgetischt.

Lindenhof

www.lindenhof-mg.de

Vorster Straße 535, PLZ 41169 (OT: Hardt), **T 02161 559340,** F 56259966
16 Zimmer | 2 Suiten | Ez 72–150 €, Dz 114–168 €, 13,80 €

Gepflegter hist. Gasthof aus dem 17. Jhd. in verkehrsgünstiger Lage zu Autobahn und Messe. Wohnlich eingerichtete Zimmer mit moderner Ausstattung und kostenlosem WLAN.

Restaurant Kasteel

35 | Hauptgericht 36–49 €, Menü 70–108 € | Di-Sa Mo, So

Behagliches Restaurant mit rustikalem Ambiente und gepflegter Tischkultur. Serviert wird neue deutsche Küche mit mediterranen und französischen Akzenten.

MONTABAUR 40 D www.suedlicher-westerwald.de

Rheinland-Pfalz | EW 12.447 | 230 m | Limburg 22 km, Koblenz 25 km

Bernhards www.bernhards.restaurant

Rudolf-Diesel-Str. 6, PLZ 56410 (OT: Alter Galgen), **T 02602 937444**
80 | Hauptgericht 20–53 €, Menü 44–56 € | Di-Fr Di-Sa Mo, So 8.–15.1.23

Im Gewerbegebiet unweit der Autobahn A3 hat sich das Restaurant als gastronomisches Gesamtkunstwerk etabliert. Das Interieur ist offen, hell und geradlinig gestaltet. Serviert wird Regional-Saisonales wie „Zanderfilet auf der Haut gebraten“ oder „Wiener Schnitzel vom Kalb“. Schön feiern kann man hier übrigens auch.

MOOS 62 A www.gemeinde-moos.de

Bayern | EW 2.221 | 316 m | Passau 45 km, Regensburg 84 km

Kook 36 Restaurant www.kook36.de

VARTA-TIPP Küche

Thundorferstr. 36, PLZ 94554, **T 09938 9196636**
42 | Hauptgericht 15–29 €, Menü 87–107 € | Mi-So Mo, Di

Ambitionierte Küche in stylish-gemütlichem Ambiente. Große Chesterfieldsofas, viel Holz und mildes Licht sorgen für eine entspannte Atmosphäre. Gefühlt wird die Küchenleistung von Daniel Klein von Jahr zu Jahr besser und ausgefeilter. Sein Repertoire ist vielfältig. Das Angebot reicht von schmackhaften Fischgerichten über Steaks bis zu innovativen vegetarischen Speisen - alles modern interpretiert und mit feinen asiatischen Gewürzen abgeschmeckt. Auch der Service stimmt: stets präsent und zugleich diskret. Im Sommer kann man auch auf der kleinen Terrasse speisen. Bei Redaktionsschluss für diese Buchausgabe wurde bekannt, dass das gesamte »Kook-Team« Anfang 2023 in eine neue Location nach Deggendorf umzieht.

MORBACH 49 B www.morbach.de

Rheinland-Pfalz | EW 10.843 | 440 m | Bernkastel-Kues 17 km, Idar-Oberstein 21 km

Hotel & Restaurant 2tHEIMAT
www.2theimat.de

Am Kirschbaum 55-57, PLZ 54497, **T 06533 93950**
21 Zimmer | 6 Suiten | Ez ab 75 €, Dz ab 115 €, inkl. Frühstück

Familiär geführtes Wellnesshotel in ruhiger Lage in unmittelbarer Nähe zum Saar-Hunsrück-Steig. Gemütliche Zimmer mit Balkon oder Terrasse. Im Restaurant wird regional und saisonal gekocht.

MORITZBURG 36 C
www.kulturlandschaft-moritzburg.de

Sachsen | EW 8.311 | 166 m | Dresden 16 km, Meißen 16 km

Adams Gasthof
www.adamsgasthof.de

Markt 9, PLZ 01468, **T 035207 99775**
100 | Hauptgericht 13–22 € | Mi-So Mo, Di

In dem liebevoll und aufwendig sanierten Fachwerkhaus serviert man schmackhafte deutsche und regionale Küche. Probieren Sie z.B. „Hausgemachte Rinderroulade gefüllt mit Speck, Zwiebeln & Gewürzgurken, dazu marktfrisches Gemüse und Petersilienkartoffeln". Für Privatfeiern stehen eine Eventscheune und ein Ballsaal zur Verfügung. Idyllische Sommerterrasse.

MORSCHEN 32 C
www.morschen.de

Hessen | EW 3.395 | 177 m | Rotenburg/Fulda 13 km, Kassel 46 km

Kloster Haydau
www.hotel-kloster-haydau.de

★★★★ S

In der Haydau 2, PLZ 34326, **T 05664 939100,** F 478569
136 Zimmer | 12 Suiten | Ez 110–130 €, Dz 140–160 € | 24 h

Harmonisch hat man dieses Tagungshotel in die Klosteranlage eingebunden. Hier verbinden sich moderne Elemente mit historischem Ambiente. Sie übernachten zeitgemäß und komfortabel. Die Zimmer der obersten Etage verfügen über einen Balkon und Klimatisierung. Zum Haus gehört auch ein 350 qm großer SPA-Bereich mit Sauna und Fitnesscenter.

MOSBACH 51 D
www.mosbach.de

Baden-Württemberg | EW 24.549 | 156 m | Eberbach 28 km, Heilbronn 32 km

Zum Amtsstüble
www.amtsstueble.de

★★★ S

Lohrtalweg 1, PLZ 74821, **T 06261 93460,** F 934610
50 Zimmer

Das Hotel am Rande der hist. Altstadt besteht aus Hauptgebäude und Neubau. Hier stehen hell und freundlich eingerichtete Zimmer zur Verfügung. Ansprechendes und reichhaltiges Frühstücksbuffet. Das bürgerliche Restaurant serviert regionale und mediterrane Küche.

MOTTEN 42 D
www.motten.de

Bayern | EW 1.747 | 420 m | Fulda 19 km, Würzburg 93 km

Hotel - Gasthof Zum Biber
www.gasthof-zum-biber.de

€ Gut & Günstig ★★★ garni

Hauptstraße 17, PLZ 97786 (OT: Speicherz), **T 09748 91220,** F 912266
42 Zimmer | 1 Apartment | Ez 72–84 €, Dz 99–109 €, inkl. Frühstück

Traditionsgasthof mit Hausmetzgerei und hauseigener Schnapsbrennerei. Zweckmäßige Zimmer unterschiedlicher Kategorien, teilw. mit Balkon oder Terrasse. Abschließbare Garagen. Bürgerliches Restaurant.

MUGGENSTURM 57 A
www.muggensturm.de

Baden-Württemberg | EW 6.174 | 122 m | Rastatt 7 km, Karlsruhe 23 km

Lamm
www.lamm-muggensturm.com

Hauptstraße 24, PLZ 76461, **T 07222 52005**
Hauptgericht 20–40 €, Menü 42–70 € | Mo, Do-Fr, So Mo, Do-So Di, Mi

In dem freundlichen Restaurant genießen Sie eine zeitgemäß interpretierte Küche nach klassischem Vorbild, in der auch Produkte aus der Region integriert sind. Auf der Karte finden sich Gerichte wie „Tranche von Freiland-Angus-Filet, gebratener Rosenkohl, Karotten-Orangenpüree, Schupfnudeln". Man verfügt auch über einige Gästezimmer, die zweckmäßig eingerichtet sind.

MÜHLTAL 51 A
www.muehltal.de

Hessen | EW 13.908 | 173 m | Darmstadt 6 km, Heidelberg 44 km

Hofgut Dippelshof
www.dippelshof.de

★★★★★S garni

Am Dippelshof 1 (am Golfplatz), PLZ 64367 (OT: Traisa), **T 06151 917188,** F 917189
18 Zimmer | 1 Apartment | Ez ab 99 €, Dz ab 139 €, inkl. Frühstück

Schmuckes Anwesen aus der Jugendstilzeit mit über 400-jähriger Geschichte, gelegen in einer herrlichen Parkanlage. Individuell mit Liebe zum Detail eingerichtete Gästezimmer mit zeitgemäßer Ausstattung. Die Terrasse, die Pavillons oder das Gartenhaus im Jugendstilpark eignen sich perfekt für Feierlichkeiten aller Art.

Hofgut Dippelshof

120 | Hauptgericht 17–35 €, Menü 40–85 € | So Do-So

Im Blauen Saal, im Rattanzimmer oder auf der Terrasse im Schatten einer jahrhundertealten Kastanie werden eine feine Frischeküche mit französischen Einflüssen sowie regionale Spezialitäten serviert.

MULFINGEN 52 C
www.mulfingen.de

Baden-Württemberg | EW 3.752 | 268 m | Künzelsau 17 km, Bad Mergentheim 24 km

Altes Amtshaus
www.amtshaus-ailringen.de

★★★★★S garni

Kirchbergweg 3, PLZ 74673 (OT: Ailringen), **T 07937 9700,** F 97030
15 Zimmer | 3 Suiten | Ez ab 105 €, Dz ab 135 €, inkl. Frühstück

»

Das Haus fungiert als Dependance des 15 km entfernten Hotel-Restaurants Anne-Sophie in Künzelsau. Die herrliche Lage mitten im idyllischen Jagsttal, das alte historische Gemäuer sowie die geschmackvoll im Landhausstil eingerichteten Zimmer und Suiten machen den Charme dieses Hotels aus. Auch für Feierlichkeiten, Tagungen und Events empfiehlt sich diese Adresse.

Jagstmühle www.jagstmuehle.de

VARTA-TIPP Service

Jagstmühlenweg 10, PLZ 74673 (OT: Heimhausen), **T 07938 90300,** F 9030336
26 Zimmer | Ez 145–240 €, Dz 160–260 €, inkl. Frühstück

Ehem. Wassermühle in idyllischer Lage am Ufer der Jagst. In diesem romantischen Landgasthof logieren Sie in wohnlich und farbenfroh eingerichteten Zimmern (teils mit eigener kleiner Terrasse), die sich auf verschiedene Gebäude verteilen. Die Gäste schätzen die individuelle Betreuung durch das freundliche Team. Das regional geprägte Frühstücksbuffet lässt keine Wünsche offen. Die angrenzende Jagstinsel lädt zu ausgedehnten Spaziergängen und zu unvergesslichen Festen ein.

Jagstmühle

VARTA-TIPP Küche **VARTA-TIPP** Service

110 | Hauptgericht 23–43 €, Menü 78–135 € | Di-Sa Mo, So

Im stilvoll-eleganten, aber dennoch gemütlich eingerichteten Fine-Dining-Restaurant bietet Steffen Mezger eine produktbezogene moderne Küche auf klassischer Basis. Das Angebot reicht von traditionellen Mühlenklassikern bis zu gehobenen Feinschmeckermenüs. Dazu kommt der aufmerksame und freundliche Service, der den passenden Wein empfiehlt. Im Zweitrestaurant Mühlenscheune, das auch mittags geöffnet hat, wird eine frische, saisonale Landküche aufgetischt.

MÜLHEIM AN DER MOSEL 49 A www.muelheimmosel.de

Rheinland-Pfalz | EW 1.018 | 119 m | Bernkastel-Kues 6 km, Wittlich 14 km

Weinromantikhotel Richtershof www.weinromantikhotel.com

VARTA-TIPP Service

GREENSIGN

Hauptstraße 81-83, PLZ 54486, **T 06534 9480,** F 948100
43 Zimmer | 5 Suiten | Ez 139–180 €, Dz 174–234 €, inkl. Frühstück | 24 h

Das Gebäudeensemble zeigt sich in einem Mix aus Barock, Gründerzeit und Jugendstil und ist eingebettet in eine großzügige Parkanlage. In allen Bereichen des Hauses ist die Historie des ehem. Weinguts allgegenwärtig. Die individuell gestalteten Gästezimmer tragen Namen von Rebsorten und berühmten Lagen der Mosel. Speisen können Sie wahlweise im modern-eleganten Restaurant, in der Vinothek „Remise" oder auf der herrlichen Terrasse am Seerosenteich. Für Entspannung sorgt der hübsche SPA-Bereich.

Kur- und Gesundheitshotel Schiffmann — www.landhaus-schiffmann.de

Veldenzer Straße 49a, PLZ 54486, **T 06534 93940,** F 939466
52 Zimmer | 5 Suiten | 9 Apartments | Ez 131–143 €, Dz 220–260 €, inkl. Frühstück

Das Kur- und Gesundheitshotel bietet freundlich eingerichtete Zimmer und Suiten sowie einen 5.000 qm großen Garten mit Liegewiese zum Bach. Umfangreiches Angebot an Anwendungen - von der Gesichtsbehandlung bis hin zur Pediküre mit Fußmassage. Diverse Wanderwege beginnen direkt am Haus. Kostenlose Leihfahrräder.

Weisser Bär — www.hotel-weisser-baer.de

★★★★ S

Moselstraße 7, PLZ 54486, **T 06534 94770,** F 9477100
33 Zimmer | 5 Suiten | Ez 99 €, Dz 159–219 €, inkl. Frühstück | 24 h

Das Wellness- und Genusshotel liegt direkt an der Mosel. Zur Auswahl stehen unterschiedliche Themenzimmer mit ausgesuchter, hochwertiger Einrichtung. Relaxen kann man im großzügigen SPA- und Beautybereich auf einer Fläche von 1.000 qm. Zum Haus gehört auch ein Restaurant mit African Lodge und Gourmetterrasse. Tipp: Ganz individuell übernachten können Sie auch im Kabinenschiff „River Bär" mit seinen geräumigen Doppelkabinen.

Moseldomizil — www.hotel-moseldomizil.de

★★★

Hauptstr. 52, PLZ 54486, **T 06534 947690,** F 9476910
18 Zimmer | Ez 80 €, Dz 119 €, inkl. Frühstück

Zeitgemäß eingerichtetes Hotel in der Ortsmitte. Hier logieren Sie in wohnlichen Gästezimmern, die mit Balkon oder Terrasse ausgestattet sind. Hausgäste telefonieren ins deutsche Festnetz kostenfrei. Auch Mineralwasser und die WLAN-Nutzung sind im Zimmerpreis enthalten. Frische, saisonale Küche im Restaurant.

MÜLHEIM AN DER RUHR 29 C — www.muelheim-tourismus.de

Nordrhein-Westfalen | EW 167.471 | 40 m | Oberhausen 7 km, Duisburg 10 km
Schloß Broich, Kloster Saarn, Hist. Rathaus, Aquarius-Wassermuseum am Schloß Styrum, Wasserbahnhof, Bismarckturm, St.-Mariae-Geburt-Kirche, St.-Laurentius-Kirche Mintard, Theater an der Ruhr, Camera Obscura, Leder- und Gerbermuseum, Ruhrtalbrücke, Gründer- und Unternehmermuseum.

Villa am Ruhrufer — www.villa-am-ruhrufer.de

VARTA-TIPP Service

★★★★★S garni

Dohne 105, PLZ 45468, **T 0208 9413970,** F 94139750
12 Zimmer | 6 Suiten | Ez 175–375 €, Dz 225–375 €, 25,00 € | 24 h

Die denkmalgeschützte Villa aus dem Jahr 1898 beherbergt heute ein luxuriöses Boutique-Hotel mit modern und edel eingerichteten Zimmern sowie klassisch-eleganten Suiten mit eigenem Kamin. Für Entspannung sorgt ein kleiner, aber feiner SPA-Bereich mit 12-Meter-Pool und Sauna. Für Golfer stellt das Haus einen kostenfreien Shuttleservice zu den hauseigenen Golfclubs zur Verfügung.

Hotel im Forum www.hotelimforum.de

★★★★ garni

Hans-Böckler-Platz 19, PLZ 45468, **T 0208 308630,** F 30863113
51 Zimmer | Ez 96–129 €, Dz 121–169 €, inkl. Frühstück

Modernes Cityhotel auf dem Einkaufszentrum Forum City Mülheim im Herzen der Stadt. Großzügige, funktionell eingerichtete Zimmer mit zeitgemäßem Komfort. Reichhaltiges Frühstücksbuffet.

Thiesmann www.hotel-thiesmann.de

★★★★

Dimbeck 56, PLZ 45470, **T 0208 306890,** F 3068990
44 Zimmer | 5 Apartments | Ez 89–140 €, Dz 112–180 €, inkl. Frühstück

Das Traditionshaus, das sich seit 1910 im Familienbesitz befindet, bietet seine Gästen zeitgemäß eingerichtete Zimmer, einen kleinen Freizeitbereich mit Sauna, Dampfbad, Fitnesscenter und Solarium sowie ein Restaurant mit internationaler Küche.

Mölleckens Altes Zollhaus www.moellecken.de

Duisburger Straße 239, PLZ 45478 (OT: Speldorf), **T 0208 50349**
50 | Hauptgericht 18–29 €, Menü 27–68 € | Di-Fr, So Mi-Sa Mo

Hinter der renovierten Fassade der ehem. Zollstation verbergen sich neben fünf wohnlichen Gästezimmern auch mediterran angehauchte Restauranträume. Hier werden frisch zubereitete regionale und internationale Gerichte angeboten wie z.B. „Gratiniertes Lammnüsschen | grüne Bohnen im Speckmantel | Tomaten | Zitronen-Thymiansauce | Rosmarinkartoffeln“. Im Sommer wird auch auf der gemütlichen Gartenterrasse serviert.

MÜLHEIM-KÄRLICH 40 D www.muelheim-kaerlich.de

Rheinland-Pfalz | EW 10.886 | 76 m | Koblenz 10 km, Andernach 10 km

Zur Linde www.zurlinde.info

Bachstraße 12, PLZ 56218 (OT: Mülheim), **T 02630 4130**
30 | Hauptgericht 15–32 €, Menü bis 65 € | Mi-Fr, So Mi-So Mo, Di

Familienbetrieb mit Restaurant, Weinstube und hübsch angelegter Gartenterrasse. Geboten wird eine gehobene deutsche und internationale Küche. Dazu gibt es attraktive Weine, die in der hauseigenen Enoteca auch verkauft werden.

MÜLLHEIM 64 A www.muellheim.de

Baden-Württemberg | EW 18.321 | 230 m | Badenweiler 7 km, Freiburg 28 km

Alte Post www.alte-post.net

Posthalterweg, PLZ 79379, **T 07631 17870,** F 178787
51 Zimmer | 1 Apartment | Ez 90–110 €, Dz ab 140 €, inkl. Frühstück

Ehem. Posthalterei aus dem 18. Jhd. - malerisch am Ortsrand von Müllheim gelegen. In den letzten Jahren hat sich das familiengeführte Haus zu einem umweltbewussten Biohotel entwickelt. So hat man die ansprechenden Landhauszimmer mit heimischen und baubiologisch wertvollen Materialien ausgestattet. Man bietet auch zwei Zimmer im japanischen Stil mit typisch minimalistischer Atmosphäre.

Hebelstube

70 | Hauptgericht 18–35 €, Menü 25–69 € | Mo-Sa So

Authentisch, abwechslungsreich und kreativ, so präsentiert sich die französisch orientierte Küche im ländlich-gemütlichen Restaurant. Küchenchef Pierre-Marie Barrel verwöhnt Sie hier mit köstlichen Interpretationen aus traditionsreicher Kulinarik mit modernem Touch. Hierfür verwendet er überwiegend Bio-Produkte und nachhaltig erzeugte Lebensmittel. Im Sommer empfiehlt sich das wunderschöne Gartenrestaurant mit seiner mediterranen Note.

Altes Spital

www.spitalhotel.de

Hauptstr. 78, PLZ 79379, **T 07631 9899988**
25 Zimmer | Ez ab 83 €, Dz ab 114 €, inkl. Frühstück

Im einstigen Stadtspital befindet sich dieses kleine Hotel nebst Restaurant, Café und Bar. Die Zimmer bestechen durch ihre schnörkellos-reduzierte Einrichtung, das offene Bad mit geräumigen Regenduschen und die Panoramafenster im neuen Anbau. Das Restaurant bietet regionale und internationale Küche.

Boutique-Hotel Im Weingarten

www.app-hotel-im-weingarten.de

★★★ S garni

Kochmatt 8, PLZ 79379, **T 07631 36940, F** 369425
13 Zimmer | 1 Suite | 6 Apartments | Ez 89–139 €, Dz 122–162 €, inkl. Frühstück

Familiär geführtes Hotel in ruhiger Lage am Fuße des Südschwarzwalds. Individuell ausgestattete Nichtraucherapartments mit Küchenzeile und Balkon oder Terrasse. Wellnessbereich mit Innenpool, Sauna und Liegewiese. Das Frühstück wird im lichtdurchfluteten Wintergarten oder auf der sonnigen Terrasse serviert.

Hirschen

www.hirschen-britzingen.de

Markgräfler Straße 22, PLZ 79379 (OT: Britzingen), **T 07631 5457**
Hauptgericht 12–34 € | Mo, Do-So Di, Mi

Traditionell, ländlich und familiär - so zeigt sich dieses gemütliche Gasthaus. Gekocht wird frisch und bodenständig. Dazu serviert man ausgewählte regionale Weine. Im oberen Stockwerk gibt es auch ein paar Gästezimmer.

Messer und Gradel

www.messerundgradel.de

Goethestraße 10, PLZ 79379, **T 07631 10060**
Hauptgericht 19–26 € | Di-Fr Mo, Sa, So

Ein zeitgemäßes Konzept aus Restaurant, Bar und Lounge. Die Slowfood-Küche ist modern, hochwertig und weltoffen. Auf der Speisekarte klingt das z.B. so: „Ricotta-Zitronenravioli mit Pilzen, Kräutern und Grana Padano" oder „Tataki vom Hamachi, Cantaloupe-Melone, Yuzu, Pak Choi, Teriyakisauce". Wechselnde Tagesgerichte.

Ochsen

www.ochsen-feldberg.de

Bürgelnstraße 32, PLZ 79379 (OT: Feldberg), **T 07631 3503**
50 | Hauptgericht 15–38 €, Menü 29–60 € | Mo-Di, Fr-So Mi, Do

Der familiär geführte Landgasthof ist eine Institution im Ortsteil Feldberg. Seine Geschichte geht bis ins Jahr 1763 zurück. Gutes Angebot an saisonalen und regionalen Gerichten. Hier stimmen Produktqualität, Frische und Geschmack. Hübsche Terrasse.

Taberna
www.taberna-restaurant.de

Marktplatz 7, PLZ 79379, **T 07631 174884**
80 | Menü 30–50 € | ◔ Mi-Fr ◑ Mi-Sa ⊘ Mo, Di, So

In lockerer und ungezwungener Atmosphäre serviert man Ihnen hier eine pfiffige Frischmarktküche. Gekocht wird mit klarer Linie und ohne Chichi. Aus der spannenden Karte können Sie am Abend ein 2- bis 4-gängiges Menü zusammenstellen. Mittags lockt ein preisgünstiges Lunch-Angebot.

MÜNCHEN 60 D
www.muenchen.de

Bayern | EW 1.485.000 | 518 m | Nürnberg 155 km, Stuttgart 222 km
Marienplatz mit Mariensäule und neugot. Neuen Rathaus, Viktualienmarkt, Stadtmuseum, St.-Johannes-Nepomuk-Kirche, Isartor mit Valentin-Musäum, Hofbräuhaus, Frauenkirche, Residenz mit Schatzkammer, Englischer Garten, Lenbachhaus, Alte und Neue Pinakothek, Pinakothek der Moderne, Deutsches Museum, Schloss Nymphenburg, Allianz Arena, Friedensengel, Bavaria, Olympiagelände mit Olympiaturm, BMW Welt.
Einen Cityplan finden Sie auf Seite 754–755.

Bayerischer Hof

www.bayerischerhof.de

★★★★★S

Promenadeplatz 2-6 (D3), PLZ 80333 (OT: Altstadt-Lehel), **T 089 21200,** F 2120906
337 Zimmer | 74 Suiten | Ez 380–480 €, Dz 460–750 €, 46,00 € | 24 h

Das Grandhotel befindet sich seit über 100 Jahren im Familienbesitz. Die luxuriösen Zimmer wurden individuell in verschiedenen Stilen eingerichtet. Die neu gestalteten, eleganten Zimmer und Suiten im neuen „Seventh Floor" überzeugen durch ein dezentes Design in Natur- und Erdtönen. Formidables Wellnessrefugium auf vier Etagen.

Atelier

VARTA★TIPP Küche VARTA-TIPP Service

33 | Menü 155–220 € | Di-Sa Mo, So

Als wäre der luxuriöse „Bayerische Hof" nicht schon als Hotel beeindruckend genug, trumpft er auch noch mit diesem Gourmetrestaurant auf. Das von Axel Vervoordt geschaffene, edel-schlichte Design verbreitet das Flair eines Künstlerateliers mit intimer Atmosphäre. Und die Küche? Mit Anton Gschwendtner ist hier ein Meister am Werk, der technisch auf einem ausgesprochen hohen Niveau arbeitet, dessen Kreationen jedoch nie verspielt oder aufdringlich herüberkommen. Er kocht ideenreich und subtil und erweitert seine elegante französische Küche mit asiatischen Aromen und Zutaten. Dazu kredenzt Chef-Sommelier Shahzad Talukder ausgesuchte Spitzenweine.

Garden

74 | Hauptgericht 26–65 € | Mo-So

Der Wintergarten, gestaltet vom renommierten belgischen Designer und Kunsthändler Axel Vervoordt, wirkt dank Akzenten im Industrial-Style wie ein Künstleratelier mit angrenzender Gartenterrasse. Ob Business Lunch oder entspanntes Dinner am Abend - das Restaurant ist die perfekte Genusslocation für alle Gelegenheiten. Serviert wird eine saisonale Kontinentalküche.

Mandarin Oriental

www.mandarinoriental.de/munich

VARTA★TIPP Ambiente VARTA★TIPP Service

★★★★★S

Neuturmstraße 1 (E4), PLZ 80331, **T 089 290980,** F 222539
73 Zimmer | 25 Suiten | Ez 750–895 €, Dz 750–895 €, 44,00 € | 24 h

Luxuriös und kosmopolitisch zeigt sich das im Neo-Renaissancestil gebaute Hotel im Herzen der Altstadt. Die Zimmer und Suiten des luxuriösen Refugiums sind mit handgefertigten Möbeln und ausgesuchten Antiquitäten eingerichtet. Ein ganz besonderes Highlight ist der beheizte Swimmingpool auf der Dachterrasse (geöffnet: Mai bis Oktober). Beeindruckend auch die gastronomische Vielfalt und der individuell abgestimmte Service in allen Bereichen des Hauses.

A
B
C
1
2
3
4
5
Techn. Univ.
LVA
Hs.d. Blinden
Fachhochschule
Fachhoch-sch.
Dachauer
Lothstr.
Kreittmayr-str.
Gaigl-str.
F.-Miller-Platz
Lo-ri-Lin-
Heß-
Schelling-str.
Ziebland-
Schleißheimer
Theresien-
Theresienstr.
Alter Nördl. Friedhof
Arcisstr.
Schelling-
straße
Neue Pinakothek
1=Josef-Ruederer-Straße
2=Rudi-Hierl-Pl.
Gesundh.-amt
Straße
Gabelsberger-
Techn. Universität
Mineralog. Staats-sammlung
U1,U7
Erz-
prunstr.
Strafjustiz-geb.
Stiglmaierpl.
Stigl-maier-platz
Rottmann-str.
Volkstheater
Hs.d.Fußballs
LMU-Inst. f.Geowissen-schaften
Alte Pinakothek
Natur-wissensch. Pinakothek d. Moderne
Nymphenburger
Straße
Standesa.
Augen-klinik
Pappenheimstr.
Karlstr.
Sand-
Brienner
Städt. Galerie i. Lenbachhs.
Glyptothek
Mensa
Ägypt. Museum
Königs-platz
Königs-pl.
Arcis-
Str.
Barer
Karolinen-pl.
Prinz-Ludwig-Str.
Spaten-str.
Landgericht
Karl-
Bosnien u.-Herz.
Denis-str.
Seidlstr.
Dachauer str.
Staatl. Antiken-samml.
Brienner Str.
Türken
Circus Krone
Mars-
Karl-
K.-von-Bora-Str.
Funkhs.
Rundfunkpl.
Bildungs-zentr.
straße
Sophien-
Zirkus-Krone-Str.
ZOB
Arnulf-
Bay. Rundfunk
Hirten-str.
Elisen-
Alter Bot. Garten
Maximiliansplatz
Lenbach-pl.
Maxburg-str.
München-Hbf.
Bahnhof-pl.
Prielmayerstr.
Schützenstr.
Karlsplatz (Stachus)
Ref.f. Gesundheit u. Umwelt
Ref.f. Bild. u. Sport
P.-Heyse-Unterf.
Pol.-präs.
Neuhauser
Bayer-
straße
Zollstr.
Lingg-Str.
Heyse-Str.
Mittererstr.
Senefelderstr.
Schillerstr.
Ad.-Kolping-Str.
Sonnen-
Herzogspital-str.
Schwanthaler-
straße
U4,U5
Josephspitalstr.
Hackenstr.
Herm.-Lingg-Str.
St.-Pauls-Platz
Land-
wehr-
straße
Paul-
Theresienwiese
Goethe-
Mathilden-
Kreuzstr.
Sendlinger
Bavaria-
ring
Petten-kofer-
Georg-Hirth-Pl.
Klinikum
Sendl.-Tor-Pl.
Ober-anger
Theresien-wiese
Uhland-str.
Rückert-str.
Heinrich-Str.
Lessingstr.
Beet-hoven-Nuß-pl.
Schiller-
Ziemssen-str.
straße
baumstr.
Blumenstr.
Kaiser-Ludw.-Pl.
Innenstadt der LMU
Zahn-klinik
Bavariaring
Goethestr.
Goethe-pl.
Lindwurm-
Augsburgerstr.
Reisingerstr.
Thalkirchner Str.
Müller-str.
Pestalozzistr.
Holzstr.
Hans-Sachs-Str.
Esperanto-platz
Herzog-
Haydnstr.
Schubertstr.
Mal-Str.
Frauenlob-str.

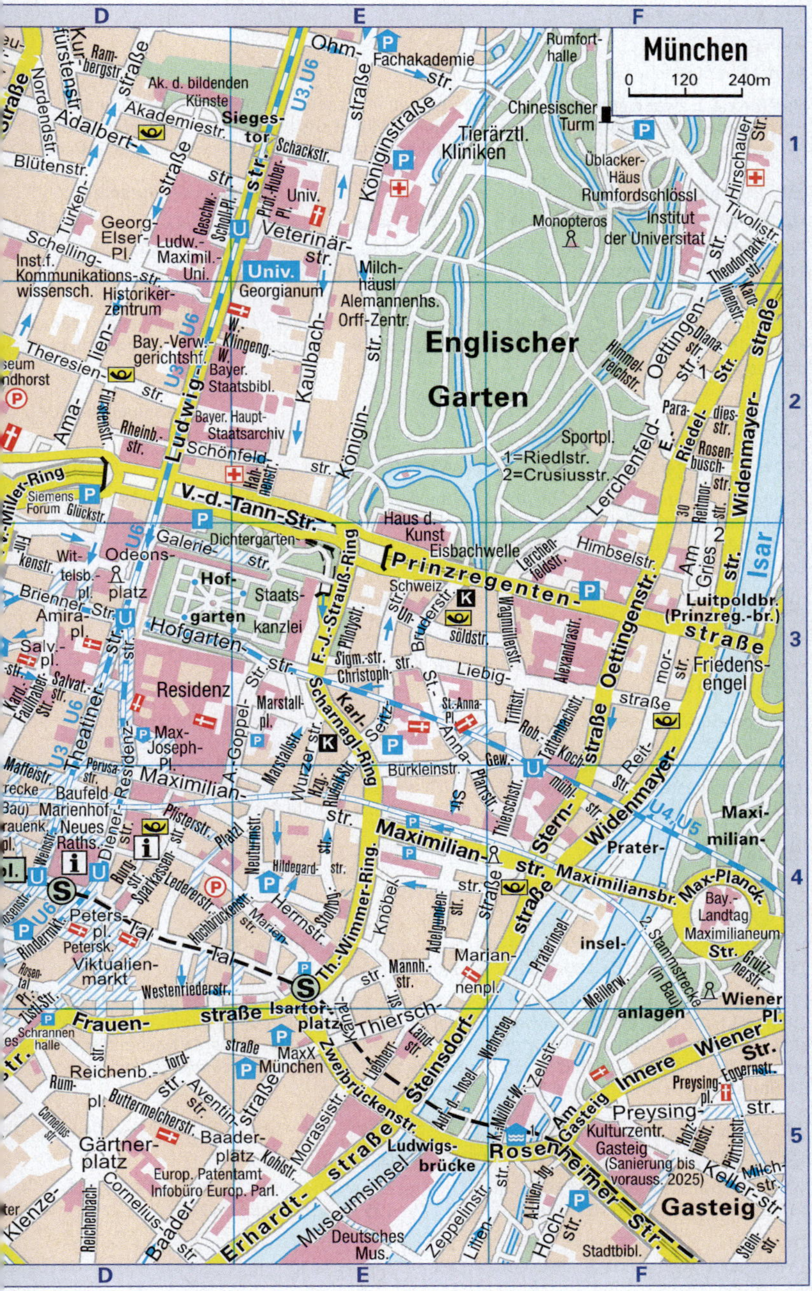
München
0 120 240m
D
E
F
1
2
3
4
5
Englischer Garten
Chinesischer Turm
Rumforthalle
Tierärztl. Kliniken
Üblacker-Häus
Rumfordschlössl
Monopteros
Institut der Universität
Sportpl.
1=Riedlstr.
2=Crusiusstr.
Haus d. Kunst
Eisbachwelle
Prinzregentenstraße
Luitpoldbr. (Prinzreg.-br.)
Friedensengel
Isar
Widenmayerstr.
Oettingenstr.
Lerchenfeldstr.
Himbselstr.
Am Gries
Akademiestr.
Ak. d. bildenden Künste
Siegestor
Schackstr.
Ohmstr.
Fachakademie
Königinstraße
Adalbertstraße
Amalienstr.
Türkenstr.
Schellingstr.
Georg-Elser-Pl.
Ludw.-Maximil.-Uni.
Geschw.-Scholl-Pl.
Prof.-Huber-Pl.
Univ.
Veterinärstr.
Milchhäusl
Alemannenhs.
Orff-Zentr.
Georgianum
Inst.f. Kommunikationswissensch.
Historikerzentrum
Theresienstr.
Bay.-Verw.-gerichtshf.
W. Klingeng.
Bayer. Staatsbibl.
Bayer. Hauptstaatsarchiv
Kaulbachstr.
Schönfeldstr.
Ludwigstr.
Rheinb.-str.
Fürstenstr.
V.-d.-Tann-Str.
Siemens Forum
Glückstr.
Odeonsplatz
Wittelsb.-pl.
Dichtergarten
Galeriestr.
Hofgarten
Staatskanzlei
Hofgartenstr.
F.-J.-Strauß-Ring
Brienner Str.
Amira-pl.
Salv.-pl.
Salvat.-str.
Residenz
Max-Joseph-Pl.
Marstallpl.
Theatinerstr.
Residenzstr.
Maximilianstr.
Karl-Scharnagl-Ring
Liebigstr.
St.-Anna-Pl.
St.-Anna-Str.
Christophstr.
Sigm.-str.
Bürkleinstr.
Triftstr.
Alexandrastr.
Wagmüllerstr.
Robert-Koch-Str.
Thierschstr.
Sternstr.
Reitmorstr.
Maximilianeum
Bay.-Landtag
Max-Planck-Str.
Maximiliansbr.
Praterinsel
Maximiliansanlagen
Wiener Pl.
Marienhof
Neues Raths.
Perusastr.
Maffeistr.
Dienerstr.
Pfisterstr.
Platzl
Sparkassenstr.
Ledererstr.
Burgstr.
Hildegardstr.
Herrnstr.
Marienstr.
Knöbelstr.
Adelgundenstr.
Mariannenpl.
Mannh.-str.
Th.-Wimmer-Ring
Peterspl.
Petersk.
Tal
Viktualienmarkt
Westenriederstr.
Rindermkt.
Frauenstraße
Isartorplatz
Schrannenhalle
Reichenbachstr.
Rumfordstr.
Buttermelcherstr.
Gärtnerplatz
Corneliusstr.
Klenzestr.
Baaderstr.
Baaderplatz
Kohlstr.
Europ. Patentamt
Infobüro Europ. Parl.
MaxX München
Zweibrückenstr.
Thierschstr.
Steinsdorfstr.
Erhardtstraße
Ludwigsbrücke
Museumsinsel
Deutsches Mus.
Zeppelinstr.
Lilienstr.
Hochstr.
Rosenheimer Str.
Am Gasteig
Kulturzentr. Gasteig (Sanierung bis vorauss. 2025)
Gasteig
Stadtbibl.
Innere Wiener Str.
Preysingstr.
Preysingpl.
Keller-str.
Wehrsteg
Zellstr.
Stammstrecke (in Bau)
U3,U6
U4,U5
Isartor

Matsuhisa Munich

95 | Hauptgericht 16–122 € | So Mo-So

Fine Dining in zwangloser Atmosphäre bietet man in diesem Gourmetrestaurant. Ein dunkler Holzboden sowie die minimalistischen, stylishen Möbel aus Palmenholz und Leder schaffen ein warmes, luxuriöses Ambiente. Die Speisekarte offeriert japanisch-peruanische Gerichte.

The Charles
www.roccofortehotels.com

★★★★★S

Sophienstraße 28 (B3), PLZ 80333 (OT: Maxvorstadt), **T 089 5445550,** F 5445552000
160 Zimmer | 24 Suiten | Ez 300–850 €, Dz 300–850 €, 42,00 € | 24 h

Das luxuriöse Hotel am Alten Botanischen Garten glänzt mit zeitloser Eleganz, außergewöhnlichem Komfort und persönlichem Service. Die charmanten Zimmer haben einen ganz individuellen Charakter. Schöner SPA mit Fitnessstudio, Sauna, Dampfbad und großem Indoorpool.

Sophia's
www.sophiasmuenchen.de

150 | Hauptgericht 16–39 €, Menü 24–69 € | Mo-So

Zwanglos und unkompliziert die Atmosphäre, wunderbar gelungen der stylishe Neo-Bistrostil - so wertig der Rahmen, so gelungen die Küche. Serviert werden sorgfältig zubereitete, aromenreiche Gerichte mit regionalen und exotischen Einflüssen. In der angrenzenden Cocktailbar kann man den Abend entspannt ausklingen lassen.

Andaz München
www.hyatt.com

Leopoldstr. 170, PLZ 80804, **T 089 9041234,** F 9041235
277 Zimmer | 24 h

Direkt am Schwabinger Tor empfängt Sie das in einem Hochhaus untergebrachte Luxury-Lifestyle-Hotel. Die Zimmer und Suiten präsentieren sich in schick-modernem Design und sind mit mindestens 38 qm äußerst geräumig. WLAN und Minibar sind für Hausgäste kostenfrei. Das Restaurant „The Lonely Broccoli" serviert bayerische Fleischspezialitäten. Spektakulär die Rooftop-Bar in der 12. Etage mit 360°-Blick auf die Stadt.

Beyond by Geisel
www.beyond-muc.de

VARTA-TIPP Ambiente **VARTA-TIPP** Service

Marienplatz 22 (C4), PLZ 80331 (OT: Altstadt-Lehel), **T 089 700746700**
19 Zimmer | 7 Suiten, Dz 480–880 €, 12,00–25,00 € | 24 h

Direkt am Marienplatz befindet sich dieses exklusive Stadt-Hideaway, das keine Wünsche offen lässt. Die bis zu 57 qm großen, mit viel Designliebe gestalteten Zimmer gruppieren sich um ein lichtes Bibliotheksatrium. In der Weinlounge können Sie Ihren Nachmittagstee oder einen Aperitif genießen. Für Hausgäste steht ein Privatkoch zur Verfügung. Einen 24-Stunden-Concierge-Service gibt es natürlich auch.

Excelsior by Geisel
www.excelsior-hotel.de

Schützenstraße 11 (B4), PLZ 80335 (OT: Ludwigsvorstadt), **T 089 551370,** F 551377121
114 Zimmer | 12 Suiten | Ez 150–480 €, Dz 175–525 €, 22,00 € | 24 h

Zentraler kann man in München kaum wohnen! Das inhabergeführte Stadthotel steht wie kein anderes für Eleganz, Wohlfühlatmosphäre und persönlichen Service. Die Zimmer sind hochklassig und individuell eingerichtet. Hier trifft moderner Komfort auf traditionell bayerischen Charme. Besonders luxuriös logieren Sie in der neu renovierten Alpinsuite. Morgens erwartet Sie ein ausgezeichnetes Frühstück.

Vinothek by Geisel

VARTA-TIPP Küche

85 | Hauptgericht 27–38 €, Menü 55–80 € | Mi-Fr Di-Sa Mo, So

Hier kommen Genussliebhaber voll auf ihre Kosten! Das Restaurant ist bekannt für seine hochkarätige Weinauswahl. Erlesene Tropfen aus aller Welt lagern im Keller. Zahlreiche Weine kann man auch im Offenausschank genießen. Dazu offerieren Thomas Kahl und seine Crew schmackhafte, mediterran inspirierte Speisen wie „Geschmorte Kalbsbäckchen mit glasiertem Gemüse und Kräuterspätzle". Die hauseigene Showküche kann für Kochkurse und Küchenpartys gebucht werden. Tipp: Mittags preisgünstiges Lunchmenü.

Hilton Munich Park

www.hilton.de

Am Tucherpark 7 (↗ F1), PLZ 80538 (OT: Altstadt-Lehel), **T 089 38450,** F 38452588
484 Zimmer | 16 Suiten | Ez 139–479 €, Dz 139–479 €, inkl. Frühstück | 24 h

Ruhige Lage direkt am Englischen Garten. Moderne, großzügig geschnittene Zimmer. Kostenloser Zugang zum durchgehend geöffneten Fitnessbereich sowie zum Health Club mit beheiztem Innenpool. Umfangreiche Tagungsmöglichkeiten. Restaurant „Tivoli" mit regionaler und internationaler Küche.

Le Méridien

www.lemeridienmunich.com

Bayerstraße 41 (A4), PLZ 80335, **T 089 24220,** F 24221111
381 Zimmer | 29 Suiten | Ez 149–629 €, Dz 149–629 € | 24 h

Komfortables Urlaubs- und Tagungshotel in zentraler Innenstadtlage. Großzügig geschnittene Zimmer und Suiten mit edlem Mobiliar. Schicker SPA-Bereich auf 750 qm mit einem der größten Pools in der Innenstadt. Das urbane Restaurant „Irmi" serviert moderne Münchner Küche.

München Palace

www.hotel-muenchen-palace.de

VARTA★TIPP Service

★★★★★

Trogerstraße 21, PLZ 81675 (OT: Bogenhausen), **T 089 419710,** F 41971809
89 Zimmer | 15 Suiten | Ez ab 205 €, Dz ab 245 €, 35,00 € | 24 h

Erlesene Eleganz, außergewöhnlicher Komfort und ein hervorragender Gästeumgang erwarten Sie in diesem sehr persönlich geführten Boutique-Hotel. Alle Zimmer und Suiten zeigen sich im klassisch-modernen Stil und verfügen über bequeme Betten, Parkettböden und Marmorbäder. Dazu ein vorzüglicher, sehr liebenswürdiger Service und ein Komfort, der keine Wünsche offen lässt. Erwähnenswert ist auch das ausgezeichnete Frühstück, das allein schon den Besuch wert ist. Ein schöner Rückzugsort ist der ruhige Hotelgarten.

Pullman Munich

www.pullman-hotel-muenchen.de

Theodor-Dombart-Str. 4, PLZ 80805 (OT: Schwabing-Freimann), **T 089 360990,**
F 360996900
331 Zimmer | 24 Suiten | 24 h

»

Neuzeitliches Businesshotel in der Nähe des Englischen Gartens. Schon die Halle beeindruckt mit Großzügigkeit und internationalem Flair. Moderne, technisch sehr gut ausgestattete Gästezimmer, teils mit eigenem Balkon oder Loggia. Restaurant mit Biergartenterrasse im Innenhof. Kleiner Wellnessbereich.

Sofitel Munich Bayerpost

www.sofitel-munich.com/de

★★★★★S garni

Bayerstraße 12 (A4), PLZ 80335, **T 089 599480,** F 599481000
396 Zimmer | 57 Suiten | Ez ab 250 €, Dz ab 250 €, 40,00 € | 24 h

Imposantes Luxushotel hinter hist. Gründerzeitfassade des ehem. Königlich Bayerischen Postamts. Gästezimmer mit puristisch-moderner Designereinrichtung, die durch viel Leder, Naturholz, poliertes Chrom und Glas besticht. Beachtenswerter Wellnessbereich mit spiralförmigem Pool, Dampfbad und Sauna.

Délice La Brasserie

www.delice-la-brasserie.de

50 | Hauptgericht 17–36 € | Di-Sa Mo, So

Das geschmackvolle Weinlokal im EG des Hotels versprüht etwas Pariser Brasserie-Atmosphäre. Eine offene Küche, raumhohe Fenster und moderne Einrichtungselemente unterstreichen den urbanen Stil. Die raffinierte französische Küche hält u.a. Klassiker wie Bouillabaisse, Boeuf Bourguignon oder Salat Niçoise bereit.

Vier Jahreszeiten Kempinski

www.kempinski.com/vierjahreszeiten

★★★★★S garni

Maximilianstraße 17 (E4), PLZ 80539 (OT: Altstadt-Lehel), **T 089 21250,** F 21252000
305 Zimmer | Ez 260–700 €, Dz 300–1170 €, 42,00 € | 24 h

Das Traditionshaus an der Shoppingmeile Maximilianstraße zeigt sich im Stil eines altehrwürdigen Grandhotels. Es verbindet Münchner Herzlichkeit und dezenten Luxus. In den Zimmern sorgen edles Design und zeitlose Eleganz für höchsten Wohnkomfort. Attraktiver Wellnessbereich auf der 6. Etage mit Dampfbad, Sauna und Indoorpool. Täglich 15 bis 18 Uhr: Afternoon Tea in „Münchens schönstem Wohnzimmer“, der „Jahreszeiten Lobby“.

Schwarzreiter

www.schwarzreiter-muenchen.de

VARTA-TIPP Küche

112 | Hauptgericht 26–49 €, Menü 85–185 € | Mo-So

Hier bietet man gleich zwei Konzepte unter einem Dach: Unter dem Motto „Young Bavarian Cuisine“ werden in der Tagesbar unkomplizierte Gerichte aus der regionalen Küche aufgetischt, während Küchenchef Hannes Reckziegel im noblen Gourmetrestaurant ein saisonal wechselndes Feinschmeckermenü (auch als vegetarische Variante) offeriert. Dazu ein freundlicher, fachkundiger Service samt guter Weinberatung.

AMERON München Motorworld

www.ameronhotels.com

★★★★★S garni

Lilienthalallee 35, PLZ 80939 (OT: Schwabing-Freimann), **T 0**
156 Zimmer | Ez 119–499 €, Dz 135–515 €, 16,00–20,00 € | 24 h

Das 2021 eröffnete Boutique-Hotel in der spektakulären Lokhalle der Motorworld München bietet attraktive Zimmer, die auf unterschiedliche Art und Weise ihre Inspiration aus verschiedenen Epochen der Automobilität beziehen. Kulinarisch kommen Gäste in der hauseigenen Trattoria & Bar „BACIO della MAMMA“ auf ihre Kosten. Der kleine, aber feine „Vitality Spa“ lockt mit zwei Saunen und einem Fitnessbereich.

Courtyard München City Ost
www.courtyardmunichcityeast.com

Orleansstr. 81-83, PLZ 81667 (OT: Au-Haidhausen), **T 089 5589250,** F 5589251000
227 Zimmer | 2 Suiten | 24 h

Das Hotel ist eine ideale Businessadresse. Die wohnlich-komfortablen Gästezimmer sind mit stilvollen Möbeln und zeitgemäßer Technik ausgestattet. Zeitungen, Souvenirs, Sandwiches und Getränke werden in einem kleinen Einkaufsmarkt in der Lobby angeboten. Ein weiterer Pluspunkt: Der nahe gelegene Ostbahnhof bietet eine gute Anbindung an alle Stadtteile.

Eden Hotel Wolff
www.eden-hotel-wolff.de

Arnulfstraße 4 (B3), PLZ 80335 (OT: Maxvorstadt), **T 089 551150,** F 55115555
214 Zimmer | 2 Suiten | Ez ab 119 €, Dz ab 129 € | 24 h

Ein traditionsreiches Privathotel gegenüber dem Hauptbahnhof. Die Zimmer sind in verschiedenen Stilrichtungen von klassisch bis modern eingerichtet. Kleine Wellnessoase mit Sauna, Dampfbad, Solarium und Dachterrasse. Im stilvollen Restaurant „Central" wird bayerisch-internationale Küche serviert.

Hilton Garden Inn Munich City West
www.hiltonhotels.de/deutschland

Landsberger Str. 112, PLZ 80339, **T 089 2388550,** F 238855100
128 Zimmer

Nicht nur Businessgäste schätzen die gute Lage unweit von Altstadt, Oktoberfest und Marienplatz, auch bei Freizeittouristen kommt das Hotel mit seinem schlichten, klaren Design gut an. Schön die modernen Zimmer. Zum Haus gehören ein 24-Stunden-Businesscenter, ein Fitnesscenter und eine Lobbybar.

Hotel Opéra
www.hotel-opera.de

garni

Sankt-Anna-Straße 10 (E4), PLZ 80538, **T 089 2104940,** F 21049477
25 Zimmer | 5 Suiten | Ez ab 150 €, Dz ab 170 €, inkl. Frühstück | 24 h

Elegantes kleines Stadtpalais mit imposanter Architektur. Das Hotel bietet individuell eingerichtete Stil- und Themenzimmer, einen südländisch anmutenden Innenhof sowie einen 24-Stunden-Concierge-Service.

Hyperion Hotel München
www.h-hotels.com

Truderinger Str. 13, PLZ 81677 (OT: Bogenhausen), **T 089 909017200,** F 909017111
341 Zimmer | 24 h

»

Sie wohnen östlich der Innenstadt, und zwar in einem 14-stöckigen Hotelneubau im Gebäudekomplex „Bogenhausener Tor". Das Businesshotel bietet modern gestaltete Komfortzimmer sowie mehrere Konferenz- und Veranstaltungsräume für bis zu 290 Teilnehmer. Im Restaurant „Gaumenfreund" mit Frontcooking-Station wird internationale Küche serviert.

Leonardo Royal
www.leonardo-hotels.de

★★★★ S

Moosacher Str. 90, PLZ 80809 (OT: Moosach), **T 089 2885380,** F 288538100
424 Zimmer | 5 Suiten | Ez 99–499 €, Dz 129–529 € | 24 h

Businesshotel am Olympiapark mit 1.800 qm Veranstaltungsfläche und freundlichen, in warmen Rot- und Brauntönen gestalteten Zimmern. Fitnessbereich mit Sauna und Wellnesslounge. Restaurant „Vitruv" mit internationalem Speisenangebot.

Living Hotel Das Viktualienmarkt
www.living-hotels.com

Frauenstraße 4 (D5), PLZ 80469, **T 089 8856560**
83 Zimmer | 24 h

Ein energiefreundliches Haus in Bestlage! Offen, modern und stylish – in diesem Dreiklang zeigen sich Zimmer und Serviced Apartments. Klare Linien, coole Farben und innovative Ölvitalbetten sichern den hohen Wohlfühlfaktor. Zum Haus gehört auch ein Fitnessraum mit modernsten Cardiogeräten.

Louis Hotel
www.louis-hotel.com

Viktualienmarkt 6 (D4), PLZ 80331 (OT: Altstadt-Lehel), **T 089 41119080,** F 4111908100
72 Zimmer | Ez ab 229 €, Dz ab 269 €, 28,50 € | 24 h

In dem schicken Boutique-Hotel am Viktualienmarkt kommen Designfans voll auf ihre Kosten. Das Haus bietet klassisch-modern gestylte Zimmer mit liebevollen Details und hochwertigen Materialien. Morgens erwartet den Gast ein tolles Frühstücksbuffet mit veganen Spezialitäten und frischen regionalen Produkten.

Marriott Hotel
www.marriott-muenchen.de

Berliner Straße 93, PLZ 80805 (OT: Schwabing), **T 089 360020,** F 36002200
348 Zimmer | 14 Suiten | Ez 109–399 €, Dz 109–399 € | 24 h

Stilvoll-modernes Business- und Cityhotel unweit des Stadtzentrums. Großzügige Gästezimmer mit lokaltypischen Einrichtungsakzenten. SPA-Bereich mit Sauna, Innenpool, Whirlpool und Fitnesscenter. Morgens wartet ein reichhaltiges amerikanisches Frühstücksbuffet. Umfangreiches kulinarisches Angebot mit mehreren Restaurants.

Platzl Hotel
www.platzl.de

★★★★ S

Sparkassenstraße 10 (D4), PLZ 80331 (OT: Altstadt-Lehel), **T 089 237030,** F 23703800
167 Zimmer | 1 Suite | Ez 145–545 €, Dz 215–635 € | 24 h

Zweifelsfrei gehört das charmante Hotel inmitten der hist. Altstadt zu den traditionsreichsten Adressen der Stadt. Die Zimmer und Suiten sind komplett im bayerisch-eleganten Stil eingerichtet. Kleiner Freizeitbereich mit Fitnessraum, Sauna und Dampfbad.

Pfistermühle
www.pfistermuehle.de

Pfisterstraße 4 (D4), PLZ 80331 (OT: Altstadt-Lehel)
85 | Hauptgericht 21–38 €, Menü 52–89 € | Di-Sa Mo, So

Behagliches Wirtshausambiente mit stilvollem Interieur und gehobener Tischkultur. Unter der liebevoll restaurierten Gewölbedecke werden anspruchsvoll zubereitete bayerische Spezialitäten serviert.

Wirtshaus Ayinger am Platzl
www.ayinger-am-platzl.de

Platzl 1a (D4), PLZ 80331 (OT: Altstadt-Lehel)
140 | Hauptgericht 10–27 € | Mo-So

Lust auf Rinderroulade, Altbayerische „Pfefferhaxe" oder Ayinger Bierbratwürstel? Das Lokal steht für lebendige Wirtshaustradition mit einer regionalen, bodenständigen Küche. Das Fassbier kommt aus der traditionsreichen Familienbrauerei.

Roomers
www.roomers-munich.com

VARTA-TIPP Ambiente

garni

Landsberger Str. 68 (A4), PLZ 80339, **T 089 4522020**
281 Zimmer | 24 h

Design- und Lifestyle-Hotel im Westend unweit der Theresienwiese. Die stylish-moderne Lobby wirkt wie ein großes cooles Wohnzimmer. Die Rezeption ist Teil einer avantgardistischen Bar. Das lässig-unkomplizierte Konzept setzt sich in den Zimmern und Suiten fort. Zum Haus gehören auch eine großzügige Eventfläche, eine Bar sowie ein 600 qm großer SPA-Bereich mit Pool.

IZAKAYA
www.izakaya-restaurant.com/munich

120 | Di-Sa Mo, So

„Japan meets Südamerika" heißt es in diesem großräumig gestalteten Restaurant. Das Ambiente: stylish, mit einem Hauch Extravaganz. Die kreative Fusionküche klingt z.B. so: „Knuspriger Oktopus mit Quinoasalat", „Gegrillter Lachs mit Brown-Rice-Salsa" oder „Hummer- und Mangorolle mit cremigem Wasabi".

Steigenberger Hotel München
www.steigenberger.com

garni

Berliner Straße 85, PLZ 80805 (OT: Schwabing-Freimann), **T 089 1590610**
292 Zimmer | 9 Suiten | Ez 99–499 €, Dz 99–499 €

Das moderne Businesshotel befindet sich in einem ehem. Verwaltungsgebäude und setzt in punkto Innendesign auf „modern bavarian lifestyle". Schick und wohnlich die Zimmer, lebendig die Bar mit Kamin- und Zigarrenlounge - hier trinkt man einfach mal einen Kaffee oder ein Glas Wein. Zum Haus gehört auch ein großzügiger Tagungs- und Veranstaltungsbereich.

Torbräu
www.torbraeu.de

★★★★ garni

Tal 41 (E4), PLZ 80331 (OT: Altstadt-Lehel), **T 089 242340,** F 24234235
85 Zimmer | 3 Suiten | Ez 155–290 €, Dz 195–330 €, inkl. Frühstück | 24 h

Restauriertes Haus von 1490 im Herzen von München mit gemütlichen Zimmern und gutem Frühstücksbuffet. Vom Jugendstil inspirierte Bar, die berühmte Motive Gustav Klimts zieren. Gute Tagungsmöglichkeiten.

Alpen Hotel München www.alpenhotel-muenchen.de

★★★★ garni

Adolf-Kolping-Straße 14 (B4), PLZ 80336 (OT: Ludwigsvorstadt-Isarvorstadt), **T 089 559330,** F 55933100
53 Zimmer | 1 Suite | Ez 80–265 €, Dz 100–415 €, inkl. Frühstück

Familiengeführtes Haus in einer ruhigen Seitenstraße unweit des Hauptbahnhofs. Wohnliche, in warmen Farbtönen gestaltete Zimmer mit zeitgemäßer Technik und modernen Bädern. Hübscher Gartenhof, in dem man auch frühstücken kann.

An der Oper www.hotelanderoper.de

★★★★

Falkenturmstraße 10 (D4), PLZ 80331, **T 089 2900270,** F 29002729
69 Zimmer | 13 Suiten | 7 Apartments | Ez ab 140 €, Dz ab 185 €, 21,00 € | 24 h

Stadthotel in zentraler, aber ruhiger Lage im Herzen der Münchner Altstadt. Stilvoll und individuell eingerichtete Gästezimmer unterschiedlicher Kategorien. Die Osteria „Il Tenore" serviert feine italienische Küche.

Best Western Arabellapark www.hotel-arabellapark.de

Arabellastraße 13-15, PLZ 81925 (OT: Bogenhausen), **T 089 3803360,** F 380336199
220 Zimmer

Nahe dem Englischen Garten, im renommierten Stadtquartier Arabellapark, befindet sich dieses 2021 eröffnete Hotel, das für Geschäftsreisende und Städtetouristen gleichermaßen interessant ist. Es steht für schicken Lifestyle, der cooles Ambiente und regionale Designimpressionen vereint. So zeigen sich die Zimmer in alpenländischem Stil und technisch up to date.

Cortiina www.cortiina.com

Lederstraße 8 (D4), PLZ 80331 (OT: Altstadt-Lehel), **T 089 2422490,** F 242249100
75 Zimmer | 6 Suiten | 24 h

Sanierter Altstadtbau mit Designereinrichtung. Schick gestylte Zimmer mit Naturhölzern, Eichenparkett und speziell angefertigten Möbeln sowie mit Jura-Naturstein ausgestattete Badezimmer. Reichhaltiges Frühstücksbuffet mit regionalen Produkten vom Viktualienmarkt.

Fleming's Hotel München-City www.flemings-hotels.de

Bayerstr. 47 (A4), PLZ 80335, **T 089 4444660,** F 444466999
112 Zimmer | 13 Suiten | 24 h

In unmittelbarer Nähe des Hauptbahnhofs befindet sich dieses zeitgemäße Stadthotel. Sie wohnen in klimatisierten, schallisolierten Zimmern mit modernen Glasbädern. Das Restaurant „Cucina Nina" serviert Bowls, Focaccia und Pasta.

Freisinger Hof www.freisinger-hof.de

★★★★

Oberföhringer Str. 189 - 191, PLZ 81925, **T 089 952302,** F 9578516
51 Zimmer | 4 Suiten | Ez ab 135 €, Dz ab 169 €, inkl. Frühstück

Der privat geführte Gasthof von 1875 mit neuerem Hotelnebenhaus bietet komfortable, hübsch mit edlen Materialien eingerichtete Landhauszimmer. Kleine Wellnessoase mit Sauna und Dampfbad. Gute Tagungsmöglichkeiten.

Freisinger Hof

120 | Hauptgericht 22–37 € | Mo-So

Gemütliches Restaurant mit angenehmem Ambiente. Serviert wird gute bayerisch-österreichische Küche mit Gerichten wie Backhendl vom Kärntner Bio-Huhn, Wiener Schnitzel vom Kalb oder Wachauer Marillenpalatschinken.

Holiday Inn München Westpark
www.holidayinn.com/munichwestpark

Albert-Roßhaupter-Str. 45, PLZ 81369 (OT: Sendling-Westpark), **T 089 4111130,** F 411113599
207 Zimmer | 22 Suiten | Ez 79–429 €, Dz 99–449 €, inkl. Frühstück | 24 h

Das 2013 eröffnete Hotel ist eine modern-funktionelle Businessadresse. Die Gästezimmer dürften vor allem Liebhaber von Design und Lifestyle beeindrucken. Die Einrichtung ist klar, die Technik aktuell. Nationale und internationale Küche wird im Restaurant serviert.

Leopold
www.hotel-leopold.de

garni

Leopoldstr. 119, PLZ 80804 (OT: Schwabing-Freimann), **T 089 367061,** F 36043150
54 Zimmer | 3 Suiten | 1 Apartment | Ez 98–159 €, Dz 132–245 €, inkl. Frühstück | 18.12.22–8.1.23

Im Herzen von Schwabing liegt dieses gepflegte, familiär geführte Hotel. Ruhige, individuell eingerichtete Zimmer, teils mit Blick in den hauseigenen Garten. Gute Anbindung an die öffentlichen Verkehrsmittel.

Marc
www.hotel-marc.de

garni

Senefelderstraße 12 (B4), PLZ 80336 (OT: Ludwigvorstadt), **T 089 559820,** F 559822444
80 Zimmer | 24 h

Das Business-Designhotel liegt in einer ruhigen Seitenstraße gegenüber dem Hauptbahnhof und verfügt über komfortabel und farbenfroh eingerichtete Zimmer in drei Kategorien sowie einen stylish-modernen Frühstücksraum.

Marias Platzl
www.mariasplatzl.de

Mariahilfplatz 4 (↘ E5), PLZ 81541 (OT: Au-Haidhausen), **T 089 6223370,** F 6223373778
34 Zimmer

Die kleine Dependance des Münchner Platzl-Hotels hat sich konzeptionell dem Thema „Heimatgefühl" verschrieben. So sorgen in den Zimmern beispielsweise handgeschreinerte Holzvertäfelungen und Tapeten aus traditionellem Dirndlstoff für ein traditionell-heimeliges Ambiente. Bayerische Küche im Wirtshaus „Ayinger in der Au".

MOMA1890 Neu!
www.moma1890.com

Orleansplatz 6a, PLZ 81667 (OT: Au-Haidhausen), **T 089 4482424,** F 485987
51 Zimmer | Ez ab 158 €, Dz ab 172 €, ab 14,00 € | 24 h

Das denkmalgeschützte Gebäude, das viele Jahre als Hotel Stadt Rosenheim firmierte, hat sich in ein schmuckes Boutique-Hotel verwandelt. Herzstück des Hauses ist das hohe Treppenhaus mit originalen Treppen und einer gut erhaltenen, spektakulären Tapete aus den 1960er Jahren. Jedes Zimmer ist ein Unikat, der Einrichtungsstil reicht von modern bis verspielt. Besonders originell sind die charmanten Vintagezimmer. Gefrühstückt wird in der gemütlichen MOMA-Lounge.

Premier Inn München City
www.premierinn.de

Sonnenstr. 25 (C4), PLZ 80807, **T 069 244330431**
189 Zimmer | Ez 50–250 €, Dz 50–250 € | 24 h

Das zeitgemäße Stadthotel liegt schön zentral - alle wichtigen Attraktionen und Sehenswürdigkeiten liegen in unmittelbarer Reichweite. In den Zimmern trifft modernes Design auf britische Gemütlichkeit. Zum Haus gehören auch eine Lounge mit Bar sowie gut ausgestattete Working-Zonen.

Premier Inn München City Schwabing
www.premierinn.de

Frankfurter Ring 182, PLZ 80807, **T 069 244330431**
197 Zimmer | Ez 50–250 €, Dz 50–250 € | 24 h

Nördlich des Zentrums befindet sich das ursprünglich als Boardinghouse konzipierte Hotel. Die Gästezimmer überzeugen durch komfortable Betten, gute Technik und helles, wohnliches Design. Lobby- und Loungebereich finden die Gäste im sechsten Stock. Gute Anbindung an die Innenstadt.

relexa hotel München
www.relexa-hotel-muenchen.de

Schwanthalerstr. 58-60 (A4), PLZ 80336 (OT: Ludwigsvorstadt-Isarvorstadt), **T 089 9965060**
121 Zimmer | Ez 87–448 €, Dz 105–466 €, inkl. Frühstück | 24 h

Eine zentrale Adresse, nur 600 m von der Theresienwiese entfernt. Hell, geradlinig und technisch auf dem neuesten Stand - so bieten die Zimmer einen guten Arbeitsplatz für Businessgäste und eine angenehm moderne Übernachtungsmöglichkeit für Städtetouristen. Es gibt sogar einen sogenannten Ladies Executive Floor mit 11 liebevoll gestalteten Zimmern speziell für Frauen.

Schiller 5
www.schiller5.com

★★★★ garni

Schillerstraße 5 (B4), PLZ 80336, **T 089 515040,** F 51504500
65 Zimmer | 3 Suiten | 52 Apartments | 24 h

Hotel und Boardinghouse mit modernem, klarem Design und persönlicher Führung im Herzen von München. Sehr gut ausgestattete Zimmer und Suiten mit XXL-Betten (2,10 m lang), Kitchenette und Klimaanlage. Gutes Frühstück.

Schwabinger Wahrheit by Geisel
www.schwabinger-wahrheit.de

Hohenzollernstraße 5 (↗ E1), PLZ 80801 (OT: Schwabing), **T 089 383810,** F 38381111
80 Zimmer | 3 Suiten | 24 h

Modern, smart und innovativ - so zeigt sich dieses urbane Stadthotel, das sich vor allem durch hohe Flexibilität im Raumangebot auszeichnet: Durch intelligente Funktionen und Einrichtungselemente ist jedes Zimmer auf bis zu vier Personen erweiterbar. Die farbenfrohen Gästezimmer bieten Walk-in-Shower, Chill-Work-Frame, Klimaanlage sowie kostenfreies WLAN.

The Rilano Hotel
www.rilano-hotel-muenchen.de

★★★★

Domagkstraße 26, PLZ 80807 (OT: Schwabing-Freimann), **T 089 360010,** F 360019217
378 Zimmer | 10 Suiten | 24 h

Modernes Tagungshotel inmitten der Parkstadt Schwabing mit bayerischem Charme und internationalem Service. In Grau- und Beigetönen gestaltete Zimmer mit modern-elegantem Einrichtungsstil und zeitgemäßer technischer Ausstattung. Umfangreiches gastronomisches Angebot.

Gambino Hotel Werksviertel **Neu!** www.gambinohotelwerksviertel.com

Atelierstraße 7, PLZ 81671 (OT: Berg am Laim), **T 089 998280611**
303 Zimmer | Ez 60–399 €, Dz 70–499 € | 24 h

Das innovative Urban-Economy-Konzept kommt an! Direkt auf dem ehemaligen Pfanni-Werksgelände befindet sich das moderne Lifestyle-Hotel. Es bietet seinen Gästen zeitgemäß ausgestattete Zimmer im erdig-entspannten Industrial Design - wahlweise mit Blick auf das Werksviertel oder in den begrünten Innenhof. Bodentiefe Schallschutzfenster hat man als bequeme Sitznischen zum Relaxen und Arbeiten konzipiert. In der Lobby steht ein Snackautomat mit allerlei Köstlichem bereit.

Jagdschloss www.jagd-schloss.com

Alte Allee 21, PLZ 81245 (OT: Pasing-Obermenzing), **T 089 820820,** F 82082100
36 Zimmer | 2 Suiten | 2 Apartments | Ez ab 100 €, Dz 140–160 €, inkl. Frühstück

Um die Jahrhundertwende erbautes, liebevoll renoviertes Jagdschloss im Westen Münchens. Gemütlich mit Holzmöbeln eingerichtete Zimmer. Mit den Boardinghäusern Jagdschloss-Residenz und der Gartenvilla Sefi stehen moderne und voll möblierte Apartments zur Langzeitnutzung zur Verfügung.

Jagdschloss

160 | Hauptgericht 8–24 €, Menü 26–51 € | Do-So Mo-So 26.12.22–5.1.23

Bayerisch-gemütliches Wirtshaus mit rustikalem Flair. Auf der umfangreichen Speisekarte finden sich Klassiker der Münchner Küche. Unbedingt probieren sollte man die hausgemachten Maultaschen! Schöner Biergarten.

Kriemhild www.kriemhild.de

★★★

Guntherstraße 16, PLZ 80639 (OT: Neuhausen-Nymphenburg), **T 089 1711170,** F 17111755
20 Zimmer | 4 Suiten | Ez ab 66 €, Dz ab 88 €

Privat geführtes kleines Stadthotel unweit des Schlosses Nymphenburg. Freundliche, helle Zimmer mit zweckmäßiger Ausstattung. Das reichhaltige Frühstück wird im klimatisierten Frühstücksraum mit Wintergarten serviert.

Mio by Amano www.amanogroup.de/de/hotels/mio

Sendlinger Straße 46 (C5), PLZ 80331 (OT: Altstadt-Lehel), **T 089 6142110**
114 Zimmer | Ez ab 95 €, Dz ab 150 € | 24 h

Das beim Sendlinger Tor gelegene Boutique-Hotel befindet sich in einem charismatischen Altbau inmitten der Fußgängerzone. In den Zimmern, die in drei Kategorien buchbar sind, treffen klare Linien auf moderne Farben und verspielte Details. High-Speed-WLAN, LCD-Smart-TV und Klimaanlage gehören zur Standardausstattung. Die hauseigene Bar im 1. Stock lädt Hotelgäste und Locals zu leckeren Drinks ein.

Schlicker
www.hotel-schlicker.de

★★★ S garni

Tal 8 (D4), PLZ 80331 (OT: Altstadt-Lehel), **T 089 2428870,** F 296059
70 Zimmer | 5 Suiten | 2 Apartments | Ez 115–155 €, Dz 180–230 €, inkl. Frühstück | 24 h

Charmantes Traditionshotel mit familiärer Führung im Herzen Münchens. Individuell und behaglich eingerichtete Zimmer mit kostenlosem WLAN. Gutes Frühstück.

Splendid-Dollmann
www.splendid-dollmann.de

garni

Thierschstraße 49 (F4), PLZ 80538 (OT: Lehel), **T 089 238080,** F 23808365
36 Zimmer | 2 Suiten | Ez 140–380 €, Dz 170–450 €, 16,00 €

Klassizistisches Bürgerhaus aus dem 19. Jhd. in unmittelbarer Nähe der Maximilianstraße. Stilvolle Zimmer, die mit Antiquitäten aus dem 18. und 19. Jhd. sowie edlen Materialien und Stoffen eingerichtet sind. Zum Haus gehören auch eine Bibliothek, eine Lobby mit Kamin und ein liebevoll angelegter Garten.

Vi Vadi Hotel Bayer 89
www.vivadihotels.com/de/hotels/bayer-89

★★★ S

Bayerstraße 89 (A4), PLZ 80335, **T 089 24415880**
80 Zimmer | 3 Suiten | 24 h

Ein neuzeitliches Stadthotel in unmittelbarer Nähe der Theresienwiese. Sowohl in den öffentlichen Bereichen als auch in den Zimmern trifft moderne Eleganz auf warmes, naturbelassenes Interieur. Die modernen Bäder sind mit Fußbodenheizung und Regendusche ausgestattet. Italienische Spezialitäten erwarten den Gast im hauseigenen Restaurant.

EssZimmer
www.esszimmer-muenchen.de

VARTA★TIPP Küche VARTA-TIPP Service

Am Olympiapark 1 (in der BMW Welt / 3. Etage), PLZ 80809 (OT: Milbertshofen-Am Hart), **T 089 358991814**
45 | Menü 185–230 € | Di-Sa Mo, So

Eine elegant-exklusive Gourmetadresse. Das Auge freut sich über harmonisch arrangierte Einrichtungselemente, der Gaumen über die zeitgemäß-kreative Küche von Bobby Bräuer. Seine sorgfältig zubereiteten Speisen begeistern in ihrer Vielfalt und Aromentiefe. Das Menü (5 bis 8 Gänge) können Sie auch als vegetarische Variante bestellen! Dazu kredenzt der geschulte Service unter der Leitung von Domenico Durante hervorragende Weine. Kostenloser Chauffeurservice innerhalb des Münchner Stadtgebiets.

Bavarie
www.feinkost-kaefer.de/bavarie

Am Olympiapark 1 (in der BMW Welt / 2. Etage), PLZ 80809 (OT: Milbertshofen-Am Hart), **T 089 358991818**
200 | Hauptgericht 18–28 €, Menü 34–48 € | Mo-Sa So

Dies ist das zweite (und etwas einfachere) Restaurant in der BMW Welt. Hier trifft typisch französische Brasserie-Atmosphäre auf feinste bayerische Regionalität. Schicke Holzmöbel, edle Stoffe, Pflanzen und ein raffiniertes Beleuchtungskonzept sorgen für Wohlfühlatmosphäre. Serviert wird eine zeitgemäße internationale Küche. Tipp: günstiges Mittagsmenü.

Tantris Restaurant

www.tantris.de

VARTA★TIPP Küche VARTA★TIPP Service

Johann-Fichte-Straße 7, PLZ 80805 (OT: Schwabing-Freimann), **T 089 3619590**
60 | Menü 230–295 € | Mi-Sa

Mit einer behutsamen Generalsanierung des denkmalgeschützten Betontempels aus den frühen 1970er Jahren und neuem Konzept schreibt man seit Herbst 2021 die erfolgreiche Geschichte des Traditionslokals weiter. Das Menürestaurant steht unter Leitung von Benjamin Chmura. Der gebürtige Kanadier bietet eine kreative und produktorientierte Hochküche, die mittags in 4 oder 6 und abends in 6 oder 8 Gängen serviert wird. Im klimatisierten Tagesweinkeller lagern erstklassige Weine aus nah und fern. Dazu ein geschmackvolles Ambiente, das elegant und gleichermaßen gemütlich ist. Der aufmerksame und sehr persönliche Service sorgt ebenfalls für genussvolle Tantris-Atmosphäre.

Tantris DNA

VARTA-TIPP Küche VARTA-TIPP Service

Johann-Fichte-Straße 7, PLZ 80805 (OT: Schwabing-Freimann), **T 089 3619590**
30 | Hauptgericht 74–92 € | Mo-Di, Sa-So ⃠ Mi, Do, Fr

Im Zweitrestaurant besinnt sich Küchenchefin Virginie Protat zurück auf die Grundgedanken der französischen Hochküche. Sie kocht Gerichte der Haute Cuisine und interpretiert beliebte Klassiker aus fünf Jahrzehnten Tantris. Eine zeitlose, produktorientierte Küche - serviert auf historischem, restauriertem Tafelsilber aus der Gründungszeit des Spitzenrestaurants. Auch ein traditionsbewusster, geschulter Service gehört zum ganzheitlichen Angebot. In der Bar gibt es täglich bis ein Uhr klassische Cocktails, offene Weine und Champagner aus dem Tantris-Keller.

Tohru in der Schreiberei Neu!

schreiberei-muc.de/tohru

VARTA★TIPP Küche VARTA-TIPP Service

Burgstraße 5 (D4), PLZ 80331, **T 089 21529172**
36 | Menü 245 € | Di-Sa ⃠ Mo, So

Fine Dining auf Top-Niveau erwartet Sie in der ehem. Stadtschreiberei. Hier führt Tohru Nakamura sein Erfolgsrezept aus Geisels Werneckhof fort - und das heißt: europäisch-französische Hochküche, erweitert durch die Produkt- und Aromenwelt Japans. Das servierte Menü ist eine kulinarische Inszenierung, die seinesgleichen sucht. Konsequent, unverwechselbar und mit präzisem Handwerk setzt der Spitzenkoch seine ganz eigenen Vorstellungen um. Die Atmosphäre in den Gasträumen ist überaus behaglich, man sitzt auf bequemen Ledersesseln und wird vom charmant-lockeren und zugleich geschulten Service bestens umsorgt.

Essence www.essence-restaurant.de

VARTA-TIPP Service

Gottfried-Keller-Str. 35, PLZ 81245 (OT: Pasing-Obermenzing), **T 089 80040025**
80 | Menü 77–98 € | Mi-Fr Mi-So Mo, Di

Das Essence steht für französisch inspirierte Gourmetküche mit mediterranen und asiatischen Anklängen. Fine Dining vom Feinsten: eine ideale Adresse für alle, die gerne sehr gut essen und einen optimalen Service im stimmungsvollen Ambiente zu schätzen wissen. Sehr gute Weinauswahl und kompetente Beratung durch die freundliche Crew an der Gästefront.

Green Beetle www.feinkost-kaefer.de/greenbeetle

Schumannstraße 9, PLZ 81679 (OT: Bogenhausen), **T 0176 14168023**
80 | Hauptgericht 24–26 €, Menü 59–129 € | Mo-Sa So

Wer sich gerne gesund, nachhaltig und regional ernährt, ist hier genau richtig! Das durchgestylte Restaurant, das zur Käfer-Gruppe gehört, ist nur wenige Gehminuten vom renommierten Feinkostgeschäft entfernt. Das kulinarische Konzept gibt dem Gemüse eine große Bühne. Und dass vegetarische oder vegane Küche keineswegs Verzicht auf Genuss bedeuten muss, zeigen solch abwechslungsreiche Gerichte wie „Geschmorte Gurke | Pastinake | Maracuja | Chili“ oder „Hokkaido-Kürbis | Rosenkohl | Curry | Rosinen“.

Les Deux www.lesdeux-muc.de

VARTA-TIPP Küche **VARTA-TIPP** Service

Maffeistr. 3a (D4), PLZ 80333 (OT: Altstadt-Lehel), **T 089 710407373**
60 | Hauptgericht 49–79 €, Menü bis 185 € | Mo-Fr Sa, So

In den Schäfflerhöfen wird kreativ gekocht! Geradlinig, produktorientiert und handwerklich perfekt zeigt sich die moderne französische Küche von Nathalie Leblond und Gregor Goncharov. Während Sie im Gourmetrestaurant im 1. Stock ein aufwendiges Degustationsmenü genießen können, werden im Parterre und auf der großen, geschützten Außenterrasse klassische und saisonal abgestimmte Brasseriegerichte serviert. Gastgeber Fabrice Kieffer ist ein Synonym für Engagement und Herzblut. Nicht zu vergessen die exzellente Weinkarte mit mehr als 500 Positionen.

MUN Restaurant www.munrestaurant.de

Innere Wiener Str. 18, PLZ 81667 (OT: Au-Haidhausen), **T 089 62809520**
Menü 75–95 € | Di-So Mo

Ein kleines, intimes Kellerlokal mit edel-schlichtem Interieur, gedämpftem Licht und dezenter Loungemusik zur akustischen Untermalung. Hier zelebriert man asiatische Küche mit internationalen Einflüssen auf hohem Niveau. Sehr zu empfehlen sind die 4- und 6-Gang-Degustationsmenüs, bei denen man sich auf eine kulinarische Reise durch Japan, Korea und China begibt.

Mural im MUCA www.muralrestaurant.de

VARTA-TIPP Küche

Hotterstraße 12 (C4), PLZ 80331, **T 089 23023186**
50 | Menü 155–195 € | Di-Sa

Rauer Industriecharme und lässiges Ambiente prägen das urbane Gourmetrestaurant im Streetart-Museum MUCA, das sich im einstigen Umspannwerk der Stadtwerke München befindet. Getreu dem Motto „Eat local, drink natural" verwöhnt Küchenchef Joshua Leise seine Gäste mit zeitgenössischen Gerichten, die akkurat und stimmig zubereitet sind. Er verwendet beste saisonale Produkte von ausgesuchten heimischen Erzeugern. Dazu eine spannende Weinauswahl, bei der naturnah erzeugte Weine von außergewöhnlichen Winzern im Fokus stehen.

Restaurant le Plaisant www.restaurant-leplaisant.eu

Regerplatz 3, PLZ 81541 (OT: Au-Haidhausen), **T 089 44449940**
32 | Menü 58–85 € | Mo-Fr Sa, So

Klein, aber fein: In diesem Restaurant muss man sich einfach wohlfühlen! Das Ambiente: elegant und mit zurückhaltender Geradheit, der Service freundlich und die Küche ausgesprochen schmackhaft! Serviert wird ein wechselndes Menü in 3 bis 5 Gängen (auf Wunsch mit passender Weinbegleitung).

Rocca Riviera www.roccariviera.com

Wittelsbacher Platz 2 (D3), PLZ 80333, **T 089 28724421**
150 | Hauptgericht 15–35 € | Mo-Fr Mo-Sa So

Das französisch-italienisch inspirierte Lifestyle-Restaurant befindet sich in der Siemens-Konzernzentrale und erstreckt sich über zwei Etagen. Opulente Ausstattung im glamourösen Retrostil mit edlen Materialien und feiner Tischkultur. Kulinarisch liegt der Schwerpunkt auf der facettenreichen Mittelmeerküche. Das Angebot reicht von Antipasti über frischen Fisch bis zu Fleischspezialitäten vom Holzkohlegrill.

Schuhbecks in den Südtiroler Stuben www.schuhbeck.de

Platzl 6/8 (D4), PLZ 80331 (OT: Altstadt-Lehel), **T 089 2166900**
156 | Menü 48–96 € | Mo-Sa So

Renommierte Feinschmeckeradresse am Münchner Platzl. Eine angenehme Symbiose von Küche, Keller und Service erwartet Sie in den eleganten Räumlichkeiten. Die Küche vereint bayerisch-mediterrane Traditionen mit innovativen Gewürzkreationen. Bemerkenswertes Weinangebot.

Showroom
www.showroom-restaurant.de

VARTA-TIPP Küche

Lilienstr. 6 (F5), PLZ 81669 (OT: Au-Haidhausen), **T 089 44429082**
28 | Menü 150–180 € | Mo-Fr

Hier kommen Gourmets und Neugierige auf ihre Kosten. Im kleinen, aber feinen Restaurant offeriert Ihnen Dominik Käppeler eine beeindruckende Soulfoodküche. Das fixe, regelmäßig wechselnde Menü (5 bis 8 Gänge) ist das Ergebnis handwerklich niveauvoller, aufwendiger und kreativer Zubereitung exzellenter Produkte. Dazu kredenzt der fachkundige Service erlesene Weine aus nah und fern.

Sparkling Bistro
www.sparklingbistro.de

VARTA-TIPP Küche **VARTA-TIPP** Service

Amalienstraße 89 (D1, Zugang über die Amalienpassage), PLZ 80799 (OT: Maxvorstadt / Schwabing), **T 089 46138267**
36 | Menü 140–160 € | Di-Sa Mo, So

Minimalistisch und schick zeigt sich das modern-elegante Fine-Dining-Restaurant in der Münchner Amalienpassage. Jürgen Wolfsgruber und Johannes Maria Kneip bieten hier eine kompromisslose, kontrastreiche Produktküche, die in Menüform serviert und von exzellenten Weinen begleitet wird. Von der Crew an der Gästefront werden Sie charmant und fachkundig umsorgt. Toll die umfangreiche Auswahl an Schaumweinen. Tischreservierung empfehlenswert.

Werneckhof Sigi Schelling
www.werneckhof-schelling.de

VARTA★TIPP Küche

Werneckstr. 11, PLZ 80802 (OT: Schwabing-Freimann), **T 089 244189190**
45 | Menü 185 € | Mi-Sa

Der „Werneckhof" ist ein Haus mit kulinarischer Geschichte. Schon der vorherige Küchenchef Tohru Nakamura setzte hier auf erstklassiges Niveau. Der schlichte kleine Gastraum mit seinen historischen Sprossenfenstern zeigt sich hell und mit moderner Kunst. Sigi Schelling (viele Jahre Souschefin bei Hans Haas im legendären Tantris) setzt auf klassisches Handwerk sowie eine schnörkellose, saisonal beeinflusste Produktküche, die Sie in Form eines fünfgängigen Menüs genießen können. Die Weinkarte wurde von der bekannten Sommelière Paula Bosch zusammengestellt.

Acetaia
www.acetaia.de

Nymphenburger Straße 215, PLZ 80639 (OT: Neuhausen-Nymphenburg), **T 089 13929077**
38 | Hauptgericht 15–45 €, Menü 29–65 € | Mo-Di, Do-Fr, So Mo-Di, Do-So Mi

Das Ristorante vis-à-vis dem Grünwald-Park gehört seit vielen Jahren zu den Top-Italienern in München. Mosaikboden, Lederbänke und Deckenstuck sorgen für nostalgisches Flair. Die Karte bietet klassische italienische Speisen sowie eine sehr gute Weinauswahl von besten Weingütern aus dem Piemont bis Sizilien.

Acquarello www.acquarello.com

VARTA-TIPP Küche

Mühlbaurstraße 36, PLZ 81677 (OT: Bogenhausen), **T 089 4704848**
70 | Hauptgericht 39–55 €, Menü 135 € | Di-Fr Di-So Mo

Die Küche von Mario Gamba, der einst als Autodidakt kochen gelernt hat, zeigt sich seit vielen Jahren auf Top-Niveau. Südländische Kreativität und Leichtigkeit prägen die handwerklich perfekt zubereiteten Gerichte des Italieners. Dazu eine mediterrane Atmosphäre mit edlen Natursteinen, Stühlen aus Florenz und faszinierenden Lichtspielen. Gastfreundlicher Service. Mittags Business Lunch.

Azuki Restaurant www.azukimunich.com

Maximilianstraße 2A (D4), PLZ 80539, **T 089 41327560**
180 | Hauptgericht 24–49 € | Mo-So

Japan trifft Vietnam - so lautet das kulinarische Konzept in diesem weitläufigen Restaurant im Palais an der Oper. Ob im Restaurant, im Barroom oder unter den Arkaden - serviert werden schmackhafte asiatische Gerichte sowie verschiedene Sushi- und Sashimi-Spezialitäten. Aber auch Fleischliebhaber kommen auf ihre Kosten und dürfen sich z.B. auf gegrilltes Rib-Eye-Steak oder Special Cut vom japanischen Wagyu freuen. Tolle Cocktailkarte.

Blauer Bock www.restaurant-blauerbock.de

Sebastiansplatz 9 (D5), PLZ 80331, **T 089 45222333**
68 | Hauptgericht 24–65 €, Menü 75–124 € | Di-Sa Mo, So

Restaurant am Viktualienmarkt mit moderner Einrichtung. Gekocht wird regional und mediterran, saisonbetont und kreativ. Tipp: Schmorgerichte. Regelmäßig wechselnde Mittagskarte.

Brasserie Colette www.brasseriecolette.de/muenchen

Klenzestraße 72 (C5), PLZ 80469, **T 089 23002555**
80 | Menü 59–79 € | Mo-So

Auch wenn Tim Raue hier nicht selbst am Herd steht, ein Besuch lohnt sich allemal. Die Speisekarte offeriert klassische französische Gerichte zu bezahlbaren Preisen. Die Atmosphäre ist locker bis ungezwungen mit dem Charakter eines Wohnzimmers. Mosaikböden, durchlaufende Sitzbänke und geschwungene alte Stühle sorgen für typisches Brasserieflair.

Der Dantler www.derdantler.de

Werinherstraße 15, PLZ 81541, **T 089 39292689**
35 | Hauptgericht 39 €, Menü 40–70 € | Di-Fr

In dem charmanten Deli-Restaurant serviert man mittags einfache und schnelle Gerichte wie Salate, hausgemachte Pasta oder Pastramisandwiches. Abends ist die Küche etwas aufwendiger und raffinierter. Aus kleinen Tellergerichten kann man sich sein eigenes Menü zusammenstellen. Schöne Weinauswahl mit Schwerpunkt Deutschland, Österreich und Südtirol.

Gabelspiel
www.restaurant-gabelspiel.de

Zehentbauernstraße 20, PLZ 81539 (OT: Giesing), **T 089 12253940**
40 | Menü 95–135 € | Di-Sa Mo, So

Ein Besuch in dem kleinen, modern umgebauten Gastraum des alleinstehenden Altbaus lohnt sich! Florian und Sabrina Berger verwöhnen ihre Gäste mit frischen saisonalen Gerichten, die in Menüform oder auch à la carte serviert werden. Tischreservierung empfehlenswert.

Galleria Ristorante
www.ristorante-galleria.de

Sparkassenstraße 11 (D4), PLZ 80331, **T 089 297995**
42 | Hauptgericht 20–33 €, Menü 65–95 € | Mo-So

Kleines, etwas verwinkeltes Lokal mit detailverliebter Dekoration. Zu traditionellen italienischen Gerichten wie „Lammrücken mit Polenta, Safranfenchel und Oliven“ bietet man eine schöne Weinauswahl. Freundlicher, zuvorkommender Service.

George Prime Steak & Raw Bar
www.georgeprimesteak.com/de

Maximiliansplatz 9 (C3), PLZ 80333 (OT: Maxvorstadt), **T 089 215367777**
80 | Hauptgericht 48–83 € | Di-Sa Mo, So

Edel, mondän und stylish zeigt sich das großzügig angelegte Steakrestaurant mit seinen drei „Private Dining Rooms“. Highlights sind der begehbare gläserne Weinkühlschrank sowie der große Dry-Aged-Humidor im Eingangsbereich. Serviert werden hochwertiges, US-amerikanisches Prime-Beef-Fleisch sowie beste kalifornische Weine. In der angeschlossenen Raw Bar kann man Sushispezialitäten der Nikkeiküche und Cocktails genießen.

Halali
www.restaurant-halali.de

Schönfeldstraße 22 (E2), PLZ 80539 (OT: Maxvorstadt), **T 089 285909**
65 | Hauptgericht 30–38 €, Menü 83 € | Di-Fr Di-Sa Mo, So

Das aus dem 19. Jhd. stammende Gasthaus nahe dem Englischen Garten ist mit zahlreichen Jagdtrophäen dekoriert. Serviert werden bayerische und internationale Speisen, aber auch wegen seiner exzellenten Wildgerichte hat sich das Lokal längst einen Namen gemacht. Auf der umfangreichen Weinkarte findet man viele österreichische Weine.

Hippocampus
www.hippocampus-restaurant.de

Mühlbaurstr. 5, PLZ 81677 (OT: Bogenhausen), **T 089 475855**
50 | Hauptgericht 27–35 €, Menü 54–70 € | Mi-Fr, So Mi-So Mo, Di

Perfekt gestylter Raum mit gelb-schwarz gemasertem Marmorfußboden, Wandvertäfelungen aus edlem Nussbaumholz, hübschen Jugendstil-Bronzelampen und zahlreichen Accessoires aus Italien. Ambitionierte italienische Küche, gute Weine, aufmerksame Servicebrigade.

Huber
www.huber-restaurant.de

VARTA-TIPP Küche

Newtonstraße 13, PLZ 81679 (OT: Bogenhausen), **T 089 985152**
45 | Hauptgericht 25–35 €, Menü 89–105 € | Sa-So Di-So Mo

Sehr schick zeigt sich dieses durchgestylte Restaurant mit roten Sitzbänken, hellen Wänden, subtilem Lichtkonzept und klassisch eingedeckten Tischen. Hier offeriert Michael Huber eine moderne deutsche und internationale Küche. Das Menü (4 oder 5 Gänge) gibt es auch als vegetarische Variante. Der Service ist wunderbar unprätentiös und freundlich. Im Sommer kann man auch auf der Terrasse speisen.

Il Borgo www.il-borgo.de

Georgenstraße 144, PLZ 80797 (OT: Schwabing-West), **T 089 1292119**
55 | Hauptgericht 17–69 €, Menü 64 € | Di-Fr Di-Sa Mo, So

Lockere Bistroatmosphäre mit großen Spiegeln, eleganten weißen Säulen und bunten Kacheln. Zur typisch südländischen Gastfreundschaft gesellt sich eine gehobene italienische Küche aus hochwertigen Frischeprodukten. Tipp: täglich wechselndes Degustationsmenü mit kleinen Probierportionen.

Johannas www.restaurant-johannas.de

VARTA-TIPP Küche

Heiglhofstraße 18 (im Hotel Neumayr), PLZ 81377 (OT: Großhadern), **T 089 7411440**
64 | Hauptgericht 25–55 €, Menü 85–150 € | Fr-So Mi-So Mo, Di

In diesem ländlichen Gasthof verwöhnt Sie der Junior des Hauses mit einer frischen, bodenständigen Regionalküche. Andi Neumayr verwendet fast ausschließlich Kräuter aus seinem eigenen Garten, während er das Gemüse von Landwirten aus der Region bezieht. Die Vielfalt der Natur inspiriert ihn zu solch anspruchsvollen Gerichten wie „Rehkitzhaxe aus dem Rohr | Gänseleberschaum | Sanddorn | Waldpilze | Kohlrabi | Pastinake". Dazu ein feines, erlesenes Weinangebot. Preiswerte Mittagskarte.

Käfer-Schänke www.feinkost-kaefer.de

Prinzregentenstraße 73, PLZ 81675 (OT: Bogenhausen), **T 089 4168247**
280 | Hauptgericht 27–52 €, Menü 79–119 € | Mo-Sa So

Ein modern-gemütliches Ambiente, exzellenter Service sowie die frische, ideenreiche Küche machen dieses Restaurant aus. Wie wär's mit „Hummer-Cordon-Bleu", „Bauernente aus dem Ofen" oder einem veganen Menü. Neu: Begehbarer Weinraum mit 900 feinen Weinen, Raritäten und Beratung durch einen hauseigenen Sommelier. Feinkostladen im eigenen Haus.

L'Adresse 37 www.ladresse37.de

Tulbeckstr. 9, PLZ 80339 (OT: Schwanthalerhöhe), **T 089 62232119**
40 | Hauptgericht 28–35 €, Menü 57–67 € | Di-So Mo ››

Moderne Bistroküche ohne viel Chichi erwartet Sie in diesem elegant-gemütlichen Restaurant. Auf der wechselnden Karte stehen leckere französische Klassiker wie etwa Tatar vom Rinderfilet, Gänse-Foie-Gras oder Jakobsmuscheln. Im Sommer kann man auf der netten Innenhofterrasse ein kleines Stück Paris genießen.

La Bohème
www.boheme-schwabing.de

Leopoldstraße 180, PLZ 80804, **T 089 23762323**
90 | Hauptgericht 29–74 €, Menü 69–109 € | Sa-So Di-So Mo

Ein Ort für Augen und Gaumen. Hier trifft zeitgemäßes, kunstvolles Ambiente auf französische Atmosphäre. Mit tollem Blick in die Küche lassen Sie sich z.B. Tagliatelle mit schwarzem Trüffel, 12 verschiedene Steakcuts und feine Fischgerichte schmecken. Und als Dessert vielleicht Crêpes Suzettes oder frischgebackene Tarte Tatin? Samstags und sonntags Brunch.

Le Stollberg
www.lestollberg.de

Stollbergstr. 2 (E4), PLZ 80539 (OT: Altstadt-Lehel), **T 089 24243450**
50 | Hauptgericht 22–32 €, Menü 45–75 € | Mi-Fr Mi-Sa Mo, Di, So

Treffpunkt für Feinschmecker und Liebhaber der französisch inspirierten Küche, die aus besten Produkten zubereitet wird - teils aus der Region, teils direkt aus Frankreich. Täglich wechselndes Business-Lunch-Menü. Helles, freundliches Ambiente. Charmantes Servicepersonal.

Little London
www.little-london.de

Tal 31 (D4), PLZ 80331 (OT: Altstadt-Lehel), **T 089 122239470**
120 | Hauptgericht 20–159 € | Di-Sa

In dem länglichen, mit britischen Tapeten versehenen Gastraum sitzt man ausgesprochen gemütlich. Die Hauptdarsteller auf der Speisekarte sind Prime Beef, Wagyu, Black Angus, Chateaubriand und Lammkarree. Sämtliche Fleischspezialitäten werden auf einem amerikanischen Montague-Grill zubereitet. Die Bar bietet eine bemerkenswerte Wein-, Gin- und Whiskeyauswahl.

Ménage Bar
www.menage-bar.com

Buttermelcherstraße 9 (D5), PLZ 80469, **T 089 23232680**
30 | Hauptgericht 17–34 €, Menü 45–65 € | Di-So Mo

Die gemütliche Location im Glockenbachviertel vermittelt einen Hauch Wohnzimmeratmosphäre. Das Konzept ist besonders, aber absolut trendy! Kulinarisch setzt man auf eine niveauvolle Crossover-Küche mit fantasievollen Gerichten wie „Luke's Cannonball“ (Rehgulasch | Kartoffelstampf | Spiegelei). Dazu gibt es raffinierte, teils ungewöhnliche Drinks. Unbedingt probieren: „King Clear I“ (mit Erdnussbutter-Bourbon, Tequila und Zitrus).

Nymphenburger Hof
www.nymphenburgerhof.de

Nymphenburger Straße 24 (A2), PLZ 80335, **T 089 1233830**
50 | Hauptgericht 35–39 €, Menü 68–78 € | Di-Fr Di-Sa

Ein sehr nettes, liebevoll dekoriertes Restaurant mit bezauberndem Gartenlokal. Aus der Küche kommen feine österreichische und internationale Speisen sowie wechselnde Gourmetmenüs. Preisgünstiger Mittagstisch.

Pageou
www.pageou.de

VARTA-TIPP Küche

Kardinal-Faulhaber-Straße 10 (D3), PLZ 80333, **T 089 24231310**
56 | Hauptgericht 23–48 €, Menü 99–159 € | Di-Sa Mo, So

Gehoben, aber keineswegs steif zeigt sich das Restaurant von Ali Güngörmüs in den Fünf Höfen. Holz, Leder und schöne Stoffe treffen auf klare, lichte Formen. Serviert wird eine moderne, kosmopolitische Küche, die mit exotischen und orientalischen Einflüssen verfeinert ist. Auf der wöchentlich wechselnden Abendkarte können Sie zwischen zwei Menüs wählen.

Restaurant Museum
www.museum-muenchen.de

Prinzregentenstr. 3 (F3), PLZ 80538 (OT: Altstadt-Lehel), **T 089 45224430**
70 | Hauptgericht 27–36 €, Menü 79–99 € | Di-So Mo

Das elegante, aber trotzdem unkomplizierte Restaurant befindet sich im Westflügel des Bayerischen Nationalmuseums. Die perfekte Adresse zum Business Lunch oder zum entspannten Dinner mit Freunden. Gekocht wird international und saisonal mit regionalen Einflüssen. Im Sommer lockt die schöne, ruhige Terrasse im Rosengarten.

Vecchia Lanterna
www.vecchia-lanterna.de

St.-Anna-Str. 31 (E3), PLZ 80538 (OT: Altstadt-Lehel), **T 089 81892096**
40 | Hauptgericht 19–41 €, Menü 51–99 € | Di-Sa Mo, So

Das stylishe Restaurant gefällt durch sein originelles Weinregal und die modernen Lampen. Aus der einsehbaren Küche kommen hochwertige mediterrane Spezialitäten. Die Pasta ist hausgemacht, die Fisch- und Fleischgerichte werden raffiniert und schmackhaft zubereitet. Dazu serviert man sehr gute Weine - überwiegend aus Italien.

Vinaiolo
www.vinaiolo.de

Steinstraße 42 (↘ F5), PLZ 81667 (OT: Au-Haidhausen), **T 089 48950356**
52 | Hauptgericht 22–28 €, Menü 39–52 € | Di-Fr, So Di-So Mo

Ein antiker Kaufmannsladen von 1904 dient als Kulisse für diese Edelosteria im Stadtteil Haidhausen. Die Speisekarte offenbart schmackhafte italienische Klassiker, aber auch regionale und weniger bekannte Gerichte aus Venetien, Friaul und Kampanien. Ergänzt wird das Angebot durch eine wechselnde Mittagskarte und eine vorzügliche Weinauswahl.

WACA Restaurant
www.wacarestaurant.com

Am Ausbesserungswerk 8, PLZ 80939 (OT: Schwabing-Freimann), **T 089 90407722**
Hauptgericht 19–189 €, Menü 99 € | Fr-So Mo-So

Das opulent-moderne Restaurant in der Motorworld ist der neue Hotspot der Stadt. Hier trifft Industrial Chic auf japanisch-peruanische Geschmackserlebnisse. Neben wohlschmeckenden Fisch- und Fleischgerichten aus der offenen Showküche darf man sich auch auf eine spannende Auswahl an Desserts freuen. Schönes Weinangebot mit Schwerpunkt Deutschland, Frankreich und Italien.

Weinhaus Neuner
www.weinhaus-neuner.de

VARTA-TIPP Küche

Herzogspitalstraße 8 (C4), PLZ 80331 (OT: Altstadt-Lehel), **T 089 2603954**
140 | Hauptgericht 17–32 €, Menü 54–79 € | Mo-Sa

Richtig gemütlich ist es in Münchens ältestem Weinhaus mit seinem weißen Säulengewölbe, neugotischer Wandtäfelung und den hist. Blechmalereien aus dem 19. Jahrhundert. Dass man hier nicht nur gute Weine genießen, sondern auch hervorragend speisen kann, zeigen solch schmackhafte Gerichte wie „Konfierter Heilbutt mit Kartoffel-Speck-Paprika-Ragout, geflämmte Paprika und Kräutersud" oder „Getrüffeltes Hühnerfrikassee unter der Blätterteighaube".

Zum Goldenen Kalb
www.zum-goldenen-kalb.de

Utzschneiderstr. 1 (D5), PLZ 80469 (OT: Altstadt-Lehel), **T 089 23542290**
95 | Hauptgericht 23–55 € | Mo-Sa So

Direkt gegenüber der Schranne am Viktualienmarkt befindet sich dieses New-York-Steakhouse. Fleischliebhaber kommen hier auf ihre Kosten und können neben den klassischen US-Cuts auch Klassiker wie Austern, verschiedene Tatars, Spareribs oder Burger probieren. Das Ambiente: rustikal mit Backsteinwänden und vielen Antiquitäten.

Atelier Gourmet
www.ateliergourmet.de

Rablstr. 37, PLZ 81669 (OT: Au-Haidhausen), **T 089 487220**
35 | Hauptgericht 20–24 €, Menü 35–61 € | Mo-Di, Do-Sa

Sympathisches kleines Restaurant mit ansteckender Gemütlichkeit und französisch-mediterraner Küche. Das Speisenangebot reicht von bodenständig bis raffiniert. Tischreservierung ratsam.

Bachmeier
www.bachmeier-genussfreuden.de

Westenriederstraße 43 (D4), PLZ 80331 (OT: Altstadt-Lehel), **T 089 28755010**
40 | Hauptgericht 19–49 € | Di-Sa Mo, So

Schön leger sitzt man in dem langgezogenen Gastraum mit seinen riesigen Fenstern und der großen Theke aus hellem Holz. Aus sehr guten Produkten entstehen frische gehoben-regionale Gerichte wie „Kürbisrisotto | Mohnbutter | Salbei | Pecorino" oder „Lachsforelle | Rahmsauerkraut | Beurre Blanc". Zusätzlich können sich Gourmets mit erlesenen Delikatessen wie Wein, Pasta, Olivenöl, Sugo oder Edelsalze für ihren Hausgebrauch eindecken.

Brenner Grill
www.brennergrill.de

Maximilianstraße 15 (E3), PLZ 80539 (OT: Altstadt-Lehel), **T 089 4522880**
450 | Hauptgericht 13–79 € | Mo-Sa So

Innovatives Restaurantkonzept mit einem Mix aus Bar, Café und Restaurant. In der eindrucksvollen Säulenhalle trifft sich die Münchner Schickeria. Breites Speisenangebot von hausgemachten Pastagerichten über Dorade Royal bis hin zu Steakspezialitäten, die im offenen Grillbereich zubereitet werden. In den Sommermonaten sitzt man im Freien unter Olivenbäumen und im Schatten des Probengebäudes der Bayerischen Staatsoper.

Ederer
www.restaurant-ederer.de

Lindwurmstr. 48 (A5), PLZ 80337 (OT: Ludwigsvorstadt-Isarvorstadt), **T 089 74747928**
30 | Hauptgericht 16–33 € | Di-Fr Di-Sa Mo, So

Sehr ansprechend die helle, freundliche Atmosphäre samt zeitgenössischer Kunst an den Wänden. Gutes Essen und guter Wein gehen hier Hand in Hand: die Küche klassisch, regional und schnörkellos mit saisonalen Zutaten, das Weinangebot abwechslungsreich mit europäischem Schwerpunkt.

Gandl
www.gandl.de

St.-Anna-Platz 1 (E3), PLZ 80538, **T 089 29162525**
65 | Hauptgericht 10–29 €, Menü 20–59 € | Di-Sa

Das lebendige Restaurant mit offenem Kamin und schöner Terrasse am St.-Anna-Platz ist längst kein Geheimtipp mehr. Während mittags überwiegend leichte Gerichte mit feiner italienischer Note aufgetischt werden, serviert man am Abend gehobene internationale Speisen mit Einflüssen aus der französischen Küche.

Jin
www.restaurant-jin.de

Kanalstraße 14 (E4), PLZ 80538, **T 089 21949970**
55 | Hauptgericht 22–38 €, Menü 85–120 € | Sa-So Di-So Mo

Beliebtes Asialokal unweit des Isartors. Aus der einsehbaren Küche kommen wohlschmeckende chinesische und japanische Gerichte, z.B. „Black-Tiger-Garnelen aus Wildfang mit Thai-Spargel, Babygurken, Pflaumen, Chili".

Landersdorfer & Innerhofer **Neu!**
www.landersdorferundinnerhofer.de

Hackenstraße 6-8 (C4), PLZ 80331, **T 089 26018637**
50 | Hauptgericht 15–33 €, Menü 48–90 € | Mo-Fr

Das kleine Lokal mit seinen weiß eingedeckten Tischen befindet sich in einem alten Patrizierhaus in der Münchner Altstadt. Hier trifft bodenständige Hausmannskost auf innovative Haute Cuisine. Eine Speisekarte sucht man vergebens, stattdessen kreiert Joahnn Landersdorfer am Abend ein wechselndes Überraschungsmenü mit marktfrischen Zutaten. Mittags Lunchmenü in 2 Gängen.

Maison Massard
www.maison-massard.de

Bazeillesstr 5, PLZ 81669 (OT: Haidhausen), **T 089 44419962**
80 | Hauptgericht 13–29 €, Menü 34–75 € | Mo-Sa So

Bei Bruno Massard fühlt man sich fast wie in Frankreich, dafür sorgen die charmante, unkomplizierte Brasserie-Atmosphäre und ebenso authentische, wechselnde Gerichte - frisch, schmackhaft und saisonal, z.B. „Seeteufelmedaillons mit Chorizo an Weißweinsauce" oder „Hausgemachtes Entenkeulenconfit".

Rüen Thai
www.rueen-thai.de

Kazmairstraße 58, PLZ 80339 (OT: Schwanthalerhöhe), **T 089 503239**
75 | Hauptgericht 14–36 €, Menü 56–123 € | Mo-Do Mo-So

In diesem rustikal-eleganten Restaurant wird eine authentische südthailändische Küche serviert. Auf Anfrage und Vorbestellung gibt es spezielle Fingerfood- und Hummermenüs. Internationales Weinangebot. Herzlicher Service.

Schlosswirtschaft zur Schwaige
www.schlosswirtschaft-schwaige.de

Schloß Nymphenburg 30, PLZ 80638 (OT: Neuhausen-Nymphenburg), **T 089 12020890**
220 | Hauptgericht 8–23 €, Menü 30–55 € | Mo-So

Im Seitenbau des Barockschlosses empfängt Sie das gemütliche Restaurant. Ob bayerische Schmankerl oder internationale Klassiker, hier gibt es Schmackhaftes zu einem guten Preis-Leistungs-Verhältnis. Nach dem Essen lädt der angrenzende Schlossgarten zu einem ausgiebigen Spaziergang ein.

Zum Franziskaner
www.zum-franziskaner.de

Residenzstraße 9 (D4), PLZ 80333 (OT: Altstadt-Lehel), **T 089 2318120**
750 | Hauptgericht 10–34 € | Mo-So

Hier lebt die bayerische Wirtshauskultur! Traditionsgaststätte mit urgemütlicher Einrichtung, direkt an der Oper gelegen. Zu den gutbürgerlichen Schmankerln auf der Speisekarte gehören Schweinshaxe, Spanferkel und Rostbratwürstel. Als Dessert locken ofenfrischer Kaiserschmarrn oder Bayrisch Creme.

Jan Neu!
jan-hartwig.com

Luisenstr. 27 (B2), PLZ 80333, **T 0**
Menü 285–295 €

Im sogenannten Rhaetenhaus finden Sie den neuen Gourmethotspot der bayerischen Landeshauptstadt. Hier möchte Jan Hartwig an seine Erfolge als Küchenchef des Ateliers im Bayerischen Hof anknüpfen, aber auch neue Wege beschreiten. Man darf gespannt sein... Bei Redaktionsschluss für diese Buchausgabe logierte der Spitzenkoch allerdings noch mit seinem Pop-Up-Restaurant in den Räumen der Porzellan-Manufaktur Nymphenburg. Varta-Bewertung folgt.

falk's Bar
www.bayerischerhof.de

Promenadeplatz 2-6 (D3, im Hotel Bayerischer Hof), PLZ 80333 (OT: Altstadt-Lehel), **T 089 2120956**
50 | Hauptgericht 15–32 € | Mo-So

Die Bar befindet sich im berühmten Spiegelsaal von 1841, dem einzigen Raum des Bayerischen Hofes, der den 2. Weltkrieg unversehrt überstand. Die schicke LED-Bar taucht den schneeweißen Raum in stimmungsvolle Farben. Aber nicht nur mit dem Ambiente kann man punkten, auch die Barkarte mit ihren klassischen Cocktails, Longdrinks und Eigenkreationen kann sich sehen lassen.

Jahreszeiten Bar
www.kempinski.com

Maximilianstraße 17 (E4, im Hotel Vier Jahreszeiten), PLZ 80539 (OT: Altstadt-Lehel), **T 089 21250**
135 | Hauptgericht 12–36 € | Di-Sa

Elegante, typische American Bar mit edlen Hölzern und englischen Stilelementen. Die Cocktailkreationen fokussieren sich auf Martini und Mixology Drinks. Exklusive Auswahl von über 20 Champagnersorten.

Der Pschorr
www.der-pschorr.de

Viktualienmarkt 15 (D4), PLZ 80331, **T 089 442383940**
800 | Hauptgericht 10–28 €, Menü 25–60 € | Mo-So

Urig-gemütliches Wirtshaus direkt neben dem Viktualienmarkt. Die Spezialität des Hauses: frisch gezapftes, mit Stangeneis gekühltes Edelhell aus dem Holzfass, das nach alter Tradition im Holzfasskeller gelagert wird. Zum Bier gibt's frische bayerische Klassiker wie z.B. Fleischpflanzerl, Tafelspitz oder Schweinshaxe.

Schneider Bräuhaus
www.schneider-brauhaus.de

Tal 7 (D4), PLZ 80331 (OT: Altstadt-Lehel), **T 089 2901380**
630 | Hauptgericht 11–29 €, Menü 25–45 € | Mo-So

Eine gemütlich-bayerische Traditionsadresse. Nostalgische Stuben mit urigen Holztischen, alten Lampen und historischen Bildern. Im Angebot: Weißbierspezialitäten, bayerische Schmankerl und alte Münchner Gerichte. Spezialität: Original Münchner Kronfleisch.

Spatenhaus an der Oper
www.kuffler.de

Residenzstraße 12 (D3), PLZ 80333, **T 089 2907060**
450 | Hauptgericht 15–38 €, Menü 40–100 € | Mo-So

Bayerischer Brauereigasthof gegenüber dem Opernhaus mit verschiedenen Gaststuben und originellem Flair. Breit gefächertes Speisenangebot von bodenständiger Regionalküche über feine Fischgerichte bis hin zu österreichischen Spezialitäten. Schöne Sommerterrasse.

MÜNCHWEILER AN DER ALSENZ 50 A
www.winnweiler-vg.de

Rheinland-Pfalz | EW 1.220 | 259 m | Pirmasens 12 km, Kaiserslautern 20 km

Klostermühle
www.klostermuehle.com

★★★ S

Mühlstraße 19, PLZ 67728, **T 06302 92200,** F 922020
28 Zimmer | 1 Apartment | Ez 77–95 €, Dz 120–140 €, inkl. Frühstück | 27.12.22–8.1.23

Neuzeitliches Hotel in einer mittelalterlichen Hofanlage, die sich seit 1928 in Familienbesitz befindet. Helle, moderne Zimmer. Wellnessbereich im Sandsteingewölbekeller mit finnischer Sauna, Dampfbad und Ruheraum.

Klostermühle

45 | Hauptgericht 12–25 €, Menü 25–52 € | So Mo-So

Ein freundliches und modernes Ambiente erwartet Sie in diesem stimmungsvollen Restaurant. Was hier aus guten, frischen Produkten entsteht, nennt sich z.B. „Filet vom Iberico-Schwein mit Chorizo-Spitzkohl und Kartoffelgnocchi". Hübsche Terrasse mit Blick auf den Garten.

MÜNDER, BAD 22 D
www.bad-muender.de

Niedersachsen | EW 17.325 | 119 m | Hameln 16 km, Hannover 33 km

Kastanienhof
www.hotel-kastanienhof.de

★★★★

Am Stadtbahnhof 11, PLZ 31848, **T 05042 3063,** F 3885
30 Zimmer | 4 Suiten | Ez ab 93 €, Dz ab 135 €, inkl. Frühstück

Privat geführtes Hotel mit gediegenen, wohnlich eingerichteten Gästezimmern, das sich seit über 35 Jahren in Familienbesitz befindet. Kleiner Wellnessbereich mit Schwimmbad, Sauna und Solarium. Internationales Restaurant mit Wintergarten und Terrasse.

MÜNSING 67 B www.tourismus.muensing.de

Bayern | EW 4.199 | 666 m | Wolfratshausen 7 km, Starnberg 15 km

Schlossgut Oberambach www.schlossgut.de

Oberambach 1, PLZ 82541 (OT: Oberambach), **T 08177 9323,** F 932400
40 Zimmer | 4 Suiten | Ez 108–150 €, Dz 155–228 €, 30,00 € | 24 h

Wunderschön liegt dieses Biohotel mit seiner Dependance auf einem 52 Hektar großen, bewaldeten Parkgrundstück mit Blick auf den Starnberger See. Hier wohnen Sie in exklusiven Nichtraucherzimmern, von denen die meisten im mediterranen Stil eingerichtet sind. Ein Relaxbereich sowie ein Naturbadeteich sorgen für Entspannung.

MÜNSINGEN 58 D www.muensingen.com

Baden-Württemberg | EW 14.500 | 707 m | Bad Urach 13 km, Ehingen 27 km

Herrmann www.hotelherrmann.de

★★★★

Marktplatz 1, PLZ 72525, **T 07381 18260,** F 6282
44 Zimmer | 2 Suiten | 1 Apartment | Ez 86–124 €, Dz 146–202 €, inkl. Frühstück | 22.–26.12.22

Hübscher Fachwerkgasthof in der Altstadt mit geschmackvoll gestalteten Hotelzimmern und gutem Vitalfrühstück. Entspannung bietet der Relaxbereich „Verbena SPA". Gemütliches Restaurant mit regionaltypischer Küche.

MÜNSTER 30 A www.tourismus.muenster.de

Nordrhein-Westfalen | EW 312.215 | 60 m | Rheine 38 km, Osnabrück 58 km

Historisches Rathaus am Prinzipalmarkt, Dom St. Paulus mit astronomischer Uhr, LWL-Museum für Kunst und Kultur, Kunstmuseum Pablo Picasso, Pferdemuseum, Haus Rüschhaus, Erbdrostenhof, Fürstbischöfliches Schloss, Museum für Lackkunst, Bibelmuseum.

Einen Cityplan finden Sie auf Seite 782.

Atlantic Hotel Münster www.atlantic-hotels.de/hotel-muenster

Engelstraße 39 (C3), PLZ 48143, **T 0251**
224 Zimmer | 24 h

Das zentral gelegene Hotel mit seinen bodentiefen Fenstern kombiniert urbane Architektur mit neuester Eventtechnik und exklusivem Design. Die Gästezimmer sind mit hochwertigen Materialien eingerichtet und in warmen Erdtönen gehalten. Im Restaurant „ATLANTIC Grillroom“ gibt es Fleisch- und Fischklassiker vom Lavasteingrill. Darüber hinaus bietet das Haus seinen Gästen eine Skybar sowie einen 380 qm großen gläsernen Veranstaltungssaal in der 6. Etage mit fantastischem Ausblick.

Kaiserhof www.kaiserhof-muenster.de

★★★★ S

Bahnhofstr. 14 (C3), PLZ 48143, **T 0251 41780,** F 4178666
100 Zimmer | 5 Suiten | Ez ab 99 €, Dz ab 119 €, ab 19,50 € | 24 h

Das Traditionshotel gegenüber dem Hauptbahnhof ist eine beliebte Adresse bei Geschäfts- und Tagungsgästen. Für einen Besuch sprechen die freundliche Führung, die modernen, sehr gut ausgestatteten Zimmer und die 400 qm große Wellnessoase.

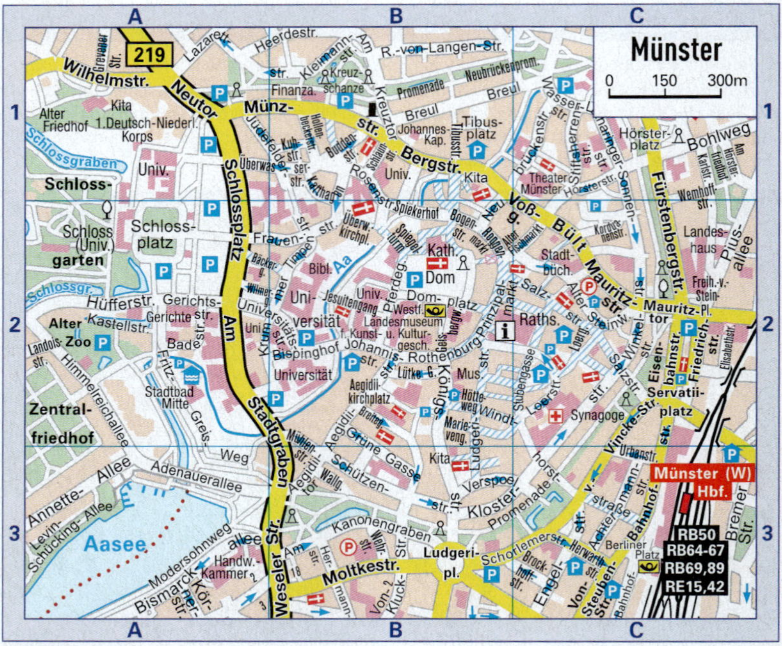

Gabriel's

78 | Menü 35–65 € | Mo-Sa So

Ein schickes und sehr edles Restaurant mit schöner Lichtgestaltung. Hier wird eine frische saisonale Küche mit regionalem Einschlag geboten. Ein besonderer Blickfang ist das einzigartige Mosaikbild des Erzengels Gabriel (Namenspate des Restaurants). Der hauseigene Weinkeller kann exklusiv gemietet werden.

Mövenpick www.movenpick.com/muenster

Kardinal-von-Galen-Ring 65 (A3), PLZ 48149, **T 0251 89020,** F 8902616
224 Zimmer | 2 Suiten | Ez 112–183 €, Dz 142–213 € | 24 h

Schickes Geschäfts- und Urlaubshotel in schöner Lage am Aasee. In den komfortabel ausgestatteten Zimmern dominieren warme Farbtöne sowie elegante Möbel aus Nussbaumholz und Leder. Im Fine-Dining-Restaurant „Chesa Rössli" mit offenem Kamin bietet man ein marktorientiertes Angebot aus der Schweizer und internationalen Küche. Schöne Terrasse im Grünen.

Parkhotel Hohenfeld www.hotel-muenster-hohenfeld.de

★★★★

Dingbängerweg 400, PLZ 48161 (OT: Roxel), **T 02534 8080,** F 7114
96 Zimmer | 2 Suiten | 7 Apartments | Ez ab 79 €, Dz ab 89 €, 15,00 € | 24 h

Hübsches Anwesen im gehobenen Landhausstil inmitten einer großzügigen Parklandschaft mit altem Baumbestand. Gepflegte Zimmer mit guter Technik. Besonders empfehlenswert für Geschäfts- und Tagungsgäste. Im Restaurant wird deutsche Küche mit mediterranen Einflüssen serviert.

Schloss Wilkinghege

www.schloss-wilkinghege.de

Steinfurter Straße 374, PLZ 48159 (OT: Kinderhaus), **T 0251 144270,** F 1442733
34 Zimmer | 10 Suiten | Ez 120–290 €, Dz 170–390 €, inkl. Frühstück

Liebevoll restauriertes Wasserschloss der Spätrenaissance - 1311 erstmals urkundlich erwähnt. Die individuellen Zimmer und Suiten sorgen durch ihre stilvolle Einrichtung für authentische Schlossatmosphäre. Weitere Unterkünfte stehen in der benachbarten Dependance zur Verfügung. Rückseitig ist das Gebäude von einem 18-Loch-Golfplatz gesäumt.

Von Rhemen

30 | Hauptgericht 32–38 €, Menü 59–98 € | Di-Sa Mo, So

Exklusives Restaurant mit Stuckdecke, feiner Tafelkultur und stilvollen Antiquitäten. Serviert wird eine anspruchsvolle, international beeinflusste Küche in zeitgemäßer Interpretation. An warmen Sommerabenden kann man auch auf der malerischen Schlossterrasse speisen.

Factory Hotel

www.factoryhotel-muenster.de

An der Germania Brauerei 5, PLZ 48159, **T 0251 41880,** F 4188999
144 Zimmer | 16 Suiten | Ez ab 89 €, Dz ab 89 €, 17,00 € | 24 h

Designhotel in einer ehem. Brauerei mit urbanem Flair und puristischen Zimmern. Kombination aus denkmalgeschützten Elementen und wohnlich-modernem Komfort. Frühstücksbuffet, Lunch und Dinner im Restaurant „EAT", spanische Spezialitäten in der Tapasbar „la tapia".

Hof Zur Linde

www.hof-zur-linde.de

VARTA TIPP Service

Handorfer Werseufer 1, PLZ 48157 (OT: Handorf), **T 0251 32750,** F 327513
47 Zimmer | 9 Suiten | Ez 90–150 €, Dz 140–190 €, ab 14,00 € | 23.12.22–8.1.23

Das ehem. Hofgut, dessen Geschichte bis ins 14. Jhd. zurückgeht, ist heute ein gewachsenes Landhotel mit unterschiedlichen Zimmern und Suiten, die sich mal im rustikalen Landhausstil und mal im frischen, modernen Design zeigen. Das Haus punktet mit seiner herrlich ruhigen Lage und dem guten Service- und Dienstleistungsniveau. Zum Hotel gehören noch zwei kleine charmante Ferienhäuser.

Hof Zur Linde

80 | Hauptgericht 24–45 €, Menü 40–100 € | Di-Sa Mo, So 23.12.22–8.1.23

Geschmackvoll eingerichtetes Hotelrestaurant mit liebevoll arrangierten Accessoires. Serviert wird eine leichte, bodenständige Küche, bei der saisonale Produkte im Mittelpunkt stehen. Die einstige Scheune dient als Veranstaltungsbereich.

Landhaus Eggert

www.landhaus-eggert.de

Zur Haskenau 81, PLZ 48157 (OT: Handorf), **T 0251 328040,** F 3280459
37 Zimmer | 3 Suiten | 1 Apartment | Ez 95–171 €, Dz 155–193 €, inkl. Frühstück

Naturnah gelegener, erweiterter Gutshof mit über 165-jähriger Tradition inmitten einer gepflegten Parkanlage. Wohnlich eingerichtete Zimmer mit moderner Ausstattung. Kleiner Wellnessbereich mit Sauna, Dampfbad und großzügiger Liegewiese.

Landhaus Restaurant

80 | Hauptgericht 20–40 €, Menü 49–89 € | Mo-So

In dem ländlich-gediegenen Restaurant ist die Atmosphäre stilvoll und elegant. Klassisch und kompetent der Service, gut die regionale Küche aus frischen Produkten. Schöne Terrasse mit Weitblick in das romantische Wersetal.

Mauritzhof
www.mauritzhof.de

VARTA-TIPP Ambiente

★★★★ S garni

Eisenbahnstraße 17 (C2), PLZ 48143, **T 0251 41720,** F 417299
52 Zimmer | 1 Suite | Ez 170–240 €, Dz 191–261 €, inkl. Frühstück | 24 h

Hinter der dezenten und geradlinigen Sandsteinfassade verbergen sich designorientierte Gästezimmer. Diese sind modern, sachlich und mit zurückhaltenden Farben eingerichtet. Die Zimmer zur Promenade verfügen über bodentiefe Fenster und sind zudem mit kleinen Balkonen ausgestattet. Das Restaurant bietet unkomplizierte Gerichte mit mediterranem Einfluss.

Stadthotel
www.stadthotel-muenster.de

★★★ S garni

Aegidiistraße 21 (B2), PLZ 48143, **T 0251 48120,** F 4812123
137 Zimmer | Ez 79–219 €, Dz 89–229 €, 17,00 € | 24 h

Die gepflegte Übernachtungsadresse ist für Privat- und Geschäftsreisende gleichermaßen geeignet. Die renovierten Gästezimmer sind unterschiedlich groß und bieten zeitgemäßen Komfort. Kleiner Saunabereich. Leihfahrräder.

Central
www.central-hotel-muenster.de

S garni

Aegidiistraße 1 (B2), PLZ 48143, **T 0251 510150,** F 5101550
20 Zimmer | 3 Suiten

Charmantes Stadthotel mit einer umfangreichen Kunstsammlung in unmittelbarer Nähe zu den Galerien und Museen. Helle, freundlich und individuell eingerichtete Zimmer mit Super-Kingsizebetten und Regendusche, teils mit Balkon. Reichhaltiges Frühstücksbuffet mit regionalen Spezialitäten.

Zur Prinzenbrücke
www.hotel-zur-prinzenbruecke.de

★★★ S garni

Osttor 16 (↘ C3), PLZ 48165 (OT: Hiltrup), **T 02501 44970,** F 449797
36 Zimmer | 1 Suite | 2 Apartments | Ez 85–98 €, Dz 114–134 €, inkl. Frühstück

Das familiengeführte Hotel liegt direkt am Dortmund-Ems-Kanal im ruhigen Münsteraner Stadtviertel Hiltrup. Die Gäste wohnen in gepflegten, funktionellen Zimmern. Im hoteleigenen Restaurant werden regionale und internationale Spezialitäten serviert.

BOK - Brust oder Keule
www.brustoderkeule.de

VARTA-TIPP Küche **VARTA-TIPP** Service

Melcherstr. 32, PLZ 48149 (OT: Centrum), **T 0251 9179656**
40 | Hauptgericht 24–43 €, Menü 99–139 € | Di-Sa Mo, So

Entspannten Genuss verspricht dieses schicke Fine-Dining-Restaurant im Kreuzviertel, in dem seit 2022 Spitzenkoch Laurin Kux am Herd steht. Er und sein engagiertes Team bieten hier eine moderne und produktorientierte Gourmetküche, die Sie wahlweise in Menüform (4-6 Gänge) oder à la carte genießen können. Dazu eine erlesene Weinauswahl und ein erfrischender, unkonventioneller Service. Für den kleinen Appetit oder einen Digestif empfiehlt sich die Bistrotheke. Schöne Sommerterrasse.

Coeur D'Artichaut — www.coeur-dartichaut.de

VARTA-TIPP Küche

Alter Fischmarkt 11a (C2), PLZ 48143 (OT: Dom), **T 0251 39582823**
30 | Menü 115–180 € | ◔ So ◑ Mi-Sa ⊘ Mo, Di ⊘ 24.–27.12.22, 1.–12.1.23, 3.–13.4.23, 3.–20.7.23, 2.–12.10.23, 24.–28.12.23

Was die Küche von Frédéric Morel so spannend macht? Bei seinen Gerichten trifft bretonischer Einfluss auf westfälische Zutaten und kreolische Gewürze. Alle Tische sind zur offenen Küche ausgerichtet, somit können Sie den Protagonisten am Herd beim Kreieren ihrer exzellenten Menükompositionen zuschauen. Dazu eine entspannte Atmosphäre, ein angenehm unkomplizierter Service und tolle Weine.

Giverny — www.restaurant-giverny.de

Spiekerhof 25 (B2), PLZ 48143, **T 0251 511435**
72 | Hauptgericht 35–50 €, Menü 75–95 € | ◔ Mi, Sa-Sa ◑ Di-Sa ⊘ Mo, So

Ein Stück Frankreich in Münster! Das im Landhausstil liebevoll dekorierte Lokal ist mittlerweile eine Institution! Besonders beliebt ist die Küche des Patrons wegen ihrer sehr guten Fischgerichte. Freunde von Crevetten, Krebsen, Muscheln & Co. kommen hier absolut auf ihre Kosten. Immer mittwochs gibt es die traditionelle „Bouillabaisse Marseillaise" (serviert in zwei Gängen). Auch die Weinauswahl kann sich sehen lassen. Regelmäßig Kochkurse.

Villa Medici — www.villa-medici-muenster.de

Prozessionsweg 402, PLZ 48155 (OT: St. Mauritz), **T 0251 34218**
90 | Hauptgericht 25–34 €, Menü ab 60 € | ◔ Mi-Fr, So ◑ Mi-So ⊘ Mo, Di

Auch in der neuen Location steht die Villa Medici für italienisch-mediterrane Genüsse mit frischen saisonalen Produkten. Auf der Speisekarte locken Gerichte wie „Lammkarree unter der Thymian-Senfkruste mit Kartoffel-Olivenpüree" oder „Rochenflügel in Oliven-Kapernbutter auf Zitronenrisotto". Mittags preisgünstiger Business Lunch. Wunderschöne Veranda mit Blick ins Grüne.

Restaurant Spitzner
www.spitzner-restaurant.de

Königsstraße 42 (B2), PLZ 48143, **T 0251 41441550**
50 | Hauptgericht 36–49 €, Menü 67–110 € | Di-Sa ⃠ Mo, So ⃠ 3.–9.1.23, 14.–28.2.23, 27.6.–18.7.23

Ein hist. Gebäude in der Münsteraner Innenstadt mit vielen kleinen Räumen und gemütlichem Innenhof. Hier dürfen Sie sich auf eine französisch-mediterrane Küche mit regionalen Akzenten freuen. Auf der Speisekarte stehen auch Raritäten wie Tomahawk-Kotelett oder gefüllter Aal.

MÜNSTERTAL 64 A
www.muenstertal.de

Baden-Württemberg | EW 5.064 | 373 m | Staufen 6 km, Müllheim 21 km

Spielweg
www.spielweg.com

VARTA-TIPP Service

Spielweg 61, PLZ 79244 (OT: Obermünstertal), **T 07636 7090,** F 70966
43 Zimmer | 2 Suiten | 6 Apartments | Ez 112–141 €, Dz 159–245 €, inkl. Frühstück

Bereits in sechster Generation führen Kristin und Viktoria Fuchs dieses traditionsreiche Schwarzwaldhotel, das sich in den letzten Jahren kontinuierlich weiterentwickelt hat. Die weitläufige Anlage besteht aus dem Stammhaus und verschiedenen Gästehäusern. Hier erwarten Sie ausgesprochen wohnliche, teils mit antiken Möbeln ausgestattete Zimmer. Das Frühstück kann in punkto Frische, Auswahl und Qualität überzeugen. Das Hotel ist ausgesprochen kinderfreundlich und bietet zahlreiche Annehmlichkeiten für den perfekten Familienurlaub. Hübsche Badewelt mit großer Liegewiese.

Spielweg

VARTA-TIPP Küche

80 | Hauptgericht 29–39 €, Menü 80–99 € |

Badische Gastlichkeit in Perfektion! In den historischen Wirtsstuben sorgen ein Schwarzwälder Kachelofen, Wandvertäfelungen und Kassettendecken für jede Menge Charme. Nach ihren Wanderjahren ist Viktoria Fuchs zurück am heimischen Herd und erfreut hier eine breite Fangemeinde mit ihrer raffinierten, saisonal geprägten Küche, bei der sie das Produkt klar in den Mittelpunkt stellt. Eine spezielle Mittagskarte bietet von 12 bis 16 Uhr kleine Gerichte, Flammkuchen, Vesper und „Spielweg-Klassiker". Liebenswerter Service.

Historisches Landgasthaus Zur Linde
www.landgasthaus.de

Krumlinden 13, PLZ 79244 (OT: Obermünstertal), **T 07636 447,** F 1632
11 Zimmer | 2 Suiten | Ez ab 139 €, Dz ab 139 €, inkl. Frühstück

In diesem denkmalgeschützten Schwarzwaldhaus stehen individuell gestaltete Landhauszimmer mit rustikalem Charme zur Verfügung. Besonders nett schlafen Sie in der großzügigen Panoramasuite (für 2-4 Personen) mit großem Südbalkon und weitem Blick über das Münstertal.

Historisches Landgasthaus Zur Linde

70 | Hauptgericht 14–25 € | Mo-Di, Fr-So ⃠ Mi, Do

Heimelige Räumlichkeiten mit nostalgischem Flair. Auf der Speisekarte stehen Klassiker der traditionellen Schwarzwaldküche. Spezialität: Forellengerichte. Herrliche Sommerterrasse am Wildbach.

Landgasthaus Langeck www.langeck.de

Langeck 6, PLZ 79244 (OT: Untermünstertal), **T 07636 7877580**
65 | Hauptgericht 15–25 €, Menü 29 € | Mo, Do-So Di, Mi

In diesem gepflegten Landhausrestaurant serviert man eine ambitionierte Frischeküche mit saisonalem Bezug. Auf der Karte finden Sie z.B. Gerichte wie „Krustenbraten vom Duroc-Landschwein mit Rhabarberchutney und Thymianschupfnudeln". Idyllische Gartenterrasse. Ruhige, großzügig geschnittene Gästezimmer vorhanden.

MURNAU 67 B www.murnau.de

Bayern | EW 12.198 | 688 m | Weilheim 20 km, Garmisch-Partenkirchen 25 km

Alpenhof Murnau www.alpenhof-murnau.com

★★★★★S garni

Ramsachstr. 8, PLZ 82418, **T 08841 4910,** F 491100
104 Zimmer | 19 Suiten | Ez ab 149 €, Dz ab 189 €, inkl. Frühstück | 24 h

Ein Ferien- und Tagungshotel mit Atmosphäre! In den elegant eingerichteten Zimmern wirkt zeitgemäßes Design gepaart mit alpenländischer Tradition. Für Entspannung sorgt ein großzügiger Wellnessbereich mit Saunalandschaft und einem beheizten Freibad im Garten. Neu sind die Premium-Zimmer mit Südbalkon und grandiosem Alpenblick.

Restaurant im Alpenhof Murnau

VARTA-TIPP Service

220 | Hauptgericht 19–36 €, Menü 48–134 € | Mo-So

Im eleganten Panoramarestaurant wird Wohlfühlen groß geschrieben. Große Fenster ermöglichen einen tollen Blick auf die atemberaubende Kulisse der Ammergauer Alpen, kleine Sitznischen und thematische Naturstuben sorgen für Wärme und Gemütlichkeit. Aus der Küche kommen original bayerische Speisen, aber auch internationale Spezialitäten. Dazu kredenzt das überaus freundliche Team im Service erlesene Weine. Mittags kleineres Speisenangebot.

Angerbräu www.angerbraeu.de

★★★★★S garni

Untermarkt 44, PLZ 82418, **T 08841 625876,** F 625877
31 Zimmer | 1 Suite | Ez 87–149 €, Dz 127–160 €, inkl. Frühstück

Traditionsreiches Haus mit neuzeitlich ausgestatteten Gästezimmern. In den öffentlichen Bereichen gibt es regelmäßig Kunstausstellungen. Kleiner Wellnessbereich mit Blick auf die Berge.

Hotel Post www.hotel-post-murnau.de

★★★★★S garni

Obermarkt 1, PLZ 82418, **T 08841 48780,** F 487813
17 Zimmer | Ez 84–94 €, Dz 99–189 €, inkl. Frühstück | 17.–27.12.22 »

In der Fußgängerzone gelegenes, liebevoll eingerichtetes hist. Haus, das sich seit 1632 in Familienbesitz befindet. Behagliche Zimmer im Landhausstil, die mit modernster Technik ausgestattet sind. Schöner Frühstücksraum mit antiken Möbelstücken und Hinterglasmalereien.

NACHRODT-WIBLINGWERDE 30 C www.nachrodt-wiblingwerde.de

Nordrhein-Westfalen | EW 7.000 | 140 m | Lüdenscheid 14 km, Hagen 28 km

Schloss Hotel Holzrichter www.hotel-holzrichter.de

VARTA-TIPP Service

★★★★

Hohenlimburger Straße 15, PLZ 58769 (OT: Veserde), **T 02334 929960,** F 1515
28 Zimmer | 4 Suiten | Ez 102–150 €, Dz 160–220 €, inkl. Frühstück

Wohnliche Hotelzimmer, ruhige Lage, hervorragender Service und dann noch das sehr gute Frühstück - in diesem familiengeführten Haus kommen schon so einige Annehmlichkeiten zusammen. Natürlich sei auch das gemütliche Restaurant erwähnt, in dem frische Regionalküche serviert wird. Ideale Adresse für ein entspanntes Wellnesswochenende oder romantische Stunden zu zweit.

NAGOLD 57 B www.nagold.de

Baden-Württemberg | EW 23.104 | 411 m | Herrenberg 13 km, Horb 16 km

Pfrondorfer Mühle www.pfrondorfer-muehle.de

★★★★

Pfrondorfer Mühle 1, PLZ 72202, **T 07452 84000,** F 840048
21 Zimmer | 2 Suiten | Ez 69–100 €, Dz 98–138 €, inkl. Frühstück

Die ehem. Mühle beherbergt heute wohnlich eingerichtete Gästezimmer. In den behaglichen Gaststuben wird regionale Küche aufgetischt. Umfangreiches Sportangebot. Rustikales Restaurant mit urigem Biergarten und sonniger Kaffeeterrasse.

Da Gino www.dagino-nagold.de

Querstraße 3, PLZ 72202, **T 07452 66610**
40 | Hauptgericht 25–42 €, Menü 60–85 € | Mo-Sa ⃠ So

Mischung aus Trattoria und Osteria in einer ehem. Bäckerei mit persönlicher Atmosphäre. Serviert wird eine saisonal geprägte italienische Küche zu fairen Preisen. Kleine Terrasse.

NAUEN 26 A www.nauen.de

Brandenburg | EW 16.616 | 35 m | Berlin 18 km, Potsdam 24 km

Landgut Stober www.landgut-stober.de

★★★★

Behnitzer Dorfstr. 27-31, PLZ 14641 (OT: Groß Behnitz), **T 033239 20440,** F 208069
300 Zimmer | 23 Suiten | Ez 99–119 €, Dz 129–149 €, inkl. Frühstück

Aufwendig saniertes Anwesen inmitten einer ruhigen Parklandschaft westlich von Berlin am Groß Behnitzer See. Übernachten kann man sowohl im neu gebauten Biohotel als auch im hist. Logierhaus. Im Restaurant mit Café und Seeterrasse wird regionale Küche serviert. Ideale Adresse für Hochzeiten - das hauseigene Standesamt befindet sich im denkmalgeschützten Hauptgebäude aus rotem Backstein.

Schloss Ribbeck
www.schlossribbeck.de

Theodor-Fontane-Str. 10, PLZ 14641 (OT: Ribbeck), **T 033237 859015**
40 | Hauptgericht 14–21 € | Mi-So Sa Mo, Di

In dem aufwendig sanierten Schloss lebten bis 1943 Nachfahren der Familie von Ribbeck. Das Haus beherbergt ein Museum über Fontane sowie eine Außenstelle des Standesamtes mit Trauzimmer. Das Restaurant bietet eine jahreszeitlich abgestimmte Küche mit kreativen Gerichten wie z.B. „Ofengemüse auf Petersilienhumus und Süßkartoffelchips".

NAUHEIM, BAD 41 D
www.bad-nauheim.de

Hessen | EW 30.788 | 148 m | Friedberg 4 km, Gießen 29 km

Dolce by Wyndham
www.dolcebadnauheim.com

★★★★ garni

Elvis-Presley-Platz 1, PLZ 61231, **T 06032 3030,** F 3030419
159 Zimmer | 13 Suiten | Ez 119–249 €, Dz 139–299 €, inkl. Frühstück | 24 h

Klassisches Tagungs- und Wellnesshotel inmitten eines 200 ha großen Parks mit geräumigen, zeitlos eingerichteten Zimmern, die teilweise über einen Balkon verfügen. Asiatische und europäische Küche bietet das Restaurant „Senses". Angeschlossenes Jugendstiltheater mit 250 qm Bühnenfläche.

NAUMBURG (SAALE) 34 C
www.naumburg.de

Sachsen-Anhalt | EW 33.600 | 135 m | Jena 42 km, Leipzig 68 km

Gasthof Zufriedenheit
www.gasthof-zufriedenheit.de

garni

Steinweg 26, PLZ 06618, **T 03445 7912051,** F 7912054
17 Zimmer | 2 Suiten | Ez ab 105 €, Dz ab 150 €, inkl. Frühstück

Das hübsche kleine Boutique-Hotel liegt nur wenige Gehminuten vom Naumburger Dom entfernt. Diesem Haus hat man ein wirklich schönes, sachlich-elegantes Interieur verpasst: Klare Linien, regionale Baustoffe und wertige Möbel machen die Zimmer und Suiten zu kleinen Wohlfühloasen. Morgens erwartet Sie ein charmantes Frühstück.

Gasthof Zufriedenheit

45 | Hauptgericht 19–36 €, Menü 54–148 € | Di-So Mo

Im puristisch eingerichteten Restaurant mit Lounge und ruhiger Hofterrasse serviert man mitteldeutsche Küche sowie europäisch inspirierte Gerichte. Es gibt auch eine vegetarische Speisekarte. Dazu werden erlesene Weine von lokalen Winzern kredenzt.

Berghotel Wilhelmsburg
www.berghotel-wilhelmsburg.de

Eckartsbergaer Str. 20, PLZ 06628 (OT: Bad Kösen), **T 034463 3670,** F 36720
35 Zimmer | Ez ab 75 €, Dz ab 100 €, inkl. Frühstück

In Aussichtslage über der Stadt gelegenes Hotel in historischem Gebäude mit neuerem Anbau. Freundlich eingerichtete Zimmer, teils mit Balkon und Talblick. Schöner Wellnessbereich mit Sauna und Außenpool. Restaurant mit bürgerlich-regionaler Küche.

Hotel Hallescher Anger
www.hallescher-anger.de

€ Gut & Günstig ★★★

Hallescher Anger 1, PLZ 06618, **T 03445 237520,** F 232626
11 Zimmer | Ez 60–95 €, Dz 83–115 €, inkl. Frühstück

Ein traditionelles Hotel, das ein wenig an ein Museum erinnert. Jedes der individuell eingerichteten Themenzimmer ist ein Unikat und bezieht sich auf eine historische Person wie Napoleon oder Königin Luise. Im stilvollen Restaurant sowie auf der angrenzenden Saaleterrasse wird internationale Küche serviert.

NAURATH (WALD) 49 A
www.hermeskeil.de

Rheinland-Pfalz | EW 228 | 395 m | Hermeskeil 17 km, Trier 28 km

RÜSSELs Landhaus
www.ruessels-landhaus.de

VARTA-TIPP Service

★★★★

Büdlicherbrück 1, PLZ 54426, **T 06509 91400,** F 914040
14 Zimmer | 3 Suiten | Ez 120–175 €, Dz 140–240 €, inkl. Frühstück | ⃠ 1.–15.1.23

In einem ruhigen Seitental der Mittelmosel zwischen Wald und Reben liegt das von Familie Rüssel sehr persönlich geführte Haus. Hier erwarten Sie neben komfortablen Zimmern im Landhauslook auch spezielle Themenzimmer mit so klangvollen Namen wie „Weinselig“, „Im Olivenhain“ oder „Ein Bett im Kornfeld“. Von hervorragender Frische und Qualität ist das Frühstück. Vor der Tür liegen traumhafte Wanderschleifen, Radwege und Weingüter.

RÜSSELs Landhaus

VARTA★TIPP Küche **VARTA★TIPP** Service

35 | Hauptgericht 40–45 €, Menü 142–173 € | Fr-So Mo, Do-So ⃠ Di, Mi

Stimmiges Ambiente, perfekte Betreuung und eine top Küchenleistung erwarten Sie in dieser Gourmetresidenz. Patron Harald Rüssel kocht seit vielen Jahren auf einem konstant hohen Niveau. Seine Menüs sind kreativ, begeisternd und heimatverbunden. Er verwendet ausschließlich regionale Produkte ausgewählter Zulieferer. Dazu kredenzt der leidenschaftliche Service ausgesuchte Weine aus ganz Europa. An Sommertagen können Sie auch im Garten am hauseigenen Teich dinieren.

Rüssels Hasenpfeffer

VARTA-TIPP Küche

36 | Hauptgericht 17–42 €, Menü 64–82 € | Mo, Fr-So Mo, Do-So ⃠ Di, Mi

Das Zweitrestaurant hat der Patron nach dem Gegenstand seiner Leidenschaft, der Jagd, benannt. Hier zeigt er eindrücklich, dass lokale Landhausküche ebenso schmackhaft wie erschwinglich sein kann. Probieren Sie z.B. „Naurather Reh | Rote Bete | Gewürzkirschen | Kartoffelkrapfen“ oder „Seesaibling | Schmorgurke | Salzkartoffel | Meerrettich“! Tischreservierung empfehlenswert.

NECKARGEMÜND 51 C www.neckargemuend.de

Baden-Württemberg | EW 13.321 | 127 m | Heidelberg 10 km, Eberbach 17 km

Christians Restaurant www.restaurant-christian.de

Neckarstraße 40, PLZ 69151, **T 06223 9737323**
60 | Hauptgericht 24–36 €, Menü 80–105 € | Sa-So Do-So Mo, Di, Mi 1.–15.1.23, 30.5.–11.6.23

Ausgesprochen einladend ist diese kulinarische Adresse: freundlich, stimmig, elegant das Ambiente, versiert der Service, ausgezeichnet die Küche samt Weinbegleitung. Mittags werden preiswerte Tagesgerichte serviert, am Abend Menüs und zusätzlich eine Auswahl an À-la-carte-Gerichten.

Zum Rössl www.roessel-waldhilsbach.de

Heidelberger Straße 15, PLZ 69151 (OT: Waldhilsbach), **T 06223 2665**
120 | Hauptgericht 18–25 €, Menü 29–56 € | Do-So Mi

Die ehem. Poststation von 1642 ist seit mehreren Generationen in Familienbesitz. Die Räumlichkeiten zeigen sich behaglich im traditionellen Landhausstil. Serviert werden feine regionale und internationale Gerichte. Ausgesprochen beliebt sind die „Rössle“-Klassiker, z.B. „Wiener Schnitzel mit Rahmkarotten und Kartoffelpüree“. Idyllische Gartenterrasse.

NECKARSULM 51 D www.neckarsulm.de

Baden-Württemberg | EW 26.800 | 162 m | Heilbronn 6 km, Stuttgart 59 km

Welcome Hotel www.welcome-hotels.com

★★★★ garni

Obere Bahnhofstraße 8, PLZ 74172, **T 07132 3696600**, F 3696601
162 Zimmer | 14 Suiten | 2 Apartments | Ez 89–199 €, Dz 99–209 €, ab 19,00 € | 24 h

Attraktiv sind hier die sehr gute, zeitgemäß-funktionale Ausstattung sowie die zentrale Lage, nicht weit vom Bahnhof Neckarsulm. Gemütlich das hoteleigene Restaurant „Vino“, schön auch der Wellnessbereich mit angeschlossener Dachterrasse.

NECKARTENZLINGEN 58 A www.neckartenzlingen.de

Baden-Württemberg | EW 6.300 | 292 m | Nürtingen 10 km, Tübingen 20 km

clubhouse H Neu! www.gc-hammetweil.de

Hammetweil 10, PLZ 72654, **T 07127 974321**
250 | Hauptgericht 11–37 €, Menü 17–47 € | Mi-So Mo, Di

Direkt auf der Golfanlage befindet sich das Restaurant. In stylish-rustikaler Atmosphäre können Sie hier leckere schwäbisch-mediterrane Clubsnacks, Regionales und Saisonales sowie feinbürgerlich-kreative Gerichte genießen. Tipp für den Sommer: wunderschöne Terrasse mit Blick ins Grüne.

NENNDORF, BAD 22 D www.badnenndorf.de

Niedersachsen | EW 10.317 | 82 m | Stadthagen 12 km, Hannover 33 km

Harms www.hotel-harms.de

★★★★

Gartenstraße 5, PLZ 31542, **T 05723 9500,** F 950280
41 Zimmer | 2 Suiten | 2 Apartments | Ez 75–98 €, Dz 110–139 €, inkl. Frühstück

Gepflegtes Haus in einer ruhigen Privatstraße. Freundlich gestaltete Zimmer und Apartments. Hübscher Bade- und Beautybereich im toskanischen Stil mit Saunalandschaft, Schwimmbad und Whirlgrotte.

Schmiedegasthaus Gehrke www.schmiedegasthaus.de

★★★★

Riepener Straße 21, PLZ 31542 (OT: Riepen), **T 05725 94410,** F 944141
19 Zimmer | 2 Suiten | Ez 78–98 €, Dz 108–158 €, inkl. Frühstück | 24.12.22–6.1.23

Landhausidylle und persönliche Atmosphäre bietet das traditionsreiche Haus. Hier übernachten Sie in schlichten Gästezimmern mit individuellem Charme. WLAN nutzen Hausgäste kostenfrei. Schöne Lage am Stadtrand von Bad Nenndorf.

August

VARTA-TIPP Küche

60 | Hauptgericht 17–30 €, Menü 25–40 € | Sa-So Mi-So Mo, Di

In dem modern gestalteten Restaurant erwartet Sie eine saisonale Frischeküche zu fairen Preisen. Wie wäre es z.B. mit „Schweinemedaillons an Estragon-Béarnaise mit Gemüse und Bratkartoffeln"? Dazu ein eindrucksvolles Weinangebot mit großer Auswahl namhafter deutscher und französischer Winzer. In den Sommermonaten kann man auch auf der Terrasse im liebevoll angelegten Obstgarten speisen.

NESSELWANG 67 A www.nesselwang.de

Bayern | EW 3.487 | 867 m | Füssen 17 km, Kempten (Allgäu) 24 km

Alpenrose
www.alpenrose.de

★★★ garni

Jupiterstraße 9, PLZ 87484, **T 08361 92040,** F 920440
25 Zimmer | 3 Suiten | 3 Apartments | Ez ab 78 €, Dz ab 115 €, inkl. Frühstück

Das Haus liegt am Ortsrand. Die Zimmer sind gepflegt und solide - mit schönem Ausblick auf die Allgäuer Alpen. Idealer Ausgangspunkt zum Wandern und Skifahren. Auch Biker sind willkommen.

Explorer Hotel Neuschwanstein
www.explorer-hotels.com/neuschwanstein

€ Gut & Günstig garni

An der Riese 45, PLZ 87484, **T 08361 9989000,** F 9407910
98 Zimmer | Ez ab 65 €, Dz ab 80 €, inkl. Frühstück

Das Design-Budgethotel liegt direkt gegenüber dem örtlichen Skilift und spricht vor allem ein sportlich-aktives Publikum an. Die Zimmer sind sachlich und geradlinig-modern mit schöner Aussicht auf die Allgäuer Alpen. Sport-SPA mit Sauna, Dampfbad, Infrarotkabine und Fitnessgeräten.

NEU-ANSPACH 41 C
www.neu-anspach.de

Hessen | EW 14.605 | 342 m | Bad Homburg v.d. Höhe 16 km, Frankfurt am Main 35 km

Landhotel Zum Hessenpark **Neu!**
www.landhotel-zum-hessenpark.de

garni

Laubweg 1, PLZ 61267, **T 06081 94981940,** F 5776280
34 Zimmer | Ez 89–109 €, Dz 139–199 €, inkl. Frühstück

Zeitgemäß eingerichtetes Hotel inmitten des Museumsdorfes mit seinen historischen Fachwerkhäusern. Wohnliche, in warmen Farbtönen gehaltene Zimmer in unterschiedlichen Kategorien. Hoteleigenes Restaurant mit Terrasse direkt am malerischen Marktplatz.

NEU-ISENBURG 41 D
www.neu-isenburg.de

Hessen | EW 39.568 | 122 m | Frankfurt am Main 10 km, Offenbach 12 km

Kempinski Hotel Frankfurt
www.kempinski.com/gravenbruch

★★★★★S garni

Graf zu Ysenburg und Büdingen Platz 1, PLZ 63263 (OT: Gravenbruch), **T 069 389880,** F 38988911
225 Zimmer | 38 Suiten | 3 Apartments | Ez 189–359 €, Dz 189–359 €, 35,00 € | 24 h

Das wunderschön gelegene Traditionshaus ist eine der Top-Adressen im Rhein-Main-Gebiet. Super Komfort, neueste Technik und wertigste Materialien sprechen in den Gästezimmern eine deutliche Sprache! Für die Präsidentensuite ist kein Superlativ zu hoch gegriffen - hier residieren Sie wie einst der deutsche Hochadel. Großzügiger SPA auf 2.000 qm mit Innen- und Außenschwimmbad. Große Parklandschaft mit eigenem Seegelände.

EssTisch

130 | Hauptgericht 26–41 €, Menü 46 € | Mi-Sa

Gemütlichkeit, herzlicher Service, feine Küche... Das stilvoll-elegante Restaurant eignet sich für ein stilvolles Dinner ebenso wie für ein Abendessen mit Geschäftspartnern. Man kocht klassisch und modern mit mediterranen Einflüssen. Dazu können Sie von der umfangreichen Weinkarte einen passenden Tropfen wählen. Toll auch die ruhige Terrasse mit Blick auf den Hotelpark.

Mercure Hotel
www.accor.com

★★★★ garni

Frankfurter Straße 190, PLZ 63263, **T 06102 59940,** F 59942900
143 Zimmer | Ez 91–255 €, Dz 111–275 € | 24 h

Mit der Renovierung und Neugestaltung des Businesshotels haben die Innenarchitekten einen gelungenen Designbezug zur Umgebung geschaffen. Sowohl die Gästezimmer als auch Bar, öffentliche Bereiche sowie Meeting- und Eventräume zeigen sich im originellen Aviationlook. Mit charmanten Details wie silberne Flugzeugmodelle, altmodische Fliegerbrillen und Betten, die an stilisierte Flugzeugsitze erinnern, spielt man auf die Luftfahrtgeschichte der Region Rhein-Main an.

NEU-ULM 59 C
nu.neu-ulm.de

Bayern | EW 53.504 | 471 m | Ulm 6 km, Günzburg 31 km

Zur Post
www.post-schwaighofen.de

★★★ S garni

Reuttier Straße 172, PLZ 89233 (OT: Schwaighofen), **T 0731 97670,** F 9767100
28 Zimmer | 1 Suite | Ez 80 €, Dz 102 €, inkl. Frühstück

Gewachsener Landgasthof in einer ehem. Poststation mit modernem Hotelanbau. Helle, behaglich eingerichtete Gästezimmer mit moderner Ausstattung. Restaurant mit regionaler und internationaler Küche.

Riku Hotel
www.riku-hotel.de

S garni

Maximilianstraße 4, PLZ 89231, **T 0731 98094150,** F 98094151
69 Zimmer

Das freundlich geführte Designhotel überzeugt mit sehr modernen und wohnlichen Gästezimmern in warmen Farben. Zur guten technischen Ausstattung zählt auch kostenfreies WLAN. Freundlich und geradlinig hat man den Frühstücksraum gestaltet. Kleine Barlounge.

Stephans-Stuben
www.stephans-stuben.de

Bahnhofstraße 65, PLZ 89231, **T 0731 723872**
50 | Hauptgericht 18–32 €, Menü 52–88 € | Mi-Fr Mi-Sa Mo, Di, So

Gediegenes Tafeln in modernem Jugendstilambiente. Geboten werden regionale und französisch inspirierte Küche, professioneller Service und ein gut sortierter Weinkeller. Regelmäßig finden Kochkurse statt. Mittags gibt es ein Business-Menü in drei Gängen.

NEUBERG 41 D
neuberg.eu

Hessen | EW 5.251 | 135 m | Hanau 13 km, Frankfurt am Main 30 km

Bei den Tongruben
www.hotel-tongruben.de

★★★ S garni

Im Unterfeld 19, PLZ 63543 (OT: Ravolzhausen), **T 06183 20400,** F 204099
28 Zimmer | Ez 97–119 €, Dz 132–154 €, inkl. Frühstück | 24 h

Ein gepflegtes Haus mit herzlicher, familiärer Atmosphäre. Geboten werden eine neuzeitliche Zimmerausstattung, liebevoll arrangierte Details, eine hauseigene Sauna sowie ein moderner Fitness- und Cardiobereich. Reichhaltiges Frühstücksbuffet.

NEUBEUERN 68 B www.neubeuern.de

Bayern | EW 4.233 | 478 m | Rosenheim 14 km, Bernau am Chiemsee 20 km

Auers Schlosswirtschaft www.auers-schlosswirtschaft.de

Rosenheimer Straße 8, PLZ 83115, **T 08035 2669**
60 | Hauptgericht 15–30 €, Menü 30–65 € | Di-Sa Mo, So

Ein behaglicher Landgasthof mit geschmackvoll eingerichteten Räumlichkeiten und freundlicher Atmosphäre. Serviert wird deutsche und internationale Küche. Schöner Wirtsgarten unter Linden und Kastanien.

NEUBURG A. D. DONAU 60 A www.neuburg-donau.de

Bayern | EW 28.404 | 383 m | Ingolstadt 23 km, Donauwörth 34 km

Zum Klosterbräu www.zum-klosterbraeu.de

★★★★ S garni

Kirchplatz 1, PLZ 86633 (OT: Bergen), **T 08431 67750,** F 41120
34 Zimmer | 2 Suiten | 1 Apartment

Der familiär geführte Gasthof ist umgeben von einem drei Hektar großen Klostergarten. Hier erwarten Sie harmonisch in warmen Farben und mit Naturholzmöbeln eingerichtete Zimmer sowie historische Gaststuben mit heimeliger Atmosphäre.

NEUENAHR-AHRWEILER, BAD 40 A www.ahrtaltourismus.de

Rheinland-Pfalz | EW 27.928 | 104 m | Bonn 25 km, Euskirchen 32 km

Steinheuers Restaurant www.steinheuers.de

VARTA★TIPP Küche VARTA-TIPP Service

Landskroner Straße 110, PLZ 53474 (OT: Heppingen), **T 02641 94860**
45 | Hauptgericht 52–55 €, Menü 165–210 € | So Mo, Do-So Di, Mi

Ein Gourmetrefugium der Sonderklasse. Daran hat auch der Generationswechsel am Herd nichts geändert. Wie kaum ein anderer beherrscht Patron Hans Stefan Steinheuer das klassisch französische Repertoire, entwickelt es stetig weiter und vollendet zusammen mit Schwiegersohn und Küchenchef Christian Binder seine Gerichte mit top Produkten, tollen Aromen und feinsten Saucen. Der Service unter der Leitung von Gastgeberin Gabriele Steinheuer ist kompetent, charmant und stets zur Stelle - da fühlt man sich richtig wohl! Beachtung verdient auch die hervorragende Weinkarte mit erlesenen Tropfen aus nah und fern.

Landgasthof Poststuben

Landskroner Straße 110, PLZ 53474 (OT: Heppingen), **T 02641 94860**
40 | Hauptgericht 28–37 €, Menü 66–79 € | Mo, Do-So Di, Mi

Das ländlich-elegante Zweitrestaurant nebst lauschiger Gartenterrasse offeriert bodenständige Regionalküche zu fairen Preisen. Probieren Sie z.B. „Rehsauerbraten mit Preiselbeeren, Spitzkohl und Semmelknödel" oder „Wolfsbarsch auf Lauchgemüse mit Beurre blanc und hausgemachten Nudeln". Im Haupthaus direkt über dem Landgasthof stehen individuell und liebevoll eingerichtete Hotelzimmer zur Verfügung.

NEUENDETTELSAU 53 C www.neuendettelsau.eu

Bayern | EW 7.809 | 438 m | Ansbach 18 km, Nürnberg 34 km

Sonne www.landhotel-sonne.com

★★★★ garni

Hauptstraße 43, PLZ 91564, **T 09874 5080,** F 50818
69 Zimmer | 2 Suiten | Ez 82–89 €, Dz 114–122 €, inkl. Frühstück

Familiär geführtes Urlaubs- und Tagungshotel mit 500-jähriger Tradition in verkehrsgünstiger Lage. Zur Wahl stehen gemütliche Landhauszimmer oder designorientierte Businesszimmer.

Sonne

€ Gut & Günstig

180 | Hauptgericht 8–26 €, Menü 19–38 € | Mo-So Mo-Sa

Geschmackvoll eingerichtete Gaststuben mit stilvollem Ambiente. Die Speisekarte bietet eine vielfältige Auswahl an fränkisch-internationalen Gerichten aus heimischen Produkten. Herzlicher Service.

NEUENDORF-SACHSENBANDE 14 B www.wilster.de

Schleswig-Holstein | EW 483 | 5 m | Itzehoe 15 km, Neumünster 53 km

Zum Dückerstieg www.dueckerstieg.de

VARTA-TIPP Küche

Dückerstieg 7, PLZ 25554, **T 04823 92929**
54 | Hauptgericht 9–30 €, Menü 35–49 € | Fr-So Mi-So Mo, Di

Die behagliche Landhauseinrichtung gefällt auf Anhieb. Hinzu kommt die frische und schmackhafte Slowfoodküche. Ein echter Klassiker ist die „Steakpfanne 'Dückerstieg' (Steaks von Rind, Schwein und Geflügel) mit Pilzen, Sauce béarnaise, Kräutergemüsen und Bratkartoffeln". Das Preis-Genuss-Verhältnis ist stimmig und der Service freundlich. Zum Übernachten hat man stilvolle Zimmer mit Balkon oder Terrasse.

NEUENHAUS 20 D www.neuenhaus.de

Niedersachsen | EW 9.782 | 17 m | Nordhorn 10 km, Lingen 25 km

Domicil Lebensart www.domicil-lebensart.de

VARTA-TIPP Ambiente

garni

Veldhausener Str. 30, PLZ 49828, **T 05941 9894980,** F 9894989
4 Zimmer | 1 Suite | Ez 125–180 €, Dz 149–259 €, 20,00 €

Schön und sehr wertig hat man das hist. Gebäude im Ortskern saniert und in ein kleines Nichtraucherhotel verwandelt. Jedes der vier Zimmer wurde nach einem individuellen Designkonzept eingerichtet. Morgens frühstücken Sie in angenehmer und stilvoller Atmosphäre. Liebevoll angelegte Gartenanlage.

NEUENKIRCHEN (KREIS STEINFURT) 20 D www.neuenkirchen.de

Nordrhein-Westfalen | EW 13.551 | 60 m | Rheine 7 km, Steinfurt 14 km

Landidyll Wilminks Parkhotel www.wilminks-parkhotel.de

Wettringer Straße 46, PLZ 48485, **T 05973 94960,** F 1817
30 Zimmer | Ez 68–75 €, Dz 115–128 €, inkl. Frühstück

Ein gepflegter Familienbetrieb mit persönlicher Note. Unterschiedliche Zimmer, überwiegend modern und hell eingerichtet. Restaurant mit regionaler Küche.

NEUENKIRCHEN BEI GREIFSWALD 11 C www.17498neuenkirchen.de

Mecklenburg-Vorpommern | EW 2.323 | 1 m | Greifswald 5 km, Stralsund 32 km

Stettiner Hof www.stettiner-hof.de

Theodor-Körner-Straße 20, PLZ 17498, **T 03834 899624,** F 899627
24 Zimmer | 2 Suiten | Ez ab 78 €, Dz ab 98 €, inkl. Frühstück | 24 h

Gepflegte, inhabergeführte Übernachtungsadresse am nördlichen Stadtrand von Greifswald. Funktional ausgestattete Gästezimmer. Es gibt auch zwei großzügige Suiten. Bürgerliches Restaurant mit Wintergarten und Terrasse.

NEUENSTEIN 42 B www.neuenstein.net

Hessen | EW 3.026 | 359 m | Bad Hersfeld 13 km, Rotenburg (Fulda) 27 km

Landgasthof Hess www.landgasthof-hess.de

Geistalstraße 8, PLZ 36286 (OT: Aua), **T 06677 92080,** F 1322
52 Zimmer | 1 Apartment | Ez 59–95 €, Dz 85–120 €, inkl. Frühstück

Eine freundlich-familiär geführte Adresse, die sich perfekt für einen Zwischenstopp oder Kurzurlaub eignet. Die Gästezimmer sind rustikal bis modern eingerichtet. Im Restaurant kocht man frisch und bodenständig mit regionalen Produkten.

NEUFFEN 58 A www.neuffen.de

Baden-Württemberg | EW 6.302 | 408 m | Metzingen 9 km, Nürtingen 10 km

Traube www.traube-neuffen.de

Hauptstraße 24, PLZ 72639, **T 07025 92090**
55 | Hauptgericht 14–29 €, Menü 27–33 € | Mo-Do, So Mo-Do Fr, Sa

Familiär geführter Landgasthof mit schöner Fachwerkfassade und behaglicher, holzgetäfelter Gaststube. Serviert wird frische Regionalküche zu fairen Preisen. Gepflegte Fremdenzimmer.

NEUHARDENBERG 27 B www.neuhardenberg-information.de

Brandenburg | EW 2.698 | 12 m | Frankfurt/Oder 43 km, Eberswalde 48 km

Schloss Neuhardenberg www.schlossneuhardenberg.de

VARTA-TIPP Service

Schinkelplatz, PLZ 15320, **T 033476 6000,** F 600800
56 Zimmer | 2 Suiten | Ez 119–149 €, Dz 159–189 €, inkl. Frühstück | 24 h »

Das märkische Oderland ist immer eine Reise wert, besonders wenn man sich im hist. Ambiente des hübsch sanierten Schlossensembles in Neuhardenberg verwöhnen lassen möchte. Komfortable, mit zurückhaltender Eleganz eingerichtete Zimmer sorgen für reichlich Wohlfühlatmosphäre. Sie frühstücken im verglasten Rundbau mit herrlichem Blick in den Landschaftspark. Das Hotel ist eine beliebte Location für Tagungen, eignet sich aber auch bestens für einen spontanen Kurzurlaub.

Landgasthaus Die Brennerei

80 | Hauptgericht 11–24 €, Menü 22–32 € | Mo-So

In modern-rustikal designtem Ambiente können Sie sich neuzeitlich interpretierte Gerichte aus der Region schmecken lassen. Wie wäre es z.B. mit „Hüftsteak vom Masurenrind mit geräuchtem Ofengemüse und Sauerrahm"? Im Sommer wird auch auf der windgeschützten Terrasse im Brennereihof serviert.

NEUHARLINGERSIEL 13 A www.neuharlingersiel.de

Niedersachsen | EW 1.134 | 3 m | Esens 9 km, Emden 58 km

Poggenstool www.poggenstool.de

Addenhausen 1, PLZ 26427, **T 04974 91910**
28 | Hauptgericht 11–48 € | Mi-So ⊘ Mo, Di ⊘ 16.11.–15.12.22, 11.1.–16.2.23

Ostfriesischer Familienbetrieb mit nostalgischem Charme, nur 100 m vom Strand entfernt. Im Angebot: Klassische, regional ausgerichtete Speisen. Zum Übernachten hat man gepflegte Gästezimmer.

NEUHAUS AM RENNWEG 44 A www.neuhaus-am-rennweg.de

Thüringen | EW 9.075 | 800 m | Coburg 40 km, Suhl 54 km

Schieferhof www.schieferhof.de

★★★★

Eisfelder Straße 26, PLZ 98724 (OT: Rennsteig), **T 03679 7740,** F 774100
38 Zimmer | Ez 95–130 €, Dz 130–190 €, inkl. Frühstück | ⊘ 22.–26.12.22

Über 100 Jahre altes verschiefertes Fachwerkhaus mit modern designtem Interieur. Hier erwarten Sie geschmackvoll eingerichtete Zimmer mit mediterranem Landhausflair. Im hauseigenen Restaurant setzt man auf eine ehrliche und grundsolide Küche.

NEUHAUSEN 57 B www.neuhausen-enzkreis.de

Baden-Württemberg | EW 5.422 | 482 m | Bad Liebenzell 8 km, Pforzheim 17 km

Alte Baiz www.gruenerwald.de

VARTA-TIPP Küche **VARTA-TIPP** Service

Hauptstraße 2, PLZ 75242 (OT: Hamberg), **T 07234 9473899**
24 | Menü 122–162 € | Fr-Sa ⊘ Mo, Di, Mi, Do, So

Vor fünf Jahren hat Patron Claudio Urru das älteste Gasthaus im Ort nach aufwendigen Umbau- und Renovierungsmaßnahmen zu neuem Leben erweckt. Schön stimmig das geschmackvolle Interieur mit edel-gemütlichem Touch. Im Gourmetbereich kredenzt Küchenchef Eduard Knecht eine gehobene Feinschmeckerküche, die Ihnen vom umsichtigen Service in Menüform (4 bis 6 Gänge) kredenzt wird. Dabei setzt er auf moderne Elemente, kombiniert mit durchdachter Präzision in punkto Zubereitung und Präsentation. Toll das Weinangebot, ebenso die Beratung.

Restaurant Grüner Wald

Hauptstraße 2, PLZ 75242 (OT: Hamberg), **T 07234 9473899**
Hauptgericht 24–37 € | So Do-Sa Mo, Di, Mi

Viel Holz, offenes Fachwerk und ein Kamin sorgen im Restaurant für eine behagliche Atmosphäre. Hier serviert man schmackhafte Gerichte aus der schwäbisch-badischen Regionalküche. Das Braustüble im ehem. Kuhstall und der lauschige Biergarten bieten ebenfalls einen gemütlichen Platz für die Gäste. Hier werden neben hochwertiger Hausmannskost natürlich auch die Erzeugnisse der Hausbrauerei aufgetischt.

NEUHAUSEN/ERZGEB. 46 B — www.neuhausen.de

Sachsen | EW 2.771 | 661 m | Seiffen 6 km, Chemnitz 55 km

Schloss Purschenstein — www.purschenstein.de

★★★★

Purschenstein 1, PLZ 09544, **T 037361 14080,** F 140888
47 Zimmer | 18 Suiten

Das Schloss besticht durch seine schöne Lage inmitten der reizvollen Landschaft des Erzgebirges und die überaus wohnliche, elegante Einrichtung. Die mit antiken Möbeln ausgestatteten Suiten, Maisonetten und Doppelzimmer verbinden hist. Ambiente mit klassischer Moderne. Wellnessbereich mit Pool im romantischen Gewölbekeller.

NEUHOF A. D. ZENN 53 C — www.neuhof-zenn.de

Bayern | EW 2.073 | 334 m | Neustadt a. d. Aisch 17 km, Fürth 28 km

Riesengebirge — www.hotel-riesengebirge.net

Marktplatz 14, PLZ 90616, **T 09107 924410,** F 92441234
42 Zimmer | 3 Suiten | Ez ab 79 €, Dz ab 99 €, inkl. Frühstück | 24 h

Familiär geführtes Haus mit herzlicher Atmosphäre in zentraler, ruhiger Lage. Gepflegte Zimmer im modernen Landhausstil mit zeitgemäßer Ausstattung. In den heimeligen Gaststuben und im Biergarten wird traditionell fränkische Küche mit jungen, kreativen Einflüssen serviert.

NEUHÜTTEN 49 A www.hermeskeil.de

Rheinland-Pfalz | EW 788 | 540 m | Hermeskeil 8 km, Trier 30 km

Le Temple www.le-temple.de

VARTA-TIPP Küche

Saarstr. 2, PLZ 54422, **T 06503 7669**
30 | Hauptgericht 44–48 €, Menü 140–170 € | So Do-So Mo, Di, Mi

Seit vielen Jahren eine Kultstätte des Genusses. Christiane Detemple-Schäfer und ihr Mann Oliver sind perfekte Gastgeber und verwöhnen Sie in dem kleinen Gourmetlokal mit einer aufwendigen, jahreszeitlich abgestimmten Feinschmeckerküche, die in Menüform (5 bis 7 Gänge) serviert wird. Kompetent empfiehlt man dazu die passenden Weine. Last but not least: Schön übernachten kann man ebenfalls.

NEUKIRCH 66 A www.neukirch-gemeinde.de

Baden-Württemberg | EW 2.671 | 562 m | Wangen i. Allgäu 12 km, Lindau 17 km

Zum Hirsch www.gasthof-zum-hirsch.com

Argenstraße 29, PLZ 88099 (OT: Goppertsweiler), **T 07528 1765**
50 | Hauptgericht 15–39 €, Menü 29–68 € | Mi-So Mo, Di

Ländlicher Gasthof mit hübschen Räumen und einer idyllischen Gartenterrasse. Serviert wird kreative regionale Küche mit mediterranem Einschlag. Zum Übernachten stehen wohnliche Gästezimmer zur Verfügung.

NEUKIRCHEN 61 B www.neukirchen.net

Bayern | EW 1.734 | 400 m | Straubing 20 km, Deggendorf 29 km

Bayerwald Residenz www.hotel-bayerwaldresidenz.de

★★★★ garni

Bayerwaldstraße 2a, PLZ 94362, **T 09961 942940,** F 94294294
22 Zimmer | Ez 85–110 €, Dz 150–160 €, inkl. Frühstück

Familiär geführtes Haus mit ländlicher Atmosphäre. Zum Übernachten stehen geschmackvoll in Blau- oder Terrakottatönen gestaltete Zimmer zur Verfügung. Nette Wellnesslandschaft mit verschiedenen Saunen und Liegewiese. Im Restaurant wird bayerisch und international gekocht.

NEUKIRCHEN-VLUYN 29 C www.neukirchen-vluyn.de

Nordrhein-Westfalen | EW 26.846 | 15 m | Moers 4 km, Duisburg 17 km

Little John's
www.little-johns.de

Niederrheinallee 310, PLZ 47506 (OT: Rayen), **T 02845 7908210**
Hauptgericht 18–29 €, Menü 40–59 € | ◔ Do-Fr ◕ Mi-Sa

Wer in dem kleinen, sympathischen Restaurant im ehemaligen Grotepaß-Haus speisen möchte, sollte sicherheitshalber im Vorfeld reservieren! Das Restaurant ist liebevoll im skandinavischen Stil eingerichtet und bietet seinen Gästen eine einfallsreiche Küche mit regionalem und saisonalem Bezug. Wechselnde Wochenkarte. Achtung: Nur Barzahlung möglich.

NEUKLOSTER 17 A
www.stadt-neukloster.de

Mecklenburg-Vorpommern | EW 3.986 | 30 m | Wismar 20 km, Schwerin 37 km

Seehotel am Neuklostersee
www.seehotel-neuklostersee.de

★★★★

Seestraße 1, PLZ 23992 (OT: Nakenstorf), **T 038422 4570,** F 45717
26 Zimmer | 13 Suiten | 1 Apartment | Ez 145–170 €, Dz 185–235 €, inkl. Frühstück

Eine echte Wohlfühloase! Das privat geführte Haus am Neuklostersee bietet familienfreundliche Zimmer, Maisonetten und Apartments. Zum Hotel gehören auch eine Badescheune mit Schwimmbad und Sauna, eine Gänsebar, ein Kinderhotel, ein Wohlfühlhäuschen sowie ein hauseigener Strand.

Allesisstgut

60 | Hauptgericht 16–26 €, Menü 31–42 € | ◔ Mi-So ◕ Mo-So

Restaurant mit mediterranem Charakter im Backsteinhaus des Seehotels. Wechselnde Karte mit saisonal ausgerichteten Spezialitäten, u.a. fangfrischer Fisch und Fleisch von umliegenden Bauernhöfen. Die Weinkarte ist regional-europäisch ausgerichtet. Toller Seeblick vom Wintergarten und der großen Holzterrasse.

NEULEININGEN 50 B
www.neuleiningen.de

Rheinland-Pfalz | EW 817 | 300 m | Bad Dürkheim 15 km, Kaiserslautern 34 km

Alte Pfarrey
www.altepfarrey.com

VARTA-TIPP Ambiente

Untergasse 54, PLZ 67271, **T 06359 86066,** F 86060
11 Zimmer | Ez 115–125 €, Dz 130–180 €, inkl. Frühstück

»

Das ehem. Pfarrhaus mit seinen hübschen Erkern und Türmchen ist ein wahres Schmuckstück. Jedes der geschmackvoll und sehr individuell ausgestatteten Gästezimmer besticht durch seinen ganz eigenen Charme. Morgens erwartet Sie ein sehr gutes Frühstück. Zimmerreservierungen am Wochenende und an Feiertagen sind nur in Verbindung mit einer Tischreservierung möglich.

Alte Pfarrey

VARTA-TIPP Küche VARTA-TIPP Service

48 | Hauptgericht 34–40 €, Menü 90–160 € | Fr-Sa Di-Sa Mo, So

Küche und Service leuchten mit sehr gut motiviertem Engagement, um dem Gast den Aufenthalt so angenehm wie möglich zu gestalten. Silvio Lange kocht produktbezogen, modern und geschmacksintensiv. Die Zutaten für seine unverfälschten, ausbalancierten Speisen kauft er am liebsten in marktfrischer Topqualität von bekannten Händlern und Erzeugern aus der Region. Dazu ein stimmungsvolles Ambiente mit warmer Eleganz und gehobener Tischkultur. Regelmäßig Kochkurse.

H'MANNS

www.hmanns.de

Am Goldberg 2, PLZ 67271, **T 06359 5341**
32 | Hauptgericht 22–44 €, Menü 63–92 € | Do-So Mo, Di, Mi

Engagierte Gastgeber, gepflegte Tischkultur und eine frische mediterran inspirierte Küche, bei der man großen Wert auf nachhaltige, saisonale Produkte legt. Eine spezielle Tapaskarte bietet zudem abwechslungsreiche warme und kalte Kleinigkeiten. In punkto Wein setzt man fast ausschließlich auf Pfälzer Winzer.

NEUMAGEN-DHRON 49 A

www.neumagen-dhron.de

Rheinland-Pfalz | EW 2.700 | 112 m | Bernkastel-Kues 22 km, Trier 40 km

Lekker

www.hotel-lekker.de

garni

Grafenweg 1, PLZ 54347, **T 06507 939771,** F 939800
11 Zimmer | 7 Suiten | 1 Apartment | Ez ab 85 €, Dz ab 115 €

Ein schöner Anblick ist das hübsch sanierte, monumentale Gebäude von 1700. Die Gästezimmer sind geschmackvoll eingerichtet und bestehen aus separatem Schlaf- und Wohnteil. Zum Haus gehören auch ein prächtiger Gewölbekeller und ein lauschiger Biergarten.

NEUMARKT I.D.OPF. 53 D

www.tourismus-neumarkt.de

Bayern | EW 38.477 | 424 m | Nürnberg 38 km, Amberg 41 km

Park Inn by Radisson

www.parkinn-hotel-neumarkt.de

★★★★ S garni

Nürnberger Straße 4, PLZ 92318, **T 09181 89890**
105 Zimmer | 24 h

Zeitgemäßes Tagungs- und Veranstaltungshotel direkt am Neumarkt. Die Gästezimmer präsentieren sich in hellem, modernem Design. Zum Haus gehören auch ein Fitnessstudio inkl. Sauna, sieben Konferenzzimmer sowie ein Restaurant mit internationaler Küche.

AlmRefugio Landhotel
www.almrefugio.de

VARTA-TIPP Ambiente

★★★★ garni

Am Höhenberg 5, PLZ 92318 (OT: Höhenberg), **T 09181 32584**
8 Zimmer

Ein architektonisches Kleinod für Erholungsuchende. Aus dem ehemaligen Heustadel mit Kuhstall ist ein charmantes kleines Landhotel entstanden. In den behaglichen Gästezimmern herrscht moderner Alpenstil. Als perfekter Rückzugsort eignet sich die stimmungsvolle Almlounge. Traditionelle Wirtshauskultur und moderne bayerische Naturküche erwarten Sie im hauseigenen Restaurant.

Mehl
www.hotel-mehl.de

garni

Viehmarkt 20, PLZ 92318, **T 09181 2920,** F 292110
24 Zimmer | Ez 72–104 €, Dz 94–134 € | ⃠ 27.12.22–9.1.23, 8.–19.4.23

Individuell und freundlich geführtes Stadthotel mit heiterer Landhausatmosphäre und modern ausgestatteten Zimmern. In unmittelbarer Nähe zum Hotel gibt es verschiedene Wander- und Radwege, Golfplätze sowie attraktive Ausflugsziele.

Gasthof Wittmann
www.hotel-wittmann.de

Bahnhofstr. 21, PLZ 92318, **T 09181 907426**
Hauptgericht 9–55 € | ◔ Mo-So ◒ Mo-Sa

Familiengeführter Gasthof mit gemütlich-ländlichen Stuben. Gekocht wird bayerisch-regional, dabei stehen Produkte aus der hauseigenen Metzgerei absolut im Fokus. Die Atmosphäre ist angenehm unkompliziert, der Service charmant und freundlich. Übernachten kann man in modernen Hotelzimmern. Es gibt sogar eine Weißwurstmanufaktur nebst Museum.

Lehmeier
www.hotel-lehmeier.de

Obere Marktstr. 12, PLZ 92318, **T 09181 25730**
80 | Hauptgericht 11–24 € | ◔ Mi-So ◒ Mi-Sa ⃠ Mo, Di ⃠ 23.–25.12.22

Eine absolut sympathische, lockere Adresse, die sich im Ortszentrum befindet. Hier kann man nicht nur gepflegt übernachten, sondern auch ausgezeichnet speisen. Serviert wird eine frische bodenständige Küche unter Verwendung heimischer und saisonaler Produkte. Das Ambiente: rustikal-gemütlich mit modernen Akzenten.

NEUMÜNSTER 7 D
www.neumuenster-tourismus.de

Schleswig-Holstein | EW 77.058 | 22 m | Bad Segeberg 27 km, Kiel 31 km

Altes Stahlwerk
www.altes-stahlwerk.com

Rendsburger Straße 81, PLZ 24537 (OT: Gartenstadt), **T 04321 55600,** F 5560260
100 Zimmer | 3 Suiten | Ez 92–159 €, Dz 127–194 €, inkl. Frühstück | ⏲ 24 h

Industriecharme, moderner Zeitgeist und klare Linien prägen das Ambiente dieses Business- und Lifestyle-Hotels. Geschmackvoll eingerichtete Zimmer in vier Kategorien. Zum Haus gehören auch ein liebevoll angelegter Garten im Innenhof, eine Vinothek, eine Bar sowie das Restaurant „1500°C“ mit offener Frontküche.

Neues Parkhotel
www.neues-parkhotel.de

★★★ S garni

Parkstr. 29, PLZ 24534, **T 04321 9406,** F 43020
67 Zimmer | 1 Apartment | Ez ab 75 €, Dz ab 90 €, inkl. Frühstück

Das moderne Stadthotel ist in eine schöne, ruhige Parkanlage eingebunden. Optimalen Komfort bieten die individuell und behaglich eingerichteten Zimmer. Hauseigene Sauna.

Das grüne Stadthotel
www.hildebrandts-hotel.de

GREENSIGN ★★★ S garni

Plöner Str. 76, PLZ 24534, **T 04321 252220,** F 2522222
13 Zimmer | 4 Suiten | 1 Apartment | Ez ab 87 €, Dz ab 125 €, 14,00 €

Seit 2020 erstrahlt das kleine, feine Hotel in zentraler Lage in neuem Glanz. Die modern gestalteten Zimmer verfügen über bequeme Boxspringbetten und schallisolierte Fenster. Das besonders reichhaltige Frühstückbuffet erwartet Sie mit regionalen Produkten, hausgemachten Marmeladen und frisch zubereiteten Eierspeisen in Bio-Qualität und kann auch auf der Terrasse genossen werden.

NEUNBURG VORM WALD 54 D
www.neunburgvormwald.de

Bayern | EW 8.500 | 398 m | Cham 35 km, Regensburg 56 km

Der Birkenhof Spa & Genuss Resort
www.der-birkenhof.de

GREENSIGN ★★★★★

Hofenstetten 55, PLZ 92431 (OT: Hofenstetten), **T 09439 9500,** F 950150
83 Zimmer | 24 Suiten | Ez ab 106 €, Dz ab 210 €, inkl. Frühstück | 24 h

Das herrlich ruhig gelegene Ferien- und Tagungsdomizil hat man während der Coronakrise aufwendig modernisiert und erweitert. Hier logieren Sie in geräumigen Zimmern, die wohnlich und komfortabel eingerichtet sind. Im Neubau „Seesonne“ stehen lichtdurchflutete, luxuriöse Suiten zur Verfügung. Weitläufiges Wellnessareal mit umfangreichem SPA- und Beauty-Angebot. Toll die neu gestaltete Pianobar.

Obendorfers Eisvogel

VARTA★TIPP Küche VARTA-TIPP Service

25 | Menü 145–211 € | Di-Sa Mo, So

Ein wahrer Verwöhntempel: modern-puristisches Ambiente, exklusiver Panoramablick über die Oberpfälzer Seen, feinste Tafelkultur sowie Hochgefühle für Augen und Gaumen. Nach seinen Lehr- und Wanderjahren in zahlreichen hervorragenden Restaurants steht seit 2021 Sebastian Obendorfer am Herd, der in kurzer Zeit seinen ganz eigenen Stil entwickelt hat. Filigran, aufwendig und ausgesprochen präzise - so zeigt sich seine kreative Gourmetküche, die ganz klar Know-how, top Handwerk und ein Gefühl für zeitgemäße, harmonische Kompositionen beweist. Der Service brilliert durch authentische Freundlichkeit und Professionalität.

Turmstube

VARTA-TIPP Küche

60 | Hauptgericht 25–32 €, Menü 36–57 € | Mo-So

Eine richtig gute Alternative zum Gourmetrestaurant! In dezent-rustikalem Ambiente serviert man eine frische, bodenständige Landküche auf der Grundlage traditioneller Rezepte, so z.B. „Rosa gebratener Kalbsrücken mit Madeirarahmsauce, Bärlauchgnocchi und Karotten-Kaiserschoten-Gemüse“ oder „Duett von Jakobsmuschel und Garnele mit Anis-Beurre-Blanc, Zitrusfruchtrisotto, wildem Brokkoli und Basilikum“. Das Preis-Genuss-Verhältnis ist absolut stimmig. Effizient und freundlich agiert der Service.

NEUNKIRCHEN (BADEN) 51 C www.neunkirchen-baden.de

Baden-Württemberg | EW 1.809 | 297 m | Mosbach 15 km, Heilbronn 42 km

NaturKulturHotel Stumpf www.hotel-stumpf.de

Zeilweg 16, PLZ 74867, **T 06262 92290,** F 9229100
47 Zimmer | 4 Suiten

Tagungs- und Feriendomizil in ruhiger Ortsrandlage mit hellen und geräumigen Landhauszimmern. Schöner SPA- und Beautybereich. Restaurant mit internationaler Küche.

NEUNKIRCHEN (SAAR) 49 D www.neunkirchen.de

Saarland | EW 47.585 | 252 m | Homburg 15 km, St. Wendel 16 km

Hostellerie Bacher - Wögerbauer www.hostellerie-bacher.de

Limbacher Straße 2, PLZ 66539 (OT: Kohlhof), **T 06821 31314,** F 33465
20 Zimmer | 1 Suite | Ez 85–95 €, Dz 125 €, inkl. Frühstück

Schöne Landhausvilla in ruhiger, grüner Lage am Stadtrand. Geschmackvoll eingerichtete Zimmer, die sich auf Haupt- und Gästehaus verteilen. Sie frühstücken im hübschen Wintergarten. Gepflegte Gartenanlage.

Hostellerie Bacher - Wögerbauer

80 | Hauptgericht 20–34 € | So Di-Sa Mo

Im eleganten Restaurant oder auf der mediterranen Terrasse serviert man eine leichte, moderne Küche mit französischem und österreichischem Einschlag. Wie wäre es z.B. mit „Doradenfilet auf der Haut gebraten mit Tomatenfondue und Champagnersoße im Nudelnest"? Patron Hermann Wögerbauer bietet auch Koch-Workshops an.

NEUPOTZ 50 D www.vg-jockgrim.de

Rheinland-Pfalz | EW 1.879 | 99 m | Landau (Pfalz) 23 km, Karlsruhe 26 km

Restaurant Krone www.zurkroneneupotz.de

VARTA-TIPP Küche

Hauptstraße 25, PLZ 76777, **T 07272 9337845**
15 | Menü 130 € | Mi-So Mo, Di

Was Sie bei Kerstin und Faycal Bettioui in dem kleinen, gemütlichen Restaurant erwartet? Authentizität, erstklassige Produkte, eine eigene, klare und betont schlichte Linie, aber vor allem Geschmack! Das stimmige Tasting-Menü des Patrons verbindet eine Reihe von spannenden Aromen und Texturen. Das Preis-Leistungs-Verhältnis ist kaum zu toppen! Die Weinkarte konzentriert sich ausschließlich auf Pfälzer Weine - ebenfalls moderat kalkuliert.

Gehrlein's Hardtwald www.gehrlein-hardtwald.de

Sandhohl 14, PLZ 76777, **T 07272 2440**
Hauptgericht 15–24 € | Mo-Di, Fr-So Mi, Do

Gemütlich im alpinen Landhausstil eingerichtetes Restaurant. Serviert wird regionale und französische Küche mit schöner Fischauswahl. Gemütliche Gartenterrasse. Übernachtungsmöglichkeiten gibt es im Gästehaus gegenüber.

Zum Lamm
www.gasthof-lamm-neupotz.de

VARTA-TIPP Küche

Hauptstraße 7, PLZ 76777, **T 07272 2809**
40 | Hauptgericht 17–27 €, Menü 30–55 € | So Di-Sa Mo

Richtig gemütlich sind die elegant-rustikalen Stuben in diesem alteingesessenen Pfälzer Landgasthof. Patron Manfred Kreger ist bekannt für seine schmackhafte, saisonorientierte Küche mit frischen und hochwertigen Zutaten. Die Weine kommen von ausgewählten Winzern aus der Region. In den Sommermonaten wird auch auf der lauschigen Gartenterrasse serviert. Gepflegt übernachten können Sie hier auch.

NEURUPPIN 26 A
www.tourismus-neuruppin.de

Brandenburg | EW 31.574 | 42 m | Potsdam 60 km, Berlin 65 km

Resort Mark Brandenburg Seehotel Fontane
www.resort-mark-brandenburg.de

★★★★ S garni

An der Seepromenade 20, PLZ 16816, **T 03391 40350,** F 40352459
130 Zimmer | 9 Suiten | Ez ab 160 €, Dz ab 230 €, inkl. Frühstück | 24 h

Neuzeitliches Geschäfts- und Ferienhotel in hübscher Seeuferlage. Modern gestaltete Zimmer in fünf verschiedenen Kategorien. Umfangreicher Wellness- und SPA-Bereich mit mehreren Pools, verschiedenen Themensaunen und einer schwimmenden Seesauna. Mehrere Restaurants mit regionaler und internationaler Küche.

Am Alten Rhin
www.hotel-am-alten-rhin.de

★★★ S garni

Friedrich-Engels-Straße 12, PLZ 16827 (OT: Alt Ruppin), **T 03391 7650,** F 76515
35 Zimmer | 7 Suiten | Ez ab 80 €, Dz 99–110 €, inkl. Frühstück | 22.–26.12.22

Familiengeführtes Stadthotel unmittelbar an der B167 gelegen. Das Haus versprüht ländlichen Charme und bietet seinen Gästen individuell gestaltete Zimmer, einen hübschen Saunabereich und ein gemütliches Restaurant mit regionaler und bürgerlicher Küche. Über die hauseigene Brücke hat man direkten Zugang zum Landschaftsschutzgebiet.

NEUSS 29 C
www.neuss-marketing.de

Nordrhein-Westfalen | EW 152.252 | 40 m | Düsseldorf 10 km, Krefeld 22 km
Quirinus-Münster, Neugot. Marienkirche, Obertor, Clemens-Sels-Museum, Museum Insel Hombroich, Langen Foundation, Rheinisches Landestheater, Globe-Theater mit Shakespeare-Festival, Botanischer Garten.

Fire & Ice
www.alpenpark-neuss.de

★★★★ S garni

An der Skihalle 1, PLZ 41472 (OT: Grefrath), **T 02131 1244500,** F 1244510
101 Zimmer | 8 Suiten | 24 h

Sport- und Tagungshotel mit direkter Anbindung an die Neusser Skihalle sowie geschmackvoll eingerichteten Premium- und Themenzimmern. Vielfältiges Freizeitangebot. Toller Wellnessbereich mit Pistenblick. Zum Haus gehören auch originelle Baumchalets und eine urige Hüttengastronomie.

Herzog von Burgund
www.herzogvonburgund.de

Erftstraße 88, PLZ 41460, **T 02131 23552**
45 | Hauptgericht 25–37 € | Di-Fr Di-Sa Mo, So

Geschmackvoll restaurierte Patriziervilla am grün gesäumten Erftkanal. Burgunderrot und taubenblau gehaltene Salons. Serviert werden aufwendige Gourmetgerichte mit mediterranen Einflüssen. Schön sitzt man auch auf der Gartenterrasse. Mittags günstiges Lunchangebot. Regelmäßig Kochkurse.

Zum Stübchen
www.restaurant-zum-stuebchen.de

Preußenstraße 73, PLZ 41464, **T 02131 82216**
55 | Hauptgericht 18–42 €, Menü 35–81 € | So Mi-So Mo, Di

Das gemütliche, mit hellen Eckbankgruppen eingerichtete Restaurant ist seit vielen Jahren eine beliebte Genussadresse. Serviert wird eine leichte, anspruchsvolle Küche auf französischer Basis mit internationalem Einfluss. Gutes europäisches Weinangebot.

NEUSTADT (DOSSE) 25 B
www.neustadt-dosse.de

Brandenburg | EW 3.622 | 35 m | Kyritz 13 km, Neuruppin 28 km

Parkhotel Neustadt
www.park-hotel-neustadt.de

garni

Prinz-von-Homburg-Straße 35, PLZ 16845, **T 033970 970,** F 9740
20 Zimmer | Ez 55–78 €, Dz 65–91 €, inkl. Frühstück

Idyllisch in einem kleinen Park gelegenes Landhotel unter familiärer Führung mit geschmackvoll und individuell eingerichteten Zimmern. Für Tagungen und kleinere Gesellschaften steht ein Wintergarten mit Blick ins Grüne zur Verfügung.

NEUSTADT A.D. DONAU 60 B
www.neustadt-donau.de

Bayern | EW 13.070 | 354 m | Kelheim 18 km, Ingolstadt 33 km

Dorint Marc Aurel
www.marcaurel.de

★★★★ S

Heiligenstädter Straße 34-36, PLZ 93333 (OT: Bad Gögging), **T 09445 9580,** F 958444
165 Zimmer | 16 Suiten | 24 h

Ein weitläufiges Ferien- und Sportdomizil mit römisch-mediterranem Flair sowie außergewöhnlicher Bäder- und Saunalandschaft. Sie wohnen in zeitgemäß eingerichteten Zimmern. Direkt vor der Haustür befindet sich ein 9-Loch-Golfplatz (ganzjährig bespielbar). Im Restaurant „Domus“ wird international gekocht.

Der Eisvogel
www.hotel-eisvogel.de

★★★★ S

An der Abens 20, PLZ 93333 (OT: Bad Gögging), **T 09445 9690,** F 8475
58 Zimmer | 6 Suiten | Ez ab 100 €, Dz 240–290 €, inkl. Frühstück

Ferien- und Landhotel in idyllischer Uferlage. Warme Farben, viel Holz und besondere Stoffe zeichnen die gemütlichen Zimmer aus, von denen einige 2022 komplett runderneuert wurden. Großzügiger SPA-Bereich auf 1.600 qm mit Schwimmbad, Saunalandschaft und Liegewiese. Restaurant mit regionaler und internationaler Küche.

Gigl www.gigl.de

€ Gut & Günstig ★★★ garni

Herzog-Ludwig-Straße 6, PLZ 93333, **T 09445 9670,** F 96740
26 Zimmer | 2 Suiten | Ez 57–85 €, Dz 92–96 €, inkl. Frühstück | ⃠ 23.12.22–8.1.23

Traditionsreicher bayerischer Familienbetrieb in der 4. Generation. Helle, freundlich eingerichtete Zimmer zu moderaten Preisen. Rustikales Restaurant mit Biergarten und regionaler Küche.

NEUSTADT A.D.AISCH 53 A www.neustadt-aisch.de

Bayern | EW 12.704 | 293 m | Bad Windsheim 19 km, Fürth 35 km

Allee Hotel www.allee-hotel.de

★★★★ garni

Alleestraße 14, PLZ 91413, **T 09161 89550,** F 895589
41 Zimmer | 5 Suiten | Ez 75–99 €, Dz 119–139 €, inkl. Frühstück | ⏲ 24 h

Denkmalgeschütztes Gebäude mit geschmackvollen, im Jugendstil eingerichteten Zimmern. Weitere Gästezimmer in der Dependance, die dem klassizistischen Stil des Hotels nachempfunden ist. Restaurant mit internationaler Küche.

NEUSTADT AM RÜBENBERGE 22 B-D www.neustadt-a-rbge.de

Niedersachsen | EW 43.378 | 36 m | Hannover 24 km, Celle 66 km

Perl www.hotel-perl.de

€ Gut & Günstig garni

Am Berggarten 2, PLZ 31535 (OT: Otternhagen), **T 05032 954950,** F 9549555
35 Zimmer | Ez 65–85 €, Dz 105–120 €, inkl. Frühstück

Persönlich geführter Landgasthof in ruhiger Umgebung. Das Hotel verfügt über unterschiedlich möblierte Gästezimmer. Fragen Sie nach den modernen Zimmern im Neubau! Restaurant mit Gartenterrasse.

NEUSTADT AN DER ORLA 44 B www.neustadtanderorla.de

Thüringen | EW 8.230 | 300 m | Saalfeld 34 km, Gera 34 km

Schlossberg www.ringhotel-schlossberg.de

★★★ S garni

Ernst-Thälmann-Straße 62, PLZ 07806, **T 036481 660,** F 66100
31 Zimmer | 2 Suiten | Ez 85–90 €, Dz 120–140 €, inkl. Frühstück | ⏲ 24 h

Kleines Businesshotel im denkmalgeschützten Altstadtkern. Behaglich eingerichtete Gästezimmer. Im Restaurant bietet man internationale und heimische Spezialitäten.

NEUSTADT AN DER SAALE, BAD 43 C www.tourismus-nes.de

Bayern | EW 15.668 | 242 m | Schweinfurt 40 km, Fulda 57 km

Schlosshotel www.schlosshotel-bad-neustadt.de

★★★★ garni

Schlossplatz 5, PLZ 97616 (OT: Mühlbach), **T 09771 61610,** F 616161
14 Zimmer | 5 Suiten | ⏲ 24 h

»

Umfangreich renovierte Schlossanlage im spätbarocken Stil mit angeschlossener Kirche. Großzügig und liebevoll gestaltete Hotelzimmer mit hist. Ambiente. Elegantes Restaurant mit feiner Tischkultur und schöner Terrasse mit Blick in den Kurpark.

Die Scheune www.die-scheune-nes.de

Hauptstraße 206, PLZ 97616 (OT: Brendlorenzen), **T 09771 6319882**
36 | Hauptgericht 14–45 €, Menü 21–37 € | Mo-So

In der ehem. Scheune pflegt die Chefin, die selbst am Herd steht, die klassische, traditionelle Kochkunst. Serviert wird eine schmackhafte regionale Gourmetküche, bei der auch Produkte aus dem eigenen Kräuter- und Gemüsegarten Verwendung finden. Hübsche Terrasse mit Blick in den Rosengarten. Tischreservierung ratsam.

NEUSTADT AN DER WEINSTRASSE 50 D www.neustadt.eu

Rheinland-Pfalz | EW 53.525 | 136 m | Bad Dürkheim 14 km, Landau 21 km

Palatina www.hotel-palatina.com

★★★★ garni

Gartenstr. 8, PLZ 67433, **T 06321 924000,** F 9240029
38 Zimmer | Ez 77–92 €, Dz 104–124 €, 18,00 €

Das neuzeitliche Hotel befindet sich auf einem ehemaligen Weingut und verfügt neben geschmackvoll und wohnlich eingerichteten Zimmern und Suiten auch über ein Restaurant, eine moderne Bar, einen romantischen Garten im Innenhof sowie einen hübschen Wellnessbereich.

Urgestein www.restaurant-urgestein.de

VARTA-TIPP Küche VARTA-TIPP Service

Rathausstr. 6a, PLZ 67433, **T 06321 489060**
20 | Menü 120–140 € | Di-Sa Mo, So

Das stimmungsvolle Gewölberestaurant befindet sich im ehem. Marstall des Fachwerkensembles Steinhäuser Hof. Hier verwöhnt Sie Hedi Rink mit ihrer innovativen, aromenreichen Gourmetküche, die in Menüform (5 oder 6 Gänge) serviert wird. Die gut zusammengestellte Weinkarte umfasst edle Tropfen aus nah und fern. Zum Haus gehören auch ein mediterran gehaltener Innenhof, eine Weinbar sowie sechs geräumige Gästezimmer.

Spinne www.restaurant-spinne.de

Eichkehle 58, PLZ 67433 (OT: Haardt), **T 06321 9597799**
50 | Hauptgericht 19–32 €, Menü ab 43 € | So Mi-So Mo, Di

Traditionelles, Regionales, Internationales... In dem hell und freundlich gehaltenen Restaurant stehen feine Gerichte wie „Filet vom heimischen Zander mit Trüffelschaum und Lauchpüree“ auf der Karte. Im Gästehaus kann man gepflegt übernachten.

Das Esszimmer www.esszimmer-neustadt.de

Hintergasse 38, PLZ 67433, **T 06321 354996**
20 | Menü 49–72 € | Di-Sa Mo, So

„Essen macht glücklich" - diesen Slogan hat man sich hier auf die Fahnen geschrieben. „Gebratene Maispoulardenbrust mit Honig und Thymian" oder lieber „Rückensteak vom Schwäbisch-Hällischen Eichelmastschwein mit Limetten-Chili-Aioli"? So oder so ähnlich kommt die moderne, mediterran inspirierte Frischeküche in diesem geschmackvollen Restaurant daher.

NEUSTADT IN HOLSTEIN 8 D www.luebecker-bucht-ostsee.de

Schleswig-Holstein | EW 16.647 | 2 m | Eutin 17 km, Oldenburg i. H. 23 km

ARBOREA Marina Resort Neustadt www.arborea-resorts.com

garni

An der Wiek 7-15, PLZ 23730, **T 04561 71990**
124 Zimmer | 5 Suiten | Ez 114–414 €, Dz 126–426 €, inkl. Frühstück | 24 h

Ein Sport- und Ferienresort par excellence hat man hier zwischen Jachthafen, Salzwiesen und Ostsee errichtet. Die Zimmer stylish-modern und technisch top ausgestattet. Großzügiger Wellnessbereich mit Saunen, Dampfbad und Indoorpool. Im Restaurant „Grand Grand Grill" wird auf offenem Feuer feinstes Fleisch und frischer Fisch aus der Region zubereitet.

Hotel Strandkind www.hotel-strandkind.de

★★★★ garni

Pelzerhakener Straße 43, PLZ 23730 (OT: Pelzerhaken), **T 04561 513350,** F 513351
41 Zimmer

In diesem Hotel setzt man konsequent auf Nachhaltigkeit: Das Gebäude ist aus Fichtenholz errichtet, auf dem Dach des Hauses befindet sich eine Photovoltaikanlage. Auch bei der Zimmereinrichtung wurden baubiologisch einwandfreie Materialien verwendet. Vielfältiges Freizeitprogramm. Kinderbetreuung.

NEUSTADT-GLEWE 17 C www.neustadt-glewe.de

Mecklenburg-Vorpommern | EW 6.517 | 32 m | Ludwigslust 10 km, Schwerin 33 km

Hotel Schloss Neustadt-Glewe www.hotel-schloss-neustadt-glewe.de

garni

Schlossfreiheit 1, PLZ 19306, **T 038757 5320,** F 53299
37 Zimmer | 1 Suite

Am Rande des Landschaftsschutzgebiets Lewitz erwartet Sie dieses restaurierte Barockschloss von 1717. Edle Accessoires und üppiger Stuckdekor bestimmen das Ambiente der Zimmer und Salons. Zum Haus gehören auch eine Bibliothek und ein kleiner Wellnessbereich mit Sauna. Das Restaurant „Wallenstein's" im hist. Gewölbekeller serviert regionale Spezialitäten.

NEUSTRELITZ 18 D www.neustrelitz.de

Mecklenburg-Vorpommern | EW 21.000 | 75 m | Neubrandenburg 30 km, Waren 55 km

Garni Schlossgarten www.hotel-schlossgarten.de

★★★ garni

Tiergartenstraße 15, PLZ 17235, **T 03981 24500,** F 245050
24 Zimmer | Ez 62–84 €, Dz 92–126 €, inkl. Frühstück

Ein schmuckes Stadthotel mit klassizistischen Zügen. Geschmackvoll eingerichtete Zimmer unterschiedlicher Größe. Hotelhalle im Biedermeierstil. Hübscher Hotelgarten mit Blick über die Stadt.

Forsthaus Strelitz
www.forsthaus-strelitz.de

Berliner Chaussee 1, PLZ 17235, **T 03981 447135**
Menü 59 € | Mi-Sa Mo, Di, So

Ein liebevoll umgebauter Gasthof an einem nahegelegenen Waldstück mit angeschlossener Landwirtschaft und kleiner Pension. Das Ambiente ist passend: naturbelassene Holztische und -stühle mit reichlich Patina, ein großer alter Lehmofen, eine offene Küche. Gekocht wird nordisch-regional und biologisch mit viel Herzblut und Sinn für Werthaltigkeit. Zum Übernachten hat man einfache, ländliche Gästezimmer.

NEUTRAUBLING 61 A
www.neutraubling.de

Bayern | EW 13.609 | 330 m | Regensburg 10 km, Straubing 36 km

Hotel am See
www.hotel-am-see.com

★★★★

Teichstraße 6, PLZ 93073, **T 09401 9460,** F 946222
64 Zimmer | 2 Suiten | Ez 91–140 €, Dz 126–165 €, inkl. Frühstück

Freundlich und engagiert geführtes Haus in schöner Seelage. Hier erwarten Sie gemütliche Zimmer im Landhausstil. Im behaglichen Restaurant werden sowohl bayerische Spezialitäten als auch gehobene Feinschmeckermenüs angeboten. Auch Räumlichkeiten für Hochzeits- und Tagungsgäste sind vorhanden.

NEUWIED 40 D
www.neuwied.de

Rheinland-Pfalz | EW 64.790 | 60 m | Koblenz 20 km, Bonn 50 km

food hotel
www.food-hotel.de

Langendorfer Straße 155, PLZ 56564, **T 02631 82520,** F 8252444
113 Zimmer | 1 Suite | Ez ab 70 €, Dz ab 120 €, 13,99 € | 24 h

Im Stil eines Supermarktes präsentiert sich dieses originelle Lebensmittel-Themenhotel. Viele der Gästezimmer wurden von Unternehmen der Ernährungsbranche individuell gestaltet. Modernes Restaurant, Snackbar, Terrasse.

Schloss Engers
www.schloss-engers.de

★★★★

Alte Schloßstr. 2, PLZ 56566 (OT: Engers), **T 02622 902660**
50 Zimmer | Ez 98–114 €, Dz 135–149 €, inkl. Frühstück

Ehem. Jagdschloss direkt am Rheinufer. Das hist. Ensemble aus Schloss, Gästehaus und Residenz bietet teils modern-elegante, teils stilvoll im Kolonialstil eingerichtete Zimmer. Frühstück im Schlossrestaurant oder auf der Rheinterrasse.

Brasserie Nodhausen
www.parkrestaurant-nodhausen.de

Nodhausen 1 (im Parkrestaurant Nodhausen), PLZ 56567 (OT: Rodenbach),
T 02631 344880
40 | Hauptgericht 20–30 €, Menü 32–70 € | Di-Sa Mo, So

Hier speisen Sie in der wunderschönen Umgebung einer ehemals fürstlich-wiedischen Schlossanlage. Im freundlichen Wintergartenambiente mit Blick ins Grüne können Sie eine saisonale und regionale Küche mit internationalen Einflüssen genießen. Im Sommer wird auch auf der Terrasse serviert.

NEUZELLE 27 D — www.neuzelle.de

Brandenburg | EW 4.302 | 43 m | Eisenhüttenstadt 8 km, Cottbus 53 km

Klosterhotel Neuzelle — www.neuzelle-hotel.de

VARTA-TIPP Ambiente

★★★★

Bahnhofstr. 18, PLZ 15898, **T 033652 823991,** F 823992
14 Zimmer | Ez ab 59 €, Dz ab 129 €, inkl. Frühstück

Vis-à-vis einer der schönsten Klosteranlagen Europas liegt dieses originelle Designhotel. Die 150 Jahre alte Villa beherbergt individuelle Gästezimmer, die mit barocken Möbeln, modernen Stoffen und fast alle mit Terrasse oder Balkon ausgestattet sind. Besonders komfortabel zeigen sich die großzügigen SPA-Suiten mit privatem Saunabereich.

Wilde Klosterküche — www.wildeklosterkueche.de

VARTA-TIPP Küche

40 | Hauptgericht 25 €, Menü 75–105 € | Fr-So Do-So Mo, Di, Mi

Casual Dining und tolle Genusserlebnisse, die man in dem ostbrandenburgischen Örtchen Neuzelle so sicher nicht erwartet. Der Name des Restaurants ist Programm! Chefkoch Manuel Bunke und sein junges Team haben Mut, Bekanntes neu zu interpretieren. Das Ergebnis: eine raffinierte Regionalküche auf der Basis klassischer Rezepte. Serviert wird ein Menü in vier oder sechs Gängen. Ein Highlight ist die hauseigene Ginproduktion.

NIDDERAU 41 D — www.nidderau.de

Hessen | EW 19.944 | 117 m | Hanau 12 km, Friedberg 19 km

Zum Adler — www.hoteladler-goy.de

★★★ S

Windecker Straße 2, PLZ 61130, **T 06187 9270,** F 927223
24 Zimmer | Ez 65–96 €, Dz 106–130 €, inkl. Frühstück | 24.12.22–9.1.23

Familiengeführtes Hotel in einem hist. Gebäude, das sich seit 1859 in Familienbesitz befindet. Sachlicher Einrichtungsstil im Gästehaus, klassische Ausstattung im Haupthaus. Stilvolle Frühstücksstube.

NIDEGGEN 39 A — www.nideggen.de

Nordrhein-Westfalen | EW 10.716 | 300 m | Düren 14 km, Euskirchen 26 km

Burg Nideggen - Brockel Schlimbach — www.burgrestaurant-nideggen.de

VARTA-TIPP Küche

Kirchgasse 10, PLZ 52385, **T 02427 9091066**
12 | Menü 135–155 € | So Fr-So Mo, Di, Mi, Do

Das kleine, intime Gourmetrestaurant ist eingebettet in die historischen Burgmauern des wunderschönen Anwesens aus dem 12. Jhd. und trägt die Namen der beiden Herren, die für die kulinarischen Leistungen verantwortlich sind. Die Küche von Herbert Brockel und Tobias Schlimbach ist regional, aber nicht weltfremd. Serviert wird ein modernes, innovatives Menü (wahlweise 5 oder 6 Gänge). Dazu kredenzt man exzellente Weine aus nah und fern. Die Burgschenke und der Rittersaal eignen sich für Feierlichkeiten jeder Art.

NIEBÜLL 6 B www.niebuell.de

Schleswig-Holstein | EW 8.070 | 2 m | Dänische Grenze 13 km, Husum 40 km

Hotel Landhafen www.landhafen.com

★★★ S garni

Deezbüller Straße 70, PLZ 25899, **T 04661 7089270**
45 Zimmer

Das Ferienhotel unweit der Nordsee begeistert mit einem spannenden Mix aus traditionellem Landhausstil und modernem Industriedesign. In den Wohneinheiten schöner Holzboden, liebevolle Details, Naturfarben und zeitgemäße Technik. Dusche und Waschtisch hat man in den meisten Zimmern in den Wohn-/Schlafbereich integriert. Für Entspannung sorgen ein Saunabereich und der große Obstgarten.

NIEDERESCHACH 57 C www.niedereschach.de

Baden-Württemberg | EW 5.898 | 625 m | Villingen-Schwenningen 12 km, Rottweil 12 km

die Säge - das Lokal www.die-saege.de

Eschachstraße 2, PLZ 78078 (OT: Kappel), **T 07728 6463010**
220 | Hauptgericht 16–32 € | So Mi-So Mo

Aus dem einstigen Sägemehllager ist eine originelle Gastronomie mit Lokal, Laden und Bistro entstanden. Blickfang im Restaurant ist das stillgelegte Wasserrad inmitten des Raums. Serviert wird regionale und saisonale Frischeküche zu vernünftigen Preisen. Im Sommer lockt der herrliche Gastgarten direkt an der Eschach. Zum Übernachten stehen individuelle Zimmer zur Verfügung.

NIEDERHAUSEN 50 A www.niederhausen-nahe.com

Rheinland-Pfalz | EW 559 | 119 m | Bad Kreuznach 13 km, Mainz 52 km

Hermannshöhle Restaurant Weck www.hermannshoehle-weck.de

Hermannhöhle 1, PLZ 55585, **T 06758 6486**
40 | Hauptgericht 17–33 €, Menü 37–70 € | Di-So

Das ehem. Fährhaus von 1517 beherbergt heute ein gemütliches Restaurant mit schöner Sommerterrasse. Wenn Sie frische saisonale Gerichte mögen, werden Sie sich z.B. über „Lammhüfte mit Aromaten gebraten, Ratatouille und Kartoffel-Olivenpüree" freuen.

NIEDERHORBACH 50 D www.niederhorbach.de

Rheinland-Pfalz | EW 491 | 165 m | Landau in der Pfalz 13 km, Karlsruhe 39 km

WeinHotel Fritz Walter www.fritz-walter.de

★★★ S

Landauer Str. 82, PLZ 76889, **T 06343 936550,** F 9365551
25 Zimmer | Ez 131–191 €, Dz 156–216 €, inkl. Frühstück

Ein charmantes Weinhotel für den genussorientierten Gast. Die Zimmer sind individuell mit vinophilen Elementen eingerichtet und sorgen für reichlich Wohlfühlatmosphäre. Im „Wein-Restaurant" werden moderne Regionalgerichte serviert. Die Vinothek bietet edle Tropfen aus dem eigenen Weingut.

NIEDERKASSEL 40 A www.niederkassel.de

Nordrhein-Westfalen | EW 36.841 | 55 m | Bonn 12 km, Siegburg 15 km

Clostermanns Hof www.clostermannshof.de

★★★★ S garni

Heerstraße 2a, PLZ 53859 (OT: Uckendorf), **T 02208 94800,** F 9480100
66 Zimmer | 12 Suiten | Ez ab 99 €, Dz ab 99 €, 17,00 € | 24 h

Hist. denkmalgeschützter Viereckshof mit geschmackvoll und individuell eingerichteten Zimmern in vier Kategorien. Das Haus bietet gute Bankett- und Tagungsräumlichkeiten. Es gibt auch einen kleinen Sauna- und Fitnessbereich. Ermäßigtes Greenfee für Hotelgäste auf dem benachbarten Golfplatz.

Le Gourmet

VARTA-TIPP Küche

34 | Hauptgericht 19–32 €, Menü ab 109 € | Mi-Sa Mo, Di, So

Fine Dining auf hohem Niveau! So richtig schön freundlich und modern ist es hier: klare Linien, edelste Materialen, hochwertige Einrichtung, dekorativ die Kunst an den Wänden... Zeitgemäß und klar ist auch die Gourmetküche von Thomas Gilles. Die kreativ und sorgfältig zubereiteten Speisen werden in Menüform (ab 5 Gänge) serviert - auf Wunsch auch mit korrespondierenden Weinen. Tischreservierung ratsam.

Clostermanns

70 | Hauptgericht 12–33 € | Mo-So

Auch das zweite Restaurant ist sehr zu empfehlen! In freundlicher Wintergartenatmosphäre (mit Blick ins Grüne!) darf man sich auf regionale Klassiker freuen. Appetit auf „Geschmorten Eifeler Rehpfeffer mit Spätzle, Rosenkohl und Preiselbeeren" oder lieber einen Flammkuchen aus dem Steinofen? Tipp für die warme Jahreszeit: lauschiger Biergarten im Innenhof.

NIEDERNBERG 51 B www.niedernberg.de

Bayern | EW 4.934 | 117 m | Sulzbach a. Main 3 km, Aschaffenburg 11 km

Seehotel Niedernberg www.seehotel-niedernberg.de

★★★★ S garni

Leerweg 1, PLZ 63843, **T 06028 9990,** F 9992222
107 Zimmer | 10 Suiten | Ez ab 125 €, Dz ab 160 €, 24,50 € | 24 h

Gute Tagungs- und Wellnessadresse in idyllischer Lage. Das Dorf - bestehend aus einzelnen Häusern - bietet geräumige Zimmer in unterschiedlichen Kategorien. Faszinierend: das umfassende SPA-Angebot, fast immer mit Seeblick.

ELIES

120 | Hauptgericht 18–34 €, Menü 49–74 € | Mo-So

Hier sitzt man angenehm leger in stilvoll-warmer Atmosphäre mit viel Tageslicht und freier Sicht über den See. Serviert wird eine schmackhafte Vitalküche - natürlich, kreativ und gesund! Wie wäre es z.B. mit „Karree vom Salzwiesenlamm mit einer Tomaten-Koriandersalsa, Abinaoschokolade, Zuckerschoten und Zitronenthymian-Grießsoufflé"? Regelmäßig finden kulinarische Events statt.

NIEDERWEIS 48 B

www.suedeifelinfo.de

Rheinland-Pfalz | EW 247 | 207 m | Bitburg 15 km, Trier 25 km

Restaurant Schloss Niederweis

www.schloss-niederweis.de

Hauptstr. 9, PLZ 54668, **T 06568 9696450**
60 | Hauptgericht 27–35 €, Menü 46–66 € | Mi-So Mo, Di

In der ehem. Zehntscheune des Schlosses befindet sich das schick möblierte Restaurant. Serviert wird eine frische, bodenständig-regionale Küche. Ein besonderer Anziehungspunkt im Sommer ist der lauschige Biergarten im Schlosshof. Die Tenne mit ihren urigen Holzbalken und der 14 Meter hohen Decke ist die perfekte Location für Hochzeiten oder andere Familienfeste.

NIEDERWINKLING 61 B

www.niederwinkling.de

Bayern | EW 2.857 | 320 m | Deggendorf 14 km, Straubing 18 km

Buchners Hotel

www.buchners-hotel.de

garni

Hauptstr. 20-22, PLZ 94559, **T 09962 2035107,** F 2035108
31 Zimmer | Ez 79–139 €, Dz 119–149 €, inkl. Frühstück

Ein zeitgemäßes Business- und Freizeithotel mit hochwertigem Interieur und gelungenem Wohnkonzept. Die Zimmer sind mit viel hellem Holz stilvoll-modern eingerichtet. Hausgästen bietet man einen Fahrservice in das gleichnamige Traditionsrestaurant im Ortsteil Welchenberg an.

Restaurant Buchner

www.buchner-welchenberg.de

VARTA-TIPP Küche

Freymannstraße 15, PLZ 94559 (OT: Welchenberg), **T 09962 730**
60 | Hauptgericht 19–41 €, Menü 74–165 € | Sa-So Mi-So Mo, Di

Der liebevoll restaurierte Gasthof von 1658 erwartet Sie mit romantisch-rustikalen Stuben. Ein schöner Mix aus ländlichem Flair und Moderne, „Hingucker“ ist der kunstvoll bemalte Kachelofen. Serviert werden verfeinerte regional-bayerische Gerichte, u.a. Wild aus eigener Jagd und Fisch aus heimischen Gewässern. Für Weinliebhaber hält man eine spannende Auswahl edelster Tropfen bereit. Netter Gastgarten im Schatten riesiger Kastanienbäume.

NIEMEGK 26 C

www.amt-niemegk.de

Brandenburg | EW 1.999 | 75 m | Bad Belzig 12 km, Luckenwalde 41 km

Ferien Hotel Fläming

www.flaeming.travdo-hotels.de

★★★ S garni

Zum Reiterhof 1, PLZ 14823 (OT: Neuendorf), **T 033843 927190,** F 92719999
52 Zimmer | 2 Suiten

Ansprechendes Landhotel mit angeschlossenem Reitsportzentrum und gemütlich eingerichteten Gästezimmern. Idealer Ausgangspunkt für Wander-, Fahrrad- oder Reittouren. Gutbürgerliche regionale Küche im Restaurant.

Landhaus Alte Schmiede
www.landhausalteschmiede.de

Dorfstraße 13, PLZ 14823 (OT: Lühnsdorf), **T 033843 9220,** F 92210
20 Zimmer | 5 Apartments | Ez ab 80 €, Dz ab 115 €, inkl. Frühstück

Liebevoll restaurierter Vierseithof in ruhiger, naturnaher Lage mit lauschigem Innenhof und ausgedehntem Landschaftsgarten. Ländlich und individuell eingerichtete, mit natürlichen Materialien gestaltete Gästezimmer. Für die kleinen Gäste gibt es einen Kinderbauernhof mit Kaninchen, Schafen und Hühnern.

Landhaus Alte Schmiede

100 | Hauptgericht 15–28 €, Menü 28–38 € | Sa-So Mo, Mi-So Di

Rustikal-elegante Restaurantstuben mit Wintergarten. Vielfältiges regionales Speisenangebot mit Wild aus den umliegenden Wäldern, Fisch aus heimischen Gewässern und Kartoffelgerichten aus der Flämingkartoffel. Regelmäßig Kochkurse für Gruppen, Familien und Firmenenvents.

Zum alten Ponyhof
www.zum-alten-ponyhof.de

€ Gut & Günstig

Bahnhofstraße 20, PLZ 14823, **T 033843 3070,** F 30720
14 Zimmer | 1 Suite | Ez 65 €, Dz 89 €, 14,00 € | 24 h

Das ursprünglich als Wohnhaus erbaute Gebäude beherbergt heute ein gut geführtes Hotel mit hell und freundlich gestalteten Zimmern. Frühstücksraum unter historischem Gewölbe. Kleiner Streichelzoo für Kinder.

NIENSTÄDT 22 D
www.sg-nienstaedt.de

Niedersachsen | EW 4.960 | 120 m | Stadthagen 3 km, Minden 24 km

Sülbecker Krug
www.suelbeckerkrug.de

Mindener Str. 6, PLZ 31688 (OT: Sülbeck), **T 05724 3992550**
70 | Hauptgericht 23–36 € | Do-So Mo, Di, Mi

Direkt an der B65 zwischen Stadthagen und Bückeburg liegt dieses sympathische Restaurant mit angeschlossener Weinbar. Gekocht wird klassisch-saisonal, schmackhaft z.B. „Gegrilltes Kotelett vom Iberico-Schwein mit Kräuterjus, gebratener Spargel und Polenta-Ecken". Es gibt auch eine extra Steakkarte. Für Übernachtungsgäste gibt es einfache, aber gepflegte Zimmer.

NIERSTEIN 50 B
www.nierstein.de

Rheinland-Pfalz | EW 8.790 | 85 m | Mainz 17 km, Darmstadt 23 km

Wein- und Parkhotel
www.weinhotel.bestwestern.de

★★★★

An der Kaiserlinde 1, PLZ 55283, **T 06133 5080,** F 508333
55 Zimmer | Ez 79–185 €, Dz 99–345 €, inkl. Frühstück | 24 h

Modernes Tagungs- und Feriendomizil im Ortskern. Hier stehen Ihnen wohnlich eingerichtete Zimmer zur Verfügung. Das Restaurant „Am Heyl'schen Garten" bietet regionale und internationale Küche. Es gibt auch einen Irish Pub.

NITTEL 48 B www.konz.eu

Rheinland-Pfalz | EW 2.299 | 180 m | Saarburg 14 km, Konz 17 km

Culinarium www.culinarium-nittel.de

Weinstraße 5, PLZ 54453, **T 06584 91450,** F 914526
20 Zimmer | 1 Suite | Ez ab 58 €, Dz ab 85 €, inkl. Frühstück

Unweit der luxemburgischen Grenze hält das Weingut Dostert ruhige und wohnlich eingerichtete Zimmer bereit, die sich auf das Haupthaus und das 300 Meter entfernte Gästehaus „Schlafgut“ verteilen. Ein kleiner Wellnessbereich mit finnischer Sauna und Tepidarium ist auch vorhanden.

Culinarium

50 | Hauptgericht 16–38 € | So Mi-Sa Mo, Di

Das modern gehaltene Restaurant bietet eine gehobene regionale Küche mit internationalen Einflüssen. Weine und Edelbrände kommen vom hauseigenen Weingut. Kochschule. Weinverkauf.

NITTENAU 54 D www.nittenau.de

Bayern | EW 9.400 | 352 m | Roding 21 km, Regensburg 38 km

Brauereigasthof Jakob www.brauereigasthof-jakob.de

€ Gut & Günstig
Hauptstraße 10, PLZ 93149, **T 09436 8224**
100 | Hauptgericht 7–20 € | Mo-Di, Do-So Mi

Eine ehem. Poststation, die liebevoll zum Gasthaus umgebaut wurde. In der schönen rustikalen Gaststube sowie im gemütlichen Nebenzimmer werden bodenständige Gerichte serviert. Dazu gibt es eine schöne Auswahl an Bieren aus der Hausbrauerei. Behagliche Gästezimmer. Idyllischer Biergarten.

NOHFELDEN 49 B www.nohfelden.de

Saarland | EW 10.151 | 350 m | St. Wendel 16 km, Hermeskeil 21 km

Seezeitlodge Hotel & Spa www.seezeitlodge-bostalsee.de

GREENSIGN ★★★★ S garni

Am Bostalsee 1 (Navigationssystem: Staudammstr.), PLZ 66625 (OT: Gonnesweiler), **T 06852 80980,** F 8098333
98 Zimmer | 10 Suiten | Ez 235–390 €, Dz 290–530 €, inkl. Halbpension | 24 h

Das beeindruckt: toll die Lage direkt am Bostalsee, klasse die Aussicht! Eingebunden in die Mittelgebirgslandschaft des Naturparks Saar-Hunsrück empfängt Sie dieses attraktive Wellnesshotel. Die Zimmer zeigen sich geradlinig und lässig, aber dennoch gemütlich. Für Entspannung sorgt der großzügige „Seezeit SPA".

Restaurant Lumi

150 | Hauptgericht 18–38 €, Menü ab 42 € | Mo-So

Lichtdurchflutet und modern ist das Restaurant - von den Fensterplätzen und der Terrasse genießt man tolle Ausblicke in die Natur. Ohne Schnickschnack, dafür mit Finesse und saisonalem Bezug bietet die Küche pfiffige Regionalgerichte wie „Im Ganzen gegarter Trauntalsaibling | Zedernholz | Gurkensalat | Kartoffel-Dillstampf". Großer Beliebtheit erfreuen sich die LUMI-Küchenpartys.

NONNENHORN 66 A www.nonnenhorn.de

Bayern | EW 1.689 | 404 m | Lindau 8 km, Friedrichshafen 14 km

Torkel www.hotel-torkel.de

★★★★ S

Seehalde 14, PLZ 88149, **T 08382 98620,** F 986262
24 Zimmer | 9 Suiten | Ez ab 159 €, Dz ab 299 €, inkl. Halbpension

Diese gepflegte Übernachtungsadresse mit ihrem neuen Hotelanbau steht für herzliche Gastfreundschaft, geschmackvolle Zimmer mit modernem Wohnkomfort, einen ansprechenden, zeitgemäßen SPA mit Bio-Sauna und beheiztem Außenpool sowie ein sehr gutes Frühstück.

Torkel

65 | Hauptgericht 20–55 €, Menü 59–119 € | Mo-Di, Do-So Mi

Auch in punkto Kulinarik kann das Haus punkten. Schmackhafte Gerichte aus regionalen und saisonalen Produkten gibt es z.B. als „Chateaubriand vom Allgäuer Kalbsrücken mit Parmesan-Trüffelkruste, Marktgemüse und Kartoffelgnocchi". Stilvoller Weinkeller mit erlesener Auswahl an Rot- und Weißweinen. Bei Sonnenschein lockt die schöne Terrasse.

Haus am See www.hausamsee-nonnenhorn.de

VARTA★TIPP Service

Uferstraße 23, PLZ 88149, **T 08382 988510,** F 9885175
24 Zimmer | 2 Suiten | 1 Apartment | Ez 78–132 €, Dz 137–233 €, inkl. Frühstück

››

Das beliebte Hotel mit Gästehaus liegt direkt am See und verfügt über eine große Liegewiese sowie einen eigenen Badestrand. Modern und farbenfroh präsentieren sich die Zimmer, die teilweise nach der Feng-Shui-Philosophie gestaltet wurden. Für Entspannung sorgt ein hübscher kleiner SPA-Bereich. Und nicht zu vergessen: der charmante Service im ganzen Haus.

Haus am See

60 | Hauptgericht 19–35 €, Menü 40–45 € | Mo, Do-So ⊘ Di, Mi

Für kulinarische Gaumenfreuden sorgt der Juniorchef am Herd. Bodenständig, frisch und unverfälscht ist die feine Bodenseeküche, die Ihnen im hell und modern eingerichteten Restaurant serviert wird. Wie wäre es z.B. mit „Rücken vom Sulzberg-Reh mit Pfifferlingen, Serviettenknödel und Kirschen"? Idyllische Terrasse.

Weingut Hornstein

www.hornstein.wine

Sonnenbichlstraße 5-7, PLZ 88149, **T 08382 887570**
14 Zimmer | 1 Suite | Ez 89–179 €, Dz 109–219 €, inkl. Frühstück

Als Ergänzung zu Weingut und Gutsschenke ist hier ein neues Gästehaus mit individuell und hochwertig eingerichteten Hotelzimmern entstanden. Alle Möbel sowie der Parkettboden wurden eigens aus betriebseigenen Edelhölzern wie Zwetschge und Nuss angefertigt. Im Erdgeschoss des Anbaus befindet sich eine moderne Vinothek.

Zur Kapelle

www.witzigmann-kapelle.de

€ Gut & Günstig ★★★

Kapellenplatz 3, PLZ 88149, **T 08382 8274,** F 89181
17 Zimmer | Ez 63–77 €, Dz 106–142 €, inkl. Frühstück | ⊘ 9.–30.1.23

Gepflegter Dorfgasthof mit über 100-jähriger Familientradition. Gemütliche Landhauszimmer mit komfortabler Ausstattung. In den rustikalen Gaststuben werden saisonale Spezialitäten und fangfrischer Fisch serviert.

NONNWEILER 49 A

www.nonnweiler.de

Saarland | EW 8.705 | 414 m | Hermeskeil 6 km, Idar-Oberstein 40 km

Landgasthof Paulus

www.landgasthof-paulus.de

Prälat-Faber-Straße 2-4, PLZ 66620 (OT: Sitzerath), **T 06873 91011**
80 | Hauptgericht 25–33 €, Menü 43–60 € | Mi-So ⊘ Mo, Di

Elegant-rustikal eingerichtetes Restaurant. Geboten wird eine ansprechende Frischeküche unter Verwendung von regionalen Bio-Produkten und heimischen Kräutern. Große Auswahl ausgesuchter Weine. Lauschige Weinterrasse mit Blick auf den Bauerngarten.

NORDEN 12 B

www.norddeich.de

Niedersachsen | EW 25.044 | 7 m | Aurich 27 km, Emden 44 km

Fährhaus

www.hotel-faehrhaus.de

★★★★ S

Hafenstraße 1, PLZ 26506 (OT: Norddeich), **T 04931 98877,** F 988788
80 Zimmer | 16 Suiten | Ez ab 91 €, Dz ab 182 €, inkl. Frühstück | 24 h

Direkt am Hafen liegt dieses traditionsreiche Haus. Helle, moderne Zimmer im renovierten Stammhaus, wohnliche Zimmer und Suiten mit Seeblick im neueren Anbau. Schöne Wellnessabteilung auf dem Dach des 9-stöckigen Hotelturms. Restaurant mit Wintergarten.

Regina Maris

www.hotel-regina-maris.de

★★★★

Badestraße 7c, PLZ 26506 (OT: Norddeich), **T 04931 18930,** F 189375
61 Zimmer | 6 Suiten | Ez ab 130 €, Dz ab 237 €, inkl. Frühstück

Beliebtes Urlaubsdomizil an der Nordseeküste. Wohnliche Zimmer in verschiedenen Größen - teils mit Meerblick. Ansprechend gestalteter Wellnessbereich mit finnischer Sauna und Schwimmbad. Café-Restaurant mit Wintergarten und offener Terrasse.

Reichshof

www.reichshof-norden.de

★★★★ S

Neuer Weg 53, PLZ 26506, **T 04931 1750,** F 17575
56 Zimmer | 10 Suiten | 8 Apartments | Ez ab 185 €, Dz ab 318 €, inkl. Halbpension
24 h

Schmale Gassen führen durch die historischen Gebäude, in denen individuelle Zimmer und Suiten für ostfriesisches Wohlfühlambiente sorgen. Toll auch der großzügige Wellnessbereich mit Badelandschaft und verschiedenen Saunen. Im behaglichen Restaurant wird regionale und internationale Küche aufgetischt.

NORDENHAM 13 D

www.nordenham.net

Niedersachsen | EW 26.262 | 3 m | Bremerhaven 10 km, Wilhelmshaven 66 km

Am Markt

www.hotel-am-markt.de

★★★★

Marktstraße 12, PLZ 26954, **T 04731 93720,** F 937255
44 Zimmer | 3 Suiten | 24 h

Der rote Klinkerbau befindet sich in zentraler Lage unweit des Bahnhofs. Wohnliche Zimmer in drei Kategorien. Liebevoll dekoriertes Hotelrestaurant mit maritimem Flair, in dem wechselnde Regionalküche und fangfrische Fischspezialitäten serviert werden.

NORDERNEY (INSEL) 12 B

www.norderney.de

Niedersachsen | EW 6.000 | 5 m | Norden 15 km, Emden 48 km

Seesteg

www.seesteg-norderney.de

VARTA-TIPP Ambiente VARTA-TIPP Service

Damenpfad 36a, PLZ 26548, **T 04932 893600,** F 893630
16 Zimmer | 9 Suiten | Ez ab 350 €, Dz ab 350 €, inkl. Frühstück | 24 h

Das extravagante Well-being-Designhotel am Nordseestrand vereint Tradition und Moderne. Es bietet edle Lofts, Studios und Penthouse-Suiten, die alle mit hochwertigen Naturmaterialien wie Eichenholz, nordischem Klinker und Naturseide gestaltet sind. Ein besonderes Highlight ist der ganzjährig beheizte, 25 m lange Rooftop-Pool auf der Dachterrasse mit Panoramasicht auf die Nordsee. Das Frühstück wird à la carte serviert – wahlweise im Restaurant oder auf dem Zimmer.

Seesteg

VARTA-TIPP Küche

60 | Hauptgericht 24–48 €, Menü 69–110 € | Mo-So

Stimmungsvolles, schnörkellos ausgestattetes Restaurant mit gläserner Showküche, in der die Crew um Markus Krebschull neu interpretierte internationale Küchenklassiker auf die Teller zaubert. Angeboten werden zwei Menüs, eines davon als vegetarische Variante. Dazu ein niveauvoller, liebenswerter Service sowie ein kleines, fair kalkuliertes Weinangebot. Tipp: Abendessen bei Sonnenuntergang auf der romantischen Seeterrasse.

Strandhotel Georgshöhe

www.georgshoehe.de

★★★★ S

Kaiserstraße 24, PLZ 26548, **T 04932 8980,** F 898200
132 Zimmer | 25 Suiten | Ez 71–170 €, Dz 155–315 €, inkl. Frühstück | 11.–25.12.22

Ein großzügig angelegtes Ferienhotel in strandnaher Lage. Moderne Zimmer, teils im Designerstil, sowie ein sehr gut ausgestatteter Sport- und Wellnessbereich sorgen für bestes Urlaubsvergnügen. Schöner Frühstücksraum mit Meerblick und Seeterrasse.

N'eys

44 | Hauptgericht 27–46 €, Menü 48–96 € | Fr-So Mo, Di, Mi, Do 11.–25.12.22

Stimmungsvolles Abendrestaurant mit hübscher Seeveranda und herrlichem Meerblick. Serviert wird eine Kombination aus friesischer und mediterran beeinflusster Küche. Gutes Weinsortiment.

Inselloft Norderney

www.inselloft-norderney.de

Damenpfad 37-40, PLZ 26548, **T 04932 893800,** F 893898
35 Zimmer | 22 Suiten

Modernes Aparthotel mit traumhaftem See- und Inselblick. Hier wohnen Sie in hochwertig ausgestatteten Studios, Lofts oder Penthouse-Suiten (teils mit Balkon oder Terrasse). Zum Haus gehören auch eine kleiner Wellnessbereich, eine Bäckerei, ein Designshop sowie ein Restaurant mit offener Küche.

New Wave

www.new-wave.de

Luisenstraße 13-15, PLZ 26548, **T 04932 934200**
73 Zimmer

In diesem zeitgemäßen Boutique-Hotel trifft Pop Art auf skandinavische Lässigkeit. Die individuell eingerichteten und top durchgestylten Zimmer mit offenem Badezimmerbereich überzeugen mit modernem Komfort und hellen Designelementen. Hübsch der begrünte Innenhof sowie die großzügige Dachterrasse mit Rooftop-Bar.

Oktopussy

www.oktopussy-norderney.de

80 | Hauptgericht 24–30 € | Mo-So

Der heiter-maritime Stil kommt ebenso gut an wie der freundliche Service und die schmackhafte Küche. Das Repertoire reicht von neu interpretierten Fisch-, Fleisch- und vegetarischen Gerichten bis hin zu Tapasspezialitäten. Blickfang ist ein großer, extra für das Restaurant designte Stammtisch.

Aquamarin
www.hotel-aquamarin-norderney.de

garni

Friedrichstr. 5, PLZ 26548, **T 04932 92850,** F 928528
13 Zimmer | 2 Suiten | Ez 85–113 €, Dz 139–189 €, inkl. Frühstück | ⃠ 27.11.–26.12.22

Das kleine Boutique-Hotel wurde um 1900 in klassischer Bäderarchitektur erbaut und verfügt neben wohnlich eingerichteten Zimmern auch über einen Aufenthaltsraum mit Kamin und eine große Dachterrasse. Frühstücksbuffet und Tee am Nachmittag sind im Zimmerpreis inklusive.

Haus Norderney
www.hotel-haus-norderney.de

VARTA-TIPP Ambiente

garni

Janusstraße 6, PLZ 26548, **T 04932 2288,** F 83617
10 Zimmer | 1 Suite | Ez 85–113 €, Dz 159–235 €, inkl. Frühstück | ⃠ 4.12.22–9.2.23

Schmucke Jugendstilvilla von 1927 mit wohnlichen Zimmern in zeitgemäßem Design. Hier kommen Individualisten voll und ganz auf ihre Kosten. Zum Haus gehören eine gemütliche Kaminecke, eine Sauna sowie eine nette Sommerterrasse. Das Frühstück wird im gläsernen Anbau oder im Garten serviert. Kostenfreie Leihfahrräder.

Weiße Düne
www.weisseduene.com

Weiße Düne 1, PLZ 26548, **T 04932 935717**
120 | Hauptgericht 8–35 € | Mo-So

Beliebtes Ausflugslokal direkt hinter den Dünen. Ansprechendes, internationales Speisenangebot. Gemütliche Kaminlounge.

NORDERSTEDT 15 A
www.norderstedt.de

Schleswig-Holstein | EW 75.394 | 29 m | Hamburg 22 km, Lübeck 69 km

Friesenhof
www.friesen-hof.de

★★★ S garni

Segeberger Chaussee 84a-b, PLZ 22850, **T 040 529920,** F 52992100
47 Zimmer | 6 Apartments | Ez 79–90 €, Dz 95–106 €, inkl. Frühstück | 24 h

Gepflegtes Privathotel in verkehrsgünstiger Lage mit individuellem Service und freundlicher Atmosphäre. Wohnlich-funktionale Gästezimmer unterschiedlicher Größe mit kostenfreiem WLAN. Gemütliches Frühstücksrestaurant.

Schmöker-Hof
www.bestwestern.de

Oststraße 18, PLZ 22844 (OT: Harksheide), **T 040 526070,** F 5262231
122 Zimmer | 24 h

Sympathisches Haus vor den Toren der Stadt Hamburg mit individuell eingerichteten Zimmern im Landhausstil. Moderner Tagungskomplex mit mehreren Veranstaltungsräumen. Restaurant mit regionaler Küche und schönem Biergarten mit altem Baumbestand.

NORDHAUSEN 33 C
www.nordhausen.de

Thüringen | EW 41.839 | 185 m | Erfurt 74 km, Göttingen 82 km

Wolfsmühle
www.wolfsmuehle.de

€ Gut & Günstig

Zur Wolfsmühle 20, PLZ 99734 (OT: Rodishain), **T 034653 348,** F 83226
42 Zimmer | 7 Suiten | Ez 59–69 €, Dz 69–90 €, inkl. Frühstück

Feriengasthof in naturnaher Lage, umgeben von dicht bewaldeten Bergen und Hügeln. Individuell gestaltete, komfortabel ausgestattete Gästezimmer. Für Entspannung sorgen ein Naturbadeteich sowie ein großzügiger Saunabereich mit Fass-Sauna. Gemütliches Restaurant mit regionaler Küche.

Feine Speiseschenke
www.speiseschenke.de

Winkelberg 13-15, PLZ 99734 (OT: Rüdigsdorf), **T 03631 4736490**
30 | Hauptgericht 18–38 €, Menü 38–93 € | So Mi-Sa

Ansprechend modern das Ambiente, frisch und ambitioniert die Küche. Hier sollten Sie z.B. „Geschmortes Ochsenbäckchen mit Rotweinjus, Sellerie, Karotte, Kartoffelkrapfen“ oder „Feine Streifen vom Hochlandrind in Trüffelrahm, schwarzer Wintertrüffel, Tagliatelle“ probieren. Im Sommer sitzt man natürlich gerne auf der hübschen Terrasse.

NORDHEIM 52 B
www.nordheim-main.de

Bayern | EW 992 | 196 m | Volkach 2 km, Kitzingen 15 km

Markert
www.gasthof-markert.de

Am Rain 22, PLZ 97334, **T 09381 84900,** F 8490400
23 Zimmer | 1 Suite | Ez 55 €, Dz 90 €, inkl. Frühstück

Familiengeführter Gasthof in ruhiger Ortsrandlage mit fränkisch-bodenständiger Gastlichkeit. Gepflegte, komfortable Zimmer mit zeitgemäßer Ausstattung. Im Restaurant mit rebenumrankter Weinterrasse wird traditionell fränkisch gekocht.

Gasthaus Zur Sonne
www.franken-sonne.de

€ Gut & Günstig

Hauptstraße 18, PLZ 97334, **T 09381 80710**
50 | Hauptgericht 10–26 €, Menü 15–55 € | Sa-So Mo-Mi, Fr-So Do

Liebevoll renoviertes Barockhaus aus dem Jahr 1780. Gemütliche Gaststuben mit fränkischem Charme, in denen frische regionale Küche serviert wird. Schöner Garten im malerischen Innenhof. Nette Gästezimmer vorhanden.

NORDHORN 20 D
www.vvv-nordhorn.de

Niedersachsen | EW 53.353 | 23 m | Holländische Grenze 4 km, Lingen 20 km

Hotel am Stadtring
www.hotel-am-stadtring.de

Stadtring 33, PLZ 48527, **T 05921 88330,** F 75391
38 Zimmer | 1 Suite | Ez 67–103 €, Dz 120–129 €, inkl. Frühstück

Auf Geschäftsreisende zugeschnittenes Hotel in der Ortsmitte mit guten Tagungsmöglichkeiten. Helle, gemütlich eingerichtete Zimmer mit zeitgemäßer Ausstattung. Wellnessbereich mit Sauna und Dampfbad.

Riverside Hotel
www.riverside-nordhorn.de

Heseper Weg 40, PLZ 48529, **T 05921 819810,** F 8198170
46 Zimmer | Ez ab 131 €, Dz ab 151 €, inkl. Frühstück

Neuzeitliches Ferien- und Businesshotel direkt am Vechtesee mit modern und freundlich gestalteten Gästezimmern. Das „Pier99" mit großer Glasfront und überdachter Seeterrasse ist eine Mischung aus Bar, Club/Lounge und Restaurant. Für Entspannung sorgt ein kleiner Saunabereich.

NORDKIRCHEN 30 A
www.nordkirchen.de

Nordrhein-Westfalen | EW 10.577 | 65 m | Lüdinghausen 7 km, Lünen 15 km

Schloss Restaurant Nordkirchen
www.lauter-nordkirchen.de

Schloss 1, PLZ 59394, **T 02596 972472**
40 | Hauptgericht 16–34 €, Menü 69–150 € | Do-So Mo, Di, Mi

Ein elegantes Fine-Dining-Restaurant mit schönem Blick auf den barocken Skulpturengarten „Venus". Die saisonal wechselnde Karte offeriert ein Menü in 8 Gängen. Sie können aber auch à la carte wählen. Der Kochstil: Mix aus französischer Klassik und traditionellen Gerichten - neuzeitlich interpretiert. Appetit machen z.B. „Steinbutt mit Rote-Bete-Perlgraupenrisotto" oder „Rinderfilet mit wildem Brokkoli und Kürbisgnocchi". Ansprechende Weinkarte mit rund 300 Positionen.

NÖRDLINGEN 59 A
www.noerdlingen.de

Bayern | EW 22.421 | 431 m | Donauwörth 28 km, Dinkelsbühl 31 km

2nd Home Hotel
www.2ndhomehotel.de

Luntenbuck 9, PLZ 86720, **T 09081 2729330**
45 Zimmer | 1 Suite | Ez 85–99 €, Dz 105–129 €, 12,50 €

Moderner Hotelneubau mit purer und zeitgemäßer Architektur am Rande eines Industrieareals. In den Gästezimmern schaffen naturbelassene Materialien und ein ausgewähltes Interiordesign eine anregende Wohlfühlatmosphäre. Zum Haus gehören auch ein kleiner Erholungsbereich mit Sauna, Seminarräume und eine Bar mit Kaminlounge. Gutes Frühstück mit frischen Fairtrade- und Bioprodukten.

DORIES Restaurant

Hauptgericht 17–38 €, Menü 59–79 € | Di-Sa | Mo, So

Hier trifft modern designtes Ambiente auf ambitionierte Küche. Letztere kommt z.B. als „Gebratene Filettranche vom Zander, Hummerschaum, Risotto Romana und Ofentomate". In den schmackhaften Gerichten finden sich auch saisonales Gemüse, Salate und Kräuter aus dem eigenen Hotelgarten wieder.

Wirtshaus Meyers Keller

www.jockl-kaiser.de

VARTA-TIPP Küche

Marienhöhe 8 (über Oskar-Meyer-Straße), PLZ 86720, **T 09081 4493**
70 | Hauptgericht 21–46 €, Menü 75–168 € | Do-So | Mi-So | Mo, Di

Dass sich ambitionierte Kreativküche und traditionelle Landhausküche nicht unbedingt ausschließen müssen, beweist Jockl Kaiser mit großer Leidenschaft in seinem behaglichen Restaurant auf der Marienhöhe an der „Romantischen Straße". Seit Generationen pflegt man hier herzliche Gastlichkeit. Die Karte bietet sowohl traditionelle Klassiker wie „Knusprig gebackene Krautwickel" oder „Geschmelzte Maultaschen" als auch ein anspruchsvolles Feinschmeckermenü (3 bis 7 Gänge). Dazu gibt es eine erlesene Auswahl an Qualitätsweinen. Toll der herrliche Sommergarten unter 100 Jahre alten Kastanien und Linden. Auch als Eventlocation hat das Wirtshaus eine große Tradition.

NÖRTEN-HARDENBERG 32 B

www.noerten-hardenberg.de

Niedersachsen | EW 8.102 | 159 m | Northeim 10 km, Göttingen 11 km

Hardenberg BurgHotel

www.burghotel-hardenberg.de

VARTA-TIPP Service

★★★★★S garni

Hinterhaus 11a, PLZ 37176, **T 05503 9810,** F 981666
42 Zimmer | 7 Suiten | Ez 149–289 €, Dz 229–329 €, 29,00 € | 24 h

Kein „Hotel von der Stange" ist dieses bildschöne Fachwerkensemble aus dem 18. Jahrhundert. Die Zimmer und Suiten präsentieren sich zurückhaltend elegant. Individuelle Möblierung, hochwertige Stoffe und geschmackvolle Bäder sorgen für Wohlfühlatmosphäre. Ein schöner SPA-Bereich mit Blick auf die 1000-jährige Burgruine und die vorbildliche Gästebetreuung runden den positiven Gesamteindruck ab.

Novalis

60 | Hauptgericht 26–39 €, Menü 59–98 € | Mo-Sa

Gourmetrestaurant mit stilvoll-eleganter Einrichtung. Geboten wird eine klassisch französische Küche unter Verwendung erstklassiger Produkte. Weinkarte mit mehr als 300 Positionen. Großzügige Terrasse direkt am Reitplatz.

Hotel Sachsenross **Neu!**

www.sachsenross.com

★★★★★S garni

Obere Dorfstraße 32, PLZ 37176 (OT: Lütgenrode), **T 05503 80030,** F 800250
60 Zimmer | 2 Suiten | Ez 75–149 €, Dz 90–199 €, 5,80–12,50 €

Seit mehr als 150 Jahren ist dieses Haus bereits im Familienbesitz. Schön wohnt man in den modern und freundlich eingerichteten Zimmern. Für Entspannung sorgt ein kleiner Saunabereich. Zum Hotel gehören auch eine Eventscheune, ein Restaurant und eine Kegelbahn. Verkehrsgünstige Lage nahe der A7.

NORTHEIM 32 B www.northeim-touristik.de

Niedersachsen | EW 29.657 | 120 m | Osterode 20 km, Göttingen 21 km

Freigeist www.freigeist-northeim.de

★★★★ S garni

Am Gesundbrunnen, PLZ 37154, **T 05551 6070,** F 6075333
62 Zimmer | 24 h

Beliebtes Golf- und Tagungshotel am Northeimer Wieter. Die Gästezimmer sind wohnlich und mit modernem Interieur ausgestattet. Man verfügt über einen weiträumigen Bankett- und Tagungsbereich. Im Restaurant „Waldwerk" sowie auf der wunderschönen Terrasse wird saisonale und internationale Küche serviert.

NOTZINGEN 58 B www.notzingen.de

Baden-Württemberg | EW 3.550 | 330 m | Nürtingen 12 km, Reutlingen 40 km

Die Kelter www.kelter-notzingen.de

Kelterstraße 15, PLZ 73274, **T 07021 863786**
90 | Hauptgericht 17–35 €, Menü 32–49 € | So Mi-So Mo, Di

Ansprechend saniertes Kleinod am Notzinger Dorfplatz. Gemütlich-rustikale Atmosphäre mit offenem Fachwerk und Kunstausstellung. Wechselnde Speisekarte mit frischer, mediterran orientierter Küche. Im Sommer lockt der lauschige Keltergarten.

NÜRBURG 39 D www.nuerburg.de

Rheinland-Pfalz | EW 180 | 539 m | Daun 22 km, Blankenheim 31 km

Lindner Nürburgring Congress Hotel www.lindner.de

★★★★ S garni

Stefan-Bellof-Straße, PLZ 53520, **T 02691 3025000,** F 3025655
154 Zimmer | 14 Suiten | Ez 113–359 €, Dz 153–399 €, inkl. Frühstück | 24 h

An der Start- und Zielgeraden von Deutschlands berühmtester Rennstrecke gelegen. Schallisolierte Zimmer in modern-elegantem Stil mit sehr guter technischer Ausstattung. Vielseitige Sport-, Wellness- und Freizeitmöglichkeiten. Bar, Lounge mit Kamin, Spielkasino.

Dorint Am Nürburgring Hocheifel www.dorint.com/nuerburgring

★★★★ S garni

Grand-Prix-Strecke, PLZ 53520, **T 02691 3090,** F 309460
207 Zimmer | 3 Suiten | Ez 104–200 €, Dz 144–240 €, inkl. Frühstück | 24 h

Das komfortable Hotel ist ganz dem Thema Motorsport gewidmet. Modern-funktionale Zimmer mit imposantem Blick auf den Nürburgring. Im Restaurant wird regionale und internationale Küche geboten. Das Haus ist auch für Tagungen gut geeignet.

NÜRNBERG 53 D www.nuernberg.de

Bayern | EW 503.673 | 309 m | Würzburg 105 km, München 165 km

Neues Museum für Kunst und Design, Staatstheater, Handwerkerhof, Germanisches Nationalmuseum, Verkehrsmuseum, got. St.-Lorenz-Kirche, Ehekarussell-Brunnen auf dem Jakobsplatz, Schöner Brunnen auf dem Hauptmarkt, got. Frauenkirche, St.-Sebaldus-Kirche, Spielzeugmuseum, Kaiserburg, Albrecht-Dürer-Haus, Tiergarten mit Delphinlagune, ehem. Reichsparteitagsgelände mit Dokumentationszentrum, Memorium Nürnberger Prozesse, Stadtmuseum Fembohaus.

Einen Cityplan finden Sie auf Seite 830–831.

Le Méridien www.lemeridiennuernberg.com

Bahnhofstraße 1-3 (D4), PLZ 90402 (OT: Gleißbühl), **T 0911 23220,** F 2322444
192 Zimmer | 24 Suiten | 24 h

Gegenüber dem Hauptbahnhof direkt am Eingang zur Altstadt liegt dieses traditionsreiche Grandhotel. Hier erwarten Sie modern gestaltete Zimmer und Suiten, acht stilvolle Veranstaltungsräume, ein Restaurant sowie eine im Art-déco-Stil eingerichtete Atelierbar.

Sheraton Carlton Nürnberg www.carlton-nuernberg.de

★★★★★

Eilgutstraße 15 (D5), PLZ 90443, **T 0911 20030,** F 2003111
166 Zimmer | 5 Suiten | 24 h

Ein vorbildlich geführtes Haus am Rande der Altstadt. Hier stehen modern-elegante Hotelzimmer in unterschiedlichen Kategorien zur Verfügung. Schöner Fitness- und Saunabereich mit sehenswertem Rundblick über die Stadt. Im Restaurant gibt es fränkische Spezialitäten und internationale Klassiker.

Leonardo Royal Hotel Nürnberg www.leonardo-hotels.de

Bahnhofsplatz 3 (E4), PLZ 90443 (OT: Tafelhof), **T 0911 6336660**
238 Zimmer | 24 h

Sie suchen ein großzügiges und zeitgemäßes Businesshotel in zentraler Lage? Dann sind Sie hier genau richtig! Der moderne Hotelneubau mit seinem denkmalgeschützten Rundbau aus den 1920er Jahren ist Teil des städtischen Tafelhof-Palais-Ensembles. Hier finden Sie wohnliche und technisch gut ausgestattete Zimmer, die in unterschiedlichen Kategorien buchbar sind. Es gibt auch sogenannte „Leonettes"-Zimmer mit klarem, modernem und femininem Raumkonzept - speziell designt von Frauen für Frauen. Hauseigenes Restaurant mit Terrasse zum Innenhof.

Novotel Nürnberg Centre Ville www.novo-nuernberg.de

★★★★ S

Bahnhofstr. 12 (E4), PLZ 90402, **T 0911 300350,** F 30035777
240 Zimmer | Ez 89–320 €, Dz 89–320 € | 24 h

Das zeitgemäße Businesshotel unweit des Bahnhofs eignet sich sowohl für Geschäftsreisende als auch für Touristen. Die Zimmer: frisch und wohnlich in den Kategorien „Standard" und „Executive" - immer mit Minibar, Safe und gratis Wi-Fi. Großzügiger Fitness- und SPA-Bereich mit Pools sowie mehreren Saunen. Die Pizzeria „Posta" serviert italienische Speisen.

Park Plaza www.parkplaza.com/nuremberg

Bahnhofstraße 5 (D4), PLZ 90402, **T 0911 215550,** F 21555555
177 Zimmer | 3 Suiten | Ez 100–1000 €, Dz 100–1000 €, inkl. Frühstück | 24 h

Das Hotel befindet sich in einem denkmalgeschützten Gebäude gegenüber dem Hbf. Die Zimmer sind wohnlich und ansprechend ausgestattet. Zum Haus gehören ein moderner Fitnessbereich, eine Sauna sowie ein Businesscenter.

Ramada Parkhotel www.ramada-nuernberg.de

★★★★ S

Münchener Straße 25, PLZ 90478, **T 0911 47480,** F 4748420
187 Zimmer | 2 Suiten | 24 h

Geschäfts- und Stadthotel inmitten der Gartenanlagen des Luitpoldhaines mit direktem Zugang zur Meistersingerhalle. Gediegen-komfortable Zimmer. Restaurant „Rôtisserie Médoc" mit lokalen und französischen Spezialitäten.

Deutscher Kaiser www.deutscher-kaiser-hotel.de

Königstraße 55 (D4), PLZ 90402, **T 0911 242660,** F 24266166
49 Zimmer | 2 Suiten | 24 h

Das hist. Gebäude in der Nürnberger Altstadt ist eine architektonische Perle. Das Hotel beherbergt individuelle, teils mit antiken Möbeln eingerichtete Zimmer in zwei Kategorien. Zum Haus gehören auch ein Fitnessraum und eine kleine Bibliothek. Ein besonderes Lob verdienen die Qualität des Frühstücks sowie der freundliche Gästeumgang.

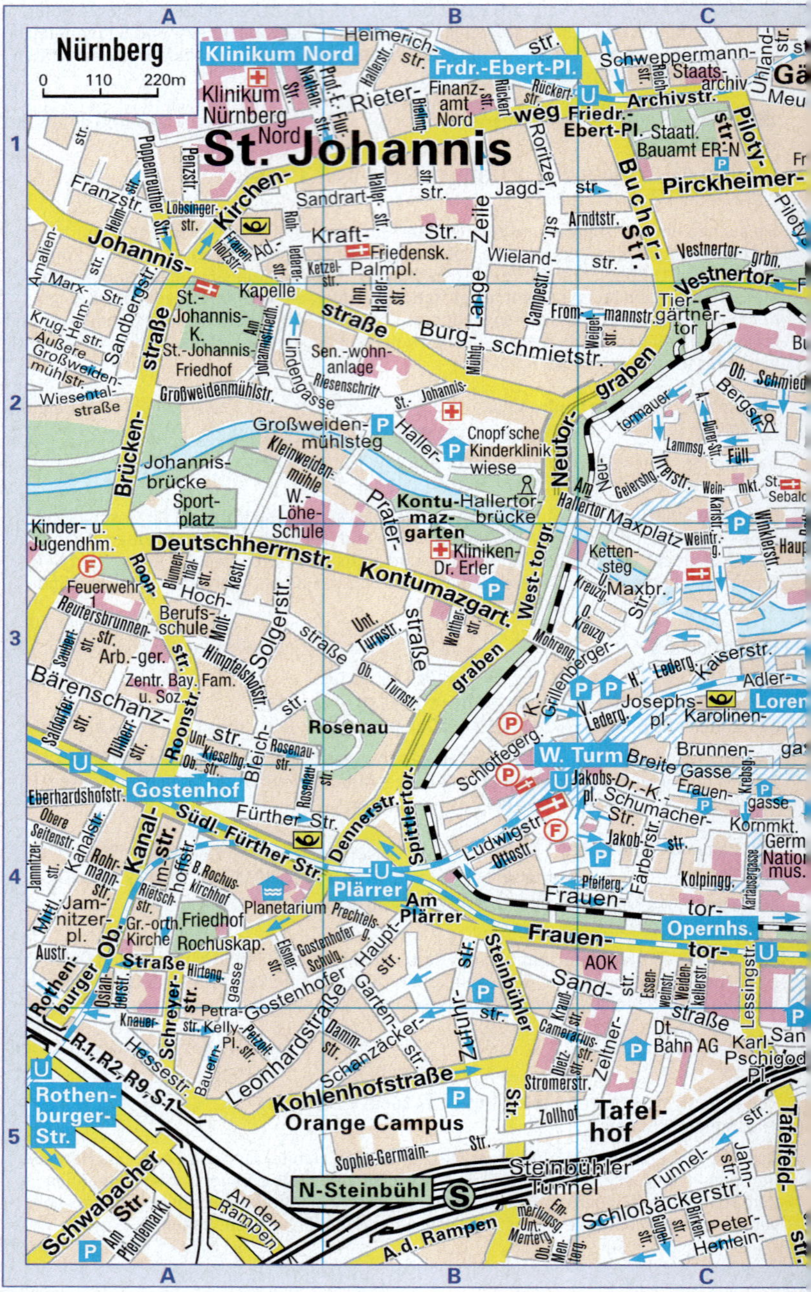
Nürnberg
0 110 220m
A
B
C
1
2
3
4
5
Klinikum Nord
Frdr.-Ebert-Pl.
St. Johannis
Klinikum Nürnberg Nord
Rieter-
Finanz-amt Nord
Friedr.-Ebert-Pl.
Archivstr.
Staats-archiv
Schweppermann-str.
Staatl. Bauamt ER-N
Pirckheimer-
Piloty-str.
Bucher-Str.
Johannis-
Kirchen-
Sandrart-str.
Kraft-Str.
Jagd-str.
Arndtstr.
Friedensk.
Palmpl.
Wieland-str.
Vestnertor-grbn.
Vestnertor-
Lange Zeile
Roritzer
St.-Johannis-K.
Kapelle
St.-Johannis-Friedhof
straße
Burg-schmietstr.
Frommannstr.
Tiergärtnertor
Sandbergstr.
Großweidenmühlstr.
Wiesental-straße
Lindengasse
Sen.-wohn-anlage
Riesenschritt
St. Johannis
Großweiden-mühlsteg
Cnopf'sche Kinderklinik
Hallerwiese
Brücken-straße
Johannis-brücke
Sport-platz
Kleinweiden-mühle
W. Löhe-Schule
Prater-
Kontu-maz-garten
Hallertor-brücke
Neutor-graben
Hallertor
Maxplatz
Kinder- u. Jugendhm.
Deutschherrnstr.
Kontumazgart.
Kliniken-Dr. Erler
West-torgr.
Ketten-steg
Maxbr.
Feuerwehr
Roon-
Hoch-
Berufs-schule
Solgerstr.
Reutersbrunnen-str.
Arb.-ger.
Zentr. Bay. Fam. u. Soz.
Bärenschanz-str.
Himpfelshofstr.
Unt. Turnstr.
Ob. Turnstr.
straße
graben
Rosenau
Roonstr.
Bleich-
Grillenberger-
Josephs-pl.
Karolinen-
Kaiserstr.
Adler-
W. Turm
Breite Gasse
Brunnen-
Schlotfegerg.
Jakobs-pl.
Schumacher-Str.
Kornmkt.
Germ. Nation. mus.
Gostenhof
Südl. Further Str.
Fürther Str.
Dennerstr.
Spittlertor-
Ludwigstr.
Ottostr.
Jakob-str.
Kolpingg.
Plärrer
Am Plärrer
Frauen-tor-graben
Opernhs.
Kanal-str.
Planetarium
Friedhof
Rochuskap.
Gr.-orth. Kirche
Jamnitzer-pl.
Rothenburger Straße
Schreyer-str.
Gostenhofer
Haupt-str.
Steinbühler Str.
AOK
Sand-str.
Leonhardstraße
Garten-str.
Zufuhr-str.
Dt. Bahn AG
Karl-Pschigod-Pl.
Hessestr.
R1, R2, R9, S1
Schanzäcker-str.
Kohlenhofstraße
Stromerstr.
Zeltner-
Zollhof
Tafel-hof
Rothen-burger-Str.
Orange Campus
Sophie-Germain-Str.
Steinbühler Tunnel
N-Steinbühl
Schwabacher Str.
An den Rampen
A.d. Rampen
Schloßäckerstr.
Peter-Henlein-str.
Tafelfeld-str.
Tunnel-str.
Jahn-str.

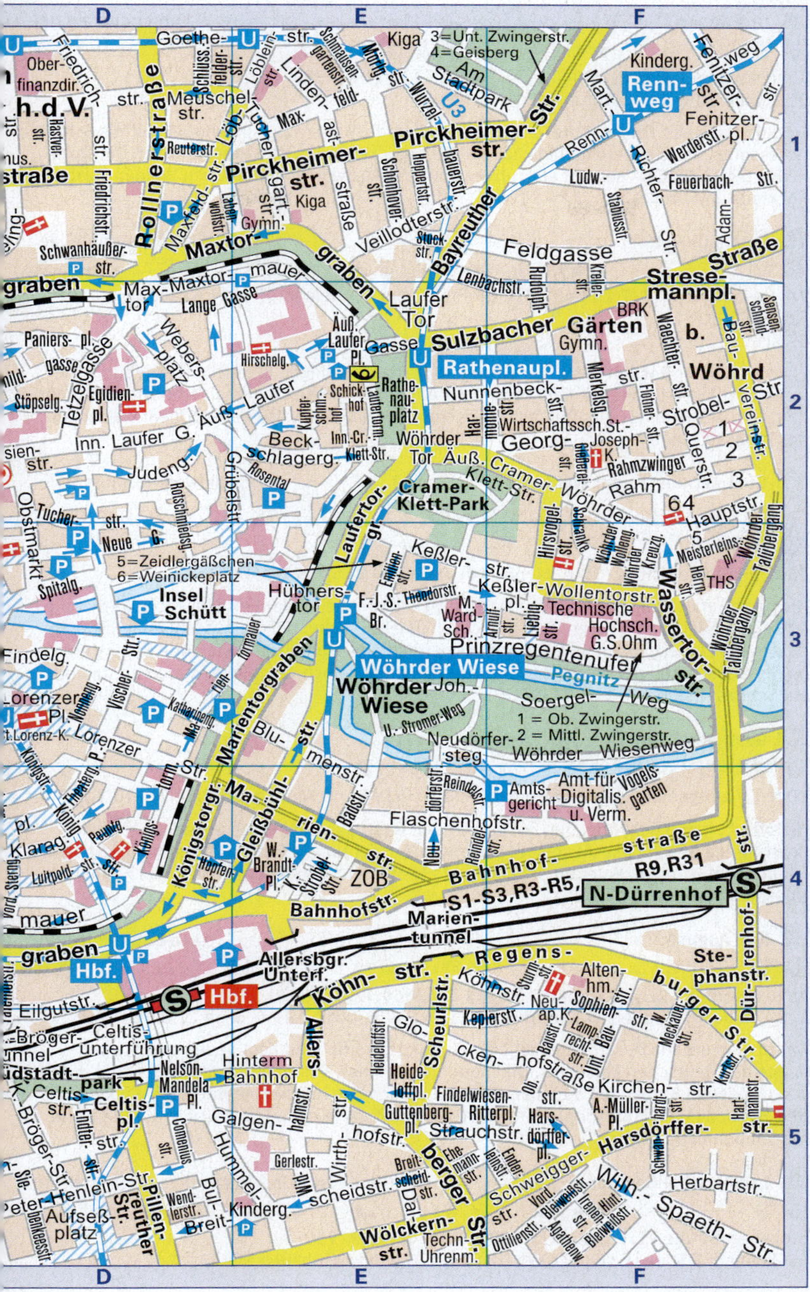
D
E
F
1
2
3
4
5
Goethe-str.
Ober-finanzdir.
Friedrich-str.
Rollnerstraße
Meuschel-str.
Schlüsselfelder-str.
Löbleinstr.
Linden-ast-straße
Schmausen-gartenstr.
Nürnb.-str.
Wurzelbauerstr.
Kiga
3=Unt. Zwingerstr.
4=Geisberg
Am Stadtpark
U3
Kinderg.
Renn-weg
Fenitzer-str.
Fenitzer-weg
Fenitzer-pl.
Werderstr.
Renn-weg
Mart.-Richter-Str.
h.d.V.
Hastver-str.
Reuterstr.
Löb.-str.
Tucher-gart.-str.
Max-feld-str.
Pirckheimer-str.
Pirckheimerstraße
Schonhover-str.
Hoppestr.
Bayreuther Str.
Ludw.-Feuerbach-Str.
Stabiusstr.
Adam-Str.
straße
Friedrichstr.
Kiga
Gymn.
Veillodterstr.
Stuck-str.
Maxtor-graben
Maxtormauer
Schwanhäußer-str.
Feldgasse
Kreller-str.
Rudolph-str.
Lenbachstr.
Stresemannpl.
Straße
Sensenschmid-str.
graben
Max-tor
Lange Gasse
Laufer Tor
Sulzbacher Gärten
BRK
Gymn.
Wöhrd
Paniers-pl.
Weberspl.
Hirschelg.
Äuß. Laufer Pl.
Gasse
Rathenaupl.
Bauvereinstr.
Egidien-pl.
Stöpselg.
Tetzelgasse
Laufer
Schick-hof
Kupfer-schm.-hof
Lauferturm.
Rathe-nau-platz
Nunnenbeck-str.
Wirtschaftssch.St.-Georg-
Merkelsstr.
Flötner-str.
Wachter-str.
Strobel-str.
Querstr.
Inn. Laufer G.
Äuß.
Beck-schlagerg.
Inn.-Cr.-Klett-Str.
Wöhrder Tor
Äuß. Cramer-Klett-Str.
Harmonie-str.
Joseph-K.
Rahmzwinger
Rahm
Judeng.
Rosental
Grübelstr.
Rotschmiedsg.
Cramer-Klett-Park
Wöhrder
Hauptstr.
Obstmarkt
Tucher-str.
Neue G.
Laufertor-gr.
Keßler-str.
Hirsvogel-str.
Schlotfegerg.
Wöhrder Wollentorstr.
Kreuzg.
Wassertor-str.
Meisterleins-pl.
Herrnhütte-str.
THS
Wöhrder Talübergang
Spitalg.
5=Zeidlergäßchen
6=Weinickeplatz
Insel Schütt
Hübners-tor
F.-J.-S.-Br.
Theodorstr.
Keßler-pl.
M.-Ward-Sch.
Arnulf-str.
Liebigstr.
Technische Hochsch. G.S.Ohm
Prinzregentenufer
Findelg.
Wöhrder Wiese
Wöhrder Wiese
Joh.-Soergel-Weg
Pegnitz
Lorenzer Pl.
St.Lorenz-K.
Vischer-str.
Katharinengr.
Mariendorgraben
Blumenstr.
U.-Stromer-Weg
1 = Ob. Zwingerstr.
2 = Mittl. Zwingerstr.
Neudörfer-steg
Wöhrder Wiesenweg
Lorenzer Str.
Königstr.
Theaterg.
König-pl.
Marientorgraben
Badstr.
Neudörferstr.
Reindelstr.
Amts-gericht
Amt für Digitalis. u. Verm.
Vogels-garten
Klarag.
Peuntg.
Königs-torm.
Königstorgr.
Gleißbühl-str.
Marien-str.
Flaschenhofstr.
Luitpold-str.
Hopfen-str.
W.-Brandt-Pl.
Strobel-str.
ZOB
Bahnhof-straße
R9,R31
S1-S3,R3-R5,
N-Dürrenhof
Dürrenhof-str.
mauer
Bahnhofstr.
Marien-tunnel
graben
Hbf.
Allersbgr. Unterf.
Regensburger Str.
Ste-phanstr.
Hbf.
Köhn-str.
Kohnstr.
Sturmstr.
Alten-hm.
Sophien-str.
Neu-ap.K.
Eilgutstr.
Scheurlstr.
Keplerstr.
Lamp.-recht-str.
Baustr.
Unt. Baustr.
W.-Meckauer-Str.
Bröger-Celtis-unterführung
Glockenhofstraße
Heideloffstr.
Heide-loffpl.
Südstadt-park
Nelson-Mandela Pl.
Hinterm Bahnhof
Allersstr.
Celtis-str.
Celtis-pl.
Findelwiesen-str.
Ritterpl.
Harsdörffer-pl.
Kirchen-str.
A.-Müller-Pl.
Harsdörffer-str.
Galgenhofstr.
Comeniusstr.
Guttenberg-pl.
Strauchstr.
Schweiggerstr.
Schwanhardtstr.
Hartmannstr.
Gerlestr.
Wirthstr.
Ehemannstr.
Enderleinstr.
Herbartstr.
Peter-Henlein-Str.
Pillenreuther Str.
Wendlerstr.
Breitscheidstr.
Dallingerstr.
Wilh.-Spaeth-Str.
Aufseß-platz
Bulmannstr.
Kinderg.
Wölckern-str.
Techn. Uhrenm.
Ottilienstr.
Vord. Bleiweißstr.
Hint. Bleiweißstr.
Agathenstr.
Trenenstr.

Drei Raben
www.hoteldreiraben.de

★★★★

Königstraße 63 (D4), PLZ 90402 (OT: Lorenz), **T 0911 274380,** F 232611
21 Zimmer | 1 Suite | 1 Apartment | 24 h

Traditionsreiches Themenhotel direkt in der Altstadt. Modern und individuell mittels Schrift, Accessoires und Sandsteinreliefs nach Nürnberger Legenden gestaltete Zimmer. Die stylishe Bar „RABENWEIN" serviert eine ungewöhnliche Auswahl an naturnahen Weinen sowie Cocktails und Drinks.

Gasthaus Rottner
www.rottner-hotel.de

★★★★

Winterstraße 15/17, PLZ 90431 (OT: Großreuth bei Schweinau), **T 0911 612032,** F 65848203
37 Zimmer | 24 h

Ein historischer Gasthof mit neuzeitlichem Hotelbau in ruhiger, ländlicher Umgebung. Die wohnlich eingerichteten Zimmer bieten alle Annehmlichkeiten für einen erholsamen Aufenthalt. Üppiges Frühstücksbuffet mit fränkischen Spezialitäten, das bei schönem Wetter auf der Terrasse serviert wird.

Gourmet-Restaurant Waidwerk
www.waidwerk-restaurant.de

VARTA-TIPP Küche **VARTA-TIPP** Service

25 | Hauptgericht 32–38 €, Menü 140–190 € | Mi-Sa ⃠ Mo, Di, So

Hier trifft Genuss auf Tradition und Nachhaltigkeit. Der hochtalentierte Valentin Rottner bietet seinen Gästen eine junge, geschmacklich präzise Küche, bei der ausschließlich Top-Produkte zum Einsatz kommen. Beim liebenswerten Service ist die motivierende Begeisterung an der Gastlichkeit unübersehbar. Die Gourmetstube selbst: geradlinig-moderner Stil und ein Schuss Historie.

Gasthaus Rottner

80 | Hauptgericht 24–44 €, Menü 62–90 € | Di-Sa ⃠ Mo, So ⃠ 23.12.22–10.1.23

Historisch, gemütlich, urig... Im 300 Jahre alten Gasthaus bietet man unverändert eine hochwertige Geschmacksküche mit saisonaler Ausrichtung, z.B. bei „Lachsforelle | Spargel | Sauerampfer" oder „Entenbrust | Kumquats | Rote Bete". Im Sommer sitzt man herrlich im Nussbaumgarten.

Karl August
www.karlaugust.de

Augustinerhof 1 (C3), PLZ 90402, **T 0911 3767660,** F 37676629
120 Zimmer | 11 Suiten | 9 Apartments | Ez ab 119 €, Dz ab 129 €, ab 21,00 € | 24 h

Das stylish-urbane Designhotel gehört zum Augustinerhof und liegt neben einer Dependance des Deutschen Museums. Die modernen Zimmer, Suiten und Apartments sind in acht verschiedenen Kategorien buchbar. Unter dem Dach des Hauses befindet sich ein kleiner SPA-Bereich mit Skyfinitypool. Hotelgäste können ihr À-la-carte-Frühstück in der Brasserie Nitz einnehmen.

Landgasthof Gentner
www.landgasthof-hotel-gentner.de

★★★★

Bregenzer Straße 31, PLZ 90475, **T 0911 80070,** F 8007234
52 Zimmer | 1 Suite | Ez 88–378 €, Dz 148–408 €, inkl. Frühstück | ⃠ 23.12.22–9.1.23

Dieser familiär und sehr persönlich geführte Landgasthof am Stadtrand ist sowohl bei Geschäftsreisenden als auch bei Freizeitgästen sehr beliebt. Schön modern und wohnlich die Zimmer, herzlich der Service. Im gemütlichen Wirtshaus „Johanns“ wird regional, saisonal und nachhaltig gekocht.

Mövenpick Hotel Nürnberg-Airport www.movenpick.com/de

★★★★

Flughafenstraße 100, PLZ 90411, **T 0911 35010,** F 3501350
150 Zimmer | Ez 75–599 €, Dz 75–599 € | 24 h

Zeitgemäßes Tagungs- und Messehotel gegenüber dem Flughafenterminal. Modern und funktional eingerichtete Zimmer mit komfortabler Ausstattung. Restaurant mit fränkischer und internationaler Küche.

Premier Inn Nürnberg City Nordost www.premierinn.com

garni

Leipziger Platz 22, PLZ 90491 (OT: Nordostbahnhof), **T 0911 88199025**
201 Zimmer | 24 h

Lifestyle-Budget-Hotel für Geschäfts- und Städtereisende nahe der Nürnberger City. Modern gestaltete Zimmer mit individuell regelbarer Klimaanlage und schallisolierten Fenstern. Schönes Frühstücksrestaurant.

Ringhotel Loew's Merkur www.loews-hotel-merkur.de

★★★★

Pillenreuther Straße 1 (D5), PLZ 90459, **T 0911 994330,** F 99433666
200 Zimmer | 1 Suite | 24 h

Familiär geführtes Stadthotel, nur wenige Schritte vom Hauptbahnhof entfernt. Unterschiedlich eingerichtete Gästezimmer. Schöner Poolbereich mit Sauna. Angebotsreiches Frühstücksbuffet. Im À-la-carte-Restaurant wird regionale und internationale Küche serviert.

Schindlerhof www.schindlerhof.de

★★★★

Steinacher Straße 6-10, PLZ 90427 (OT: Boxdorf), **T 0911 93020,** F 9302620
92 Zimmer | 6 Suiten | Ez 99–139 €, Dz 145–203 €, 19,00 €

Das einstige Hofgut mit Refugiumcharakter empfängt Sie heute als innovatives Tagungshotel. Hier erwarten den Gast moderne, individuell eingerichtete Themenzimmer. Kleine Speisen und leckere Weine werden in der Vinothek „DankBar“ aufgetischt.

unvergESSlich

108 | Hauptgericht 19–47 €, Menü 58–70 € | Mo-So

Unter dem Motto „Franken geht fremd“ – fränkische Küche kombiniert mit Rezepten aus aller Welt – lässt man sich in stimmungsvollem Ambiente Gerichte wie „Zweierlei vom Wildschwein mit Kartoffel-Zwiebel-Krapfen und glasiertem Pfirsich“ schmecken.

Sorat Saxx www.sorat-hotels.com

★★★ S garni

Hauptmarkt 17 (C3), PLZ 90403, **T 0911 242700**
103 Zimmer | 24 h

Am zentralen Marktplatz im Herzen der Altstadt empfängt Sie dieses stylishe Designhotel hinter historischer Fassade. Die schnörkellos-lässigen Gästezimmer zeichnen sich durch fränkisch-innovative Ideen und einen funktionalen Style aus. Lichtdurchflutetes Frühstücksrestaurant mit großer Glasfront und Blick auf den Schönen Brunnen.

Victoria
www.hotelvictoria.de

★★★★ garni

Königstraße 80 (D4), PLZ 90402, **T 0911 24050**
65 Zimmer | 2 Suiten | 24 h

Inhabergeführtes Privathotel hinter denkmalgeschützter Fassade mit über 120-jähriger Geschichte. Individuell eingerichtete Zimmer mit modernem Komfort. Reichhaltiges Frühstücksbuffet mit hausgemachten „Frühstückstapas". Sehr gute Tagungsmöglichkeiten.

Advantage Appartements Hotel
www.hotel-advantage.de

★★★

Dallinger Straße 5 (E5), PLZ 90459, **T 0911 94550,** F 9455200
49 Zimmer | 2 Suiten | 17 Apartments

In einer ruhigen Seitenstraße gelegenes Business- und Stadthotel, nur wenige Minuten vom Hauptbahnhof entfernt. Freundlich eingerichtete Zimmer mit zweckmäßiger Ausstattung. Umfangreich ausgestattete Fitnessarea mit Sauna und Infrarotkabine.

Am Jakobsmarkt
www.hotel-am-jakobsmarkt.de

★★★ garni

Schottengasse 5 (C4), PLZ 90402, **T 0911 20070,** F 2007200
66 Zimmer | 4 Suiten | 2 Apartments | Ez 49–279 €, Dz 69–299 €, 12,00 € | 24 h

Ruhiges, zentral gelegenes Altstadthotel mit historischem Flair. Das Haus empfängt Sie mit zeitgemäß eingerichteten Zimmern in unterschiedlichen Kategorien. Gutes Frühstück.

Am Josephsplatz
www.hotel-am-josephsplatz.de

garni

Josephsplatz 30-32 (C3), PLZ 90403 (OT: Lorenz), **T 0911 214470,** F 21447200
31 Zimmer | 1 Suite | 3 Apartments | Ez 65–166 €, Dz 84–249 €, inkl. Frühstück | 24 h
⃠ 27.11.–31.12.22

Familienfreundliches Hotel in hist. Gebäude, dessen Geschichte bis ins Jahr 1675 zurückreicht. Kleiner Wellnessbereich mit Sauna, Solarium, Sonnenterrasse und Fitnessraum. Gepflegte Zimmer mit moderner Ausstattung.

Art & Business Hotel
www.art-business-hotel.com

★★★ S garni

Gleißbühlstraße 15 (E4), PLZ 90402, **T 0911 23210,** F 2321511
49 Zimmer | Ez ab 62 €, Dz ab 92 €, inkl. Frühstück | ⃠ 23.12.22–8.1.23

Nettes, familiengeführtes Boutique-Hotel in der Nähe des Hauptbahnhofs. Moderne Zimmer mit komfortabler Einrichtung und schicken Bädern. Lauschiger Innenhof unter Platanen, der mit ausgesuchten Kunstobjekten geschmückt ist.

IntercityHotel
www.nuernberg.intercityhotel.com

Eilgutstraße 8 (D4), PLZ 90443, **T 0911 24780,** F 2478999
158 Zimmer | Ez 69–250 €, Dz 69–350 € | 24 h

Zeitgemäß in warmen Farben ausgestattete Gästezimmer, wahlweise mit Blick auf die Stadt oder den Bahnhof. Gute Tagungsmöglichkeiten. Restaurant mit regionaler und internationaler Küche. Free-City-Ticket für Hausgäste.

Essigbrätlein
www.essigbraetlein.de

VARTA★TIPP Küche VARTA-TIPP Service

Weinmarkt 3 (C2), PLZ 90403, **T 0911 225131**
28 | Menü 150–180 € | Di-Sa ⃠ Mo, So

Diese Adresse ist aus der deutschen Gourmetszene nicht mehr wegzudenken. Im denkmalgeschützten Altstadthaus begeistern Andree Köthe und Yves Ollech ihre Gäste seit vielen Jahren mit einer einzigartigen Naturküche, bei der sie ausschließlich auf regionale Produkte setzen. Die Menüs des Köcheduos offenbaren die ganze Bandbreite ihrer technisch sehr anspruchsvollen und ebenso geschmacksintensiven Kreationen. Dass man sich hier wohlfühlt, liegt aber auch mit am Service, der Sie herzlich und aufmerksam umsorgt und gut in Sachen Wein berät.

Restaurant etz Neu!
www.etzrestaurant.de

VARTA★TIPP Küche VARTA-TIPP Service

Wiesentalstraße 40 (↙ A2), PLZ 90419 (OT: St. Johannis), **T 0911 47712809**
24 | Menü 210 € | Do-Sa ⃠ Mo, Di, Mi, So

Die bemerkenswerte Küchengeschichte, die einst im legendären „Sosein" in Heroldsberg bei Nürnberg begann, setzt Felix Schneider nach einem zwischenzeitlichen Gastspiel in der Bindergass-Theke nun in seiner neuen Location fort. Ein großes, offenes Restaurant mit vielen Fenstern, klar und urban in der Einrichtung mit einer massiven, goldfarbenen Anrichte- und Präsentationsfläche. An den Grundfesten einer ganzheitlich gedachten Naturküche hält Schneider weiterhin fest. Alles ist tagesfrisch, hausgemacht und aus der Region. Zum Menü wird wahlweise eine Wein- oder alkoholfreie Begleitung angeboten. Vom Service werden Sie charmant und aufmerksam umsorgt.

Entenstuben
www.entenstuben.de

VARTA-TIPP Küche

Schranke 9 (F3), PLZ 90489 (OT: Wöhrd), **T 0911 5209128**
30 | Hauptgericht 25–35 €, Menü 149 € | Mi-Sa ⃠ Mo, Di, So

Niveauvolle, angenehm schnörkellose klassische Küche bekommen Sie bei Fabian Denninger. Die Produkte sind topfrisch und erstklassig, die Aromen komplex und stimmig, das Handwerk sehr exakt. Sein wechselndes Abendmenü gibt es auch als vegetarische Variante. Auch die Weinauswahl überzeugt: Zusammen mit dem Winzer Markus Meier aus Südfranken hat man sogar eine eigene Weinserie entwickelt. Das Ambiente gemütlich-elegant, der Service aufmerksam und geschult.

Goldener Pudel
www.goldenerpudel.com

Grasergasse 15 (D4), PLZ 90402 (OT: Lorenz), **T 0911 24278650**
Hauptgericht 22–60 € | Mo-Sa | So

Das stylishe Restaurant serviert schmackhafte Fleisch- und Fischspezialitäten, aber auch vegetarische Alternativen hat man im Repertoire. Leckere Drinks gibt es an der Cocktailbar.

Imperial by Alexander Herrmann
www.ah-imperial.de

Königstr. 70 (D4), PLZ 90402, **T 0911 24029955**
78 | Menü 135–209 € | Di-Sa | Mo, So

„Cool Dining" im trendig-modernen Restaurant. Wer es relaxed und entspannt mag und trotzdem richtig gut essen möchte, ist hier genau richtig! Im offenen Küchenbereich zaubert die Crew geradlinige, aufs Wesentliche konzentrierte Gerichte mit japanischen Einflüssen. Macht Ihnen z.B. „Gegrillter Lammrücken | Salzzitronensud | Röstmandel | Gewürz-Pakchoi | geschmorte Tomate" Appetit? Im „Fränk'ness" im EG trifft Omas Küche auf Streetfood. Einmal im Monat OpenHausBrunch.

Tisane Neu!
restaurant-tisane.de

VARTA-TIPP Küche

Augustinerhof 1 (C3), PLZ 90403 (OT: Sebald), **T 0911 376766276**
14 | Menü ab 150 € | Mi-Sa | Mo, Di, So

Mittendrin statt nur dabei heißt es in diesem urban-modernen Fine-Dining-Restaurant. Atmosphäre, Musik und Lichtstimmung sind ausgesprochen stilvoll. Eine U-förmige Betontheke mit bequemen Barstühlen umschließt die offene Küche, in der René Stein und seine Crew vor den Augen von maximal 14 Gästen ausgefeilte kulinarische Kompositionen auf die Teller zaubern. Für die passende Weinbegleitung zum 9 Gänge umfassenden Menü sorgt die kompetente Sommelière Sonja Mohr. Tischreservierung notwendig, Tickets können online gebucht werden.

ZweiSinn Meiers | Fine Dining
www.meierszweisinn.de

VARTA-TIPP Küche VARTA-TIPP Service

Äußere Sulzbacher Str. 118, PLZ 90491 (OT: Erlenstegen), **T 0911 92300823**
38 | Menü 140–160 € | Di-Sa | Mo, So

Eine modernes, stylishes Fine-Dining-Restaurant, in dem erdige Farbtöne und ausgefallene Lichtinstallationen dominieren. Stefan Meier glänzt hier mit einer höchst innovativen Gourmetküche, die er in Form eines Degustationsmenüs (4 bis 6 Gänge) offeriert. Produkte von ausgezeichneter Qualität werden als feine, ausgesprochen stimmige und nicht alltägliche Kombinationen präsentiert. Zum Genusserlebnis tragen auch die ansprechende Weinauswahl sowie der persönliche Service bei. Regelmäßig Kochkurse und Themenabende.

ZweiSinn Meiers | Bistro Neu!

Äußere Sulzbacher Str. 118, PLZ 90491 (OT: Erlenstegen), **T 0911 92300823**
Hauptgericht 26–41 € | Di-Fr Di-Sa Mo, So

Auch im zwanglosen Bistro darf man sich auf eine schmackhafte Küche freuen. Die Karte offeriert zeitgemäße, französisch-mediterran inspirierte Gerichte - frisch, bezahlbar und ohne modischen Firlefanz. Lust auf „Black-Angus-Rinderfilet mit Pommes Frites und Sauce Café de Paris“ oder „Saltimbocca alla Romana mit Kartoffelgnocchi und Ratatouille“? Tipp: täglich wechselnder Business Lunch.

1515 Rhinocerus www.1515rhinocerus.de

Rohledererstr. 1 (A1), PLZ 90419 (OT: St. Johannis), **T 0911 30728542**
16 | Menü 140 € | Do-Sa Mo, Di, Mi, So

Das kleine Restaurant ist geschmackvoll zurückhaltend möbliert. Kulinarisch trifft Brasiliens Streetfood auf feine regionale Küche. Wie wäre es z.B. mit „Peito de Frango (Hühnerbrustfilet mit geröstetem Blumenkohl, Confit-Kartoffeln, Zuckerschoten und Salbei-Zitronensauce)“? Die Preise sind fair. Der Service ist aufmerksam und freundlich.

Jøwåy Neu! www.joway.de

Hutergasse 1 (C3), PLZ 90403 (OT: Lorenz), **T 0911 24033130**
25 | Hauptgericht 15–18 €, Menü 59–119 € | Sa Di-Sa Mo, So

Ob gehobenes Fine-Dining-Menü oder einfach nur ein Gläschen Wein mit Käse (vom bekannten Käseaffineur Waltmann aus Erlangen) - das kulinarische Konzept hält für jeden Geschmack etwas bereit. In lockerer und zwangloser Atmosphäre wird eine ambitionierte, gut gemachte Küche aufgetischt. Tipp: Regelmäßig Themenabende und Dinner Tastings.

Koch & Kellner www.kochundkellner.de

Obere Seitenstraße 4 (A4), PLZ 90429 (OT: Gostenhof), **T 0911 266166**
46 | Hauptgericht 30–45 €, Menü 85–170 € | Mo-Sa

Kreativ, modern und individuell geht es in diesem gemütlichen Restaurant zu. Fröhlich-lebendiges Bistro-Ambiente, dazu eine raffiniert-aufwendige Küche aus saisonalen Produkten. Gutes Preis-Leistungs-Verhältnis. Umfangreiches Weinangebot.

Minneci www.minneci-ristorante.de

Zirkelschmiedsgasse 28 (C4), PLZ 90402 (OT: Lorenz), **T 0911 209655**
55 | Hauptgericht 28–39 €, Menü 69–90 € | Di-Sa Mo, So

In den geschmackvollen Räumen des original erhaltenen Gebäudes aus dem 16. Jahrhundert kann man ungezwungen speisen. Die frisch zubereitete italienische Küche reicht von Antipasti über Pasta bis hin zu Fleisch- und Fischgerichten. Die Plätze auf der idyllischen Terrasse sind sehr begehrt.

Opatija Max Kandel www.opatija-restaurant.de

Unschlittplatz 7 (C3), PLZ 90403, **T 0911 227196**
100 | Hauptgericht 15–29 € | Mo-So »

Hier kocht man mediterran, aber auch mit regionalen Einflüssen - schmackhaft z.B. „Hirschrücken | Dinkelrisotto | Kartoffelschaum | Selleriepesto" oder „Frischer Steinbutt | Rahmspinat | Pellkartoffel | Buttergemüse". Im hell und freundlich gehaltenen Restaurant und auf der stimmungsvollen Terrasse sitzt man dabei gleichermaßen schön.

Veles Restaurant — www.veles-restaurant.de

VARTA-TIPP Küche

Kernstraße 29, PLZ 90429 (OT: Gostenhof), **T 0911 5985385**
30 | Menü 105–135 € | ◕ Di-Sa ⊘ Mo, So

Entspannter Genuss in zwanglosem Rahmen: Aus der einstigen Eckkneipe im Kiez Gostenhof ist ein wirklich tolles Restaurant entstanden. Geradlinig und schnörkellos ist nicht nur das rustikal-elegante Ambiente, sondern auch die Küche von Patron Vadim Karasev. Beste Zutaten aus der Umgebung, unverfälschte Aromen sowie höchstes handwerkliches Niveau zeichnen seine Kreationen aus. Serviert wird ein mehrgängiges Saisonmenü (5 bis 7 Gänge). Dazu gibt es spannende Bio- und Naturweine.

Wonka — www.restaurant-wonka.de

VARTA-TIPP Küche

Johannisstraße 38 (B2), PLZ 90419 (OT: St. Johannis), **T 0911 396215**
42 | Hauptgericht 34–36 €, Menü 98–108 € | ◔ Mi-Fr ◕ Di-Sa ⊘ Mo, So ⊘ 1.–9.1.23, 19.8.–7.9.23

Im eleganten Jugendstilambiente mit zeitgenössischer Kunst und hübschem Hofgarten begeistert die kreative, moderne Küche, die von Kräutern, Aromen und Gewürzen geprägt ist. Die Abendkarte offeriert zwei Menüs (davon eine vegetarische Variante) - auf Wunsch mit Weinbegleitung. Mittags wird ein Lunchmenü in 3 oder 4 Gängen angeboten. Das Preis-Genuss-Verhältnis ist stimmig, der Service charmant und versiert.

Würzhaus — www.wuerzhaus.info

Kirchenweg 3a (B1), PLZ 90419 (OT: St. Johannis), **T 0911 9373455**
65 | Hauptgericht 27–33 €, Menü 69–97 € | ◔ Di-Fr ◕ Di-Sa ⊘ Mo, So ⊘ 1.–9.1.23

Hier freut man sich in ungezwungener Atmosphäre über eine kreative, saisonal ausgerichtete Küche mit spannenden Gewürzakzenten. Probieren Sie z.B. „Wildschweinfilet mit Rucola und Kirsche" oder „Lachsforelle mit Rettich und Lebercreme". Das Preis-Leistungs-Verhältnis stimmt, der Service ist freundlich.

Zirbelstube — www.zirbelstube.com

Friedrich-Overbeck-Straße 1, PLZ 90455 (OT: Worzeldorf), **T 0911 998820**
24 | Hauptgericht 15–35 €, Menü 35–100 € | ◕ Di-Sa ⊘ Mo, So ⊘ 1.–16.1.23, 20.8.–11.9.23

Holzvertäfeltes Restaurant mit gemütlicher Atmosphäre. Serviert wird eine regionale Frischeküche - auch im Gewölbe und auf der Gartenterrasse. Dazu gibt es gute fränkische Weine. Zum Übernachten stehen individuell eingerichtete Landhauszimmer zur Verfügung.

Bratwurstglöcklein im Handwerkerhof — www.die-nuernberger-bratwurst.de

Waffenhof 5 (D4), PLZ 90402, **T 0911 227625**
112 | Hauptgericht 9–14 €, Menü 23–54 € | ◔ Mo-So ◕ Mo-Sa

Das traditionsreiche Gasthaus wurde 1313 erstmals erwähnt. Die Bratwürste aus der hauseigenen Metzgerei werden auf offenem Buchenholzfeuer von Hand gegrillt und im Zinnteller in Glockenform nach historischem Vorbild serviert.

Zum Gulden Stern www.bratwurstkueche.de

Zirkelschmiedsgasse 26 (C4), PLZ 90402, **T 0911 2059288**
60 | Hauptgericht 9–13 €, Menü 20–24 € | Mo-So

Die älteste Bratwurstküche der Welt ist bei Einheimischen und Touristen gleichermaßen beliebt. Nostalgische Innenräume mit niedrigen Decken und Balken sorgen für urig-rustikalen Charme. Spezialität: Frisch auf dem Buchenholzrost gebratene Nürnberger.

NÜRTINGEN 58 A www.nuertingen.de

Baden-Württemberg | EW 41.017 | 291 m | Reutlingen 25 km, Stuttgart 28 km

Am Schlossberg www.hotel-am-schlossberg.de

★★★★ garni

Europastraße 13, PLZ 72622, **T 07022 7040,** F 704343
163 Zimmer | Ez 89–179 €, Dz 89–179 € | 24 h

Das Businesshotel bietet geräumige und funktionelle Zimmer mit zeitgemäßer Technik. Ansprechendes Wellnessangebot mit Schwimmbad, Sauna, Dampfbad und Whirlpool. Mehrere Restaurants. Umfangreiche Veranstaltungsmöglichkeiten.

belsers Restaurant www.belsers.com

Brunnsteige 15, PLZ 72622, **T 07022 7195860**
120 | Hauptgericht 15–33 €, Menü 34–64 € | Fr, So Di-So Mo

Günstiger und einfacher Mittagstisch oder gehobene, französisch-mediterran geprägte Küche am Abend? Trendig, modern und angenehm ungezwungen speisen Sie in diesem Restaurant in der historischen Altstadt. Lust auf „Zart geschmorte Rinderbacke mit einer kräftigen Barolo-Rotweinjus auf Spinat-Lauch-Cassoulet mit Möhren-Süßkartoffelmousseline"? Das Kellergewölbe kann man exklusiv für Feiern und Veranstaltungen mieten.

Weinstube zum Schloßberg

Schloßberg 1, PLZ 72622, **T 07022 32878**
Hauptgericht 11–28 €, Menü 30–38 € | Di-Sa Mo, So

So behaglich wie die Stube bei den Großeltern... Kein Wunder also, dass man dieses hübsche Lokal in dem denkmalgeschützten Fachwerkhaus in der Nürtinger Altstadt gerne besucht. Zu essen gibt's Regionales mit saisonalen Einflüssen. Weinkarte mit vielen heimischen, aber auch ausländischen Weinen.

NUTHETAL 26 D www.nuthetal.de

Brandenburg | EW 8.747 | 84 m | Potsdam 11 km, Berlin 37 km

Philippsthal www.restaurant-philippsthal.de

Philippsthaler Dorfstr. 35, PLZ 14558 (OT: Philippsthal), **T 033200 524432**
60 | Hauptgericht 32–36 € | Fr-So Do-So Mo, Di, Mi

»

Restaurant in einem hübsch restaurierten ehem. Bauernhaus in unmittelbarer Nähe der Philippsthaler Dorfkirche. Kleine Karte mit frischen, leichten Regionalgerichten, z.B. „Entrecote vom Weideochsen mit Steckrüben, Backpflaumen und Balsamicolinsen". Schöner Hofgarten mit Tenne.

OBERAMMERGAU 67 B www.gemeinde-oberammergau.de

Bayern | EW 5.114 | 837 m | Garmisch-Partenkirchen 20 km, Schongau 33 km

Maximilian www.maximilian-oberammergau.de

Ettaler Str. 5, PLZ 82487, **T 08822 948740,** F 9487449
20 Zimmer | 2 Suiten | Ez ab 176 €, Dz ab 225 €, inkl. Frühstück | 24 h

Schickes Lifestyle- und Designhotel im alpenländischen Stil. Hier wohnen Sie in geschmackvollen Gästezimmern, die mit edlen Materialien ausgestattet sind. Für Entspannung sorgt ein kleiner, aber feiner Wellnessbereich.

Ammergauer Maxbräu

100 | Hauptgericht 13–35 €, Menü ab 32 € | Mi-So Mo, Di

Urig-rustikale Gaststuben mit gemütlicher Atmosphäre. Auf der Speisekarte stehen bodenständige Regionalgerichte. Dazu gibt es Biere aus eigener Herstellung.

Parkhotel Sonnenhof www.parkhotel-sonnenhof.de

★★★★

König-Ludwig-Straße 12, PLZ 82487, **T 08822 9130,** F 913300
50 Zimmer | 14 Suiten | 3 Apartments | Ez 90–140 €, Dz 130–230 €, inkl. Frühstück

Gewachsenes Ferienhotel mit ansprechendem Wellnessbereich und kleinen, modern bis ländlich eingerichteten Zimmern in ruhiger Ortsrandlage. Gemütliche Gaststuben mit urig bayerischem Ambiente.

OBERAUDORF 68 B www.oberaudorf.de

Bayern | EW 4.958 | 480 m | Kufstein 9 km, Rosenheim 27 km

Feuriger Tatzlwurm www.tatzlwurm.de

★★★★ S

Tatzelwurm 1, PLZ 83080 (OT: Tatzelwurm), **T 08034 30080,** F 300838
55 Zimmer | 5 Suiten

Das Ferienhotel auf einem sonnigen Bergplateau in den bayerischen Alpen eignet sich bestens für einen Wander- oder Wellnessurlaub. Alpin-gemütliche Zimmer, teils mit Balkon und Panoramablick, die sich auf das Haupt- und das Stammhaus verteilen. Exklusiver Wellnessbereich mit großzügiger Bade- und Saunalandschaft. Rustikales Restaurant mit regionaler und internationaler Küche.

Bernhard's Hotel
www.bernhards.biz

Marienplatz 2, PLZ 83080, **T 08033 30570,** F 305715
28 Zimmer | 4 Suiten | Ez ab 65 €, Dz ab 110 €, inkl. Frühstück

Eine familiär geführte Adresse umgeben vom einmaligen Bergpanorama der Bayerischen und Tiroler Alpen. Die wohnlich und farbenfroh gestalteten Komfortzimmer verteilen sich auf das Stammhaus und das denkmalgetreu restaurierte Seebacher Haus.

Bernhard's Restaurant

85 | Hauptgericht 14–37 € | Mo, Fr-So Mo, Do-So Di, Mi

Das Spezialitätenrestaurant präsentiert sich im behaglichen Landhausstil. Serviert werden mediterran und bayerisch beeinflusste Speisen aus der Schweizer Heimat des Chefs. Zur warmen Jahreszeit kann man auch auf der Terrasse speisen.

Alpenhof
www.alpenhof-oberaudorf.de

€ Gut & Günstig ★★★

Rosenheimer Straße 97, PLZ 83080 (OT: Niederaudorf), **T 08033 308180,** F 4424
16 Zimmer | Ez 69–94 €, Dz 98–138 €, inkl. Frühstück

Kleines Landhotel in schöner grüner Lage. Komfortabel ausgestattete Zimmer, die über einen Balkon mit Bergblick verfügen. Im Restaurant wird regional mit Produkten der eigenen Landwirtschaft gekocht.

OBERAULA 42 B
www.oberaula.de

Hessen | EW 3.236 | 326 m | Schwalmstadt 20 km, Bad Hersfeld 23 km

Parkhotel zum Stern
www.hotelzumstern.de

★★★★

Hersfelder Str. 1, PLZ 36280, **T 06628 92020,** F 920235
72 Zimmer | 4 Apartments | Ez 75–95 €, Dz 106–162 €, inkl. Frühstück

Nettes Fachwerkhäuschen mit behaglich eingerichteten Zimmern im Landhausstil, die sich auf das Haupt- und Gästehaus verteilen. Kleiner Wellnessbereich mit Hallenbad und Saunalandschaft. Deutsche und regionale Küche im Restaurant.

OBERBOIHINGEN 58 A
www.oberboihingen.de

Baden-Württemberg | EW 5.500 | 276 m | Nürtingen 4 km, Kirchheim unter Teck 9 km

Zur Linde
www.linde-oberboihingen.de

VARTA-TIPP Service

Nürtinger Straße 24, PLZ 72644, **T 07022 61168**
100 | Hauptgericht 10–32 €, Menü 29–77 € | Mi-So Mo, Di »

Seit vielen Jahren führen Jörg und Heike Ebermann diesen Traditionsbetrieb. Wenn Sie Maultaschen, Kalbshaxe oder Zwiebelrostbraten mögen, sind Sie hier genau richtig! Der Patron offeriert eine marktfrische und saisonal ausgerichtete Küche zu fairen Preisen. Niveauvoll auch der Service: freundlich, aufmerksam und angenehm persönlich. Für Langzeitgäste hat man exklusiv eingerichtete Apartments im benachbarten Boardinghouse.

OBERHACHING 60 D www.oberhaching.de

Bayern | EW 12.775 | 576 m | München 9 km, Starnberg 27 km

Hachinger Hof www.hachinger-hof.de

Pfarrer-Socher-Straße 39, PLZ 82041, **T 089 613780,** F 61378200
74 Zimmer | 6 Suiten | Ez 65–105 €, Dz 95–155 €, inkl. Frühstück | ⃠ 22.12.22–8.1.23

Persönlich geführtes Haus in voralpenländischer Umgebung am Rande eines Wohngebietes. Geräumige und komfortable Zimmer, die im ländlich-bayerischen Stil eingerichtet sind. Im Restaurant werden regionale und saisonale Gerichte serviert.

OBERHAUSEN 29 C www.oberhausen-tourismus.de

Nordrhein-Westfalen | EW 209.097 | 35 m | Essen 12 km, Duisburg 12 km
Burg Vondern, Neugot. Hallenkirche Herz-Jesu und Nike-Säule am Altmarkt, Gasometer, Friedensplatz, Grenzwehranlage Kastell Holten, Rehberger-Brücke, Schloss Oberhausen mit Kaisergarten, Siedlung Eisenheim.

Arthotel ANA Soul www.ana-hotels.com/soul-oberhausen

Paul-Reusch-Straße 38, PLZ 46045, **T 0208 8279950**
135 Zimmer | 24 h

Ob Businesstrip oder Städtetour - das moderne Haus ist die perfekte Adresse für jedermann. Die Top-Innenstadtlage könnte kaum besser sein! Und das schicke Hotel im Gebäude des ehem. Kaufhofs hat noch mehr zu bieten: geschmackvoll designte Zimmer in verschiedenen Größen und Ausstattungen. Auch die lichtdurchflutete Lobby und das Frühstücksrestaurant können sich sehen lassen. Weitere Wohneinheiten für Langzeitaufenthalte stehen im benachbarten „Arthotel Ana Living" zur Verfügung.

Parkhotel www.parkhotel-oberhausen.de

★★★★S garni

Teutoburger Straße 156, PLZ 46119 (OT: Osterfeld), **T 0208 69020,** F 6902158
98 Zimmer | 10 Suiten | Ez 75–129 €, Dz 89–129 €, 12,00 € | 24 h ⃠ 23.–25.12.22

Das verkehrsgünstig gelegene Geschäftshotel wurde kürzlich renoviert. Wohnlich und funktional ausgestattete Zimmer in unterschiedlichen Kategorien. Besonders modern und großzügig sind die Zimmer im viergeschossigen Neubau. Restaurant „Zur Bockmühle" mit sehr guter Frischeküche.

Schmachtendorf www.hotel-schmachtendorf.de

★★★★

Buchenweg 14, PLZ 46147 (OT: Schmachtendorf), **T 0208 6217880**
30 Zimmer

Das traditionsreiche Haus am Schmachtendorfer Marktplatz ist nach den umfangreichen Umbau- und Sanierungsmaßnahmen kaum wiederzuerkennen. Hier wohnt man in modern und wertig eingerichteten Zimmern. Zum Haus gehören auch eine einladende Lounge, ein Restaurant mit offener Showküche sowie ein gut bestückter Weinkeller.

Hackbarth's Restaurant
www.hackbarths.de

Im Lipperfeld 44, PLZ 46047 (OT: Neue Mitte), **T 0208 22188**
90 | Hauptgericht 16–44 €, Menü 25–65 € | Di-Fr Di-Sa Mo, So 27.12.22–17.1.23

Beliebtes Restaurant mit herzlichem Service und schöner Gartenterrasse. Serviert wird ein vielfältiges und täglich wechselndes Speisenangebot der kreativen internationalen Küche. Es werden auch Kochkurse angeboten.

OBERHEIMBACH 40 D
www.rhein-nahe-touristik.de

Rheinland-Pfalz | EW 558 | 140 m | Bacharach 6 km, Bingen am Rhein 15 km

Weinberg-Schlößchen
www.weinberg-schloesschen.de

★★★ S

Hauptstraße 2, PLZ 55413, **T 06743 9471840,** F 6208
31 Zimmer | 1 Suite

Hier übernachten Sie ruhig und komfortabel inmitten der Weinberge. Liebevoll gestaltete Hotelzimmer sorgen für echte Wohlfühlatmosphäre. Behagliches Restaurant mit großer Sommerterrasse und Weingarten.

OBERHOF 43 B
www.oberhof.de

Thüringen | EW 1.631 | 800 m | Arnstadt 25 km, Meiningen 33 km

Berghotel mit Villa Silvia
www.berghotel-oberhof.de

Theo-Neubauer-Straße 20, PLZ 98559, **T 036842 270,** F 27100
81 Zimmer | 5 Suiten | 1 Apartment | Ez ab 55 €, Dz ab 119 €, inkl. Frühstück | 24 h

Ein gepflegtes Ferienhotel mit über 100-jähriger Geschichte. Wohnlich eingerichtete Zimmer - wahlweise im Haupthaus oder in der Villa Silva. Helles, freundliches Restaurant mit schöner Terrasse. 1.000 qm großer Wellness- und SPA-Bereich. Toll die ruhige Lage im Park.

The Grand Green Resort **Neu!**
www.thegrandgreen.de

GREENSIGN

Tambacher Straße 2, PLZ 98559, **T 08324 7098888**
105 Zimmer | 24 h

Die familiengerechte Ferienanlage richtet sich vor allem an Eltern mit Babys und Kindern. Neben Spiel-, Kinderbetreuungs- und Sportbereichen verfügt das Resort über eine Indoor-Gokartbahn, Softplay-Anlagen, ein Kino, einen Virtual-Reality-Raum sowie eine tolle Bade- und Saunalandschaft. Dazu bietet das Hotel großzügige Familiensuiten sowie 15 Chalets. Eröffnung nach Redaktionsschluss für diese Buchausgabe. Varta-Bewertung folgt.

OBERKIRCH 56 B
www.renchtal-tourismus.de

Baden-Württemberg | EW 20.277 | 192 m | Achern 17 km, Offenburg 17 km

Waldhotel Grüner Baum
www.waldhotel-gruener-baum.de

★★★★ S

Alm 33, PLZ 77704 (OT: Oedsbach), **T 07802 8090,** F 80988
45 Zimmer | 5 Suiten | Ez 108–136 €, Dz 182–240 €, inkl. Frühstück

››

Exklusives Landhotel in idyllischer Lage. Das Haus verfügt über geräumige Zimmer unterschiedlicher Einrichtungsstile sowie elegante Suiten mit Balkon und schönem Blick ins Grüne. Toll auch der exklusive Wellnessbereich mit original Außenlivingpool (Mai bis Oktober) sowie großzügiger Liegewiese.

Die Alm www.hotel-die-alm.de

Alm 32, PLZ 77704 (OT: Ödsbach), **T 07802 1319,** F 50514
21 Zimmer | Ez ab 88 €, Dz ab 122 €

Fantastisch der Blick über die Obst- und Weingärten, herrlich die Ruhe, dazu moderne, liebevoll gestaltete Zimmer (fast alle mit Balkon oder Terrasse) im ländlich-alpinen Design. Diese Schwarzwaldidylle muss man einfach erleben! Im gemütlichen Restaurant „Almstüble" wird traditionelle, gutbürgerliche Küche aufgetischt. Große Gartenterrasse.

Obere Linde www.obere-linde.de

Hauptstraße 25-27, PLZ 77704, **T 07802 8020,** F 3030
32 Zimmer | 1 Suite | 2 Apartments

Im denkmalgeschützten Ambiente dieses wunderschönen Fachwerkhotels übernachten Sie in individuellen Gästezimmern, die teils mit original Schwarzwälder Himmelbetten ausgestattet sind. Im Restaurant und auf der Gartenterrasse serviert man regionale Spezialitäten. Idealer Ausgangspunkt für Wanderungen, Biker-Touren und Ausflüge in die Umgebung.

Haus am Berg www.haus-am-berg-oberkirch.de

Am Rebhof 5 (Anfahrt über B 28), PLZ 77704, **T 07802 4701**
30 | Hauptgericht 11–29 €, Menü 30–55 € | Sa-So Mo, Mi-So Di

Schickes Landhausrestaurant in idyllischer Lage umgeben von Weinbergen mit herrlichem Blick auf die Rheinebene. Ambitionierte badische und internationale Spezialitäten. Wie wäre es z.B. mit „Dorade mit Tomatenrisotto, gegrillter Wassermelone und Wokgemüse" oder „Pfefferlendchen mit Specklinsen und Safranspätzle"? Im Sommer lockt die lauschige Terrasse.

OBERKOCHEN 59 A www.oberkochen.de

Baden-Württemberg | EW 7.900 | 496 m | Aalen 9 km, Schwäbisch Gmünd 32 km

VILOTEL www.vilotel.de

GREENSIGN

Eugen-Bolz-Platz 2, PLZ 73447, **T 07364 955540,** F 9555413
74 Zimmer | 2 Suiten | 2 Apartments | Ez 80–110 €, Dz 110–130 €, inkl. Frühstück

Modernste Technik und lokaler Charme prägen dieses 2018 eröffnete Haus. Die wohnlich-komfortablen Zimmer verfügen über Panoramafenster mit beleuchteten Eichenholzrahmen und integrierten Sitzpolstern. Im Erdgeschoss gehen Lobby, Bar, Rezeption und Restaurant im Rahmen einer Wohnzimmerkonzeption ineinander über. Kleiner SPA-Bereich mit großer Außenterrasse und Sauna.

OBERMAISELSTEIN 66 D www.obermaiselstein.de

Bayern | EW 940 | 859 m | Fischen 3 km, Oberstdorf 9 km

Berwanger Hof
www.berwangerhof.de

Niederdorf 11, PLZ 87538, **T 08326 36330,** F 363336
42 Zimmer | 2 Suiten | 6 Apartments | Ez 94–137 €, Dz 188–288 €, inkl. Frühstück | ⃠ 27.11.–15.12.22

Familiär geführtes Haus mit herrlichem Blick auf die Allgäuer Alpen. Gemütlich eingerichtete Zimmer. Schöner SPA-Bereich auf 1.000 qm mit meheren Saunen, Aromapool und Panoramaschwimmbad. Gemütliches Restaurant mit moderner Allgäuer Küche.

OBEROTTERBACH 50 D
www.oberotterbach.de

Rheinland-Pfalz | EW 1.181 | 192 m | Bad Bergzabern 5 km, Landau (Pfalz) 21 km

Schlössl
www.schloessl-suedpfalz.de

Weinstr. 6, PLZ 76889, **T 06342 923230,** F 923231
8 Zimmer | 1 Suite | Ez 80–90 €, Dz 140–190 €, inkl. Frühstück

Ein wirklich wundervolles Anwesen ist das stilvolle Amtshaus von 1778 samt herrlichem Barockgarten. Stilvolle Möbel, helle Farben, Dielenböden, teilweise gemütliche Dachschrägen... Die Zimmer mischen äußerst geschmackvoll historischen Charme mit modernem Komfort. Ein Genuss ist das morgendliche Frühstück.

Schlössl
VARTA-TIPP Küche

40 | Hauptgericht 18–40 €, Menü 65–135 € | Fr-Sa ⃠ Mo, Di, Mi, Do, So

Geradlinig, regional, aromenorientiert. Die Küche von Christian Oberhofer ist nicht alltäglich und macht einfach Spaß! Darüber hinaus dürfen Sie sich in diesem Gourmetrestaurant auf einen herzlichen Service und ein sehr gutes Weinangebot mit regionalen und internationalen Spitzenwinzern freuen. Leckere Drinks und kleine Snacks werden im Weinbistro „Gudd Gess“ angeboten. Für Veranstaltungen und Gruppen öffnet der hübsch restaurierte Gewölbekeller unter dem Schlössl auch außerhalb der Öffnungszeiten.

OBERRIED 64 B
www.dreisamtal.de

Baden-Württemberg | EW 2.823 | 455 m | Kirchzarten 5 km, Freiburg 14 km

Die Halde
www.halde.com

Halde 2, PLZ 79254 (OT: Hofsgrund), **T 07602 94470,** F 944741
39 Zimmer | 2 Suiten | Ez 259–285 €, Dz 312–424 €, inkl. Vollpension ››

Ruhig und einzeln auf 1.147 m Höhe liegt dieses Domizil, das vor allem bei Wanderfreunden äußerst beliebt ist. Heimische Hölzer, frische Farben und schöne Stoffe prägen die Einrichtung der geschmackvollen Zimmer und Apartments. Großzügiges „BergSpa" auf zwei Ebenen mit Kräutersanarium, finnischer Sauna, Kräuterdampfbad, Panoramahallenbad und Naturbadeteich.

Die Halde

VARTA-TIPP Küche VARTA-TIPP Service

100 | Hauptgericht 19–27 €, Menü 26–59 € | Mo-So

Behagliche, jahrhundertealte Stuben mit Schwarzwälder Charme bilden den Rahmen für die ausgezeichnete Küche von Hausherr Martin Hegar. Er kocht frisch, saisonal und bodenständig mit frischen regionalen Produkten. Wie wäre es z.B. mit „Zwiebelrostbraten vom Rinderrücken mit Spätzle, Gemüse und Kalbsjus"? Im Service agiert ein freundliches und kompetentes Team. Herrliche Sonnenterrasse.

Sternen Post

www.gasthaus-sternen-post.de

Hauptstraße 30, PLZ 79254, **T 07661 989849**
80 | Hauptgericht 25–39 €, Menü 35–74 € | Mo, Do-So Do-So Di, Mi

Hist. Gasthaus in der Ortsmitte mit großem Gartengrundstück und hellen, rustikalen Gaststuben. Serviert wird eine feine regionale Küche auf klassischer Basis mit mediterranen Einflüssen. Nett sitzt man auf der gemütlichen Sonnenterrasse. Man verfügt auch über schöne, im Landhausstil eingerichtete Hotelzimmer.

OBERSTAUFEN 66 B

www.oberstaufen.de

Bayern | EW 7.225 | 791 m | Sonthofen 24 km, Kempten (Allgäu) 37 km

Bergkristall

www.bergkristall.de

★★★★S garni

Willis 8, PLZ 87534 (OT: Willis), **T 08386 9110,** F 911150
56 Zimmer | 6 Suiten | 1 Apartment | 24 h

Gut geführtes Privathotel in schöner Aussichtslage. Die Gästezimmer zeigen sich in modernem Alpenschick. Der großzügige Wellnessbereich bietet eine Panoramasaunalandschaft sowie einen ganzjährig beheizten Außenpool mit Sonnendeck. Auch Anwendungen wie Ayurveda-Massagen, Heubäder und Kosmetikbehandlungen sind möglich.

Das.Hochgrat

www.das-hochgrat.de

Rothenfelsstraße 6+8, PLZ 87534, **T 08386 9914620,** F 99146250
18 Zimmer | 17 Apartments, Dz 190–265 €, 19,00 €

Das schöne Chalethotel bietet seinen Gästen exklusive Luxus-Ferienwohnungen im modern-alpinen Stil. Holz, Glas und Naturmaterialien versprühen Wärme und Behaglichkeit. Darüber hinaus sorgen Kamine in den Wohnräumen, voll ausgestattete Designküchen, große Terrassen und Balkone sowie edle Bäder für jede Menge Wohnkomfort. Kleiner, aber feiner SPA-Bereich mit zwei Saunen, Relaxlounge und Außenpool.

die.speisekammer

www.die-speisekammer.de

VARTA-TIPP Service

48 | Hauptgericht 25–69 €, Menü 75–109 € | So Mo, Do-So Di, Mi 5.–21.12.22

Das geradlinig-moderne Restaurant mit seinem stimmungsvollen Ambiente und der einladenden Terrasse offeriert einen Mix aus bayerisch-schwäbischer und französischer Küche mit alpenländischem Einschlag. Im Fokus stehen vor allem regionale Produkte, teils in Bio-Qualität. Toll auch der engagierte Service unter der Leitung von Gastgeber und Sommelier Thomas Klopfer nebst kompetenter Weinberatung.

Haubers Naturresort

www.haubers.de

★★★★ S

Meerau 34, PLZ 87534 (OT: Kalzhofen), **T 08386 93305,** F 933010

69 Zimmer | 4 Suiten | 10 Apartments | Ez 151–176 €, Dz 288–542 €, inkl. Frühstück

Ein familiengeführtes Hotel in traumhaft ruhiger Lage am Südhang der Meerau. In den zwei Logiergebäuden 'Gutshof' und 'Landhaus' erwarten Sie komfortabel eingerichtete Zimmer und Studios in unterschiedlichen Kategorien. Umfangreiches Wellnessangebot, toll der 2.500 qm große Naturbadesee mit Liegewiese und Alpenblick.

Allgäu Sonne

www.allgaeu-sonne.de

★★★★★

Stießberg 1, PLZ 87534, **T 08386 7020,** F 7027826

149 Zimmer | 12 Suiten | 33 Apartments | Ez 127–174 €, Dz 268–374 €, inkl. Frühstück | 24 h

Großes Urlaubshotel eingebettet in die reizvolle Allgäuer Hügellandschaft. Hier wohnen Sie in individuell eingerichteten Zimmern. Einen hohen Wohlfühlfaktor bietet die großzügige Wellnessoase. Restaurant mit regionaler und internationaler Küche.

Allgäuer Rosenalp

www.rosenalp.de

★★★★ S

Am Lohacker 5, PLZ 87534, **T 08386 7060,** F 706435

100 Zimmer | 16 Suiten | Ez ab 174 €, Dz ab 306 €, inkl. Frühstück

Familiengeführtes Wellness- und Ferienhotel im alpenländischen Stil. Angenehme, sehr gepflegte Zimmer unterschiedlicher Größe und Kategorie. Schöner SPA- und Fitnessbereich mit Sauna- und Badelandschaft.

Alpenkönig

www.hotel-alpenkoenig.de

VARTA-TIPP Service

★★★★ S garni

Kalzhofer Straße 25, PLZ 87534, **T 08386 93450,** F 9345499
25 Zimmer | 2 Suiten | Ez 105–164 €, Dz 210–308 €, inkl. Frühstück

In diesem vorbildlich geführten Kur- und Ferienhotel am Ortsrand von Oberstaufen können Sie unvergessliche Urlaubstage verbringen. Hier überzeugen nicht nur die angenehm familiäre Atmosphäre sowie die komfortabel, im klassischen Stil eingerichteten Zimmer, sondern auch die geschmackvoll gestaltete Bade- und Saunawelt. Im Restaurant „Esslust" mit der heimeligen Jäger- und Bauernstube wird eine frische regionale Küche mit multinationalen Einflüssen aufgetischt.

Concordia

www.concordia-hotel.de

★★★★ S garni

In Pfalzen 8, PLZ 87534, **T 08386 4840,** F 484130
60 Zimmer | 3 Suiten | Ez ab 75 €, Dz ab 130 €, inkl. Frühstück | 24 h

Gut geführtes Wellness- und SPA-Hotel mitten im Oberallgäu. Die unterschiedlich akzentuierten Komfortzimmer sind im gemütlichen Landhausstil eingerichtet. Umfangreiches Wellness-, Beauty- und Medicalangebot.

Lindner Parkhotel & Spa

www.lindner.de/oberstaufen

GREENSIGN ★★★★ S garni

Argenstraße 1, PLZ 87534, **T 08386 7030,** F 703704
74 Zimmer | 13 Suiten | Ez 212–280 €, Dz 279–349 € | 24 h

Kur- und Ferienhotel im regionaltypischen Erscheinungsbild mit unterschiedlich geschnittenen Gästezimmern im alpenländischen Stil. Schöner SPA-Bereich auf 900 qm mit mehreren Pools und Saunen, Wintergarten und Kräuteranwendungen. Restaurant mit internationaler Küche.

MONDI Resort Oberstaufen Neu!

www.oberstaufen.mondihotels.com

★★★★ S garni

Malas 8 - 16, PLZ 87534 (OT: Malas), **T 08386 7000,** F 4116
183 Zimmer | 24 h

Die perfekte Adresse für einen erholsamen Urlaub! Fern jeder Hektik in einer parkähnlichen Anlage mit mehreren Gebäuden erwarten Sie behagliche Hotelstudios und -apartments sowie gehobene Chaletunterkünfte. Individuelles Wohngefühl, herzlicher Service und ein grandioses Bergpanorama zeichnen dieses Resort aus. Im Restaurant „Di Cicco" werden italienische Spezialitäten serviert. Schöner SPA-Bereich mit Schwimmbad und Sauna.

Adler

www.adler-oberstaufen.de

★★★★ S garni

Kirchplatz 6, PLZ 87534, **T 08386 93210,** F 4763
28 Zimmer | 2 Suiten | 1 Apartment | Ez 79–125 €, Dz 140–245 €, inkl. Frühstück | 24 h

Traditionsreiches Haus von 1574, zentral in der Fußgängerzone von Oberstaufen gelegen. Trotz regelmäßiger Modernisierungen hat sich das Haus seinen heimeligen, alpinen Charme bewahrt. Hier erwarten Sie gediegen bis modern eingerichtete Landhauszimmer in unterschiedlichen Kategorien. Tipp: Fragen Sie nach den Adler-Special-Angeboten.

Adler

120 | Hauptgericht 9–25 €, Menü 19–60 € | Mo-So

Das Restaurant mit seinen behaglichen Gaststuben ist zweifellos das Herzstück des „Adlers“. Hier und auf der großen Sonnenterrasse gibt es Regionales sowie leichte raffinierte Gerichte aus der neuen deutschen Küche. Auf der Karte liest man z.B. „Gebratenes Schweinerückensteak in Kräuterrahmsauce mit feinem Gemüse und hausgemachten Butterspätzle“. Dazu passt ein frisch gezapftes Allgäuer Bier.

Das Bad Rain www.bad-rain.de

★★★★

Hinterstaufen 9, PLZ 87534 (OT: Bad Rain), **T 08386 93240,** F 932499
26 Zimmer | 1 Suite | Ez 79–104 €, Dz 176–208 €, inkl. Frühstück | ⃠ 13.11.–9.12.22

Ansprechendes, seit 5 Generationen familiengeführtes Landhotel in ruhiger, naturnaher Lage am Rande des Naturpark Rainwald. Komfortable, in alpinem Stil eingerichtete Zimmer. Ansprechender Wellnessbereich mit Quellwasserhallenbad, Sauna und Infrarotkabine. In den gemütlichen Gaststuben, auf der Sonnenterrasse und im Biergarten wird regionale Küche serviert.

Tyrol www.hotel-tyrol-oberstaufen.de

★★★★

Am Kühlen Grund 1, PLZ 87534, **T 08386 9803830,** F 98038399
34 Zimmer | 5 Suiten | Ez 92–119 €, Dz 174–226 €, inkl. Halbpension

Familiär geführtes Wohlfühlhotel am Ortsrand von Oberstaufen. Wohnlich eingerichtete Zimmer mit großem Balkon. Hübscher Wellnessbereich mit Schwimmbad, Sauna und Dampfbad. Restaurant im alpenländischen Stil mit regionaler und österreichischer Küche.

Thalkirchdorfer Dorfhaus www.dorfhaus.de

Kirchdorfer Straße 5-7, PLZ 87534 (OT: Thalkirchdorf), **T 08325 9580**
Hauptgericht 11–23 € | Mo-So

Dass man sich hier richtig wohlfühlt, liegt zum einen an der heimeligen Atmosphäre und zum anderen an der wirklich guten Saisonküche mit Gerichten wie „Zwiebelrostbraten vom heimischen Rinderrücken mit Speckbohnen und hausgemachten Spätzle“. Für Übernachtungsgäste gibt es ansprechende Chalets zum Wohlfühlen. Zudem verfügt man über einen Dorfladen, eine Käseschule und eine hauseigene Sennerei.

Traube www.traube-thalkirchdorf.de

Kirchdorfer Straße 12, PLZ 87534 (OT: Thalkirchdorf), **T 08325 9200**
90 | Hauptgericht 27–31 €, Menü 27–52 € | Mi-So ⃠ Mo, Di ⃠ 20.11.–25.12.22

Das sympathische Restaurant des gleichnamigen Hotels bietet regionale und gutbürgerliche Küche, für die man saisonale Produkte verwendet. Freundlich-gemütlich das Ambiente - besonders beliebt sind die urigen Wirtsstuben und der schöne Biergarten. Zum Übernachten hat man gepflegte Zimmer.

OBERSTDORF 66 D www.oberstdorf.de

Bayern | EW 10.000 | 815 m | Sonthofen 14 km, Immenstadt im Allgäu 20 km
Einen Cityplan finden Sie auf Seite 850.

Alpenhotel Tiefenbach www.alpenhotel-oberstdorf.com

★★★★S

Falkenstraße 15, PLZ 87561 (OT: Tiefenbach), **T 08322 702100,** F 702222
82 Zimmer | 10 Suiten | Ez ab 95 €, Dz ab 160 €, inkl. Frühstück »

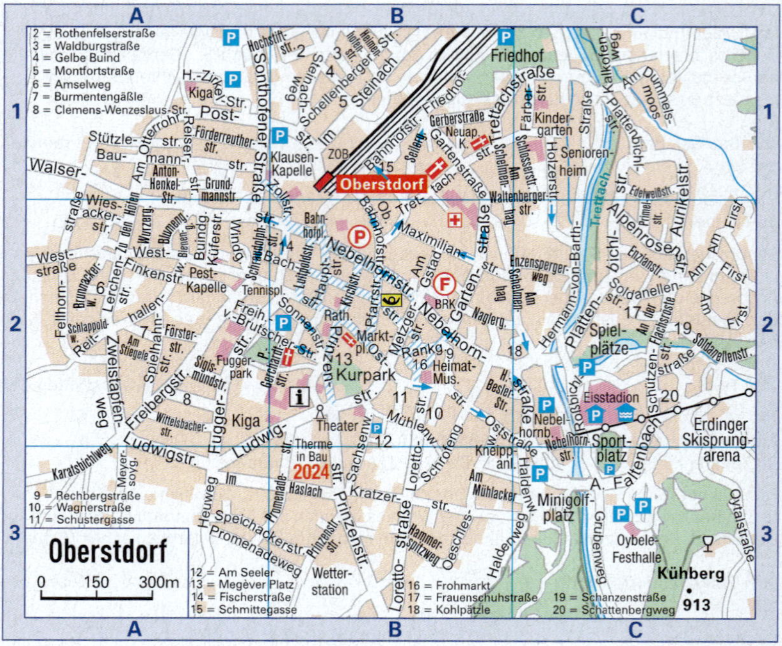

Ferienhotel mit unterirdisch verbundenen Gästehäusern. Die Landhauszimmer sind mit Holzmöbeln und hochwertigen Stoffen eingerichtet und verfügen teilweise über einen Balkon. Schöner Wellness- und Beautybereich mit Panorama-Innenpool, Quellengarten und finnischer Steinofensauna.

Best Western Plus Hotel Alpenhof

www.alpenhof-oberstdorf.de

★★★★ S

Fellhornstraße 36 (A2), PLZ 87561, **T 08322 96020,** F 960218
74 Zimmer | 6 Suiten | Ez 134–275 €, Dz 198–410 €, inkl. Frühstück

Das sympathische Ferienhotel in bevorzugter Ortsrandlage hat man in den letzten Jahren umfangreich erweitert. Die komfortabel eingerichteten Zimmer und Studios (alle mit Balkon oder Terrasse) verteilen sich auf das Haupthaus, den neueren Anbau und die Dependance Auenhof. Großzügiger Wellness- und Beautybereich. Panoramarestaurant mit Wintergarten und Südterrasse.

Das Freiberg

www.das-freiberg.de

★★★★ S

Freibergstraße 21 (A2), PLZ 87561, **T 08322 96780,** F 967843
28 Zimmer | 3 Suiten | Ez ab 137 €, Dz ab 196 €, inkl. Frühstück | ⏲ 24 h

In dem gewachsenen, persönlich geführten Ferienhotel erwarten Sie sehr individuell gestaltete Gästezimmer, die sich auf das Haupthaus und das neu entstandene Nebengebäude verteilen. Entspannung bietet ein Wellnessbereich mit „Living Wall", finnischer Sauna, Bio-Kräuter-Sauna sowie beheiztem Outdoorpool mit Blick auf das Nebelhorn.

Das Maximilians

www.das-maximilians.de

VARTA-TIPP Küche **VARTA-TIPP** Service

25 | Hauptgericht 40–50 €, Menü 97–149 € | Mi-Sa Mo, Di, So

Man könnte ihn fast als Produktfanatiker bezeichnen: Henrik Weiser. Reduktion auf das Wesentliche ist sein Markenzeichen, und diesem Stil bleibt er treu. Er liebt die weltoffene Küche, ohne dabei die Regionalität aus den Augen zu verlieren. Das perfekte Zusammenspiel des stets gut gelaunten Serviceteams und das modern-elegante Ambiente krönen das kulinarische Erlebnis. Bei schönem Wetter lockt der windgeschützte Champagnergarten. Tischreservierung empfehlenswert.

Das Fetzwerk

www.das-fetzwerk.de

VARTA-TIPP Küche

40 | Hauptgericht 11–25 € | Mo-So

Ungezwungen und lebhaft geht es zu in diesem sympathischen Restaurant. Hier erwartet den Gast ein trendiges Gastrokonzept: Aus der „Genusswerkstatt" kommen pfiffige Gerichte, Tapas zum Teilen und leckere Bowls. Dabei zeigen sich die trendigen Foodkreationen mal regional, mal mediterran und auch mal asiatisch inspiriert. Dazu passt ein süffiges Craft Beer. Offene Weine gibt es natürlich auch.

Exquisit

www.hotel-exquisit.de

VARTA-TIPP Ambiente

★★★★S

Lorettostraße 20 (B3), PLZ 87561, **T 08322 96330,** F 963360
52 Zimmer | 11 Suiten | Ez 176–378 €, Dz 315–640 €, inkl. Halbpension | 24 h

Stylishes Design, große Fensterfronten und edle Materialien prägen die Architektur dieses Traditionshotels. Sie logieren in individuell eingerichteten Zimmern mit Blick auf die umliegende Bergwelt. Für Entspannung und Wohlbefinden sorgt der modern gestaltete Wellnessbereich. Feine Menüs von Chefkoch Frank Aldinger werden im hauseigenen Gourmetrestaurant (nur für Hausgäste) serviert.

Franks

www.hotel-franks.de

VARTA-TIPP Service

★★★★★

Sachsenweg 11 (B3), PLZ 87561, **T 08322 7060,** F 706286
81 Zimmer | 12 Suiten | Ez 160–209 €, Dz 330–438 € | 24 h

Cora und Robert Frank haben aus ihrem Haus ein echtes Schmuckstück gemacht: Für eine geschmackvolle Optik und unbeschwerten Urlaub sorgen die stilvoll-ländlichen Gästezimmer, der hübsch gestaltete Wellnessbereich sowie der 4.000 qm große Garten mit Liegewiese, fürs Gefühl die persönliche Atmosphäre! Morgens erwartet Sie ein tolles Frühstück, das Sie bei schönem Wetter auch auf der Terrasse einnehmen können.

Löwen & Strauss

www.loewen-strauss.de

Kirchstraße 1 (B2), PLZ 87561, **T 08322 800080,** F 800081
32 Zimmer | 7 Suiten | Ez 85–110 €, Dz 180–230 €, inkl. Frühstück

Das geschmackvolle Lifestyle-Hotel im Herzen von Oberstdorf zeigt sich in einem gelungenen Stilmix aus zeitgemäßem Design und typisch alpenländischem Charme. Neben den hübschen Komfort-Doppelzimmern stehen auch großzügig geschnittene Suiten zur Verfügung. Kleine Wellnessoase mit Aromasauna, Tepidarium und Outdoorwhirlpool.

Ess Atelier Strauss

VARTA-TIPP Küche VARTA-TIPP Service

22 | Hauptgericht 35–45 €, Menü 160 € | Do-So Mo, Di, Mi 1.11.–11.12.22, 1.–30.4.23

Sie suchen das Besondere? Dann sind Sie hier richtig! Alpines Design, warmes Licht, feinste Stoffe und elegante, nach Maß gefertigte Altholzmöbel sorgen für eine ganz eigene Atmosphäre. Und die Küche? Spannend, aromenintensiv, mit eigener Note - Peter A. Strauss verarbeitet für seine klassischen Menüfolgen nur erstklassige Produkte. Edle Weine lagern im 18 qm großen Klimaregal. Vom Service werden Sie ausgesprochen freundlich und fachkundig umsorgt.

Nebelhornblick www.nebelhornblick.de

★★★★

Kornau 49, PLZ 87561 (OT: Kornau), **T 08322 96420,** F 964250
37 Zimmer | 2 Suiten | 4 Apartments | Ez 69–179 €, Dz 109–259 €, inkl. Frühstück

Ferienhotel in ruhiger Aussichtslage oberhalb von Oberstdorf. Geräumige, geschmackvoll eingerichtete Zimmer mit herrlichem Bergblick auf die Allgäuer Alpen. Schöner Wellnessbereich mit Schwimmbad und Saunalandschaft.

SCHÜLE'S Gesundheitsresort & SPA www.schueles.com

★★★★ S

Ludwigstr. 37-41a (A3), PLZ 87561, **T 08322 7010,** F 701516
114 Zimmer | 3 Suiten | 6 Apartments | Ez 123–210 €, Dz 240–402 €, inkl. Frühstück | 24 h

Gesundheits- und Wellnesshotel in ruhiger, sonniger Lage. Geräumige Gästezimmer mit regionaltypischer Einrichtung und herrlichem Blick auf die Berge. 2.600 qm großer Vital- und SPA-Bereich. Auch Medical Wellness mit qualifizierten Therapeuten wird angeboten. Gemütliches Restaurant mit regionaler und internationaler Küche.

Alpe Dornach www.alpe-dornach.de

★★★★

Sesselweg 16, PLZ 87561 (OT: Tiefenbach), **T 08322 6630,** F 988110
15 Zimmer | 10 Suiten

Ein persönlich geführtes Haus in 1.000 m Höhe. Für Gäste stehen geschmackvolle Zimmer, großzügige SPA-Apartments und Ferienwohnungen bereit. Zum Angebot der Alpe gehören ein Kinderspielplatz und ein Naturschwimmteich. Von Anfang Mai bis Anfang November ist das Bergbahnticket für Hausgäste inklusive. Im Winter auf Wunsch Shuttleservice zum Skigebiet.

Alpe Dornach

160 | Hauptgericht 16–36 € | Mo-So

Das behagliche Restaurant bietet eine typische Allgäuer Schmankerlküche, aber auch moderne, leichte Gerichte. Probieren Sie z.B. „Geschnetzelte Rinderhüfte | Malzjus | gegrillte Egerlinge | Kartoffelrahmpüree". Große Sonnenterrasse mit einzigartigem Bergpanorama. Liebenswürdiger Service.

Kappeler-Haus www.kappeler-haus.de

★★★ garni

Am Seeler 2 (B2), PLZ 87561, **T 08322 96860,** F 968613
47 Zimmer | Ez 58–79 €, Dz 98–154 €, inkl. Frühstück

Landhotel im Allgäuer Stil im Stadtzentrum, gelegen inmitten einer 3.000 qm großen Parkanlage. Großzügige Gästezimmer mit komfortabler Ausstattung. Für Entspannung sorgen der beheizte Außenpool mit Sonnenterrasse und Liegewiese.

Luitpold www.luitpold-oberstdorf.de

★★★ garni

Ludwigstraße 18 (B2), PLZ 87561, **T 08322 6030,** F 60377
24 Zimmer | 7 Suiten | Ez 57–67 €, Dz 114–134 €, inkl. Frühstück

Sympathisches Ferienhotel mit persönlicher und ungezwungener Atmosphäre. Gepflegte Zimmer mit Balkon und Panoramablick auf die Oberstdorfer Berge. Gutes Frühstück.

Ondersch Genusswirtschaft www.ondersch.de

VARTA-TIPP Küche

Ludwigstraße 7 (B2), PLZ 87561, **T 08322 3004885**
30 | Hauptgericht 19–43 €, Menü 45–69 € | Di-Sa Mo, So

In diesem schicken LOFT hat man 3D-Kino, Kunst, Kultur und Kulinarik unter einem Dach vereint. Egal ob Streetfood oder Genießermenü, die servierten Speisen sind unkompliziert, originell und kreativ. Wie wäre es z.B. mit „Confierter Gunzesrieder Saibling | Champagner-Schaum Mangold Kräutersaitlinge“? Bei der Auswahl der Produkte setzt die Küchencrew auf gute Qualität, Nachhaltigkeit und Regionalität. Das Preis-Leistungs-Verhältnis ist kaum zu toppen.

Das Jagdhaus www.das-jagdhaus.de

Ludwigstraße 13 (B2), PLZ 87561, **T 08322 987380**
100 | Hauptgericht 14–27 €, Menü 35–45 € | Mo-Di, Fr-So Mi, Do

In den behaglichen, königlich-bayerischen Stuben können Sie sich regionale und saisonale Spezialitäten schmecken lassen. In den Sommermonaten ist der zünftige Biergarten ein beliebter Anlaufpunkt.

OBERTHAL 49 B www.oberthal.de

Saarland | EW 4.487 | 451 m | St. Wendel 8 km, Saarlouis 34 km

Zum Blauen Fuchs www.zumblauenfuchs.de

Walhausener Straße 1, PLZ 66649 (OT: Steinberg-Deckenhardt), **T 06852 6740**
30 | Hauptgericht 24–36 €, Menü 40–90 € | So Fr-Sa Mo, Di, Mi, Do

Kleines, heimeliges Landgasthaus mit nostalgischem Charme. Im Angebot: wechselnde Menüs mit Spezialitäten aus der französisch-mediterranen Küche. Dazu ein gutes Preis-Genuss-Verhältnis, erlesene Weine sowie ein charmant-herzlicher Service.

OBERTHULBA 42 D www.oberthulba.de

Bayern | EW 5.048 | 270 m | Bad Kissingen 9 km, Hammelburg 14 km

Rhöner Land -B&B- www.hotelrhoenerland.de

★★★★ garni

Zum Weißen Kreuz 20, PLZ 97723, **T 09736 7070,** F 707444
29 Zimmer | 1 Suite | 3 Apartments | Ez 51–90 €, Dz 55–160 €, ab 10,00 € »

Gemütliches Landhaus unter familiärer Führung mit ansprechend eingerichteten Zimmern. Sky-TV und WLAN sind im Zimmerpreis enthalten. Im Restaurant werden regionaltypische Spezialitäten und mediterrane Gerichte serviert.

OBERTSHAUSEN 41 D www.obertshausen.de

Hessen | EW 24.131 | 122 m | Hanau 8 km, Offenbach 9 km

Zum Nachtwächter www.nachtwaechter-obh.de

Fünfhäusergasse 3, PLZ 63179, **T 06104 43376**
80 | Hauptgericht 13–27 € | So Di-So Mo

In einem der ältesten und geschichtsträchtigsten Gebäude Obertshausens bietet man eine frische, unverfälschte Wirtshausküche zu fairen Preisen. Neben klassischen Gerichten wie „Original Wiener Schnitzel" oder „Ochsenbäckchen im roten Burgunder geschmort" stehen auch vegetarische Speisen auf der Karte. Tipp für die warme Jahreszeit: gemütlicher Biergarten.

OBERURSEL 41 D www.oberursel.de

Hessen | EW 44.779 | 197 m | Bad Homburg 4 km, Frankfurt am Main 17 km

Dorint Hotel Frankfurt Oberursel www.dorint.com/de

Königsteiner Straße 21, PLZ 61440, **T 06171 27690,** F 2769100
140 Zimmer | 15 Suiten | Ez 109–450 €, Dz 109–450 € | 24 h

Das Hotelensemble inmitten einer historischen Parkanlage besteht aus der denkmalgeschützten Villa Gans, die originalgetreu rekonstruiert wurde, und einem modernen Anbau. Hier stehen zeitgemäße und technisch gut ausgestattete Zimmer zur Verfügung. Zum Haus gehören auch ein 360 qm großer Wellnessbereich, ein Restaurant sowie die Ludwig-Wilhelm-Bar mit Parkterrasse und Ausblick ins Grüne.

Parkhotel am Taunus www.parkhotel-am-taunus.de

★★★★

Hohemarkstraße 168, PLZ 61440, **T 06171 9200,** F 26627
100 Zimmer | 30 Apartments | Ez 90–156 €, Dz 116–219 €, inkl. Frühstück | 24 h

Tagungs- und Freizeithotel umgeben von einem weitläufigen Park. Die Zimmer sind zweckmäßig und zeitgemäß. Schöner Sauna- und Wellnessbereich mit großer Dachterrasse. Für Langzeitgäste stehen Apartments im Boardinghaus zur Verfügung.

Kraftwerk www.kraftwerkrestaurant.de

VARTA-TIPP Küche

Zimmersmühlenweg 2, PLZ 61440, **T 06171 929982**
40 | Hauptgericht 18–59 €, Menü 49–109 € | Mi-So Mo, Di

Das denkmalgeschützte ehem. Kraftwerk ist nicht nur eine extravagante Eventlocation, es beherbergt auch ein schönes Restaurant. In zwanglosem Ambiente kredenzt man Ihnen traditionelle, heimatliche Gerichte mit internationalen Einflüssen. Küchenchef Adalbert Seebacher bringt aber auch immer wieder seine österreichischen Wurzeln auf die Karte. Geschmackvolles Interieur mit reichlich Industriecharme und fachkundiger Service samt guter Weinberatung machen das niveauvolle Bild komplett.

OBERWESEL 40 D www.oberwesel.de

Rheinland-Pfalz | EW 2.817 | 75 m | Bingen 21 km, Koblenz 42 km

Burghotel Auf Schönburg www.burghotel-schoenburg.de

VARTA-TIPP Ambiente VARTA-TIPP Service

★★★★

Schönburg 1, PLZ 55430, **T 06744 93930,** F 939388
27 Zimmer | 8 Suiten | Ez 130–190 €, Dz 230–380 €, inkl. Halbpension

Weithin sichtbar thront die mittelalterliche Burganlage aus dem 10. Jhd. hoch oben am Berg. In den alten Mauern erwarten Sie stilvoll und individuell mit Antiquitäten eingerichtete Zimmer und Suiten. Von Familie Hüttl und ihrem Team werden Sie „fürstlich" umsorgt. Morgens lockt ein ausgezeichnetes Frühstück. Zahlreiche Wander- und Radwege in direkter Umgebung.

OBERWIESENTHAL, KURORT 45 D www.oberwiesenthal.de

Sachsen | EW 2.501 | 914 m | Annaberg-Buchholz 21 km, Zwickau 68 km

Ahorn Hotel www.ahorn-hotels.de

★★★★

Vierenstr. 18, PLZ 09484, **T 037348 140,** F 14444
172 Zimmer | 44 Suiten | 6 Apartments | ⏲ 24 h

Ein mehrgeschossiges Ferienhotel am Südhang des Fichtelberges mit herrlicher Aussicht. Dieses Domizil ist ein reines Erwachsenenhotel (14+) und bietet seinen Gästen zeitgemäße, praktisch ausgestattete Zimmer, einen hübschen Wohlfühlbereich mit Saunen sowie ein behagliches Restaurant mit Sonnenterrasse.

OBERWOLFACH 57 C www.oberwolfach.de

Baden-Württemberg | EW 2.651 | 323 m | Wolfach 2 km, Freudenstadt 33 km

Hirschen Landhotel www.hotel-hirschen-oberwolfach.de

★★★ S

Schwarzwaldstraße 2, PLZ 77709 (OT: Walke), **T 07834 8370,** F 6775
29 Zimmer | Ez ab 67 €, Dz ab 106 €, inkl. Frühstück

Familiär geführtes Hotel in traumhafter Lage und mit authentischem Landhausambiente. Wohnliche Zimmer verschiedener Größe und Kategorien mit Möbeln aus unterschiedlichen Hölzern, teilweise mit Natursteinbad. Restaurant mit deftiger Schwarzwaldküche.

OBING 61 C www.urlaub-in-obing.de

Bayern | EW 4.517 | 564 m | Trostberg 14 km, Wasserburg am Inn 18 km

Oberwirt www.oberwirt.de

★★★ S

Kienberger Straße 14, PLZ 83119, **T 08624 89110,** F 891144
48 Zimmer | 4 Apartments | Ez 75–79 €, Dz 125–130 €, inkl. Frühstück

Familiär geführtes Traditionshaus mit hauseigener Metzgerei. Wohnliche Gästezimmer unterschiedlicher Ausstattungen, teilweise mit Balkon. Urgemütliches Restaurant mit regionaler und internationaler Küche. Lauschiger Biergarten im Innenhof.

OCHSENFURT 52 B www.ochsenfurt.com

Bayern | EW 11.248 | 187 m | Würzburg 22 km, Rothenburg ob der Tauber 41 km

Flockenwerk Neu! www.flockenwerk.com

Floßhafenstraße 1, PLZ 97199, **T 09331 9840170**
Hauptgericht 15–26 €, Menü 34–44 € | Mo-Fr, So Mo, Mi-So

Ein gastronomischer Mix aus Restaurant, Bistro, Vinothek und Eventlocation in einem historischen Industriegebäude von 1917. Hier, wo einst Kartoffelflocken produziert wurden, können sich Gäste jetzt kulinarisch verwöhnen lassen. Das vielfältige Angebot reicht vom unkomplizierten Frühstück über einen köstlichen Mittagstisch oder feinstes Naschwerk zum Nachmittagskaffee bis hin zu erlesenen Gaumenfreuden am Abend. Auf dem Areal des ehemaligen „Flockenwerks“ entsteht zusätzlich noch ein dreigeschossiges Hotel in Holzbauweise, das sich bei Redaktionsschluss für diese Buchausgabe noch im Bau befand.

OCKFEN 49 A www.saar-obermosel.de

Rheinland-Pfalz | EW 602 | 170 m | Saarburg 5 km, Trier 29 km

Weinhotel Klostermühle www.klostermuehle-saar.de

★★★ S

Hauptstraße 1, PLZ 54441, **T 06581 92930,** F 929320
25 Zimmer | Ez 75–155 €, Dz 106–180 €, inkl. Frühstück

Familiengeführtes Hotel-Weingut in ländlicher Umgebung. Gepflegte, funktionelle Zimmer, teilweise mit Aussicht auf den Weinort Ockfen. Rustikales Restaurant mit saisonaler Frischeküche. Das Haus ist besonders bei Rad- oder Wandertouristen sehr beliebt.

ODELZHAUSEN 60 C www.odelzhausen.de

Bayern | EW 4.679 | 499 m | München 25 km, Augsburg 29 km

Staffler www.hotel-staffler.de

Hauptstraße 3, PLZ 85235, **T 08134 6006,** F 7737
28 Zimmer | Ez 89–145 €, Dz 138–178 €, inkl. Frühstück

Familiär geführtes Haus mit guter Anbindung zur Autobahn. Zweckmäßig ausgestattete Zimmer zu gastfreundlichen Preisen. Ideale Adresse für Geschäftsreisende und Kurzurlauber. Kreative bayerische Küche wird in „Schreiners Restaurant“ serviert.

ODENTHAL 40 A www.odenthal.de

Nordrhein-Westfalen | EW 14.727 | 149 m | Bergisch Gladbach 5 km, Leverkusen 11 km

Altenberger Hof Neu! www.altenberger-hof.de

Eugen-Heinen-Platz 7, PLZ 51519 (OT: Altenberg), **T 02174 4970**
39 Zimmer | 2 Suiten | Ez 109–129 €, Dz 129–179 €, inkl. Frühstück | 24 h

Direkt gegenüber dem mittelalterlichen Altenberger Dom empfängt Sie das frisch renovierte Hotel. Die hellen, freundlichen Gästezimmer verfügen über zeitgemäßen Komfort und sind geschmackvoll eingerichtet. Im Restaurant St. Markus und auf der herrlichen Sommerterrasse wird regionale und internationale Küche serviert.

Zur Post
www.hotel-restaurant-zur-post.de

Altenberger-Dom-Straße 23, PLZ 51519, **T 02202 977780,** F 9777849
16 Zimmer | Ez ab 95 €, Dz ab 135 €, inkl. Frühstück

In harmonischer Ergänzung zu dem unter Denkmalschutz stehenden Stammhaus bietet das familiär geführte Hotel modern und neuzeitlich eingerichtete Gästezimmer. Morgens erwartet Sie ein reichhaltiges Frühstücksbuffet.

Gourmetrestaurant

VARTA-TIPP Küche **VARTA-TIPP** Service

45 | Menü 125–155 € | So Mi-Sa Mo, Di

Hinter der hübschen Schieferfassade erwartet Sie das kulinarische Herzstück des denkmalgeschützten Gebäudes. Alejandro und Christopher Wilbrand kochen kreativ-individuell mit regionalem und mediterranem Touch. Das Ergebnis: ein gehobenes, siebengängiges Degustationsmenü. Dazu gibt es erlesene Weine aus nah und fern. Liebenswert und aufmerksam agiert der Service.

Postschänke

VARTA-TIPP Küche

25 | Hauptgericht 16–26 €, Menü 42–47 € | Mi-So Mo, Di

Eine schöne Alternative zum Gourmetrestaurant! In freundlich-ländlicher Atmosphäre darf man sich auf eine schmackhafte saisonale Küche aus marktfrischen Zutaten freuen. Auf der Speisekarte klingt das z.B. so: „Filet vom Islandlachs | Pfifferlinge | Zitronenrisotto | Beurre Blanc“. Tipp: „Schänkenmenü“ zu unschlagbarem Preis-Leistungs-Verhältnis.

OEBISFELDE-WEFERLINGEN 24 D www.stadt-oebisfelde-weferlingen.de

Sachsen-Anhalt | EW 13.558 | 63 m | Wolfsburg 18 km, Gardelegen 35 km

Hotel Am Markt
www.hotel-am-markt-oebisfelde.de

€ Gut & Günstig garni

Marktplatz 3, PLZ 39646 (OT: Oebisfelde), **T 039002 815730**
16 Zimmer | Ez ab 70 €, Dz ab 95 €, inkl. Frühstück

Das geschichtsträchtige Haus in der Altstadt wurde in der Barockzeit um 1739 erbaut und vor einigen Jahren zu einem hübschen Hotel umgestaltet. Historisches Flair und Moderne vereinen die stilvoll eingerichteten Zimmer. Nachmittags gibt es hausgebackenen Kuchen und Kaffee.

OESTRICH-WINKEL 50 B www.oestrich-winkel.de

Hessen | EW 11.717 | 93 m | Rüdesheim 9 km, Wiesbaden 18 km

Nägler's
www.naeglers-hotel.de

★★★★ garni

Hauptstraße 1, PLZ 65375 (OT: Winkel), **T 06723 99020,** F 990280
44 Zimmer | 1 Suite | 1 Apartment | Ez 105–115 €, Dz 145–160 €, inkl. Frühstück

Sehr gut schläft man in diesem schicken Boutique-Hotel: private Atmosphäre, zeitgemäße, nach Themen gestaltete Zimmer, frisches Frühstück - und drumherum ein faszinierendes Wein- und Wandergebiet mit zahlreichen Freizeitmöglichkeiten.

Gutshotel F. B. Schönleber
www.fb-schoenleber.de

Hauptstraße 1b, PLZ 65375 (OT: Winkel), **T 06723 91760,** F 917616
17 Zimmer | Ez ab 88 €, Dz ab 102 €, inkl. Frühstück

Ein gepflegtes, familiär geführtes Haus mit angeschlossenem Weingut. Helle, im Landhausstil eingerichtete Zimmer, die teilweise über Balkon und Rheinblick verfügen. Gemütliche Weinstube mit Kachelofen und Terrasse, in der zünftige regionale Spezialitäten serviert werden.

graues haus trüffel im rheingau Neu!
www.graueshaus.com

Graugasse 10, PLZ 65375 (OT: Winkel), **T 06723 8853911**
50 | Hauptgericht 26–40 € | Di-Sa Mo, So

Im vermeintlich ältesten Steinhaus Deutschlands hat sich eine ansprechende gastronomische Mischung aus Feinkosttheke, Bistro und Restaurant etabliert. Herzstück ist das elegant-puristische Fine-Dining-Restaurant mit Blick auf den Rhein, den hauseigenen Weinberg und in den romantischen Innenhof. Serviert wird eine mediterrane, weltoffene Küche mit Gerichten wie „Gegrillter Zander mit grünem Spargel und Kartoffelpüree“. Alternativ trifft man sich entspannt im Café-Bistro (geöffnet: Di-Sa 9:30-22:30 Uhr) auf einen Snack und ein Gläschen Wein. Im Feinkostshop gibt es feine Kost aus Deutschland, Frankreich und Italien zum Mitnehmen.

OEVERSEE 7 A
www.tourismus-nord.de

Schleswig-Holstein | EW 3.362 | 31 m | Flensburg 10 km, Schleswig 24 km

Historischer Krug
www.historischer-krug.de

Grazer Platz 1 (an der B 76), PLZ 24988, **T 04630 9400,** F 780
50 Zimmer | 5 Suiten | Ez 89–129 €, Dz 139–199 €, inkl. Frühstück

Romantisches Ferien- und Tagungshotel in einer ehem. Poststation aus dem 16. Jhd. mit gemütlichen, im Landhausstil eingerichteten Zimmern und Galeriesuiten, die sich auf mehrere Gästehäuser verteilen. Für Entspannung sorgt die „Krugtherme“ - eine gepflegte Wellnessanlage mit Schwimmbad, Sauna, türkischem Hamam, Massagepool und Kneippanlage. Im Restaurant Krugwirtschaft wird eine feine Regionalküche aufgetischt.

OFFENBACH AM MAIN 41 D
www.offenbach.de

Hessen | EW 119.203 | 98 m | Frankfurt am Main 8 km, Darmstadt 28 km

Leonardo Hotel Offenbach Frankfurt
www.leonardo-hotels.de

Kaiserleistraße 39, PLZ 63067, **T 069 68020**
238 Zimmer

Das 2020 eröffnete Businesshotel liegt im Gewerbegebiet Kaiserlei direkt am Mainufer. Es verfügt über moderne, klimatisierte Zimmer, die mit Espressomaschinen, HD-Flachbildfernsehern und kostenfreiem unlimitierten WLAN ausgestattet sind. Im Restaurant „Traveler“ wird traditionelle regionale Küche aufgetischt.

Sheraton
www.marriott.com

Berliner Straße 111, PLZ 63065, **T 069 829990,** F 82999800
221 Zimmer | 1 Suite | Ez 120–400 €, Dz 120–400 €, 24,00 € | 24 h

Das auffällige Businesshotel liegt direkt am Büsing-Park. Es bietet klimatisierte Komfortzimmer mit moderner Kommunikationstechnik. Für Entspannung sorgt ein 450 qm großer Wellnessbereich mit Sauna und Dampfbad. Das Restaurant „PURE“ serviert regionale und internationale Küche.

SchauMahl
www.schaumahl.de

Bismarckstraße 177, PLZ 63067, **T 069 82993400**
45 | Hauptgericht 26–42 €, Menü 49–119 € | Mi-Sa

Im Erdgeschoss des hübsch sanierten Jugendstilaltbaus werden Sie mit einer beschwingten, frischen Küche verwöhnt, die verschiedene Kochstile vereint und bei der überwiegend regionale Produkte Verwendung finden. Gut sortierte Weinkarte mit über 200 köstlichen Positionen.

OFFENBURG 56 D
www.offenburg.de

Baden-Württemberg | EW 57.448 | 163 m | Kehl 18 km, Freudenstadt 51 km

Hotel Liberty
www.hotel-liberty.de

VARTA-TIPP Ambiente

Grabenallee 8, PLZ 77652, **T 0781 28953000**
38 Zimmer | 5 Suiten | Ez ab 170 €, Dz ab 170 €, 19,50–26,50 €

Das ehemalige Gefängnis ist heute ein designorientiertes Wohlfühlhotel. Edles Parkett, freigelegte Backsteingewölbedecken und moderne Badezimmer prägen die wohnlichen Zimmer und Suiten. Softdrinks aus der Minibar sind im Preis inbegriffen. Zum Haus gehören auch eine Lounge/Bibliothek, ein modernes Restaurant mit offenem Grill, eine Bar sowie ein historischer Gewölbekeller. Das Freizeit- und Wellnessbad Stegermatt (2 Min. zu Fuß) können LIBERTY-Gäste kostenlos besuchen.

OFTERSCHWANG 66 D
www.ofterschwang.de

Bayern | EW 2.055 | 864 m | Sonthofen 5 km, Oberstdorf 12 km

Sonnenalp Resort
www.sonnenalp.de

VARTA★TIPP Service

★★★★★S

Sonnenalp 1, PLZ 87527, **T 08321 2720,** F 272242
218 Zimmer | 70 Suiten | Ez 230–345 €, Dz 590–720 €, inkl. Halbpension | 24 h

Ein Haus der Superlative, eingebettet in die wunderschöne Landschaft des Oberallgäus. Das Traditionshotel hat sich seit seiner Gründung vor über 100 Jahren über vier Generationen hinweg zu einem luxuriösen Ferienresort entwickelt. Hier ist alles auf Wärme und Harmonie ausgerichtet. Sie wohnen in behaglichen Zimmern und Suiten, die im alpinen Landhausstil eingerichtet sind. Besonders für Familien bietet das Hotel eine breite Erlebnisvielfalt. Das exklusive Wellnessareal mit mehreren Pools und eigenem Bergsee sucht seinesgleichen.

Silberdistel

VARTA-TIPP Küche VARTA-TIPP Service

36 | Hauptgericht 42–59 €, Menü 110–158 € | Mi-So Mo, Di

»

Von den Fensterplätzen im elegant-gediegenen Fine-Dining-Restaurant in der 4. Etage des Hotels hat man eine tolle Aussicht auf Wiesen und Bergwelt. Eine intelligente Karte für diverse kulinarische Genüsse - von Küchenchef Florian Wagenbach exzellent komponiert und vom Team um Oberkellner Brian McLaren fachkundig serviert. Dazu ein gut zusammengestelltes Weinrepertoire mit mehr als 450 edlen Tropfen aus dem gut bestückten Sonnenalp-Weinkeller.

freistil. – Boutiquehotel www.kiehnes-freistil.de

garni

Schweineberg 20, PLZ 87527 (OT: Schweineberg), **T 08321 3509,** F 84244
14 Zimmer | 10 Suiten | Ez 85 €, Dz 190 €, inkl. Frühstück

Ein charmantes Boutique-Hotel auf 800 Metern Höhe. Die hellen, freundlichen Zimmer in alpin-puristischem Stil bieten reichlich Platz zum Wohlfühlen. Besondere Akzente setzen handgefertigte Möbelstücke. Schön auch der hauseigene Wellnessbereich mit Indoorpool, kleiner Sauna und Ruheraum.

freistil. – Restaurant

Hauptgericht 16–28 € | Mo-So

In dem einladenden Restaurant sorgen warme Farben, indirektes Licht und verarbeitete Naturmaterialien wie Weißtanne oder Fichte für eine gemütlich-ländliche Atmosphäre. Die abwechslungsreiche Karte des Patrons offeriert bodenständige, moderne Gerichte wie „Rinderfilet (200 g) mit Kräuterhollandaise und Röstkartoffeln". Tolle Sonnenterrasse mit Blick auf die Allgäuer Alpen.

OHMDEN 58 B www.ohmden.de

Baden-Württemberg | EW 1.709 | 363 m | Kirchheim/Teck 7 km, Göppingen 15 km

Landgasthof am Königsweg www.landgasthof-koenigsweg.de

Hauptstraße 58, PLZ 73275, **T 07023 9422929**
40 | Hauptgericht 22–48 €, Menü bis 69 € | Di-Mi, Fr-So Mo, Do

Lust auf „Cremesuppe von der Petersilienwurzel" oder „Trüffelrisotto mit Kräuterseitlingen und Buchenpilzen"? Ehrliche, bodenständige Küche erwartet Sie in diesem traditionsreichen Landgasthof. Übernachten kann man im gleichnamigen Hotel hinter denkmalgeschütztem Fachwerk aus dem Jahre 1676.

ÖHNINGEN 65 A www.oehningen.de

Baden-Württemberg | EW 3.686 | 446 m | Radolfzell 14 km, Schaffhausen 23 km

Falconera www.restaurant-falconera.de

VARTA-TIPP Küche

Zum Mühlental 1, PLZ 78337 (OT: Schienen), **T 07735 2340**
70 | Hauptgericht 40–55 €, Menü 79–120 € | Do-Sa Mi-Sa Mo, Di, So

Landschaftlich reizvoll auf der Bodenseehalbinsel Höri liegt das wunderschöne Restaurant von Anne und Johannes Wuhrer. Im rustikal-eleganten Ambiente der einstigen Mühle und Falknerei verwöhnt Sie der Patron mit einer kreativen, frischen Saisonküche. Die Produkte stammen von regionalen und überregionalen Partnern und bilden die Grundlage für die exzellenten Gaumenfreuden. Auch ein reines Gemüsemenü steht auf der Karte. Lauschige Gartenterrasse.

ÖHRINGEN 52 C www.oehringen.de

Baden-Württemberg | EW 22.777 | 230 m | Heilbronn 28 km, Schwäbisch Hall 29 km

Württemberger Hof www.wuerttemberger-hof.de

Karlsvorstadt 4, PLZ 74613, **T 07941 92000,** F 920080
60 Zimmer | 2 Suiten | Ez ab 115 €, Dz ab 159 €, inkl. Frühstück | 24 h

Hist. Haus in zentraler Lage am Rand der Fußgängerzone mit geschmackvoll eingerichteten Zimmern unterschiedlicher Kategorien. Ansprechender Wellnessbereich mit finnischer Sauna, Sanarium und Dampfbad. Restaurant mit regionaler und internationaler Küche.

Kleinod www.restaurant-kleinod.de

Uhlandstr. 27, PLZ 74613, **T 07941 9894727**
30 | Menü 85–120 € | Mi-Sa Mo, Di, So

Das schicke, wertige Interieur der ehem. Orangerie im Öhringer Hofgarten und die durchdachte, moderne Crossover-Küche ergeben ein stimmiges Bild. Die saisonalen Gerichte mit türkischen Einflüssen können Sie à la carte oder in Menüform bestellen. Hübsch die idyllische Sommerterrasse.

OLBERNHAU 46 A www.olbernhau.de

Sachsen | EW 9.276 | 450 m | Seiffen 10 km, Annaberg-Buchholz 29 km

Zum Berghof Neu! www.zum-berghof.de

Berggasse 2, PLZ 09526, **T 037360 699172**
24 | Hauptgericht 17–27 € | Sa-So Mo, Do-So Di, Mi

Ehrliche regionale und saisonale Küche in gemütlich-eleganter Atmosphäre heißt es in diesem sympathischen Restaurant. Auf den Tisch kommen z.B. „Zart geschmorte Rinderbäckchen in Balsamicosauce mit Kartoffelpüree und mediterranem Gemüse“ oder „Doradenfilet vom Grill mit Oliventapenade, kanarischen Kartoffeln und Mojosauce“. Dazu eine europäisch ausgerichtete Weinkarte und ein freundlich-angenehmer Service.

OLCHING 60 C www.olching.de

Bayern | EW 26.149 | 503 m | Fürstenfeldbruck 7 km, Dachau 16 km

Am Krone Park www.hotel-kronepark.de

garni

Kemeter Straße 55, PLZ 82140 (OT: Neu-Esting), **T 08142 2920,** F 18706
37 Zimmer | 1 Suite | 1 Apartment | Ez ab 59 €, Dz ab 95 €, inkl. Frühstück »

Modernes Businesshotel in ruhigem Wohngebiet mit gemütlicher Atmosphäre. Gediegen oder schick und modern im Landhausstil eingerichtete Zimmer mit zeitgemäßer Ausstattung. Schöner Biergarten.

Schiller www.hotel-schiller.de

Nöscherstraße 20, PLZ 82140, **T 08142 4730,** F 473399
52 Zimmer | Ez 89–190 €, Dz 99–210 €, inkl. Frühstück

Gewachsenes, familiengeführtes Urlaubs- und Geschäftshotel in verkehrsgünstiger Lage. Hell und zeitgemäß eingerichtete Nichtraucherzimmer unterschiedlicher Größe. Kleiner Asia-Vital-Wellnessbereich mit Sauna und Dampfbad. Restaurant mit regionaler und internationaler Küche.

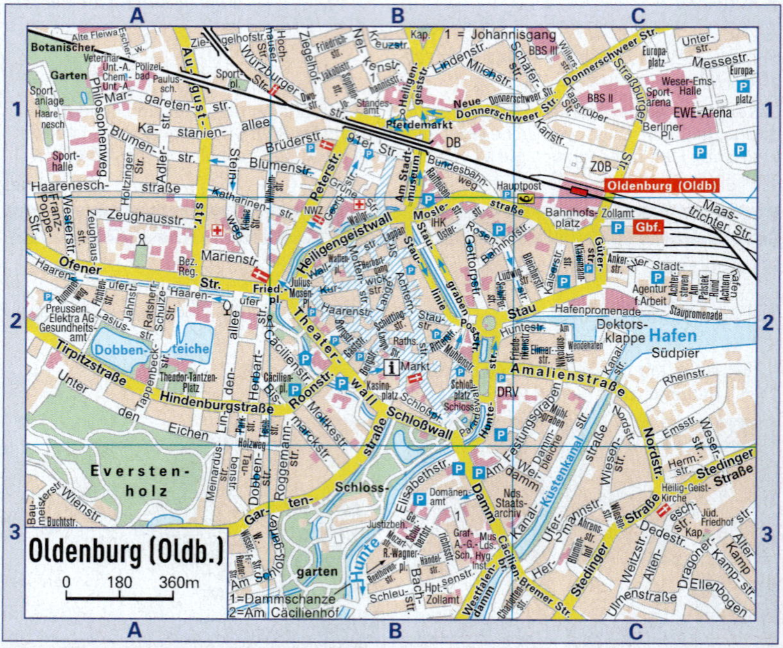

OLDENBURG 13 D

www.oldenburg-tourist.de

Niedersachsen | EW 169.000 | 4 m | Cloppenburg 42 km, Bremen 48 km

Wahrzeichen Lappan, Rathaus und Lambertikirche am Markt, ehem. großherzogliches Schloss mit Landesmuseum für Kunst und Kulturgeschichte, Schlossgarten im englischen Landschaftsstil, Staatstheater, Landesmuseum Natur und Mensch, Stadtmuseum, Horst-Janssen-Museum.

Altera Hotel www.altera-hotels.de

Herbartgang 23 (B2, Zufahrt über Mottenstr.), PLZ 26122, **T 0441 219080,** F 2190888
56 Zimmer

Warme Farben und ein puristischer Einrichtungsstil prägen den Charakter des Hauses. Mit der Lounge in der obersten Etage bietet man einen komfortablen Arbeits- und Besprechungsbereich für Businessgäste. Kostenfreier Zugang zum „Altera Gym".

Michael Schmitz Brasserie & Vinothek www.schmitz-oldenburg.de

Herbartgang 6 (B2), PLZ 26122
35 | Hauptgericht 16–50 € | Di-Sa Mo, So

Gelungene Liaison aus Bistro, Restaurant und Vinothek. Die saisonal wechselnde Speisekarte bietet u.a. Flammkuchen, frische Pasta und Fischvariationen. Hausspezialität: Fleischspezialitäten vom Lavasteingrill. Tolle Weinkarte.

Wieting www.hotel-wieting.de

★★★ S garni

Damm 29 (B3), PLZ 26135 (OT: Osternburg), **T 0441 92400,** F 9240222
63 Zimmer | Ez ab 99 €, Dz ab 129 €, inkl. Frühstück | 24 h

Praktisch ist die Lage dieses traditionellen Familienbetriebes: Das Haus liegt nur wenige Gehminuten von der Oldenburger Innenstadt entfernt. Es bietet wohnliche Zimmer unterschiedlicher Kategorien und ein Restaurant mit internationaler Küche.

Hermes Hotel www.hermes-hotel-oldenburg.de

★★★ S garni

Ankerstr. 19 (C2), PLZ 26122, **T 0441 779390,** F 7793999
55 Zimmer | Ez ab 109 €, Dz ab 145 €, ab 13,00 €

Familiär geführtes Hotel am Innenstadtrand. „All inclusive"-Leistungen für Hausgäste: kostenfreies Telefonieren ins deutsche Festnetz, Internetnutzung, Erfrischungsgetränke in der Halle und auf der Etage, Saunabenutzung, kostenfreier Parkplatz.

Rosenbohm Designhotel www.hotel-rosenbohm.de

garni

Pferdemarkt 7 (B1), PLZ 26121, **T 0441 80063444,** F 885481
8 Zimmer | 1 Suite | Ez ab 110 €, Dz ab 135 €, inkl. Frühstück

Kleines Stadthotel in einem denkmalgeschützten Eckhaus am Pferdemarkt. Tür an Tür mit dem gleichnamigen Einrichtungshaus wohnen Sie in individuell gestylten Designerzimmern. Besonderheit: Gäste können die Einrichtungsgegenstände auch käuflich erwerben.

Villa Stern www.hotelvillastern.de

garni

Bremer Str. 41 (C3), PLZ 26135 (OT: Osternburg), **T 0441 30424144,** F 30488685
15 Zimmer | Ez 75 €, Dz 100–110 €, inkl. Frühstück

Die hübsch sanierte Jugendstilvilla beherbergt individuell eingerichtete Zimmer, die mit Holzböden und bequemen Boxspringbetten ausgestattet sind. Hier sorgen Menschen mit und ohne Behinderung dafür, dass Sie sich wohlfühlen. Zum Haus gehören ein schöner Hotelgarten und ein hauseigenes Café.

Restaurant Kevin Gideon **Neu!** www.kevingideon.de

VARTA-TIPP Küche

Heiligengeistwall 9 (B2), PLZ 26122, **T 0441 18005066**
22 | Menü 100–130 € | Di-Sa Mo, So 24.12.22–3.1.23 »

Aus der ehem. Kneipe am Heiligengeistwall ist nach umfangreichen Renovierungsarbeiten ein modernes Gourmetrestaurant entstanden. Hier hat sich Kevin Gideon den Traum vom eigenen Lokal erfüllt. Blanke Holztische mit einem industriellen Metallrahmen und grüne Stühle mit Samtbezug sorgen für unkonventionelle, aber dennoch stilvolle Wohnzimmeratmosphäre. Das Credo des Patrons: „Klasse statt Masse". So gibt es auch keine herkömmliche Speisekarte, sondern ein monatlich wechselndes Menü (auf Vorbestellung auch vegetarisch), aus dem der Gast zwischen 4 bis 7 Gängen wählen kann. Gideons Gerichte zeichnen sich durch präzises Handwerk, Kreativität sowie qualitativ hochwertige Lebensmittel aus. Überaus freundlich und natürlich ist der Service.

Kaiserküche **Neu!** kaiserkueche-ol.de

VARTA-TIPP Küche

Kaiserstraße 18-20 (C2), PLZ 26122, **T 0176 96664638**
50 | Menü 65–95 € | Do-Fr Do-So Mo, Di, Mi 1.–15.1.23

Die Gastgeber Clarissa und Malte Ibbeken lieben und leben ihren Beruf. Das fühlt man, sobald man das zurückhaltend und puristisch eingerichtete Restaurant betritt. In der einsehbaren Küche verwendet man bevorzugt Zutaten von Erzeugern aus dem Umland, welche handwerklich präzise verarbeitet werden. Die ausbalancierten, feinsinnigen und unverfälschten Speisen können Sie in Form eines stetig wechselnden Menüs aus bis zu 6 Gängen kennenlernen. Dazu gibt es ausgewählte Weine und leckere Longdrinks. Donnerstags und freitags wird eine kleine Lunchkarte angeboten.

OLPE 30 C www.olpe.de

Nordrhein-Westfalen | EW 24.592 | 307 m | Attendorn 15 km, Gummersbach 29 km

Hotel Diehlberg hotel-diehlberg.de

★★★★ garni

Am Diehlberg 2, PLZ 57462 (OT: Sondern am Biggesee), **T 02761 941740,** F 9417419
70 Zimmer | 1 Suite | Ez ab 109 €, Dz 170–190 €, inkl. Frühstück | 24 h

Für Freizeitaktivitäten wie Schwimmen, Wandern, Fitnesstraining, Mountainbike oder E-Bike fahren ist das eine ideale Adresse. Hier können Sie Ihre Seele baumeln lassen und die gute Luft am Biggesee im grünen Herzen des Südsauerlandes genießen. Modern und komfortabel eingerichtet sind die lichtdurchfluteten Nichtraucherzimmer. Gemütliche Kaminlounge.

Kochs Stadthotel www.kochs-stadthotel.de

Bruchstraße 16, PLZ 57462, **T 02761 82520,** F 825299
52 Zimmer | 2 Suiten | 2 Apartments | Ez 70–125 €, Dz 115–155 €, 14,00 €

Familiengeführtes Hotel bestehend aus zwei Häusern mitten im Südsauerland. Gepflegte Wohlfühlzimmer in verschiedenen Kategorien. Schöner Tagungsbereich. Im Restaurant „Altes Olpe" wird regional gekocht.

OLSBERG 30 D www.olsberg-touristik.de

Nordrhein-Westfalen | EW 14.716 | 360 m | Brilon 10 km, Meschede 14 km

Kurpark Villa www.kurparkvilla.info

★★★★

Mühlenufer 4a, PLZ 59939, **T 02962 97970,** F 979797
32 Zimmer | 1 Suite | Ez 78–98 €, Dz 156–176 €, 12,00 €

Ansprechende Ferien- und Gesundheitsoase in ruhiger Lage am Kurpark. Die geschmackvollen Zimmer wurden individuell nach klassischem Vorbild eingerichtet. Eine leichte Frischeküche wird im Restaurant „Avocado“ serviert.

Schinkenwirt

www.schinkenwirt.com

Eisenberg 2, PLZ 59939, **T 02962 979050,** F 9790544
18 Zimmer | 1 Suite | 2 Apartments | Ez 61 €, Dz ab 104 €, inkl. Frühstück

Gepflegtes Haus in ruhiger Alleinlage am Waldrand. Hier erwarten Sie neuzeitlich eingerichtete Landhauszimmer und ein hübsches Restaurant mit saisonaler Naturküche. Ideale Adresse für Wander- und Fahrradtouristen.

OPPENAU 57 C

www.renchtal-tourismus.de

Baden-Württemberg | EW 4.873 | 277 m | Freudenstadt 24 km, Kehl 32 km

Gasthof Blume

www.blume-lierbach.de

Rotenbachstraße 1, PLZ 77728 (OT: Lierbach), **T 07804 3004,** F 3017
10 Zimmer | 1 Suite | Ez 70–78 €, Dz 100–110 €, inkl. Frühstück

Traditioneller Schwarzwaldgasthof mit familiärer Atmosphäre. Gepflegte, freundlich eingerichtete Zimmer, teilweise mit Balkon oder Terrasse. Rustikales Restaurant mit traditionell badischer Küche und internationalen Spezialitäten.

Höhenhotel Kalikutt

www.kalikutt.de

Kalikutt 10, PLZ 77728 (OT: Ramsbach), **T 07804 450,** F 45222
26 Zimmer | 2 Suiten | Ez 72–110 €, Dz 112–200 €, inkl. Frühstück

Traditionshotel mit typisch Schwarzwälder Charme in ländlich-idyllischer Lage. Modernisierte Gästezimmer unterschiedlicher Kategorien. Kleiner Saunabereich mit finnischer Sauna. Behagliches Restaurant mit bürgerlicher Küche.

Rebstock

www.rebstock-oppenau.de

Straßburger Str. 13, PLZ 77728, **T 07804 728,** F 978200
15 Zimmer | 1 Apartment | Ez 50–75 €, Dz 75–90 €, ☕ 7,00 €

Das hübsche Fachwerkhaus liegt direkt am Bächlein Lierbach, das durch den Ort fließt. Richtig schön sind die liebenswert gestalteten Zimmer. Im Restaurant und auf der überdachten Terrasse wird badisch-elsässische Küche serviert.

OPPENHEIM 50 B

www.stadt-oppenheim.de

Rheinland-Pfalz | EW 7.202 | 87 m | Mainz 19 km, Worms 26 km

Völker

www.restaurant-voelker.de

Krämerstraße 7 (Eingang über Schulstr.), PLZ 55276, **T 06133 2269**
90 Plätze | Hauptgericht 15–27 €, Menü ab 39 € | ◔ Sa-So ◑ Fr-So ⊘ Mo, Di, Mi, Do

Das geschmackvoll eingerichtete Restaurant befindet sich in einem ehem. Weingut und vereint historische Bausubstanz mit modernen Elementen. Die Chefin steht am Herd und offeriert feine regionale und mediterrane Speisen. Idyllischer Garten mit südländischem Flair. Die Kellerräume im Untergrund werden regelmäßig für Veranstaltungen genutzt.

OPPENWEILER 58 B www.oppenweiler.de

Baden-Württemberg | EW 4.046 | 267 m | Ludwigsburg 26 km, Stuttgart 40 km

Einhorn www.restaurant-einhorn.de

Hauptstr. 55, PLZ 71570, **T 07191 340280**
120 | Hauptgericht 17–30 €, Menü 39–72 € | Mo-Di, Do-Fr Mo-Di, Do-So Mi

Wirklich nett sitzt man im Innern des imposanten Fachwerkbaus. Im sachlich-modernen Landhausambiente wird eine international angereicherte Regionalküche serviert. Auf der Karte findet sich z.B. „Rückenstück vom Eismeerkabeljau an weißer Zitronenbuttersauce mit glasiertem Chicorée und schwarzem Reis". Dazu eine gepflegte Weinauswahl zu fairen Preisen. Im Sommer lockt die lauschige Hofterrasse. Im benachbarten Gästehaus hat man geräumige und zeitgemäß eingerichtete Doppelzimmer.

ORB, BAD 42 C www.bad-orb.info

Hessen | EW 9.779 | 189 m | Schlüchtern 24 km, Hanau 36 km

Hotel an der Therme www.toskanaworld.net

★★★★ garni

Horststraße 1, PLZ 63619, **T 06052 880,** F 88135
112 Zimmer | 7 Suiten | 24 h

Unmittelbar am prachtvollen Kurpark liegt dieses Wellnesshotel. Die Zimmer überzeugen durch zeitlos-klassisches Design und liebevolle Details. Direkter Zugang zur „Toskana Therme" (freier Eintritt für Hausgäste).

Rauchfang www.restaurant-rauchfang.de

Gutenbergstr. 15, PLZ 63619, **T 06052 912376**
6 | Hauptgericht 35–49 €, Menü bis 119 € | Do-So Mo, Di, Mi

Rustikal-elegantes Ambiente und freundliche Gastgeber zeichnen das „Rauchfang" aus. Serviert werden gehobene italienische Küche und hausgemachte Pastaspezialitäten, die auch auf der mediterranen Terrasse eingenommen werden können.

ORTENBURG 62 A www.ortenburg.de

Bayern | EW 7.126 | 358 m | Vilshofen 11 km, Griesbach i. R. 12 km

Zum Koch www.zumkoch.de

★★★★ garni

Vorderhainberg 8, PLZ 94496 (OT: Vorderhainberg), **T 08542 1670,** F 167440
69 Zimmer | 6 Suiten | Ez 61 €, Dz 120 €, inkl. Vollpension

Wirklich gepflegt wohnt man in dem familiär geführten Ferienhotel, das mitten im Grünen auf einer kleinen Anhöhe liegt. Die renovierten Zimmer sind zeitgemäß eingerichtet, man kümmert sich herzlich um die Gäste und am Morgen erwartet Sie ein tolles Frühstück. Für Entspannung sorgt ein 900 qm großer Wellnessbereich. Im hauseigenen Restaurant gibt es traditionelle bayerische Küche mit internationalen Einflüssen.

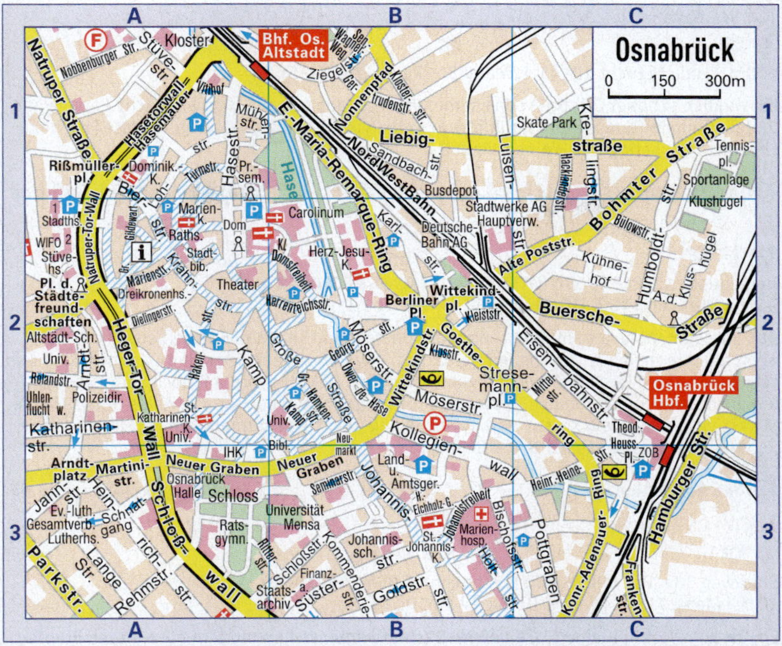

OSNABRÜCK 21 C www.osnabrueck.de

Niedersachsen | EW 168.507 | 63 m | Rheine 46 km, Bielefeld 53 km

Spätgot. Rathaus mit Friedenssaal am Markt, Marienkirche, Dom St. Petrus, Heger-Tor-Viertel mit alten Fachwerkbauten, Kulturgeschichtliches Museum, Neuer Graben mit Stadthalle und fürstbischöflichem Schloss, Felix-Nussbaum-Haus, Museum am Schölerberg, Museum Industriekultur.

Vienna House Remarque www.viennahouse.com

★★★★

Natruper-Tor-Wall 1 (A2), PLZ 49076, **T 0541 60960,** F 6096600
156 Zimmer | 17 Suiten | Ez 99–197 €, Dz 119–235 €, 15,00–18,00 € | 24 h

Modernes Businesshotel unweit der malerischen Altstadt. Das Haus bietet wohnliche und geräumige Gästezimmer in unterschiedlichen Kategorien sowie sehr gute Tagungsmöglichkeiten. Für Entspannung sorgt ein Wellnessbereich mit Sauna. Im Restaurant „Josef" werden österreichische Gerichte serviert.

Walhalla www.hotel-walhalla.de

★★★★

Bierstraße 24 (A2), PLZ 49074, **T 0541 34910,** F 3491144
69 Zimmer | 2 Suiten | Ez 99–129 €, Dz 109–149 €, ab 19,00 € | 24 h

Über 300 Jahre altes Fachwerkhaus gegenüber von Rathaus und Marktplatz. Hier erwarten Sie individuell gestaltete Nichtraucherzimmer mit moderner Ausstattung. Es gibt auch einen schönen Wellnessbereich mit Biosauna, Dampfbad und Solarium.

Walhalla

100 | Hauptgericht 22–45 €, Menü 30–75 € | Mo-So

Ein wirklich schöner Ort: Da ist das stimmungsvolle Restaurant, die behagliche Lounge mit ruhiger Sommerterrasse und natürlich die schmackhafte, regional ausgerichtete Frischeküche. Dazu ein sehr gutes Weinsortiment.

Kesselhaus

www.kesselhaus-os.de

VARTA-TIPP Küche **VARTA-TIPP** Service

Neulandstr. 12, PLZ 49084 (OT: Fledder), **T 0541 97000072**
25 | Menü ab 148 € | Sa Di-Sa Mo, So

Das „Kesselhaus", das sind die charmante Gastgeberin Thayarni Garthoff sowie der äußerst talentierte Randy De Jong am Herd, die hier versteckt auf einem Industriehof mit ihrem schick designten Restaurant richtig gut ankommen. Gekocht wird mit hochwertigsten Zutaten, bevorzugt von regionalen Lieferanten. Das Ergebnis: ein anspruchsvolles Sechs-Gänge-Menü - geschmackvoll, kreativ und abwechslungsreich. Der aufmerksame und freundliche Service sorgt für die passende Weinbegleitung.

Iko Restaurant

www.iko-restaurant.de

VARTA-TIPP Küche

Stadtweg 38a, PLZ 49086 (OT: Lüstringen), **T 0541 44018030**
40 | Menü 115–145 € | Do-Sa Mo, Di, Mi, So

Ein Ort zum Wohlfühlen und Genießen! Das Ambiente: stylish-modern mit warmen Blautönen, dazu Feng-Shui-Elemente und edle Massivholzmöbel. Die Küche: international geprägt - trendig, finessenreich und ausdrucksstark. Serviert wird ein Menü in 5 bis 7 Gängen. Dazu gibt es ausgesuchte Weine. Mit den Gasträumen offen verbunden sind ein Blumenstudio sowie ein Kunstatelier.

Wilde Triebe

www.wilde-triebe.de

Am Sutthauser Bahnhof 5, PLZ 49082 (OT: Sutthausen), **T 0541 60079033**
95 | Hauptgericht 20–35 €, Menü 41–80 € | Mi-Sa Mo, Di, So

In diesem hist. Gebäude des ehem. Sutthauser Bahnhofs wird ambitioniert gekocht. Aus regional produzierten Produkten entstehen schmackhafte, unverfälschte Gerichte wie „Kalbshüfte | Rahmkohlrabi | Grenaillekartoffeln" oder „Scholle | grünes Gemüse | Schupfnudeln". Das Interieur stammt vom Osnabrücker Künstler Volker-Johannes Trieb. Im Sommer lockt ein wundervoller Garten.

OSTERBURKEN 51 D

www.osterburken.de

Baden-Württemberg | EW 6.532 | 247 m | Mosbach 28 km, Bad Mergentheim 29 km

Märchenwald

www.hotelmaerchenwald.de

★★★★

Boschstraße 14 (Industriegebiet Ost), PLZ 74706, **T 06291 64200,** F 642040
20 Zimmer | Ez 72–79 €, Dz 110–120 €, inkl. Frühstück

Freundlich geführtes Hotel in ruhiger Stadtrandlage mit geräumigen Zimmern im Landhausstil. Behagliches Restaurant mit regional ausgerichteter Speisekarte.

OSTRACH 65 B www.ostrach.de

Baden-Württemberg | EW 6.588 | 611 m | Ravensburg 33 km, Ulm 83 km

Alte Mühle www.landhotelaltemuehle.de

Auenstraße 13 (Naturschutzg. Pfrungener Ried), PLZ 88356 (OT: Waldbeuren),
T 07585 9390, F 939100
58 Zimmer | 4 Suiten | 20 Apartments | Ez 80–94 €, Dz 124–146 €, inkl. Frühstück

Behagliches Landhotel mit gemütlichen Gästezimmern und persönlicher Atmosphäre. Es sind auch Familienapartments und Ferienwohnungen vorhanden. Die Wellnessoase mit finnischer Sauna, Dampfbad, Infrarot- und Farblichtkabine sorgt für Entspannung. Restaurant mit regionaler Küche.

Landhotel Gasthof zum Hirsch www.landhotel-hirsch.de

★★★ S

Hauptstraße 27, PLZ 88356, **T 07585 92490,** F 924949
15 Zimmer | Ez 77–88 €, Dz 118 €, inkl. Frühstück

Traditionsreicher Familienbetrieb in der Ortsmitte mit individuell gestalteten, sehr gepflegten Zimmern. Besucher schätzen die ländliche Atmosphäre und den freundlichen Gästeumgang. Gutes, oberschwäbisches Frühstücksbuffet.

Landhotel Gasthof zum Hirsch

70 | Hauptgericht 14–33 €, Menü 28–40 € | Mo-Fr, So Mo-Sa

Liebhaber der schwäbischen Küche werden in der gemütlichen holzgetäfelten Gaststube vom freundlichen Serviceteam verwöhnt. Auch internationale Gerichte stehen auf der Speisekarte. Im Sommer werden die schmackhaften Gerichte auch auf der Terrasse serviert.

ÖSTRINGEN 51 C www.oestringen.de

Baden-Württemberg | EW 12.564 | 163 m | Heidelberg 30 km, Karlsruhe 38 km

Heitlinger Hof www.heitlinger-genusswelten.de

Am Mühlberg 1-3, PLZ 76684 (OT: Tiefenbach), **T 07259 4640112**
31 Zimmer | 2 Suiten | Ez 120–145 €, Dz 159–189 €, inkl. Frühstück

Inmitten von sanft geschwungenen Hügeln und Weinbergen bietet dieses moderne Nichtraucherhotel geschmackvoll eingerichtete Zimmer (ab 23 qm) und Junior Suiten (47 qm). Das Interieur verbindet klassische Eleganz mit modernen Materialien. Das Restaurant bietet internationale und regionale Küche. Mehrere Außenterrassen. Eigener 18-Loch-Golfplatz gegenüber dem Hotel.

ÖTISHEIM 57 B www.oetisheim.de

Baden-Württemberg | EW 4.682 | 243 m | Karlsruhe 43 km, Stuttgart 46 km

Krone www.gasthof-krone.eu

€ Gut & Günstig ★★★

Maulbronner Straße 11, PLZ 75443, **T 07041 2807,** F 861521
17 Zimmer | Ez 65 €, Dz 89 €, inkl. Frühstück »

Gut geführter Traditionsgasthof mit familiärer Atmosphäre. Saubere, gepflegte Gästezimmer mit kostenlosem WLAN. Gemütliches Restaurant mit schöner Sonnenterrasse und gutbürgerlicher schwäbischer Küche.

OTTERNDORF 14 B www.otterndorf.de

Niedersachsen | EW 7.110 | 2 m | Cuxhaven 19 km, Bremerhaven 41 km

Am Medemufer www.hotel-am-medemufer.de

★★★ S garni

Goethestr. 15, PLZ 21762, **T 04751 99990**
38 Zimmer | 6 Suiten

Ein mediterran anmutendes Urlaubs- und Geschäftshotel direkt am Medemufer. Sehr individuell und mit Liebe zum Detail hat man das gesamte Haus eingerichtet. Wohnliche Zimmer mit guter Technik. Im Restaurant „Leuchtfeuer" wird regional gekocht.

OTTOBEUREN 66 B www.ottobeuren.de

Bayern | EW 8.314 | 669 m | Memmingen 11 km, Kempten 28 km

Parkhotel Maximilian www.parkhotel-ottobeuren.de

S garni

Bannwaldweg 11, PLZ 87724, **T 08332 92370,** F 92371111
111 Zimmer | 7 Suiten | 24 h

Das Hotelkonzept ist sowohl auf Kurzurlauber als auch auf Geschäftsreisende und Tagungsgäste zugeschnitten. Sie logieren in lichtdurchfluteten Gästezimmern, die fast alle zur Südseite gelegen sind. Aufwendiger Beauty- und Wellnessbereich, der auch für externe Gäste zur Verfügung steht. Ruhige Lage oberhalb des Klosters am Waldrand.

Am Mühlbach www.hotel-am-muehlbach.de

S garni

Luitpoldstraße 57, PLZ 87724, **T 08332 92050,** F 9205111
20 Zimmer | Ez 71–88 €, Dz 86–115 €, inkl. Frühstück

Kleines, individuelles Urlaubshotel in ruhiger, aber zentraler Lage. Gemütliche Zimmer mit schöner Aussicht in den begrünten Innenhof mit Gartenteich, teils mit Balkon oder Terrasse. Morgens erwartet Sie ein reichhaltiges und ausgewogenes Allgäuer Landhausfrühstück.

Brauerei Hotel Hirsch www.hirsch-ottobeuren.de

★★★ S garni

Marktplatz 12, PLZ 87724, **T 08332 796770,** F 7967770
48 Zimmer | 3 Suiten

Traditionsreiches Haus direkt am Marktplatz. Helle, renovierte Gästezimmer mit Wohlfühlatmosphäre. Mit Marmor und natürlichem Schiefer ausgestattete Bäder. Restaurant mit gehobener Regionalküche.

OY-MITTELBERG 66 B www.oy-mittelberg.de

Bayern | EW 4.446 | 929 m | Kempten (Allgäu) 19 km, Füssen 22 km

Vitalhotel Die Mittelburg
www.hotel-mittelburg-allgaeu.de

VARTA-TIPP Service

Mittelburgweg 1-3, PLZ 87466 (OT: Mittelberg), **T 08366 180,** F 1835
27 Zimmer | 4 Suiten | Ez 108–139 €, Dz 186–298 €, inkl. Frühstück | 24 h

Gastfreundschaft und Herzlichkeit machen den Aufenthalt in diesem familiengeführten Vital- und Wellnesshotel zum Vergnügen. Von den meisten Zimmern haben Sie einen schönen Ausblick auf weite Wiesen und die Allgäuer Berge. Für Entspannung und Erholung sorgt ein gepflegter SPA-Bereich mit Innenpool, Saunalandschaft und Fitnessraum. Das wunderbare Frühstück am Morgen sollten Sie nicht verpassen.

OYBIN, KURORT 47 B
www.oybin.com

Sachsen | EW 1.524 | 460 m | Zittau 9 km, Görlitz 42 km

Café Meier
www.hotelcafemeier.de

€ Gut & Günstig

Hauptstraße 1, PLZ 02797, **T 035844 7140,** F 71413
30 Zimmer | Ez 42–48 €, Dz 66–78 €, 6,00 €

Eingebettet in die romantische Bergwelt des Zittauer Gebirges liegt dieses familiengeführte Hotel. Hier wohnen Sie in klassischen Zimmern mit zeitgemäßer Technik und ländlichem Charme. Zum Haus gehören eine Bowlingbahn, eine Sauna sowie ein Wiener Café.

PADERBORN 31 A
www.paderborn.de

Nordrhein-Westfalen | EW 147.021 | 110 m | Detmold 32 km, Lippstadt 33 km

Aspethera
www.hotel-aspethera.de

★★★S

Am Busdorf 7, PLZ 33098 (OT: Kernstadt), **T 05251 2888100,** F 2888101
57 Zimmer | Ez 72–89 €, Dz 99–118 €, inkl. Frühstück | 24 h

Die Architektur des eleganten Stadthotels ist ein reizvoller Mix aus Historischem und Modernem. Das Haus bietet hübsche, wohnliche Zimmer und gute Tagungsmöglichkeiten. Frische regionale Küche serviert man im Restaurant. Das als Integrationshotel geführte Haus besitzt zudem einen Gewölbekeller aus dem Jahre 1722.

Waldhotel Nachtigall
www.waldhotel-nachtigall.de

★★★★

Hatzfelder Straße 45, PLZ 33104 (OT: Schloß Neuhaus), **T 05254 805350,** F 80535144
52 Zimmer | 2 Suiten | Ez 92–95 €, Dz 114 €, inkl. Frühstück »

Hist. Haus in ruhiger Lage - seit 1891 im Familienbesitz. Das Hotel bietet modern ausgestattete Gästezimmer, einen kleinen Wellnessbereich mit Saunalandschaft sowie ein behagliches Restaurant mit regionaler Küche.

Welcome Hotel
www.welcome-hotels.com

garni

Fürstenweg 13, PLZ 33102, **T 05251 28800,** F 2880100
153 Zimmer | 12 Suiten | 24 h

Modernes Businesshotel in unmittelbarer Nähe zum Heinz-Nixdorf-Museum. Modern ausgestattete Gästezimmer mit schönen Farbakzenten. 300 qm großer Veranstaltungssaal, Soft-Wellnessbereich in der obersten Etage. Gastronomie: Restaurant „Paderaue" und Gaststätte „Plückers".

Galerie-Hotel
www.galerie-hotel.de

★★★ S garni

Bachstraße 1, PLZ 33098, **T 05251 12240,** F 122419
11 Zimmer | Ez 84–94 €, Dz 105 €, 12,00 €

Hist. Gebäude mit individuell und liebevoll ausgestatteten Zimmern, die teilweise nach berühmten Künstlern benannt sind. Zum Haus gehören ein hübsch dekoriertes Restaurant mit offenem Kamin sowie ein heimeliges Teestübchen. Das Hotel liegt zentral und ruhig am Quellenpark.

Zur Mühle
www.hotelzurmuehle.de

★★★ S garni

Mühlenstraße 2, PLZ 33098, **T 05251 10750,** F 107545
25 Zimmer | 1 Suite | Ez 96–153 €, Dz 126–181 €, 8,50–16,00 €

Privat geführtes Wohlfühlhotel in der Innenstadt - direkt an der urbanen Parklandschaft „Paderquellgebiet" gelegen. Individuell eingerichtete Zimmer mit gutem Schlafkomfort und modernen Bädern. Sehr gutes Frühstück.

Balthasar
www.restaurant-balthasar.de

VARTA★TIPP Küche **VARTA-TIPP** Service

Warburger Straße 28, PLZ 33098, **T 05251 24448**
48 | Hauptgericht 30–45 €, Menü 115–155 € | Di-Sa Mo, So 1.–10.1.23

Garant für gediegenes Genießen in modern-stilvollem Ambiente. Die hervorragende Küche von Elmar Simon verwendet und präsentiert Auserlesenes. Bei seinem Fine-Dining-Menü stehen sehr gute Produkte und ihre harmonisch abgestimmten Aromen absolut im Fokus. Dazu ein tolles Weinangebot - bestens abgestimmt mit den kulinarischen Genüssen. Im Service wirkt ein erfahrenes, gut motiviertes Team. Im Sommer können Sie auch auf der mediterran anmutenden Terrasse speisen.

PALLING 69 A
www.palling.de

Bayern | EW 3.357 | 531 m | Bad Reichenhall 49 km, Rosenheim 64 km

Landgasthof Michlwirt
www.michlwirt.net

★★★ S garni

Steiner Straße 1-3, PLZ 83349, **T 08629 98810,** F 988181
46 Zimmer | 2 Suiten | Ez 52–75 €, Dz 95–115 €, inkl. Frühstück

Familiär geführtes Traditionshaus mit unterschiedlichen Zimmerkategorien. Besonders edel logiert man in der Welcome Suite mit Swarovsky-Design-Deckenlampen, Schiffsparkettboden und Designer-Rokoko-Waschtisch. Ansprechend gestalteter Wellnessbereich. Sehr behagliche, ländliche Gaststuben, in denen bayerische Küche serviert wird. Hauseigene Metzgerei.

PANKER 8 D www.amt-luetjenburg.de

Schleswig-Holstein | EW 1.446 | 55 m | Lütjenburg 5 km, Kiel 37 km

Ole Liese www.ole-liese.de

VARTA-TIPP Ambiente

Gut Panker, PLZ 24321, **T 04381 90690,** F 9069200
20 Zimmer | 2 Suiten | Ez ab 99 €, Dz ab 139 €, inkl. Frühstück

Eine echte Oase der Ruhe ist dieses historische Anwesen. Die individuell und sehr liebevoll eingerichteten Zimmer und Suiten bieten einen herrlichen Ausblick auf den Park oder die Wiesen. Zum Haus gehören auch eine hübsche Kaminlobby, ein kleiner Wellnessbereich und eine Schlosskapelle. Von Gastgeberin Birthe Domnick und ihrem Team werden Sie sehr persönlich und freundlich umsorgt.

Restaurant 1797

VARTA-TIPP Küche **VARTA-TIPP** Service

14 | Menü 149 € | Mi-Sa Mo, Di, So

Im stilvollen Gourmetrestaurant - dem ehemaligen Jagdzimmer - offeriert man eine moderne deutsche Küche, die in Menüform serviert wird. Chefkoch Volker M. Fuhrwerk hat ein Händchen für ausdrucksstarke Kombinationen und tolle Kontraste. Fleisch und Fisch von regionalen Erzeugern sowie Produkte aus dem eigenen Gemüse- und Kräutergarten werden exakt zubereitet und toll präsentiert. Dazu passen auch der freundliche, zuvorkommende Service und die ausgewogene Weinauswahl. Schön ist der Ausblick auf die Pferdekoppeln des Guts. Tischreservierung erforderlich.

Ole Liese Wirtschaft

80 | Hauptgericht 17–28 €, Menü 52–69 € | Di-Fr Di-So Mo

Restaurant mit rustikalem Charme und ungezwungener Landhausatmosphäre. Serviert werden bodenständige Klassiker der deutschen Küche sowie regionale Spezialitäten. Zu empfehlen sind auch die Fischgerichte, z.B. „Sanft gegarte Bachforelle aus der Lüneburger Heide mit Butterkartoffeln, Kohlrabi, Saubohnengemüse und Gelbe-Bete-Misoschaum". Am Nachmittag gibt es hausgebackenen Kuchen.

PAPENBURG 12 D www.papenburg-tourismus.de

Niedersachsen | EW 35.423 | 1 m | Leer 24 km, Meppen 47 km

Alte Werft www.hotel-alte-werft.de

★★★★ garni

Ölmühlenweg 1, PLZ 26871, **T 04961 9200,** F 920100
122 Zimmer | 9 Suiten | Ez ab 117 €, Dz ab 152 €, inkl. Frühstück | 24 h

Das komfortable Hotel befindet sich in den ehem. Gebäuden der Meyer Werft. Die Gästezimmer sind zeitgemäß eingerichtet und in verschiedenen Kategorien buchbar. Zwei Restaurants mit Biergarten und internationaler Küche.

Park Inn by Radisson www.parkinn-hotel-papenburg.de

★★★★

Hauptkanal Rechts 7, PLZ 26871, **T 04961 66400,** F 6640444
101 Zimmer | 14 Suiten | 24 h

Modernes Geschäfts- und Tagungshotel unweit des Binnenhafens. Zeitgemäß eingerichtete Gästezimmer in zwei Kategorien. Kleiner Fitness- und Saunabereich im Erdgeschoss. Mehrere Veranstaltungsräume. Regionale und internationale Küche wird im Restaurant serviert.

PAPPENHEIM 60 A www.pappenheim.de

Bayern | EW 4.000 | 407 m | Weißenburg 15 km, Eichstädt 20 km

Gasthof Zur Sonne www.sonne-pappenheim.de

Deisinger Straße 20, PLZ 91788, **T 09143 837837,** F 837835
26 Zimmer | 2 Suiten | Ez 65–80 €, Dz 98–150 €, inkl. Frühstück

Der gewachsene, familiär geführte Gasthof liegt am berühmten Altmühl-Radwanderweg. Hier erwarten Sie neu renovierte Zimmer im ländlichen Stil, die auf Wunsch auch mit einem Halbpensionsmenü buchbar sind. Morgens werden Sie mit einem sehr guten Frühstück in Buffetform verwöhnt. Ausflugsziele wie die Burg Pappenheim, das Fränkische Seenland sowie die römischen Thermen sind von hier in kürzester Zeit erreichbar.

Zur Sonne

VARTA-TIPP Küche VARTA-TIPP Service

250 | Hauptgericht 9–30 €, Menü 25–35 € | Mo, Mi-So Di

Hier fühlt man sich sofort wohl: Stefanie und Sven-Wolfgang Glück sind Gastgeber mit Leib und Seele, außerdem ist das Restaurant ausgesprochen gemütlich. Sie haben die Wahl zwischen den urigen Gaststuben der „Glück's Wirtschaft" mit Kachelofen, alten Bauernmöbeln und traditioneller Holzvertäfelung oder dem zeitlos-modernen Wintergartenrestaurant „Hand.Werk" mit seiner großen Fensterfront. Das Speisenangebot reicht von bodenständigen regionalen Gerichten bis hin zu kreativer Crossover-Küche. Schöne Sommerterrasse direkt hinter dem Haus.

PARCHIM 17 C www.parchim.de

Mecklenburg-Vorpommern | EW 17.129 | 50 m | Schwerin 40 km, Pritzwalk 42 km

Stadtkrug www.stadtkrug-parchim.de

€ Gut & Günstig ★★★

Apothekenstraße 11-12, PLZ 19370, **T 03871 62300,** F 264446
21 Zimmer | 1 Suite | 1 Apartment | Ez 65–69 €, Dz 99–120 €, inkl. Frühstück | 23.12.22–1.1.23

Über 250 Jahre altes Gebäude mit unterschiedlich eingerichteten Zimmern in zentraler Altstadtlage. Rustikale Gaststube und Jagdzimmer mit regionaler und internationaler Speisekarte.

PARSBERG 54 C www.parsberg.de

Bayern | EW 6.630 | 553 m | Neumarkt (Oberpfalz) 27 km, Regensburg 47 km

Hirschen
www.romantikhotelhirschen.de

★★★★ S garni

Marktstr. 1a, PLZ 92331, **T 09492 6060,** F 606222
80 Zimmer | 4 Suiten | 3 Apartments | Ez 118–298 €, Dz 119–309 €, inkl. Frühstück | ⃠ 19.–27.12.22

Erst kürzlich hat man diesen traditionellen Oberpfälzer Gasthof umfangreich renoviert. Sie wohnen in hellen, freundlichen Landhauszimmern. Fragen Sie nach den neuen Wellness-Suiten im Gartenhaus! In den behaglichen Wirtsstuben wird regional gekocht. Für Entspannung sorgt der 600 qm große SPA-Bereich mit Outdoornaturpool.

Villa Toskana
www.a3-villa-toskana.de

garni

Steinmühlerstraße 3 (im Gewerbegebiet), PLZ 92331, **T 09492 906181,** F 906182
32 Zimmer | Ez 53–91 €, Dz 84–135 €, ☕ 7,00 €

Modernes Geschäftshotel unweit der Autobahn A3. Hier stehen funktionale, mediterran angehauchte Gästezimmer zur Verfügung. Zum Haus gehört auch ein Bistro im kontinentalen Stil.

PASEWALK 19 C
www.pasewalk.de

Mecklenburg-Vorpommern | EW 11.100 | 15 m | Torgelow 18 km, Anklam 47 km

Villa Knobelsdorff
www.villa-knobelsdorff.de

★★★ S

Ringstraße 121, PLZ 17309, **T 03973 20910,** F 209110
18 Zimmer

Gepflegte Gründerzeitvilla aus dem Jahre 1896 mit geschmackvoll eingerichteten Zimmern im italienischen Landhausstil. Das urige Restaurant im Untergeschoss bietet hausgebrautes Bier und regionale Spezialitäten.

PASSADE 8 C
www.passade.de

Schleswig-Holstein | EW 347 | 29 m | Kiel 17 km, Malente 35 km

Fischerwiege
www.fischerwiege-passade.de

An der Laak 11, PLZ 24253, **T 04344 4138616,** F 3014435
11 Zimmer | 1 Suite | Ez 85–95 €, Dz 100–115 €, inkl. Frühstück

Das kleine charmante Hotel mit Landhauscharakter befindet sich in einem idyllischen Örtchen direkt am Passader See. Sie wohnen in harmonisch eingerichteten Zimmern und Suiten. Gutes Landfrühstück mit Spezialitäten der Region. Für Hausgäste steht ein Lesezimmer mit kleiner Bibliothek zur Verfügung.

PASSAU 62 B
www.passau.de

Bayern | EW 49.454 | 312 m | Straubing 83 km, Regensburg 120 km

Altstadt-Hotel
www.altstadt-hotel.de

★★★★

Bräugasse 29, PLZ 94032 (OT: Dreiflüsse-Eck), **T 0851 3370,** F 337100
34 Zimmer | 2 Suiten | Ez ab 79 €, Dz ab 110 €, inkl. Frühstück

»

Am Dreiflüsseeck gelegenes, gut geführtes Haus mit hist. Bausubstanz und unterschiedlich geschnittenen Zimmern mit zeitgemäßer Ausstattung. Restaurant mit Terrasse und Aussicht.

Atrium

www.atrium-passau.de

garni

Neue Rieser Straße 6, PLZ 94034 (OT: Hacklberg), **T 0851 9886688,** F 9886689
49 Zimmer | 1 Suite | Ez 65–125 €, Dz 95–175 €, inkl. Frühstück | 24 h

Modernes Stadthotel mit individuell und behaglich eingerichteten Zimmern, die teilweise über Betten in Überlänge verfügen. Kleiner Wellnessbereich mit Sauna, Whirlpool und Infrarotkabine.

Dreiflüssehof

www.dreifluessehof.de

Danziger Straße 42-44, PLZ 94036, **T 0851 72040,** F 72478
67 Zimmer | 1 Suite | Ez ab 89 €, Dz ab 130 €, inkl. Frühstück

Moderner Familienbetrieb mit gemütlicher Atmosphäre. Komfortable, individuell eingerichtete Zimmer in Haupt- und Gästehaus. Gepflegtes Restaurant im traditionellen Stil mit regionaler Küche und hübscher Gartenterrasse.

Residenz

www.residenz-passau.de

garni

Fritz-Schäffer-Promenade 6, PLZ 94032, **T 0851 989020,** F 98902200
49 Zimmer | 2 Suiten | Ez 70–169 €, Dz 119–189 €, inkl. Frühstück | 24 h

Traditionshotel am Donauufer mit zeitgemäßer Zimmerausstattung. Zum Haus gehören auch eine umfangreiche Bibliothek und ein keiner Wellnessbereich mit Sauna. Reichhaltiges Frühstück mit hausgemachten Spezialitäten, das man bei schönem Wetter auch auf der Terrasse zur Donau genießen kann.

Das Oberhaus

www.dasoberhaus.com

Oberhaus 1, PLZ 94034, **T 0851 37930657**
450 | Hauptgericht 8–26 €, Menü 35–89 € | Mo-So

Über den Dächern Passaus mit fantastischem Panoramablick können Sie sich hier auf eine ausgezeichnete Wirtshausküche freuen. Auf der Karte stehen Gerichte wie „Original Wiener Kalbsschnitzel mit Petersilienkartoffeln, Preiselbeeren und Rahmgurken“ oder „Backhendl mit Kartoffel-Vogerlsalat“. Traumhafte Terrasse.

Heilig-Geist-Stift-Schenke

www.stiftskeller-passau.de

Heiliggeistgasse 4, PLZ 94032, **T 0851 2607**
120 | Hauptgericht 10–27 €, Menü 16–45 € | Mo-Di, Fr-So Mi, Do

Das Franziskanerkloster von 1358 beherbergt rustikale Gaststuben mit historischem Charme. Kulinarisch reicht das Spektrum von regionalen Schmankerln über lebendfrische Fische bis zu Spezialitäten aus der österreichischen Küche. Dazu werden stiftseigene Weine serviert.

Weingut | restaurant.weinbar.vinothek

www.weingut-passau.de

VARTA-TIPP Service

Theresienstraße 28, PLZ 94032, **T 0851 37930500**
60 | Hauptgericht 14–40 € | Di-Sa Mo, So

Ein Mix aus Vinothek, Weinbar und Bistro am Rande der Fußgängerzone. Mit dem gelungenen Konzept trifft Stephan Öller den Nerv der Zeit: die Atmosphäre gemütlich und lebendig, der Service professionell, freundlich und angenehm leger, die Küche richtig gut und bezahlbar. Bemerkenswerte Weinauswahl mit fast 1.000 Positionen. Achtung: Es gibt 2 Reservierungszeiten: 17:30 - 20:00 Uhr und ab 20:15 Uhr.

PEINE 23 D www.peinemarketing.de

Niedersachsen | EW 50.636 | 68 m | Braunschweig 24 km, Hildesheim 32 km

Schönau www.hotel-schoenau.de

★★★★

Peiner Str. 17, PLZ 31228 (OT: Stederdorf), **T 05171 9980,** F 998166
64 Zimmer | 2 Suiten | 3 Apartments | Ez 83–98 €, Dz 118–133 €, inkl. Frühstück

Ein gepflegtes, seit vier Generationen familiär geführtes Landhotel in verkehrsgünstiger Lage nahe der Autobahn A2. Wohnliche Zimmer mit kostenfreiem WLAN. Modernes Restaurant mit regionalem und internationalem Speisenangebot.

PELLWORM (INSEL) 6 B www.pellworm.de

Schleswig-Holstein | EW 1.161 | 1 m | Sylt 55 km, Schleswig 61 km

NordseeLodge www.nordseelodge.de

Alte Kirche 1, PLZ 25849, **T 04844 7894100,** F 7894129
22 Zimmer | Ez ab 89 €, Dz ab 109 €, inkl. Frühstück | 24 h

Mittlerweile in der 5. Generation ist dieses schöne Haus in Familienbesitz. Das Hotel hat moderne, im nordischen Stil eingerichtete Zimmer (teilweise mit Balkon), einen netten Garten sowie ein SPA- & Wellnesscenter für Sie! Das hauseigene Restaurant serviert eine feine Auswahl an regionalen Gerichten.

PENZBERG 67 B www.penzberg.de

Bayern | EW 16.176 | 596 m | Weilheim 25 km, Wolfratshausen 33 km

Hoisl-Bräu www.hoisl-braeu.de

★★★

Promberg 1, PLZ 82377 (OT: Promberg), **T 08856 9017330,** F 90173388
23 Zimmer | 1 Suite | Ez 70–105 €, Dz 85–140 €, inkl. Frühstück

Im ruhigen Ortsteil Promberg liegt dieses gewachsene Landhotel. Hier erwarten Sie wohnliche Zimmer mit schönem Ausblick in die Natur. In den gemütlichen Gaststuben werden Sie mit nationalen Schmankerln verwöhnt.

Troadstadl www.troadstadl.com

Kirnberger Straße 1, PLZ 82377 (OT: Kirnberg), **T 08856 9482**
50 | Hauptgericht 25–36 €, Menü 50–60 € | Mo, Mi-Sa Di, So

Gemütliche Gaststuben in einem denkmalgeschützten Gebäude aus dem 13. Jahrhundert. Serviert wird eine gehobene zeitgemäße Küche. Im Sommer lockt ein uriger Biergarten.

PERASDORF 61 B www.perasdorf.de

Bayern | EW 551 | 497 m | Deggendorf 24 km, Straubing 26 km

Gasthaus Jakob
www.genuss-jakob.de

VARTA-TIPP Küche

Haigrub 19, PLZ 94366, **T 09965 80014**
38 | Hauptgericht 22–29 €, Menü 69–99 € | Mi-Sa Mo, Di, So

Diese Adresse hat sich zum kulinarischen Juwel für Feinschmecker gemausert. Sie sitzen wahlweise in der urig-gemütlichen Gaststube, im Wintergarten oder bei schönem Wetter auf der kleinen Terrasse direkt vor dem Haus. Die feine Küche von Michael Ammon gibt es hier wie dort. Er kocht klassisch, bindet aber auch moderne Elemente ein. Demzufolge nennt er seine Menüs (3 bis 5 Gänge) „Klassik“ und „Inspiration“. Die umfangreiche Weinkarte ist nach Geschmacksrichtungen sortiert. Tischreservierung ratsam.

PERL 48 D
perl.saarland

Saarland | EW 8.000 | 254 m | Saarburg 19 km, Merzig 26 km

Victor's Residenz-Hotel Schloss Berg79100
www.victors.de

★★★★★S

Schlossstraße 27-29, PLZ 66706 (OT: Nennig), **T 06866 790,** F 79100
90 Zimmer | Ez 136–335 €, Dz 170–370 €, inkl. Frühstück | 24 h

Inmitten von Weinbergen liegt das wunderschöne Renaissanceschloss, das mit individuell und teils aufwendig gestalteten Zimmern und Suiten aufwartet. Entspannung garantiert der stilvolle Wellnessbereich. Im Restaurant „Bacchus“ wird mediterran gekocht, im rustikal-ländlichen Landgasthaus „Die Scheune“ serviert man bürgerlich-regionale Küche.

Victor's Fine Dining by Christian Bau
www.victors-fine-dining.de

VARTA★TIPP Küche **VARTA★TIPP** Service

34 | Menü 146–260 € | So Mi-So Mo, Di

Mehr Fine Dining geht nicht! Im modern-eleganten Rahmen des Gourmetrestaurants zaubert Christian Bau mit außergewöhnlicher Raffinesse, kompromisslosem Anspruch und beeindruckender Beständigkeit kreative Kompositionen der Haute Cuisine. Seine Küche ist zeitgemäß, leicht und weltoffen. Die kulinarische Verbindung in seinem Menü reicht von Paris bis Tokio. Dazu kredenzt Ihnen der fachkundige Service unter der Leitung von Felix Kress erstklassige Weine aus nah und fern.

Hotel Sonnenhof
www.sonnenhof-perl.de

Merziger Straße 3, PLZ 66706 (OT: Hellendorf), **T 06868 773,** F 180344
17 Zimmer | Ez 64–72 €, Dz 92 €, inkl. Frühstück

Das familiengeführte Hotel wurde individuell, charmant und mit viel Liebe zum Detail gestaltet, so auch die wohnlichen Gästezimmer, die sich durch warme Farbtöne, hochwertige Materialien und geschmackvolles Mobiliar auszeichnen. Im Winter sorgen ein lichtdurchfluteter Wintergarten und die Bauernstube für Behaglichkeit, im Sommer zieht es die Gäste auf die herrliche Gartenterrasse.

PETERSHAGEN/EGGERSDORF 27 A www.petershagen-eggersdorf.de

Brandenburg | EW 13.823 | 52 m | Strausberg 8 km, Berlin 20 km

Hotel Villago www.villago.de

★★★★

Altlandsberger Chaussee 88-89, PLZ 15345 (OT: Eggersdorf), **T 03341 304500**
60 Zimmer | 1 Suite | 24 h

Der sanierte und erweiterte Traditionsbetrieb bietet seinen Gästen behagliche Zimmer im Coming-Home-Style, zudem gibt es zwei exklusive Wellness-Suiten. Im hauseigenen Restaurant wird regional und saisonal gekocht. Relaxen kann man im neu geschaffenen SPA-Bereich im Erdgeschoss. Große Liegewiese und Chill-Out-Area direkt am See.

Zum Mühlenteich www.landgasthof.de

★★★★

Karl-Marx-Straße 32, PLZ 15345 (OT: Eggersdorf), **T 03341 42660,** F 426666
20 Zimmer | 1 Suite | Ez 83–115 €, Dz 120–155 €, inkl. Frühstück

Familiengeführtes Haus am Rande von Berlin. Die Gästezimmer sind behaglich und liebevoll im eleganten Landhausstil eingerichtet. Das heimelige Restaurant mit Kachelofen bietet freundlichen Service und eine bodenständige Küche zu moderaten Preisen.

PETERSTAL-GRIESBACH, BAD 57 C www.bad-peterstal-griesbach.de

Baden-Württemberg | EW 2.716 | 393 m | Freudenstadt 24 km, Offenburg 36 km

Dollenberg www.dollenberg.de

VARTA-TIPP Service

★★★★★S

Dollenberg 3, PLZ 77740, **T 07806 780,** F 1272
100 Zimmer | 9 Suiten | Ez 187–1118 €, Dz 300–1118 €, inkl. Frühstück | 24 h

Dieses familiär geführte Kur- und Sporthotel - hoch über Bad Peterstal-Griesbach gelegen - gehört zweifellos zu den Top-Adressen im Schwarzwald. Man geht mit der Zeit und hält dennoch die Tradition lebendig. Unter den wohnlichen und großzügig geschnittenen Zimmern stechen die Luxussuiten besonders hervor. Wellnessfreuden verspricht der exklusive SPA auf 5.000 qm mit Pools, Bergsee und großem Saunabereich. Nicht zu vergessen der top Service.

Le Pavillon

VARTA★TIPP Küche **VARTA-TIPP** Service

30 | Menü 145–198 € | Mo, Do-So Di, Mi 26.2.–5.3.23 ››

Für Kenner der gehobenen Gastronomie ein erhabener Rahmen für kulinarisch erlesene, ja vollkommene Genüsse. Leidenschaft in Verbindung mit Raffinesse und Bodenständigkeit, das ist das Credo, mit welchem Martin Herrmann seine Gäste seit vielen Jahren verwöhnt. Dabei lässt er nicht nur französische und mediterrane Einflüsse zu, sondern bereichert seine kreativen und handwerklich akkuraten Kreationen gekonnt mit filigranen fernöstlichen Akzenten. Die Servicecrew führt Sie charmant und fachkundig durch den Abend - samt trefflicher Weinberatung.

Kaminstube

VARTA-TIPP Küche **VARTA-TIPP** Service

120 | Hauptgericht 25–36 €, Menü 29–65 € | Mo-So

Das zweite Restaurant zeigt sich in punkto Ambiente ländlich-elegant und bietet eine schöne Atmosphäre für entspanntes Genießen. Hier lebt die gute regionale Küche mit dem gewissen Etwas, auch mit beachtlichen Tropfen deutscher und europäischer Winzer. Dazu ein herzlicher, effizienter Service. Großzügige Sonnenterrasse.

Renchtalhütte

www.renchtalhuette.de

€ Gut & Günstig

Rohrenbach 8, PLZ 77740, **T 07806 910075**
80 | Hauptgericht 8–30 € | Mo-So

Urig-gemütlich geht es hier zu! An rustikalen blanken Holztischen werden regionale Schwarzwald-Gerichte, Flammkuchen und zünftige Vesper serviert. Nachmittags gibt es hausgemachte Kuchen und Torten. Herrliche Panoramaterrasse mit schöner Aussicht auf das Renchtal. Spielplatz und Streichelzoo für Kinder.

Adlerbad

www.adlerbad.de

★★★ S garni

Kniebisstraße 55, PLZ 77740 (OT: Bad Griesbach), **T 07806 98930,** F 8421
24 Zimmer | 2 Suiten | Ez ab 68 €, Dz ab 122 €, inkl. Frühstück | 24 h

Gut geführtes Schwarzwaldhotel mit langer Tradition und freundlichem Service. Gepflegte, individuell eingerichtete Zimmer mit komfortabler Ausstattung. Ansprechend gestalteter Saunabereich. Im Restaurant wird regionale Küche serviert.

PFAFFENHOFEN A.D.ILM 60 B

www.pfaffenhofen.de

Bayern | EW 24.441 | 428 m | München 52 km, Augsburg 67 km

Moosburger Hof

www.moosburgerhof.de

★★★★ S garni

Moosburger Str. 3, PLZ 85276, **T 08441 2770080,** F 27700888
48 Zimmer | 2 Suiten | Ez 75–125 €, Dz 85–200 €

Komfortabel und geschmackvoll ausgestattetes Business- und Cityhotel in der Innenstadt. Die stilvoll eingerichteten Zimmer sind in unterschiedlichen Kategorien buchbar. Gute Tagungsmöglichkeiten.

Hotel Alea City

www.hotel-alea.de

★★★★★ S garni

Joseph-Fraunhofer-Straße 18, PLZ 85276, **T 08441 8713587,** F 784596
42 Zimmer | 1 Apartment

Neuzeitliches Privathotel in verkehrsgünstiger Lage. Blickfang und zentraler Bereich des Hauses ist die fast 7 Meter hohe Frühstückshalle. Die lichtdurchfluteten Zimmer sind modern möbliert und verfügen über schöne Bäder mit Designwaschtisch und großer Dusche.

PFALZGRAFENWEILER 57 B — www.pfalzgrafenweiler.de

Baden-Württemberg | EW 7.052 | 636 m | Freudenstadt 15 km, Nagold 17 km

Nationalparkhotel Waldsägmühle — www.waldsaegmuehle.de

Waldsägmühle 1, PLZ 72285 (OT: Kälberbronn), **T 07445 85150,** F 6750
45 Zimmer | 5 Suiten | Ez 140–145 €, Dz 230–270 €, inkl. Vollpension

Das freundlich geführte Landhotel ist eingebettet in eine ruhige und geschützte Naturlandschaft. Es bietet geräumige Zimmer, die im modernen Schwarzwaldstil eingerichtet sind. Im Restaurant werden regionale und internationale Gerichte serviert.

Schwanen Kälberbronn — www.hotel-schwanen.de

Große Tannenstraße 10, PLZ 72285 (OT: Kälberbronn), **T 07445 1880,** F 18899
55 Zimmer | 4 Suiten | Ez 80–94 €, Dz 138–183 €, inkl. Frühstück

Familiengeführtes Hotel in hübscher Lage. Gepflegte Zimmer mit unterschiedlicher Ausstattung. Gemütliche Gasträume, in denen regionale Gerichte serviert werden. Das Fleisch stammt teilweise vom eigenen Bauernhof. Das Haus ist ein idealer Ausgangspunkt für Freizeitaktivitäten wie Wanderungen, Kutschfahrten, Rad- oder Langlauftouren.

PFINZTAL 57 B — www.pfinztal.de

Baden-Württemberg | EW 17.588 | 151 m | Karlsruhe 13 km, Pforzheim 21 km

Villa Hammerschmiede — www.villa-hammerschmiede.de

VARTA-TIPP Ambiente **VARTA-TIPP** Service

Hauptstraße 162, PLZ 76327 (OT: Söllingen), **T 07240 6010,** F 60160
30 Zimmer | 5 Suiten | 24 h

Wirklich einladend ist diese charaktervolle Gründerzeitvilla auf einer sanften Anhöhe, umgeben von einem 25.000 qm großen Waldpark. Die eleganten, in unterschiedlichen Stilrichtungen ausgestatteten Zimmer und Suiten bieten einen hohen Wohnkomfort. Dazu versüßen Ihnen der zuvorkommende Service, das leckere Frühstück und ein exquisiter SPA-Bereich den Aufenthalt.

Villa Hammerschmiede

VARTA-TIPP Küche

80 | Hauptgericht 26–36 €, Menü 75–112 € | Di-Fr Di-Sa Mo, So

Egal, ob Sie in den gemütlichen „Guten Stuben“, im lichtdurchfluteten Pavillon oder auf der lauschigen Terrasse speisen, Küchenchef Michael Grünbacher sorgt mit seinen Gerichten für absolute Kulinarikhotspots. Seine Küche ist frisch, authentisch, inspirativ und nicht alltäglich. Macht Ihnen z.B. „In Olivenöl gebratenes Filet vom Heilbutt in einem Miesmuschelsud an Tomaten-Honigchutney und Yuzu“ Appetit? Tipp: Mittags „Villa-Lunch“ zum kleinen Preis.

PFOFELD 53 C www.pfofeld-am-brombachsee.de

Bayern | EW 1.487 | 446 m | Theilenhofen 5 km, Gunzenhausen 8 km

Strandhotel Seehof www.strandhotel-seehof.de

Seestraße 33, PLZ 91738 (OT: Langlau), **T 09834 9880,** F 988988
85 Zimmer | 3 Suiten | 24 h

Ferien- und Tagungshotel in exponierter Seeuferlage mit umfangreichem Freizeitprogramm. Wohnliche Zimmer mit unterschiedlichem Platzangebot - eingerichtet im Tiroler Landhausstil. Im hauseigenen À-la-carte-Restaurant werden regionaltypische sowie internationale Spezialitäten serviert.

PFORZHEIM 57 B www.pforzheim.de

Baden-Württemberg | EW 127.200 | 273 m | Karlsruhe 30 km, Stuttgart 45 km
Gasometer mit 360°-Panorama, Schmuckmuseum, Technisches Museum der Schmuck- und Uhrenindustrie, Einkaufs- und Erlebniszentrum Schmuckwelten, Schloss- und Stiftskirche St. Michael, Barfüßerkirche, Burgruine Liebeneck, Kulturzentrum Reuchlinhaus, Archäologischer Schauplatz Kappelhof, Wildpark.

Parkhotel Pforzheim www.parkhotel-pforzheim.de

Deimlingstraße 32-36, PLZ 75175, **T 07231 1610,** F 161690
208 Zimmer | 8 Suiten | Ez 84–154 €, Dz 119–199 €, inkl. Frühstück | 24 h

Zentrale Lage an den Flussauen von Enz und Nagold, direkt neben dem Stadttheater und mit direkter Anbindung zum CongressCentrum. Sie wohnen in hellen Nichtraucherzimmern mit zeitgemäßem Interieur. Schönes Wintergartencafé mit Terrasse. Der Wellnessbereich im Dachgeschoss umfasst neben Saunen und Dampfbad auch einen Whirlpool im Freien.

Hoppe's hoppes-pforzheim.de

Weiherstraße 15, PLZ 75173 (OT: Südweststadt), **T 07231 105776**
Hauptgericht 18–26 € | Di-Sa Mo, So

Einen Hauch Elsass versprüht das intime Restaurant in der Südweststadt. Bei badischer Gemütlichkeit essen Sie z.B. Coq au vin, Straßburger Entenlebermousse, Froschschenkel in Riesling-Knoblauch-Sauce oder Flammkuchen.

PFRONTEN 67 A www.pfronten.de

Bayern | EW 8.150 | 853 m | Füssen 12 km, Kempten (Allgäu) 33 km

Das Burghotel Falkenstein www.burghotel-falkenstein.de

VARTA-TIPP Ambiente VARTA-TIPP Service

Auf dem Falkenstein 1, PLZ 87459 (OT: Meilingen), **T 08363 914540,** F 9145444
17 Zimmer | 8 Suiten | Ez 135–195 €, Dz 280–550 €, inkl. Frühstück

Ein Kleinod der Ruhe. Der Ausblick vom Hotel in 1.250 Meter Höhe auf das Allgäu ist nicht zu toppen. In den liebevoll eingerichteten Themenzimmern schaffen hochwertige und natürliche Materialien, maßgefertigte Möbel und verspielte Details eine wohnliche Atmosphäre. Dazu ein außergewöhnlicher SPA-Bereich, ein sehr gutes Frühstück und freundliche, präsente Gastgeber.

PAVO

VARTA-TIPP Küche **VARTA-TIPP** Service

17 | Menü 160 € | Do-So Mo, Di, Mi

Das kleine, aber exklusive Gourmetrestaurant bietet nur wenige Plätze, eine Tischreservierung ist daher zwingend notwendig! Simon Schlachter ist bekannt für seine durchdachte Produktküche, in der er die bevorzugt saisonalen Zutaten unkonventionell, innovativ und vielseitig in Szene setzt. Unter dem Motto „The Royal Fine Cuisine" können Sie hier facettenreiche Gerichte im Sharing-Charakter probieren. Dazu werden Ihnen vom herzlichen und aufmerksamen Service erlesene Weine kredenzt.

Das Restaurant im Burghotel Falkenstein

VARTA-TIPP Küche

60 | Hauptgericht 24–40 €, Menü 70–95 € | Mo-So

Auch im zweiten Restaurant des Burghotels setzt man auf gemütlich-elegantes Ambiente und eine raffinierte Kreativküche, die gekonnt regionale Produkte mit internationalen Einflüssen verbindet. Wie wäre es z.B. mit „Rehrücken | Schokolade | Selleriecreme | Steinpilz | Brombeere | Serviettenknödel"? Auf der herrlichen Panoramaterrasse können Sie den Blick über die Alpen schweifen lassen.

Schlossanger-Alp www.schlossanger.de

VARTA-TIPP Service

Am Schlossanger 1, PLZ 87459 (OT: Obermeilingen), **T 08363 914550,** F 91455555
35 Zimmer | 17 Suiten | Ez 131–165 €, Dz 235–300 €, inkl. Frühstück

Das hübsche Ganzjahresferienhotel in ruhiger Umgebung auf 1.130 m Höhe kann auf treue Stammgäste zählen. Kein Wunder, die modern-alpinen Zimmer und Suiten sind bestens in Schuss, der Wellnessbereich ist up to date und das Dienstleistungsniveau beispielhaft. Ein schöner Rückzugsort ist das gemütliche Kaminzimmer - hier kann man die Seele baumeln lassen. Für die Kleinen gibt es einen hauseigenen Kinderspielplatz.

Schlossanger-Alp

VARTA-TIPP Küche **VARTA-TIPP** Service

100 | Hauptgericht 14–32 €, Menü 39–95 € | Mo-So

Vor der eindrucksvollen Kulisse der Allgäuer Bergwelt lässt es sich hervorragend schlemmen. Heimatverbundenheit, Liebe zum Handwerk und das Talent, Begeisterung mit Genuss zu verbinden - das ist das, was den Kochstil von Barbara Schlachter-Ebert über viele Jahre ausgezeichnet hat. Am Herd hat man zwischenzeitlich den Generationswechsel vollzogen. Sohn Bastian wird alles daran setzen, die Qualität der leichten, regionalen Küche weiter hoch zu halten und ihr dennoch seine ganz eigene Handschrift zu verleihen. Der Service ist aufmerksam und charmant. Im Weinkeller lagern viele Schätze aus der ganzen Welt.

Alpenhotel Krone www.alpenhotelkrone.de

★★★★

Tiroler Straße 29, PLZ 87459 (OT: Dorf), **T 08363 69050,** F 6905555
32 Zimmer | 2 Suiten | Ez 110–120 €, Dz 165–185 €, inkl. Frühstück »

Denkmalgeschütztes ehem. Amtshaus von 1770 mit hübschen Lüftlmalereien. Zeitgemäß eingerichtete Zimmer und Tagungsräume. Schöner Wellnessbereich mit Sauna, Ruhebereich und Fitnesscenter. In den gemütlichen Restaurantstuben wird bayerische Küche mit internationalen Einflüssen serviert.

PIDING 69 A www.piding.net

Bayern | EW 5.238 | 455 m | Bad Reichenhall 6 km, Freilassing 11 km

Lohmayr Stub'n www.lohmayr.com

Salzburger Straße 13, PLZ 83451, **T 08651 714478**
40 | Hauptgericht 18–32 €, Menü 42–59 € | So Mo, Do-So Di, Mi

Oberbayerisches Gasthaus mit schmuckem Garten und heimeligem Stubenambiente. Angeboten wird eine schmackhafte regionale und mediterran beeinflusste Küche. Wie wäre es z.B. mit „Roh mariniertem Thunfisch in Zitronen-Koriander-Vinaigrette" und anschließend „Rinderfiletspitzen in Pfefferrahmsauce mit Bohnen und Taglierini"? Liebenswerter Service.

PIESPORT 49 A www.piesport.de

Rheinland-Pfalz | EW 1.929 | 110 m | Bernkastel-Kues 18 km, Wittlich 18 km

schanz.hotel www.schanz-hotel.de

VARTA-TIPP Ambiente VARTA-TIPP Service

★★★★ garni

Bahnhofstraße 8a, PLZ 54498 (OT: Niederemmel), **T 06507 92520,** F 925252
12 Zimmer | 3 Apartments | Ez 127–133 €, Dz 159–165 €, inkl. Frühstück

Angenehm persönlich ist die Atmosphäre in diesem kleinen, familiär geführten Genusshotel. Die liebevoll renovierten Gästezimmer überzeugen durch formschönes Design, zeitgemäße Technik und wertig-geschmackvolle Bäder. Zum schönen Ambiente kommen ein aufmerksamer Service und ein gutes Frühstück. Auf der großzügigen Sonnenterrasse können Sie das mediterrane Moselklima genießen.

schanz.restaurant www.schanz-restaurant.de

VARTA★TIPP Küche VARTA-TIPP Service

30 | Hauptgericht 65–77 €, Menü 138–229 € | Fr, So Mi-So Mo, Di 16.1.–17.2.23

Moselschiefer, helle Stoffe, geöltes Eichenholz und warme Lichtakzente sorgen hier für ein edel-zeitloses Ambiente. Der passende Rahmen für die kulinarischen Höchstleistungen von Thomas Schanz. Die aufwendige, moderne und variantenreiche Gourmetküche setzt er auf dem Teller perfekt in Szene. Das ausgewogene Weinrepertoire bietet feine Tropfen vom hauseigenen Weingut und befreundeten Moselwinzern. Die Serviceteam ist charmant und kompetent. Tischreservierung empfehlenswert.

PILSACH 54 C www.pilsach.de

Bayern | EW 2.815 | 445 m | Neumarkt (Oberpfalz) 7 km, Nürnberg 40 km

Gasthof Am Schloss www.am-schloss.de

€ Gut & Günstig ★★★ garni

Litzloher Straße 8, PLZ 92367, **T 09181 510600,** F 5106099
16 Zimmer | Ez 69–99 €, Dz 80–124 €, inkl. Frühstück

Neuzeitlicher, familiär geführter Gasthof in ruhiger, ländlicher Umgebung. Hier stehen einfache, aber gepflegte Zimmer zur Verfügung. Behagliches Restaurant mit bayerischen Schmankerln und bürgerlicher Küche. Schöne Terrasse.

Landgasthof Meier www.landgasthof-meier.de

VARTA-TIPP Küche

Hilzhofen 18, PLZ 92367 (OT: Hilzhofen), **T 09186 237**
150 | Hauptgericht 18–44 €, Menü 55–145 € | Mi-So Mo, Di

Der charmante Landgasthof bietet verschiedene Stuben - von ländlich-rustikal bis trendig-modern. Wenn Sie eine solide, aber inspirierte oberpfälzische Küche mögen, sind Sie hier genau richtig! Michael Meier arbeitet mit besten regionalen Produkten, die teilweise direkt vor der Haustür geerntet werden. Die Preise sind fair und der Service herzlich. Im Sommer lockt der großzügige Wiesenbiergarten.

PINNEBERG 15 A www.pinneberg.de

Schleswig-Holstein | EW 42.314 | 2 m | Elmshorn 17 km, Hamburg 19 km

Cap Polonio www.cap-polonio.de

★★★ S garni

Fahltskamp 48, PLZ 25421, **T 04101 5330**, F 533190
53 Zimmer | 3 Suiten | Ez ab 95 €, Dz ab 119 €, inkl. Frühstück | 24 h

Direkt am Pinneberger Stadtwald begrüßt Sie dieses familiengeführte Haus, das über Teile der Originaleinrichtung des Hamburger Dreischrauben-Luxus-Schnelldampfers Cap Polonio verfügt. In den Zimmern sorgen geschmackvolle Farben und ausgesuchte Materialien für angenehmen Wohnkomfort. Historischer Ballsaal mit Kristallleuchter und Tanzparkett.

Rolin

70 | Hauptgericht 24–39 €, Menü 55–65 € | Mi-Sa Mo, Di, So

Das klassisch-elegante Restaurant ist nach dem damaligen Kapitän des Cap Polonio benannt und bietet nationale und internationale Küche. Das Angebot reicht von gerösteten Black Tiger Garnelen über geschmorte Deichlammschulter bis Wiener Kalbsschnitzel, dazu eine Menüempfehlung mit korrespondierenden Weinen.

PIRK 54 B www.gemeinde-pirk.de

Bayern | EW 1.872 | 397 m | Weiden in der Oberpfalz 6 km, Amberg 50 km

Genussschmiede www.genussschmiede-pirk.de

Rathausplatz 6, PLZ 92712, **T 0961 48026600**
50 | Hauptgericht 17–40 €, Menü 52–82 € | Fr-So Mi-So Mo, Di

In der einstigen Schmiede sitzt man heute gemütlich im hellen, großzügigen Gastraum und lässt sich leckere Gerichte schmecken - immer frisch und immer regional. Dazu gibt es eine kleine, aber feine Weinauswahl. Regelmäßig saisonale Genussevents.

PIRMASENS 50 C www.pirmasens.de

Rheinland-Pfalz | EW 40.101 | 387 m | Zweibrücken 23 km, Kaiserslautern 35 km

Kunz www.hotel-kunz.de

★★★★S

Bottenbacher Straße 74, PLZ 66954 (OT: Winzeln), **T 06331 8750,** F 875125
56 Zimmer | 2 Suiten | Ez ab 95 €, Dz ab 125 €, inkl. Frühstück

Bereits in dritter Generation leitet Juniorchef Eric Kunz dieses gewachsene Hotel in einem ruhigen Vorort von Pirmasens. Hier erwarten Sie komfortable Zimmer, luxuriöse Suiten und ein exklusiver Wellnessbereich auf 300 qm.

Kunz

110 | Hauptgericht 19–45 €, Menü 40–75 € | Mo-Do, So Mo-So

Das gemütlich-elegante Hotelrestaurant bietet sowohl regionale Gerichte als auch mediterran beeinflusste Speisen. Gediegenes Ambiente und eine kleine Bistrokarte gibt es in „Emil's Bar". Vinothek im hauseigenen Gewölbekeller.

Die Brasserie diebrasserie-ps.de

VARTA-TIPP Küche

Landauer Straße 103-105, PLZ 66953, **T 06331 7255544**
40 | Hauptgericht 40–79 €, Menü 98–125 € | Do-Sa Mo, Di, Mi, So

Aus dem einstigen „Waldschlöß'l" ist eine erstklassige Genussadresse entstanden. Hier offeriert Ihnen Vjekoslav Pavic eine klassisch-saisonale Brasserieküche - aromatisch, handwerklich präzise zubereitet und ansprechend präsentiert. Probieren Sie z.B. „Filet von der bretonischen Seezunge mit australischem Wintertrüffel, Topinambur und Spinat". Das Ambiente: interessanter Stilmix aus historischen Elementen und großstädtischer Bistroatmosphäre. Im Sommer lockt die wunderschöne Terrasse.

PIRNA 46 B www.pirna.de

Sachsen | EW 37.645 | 118 m | Dresden 20 km, Chemnitz 91 km

Designhotel Laurichhof
www.laurichhof.de

VARTA-TIPP Ambiente

Hauptplatz 4, PLZ 01796, **T 03501 7709077**
27 Zimmer

Das originelle Lifestylehotel wird besonders kunst- und designliebende Gäste ansprechen. Die Innenausstattung überrascht, polarisiert und inspiriert. Jede der mit ausgesuchten Designermöbelstücken eingerichteten Suiten erzählt ihre eigene Geschichte. Die Räume tragen solch fantasievolle Namen wie „Goldrausch"; „Honey-Mohn" oder „Unter dem Meer". Ob klassisch, modern oder romantisch - hier ist für jeden Geschmack etwas dabei.

Lazy Laurich
www.lazylaurich.de

60 | Hauptgericht 18–29 € | Mo-So

Stylish und modern das Ambiente, freundlich der Service, frisch und schmackhaft die bodenständige Regionalküche - da machen z.B. „Bouillabaisse mit Saibling und Garnelen", „Tomahawk vom Hirsch" oder „Variation vom sächsischen Bressehuhn" Appetit. Nachmittags Kaffee und Kuchen.

Pirn'scher Hof
www.pirnscher-hof.de

Am Markt 4, PLZ 01796, **T 03501 44380,** F 443815
24 Zimmer | Ez ab 70 €, Dz ab 105 €, ab 8,00 €

Charmantes kleines Boutique-Hotel direkt am Markt. Das renovierte mittelalterliche Haus ist inhabergeführt und bietet wohnliche Nichtraucherzimmer mit zeitgemäßer Ausstattung. Ideale Adresse für Freizeitgäste und Businessreisende. Zwei Ladestationen für Elektroautos vorhanden.

Felsenbirne **Neu!**
www.felsenbirne-restaurant.de

Lange Straße 34, PLZ 01796 (OT: Altstadt), **T 03501 7599791**
35 | Hauptgericht 17–32 €, Menü 34–76 € | Mo, Mi-Sa Mo-Sa So

Gastgeber und Chefkoch Felix Mikulla bietet moderne deutsche Küche mit klassisch französischen Einflüssen, z.B. als „Elbersdorfer Lammragout mit Kartoffel-Bärlauch-Knödel und Paprika-Sauerkraut". Auch einige vegane Gerichte stehen auf der wechselnden Speisekarte. Schön hat man es sowohl in den beiden modern gehaltenen Gasträumen als auch auf der lauschigen Innenhofterrasse.

Brauhaus Pirna Zum Giesser
www.brauhaus-pirna.de

€ Gut & Günstig

Basteistraße 60, PLZ 01796 (OT: Copitz), **T 03501 464646**
210 | Hauptgericht 8–24 €, Menü 25–32 € | Mo-So

Blickfang in dem rustikal mit dunklem Holz vertäfelten Brausaal ist der große kupferne Sudkessel. Neben hausgebrautem Bier gibt es zünftige Speisen, z.B. sächsische Krautnudeln, ofenfrischer Fleischkäse oder Schwarzbiergulasch vom Rind. Zum Haus gehören eine Kegelbahn, eine Terrasse mit Gartenlokal sowie ein Biergarten.

PLANEGG 60 C
www.planegg.de

Bayern | EW 10.480 | 542 m | München 15 km, Starnberg 15 km

Asemann Planegg
www.hotel-planegg.de

★★★ garni

Gumstraße 13, PLZ 82152, **T 089 8996760,** F 8596016
39 Zimmer | 1 Apartment | Ez 76–85 €, Dz 116–126 €, inkl. Frühstück

Tipptopp gepflegtes, ruhig gelegenes Haus mit wohnlichen Gästezimmern. Hier erwarten Sie eine gemütliche Atmosphäre und familiärer Service. Heller, freundlicher Frühstücksraum mit Blick in den Garten.

PLAU AM SEE 17 D
www.info-plau.de

Mecklenburg-Vorpommern | EW 6.070 | 72 m | Pritzwalk 37 km, Schwerin 73 km

Parkhotel Klüschenberg
www.klueschenberg.de

★★★★

Klüschenberg 14, PLZ 19395, **T 038735 49210,** F 49212190
76 Zimmer | 7 Suiten | 3 Apartments | Ez 69–89 €, Dz 99–139 €, inkl. Frühstück | 24 h

Individuell und geschmackvoll eingerichtete Zimmer in idyllischer Parklage. Schöner Wellnessbereich mit Innenpool, finnischer Sauna, Dampfbad und Trimm-Dich-Raum. Stilvolles Restaurant mit modern-traditioneller Mecklenburger Küche und schöner Gartenterrasse mit altem Baumbestand.

PLECH 53 B
www.plech.de

Bayern | EW 1.306 | 461 m | Pegnitz 15 km, Lauf 26 km

Veldensteiner Forst
www.veldensteiner-forst.de

★★★★

Bernheck 38, PLZ 91287 (OT: Bernheck), **T 09244 981111,** F 981189
37 Zimmer | 2 Suiten | Ez 78–90 €, Dz ab 140 €, inkl. Frühstück

Naturnah gelegenes Ferien- und Tagungshotel mit nett eingerichteten Landhauszimmern. Für die Freizeitgestaltung stehen ein Naturbadeteich, eine Blockhaussauna sowie eine Liegewiese mit Spielplatz für die kleinen Gäste zur Verfügung.

PLEISKIRCHEN 61 D
www.pleiskirchen.de

Bayern | EW 2.385 | 450 m | Altötting 15 km, Eggenfelden 20 km

Huberwirt
www.huber-wirt.de

VARTA-TIPP Küche

Hofmark 3, PLZ 84568, **T 08635 201**
60 | Hauptgericht 30–45 €, Menü 77–135 € | Fr-So Mi-So Mo, Di

Seit mehr als 400 Jahren wird dieses Gasthaus als Familienbetrieb geführt. Hier verwöhnt Junior Alexander Huber seine Gäste mit einer innovativen und modern interpretierten Wirtshausküche. Seine Kreationen beweisen einmal mehr, dass sich kulinarischer Anspruch und Bodenständigkeit nicht ausschließen. Die Zutaten sind handverlesen und orientieren sich am saisonalen Marktangebot. Mittags wird ein wechselndes Businessmenü angeboten. Die Räumlichkeiten vereinen ländlichen Charme und einen Hauch Eleganz. Hauseigene Kochschule.

PLEISWEILER-OBERHOFEN 50 D
www.pleisweiler-oberhofen.de

Rheinland-Pfalz | EW 828 | 190 m | Bad Bergzabern 2 km, Landau in der Pfalz 15 km

Landhotel Hauer
www.landhotel-hauer.de

★★★★

Hauptstraße 31, PLZ 76889 (OT: Oberhofen), **T 06343 700700,** F 700707
22 Zimmer | 1 Suite | 1 Apartment | Ez 77–95 €, Dz 112–140 €, inkl. Frühstück

Eingebettet in die sanften Hügel der Weinberge liegt das historische Bauernanwesen mit seinem neueren Hotelanbau. Die Gästezimmer, teilweise mit Balkon, sind individuell und gemütlich ausgestattet. Zum Haus gehören auch eine Wellnessoase mit mehreren Saunen sowie das Restaurant „Adams" mit regionaler und saisonaler Küche.

PLIEZHAUSEN 58 A
www.pliezhausen.de

Baden-Württemberg | EW 9.400 | 340 m | Metzingen 7 km, Tübingen 12 km

Schönbuch
www.hotel-schoenbuch.de

★★★★

Lichtensteinstraße 45, PLZ 72124, **T 07127 9750,** F 975100
59 Zimmer | Ez 79–129 €, Dz 119–179 €, inkl. Frühstück

Ein gewachsenes und vorbildlich geführtes Tagungshotel mit zeitgemäßer Ausstattung und funktionellen Zimmern - teils mit schöner Aussicht auf die Schwäbische Alb. Im rustikal-eleganten Restaurant wird international gekocht.

Landgasthaus Linde
www.linde-doernach.de

Schönbuchstraße 8, PLZ 72124 (OT: Dörnach), **T 07127 890066**
40 | Menü 85–93 € | ◔ So ◑ Mo, Do-So ⃠ Di, Mi

Das charmante Restaurant mit seinem stilvoll anmutenden Landhausflair bietet ambitionierte Speisen zu maßvollen Preisen. Lust auf „Gegrillter Loup de Mer auf Petersilienrisotto mit grünem Spargel und Hummerschaum" oder lieber „Gelacktes US-Flank-Steak auf gepickeltem Gemüse und Kartoffelschnitte"? Im Sommer empfiehlt sich die idyllische Gartenterrasse.

PLOCHINGEN 58 A
www.plochingen.de

Baden-Württemberg | EW 14.115 | 276 m | Göppingen 18 km, Stuttgart 24 km

Stumpenhof
stumpenhof.de

VARTA-TIPP Küche **VARTA-TIPP** Service

Am Stumpenhof 1, PLZ 73207 (OT: Stumpenhof), **T 07153 22425**
110 | Hauptgericht 15–33 €, Menü 22–61 € | ◔ Do-So ◑ Mi-So ⃠ Mo, Di

„Rehrückenfilet mit gebratenen Pilzen, Cassissauce, Spätzle und frischem Marktgemüse" - so oder so ähnlich klingen die schmackhaften Gerichte, die Uli Wägerle aus guten Produkten zubereitet. Die Speisekarte wechselt regelmäßig, mittags wird ein preisgünstiges Businessmenü serviert. Schön auch der Rahmen: drinnen behaglich mit gepflegter Tischkultur, draußen die hübsche Terrasse. Vom Service werden Sie ausgesprochen charmant und freundlich umsorgt. Tischreservierung ratsam.

Gasthaus Cervus
www.gasthaus-cervus.de

Bergstraße 1, PLZ 73207, **T 07153 558869**
32 | Hauptgericht 16–30 €, Menü 28–54 € | ◔ Di-Do ◑ Di-Sa ⃠ Mo, So

»

Charmante Adresse mit urig-gemütlicher Atmosphäre und reichlich Fachwerkromantik. Frische regionale Küche mit stark mediterranem Einschlag. Gutes Preis-Leistungs-Verhältnis. Wöchentlich wechselnder Mittagstisch. Kleine Hofterrasse.

PLÖN 8 D www.ploen.de

Schleswig-Holstein | EW 8.647 | 28 m | Eutin 15 km, Kiel 29 km

Landhaus Hohe Buchen www.landhaus-hohebuchen.de

garni

Lütjenburgerstraße 34, PLZ 24306, **T 04522 789410,** F 789428
10 Zimmer | 1 Suite | Ez 60–75 €, Dz 90–100 €, inkl. Frühstück

Kleines, persönlich geführtes Landhotel mitten in einem parkähnlichen Garten. Gemütliche, mit Antiquitäten eingerichtete Zimmer mit modernem Komfort. Reichhaltiges Frühstück mit frischen Bio-Produkten.

Robert Stolz www.robertstolz.de

VARTA-TIPP Küche

Markt 24, PLZ 24306, **T 04522 7895295**
16 | Menü 95 € | Do-Sa Mo, Di, Mi, So

Ein Abend bei Robert Stolz ist jedes Mal ein kulinarisches Erlebnis! Gemeinsam mit anderen Gästen sitzen Sie an zwei großen Eichentischen mit Sichtweite zur offenen Küche. Freuen Sie sich auf ein nordisch inspiriertes, 6-gängiges Social-Dining-Menü inkl. 4 Snacks und Mineralwasser. Darüber hinaus gehören Kochkurse und kulturelle Events zum Konzept „eat. share.live". Die Reservierung erfolgt über ein Online-Ticketsystem.

POPPENHAUSEN 42 D www.poppenhausen-wasserkuppe.de

Hessen | EW 2.605 | 452 m | Gersfeld 8 km, Fulda 17 km

Hof Wasserkuppe www.hof-wasserkuppe.de

★★★★ garni

Pferdskopfstraße 3, PLZ 36163, **T 06658 9810,** F 98155
16 Zimmer | 1 Suite | 4 Apartments | Ez 82–94 €, Dz 136–150 €, inkl. Frühstück

Kleines, familiär geführtes Wellnesshotel in schöner grüner Lage, das in modernem Landhausstil gehalten ist. Behagliche Zimmer mit persönlicher Atmosphäre. Ansprechender Freizeitbereich mit Hallenbad, mehreren Saunen und „Vital-Studio" für Beauty und Massage.

PÖSSNECK 44 B www.poessneck.de

Thüringen | EW 13.000 | 220 m | Saalfeld 19 km, Gera 47 km

Villa Altenburg www.villa-altenburg.de

Straße des Friedens 49, PLZ 07381, **T 03647 5042888,** F 5042889
15 Zimmer | 1 Suite | Ez 88–157 €, Dz 124–194 €, inkl. Frühstück

Die ehem. Fabrikantenvilla bietet heute individuelle Gästezimmer, die entweder historisch oder modern eingerichtet sind. Herrschaftliches Ambiente und ausgesuchte Antiquitäten sorgen für den unverwechselbaren Charme dieses Boutique-Hotels.

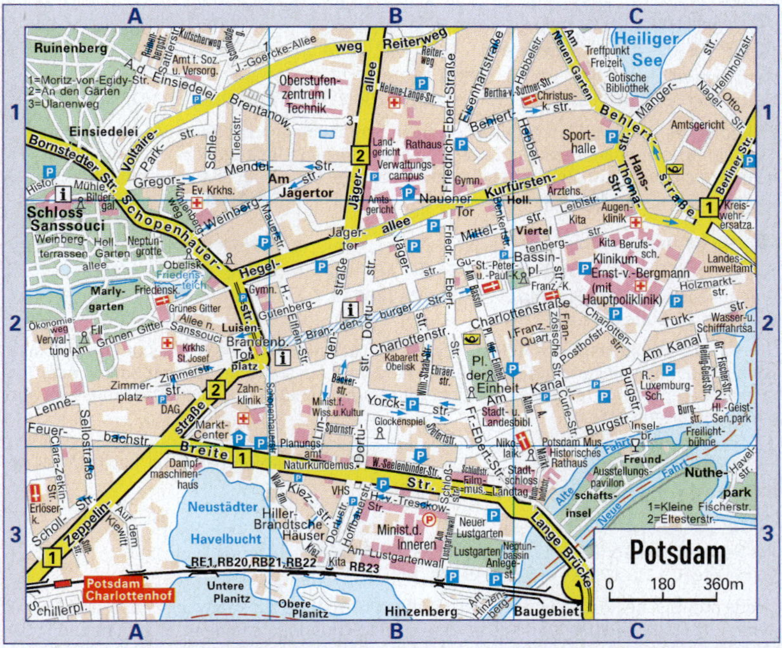

POTSDAM 26 D www.potsdamtourismus.de

Brandenburg | EW 161.468 | 35 m | Brandenburg 38 km, Berlin 40 km

Holländisches Viertel, Filmpark Babelsberg, Klassizistische Nikolaikirche, Park und Schloss Sanssouci mit Orangerie im Stil italienischer Renaissancepaläste, Schloss Cecilienhof, Russische Kolonie, Spätklassizistische Friedenskirche, Filmmuseum.

Am Jägertor www.potsdam-hotel-am-jaegertor.de

★★★★

Hegelallee 11 (B2), PLZ 14467, **T 0331 2011100,** F 2011333
62 Zimmer | 4 Suiten | Ez 99–194 €, Dz 106–288 €, 18,00 € | 24 h

Die hübsche Stadtvilla mit ihrer neoklassizistischen Fassade liegt direkt im Zentrum. Sie übernachten in klassisch-elegant eingerichteten Stilzimmern. Einige Zimmer verfügen über einen Balkon. Das Frühstück kann bei schönem Wetter auch auf der Gartenterrasse eingenommen werden.

Brandenburger Tor www.hotel-brandenburger-tor.de

★★★★ garni

Brandenburger Str. 1 (A2), PLZ 14467, **T 0331 87700000,** F 23607555
39 Zimmer | 2 Suiten | 3 Apartments | 24 h

Ein elegantes Hotel mit schöner Barockfassade. Sowohl die einladenden Superiorzimmer im Neubau als auch die exklusiv ausgestatteten Residenzzimmer im hist. Teil des Gebäudeensembles bieten höchste Wohnkultur. Das vielfältige Frühstücksbuffet wird im stilvollen „Luisenzimmer" im Erdgeschoss serviert. Am Abend lockt die gemütliche Voltaire-Bar.

Inselhotel
www.inselhotel-potsdam.de

★★★★ garni

Hermannswerder 30, PLZ 14473, **T 0331 23200,** F 2320100
88 Zimmer | 8 Suiten | Ez 110–150 €, Dz 140–180 €, inkl. Frühstück | 24 h

Zeittypisches Hotel mit Parkgelände, eigenem Schiffsanleger und Bootsliegeplätzen. Großes Tagungscenter mit direktem Zugang zu Seeterrassen. Umfangreicher SPA- und Wellnessbereich auf 2.000 qm mit beheiztem Außen- und Innenpool und schwimmender Seesauna.

Am Katharinenholz
www.hotel-katharinenholz.de

★★★ garni

Amundsenstraße 24d, PLZ 14469, **T 0331 24348040,** F 23189094
9 Zimmer | 1 Suite | 24 h

Hübsches, familiär geführtes Hotel in idyllischer Lage nördlich des Schlossparks von Sanssouci. Freundlich eingerichtete Zimmer mit moderner Ausstattung, teils mit Balkon oder Terrasse. Großer, gepflegter Garten mit Liegewiese unter schattigen Eichen. Das Frühstück wird im Wintergarten serviert.

kochZIMMER
www.restaurant-kochzimmer.de

VARTA-TIPP Küche VARTA-TIPP Service

Am Neuen Markt 10 (B3), PLZ 14467, **T 0331 20090666**
50 | Menü 135–175 € | Mi-Sa Mo, Di, So 24.12.22–10.1.23

„Neue preußische Küche" in der altehrwürdigen Gaststätte zur Ratswaage - das sind Gastgeber Jörg Frankenhäuser und Küchenchef David Schubert, die in dem zeitgemäß und individuell gestalteten Restaurant bestens ankommen. Gehobene Kulinarik in Perfektion verspricht das Abendmenü (6-8 Gänge), das es auch als vegetarische Variante gibt. Dazu eine gut sortierte Weinkarte sowie ein überaus herzlicher und fachkundiger Service. Nett der romantische Innenhof mit hist. Brunnen.

Villa Kellermann
www.villakellermann.de

VARTA-TIPP Küche

Mangerstraße 34-36 (↗ C1), PLZ 14467 (OT: Berliner Vorstadt), **T 0331 20046540**
60 | Hauptgericht 23–34 € | Sa-So Mi-So Mo, Di

In beeindruckender Kulisse direkt am Heiligen See mit Blick aufs Marmorpalais empfängt Sie diese historische Villa, die 2019 von Entertainer Günther Jauch und Spitzenkoch Tim Raue zu neuem Leben erweckt wurde. In den drei wunderschön renovierten Räumen offeriert Christopher Wecker eine typisch deutsche Küche, die modern interpretiert wird und mit besten regionalen Produkten arbeitet. Ansprechende Weinauswahl mit Schwerpunkt Deutschland, Frankreich und Italien.

Juliette
www.restaurant-juliette.de

Jägerstraße 39 (B2), PLZ 14467, **T 0331 2701791**
64 | Menü 62–99 € | Sa-So Mi-So Mo, Di

Gemütliches Restaurant in einem denkmalgeschützten Fachwerkhaus aus dem 17. Jhd. Die Küche überzeugt mit französisch geprägten Gerichten und modernen Kreationen. Gute Weinauswahl mit über 120 verschiedenen Positionen edelster Tropfen aus Frankreich und Deutschland.

POTTENSTEIN 53 B www.pottenstein.de

Bayern | EW 5.500 | 400 m | Pegnitz 15 km, Bayreuth 30 km

Hotel Schwan www.hotel-schwan-pottenstein.de

garni

Am Kurzentrum 6, PLZ 91278, **T 09243 9810,** F 7351
26 Zimmer | 2 Suiten | Ez 65 €, Dz 95 €, inkl. Frühstück

Gepflegtes Nichtraucherhotel mit geschmackvoll und funktional eingerichteten Zimmern. Direkter Zugang zur angegliederten Badewelt „Juramar" (Eintritt für Hausgäste kostenlos). Kleines Café-Bistro mit idyllischem Innenhof.

Landhotel Bauernschmitt www.landhotel-bauernschmitt.com

€ Gut & Günstig

Sankt-Johannes-Straße 25, PLZ 91278 (OT: Kirchenbirkig), **T 09243 9890,** F 98945
26 Zimmer | Ez 65–79 €, Dz 109–129 €, inkl. Frühstück

Fränkischer Landgasthof mit schönem Garten und beschaulichem Flair. Nette und zeitgemäß eingerichtete Zimmer. Kleiner Wellnessbereich im Anbau mit mehreren Saunen und Whirlpool. In den rustikalen Gaststuben wird regionale und bayerische Küche serviert.

PREROW, OSTSEEBAD 10 D www.ostseebad-prerow.de

Mecklenburg-Vorpommern | EW 1.498 | 1 m | Barth 20 km, Ribnitz-Damgarten 40 km

Waldschlösschen www.waldschloessschen-prerow.de

GREENSIGN ★★★★

Bernsteinweg 9, PLZ 18375, **T 038233 6170,** F 617403
33 Zimmer | 12 Suiten | 24 h

Familiengeführtes Hotel inmitten einer Parkanlage, nur 300 m vom Nordstrand entfernt. Individuell eingerichtete Zimmer mit moderner Ausstattung, die sich auf das Haupthaus sowie das Alte und Neue Gartenhaus verteilen. Großzügiger Wellnessbereich mit beheiztem Außenpool und Saunalandschaft. Das „CP1" ist Bistro, Probierladen und Restaurant mit Showküche in einem.

Gingko Mare www.ginkgomare.de

garni

Buchenstr. 41a, PLZ 18375, **T 038233 7013,** F 70141
13 Zimmer | Ez 80–120 €, Dz 150–180 €, inkl. Frühstück | 12.12.22–1.1.23

Kleines Medical-Wellness-Hotel mit angeschlossenem Gesundheitszentrum. Wohnliche Zimmer mit Möbeln aus Vollholzbirke. Hauseigene Sauna, lichtdurchfluteter Frühstücksraum.

PRESSECK 44 D www.presseck.de

Bayern | EW 1.833 | 642 m | Kulmbach 19 km, Bayreuth 40 km

Gasthof Berghof - Ursprung www.berghof-wartenfels.de

VARTA-TIPP Küche

Wartenfels 85, PLZ 95355 (OT: Wartenfels), **T 09223 229**
50 | Hauptgericht 14–49 €, Menü 39–82 € | Mi-So Mo, Di 16.1.–8.2.23, 29.5.–14.6.23

»

Tradition trifft Moderne in diesem stimmungsvollen, mit Naturmaterialien eingerichteten Restaurant. Hier inszeniert Alexander Schütz einen Mix aus bodenständiger fränkischer Hausmannskost und kreativer Frischeküche, bei der überwiegend regionale Produkte Verwendung finden. Im Gästehaus stehen wohnliche Hotelzimmer zur Verfügung. Sehr beliebt sind die Kochkurse des Patrons.

PRICHSENSTADT 52 B www.prichsenstadt.de

Bayern | EW 3.104 | 248 m | Gerolzhofen 12 km, Kitzingen 14 km

Freihof www.hotelfreihof.com

Freihofgasse 3, PLZ 97357, **T 09383 9020340,** F 90203488
30 Zimmer | 4 Suiten

Das geschmackvoll renovierte Fachwerkhaus in der Altstadt beherbergt helle Gästezimmer mit schicker, moderner Innenausstattung. Den 250 qm großen Wellnessbereich nutzen Hausgäste kostenfrei. Das Restaurant „Prichs“ nebst loungigem Innenhof serviert kreative fränkische Küche mit internationalen Einflüssen.

PRIEN 68 B www.tourismus.prien.de

Bayern | EW 10.292 | 533 m | Aschau im Chiemgau 12 km, Rosenheim 30 km

Garden Hotel Reinhart www.reinhart-hotels.de

★★★★

Erlenweg 16, PLZ 83209, **T 08051 6940,** F 694100
37 Zimmer | 7 Suiten | Ez 130 €, Dz 150–200 €, inkl. Frühstück

Ein gepflegtes Ferienhotel am Ufer des Chiemsees. Traditionell und mit anheimelnder Atmosphäre zeigen sich die im bayerischen Landhausstil eingerichteten Gästezimmer. Hoteleigene Liegewiese.

Restaurant im Garden Hotel Reinhart

80 | Hauptgericht 9–21 €, Menü 15–49 € | Mo-So

Präzises Handwerk und beste Produktqualität bilden die Basis für die unkomplizierte bayerisch-mediterrane Küche, die Ihnen hier serviert wird. Kostprobe gefällig? „Ochsenbackerl geschmort | Buntes Marktgemüse | Semmelknödeltaler“ oder doch lieber „Backhendl in der Kürbiskernpanade“? Schöne Sommerterrasse.

Yachthotel Chiemsee www.yachthotel.de

★★★★

Harrasser Straße 49, PLZ 83209 (OT: Harras), **T 08051 6960,** F 5171
100 Zimmer | 5 Suiten | 24 h

Traumhaft gelegenes Ferien- und Tagungshotel mit Jachthafen, großer Liegewiese und eigenem Badestrand. Ruhige, komfortable Zimmer, teils mit Seeblick. Seerestaurant und Zirbelstüberl mit elegant-rustikaler Atmosphäre und regionaler Küche.

Zum Fischer am See www.fischeramsee.de

★★★S

Harrasser Straße 145, PLZ 83209 (OT: Harras), **T 08051 90760,** F 62940
15 Zimmer

Freundlich geführtes Ferienhotel direkt am Westufer des Chiemsees mit eigenem Bootshafen. Behagliche Gästezimmer, teils mit Blick über den „Irschener Winkel" und die Bergkette der Chiemgauer Alpen. Im Restaurant mit großer Sonnenterrasse werden regionale Küche und täglich fangfrischer Chiemseefisch serviert.

PRONSTORF 15 B www.pronstorf.de

Schleswig-Holstein | EW 1.694 | 37 m | Bad Segeberg 18 km, Bad Schwartau 22 km

Strengliner Mühle www.strenglinermuehle.de

GREENSIGN ★★★ S garni

Mühlenstraße 2, PLZ 23820 (OT: Strenglin), **T 04556 997099,** F 997016
35 Zimmer | 2 Apartments | Ez 75–95 €, Dz 115–155 €, inkl. Frühstück

Gemütliches Landhotel mit über 250-jähriger Geschichte. Geschmackvoll eingerichtete Zimmer im Haupt- und im reetgedeckten Gästehaus. 250 qm großer Wellnessbereich mit Schwimmbad, Sauna und Dampfbad. Im Restaurant mit mehreren Stuben und Mühlenterrasse wird regional gekocht.

PULHEIM 29 C www.pulheim.de

Nordrhein-Westfalen | EW 53.842 | 47 m | Frechen 11 km, Grevenbroich 14 km

Gut Lärchenhof www.restaurant-gutlaerchenhof.de

VARTA-TIPP Küche **VARTA-TIPP** Service

Hahnenstraße , PLZ 50259 (OT: Stommeln), **T 02238 9231016**
60 | Hauptgericht 55–79 €, Menü 149–199 € | Sa-So Do-Sa Mo, Di, Mi

Den Besuch im stilvoll-eleganten Gourmetrestaurant des gleichnamigen Golfclubs werden Sie nicht bereuen! Hier kocht der höchst talentierte Torben Schuster, dessen Küchenleistung sich von Jahr zu Jahr steigert. Seine Gerichte zeichnen sich durch Finesse, stimmige Aromenspiele, sehr gute Produkte sowie eine hervorragende Optik aus. Geboten wird ein Degustationsmenü in fünf bis acht Gängen. Fast schon legendär ist die Weinkarte: Sie bietet mit mehr als 1.000 Positionen viel Spannendes. Der Service unter der Leitung von Gastgeber Christoph Barciaga glänzt mit Freundlichkeit und diskreter Aufmerksamkeit. Im Sommer kann man auch auf der großzügigen Terrasse mit Blick auf die Grünflächen des Golfplatzes speisen.

PULLACH 60 D www.pullach.de

Bayern | EW 8.619 | 583 m | München 12 km, Starnberg 15 km

Seitner Hof www.seitnerhof.de

★★★★ S garni

Habenschadenstraße 4, PLZ 82049, **T 089 744320,** F 74432100
40 Zimmer | 1 Suite | Ez 125–229 €, Dz 165–269 €, inkl. Frühstück | 24 h

Traditioneller Familienbetrieb in einem ehemaligen Gutshof, malerisch am Isarhochufer gelegen. Hier werden Sie mit ländlichem Charme und authentischer Herzlichkeit verwöhnt. Neben geräumigen, gut ausgestatteten Zimmern und Suiten bietet das Hotel einen Mini-SPA mit Sauna und Dampfbad sowie einen begrünten Innenhof.

Alte Brennerei Neu!
www.altebrennerei-pullach.de

Habenschadenstraße 4a, PLZ 82049, **T 089 74849688**
35 | Hauptgericht 35–43 €, Menü 74–115 € | So Mi-Sa Mo, Di

Das gemütliche kleine Restaurant befindet sich in einem charmanten Gebäude im Gartenbereich des Hotels. Serviert wird eine raffinierte französische Küche. Auf der Karte Schmackhaftes wie „Atlantik-Steinbuttfilet mit Chorizo-Belugalinsen, Ingwer-Indochinesauce und grüner Spargel“. Und zum Dessert: „Französische Himbeer-Lavendel-Tartelette mit Pistazien, Tahiti-Vanillecreme und Litschi-Himbeersorbet“. Toll die Terrasse im Sommer.

PYRMONT, BAD 31 B
www.badpyrmont.de

Niedersachsen | EW 18.909 | 111 m | Hameln 20 km, Detmold 36 km

Steigenberger
www.bad-pyrmont.steigenberger.de

★★★★★ garni

Heiligenangerstraße 2-4, PLZ 31812, **T 05281 1502,** F 152020
151 Zimmer | 6 Suiten | 3 Apartments | 24 h

Das 1777 erbaute Traditionshotel erstrahlt nach umfangreicher Renovierung in neuem Glanz. Das Haus besticht durch elegantes und komfortables Interieur, wohnliche Gästezimmer und vielfältige Wohlfühlangebote, die sowohl auf Individualreisende als auch auf Gesundheitstouristen der angrenzenden Fürstenhofklinik abgestimmt sind.

Alte Villa Schlossblick
www.alte-villa-schlossblick.de

★★★ garni

Kirchstraße 23, PLZ 31812, **T 05281 95660,** F 9566113
12 Zimmer | Ez 65–75 €, Dz 110–130 €, inkl. Frühstück

Die denkmalgeschützte Villa von 1894 wurde sorgsam restauriert und bietet einen wirklich charmanten Rahmen. Auf zwei Etagen stehen individuelle Zimmer zur Verfügung. Zum Kurpark, der Spielbank und dem Erlebnisbad Pyrmonter Welle sind es nur ein paar Schritte.

Alte Villa Schlossblick

34 | Hauptgericht 17–26 €, Menü 46–54 € | Sa-So Mi-So Mo, Di

Modernes Ambiente und südländisches Flair bestimmen die Einrichtung dieses Restaurants. Auf der Speisekarte stehen sowohl deutsche als auch internationale Gerichte.

QUEDLINBURG 33 B
www.quedlinburg.de

Sachsen-Anhalt | EW 25.055 | 123 m | Magdeburg 56 km, Halle 76 km

Am Brühl
www.hotelambruehl.de

VARTA-TIPP Ambiente

garni

Billungstraße 11, PLZ 06484, **T 03946 96180,** F 9618246
46 Zimmer | 4 Suiten | 2 Apartments | Ez ab 133 €, Dz ab 168 €, inkl. Frühstück | 24 h

Behutsam renovierter ehem. Gutshof mit mediterranem Flair und romantisch begrüntem Innenhof. Die individuell und geschmackvoll eingerichteten Zimmer und Suiten zeigen sich im toskanischen Landhausstil. An kühlen Abenden lockt die gemütliche Kaminlounge mit Bar oder die hauseigene Sauna.

Weinstube

70 | Hauptgericht 20–32 €, Menü 50–83 € | Mo-So

Restaurant mit elegant-südländischem Ambiente und feiner Tischkultur. Die Küche ist jung, frisch und kreativ. Wie wäre es z.B. mit „Sautierten Riesengarnelen mit Tagliarini, Tomatensugo und Pak Choi“ oder lieber „Rosa Rinderfilet mit grünem Spargel und Kräutergnocchi“? Gastfreundlich kalkulierte Weinkarte.

Theophano www.hotel-theophano.de

★★★★ S garni

Markt 13-14, PLZ 06484, **T 03946 96300,** F 963036
39 Zimmer | Ez ab 99 €, Dz ab 119 €, inkl. Frühstück | 24 h

Unter Denkmalschutz stehendes Fachwerkhaus aus dem 17. Jhd. in zentraler Altstadtlage. Nostalgisch und individuell eingerichtete Zimmer, teils mit Ausblick auf den hist. Marktplatz. Im hauseigenen Café gibt es leckere Kaffee- und Eisspezialitäten.

RADEBEUL 36 C www.radebeul.de

Sachsen | EW 33.466 | 117 m | Moritzburg 8 km, Dresden 12 km

Goldener Anker www.goldener-anker-radebeul.de

★★★ S garni

Altkötzschenbroda 61, PLZ 01445 (OT: Altkötzschenbroda), **T 0351 83990100,** F 8399067
60 Zimmer | Ez 75–85 €, Dz 95–105 €, inkl. Frühstück

Ein familiär geführtes Haus an der Sächsischen Weinstraße. Geschmackvolle, unterschiedlich gestaltete Stilzimmer mit liebevoll restaurierten Möbeln. Man verfügt auch über einen Ballsaal, einen Weinkeller sowie Gesellschafts- und Tagungsräume. Restaurant mit überregionaler Küche.

Villa Sorgenfrei www.hotel-villa-sorgenfrei.de

VARTA-TIPP Ambiente **VARTA-TIPP** Service

S garni

Augustusweg 48, PLZ 01445, **T 0351 7956660,** F 79566677
16 Zimmer | 2 Suiten | Ez 114–184 €, Dz 129–309 €, inkl. Frühstück

Das wunderschön restaurierte Herrenhaus empfängt Sie im hist. Ambiente des 18. Jahrhunderts. Die charmanten Gästezimmer bestechen mit bezaubernden Wandmalereien, antiken Möbeln und modernen Annehmlichkeiten. Für eine romantische Auszeit zu zweit bucht man am besten die im hellen Landhausstil gestaltete Suite mit eigenem Garten und kleiner Terrasse. Die Atmosphäre ist angenehm persönlich und das Frühstück sehr gut.

Atelier Sanssouci

VARTA-TIPP Küche **VARTA-TIPP** Service

34 | Hauptgericht 39–49 €, Menü 128–178 € | Mo, Do-So ⃠ Di, Mi

Prachtvolle Eleganz auf der ganzen Linie! Aufwendig restauriert ist der einmalige Fest- und Gartensaal heute ein wahres Schmuckstück. Sandsteinfußboden, Stuckdecke, kostbare Wand- bzw. Spiegelmalereien sowie ein über 200 Jahre alter Bleikristalllüster sorgen hier für ein unverwechselbares Ambiente. Dazu die feinen, klassisch französischen Gaumenfreuden von Küchenchef Marcus Langer, die Ihnen in Menüform (5 bis 10 Gänge) serviert werden. Charmanter, professioneller Service.

RADEBURG 36 C www.radeburg.de

Sachsen | EW 7.587 | 149 m | Meißen 18 km, Dresden 22 km

Gasthof Bärwalde www.olav-seidel.de

Kalkreuther Str. 10a, PLZ 01471 (OT: Bärwalde), **T 035208 342901**
28 | Hauptgericht 18–29 €, Menü 36–54 € | So Do-Sa ⃠ Di, Mi

Gute Produkte und Können - auf dieser Grundlage sorgt Olav Seidel für eine schmackhafte Küche, die er immer wieder mit modernen Elementen spickt. Das Restaurant ist gemütlich, der Service freundlich und aufmerksam.

RADEVORMWALD 29 D www.radevormwald.de

Nordrhein-Westfalen | EW 22.025 | 421 m | Remscheid 15 km, Wuppertal 24 km

Zur Hufschmiede www.zur-hufschmiede.de

Neuenhof 1, PLZ 42477, **T 02195 92760**
20 Zimmer | Ez 69–85 €, Dz 98–125 €, 12,00–15,00 €

Kleines Landhotel im Bergischen Land mit gepflegten Gästezimmern, die über kostenloses WLAN verfügen. Ruhige Lage direkt am Wald. Gemütlich eingerichtetes Restaurant mit Gartenterrasse und guter saisonaler Küche (Spezialität: Steaks vom Lavasteingrill).

RADOLFZELL AM BODENSEE 65 A www.radolfzell-tourismus.de

Baden-Württemberg | EW 30.620 | 404 m | Singen 11 km, Stockach 14 km

bora HotSpaResort www.bora-hotsparesort.de

★★★★ S

Karl-Wolf-Str. 35, PLZ 78315, **T 07732 950400**
84 Zimmer | 5 Suiten | Ez 140–270 €, Dz 225–315 €, inkl. Frühstück | 24 h

Designorientiertes Haus am westlichen Bodenseeufer. Sie wohnen in lichtdurchfluteten Zimmern und Suiten mit bodentiefen Fenstern und Balkon. Die verglaste Sky-Lounge bietet einen einzigartigen 180-Grad-Blick auf das Seepanorama. HotSpa mit großzügiger, textilfreier Saunawelt. Im Restaurant wird regional und international gekocht.

aquaTurm Hotel www.aquaturm.de

garni

Güttinger Str. 15, PLZ 78315, **T 07732 52255**
20 Zimmer | 1 Suite | Ez ab 105 €, Dz ab 109 €, inkl. Frühstück

Nullenergiehotel in einem ehem. Wasserturm, das zu 100 Prozent aus erneuerbaren Energien versorgt wird. Hier wohnen Sie in modern und individuell eingerichteten Panoramazimmern und Etagenapartments mit einzigartigem Blick auf den See und die Stadt. Die Suite in der oberen Etage bietet einen SPA-Bereich und eine Rooftopterrasse.

Art Villa am See

www.artvilla.de

VARTA TIPP Ambiente

garni

Rebsteig 2/2, PLZ 78315 (OT: Mettnau), **T 07732 94440,** F 944410
12 Zimmer | 1 Suite | 3 Apartments | Ez 97–255 €, Dz 135–220 €, inkl. Frühstück | 24 h

Wirklich toll die ruhige Lage am Mettnau-Park. In diesem Ferienhotel ist alles sehr gepflegt und der Gastgeber ist sehr engagiert. Die geräumigen und individuell ausgestatteten Themenzimmer tragen Namen wie „New Orleans“, „Aix en Provence“ oder „Alicante“. Eine Weinbar und eine Bibliothek hat man stilvoll ins Haus integriert. Das Frühstück können Sie im Sommer auch auf der Loggiaterrasse genießen.

Hotel K99

www.hotel-k99.de

Kasernenstraße 99, PLZ 78315, **T 07732 9788899**
71 Zimmer

Die perfekte Adresse für Geschäftsleute und Freizeitgäste! Alles ist ausgesprochen charmant, hochwertig und liebevoll eingerichtet. Die klimatisierten Zimmer verfügen über Holzböden, Boxspringbetten und moderne Akzentmöbel. Ein ganz besonderes Highlight ist das Frühstücksrestaurant mit Dachterrasse im 8. Stock mit toller Weitsicht auf das Umland.

RAHDEN 22 C

www.rahden.de

Nordrhein-Westfalen | EW 16.780 | 43 m | Lübbecke 15 km, Minden 28 km

Westfalen Hof

www.westfalen-hof-rahden.de

★★★★

Rudolf-Diesel-Straße 13, PLZ 32369, **T 05771 97000,** F 5539
34 Zimmer | 2 Suiten | Ez 83–99 €, Dz 118 €, inkl. Frühstück

Privat geführtes Hotel mit modern eingerichteten Zimmern. Ansprechendes Freizeit- und Sportangebot mit Saunalandschaft, Tennishalle, Kegelbahnen und Profi-Soccercourt. Internationale Küche im À-la-carte-Restaurant „Rupert“.

RAIN 59 B

www.rain.de

Bayern | EW 9.239 | 402 m | Augsburg 38 km, Ingolstadt 46 km

Hotel Lutz Neu!

hotel-lutz.com

Hauptstr. 52, PLZ 86641, **T 09090 7057100**
36 Zimmer | Ez 57–104 €, Dz 92–140 €, inkl. Frühstück

Ein gemütliches, modernes Hotel im Zentrum der Altstadt. Es besteht aus dem ehem. Gasthof Lutz und dem 2022 fertiggestellten Anbau. Das Gebäude besticht durch einen einzigartigen Mix aus verschiedenen Baustilen. Hier wohnen Sie in individuell und hochwertig eingerichteten Gästezimmern. In dem im Haupthaus gelegenen Restaurant „Perla d'Oro“ wird gehobene italienische Küche serviert. Für Veranstaltungen gibt es einen stilvollen Festsaal mit Platz für bis zu 180 Personen.

RAMMINGEN 59 A www.rammingen-bw.de

Baden-Württemberg | EW 1.277 | 512 m | Giengen an der Brenz 18 km, Ulm 23 km

Landgasthof Adler
www.adlerlandgasthof.de

Riegestraße 15, PLZ 89192, **T 07345 96410,** F 964110
9 Zimmer | Ez 74–99 €, Dz 134–150 €, inkl. Frühstück

Romantisches Fachwerkhaus mit über 200-jähriger Tradition. Stilvoll ausgestattete Hotelzimmer, sehr gutes Frühstück.

Landgasthof Adler

50 | Hauptgericht 19–39 €, Menü 35–148 € | Fr-So Di-So Mo

Modern-ländlich präsentiert sich das stilvolle Restaurant. Serviert werden gefällige Gerichte, bei denen überwiegend traditionelle Zutaten Verwendung finden. Die Weinkarte listet ausgesuchte nationale und internationale Spezialitäten. Nette Sommerterrasse mit südländischer Atmosphäre.

RAMSAU 69 A www.ramsau.de

Bayern | EW 1.775 | 670 m | Berchtesgaden 10 km, Bad Reichenhall 20 km

Berghotel Rehlegg
www.rehlegg.de

★★★★ S

Holzengasse 16, PLZ 83486, **T 08657 98840,** F 9884444
87 Zimmer | 9 Suiten | Ez ab 137 €, Dz ab 275 €, inkl. Vollpension | 24 h

Am Fuße des Watzmann liegt dieses familiär geführte Wellnesshotel. Das Haus bietet seinen Gästen ansprechende Landhauszimmer mit herrlichem Alpenblick. Im Restaurant „Lichtmannegger's" wird heimische Küche serviert.

RANDERSACKER 52 B www.randersacker.de

Bayern | EW 3.399 | 175 m | Würzburg 7 km, Kitzingen 15 km

Gasthof Bären
www.baeren-randersacker.de

Würzburger Straße 6, PLZ 97236, **T 0931 70510**
39 Zimmer | 1 Suite | Ez 87–93 €, Dz 119–149 €, inkl. Frühstück

Hübscher, aus Bruchsteinen errichteter Gasthof mit langer Familientradition. Das Haus ist seit Jahren ein Inbegriff für Gastlichkeit und Behaglichkeit. Es bietet ansprechend eingerichtete Zimmer in unterschiedlichen Kategorien. Im Gartenhaus stehen zudem einige Tagungsräume zur Verfügung.

Gasthof Bären

70 | Hauptgericht 14–41 € | Mo-Sa So

Ehrliche regionale Küche mit internationalen Einflüssen lautet die Devise in den gemütlich-rustikalen Gaststuben. Es gibt z.B. „Gebratener Seeteufel mit Ratatouille und breiten Nudeln" oder „Fränkische Bratwürste mit Wirsinggemüse und neuen Kartoffeln". Beschauliche Innenhofterrasse.

RASTATT 57 A www.rastatt.de

Baden-Württemberg | EW 48.000 | 123 m | Baden-Baden 13 km, Karlsruhe 24 km

Am Kulturplatz www.hotel-am-kulturplatz.de

garni

Am Schlossplatz 7, PLZ 76437, **T 07222 158870**
10 Zimmer | Ez 80 €, Dz 103 €, inkl. Frühstück

Das denkmalgeschützte Haus von 1907 wurde aufwendig saniert und zu einem geschmackvollen Hotel mit Bistro umgebaut. Die Gästezimmer sind modern und geradlinig eingerichtet. Ideale Adresse für Geschäftsreisende und Stadtbesucher.

RATHENOW 25 B www.westhavelland.de

Brandenburg | EW 25.515 | 28 m | Brandenburg 32 km, Stendal 39 km

GolfResort Semlin www.golfresort-semlin.de

Ferchesarer Str. 8b, PLZ 14712 (OT: Semlin), **T 03385 5540,** F 554400
72 Zimmer | 24 h

Modernes Urlaubs- und Tagungshotel umgeben von der schönen Landschaft des Golfgeländes. Großzügig ausgestattete Gästezimmer, teils mit Waldblick. Im Restaurant „Otto's" (mit schöner Sonnenterrasse) werden regionale und vegetarische Spezialitäten serviert.

RATINGEN 29 C www.ratingen.de

Nordrhein-Westfalen | EW 91.306 | 50 m | Düsseldorf 9 km, Essen 25 km

Landhotel Krummenweg www.hotelkrummenweg.de

Am Krummenweg 1, PLZ 40885 (OT: Lintorf), **T 02102 700670,** F 70067100
72 Zimmer | 3 Suiten | 24 h

Freundlich geführtes Geschäftshotel in verkehrsgünstiger Lage mit großzügig geschnittenen, modern ausgestatteten Gästezimmern und einem ansprechenden Tagungsbereich. Das rustikale Restaurant in einem denkmalgeschützten Fachwerkhaus bietet regionale und französische Speisen.

Essgold www.restaurant-essgold.de

Dorfstr. 33, PLZ 40882 (OT: Homberg), **T 02102 5519070**
50 | Hauptgericht 14–29 €, Menü 35–65 € | Fr-Sa Di-Sa Mo, So

Schön gemütlich und elegant zugleich, so präsentiert sich dieses Restaurant. Gute regionale Produkte werden hier zu einer gehobenen mediterranen Küche verarbeitet. Wohnlich und individuell sind die zwei hübschen Gästezimmer. Nette Sommerterrasse.

Landgasthof Gut Porz www.gutporz.de

Hülsenbergweg 10-12, PLZ 40885 (OT: Lintorf), **T 02102 934080**
160 | Hauptgericht 10–30 €, Menü 29–45 € | So Mo, Mi-So

Hist. Fachwerkhaus mit weißer Fassade und Wintergartenanbau. Die wöchentlich wechselnde Speisekarte hält ein überwiegend regionales Speisenangebot bereit. Gemütlicher Biergarten im windgeschützten Innenhof.

RATSHAUSEN 57 D www.ratshausen.de

Baden-Württemberg | EW 758 | 676 m | Balingen 15 km, Sigmaringen 48 km

Adler www.adler-ratshausen.de

VARTA-TIPP Küche

Hohnerstraße 3, PLZ 72365, **T 07427 2260**
40 | Hauptgericht 17–48 €, Menü 32–48 € | So Do-So Mo, Di, Mi

Seit vielen Jahren wird der sympathische Gasthof mit Engagement und Herzblut geführt. Die mit viel Holz eingerichteten Gaststuben versprühen Gemütlichkeit, der Service ist aufmerksam und gekocht wird regional mit französischen und steirischen Einflüssen. Appetit auf „Gebratenen bretonischen Rochenflügel in Kapern-Sardellenbutter auf Tomatenspinat und Pommes Parisienne“? Tipp: Nach dem Essen sollten Sie sich einen Schnaps aus der hauseigenen „Adler“-Destillerie gönnen.

RATTENBERG 55 C www.rattenberg.de

Bayern | EW 1.840 | 560 m | St. Englmar 13 km, Kötzting 19 km

Posthotel Rattenberg www.posthotel-rattenberg.de

★★★★

Dorfplatz 2, PLZ 94371, **T 09963 9500,** F 950222
49 Zimmer | 4 Suiten | Ez 90–120 €, Dz 160–210 €, inkl. Frühstück | 24 h

Charmantes Ferienhotel unter familiärer Führung mit bayerischer Atmosphäre. Verschiedene Zimmertypen stehen zur Auswahl. Ansprechender Wellness-Saunabereich auf 1.000 qm. Ländliches Restaurant mit regionaler und internationaler Küche.

RATZEBURG 16 A www.inselstadt-ratzeburg.de

Schleswig-Holstein | EW 15.000 | 36 m | Lübeck 24 km, Lauenburg 50 km

Der Seehof www.der-seehof.de

Lüneburger Damm 1-3, PLZ 23909, **T 04541 860101,** F 860102
50 Zimmer | 5 Suiten

Traditionshotel direkt am Ufer des Küchensees. Hier logieren Sie in hellen, freundlichen Zimmern, die teilweise mit Balkon oder Terrasse ausgestattet sind. Kostenloser Kanu- und Ruderbootverleih direkt am hauseigenen Bootssteg. Im Restaurant serviert man eine frische Küche mit saisonal-regionalem Bezug.

RAUENBERG 51 C www.rauenberg.de

Baden-Württemberg | EW 8.349 | 132 m | Wiesloch 4 km, Sinsheim 14 km

Winzerhof www.winzerhof.net

★★★★

Bahnhofstraße 2-8, PLZ 69231, **T 06222 9520,** F 952350
97 Zimmer | 1 Apartment | Ez 79–140 €, Dz 120–224 €, inkl. Frühstück

In 5. Generation familiär geführtes Tagungs- und Businesshotel. Im neueren Anbau geräumige Zimmer in eleganter Landhausmanier. Ansprechender Wellnessbereich mit römischem Dachhallenschwimmbad und Panoramaterrasse.

Winzerhof Stuben

100 | Hauptgericht 18–40 €, Menü 30–110 € | Di-So Mo-So 1.–6.1.23

Das gediegen-elegante Gourmetrestaurant überrascht mit bodenständigen regionalen Spezialitäten aus besten Zutaten der Region. Charmant und gleichermaßen aufmerksam der Service.

Gutshof

www.gutshof-menges.de

Suttenweg 1, PLZ 69231, **T 06222 9510,** F 951100
30 Zimmer | Ez 86–105 €, Dz 145 €, inkl. Frühstück

In den Weinbergen gelegenes Gut in verkehrsgünstiger Lage mit gemütlicher Weinstube und einladender Hofterrasse. Gepflegte, wohnlich eingerichtete Zimmer mit moderner Ausstattung, teils mit Balkon.

RAUHENEBRACH 53 A

www.rauhenebrach.de

Bayern | EW 2.965 | 320 m | Bamberg 28 km, Würzburg 59 km

Gasthof Hofmann

www.schindelsee.de

VARTA-TIPP Küche

Schindelsee 1, PLZ 96181 (OT: Schindelsee), **T 09549 98760**
70 | Hauptgericht 15–30 €, Menü 40–85 € | So Mi, Fr-So Mo, Di, Do 9.–24.1.23

Einst ein landwirtschaftlicher Betrieb, heute ein familiär geführter Gasthof. In gepflegter Atmosphäre serviert man Ihnen eine gehobene fränkische Küche, die sich stark am saisonalen Angebot orientiert. Die Speisekarte wechselt regelmäßig. Macht Ihnen z.B. „Rehkeule und -rücken | fränkische Bohnen | Kartoffel-Wildkräuterpüree" Appetit? Zum Übernachten stehen im ehem. Heuboden gemütliche Gästezimmer bereit.

RAVENSBURG 66 A

www.ravensburg.de

Baden-Württemberg | EW 49.098 | 450 m | Bad Waldsee 21 km, Wangen 25 km

Obertor

www.hotelobertor.de

★★★ garni

Marktstraße 67, PLZ 88212, **T 0751 36670,** F 3667200
30 Zimmer | 2 Suiten | Ez ab 85 €, Dz ab 150 €, inkl. Frühstück

Charmante Übernachtungsadresse inmitten der Altstadt - seit 4 Generationen familiengeführt. Individuell und behaglich eingerichtete Zimmer mit Parkettboden. Für Entspannung sorgen ein Wellnessbereich mit Sauna und Whirlpool, eine gemütliche Dachterrasse sowie die urige Wein- und Bierstube.

Atelier Tian | Das Restaurant der Veitsburg
www.veitsburg.de

Veitsburg 2, PLZ 88212, **T 0751 95125949**
40 | Menü 59–99 € | Mi-Sa Mo, Di, So

Hier speisen Sie inmitten einer mittelalterlichen Höhenburganlage auf dem sogenannten „Burgberg", 525 Meter oberhalb von Ravensburg. Serviert wird eine moderne und weltoffene Küche mit regionalem Bezug, die Sie entweder à la carte oder in Menüform genießen können. Das hübsche Turmzimmer im 1. Obergeschoss eignet sich für Veranstaltungen. Der lauschige SB-Biergarten im Burghof kommt im Sommer bei Ausflüglern besonders gut an.

Gasthaus Lumperhof
www.lumperhof.de

Lumper 1, PLZ 88212, **T 0751 3525001**
50 | Hauptgericht 21–34 €, Menü 45–73 € | Sa-So Mi-So Mo, Di

Eingebettet in eine ländliche Idylle empfängt Sie dieses freundliche Gasthaus. Die Speisekarte bietet regionale Küche mit Wild und Freilandgeflügel aus dem Umland sowie feine internationale Gerichte mit mediterranen Einflüssen. Im Sommer lädt der gemütliche Biergarten mit seinem alten Lindenbestand zum Verweilen ein.

RECKLINGHAUSEN 29 B
www.recklinghausen.de

Nordrhein-Westfalen | EW 119.931 | 85 m | Bochum 16 km, Essen 30 km

Parkhotel Engelsburg
www.parkhotel-engelsburg.de

★★★★ garni

Augustinessenstraße 10, PLZ 45657, **T 02361 2010,** F 201120
65 Zimmer | 5 Suiten | 17 Apartments | Ez 104–125 €, Dz 117–209 €, 14,00–17,00 € | 24 h

Das ehem. Herrenhaus vereint nostalgischen Charme und modernen Komfort. Wohnlich eingerichtete Zimmer in verschiedenen Kategorien. Kleiner Wellnessbereich mit Sauna und Dampfbad im historischen Kellergewölbe. Internationale und neue deutsche Küche wird im Restaurant serviert.

REES 28 B
www.stadt-rees.de

Nordrhein-Westfalen | EW 21.303 | 17 m | Emmerich 15 km, Bocholt 20 km

Insel-Gasthof Nass
www.inselgasthof-nass.de

Grietherort 1, PLZ 46459 (OT: Grietherort), **T 02851 6324**
198 | Hauptgericht 11–40 €, Menü 20–50 € | Di-So Mo

Familiär geführtes Haus direkt am Rhein gelegen. Sehr gute Fischspezialitäten wie z.B. „Zanderfilet gebraten mit Campignons, Kräutergarnelen,Tomaten und Rucola“ oder „Schollenfilets Büsumer Art mit frischen Nordseekrabben“. Schöne Terrasse mit Rheinblick.

REGEN 62 A www.regen.de

Bayern | EW 11.784 | 530 m | Zwiesel 12 km, Deggendorf 23 km

Berggasthof Hinhart www.berggasthof.de

€ Gut & Günstig

Hinhart 18, PLZ 94209, **T 09921 94340**
Hauptgericht 9–29 € | ◔ So ◕ Mo-Di, Do-So ⊘ Mi

Seit rund 50 Jahren ist das idyllisch gelegene Gasthaus in Familienhand. Man kocht frisch, schmackhaft und mit regionalem Einfluss. Es gibt auch ein ständiges Angebot an Wildgerichten, hausgemachten Kuchen und Brotzeiten. Hübsche Terrasse mit altem Baumbestand und herrlichem Blick auf die Stadt Regen.

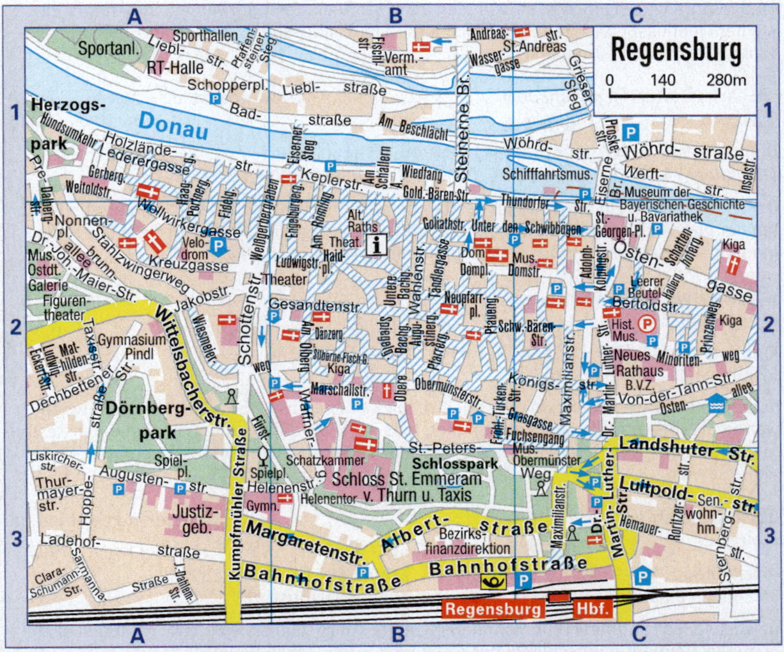

REGENSBURG 54 D www.regensburg.de

Bayern | EW 134.218 | 343 m | Nürnberg 105 km, Passau 120 km

Hist. Altstadt (UNESCO-Weltkulturerbe) mit Altem Rathaus, got. Dom St. Peter und Steinerner Brücke, Präsidialpalast und Stadttheater am Bismarckplatz, Schottenkirche St. Jakob, Haidplatz, Museum Keplerhaus, Porta Praetoria, Städtisches Museum im ehem. Minoritenkloster, Diözesanmuseum in der frühgot. St.-Ulrich-Kirche, ehemalige Klosterkirche St. Emmeram, Fürstliches Schloss Thurn und Taxis.

David

www.hotel-david.de

VARTA-TIPP Ambiente

garni

Goldene-Bären-Straße 7 (B1), PLZ 93047, **T 0941 2000900**
19 Zimmer | Ez ab 109 €, Dz ab 139 €, ab 12,00 € | 24 h

Die ehemalige Kapelle direkt am Ufer der Donau hat man erstklassig restauriert und zu einem geschmackvollen Designhotel umgebaut. Die Zimmer zeigen sich in einem einzigartigen Stilmix aus originalen Elementen, alten Wandmalereien und modernen Möbeln. Ein- und auschecken sowie frühstücken können Sie im 50 m entfernten Hotel Goliath am Dom.

Goliath Am Dom

www.hotel-goliath.de

garni

Goliathstr. 10 (B2), PLZ 93047, **T 0941 2000900,** F 20009099
41 Zimmer | 2 Suiten | 24 h

Attraktive Hoteladresse inmitten der Altstadt. Individuell eingerichtete Gästezimmer mit maßgeschreinerten Möbeln, stilvoll-eleganten Stoffen und Badezimmern aus Naturstein. Kleiner Wellnessbereich mit Sauna, Dampfbad und Fitnessraum. Hübsches Café im Erdgeschoss. 24-Stunden-Zimmerservice.

Achat Hotel Herzog am Dom

www.regensburg.achat-hotels.com

★★★★

Domplatz 3 (B2), PLZ 93047, **T 0941 584000,** F 58400100
40 Zimmer | 3 Suiten | Ez ab 130 €, Dz ab 150 €, ab 15,00 € | 24 h

Designhotel in einem über 800 Jahre alten herrschaftlichen Gebäude mit Römerturm inmitten der hist. Altstadt. Helle, mit freundlichen Farben eingerichtete Zimmer, die über eine moderne Ausstattung verfügen. Restaurant mit bayerischer Küche.

Bischofshof am Dom

www.hotel-bischofshof.de

Krauterermarkt 3 (B2), PLZ 93047, **T 0941 58460,** F 5846146
57 Zimmer | 8 Suiten | 24 h

In dem ehem. Bischofssitz, in dem auch schon Kaiser und Könige zu residieren pflegten, erwarten Sie romantische Landhauszimmer, teils mit Blick auf den Dom. Im rustikalen Restaurant mit Biergarten werden neben bayerischen Klassikern auch kreative internationale Gerichte serviert.

Das Götzfried

www.hotel-goetzfried.de

★★★★

Wutzlhofen 1, PLZ 93057 (OT: Wutzlhofen), **T 0941 69610,** F 6961232
55 Zimmer | 3 Suiten | Ez ab 110 €, Dz ab 170 €, inkl. Frühstück

Gewachsenes Landhotel unter familiärer Leitung mit geschmackvoll und individuell eingerichteten Zimmern unterschiedlicher Kategorien. Großzügiger Wellnessbereich auf 1.100 qm mit mehreren Saunen, Naturpool und Relaxgarten. Umfangreiches gastronomisches Angebot.

Jakob

www.hotel-jakob-regensburg.de

garni

Jakobstr. 14 (A2), PLZ 93047, **T 0941 6009290,** F 60092999
38 Zimmer | 5 Suiten | 24 h

Inmitten der hist. Altstadt befindet sich das Gebäude aus dem 18. Jhd., das zunächst als Speicher, dann als städtisches Verwaltungsgebäude und zuletzt über 100 Jahre als Polizeistation diente. Heute empfängt Sie hier ein angenehm neuzeitliches und freundliches Hotel mit wohnlichen Gästezimmern in unterschiedlichen Kategorien.

Münchner Hof und Blauer Turm
www.muenchner-hof.de

★★★★ garni

Tändlergasse 9 (B2), PLZ 93047, **T 0941 58440,** F 561709
58 Zimmer | 5 Suiten | 24 h

Das Hotel in der Fußgängerzone der Altstadt besteht aus mehreren mittelalterlichen Partizierhäusern. Geschmackvoll eingerichtete Zimmer mit unterschiedlichem Charakter. Für Radfahrer gibt es eine Fahrradgarage und eine Ladestation für E-Bikes.

Orphée Großes Haus
www.hotel-orphee.de

VARTA-TIPP Ambiente

Untere Bachgasse 8 (B2), PLZ 93047, **T 0941 596020,** F 59602199
33 Zimmer | Ez 115–135 €, Dz 155–180 €, inkl. Frühstück

Dieses außergewöhnliche Hotel befindet sich in einem sanierten hist. Barockbau im Herzen der Regensburger Altstadt. Das Haus verfügt über individuell eingerichtete Zimmer mit schönen Stuckdecken, Himmelbetten und antikem Mobiliar. Das angeschlossene Restaurant im original französischen Bistrostil offeriert eine mediterran-bodenständige Küche zu gastfreundlichen Preisen.

Central
www.hotel-central-regensburg.de

Margaretenstraße 18 (B3), PLZ 93047, **T 0941 2984840,** F 29848429
70 Zimmer | 1 Suite | 24 h

Zentral am Altstadtrand gelegenes Hotel für Businessgäste und Individualreisende mit hell und freundlich ausgestatteten Gästezimmern, die teilweise über Schlossblick verfügen.

Elements Hotel
www.hotel-elements.de

Alter Kornmarkt 3 (C2), PLZ 93047, **T 0941 20072275**
4 Zimmer | 4 Suiten

Die Elemente Feuer, Erde, Wasser und Luft bestimmen das Ambiente der vier individuellen Themensuiten dieses kleinen Hotels in der Regensburger Altstadt. Das Frühstück können Sie im benachbarten Caffé Rinaldi einnehmen.

Dock1
www.dockeins.com

€ Gut & Günstig

Alte Straubinger Straße 7, PLZ 93055 (OT: Ostenviertel), **T 0941 6009090,** F 60090999
66 Zimmer | 2 Suiten | 1 Apartment | Ez ab 65 €, Dz ab 85 €, 9,50 €

Die stylishe Adresse am Osthafen richtet sich vor allem an Geschäftsreisende. Die hellen Nichtraucherzimmer sind funktionell eingerichtet, verfügen über kostenfreies WLAN, bequeme Boxspringbetten und moderne Bäder. Gratis-Parkplätze sowie Bushaltestelle direkt vor der Haustür.

Restaurant ONTRA **Neu!**
www.ontra-regensburg.de

Franz-Mayer-Straße 5a, PLZ 93053, **T 0941 20492049**
80 | Hauptgericht 17–60 €, Menü 69–99 € | Mo-Fr Mo-So

››

Modern-urbanes Interieur, indirekte Beleuchtung und ein begehbares Weinhaus sorgen hier für eine entspannte Atmosphäre. Auf der Speisekarte ist für jeden etwas dabei, das Angebot reicht von traditionellen Klassikern über exklusive Cuts aus dem Dry Ager bis hin zum anspruchsvollen Gourmetmenü. Mittags gibt es günstige Lunchgerichte. Auch der freundliche Service und die gut zusammengestellte Weinauswahl sorgen für ein stimmiges Gesamtbild. Überdachte, beheizbare Terrasse.

Roter Hahn www.roter-hahn.com

VARTA-TIPP Küche

Rote-Hahnen-Gasse 10 (B2), PLZ 93047, **T 0941 595090**
60 | Hauptgericht 17–27 €, Menü 135–170 € | Fr-Sa Di-Sa Mo, So

Seit Juniorchef Maximilian Schmidt nach seinen Wanderjahren die Küchenleitung übernommen hat, gehört der „Rote Hahn" wieder zu den kulinarischen Geheimtipps der Domstadt. Der spannungsreiche Kontrast von Heimat und Ferne spiegelt sich in seinen kreativen, abwechslungsreichen Gerichten wider, die am Abend in Form eines anspruchsvollen Gourmetmenüs serviert werden. Tipp: Mittags preisgünstiges Lunchmenü! Für Übernachtungsgäste hat man gemütliche Hotelzimmer.

Storstad www.storstad.de

VARTA-TIPP Küche

Watmarkt 5 (B2), PLZ 93047, **T 0941 59993000**
50 | Hauptgericht 39–45 €, Menü 145–170 € | Sa Di-Sa

Im 5. Stock des Goliath-Hauses erwarten den Gast drei ineinander übergehende Genussbereiche: Restaurant, Bar und Lounge. Schlicht und skandinavisch angehaucht ist das Ambiente mit großer Fensterfront und hellen Holztischen. Die zeitgemäß-europäische Küche von Anton Schmaus ist variantenreich, aromatisch und produktorientiert. Mittags wird ein fair kalkuliertes Lunchmenü (wahlweise 3 oder 4 Gänge) angeboten. Unaufgeregter, zuvorkommender Service.

Aska www.aska.restaurant

VARTA-TIPP Küche **VARTA-TIPP** Service

Watmarkt 5 (B2), PLZ 93047, **T 0941 59993000**
12 | Menü 105–130 € | Sa Di-Sa Mo, So

Die kleine, exklusive Sushibar ist das Zweitrestaurant von Spitzenkoch Anton Schmaus. In tiefschwarzem Interieur zelebriert Sushimeister Atsushi Sugimoto über den Dächern der Regensburger Altstadt feinste Sushikreationen. Die ausgesprochen sorgfältig zubereiteten Gänge der Menüfolge (wahlweise 8 oder 10 Gänge) zeigen sich voller Geschmack, Kraft und Finesse. Äußerst zuvorkommend und perfekt im Umgang mit dem Gast erlebten wir den Service.

Luma www.luma-regensburg.de

VARTA-TIPP Küche

Frankenstraße 7a, PLZ 93059, **T 0941 2805598**
50 | Hauptgericht 30–38 €, Menü 65 € | Di-Fr Di-Sa Mo

Das Edelrestaurant ist seit 2020 in den Bäckerschen Höfen zu finden. Die Atmosphäre ist angenehm unprätentiös, der Service freundlich und die Küche ausgesprochen schmackhaft. Auf der Karte finden sich zeitgemäße Gerichte wie „Piccata vom Seeteufel | Parmesanrisotto | Pesto | Rucola mariniert". Das preisgünstige Lunchmenü ist für Businessgäste interessant.

Sticky Fingers
www.stickyfingers.restaurant

Untere Bachgasse 9 (B2), PLZ 93047, **T 0941 58658808**
60 | Hauptgericht 27–30 €, Menü 45–90 € | Mi-Sa Mo, Di, So

Cool, provokant und ein wenig verrucht zeigt sich das Bar-Restaurant im leger-extravaganten Clubstil inmitten der Regensburger Altstadt. Mit Philipp Bittenbinder steht ein Kosmopolit am Herd. Er begeistert mit einer kreativen orientalisch-französischen Fusionsküche. Ausgewogenes Weinangebot, dazu kreative Cocktails und Longdrinks.

Kreutzer's
www.kreutzers.kitchen

Prinz-Ludwig-Straße 15, PLZ 93055, **T 0941 569565020**
110 | Hauptgericht 21–39 €, Menü 39–69 € | Mo-Fr Mo-Sa So

Originelles Restaurant inmitten des alten Regensburger Hafenviertels in einer vor dem Abriss bewahrten historischen Lagerhalle. Hier erwarten Sie eine gehobene mediterran-französische Küche sowie hochwertige Steaks (Irish Hereford, Black Angus, US-Beef, Wagyu...), die auf dem offenen Showgrill mitten im Gastraum zubereitet werden.

REHLINGEN-SIERSBURG 49 C
www.rehlingen-siersburg.de

Saarland | EW 14.343 | 193 m | französische Grenze 7 km, Saarlouis 10 km

Niedmühle
www.restaurant-niedmuehle.de

Niedtalstraße 13-14, PLZ 66780 (OT: Eimersdorf), **T 06835 67450**
60 | Hauptgericht 28–42 €, Menü 59–95 € | Di-Fr Di-Sa Mo, So

Das stimmungsvolle Restaurant ist im neuzeitlichen Landhausstil gehalten. Geboten wird eine moderne europäische Küche mit mediterranen Einflüssen. Dazu gibt es ein ansprechendes Angebot internationaler Spitzenweine. 11 exklusiv ausgestattete Hotelzimmer.

REICHELSHEIM 51 A
www.reichelsheim.de

Hessen | EW 8.551 | 211 m | Erbach i.O. 22 km, Bensheim 25 km

Treuschs Schwanen
www.treuschs-schwanen.com

Rathausplatz 2, PLZ 64385, **T 06164 2226**
50 | Hauptgericht 25–33 €, Menü 49–114 € | Mo-Di, Fr-So Mi, Do

Traditionsrestaurant mit Weinlounge und hübschem Gartenlokal. Auf der Speisekarte stehen sowohl regionale als auch internationale Klassiker. Umfangreiches Weinangebot mit rund 300 Positionen. Regelmäßig Kochkurse.

REICHENAU 65 B www.reichenau-tourismus.de

Baden-Württemberg | EW 5.156 | 403 m | Konstanz 12 km, Singen (Hohentwiel) 29 km

Mohren www.mohren-bodensee.de

Pirminstraße 141, PLZ 78479 (OT: Mittelzell), **T 07534 99440,** F 9944610
38 Zimmer | Ez ab 100 €, Dz ab 110 €, inkl. Frühstück

Zentral auf der Insel gelegenes Haus für Tagungs- und Urlaubsgäste mit Tradition seit 1820. Seit 1988 befindet sich das Hotel im Besitz der Familie Ganter. Überwiegend modern ausgestattete Zimmer mit zeitgemäßem Komfort. Entspannung bietet eine kleine Saunalandschaft.

Mohren

100 | Hauptgericht 15–32 € | Sa-So Mo-So

In den behaglichen Gaststuben serviert man eine kreative Küche mit regionalen Wurzeln. Die umfangreiche Weinkarte bietet sowohl badische als auch internationale Spitzenweine. Romantikern sei das Candlelight-Dinner bei Kerzenschein im Séparée empfohlen.

REICHENHALL, BAD 69 A www.bad-reichenhall.de

Bayern | EW 17.137 | 473 m | Salzburg 19 km, Berchtesgaden 20 km

Amber Hotel Bavaria www.amber-hotels.de/bad-reichenhall

★★★★

Am Münster 3, PLZ 83435, **T 08651 7760,** F 776776
150 Zimmer | 10 Suiten | 15 Apartments | Ez 73–123 €, Dz 108–168 €, inkl. Frühstück | 24 h

Das kürzlich renovierte Kur- und Tagungshotel ist eingebettet in ein malerisches Alpenpanorama. Die ländlichen Gästezimmer zeigen sich zeitgemäß-modern und sind wahlweise mit Balkon, Loggia oder einer kleinen Terrasse ausgestattet. Schöner Wellnessbereich.

Haus Seeblick www.hotel-seeblick.de

★★★ S

Thumsee 10, PLZ 83435 (OT: Karlstein), **T 08651 98630,** F 986388
45 Zimmer | 12 Suiten | Ez 115–135 €, Dz 230–260 €, inkl. Halbpension | 24 h

Wunderschön am idyllischen Thumsee gelegenes Urlaubshotel. Unterschiedliche, modern oder im Landhausstil eingerichtete Zimmer mit Balkon oder Terrasse. Hauseigene Wellnessoase mit Schwimmbad und Saunalandschaft. Gemütliches Restaurant mit regionaler und internationaler Küche.

Hubertus www.hubertus-thumsee.de

€ Gut & Günstig

Thumsee 5, PLZ 83435 (OT: Karlstein), **T 08651 2252,** F 63845
16 Zimmer | 1 Apartment | Ez 48–66 €, Dz 84–120 €, inkl. Frühstück

Gepflegtes Urlaubshotel in Alleinlage auf einem weitläufigen Seegrundstück mit Liegewiese und Bootsanleger. Behagliche Zimmer im ländlich-bayerischen Stil. Das Frühstück kann sowohl im typisch bayerisch eingerichteten Frühstücksraum als auch im Pavillon und der Seeterrasse eingenommen werden.

REICHENOW-MÖGLIN 27 A www.barnim-oderbruch.de

Brandenburg | EW 670 | 552 m | Eberswalde 41 km, Berlin 56 km

Schloss Reichenow www.schlossreichenow.com

★★★★ garni

Neue Dorfstraße 1, PLZ 15345 (OT: Reichenow), **T 033437 276628**
22 Zimmer | Ez 65–110 €, Dz 75–210 €, inkl. Frühstück

Eingebettet zwischen dem satten Grün des 25 Hektar großen Parks und der malerischen Schilflandschaft des Langen Sees erwartet Sie dieses herrschaftliche Anwesen. Die Zimmer hat man hochwertig renoviert, Parkett, funkelnde Kronleuchter und ausgesuchtes Mobiliar sorgen für höchsten Wohnkomfort. Im Restaurant mit gemütlichem Barbereich und großer Terrasse stehen regionale Spezialitäten im Mittelpunkt.

REICHERTSHAUSEN 60 D www.reichertshausen.de

Bayern | EW 4.896 | 448 m | Pfaffenhofen 9 km, Freising 24 km

Gasthof zum Maurerwirt www.maurerwirt.de

Scheyerer Str. 3, PLZ 85293 (OT: Langwaid), **T 08137 809066**
50 | Menü 59–82 € | So Mi-So Mo, Di

Familiär geführter Landgasthof mit gemütlicher Gaststube. Klassisch gehaltene Küche (in Menüform) mit mediterranen Einflüssen, in der auch frische regionale Produkte Verwendung finden.

REICHSHOF 40 B www.ferienland-reichshof.de

Nordrhein-Westfalen | EW 19.708 | 370 m | Gummersbach 16 km, Siegen 37 km

Ballebäuschen www.ballebaeuschen.de

Hasseler Straße 10, PLZ 51580 (OT: Hespert), **T 02265 9394**
80 | Hauptgericht 25–45 €, Menü 45–79 € | Sa-So Fr-So Mo, Di, Mi, Do

Familiär geführter Landgasthof mit behaglichem Ambiente. Geboten wird ein gelungener Mix aus regionaler und klassisch französischer Küche. Mittags kleine Tageskarte. Nette Gartenterrasse.

REIL 40 C www.reil-mosel.de

Rheinland-Pfalz | EW 1.012 | 110 m | Wittlich 21 km, Cochem 47 km

Villa Melsheimer www.melsheimer.de

★★★★ garni

Moselstr. 5, PLZ 56861, **T 06542 900034,** F 9019007
17 Zimmer | 3 Suiten | Ez 60–95 €, Dz 85–135 €, inkl. Frühstück

Unmittelbar am Moselufer liegt dieses kleine, charmante Boutique-Hotel. Das Anwesen umfasst drei Gebäudeteile - das Stammhaus, die „Villa" und das „Müllehaus" an der Pariser Straße. Hier stehen wohnliche Gästezimmer in unterschiedlichen Kategorien zur Verfügung. Ein schöner Rückzugsort ist das gemütliche Kaminzimmer. Im Sommer können Sie auch im liebevoll angelegten Steingarten frühstücken.

Restaurant Wine & Dine Neu!

40 | Hauptgericht 18–46 €, Menü 65–159 € | Sa-So Do-So Mo, Di, Mi 5.1.–8.3.23, 10.–17.8.23

Hier wird ambitioniert gekocht. Der Küchenstil von Alessando Riemer und Dirk Melsheimer lässt sich als zeitgemäß, weltoffen und mit klassisch französischen Wurzeln beschreiben. Der Gast hat die Wahl zwischen einem regionalen und einem Gourmetmenü. Dazu kredenzt der freundliche Service ausgesuchte Weine. Im Zweitrestaurant „Villa Klassik“ wird bodenständige und saisonale Regionalküche angeboten.

Reiler Hof

www.reiler-hof.de

Moselstr. 27, PLZ 56861, **T 06542 2629,** F 1490
26 Zimmer | 2 Suiten | Ez 75–125 €, Dz 98–290 €, inkl. Frühstück | 23.12.22–15.3.23

Direkt an der Moselpromenade befindet sich dieses gepflegte Hotel. Es bietet unterschiedlich geschnittene Landhauszimmer, teils mit urigem Fachwerkgebälk.

Heim's Restaurant

130 | Hauptgericht 9–75 €, Menü 33–98 € | Mo-So 23.12.22–15.3.23

Ein behagliches Restaurant mit modern-elegantem Ambiente. Mit sehr guten marktfrischen Produkten wird ambitioniert gekocht. Aber auch auf ländlich-deftige Gerichte müssen Gäste nicht verzichten, z.B. „Kalbsbries gebacken | junger Spinat | Pinienkerne | Kartoffelmousseline“.

REINBEK 15 B

www.reinbek.de

Schleswig-Holstein | EW 25.874 | 27 m | Hamburg 18 km, Lauenburg 32 km

Waldhaus Reinbek

www.waldhaus.de

Loddenallee 2, PLZ 21465, **T 040 727520,** F 72752100
50 Zimmer | 6 Suiten | Ez ab 109 €, Dz ab 119 €, 19,50 € | 24 h

Familiär geführtes Haus mit gemütlichen, im Landhausstil eingerichteten Zimmern und Suiten. Facettenreiche Restaurantlandschaft mit regionalen Spezialitäten und internationalen Klassikern. Das Hotel liegt am Rande von Schleswig-Holsteins größtem Waldgebiet, dem Sachsenwald.

REINFELD 15 B

www.reinfeld.de

Schleswig-Holstein | EW 8.549 | 19 m | Lübeck 14 km, Hamburg 49 km

Gästehaus Freyer

www.hotel-freyer.de

€ Gut & Günstig ★★★ garni

Bolande 41a, PLZ 23858, **T 04533 70010,** F 700122
11 Zimmer | Ez 57–60 €, Dz 77–80 €, inkl. Frühstück | 24 h

Sie mögen es ruhig und wohnlich? Das sympathische kleine Hotel liegt am Waldrand und bietet freundlich eingerichtete Zimmer. Einladend auch der helle Frühstücksraum mit Blick ins Grüne. Für die kleinen Gäste steht ein Kinderspielplatz zur Verfügung.

REINSBÜTTEL 6 C

www.amt-buesum-wesselburen.de

Schleswig-Holstein | EW 408 | 2 m | Büsum 7 km, Heide 15 km

Gasthof Leesch
www.gasthof-leesch.de

Dorfstr. 14, PLZ 25764, **T 04833 2289**
80 | Hauptgericht 14–42 €, Menü 90 € | Sa-So Di-So Mo

Seine jahrzehntelange Historie macht das schöne Backsteinhaus besonders. Inzwischen wird der Gasthof in dritter Generation als Familienbetrieb geführt. Man speist in edlem Ambiente und lässt sich klassische, moderne und traditionelle Gerichte schmecken. Probieren Sie z.B. „Kalbszunge in Madeirajus, junger Wirsingkohl und Kartoffel-Petersilienstampf".

REINSDORF 45 A
www.reinsdorf.de

Sachsen | EW 7.620 | 360 m | Zwickau 9 km, Chemnitz 37 km

Restaurant Forsthaus Marcus Otto
www.forst-haus.de

Lößnitzer Straße 12, PLZ 08141 (OT: Wilhelmshöhe), **T 0375 30357963**
75 | Hauptgericht 9–39 €, Menü 39–59 € | Di-Sa Mo, So

Das hist. Forsthaus hat fast schon Museumscharakter. In den behaglichen, sehr geschmackvoll renovierten Räumlichkeiten wird ein Mix aus regionalen Gerichten und feinen internationalen Spezialitäten serviert. Sehr beliebt sind die verschiedenen Themenabende.

REIT IM WINKL 68 B
www.reitimwinkl.de

Bayern | EW 2.365 | 696 m | Ruhpolding 24 km, Prien 33 km

Gut Steinbach
www.gutsteinbach.de

★★★★ S garni

Steinbachweg 10, PLZ 83242 (OT: Blindau), **T 08640 8070,** F 807100
56 Zimmer | 4 Suiten | 4 Apartments | Ez ab 112 €, Dz ab 240 €, inkl. Frühstück | 24 h

Das freundlich geführte Wellnessresort liegt zu Füßen der drei Skisprungschanzen des Ortes. Es umfasst neben dem Haupthaus mehrere Chalets sowie den Steinbacher Hof. Hier lässt es sich gut wohnen, nämlich in schönen, freundlichen Landhauszimmern mit elegantem Mobiliar und zeitgemäßen Bädern. Für Entspannung sorgt die 650 qm große Bade- und Saunalandschaft. Sehr gepflegte Adresse, umgeben von einer malerischen Alpenlandschaft.

Gut Steinbach

150 | Hauptgericht 18–38 €, Menü 34–45 € | Mo-So

Mehrere, thematisch unterschiedlich gestaltete Gaststuben mit viel Holz und behaglich-eleganter Atmosphäre. Man verfolgt eine konsequent regionale Küchenphilosophie - somit kommen ausschließlich frische bodenständige Gerichte aus heimischen Produkten auf den Tisch. Ihren Aperitif können Sie in der gemütlichen Kaminbar einnehmen.

Unterwirt
www.unterwirt.de

★★★★ S garni

Kirchplatz 2, PLZ 83242, **T 08640 8010,** F 801150
74 Zimmer | 3 Suiten | 3 Apartments | Ez 94–200 €, Dz 188–400 €, inkl. Frühstück

Wellness, Gemütlichkeit und bayerische Gastfreundschaft vereint dieses traditionsreiche Domizil. Wohnliche Gästezimmer im typisch alpenländischen Stil. Großzügige Bade- und Saunalandschaft mit einem vielfältigen Behandlungsangebot.

REMAGEN 40 A www.remagen.de

Rheinland-Pfalz | EW 18.500 | 60 m | Bonn 21 km, Koblenz 38 km

Alte Rebe www.alte-rebe-remagen.de

Kirchstraße 4, PLZ 53424, **T 02642 9029269**
Hauptgericht 18–36 € | Mi-Fr, So Mi-So Mo, Di

Nette Adresse am historischen Marktplatz. „Rotes Thai-Curry mit gebratenen Wildgarnelen, Gemüse und Basmatireis", „Gebackener Rotbarsch mit Panko-Kartoffeln und hausgemachter Remoulade"... Die internationale Küche ist wirklich gut, angenehm locker die Atmosphäre in dem geradlinig-modern eingerichteten Restaurant. Auch die Vielfalt an hochwertigen Weinen ist beachtlich.

REMCHINGEN 57 B www.remchingen.de

Baden-Württemberg | EW 11.662 | 160 m | Pforzheim 13 km, Karlsruhe 20 km

Landgasthof Hirsch www.hirsch-remchingen.de

Hauptstraße 23, PLZ 75196 (OT: Wilferdingen), **T 07232 79636**
70 | Hauptgericht 25–34 €, Menü 61–101 € | Di-Sa Mo, So

In diesem traditionsreichen Gasthof von 1688 ist alles richtig schön gemütlich: jede Menge behagliches Holz, warme Farben, geschmackvolle Accessoires... Und auch die Küche macht richtig Spaß. Sowohl in der Ofenstube als auch im rustikalen Gewölbekeller serviert man eine marktfrische Küche mit mediterranen und regionalen Einflüssen. Herrliche Sommerterrasse mit Blick in den Bauerngarten. Last but not least: Gut und preiswert übernachten kann man hier auch.

REMSCHEID 29 D www.remscheid.de

Nordrhein-Westfalen | EW 108.955 | 365 m | Solingen 12 km, Wuppertal 15 km

Heldmann & Herzhaft www.heldmann-herzhaft.de

VARTA-TIPP Küche **VARTA-TIPP** Service

Brüderstraße 56, PLZ 42853, **T 02191 291941**
30 | Hauptgericht 24–44 €, Menü 45–69 € | Mi-Sa Mo, Di, So

In der 1889 erbauten Fabrikantenvilla Concordia befindet sich das stilvolle Genussrestaurant, in dem Sie die regional und mediterran geprägten, sehr schmackhaften Kreationen von Ulrich Heldmann genießen können. Dazu ein kleines, aber feines Weinangebot mit Schwerpunkt Deutschland. Der Service: charmant-locker und gleichermaßen professionell. Im Sommer können Sie auch auf der Terrasse speisen.

REMSHALDEN 58 B www.remshalden.de

Baden-Württemberg | EW 13.494 | 271 m | Waiblingen 7 km, Schorndorf 9 km

Lamm www.lamm-hebsack.de

Winterbacher Straße 1, PLZ 73630 (OT: Hebsack), **T 07181 45061**
80 | Hauptgericht 18–34 €, Menü 32–64 € | Mo-Sa So

Ein gastfreundliches Haus mit gemütlich und individuell gestalteten Stuben. Die mediterran inspirierte Regionalküche gibt es z.B. als „Perlhuhnbrust kross gebraten mit gegrilltem Bacon auf Filderrahmkraut und Kartoffelkrapfen". Interessante Weinproben. Solide ausgestattete Gästezimmer.

RENCHEN 57 A www.stadt-renchen.de

Baden-Württemberg | EW 7.316 | 150 m | Offenburg 15 km, Kehl 21 km

Drei Könige www.3-koenige.de

Erlacher Straße 1, PLZ 77871 (OT: Erlach), **T 07843 2287**
95 | Hauptgericht 11–29 €, Menü 32–64 € | Di, Do-Fr, So So Mo, Mi

Das sympathisch geführte Gasthaus bietet in seinen heimeligen holzvertäfelten Stuben eine schmackhafte Regionalküche. Auf der Karte finden Sie Klassiker wie badische Schneckensuppe, Cordon bleu, Käsespätzle oder gefüllte Kalbsröllchen.

RENDSBURG 7 D www.rendsburg.de

Schleswig-Holstein | EW 28.192 | 6 m | Schleswig 28 km, Neumünster 32 km

ConventGarten www.conventgarten.de

★★★★ garni

Hindenburgstr. 38-42, PLZ 24768, **T 04331 59050,** F 590565
80 Zimmer | 8 Suiten | Ez 89–119 €, Dz 129–159 €, inkl. Frühstück | 24 h

Das Haus befindet sich direkt am Nord-Ostsee-Kanal. Hinter der schlichten weißen Fassade erwartet Sie ein gepflegtes und freundliches Ambiente. Die Zimmer, viele mit Kanalblick, sind wohnlich und zeitgemäß eingerichtet. Das Restaurant „Achterdeck" serviert traditionell schleswig-holsteinische Spezialitäten.

Hotel 1690 www.hotel-1690.de

garni

Herrenstraße 6, PLZ 24768, **T 04331 770290,** F 7702910
16 Zimmer | Ez 69–99 €, Dz 109–119 €, inkl. Frühstück

Hinter der klassischen Fassade des historischen Backsteingebäudes verbirgt sich ein kleines, inhabergeführtes Boutique-Hotel. Klar, puristisch, wertig - so das Design der modernen Gästezimmer. Das regionale Frühstück können Sie im hellen Frühstücksraum oder auf der Terrasse genießen.

REUSSENKÖGE 6 B www.amnf.de

Schleswig-Holstein | EW 335 | 2 m | Husum 21 km, Flensburg 48 km

Hallig Krog www.hallig-krog.de

Hamburger Hallig , PLZ 25821, **T 04671 942788**
95 | Hauptgericht 15–29 € | Mo-So

Lust auf Husumer Krabbensuppe, Lammfrikadellen oder Cordon bleu vom nordfriesischen Landrasse-Schwein? Dann sind Sie hier richtig! Das urige Lokal bietet einfallsreiche und schmackhafte Hausmannskost zu fairen Preisen. Nachmittags gibt es frisch gebackenen Kuchen und hausgemachte Torten.

REUTLINGEN 58 C www.tourismus-reutlingen.de

Baden-Württemberg | EW 111.357 | 382 m | Tübingen 13 km, Stuttgart 44 km

Achalm. Hotel www.achalm.com

Achalm (Gewand) 2, PLZ 72766, **T 07121 4820,** F 482100
100 Zimmer | 11 Suiten | Ez 189–219 €, Dz 189–219 €, inkl. Frühstück | 24 h

Modernes Tagungs- und Familienhotel in herrlicher Panoramalage mit Ausblick auf Reutlingen und die Schwäbische Alb. Die designorientierten Gästezimmer sind mit edlen Naturmaterialien ausgestattet. Ruhe und Entspannung bietet ein 350 qm großer Sauna- und Wellnessbereich. Im Restaurant mit großer Außenterrasse wird saisonale und regionale Küche serviert.

RHEDA-WIEDENBRÜCK 30 B www.flora-westfalica.de

Nordrhein-Westfalen | EW 46.988 | 72 m | Gütersloh 9 km, Lippstadt 22 km

Ratskeller www.ratskeller-wiedenbrueck.de

Markt 11, PLZ 33378 (OT: Wiedenbrück), **T 05242 9210,** F 921100
30 Zimmer

Liebevoll restauriertes Fachwerkhaus von 1560 mit behaglichen Hotelzimmern, die teils mit Stilmöbeln ausgestattet sind. Schöner Saunabereich mit Dachterrasse. Hist. Gasträume mit nostalgischem Flair, Marktplatzterrasse und Biergarten.

Reuter www.hotelreuter.de

Bleichstraße 3, PLZ 33378 (OT: Rheda), **T 05242 94520,** F 945244
35 Zimmer | 3 Apartments | Ez 89–169 €, Dz 139–249 €, inkl. Frühstück

Das persönlich geführte Stadthotel befindet sich bereits seit 1894 im Familienbesitz. Das Haus bietet wohnliche Zimmer und Apartments, die ganz unterschiedlichen Stilrichtungen entspringen. Für Events und Tagungen hat man verschiedene Räumlichkeiten.

Reuter

VARTA-TIPP Küche

20 | Menü 125–144 € | Mi-Sa Mo, Di, So 23.12.22–21.1.23

Stilvolles Ambiente, authentische Gastfreundschaft und top Kulinarik schaffen hier ein entspanntes, souveränes und zeitgemäßes Genusserlebnis. Was die Küche von Iris Bettinger verlässt, überzeugt mit Finesse, Frische und Geschmack. Ihr Kochstil ist vielseitig: mal klassisch französisch inspiriert, mal mit regionalen Akzenten gespickt, mal gekonnt mit asiatischen und exotischen Nuancen verfeinert. Serviceleiter Marco Rückl und Sommelier Armin Weisenberger kümmern sich mit Engagement und Freude um das Wohl der Gäste. Tischreservierung erforderlich.

Gastwirtschaft Ferdinand Reuter

80 | Hauptgericht 10–46 €, Menü 46–52 € | Mi-Do Di-Sa Mo, So 23.12.22–15.1.23

Seit 2020 zeigt sich das Zweitrestaurant in neuem Design. In urban-lässiger Bistro-Atmosphäre serviert man kleine Köstlichkeiten, schmackhafte Regionalmenüs und beliebte Küchenklassiker wie „Entrecote vom bayerischen Rind“ oder Schnitzel „Wiener Art“. Zum Konzept gehören eine offene Küche und der Verkauf von hausgemachten Produkten. Bei schönem Wetter empfiehlt sich die lauschige Sommerterrasse.

Königs
www.das-koenigs.de

Berliner Straße 47, PLZ 33378 (OT: Rheda), **T 05242 408060,** F 4080666
26 Zimmer | 24 h

Zentral gelegenes Geschäftshotel am Schlosspark mit guten Tagungsmöglichkeiten. Individuell eingerichtete Themenzimmer mit moderner Ausstattung. Kleiner Wellnessbereich mit finnischer Sauna und Fitnessraum. Das Restraurant serviert kreative internationale Küche.

Emshaus
www.emshausrheda.de

Gütersloher Str. 22, PLZ 33378 (OT: Rheda), **T 05242 4060400**
74 | Hauptgericht 19–30 €, Menü 41–56 € | So Mi-So Mo, Di

Im Rhedaer Teil des ehem. Gartenschaugeländes zwischen Rosengarten und Schlosspark befindet sich dieses attraktive Restaurant. Die monatlich wechselnde Speisekarte offeriert eine frische regionale Küche mit italienischen und französischen Einflüssen. Die Preise sind fair und der Service freundlich.

RHEINAU 56 B
www.rheinau.de

Baden-Württemberg | EW 10.997 | 130 m | Achern 11 km, Kehl 16 km

Gioias Restaurant Neu!
www.gioias.de

VARTA-TIPP Küche

Hauptstr. 215-217, PLZ 77866, **T 07844 91822999**
25 | Menü 59–79 € | So Mi-So Mo, Di

Schon von außen versprüht das hübsch herausgeputzte Herrenhaus südländisches Flair, drinnen dann ein ebenso geschmackvolles wie stimmiges Ambiente. Mit seiner zeitgemäßen Fusionsküche vereint Patron Francesco D’Agostino unterschiedliche Küchenkulturen und kennt beim Zubereiten der frischen und saisonalen Produkte aus der Region keine Kreativitätsgrenzen. Bei seinen Gerichten sind Einflüsse aus Italien, Südamerika, Frankreich und Deutschland unverkennbar. Gut die offene Weinbegleitung. Für kleine Veranstaltungen steht ein Gewölbekeller zur Verfügung.

RHEINE 20 D
www.rheine-tourismus.de

Nordrhein-Westfalen | EW 80.000 | 35 m | Lingen/Ems 31 km, Osnabrück 46 km

Lücke
www.hotel-luecke.de

★★★★ garni

Heiliggeistplatz 1a, PLZ 48431, **T 05971 16180,** F 161816
39 Zimmer | Ez 99–131 €, Dz 129–159 €, 10,00 € | 24 h

Zentral gelegenes Haus an der Ems mit Aussicht auf den Fluss. Hell und modern eingerichtete Zimmer. Kleine Wellnessoase mit finnischer Sauna. Das einladende Restaurant „SunDays“ mit Sonnenveranda und Biergarten serviert marktfrische saisonale Spezialitäten.

Zum alten Brunnen
www.zumaltenbrunnen.de

garni

Dreierwalder Straße 25-27, PLZ 48429, **T 05971 961715,** F 9617166
16 Zimmer | 3 Suiten | 2 Apartments | Ez 89–128 €, Dz 98–138 €, inkl. Frühstück | 24 h

Wie ein idyllisches kleines Dörfchen zeigt sich dieses privat geführte Hotel mit dem alten Brunnen als Mittelpunkt. In verschiedenen Gebäuden stehen stilvoll eingerichtete Zimmer zur Verfügung. Liebevoll restaurierte antike Möbel geben den Räumen ihren ganz individuellen Charme.

Beesten
www.restaurant-beesten.de

VARTA-TIPP Küche

Eichenstraße 3, PLZ 48431 (OT: Bannewiese), **T 05971 3253**
50 | Hauptgericht 27–36 €, Menü 42–72 € | Mo-Di, Fr-So Mi, Do

In diesem Traditionsgasthof können Sie das „Gast sein" so richtig genießen. Neben unkompliziertem, freundlichem Service gibt es frische saisonale Gerichte aus der deutschen und französischen Küche, so z.B. „Perlhuhnbrust mit Feigensenf und Estragon überbacken auf Pfifferlingrahmsauce an Karotten-Staudenselleriegemüse und Rösti". Bei schönem Wetter lässt es sich auch wunderbar im Gartenlokal speisen.

RHEINFELDEN 64 A
www.tourismus-rheinfelden.de

Baden-Württemberg | EW 32.245 | 280 m | Basel (Schweiz) 15 km, Bad Säckingen 19 km

Boutique Hotel Bellevue
www.hotel-bellevue-rheinfelden.de

garni

Kapuzinerstraße 2, PLZ 79618, **T 07623 965130**
20 Zimmer

Kleines Hotel im 3.OG des Hochrhein Centers Rheinfelden. Das persönlich geführte Haus überzeugt mit wohnlich-neuzeitlichen Zimmern, die technisch gut ausgestattet sind. Zum Hoteleingang gelangt man direkt über einen stylishen Aufzug im Glasturm.

Maien
www.maien.com

★★★ S

Maienplatz 2, PLZ 79618 (OT: Obereichsel), **T 07623 72150,** F 721530
21 Zimmer | Ez ab 80 €, Dz ab 109 €, inkl. Frühstück

Gepflegter Landgasthof mit Hotelanbau in ländlicher Umgebung - seit 1894 in Familienbesitz. Praktisch eingerichtete Gästezimmer, teilweise mit Balkon. Im regionaltypischen Restaurant und auf der Terrasse werden badische Spezialitäten aufgetischt.

RHODT UNTER RIETBURG 50 D www.rhodt.de

Rheinland-Pfalz | EW 1.097 | 206 m | Landau (Pfalz) 10 km, Neustadt a.d. Weinstr. 12 km

Alte Rebschule www.alte-rebschule.de

★★★★ garni

Theresienstraße 200, PLZ 76835, **T 06323 70440,** F 704470
37 Zimmer | 3 Suiten | Ez 189–279 €, Dz 269–389 €, inkl. Halbpension | ⃠ 8.–23.1.23

Ruhiges, oberhalb des Ortes in den Weinbergen gelegenes Hotel. Geräumige, im modernen Landhausstil eingerichtete Zimmer. Hübscher Wellnessbereich. Im Restaurant mit netter Terrasse wird eine saisonale Frischeküche serviert.

Alter Kastanienhof www.alter-kastanienhof.de

Theresienstraße 79, PLZ 76835, **T 06323 9881300**
80 | Hauptgericht 10–24 € | Mo-Di, Fr-So ⃠ Mi, Do

Das sympathische Gasthaus empfängt Sie in urig-rustikalem Ambiente. Hier dürfen Sie sich auf traditionelle pfälzische Gerichte aus frischen regionalen Zutaten freuen. Zur warmen Jahreszeit lockt der lauschige Biergarten. Für Übernachtungsgäste hat man gepflegte, zweckmäßige Zimmer.

RIEDENBURG 60 B www.riedenburg.de

Bayern | EW 5.572 | 360 m | Kelheim 16 km, Ingolstadt 33 km

Forst's Landhaus www.forsts-landhaus.de

Mühlstraße 37b, PLZ 93339, **T 09442 9919399**
70 | Hauptgericht 19–38 €, Menü 27–95 € | Sa-So Mi-So ⃠ Mo, Di

Moderne Gastronomie und ländliche Tradition zu verbinden, ist in diesem Gasthaus wunderbar gelungen. Ob in einem der beiden Restauranträume oder auf der Sonnenterrasse - hier können Sie sowohl bodenständige Gerichte als auch feine, originelle Speisen genießen. Elf liebevoll eingerichtete Zimmer im angeschlossenen Hotel.

RIETBERG 30 B www.rietberg.de

Nordrhein-Westfalen | EW 28.696 | 78 m | Rheda-Wiedenbrück 9 km, Delbrück 12 km

Lind Hotel www.lind-hotel.de

★★★★ S garni

Am Nordtor 1, PLZ 33397, **T 05244 700100,** F 700107
80 Zimmer | 2 Suiten | Ez 95–140 €, Dz 106–161 €, inkl. Frühstück | 24 h ››

Das Hotel ist ideal für Geschäftsreisende und bietet wohnliche Zimmer mit gutem Platzangebot. Für Entspannung sorgt der gepflegte SPA-Bereich. Und gastronomisch? Saisonale Küche im Restaurant „Mauritz", dazu eine Hotelbar sowie eine großzügige Terrassenanlage mit herrlichem Blick auf den Flusslauf der Ems.

Domschenke — www.domschenke-mastholte.de

VARTA-TIPP Küche

Lippstädter Straße 1, PLZ 33397 (OT: Mastholte), **T 02944 318**
45 | Hauptgericht 12–32 €, Menü bis 68 € | So Mo, Do-So Di, Mi

Ländlich gelegenes Traditionshaus mit gemütlicher Gaststube und lichtdurchflutetem Wintergarten. Die regionalen Klassiker sowie die französisch-mediterran angehauchten Spezialitäten sind absolut zu empfehlen. Wie wäre es z.B. mit „Variation von Edelfischen, Jakobsmuschel und Garnele auf frischem Blattspinat mit gebackener Polenta und Rieslingschaumsauce"? Auch das sehr gute Preis-Leistungs-Verhältnis und der liebenswerte Service sprechen für dieses Restaurant. Idyllischer Biergarten unter alten Eichen.

RINCHNACH 62 A — www.rinchnach.de

Bayern | EW 3.248 | 564 m | Regen 7 km, Zwiesel 9 km

St. Gunther — www.st-gunther.de

★★★★ S

Regener Str. 7, PLZ 94269, **T 09921 8090,** F 809200
51 Zimmer | 20 Suiten | 2 Apartments | Ez 160–190 €, Dz 300–350 €, inkl. Vollpension

Modernes, familiengeführtes Wellnesshotel mit herrlichem Panoramablick auf die Berge. Geschmackvoll, teils rustikal eingerichtete Zimmer und Suiten. Über 3.000 qm großer Wellnessbereich mit Panoramahallenbad und bayerischem Saunadorf.

RINGE 20 B — www.emlichheim.de

Niedersachsen | EW 2.181 | 15 m | Meppen 34 km, Lingen (Ems) 35 km

Altes Landhaus Buddenberg — www.landhaus-buddenberg.de

Emlichheimer Str. 63, PLZ 49824 (OT: Kleinringe), **T 05943 98390**
125 | Hauptgericht 14–28 € | So Mo, Mi-So Di

Inmitten einer reizvollen Moorlandschaft liegt dieses zauberhafte Anwesen. Die Speisekarte zeigt einen harmonischen Mix aus traditioneller, regionaler sowie innovativer Küche. Das angeschlossene Hotel bietet exklusiv eingerichtete Zimmer.

RIPPOLDSAU-SCHAPBACH, BAD 57 C — bad-rippoldsau-schapbach.de

Baden-Württemberg | EW 2.224 | 564 m | Freudenstadt 16 km, Wolfach 23 km

Klösterle Hof — kloesterlehof.de

VARTA-TIPP Küche

Klösterleweg 2, PLZ 77776 (OT: Bad Rippoldsau), **T 07440 215**
30 | Hauptgericht 13–35 €, Menü 35–90 € | Di-Sa Mo, So 9.–31.1.23, 27.8.–3.9.23, 13.11.–3.12.23

Typisches Schwarzwälder Restaurant mit gemütlich-rustikaler Einrichtung und romantischem Flair. Küchenchef Markus Klein schätzt und verarbeitet gekonnt die frischen Angebote der Region. Das Resultat: leckere Gerichte wie „Gebratene Schweinemedaillons mit Sauerkirschen und grünem Pfeffer im Rahmsößle und Spätzle vom Brett". Übernachtungsgäste freuen sich über die ländlichen Zimmer.

RÖBEL/MÜRITZ 18 C www.amt-roebel-mueritz.de

Mecklenburg-Vorpommern | EW 5.136 | 65 m | Waren 24 km, Wittstock 29 km

Landhaus Müritzgarten www.hotel-mueritzgarten.de

garni

Seebadstraße 45, PLZ 17207, **T 039931 8810,** F 881113
37 Zimmer | 6 Suiten | Ez 80–125 €, Dz 98–195 €, inkl. Frühstück

Wohnlich eingerichtetes Landhaus in ruhiger Seeuferlage mit kleinem Gartenpark. Gemütliche, im Landhausstil eingerichtete Nichtraucherzimmer. Zum Haus gehören auch eine große Liegewiese, eine Sauna und eine eigene Fahrradgarage.

RODALBEN 50 C www.rodalben.de

Rheinland-Pfalz | EW 7.500 | 250 m | Pirmasens 6 km, Zweibrücken 28 km

Bold's Hotel Zum Grünen Kranz www.boldskranz.de

€ Gut & Günstig ★★★

Pirmasenserstraße 2, PLZ 66976, **T 06331 23170,** F 231730
19 Zimmer | Ez ab 40 €, Dz ab 65 €, 8,00 €

Zentral in der Ortsmitte gelegenes, familiengeführtes Haus mit Pfälzer Charme. Behaglich eingerichtete Zimmer mit kostenlosem WLAN, teilweise auch mit Balkon. Gutes Frühstück.

Zum Grünen Kranz

32 | Hauptgericht 12–26 € | Mo-Mi, Fr-So Mo-Mi, Fr-Sa Do

Geschmackvoll eingerichtetes Lokal mit gemütlicher Atmosphäre. Serviert wird eine leichte regionale Frischeküche mit modernen Einflüssen zu angemessenen Preisen.

RÖDELSEE 52 B www.roedelsee.de

Bayern | EW 1.702 | 236 m | Kitzingen 6 km, Schweinfurt 59 km

Stegner www.hotel-stegner.de

€ Gut & Günstig garni

Mainbernheimer Straße 26, PLZ 97348, **T 09323 87210,** F 6335
18 Zimmer | Ez 60–65 €, Dz 92–96 €, inkl. Frühstück | 24 h

Gemütlicher, in 4 Generation familiengeführter Gasthof in schöner grüner Lage. Behaglich mit viel Holz eingerichtete Zimmer mit kostenlosem WLAN, teils mit Balkon. Das Frühstück wird im lichtdurchfluteten Wintergarten serviert. Fahrradverleih.

RÖDENTAL 44 C www.roedental.de

Bayern | EW 13.046 | 342 m | Coburg 8 km, Bamberg 58 km

Brauhotel & Gasthof GROSCH
www.der-grosch.de

★★★ S garni

Oeslauer Straße 115, PLZ 96472 (OT: Oeslau), **T 09563 7500,** F 750147
44 Zimmer | Ez 85 €, Dz 120 €, inkl. Frühstück | 24 h

Uriger Brauereigasthof mit fast 600-jähriger Familientradition. Hübsch eingerichtete Zimmer, die nach den Bierzutaten Wasser, Hopfen und Malz gestaltet sind. Das Restaurant bietet saisonale fränkische Gerichte und Bierspezialitäten aus der eigenen Brauerei. Schöner Biergarten.

Alte Mühle
www.alte-muehle-hotel.com

Mühlgarten 5, PLZ 96472 (OT: Oberwohlsbach), **T 09563 72380**
90 | Hauptgericht 15–35 € | Di-Sa Mo, So

Umringt von zwei romantisch plätschernden Mühlbächen im Ortsteil Oberwohlsbach empfängt Sie dieses freundlich und engagiert geführte Haus. Der Chef steht selbst am Herd und bietet typisch fränkische und mediterrane Gerichte mit frischen Zutaten aus der Umgebung. So gemütlich wie der Gastraum sind auch die Hotelzimmer.

RODING 55 C
www.roding.de

Bayern | EW 11.437 | 369 m | Cham 14 km, Regensburg 40 km

City Hotel
www.city-hotel-roding.de

★★★★ S garni

Schulstraße 25, PLZ 93426, **T 09461 40250,** F 40252222
88 Zimmer | 4 Suiten | Ez 97–118 €, Dz 144–170 €, inkl. Frühstück | 24 h

Modern ausgestattetes Aktiv- und Businesshotel mit hellen, freundlichen Gästezimmern. Kleiner Wellnessbereich mit Indoorpool, Saunen und Whirlpool. Im Gasthaus „Zum Goldenen Anker" wird traditionelle bayerische Küche serviert.

ROHRDORF 68 B
www.rohrdorf.de

Bayern | EW 5.457 | 476 m | Rosenheim 10 km, Bad Reichenhall 71 km

Zur Post
www.post-rohrdorf.de

★★★ S garni

Dorfplatz 14, PLZ 83101, **T 08032 1830,** F 5844
113 Zimmer | 69 Apartments | Ez 69–109 €, Dz 100–150 €, inkl. Frühstück

Das Hotel bietet geschmackvolle Landhauszimmer mit bayerischem Wohlfühlambiente im Haupthaus und hochwertig, mit edlen Hölzern und warmen Farben ausgestattete Zimmer im neu gebauten Gästehaus. Bürgerliches Restaurant mit heimischer Küche.

RÖHRNBACH 62 B www.roehrnbach-bayerischer-wald.de

Bayern | EW 4.394 | 438 m | Freyung 12 km, Passau 28 km

Wellness- & Sporthotel Jagdhof www.jagdhof-roehrnbach.de

★★★★★

Putzgartenstaße 2, PLZ 94133, **T 08582 91590,** F 9159222
105 Zimmer | 64 Suiten | Ez 222–258 €, Dz 386–458 €, inkl. Halbpension | 24 h

Familiär geführtes Ferienhotel im alpenländischen Stil mit unterschiedlichen, praktisch und modern eingerichteten Zimmern. Für Entspannung sorgt Bayerns größte Wellness- und Wasserwelt auf 6.500 qm mit mehreren Pools, Naturbadeteich, Saunalandschaft und Liegewiese. Behagliches Restaurant mir regionaler und internationaler Küche.

RONNENBERG 23 C www.ronnenberg.de

Niedersachsen | EW 23.539 | 73 m | Hannover 8 km, Hildesheim 39 km

Benther Berg www.hotel-benther-berg.de

★★★ S

Vogelsangstr. 18, PLZ 30952 (OT: Benthe), **T 05108 64060,** F 640650
64 Zimmer | 3 Suiten | Ez 78–118 €, Dz 120–150 €, inkl. Frühstück

Herrenhaus von 1894, gelegen inmitten einer ruhigen und weitläufigen Parklandschaft. Wohnliche, solide ausgestattete Zimmer und Suiten. Stilvoller Wellnessbereich mit mediterranem Ambiente. Gute Verkehrsanbindung nach Hannover.

Benther Berg

120 | Hauptgericht 15–35 €, Menü 40–79 € | Mo-So

Im Mittelpunkt der regionalen und internationalen Küche stehen die sehr guten Produkte, und die werden handwerklich solide und schmackhaft zubereitet. Auf der Karte locken Gerichte wie „Seeteufelmedaillon unter der Safrankruste | Safran-Spaghettini | glasierter Brokkoli | Thymian-Zucchinispalten" oder „Kalbsleber in Nussbutter gebraten | Ofentomaten | Salbei | Frühlingsgemüse | überbackenes Kartoffelpüree".

ROSENBERG 52 D www.gemeinde-rosenberg.de

Baden-Württemberg | EW 2.688 | 503 m | Ellwangen 10 km, Crailsheim 20 km

Landgasthof Adler **Neu!** www.landgasthofadler.de

VARTA-TIPP Küche

Ellwanger Straße 15, PLZ 73494, **T 07967 513**
50 | Hauptgericht 16–31 €, Menü 70–80 € | Mi-So Mi-Sa Mo, Di

Die Gaststube zeigt sich in einem Stilmix aus Tradition und Moderne. Hier treffen Fachwerk und rustikaler Parkettfußboden auf kräftige Farbgestaltung und Designklassiker aus der Bauhauszeit. Dass Küchenchef Florian Vogel der Region schon immer sehr verbunden ist, spiegelt sich auch in der kulinarischen Philosophie wider. Seine kompromisslose Produktküche ist frisch, schmackhaft und handwerklich klassisch zubereitet. Im angeschlossenen Lädle gibt es eine Auswahl regionaler Produkte, teilweise aus eigener Herstellung. Gepflegt übernachten kann man hier ebenfalls.

ROSENHEIM 68 B www.touristinfo-rosenheim.de

Bayern | EW 60.877 | 446 m | München 68 km, Salzburg (Österreich) 75 km

Parkhotel Crombach www.parkhotel-crombach.de

★★★ S garni

Kufsteiner Straße 2, PLZ 83022, **T 08031 3580,** F 33727
64 Zimmer | 7 Suiten | Ez 84–104 €, Dz 120–160 €, ab 13,00 € | 24 h

Familiengeführtes Haus am Park in zentraler Lage nahe der Altstadt an der Fußgängerzone neben der Stadthalle. Das Hotel bietet neben den Zimmern zum Park Juniorsuiten sowie klimatisierte Suiten mit Küche und Luxusbad für 2 bis 5 Personen, Konferenzräume von 10 bis 100 Personen und einen kostenlosen Fitnessraum.

San Gabriele www.hotel-sangabriele.de

★★★★

Zellerhornstraße 16, PLZ 83026 (OT: Heilig Blut), **T 08031 26070,** F 260740
38 Zimmer | Ez ab 90 €, Dz ab 120 €, 12,50 €

Hier nächtigen Sie im Ambiente eines mittelalterlichen Klosters. Entworfen wurde das Hotel vom Architekten Rudolf Rechl. Die Zimmer haben einen ganz individuellen Charme und verfügen teils über Gewölbedecken und Himmelbetten. Italienische Küche serviert das „Ristorante Il Convento".

Restaurant Nouille Neu! www.nouille.eu

Bahnhofstr. 21, PLZ 83022, **T 08031 2315116**
48 | Hauptgericht 18–38 € | Di-Sa Mo, So

Schön sitzt man in diesem geradlinig-modernen Restaurant mit seiner geschmackvollen Einrichtung und der großen Fensterfront. Und es gibt noch etwas fürs Auge: Die klassisch-mediterranen Speisen (es gibt u.a. hausgemachte Pasta) werden in der einsehbaren Küche liebevoll zubereitet. Auf der wechselnden Karte finden sich Gerichte wie „Maishähnchenbrust | Orangenbutter | Kefirschaum | wilder Brokkoli | Süßkartoffel | Amaranth". Mittags günstige Lunchgerichte.

ROSSHAUPTEN 67 A www.rosshaupten.de

Bayern | EW 2.128 | 816 m | Füssen 12 km, Marktoberdorf 18 km

Kaufmann www.hotel-kaufmann.de

★★★★

Füssener Straße 44, PLZ 87672, **T 08367 91230,** F 1223
43 Zimmer | 5 Suiten

Attraktives Ferien- und Tagungshotel am Forggensee mit schönem Blick auf die Allgäuer Alpen. Wohnliche Komfortzimmer im Stammhaus, exklusiv ausgestattete, großzügige Deluxe-Zimmer und Suiten im neueren Anbau. Gemütliches Restaurant mit Sonnenterrasse und Wintergarten.

Haflingerhof www.haflingerhof.com

★★★ S

Vordersulzberg 1, PLZ 87672, **T 08364 98480,** F 984828
22 Zimmer | 8 Suiten | 6 Apartments | Ez 67–70 €, Dz 92–126 €, inkl. Frühstück

Ein nettes Feriendomizil mit freundlichen Gastgebern. Einfachere Gästezimmer mit rustikalem Charme bietet das traditionelle Landhaus, großzügiger und moderner zeigen sich die neuen Suiten im Landhotel. Im sonnendurchfluteten Wintergarten sowie in der urigen Bauernstube wird regionale Küche aufgetischt. Zum Hotel gehört auch ein Reitstall.

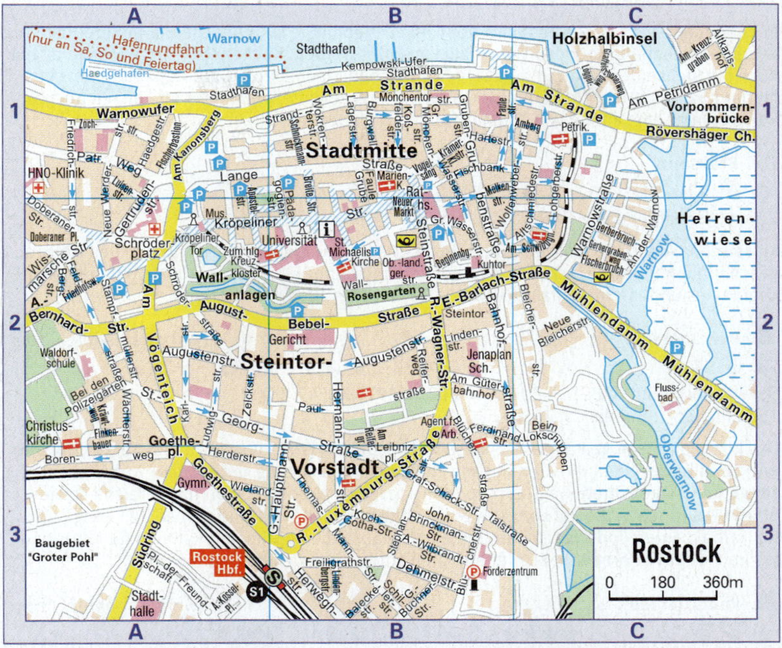

ROSTOCK 10 C

www.rostock.de

Mecklenburg-Vorpommern | EW 203.431 | 14 m | Schwerin 89 km, Lübeck 115 km

Rathaus, Bürgerhäuser und Marienkirche am Neuen Markt, Schifffahrtsmuseum, Einkaufsmeile Kröpeliner Straße, Kuhtor, Stadtbibliothek im Haus Ratschow, Brunnen der Lebensfreude auf dem dreieckigen Universitätsplatz, Kulturhistorisches Museum im ehem. Zisterzienserinnenkloster, Stadthafen, Theater im Stadthafen, Seebad Warnemünde, Leuchtturm.

Yachthafenresidenz Hohe Düne

www.hohe-duene.de

Am Yachthafen 1, PLZ 18119 (OT: Hohe Düne), **T 0381 50400,** F 50406099
368 Zimmer | 26 Suiten | Ez 170–265 €, Dz 210–325 €, inkl. Frühstück | 24 h

Das exklusive Ferienresort ist nicht nur die perfekte Urlaubsadresse, sondern kann auch im Businessbereich punkten. Die stilvollen Zimmer bestechen durch warme Farbtöne und eine hochwertige Einrichtung. Das hauseigene Kongresszentrum bietet beste Voraussetzungen für Veranstaltungen.

Der Butt

VARTA★TIPP Küche **VARTA-TIPP** Service

22 | Menü 149–189 € | Di-Sa Mo, So

In der obersten Etage des Restaurantpavillons erleben Sie kulinarische Gaumenfreuden, die mit einem atemberaubenden Ostseeblick gekrönt werden. Küchenchef André Münch ist ein Koch mit viel Leidenschaft und außergewöhnlichen Ideen. Seine Gourmetkreationen sind modern, kontrastreich und ausdrucksstark. Eine exzellente Weinkultur und ein eloquenter Service unter der Leitung von Thomas Heimann runden das Angebot ab.

Brasserie

220 | Hauptgericht 21–46 € | Mo-So

Klassisches Ambiente im Stile einer französischen Brauereigaststätte mit dunklen Hölzern, geschliffenen Spiegeln, schweren Vorhängen und feiner Tischkultur. Aus der Küche kommt Regionales und Internationales, sowohl à la carte als auch in Buffetform.

Pentahotel
www.pentahotels.com

Schwaansche Str. 6 (B2), PLZ 18055, **T 0381 49700,** F 4970700
152 Zimmer | 2 Suiten | 24 h

Das komplett frisch gestaltete Businesshotel ist in das Einkaufszentrum Rostocker Hof integriert und bietet einen direkten Zugang zur Fußgängerzone. Es verfügt über wohnliche und zeitgemäß eingerichtete Gästezimmer. Neu integriert wurden Coworking-Bereiche sowie Studio Apartments, die auf Longstay-Aufenthalte ausgerichtet sind. Mit seinen ausgewählten Farbakzenten und Eyecatchern bietet das Haus einen optimalen Rahmen für fokussiertes und kreatives Arbeiten. Zum alten Hafen sind es nur wenige Gehminuten.

Radisson Blu
www.radissonhotels.com

★★★★ S

Lange Straße 40 (A1), PLZ 18055, **T 0381 37500,** F 375010
251 Zimmer | 24 h

Schickes, modernes Stadt- und Tagungshotel nahe der Fußgängerzone. Klimatisierte Zimmer mit einem geschmackvollen und modernen Innendesign, teils mit Ausblick auf den Hafen. 500 qm großer SPA- und Fitnessbereich im 7. Stock. Gemütliches Restaurant mit norddeutscher und internationaler Küche.

Am Leuchtturm
www.hotel-am-leuchtturm.de

★★★★

Am Leuchtturm 16, PLZ 18119 (OT: Warnemünde), **T 0381 54370,** F 543712
34 Zimmer | 2 Apartments | Ez 119–195 €, Dz 155–315 €, 17,50 € | 24 h

Kürzlich renoviertes Boutique-Hotel - direkt an der Promenade gelegen. Klassisch-modern eingerichtete Zimmer mit mediterranem Landhausflair und fantastischen Ausblicken auf Ostsee, Hafeneinfahrt, Leuchtturm und Strand. Elegante Frühstückslounge.

Ringelnatz
www.ringelnatz-warnemuende.de

garni

Alexandrinenstr. 60, PLZ 18119, **T 0381 20746407**
6 Zimmer | 24 h

Modern gestaltete Gästezimmer sowie gut erhaltene historische Elemente in Verbindung mit stylishen Details machen dieses Haus aus. Ringelnatz, der einst hier Stammgast war, zieht sich wie ein roter Faden durch das gesamte Hotel. Das Frühstück wird in der gemütlichen Café-Bar serviert.

Trihotel — www.trihotel-rostock.de

Tessiner Straße 103, PLZ 18055 (OT: Brinckmansdorf), **T 0381 65970,** F 6597600
117 Zimmer | 3 Apartments | Ez 79–189 €, Dz 89–199 €, 19,00–23,00 € | 24 h

Familiengeführtes Urlaubshotel direkt am idyllischen Schweizer Wald. Elegante Gästezimmer mit moderner Technik. 1.800 qm großer SPA-Bereich mit romantischem Panoramaschwimmbad und Saunalandschaft. Erlebnisrestaurant „5 Elemente“ mit Wintergarten und modern-regionaler Küche.

Susewind — www.godewind-hotels.de

★★★

Warnemünder Straße 1, PLZ 18146 (OT: Markgrafenheide), **T 0381 609570,** F 60957111
35 Zimmer | Ez ab 87 €, Dz ab 87 €, inkl. Frühstück

Hier lässt es sich wirklich gepflegt wohnen: Das freundlich geführte Hotel ist nur 200 m vom Ostseestrand entfernt. Es bietet wohnliche, mit viel Holz ausgestattete Zimmer in zwei Kategorien. Für Entspannung sorgt ein kleiner Wohlfühlbereich mit finnischer Sauna.

ROT AM SEE 52 D — www.rotamsee.de

Baden-Württemberg | EW 5.242 | 419 m | Crailsheim 18 km, Würzburg 78 km

Landhaus Hohenlohe — www.landhaus-hohenlohe.de

VARTA-TIPP Küche

Erlenweg 24, PLZ 74585, **T 07955 93100**
55 | Hauptgericht 20–45 €, Menü 65–85 € | So Di-Sa Mo

In dem hübschen, gepflegten Landhaus hat man viele Stammgäste, und die kommen vor allem wegen des hervorragenden Essens. Die Küche des Patrons steht für regionale Eigenständigkeit, beste Produkte und kreative Aromenvielfalt. Dazu gibt es sehr gute Weine ausgewählter Winzer. Im Sommer kann man auch auf der lauschigen Terrasse und in der Gartenlounge unter dem Sonnensegel speisen. Zeitgemäß eingerichtete Gästezimmer.

ROTENBURG (WÜMME) 14 D — www.rotenburg-wuemme.de

Niedersachsen | EW 21.936 | 23 m | Verden 25 km, Soltau 35 km

Landhaus Wachtelhof

www.wachtelhof.de

VARTA-TIPP Service

★★★★★S garni

Gerberstraße 6, PLZ 27356, **T 04261 8530,** F 853200
38 Zimmer | 2 Suiten | Ez 170–230 €, Dz 240–295 €, 29,00–32,00 € | 24 h

Ein traditionsreiches Haus mit beeindruckender Schlossfassade und idyllischem Gartenpark. Die geräumigen Zimmer und Turmsuiten sind in warmen Farbtönen gehalten und mit natürlichen Materialien gestaltet. Entspannen können Sie im mediterranen Ambiente der 1.000 qm großen „Wachtelhof-Therme" mit beeindruckender Sauna- und Badelandschaft. Die herzlichen Mitarbeiter:innen vermitteln Ihnen ein wohliges „Zuhause-Gefühl".

Die Wachtelei

80 | Hauptgericht 16–29 €, Menü 50–80 € | Mo-So

Stilvoll und gemütlich ist die Atmosphäre in dem mit warmen Beigetönen gestalteten Restaurant. Und wenn dann noch guter Service und eine schmackhafte saisonale Küche mit regionalem Bezug und französischen Akzenten dazukommen, ist das stimmige Bild komplett.

ROTHENBURG OB DER TAUBER 52 D

www.rothenburg.de

Bayern | EW 11.053 | 430 m | Ansbach 35 km, Bad Mergentheim 45 km

Hotel herrnschlösschen

www.hotel-rothenburg.de/de/home

VARTA-TIPP Ambiente **VARTA-TIPP** Service

★★★★

Herrngasse 20 (A2), PLZ 91541, **T 09861 873890,** F 87389111
8 Zimmer | 4 Suiten | Ez 155–195 €, Dz 180–355 €, inkl. Frühstück | 24 h

Das charmante kleine Hotel befindet sich in einem der ältesten Gebäude Rothenburgs und wird von Familie Pieters sehr persönlich geführt. Edler französischer Landhausstil, warme Farben und hochwertiges Design prägen das Ambiente des Hauses. Jedes der exklusiv eingerichteten Zimmer ist ein Unikat. Für Entspannung sorgen ein kleiner Vitalbereich sowie ein wunderschöner Barockgarten.

Burg-Hotel

www.burghotel.eu

garni

Klostergasse 1-3 (A2), PLZ 91541, **T 09861 94890,** F 948940
15 Zimmer | 5 Suiten | Ez 100–135 €, Dz 155–215 €, inkl. Frühstück

Hist. Burg in herrlicher Aussichtslage über der Stadt. Großzügige Zimmer und Suiten mit schönem Blick auf das Taubertal oder den Klostergarten. Kleiner SPA-Bereich in den Gewölben der alten Stadtmauer mit Sauna und Sonnenwiese.

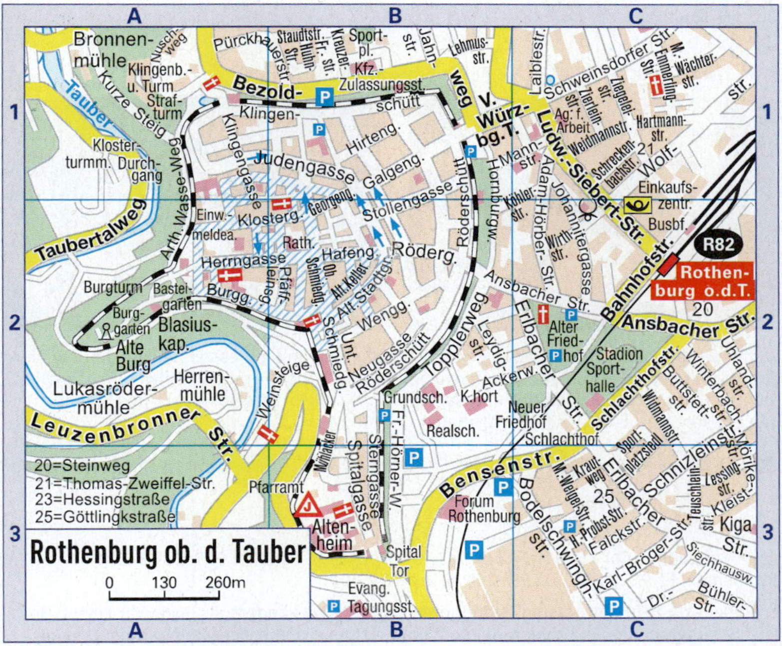

Markusturm

www.markusturm.de

VARTA-TIPP Ambiente **VARTA-TIPP** Service

Rödergasse 1 (B2), PLZ 91541, **T 09861 94280,** F 9428113
22 Zimmer | 6 Suiten | Ez 120–140 €, Dz 153–260 €, inkl. Frühstück

Schon von außen ein Blickfang, dieses hist. Haus mit seinem unverwechselbaren Charakter. Ein Hotel, wie man es sich wünscht! Warme, angenehme Atmosphäre, stilgerecht und individuell eingerichtete Zimmer und ein Service, der dem geschmackvollen Interieur in nichts nachsteht. Dazu ein ausgezeichnetes Frühstück. Ein schöner Rückzugsort ist der mit Blumen geschmückte Innenhof.

Markusturm

90 | Hauptgericht 12–22 €, Menü 25–60 € | Mo, Mi-So

Wer nach einem Stadtspaziergang gemütlich einkehren und gut essen möchte, kommt hier ganz sicher auf seine Kosten. Im behaglichen Restaurant des uralten Fachwerkhauses bietet man Klassisches, Regionales und Saisonales. Dazu gibt es selbstgebrautes Bier oder einen erlesenen Tropfen aus dem Weinkeller.

Mittermeiers Alter Ego

www.mittermeiersalterego.de

VARTA-TIPP Ambiente

garni

Vorm Würzburger Tor 15 (B1), PLZ 91541 (OT: Detwang), **T 09861 94540,** F 945494
11 Zimmer | Ez 95–210 €, Dz 99–269 €, ab 19,00 €

In diesem kleinen, innovativen Hybridhotel ist alles etwas anders als in gewöhnlichen Hotels. Sie übernachten in exklusiv ausgestatteten Zimmern, die sich wie Apartments anfühlen. Dazu Multimedia unlimited mit High-Speed-WLAN, iPad und aktuellen Streamingdiensten. Kaffee und Tee sowie gefiltertes Wasser stehen kostenfrei zur Verfügung. Eine Rezeption gibt es nicht, ein- und auschecken kann man bequem per Smartphone.

Prinzhotel Rothenburg

www.prinzhotel.rothenburg.de

An der Hofstatt 3 (B2), PLZ 91541, **T 09861 9750,** F 97575
50 Zimmer | 2 Suiten

Schönes Fachwerkensemble direkt neben der historischen Stadtmauer. Helle und wohnlich eingerichtete Zimmer. Für Romantiker empfiehlt sich die Suite auf der Beletage mit Doppel-Whirlpool und schöner Aussicht auf Rothenburg ob der Tauber.

Villa Mittermeier

www.villamittermeier.de

VARTA-TIPP Ambiente

Vorm Würzburger Tor 7 (B1), PLZ 91541, **T 09861 94540,** F 945494
28 Zimmer | Ez 75–150 €, Dz 85–199 €, 12,00 €

Die hübsche alte Sandsteinvilla verfügt über originelle Nostalgiezimmer, teils mit offenem Badbereich. Sämtliche Zimmer und Suiten sind Unikate. Designmöbel und ausgesuchte Accessoires bestimmen die Einrichtung. Aber auch die herzliche Gastfreundschaft und das tolle Frühstück sind gute Gründe, hier zu übernachten.

Restaurant Mittermeier

30 | Menü 69–159 € | Di-Sa Mo, So 9.1.–1.3.23, 7.–20.8.23

Trendig, ungezwungen-leger, aber dennoch elegant zeigt sich das Fine-Dining-Restaurant. Höchsten Genuss und solides Handwerk verspricht die moderne Küche auf klassischer Basis. Dazu gibt es ausgesuchte Weine. Tischreservierung empfehlenswert.

BurgGartenpalais — www.burggartenpalais.de

Herrngasse 26 (A2), PLZ 91541, **T 09861 8747430,** F 87474340
14 Zimmer | 1 Apartment | Ez ab 85 €, Dz 145–225 €, inkl. Frühstück

Eines der ältesten Patrizierhäuser der Stadt aus dem Jahre 1583. Sie wohnen in unterschiedlichen Zimmern, die teilweise mit bemalten Bauernmöbeln eingerichtet sind. Im rustikalen Restaurant mit schöner Terrasse wird bodenständige Küche serviert.

Sonne — www.hotel-sonne-rothenburg.com

€ Gut & Günstig

Hafengasse 11 (B2), PLZ 91541, **T 09861 2166,** F 8919
19 Zimmer | Ez 70–110 €, Dz 95–170 €, inkl. Frühstück

Seit über 50 Jahren familiengeführtes Hotel mitten in der Altstadt. Rustikal gehaltene Zimmer mit moderner Ausstattung, teils mit Aussicht über die Altstadt. Restaurant mit saisonaler und internationaler Küche.

ROTTACH-EGERN 68 A — www.rottach-egern.de

Bayern | EW 5.607 | 736 m | Miesbach 21 km, Bad Tölz 22 km

Bachmair Weissach — www.bachmair-weissach.com

GREENSIGN

Wiesseer Straße 1, PLZ 83700 (OT: Weissach), **T 08022 2780,** F 278550
141 Zimmer | 78 Suiten | Ez ab 225 €, Dz ab 255 €, inkl. Frühstück | 24 h

Hier fühlt man sich richtig wohl: ein geschmackvoll renoviertes Traditionshaus mit alpinem Charme, zeitgemäßem Komfort und dezentem Luxus. Schicke Zimmer mit bequemen Betten und toller Aussicht, dazu ein ausgezeichnetes Angebot im großzügigen SPA-Bereich. Im „Gasthof zur Weissach“ wird gehobene alpenländische Küche serviert.

Mizu Sushi Bar

44 | Hauptgericht 25–120 € | Mi-So Mo, Di

Das einzige japanische Restaurant am Tegernsee begeistert nicht nur durch sein trendig-modernes Ambiente, sondern auch mit einer tollen Auswahl an Nigiri-, Sashimi- und Maki-Variationen, die Küchenchef Kudo Chiori und sein Team hier für Sie zubereiten. In der angeschlossenen MIZU-Bar gibt es kleine Snacks und leckere Cocktails.

Parkhotel Egerner Höfe

www.egerner-hoefe.de

VARTA-TIPP Service

★★★★★S garni

Aribostraße 19-26, PLZ 83700, **T 08022 6660,** F 666200
98 Zimmer | 18 Suiten | Ez 119–235 €, Dz 179–590 €, inkl. Frühstück | 24 h

Das privat geführte Traditionshaus setzt auf Heimatverbundenheit, Genuss und dezenten Luxus. Sie logieren in gemütlichen und hochwertig ausgestatteten Zimmern und Suiten. Liebevoll gestaltete Details, warme Farben und naturbelassene Materialien aus der Region prägen das Interieur. Der hoteleigene Park lädt zum Verweilen ein. Auch das exzellente Frühstück, der individuelle Service sowie der eindrucksvolle „Mangfall Spa“ mit seinem 20 Meter langen Pool machen das Haus zu einer der besten Übernachtungsadressen am Tegernsee.

Gourmetrestaurant Dichter

www.gourmetrestaurant-dichter.de

VARTA★TIPP Küche **VARTA-TIPP** Service

40 | Menü 158–362 € | Mi-Sa Mo, Di, So 6.–15.11.22

Das Gourmetrestaurant unter der Leitung von Thomas Kellermann ist der Inbegriff von echtem Genuss am Tegernsee. Die Küche ist leicht, harmonisch und klar, setzt auf Details und präzises Handwerk. Hochwertigste und regionale Produkte stehen stets im Mittelpunkt der saisonal ausgerichteten Menüs. Im Restaurant geben große Fensterfronten den Blick auf die umliegenden Berge des Tegernseer Tals frei und bringen das elegante Design in Einklang mit der Natur. Veranstaltungen wie z.B. Kochkurse, Sommerfest und „Dichter, Denker und Legenden“-Abende mit anschließender Küchenparty sorgen für unvergessliche Erlebnisse.

Seehotel Überfahrt

www.seehotel-ueberfahrt.com

VARTA-TIPP Ambiente

★★★★★S garni

Überfahrtstraße 10, PLZ 83700, **T 08022 6690,** F 6691000
176 Zimmer | 53 Suiten | Ez ab 265 €, Dz ab 295 €, inkl. Frühstück | 24 h

Ein attraktives Ferienhotel in reizvoller Seelage. Unter dem Motto „Elegant Nature Style" hat man die Zimmer mit Naturmaterialien und warmen Erdtönen eingerichtet. Im 3.000 qm großen und professionell geführten SPA-Bereich stehen die vier Elemente Feuer, Wasser, Erde und Luft im Vordergrund. Zum Haus gehören verschiedene Themenrestaurants und eine stilvolle Bar. Toll der Ausblick auf den Tegernsee und die Voralpen.

Restaurant Überfahrt

VARTA★TIPP Küche VARTA★TIPP Service

40 | Menü 299–349 € | So Mi-Sa

Auch 2023 eine der besten Gourmetadressen im Land! Elegantes Interieur, kulinarische Spitzenleistungen, erstklassige Weinempfehlungen und ein hervorragend eingespieltes Team im Service garantieren Freude für alle Sinne. Kreativmeister Christian Jürgens verwandelt erstklassige Produkte aus der Alpenregion, aber auch aus aller Welt zu überraschenden Menüfolgen. Tischreservierung erforderlich.

Il Barcaiolo

80 | Hauptgericht 15–48 €, Menü 58–72 € | Mo-So

Unverfälschte italienische Küche geprägt von Antipasti, hausgemachter Pasta und ausgesuchten Fleischgerichten. Wer die kulinarische Vielfalt der berühmtesten Regionen Italiens noch nicht kennt, findet sie hier. Liebenswerter Service.

Egerner Bucht

110 | Hauptgericht 19–49 €, Menü 45–65 € | Mo-So

Ansprechendes Hotelrestaurant mit stilvoll-elegantem Ambiente. Serviert wird eine schmackhafte alpenländische Küche mit internationalen Einflüssen. Schöne Terrasse mit fantastischem Seeblick.

Fährhütte 14 www.faehrhuette14.de

Weissachdamm 50, PLZ 83700, **T 08022 188220**
55 | Hauptgericht 18–39 €, Menü 46–58 € | Do-So ⃠ Mo, Di, Mi

Das stylishe Restaurant (gehört zum Althoff Seehotel Überfahrt) mit Beachclub, Lounge, Terrasse und Bar ist eine echte Lifestyle-Location und liegt ruhig am Ufer des Sees. Von Bouillabaisse bis Fleischpflanzerl, von Ribeye-Steak bis Barbarie-Entenbrust - die Küche bietet ein breites Spektrum für jedermann. Für gute Stimmung sorgt ein junges, motiviertes Serviceteam.

Haubentaucher www.haubentaucher-tegernsee.de

Seestraße 30, PLZ 83700, **T 08022 6615704**
25 | Hauptgericht 15–30 €, Menü 55–85 € | Di-Sa ⃠ Mo, So ⃠ 8.–30.11.22

Herrlich liegt dieses Bistro-Restaurant samt netter Terrasse mit Blick auf den See. Hier trifft Lifestyle auf raffinierte Frischmarktküche. Das kulinarische Spektrum ist groß: von wechselnden Tagesgerichten am Mittag über Kuchen und Gebäck am Nachmittag bis hin zu feinen Überraschungsmenüs am Abend.

ROTTENDORF 52 B www.rottendorf.eu

Bayern | EW 5.313 | 252 m | Würzburg 4 km, Kitzingen 13 km

Waldhaus www.waldhaus-leonhardt.de

Waldhaus 1, PLZ 97228, **T 09302 92290**
100 | Hauptgericht 8–25 €, Menü 15–30 € | Mo-Di, Fr-So Mi, Do

In ruhiger Waldrandlage gelegenes Restaurant mit mehreren Gaststuben, das seit drei Generationen familiengeführt ist. Serviert wird frische regionale und internationale Küche. Schöner Sommergarten.

ROTTWEIL 57 D www.rottweil.de

Baden-Württemberg | EW 25.739 | 597 m | Villingen-Schwenningen 23 km, Albstadt 37 km

Maiers Johanniterbad www.johanniterbad.de

★★★★

Johannsergasse 12, PLZ 78628, **T 0741 530700,** F 41273
43 Zimmer | 1 Suite | Ez 85–112 €, Dz 132–158 €, inkl. Frühstück

Hoch über dem Festungsgraben in ruhiger Grünanlage gelegenes Haus unter familiärer Führung. Überwiegend geräumige Zimmer mit moderner Ausstattung. Gute Tagungsmöglichkeiten.

Johanniterstube

70 | Hauptgericht 17–36 €, Menü 37–82 € | Di-So Mo-Sa

Behaglich eingerichtetes Restaurant mit gemütlichem Ambiente. Serviert wird eine regionale Frischeküche mit mediterraner Note.

RÖTZ 55 C www.roetz.de

Bayern | EW 3.462 | 453 m | Cham 23 km, Weiden 54 km

Wutzschleife www.wutzschleife.de

Hillstett 40, PLZ 92444 (OT: Hillstett), **T 09976 180,** F 18180
59 Zimmer | 4 Suiten | Ez 84–176 €, Dz 128–298 €, inkl. Frühstück | 24 h

Beliebtes Ferien- und Tagungshotel im Naturpark Oberer Bayerischer Wald. Das Haus bietet seinen Gästen elegante, individuell eingerichtete Zimmer, einen 1.200 qm großen Wellnessbereich sowie einen eigenen Naturgolfplatz.

Gregor's

VARTA-TIPP Küche VARTA-TIPP Service

20 | Menü 119–148 € | Mi-Sa ⊘ Mo, Di, So

Ein gehobenes Fine-Dining-Restaurant mit nostalgischem Charme. Hier beeindruckt nicht nur das stilvoll-elegante Ambiente, auch kulinarisch erfüllt man höchste Ansprüche. Chefköchin Angela Deml verwöhnt Sie mit einer ausgeklügelten und finessenreichen Gourmetküche. Die erlesenen Zutaten werden mit Raffinesse und Präzision zu einem abwechslungsreichen Menü (3 bis 5 Gänge) zusammengestellt. Für die passenden Weinempfehlungen sorgt der umsichtige Service.

RÜCKHOLZ 67 A www.rueckholz.de

Bayern | EW 892 | 879 m | Nesselwang 5 km, Marktoberdorf 17 km

Land- & Wellnesshotel Panorama www.panorama-allgaeu.de

garni

Seeleuten 62, PLZ 87494 (OT: Seeleuten), **T 08364 248,** F 8469
41 Zimmer | 37 Suiten | Ez 240–340 €, Dz 285–385 €, inkl. Halbpension

Ob renovierter Alt- oder Neubau - hier hat man für jeden Geschmack die passende Zimmerkategorie. Die mit viel Holz und warmen Farben eingerichteten Zimmer bieten einen tollen Blick auf das Bergpanorama. Hübscher SPA-Bereich mit Panoramapool. Im Restaurant wird Allgäuer Küche serviert, im Tagescafé gibt es hausgebackene Kuchen.

RÜDENAU 51 B www.ruedenau.de

Bayern | EW 765 | 193 m | Miltenberg 6 km, Darmstadt 70 km

Zum Stern www.landhotel-stern.de

Hauptstraße 41, PLZ 63924, **T 09371 2834**
85 | Hauptgericht 12–30 €, Menü 18–39 € | Mo-Di, Fr-So Mo-Di, Do-So ⊘ Mi

Hist. Fachwerkhaus im Ortskern mit zeitgemäß eingerichteten Gasträumen. Aus der Küche kommt überwiegend Bodenständiges, das Fleisch stammt aus der eigenen Metzgerei. Solide Gästezimmer mit kostenlosem WLAN.

RUDERATSHOFEN 67 A www.ruderatshofen.de

Bayern | EW 1.725 | 728 m | Kaufbeuren 9 km, Kempten (Allgäu) 30 km

Landgasthof Hubertus Neu! www.hubertus-apfeltrang.de

Wenglinger Straße 2, PLZ 87674 (OT: Apfeltrang), **T 08341 81976**
180 | Hauptgericht 10–29 € | Mi-So Mo-So

Wirklich angenehm das ländlich-gemütliche Ambiente hier, sehr schmackhaft die Küche! Appetit auf „Gebratener Zander mit buntem Pfannengemüse und Kartoffelstampf" oder lieber „Rostbraten von der Rinderlende - rosa gebraten - an Zwiebel-Senfsauce und Allgäuer Bergkäsespätzle"? Im angeschlossenen Hotel stehen wohnliche Gästezimmer und ein Wellnessbereich mit verschiedenen Saunen zur Verfügung.

RUDERSBERG 58 B www.rudersberg.de

Baden-Württemberg | EW 11.436 | 279 m | Schorndorf 10 km, Backnang 12 km

Sonne www.sonne-rudersberg.de

★★★★

Heilbronner Straße 70, PLZ 73635 (OT: Schlechtbach), **T 07183 305920,** F 30592444
48 Zimmer | 4 Suiten | Ez 85–150 €, Dz 129–185 €, inkl. Frühstück

Familiengeführtes Hotel mit persönlichem Ambiente und individuellem Service. Das Haus bietet hell und freundlich eingerichtete Zimmer in unterschiedlichen Kategorien. Kleiner Erholungsbereich mit Schwimmbad und finnischer Sauna. Behagliches Restaurant mit regionaler und internationaler Küche.

Gasthaus Stern www.stern-schlechtbach.de

Heilbronner Straße 16, PLZ 73635 (OT: Schlechtbach), **T 07183 8377**
55 | Hauptgericht 15–34 €, Menü 29–47 € | Mo-Fr Do Sa, So

Ein familiengeführter Gasthof mit heimeligen Stuben und persönlicher Atmosphäre. Serviert wird eine authentische Regionalküche zu fairen Preisen. Im Sommer sitzt man gerne im Biergarten.

RÜDESHEIM AM RHEIN 40 D www.ruedesheim.de

Hessen | EW 9.624 | 86 m | Wiesbaden 27 km, Koblenz 60 km

Breuer's Rüdesheimer Schloss www.ruedesheimer-schloss.com

★★★★

Steingasse 10, PLZ 65385, **T 06722 90500,** F 905050
26 Zimmer | 3 Suiten | Ez 99–119 €, Dz 139–169 €, inkl. Frühstück | 24 h

1729 von den Erzbischöfen zu Mainz erbaut. Geräumige Zimmer mit moderner Designereinrichtung. Möbelunikate, Bilder und Fotokunst verschiedener Künstler sind im gesamten Haus verteilt. Das Frühstück wird im Wintergarten und bei schönem Wetter im Schlossgarten serviert. Weingasthaus mit feiner Landküche.

Central-Hotel www.centralhotel.net

★★★ S garni

Kirchstraße 6, PLZ 65385, **T 06722 9120,** F 2807
40 Zimmer | Ez 85–118 €, Dz 118–168 €, inkl. Frühstück

Hist. Gebäude im Stadtkern mit behaglichen Zimmern und guten Tagungsmöglichkeiten. Gemütliches Restaurant mit überwiegend regionalen Spezialitäten aus Küche und Keller und schöner Sonnenterrasse.

Jagdschloss Niederwald www.niederwald.de

★★★★ S garni

Jagdschloss Niederwald 1, PLZ 65385, **T 06722 71060,** F 7106666
52 Zimmer | 5 Suiten | Ez ab 105 €, Dz ab 155 €, ab 9,00 €

Ehem. Jagdschloss der Herzöge von Nassau und Fürstbischöfe von Mainz im Naturpark Rhein-Taunus mit komfortabel und wohnlich eingerichteten Zimmern. Hauseigene Wohlfühlwelt mit Hallenbad und finnischer Sauna. Stilvolles Restaurant mit elegantem Ambiente und internationaler Küche.

RUDOLSTADT 44 A www.rudolstadt.de

Thüringen | EW 22.739 | 195 m | Erfurt 48 km, Coburg 79 km

Marienturm www.hotel-marienturm.de

★★★★ S garni

Marienturm 1, PLZ 07407 (OT: Cumbach), **T 03672 43270,** F 432785
29 Zimmer | Ez 109–138 €, Dz 133–148 €, inkl. Frühstück

Inhabergeführtes Haus hoch über dem Saaletal mit Blick auf den Thüringer Wald. Hier erwarten Sie gediegen-gemütliche Gästezimmer mit zeitgemäßer Ausstattung. Im Restaurant mit Kamin und herrlicher Panoramaterrasse werden traditionelle regionale Gerichte serviert.

RÜGEN (INSEL) 11 A-D www.ruegen.de

Mecklenburg-Vorpommern | Greifswald 60 km, Schwerin 186 km

Nationalpark Jasmund mit dem Nationalparkzentrum Königsstuhl, den Kreidefelsen und dem Buchenwald Stubnitz (UNESCO-Weltnaturerbe), Boddenlandschaft, Kap Arkona mit Leuchttürmen, Fischerdorf Vitt, Schlosspark, Orangerie und Residenztheater in Putbus, Ernst-Moritz-Arndt-Turm in Bergen, Strandpromenade und Bäderarchitektur in Binz, Seebad Prora bei Binz, Stadthafen in Sassnitz, Jagdschloss Granitz und Seebrücke in Sellin, Schloss und Störtebeker-Festspiele in Ralswiek, Schloss Spycker in Glowe, dampfbetriebene Kleinbahn Rasender Roland.

ALTEFÄHR

Sundblick www.hotel-sundblick.de

€ Gut & Günstig S garni

Fährberg 8b, PLZ 18573, **T 038306 7130,** F 7131
10 Zimmer | Ez 65–75 €, Dz 89–128 €, inkl. Frühstück »

Familiär geführte kleine Pension direkt am Sportboothafen mit freundlichen Zimmern. Weitläufige Dachterrasse mit traumhaftem Blick auf den Strelasund und die Hansestadt Stralsund. Bootsverleih.

BAABE, OSTSEEBAD

Solthus am See
www.solthus.de

★★★★ garni

Bollwerkstraße 1, PLZ 18586, **T 038303 87160,** F 871699
42 Zimmer | 2 Suiten | Ez ab 62 €, Dz ab 91 €, inkl. Frühstück | 24 h

Reetgedecktes Haus in herrlich idyllischer Lage. Alle Zimmer sind mit Balkon oder Terrasse ausgestattet. 300 qm großer Wellnessbereich mit Schwimmbad und Saunalandschaft. Holzgetäfelte Bibliothek mit Kamin. Restaurant im skandinavischen Stil mit internationaler Küche.

Villa Granitz
www.villa-granitz.de

€ Gut & Günstig garni

Birkenallee 17, PLZ 18586, **T 038303 1410,** F 14144
59 Zimmer | 6 Suiten | 9 Apartments | Ez 70–120 €, Dz 96–142 €, inkl. Frühstück

Das familiengeführte Hotel präsentiert sich im typischen Stil der Rügener Bäderarchitektur. Die hell eingerichteten Zimmer sind unterschiedlich geschnitten und verfügen über einen eigenen Balkon oder eine Terrasse. Ein altes Fischerboot dient als Hotelbar. Romantischer Garten mit Liegewiese.

BERGEN

Parkhotel Rügen
www.parkhotel-ruegen.de

★★★★ garni

Stralsunder Chaussee 1, PLZ 18528, **T 03838 8150,** F 815500
154 Zimmer | Ez ab 59 €, Dz ab 118 €, inkl. Frühstück | 24 h

Das Haus besticht mit seiner idealen Lage in der Inselmitte am Rande der Altstadt. Helle, freundlich eingerichtete Zimmer mit kostenlosem WLAN. Restaurant „Orchidee“ mit großzügigem Buffetbereich und Live-Kochstation.

BINZ, OSTSEEBAD

Grand Hotel Binz
www.grandhotelbinz.de

★★★★★ garni

Strandpromenade 7, PLZ 18609, **T 038393 150,** F 15555
124 Zimmer | 6 Suiten | 24 h

Das exklusive Ferienhotel wurde 1998 im Stil der typischen Bäderarchitektur erbaut. Die komfortablen Zimmer und großzügigen Maisonette-Suiten verfügen über einen Balkon bzw. eine Dachterrasse. Toll die Nähe zum Strand! Für Entspannung sorgt der fernöstlich angehauchte SPA-Bereich. Internationale Küche wird im Restaurant „RUIANI“ serviert.

Kurhaus Binz
www.travelcharme.com/kurhaus-binz

VARTA★TIPP Ambiente

garni

Strandpromenade 27, PLZ 18609, **T 038393 14081,** F 665555
137 Zimmer | 20 Suiten | 11 Apartments | Ez 78–243 €, Dz 152–422 €, inkl. Frühstück | 24 h

Die zweiflügelige, schlossähnliche Anlage thront über der Binzer Promenade und ist das unbestrittene Wahrzeichen des Ostseebads. Die Zimmereinrichtung verbindet dezenten Luxus mit traditionellem Charme. Von den Balkonen hat man einen herrlichen Ausblick auf die Ostsee. Beeindruckender SPA mit Pools, Saunen und Wellnessmöglichkeiten. Mit dem „Kurhaus-Restaurant", der „Kakadu Café Lounge & Bar" sowie dem „Tegernseer Wirtshaus" nebst Biergarten bietet man gleich drei verschiedene Restaurants.

Am Meer & Spa — www.hotel-am-meer.de

★★★★ S garni

Strandpromenade 34, PLZ 18609, **T 038393 440,** F 44444
62 Zimmer | 2 Apartments, Dz ab 170 €, inkl. Frühstück | 24 h

Nur wenige Schritte vom Ostseestrand entfernt empfängt Sie dieses professionell geführte Ferienhotel. Vor allem der schöne, topmodern gestylte SPA-Bereich beeindruckt. Sie logieren in zeitgemäßen, geschmackvoll ausgestatteten Gästezimmern mit uneingeschränktem Meerblick.

Arkona Strandhotel — www.arkona-strandhotel.de

★★★★ S garni

Strandpromenade 59, PLZ 18609, **T 038393 550,** F 57777
196 Zimmer | 29 Suiten | 24 h

Privat geführtes, modernes Ferienhotel direkt an der Strandpromenade. Elegant eingerichtete Zimmer und Suiten verschiedener Kategorien. Ansprechender Wellnessbereich mit Schwimmbad und Saunalandschaft. Im Restaurant „Rossini" wird eine kreative Regionalküche serviert.

Cerês am Meer — www.ceres-hotel.de

★★★★★ S garni

Strandpromenade 24, PLZ 18609, **T 038393 66670,** F 666768
37 Zimmer | Ez 163–453 €, Dz 178–468 €, inkl. Frühstück | 24 h

Das erstklassige Designhotel am Rondell der Seebrücke ist ein charismatischer Rückzugsort für Gäste, die auf Lifestyle und Service großen Wert legen. Klar, puristisch und zeitlos elegant zeigen sich die Gästezimmer, die mit edlen Accessoires in Schwarz, Silber und Platin ausgestattet sind. Wenn Sie besonders exklusiv logieren möchten, dann buchen Sie am besten die großzügige Kuppelsuite mit Blick auf die Ostsee! Toll auch der einladende SPA-Bereich sowie der hübsche Garten mit Loungeflair.

Dorint Strandhotel — www.hotel-ruegen.dorint.com

★★★★★ S garni

Strandpromenade 58, PLZ 18609, **T 038393 430,** F 43100
63 Zimmer | 47 Suiten | 24 h

Ferienhotel mit sehr gutem Freizeitangebot direkt an der Strandpromenade gelegen. Wohnliche Zimmer mit südländischem Charme. Ansprechender Wellnessbereich auf 430 qm mit finnischer Sauna, beheiztem Innenpool und Fitnessraum. Mediterrane Köstlichkeiten und regionale Spezialitäten werden im Restaurant „Olivio" serviert.

Rugard Thermal Strandhotel — www.rugard-strandhotel.de

★★★★ S garni

Strandpromenade 62, PLZ 18609, **T 038393 560,** F 56666
231 Zimmer | 27 Suiten | 24 h

In exponierter Lage, direkt am feinen Sandstrand, empfängt Sie dieses gut geführte Ferienhotel. Sie logieren in geschmackvoll eingerichteten Gästezimmern mit sehr gutem Wohnkomfort. Für Entspannung sorgt der „Rugard Royal SPA" mit seinem 18x6 m großen Salzwasserbecken. Umfangreiches gastronomisches Angebot mit mehreren Restaurants.

Genusswerkstatt I By Robert Schindler www.genusswerkstatt-binz.de

VARTA-TIPP Küche

36 | Menü 56–96 € | Di-Sa Mo, So

Ein elegantes Gourmetrestaurant mit Wintergartenflair im 5. Stock des Hotels. Hier genießen Sie nicht nur den herrlichen Ausblick auf die weißen Kreidefelsen und die Ostsee, sondern auch die kulinarischen Hochgenüsse der Crew um Robert Schindler. In punkto Speisen setzt man auf Frische aus der Region. Sie können zwischen zwei wechselnden Menüs wählen. Vom Service werden Sie charmant umsorgt und auch in Sachen Wein trefflich beraten.

Loev www.loev.de

★★★★

Hauptstraße 20-22, PLZ 18609, **T 038393 390,** F 39444
77 Zimmer | 19 Suiten | 4 Apartments | 24 h

Im typischen Bäderstil erbautes Hotel direkt an der Flaniermeile mit martimem Charakter. Elegant eingerichtete Nichtraucherzimmer mit kostenlosem WLAN, teilweise mit Balkon. Großzügige Wellness- und SPA-Landschaft auf 650 qm mit Saunen und Indoorpool.

nixe www.nixe-hotel.de

Strandpromenade 10, PLZ 18609, **T 038393 666200**
16 Zimmer, Dz ab 120 €, inkl. Frühstück

Als Dependance des „HOTEL AM MEER" bietet dieses kleine Boutique-Hotel individuell und wohnlich eingerichtete Suiten, die sich auf das Haupthaus (historische Villa von 1903) und ein modernes Nebengebäude verteilen. Die Gästezimmer bestechen durch Komfort, Geräumigkeit und eine stilsichere Einrichtung. Das Haus ist nur wenige Gehminuten von der Binzer Seebrücke entfernt.

Strandhotel Binz www.strandhotel-binz.de

★★★★

Strandpromenade 33, PLZ 18609, **T 038393 3810,** F 381430
54 Zimmer | Ez 79–249 €, Dz 99–269 €, inkl. Frühstück | 24 h

Ehem. Kleinod aus gründerzeitlicher Bäderarchitektur direkt an der Strandpromenade. Moderne und behaglich ausgestattete Gästezimmer, überwiegend mit Meerblick. Umfangreicher Wellness- und Beautybereich mit Saunalandschaft. Das Restaurant „Fischmarkt" mit Sonnenterrasse auf der Strandpromenade serviert fangfrischen Fisch und inseltypische Gerichte.

Vier Jahreszeiten www.vier-jahreszeiten.de

★★★★ S

Zeppelinstraße 8, PLZ 18609, **T 038393 500,** F 50431
99 Zimmer | 3 Suiten | 21 Apartments | 24 h

Das Hotel mit seiner wunderschönen Fassade im Bäderstil des frühen 20. Jhd. bietet klassisch eingerichtete Zimmer sowie einen großzügigen SPA-Bereich auf 730 qm. Ein opulentes Frühstück wird im Restaurant „Orangerie" serviert.

Freustil www.freustil.de

VARTA-TIPP Küche

32 | Hauptgericht 26–34 €, Menü 80–120 € | Mi-So Mo, Di

Für anspruchsvolle Rügen-Besucher eine attraktive kulinarische Adresse: moderne, naturverbundene Küche in lässig-eleganter Bistro-Atmosphäre. Auch wer gerne vegetarisch speist, ist bei Ralf Haug goldrichtig. Seine nordisch geprägten Kreationen mit frischen, einfachen Produkten aus der Region können Sie in Menüform (wahlweise 6 oder 10 Gänge) genießen. Tipp: Mittags Lunchvergnügen in 2 Gängen zum kleinen Preis.

Villa Salve

www.salve-binz.de

Strandpromenade 41, PLZ 18609, **T 038393 2223,** F 13629
13 Zimmer | 2 Suiten | 13 Apartments

Hist. Villa im Bäderstil mit Blick auf den Binzer Strand. Individuell mit italienischen Stilmöbeln eingerichtete Zimmer und Suiten unterschiedlicher Kategorien. Das Frühstück kann man bei schönem Wetter auch auf der Terrasse mit Blick auf die Ostsee und die Binzer Bucht genießen. Das Restaurant serviert international inspirierte Regionalküche.

GÖHREN, OSTSEEBAD

Vju Hotel

www.vju-ruegen.de

★★★★★

Nordperdstr. 2, PLZ 18586, **T 038308 515,** F 51600
133 Zimmer | 6 Suiten | Ez 129–229 €, Dz 139–329 €, inkl. Frühstück | 24 h

Ein Glanzstück der Rügener Bäderarchitektur, das man 2021 umfangreich modernisiert hat. Umgeben von uralten Bäumen liegt das Hotel am Nordperd, einer ins Meer ragenden Landzunge im Südosten der Insel. Den Gast erwartet eine ungezwungene Atmosphäre verbunden mit modernem Komfort. Fast alle Zimmer, Studios und Suiten bieten einen weiten Blick übers Meer. Für Regeneration und Erholung sorgt ein großzügiger SPA-Bereich.

Koopmanns **Neu!**

www.koopmanns.de

Thiessower Str. 31, PLZ 18586, **T 038308 66650**
53 Zimmer

Inspiriert von hanseatischer Kaufmannskultur und dem nostalgischen Charme legendärer Tante-Emma-Läden hat man das frühere 'Hotel Berliner Bär' 2022 umfangreich renoviert. Die Zimmer und Apartments (teilweise mit Ostseeblick) präsentieren sich zeitgemäß und wohnlich in skandinavisch angehauchtem Landhausambiente. Im angeschlossenen Hotellädchen gibt es allerlei Leckeres von der Insel Rügen - vom duftenden Tee bis zum aromatischen Inselhonig.

LOHME

Schloss Ranzow

www.schloss-ranzow.de

Schlossallee 1, PLZ 18551 (OT: Ranzow), **T 038302 88910,** F 8891188
22 Zimmer | 1 Suite | 11 Apartments

Kleines Luxushotel mitten im Nationalpark Jasmund. Die hübsche Hotelanlage verfügt über komfortabel und elegant ausgestattete Zimmer im Schloss sowie großzügig geschnittene Studios im Apartmenthaus. Zum Haus gehört auch ein 18-Loch-Golfplatz sowie das Restaurant „Earl“, in dem regionale und internationale Küche serviert wird.

Panorama Hotel www.panorama-hotel-lohme.de

★★★ garni

An der Steilküste 8, PLZ 18551, **T 038302 9110,** F 911132
47 Zimmer | 1 Suite | 4 Apartments | Ez 69–89 €, Dz 99–179 €, inkl. Frühstück | 24 h

Freundlich geführtes Landhotel in exponierter Aussichtslage. Es erwarten Sie individuell eingerichtete Gästezimmer und ein Restaurant mit südländischem Flair. Hier können Sie die Seele baumeln lassen...

MÖNCHGUT, OSTSEEBAD

Fürst Jaromar Hotel Resort & Spa www.jaromar.de

★★★★ garni

Hauptstraße 1, PLZ 18586 (OT: Thiessow), **T 038308 345,** F 34600
40 Zimmer | 14 Suiten | 4 Apartments | Ez 80–144 €, Dz 100–150 €, inkl. Frühstück

Hotelanlage auf einer schmalen Landzunge zwischen Bodden und Meer inmitten einer 8.800 qm großen Parklandschaft. Wohnliche Hotelsuiten mit schönen Möbeln und geschmackvollen Stoffen. Ansprechender Wellnessbereich auf über 600 qm. Auch Ferienwohnungen vorhanden.

PUTBUS

Badehaus Goor www.hotel-badehaus-goor.de

garni

Fürst-Malte-Allee 1, PLZ 18581 (OT: Lauterbach), **T 038301 88260,** F 8826300
86 Zimmer | 5 Suiten | 24 h

Schön und ruhig gelegenes Hotel mit geschmackvoll eingerichteten, lichtdurchfluteten Zimmern. Großzügiger Beauty- und Wellnessbereich mit verschiedenen Solebecken. Restaurant mit regional-mediterraner Küche am Ufer des Greifswalder Boddens.

RALSWIEK

Schlosshotel Ralswiek www.schlosshotel-ralswiek.de

garni

Parkstraße 3, PLZ 18528, **T 03838 20320,** F 2032222
65 Zimmer | 2 Suiten | Ez 70–99 €, Dz 103–208 €, inkl. Frühstück | 24 h

Komplett restauriertes, 1893 im Stil der Neorenaissance erbautes Schloss in traumhaft schöner Lage am Großen Jasmunder Bodden. Komfortabel und individuell ausgestattete Zimmer und Suiten mit Blick auf den Schlossinnenhof oder den Park. Großzügige Lobby mit historischem Kamin. Das Restaurant serviert regionale Küche in historischer Atmosphäre.

SASSNITZ

Gastmahl des Meeres www.gastmahl-des-meeres-ruegen.de

Strandpromenade 2, PLZ 18546, **T 038392 5170**
100 | Hauptgericht 10–22 €, Menü 19–30 € | Mo-So

Ein beliebtes Fischspezialitätenrestaurant direkt an der Strandpromenade. Wie wäre es z.B. mit „Zanderfilet auf der Haut gebraten, Sanddornwirsing & Kartoffel-Olivenspieß“? Im Sommer lockt die herrliche Terrasse. Übernachten kann man in einem der individuell eingerichteten Gästezimmer.

SEHLEN

Gutshaus Kubbelkow
www.kubbelkow.de

Dorfstr. 8, PLZ 18528 (OT: Klein-Kubbelkow), **T 03838 8227777,** F 8227710
8 Zimmer | 5 Suiten | Ez 125 €, Dz 145 €, inkl. Frühstück | 24 h

Hübsches Herrenhaus aus dem Jahr 1908. Ruhig gelegen mit großzügigen, geschmackvoll ausgestatteten Zimmern und Suiten. Vier Hektar großer Gutspark. Im Gutsherrenbad befinden sich eine Bibliothek sowie ein kleiner Wellnessbereich mit mehreren Saunen und Sanarium.

Gutshaus Kubbelkow

30 | Hauptgericht 29–37 €, Menü 56–85 € | Di-Sa Mo, So

Elegantes Gutshausrestaurant mit verschiedenen gemütlichen Stuben und freundlichem Service. Die Speisekarte offeriert ein täglich wechselndes Angebot an frischen Regionalgerichten. Ansprechende Weinauswahl.

SELLIN, OSTSEEBAD

Cliff Hotel Rügen
www.cliff-hotel.de

Cliff am Meer 1, PLZ 18586, **T 038303 8218,** F 8490
246 Zimmer | 5 Suiten | 24 h

Das Ferienhotel kann mit einem Privatstrand sowie stilvollen, mit zurückhaltender Eleganz eingerichteten Zimmern aufwarten. 2.000 qm großer SPA-Bereich „RÜLAX" mit dem größten Hotelschwimmbad der Insel. Gehobene Küche im Restaurant „Seeterrassen".

Roewers Privathotel - The Spa Concept
www.roewers.de

VARTA-TIPP Service

★★★★★S

Wilhelmstraße 34, PLZ 18586, **T 038303 1220,** F 122122
52 Zimmer | 24 Suiten | Ez 149–259 €, Dz 179–289 €, inkl. Frühstück | 24 h

Weitläufiger Hotelkomplex mit hübsch angelegtem Privatpark. Toll die Lage an Sellins Prachtmeile, der Wilhelmstraße, nur wenige Schritte vom Ostseestrand und der Seebrücke entfernt. In verschiedenen, originalgetreu restaurierten und unter Denkmalschutz stehenden Villen stehen liebevoll eingerichtete Zimmer zur Verfügung. Der Wellnessbereich erstreckt sich über mehrere Etagen. Weiterer Wohlfühlfaktor: die angenehm persönliche Atmosphäre.

Ambiance

32 | Hauptgericht 19–28 €, Menü 59–99 € | Mo-So

Schick das elegante Feinschmeckerrestaurant nebst großzügiger Hotelterrasse. Im Angebot: eine abwechslungsreiche internationale Küche, die Sie à la carte oder in Menüform genießen können. Alternativ kann man auch im Restaurant „Clou" speisen. Um Reservierung wird gebeten.

TRENT

Aedenlife Hotel & Resort Rügen
www.aedenlife-ruegen.com

Vaschvitz 17, PLZ 18569 (OT: Vaschvitz), **T 038309 220,** F 22599
153 Zimmer | 7 Suiten | 24 h

Das 2021 eröffnete Ferienhotel im Nordwesten Rügens mit seinen attraktiven Beauty- und Wellnessangeboten ist ein reizvolles Refugium für Erholungssuchende, Naturliebhaber und Aktivurlauber. Die geschmackvoll renovierten Hotelzimmer und neu entstandenen Apartments zeigen sich in nordischem Flair mit hellen und warmen Farben, die sich sowohl an den Wänden als auch im Interieur wiederfinden. Für reichlich Entspannung sorgt die SPA-Landschaft mit Badehaus und Saunabereich.

WIEK

Lieblingsplatz Bohlendorf
www.lieblingsplatz-hotels.de/bohlendorf

Bohlendorf 6a, PLZ 18556 (OT: Bohlendorf), **T 038391 770,** F 70280
28 Zimmer | 2 Suiten | 8 Apartments | 24 h

Umgeben von einem großen ruhigen Park auf der Halbinsel Wittow liegt dieses ehem. Landgut aus dem Jahr 1316. Die Zimmer und Ferienwohnungen punkten mit Gemütlichkeit und dezentem, natürlichem Design. Im Restaurant wird internationale Küche serviert.

RUHPOLDING 69 A
www.ruhpolding.de

Bayern | EW 6.296 | 656 m | Traunstein 14 km, Bad Reichenhall 30 km

aja Ruhpolding
www.aja.de

Zell 2, PLZ 83324 (OT: Zell), **T 08663 417302525**
244 Zimmer | 14 Suiten | Ez 118–238 €, Dz 178–298 €, inkl. Halbpension | 24 h

Eine tolle Adresse für Aktivurlauber! Trendig-moderne Zimmer mit zeitgemäßer Einrichtung und hochwertigen Komfortbetten. Für Entspannung sorgt ein SPA-Bereich mit Fitnessstudio, Saunen und zwei Schwimmbädern (toll der Außenpool mit Blick auf das Bergpanorama!). Loipe und Golfplatz direkt vor dem Haus. E-Mountainbike-Verleih.

HELDs Vitalhotel
www.helds-vitalhotel.de

Hauptstraße 70, PLZ 83324, **T 08663 5410**
65 Zimmer | Ez ab 87 €, Dz ab 156 €, inkl. Frühstück

Das familiengeführte Vitalhotel im Ruhpoldinger Talkessel verfügt über wohnlich eingerichtete Landhauszimmer, die sich auf das Stammhaus und den Neubau verteilen. Zum Haus gehören auch ein hübscher kleiner SPA-Bereich mit zwei Bergblicksaunen sowie ein behagliches Restaurant, in dem bodenständige Küche serviert wird.

Steinbach-Hotel
www.steinbach-hotel.de

★★★★

Maiergschwendter Straße 8-10a, PLZ 83324, **T 08663 5440,** F 370
75 Zimmer | 4 Suiten | Ez 70–87 €, Dz 130–178 €, inkl. Frühstück

Ein gepflegtes Kur- und Ferienhotel im Skigebiet mit exklusivem Wellnessbereich. Behagliche Gästezimmer mit Balkon oder Terrasse. Im Restaurant werden traditionelle bayerische Gerichte und internationale Speisen serviert.

RUHSTORF A.D.ROTT 62 C www.ruhstorf.de

Bayern | EW 7.029 | 319 m | Bad Griesbach im Rottal 14 km, Passau 20 km

Antoniushof www.antoniushof.de

★★★★

Ernst-Hatz-Straße 2, PLZ 94099, **T 08531 93490,** F 9349210
39 Zimmer | 3 Suiten

Familiär geführter Betrieb mit umfangreichem SPA-Angebot und wohnlich eingerichteten Zimmern. Highlight ist die 67 qm große Spa-Suite mit extralangen Boxspringbetten, eigener Sauna, Whirlpool und Relaxliege. In der elegant-rustikalen Kaminstube wird internationale Küche serviert.

RÜSSELSHEIM 41 C www.ruesselsheim.de

Hessen | EW 60.929 | 88 m | Mainz 9 km, Groß-Gerau 10 km

Höll am Main www.hoellammain.de

VARTA-TIPP Ambiente

Mainstraße 17, PLZ 65428, **T 06142 961280**
19 Zimmer | 1 Suite | 2 Apartments | Ez ab 89 €, Dz ab 119 €, inkl. Frühstück

Das familiär geführte Boutique-Hotel hat seinen ganz eigenen Charme. Die von Künstlerhand gestalteten Zimmer sind individuell zugeschnitten und ausgestattet. Ausgesuchte Designobjekte, moderne Farben und offene Bäder sorgen für Wohlfühlambiente. Entspannung bietet der kleine SPA-Bereich.

Wellenlänge

130 | Hauptgericht 10–37 € | Di-Fr Di-Sa Mo, So

Wie das Hotel erfreut sich auch das Restaurant der Hölls großer Beliebtheit. Internationale Klassiker, Pasta, Salate, Burger, Steaks... das Angebot ist vielfältig. Im Weinkeller lagern eigene Weine und die von ausgewählten Winzern. Tipp: die schöne überdachte Außenterrasse. Ab 14:30 Uhr Kaffee und Kuchen.

RUST 56 D www.rust.de

Baden-Württemberg | EW 3.754 | 164 m | Emmendingen 24 km, Freiburg im Breisgau 37 km

Europa-Park Hotels | Bell Rock

www.europapark.de/bell-rock

Peter-Thumb-Straße 6 (im Europa-Park), PLZ 77977, **T 07822 8600,** F 8605545
225 Zimmer | 35 Suiten | Ez 202 €, Dz 256 €, inkl. Frühstück | 24 h 24.–25.12.22

Das familienfreundliche Hotelresort begibt sich thematisch auf die Spuren der Pilgerväter und Entdecker Amerikas. Das Haupthaus und die sechs Nebengebäude werden von einem imposanten, 35 Meter hohen Leuchtturm gekrönt. Die Zimmer und Suiten durchströmt maritimes Flair. Sie sind mit geschmackvollen Accessoires sowie hochwertigen Antiquitäten und Möbeln eingerichtet. Zum Haus gehören drei Restaurants, eine Poollandschaft sowie ein top ausgestattetes Fitnesscenter.

Ammolite

www.ammolite-restaurant.de

VARTA★TIPP Küche VARTA-TIPP Service

T 07822 776699
36 | Menü 189 € | So Mi-So Mo, Di

In diesem Fine-Dining-Restaurant verschmelzen Stil, Design, Angebot und Anspruch zu einem kulinarischen Gesamtkunstwerk. Ausgewählte Stoffe, wertige Materialien sowie ein perfektes Zusammenspiel von Licht und Farben sorgen für eine einzigartige Atmosphäre. Peter Hagen-Wiest serviert eine klassische Haute Cuisine, die Bewährtes und Neues auf besondere Weise vereint. Seine beiden Menüs nennt er „Around the World“ und „Green Forest“. Für die passende Weinbegleitung sorgt Sommelier Marco Gerlach.

Europa-Park Hotels | Colosseo

www.europapark.de/hotels

Europa-Park-Straße 4+6, PLZ 77977, **T 07822 8600,** F 8605545
350 Zimmer | 22 Suiten | Ez 192 €, Dz 246 €, inkl. Frühstück | 24 h 24.–25.12.22

Das Erlebnishotel „Colosseo“, erbaut im Stil des historischen Rom, bietet Zimmer in italienisch-römischem Flair, landestypische Restaurants, Bars und Cafés sowie einen Wohlfühlbereich mit Poollandschaft im Inneren des Kolosseumbogens.

Europa-Park Hotels | Krønasår
www.europapark.de

★★★★ S garni

Roland-Mack-Ring 3, PLZ 77977, **T 07822 8600,** F 8605545
304 Zimmer | 28 Suiten | Ez 202 €, Dz 259 €, inkl. Frühstück | 24 h 24.–25.12.22

Das imposante Haus mit seiner nordischen Backsteinarchitektur ist einem Naturkundemuseum nachempfunden und bietet individuelle Zimmer sowie liebevoll ausgestattete Themensuiten, die skandinavischen Persönlichkeiten oder Sagengestalten gewidmet sind. Außergewöhnlichen Komfort bieten die neuen Krønasår Boutique Suites. Überall im Hotel hängen Teile von alten Schiffen und Utensilien der Wikinger. Über eine Brücke gelangen Übernachtungsgäste direkt in die angrenzende Indoor-Wasserwelt. Mehrere ambitionierte Gastro-Outlets.

Europa-Park Hotels | Santa Isabel
www.europapark.de/santa-isabel

★★★★ S garni

Europa-Park-Straße 4+6 (im Europa-Park), PLZ 77977, **T 07822 8600,** F 8605545
66 Zimmer | 8 Suiten | Ez 192 €, Dz 246 €, inkl. Frühstück | 24 h 24.–25.12.22

Das Resorthotel im römischen Stil wurde einem portugiesischen Kloster nachempfunden. Geschmackvoll-mediterran die Zimmer und Themensuiten, für die Kinder gibt es ein großes Freizeitangebot. Im hauseigenen Restaurant „Sala Santa Isabel“ werden Fleisch- und Fischspezialitäten vom Lavasteingrill serviert.

RUTESHEIM 57 B
www.rutesheim.de

Baden-Württemberg | EW 10.916 | 447 m | Leonberg 7 km, Pforzheim 23 km

Hotel 2050
www.hotel2050.de

S garni

Drescherstraße 46, PLZ 71277, **T 07152 3317800,** F 3317801
40 Zimmer

Das barrierefreie Nichtraucherhotel wurde in reiner Holzbauweise erstellt. Die geräumigen Gästezimmer sind mit edlen Stoffen, Echtholzparkett und luxuriösen Boxspringbetten (größtenteils mit Überlänge) ausgestattet. Für Tagungen steht im OG ein 250 qm großer Panoramaraum zur Verfügung. Gute Verkehrsanbindung zur Autobahn A8.

RÜTHEN 30 D
www.ruethen.de

Nordrhein-Westfalen | EW 11.060 | 380 m | Warstein 10 km, Brilon 19 km

Landhotel Knippschild
www.hotel-knippschild.de

★★★★ S garni

Theodor-Ernst-Straße 3, PLZ 59602 (OT: Kallenhardt), **T 02902 80330,** F 803310
20 Zimmer | 6 Suiten | Ez ab 89 €, Dz ab 128 €, inkl. Frühstück | 24 h

Persönlich geführtes Haus mit traditionellem Ambiente. Im alpinen Stil eingerichtete Gästezimmer mit zeitgemäßer Ausstattung. Schöner SPA-Bereich mit originell-urigem Saunadorf, das ausschließlich mit unterschiedlichen Naturmaterialien gestaltet wurde.

Landhotel Knippschild

VARTA-TIPP Küche

100 | Hauptgericht 23–34 €, Menü 24–50 € | Di-Mi, Fr-So Mo-So

»

In den gemütlich-rustikalen Gaststuben wird eine niveauvolle, angenehm schnörkellose Küche aufgetischt. Auf der Speisekarte finden sich typische Sauerländer Spezialitäten mit internationalem Einfluss sowie feine Fisch- und Wildgerichte. Lust auf „Rouladen vom Sika-Hirsch aus dem Arnsberger Wald, frische Pfifferlinge, Rotweinpreiselbeersauce, Rahmwirsing und hausgemachte Spätzle"? (Stamm-)Gäste schätzen den aufmerksamen, herzlichen Service und die sympathisch-ungezwungene Atmosphäre.

SAALFELD/SAALE 44 A www.saalfeld-tourismus.de

Thüringen | EW 26.000 | 240 m | Jena 50 km, Suhl 65 km

Anker www.hotel-anker-saalfeld.de

★★★

Markt 25, PLZ 07318, **T 03671 5990,** F 599103
49 Zimmer | 2 Suiten | 1 Apartment | Ez 71–97 €, Dz 101–154 €, inkl. Frühstück | 24 h

Traditionsreiches Hotel am Marktplatz mit individueller Note und familiärer Atmosphäre - erste Erwähnung im Jahr 1543. Mix aus historischem Flair und zeitgemäßer Zimmerausstattung. Gefrühstückt wird mit Blick über den Saalfelder Marktplatz.

Güldene Gans www.gueldene-gans.de

25 | Menü 35–75 € | Di-Sa Mo, So

Gourmetrestaurant im hist. Fürstenkeller mit Kreuzgewölbe und urigem Charme. Hier wird eine modern zubereitete Kreativküche in Menüform angeboten. Alternativ bietet das Restaurant „Thüringer Stube" bürgerlich-regionale Gerichte.

Mellestollen www.mellestollen.de

★★★

Wittmannsgereuther Str. 105, PLZ 07318, **T 03671 8200,** F 820222
30 Zimmer | 2 Suiten | Ez 75–105 €, Dz 110–130 €, inkl. Frühstück

Ehem. Steigerhütte, heute ein ruhig und einzeln gelegenes Ferienhotel mit wohnlich eingerichteten Landhauszimmern. Zum Haus gehören auch ein kleiner Wellnessbereich, ein Restaurant mit moderner Thüringer Küche, ein Tiergehege und ein Abenteuerspielplatz.

SAARBRÜCKEN 49 C www.die-region-saarbruecken.de

Saarland | EW 175.810 | 190 m | Karlsruhe 145 km, Mainz 152 km
St.-Johanner-Markt mit barockem Marktbrunnen, Basilika St. Johann, Alte Brücke, Schloss, Schlossplatz mit Barockbauten, Abenteuermuseum, Hist. Museum Saar, barocke Ludwigskirche am Ludwigsplatz, Stiftskirche St. Arnual, Deutsch-Französischer Garten mit Parkeisenbahn.

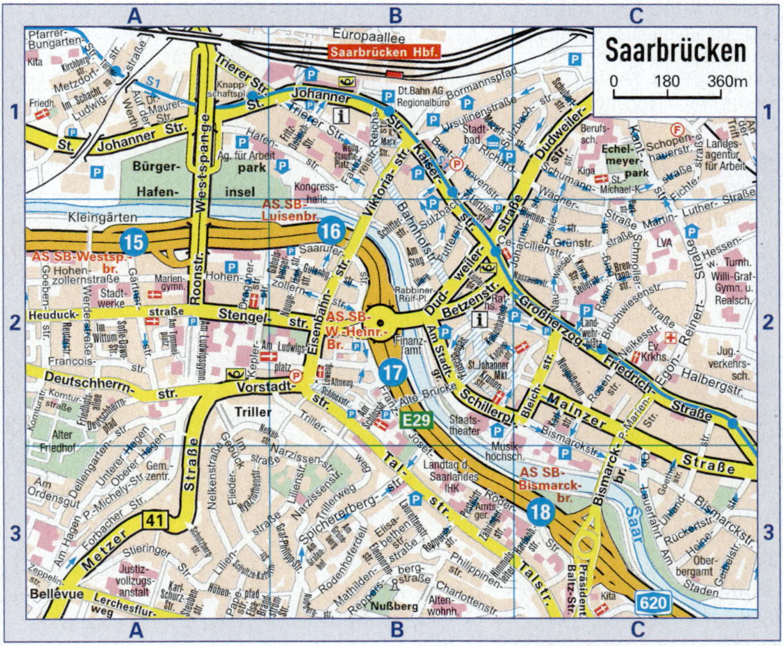

Esplanade

www.esplanade-sb.de

★★★★ garni

Nauwieserstr. 5 (C2), PLZ 66111 (OT: Nauwieser Viertel), **T 0681 84499120,** F 84499129
16 Zimmer | Ez 260–290 €, Dz 280–310 €, inkl. Frühstück

Das denkmalgeschützte Gebäude aus der Gründerzeit hat man respektvoll und mit viel Liebe zum Detail renoviert. Hinter dicken Sandsteinmauern mischt sich Moderne äußerst stilvoll mit klassischen Elementen. Die lichtdurchfluteten Zimmer zeichnen sich durch ein wertiges und zugleich formreduziertes Interieur in zeitlosem Design aus.

Esplanade

VARTA★TIPP Küche **VARTA-TIPP** Service

30 | Hauptgericht 38–60 €, Menü 135–165 € | Mi-Sa ⃠ Mo, Di, So ⃠ 8.–22.1.23, 23.–30.4.23

»

Lust auf modern interpretierte, klassisch französische Küche? Chefkoch Silio Del Fabro steht für ausdrucksstarke Gerichte, die aus tollen Produkten zubereitet werden. Seine ausgeklügelten Kombinationen, spannenden Aromen und präzisen Zubereitungen finden sich in einem „Menu Signature" (5 bis 8 Gänge). Dazu kredenzt Sommelier und Restaurantleiter Jérôme Pourchère erlesene Weine aus nah und fern. Mittwochs bis samstags: preisgünstiges „Plat du Jour". Tischreservierung ratsam.

Victor's Residenz
www.victors.de

★★★★ S garni

Deutschmühlental 19, PLZ 66117, **T 0681 588210,** F 58821199
142 Zimmer | 1 Suite | 3 Apartments | Ez 99–169 €, Dz 119–189 €, inkl. Frühstück | 24 h

Klassisch-elegantes Hotel neben dem Deutsch-Französischen Garten und der Spielbank. Neuzeitlich im pariserischen Grandhotelstil eingerichtete Zimmer mit kostenfreiem WLAN. Restaurant im französischen Brasseriestil mit Sommerterrasse und Biergarten.

Victor's Residenz-Hotel Rodenhof
www.victors-rodenhof-saarbruecken.de

★★★★ S garni

Kálmánstraße 47-51, PLZ 66113 (OT: Malstatt), **T 0681 41020,** F 43785
100 Zimmer | 17 Suiten | Ez ab 70 €, Dz ab 80 €, ab 12,50 € | 24 h

Das komfortable Business- und Konferenzhotel befindet sich in einem ruhigen Wohngebiet und bietet neuzeitliche Zimmer in verschiedenen Kategorien, einen 400 qm großen Wellnessbereich sowie ein behagliches Restaurant mit Sommerterrasse.

Am Triller
www.hotel-am-triller-saarbruecken.de

★★★★ S garni

Trillerweg 57 (B3), PLZ 66117, **T 0681 580000,** F 58000303
114 Zimmer | 3 Suiten | 5 Apartments | 24 h

Das Designhotel in ruhiger Parklage beherbergt individuell eingerichtete Gästezimmer, darunter Themenzimmer wie „Planet Ocean", „Musée de Paris" oder „SaarLegenden". Das Frühstücksbuffet besteht größtenteils aus Bio-Produkten. Im Restaurant wird eine feine mediterrane Küche mit regionalen Einflüssen serviert.

Domicil Leidinger
www.leidinger-saarbruecken.de

★★★ S garni

Mainzer Straße 10 (C2), PLZ 66111 (OT: St. Johann), **T 0681 93270,** F 38013
53 Zimmer | 6 Suiten | 24 h

Das hist. Haus in der Altstadt bildet eine Synthese aus Klassizismus und Moderne. Im „Domaine" übernachten Sie in individuellen Themenzimmern mit Designerelementen, im „Domicil" stehen zweckmäßige Zimmer mit Standardausstattung bereit. Das reichhaltige Frühstück mit hausgemachten Marmeladen und frischen Crêpes kann man auch im Wintergarten oder im Zen-Garten genießen.

Bayrischer Hof
www.bayrischerhof-sb.de

S garni

St. Ingberter Straße 46-48, PLZ 66123 (OT: St Johann), **T 0681 9582840,** F 95828444
22 Zimmer | Ez 73–88 €, Dz 103–110 €, inkl. Frühstück

Das persönlich geführte Nichtraucherhotel liegt angenehm ruhig in einem bevorzugten Wohnviertel. Die Gästezimmer sind mit viel Liebe zum Detail im Laura-Ashley-Stil eingerichtet. Kleine Hausbibliothek. Abschließbare Fahrradgarage.

Gästehaus Klaus Erfort
www.gaestehaus-erfort.de

VARTA★TIPP Küche VARTA★TIPP Service

Mainzer Straße 95 (C3), PLZ 66121, **T 0681 9582682**
35 | Hauptgericht 48–75 €, Menü 153–228 € | Mo-Fr ⊘ Sa, So

Die schmucke weiße Villa aus der Anfangszeit des 20. Jhd. ist ein Eldorado für höchste kulinarische Ansprüche. Außen eine spannende Symbiose aus Klassizismus und geradliniger Moderne, innen entspannte Eleganz. In diesem Umfeld zelebriert Klaus Erfort mit begeisternder Konstanz eine moderne Aromenküche, die auf erstklassigen Produkten basiert und mit unterschiedlichen Konsistenzen und Texturen spielt. Ein bemerkenswertes Weinangebot, der bestens geschulte Service und eine romantische Terrasse am Park komplettieren die vorzügliche Genusskultur dieses Toprestaurants.

Le Comptoir
www.lecomptoir-saarbruecken.de

Försterstr. 15 (C2), PLZ 66111 (OT: St. Johann), **T 0681 94727799**
14 | Menü 79–89 € | Di-Sa ⊘ Mo, So

Wertig, modern und gleichermaßen gemütlich zeigt sich das von außen recht unscheinbare Mini-Restaurant im Nauwieser Viertel. Geboten wird eine moderne französische Küche, die Sie wahlweise als 4- oder 5-Gänge-Menü bestellen können. Sehr nett und persönlich agiert der Service.

Schlachthof Brasserie
www.schlachthof-brasserie.com

Straße des 13. Januar 35, PLZ 66121 (OT: St Johann), **T 0681 6853332**
80 | Hauptgericht 12–49 €, Menü ab 39 € | Mo-Fr ⊘ Sa, So

Stimmungsvolle Behaglichkeit umgibt die liebevoll renovierten Räume der ehem. Schlachthofdirektion. Aus der Brasserieküche kommen modern interpretierte Bistroklassiker und ausgezeichnete Steakgerichte, die auf einem 800°C heißen Spezialgrill zubereitet werden. Inspirierte Weinkarte mit Schwerpunkt Deutschland und Frankreich.

Schlossgarten
www.restaurant-schlossgarten-saarbruecken.de

Spichererbergstraße 11 (B3), PLZ 66119 (OT: Alt Saarbrücken), **T 0681 51985**
50 | Hauptgericht 19–34 €, Menü 30–75 € | Di-Fr Di-Sa ⊘ Mo, So

In den hellen Räumen dieses Restaurants speisen Sie in wohltuend eleganter Atmosphäre. Serviert werden feine regionale und französische Gerichte wie z.B. „Steinbutt im offenen Ravioli mit Blattspinat und Champagnersößchen“. Fachkundig zusammengestellte Weinkarte.

Jouliard
www.jouliard.de

Scheidter Str. 66 (↗ C1), PLZ 66123 (OT: Rotenbühl), **T 0681 68615322**
Hauptgericht 12–31 €, Menü 40–55 € | Mo-Sa ⊘ So

Gemütlich hat man es hier in charmanter Bistro-Atmosphäre bei traditionellen, bodenständigen Gerichten mit französischem Einfluss. Aus der Küche kommt Leckeres wie z.B. „Tatar vom Rinderfilet mit gebackenem Wachtelei im Chorizo-Mantel“ oder „Coq au Vin mit karamellisiertem Wurzelgemüse und Kartoffelcreme“.

SAARBURG 49 A www.saar-obermosel.de

Rheinland-Pfalz | EW 7.430 | 160 m | Trier 25 km, Hermeskeil 38 km

Villa Keller www.villa-keller.de

★★★ S garni

Brückenstraße 1, PLZ 54439 (OT: Beurig), **T 06581 92910,** F 929122
11 Zimmer | Ez ab 80 €, Dz ab 120 €, inkl. Frühstück

Denkmalgeschütztes Haus aus dem 19. Jhd. in wunderschöner Lage direkt an der Saar. Behaglich eingerichtete Zimmer mit Blick auf Altstadt und Burg. Kulinarisch haben Sie die Wahl zwischen gehobenen saisonalen Gerichten im stilvollen Gourmetrestaurant oder bürgerlich-deftiger Kost im urgemütlichen Wirtshaus mit idyllischer Innenhofterrasse.

SAARLOUIS 49 C www.saarlouis.de

Saarland | EW 37.328 | 185 m | Saarbrücken 24 km, Trier 65 km

La Maison www.lamaison-hotel.de

VARTA-TIPP Ambiente **VARTA-TIPP** Service

★★★★ S garni

Prälat-Subtil-Ring 22, PLZ 66740, **T 06831 89440440,** F 89440444
50 Zimmer | Ez 124–149 €, Dz 168–220 €, inkl. Frühstück | 24 h

Die kernsanierte Villa nebst minimalistischem Neubau und Gästehaus ist umgeben von einer waldartigen Parkanlage. Stilvoll, modern und mit gutem Gespür für Licht und Farben hat man die Gebäude eingerichtet. Sie wohnen in individuellen Zimmern mit eleganten Stoffen, maßgeschneidertem Mobiliar und edlen Bädern. Dazu ein zuvorkommender, gastorientierter Service.

LOUIS restaurant

VARTA★TIPP Küche

20 Plätze | Menü 155–205 € | So, Do-Sa | Ruhetag Mo, Di, Mi

Gourmetgenuss und hoher Wohlfühlfaktor im alten Gerichtssaal. Das Fine-Dining-Restaurant mit direktem Zugang zur Parkterrasse imponiert mit hohen Decken, extravaganten Kronleuchtern und stilvoll-elegantem Interieur. So exquisit und wertig das Ambiente daherkommt, so niveauvoll und ambitioniert ist auch die moderne Küche von Martin Stopp, und die gibt es als fein abgestimmtes, produktorientiertes Menü in 7 Gängen. Dazu kredenzt der geschulte Service erlesene Weine aus nah und fern. Tipp: Sonntags Lunch.

PASTIS bistro

VARTA-TIPP Küche

74 Plätze | Hauptgericht 17–38 € | Di-Sa | Ruhetag Mo, So

Et voilà! Eine nette Alternative zum Gourmetrestaurant und ein lebendiger Treffpunkt für einen schnellen Business Lunch. Aus der Küche kommen frische, finessenreiche Gerichte in französischer Bistromanier. In den Sommermonaten lockt der idyllische Garten im Innenhof. Achtung: Abends ist das PASTIS bistro ausschließlich Hotelgästen vorbehalten.

Victor's Residenz-Hotel www.victors.de/saarlouis

GREENSIGN ★★★ S

Bahnhofsallee 4, PLZ 66740 (OT: Roden), **T 06831 9800,** F 980603
115 Zimmer | 24 Suiten | 3 Apartments | 24 h

Neuzeitliches Geschäfts- und Tagungshotel nahe dem Bahnhof und in Gehweite zur Innenstadt mit hellen, funktional eingerichteten Zimmern. Kleiner Wellnessbereich im asiatischen Look mit Sauna, Dachterrasse und Fitnessraum. Stylishes Grillrestaurant, das Fleischspezialitäten nach amerikanischem Originalrezept serviert.

SAAROW, BAD 27 C www.bad-saarow.de

Brandenburg | EW 5.006 | 45 m | Frankfurt/Oder 37 km, Königs Wusterhausen 40 km

Esplanade Resort & Spa www.esplanade-resort.de

★★★★ S garni

Seestraße 49, PLZ 15526 (OT: Saarow-Mitte), **T 033631 4320,** F 4328222
169 Zimmer | 5 Suiten | Ez 119–209 €, Dz 169–259 €, inkl. Frühstück | 24 h

Inmitten einer wunderschönen Waldlandschaft direkt am Ufer des Scharmützelsees liegt dieses großzügige, kinderfreie Wellnessresort. Neben modern gestalteten Gästezimmern bietet das Haus auch einen ansprechenden SPA-Bereich sowie mehrere Restaurants.

Villa Contessa www.villa-contessa.de

VARTA-TIPP Ambiente

★★★★★ S garni

Seestraße 18, PLZ 15526 (OT: Saarow-Mitte), **T 033631 58018,** F 58019
15 Zimmer | 8 Suiten | Ez 359–519 €, Dz 359–519 € | 24 h

Die hübsche kleine Villa liegt auf einem malerischen Seegrundstück. Die wenigen Zimmer sind individuell und mit viel Liebe zum Detail eingerichtet. Stilgerecht hat man zahlreiche Antiquitäten in das wohnliche Interieur integriert. Im „Contessa Royal SPA“ kann man ausgiebig relaxen. Die perfekte Adresse für alle, die das Besondere suchen...

Precise Resort Bad Saarow www.precisehotels.com

★★★★★ S garni

Parkallee 1, PLZ 15526, **T 033631 483400**
166 Zimmer| 24 Suiten | DZ ab 112 €, inkl. Frühstück | 24 h

Am Ufer des idyllischen Scharmützelsees gelegen, bietet das familienfreundliche Domizil seinen Gästen ein vielseitiges Sport-, Freizeit- und Spa-Angebot. Die hochwertig und komfortabel eingerichteten Zimmer sind in unterschiedlichen Kategorien buchbar. Regionale und internationale Küche wird im hauseigenen Seeblick-Restaurant und auf der weitläufigen Terrasse serviert. Zum Resort gehören auch ein Golfclub mit vier Plätzen, eine Tennisanlage sowie eine angeschlossene Yacht Akademie.

aja Bad Saarow www.aja.de/standorte/bad-saarow.html

★★★★★ S garni

Am Golfplatz 2, PLZ 15526, **T 033631 4022525,** F 4022626
150 Zimmer | 24 h

Unkompliziertes, zeitgemäßes Wohnen inmitten einer reizenden Naturlandschaft! Die Zimmer bieten formschönes Design, bequeme Kingsizebetten und intelligente Interieurideen. Alles, was man so benötigt, gibt's im hauseigenen „smart markt“. 9-Loch-Golfplatz sowie Tenniscourts mit Sand- und Hallenplätzen direkt am Resort. Schöner SPA-Bereich.

Seepalais www.see-palais.de

VARTA★TIPP Service

★★★★★ S garni

Karl-Marx-Damm 23, PLZ 15526 (OT: Saarow-Mitte), **T 033631 8610**
10 Zimmer | 2 Suiten, Dz 125–169 €, inkl. Frühstück

Ein wahres Refugium direkt am Scharmützelsee mit gepflegter Garten- und Terrassenanlage. Die kleinen, geschmackvoll eingerichteten Nichtraucherzimmer (alle mit Blick zum See) bestechen durch klassische Eleganz und mediterranen Charme. Sehr freundlich und engagiert kümmern sich die Mitarbeiter:innen des Hauses um das Wohl der Gäste. Direkter Zugang zum See mit Bootsanleger.

AS am See
www.asamsee.de

Seestraße 9, PLZ 15526 (OT: Saarow-Mitte), **T 033631 599244**
30 | Menü ab 55 € | So Mi-Sa Mo, Di

Ein Bistro mit Vinothek im Erdgeschoss einer eher unscheinbaren Villa. „AS" steht für Andreas Staack (Patron und Küchenchef), der sich bereits in der Berliner Gastroszene einen Namen gemacht hat, bevor es ihn in die brandenburgische Idylle verschlug. Seine Küche ist anspruchsvoll, saisonal und zeitgemäß. Schön zusammengestellte Weinkarte.

Das Dorsch
www.das-dorsch.de

Humboldtstraße 16, PLZ 15526 (OT: Strand), **T 033631 2404**
70 | Hauptgericht 10–44 €, Menü 25–49 € | Mi-So Mo, Di

Idyllisch gelegenes Restaurant im mediterranen Landhausstil mit Bistroflair. Großzügige Gartenterrasse mit Panoramablick auf den Scharmützelsee. Serviert werden frische Fischgerichte, regionale Spezialitäten und internationale Küche.

SACHSA, BAD 33 A
www.badsachsainfo.de

Niedersachsen | EW 7.392 | 310 m | Herzberg 24 km, Braunlage 25 km

Romantischer Winkel
www.romantischer-winkel.de

★★★★★

Bismarckstraße 23, PLZ 37441, **T 05523 3040,** F 304122
81 Zimmer | 5 Suiten | Ez 122–232 €, Dz 245–448 €, inkl. Frühstück | 24 h

Ein familiengeführtes Feriendomizil mit wohnlichen, individuell eingerichteten Gästezimmern, teils mit toskanischem Ambiente. Repräsentativer SPA-Bereich mit Badewelt und Saunalandschaft. Feine Küche mit frischen saisonalen Zutaten bietet das Fine-Dining-Restaurant „Joseph's".

SACHSENHEIM 51 D
www.sachsenheim.de

Baden-Württemberg | EW 17.600 | 245 m | Ludwigsburg 15 km, Pforzheim 24 km

Hotel am Kirchplatz
www.hotelamkirchplatz-sachsenheim.de

garni

Obere Straße 15, PLZ 74343 (OT: Großsachsenheim), **T 07147 2765780**
10 Zimmer | Ez 89–109 €, Dz 139 €, inkl. Frühstück

Ein kleines Hotel im Ortskern, in dem man wirklich gerne übernachtet! Die Zimmer sind schön zeitgemäß und wohnlich, das Frühstück ist appetitlich und die Preise stimmen auch noch. Auffallend individuell gehalten ist das sogenannte „Turmzimmer", ein Salonzimmer mit gleich acht Fenstern, das dem Gast einen interessanten Rundblick über die Stadt bietet.

SÄCKINGEN, BAD 64 A
www.bad-saeckingen.de

Baden-Württemberg | EW 16.808 | 291 m | Waldshut 24 km, Basel (Schweiz) 31 km

Goldener Knopf
www.goldenerknopf.de

★★★★

Rathausplatz 9, PLZ 79713, **T 07761 5650,** F 565444
68 Zimmer | 5 Suiten | Ez 105–115 €, Dz 160–225 €, inkl. Frühstück | 24 h

»

Komfortabler könnte die Lage kaum sein: Das inhabergeführte Altstadthotel liegt direkt am Rhein. Die Gästezimmer sind hell und freundlich eingerichtet und verfügen teilweise über einen Balkon. Kulinarisch kann man sich im Restaurant „Le Jardin" mit regionalen und saisonalen Gerichten verwöhnen lassen.

SAPIA Hotel Rheinsberg www.sapia-hotels.de

garni

Schaffhauserstr. 123/1, PLZ 79713, **T 07761 9998999,** F 9997355
25 Zimmer | 6 Suiten | Ez 99–139 €, Dz 129–169 €, inkl. Frühstück

Das Hotel befindet sich auf dem Gelände der Golf- und Freizeitwelt Hochrhein. Die Zimmer sind modern und heimelig mit viel Holz ausgestattet und bieten einen schönen Blick ins Grüne. Das Bistro bietet regionale badische Küche sowie italienische Spezialitäten.

Genuss-Apotheke www.genuss-apotheke.de

VARTA-TIPP Küche VARTA-TIPP Service

Schönaugasse 11, PLZ 79713, **T 07761 9333767**
24 | Menü 132–172 € | Di-Sa Mo, So

Das gastronomische Konzept der sogenannten „Genussapotheke" bestehend aus Restaurant und Kochatelier geht auf! Urban-elegantes Ambiente mit einem Hauch von Wohnzimmeratmosphäre, dazu begeistert Raimar Pilz seine Gäste mit einer mediterranen Gewürzküche, bei der das Produkt klar im Mittelpunkt steht. Am Abend wird ein einheitliches Menü (ab 5 Gänge) serviert. Die „Perle" im Service ist Annett Ronneberger. Regelmäßig finden Kochkurse statt.

SAILAUF 42 C www.sailauf.de

Bayern | EW 3.619 | 177 m | Aschaffenburg 11 km, Hanau 41 km

Schlosshotel Weyberhöfe www.schlosshotel-weyberhoefe.com

★★★★ S

Weyberhöfe 9-15, PLZ 63877, **T 06093 993320,** F 99332223
40 Zimmer | 6 Suiten | Ez 94–149 €, Dz 134–189 €, inkl. Frühstück | 24 h

Das Schlosshotel befindet sich in einem ursprünglichen Jagdschloss aus dem Jahre 1265. Die Zimmer und Suiten eint der historische Charakter, gepaart mit stilvollem Ambiente und außergewöhnlichem Schlafkomfort. SPA-Bereich im orientalischen Stil.

Restaurant Rumpolt

80 | Hauptgericht 18–28 € | Mo-Sa So

Im historischen Ambiente mit Natursteinmauern und sichtbarem Dachgebälk werden moderne Gerichte aus der regionalen und internationalen Küche aufgetischt. Im Fine-Dining-Bereich können Sie freitags und samstags ein 3-, 5- oder 7-Gang-Menü mit passender Weinbegleitung genießen (Reservierung empfehlenswert).

SALACH 58 B www.salach.de

Baden-Württemberg | EW 7.800 | 363 m | Göppingen 8 km, Ulm 43 km

Burghotel Staufeneck www.burg-staufeneck.de

★★★★★ S

Staufeneck 1, PLZ 73084, **T 07162 933440,** F 9334455
43 Zimmer | 7 Suiten | 3 Apartments | Ez ab 140 €, Dz ab 240 €, inkl. Frühstück | 24 h

Genuss und Entspannung auf höchstem Niveau - das verspricht dieses gewachsene Burghotel. Das hist. Anwesen ist schon von außen ein Blickfang, attraktiv die herrlich verträumte Lage hoch über dem wunderschönen Filstal. Die lichtdurchfluteten, individuell eingerichteten Zimmer und Suiten bieten höchsten Wohnkomfort. Dazu ein bemerkenswerter Wellnessbereich mit beheiztem Panorama-Außenpool.

Gourmetrestaurant "fine dining RS"

VARTA★TIPP Küche VARTA-TIPP Service

40 | Menü 108–138 € | Do-So Mo, Di, Mi

Das Fine-Dining-Restaurant ist längst zum Treffpunkt für Genießer avanciert. Das Interieur: klassisch-modern mit bequemen Sesseln, schlichten Holztischen und Eichenparkett. Rolf Straubinger und sein Küchenchef Markus Waibel begeistern ihre Gäste mit einer nachhaltigen, außergewöhnlichen Küche, die in Form eines kreativen Feinschmeckermenüs serviert wird. Dazu ein kompetenter Service und eine fulminante Weinauswahl mit rund 1.000 Positionen.

Burgrestaurant "Oifach andersch"

VARTA-TIPP Küche

80 | Hauptgericht 13–31 € | So Do-So Mo, Di, Mi

Das im modernen Landhausstil eingerichtete Zweitrestaurant befindet sich im Stammhaus und bietet überwiegend regionale und traditionelle schwäbische Küche. Auf der Karte finden sich beliebte Klassiker wie Wiener Schnitzel vom Kalb, Rostbraten oder Käsespätzle. Einen beeindruckenden Panoramablick hat man von der großzügigen Sommerterrasse.

SALEM 65 B www.bodensee-linzgau.de

Baden-Württemberg | EW 11.043 | 440 m | Überlingen 15 km, Konstanz 27 km

Reck's Hotel www.recks-hotel.de

Bahnhofstraße 111, PLZ 88682 (OT: Mimmenhausen - Neufrach), **T 07553 201,** F 202
27 Zimmer | 2 Apartments | Ez 89–120 €, Dz 140–200 €, inkl. Frühstück

Persönlich von drei Schwestern geführtes Haus nahe dem Bodensee mit individuellem Flair. Behaglich mit Stilmöbeln eingerichtete Zimmer, teils mit Blick auf alte Streuobstwiesen. Ansprechend gestalteter Wellnessbereich mit Sauna und japanischem Garten. Reichhaltiges Frühstücksbuffet.

Reck's Restaurant

VARTA-TIPP Küche

60 | Hauptgericht 19–39 €, Menü 44–64 € | Mo-Di, Fr-So Mi, Do

Genussvoll schlemmen im Salemer Tal. In den liebevoll eingerichteten Gaststuben und auf der herrlichen Terrasse serviert man Ihnen eine schmackhafte regionale Küche zu fairen Preisen. Dabei setzt Küchenchefin Alexandra Reck überwiegend auf frische saisonale und heimische Produkte. Sehr zu empfehlen sind die Gerichte mit frischen Bodenseefischen.

SALZGITTER 23 D www.tourismus-salzgitter.de

Niedersachsen | EW 107.426 | 90 m | Braunschweig 28 km, Hildesheim 33 km

Hotel am See www.hotelamsee.com

★★★★ garni

Kampstrasse 37 - 41, PLZ 38226 (OT: Lebenstedt), **T 05341 18900,** F 1890100
52 Zimmer | 1 Suite | Ez 90–150 €, Dz 130–195 €, 15,00 € | 28.12.22–6.1.23

Denkmalgeschütztes Tagungs- und Businesshotel mit zeitgemäß eingerichteten Zimmern in unterschiedlichen Kategorien. Im Gourmetrestaurant „Shiraz“ wird gehobene internationale Küche mit saisonalen und regionalen Schwerpunkten serviert.

SALZKOTTEN 31 A www.salzkotten.de

Nordrhein-Westfalen | EW 24.547 | 97 m | Paderborn 14 km, Gütersloh 38 km

Walz www.hotel-walz.de

★★★ garni

Paderborner Straße 21, PLZ 33154, **T 05258 9880,** F 4849
28 Zimmer | Ez 80–95 €, Dz 99–125 €, inkl. Frühstück

Empfehlenswerte Übernachtungsadresse am Stadtrand in verkehrsgünstiger Lage. Das familiengeführte Haus verfügt über praktisch eingerichtete Gästezimmer, Unterstellmöglichkeiten für Fahr- und Motorräder und ein nettes Frühstücksrestaurant.

Café Hölter www.cafe-hoelter.de

Langestraße 33, PLZ 33154, **T 05258 5844**
20 | Di–Fr 8:00–18:30 Uhr, Sa 8:00–13:00 Uhr, So 10:00–18:00 Uhr

In einem hist. Fachwerkhaus begrüßt Sie diese alteingesessene Bäckerei mit angeschlossenem Café. Große Auswahl an verschiedenen Blechkuchen und leckeren Torten. Für Zuhause empfiehlt sich das selbstgebackene Brot aus dem Holzofen. Im Sommer sitzt man sehr nett auf der begrünten Gartenterrasse.

SALZUFLEN, BAD 22 C www.bad-salzuflen.de

Nordrhein-Westfalen | EW 54.850 | 80 m | Herford 7 km, Lemgo 14 km

Arminius www.hotelarminius.de

★★★★ garni

Ritterstraße 2-8, PLZ 32105, **T 05222 3660,** F 366111
71 Zimmer | 11 Suiten | Ez 89–119 €, Dz 99–129 €, inkl. Frühstück | 24 h

Moderne Hotelausstattung verbunden mit dem hist. Charakter der verschiedenen Fachwerkgebäude. Individuell eingerichtete Zimmer und Suiten. Kleiner Wellnessbereich mit Dampfbad und Sauna. Saisonale Frischeküche im Restaurant „Varus“.

DER LIPPISCHE HOF
www.hof-hotels.de

★★★★ garni

Mauerstraße 1-5, PLZ 32105, **T 05222 5340,** F 50571
99 Zimmer | 4 Suiten | 1 Apartment | Ez 90–118 €, Dz 128–173 €, inkl. Frühstück | 24 h

Gute Übernachtungsadresse im Herzen von Bad Salzuflen. Wohnliche Zimmer in verschiedenen Stilrichtungen mit funktionalem Komfort und hochwertigen Materialien. Stilvoller Wellnessbereich mit Saunalandschaft und Indoorpool.

Walter's Pharmacy

120 | Hauptgericht 11–68 €, Menü 37–99 € | Mo-Sa ⃠ So

Umgebaute englische Apotheke mit origineller Atmosphäre. Marktfrische Küche mit regionalen und mediterranen Einflüssen. Spezialität: Dry-Aged-Steaks. Regelmäßig Jazzbrunch sowie Abende mit Live-Musik.

Kurpark Hotel
www.kurparkhotel.de

★★★★ garni

Parkstraße 1, PLZ 32105, **T 05222 3990,** F 399462
73 Zimmer | 1 Suite | Ez 96–121 €, Dz 150–204 €, inkl. Frühstück

Inhabergeführtes Haus im Herzen des Kurorts mit zeitgemäßen Zimmern unterschiedlicher Kategorien. Hotelrestaurant mit stilvollem Bistroflair und buntem Speisenangebot aus der deutschen und internationalen Küche.

SALZWEDEL 24 B
www.salzwedel.de

Sachsen-Anhalt | EW 24.282 | 19 m | Lüchow 13 km, Uelzen 43 km

Salzwedeler Stuben
www.hotel-union-salzwedel.de

Goethestr. 11, PLZ 29410, **T 03901 422097**
70 | Hauptgericht 5–25 €, Menü 16–22 € | Mo-So

Im Hotel Union kann man nicht nur angenehm übernachten, sondern auch gut speisen. Im behaglichen Restaurant, das im Tiroler Landhausstil eingerichtet ist, bekommen Sie einen interessanten Mix aus regionalen Spezialitäten und traditionellen Klassikern wie „Tournedos vom Rinderfilet“ oder „Geschmorte Kalbsbäckchen“.

SAMERBERG 68 B
www.samerberg.de

Bayern | EW 2.600 | 750 m | Rosenheim 16 km, Traunstein 44 km

Gasthof Alpenrose
www.alpenrose-samerberg.de

VARTA-TIPP Küche

Kirchplatz 2, PLZ 83122, **T 08032 8263**
120 | Hauptgericht 12–26 € | Mi-So ⃠ Mo, Di

Wer hier einmal war, versteht, warum dieser Gasthof so viele treue Anhänger hat. Das Ambiente gemütlich, der Service liebenswert und die Küche bayerisch-steirisch mit leckeren Gerichten wie „Sous-vide gegarter Schweinebauch mit Kräutergnocchi, Zucchini und Ofentomaten“. Im Sommer lockt der lauschige Biergarten. Und zum Übernachten hat man freundlich-funktionelle Zimmer - von modern bis nostalgisch.

SANKT ...

Alle Orte mit Zusatz Sankt finden Sie unter St.

SASBACHWALDEN 57 A www.sasbachwalden.de

Baden-Württemberg | EW 2.413 | 257 m | Offenburg 27 km, Baden-Baden 30 km

Engel www.engel-sasbachwalden.de

Talstraße 14, PLZ 77887, **T 07841 3000**, F 26394
14 Zimmer | Ez 100–150 €, Dz 125–190 €, inkl. Frühstück

Hinter einer schönen Fachwerkfassade bietet das freundlich geführte Hotel gemütliche Zimmer im modernen Landhausstil. Das Haus ist zudem der perfekte Ausgangspunkt für Entdeckungstouren durch die malerischen Weinberge entlang der badischen Weinstraße.

Engel

VARTA-TIPP Küche

120 | Hauptgericht 18–34 €, Menü 35–67 € | Di-So Mo

In der behaglichen „Engel-Wirts-Stube" sowie auf der windgeschützten Terrasse genießen Sie optisch wie kulinarisch Entdeckungsreisen durch eine regional ausgerichtete Frischmarktküche. Aber auch internationale Speisen und ein vegetarisches Menü stehen auf der Karte. Der Service begeistert durch herzliche Fürsorge. Für private und geschäftliche Veranstaltungen hat man charmante Räumlichkeiten.

Relaxhotel Tannenhof www.relaxhotel-tannenhof.de

Murberg 6, PLZ 77887, **T 07841 64070**, F 640716
19 Zimmer | Ez ab 71 €, Dz ab 142 €, inkl. Frühstück

Kleines, familiär geführtes Relax- und Wellnesshotel in ruhiger Lage oberhalb des Ortes mit weiter Aussicht über die Weinberge. Überwiegend Balkonzimmer im Schwarzwaldstil. Der ansprechende Wellnessbereich sorgt mit Panoramainnenpool, finnischer Sauna und Liegewiese für Entspannung. Nettes Frühstücksrestaurant mit Blick ins Rheintal.

SAULGAU, BAD 66 A www.bad-saulgau.de

Baden-Württemberg | EW 17.480 | 587 m | Sigmaringen 29 km, Friedrichshafen 51 km

Hotel Kleber Post

www.kleberpost.de

★★★★

Poststraße 1, PLZ 88348, **T 07581 5010,** F 501499
57 Zimmer | 1 Suite | Ez 116–136 €, Dz 193–233 €, ab 17,00 €

Das liebevoll renovierte Traditionshaus verfügt über großzügig ausgestattete, elegante Gästezimmer und -suiten mit Komfort. Beeindruckend ist der 250 qm große Wellnessbereich auf dem Dach des Hauses mit Blick auf die Altstadt Bad Saulgaus.

Restaurant Klebers

90 | Hauptgericht 20–50 €, Menü 45–95 € | Mo, Mi-Fr, So Mo, Mi-So Di

Dezent, edel und elegant gedeckte Tische, ein offener Kamin, das raumhohe Weinregal und eine Fensterfront mit Blick in die Gartenoase machen das edle Ambiente dieses Hotelrestaurants aus. Serviert werden kreative Interpretationen, die die Leidenschaft Oberschwabens zelebrieren, sowie internationale Gerichte.

Oberamer Hof

www.oberamerhof.de

Sankt-Bruno-Str. 34, PLZ 88348 (OT: Bondorf), **T 07581 48920,** F 489232
20 Zimmer | 2 Suiten | 9 Apartments | Ez 60 €, Dz 89 €, inkl. Frühstück

Liebevoll restaurierter Bauernhof mit persönlicher Atmosphäre. Hübsche Zimmer und Gästewohnungen, die mit massiven Landhausmöbeln ausgestattet sind. Urige Gaststube mit regionaler Küche.

Ochsen

www.ochsen-bad-saulgau.de

★★★ S

Paradiesstraße 6, PLZ 88348, **T 07581 487330,** F 4873320
18 Zimmer | 24 h

Zentral in der Altstadt gelegenes Haus mit zeitlosem Design. Renovierte, wohnlich eingerichtete Gästezimmer. Modernes Restaurant mit traditioneller Holzbalkendecke, in dem argentinische Steakspezialitäten serviert werden.

SAULHEIM 50 B www.saulheim.de

Rheinland-Pfalz | EW 7.294 | 154 m | Mainz 20 km, Alzey 20 km

mundart Restaurant www.mundart-restaurant.de

VARTA-TIPP Küche

Weedengasse 8, PLZ 55291, **T 06732 9322966**
45 | Hauptgericht 18–33 €, Menü 33–99 € | So Mo-Di, Fr-So Mi, Do

In dem 300 Jahre alten Fachwerkhaus mit seinen auffallend grünen Fensterläden hat Patron Markus Hebestreit eine äußerst ansprechende Wohlfühlgastronomie geschaffen. Hier mag man die feine, schnörkellose Frischmarktküche zu fairen Preisen und den charmanten Service - am liebsten draußen auf der lauschigen Innenhofterrasse. Tolle rheinhessische Weine.

SCHALKENMEHREN 39 D www.schalkenmehren.de

Rheinland-Pfalz | EW 590 | 425 m | Daun 8 km, Cochem 34 km

MICHELS Wellness- & Wohlfühlhotel www.michels-wohlfuehlhotel.de

VARTA-TIPP Service

★★★★S garni

Sankt-Martin-Straße 9, PLZ 54552, **T 06592 9280,** F 928160
65 Zimmer | 1 Suite | 5 Apartments | Ez 122–151 €, Dz 196–326 €, inkl. Frühstück | 18.–25.12.22

Wellness, Kulinarik, top Service und eine idyllische Lage verspricht dieses engagiert geführte Urlaubs- und Wohlfühlhotel. Bei Familie Drayer und ihrem Team wird Gastfreundschaft gelebt, hier heißt es: ankommen und wohlfühlen! Gemütlich, geschmackvoll und technisch modern sind die Gästezimmer, die in unterschiedlichen Kategorien buchbar sind. Für beste Entspannung sorgt der hauseigene „VitalQuell SPA" mit seiner 2.000 qm großen Wellnessfläche. Morgens werden Sie mit einem reichhaltigen Frühstück verwöhnt. E-Tankstelle für Gäste.

MICHELS Wellness- & Wohlfühlhotel

175 | Hauptgericht 15–39 € | Mo-So 19.–25.12.22

Ansprechendes Hotelrestaurant mit gemütlich-moderner Atmosphäre. Ob Halbpensionsmenü oder Candlelight-Dinner - hier wird frisch und schmackhaft gekocht. Freuen Sie sich auf regionale Eifeler Spezialitäten sowie internationale Küche aus heimischen Produkten. Wie wäre es z.B. mit „Rosa gebratenem Rinderfilet an Portweinjus, karamellisierten Mini-Maiskölbchen und gebratener Polenta"? Im Sommer lockt die hübsch gestaltete Gartenterrasse.

SCHALKHAM 61 C www.ostbayern-tourismus.de

Bayern | EW 868 | 430 m | Eggenfelden 30 km, Landshut 30 km

Sebastianihof www.sebastianihof.de

Brunnenstraße 9, PLZ 84175 (OT: Johannesbrunn), **T 08744 919445**
100 | Hauptgericht 16–26 €, Menü 42–78 € | So Do-Sa Mo, Di, Mi

Das denkmalgeschützte Vierseitensemble ist ein uriges Eldorado für Jung und Alt. Die moderne bayerische Heimatküche lebt von der sorgfältigen Zubereitung und den frischen Produkten aus dem Umland. An der Gästefront agiert eine sympathische Servicecrew. In der warmen Jahreszeit lockt der gemütliche Sommergarten im Innenhof. Übernachten kann man im gepflegten Landhaus.

SCHANDAU, BAD 47 A bad-schandau.de

Sachsen | EW 3.532 | 146 m | Dresden 35 km, Görlitz 78 km

Elbresidenz an der Therme www.toskanaworld.net

GREENSIGN ★★★★★S garni

Markt 1-11, PLZ 01814, **T 035022 9190,** F 919711
207 Zimmer | 24 h

Direkt am Ufer der Elbe, umgeben von der eindrucksvollen Naturkulisse des Elbsandsteingebirges, liegt dieses imposante Hotel. Neben wohnlich und zeitgemäß eingerichteten Zimmern bietet man ein elegantes Foyer mit offenem Kamin, eine stilvolle Bibliothek, einen großzügig angelegten SPA-Bereich sowie ein elegantes Restaurant mit bodentiefen Fenstern und schöner Terrasse.

Helvetia www.hotelhelvetia.eu/hotel-helvetia

★★★★★S garni

Schmilka 11, PLZ 01814 (OT: Schmilka), **T 035022 9130,** F 9131190
22 Zimmer | Ez ab 199 €, Dz ab 249 €, inkl. Frühstück »

Das Bio- und Nationalparkhotel ist eingebettet in eine etwa 2 ha große Parkanlage. Sie wohnen in hellen, freundlichen Gästezimmern, die mit Naturholzmöbeln eingerichtet sind. Im Restaurant wird eine gesundheitsbewusste Bio-Vital-Küche angeboten.

Parkhotel www.pura-hotels.de

★★★★

Rudolf-Sendig-Straße 12, PLZ 01814, **T 035022 520,** F 52215
75 Zimmer | 4 Suiten | 24 h

Traditionsreiches Haus in einzigartiger Lage - umgeben von einer Parkanlage direkt an der Elbpromenade. Die modern eingerichteten Zimmer verteilen sich auf die hist. Villa und die neu errichtete Residenz. Zum Haus gehören auch eine Saunalandschaft, ein Außenpool, verschiedene Restaurants mit Terrasse, eine Bar und besondere Veranstaltungsräume.

Lindenhof www.lindenhof-bad-schandau.de

Rudolf-Sendig-Straße 11, PLZ 01814, **T 035022 4890,** F 48912
41 Zimmer | Ez ab 65 €, Dz ab 105 €, inkl. Frühstück

Seit mehr als 150 Jahren logieren hier schon Gäste. Das traditionsreiche Haus bietet wohnliche und hochwertig eingerichtete Zimmer. Im Restaurant wird regional gekocht. Toll die Dachterrasse mit Blick über Bad Schandau.

SCHARBEUTZ 8 D www.luebecker-bucht-ostsee.de

Schleswig-Holstein | EW 11.309 | 12 m | Neustadt i. Holstein 8 km, Eutin 18 km

Gran Hotel BelVeder www.hotel-belveder.de

★★★★★S

Strandallee 146, PLZ 23683, **T 04503 3526600,** F 3526699
83 Zimmer | 23 Suiten | 1 Apartment | 24 h

Im südländischen Stil erbautes Haus - unmittelbar am Sandstrand der Lübecker Bucht gelegen. Wohnliche, mit erlesenen Materialien ausgestattete Gästezimmer. Hausgäste haben freien Zutritt in die Wasser- und Saunawelten der Ostsee-Therme. Am Abend empfiehlt sich die CaVa's Bar mit einer exquisiten Auswahl an Whiskeys und Malts.

DiVa

VARTA-TIPP Küche VARTA-TIPP Service

20 | Hauptgericht 42–50 €, Menü 93–139 € | Mi-Sa Mo, Di, So

Wie man es in einem Hotel dieser Klasse erwartet, ist auch im Fine-Dining-Restaurant alles überaus stilvoll und hochwertig. Hier werden Sie mit einer französisch-mediterranen Küche verwöhnt. Ob Fleisch oder Fisch, Gunter Ehinger kocht exakt, schnörkellos und sehr kreativ, und das mit sehr viel Liebe und professioneller Leidenschaft. Geboten wird ein wechselndes Menü in 3 bis 6 Gängen. Dazu serviert die umsichtige Crew exzellente Qualitätsweine. Es gibt auch eine stilvolle Smoker's Lounge.

BAYSIDE www.bayside.de

★★★★S

Strandallee 130a, PLZ 23683 (OT: Scharbeutz), **T 04503 60960,** F 6096101
134 Zimmer | 26 Suiten | Ez 129–219 €, Dz 162–290 €, inkl. Frühstück | 24 h

Ein bemerkenswertes Haus in traumhafter Lage mit Blick auf die Ostsee und in die Lübecker Bucht. Alles in diesem Hotel ist überaus hochwertig und formschön in geradlinigem Design gestaltet. Elegante Beige- und Brauntöne, Glas und Holz dominieren. SPA- und Wellnesscenter auf 1.500 qm mit Indoorpool und Saunalandschaft sowie exklusiven Anwendungen. Zwei Restaurants, Cocktailbar und große Dachterrasse.

Herzbergs Restaurant — www.herzbergs-restaurant.de

Strandallee 129, PLZ 23683, **T 04503 74159**
65 | Hauptgericht 13–37 €, Menü 38–70 € | Mo-Di, Do-So Mi

Restaurant im maritimen Landhausstil mit hübschem Dekor und freundlichem Service. Serviert werden Spezialitäten aus der Region im Wechsel der Jahreszeiten sowie fangfrische Fischgerichte.

Landgasthof Brechtmann — www.brechtmann.de

Hackendohrredder 9, PLZ 23684 (OT: Schürsdorf), **T 04524 9952**
85 | Hauptgericht 19–37 € | Do-So Mi-So Mo, Di

Das renommierte Restaurant in traumhafter Lage serviert eine frische regionale Küche. Besonders zu empfehlen sind die Spezialitäten von der Flugente. Schöne Sommerterrasse.

SCHEER 58 C — www.stadtscheer.de

Baden-Württemberg | EW 2.559 | 577 m | Sigmaringen 9 km, Bad Saulgau 20 km

Brunnenstube Scheer — www.brunnenstube-scheer.de

Mengener Straße 4, PLZ 72516, **T 07572 3692**
30 | Hauptgericht 18–34 €, Menü 36–70 € | So Mi-So Mo, Di

Das markante Gebäude im Dorfkern beherbergt edel-rustikale Räumlichkeiten. Hier wird saisonale Frischeküche mit regionalen und französischen Akzenten aufgetischt. Zuvorkommender Service unter Leitung der Chefin. Nette Sommerterrasse.

SCHEIDEGG 66 A — www.scheidegg.de

Bayern | EW 4.118 | 804 m | Lindau 20 km, Wangen 25 km

Hotel Edita — www.hotel-edita.com

★★★★S

Am Hammerweiher 3, PLZ 88175, **T 08381 912320,** F 91232111
93 Zimmer | 6 Suiten | Ez ab 98 €, Dz ab 158 €, inkl. Frühstück

Hier lässt es sich richtig schön wohnen: ruhige Lage, schicke Zimmer in modern-alpinem Look und ein attraktiver Wellnessbereich. Motorisierten Gästen bietet das Haus eine großzügige Tiefgarage mit überdurchschnittlich hoher Durchfahrtshöhe, diverse E-Tankstellen und eine beheizte Auffahrt. Im Restaurant wird regionale Küche mit internationalen Einflüssen serviert.

Birkenmoor — www.hotel-birkenmoor.de

Am Brunnenbühl 10, PLZ 88175, **T 08381 92000,** F 920030
16 Zimmer | 24 h

››

Familiäres Haus in idyllischer Lage mit großem Garten. Die hellen Nichtraucherzimmer verfügen über Terrasse oder Balkon und sind mit Allergikerbetten ausgestattet. Kleine Saunalandschaft mit Hallenbad. Heller, freundlich gestalteter Frühstücksraum.

SCHELKLINGEN 58 D www.schelklingen.de

Baden-Württemberg | EW 7.130 | 540 m | Blaubeuren 9 km, Ulm 24 km

Hotel HGS3 www.hgs3.de

★★★★ garni

Heinrich-Günther-Str. 3, PLZ 89601, **T 07394 931490,** F 5280319
30 Zimmer | 6 Suiten | 6 Apartments

Aus dem ehem. Schelklinger Bürgerheim ist nach sorgfältiger Sanierung ein geschmackvolles Designhotel mit Bistro und Weinhandlung entstanden. Die stylishen, farblich zurückhaltenden Zimmer sind mit moderner Technik ausgestattet. Im dritten Stock stehen sechs vollmöblierte Wohnungen zur Verfügung.

SCHENEFELD 15 A www.stadt-schenefeld.de

Schleswig-Holstein | EW 18.672 | 21 m | Pinneberg 10 km, Hamburg 10 km

Klövensteen www.hotel-kloevensteen.de

★★★★

Hauptstr. 83, PLZ 22869, **T 040 8393630,** F 83936343
58 Zimmer | Ez 78–117 €, Dz 93–145 €, inkl. Frühstück

Gut geführtes Hotel mit wohnlichen Zimmern im Landhausstil, die sich auf das Stammhaus und den neueren Anbau verteilen. Das Haus verfügt zudem über einen freundlichen Frühstücksraum sowie eine Sauna mit Ruheraum. Im Restaurant „Peter's Bistro" regionale und internationale Küche.

SCHENKENZELL 57 C www.schenkenzell.de

Baden-Württemberg | EW 1.780 | 365 m | Freudenstadt 23 km, Offenburg 54 km

Waldblick www.hotel-waldblick.de

★★★ S

Schulstraße 12, PLZ 77773, **T 07836 93960,** F 939699
29 Zimmer | Ez 81–105 €, Dz 106–141 €, inkl. Frühstück | ⃠ 2.–16.11.22

Angenehmer Familienbetrieb im Kinzigtal. Geschmackvolle Gästezimmer, die teils allergikergerecht eingerichtet sind. Einladendes Restaurant mit freundlich gestalteten Räumlichkeiten und schöner Gartenterrasse. Solide Regionalküche zu moderaten Preisen.

SCHERMBECK 29 A www.schermbeck.de

Nordrhein-Westfalen | EW 13.600 | 27 m | Dorsten 7 km, Borken 16 km

Landhotel Voshövel www.landhotel.de

VARTA-TIPP Service

★★★★ S

Am Voshövel 1, PLZ 46514 (OT: Voshövel), **T 02856 91400,** F 744
75 Zimmer | 7 Suiten | Ez 228–249 €, Dz 357–445 €, inkl. Halbpension | ⃠ 21.–26.12.22, 21.–26.12.23

In diesem familiengeführten Landhotel wird so einiges geboten, angefangen beim großzügigen Rahmen über exklusive Stil- und Themenzimmer bis hin zum vielfältigen SPA auf rund 2.500 Quadratmetern. Dazu ein gastorientierter Service mit persönlicher Note und eine hauseigene Bio-Bäckerei. Last but not least: In unmittelbarer Nähe zum Hotel gibt es eine 18-Loch-Golfanlage von internationalem Standard.

Landhotel Voshövel

150 | Hauptgericht 17–28 €, Menü 40–70 € | Mo-So

Sie sind recht verschieden, die Restaurantstuben, aber allesamt hell, stilvoll und gemütlich. Die Küche steht für solides Handwerk, frische regionale Produkte und jede Menge Kreativität. In der romantisch-mediterranen „Lindenstube“ verwöhnt Sie Chefkoch Christian Penzhorn mit einem exquisiten Abendmenü. In den Sommermonaten lockt die Gartenterrasse zu Kaffee und hausgebackenem Kuchen.

SCHESSLITZ 44 C www.schesslitz.de

Bayern | EW 7.184 | 310 m | Bamberg 20 km, Bayreuth 45 km

Schloss Burgellern www.burgellern.de

★★★★

Kirchplatz 1, PLZ 96110 (OT: Burgellern), **T 09542 5559990,** F 774757
23 Zimmer | 5 Suiten

300 Jahre altes Domkapitelschloss, umgeben von einem 7 Hektar großen, pittoresken Landschaftspark aus dem 18. Jhd. Das Haus bietet individuell und elegant eingerichtete Zimmer mit schicken italienischen Stilmöbeln und modernen Bädern. Im klassisch gehaltenen Restaurant werden regionale und internationale Spezialitäten serviert.

SCHIFFERSTADT 50 D www.schifferstadt.de

Rheinland-Pfalz | EW 19.277 | 104 m | Speyer 10 km, Ludwigshafen 14 km

Salischer Hof www.salischer-hof.de

★★★

Burgstraße 12-14, PLZ 67105, **T 06235 9310,** F 931200
22 Zimmer | Ez 79–89 €, Dz 120–130 €, inkl. Frühstück | 1.–15.1.23, 5.–20.8.23

Zwei denkmalgeschützte Fachwerkhäuschen mit gelungener Verbindung zu einem modernen Hotelanbau. Die wohnlichen Zimmer sind individuell im gemütlichen Landhausstil eingerichtet. Im Restaurant mit chilliger Empore, lichtdurchflutetem Wintergarten und lauschigem Gartenlokal wird eine kreative zeitgemäße Küche serviert.

SCHILLINGSFÜRST 52 D www.schillingsfuerst.de

Bayern | EW 2.765 | 516 m | Feuchtwangen 16 km, Ansbach 28 km

Die Post www.hotel-diepost.de

Rothenburger Straße 1, PLZ 91583, **T 09868 9500,** F 950250
13 Zimmer | Ez 65–95 €, Dz 85–120 €, inkl. Frühstück

Hist. Landgasthof mit familiärer Tradition seit 1870. Unterschiedlich eingerichtete Zimmer in drei Kategorien, teils mit herrlichem Blick ins Quellgebiet der Tauber. Gemütliche Gaststuben mit ländlichem Flair, in denen saisonale und heimische Spezialitäten serviert werden.

SCHILTACH 57 C www.schiltach.de

Baden-Württemberg | EW 3.900 | 330 m | Freudenstadt 27 km, Offenburg 49 km

Zum weyßen Rössle www.weysses-roessle.de

Schenkenzeller Straße 42, PLZ 77761, **T 07836 387**
9 Zimmer | Ez 66–86 €, Dz 94–110 €, inkl. Frühstück

Der liebevoll renovierte Gasthof aus dem 16. Jhd. beherbergt heute zeitgemäße, hell und freundlich gestaltete Gästezimmer. Im heimeligen Restaurant wird regionale Küche aufgetischt.

SCHIRGISWALDE-KIRSCHAU 36 D schirgiswalde-kirschau.de

Sachsen | EW 6.518 | 250 m | Bautzen 37 km, Dresden 76 km

Bei Schumann www.bei-schumann.de

VARTA-TIPP Ambiente VARTA-TIPP Service

Bautzener Straße 74, PLZ 02681 (OT: Kirschau), **T 03592 5200,** F 520599
63 Zimmer | 41 Suiten | Ez 95–144 €, Dz 174–268 €, inkl. Frühstück

Hier übernachtet man gerne! Im hist. Jugendstilschlösschen erwarten Sie elegante Gästezimmer mit hochwertigen Materialien, handgefertigten Möbeln und Bädern aus italienischem Marmor. Darüber hinaus bietet der neue Anbau „Seeflügel" exklusive Juniorsuiten. Ein besonderes Highlight ist Deutschlands erster Flyingpool mit einzigartigem Naturpanoramablick. Für Erholung und Entspannung sorgt der große römische SPA-Tempel mit verschiedenen Saunen. Ein schöner Rückzugsort ist der „PORTICUS-Garten".

JUWEL

VARTA-TIPP Küche **VARTA-TIPP** Service

40 | Menü 157–184 € | Do-Sa | Mo, Di, Mi, So | 12.–18.12.22

Zweifelsohne eine der Top-Adressen in Sachsen! Hier trifft schlichte Eleganz auf räumliche Großzügigkeit. In punkto Einrichtung dominieren die Farben Schwarz und Violett. Robert Hauptvogel kocht kreativ, leidenschaftlich und angenehm ungekünstelt. Mit vollmundigen und ausdrucksstarken Gerichten verbindet er in seinem saisonalen Menü (5 bis 7 Gänge) die klassische Basis mit allerbesten regionalen Produkten. Dazu verwöhnt Sie ein ausgezeichnetes Serviceteam unter der Leitung des langjährigen Restaurantleiters Patrick Grunewald.

AL FORNO

52 | Hauptgericht 9–36 €, Menü ab 45 € | Mo, Do-So | Di, Mi

Das gemütliche Ristorante ist eine nette Alternative zum Gourmetrestaurant! Gut essen kann man hier ebenfalls, wenngleich die kulinarische Ausrichtung eine andere ist. Aus der offenen Showküche kommen italienisch inspirierte Gerichte, selbstgemachte Pasta und Pizza aus dem Steinofen! In den Sommermonaten empfiehlt sich die idyllische Terrasse.

SCHKEUDITZ 34 D www.schkeuditz.de

Sachsen | EW 16.961 | 111 m | Leipzig 13 km, Halle (Saale) 21 km

Globana Airport www.globana-airport-hotel.de

★★★★ garni

Frankfurter Straße 4 (im Gewerbegebiet West), PLZ 04435, **T 034204 33333,** F 33334
158 Zimmer | 5 Suiten | Ez 74–104 €, Dz 102–136 €, inkl. Frühstück | 24 h

Serviceorientiertes, ansprechendes Urlaubs- und Tagungshotel in direkter Nähe zum Flughafen und zur Messe. Elegante Zimmer und Suiten verschiedener Kategorien mit kostenlosem WLAN. Restaurant mit regionaler und internationaler Küche.

SCHKOPAU 34 D www.gemeinde-schkopau.de

Sachsen-Anhalt | EW 10.928 | 98 m | Halle (Saale) 15 km, Leipzig 56 km

Schlosshotel Schkopau www.schlosshotel-schkopau.de

★★★★★S garni

Am Schloss 1-5, PLZ 06258, **T 03461 7490,** F 749100
54 Zimmer | 7 Suiten | 1 Apartment | 24 h

»

Renovierte Schlossanlage aus dem 10. Jahrhundert. Sie logieren in stilvoll eingerichteten Nichtraucherzimmern. Kleiner Beauty- und Relaxbereich. Im stimmungsvollen Restaurant mit Kreuzgewölbe kredenzt man regionale und internationale Speisen mit saisonalen Highlights.

SCHLECHING 68 B www.schleching.de

Bayern | EW 1.750 | 570 m | Reit im Winkl 15 km, Prien 24 km

Rait'ner Wirt www.raitenerwirt.de

Achentalstraße 8, PLZ 83259 (OT: Raiten), **T 08641 5911170,** F 5910538
14 Zimmer | Ez 78–148 €, Dz 98–179 €, inkl. Frühstück

Das traditionsreiche Haus mit seinem regionaltypischen Charme liegt im beschaulichen Chiemgauer Achental. Hier übernachten Sie in modern und wohnlich eingerichteten Landhauszimmern. Ob Wandern, Mountainbiken im Sommer oder Skifahren im Winter - Gästen bieten sich zahlreiche Freizeitmöglichkeiten.

Rait'ner Wirt

120 | Hauptgericht 12–32 €, Menü 36 € | So Mi-So Mo, Di

In den gepflegten Gaststuben isst man angenehm unkompliziert und schmackhaft. Aus der Küche kommen frische, bodenständige Gerichte, für die viele Produkte aus der Region verwendet werden. Macht Ihnen z.B. „Gebratene Kalbsleber mit Kartoffelpüree und Apfel" Appetit? Lauschiger Biergarten.

SCHLEPZIG 27 C www.unterspreewald.de

Brandenburg | EW 629 | 47 m | Lübben 9 km, Cottbus 66 km

Spreewaldresort Seinerzeit www.seinerzeit.de

Dorfstraße 53, PLZ 15910, **T 035472 6620**
41 Zimmer

Der einstige Landgasthof hat sich in den letzten Jahren zu einem hübschen Resorthotel gemausert. Gediegene Gemütlichkeit vermitteln die regionaltypisch eingerichteten Landhauszimmer, darunter auch kleine SPA-Suiten mit eigener Sauna. Kulinarisch haben Sie die Qual der Wahl zwischen dem rustikalen Brauhaus mit Biergarten und dem gehobenen Restaurant „FEINE KÜCHE".

SCHLESWIG 7 A/C www.ostseefjordschlei.de

Schleswig-Holstein | EW 23.635 | 1 m | Flensburg 33 km, Kiel 53 km

Waldschlösschen www.hotel-waldschloesschen.de

S

Kolonnenweg 152, PLZ 24837, **T 04621 3830,** F 383105
116 Zimmer | 2 Suiten | Ez 95–159 €, Dz 125–189 €, inkl. Frühstück

Traditionsreiches Haus in ruhiger Waldrandlage. Schöne Themenzimmer, teils Betten mit Überlänge vorhanden. Ansprechender Wellnessbereich mit Saunalandschaft, Schwimmbad und Duftgarten. Im Restaurant „Olearius" wird eine regionale Küche aus marktfrischen Produkten serviert.

F-Ritz www.hotel-f-ritz.de

garni

Friedrichstr. 102, PLZ 24837, **T 04621 932280,** F 932281
15 Zimmer | Ez ab 75 €, Dz ab 170 €

Nicht von der Stange ist dieses charmante kleine Designhotel. Es wird freundlich geführt und bietet helle, geschmackvolle Zimmer, die mit individuell gestalteten Möbeln und einzigartigen Kunstwerken ausgestattet sind. Zum Haus gehören eine Sauna und eine Gartenterrasse. Leihfahrräder vorhanden (7,50 €/Tag).

SCHLIER 66 A www.schlier.de

Baden-Württemberg | EW 3.660 | 616 m | Ravensburg 5 km, Wangen 21 km

Krone www.krone-schlier.de

Eibeschstraße 2, PLZ 88281, **T 07529 4879760**
40 | Hauptgericht 20–45 €, Menü 65 € | Mo-Di, Do-Sa Mi, So

Die historischen Räumlichkeiten hat man 2020 behutsam modernisiert. Wunderschöne alte Eichenböden, edle Kirschtäfelungen und liebevoll arrangierte Accessoires sorgen für eine warme, behagliche Atmosphäre. Spitzenkoch Benedikt Geßler verwöhnt Sie mit einer klassisch französischen Küche (z.B. „Bretonische Seezunge à la meunière mit Butterkartoffeln und feinem Blattspinat"), die er modern interpretiert. Dazu gibt es erlesene Weine aus nah und fern.

SCHLIERSEE 68 A www.schliersee.de

Bayern | EW 6.664 | 784 m | Miesbach 8 km, Rosenheim 36 km

Arabella Alpenhotel am Spitzingsee www.arabella-alpenhotel.de

★★★★ S

Seeweg 7, PLZ 83727 (OT: Spitzingsee), **T 08026 7980,** F 798879
120 Zimmer | 12 Suiten | Ez 141–244 €, Dz 166–322 €, inkl. Frühstück | 24 h

Tagungs- und Ferienanlage in traumhaft schöner Umgebung des Bergsees mit sehr guten Kur- und Wellnessangeboten sowie komfortablen Landhauszimmern mit Balkon. Kulinarisch hat man die Wahl zwischen der „König Ludwig Stube" (internationale Küche) und der „Osteria L'Oliva" (mediterrane Köstlichkeiten). Hauseigenes Strandbad.

SCHLUCHSEE 64 B www.hochschwarzwald.de

Baden-Württemberg | EW 2.546 | 950 m | Häusern 11 km, Freiburg 47 km

Parkhotel Flora www.parkhotel-flora.de

★★★★ S

Sonnhalde 22, PLZ 79859, **T 07656 97420,** F 9742410
56 Zimmer | 9 Suiten | Ez 165–180 €, Dz 248–264 €, inkl. Halbpension

Charmantes, privat geführtes Ferienhotel in ruhiger Lage. Behaglich und großzügig gestaltete Gästezimmer mit Balkon oder Terrasse. Kleiner SPA-Bereich mit attraktivem Außenpool und ansprechender Saunalandschaft. Sehr gutes Frühstück.

Restaurant im Parkhotel Flora

90 | Hauptgericht 23–31 €, Menü 36–65 € | Sa-So Mo-So »

Hier gesellt sich zum gemütlichen Ambiente eine raffinierte Küche mit regionalen Wurzeln, die mit asiatischen, mediterranen und orientalischen Einflüssen ergänzt wird und als mehrgängiges Menü daherkommt. Bei schönem Wetter serviert man auch auf der großen Terrasse direkt am hoteleigenen Park.

Vier Jahreszeiten
www.vjz.de

Am Riesenbühl 4, PLZ 79859, **T 07656 700,** F 70323
207 Zimmer | 10 Suiten | 27 Apartments | Ez ab 135 €, Dz ab 244 €, inkl. Frühstück | 24 h

Die großzügige Hotelanlage bietet geschmackvoll eingerichtete Zimmer unterschiedlicher Kategorien. Für Entspannung sorgt ein exklusiver Wellnessbereich mit Schönheitspavillon sowie 4.000 qm großer Bade- und Saunalandschaft. Kulinarisch stehen verschiedene Restaurants zur Auswahl.

Mühle
www.muehle-schluchsee.de

VARTA-TIPP Ambiente

Unterer Mühlenweg 13, PLZ 79859, **T 07656 209**
10 Zimmer | Ez 135–155 €, Dz 175–205 €

Das historische Landhaus wurde 1603 als Schwarzwaldhof erbaut und diente bis ins 18. Jahrhundert hinein als Getreidemühle. Nun hat man das Gebäude mit Gefühl und Geschmack modernisiert und zu einem wunderschönen Boutique-Hotel umgebaut. Die Zimmer (teilweise mit Balkon) sind individuell und wohnlich eingerichtet. Umgeben von Wald und Natur lässt es sich hier wunderbar entspannen.

Restaurant Mühle

VARTA-TIPP Küche **VARTA★TIPP** Service

Menü 142 € | Mo, Do-So Di, Mi

Niclas Nußbaumer setzt bei seinem erstklassigen Gourmetmenü auf eine modern beeinflusste, klassisch französische Küche, die gänzlich auf Effekthascherei verzichtet. Alles auf dem Teller ist perfekt abgestimmt und kommt leicht und ungezwungen daher. Alles ist durchdacht und nichts lenkt von der erstklassigen Qualität der Produkte ab. Dazu eine erlesene Weinauswahl, edel-modernes Ambiente und ein wirklich starkes, stets präsentes Serviceteam.

SCHMALLENBERG 30 D
www.schmallenberger-sauerland.de

Nordrhein-Westfalen | EW 24.980 | 400 m | Winterberg 27 km, Meschede 33 km

Hotel Deimann
www.deimann.de

Alte Handelsstraße 5, PLZ 57392 (OT: Winkhausen), **T 02975 810,** F 81289
120 Zimmer | 7 Suiten | 35 Apartments | Ez 160–225 €, Dz 270–450 €, inkl. Halbpension | 24 h

Das Herrenhaus von 1880 ist heute ein gewachsenes Ferien- und Wellnesshotel. Das schmucke Domizil beherbergt individuell eingerichtete Zimmer, die fast alle über einen Balkon oder eine Loggia verfügen. Toll die großzügige Sauna- und Badelandschaft.

Hofstube Deimann

VARTA-TIPP Küche

30 | Menü 119–149 € | Mi-Sa ⃠ Mo, Di, So ⃠ 24.–26.12.22, 24.12.22–2.1.23, 6.–27.8.23

Im elegant-gemütlichen Fine-Dining-Restaurant dürfen Sie sich auf erlesene Menükreationen freuen. Die Gerichte des jungen, hochtalentierten Felix Weber zeigen sich modern-französisch, puristisch und von allerhöchster Produktqualität. Dazu ein zuvorkommender Service nebst trefflichen Weinempfehlungen. Tischreservierung ratsam.

Gasthof Schütte

www.hotel-schuette.de

★★★★ S garni

Eggeweg 2, PLZ 57392 (OT: Oberkirchen), **T 02975 820,** F 82522
61 Zimmer | 12 Apartments | Ez 100–113 €, Dz 180–226 €, inkl. Frühstück | ⃠ 27.11.–26.12.22

Hübsches Fachwerkhaus aus dem 15. Jhd. mit verschiedenen Anbauten. Ausgesprochen wohnlich und mit schönen Farbakzenten zeigen sich die individuellen Gästezimmer. Weitläufige Gartenanlage mit beheiztem Freibad und Spielplatz für die Kleinen.

Gasthof Schütte

VARTA-TIPP Küche

100 | Hauptgericht 14–40 €, Menü 22–59 € | Mo-So

Gemütlich sitzt man in den hübschen Stuben des ehem. Bauernhauses aus dem 18. Jhd. Philipp Dückers führt die hohe Qualität des langjährigen Küchenchefs Martin Friedrich in beeindruckender Weise fort. Er kocht frisch, regional und mit modernen Einflüssen. Macht Ihnen z.B. „Kalbsfilet am Stück gegart mit Sauce Bordelaise, Bohnencassoulet und Kartoffelplätzchen" Appetit? Dazu eine eindrucksvolle Weinauswahl und ein liebenswerter Service.

Hotel Rimberg

www.hotel-rimberg.de

★★★★

Rimberg 1, PLZ 57392 (OT: Rimberg), **T 02974 7770,** F 777100
62 Zimmer | 5 Apartments | Ez ab 115 €, Dz ab 214 €, inkl. Frühstück

Eine tolle Urlaubsadresse mit schöner Fernsicht und vielfältigem Freizeitangebot. Das Traditionshaus am Fuße des Rimbergs hat man vor einigen Jahren hochwertig modernisiert und erweitert. Es bietet individuell gestaltete Zimmer mit exklusiven Loggien. Warme Naturtöne, edle Materialien und massive Holzböden sorgen für eine wohnliche Atmosphäre. Großzügiger Wellnessbereich mit Indoorpool (6 x 18m).

Waldhaus Ohlenbach

www.waldhaus-ohlenbach.de

VARTA-TIPP Service

★★★★ S

Ohlenbach 10, PLZ 57392 (OT: Ohlenbach), **T 02975 840,** F 8448
47 Zimmer | 3 Suiten | 12 Apartments | Ez 145–175 €, Dz 260–310 €, inkl. Halbpension

Das freundlich und engagiert geführte Ferienhotel liegt an einem sonnigen Südhang des Kahlen Astens. In rund 700 Metern Höhe genießen Sie einen überwältigenden Ausblick über das Rothaargebirge. Sie logieren in großzügig geschnittenen Zimmern mit behaglicher Einrichtung. Schöner SPA-Bereich mit Panoramapool und Saunen.

Schneiderstube

32 | Hauptgericht 14–35 € | Mo-So ⃠ 21.–25.11.22

Klassisch französisches Restaurant mit stilvoll-gediegenem Ambiente. Sehr gute Küche, bei der ausschließlich frische, hochwertige Produkte Verwendung finden. Wie wäre es z.B. mit „Rehrücken an Sauce Bordelaise, dicken Bohnen, Möhren und Topinambur"? Dazu gibt es erlesene Weine aus nah und fern. Im Sommer lockt die herrliche Aussichtsterrasse.

Jagdhaus Wiese

www.jagdhaus-wiese.de

★★★★ S

Jagdhaus 3, PLZ 57392 (OT: Jagdhaus), **T 02972 3060,** F 306288
63 Zimmer | 21 Suiten | Ez 117–144 €, Dz 180–261 €, inkl. Frühstück | ⃠ 20.11.–26.12.22, 17.–26.12.23

Auf über 600 m Höhe mitten im Wald liegt das hübsche Anwesen. Es verfügt über unterschiedlich geschnittene, meist rustikal ausgestattete Zimmer, Apartments und Suiten. Bürgerliche Gastronomie im Parkrestaurant und in der Jagdstube.

Störmann Neu!

www.hotel-stoermann.de

★★★★

Weststraße 58, PLZ 57392, **T 02972 999123,** F 999289
31 Zimmer | 1 Suite | Ez 73–94 €, Dz 126–180 €, inkl. Frühstück

Hier wohnen Sie mitten in der Altstadt und dennoch angenehm ruhig. Die Einrichtung der Gästezimmer ist geschmackvoll und funktional zugleich. Das Restaurant bietet Regionales sowie Spezialitäten aus dem Josper-Holzkohlenofen.

Gut Vorwald

www.gut-vorwald.de

★★★ S

Vorwald 3, PLZ 57392 (OT: Oberkirchen), **T 02975 96610,** F 96610
14 Zimmer | 1 Apartment | Ez 82–98 €, Dz 134–176 €, inkl. Frühstück

Sehr schön im Grünen gelegenes Haus mit familiärer Atmosphäre. Die Zimmer sind hell und freundlich eingerichtet. Man verfügt auch über eine finnische Sauna, einen Biergarten, einen Kinderspielplatz und einen hoteleigenen Ponyhof.

Hubertus

www.gasthof-hubertus.de

Latroper Straße 24, PLZ 57392 (OT: Fleckenberg), **T 02972 5077,** F 1731
21 Zimmer | 2 Suiten | Ez 84 €, Dz 154–168 €, inkl. Frühstück | ⃠ 20.11.–27.12.22 »

Landhaushotel in idyllischer Lage. Gepflegte Gästezimmer, die teilweise über Balkon oder Terrasse verfügen. Netter Badebereich mit Blick in die grüne Umgebung. Im rustikalen Restaurant werden herzhafte regionale Gaumenfreuden – u.a. Wildgerichte aus heimischen Wäldern – serviert.

Landgasthof Schneider www.schneider-westfeld.de

★★★ garni

Winterberger Straße 3, PLZ 57392 (OT: Westfeld), **T 02975 332,** F 1397
27 Zimmer | 5 Suiten | 4 Apartments | Ez ab 61 €, Dz ab 86 €, inkl. Frühstück

Fachwerklandhaus in typisch Sauerländer Bauweise. Unterschiedlich große, aber recht wohnlich eingerichtete Zimmer. Es gibt auch mehrere Ferienwohnungen, einen hübschen Garten und eine Sauna. Im behaglichen Restaurant wird regional gekocht.

SCHNAITTACH 53 B www.schnaittach.de

Bayern | EW 8.000 | 355 m | Lauf a. d. Pegnitz 8 km, Pegnitz 15 km

Berggasthof Igelwirt www.igelwirt.de

★★★ garni

Igelweg 6, PLZ 91220 (OT: Osternohe), **T 09153 4060,** F 406166
32 Zimmer | Ez 74–79 €, Dz 104–118 €, inkl. Frühstück | ⃠ 23.12.22–3.1.23

Familiengeführter Berggasthof mit über 100-jähriger Tradition. Im Stammhaus behagliche Bauernmöbelzimmer, im neueren Gästehaus komfortable Zimmer in modernem Design. Im Restaurant wird bürgerlich-regional gekocht.

SCHNEEBERG 45 B www.schneeberg.de

Sachsen | EW 14.353 | 470 m | Aue 5 km, Zwickau 20 km

Büttner www.hotel-buettner.de

garni

Markt 3, PLZ 08289, **T 03772 3530,** F 353200
12 Zimmer | 1 Suite | 1 Apartment | Ez ab 61 €, Dz ab 74 €, 8,00 €

Traditionsreiches Gebäude, das nach dem Stadtbrand im Jahr 1719 im bürgerlichen Barock wiederaufgebaut wurde. Gemütliche Gästezimmer mit zweckmäßiger Ausstattung. Hübsches Frühstücksrestaurant, Lounge im hist. Kreuzgewölbe.

SCHNEVERDINGEN 15 C www.schneverdingen-touristik.de

Niedersachsen | EW 18.900 | 86 m | Soltau 21 km, Hamburg 60 km

Hof Tütsberg www.tuetsberg.de

garni

Im Naturschutzpark, PLZ 29640, **T 05199 900,** F 9050
29 Zimmer | 5 Apartments | Ez 59–85 €, Dz 95–155 €, inkl. Frühstück

Reizvoll im Naturschutzpark gelegenes hist. Heidegut aus dem 16. Jhd. Stilvoll eingerichtete Zimmer, die sich auf das Haupt- und die Nebenhäuser verteilen. Freundliche Gaststube mit ländlichem Charme.

Ramster www.hotel-ramster.de

Heberer Straße 16, PLZ 29640, **T 05193 6888**
70 | Hauptgericht 12–28 €, Menü 15–38 € | Fr-So Di-So ⃠ Mo

Das Restaurant ist bekannt für seine schmackhafte regionale und saisonale Küche. Das Ambiente ist behaglich, die Preise fair und der Service freundlich. Die schöne Gartenterrasse lädt zum Verweilen ein. Für Übernachtungsgäste stehen gepflegte Zimmer zur Verfügung.

SCHÖNAU A.KÖNIGSSEE 69 A www.koenigssee.com

Bayern | EW 5.314 | 630 m | Berchtesgaden 3 km, Bad Reichenhall 23 km

Alpenhof www.alpenhof.de

★★★★ S garni

Richard-Voß-Straße 30, PLZ 83471 (OT: Faselsberg), **T 08652 6020,** F 64399
52 Zimmer | Ez ab 88 €, Dz ab 158 €, inkl. Frühstück | ⃠ 6.–25.11.22

Das Wellnesshotel befindet sich in 700 m Höhe auf einem 6 ha großen Wiesengrundstück am Königssee. Die hübschen, alpin-rustikal eingerichteten Zimmer ermöglichen einen herrlichen Blick auf die Berge. Für Entspannung sorgt ein ansprechender Wohlfühlbereich mit ganzjährig beheiztem Freibad.

Alpenhotel Zechmeisterlehen www.zechmeisterlehen.de

VARTA-TIPP Service

★★★★ S garni

Wahlstraße 35, PLZ 83471 (OT: Oberschönau), **T 08652 9450,** F 945299
56 Zimmer | 10 Suiten | 3 Apartments | Ez 179–280 €, Dz 246–390 €, inkl. Vollpension

Wie fern der Alltag ist, merken Sie, wenn Sie in diesem Haus übernachten! Das landschaftlich reizvoll gelegene Ferien- und Wellnesshotel vermittelt Niveau und Exklusivität, von den sehr behaglich eingerichteten Zimmern über das SPA bis zum Bemühen um den Gast. In den gepflegten Restaurantstuben dürfen Sie sich auf regionale und internationale Köstlichkeiten freuen.

Georgenhof www.hotel-georgenhof.de

★★★ S garni

Modereggweg 21, PLZ 83471, **T 08652 9500,** F 950200
21 Zimmer | 6 Apartments | Ez 59–75 €, Dz 84–138 €, inkl. Frühstück | ⃠ 1.11.–16.12.22

Rustikales Landhotel in ruhiger Lage direkt am Waldrand. Gemütliche, im alpenländischen Stil eingerichtete Gästezimmer. Für Entspannung sorgen ein Saunabereich, eine Sonnenterrasse sowie eine große Liegewiese. In den behaglichen Restaurantstuben werden regionale Spezialitäten serviert.

SCHÖNAU IM SCHWARZWALD 64 A www.schoenau-im-schwarzwald.de

Baden-Württemberg | EW 2.300 | 540 m | Lörrach 37 km, Freiburg im Breisgau 39 km

Vier Löwen

www.vier-loewen.de

Talstraße 18, PLZ 79677, **T 07673 918120,** F 9181240
18 Zimmer | Ez ab 76 €, Dz ab 128 €, inkl. Frühstück

Familiengeführter Gasthof mit behaglichem Ambiente. Individuell eingerichtete Gästezimmer mit moderner Ausstattung. Kleiner Wellnessbereich mit Sauna und Hallenbad. Das Restaurant serviert regionale Küche aus heimischen Produkten.

SCHÖNBECK 19 A

www.amt-woldegk.de

Mecklenburg-Vorpommern | EW 423 | 44 m | Neubrandenburg 25 km, Neustrelitz 50 km

Schloss Rattey

www.schlossrattey.de

GREENSIGN

Schlossplatz 1, PLZ 17349 (OT: Rattey), **T 03968 255010,** F 255050
19 Zimmer | 2 Suiten | 1 Apartment | Ez 85–95 €, Dz 120–135 €, inkl. Frühstück

Das im Jahre 1806 errichtete Herrenhaus wurde aufwendig saniert und zu einem eleganten Schlosshotel umgestaltet. Es hält stilvolle, mit Antiquitäten ausgestattete Gästezimmer bereit. Schöner Wellnessbereich im ausgebauten Kellergewölbe. Stilvolles Restaurant mit Südterrasse.

SCHÖNBERG 62 A

www.schoenberg-bayerwald.de

Bayern | EW 3.830 | 563 m | Grafenau 7 km, Regen 24 km

Best Western Hotel Antoniushof

www.hotel-antoniushof.de

★★★ S

Unterer Markt 12, PLZ 94513, **T 08554 9449890,** F 944989200
50 Zimmer | Ez 81–96 €, Dz 93–126 €, 8,00 €

Familiengeführtes Erwachsenenhotel für Gäste ab 16 Jahren mit hell und freundlich eingerichteten Zimmern. Kleiner Wellnessbereich mit Hallenbad und finnischer Sauna. Urig-gemütliches Restaurant mit Biergarten und bayerisch-österreichischer Küche.

Landhaus zur Ohe

www.landhaus-zur-ohe.de

★★★★ S

Maukenreuth 1, PLZ 94513 (OT: Maukenreuth), **T 08554 96070,** F 960798
38 Zimmer | 1 Suite | 13 Apartments

Familienfreundliches Urlaubshotel mit angeschlossenem Pferdehof in schöner Aussichtslage mitten im Grünen. Praktische Zimmer in unterschiedlichen Größen mit zweckmäßiger Ausstattung. Für Kinder gibt es ein 140.000 qm großes Outdoor-Abenteuerareal sowie einen 4-stöckigen Indoor-Spielturm.

SCHÖNBORN, BAD 51 C

www.bad-schoenborn.de

Baden-Württemberg | EW 12.483 | 122 m | Bruchsal 12 km, Heidelberg 23 km

Villa Medici

www.hotel-villa-medici.de

GREENSIGN ★★★★

Waldparkstraße 20, PLZ 76669 (OT: Mingolsheim), **T 07253 9871170,** F 9871100
90 Zimmer | 3 Suiten | Ez 104–144 €, Dz 114–154 €, 23,00–25,00 € | 24 h

Das charmante, privat geführte Hotel befindet sich gegenüber dem Kurpark. Hier stehen Ihnen bis zu 40 qm große Zimmer mit südländischer Note zur Verfügung. Deutsch-mediterrane Küche wird im Restaurant „Dolce Vita“ serviert.

Der Erck - Dein Restaurant
www.dein-erck.de

Heidelberger Str. 22 (im Hotel Erck), PLZ 76669 (OT: Bad Mingolsheim), **T 07253 977910**
50 | Hauptgericht 18–35 €, Menü 30–75 € | Di-Sa ⃠ Mo, So

Ob in der urgemütlichen Gaststube, im lichtdurchfluteten Wintergarten oder auf der Sonnenterrasse - hier wird badische Regionalküche kreativ und modern umgesetzt. Auf der Speisekarte klingt das z.B. so: „Zweierlei vom heimischen Wildschwein | Pfifferlinge | Aprikose | Schupfnudeln“. Auch die Weinauswahl kann sich sehen lassen. Großer Beliebtheit erfreuen sich die Küchenpartys des jungen Patrons.

SCHÖNECK 45 C
schoeneck-vogtland.de

Sachsen | EW 4.000 | 800 m | Klingenthal 14 km, Plauen 21 km

Tannenhaus
www.tannenhaus.de

Klingenthaler Straße 19, PLZ 08261, **T 037464 341110**
16 Zimmer | 4 Suiten | Ez 89–115 €, Dz 150–160 €, inkl. Frühstück

Das schmucke kleine Domizil befindet sich mitten im Skigebiet, unmittelbar an der bekannten Kammloipe. Ob ausgedehnte Waldspaziergänge im Sommer oder Langlauf im Winter, für Freizeitgäste ist das Haus die perfekte Adresse. Die Zimmer sind gemütlich und modern eingerichtet. Zum Hotel gehören auch ein hübscher Saunabereich, ein urig-gemütliches Restaurant sowie ein netter Hofladen.

SCHÖNECK 41 D
www.schoeneck.de

Hessen | EW 11.625 | 122 m | Hanau 9 km, Frankfurt/Main 24 km

Lauer
www.hotellauer.de

€ Gut & Günstig

Frankfurter Straße 17, PLZ 61137 (OT: Kilianstädten), **T 06187 95010,** F 950120
17 Zimmer | Ez 70–80 €, Dz 90–100 €, inkl. Frühstück

Ein mit Liebe zum Detail saniertes Fachwerkhaus in zentraler, aber ruhiger Lage. Zeitgemäß eingerichtete Gästezimmer mit zweckmäßiger Ausstattung. Im Haus befinden sich eine Pizzeria und ein deutsch-mexikanisches Restaurant.

SCHÖNEFELD 26 D
www.gemeinde-schoenefeld.de

Brandenburg | EW 13.890 | 46 m | Berlin 25 km, Brandenburg 89 km

Steigenberger Airport Hotel Berlin
www.steigenberger.com

Willy-Brandt-Platz 3, PLZ 12529, **T 030 2464970**
322 Zimmer

Hochwertig und wohnlich hat man es in dem modernen Hotel, das sich direkt am Terminal des neuen Flughafen Berlin Brandenburg befindet. Sehr gut der Service, groß und komfortabel die Zimmer und Suiten, dazu ideale zeitgemäße Meetingräume und eine rund um die Uhr geöffnete Lobbybar. Großzügiger SPA- und Fitnessbereich in der fünften Etage.

SCHÖNTAL 52 C
www.schoental.de

Baden-Württemberg | EW 5.544 | 209 m | Heilbronn 44 km, Stuttgart 86 km

Zur Post
www.gasthof-post-schoental.de

Honigsteige 1, PLZ 74214, **T 07943 2226,** F 2563
32 Zimmer | Ez 75 €, Dz 100 €, inkl. Frühstück

Gewachsener Landgasthof gegenüber dem Barockkloster Schöntal. Hübsch eingerichtete, renovierte Landhauszimmer im denkmalgeschützten Stammhaus, Zimmer mit mediterranem Flair im neueren Anbau. Umfangreicher Wellnessbereich mit finnischer Sauna, Erlebnisdusche, Kneippfußbecken, Solarium und Ruhebereich.

SCHÖNWALD 57 C
www.schoenwald.net

Baden-Württemberg | EW 2.396 | 988 m | Triberg 5 km, Furtwangen 9 km

Dorer
www.hotel-dorer.de

★★★★

Franz-Schubert-Str. 20, PLZ 78141, **T 07722 95050**
18 Zimmer | 4 Suiten | Ez 85–95 €, Dz 150–170 €, inkl. Frühstück | 24 h

Ein ruhig gelegenes Feriendomizil mit persönlicher Atmosphäre. Märchenhaft schlafen Sie in gepflegten Gästezimmern, die reizvoll im Schwarzwälder Stil eingerichtet sind. Entspannen lässt es sich im hauseigenen Wellnessbereich.

Zum Ochsen
www.ochsen.com

★★★★

Ludwig-Uhland-Straße 18-21, PLZ 78141, **T 07722 866480,** F 8664888
36 Zimmer | Ez ab 108 €, Dz ab 138 €, inkl. Frühstück

Familiär geführtes Ferienhotel in herrlicher Lage auf einem Hochplateau. Wohnlich eingerichtete Zimmer mit zeitgemäßer Ausstattung. Ansprechender Wellnessbereich mit Schwimmbad und Saunalandschaft.

Zum Ochsen

150 | Hauptgericht 14–45 €, Menü 40–75 € | Sa-So Mo-So

Behagliches Restaurant mit holzgetäfelter Gaststube und gemütlicher Atmosphäre. Serviert wird eine kreative badische Küche mit internationalen Einflüssen. Nette Sommerterrasse.

SCHOPFHEIM 64 A
www.schopfheim.de

Baden-Württemberg | EW 18.988 | 373 m | Lörrach 15 km, Bad Säckingen 19 km

Krone
www.krone-wiechs.de

★★★ S

Am Rain 6, PLZ 79650 (OT: Wiechs), **T 07622 39940,** F 399420
54 Zimmer | 3 Suiten | 1 Apartment | Ez 92–99 €, Dz 148–172 €, inkl. Frühstück

Vorbildlich geführter Familienbetrieb mit zweckmäßigen, teils renovierten Zimmern. Ansprechender Wellnessbereich mit Hallenbad, Saunalandschaft und Liegewiese. Im Restaurant überwiegend bürgerliches Speisenangebot. Terrasse mit Ausblick.

Mühle zu Gersbach
www.kurzurlaub-schwarzwald.com

★★★ S

Zum Bühl 4, PLZ 79650 (OT: Gersbach), **T 07620 90400,** F 904055
16 Zimmer | 1 Suite | Ez ab 83 €, Dz ab 116 €, inkl. Frühstück

Kleines, familiär geführtes Landhotel in reizvoller Lage. Behagliche Gästezimmer in verschiedenen Kategorien, teils mit Balkon. Hübscher Garten mit Bachlauf. Idealer Ausgangspunkt für Ausflüge ins Elsass oder in die Nordschweiz.

Mühle zu Gersbach

80 | Hauptgericht 10–34 €, Menü 19–62 € |

Hotelrestaurant mit behaglich-gediegenem Ambiente. Serviert wird feine Regionalküche mit französischem Einschlag. Gut sortierte Weinkarte, herzlicher Service.

SCHORFHEIDE 27 A www.gemeinde-schorfheide.de

Brandenburg | EW 10.409 | 62 m | Eberswalde 23 km, Oranienburg 33 km

Fontane Hotel www.fontanehotel.com

Am See 7, PLZ 16244 (OT: Altenhof), **T 033363 52390**
23 Zimmer | Ez ab 150 €, Dz ab 170 €, inkl. Frühstück

Direkt am Werbellinsee befindet sich das 2018 eröffnete Hotel. Das Haus bietet hell und zeitgemäß eingerichtete Zimmer in unterschiedlichsten Kategorien. Regionale Gerichte und Steakspezialitäten serviert das Restaurant „Theodor's", das sich im Erdgeschoss befindet. Von der Dachterrasse hat man eine traumhafte Aussicht auf den See.

SCHORNDORF 58 B www.schorndorf.de

Baden-Württemberg | EW 38.431 | 256 m | Göppingen 20 km, Stuttgart 35 km

Boutique Hotel Pfauen www.pfauen-schorndorf.de

VARTA-TIPP Ambiente

Höllgasse 9, PLZ 73614, **T 07181 6699010**
7 Zimmer | Ez 95–160 €, Dz 110–200 €

In diesem charmanten kleinen Hotel übernachten Sie Wand an Wand zum Geburtshaus Gottlieb Daimlers im Herzen der Altstadt. Die Designzimmer bestechen durch ihr liebevoll gestaltetes Interieur mit historischen Elementen und zeitgemäßer Technik. Sie tragen die Namen berühmter Automobilpersönlichkeiten wie Robert Bosch, Nikolaus Otto oder Carl Benz.

Gourmetrestaurant Nico Burkhardt

VARTA-TIPP Küche **VARTA-TIPP** Service

8 | Menü 122–165 € | Mi-Sa ⃠ Mo, Di, So ⃠ 1.–21.1.23

Essvergnügen auf zwei Ebenen: Die wenigen Plätze im Erdgeschoss bieten Exklusivität im einzigartigen Ambiente dieses aufwendig sanierten Fachwerkhauses. Hier offeriert Ihnen Nico Burkhardt ein exklusives Empfehlungsmenü (4 bis 6 Gänge). Seine französisch inspirierten Kreationen glänzen durch Raffinesse, solides Handwerk und außergewöhnliche Zutaten. Die bezaubernde Bianca Burkhard ist stets präsent und sorgt für einen persönlichen Service. Das Restaurant „Pfauen" im Galeriegeschoss serviert eine leichte und moderne Wohlfühlküche mit internationalen Einflüssen.

SCHORSSOW 18 A www.amt-mecklenburgische-schweiz.de

Mecklenburg-Vorpommern | EW 446 | 8 m | Teterow 11 km, Parchim 71 km

Seeschloss Schorssow www.schloss-schorssow.de

Am Haussee 3, PLZ 17166, **T 039933 790,** F 79100
44 Zimmer | 4 Suiten | Ez ab 102 €, Dz ab 118 €, 18,00 €

Elegantes Schlosshotel mit großzügigem englischen Landschaftspark in schöner Einzellage am See. Alle Zimmer im Haupthaus und der nur wenige Meter entfernt liegenden Residenz unterscheiden sich in Form und Farbe. Sie sind stilvoll und komfortabel eingerichtet. Fast schon herrschaftlich speisen Sie im Restaurant „Von Moltke".

SCHOTTEN 42 C www.tourist-schotten.de

Hessen | EW 10.137 | 330 m | Bad Nauheim 39 km, Gießen 44 km

Taufsteinhütte www.taufsteinhuette.de

Am Hoherodskopf 2, PLZ 63679, **T 06044 2381**
Hauptgericht 11–32 € | Mi-So Mo, Di

In idyllischer Waldlage nahe dem Hoherodskopf empfängt Sie dieses beliebte Ausflugsziel. Gemütlich und sympathisch-lebhaft ist es hier. Toll das authentisch-alpine Hüttenflair mit viel Holzgebälk, grob verputzten Wänden und offenen Kaminen. Dazu eine schmackhafte Küche, die auf Regionalität und Nachhaltigkeit setzt.

SCHRAMBERG 57 C www.schramberg.de

Baden-Württemberg | EW 20.716 | 426 m | Rottweil 24 km, Freudenstadt 37 km

Villa Junghans www.villa-junghans.de

Bauernhofweg 25, PLZ 78713, **T 07422 5601130,** F 56011399
12 Zimmer | 1 Apartment | Ez 77–88 €, Dz 135–145 €, 11,00 €

Renovierte ehem. Fabrikantenvilla von 1885 mit großzügig geschnittenen und modern ausgestatteten Gästezimmern. Im stilvollen Restaurant wird internationale und regionale Küche serviert.

Hotel Schramberg www.business-hotel-schramberg.com

garni

Rottweiler Straße 10, PLZ 78713 (OT: Sulgen), **T 07422 9916560,** F 99165699
52 Zimmer | 13 Suiten | Ez 92–120 €, Dz 138–164 €, inkl. Frühstück

Modernes Urlaubs- und Geschäftshotel unter privater Führung. Funktionell und zeitgemäß eingerichtete Gästezimmer in vier verschiedenen Kategorien. Gutes Frühstück.

Gasthof Hirsch www.hotel-gasthof-hirsch.com

VARTA-TIPP Küche

Hauptstraße 11, PLZ 78713, **T 07422 280120**
40 | Hauptgericht 22–38 €, Menü 72–80 € | Mo, Fr-So Mo, Do-So Di, Mi 15.–30.3.23, 10.–31.8.23

Hier erwarten Sie Schwarzwälder Gastlichkeit sowie eine feine badisch-französische Küche von beachtenswerter Frische und Qualität. Thomas Zimmermann verwendet fast ausschließlich hochwertige Produkte, die vorwiegend aus der Region stammen. Das Ergebnis: schmackhafte Gerichte wie „„Ragout vom Reh aus heimischer Jagd mit frischen Pfifferlingen, handgemachte Spätzle und Preiselbeeren". Das Ambiente ist stilvoll-gediegen, der Service stets freundlich und aufmerksam. Sechs liebevoll gestaltete Gästezimmer gibt es auch.

Gasthof Adler www.adler-tennenbronn.de

VARTA-TIPP Service

Hauptstraße 60, PLZ 78144 (OT: Tennenbronn), **T 07729 92280**
80 | Hauptgericht 18–36 €, Menü 38–62 € | Do-So Mi-So Mo, Di

Ein tipptopp gepflegter Landgasthof, seit 1790 im Familienbesitz. Bei den Reutlingers darf man sich auf eine frische bodenständige Küche freuen - regional, saisonal und biologisch! Liebevoll umsorgt werden Sie von der überaus freundlichen Servicecrew. Zum Übernachten hat man helle, freundliche Gästezimmer, die mit Fichtenholzmöbeln eingerichtet sind.

SCHRIESHEIM 51 C www.schriesheim.de

Baden-Württemberg | EW 15.008 | 121 m | Heidelberg 8 km, Mannheim 13 km

Kaiser Kulturhotel **Neu!** www.kaiser-schriesheim.de

Talstr. 44, PLZ 69198, **T 06203 9248980**
25 Zimmer | 2 Suiten | Ez 105–155 €, Dz 145–195 €, inkl. Frühstück | 24 h

Der Ursprung des frisch renovierten und 2022 wiedereröffneten Boutique-Hotels geht bis ins 17. Jahrhundert zurück, als es noch eine Poststation war. Das charmante Domizil mit seinem geschlossenen Innenhof bietet wohnlich und individuell eingerichtete Zimmer und Suiten. Im Restaurant wird badisch-bodenständige Küche aufgetischt. Toll die stimmungsvolle Bar im Gewölbekeller.

SCHWABACH 53 C www.schwabach.de

Bayern | EW 38.751 | 326 m | Nürnberg 23 km, Ansbach 36 km

Raab-Inspektorsgarten www.hotel-raab.de

Äußere Rittersbacher Straße 14, PLZ 91126 (OT: Forsthof), **T 09122 93880,** F 938860
29 Zimmer | Ez 79–130 €, Dz 95–165 €, inkl. Frühstück

Landgasthof mit freundlicher, familiärer Führung in idyllischer Lage am Stadtrand. Die individuell eingerichteten Zimmer unterschiedlicher Kategorien sind mit modernem Komfort ausgestattet. Stilvolles Restaurant mit fränkisch-moderner Küche und schönem Biergarten.

SCHWABENHEIM 50 B www.schwabenheim.de

Rheinland-Pfalz | EW 2.604 | 140 m | Mainz 20 km, Bingen 23 km

Zum alten Weinkeller www.immerheiser-wein.de

★★★ S garni

Schulstraße 6-10, PLZ 55270, **T 06130 941800,** F 9418080
16 Zimmer | 1 Suite | Ez 74–99 €, Dz 99–125 €, inkl. Frühstück | 24 h

In diesem persönlich geführten Weinhotel vereinen sich Ambiente, Genuss und Lifestyle. Sie haben die Wahl zwischen schlichten, im ländlichen Stil eingerichteten Zimmern im Haupthaus und gemütlichen, individuell eingerichteten Gästezimmern im gegenüberliegenden Gästehaus „Casa Rustica". Exklusiven Chaletcharme versprüht die 45 qm große Landhaussuite „TRAUMTÄNZER".

Zum alten Weinkeller

60 | Hauptgericht 19–29 €, Menü 39–49 € | So Fr-So Mo, Di, Mi, Do

Im mediterran gestalteten Restaurant kann sich der Gast aus den wechselnden saisonalen Gerichten seine eigene Menüfolge zusammenstellen. Großen Wert legt die Küchencrew auf hausgemachte Produkte, frische Zutaten und eine leichte, bekömmliche Zubereitung. Dazu gibt es korrespondierende Weine, u.a. vom hauseigenen Weingut. Im alten Kelterhaus mit dem darunter liegenden Fasskeller und in den ehem. Stallungen des Gehöftes hat man eine hübsche Vinothek eingerichtet.

Landgasthof Engel

Markt 8, PLZ 55270, **T 06130 929394**
100 | Hauptgericht 14–30 € | Mo-So

Das denkmalgeschützte Anwesen mit seinen rustikalen Eichenfenstern, Holzfußböden und jahrhundertealtem Gebälk hat man liebevoll renoviert. Hier kocht man bürgerlich mit Bezug zur Region. Probieren Sie z.B. „Tafelspitzsülze mit Sauce Tatar und Bratkartoffeln" oder „Pfälzer Saumagen mit Rahmkraut und Bauernbrot"! Reizvoller Innenhof mit mediterranem Flair.

SCHWÄBISCH GMÜND 58 B www.schwaebisch-gmuend.de

Baden-Württemberg | EW 60.167 | 321 m | Aalen 23 km, Stuttgart 56 km

Hotel am Remspark www.hotelamremspark.de

★★★ S garni

Remspark 1, PLZ 73525, **T 07171 7988200,** F 7988222
105 Zimmer | 4 Suiten | Ez 90–135 €, Dz 115–155 €, inkl. Frühstück | 24 h

Das Business- und Lifestyle-Hotel mit seiner unverwechselbaren silbernen Fassade liegt unmittelbar an der Rems unweit des Bahnhofs. Es bietet hell und freundlich eingerichtete Zimmer mit zeitgemäßem Komfort. Im Haus befinden sich auch Veranstaltungsräume und ein großzügiges Gym mit modernen Fitnessgeräten. E-Bike-Verleih (gebührenpflichtig).

Hi, Charles

120 | Hauptgericht 15–39 €, Menü 34–75 € | Di-Fr, So Mo-Sa

Ein schön urbanes Ambiente: lichtdurchflutet mit großen Panoramafenstern und Designerleuchten. Da passt die moderne Küche perfekt ins Bild. Serviert werden Grillspezialitäten und echtes Dry-Aged-Beef aus dem Reifeschrank. Hotspot für Einheimische und Hotelgäste ist die 250 qm große Rooftopbar im 8. Stock mit herrlichem 360°-Blick.

Restaurant Krietsch
www.restaurant-krietsch.de

Münstergasse 2, PLZ 73525, **T 07171 30003**
60 | Hauptgericht 12–34 € | Di-Sa Mo, So

Im ältesten erhaltenen Steinhaus der Stadt laden verschiedene Räumlichkeiten zum Verweilen ein. Aus der Küche kommen frische schwäbische und internationale Speisen, so z.B. „In Butter gebratenes Skreifilet mit Erbsengemüse und knusprigen Kartoffeln". Im Sommer lockt das Gartenrestaurant mit Blick auf das Heilig-Kreuz-Münster.

SCHWÄBISCH HALL 52 C
www.schwaebischhall.de

Baden-Württemberg | EW 38.100 | 304 m | Heilbronn 53 km, Stuttgart 64 km

Der Adelshof
www.hotel-adelshof.de

★★★★ garni

Am Markt 12-13, PLZ 74523, **T 0791 75890,** F 7589890
45 Zimmer | 2 Suiten | Ez 95–129 €, Dz 119–189 €, inkl. Frühstück

Geschichtsträchtiges Haus in zentraler Innenstadtlage mit liebevoll ausgestatteten Themenzimmern. Kleine, mediterran anmutende Wellnessoase mit finnischer Sauna und Tepidarium. Im Restaurant „Ratskeller" wird ein aufwendiges vegetarisches Menü unter dem Motto „fleischlos, aber geschmackvoll" serviert.

Hohenlohe
www.hotel-hohenlohe.de

★★★★ S garni

Weilertor 14, PLZ 74523, **T 0791 75870,** F 758784
114 Zimmer | 6 Suiten | Ez 127–169 €, Dz 170–244 €, inkl. Frühstück | 24 h

Komfortables Tagungs- und Freizeithotel am Rande des hist. Stadtkerns. Hell und modern eingerichtete Zimmer, teils mit Balkon. Großzügiger Wellnessbereich mit Solebad, Sauna-Erlebniswelt und Salzgrotte.

Aussichtsrestaurant

120 | Hauptgericht 28–38 €, Menü 49–64 € | Sa-So Mo-So

Das Restaurant macht seinem Namen alle Ehre: Die großzügig verglaste Fassade ermöglicht den uneingeschränkten Blick auf die malerische Altstadt und das Kochertal. Dazu kredenzt man eine regionaltypische Frischeküche mit internationalen Einflüssen.

Rebers Pflug

www.rebers-pflug.de

Weckriedener Straße 2, PLZ 74523 (OT: Weckrieden), **T 0791 931230,** F 9312345
27 Zimmer | 6 Suiten | Ez 89–125 €, Dz 125–185 €, inkl. Frühstück | ⃠ 1.–15.1.23

In diesem liebevoll renovierten Hotel hat man Traditionelles bewahrt und dennoch ein stilvolles, modernes Ambiente geschaffen. Die Zimmer sind in unterschiedlichen Kategorien buchbar und behaglich im zeitgemäßen Landhausstil eingerichtet. Sehr geschmackvoll sind die Zimmer und Suiten im 2019 neu entstandenen „Wohn.Reich". Idyllischer Sommergarten mit südlichem Flair.

Rebers Pflug

VARTA-TIPP Küche **VARTA-TIPP** Service

70 | Hauptgericht 17–45 €, Menü 55–115 € | Di-Sa ⃠ Mo, So ⃠ 1.–15.1.23

Außen heimelig, drinnen zeitgemäß. Das eindrückliche, designorientierte Ambiente beflügelt die Küchenleistung. Hans-Harald Reber kocht so, wie er es verspricht: kreativ, schnörkellos und aromenstark. Das Spektrum reicht von heimatorientierter Frischeküche bis zu weltoffenen Kreativmenüs. Dazu eine umfangreiche Weinauswahl mit Klassikern und einigen Raritäten sowie ein professionell-herzlicher Service. Ein Traum der mediterrane Sommergarten.

Landhaus Wolf

www.landhauswolf.eu

Karl-Kurz-Straße 2, PLZ 74523 (OT: Hessental), **T 0791 930660,** F 93066110
58 Zimmer | 1 Suite | Ez 74–99 €, Dz 92–135 €, inkl. Frühstück

In diesem familiengeführten Hotel übernachtet man gerne, keine Frage: Neuzeitlich-komfortable Zimmer und eine angenehm persönliche Atmosphäre machen diese Adresse aus. Tipp: Demi-Suite mit eigenem kleinen Saunabereich. Gute Tagungsmöglichkeiten.

Eisenbahn

VARTA-TIPP Küche **VARTA-TIPP** Service

35 | Hauptgericht 26–45 €, Menü 85–160 € | Mi-Sa Mo, Di, So

Seit vielen Jahren ein Garant für gediegene Gastlichkeit und exzellente Kulinarik. Josef Wolf und Sohnemann Thomas offerieren eine kreative, handwerklich perfekt zubereitete Produktküche, die Ihnen in Form eines „Menü Prestige" (3 bis 7 Gänge) kredenzt wird. Im Service wirkt ein freundliches, gastorientiertes Team. Der Weinkeller ist bekannt für ausgezeichnete Gewächse. Tipp: Mittagstisch im Bistro „s'Bähnle" und auf der hübschen Terrasse.

Smartino
www.hotel-smartino.de

€ Gut & Günstig

Dolanallee 17, PLZ 74523 (OT: Hessental), **T 0791 85659595,** F 85659599
38 Zimmer | Ez ab 59 €, Dz ab 80 €, inkl. Frühstück

Die geschmackvolle Einrichtung, die zeitgemäße Technik und das sehr gute Preis-Leistungs-Verhältnis machen dieses 2013 eröffnete Budget-Designhotel im Haller Solpark zu einer angenehmen Übernachtungsadresse.

Landhaus zum Rössle
www.roessle-veinau.de

Zeilwiesen 5, PLZ 74523 (OT: Veinau), **T 0791 2593**
40 | Hauptgericht 16–30 € | So Mo-Di, Fr-Sa Mi, Do

Liebevoll hat man die Gasträume gestaltet: rustikal mit moderner Note. Serviert werden traditionelle Gerichte - zeitgemäß interpretiert. So liest man auf der Karte z.B. „Gebratener Zander mit Jacobsmuscheln und Garnelen, Artischocken-Kartoffelragout und Safrancreme". Die zum Festsaal umgebaute alte Scheune eignet sich für Veranstaltungen aller Art. Für Übernachtungsgäste stehen behagliche Hotelzimmer zur Verfügung.

Sudhaus
www.sudhaus-sha.de

Lange Straße 35/1 (an der Kunsthalle Würth), PLZ 74523, **T 0791 9467270**
80 | Hauptgericht 18–32 €, Menü 25–50 € |

Repräsentativer, behutsam restaurierter Industriebau aus der Zeit um 1900. Auf mehreren Etagen wird frische regionale Küche serviert. Das Angebot reicht von Zwiebelrostbraten über Käsespätzle bis Forelle „Müllerin". Dazu gibt es hausgebrautes Sudhaus-Bier. Großzügige Dachterrasse mit tollem Stadtblick.

SCHWAIGERN 51 D
www.schwaigern.de

Baden-Württemberg | EW 10.936 | 197 m | Heilbronn 11 km, Eppingen 12 km

Zum Alten Rentamt
www.altesrentamt.de

Schlossstraße 6-8, PLZ 74193, **T 07138 5258**
55 | Hauptgericht 16–37 €, Menü 41–60 € | Di-Sa Mo, So

Denkmalgeschütztes Fachwerkhaus mit hist. Charme. Geboten wird frische regionale Küche mit mediterranen Einflüssen. Gemütliche Gartenterrasse. Für Übernachtungsgäste stehen dreizehn liebevoll eingerichtete Zimmer zur Verfügung.

SCHWANGAU 67 A
www.schwangau.de

Bayern | EW 3.338 | 796 m | Füssen 4 km, Schongau 35 km

AMERON Neuschwanstein Alpsee Resort & Spa
www.ameroncollection.com

Alpseestraße 21, PLZ 87645 (OT: Hohenschwangau), **T 08362 70300**
137 Zimmer

Das Fundament des großzügigen Hotelareals bilden die drei sorgfältig sanierten Traditionshäuser „Alpenrose", „Jägerhaus" und „Schlosshotel Lisl". Diese wurden mit den Neubauten „Galeria" und „Seehaus" zu einem neuen Ensemble verbunden. Natürliche Materialien und warme Farben prägen die stilvollen Zimmer und Suiten. Zum Resort gehören auch ein moderner SPA-Bereich mit direktem Blick auf den Alpsee, ein Kids Club sowie verschiedene Restaurants.

König Ludwig
www.koenig-ludwig-hotel.de

★★★★ S

Kreuzweg 15, PLZ 87645, **T 08362 8890,** F 889990
140 Zimmer | Ez ab 228 €, Dz ab 398 €, inkl. Halbpension

››

Ein weitläufiges Wellnessresort in wunderschöner Panoramalage mit freiem Bergblick. Die Zimmer, Chalets und Suiten verteilen sich auf vier Logiergebäude, die miteinander verbunden sind. Der alpine Einrichtungsstil wird ergänzt durch modernes Interieur, stimmungsvolle Lichtelemente, Komfortbetten und edle Bäder. Beeindruckend ist der 6.600 qm große „Ludwig-SPA" mit 21 Bade-, Schwitz- und Relaxattraktionen sowie Wellnessgarten.

Das Rübezahl
www.hotelruebezahl.de

VARTA-TIPP Service

★★★★ S garni

Am Ehberg 31, PLZ 87645 (OT: Horn), **T 08362 8888,** F 81701
54 Zimmer | 19 Suiten | Ez 200–295 €, Dz 268–394 €, inkl. Frühstück

Ein vorbildlich geführtes Boutique-Hotel mit freiem Blick auf die Schlösser Neuschwanstein und Hohenschwangau. Hier wohnen Sie in alpin eingerichteten Landhauszimmern, die sich auf das Stammhaus und den neuen Anbau verteilen. Für Erholung sorgt ein Wellnessbereich der Extraklasse mit Kräuter-Dampfbad, Solegrotte, Saunen, Whirlpools und ganzjährig beheiztem Außenpool. Gratis Shuttle bei An- und Abreise zum Bahnhof Füssen (mit Voranmeldung).

Gams & Gloria

10 | Hauptgericht 28–39 €, Menü 109–146 € | Fr-So ⃠ Mo, Di, Mi, Do

Im kleinen, holzvertäfelten Restaurant erwartet Sie ein anspruchsvolles Gourmetmenü (3, 5 oder 7 Gänge). Die Küche ist ausdrucksstark, kreativ und heimatverliebt. Dazu kredenzt Ihnen der freundliche Service erlesene Weine aus nah und fern. Tischreservierung ratsam.

Suite Hotel Villa Ludwig
www.suitehotel-neuschwanstein.de

★★★★ garni

Colomanstr. 12, PLZ 87645 (OT: Hohenschwangau), **T 08362 929920**
18 Zimmer | 15 Suiten | Ez 135–185 €, Dz 179–309 €, inkl. Frühstück

In einer liebevoll sanierten Villa aus dem Jahre 1899 am Fuße von Schloss Neuschwanstein empfängt Sie dieses charmante Boutique-Designhotel. Wohnlich eingerichtete Suiten, ein gutes Frühstücksbuffet und ein hübscher kleiner SPA-Bereich zeichnen dieses Haus aus.

SCHWANSTETTEN 53 D
www.schwanstetten.de

Bayern | EW 7.305 | 350 m | Schwabach 7 km, Nürnberg 17 km

Der SCHWAN
www.hotel-der-schwan.de

Am Marktplatz 7, PLZ 90596 (OT: Schwand), **T 09170 1052,** F 2377
20 Zimmer | Ez ab 79 €, Dz ab 105 €, inkl. Frühstück

Das Hotel befindet sich in einem hist. Fachwerkgebäude im Ortskern. Hier stehen charmante Themenzimmer zur Verfügung. Diese sind mit Holzböden und antiken Möbeln ausgestattet. Gemütliches Restaurant mit großer Terrasse und Biergarten.

SCHWARMSTEDT 23 A
www.schwarmstedt.de

Niedersachsen | EW 5.233 | 30 m | Celle 32 km, Nienburg 35 km

Gästehaus Schloss Bothmer
www.schlossbothmer.de

Alte Dorfstraße 15, PLZ 29690 (OT: Bothmer), **T 05071 3037**
6 Zimmer | 1 Apartment | Ez ab 100 €, Dz ab 145 €, inkl. Frühstück

Ruhig in einem Schlosspark mit altem Baumbestand gelegenes Gästehaus mit geschmackvoll eingerichteten Zimmern, teils mit kleinem Wintergarten. Restaurant mit feiner, regional beeinflusster deutscher Küche.

SCHWARZENBERG 45 B www.schwarzenberg.de

Sachsen | EW 18.687 | 450 m | Zwickau 36 km, Chemnitz 41 km

Neustädter Hof www.neustaedterhof.de

★★★★

Grünhainer Str. 24 (an der B 101), PLZ 08340, **T 03774 1250,** F 125500
75 Zimmer | 3 Suiten | Ez 75–99 €, Dz 101–140 €, inkl. Frühstück | 24 h

Das im klassischen Stil erbaute Hotel blickt auf eine mittlerweile mehr als 100-jährige Geschichte zurück und wurde erst kürzlich modernisiert. Die Zimmervielfalt reicht vom einfachen Economy-Einzelzimmer bis zum komfortablen Superior-Doppelzimmer. Zum Haus gehören ein kleiner Fitnessraum, ein Sauna- und Relaxbereich sowie ein Restaurant nebst Biergarten.

SCHWARZENFELD 54 D www.schwarzenfeld.de

Bayern | EW 6.311 | 364 m | Weiden i. d. Oberpfalz 38 km, Regensburg 53 km

esskunst www.restaurant-esskunst.de

VARTA-TIPP Küche

Hauptstraße 24, PLZ 92521, **T 09435 6999610**
28 | Hauptgericht 18–23 €, Menü 54 € | So Mi-So Mo, Di

Der Name des Restaurants passt vorzüglich, denn bei Küchenchef Christian Bernholz wird Essen zur Kunst! Seine aromenreichen klassischen Gerichte mit modernen Einflüssen werden zu echten Kunstwerken auf dem Teller - das Auge isst bekanntlich mit. Dazu eine schöne Weinauswahl, schlicht-modernes Ambiente und freundlicher, zuvorkommender Service.

SCHWEINFURT 43 C www.schweinfurt360.de

Bayern | EW 53.000 | 226 m | Würzburg 38 km, Bamberg 57 km

Panorama www.panoramahotel-schweinfurt.de

Am Oberen Marienbach 1, PLZ 97421, **T 09721 77070,** F 7707160
93 Zimmer | 24 h

››

Trendiges Designhotel am Eingang zur Fußgängerzone. Moderne Gästezimmer mit fantastischem Ausblick auf die Altstadt und die umliegende fränkische Landschaft. Sehr gutes Frühstück. Nutzung des Fitnessstudios für Hausgäste kostenfrei.

Ross
www.hotel-ross.de

Hohe Brückengasse 4, PLZ 97421, **T 09721 20010,** F 200113
50 Zimmer | 1 Suite

Mitten in der Innenstadt liegt dieses traditionsreiche Geschäftshotel mit familiärer Führung. Die unterschiedlichen Zimmer sind wohnlich und funktionell eingerichtet. Rustikal-gemütliches Restaurant mit moderner fränkischer Küche.

Kugelmühle
www.restaurant-kugelmuehle.de

VARTA-TIPP Küche **VARTA-TIPP** Service

Georg-Schäfer-Straße 30, PLZ 97421, **T 09721 914702**
40 | Hauptgericht 24–30 €, Menü 42–85 € | Mo-Fr ⦸ Sa, So

Engagement, Leidenschaft und Kontinuität - das zeichnet Inhaber und Küchenchef Max Matreux aus. Er kocht mit Finesse und Geschmack. Seine exzellenten Gerichte sind mal mediterran, mal französisch und mal regional inspiriert. Macht Ihnen z.B. „Gefüllter Kaninchenrücken in Morchel-Rahmsauce mit grünem Spargel und Pommes dauphine" Appetit? Dazu ein freundlicher, zugewandter Service unter der Leitung von Franziska Bigos-Kiesel. Sehr beliebt sind die informativen Kochkurse des Patrons.

Kings & Queens
www.kingsqueens.eu

VARTA-TIPP Küche

Bauerngasse 101, PLZ 97421, **T 09721 533242**
22 | Hauptgericht 21–34 €, Menü 36–85 € | Di-Sa ⦸ Mo, So

Patron Marc Wiederer bietet in seinem heimeligen kleinen Restaurant reichlich Abwechslung für den Gaumen, da die Karte saisonal wechselt. Freuen Sie sich auf eine modern interpretierte Küche auf klassischer Basis, die manchmal auch mediterran beeinflusst ist. Sie haben die Wahl zwischen dem kleinen, dem großen oder dem vegetarischen Menü. Die Weinkarte listet überwiegend Gewächse befreundeter fränkischer Winzer.

SCHWELM 29 D
www.schwelm.de

Nordrhein-Westfalen | EW 29.012 | 220 m | Wuppertal 7 km, Hagen 17 km

Das Schulhaus Hotel
www.schulhaushotel.de

Westfalendamm 15, PLZ 58332, **T 02336 8198833,** F 8198839
35 Zimmer | 1 Suite | Ez 95–125 €, Dz 120–140 €, 15,00 €

Aus der ehem. Grundschule ist ein einladendes Boutique-Hotel entstanden. Wo früher Schulbänke und Stühle standen, erwarten Sie heute helle, individuell geschnittene Zimmer. Diese sind modern und zeitgemäß mit Echtholz-Eichenparkett, bequemen Betten, geräumigen Bädern und regelbarer Fußbodenheizung ausgestattet. In der 1. und 2. Etage stehen für die Gäste historische Trinkbrunnen zur Verfügung.

Die Turnhalle

80 | Hauptgericht 16–36 €, Menü 32–39 € | Di-Sa

Über einen modernen Verbindungsbau ist das Hotelrestaurant erreichbar. Hier darf man sich auf eine innovative Crossover-Küche mit westfälischen Komponenten freuen. Dazu gibt es deutsche und europäische Weine. Das Ambiente: sportlich-cool - so schmücken etwa großformatige schwarzweiße Turnerfotos und Basketballbodenlinien die Restaurantwände.

SCHWENDI 58 D
www.schwendi.de

Baden-Württemberg | EW 6.257 | 538 m | Ulm 35 km, Memmingen 36 km

Oberschwäbischer Hof
www.oberschwaebischer-hof.de

★★★★

Hauptstraße 9-15, PLZ 88477, **T 07353 98490,** F 9849200
30 Zimmer | 2 Suiten | 2 Apartments | Ez 110 €, Dz 140 €, inkl. Frühstück | 24 h

Das familiär geführte Hotel verbindet modernes Design mit ökologischer Bauweise. Es bietet seinen Gästen funktionelle und sachlich eingerichtete Zimmer, die nahezu alle über einen Balkon verfügen. Es gibt auch einen kleinen Saunabereich.

Esszimmer by Julius Reisch

VARTA-TIPP Küche

30 | Menü 89–129 € | Sa-So Mi-So Mo, Di

2020 ist Julius Reisch nach seinen Wanderjahren in den elterlichen Betrieb zurückgekehrt und hat die Küchenleitung übernommen. Dass er kochen kann, steht völlig außer Frage. So finden sich auf dem Teller weder Show noch Spielerei. Was auf den ersten Blick einfach erscheinen mag, ist in Geschmack und Harmonie sehr komplex, aber stets zugänglich. Sein ganzes Können stellt er in einem anspruchsvollen 6-Gang-Menü unter Beweis. Dazu ein sehr gutes Weinangebot mit Schwerpunkt Deutschland und Frankreich. Wer es etwas einfacher mag, kann in der gemütlichen Lazarus-Stube mediterran beeinflusste Regionalgerichte probieren.

SCHWERIN 16 B
www.schwerin.com

Mecklenburg-Vorpommern | EW 91.583 | 44 m | Lübeck 67 km, Rostock 89 km

Niederländischer Hof
www.niederlaendischer-hof.de

★★★★ garni

Alexandrinenstraße 12-13, PLZ 19055 (OT: Paulsstadt), **T 0385 591100,** F 59110999
24 Zimmer | 6 Suiten | 24 h

»

Schwerins ältestes Hotel mit denkmalgeschützter Fassade in schöner Innenstadtlage am Pfaffenteich. Stilvoll mit englischen Möbeln und luxuriösen Marmorbädern eingerichtete Zimmer.

Seehotel Frankenhorst www.seehotelfrankenhorst-schwerin.de

★★★★

Frankenhorst 5, PLZ 19055 (OT: Wickendorf), **T 0385 592220,** F 59222145
67 Zimmer | 3 Suiten | 12 Apartments | Ez 89–149 €, Dz 98–240 € | 24 h

Ein Refugium für Ruhesuchende: Das Haus liegt in einer großen Parkanlage direkt am See. Modern und gemütlich eingerichtete Zimmer im Landhausstil. Im Restaurant „Bootshaus" mit Wintergarten und Sommerterrasse wird regionale Küche serviert. Zum Hotel gehören auch ein eigener Bootsanleger, ein großzügiger Wellnessbereich sowie eine Kaminbibliothek.

Speicher am Ziegelsee www.speicher-hotel.com

★★★★

Speicherstraße 11, PLZ 19055 (OT: Werdervorstadt), **T 0385 50030,** F 5003111
77 Zimmer | 13 Suiten | 14 Apartments | Ez 109–139 €, Dz 134–174 €, inkl. Frühstück | 24 h

Aufwendig umgebauter, historischer und denkmalgeschützter Getreidespeicher aus dem Jahre 1939. Hier erwarten Sie gepflegte Gästezimmer in unterschiedlichen Größen sowie ein zeitgemäßes Restaurant mit regionaler Küche.

Weinhaus Uhle www.weinhaus-uhle.de

★★★★ S

Schusterstraße 13-15, PLZ 19055, **T 0385 48939430,** F 48939459
18 Zimmer | 2 Suiten | Ez ab 135 €, Dz 145–195 €, 16,00–19,00 €

Das liebevoll renovierte Traditionshaus liegt angenehm ruhig in einer Seitenstraße mitten in der Altstadt. Hier hat man geschmackvolle, charmante Zimmer geschaffen. Hochwertige, zeitlose Möbel, klare Formen und individuelle Schnitte machen die Räume ausgesprochen gemütlich. Gäste dürfen sich über Annehmlichkeiten wie kostenfreies WLAN, Kopfkissenmenü und eine Nespresso-Kaffeemaschine auf dem Zimmer freuen.

Gourmetrestaurant "1751"

VARTA-TIPP Küche

24 | Menü 75–125 € | Di-Sa Mo, So

Es sind der charmante Biedermeierstil und das hist. Tonnengewölbe, die dieses Restaurant so reizvoll machen, doch auch die leichten, kreativen und raffinierten Gerichte, die sich die beiden Protagonisten am Herd, Ronny Bell und Holger Mootz, einfallen lassen, kommen bei den Gästen hervorragend an. Im wechselnden Degustationsmenü werden fast ausschließlich Produkte heimischer Produzenten verwendet. Die umfangreiche Weinkarte umfasst rund 300 edle Tropfen aus nah und fern. Liebenswürdiger Service.

Weinbistro "George" Neu!

24 | Hauptgericht 14–36 €, Menü 27–54 € | Mo-So

Gut essen kann man auch im Zweitrestaurant - einem Mix aus Weinhandlung und zwanglosem Bistro. Die Küche ist ehrlich und unkompliziert. Serviert werden schmackhafte, bodenständige Gerichte unter Verwendung regionaler, nachhaltiger Zutaten. Probieren Sie z.B. „Kalbsfilet rosa gebraten, Pfifferlinge, Bio-Spitzkohl, Macaire-Kartoffeln"! Schöne Auswahl an offenen Weinen.

Biohotel Amadeus www.schwerin.bio

garni

Franz-Mehring-Straße 26, PLZ 19053 (OT: Paulsstadt), **T 0385 512084,** F 39438222
12 Zimmer | 1 Suite | Ez 75–115 €, Dz 90–170 €, 19,00 €

Persönlich geführtes Innenstadthotel mit Pensionscharakter. Helle, funktional eingerichtete Zimmer. Die neuen ÖKO-Komfortzimmer sind mit Vollholzmöbeln und metallfreien Kokosmatratzen ausgestattet. Für Entspannung sorgt die hauseigene Sauna. Gutes Frühstück in Bio-Qualität.

Gourmetfabrik www.gourmetfabrik.de

Werderstraße 74b, PLZ 19055 (OT: Werdervorstadt), **T 0385 76098570**
50 | Hauptgericht 24–26 € | Di-Fr Di-Sa Mo, So

Daniel Bockholt setzt nicht nur auf Geschmack und solides Handwerk, sondern auch auf Nachhaltigkeit und gute regionale Produkte. Serviert wird eine frische internationale Küche, z.B. „Duke-of-Berkshire-Kotelett | Wildkräutersalat | BBQ-Butter | Cheddarbrot". Im Sommer besonders einladend: die Terrasse mit Blick auf den Schweriner See. Sonntags ausschließlich Brunch.

La Bouche et El Pato www.bistrolabouche.de

Buschstraße 9, PLZ 19053, **T 0385 39456092**
60 | Hauptgericht 16–27 €, Menü 47 € | Fr-Sa Di-Sa Mo, So

Einen Hauch Frankreich versprüht das lebendige Bistro in der Schweriner Altstadt. Geboten wird eine frische und unkomplizierte französische Küche. Wie wäre es z.B. mit „Maishähnchenbrust auf Apfel-Cidre-Gemüse mit Sellerie-Kartoffelpüree"? Die Preise sind fair, der Service freundlich.

SCHWERTE 30 C www.schwerte.de

Nordrhein-Westfalen | EW 49.454 | 120 m | Iserlohn 14 km, Dortmund 20 km

Rohrmeisterei www.rohrmeisterei-schwerte.de

Ruhrstraße 20, PLZ 58239, **T 02304 2013001**
130 | Hauptgericht 10–30 €, Menü 23–50 € | Di-Fr

Mix aus Kultur und Gastronomie in einem sehenswerten Industriedenkmal. Im Restaurant „Glaskasten" wird eine moderne, weltoffene Küche serviert. Im Bistro „Unter'm Kran" und auf der Terrasse ist das Angebot etwas bodenständiger.

SCHWETZINGEN 51 C www.schwetzingen.de

Baden-Württemberg | EW 21.147 | 101 m | Heidelberg 11 km, Mannheim 15 km

Villa Benz www.villa-benz.de

VARTA-TIPP Service

★★★ garni

Zähringer Straße 51, PLZ 68723, **T 06202 936090,** F 9360920
10 Zimmer | Ez 84–99 €, Dz 110–120 €, inkl. Frühstück »

Die liebevoll gestaltete Villa versprüht südländisches Flair. So einladend heimelig wie das Gebäude sind auch die wohnlichen Zimmer. Vom Empfang bis zur Abreise bietet das familiengeführte Landhotel eine überaus persönliche Atmosphäre und eine vorbildliche Gästebetreuung. Morgens genießt man ein reichhaltiges Wohlfühl-Frühstück vom Buffet.

möbius www.dermoebius.com

Kurfürstenstr. 22, PLZ 68723, **T 06202 6085020**
32 | Hauptgericht 10–24 €, Menü 19–48 € | Mo-Sa Mo-Fr So

Das gastronomische Kleinod bestehend aus Bistro, Weinbar und Feinkostgeschäft punktet nicht nur wegen seiner trendigen Atmosphäre, man kann hier auch hervorragend speisen. Ob Frühstück, preiswerter Mittagstisch oder entspanntes Abendessen - diese Adresse eignet sich für jede Gelegenheit. Dazu können Sie an der Feinkosttheke nach Lust und Laune einkaufen.

SEEBACH 57 A www.seebach.de

Baden-Württemberg | EW 1.390 | 388 m | Achern 11 km, Bühl 21 km

Berghotel Mummelsee www.mummelsee.de

★★★ S garni

Schwarzwaldhochstraße 11, PLZ 77889 (OT: Mummelsee), **T 07842 99286,** F 30266
24 Zimmer | 5 Suiten | Ez 82–122 €, Dz 132–192 €, inkl. Frühstück

Neuerer Hotelbau im modernen Schwarzwaldstil am sagenumwobenen Mummelsee. Wohnlich eingerichtete Zimmer mit Tal- oder Seeblick. Beliebter Anlaufpunkt für Ausflügler und Biker. Mehrere Restaurants mit regionaler, badischer und elsässischer Küche.

SEEGEBIET MANSFELDER LAND 34 C seegebiet-mansfelder-land.de

Sachsen-Anhalt | EW 8.916 | 95 m | Lutherstadt Eisleben 9 km, Halle (Saale) 25 km

Orangerie Seeburg www.orangerie-seeburg.com

Schlossstraße 1, PLZ 06317 (OT: Seeburg), **T 034774 701780**
32 | Hauptgericht 20–60 €, Menü 37–199 € | So Mo-Di, Fr-So Mi, Do

Nicht nur wegen der tollen Kulisse (direkt am über 1.000-jährigen Schloss Seeburg gelegen) lohnt sich ein Besuch hier. Gut essen kann man auch: Es gibt Internationales wie z.B. „Teutschenthaler Duroc-Kotelett | Miso-Kartoffel-Baumkuchen I Buttersauce I Pfirsich". Man verwendet gute regionale Produkte und kocht durchdacht, leicht und frisch. Tipp: Traumhafte Terrasse mit exzellentem Ausblick über den Süßen See.

SEEHEIM-JUGENHEIM 51 A www.seeheim-jugenheim.de

Hessen | EW 15.761 | 135 m | Bensheim 12 km, Darmstadt 13 km

Brandhof www.hotel-brandhof.de

S garni

Im Stettbacher Tal 61, PLZ 64342, **T 06257 50500,** F 3523
40 Zimmer | 1 Suite | Ez 75–78 €, Dz 110 €, inkl. Frühstück

Traditionsreiches Haus in zentraler, aber ruhiger Lage mitten im Grünen. Zweckmäßig eingerichtete Zimmer mit funktionaler Ausstattung. Rustikale Restaurantstuben mit regionalen Spezialitäten und großem Wintergarten.

SEESHAUPT 67 B www.seeshaupt.de

Bayern | EW 2.873 | 597 m | Weilheim 14 km, Starnberg 26 km

The Starnbergsee Hideaway www.thestarnbergsee.com

★★★★ S

St.-Heinricher-Straße 111, PLZ 82402, **T 08801 789**
30 Zimmer

Klassisch, zeitlos und elegant präsentiert sich das 2018 eröffnete Hideaway-Hotel auf einem 6 Hektar großen Grundstück am Südufer des Starnberger Sees. Die Gästezimmer sind individuell gestaltet - große Fenster, edles Echtholzparkett, hohe Decken und warme Farben sorgen für eine heimelige Atmosphäre. Hübscher SPA-Bereich.

Seeresidenz Alte Post www.seeresidenz-alte-post.de

Alter Postplatz 1, PLZ 82402, **T 08801 9140,** F 913210
17 Zimmer | Ez 92–119 €, Dz 158–198 €, inkl. Frühstück | 24 h

Ferienhotel mit Seniorenresidenz am Südufer des Starnberger Sees. Geschmackvoll eingerichtete Zimmer mit modernem Design und herrlichem Ausblick. Stilvolles Restaurant mit internationaler Küche und Panoramaterrasse.

Sterff www.hotel-sterff.de

garni

Penzberger Straße 6, PLZ 82402, **T 08801 90630,** F 906340
20 Zimmer | 1 Apartment | Ez 60–70 €, Dz 100–115 €, inkl. Frühstück | 18.12.22–9.1.23

Die persönlich geführte Pension in der Ortsmitte bietet helle, gediegen-rustikal eingerichtete Zimmer mit kostenlosem WLAN. Für Familien und Selbstversorger gibt es zwei Ferienwohnungen und ein Apartment. Für Entspannung sorgt ein kleiner Saunabereich.

SEEVETAL 15 C www.seevetal.de

Niedersachsen | EW 39.810 | 14 m | Hamburg 18 km, Lüneburg 33 km

Lieblingsplatz www.restaurant-lieblingsplatz.de

Moorstr. 41, PLZ 21218, **T 04105 6766966**
60 | Hauptgericht 13–35 €, Menü 44–52 € | Do-So | Mo, Di, Mi

Kein Wunder, dass dieses Restaurant südlich von Hamburg so gefragt ist: klassisch-moderne Gasträume, die Atmosphäre ist leger, der Service freundlich und die Gerichte sind frisch und preislich fair! Forellen, Saiblinge und Karpfen kommen aus den eigenen Teichen. Nett auch die Terrasse mit herrlichem Blick in die Natur.

SEHNDE 23 C www.sehnde.de

Niedersachsen | EW 23.181 | 53 m | Hannover 16 km, Hildesheim 23 km

Parkhotel Bilm im Glück www.parkhotel-hannover.de

★★★★

Behmerothsfeld 6, PLZ 31319 (OT: Bilm), **T 05138 6090,** F 609100
45 Zimmer | Ez 95–105 €, Dz 130–180 €, inkl. Frühstück

»

Ruhig im Grünen liegt dieses gut geführte Haus, das für Tagungsgäste und Urlauber gleichermaßen interessant ist. Angenehme Zimmer, ein ansprechender Wellnessbereich und ein gepflegter Garten sorgen für reichlich Wohlfühlatmosphäre. WLAN und Minibar sind für Hausgäste kostenfrei.

SEIFFEN, KURORT 46 B www.seiffen.de

Sachsen | EW 2.457 | 640 m | Freiberg 39 km, Chemnitz 55 km

Erbgericht Buntes Haus www.buntes-haus.com

Hauptstr. 94, PLZ 09548, **T 037362 7760,** F 77660
44 Zimmer

Dekor aus dem Spielzeugdorf Seiffen schmückt dieses Haus unter familiärer Leitung mit wohnlich und praktisch gestalteten Zimmern. Für Entspannung sorgt ein kleiner Saunabereich. Gemütliches Restaurant mit regionaler und internationaler Küche.

SELB 45 C www.selb.de

Bayern | EW 16.038 | 541 m | Marktredwitz 23 km, Hof 27 km

Schade's Wohlfühlhotel www.schades-wohlfuehlhotel.de

★★★ S

Vielitz 7, PLZ 95100, **T 09287 3922,** F 78766
28 Zimmer | 3 Suiten

Der zum Hotel gewachsene Betrieb in netter ländlicher Umgebung ist seit 1991 in Familienbesitz. Gut gepflegte und modern eingerichtete Gästezimmer. Das hauseigene Restaurant ist auf frische Wild- und Fischgerichte spezialisiert. Idyllischer Biergarten. Gute Verkehrsanbindung an die Autobahn A93.

SELIGENSTADT 41 D www.seligenstadt.de

Hessen | EW 22.000 | 110 m | Hanau 12 km, Aschaffenburg 18 km

Columbus seligenstadt.twhotels.de

★★★★

Am Reitpfad 4, PLZ 63500 (OT: Froschhausen), **T 06182 8400,** F 840555
116 Zimmer | 24 h

Das Geschäfts- und Tagungshotel, das sich in einem neuzeitlichen Backsteingebäude befindet, punktet durch seine verkehrsgünstige Lage und die zeitgemäß eingerichteten Zimmer. Im hauseigenen Restaurant wird regional und saisonal gekocht.

SELZEN 50 B www.selzen.de

Rheinland-Pfalz | EW 1.504 | 156 m | Mainz 16 km, Worms 47 km

Kaupers Restaurant im Kapellenhof www.kaupers-kapellenhof.de

VARTA-TIPP Küche

Kapellenstr. 18a, PLZ 55278, **T 06737 8325**
14 | Menü 115–140 € | Fr-Sa

Ein stimmungsvolles Gourmetrestaurant mit offenem Fachwerk und wohltuendem Ambiente. Aus der Küche von Sebastian Kauper kommen vorzüglich zubereitete Menüs, raffiniert gewürzt und optisch bestechend präsentiert. Seine Speisen sind absolut natürlich und harmonieren mit den Jahreszeiten. Liebenswert und versiert der Service samt guter Weinberatung. Die begrünte Dachterrasse ist an warmen Sommertagen sehr gefragt.

SENFTENBERG 36 B www.senftenberg.de

Brandenburg | EW 24.987 | 102 m | Hoyerswerda 24 km, Cottbus 49 km

Wellnesshotel Seeschlößchen www.ayurveda-seeschloesschen.de

VARTA-TIPP Ambiente

★★★★ S garni

Buchwalder Str. 77, PLZ 01968 (OT: Buchwalde), **T 03573 37890,** F 378932
50 Zimmer | 3 Suiten | Ez 222–274 €, Dz 344–448 €, inkl. Halbpension

Malerisch gelegenes Ayurveda- und Naturresort am Ufer des Senftenberger Sees. Die gemütlichen Landhauszimmer sind individuell eingerichtet und in verschiedenen Kategorien buchbar. Für Entspannung und Wohlbefinden sorgt eine großzügige Saunaanlage mit Beauty- und Wellnessbereich sowie das umfangreiche Yoga- und Ayurvedaangebot. Mehrere Restaurants, u.a. lockt eine kleine Brasserie mit einladender Terrasse direkt am See.

Strandhotel Senftenberger See www.strandhotel-see.de

★★★ S garni

Am See 3, PLZ 01968, **T 03573 800400,** F 800401
42 Zimmer | 1 Suite | Ez 72–83 €, Dz 91–138 €, inkl. Frühstück

Sympathisches Hotel mit neuzeitlich eingerichteten Zimmern in ruhiger Lage direkt am Senftenberger See. Das Haus verfügt über eine eigene Badestelle, einen Bootsanleger sowie ein Restaurant mit Terrasse und Wintergarten, das regionale Spezialitäten serviert.

SESSLACH 43 D www.sesslach.de

Bayern | EW 4.066 | 271 m | Coburg 19 km, Bamberg 40 km

Pörtnerhof www.poertnerhof-sesslach.de

Luitpoldstraße 15, PLZ 96145, **T 09569 1886900**
50 | Hauptgericht 9–27 €, Menü 26–39 € | Do-So Mo, Di, Mi

Liebevoll restauriertes Haus mit einem Mix aus historischen und modernen architektonischen Elementen. Ansprechende Karte mit frisch zubereiteten Gerichten aus der internationalen und mediterranen Küche. Stimmungsvoller Innenhof. Nur wenige Gehminuten vom Hauptgebäude des Pörtnerhofs entfernt kann man in liebevoll hergerichteten Zimmern übernachten.

SIEGBURG 40 A www.siegburg.de

Nordrhein-Westfalen | EW 39.563 | 60 m | Bonn 10 km, Köln 25 km

Kranz Parkhotel www.kranzparkhotel.de

★★★★ S garni

Mühlenstraße 32, PLZ 53721, **T 02241 5470,** F 547444
109 Zimmer | 4 Suiten | 24 h

››

Neuzeitliches Business- und Tagungshotel am Rande der Altstadt mit komfortablen, geräumigen Zimmern. Kleiner Wellnessbereich mit finnischer Sauna und Dampfbad. Im Restaurant „La Saison“ internationale und rheinische Küche.

Friendly Cityhotel Oktopus www.friendly-cityhotel-siegburg.de

★★★ S garni

Zeithstraße 110, PLZ 53721, **T 02241 846400,** F 84640444
57 Zimmer | 4 Suiten | Ez 79–105 €, Dz 105–155 €, inkl. Frühstück | 24 h

Modernes Lifestylehotel mit direktem Zugang zu den Oktopus Wassererlebniswelten (für Hausgäste kostenlos). Sachlich-schlichte Zimmer mit zeitgemäßer Ausstattung. Gute Tagungsmöglichkeiten.

Ristorante Italiano Remise www.ristorante-remise.de

Haufeld 2a, PLZ 53721, **T 02241 50303**
50 | Hauptgericht 19–35 € | Di-So Di-Sa Mo

Helles, freundliches Restaurant am Rande der Innenstadt mit ambitionierter italienischer Küche und freundlichem Service. Weinstube im Obergeschoss. Mediterran gestalteter Innenhof.

Café Fassbender www.fassbender.de

Markt 12, PLZ 53721, **T 02241 170717**
100 | Hauptgericht 7–13 €, Menü 10–20 € | Mo–Sa 9:00–18:00 Uhr, So 10:00–18:00 Uhr

Direkt am Marktplatz bietet das modern gestaltete Café mit Atrium ein breites Torten- und Kuchenrepertoire. 80 verschiedene Schokoladen- und Pralinenspezialitäten. Im Sommer lockt die mediterran anmutende Terrasse.

SIEGEN 41 A www.siegen-guide.de

Nordrhein-Westfalen | EW 99.403 | 267 m | Olpe 30 km, Wetzlar 60 km

Pfeffermühle www.pfeffermuehle-siegen.de

★★★ S garni

Frankfurter Straße 261, PLZ 57074, **T 0271 230520,** F 51019
42 Zimmer | 1 Suite | 1 Apartment | Ez 78–115 €, Dz 95–134 €, 7,00 €

Familiengeführtes Tagungs- und Urlaubshotel in ruhiger, aber zentraler Lage auf einer Anhöhe oberhalb der Stadt. Großzügige, im Landhausstil eingerichtete Zimmer mit moderner Ausstattung. Im modern eingerichteten Restaurant, im lichtdurchfluteten WIntergarten und auf der Sommerterrasse wird internationale Küche serviert.

SIGMARINGEN 58 C www.sigmaringen.de

Baden-Württemberg | EW 16.000 | 580 m | Albstadt 25 km, Tuttlingen 44 km

KARLS HOTEL Neu! karlshotel.de

★★★★ S garni

In den Burgwiesen 7, PLZ 72488, **T 07571 927960**
70 Zimmer | Ez ab 90 €, Dz ab 125 €

Das 2022 eröffnete Hotel wurde im Palaisstil erbaut und liegt direkt am beliebten Donauradweg. Die funktionellen, vollklimatisierten Gästezimmer zeigen sich in klassisch-modernem Ambiente mit Blick auf das über Fluss und Stadt aufragende Hohenzollernschloss. Besonders komfortabel logieren Sie in den ca. 50 qm großen Mastersuiten mit separatem Wohn- und Schlafraum sowie freistehender Badewanne in einem Tageslichtbad. Das Haus bietet seinen Gästen eine E-Bike- und E-Auto-Ladestation sowie einen abschließbaren Fahrradraum. Check-in und Check-out sind 24 Stunden am Tag selbständig an einem digitalen Terminal möglich.

SIMONSBERG 6 D www.husum-tourismus.de

Schleswig-Holstein | EW 825 | 5 m | Husum 9 km, Schleswig 45 km

Lundenbergsand www.hotel-lundenbergsand.de

★★★★ S garni

Lundenbergweg 3, PLZ 25813, **T 04841 83930,** F 839350
23 Zimmer | 7 Suiten | Ez ab 149 €, Dz ab 189 €, inkl. Frühstück

Das reetgedeckte Wellnesshotel in ruhiger Deichlage bietet friesische Gastlichkeit mit persönlichem Charme. Helle, freundlich eingerichtete Zimmer mit nostalgischem Touch. Restaurant mit regionaler Küche. Toll der „Leuchtturm-SPA" auf vier Ebenen.

SIMONSWALD 57 C www.simonswald.de

Baden-Württemberg | EW 3.015 | 372 m | Freiburg 26 km, Villingen-Schwenningen 45 km

Hugenhof www.hugenhof.de

VARTA-TIPP Küche

Am Neuenberg 14, PLZ 79263, **T 07683 930066**
24 | Menü ab 59 € | Mi-So ⃠ Mo, Di

In einem alten Bauernhaus befindet sich das hübsche Restaurant von Petra Ringwald und Klaus Ditz. Gepflegte Tischkultur, moderner Landhausstil und ein offener Kamin sorgen für eine behagliche Atmosphäre. Serviert wird eine fantasievolle franco-mediterrane Küche mit badischem Einfluss. Das angebotene 4-Gänge-Menü mit ausgewählten Zutaten der Saison wechselt regelmäßig. Übernachten kann man im zugehörigen Landhaus.

SINDELFINGEN 58 A www.sindelfingen.de

Baden-Württemberg | EW 61.669 | 449 m | Böblingen 4 km, Stuttgart 19 km

Erikson Hotel www.erikson.de

★★★★ S garni

Hanns-Martin-Schleyer-Straße 8, PLZ 71063, **T 07031 9350,** F 935555
93 Zimmer | 24 h

Privat geführtes Hotel für Geschäftsreisende in zentraler Lage. Großzügige und komfortable Zimmer mit großen Betten. Zwei Restaurants mit regionaler und internationaler Küche.

SINGEN AM HOHENTWIEL 65 A www.singen.de

Baden-Württemberg | EW 45.717 | 429 m | Radolfzell 10 km, Konstanz 31 km

Lamm www.hotellamm.com

★★★★ garni

Alemannenstraße 42, PLZ 78224, **T 07731 4020,** F 402200
76 Zimmer | 2 Suiten | Ez 76–150 €, Dz 81–190 € | ⃠ 16.12.22–15.1.23

Das Hotel liegt in einem ruhigen Wohngebiet, nur wenige Gehminuten vom Stadtzentrum entfernt. Den Gästen stehen moderne und teilweise auch rollstuhlgerechte Zimmer in fünf Kategorien zur Verfügung. Der sogenannte CupClub (Bar & Lounge) bietet am Abend kleine Gerichte und eine feine Weinauswahl.

Trezor www.hotel-trezor.de

garni

Forststr. 16, PLZ 78224, **T 07731 939690,** F 9396988
60 Zimmer

Das 2018 eröffnete Stadthotel ist für Business- und Privatgäste gleichermaßen geeignet. Die vollklimatisierten Zimmer zeichnen sich durch moderne Technik, zeitlose Eleganz und optimale Funktionalität aus. Verpassen Sie nicht das gute Frühstück! Gute Anbindung zur Schweiz.

Hotel Zapa www.restaurant-zapa.de

Bohlinger Dorfstraße 48, PLZ 78224 (OT: Bohlingen), **T 07731 796161,** F 796162
14 Zimmer | Ez 98–145 €, Dz 128–165 €, inkl. Frühstück

Idyllisch im Grünen gelegen ist das ländliche Hotel ein charmanter Rückzugsort für Erholungssuchende. Das Haus bietet freundliche, komfortable Zimmer, eine Sauna mit Panoramablick, einen großzügigen Garten sowie ein Restaurant mit saisonaler und regionaler Küche.

SINZIG 40 A www.sinzig-info.de

Rheinland-Pfalz | EW 17.620 | 90 m | Bonn 25 km, Koblenz 33 km

Feinschliff Neu! www.restaurant-feinschliff.de

Kirchplatz 8-9, PLZ 53489, **T 02642 9959699**
Menü ab 79 € | Mo, Do-So ⃠ Di, Mi

Natürliche Materialien und erdige dunkle Farbtöne prägen das Interieur des modernen, trendigen Restaurants. Herzstück ist ein zentral platzierter, einsehbarer Küchenkubus, in dem die exquisiten Speisen zubereitet werden. Offeriert wird ein regelmäßig wechselndes Vier-Gang-Menü mit passender Weinbegleitung (Reservierung zwingend erforderlich). Für den reibungslosen Ablauf im Service sorgt die charmante Gastgeberin Victoria Lölsberg.

SOBERNHEIM, BAD 50 A www.bad-sobernheim.de

Rheinland-Pfalz | EW 6.411 | 140 m | Bad Kreuznach 18 km, Idar-Oberstein 31 km

BollAnts - Spa im Park www.bollants.de

Felkestr. 100, PLZ 55566, **T 06751 93390,** F 9339269
120 Zimmer | 3 Suiten | Ez 174–184 €, Dz 348–408 €, inkl. Halbpension

Von Jugendstil über Bauhaus bis zum hist. Fachwerk finden sich in diesem gewachsenen Hotelensemble die Stile vergangener Jahrzehnte wieder. Ob Classiczimmer oder Heimatlodge - die unterschiedlich großen Zimmer sind ruhig, wohnlich und zeitgemäß ausgestattet. Das umfangreiche SPA- und Wellnessangebot sucht seinesgleichen. Der hübsche Park eignet sich perfekt für einen romantischen Spaziergang.

Das Jungborn

VARTA-TIPP Küche

20 | Menü 121–144 € | Di-Sa ⃠ Mo, So

Leichte, zeitgemäße Gerichte, überraschende Aromen, Top-Produkte und nicht zu vergessen eine eindrucksvolle Optik - so erleben Sie die klassische Haute Cuisine von Küchenchef Philipp Helzle! Zu den beiden Menüs werden erlesene Weine kredenzt. Und der Rahmen? Das Fine-Dining-Restaurant im hist. Sandsteingewölbe präsentiert sich romantisch und stimmungsvoll mit modernem, designorientiertem Interieur. Toll auch die weinberankte Innenhofterrasse.

Hermannshof

40 | Hauptgericht 18–28 €, Menü 46–55 € | Di-Sa ⃠ Mo, So

Ein Hauch von Vintage durchströmt das kleine, feine Bistrorestaurant mit seinem uralten Holzboden und dem urigen Gewölbe. Hier serviert man wechselnde, mediterran beeinflusste 4-Gang-Menüs. Tischreservierung erwünscht.

Maasberg Therme
www.hotel-maasberg-therme.de

★★★★

Kurhaus am Maasberg, PLZ 55566, **T 06751 8760,** F 876201
72 Zimmer | 9 Suiten

Kur- und Wellnessoase inmitten eines 75.000 qm großen Parks oberhalb der Stadt. Unterschiedlich eingerichtete Gästezimmer mit Balkon und Blick ins romantische Nahetal. Großzügiger Wellness- und Beautybereich mit Innen- und Außenpool sowie Saunalandschaft mit Saunagarten. Eigener Golfplatz direkt am Haus.

SODEN-SALMÜNSTER, BAD 42 C
www.badsoden-salmuenster.de

Hessen | EW 13.351 | 150 m | Fulda 45 km, Frankfurt/Main 61 km

Birkenhof
www.hotel-birkenhof-am-park.de

★★★★

König-Heinrich-Weg 1, PLZ 63628, **T 06056 91690,** F 916959
52 Zimmer | 1 Suite | 4 Apartments | Ez 60–88 €, Dz 88–139 €, 9,50–17,00 € | ⃠ 2.–8.1.23

»

Eingebettet in die idyllischen Berge von Spessart und Vogelsberg empfängt Sie dieses familiengeführte Hotel. Es bietet renovierte, wohnlich gestaltete Zimmer und einen Freizeitbereich mit verschiedenen Beauty- und Wellnessanwendungen. Restaurant mit regionaler Küche.

Spezerei & Hotel Fiori www.spezerei-im-fiori.de/hotel-fiori

VARTA-TIPP Service

€ Gut & Günstig garni

Franz-von-Sickingen-Str. 3, PLZ 63628 (OT: Bad Soden), **T 06056 919712,** F 919713
7 Zimmer | 5 Suiten | Ez 61–78 €, Dz 98 €, inkl. Frühstück

Eine persönliche und zugleich trendige Unterkunft. Patric Sgobba und Christoph Lesser sind Gastgeber aus Leidenschaft. Alles ist wohnlich gestaltet - von den öffentlichen Bereichen über die schönen gemütlichen Zimmer bis hin zu dem mit viel Liebe im mediterranen Stil eingerichteten Restaurant. Morgens erwartet Sie ein individuelles À-la-carte-Frühstück. Woher der originelle Hotelname kommt? Mit dem italienischen Begriff „Fiori" (zu deutsch „Blumen") verbindet man die Natur mit südländischer Lebensfreude.

SODEN, BAD 41 C www.bad-soden.de

Hessen | EW 21.657 | 141 m | Frankfurt/Main 19 km, Wiesbaden 30 km

Waldhotel www.waldhotel-bad-soden.de

★★★ garni

Sebastian-Kneipp-Straße 1, PLZ 65812, **T 06196 502800,** F 5028011
35 Zimmer

Das einstige Fremdenheim und spätere Sanatorium für Kurgäste hat sich zu einem modernen Geschäftshotel entwickelt. Direkt am „Neuen Kurpark" und nur wenige Meter vom Eichwald entfernt wohnen Sie in zeitgemäß eingerichteten Gästezimmern. Für Entspannung sorgt der hauseigene Saunabereich.

SODERSTORF 15 D www.soderstorf.de

Niedersachsen | EW 1.444 | 53 m | Bispingen 14 km, Lüneburg 27 km

Gut Thansen www.gut-thansen.de

Gut Thansen, PLZ 21388, **T 04132 93330,** F 933321
50 Zimmer | 1 Suite | Ez ab 121 €, Dz ab 174 €, 18,00–22,00 €

Hotel, Seminar- und Eventzentrum in malerischer Lage auf dem Gelände eines ehem. Bauernhofs. Die schlicht-modern eingerichteten Gästezimmer verteilen sich auf mehrere Gebäude. Zur Hotelanlage gehören ein 800 qm großer Tagungsbereich, ein Restaurant sowie eine finnische Grillkota.

SOEST 30 B www.wms-soest.de

Nordrhein-Westfalen | EW 48.012 | 95 m | Hamm 30 km, Dortmund 50 km

Hotel Susato www.hotel-susato.de

Dasselwall 5, PLZ 59494, **T 02921 37000,** F 3700101
60 Zimmer | 24 h

Das neuzeitliche Gebäude am Rande der Soester Innenstadt beherbergt modern und geschmackvoll eingerichtete Zimmer mit guter technischer Ausstattung. Zum Hotel gehören auch ein Restaurant mit Sonnenterrasse sowie eine Sauna.

SOLINGEN 29 D www.solingen.de

Nordrhein-Westfalen | EW 155.768 | 221 m | Wuppertal 16 km, Düsseldorf 34 km
St.-Clemens-Kirche, Balkhauser Kotten und Wipperkotten, Müngstener Brücke (höchste Eisenbahnbrücke Deutschlands), Bergisches Museum im Schloss Burg, hist. Marktplatz, Pfarrkirche St. Mariä Himmelfahrt und Dt. Klingenmuseum im Stadtteil Gräfrath (5 km N), Laurel-and-Hardy-Museum.

Wipperaue www.wipperaue.de

garni

Wipperaue 3, PLZ 42699, **T 0212 2336270,** F 23362710
13 Zimmer

Ein richtiges Schmuckstück, dieser umgebaute und aufwendig renovierte Traditionsbetrieb im Bergischen Land! Die individuell gestalteten Zimmer im Neubau überzeugen durch angenehmes Raumgefühl, exklusive Bäder und einen schönen Landschaftsblick. Das Restaurant bietet rheinische Küche und bodenständige Spezialitäten. Hinweis: Bei Redaktionsschluss für diese Buchausgabe hatte das Hotel wegen der immensen Flutschäden aus dem Jahr 2021 noch immer geschlossen.

Restaurant Pfaffenberg www.pfaffenberg.com

Pfaffenberger Weg 284, PLZ 42659, **T 0212 42363**
30 | Hauptgericht 15–35 €, Menü 44–89 € | Sa-So Mo, Do-So Di, Mi

Hier hat man mit Naturstein, Holz, warmen Farben und modernen Einrichtungselementen eine leger-gemütliche Atmosphäre geschaffen. Aus der Küche kommen ambitionierte Gerichte wie „Gebratenes Rinderfilet auf frischem Spinat mit Hasselback-Kartoffeln und hauseigener Jus“. Herrliche Terrasse mit wundervollem Ausblick auf das weite Bergische Land.

SOMMERACH 52 B www.sommerach.de

Bayern | EW 1.443 | 202 m | Volkach 5 km, Kitzingen 13 km

Gasthof Zum Weißen Lamm www.strobel-lamm.de

€ Gut & Günstig garni

Hauptstraße 2, PLZ 97334, **T 09381 9377,** F 4933
19 Zimmer | Ez 45–75 €, Dz 95–125 €, inkl. Frühstück

Der Landgasthof von 1870 beherbergt hell, wohnlich und modern eingerichtete Zimmer sowie gemütlich-rustikale Gaststuben, in denen bodenständige Speisen zu angemessenen Preisen serviert werden. Eigenes Weingut.

SOMMERHAUSEN 52 B www.sommerhausen.de

Bayern | EW 1.661 | 181 m | Würzburg 13 km, Volkach 32 km

Philipp www.restaurant-philipp.de

VARTA-TIPP Küche **VARTA-TIPP** Service

Hauptstraße 12, PLZ 97286, **T 09333 1406**
30 | Hauptgericht 30–59 €, Menü 125–155 € | Sa-So Fr-So Mo, Di, Mi, Do »

Klassik hinter altem Fachwerk. Im eleganten Gastraum des imposanten, über 400 Jahre alten Patrizierhauses locken die kulinarischen Verführungen von Michael Philipp. Er ist bekannt für seine unkomplizierte und unbeschwerte Küche, die Sie in Form eines Degustationsmenüs kennenlernen können. Der Spagat zwischen fränkischer Bodenständigkeit und französisch inspiriertem Kochstil gelingt ihm hervorragend. Von seiner Frau Heike werden Sie im Service sympathisch und professionell umsorgt. Auf der Weinkarte stehen fränkische und internationale Gewächse. Wer länger bleiben möchte: Im ersten Stock des Gebäudes stehen zwei Suiten und ein Doppelzimmer zur Verfügung.

SONNENBÜHL 58 C www.sonnenbuehl.de

Baden-Württemberg | EW 7.190 | 775 m | Reutlingen 26 km, Hechingen 28 km

Hirsch www.romantikhotel-hirsch.de

VARTA-TIPP Service

★★★★

Im Dorf 12, PLZ 72820 (OT: Erpfingen), **T 07128 92910,** F 929134
15 Zimmer | 3 Suiten | Ez 103–180 €, Dz 150–280 €, inkl. Frühstück

Ein ausgesprochen gepflegtes Haus mit persönlich-familiärer Note. Die lichtdurchfluteten Zimmer und Suiten zeigen sich im farbenfrohen Landhausstil. Entspannen können Sie in den „Albwiesen-Schwitzstuben" mit Bio-Sauna und wohligem Ruhebereich. Morgens erwartet Sie ein sehr gutes Frühstück. Direkt am Hotel beginnt das sehr gut ausgeschilderte Wander- und Mountainbikenetz der Schwäbischen Alb.

Hirsch

VARTA-TIPP Küche

45 | Hauptgericht 36–48 €, Menü 65–138 € | Fr-So Do-So Mo, Di, Mi

Im ländlich-eleganten Feinschmeckerrestaurant zeigt Gerd Windhösel einmal mehr, dass er zur Crème de la Crème der deutschen Kochelite gehört. Seine kulinarische Leistungen sind seit Jahren auf einem top Niveau. Das ganze Spektrum seines Könnens lernen Sie am besten kennen, wenn Sie sich für das 8-gängige Überraschungsmenü entscheiden! Der liebenswerte Service sowie die vortreffliche Weinauswahl passen ebenfalls in das niveauvolle Gesamtbild.

Dorfstube

VARTA-TIPP Küche

20 | Hauptgericht 17–30 € | Mo-So

Rustikal geht es im zweiten Restaurant zu: in einer einzigartigen heimeligen Holzstube aus dem 19. Jahrhundert werden schmackhafte regionale Gerichte aus frischen heimischen Zutaten serviert, so z.B. „Häxle vom Alblamm | Karotte | junger Lauch | Kartoffelpüree | Rotweinsoße" oder „Zwiebelrostbraten | Maultäschle | Kräuterschupfnudeln | Rahmsoße | kleiner Salatteller".

SOODEN-ALLENDORF, BAD 32 D www.bad-sooden-allendorf.de

Hessen | EW 8.272 | 162 m | Kassel 47 km, Mühlhausen/Thüringen 53 km

Romantik Hotel Ahrenberg www.hotel-ahrenberg.de

Auf dem Ahrenberg 5, PLZ 37242 (OT: Ahrenberg), **T 05652 95730,** F 1854
35 Zimmer | 2 Suiten | Ez ab 75 €, Dz ab 109 €, inkl. Frühstück

Oberhalb des Werratals und des Kurortes Bad Sooden-Allendorf gelegener Berggasthof mit herrlicher Aussicht. Im modernen Landhausstil eingerichtete Zimmer in unterschiedlichen Kategorien. Bürgerliche Gaststuben mit regionalem und internationalem Speisenangebot.

SPALT 53 C www.spalt.de

Bayern | EW 5.042 | 371 m | Ansbach 35 km, Nürnberg 48 km

Seehotel Zur Hopfenkönigin www.hopfenkoenigin.de

garni

Freiherr-von-Harsdorf-Str. 2, PLZ 91174 (OT: Enderndorf am See), **T 09175 79790,** F 797979
20 Zimmer | 5 Apartments | Ez 89–119 €, Dz 150–180 €, inkl. Frühstück

Geschäfts- und Ferienhotel in schöner Südhanglage, nur wenige Minuten vom Brombachsee entfernt. Hübsche, in Landhausmanier eingerichtete Zimmer und Ferienwohnungen.

Gasthof Blumenthal www.gasthof-blumenthal.de

Stiegelmühle 42, PLZ 91174 (OT: Stiegelmühle), **T 09873 332**
110 | Hauptgericht 14–33 €, Menü 40–52 € | Mi-So Mi-Sa Mo, Di 1.–19.1.23

Ein renovierter Landgasthof mit traditionsreicher Gastronomie. Hier erwartet Sie eine fein zubereitete fränkische Küche, in der überwiegend regionale Produkte Verwendung finden. An lauen Sommerabenden lockt der hübsch dekorierte Innenhof.

SPEYER 50 D www.speyer.de

Rheinland-Pfalz | EW 49.811 | 103 m | Ludwigshafen 21 km, Heidelberg 25 km

Lindner Hotel & Spa www.lindner.de

GREENSIGN ★★★★ S

Binshof 1, PLZ 67346 (OT: Binshof), **T 06232 6470,** F 647699
133 Zimmer | 12 Suiten | Ez 129–399 €, Dz 198–998 €, inkl. Frühstück | 24 h

In reizvoller Nachbarschaft zu einem Landschaftsschutzgebiet empfängt Sie dieses Hotel. Die Zimmer, Suiten und Studios sind kreativ und individuell gestaltet - teils mit südländischem Flair, teils stilvoll elegant. Für Entspannung sorgt der großzügige SPA-Bereich auf 5.200 qm mit mehreren Pools, Saunalandschaft und Hamam. Verschiedene Restaurants.

Domhof www.hoteldomhof.de

★★★★

Bauhof 3, PLZ 67346, **T 06232 13290,** F 132990
47 Zimmer | 2 Suiten | Ez 120–160 €, Dz 160–300 €, inkl. Frühstück | 24 h

Hotel im unter Denkmalschutz stehenden ehem. Reichskammergericht mit hist. Ambiente. Unterschiedlich eingerichtete Gästezimmer, die rund um den mediterranen Innenhof gruppiert sind. Das reichhaltige Frühstücksbuffet mit orientalischen Spezialitäten kann man bei schönem Wetter im Innenhof genießen. Rustikales Brauhausrestaurant mit bayerischer und pfälzischer Küche.

Hotel Residenz am Königsplatz www.residenz-speyer.de

★★★★ garni

Ludwigstr. 6, PLZ 67346, **T 06232 684990,** F 6849999
15 Zimmer | Ez 120–135 €, Dz 160–175 €, inkl. Frühstück

Privat geführtes Hotel in einem denkmalgeschützten Gebäude. Vom Empfang bis zur Abreise erfährt der Gast hier Herzlichkeit und persönlichen Service. Für einen angenehmen Aufenthalt sorgen auch die stilvoll-klassischen Gästezimmer und das sehr gute Frühstück, das sowohl im Gewölbekeller als auch im Wintergarten eingenommen werden kann.

Löwengarten www.hotel-loewengarten.de

★★★★

Schwerdstraße 14, PLZ 67346, **T 06232 6270,** F 627222
65 Zimmer | 2 Suiten | Ez ab 90 €, Dz ab 102 €, 16,00 € | 24 h

Familiengeführtes Businesshotel im Herzen von Speyer. Hell und freundlich eingerichtete Gästezimmer mit kostenlosem WLAN. Gute Bankett- und Tagungsmöglichkeiten.

Am Wartturm www.hotel-amwartturm.de

★★★ S

Landwehrstraße 28, PLZ 67346, **T 06232 64330,** F 643321
24 Zimmer | 7 Apartments | Ez 79–139 €, Dz 99–169 €, ab 11,50 €

Das familiengeführte Hotel ist nur wenige Meter vom hist. Wartturm entfernt. Helle, geräumige Zimmer. Auffallend sind die gute Dienstleistungsbereitschaft der Mitarbeiter und das ansprechende Frühstück am Morgen. Gute Adresse für Geschäfts- und Privatreisende.

AvantGarthe www.avantgarthe.de

Ludwigstr. 2 (im Wittelsbacher Hof), PLZ 67346, **T 06232 687359**
60 | Hauptgericht 19–99 €, Menü 39–69 € | Mi-So Mo, Di

Dieses modern-elegante Restaurant hat mit dem historischen Wittelsbacher Hof einen schönen Rahmen für die niveauvolle internationale Küche. Für private oder geschäftliche Anlässe steht ein kleiner Veranstaltungsraum zur Verfügung. Romantische Sommerterrasse im Innenhof.

CLYNe - Das Restaurant www.restaurant-clyne.de

Große Greifengasse 5, PLZ 67346, **T 06232 1008285**
28 | Hauptgericht 20–32 €, Menü 38–68 € | So Do-Sa Mo, Di, Mi

Elegant und gemütlich zugleich das Ambiente und ambitioniert die Küche. Darf es vielleicht eine „Asiatisch gewürzte Fischsuppe mit Knurrhahn und Muscheln" oder „Entenbrust mit Rhabarbergemüse und Kartoffelgratin" sein? Freitags und samstags mittags wird ein sogenanntes Shopping-Menü in 3 Gängen angeboten.

Ratskeller www.ratskeller-speyer.de

Maximilianstraße 12, PLZ 67346, **T 06232 78612**
120 | Hauptgericht 16–35 €, Menü 32–45 € | Mi-So Mi-Sa Mo, Di

Gemütliches Kellerrestaurant mit ungezwungener Atmosphäre. Serviert werden regionale und bürgerliche Gerichte mit internationalen Einflüssen und saisonalem Bezug. Hübsche Terrasse im Innenhof.

Hausbrauerei im Domhof www.domhof.de

Große Himmelsgasse 6 (im Hotel Domhof), PLZ 67346, **T 06232 67440**
180 | Hauptgericht 9–32 € | Mo-So

Uriger Brauereiausschank mit rustikalem Charme. Serviert wird deftige Regionalküche ebenso wie internationale Spezialitäten. Großzügig angelegter Biergarten mit Blick zum Kaiserdom.

SPIEGELAU 62 A www.spiegelau.de

Bayern | EW 3.946 | 759 m | Grafenau 8 km, Zwiesel 21 km

Hochriegel www.hotel-hochriegel.de

★★★★ garni

Frauenauer Straße 31, PLZ 94518 (OT: Klingenbrunn), **T 08553 9700,** F 970193
58 Zimmer | 2 Suiten | 20 Apartments | Ez 90–128 €, Dz 158–220 €, inkl. Frühstück

Ansprechendes Haus mit unterschiedlichen, meist praktisch ausgestatteten Zimmern. Großzügige Apartments stehen im Gästehaus zur Verfügung. Ansprechender Wellnessbereich mit asiatischem Shiatsu-Raum und ayurvedischem Verwöhntempel.

SPIEKEROOG (INSEL) 13 A www.spiekeroog.de

Niedersachsen | EW 781 | 3 m | Aurich (Ostfriesland) 33 km, Wilhelmshaven 46 km

Inselfriede www.inselfriede.de

★★★★ garni

Süderloog 12, PLZ 26474, **T 04976 91920,** F 919266
55 Zimmer | 8 Suiten | 16 Apartments | Ez 94–135 €, Dz 140–208 €, inkl. Frühstück | 24 h

Gewachsenes Ferienhotel mit angeschlossenen Apartmenthäusern. Die mit viel Liebe zum Detail ausgestatteten Zimmer sorgen für einen entspannten Aufenthalt. Schöne Wellnesslandschaft mit Liegewiese, Sonnenliegen und Strandkörben. Zum Haus gehören das Restaurant „Friesenstube“ sowie ein Irish Pub.

SPROCKHÖVEL 29 D www.svsprockhoevel.de

Nordrhein-Westfalen | EW 24.989 | 219 m | Wuppertal 16 km, Bochum 18 km

Eggers www.hotel-restaurant-eggers.de

VARTA-TIPP Küche

Hauptstraße 78, PLZ 45549 (OT: Niedersprockhövel), **T 02324 71780**
180 | Hauptgericht 16–35 €, Menü 25–50 € | Mo, Do-So Di, Mi

Die historischen Räume mit ihrer rustikalen Atmosphäre sowie der lauschige Weingarten gehören ebenso zu „Eggers“ wie die schmackhaft zubereitete regionale und internationale Küche des Patrons. Wie wäre es z.B. mit „Kross gebratener Blutwurst auf Kartoffel-Sauerkrautpüree“ oder lieber „Königsberger Klopse vom Kalb“? Der sogenannte „Hobbyraum“ wird für Kochkurse und private Feierlichkeiten genutzt.

Habbel's
www.habbel-restaurant.de

Gevelsberger Straße 127, PLZ 45549 (OT: Hasslinghausen), **T 02339 914312**
75 | Hauptgericht 17–34 €, Menü 34–49 € | So Di-So

Seit Jahren ist das Restaurant ein beliebter Treffpunkt für Genießer. Hier erwartet Sie eine schmackhafte deutsch-mediterrane Küche. Die Preise sind fair, der Service freundlich. Ausgezeichnete Auswahl an Weinen sowie Spirituosen aus hauseigener Destillerie und Brennerei (auch Verkauf). Großer Gastgarten.

ST. ENGLMAR 61 B
www.urlaubsregion-sankt-englmar.de

Bayern | EW 1.800 | 808 m | Straubing 34 km, Deggendorf 36 km

Angerhof
www.angerhof.de

★★★★ S

Am Anger 38, PLZ 94379, **T 09965 1860,** F 18619
70 Zimmer | 13 Suiten | Ez 140–240 €, Dz 280–400 €, inkl. Vollpension | 24 h

Ein elegantes Feriendomizil in naturnaher Südhanglage mit herrlichem Fernblick über das Donautal bis zur Alpenkette. Das Haus bietet freundlich gestaltete Zimmer und Suiten in unterschiedlichen Kategorien. Erholungssuchende dürfen sich auf eine großzügige Wellnesslandschaft mit fünf verschiedenen Bademöglichkeiten und Saunawelt freuen. Für das leibliche Wohl sorgen mehrere Restaurants.

Berghotel Maibrunn
www.berghotel-maibrunn.de

★★★★ S

Maibrunn 1, PLZ 94379 (OT: Maibrunn), **T 09965 8500,** F 850100
52 Zimmer | 2 Suiten | Ez 104–125 €, Dz 268–350 €, inkl. Halbpension

Die Top-Lage in 850 Metern Höhe mit grandiosem Blick in die Weite des Bayerischen Waldes ist einzigartig. Die unterschiedlich großen Zimmer und Suiten überzeugen durch innovatives Interieur und regional-zeitgemäßen Stilmix. Für Entspannung und Wohlbefinden sorgt der hauseigene Bade- und Wellnessbereich.

Carpe Diem

160 | Hauptgericht 9–36 €, Menü 15–86 € | Mo-So

Gediegener Landhausstil in heiteren, mediterranen Farben. Serviert wird eine leichte Mittelmeerküche (z.B. hausgemachte Pasta). An den Nachmittagen serviert man Kuchen aus der hauseigenen Konditorei. Stimmungsvolle Terrasse mit Panoramablick.

Reinerhof
www.reinerhof.de

★★★★

Grün 9, PLZ 94379 (OT: Grün), **T 09965 8510,** F 851125
48 Zimmer | 6 Suiten | 2 Apartments | Ez 97–131 €, Dz 176–250 €, inkl. Frühstück

Familiär geführtes Urlaubsquartier mit persönlicher Atmosphäre. Wohnliche Zimmer mit sehr guter Ausstattung und herrlichem Blick auf die Höhenlagen des Bayerischen Waldes. Schöner SPA-Bereich mit Bade- und Saunalandschaft. Das Restaurant mit Wintergarten und Sonnenterrasse serviert traditionelle regionale Küche.

ST. GEORGEN I. SCHWARZWALD 57 C
www.st-georgen.de

Baden-Württemberg | EW 13.208 | 862 m | Triberg 12 km, Villingen-Schwenningen 15 km

Federwerk
www.federwerk.com

Museumstraße 1, PLZ 78112, **T 07724 8849100,** F 8849499
51 Zimmer | 5 Apartments

Das historische Industriegebäude, in dem einst eine Uhrenfabrik untergebracht war, hat sich in ein modernes Hotel verwandelt. Die Zimmer sind großzügig und unterschiedlich geschnitten, jedes hat seinen individuellen Charme. Zum Haus gehören auch ein Sauna- und Fitnessbereich, ein Restaurant mit Südterrasse sowie ein rundum verglaster Veranstaltungsraum auf dem Dach des Hotels.

ST. GOAR 40 D
www.st-goar.de

Rheinland-Pfalz | EW 2.790 | 80 m | Bingen 28 km, Koblenz 43 km

Schloss Rheinfels
www.schloss-rheinfels.de

★★★★ S

Schlossberg 47, PLZ 56329, **T 06741 8020,** F 802802
64 Zimmer | 4 Suiten | 5 Apartments | Ez ab 95 €, Dz ab 130 €, inkl. Halbpension | 24 h

Historische Burganlage mit fantastischem Blick ins Rheintal und auf die berühmte Loreley. Sie wohnen in schönen, individuell eingerichteten Gästezimmern. Dazu ein hübsch gestalteter SPA-Bereich mit Außensauna. Kulinarisch haben Sie die Wahl zwischen dem Schlossrestaurant mit Wintergarten und der rustikalen Burgschänke mit Terrasse.

Weinhotel Landsknecht Neu!
www.hotel-landsknecht.de

★★★ S

Rheinuferstraße (an der B 9), PLZ 56329 (OT: Fellen), **T 06741 2011,** F 7499
21 Zimmer | 1 Suite | Ez 79–150 €, Dz 95–230 €, inkl. Frühstück

Die einmalig schöne Lage und die familiäre Gastfreundschaft sorgen für das perfekte Urlaubserlebnis. Zudem erwarten Sie gepflegte Gästezimmer, teils mit schönem Blick auf den Rhein. Einladendes Restaurant mit großer Terrasse. Hier bietet man eine saisonale Frischeküche. Die Weine des hauseigenen Weinguts „Toni Lorenz" kann man in der angeschlossenen Vinothek probieren und käuflich erwerben.

ST. INGBERT 49 D
sanktingbert.de

Saarland | EW 36.254 | 229 m | Saarbrücken 13 km, Neunkirchen/Saar 13 km

Die Alte Brauerei
www.diealtebrauerei.com

Kaiserstraße 101, PLZ 66386, **T 06894 92860**
100 | Hauptgericht 20–40 €, Menü 37–67 € | Mo, Mi-Fr, So Mo, Mi-So Di

Rustikal-eleganter Gasthof in einem hist. Gebäude-Ensemble aus dem 18. Jahrhundert. Schmackhafte französische Küche, bei der frische saisonale Produkte Verwendung finden. Lauschige Terrasse am Stadtpark. Unterschiedlich eingerichtete Gästezimmer vorhanden.

La Trattoria del Postillione
www.postillione.de

Neue Bahnhofstraße 2, PLZ 66386, **T 06894 381061**
70 | Hauptgericht 21–29 €, Menü 21–55 € | Mi-Sa Mo, Di, So

Gemütliches italienisches Restaurant in einem alten Bahnhof mit behaglicher Atmosphäre und schöner, mit Weinreben bedeckter Terrasse. Auf der regelmäßig wechselnden Speisekarte findet sich eine klassische italienische Küche mit saisonalem Bezug. Preisgünstiger Mittagstisch.

ST. JOHANN 50 B www.vg-sg.de

Rheinland-Pfalz | EW 839 | 150 m | Bad Kreuznach 15 km, Ingelheim am Rhein 20 km

Hofgut Wißberg www.hofgut-wissberg.de

Hofgut Wissberg, PLZ 55578, **T 06701 916450,** F 916450
21 Zimmer | 2 Suiten | Ez 139–239 €, Dz 159–259 €, inkl. Frühstück

Denkmalgeschütztes Hofgut inmitten einer 18-Loch-Golfanlage. Das Boutique-Hotel bietet seinen Gästen moderne und geschmackvoll eingerichtete Zimmer und Studios, teilweise mit hübschem Ausblick auf die Weinberge. Gute Tagungsmöglichkeiten.

ST. MÄRGEN 64 B www.sankt-maergen.de

Baden-Württemberg | EW 1.828 | 895 m | Freiburg 27 km, Villingen-Schwenningen 45 km

Der Hirschen www.derhirschen.de

Feldbergstraße 9, PLZ 79274, **T 07669 940680,** F 9406888
40 Zimmer | 3 Suiten

Traditionsreicher Gasthof mit hübscher Gartenanlage und zeitlos eingerichteten Zimmern unterschiedlicher Größe, die sich auf Stammhaus, Landhaus und HIRSCHENlodge verteilen. Das Haus verfügt auch über eine weitläufige Gartenanlage mit altem Baumbestand, eine Biergartenterrasse, einen Relaxbereich mit finnischer Sauna sowie ein Restaurant mit regionaler Küche.

Zum Kreuz www.gasthaus-zum-kreuz.de

Hohlengraben 1, PLZ 79274, **T 07669 91010**
60 | Hauptgericht 11–30 €, Menü 21–73 € | Mo-Di, Fr-So ⃠ Mi, Do

Reichlich Holz, Eckbänke, kleine Erker und ein hübscher Kachelofen machen dieses ländlich-charmante Restaurant urig und gemütlich. Aus der Küche kommen überwiegend regionale Gerichte unter Verwendung saisonfrischer Zutaten. Dazu gibt es badische Weine. Sympathischer Service. Im Haupt- und Gästehaus stehen gepflegte Hotelzimmer zur Verfügung.

ST. MARTIN 50 D sankt-martin.de

Rheinland-Pfalz | EW 1.813 | 225 m | Landau 10 km, Wörth 37 km

Consulat des Weins www.consulat-des-weins.de

★★★S

Maikammerer Straße 44, PLZ 67487, **T 06323 8040,** F 804426
50 Zimmer | Ez 91–155 €, Dz 136–200 €, inkl. Frühstück

Gastfreundliches, modernes Hotel am Ortsrand auf einem großzügigen, parkähnlichen Gelände. Behaglich eingerichtete Zimmer mit zweckmäßiger Ausstattung. Rustikales Restaurant mit regionaler und internationaler Küche. Vinothek im Untergeschoss.

Das Landhotel Weingut Gernert weingut-gernert.de

Maikammererstraße 39, PLZ 67487, **T 06323 94180,** F 941840
17 Zimmer | 1 Apartment | Ez 80–83 €, Dz 138–155 €, inkl. Frühstück

Individuelles Landhotel mit südlichem Flair inmitten von Weingütern und Wanderwegen. Komfortable Zimmer im mediterranen Landhausstil, überwiegend mit Balkon oder Terrasse. Hochwertiger Relax- und Wellnessbereich mit Sauna, Dampfbad und Kaminlounge. Das Restaurant im Gewölbekeller serviert regionale Küche und eigene Weine.

Hotel Arens 327 — www.arens327.de

★★★ S garni

Oberst-Barret-Straße 1, PLZ 67487, **T 06323 9450,** F 81111
65 Zimmer | 1 Suite | 2 Apartments | Ez 48–64 €, Dz 92–116 €, inkl. Frühstück

Am Ufer des pfälzischen Rebenmeers erwartet Sie dieses Tagungs- und Urlaubsdomizil. Zum Haus gehören freundliche Gästezimmer, eine gemütliche Hotelbar sowie ein attraktiver Wellnessbereich mit Wohlfühloase und Well-Aktiv-Club. Im Restaurant speisen Sie mit Blick über die Pfälzer Weinstraße und die Rheinebene.

St. Martiner Castell — www.martinercastell.de

★★★ S garni

Maikammerer Straße 2, PLZ 67487, **T 06323 9510,** F 951200
24 Zimmer | 2 Suiten | Ez ab 80 €, Dz ab 130 €, inkl. Frühstück

Familiär geführtes Haus im Dorfkern mit rustikal-eleganten Zimmern auf zwei Etagen, die teilweise im Landhausstil eingerichtet sind. Entspannen kann man in der hauseigenen Sauna. Restaurant mit regionaler und internationaler Küche sowie mediterraner Sonnenterrasse.

Wiedemann's Weinhotel — www.wiedemanns-weinhotel.de

★★★★ S garni

Einlaubstr. 62-66, PLZ 67487, **T 06323 94430,** F 944330
20 Zimmer | Ez ab 123 €, Dz ab 246 €, inkl. Halbpension

Sympathisches Haus unter familiärer Führung in ruhiger Hanglage mit hübschen Nichtraucherzimmern im Landhausstil. Teilweise herrlicher Blick auf die Rheinebene. Charmante Wellnessoase mit beheiztem Panoramafreischwimmbad, finnischer Sauna und Rasulbad. Im Restaurant wird regionale Frischeküche serviert.

ST. MICHAELISDONN 14 B — www.st-michaelisdonn.de

Schleswig-Holstein | EW 3.730 | 5 m | Itzehoe 33 km, Büsum 36 km

Landhaus Gardels — www.gardels.de

garni

Westerstr. 15-19, PLZ 25693, **T 04853 8030,** F 803183
50 Zimmer

Ein familiengeführtes Hotel in ruhiger Lage. Wohnliche Gästezimmer mit zeitgemäßem Komfort. Gutes Frühstück.

Restaurant im Landhaus Gardels

40 | Hauptgericht 18–32 € | Mo-Sa So

Zeitgemäß-saisonal und frisch isst man hier! Verarbeitet werden nur marktfrische Produkte aus der Region. Ihre Vorspeise könnte „Gebratene Geflügelleber | Feldsalat | Glasierte Äpfel | Röstzwiebel" heißen, und wie wäre es mit „Rumpsteak unter der Käsekruste | Schwenkgemüse | Bratkartoffeln" als Hauptgericht? Das Ambiente: modern und behaglich.

ST. PETER 64 B www.st-peter-schwarzwald.de

Baden-Württemberg | EW 2.536 | 720 m | Freiburg 21 km, Titisee-Neustadt 24 km

Zur Sonne www.sonne-schwarzwald.de

Zähringer Straße 2, PLZ 79271, **T 07660 94010**
50 | Hauptgericht 14–38 € | Di-So ⃠ Mo

Die herzliche „Sonne-Atmosphäre" schätzen verwöhnte Einheimische und anspruchsvolle Reisende gleichermaßen. Im hellen, holzgetäfelten Gastraum gelingt der Spagat zwischen klassischer Haute Cusine und badisch-regionaler Küche. An warmen Abenden lockt die hübsche Sonnenterrasse. Übernachten kann man in einem der behaglich eingerichteten Zimmer.

ST. PETER-ORDING 6 D www.st-peter-ording.de

Schleswig-Holstein | EW 4.300 | 3 m | Husum 44 km, Rendsburg 83 km

Aalernhüs www.aalernhues.de

★★★★★

Friedrich-Hebbel-Straße 2, PLZ 25826, **T 04863 7010,** F 2689
64 Zimmer | 16 Suiten | Ez 144–314 €, Dz 159–359 €, inkl. Frühstück | 24 h

Das Wellness- und Ferienhotel liegt inmitten einer großzügigen Garten- und Parkanlage. Es bietet seinen Gästen geschmackvoll eingerichtete Zimmer mit Balkon sowie großzügige Residenzen unterschiedlicher Kategorien. Zum Haus gehören außerdem eine großzügige Lobby mit Kaminlounge, ein Grillrestaurant mit Terrasse, ein modern gestalteter SPA- und Wellnessbereich sowie zwei Tennisplätze.

Urban Nature Hotel Neu! www.urban-nature.de

Fritz-Wischer-Straße 13, PLZ 25826 (OT: St. Peter-Bad), **T 04863 476500**
90 Zimmer | 24 h

Besser könnte das lässig-entspannte Lifestyle-Hotel kaum liegen: direkt am Deich mit herrlichem Blick auf Wald, Dünen und Nordsee. Dazu wohnt man in modernen, nachhaltig eingerichteten Zimmern und relaxt im 800 qm großen SPA mit verschiedenen Saunen, drei Treatmenträumen, einem Functional-Fitness-Place sowie einer Outdoorterrasse. Heimische Soulfoodküche serviert man im Restaurant „Auntie Clara". Darüber hinaus gibt es im Kiosk im EG Getränke und Snacks fast rund um die Uhr.

Hotel Zweite Heimat www.hotel-zweiteheimat.de

Am Deich 41, PLZ 25826, **T 04863 474890,** F 4748948
47 Zimmer | 27 Suiten | 24 h

Das sympathische Lifestyle-Hotel befindet sich direkt hinter den Dünen mit Blick auf Sand, Meer, Salzwiesen und die berühmten Pfahlbauten. Die Zimmer werden in „Kleine" und „Große Stuben" (Themensuiten) unterteilt. Geschmackvolle Einrichtung mit viel Holz, liebevollen Details und exklusiven Möbeln von Rivièra Maison.

Esszimmer

70 | Hauptgericht 17–30 €, Menü 40–50 € | Di-So ⃠ Mo

Helles, freundliches Restaurant mit hübscher Terrasse direkt am Deich. Serviert wird eine frische saisonale und regionale Küche mit Gerichten wie „Gebratene Kutterscholle | lütte Bratkartoffeln | Speck | buntes Grünzeug“ oder „Friesiko-Schweinefilet | Pilze in Rahm | wilder Brokkoli | Pommes Macaire“. Nachmittags gibt es hausgemachte Kuchen.

Landhaus an de Dün
www.hotel-landhaus.de

VARTA-TIPP Service

★★★★ garni

Im Bad 63, PLZ 25826, **T 04863 96060**
15 Zimmer | 6 Suiten | Ez 104–255 €, Dz 149–255 €, inkl. Frühstück

Lust auf eine Auszeit am Meer? Das vorbildlich geführte Hotel bietet seinen Gästen zeitgemäße, großzügig geschnittene Zimmer, die nahezu alle über einen Balkon oder eine Terrasse verfügen. Dazu ein schöner Wellnessbereich mit Erlebnisschwimmbad. Auch SPA- und Massageanwendungen werden angeboten. Nachmittags können Sie sich im Café mit hausgemachtem Kuchen verwöhnen lassen.

Das Frühstückshotel SPO
www.fruehstueckshotel-spo.de

garni

Waldstr. 19-21, PLZ 25826, **T 04863 96880,** F 2735
38 Zimmer | 2 Suiten | Ez 49–109 €, Dz 79–179 €, 5,00–17,50 € | 11.–28.12.22, 10.–27.12.23

Eine gepflegte Adresse in ruhiger Waldrandlage. Die Gästezimmer sind hell und individuell eingerichtet. Bei schönem Wetter können Sie Ihr Frühstück auch auf der geräumigen Terrasse einnehmen.

Hotel Tweed
www.hotel-tweed.de

★★★ garni

Im Bad 65, PLZ 25826 (OT: Bad), **T 04863 9503939**
8 Zimmer

Das kleine, stilvolle Boutique-Hotel vereint das Norddeutsche mit dem Irischen. Kein Wunder, denn die Gastgeberfamilie hat viele Jahre in Irland gelebt. Die Suiten sind im englisch-irischen Country-Stil eingerichtet. Ein ganz besonderes Highlight: Das Frühstück wird morgens direkt im Zimmer serviert.

Lieblingsplatz Strandhotel
www.lieblingsplatz-strandhotel.de

Im Bad 73, PLZ 25826 (OT: Bad), **T 04863 9589325**
39 Zimmer | 1 Suite | 1 Apartment

Schon von außen wirkt das schmucke Backsteingebäude äußerst einladend, im Innern besticht die geschmackvolle Einrichtung. Die geräumigen und modernen Gästezimmer sind mit maritimen Details versehen. Weitläufiger Garten auf einem Dünengrundstück mit altem Baumbestand.

Strandhütte Pfahlbaurestaurant
www.die-strandhuette.de

Zum Südstrand , PLZ 25826, **T 04863 4747011**
80 | Hauptgericht 16–32 €, Menü 49–69 € | Mi-So Mo, Di

Restaurant mit riesigem Sonnendeck und tollem Meerblick. Während tagsüber Snacks und Kleinigkeiten angeboten werden, wird am Abend eine saisonal und regional beeinflusste Küche aufgetischt. Wie wär’s z.B. mit „Geflämmtem Seeteufel | Anis-Sud | Karotte | gepoppter Wildreis“? Tischbestellung empfehlenswert.

ST. WENDEL 49 D www.sankt-wendel.de

Saarland | EW 25.890 | 300 m | Saarbrücken 36 km, Idar-Oberstein 41 km

Hotel Le Journal www.cafe-le-journal.de

★★★ garni

Schillerstr. 9, PLZ 66606, **T 06851 9378782,** F 9122206
40 Zimmer | Ez ab 74 €, Dz ab 92 €, inkl. Frühstück

Das extravagante Gästehaus „Auberge le Journal“ besticht durch seine auffällig bemalte Fassade. Hier erwarten Sie wohnliche Komfortzimmer mit Lehmwänden und künstlerisch gestalteten Bädern. Etwas einfacher, aber zweckmäßig und gemütlich sind die Standardzimmer im Stammhaus.

Kunz www.restaurant-kunz.de

VARTA-TIPP Küche

Kirchstraße 22, PLZ 66606 (OT: Bliesen), **T 06854 8145**
16 | Hauptgericht ab 38 €, Menü 99–139 € | Do-Fr, So Do-Sa Mo, Di, Mi

Einladendes, modern gestaltetes Restaurant mit Lounge, Wintergarten und Kaminzimmer. Chefkoch Alexander Kunz hat sich über die Grenzen des Saarlandes hinaus längst einen Namen gemacht. Die leichte, klassisch französische Küche wird von ihm regelrecht zelebriert. Er verarbeitet edelste Produkte zu fantasievollen, köstlichen Gerichten. Das wechselnde Gourmetmenü umfasst vier bis sechs Gänge. Charmant und fachkundig empfiehlt Anke Kunz dazu die passenden Weine. Tischreservierung empfehlenswert.

STAFFELSTEIN, BAD 43 D www.bad-staffelstein.de

Bayern | EW 10.499 | 274 m | Coburg 26 km, Bamberg 32 km

Kurhotel an der Obermaintherme www.kurhotel-staffelstein.de

★★★★

Am Kurpark 7, PLZ 96231, **T 09573 3330,** F 333299
136 Zimmer | 4 Suiten | Ez 103–212 €, Dz 156–324 €, inkl. Frühstück | 24 h

Kur- und Tagungshotel mit geräumigen und geschmackvoll eingerichteten Landhauszimmern. Besonderen Luxus bieten die Penthousesuiten auf dem Dach des Hauses. Über einen hoteleigenen Bademantelgang gelangen Hausgäste zur benachbarten Obermain Therme mit 35.000 qm großer Wellnesslandschaft. Das Hotel wird ökologisch mit Strom versorgt. Das Gourmetrestaurant „v. Scheffel“ bietet gehobene mediterrane Küche.

Erich Rödiger
www.hotel-roediger.de

Zur Herrgottsmühle 2, PLZ 96231, **T 09573 9260,** F 926262
50 Zimmer | Ez 102–142 €, Dz 134–174 €, inkl. Frühstück | ⦸ 19.–25.12.22

Nur wenige Schritte von der Obermain Therme entfernt im Herzen des Kurortes liegt dieses familiär geführte Geschäfts- und Ferienhotel. Liebevoll eingerichtete Nichtraucherzimmer mit individueller Ausstattung. Das Restaurant serviert fränkische und internationale Küche.

Augustin
www.hotel-augustin.de

Schwabthal 3, PLZ 96231 (OT: Schwabthal), **T 09573 96970,** F 969739
28 Zimmer | 2 Apartments | Ez ab 75 €, Dz ab 130 €, inkl. Frühstück

Ein romantischer Feriengasthof mit mediterranem Flair und hübsch eingerichteten Landhauszimmern. Restaurant mit mehreren Gaststuben, in denen eine traditionell fränkische Küche serviert wird.

STARNBERG 67 B
www.starnbergammersee.de

Bayern | EW 22.650 | 588 m | München 28 km, Bad Tölz 45 km

Vier Jahreszeiten
www.vier-jahreszeiten-starnberg.de

Münchner Str. 17, PLZ 82319, **T 08151 44700,** F 4470161
122 Zimmer | 7 Suiten | Ez 129–229 €, Dz 149–269 €, inkl. Frühstück | 24 h

Für Feriengäste und Tagungen gleichermaßen geeignetes Hotel mit geräumigen, gut ausgestatteten Gästezimmern. Kleiner, aber feiner Wellness- und Fitnessbereich im fünften Stock mit finnischer Sauna, Dampfbad und großer Sonnenterrasse. Die Umgebung lockt mit einer Vielzahl an Outdooraktivitäten wie Wandern oder Radfahren.

Aubergine
www.aubergine-starnberg.de

VARTA-TIPP Küche **VARTA-TIPP** Service

44 | Menü 109–129 € | Mi-Sa ⦸ Mo, Di, So

Moderne, klare Architektur, gehobene Tafelkultur sowie kontrastreiche, auberginefarbene Akzente prägen das Interieur dieses stilvollen Gourmetrestaurants. Die Küche von Maximilian Moser begeistert mit ausgezeichnetem Handwerk und kreativer Kulinarik im Rhythmus der Jahreszeiten. Zum exquisiten „Aubergine-Menü“ kredenzt Ihnen das freundliche, zugewandte und versierte Serviceteam erlesene Weine aus nah und fern.

Fischerhaus
www.hotel-fischerhaus-starnberg.de

Achheimstraße 1, PLZ 82319, **T 08151 90550,** F 905520
11 Zimmer | Ez 89–179 €, Dz 129–189 €, inkl. Frühstück

Kleines Privathotel nahe des Starnberger Sees mit geschmackvollen, im Landhausstil eingerichteten Gästezimmern mit Balkon oder kleiner Terrasse. Das reichhaltige Frühstücksbuffet kann bei schönem Wetter auch im Freien genossen werden. Freundliches Personal.

STAUFEN 64 A
www.muenstertal-staufen.de

Baden-Württemberg | EW 8.200 | 288 m | Freiburg 22 km, Basel (Schweiz) 58 km

Ambiente www.restaurant-ambiente.com

Ballrechter Straße 8, PLZ 79219 (OT: Grunern), **T 07633 802442**
20 | Hauptgericht 30–42 €, Menü 57–77 € | Mo-Di, So Mo-Di, Fr-So Mi, Do

Familiär geführtes Restaurant mit mediterran angehauchtem Ambiente. Serviert wird eine frische internationale Küche. Gut sortierte Weinkarte mit rund 100 Positionen. Nette Terrasse.

Die Krone www.die-krone-staufen.de

Hauptstraße 30, PLZ 79219, **T 07633 5840**
75 | Hauptgericht 22–38 €, Menü 35–48 € | So Mo-Fr, So Sa

Hist. Gaststube mit gemütlicher Atmosphäre, die im Jahr 1520 zum ersten Mal erwähnt wurde. Auf den Tisch kommt schmackhafte badische Küche unter Verwendung frischer Zutaten. Gut sortierte Weinkarte, sehr freundlicher Service. Wohnliche Gästezimmer mit zeitgemäßer Ausstattung, zum Teil mit Terrasse oder Balkon.

STEBEN, BAD 44 D www.bad-steben.de

Bayern | EW 3.375 | 578 m | Hof 25 km, Kronach 35 km

Villa Siegfried www.villasiegfried.com

€ Gut & Günstig ★★★ garni
Hemplastraße 7, PLZ 95138, **T 09288 1607,** F 924969
11 Zimmer | 2 Suiten | 2 Apartments | Ez 55–65 €, Dz 96–150 €, inkl. Frühstück | 30.11.22–1.2.23

In der 4. Generation familiengeführtes Hotel in einer Jugendstilvilla von 1911 mit modernem Ambiente. Individuell eingerichtete Zimmer mit komfortabler Ausstattung. Zum Haus gehören auch eine Bibliothek sowie ein malerischer Garten mit Liegewiese. Sehr gutes Frühstück.

STEINEN 64 A www.steinen.de

Baden-Württemberg | EW 10.100 | 660 m | Schopfheim 7 km, Lörrach 8 km

Landmann www.hotel-landmann.de

Hausmatt 3, PLZ 79585 (OT: Endenburg - Kirchhausen), **T 07629 388**
160 | Hauptgericht 9–35 €, Menü 34–45 € | So Mo-So

Inmitten des Kleinen Wiesentals im beschaulichen Schwarzwalddorf Kirchhausen erwartet Sie dieses tipptopp gepflegte Gasthaus mit seinen behaglichen Stuben. Aus der Küche kommen regional beeinflusste Gerichte, bei denen frische und hochwertige Produkte Verwendung finden. Die Preise sind fair, der Service zuvorkommend. Zum Übernachten stehen individuell eingerichtete Gästezimmer bereit.

STEINENBRONN 58 A www.steinenbronn.de

Baden-Württemberg | EW 6.143 | 431 m | Böblingen 14 km, Stuttgart 19 km

Apartmenthotel Residenz Steinenbronn
www.residenz-hotel.de

★★★ garni

Lerchenstraße 14, PLZ 71144, **T 07157 7360,** F 3074
176 Zimmer | 2 Suiten | 76 Apartments | Ez 76–145 €, Dz 111–185 €, 12,00 €

Dieses moderne Apartmenthotel bietet helle, großzügige Zimmer mit zeitgemäßem Komfort. Das Angebot reicht von schicken, komplett ausgestatteten 1-Zimmer-Studios bis hin zu 2- bzw. 3-Zimmer-Apartments mit Küchenzeile. Günstig ist die Nähe zum Stuttgarter Messegelände und zum Flughafen.

Krone
www.krone-steinenbronn.de

Stuttgarter Straße 47, PLZ 71144, **T 07157 7054578**
70 | Hauptgericht 17–31 €, Menü 20–40 € | Di-Sa ⃠ Mo, So

Bei Familie Hornung kann man nicht nur gut übernachten: Im behaglich-rustikalen Restaurant steht Juniorchef Tim am Herd und bereitet klassische schwäbische Gerichte zu. Besonders empfehlenswert sind die Wildspezialitäten aus eigener Jagd, wie z.B. „Geschmorte Wildschweinschulter in Holunderrahmsauce mit Champignons und Spätzle“.

STEINFURT 20 D
www.steinfurt-touristik.de

Nordrhein-Westfalen | EW 34.085 | 65 m | Rheine 18 km, Münster 30 km

Posthotel Riehemann
www.posthotel-riehemann.de

Münsterstraße 8 (Zufahrt über Lindenstr.), PLZ 48565 (OT: Borghorst), **T 02552 99510,** F 62484
18 Zimmer | 3 Suiten | Ez 65–86 €, Dz 105–110 €, inkl. Frühstück

Ehem. Posthalterei aus dem Jahr 1827, die zu einem zeitgemäßen Hotel umgebaut wurde. Liebevoll eingerichtete Gasträume und Zimmer, freundliche Inhaber.

STEINHEIM (WESTFALEN) 31 A-B
www.steinheim.de

Nordrhein-Westfalen | EW 12.790 | 141 m | Detmold 22 km, Höxter 24 km

Germanenhof
www.germanenhof.de

★★★ S

Teutoburger-Wald-Straße 29, PLZ 32839 (OT: Sandebeck), **T 05238 98900,** F 989090
35 Zimmer | 3 Suiten | Ez 88–92 €, Dz 120–125 €, inkl. Frühstück

Ein charmantes Privathotel in herrlich ruhiger Lage. Hier erwarten Sie gemütlich eingerichtete Zimmer im Landhausstil. Kleiner Wellnessbereich mit finnischer Sauna und Dampfbad. Die landschaftlich und kulturell reizvolle Umgebung eignet sich bestens für Freizeitausflüge.

Germanenhof

200 | Hauptgericht 12–25 €, Menü 20–45 € | Mi-So Mo, Mi-So Di

Behagliches, alpenländisches Ambiente. Auf der Speisekarte locken internationale Spezialitäten und westfälische Gaumenfreuden wie z.B. „Maispoulardenbrust | Purple-Curry-Staub | Zitronengrasschaum | Basmatireis“. Gut bestückter Weinkeller.

STEINHEIM AM ALBUCH 59 A www.steinheim.com

Baden-Württemberg | EW 8.509 | 539 m | Heidenheim 8 km, Göppingen 38 km

Gasthof Zum Kreuz www.kreuz-steinheim.de

Hauptstraße 26, PLZ 89555, **T 07329 96150,** F 961555
45 Zimmer | 24 h

Über 300-jähriger Brauereigasthof am östlichen Rande der Schwäbischen Alb. Das familiär geführte Haus ist mit liebevollen Details eingerichtet und verfügt über freundliche und komfortabel ausgestattete Zimmer. Im Restaurant werden zum hausgebrauten naturtrüben Kellerbier Gerichte aus der regionalen und internationalen Küche serviert.

STEINSFELD 52 D www.steinsfeld.de

Bayern | EW 1.192 | 405 m | Rothenburg ob der Tauber 6 km, Ansbach 35 km

Landwehrbräu www.landwehr-braeu.de

Reichelshofen 31, PLZ 91628 (OT: Reichelshofen), **T 09865 9890,** F 989686
37 Zimmer | Ez 93–118 €, Dz ab 139 €, inkl. Frühstück | 9.1.–2.2.23

Hist. Fachwerkbau von 1387 mit separatem Gästehaus. Stilvoll und individuell eingerichtete Zimmer mit kostenlosem WLAN. Rustikales Restaurant mit gehobener regionaler Küche.

Gasthof Zum Schwan www.schwan-rothenburg.de

€ Gut & Günstig

Hartershofen 39, PLZ 91628 (OT: Hartershofen), **T 09861 3387**
13 Zimmer | Ez ab 58 €, Dz ab 80 €, inkl. Frühstück

Charmanter, familiär geführter Dorfgasthof mit zeitgemäß eingerichteten Gästezimmern unterschiedlicher Größe. Rustikales Restaurant mit fränkischer und deutscher Küche.

STEMMEN 15 C www.stemmen.de

Niedersachsen | EW 851 | 35 m | Sittensen 9 km, Schneverdingen 24 km

Landgut Stemmen www.landgut-stemmen.de

Große Straße 12, PLZ 27389, **T 04267 93040,** F 930466
32 Zimmer

Gut geführtes Landhotel mit herzlicher und familiärer Atmosphäre, das sich seit über 400 Jahren in Familienbesitz befindet. Das Haus bietet seinen Gästen geräumige, individuell eingerichtete Zimmer. Im Restaurant „Schultens“ werden regionale Speisen serviert.

STEPHANSKIRCHEN 68 B www.stephanskirchen.de

Bayern | EW 10.113 | 440 m | Rosenheim 10 km, Prien 17 km

Gocklwirt www.gocklwirt.de

Weinbergstraße 9, PLZ 83071 (OT: Baierbach), **T 08036 1215**
120 | Hauptgericht 9–32 €, Menü 31–62 € | Fr-So Do-So Mo, Di, Mi

Ein originelles Antiquitäten- und Spezialitätenrestaurant mit vielen gemütlichen Nischen und Ecken sowie themenbezogenen Stuben. Hier gibt es regionale und alpenländische Schmankerl inmitten einer Ausstellung von hist. landwirtschaftlichen Geräten. Gemütlicher Biergarten.

STIEFENHOFEN 66 B www.stiefenhofen.de

Bayern | EW 1.788 | 805 m | Oberstaufen 6 km, Isny i. Allgäu 15 km

Landgasthof Rössle www.roessle.net

★★★

Hauptstraße 14, PLZ 88167, **T 08383 92090,** F 920949
13 Zimmer | Ez 79 €, Dz 109–140 €, inkl. Frühstück | 24 h

Gepflegtes Landhotel mit familiärer Atmosphäre. Hell und wohnlich eingerichtete Gästezimmer zu zivilen Preisen. Direkt am Haus befinden sich ein Kneippbecken und eine Langlaufloipe. Rad- und Motorradfahrer willkommen.

Landgasthof Rössle

120 | Hauptgericht 6–23 €, Menü 13–39 € | Sa-So Mo-Di, Do-So Mi

In den hist. Gaststuben werden bodenständige allgäu-schwäbische Speisen sowie schmackhafte Kräutergerichte serviert. Brot, Honig und Räucherfleisch kommen aus eigener Produktion. Im Sommer lockt der lauschige Biergarten.

STOCKHEIM 44 C www.stockheim-online.de

Bayern | EW 4.948 | 350 m | Coburg 40 km, Bayreuth 53 km

Rebhan's www.hotel-rebhan.de

★★★★ S

Ludwigsstädter Straße 95-99, PLZ 96342 (OT: Neukenroth), **T 09265 9556100,** F 9556600
90 Zimmer | 3 Suiten | 24 h

Modernes, familiengeführtes Business- und Wellnesshotel in grüner Lage. Wohnlich eingerichtete Zimmer mit zweckmäßiger Ausstattung. Mediterran gestaltetes Restaurant mit internationaler Küche. Kreative Cocktails, Longdrinks und Weinspezialitäten bietet die „Rebhan's Bar & Lounge".

Landgasthof Detsch www.landgasthof-detsch-haig.de

Coburger Straße 9, PLZ 96342 (OT: Haig), **T 09261 62490**
60 | Hauptgericht 14–32 €, Menü 26–38 € | Di-Sa Mo, So

Das familiengeführte Gasthaus bietet eine schmackhafte Regionalküche, bei der fast ausschließlich heimische Produkte Verwendung finden. Wie wäre es z.B. mit „Fränkischem Saiblingsfilet in der Kartoffel-Röstikruste auf jungem Rahmblattspinat mit Kirschtomaten"? Toll der Gastgarten unter Kastanien im Sommer.

STOLPE AN DER PEENE 19 A www.amt-anklam-land.de

Mecklenburg-Vorpommern | EW 313 | 3 m | Anklam 10 km, Greifswald 40 km

Gutshaus Stolpe www.gutshaus-stolpe.de

VARTA-TIPP Service

Peenstraße 33, PLZ 17391, **T 039721 5500,** F 55099
38 Zimmer | 4 Suiten | Ez 99–180 €, Dz 145–330 €, inkl. Frühstück | 24 h

Ein echtes Refugium für Erholungssuchende! Ein weitläufiger Park mit altem Baumbestand umgibt die denkmalgeschützte Gutsanlage. Edle Materialien, ausgesuchte Antiquitäten und feinstes Interiordesign prägen die individuell ausgestatteten Landhauszimmer. Für Entspannung sorgt die Wellnesslounge mit Sauna, Dampfbad und beheiztem Außenpool. Und auch der vorbildliche Hotelservice sorgt dafür, dass sich der Gast hier rundum wohlfühlt.

Gutshaus Stolpe

VARTA-TIPP Küche **VARTA-TIPP** Service

40 | Hauptgericht 35–48 €, Menü 85–149 € | Di-Sa Mo, So

Genussreiche Stunden verspricht der Aufenthalt in diesem eleganten Gourmetrestaurant. In der Küche führt seit 2022 Christian Somann Regie, und man spürt deutlich sein Engagement: Geschmack, schöne Kontraste und Harmonie begeistern hier ebenso wie die Produktqualität und die Verbundenheit zur Region. Umsorgt wird man von einem professionellen Serviceteam. Deftige, bodenständige Speisen gibt es im historischen Wirtshaus „Stolper Fährkrug".

STOLPEN 36 D www.stolpen.de

Sachsen | EW 5.648 | 274 m | Neustadt 5 km, Radeberg 12 km

Zum Erbgericht www.erbgericht.de

★★★★

Am Markt 8, PLZ 01833 (OT: Heeselicht), **T 035973 2290,** F 24212
12 Zimmer | 1 Suite | Ez 82–88 €, Dz 120–124 €, inkl. Frühstück

Das familiengeführte Landhotel am Polenztal ist ein idealer Ausgangspunkt für Wanderungen und Besichtigungstouren in der Sächsischen Schweiz. Das Haus bietet seinen Gästen wohnliche Zimmer (auch Familienzimmer) mit zeitgemäßer Ausstattung. Es gibt auch zwei Kegelbahnen.

Restaurant im Landhotel Zum Erbgericht

120 | Hauptgericht 15–40 €, Menü 38–90 € | Mi-So Mo-So

Im hellen, freundlichen Restaurant verwöhnt Sie der Junior des Hauses mit einer gehobenen, aber bodenständigen Küche, bei der überwiegend regionale und saisonale Zutaten Verwendung finden. Man hat auch Räumlichkeiten für Veranstaltungen.

Burghotel Stolpen
www.burghotel-stolpen.de

garni

Schlossstraße 12 (Anfahrt über Poetenweg), PLZ 01833, **T 035973 29900,** F 2990110
37 Zimmer | 13 Suiten | Ez ab 85 €, Dz ab 120 €, inkl. Frühstück | 24 h

Am Fuß der Burg Stolpen liegt dieses familiengeführte Hotel. Das Haus verfügt über funktional eingerichtete Zimmer sowie ein rustikales Restaurant mit Wintergarten, in dem regionale und internationale Küche serviert wird.

STRALSUND 11 C
www.stralsundtourismus.de

Mecklenburg-Vorpommern | EW 57.778 | 13 m | Greifswald 31 km, Rostock 71 km
Altstadt (UNESCO-Weltkulturerbe), Backsteingotik: Rathaus, Kirchen, Johanniskloster, Heilgeistkloster, Meeresmuseum, Stralsund Museum, Stadtmauer mit Stadttoren, Giebelhäuser, Ozeaneum.

Scheelehof
www.scheelehof.de

S garni

Fährstr. 23-25, PLZ 18439, **T 03831 283300,** F 2833488
87 Zimmer | 17 Suiten | Ez 109–280 €, Dz 135–300 €, inkl. Frühstück | 24 h

Aufwendig saniertes Anwesen in exponierter Altstadtlage, bestehend aus zwei beeindruckenden Giebelhäusern aus dem 14. Jhd. Das Hotel bietet seinen Gästen individuelle Zimmer und Suiten in unterschiedlichen Größen. In der hauseigenen Kellerkneipe können Sie abends fisch gezapftes Bier, gute Whiskys und leckere Cocktails genießen.

Zum Scheele

VARTA-TIPP Küche

110 | Hauptgericht 25–40 €, Menü 79–89 € | Mo-So

Genussvolle Momente verspricht die gute Stube des mittelalterlichen Kaufmannshauses. Die Küche von Björn Kapelke ist abwechslungsreich, kreativ und weltoffen. Appetit macht z.B. „Filet vom Zander mit Spinatrisotto und weißem Tomatenschaum". Mittags offeriert man preiswerte Lunchgerichte. Am Nachmittag gibt es leckere Kuchen und Spezialitäten aus der hauseigenen Kaffeerösterei.

Hafenresidenz
www.hotel-hafenresidenz.de

S garni

Seestr. 10-13, PLZ 18439, **T 03831 282120,** F 2821299
71 Zimmer | 2 Suiten | 8 Apartments | Ez 85–110 €, Dz 90–145 €, bis 19,00 € | 24 h

Direkt an der Sundpromenade liegt dieses moderne Stadthotel. Die neuzeitlichen Zimmer mit See- bzw. Altstadtblick bieten einen gelungenen Mix aus Design, Funktionalität und Behaglichkeit. Im Restaurant „Fürst Wizlaw I." leichte Crossover-Cuisine und saisonale Spezialitäten. Gute Tagungsmöglichkeiten.

Kontorhaus
www.hotel-kontorhaus-stralsund.de

S garni

Am Querkanal 1, PLZ 18439 (OT: Hafeninsel), **T 03831 289800,** F 289809
18 Zimmer | 2 Suiten | Ez 89–140 €, Dz 125–180 €, 10,00 € »

In einer traditionsreichen Ecke der Hansestadt gelegenes Haus mit hanseatischem Flair. Die behaglichen Zimmer mit moderner maritimer Ausstattung tragen Namen aus der Schifffahrt von gestern und heute.

Lara www.das-restaurant-lara.de

Am Fischmarkt 4, PLZ 18439, **T 03831 666339**
35 | Hauptgericht 20–38 €, Menü 37–64 € | Sa Mo-Sa So

Das geradlinige Interieur kann sich wirklich sehen lassen, ebenso die moderne europäische Küche, die Ihnen hier kredenzt wird. Wie wäre es z.B. mit „Filet vom Steinbeißer unter einer Pumpernickel-Olivenkruste mit sautierten Tomaten und Kartoffelnocken"? Der Service ist freundlich und kompetent.

Störtebeker Braugasthaus www.stoertebeker-brauquartier.com

Greifswalder Chaussee 84-85, PLZ 18439 (OT: Franken), **T 03831 255500**
120 | Hauptgericht 7–30 €, Menü 15–68 € | Mo-So

Braugasthaus im hist. Gebäude der ehem. Stralsunder Vereinsbrauerei. Gemütliche Gaststuben mit rotbraunem Backstein und nostalgischem Flair. Serviert wird eine bodenständige Regionalküche. Schöne Terrasse mit Biergarten.

STRANDE, OSTSEEBAD 8 C www.strande.de

Schleswig-Holstein | EW 1.468 | 4 m | Kiel 18 km, Eckernförde 29 km

Strandhotel www.strandhotel.de

Strandstraße 21, PLZ 24229, **T 04349 91790,** F 919840
29 Zimmer

Das privat geführte Urlaubshotel mit schönem Blick auf die Kieler Außenförde bietet gepflegte, neuzeitlich ausgestattete Gästezimmer. Kleiner Saunabereich mit Ruheraum. Im Restaurant „Riva" serviert man bürgerlich-regionale Speisen zu fairen Preisen.

STRASSLACH-DINGHARTING 60 D www.strasslach.de

Bayern | EW 3.013 | 635 m | Starnberg 24 km, München 24 km

Zum Wildpark www.gasthof-zum-wildpark.de

€ Gut & Günstig
Tölzerstraße 2, PLZ 82064 (OT: Strasslach), **T 08170 99620**
280 | Hauptgericht 11–24 €, Menü 19–45 € | Mo-So

Der traditionsreiche Gasthof beherbergt mehrere individuell gestaltete Stuben. Regionaltypische Speisekarte mit bürgerlichen Gerichten wie „Kalbsnierchen in Pfeffersauce mit Kartoffelpüree und Karotten" oder „Schweinebraten mit Kartoffelknödel". Das Fleisch kommt aus der hauseigenen Metzgerei nebenan.

STRAUBING 61 B www.straubing.de

Bayern | EW 48.114 | 331 m | Deggendorf 36 km, Regensburg 42 km

Asam www.hotelasam.de

★★★★ S

Wittelsbacher Höhe 1, PLZ 94315, **T 09421 788680,** F 788688
101 Zimmer | 5 Suiten | Ez ab 76 €, Dz ab 96 €, 15,00 € | 24 h

Komfortables Stadt- und Tagungshotel hinter der Fassade eines denkmalgeschützten Gründerzeitgebäudes. Klimatisierte und elegante, im Bauhausstil gestaltete Zimmer. Das Restaurant bietet bayerisch-mediterrane Küche. Schöner Biergarten mit altem Baumbestand.

Theresientor www.hotel-theresientor.de

★★★★

Theresienplatz 51, PLZ 94315, **T 09421 8490,** F 849100
43 Zimmer | 3 Suiten | Ez ab 88 €, Dz 86–174 €, inkl. Frühstück

Das moderne Stadthotel verfügt über individuelle und hochwertig eingerichtete Zimmer, teils mit schönem Ausblick auf den hist. Stadtplatz. Im angrenzenden Restaurant „Zum Geiss“ wird regionale und internationale Küche serviert.

Sommerkeller www.sommerkeller-straubing.de

Regensburger Straße 22, PLZ 94315, **T 09421 5688555**
310 | Hauptgericht 11–28 € | So Mi-So Mo, Di

Das Ambiente in der sympathischen Speisewirtschaft ist modern und hat alpenländisches Flair. Auf der Karte stehen regional-bodenständige Gerichte wie „Zwiebelrostbraten | Röstzwiebel | Rosmarinkartoffeln | Grillgemüse“ oder „Wiener Kalbsschnitzel | Bratkartoffeln | Preiselbeere | Grünzeug“. Tipp: toller Biergarten.

STROMBERG 50 A www.stromberg.de

Rheinland-Pfalz | EW 3.208 | 220 m | Bingen 11 km, Bad Kreuznach 18 km

1242 Stromburg by Kilger Neu! www.stromburg.com

Schlossberg 1, PLZ 55442, **T 06724 93100**
13 Zimmer | Ez 185–255 €, Dz 225–295 €, inkl. Frühstück | 24 h

Die auf einem Bergsporn am Soonwald erbaute und durch Johann Lafer bekannt gewordene Burganlage ist zurück! Hinter den alten Mauern weht ein Hauch von Burgromantik. In den geschmackvoll renovierten Gästezimmern sorgen warme Farben, hochwertige Textilien und komfortable Betten für einen hohen Wohlfühlfaktor. Wer es ganz besonders exklusiv mag, bucht die großzügige „Turmsuite Lafer“ über drei Etagen. Für geschäftliche und private Anlässe stehen diverse Eventräumlichkeiten zur Verfügung.

Das Kilger Neu!

VARTA-TIPP Küche

30 | Menü 160–210 € | Mo, Fr-So Di, Mi, Do

Hier bietet Culinary Director Anthony Sarpong delikaten Hochgenuss auf Top-Niveau. Ein echter Glücksfall für das neu eingerichtete Feinschmeckerrestaurant. Seine Gourmetküche, die in Form eines Menüs (5 bis 8 Gänge) serviert wird, begeistert durch exzellente Produktqualität, bemerkenswerte Kreativität und ebensolche Finesse. Tischreservierung ratsam! Alternativ werden im Zweitrestaurant „Alpinum“ regionale, bodenständige Schmankerl aufgetischt.

Land- & Golf Hotel Stromberg
www.golfhotel-stromberg.de

★★★★S

Am Buchenring 6, PLZ 55442 (OT: Schindeldorf), **T 06724 6000,** F 600433
174 Zimmer | 16 Suiten | Ez 155–175 €, Dz 250–330 €, inkl. Halbpension | 24 h

Das ansprechende Hotel bietet komfortabel eingerichtete Landhauszimmer in sechs verschiedenen Kategorien. Zum Haus gehören auch eine Bibliothek mit Kamin und angrenzendem Wintergarten, ein großzügiger SPA-Bereich auf 2.500 qm, eine 18-Loch-Golfanlage sowie diverse Tagungsräume.

Le Délice

22 | Menü 109–169 € | Mi-Sa Mo, Di, So

Im behaglich-eleganten Gourmetrestaurant erwarten den Gast eine ideenreiche internationale Küche, ein aufmerksamer Service sowie eine sehr gute Weinauswahl.

STÜHLINGEN 64 B
www.stuehlingen.de

Baden-Württemberg | EW 5.000 | 501 m | Schaffhausen 23 km, Waldshut 29 km

Landgasthof Rebstock
www.rebstock.eu

€ Gut & Günstig

Schlossstraße 10, PLZ 79780, **T 07744 92120,** F 921299
33 Zimmer | 4 Apartments | Ez 64–66 €, Dz 94–98 €, inkl. Frühstück

Gemütlicher Gasthof mit familiärem Ambiente und über 600-jähriger Tradition. Behaglich eingerichtete Zimmer mit zweckmäßiger Ausstattung. Im Schwarzwälder Stil eingerichtete Gaststuben mit regionaler Küche. In der alten Scheune des Landgasthofs kann man ein Bauern- und Bulldogmuseum besichtigen.

Gasthaus Schwanen
www.gasthaus-schwanen.de

Talstraße 9, PLZ 79780 (OT: Schwaningen), **T 07744 5177**
40 | Hauptgericht 21–30 €, Menü 39–69 € | So Mo-Di, Do-So Mi

Im 1912 erbauten Gasthaus ist die Atmosphäre heimelig und die Küche ausgesprochen schmackhaft. Die liebenswürdige Servicecrew verwöhnt Sie mit leckeren Gerichten wie „Rückensteak vom Weiderind unter der Pommerysenfkruste mit Kartoffelgratin". Im Sommer ist der Biergarten ein richtig gemütliches Plätzchen. Übernachten kann man in einem der liebevoll eingerichteten Gästezimmer.

Gengs Linde
www.gengslinde.de

St. Gallusstrasse 37, PLZ 79780, **T 07744 1255**
80 | Hauptgericht 16–34 €, Menü 45–47 € | So Mo, Mi-So Di

Freundlich, mit moderner, klarer Note kommt das sympathisch geführte Gasthaus daher. Man kocht überwiegend traditionell mit saisonalen Einflüssen. Probieren Sie z.B. „Gebratene Maishähnchenbrust 'Supreme' mit Bratensauce, mediterranes Gemüse und Pommes Dauphine". Toll, dass man auch eine kleine Speisekarte für Kids anbietet. Zum Übernachten hat man gepflegte Hotelzimmer.

STUHR 14 C
www.stuhr.de

Niedersachsen | EW 32.556 | 20 m | Delmenhorst 10 km, Bremen 12 km

Nobel www.nobel-moordeich.de

Neuer Weg 13, PLZ 28816 (OT: Moordeich), **T 0421 56800**
50 | Hauptgericht 10–30 €, Menü 18–29 € | Mi-So Fr-So

Das alteingesessene Traditionsgasthaus ist eine persönlich geführte Adresse mit sehr guter Küche. Serviert werden bürgerliche und internationale Gerichte, z.B. „Schnitzel vom Bio-Schwein in der Dinkelkruste mit Waldpilzen, dazu Röstkartoffeln und Feldsalat mit Maronen und Speck“. Für Veranstaltungen stehen unterschiedliche Räumlichkeiten zur Verfügung.

STUTTGART 58 A www.stuttgart-tourist.de

Baden-Württemberg | EW 604.297 | 245 m | Karlsruhe 75 km, Heidelberg 118 km
Hauptbahnhof, Schlossplatz mit Neuem Schloss und Jubiläumssäule, Kunstmuseum, Schlossgarten mit Landtagsgebäude, Opernhaus, Staatstheater und Carl-Zeiss-Planetarium, Staatsgalerie, Altes Schloss, Schillerplatz mit Schiller-Denkmal, Stiftskirche, Lindenmuseum, Hoppenlau-Friedhof, Weißenhofsiedlung mit 2 Häusern von Le Corbusier (UNESCO-Weltkulturerbe), Museum am Löwentor, Zoologisch-Botanischer Garten Wilhelma, Mercedes-Benz-Museum, Fernsehturm, Schloss Solitude, Porsche-Museum.
Einen Cityplan finden Sie auf Seite 1028–1029.

Le Méridien www.lemeridienstuttgart.com

Willy-Brandt-Straße 30 (E1), PLZ 70173, **T 0711 22210,** F 22212599
293 Zimmer | 13 Suiten | 24 h

››

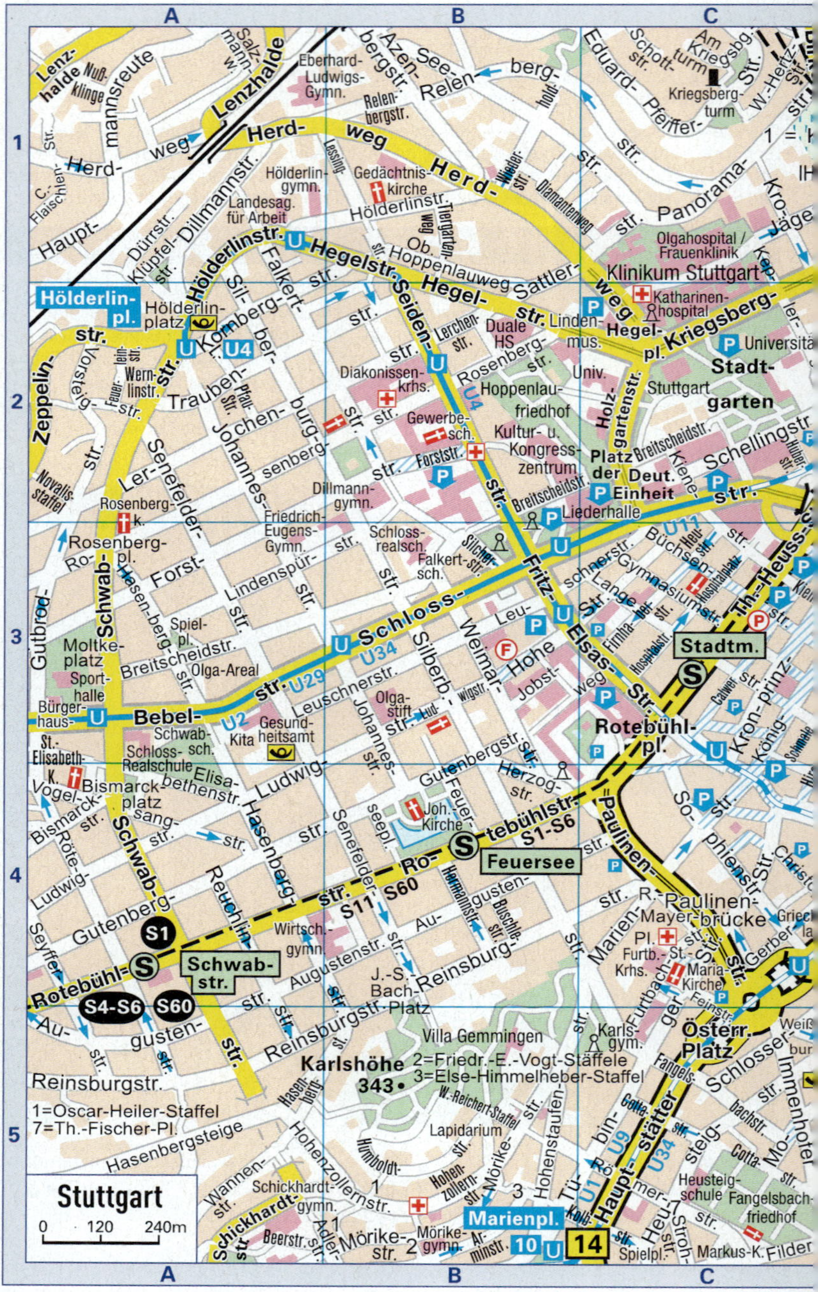
A
B
C
1
2
3
4
5
Stuttgart
0 120 240m
Herdweg
Lenzhalde
Hölderlinstr.
Hegelstr.
Seidenstr.
Hölderlinpl.
Zeppelinstr.
Schwabstr.
Bebelstr.
Schlossstr.
Rotebühlstr.
Fritz-Elsas-Str.
Paulinenstr.
Hauptstätter Str.
Breitscheidstr.
Kriegsbergstr.
Panoramastr.
Eduard-Pfeiffer-Str.
Eberhard-Ludwigs-Gymn.
Hölderlin-gymn.
Gedächtniskirche
Landesag. für Arbeit
Olgahospital / Frauenklinik
Klinikum Stuttgart
Katharinenhospital
Kriegsbergturm
Duale HS
Lindenmus.
Univ.
Universität
Stadtgarten
Hoppenlaufriedhof
Kultur- u. Kongresszentrum
Liederhalle
Platz der Deut. Einheit
Diakonissenkrhs.
Gewerbesch.
Dillmann-gymn.
Friedrich-Eugens-Gymn.
Schlossrealsch.
Falkertsch.
Moltkeplatz
Sporthalle
Bürgerhaus
Olga-Areal
Olgastift
Gesundheitsamt
Kita
Schwab-sch.
Schloss-Realschule
St.-Elisabeth-K.
Bismarckplatz
Rosenberg-K.
Rosenbergpl.
Joh.-Kirche
Feuersee
Stadtm.
Rotebühlpl.
Schwabstr.
Wirtsch.-gymn.
J.-S.-Bach-Platz
Villa Gemmingen
Karlshöhe 343
2=Friedr.-E.-Vogt-Stäffele
3=Else-Himmelheber-Staffel
1=Oscar-Heiler-Staffel
7=Th.-Fischer-Pl.
Reinsburgstr.
Hasenbergsteige
Lapidarium
Schickhardt-gymn.
Mörike-gymn.
Marienpl.
14
Paulinenbrücke
Österr. Platz
Heusteigschule
Fangelsbachfriedhof
Karls-gymn.
Furtb.-Krhs.
St.-Maria-Kirche
R.-Mayer-Pl.
Hölderlin-platz
Augustenstr.
Gutenbergstr.
S1
S4-S6
S60
S1-S6
S11 S60
U4
U14
U29
U34
U2
U1
U9
10

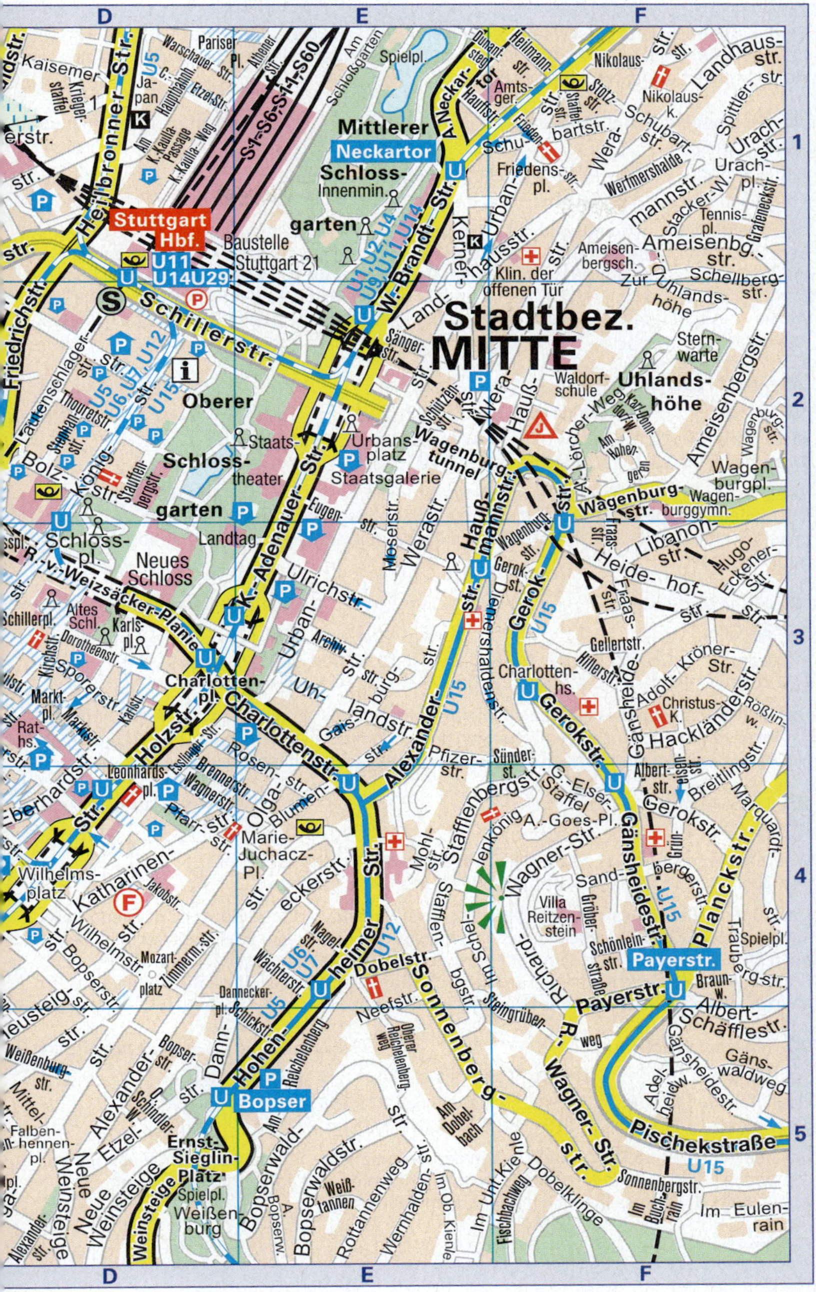
D
E
F
1
2
3
4
5
Stuttgart Hbf.
U11 U14 U29
Mittlerer Schlossgarten
Neckartor
Oberer Schlossgarten
Stadtbez. MITTE
Baustelle Stuttgart 21
Schillerstr.
Heilbronner Str.
Friedrichstr.
Königstr.
Staatstheater
Staatsgalerie
Urbansplatz
Landtag
Neues Schloss
Altes Schl.
Schlosspl.
Karlspl.
Charlottenpl.
Charlottenstr.
K.-Adenauer-Str.
Konrad-Adenauer-Str.
W.-Brandt-Str.
Wagenburgtunnel
Wagenburgstr.
Wagenburgpl.
Uhlandshöhe
Sternwarte
Waldorfschule
Ameisenbergstr.
Gerokstr.
Haußmannstr.
Alexanderstr.
Olgastr.
Holzstr.
Wilhelmsplatz
Katharinenstr.
Hohenheimer Str.
Dobelstr.
Sonnenbergstr.
R.-Wagner-Str.
Payerstr.
Pischekstraße
Planckstr.
Gänsheidestr.
Villa Reitzenstein
Bopser
Ernst-Sieglin-Platz
Weißenburg
Neue Weinsteige
Weinsteige
Bopserwaldstr.
Charlottenhs.
Christus-K.
Hackländerstr.
Urbanstr.
Ulrichstr.
Landhausstr.
Nikolausstr.
Friedenspl.
Klin. der offenen Tür
Marie-Juchacz-Pl.
Leonhardspl.
Mozartplatz
Dannecker-pl.
Im Eulenrain
U15
U5
U6
U7
U12

Zeitgemäßes Businesshotel mit elegantem Hallenbereich vis-à-vis dem Schlossgarten in der Stadtmitte. Hochwertig ausgestattete Zimmer mit schickem Design. Exklusiver Wellnessbereich auf 850 qm mit Pool, Dampfbad und Fitnesscenter. Das Restaurant „Kleinschmeckerei" serviert exklusive Steakspezialitäten.

Steigenberger Graf Zeppelin www.stuttgart.steigenberger.de

Arnulf-Klett-Platz 7 (D1), PLZ 70173, **T 0711 20480,** F 2048542
78 Zimmer | 26 Suiten | Ez 159–550 €, Dz 169–560 €, 15,00–32,00 € | 24 h

Das traditionsreiche Grandhotel mit seiner auffallenden Natursteinfassade liegt gegenüber dem Stuttgarter Hauptbahnhof. Das Haus bietet großzügige, im klassisch eleganten oder modern-puristischen Stil gehaltene Zimmer und Suiten. 500 qm großer SPA-Bereich über den Dächern der Stadt mit Pool, Sauna und Dampfbad. Im Restaurant „Zeppelin-Stüble" sowie im angeschlossenen Bistro „Zeppelino'S" werden regionale schwäbische Spezialitäten serviert.

Arcotel Camino camino.arcotel.com

★★★★ S

Heilbronner Str. 21 (D1), PLZ 70191, **T 0711 258580,** F 258582200
168 Zimmer | 4 Suiten | 2 Apartments | 24 h

Verkehrsgünstig gelegenes Hotel in einem historischen Gebäude aus den 1870er-Jahren. Die modernen Zimmer, Suiten und Apartments zeichnen sich durch klare Linien und geschmackvolle Details aus. Im hauseigenen Restaurant werden frische internationale Spezialitäten serviert.

Hilton Garden Inn www.hiltonhotels.de

Mercedesstraße 75, PLZ 70372 (OT: Bad Cannstatt), **T 0711 900550,** F 90055100
150 Zimmer | 9 Suiten | Ez 123–312 €, Dz 123–312 € | 24 h

Das neuzeitliche Businesshotel liegt mitten im Stuttgarter Veranstaltungsareal NeckarPark. Es bietet seinen Gästen zeitgemäß eingerichtete Zimmer mit gutem technischen Komfort. Business Center in der Lobby. Hauseigener Wellness- und Fitnessbereich.

Jaz Stuttgart www.jaz-hotel.com

Wolframstraße 41 (↗ D1), PLZ 70191, **T 0711 969840**
166 Zimmer | Ez 139–699 €, Dz 139–699 €, 22,00 € | 24 h

Das 2018 eröffnete Designhotel im 18-stöckigen Hochhaus „Cloud No.7" ist der neue Hotspot der Stadt. Geräumig die Zimmer, schick-modern das Design. Edel auch der Relaxbereich mit Saunen, Dampfbad und Erlebnisduschen. Im Restaurant serviert man Burger, Steaks und schwäbische Küche. Für Nachtschwärmer „the place to be": die trendige Bar & Lounge mit Panoramablick über Stuttgart.

Mövenpick Hotel Airport www.movenpick.com/stuttgart-airport

★★★★ S

Flughafenstraße 50, PLZ 70629 (OT: Flughafen), **T 0711 553440,** F 553449000
326 Zimmer | 14 Suiten | Ez 119–380 €, Dz 144–400 €, 29,00 € | 24 h

Das neuzeitliche Hotel liegt direkt neben den Terminals des Stuttgarter Flughafens. Hier erwarten Sie schicke Zimmer mit modernem Wohnkomfort und edlen Designerbädern. Sachlich gestalteter Wellnessbereich mit mehreren Saunen.

Mövenpick Hotel Messe & Congress Neu! www.movenpick.com

Flughafenstraße 43, PLZ 70629, **T 0711 90705330**
262 Zimmer | 24 h

Dieses großzügige Businesshotel befindet sich unmittelbar neben dem Messegelände, dem Flughafen und dem ersten Mövenpick Hotel. Das Haus bietet modern gestaltete Zimmer, umfangreiche Tagungsmöglichkeiten sowie ein modernes Restaurant mit Sommerterrasse.

Park Inn www.parkinn.de/hotel-stuttgart

★★★★ garni

Hauptstätter Str. 147 (C5), PLZ 70178, **T 0711 320940,** F 3209410
181 Zimmer | 24 h

Das neuzeitliche Businesshotel am Marienplatz eignet sich sowohl für den geschäftlichen als auch für den privaten Aufenthalt. Das Haus bietet farbenfroh gestaltete Zimmer, modern ausgestattete Konferenzräume und einen Fitnessraum mit Dachterrasse. Das Restaurant „Bocca Buona" serviert italienische Küche.

Pullman Stuttgart Fontana www.all.accor.com

★★★★ S garni

Vollmoellerstraße 5, PLZ 70563 (OT: Vaihingen), **T 0711 7300,** F 7302525
252 Zimmer | 3 Suiten | Ez 99–209 €, Dz 109–219 €, 24,00 € | 24 h

Großes Businesshotel mit guter U- und S-Bahn-Anbindung zum Flughafen und in die City. Großzügiger Sauna- und Wellnessbereich auf 1.200 qm mit Innenpool, Sonnenterrasse und finnischer Sauna. Restaurant mit regionaler und internationaler Küche.

Waldhotel Stuttgart www.waldhotel-stuttgart.de

GREENSIGN ★★★★ S garni

Guts-Muths-Weg 18, PLZ 70597 (OT: Degerloch), **T 0711 185720,** F 18572400
96 Zimmer | 2 Suiten | Ez ab 120 €, Dz ab 140 €, 21,00 € | 24 h

Direkt am Waldrand oberhalb des Stuttgarter Talkessels liegt dieses Hotel auf einem idyllischen Parkgrundstück. Das Haus bietet hochwertig und zeitgemäß eingerichtete Zimmer, multifunktionale Konferenzräume sowie einen kleinen Wohlfühlbereich mit Sauna und Fitnessraum. Gute Anbindung zur Messe und zum Flughafen.

Finch

42 | Hauptgericht 17–38 € | Mo-So

Behaglich und elegant zugleich kommt das Restaurant daher, das im ältesten und denkmalgeschützten Teil des Hauses untergebracht ist. Was hier serviert wird, ist schmackhaft, saisonal und aus guten Produkten zubereitet. Einladende Terrasse im Innenhof.

Azenberg www.hotelazenberg.de

★★★★ S garni

Seestraße 114-116 (B1), PLZ 70174 (OT: Nord), **T 0711 2255040,** F 22550499
58 Zimmer | 1 Suite | Ez 95–165 €, Dz 110–250 €, 14,50 € | 22.12.22–8.1.23

Privat geführtes Hotel, wenige Gehminuten vom Zentrum entfernt. Gut ausgestattete Gästezimmer. Hübscher Freizeitbereich mit Schwimmbad, Sauna und Dampfbad. Liebevoll gestalteter Garten mit Terrasse.

Der Zauberlehrling www.zauberlehrling.de

VARTA-TIPP Ambiente

★★★★ garni

Rosenstraße 38 (E4), PLZ 70182, **T 0711 2377770,** F 2377775
17 Zimmer | 4 Suiten | Ez 135–180 €, Dz 190–290 €, 19,00 € | 24 h

Ein privat geführtes Haus im schönen Bohnenviertel mit individuell eingerichteten Zimmern und Suiten. Die Themenzimmer, die in den Kategorien Medium und XXL buchbar sind, tragen so klangvolle Namen wie „Paddington", „Titanic" oder „Mondschau". Gegen einen Aufpreis können Sie das Frühstück auch in Ihrem Zimmer einnehmen.

Der Zauberlehrling

VARTA-TIPP Küche **VARTA-TIPP** Service

25 | Hauptgericht 45–70 €, Menü 119–168 € | Mo-Sa So

Ganz schön cool und trendy! Das Gourmetrestaurant im stylishen Designhotel kommt geradlinig und dezent-unaufgeregt, aber keineswegs steif daher. Das frische, zeitgemäße Konzept gilt auch für die Küche. Am Herd steht der überaus talentierte Fabian Heldmann und verwöhnt seine Gäste mit einer modernen, produktorientierten Kreativküche mit Einflüssen aus dem asiatischen Raum. Dazu ein omnipräsenter, freundlicher Service und ein hervorragendes Weinangebot. Sehr beliebt sind die Themenabende und Kochkurse des Patrons.

EmiLu Hotel www.emilu-hotel.com

VARTA-TIPP Ambiente

Nadlerstraße 4 (D3), PLZ 70173 (OT: Mitte), **T 0711 3420620**
90 Zimmer | 24 h

In diesem eindrucksvollen Designhotel wohnt man überaus modern und dazu noch in bester Innenstadtlage. Hochwertige Materialien, ausgewählte Stoffe, klare Linien und eigens angefertigtes Mobiliar geben den Zimmern ihre individuelle Note. Von den Suiten in der sechsten Etage hat man einen herrlichen Blick über die Stadt. Tipp: Im hauseigenen Restaurant „Fritz" (mit Außenbereich) können externe Gäste bis zum Nachmittag ausgiebig frühstücken.

Kronenhotel www.kronenhotel-stuttgart.de

★★★★ garni

Kronenstraße 48 (C1), PLZ 70174, **T 0711 22510,** F 2251404
80 Zimmer | Ez ab 107 €, Dz ab 150 €, inkl. Frühstück | 24 h

Familiengeführtes Businesshotel in der Innenstadt. Überwiegend klimatisierte Nichtraucherzimmer mit zeitloser Einrichtung. Zum Haus gehören auch eine gemütliche Lobbybar, ein lichtdurchfluteter Frühstücksraum mit angrenzendem Garten, eine Wohlfühlsauna sowie eine Bibliothek.

Unger www.hotel-unger.de

★★★★ garni

Kronenstraße 17 (D2), PLZ 70173, **T 0711 20990,** F 2099100
106 Zimmer | Ez 91–182 €, Dz 127–261 €, inkl. Frühstück | 24 h

Zentral gelegenes Geschäfts- und Stadthotel nahe dem Hauptbahnhof. Mit Naturholzmöbeln ausgestattete Zimmer, teils klimatisiert. Überall im Haus kann man Kunstwerke schwäbischer Künstler bewundern. Reichhaltiges Frühstücksbuffet mit frischen saisonalen Produkten.

Zur Weinsteige
www.zur-weinsteige.de

Hohenheimer Straße 28-30 (E4), PLZ 70184, **T 0711 2367000,** F 2367007
28 Zimmer | 3 Suiten | Ez 99–150 €, Dz 130–280 €, ab 15,00 €

Gediegen, edel, rustikal, persönlich - so lässt sich das Hotel am trefflichsten beschreiben, welches seit vielen Jahren von Familie Scherle sehr engagiert geführt wird. Neben etwas einfacheren Zimmern im Haupthaus stehen im sogenannten „Schlösschen" auch lichtdurchflutete und elegant eingerichtete Zimmer und Suiten zur Verfügung. Hübscher Koikarpfenteich im mediterran anmutenden Hotelgarten.

Restaurant Zur Weinsteige

50 | Menü 62–135 € | Di-Sa Mo, So

Leuchtendes Blattgold und moderne Elemente fügen sich harmonisch in den rustikalen Gastraum. Aus der Küche von Jörg Scherle kommen wohlschmeckende regionale Gerichte mit mediterranen und japanischen Akzenten. Sein Bruder Andreas sorgt für die fachkundige Weinberatung und kann dabei auf ein Repertoire von mehr als 1.500 Weinen zurückgreifen.

Gloria
www.hotelgloria.de

Sigmaringer Straße 59, PLZ 70567 (OT: Möhringen), **T 0711 71850,** F 7185121
83 Zimmer | Ez 69–299 €, Dz 89–339 €, inkl. Frühstück

Attraktive Adresse für Businessgäste und Musicalbesucher. Gepflegte, zweckmäßige Zimmer mit guter technischer Ausstattung. Zum Haus gehören auch eine Sauna, eine mediterrane Gartenterrasse und ein Wintergarten. Bürgerliche Küche im hoteleigenen Restaurant „Möhringer Hexle".

Speisemeisterei
www.speisemeisterei.de

VARTA★TIPP Küche **VARTA-TIPP** Service

Am Schloss Hohenheim , PLZ 70599 (OT: Hohenheim), **T 0711 34217979**
66 | Menü 165–195 € | Mo, Do-So Di, Mi

Das Gourmetrestaurant im Kavaliersbau des Schlosses Hohenheim kombiniert opulenten Barockstil mit einem zeitgenössischen Einrichtungskonzept. Dem edlen Ambiente wird auch die Küche von Stefan Gschwendtner absolut gerecht. Beste Produkte treffen hier auf ausgezeichnetes Handwerk - es entstehen kreative Gerichte, modern und regional, durchdacht und harmonisch bis ins Detail. Die Weinkarte bietet eine Top-Auswahl an exklusiven Weinen aus Deutschland, Europa und Übersee. Fürsorglicher Service unter der Leitung von Maître Benedikt Doll.

Wielandshöhe
www.wielandshoehe.de

VARTA-TIPP Küche **VARTA-TIPP** Service

Alte Weinsteige 71, PLZ 70597 (OT: Degerloch), **T 0711 6408848**
65 | Hauptgericht 48–60 €, Menü 105–140 € | Di-Sa ⊘ Mo, So

Eine Ikone im Schwabenländle! Vincent Klink versteht es, mit Freundlichkeit, Authentizität und uneingeschränktem Engagement diese gastronomische Institution am Leben zu halten. Viele Stammgäste beehren das Gourmetrestaurant seit vielen Jahren, weil Sie das gediegen-elegante Ambiente, den liebenswerten Service und vor allem die kompromisslose Qualität der klassischen Heimatküche zu schätzen wissen. Tipp: frühzeitig reservieren! Dies gilt erst recht, wer im Sommer ein Plätzchen auf der geschützten Aussichtsterrasse ergattern möchte.

Délice
www.restaurant-delice.de

VARTA-TIPP Küche **VARTA-TIPP** Service

Hauptstätter Straße 61 (C4), PLZ 70178, **T 0711 6403222**
26 | Menü 138 € | Di-Fr ⊘ Mo, Sa, So

Der kleine, charmante Gewölbekeller zählt längst zur gastronomischen Elite der Schwabenmetropole. Die klassische Gourmetküche von Andreas Hettinger, bei der alle verfügbaren Register gezogen werden, kommt geschmacklich einwandfrei und handwerklich perfekt daher. Serviert wird ein Fünf-Gänge-Menü, das auf Wunsch auf vier Gänge reduziert werden kann. Evangelos Pattas ist Gastgeber mit Leib und Seele und sorgt sich mit hoher Professionalität und ausgezeichneter Weinkenntnis um das Wohl der Gäste.

Hegel Eins
www.hegeleins.de

Hegelplatz 1 (C2), PLZ 70174, **T 0711 6744360**
30 | Menü 132–160 € | Di-Sa ⊘ Mo, So

Museumsgastronomie vom Feinsten! Modern, gemütlich und völlig chichi-frei zeigt sich das Restaurant hinter den neoklassizistischen Mauern des Lindenmuseums. Hier erwartet Sie ein ebenso stylishes wie einladendes Jägerstübchen: klar im Design mit olivgrünen Wänden, mächtigen Kronleuchtern und einer braunen Schindelwand, die einen Kamin umsäumt. Gekocht wird regional und saisonal mit internationalen Einflüssen. Eine Speisekarte sucht man hier vergebens, stattdessen dürfen Sie sich überraschen lassen, was sich die Küchencrew für Sie ausgedacht hat. Dazu ein aufmerksamer, aber unaufgeregter Service.

Hupperts Restaurant
www.hupperts-restaurant.de

VARTA-TIPP Küche **VARTA-TIPP** Service

Gebelsbergstraße 97 (↙ A5), PLZ 70199 (OT: Süd), **T 0711 6406467**
28 | Menü 124–134 € | Di-Sa ⊘ Mo, So

Kleines, sachlich-elegant eingerichtetes Restaurant in einem Wohngebiet im Stuttgarter Süden. Hier wird regional beeinflusste klassische Küche geboten, die sich durch Feinheit, Kontraste und Harmonie auszeichnet. Aus frischen saisonalen Produkten zaubert Michael Huppert ein kreatives Menü mit 5 oder 6 Gängen (auf Wunsch mit Weinbegleitung). Seine Frau Marianne leitet charmant und kompetent den Service. Im Sommer können Sie auch auf der kleinen Terrasse speisen.

Restaurant 5 www.5.fo

VARTA-TIPP Küche **VARTA-TIPP** Service

Bolzstraße 8 (D2), PLZ 70173, **T 0711 65557011**
32 | Menü 95–189 € | Mi-So Mo

Noch immer zählt die durchgestylte Location zu den kulinarischen Hotspots der Schwabenmetropole. Hier vereint man unterschiedliche Konzepte unter einem Dach: Im puristisch-eleganten Gourmetrestaurant im 1. OG verwöhnt Alexander Dinter seine Gäste mit höchst anspruchsvoller Kulinarik in Form eines Abendmenüs mit bis zu sieben Gängen. Sein Erfolgsrezept? Exaktheit, Know-how und jede Menge Fingerspitzengefühl, nicht zu vergessen: gekonnt in Szene gesetzte Produkte von Top-Qualität. Der Service herzlich und versiert, kompetent die Weinberatung. Das Erdgeschoss nebst kleiner Terrasse ist Lounge, Club, Bar und Frühstückscafé in einem.

Christophorus www.porsche.com/museum

Porscheplatz 5, PLZ 70435 (OT: Zuffenhausen), **T 0711 91125980**
80 | Hauptgericht 28–56 €, Menü 94–110 € | Di-Sa Mo, So

Großzügiges, edel eingerichtetes Exklusivrestaurant im Porsche-Museum. Im Angebot: Mediterrane und regionale Küche sowie sehr gute Steakgerichte (Spezialität: Amerikanisches Prime Beef vom Grill). Aber auch vegane Gerichte stehen auf der Speisekarte. Erlesenes Weinangebot mit rund 700 Positionen.

Cube www.cube-restaurant.de

Kleiner Schlossplatz 1 (D3), PLZ 70173, **T 0711 2804441**
140 | Hauptgericht 23–48 €, Menü 30–55 € | Mo-So

Puristisch gehaltenes Restaurant im Kunstmuseum mit spektakulärem Blick auf den Stuttgarter Schlossplatz. Serviert werden geschmacklich ausdrucksstarke Gerichte aus der mediterran-asiatischen Küche. Mittags gibt es ein preiswertes Lunchangebot.

Fässle le restaurant www.restaurant-faessle.de

VARTA-TIPP Küche

Löwenstraße 51, PLZ 70597 (OT: Degerloch), **T 0711 760100**
70 | Hauptgericht 21–39 €, Menü 54–84 € | Mi-Sa Di-Sa Mo, So

Gemütlich hat man es in diesem Stuttgarter Traditionsrestaurant. Unablässig und höchst motiviert sorgt Patrick Giboin für Qualität und Ausdruck auf dem Teller. Seine französisch und international beeinflusste Küche zeichnet sich durch Liebe zum Detail, feinste Aromen und erstklassige Produkte aus. Mittags gibt es ein preisgünstiges „Menu du Jour“. Für einen reibungslosen Ablauf im Service sorgt der erfahrene Maître Pascal Foechterlé. Im Sommer wird auch auf der kleinen Terrasse serviert.

Il Quinto Quarto
www.ilquintoquarto.de

Parlerstr. 110 (↗ B1), PLZ 70180 (OT: Killesberg), **T 0711 6154636**
150 | Hauptgericht 9–43 €, Menü 33–80 € | Mo-So

So manch einer ist im Clubrestaurant im Weißenhof schon zum Stammgast geworden. Hier können Sie vom Urlaub in Italien träumen. Auf die fein gedeckten Tische kommen schmackhafte mediterrane Gerichte. Beeindruckende Weinkarte mit 250 verschiedenen Tropfen.

La Fenice
www.ristorante-la-fenice.de

Rotebühlplatz 29 (C4), PLZ 70178, **T 0711 6151144**
44 | Hauptgericht 16–39 €, Menü 75 € | Di-Fr Mo-Sa So

Gelungene Kombination aus stimmungsvollem Ambiente und moderner Kunst. Serviert wird feine italienische Küche. Sehr gutes Weinangebot mit über 80 Positionen. Das hauseigene Olivenöl kann man käuflich erwerben.

Meister Lampe
www.restaurant-meisterlampe.com

Solitudestraße 261, PLZ 70499 (OT: Weilimdorf), **T 0711 9898980**
40 | Hauptgericht 30–40 €, Menü 56–84 € | So Di-Sa Mo

Heimeliges Restaurant mit gepflegter Tischkultur und sympathischem Service. Hier erwartet Sie eine trendige, frische Regionalküche. Appetit macht z.B. „Gefüllte Kalbsschaufel am Stück mit Kalbsrahm, getrüffeltem Selleriepüree und Butterspätzle". Tolle Weinauswahl aus Baden, Württemberg und der Pfalz.

Nagare Neu!
www.restaurant-nagare.de

Feuerbacher-Tal-Straße 34, PLZ 70469 (OT: Feuerbach), **T 0711 93541290**
30 | Hauptgericht 24–70 €, Menü 74–90 € | Do-So Mo, Di, Mi

Der kleine, junge Familienbetrieb am Ortsrand von Feuerbach hat inzwischen viele Anhänger gefunden. Kulinarisch trifft raffinierte japanische Küche auf europäische Vielfalt. Das „Nagare"-Menü kann man in vier oder fünf Gängen bestellen, auf Wunsch auch vegetarisch. Ein rustikaler Kachelboden, Massivholztische und fernöstliche Accessoires sorgen für eine angenehm ungezwungene Atmosphäre. Der Service ist freundlich und charmant.

Nannina
www.nannina.de

Gaishämmerstraße 14, PLZ 70186 (OT: Gablenberg), **T 0711 7775172**
42 | Hauptgericht 16–45 €, Menü 22–120 € | Di-Fr, So Di-So Mo

Das schicke Restaurant ist zweifellos einer der „places to be" im Stuttgarter Osten: elegant die Einrichtung, freundlich und zuvorkommend der Service, schmackhaft-italienisch die Küche - Klassiker wie Vitello tonnato oder gegrillter Oktopus locken ebenso wie die in Butter gebratenen Ravioli gefüllt mit Burratina und Morcheln.

Plenum Neu!
www.restaurant-plenum-stuttgart.de

Konrad-Adenauer-Straße 3 (im EG des Stuttgarter Landtags), PLZ 70173 (OT: Mitte), **T 0711 30000016**
160 | Hauptgericht 18–33 € | Mo-So

Wirklich schön sitzt man in diesem weitläufigen, lichtdurchfluteten Restaurant mit seinen durchgängigen Panoramafenstern. Hier begeistert nicht nur der schöne Ausblick auf Staatsoper und Neues Schloss, sondern auch die ambitionierte Regionalküche mit internationalen Einflüssen. Auf der Karte findet sich z.B. „Gegrillter Kalbsrücken mit bunten Karotten, schwarzem Knoblauch, Fenchel und Rauchsauce". Im Sommer empfiehlt sich die wunderschön gelegene Terrasse. Tipp: Preisgünstiger Business Lunch am Mittag.

Ritzi
www.ritzi-stuttgart.de

VARTA-TIPP Küche

Friedrichstraße 6 (C2), PLZ 70174, **T 0711 5050050**
90 | Hauptgericht 28–68 €, Menü 96–119 € | Di-Sa Mo, So

Hochwertig, stylish, unkompliziert - so zeigt sich diese Location im Erdgeschoss des Bürokomplexes Citygate unweit des Zeppelin-Carrés. Im Restaurant wird eine leichte Brasserieküche aufgetischt, die sich von saisonalen und regionalen Produkten inspirieren lässt und auf klassisch französischer Basis zubereitet wird. Im Gourmetbereich auf der kleinen Empore verwöhnt Küchenchef Ben Benasr seine Gäste mit einem kreativen Feinschmeckermenü. Schöne Weinkarte nebst umfangreicher Champagnerauswahl.

Schweizers
www.schweizers-restaurant.de

Olgastraße 133b (D5), PLZ 70180, **T 0711 60197540**
50 | Hauptgericht 28–40 €, Menü 65–110 € | Di-Sa Mo, So

Das liebevoll gestaltete Restaurant befindet sich in einem denkmalgeschützten Gebäude aus der Jahrhundertwende. Im wundervollen Jugendstilambiente erfreuen Sie Gero Schweizer und sein Team mit einer kreativen Frischeküche, bei der saisonale Produkte Verwendung finden. Auch in punkto Weinangebot ist man hier bestens aufgestellt.

Augustenstüble
www.augustenstuble.de

Augustenstraße 104 (A5), PLZ 70197 (OT: West), **T 0711 621248**
55 | Hauptgericht 10–20 €, Menü 33–45 € | Di-Sa Mo, So

Gemütliches kleines Ecklokal im Stuttgarter Westen mit dunkler Holzvertäfelung und herzlichem Service. Auf die blankgescheurten Wirtshaustische kommt bodenständige französische Küche. Spezialität: Boeuf Bourguignon.

Capriccio **Neu!**
www.capricciobar.com

Dobelstraße 2 (E4), PLZ 70184, **T 0172 2109900**
35 | Hauptgericht 16–32 € | Di-Fr Di-Sa Mo

Auch wenn es hier keine richtige Terrasse gibt, die Lage an der Haltestelle Dobelstraße nicht besonders prickelnd und das Lokal recht klein ist - ein Besuch lohnt sich allemal. Das liegt nicht nur am zuvorkommenden und gut aufgelegten Service, sondern auch an der authentischen italienischen Küche, die z.B. als „Pasta mit Baby-Oktopus und Muscheln" angeboten wird. Sehr gefragt ist auch der günstige Mittagstisch.

Gasthaus zur Linde
www.linde-stuttgart.de

Sigmaringer Straße 49, PLZ 70567 (OT: Möhringen), **T 0711 7199590**
40 | Hauptgericht 15–36 € | Mo-Sa So

Das denkmalgeschützte Haus, das einst als Poststation diente, beherbergt heute ein heimeliges Restaurant mit edel-rustikalem Ambiente. Serviert wird eine feine regionale Küche auf der Basis von alten schwäbischen Rezepturen. Lauschige Gartenterrasse hinter dem Haus.

goldener Adler
www.goldener-adler-stuttgart.de

Böheimstraße 38 (↘ B5), PLZ 70178 (OT: Süd), **T 0711 6338802**
65 | Hauptgericht 15–32 € | Mo-So

Das Ambiente ist schnörkellos und edel, der Service lässig-leger. Dazu ein ausgewogenes, inspiriertes Speisenangebot. Hier erwarten Sie schmackhafte schwäbische Gerichte sowie mediterran beeinflusste Köstlichkeiten. Schöne Weinauswahl mit überwiegend heimischen Gewächsen.

Pier 51
www.pier51-stuttgart.de

Löffelstraße 22 (↗ F1), PLZ 70597 (OT: Degerloch), **T 0711 9769997**
120 | Hauptgericht 25–32 €, Menü 41–49 € | So Mo-Sa

Zwischen Backsteinwänden, Stahlträgern, warmem Holz und roten Lederbänken fühlt man sich ein wenig wie in einem amerikanischen Hafenrestaurant. Abwechslungsreiche Cross-Culture-Küche mit Seafood (Spezialität: Hummer), Steaks und einigen Thai-Gerichten. Dazu eine schöne Auswahl an Weinen, u.a. bemerkenswerte Gewächse aus Kalifornien. Sonntags ist Familybrunch-Tag.

Vetter Essen & Trinken
www.vetter-essen-trinken.de

Bopserstraße 18 (D4), PLZ 70180, **T 0711 241916**
55 | Hauptgericht 9–18 € | Di-Sa ⃠ Mo, So

Beliebtes Lokal im Heusteigviertel. Puristisch-modernes Gasthausambiente. Die Karte (wechselt fast täglich) offeriert wohlschmeckende schwäbische und mediterrane Gerichte. Schön sitzt man zur warmen Jahreszeit im Freien. Tischreservierung empfehlenswert.

Zeppelin Bar
www.stuttgart.steigenberger.de

Arnulf-Klett-Platz 7 (D1, im Hotel Steigenberger Graf Zeppelin), PLZ 70173, **T 0711 2048269**
47 | Hauptgericht 15–34 € | Mo-So

Diese klassische „Bilderbuch-Bar" ist seit vielen Jahren ein gut frequentierter Treffpunkt - und das nicht nur für Hotelgäste. Während tagsüber Kaffeespezialitäten und leichte Snacks serviert werden, kann man sich abends mit spritzigen Cocktails und ausgewählten Spirituosen verwöhnen lassen.

Stuttgarter Stäffele
www.staeffele.de

Buschlestraße 2a (B4), PLZ 70178 (OT: West), **T 0711 664190**
55 | Hauptgericht 7–23 €, Menü 20–38 € | Mo-Fr Mo-So

Kleinod schwäbischer Gastlichkeit in der Nähe des Feuersees mit schmackhafter regionaler Küche. Hausgemachte Fleischküchle mit Kartoffelsalat, Saure Nierle, Schwäbischer Rostbraten mit Sauerkraut und Spätzle... hier kann man eigentlich alles empfehlen! In den Regalen des Gewölbekellers lagern einmalige Weinschätze, die man auf Wunsch bei einer Weinprobe erforschen kann.

Konditorei – Café Schurr
www.konditorei-schurr.de

Böblinger Straße 85, PLZ 70199 (OT: Heslach), **T 0711 604351**
60 | Mo–Fr 10:00–18:00 Uhr, Sa 09:00–18:00 Uhr, So 11:00–18:00 Uhr

Wirklich beeindruckend, dass der leicht plüschige, wunderbar nostalgische Charme in dieser Stuttgarter Kaffeehauslegende bis heute erhalten geblieben ist! Auch wenn die Einrichtung auf den ersten Blick etwas „old school" erscheint, ein Besuch lohnt schon wegen der exzellenten Kuchen- und Tortenauswahl, darunter Klassiker wie „Bienenstich", „Nusscremetorte" oder „Krokantring". Sehr zu empfehlen sind auch die selbstgemachten Eissorten.

SÜDHARZ 33 A www.tourismus-suedharz.de

Sachsen-Anhalt | EW 9.308 | 145 m | Erfurt 87 km, Göttingen 113 km

FreiWerk www.hotel-freiwerk.de

Thyrahöhe 24, PLZ 06536 (OT: Stadt Stolberg), **T 034654 85900,** F 8590199
18 Zimmer | 1 Suite

Nach Erweiterung und Renovierung erstrahlt die denkmalgeschützte Fachwerkanlage seit 2020 in neuem Glanz. Hoch über den Dächern von Stolberg wohnen Sie in liebevoll eingerichteten Zimmern mit gehobenem Wohnkomfort. Wie wäre es z.B. mit einer geräumigen Suite im Dachgeschoss des zweistöckigen Kutscherhauses? Im neuen FreiWerk-Restaurant „20zwanzig" serviert man saisonale Küche.

Naturresort Schindelbruch www.schindelbruch.de

Schindelbruch 1, PLZ 06536 (OT: Stolberg), **T 034654 8080,** F 808458
96 Zimmer | 17 Suiten | Ez ab 210 €, Dz ab 302 €, inkl. Frühstück | 24 h

Großzügiges Resorthotel in herrlich ruhiger Waldlage. Hier stehen Ihnen sowohl rustikal-ländliche als auch elegant-modern eingerichtete Zimmer zur Verfügung. Zum Haus gehören mehrere Restaurants, eine Hotelbar, eine Bibliothek sowie eine 2.500 qm große SPA-Landschaft.

Zum Bürgergarten www.hotel-zum-buergergarten.de

Thyratal 1, PLZ 06536 (OT: Stolberg), **T 034654 8110,** F 811100
28 Zimmer | Ez ab 58 €, Dz 88–95 €, inkl. Frühstück

Gästehaus mit nostalgischem Charme und liebevoll eingerichteten Zimmern. Das Restaurant mit stimmungsvollem Gewölbekeller liegt ein paar Häuser weiter.

SÜDMÜRITZ 18 C www.ludorf-mueritz.de

Mecklenburg-Vorpommern | EW 885 | 65 m | Waren (Müritz) 28 km, Plau am See 37 km

Gutshaus Ludorf www.gutshaus-ludorf.de

Rondell 7-8, PLZ 17207 (OT: Ludorf), **T 039931 8400,** F 84020
26 Zimmer | 2 Suiten | Ez 76–99 €, Dz 110–350 €, inkl. Frühstück

Herrschaftliches Backsteinhaus, das 1698 im Stil der dänischen Klinkerrenaissance erbaut wurde. Geschmackvolles Interieur und zurückhaltende Eleganz prägen dieses hübsche Landhotel. Jedes Zimmer ist individuell gestaltet und fügt sich harmonisch in das Ensemble ein.

Morizaner

60 | Hauptgericht 25–40 €, Menü 45–85 € | Mo-So

»

Gemütlich eingerichtetes Restaurant im rechten Parterreflügel des Gutshauses. Unter Verwendung heimischer Produkte wird hier die typische traditionelle Küche Mecklenburgs zu neuem Leben erweckt - Sie werden sehen, der „Ludorfer Morizanerbraten" schmeckt ebenso gut wie frischer Fisch aus der Müritz.

SULZBERG 66 B www.sulzberg.de

Bayern | EW 4.756 | 711 m | Kempten 9 km, Sonthofen 27 km

Sulzberger Hof www.sulzbergerhof.de

Sonthofener Straße 17, PLZ 87477, **T 08376 921330,** F 8660
22 Zimmer | 7 Suiten | Ez 70–95 €, Dz 120–220 €, inkl. Frühstück

Familiär geführtes Ferienhotel am Ortsrand mit gepflegten Zimmern unterschiedlicher Größe, die hell und freundlich eingerichtet sind. Hallenbad mit Panoramablick auf die Berge. Behagliches Restaurant mit heimatverbundener Küche und großzügiger Sommerterrasse.

SULZBURG 64 A www.sulzburg.de

Baden-Württemberg | EW 2.731 | 337 m | Müllheim 11 km, Freiburg 27 km

Waldhotel Bad Sulzburg www.waldhotelforyou.de

★★★★

Badstraße 67, PLZ 79295, **T 07634 505490,** F 5054915
39 Zimmer | 4 Suiten

Mitten im Grünen in herrlich ruhiger Waldlage bietet das Hotel seinen Gästen geschmackvoll und individuell eingerichtete Zimmer. Zahlreiche Sport- und Freizeitmöglichkeiten in direkter Umgebung. Hauseigener Spielplatz. Restaurant mit regionaler Küche.

Hirschen www.douce-steiner.de

Hauptstraße 69, PLZ 79295, **T 07634 8208,** F 6717
10 Zimmer | Ez 120–250 €, Dz 130–300 €, inkl. Frühstück

In den liebevoll und individuell ausgestatteten Gästezimmern lässt es sich hervorragend schlummern. Auf Fernsehen und Internet wurde dabei bewusst verzichtet, um den Gästen einen ruhigen, entspannten Aufenthalt zu bieten. Zwei Straßen weiter steht in einer kleinen Villa auch noch ein 100 qm großes Luxusapartment zur Verfügung.

Hirschen

VARTA★TIPP Küche VARTA-TIPP Service

40 | Hauptgericht 38–50 €, Menü 212–295 € | Mi-Sa Mo, Di, So

Eine Oase des Genusses: Tadellose Leistungen von Spitzenköchin Douce Steiner, ländlich-elegante Gaststuben und ein charmegeladener Service machen süchtig. Liebhaber einer leichten, klassisch französischen Küche sind hier genau richtig, denn auf dem Teller landet z.B. „Delice von der Wachtel und Elsässer Taube im grünen Pfefferblatt, Zitronensauce, Brennnessel". Sehr schön die Auswahl an europäischen Weinen, fachkundige Beratung inklusive.

Restaurant 3Lis Neu! www.troislis.com

Weinstraße 38, PLZ 79295 (OT: Laufen), **T 07634 6954242**
30 | Menü 68–121 € | Mi-Sa Di-Sa Mo, So 21.–31.12.22

Ein kulinarisches Kleinod in der Ortsmitte von Laufen. Das Restaurant ist zeitlos-modern und unprätentiös eingerichtet. Serviert wird eine spannende Crossover-Küche mit mediterran-asiatischen Einflüssen. Die raffinierten Gerichte gibt es in Form eines saisonal abgestimmten Menüs (3 bis 6 Gänge). Herrlich sitzt man in den Sommermonaten auf der weinumrankten Terrasse.

Landgasthof Rebstock www.kellers-rebstock.de

Hauptstraße 77, PLZ 79295, **T 07634 503140**
45 | Hauptgericht 17–30 € | Mo-Di, Do-Sa Mi, So

Ländlich-behaglich ist die Atmosphäre in dem schönen Gasthof, in dem der Patron selbst am Herd steht. Er kocht klassische Speisen, aber auch Regionales zu günstigen Preisen. Weine aus dem Markgräfler Land ergänzen die badische Küche. Es gibt auch einige Gästezimmer.

SULZFELD 51 C www.sulzfeld.de

Baden-Württemberg | EW 4.652 | 204 m | Sinsheim 22 km, Bruchsal 24 km

Burgrestaurant Ravensburg www.burgrestaurant-ravensburg.de

Mühlbacher Str. 84, PLZ 75056, **T 07269 914191**
60 | Hauptgericht 15–35 €, Menü ab 45 € | Sa-So Do-So Mo, Di, Mi

Die hist. Burg aus den Anfängen des 17. Jhd. ist ein beliebtes Ausflugsdomizil. Gemütliches Burgrestaurant mit urigem Kachelofen. Die Karte bietet regional-schwäbische und internationale Küche. Nachmittags Kaffee und Kuchen sowie Vespergerichte. Herrlicher Panoramablick über den Kraichgau.

SULZFELD A.MAIN 52 B www.sulzfeld-main.de

Bayern | EW 1.226 | 202 m | Kitzingen 4 km, Würzburg 22 km

Vinotel Augustin www.weingut-augustin.de/vinotel

★★★ garni

Mathias-Schiestl-Str. 4, PLZ 97320, **T 09321 2672960,** F 26729696
9 Zimmer | 1 Apartment | Ez 90–115 €, Dz 130–140 €, inkl. Frühstück | 7.–9.1.23

An das Weingut von Arno Augustin ist ein kleines, persönlich geführtes Themenhotel angeschlossen. Dessen individuell ausgestattete Designzimmer tragen solch interessante Namen wie „Orient“, „Tropen“, „Pop Art“ oder „Afrika“. Morgens erwartet Sie ein sehr gutes Frühstücksbuffet. Weinproben finden im hoteleigenen Weinkeller statt.

SUNDERN 30 D www.sundern-sorpesee.de

Nordrhein-Westfalen | EW 28.022 | 265 m | Meschede 26 km, Iserlohn 30 km

Halbersbacher Sunderland www.sunderlandhotel.de

Rathausplatz 2, PLZ 59846, **T 02933 9870**
55 Zimmer | 4 Suiten | 5 Apartments | Ez ab 74 €, Dz ab 84 €, inkl. Frühstück | 24 h

Gut geführtes Haus mit individuellem Service und guten Tagungsmöglichkeiten. Sowohl die hell und freundlich eingerichteten Zimmer und Suiten als auch die Saunaoase „Kenbali“ sind von afrikanischem Design insipiriert. Das Restaurant bietet regionale Küche mit afrikanischen Spezialitäten.

Seegarten www.hotel-seegarten.com

★★★★ garni

Zum Sorpedamm 21, PLZ 59846 (OT: Langscheid), **T 02935 96460,** F 7192
60 Zimmer | Ez ab 105 €, Dz ab 165 €, inkl. Frühstück

Fachwerkanwesen mit modernem Hotelanbau in naturnaher Lage am Sorpesee. Die bestens ausgestatteten Zimmer präsentieren sich ausgesprochen wohnlich im behaglichen Landhausstil. Besonders komfortabel hat man es in den 52 qm großen Panoramalofts. Hübsche Sauna- und Ruhelandschaft.

Seegarten

VARTA-TIPP Küche

55 | Hauptgericht 8–32 € | Di-So Mo

Im behaglichen Restaurant kommt eine frische moderne Küche auf den Tisch. Gekocht wird mit nachhaltig erzeugten Lebensmitteln aus der Region. Freuen darf man sich z.B. auf „Knuspriges Schnitzel vom Sauerländer Bio-Schwein mit glasiertem Frühlingsgemüse, Brennnesselhollandaise und Morchel-Macairekartoffeln". Nachmittags gibt es hausgemachte Kuchen.

SYLT (INSEL) 6 A/B www.sylt.de

Schleswig-Holstein | Husum 53 km, Flensburg 55 km

Nationalpark Wattenmeer (UNESCO-Weltnaturerbe), Wanderdünen im Naturschutzgebiet List, Morsum-Kliff, Rotes Kliff zwischen Wenningstedt und Kampen, Großsteingrab Denghoog in Wenningstedt aus dem 3. Jahrtausend v. Chr., Tinnumburg (Wallanlage), Hindenburgdamm, Altes Kurhaus und Stadtkirche St. Nicolai in Westerland, St.-Severin-Kirche, Kapitänshäuser und Sylter Heimatmuseum in Keitum.

HÖRNUM

Budersand Hotel www.budersand.de

VARTA-TIPP Service

★★★★★S garni

Am Kai 3, PLZ 25997, **T 04651 46070,** F 4607450
77 Zimmer | 6 Suiten | Ez 250–355 €, Dz 290–525 €, inkl. Frühstück | 24 h

Das exklusive Luxushotel liegt direkt am Wasser und ist nicht nur für gutbetuchte Golfer eine Top-Adresse. Es verbindet eindrucksvolle Architektur, auserwählte Kunst, Genuss und Entspannung. Die geschmackvoll und hochwertig ausgestatteten Zimmer bieten zahlreiche Annehmlichkeiten wie z.B. übergroße Betten, Loewe-Flachbildschirme oder Marmorbäder. Zum Hotel gehören auch eine hauseigene Bibliothek, ein großzügiger SPA-Bereich sowie einen mehrfach prämierten 18-Loch-Golfplatz.

KAI3

VARTA-TIPP Küche **VARTA-TIPP** Service

40 | Hauptgericht 28–62 €, Menü 138–168 € | Mo-Di, Fr-So Mi, Do

Ein ansprechend modernes Ambiente und der herrliche Meerblick bilden den perfekten Rahmen für Felix Gabels „Nordic Fusion Cuisine", die von unterschiedlichen Küchenstilen und internationalen Einflüssen inspiriert ist. Darüber hinaus begeistern der freundliche, gut geschulte Service und die bemerkenswerte Weinauswahl mit zahlreichen europäischen Spitzengewächsen.

Hotel 54 Grad Nord
www.hotel54gradnord.de

Strandstraße 2, PLZ 25997, **T 04651 449170,** F 4491755
22 Zimmer | 18 Suiten | 18 Apartments, Dz ab 120 €, inkl. Frühstück

Das 2013 restaurierte Hotel wurde ursprünglich von der Hapag-Reederei erbaut. Hier logieren Sie in designorientierten Zimmern und Suiten mit herrlichem Blick zum Meer, zum Leuchtturm oder in die Dünenlandschaft. Kleiner Wellnessbereich mit Day-Spa. Kleine Bistrogerichte werden im Restaurant „Dock 2“ serviert.

Strænd
www.straend-sylt.de

Am Campingplatz 3, PLZ 25997, **T 04651 9364333**
Hauptgericht 13–25 € | Mo, Mi-So Di

Ein neuer „place to be“ auf der Insel, direkt am Strandübergang beim Campingplatz Hörnum. Modern-friesisch - das trifft den Einrichtungsstil des Restaurants am besten. Dazu ein überaus herzliches Gastgeberteam und ein toller Blick auf die Dünenlandschaft. Aus der Strænd-Küche kommen leckere, kreative Speisen mit überwiegend regionalen Bio-Zutaten.

KAMPEN

Walter's Hof
www.walters-hof.de

Kurhausstraße 23, PLZ 25999, **T 04651 449000,** F 45590
32 Zimmer | 13 Suiten | 17 Apartments, Dz ab 190 €, 25,00 € | 24 h

Das kleine Hotel in dem langgezogenen Backsteinhaus profitiert zweifellos von seiner außergewöhnlichen Premiumlage. Individuell eingerichtete Gästezimmer, teils mit schönem Blick über das Rote Kliff zur Nordsee. Für Langzeitgäste bietet man Apartmenthäuser und Ferienwohnungen.

Tappe's im Walter's Hof

60 | Hauptgericht ab 16 € | Mo-So

Seit vielen Jahren ein Anziehungspunkt für Feinschmecker. Ob im behaglichen Restaurant oder auf der wunderschönen Terrasse - hier wird Ihnen eine zeitgemäße Frischeküche serviert. Dabei legt man großen Wert auf die Qualität der Produkte. Beeindruckende Wein-, Champagner- und Digestifauswahl.

Hotel Village
www.village-kampen.de

VARTA-TIPP Ambiente **VARTA-TIPP** Service

Alte Dorfstraße 7, PLZ 25999, **T 04651 9707555,** F 9707777
10 Zimmer | 7 Suiten | Ez 227–346 €, Dz 227–346 €, inkl. Frühstück

Eine Perle in der Sylter Hotellandschaft! In dem kleinen, privat geführten Hideaway werden Sie von herzlichen Mitarbeiter:innen individuell umsorgt. Alle Zimmer und Suiten sind unterschiedlich und überzeugen durch ästhetischen Luxus. Kleine Details machen den Unterschied: Shuttleservice, Zimmerfrühstück, Mineralwasser, Tageszeitung sowie täglich frisches Obst sind nur einige der Annehmlichkeiten, die Sie hier erwarten.

Reethüüs
www.reethues-sylt.de

garni

Hauptstraße 18, PLZ 25999, **T 04651 98550,** F 985547
24 Zimmer | 2 Suiten | 4 Apartments | Ez ab 155 €, Dz ab 190 €, inkl. Frühstück

Privat geführtes Lifestylehotel mit sicht- und spürbarer Wohlfühlatmosphäre und behaglich eingerichteten Gästezimmern. Weitere Vorzüge des Hauses: Ein kleiner Wellnessbereich mit Indoorpool und Sauna, eine weitläufige Gartenanlage, eine windgeschützte Terrasse sowie ein stylisher Frühstücksraum.

Ahnenhof
www.ahnenhof.de

★★★ S garni

Kurhausstraße 8, PLZ 25999, **T 04651 42645,** F 44016
14 Zimmer | Ez 103–152 €, Dz 187–305 €, inkl. Frühstück | ⃠ 8.–30.1.23

Kleines Wohlfühlhotel in herrlicher Lage. Wohnliche Zimmer, die meisten mit Blick auf das Meer. Entspannung bieten der hübsche Garten und der große Freizeitbereich. Tolles Frühstück, das man zur warmen Jahreszeit auch im Freien genießen kann.

Gogärtchen
www.gogaertchen.com

Strönwai 12, PLZ 25999, **T 04651 41242**
65 | Hauptgericht 31–46 € | ◔ Mi-So ◐ Di-So ⃠ Mo

Seit mehr als sechs Jahrzehnten eine angesagte Kultadresse auf Sylt. In den hellen, lichtdurchfluteten Räumen fühlt man sich auf Anhieb wohl. Breites kulinarisches Angebot von deftigen Regionalgerichten bis zur anspruchsvollen Küche. Bei Gästen sehr beliebt ist die großzügige Terrasse.

Rauchfang
www.rauchfang-kampen.de

Strönwai 5, PLZ 25999, **T 04651 42672**
Hauptgericht 21–52 € | ◔ Fr-Sa ◐ Mi-So ⃠ Mo, Di

Das kleine Reetdachhaus im Strönwai beherbergt ein geschmackvolles Restaurant mit Bar und großer, überdachter Terrasse. Von klassischen Fleischgerichten bis zu regionalem Fisch bietet man eine frische, bodenständige Küche mit mediterranen Einflüssen. Sehr gutes Weinangebot.

Manne Pahl
www.manne-pahl.de

Zur Uwe Düne 2, PLZ 25999, **T 04651 42510**
80 | Hauptgericht 12–37 € | ◔◐ Mo-Di, Do-So ⃠ Mi

Ob im hübschen Gastraum mit Holzvertäfelung und blankgescheuerten Holzdielen oder im lichtdurchfluteten Wintergarten - hier erfreuen frische, gutbürgerliche Gerichte sowie köstliche Kuchen und Torten am Nachmittag.

LIST AUF SYLT

A-ROSA Sylt
www.a-rosa-resorts.de

★★★★★ S

Listlandstr. 11, PLZ 25992, **T 04651 96750700,** F 96750799
177 Zimmer | 30 Suiten | ⏲ 24 h

Das Ferienresort an der Lister Wattenmeerküste lässt die Herzen anspruchsvoller Feriengäste höher schlagen. Die Zimmer und Suiten sind modern, hochwertig und wohnlich eingerichtet. Eindrucksvoller, 3.500 qm großer SPA-Bereich mit Meerblick. Im Restaurant „THE FISH CLUB" werden maritime Köstlichkeiten serviert.

Hotel Strand am Königshafen — www.hotel-strand-sylt.de

VARTA-TIPP Ambiente

garni

Hafenstraße 41, PLZ 25992, **T 04651 889750,** F 8897555
30 Zimmer | 15 Suiten, Dz ab 180 €, inkl. Frühstück

Neuzeitliches Lifestyle-Hotel in einzigartiger Lage im Lister Königshafen. Hinter der Holz-Backstein-Fassade erwarten Sie komfortable Zimmer und geräumige Apartments, die mit großen Fensterfronten, schicken Natursteinbädern sowie Balkon oder Terrasse ausgestattet sind. Morgens erwartet Sie ein reichhaltiges friesisches Frühstücksbuffet. Zum Haus gehören auch ein schöner Wellnessbereich und ein eigener Bootssteg.

SYLT-ARCHSUM

Parkresidenz Christian VIII — hotel-christianderviii.de

garni

Heleeker 1, PLZ 25980, **T 04651 97070,** F 970777
12 Zimmer | 12 Suiten, Dz ab 150 €, inkl. Frühstück

Weitläufiges Anwesen mit eigener Parkanlage. Hier erwarten Sie elegante und behagliche Suiten, die sich auf zwei Gebäude verteilen. Das Frühstücksrestaurant befindet sich im Untergeschoss des Haupthauses. Kleiner Wellnessbereich mit Schwimmbad und Sauna.

SYLT-KEITUM

Severin's Resort & Spa — www.severins-sylt.de

VARTA-TIPP Service

★★★★★S

Am Tipkenhoog 18, PLZ 25980, **T 04651 460660,** F 46066500
89 Zimmer | 27 Apartments | Ez 290–600 €, Dz 350–660 €, inkl. Frühstück | 24 h

Hier fühlt man sich wohl - wer einmal da war, kommt definitiv wieder! Das im Keitumer Baustil errichtete Luxusresort bietet erstklassig ausgestattete Zimmer und Suiten sowie großzügige Apartments für Langzeitgäste. Der Service zeichnet sich durch Diskretion und natürliche Herzlichkeit aus. Für Ruhe und Erholung sorgt ein attraktiver, 2.000 qm großer SPA-Bereich mit Schwimmbad und Saunen.

Tipken's

120 | Hauptgericht 31–48 €, Menü 89–112 € | Di-Sa Mo, So

Hier dürfen Sie sich auf ein modernes Shared-Dining-Konzept freuen. In ungezwungener Atmosphäre serviert man eine frische, zeitgenössische Küche, die heimische Produkte mit den besten Zutaten und Aromen der Welt verbindet. Nachmittags kann man auf der Restauranterrasse Kuchen und andere Leckereien aus der hauseigenen Patisserie genießen.

Hoog

100 | Hauptgericht 25–45 € | Mo-So

»

Die moderne Variation einer nordfriesischen Teestube. Auf der Karte stehen traditionelle Spezialitäten wie „Frikadellen vom Husumer Weiderind mit Schmelzzwiebeln und Kartoffel-Gurkensalat". Bei den zubereiteten Gerichten liegt der Fokus auf besten Produkten aus der Region. Das Kellergewölbe im Untergeschoss ist ein schöner Rahmen für Weinproben in geselliger Runde.

Aarnhoog www.aarnhoog.de

VARTA★TIPP Service

garni

Gaat 13, PLZ 25980, **T 04651 3990,** F 39910
17 Zimmer | 7 Suiten | 5 Apartments | Ez 179–299 €, Dz 238–308 €, inkl. Frühstück

Klein, fein und edel im Design zeigt sich dieses romantische Domizil. Das regionaltypische Backsteinhaus aus dem 17. Jhd. beherbergt großzügige Gästezimmer, einen netten SPA-Bereich mit Pool sowie eine gemütliche Tee- und Kaffeestuuv für das opulente Langschläferfrühstück am Morgen. Zusammen mit einem vorbildlichen Service- und Dienstleistungsniveau sind dies beste Rahmenbedingungen für den perfekten Sylt-Urlaub.

Benen-Diken-Hof benen-diken-hof.de

VARTA-TIPP Service

Keitumer Süderstraße 3-5, PLZ 25980, **T 04651 93830,** F 9383183
48 Zimmer | 8 Suiten | 20 Apartments | Ez 146–248 €, Dz 166–386 €, inkl. Frühstück

Aus einer friesischen Gutshofanlage von 1841 hat Familie Johannsen eines der schönsten Ferienhideaways der Insel geschaffen. Das reetgedeckte Hotelensemble besteht aus mehreren Gebäuden mit bezauberndem Landhauscharme. Hier logieren Sie in stilsicher eingerichteten Zimmern und Suiten. Es gibt auch großzügige Apartments und exklusive Ferienhäuser. Weiterer Wohlfühlfaktor: die angenehm persönliche Atmosphäre.

Restaurant KÖKKEN www.benen-diken-hof.de

80 | Hauptgericht 18–39 €, Menü 56–64 € | Mo-So

Elegantes Abendrestaurant mit friesisch-moderner Atmosphäre. Hier kredenzt Ihnen der liebenswürdige Service eine schmackhafte Regionalküche mit mediterranen Einflüssen. Neben frischem Fisch und Fleisch stehen auch innovative vegetarische Gerichte auf der Karte. Schöner Blick auf Garten und Terrasse.

Oma Wilma www.omawilma.de

Gurtstieg 32, PLZ 25980, **T 04651 8860066**
45 | Hauptgericht 30–35 €, Menü 59–73 € | Di-Sa Mo, So

In diesem hübsch restaurierten Kapitänshaus erwartet Sie in zeitgemäß-gemütlichem Ambiente eine friesische Heimatküche. Dabei werden traditionelle norddeutsche Rezepte mit modernen Einflüssen kombiniert. Auf der Speisekarte klingt das z.B. so: „Rotbarschfilet & Glückstädter Tomaten | Risotto | Hofkäse | Brombeere | Limette". Kleine, aber feine Auswahl an deutschen und internationalen Weinen.

SYLT-MORSUM

Landhaus Severins www.landhaus-severins.de

Nösistig 13, PLZ 25980, **T 04651 4606880**
13 Zimmer | Ez 130–410 €, Dz 220–440 €, inkl. Frühstück

Das charmante Landhaus beherbergt komfortable Gästezimmer mit ländlich-behaglicher Einrichtung. Die Zimmer sind in drei Kategorien (20-35 qm) buchbar und bieten einen freien Blick auf das Wattenmeer sowie die umliegende Naturlandschaft. Kleiner hoteleigener SPA-Bereich mit Sauna und Dampfbad. Im À-la-carte-Restaurant wird authentische Sylter Küche serviert.

SYLT-MUNKMARSCH

Fährhaus Sylt

www.faehrhaus-sylt.de

VARTA★TIPP Service

★★★★★S garni

Bi Heef 1, PLZ 25980, **T 04651 93970,** F 939710
44 Zimmer | 12 Suiten | 3 Apartments | Ez 260–650 €, Dz 320–710 €, inkl. Frühstück | 24 h

Die Sylter Nobelherberge mit ihrer einzigartigen Lage am UNESCO-Weltnaturerbe gehört zweifelsohne zu den schönsten Hotels auf der Insel. Für außerordentliches Wohlbefinden sorgen die geschmackvoll und exklusiv ausgestatteten Zimmer und Suiten, das ausgezeichnete Frühstück sowie die 700 qm große SPA-Landschaft. Der zuvorkommende Service tut ein Übriges. Abends lässt es sich schön in der gemütlichen Hotelbar mit Blick über das Wattenmeer verweilen.

Käpt'n Selmer-Stube

40 | Menü ab 55 € | Mo-So

Friesisches Ambiente mit antiken Möbeln und liebevollen Accessoires. Klassische regionale Speisen mit Einflüssen aus der Crossover-Küche. Sehr nett sitzt man auf der im viktorianischen Stil gebauten Terrasse mit Blick über den Jachthafen.

SYLT-RANTUM

Söl'ring Hof

www.soelring-hof.de

VARTA-TIPP Service

★★★★★S garni

Am Sandwall 1, PLZ 25980, **T 04651 836200,** F 8362020
15 Zimmer | 8 Suiten | Ez 520–665 €, Dz 545–940 €, inkl. Frühstück | 24 h

Exquisites Verwöhnhotel mit hohem Wohlfühlfaktor inmitten der faszinierenden Dünenlandschaft von Rantum. Das noble Domizil zeichnet sich durch seinen persönlichen und sehr individuellen Führungsstil aus. Der Fokus liegt klar auf dem Bestreben, den Gästen nahezu alle Wünsche zu erfüllen. Dazu beeindruckt die hochwertige und liebevolle Zimmereinrichtung im eleganten Landhausstil. Der Blick von den Terrassen ins Watt ist unschlagbar. Hausgäste profitieren zudem von zahlreichen Annehmlichkeiten wie Shuttleservice, eigener Strandkorb oder kostenfreie Minibar.

Söl'ring Hof

VARTA★TIPP Küche VARTA★TIPP Service

36 | Menü 264–294 € | Di-Sa Mo, So 11.1.–7.5.23

››

Wenn Sie in diesem schönen Gourmetrestaurant Platz genommen haben und den Köchen bei der Arbeit zuschauen, ist das ein Erlebnis, das seinesgleichen sucht. Patron und Küchenchef Jan-Philipp Berner setzt auf bodenständige und ehrliche Produkte. Seine kreativen und intelligent zubereiteten Speisen, die sich am Wechsel der Jahreszeiten orientieren, können Sie in Form eines exquisiten Degustationsmenüs (6 bis 8 Gänge) genießen. Die fachkundig zusammengestellte Weinkarte bietet so ziemlich alles, was das Herz eines Weinliebhabers begehrt. Nicht zu vergessen der angenehme, bestens geschulte Service.

Watthof — www.watthof.de

VARTA-TIPP Service

Raanwai 42, PLZ 25980, **T 04651 8020,** F 80222
10 Zimmer | 2 Suiten | Ez 200–285 €, Dz 230–365 €, inkl. Frühstück | ⦸ 7.11.22–13.2.23

Das schmucke Domizil mit seinem komfortablen Landhausambiente fügt sich harmonisch in die verträumte Deichlandschaft ein. Die hell und freundlich gestalteten Gästezimmer verteilen sich auf zwei Gebäude. Mit Wattblick die Seele baumeln lassen - das gelingt Ihnen hier vorzüglich. Dazu tragen natürlich auch die äußerst gastorientierten Mitarbeiter:innen bei.

Hotel Duene — www.hotel-duene.de

Stiindeelke 1, PLZ 25980, **T 04651 1660,** F 21096
16 Zimmer | 5 Suiten | Ez 110–252 €, Dz 130–270 €, inkl. Frühstück

Das charmante kleine Hotel wurde liebevoll im Landhausstil eingerichtet. Ein Teil der modernen und hellen Gästezimmer befindet sich im Hotel, der andere Teil liegt direkt über dem Restaurant „Coast“. Morgens erwartet Sie ein traditionelles Sylter Frühstück. Kleine Wellnessoase mit beheiztem Schwimmbad.

Coast — www.restaurant-coast.de

50 | Hauptgericht 15–54 €, Menü 42 € | Mo, Mi-So

Angenehme Atmosphäre mit geschmackvollem Interieur und einem Hauch Industriestyle. Geboten wird eine kreative Küche mit Spezialitäten von Land und Meer. Umfangreiches internationales Weinangebot. Schöne Terrasse.

Sansibar — www.sansibar.de

Hörnumer Straße 80, PLZ 25980, **T 04651 964646**
180 | Hauptgericht 9–45 € | Mo-So ⦸ 24.12.22

Seit vielen Jahren eine Kultadresse - sowohl für Einheimische als auch für Touristen - mitten in den Dünen. Serviert werden Steaks, frische Fischgerichte und leckere Desserts. Mit weit über 1.000 Gewächsen erwartet Sie ein vorzügliches Weinangebot vom klassischen Landwein bis zu edlen Raritäten.

SYLT-TINNUM

Landhaus Stricker

www.landhaus-stricker.com

VARTA-TIPP Ambiente **VARTA-TIPP** Service

★★★★★S

Boy-Nielsen-Straße 10, PLZ 25980, **T 04651 88990,** F 8899499
38 Zimmer | 21 Suiten | Ez ab 190 €, Dz ab 290 €, inkl. Frühstück | 24 h

Vom Empfang bis zur Abreise glänzt dieses privat geführte Wohlfühlrefugium mit einem vorzüglichen Service- und Dienstleistungsniveau. Die Hotelanlage mit ihren friesischen Backsteinlandhäusern befindet sich inmitten einer hübsch angelegten Gartenlandschaft mit Teich. Ruhe und Entspannung in niveauvoller Atmosphäre sind hier garantiert! Die Zimmer und Suiten vereinen behaglichen Luxus und modernsten Komfort. Ein schöner Rückzugsort ist die gemütliche Wellnesslounge.

Bodendorf's

VARTA★TIPP Küche **VARTA-TIPP** Service

22 | Hauptgericht 58–62 €, Menü 198–258 € | Di-Fr Mo, Sa, So

Die Neugestaltung des Gourmetrestaurants ist wirklich gelungen! Wandverkleidungen, Emporen, Sitzecken, Tischplatten aus geräuchertem Eichenholz, Vitra-Designstühle sowie ein intelligentes Lichtkonzept sorgen für stilvolle Eleganz und Gemütlichkeit. Auch die Küchenlinie von Holger Bodendorf und Denis Brühl hat sich stetig weiterentwickelt. Inzwischen fokussieren sie sich noch mehr auf die Klassik und offerieren ein kreatives Menü mit 6, 7, 8 oder 9 Gängen, minimalistisch, kontrastreich in Aromen und Texturen und gleichzeitig absolut harmonisch. Die gut sortierte Weinkarte bietet die passende Begleitung. Der Service ist freundlich, kompetent und omnipräsent.

Siebzehn84

VARTA-TIPP Küche

70 | Hauptgericht 25–40 €, Menü 90–102 € | So Mo-So

Gemütlich hat man es im Zweitrestaurant, warme Farben sorgen für eine entspannt-charmante Atmosphäre. Serviert werden neben modernen Gerichten auch altbewährte Klassiker wie Rumpsteak, Nordsee-Steinbutt oder gebratene Kalbsleber. Die Ressourcen der Umgebung sind die Quellen für das saisonal geprägte Angebot. Große Auswahl erlesener Weine und Spirituosen aus aller Welt.

SYLT-WESTERLAND

Jörg Müller

jmsylt.de

VARTA-TIPP Ambiente

★★★★

Süderstraße 8, PLZ 25980, **T 04651 27788,** F 201471
22 Zimmer | 3 Suiten | 1 Apartment | Ez ab 175 €, Dz ab 220 €, inkl. Frühstück | 24 h

Ein wunderschönes Refugium in Toplage! Traumhaftes Wohnen ist hier garantiert. Das Haus zeichnet sich durch seine persönliche Führung, die liebevoll und individuell eingerichteten Zimmer (einige mit Gartenterrasse) sowie das tolle Frühstück aus. Für Entspannung sorgt der hauseigene Wellnessbereich mit Sauna, Dampfbad und Kleopatra-Bad.

Restaurant JM

www.jmsylt.de

VARTA-TIPP Küche VARTA-TIPP Service

80 | Hauptgericht 21–64 € | Mi-So Mo, Di

In der gemütlichen Friesenstube ist die Atmosphäre stilvoll und regional angehaucht. Die Speisekarte bietet neben Jörg Müllers Klassikern aus dem einstigen Gourmetrestaurant auch bodenständige Gerichte wie „Kalbsnierchen in Champagner-Senfsauce mit Blattspinat und Püree" oder „Nordsee-Seezunge in Butter gebraten, Petersilienkartoffeln, Salat". Dazu tolle Weinempfehlungen und ein überaus herzlicher Service.

Miramar

www.hotel-miramar.de

★★★★★

Friedrichstraße 43, PLZ 25980, **T 04651 8550,** F 855222
62 Zimmer | 22 Suiten | 24 h

Das 1903 erbaute Jugendstilgebäude mit dem Charme eines Grandhotels der Jahrhundertwende wurde in den letzten Jahren immer wieder renoviert. Es bietet individuelle Gästezimmer - zur Seeseite mit einmaligem Ausblick. Im Restaurant werden regionale und mediterrane Speisen serviert.

Stadt Hamburg

www.hotelstadthamburg.com

VARTA-TIPP Ambiente **VARTA-TIPP** Service

Strandstraße 2, PLZ 25980, **T 04651 8580,** F 858220
70 Zimmer | 25 Suiten | Ez 125–340 €, Dz 225–440 €, 31,00 € | 24 h

Ein familiär geführtes Privathotel mit hanseatischer Gastlichkeit. Eingerichtet im englischen Country-House-Stil vermitteln die Zimmer und Suiten im Gartenflügel einen Hauch von Luxus. Fürs persönliche Wohlbefinden sorgt ein 500 qm großer Wellnessbereich im asiatischen Kolonialstil. Morgens wird Ihnen ein opulentes Frühstück serviert - auf Wunsch auch à la carte.

Hardy's Restaurant

45 | Hauptgericht 21–49 €, Menü 117–119 € | Di-Sa Mo, So

In diesem Restaurant setzt man auf „Casual Fine Dining". Serviert wird eine besonders leichte, überwiegend mediterrane Küche, bei der größtenteils regionale Produkte Verwendung finden. Die Weinkarte punktet mit namhaften deutschen und internationalen Gewächsen. Im Bistro und auf der sonnigen Terrasse ganztägig warme Küche.

Strandhotel Sylt

www.sylt-strandhotel.de

★★★★ garni

Margarethenstraße 9, PLZ 25980, **T 04651 8380,** F 838454
52 Zimmer | 44 Suiten | Ez 155–240 €, Dz 170–275 €, inkl. Frühstück

Zentral und ruhig gelegenes Suitenhotel, das über einen direkten Strandzugang verfügt. Geschmackvoll eingerichtete Gästezimmer, teilweise mit Meerblick. Kleiner Wellnessbereich mit Dampfbad und Sauna.

I Love Sylt Hotel Terminus Neu!

ilovesylt.de

VARTA-TIPP Service

Elisabethstraße 15, PLZ 25980, **T 04651 9959256,** F 9959230
24 Zimmer

Das Boutique-Hotel ist der neue Shootingstar unter den gehobenen Sylter Urlaubsresidenzen. Außen aparte Architektur, innen edles Design. Sie logieren in wohnlich und modern eingerichteten Zimmern in 4 Kategorien. Wer den besonderen Luxus sucht, bucht das Penthouse mit persönlichem Conciergeservice und eigener Dachterrasse. Den exklusiven Service genießt man auch beim hochwertigen Verwöhnfrühstück. Für Entspannung sorgt ein kleiner, aber feiner SPA- und Gymbereich. Im stylishen Restaurant „Hummerkoje" werden Seafood und frische Sylt-Cuisine serviert.

Wiking

www.hotel-wiking-sylt.de

★★★★

Steinmannstraße 11, PLZ 25980, **T 04651 46060,** F 4606299
28 Zimmer | Ez 84–230 €, Dz 145–270 €, inkl. Frühstück

Neuzeitlicher Hotelbau in zentraler Lage, nur wenige Schritte vom Strand entfernt. Antike „Delfter Fliesen" sorgen für den besonderen Charme des Hauses. Helle, maritim eingerichtete Zimmer mit Balkon oder Terrasse. Reichhaltiges Frühstücksbuffet mit regionalen Spezialitäten.

Wyn. Strandhotel Sylt
www.wyn-sylt.de

Brandenburger Str. 13, PLZ 25980, **T 04651 8310**
72 Zimmer

Herrliche Lage direkt an der Strandpromenade, wohnliches Ambiente, angenehm unkompliziertе Atmosphäre... ideal für erholsame Ferien! Die Zimmer zeigen sich klar und modern mit hellem Holz und warmen, natürlichen Stoffen. Ansprechend auch die SPA.LOUNGE mit Panoramapool und erstklassigem Nordseeblick. Im Restaurant wird regionale und internationale Küche serviert.

Villa Monika
www.hotel-villa-monika-sylt.de

VARTA-TIPP Service

Johann-Möller-Straße 32, PLZ 25980, **T 04651 4461752**
8 Zimmer, Dz ab 209 €, 19,00 €

Kleines charmantes Boutique-Hotel in einer liebevoll sanierten Villa von 1893. Wertigkeit zieht sich durchs ganze Haus, von den modern-eleganten Zimmern (teils mit Balkon/Dachterrasse) bis zum tollen Langschläferfrühstück am Morgen. Die Minibar und Nespresso-Kaffee sind im Zimmerpreis inbegriffen. Auch der persönliche Service und die Nähe zum Strand machen dieses Domizil so interessant.

Web Christel
www.webchristel.de

Süderstraße 11, PLZ 25980, **T 04651 22900**
70 | Hauptgericht 23–60 €, Menü 40–70 € | Mo-Di, Do-So Mi

Traditionsreiche Adresse in einem friesischen Reetdachhaus. Serviert werden marktfrische Gerichte, ergänzt durch kreative Tagesempfehlungen. Weinkarte mit mehr als 200 Positionen.

WENNINGSTEDT-BRADERUP

Fitschen am Dorfteich
www.fitschen-am-dorfteich.de

Am Dorfteich 2, PLZ 25996, **T 04651 32120**
70 | Hauptgericht 22–47 €, Menü 82 € | Mi-So Mo, Di

Familienbetrieb mit herzlicher Atmosphäre. Serviert wird gehobene Küche mit Gerichten aus der Nordseeregion ergänzt durch schwäbische Spezialitäten. Idyllische Terrasse mit Strandkörben am Dorfteich. Auch Gästezimmer vorhanden.

TABARZ, BAD 43 A
www.tabarz.de

Thüringen | EW 3.966 | 394 m | Gotha 23 km, Eisenach 31 km

Frauenberger
www.hotel-frauenberger.de

★★★★ garni

Max-Alvary-Straße 9-11, PLZ 99891, **T 036259 5220,** F 522100
42 Zimmer | 1 Apartment | Ez 75–90 €, Dz 115–145 €, inkl. Frühstück

Das Hotel befindet sich in ruhiger Ortsrandlage und bietet hübsch eingerichtete Zimmer im Landhausstil, ein Restaurant mit Schauküche, einen ansprechenden Bade- und Wellnessbereich sowie ein romantisches Kaminzimmer.

Zur Post
www.hotel-tabarz.de

★★★★ garni

Lauchagrundstraße 16, PLZ 99891, **T 036259 6660,** F 66666
40 Zimmer | 2 Suiten | 2 Apartments | Ez 89–109 €, Dz 120–140 €, inkl. Frühstück

Ferien- und Tagungshotel in Rennsteignähe mit neuzeitlich eingerichteten Zimmern. Beautyclub mit mediterraner Saunalandschaft. Zahlreiche Freizeitangebote in unmittelbarer Umgebung. Im Restaurant wird regional gekocht.

TANGERMÜNDE 25 A
www.tourismus-tangermuende.de

Sachsen-Anhalt | EW 11.005 | 45 m | Stendal 9 km, Magdeburg 72 km

Schloss Tangermünde
www.schloss-tangermuende.de

★★★★ garni

Auf der Burg, Amt 1, PLZ 39590, **T 039322 7373,** F 73773
37 Zimmer | 2 Suiten

Imposanter Schlossbau mit Gartenhäusern und Dependancen in einer wunderschönen Gartenanlage. Wohnliche, sehr stilvoll gestaltete Zimmer, teilweise mit Blick auf die Elbniederung. Im behaglichen Restaurant und auf der idyllischen Terrasse wird gutbürgerliche regionale Küche serviert.

TANGSTEDT (STORMARN) 15 A
www.tangstedt-stormarn.de

Schleswig-Holstein | EW 6.323 | 33 m | Norderstedt 11 km, Hamburg 25 km

Gutsküche Wulksfelde
www.gutskueche.de

VARTA-TIPP Küche

Wulksfelder Damm 15-17, PLZ 22889, **T 040 64419441**
90 | Hauptgericht 12–29 €, Menü 38–58 € | Di-So ⃠ Mo

In einer ehem. Scheune ist dieses hübsche Restaurant untergebracht. Bei Rebecca und Matthias Gfrörer stehen Geschmack, Transparenz und Nachhaltigkeit im Vordergrund. Aus der offenen Showküche kommen saisonale Spezialitäten - frisch und zu 100% bio-organisch zubereitet. Großer Beliebtheit erfreuen sich die Kochkurse des Patrons. Hübsche Terrasse.

TANN (RHÖN) 43 A
www.tann-rhoen.de

Hessen | EW 4.446 | 371 m | Fulda 30 km, Bad Hersfeld 43 km

Landhaus Kehl
www.landhaus-kehl.de

★★★ garni

Eisenacher Straße 15, PLZ 36142 (OT: Lahrbach), **T 06682 387,** F 1435
37 Zimmer | Ez 48–62 €, Dz 80–108 €, inkl. Frühstück

In dem familiär geführten Landhotel stehen gemütliche, zeitlos eingerichtete Gästezimmer zur Verfügung. Im Gästehaus sind die Zimmer etwas großzügiger. Gut ausgestatteter Wellness- und Fitnessbereich auf 200 qm. Ländlich-rustikales Restaurant.

TAUBERBISCHOFSHEIM 52 A
www.tauberbischofsheim.de

Baden-Württemberg | EW 13.136 | 183 m | Bad Mergentheim 18 km, Würzburg 32 km

Das Bischof Neu!
www.dasbischof.de

Stammbergweg 3, PLZ 97941, **T 09341 84840**
57 Zimmer | Ez ab 89 €, Dz ab 109 €, inkl. Frühstück

Historische Mauern aus dem 19. Jahrhundert umgeben das umfangreich sanierte Hotel, das nur wenige Gehminuten von der Innenstadt entfernt liegt. Das eindrucksvolle Ziegelsteingebäude beherbergt stilvoll-moderne Zimmer und Suiten mit zeitgemäßem Komfort. Durch einen direkten Zugang vom Hotel gelangt man ins benachbarte „Ristorante Carellas", in dem italienische Köstlichkeiten aufgetischt werden. Als außergewöhnliche Eventlocation fungiert die ehemalige Kirche, die zum Hotel gehört.

Das kleine Amtshotel
www.das-kleine-amtshotel.de

garni

Amtstr. 2, PLZ 97941 (OT: Distelhausen), **T 09341 7888**
10 Zimmer | Ez 70 €, Dz 100 €

Bei den herzlichen und engagierten Gastgebern darf man sich auf moderne Zimmer und ein schönes Frühstück freuen. Der Chef ist zertifizierter Bierbotschafter. Erlebenswert sind seine Bier-Hefe- oder Bier-Hopfen-Bäder, die man sowohl alleine als auch zu zweit genießen kann.

TAUNUSSTEIN 41 C
www.taunusstein.de

Hessen | EW 28.515 | 369 m | Wiesbaden 11 km, Mainz 23 km

Légère Hotel Wiesbaden-Taunusstein
www.legere-hotelgroup.com

Heinz-Hankammer-Straße 2, PLZ 65232 (OT: Neuhof), **T 06128 609810,** F 6098199
91 Zimmer | Ez 79–149 €, Dz 89–149 € | 24 h

Ein funktionelles Businesshotel, das sowohl für Geschäftsleute als auch für Freizeitgäste interessant ist. Es bietet helle, geschmackvoll möblierte Zimmer mit innovativem Design und klar akzentuierten Formen. Dazu eine große Meeting- und Eventarea sowie ein hauseigenes Restaurant mit Terrasse.

TECKLENBURG 21 C www.tecklenburg-touristik.de

Nordrhein-Westfalen | EW 8.840 | 200 m | Ibbenbüren 9 km, Osnabrück 23 km

Teutoburger Wald www.rhtw.de

★★★★ S garni

Im Bocketal 2, PLZ 49545 (OT: Brochterbeck), **T 05455 93000,** F 930070
43 Zimmer | 1 Suite | Ez ab 100 €, Dz ab 165 €, inkl. Frühstück

Seit 1902 befindet sich dieses Haus in Familienbesitz. Behagliche Zimmer, ein gepflegter Hotelgarten mit Teich sowie eine großzügige Schwimm- und Saunaanlage sorgen für Wohlfühlatmosphäre. Im Café-Restaurant genießt man regionale und saisonale Küche sowie hausgemachten Kuchen am Nachmittag.

TEGERNSEE 68 A www.tegernsee.de

Bayern | EW 3.639 | 747 m | Miesbach 17 km, Bad Tölz 21 km

Der Westerhof www.derwesterhof.de

★★★★★ S garni

Olaf-Gulbransson-Straße 19, PLZ 83684, **T 08022 188988,** F 188990
43 Zimmer | 10 Suiten | 6 Apartments | Ez ab 139 €, Dz ab 189 €, inkl. Frühstück | 24 h

Hoch oben inmitten der oberbayerischen Bergwelt liegt dieses freundliche Feriendomizil. Die Zimmer (alle mit Südbalkon oder Terrasse) sind äußerst wohnlich und bieten einen uneingeschränkten Blick auf den Tegernsee. Für Entspannung sorgen der Sauna- und Wellnessbereich sowie der 6 ha große Bergpark.

Seehotel Luitpold www.seehotel-luitpold.de

★★★★★ S garni

Hauptstr. 42, PLZ 83684, **T 08022 1877970,** F 18779723
16 Zimmer | 24 h

Das aufwendig und liebevoll renovierte hist. Gebäude im Tegernseer Tal verfügt über individuelle Zimmer mit wunderschönem Seeblick und exklusiv ausgestatteten Designerbädern. In direkter Nachbarschaft befindet sich das Tegernseer Seebad „monte mare". Das stilvolle Restaurant serviert regionale und internationale Spezialitäten sowie Steaks.

Leeberghof www.leeberghof.de

Ellinger Straße 10, PLZ 83684, **T 08022 188090**
70 | Hauptgericht 27–35 € | Sa-So Di-So Mo

Diese Adresse ist einen Besuch wert: atemberaubende Lage, geschmackvoll-ländlich das Interieur, auf der Speisekarte internationale Crossover-Küche und bayerische Klassiker. Im Sommer ein Muss: die traumhafte Terrasse mit unvergleichlichem Ausblick auf die Egerner Bucht.

Schlossbrennerei Tegernsee www.schlossbrennerei-tegernsee.de

Schlossplatz 1e, PLZ 83684, **T 08022 4560**
200 | Hauptgericht 10–29 € | Mi-So Mo, Di

»

Modernes Wirtshausflair in den Gemäuern eines ehem. Klosters. Die Küche ist alpenländisch orientiert und bietet Leckeres wie „Omas Kalbsrahmgulasch" oder „Tafelspitz vom bayerischen Rind". Zur warmen Jahreszeit empfiehlt sich die großzügige Sonnenterrasse. Ein Highlight im Winter ist die gemütliche Fonduestube.

Herzogliches Bräustüberl Tegernsee www.braustuberl.de

Schlossplatz 1, PLZ 83684, **T 08022 4141**
1400 | Hauptgericht 5–13 € | Mo-So

Auch nach der Renovierung hat das Traditionslokal nichts von seinem Charme eingebüßt. Große hist. Gewölberäume mit regionaltypischer Bierhauskultur. Serviert werden deftige bayerische Schmankerln wie Schweinshax'n, Münchner Tellerfleisch oder hausgemachte Bratensülze. Im Sommer lockt der zünftige Biergarten mit Aussicht.

TEINACH-ZAVELSTEIN, BAD 57 B www.teinachtal.de

Baden-Württemberg | EW 2.977 | 391 m | Calw 12 km, Pforzheim 40 km

Berlins Hotel KroneLamm www.berlins-hotel.de

★★★★ S garni

Marktplatz 1-3, PLZ 75385 (OT: Zavelstein), **T 07053 92940**
63 Zimmer | 3 Suiten | Ez 145–309 €, Dz 208–383 €, inkl. Frühstück

Die beiden Häuser im ruhigen Ortsteil Zavelstein bieten geschmackvoll eingerichtete Zimmer im Landhausstil, die in verschiedenen Kategorien gebucht werden können. Vom kinderfreien Wellnessbereich „königSPA" genießen Sie einen traumhaften Blick über die malerischen Täler des Teinachtals.

Berlins Krone

VARTA-TIPP Küche **VARTA-TIPP** Service

35 | Hauptgericht ab 48 €, Menü 129–159 € | Mi-So Mo, Di 8.–25.1.23, 29.5.–14.6.23

Gediegen-elegantes Ambiente, geschulter Service und dazu eine eigenständige, lebendige Küche mit besten Produkten, das alles ist hier vereint. Franz Berlin kocht kreativ auf klassischer Basis, mutige und gleichermaßen gelungene Aromenkombinationen zeichnen seine Gerichte aus. Das exklusive Abendmenü (4 bis 7 Gänge) können Sie auch als vegetarische Variante bestellen. Für die passenden Wein- und Getränkeempfehlungen sorgt Sommelier Holger Klotz.

Berlins Lamm

120 | Hauptgericht 16–28 €, Menü 31–49 € | So Mo-So

„Geschmorter Wildbraten", „Kaspressknödel", „Forelle Müllerin", „Zwiebelrostbraten"... Bekommen Sie da nicht Appetit? Leckere Gerichte wie diese gibt es im lichtdurchfluteten Hauptrestaurant nebst großzügiger Panoramaterrasse.

Hotel Therme www.hotel-therme-teinach.de

★★★★ S garni

Otto-Neidhart-Allee 5, PLZ 75385 (OT: Bad Teinach), **T 07053 290,** F 29177
121 Zimmer | 10 Suiten | Ez 59–200 €, Dz 109–279 €, inkl. Frühstück | 24 h

Nach aufwendigen Umbau- und Renovierungsarbeiten erstrahlt das renommierte Haus mit direktem Zugang zur Therme in neuem Glanz. Besonders großzügig und wohnlich sind die neuen Zimmer und Suiten aus hochwertigen Naturmaterialien. Im „Quellenrestaurant" wird eine schwäbisch-badische Küche mit internationalen Einflüssen serviert.

TEISENDORF 69 A www.teisendorf.de

Bayern | EW 9.189 | 501 m | Traunstein 19 km, Salzburg (Österreich) 32 km

Wellness Natur Resort Gut Edermann www.gut-edermann.de

★★★★★ S garni

Holzhausen 2, PLZ 83317 (OT: Holzhausen), **T 08666 92730,** F 9273199
50 Zimmer | 3 Suiten | Ez 168–178 €, Dz 336–416 €, inkl. Halbpension

Traditon trifft auf Moderne. Geschmackvolles Anwesen in ländlicher Idylle. Gemütliche Designzimmer, mit Liebe zum Detail gestaltet. Entspannung bietet der 2.700 qm große Wellness- und SPA-Bereich. Im Sommer können sich die Gäste im hauseigenen Naturbadeteich erfrischen.

Restaurant MundArt2015

168 | Hauptgericht 20–32 €, Menü 47–59 € | Mo-So

Im elegant gestalteten Gourmetrestaurant wird frisch und schmackhaft gekocht. Die Küchencrew setzt dabei überwiegend auf heimische Zutaten. Sehr gute Auswahl an regionalen und internationalen Weinen ausgesuchter Winzer. Zum Haus gehören auch noch die gemütlich-rustikale „Bauernstube Anno 1910", der Wintergarten und eine Sommerterrasse.

TEISNACH 55 C www.teisnach.de

Bayern | EW 2.933 | 467 m | Regen 15 km, Deggendorf 24 km

Relais & Châteaux Landromantik Hotel Oswald

www.hotel-oswald.de

S garni

Am Platzl 2, PLZ 94244 (OT: Kaikenried), **T 09923 84100,** F 841010
63 Zimmer | 30 Suiten | Ez ab 129 €, Dz ab 288 €, inkl. Frühstück

Geschmackvoll wohnen! Das idyllisch gelegene Ferienhotel mit langer Familientradition erwartet Sie mit schönen wohnlichen Zimmern, teils in Zirben- und Altholz gehalten. Überzeugend ist der großzügige SPA-Bereich mit Saunen, Pools und Wellnessgarten sowie der neu gestalteten Salzwelt.

Oswald's Gourmetstube

VARTA-TIPP Küche **VARTA-TIPP** Service

20 | Menü 55–115 € | Mi-Sa Mo, Di, So

Ein ganz und gar stimmiges Bild: Die feine, elegante Klassik, die der stilvolle Raum ausstrahlt, findet sich auch in den gelungen zusammengestellten Kreationen von Küchenchef Thomas Gerber. Aroma und präzises Handwerk stehen bei seinen Menüs klar im Mittelpunkt. So kommen die ausgezeichneten Produkte schön zur Geltung. Niveauvoll auch der Service: professionell und angenehm persönlich. Dazu ein sorgfältig abgestimmtes Weinsortiment. Tischreservierung empfehlenswert.

TELGTE 21 C

www.telgte.de

Nordrhein-Westfalen | EW 19.218 | 50 m | Münster 12 km, Osnabrück 54 km

Marienlinde

www.marienlinde.de

garni

Münstertor 1, PLZ 48291, **T 02504 5057,** F 931350
20 Zimmer | 2 Apartments | Ez 70–75 €, Dz 95–105 €, 5,00 €

Das familiär geführte Haus am Rande der Altstadt bietet individuell ausgestattete Nichtraucherzimmer, teils mit Balkon. Netter Frühstücksraum mit Aussicht. Ideale Adresse für Ausflüge ins umgebende Münsterland.

Telgter Hof
www.telgter-hof.com

Münsterstraße 29, PLZ 48291, **T 02504 8896260**
Hauptgericht 14–25 € | Di-Mi, Fr-So Mo, Do

Seit Jahrzehnten wird das Haus mit Engagement und Leidenschaft geführt. Was man in dem gemütlich-zeitgemäßen Restaurant serviert bekommt, ist sowohl regional als auch international geprägt und nennt sich z.B. „Gegrillter Loup de mer an Parmesanschaum | Tagliatelle mit Oliven | Cherrytomaten | Kapern". Es gibt auch einige Gästezimmer.

TEMPLIN 18 D
www.templin.de

Brandenburg | EW 16.062 | 60 m | Prenzlau 31 km, Oranienburg 66 km

Döllnsee-Schorfheide
www.doellnsee.de

★★★ S garni

Döllnkrug 2, PLZ 17268, **T 039882 630,** F 63402
126 Zimmer | 4 Suiten | Ez 78–195 €, Dz 84–304 €, inkl. Frühstück | 24 h

Freundlich geführtes Hotel in idyllischer Waldlage des Naturschutzgebietes Schorfheide. Renovierter Altbau mit zwei Neubauflügeln und Zimmern in stilvollem Edelholzambiente. Nette Wellnesslounge. Das Restaurant „Cottage" serviert uckermärkische und internationale Spezialitäten.

TENGEN 65 A
www.tengen.de

Baden-Württemberg | EW 4.641 | 614 m | Schaffhausen (Schweiz) 25 km, Konstanz 50 km

Bibermühle
www.bibermuehle.de

★★★★★ S garni

Untere Mühle 1, PLZ 78250 (OT: Blumenfeld/Hegau), **T 07736 92930,** F 9293140
31 Zimmer | Ez 88 €, Dz 148–166 €, inkl. Frühstück

Tagungs- und Geschäftshotel in naturnaher Umgebung mit ansprechend eingerichteten Zimmern. Kleiner Wellnessbereich mit finnischer Sauna, Tauchbecken und Solarium. Restaurant mit rustikalem Ambiente und schöner Gartenterrasse.

Zur Sonne
www.sonne-wiechs.de

Hauptstraße 57, PLZ 78250 (OT: Wiechs), **T 07736 7543**
45 | Hauptgericht 18–35 €, Menü 55–75 € | Fr-So Mi-So Mo, Di

In der hübsch dekorierten Gaststube wird eine regionale Küche mit mediterranem Einfluss aufgetischt. Spezialität: Hausgemachte Ravioli. Schön sitzt man im Sommer auf der lauschigen Südwestterrasse. Es stehen auch einige Gästezimmer zur Verfügung.

TETEROW 18 A
www.teterow.de

Mecklenburg-Vorpommern | EW 9.012 | 10 m | Malchin 13 km, Güstrow 18 km

Moshack
www.restaurant-moshack-teterow.de

Bahnhofstr. 1, PLZ 17166, **T 03996 1852346**
40 | Hauptgericht 15–27 € | Di-Sa Mo, So

»

Im Bahnhof Teterow wird ambitioniert gekocht, und zwar regionale und saisonale Gerichte aus hervorragenden Produkten. Wie wär's mit „Auf der Haut gebratenem Zanderfilet mit Rahmsauerkraut und getrüffeltem Kartoffelpüree"? Dazu erwarten Sie gemütlich-modernes Ambiente und ein freundlich-charmanter Service.

TETTNANG 66 A www.tettnang.de

Baden-Württemberg | EW 19.500 | 466 m | Friedrichshafen 10 km, Ravensburg 13 km

Rad www.hotel-rad.com

Lindauer Straße 2, PLZ 88069, **T 07542 5400,** F 53636
69 Zimmer | 2 Suiten

Familiengeführtes Ferien- und Geschäftshotel in einem 100 Jahre alten Fachwerkhaus. Man verfügt über moderne, aber auch rustikale Zimmer. Gemütliche Restauranträume, in denen schwäbische und internationale Gerichte serviert werden.

THALE 33 A www.bodetal.de

Sachsen-Anhalt | EW 19.365 | 170 m | Halberstadt 21 km, Nordhausen 48 km

Mythenresort Heimdall www.mythenresort.de

★★★★

Poststraße 18, PLZ 06502, **T 03947 9394466**
60 Zimmer | 1 Suite

Dieses Privathotel liegt am beliebten Wanderweg „Harzer Hexenstieg". Die wohnlich und farbenfroh eingerichteten Zimmer bieten schöne Ausblicke auf die Stadt, den Hexentanzplatz und die bewaldeten Ausläufer der Harzer Berge. Das hauseigene Restaurant mit offener Küche serviert Harzer Spezialitäten vom Grill. Einen kleinen Saunabereich gibt es auch.

THIERHAUPTEN 59 B www.thierhaupten.de

Bayern | EW 3.887 | 430 m | Augsburg 24 km, Donauwörth 25 km

Klostergasthof www.hotel-klostergasthof.de

Augsburger Straße 3, PLZ 86672, **T 08271 81810,** F 818150
46 Zimmer | Ez ab 59 €, Dz ab 81 €, inkl. Frühstück

Seminar- und Tagungshotel im ehem. Sudhaus des Klosters. Das Haus vereint eine 400-jährige Geschichte mit moderner Architektur. Geschmackvolle Gästezimmer mit Designeranklängen.

THYRNAU 62 B www.thyrnau.de

Bayern | EW 4.140 | 455 m | Passau 13 km, Vilshofen an der Donau 33 km

Parkschlössl zu Thyrnau www.hotel-parkschloessl.de

★★★★

Hundsdorf 20a, PLZ 94136 (OT: Hundsdorf), **T 08501 9220,** F 922123
42 Zimmer | 9 Suiten | Ez 115 €, Dz 210–236 €, inkl. Vollpension

Neuzeitliches Hotel in ruhiger Lage. Wohnliche Zimmer mit italienischen Möbeln und aufwendigen Bädern. Zum Haus gehören auch ein Wellness- und Beautybereich, ein schöner Park mit Naturbadeteich sowie ein elegantes Restaurant.

Golf- und Landhotel Anetseder
www.hotel-anetseder.de

★★★ S

Rassbach 8, PLZ 94136 (OT: Raßbach), **T 08501 91313,** F 91314
19 Zimmer | 1 Suite | Ez 79–166 €, Dz 130–176 €, inkl. Frühstück

Familiengeführtes Hotel unmittelbar am 24-Loch-Golfplatz des Golfclubs Passau-Raßbach. Solide eingerichtete Zimmer mit neuzeitlichem Komfort. Kleiner Wellnessbereich mit hochwertig ausgestatteter Saunalandschaft. Bodenständiges Restaurant „Leo's" mit großer Sonnenterrasse.

Lindenhof
www.lindenhof-kellberg.de

★★★ garni

Kurpromenade 12, PLZ 94136 (OT: Kellberg), **T 08501 8080,** F 80815
34 Zimmer | 6 Suiten | Ez ab 55 €, Dz ab 84 €, inkl. Frühstück

Ansprechendes, familiengeführtes Haus in ruhiger Lage direkt am Golfplatz. Geräumige Zimmer mit hellem Holzmobiliar und zeitgemäßer Ausstattung. Kleiner SPA-Bereich mit Sauna und Whirlpool.

TIEFENBRONN 57 B
www.tiefenbronn.de

Baden-Württemberg | EW 5.400 | 432 m | Heimsheim 4 km, Pforzheim 12 km

Ochsen-Post
www.ochsen-post.de

garni

Franz-Josef-Gall-Straße 13, PLZ 75233, **T 07234 95450,** F 9545145
37 Zimmer | 6 Suiten | Ez 89–135 €, Dz 110–170 €, inkl. Frühstück

Ein Ort zum Wohlfühlen und Genießen! Das traditionsreiche Haus (anno 1694) mit seinem modernen Hotelneubau bietet geschmackvolle, mit edlen Materialien eingerichtete Zimmer unterschiedlicher Größe und Preiskategorien. Im Restaurant „Backhaus" werden rustikale Vesper und Kleinigkeiten der badisch-schwäbischen Küche serviert. Hauseigene Holzofenbäckerei und Fleischmanufaktur.

Bauernstuben

VARTA-TIPP Küche

90 | Hauptgericht 14–50 €, Menü 62–89 € | Di-Sa Mo-Sa So

Seit vielen Jahren ist dieser Familienbetrieb eine hervorragende Genussadresse! In den nostalgisch anmutenden, urgemütlichen Gaststuben verwöhnen Sie Vater und Sohn mit einer abwechslungsreichen und innovativen Küche. Das Angebot reicht von schmackhaften Regionalgerichten über hochwertiges Steakfleisch von deutschen Färsen bis hin zu modernen internationalen Speisen. Die feine Kulinarik steht in harmonischem Einklang mit dem liebenswerten Service. Im Sommer lockt das mediterran anmutende Gartenrestaurant.

Arnegger's Adler

www.arneggers-adler.de

Tiefenbronner Straße 20, PLZ 75233 (OT: Mühlhausen), **T 07234 953530**
35 | Hauptgericht 23–33 €, Menü 72 € | Sa-So Di-So Mo

Das Haus ist schon seit Generationen ein engagiert geführter Familienbetrieb mit gepflegter Gastlichkeit und persönlichem Service. Auf der Speisekarte stehen überwiegend regionale Gerichte mit internationalen Einflüssen. Sonntags Brunch. Wohnliche Gästezimmer.

TIMMENDORFER STRAND 8 D

www.timmendorfer-strand.de

Schleswig-Holstein | EW 8.769 | 2 m | Bad Schwartau 15 km, Lübeck 22 km

Grand Hotel Seeschlösschen

www.seeschloesschen.de

Strandallee 141, PLZ 23669, **T 04503 6011,** F 601333
122 Zimmer | 23 Suiten | Ez ab 139 €, Dz ab 199 €, inkl. Frühstück | 24 h

Behagliches Wohnambiente und familiäre Atmosphäre erwarten Sie in diesem stilvoll gestalteten Grandhotel. Das Haus bietet exklusiv eingerichtete Zimmer, mehrere Restaurants, eine herrliche Seeterrasse sowie einen 2.300 qm großen Wellnessbereich. Eigene 36-Loch-Golfanlage in unmittelbarer Nähe zum Ostseestrand.

Strandhotel Fontana

www.strandhotel-fontana.de

Strandallee 47-49, PLZ 23669, **T 04503 87040,** F 870428
19 Zimmer | 1 Suite | 1 Apartment | Ez 160–235 €, Dz 185–355 €, inkl. Frühstück | 15.1.–10.2.23

Familiengeführtes Traditionshaus mit elegantem Neubau im klassizistischen Bäderstil. Die zeitlos-modernen Zimmer sind mit hochwertigen Möbeln, bequemen Betten, Kunst und liebevollen Details ausgestattet. Exklusives Wohnen garantiert die großzügige Suite mit Ostseeterrasse im Altbau.

Horizont

50 | Hauptgericht 18–40 € | Di-So 15.1.–10.2.23

Das Fine-Dining-Restaurant befindet sich im Erdgeschoss der schmucken Villa. Das Ambiente ist geprägt von einer wohltuenden Mischung aus klaren Linien, sanften Farbtönen und elegantem Design. Serviert wird eine raffinierte nordische Küche mit asiatischen Komponenten.

Fuchsbau Neu! www.fuchsbau-timmendorf.de

VARTA-TIPP Ambiente

★★★★S

Dorfstraße 11, PLZ 23669 (OT: Groß Timmendorf), **T 04503 8020,** F 5767
75 Zimmer

Das romantische Hideaway ist die perfekte Adresse für eine Auszeit zwischen Land und Meer! Die Zimmer und Suiten hat man im klaren Stil skandinavischer Gelassenheit eingerichtet. Harmonische Farbgebung, erlesene Materialien und liebevolle Details sorgen für modern-behagliches Wohlfühlambiente. Aber auch der 700 qm große SPA und die persönliche Atmosphäre zeichnen dieses Haus aus. Im gemütlichen Restaurant werden typisch norddeutsche Spezialitäten aufgetischt.

Holsteiner Hof www.holsteiner-hof.de

★★★★

Strandallee 92, PLZ 23669, **T 04503 35740,** F 357419
22 Zimmer | 3 Suiten | 6 Apartments | Ez 69–219 €, Dz 79–249 €, ab 20,00 €

Ein freundlich geführtes Haus. Hier vereinen sich angenehmer Wohnkomfort und Liebe zum Detail. Die Zimmer und Suiten sind individuell und stilvoll ausgestattet. Im stilvollen Restaurant mit beheizter Terrasse wird regional und international gekocht.

Landhaus Carstens www.landhauscarstens.de

★★★★S

Strandallee 73, PLZ 23669, **T 04503 6080,** F 60860
32 Zimmer | 3 Suiten | 24 h

Gepflegtes Ostholsteiner Landhaus mit gutem Freizeitbereich in strandnaher Lage. Das Hotel verfügt über wohnliche Zimmer, die mit Stilmöbeln eingerichtet sind. 400 qm großer Wellnessbereich mit mediterranem Ambiente. Rustikal-gemütliches Restaurant mit schöner Terrasse.

Sand www.hotelsand.de

★★★★

Strandallee 168, PLZ 23669, **T 04503 8970,** F 898199
77 Zimmer | 3 Suiten | 24 h

Das zeitgemäße Lifestyle-Hotel verspricht anspruchsvolles Wohnen in entspannter Atmosphäre. Klare Farben, modernes Design und natürliche Materialien prägen die Zimmerausstattung.

Seehuus www.seehuus-hotel.de

Strandstr. 69, PLZ 23669 (OT: Niendorf), **T 04503 801260,** F 801261
74 Zimmer | 7 Suiten | Ez ab 109 €, Dz ab 135 €, inkl. Frühstück | 24 h »

Das moderne Lifestyle-Hotel liegt direkt am Niendorfer Strand. Die Zimmer sind schick designt und verfügen alle über einen Balkon, teils mit schönem Ostseeblick. Toller SPA mit Schwimmbad, Saunen und Beautykabinen. Im Restaurant mit schöner Terrasse wird internationale Küche serviert.

The Cozy Hotel — www.thecozy-hotel.de

Schmilinskystraße 2, PLZ 23669, **T 04503 76091000,** F 76091999
55 Zimmer | Ez 75–370 €, Dz 95–390 €, inkl. Frühstück

Direkt am Alten Kurpark befindet sich das stylishe Hotel. Weißes Leinen, grobes Holz, geflochtener Korb und helle Stoffe prägen die Räume und verleihen dem Hotel zurückhaltenden Charme und erfrischende Lässigkeit. Hübscher SPA- und Gymbereich mit vielfältigen Trainings- und Wellnessangeboten. Tipp: Die schönsten Stücke aus dem Hotelinterieur gibt es im Shop auch für zu Hause.

Yachtclub — www.hotel-yachtclub.de

Strandstr. 94, PLZ 23669 (OT: Niendorf), **T 04503 8060**
60 Zimmer | 6 Suiten | Ez 99–290 €, Dz 115–290 €, Frühstück 8,75–19,00 €

Ein sympathisches, maritim gestaltetes Hotel, nur wenige Schritte vom Sandstrand entfernt. Hier erwarten Sie hell und wohnlich eingerichtete Zimmer mit komfortabler Ausstattung. Für Entspannung sorgt der SPA-Bereich „AuraVita“.

Gourmetrestaurant Orangerie — www.orangerie-timmendorfer-strand.de

VARTA-TIPP Küche

Strandallee 73 (im Maritim Seehotel), PLZ 23669, **T 04503 6050**
50 Plätze | Hauptgericht 32–59 €, Menü 89–139 € | Fr-So ⦸ Mo, Di, Mi, Do ⦸ 30.1.–2.3.23

Hier dinieren Sie im gehobenen Ambiente des Gourmetrestaurants oder auf der wunderschönen Gartenterrasse. Durch die offene und von allen Seiten einsehbare Küche kann man die leidenschaftliche Crew um Chefkoch Lutz Niemann beobachten. Serviert werden raffinierte Gerichte mit regionalen und französischen Einflüssen. Es gibt ein wechselndes Menü mit drei bis sechs Gängen. Dazu offeriert Sommelier Ralf Brönner exzellente Weine aus nah und fern.

TITISEE-NEUSTADT 64 B — www.hochschwarzwald.de

Baden-Württemberg | EW 11.835 | 849 m | Lenzkirch 9 km, Freiburg 31 km

Treschers Schwarzwald-Hotel
www.treschers.de

VARTA-TIPP Ambiente

★★★★ S garni

Seestraße 10, PLZ 79822 (OT: Titisee), **T 07651 8050,** F 8116
83 Zimmer | 7 Suiten | 2 Apartments | Ez ab 150 €, Dz ab 200 €, inkl. Frühstück | 24 h

In dem am Ufer des Titisees gelegenen Traditionshotel sind nicht nur die hell und wohnlich eingerichteten Zimmer ideal zum Erholen, auch der Wellnessbereich hat da so einiges zu bieten: Badelandschaft, Saunaparadies, Liegewiese mit privatem Seezugang und Schwimmsteg... In den beiden Restaurants mit einzigartigem Seeblick genießen Pensionsgäste am Abend ihr 4-Gang-Wahl-Menü. Alternativ kann man auch in den urgemütlichen Gaststuben dinieren.

Bären
www.baeren-titisee.de

★★★★ S garni

Neustädter Straße 35, PLZ 79822 (OT: Titisee), **T 07651 8060,** F 806604
48 Zimmer | 5 Suiten | Ez 154–238 €, Dz 244–386 €, inkl. Halbpension

Zeitgemäßes Wohnen, vielfältige Gastronomie sowie eine anspruchsvolle Wellnesslandschaft bietet dieses familiengeführte Schwarzwaldhotel. Moderne Materialien aus Stein, Holz und Glas sowie viel Licht sorgen für ein helles, freundliches Ambiente. Ruhige Lage am Waldrand. Herzliche Gastgeber.

Brugger's Hotelpark am See
www.hotel-brugger.de

★★★★ S garni

Strandbadstraße 14, PLZ 79822 (OT: Titisee), **T 07651 8010,** F 801800
57 Zimmer | 4 Suiten | Ez ab 128 €, Dz ab 198 €, inkl. Frühstück | 24 h

Komfortables Lifestyle-Hotel in herrlicher Lage. Modern und geradlinig eingerichtete Gästezimmer, teils mit 10 qm großen Dachterrassen und atemberaubendem Blick auf den Titisee. Gehobene Schwarzwälder Küche in „Jan's Restaurant".

Parkhotel Waldeck
www.parkhotel-waldeck.de

★★★★★ S garni

Parkstraße 4-6, PLZ 79822 (OT: Titisee), **T 07651 8090,** F 80999
45 Zimmer | Ez 99–189 €, Dz 119–209 €, inkl. Frühstück

Zentral gelegenes Schwarzwaldhotel mit gediegen eingerichteten Zimmern unterschiedlicher Kategorien. Schöne Bade- und Saunalandschaft mit Whirlpool und Außenterrasse. Im Restaurant erwarten den Gast saisonale Köstlichkeiten aus der Region.

Seehotel Wiesler
www.seehotel-wiesler.de

★★★★ S garni

Strandbadstraße 5, PLZ 79822 (OT: Titisee), **T 07651 98090,** F 980980
36 Zimmer | 2 Suiten

»

Familiär geführtes Ferienhotel direkt am Titisee. Das Haus bietet helle, freundliche Zimmer, die fast alle über Seeblick verfügen. Großzügiger Wellnessbereich mit Panoramaschwimmbad, Saunalandschaft und Außenbereich. Restaurant mit badischer Küche.

Sonne-Post
www.sonne-post.de

★★★ S

Landstraße 13, PLZ 79822 (OT: Waldau), **T 07669 91020,** F 910299
29 Zimmer | 27 Apartments | Ez 87–90 €, Dz 143–149 €, inkl. Frühstück | ⦸ 20.–24.11.22

Traditionsreicher Schwarzwälder Familienbetrieb mit wohnlichen Gästezimmern. Ansprechender Wellnessbereich mit Hallenbad, Saunalandschaft und Liegewiese. Im heimeligen Restaurant werden bodenständige badische Gerichte aufgetischt. Schöne Sommerterrasse.

TITTING 53 D
www.titting.de

Bayern | EW 2.631 | 447 m | Beilngries 26 km, Ingolstadt 43 km

Hotel Dirsch
www.hotel-dirsch.de

★★★★ S

Hauptstraße 13, PLZ 85135 (OT: Emsing), **T 08423 1890,** F 1370
90 Zimmer | 40 Suiten | Ez ab 95 €, Dz ab 125 €, inkl. Frühstück

Familiengeführtes Hotel in ländlicher Umgebung. Wohnliche, unterschiedlich große Zimmer. Schöne Sauna- und Dampfbäderlandschaft. Umfangreiches Tagungsangebot.

TITTMONING 61 D
www.tittmoning.de

Bayern | EW 6.100 | 400 m | Traunstein 30 km, Salzburg 41 km

Inspiration
www.hotel-inspiration.de

★★★ garni

Mayerhofen 9, PLZ 84529 (OT: Mayerhofen), **T 08683 891220,** F 89122150
32 Zimmer | 2 Suiten | 2 Apartments | Ez 79–89 €, Dz 119–129 €, inkl. Frühstück

Sehr gepflegt wohnt man in diesem persönlich geführten Familienbetrieb im Ortsteil Mayerhofen. Hier ist die ruhige Lage Trumpf! Aber auch die geschmackvollen, individuell gestalteten Zimmer und das sehr gute Frühstück sind Grund genug, das kleine Hotel einmal zu besuchen.

TODTMOOS 64 B
www.todtmoos.de

Baden-Württemberg | EW 1.987 | 820 m | Todtnau 17 km, Bad Säckingen 28 km

Rössle
www.hotel-roessle.de

★★★★

Kapellenweg 2, PLZ 79682 (OT: Strick), **T 07674 90660,** F 906680
35 Zimmer | 6 Suiten | 2 Apartments | Ez 92–110 €, Dz 168–200 €, inkl. Frühstück | ⏲ 24 h

Schön wohnlich hat man es in diesem traditionellen Schwarzwaldgasthof. Stammgäste schätzen die familiäre Atmosphäre, die behagliche Zimmerausstattung und die ruhige Lage. Im Restaurant werden vorwiegend badische Spezialitäten serviert.

TODTNAU 64 A
www.hochschwarzwald.de/Todtnau

Baden-Württemberg | EW 4.828 | 659 m | Freiburg 32 km, Basel (Schweiz) 53 km

derWaldfrieden www.derwaldfrieden.de

Dorfstraße 8, PLZ 79674 (OT: Herrenschwand), **T 07674 920930,** F 9209390
22 Zimmer | 2 Suiten | Ez 100–110 €, Dz 130–270 €, inkl. Frühstück

Das Naturparkhotel liegt auf einem sonnigen, nach Süden offenen Hochplateau - abseits jeglicher Durchgangsstraßen. Die behaglichen Zimmer im regionaltypischen Schwarzwaldstil verteilen sich auf das Stammhaus und das 50 Meter entfernte SpaHaus. Aktiv- und Erholungsurlaub lassen sich hier optimal miteinander verbinden.

derWaldfrieden

VARTA-TIPP Küche

90 | Hauptgericht 22–38 €, Menü 37–59 € | Mi-So Mo, Di

Eleganter Stil gepaart mit einer ländlichen Note, das passt schön zum historischen Rahmen des Stammhauses. In den Gasträumen und auf der hübschen Gartenterrasse werden Sie von Irmgard Hupfer und ihrem Serviceteam mit einer verfeinerten Regionalküche verwöhnt. Nachmittags gibt es selbstgebackene Kuchen.

Herrihof www.herrihof.de

Kurhausstraße 21, PLZ 79674 (OT: Todtnauberg), **T 07671 9997322,** F 9997344
21 Zimmer | 1 Suite | 2 Apartments | Ez 69–99 €, Dz 79–119 €, inkl. Frühstück

Charmantes Landhotel auf einem rund 7.000 qm großen Anwesen. Zur Verfügung stehen sehr individuelle Gästezimmer, die sich auf verschiedene Gebäudekomplexe verteilen. Im holzvertäfelten Restaurant, im modernen Wintergarten sowie auf der sonnigen Terrasse wird frische Pastaküche serviert.

Waldhotel am Notschreipass www.schwarzwald-waldhotel.de

Notschrei Passhöhe 2, PLZ 79674, **T 07602 94200,** F 9420111
28 Zimmer | 13 Suiten | 5 Apartments | Ez ab 104 €, Dz ab 238 €, inkl. Halbpension | 24 h

Wander- und Wellnesshotel in schöner Lage auf 1.121 m Höhe. Gemütlich eingerichtete Landhauszimmer mit moderner Ausstattung. Ansprechender Wellnessbereich mit Panoramahallenbad, Saunawelt und Liegewiese. Das Restaurant serviert regionale Gerichte mit Wildkräutern, Fichtensprossen, Pilzen und Waldbeeren aus den umliegenden Wäldern.

TÖLZ, BAD 68 A www.bad-toelz.de

Bayern | EW 18.802 | 658 m | Miesbach 22 km, Weilheim 46 km

Schwingshackl ESSKULTUR
www.schwingshackl-esskultur.de

VARTA★TIPP Küche **VARTA-TIPP** Service

An der Isarlust 1, PLZ 83646, **T 08041 6030**
25 | Hauptgericht 33–45 €, Menü 89–135 € | Mi-So ⊘ Mo, Di

Durch Katharina und Erich Schwingshackl hat sich das Alte Fährhaus wieder zu einer echten Gourmetoase entwickelt. Die beiden sind Gastgeber aus Leidenschaft, und das spürt man während des gesamten Aufenthalts. Geboten wird ein anspruchsvolles Abendmenü, bei dem die Gäste die Anzahl der Gänge selbst wählen. Der Patron kocht innovativ und zeitgemäß, ohne dabei die klassische Basis aus den Augen zu verlieren. Bestens umsorgt wird man von der Gastgeberin, auf deren Weinempfehlungen Sie sich absolut verlassen können.

Schwingshackl HEIMATKÜCHE

VARTA-TIPP Küche

An der Isarlust 1, PLZ 83646, **T 08041 6030**
40 | Hauptgericht 15–27 €, Menü 35–65 € | Mi-So ⊘ Mo

Heimatküche im besten Sinne, denn im Zweitrestaurant erwartet Sie eine feine alpenländische Genussküche, u.a. mit schmackhaften Gerichten aus Erich Schwingshackls Heimat Südtirol. Dabei achtet der Patron auf regionalen und saisonalen Bezug. Dass die Atmosphäre so angenehm entspannt ist, ist nicht zuletzt dem freundlichen Service zu verdanken. Schön sitzt man in der warmen Jahreszeit auf der Terrasse zur Isar. Und wer gerne übernachten möchte, es gibt auch gepflegte Doppelzimmer mit großzügigem Südbalkon.

Gasthaus Jägerwirt
www.jaegerwirt.de

Nikolaus-Rank-Straße 1, PLZ 83646 (OT: Kirchbichl), **T 08041 9548**
150 | Hauptgericht 11–24 €, Menü 25–45 € | Mo, Fr-So Mo, Do-So ⊘ Di, Mi

Familienbetrieb, der bereits seit 1927 als Gastwirtschaft geführt wird. Gemütliche Stube mit Kachelofen und bayerischer Küche. Auf Vorbestellung: Kalbs- und Schweinshaxe vom Grill. Idyllischer Biergarten.

TÖNNING 6 D
www.toenning.de

Schleswig-Holstein | EW 4.887 | 2 m | St. Peter-Ording 23 km, Husum 23 km

Miramar
www.be-bio-hotels.de

Westerstraße 21, PLZ 25832, **T 04861 909400**
34 Zimmer | Ez 119–179 €, Dz 149–199 €, inkl. Frühstück

Biozertifiziertes Hotel in einem ehem. Schulgebäude. Wohnlich ausgestattete Zimmer mit bequemen Boxspringbetten sowie Sky-TV. Großes Angebot an Massagen, Kosmetikbehandlungen und Aktivkursen wie Yoga oder Qi Gong. Regional gehaltenes Frühstücksbuffet in Bioqualität.

TRABEN-TRARBACH 40 C www.traben-trarbach.de

Rheinland-Pfalz | EW 5.898 | 110 m | Bernkastel-Kues 22 km, Trier 58 km

Jugendstilhotel Bellevue www.bellevue-hotel.de

VARTA-TIPP Ambiente

★★★★ S garni

An der Mosel 11, PLZ 56841 (OT: Traben), **T 06541 7030,** F 703400
69 Zimmer | 25 Suiten | 20 Apartments | Ez ab 89 €, Dz ab 144 €, inkl. Frühstück | 24 h

Eine romantische Oase mit harmonischem Umfeld für Träumer, Nostalgiker und Genießer. Individuell und geschmackvoll, teils mit original Jugendstilinterieur, teils ganz modern eingerichtet sind die Zimmer des 1903 erbauten Hauses und seiner Dependancen. Im Restaurant „Belle Epoque" pflegt man einen klassisch-modernen sowie französisch geprägten Küchenstil. Weitere Übernachtungsmöglichkeiten im benachbarten All-Suiten-Haus „Palais Kayser".

Moselschlößchen www.moselschloesschen.de

★★★★ S garni

An der Mosel 15, PLZ 56841 (OT: Traben), **T 06541 8320,** F 832255
72 Zimmer | Ez ab 190 €, Dz ab 320 €, inkl. Vollpension | 24 h

Das einstige Freizeit- und Tagungshotel hat sich nach Umbau und Erweiterung in ein Adults-Only-Refugium mit Fokus auf Wellness und Spa entwickelt. In malerischer Südlage direkt an der Moselpromenade liegt dieses denkmalgeschützte, liebevoll sanierte Ensemble verschiedenster zusammenhängender Gebäude. Es bietet unterschiedlich geschnittene Gästezimmer im geschmackvoll-eleganten Landhausstil. Fragen Sie nach den neuen Juniorsuiten und Suiten! Umfangreiches gastronomisches Angebot mit Restaurant, Bistro-Café, Vinothek und Gewölbekeller.

Goldene Traube www.goldenetraube-hotel.de

★★★ S garni

Am Markt 8, PLZ 56841, **T 06541 816450**
30 Zimmer | 1 Suite | Ez 79–140 €, Dz 94–160 €, inkl. Frühstück

Das kleine, privat geführte Haus liegt schön zentral, direkt am Rathaus. Es bietet neu renovierte Nichtraucherzimmer mit zeitgemäßem Wohnkomfort. Toll die Dachterrasse, die wie alle Etagen mit einem Aufzug erreichbar ist.

Moseltor www.moseltor.de

★★★ S garni

Moselstraße 1, PLZ 56841 (OT: Trarbach), **T 06541 6551,** F 4922
14 Zimmer | 4 Suiten | 1 Apartment | Ez 115–140 €, Dz 130–180 €, inkl. Frühstück | 24 h

Charmantes kleines Hotel mit familiärer Atmosphäre. Individuell eingerichtete Gästezimmer und Suiten unterschiedlicher Kategorien, teilweise mit Balkon und Moselblick. Ladestation für E-Bikes und E-Autos vorhanden.

Bauer's Restaurant

20 | Hauptgericht 18–25 € | Mi-So Mo, Di

»

Gemütliches Hotelrestaurant mit mediterranem Flair. Auf den Tisch kommt feine regionale Küche aus heimischen Produkten.

Trabener Hof www.trabener-hof.de

★★★

Bahnstraße 25, PLZ 56841 (OT: Traben), **T 06541 70080,** F 700888
32 Zimmer | 8 Suiten | Ez 85–120 €, Dz 85–145 €, inkl. Frühstück

Stadthotel in einem hist. Gebäude von 1898 mit mediterran-modernem Ambiente. Gemütliche, in verschiedenen Farbkonzepten eingerichtete Zimmer. Das Café „Cavallerie" bietet neben einer kleinen Auswahl an herzhaften Köstlichkeiten und hausgebackenen Kuchen auch Weine aus dem eigenen Weingut.

TRASSENHEIDE 11 D www.trassenheide.de

Mecklenburg-Vorpommern | EW 930 | 1 m | Zinnowitz 3 km, Greifswald 39 km

Upstalsboom Strandidyll Neu! www.strandidyll-trassenheide.de

Strandstraße 13, PLZ 17449, **T 038371 2680,** F 268199
48 Zimmer

Ruhig und idyllisch auf einer kleinen Lichtung im Dünenwald Usedoms und gerade mal 70 Meter vom Ostseestrand entfernt liegt diese charmante Ferienperle. Neben komfortablen Zimmern gibt es auch geräumige Apartments für Langzeitaufenthalte. Zum Haus gehören ein gemütliches Frühstücksrestaurant mit Terrasse sowie ein Saunahäuschen mit zwei Saunen und Entspannungsbereich.

TRAUNSTEIN 69 A www.traunstein.de

Bayern | EW 18.944 | 591 m | Salzburg (Österreich) 38 km, Rosenheim 46 km

Parkhotel 1888 Traunstein www.parkhotel-traunstein.de

Bahnhofstraße 11, PLZ 83278, **T 08640 5049001**
56 Zimmer | 3 Suiten | Ez ab 75 €, Dz ab 120 €, inkl. Frühstück

Traditionsreiches Hotel in einem herrschaftlichen Gutshof aus dem Jahr 1888. Die Einrichtung des Hauses ist eine detailverliebte Mischung aus einem Hauch Geschichte und modernem, praktikablem Ambiente. Die Zimmer und Suiten sind klassisch eingerichtet. Im Restaurant wird international gekocht.

TRECHTINGSHAUSEN 40 D www.rhein-nahe-touristik.de

Rheinland-Pfalz | EW 1.050 | 90 m | Bacharach 8 km, Bingen am Rhein 9 km

Burg Reichenstein www.burg-reichenstein.com

Burgweg 24, PLZ 55413, **T 06721 6117,** F 961696
24 Zimmer

Geschmackvoll wohnen! Die historische Burganlage mit dem tollen Blick über den Rhein erwartet Sie mit schönen, individuell gestalteten Zimmern. Im Restaurant „Puricelli" wird eine frische saisonale Küche serviert. Historie hautnah erleben Sie im angeschlossenen Burgmuseum.

TREIS-KARDEN 40 C www.treis-karden.de

Rheinland-Pfalz | EW 2.230 | 87 m | Cochem 13 km, Kastellaun 23 km

Schloß-Hotel Petry www.schloss-hotel-petry.de

St. Castor Straße 80, PLZ 56253 (OT: Karden), **T 02672 9340,** F 934440
70 Zimmer | 3 Suiten | Ez ab 60 €, Dz ab 110 €, inkl. Frühstück | 24 h

Die familiengeführte Hotelanlage bietet ihren Gästen hist. Räume im Schloss, geräumige Komfortzimmer im Haus Kohlbecher und ruhige Zimmer in der 100 m entfernten Dependance. In der Beletage können sich Gäste mit Massagen und Kosmetikanwendungen verwöhnen lassen.

Schloßstube

40 | Hauptgericht 14–36 €, Menü 64–80 € | Mo-So

Stilvoll-elegantes Restaurant mit feiner Tischkultur. Man bietet eine kreative, moderne Küche unter Verwendung saisonaler und regionaler Viktualien. Dazu hält der exquisite Weinkeller ausgesuchte Tropfen bereit. Hübsche Schlossterrasse.

TRIBERG 57 C www.triberg.de

Baden-Württemberg | EW 4.889 | 864 m | Schonach 3 km, Offenburg 54 km

Schwarzwald Residenz www.residenz-triberg.bestwestern.de

Bürgermeister-de-Pellegrini-Straße 20, PLZ 78098, **T 07722 96230,** F 962365
36 Zimmer | 11 Apartments

Zeitgemäßes Domizil mit Balkonfassade und schöner Aussicht. Helle, freundliche Zimmer mit Naturholzmobiliar. Kleiner Wellnessbereich mit Sauna und Hallenbad. Restaurant mit bürgerlicher Küche und großer Terrasse.

TRIEFENSTEIN 52 A www.markt-triefenstein.de

Bayern | EW 4.264 | 180 m | Marktheidenfeld 8 km, Würzburg 38 km

Weinhaus zum Ritter www.weinhaus-ritter.de

Rittergasse 2, PLZ 97855 (OT: Homburg), **T 09395 1506**
35 | Hauptgericht 11–25 €, Menü 39 € | Mi-So Di-So Mo

Schönes Fachwerkhaus aus dem 16. Jhd. mit gemütlichen Gaststuben. Serviert werden schmackhaft zubereitete, überwiegend regionale Gerichte zu vergleichsweise günstigen Preisen. Nett sitzt man auf der Terrasse.

TRIER 49 A www.trier-info.de

Rheinland-Pfalz | EW 108.875 | 137 m | Saarbrücken 90 km, Koblenz 140 km
UNESCO-Weltkulturerbe: Dom St. Peter (älteste Bischofskirche Deutschlands), Liebfrauenkirche und römische Baudenkmäler (Konstantinsbasilika (ehem. röm. Palastaula), Römerbrücke, Amphitheater, Röm. Stadttor Porta Nigra, Ruinen röm. Kaiserthermen), barocke St.-Paulin-Kirche, Hauptmarkt mit Marktkreuz und -brunnen, Karl-Marx-Haus, Rheinisches Landesmuseum, Kurfürstliches Palais.
Einen Cityplan finden Sie auf Seite 1072.

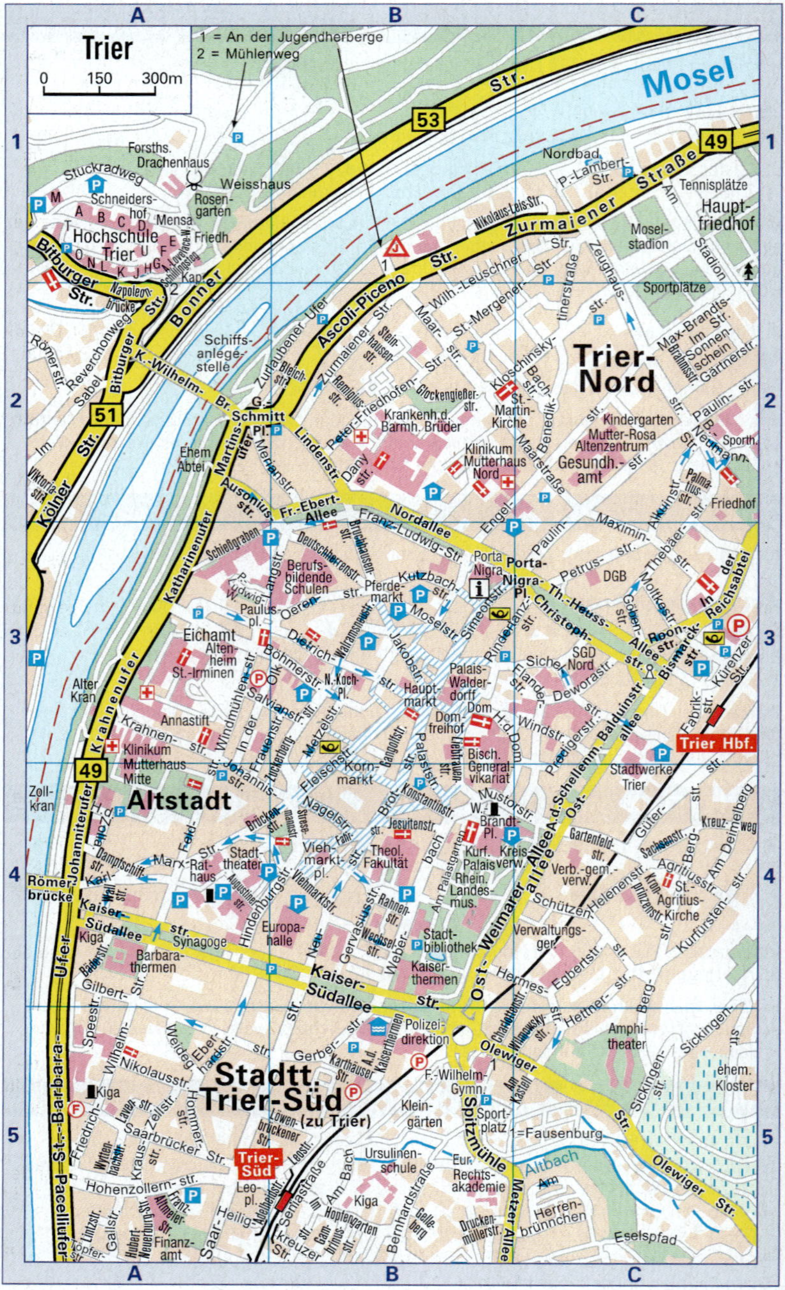
Trier
0 150 300m
1 = An der Jugendherberge
2 = Mühlenweg
Mosel
53
49
51
Trier-Nord
Altstadt
Stadtt. Trier-Süd
Trier Hbf.
Trier-Süd
Hochschule Trier
Forsths. Drachenhaus
Weisshaus
Rosengarten
Mensa
Friedh.
Stuckradweg
Schneidershof
Bitburger Str.
Napoleonsbrücke
Bonner Str.
Zurmaiener Straße
Ascoli-Piceno Str.
Nordbad
Tennisplätze
Hauptfriedhof
Moselstadion
Sportplätze
Schiffsanlegestelle
K.-Wilhelm-Br.
Schmitt Pl.
Krankenh.d. Barmh. Brüder
Klinikum Mutterhaus Nord
St.-Martin-Kirche
Kindergarten Mutter-Rosa Altenzentrum
Gesundh.-amt
Ehem. Abtei
Nordallee
Porta Nigra
Porta-Nigra-Pl.
Friedhof
DGB
Berufsbildende Schulen
Pferdemarkt
Eichamt
Altenheim St.-Irminen
Alter Kran
Annastift
Klinikum Mutterhaus Mitte
Hauptmarkt
Palais Walderdorff
Dom
Domfreihof
Bisch. Generalvikariat
Kornmarkt
SGD Nord
Stadtwerke Trier
Zollkran
Römerbrücke
Stadttheater
Marx-Rathaus
Viehmarkt-pl.
Theol. Fakultät
Kurf. Palais
Kreisverw.
Rhein. Landesmus.
Verb.-gem.-verw.
St.-Agritius-Kirche
Synagoge
Europahalle
Barbarathermen
Kaiser-Südallee
Stadtbibliothek
Kaiserthermen
Verwaltungsger.
Polizeidirektion
Amphitheater
ehem. Kloster
F.-Wilhelm-Gymn.
Kleingärten
Sportplatz
1=Fausenburg
Altbach
Ursulinenschule
Eur. Rechtsakademie
Kiga
Herrenbrünnchen
Eselspfad
Olewiger Str.
Finanzamt
Saarbrücker Str.
St.-Barbara-Ufer
Pacelliufer
Krahnenufer
Katharinenufer
Johanniterufer
Kölner Str.
Ostallee
Weimarer Allee
Metzer Allee
Spitzmühle
A
B
C
1
2
3
4
5

Park Plaza www.parkplaza-trier.de

★★★★ S garni

Nikolaus-Koch-Platz 1 (B3), PLZ 54290, **T 0651 99930,** F 9993555
150 Zimmer | 5 Suiten | Ez ab 111 €, Dz ab 145 €, 19,00 € | 24 h

Das neuzeitliche Hotel nahe der Fußgängerzone bietet wohnlich-moderne Zimmer, einen stilvollen Wellnessbereich mit römischem Ambiente sowie gute Tagungsmöglichkeiten. Im Grillrestaurant „Plaza Grill“ werden hochwertige Fleischspezialitäten serviert.

Ante Porta - Das Stadthotel www.hotel-anteporta.de

★★★ S garni

Paulinstr. 66 (C2), PLZ 54292, **T 0651 436850,** F 4368510
37 Zimmer | Ez ab 64 €, Dz ab 74 €, 10,00 € | 24 h

In idealer Innenstadtlage unweit der Porta Nigra begrüßt Sie dieses charmante Hotel. Die in den Farbtönen Grün und Braun gehaltenen Gästezimmer verfügen teilweise über einen Balkon. Einladende Lobby mit Lounge. Freundliches Personal.

Becker's Hotel www.beckers-trier.de

VARTA-TIPP Service

★★★★ S garni

Olewiger Straße 206, PLZ 54295 (OT: Olewig), **T 0651 938080,** F 9380888
27 Zimmer | 3 Suiten | Ez 95–110 €, Dz 150–170 €, 5,00–25,00 € | 24 h

Zeitgemäßes Design inmitten der ältesten Stadt Deutschlands. Das Hotel ist für Geschäfts- und Privatreisende gleichermaßen attraktiv. Die Zimmer sind großzügig geschnitten und verfügen über helle, moderne Bäder. Vom ruhigen Stadtteil Olewig sind es nur wenige Minuten in die City.

Becker's Restaurant

VARTA-TIPP Küche VARTA-TIPP Service

32 | Menü 105–150 € | Do-Sa Mo, Di, Mi, So

Moderne und schlichte Eleganz prägen das Gourmetrestaurant. Wolfgang Becker kreiert klare, authentische und ausdrucksstarke Gerichte - ohne Chichi und ganz auf das Wesentliche konzentriert. Das wechselnde Menü kann der Gast entweder komplett genießen oder auf bis zu vier Gänge reduzieren. Service und Weinberatung sind formidabel. Im Zweitrestaurant „Weinhaus“ wird eine zeitgemäße Landhausküche angeboten. Sehr beliebt sind die Kochkurse des Patrons.

Blesius Garten www.blesius-garten.de

★★★★ S garni

Olewiger Straße 135, PLZ 54295 (OT: Olewig), **T 0651 36060,** F 360633
61 Zimmer | 1 Suite | Ez 70–76 €, Dz 89–129 €

1789 erbautes Hofgut mit stilvoll und individuell im behaglichen Landhausstil eingerichteten Zimmern. Kleiner Wellnessbereich mit Schwimmbad und Sauna. Mehrere Gaststuben, in denen eine frische Landhausküche mit internationalen Akzenten serviert wird. Hausbrauerei mit Biergarten.

Eurener Hof www.eurener-hof.de

★★★★★ S garni

Eurener Straße 171, PLZ 54294 (OT: Euren), **T 0651 82400,** F 800900
69 Zimmer | 3 Suiten | 3 Apartments | Ez ab 89 €, Dz ab 125 €, 22,00 € | 24 h »

Ein gewachsenes Hotel mit nostalgischem Charme - seit vier Generationen familiengeführt. Das Haus verfügt über wohnliche, unterschiedlich geschnittene Gästezimmer. Frühstücksbuffet mit guter Auswahl an frischen Produkten.

Nells Park Hotel www.nellsparkhotel.de

★★★★

Dasbachstraße 12, PLZ 54292, **T 0651 14440,** F 1444222
77 Zimmer | 1 Suite

Das Hotel liegt eingebettet in einen traumhaften Park mit altem Baumbestand und Rosengarten. Sie logieren in wohnlichen Landhauszimmern. Große Saunawelt mit Beautybereich. Restaurant im hist. Herrenhaus, zwei Terrassen mit Parkblick.

Villa Hügel www.hotel-villa-huegel.de

VARTA★TIPP Ambiente

★★★★ S

Bernhardstraße 14 (B5), PLZ 54295, **T 0651 937100,** F 37958
37 Zimmer | 1 Suite | 4 Apartments | Ez ab 150 €, Dz ab 200 €, inkl. Frühstück | 24 h

Diese liebevoll restaurierte Jugendstilvilla wurde 1914 als Haus einer Weinhändlerfamilie erbaut. Neben stilvoll und farbenfroh eingerichteten Zimmern bietet das persönlich geführte Nichtraucherhotel auch einen schönen Sauna- und Ruhebereich mit Pool und SPA-Terrasse. Im lichtdurchfluteten Restaurant und auf der weitläufigen Panoramaterrasse wird eine leichte und zeitgemäße Küche serviert, die Sie entweder à la carte oder in Form eines Vier-Gänge-Menüs genießen können.

Berghotel Kockelsberg www.berghotel-kockelsberg.de

★★★

Kockelsberg 1, PLZ 54293 (OT: Trier-West-Pallien), **T 0651 82480,** F 8248290
32 Zimmer | 1 Suite | 2 Apartments | Ez ab 50 €, Dz ab 75 €, inkl. Frühstück | 24 h

Familiär geführtes Hotel in herrlich ruhiger Lage mit schönem Ausblick auf die Stadt. Im Haupt- und Nebenhaus stehen gepflegte Zimmer in unterschiedlichen Kategorien zur Verfügung. Gute Tagungsmöglichkeiten. Behagliches Restaurant mit Terrasse.

Klosterschenke www.hotel-klosterschenke.de

★★★

Klosterstraße 10, PLZ 54293 (OT: Pfalzel), **T 0651 968440,** F 9684430
13 Zimmer | 2 Apartments | Ez 74–89 €, Dz 83–128 €, inkl. Frühstück

Seit vier Generationen in Familienbesitz. Liebevoll und individuell eingerichtete Gästezimmer, teilweise mit original barockem Stuck. Uriges Restaurant mit hist. Kreuzgewölbe. Serviert wird eine abwechslungsreiche Frischeküche unter Verwendung marktfrischer Zutaten. Nette Sommerterrasse.

Petrisberg www.hotel-petrisberg.de

garni

Sickingenstraße 11-13 (C4), PLZ 54296, **T 0651 4640,** F 46450
26 Zimmer | 3 Suiten | Ez 75 €, Dz 110 €, inkl. Frühstück

Am südlichen Höhenrand des Trierer Talkessels liegt diese gepflegte Übernachtungsadresse. Die Zimmer sind zweckmäßig eingerichtet. Die Balkone zur Stadtseite bieten eine herrliche Aussicht.

Schroeders Wein-Style-Hotel www.schroedershotels.com

garni

Keuneweg 7, PLZ 54295, **T 0651 69984670**
32 Zimmer | Ez ab 66 €, Dz ab 78 €, inkl. Frühstück

Das Hotel liegt unweit des Trierer Zentrums zwischen dem Stadtwald und dem malerischen Gillenbachtal. Modern und freundlich zeigen sich sowohl die Zimmer als auch die Weinbar. Toll die große Panoramaterrasse (170 qm).

Schloss Monaise — www.schlossmonaise.de

Schloss Monaise 7, PLZ 54294 (OT: Euren), **T 0651 828670**
80 | Hauptgericht 38–49 €, Menü 110–135 € | Do-So Mi-So Mo, Di

Frühklassizistisches Schloss am Moselufer. In den stilvollen Räumen mit Stuck und Intarsienparkett wird eine leichte mediterrane Küche aufgetischt. Freuen Sie sich z.B. auf „Seeteufel | Blattspinat | Krustentiersauce“ oder „Kalbskopf | Kleine Gemüse | Sauce Vinaigrette“! Liebenswerter Service.

Brasserie — www.brasserie-trier.de

Fleischstr. 12 (B3), PLZ 54290, **T 0651 978000**
Hauptgericht 12–29 € | Mo-So

Ein eleganter und trotzdem unprätentiöser Treff unweit des historischen Marktplatzes - beliebt natürlich auch aufgrund der bodenständigen deutschen Küche, die z. B. als „Kalbsleber 'Berliner Art' auf Kartoffelpüree mit Röstzwiebeln, gebratener Apfelscheibe und Gartensalat“ daherkommt! Ein idealer Treffpunkt vor oder nach dem Stadtbummel.

Schlemmereule — www.schlemmereule.com

Domfreihof 1b (B3, im Palais Walderdorff), PLZ 54290, **T 0651 73616**
60 | Hauptgericht 26–42 €, Menü 65 € | Di-Sa Mo, So

Das elegante Bistro im Herzen der Stadt bietet eine gelungene Kombination aus hist. Ambiente und modernem Rahmen. International und saisonal ausgerichtete Küche. Lauschige Sommerterrasse im Hof.

TRITTENHEIM 49 A — www.trittenheim.de

Rheinland-Pfalz | EW 1.071 | 130 m | Bernkastel-Kues 27 km, Trier 35 km

Wein- und Tafelhaus — www.wein-tafelhaus.de

VARTA-TIPP Küche **VARTA-TIPP** Service

Moselpromenade 4, PLZ 54349, **T 06507 702803**
45 | Hauptgericht 30–50 €, Menü 140–187 € | Di-Sa

Fine Dining an der Moseluferpromenade: Bei Daniela und Alexander Oos muss man sich einfach wohlfühlen! In ländlich-elegantem Ambiente kredenzt Ihnen der fröhlich-charmante Service saisonal-klassische Gerichte mit mediterranen Elementen sowie hervorragende Weine aus nah und fern. Es gibt auch eine lauschige Terrasse, eine Kochschule sowie individuell gestaltete Hotelzimmer mit Blick auf die Trittenheimer Weinberge.

TROISDORF 40 A — www.troisdorf.de

Nordrhein-Westfalen | EW 72.978 | 60 m | Bonn 14 km, Köln 22 km

Forsthaus Telegraph — www.forsthaus-telegraph.de

Mauspfad 3, PLZ 53842 (OT: Spich), **T 02241 76649**
20 | Hauptgericht 21–35 €, Menü 49–59 € | Mi-So Mo, Di »

Ehemalige Telegrafenstation in ruhiger Waldlage mit ländlichem Flair. Modern zubereitete, französisch geprägte Küche mit italienischen Akzenten, z.B. „Suprême vom Marensin-Bio-Huhn auf Rotwein-Schalotten-Sauce". Im Sommer sitzt man gemütlich auf der begrünten Terrasse.

Zur Scheune www.zur-scheune.de

Rheinstraße 66, PLZ 53844 (OT: Eschmar), **T 02241 400555**
40 | Hauptgericht 21–42 €, Menü 52–79 € | Mi-Sa Mo, Di, So

Schmuckes Fachwerkhaus mit behaglich-rustikalen Gasträumen. Begleitet von erlesenen Weinen wird hier eine schmackhafte deutsche Küche serviert. Die Karte wechselt regelmäßig. Im Sommer kann man auf der kleinen gemütlichen Terrasse im Innenhof speisen.

TROSSINGEN 57 D www.trossingen.de

Baden-Württemberg | EW 15.128 | 699 m | Rottweil 16 km, Donaueschingen 24 km

Landgasthof Bären www.baeren-schura.de

Lange Straße 18, PLZ 78647 (OT: Schura), **T 07425 8178,** F 31222
8 Zimmer | Ez ab 82 €, Dz ab 98 €, inkl. Frühstück

Einladender, familiengeführter Landgasthof in zentraler, aber ruhiger Lage. Moderne Themenzimmer mit zeitgemäßem Komfort. Ländliches Restaurant mit gemütlichem Ambiente. Die Speisekarte offeriert eine Kombination aus traditionell schwäbischer Küche und kreativen Speisen mit internationalen Einflüssen.

TROSTBERG 69 A www.stadt-trostberg.de

Bayern | EW 11.044 | 493 m | Traunstein 25 km, Rosenheim 46 km

Auf Wolke 8 www.hotelaufwolke-8.de

garni

Schwarzerberg 8, PLZ 83308, **T 08621 6484900**
22 Zimmer | Ez 70 €, Dz 105–120 €, inkl. Frühstück

Die gepflegte Übernachtungsadresse liegt herrlich im Grünen, direkt am Alz-Inn-Fahrradweg. Freundlich eingerichtete Zimmer mit zeitgemäßer Technik. Im Sommer kann man auf der hübsch begrünten Terrasse mit Panoramablick frühstücken.

TÜBINGEN 58 A www.tuebingen-info.de

Baden-Württemberg | EW 89.700 | 341 m | Reutlingen 12 km, Stuttgart 41 km
Hist. Altstadt mit Neckarfront und Hölderlinturm, Fruchtkasten, Glockenspiel am Tübinger Rathaus, Cotta Haus, Franz. Viertel, Bismarckturm, Steinenbergturm, Österbergturm, Schloss Hohentübingen, Eberhard-Karls-Universität, Goethehäuschen, Nonnenhaus, Kloster Bebenhausen, Stiftskirche, Wilhelmsstift, Kunsthalle Tübingen, Auto- und Spielzeugmuseum, Botanischer Garten.

Domizil www.hotel-domizil.com

★★★★

Wöhrdstraße 5-9, PLZ 72072, **T 07071 1390,** F 139250
79 Zimmer | 3 Suiten | Ez 115–133 €, Dz 161–192 €, inkl. Frühstück | 24 h

Moderner Hotelkomplex direkt am Neckarufer in ruhiger Aussichtslage. Geschmackvoll eingerichtete Zimmer und Suiten mit funktionaler Ausstattung, die in sanftem Grün und Neckarblau (mit Flussblick) eingerichtet sind.

Hotel La Casa
www.lacasa-tuebingen.de

VARTA-TIPP Service

Hechinger Str. 59, PLZ 72072, **T 07071 946660,** F 9466679
39 Zimmer | 2 Suiten | 3 Apartments

In diesem Boutiquehotel in der Südstadt überzeugen neben dem persönlichen, freundlichen Service auch die wohnlichen und formschön gestalteten Zimmer. Zum Relaxen bietet man gleich zwei Wellnessbereiche: das „SPA La CASA“ im DG sowie das „Arabische Bad & Hamam“ im UG. Im Restaurant „Refugio“ werden abwechslungsreiche Speisen aus hochwertigen regionalen Produkten serviert.

Krone
www.krone-tuebingen.de

Uhlandstr. 1, PLZ 72072, **T 07071 13310,** F 133132
65 Zimmer | 4 Suiten | 24 h

Das Hotel am Rande der Altstadt präsentiert sich in einem Stilmix aus Tradition und Moderne. Sie wohnen in unterschiedlich geschnittenen Zimmern mit neuzeitlichem Komfort. Das Restaurant „Ludwigs“ im Glasanbau serviert regionale und internationale Küche.

Am Schloss
www.hotelamschloss.de

Burgsteige 18, PLZ 72070, **T 07071 92940,** F 929410
30 Zimmer | 1 Suite | 1 Apartment | Ez 85–125 €, Dz 138–168 €, inkl. Frühstück

Familiengeführtes Haus in ruhiger Lage direkt am Schloss. Wohnlich eingerichtete Zimmer mit moderner Ausstattung. Schwäbisch-alemannisches Restaurant „Mauganeschtle“ mit Gartenterrasse und Blick auf Alt-Tübingen.

Schranners Waldhorn
www.schranners-waldhorn.de

Schönbuchstraße 49, PLZ 72074 (OT: Bebenhausen), **T 07071 61270**
50 | Hauptgericht 14–29 €, Menü 59–89 € | Mi-So Mo, Di

Das familiengeführte Restaurant mit seinem behaglichen Ambiente steht für eine anspruchsvoll interpretierte und dennoch bodenständige Küche, die Sie sowohl à la carte als auch in Menüform genießen können. Dazu eine ansprechende Weinauswahl und ein zuvorkommender Service. Schön sitzt man an warmen Tagen auf der idyllischen Bachterrasse. Tipp: 'Schranners Lunchmenü' zum kleinen Preis.

Basilikum
www.ristorantebasilikum.de

Kreuzstraße 24, PLZ 72074 (OT: Lustnau), **T 07071 87549**
45 | Hauptgericht 12–33 €, Menü 37–42 € | Di-Sa Mo, So

Das sympathische Lokal ist seit Jahren ein Dauerbrenner in der Tübinger Gastroszene. Stammgäste schätzen die südländische Gastlichkeit und die schmackhafte italienische Landküche, die man im Sommer auch auf der Terrasse genießen kann.

Gasthaus Hirsch
www.hirsch-kilchberg.com

Closenweg 4, PLZ 72072 (OT: Kilchberg), **T 07071 72443**
Hauptgericht 18–33 € | ◔ Do-Fr ◒ Di-Sa ⊘ Mo, So

Ausgesprochen behaglich sitzen Sie in diesem rund 400 Jahre alten Gebäude, welches fast durchgängig als Gasthaus betrieben wurde. Niedrige Decken und eine originelle Beleuchtung sorgen für Wohlfühlatmosphäre. Serviert werden deutsche und saisonale Gerichte, bei denen Frische und die Qualität der Produkte im Mittelpunkt stehen. Dazu fair kalkulierte Weine und ein charmanter Service.

Historische Weinstube Forelle
www.weinstube-forelle.de

Kronenstraße 8, PLZ 72070, **T 07071 5668980**
90 | Hauptgericht 13–26 €, Menü 29–59 € | ◔ Mo-Sa

Schnörkellose schwäbische Landküche in Räumen, die vom Hofmaler Robert Haag im 19. Jhd. dekoriert wurden. Preiswerter Mittagstisch.

TUNAU 64 A
www.gemeinde-tunau.de

Baden-Württemberg | EW 181 | 734 m | Todtnau 11 km, Freiburg im Breisgau 42 km

Zur Tanne
www.tanne-tunau.de

Alter Weg 4, PLZ 79677, **T 07673 310**
40 | Hauptgericht 18–30 €, Menü 39–49 € | ◔ So ◒ Fr-So ⊘ Mo, Di, Mi, Do

Charmantes, 400 Jahre altes Schwarzwaldhaus in idyllischer Lage. Serviert wird bodenständige Küche zu gastfreundlichen Preisen. Auch Gästezimmer vorhanden.

TUTTLINGEN 65 A
www.tuttlingen.de

Baden-Württemberg | EW 34.590 | 645 m | Rottweil 29 km, Radolfzell 35 km

Légère Hotel
www.legere-hotelgroup.com

★★★★

Königstraße 25, PLZ 78532, **T 07461 96160,** F 9616466
114 Zimmer | Ez 99–159 €, Dz 109–169 €, inkl. Frühstück | ⏲ 24 h

Moderne Farbgestaltung, klare Formensprache und wertige Materialien geben diesem Designhotel seinen unverwechselbaren Stil. Alles passt zusammen: wohnliche Zimmer, freundliche Atmosphäre und eine geschmackvolle Breakfast & Evening-Lounge. WiFi- und DSL-Internetzugang sowie die Softgetränke in der Minibar sind für Hausgäste kostenfrei.

Restaurant Anima
www.restaurant-anima.de

VARTA-TIPP Küche **VARTA-TIPP** Service

In Wöhrden 5, PLZ 78532, **T 07461 7803020**
35 | Menü 125–155 € | Di-Sa ⃠ Mo, So

Casual Fine Dining auf höchstem Niveau! Eine leichte, weltoffene Naturküche, die mit Finesse, Ausdruck und Produktqualität überzeugt. Am besten genießt man das komplette 8-gängige Menü ANIMA, so lernt man das gesamte Spektrum von Heiko Lachers Ideenvielfalt kennen! Um Sie herum ein attraktives Interieur aus geradlinigem Design, viel Holz und offener Küche. Sehr angenehm der Service: freundlich und natürlich - und eine fachkundige Weinberatung bekommen Sie ebenfalls.

TUTZING 67 B
www.tutzing-tourismus.de

Bayern | EW 9.473 | 611 m | Starnberg 14 km, München 42 km

Hotel Reschen
www.hotel-reschen.de

garni

Marienstraße 7, PLZ 82327, **T 08158 9390,** F 939100
18 Zimmer | 1 Suite | Ez 97–101 €, Dz 138–146 €, inkl. Frühstück

Modern, charmant, individuell – so präsentiert sich das herzlich geführte Boutique-Hotel. Jedes der ruhigen Nichtraucherzimmer hat seine eigene Note. Ein Teil der Zimmer ist mit Balkon oder Terrasse ausgestattet. Bis zum See sind es nur wenige Gehminuten.

Forsthaus Ilkahöhe
www.restaurant-ilkahoehe.de

Oberzeismering 2, PLZ 82327 (OT: Oberzeismering), **T 08158 8242**
120 | Hauptgericht 18–45 € | Mo, Do-So ⃠ Di, Mi

Genuss und Wohlbefinden werden hier groß geschrieben. In moderner Landhausatmosphäre serviert man eine frische saisonale Küche mit internationalen Einflüssen. Aber auch klassische Regionalgerichte wie „Kalbfleischpflanzerl mit Kartoffel-Specksalat" stehen auf der Karte. Ein Traum: die Terrasse mit Blick auf die umliegenden Almwiesen, den Starnberger See und die Alpenkette.

TWIST 20 B
www.twist-emsland.de

Niedersachsen | EW 9.623 | 18 m | Meppen 21 km, Oldenburg 118 km

Gasthof Backers
www.gasthof-backers.de

Kirchstraße 25, PLZ 49767 (OT: Bült), **T 05936 904770**
35 | Hauptgericht 15–28 €, Menü 50 € | So Mi-So ⃠ Mo, Di

»

Rustikales Lokal in einsamer Lage mit netter Atmosphäre. Serviert wird eine kreative regionale Küche mit frischen Produkten aus der Region. Zum Haus gehören auch eine malerische Gartenterrasse sowie fünf gemütliche, liebevoll eingerichtete Gästezimmer.

ÜBERHERRN 49 C — www.ueberherrn.de

Saarland | EW 11.736 | 210 m | Völklingen 8 km, Saarlouis 13 km

Linslerhof — www.linslerhof.de

★★★★

Linslerhof 1, PLZ 66802, **T 06836 8070,** F 80717
62 Zimmer | 24 h

Liebevoll renoviertes, ruhig gelegenes hist. Hofgut mit Reit- und Jagdschule. Individuell und geschmackvoll im englischen Landhausstil eingerichtete Zimmer. Kleiner Wellnessbereich. Idyllisches Gärtchen. Gehobene Küche im Restaurant „St. Antonius“, gutbürgerliche Küche in der „Georgstube“.

ÜBERLINGEN 65 B — www.ueberlingen-bodensee.de

Baden-Württemberg | EW 22.046 | 403 m | Stockach 18 km, Friedrichshafen 32 km

Bad-Hotel Neu! — www.bad-hotel-ueberlingen.de

★★★★ S

Christophstraße 2, PLZ 88662, **T 07551 8370,** F 837449
75 Zimmer | 4 Suiten | 24 h

Direkt am Badgarten empfängt Sie das aus mehreren Gebäuden bestehende Ferien- und Businesshotel. In den Zimmern und Suiten sorgen klassisches Interiordesign kombiniert mit warmen Naturmaterialien, kräftigen Farbakzenten und edlen Stoffen für angenehmen Wohnkomfort. In der neu gestalteten Villa Seeburg steht ein exklusiver SPA-Bereich zur Verfügung. Im Seerestaurant „Rotunde“ wird eine moderne Regionalküche aufgetischt. Toll die Sonnenterrasse mit Blick auf See und Park.

Johanniter-Kreuz
www.johanniter-kreuz.de

Johanniterweg 11, PLZ 88662 (OT: Andelshofen), **T 07551 937060,** F 93706190
29 Zimmer | 4 Suiten | Ez 75–125 €, Dz 130–198 €, inkl. Frühstück

Familiengeführtes Hotel mit dem gewachsenen Ambiente eines 400 Jahre alten Landhauses. Hier wohnen Sie in behaglichen Gästezimmern unterschiedlicher Kategorien, die sich auf das hist. Stammhaus und den modernen Anbau verteilen. Für Entspannung sorgt der hoteleigene SPA mit Sauna und Sanarium.

Johanniter-Kreuz

90 | Hauptgericht 17–34 €, Menü 38–85 € | Mi-So Di-So Mo 1.–13.11.22

Rustikale Gaststuben mit Kaminrestaurant, Wintergarten und Sonnenterrasse. Serviert wird eine saison- und marktorientierte Küche mit kreativen Akzenten. Freundliche Servicecrew.

Parkhotel St. Leonhard
www.parkhotel-st-leonhard.de

Obere St.-Leonhard-Straße 71, PLZ 88662, **T 07551 808100,** F 808531
183 Zimmer | 9 Suiten | Ez 129–169 €, Dz 129–309 €, inkl. Frühstück | 24 h

Inmitten eines 70 ha großen Parkareals hoch über dem See liegt dieses freundlich geführte Hotel. Geräumige Gästezimmer mit Blick zur See- oder Landseite. Ansprechender Wellnessbereich mit Schwimmbad und Panoramasauna. Restaurant und Weinstube mit regional-mediterraner Küche und Panoramaterrasse.

Landgasthof Zum Adler
www.adler-lippertsreute.de

Hauptstraße 44, PLZ 88662 (OT: Lippertsreute), **T 07553 82550,** F 825570
16 Zimmer | 10 Apartments | Ez 82 €, Dz 116 €, inkl. Frühstück

Ein prächtiges, über 300 Jahre altes Anwesen im Dorfkern von Lippertsreute. Sie haben die Wahl zwischen den modern gestalteten Gästezimmern im hist. Gasthof oder den behaglichen Apartments mit Kochgelegenheit im Nebengebäude. In den umliegenden ehem. Stallungen gibt es auch Ferienwohnungen.

Landgasthof Zum Adler

80 | Hauptgericht 19–33 €, Menü 29–50 € | Mo-Di, Fr-So Mi, Do

In den gemütlichen holzvertäfelten Stuben oder auf der Terrasse serviert man eine traditionelle badische Küche mit modernen Einflüssen. Wie wäre es z.B. mit „Zwiebelrostbraten mit hausgemachten Spätzle und buntem Salatteller“? Die passenden Weine lagern im Naturfelsenkeller.

Strandhotel Seehof www.seehof-bodensee.de

★★★ S

Strandweg 6, PLZ 88662, **T 07551 947980,** F 9479899
35 Zimmer | Ez 65–95 €, Dz 105–170 €, inkl. Frühstück

Persönlich geführtes Kur- und Ferienhotel in direkter Seelage, das aus einer Strandvilla der 1920er Jahre entstanden ist. Die behaglich eingerichteten Zimmer verfügen überwiegend über Seeblick. Ein großzügiger Garten mit Seezugang lädt zum Entspannen ein.

Landgasthof Keller www.landgasthofkeller.de

€ Gut & Günstig ★★★

Riedweg 2, PLZ 88662 (OT: Lippertsreute), **T 07553 827290,** F 82729101
19 Zimmer | 3 Suiten | Ez 75 €, Dz 82–110 €, inkl. Frühstück

Der urgemütliche Landgasthof - seit 6 Generationen ein Familienbetrieb - hält zeitgemäße, helle Zimmer bereit. In den ländlichen Stuben werden Sie mit Gaumenfreuden aus der Region verwöhnt. Lauschiger Kastaniengarten.

Bürgerbräu www.bb-ueb.de

Aufkircher Straße 20, PLZ 88662, **T 07551 92740**
36 | Hauptgericht 16–27 € | Mo-So

Das charmante Fachwerkhaus im alten Ortskern ist eine gastronomische Institution in Überlingen. Im Restaurant sorgen Holzböden, Holzmobiliar und stylishe Lampen für eine gemütliche Atmosphäre. Serviert wird eine neue bürgerliche Küche mit zahlreichen Produkten aus dem Bodenseeraum. Schön übernachten kann man auch.

UECKERMÜNDE 19 A www.ueckermuende.de

Mecklenburg-Vorpommern | EW 8.928 | 5 m | Pasewalk 26 km, Anklam 33 km

Haffhus www.haffhus.de

GREENSIGN

Dorfstraße 35, PLZ 17373 (OT: Bellin), **T 039771 5370,** F 53750
47 Zimmer | 3 Suiten | 18 Apartments

Eine idyllisch gelegene Hotelanlage direkt am Stettiner Haff. Das Hauptgebäude befindet sich in einem schönen historischen Gebäude mit Reetdach. Das umfangreiche Übernachtungsangebot reicht von Doppelzimmern über Studios bis hin zu Apartments und Ferienwohnungen. Zur Anlage gehören ein eigener kleiner Sandstrand mit Bootssteg sowie eine großzügige Liegewiese.

HafenHotel PommernYacht www.pommernyacht.de

★★★ S

Altes Bollwerk 1b, PLZ 17373, **T 039771 2150,** F 21539
18 Zimmer | Ez 89–179 €, Dz 99–199 €, inkl. Frühstück

Modernes und freundlich geführtes Haus. Die geschmackvoll eingerichteten Gästezimmer sind entweder zur Wasserseite mit Blick auf den Stadthafen oder zur Parkseite gelegen. Das Restaurant „Roter Butt“ bietet frische Küche mit Fisch- und Wildspezialitäten.

UETERSEN 15 A www.stadt-uetersen.de

Schleswig-Holstein | EW 17.630 | 6 m | Hamburg 29 km, Itzehoe 32 km

Mühlenpark www.muehlenpark.de

Mühlenstraße 49, PLZ 25436, **T 04122 92550,** F 925510
23 Zimmer | 2 Suiten | Ez ab 100 €, Dz ab 150 €, inkl. Frühstück

Kleine familiengeführte Jugendstilvilla mit eleganter Fassade und gemütlichem Ambiente auf einem parkähnlichen Grundstück. Stilvoll mit geblümten Stoffen eingerichtete Zimmer.

UFFING A. STAFFELSEE 67 B www.uffing.de

Bayern | EW 2.971 | 659 m | Penzberg 21 km, Starnberg 42 km

Seerestaurant Alpenblick www.seerestaurant-alpenblick.de

Kirchtalstraße 30, PLZ 82449, **T 08846 9300**
20 | Hauptgericht 10–25 €, Menü 25–35 € | Mi-So Mo, Di

Das Restaurant liegt direkt am Staffelsee und ist besonders bei Ausflüglern sehr beliebt. Geboten wird regionale und internationale Küche unter Verwendung heimischer Produkte. Zum Haus gehören auch ein Badestrand und ein wunderschöner Biergarten.

UHINGEN 58 B www.uhingen.de

Baden-Württemberg | EW 14.000 | 300 m | Göppingen 5 km, Esslingen am Neckar 25 km

Schloß Filseck www.restaurant-auf-schloss-filseck.de

VARTA-TIPP Küche VARTA-TIPP Service

Filseck 1, PLZ 73066, **T 07161 28380**
40 | Menü 115–175 € | Di-Fr Di-Sa Mo, So

Edler Granitboden, Natursteinwände und eine hohe Holzbalkendecke geben dem stilvoll-eleganten Schlossrestaurant eine ganz spezielle Note. Hier genießen Sie eine modern und mediterran interpretierte Crossover-Küche, die am Abend in Form eines anspruchsvollen Gourmetmenüs serviert wird. Daniele Corona steht für geradlinige Gerichte ohne Schnörkel, bei denen ausschließlich Top-Produkte Verwendung finden. Dazu ein umfangreiches Weinangebot mit Schwerpunkt Deutschland, Italien und Frankreich sowie ein geschulter und aufmerksamer Service. Mittags Business Lunch.

UHLDINGEN-MÜHLHOFEN 65 B www.seeferien.com

Baden-Württemberg | EW 7.950 | 418 m | Meersburg 5 km, Überlingen 9 km

Fischerhaus

www.fischerhaus-seefelden.de

VARTA★TIPP Service

Seefelden 3, PLZ 88690 (OT: Seefelden), **T 07556 8563,** F 6063
23 Zimmer | 6 Suiten | Ez 100–150 €, Dz 150–210 €, inkl. Frühstück

Am Seeufer inmitten einer wunderschönen Grünanlage mit Obstbäumen und Biotopen steht der über 300-jährige Fachwerkhof mit seinen zwei neuzeitlich ausgestatteten Gästehäusern „Birkenhaus“ und „Wiesengrund“. Gepflegtes Ambiente, gemütliche Zimmer und Apartments sowie eine freundliche Gästebetreuung zeichnen dieses Landhotel aus. Für Badespaß sorgt ein beheizter Pool. Vom Garten aus gelangt man direkt zum hoteleigenen Seestrand.

Pilgerhof + Rebmannshof

www.hotel-pilgerhof.de

Birnau - Maurach 2, PLZ 88690 (OT: Maurach), **T 07556 9390,** F 6555
48 Zimmer | 3 Suiten | 6 Apartments | Ez 65–135 €, Dz 110–160 €, inkl. Frühstück

Gastliche Adresse direkt am Bodensee, unterhalb der bekannten Wallfahrtskirche Birnau. Die Zimmer verteilen sich auf zwei separate Häuser und unterscheiden sich etwas in Komfort und Einrichtung. Größtenteils bieten sie See- oder Bergblick. Hauseigener Badestrand mit Liegewiese und Bootssteg. Das Restaurant mit schöner Terrasse bietet bürgerliche Küche.

Seehalde

www.seehalde.de

Birnau-Maurach 1, PLZ 88690 (OT: Maurach), **T 07556 92210,** F 922188
20 Zimmer | 1 Suite | Ez 139–199 €, Dz 198–340 €, inkl. Frühstück

Familiär geführtes Ferienhotel in direkter Seeuferlage. Ruhige Zimmer mit herrlicher Sicht auf See- und Alpenpanorama. Zum Haus gehören auch ein eigener Badestrand mit Liegewiese, ein Bootshafen mit Anlegesteg sowie ein Hallenbad mit Sauna. Anfahrt über Kloster Birnau.

Seehalde

50 | Hauptgericht 21–43 €, Menü 45–85 € | Mo, Do-So ⃠ Di, Mi ⃠ 10.1.–1.3.23

In diesem hübschen Restaurant mit idyllischer Seeterrasse genießen Sie neben der tollen Aussicht auch eine wohlschmeckende, jahreszeitlich ausgerichtete Regionalküche. Kostprobe gefällig? „Lammrücken | eingelegte Zitrone | Grillgemüse | Jus von gedörrten Oliven“. Spezialität: fangfrische Fische aus dem Bodensee.

Seevilla

www.seevilla.de

Seefelder Straße 36, PLZ 88690 (OT: Unteruhldingen), **T 07556 93370,** F 933770
20 Zimmer | 4 Suiten | Ez 99–155 €, Dz 160–230 €, inkl. Halbpension

In dem netten Domizil am See - direkt bei den berühmten Pfahlbauten - finden Sie großzügig angelegte Zimmer, teils mit Seeblick und Balkon. Für Entspannung sorgt ein hübscher Wellnessbereich. Im Restaurant mit seiner romantischen Gartenterrasse bietet man wechselnde Themenbuffets.

Mainaublick

www.hotel-mainaublick.de

Seefelder Straße 22, PLZ 88690 (OT: Unterhuldingen), **T 07556 92130,** F 5844
32 Zimmer | 2 Apartments | Ez 62–70 €, Dz 120–140 €, inkl. Frühstück

In 4. Generation familiär geführtes Ferienhotel in ruhiger Lage direkt am Jachthafen und der Uferpromenade. Geschmackvoll eingerichtete Zimmer mit zweckmäßiger Ausstattung, teilweise mit Balkon und Seeblick. Entspannen kann man in der hauseigenen Blockhaussauna. Restaurant mit Gartenterrasse und regionaler Küche.

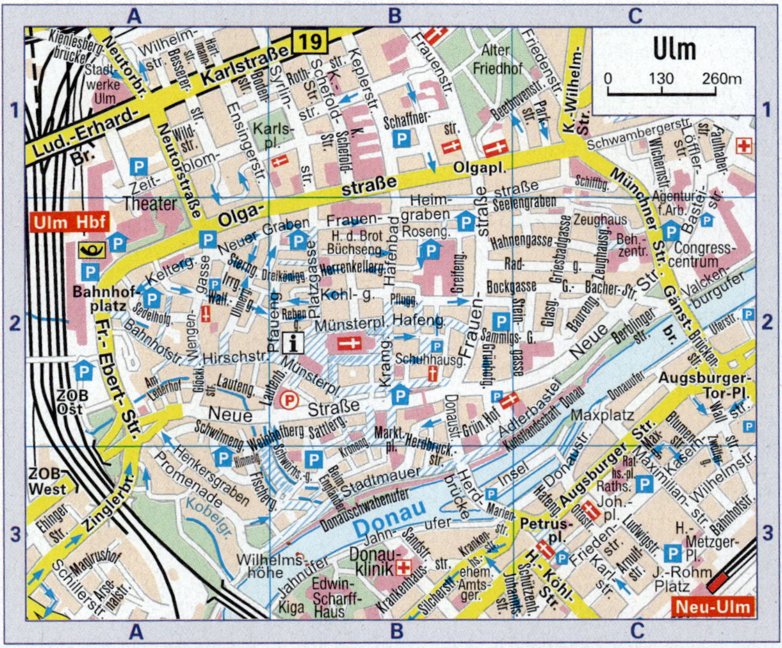

ULM 58 D

www.tourismus.ulm.de

Baden-Württemberg | EW 126.329 | 478 m | Neu-Ulm 6 km, Stuttgart 95 km

Ulmer Münster, Ulmer Museum, Rathaus mit astronomischer Uhr, Fischer- und Gerberviertel, Museum Brot & Kunst, ehem. Bundesfestung Ulm, Donauschwäbisches Zentralmuseum, ehem. Benediktinerkloster Wiblingen, Kunsthalle Weishaupt, Tiergarten Ulm mit Park Friedrichsau.

LAGO

www.lago-ulm.de

Friedrichsau 50, PLZ 89073, **T 0731 2064000,** F 206400121
60 Zimmer | 24 h

Privat geführtes Designhotel inmitten der Ulmer Friedrichsau. Das Haus bietet komfortable Gästezimmer mit zeitgemäßer Technik und modernen Wohlfühlbädern. Nett auch der Wellnessbereich im 6. Stock mit Sauna, Dampfbad und Sanarium sowie Blick auf den angrenzenden Natursee.

Seestern

VARTA-TIPP Küche

25 | Menü 105–179 € | Di-Sa Mo, So 1.–16.1.23

In eleganten Blau- und Grautönen zeigt sich das nordisch-schlichte Gourmetrestaurant. Warmes Holz und ein Kaminofen sorgen zudem für eine behaglich-maritime Bootshausatmosphäre. Was man hier zusätzlich zum schick designten Ambiente und dem fantastischen Blick auf den Ausee geboten bekommt, ist die moderne Küche von Klaus Buderath, die durchdacht, finessenreich und angenehm klar ist. Die Produkte sind topfrisch und erstklassig, die Aromen komplex und stimmig. All das vereint der Spitzenkoch in einem exklusiven Feinschmeckermenü (4, 6 oder 8 Gänge). Herrliche Sommerterrasse mit Loungebereich.

Treibgut

100 | Hauptgericht 13–29 € | Di-Sa Mo, So

Casual Fine Dining heißt es im Zweitrestaurant für jeden Tag. Hier werden in ungezwungener Atmosphäre frische regionale Spezialitäten serviert. Es gibt Klassiker wie „Wiener Schnitzel“ oder „Schwäbischer Zwiebelrostbraten“ und saisonale Gerichte wie „Filet vom Adlerfisch auf Tomatenragout mit hausgemachten Salbeinudeln in leichter Weißweinbuttersauce“.

Leonardo Royal Hotel
www.leonardo-hotels.com

garni

Mörikestraße 17 (A2), PLZ 89077 (OT: Söflingen), **T 0731 407270**
148 Zimmer | 4 Suiten | 24 h

Attraktive Hoteladresse im neuen Stadtquartier Dichterviertel. Der moderne Neubau verfügt über zeitgemäß und wohnlich gestaltete Zimmer und Suiten. Es gibt auch sogenannte „women-friendly rooms“. Großzügige Bereiche für Tagungen und Events. Dachterrasse mit Münsterblick.

Comfor
www.comfor.de

garni

Frauenstraße 51 (B2), PLZ 89073, **T 0731 96490,** F 9649499
101 Zimmer | 20 Suiten | Ez 79–115 €, Dz 79–139 €, 8,50 € | 24 h

Komfortables Nichtraucherhotel in zentraler Altstadtlage - nur wenige Minuten vom Münster entfernt. Geschmackvoll eingerichtete Zimmer mit kostenlosem WLAN. Schöner Frühstücksraum im Wintergarten mit Aussicht auf den begrünten Innenhof.

me and all hotel Ulm
www.meandallhotels.com/hotels/ulm.html

GREENSIGN garni

Bahnhofplatz 7 (A2), PLZ 89073, **T 0731 7255710**
147 Zimmer | Ez 99–250 €, Dz 109–270 €, 19,00 € | 24 h

Junges, hippes Boutiquehotel im Stadtzentrum. Das geradlinig-urbane Interieur der Zimmer mischt Sichtbeton, Industrieglas und Massivholz. Gut ausgestatteter Fitnessbereich mit Ausblick auf der 7. Etage. Ein Stockwerk darüber gibt es eine Rooftopbar mit Dachterrasse und Co-Working-Spaces.

Neuthor
www.hotel-neuthor.de

garni

Neuer Graben 17 (A2), PLZ 89073, **T 0731 9752790,** F 975279399
24 Zimmer | Ez 85–99 €, Dz 95–125 €, 8,50 €

Komfortabel eingerichtetes Nichtraucherhotel in zentraler Altstadtlage. Die kleinen, modern eingerichteten Zimmer bieten Aussicht auf die alte Stadtmauer mit ihren Fachwerkhäusern. Das fahrradfreundliche Haus ist ein guter Ausgangspunkt für Radreisen. Gutes Frühstück.

Roter Löwe www.hotel-roter-loewe.de

Ulmer Gasse 8 (A2), PLZ 89073, **T 0731 140890,** F 14089200
34 Zimmer | Ez 95–125 €, Dz 120–135 €, inkl. Frühstück | 24 h

Sympathisches Hotel in ruhiger Lage mit behaglich eingerichteten Zimmern, nur wenige Gehminuten von Münster, Rathaus und der hist. Altstadt entfernt. Kleiner Wellnessbereich mit Sauna und Schwimmbad. Rustikal-gemütliches Restaurant, in dem bayerische und schwäbische Spezialitäten serviert werden.

Siedepunkt www.siedepunkt-restaurant.de

VARTA-TIPP Küche **VARTA-TIPP** Service

Eberhard-Finckh-Str. 17, PLZ 89075 (OT: Böfingen), **T 0731 9271666**
30 | Menü 79–125 € | Mi-Sa Mo, Di, So

Im diesem Fine-Dining-Restaurant sorgen runde Tische, bequeme Sessel und schicke Grautöne für ein schlichtes, elegantes Ambiente. Benedikt Wittek und seine Crew offerieren ein innovatives Feinschmeckermenü, bei dem Sie die Anzahl der Gänge selbst bestimmen. Die angeschlossene Weinbibliothek umfasst mehr als 900 Flaschen. Einen traumhaften Ausblick genießen Sie von den großzügigen Terrassen.

UMKIRCH 56 D www.umkirch.de

Baden-Württemberg | EW 5.790 | 207 m | Freiburg im Breisgau 8 km, Emmendingen 16 km

Villa Thai www.villa-thai.de

Hugstetter Straße 2 (im Hotel Pfauen), PLZ 79224, **T 07665 93760**
50 | Hauptgericht 18–49 €, Menü 53–77 € | Do-So Mo, Mi-So Di

Hier erwarten Sie authentische und abwechslungsreiche Speisen in original thailändischem Ambiente. Außerdem können Sie die feinen japanischen Sushispezialitäten von Sushimeister Toshio Kumakura probieren. Zur warmen Jahreszeit wird auch auf der Sommerterrasse serviert. Einfache, aber gepflegte Zimmer im Hotel Pfauen.

UNKEL 40 A www.unkel.de

Rheinland-Pfalz | EW 5.120 | 56 m | Bad Honnef 6 km, Neuwied 29 km

Rheinhotel Schulz www.rheinhotel-schulz.de

★★★★

Vogtsgasse 4-7, PLZ 53572, **T 02224 901050,** F 9010599
37 Zimmer | 6 Suiten | Ez 75–139 €, Dz 100–170 €, inkl. Frühstück | 24 h

Eine gepflegte Adresse für Business oder Freizeit. Das Hotel befindet sich in unmittelbarer Rheinlage und verfügt über großzügig gestaltete Zimmer. Im eleganten Hotelrestaurant wird eine klassisch französische Küche serviert. Terrasse mit Flussblick.

UNTERAMMERGAU 67 A www.unterammergau.de

Bayern | EW 1.519 | 836 m | Oberammergau 5 km, Murnau 22 km

Boutique-Hotel Lartor www.lartor.de

VARTA-TIPP Ambiente

garni

Weiherweg 34-36, PLZ 82497, **T 08822 929910**
12 Zimmer

Ein wunderschönes Boutique-Hotel mit angeschlossener Kunsthalle und hübschem Skulpturengarten. Mit den originellen Fassaden aus weitmaschigem Holzfachwerk und Glaselementen hat man die traditionelle Bauweise der Ammergauer Alpen aufgegriffen. Auch die Gästezimmer sind keinesfalls „von der Stange" - sie sind mit Eichenparkett, Designermöbeln und allergikerfreundlichen Betten ausgestattet. Spektakulär sind die gläsernen Duschröhren, die mittig im Zimmer stehen.

Hieronymus

80 | Hauptgericht 15–30 €, Menü 70–80 € | So Mi-Sa Mo, Di

Rund um die offene Küche des gemütlichen Restaurants herrscht eine lockere, ungezwungene Atmosphäre. Serviert wird eine frische Crossover-Küche mit asiatischen und internationalen Einflüssen. Edle Tropfen lagern in der schwebenden Weinschatzkammer. Tipp: preisgünstige Mittagsspecials.

Dorfwirt & Friends www.gasthaus-dorfwirt.com

Pürschlingstraße 2, PLZ 82497, **T 08822 9496949**
30 | Menü 79–149 € | So Do-Sa Mo, Di, Mi

Hier hat man das Gefühl, bei Freunden zu speisen. Die typisch bayerische Wirtshausgemütlichkeit und eine handwerklich tadellose Produktküche gehen Hand in Hand. Das Konzept ist so simpel wie einfach: Eine klassische Speisekarte gibt es nicht, serviert werden ausschließlich Menükreationen (4-6 Gänge), auf Wunsch mit Weinbegleitung. Tischreservierung empfehlenswert.

UNTERFÖHRING 60 D www.unterfoehring.de

Bayern | EW 10.759 | 508 m | München 10 km, Erding 28 km

Lechnerhof www.hotel-lechnerhof.de

★★★★ garni

Eichenweg 4, PLZ 85774, **T 089 958280,** F 95828140
70 Zimmer | 5 Suiten | 2 Apartments | Ez ab 115 €, Dz ab 130 €, inkl. Frühstück

Persönlich geführtes Landhotel mit wohnlich eingerichteten Zimmern. Separate Nichtraucheretage mit luxuriösen Designerzimmern. Kleine Wellnesslandschaft mit Sauna und Fitnessbereich. Sie frühstücken im holzvertäfelten Gewölbesaal.

UNTERNEUKIRCHEN 61 D www.unterneukirchen.de

Bayern | EW 2.957 | 460 m | Altötting 10 km, Mühldorf am Inn 15 km

Raspl's Hotel Traumschmiede www.hotel-traumschmiede.de

Tüßlinger Str. 1, PLZ 84579, **T 08634 1535,** F 5484
35 Zimmer | 7 Apartments | Ez ab 74 €, Dz ab 114 €, ab 12,50 €

In diesem familiengeführten Refugium treffen modernes Design und Funktionalität auf bayerische Tradition. Das zeigt sich sowohl in den öffentlichen Bereichen als auch in den Gästezimmern und Apartments. Herzstück des Hauses ist die Lobbylounge, das sogenannte „Traumschmiedewohnzimmer".

UNTERREICHENBACH 57 B www.unterreichenbach.de

Baden-Württemberg | EW 2.256 | 314 m | Bad Liebenzell 7 km, Pforzheim 13 km

Mönch's Waldhotel Kapfenhardter Mühle www.moenchs-waldhotel.de

★★★★

Zu den Mühlen 2, PLZ 75399 (OT: Kapfenhardt), **T 07235 7900,** F 790190
65 Zimmer | 4 Suiten | Ez 73–140 €, Dz 129–190 €, inkl. Frühstück

Gewachsenes Ferien- und Tagungshotel mit rustikalem Charme, ruhig in einem idyllischen Wildbachtal gelegen. Renovierte Gästezimmer von traditionell-regional bis klassisch-modern. Großzügiger Wellnessbereich mit Schwimmbad und Saunalandschaft. Restaurant mit regionaler Küche und hübscher Terrasse.

UNTERSCHLEISSHEIM 60 D www.unterschleissheim.de

Bayern | EW 28.329 | 474 m | Neufahrn b. Freising 9 km, München 16 km

Infinity Munich www.infinity-munich.de

★★★★ S

Andreas-Danzer-Weg 1-3, PLZ 85716, **T 089 999560,** F 370530911
439 Zimmer | Ez ab 99 €, Dz ab 129 €, inkl. Frühstück | 24 h

Neuzeitliches Tagungs- und Kongresshotel mit modern eingerichteten Gästezimmern und weitläufigem Veranstaltungsbereich. Für Entspannung sorgt ein 1.700 qm großer SPA-Bereich. Im „Le Bistro" genießen Sie eine französisch-mediterrane Küche. Eine kreative Crossover-Küche wird im Restaurant „Redox" serviert.

Victor's Residenz-Hotel www.victors.de

GREENSIGN ★★★★

Keplerstraße 14, PLZ 85716, **T 089 3210309,** F 32103899
220 Zimmer | 2 Suiten | Ez ab 75 €, Dz ab 105 €, inkl. Frühstück | 24 h

Zeitgemäßes Businesshotel vor den Toren Münchens. Die Gästezimmer sind freundlich und großzügig gestaltet. Warme Holztöne mit schwarzen Applikationen geben den Räumen eine unaufdringliche, moderne Note. Zum Haus gehören auch drei Veranstaltungsräume, eine Superior Lounge sowie das Restaurant „THE CLUB".

URACH, BAD 58 C www.badurach-tourismus.de

Baden-Württemberg | EW 11.829 | 464 m | Reutlingen 18 km, Ulm 55 km

Bischoffs www.bischoffs-badurach.de

★★★★

Pfählerstr. 7, PLZ 72574, **T 07125 947330,** F 947329
18 Zimmer | Ez 72 €, Dz 125–165 €, inkl. Frühstück

Das hübsch renovierte Haus mit neuem Anbau liegt im Herzen von Bad Urach und beherbergt ein freundlich geführtes Hotel mit schöner, wertig-moderner Einrichtung von den Gästezimmern bis zum Frühstücksraum - samt gutem Buffet. Für Entspannung sorgt ein Saunabereich mit Sonnenterrasse.

Restaurant Kesselhaus

60 | Hauptgericht 9–21 €, Menü 29–65 € | Mo-Sa So

Das ursprüngliche Kesselhaus der früheren Brauerei hat nichts von seinem industriellen Charme verloren. Hier kredenzt der Patron eine schwäbische Soulfoodküche. Das Angebot reicht von Zwiebelrostbraten über Käsespätzle bis Pulled-Lachs-Burger. Schick auch die Vinothek im ehemaligen Kesselraum.

ÜRZIG 40 C www.uerzig.de

Rheinland-Pfalz | EW 862 | 104 m | Bernkastel-Kues 11 km, Traben-Trarbach 13 km

Zur Traube www.zurtraubeuerzig.de

Hüwel 16, PLZ 54539, **T 06532 930830,** F 9308311
12 Zimmer | 5 Suiten | Ez 95–210 €, Dz 95–210 €, inkl. Frühstück

Ein kleines, freundlich geführtes Hotel vis-à-vis der Mosel. Das Haus verfügt über gepflegte Zimmer mit hübschem Landhausmobiliar - teils mit Balkon zum Fluss, teils mit Terrasse zu den Weinbergen. Im neuzeitlichen Restaurant werden Sie mit saisonalen und regionalen Spezialitäten verwöhnt.

USEDOM (INSEL) 19 A/B www.usedom.de

Mecklenburg-Vorpommern | Neubrandenburg 81 km, Rostock 136 km
Drei Kaiserbäder (Heringsdorf, Bansin, Ahlbeck) mit mondäner Bäderarchitektur und Bädervillen, Europa-Promenade (längste Strandpromenade Europas) von Bansin bis Swinemünde, Wasserschloss Mellenthin, Schloss Stolpe, Ruine der Hubbrücke Karnin, Seebrücke Heringsdorf (längste Seebrücke Deutschlands), hist. Seebrücke Ahlbeck, Historisch-Technisches Museum Peenemünde.

BENZ

Balmer See - Hotel Golf & SPA www.golfhotel-usedom.de

★★★★ S

Drewinscher Weg 1, PLZ 17429 (OT: Balm), **T 038379 280,** F 28222
178 Zimmer | 21 Suiten | 64 Apartments | 24 h

Die großzügige Hotelanlage befindet sich in idyllischer Lage am Balmer See. Die modern ausgestatteten Zimmer und Suiten verteilen sich auf mehrere Gebäude. Zum Haus gehören zwei Golfplätze, ein Wellnessbereich und verschiedene Restaurants.

HERINGSDORF, OSTSEEBAD

Steigenberger Grandhotel & Spa
www.heringsdorf.steigenberger.de

Liehrstraße 11, PLZ 17424, **T 038378 4950,** F 495999
169 Zimmer | Ez 145–345 €, Dz 175–375 €, inkl. Frühstück | 24 h

Das familienfreundliche Resorthotel besteht aus sieben Gebäuden, die unterirdisch miteinander verbunden sind. Hier erwarten Sie großzügige Zimmer und Suiten mit maritimer Anmutung. Zum Haus gehören auch ein schöner SPA-Bereich auf 2.000 qm mit Sauna- und Beautywelt sowie mehrere Restaurants.

Strandidyll
www.travelcharme.com/strandidyll

★★★★ S

Delbrückstr. 10, PLZ 17424, **T 038378 4760,** F 476555
143 Zimmer | 7 Suiten | Ez 109–189 €, Dz 148–880 €, inkl. Frühstück | 24 h

Im Stil der Bäderarchitektur zeigt sich dieses wunderschöne Hotel direkt an der Strandpromenade. Die wohnlichen Zimmer und Suiten sind großzügig geschnitten und haben fast alle einen Balkon. Dazu ein hübscher, mediterran inspirierter Hotelgarten sowie ein überzeugender Wellnessbereich mit ganzjährig beheiztem Außenpool.

Restaurant Belvedere

26 | Menü 75–95 € | Mi-Sa Mo, Di, So

Kulinarik mit Aussicht: Das lichtdurchflutete Restaurant in der 4. Etage des Hotels bietet nicht nur einen wunderschönen Blick auf die Ostsee, sondern auch eine ambitionierte Feinschmeckerküche, die in Menüform serviert wird. Dazu kredenzt der freundliche, zuvorkommende Service erlesene Weine.

Das Ahlbeck
www.das-ahlbeck.de

★★★★ S

Dünenstraße 48, PLZ 17419 (OT: Seebad Ahlbeck), **T 038378 49940,** F 4994999
77 Zimmer | 7 Suiten | 30 Apartments | Ez 137–362 €, Dz 159–362 €, inkl. Frühstück

Modernes Boutique-Hotel direkt an der Strandpromenade. Die elegant eingerichteten Zimmer und Apartmentsuiten verfügen teils über einen eigenen Kamin. Großzügig angelegter, lichtdurchfluteter SPA-Bereich mit Infinitypool und Meerblicksaunen.

Restaurant Düne 48

120 | Hauptgericht 11–26 €, Menü 29–37 € | Mo-So

Restaurant mit bodentiefen Fenstern und gläserner Küche. Speisekarte mit frischen, regionalen und saisonalen Gerichten. Schöne Terrasse.

Esplanade www.seetel.de

★★★★ S garni

Seestraße 5, PLZ 17424, **T 038378 700,** F 70400
79 Zimmer | 31 Apartments | 24 h

Ein traditionsreiches Schlosshotel mit schöner Jugendstilfassade - nur wenige Meter von der Strandpromenade entfernt. Harmonisch eingerichtete Zimmer mit exklusiver Atmosphäre und modernem Komfort. Hausgäste haben die Möglichkeit, das Wellnessparadies in der gegenüberliegenden Ostseeresidenz Heringsdorf zu nutzen. Im Restaurant „Epikur" und auf der großen Terrasse werden regionale und saisonale Speisen serviert.

Hotel Zur Post www.hzp-usedom.de

★★★★ S garni

Seestraße 5, PLZ 17429 (OT: Seebad Bansin), **T 038378 49990,** F 56220
170 Zimmer | 60 Suiten | Ez 125–220 €, Dz 170–240 €, inkl. Frühstück | 24 h

Im Stile der Kaiserbäderarchitektur erbaut, empfängt Sie dieses elegante Hotel mit einem Hauch von Luxus verbunden mit familiärer Atmosphäre. Die 25 bis 55 qm großen Zimmer und Suiten verteilen sich auf mehrere Gebäude. Glanzstück des Hauses ist der 1.200 qm große Wellnessbereich.

Alte Post - Natürlich Vorpommern

45 | Hauptgericht 18–31 €, Menü 39–102 € | Di-Sa Mo, So

Das elegante Gourmetrestaurant wartet mit edlen Speisen, charmantem Service und schönem Weinangebot auf. Hier stehen Gerichte wie „Schweinebacke | Rotweinjus | Perlzwiebelmarmelade | Bratkartoffelstampf" oder „Peene-Zanderfilet | lauwarmer Spitzkohlsalat | Buttermilchpüree" auf der Speisekarte.

Kaiserstrand Beachhotel www.seetel.de

★★★★ S garni

Strandpromenade 21, PLZ 17429 (OT: Seebad Bansin), **T 038378 4960,** F 496100
136 Zimmer | 24 h

Direkt an der Strandpromenade befindet sich dieses Lifestyle-Hotel. Die Gästezimmer zeigen sich in frischem Design kombiniert mit hochwertigen Materialien. Das Haus bietet mehrere Restaurants sowie vielfältige Aufenthalts- und Freizeitangebote, darunter ein 900 qm großer Schwimmbad- und Poolbereich.

Seetel Hotel Ahlbecker Hof www.seetel.de/ahlbecker-hof

★★★★★ S garni

Dünenstraße 47, PLZ 17419 (OT: Seebad Ahlbeck), **T 038378 620,** F 62100
90 Zimmer | 50 Suiten | Ez 128–288 €, Dz 152–312 €, inkl. Frühstück | 24 h

Das prachtvolle Hotel mit seiner eindrucksvollen Fassade liegt direkt an der Strandpromenade. Die Zimmer und Suiten (teilweise mit tollem Ostseeblick) verbinden nostalgischen Charme mit modernstem Komfort. Wohlfühlstunden garantiert das fabelhafte Bade- und Wellnessareal.

Strandhotel www.travelcharme.com

★★★★ S garni

Bergstraße 30, PLZ 17429 (OT: Seebad Bansin), **T 038378 8000,** F 800111
100 Zimmer | 8 Suiten | 24 h

Familienfreundliches Wellnesshotel, nur wenige Schritte vom Strand entfernt. Komfortabel und modern eingerichtete Zimmer. 900 qm Wellnessbereich mit herrlichem Ostseeblick aus dem Indoorpool. Regionale Gerichte mit internationalen Einflüssen werden im Restaurant serviert.

Strandhotel Atlantic www.seetel.de/Strandhotel-Atlantic

VARTA-TIPP Ambiente

★★★★ S garni

Bergstraße 40, PLZ 17424 (OT: Seebad Bansin), **T 038378 605,** F 60600
46 Zimmer | 11 Suiten | Ez ab 114 €, Dz ab 129 €, inkl. Frühstück

Das architektonische Kleinod aus der Zeit der Jahrhundertwende hat bis heute nichts von seinem Charme eingebüßt. Die stilvollen Zimmer bestechen durch hochwertige Stoffe, moderne Stilmöblierung, Echtholzvertäfelung, raffinierte Lichteffekte und nicht zuletzt durch den traumhaften Blick auf Dünen, Strand und Meer. Im „1922 – Das Restaurant" und auf der großzügigen Sonnenterrasse wird regionale und internationale Küche serviert.

Upstalsboom Hotel Ostseestrand www.hotel-ostseestrand-usedom.de

★★★★ S garni

Eichenweg 4-5, PLZ 17424, **T 038378 630,** F 63444
99 Zimmer | 4 Suiten | 24 h

Stilvolles Haus in Strandnähe. Die geräumigen Zimmer und Suiten bieten größtenteils einen Balkon oder eine Terrasse. 1.000 qm großer Wellnessbereich „BALTIC SPA" mit Pool, Dampfbad und Saunalandschaft. Restaurant „Theo's" mit regionaler und internationaler Küche.

Ostseehotel Ahlbeck www.seetel.de/ostseehotel-ahlbeck

GREENSIGN ★★★★ S garni

Dünenstraße 41, PLZ 17419 (OT: Seebad Ahlbeck), **T 038378 600,** F 60100
69 Zimmer | 21 Apartments | Ez ab 94 €, Dz ab 94 €, inkl. Frühstück

Direkt an der Strandpromenade und nur wenige Schritte von der historischen Seebrücke entfernt liegt dieses traditionsreiche Hotel. Die renovierten Zimmer (teils mit Meerblick) zeichnen sich durch Individualität, zeitgemäßen Komfort und wohnliches Ambiente aus. Schöner Wellnessbereich mit Schwimmbad, Sauna und orientalisch anmutendem Ruhebereich. Im Restaurant „Dünenblick" wird regionale Küche aufgetischt.

Seetelhotel Pommerscher Hof www.seetel.de/pommerscher-hof

GREENSIGN ★★★★★ S garni

Seestraße 41, PLZ 17424, **T 038378 610,** F 61100
95 Zimmer | Ez ab 76 €, Dz ab 112 €, inkl. Frühstück

Gemütliches Hotel mit hist. Fassade der Kaiserbäderarchitektur, nur wenige Minuten vom Strand entfernt. Stilvoll eingerichtete Zimmer, teils mit Balkon. Die orientalische Wellnessoase „Shehrazade" bietet Schwimmbad, Sauna und osmanisches Dampfbad. Im Wintergartenrestaurant wird regionale und deutsche Küche serviert. Café mit eigener Rösterei.

Strandhotel Ostseeblick www.strandhotel-ostseeblick.de

★★★★★ S garni

Kulmstr. 28, PLZ 17424, **T 038378 540,** F 54299
60 Zimmer | 4 Suiten | Ez 105–240 €, Dz 145–360 €, inkl. Frühstück | 24 h

Familiengeführtes Privathotel direkt an der Promenade auf einer kleinen Anhöhe mit traumhaftem Ostseepanorama. Komfortable Zimmer und Suiten, teilweise mit direktem Meerblick. Wellnessbereich „MEERness Spa" auf 1.000 qm mit Panoramapool, Saunalandschaft und Sonnenterrasse.

Bernstein
www.restaurant-bernstein.de

90 | Hauptgericht 33–39 €, Menü 69–89 € | Mo-So

Kulinarische Kreativität, klassisches Handwerk, regionale Produkte, Weine der jungen deutschen Winzergeneration, lockerer Service mit großer Herzlichkeit - das zeichnet das Restaurant mit einmaligem Ostseepanorama aus. Die international inspirierte Küche kommt als wöchentlich wechselndes 3- bis 5-gängiges Menü auf den Tisch.

Kulmeck
www.kulmeck.de

VARTA-TIPP Küche

Kulmstraße 17, PLZ 17424, **T 038378 488040**
30 | Menü 125–155 € | Mi-Sa ⦸ Mo, Di, So ⦸ 30.11.–27.12.22, 6.–28.2.23

Tom Wickboldt, der zuvor den O'Room im Strandcasino verantwortete, hat mit Übernahme und Wiedereröffnung des „Kulmeck" eines der ältesten und renommiertesten Restaurants der Insel wiederbelebt. Seinem Ruf als Spitzenkoch wird er auch hier gerecht. Dies gelingt ihm mit modernen und stimmigen Kreationen, in denen er ausgesuchte Produkte auf hohem handwerklichen Niveau verarbeitet. Die kulinarischen Hochgenüsse gibt es in Form eines mehrgängigen Feinschmeckermenüs. Kompetent empfiehlt man Ihnen dazu das Passende von der Weinkarte.

The O'Room - Fine Dining
www.strandcasino-marc-o-polo.com

VARTA-TIPP Küche

Kulmstraße 33 (im Concept Store von MARC O'POLO), PLZ 17424, **T 038378 183912**
18 | Menü 165 € | Mi-Sa ⦸ Mo, Di, So

Ein weiterer Beweis dafür, dass sich Mode und gehobene Gastronomie nicht ausschließen. Das Fine-Dining-Restaurant ist mit dem „Marc O'Polo Strandcasino"-Store unter einem Dach. Modernes Interieur, liebenswerter Service und eine ambitionierte deutsche Küche mit nordischen Einflüssen erwarten Sie hier. André Kähler und seine Crew kreieren spannende Gerichte, die in Form eines Sieben-Gänge-Menüs serviert werden. Die kleine, aber sorgfältig zusammengestellte Weinauswahl bietet Gewächse aus Deutschland, Frankreich und Italien. Tischreservierung notwendig.

Kaisers Eck
www.kaiserseck.de

Kaiserstr. 1, PLZ 17419 (OT: Seebad Ahlbeck), **T 038378 30058**
28 | Hauptgericht 25–30 €, Menü 37–86 € | Mo-Sa

Das kleine, aber feine Restaurant an der Ahlbecker Kirche bietet eine pfiffige Regionalküche mit internationalen Einflüssen. Auf der Karte liest man z.B. „Steak vom Black-Angus-Rind (aus der Hüfte) mit Kräuterbutter, Speckbohnen und Bratkartoffeln". November-April: Mo und Di Ruhetag.

KARLSHAGEN

Dünenschloss
www.duenenschloss-karlshagen.de

garni

Strandstr. 11, PLZ 17449, **T 038371 2620,** F 26245
16 Zimmer | 3 Suiten | 3 Apartments | Ez 55–85 €, Dz 70–125 €, 14,00 €

Hotelresidenz im romantisch-modernen Baustil in unmittelbarer Promenadenlage. Zeitgemäß eingerichtete Zimmer und familienfreundliche Apartments.

KORSWANDT

Baltic Hills Usedom
www.dorint.com/usedom

★★★★

Hauptstr. 10, PLZ 17419, **T 038378 80500,** F 805050
84 Zimmer | 8 Suiten | 11 Apartments | 24 h

Ein modernes Ferienresort direkt neben dem Golfclub Baltic Hills. Das Haus verfügt über modern eingerichtete Zimmer, Suiten und Familienapartments von 25 bis 97 qm Größe. Schöner SPA- und Wellnessbereich mit beheiztem Außenpool sowie großzügiger Gartenanlage. Für Golfgäste bietet man attraktive Pakete, Kurse sowie ermäßigtes Greenfee an.

LODDIN

Strandhotel Seerose
www.strandhotel-seerose.de

★★★★ S

Strandstraße 1, PLZ 17459 (OT: Kölpinsee), **T 038375 540,** F 54199
112 Zimmer | 4 Suiten | 2 Apartments | 24 h

Familiär geführtes Haus in einzigartig ruhiger Lage. Die unterschiedlich großen Zimmer, Studios und Suiten verfügen größtenteils über Meerblick. Großzügige Bade- und Saunalandschaft mit zahlreichen Wellnessanwendungen. Im lichtdurchfluteten Restaurant „Alexander" wird regionale und internationale Küche serviert.

MELLENTHIN

Wasserschloss Mellenthin
www.wasserschloss-mellenthin.de

Schlossallee 5, PLZ 17429, **T 038379 28780,** F 2878280
26 Zimmer | Ez ab 78 €, Dz ab 98 €, inkl. Frühstück

In den Westflügel der über 400 Jahre alten Schlossanlage hat man dieses Hotel integriert. Das Haus bietet stilvoll ausgestattete Zimmer mit modernster Technik, einen großzügigen Wellnessbereich mit Saunalandschaft sowie ein behagliches Restaurant mit Terrasse.

ZINNOWITZ

Kleine Strandburg
www.kleine-strandburg-zinnowitz.de

★★★★

Dünenstr. 11, PLZ 17454, **T 038377 38000,** F 38555
75 Zimmer | 6 Suiten | Ez 99–196 €, Dz 152–302 €, inkl. Halbpension | 24 h

Urlaubs- und Ferienhotel in unmittelbarer Nähe zum Strand. Geschmackvoll eingerichtete Zimmer und Suiten, überwiegend mit Balkon oder Terrasse. Nachmittags lockt das abwechslungsreiche Kuchenbuffet. Direkt vor dem Hotel verläuft die Promenade.

Usedom Palace
www.usedom-palace.de

★★★★★

Dünenstraße 8, PLZ 17454, **T 038377 3960,** F 39699
43 Zimmer | 2 Suiten | 2 Apartments | 24 h

Direkt am Sandstrand liegt das im Stil der Bäderarchitektur erbaute Hotel. Hier stehen Ihnen geräumige, individuell gestaltete Zimmer in verschiedenen Kategorien zur Verfügung. Großzügige Badelandschaft. Restaurant mit internationaler Küche.

USINGEN 41 C www.usingen.de

Hessen | EW 14.961 | 292 m | Bad Homburg 14 km, Frankfurt/Main 32 km

Uwe & Uli – Zuhause bei uns www.uwe-uli.de

Marktplatz 21, PLZ 61250, **T 06081 5763760**
60 | Hauptgericht 17–52 €, Menü 99–119 € | Mo-Fr Mo-Sa So 1.–8.1.23

Das mehr als 300 Jahre alte Fachwerkhaus hat man nach historischem Vorbild liebevoll restauriert und dabei moderne Komponenten harmonisch integriert. Am Herd sorgt Uwe Weber für kulinarische Gaumenfreuden. Er bietet sowohl Traditionelles aus der Region als auch anspruchsvolle Gerichte mit internationaler Inspiration. Dazu gibt es hervorragende Weine.

USLAR 32 A www.uslar.de

Niedersachsen | EW 14.369 | 178 m | Göttingen 32 km, Hann. Münden 35 km

Romantisches Hotel Menzhausen www.hotel-menzhausen.de

★★★★ garni

Mauerstr. 2, PLZ 37170, **T 05571 92230,** F 922330
40 Zimmer | 8 Suiten

Das hist. Gebäude mit seiner hübsch verzierten Fachwerkfassade bietet individuelle Märchenzimmer im Stammhaus und großzügigere Zimmer im Mauerschlösschen mit direktem Blick in den Hotelpark. Romantisch-elegantes Restaurant mit nettem Innenhof.

Landhotel Am Rothenberg www.am-rothenberg.de

Rothenbergstraße 4, PLZ 37170 (OT: Volpriehausen), **T 05573 9590,** F 959100
77 Zimmer | 3 Suiten | 7 Apartments | Ez ab 82 €, Dz ab 104 €, ab 15,00 € | 18.12.22–8.1.23

Familiengeführtes Tagungs- und Erlebnisresort mit großer Gartenanlage. Die Zimmer unterschiedlicher Kategorien verteilen sich auf mehrere Häuser. Restaurant mit bürgerlicher Küche. Ansprechender Wellnessbereich mit großer Panoramasauna und beheiztem Außenschwimmbecken.

UTTING AM AMMERSEE 60 C www.utting.de

Bayern | EW 4.401 | 554 m | Landsberg/Lech 20 km, München 47 km

Lenas am See www.lenasamsee.de

Seestr. 10, PLZ 86919, **T 08806 9570957**
85 | Hauptgericht 21–34 € | Do-So Mo, Di, Mi

Ein helles, geräumiges Restaurant mit großzügigem Außenbereich, direkt am Ufer des Ammersees. Panoramafenster, Sichtbeton, freigelegte Holzbalken, indirekte Beleuchtung sowie bequeme Bänke und Ledersitze sorgen im Innern für eine modern-gemütliche Atmosphäre. Die Küche ist jung, pfiffig und saisonal. Das Angebot reicht von Thai-Curry über Spanferkelburger bis zu Kalbsschnitzel.

VAIHINGEN AN DER ENZ 57 B www.vaihingen.de

Baden-Württemberg | EW 30.001 | 217 m | Stuttgart 31 km, Heilbronn 40 km

Lamm
www.hotel-lamm-horrheim.de

Klosterbergstraße 45, PLZ 71665 (OT: Horrheim), **T 07042 83220,** F 832250
25 Zimmer | 4 Apartments | Ez 95–104 €, Dz 136–148 €, inkl. Frühstück

In der Region Stromberg-Heuchelberg an der Württembergischen Weinstraße liegt dieses gepflegte Haus, das sich für Tagungsgäste und Urlauber gleichermaßen eignet. Hier wohnen Sie in geräumigen, zeitgemäß ausgestatteten Zimmern. In den gemütlichen Gaststuben sowie auf der malerischen Terrasse serviert man eine feine Regionalküche mit modern-internationalem Einfluss.

Lamm Roßwag
www.lamm-rosswag.de

Rathausstraße 4/1, PLZ 71665 (OT: Roßwag), **T 07042 21413,** F 26189
12 Zimmer | Ez 85–105 €, Dz 95–125 €, inkl. Frühstück

Der nette Familienbetrieb ist nicht nur bei Radfahrern sehr beliebt. Hier wohnen Sie in großzügig angelegten Zimmern, die zeitgemäß ausgestattet sind. Morgens erwartet Sie ein reichhaltiges, regionales Frühstück.

Lamm Roßwag

VARTA-TIPP Küche

30 | Hauptgericht 22–48 €, Menü 98–148 € | Sa Mi-Sa Mo, Di, So

Bei Sonja und Steffen Ruggaber wird Gastlichkeit gelebt - das spürt man! Der Patron verwandelt marktfrische Produkte natürlich und kreativ in moderne, saisonale Gerichte, die Sie in Form eines Gourmetmenüs genießen können. Das Ambiente ist dezent-elegant, auch der aufmerksame und kompetente Service harmoniert mit den kulinarischen Genüssen. In punkto Wein setzt man konsequent auf erlesene Tropfen deutscher Winzer.

VALLENDAR 40 D
www.vallendar-rhein.de

Rheinland-Pfalz | EW 8.333 | 99 m | Koblenz 8 km, Neuwied 14 km

Die Traube
www.dietraube-vallendar.de

Rathausplatz 12, PLZ 56179, **T 0261 61162**
40 | Hauptgericht 19–42 €, Menü 40–78 € | Mi-Sa Mo, Di, So

Dieses Gasthaus bietet nicht nur eine urig-gemütliche Atmosphäre, man isst auch sehr gut. Von regional bis mediterran werden alle Speisen frisch und schmackhaft zubereitet, so z.B. „Kabeljau mit gebratenen Pfifferlingen, dazu Kartoffel-Brokkolistampf". Mittags preisgünstige Tagesgerichte.

VAREL 13 D
www.dangast.de

Niedersachsen | EW 24.663 | 9 m | Wilhelmshaven 30 km, Nordenham 35 km

Upstalsboom Varel Dangast
www.landhotel-friesland-varel.de

Mühlenteichstraße 78, PLZ 26316 (OT: Obenstrohe), **T 04451 9210,** F 921100
105 Zimmer | 3 Suiten | Ez 100–180 €, Dz 110–280 €, 18,00–36,00 € | 24 h »

Ob Wellness, Tagung oder Kurzurlaub - dieses Feriendomizil wird jedem gerecht. Die Gäste wohnen hier in individuell eingerichteten Zimmern. Es gibt auch spezielle Maisonette-Familienzimmer. Der 2.500 qm große orientalische SPA-Bereich verläuft über 3 Etagen. Naturnahe Lage - mitten im Grünen.

Graf Bentinck
www.bentinck.de

★★★★ garni

Dauenser Straße 7, PLZ 26316 (OT: Dangast), **T 04451 1390,** F 139222
42 Zimmer | Ez ab 99 €, Dz ab 149 €, inkl. Frühstück | 24 h

Das gemütliche, reetgedeckte Hotel mit seiner roten Backsteinfassade verfügt über bequeme, mit viel Liebe zum Detail eingerichtete Zimmer. Kleine Wohlfühloase mit Sauna und Dampfbad. Saisonal wechselnde Speisen werden im Restaurant aufgetischt.

VATERSTETTEN 60 D
www.vaterstetten.de

Bayern | EW 22.087 | 528 m | München 17 km, Erding 36 km

Bader Hotel
www.dasbaderhotel.com

Heimstettener Straße 12, PLZ 85599 (OT: Parsdorf), **T 089 24415470,** F 244154777
50 Zimmer | Ez ab 71 €, Dz ab 96 €, inkl. Frühstück

Das Business-Boutique-Hotel in skandinavischem Design liegt fünf Kilometer von der Neuen Messe in München entfernt. Individuelle Wohnlichkeit bieten die mit Fichtenholz und bodentiefen Fenstern ausgestatteten Zimmer. Die Lobby mit Kamin ist der Mittelpunkt des Hauses. Gutes Frühstück mit Frischeprodukten aus der Region.

Gutsgasthof Stangl
www.hotel-stangl.de

★★★★

Münchener Straße 1, PLZ 85646 (OT: Neufarn), **T 089 905010,** F 90501363
56 Zimmer | Ez ab 71 €, Dz ab 91 €, inkl. Frühstück

Traditionsreicher Jugendstilgutshof mit stilvollem, harmonischem Ambiente. Elegante, angenehme Zimmer mit individueller Einrichtung und moderner Ausstattung. Restaurant mit regional-mediterraner Küche und schönem Biergarten.

VEITSHÖCHHEIM 52 A
www.veitshoechheim.de

Bayern | EW 9.945 | 170 m | Würzburg 7 km, Volkach 33 km

Hotel am Main
www.hotel-am-main.de

★★★ garni

Untere Maingasse 35, PLZ 97209, **T 0931 98040,** F 9804121
35 Zimmer | 1 Suite | Ez 87–95 €, Dz 124–144 €, inkl. Frühstück

Nachhaltig und familiär geführtes Urlaubs- und Geschäftshotel in ruhiger Lage direkt an der Uferpromenade des Mains. Die individuell eingerichteten Zimmer verfügen über hochwertige Boxspringbetten. Im ganzen Haus erwarten den Gast Kunstwerke regionaler und überregionaler Künstler. Sehr gutes Frühstück in Bio-Qualität.

Weißes Lamm
www.hotel-weisses-lamm.de

Kirchstraße 24, PLZ 97209, **T 0931 9802300,** F 9802499
70 Zimmer | 11 Suiten

Modern und zweckmäßig eingerichtete Zimmer im modernen Haupthaus, im restaurierten hist. Fachwerkhaus gegenüber und im Gästehaus „Anna". Gute Tagungsmöglichkeiten. Fränkische Küche wird im gemütlichen Restaurant „Rokoko" serviert.

VELBERT 29 C stadtmarketing.velbert.de

Nordrhein-Westfalen | EW 84.633 | 245 m | Essen 16 km, Wuppertal 19 km

Stüttgens Hotel www.stuettgens-hotel.de

Friedrichstraße 168 (Hotelanfahrt: Nedderstr. 4), PLZ 42551, **T 02051 4261**
22 Zimmer | Ez 69–110 €, Dz 89–114 €, 9,50 €

Das familiengeführte Traditionshotel hat man 2018 wiederbelebt. Nach umfangreicher Renovierung bietet das Haus komfortable und hochwertig ausgestattete Zimmer, die in unterschiedlichen Nuancen Tradition und Moderne verbinden. Für Events stehen verschiedene Räumlichkeiten zur Verfügung.

Haus Stemberg www.haus-stemberg.de

VARTA★TIPP Küche VARTA-TIPP Service

Kuhlendahler Straße 295, PLZ 42553 (OT: Neviges), **T 02053 5649**
55 | Hauptgericht 19–48 €, Menü 88–115 € | Sa-So Mo-Mi, Sa-So Do, Fr
27.12.22–4.1.23

Eine große Erfolgsgeschichte: Das ländlich-elegante Gasthaus führt Patron und Küchenchef Sascha Stemberg bereits in der 5. Generation. Ob regionale Klassiker oder weltoffene, moderne Feinschmeckergerichte - die exzellente Küche macht diesen charmanten Familienbetrieb zu einer der besten Genussadressen im Bergischen Land. Auch Weinliebhaber kommen voll auf ihre Kosten: In zwei hist. Felsenweinkellern lagern hervorragende Tropfen. Kein Wunder also, dass im Laufe der Jahre so mancher hier zum Stammgast geworden ist.

VELBURG 54 C www.velburg.de

Bayern | EW 5.194 | 492 m | Neumarkt i.d.OPf. 20 km, Amberg 39 km

Winkler Bräu www.winkler-braeu.de

★★★★

Sankt-Martin-Straße 6, PLZ 92355 (OT: Lengenfeld), **T 09182 170,** F 17110
71 Zimmer | 4 Suiten | Ez ab 95 €, Dz ab 135 €, inkl. Frühstück

Hist. Brauereigasthof von 1428 mit familiärer Führung. Gemütliche Zimmer mit Schreinermöbeln im Gutshof sowie im Bräustüberl, moderne Zimmer mit Highspeed-Internetzugang in der ehem. Mälzerei. Ansprechender Wellnessbereich mit Hallenbad, Sauna, Dampfbad und Fitnessraum.

Winkler Bräu

250 | Hauptgericht 17–33 €, Menü 68 € | Mo-So

Rustikale Gasträume, in denen hausgebraute Bierspezialitäten und schmackhafte Gerichte aus der bürgerlichen und verfeinerten deutschen Küche serviert werden. Biergarten im Innenhof.

VELDENZ 49 A www.veldenz-mosel.de

Rheinland-Pfalz | EW 936 | 170 m | Bernkastel-Kues 10 km, Traben-Trarbach 28 km

Rittersturz - Volker Kruft www.rendezvousmitgenuss.de

Veldenzer Hammer 1a, PLZ 54472 (OT: Veldenzer Hammer), **T 06534 18292**
45 | Hauptgericht 29–34 €, Menü 56–62 € | So Mi-Sa Mo

Behagliches Restaurant mit geschmackvollem Interieur und saisonal ausgerichteter Speisekarte. Der Patron kocht raffiniert und stets mit viel Liebe zum Produkt. Dazu gibt es gute Weine von renommierten Winzern der Mittelmosel. Hübsche Gartenterrasse.

VERDEN 22 B www.verden.de

Niedersachsen | EW 26.846 | 20 m | Bremen 38 km, Hannover 85 km

Pades Restaurant www.pades.de

Grüne Straße 15, PLZ 27283, **T 04231 3060**
80 | Hauptgericht 11–28 € | So Mo-So

Die schmucke Patriziervilla aus dem 15. Jhd. vereint historische und moderne Elemente. Die abwechslungsreiche Speisekarte offeriert saisonale Klassiker mit mediterraner Prägung. Dabei verwendet man fast ausschließlich Lebensmittel von regionalen Erzeugern. Gut zusammengestellte Weinkarte mit Schwerpunkt Deutschland. Hübscher Bier- und Kaffeegarten.

VIECHTACH 55 C www.viechtacher-land.de

Bayern | EW 8.100 | 435 m | Regen 23 km, Cham 28 km

Burghotel Sterr www.burghotel-sterr.de

★★★★

Neunußberg 35, PLZ 94234 (OT: Neunußberg), **T 09942 8050,** F 805200
36 Zimmer | 10 Suiten | Ez ab 133 €, Dz ab 254 €, inkl. Vollpension | 24 h

Ruhig und idyllisch liegt das familiengeführte Ferienhotel mit Blick auf die Bayerwaldberge. Hier stehen Ihnen wohnliche Zimmer in unterschiedlicher Größe und ein neuzeitlicher Wellnessbereich zur Verfügung. Gepflegter Hotelgarten mit Badeteich.

VILBEL, BAD 41 D www.bad-vilbel.de

Hessen | EW 32.500 | 95 m | Frankfurt/Main 10 km, Bad Homburg v.d.Höhe 14 km

Dorint Parkhotel Neu! hotel-bad-vilbel.dorint.com

Niddastraße 1, PLZ 61118, **T 06101 65560**
180 Zimmer | Ez ab 99 €, Dz ab 99 € | 24 h

Inmitten des Kurparks und in direkter Nachbarschaft zur neuen Stadthalle „Vilco" liegt dieses neuzeitliche Businesshotel. Moderne Einrichtung und harmonische Farbgestaltung kennzeichnen die klimatisierten Zimmer. In der lichtdurchfluteten Brasserie „Moulins" wird unkomplizierte französische Küche serviert. Hübsche Hotelbar in kunstvollem Ambiente.

VILLINGEN-SCHWENNINGEN 57 C www.tourismus-vs.de

Baden-Württemberg | EW 80.617 | 704 m | Donaueschingen 17 km, Rottweil 22 km

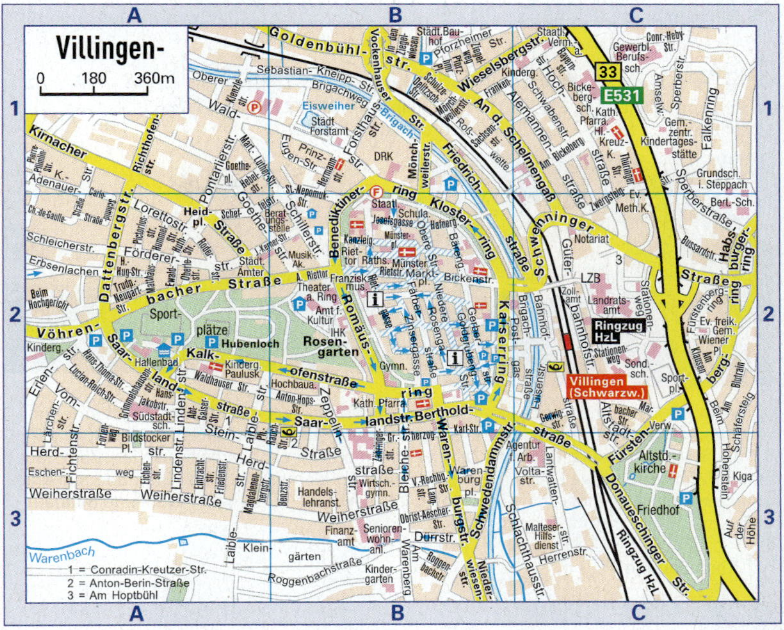
Villingen-
0 180 360m
A
B
C
1
2
3
Goldenbühl-str.
Kirnacher Str.
Dattenbergstr.
Vöhren-bacher Straße
Kalk-ofenstraße
Saar-landstr.
Benediktiner-ring
Kloster-ring
Kaiser-ring
Romäus-ring
Berthold-straße
Schwedendammstr.
Brigach
Eisweiher
Hubenloch
Rosen-garten
Villingen (Schwarzw.)
Ringzug HzL
Fürsten-straße
Donaueschinger Str.
Habsburger-ring
E531
33
Weiherstraße
Warenbach
Roggenbachstraße
Friedhof
Altstd.-kirche
1 = Conradin-Kreutzer-Str.
2 = Anton-Berin-Straße
3 = Am Hoptbühl

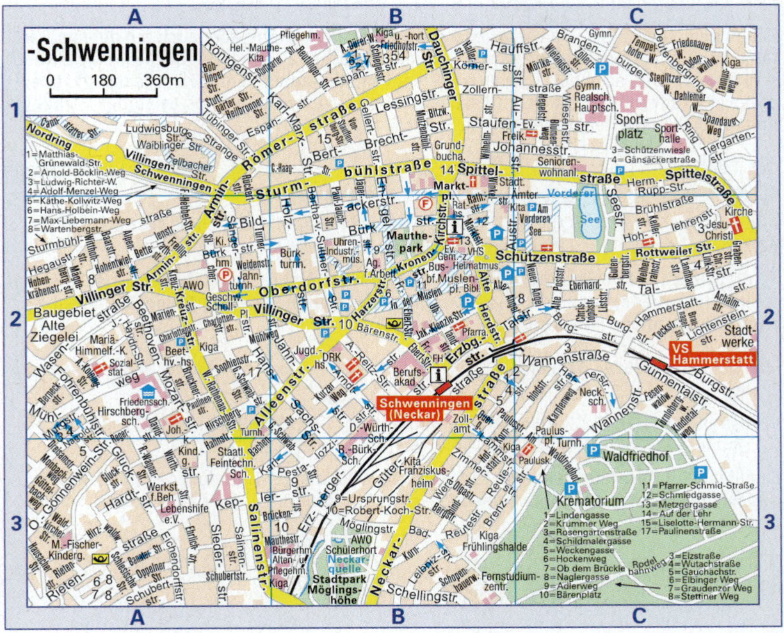
-Schwenningen
0 180 360m
A
B
C
1
2
3
Nordring
Römer-straße
Sturm-bühlstraße
Spittel-straße
Spittelstraße
Dauchinger Str.
Oberdorfstr.
Villinger Str.
Schützenstraße
Rottweiler Str.
Alleenstr.
Salinenstr.
Neckar-straße
Wannenstraße
Gunnentalstr.
Burgstr.
Schwenningen (Neckar)
VS Hammerstatt
Mauthe-park
Markt-pl.
Vorderer See
Neckar-quelle
Stadtpark Möglingshöhe
Waldfriedhof
Krematorium
1=Matthias-Grünewald-Str.
2=Arnold-Böcklin-Weg
3=Ludwig-Richter-W.
4=Adolf-Menzel-Weg
5=Käthe-Kollwitz-Weg
6=Hans-Holbein-Weg
7=Max-Liebemann-Weg
8=Wartenbergstr.
3=Schützenwiese
4=Gänsäckerstraße
9=Ursprungstr.
10=Robert-Koch-Str.
1=Lindengasse
2=Krummer Weg
3=Rosengartenstraße
4=Schildmalergasse
5=Weckengasse
6=Hockenweg
7=Ob dem Brückle
8=Naglergasse
9=Adlerweg
10=Bärenplatz
11=Pfarrer-Schmid-Straße
12=Schmiedgasse
13=Metzgergasse
14=Auf der Lehr
15=Liselotte-Hermann-Str.
17=Paulinenstraße
3=Elzstraße
4=Wutachstraße
5=Gauchachstr.
6=Eibinger Weg
7=Graudenzer Weg
8=Stettiner Weg

Rindenmühle www.rindenmuehle.de

VARTA-TIPP Service

★★★★ garni

Am Kneippbad 9 (A1), PLZ 78052 (OT: Villingen), **T 07721 88680,** F 886813
23 Zimmer | Ez 118–188 €, Dz 188–218 €, inkl. Frühstück

Mitten im Grünen - direkt neben Kurgarten und Freibad - liegt dieses familiengeführte Hotel. Stammgäste schätzen den persönlichen Umgang ebenso wie die komfortabel, gemütlich und hochwertig eingerichteten Zimmer, die in drei Kategorien buchbar sind. Zum Haus gehören eine großzügige Lobby mit angrenzender Palmenterrasse, eine Grillhütte, ein Kräutergarten, eine Liegewiese, ein Kinderspielplatz sowie ein hübscher Fitness- und Saunabereich.

Rindenmühle

VARTA-TIPP Küche

45 | Hauptgericht 27–44 €, Menü 39–84 € | Di-Sa ⃠ Mo, So

Schön gemütlich ist es in diesem geschmackvollen Restaurant, aber auch auf der mediterran anmutenden Terrasse. Die saison- und marktfrischen Speisen zeigen die kreative Handschrift der Küche, etwa bei „Gebratener Brust von der Barberie-Ente | Kirschsauce | Erbsenpüree | Kartoffelsoufflé". Die Gäste schätzen das ausgezeichnete Preis-Leistungs-Verhältnis und den liebenswerten, zugewandten Service.

Central www.centralhotel-vs.de

★★★★ garni

Alte Herdstraße 12-14 (B2), PLZ 78054 (OT: Schwenningen), **T 07720 3030,** F 303100
60 Zimmer | Ez ab 86 €, Dz ab 91 €, inkl. Frühstück | 24 h

Zentral gelegenes Designhotel mit schlicht-modernem Ambiente. Die komfortabel eingerichteten Zimmer verfügen über kostenlosen Highspeed-Internetzugang. Kleiner Wellnessbereich mit Sauna und Fitnessraum.

Schlenkers Hotel Ochsen www.hotelochsen.com

Bürkstraße 59 (B2), PLZ 78054 (OT: Schwenningen), **T 07720 8390,** F 839639
37 Zimmer | Ez 82–130 €, Dz 130–150 €, 9,00 € | ⃠ 23.12.22–8.1.23

Familiär geführtes Haus in ruhiger Lage mit über 100-jähriger Tradition. Geschmackvolle und wohnliche Zimmer in unterschiedlichen Größen mit funktionaler Ausstattung. Schöne Sonnenterrasse.

Ochsenstuben

50 | Hauptgericht 17–24 €, Menü 45 € | Sa Di-Sa ⃠ Mo, So ⃠ 23.12.22–8.1.23

Gemütlich-elegantes Ambiente mit feiner Tischkultur und schmackhafter, bodenständig-regionaler Küche sowie gehobenen internationalen Spezialitäten.

Sombea **Neu!** www.sombea.de

Reutestraße 127 (B3), PLZ 78056 (OT: Schwenningen), **T 07720 609860**
85 Zimmer | Ez 84–149 €, Dz 94–159 €, 9,90–15,00 €

„Sombea" setzt sich aus den beiden Begriffen „Somnum" und „Beatum" zusammen und bedeutet soviel wie „Glücklich schlafen" - und das kann man in diesem Stadthotel, das Ende 2021 eröffnet wurde, wirklich hervorragend. Der moderne Neubau beherbergt neuzeitlich eingerichtete Zimmer mit hochwertigen Boxspringbetten und offen gestalteten Duschbereichen. Zum Haus gehört auch ein Restaurant mit Bar und Zigarrenlounge.

VILLMAR 41 C www.villmar.de

Hessen | EW 7.500 | 160 m | Limburg an der Lahn 15 km, Gießen 56 km

Wissegiggl **Neu!** www.wissegiggl.de

Wiesenstraße 3, PLZ 65606 (OT: Weyer), **T 06483 8007765**
175 | Hauptgericht 10–25 €, Menü 18–35 € | So Mi-So Mo, Di

Wo es lebendig, herzlich und familiär zugeht, kehrt man gerne ein! Das behagliche Blockhausrestaurant mit seinem alpenländischen Charme setzt auf Hausmannskost, traditionelle Wirtshausklassiker und saisonale Spezialitäten. Das engagierte Team serviert solch schmackhafte Gerichte wie „Wildgulasch an Preiselbeeren mit Kartoffelklößen und Apfelrotkohl". Zum Übernachten bietet das Carolinger Hüttendorf Chalets, Apartments und eine Ferienwohnung.

VOGT 66 A www.gemeinde-vogt.de

Baden-Württemberg | EW 4.400 | 700 m | Wangen 14 km, Ravensburg 17 km

Der BIO-Adler in Vogt www.vogter-adler.de

★★★ S

Ravensburger Straße 2, PLZ 88267, **T 07529 9700**
10 Zimmer | Ez 95–110 €, Dz 140 €, inkl. Frühstück

Das historische Fachwerkhaus hat man im Jahr 2018 nach ökologischen Prinzipien renoviert. Viel warmes Holz prägt das Erscheinungsbild der Gästezimmer. Die Betten sind mit einer Matratze aus Naturkautschuk und Biobaumwollbezügen ausgestattet. Reizvolles Restaurant mit heimeligen Gaststuben und schmackhafter Bio-Küche.

VOGTSBURG IM KAISERSTUHL 56 D www.vogtsburg-im-kaiserstuhl.de

Baden-Württemberg | EW 5.730 | 218 m | Emmendingen 20 km, Freiburg 25 km

Schwarzer Adler www.franz-keller.de

Badbergstraße 23, PLZ 79235 (OT: Oberbergen), **T 07662 933010,** F 933046
14 Zimmer | Ez 120–140 €, Dz 170–190 €, inkl. Frühstück

Das traditionsreiche Haus nebst Dependance ist ein geschmackvolles Domizil, das engagiert und persönlich geführt wird. Die Zimmer sind individuell, charmant und stilvoll eingerichtet. Morgens werden Sie mit einem sehr guten Frühstück verwöhnt.

Schwarzer Adler

VARTA★TIPP Küche VARTA-TIPP Service

50 | Hauptgericht 42–52 €, Menü 135 € | Sa-So Mo-Di, Fr-So Mi, Do 22.1.–17.2.23

Ein Landgasthof wie aus dem Bilderbuch: Gemütlich-elegant das Ambiente, stilvoll-herzliche Gastlichkeit und dazu eine klassische badisch-französische Küche - von Chefkoch Christian Baur zeitgenössisch interpretiert. Wie wäre es z.B. mit „Rücken und geschmorte Schulter vom Lamm mit gelierter Aubergine und umbrischen Linsen"? Gigantische Weinkarte mit rund 4.000 Positionen. | Fotos: © Lucie Greiner.

Winzerhaus Rebstock

Badbergstraße 22, PLZ 79235 (OT: Oberbergen)
50 | Hauptgericht 7–24 €, Menü 46–51 € | Do-So Mi-So Mo, Di

Gegenüber dem renommierten „Schwarzen Adler" liegt das 200 Jahre alte Wirtshaus. In dem mit viel Liebe zum Detail eingerichteten, holzgetäfelten Gastraum serviert man schmackhafte Gerichte - mal etwas feiner, mal traditionell-bodenständig. Dazu gibt's Weine vom eigenen Gut. Nette Terrasse im Innenhof.

Die Achkarrer Krone

www.hotel-krone-achkarren.de

Schloßbergstraße 15-17, PLZ 79235 (OT: Achkarren), **T 07662 93130,** F 931350
23 Zimmer | Ez 70–85 €, Dz 110–149 €, inkl. Frühstück

Landschaftstypischer hist. Gasthof mit persönlicher Führung und schönen Komfortzimmern, zum Teil mit Balkon und Gartenanbindung. Gemütliches Restaurant mit badisch-französischer Küche und schöner Terrasse im Innenhof unter alten Olivenbäumen.

Kreuz-Post

www.kreuz-post.de

★★★ S

Landstraße 1, PLZ 79235 (OT: Burkheim), **T 07662 90910,** F 1298
35 Zimmer | Ez 89–142 €, Dz 152–210 €, inkl. Frühstück

Hübsches Hotel umgeben von Weinreben und idyllischen Obstgärten. Verschiedene Zimmertypen in unterschiedlichen Preiskategorien. Hell und freundlich gestaltetes Hotelrestaurant mit badisch-elsässischer Küche.

Köpfers Steinbuck

www.koepfers-steinbuck.de

Steinbuckstr. 20, PLZ 79235 (OT: Bischoffingen), **T 07662 9494650**
80 | Hauptgericht 18–39 € | Mo, Do-So Di, Mi

Sie mögen authentische Gastlichkeit und eine ebensolche Küche? In dem gut geführten Familienbetrieb kocht man mit modernen und saisonalen Einflüssen - da heißt es z.B. „Praline vom geschmorten Ochsenschwanz mit gebratener Gänseleber, Selleriepüree und Gnocchi". Dazu gibt es eine schöne Auswahl an nationalen und internationalen Weinen. Im Sommer lockt die Terrasse mit herrlicher Aussicht über die Landschaft des Kaiserstuhls.

Steinbuck Stube — www.steinbuck-stube.de

Talstraße 2, PLZ 79235 (OT: Bischoffingen), **T 07662 911210**
75 | Hauptgericht 21–38 €, Menü 52–64 € | So Mi-So Mo, Di

Ein hübsch renoviertes Landgasthaus, in dem man schmackhafte regionale Speisen serviert - begleitet von einer guten Weinauswahl. Regelmäßig werden Degustationsmenüs angeboten. Geschützter Innenhof. Acht liebevoll ausgestattete Gästezimmer vorhanden.

Gasthaus Zum Kaiserstuhl — www.gasthaus-zum-kaiserstuhl.de

Niederrotweil 4, PLZ 79235 (OT: Niederrotweil), **T 07662 237**
36 | Hauptgericht 10–24 €, Menü 25–40 € | Di-So Di-Sa Mo

Ein kleines ländliches Gasthaus mit regionaltypischem Ambiente. Die gesundheitsbewusste Kräuter- und Blütenküche mit Zutaten aus dem eigenen Garten orientiert sich am saisonalen Angebot. Lust auf „Lammbraten mit Bärlauchwurzeln gebraten, frisches Marktgemüse und Kastanienkartoffeln"? Für Übernachtungsgäste hat man einfache, aber gepflegte Gästezimmer.

VOHENSTRAUSS 54 B — www.vohenstrauss.de

Bayern | EW 7.461 | 580 m | Weiden 24 km, Amberg 53 km

Landhotel Lindenhof — www.landhotel-lindenhof-voh.de

★★★ S garni

Braunetsrieth 12, PLZ 92648 (OT: Braunetsrieth), **T 09651 2220,** F 4302
20 Zimmer | 2 Suiten | Ez 70–74 €, Dz 99–109 €, ab 5,00 €

Das ruhig gelegene, gut geführte Landhotel mit großem Garten und Liegewiese verfügt über ländliche Zimmer, die wohnlich und zugleich funktionell eingerichtet sind. Die gemütlichen Gasträume und der romantische Biergarten laden ebenfalls zum Verweilen ein.

VÖHL 31 C www.voehl.de

Hessen | EW 5.701 | 302 m | Korbach 14 km, Kassel 53 km

Freund www.hotelfreund.de

★★★★ S garni

Sauerlandstr. 6, PLZ 34516 (OT: Oberorke), **T 06454 7090,** F 7091488
80 Zimmer | 5 Suiten | 5 Apartments | Ez ab 104 €, Dz ab 206 €, inkl. Frühstück

Tagungs- und Ferienhotel am Südrand des Sauerlandes mit unterschiedlich eingerichteten, überwiegend geräumigen Zimmern. Ansprechender Wellnessbereich „OrkelandSPA" mit mediterranem Poolgarten und Panorama-Innenpool. Umfangreiches Freizeitangebot. Gehobene internationale Küche im Restaurant „L'Ami" .

VÖHRINGEN 59 C www.voehringen.de

Bayern | EW 13.000 | 499 m | Illertissen 7 km, Ulm 16 km

Speisemeisterei Burgthalschenke www.speisemeisterei-burgthalschenke.de

VARTA-TIPP Küche

Untere Hauptstraße 4, PLZ 89269 (OT: Thal), **T 07306 5265**
100 | Hauptgericht 16–36 €, Menü 17–58 € | Mi-So Mo, Di

Belebtes, rustikal gestaltetes Restaurant auf drei Ebenen. Hier sorgt sich ein aufmerksames Serviceteam um das Wohlgefühl der Gäste. In der Küche setzt Patron Karl Großhammer auf heimische Produkte mit saisonalem Bezug. Lust auf „Gebratenen Hirschkalbsrücken mit Balsamico-Kirschsauce und Schupfnudeln"? Im Sommer lockt die hübsche Gartenterrasse. Für Veranstaltungen gibt es schöne Räumlichkeiten.

VOLKACH 52 B www.volkach.de

Bayern | EW 8.664 | 203 m | Gerolzhofen 12 km, Kitzingen 21 km

Sonnenhotel Weingut Römmert www.sonnenhotels.de

S garni

Erlachhof 1a, PLZ 97332, **T 09381 718160,** F 71816069
104 Zimmer | 4 Suiten

Dieses Themenhotel befindet sich direkt an einem Weingut. Das Thema Wein findet sich im ganzen Hotel wieder. So erinnern die hellen, warmen Farben in den Zimmern an die Weinberge und Weinflaschen agieren als indirekte Beleuchtung. Zum Haus gehören auch ein Wellnessbereich mit Pool und Saunen sowie ein Restaurant mit Sonnenterrasse. Einkaufen kann man in der Vinothek gegenüber.

Zur Schwane www.schwane.de

★★★★ S garni

Hauptstraße 12, PLZ 97332, **T 09381 80660,** F 806666
41 Zimmer | 2 Suiten | 1 Apartment | Ez ab 90 €, Dz ab 121 €, inkl. Frühstück

Der gewachsene Familienbetrieb im Herzen von Volkach ist ein bezauberndes Schmuckstück und eignet sich ideal für einen spontanen Wochenendurlaub. Die behaglichen Gästezimmer sind mit zeitgemäßer Technik und zahlreichen Antiquitäten eingerichtet. An warmen Sommertagen lädt der spätbarocke Innenhof zum Verweilen ein. Weitere Zimmer stehen im Gästehaus „Gendarmerie" zur Verfügung.

Restaurant Weinstock

VARTA-TIPP Küche **VARTA-TIPP** Service

18 | Hauptgericht 34–49 €, Menü 94–189 € | Mo-Di, Fr-So ⊘ Mi, Do

Im edel und schlicht gestalteten Gourmetrestaurant mit seiner barocken Stuckdecke, den grauen Wänden, dem gediegenem Holzbohlenboden und den messingfarbenen Pendelleuchten geht es auch kulinarisch exklusiv zu. Mit Top-Produkten und eigenen Ideen zelebriert Cornelia Fischer eine moderne Kreativküche, die auf klassischen Wurzeln basiert. Was sie an Finesse, feinen Kontrasten und Aromenvielfalt auf die Teller zaubert, ist wirklich bemerkenswert. Dazu empfiehlt Sommelier Jan Pislcajt erstklassige Weine regionaler Winzer. Ein bestens geschulter Service macht das niveauvolle Bild komplett.

Schwane 1404

40 | Hauptgericht 19–26 €, Menü 43–52 € | Mo-Di, Fr-So ⊘ Mi, Do

Eine hervorragende Alternative zum Gourmetrestaurant! In den heimeligen Gaststuben, die liebenswert mit viel Holz und unterschiedlichen Accessoires ausstaffiert sind, wird eine gehobene Heimatküche serviert. Auf der Karte locken Gerichte wie „Original Wiener Schnitzel vom Kalb mit Bratkartoffeln, Preiselbeeren und Salat" oder „Geschmorte Rinderbacke und Filet mit Kartoffelstampf und Rahmwirsing".

Am Torturm

www.hotel-am-torturm.de

garni

Hauptstraße 41, PLZ 97332, **T 09381 80670,** F 806744
21 Zimmer | 1 Apartment | Ez 68–93 €, Dz 90–135 €, inkl. Frühstück

Kleinstadthotel neben dem mittelalterlichen Torturm des Gaibacher Tores mit persönlicher Atmosphäre und großzügig geschnittenen Gästezimmern. Das regionale Frühstück mit hausgemachter Marmelade kann im eleganten Frühstücksraum oder im bezaubernden Höfchen eingenommen werden.

Weinhotel Rose

www.rose-volkach.de

★★★ S

Dimbacher Straße 1, PLZ 97332, **T 09381 8400,** F 840333
30 Zimmer | 1 Suite | 24 h

Familiär geführtes Haus am Rande der Altstadt mit zeitgemäßem Ambiente und überwiegend geräumigen, wohnlichen Zimmern, die zum Garten hin über einen Balkon verfügen. In den rustikalen Gaststuben wird fränkische Küche serviert.

VÖLKLINGEN 49 C

www.voelklingen.de

Saarland | EW 38.468 | 200 m | Saarbrücken 13 km, Saarlouis 13 km

Leonardo www.leonardo-hotels.com

Kühlweinstr. 105, PLZ 66333, **T 06898 56610,** F 5661444
98 Zimmer | 2 Suiten | 24 h

Die ruhige Lage am Bürgerpark dürfte jeden erfreuen, ebenso das schöne, schlichte Design mit einem Hauch saarländischer Industriekultur: in den Zimmern klare Linien, viel Licht und moderne Farbakzente. Traditionelle und internationale Küche wird im Restaurant serviert.

VÖRSTETTEN 56 D www.voerstetten.de

Baden-Württemberg | EW 3.124 | 220 m | Emmendingen 9 km, Freiburg im Breisgau 9 km

Sonne www.sonne-voerstetten.de

Freiburger Straße 4, PLZ 79279 (OT: Schupfholz), **T 07666 2326**
80 | Hauptgericht 21–30 €, Menü 40–50 € | So Mi-So Mo, Di

Gemütlich hat man es in diesem wunderschönen Gasthaus, das seit über 250 Jahren im Familienbesitz ist. In der kühlen Jahreszeit sorgt ein Kachelofen für eine wohlige Atmosphäre, in den Sommermonaten lockt die stimmungsvolle Gartenwirtschaft. Es gibt regional-saisonale Küche, z.B. als „Badisches Schäufele mit Rotkraut, Kartoffelpüree und Bratensauce". Zum Übernachten hat man liebevoll eingerichtete Zimmer.

VREDEN 29 A www.stadtmarketing-vreden.de

Nordrhein-Westfalen | EW 22.641 | 32 m | Gronau 25 km, Coesfeld 33 km

Büschker's Stuben www.amkring.de

Kring 6-8 (im Hotel am Kring), PLZ 48691, **T 02564 93080**
70 | Hauptgericht 15–30 € | Di-Sa Mo, So

Schon die hübsche Lage inmitten eines denkmalgeschützten Dorfkringes lockt einen hierher, aber auch die frische Küche ist einen Besuch wert. Die Verbundenheit mit der Region zeigt sich in Gerichten wie „Mutters Hochzeitssuppe" oder „Münsterländer Zwiebelfleisch". Im Zweitrestaurant „Clemens" bietet man an den Wochenenden ein wechselndes Feinschmeckermenü an. Gepflegt übernachten kann man im angeschlossenen Hotel.

WAAKIRCHEN 68 A www.waakirchen.de

Bayern | EW 5.571 | 759 m | Bad Tölz 9 km, München 50 km

Der Margarethenhof www.margarethenhof.com

★★★★

Gut Steinberg 1-3, PLZ 83666 (OT: Marienstein), **T 08022 75060,** F 74818
35 Zimmer | 35 Suiten

Landschaftlich sehr schön gelegenes Anwesen hoch über dem Tegernseer Tal mit 18-Loch-Golfanlage. Hübsche Apartments im bayerischen Landhausstil. Kleiner Wellnessbereich mit finnischer Sauna, Whirlpool und Ruheraum. Behagliches Restaurant mit herrlicher Terrasse.

WACHENHEIM A.D. WEINSTRASSE 50 D www.wachenheim.de

Rheinland-Pfalz | EW 4.678 | 141 m | Bad Dürkheim 3 km, Haßloch 14 km

Rieslinghof www.rieslinghof.com

★★★★ garni

Weinstr. 86, PLZ 67157, **T 06322 9898920**
6 Zimmer | Ez 90–125 €, Dz 100–140 €, inkl. Frühstück

Das langgestreckte, mit regionaltypischem Sandstein errichtete Gebäude eignet sich nicht nur als perfekte Veranstaltungslocation, man kann hier auch wunderbar übernachten. Im ersten Obergeschoss des Anwesens hat man geschmackvolle Zimmer, die mit Eichenholzdielen, behaglichen Vollholzmöbeln und modernen Bädern ausgestattet sind.

The Izakaya www.the-izakaya.com

VARTA-TIPP Küche

Weinstraße 36, PLZ 67157, **T 06322 9593729**
20 | Menü 100–110 € | Di-Sa ⦸ Mo, So ⦸ 24.12.22–9.1.23

Ein Mix aus Restaurant und Bar mit offener Küche und angenehm ungezwungener Atmosphäre. Yannick Schilli kreiert hier eine einfallsreiche pfälzisch-japanische Fusionsküche, die Sie in Form eines feststehenden Menüs (auf Wunsch mit Weinbegleitung) genießen können. Eine Tischreservierung ist notwendig! In den hinteren Teil des Lokals ist die Weinhandlung „ROHSTOFF“ integriert. Hier werden neben großartigen Weinen auch kleine Snacks angeboten.

WACHENROTH 53 A www.wachenroth.de

Bayern | EW 2.000 | 285 m | Bamberg 26 km, Erlangen 40 km

Landgasthof Weichlein www.gasthofweichlein.de

Weingartsgreuth 20, PLZ 96193, **T 09548 349**
100 | Hauptgericht 13–28 €, Menü 30–45 € | Fr-So Mi-So ⦸ Mo, Di

Ein familiär geführter Gasthof mit ländlich-rustikalem Ambiente und schmackhafter fränkischer Küche. Auf der Karte stehen Gerichte wie „Confierter Bachsaibling mit knuspriger Tomatenbutter, Zucchinigemüse und Perlgraupenrisotto“. Im Sommer lockt der Biergarten im hübsch bepflanzten Innenhof. Es gibt auch zweckmäßig eingerichtete Hotelzimmer.

WACHTBERG 40 A www.wachtberg.de

Nordrhein-Westfalen | EW 19.827 | 222 m | Remagen 11 km, Bonn 17 km

Kräutergarten www.gasthaus-kraeutergarten.de

Töpferstraße 30, PLZ 53343 (OT: Adendorf), **T 02225 7578**
40 | Hauptgericht 36–42 €, Menü 55–59 € | So Mo, Fr-So ⦸ Di, Mi, Do

Familiengeführtes Restaurant mit mediterran-elegantem Flair. Hier genießen Sie eine einfallsreiche internationale Küche. Wie wäre es z.B. mit „Geschmorter Kaninchenkeule und rote Wildgarnele mit Knoblauch und Kräutern auf Aubergine in Joghurt-Minz-Sauce“? Im Sommer können Sie auch auf der Gartenterrasse speisen.

WACKERSBERG 68 A www.tourismus.wackersberg.de

Bayern | EW 3.489 | 735 m | Bad Tölz 5 km, Rosenheim 56 km

Benediktenhof
www.benediktenhof.de

VARTA-TIPP Service

★★★★ garni

Alpenbadstraße 16, PLZ 83646 (OT: Arzbach), **T 08042 91470,** F 914729
12 Zimmer | 4 Suiten | 1 Apartment | Ez 72–83 €, Dz 113–153 €, inkl. Frühstück | 24 h

Ein regelrechter Geheimtipp ist das aparte kleine Bio-Landhotel im malerischen Isarwinkel. Der familiäre Charme der Gastgeber wird Sie ebenso begeistern wie die romantischen Zimmer und Suiten. Luxus und Wellness in absoluter Privatsphäre bietet das 80 qm große Chalet. Morgens dürfen Sie sich auf ein tolles Frühstücksbuffet mit frischen Bio-Produkten freuen.

Tölzer Schießstätte
www.michaela-hager.de

Kiefersau 138, PLZ 83646, **T 08041 3545**
Hauptgericht 16–37 € | Di-Mi, Fr-So Di-Mi, Fr-Sa Mo, Do

Eine urig-gemütliche Adresse mit harmonisch angepasster Einrichtung und herzlicher Gastfreundschaft. Frisches regionales Speisenangebot. Lust auf „Medaillons vom Hirschrücken aus der Jachenau in Wacholderrahmsoße mit Preiselbeeren, Blaukraut und hausgemachten Spätzle“? Idyllische Sommerterrasse.

WADERN 49 A
www.wadern.de

Saarland | EW 16.000 | 275 m | Losheim am See 15 km, Merzig 28 km

Zum Dompropst **Neu!**
www.dompropst-wadern.de

Marktplatz 19, PLZ 66687, **T 06871 8762**
30 | Hauptgericht 19–35 €, Menü 28–35 € | Mo-Di, Do-Fr, So Mo-Di, Do-So Mi

ZUM DOMPROPST

Mit seiner saisonalen Regionalküche und dem freundlichen Service ist das Restaurant unbedingt einen Besuch wert. Gekocht wird frisch und geschmackvoll, ob „Gebratenes Wolfsbarschfilet | Safransauce | Lauch | Tomate | Nudeln“ oder „Perlhuhnbrust | Schinken | Salbei

| Kartoffel-Kräuter-Krapfen | Salat". Hübsch die gemütliche Einrichtung im französischen Bistrostil, einladend die Terrasse am Marktplatz.

WAGENFELD 22 A www.wagenfeld.de

Niedersachsen | EW 7.480 | 37 m | Vechta 34 km, Minden 41 km

Central Hotel Neu! www.centralhotel-wagenfeld.de

€ Gut & Günstig

Hauptstraße 68, PLZ 49419, **T 05444 2129858**
16 Zimmer | 4 Suiten | Ez 61–70 €, Dz 82–95 €, 9,15 €

Das traditionsreiche Hotel im Ortskern ist für Urlauber und Geschäftsreisende gleichermaßen interessant. Es bietet frisch renovierte und wohnlich eingerichtete Zimmer im Haupt- und Gästehaus. Das Spektrum reicht vom einfachen Standardzimmer bis zur Senior Suite. Frühstücken können Hausgäste im Café der Bäckerei Overmeyer.

WAGING A.SEE 69 A www.waging.de

Bayern | EW 6.509 | 465 m | Traunstein 12 km, Laufen 20 km

Landhaus Tanner Neu! www.landhaustanner.de

VARTA-TIPP Service

Aglassing 1, PLZ 83329, **T 08681 69750,** F 697549
22 Zimmer | 7 Suiten | Ez 94–140 €, Dz 162–182 €, inkl. Frühstück | ⃠ 23.–25.12.22

Am Ortsrand von Waging befindet sich dieser schmucke Landgasthof. Die Freundlichkeit und das Engagement der Gastgeberfamilie machen das Haus so beliebt, aber auch das wohnliche Ambiente. Perfekt zum Relaxen ist der im alpenländischen Stil gestaltete SPA-Bereich. Sie können sich aber auch in die gemütliche Lobby mit Kamin oder in den mediterranen Innenhof zurückziehen. Dazu hochwertig und modern eingerichteten Landhauszimmer in unterschiedlichen Kategorien und ein Spielzimmer für die kleinen Gäste.

Landhaus Tanner

VARTA-TIPP Küche

85 | Hauptgericht 14–39 €, Menü 43–78 € | Di-Sa Mo-Sa ⃠ So ⃠ 4.–8.1.23, 20.–26.2.23, 28.10.–5.11.23

„Rinderlende | Oliven-Vinaigrette | Bohnen-Allerlei | Artischocken", „Lachsforelle | Kapernjus | Paprika-Chutney | Spinatblattl | Rosmarinkartofferl"... Schmackhaft-regional isst man bei Patron Franz Tanner, der ein absoluter Slowfood-Verfechter ist. Im Sommer sollten Sie unbedingt auf der malerischen Sonnenterrasse essen! Tipp: Am Wochenende gibt es nachmittags hausgemachte Kuchen.

Eichenhof

www.hotel-eichenhof.de

★★★★ garni

Angerpoint 1, PLZ 83329, **T 08681 4030,** F 40325
48 Zimmer | 2 Suiten | 3 Apartments | Ez 75–100 €, Dz 130–155 €, inkl. Frühstück | 24 h

Gepflegtes Landhotel in reizvoller Lage direkt am Waginger See mit alpiner Kulisse. Naturholz und freundliche Farben prägen die großzügigen, modern ausgestatteten Zimmer. Ansprechendes Angebot an verschiedenen Massagen und Beauty-Anwendungen. Regionale Gerichte werden im Restaurant, im Wintergarten und auf der Sonnenterrasse serviert.

WAIBLINGEN 58 A

www.wtm-waiblingen.de

Baden-Württemberg | EW 52.890 | 230 m | Stuttgart 12 km, Backnang 20 km

Bachofer

www.bachofer.info

VARTA-TIPP Küche

Marktplatz 6, PLZ 71332, **T 07151 976430**
40 | Hauptgericht 29–46 €, Menü 99–159 € | Do Mi-Sa Mo, Di, So

Trendiges, puristisches Ambiente am Waiblinger Marktplatz. Asiatische Einflüsse ergänzen die aromenreichen Kreationen von Bernd Bachofer, der für seine handwerkliche Präzision und Experimentierfreude bekannt ist. An der Essbar kann man den Köchen bei der Arbeit zuschauen. Regelmäßig finden Events, Weinproben und Kochkurse statt. Sie möchten übernachten? In dem denkmalgeschützten Gebäude gibt es auch moderne Designzimmer.

Brunnenstuben

www.brunnenstuben.de

Quellenstr. 14, PLZ 71334 (OT: Beinstein), **T 07151 9441227**
60 | Menü 54–81 € | So Mi-So Mo, Di

Lassen Sie sich vom Äußeren des Gebäudes nicht abschrecken! Im Innern erwarten Sie gepflegte Gasträume mit bürgerlich-rustikalem Charakter. Hier offeriert man Ihnen eine wohlschmeckende schwäbische Küche mit internationalen Einflüssen. Die begrünte Terrasse sorgt für sommerliches Feeling.

WALDBREITBACH 40 A

www.touristikverband-wiedtal.de

Rheinland-Pfalz | EW 1.859 | 140 m | Bad Hönningen 11 km, Neuwied 22 km

Zur Post

www.hotelzurpost.de

★★★ S garni

Neuwieder Straße 44, PLZ 56588, **T 02638 9260**
44 Zimmer | 6 Suiten | Ez 62–84 €, Dz 100–118 €, inkl. Frühstück

Traditionsreicher, über die Jahre gewachsener Gasthof mit geschmackvoll und wohnlich eingerichteten Zimmern. Kleine, einem Schiffsdeck nachempfundene Saunalandschaft. Ländliche Gasträume mit Freiterrasse und saisonaler Frischeküche.

WALDBRONN 57 A www.waldbronn-tourismus.de

Baden-Württemberg | EW 12.649 | 261 m | Karlsruhe 16 km, Pforzheim 23 km

Schwitzer's am Park schwitzers.com

VARTA-TIPP Service

★★★★ S garni

Etzenroter Str. 4, PLZ 76337 (OT: Reichenbach), **T 07243 354850,** F 3548585
20 Zimmer | 2 Suiten | Ez 130–340 €, Dz 165–395 €

Ruhige Lage am Rande des Kurparks, wohnliches Ambiente, exzellenter Service, hervorragendes Frühstück... Ideal für erholsame Ferien oder ein kulinarisches Wochenende zu zweit! Wie wär's z.B. mit der exklusiven Parksuite mit getrenntem Wohn- und Schlafbereich? Das Interieur der geschmackvoll eingerichteten Gästezimmer ist geprägt durch einen Stilmix aus Art déco, Chesterfield und modern-schlichter Eleganz. Sehr ansprechend auch der Wohlfühlbereich mit Sauna, Dampfbad und Fitness.

Cédric Schwitzer's Sternerestaurant

VARTA-TIPP Küche **VARTA-TIPP** Service

50 | Hauptgericht 39–44 €, Menü 99–189 € | Di-Sa Mo, So

Cédric Schwitzer ist ein Synonym für Engagement und Herzblut, und das steckt nicht nur in der Gestaltung des wertig und elegant eingerichteten Fine-Dining-Restaurants; vor allem am Herd ist er mit Hingabe bei der Sache. Der gebürtige Franzose achtet sehr auf Qualität und Bezug zur Saison und stellt dabei stets das Produkt in den Vordergrund seiner modernen klassischen Küche. Die gesamte Genussvielfalt spiegelt sich in einem innovativen Feinschmeckermenü wider. Vom Service werden Sie sympathisch umsorgt, und auch die Weinberatung ist stimmig.

Schwitzer's Brasserie & Lounge

Etzenroter Str. 2, PLZ 76337
60 | Hauptgericht 11–49 €, Menü 35–52 € | Mo-So

Eine schöne Alternative zum Gourmetrestaurant: Die moderne Brasserie nebst Kaminlounge und Terrasse befindet sich im Nachbargebäude des Hotels. „Tatar vom Nordschwarzwälder Weiderind", „Gegrillte Dorade mit Safranrisotto und Zucchinigemüse" oder „Safranrisotto mit gegrilltem wilden Brokkoli und Ofentomaten" - was hier gekocht wird, ist schmackhaft und alles andere als langweilig. Tipp: wechselndes Azubimenü in 3 Gängen.

WALDECK 31 C www.waldeck.de

Hessen | EW 7.233 | 404 m | Bad Wildungen 16 km, Korbach 26 km

Schloss Waldeck www.schloss-hotel-waldeck.de

★★★★ S garni

Schloss Waldeck 1, PLZ 34513, **T 05623 5890,** F 589289
42 Zimmer | 2 Suiten | Ez 110–183 €, Dz 168–218 €, inkl. Frühstück | 24 h

Im 11. Jhd. erbaute ehem. Ritterburg mit herrlichem Ausblick auf den Edersee. Geschmackvoll renovierte Gästezimmer, die mit warmen Farben und natürlichen Materialien ausgestattet sind. Gehobene Küche im Restaurant „Alte Turmuhr". Räumlichkeiten wie das stilvolle Kaminzimmer oder der Rittersaal eignen sich bestens für Veranstaltungen.

Roggenland www.roggenland.de

★★★★ S garni

Schlossstr. 11-13, PLZ 34513, **T 05623 9988,** F 6008
58 Zimmer | 1 Suite | Ez 98–130 €, Dz 140–174 €, inkl. Frühstück | 9.–27.12.22

Gepflegtes Haus für Urlaub, Wellness und Tagung. Wohnliche Zimmer verschiedener Kategorien. Ansprechender Wellnessbereich mit Hallenbad, Saunalandschaft und Sonnenterrasse. Restaurant mit internationaler und regionaler Küche.

WALDENBUCH 58 A www.waldenbuch.de

Baden-Württemberg | EW 8.476 | 362 m | Schönaich 8 km, Nürtingen 18 km

Landgasthof Rössle www.landgasthofroessle.de

★★★ S garni

Auf dem Graben 5, PLZ 71111, **T 07157 7380,** F 20326
32 Zimmer | Ez ab 82 €, Dz ab 115 €, inkl. Frühstück

Diesen traditionsreichen Familienbetrieb gibt es schon seit 1843. Das Haus verfügt über gepflegte Gästezimmer und einen zeitgemäßen Tagungsbereich. In den gemütlichen Restaurantstuben werden regionale und internationale Spezialitäten aufgetischt.

Gasthof Krone
www.krone-waldenbuch.de

Nürtinger Straße 14, PLZ 71111, **T 07157 408849**
40 | Hauptgericht 26–38 €, Menü 66–108 € | Fr, So Mi-So Mo, Di

Ein denkmalgeschützter Gasthof am Fuße des Schlossberges mit ländlich-elegantem Charme. Serviert wird feine internationale Küche, bei der sowohl Frische und Qualität als auch saisonale Produkte eine übergeordnete Rolle spielen. Jeden Freitag wird ein ausgesuchtes Mittagsmenü serviert. Schöne Terrasse.

WALDENBURG 52 C
www.waldenburg-hohenlohe.de

Baden-Württemberg | EW 3.100 | 505 m | Öhringen 15 km, Schwäbisch Hall 20 km

Panoramahotel Waldenburg
www.panoramahotel-waldenburg.de

★★★★

Hauptstraße 86, PLZ 74638, **T 07942 91000,** F 9100888
120 Zimmer | Ez ab 105 €, Dz ab 135 €, inkl. Frühstück | 24 h

Der 2018 eröffnete Hotelneubau befindet sich hoch oben auf dem „Balkon Hohenlohes" mit bestechender Aussicht auf das umliegende Land. Ferien- und Businessgäste fühlen sich wohl in den schönen Zimmern, in der gemütlichen Bar und im kleinen Wellnessbereich mit zwei Saunen. Im Restaurant und auf den beiden Panoramaterrassen wird frische regionale Küche serviert.

Villa Blum
www.villa-blum.de

VARTA-TIPP Service

garni

Haller Str. 12, PLZ 74638, **T 07942 94370,** F 943727
11 Zimmer | Ez ab 93 €, Dz ab 135 €, 9,00–15,00 € | 24 h

Das kleine, sehr persönlich geführte Hotel vereint hist. Bauweise mit zeitgemäßem Komfort. Die ehemals fürstliche Stadtvilla mit ihrem authentischen Altbaucharme empfängt Sie mit wohnlichen, individuell gestalteten Gästezimmern. WLAN, die Getränke aus der Minibar und die Nutzung der hauseigenen Sauna sind für Hausgäste kostenfrei. Das sehr gute Frühstück am Morgen sollten Sie nicht verpassen! Wäsche-, Büro- oder Einkaufsservice auf Anfrage.

WALDKIRCH 56 D
www.stadt-waldkirch.de

Baden-Württemberg | EW 21.141 | 274 m | Emmendingen 12 km, Freiburg 15 km

Löwen
www.loewen-buchholz.com

Schwarzwaldstraße 34, PLZ 79183 (OT: Buchholz), **T 07681 9868,** F 25253
42 Zimmer | 8 Suiten | Ez 77–89 €, Dz 108–120 €, inkl. Frühstück

Bei Familie Dages können Sie ruhig und komfortabel übernachten. Es erwarten Sie helle und freundlich gestaltete Hotelzimmer. Einige verfügen über einen Balkon oder eine Terrasse. Kleiner Sauna- und Fitnessbereich. Im gemütlichen Restaurant wird badische Küche aufgetischt.

Zum Storchen
www.zum-storchen-waldkirch.de

Lange Straße 24, PLZ 79183, **T 07681 4749590,** F 4749599
28 Zimmer | 2 Suiten | Ez 82–89 €, Dz 105–125 €, inkl. Frühstück

»

Sie haben es gerne persönlich und familiär? Dann werden Sie sich hier wohlfühlen! Die Zimmer sind zeitgemäß und tipptopp gepflegt, und morgens wartet ein leckeres Frühstück auf Sie. Kostenfreie Extras für Hausgäste: LAN/WLAN, Sauna und ein kleiner Fitnessbereich.

Zum Storchen

60 | Hauptgericht 23–33 €, Menü 38–65 € | Mo-Sa ⦸ So

Frische Gerichte, freundlicher Service und ansprechendes Ambiente - da mischt man sich doch gerne unter die Gäste und lässt sich von der regional und saisonal geprägten Speisekarte Appetit machen. Wie wäre es denn z.B. mit „Auf der Haut gebratenem Zanderfilet mit Bärlauch-Graupenrisotto und buntem Mangold"? Gutes Weinangebot.

WALDKIRCHEN 62 B www.waldkirchen.de

Bayern | EW 10.244 | 573 m | Passau 28 km, Grafenau 30 km

Johanns www.restaurant-johanns.de

VARTA-TIPP Küche

Marktplatz 24, PLZ 94065, **T 08581 2082000**
60 | Hauptgericht 18–40 €, Menü 75–95 € | Mo-Sa ⦸ So

Erst shoppen, dann gut essen? Kein Problem: das Modehaus Garhammer bietet im obersten Stockwerk ein exklusives Gourmetrestaurant. Die Küche von Michael Simon Reis ist ein Garant für ausgezeichnete regionale Produkte sowie aromenreiche, kreative Speisen, z.B. „Auf der Haut gebratene Wachtelbrust mit Ofensellerie, gekochtem Topfen, Mispeln und Trüffelsaft". Dazu kredenzt der geschulte und freundliche Service erlesene Weine aus nah und fern.

WALDSEE, BAD 66 A www.bad-waldsee.de

Baden-Württemberg | EW 20.000 | 600 m | Ravensburg 20 km, Biberach 23 km

Waldsee Golf-Resort www.waldsee-golf.de

★★★★

Hopfenweiler 9, PLZ 88339 (OT: Hopfenweiler), **T 07524 40170,** F 4017100
40 Zimmer | Ez 94–119 €, Dz 159–184 €, inkl. Frühstück | 24 h

Eingebettet in eine Golfanlage erwartet Sie dieses anspruchsvolle Domizil. Das Hotel verfügt über komfortable Zimmer, einen ansprechenden Vitalbereich mit Sauna, Whirlpool und Fitnessraum sowie ein Restaurant mit gemütlichem Kamin und Terrasse.

Adler www.hotel-gasthaus-adler.de

★★★

Bundesstraße 15, PLZ 88339 (OT: Gaisbeuren), **T 07524 9980,** F 998152
31 Zimmer | 1 Suite | Ez 82–108 €, Dz 110–128 €, inkl. Frühstück

Familiär geführter Gasthof von 1481 mit neuerem Hotelanbau. Wohnliche Gästezimmer, die mit Kirschbaummöbeln ausgestattet sind. In den gemütlichen Gaststuben wird eine schmackhafte regionale und deutsche Küche serviert - u.a. Wildspezialitäten aus eigener Jagd.

Gästehaus Rössle www.gaestehaus-roessle.com

€ Gut & Günstig garni

Wurzacher Straße 30, PLZ 88339, **T 07524 40100,** F 401040
12 Zimmer | Ez ab 59 €, Dz ab 99 €, inkl. Frühstück

Familiär geführtes Gästehaus im Zentrum der Altstadt. Gepflegte, moderne Zimmer mit kostenfreiem WLAN. Gutes Frühstück.

Gasthof Kreuz www.kreuz-gasthof.de

Gut-Betha-Platz 1, PLZ 88339, **T 07524 3927**
70 | Hauptgericht 13–28 €, Menü 25–39 € | Mi-So Mi-Sa Mo, Di

In einer der ältesten Wirtschaften von Bad Waldsee serviert man eine feine regionale Küche zu fairen Preisen. Aber auch mediterran inspirierte Gerichte stehen auf der Speisekarte. Einmal im Monat wird ein sogenanntes Amuse-Gueule-Menü (15 Gänge inkl. Wasser und Wein) angeboten. Sechs renovierte, gemütliche Gästezimmer.

WALDSHUT-TIENGEN 64 B www.waldshut-tiengen.de

Baden-Württemberg | EW 22.876 | 341 m | Schaffhausen (Schweiz) 30 km, Lörrach 60 km

Bercher www.bercher.de

★★★★ garni

Peter-Thumb-Str. 11, PLZ 79761 (OT: Tiengen), **T 07741 47470,** F 4747100
38 Zimmer | 1 Suite | Ez 89–120 €, Dz 158–210 €, inkl. Frühstück

Zentral gelegenes, seit 1911 von der Familie geführtes Haus mit komfortabel im Landhausstil eingerichteten Zimmern. Hübsche Saunalandschaft mit fünf Saunen. Bürgerliches Restaurant mit traditioneller und internationaler Küche.

Landgasthof Hirschen www.hirschen-breitenfeld.de

★★★ garni

Breitenfeld 13, PLZ 79761 (OT: Breitenfeld), **T 07741 68250,** F 682568
27 Zimmer | 1 Suite | Ez 52–73 €, Dz 109–116 €, inkl. Frühstück

Ein gepflegtes Haus mit komfortablen, recht geräumigen Zimmern im Gästehaus Cäcilia. Die Gästezimmer im Stammhaus sind etwas einfacher. Kleiner Wellnessbereich mit Sauna, Dampfbad und Fitnessraum. Heimeliges Restaurant mit saisonaler und regionaler Küche.

WALDSTETTEN 58 B www.waldstetten.de

Baden-Württemberg | EW 7.113 | 387 m | Schwäbisch Gmünd 6 km, Göppingen 21 km

Hölzle www.hoelzle.de

€ Gut & Günstig ★★★ garni

Waldstetter Straße 19, PLZ 73550 (OT: Weilerstoffel), **T 07171 40050,** F 400531
17 Zimmer | Ez ab 69 €, Dz ab 89 €, inkl. Frühstück »

WALLDORF

Familiär geführter Gasthof am Fuße der Schwäbischen Alb mit 100-jähriger Tradition. Die einfachen, aber gepflegten Zimmer verfügen teils über einen Balkon. Gemütliches Restaurant mit schwäbischer Küche. Im angeschlossenen „Mehlstüble" kann man Mehle, backfrisches Brot, Öle, Honig und vieles mehr erwerben.

Sonnenhof www.sonnenhof.de

Lauchgasse 19, PLZ 73550, **T 07171 947770**
50 | Hauptgericht 14–29 €, Menü 26–59 € | So Mi-So Mo, Di

Ein sympathisch geführtes Restaurant der Wirtsleute Helmut und Rita Hilse. Serviert werden traditionelle schwäbische Spezialitäten und heimische Weine. Ausgesprochen nett sitzt man im lauschigen Biergarten.

WALLDORF 51 C www.walldorf.de

Baden-Württemberg | EW 14.685 | 108 m | Wiesloch 4 km, Heidelberg 15 km

Vorfelder www.hotel-vorfelder.de

★★★★ S garni

Bahnhofstraße 28, PLZ 69190, **T 06227 6990,** F 30541
65 Zimmer | 3 Suiten | Ez ab 75 €, Dz ab 105 €, inkl. Frühstück | 24 h

Das familiär geführte Hotel punktet nicht nur durch seine verkehrsgünstige Lage, sondern auch durch seine zeitgemäß und geradlinig ausgestatteten Gästezimmer. Im modernen Kaminrestaurant nebst Lounge wird frisch und kreativ gekocht.

WALLERFANGEN 49 C www.wallerfangen.de

Saarland | EW 9.435 | 270 m | Saarlouis 3 km, Saarwellingen 13 km

Landwerk www.land-werk.de

VARTA-TIPP Küche

Estherstraße 1, PLZ 66798, **T 06831 62622**
45 | Hauptgericht 29–38 €, Menü 79–140 € | Do-Fr, So Mi-Sa Mo, Di

Küchenchef Marc Pink und sein Team kombinieren gekonnt, stimmig und mit Sinn fürs Detail modern-kreative Elemente, erlesene Grundprodukte sowie internationale Einflüsse. Auch ein vegetarisches Menü steht auf der Karte. Das Ambiente stylish und puristisch, der Service freundlich und geschult. Kleine Snacks und Drinks werden in der angeschlossenen „LandWerk-Lounge" angeboten. Über dem Gastraum hat man modern und komfortabel ausgestattete Gästezimmer.

WALLGAU 67 B www.alpenwelt-karwendel.de

Bayern | EW 1.440 | 866 m | Mittenwald 10 km, Farchant 12 km

Parkhotel www.parkhotel-wallgau.de

★★★★ S garni

Barmseestraße 1, PLZ 82499, **T 08825 290,** F 366
45 Zimmer | 15 Suiten | Ez 135–165 €, Dz 200–290 €, inkl. Halbpension | 24 h 5.11.–16.12.22

Ein Refugium zum Wohlfühlen! Dieses freundlich geführte Hotel liegt im Ortszentrum und begeistert mit alpenländischer Gastfreundschaft. Warme Holztöne sowie traditionelle Möbel und Stöffe prägen die Einrichtung der gemütlichen Zimmer. Ländlich-elegantes Restaurant. SPA-Bereich mit Schwimmbad und Saunalandschaft.

WALLUF 41 C — www.walluf.de

Hessen | EW 5.464 | 102 m | Eltville 3 km, Wiesbaden 9 km

Zur Schlupp — www.gasthauszurschlupp.de

Hauptstr. 25, PLZ 65396 (OT: Niederwalluf), **T 06123 72638**
20 | Hauptgericht 18–32 €, Menü 49–65 € | Mo, Fr-So ⃠ Di, Mi, Do ⃠ 27.12.22–5.1.23

Ausgesprochen angenehm sitzt man in den heimeligen, teils holzgetäfelten Stuben. Aus der Küche kommen frische, saisonal geprägte Gerichte. Liebenswerter Service.

WALSRODE 23 A — www.walsrode.de

Niedersachsen | EW 23.353 | 49 m | Soltau 25 km, Verden 30 km

Forellenhof — www.forellenhof.de

★★★★

Hünzingen 3, PLZ 29664 (OT: Hünzingen), **T 05161 9700,** F 970123
63 Zimmer | 4 Suiten

Traditioneller Familienbetrieb in ruhiger Lage mit behaglich und zeitgemäß eingerichteten Zimmern, die sich auf das Haupthaus und verschiedene Gästehäuser verteilen. Auch Ferienwohnungen sind vorhanden. Gemütliches Restaurant mit regionaler Küche und großer Außenterrasse.

WALTROP 29 B — www.waltrop.de

Nordrhein-Westfalen | EW 29.837 | 70 m | Lünen 12 km, Dortmund 13 km

Gasthaus Stromberg — www.gasthaus-stromberg.de

Dortmunder Straße 5, PLZ 45731, **T 02309 4228**
80 | Hauptgericht 15–36 €, Menü 39–65 € | Sa Di-Sa ⃠ Mo, So

Ein hübsches Fachwerkhaus mit moderner Inneneinrichtung. Geboten werden gekonnt zubereitete heimische und internationale Gerichte, die von einer freundlichen Crew zu Tisch gebracht werden. Harmonisches Preis-Leistungs-Verhältnis.

WANGELS 8 D — www.ostseeurlaub-in-wangels.info

Schleswig-Holstein | EW 2.172 | 56 m | Kiel 53 km, Neumünster 70 km

Weissenhaus — www.weissenhaus.de

VARTA-TIPP Service

Parkallee 1, PLZ 23758 (OT: Weissenhaus), **T 04382 92620,** F 92621704
60 Zimmer | 14 Suiten | 14 Apartments | Ez 390–675 €, Dz 430–715 €, inkl. Frühstück | 24 h ⃠ 27.11.–22.12.22

»

Das exklusive Strandresort mit weitläufigem Landschaftspark und 3 Kilometer langem Naturstrand an der Ostsee gehört zu Deutschlands luxuriösesten Destinationen. Hier logieren Sie in edel ausgestatteten Zimmern und Suiten in unterschiedlichen Kategorien, die sich auf mehrere Dependancen sowie historische Gebäude verteilen. Für Entspannung und Wohlbefinden sorgt ein großzügiger SPA-Bereich. Das Service- und Dienstleistungsniveau ist in allen Bereichen des Hauses vorbildlich.

Courtier

VARTA★TIPP Küche **VARTA-TIPP** Service

24 | Hauptgericht 69–89 €, Menü 219–239 € | Di-Sa ⊘ Mo, So ⊘ 27.11.–22.12.22

Höchste Genusskultur an der Ostsee! Christian Scharrer steht für eine raffinierte Produktküche mit regionalem Bezug - handwerklich perfekt zubereitet und immer wieder spannend präsentiert. Dazu ein kompetenter Service unter der Leitung der charmanten Gastgeberin Nathalie Scharrer. Niveauvoll ist auch das Ambiente mit funkelnden Kronleuchtern, wertvollen Gemälden und aufwendigem Stuck. Tischreservierung erforderlich! Malerische Schlossterrasse.

Bootshaus

70 | Hauptgericht 29–49 € | Mo-So ⊘ 27.11.–22.12.22

Direkt am Meer liegt das moderne Restaurant mit seiner großen Fensterfront. Hier bekommt man in entspannter Atmosphäre regionale und internationale Speisen aufgetischt, die mit frischen Produkten und saisonalem Einfluss zubereitet werden. Eine 400 qm große Lounge mit Sitzkissen, Strandkörben und Feuerstellen lädt besonders in den Sommermonaten zum Verweilen ein.

WANGEN IM ALLGÄU 66 A www.wangen-tourismus.de

Baden-Württemberg | EW 27.000 | 556 m | Lindau 19 km, Kempten 43 km

4K-Hotel Neu! www.4k-hotel.de

★★★★★S garni

Schillerstr. 13, PLZ 88239, **T 07522 9778000**
76 Zimmer

2022 ist auf dem Gelände des ehemaligen Gasthofs Baumgarten ein modernes Lifestyle-Hotel entstanden. Es bietet wohnliche Zimmer und Suiten in insgesamt vier Kategorien. Sie zeichnen sich durch hochwertige Materialien und zeitgemäße Technik aus. Zusätzlich stehen im obersten Stockwerk großzügige Longstay-Apartments für Geschäftsreisende oder länger verweilende Urlauber zur Verfügung. Auch ein Restaurant, Tagungsräume und eine spektakuläre Dachterrasse gehören zum Hotel.

Allgovia Hotel www.hotel-allgovia.de

★★★★★S garni

Scherrichmühlweg 15, PLZ 88239, **T 07522 9168890,** F 91688989
21 Zimmer | 1 Suite | Ez ab 79 €, Dz ab 119 €, inkl. Frühstück

Freundliches Hotel mit zeitgemäßen Gästezimmern und gemütlicher Hotelbar. Morgens wird im modernen Salon ein gutes Frühstück mit regionalen Produkten serviert. Zum Haus gehören auch ein Saunabereich und ein großzügiger Garten.

Alte Kanzlei
www.alte-kanzlei-wangen.de

Spitalstraße 15, PLZ 88239, **T 07522 7090810**
Hauptgericht 16–26 € | Do-So | Mo, Di, Mi

In legerer Weinbaratmosphäre wird frische regionale Küche serviert. Auf der Karte liest man Interessantes wie „Zander aus Wildfang | Kürbisflan | Spinat & Petersilie | Wermut". Der Service ist freundlich und aufmerksam. Fair kalkulierte Weinauswahl.

Landgasthaus Adler
www.adler-deuchelried.de

VARTA-TIPP Küche VARTA-TIPP Service

Obere Dorfstraße 4, PLZ 88239 (OT: Deuchelried), **T 07522 707477**
45 | Hauptgericht 20–28 €, Menü 39–58 € | Sa-So Do-So Mo, Di, Mi

Charmant kommt dieses Allgäuer Landgasthaus daher mit seinen einladenden Gaststuben und der familiär-herzlichen Atmosphäre. Serviert werden schmackhafte regionale Gerichte mit mediterranen Einflüssen. Der Patron kocht authentisch, ohne Chichi und mit frischen, heimischen Produkten. Ebenso geschätzt: der umsichtige und herzliche Service unter der Leitung von Anne Kathrin Zöller. Hübsche Terrasse.

WANGERLAND 13 A
www.wangerland.de

Niedersachsen | EW 10.020 | 2 m | Nordseebad Wangerooge 17 km, Jever 20 km

Altes Zollhaus
www.zollhaus.de

★★★★ garni

Zum Hafen 1, PLZ 26434 (OT: Horumersiel), **T 04426 99090,** F 990966
42 Zimmer | 2 Suiten | 24 h

Familiengeführtes Haus in zentraler Lage. Freundliche, zeitgemäße Zimmer, zum Teil mit Balkon oder Terrasse. Kleiner, aber feiner Saunabereich mit finnischer Sauna und Bio-Sauna. Restaurant mit internationaler Küche. Hauseigene Konditorei.

Leuchtfeuer
www.leuchtfeuer-horumersiel.de

★★★★ garni

Pommernweg 1, PLZ 26434 (OT: Horumersiel), **T 04426 99030,** F 9903110
34 Zimmer | 3 Suiten | 6 Apartments | Ez 92–102 €, Dz 136–160 €, inkl. Frühstück

Familiär geführtes Ferienhotel mit freundlicher Atmosphäre. Modern und komfortabel mit natürlich verarbeitetem Holz eingerichtete Zimmer und Suiten. Kleiner Wellnessbereich mit Sauna, Dampfbad und Terrasse. Im Restaurant werden frisch zubereitete Fischspezialitäten und regionale Klassiker serviert.

WANGEROOGE (INSEL) 13 A
www.wangerooge.de

Niedersachsen | EW 1.294 | 3 m | Wittmund 30 km, Wilhelmshaven 53 km

Strandhotel Gerken
www.strandhotel-wangerooge.de

garni

Obere Strandpromenade 21, PLZ 26486, **T 04469 8760,** F 876511
81 Zimmer | 12 Suiten | Ez ab 104 €, Dz ab 168 €, inkl. Frühstück

»

Zeitgemäßer Stil, tolle Sicht, top Lage direkt am feinen Sandstrand. Das Ferienhotel bietet liebevoll gestaltete Gästezimmer - die meisten mit direktem Meerblick. Großzügiger SPA-Bereich mit Pool, Saunen und exklusiven Wellnessanwendungen. Bei Redaktionsschluss für diese Buchausgabe begannen bei laufendem Betrieb umfassende Renovierungsarbeiten, die 2024 planmäßig abgeschlossen sein sollen.

Atlantic www.atlantic-wangerooge.de

★★★ garni

Peterstraße 13, PLZ 26486, **T 04469 1801,** F 1464
16 Zimmer | Ez 100–120 €, Dz 132–180 €, inkl. Frühstück

Das sehr persönlich geführte Haus bietet gemütlich eingerichtete Zimmer, wahlweise mit Meer- oder Gartenblick. Bis zum Strand sind es nur wenige Schritte. Das reichhaltige Frühstück kann auch im Garten eingenommen werden.

WARBURG 31 D www.warburg-touristik.de

Nordrhein-Westfalen | EW 23.611 | 210 m | Kassel 33 km, Paderborn 42 km

Hotel Zeitgeist Neu! www.hotel-zeitgeist.de

€ Gut & Günstig

Paderborner Tor 115, PLZ 34414, **T 05641 79600**
57 Zimmer | Ez ab 74 €, Dz ab 90 €, 10,00 €

Der Name ist Programm! Modern, wohnlich und technisch auf dem neusten Stand präsentiert sich dieses freundlich geführte Stadthotel. Es bietet funktionell und zeitgemäß ausgestattete Gästezimmer (teils mit Balkon) zu moderaten Preisen. Im hauseigenen Restaurant gibt es nachmittags Kuchen und Waffeln und abends eine kleine Auswahl an à la carte Gerichten.

WARDENBURG 13 D www.wardenburg.de

Niedersachsen | EW 16.003 | 9 m | Oldenburg 11 km, Bremen 55 km

Wardenburger Hof www.wardenburger-hof.de

★★★ S

Oldenburger Straße 255, PLZ 26203, **T 04407 92100,** F 20710
48 Zimmer | 6 Apartments | Ez 70–100 €, Dz 105–125 €, inkl. Frühstück

Moderner Landgasthof mit friesischer Gastlichkeit und nostalgischem Charme. Rustikale, mit Eiche-Massivholzmöbeln ausgestattete Zimmer. Im Restaurant wird eine saisonale Küche serviert.

WAREN (MÜRITZ) 18 A www.waren-tourismus.de

Mecklenburg-Vorpommern | EW 21.164 | 70 m | Neustrelitz 45 km, Rostock 68 km

Am Yachthafen www.am-yachthafen.de

Strandstraße 2, PLZ 17192, **T 03991 67250,** F 672525
16 Zimmer | 4 Suiten | Ez 70–89 €, Dz 89–149 €, 9,50 €

Stadthotel in einem ehemaligen Hafenspeicher mit Blick auf den Jachthafen und die Müritz in unmittelbarer Nähe der hist. Altstadt. Stilvoll mit hellem oder dunklem Holz eingerichtete Gästezimmer. Im Café werden hausgebackene Kuchen serviert.

Kleines Meer www.kleinesmeer.com

★★★★

Alter Markt 7, PLZ 17192, **T 03991 6480,** F 648222
28 Zimmer | 2 Suiten | Ez ab 89 €, Dz ab 119 €, inkl. Frühstück | ⃠ 22.–27.12.22

Das zentral gelegene Hotel bietet freundliche Zimmer im skandinavischen Design - wahlweise mit tollem Blick auf die Müritz oder den Alten Markt von Waren. Kleiner Entspannungsbereich mit Sauna, Sanarium und Ruhezone.

Kleines Meer www.restaurant-kleinesmeer.de

45 | Menü 39–79 € | Di-Sa ⃠ Mo, So

Fisch aus der Müritz, Wild aus umliegenden Wäldern und saisonale Spezialitäten - die frische regionale Küche kommt an, ebenso das originelle Ambiente (Giebelraum mit hohem Gebälk und Oberlicht) und der aufmerksame Service.

Villa Margarete www.villa-margarete.de

★★★★

Fontanestraße 11, PLZ 17192, **T 03991 6250,** F 625100
29 Zimmer | 1 Suite | Ez 95–120 €, Dz 135–209 €, inkl. Frühstück | 24 h

Ruhig gelegenes Hotel in einer Villa aus dem 19. Jhd. Geschmackvoll eingerichtete Zimmer mit moderner Ausstattung. Behaglicher Wellnessbereich „SilvaSPA" mit Sole-Dampfbad und Saunagarten. Im Restaurant mit Blick auf den Müritz-Nationalpark wird regional-kreativ gekocht.

Hotel Waren Neu! www.hotel-waren.com

garni

Große Grüne Straße 11, PLZ 17192, **T 03991 633717**
12 Zimmer

Mitten im historischen Altstadtkern und nur etwa 400 Meter vom Ufer des Müritzsees entfernt liegt dieses charmante Boutique-Hotel. Das denkmalgeschützte Fachwerkhaus von 1698 beherbergt zeitgemäß ausgestattete Zimmer und Studios, die man liebevoll renoviert hat. Morgens wird ein gutes Frühstück angeboten.

WARENDORF 30 B www.warendorf.de

Nordrhein-Westfalen | EW 37.829 | 63 m | Münster 26 km, Osnabrück 41 km

Im Engel www.hotel-im-engel.de

★★★★

Brünebrede 33-37, PLZ 48231, **T 02581 93020,** F 62726
39 Zimmer | 4 Suiten | Ez 79–99 €, Dz 110–175 €, inkl. Frühstück

»

Das traditionsreiche Haus ist seit 1692 im Familienbesitz. Im Laufe der Jahre hat man das Hotel stets erweitert und modernisiert. Die Zimmer sind geschmackvoll mit Kirschbaummöbeln und italienischen Stoffen eingerichtet. Zum Entspannen steht ein Saunabereich mit Whirlpool zur Verfügung.

Im Engel

65 | Hauptgericht 17–34 €, Menü 20–65 € | Mo-Sa

Das Restaurant mit seinen unterschiedlich eingerichteten Räumlichkeiten bietet deutsche, westfälische und mediterrane Küche. Im Sommer lockt im Innenhof die großzügige Terrasse mit südländischem Ambiente. Eine Alternative ist das ganztägig geöffnete „Engelchen" - ein Mix aus Café, Bistro und Vinothek.

WARTENBERG-ROHRBACH 50 A www.wartenberg-rohrbach.de

Rheinland-Pfalz | EW 461 | 266 m | Otterberg 7 km, Kaiserslautern 17 km

Mühle am Schlossberg www.muehle-schlossberg.de

★★★ S garni

Schlossberg 16, PLZ 67681 (OT: Wartenberg), **T 06302 92340,** F 923434
16 Zimmer | 1 Suite | Ez 75–117 €, Dz 95–200 €, inkl. Frühstück

Ein Haus mit absoluter Willkommensatmosphäre! Der hist. Dreiseithof aus dem 16. Jdh. zeigt sich in einer gelungenen Verbindung von alter Bausubstanz und moderner Architektur. Hier wohnt man in modernen Hotelzimmern, die von namhaften Künstlern aus der Region eingerichtet wurden.

Mühlenrestaurant

VARTA-TIPP Küche

34 | Hauptgericht 23–40 €, Menü 37–55 € | Mi-So Mo, Di

Im historischen Kreuzgewölbe des ehem. Kuhstalls verwöhnt Sie die Crew in der Küche mit kreativen, überwiegend regional beeinflussten Speisen, die sich am saisonalen Marktangebot orientieren. Auch frische Kräuter aus dem hauseigenen Mühlengarten finden Verwendung. Probieren Sie „Rosa gebratene Entenbrust mit Holunder, Rosmarinpolenta und Gemüse"! Wunderschön sitzt man während der warmen Jahreszeit auf der lauschigen Hofterrasse.

WARTMANNSROTH 42 D www.wartmannsroth.de

Bayern | EW 2.246 | 340 m | Bad Brückenau 18 km, Gemünden 19 km

Neumühle Resort & Spa www.neumuehle-resort.de

VARTA-TIPP Ambiente **VARTA-TIPP** Service

Neumühle 54 (zwischen Diebach und Morlesau), PLZ 97797, **T 09732 8030,** F 80379
30 Zimmer | Ez 100–200 €, Dz 200–300 €, inkl. Halbpension | 24 h

Das ehem. Mühlenanwesen von 1520 - idyllisch am Ufer der fränkischen Saale gelegen - hat sich zu einem anspruchsvollen Hotelresort entwickelt. Hier sorgt sich ein äußerst engagiertes Team um das Wohl der Gäste. Die Zimmer und Suiten sind geschmackvoll und individuell eingerichtet. Edle Materialien, klare Linien und viel Licht prägen den modernen SPA- und Wellnessbereich mit Indoorpool und Sauna. Im gemütlichen À-la-carte-Restaurant „Stube" zieren zahlreiche Gemälde die holzgetäfelten Wände. Hier wird anspruchsvolle fränkische Küche serviert.

WASSERBURG (BODENSEE) 66 A www.wasserburg-bodensee.de

Bayern | EW 3.500 | 406 m | Lindau 6 km, Tettnang 9 km

Caraleon www.caraleon.de

Halbinselstraße 70, PLZ 88142, **T 08382 9800**
18 Zimmer | 14 Suiten | Ez 130–230 €, Dz 170–270 €, inkl. Frühstück

Das Hotel liegt direkt an der Wasserburger Bucht mit einem exklusiven Zugang zum hauseigenen Strandbad. Hier erwarten Sie individuell und mit Stil eingerichtete Zimmer, die sich auf vier verschiedene Gebäude verteilen. Im Restaurant wird eine zeitgemäß und saisonal geprägte Küche serviert. Die Atmosphäre ist privat, man wird persönlich betreut und morgens gibt es ein sehr gutes Frühstück.

Lipprandt www.hotel-lipprandt.de

Halbinselstraße 63, PLZ 88142, **T 08382 98760,** F 887245
44 Zimmer | 6 Suiten | 10 Apartments | Ez 99–129 €, Dz 154–284 €, inkl. Frühstück

Familiengeführtes Wellness- und Ferienhotel direkt am Bodensee mit eigenem Badestrand. Helle, in warmen Farben eingerichtete Zimmer mit moderner Ausstattung. Moderner Wellnessbereich mit Schwimmbad und Saunalandschaft. Im Restaurant und auf der Panoramaterrasse werden regionale Spezialitäten serviert.

Walserhof
www.walserhof.de

Nonnenhorner Straße 15, PLZ 88142, **T 08382 98560,** F 985610
28 Zimmer | 10 Suiten | 1 Apartment

Ein auffallend gepflegtes Haus mit Charme und Atmosphäre, nur fünf Gehminuten vom Bodensee entfernt. Wohnliche Zimmer mit Balkon oder Dachgarten. Freundliche Gastgeber, sehr gutes Frühstück. Alpenländisches Restaurant mit saisonalen und regionalen Gerichten.

WASSERBURG A.INN 61 C
www.wasserburg.de

Bayern | EW 12.348 | 427 m | München 60 km, Landshut 70 km

Herrenhaus
www.restaurant-herrenhaus.de

Herrengasse 17, PLZ 83512, **T 08071 5971170**
50 | Hauptgericht 16–39 €, Menü 46–62 € | Di-Sa Mo, So

Beliebtes Restaurant in der Wasserburger Altstadt mit historischem Flair und gemütlicher Einrichtung. Geboten wird eine schmackhafte deutsch-regionale und internationale Küche. Mittags zwischen zwölf und zwei Uhr bietet man ein täglich wechselndes Mittagsmenü an. Ansprechende Weinkarte mit Schwerpunkt Deutschland, Österreich und Italien.

WASSERLIESCH 49 A
www.wasserliesch.de

Rheinland-Pfalz | EW 2.277 | 135 m | Trier 12 km, Saarburg 14 km

Scheid's
scheids-wasserliesch.de/scheids

Reiniger Straße 48, PLZ 54332, **T 06501 9209792**
50 | Hauptgericht 14–25 € | So Mi-So Mo, Di

Ein klassisch-modernes Restaurant mit gemütlicher Lounge-Ecke und separatem Raum für Feierlichkeiten. Serviert wird eine zeitgemäß interpretierte Landhausküche zu moderaten Preisen. In den beiden oberen Etagen des Hauses stehen helle, renovierte Gästezimmer zur Verfügung.

WEEZE 28 B
www.weeze.de

Nordrhein-Westfalen | EW 10.127 | 20 m | Kleve 20 km, Duisburg 59 km

Schloss Wissen
www.schloss-wissen.de

garni

Schlossallee 21, PLZ 47652, **T 02837 96190,** F 961911
18 Zimmer | 1 Suite | 8 Apartments

Das geschichtsträchtige Anwesen ist seit über 500 Jahren Stammsitz der Familie von Loë. Die stilvoll und individuell eingerichteten Doppel- und Mehrbettzimmer verteilen sich auf 6 verschiedene Gästehäuser. Das Frühstück serviert man in der hist. Getreidemühle. Das Restaurant in der historischen Wassermühle bietet feine saisonale Küche.

WEGBERG 28 D
www.wegberg.de

Nordrhein-Westfalen | EW 29.307 | 60 m | Erkelenz 9 km, Mönchengladbach 16 km

Sternzeit www.hotelsternzeit.de

Friedrich-List-Allee 9, PLZ 41844 (OT: Wildenrath), **T 02432 4920,** F 492492
56 Zimmer | 2 Suiten | 4 Apartments

Modernes Tagungshotel in der Nähe des Naturparks Schwalm-Nette. Helle und freundliche Zimmer mit sehr gutem technischen Equipment. Restaurant mit Sonnenterrasse, in dem internationale und mediterrane Gerichte serviert werden.

Tüschenbroicher Mühle www.tueschenbroicher-muehle.de

Gerderhahner Straße 1, PLZ 41844 (OT: Tüschenbroich), **T 02434 4280**
120 | Hauptgericht 23–32 €, Menü 39–47 € | Mi-So Mo, Di

Reizvoll gelegenes Mühlenanwesen mit schöner Terrasse und Blick auf einen kleinen See. Die leichte, mediterran beeinflusste Küche orientiert sich an regionalen Produkten und der Jahreszeit.

WEGSCHEID 62 B www.wegscheid.de

Bayern | EW 5.740 | 730 m | Hauzenberg 19 km, Passau 39 km

Reischlhof www.reischlhof.de

Sperlbrunn 7, PLZ 94110, **T 08592 93900,** F 9390700
75 Zimmer | 40 Suiten | Ez ab 218 €, Dz ab 340 €, inkl. Vollpension | 24 h

Inhabergeführtes Ferienhotel in ruhiger Lage mit wohnlichen Gästezimmern und erstklassigem Wellnessangebot. Erst 2021 wurde das Haus umfangreich saniert und erweitert. Auf mehr als 5.000 qm bietet man u.a. eine Wasserlandschaft mit Sport- und Außenschwimmbecken, verschiedene Saunen, zahlreiche Themenruheräume, einen Naturbadesee sowie einen toll angelegten Chillout-Garten. Traditionelles Restaurant mit bayerischer und internationaler Küche. Alle Bereiche des Hauses sind ausschließlich Hotelgästen vorbehalten.

WEIBERSBRUNN 51 B www.weibersbrunn.de

Bayern | EW 2.063 | 354 m | Aschaffenburg 22 km, Lohr 23 km

Jägerhof www.hoteljaegerhof.de

Hauptstraße 223, PLZ 63879, **T 06094 361,** F 1054
68 Zimmer | Ez ab 85 €, Dz ab 110 €, inkl. Frühstück

Hier wohnen Sie in verkehrsgünstiger Lage unweit der Autobahn A3. Das gepflegte Hotel ist ein Ort, an dem man sich gerne aufhält - ob nun in den freundlich eingerichteten Landhauszimmern, im behaglichen Restaurant oder im schönen Garten.

WEIDEN IN DER OBERPFALZ 54 B www.weiden.de

Bayern | EW 41.726 | 397 m | Bayreuth 61 km, Regensburg 88 km

Altstadt Hotel Bräu Wirt www.altstadthotel-braeuwirt.de

★★★★ garni

Türlgasse 10-14, PLZ 92637, **T 0961 3881800,** F 38818099
25 Zimmer | 5 Suiten | Ez 89 €, Dz 134 €, inkl. Frühstück

Empfehlenswerte Hoteladresse mit klassisch-eleganter Atmosphäre. Stilvolle, großzügig geschnittene Zimmer, die mit italienischen Luxusmöbeln ausgestattet wurden. Gemütliches Restaurant mit bayerischen Schmankerln und Bier aus der eigenen Hausbrauerei.

WEIGENHEIM 52 B www.weigenheim.de

Bayern | EW 963 | 332 m | Bad Windsheim 20 km, Würzburg 43 km

Le Frankenberg Neu! www.lefrankenberg.de

VARTA-TIPP Küche VARTA-TIPP Service

Schloss Frankenberg 1, PLZ 97215, **T 09339 9714571**
40 | Menü 149–157 € | Mo-Di, Fr-Sa Mi, Do, So

Auf einem Bergsporn im südlichen Steigerwald thront die aufwendig renovierte mittelalterliche Schlossanlage. Absolut stimmig, wie der barocke Charme mit Stuck, Gobelins, stilechtem Mobiliar und erlesenen Accessoires den eindrucksvollen Rahmen des ehrwürdigen Schlosses unterstreicht. Im Restaurant, das sich im Südflügel des Gebäudes befindet, fühlt man sich zurückversetzt in die Kaiserzeit: prachtvolles Interieur und gediegen-elegante Tischkultur. Das edle Ambiente passt hervorragend zur exquisiten Küche von Steffen Szabo. Seine französische Haute Cuisine kombiniert alte und avantgardistische Zubereitungstechniken. Seine Gerichte sind kreativ und zeichnen sich durch ein Höchstmaß an Frische und Geschmack aus. Dazu eine perfekt abgestimmte Weinbegleitung und ein zuvorkommender Service.

WEIHERHAMMER 54 B www.weiherhammer.de

Bayern | EW 3.875 | 394 m | Weiden in der Oberpfalz 11 km, Amberg 33 km

Restaurant Elements www.elements-bhs.de

VARTA-TIPP Küche

Paul-Engel-Str. 1, PLZ 92729, **T 09605 9199210**
50 | Hauptgericht 22–30 €, Menü 51–90 € | Di-Sa Mo, So

Das modern und stilvoll eingerichtete Fine-Dining-Restaurant befindet sich im 1. OG des Firmengebäudes der BHS Maschinen- und Anlagenbau. Hier wird schmackhaft gekocht. Man lässt sich regional und international inspirieren und bindet gekonnt kreative Elemente mit ein - so entstehen ausdrucksstarke und harmonische Gerichte, die nicht überladen sind. Wie wäre es z.B. mit „Buttermakrele mit Speckschaum, Prinzessbohnen und lila Süßkartoffel“? Besonders angenehm ist die Terrasse mit ihrem zauberhaften Blick auf das naturgeschützte Areal.

WEIKERSHEIM 52 C www.weikersheim.de

Baden-Württemberg | EW 7.400 | 230 m | Bad Mergentheim 12 km, Würzburg 41 km

Laurentius www.hotel-laurentius.de

VARTA-TIPP Service

Marktplatz 5, PLZ 97990, **T 07934 91080,** F 910818
13 Zimmer | 3 Suiten | Ez ab 86 €, Dz ab 94 €, inkl. Frühstück

Eine charmante Übernachtungsadresse, idyllisch am Weikersheimer Marktplatz, neben dem bekannten Hohenloher Renaissance-Schloss gelegen. Hier wohnt man individuell, die geschmackvoll renovierten Zimmer haben alle einen weinthematischen Bezug. Die Chefin kümmert sich sehr persönlich um das Wohl der Gäste. Morgens erwartet Sie ein ausgezeichnetes Frühstück.

Laurentius

VARTA-TIPP Küche

50 | Hauptgericht 27–44 €, Menü 79–136 € | So Mi-Sa Mo, Di

Bei den Kochs kehrt man einfach gerne ein, denn Überraschungen aus Küche und Keller sind garantiert. Im imposanten Gewölberestaurant mit „Wow"-Effekt wird eine kreative, schmackhafte und tiefsinnige Frischmarktküche serviert. Das Beste aus Hohenlohe und dem Rest der Welt vereint Jürgen Koch in einem mehrgängigen Abendmenü (3 bis 6 Gänge). Sonntags wird eine separate Karte angeboten. Tischreservierung notwendig.

WEIL AM RHEIN 64 A www.w-wt.de

Baden-Württemberg | EW 30.175 | 281 m | Lörrach 4 km, Basel (Schweiz) 5 km

Krone www.kroneweil.de

VARTA-TIPP Ambiente

Hauptstraße 58, PLZ 79576 (OT: Altweil), **T 07621 71164,** F 78963
17 Zimmer | 5 Suiten | Ez 70–160 €, Dz 130–220 €, inkl. Frühstück

Tradition und moderne Lebensart verbinden sich in diesem alteingesessenen Gasthof von 1572. Die Zimmer verteilen sich auf das historische Haupthaus und den Neubau aus dem Jahre 2017. Die Einrichtung überzeugt durch puristisch-zeitloses Interieur und hochwertige Materialien. Herzstück der Krone ist der „Livingroom" mit vielen wohnlich arrangierten Designklassikern und -möbeln.

Krone

VARTA-TIPP Küche

30 | Hauptgericht 37–59 €, Menü 85–120 € | Sa Di-Sa Mo, So 24.12.22–9.1.23

Im kleinen, aber feinen Restaurant setzt sich der Stilmix aus Tradition und Moderne fort: altes Holz, hochwertige Designerleuchten und sorgfältig ausgewählte Accessoires vermitteln eine ganz besondere Raumatmosphäre. Kulinarisch hält man die Markgräfler Flagge hoch und kredenzt bodenständige Regionalgerichte, bei denen Bio-Produkte heimischer Lieferanten Verwendung finden. In der warmen Jahreszeit lockt die herrliche Sommerterrasse.

WEILBURG 41 C www.weilburg.de

Hessen | EW 13.500 | 172 m | Limburg 23 km, Wetzlar 25 km

Lahnschleife

www.hotel-lahnschleife.de

★★★★

Hainallee 2, PLZ 35781, **T 06471 49210,** F 492177
77 Zimmer | 4 Suiten | 3 Apartments | Ez ab 89 €, Dz 119–129 €, inkl. Frühstück | 24 h

Urlaubsdomizil in Hanglage mit attraktiver Badelandschaft im römischen Stil. Funktionelle Zimmer mit zeitgemäßer Einrichtung. Restaurant mit regionaler und mediterraner Küche.

WEILER-SIMMERBERG 66 A

www.weiler-tourismus.de

Bayern | EW 6.580 | 632 m | Wangen 20 km, Immenstadt 30 km

Tannenhof

www.tannenhof.com

★★★★

Lindenberger Straße 33, PLZ 88171 (OT: Weiler), **T 08387 1235,** F 1626
117 Zimmer | 10 Suiten | 7 Apartments | Ez ab 175 €, Dz ab 260 €, inkl. Vollpension

Zeitgemäß, alpenländisch und komfortabel zeigt sich dieses Ferien- und Wellnesshotel. Hier stehen wohnliche Zimmer in unterschiedlichen Kategorien zur Verfügung. Umfangreiches Sport- und Unterhaltungsprogramm. Restaurant im modern-rustikalen Stil. Gemütliche Kaminbar.

WEILHEIM AN DER TECK 58 B

www.weilheim-teck.de

Baden-Württemberg | EW 9.700 | 385 m | Göppingen 15 km, Stuttgart 44 km

Casa Nova **Neu!**

Marktstr. 5, PLZ 73235, **T 07023 9588444**
50 | Hauptgericht 19–60 € | Mo-Fr Mo-Sa So

In einem stilvoll renovierten Fachwerkhaus inmitten der kleinen Weilheimer Gastromeile ist dieses schmucke Ristorante beheimatet. Hier serviert man auf zwei Ebenen hausgemachte Pasta, gehobene Fleischspezialitäten und schmackhafte Fischgerichte. Stammgäste schätzen insbesondere die ausgefallenen Risottovariationen. Dazu gibt es Weine aus der Heimat des Patrons. Der Service ist authentisch und freundlich.

WEILHEIM I.OB 67 B

www.weilheim.de

Bayern | EW 22.500 | 565 m | Garmisch-Partenkirchen 45 km, München 50 km

Altstadthotel Bachbräu

www.hotelweilheim.de

Pöltnerstr. 4, PLZ 82362, **T 0881 39464183**
14 Zimmer

Inmitten der Weilheimer Altstadt empfängt Sie dieses gemütliche Boutique-Hotel. Das Haus wird Sie mit seinem Charme gefangen nehmen, dafür sorgen der individuelle Komfort, das historische Interieur und die vielen liebevollen Details. Bei schönem Wetter kann man sein Frühstück im idyllischen Innenhof genießen. Für Entspannung sorgt die hauseigene Sauna.

Pöltner Hof www.hotel-weilheim.de

Pollinger Str. 4 & 6, PLZ 82362, **T 0881 3946470**
41 Zimmer | 1 Apartment | Ez 92 €, Dz 126–138 €, inkl. Frühstück

Das hübsche Anwesen verbindet modernste und denkmalgeschützte Architektur und bringt dadurch reichlich Atmosphäre mit sich. Und die spürt man sowohl in den wohnlichen und zeitgemäß ausgestatteten Gästezimmern des Hotelneubaus als auch in der geschmackvoll sanierten Schwaige (früher ein Kuhstall), wo sich heute Restaurant und Tagungsbereich befinden.

WEIMAR 33 D www.weimar.de

Thüringen | EW 63.315 | 208 m | Jena 21 km, Erfurt 24 km
UNESCO-Weltkulturerbe: Klassisches Weimar (Goethes Wohn- und Gartenhaus, Schiller-Haus, Wittumspalais, Herzogin Anna Amalia Bibliothek, Stadtschloss, hist. Friedhof mit Fürstengruft) sowie Stätten des Bauhauses (Bauhaus-Universität, ehem. Kunstgewerbeschule, Haus am Horn), Weimar Haus, Deutsches Nationaltheater, Lucas-Cranach-Haus, Neues Museum, Bauhausmuseum.
Einen Cityplan finden Sie auf Seite 1132.

Dorint Am Goethepark www.hotel-weimar.dorint.com

★★★★ S

Beethovenplatz 1-2 (B5), PLZ 99423 (OT: Westvorstadt), **T 03643 8720,** F 872100
143 Zimmer | 8 Suiten | 3 Apartments | Ez 99–159 €, Dz 99–159 €, 23,00 € | 24 h

Neuzeitliches Hotel am Beethovenplatz. Geschmackvolles Ambiente mit Jugendstil- und Bauhauselementen. Komfortabel ausgestattete Gästezimmer. Frische internationale Küche im stilvollen Restaurant „Bettina von Arnim“. Urige Bierstube.

Dorotheenhof www.wellnesshotel-weimar.de

★★★★ S

Dorotheenhof 1, PLZ 99427 (OT: Schöndorf), **T 03643 4590,** F 459200
56 Zimmer | 4 Suiten | Ez ab 99 €, Dz ab 149 €, ab 19,50 € | 24 h

Das Land- und Tagungshotel profitiert von seiner idyllischen Lage am Stadtrand von Weimar. Hier erwarten Sie individuelle Zimmer, die im gehobenen Landhausstil eingerichtet sind. Entspannung bieten der geschmackvolle Wellness- und SPA-Bereich sowie der hauseigene Hotelpark.

Grand Hotel Russischer Hof www.russischerhof-weimar.de

Goetheplatz 2 (A3), PLZ 99423, **T 03643 7740,** F 774840
126 Zimmer | 9 Suiten | 8 Apartments | 24 h

»

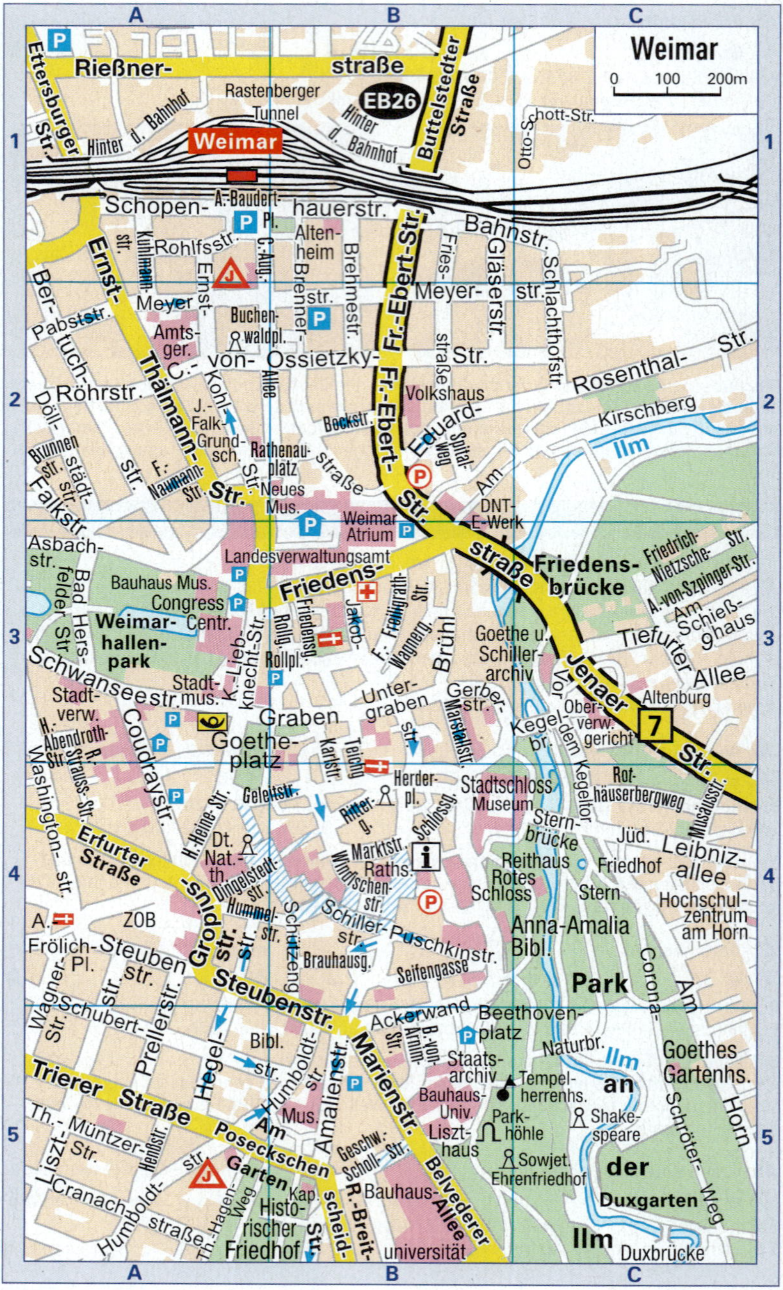
Weimar
0 100 200m
A
B
C
1
2
3
4
5
Rießner-
straße
Ettersburger Str.
Rastenberger Tunnel
EB26
Hinter d. Bahnhof
Weimar
Buttelstedter Straße
Otto-Schott-Str.
Schopen-
A.-Baudert-Pl.
hauerstr.
Rohlfsstr.
Alten-heim
Brehmestr.
Fr.-Ebert-Str.
Fries-straße
Gläserstr.
Schlachthofstr.
Bahnstr.
Ernst-Thälmann-Str.
Kühnhausen-str.
Ernst-
C.-Aug.-Allee
Brenner-str.
Meyer-str.
Pabststr.
Bertuch-
Amts-ger.
Buchen-waldpl.
C.-von-Ossietzky-Str.
Röhrstr.
Döll-
Volkshaus
Rosenthal-Str.
Kirschberg
Ilm
Bockstr.
Eduard-
Spital-weg
Rathenau-platz
straße
J.-Falk-Grund-sch.
Kohl-
Brunnen-str.
städt-str.
Falkstr.
F.-Naumann-Str.
Neues Mus.
Weimar Atrium
Am DNT-E-Werk
Asbach-str.
Landesverwaltungsamt
Friedens-
straße
Friedens-brücke
Friedrich-Nietzsche-Str.
A.-von-Szpinger-Str.
Am Schieß-haus
Bad Hers-felder Str.
Bauhaus Mus.
Congress Centr.
Weimar-hallen-park
Rollg.
Rollpl.
Friedensg.
Jakob-
F.-Freiligrath-Str.
Wagnerg.
Brühl
Goethe u. Schiller-archiv
Tiefurter Allee
Jenaer Str.
Altenburg
7
Schwanseestr.
Stadt-verw.
Stadt-mus.
K.-Lieb-knecht-Str.
Graben
Unter-graben
Gerber-str.
Marstallstr.
Kegel-br.
Vor dem Kegeltor
Ober-verw.-gericht
H.-Abendroth-Str.
R.-Strauss-Str.
Coudraystr.
Goethe-platz
Karlstr.
Teichg.
Herder-pl.
Ritter-g.
Schlossg.
Stadtschloss Museum
Rot-häuserbergweg
Musäusstr.
Washington-str.
Geleitstr.
H.-Heine-Str.
Dt. Nat.-th.
Marktstr.
Raths.
Windischen-str.
Stern-brücke
Jüd. Friedhof
Leibniz-allee
Erfurter Straße
Dingelstedt-str.
Hummel-str.
Reithaus
Rotes Schloss
Stern
Hochschul-zentrum am Horn
A.
ZOB
Gropius-str.
Schützeng.
Schiller-str.
Puschkinstr.
Anna-Amalia Bibl.
Frölich-Pl.
Steuben str.
Brauhausg.
Seifengasse
Park
Corona-
Am
Wagner-Str.
Schubert-str.
Prellerstr.
Steubenstr.
Ackerwand
Beethoven-platz
Hegel-str.
Bibl.
Humboldt-str.
Amalienstr.
Marienstr.
B.-von-Arnim-Str.
Staats-archiv
Naturbr.
Ilm
Goethes Gartenhs.
Trierer Straße
Tempel-herrenhs.
an
Th.-Müntzer-Str.
Hendstr.
Am
Mus.
Bauhaus-Univ.
Park-höhle
Shake-speare
Horn
Liszt-Str.
Poseckschen Garten
Liszt-haus
Sowjet. Ehrenfriedhof
Schröter-Weg
Geschw.-Scholl-Str.
der
Cranach
Humboldt-straße
Th.-Hagen-Weg
Kap.
Histo-rischer Friedhof
Bauhaus-universität
Belvederer Allee
Duxgarten
Ilm
Duxbrücke
Str.
scheid-
R.-Breit-

Dieses Haus blickt auf eine über 200-jährige Geschichte zurück. Zur Verfügung stehen stilvolle Zimmer und Suiten in unterschiedlichen Kategorien. Zum Hotel gehören auch eine Bar, ein Fitnessbereich mit Sauna, Dampfbad und Solarium sowie ein einladendes Café im Wiener Stil.

Hotel Elephant
www.hotelelephantweimar.de

Markt 19 (B4), PLZ 99423, **T 03643 8020,** F 802610
99 Zimmer | 6 Suiten | Ez 150–235 €, Dz 200–380 €, inkl. Frühstück | 24 h

Historie auf der einen Seite, zeitlose Eleganz auf der anderen - und das in exponierter Lage direkt am Marktplatz. Die traditionsreiche Adresse zeigt sich heute als elegantes Boutique-Hotel, dessen Innenarchitektur an die Stilrichtungen Art déco und Bauhaus angelehnt ist.

AnnA

88 | Hauptgericht 28–41 €, Menü 75–98 € | Mo-So

Freundliches Restaurant mit urban-legerer Atmosphäre. Hier werden klassische Gerichte der mitteldeutschen Küche modern und zeitgemäß interpretiert. Die Weinauswahl ist regional geprägt und wird durch europäische Gewächse ergänzt.

Hotel Schillerhof Neu!
www.schillerhof-weimar.de

VARTA-TIPP Ambiente

Schützengasse 1 (B4), PLZ 99423, **T 03643 8819010**
102 Zimmer | Ez 110–170 €, Dz 125–185 €, 19,00 € | 24 h

In der altstädtischen Fußgängerzone empfängt Sie das charmante Boutique-Hotel. Das historische Gebäude mit seiner frisch restaurierten neobarocken Fassade geht in einen modernen Neubau mit aufwendiger Dachkonstruktion über. In allen Bereichen des Hauses treffen minimalistische Stilelemente auf liebevoll erhaltene klassizistische Details. Die Zimmer und Suiten sind zeitgemäß und hochwertig ausgestattet. Ruhige Erdtöne prägen das Ambiente. Die hauseigene Bar im Erdgeschoss bietet Cocktaiils, Longdrinks und zahlreiche Ginsorten.

Grande Albergo Giancarlo
giancarlo-weimar.de

VARTA-TIPP Ambiente

Puschkinstraße 1 (B4), PLZ 99423, **T 03643 9083942,** F 804790
20 Zimmer | 2 Suiten | Ez 85–140 €, Dz 85–140 €, ab 15,00 €

Einen Hauch Italiencharme versprüht dieses kleine Hotel mitten in der Altstadt. Was Sie hinter der renovierten Fassade erwartet, ist wirklich schön: wohnliche, individuelle Zimmer in unterschiedlichen Farben, stilvolle Deko sowie eine Dachterrasse mit Sky Lounge und eindrucksvoller Aussicht auf den Frauenplan und die Schillerstraße. Nicht zu vergessen das frisch zubereitete Frühstück, das Sie im Restaurant „Mi Piace“ im EG genießen können.

Kaiserin Augusta
www.hotel-kaiserin-augusta.de

★★★

Carl-August-Allee 17 (A1), PLZ 99423, **T 03643 2340,** F 234444
134 Zimmer | 1 Suite | Ez 69–121 €, Dz 84–151 €, 12,00 € | 24 h

Charmantes Privathotel am nördlichen Stadtrand mit behaglich eingerichteten Zimmern in unterschiedlichen Kategorien. Thüringer und leichte saisonale Küche im Restaurant „Wintergarten“.

Restaurant Andreas Scholz
www.restaurant-andreas-scholz.de

Prellerstraße 2 (im Hotel Alt Weimar), PLZ 99423, **T 03643 861922**
35 | Hauptgericht 20–31 €, Menü 50–173 € | Mi-So ⊘ Mo, Di

Ein überaus charmantes Restaurant mit bleiverglasten Motivfenstern, Stuckdecke und originaler Holzvertäfelung. Andreas Scholz kocht klassisch und doch mit modernem Akzent. Seine schmackhaften und durchdachten Gerichte können Sie in Form eines Menüs (wahlweise mit passender Weinbegleitung) kennenlernen. Tipp für Übernachtungsgäste: Das Hotel Alt Weimar bietet freundliche Zimmer, die von der modernen Bauhausarchitektur geprägt sind.

Weinbar Weimar
www.weinbar-weimar.de

Humboldtstraße 2 (B5), PLZ 99423, **T 03643 4699533**
70 | Hauptgericht 24–34 €, Menü 89 € | Di-Sa ⊘ Mo, So

Ein Hotspot in der Weimarer Gastroszene! In gemütlich-legerer Atmosphäre werden schmackhafte Barfoodgerichte serviert. Darüber hinaus bietet man rund 100 handverlesene Weine, die auf Wunsch auch glasweise ausgeschenkt werden. Im Sommer lockt die kleine Gartenterrasse.

Zum weißen Schwan
www.weisserschwan.de

Frauentorstraße 23 (B4), PLZ 99423, **T 03643 908751**
140 | Hauptgericht 10–25 € | Mo-So

Das Gasthaus ist eines der geschichtsträchtigsten, ältesten noch erhaltenen und geöffneten Wirtshäuser Europas. Hier, wo bereits Goethe ein- und ausging, serviert man gutbürgerliche Gerichte sowie Deftiges aus Thüringer Töpfen und Pfannen wie z.B. Original Rinderroulade nach Großmutters Art oder Sauerbraten mit Thüringer Klößen.

WEINGARTEN 66 A
www.weingarten-online.de

Baden-Württemberg | EW 24.000 | 485 m | Baienfurt 4 km, Ravensburg 7 km

Altdorfer Hof
www.altdorfer-hof.de

★★★★

Burachstraße 12, PLZ 88250, **T 0751 50090,** F 500970
56 Zimmer | 3 Suiten | 1 Apartment | Ez 79–115 €, Dz 135–170 €, inkl. Frühstück

Das familiengeführte Haus bietet gemütliche und geräumige Zimmer, die sich auf das Haupt- und Gästehaus verteilen. Wechselnde, überwiegend regionale Gerichte serviert man im Restaurant.

Syrlin Speisewelt - Markos

syrlin-speisewelt.de

VARTA-TIPP Küche VARTA-TIPP Service

Ravensburger Str. 56, PLZ 88250, **T 0751 56163714**
22 | Menü 115–185 € | Di-Sa Mo, So

In der ersten Etage eines Dienstleistungskomplexes befindet sich dieser kulinarische Hotspot von Spitzenkoch Marco Akuzun. Schon der Rahmen ist besonders: Die hochwertige Echtholzeinrichtung sorgt für ein erstklassiges, modernes und gemütliches Ambiente. Begeisterung kommt aber nicht nur angesichts des stylish-eleganten Interiordesigns auf, auch die kreative Küche mit spannenden Kontrasten in Geschmack und Textur sucht ihresgleichen. Zum Feinschmeckermenü (4 bis 7 Gänge), das technisch sehr anspruchsvoll, aber trotzdem ohne Chichi daherkommt, bestellen Sie am besten die stimmige Weinbegleitung! Das Serviceteam sorgt auf überaus charmante und lockere, aber gleichermaßen professionelle Art für einen reibungslosen Ablauf an der Gästefront.

Syrlin Speisewelt - Kostbar

Ravensburger Str. 56, PLZ 88250, **T 0751 56163714**
50 | Hauptgericht 24–48 €, Menü 49–99 € | Di-Fr Di-Sa Mo, So

Das Bistro nebst Bar und attraktiver Terrasse ist eine tolle Alternative zum Fine-Dining-Restaurant. Hier können Sie sich auf ausgezeichnete Gaumenfreuden wie „Färöer Lachs | Blumenkohl | Blutwurst | Estragon | Kräuterseitlinge" oder „Irish-Hereford-Rinderfilet | Ochsenschwanz-Raviolo | Marktgemüse" freuen. Montag bis Freitag: wechselndes preisgünstiges Tagesgericht (inkl. Salat, Sorbet und Espresso).

WEINGARTEN (BADEN) 51 C

www.weingarten-baden.de

Baden-Württemberg | EW 10.080 | 119 m | Bruchsal 10 km, Karlsruhe 14 km

Walk'sches Haus www.walksches-haus.de

Marktplatz 7, PLZ 76356, **T 07244 70370,** F 703740
26 Zimmer | Ez ab 80 €, Dz ab 134 €, inkl. Frühstück

Ein Fachwerkhaus wie aus dem Bilderbuch - die Grundmauern reichen bis ins Jahr 1509 zurück. Das denkmalgeschützte Gebäude am Marktplatz beherbergt individuell und geschmackvoll eingerichtete Zimmer, die sich auf Haupt- und Gästehaus verteilen.

Zeit-Geist | Fine Dining

VARTA-TIPP Küche **VARTA-TIPP** Service

40 | Hauptgericht 26–36 €, Menü 69–99 € | Di-Sa Mo, So

Locker, ungezwungen und voll im Trend - so zeigt sich nicht nur das Fine-Dining-Restaurant, sondern auch der junge, moderne und raffinierte Küchenstil von Sebastian Syrbe. Sein ganzes kulinarisches Spektrum erleben Sie, wenn Sie sich für das Überraschungsmenü (4, 6 oder 8 Gänge) entscheiden! Dazu empfiehlt Ihnen der fachkundige Service edle Tropfen aus dem herausragend bestückten Weinkeller. Im Bistro „stil l bruch" kommen kleine Snacks sowie saison- und marktorientierte Gerichte auf den Tisch.

WEINHEIM 51 A www.weinheim.de

Baden-Württemberg | EW 43.627 | 135 m | Viernheim 7 km, Heidelberg 17 km

Fuchs'sche Mühle www.fuchssche-muehle.de

Birkenauer Talstraße 10, PLZ 69469, **T 06201 10020,** F 100222
22 Zimmer | Ez 75–115 €, Dz 145–160 €, inkl. Frühstück

Hist. Mühle, die sich seit 1782 im Familienbesitz befindet. Geräumige und geschmackvoll eingerichtete Nichtraucherzimmer, die alle zur Waldseite hin gelegen sind. Kleiner Wellnessbereich mit Sauna und Liegewiese.

Fuchs'sche Mühle

25 | Hauptgericht 12–45 €, Menü 35–115 € | Mi-Sa Mo, Di

Gemütliche, ländlich-gediegen eingerichtete Gaststuben. Elegante Terrasse, idyllischer Waldbiergarten. Serviert wird feine regionale Küche mit internationalen Akzenten.

Goldener Pflug www.hotel-goldener-pflug.de

garni

Obertorstraße 5, PLZ 69469, **T 06201 90280,** F 902829
17 Zimmer | 4 Suiten | 1 Apartment | Ez 76–88 €, Dz 105–112 €

Der schmale hist. Fachwerkbau in der Altstadt überzeugt durch seine familiäre Führung sowie die modern und gemütlich eingerichteten Zimmer mit Kirschbaumholz. Zum Haus gehört auch eine urige Weinstube.

bistronauten
www.bistronauten.de

Kopernikusstraße 43, PLZ 69469, **T 06201 8461856**
Menü 37–45 € | Di-Sa ⃠ Mo, So

Eine originelle Location im alten OEG-Bahnhof. Unkompliziert-legere Atmosphäre mit offener Showküche, Natursteinziegelwänden und massiven Holztischen. Hier kocht man frisch, saisonal und ohne Chichi. Angeboten werden täglich drei Hauptgerichte (Fleisch, Fisch, vegetarisch), dazu Suppe, Salat und ein Dessert.

SO Weinheim
www.soweinheim.de

Marktplatz 12, PLZ 69469, **T 06201 65586**
70 | Hauptgericht 7–26 €, Menü 33–55 € | Sa-So Mi-Fr ⃠ Mo, Di

In dem sympathischen Restaurant am historischen Marktplatz sitzt man gemütlich und speist z.B. „Lammkrone mit Polenta, Feigen, Feta, Rosenkohlblättern und Tymianjus". Mittags werden preiswerte Lunchgerichte serviert. Oberhalb der Gasträume und im Dachgeschoss stehen 4 Ferienwohnungen zur Verfügung.

esszimmer das restaurant
www.esszimmer-weinheim.de

Alte Postgasse 53, PLZ 69469, **T 06201 8776787**
65 | Menü 85–115 € | Mi-Sa ⃠ Mo, Di, So

Das Restaurant in der historischen Alten Post bietet neben klassischer Gourmetküche auch regionale Gerichte von der Bergstraße. Die Atmosphäre stimmt: der Service freundlich, das Ambiente elegant-rustikal und ausgesprochen einladend.

WEINSBERG 51 D
www.weinsberg.de

Baden-Württemberg | EW 11.569 | 219 m | Heilbronn 5 km, Neckarsulm 7 km

Rappenhof
www.rappenhof.de

★★★ S garni

Rappenhofweg 1, PLZ 74189, **T 07134 5190,** F 51955
39 Zimmer | Ez ab 101 €, Dz ab 122 €, inkl. Frühstück | ⃠ 21.12.22–6.1.23

Gepflegtes Urlaubs- und Tagungshotel in herrlicher Aussichtslage mit freundlich gestalteten, komfortablen Nichtraucherzimmern, die größtenteils über Balkon oder Terrasse verfügen. Zum Haus gehört auch ein bio-zertifiziertes Restaurant.

WEINSTADT 58 A www.weinstadt.de

Baden-Württemberg | EW 26.000 | 241 m | Waiblingen 5 km, Schorndorf 13 km

Gasthaus Rössle www.roessle-baach.de

Forststraße 6, PLZ 71384 (OT: Baach), **T 07151 66824**
100 | Hauptgericht 10–28 €, Menü 26–39 € | Mo-Di, Fr-Sa

Bürgerliches Gasthaus mit behaglich eingerichteten Restauranträumen. Aus der Küche des Patrons kommen neben schwäbischen Spezialitäten auch moderne saisonale Gerichte. Weine aus heimischem Anbau.

Gasthof Adler www.adler-baach.de

Forststraße 12, PLZ 71384 (OT: Baach), **T 07151 65826**
90 | Hauptgericht 13–33 €, Menü 25–45 € |

Regionaltypischer Gasthof mit urig-rustikalem Ambiente und bodenständiger Küche. Im Sommer kann man auch auf der idyllischen Terrasse speisen. Heimische Weine. Liebenswerter Service.

WEISENHEIM AM BERG 50 B www.weisenheim.de

Rheinland-Pfalz | EW 1.760 | 107 m | Bad Dürkheim 7 km, Frankenthal 18 km

Rothfuss-Hotel www.rothfuss-hotel.com

garni

Hauptstr. 82, PLZ 67273, **T 06353 9570047**
7 Zimmer | Ez 95–115 €, Dz 120–140 €

Kleines, modernes Hotel im malerischen Ortskern. In dem hübsch sanierten Gebäude eines ehem. Weingutes übernachten Sie in zeitgemäßen und überaus wohnlichen Zimmern. Zum Frühstück werden fast ausschließlich Bio-Lebensmittel angeboten. Zahlreiche Freizeitmöglichkeiten in unmittelbarer Umgebung.

Admiral www.admiral-weisenheim.de

Leistadter Straße 6, PLZ 67273, **T 06353 4175**
40 | Hauptgericht 22–28 € | So Mi-So Mo, Di

Behagliches Ambiente mit hist. Fachwerk und liebevoll arrangierten Accessoires. Kulinarisch bietet man eine gehobene, mediterran interpretierte Landhausküche, die in Menüform oder à la carte serviert wird. Nette Hofterrasse mit idyllischem Garten.

WEISKIRCHEN 49 A www.weiskirchen.de

Saarland | EW 6.427 | 400 m | Merzig 19 km, Trier 33 km

Parkhotel Weiskirchen www.parkhotel-weiskirchen.de

★★★★ S

Kurparkstraße 4, PLZ 66709, **T 06876 9190,** F 919519
125 Zimmer | 2 Suiten | Ez 85–155 €, Dz 120–255 €, inkl. Frühstück | 24 h

Persönlich geführtes Wellness- und Tagungsdomizil gegenüber dem Kurpark mit hellen, freundlichen Zimmern. Das Vitalis Bäderzentrum ist dem Hotel direkt angeschlossen. Im Restaurant „Vier Jahreszeiten" und der Brasserie werden regionale sowie internationale Gerichte serviert.

WEISSENBURG 53 C www.weissenburg.de

Bayern | EW 17.519 | 422 m | Donauwörth 41 km, Ansbach 50 km

Am Ellinger Tor www.ellingertor.de

garni

Ellinger Straße 5-7, PLZ 91781, **T 09141 86460,** F 864650
27 Zimmer | Ez 69–79 €, Dz 93–99 €, inkl. Frühstück

Das über 500 Jahre alte Fachwerkhaus liegt zentral in der Altstadt und verfügt über wohnliche Gästezimmer im modernen Landhausstil. Bürgerliches Restaurant mit deutsch-fränkischen Spezialitäten.

WEISSENFELS 34 D www.weissenfels.de

Sachsen-Anhalt | EW 41.303 | 100 m | Halle 37 km, Leipzig 38 km

Parkhotel Güldene Berge www.gueldene-berge.de

★★★★

Langendorfer Straße 94, PLZ 06667, **T 03443 39200,** F 392020
32 Zimmer | 1 Suite | Ez 85–92 €, Dz 122–131 €, inkl. Frühstück | 24 h

Eine hist. Jugendstilvilla aus dem Jahre 1889 mit angeschlossenem Gästehaus - umgeben von einer kleinen Grünanlage. Hier stehen Ihnen wohnliche Zimmer unterschiedlicher Kategorien zur Verfügung. Im stimmungsvollen Restaurant werden sächsische Spezialitäten und internationale Gerichte serviert.

WEISSENHORN 59 C www.weissenhorn.de

Bayern | EW 13.400 | 501 m | Illertissen 14 km, Ulm 21 km

RiKu HOTEL Weißenhorn www.riku-hotel.de

Kirchplatz 6, PLZ 89264, **T 07309 9276710,** F 9276711
29 Zimmer

Attraktiv ist hier nicht nur die zentrale Lage direkt am historischen Kirchplatz, auch das moderne Interieur ist ansprechend. Die schnörkellos eingerichteten Zimmer sind in harmonischen Grün- und Brauntönen gehalten. Nebenan befindet sich eine Brauereigaststätte, in der selbstgebrautes Bier und regionale Küche aufgetischt werden.

Zum Löwen www.der-loewen.de

★★★ garni

Martin-Kuen-Straße 5, PLZ 89264, **T 07309 96500,** F 965037
22 Zimmer | Ez 58–98 €, Dz 108–118 €, inkl. Frühstück

Freundlich und familiär geführter Gasthof im Ortskern mit traditionsreicher Vergangenheit und individuell eingerichteten Zimmern.

WEISSENSTADT 44 D www.weissenstadt.de

Bayern | EW 3.187 | 630 m | Selb 24 km, Bayreuth 35 km

Gasthaus Egertal www.gasthausegertal.de

Wunsiedler Straße 49, PLZ 95163, **T 09253 237**
60 | Hauptgericht 14–39 €, Menü 39–79 € | So Mo, Do-So Di, Mi 1.1.–2.2.23»

Seit Jahrzehnten eine verlässliche Adresse! Das hübsch sanierte Gasthaus von Familie Ruprecht verfügt über heimelige Stuben mit schlichter Eleganz. Serviert wird eine klassisch und saisonal ausgerichtete Frischeküche zu fairen Preisen.

WEITNAU 66 B www.weitnau.de

Bayern | EW 5.124 | 797 m | Isny im Allgäu 13 km, Kempten 26 km

Hanusel Hof www.hanusel-hof.de

★★★★ S garni

Helingerstraße 5, PLZ 87480 (OT: Hellengerst), **T 08378 92000,** F 920019
48 Zimmer | 11 Suiten | Ez 204–614 €, Dz 294–840 €, inkl. Halbpension | ⃠ 24.12.22

Hotel mit hauseigener 18-Loch-Golfanlage inmitten der reizvollen Allgäuer Landschaft. Hier erwarten Sie gepflegte Zimmer mit zeitgemäßer Ausstattung, ein großer Wellnessbereich mit Saunen und Hallenbad sowie ein ganzjährig beheizter Außenpool. Das Restaurant serviert regionale und traditionelle Gerichte sowie Wildspezialitäten.

WENDEN 40 B www.wenden.de

Nordrhein-Westfalen | EW 19.528 | 411 m | Olpe 9 km, Siegen 22 km

Landhaus Berghof www.landhaus-berghof.de

Berghof 1, PLZ 57482 (OT: Berghof), **T 02762 5266,** F 3708
15 Zimmer | 1 Apartment | Ez 72–82 €, Dz 109 €, inkl. Frühstück

Auf einer Anhöhe in herrlicher Einzellage empfängt Sie dieses familiengeführte Hotel. Hier erwarten Sie wohnlich eingerichtete Zimmer unterschiedlicher Größe und Ausstattung. Einheimische und internationale Gerichte werden im Restaurant und auf der hübschen Waldterrasse serviert.

WENDLINGEN AM NECKAR 58 A www.wendlingen.de

Baden-Württemberg | EW 16.281 | 294 m | Nürtingen 7 km, Stuttgart 23 km

Villa Behr www.villa-behr.de

★★★★

Behrstr. 90, PLZ 73240, **T 07024 5019551,** F 5019553
12 Zimmer | 2 Suiten | Ez 110–130 €, Dz 120–140 €, ☕ ab 14,90 €

In einem historischen Gebäude aus dem Jahre 1910 empfängt Sie dieses schicke Designhotel. Die hell und freundlich eingerichteten Gästezimmer bieten geradlinig-modernes Interieur mit großen Fenstern und Holzböden.

Osteria Bonomi

100 | Hauptgericht 10–42 €, Menü 39–99 € | Mo-Fr, So Mo-So

In der einstigen Betriebskantine des Möbelfabrikanten Behr erwarten Sie eine gepflegte Tischkultur, freundlicher Service und ein tolles Speisenangebot mit italienischen Köstlichkeiten aus dem Piemont. Die knusprig-leckere Pizza kommt direkt aus dem hauseigenen Holzofen und könnte in Italien kaum besser sein. Lauschige Sommerterrasse.

WERBACH 52 A www.werbach.de

Baden-Württemberg | EW 3.700 | 170 m | Tauberbischofsheim 8 km, Wertheim 24 km

Hotel Belle Maison www.belle-maison-hotel.de

★★★ garni

Oberes Tor 7, PLZ 97956, **T 09341 6005300,** F 6005329
13 Zimmer | Ez 86–89 €, Dz 126 €, inkl. Frühstück

Das kleine, privat geführte Familienhotel versprüht einen Hauch Südfrankreich mitten im „Lieblichen Taubertal“. Die behaglichen Gästezimmer, die teilweise über einen Balkon oder eine Terrasse verfügen, präsentieren sich im gehobenen Landhausstil. Das gute Vital-Frühstück sollte man sich nicht entgehen lassen.

WERDER (HAVEL) 26 D www.werder-havel.de

Brandenburg | EW 23.838 | 31 m | Potsdam 12 km, Berlin 40 km

Precise Resort Schwielowsee www.precisehotels.com/werder

★★★★

Am Schwielowsee 117, PLZ 14542 (OT: Petzow), **T 03327 56960**
155 Zimmer | 5 Suiten | 28 Apartments | 24 h

Ein weitläufiges Ferienresort am Schwielowsee mit 1.500 qm Wellness- und Poolareal sowie modernem Jachthafen. Hier erwarten den Gast großzügig geschnittene Zimmer und Suiten mit exquisitem Ambiente und unterschiedlichen Wohnstilen. Im „Harbour Restaurant“ mit großer Seeterrasse werden mediterrane Speisen und Kreationen aus dem Nahen Osten serviert.

mein.werder - Hotel am Markt www.meinwerder-hotel.de

Baderstraße 19, PLZ 14542 (OT: Insel), **T 03327 7317670**
7 Zimmer | 2 Suiten | Ez ab 75 €, Dz ab 95 €, inkl. Frühstück

In diesem geschmackvoll renovierten Häuschen am historischen Marktplatz stecken jede Menge Charme und Individualität. Die Zimmer sind wohnlich, komfortabel und technisch auf dem neuesten Stand. Wer Ruhe sucht: Im Winter lockt das gemütliche Kaminzimmer, das von einem offenen Kamin von 1821 dominiert wird, und während der warmen Jahreszeit eignet sich der hübsche Hofgarten als schönes Plätzchen zum Entspannen.

Alte Überfahrt www.alte-ueberfahrt.de

VARTA-TIPP Küche

Fischerstraße 48B (Zugang über Uferstraße), PLZ 14542, **T 03327 7313336**
60 | Hauptgericht 24–26 €, Menü 93–126 € | Sa-So Mi-So Mo, Di ››

Hier wird ambitioniert gekocht! In dem modern gestalteten Restaurant oder auf der einladenden Terrasse am Seeufer kredenzt Ihnen Thomas Hübner eine frische, produktorientierte Saisonküche. Sein Spiel mit Aromen und Texturen ist gekonnt und raffiniert. Für eine abwechslungsreiche Weinbegleitung sorgt Patron und Gastgeber Patrick Schwatke. Übernachten kann man im angeschlossenen Hotel „Prinz Heinrich".

WERDOHL 30 C www.werdohl.de

Nordrhein-Westfalen | EW 18.073 | 210 m | Altena 12 km, Lüdenscheid 13 km

Thuns Dorfkrug www.thuns.de

Brauck 7, PLZ 58791, **T 02392 97980**
50 | Hauptgericht 22–38 €, Menü 45–55 € | Di-Sa Mo, So

Freundlich gestaltetes Restaurant mit feiner Tafelkultur. Geboten wird ein Mix aus regional, mediterran und asiatisch inspirierter Küche. Wechselndes Lunchmenü am Mittag. Schlichte Hotelzimmer mit klaren Formen.

WERMELSKIRCHEN 29 D www.wermelskirchen.de

Nordrhein-Westfalen | EW 35.483 | 310 m | Wuppertal 23 km, Leverkusen 25 km

Landhaus Spatzenhof www.landhaus-spatzenhof.de

Süppelbach 11, PLZ 42929, **T 02196 97590,** F 9759199
6 Zimmer | 5 Suiten

Exklusives kleines Landhaushotel in einem ehem. Waisenhaus aus dem Jahr 1913. Hier lässt es sich schön wohnen. Dafür sorgen die sympathisch-familiäre Atmosphäre, die hochwertigen und individuell eingerichteten Themensuiten sowie die gemütlichen Restauranträume.

Landhaus Spatzenhof

50 | Hauptgericht 23–38 €, Menü 42–95 € | So Do-So Mo, Di, Mi

Gepflegte Tischkultur, freundlicher Service und gute Küche, die einen schmackhaften Mix aus Bodenständigem und Regionalem bietet. Wie wäre es z.B. mit „Confierter Maisperlhuhnbrust | Kartoffelbaumkuchen | karamellisierter Sellerie | Bio-Karotte | Sherryessig-Glace"? In den Sommermonaten sind die Terrassenplätze äußerst begehrt.

WILD! Konditorei www.echt-wild.de

Markt 1, PLZ 42929, **T 02196 4935**
70 | Mi–Sa 9:30–17:30 Uhr, So 11:00–17:30 Uhr

Nett eingerichtetes Café in einem weit über 100 Jahre alten Haus mit gemütlichem Außenbereich. Klassisch-moderne Einrichtung. Hier erwarten Sie hervorragende Confiserie-Spezialitäten sowie Baumkuchen nach altem Hausrezept.

WERMSDORF 35 C www.wermsdorf.de

Sachsen | EW 5.331 | 185 m | Grimma 22 km, Riesa 27 km

Seehof Döllnitzsee
www.hotel-doellnitzsee.de

Grimmaer Straße 29, PLZ 04779, **T 034364 51700,** F 51703
20 Zimmer | Ez ab 74 €, Dz ab 105 €, inkl. Frühstück

Gepflegtes Haus - unmittelbar an den beiden größten Seen des Wermsdorfer Waldes gelegen. Die wohnlichen Zimmer sind im Landhausstil eingerichtet. Restaurant mit Sonnenterrasse.

WERNBERG-KÖBLITZ 54 B
www.wernberg-koeblitz.de

Bayern | EW 5.586 | 400 m | Weiden 20 km, Schwandorf 30 km

Landgasthof Burkhard
www.hotel-burkhard.de

Marktplatz 10, PLZ 92533, **T 09604 92180,** F 921850
32 Zimmer | 3 Suiten | Ez ab 70 €, Dz ab 74 €, 8,00 € | 24 h

Seit 1854 familiär geführtes Haus in der Ortsmitte mit guten Tagungsmöglichkeiten. Helle, großzügige Zimmer unterschiedlicher Kategorien mit moderner Ausstattung.

Landgasthof Burkhard

45 | Hauptgericht 12–28 € | Mo-Do, So Mo-Mi, Sa-Sa Fr

In der heimeligen, mit Zirbelkieferholz getäfelten Kaminstube werden Sie mit einer französisch beeinflussten Frischeküche verwöhnt. Charmanter Service. Hauseigener Biergarten.

WERNIGERODE 33 A
www.wernigerode-tourismus.de

Sachsen-Anhalt | EW 33.479 | 240 m | Braunlage 24 km, Halberstadt 24 km

Gothisches Haus
www.travelcharme.com/gothisches-haus

★★★★ S garni

Marktplatz 2, PLZ 38855, **T 03943 6750,** F 675555
116 Zimmer | 10 Suiten | Ez 92–165 €, Dz 128–264 €, inkl. Frühstück | 24 h

Eine gepflegte Adresse - nicht nur für Romantiker! Hinter einer prachtvollen Fachwerkfassade verzaubert das Hotel seine Gäste mit harmonischem Ambiente und komfortablen Gästezimmern, in denen warme Farben und unterschiedliche Stilelemente Akzente setzen.

Gaststuben Gothisches Haus

120 | Hauptgericht 17–35 €, Menü 39–59 € | Mo-So

»

Individuell und gediegen gestaltete Gaststuben (Bohlen-, Ritter- und Hexenstube). Hier speisen Sie mit Blick auf den historischen Marktplatz. Aufgetischt wird eine originell zubereitete Frischeküche mit internationalen Einflüssen. Aber auch harztypische Spezialitäten stehen auf der Karte. Tipp: wöchentlich wechselnde Mittagsgerichte.

Boutique-Hotel Anno 1910 **Neu!** hotel-anno1910.de

VARTA-TIPP Ambiente

Marktstr. 20, PLZ 38855, **T 03943 2655919**
8 Zimmer, Dz 109–139 €, inkl. Frühstück

In dem reizenden kleinen Jugendstilfachwerkhaus in der Altstadt sorgen stilvoll-historische Details und moderne Elemente für romantisches Flair. Das Hotel begeistert durch freundlichen Service, ausgesprochen wohnliche Gästezimmer und ein hervorragendes Frühstück mit frischen Produkten, die zum größten Teil aus der Region stammen. Am Abend empfiehlt sich ein Besuch in der hauseigenen Weinbar.

Weißer Hirsch www.hotel-weisser-hirsch.de

★★★★

Marktplatz 5, PLZ 38855, **T 03943 267110,** F 26711199
64 Zimmer | 5 Suiten | Ez 89–155 €, Dz 118–185 €, inkl. Frühstück | 24 h

Das hist. Fachwerkgebäude am Marktplatz ist das älteste erhaltene Hotel Sachsen-Anhalts. Die wohnlich eingerichteten Zimmer in unterschiedlichen Kategorien sind komfortabel ausgestattet. Im Restaurant „Weißer Hirsch“ kommen Harzer Spezialitäten und internationale Küche auf den Tisch.

Restaurant Pietsch www.restaurantpietsch.de

VARTA-TIPP Küche

Breite Straße 53a, PLZ 38855, **T 03943 5536053**
14 | Menü 140–160 € | Mi-Sa Mo, Di, So

In seinem zweiten Lokal hat Robin Pietsch ein trendig-modernes Gastrokonzept verwirklicht. An einem langen Tresen speisen bis zu 14 Gäste zu einer festen Uhrzeit (Menüstart: 19:45 Uhr). Die weltoffene Küche zeichnet sich durch Experimentierfreude, klare Geschmackslinien, intensive Aromen und erstklassige Produktqualität aus. Die passenden Weinempfehlungen hat Maître Max Mittag. Tischreservierung notwendig.

Zeitwerk www.dein-zeitwerk.com

VARTA-TIPP Küche

Große Bergstr. 2a, PLZ 38855, **T 03943 6947884**
18 | Menü 140–160 € | Mi-Sa Mo, Di, So

Das kleine, aparte Lokal liegt zentral im Herzen der Altstadt. Wohnzimmeratmosphäre im besten Sinne: modernes Mobiliar, liebevoll arrangierte Deko, rustikales Fachwerkgebälk... und dazu eine schmackhafte Küche von Robin Pietsch. Er kocht konsequent regional, interpretiert die traditionellen Rezepte aber mit Können, Neugier und Experimentierfreude neu und modern. Das zugewandte und liebenswürdige Serviceteam begleitet den Abend perfekt und berät kompetent in punkto Wein.

WERTHEIM 52 A www.tourismus-wertheim.de

Baden-Württemberg | EW 23.750 | 145 m | Tauberbischofsheim 29 km, Lohr 31 km

Schwan
www.hotel-schwan-wertheim.de

Mainplatz 8, PLZ 97877, **T 09342 92330,** F 923366
31 Zimmer | 10 Suiten | Ez 75–85 €, Dz 95–125 €, inkl. Frühstück

Traditionsreiches Haus am Rande der Altstadt. Während im Altbau zweckmäßige, preisgünstige Zimmer zur Verfügung stehen, bietet der Neubau gemütliche, recht moderne Zimmer, die teils mit hochwertigen Materialien ausgestattet sind. Im stilvollen Restaurant wird moderne fränkische Küche serviert.

Bestenheider Stuben
www.bestenheider-stuben.de

VARTA-TIPP Service

Breslauer Straße 1, PLZ 97877 (OT: Bestenheid), **T 09342 96540**
60 | Hauptgericht 13–36 €, Menü 68–85 € | Mo-So

In dem am Ortsrand gelegenen Haus mit seiner rustikalen Holzfassade erwartet Sie ein einladendes, im modernen Landhausstil eingerichtetes Restaurant. Neben deftigen regionalen Hausklassikern werden auch raffiniert zubereitete klassische Gerichte angeboten, und das z.B. in Form von „Steinbeißerfilet an Pommerysenfsauce auf Bandnudeln mit frischen Gemüsen“. Zum Übernachten hat man gepflegte Gästezimmer. Schöne Sonnenterrasse.

WERTINGEN 59 B
www.wertingen.de

Bayern | EW 8.990 | 419 m | Dillingen 17 km, Augsburg 30 km

Gänsweid
www.gaensweid.de

Gänsweid 1, PLZ 86637, **T 08272 642132**
60 | Hauptgericht 17–30 €, Menü 30–40 € | Mo, Do-Fr, So Mo, Do-So Di, Mi

Die ehem. Werkstatt hat sich in ein modernes, in warmen Farben gestaltetes Restaurant mit Weinbar verwandelt. Aus der offenen Küche kommen wechselnde schwäbisch-mediterrane Speisen. Gute offene Weinbegleitung.

WESEL 29 A
www.wesel-tourismus.de

Nordrhein-Westfalen | EW 60.070 | 23 m | Dinslaken 15 km, Duisburg 30 km

Waldhotel Tannenhäuschen
www.tannenhaeuschen.de

★★★★ S garni

Am Tannenhäuschen 7, PLZ 46487 (OT: Feldmark), **T 0281 96690,** F 966999
80 Zimmer | 10 Suiten | 5 Apartments | 24 h

»

Begehrtes Urlaubsdomizil in ruhiger Waldlage. Das Haus bietet Ihnen wohnliche Zimmer in unterschiedlichen Kategorien, einen 5.300 qm großen Wellnessbereich, ein Parkrestaurant mit internationaler Küche sowie das „AQUA SILVA Bistro".

Welcome Hotel www.welcome-hotels.com/hotels/wesel

Rheinpromenade 10, PLZ 46487, **T 0281 30000,** F 3000333
103 Zimmer | 103 Suiten | Ez 95–145 €, Dz 130–195 €, inkl. Frühstück | 24 h

Moderne, sternförmige Hotelanlage mit großzügig gestalteten Suiten in direkter Rheinlage. Das Haus ist vor allem bei Tagungsgästen und Wellnessurlaubern sehr beliebt. Im Restaurant „Deichgraf" mit angrenzender Terrasse wird regionale und internationale Küche serviert.

WESENBERG 18 D www.klein-seenplatte.de

Mecklenburg-Vorpommern | EW 3.268 | 60 m | Neustrelitz 18 km, Neubrandenburg 48 km

Borchard's Rookhus am See www.rookhus.de

Am Großen Labussee 12, PLZ 17255, **T 039832 500,** F 50100
40 Zimmer | 8 Suiten | 16 Apartments | 24 h

Familien- und Kinderhotel direkt am Großen Labussee mit vielfältigem Freizeitangebot sowie speziellen Sommer- und Winterarrangements. Rustikal-ländliches Restaurant mit regionaler und internationaler Küche.

WESTERBURG 40 B www.stadt-westerburg.de

Rheinland-Pfalz | EW 5.617 | 343 m | Hachenburg 20 km, Montabaur 26 km

Lindner Hotel & Sporting Club www.lindner.de

Am Wiesensee, PLZ 56457 (OT: Stahlhofen), **T 02663 99100,** F 991199
87 Zimmer | 24 h

Tagungs- und Sporthotel in wunderschöner Lage. Elegante Zimmer, Suiten und Apartments mit Blick auf den Wiesensee oder den angrenzenden 18-Loch-Golfplatz. Wellness- und Beautybereich mit Pool, Sauna und Solarium.

WESTERHEIM (UNTERALLGÄU) 66 B www.gemeinde-westerheim.de

Bayern | EW 2.119 | 602 m | Memmingen 13 km, Mindelheim 19 km

Laupheimer www.laupheimer.de

Dorfstr. 19, PLZ 87784 (OT: Günz), **T 08336 7663,** F 7693
9 Zimmer | Ez 69–85 €, Dz 98–115 €, inkl. Frühstück

Traditionsreicher Gasthof, der sich seit 1888 in Familienbesitz befindet. Gepflegte, geschmackvoll eingerichtete Gästezimmer. Gemütliche Restauranträume mit ländlichem Flair. Aus der Küche kommen regionale Spezialitäten, hergestellt nach handwerklicher schwäbischer Tradition. Auch ein schöner Biergarten ist vorhanden.

WESTERSTEDE 13 C www.westerstede.de

Niedersachsen | EW 22.188 | 8 m | Oldenburg 25 km, Wilhelmshaven 30 km

Voss
www.schokoladenhotel.de

★★★★

Bahnhofstr. 17, PLZ 26655, **T 04488 5190,** F 6062
81 Zimmer

Ein modernes Wohlfühlhotel inmitten einer einzigartigen Parklandschaft. Wohnlich eingerichtete Zimmer mit zeitgemäßer Ausstattung. Ansprechendes Wellnessangebot mit Badelandschaft, Saunabereich und Beauty-Anwendungen. Hauseigene Schokoladenmanufaktur samt Schokoladenshop.

Altes Stadthaus
www.hotel-altes-stadthaus.de

★★★

Albert-Post-Platz 21, PLZ 26655, **T 04488 84710,** F 847130
17 Zimmer | Ez 74–94 €, Dz 99–140 €, inkl. Frühstück

Stadthotel in einer hist. Kornbrennerei von 1813 direkt am Marktplatz. Individuell eingerichtete Zimmer mit moderner Ausstattung. Das Restaurant mit Biergarten serviert frische regionale Küche.

WESTHOFEN 50 B
www.westhofen.de

Rheinland-Pfalz | EW 3.482 | 121 m | Mainz 50 km, Speyer 60 km

GUT LEBEN am Morstein
www.am-morstein.de

Mainzer Str. 8-10, PLZ 67593, **T 06244 9198660**
60 | Hauptgericht 10–30 €, Menü 30–60 € | So Mi-So Mo, Di

Die Gründerzeitvilla mit benachbartem Gehöft beherbergt neben individuell eingerichteten Zimmern auch ein elegantes Restaurant mit Kochschule. Serviert wird eine klassisch gehaltene regionale Küche mit frischen Produkten. Im Sommer eignet sich die 1.000 qm große historische Gartenanlage für Empfänge und Feierlichkeiten.

WETTENBERG 41 B
www.wettenberg.de

Hessen | EW 12.800 | 176 m | Gießen 5 km, Wetzlar 19 km

Burg Gleiberg
www.burggleiberg.de

Burgstraße 90, PLZ 35435, **T 0641 81444**
60 | Hauptgericht 18–28 € | Fr-So Do-So Mo, Di, Mi

Die auf einem markanten Basaltkegel gelegene mittelalterliche Burganlage ist ein beliebtes Ausflugsziel. Im nostalgisch anmutenden Hauptrestaurant, den Nassauer Stuben, wird eine zeitgemäße, klassisch gehaltene Küche serviert. In der urig-gemütlichen Albertusklause nebst Biergarten ist das Angebot etwas einfacher.

WETZLAR 41 A
www.wetzlar-tourismus.de

Hessen | EW 51.497 | 168 m | Gießen 16 km, Limburg an der Lahn 42 km

Naunheimer Mühle
www.naunheimer-muehle.de

★★★★

Mühle 2, PLZ 35584 (OT: Naunheim), **T 06441 93530,** F 935393
42 Zimmer | 1 Suite | Ez 88–106 €, Dz 128–165 €, inkl. Frühstück | 31.12.22–22.1.23 »

Familiengeführtes Landhotel mit persönlicher Atmosphäre. Das Haus punktet vor allem durch die idyllische Lage am Ufer der Lahn. Die Zimmer sind individuell, wohnlich und zeitgemäß eingerichtet. Zum Hotel gehört auch ein bürgerliches Restaurant mit netter Terrasse.

WEYHER 50 D www.weyher.de

Rheinland-Pfalz | EW 600 | 330 m | Edenkoben 5 km, Neustadt/Weinstr. 15 km

Zum Kronprinzen www.kronprinz-weyher.de

€ Gut & Günstig

Josef-Meyer-Straße 11, PLZ 76835, **T 06323 7063**
11 Zimmer | 1 Suite | Ez 69 €, Dz 89 €, inkl. Frühstück

Das charmante kleine Hotel liegt im alten Weinbauort Weyher, direkt am Rande des Pfälzerwaldes. Die Zimmer sind individuell, allesamt in freundlichen Farben, zeitgemäß und wohnlich, dazu am Morgen ein frisches Frühstück. Im gemütlichen Restaurant kommen freitags bis sonntags neben den beliebten Pfälzer Klassikern auch feine internationale und vegetarische Gerichte auf den Tisch.

WICKEDE 30 C www.wickede.de

Nordrhein-Westfalen | EW 11.354 | 140 m | Unna 16 km, Soest 21 km

Haus Gerbens www.haus-gerbens.de

Hauptstraße 211, PLZ 58739, **T 02377 1013**
50 | Hauptgericht 14–34 €, Menü 25–78 € | Di-Sa Mo, So

Modern eingerichtetes Restaurant mit schmackhafter internationaler Küche und hübscher Lounge. Individuell eingerichtete Zimmer für Übernachtungsgäste.

WIECK A. DARSS 10 D www.fischland-darss-zingst.de

Mecklenburg-Vorpommern | EW 715 | 1 m | Prerow 4 km, Barth 22 km

Haferland www.hotelhaferland.de

Bauernreihe 5a, PLZ 18375, **T 038233 680,** F 68220
46 Zimmer | 14 Apartments | Ez 140–169 €, Dz 160–189 €, inkl. Frühstück | 24 h

Reetgedecktes Landhotel mit schöner Terrasse in ruhiger Ortsrandlage gegenüber dem Seglerhafen. Hier bietet man Ihnen stilvolle, mit hellen Echtholzmöbeln eingerichtete Zimmer. Für Entspannung sorgt der Wellnessbereich mit Schwimmbad und Saunalandschaft. Eine Idylle ist der große, naturnahe Garten.

Gute Stube

66 | Mo-So

Helles, gemütliches Restaurant im Landhausstil. Serviert werden feine regionale Küche und wechselnde Menüs. Schöne Sonnenterrasse mit Blick auf den Hafen von Wieck.

WIEDEN 64 A www.schwarzwaldregion.belchen.de

Baden-Württemberg | EW 580 | 1.050 m | Schönau 8 km, Todtnau 11 km

Berghotel Wiedener Eck www.wiedener-eck.de

★★★★★S garni

Oberwieden 15, PLZ 79695, **T 07673 9090,** F 90930
28 Zimmer | 4 Suiten | Ez 85–92 €, Dz 150–205 €, inkl. Frühstück

Seit mehr als 100 Jahren ist dieses Haus bereits in Familienhand. Die freundlich-warme Atmosphäre und die einzigartige Lage auf der Passhöhe zwischen dem Münstertal und dem Wiesental werden Sie begeistern. Die Zimmer sind äußerst wohnlich und zeitgemäß ausgestattet. In den urigen Gaststuben sowie im lichtdurchfluteten Panoramarestaurant wird eine verfeinerte Regionalküche aufgetischt.

WIENHAUSEN 23 B www.lueneburger-heide.de

Niedersachsen | EW 4.170 | 43 m | Celle 10 km, Hannover 44 km

HOTEL Am Kloster www.hotel-wienhausen.de

★★★★★S garni

Mühlenstr. 6-7, PLZ 29342, **T 05149 185550,** F 1855511
24 Zimmer | 5 Apartments | Ez ab 85 €, Dz ab 135 €, inkl. Frühstück

Kleines, sympathisches Hotel direkt am berühmten Zisterzienserkloster aus dem 13. Jhd. Geschmackvoll eingerichtete Zimmer mit moderner Farbgebung. Liebevoll zubereitetes Frühstück (auch auf der Terrasse möglich). Leihfahrräder.

WIESBADEN 41 C www.wiesbaden.de

Hessen | EW 275.976 | 115 m | Mainz 11 km, Rüdesheim 27 km
Kurhaus Wiesbaden mit Bowling Green und Kurpark, Casino, Kochbrunnen, Altstadt mit Bäckerbrunnen, Schlossplatz mit Stadtschloss (Hessischer Landtag), Hessisches Staatstheater, Neroberg mit Nerobergbahn, russische Kirche, Schloss Biebrich mit Schlosspark, Kaiser-Friedrich-Therme.
Einen Cityplan finden Sie auf Seite 1150.

Nassauer Hof www.hommage-hotels.com/nassauer-hof

VARTA-TIPP Service

★★★★★S garni

Kaiser-Friedrich-Platz 3-4 (B2), PLZ 65183, **T 0611 1330,** F 133632
159 Zimmer | 24 Suiten | 24 h

Hinter der wilhelminischen Prachtfassade des ehrwürdigen Grandhotels erwartet Sie ein luxuriöser und urbaner Rückzugsort. Hier genießen Sie ultimativen Komfort, absolute Ruhe sowie einen hohen Qualitäts- und Servicestandard. Die Zimmer und Suiten beeindrucken durch zeitlose Eleganz, eine angenehm warme Farbgestaltung und erlesenes Interieur. Toll auch der Relax- und SPA-Bereich mit eigener Thermalquelle.

Ente

VARTA-TIPP Küche VARTA-TIPP Service

80 | Hauptgericht 37–43 €, Menü 89–115 € | Mi-Sa Mo, Di, So

Hier stimmt einfach alles: Ambiente, Service und Küchenleistung. Seit vielen Jahren ein sicherer Wert in der Wiesbadener Gastronomie. Im klassisch-gediegenen Restaurant glänzt Michael Kammermeier mit seiner geradlinigen europäischen Kreativküche, die er durch eine besondere persönliche Note individuell interpretiert. Dazu eine exzellente Weinkarte mit rund 600 Positionen und ein professioneller Service. Alternativ bietet das „ENTE Bistro" eine feine französisch-italienische Küche in ungezwungener Atmosphäre.

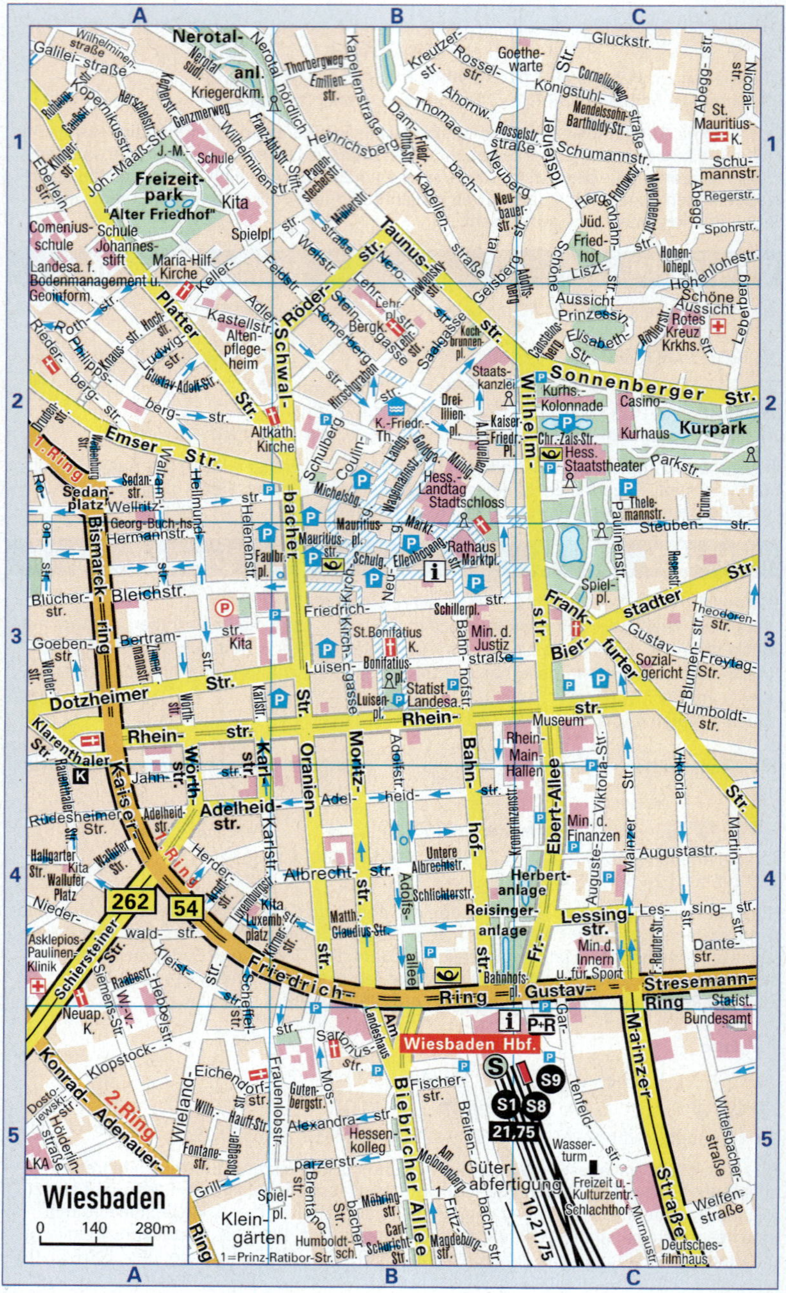
Wiesbaden
0 140 280m
A
B
C
1
2
3
4
5
Nerotal-anl.
Kriegerdkm.
Freizeit-park "Alter Friedhof"
Comenius-schule
Johannes-stift
Maria-Hilf-Kirche
Landesa. f. Bodenmanagement u. Geoinform.
Kastellstr.
Alten-pflege-heim
Altkath. Kirche
Emser Str.
1. Ring
Sedan-platz
Bismarck-ring
Bleichstr.
Blücher-str.
Goeben-str.
Dotzheimer Str.
Rhein-str.
Klarenthaler Str.
Kaiser-
Rüdesheimer Str.
Hallgarter Str.
Wallufer Platz
Nieder-wald-str.
Asklepios-Paulinen-Klinik
Schiersteiner Str.
Neuap. K.
Klopstock-
Konrad-Adenauer-Ring
2. Ring
262
54
Friedrich-Ring
Gustav-Stresemann-Ring
Wiesbaden Hbf.
S1
S8
S9
21,75
10,21,75
Güter-abfertigung
Wasser-turm
Freizeit u. Kulturzentr. Schlachthof
Deutsches Filmhaus
Statist. Bundesamt
Biebricher Allee
Mainzer Straße
Klein-gärten
1=Prinz-Ratibor-Str.
Hessen-kolleg
Alexandrastr.
Schwalbacher Str.
Röder-str.
Taunus-str.
Kapellenstraße
Goethe-warte
Königstuhl
St. Mauritius-K.
Jüd. Friedhof
Rotes Kreuz Krkhs.
Sonnenberger Str.
Wilhelm-str.
Staats-kanzlei
Kurhs.-Kolonnade
Casino
Kurhaus
Kurpark
Hess. Staatstheater
Parkstr.
K.-Friedr.-Th.
Hess.-Landtag
Stadtschloss
Rathaus
Marktpl.
Mauritius-pl.
Schillerpl.
Min. d. Justiz
St. Bonifatius K.
Luisen-pl.
Statist. Landesa.
Frankfurter Str.
Bierstadter Str.
Sozial-gericht
Museum
Rhein-Main-Hallen
Friedrich-Ebert-Allee
Min. d. Finanzen
Herbert-anlage
Reisinger-anlage
Min. d. Innern u. für Sport
Lessing-str.
Bahnhofs-pl.
Augustastr.
Viktoria-str.
Oranien-str.
Moritz-str.
Karlstr.
Wörthstr.
Adelheid-str.
Albrecht-str.
Adolfsallee
Bahnhof-str.
Luxemb.-platz
Kita
Schule
Spielpl.

Mercure Hotel Wiesbaden City
www.all.accor.com

★★★★

Bahnhofstraße 10-12 (B3), PLZ 65185, **T 0611 1620,** F 304599
235 Zimmer | Ez 80–329 €, Dz 90–339 €, ab 21,00 € | 24 h

Das moderne Businesshotel im historischen Stadtzentrum wurde erst kürzlich renoviert. Die freundlichen Gästezimmer bieten zeitgemäße Technik und sehr guten Schlafkomfort. Wellnessoase mit zwei Saunen, Pool und Gym. Restaurant mit internationaler Küche.

Radisson Blu Schwarzer Bock
www.radissonhotels.com

★★★★ S

Kranzplatz 12 (B2), PLZ 65183, **T 0611 1550,** F 155111
142 Zimmer | 7 Suiten | 24 h

Traditionsreiches Hotel mit hist. Fassade und nostalgischem Charme, dessen Geschichte bis ins 15. Jhd. zurückreicht. Individuell eingerichtete Zimmer und Suiten unterschiedlicher Kategorien. Schöner Wellnessbereich, der von den Wiesbadener Thermalquellen gespeist wird.

Best Western
www.cityhotel-wiesbaden.de

★★★ S garni

Mainzer Straße 74 (C5), PLZ 65187, **T 0611 1701790,** F 170179511
165 Zimmer | 24 h

Das 2018 eröffnete Business- und Stadthotel ist Teil des neu entstandenen Quartiers Verso. Die Zimmer: frisch, wohnlich, modern in den Kategorien „Standard", „Komfort" und „Executive". Offene Lobby mit Bar-Bistro-Konzept. Kleiner Fitnessbereich im EG.

De France
www.hoteldefrance.de

Taunusstraße 49 (B1), PLZ 65183, **T 0611 959730**
37 Zimmer | 3 Suiten

Ein privat geführtes Boutique-Hotel mit geschmackvollen Gästezimmern in unterschiedlichen Kategorien. Der mediterrane Hotelgarten steht exklusiv Hausgästen zur Verfügung.

Fontana
www.fontana-hotel-wiesbaden.de

★★★ garni

Sonnenberger Straße 62 (↘ C2), PLZ 65193, **T 0611 181160,** F 1811666
25 Zimmer | 3 Suiten | 1 Apartment | Ez 68–198 €, Dz 83–233 €, 8,50–13,00 €

Modernes Privathotel in ruhiger, zentraler Lage am Kurpark. Komfortable Zimmer unterschiedlicher Kategorien, die mit Marmor- oder Granitbädern ausgestattet sind. Reichhaltiges Frühstücksbuffet.

Oranien
www.hotel-oranien.de

★★★★ S

Platter Straße 2 (B2), PLZ 65193, **T 0611 18820,** F 1882200
80 Zimmer | 3 Suiten | 4 Apartments | Ez ab 99 €, Dz ab 109 €, 19,00 € | 24 h

Ein elegantes Privathotel im Herzen der Stadt, in dem man auf Persönlichkeit und Service großen Wert legt. Stammgäste schätzen die individuelle, wohnliche Einrichtung und das gepflegte Frühstück. Im Restaurant „Linner" wird regional und international gekocht.

Trüffel
www.citta-hotel.de

★★★★

Webergasse 6-8 (B2), PLZ 65183, **T 0611 990550,** F 9905511
30 Zimmer | 3 Suiten

»

Sehr gute Adresse für einen kurzen oder längeren Businessaufenthalt. Geschmackvolle, schallisolierte Zimmer mit klarem Raumdesign, sehr guter technischer Ausstattung und großzügigen Bädern. Hell und modern gestaltetes Restaurant mit Bistroambiente und offener Showküche.

Town Hotel — www.townhotel.de

garni

Spiegelgasse 5 (B2), PLZ 65183, **T 0611 360160,** F 360166
25 Zimmer | Ez 65–199 €, Dz 75–199 €

Modernes Stadthotel in ruhiger Lage mit familiärem Charakter. Helle, freundlich eingerichtete Gästezimmer mit bodentiefen Fenstern, künstlerisch gestalteten Wände und ökologischem Parkettboden. Nette Frühstückslounge mit Olivenbaum.

Das Manico **Neu!** — www.dasmanico.de

Taunusstraße 49 (B1), PLZ 65183, **T 0611 16866466**
40 | Hauptgericht 31–39 €, Menü 60–99 € | ◔ Mi-Sa ◕ Di-Sa ⦸ Mo, So

Hier sind Wohlfühlatmosphäre und Gaumengenuss garantiert. Das Interieur des stimmungsvollen, fast schon mondän wirkenden Restaurants zeigt sich als gelungener Stilmix aus Klassik und Moderne. Ein besonderer Blickfang ist die denkmalgeschützte Holzkassettendecke. Der warme Parkettboden trifft auf zeitgemäße graue Sitzmöbel. Serviert wird eine ambitionierte internationale Küche mit mediterranen Einflüssen.

Benner's Bistronomie — www.benner-s.de

Kurhausplatz 1 (C2), PLZ 65189 (OT: Südost), **T 0611 536200**
250 | Hauptgericht 20–53 € | ◔◕ Mo-So

Das nostalgisch anmutende Bistrorant ist im Stil der Belle Époque eingerichtet. Serviert werden raffinierte Speisen aus der französischen und kosmopolitischen Küche. Im Sommer lockt die großzügige Außenterrasse. Montags bis freitags: Business-Lunch-Menü.

Das Goldstein by Gollner's — www.gollners.de

Goldsteintal 50, PLZ 65207, **T 0611 541187**
150 | Hauptgericht 19–48 €, Menü 58–95 € | ◔◕ Mi-So ⦸ Mo, Di

Das aufwendig sanierte Restaurant mitten im grünen Goldsteintal kommt gut an mit seinem stilvollen und modernen Interieur und den beiden Terrassen. Dazu eine moderne internationale Küche - da heißt es z.B. „Tataki und angebratenes Tatar vom US-Nebraska-Beef | Wasabi | Spitzkraut | Kresse" oder „Gegrilltes Filet vom Wildlachs | Gemüse | Kapern-Tomaten-Butter | Kartoffeln". Toll auch das breitgefächerte Weinangebot.

Landhaus Diedert www.landhaus-diedert.de

Am Kloster Klarenthal 9, PLZ 65195 (OT: Alt-Klarenthal), **T 0611 1846600**
80 | Hauptgericht 19–40 € | Mi-Fr, So Mi-So Mo, Di

Das familiär geführte Restaurant liegt ruhig am Stadtrand und präsentiert sich im französischen Landhausstil. Aus der Küche kommen frische, international inspirierte Gerichte wie „Karree vom Salzwiesenlamm unter der Senf-Kräuter-Kruste | Bohnencassoulet | Kartoffelgratin | Rosmarinjus".

WIESENBRONN 52 B www.wiesenbronn.de

Bayern | EW 960 | 262 m | Würzburg 34 km, Schweinfurt 42 km

Rothweinhotel www.rothweinhotel.de

€ Gut & Günstig

Büttnergasse 8, PLZ 97355, **T 09325 9794080,** F 97940840
29 Zimmer | 1 Apartment | Ez 59–65 €, Dz 95–100 €, inkl. Frühstück

Das neben dem Weingut Roth gelegene Hotel bietet individuell gestaltete Zimmer, die nach Rebsorten benannt sind. Morgens erwartet Sie ein abwechslungsreiches Frühstücksbuffet mit vielen regionalen Bio-Produkten. Zum Haus gehören auch ein Tagungsraum und ein Gewölbekeller.

WIESLOCH 51 C www.wiesloch.de

Baden-Württemberg | EW 25.502 | 130 m | Heidelberg 14 km, Bruchsal 25 km

Ifen www.hotel-ifen.de

garni

Schwetzinger Straße 131, PLZ 69168, **T 06222 58090,** F 580910
32 Zimmer | 4 Suiten | 16 Apartments

Zeitgemäße Businessadresse in Stadtrandlage mit guter Verkehrsanbindung an die Autobahnen A5 und A6. Hier erwarten Sie zweckmäßig ausgestattete Zimmer, Familienzimmer und Apartments - ideal für Langzeitaufenthalte. Ein Transfer zum SAP-Schulungszentrum in Walldorf wird angeboten.

Brauhaus Freihof www.brauhaus-freihof.de

Freihofstraße 2, PLZ 69168, **T 06222 9353994**
180 | Hauptgericht ab 10 € | Mo-So

»

Mit großem Aufwand hat man das historische Gebäude im Wieslocher Stadtkern renoviert und zu einem Brauerei-Gasthaus umgebaut. Auf der Speisekarte locken bodenständig-regionale Gerichte wie „Pfälzer Saumagen mit Bratkartoffeln" oder „Rindergulasch mit Spätzle". Dazu gibt es frisch gebrautes Bier aus hauseigener Produktion. Lauschiger Biergarten direkt am Haus.

WIESMOOR 13 C www.wiesmoor.de

Niedersachsen | EW 12.887 | 13 m | Aurich 24 km, Leer 30 km

Blauer Fasan www.blauer-fasan.de

Fliederstraße 1, PLZ 26639 (OT: Hinrichsfehn), **T 04944 92700,** F 927070
33 Zimmer | Ez 95–120 €, Dz 140–180 €, inkl. Frühstück | 24 h

Reetgedecktes friesisches Gasthaus inmitten einer kleinen Parklandschaft. Modern puristisch oder nordisch klassisch eingerichtete Zimmer mit Gartenblick und Balkon. Auch mehrere Ferienwohnungen sind vorhanden. Traditionelle Gerichte mit modernem Pfiff werden in den charmanten Gaststuben serviert.

Zur Post www.hotelzurpost-wiesmoor.de

Am Rathaus 6, PLZ 26639, **T 04944 91060**
80 | Hauptgericht 9–28 € | Di-So Mo

In diesem engagiert geführten Familienhotel kann man nicht nur gepflegt übernachten, sondern auch exzellent speisen. Aus der Küche des Chefs kommen bürgerlich-regionale Gerichte, die preislich fair kalkuliert sind. Am Nachmittag werden Sie mit selbstgebackenem Kuchen und echtem Ostfriesentee verwöhnt.

WIESSEE, BAD 68 A www.bad-wiessee.de

Bayern | EW 4.664 | 750 m | Miesbach 19 km, Bad Tölz 21 km

Berghotel Sonnenbichl Neu! www.berghotel-sonnenbichl.de

Sonnenbichl 1, PLZ 83707, **T 08022 98730,** F 98711
23 Zimmer | Ez 170–250 €, Dz 210–250 €, inkl. Frühstück

Das ländliche Chalethotel wurde 2022 nachhaltig renoviert. In den geschmackvollen Gästezimmern (wahlweise mit Berg-, Wald- oder Seeblick) dominiert alpiner Schick – kombiniert mit liebevoll restaurierten Möbeln und Dekofundstücken. Morgens erwartet Sie ein gesundes Frühstück - à la carte und aus regionalen Bioprodukten. Gemütliches Restaurant mit kleiner, saisonaler Speisekarte.

Bussi Baby Neu! www.bussibaby.com

Sankt-Johanser-Straße 46, PLZ 83707, **T 08022 8670,** F 867550
42 Zimmer | Ez 150–200 €, Dz 250–300 €, inkl. Frühstück

Hier hat man sich auf Urlaub für Erwachsene spezialisiert. Das coole Lifestyle-Hotel präsentiert sich seit 2022 in neuem Look. In den Zimmern (wahlweise mit Berg- oder Seeblick) sorgen traditionelle bayerische Einrichtungselemente und ausgewählte Designstücke für eine unkonventionelle, wohnliche Atmsophäre. Für Entspannung sorgt ein moderner Rooftop-SPA mit Infinitypool. In der hippen Hotelbar werden leckere „Asian-Style-Drinks" serviert.

Landhaus am Stein www.landhausamstein.de

garni

Im Sapplfeld 8, PLZ 83707 (OT: Abwinkel), **T 08022 98470,** F 83560
20 Zimmer | 4 Suiten | Ez ab 125 €, Dz ab 225 €, inkl. Frühstück | 24 h

Ruhig und sehr idyllisch liegt dieses familiengeführte Haus inmitten einer traumhaften Bergkulisse. Hier stehen Ihnen liebevoll im Landhausstil eingerichtete Nichtraucherzimmer zur Verfügung. Dazu ein schöner Wellnessbereich und ein gepflegter Garten.

Relais Chalet Wilhelmy www.relais-chalet.com

Freihausstraße 15, PLZ 83707, **T 08022 98680,** F 9868233
28 Zimmer | 3 Suiten | 2 Apartments | Ez ab 110 €, Dz ab 199 €, inkl. Frühstück

Das einzigartige Boutique-Hotel wurde um einen ganzjährig beheizten Außenpool mit Gartensauna, einen Wintergarten mit anschließender Sonnenterrasse und traumhafte Naturzimmer am Bach ergänzt. Seit Jahren eine der Top-Adressen im Ort.

Bellevue www.hotel-bellevue-badwiessee.de

★★★

Hirschberg 22, PLZ 83707, **T 08022 66490,** F 664949
25 Zimmer | 1 Suite | Ez ab 55 €, Dz ab 110 €, inkl. Frühstück

Behaglicher oberbayerischer Familienbetrieb nahe dem See. Die einfachen, aber gepflegten Gästezimmer sind größtenteils mit einem Balkon ausgestattet. Regionaltypisches Restaurant mit schöner Sonnenterrasse.

Landhaus Marinella www.landhaus-marinella.de

VARTA-TIPP Service

garni

Am Strandbad 7, PLZ 83707, **T 08022 8599990,** F 85999919
11 Zimmer | 3 Suiten | Ez 130–190 €, Dz 165–240 €, inkl. Frühstück | ⃠ 7.–23.11.22, 6.–26.3.23

Ein reizendes Domizil, idyllisch zwischen Jachtclub und Strandbad gelegen. Alles hier ist ein bisschen mehr als nur „Standard“: die geräumigen, mit liebevollen Details ausgestatteten Zimmer, der schöne Garten, der aufmerksame Service und nicht zuletzt das sehr gute Frühstück mit frischen Produkten aus der Region.

Da Mimmo www.ristorante-da-mimmo.com

Nördliche Hauptstraße 89, PLZ 83708 (OT: Scharling), **T 08029 315**
48 | Hauptgericht 25–34 € | Di-Sa ⃠ Mo, So

Eingestimmt von alpenländischer Atmosphäre genießen Sie bei Mimmo Lapenna feine italienische Spezialitäten, die im Sommer auch auf der sonnigen Terrasse serviert werden. Die Crew an der Gästefront ist freundlich und kompetent.

Freihaus Brenner www.freihaus-brenner.de

VARTA-TIPP Küche **VARTA-TIPP** Service

Freihaus 4, PLZ 83707, **T 08022 86560**
160 | Hauptgericht 15–39 €, Menü 39–80 € | Mo, Mi-So ⃠ Di

»

Seit vielen Jahren eine echte Genuss- und Wohlfühladresse! Ob in den behaglichen, mit viel Holz ausgestatteten Gaststuben oder auf der herrlichen Südterrasse mit traumhaftem Seeblick, die sympathische Servicecrew kredenzt Ihnen eine frische klassisch-regionale Küche zu fairen Preisen, so z.B. „Gebratenes Heilbuttfilet mit Krustentierschaum, Erbsenpüree und Hummerravioli“ oder „Knusprig gebratene Bauernente mit Blaukraut und Kartoffelknödel“.

WILDBAD, BAD 57 A www.bad-wildbad.de

Baden-Württemberg | EW 10.544 | 425 m | Calw 21 km, Pforzheim 25 km

Mokni's Palais Hotel & Spa www.moknis.com

Kurplatz 4-6, PLZ 75323, **T 07081 3010,** F 301166
120 Zimmer | 10 Suiten | 4 Apartments | Ez 92–106 €, Dz 168–204 €, inkl. Frühstück

Ruhige Lage in einer verkehrsberuhigten Fußgängerzone. Individuell eingerichtete Zimmer, die sich auf zwei Häuser verteilen. Entspannung bietet das Palais Thermal, zu dem Hausgäste freien Zutritt haben. Restaurant im gegenüberliegenden Hotel Rossini.

WILDBERG 57 B www.wildberg.de

Baden-Württemberg | EW 9.644 | 395 m | Nagold 11 km, Calw 17 km

Talblick www.talblick-wildberg.de

VARTA-TIPP Küche

Bahnhofsträßle 6, PLZ 72218, **T 07054 5247**
120 | Hauptgericht 9–35 €, Menü 110 € | Mo, Mi-So Di

Zu den kulinarischen Überraschungen von Claus Weitbrecht gehören sowohl bodenständige Regionalgerichte als auch kreative Gourmetmenüs. Die eingespielte Küchencrew verwöhnt Sie u.a. mit solch schmackhaften Gerichten wie „Dorade Royal | Zitrus-Verveine-Nage | sautiertes Wurzelgemüse | Kartoffelkrapfen“. Und wer länger bleiben möchte: Preiswerte Hotelzimmer gibt es hier auch.

WILDEMANN 32 B www.oberharz.de

Niedersachsen | EW 1.200 | 410 m | Clausthal-Zellerfeld 5 km, Altenau/Harz 12 km

Rathaus www.hotel-rathaus-wildemann.de

Bohlweg 37, PLZ 38709, **T 05323 6261**
35 | Hauptgericht 11–50 € | Di-Mi, Fr-So Mo-Mi, Fr-So Do

Das Restaurant im Hotel Rathaus kann man uneingeschränkt empfehlen: Gemütliche Atmosphäre mit holzgetäfelten Wänden und Sichtbalken, schmackhafte Küche, bei der ausschließlich Produkte von regionalen Erzeugern verarbeitet werden, und last but not least ein angenehm freundlicher Service. Zum Übernachten bietet man behagliche Gästezimmer.

WILDUNGEN, BAD 31 D www.bad-wildungen.de

Hessen | EW 16.672 | 273 m | Korbach 35 km, Kassel 40 km

Göbel's Quellenhof

www.goebels-quellenhof.de

Brunnenallee 54, PLZ 34537, **T 05621 8070,** F 807500
117 Zimmer | Ez ab 105 €, Dz ab 160 €, inkl. Frühstück

Urlaubs- und Geschäftshotel mit prachtvoller Jugendstilfassade und stilvollem Interieur. Behaglich eingerichtete Zimmer mit moderner Ausstattung im Haupthaus und in der direkt angeschlossenen Villa Quisisana. Großzügiger SPA- und Wellnessbereich mit Schwimmbad- und Saunalandschaft. Umfangreiches gastronomisches Angebot mit mehreren Restaurants.

WILGARTSWIESEN 50 C

www.hauenstein-pfalz.de

Rheinland-Pfalz | EW 1.054 | 222 m | Annweiler 7 km, Pirmasens 24 km

Am Hirschhorn

www.landhausamhirschhorn.de

Am Hirschhorn 12-14, PLZ 76848, **T 06392 581,** F 3578
17 Zimmer | 1 Suite | 3 Apartments | Ez 85–140 €, Dz 138–240 €, inkl. Frühstück

Das ruhig gelegene Landhotel ist vor allem bei Freizeitgästen sehr beliebt. Es verfügt über hochwertig und freundlich eingerichtete Zimmer in verschiedenen Kategorien und Stilrichtungen. Wellnessbereich mit Indoorpool, Saunalandschaft und mediterraner Liegewiese.

WILHELMSHAVEN 13 B

www.wilhelmshaven-touristik.de

Niedersachsen | EW 78.524 | 2 m | Oldenburg 55 km, Emden 80 km

Küstenmuseum, Dt. Marinemuseum, UNESCO-Weltnaturerbe Wattenmeer mit Besucherzentrum, Container-Tiefwasserhafen JadeWeserPort mit Info-Center, Kaiser-Wilhelm-Brücke, Feuerschiff Weser, Seetonnenleger Kapitän Meyer, Südstrandpromenade, Rosarium, Bot. Garten, Kunsthalle, Piratenmuseum, hist. Kirchen.

Atlantic Hotel

www.atlantic-hotels.de

GREENSIGN S

Jadeallee 50, PLZ 26382 (OT: Innenhafen), **T 04421 773380,** F 7733811
145 Zimmer | 25 Suiten | Ez 139–229 €, Dz 199–259 €, inkl. Frühstück | 24 h

Moderner Hotelbau im Stil eines imposanten Kreuzfahrtschiffes direkt am Großen Hafen. Die lichtdurchfluteten Zimmer mit stilvoll-moderner, maritim geprägter Ausstattung ermöglichen einen schönen Blick auf den Hafen, den Jadebusen oder den Banter See. Exklusive Sauna- und Wellnesslandschaft auf 1.000 qm.

Harbour View

80 | Hauptgericht 20–40 € | Mo-So

Großzügiges, lichtdurchflutetes Ganztagesrestaurant mit Ausblick über den Großen Hafen und auf die Kaiser-Wilhelm-Brücke. Jahreszeitlich abgestimmte regionale und internationale Gerichte. Séparée mit Blick auf die hoteleigene Gartenanlage und den Banter See.

Nordsee-Hotel

www.nordseehotel-whv.de

Zum Ölhafen 205, PLZ 26384 (OT: Heppenser Groden), **T 04421 9650,** F 965280
51 Zimmer | 4 Suiten | 1 Apartment | Ez 60–74 €, Dz 74–110 €, inkl. Frühstück

Direkt am Ölhafen gelegenes Urlaubs- und Geschäftshotel mit guten Tagungsmöglichkeiten. Etagenzimmer mit Panoramablick über den Jadebusen. Unterschiedliche Zimmertypen mit zeitgemäßer Ausstattung. Für Entspannung sorgt ein kleiner Saunabereich. Restaurant „Meerblick“ mit internationaler Küche.

Fliegerdeich
www.hotel-fliegerdeich.de

VARTA-TIPP Ambiente

Fliegerdeich 3, PLZ 26382, **T 04421 7557940**
13 Zimmer

Modern, jung und detailverliebt zeigt sich dieses Boutique-Hotel am Wilhelmshavener Südstrand, das sich thematisch der Fliegerei widmet. So finden sich in dem dreistöckigen Gebäude viele Details aus der Luftfahrt. Darüber hinaus hat man attraktive, im schicken „Industrial Style" gehaltene Zimmer - wahlweise mit Land- oder Meerblick. Im gemütlichen Restaurant serviert man nordisch-frische Küche mit internationalen Einflüssen.

Artischocke
www.artischocke-whv.de

Peterstraße 19, PLZ 26382, **T 04421 34305**
45 | Hauptgericht 13–29 €, Menü 42–46 € | Di-Sa Mo, So

Warum sich das Restaurant im Stadttheater Wilhelmshaven so großer Beliebtheit erfreut? Das Ambiente ist dezent-elegant, der Service herzlich und die Küche richtig gut. Der Mix aus französisch-mediterran, saisonal und modern bietet z.B. „Rückensteak vom Rind mit Speckbohnen, Kartoffelgratin, Kräuterbutter und geriebenem Meerrettich". Tipp: preiswerter Mittagstisch.

WILLICH 29 C
www.stadt-willich.de

Nordrhein-Westfalen | EW 51.000 | 38 m | Krefeld 10 km, Mönchengladbach 14 km

Kaiserhof
www.kaiserhof.org

Unterbruch 6, PLZ 47877 (OT: Schiefbahn), **T 02154 87165**
120 | Hauptgericht 15–38 €, Menü 42–69 € | Mi-So

Rekonstruierte Hofanlage mit liebevoll dekorierten Gasträumen. Sie haben die Wahl zwischen dem Restaurant und der Brasserie. Serviert wird eine feine, jahreszeitlich inspirierte Regional- und Mittelmeerküche. Regelmäßig Spezialitäten- und Themenabende.

WILLINGEN (UPLAND) 31 C www.willingen.de

Hessen | EW 7.700 | 550 m | Brilon 15 km, Korbach 23 km

Stryckhaus www.goebel-hotels.com

Mühlenkopfstraße 12, PLZ 34508 (OT: Stryck), **T 05632 9860,** F 69961
56 Zimmer | 2 Suiten | 1 Apartment | Ez ab 95 €, Dz ab 170 €, inkl. Frühstück

In diesem vorbildlich geführten Haus mit schönem Garten direkt am Waldrand logieren Sie in behaglich und individuell eingerichteten Wohlfühlzimmern, die meist über einen Balkon oder eine Terrasse verfügen. Im hauseigenen, 600 qm großen Wellnessbereich lässt es sich wunderbar entspannen.

Stryckhaus

145 | Hauptgericht 14–35 € | Mo-So

Klassisch-elegantes Restaurant mit offenem Kamin und schönem Ausblick. Serviert wird eine gehobene Frischeküche, die sich durch regionale Produkte, saisonale Speisen und internationales Flair auszeichnet. Großzügige Gartenterrasse.

Waldecker Hof & Spa www.waldecker-hof.de

Waldecker Straße 28, PLZ 34508, **T 05632 9880,** F 988360
34 Zimmer | 3 Suiten | 2 Apartments | Ez 70–82 €, Dz 140–164 €, inkl. Frühstück

Über 100-jähriger Familienbetrieb in zentraler Lage. Stilvoll in warmen Farben eingerichtete Zimmer mit moderner Ausstattung. Regionale und internationale Küche bietet das Restaurant.

Gutshof Itterbach www.gutshof-itterbach.de

Mühlenkopfstraße 7, PLZ 34508, **T 05632 96940**
94 | Hauptgericht 16–33 €, Menü 45 € |

Großräumiges Restaurant mit dunklem Holz und schönen Farbakzenten. Hier wird eine schmackhafte internationale Küche serviert. Schön zusammengestellte Weinkarte mit Schwerpunkt Rheingau, Rheinhessen und Nahe. Nette Terrasse mit Blick ins Grüne.

WILSNACK, BAD 25 A www.bad-wilsnack.de

Brandenburg | EW 2.671 | 27 m | Wittenberge 16 km, Perleberg 17 km

Vitalhotel Ambiente www.vitalhotel-ambiente.de

Dr.-Wilhelm-Külz-Straße 5a, PLZ 19336, **T 038791 760,** F 76400
58 Zimmer | 10 Suiten | 24 h

Nettes Hotel am Kurpark. Zimmereinrichtung mit klaren Formen, freundlichen Farben und natürlichen Materialien. Kleiner Wohlfühlbereich mit Saunalandschaft. Restaurant mit regionaler Küche und malerischer Sonnenterrasse.

WILTHEN 36 D www.wilthen.de

Sachsen | EW 5.268 | 288 m | Bautzen 14 km, Dresden 54 km

Erbgericht Tautewalde www.tautewalde.de

★★★★

Hauptstr. 25, PLZ 02681 (OT: Tautewalde), **T 03592 38300,** F 383299
31 Zimmer | 2 Apartments | Ez 82–98 €, Dz 112–140 €, inkl. Frühstück | ⃠ 10.–19.2.23, 23.7.–6.8.23

Nett geführtes Domizil in reizvoller Umgebung. Der Hotelbau beherbergt wohnliche Gästezimmer mit zeitgemäßem Komfort. Das Service- und Dienstleistungsniveau ist vorbildlich. Als Tagungs-, Seminar- und Veranstaltungsraum steht die historische Feldsteinscheune zur Verfügung.

Erbgericht Tautewalde

VARTA-TIPP Küche **VARTA-TIPP** Service

50 | Hauptgericht 19–29 €, Menü 34–55 € | Fr-Sa Mo-Sa ⃠ So ⃠ 10.–19.2.23, 23.7.–6.8.23

Im hist. Gebäudeteil des Hotels befindet sich das einladende und sehr gemütliche Restaurant. Hier offeriert der freundliche Service eine beachtenswerte, saisonal ausgerichtete Küche mit mediterranen und französischen Akzenten. Wie wäre es z.B. mit „In Rotwein geschmorter Ochsenbacke | Bohnen | Kräuter-Kartoffelstampf“? Zur warmen Jahreszeit kann man auch auf der hübschen Hofterrasse speisen.

WIMPFEN, BAD 51 D www.badwimpfen.de

Baden-Württemberg | EW 7.200 | 195 m | Heilbronn 16 km, Mosbach 30 km

Neues Tor www.neuestor.de

Biberacher Straße 1, PLZ 74206, **T 07063 93000,** F 9300909
50 Zimmer | 4 Suiten | Ez 99–229 €, Dz 135–265 €, inkl. Frühstück | 24 h

Das moderne Hotel ist sowohl für Touristen als auch für Businessgäste bestens geeignet. Viel Holz, geölte Parkettböden, Naturstein und hochwertige Komfortbetten prägen die Zimmer, die in vier Kategorien angeboten werden. Im Restaurant „Staufers“ mit großer Fensterfront und grandiosem Blick auf die Altstadt werden regional orientierte Speisen modern zubereitet.

Friedrich www.friedrich-feyerabend.de

Hauptstraße 74, PLZ 74206, **T 07063 245**
40 | Hauptgericht 26–35 € | Mi-So ⃠ Mo, Di

Modernes Restaurant im Stil der 20er Jahre im 1. Stock eines malerisch gelegenen Altstadthauses. Serviert wird internationale Küche. Im Erdgeschoss befinden sich ein Café sowie die traditionsreiche Weinstube „Feyerabend“.

WINDELSBACH 52 D www.windelsbach.de

Bayern | EW 1.070 | 450 m | Rothenburg ob der Tauber 14 km, Nürnberg 65 km

Landhaus Lebert www.landhaus-rothenburg.de

Schlossstraße 8, PLZ 91635, **T 09867 9570**
45 | Hauptgericht 16–34 €, Menü 33–112 € | Sa-So Di-So Mo

In dem kleinen, familiengeführten Gasthaus pflegt man eine authentische Gastfreundschaft. Auf der Karte finden sich schmackhafte Gerichte wie „Gebratener Wildfang-Seehecht auf Alblinsen“ oder „Medaillon vom Windelsbacher Reh mit Preiselbeerravioli“. Die ausgebaute Scheune eignet sich bestens für Feiern oder Veranstaltungen.

WINDEN 57 C www.winden-im-elztal.de

Baden-Württemberg | EW 2.813 | 340 m | Waldkirch 12 km, Freiburg 28 km

Elztalhotel www.elztalhotel.de

★★★★ S

Am Rüttlersberg 5, PLZ 79297 (OT: Oberwinden), **T 07682 91140,** F 1767
90 Zimmer | 12 Suiten | 18 Apartments | Ez ab 211 €, Dz ab 362 €, inkl. Vollpension

Oberhalb des Ortes gelegenes Ferien- und Sporthotel. Angenehme, individuell gestaltete Zimmer unterschiedlicher Größe. Umfangreicher SPA- und Wellnessbereich auf 6.000 qm mit Innen- und Außenschwimmbecken, Whirlpool und großzügigen Liegeflächen. Vielfältiges gastronomisches Angebot.

WINDORF 62 A www.markt-windorf.de

Bayern | EW 4.400 | 350 m | Vilshofen 3 km, Passau 20 km

Feilmeiers Landleben www.feilmeiers-landleben.de

VARTA-TIPP Küche

Schwarzhöring 14, PLZ 94575 (OT: Schwarzhöring), **T 08541 8293**
70 | Menü 35–87 € | Fr-So Mi-So Mo, Di

Mit modern möblierten Gaststuben und einer lauschigen Sommerterrasse empfängt Sie dieses schmucke Wirtshaus - eingebettet in die ländliche Idylle des kleinen Dorfes Schwarzhöring. Appetit machen hier frische gutbürgerliche Gerichte wie „Simmentaler Alm-Rinderscheiberl in reduzierter Zweigelt-Schmorjus mit confierten Gulasch-Ofenzwieberl, jungem Gemüse und Kaisersemmel-Pfifferlingsknödeltörtchen“. Auf der Weinkarte finden Sie sowohl Klassiker als auch Trendiges. Hauseigene Kochschule.

WINDSHEIM, BAD 52 D tourismus.bad-windsheim.de

Bayern | EW 11.901 | 321 m | Rothenburg o. d. Tauber 27 km, Ansbach 34 km

Arvena Reichsstadt www.arvena-reichsstadt.de

★★★★

Pastoriusstraße 5, PLZ 91438, **T 09841 9070,** F 907200
112 Zimmer | 2 Suiten | Ez 84–106 €, Dz 106–130 €, inkl. Frühstück | 24 h ››

Aufwendig restauriertes Stadt- und Geschäftshotel mitten in der Altstadt. Geschmackvoll eingerichtete Zimmer mit moderner Ausstattung. Im Restaurant „Alte Schule", das bis 1908 tatsächlich als Schule genutzt wurde, werden fränkische und internationale Spezialitäten serviert.

Weinstube Drei Kronen www.weinstubedreikronen.de

Schüsselmarkt 7, PLZ 91438, **T 09841 9199903**
30 | Hauptgericht 15–30 €, Menü 45–58 € | Mo, Do-So Di, Mi

Die historische Weinwirtschaft hat schon ihren ganz besonderen Reiz. In der urigen, holzgetäfelten Stube serviert man moderne Interpretationen der fränkischen Küche wie z.B. „Gebratene Chili-Maishähnchenbrust, Zitronengrasvinaigrette, grüner Spargel und Süßkartoffelpüree". Dazu gibt es heimische Spitzenweine und außergewöhnliche Cocktails.

WINGST 14 B www.wingst.de

Niedersachsen | EW 3.503 | 9 m | Cuxhaven 29 km, Stade 42 km

Oehlschläger-Stube **Neu!** www.peters-wingst.de

Bahnhofstraße 1 (im Hotel Peter), PLZ 21789, **T 04778 279**
32 | Hauptgericht 15–26 €, Menü 24–53 € | So Do-So Mo, Di, Mi

In dem stimmungsvollen Restaurant, das nach dem Heimatmaler Mario Oehlschläger (1898 – 1970) benannt wurde, erwartet Sie eine ideenreiche regionale Küche mit Einflüssen aus dem Fernen Osten. Auch schmackhafte Fischgerichte stehen auf der Karte. Sehr beliebt sind die Kochevents des Patrons. Zum Übernachten hat man gemütliche und zweckmäßig eingerichtete Zimmer.

WINTERBACH 58 B www.winterbach.de

Baden-Württemberg | EW 7.561 | 258 m | Schorndorf 5 km, Waiblingen 14 km

Landgasthaus Hirsch www.hirsch-manolzweiler.de

Kaiserstraße 8, PLZ 73650 (OT: Manolzweiler), **T 07181 41515**
120 | Hauptgericht 14–32 €, Menü 35–60 € | Fr-So Mo, Di, Mi, Do

Bei Familie Waldenmaier isst man richtig gut. In den gemütlichen Gaststuben und auf der herrlichen Sommerterrasse werden schmackhafte regional und mediterran geprägte Speisen serviert. Dazu gibt es erlesene Weine von heimischen Winzern. Das urige Henna-Häusle eignet sich bestens für kleine Gesellschaften.

WINTERBERG 31 C www.winterberg.de

Nordrhein-Westfalen | EW 13.770 | 668 m | Brilon 31 km, Köln 114 km

Berghotel Astenkrone www.astenkrone.de

VARTA-TIPP Service

GREENSIGN ★★★★ S garni

Astenstraße 24, PLZ 59955 (OT: Altastenberg), **T 02981 8090,** F 809198
39 Zimmer | 7 Suiten | Ez ab 95 €, Dz ab 120 €, inkl. Frühstück | 24 h

Zweifellos eines der schönsten Häuser im Sauerländer Feriengebiet. Toll die herrlich ruhige Lage am Fuße des Kahlen Astens mit schöner Aussicht. Aber auch wegen seiner elegant eingerichteten Zimmer, der vorbildlichen Gästebetreuung sowie der vielfältigen Beauty-Arrangements kann das Hotel punkten. Behagliches, im gediegen-rustikalen Landhausstil gestaltetes Restaurant mit regionaler und internationaler Küche.

Haus Astenberg
www.haus-astenberg.de

Astenberg 3, PLZ 59955 (OT: Lenneplätze-Neuastenberg), **T 02981 1878,** F 929478
16 Zimmer | 6 Suiten | 1 Apartment | Ez ab 45 €, Dz ab 90 €, Frühstück 10,00 €

Auffallend gepflegtes Landhotel mit Charme und Atmosphäre. Mediterran mit Bozener Möbeln eingerichtete Zimmer und Suiten. Zum Haus gehören auch ein Sauna- und Entspannungsbereich sowie ein großzügiger Garten mit Park. Eine Langlaufloipe beginnt direkt vor dem Haus.

Restaurant im Haus Astenberg

50 Plätze | Hauptgericht 17–26 €, Menü 30–39 € | Öffnungszeiten Mi-So | Ruhetag Mo, Di

Das lichtdurchflutete Panoramarestaurant bietet südländisches Flair und eine herrliche Aussicht auf Neuastenberg. Gekocht wird regional und international mit heimischen Produkten. Herrliche Caféterrasse.

Oversum Vital Resort Winterberg
www.oversum-vitalresort.de

★★★★ S

Am Kurpark 6, PLZ 59955, **T 02981 929550,** F 92955222
76 Zimmer | 10 Suiten | Rezeption 24 h

Eiförmiges Designkunstwerk in direkter Kurparklage. Modern eingerichtete Zimmer und Suiten auf sieben Etagen mit tollem Panoramablick. Großzügige Sauna- und Badelandschaft. Hauseigenes Kultur- und Kongresscenter.

Astenturm Hotel & Restaurant Neu!
www.astenturm.com

Astenturm 1, PLZ 59955, **T 02981 9287480,** F 928748111

Im Sommer wie im Winter beindruckend schön: Das Haus befindet sich auf dem 842 Meter hohen Kahlen Asten und ist damit das höchstgelegene Hotel Nordrhein-Westfalens. Auf die Gäste warten wohnlich gestaltete Zimmer und ein ansprechendes Restaurant. Von hier genießt man einen wunderschönen Ausblick über die Heidelandschaft und die Sauerländer Berge.

Boutiquehotel Liebesglück
www.hotel-liebesglueck.de

★★★★

Nuhnestraße 5, PLZ 59955, **T 02981 92230,** F 92235
24 Zimmer | 6 Suiten | Ez 55–85 €, Dz 68–140 €, Frühstück 14,00 € | Rezeption 24 h

In diesem Only-Adult-Hotel im Herzen des Hochsauerlandes stehen Romantik und Zweisamkeit im Fokus. Das engagiert geführte Haus besticht durch eine einzigartige Mischung aus modernem Komfort und gemütlichem Ambiente. In der Nähe des Hotels gibt es zahlreiche Wander- und Spazierwege.

WINTERHAUSEN 52 B www.winterhausen.de

Bayern | EW 1.497 | 188 m | Ochsenfurt 6 km, Kitzingen 12 km

Gasthof Schiff www.hotel-schiff.de

Fährweg 14, PLZ 97286, **T 09333 1785**
50 | Hauptgericht 10–30 €, Menü 25–50 € | Mo-Sa So

Behaglich-rustikale Gaststuben, charmanter Service und eine wohlschmeckende Küche - was will man mehr! Die wechselnde Speisekarte bietet eine reichhaltige Auswahl an fränkischen und internationalen Spezialitäten. Zum Übernachten hat man romantische Landhauszimmer, teils mit Mainblick.

WIRSBERG 44 D www.wirsberg.de

Bayern | EW 1.830 | 370 m | Bad Berneck 13 km, Kulmbach 17 km

Herrmann's Posthotel www.herrmanns-posthotel.de

★★★★ garni

Marktplatz 11, PLZ 95339, **T 09227 2080,** F 5860
41 Zimmer | 17 Suiten | Ez 109–119 €, Dz 199–245 €, inkl. Frühstück

Ehem. Poststation von 1869 mit individuell und geschmackvoll eingerichteten Zimmern von traditionell gemütlich bis klassisch modern. Morgens dürfen sich Gäste auf ein Feinschmeckerfrühstück freuen. Zum Haus gehört auch eine schöne Natursteinbadelandschaft.

Alexander Herrmann by Tobias Bätz

VARTA★TIPP Küche VARTA-TIPP Service

50 | Menü 215–245 € | Mi-Sa Mo, Di, So

Kulinarisch setzt „Genusshandwerker" Tobias Bätz im sehr ästhetisch eingerichteten Gourmetrestaurant auf einen konsequent regionalen Kochstil. In seinen beiden kreativen Menüfolgen darf man sich auf eine spannende Dramaturgie aus Temperaturen, Konsistenzen und Aromen freuen. Eine tolle Verbindung von feinem Essen, erlesenen Weinen und charmanter, professioneller Betreuung. Wer es etwas einfacher mag: Im „AH – Das Bistro" kommen moderne Versionen der „Best of Franken"-Favourites auf den Tisch.

Reiterhof www.reiterhof-wirsberg.de

★★★★ S garni

Sessenreuther Straße 50, PLZ 95339 (OT: Sessenreuth), **T 09227 2040,** F 7058
46 Zimmer | 8 Suiten | Ez 89–178 €, Dz 164–228 €, inkl. Frühstück

Das familiengeführte Ferien- und Wellnesshotel liegt reizvoll eingebettet zwischen Frankenwald und Fichtelgebirge. Es bietet komfortable, mit fränkischen Renaissancemöbeln ausgestattete Zimmer sowie ein gemütlich-rustikales Restaurant mit sonniger Panoramaterrasse.

WISMAR 16 B www.wismar.de

Mecklenburg-Vorpommern | EW 44.470 | 15 m | Lübeck 49 km, Rostock 59 km

Wonnemar www.wonnemar-resorts.de/wismar

★★★★ garni

Bürgermeister-Haupt-Straße 36, PLZ 23966, **T 03841 37420,** F 3742429
90 Zimmer | Ez 100–280 €, Dz 120–300 € | 24 h

Das Resort-Hotel bietet freundlich-moderne Zimmer und einen direkten Anschluss an das 15.000 qm große WONNEMAR Erlebnisbad. Im schick gestalteten Restaurant „Tafelhuus" serviert man internationale Speisen mit mediterranem Einfluss. Kostenlose Kinderbetreuung.

Am Alten Hafen www.hotel-am-alten-hafen.de

★★★ garni

Spiegelberg 61-65, PLZ 23966 (OT: Altstadt), **T 03841 4260,** F 426666
61 Zimmer | 3 Apartments

Eine gepflegte Hoteladresse im Zentrum der historischen Hansestadt. Hier wohnt man in hellen, zweckmäßigen Zimmern (teils mit Hafenblick), die mit geschmackvollen Materialien und guter Technik ausgestattet sind. Für Biker und Radfahrer steht im gegenüberliegenden „Zollhaus" eine kostenfreie Garage zur Verfügung.

Fründts Hotel www.hotel-stadtwismar.de

garni

Schweinsbrücke 1-3, PLZ 23966, **T 03841 2256982,** F 2256984
35 Zimmer | 3 Suiten | Ez 65–110 €, Dz 90–139 €, inkl. Frühstück

Ein sympathisches Stadthotel in zentraler Innenstadtlage. In warmen Farben gehaltene Zimmer mit modernem Komfort. Liebevoll gestalteter Außenbereich mit Sitzflächen, Riesenschachspiel und Kinderspielplatz. Stilvoller Frühstückssaal.

Hotel Wismar www.hotel-restaurant-wismar.de

★★★

Breite Str. 10, PLZ 23966 (OT: Altstadt), **T 03841 227340,** F 22734222
15 Zimmer | Ez 75–95 €, Dz 90–115 €, inkl. Frühstück

Ansprechende Adresse für Städte- und Geschäftsreisende - zentral im historischen Stadtzentrum gelegen. Freundliche, in warmen Farbtönen eingerichtete Gästezimmer. Behagliches Restaurant.

WITTENBERG, LUTHERSTADT 35 A www.lutherstadt-wittenberg.de

Sachsen-Anhalt | EW 46.729 | 74 m | Leipzig 67 km, Potsdam 68 km

Soibelmanns www.soibelmanns-lw.bestwestern.de

★★★★

Collegienstraße 56-57, PLZ 06886, **T 03491 4250,** F 425100
80 Zimmer | ⏲ 24 h

Das historische Haus liegt mitten in der historischen Altstadt, direkt neben dem berühmten Lutherhaus. Hier erwarten Sie wohnliche Zimmer unterschiedlicher Kategorien. Im gemütlichen Restaurant wird regionale Küche serviert.

Luther-Hotel www.luther-hotel-wittenberg.de

★★★ S

Neustr. 7-10, PLZ 06886, **T 03491 4580,** F 458100
159 Zimmer | 1 Suite | ⏲ 24 h

Verkehrsgünstig gelegenes Stadthotel in unmittelbarer Nähe zur Fußgängerzone mit wohnlichen Gästezimmern. Ein Highlight ist die Dachterrasse mit herrlichem Blick über die Lutherstadt. Gute Tagungsmöglichkeiten. Im Restaurant stehen kreative mediterrane Gerichte auf der Speisekarte.

WITTENBERGE 25 A www.wittenberge.de

Brandenburg | EW 17.297 | 25 m | Perleberg 10 km, Bad Wilsnack 15 km

Alte Ölmühle www.oelmuehle-wittenberge.de

garni

Bad Wilsnacker Str. 52, PLZ 19322, **T 03877 567994600,** F 56799430
61 Zimmer | 1 Suite | 4 Apartments | Ez ab 125 €, Dz ab 145 €, inkl. Frühstück | 24 h

Die einstige Ölfabrik beherbergt heute ein charmantes Hotel. Von den modernen Zimmern blicken Sie entweder auf die Elbe oder auf die imposanten Speicher des Industriedenkmals. Für Entspannung sorgt ein Wellnessbereich in der fünften Etage des Speichergebäudes. Zum Haus gehören eine eigene, traditionsreiche Brauerei sowie ein Restaurant mit großzügiger Terrasse am Flussufer.

WITTINGEN 24 A www.wittingen.eu

Niedersachsen | EW 11.585 | 85 m | Uelzen 30 km, Gifhorn 37 km

Wittinger Tor www.wittinger-tor.de

garni

Salzwedeler Straße 4, PLZ 29378, **T 05831 25300,** F 253010
16 Zimmer | 1 Apartment | Ez 75 €, Dz 105 €, 10,00 €

Liebevoll restauriertes Bürgerhaus von 1904 mit nett eingerichteten Gästezimmern. Stammgäste schätzen die individuelle und persönliche Atmosphäre. Zum Haus gehört ein traditionelles Restaurant mit nostalgischem Flair.

WITTLICH 49 A www.wittlich.de

Rheinland-Pfalz | EW 18.333 | 160 m | Bernkastel-Kues 18 km, Trier 39 km

Vulcano Lindenhof www.vulcanolindenhof.de

garni

Am Mundwald 5, PLZ 54516, **T 06571 6920,** F 692502
42 Zimmer | 1 Suite | Ez 84–104 €, Dz 142–158 €, inkl. Frühstück | 24 h 24.12.22

Am Ortsrand gelegenes Hotel mit Panoramablick über das Wittlicher Tal. Man bietet behagliche und zeitgemäß ausgestattete Gästezimmer. Kleiner, stylisher Wellnessbereich. Im Restaurant „Vulcano" wird mediterrane Küche serviert.

Well www.hotel-well.de

S garni

Marktplatz 5, PLZ 54516, **T 06571 91190,** F 911950
25 Zimmer | Ez 76–99 €, Dz 99–200 €, inkl. Frühstück

Familiär geführtes Stadthotel mit historischer Fassade und persönlicher Atmosphäre. Individuell eingerichtete Gästezimmer mit komfortabler Ausstattung, teils mit Balkon. Gutes Frühstück.

WITTMUND 13 A www.wittmund.de

Niedersachsen | EW 20.884 | 4 m | Aurich 25 km, Wilhelmshaven 27 km

Hotel Siebzehn80
www.hotel1780.de

★★★

Am Hafen West 1, PLZ 26409 (OT: Carolinensiel), **T 04464 206,** F 9459630
9 Zimmer | Ez ab 79 €, Dz ab 118 €, inkl. Frühstück

Urbaner Lifestyle und traditionelle Gastlichkeit erwarten Sie in diesem Hotel. Die elegant-gemütlichen Gästezimmer sind ein entspannter Rückzugsort für jede Art von Aufenthalt. Im Restaurant kommen zeitgemäße regionale Gerichte auf den Tisch.

WOLFACH 57 C
www.wolfach.info

Baden-Württemberg | EW 5.831 | 280 m | Offenburg 39 km, Freudenstadt 41 km

Naturparkhotel Adler
www.naturparkhotel-adler.de

★★★★ S

Sankt Roman 14, PLZ 77709 (OT: St. Roman), **T 07836 93780,** F 7434
56 Zimmer | 15 Suiten | 5 Apartments | Ez 104–180 €, Dz 186–290 €, inkl. Frühstück

Nicht umsonst hat dieses freundlich geführte Ferienhotel in St. Roman so viele Stammgäste. Das Haus bietet wohnliche Zimmer im Landhausstil, ein sehr gutes Frühstück sowie einen großzügig angelegten Wellnessbereich. Das Haus ist zudem ein idealer Ausgangspunkt für Wanderungen und Radtouren durch die angrenzende Natur.

Naturparkhotel Adler

150 | Hauptgericht 12–35 €, Menü 28–65 € | Mo-So

Sie speisen wahlweise im Restaurant „Kirchblick", im Wintergarten oder auf der Terrasse. Serviert werden überwiegend typische Schwarzwälder Gerichte. Spezialität: Forellen- und Wildgerichte aus heimischer Jagd sowie dem hoteleigenen Gehege und Weiher.

Kirnbacher Hof
www.kirnbacher-hof.de

Untere Bahnhofstraße 6, PLZ 77709 (OT: Kirnbach), **T 07834 6111,** F 47655
20 Zimmer | Ez 80–108 €, Dz 142–192 €, inkl. Frühstück | 24 h

Sympathische Übernachtungsadresse mit modern eingerichteten Wohlfühlzimmern zu gastfreundlichen Preisen. Ansprechender Wellnessbereich mit Panoramasauna. Im Restaurant und auf der Terrasse werden sowohl regionale als auch neue innovative Gerichte serviert.

WOLFENBÜTTEL 24 C
www.lessingstadt-wolfenbuettel.de

Niedersachsen | EW 51.569 | 75 m | Braunschweig 13 km, Hildesheim 46 km

Rilano Hotel
www.rilano-247-hotel-wolfenbuettel.de

Bahnhofstraße 9, PLZ 38300, **T 05331 98860,** F 988611
48 Zimmer | 24 h

Modern durchgestyltes Hotel für den designorientierten Gast in bester Innenstadtlage. Helle, in leichten Grau- und Fliedertönen designte Zimmer mit eigenem Soundsystem und sehr gutem Schlafkomfort.

Parkhotel Altes Kaffeehaus
www.parkhotel-wolfenbuettel.de

★★★

Harztorwall 18, PLZ 38300, **T 05331 8880,** F 888100
75 Zimmer | 10 Suiten | Ez 76–114 €, Dz 98–191 €, inkl. Frühstück | 24 h »

Modernes Stadt- und Geschäftshotel in zentraler Lage. Helle, stilvoll eingerichtete Zimmer und Suiten. Das Restaurant mit Gartenterrasse serviert regionale und internationale Spezialitäten. Herzstück des Hauses ist die „Historische Weingrotte" in den denkmalgeschützten Gemäuern des „Türkischen Kaffeehauses" von 1838.

WOLFRAMS-ESCHENBACH 53 C www.wolframs-eschenbach.de

Bayern | EW 2.900 | 440 m | Gunzenhausen 15 km, Ansbach 17 km

Alte Vogtei www.alte-vogtei-wolframs-eschenbach.de

Hauptstraße 21, PLZ 91639, **T 09875 968880**
21 Zimmer | 3 Suiten | Ez 73 €, Dz 105–125 €, 11,00 €

Ein richtiges Schmuckstück ist das aufwendig sanierte Traditionshaus, das einst stolzer Amtssitz des deutschen Ritterordens war. Das Hotel bietet historische und zugleich zeitgemäß-elegante Zimmer aus heimischen Baumaterialien. Für Entspannung sorgt ein kleiner Wellnessbereich im Untergeschoss. Im Restaurant serviert man fränkische Küche mit internationalen Einflüssen.

WOLFSBURG 24 C www.wolfsburg.de/tourismus

Niedersachsen | EW 121.451 | 63 m | Braunschweig 29 km, Hannover 80 km
Park- und Seelandschaft, VW-Autostadt, Schloss Wolfsburg mit Städtischer Galerie und Museum, Kunstmuseum, Planetarium am Klieversberg, AutoMuseum, BadeLand, Alvar-Aalto-Kulturhaus, phaeno - die Experimentierlandschaft.

The Ritz-Carlton www.ritzcarlton.com/de

VARTA-TIPP Ambiente VARTA★TIPP Service

Parkstraße 1, PLZ 38440, **T 05361 607000**, F 608000
170 Zimmer | 23 Suiten | Ez ab 325 €, Dz ab 355 €, 35,00 € | 24 h

Das noble Businesshotel – am Hafenbecken des Mittellandkanals gelegen – besticht durch ein gelungenes Zusammenspiel von Design, Kunst und Architektur. Der ringförmige Bau aus Glas und Naturstein im Westen der Autostadt beherbergt elegant und zeitgemäß ausgestattete Zimmer und Suiten. Das Bemühen um den Gast steht hier an erster Stelle. Außerordentliches Badevergnügen garantiert der freischwimmende Außenpool mit einzigartigem Ausblick auf die mächtigen Schornsteine des denkmalgeschützten Volkswagen-Kraftwerkes.

Aqua

www.restaurant-aqua.de

VARTA TIPP Küche VARTA TIPP Service

38 | Menü 195–225 € | Mi-Sa Mo, Di, So

Eine kulinarische Erfolgsgeschichte par excellence: Seit mehr als 20 Jahren gehört dieses Fine-Dining-Restaurant zu den Top-Adressen im Land. Edle Materialen, feine Stoffe, wohltuende Farbakzente und bodentiefe Fenster unterstreichen das zeitlos-elegante Ambiente. Sven Elverfeld ist und bleibt ein absolutes Ausnahmetalent. Seine modern-europäische Spitzenküche stellt die Harmonie der Texturen und den Eigengeschmack hochwertigster Zutaten in den Mittelpunkt. Geboten werden zwei Menüs in fünf bis sieben Gängen. Dazu passt der niveauvolle und überaus freundliche Service nebst fachkundiger Weinberatung.

Terra

84 | Hauptgericht 20–39 €, Menü 35–60 € | Do-Sa Mo, Di, Mi, So

Das durchgestylte Interieur des Restaurants wird geprägt durch erdige Farbtöne, strukturierte Oberflächen und natürliche Materialien. Und die Küche? Unkompliziert und frisch unter Verwendung regionaler Erzeugnisse. Neben Fleisch- und Fischgerichten bilden vegetarische und vegane Speisen einen besonderen Schwerpunkt auf der Karte.

An der Wasserburg

www.hotel-in-wolfsburg.de

An der Wasserburg 2, PLZ 38446 (OT: Neuhaus), **T 05363 9400,** F 71574
58 Zimmer | 20 Suiten | 2 Apartments | Ez 90–165 €, Dz 175–205 €, 15,00 € | 24 h

Ein liebevoll restauriertes Wellness- und Tagungshotel gegenüber der romantischen Wasserburg Neuhaus. Ideale Adresse für Businessgäste, denn sämtliche Zimmer bieten eine moderne Multimedia-Plattform mit einem 27“-iMac-Computer. Schöner SPA-Bereich. Leih-E-Bikes stehen gegen Gebühr zur Verfügung.

Christalle

60 | Hauptgericht 12–24 € | Mo-So

Im hellen, lässig-eleganten Restaurant und auf der schönen Sommerterrasse bietet man richtig gute regionale und saisonale Küche. „Hähnchenbrustfilet mit Bratkartoffeln und Grillgemüse" und Klassiker wie „Wiener Schnitzel vom Kalb" sind gleichermaßen gefragt - nicht nur bei Hotelgästen.

Courtyard by Marriott

www.marriott.de

★★★★ S

Allerpark 8, PLZ 38448, **T 05361 30660,** F 3066702
152 Zimmer | 5 Suiten | 24 h

Die zeitgemäße Businessadresse befindet sich im Allerpark mit herrlichem Blick auf den See. Die Zimmer zeigen sich topmodern in Design und Technik. Für Veranstaltungen stehen mehrere Konferenzräume zur Verfügung. Internationale Küche bietet das Restaurant „Allerlei" mit seiner schönen Sonnenterrasse. Zu den Services des Hotels zählen Fahrradverleih, ein rund um die Uhr geöffneter Minimarkt und Ladestationen für E-Fahrzeuge.

INNSIDE by Meliá

www.melia.com

★★★★ S

Heinrich-Nordhoff-Straße 2, PLZ 38440, **T 05361 60900,** F 6090999
219 Zimmer | 3 Suiten | 24 h

Das moderne Businesshotel liegt direkt neben dem Volkswagengelände und der Autostadt. Es bietet neuzeitliche Gästezimmer mit komfortabler Ausstattung. Zum Haus gehören auch ein Gourmetrestaurant, eine avantgardistische Skybar mit großer Terrasse, eine Panoramasauna sowie ein Fitnessraum.

Leonardo Hotel

www.leonardo-hotels.de

Rathausstraße 1, PLZ 38440, **T 05361 2070,** F 207981
343 Zimmer | Ez 74–249 €, Dz 84–259 €, inkl. Frühstück | 24 h

Verkehrsgünstig gelegenes Tagungs- und Businesshotel, das 2019 umfangreich renoviert wurde. Das Haus verfügt über geräumige, technisch gut ausgestattete Zimmer mit kostenlosem WLAN. Großzügiger Konferenzbereich. Gastronomieangebot mit regionaler Küche.

Einschlaf

www.einschlaf.de

An der St. Annen-Kirche 22, PLZ 38440 (OT: Rothenfelde), **T 05361 12219**
3 Zimmer | 1 Suite | Ez ab 98 €, Dz ab 129 €, ab 22,00 € | 18.–31.12.22

Außergewöhnliches Hotel mit individueller Einrichtung. Geschmackvolle Zimmer mit exklusiver Ausstattung und minimalistischem Design. Das hervorragende Frühstück im benachbarten Atelier Café sollten Sie nicht verpassen.

Parkhotel

www.parkhotel-wolfsburg.de

GREENSIGN ★★★★

Unter den Eichen 55, PLZ 38446 (OT: Steimkerberg), **T 05361 5050,** F 505250
30 Zimmer | 4 Suiten

Ruhiges, unter Denkmalschutz stehendes Business- und Familienhotel umgeben von alten Bäumen mit modern eingerichteten Zimmern. Im stilvollen Restaurant wird saisonal inspirierte Regionalküche serviert.

L'Oliva nera www.olivanera.de

Westerstraße 1, PLZ 38442 (OT: Fallersleben), **T 05362 932622**
20 | Hauptgericht 15–45 €, Menü 85–140 € | Mi-So Mo, Di

Uriges Weinlokal in einer umgebauten ehemaligen Schmiede, eines der ältesten Fachwerkhäuser Fallerslebens. Hier serviert man leichte, mediterran beeinflusste Speisen. Dazu bietet man eine breite Palette italienischer Weine. Mittags täglich wechselnde Pastagerichte.

WOLNZACH 60 B www.wolnzach.de

Bayern | EW 11.808 | 415 m | Ingolstadt 30 km, München 59 km

Haimerlhof www.haimerlhof.de

VARTA-TIPP Service

Preysingstr. 7, PLZ 85283, **T 08442 956910,** F 9569129
12 Zimmer | Ez 89 €, Dz 130 €, inkl. Frühstück

Kleines, persönlich geführtes Privathotel in einem denkmalgeschützten Gebäude im Ortskern. Sie wohnen in stilvoll und komfortabel ausgestatteten Nichtraucherzimmern. Für Langzeitgäste stehen freundliche Apartments zur Verfügung. Sehr gemütlich ist der Frühstücksraum mit offenem Dachstuhl. Ein großes Lob verdient die freundliche und individuelle Gästebetreuung.

WÖRISHOFEN, BAD 67 A www.bad-woerishofen.de

Bayern | EW 14.965 | 630 m | Mindelheim 10 km, Kaufbeuren 17 km

Steigenberger Der Sonnenhof www.spahotel-sonnenhof.de

★★★★★S

Hermann-Aust-Straße 11, PLZ 86825, **T 08247 9590,** F 959599
156 Zimmer | 13 Suiten | Ez 210–340 €, Dz 300–445 €, inkl. Frühstück | 24 h

Komfortables Kurhotel umgeben von weitläufigen Parkanlagen. Elegante Möbel und erlesene Stoffe zeichnen die hellen, freundlichen Zimmer und Suiten aus. Energie tanken kann man in der weitläufigen Wellnesslandschaft mit großzügigen Wasserlandschaften - u.a. gibt es einen Infinityaußenpool mit Wasserfall.

Calla

40 | Hauptgericht 16–45 €, Menü 55–75 € | Do-Sa Mo, Di, Mi, So

Ein elegantes, lichtdurchflutetes Gourmetrestaurant mit gepflegter Tischkultur. Aus der offenen Showküche kommen euro-asiatische Gerichte und Köstlichkeiten vom CALLA-Grill. Im Zweitrestaurant, der Brasserie „Petit Plaisir", werden französische Spezialitäten serviert.

Fontenay | le petit château www.kurhotel-fontenay.de

VARTA★TIPP Service

★★★★★

Eichwaldstraße 8-12, PLZ 86825, **T 08247 3060,** F 306185
60 Zimmer | 3 Suiten | 3 Apartments | Ez 182–288 €, Dz 356–426 €, inkl. Vollpension | 24 h

»

Hier kommen Erholungssuchende voll auf ihre Kosten. Das sehr gut geführte Kur- und SPA-Hotel wartet mit gediegenem Luxus, modernem Komfort und einem Hauch von Nostalgie auf. Die meisten der individuell eingerichteten Zimmer verfügen über einen Balkon oder eine Terrasse. Entspannung bietet der bemerkenswerte Wellness- und Anwendungsbereich.

Fontenay | le petit château

25 | Hauptgericht 39–49 € | Mo-So

Im eleganten Hotelrestaurant setzt man auf gewohnt Traditionelles aus der klassischen Küche - kombiniert mit raffinierter Leichtigkeit. Serviert werden wechselnde Menüs sowie saisonale À-la-carte-Gerichte wie „Allgäuer Milchkalbsbäckle unter der Haselnuss-Basilikumkruste an Zweigeltglace mit zweierlei Kartoffelgemüsepüree".

Tanneck www.tanneck.info

★★★★ S garni

Hartenthaler Straße 29, PLZ 86825, **T 08247 3070,** F 307280
82 Zimmer | 15 Suiten | Ez 61–153 €, Dz 138–306 €, inkl. Frühstück | 24 h

Das Hotel liegt idyllisch am unverbauten Südrand von Bad Wörishofen. Wohnliche Gästezimmer mit freiem Blick auf das eindrucksvolle Alpenpanorama. Großzügiger Bade- und Wellnessbereich mit Schwimmbad, Whirlpool, Sauna und Dampfbad. Hauseigener Tennisplatz.

Edelweiß www.hotel-edelweiss.de

★★★★ S garni

Bürgermeister-Singer-Straße 11, PLZ 86825, **T 08247 35010,** F 350175
49 Zimmer | 2 Suiten | 2 Apartments | Ez ab 83 €, Dz ab 176 €, inkl. Vollpension | 24 h

Das familiär geführte Medical-Wellness-Hotel bietet eine großzügige Wellness- und Beautylandschaft sowie umfangreiche Kurbehandlungen (z.B. Kneipp-Therapie). Gepflegte Gästezimmer mit gediegen-klassischer Einrichtung. Entspannen kann man in der hauseigenen Bibliothek oder im Garten mit Sonnenwiese.

Café Schwermer www.cafe-schwermer.de

Heuweg 36, PLZ 86825, **T 08247 90213**
400 | Hauptgericht 5–10 € | Mo–So 10:00–18:00 Uhr

Stilvolles Café mit Tradition seit 1894. Zur Auswahl stehen erlesene Confiserie-Spezialitäten wie Marzipan- und Schokoladenpralinen sowie tagesfrische Kuchen und Torten aus der hauseigenen Backstube.

WORPSWEDE 14 D www.worpswede.de

Niedersachsen | EW 9.157 | 17 m | Bremen 23 km, Bremerhaven 55 km

Buchenhof www.hotel-buchenhof.de

★★★★ S garni

Ostendorfer Str. 16, PLZ 27726, **T 04792 93390,** F 933929
28 Zimmer | 2 Suiten | Ez 70–84 €, Dz 97–122 €, 10,50 € | 24 h

Im Stil der Jahrhundertwende gestaltetes Haus inmitten eines Gartens mit altem Baumbestand. Individuell und geschmackvoll eingerichtete Zimmer unterschiedlicher Kategorien. Für Entspannung sorgt der kleine Wellnessbereich mit finnischer Sauna, Kräuter-Dampfsauna und Saunagarten.

Village Hotel am Weyerberg www.village-worpswede.de

Bergstraße 22, PLZ 27726, **T 04792 93500,** F 935029
9 Zimmer | 8 Suiten | Ez 100–110 €, Dz 149 €, inkl. Frühstück

Kleines, exquisites Hotel mit individuell eingerichteten Zimmern. Im Haus befinden sich eine Galerie mit wechselnden Ausstellungen sowie mehrere kleine Shops und Boutiquen. Das Bistro serviert das reichhaltige Frühstücksbuffet sowie Flammkuchen und süße Köstlichkeiten.

WUNSIEDEL 45 C www.wunsiedel.de

Bayern | EW 9.515 | 550 m | Selb 22 km, Bayreuth 44 km

Wirtshaus Gläßl im Gut www.wirtshausimgut.de

€ Gut & Günstig

Göpfersgrün 2, PLZ 95632 (OT: Göpfersgrün), **T 09232 917767**
120 | Hauptgericht 7–25 €, Menü 35–45 € | Mi-So Mo, Di

Ruhig gelegenes Wirtshaus mit heller rustikaler Gaststube und urigem Gewölbestüberl. Auf der Speisekarte stehen überwiegend regionale Gerichte unter Verwendung frischer Produkte von umliegenden Betrieben aus der Nachbarschaft. Jeden Sonn- und Feiertag gibt es selbstgebackenen Kuchen.

WUNSTORF 22 D www.steinhuder-meer.de

Niedersachsen | EW 41.134 | 43 m | Bad Nenndorf 10 km, Hannover 25 km

cantera by Wiegand www.cantera-hotel.de

GREENSIGN

Adolph-Brosang-Straße 32, PLZ 31515, **T 05031 95290,** F 952929
11 Zimmer

Designhotel mit individuell eingerichteten Gästezimmern, die teilweise über Natursteindusche, Terrasse oder Echtholzkamin verfügen. Schöne Saunalandschaft mit Sanarium, Kalttauchbecken und Saunagarten. Im Restaurant wird regional gekocht.

Schweers-Harms-Fischerhus www.schweers-harms-fischerhus.de

Graf-Wilhelm-Straße 9, PLZ 31515 (OT: Steinhude), **T 05033 5228**
62 | Hauptgericht 8–39 €, Menü 22–60 € | Mo-So

Altes niedersächsisches Bauernhaus mit rustikalem Charme, verschiedenen Stuben und schöner Außenterrasse. Auf der Karte stehen überwiegend Fischspezialitäten wie z.B. Kutterscholle „Finkenwerder Art“, Aal gebacken, Regenbogenforelle oder der beliebte „Fischerhustopf“.

WUPPERTAL 29 D www.wuppertal.de

Nordrhein-Westfalen | EW 343.488 | 160 m | Essen 32 km, Düsseldorf 33 km
Schwebebahn (13,3 km lang) entlang der Wupper, Von-der-Heydt-Museum, Stadthalle, Zoologischer Garten, Wallfahrtskirche Neviges, Jubiläumsbrunnen auf dem Elberfelder Neumarkt, Stadtteil Barmen mit Rathaus und Oper, Kluterthöhle (9 km Ö).

Einen Cityplan finden Sie auf Seite 1174.

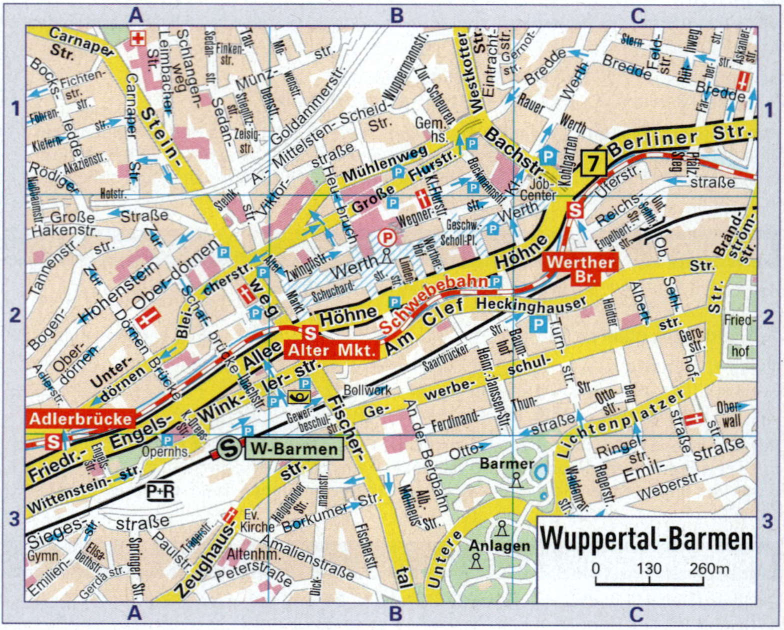
Wuppertal-Barmen
0 130 260m
A
B
C
1
2
3
Carnaper Str.
Stein-weg
Berliner Str.
Bachstr.
Werth
Höhne
Werther Br.
Schwebebahn
Alter Mkt.
Adlerbrücke
Friedr.-Engels-Allee
Winklerstr.
W-Barmen
Am Clef
Heckinghauser Str.
Gewerbeschul-str.
Fischertal
Wittenstein-str.
Siegesstraße
Zeughaus-str.
Mühlenweg
Große Flurstr.
Hohenstein
Oberdörnen
Unterdörnen
Lichtenplatzer straße
Barmer Anlagen
Untere Anlagen
Ev. Kirche
Altenhm.
Opernhs.
Bollwerk
Emil-Weberstr.
Fried-hof
Jobcenter
Gem. hs.
Amalienstraße
Peterstraße

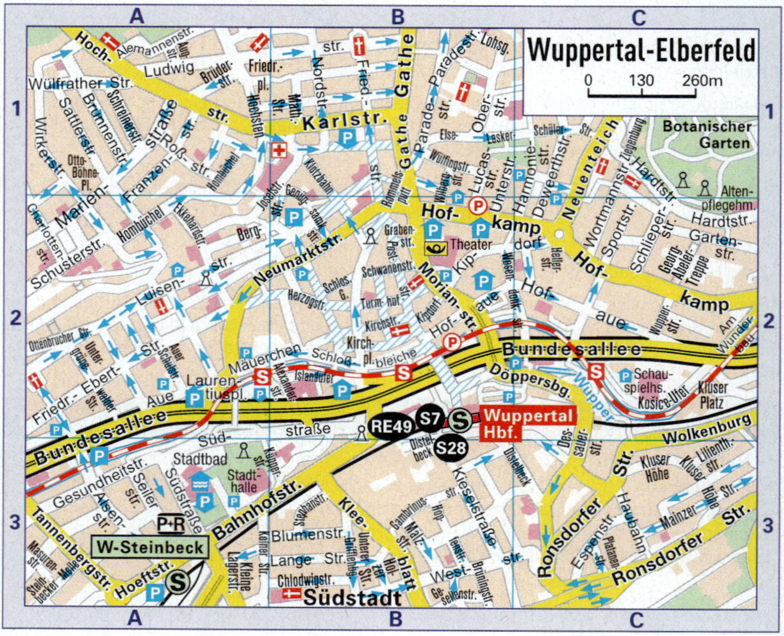
Wuppertal-Elberfeld
0 130 260m
A
B
C
1
2
3
Botanischer Garten
Alten-pflegehm.
Hochstr.
Karlstr.
Gathe
Hofkamp
Neumarktstr.
Neuenteich
Bundesallee
Döppersbg.
Wupper
Wuppertal Hbf.
RE49
S7
S28
Schauspielhs.
Kluser Platz
Wolkenburg
Ronsdorfer Str.
Bahnhofstr.
Kleeblatt
Südstadt
W-Steinbeck
Stadtbad
Stadthalle
Südstraße
Tannenbergstr.
Hoeftstr.
Theater
Luisenstr.
Friedr.-Ebert-Str.
Wülfrather Str.
Briller Str.
Mäuerchen
Schloßbleiche
Kirchpl.
Morianstr.
Hofaue

Park Villa www.parkvilla-wuppertal.de

VARTA-TIPP Ambiente

★★★★ S

Erich-Hoepner-Ring 5, PLZ 42369 (OT: Ronsdorf), **T 0202 28335400,** F 28335401
30 Zimmer | 7 Suiten | Ez 105–125 €, Dz 130–155 €, ab 17,50 €

Die aufwendig sanierte Villa aus dem Jahre 1907 wird heute von Familie Wilzbach als exquisites kleines Boutique-Hotel geführt. Das angebaute „Design House“ steht im Kontrast zum hist. Stil der Villa. Die Zimmer hat man liebevoll umgebaut und sehr geschmackvoll mit ausgesuchten Möbeln und Antiquitäten eingerichtet. Tolles Frühstück im hellen Wintergarten mit Blick zum Park.

Postboutique Hotel www.postboutiquehotel-wuppertal.de

VARTA-TIPP Ambiente

Platz am Kolk 3 (B2), PLZ 42103 (OT: Elberfeld), **T 0202 28180780**
73 Zimmer

Das unter Denkmalschutz stehende Gebäude der ehem. Wuppertaler Hauptpost ist wieder mit Leben gefüllt. In dem 2021 eröffneten Boutique-Hotel trifft urbane Lässigkeit auf stilvolles Vintagedesign. In den Gästezimmern entfalten sich die Eleganz und der Glanz der 1920er und 1930er Jahre. Ausgesuchte Möbelstücke und Wohnaccessoires unterstreichen den besonderen Wohnkomfort. Überall im Haus sehr freundliche und hilfsbereite Mitarbeiter:innen. Leckere Drinks und kleine Snacks bietet die stimmungsvolle Rex Bar.

Fachwerk-Hotel www.fachwerk-hotel-wuppertal.de

Mühlenweg 39 (B1), PLZ 42275 (OT: Barmen), **T 0202 75885533**
12 Zimmer

Das stolze denkmalgeschützte Bürgerhaus ist nach seiner Komplettsanierung ein echter Hingucker. Über das barocke Treppenhaus mit mächtigem Aufgang und geschwungenem Handlauf geht es in die hell und modern ausgestatteten Zimmer. Sie tragen die Namen berühmter Wuppertaler, darunter Schauspieler Horst Tappert und Regisseur Tom Tykwer. Das Frühstück wird in der benachbarten „Planbar“ serviert.

Restaurant Shiraz **Neu!** www.restaurant-shiraz.com

VARTA-TIPP Küche **VARTA-TIPP** Service

Wittener Straße 288, PLZ 42279 (OT: Oberbarmen), **T 0202 26533779**
26 | Hauptgericht 44–76 €, Menü 118–160 € | Mi-Sa Mo, Di, So

Dieser Kulinarik-Stopp lohnt sich! In einem relativ unscheinbaren Gasthaus versteckt sich dieses kleine Juwel. In klassisch-modernem Ambiente bietet man eine ebenso klassisch-moderne Küche, aber auch mit internationalen Einflüssen. Chef de Cuisine Alexander Hoppe setzt auf exquisite Produkte, die er zu stimmigen, ausdrucksstarken Gerichten verarbeitet. Dass man sich rundum wohlfühlt, liegt nicht zuletzt auch am überaus aufmerksamen und kompetenten Gastgeber Serkan Akgün.

Scarpati www.scarpati.de

Scheffelstraße 41, PLZ 42327 (OT: Vohwinkel), **T 0202 784074**
50 | Hauptgericht 27–44 €, Menü 54–75 € | So Mi-So Mo, Di

»

Das alteingesessene Restaurant befindet sich in einer hübschen Jugendstilvilla. In zeitlos-elegantem Ambiente wird eine moderne internationale Küche mit mediterranen Einflüssen serviert. Die Weine bezieht man von verschiedenen Spitzenweingütern, hauptsächlich aus Italien. Tipp: Jeden Mittwoch Amuse-bouche-Menü (6 Gänge). Zum Übernachten stehen sieben individuell eingerichtete Gästezimmer zur Verfügung.

Am Husar — www.restaurant-am-husar.de

Jägerhofstr. 2, PLZ 42119 (OT: Elberfeld), **T 0202 424828**
63 | Hauptgericht 14–38 €, Menü 19–45 € | So Do-So Mo, Di, Mi

Traditionsgaststätte mit behaglichem Ambiente und klassischer Tischkultur. Serviert wird frische saisonale Küche mit internationalen Einflüssen. Freundlicher Service.

WÜRSELEN 39 A — www.wuerselen.de

Nordrhein-Westfalen | EW 39.800 | 170 m | Aachen 6 km, Köln 70 km

Alte Feuerwache — www.alte-feuerwache-wuerselen.de

Oppener Str. 115, PLZ 52146, **T 02405 4290112**
16 | Menü 69–120 € | Di-Fr Di-Sa Mo, So

Saisonale und klassische Kulinarik erwarten Sie in diesem sympathischen Restaurant von Monika und Kurt Podobnik. Auf der Karte entdeckt man Gerichte wie „Tournedo vom Black-Angus-Beef mit Balsamico glasiert in Pfeffer-Cognacrahmsauce, geschwenkte Thymianböhnchen und Zwiebel-Bratkartoffeln". Täglich wechselnde Lunchempfehlungen.

WURSTER NORDSEEKÜSTE 14 A — www.wursternordseekueste.de

Niedersachsen | EW 16.799 | 21 m | Bremerhaven 21 km, Cuxhaven 22 km

Deichhotel Grube — www.deichhotel-grube.de

€ Gut & Günstig garni
Am Neuen Deich 2, PLZ 27639 (OT: Dorum-Neufeld), **T 04741 96970,** F 969730
13 Zimmer | 3 Apartments | Ez 67–80 €, Dz 80–95 €, inkl. Frühstück

Freundlich eingerichtetes Hotel hinterm Deich am Kutterhafen, unweit des Strands und des Schwefelsolen-Wellenbads gelegen. Die hellen Zimmer wurden 2020 renoviert und bieten einen schönen Blick auf den Garten oder den Deich.

Gasthaus Wolters Zur Börse — www.zur-boerse.de

In der Langen Straße 22, PLZ 27639 (OT: Wremen), **T 04705 1277**
40 | Hauptgericht 7–30 €, Menü 22–54 € | Mo, Do-So Di, Mi

Ein hist. Bauernhaus aus dem 18. Jahrhundert. In ländlich-rustikalem Rahmen wird eine frische regionale und internationale Küche serviert. Auf der Karte locken Gerichte wie „Lammfilet unter der Honig-Senfkruste" oder „Lachsfilet mit Schafskäse, Pesto und Tomatenwürfeln überbacken".

WÜRZBURG 52 A www.wuerzburg.de

Bayern | EW 130.131 | 177 m | Nürnberg 105 km, Frankfurt/Main 120 km
Fürstbischöfliche Residenz mit Hofgarten, Residenzplatz und dem größten Deckengemälde der Welt (UNESCO-Weltkulturerbe), Dom St. Kilian, Marienkapelle mit Grabmälern fränkischer Ritter und bedeutender Bewohner, Haus zum Falken mit Rokokostuckfassade, Alte Mainbrücke, Festung Marienberg, Museum für Franken, Fürstenbaumuseum, Museum im Kulturspeicher, Museum am Dom, Wallfahrtskirche Käppele, jährliches Mozartfest in der Residenz.
Einen Cityplan finden Sie auf Seite 1178.

Rebstock www.rebstock.com

VARTA-TIPP Service

★★★★ garni

Neubaustraße 7 (B3), PLZ 97070, **T 0931 30930,** F 3093100
125 Zimmer | 31 Suiten | 8 Apartments | Ez 116–145 €, Dz 197–450 €, 18,00 € | 24 h

Stilvolles Ambiente und Familientradition hinter einer denkmalgeschützten Rokokofassade. Das Hotel mit Ursprung im Jahre 1408 hat man in den vergangenen Jahren immer wieder erweitert und verschönert. Hübsch und wohnlich die individuellen Gästezimmer - von klassisch-gediegen bis hochmodern. Der Service ist ausgesprochen freundlich, diskret und gastorientiert.

KUNO 1408 www.restaurant-kuno.de

VARTA-TIPP Küche **VARTA-TIPP** Service

24 | Menü 112–168 € | Mi-Sa ⃠ Mo, Di, So ⃠ 24.12.22–11.1.23

Der Name des kleinen, durchgestylten Gourmetrestaurants erinnert an den einstigen Besitzer des Traditionshauses und die erste urkundliche Erwähnung im Jahr 1408. Mit Daniel Schröder steht ein ambitionierter Mann am Herd, der bei seinen französisch inspirierten Speisen das Produkt klar in den Mittelpunkt stellt. Serviert wird ein Feinschmeckermenü in 5 bis 7 Gängen, die durchaus eine verspielte Note zeigen. Der Service kümmert sich profes-

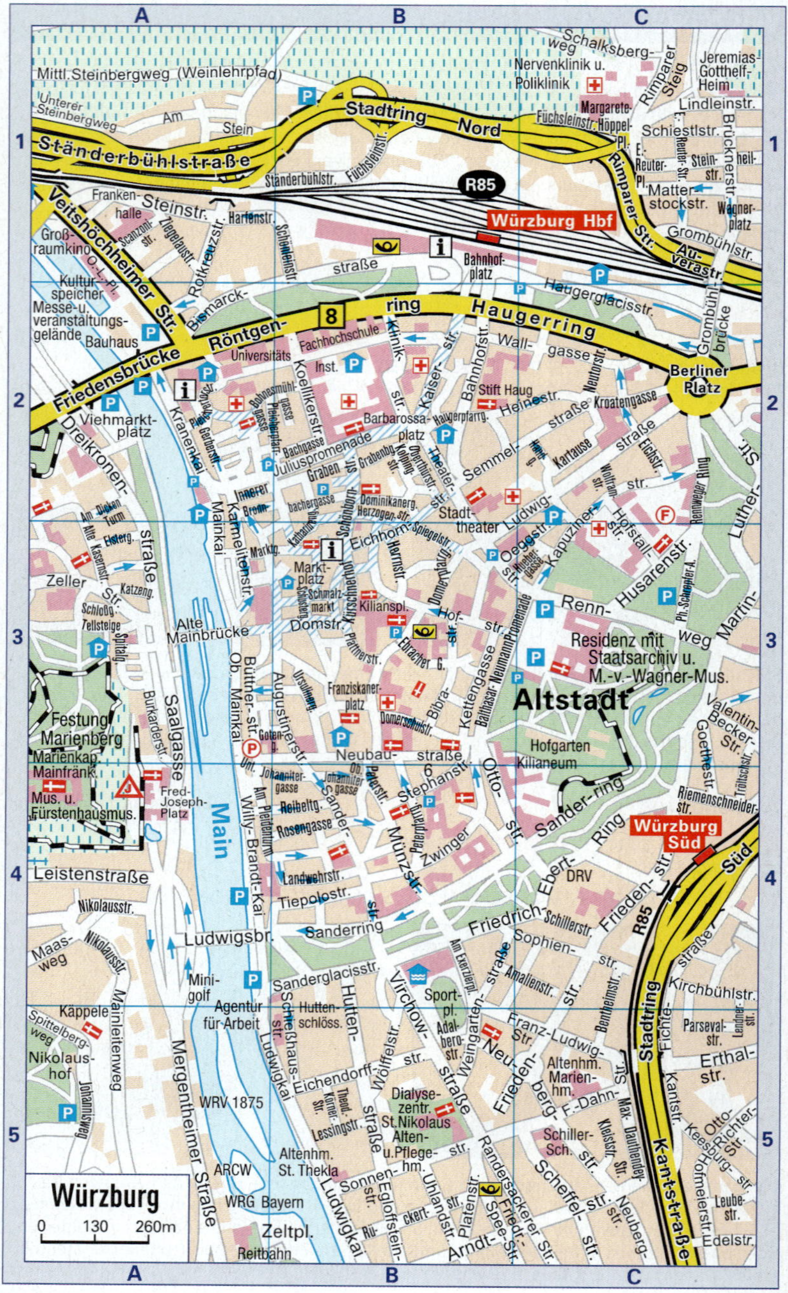
A
B
C
1
2
3
4
5
Mittl. Steinbergweg (Weinlehrpfad)
Unterer Steinbergweg
Am Stein
Ständerbühlstraße
Ständerbühlstr.
Stadtring Nord
Füchsleinstr.
Schalksberg-weg
Nervenklinik u. Poliklinik
Rimparer Steig
Jeremias-Gotthelf-Heim
Lindleinstr.
Margarete-Höppel-Pl.
Schiestlstr.
Brücknerstr.
R85
Würzburg Hbf
Rimparer-Str.
Matterstockstr.
Grombühlstr.
Auverastr.
Wagnerplatz
Franken-halle
Steinstr.
Harfenstr.
Schiestlstr.
Bahnhofplatz
straße
Haugerglacisstr.
Groß-raumkino
Veitshöchheimer Str.
Kultur-speicher
Messe-u. veranstaltungs-gelände
Bauhaus
Bismarck-
Röntgen-ring
Haugerring
Grombühlbrücke
Friedensbrücke
Fachhochschule
Universitäts Inst.
Klinik-str.
Kaiser-str.
Bahnhofstr.
Wallgasse
Berliner Platz
Viehmarkt-platz
Dreikronen-
Kranenkai
Stift Haug
Heinestr.
Kroatengasse
Barbarossa-platz
Juliuspromenade
Semmelstraße
Theaterstr.
Kartause
Stadt-theater
Ludwigstr.
Hofstallstr.
Renn-weg
Husarenstr.
Lutherstr.
Martinstr.
Zeller Str.
straße
Mainkai
Karmelitenstr.
Eichhornstr.
Markt-platz
Kilianspl.
Domstr.
Hofstr.
Alte Mainbrücke
Kapuzinerstr.
Residenz mit Staatsarchiv u. M.-v.-Wagner-Mus.
Altstadt
Hofgarten
Kilianeum
Festung Marienberg
Mainfränk. Mus. u. Fürstenhausmus.
Saalgasse
Burkarderstr.
Fred-Joseph-Platz
Main
Büttner-str.
Ob. Mainkai
Augustinerstr.
Franziskaner-platz
Neubaustraße
Kettengasse
Balthasar-Neumann-Promenade
Otto-str.
Sanderring
Sanderstr.
Stephanstr.
Zwinger
Münzstr.
Valentin-Becker-Str.
Goethestr.
Riemenschneider-str.
Würzburg Süd
Leistenstraße
Willy-Brandt-Kai
Landwehrstr.
Tiepolostr.
Sanderring
Ludwigsbr.
Friedrich-Ebert-Ring
DRV
Schillerstr.
Sophienstr.
Friedenstr.
R85
Stadtring Süd
Nikolausstr.
Maasweg
Mini-golf
Agentur für Arbeit
Sanderglacisstr.
Hutten-schlöss.
Huttenstr.
Virchowstr.
Sportpl.
Kirchbühlstr.
Parsevalstr.
Käppele
Spittelbergweg
Nikolaus-hof
Maileitenweg
Mergentheimer Straße
Johanisweg
WRV 1875
Ludwigkai
Eichendorffstr.
Wölffelstr.
Dialyse-zentr.
St. Nikolaus Alten-u. Pflege-hm.
Neue Straße
Frieden-berg
Franz-Ludwig-Str.
Altenhm. Marien-hm.
Schiller-Sch.
Scheffelstr.
Kantstraße
Erthalstr.
Ottostr.
Keesburgstr.
Hofmeierstr.
Leubestr.
Edelstr.
Altenhm. St. Thekla
ARCW
WRG Bayern
Zeltpl.
Reitbahn
Sonnenstr.
Uhlandstr.
Randersackerer Str.
Arndtstr.
Würzburg
0 130 260m

sionell und aufmerksam um die Gäste.

Schloss Steinburg www.steinburg.com

★★★★

Reußenweg 2, PLZ 97080 (OT: Unterdürrbach), **T 0931 97020,** F 97121
69 Zimmer | 2 Suiten | Ez 120–170 €, Dz 189–304 €, inkl. Frühstück | 24 h

Exponierte Lage mit tollem Blick auf Würzburg! Individuell eingerichtete Schlosszimmer im hist. Haupthaus und schlicht-moderne Zimmer im neu entstandenen Refugium. Umfangreiches Tagungs- und Veranstaltungsangebot. Schöner Wellnessbereich mit Panoramapool und Sauna.

Steinburgs Restaurant

150 | Menü 84–92 € | Mo-So

In den verschiedenen authentischen Räumlichkeiten und auf der großzügigen Aussichtsterrasse bietet man schmackhafte, jahreszeitlich orientierte Gerichte, die in Menüform serviert werden. Dazu gibt es fränkische und internationale Weine.

AC Hotel Wuerzburg www.ac-hotels.marriott.com

Schweinfurter Str. 12 (C2), PLZ 97080, **T 0931 452160**
168 Zimmer | 24 h

Modern wohnen, und das im Herzen von Würzburg! Mit seiner kosmopolitischen Atmosphäre und dem zeitgemäßen Komfort ist das 2021 eröffnete Lifestylehotel für Freizeitgäste und Businessreisende gleichermaßen interessant. Helle, gemütliche Zimmer mit kostenlosem WLAN und Klimaanlage. Hauseigenes Fitnesscenter.

GHOTEL hotel & living www.ghotel-group.de

★★★ S

Schweinfurter Str. 3 (C2), PLZ 97080, **T 0931 359620,** F 359622222
204 Zimmer | 8 Suiten | 24 h

Dieses 2012 eröffnete Businesshotel ist wegen seiner imposanten, ellipsenförmigen Bauweise nicht zu übersehen. Neuzeitliche Gästezimmer mit großen Panoramafenstern und modernem Design- und Farbkonzept. Den hauseigenen Fitnessclub nutzen Hausgäste kostenfrei. Schneller Zugang zur Würzburger Altstadt und zum Hauptbahnhof.

Melchior Park Neu! www.hotel-melchiorpark.de

★★★★ S

Am Galgenberg 49, PLZ 97074 (OT: Frauenland), **T 0931 3590400,** F 359040444
118 Zimmer | 6 Suiten | Ez 118–178 €, Dz 157–237 €, ab 19,00 € | 24 h

Angrenzend an das ehem. Landesgartenschaugelände und den Campus der Universität Würzburg findet man dieses neuzeitliche Businesshotel. Es bietet wohnliche Zimmer mit modern-funktioneller Ausstattung. Vom Wellnessbereich hat man einen tollen Blick in den Park. Das Angebot im Restaurant ist regional und international.

Wittelsbacher Höh www.wittelsbacherhoeh.de

★★★ S

Hexenbruchweg 10, PLZ 97082 (OT: Zellerau), **T 0931 453040,** F 45304522
65 Zimmer | Ez ab 100 €, Dz ab 105 €, 11,00 € | 24 h 24.12.22–8.1.23

Ehem. fränkischer Gasthof von 1880 mit neuzeitlichem Anbau unter familiärer Führung. Geschmackvoll eingerichtete Stilzimmer, überwiegend mit schönem Blick über Würzburg. Im Restaurant und auf der Sommerterrasse wird fränkische und mediterrane Küche serviert.

Würzburger Hof www.hotel-wuerzburgerhof.de

★★★★ garni

Barbarossaplatz 2 (B2), PLZ 97070, **T 0931 53814,** F 58324
34 Zimmer | 5 Suiten | 1 Apartment

Das zentral gelegene Haus gegenüber dem Weingut Juliusspital kann auf eine lange Tradition zurückblicken: seit 1911 beherbergt man hier Gäste. Komfortable, individuell gestaltete Zimmer, die teils mit Antiquitäten ausgestattet sind. Sehr gutes Frühstück.

Grüner Baum www.gruener-baum-wuerzburg.de

garni

Zeller Straße 35-37 (A3), PLZ 97082, **T 0931 450680,** F 4506888
24 Zimmer | Ez 98–125 €, Dz 138–165 €, inkl. Frühstück

Familiär geführtes Stadthotel unterhalb der Festung Marienberg mit modernem Komfort und fränkischem Charme. Kleine, aber gemütliche Zimmer mit hellem, massivem Weichholzmobiliar. Schöner Frühstücksraum im Gewölbekeller.

Aifach Reisers **Neu!** www.der-reiser.de/aifach

VARTA-TIPP Küche

Marktgasse 2 (B3), PLZ 97070, **T 0931 45265755**
55 | Hauptgericht 21–32 €, Menü 65 € | Mo-So

Die stylishe Location am Würzburger Marktplatz hat sich schnell zu einem beliebten kulinarischen Hotspot für Einheimische und Touristen entwickelt. In den Räumen der ehemaligen Markthalle werden auf zwei Ebenen pfiffige marktfrische Gerichte serviert. Wer sich überraschen lassen möchte, wählt das „Vier-Gang-Menü à la Chef". Dazu gibt es ausgesuchte Weine renommierter Winzer. Im Sommer lockt der wunderschöne Außenbereich. Tipp: Quick Lunch zum kleinen Preis.

Bürgerspital Weinstuben www.buergerspital-weinstuben.de

Theaterstraße 19 (B3), PLZ 97070, **T 0931 352880**
480 | Hauptgericht 10–39 €, Menü 20–65 € | Mo-So

Traditionelle Weinstube von 1873. Neben fränkischen Klassikern bietet man auch leichte und kreative Gerichte aus der mediterranen Küche. Schöner Innenhof vor prächtiger Barockkulisse.

Juliusspital Weinstuben www.weinstuben-juliusspital.de

Juliuspromenade 19 (B2), PLZ 97070, **T 0931 54080**
146 | Hauptgericht 8–28 €, Menü 25–50 € | Mo-So

Traditionsreiches Lokal mit gemütlichen Gaststuben und überwiegend regionalem Speisenangebot. Spezialität: Fisch- und Wildgerichte. Man bietet größtenteils Weine vom stiftungseigenen Juliusspital-Weingut an. Hübscher Innenhof mit mediterraner Atmosphäre.

WUSTROW, OSTSEEBAD 10 D www.ostseebad-wustrow.de

Mecklenburg-Vorpommern | EW 1.165 | 2 m | Born a. Darß 11 km, Rostock 41 km

Dorint Strandresort & Spa hotel-ostseebad-wustrow.dorint.com

★★★★

Strandstr. 46, PLZ 18347, **T 038220 650,** F 65100
97 Zimmer | 45 Apartments | 24 h

Stadt Suhl www.hotel-stadt-suhl.de

€ Gut & Günstig ★★★ garni

Bahnhofstraße 7 (an der B 247), PLZ 98544 (OT: Zella), **T 03682 40221,** F 41931
10 Zimmer | Ez 59 €, Dz 93 €, inkl. Frühstück | 24 h

Traditionsreicher Gasthof mit persönlicher Atmosphäre im Ortsteil Zella, der sich seit 1867 in Familienbesitz befindet. Individuell im rustikalen Landhausstil eingerichtete Zimmer. Das gemütliche Restaurant serviert Thüringer Spezialitäten und gutbürgerliche Küche.

ZELLERTAL 50 B www.vg-goellheim.de

Rheinland-Pfalz | EW 1.212 | 236 m | Alzey 15 km, Mannheim 38 km

Kollektur www.hotel-kollektur.de

garni

Zeller Hauptstraße 19, PLZ 67308 (OT: Zell), **T 06355 954545,** F 954544
15 Zimmer | 1 Apartment | 24 h

In einem denkmalgeschützten Gebäude aus dem Jahre 1752 beherbergt dieses freundliche, familiengeführte Hotel recht gemütliche und geschmackvoll möblierte Zimmer mit mediterranem Ambiente. WLAN ist für Hausgäste kostenfrei. Im Restaurant bietet man eine frische regionale Küche.

ZELTINGEN-RACHTIG 49 A www.zeltingen-rachtig.de

Rheinland-Pfalz | EW 2.197 | 106 m | Bernkastel-Kues 6 km, Wittlich 11 km

St. Stephanus www.hotel-stephanus.de

★★★★

Uferallee 9, PLZ 54492 (OT: Zeltingen), **T 06532 680,** F 68420
43 Zimmer | 1 Suite | Ez 75–115 €, Dz 110–240 €, inkl. Frühstück | 22.–26.12.22, 15.–29.1.23

Klassizistisches Herrenhaus mit hübscher Bruchsteinfassade und erweitertem Hotelanbau. Hier erwarten Sie wohnlich eingerichtete Zimmer, teils mit direktem Blick auf die Mosel. Zum Haus gehört auch ein kleiner Beauty- und Saunabereich.

Saxler's Restaurant

70 | Hauptgericht 26–49 €, Menü 55–100 € | So Mo-So 22.–26.12.22, 15.–29.1.23

Im gediegen-eleganten Restaurant sowie auf der Sonnenterrasse mit herrlichem Blick auf die Uferpromenade der Mosel werden verfeinerte regionale und internationale Gerichte aufgetischt. Lust auf „Rosa gebratenen Black-Angus-Rinderrücken | australischer Wintertrüffel | wilder Brokkoli | Selleriepüree“? Eine Alternative zum Gourmetrestaurant ist der urige Braukeller im Untergeschoss. Hier gibt's rustikale Speisen und frisch gezapftes Klosterbier.

ZERBST 34 B www.stadt-zerbst.de

Sachsen-Anhalt | EW 22.002 | 67 m | Magdeburg 41 km, Wittenberg 44 km

Park Restaurant Vogelherd

Lindauer Straße 78, PLZ 39261, **T 03923 780444**
40 | Hauptgericht 18–28 €, Menü 32–60 € | Sa-So Mi-Fr »

Familiär geführtes Restaurant am Stadtrand von Zerbst. Anspruchsvolle Feinschmeckergerichte mit saisonalem Einschlag. Freundlicher Service. Nette Gartenterrasse.

ZEULENRODA-TRIEBES 44 B www.zeulenrodaer-meer.de

Thüringen | EW 16.344 | 420 m | Schleiz 17 km, Gera 34 km

Bio-Seehotel Zeulenroda www.bio-seehotel-zeulenroda.de

★★★★ S

Bauerfeindallee 1, PLZ 07937, **T 036628 980,** F 98100
174 Zimmer | 42 Suiten | Ez 109–129 €, Dz 184–219 €, inkl. Frühstück | 24 h

Ferien- und Tagungshotel in schöner Seelage mit modern und komfortabel gestalteten Gästezimmern. Panorama-Restaurantetage mit faszinierendem Landschaftsblick. Attraktiver SPA-Bereich mit 20 m langem Infintiypool, Bio-Zirbensauna und Birkendampfbad. Netter Biergarten mit Kinderspielplatz.

ZEUTHEN 27 C www.zeuthen.de

Brandenburg | EW 10.811 | 35 m | Königs Wusterhausen 8 km, Berlin 29 km

Leutloff's Wirtshaus am See www.wirtshaus-zeuthen.de

Schulzendorfer Straße 5-6, PLZ 15738 (OT: Miersdorfer See), **T 033762 72366**
70 | Hauptgericht 24–33 €, Menü 50–80 € | Do-So Mo, Di, Mi

Direkt am Miersdorfer See liegt dieses Lokal. Geboten wird eine schmackhaft zubereitete deutsche Küche. Wechselnde Events, teils mit Live-Musik.

ZIESAR 25 D www.ziesar.de

Brandenburg | EW 2.605 | 55 m | Brandenburg an der Havel 29 km, Potsdam 74 km

Burg Hotel www.burghotel-ziesar.de

€ Gut & Günstig ★★★ S

Frauentor 5, PLZ 14793, **T 033830 6660,** F 666111
14 Zimmer | Ez 69–79 €, Dz 99–109 €, inkl. Frühstück

Das romantische Domizil verfügt über behaglich eingerichtete Zimmer und ein rustikales Burgrestaurant mit Steinbackofen, Hofgarten und Kaminzimmer. Gute Verkehrsanbindung zur Autobahn A2.

ZIMMERN OB ROTTWEIL 57 D www.zimmern-or.de

Baden-Württemberg | EW 5.921 | 673 m | Rottweil 3 km, Villingen-Schwenningen 18 km

Linde Post www.lindepost.de

Alte Hausener Straße 8, PLZ 78658 (OT: Horgen), **T 0741 33333**
75 | Hauptgericht 11–39 €, Menü 22–45 € | Mo-Mi, Fr-Fr, So Mo-Mi, Fr-So Do

Behagliches Restaurant mit südländischem Ambiente und schöner Gartenterrasse. Auf den Tisch kommt eine verfeinerte Regionalküche mit mediterranen Akzenten.

ZINGST, OSTSEEHEILBAD 10 D www.zingst.de

Mecklenburg-Vorpommern | EW 3.185 | 2 m | Barth 13 km, Greifswald 58 km

Meerlust
www.hotelmeerlust.de

★★★★ S

Seestraße 72, PLZ 18374, **T 038232 8850,** F 88599
58 Zimmer | 7 Suiten | Ez 175–215 €, Dz 240–340 €, inkl. Halbpension | 24 h

Perfekte Urlaubsbedingungen bietet dieses engagiert und freundlich geführte Ferienhotel am Seedeich. Sie wohnen in stilvoll-elegant eingerichteten Zimmern, überwiegend mit Balkon zur Meerseite. Schöner SPA- und Beautybereich mit erstklassigem Wohlfühlprogramm. Gediegen speist man im Restaurant, hier wird eine gehobene internationale Küche serviert.

Strandhotel Zingst
www.strandhotel-zingst.de

Seestraße 60, PLZ 18374, **T 038232 842100,** F 842111
123 Zimmer | 6 Suiten | 24 h

Komfortables Hotel in bester Strandlage. Großzügige Zimmer mit hochwertiger Ausstattung. Im wiederaufgebauten Kapitänshaus befinden sich zwei Luxussuiten. Entspannung bietet die „Spa World“. Im Restaurant „Nautica“ speisen Sie regional und international.

Vier Jahreszeiten
www.4jahreszeiten-zingst.de

★★★★ S

Boddenweg 2, PLZ 18374, **T 038232 1740,** F 17474
95 Zimmer | 31 Suiten | 24 h

Großzügiges Wellness- und Familienhotel, nur wenige Gehminuten vom Strand entfernt. Das Haus verfügt über modern eingerichtete Gästezimmer, einen 1.500 qm großen Beauty- und Wellnessbereich sowie ein Restaurant mit regionaler und internationaler Küche.

Café Rosengarten
www.caferosengarten.net

Strandstr. 12, PLZ 18374, **T 038232 84704**
28 | Mo–Sa 12:00–17:30 Uhr

Das wunderschöne Café ist aus Zingst nicht mehr wegzudenken. Draußen sitzt man in dem mit diversen Rosensorten bewachsenen Garten und drinnen macht man es sich unter dem Reetdach am Kamin gemütlich. Die Kuchen und Torten sind selbstverständlich hausgemacht. Dazu gibt es eine schöne Auswahl an diversen Kaffeevariationen. Der Service ist freundlich und charmant. Wer länger bleiben möchte: eine Ferienwohnung gibt es auch.

ZIRNDORF 53 C
www.zirndorf.de

Bayern | EW 25.847 | 306 m | Fürth 4 km, Nürnberg 13 km

Reubel
www.hotel-reubel.de

★★★★

Banderbacher Straße 27, PLZ 90513, **T 0911 96010,** F 9601100
22 Zimmer | 2 Suiten | 4 Apartments | Ez 75–139 €, Dz 89–169 €, ab 9,80 € |
22.12.22–8.1.23

Freundlich-familiär geführtes Haus mit geschmackvoll eingerichteten, teils geräumigen Zimmern. Aufgrund der Nähe zum Playmobil-FunPark ist das Hotel die ideale Unterkunft für Familienurlauber.

ZITTAU 47 B
www.zittau.de

Sachsen | EW 25.950 | 242 m | Löbau 30 km, Bautzen 50 km

Sonnenhotel **Neu!** www.sonnenhotel-zittau.de

Markt 9, PLZ 02763, **T 03583 549960**
15 Zimmer

Ein schmuckes Designhotel direkt am Zittauer Markt. Das unter Denkmalschutz stehende Gebäude zeigt sich in einem beeindruckenden Stilmix aus Barock und Moderne. Großer Wert wurde auf die Erhaltung der originalen Elemente gelegt - so sorgen Eichenholzdielen, historische Türen und freigelegte Sandsteinwände für reichlich Patina. Die Gästezimmer zeichnen sich durch räumliche Großzügigkeit und zeitgemäßen Komfort aus. Im angeschlossenen Restaurant „Horschel" wird eine moderne Regionalküche aufgetischt.

ZORNEDING 60 D www.zorneding.de

Bayern | EW 8.846 | 560 m | München 21 km, Wasserburg am Inn 35 km

Neuwirt www.hotelneuwirt.de

Münchner Straße 4, PLZ 85604, **T 08106 24260,** F 2426166
50 Zimmer | 14 Apartments | Ez 83–99 €, Dz 109–129 €, inkl. Frühstück

Regionaltypischer, familiär und freundlich geführter Gasthof. Zweckmäßige, mit hellem Eichenmobiliar eingerichtete Zimmer. Die oberste Etage mit Blick auf die Alpen bietet Zimmer im Modern-Country-Stil. Für Entspannung sorgt ein kleiner Wellnessbereich mit Sauna und Dampfbad. Im Restaurant wird regional und international gekocht.

Alte Posthalterei www.alteposthalterei-zorneding.de

Anton-Grandauer-Straße 9, PLZ 85604, **T 08106 20007**
125 | Hauptgericht 10–25 €, Menü 30–50 € | Mi-So Mo, Di

Einladender Gasthof unter familiärer Führung mit gediegen-rustikalen Gasträumen. Die Küche des Patrons ist schmackhaft, frisch und ehrlich - sie reicht von regionalen bis hin zu klassischen Gerichten. Schöner Sommergarten mit alten Kastanien.

ZUSMARSHAUSEN 59 D www.zusmarshausen.de

Bayern | EW 6.191 | 466 m | Augsburg 25 km, Günzburg 28 km

Alte Posthalterei www.posthalterei.com

VARTA-TIPP Ambiente

Augsburger Straße 2, PLZ 86441, **T 08291 858220,** F 85822222
66 Zimmer | 2 Suiten | 1 Apartment | Ez 85–160 €, Dz 110–185 €, inkl. Frühstück | 24 h

Mit seinem historischen Charme und den geschmackvollen, individuellen Zimmern und Sui-

Meerlust www.hotelmeerlust.de

★★★★ S

Seestraße 72, PLZ 18374, **T 038232 8850,** F 88599
58 Zimmer | 7 Suiten | Ez 175–215 €, Dz 240–340 €, inkl. Halbpension | 24 h

Perfekte Urlaubsbedingungen bietet dieses engagiert und freundlich geführte Ferienhotel am Seedeich. Sie wohnen in stilvoll-elegant eingerichteten Zimmern, überwiegend mit Balkon zur Meerseite. Schöner SPA- und Beautybereich mit erstklassigem Wohlfühlprogramm. Gediegen speist man im Restaurant, hier wird eine gehobene internationale Küche serviert.

Strandhotel Zingst www.strandhotel-zingst.de

Seestraße 60, PLZ 18374, **T 038232 842100,** F 842111
123 Zimmer | 6 Suiten | 24 h

Komfortables Hotel in bester Strandlage. Großzügige Zimmer mit hochwertiger Ausstattung. Im wiederaufgebauten Kapitänshaus befinden sich zwei Luxussuiten. Entspannung bietet die „Spa World“. Im Restaurant „Nautica“ speisen Sie regional und international.

Vier Jahreszeiten www.4jahreszeiten-zingst.de

★★★★ S

Boddenweg 2, PLZ 18374, **T 038232 1740,** F 17474
95 Zimmer | 31 Suiten | 24 h

Großzügiges Wellness- und Familienhotel, nur wenige Gehminuten vom Strand entfernt. Das Haus verfügt über modern eingerichtete Gästezimmer, einen 1.500 qm großen Beauty- und Wellnessbereich sowie ein Restaurant mit regionaler und internationaler Küche.

Café Rosengarten www.caferosengarten.net

Strandstr. 12, PLZ 18374, **T 038232 84704**
28 | Mo–Sa 12:00–17:30 Uhr

Das wunderschöne Café ist aus Zingst nicht mehr wegzudenken. Draußen sitzt man in dem mit diversen Rosensorten bewachsenen Garten und drinnen macht man es sich unter dem Reetdach am Kamin gemütlich. Die Kuchen und Torten sind selbstverständlich hausgemacht. Dazu gibt es eine schöne Auswahl an diversen Kaffeevariationen. Der Service ist freundlich und charmant. Wer länger bleiben möchte: eine Ferienwohnung gibt es auch.

ZIRNDORF 53 C www.zirndorf.de

Bayern | EW 25.847 | 306 m | Fürth 4 km, Nürnberg 13 km

Reubel www.hotel-reubel.de

★★★★

Banderbacher Straße 27, PLZ 90513, **T 0911 96010,** F 9601100
22 Zimmer | 2 Suiten | 4 Apartments | Ez 75–139 €, Dz 89–169 €, ab 9,80 € |
22.12.22–8.1.23

Freundlich-familiär geführtes Haus mit geschmackvoll eingerichteten, teils geräumigen Zimmern. Aufgrund der Nähe zum Playmobil-FunPark ist das Hotel die ideale Unterkunft für Familienurlauber.

ZITTAU 47 B www.zittau.de

Sachsen | EW 25.950 | 242 m | Löbau 30 km, Bautzen 50 km

Sonnenhotel Neu! www.sonnenhotel-zittau.de

Markt 9, PLZ 02763, **T 03583 549960**
15 Zimmer

Ein schmuckes Designhotel direkt am Zittauer Markt. Das unter Denkmalschutz stehende Gebäude zeigt sich in einem beeindruckenden Stilmix aus Barock und Moderne. Großer Wert wurde auf die Erhaltung der originalen Elemente gelegt - so sorgen Eichenholzdielen, historische Türen und freigelegte Sandsteinwände für reichlich Patina. Die Gästezimmer zeichnen sich durch räumliche Großzügigkeit und zeitgemäßen Komfort aus. Im angeschlossenen Restaurant „Horschel" wird eine moderne Regionalküche aufgetischt.

ZORNEDING 60 D www.zorneding.de

Bayern | EW 8.846 | 560 m | München 21 km, Wasserburg am Inn 35 km

Neuwirt www.hotelneuwirt.de

Münchner Straße 4, PLZ 85604, **T 08106 24260,** F 2426166
50 Zimmer | 14 Apartments | Ez 83–99 €, Dz 109–129 €, inkl. Frühstück

Regionaltypischer, familiär und freundlich geführter Gasthof. Zweckmäßige, mit hellem Eichenmobiliar eingerichtete Zimmer. Die oberste Etage mit Blick auf die Alpen bietet Zimmer im Modern-Country-Stil. Für Entspannung sorgt ein kleiner Wellnessbereich mit Sauna und Dampfbad. Im Restaurant wird regional und international gekocht.

Alte Posthalterei www.alteposthalterei-zorneding.de

Anton-Grandauer-Straße 9, PLZ 85604, **T 08106 20007**
125 | Hauptgericht 10–25 €, Menü 30–50 € | Mi-So ⦸ Mo, Di

Einladender Gasthof unter familiärer Führung mit gediegen-rustikalen Gasträumen. Die Küche des Patrons ist schmackhaft, frisch und ehrlich - sie reicht von regionalen bis hin zu klassischen Gerichten. Schöner Sommergarten mit alten Kastanien.

ZUSMARSHAUSEN 59 D www.zusmarshausen.de

Bayern | EW 6.191 | 466 m | Augsburg 25 km, Günzburg 28 km

Alte Posthalterei www.posthalterei.com

VARTA-TIPP Ambiente

GREENSIGN ★★★★ S

Augsburger Straße 2, PLZ 86441, **T 08291 858220,** F 85822222
66 Zimmer | 2 Suiten | 1 Apartment | Ez 85–160 €, Dz 110–185 €, inkl. Frühstück | 24 h

Mit seinem historischen Charme und den geschmackvollen, individuellen Zimmern und Suiten ist das toprenovierte Traditionshaus von 1648 etwas ganz Besonderes! Egal, ob man im Kutscherzimmer, im Adelszimmer oder im Fürstenzimmer „Napoleon" übernachtet - hier heißt es ankommen und wohlfühlen. Dafür sorgen auch die charmanten Gastgeber sowie das tolle Frühstück am Morgen.

dahoim

100 | Hauptgericht 20–35 €, Menü 59–89 € | Sa Mo-Sa So

Das wird Ihnen gefallen: schick designtes Interieur mit behaglicher Lounge-Atmosphäre, aufmerksamer Service und eine fantastische Terrasse im Innenhof. Serviert wird eine moderne bayerische Küche mit frischen Bio-Produkten von nachhaltigen Erzeugern - probieren Sie z.B. „„Filet vom Donauwaller | Kartoffelstampf | Pfifferlinge | Rote Bete | Kerbelsauce". Auch vegane Gerichte stehen auf der Karte: Tipp: Genussmenü in 3 bis 5 Gängen.

ZWEIBRÜCKEN 49 D

www.zweibruecken.de

Rheinland-Pfalz | EW 34.084 | 300 m | Homburg/Saar 11 km, Saarbrücken 40 km

Landschloss Fasanerie

www.landschloss-fasanerie.de

★★★★ S

Fasanerie 1, PLZ 66482, **T 06332 9730,** F 973111
50 Zimmer | 13 Suiten | Ez ab 99 €, Dz ab 149 €, inkl. Frühstück | 24 h

Das hist. Anwesen in einer hübschen Parkanlage bietet seinen Gästen geschmackvoll und wohnlich eingerichtete Landhauszimmer in unterschiedlichen Kategorien. Schön auch der Wellnessbereich mit Hallenbad und Saunalandschaft.

ESSLIBRIS

40 | Hauptgericht 24–49 € | Di-So Di-Sa Mo

Im elegant mit lila Farbtönen gestalteten Wintergartenrestaurant mit tollem Blick zum Garten serviert man Ihnen klassisch inspirierte Gerichte mit mediterranen Einflüssen. Auf der Weinkarte finden sich neben bekannten Gewächsen aus der Pfalz auch edle Tropfen aus Frankreich und Italien. Im Zweitrestaurant „Landhaus", einem ehem. Stallgebäude aus dem 18. Jahrhundert, werden bodenständige Gerichte aus Südtirol und der Region aufgetischt.

ZWEIFLINGEN 52 C www.zweiflingen.de

Baden-Württemberg | EW 1.652 | 308 m | Forchtenberg 6 km, Heilbronn 34 km

Wald & Schlosshotel Friedrichsruhe www.schlosshotel-friedrichsruhe.de

VARTA★TIPP Service

★★★★★S

Kärcherstr. 11, PLZ 74639 (OT: Friedrichsruhe), **T 07941 60870,** F 6087888
66 Zimmer | 29 Suiten | Ez 220–380 €, Dz 420–500 €, inkl. Frühstück | 24 h

Die noble Herberge im Hohenlohekreis zählt ohne Zweifel zu den elegantesten Landhotels Deutschlands. Die luxuriös ausgestatteten Zimmer und Suiten sind auf mehrere Gebäude in einem weitläufigen Park verteilt. Mit dem 4.400 qm großen Spa-Haus bietet man den Gästen eine Wellnessoase der Extraklasse! Service hat in diesem vorbildlich geführten Hotel übrigens einen hohen Stellenwert, und auch das Frühstück ist ausgezeichnet.

Gourmet-Restaurant Le Cerf

VARTA★TIPP Küche VARTA★TIPP Service

25 | Hauptgericht 46–58 €, Menü 116–184 € | Mi-Fr ⦸ Mo, Di, Sa, So

Hier tafelt man in wahrhaft herrschaftlicher Atmosphäre. Prächtige Seidenstoffe, luxuriöse Tapeten und glitzernde Kristallleuchter prägen das edle Interieur. Boris Rommel kocht mit Freude, Finesse und bemerkenswerter Präzision. Seine exquisite Haute Cuisine ist schnörkellos und von ausgezeichneter Qualität. Dazu eine verlockende Weinkarte mit erstklassigen Gewächsen von europäischen Spitzenweingütern. Der Service brilliert unter der fachmännischen Leitung des charmanten Dominique Metzger.

Jägerstube

40 | Hauptgericht 24–32 €, Menü 44–48 € | Mo-So

Mit waidmännischen Motiven dekorierte Stube mit gemütlichem Ambiente. Serviert werden feine Gerichte der gehobenen Regionalküche, so z.B. „Geschmorte Kalbsbacke mit Pinienkern-Zwiebeljus, gegrillter grüner Spargel und Brezelknödel". Beim „GenussMittwoch" kann man 10 feine Gerichte in vier Gängen zum Teilen genießen.

ZWICKAU 45 A www.zwickautourist.de

Sachsen | EW 94.340 | 267 m | Chemnitz 40 km, Gera 49 km

First Inn Hotel www.hotel-firstinn-zwickau.de

S garni

Kornmarkt 9, PLZ 08056, **T 0375 27920,** F 2792666
128 Zimmer | 3 Suiten | 9 Apartments | Ez 134–144 €, Dz 169–1184 €, inkl. Frühstück | 24 h

Modernes Komforthotel in der Innenstadt. Hier erwarten Sie wohnliche Zimmer mit neuzeitlichen Möbeln und warmen Farben. Schöne Terrasse mit Blick auf den hist. Kornmarkt. Restaurant mit saisonaler und internationaler Küche.

ZWIESEL 55 D www.zwiesel.de

Bayern | EW 9.200 | 585 m | Regen 10 km, Grafenau 29 km

Glashotel www.glashotel.de

S garni

Hochstraße 45, PLZ 94227, **T 09922 8540**
24 Zimmer | 9 Suiten | 1 Apartment | Ez 65–70 €, Dz 130–140 €, inkl. Frühstück

Urlaubshotel mit wohnlich eingerichteten Gästezimmern und lichtdurchflutetem Frühstücksraum. Traditionelles Restaurant mit regionaler Küche. Großzügige Wellnesslandschaft auf 500 qm mit Hallenbad und mehreren Saunen.

Zur Waldbahn www.zurwaldbahn.de

S garni

Bahnhofsplatz 2, PLZ 94227, **T 09922 8570,** F 857222
20 Zimmer | Ez 69–99 €, Dz 104–170 €, inkl. Frühstück

Solide geführter Gasthof mit Anbau, der sich bereits seit 5 Generationen in Familienbesitz befindet. Gepflegte, zeitgemäß eingerichtete Zimmer. Für Entspannung sorgen ein Hallenbad und eine Sauna. Gaststuben mit bayerischem Charakter und regionalen Spezialitäten.

ZWINGENBERG 51 A www.zwingenberg.de

Hessen | EW 6.705 | 100 m | Bensheim 6 km, Darmstadt 19 km

Kaltwassers Wohnzimmer www.kaltwasserswohnzimmer.de

VARTA-TIPP Küche

Obergasse 15, PLZ 64673, **T 06251 1058640**
90 | Hauptgericht 20–26 €, Menü 49–69 € | So Mi-So Mo, Di

Im schmucken Fachwerkhaus wird überwiegend regional gekocht. Patron und Küchenchef Marc-André Kaltwasser setzt auf natürliche, unverfälschte Produkte. Sehr beliebt ist das Überraschungsmenü in 3, 4 oder 5 Gängen (auch vegetarisch). Das Ambiente: Sofas, antike Stühle und Retro-Accessoires aus den 1950ern sorgen für behagliche Wohnzimmeratmosphäre.

ZWISCHENAHN, BAD 13 C www.bad-zwischenahn-touristik.de

Niedersachsen | EW 28.531 | 7 m | Westerstede 12 km, Oldenburg 15 km

Haus am Meer www.hausammeer.de

★★★★ garni

Auf dem Hohen Ufer 25, PLZ 26160, **T 04403 9400,** F 940300
71 Zimmer | 1 Suite | Ez 98–121 €, Dz 172–223 €, inkl. Frühstück | 24 h

Familiengeführtes Haus in ruhiger Lage mit exklusivem Ambiente und kompetentem Service. Komfortabel eingerichtete, lichtdurchflutete Zimmer unterschiedlicher Kategorien. Das Restaurant serviert internationale Küche mit saisonalen Einflüssen.

Jagdhaus Eiden am See www.jagdhaus-eiden.de

★★★★ S garni

Eiden 9, PLZ 26160, **T 04403 698000,** F 698398
113 Zimmer | 24 Suiten | 13 Apartments | Ez ab 69 €, Dz ab 135 €, inkl. Frühstück | 24 h

Ein familiengeführtes Wohlfühlresort in idyllischer Lage - umgeben von einem 10 ha großen, liebevoll gepflegten Park. Sie logieren in angenehm wohnlichen Landhauszimmern und Suiten. Wellness pur verspricht der 1.500 qm große SPA-Bereich. Hauseigener Anleger und Privatstrand direkt am Zwischenahner Meer.

Apicius

VARTA-TIPP Küche VARTA-TIPP Service

25 | Hauptgericht 33–50 €, Menü 110–166 € | Di-Fr Mo, Sa, So

Das Gourmetrestaurant ist weit über die Grenzen des Ammerlandes hinaus bekannt. Tim Extra kocht klar und aufs Wesentliche konzentriert, modern und dennoch mit klassischer Note. Immer wieder lässt er sich von der asiatischen Küche inspirieren. Viele Produkte stammen aus dem hoteleigenen Gemüse- und Obstgarten. Auch ein vegetarisches Menü steht auf der wechselnden Speisekarte. Zudem genießen Sie einen freundlich-kompetenten Service und verlässliche Weinempfehlungen durch Sommelier Marcel Thurm.

Jäger- und Fischerstuben

150 | Hauptgericht 17–50 €, Menü 51–56 € | Mo-So

In den unterschiedlichen, sehr behaglich eingerichteten Gaststuben wird eine original deftige, aber auch international verfeinerte Küche serviert. Sehr beliebt sind die regionalen Fisch- und Wildspezialitäten wie z.B. Zwischenahner Aal oder Rehkeule aus hiesiger Jagd. Herrliche Gartenterrasse.

Am Badepark www.hotelambadepark.de

★★★★

Am Badepark 5, PLZ 26160, **T 04403 6960,** F 696373
50 Zimmer | 5 Suiten | Ez 79–174 €, Dz 122–146 €, inkl. Frühstück

Hotel in ruhiger Lage mit komfortabel ausgestatteten Zimmern. Nutzung des Badeparks (in den Sommermonaten geöffnet) mit beheizten Pools und einer 80 m langen Wasserrutsche für Hausgäste kostenfrei. Restaurant mit schöner Gartenterrasse.

Amsterdam www.hotel-amsterdam.de

★★★★

Wiefelsteder Straße 18, PLZ 26160 (OT: Aschhauserfeld), **T 04403 9340,** F 934234
40 Zimmer | Ez 72–124 €, Dz 108–148 €, inkl. Frühstück

Hier lässt es sich richtig gut wohnen. Überaus ansprechend die komfortabel und zeitgemäß eingerichteten Zimmer. Regionale und internationale Küche bietet das Restaurant „Ambiente". Ladestation für Elektrofahrzeuge. Fahrradverleih.

Seehotel Fährhaus www.seehotel-faehrhaus.de

★★★★

Auf dem Hohen Ufer 8, PLZ 26160, **T 04403 6000,** F 600500
64 Zimmer | 2 Suiten | Ez 99–174 €, Dz 169–209 €, inkl. Frühstück | ⏲ 24 h

Inmitten gepflegter Parkanlagen direkt am Zwischenahner Meer gelegen. Die komfortablen Gästezimmer in unterschiedlichen Kategorien verfügen zum Teil über Balkon oder Loggia. Regionale Gerichte im Restaurant „Graf Luckner".

A

B

C

D

E

F

L

M

L

M

T

U

V